SÆCULUM IX.

USUARDI MARTYROLOGIUM

EX RECENSIONE R. P. SOLLERII, ET AD EDITIONEM BENEDICTINAM COLLATUM.

PRÆMITTUNTUR

SANCTI ADONIS

OPERA,

AD FIDEM EDITIONUM ROSWEIDI, MABILLONII, ETC., RECOGNITA ET EXPRESSA.

ACCURANTE J.-P. MIGNE,
BIBLIOTHECÆ CLERI UNIVERSÆ,
SIVE
CURSUUM COMPLETORUM IN SINGULOS SCIENTIÆ ECCLESIASTICÆ RAMOS EDITORE.

TOMUS PRIMUS.

VENEUNT 2 VOLUMINA 14 FRANCIS GALLICIS.

EXCUDEBATUR ET VENIT APUD J.-P. MIGNE EDITOREM,
IN VIA DICTA *D'AMBOISE*, PROPE PORTAM LUTETIÆ PARISIORUM VULGO *D'ENFER* NOMINATAM,
SEU PETIT-MONTROUGE.

1852

ELENCHUS

AUCTORUM ET OPERUM QUÆ IN HOC TOMO CXXIII CONTINENTUR

S. ADO ARCHIEPISCOPUS VIENNENSIS IN GALLIA.

Sancti Adonis Elogium historicum. *Col.*	9
— Chronicon.	23
Vetus Romanum Martyrologium.	143
Libellus de Festivitatibus apostolorum.	181
Sancti Adonis Martyrologium.	201
Appendix ad S. Adonis Martyrologium.	419
Passio sancti Desiderii	435
Adonis privilegium pro ecclesia Velnensi.	443
Vita sancti Theuderii	*Ibid.*
Appendix. — Translatio S. Barnardi.	449
Miracula ejusdem.	451

USUARDUS MONACHUS SANGERMANENSIS.

Usuardi Martyrologium.	453

Ex typis MIGNE, au Petit-Montrouge.

PATROLOGIÆ
CURSUS COMPLETUS
SIVE
BIBLIOTHECA UNIVERSALIS, INTEGRA, UNIFORMIS, COMMODA, OECONOMICA,

OMNIUM SS. PATRUM, DOCTORUM SCRIPTORUMQUE ECCLESIASTICORUM
QUI
AB ÆVO APOSTOLICO AD INNOCENTII III TEMPORA

FLORUERUNT;

RECUSIO CHRONOLOGICA
OMNIUM QUÆ EXSTITERE MONUMENTORUM CATHOLICÆ TRADITIONIS PER DUODECIM PRIORA ECCLESIÆ SÆCULA,

JUXTA EDITIONES ACCURATISSIMAS, INTER SE CUMQUE NONNULLIS CODICIBUS MANUSCRIPTIS COLLATAS, PERQUAM DILIGENTER CASTIGATA;
DISSERTATIONIBUS, COMMENTARIIS LECTIONIBUSQUE VARIANTIBUS CONTINENTER ILLUSTRATA;
OMNIBUS OPERIBUS POST AMPLISSIMAS EDITIONES QUÆ TRIBUS NOVISSIMIS SÆCULIS DEBENTUR ABSOLUTAS DETECTIS, AUCTA;
INDICIBUS PARTICULARIBUS ANALYTICIS, SINGULOS SIVE TOMOS, SIVE AUCTORES ALICUJUS MOMENTI SUBSEQUENTIBUS, DONATA;
CAPITULIS INTRA IPSUM TEXTUM RITE DISPOSITIS, NECNON ET TITULIS SINGULARUM PAGINARUM MARGINEM SUPERIOREM DISTINGUENTIBUS SUBJECTAMQUE MATERIAM SIGNIFICANTIBUS, ADORNATA;
OPERIBUS CUM DUBIIS TUM APOCRYPHIS, ALIQUA VERO AUCTORITATE IN ORDINE AD TRADITIONEM ECCLESIASTICAM POLLENTIBUS, AMPLIFICATA;
DUOBUS INDICIBUS GENERALIBUS LOCUPLETATA : ALTERO SCILICET RERUM, QUO CONSULTO, QUIDQUID UNUSQUISQUE PATRUM IN QUODLIBET THEMA SCRIPSERIT UNO INTUITU CONSPICIATUR; ALTERO SCRIPTURÆ SACRÆ, EX QUO LECTORI COMPERIRE SIT OBVIUM QUINAM PATRES ET IN QUIBUS OPERUM SUORUM LOCIS SINGULOS SINGULORUM LIBRORUM SCRIPTURÆ TEXTUS COMMENTATI SINT.
EDITIO ACCURATISSIMA, CÆTERISQUE OMNIBUS FACILE ANTEPONENDA, SI PERPENDANTUR : CHARACTERUM NITIDITAS CHARTÆ QUALITAS, INTEGRITAS TEXTUS, PERFECTIO CORRECTIONIS, OPERUM RECUSORUM TUM VARIETAS TUM NUMERUS, FORMA VOLUMINUM PERQUAM COMMODA SIBIQUE IN TOTO OPERIS DECURSU CONSTANTER SIMILIS, PRETII EXIGUITAS, PRÆSERTIMQUE ISTA COLLECTIO, UNA, METHODICA ET CHRONOLOGICA, SEXCENTORUM FRAGMENTORUM OPUSCULORUMQUE HACTENUS HIC ILLIC SPARSORUM, PRIMUM AUTEM IN NOSTRA BIBLIOTHECA, EX OPERIBUS AD OMNES ÆTATES, LOCOS, LINGUAS FORMASQUE PERTINENTIBUS, COADUNATORUM.

SERIES SECUNDA,
IN QUA PRODEUNT PATRES, DOCTORES SCRIPTORESQUE ECCLESIÆ LATINÆ A GREGORIO MAGNO AD INNOCENTIUM III.

Accurante J.-P. Migne,
BIBLIOTHECÆ CLERI UNIVERSÆ,
SIVE
CURSUUM COMPLETORUM IN SINGULOS SCIENTIÆ ECCLESIASTICÆ RAMOS EDITORE.

PATROLOGIA BINA EDITIONE TYPIS MANDATA EST, ALIA NEMPE LATINA, ALIA GRÆCO-LATINA. VENEUNT MILLE FRANCIS DUCENTA VOLUMINA EDITIONIS LATINÆ; OCTINGENTIS ET MILLE TRECENTA GRÆCO-LATINÆ. — MERE LATINA UNIVERSOS AUCTORES TUM OCCIDENTALES, TUM ORIENTALES EQUIDEM AMPLECTITUR; HI AUTEM, IN EA, SOLA VERSIONE LATINA DONANTUR.

PATROLOGIÆ TOMUS CXXIII.
ADO, USUARDUS. — USUARDI TOMUS PRIMUS.

EXCUDEBATUR ET VENIT APUD J.-P. MIGNE EDITOREM,
IN VIA DICTA *D'AMBOISE*, PROPE PORTAM LUTETIÆ PARISIORUM VULGO *D'ENFER* NOMINATAM,
SEU PETIT-MONTROUGE.

1852

ANNO DOMINI DCCCLXXV.

SANCTUS ADO

ARCHIEPISCOPUS VIENNENSIS IN GALLIA.

SANCTI ADONIS ELOGIUM HISTORICUM.

(Apud Mabill., Acta SS. ord. S. Bened., tom. VI.)

1. Adonem, Viennensem archiepiscopum, non magis dignitate quam scriptis clarum satis norunt eruditi omnes. At quis qualisve ante pontificatum fuerit, nemo, quod sciam, hactenus explicavit. Mirabuntur forsan nonnulli quod Benedictinæ familiæ eum annumerem, cum Trithemius, Wion, Menardus, Bucelinus et alii, eum Fastis nostris non inscripserint; sed mirari desinent cum facti mei rationem exposuero.

2. Adonis Vitæ compendium inveni in Breviario collegiatæ Ecclesiæ Romanensis apud Allobroges, in qua celebris est Adonis memoria : quo in Breviario, typis vulgato anno 1612, sanctorum acta, non recentiorum, sed veterum auctorum qui ea scripsere, totidem verbis referuntur : id quod factum etiam in Adone, cujus festus dies ita notatur in dicto Breviario XVII Kalendas Januarii : *Sancti Adonis episcopi et confessoris. Omnia dices de communi præter Legendam*; et infra : *Incipit Vita sancti Adonis archiepiscopi Viennensis*. Quæ verba satis innuunt ejus Vitæ compendium, quale mox ex ipso Breviario exhibebo, a vetusto auctore qui sancti Adonis res gestas litteris antiquitus mandavit, de verbo excerptum fuisse.

3. Accedit quod Ecclesia Viennensis in suo Breviario, quod ante centum viginti annos typis editum est, iisdem fere verbis utitur ac Romanensis, usque ad electionem Adonis in archiepiscopum. Aliam enim ab eo loco narrationem de rebus ab Adone jam pontifice gestis exhibet Viennense Breviarium, cujus copiam nobis submisit humanissimus vir Petrus Louvetus doctor medicus et historiographus Dombensis. Utriusque Breviarii lectiones novem juvat hic vicissim repræsentare.

Ex Breviario Viennensi.

I. Tempore Caroli regis, post patrem Ludovicum imperatorem in Francia regnantis, hic sanctus vir nobili prosapia exortus, dum adhuc infantulus esset, in monasterium quod Ferrarias ex antiquo vocant, a parentibus traditus est.

II. Dehinc famosissimam beati Petri apostolorum principis domum cæteraque sanctorum loca in Romana urbe constituta, orationis gratia Deo comite visitavit, ibique quinquennio fere sedit. Et regressionis iter arripiens, Ravennam devenit : ubi aliquandiu remoratus, quemdam etiam libellum a quodam fratre religioso præstitum transscripsit, quo ad describendas sanctorum martyrum passiones sese non modice adjutum fuisse testatur.

III. Inde pedem movens, Lugdunum famosissimam pervenit ad urbem. Ibi tunc præerat Remigius præsul eximius, regibus admodum charus. Hic Dei famulum Adonem in habitu pauperis pie suscipiens, quæque illi necessaria exhibuit. At ubi collocutione mutua, ut erat prudentis ingenii, quæ in illo latebant scientiæ et probitatis insignia pernoscere potuit, secum retinere toto annisu conatus est.

IV. Et ad abbatem ipsius deprecatoria legatione acta, litteras permissorias impetravit ad se retinendum in suum suæque Ecclesiæ obsequium : quousque utile judicasset. Exhinc non parvum tempus effluxerat, cum ecce episcopus obitu Viennensis præsulis certissime comperto, agere disposuit intentius, quatenus in Viennensi Ecclesia ordinaretur episcopus. Quocirca ex consensu tam cleri quam plebis, cum consilio et præsentia comprovincialium episcoporum idem Dei famulus Viennensem consecratur in pontificem.

V. Neque enim, ut moris est plerisque, mox suscepto honoris gradu in superbiam elatus est : sed magis in cœpta persistens humilitate, omnes quoque subditos secundum suum modum imitatores veritatis fieri assidue monebat, dicens: *Discite a me quia mitis sum et humilis corde*.

VI. Cujus tam salubri tamque sancto studio in introitu sanctæ matris ecclesiæ, in honore Salvatoris constructæ, domunculam quamdam instar sepulcri Dominici construi fecit : ante cujus etiam ostiolum altare, ex lapidibus concavum, ad nomen Mariæ peccatricis, Petri quoque negatoris, latronisque confessoris solemniter consecravit. Quo dum multi adveniunt ægroti, per intercessionem eorum ad propria læti consueverunt reverti.

VII. Hospitalitatis vero, sed et misericordiæ in pauperes quanta ei cura, quantave assiduitas fuerit, stylo mandare non est necesse : cum ostium domus ipsius non alio, sed nequidem refectionis tempore clausum fuerit. Unde merito cum beato Job dicere poterat : *Ostium meum viatori patuit, et … pauperum.*

VIII. Verum indefessus laborator, licet diutius occuparetur bonorum operum exercitiis, non se totum credebat sopori, tanquam diurno labore fatigatus : sed ad satisfaciendum naturæ aliquantisper quiete sibi indulta quod supererat noctis, orationi dedicans, temporius Fratres ad vigilias nocturnas surgere compellebat. Ubi et ipse solito præsens, lectiones et responsoria protrahendo decantari faciebat quousque, diei luce appropinquante, matutinæ laudes agerentur.

IX. Cumque jam tempus adesset quo Dominus Rex regum militem suum a labore quiescere vellet, sextum decimum circiter annum in episcopatu peragens, de præsenti ad futuram vitam felici fine demigravit. Cujus corpus a clero et universa plebe ex more deportatum, atque in Ecclesia sanctorum apostolorum, inter prædecessores suos pontifices, tumulatum est.

Ex Breviario Romanensi.

I. Tempore Caroli regis, post patrem Ludovicum imperatorem in Francia regnantis, hic sanctus vir nobili prosapia exortus, dum adhuc infantulus esset, in monasterium quod Ferrarias ex antiquo vocant, a parentibus traditus est.

II. Cumque sub regulari censura degeret, inque illo cœnobio cæteris arctior tunc temporis habebatur [*l.* haberetur], divinitus inspiratus atque electus, omnes sibi coævos in studiis litterarum præire cœpit.

Lascíviam etiam huic ætati amicam cæteraque puerilia usquequaque declinans, senum perfectorumque gravem conversationem sectari sollicitus satagebat.

III. Verum robore jam juventutis animatus, igne desiderii irrefragabili succensus est, ut domum beati Petri principis apostolorum cæteraque sanctorum loca in Romana urbe extraque constituta orationis gratia visitaret. Ideoque peregrini habitum assumens optatum iter aggreditur.

IV. Qui domum apostolicam humilis habitu, devotus corde ingressus, in oratione continua pervigil, nocturnis excubiis pernoctare crebrius usque ad lucem matutinam gaudebat. Sane cum in Romana urbe omnibus pene notus esset, quinquennio fere exacto Ravennam devenit : ubi quemdam libellum a quodam religioso præstitum transscripsit, ad describendas sanctorum martyrum passiones.

V. Inde Lugdunum pervenit. Ibi tunc forte præerat dignæ memoriæ Remigius præsul eximius, regibus admodum charus. Hic Dei famulum Adonem pie suscipiens, benigne exhibuit. At ubi scientiæ et probitatis insignia pernoscere potuit, ecclesiam beati Romani cum sibi adjacentibus rebus in obsequium delegavit, ubi secretius orationi vacaret.

VI. Exin obitu Viennensi præsulis comperto, ejusdem Ecclesiæ filii divina inspiratione super hoc tracti, omnes in commune uno consilio pari voluntate dominum Adonem petiverunt sibi præficiendum episcopum. Quocirca ex consensu tam cleri quam plebis cum consilio comprovincialium episcoporum idem Dei famulus Viennensem consecratur in pontificem.

VII. Religionem vero cernens a sui observantia partim defecisse adversarum causarum occasione, institit omnimodis, ut ad pristinam rectitudinis normam paulatim ipsius studio reformaretur. Hinc constant institutionis ejus perplura documenta. Siquidem et de nocturnis et de diurnis officiis psallendi regulam pulchre constituit.

VIII. Præterea quanto studio ducebatur in ædificiis ecclesiarum instaurandis vel exornandis, etsi forte hominis desit testimonium, non desunt tamen eadem ædificia. Hospitalitatis in pauperes quanta ei cura quantave assiduitas fuerit, stylo mandare non est necesse : præsertim cum ostium domus ipsius non dicam alio, sed nec quidem refectionis tempore clausum fuerit.

IX. Cumque jam tempus adesset, quo Dominus militem suum beata mercede vellet donare, sextum decimum circiter annum in episcopatu agens, de præsenti ad futuram vitam felici fine demigravit. Cujus corpus in ecclesia sanctorum apostolorum officiosissime tumulatum est. Qui vixit annos plus minusve septuaginta sex.

4. Ubi primum hæc legi in Breviario Romanensi, nam longe post Viennensis exemplum accepi), magno gaudio affectus sum quod illustrandi tanti viri aliquam haberem materiam. Sed illud voluptatem meam temperabat, quod vetusta et idonea mihi deessent monumenta, quibus ista probarem. Hæc mihi cogitanti, et Lupi abbatis Ferrariensis epistolas relegenti, occurrit epistola ejus centesima vigesima secunda, quæ votis meis faciat satis. In hac enim epistola, quæ Gerardo, provinciæ duci seu comiti, et Bertæ ipsius conjugi, inscripta est, certissima deprehendi momenta, quæ in Adonem ejusque res gestas ita, ut superius expositæ sunt, omnino conveniunt. Et quia hæc res non parvi momenti est, operæ pretium fuerit hoc loco integram adducere epistolam, ut nemo suspectam habeat fidem meam.

« Præcellentissimo duci G. et clarissimæ conjugi ejus B. Lupus præsentem et futuram salutem.

« Semper insignis fama de probitate vestra bonos quosque lætificavit : sed nunc in omnium notitia uberius effloruit, cum eamdem probitatem vestram successu profuturo Christianis omnibus Divinitas comprobavit. Cum vero quæ primo polliceri, postea promittere dignati estis, largiti fueritis, conabimur gratias cumulare. Cæterum quod diligenter scrutamini, noveritis monachum et discipulum meum Ad. nunquam a nostro monasterio aufugisse : sed ad petitionem beatæ memoriæ Marcwardi abbatis ex Prumia aut Proneam [*l.* ad Proneam] a nobis eum honeste directum, et cum illo aliquandiu conversatum, quorumdam invidiosorum vitasse insidias : et inde discendi studio et quietis amore in urbe Lugdunensium constitisse. Reverentissimis autem viris Remigio et H. Gratianopolitano instanter postulantibus, et conversationem memorati fratris laudantibus, quanquam olim meam verbis habuisset licentiam, etiam regulares litteras accepisse ; quæ prolatæ, quid de eo sentiam, fideli relatione fatebuntur. Litteras etiam eum ecclesiasticas habere a venerabili episcopo nostro Guenilone certissime scio : nec impedire eum aliquid, si Deus eum vocat, quo juste ejus infirmari possit electio. Bene apud nos conversatus est : quæ plurimum indiget Ecclesia, idoneus est ad docendum; regularibus et pontificalibus fultus est epistolis; progenitorum nobilitate ornatur; in sancto proposito, judicio prædictorum antistitum, inter quos degit, devote perdurat. Quid restat, nisi ut quod sanctis præsulibus Deus inspiraverit fiat? Quid autem mirum, si aliquando asperius aliquid super eo locutus sum? Illud culpa fuit inimicorum ejus impudenter falsa vulgantium : istud quod nunc litteris alligo [*f.* allego], meum est judicium constanter prius visa, et postea comperta narrantis. Cupio vos valere feliciter. »

5. Ex hac Lupi epistola discimus monachum quemdam Ferrariensem, nobilem, doctum, cujus nomen incipiebat a litteris Ad., degisse in provincia Lugdunensi, Remigio et Heboni episcopis probatum, et ad episcopalem dignitatem electum : quæ omnia cum Breviariis Viennensi et Romanensi conveniunt, nec alii quam Adoni legitime aptari possunt. Hæc distinctius explicanda per partes. Sed antequam id præstem, Lectorem admonere decet, quantum debeat publica res litteraria diligentiæ eruditissimi viri Stephani Baluzii, qui in nova editione Lupi abbatis operum id egit unius voculæ; imo duplicis tantum litteræ correctione, ut illustrandæ Adonis nostri memoriæ præferret lucem. Nam cum in editione Massoniana prius legeretur, monachum meum nonnunquam, ipse collatione veterum codicum reposuit : monachum meum Ad. nunquam, tametsi, uti modeste fatetur, quis fuerit hic homo, quem duabus hac litteris Ad. expressum videmus, divinare non potuit. Nunc ad ordinem rerum ab Adone gestarum accedo.

6. Cum Ado tempore Caroli regis, cognomento Calvi, ortus dicitur, id eo modo interpretare, quo similes jam locos frequenter exposui, ut eo tempore inclaruerit : nam eum regnante Carolo Magno, circiter annum octingentesimum, in lucem prodiisse constat. Quippe annos natus septuaginta sex, decessit anno Christi octingentesimo septuagesimo quinto, ut postea videbimus. In utroque Breviario nobili prosapia exortus dicitur, apud Lupum progenitorum nobilitate ornatus. Patriam ei fuisse Wastinensem aut Senonicum pagum conjicio.

7. Dum adhuc infantulus esset, in monasterium, quod Ferrarias ab antiquo vocant, a parentibus traditus est, more scilicet in regula sancti Benedicti præscripto de oblatione et susceptione puerorum cap. 59. Hinc conjecturam sumo, Adonem natum fuisse in loco vicino Ferrariensi monasterio, quod ex superius actum ad Vitam sancti Aldrici archiepiscopi Senonensis. Istic a Sigulfo abbate puer susceptus fuisse videtur : ubi bene conversatus, teste Lupo, omnes sibi coævos in studiis litterarum præivit, ex Breviario Romanensi. De ejus doctrina testimonium suppeditat Lupus, cum eum scribit esse idoneum ad docendum quæ plurimum indiget Ecclesia.

8. Post aliquantam moram in cœnobio Ferrariensi,

ad petitionem Marcwardi abbatis ex Prumia, seu Prumiensis, qui ab anno 829 ad 853 loco præfuit, honeste directus ad Proneam est : quo nomine Ausonius in sua Mosella laudat rivulum quemdam, qui locum istum præterfluit; unde monasterium aliquando Pronea, passim Prumia dictum, voce nonnihil inflexa. Attamen legere malim ad petitionem Marcwardi abbatis Prumiami ad Proneam directum Adonem : ut designetur Prumiæ situs ad Proneam amnem. Inter utrumque monasterium, Ferrariense scilicet et Prumiense, ultro citroque facilis monachorum commeatus erat : tum quia ex Ferrariensi cœnobio assumptus fuerat Marcwardus, tum quia cum Lupo magna necessitudine conjunctus erat. Et quidem Ferrarienses Prumiam transmittebantur ad discendam maxime Germanicam linguam, cujus usum eo tempore pernecessarium fuisse testatur Lupus in epistolis 70 et 91. Quin etiam temporibus illis monasteria, etsi nullo communis regiminis vinculo connexa erant, facile tamen monachis ultro citroque commeantibus patebant propter ejusdem religionis unitatem, ut loquitur Marcwardus in Lupina epistola 72 ad Didonem Senonici monasterii sancti Petri abbatem, in arte medica peritissimum, ad quem monachos suos sanandos dirigebat. Hinc Lupus in epistola 116 ad monachos cœnobii sancti Germani apud Antisiodorum : Semper quidem in cœnobiorum nostrorum habitatoribus vera charitas viguit; sed nunquam tam certis indiciis, ut nostro tempore, sui magnitudinem declaravit.

9. Prumiæ aliquandiu commoratus Ado, ut habet Lupus, postea quorumdam invidiosorum insidiis impetitus est : quas ut vitaret, Romam se contulit, ut domum beati Petri principis apostolorum orationis gratia visitaret. Hujus itineris non meminit Lupus, qui Adonis æmulis, uti ipse fatetur, nimis credulam adhibuit aurem, quique alias monachorum suorum Romanas peregrinationes commemorat in epistolis 101, 102 et 103 pro Aldulfo et Acarico; tum 106 et 107 pro Dolivaldo scriptis, tum sui ipsius, tum Guenilonis Senonensis archiepiscopi nomine, in ipsorum peregrinorum commendationem. Romæ exacto fere quinquennio, vir sanctus Ravenna devenit : ubi quemdam libellum a quodam fratre religioso præstitum transcripsit ad describendas sanctorum martyrum passiones, id est Martyrologium, de quo postea recurret oratio. Libellus iste est vetus Martyrologium, quo usus est Ado in suo condendo, a Rosweido editum. Huic præfixa est Adonis epistola, contestantis, quantum ex veteri illo Martyrologio profecerit. Huic operi, inquit, id est Adoniano Martyrologio, ut dies martyrum verissime notarentur, qui confusi in Kalendis satis inveniri solent, adjuvit venerabile et perantiquum Martyrologium, ab urbe Roma Aquileiam cuidam sancto episcopo a pontifice Romano directum, et mihi postmodum a quodam religioso fratre aliquot diebus præstitum; quod ego diligenti cura transcriptum, positus apud Ravennam, in capite hujus operis ponendum putavi. Hæc Ado in præfatione Martyrologii sui : ex quibus superiora Viennensis Breviarii verba derivata sunt.

10. Ravenna digressus Ado, inde Lugdunum pervenit, ubi tunc præerat dignæ memoriæ Remigius præsul eximius : qui Dei famulum Adonem pie suscepit, et quæque necessaria illi benigne exhibuit. At ubi collocutione mutua, quæ in illo latebant scientiæ et probitatis insignia pernoscere potuit, secum retinere toto adnisu conatus est. Et ad abbatem ipsius deprecatoria legatione acta, litteras permissorias impetravit ad eum retinendum in suum suæque Ecclesiæ obsequium, quousque utile judicasset. Viennensi Breviario hac in re concordat Lupus, testatus Adonem discendi studio et quietis amore in urbe Lugdunensem constitisse. Reverentissimis autem viris Remigio et Hebone Gratianopolitano instanter postulantibus, et conversationem memorati fratris laudantibus, quanquam olim meam, inquit, habuisset licentiam, etiam regulares litteras (obedientiales vocant) accepisse, et litteras etiam ecclesiasticas seu dimissorias a venerabili Guenilone episcopo Senonensi. Sane litterarum studia tunc temporis, si alias unquam, Lugduni viguisse probant viri docti Leidradus, Agobardus, Amulo, Remigius istius Ecclesiæ pontifices, et Florus diaconus. Addit Romanense Breviarium, Remigium ecclesiam beati Romani cum sibi adjacentibus rebus in obsequium delegasse Adoni, ubi secretius orationi vacaret. Quænam fuerit illa ecclesia, certo pronuntiare non ausim : forsan ecclesia sancti Romani, quæ in Viennensis urbis parte orientali sita erat, testante ipso Adone in Martyrologio XIII Kal. Decembris, ubi sanctorum Severini, Exsuperii et Felicis corpora in eam ecclesiam translata fuisse scribit, et in libello de Vita sancti Theuderii abbatis memorat basilicam sancti Romani martyris in suburbio civitatis, in vico Brenniaco : quæ basilica hactenus superest, Equitibus Melitensis ordinis commendata.

11. Exin obitu Viennensis præsulis comperto, ejusdem Ecclesiæ filii divina inspiratione super hoc tracti, omnes in commune uno consilio, pari voluntate, dominum Adonem petiverunt sibi præficiendum episcopum. Quocirca ex consensu tam cleri quam plebis, cum consilio comprovincialium episcoporum idem Dei famulus Viennensem consecratur in pontificem. Huic tamen electioni restitisse nonnullos, in his Gerardum illarum partium comitem, ob eam scilicet causam, quod Adonem ex monasterio suo fuga elapsum crederet, docet nos Lupi epistola superior, in qua eum ab omni defectionis et infamiæ labe absolvit, contestatus nihil impedire, si Deus eum vocaret, quo juste ejus infirmari posset electio. Hæc contigit post mortem Agilmari Viennensis antistitis, successoris sancti Barnardi. Hæc, inquam, electio contigit anno sexagesimo supra octingentesimum, ut constat tum ex actis concilii Lingonensis circa Kalendas Julii anno præcedenti celebrati, cui Agilmarus interfuit; tum ex Tusiacensi, cui subscripsit Ado sub die XI Kalendas Novembris anni 860 ; tum denique ex Synodo Viennensi, de qua infra, quam Ado habuit anno Christi 870, indictione tertia, episcopatus anno decimo. Ac proinde Agilmarus ejus decessor annis novemdecim, non novem tantum, ut voluit Joannes a Bosco, sedisse dicendus est; siquidem Barnardum Agilmari antecessorem anno 842 decessisse demonstratum est. Et quidem Agilmarus pridie Nonas Julias vita demigravit, et quidem anno 860, ex tomo I Analectorum, pag. 103 ; in cujus locum Remigius sanctæ Lugdunensis Ecclesiæ et Ebo Gratianopolitanus episcopus cum clero et populo elegerunt S. Adonem. Apud Joannem a Bosco in Appendice Bibliothecæ Floriacensis, ubi de Antiquitatibus Viennæ exstat epistola Nicolai papæ primi Adoni missa cum pallio, initio ejus pontificatus ; qua in epistola eum submonet tristari se quod in litteris professionis fidei suæ ad pontificem missis Ado probaret quatuor duntaxat synodos generales, quinta et sexta prætermissis : explicaret hac de re mentem suam : mittere se interim pallium et capitula synodi Romanæ, quam recens tenuerat. Misit et aliam subinde eidem epistolam, qua Viennensis Ecclesiæ privilegia confirmat. An septimam synodum probaverit Ado, incertum : imo in Chronico, quod post acceptam episcopalem dignitatem condidisse videtur, hanc synodum rejicit : quæ mens tum Gallicanæ Ecclesiæ erat. In brevi Chronico Viennensium antistitum, quod anno 1139 jussu Burnonis conditum est, S. Ado pallium et confirmationem privilegiorum anno 861 a papa Nicolao recepisse cum decretis Lateranensis, id est Romani concilii, perhibetur.

12. Neque vero, ut moris est plerisque, mox suscepto honoris gradu in superbiam elatus est : sed magis in cœpta persistens humilitate, omnes quoque subditos secundum suum modum imitatores Verita-

tis fieri assidue monebat, dicens : *Discite a me quia mitis sum et humilis corde* (*Matth.* xi, 29) : quæ verba leguntur in Breviario Viennensi.

13. Anno 866, ex Annalibus Bertinianis, Carolus rex cognomento Calvus, et Lotharius rex Attiniaci missaticum communiter ordinant pro negotio Teutbergæ ipsius Lotharii pellicis, et Carolus quidem per Egilonem Senensem archiepiscopum, et Lotharius per Adonem Viennensem archiepiscopum, ac per Waltarium suum a secretis domesticum, papæ Nicolao quæ sibi visa sunt secretius mandant. Ado id præstitit litteris scriptis ad Nicolaum, cujus rescriptum hac de re non integrum exstat, in quo pontifex sanctissimum confratrem Adonem archiepiscopum laudat, quod pro statu sanctæ Dei Ecclesiæ ferventius invigilet, et contra delinquentium, prævaricatorum, et sanctarum legum violatorum mores et actus per zelum rectitudinis erectus sit.

14. Exstant et aliæ Nicolai epistolæ quatuor Adoni scriptæ in Appendice secunda epistolarum Nicolai, in tomo VIII Conciliorum editionis Labbeanæ. In prima respondet pontifex Adonis consultis de Lotharii regis divortio et de Alvico clerico : in secunda, inferiores ecclesias a Romanis consuetudinibus recedere non debere : in tertia, rationem reddit dilatæ synodi, et Adonem corripit, quod Gerardi comitis presbyterum dixisset ; tum variis consultis respondet : in quarta privilegium metropolis Viennensis confirmat. Additur et epistola quinta Anastasii bibliothecarii ad Adonem de morte Nicolai papæ : quam epistolam aliis etiam Galliarum episcopis directam fuisse intellexi ex ms. codice Antisiodorensi monasterii sancti Mariani, in quo hæc epistola sic inscribitur : Venerando mihi et valde diligendo ill. archiepiscopo ill. plurimam salutem. Triste tibi nuntium, *etc.* Est et aliud fragmentum epistolæ eidem a Nicolao papa directæ, qua pontifex Adonem increpat, quod ejus auctoritate Albericus subdiaconus uxorem duxisset contra præscripta canonum. In Labbeana Conciliorum editione typis etiam vulgatæ sunt Adriani papæ II epistolæ duæ, in quarum prima pontifex ab Adone submonitus, cur a Nicolai papæ decretis recessisset, se excusat laudato zelo Adonis : in altera, quæ mutila est, litteras Nicolao decessori suo ab Adone directas se recepisse testatur.

15. Anno jam dicto 866 Nicolaus papa litteris datis ad Hincmarum Rhemorum antistitem, præcipit, Remigium Lugdunensem, Adonem Viennensem, Wenilonem Rothomagensem, una cum cæteris archiepiscopis et episcopis Galliarum et Neustriæ apud Suessionem urbem pariter convenire, ad discutiendam causam Wlfadi et aliorum Rhemensium clericorum, quos ab Ebone ordinatos Hincmarus in ordinem redegerat. Coacta est synodus hæc xv Kal. Septembris ; at ei non interfuit Ado ; quam ob causam, incertum.

16. Hincmarus ipse suo et Adonis, aliorumque Galliæ pontificum nomine scripsit ad Ludovicum Germaniæ regem pro Bertulfo Trevirensi archiepiscopo adversus Waltonem cœnobii sancti Maximini monachum, sedis Trevirensis (uti dicit) invasorem. Idem porro Hincmarus Adoni Viennensi archiepiscopo scribit inter cætera pro epistola beati Aviti ad sanctum Remigium scripta, quam quidam Rotfridus monachus ei dixerat se apud eumdem Adonem legisse. Sed et si qua præterea de sancto Remigio reperire valeret, ei super aurum et topazion pretiosa mitteret. Frodoardus auctor in Historiæ Rhemensis lib. III, cap. 21, qui et alibi testatur, Rotfridum hunc cœnobii Remigiani apud Rhemos monachum fuisse.

17. Addo ex Chronico Hugonis abbatis Flaviniacensis, Remigium Lugdunensem pontificem Adoni Viennensi episcopo, quem Romanæ Ecclesiæ vicarium, id est legatum, appellat, pro Trevirensi papæ litteras misisse pro Trevirensi et Coloniensi episcopis depositis, Teutgaudo scilicet et Guntario ; denique ipsum Remigium simul et Adonem scripsisse Joanni papæ pro simonia ; et quia per manum laicam quilibet indigni ad episcopatum promovebantur.

18. Anno 869 defuncto Ebone Gratianopolis episcopo, Lotharius rex a fratre suo Ludovico secundo imperatore obtinuit, ut cuidam suo clerico, Bernario nomine, episcopatum Gratianopolitanum concederet. Ludovici hac de re litteras accepit Ado pridie Idus Julii, quibus monebatur, ut quam primum eumdem Bernarium episcopum ordinaret. Huc alias etiam Kalendis Augusti accepit tum ab Lothario rege, qui ipsum certiorem facit de prospero itinere suo Romano, præcipitque, ut redeunti sibi obviam veniat ad sanctum Mauricium : tum a Carolo rege vi Kalendas Septembris, qui Adonem sibi charissimum vocat, significans, se cuidam clerico, diacono olim venerabilis archiepiscopi Remigii, et postmodum Lotharii nepotis sui, ita concessisse Gratianopolitanum episcopatum, ut vestro, inquit, judicio si canonice probaveritis, ibi a vestra sanctitate ordinetur episcopus. Exstant hæ litteræ apud Sirmondum in Conciliorum Galliæ tomo III.

19. Ado vero cernens religionem a sua observantia partim defecisse adversarum causarum occasione, institit omnimodis, ut ad pristinam rectitudinis normam paulatim ipsius studio reformaretur, uti legimus in Breviario Romanensi. Hinc constant institutionis ejus perplura documenta : siquidem et de nocturnis et de diurnis officiis psallendi regulam pulchre constituit.

20. Ex synodis ejus auctoritate habitis una mihi succurrit, quam eruditus vir Petrus Louvetus, superius laudatus, ex Viennensi Chartario descriptam Acherio nostro transmisit, quæ sic se habet :

Anno 870 Incarnationis Domini nostri Jesu Christi congregata est synodus Viennæ metropolis Ecclesiæ domno et venerabili archiepiscopo Adone præsidente, et vigilantissima cura causas ecclesiasticas et filiorum suorum necessitates investigante ac ecclesiastico more definiente. Adveniens reverendus vir Manno præpositus cœnobii sancti Augendi, adventus sui causam manifestans protulit in medio, quamdam ecclesiam ex cœnobio prædicto et infra Viennensem diœcesim sitam in villa Velnis, dotatam in honore sancti Petri, privilegio sibi concesso ab antecessoribus sanctissimi jam fati archiepiscopi, necnon ab ipso compontifice usque ad id tempus conservato, proclamante vici sancti Albani rectore desolatam esse. Protulit etiam isdem venerabilis præpositus scripturam inquisitionis temporibus piæ recordationis domni Agilmari factam, eo quod et tunc temporis altercatio haberetur inter ipsarum rectores ecclesiarum. Sed quia ea sancta synodus irrita judicavit, eo quod canonicorum..... roboratam non vidit, placuit sancto pontifici a capite per sanctissimos presbyteros omnem causam reiterari, quatenus veritate comperta, altercatio diu ventilata firmaretur [*l.*, finiretur]. His igitur testantibus et dicentibus ordinem veritatis, visum est domno pontifici una cum consensu sanctissimæ synodi, quatenus sicut in diebus antecessorum suorum sanctorum pontificum honorata fuit sancta congregatio cœnobii beatissimi Augendi, sic et in hac petitione et in cæteris necessitatibus suis honorem et opem ferret ad vires suas sancta metropolis Viennensis Ecclesia, et ut sopita querela firmius privilegium suum super facto Viennensis [*f.* S. Augendi] Ecclesia in futurum possideat, litteris etiam roboretur. In hunc itaque modum ego Ado Viennensis archiepiscopus consentiens et pio consilio filiorum meorum annuens, manu propria subter firmavi, sanctisque filiis meis, secundum morem ecclesiasticum firmare rogavi. Actum Viennæ publice, mense Aprilis, episcopatus domni Adonis anno decimo, indictione tertia.

21. Sunt et alia quædam instrumenta in eodem Chartario pontificatu Adonis facta : unum, in quo refertur litigatio Witfredi advocati ecclesiæ sancti Mauricii, qui veniens publice in Viennam civitatem

in præsentia domni Adonis ejusdem ecclesiæ venerabilis archiepiscopi, et Erlulfi vicecomitis missi illustris Bosonis comitis, Constantii coepiscopi et aliorum, adversus Sigifredum quemdam expostulavit, quod immunitatem ecclesiæ sancti Mauricii in villis ei subjectis violasset. Aliud in eodem codice exstat instrumentum Rodstagni et conjugis ejus Bertildis, Adoni et Ecclesiæ Viennensi tradentium res suas in agro S. Ferreoli, acceptis ab ipso Adone de thesauro Viennensis ecclesiæ libris quinque, et calice cum patena de auro cocto, pensante unaquaque libram ad ferros Spaniscos. Rodstagnus autem res suas in ea villa exsistentes tradidit Adoni ejusque clero, accipiens ostium, et cespitem, et andelanc : et post aliquantum temporis pergameno dato scripturam exinde facere rogavit Adonem, Constantium chorepiscopum, Erlenum præpositum, Leutbertum decanum, Teutelmum abbatem et diaconum, aliosque clericos. Actum XII Kal. Maii, anno IV, quo successit domnus Karolus rex in regnum nepotis sui Lotharii, id est anno Christi 869. Tertium instrumentum est ejusdem Adonis, Amalgaudo et uxori ejus Volfoldæ ac filio eorum Hadriano concedentis usumfructum quorumdam prædiorum, quia res suas episcopali ecclesiæ sancti Stephani donaverant. Fragmenta quædam ex ejusmodi præstaria (sic vocabant) excerpere juvat. Consuetudo et justitia ecclesiastica est, ut qui res et facultates suas Deo servisque ipsius contulerit, ei aliquid quod rationabiliter postulaverit ad invicem, de rebus suis Ecclesia conferat. Ideo ego Ado archiepiscopus Viennensis Ecclesiæ una cum sacerdotibus et clericis ejusdem sanctæ matris Ecclesiæ concedimus tibi, Amalgaude, et uxori tuæ Volfoldæ ac filio vestro Hadriano res quas de potestate ac jure vestro ad potestatem ecclesiæ nostræ per chartarum instrumenta tradidistis : et pro hac tam pia collatione concedimus etiam tibi et uxori et filio tuo supra scripto præstatione beneficii Alausium villam ecclesiæ nostræ ad serviendum, quandiu vixeritis, et colonicas quas per præstariam jam vobis una cum ecclesiis in Valle-Aurea beneficiavimus..... Pro vestitura vero annis singulis in festivitate beatissimorum Macchabæorum Kalendis Augusti pastum unum fratribus canonicis in Viennensi cœnobio positis faciatis, ipsaque die orationes generales pro vobis ac propinquis vestris faciat supra dicta ecclesia. Hæc absque temporis nota. In litteris Raganfridi archiepiscopi Viennensis, suggerente Berilone vicecomite, confirmantur res ad ecclesiam sancti Petri extra muros Viennæ civitatis sitam pertinentes, quæ etiam olim regali præcepto Lotharii quondam regis per suggestionem sanctorum episcoporum Remigii Lugdunensis et Adonis Viennensis restitutæ fuerant.

22. Anno jam dicto 870 Ado politiori stylo exornavit Acta sancti Desiderii Viennensis pontificis et martyris in gratiam Viennensium, eaque monachis cœnobii sancti Galli in Alamannia cum nonnullis ejusdem sancti reliquiis transmisit. De hac aliisque ipsius lucubrationibus infra.

23. Cabillonensibus synodis duabus subscripsit : nimirum uni anno 873 coactæ in ecclesia sancti Laurentii, quæ canonicis ecclesiæ sancti Marcelli restituta est ; alteri anno 875 in ipsa basilica sancti Marcelli, ubi subscripsit litteris pro monasterio Trenorchiensi, editis apud Petrum Franciscum Chiffletium in Probationibus historiæ ejusdem monasterii.

24. Reliqua viri sancti facta perstringit Viennense Breviarium, religionem in ecclesiis exornandis, hospitalitatem et charitatem in pauperes, assiduitatem in officiis divinis : ut superius videre licet in ejusdem Breviarii lectionibus 6, 7, et 8.

25. Cumque jam tempus adesset quo Dominus militem suum beata mercede vellet donare, sextum decimum circiter annum in episcopatu agens, de præsenti ad futuram vitam felici fine demigravit : cujus corpus in ecclesia sanctorum Apostolorum officiose tumulatum est. Ita Breviarium Romanense, cui Viennense concordat. Addit Romanense : Qui vixit annos plus minusve septuaginta sex. Adonis obitum anno septuagesimo quinto supra octingentesimum accidisse mihi constat, tum quia episcopatum tenuit annos sexdecim ab anno Christi 860, tum quia Ortramnus ejus successor concilio Pontigonensi subscripsit anno 876. Diem mortis sextum decimum mensis Decembris signant Breviaria et Martyrologia Romanum et Gallicanum ; annum etiam designat Viennense ms. cujus copiam ab erudito viro Nicolao Chorerio accepit noster Claudius Stephanotius. En ejus verba : XVII Kal. Januarii S. Adonis Viennensis episcopi, miræ sanctitatis viri, anno ab Incarnatione Domini 875, indictione octava. Rexit autem ecclesiam suam sexdecim annos, et sepultus est in ecclesia Apostolorum Viennæ, hoc est in extramurana monasterii sancti Petri basilica, ubi Viennenses pontifices tumulari mos erat. Monasterium sancti Petri ab ordine sancti Benedicti ad sæculares canonicos devolutum est, uti et alia multa, quæ Viennæ quondam exstitisse nos docet libellus de Vita sancti Clari abbatis in sæculo II. Ex his colliges Adonem anno circa octingentesimo natum esse ; siquidem obiit anno 875, postquam vixit annos plus minusve septuaginta sex. Hæc de sancti Adonis rebus gestis, quatenus eas eruere licuit ex probatis monumentis, maxime ex Lupi epistola 122, et ex Breviariis Viennensi et Romanensi, quod mihi primum illustrandi Adonis occasionem et materiam præbuit. Viennense legerat Andreas Sausseius, qui in Martyrologio suo Gallicano scribit, Adonem primos annos transegisse in monasterio Ferrariensi sub Lupi abbatis disciplina : quod nemo ante eum (si non fallor) observarat. Sancti Adonis festus dies ritu duplici colitur in ecclesia Viennensi, solemnius in ecclesia sancti Petri, ubi ejus reliquiæ promiscue cum aliis aliorum sanctorum archiepiscoporum ossibus sub altari asservari creduntur, post sacrarum thecarum expilationem ab hæreticis factam memoria patrum nostrorum.

26. In fine animadvertenda sunt aliqua de Adonis scriptis, in quibus primum locum sibi vindicare videtur Martyrologium ; nam cæteras lucubrationes condidit jam episcopus : hanc vero ante episcopatum aggressus est, ut colligitur ex eo, quod quinquennio Romæ exacto Ravennam devenit : ubi quemdam libellum a quodam fratre religioso præstitum transscripsit, ad describendas sanctorum martyrum passiones, id est Martyrologium, quod Adoni Treverensi pontifici a nonnullis perperam tribuitur. Typis primo vulgatum fuit a Jacobo Mosandro Carthusiano, tum ab Heriberto Rosweido, cui nomen Adonis præfixum invenit in codice Everhodiensi, hoc modo : Ado Viennensis archiepiscopus quasi epilogatum compilavit, incipiens a festivitatibus apostolorum aut discipulorum aut successorum eorum, et in fine subjicitur apud ipsum Precatio Adonis versibus composita. Uterque editor quorumdam sanctorum nomina, quæ ab aliis inserta credidere, in appendicem conjecerunt : quod an jure merito factum sit mox videbimus.

27. In pluribus, quæ vidi, istius Martyrologii exemplaribus manu exaratis non comparet Adonis nomen, hanc proculdubio ob causam, quod epistola nomen Adonis præferens, non initio ipsius Martyrologii, sed veteris (ut Rosweidus censuit) Romani, quo usus est Ado in suo condendo, et quod in plerisque codicibus mss. desideratur, præfixa sit, ob idque ab Adoniani Martyrologii descriptoribus prætermissa. Verum ejus auctor satis se ipse prodit in plerisque Martyrologii sui locis. Is enim agens de translatione corporis sancti Augustini Ecclesiæ doctoris anno 822 Ticinum facta per Liutprandum Langobardorum regem, eam nuper factam esse dicit V Kal. Septembris. Deinde ad XVIII Kal. Octobris meminit transl-

tionis reliquiarum sancti Cypriani tum ex Africa in Galliam regnante Carolo Magno, tum Arelate Lugdunum per Leidradum pontificem; nam quod in editis additur de translatione Compendium facta per Carolum Calvum, insertum videtur post mortem Adonis, nec comparet in nostro exemplari ante annos sexcentos manu descripto. Postea agens Auctor de instituto festo sanctorum omnium Kalendis Novembris : Sed in Gallis, inquit, monente sanctæ recordationis Gregorio pontifice piissimus Ludovicus imperator omnibus regni et imperii sui episcopis consentientibus statuit, ut solemniter festivitas omnium sanctorum in prædicta die annuatim perpetuo ageretur. Ad hæc in ms. codice nostro dedicatio ecclesiæ monasterii Cellensis anno 850 facta accurate describitur xvii Kal. Novembris eum ad modum, quo superius relata est ad annum 873, ubi de sancti Frodoberti abbatis translatione egimus. Hæc quo minus ab interpolatore addita putem, ea me causa movet, quod singulas (quas vocant) circumstantias non ita accurate nosset homo posterioris temporis : cum eos ignorasse videatur auctor anonymus, qui librum de Vita sancti Frodoberti abbatis Cellensis in sæculo II editum composuit. Ex his colligere licet martyrologum istum vixisse regnante Carolo Calvo.

28. Locum in quo frequens demoratus est, satis innuit, Burgundiam scilicet, cujus sanctos indigenas diligentius quam alios commendat : maxime vero totus esse videtur in annotandis rebus quæ pertinent ad urbem Autisiodorum et monasterium sancti Germani ; ex quo aliquando conjiciebam eum illius monasterii alumnum fuisse. Nam in codice nostro singulæ ejus ecclesiæ, altarium, et cryptarum dedicationes memorantur : sancti Germani ejus civitatis episcopi ubique data occasione fit mentio, nempe quarto Idus Julii, ubi agens auctor de sancto Savino : Hic fuit, inquit, ex discipulis magni Patris Germani : et Nonis Augusti, ubi de sancto Cassiano, ad cujus, ait, tumulum cum sanctus Germanus episcopus advenisset, mirabile dictu ! post orationem more solito fusam, vocans eum ex sepulcro ait ei : Quid hic agis, frater Cassiane ? Denique præter alia festa sancti Germani, ejus vigiliam exprimit pridie Kalendas Octobris : quæ omnia satis indicant hominem non longe ab Autisiodoro aliquando vixisse.

29. Scio Mosandrum et Rosweidum hæc et pleraque alia, aut non legisse in manuscriptis codicibus quibus usi sunt, aut rejecisse in appendicem, quasi ab aliis inserta essent. Et nonnulla certe ab recentioribus addita sunt in codice nostro, ut commemoratio sancti Maioli abbatis v Idus Maii, et xvii Kal. Septembris in Verziaco monasterio exceptio corporis sancti Ragnoberti Bajocensis episcopi, et alia pauca : at ea quæ de Autisiodoro et monasterio sancti Germani habentur, a primario auctore scripta existimo, quoniam in pluribus ejus Martyrologii, quæ legi, exemplaribus, tum integris, tum contractis, eadem omnino referuntur. Idem judicium esto de omnibus fere nominibus, quæ Mozander et Rosweidus in secessum rejecerunt. Quod enim alia atque alia desint in diversis membraneis codicibus, id provenit ex duplici capite : primum, quod cum istud Martyrologium in divinis officiis, per varias ecclesias legeretur, alii ipsum contrahebant, alii quosdam sanctos provinciæ aut ecclesiæ suæ ignotos resecabant; alterum, quod auctor ipse multis vicibus Martyrologium suum auxit, aliis atque alios addendo sanctos, qui in eo primo non exstabant. Unde contigit ut, qui primarium exemplar transcripsere, non tot habeant, quam qui secundariis exemplaribus usi sunt. Certe quæ in Rosweidi Adone desiderabatur SS. Florentini et Hilarii commemoratio, ex Adonis Martyrologio refertur a Petro de Natalibus in lib. VIII, cap. 124. Denique Adonem hujus Martyrologii conditorem esse constat tum ex epistola, veteri, quo usus est, Martyrologio præfixa, tum ex Notkeri Martyrologio ad diem x Kal. Junii, ubi rationem reddit cur Ado in suo nullam facit mentionem sancti Desiderii, archiepiscopi licet Viennensis et martyris, cujus nulla re vera exstat commemoratio in vulgato Adonis Martyrologio : quod passim sub Adonis nomine laudat Petrus de Natalibus.

30. Hinc intelligimus, Martyrologium istud ab Adone scriptum esse ante episcopatum, et ipsi opus suum postea relegenti excidisse sanctos Desiderium Viennensem episcopum, et Theuderium in eadem urbe abbatem. Senex erat, cum huic operi subjecit precationem, quæ apud Rosweidum incipit ab his versibus :

Christe, precor veniam segni des mitis alumno,
Tardus sum, tarde sed tibi nemo venit.
Longus præteritis tenuit nos error in annis ;
Sufficiat meritis hæc rogo pœna meis.
Vita brevis superest, in mortem et pronior ætas,
Jam peccare senex non queo, nolo tuus.

Qui tamen versus dubites an sint Adonis, cum Floro tribuantur in tomo I veterum Analectorum pag. 407. At cum in ms. codice Petaviano vacuum sit tituli spatium, Adoni his versus detrahere non licet. Hæc sunt quæ de prædicto Martyrologio mihi venerunt in mentem : in quo restituenda est commemoratio sancti Mauri abbatis, sanctæ Scholasticæ, et aliorum fere omnium sanctorum, quos Mozander et Rosweidus eliminaverunt. Cæterum an vetus illud, quo usus est Ado, Martyrologium, fuerit Romanum, in hujusce tomi præfatione expendi.

31. Ado etiam retroactorum temporum summam ab exordio mundi usque ad imperatoris Lotharii ac Ludovici et Caroli filiorum regni principatum, quanta potuit brevitate, notavit, ut ipse præfatur in Chronico suo, cujus extrema pars in editis est alterius auctoris, ab eo loco, si non me fallit conjectura, ubi agit de divisione regni, quam inter filios suos fecit Ludovicus rex Noricorum : tametsi Thuaneum exemplar, quod annos quingentos superat, eodem modo desinit quam libri editi, id est in anno 879.

32. Idem etiam Acta sancti Desiderii Viennensis episcopi expolivit in gratiam Viennensium suorum, uti fidem facit Præfatiuncula Adonis Viennensis Ecclesiæ antistitis, anno incarnationis Domini 870, indictione 3, cum passione sancti Desiderii episcopi eidem ecclesiæ directa, cujus hæc verba : Adeo, peccator et humilis episcopus Viennensis Ecclesiæ, dilectissimis fratribus et filiis ejusdem ecclesiæ... Beatissimi Desiderii Patris vestri vitam et martyrium, sicut antiquis scriptis commendariur, vobis idcirco revolvere et stylo committere aggressus sum, ut ejus incitamentis et studiis ad amorem vitæ æternæ vos amplius inflammarem. Hanc Vitam primus typis vulgavit Henricus Canisius in antiquarum Lectionum tomo VI, in cujus Vitæ fine additur subjectus Indiculus Isonis monachi Sancti Gallensis. Hanc autem passionem præfatus Ado archiepiscopus nobis fratribus in cœnobio sancti Galli sub Grimaldo abbate Deo militantibus, reliquiasque sancti Desiderii ab eo postulantibus cum ipsius aliorumque sanctorum reliquiis, actibus quoque et passionibus infra descriptis, anno supra memorato per nuntios satis fideles dirigere curavit, nimirum in primis per Beroldum presbyterum, testante Notkero in Martyrologio suo ad diem x Kal. Junii, ubi de sancto Desiderio : De quo, inquit, quia venerabilis Pater Ado ejusdem ecclesiæ nostra ætate pontifex, utpote in præsentia posito, et ob id suis in cunctis notissimo, aliquid superfluum dicere judicavit ; nos juxta scriptum quod idem apostolicus vir anno ab Incarnatione Domini 870, indictione 3, per virum sanctissimum Beroldum presbyterum, indigenam eorumdem locorum, sed nunc in castro Turico Christi servitiis insistentem, cum reliquiis ipsius sancti martyris Desiderii, et aliorum sanctorum pignoribus atque agonibus nobis in cœnobio sancti Galli con-

stitutis direxit; pauca de eo summatim attingentes, earumdem rerum ignaris insinuare curavimus.

33. In utroque hoc testimonio mentio fit de sanctorum actibus et passionibus seu agonibus, quos manu descriptos Ado Gallensibus monachis dono dedit: quibus verbis constat Martyrologium ab ipso Adone compositum. Id vero aperte declarat Notkeri testimonium, rationem reddentis cur Ado in Martyrologio suo non meminerit Desiderii Viennensis episcopi : de quo, inquit, venerabilis Pater Ado, utpote in præsentia posito, et ob id suis sanctis notissimo, aliquid superfluum dicere judicavit : nam Desiderii mentionem in Martyrologii Adonis exemplaribus, tam editis quam manu exaratis, prætermissam esse superius observatum est.

34. Ad hæc idem sanctus pontifex libellum de Vita sancti Theuderii abbatis Viennensis litteris mandavit, ejusque cœnobii monachis nuncupavit hoc prologo : Ado Viennensis episcopus fratribus in cœnobio sancti Theuderii consistentibus in Domino Jesu Christo æternam salutem. Patris vestri Vitam, id est beati Theuderii, idcirco vestræ sanctitati scriptis meis commendare disposui, ut vos suis exemplis ad amorem vitæ æternæ amplius invitarem, etc. Vita hæc edita est in appendice sæculi primi.

Adonem antequam missum faciamus, in seriem Viennensium episcoporum, qui sæculo nono exstitere, quædam observare juvat. Præter indicem utriusque Galliæ Christianæ, et tertium Joannis a Bosco, unum ex ms. codice Viennensi acceptum mihi suppeditavit noster Claudius Stephanotius, qui index jussu Burnonis episcopi anno 1259 conscriptus est. Alium item indicem sæculi noni ac decimi episcoporum habes in tomo I Analectorum. Omnes hi indices cum Kalendario Viennensi ms. comparandi sunt. Burnonis Chronographus de Urso, a quo exordium duco, ejusque successoribus ita scribit :

S. Ursus vir bonus et simplex, senio gravatus coadjutorem sibi elegit, ut ejus vices ageret. Sepultus fuit in ecclesia S. Stephani x Kal. Maii.

S. Ultraja ex Judæo de tribu Benjamin Christianus, doctissimus, prædicti Ursi episcopi coadjutor et successor, Karolo Magno percharus, finem vitæ accepit Idibus Martii, et sepulturam cum suo prædecessore in ecclesia S. Stephani. Is in vulgatis indicibus, item in ms. Kalendario ecclesiæ Viennensis memoratur his verbis : Commemoratio Ultrajæ Viennensis episcopi, qui tempore imperatoris Karoli, cum adhuc senex Ursus superviveret, et cum esset Benjamini generis homo, episcopatum Viennensem suscepit : cujus tempore agente pio principe Carolo partem rerum suarum Viennensis ecclesia recepit. Rexit ecclesiam annis xi, et sepultus est in ecclesia B. Severi [*l.* Stephani], ubi antecessor ipsius Ursus sepultus jacet. Burnonis Chronographus, Kalendarium ms. atque adeo Joannes a Bosco, Urso seu Ursioni, quem anno 794 concilio Francofurtensi interfuisse constat ex can. 8, præponunt Wolferium, eumque ab Ultraja distinguunt. Verum Ado noster, cui potior fides, Urso postponit Wlferium, natione Bajowarium, quem binominem fuisse, et Ultrejam patrio nomine appellatum dicit.

S. Barnardus sub annum 810 Ultrajæ seu Wolferio suffectus, anno 842 obiit, ut ad ejus Vitam probatum est in tomo superiori. Hinc corrigendus Burnonis Chronographus, qui Barnardi ordinationem anno 817, mortem anno 862 repo-uit.

S. Agilmarus a Lothario imperatore confirmationem fundationis Romanensis monasterii a S. Barnardo fundati impetravit, inquit Chronographus, et anno 860 ex dictis, non 800, ut fallit Chronographus, pridie Non. Julii animam efflavit, et solemniter ad pedes Naamatii in ecclesia S. Petri fuit tumulatus.

S. Ado hujus vitæ lumen amisit xvii Kal. Januarii anno 873, ex præmissis, non anno 876, ut in Analectis, aut anno 879, apud Chronographum.

Post Adonem clerus et populus elegerunt Othtrannum archiepiscopum Viennensem : cujus consecrationi Bernerius Gratianopolitanus episcopus interfuit, ex Analectis : S. Othrannus, inquit Chronographus, jacet in æde S. Petri, defunctus 16 septem., anno 888.

Post hunc Othrannum electus et consecratus est Barnoinus, qui anno Dominicæ Incarnationis 899, indictione 11, obiit, ex Analectis : ubi mendum in annum Incarnationis, ut ex autographo postea deprehendi, irrepsit, uti et in sequentem.

Quippe eodem anno Incarnationis 899, indictione 11, v Kal. Februar. die Dominica consecratus est archiepiscopus Raganfridus, cui consecrationi interfuit Isaac sanctæ Gratianopolitanæ ecclesiæ episcopus, tempore Ludovici regis filii Bosonis. Hinc corrigendus iterum Chronographus, qui Barnoini obitum locat anno 901, scribitque eum interfuisse concilio Viennæ celebrato a legato sedis apostolicæ anno 892. Hæc de Viennensibus episcopis, deque Adone dicta sint.

S. ADONIS VIENNENSIS
CHRONICON
IN ÆTATES SEX DIVISUM [a]
NEMPE

I. Ab origine mundi usque ad diluvium. — II. A diluvio ad Abrahami nativitatem. — III. Ab Abraham ad David usque. — IV. A Davidis regno ad transmigrationem Hebræorum in Babyloniam. — V. Ab eadem transmigratione ad Christum Servatorem nostrum. — VI. A Christo ad mundi finem.

(Ex Bibl. Patr. max., tom. XVI.)

ÆTAS PRIMA
AB ORIGINE MUNDI USQUE AD DILUVIUM.

Breves temporum per generationes et regna, primus ex nostris Julius Africanus sub imperatore Marco Aurelio Antonino simplicis historiæ stylo elicuit. Deinde Eusebius Cæsariensis, atque sanctæ memoriæ Hieronymus presbyter, chronicorum Canonum multiplicum ediderunt historiam, regnis simul ac temporibus digestam. Post hos alii atque alii, inter quos denique Victor, Turonensis Ecclesiæ episcopus, recensitis prædictorum historiis, gesta sequentium ætatum usque ad consulatum Justini junioris explevit. Horum nos temporum summam, ab exordio mundi usque ad imperatoris Lotharii ac Ludovici fratris ejus, ac Ludovici et Caroli regum principatum, quanta potuimus brevitate notavimus, adjicentes e latere descendentem lineam temporum [b], cujus indicio summa præteriti sæculi cognoscatur. Quædam etiam ex divinis libris ad eruditionem legentium, ubi opportunum duximus, subnotantes, ut ex brevi lector plura colligere possit.

Sex diebus rerum creaturam Deus formavit. Primo die condidit lucem. Secundo, firmamentum cœli medio libravit aquarum, ipsis aquis ac terra cum cœlo superiore ac virtutibus, quæ in ea Conditorem laudarent, ante horum sex dierum exordium creatis. Tertio, congregatis in suum locum aquis, quæ cuncta contexerant, aridam jussit apparere. Quarto, sidera in firmamento cœli posuit, qui nunc quantum conjunctura æquinoctii colligitur, XII Kalendarum Aprilium vocatur. Quinto, natatilia et volatilia animantia creavit. Sexto, animalia terrestria, et ipsum hominem Adam formavit : de cujus latere dormientis matrem omnium viventium Evam produxit : qui nunc, quantum credibile videtur, decimus Kalendarum Aprilium dies appellatur. Unde merito creditur, si non verior sententia vicerit, eodem decimo Kalendarum Aprilium die, Dominum fuisse crucifixum. Dicebat enim una eademque non solum hebdomadis, sed et mensis die, secundum Adam pro generis humani salute vivifica morte sopitum, de productis e latere suo cœlestibus sacramentis sponsam sibi Ecclesiam sanctificare : quo videlicet die primum Adam humani generis patrem ipse creaverat ; eique de latere costam tollens, mulierem ædificaverat, cujus adjutorio genus humanum propagaret.

[A. M. 130] Adam annorum centum triginta genuit Seth, cui supervixit annis octingentis. Verum Septuaginta Interpretes ante natum Seth posuerunt annos ducentos et triginta ; postea, septingentos. Seth interpretatur *resurrectio*, quia in eo resuscitatum est semen justum, quod est stirpis filiorum Dei, et quia significavit resurrectionem Christi a mortuis : cujus mortem illatam a Judæis significavit Abel, qui dicitur *luctus*, a fratre Cain occisus.

[235] Seth annorum centum quinque genuit Enos ; cui supervixit annis octingentis septem. Porro Septuaginta ante natum Enos annos ducentos quinque posuere, postea, septingentos septem. Enos interpretatur *homo*, de quo benedicitur. Iste cœpit invocare nomen Domini, quia hominum est proprium ut, suæ conditionis memores, invocent Conditoris auxilium, ut filii resurrectionis esse lætentur.

---

[a] Ado, Viennensis archiepiscopus, vita, moribus, doctrina celeberrimus, scripsit Commentarios de mundi ætatibus, seu Chronicon ab origine mundi usque ad sua tempora, id est ad regnum Ludovici, Francorum regis, cognomento Balbi. Porro idem Ado obiisse perhibetur anno 874 : quare quod in eodem Chronico additur usque ad annum 879, ab aliquo alio videtur adjunctum.

Dolendum est autem quod istud Chronicon multis mendis scateat, quæ defectu ms. codicum corrigi non potuerunt.

[b] Has temporum notas, inter uncos inclusas textui præmisimus. EDIT.

[325] Enos anno nonagesimo genuit Cainam, cui supervixit annos octingentos quindecim. Septuaginta ante natum Cainam centum nonaginta annos, postea septingentos quinque, posuere. Cujus nomen interpretatur *natura Dei*.

[395] Cainam annorum septuaginta genuit Malaleel; post cujus ortum vixit annos octingentos quadraginta. Septuaginta ante natum Malaleel, centum septuaginta; postea dixere septingentos quadraginta. Qui interpretatur, *Quis est Dominus Deus*, vel *ex vita Deus*.

[460] Malaleel anno sexagesimo quinto genuit Jared, cui supervixit annos octingentos triginta. Septuaginta ante natum Jared annos centum sexaginta quinque, postea posuere sexcentos triginta. Interpretatur autem *descendens* sive *roborans*.

[622] Jared annorum centum sexaginta duorum genuit Enoc, cui supervixit annos octingentos. In hac generatione nusquam utrique codices discrepant. Enoch translatus est a Deo : quique etiam nonnulla scripsisse, Juda apostolo idipsum attestante, fertur. Sed ob antiquitatem suspectæ fidei, a Patribus refutata sunt, ut sunt illa quæ sub ejus nomine proferuntur de gigantibus fabulæ ª, quod non habuerint homines patres.

[684.] Enoch annorum sexaginta quinque genuit Mathusalem, post cujus ortum ambulavit cum Deo trecentis annis. Septuaginta ante natum Mathusalem posuere centum quinquaginta quinque annos, postea ducentos Enoch, qui interpretatur *dedicatio*, septima generatione translatus, civitatem electorum insinuat, quæ in sexta hujus sæculi ætate pro Deo laborans, in septima sabbati futuri gloriam dedicationis exspectat. At quia reprobi sola præsenti sunt fidelitate contenti, Cain civitatem quam statuit non in septima generatione, sed in primogenito Enoch filio consecrat.

[874] Mathusalem annorum centum octoginta septem genuit Lamech, cui supervixit annos septingentos octoginta duos, id est usque ad diluvium. Septuaginta ante natum Lamech, centum sexaginta septem annos ponunt postea, octingentos duos, qui numerus, ut lector facillime videbit, juxta Hebraicam veritatem viginti annis, juxta vero Septuaginta auctoritatem, quatuordecim annis tempora diluvii transiit. Et quomodo verum est quod octo tantum animæ in arca salvæ factæ sunt? Sed in Hebræorum et in Samaritanorum libris ita scriptum reperitur : Et vixit Mathusala centum octoginta septem annis, et genuit Lamech ; et vixit Mathusala, postquam genuit Lamech, septingentis octoginta duos annos, et genuit filios et filias. Et fuerunt omnes dies Mathusalæ anni nongenti sexaginta novem , et mortuus est. Et vixit Lamech centum octoginta duos annos, et genuit Noe. A die ergo nativitatis Mathusalæ usque ad diem ortus Noe, sunt anni trecenti sexaginta novem. His adde sexcentos annos Noe, quia in sexcentesimo vitæ ejus anno diluvium factum est, atque ita fit ut nongentesimo sexagesimo nono vitæ suæ anno Mathusala mortuus sit, eo anno quo cœpit esse diluvium. Mathusala annorum centum octoginta septem genuit Lamech : hac generatione gigantes nati sunt, hacque ætate Jubal ex genere Cain artem musicam reperit, cujus etiam frater Tubal Cain æris ferrique inventor fuit.

[1056] Lamech annorum centum octoginta duorum genuit Noe, cui supervixit annos septingentos quinque. Septuaginta ponunt annos ante natum Noe, centum octoginta novem. Et postea, quingentos sexaginta quinque. In hac sola generatione summa universitatis discrepat, quia triginta quatuor annis plus vixisse Lamech in Hebræis quam in Septuaginta translatorum codicibus invenitur : et quia hoc potuit accidere errore scriptoris, potius ei linguæ creditur unde est in aliam per interpretes facta translatio.

[1556] Noe , divino oraculo jubente, anno ætatis suæ quingentesimo, arcam ædificare cœpit, His temporibus, ut refert Josephus (*Antiq.* lib. 1), scientes illi homines quod aut aquis aut igne perire poterant, in duabus columnis, ex latere et lapide factis, studia sua conscripserunt, ne delerentur memoria quæ sapienter invenerant. Quarum lapidea columna fertur in diluvio durasse, et hactenus in Syria permanere. Noe anno sexcentesimo venit diluvium, mense secundo, decima septima die mensis. Cujus arcam Josephus sedisse refert in montibus Armeniæ, qui vocantur Ararat. Hæc prima ætas sæculi, secundum Hebraicam translationem, continet annos mille sexcentos quinquaginta sex. Secundum Septuaginta editionem, bis mille ducentos quadraginta duos.

(Oros. l. 1, c. 3.) In hac prima ætate, sacræ litteræ continent, præter veritatem historicam et omnis creaturæ conditionem, quod virtute Spiritus sancti creatura, per inobedientiam peccati labe fœdata, sanctificatis aquis esset ad perpetuam gratiam abluenda ; sicque lux pietatis a nocte impietatis, misericordi justaque divisione, esset dirimenda. Et in formatione Adam, et, de costa lateris ejus, mulieris Evæ, sacramentum Christi et Ecclesiæ. Et in contemptu mandato omnibus transgressoribus præceptorum Dei perpetuam mortem justo judicio inferri. Et in serpentem diabolum prolatam sententiam in eis manere qui ejus fecerint voluntatem ; et in maledicto mulieris, originale peccatum sequi ; et transgressorum filios sub peccato nasci ; et prædictam pœnam peccati in labore sudoris et doloris, quam radix humani generis Adam per propagationem in ramos ex radice damnata venientes infudit.

In Cain et Abel duorum populorum figuram, Judæorum et Christianorum, ubi sacrificium majoris respuitur, et minoris placitum assumitur ; electorum multitudinem, ad veram et æternam dedicationem transferendam, et homicidæ filios, viæ suæ ordinem corrumpentes, et justo et manifesto judicio omnipotentis Dei intercipiendos.

ª De scriptis Enoch, vide Sixti Senens. Biblioth. lib. II.

ÆTAS SECUNDA

A DILUVIO AD ABRAHAMI NATIVITATEM.

[1657] Secunda sæculi ætate, prima hujus diei, quæ est vicesima septima mensis secundi, egressus est Noe de arca, in qua pauci, id est octo animæ, salvæ factæ sunt per aquam. Quod commemorans in Epistola sua beatus Petrus apostolus statim exponere curavit : Quod et vos nunc similis formæ salvos fecit baptisma, non carnis depositio sordium, sed conscientiæ bonæ interrogatio per Deum : per resurrectionem Jesu Christi, qui est in dextera Dei, in aqua diluvii baptismum : in arca et his quæ continebat Ecclesiam et fideles ejus; in octonario animarum numero, mysterium Dominicæ resurrectionis, in cujus fide baptizamur, docens esse figurata.

Fuerunt autem Noe filii tres, Sem, Cham et Japhet, ex quibus septuaginta duæ linguæ sunt, id est de Sem viginti octo ; de Cham, triginta; de Japhet, quindecim.

[1658] Sem centesimo anno genuit Arphaxad, biennio post diluvium, a quo Chaldæi. Supervixit autem Sem nato Arphaxad quingentis annis, id est usque ad quinquagesimum annum nativitatis Jacob.

[1694] Arphaxad anno centesimo trigesimo quinto genuit Sale. Hic Septuaginta interpretes unam generationem plus quam Hebraica veritas posuerunt, dicentes quod Arphaxad, cum esset annis centum triginta quinque genuit Cainan, qui cum centum triginta annorum fuerit, ipse genuit Sale. Quorum translationem evangelista Lucas hoc loco videtur esse secutus. Vixit autem Arphaxad post natum Sale quadringentis tribus annis, cui tamen Septuaginta post natum Cainam ascribunt annos quadringentos triginta, et Cainam post natum Sale, trecentos triginta octo. Ab Arphaxad Samaritæ vel Indi.

[1724] Sale annorum triginta genuit Heber, cui supervixit annis quadringentis tribus. Ante natum Heber, Septuaginta posuerunt annos centum triginta, postea, trecentos triginta. Ab hoc Heber Hebræorum nomen et genus oritur.

[1785] Heber annis triginta quatuor genuit Phalec, cui supervixit quadringentis triginta annis. Septuaginta ante natum Phalec posuere ann. centum triginta quatuor, postea, ducentos septuaginta. Phalec interpretatur *divisio ;* cui propterea tale nomen parentes imposuerunt, quia tempore nativitatis ipsius terra per linguarum confusionem divisa est. Cujus divisionis Arnobius rhetor ita meminit (ARNOBIUS *in Psal.* CIV) : Sem , primogenito Noe, pars facta est a Persida et Bactris usque in Indiam longe, et usque Rhinocoruras : quæ spatia terrarum habent linguas, sermone barbarico, viginti septem [a]. In quibus linguis gentes sunt patriarum quadringinta sex, non diversarum linguarum, sed diversarum patriarum :

A sicut cum una lingua sit Latina, sub una lingua diversæ sunt patriæ, Brutiorum, Lucanorum, Apulorum, Calabrorum, Picentum, Tuscorum, et si dicamus his atque hujusmodi similia. Cham vero, secundus filius Noe, a Rhinocoruris usque Gaddila, habens linguas sermone Punico a parte Garamantum; Latino, a parte boreæ ; barbarico, a parte meridiani, Æthiopum, Ægyptiorum, et barbaris interioribus, vario sermone, viginti duabus linguis, in patriis trecentis nonaginta quatuor. Japhet autem, tertius, a Media usque ad Gaddila ad boream. Habet autem Japhet flumen Tigridem, quod dividit Mediam et Babyloniam, in patriis ducentis, sermone vario in linguis viginti quatuor. Fiunt ergo omnes simul linguæ septuaginta duæ; patriæ autem generationum mille, quæ in tripartito orbe, Asia, Africa, Europa sitæ sunt : habetque, ut diximus, Japhet flumen Tigridem, quod dividit Mediam et Babyloniam ; Sem autem Euphratem ; Cham vero Geon, qui vocatur Nilus.

Phalec annorum triginta genuit Ragau, cui supervixit annis ducentis novem. Septuaginta ante natum Ragau centum triginta annos ponunt, postea, ducentos octo. Tempore Phalec turris ædificata est factaque linguarum divisio. Hujus turris altitudo quinquies mille centum septuaginta quatuor dicitur tenere passuum, paulatim altioribus in angustias coarctatis, ut pondus imminens facilius sustentaret. Describunt ibi templa marmorea, lapidibus pretiosis auroque distincta, et multa alia quæ videntur incredibilia. Auctor hujus turris Nemrod gigas exstitit. Qui post confusionem linguarum migravit inde ad Persas, eosque ignem colere docuit. Abhinc errores gentium creverunt, templa constructa, et quidam gentium principes tanquam dii sunt adorati.

[1820] Ragau annorum triginta duo genuit Seruth, cui supervixit annis ducentis septem. Septuaginta ante natum Seruth, centum triginta duos annos ponunt, postea ducentos octo. Scytharum regnum exortum est, ubi primus regnavit Tanaus.

[1858] Seruth annorum triginta genuit Nachor, cui supervixit annos ducentos. Septuaginta ante natum Nachor ponunt annos centum triginta, postea, ducentos. Ægyptiorum regnum sumit principium, ubi primus regnavit Zoes.

[1878] Nachor annorum viginti octo genuit Thare, cui supervixit annos centum et novemdecim. Septuaginta ante natum Thare ponunt septuaginta novem, postea, centum triginta novem. Assyriorum regnum et Sicyoniorum nascitur; sed primus in Assyriis regnavit Belus, quem quidam Saturnum existimant : in Sicyonia Ægialeus, a quo Ægyalea nun-

---

[a] Philastrius, Hæreseon cap. 106 ; pluribus linguis homines ante Babel asserit usos.

cupata est, quæ hactenus Peloponnesus vacatur. Ninus, rex Assyriorum primus, propagandæ dominationis libidine, arma foras extulit, cruentamque vitam magnis per totam Asiam bellis egit.

[1948] Thare annorum septuaginta genuit Abraham, cui supervixit annos centum triginta quinque. Sub quo Zoroastres, magicæ inventor, a Nino rege occiditur: qui Ninus ipse, dum deficientem a se oppugnat urbem, sagitta ictus interiit, muriqueBabyloniæ a Semiramide regina Assyriorum ædificantur (BEROS. l. v). Hactenus secunda sæculi ætas protenditur, fiuntque anni a diluvio usque ad Abraham, mille septuaginta duo, secundum vulgatam editionem, id est Septuaginta interpretum: secundum vero Hebræorum codices, longe pauciores inveniuntur, id est ducentis nonaginta duobus.

In hac secunda ætate sacræ litteræ continent, præter veritatem historicam, fidem et sacramentis plenam Patrum obedientiam. In hac Noe mysticæ jussioni et fabricæ obediens, arcam figuratis numeris et mensuris fabricans, eamque mundis immundisque animalibus, ut ei præceptum fuerat implens, Ecclesiam sanctam nobis composuit, mirificis sacramentis redundantem, lignum passionis et crucis ferentem, morte Christi baptismi gratiam exhibentem, pretium nostrum tanquam per ostium lateris manantem: per quod columba eadem ipsa Ecclesia tanto munere dotata processit: et corvus hæreticus exiens, tantis sacramentis indignus, ab illa quæ texerat, nigredine peccati illectus, transvolans humani cadaveris cupiditate naufragus, reverti contemnit. Arca construitur a Noe de lignis non putrescentibus, Ecclesia construitur a Christo ex hominibus in sempiternum victuris, quæ nunc in fluctibus hujus mundi natat.

Quod autem de quadratis lignis fieri jubetur, stabilem vitam sanctorum significat, undique ad omne opus bonum paratam: quocunque enim verteris quadratum, firmiter stabit.

Quod bitumine glutinantur arcæ ligna intrinsecus et extrinsecus, ut in compage unitatis significetur tolerantia charitatis, ne scandalis Ecclesiam tentantibus, sive ab his qui intus sunt, sive ab illis qui foris sunt, cedat fraterna junctura, et solvat vinculum pacis: est enim bitumen ferventissimum et violentissimum gluten, significans dilectionis ardorem, magna fortitudine ad tenendam societatem spiritalem omnia tolerantem.

Quod trecentis cubitis arca longa est, ut sexies quinquaginta compleantur: sicut sex ætatibus omne hujus sæculi tempus extenditur, in quibus omnibus Christus nunquam destitit prædicari, sed in trecentis cubitis signum ligni passionis ostenditur: ipsius enim litteræ numerus crucis demonstrat signum, quo, socii Christi passionis effecti per baptismum, longitudinem vitæ æternæ adipiscimur. Quod vero cubitis quinquaginta latitudo ejus expanditur, insinuat quod corda credentium Spiritus sancti dono charitate dilatantur: unde quinquagesimo die post resurrectionem suam Christus Spiritum sanctum credentibus misit. Quod autem ejus altitudo triginta cubitis surgit, quem numerum decies habet in trecentis cubitis longitudo, quia Christus est altitudo nostra, qui triginta annorum ætatem gerens, doctrinam evangelicam consecravit, contestans legem non se venisse solvere, sed adimplere. Quod sexies longa ad latitudinem suam, et decies ad altitudinem suam, humani corporis instar ostendit, in quo Christus apparuit: corporis enim longitudo a vertice usque ad vestigium, sexies tantum habet, quantum latitudo, quæ est ab uno latere ad alterum latus, a dextera in sinistram, vel a sinistra in dexteram: et decies quam altus a terra. Unde facta est arca trecentorum in longitudine cubitorum, et quinquaginta in latitudine, et triginta in altitudine.

Eadem arca collecta in unum cubitum, desuper consummatur: sic Ecclesia, corpus Christi, in unitate collecta sublimatur et perficitur. Quod autem aditus ei sit a latere, nemo quippe intrat in Ecclesiam, nisi per sacramentum redemptionis peccatorum, quod ex Christi latere aperto manavit.

Quod inferiora arcæ bicamerata et tricamerata construuntur, sic ex omnibus gentibus vel bipertitam multitudinem congregat Ecclesia, propter circumcisionem et præputium, vel tripertitam, propter tres filios Noe, quorum progenie repletus est orbis. Ideo arcæ inferiora dicta sunt, quia in hac terrena vita est diversitas gentium. In summa autem omnes in unum consummamur: et non est ibi varietas, quia omnia et in omnibus Christus.

Quod cuncta animalium includuntur genere in arca, quia ex omnibus gentibus et nationibus congregatio sit in Ecclesia: quod etiam Petro demonstratus discus ille significat, quod munda et immunda ibi sint animalia (Act. II); sicut in Ecclesiæ sacramentis, et boni et mali versantur.

Quod septena sunt munda, et bina immunda, ideo quia boni servant unitatem spiritus in vinculo pacis, sanctum autem Spiritum in divina Scriptura in septiformi operatione commendat, mali autem in binario numero schismata faciles et quodammodo divisibiles ostenduntur.

Quod ipse Noe cum suis octavus numeratur, quia in Christo spes resurrectionis nostræ apparuit, qui octava die, id est post Sabbati septimam, a mortuis resurrexit.

Quod post septem dies ex quo ingressus est Noe in arcam factum est diluvium, quia in spem futuræ quietis, quæ septimo die significata est, baptizamur.

Quod præter arcam omnis caro quam terra sustentabat, diluvio consumpta est, quia præter Ecclesiæ societatem, aqua baptismi quamvis eadem sit, non solum non valet ad salutem, sed potius valet ad perniciem.

Quod quadraginta diebus et quadraginta noctibus pluit, quia omnis reatus peccatorum in decem præceptis legis admittitur per universum orbem terrarum: qui quatuor partibus continetur, sive ille reatus, qui ad dies pertinet, ex rerum prosperitate;

sive qui ad noctes, ex rerum adversitate contractus sit, sacramento baptismi abluitur.

Quod Noe quingentorum erat annorum, cum ei locutus est Dominus ut arcam sibi faceret, et sexcentos agebat annos cum in eam fuisset ingressus, significatur sexta aetate in manifestatione evangelica, Ecclesiam construendam, quod et secundus mensis anni sexcentesimi, quo intrat Noe in arcam significat, duo enim menses senario numero concluduntur : a senario enim numero, et sexaginta cognominantur, et sexcenti et sex millia, et sexaginta millia, et sexcenta millia, et quidquid deinceps in majoribus summis per eumdem articulum numeri in infinitum consurgit. Et quod vigesimus septimus dies mensis commemoratur, ad ejusdem quadraturae significationem pertinet, quae jam in quadratis lignis exposita est : sed hic evidentius quia nos ad omne opus bonum paratos, id est quodammodo conquadratos, Trinitas perficit, in memoria qua Deum recolimus, in intelligentia qua cognoscimus, in voluntate qua diligimus : tria enim ter, et hoc ter, fiunt viginti septem, qui est numeri ternarii quadratus.

Quod septimo mense arca sedit, hoc est requievit, ad illam septimam requiem significatio recurrit, qua perfecti requiescunt : ibi quoque illius quadraturae numerus iteratur, nam vicesima septima die secundi mensis, commendatum est hoc sacramentum : et rursus vicesima septima die mensis septimi, eadem commendatio confirmata est cum arca requievit ; quod enim promittitur in spe, hoc exhibetur in re.

Porro quia ipsa septima requies cum octava resurrectione conjungitur, hoc in sacramento regenerationis nostrae, id est in baptismo, altum profundumque mysterium est, quod quindecim cubitis supercrescit aqua, excedens altitudinem montium. Octo itaque et septem quindecim faciunt : sed octo significant resurrectionem, septem quietem. Hoc sacramentum resurrectionis et quietis transcendit omnem sapientiam superborum, ita ut nullo modo possint indagare scientia sua altitudinem resurrectionis et quietis : et quia septuaginta et septem, et octoginta ab octo dinumerantur, conjuncto utroque numero, centum quinquaginta dies, quibus exaltata est aqua, eamdem commendant nobis atque confirmant altitudinem baptismi in consecrando novo homine ad tenendam quietis et consecrationis fidem.

Quod post dies quadraginta emissus corvus, non est reversus, aut aquis utique interceptus, aut alique supernatante cadavere illectus, significat homines immunditia cupiditatis teterrimos, et ob hoc ad ea quae foris sunt in hoc mundo ire : aut rebaptizari, quasi aut praeter arcam, id est praeter Ecclesiam, baptismus prosit, ut occidant et seducant, docere et tenere.

Quod columba emissa, non inventa requie, reversa est, ostendit per Novum Testamentum requiem sanctis in hoc mundo non esse promissam : post quadraginta enim dies emissa est ; qui numerus vitam, quae in hoc mundo agitur significat. Denique post septem dies dimissa propter illam septenariam operationem spiritalem, olivae fructuosum surculum retulit : quo significaret nonnullos etiam extra Ecclesiam baptizatos, si in eis pinguedo non defuerit charitatis, posteriore tempore in ore columbae tanquam in osculo pacis, ad unitatem societatis posse perduci. Quod post alios septem dies eadem dimissa, non est reversa, significat finem saeculi, quando erit sanctorum requies, non adhuc in sacramento spei, quo in hoc tempore consociatur, quandiu bibitur quod de latere Christi manavit : sed jam in ipsa perfectione salutis aeternae, cum tradetur regnum Deo et Patri, ut perspicua contemplatione incommutabilis veritatis, nullis ministeriis corporalibus egeamus.

Quod sexcentesimo et primo anno vitae Noe, aperitur arcae tectum, quia finita sexta aetate saeculi revelabitur absconditum sacramentum atque promissum.

Quod vicesimo septimo die secundi mensis, dicitur sicca fuisse terra, tanquam finita est baptizandi jam necessitas in numero dierum quinquagesimo et septimo : ipse enim est dies secundi mensis, vicesimus septimus, qui numerus ex illa conjunctione spiritus et corporis septies octones habet, uno addito propter unitatis vinculum.

Quod de arca conjuncti exeunt, qui disjuncti ante intraverant, quia in hoc tempore caro concupiscit adversus spiritum, et spiritus adversus carnem (*Gal.* v); postmodum autem, id est in fine saeculi, in resurrectione scilicet sanctorum, omnimoda et perfecta pace spiritus corpori adhaerebit, nulla mortalitatis indigentia, vel concupiscentia resistente.

Dantur eis cuncta animalia in escam, ex quibus sanguis prohibetur manducari, ne vita pristina, quasi suffocata, teneatur in conscientia, sed habeat tanquam effusionem per confessionem.

Quod vero testamentum posuit Deus inter se et homines, atque omnem animam vivam, ne perderet eam diluvio, arcum scilicet qui apparet in nubibus, qui nunquam nisi de sole resplendet, quia illi non pereunt diluvio, qui in prophetis et omnibus divinis Scripturis, tanquam in Dei nubibus agnoscunt Christum.

In hac aetate secunda post diluvium plantavit vineam Noe et inebriatus atque nudatus est in domo sua, portans Christi figuram, qui inebriatus est dum passus est, nudatus est dum crucifixus est in domo sua, in gente sua et in domesticis sanguinis sui. Hanc nuditatem, id est passionem Christi, videns Cham derisit : et Judaei Christi mortem videntes, subsannavere. Sem vero et Japhet, tanquam duo populi, ex circumcisione et praeputio, credentes, quodammodo passionem Christi velamento texerunt, id est sacramento honoraverunt : vestimentum enim significat sacramentum, quod dorso imposuerunt, quasi memoriam præteritorum; quia passionem Christi transactam celebrat Ecclesia, non adhuc spectat futuram. Medius autem frater Cham, id est impius populus Judæorum, qui nec primatum apostolicæ tenuit, nec ultimus in gentibus credidit, vidit nuditatem patris, quia consensit in necem Domini Salvatoris : nuntiat fratribus foras, quia per eum manifestatum est quod erat in prophetis secretum; ideoque fit servus fratrum suorum, facta ipsa gens quodammodo scriniaria Christianorum, bajulans legem et prophetas ad testimonium assertionis Ecclesiæ, ut honoremus per sacramentum quod numerant illi per litteram. Peccante Cham posteritas ejus damnatur, quia plebs Judaica quæ Dominum crucifixit, etiam in filios pœnam damnationis suæ transmisit. Sed et reprobi qui hic delinquunt, in posterum, id est futurum, sententiam damnationis excipiunt.

Nemrod filius Chus, primus novam imperii cupiditate tyrannidem arripuit, comparatus diabolo, qui superbe intumescens super sidera se exaltare voluit : quique venator et deceptor hominum ad mortem in Babel, id est in confusione, regnare non immerito dicitur; ubi confunduntur linguæ turrim impietatis superbæ ædificantium, omnium videlicet qui ab unitate fidei et integritate confessionis quasi per dissonantiam linguæ ad invicem fecerunt.

ÆTAS TERTIA

AB ABRAHAM AD DAVID USQUE.

[2185] Tertia mundi ætas a nativitate cœpit Abrahæ patriarchæ, qui septuaginta quinque annorum cum esset, relicta gente et patria, ad imperium Dei venit in terram Chanaan, accipiens promissionem nascituri de suo semine Salvatoris, in quo benedicerentur omnes gentes, simul et seipsum in gentem magnam esse futurum (*Gen.* XII): quarum una spiritalis, alter est promissio carnalis (*Rom.* IV; *Gal.* III, IV). His temporibus adhuc Ninus et Semiramis in Assyriis regnant.

[2271] Abraham annorum octoginta sex genuit Ismael, a quo Ismaelitæ, qui postea Agareni, ad ultimum Saraceni sunt dicti. Vixit autem Ismael annos centum triginta septem : interpretatur autem Ismael *auditio Dei*, populum Judæorum significans, eo quod in fine mundi crediturus a Domino exaudietur. Porro Agar interpretatur *advena* vel *conversa*, Synagogæ gerens personam.

[2285] Abraham annorum centum genuit Isaac : qui primus et solus intra Testamenti Veteris seriem, legitur octava die circumcisus. Quod non sine magno mysterio privilegium est filio promissionis donatum. Interpretatur autem Abram *pater excelsus*, propter priorem scilicet populum Judæorum : Abraham vero *pater multarum*, id est *gentium*, sicut est illud in Apostolo : *Qui contra spem in spem credidit, ut fieret pater multarum gentium* (*Rom.* IV, 18). Vixit autem centum septuaginta quinque annis.

[2350] Isaac annorum septuaginta genuit Esau et Jacob, patriarchas Idumææ et Israeliticæ gentis, post quorum ortum vixit annis centum et viginti : factique sunt omnes anni illius centum octoginta. His temporibus primus apud Argos regnavit Inachus, annis quinquaginta : cujus filius fuit Phoroneus, qui primus in Græcia leges judiciaque conscripsit, qui et Io, quem Ægyptii mutato nomine Isidem coluerunt. Interpretatur autem Isaac *risus*, qui in typo Salvatoris a patre in sacrificio oblatus est.

[2440] Jacob annorum nonaginta genuit Joseph. His temporibus Serapis et Jovis filius, ut quidam ferunt, Ægyptiorum rex moriens, falso errore in deos transfertur; et Memphis civitas in Ægypto conditur ab Ape Argivorum rege : Sparta quoque a Sparto Phoronei filio Argivorum regis.

[2480] Jacob annorum centum triginta descendit in Ægyptum, in animabus septuaginta. Vixit autem annis decem et septem in Ægypto : factique sunt omnes dies vitæ illius, centum quadraginta septem anni. Interpretatur autem Jacob *supplantator*, qui et Israel *videns Deum* : vel melius *princeps cum Deo*, omnium sanctorum præferens imaginem, qui per fidem atque munditiam cordis semper videns Deum. Joseph annorum centum decem mortuus : cujus ossa tulit Moyses et filii Israel pariterque ossa fratrum ipsius filiorum Jacob, et portaverunt in terram Chanaan. Hoc tempore Græcia Argo regnante habere segetes cœpit, delatis aliunde seminibus.

[2546] Hebræorum servitus in Ægypto annorum centum quadraginta quatuor. Ut scriptura autem testatur Exodi, habitatio filiorum Israel qui manserunt in Ægypto fuit quadringentorum triginta annorum : quibus expletis, eadem die egressus est omnis exercitus Domini de terra Ægypti, quorum tamen summam annorum, chronographi a septuagesimo anno et quinto nativitatis Abraham, quando terram repromissionis intravit, computant, sequentes editionem Septuaginta interpretum, quæ dicit : Habitatio autem filiorum Israel, qua habitaverunt in Ægypto et in terra Chanaan, ipsi et patres eorum, anni trecenti triginta. Quam necessario sequendam et ipsa Hebraica veritas ostendit, quæ narrat Caat, filium Levi, quem natum esse constat in terra Chanaan, vixisse annis centum triginta tribus, et filium

Amram patrem Moysis annis centum triginta septem, et ipsum Moysem octoginta fuisse annorum, tempore egressionis de Ægypto. Quia nimirum horum summam annorum constat quadringentos et triginta implere non posse. Annuit autem horum translationi et Apostolus cum ait: *Abrahæ dictæ sunt promissiones, et semini ejus non dicit: Et seminibus, quasi in multis, sed quasi in uno, et semini tuo, qui est Christus: hoc autem dico: Testamentum confirmatum a Deo, quæ post quadringentos et triginta annos facta est lex, non irritat facit ad evacuandam promissionem (Gal. IV, 16, 17).* His temporibus, scilicet servitutis Israel in Ægypto, Prometheus fuisse scribitur, quem fingunt fabulæ de luto formasse homines. Tunc etiam fratres ejus Atlas magnus est astrologus habitus; Mercuriusque nepos Atlantis multarum artium peritus, et ob hoc post mortem vano errore in deos translatus.

[2645] Hac etiam ætate primus Procidus quadrigam junxit: eodemque tempore Cecrops Athenas condidit, et ex nomine Minervæ Atticos Athenienses vocavit. Iste etiam bovem immolans, primus in sacrificio Jovem adorari præcepit. Tunc primi chorites Corybantes modulatam in armis saltationem et consonam invenerunt. Tunc etiam scribitur in Thessalia sub Deucalione factum diluvium, et Phaetonis fabulosum incendium.

[2849] Moyses, annis quadraginta eductum ex Ægypto populum Israel, et de servitute Ægypti liberatum, rexit in deserto, quorum primo anno tabernaculum Domino construit, et septem mensibus opus perficiens, mense primo anni secundi, prima die mensis erexit. Per eumdem Moysem Judæi simul cum lege et litteras habere cœperunt. Quinque libri Moysis, secundum Septuaginta seniorum interpretationem, continent gesta annorum trium millium septingentorum triginta. Quot vero annos hujus temporis Hebraica veritas contineat, Joseph in primo contra Apionem Grammaticum libro ita commemorat: Neque igitur innumera apud nos habentur volumina inter se invicem discordantia, sed duo tantum et viginti sunt libri, qui omnium temporum seriem continent, qui et juste creduntur divinitus inspirati. Ex quibus quinque sunt Moysis, continentes leges vitæ et successionis humanæ prosapiam, usque ad ipsius Moysis terminum pertendentes, qui paulo minus a tribus millibus annorum continentiam gerunt. Moysis temporibus templum Delphis construitur; Lacedæmon conditur. Moyses centum viginti annorum moritur. Vitis in Græcia invenitur. His temporibus adeo ingens et gravis æstus incanduit, ut sol per devia transcendens universum orbem non calore affecisse, sed igne torruisse dicatur. Inde ridicula Phaetonis texitur fabula.

Josue annis viginti sex rexit populum Israel, ut Josephus docet; nam Scriptura sancta quot fuerint anni ducatus illius tacet. Eusebius in Chronicis viginti septem posuit. Primo autem sui ducatus anno Josue, primo mense, decima die mensis, populum patefacto Jordanis alveo, in terram repromissionis induxit. Quo videlicet anno, ut in Chronicis Eusebii reperimus, principium erat quinquagesimi primi jubilæi secundum Hebræos, facile inveniri valet, id est anni bis mille quingenti ab initio mundi erant completi: singulis Jubilæorum ordinibus per quinquagenos annos deputatis. Sed nostra inquisitio comperit minorem temporis hujus esse summam; constat enim quia mille sexcenti quinquaginta sex ad diluvium usque fuere anni; inde ad Abraham, ducenti nonaginta duo qui septuaginta erat annorum quando promissionem Dei accepit. Promissionis anni quadringenti triginta; ducatus Mosis, anni sexaginta qui profecto numerus non bis mille quingentos, sed septem minus, id est bis mille quadringentos nonaginta tres annos implent. His temporibus Josue, primus Erychthonius Atheniensium princeps in Græcia quadrigam junxit. Josue centum et decem annorum moritur.

[2757] Othoniel annis quadraginta de tribu Juda primus Israel, Deo jubente, judex constituitur, illum præfigurans qui in tertio tempore mundi tribu Juda cum gratia ad salvandos populos venit. Hujus temporibus primo filii Israel servierunt Chusan Rasataim regi Mesopotamiæ, octo annis Cadmus regnat Thebis, qui primus Græcas litteras adinvenit. Per idem tempus, primi Linus et Amphion apud Græcos in musica arte claruerunt, Idæique Dactyli ferrum invenerunt eo tempore.

[2797] Aloth, anno octogesimo, filius Jera, filii Gemini, qui utraque manu utebatur pro dextera. Cujus principiis servivit Israel Eglon regi Moab annos decem et octo, donec percusso Eglon liberavit Israel. Hoc tempore Cyrene civitas condita est in Libya. His temporibus fabulæ fictæ sunt de Triptolemo, quod, jubente Cerere, serpentium pennis gestatus, indigentibus frumenta volando distribuit; de Hippocentauris, quod equorum hominumque fuerint natura permisti; de Cerbero tricipiti inferorum cane; de Phrixo et Helle sorore sua, quod ariete vecti per aerem volaverint; de Gorgone meretrice, quæ crinita serpentibus fuerit, et aspicientes convertebat in lapides; de Bellerophonte, quod equo pennis volanti sit vectus, de Amphione, quod citharæ cantu lapides et saxa commoverit.

[2877] Debora, prophetissa ex tribu Ephraim cum Barac de tribu Nepthalim, annis quadraginta. Cujus initio ducatus oppressit filios Israel Jabin, rex Chanaan, qui regnabat in Asor annis viginti, sed occiso ab Israel, et a Jael uxore Abercinei. Sisara principe militiæ ejus, humiliatus tandem ac deletus est. Hoc tempore Miletus condita. Per idem tempus Apollo medicinæ artem invenit. Fabula quoque tunc ficta est de fabro Dædalo, et ejus filio Icaro, quod coaptatis sibi pennis volaverit. Hac ætate primus regnat Latinis Picus, qui fertur Saturni filius fuisse.

[2918] Gedeon annis quadraginta ex tribu Manasse. Sub quo servit Israel Madianitis et Ama-

CHRONICON. — ÆTAS TERTIA.

lechitis septem annis; sed Gedeon pugnante liberatur. Urbs Tyrus condita, ante templum Hierosolymorum, annis ducentis et quadraginta. Orpheus Thracius Linusque magister Herculis, artis musicæ inventores, clari habentur. Argonautarum navigatio scribitur.

[2955.] Abimelech, annis tribus regnavit in Sichem. Iste septuaginta fratres suos filios Gedeonis interfecit. Hercules Ilium vastat.

[2958.] Thola, annis viginti quatuor filius Foa, patrui Abimelech, vir de Issachar, qui habitabat in Sanir montis Ephraim. Priamus in Troja post Laomedontem, regnavit annos tredecim. Fabula ficta de Minotauro, bestia labyrintho inclusa. Bellum Lapitharum et Centaurorum, quos scribit Palæphatus primo de Incredibilibus libro, nobiles fuisse equites Thessalorum,

[2981] Jair, annis duobus et triginta ex tribu Manasse. Per hæc tempora Hercules agonem Olympiacum constituit, atque in Libya Antæum occidit, a quo usque ad primam Olympiadem supputantur anni quadringenti triginta.

[3004] Jeptes Galadites, annis sex. Philistini et Amanitæ deprimunt Israel; ex quibus Amanitæ debellantur a Jepte; qui in libro Judicum ab ætate Moysis usque ad semetipsum, ait supputari annos trecentos, vel, ut quidam codices habent, annos trecentos quinque et viginti. Cujus tempore Hercules quinquagesimum secundum annum agens, ob morbi dolorem sese flammis injecit. Per idem tempus Alexander Helenam rapuit, Trojanumque bellum decennale surrexit.

[3010] Abesa de Bethlehem, annis septem. Agamemnon imperat Mycenis quinque et viginti. Cujus anno quindecimo Troja capitur. Amazones arma sumpserunt.

[3017] Ajalon Zabulonites, annis decem. Hic cum annis suis decem in Septuaginta Interpretibus non habetur, quorum damno supplendo, Josue filio Nun, Eusebius Samueli et Sauli, quorum annos Scriptura non dicit, plures annos quam in Josepho legerat, annotavit, quatenus ab egressu Israel ex Ægypto usque ad ædificationem templi quadringentorum octoginta annorum summam, quam Scriptura prædicat haberet.

[3025] Abdon sive Labdon de tribu Ephraim, annis octo. Cujus anno tertio Troja capta est; et Æneas ad Italiam venit. Completis a primo anno Cecropis, qui primus apud Atticam regnavit, annos trecentos triginta quinque. A quadragesimo autem et tertio anno regni Nini Assyriorum regis, computantur anni octingenti viginti quinque. A mortuo Labdon servivit Israel Philistæis quadraginta annis. Hac ætate Carmentis nympha Latinas litteras reperit.

[3025] Samson de tribu Dan, annis viginti. Ascanius Æneæ filius Albam condidit. Ulyssis quoque fabula ficta. Hactenus Judicum liber tempora signat, habens annos ducentos nonaginta novem, Judices autem duodecim; post quos sacerdotes constituti sunt Latini, qui postea Romani nuncupati sunt, post tertium annum captivitatis Trojæ, sive annis tribus. Postquam octavum regnavit Æneas, ut quidam scribunt, Ascanius annis triginta octo. Ante Æneam, Janus, Saturnus, Picus, Faunus, Latinis in Italia regnaverunt per annos circiter centum quinquaginta.

[3046] Heli sacerdos annis quadraginta. In Hebræorum libris, anni quadraginta : in Septuaginta, anni viginti inveniuntur. Arca Testamenti ab Allophylis capitur. Regnum Sicyoniorum finitur, qui ab Ægialeo usque ad Zeuzippum regnaverunt, per annos nongentos sexaginta duos. Hectoris filii Ilium receperunt, expulsis Antenoris posteris, Heleno illis subsidium ferente. Latinorum tertius Silvius Æneæ filius, regnat annis viginti novem qui quod post mortem patris editus, ruri fuerat educatus, et Sylvi, et Posthumi nomen accepit, a quo omnes Albanorum reges Sylvii vocati sunt.

[3085] Samuel et Saul, annis quadraginta. In Scriptura sacra, ducatus Samuelis quot annis fuerit minime patet; docet tamen Josephus tredecim annis principatum illius emicuisse. Chronici vero, Samuel et Saul simul annis quadraginta præfuisse signant, In Actibus apostolorum apostolus Paulus ita concionatus ad populum est : Deus plebis Israel elegit patres nostros, et plebem exaltavit, cum essent incolæ in terra Ægypti, et in brachio excelso eduxit eos ex ea, et per quadraginta annorum tempus, mores eorum sustinuit in deserto; et destruens gentes septem in terra Chanaan, sorte distribuit eis terram eorum, quasi post quadringentos et quinquaginta annos; et post hac dedit judices, usque ad Samuel prophetam; et exinde postulaverunt regem; et dedit illis Deus Saul, filium Cis, virum de tribu Benjamin, annis quadraginta. Ab hoc tempora prophetarum incipiunt. Lacedæmoniorum regnum exoritur; atque Homerus fuisse putatur.

In hac tertia ætate mundi, salva veritate historica, præfigurat in vocatione Abrahæ, terram viventium Christi populo futuram, nec incolatus nostri longos exitus formidandos, et in Christo Domino semper sperandum, per cujus gratiam vivendo sempiterna potiemur hæreditate; et in semine ejusdem Abrahæ, ut stellas cœli multiplicari populum Christianum; et in oblatione et sacerdotio ejus regale Ecclesiæ sacerdotium, et in proprietate nominis ipsius, quod esset in Christo pater multarum gentium per fidem, cum unius tantum gentis pater fuerit per generationem : et in circumcisione carnis, quod corde circumcidendus esset Christianus.

Et in Isaac nato, qui risus dicitur, quod gentium populus qui in Christum de illa serie in carne venientem irrisum a Judæis crederent, et agnoscerent illius contumeliosam passionem, suam veram esse liberationem.

Et in Sodoma et Gomorra, impiarum civitatum subversione, futuri judicii diem, nec posse evadere statuta supplicia, noxia curiositate propositum sanctæ conversationis contemnentes, retroque male vivendo respicientes; solosque liberari, quos gratia Christi acceperat. Isto tempore omne magisterium Judæoliberaverit.

Et in immolatione arietis pro Isaac, Christi passionem expressam; et injuratione Dei quod semen Abrahæ in Christo supra numerum extenderetur, et non tantum ex semine carnis, sed fide vocari ad infinitum numerum filios Abraham.

Et ex femore Abraham, carnem Christi venturam, quando idem Abraham servo jubet: Pone manum tuam sub femore meo, et jura mihi per Deum cœli; ostenditque Christum qui est Deus cœli, per Virginem Mariam ex femore suo in carne futurum.

Et in geminis Rebeccæ duos populos, Christianos et Judæos, quorum minor Jacob lenis, in ipsa jam pueritia per cocturam rubram lenticulæ, majorem fratrem Esau hispidum supplantans, lenem mitemque signat populum Christianum, qui per cocturam rubram, Passionem scilicet Christi, sanguine rubratam, edaci ac sævienti Judæo populo, cujus curam gestabat Esau, primatus dignitatem illo vendente suscepit; ille quod nascendo habuit per concupiscentiam perdidit; Christianus per gratiam quod in natura non habuit, acquisivit. Cui pelles hædorum super brachia, et cervicem nudam mater aptavit, vesteque primogeniti sui induit, tanquam jam nobis illum figuratum ostendens Christum, qui accepit, non carnem peccati, sed similitudinem carnis peccati, legemque Veteris Testamenti tanquam vestem primogeniti excipiens, non solverit, sed impleverit. Post cujus odorem benedictæ concurrunt omnes gentes, quæ per gratiam Judæis et primatum, et benedictionem abstulerunt. Jacob quoque, filius Isaac, nepos Abrahæ fugiens fratris insidias, in sacramento lapideo quem ad caput habuit dormiens eminus erigens eumque liniens oleo, Christum nobis lapidem angularem consecravit. Et idem Jacob, claudus effectus in latitudine femoris populum Hebræorum significat claudicaturum. Judas filius Jacob, cum nuru sua concubait Thamar, qua intelligitur plebs Judæa, cui de tribu Juda reges tanquam mariti adhibebantur; unde nomen ejus amaritudo interpretatur, quia ipsa Domino fellis poculum dedit.

In duobus filiis Judæ duo genera principum qui non recte operabantur in plebe, unum eorum qui oberrat, alterum qui nihil proderat: nec enim sunt amplius quam duo genera hominum inutilia generi humano: unum nocentium, alterum præstare nolentium, et, si quid boni habent, in hac terrena vita perdentium, tanquam in terram fundentium; unde major Her interpretatur pellicitus, qualibus tunicis induti sunt primi homines, in pœnam damnationis suæ, dimissi ex paradiso. Sequens Onan interpretatur mæstus eorum, id est, quibus nihil prodesse cum habeat unde prodesse possit. In tertio filio Judæ, Sela qui interpretatur dimissio ejus, significatur tempus ex quo reges plebi Judæorum cœperunt de tribu Juda non fieri; quia erat eadem tribus Juda, sed etiam in populo Judæ nemo regnabat; propterea Thamar filium Judæ maritum non

rum, et mystica, unde Christi vocabantur, unctio ipsa defecerat. Neque ad mysticam unctionem Herodes pertinet alienigena, qui deficiente ex tribu Juda principe regio, a Romanis in Judæa regnum acceperat; sub cujus tempore natus est Christus, unctus Sanctus sanctorum oleo exsultationis præ participibus suis, qui veniens ad oves quæ perierant domus Israel, testimonio Joannis, in aqua usus est; cujus figuram gessit ipse Judas, cum iret ad tondendas oves in Tamna, quod interpretatur deficiens; jam enim defecerat princeps ex Juda, atque unctio mystica Judæorum. Venit autem cum suo pastore Odollamite, cui nomen erat Iras; interpretatur autem Odollamites *testimonium in aqua*, habens quidem Dominus testimonium majus Joanne, propter infirmas tamen oves, hoc testimonio usus est in aqua, nam et ipse Iras, quod nomen illius pastoris fuit, interpretatur *fratris mei visio*. Vidit omnino fratrem suum Jesum secundum semen Abrahæ, secundum cognationem Mariæ et Elizabeth matris suæ; eumdemque Dominum et Deum suum, quem jam salutaverat ex utero, agnovit perfectius ex columba; et ideo tanquam Odollamites, vere testimonium perhibet in aqua. Venit autem Dominus ad oves tondendas, hoc est exonerandas sarcinas peccatorum. Inde Thamar habitum mutat; nam et *commutans* interpretatur; mutat et nomen, et de Synagoga fit Ecclesia, sed in ea prorsus nomen amaritudinis permanet, non illius in qua Domino fel ministravit, sed illius in qua Petrus flevit amare, nam et Juda confessio est, confessioni ergo amaritudo misceatur, ut vera pœnitentia præsignetur. Hæc pœnitentia secundatur Ecclesia in omnibus gentibus; nam et ipse habitus meretricis, confessio peccatorum est; typum quippe Ecclesiæ gerit Thamar ex gentibus evocatæ, sedens cum hoc habitu ad portam Enahim, quod interpretatur *fontes*, currit enim velut cervus ad fontes aquarum pervenire ad semen Abrahæ: illic enim a non cognoscente fetatur, quia de illa prædictum est: Populus quem non cognovi, servivit mihi. Accipit in occulto annulum, monile, et virgam; vocatione signatur, justificatione decora, glorificatione exaltatur, sed hæc adhuc in occulto, ubi fit conceptio sanctæ ubertatis. Mittitur meretrici promissus hædus exprobratio scilicet peccati per eumdem Odollamitem, tanquam increpantem et dicentem: Generatio viperarum; sed non eam invenit peccati exprobratio, quam mutavit confessionis amaritudo. Post vero publicis signis annuli, monilis, et virgæ arguit temere judicantes Judæos, quorum jam personam Judas ipse gestabat, prolatis certissimis documentis suæ vocationis, justificationis et glorificationis. Ostendit virgam signum passionis, et monile legitimæ legis, et annulum pignus immortalitatis, quando accusatur a Judæis quasi adulteratrix legis.

In actionibus quoque Joseph et Benjamin, Christus et Ecclesia ipsius figuratur. Quorum unus Joseph a patre missus, signat Christum a Patre missum ad oves visitandas, cum fratres in passione, tunica exspoliatum miserunt in lacum; ac vestem ejus in sanguine hædi tinctam, sub falsa testatione, patri miserunt; venditumque gentibus Salvatorem transmiserunt, cui in cœlo sol, stella ac luna, et in manipulis terra, inferna quoque carceris subderentur, ut ei omne genu flectatur cœlestium, terrestrium, et infernorum. Cum eodem Joseph, ad sacramentum Dominicæ passionis, duo Pharaonis spadones in carcerem detrusi sunt, ut trium crucifixorum numerus suppleretur; e quibus verus Joseph Christus, revelando mysteria unum puniret per debitum supplicium, alterum per indebitam gratiam liberaret. Idem Joseph post duos annos dierum tertio incipiente, de carcere educitur; et Christus die tertia a mortuis resurgit. Præsentatur Pharaoni; mundo resurrectio declaratur. Data est Joseph potestas in Ægypto; data est Christo omnis potestas in cœlo et in terra. Collegit Joseph per suos frumentum multum; collegit Christus credentium numerum sine numero. Constituit Joseph horrea per totam Ægyptum; consecravit Christus per totum mundum Ecclesias. Aperuit Joseph horrea tempore famis, et ministravit frumenta populis; aperuit Christus ex horreis suis diuturnam sui corporis præbiturus annonam esurientibus et sitientibus justitiam. Acquisivit Joseph totam Ægyptum Pharaoni; acquisivit Christus mundum pastum et reconciliatum Patri. Venerunt fratres Joseph, qui eum vendiderant, fame compulsi, ad eum; venerunt et ad Christum Judæi, qui eum crucifixerant, ut ejus refecti cibariis, a fame animæ liberarentur. Adorant illi, adorant et isti : sicque miris sacramentis, in actione fratrum, actio nobis apostolica præmonstratur.

In Benjamin quoque extremo Joseph fratre et doctor et magister gentium in fide et veritate, Paulus præfiguratur : cui figurate scyphus argenteus in sacco legis celatur, et trecenti argentei cum quinque stolis optimis dantur.

Et in descensione Jacob in Ægyptum, Christi descensio in mundum; et in multiplicatione seminis ejus in Ægypto, in Christo per fidem gentes in toto mundo multiplicandæ.

In Moyse figura exprimitur Mediatoris, qui mundo pacem intulit, ut Moyses Ægyptum sabulo abscondit, Christus ex obsessis virtutem diaboli expellendo cohibuit. Quod idem Moyses uxorem filiam sacerdotis Madian accepit, mediatorem ex alienigenis sumere conjugem significat et Ecclesiam. Quod idem pastor ovium, mediatorem signavit pastorem bonum ovium in carne futurum : qui ex hoc mundo quasi ex Ægypto oves suas colligendo, in unum ovile Ecclesiæ congregaret. Superantur magorum præstigia, serpensque Moysi voravit serpentes eorum magorum: virga Christi, doctrina, qua omnium paganorum hæreticorumque dogmata consumuntur.

In Ægypto decem plagis mundus feritur : in occisione agni, Christi immolatio : et in figura Paschæ, Christi transitus ad Patrem. In mari Rubro baptismus Christi sanguine rubratus. In manna, panis cœlestis. Christus expressus in extensione manuum Moysi, signo crucis expugnari inimicos. Datæ leges in monte, Christi mandata servari in spiritali altitudine, in tabernaculo, Christi Ecclesiam.

In Aaron sacerdotio, novum in Christo sacerdotium: In sacrificiis omnibus, Christum figuratum. In varietate leprarum, hærescon vel errorum varietates, in escis mundis et immundis, eleemosynis munda omnia fieri. In Ægypti escis desideratis, Christum manna fastidisse, et voluptatibus illicitis concupiscentias præstitisse. In virga Aaron germinante confirmationem Sacerdotii Christi. In æneo serpente, Christi morte ubique in ore fidelium sonante, virulentiam virorum perimendam, et a percussione diaboli, fide mortem Christi aspicientes sanandos. Et in bis percussa petra sacramenta passionis Christi mirabili opere distincta. Et in vacca rufa, cujus cinis in aquas lustrationis projicitur, mysterium nostræ redemptionis et salutis plenissime expressum.

In sepultura Moysi occultata, litteram legis; et carnales observationes occulendas.

In Jesu Nave principatu sequente, Dominum Christum in Novo Testamento verum ducem et principem futurum, et civitates mundi destructurum, ac aereas potestates debellaturum, ac omnem idololatriam penitus abluturum, et omnis generis vitia expugnaturum.

Debora in typo Ecclesiæ hostem superavit. Gedeon gratiam Christi abundantem commendavit, et quod fide, trinitatis hostes essent superandi, ac martyria appetenda actis suis insinuat. In Abimelech concubinæ filio, hæretici. In Jephte filia virgine, carnis Christi immolatio virginis et in resurrectione totius corruptionis absorptio. In Samson Nazareo, Christus Dominus fortis in capite; in ligatione ipsius a meretrice muliere, Christus Dominus, quod Judæorum vincula omnia potentialiter dirumperet. In Ruth, Ecclesia ex gentibus, Judæis illudens. In Samuele, Christus Dominus dux, sacerdos et propheta, sacerdotes arguens, et Synagogam veterem novo sacerdotio Christi in gratia Novi Testamenti permutans.

Clauditur hæc tertia ætas Patriarcharum actis, et legis sacramentis, ac judicium figuris, venerabiliter insignis, in repulsione et abjectione Saulis, continens annos nongentos quadraginta.

ÆTAS QUARTA

A DAVIDIS REGNO AD TRANSMIGRATIONEM HEBRÆORUM BABYLONIAM.

[3425] Quarta ætas mundi. David primus ex tribu Juda rex, annis quadraginta. Latinorum quintus, Silvius, annis quinquaginta. Codrus sponte se hostibus offerens, interimitur. Ephesus condita ab Andronico. Carthago condita est a Didone filia Carchedonis Tyrii, anno centesimo quadragesimo tertio post Trojanum excidium; prophetantibus in Judæa Gath, Nathan et Asaph.

[3465] Salomon, filius David, annis quadraginta. Qui quarto regni sui anno, mense secundo, templum Domino ædificare cœpit in Jerusalem, collectis ab egressu Israel ex Ægypto annis quadragentis octoginta: quod in figuram universi temporis quo in hoc sæculo Christi ædificatur Ecclesia, quæ in futuro perficitur septem annis, et septimo mense anni octavi dedicavit. Latinorum sextus, Alba Silvius, Æneæ filius, regnat annis octoginta octo. Regina Sabba venit audire sapientiam Salomonis.

[3205] Roboam, filius Salomonis, annis sexdecim. Sub quo Jeroboam de tribu Ephraim separavit decem tribus a domo David, et a Domino, in figuram hæreticorum qui suos sequaces a Christo et Ecclesia segregant. Hujus quinto anno Sesac rex Ægypti, veniens Hierosolymam, templum spoliavit. Latinorum septimus Ægyptas Silvius, Albæ superioris regis filius, regnavit annis viginti tribus. Samus condita, et Smyrna in urbis modum ampliata. Sybilla Erithræa illustris habetur.

[3882] Abia, filius Roboam, annis tribus. Hic pugnantem contra se Jeroboam superavit, occisis de exercitu ejus millibus quingentis, eo quod sperasset in Domino. Sub quo Hebrææ gentis pontifex maximus Abimelech insignis est habitus.

[3885] Asa, filius Abia, annis quadraginta et uno. Ab hoc conductus Benadab rex Syriæ Damasci contra Israel, percussit omnem terram Nephtalim. Prophetabant in Judæa Achias, Eliu, Amos, Joel, et Azarias. Latinorum octavus Capys Silvius Ægypti, superioris regis filius, regnat annis viginti septem. Asa idola destruit, templum mundat. Egredientem contra se Zaraa Æthiopem cum suo sternit exercitu. Amri Rex Israel emit montem Samariæ, a Somer, duobus talentis argenti, et ædificavit eam. Achiel de Bethel, Jericho instaurat.

[3926] Josaphat annis viginti quinque. Elias, et Eliseus, et Abdias, Azarias, et Micheas prophetabant. Elias Thesbites, tres semis annos pluviam continuit, propter peccata Achab, et populi Israel, et inter cætera magnalia Eliseum filium Saphat, qui erat de Abel Maula, pro se unxit prophetam. Latinorum nonus Carpentus Silvius, superioris regis Capys filius, regnavit annis tredecim. Post quem filius ejus Tiberius decimus, annis octo. Josaphat fecit rectum coram Domino.

[3951] Joram, filius Josaphat, annis octo. Elias curru igneo rapitur, quasi usque in cœlum; et Eliseus, hæres prophetiæ derelictus, primo miraculo aquas Jericho sanat. In diebus Joram recessit Edom, ne esset sub Juda, et constituit sibi regem. Ambulavit autem Joram in viis domus Achab; filia quippe Achab erat uxor ejus.

[3959] Ochozias sive Azarias anno uno. Jonadab filius Rechab clarus habetur. Azariam cum filio suo Joas, et nepote Amasia, ob enormitatem scelerum, et quia nec patrem filiumve quispiam eorum bonum habebat evangelista Matthæus a Domini Salvatoris genealogia secludit.

[3960] Athalia, mater Azariæ, annis septem. Quæ videns interfectum ab Jehu rege Israel filium suum Azariam, interfecit omnem stirpem regiam domus Joram, præter solum Joas filium Azariæ, quem Jozabeth uxor Joiadæ pontificis furata est de medio filiorum regis, cum interficerentur. Joiada pontifex, qui solus post Moysen vixisse annos centum triginta perhibetur.

[3967] Joas, filius Azariæ, annis quadraginta. Iste bono principio et fine usus pessimo, in principiis suis templum innovavit. In extremis inter cætera facinora, Zachariam quoque filium Joiadæ tutoris quondam ac regnificatoris sui, inter templum et altare lapidare præcepit; quem ob meritorum gratiam Dominus in Evangelio filium Zachariæ, id est benedicti Domini, cognominat. Lycurgus legislator Apollinis oraculo insignis habetur. Latinorum duodecimus Aremulus Silvius. Agrippæ superioris regis filius, regnavit annis decem et octo, qui præsidium Albanorum inter montes, ubi nunc Roma est, posuit. Cujus filius fuit Julius proavus Julii Proculi, qui cum suo populo Romam commigrans, fundavit Juliam gentem.

Amasias, filius Joas, annis viginti novem. Eliseus propheta defunctus sepelitur in Samaria. Azahel rex Syrorum afflixit Israel.

[4047] Latinorum decimus tertius, Aventinus Silvius Aremuli superioris regis major filius, regnavit annis triginta septem; atque in eodem monte qui nunc pars Urbis est, mortuus ac sepultus, æternum loco vocabulum dedit. Vienna urbs condita a Venerio Africæ exsule, inde nominata, ut Livius in Annalibus scribit, quod biennio perfecta fuerit, primum Bienna, postmodum *b* subtracta, addita *v*, Vienna nuncupata. Quam postea Romani, Senatu composito qui Gallias disponeret, Senatoriam appellare voluerunt. Inde post aliquot tempora, quinque legionibus in ea compositis, quinque castris in circuitu eam insignem fecere; ac publica horrea et cellaria totius militiæ ibi constituerunt. Ex nominibus autem tribunorum Julii Cæsaris, nomina castris imposuerunt Crappum, Eumedium, Sospolum, Quiriacum, Pompetiacum.

[4076] Azarias, qui et Ozias, filius Amasiæ, annis quinquaginta et uno. Assyriorum tricesimus sextus, Tonosconleros, qui vocatur Græce Sardanapalus, qui Tharsum atque Anchialem condidit, et in prælio victus ab Arbace Medo, semet incendio concremavit. Usque ad id tempus fuisse reges Assyriorum historiæ referunt; et fiunt simul anni a primo anno Nini Regis Assyriorum, mille centum et sexaginta quatuor. Arbaces Medus, Assyriorum imperio destructo, regnum in Medos transtulit. Deinde multis præliis undique scatescentibus, per varios eventus ad Scythas Chaldæosque, et rursum ad Medos parili via rediit. Latinorum decimus quartus, Procas Silvius, Aventini superioris regis filius regnavit. Post quem Amulius Silvius. Hesiodus poeta claruit, atque Phidon Argius mensuras et pondera reperit. Per idem tempus olympias prima constituitur. Macedonum regnum inchoat, primum habens regem Cananum. Lacædemoniorum reges deficiunt; Lydorum incipiunt. Osee, Amos, Isaias, et Jonas in Judæa prophetant.

Joathan, filius Oziæ, annis sexdecim. Olympias prima ab Eliensibus constituitur. Remus et Romulus generantur, matre et Ilia. Joathan, inter cætera virtutum bonarum opera, portam domus Domini sublimissimam ædificavit, quæ in Actibus Apostolorum Speciosa vocatur.

[4103] Achaz, filius Joathan, annis sexdecim. Ab hoc conductus Theglatphalasar rex Assyriorum, Rasin regem, Syriæ interfecit, et habitatores Damasci transtulit Cyrenem.

Roma condita in monte Latino, undecimo Kal. Maii a geminis Remo et Romulo filiis Rheæ Sylviæ, quæ erat filia Numitoris fratris regis Amulii, virgo vestalis, sed constuprata. Consualibus ludis Sabinæ raptæ, anno ab Urbe condita tertio. Remus a Fabio Romuli duce occisus.

[4119] Ezechias, filius Achaz, annis viginti octo. Hujus anno sexto Salmanasar rex Assyriorum, capta Samaria, transtulit Israel in Assyrios, atque in Judæa Samaritas accolas misit. Cujus regnum a primo Jeroboam steterat annis trecentis sexaginta. Hoc tempore Romulus primus milites ex populo sumpsit, centumque a populo nobilissimos viros elegit qui ob ætatem, senatores, ob curam et sollicitudinem reipublicæ, patres vocati sunt. Mortuo Romulo, qui triginta septem annos regnavit, per quinos dies Senatores rempublicam rexerunt; atque unus expletus est annus.

Post quos Numa Pompilius, annis quadraginta et uno; qui Capitolium a fundamentis ædificavit.

[4147] Manasses, annis quinquaginta sex. Hic ob scelera sua catenatus et compeditus, in Babyloniam ducitur; sed ob pœnitentiam et preces, restituitur in regnum. Numa Pompilius, primus Vestales virgines instituit, duosque menses, Januarium et Februarium decem mensibus anni adjecit. Sibylla Samia claruit.

Romanorum tertius, Tullus Hostilius, regnavit annos triginta duos, qui primus regum Romanorum purpura et fascibus usus est; adjecto monte Cœlio et urbem ampliavit.

[4203] Amon, filius Manasse, annis duobus, in Hebraica veritate; in Septuaginta legitur regnasse duodecim. Histrus civitas in Ponto condita. Amon a servis suis interficitur.

[4205] Josias, filius Amon, annos triginta unum. Hic mundata Judæa et Hierusalem templo etiam innovato, post abjectas idololatriæ sordes, pascha Domino celeberrimum facit decimo octavo anno regni sui; et cum Nechao Ægyptiorum rege congressus, occiditur in campo Magedo, quæ nunc Maximianopolis vocatur. Thales Milesius, primus physicus clarus habetur. Prophetabant in Judæa, Jeremias, Oldas, et Sophonias. Romanorum quartus Ancus Martius, Numæ ex filia nepos, regnavit annis viginti tribus, qui Aventinum montem et Janiculum Urbi addidit, et supra mare, decimoquinto ab Urbe miliario Hostiam condidit. Post quem Tarquinius Priscus, annis triginta septem; qui circum Romæ ædificavit, numerum senatorum auxit; Romanos ludos instituit, muros et cloacas ædificavit. Capitolium exstruxit. In Hebræo, viginti et uno annis regnasse Josias : in Septuaginta Interpretibus, triginta tribus legitur. Sed et Eusebius inter regnum ejus et Joachim, alium de suo adjecit annum, propter menses bis terrenos quibus Joachaz vel Joachim regnaverunt. Verum quid veritas habeat Jeremias pandit, qui se a decimo tertio anno Josiæ usque ad annum quartum Joachim, viginti tribus annis prophetasse perhibet; et Nabuchodonosor quarto anno Joachim regnare cœpisse; decimo nono autem anno regni ejus, Hierusalem fuisse destructam.

[4259] Joachim, filius Josiæ, annis undecim. Post Josiam regnavit Joachaz mensibus tribus; quem Nechao vinctum ducens in Ægyptum, Joachim constituit regem. Hujus anno tertio Nabuchodonosor, capta Jerusalem, et plurimis captivatis, in quibus erant Daniel, Ananias, Azarias, Misael, partem vasorum templi Babyloniam transfert. A quarto Joachim anno Scriptura regnum Nabuchodonosor computat : quia ex eo non solum Chaldæis, et Judæis, sed et Assyriis, Ægyptiis, Moabitis, aliisque innumeris gentibus incipit regnare.

Joachim, qui et Jechonias, filius Joachim, mensibus tribus ac diebus decem. Hic circumdata a Chaldæis Jerusalem, exiit ad regem Babylonis, et mater ejus, et ductus est in Babylonem cum populo suo anno octavo regni Nabuchodonosor.

[4347] Sedechias, annis undecim, qui et Mathan, filius Josiæ. Hujus anno undecimo, regis Babylonis novenario, Judæa captivata in Babyloniam, et templum Dei incensum, ædificationis suæ anno quadringentesimo tricesimo. Qui autem reliqui fuerant Judæi, transfugerunt in Ægyptum qua post annos quinque percussa a Chaldæis, in Babyloniam sunt et ipsi transmigrati. Secundum Septuaginta interpretes anni computantur ab ædificatione templi, quadringenti quinquaginta quatuor. Per idem tempus Sapho mulier in diverso poemate claruit; Solon leges Atheniensibus dedit.

In hac quarta ætate, in David manu forti, parvo in fratribus uncto, regis nostri Christi Sacramenta figurantur. Qui pastor ovium, unctus a Deo Patre, de ore leonis diaboli, et Petrum negantem, et latronem eripuit confitentem. Cujus citharam, si respicias resonantem, quam ligno crucis carnis membrorumque suorum chordis aptatam plectro dum tangit sancti Spiritus, omne animal replet benedictione, et diabolum de cordibus fugat iniquorum, pro quibus in cruce oravit. Qui adversus magnum hostem verum Goliath pugnaturus, sapientiam hujus mundi, tanquam illa arma Saul rejiciens in quinque lapidibus, stulta mundi elegit, ut confundat fortia. Ex quinque enim libris legis Moysi, unus lapis prædictis fundibulo carnis locatus, manu forti expressus, totam diaboli superbiam elisit, suoque peremit gladio, dum mortem ex morte occidit. Ex cujus victoria inimici Judæi invidiam conceperunt, et pro dilectione odium retribuerunt.

Quod idem David per latebras montium, per speluncas ac deserta inimico persequente discurrit, membrorum suorum ac martyrum persecutiones expressit.

Quod inimico suo pepercit, pinnam chlamydis ejus abscindens, figuras quod hostibus suis dum abscidit vitium magnum superbiæ parcit, ne dentur æternæ occisioni.

Quod declinans persecutoris insidias, fugit in Geth; sic Christus sævientibus Judæis subtrahens se gentibus dedit.

Arreptitium idem se simulans, dum salivæ illius in barbam decurrunt, Christi firmitatem sapientia conditam, et sacratissimum corpus ipsius in sanctificato pane gestatum manibus suis presbyteri mysterio nobis insinuat.

Idem David dolet occisum inimicum Saul: quia et Christus suos plurimum dilexit inimicos.

Ad David unctum totus colligitur Israel; ad Christum ut promissum est totus colligitur mundus.

In David Christus ille desiderabilis omnibus gentibus quasi in solatium deambulans, quia in sole posuit tabernaculum suum, adamavit Ecclesiam super tectum se lavantem, id est, emundantem se a sordibus sæculi, et domum luteam spiritali contemplatione transcendentem atque calcantem: et inchoata cum illa primæ conventionis notitia, postea ab ea penitus separatum diabolum occidit, eamque sibi perpetuo connubio copulavit.

David senili ætate confecto Abisac virgo, quæ eum calefaceret, applicatur: senio urgente mundo, verus David Christus sibi virginem calentem fide applicat Ecclesiam.

In Salomone pax nostra, qui est Christus expressus, in quo sapientia Christus, veniens mittere gladium in terram, hæreticorum fraudem removens veræ matri Catholicæ uti parvulum non divisum, vivum reddit statum; nec vult propter jurgium hæreticorum scindere et dimidiare filium qui ex vivis lapidibus domum construens, unum ex omnibus fidelibus templum fecit: ad quem visendum sapientiamque ejus audiendam, regina Saba, id est Ecclesia, a finibus terræ venit. Universa itaque quæ de Salomone, vel ab eo prophetice gesta sunt recte Christo Domino consignantur. Ne quis autem putaret in Salomone cuncta impleta quæ prophetice de Christo dicebantur, in senectute depravatus, sapientiam divino judicio amisit, ut in Christo Domino omnia illa quæ signata fuerant, servarentur. Cæterum fornicatus mente et corpore, Domino se deserente, male obiisse videtur: metuendum exemplum posteris relinquens, ne felicitate hujus vitæ turbati, Christum deserant; quod est suorum æterna felicitas.

In divisione regni, ac totius populi pene Israelitici a domo David, hæreticorum et schismaticorum ostenditur figura.

In Elia Christus; qui per figuram vespere sæculi ut vitulus immolatus, sacerdotes omnes idololatriæ cum ipso errore simul exstinxit, replens terram gratiæ pluvia, qua fames fidelis animæ repellatur.

Quod eidem Eliæ in eremo constituto corvi panem mane et carnes vespere ministrant, figura totius corporis Domini monstratur: quia primum in præceptis panem, postea carnem Dominicæ passionis ex ligno crucis decoctam Judæi tetri colore gentibus ministrarunt.

Tribus temporibus etiam et dimidio temporis in tribus annis et sex mensibus cœlestis pluvia Dei alto judicio negatur eis, qui carnem ejus non comedentes neque ejus sanguinem bibentes, redempti ab ejus corpore inveniuntur alieni.

Elias pastus a vidua, Christus misericordiæ opera suscipiens, et recompensans in Ecclesia, quæ adhuc vidua in agro sacrarum Scripturarum per duo ligna crucis, duo præcepta colligit, ut sibi filiisque in tempore famis consulat.

In Eliseo etiam duplex spiritus Eliæ discipulorum chorus Christi, Spiritum sanctum duplo munere accipiens.

In mortuo suscitato, genus humanum per Christum afflatu gratiæ suscitatum, quem lex nullo modo suscitare valuit.

Jordanem Eliseus eodem spiritu operante transit; quo noster Dominus Jesus eumdem fluvium suo in Baptismo consecravit.

Insultant pueri Eliseo, et a bestiis sunt lacerati: insultant Judæi Christo, et a Romanis vel malignis spiritibus sunt pervasi. Naaman Eliseus septies lavari, ut purgaretur a lepra, in Jordane jubet: septiformis gratiæ spiritu mundari a vitiis animam, quibus interior exteriorque homo polluitur, signat:

quod etiam aqua psa demonstrat qua tinguntur consecrati, in nomine Patris et Filii et Spiritus sancti.

Giezi puer prophetæ munera Naaman accipiens, et per hoc maculis lepræ respersus, hæreticos ostendit, qui venditantes velut expiationes peccatorum, qui quoque maculis, quibus ipsi fuerant aspersi supplentur.

In Ezechiæ regis signo Christi descensus, qui est Sol justitiæ; et etiam inferna misericorditer penetrantis figura præsignatur: qui etiam docet nos in bono nunquam prosperitatis efferri.

In Josiæ actibus, Christus verum pascha nobis factus aperte expressus, Ecclesiam suam mundans et expurgans, pro qua mortuus est. Cujus filii ob meritum culpæ in captivitatem ducti, qui gratiam Christi in vacuum ducunt, designant: et præcepta Christi velut Jeremiæ parvipendentes, diabolo velut Nabuchodonosor, captivi vitiis traduntur. Concluditur autem hæc ætas quarta mundi a David usque ad transmigrationem in Babyloniam, continens annos quadringintos septuaginta.

ÆTAS QUINTA

AB EADEM TRANSMIGRATIONE AD CHRISTUM SALVATOREM NOSTRUM.

[4271] Quinta mundi ætas cœpit ab extremo excidio regni Judaici, quod juxta prophetiam Jeremiæ septuaginta annis permansit; anno decimo quarto, postquam percussa est civitas, qui est vicesimus quintus annus transmigrationis regis Joachim, cum quo Ezechiel captivatus est: ipse Ezechiel in visionibus Dei adductus in terram Israel vidit renovationem civitatis ac templi, cæremoniarumque ejus. Vastata Judæa Chaldæi non ut Assyrii in Samariam alios miserere colonos, sed desertam reliquere terram, donec post annos septuaginta in eam Judæi redirent. A sacerdotibus ignis ab altari holocaustomatis sublatus et absconditus in puteo post septuagesimum regressionis annum assumitur, inventus vivus. Romanorum sextus Servius regnavit annos quadraginta quatuor, qui tres montes Urbi addidit: Quirinalem, Esquilinum, Viminalem; fossas circum muros duxit. Post Nabuchodonosor, qui, teste Scriptura sacra, viginti quinque post eversam Jerusalem vixit annis, Evilmerodach filius ejus regnavit annis decem et octo; post quem Egesar filius ejus, annis quadraginta. Cui successit frater ejus Laborsodach, mensibus novem. Hoc defuncto ad Balthasar qui Naboan nuncupatur, transiit imperium. Qui cum jam septemdecim regnaret annos, capta est a Cyro Persarum et Dario Medorum rege Babylonia, discedente Arbace præfecto in Medos, a quo primum Babylonia dehonorata fuerat. Partem regni penes se retinuere Chaldæi, qui Babyloniam sibi adversum Medos vindicaverunt, unde factum est ut Nabuchodonosor, cæterique post eum usque ad Cyrum, reges, quamvis Chaldæorum viribus potentes, et Babyloniæ nomine clari legantur, in numero tamen et cardine regum non habentur illustrium. Darius autem Astyagis filius, qui Babyloniam destruxit, cum Cyro cognato suo agebat annum sexagesimum secundum, quando Babylonia fuit invasa. Quique Danielem prophetam sumens, ad se in Mediam duxit, et omni eum honore celebravit. Hujus Darii Daniel ipse ita meminit, dicens: In anno primo Darii filii Assueri de semine Medorum, qui imperavit super regnum Chaldæorum. Ego Daniel intellexi in libris numerum annorum, de quo factus est sermo Domini ad Jeremiam prophetam, ut complerentur desolationis Jerusalem septuaginta annis. Eusebius in Temporum libris triginta annos ab eversione Jerusalem usque ad initium Cyri regis Persarum; Julius autem Africanus septuaginta computat. Porro Hieronymus in Expositione prophetæ Danielis ita dicit: Tradunt Hebræi hujusmodi fabulam usque ad septuagesimum annum, quo Jeremias captivitatem Judæorum dixerat esse solvendam, de quo et Zacharias in principio voluminis sui loquitur, irritam putans Dei pollicitationem Balthasar, falsumque promissum versus in gaudium, fecit grande convivium, insultans quodammodo spei Judæorum, et vasis templi; sed statim ultio consecuta est. Danielis omnis prophetia mysteriis licet sit plena, quædam tamen pars ejus ita claritate elucet, ut etiam tempus signet quando venturus esset ipse Salvator et Dominus. Septuaginta hebdomadas breviatas esse, Gabriel angelus in populo ejus eidem Danieli revelavit, ut adduceretur justitia sempiterna, et impleretur prophetia, et ungeretur Sanctus sanctorum. Beatus Hieronymus labore ingenioque magno per supputationes annorum regum Babyloniæ, septuaginta hebdomadas usque ad nostri Redemptoris nativitatem, annis quadringentis nonaginta perduxit, sejungens septem in restaurationem templi hebdomadas quinquaginta septem usque ad Domini nativitatem et passionem ipsius, et unam vastationis quæ facta est a Vespasiano duce cum Tito filio ejus. Duodecim sane sunt propheticæ visiones ejusdem Danielis, sed in Hebræo decem tantum reperiuntur. Pythagoras per idem tempus, philosophus et Arithmeticæ inventor clarus habetur.

[4292] Persarum primus Cyrus regnavit annos triginta. Hic, ut compleretur verbum Domini ex ore Jeremiæ, primo sui regni anno, laxata Hebræorum captivitate, quinquaginta ferme hominum millia regredi fecit in Judæam, restituens eis vasa templi Domini aurea et argentea quinque millia quadringenta. Qui congregati in Jerusalem, mense septimo ædificaverunt altare, et a primo die mensis ejusdem cœperunt offerre holocaustum Domino. Anno autem secundo adventus sui, mense secundo, templi fundamenta jecerunt; anno incensionis ejus, juxta Africanum, septuagesimo secundo; juxta autem Chronica Eusebii, trigesimo secundo; sed impedientibus Samaritanis, intermissum est opus usque ad annum Darii secundum, qui etiam in regno Assueri et Artaxerxis scripserunt accusationem adversum Judæos; et rescripsit Artaxerxes ne ædificaretur Hierusalem. Romanorum septimus Tarquinus regnavit annis triginta quinque; qui causa Tarquinii junioris sui filii qui Lucretiam corruperat, regno expulsus est.

[4322] Cambyses, Cyri filius, annis octo. Hic devicta Ægypto cunctam ejus religionem abominatus, cæremonias ejus et templa deposuit; Babylonem in Ægypto ædificavit. Hunc aiunt Hebræi secundum Nabuchodonosor vocari, sub quo Judith historia scribitur.

Fratres magi, mensibus septem. Jesus sacerdos magnus et princeps gentis: Zorobabel, et Aggæus, Zacharias, et Malachias prophetæ clari habentur.

[4330] Darius annos triginta sex. Inter Darium et Cambysem regnasse duos fratres magos in libris Chronicorum reperimus; verum B. Hieronymus in expositione Danielis scribit, post Cambysem, Smerdem magum regnasse, qui Pantaptem filiam Cambysis duxit uxorem. Qui cum a septem magis fuisset occisus, et in loco ejus Darius suscepisset imperium, eadem Pantapte nupsit Dario, et ex eo Xerxem filium genuit. Secundo anno Darii, septuagesimus captivitatis Hierusalem annus impletur, ut vult Eusebius, testem adhibens Zachariam prophetam, apud quem secundo Darii anno loquitur angelus: *Domine exercituum, usquequo tu non misereberis Hierusalem, et urbium Juda quibus iratus es? Iste septuagesimus annus est* (Zach. 1, 12). Sexto Darii anno templi ædificatio completur, die tertia mensis Adar, qui est quadragesimus sextus annus ex quo ejus sub Cyro templi fundamenta sunt jacta; unde in Evangelio dicunt Judæi: *Quadraginta et sex annis ædificatum est templum hoc* (Joan. II, 20). Cœperunt autem ædificare anno secundo Darii, mense sexto, die vigesima quarta; et anno sexto, ut dictum est, et mense duodecimo, tertia die compleverunt. Ex quo apparet opus templi et antea non parva ex parte peractum; annos autem septuaginta a destructione illius usque ad perfectam restaurandi licentiam esse computandos.

Pulsis urbe regibus, qui imperaverant annis ducentis quadraginta quatuor, vix usque ad duodecimum lapidem Roma tenebat imperium. Romæ post exactos reges primum consules a Bruto esse cœperunt; deinde tribuni plebis ac dictatores, et rursum consules semper obtinuerunt, per annos ferme quadringentos sexaginta quatuor usque ad Julium Cæsarem, qui primus singulare arripuit imperium, Olympiade centesima octogesima quarta.

[4360] Xerxes, filius Darii, annis viginti. Hic Ægyptum, quæ a Dario discesserat, capit, et adversus Græciam pugnaturus, septingenta millia armatorum, et trecenta de auxiliis, rostratas autem naves mille ducentas; onerarias autem tria millia numero habuisse narratur; et tamen victus, ad patriam refugit. Pindarus, Sophocles et Euripides tragœdiarum scriptores, celebrantur insignes. Inter eruditos quoque historiarum scriptores, Herodotus, et Zeusis pictor agnoscitur. Arrabanus, mensibus septem, Socrates nascitur.

Artaxerxes, qui et Longimanus annis quadraginta. Hujus anno septimo, prima die mensis primi, Esdras sacerdos et scriba legis Dei ascendit de Babylone cum epistola regis, et in prima mensis quinti venit in Hierusalem cum viris mille septingentis. Et inter alia strenue gesta castigavit filios transmigrationis ab uxoribus alienigenis. Ejusdem anno vicesimo, Neemias pincerna de Susis castro adveniens, murum Jerusalem quinquaginta duobus diebus restituit, et ducatum genti duodecim annis præbuit.

Hucusque divina Scriptura temporum seriem continet. Quæ vero posthæc apud Judæos sunt gesta, de libris Machabæorum, et Josephi, atque Africani scriptis exhibentur, qui deinceps universam historiam usque ad Romana tempora persecuti sunt. Et quidem Africanus in quinto Temporum volumine, hujus temporis ita meminit; mansit itaque imperfectum opus usque ad Neemiam, et vigesimum quintum annum regis Artaxerxis. Quo tempore regni Persarum, centum et quindecim, anni fuerant evoluti. Captivitatis autem Jerusalem centesimus quinquagesimus et quintus annus erat; et tunc primum Artaxerxes jussit muros extrui Jerusalem; operi præfuit Neemias, et ædificata est platea, et muri circumdati; et ex illo tempore si numerare velis, septuaginta annorum hebdomadas usque ad Christum poteris invenire. Xerxes menses duos, postquam Sogdianus menses septem. Hippocrates medicus clarus habetur, et Democritus agnoscitur. Quo tempore Galli Senones et Viennenses, Martis et Victoriæ templum ad orientem urbis Viennæ constituunt.

[4428] Darius cognomento Nothus, annis viginti et octo. Ægyptus recessit a Persis. Reversis de captivitate Judæis, non reges, sed pontifices præfuerunt usque ad Aristobulum, qui cum dignitate pontificis etiam regale sibi cœpit usurpare vocabulum. Plato nascitur.

[4446] Artaxerxes qui cognominatus est Mnemon, Darii et Parisatis filius annis quadraginta. Sub hoc rege videtur historia Esther completa; ipse quippe est qui ab Hebræis Assuerus, a Septuaginta interpretibus Artaxerxes vocatur. Athenienses quatuor et viginti litteras habere cœperunt; ante enim tantum sexdecim habebant. Galli Senones, duce Brenno, exercitu copioso Romam invadunt, et incensam sex mensibus vastaverunt. Universam juventutem, quam constat vix mille hominum tunc fuisse, in arce Capitolini montis, latitantem obsidione concludunt; ibique infelices reliquias fame, peste, desperatione, formidine terrent, subigunt, vendunt. Nam mille libras auri discessionis pretium paciscuntur; tribuni militares pro consulibus esse cœperunt. Carthaginensium bellum formidolosissimum inchoatum, Livio consule. Navale prælium cum Annibale seniore commissum. Triginta et una naves Annibalis captæ, viginti mersæ, tria millia hominum occisa, septem millia capta. Annibal scapha subductus aufugit. Caio Aquilino Floro, Lucio Cornelio Scipione consulibus, Hannone in locum Annibalis imperatore subrogato, navali prælio victus, exercitu amisso, ipse Hanno confertissimis hostibus se immiscuit, ibique occisus est. Annibal senior a Carthaginensibus iterum imperator, infeliciter cum Romanis navali prælio congressus, et victus, seditione suorum lapidibus coopertus interiit. Carpeno imperatore, et Hannone classi præfecto, iterum Carthaginenses conserto prælio cum Romanis, sexaginta et quatuor naves perdiderunt. Trecenta et eo amplius castella populata. Manlio consule, septem et viginti millia captivorum cum ingentibus spoliis ex Africa Romam missi. Serpens miræ magnitudinis centum viginti pedum, haud procul a flumine Bagada, in Africa a Regulo consule occiditur. Asdrubale et Amilcare imperatoribus, Regulo consule, atrocissimum bellum gestum in quo cæsa sunt Carthaginensium decem et septem millia, capta quinque millia. Elephanti decem octo abducti. Oppida octoginta et duo in deditionem cessere. Carthaginenses Hispanorum, Gallorum, sed et Græcorum auxilio comparato, Xanthippo Lacedæmonio cum auxiliis accito pugnam cum Romanis conserunt. Triginta millia Romanorum militum prostrata; Regulus, ille dux nobilis cum quingentis viris captus, in catenas conjectus est. Decimo anno Punici belli Xanthippus tam audacis facti conscius, rerum instabilium mutationem timens, ex Africa migravit in Græciam. Æmilio Pacilio Fulvio coss. Romani cum classe trecentorum navium cum Carthaginensibus pari classe convenerunt. Centum et quatuor naves Carthaginensium demersæ. Triginta cum pugnatoribus captæ, triginta et quinque millia militum cæsa, novem navibus Romanorum depressis, mille centum militibus perditis. Hannone duce imperatore Pœnorum, commisso prælio, Æmilio iterum consule, novem millia militum perdiderunt. Romana classis ad Italiam prædis onusta remeans, infando naufragio eversa. Nam de trecentis navibus ducentæ viginti perierunt. Octoginta vix abjectis oneribus liberatæ. Hamilcar, rex Pœnorum, Numidiam mille argenti talentis, et viginti millibus boum reliquos condemnavit. Principes omnium populorum patibulo suffixit. Servilius et Sempronius, ducentis et sexaginta navibus in Africam transgressi maritima circa Syrtes depopulati sunt. Inde cum ad Italiam redirent, illisi scopulis, centum quinquaginta naves onerarias perdiderunt. Asdrubal imperator cum elephantis centum viginti, et equitum peditumque amplius triginta millibus cum Metello pugnam conseruit. Viginti millia Carthaginensium eo prælio cæsa sunt. Elephanti quoque sex et viginti interfecti, centum et quatuor capti, Asdrubal cum paucis Lilybæum profugit. Regulus, qui per quinquennium captivus detinebatur, ad pacem petendam Romam missus, non impetrata pace reversus, resectis palpebris, in machina religatus, vigilando a Carthaginensibus necatur. Attilius Regulus et Manlius coss. victi ab Annibale Amilcaris filio, perdita exercitus parte, vix ægre evaserunt. Claudius consul a classe Pœnorum superatus, cum triginta navibus Lilybæum in castra confugit; octo millia militum cæsa, triginta capta referuntur. Luctatius consul cum Hannone navibus decertans quatuor et sexaginta Punicas naves cœpit, centum et triginta demersit; triginta duo millia hominum capta, cæsa quatuor millia fuere. Hanno navem antevertens aufugit, Luctatius ad Erycinam civitatem duo millia Carthaginensium conserta pugna interfecit. Carthaginenses ea conditione paciscuntur, ut Sicilia Sardiniaque decederent, et puri argenti tria millia talentorum æquis pensionibus per annos viginti penderent. Post annos tres et viginti bellum Punicum primum ex quo inchoatum fuerat, finitum. Aristoteles octavum decimum ætatis annum gerens, Platonis auditor est.

Artaxerxes, qui et Ochus annis sex et viginti qui discedere ab armis, et quiescere in pace universam Græciam per legatos præcepit, denuntians contradictorem pacis bello impetendum. Bellum civile et plusquam civile apud Persas gestum, cum Artaxerxes et Cyrus, filii Darii, de regno ambigerent; in quo conflictu, cum e diverso concurrentes sibi ambo fratres, mutuo casu subjecti fuissent, prior Artaxerxes vulneratus a fratre, equi velocitate morti exemptus evasit; Cyrus autem mox a cohorte regia oppressus, finem certamini dedit. Sic Artaxerxes potestatem regni fratricidio firmavit. Lacedæmones toti orienti bellum moventes, Hircilidem ducem in hanc militiam legunt. Qui cum sibi adversus duos potentissimos Persarum regis præfectos, Farnabuzum et Tisipharnem, pugnandum videret, proviso ad tempus consilio, ut pondus geminæ congressionis eluderet, unum denuntiato bello appetit, alterum pacta pace suspendit. Farnabuzus Tisipharnem apud Artaxerxem ut proditorem defert: in cujus locum Conon Atheniensis exsul navali prælio constituitur. Qui classem Lacedæmoniorum invadit, hostiles agros, turres, castella, cæteraque præsidia expugnat: et veluti effusa tempestas, quacunque incubuit, cuncta prosternit. Thebani auxilio Atheniensium multa animati fiducia propter virtutem atque industriam Epaminondæ ducis sui, terrestre prælium committunt. Lysander, Lacedæmoniensis dux clarus occiditur. Pausanias dux alter insimulatus proditionis, in exsilium ducitur. Agesilaus, rex Lacedæmoniorum, Thebanos successu duplicis victoriæ lætiores aggreditur, et superat. Ipse tamen Agesilaus graviter vulneratur. Conon Atheniensis dux Persici exercitus, Athenas reædificat. Lacedæmones furtim castellum Arcadum repentina irruptione perfringunt. Arcades juncto sibi Thebanorum auxilio, amissa furto bello repetunt. Archedamus dux Lacedæmoniorum, ibi vulneratur. Thebani dato parcendi signo, finem dedere certamini. Thebani, Lacedæmoniis ad alia bella conversis, tacito intempesta nocte Lacedæmonem veniunt; præcognito adventu hostium, armati senes, ævo confecti, adversus quindecim millia militum, vix centum homines in ipsis se portarum angustiis objecere. Superveniente juventute Lacedæmoniorum, aperto prælio Epaminondas dux Thebanorum, incautius dimicans, vulneratur. Cum de victoria suorum comperisset, scutum exosculatus remota manu qua vulnus occluserat, egressum sanguinis, ac mortis patefecit introitum. Iterum terribilis Gallorum inundatio juxta Anienem fluvium, et quartum ab urbe lapidem consedit. Ubi atrocissimam pugnam Manlius Torquatus singulariter inchoavit. Titus Quintus dictator cruentissima congressione confecit. Iterum in bellum ruentes Galli a Caio Sulpitio dictatore superati sunt. Iterum se Galli per maritima loca diffuderunt, et a Marco Valerio Corvino occiso provocatore Gallo graviter trucidati sunt. Artaxerxes, qui et Ochus, post transactum in Ægypto maximum diuturnumque bellum, plurimos Judæos in transmigrationem egit, atque in Hyrcania ad Caspium mare habitare præcepit. Cujus etiam belli tempestate transcurrens, et Sillodam opulentissimam Phœnices provinciæ urbem delevit, et Ægyptum quamvis prius victus, tunc tamen subactam comminutamque ferro, Persarum subjecit imperio. Demosthenes orator agnoscitur. Aristoteles philosophus prædicatur. Plato moritur.

[4512] Arses, Ochi filius, annos tres. Judæorum pontifex maximus Jaddus clarus habetur, cujus frater Manasses templum in monte Garizim constituit. Speusippus moritur, cui succedit Xenocrates. In his diebus Alexander magnus, atrocissimus turbo totius orientis, nascitur. Anno ab Urbe condita quadringentesimo secundo, Alexander rex Epirotarum, Alexandri magni avunculus, trajectis in Italiam copiis maximo bello in Lucania victus atque occisus est. Anno ab urbe condita quadringentesimo, Philippus Amynthæ filius, Alexandri pater, regnum Macedonum adeptus, viginti quinque annis tenuit: quibus hos omnes acerbitatum acervos, cunctasque malorum moles struxit. Hic obses primum Thebanis datus a patre, per triennium apud Epaminondam imperatorem et philosophum, eruditus est. Hic rex sanctus cum Athenis bellum, gessit et vicit; Larissam urbem nobilissimam cepit; Thessaliam ambitione habendorum equitum invasit, et exercitu suo admiscuit. Cum Aruba Molossorum rege pactus, sororem ejus Olympiadem uxorem duxit. Qui Aruba dum imperium suum Macedonum affinitate se dilataturum putat, per hoc deceptus amisit; privatusque in exsilio consenuit. Philippus apud Matonam urbem ictu sagittæ oculum perdidit, et prope totam Græciam consiliis præventam, viribus domuit; Cappadociam, capto per dolum rege, imperio Macedoniæ subdidit. Philippus fratres suos patri ex noverca genitos interficere aggressus, Olinthum urbem florentissimam, sanguine repleta, opibus hominibusque vacuavit, et abstractos inde fratres supplicio et neci dedit. Auraria loco in Thessalia, et argenti metalla in Thracia invasit. Philippus angustias Thermopylarum instructis copiis ingreditur, easque præsidiis emunit, Athenienses, Phocenses, atque Thessalos perdomuit. Byzantium a Pausania rege Spartanorum conditam, obsidione cinxit. Scythicum bellum totis viribus aggreditur. Viginti millia puerorum ac fœminarum Scythicæ gentis capta. Pecorum magna copia abducta, auri argentique nihil repertum. Viginti millia nobilium equorum sufficiendo generi Macedoniam missa. Bello Triballico ita Philippus in femore vulneratus est, ut per corpus ejus equus interficeretur. Hic postmodum die nuptiarum Cleopatræ filiæ suæ, cum inter duos Alexandros, filium generumque, contenderet, a Pausania nobili Macedonum adolescente in angustiis sine custodibus circumventus occiditur. Romani bellum Latinis rebellantibus intulerunt, Manlio Torquato et Decio Mure coss. in quo bello Decius occubuit; Manlius filium suum juvenem victorem occidit. Minutia virgo Vestalis ob admissum incestum, viva obruta in campo qui nunc Sceleratus vocatur. Trecentæ septuaginta matronæ damnatæ, quæ propinasse venena viris suis et sceleris consciæ repertæ sunt.

[4525] Darius, Arsami filius, annis sex; Alexander Philippi et Olympiadis filius, viginti ætatis annos gerens, Macedonibus regnare cœpit. Fabio magistro equitum Romanorum pugnam conserente, viginti millia Samnitum ceciderunt. Veturio et Posthumio consulibus, apud Caudinas furculas, Samnites victoria potiti, universum exercitum Romanorum turpiter captum, armis etiam vestimentisque nudatum sub jugum miserunt, sexcentis equitibus Romanis in obsidatum receptis. Papirio consule, Samnites victi sunt. Hunc Papirium inter cæteros duces tunc in Republica sua optimos, Romani delegerunt, qui Alexandri impetum sustineret. Demosthenes orator auro Persarum corruptus, ut Græci ab imperio Macedonum deficerent, auctor exstitit. Alexander Athenienses metu mulctæ solvit; Thebanos cum diruta civitate delevit; reliquos sub corona vendidit; cæteras urbes Achaiæ et Thessaliæ vectigales fecit; Illyrios et Thracas bello domuit. Profecturus ad Persicum bellum, omnes cognatos ac proximos suos interfecit. In exercitu ejus fuerunt peditum triginta duo millia, equitum quatuor millia, naves centum et octoginta. Tam parva manu universum terrarum orbem aggredi ausus est. Primo ejus cum Dario rege congressu, sexcenta millia Persarum in acie fuere. Secundo Darii adventu timens Alexander angustias locorum, Taurum montem mira celeritate transcendit, et quingentis stadiis sub una die cursu transmissis, Tarsum venit. Ibique cum sudans in Cidnum præfrigidum amnem, descendisset, obriguit: contractuque nervorum proximus morti fuit : Darius cum trecentis millibus peditum, et centum millibus equitum, in aciem procedit. Ingentibus utrinque animis pugna committitur; in qua ambo reges, et Alexander et Darius, vulnerantur. Persarum ibi tunc militum octoginta millia, equitum decem millia cæsa, capta autem quadraginta millia fuere. Ex Macedonibus cecidere pedites centum et triginta, equites centum et quadraginta. In castris Persarum multum auri cæterarumque opum repertum. Inter captivos castrorum, mater et uxor eadem, soror et filiæ duæ Darii fuere. Quarum redemptionem Darius oblata etiam regni dimidia parte, non impetravit. Darius spe pacis amissa quadraginta quatuor millia peditum, et centum millia equitum, Alexandro apud Tarsum bello opponit. In ferrum ruunt Macedones, raroque ullo prælio tantum sanguinis fusum est. Darius victus, persuasu suorum fugere compulsus, totusque Oriens in potestatem Macedonii cessit imperii. Alexander quatuor et triginta continuis diebus, castrorum prædam percensuit. Persipolim caput Persici regni confertissimam opibus totius orbis invasit. Darium cum propinquis suis vinctum compedibus aureis teneri comperisset, cum sex millibus equitum persequi statuit inventumque in itinere multis confossum vulneribus, ac mortuum, sepeliri in sepultura majorum præcepit. Tribus præliis totidemque annis quinquies decies centena millia peditum equitumque consumpta, Alexander etiam Judæam ingressus, favorabiliterque exceptus, Deo victimas immolat et pontificem templi Jaddum honoribus plurimis prosequitur, Andromacho locorum custode dimisso. Sub Persarum regibus pontifices summi fuerunt, Josue, Joachim, Eliasiph, Joiada, Jonathan, Jaddus. Mansit autem Persarum regnum, quod interfecto Dario destructum est, annos ducentos triginta unum. Alexander post mortem Darii, annis quinque regnavit. Indiam ingressus, Nisam urbem adiit. Callisthenem philosophum sibique apud Aristotelem condiscipulum, cum plurimis aliis principibus, quod eum deposito salutandi more ut Deum non adoraret, occidit. Cum Poro Indorum rege cruentissimum bellum gessit. Porus multis vulneribus confossus, et captus, ob memoriam virtutis, in regnum restitutus est, multæ gentes subactæ periculosissimis præliis. Indum flumen ingressus, Babylonem celeriter rediit, ubi eum exterritarum totius orbis provinciarum legatio operiebatur : Carthaginensium, totius Africæ civitatum, Hispanorum, Gallorum, Siciliæ, Sardiniæ : plurimæ præterea partes Italiæ; ibique tricesimo secundo vitæ, regni autem sui duodecimo anno, ministri insidiis veneni haustu periit. Post quem translato in multos imperio, Ægyptum Ptolomæus, Lagi filius, tenuit; Macedonas Philippus, qui et Artheus frater Alexandri ; Syriam et Babylonem, et omnia regna Orientis Seleucus Nicanor; Asiæ regnavit Antigonus. Qui apud Danielem per quatuor hirci qui arietem conterit cornua designantur.

[4557] Ptolomæus, Lagi filius, annis quadraginta Græci æstimantes, ne exsules recepta libertate, ut Alexander per epistolam jusserat, ultione meditarentur, a regno Macedonum defecerunt : bellumque Antipatro, cui Græcia sorte venerat, ingerunt. Bellum inter Antigonum et Perdiccam, cui Media minor sorte obvenerat, gravissimum oritur. Ptolomæus Ægypti viribus Perdiccam acerbissimo bello aggressus, interfecit. Olympias mater Alexandri capta a Cassandro Cariæ duce occiditur ; Ptolomæus et Cassander inita cum Lysimacho et Seleuco societate, bellum terra marique contra Antigonum, qui spe dominandi Herculem Alexandri filium, liberare simulabat, instruunt. Eo bello Antigonus cum filio Demetrio vincitur. Cassander Ptolomæo in victoria particeps Herculem Alexandri filium, quatuordecim jam annorum, cum matre occidendum curat. Ptolomæus cum Demetrio navali prælio conflixit victusque in Ægyptum refugit. Hac victoria Antigonus elatus, regem secum Demetrio filio appellari jubet.

Quod exemplum omnes secuti, regum sibi nomen dignitatemque sumpserunt. Ptolomæus et Cassander, cæterique alterius factionis duces, Seleucus quoque ex Asia majore epistolis se invicem confirmantes bellum adversus Antigonum communibus viribus struunt.

Eo bello Antigonus occisus est. Victores cum de præda non convenirent, in duas factiones diducuntur, Seleucus Demetrio, Ptolomæus Lysimacho et Cassandro jungitur.

Cassandro defuncto, Philippus filius succedit. Antipater Thessalonicem matrem suam, Cassandri uxorem, manu sua transverberat. Alexander frater ejus, ob ultionem matris, bellum adversus fratrem instruit, et a Demetrio, cujus auxilium petierat, circumventus occiditur. Ptolomæus et Seleucus et Lysimachus, iterum societate pacta, bellum adversus Demetrium transferunt. His comitem et belli socium se Pyrrhus rex Epiri jungit, Demetrioque Macedonia pulso, regnum Macedoniæ Pyrrhus invasit. Lysimachus generum suum Antipatrum insidiantem sibi interfecit, filiumque suum Agathoclem perosus occidit. Seleucus decimo tertio Ptolomæi anno Syriæ regnare cœpit : Babyloniam expugnavit : Bactrianos novis motibus assurgentes perdomuit : transitum in Indiam fecit quæ post mortem Alexandri excusso cervicibus jugo præfectos ejus occiderat. Cum Andragatho duce multa et gravia prælia gessit, firmatisque conditionibus pacta pace discessit : a quo tempore Machabæorum Hebræa historia Græcorum supputat regnum. A quo et Edisseni sua tempora computant. Antiochiam, Laodiceam, Seleuciam, Apamiam, Edessam, Beroeam, et Pellam urbes condidit : in easque urbes quas exstruxerat, Judæos transfert, jus eis civium et municipalem ordinem, cum Græcis æquali honore concedens. Exstinctis jam triginta quatuor Alexandri ducibus, Lysimachus annos natus septuaginta quatuor, et Seleucus septuaginta septem bellum inter se conferunt. Ultimum hoc bellum Alexandri commilitonum fuit. Lysimachus vel amissis vel interfectis ante quindecim liberis postremus occisus est. Seleucus postmodum, insistente Ptolomæo, cujus sororem Lysimachus habuerat, insidiis circumventus, occisus est. Ptolomæus Hierosolymis et Judæa in ditionem suam dolo redactis, plurimos captivorum in Ægyptum transtulit.

Judæorum pontifex maximus Onias Jaddi filius, clarus habetur. Post quem religiosissimus ac piissimus pontifex Simon Oniæ filius.

Post quem Eleazarus, frater ejus, filio ejus Onia parvo admodum derelicto. Hoc tempore Zeno Stoicus, et Menander comicus, et Theophrastus philosophus claruerunt. Pyrrhus rex Epirotarum et Macedoniæ Tarentinis junctus, qui classem Romanam prætereuntem invaserant, cum exercitu Romano et Levino consule pugnam iniit. Qui viginti elephantos usque ad id tempus Romanis invisos, in Italiam primus invexit.

[4570] Ptolomæus Philadelphus, annis triginta octo. Sostratus pharum in Alexandria construxit. Ptolomæus Judæos qui in Ægypto erant, liberos esse permisit, et Eleazaro pontifici vasa sancta restituens, multa donaria in templum Hierosolymis transmisit. Septuaginta interpretes petiit, qui Scripturam sanctam in Græcum eloquium verterent. Tantæ autem potentiæ fuit, ut Ptolomæum patrem vinceret. Habuit enim peditum infinita millia, equitum viginti millia, curruum duo millia, elephantos quos primus adduxit ex Æthiopia quadringentos. Judæorum pontificatum post Eleazarum avunculus ejus Manasses accepit. Aratus astrologus agnoscitur: atque argentei nummi primum Romæ constituuntur. Amilcar, dux Carthaginensium, ab Hispanis in bello occisus est. Illyricum bellum atrocissimum cum Romanis gestum. Cisalpina Gallia a Romanis defecit. Commissoque prælio apud Aretium Atilius consul occisus est. Eodem anno diro miseram Urbem terruere prodigia. Namque in Piceno fluvio sanguis effluxit, et apud Thuscos cœlum ardere visum, et Arimini nocte multam lucem claram obfulsisse ac tres lunas distantibus cœli regionibus exortas apparuisse. Flaminius consul, contemptis auguriis, cum Gallis et conflixit et vicit. Annibal Pœnorum imperator patri Amilcari, cum esset novem annis natus, juravit se Romanis nunquam amicum futurum. Pyrenæos montes transgressus inter ferocissimas Gallorum gentes ferro viam aperuit: et nono demum die a Pyrenæo ad Alpes pervenit, atque invias rupes igni ferroque rescidit, quintoque die cum maximo labore ad plana pervenit: cum Scipione consule prælium commisit. Ipse Scipio ibi graviter vulneratus, per Scipionem filium admodum prætextatum, qui post Africanus dictus est, ab ipsa morte liberatus evasit. Sempronius consul similiter cum eo congressus, pene solus evasit. Annibal violentia frigoris, vigiliarum ac laboris, oculum amisit. Ad Thrasymenum lacum, Flaminio consule occiso, Romanus exercitus funditus trucidatus est. Apud Cannas Appuliæ vicum Lucius Æmilius Paulus, et P. Terentius Varro consules, contra Annibalem missi, omnes pene Romanæ spei vires perdiderunt: quadraginta et quatuor millia Romanorum interfecta. Consul Æmilius Paulus occisus; Varro consul cum quinquaginta equitibus fugit; consulares et prætorii viri viginti interfecti; senatores capti vel occisi triginta; nobiles viri trecenti, pedestrium militum quadraginta millia, equitum ter mille quingenti. Usque adeo ultima desperatio Reipublicæ apud residuos Romanos fuit, ut senatores derelinquendam Urbem putarent, nisi Cornelius Scipio tribunus tunc militum, idem qui postea Africanus, districto gladio deterruisset, ac potius pro patriæ defensione in sua verba jurare coegisset. Claudius Marcellus Annibalis exercitum prælio fudit. Centenius Penula centurio ab Annibale cum octo millibus millium cæsus. Cneius Fulvius prætor victus. Annibal ad Anienem fluvium tribus millibus ab Urbe, cum Cn. Fulvio et Sulpitio consulibus pugnam commissurus, subito imbre et grandine mistæ nubibus effuso, territus in castra refugit. Tuncque dixisse fertur: potiundæ sibi Romæ modo voluntatem non dari, modo potestatem. Scipiones duo fratres in Hispania Asdrubalem Pœnorum imperatorem gravissimo bello oppresserunt. Idem Scipiones ambo e fratre Asdrubalis in Hispania interfecti sunt; a Qu. Fulvio Capua capta est. Scipio annos natus viginti quatuor, imperium in Hispania proconsulare sortitus est, pro patre et patruo ibi occisis. Magonem fratrem Annibalis captum cum cæteris Romam misit. Scipio Pœnorum ducem Asdrubalem vicit, et castris exuit. Universam Hispaniam a Pyrenæo usque ad Oceanum in provinciam redegit. Consul cum Licinio Crasso creatus, in Africam transiit.

Annonem Amilcaris filium ducem Pœnorum interfecit. Asdrubal imperator Carthaginem profugus venit. Annibal in Italia Fluvium proconsulem cum undecim tribunis interfecit. Marcellus consul cum Annibale triduo continuo dimicavit. Primo die, pari pugna discessum est; sequenti, victus consul; tertio, victor Annibalem fugere in castra compulit. Fabius Maximus consul, Tarentum quæ a Romanis desciverat, cepit; ibique ingentes copias Annibalis, cum ipso duce ejus Carthalone delevit; Claudius Marcellus consul ab Annibale cum exercitu occisus est. Annibal utrumque consulem Marcellum et Crispum insidiis circumventos interfecit; Asdrubal frater Annibalis a Marco Livio et Claudio Nerone consulibus præventus, cum omni exercitu suo in Italia interfectus est. Annibali caput fratris sui Asdrubalis ante castra ipsius projectum. Sempronius consul cum Annibale congressus, et victus, Romam refugit. Annibal post tredecim annos redire in Africam, jussus obsessis Carthaginensibus subvenire, flens reliquit Italiam, omnibus Italici generis militibus qui sequi nollent interfectis, Carthaginem venit, colloquium Scipionis petit: ubi cum se diu attoniti admiratione mutua suspexissent, infecto pacis negotio, prælium consertum est. Inde Annibal cum paucis inter tumultum elapsus, Adrumentum confugit. Carthaginensibus pax per Scipionem concessa, naves plusquam quingentæ incensæ. Scipio triumphans Urbem ingressus, quam, [a] Terentius comicus ex nobilibus Carthaginensium captivis pileatus, quod insigne indultæ sibi libertatis fuit triumphantem post currum secutus est. Punicum bellum secundum finitum, quod gestum est annis sexdecim.

[4588] Ptolomæus Evergetes frater superioris regis annis viginti sex, qui inde Evergetes ab Ægyptiis est vocatus, quia capta Syria a Cilicia, et propemodum universa Asia, inter innumera argenti pondera ac vasa pretiosa, etiam deos eorum quos Cambyses, capta Ægypto, in Persas portaverat, retulit Judæorum pontifex Onias, Simonis justi filius, clarus habetur. Cujus item filius Simon non minori gloria fulget. Sub quo Jesus filius Sirach Sapientiæ librum componens, quem Panaretum vocat: etiam Simonis in eo fecit mentionem. Flaminius proconsul, Philippum regem et cum eo Thracas, Macedones, Illyrios, multasque præterea gentes, quæ in auxilium ejus venerant, bello subegit. Antiochus rex Syriæ bellum contra populum Romanum instruens, in Europam transivit ex Asia. Annibal exhiberi Romani a senatu jussus, clam ex Africa profectus, ad Antiochum migravit: quem cum apud Ephesum invenisset cunctantem, mox in bellum impulit. Scipio Africanus inter cæteros legatos ad Antiochum missus, etiam cum Annibale colloquium familiare habuit: sed infecto pacis negotio, ab Antiocho discessit. Commissoque bello, a consule Glabrione superatus Antiochus vix cum paucis fugit e prælio. Iterum Scipio Africanus habens in auxilio Eumenem Attali filium, adversus Annibalem, qui tunc Antiochi classi præerat, bellum navale gessit. Antiochus, victo Annibale atque in fugam acto, simulque omni exercitu amisso, pacem rogavit, filiumque Africani (incertum quando ceperit) ultro remisit. Annibal apud Prusiam Bythyniæ regem cum a Romanis reposceretur, veneno sese necavit.

Philippus rex, qui legatos populi Romani interfecerat, propter Demetrii filii sui, quem legatum miserat, verecundissimas preces, veniam meruit: eumdem Demetrium continuo velut Romanis amicum, fratremque ipsius, veneno necavit. Scipio Africanus ab ingrata sibi Urbe diu exsulans, apud Amiternum oppidum morbo periit. Lepido et Mucio consulibus, Basternarum gens ferocissima, auctore Perseo Philippi filio, prædarum spe sollicitata, et transeundi Histri fluminis facultate, sine ulla pugna vel aliquo hoste deleta est. Nam tunc forte Danubius, qui et Hister, crassa glacie superatus, pedestrem facile transitum patiebatur, enormitate igitur ponderis et concussione gladientium concrepante gelu, se glacialis crusta dissolvit, universumque in mediis gurgitibus victa et comminuta destituit. Vulcani insula, quæ ante non fuerat, repente in mari orta est.

[a] De Terentio Culeone ista intelligenda docuimus, cap. 19, lib iv Oros. 3.

Gracchus Tiberius Sempronius, apud Viennam urbem Galliæ, in Hispaniam ulteriorem transiens, Platomam miro opere construxit, et pontem super Rhodanum ab utroque littore castris miro opere fundatis superduxit. P. Licinio Crasso, C. Cassio Longino coss. Macedonicum bellum gestum: in auxilio Romanorum tota primum Italia, deinde Ptolomæus rex Ægypti, et Ararathes Cappadociæ, Eumenes Asiæ, Massinissa Numidiæ fuerunt: Perseum Demetrii Philippi filium, et Macedones secuti sunt: Thraces cum rege Chesi et universi Illyrii cum rege Gentio commisso prælio victi fugere Romani. Sequente pugna, pene pari clade in hiberna discessum est. Deinde Perseus multis præliis exercitu Romano profligato, in Illyricum transiit. Præsidium Romanorum expugnavit: ubi magnam multitudinem Romanorum partim occidit, partim sub corona vendidit, partim secum in Macedoniam duxit. Sed postea a L. Æmilio Paulo victus et captus, in triumpho cum filiis ante currum actus, apud Albam in custodia defecit. Filius ejus junior fabricam ærariam ob tolerandam inopiam Romæ didicit: ibique consumptus est.

[4614] Ptolomæus Philopator, filius Evergetis, annis decem et septem. Hic prælio victis Judæis numero sexaginta armatorum millium, bellum adversus Antiochum regem Syriæ sumit: et victo Philopatore Judæam sibi sociavit. Judæorum pontifex Onias, filius Simonis, insignis habetur, ad quem Lacedæmoniorum rex Arrius legatos mittit: Claudius Marcellus Syracusas florentissimam urbem Siciliæ cepit. Scipio alter Africanus ultro se militaturum in Hispania obtulit: profectusque magnas strages gentium dedit. Tertium Punicum bellum exortum. Proconsules profecti in Africam, cum jam senatus Carthaginem delendam censuisset, Carthaginenses jussi, arma et naves tradiderunt. Postmodum procul a mari residentes, dolorem ad desperationem contulerunt, duosque duces Asdrubales creaverunt: et propter inopiam ferri, arma aggressi facere, auri argentique metallis suppleverunt. Carthaginis situs fuisse hujusmodi dicitur: Viginti duo millia passuum muro amplexa, tota pene mari cingebatur, absque faucibus quæ tribus millibus aperiebantur. Is locus murum viginti pedes latum habuit saxo quadrato in altitudinem cubitorum quadraginta. Arci urbis Byrsæ nomen erat: paulo amplius quam duo millia passuum tenebat. Ex una parte murus communis est urbis et Byrsæ, imminens mari. Primum ab hac consules repulsi: deinde ab Scipione intra muros hostes repulsi. Asdrubal imperator, Massinissæ regis Numidiæ nepos subselliorum fragmentis in curia a suis propter suspicionem proditionis occisus est. Scipio suprema sorte Carthaginem delere molitus: dum continuis sex diebus noctibusque pugnatur, ultima Carthaginenses desperationem traxit, rex Asdrubal alter se ultro dedit. Transfugæ qui Æsculapii templum occupaverant, voluntario præcipitio dati, igni consumpti sunt. Uxor Asdrubalis se duosque filios secum in medium jecit incendium : eumdem nunc mortis exitum faciens novissima regina Carthaginis, quem prima fecerat. Ipsa civitas septemdecim continuis diebus arsit, omni murali lapide in pulverem comminuto, septingentesimo post anno quam condita est.

[4631] Ptolomæus Epiphanes, filius Philopatoris, annos viginti quatuor. Hujus tempore gesta sunt quæ secundi libri Machabæorum continet historia. Onias sacerdos assumptis Judæorum plurimis, fugit in Ægyptum, et a Ptolomæo honorifice susceptus, accepta ea regione quæ Heliopoleos vocabatur, et concedente rege, templum exstruxit in Ægypto simile templo Judæorum, quod permansit usque ad imperium Vespasiani, annis ducentis et quinquaginta. Sub occasione igitur Oniæ pontificis, infinita Judæorum examina in Ægyptum confugerunt. Quo tempore et Cyrene eorum multitudine repleta est, pugnantibus contra se magno Antiocho et ducibus Ptolomæi, posita in medio Judæa in contraria studia scindebatur, aliis Antiocho, aliis Ptolomæo faventibus. Hæc autem vel Oniæ vel cæteris fuit causa Ægyptum petendi. Consule Mummio, Corinthus urbs opulentissima, quippe quæ velut officina omnium artificum et artificiorum, et emporium commune Asiæ atque Europæ fuerit, expugnata et subversa est. Plurima itaque parte populi ferro flammisque consumpta, reliqua sub corona vendita est urbs incensa, muri funditus diruti : muralis lapis in pulverem redactus, præda ingens erepta est. Sane cum propter multitudinem et varietatem statuarum simulacrorumque in illo civitatis incendio, permista in unum auri, argenti, atque æris omniaque simul metalla fluxissent, novum genus metalli factum est. Unde usque hodie sive ex ipso, sive ex imitatione; ipsius æs Corinthium et Corinthia vasa dicuntur. Viriatus in Hispania, genere Lusitanus, homo pastoralis et latro, primum infestando vias, vastando provincias, maximo terrori Romanis fuit : Ventidium prætorem cum omni exercitu fugavit : Caium similiter multis præliis fractum ; Claudium cum magna instructura belli pepulit : trabeas, fasces, cæteraque insignia Romana in montibus suis tropæa suspendit. Sic per quatuordecim annos, cum Romanos duces atque exercitus prostravisset, insidiis suorum interfectus est. Androgynus Romæ visus, jussu aruspicum in mare mersus est. Pestilentia tanta exorta, ut ministri faciendorum funerum primum non sufficerent, deinde non essent, magnæ domus, vacuæ vivis plenæ mortuis remanserunt : largissimæ introrsum hæretitates, et nulli penitus hæredes. Puer Romæ ex ancilla natus quadrupes, quadrimanus, oculis quatuor, auribus totidem, natura viri duplex. Scipione Africano consule, Numantia in citeriore Hispania, Numantini quoque cuncti pariter ferro veneno atque igne consumpti sunt. Scipio Thiresum quemdam Celticum principem consuluit. Qua ope Numantia, aut prius invicta claruisset, aut post fuisset eversa. Thiresus respondit, concordia invicta, discordia exitio fuit. Ptolomæus sororem suam stupro cognitam, ac deinde in matrimonium receptam, novissime turpius quam duxit abjecit. Privignam suam, hoc est filiam sororis et conjugis, conjugem ascivit. Filium suum quem ex sorore susceperat, necnon et filium fratris occidit. Quamobrem tantis incestis parricidiisque exsecrabilis, ab Alexandrinis regno pulsus est. Antiochus non contentus Babylonia atque Ecbatana, totoque Mediæ imperio, adversus Phraartem Parthorum regem congressus et victus est. Habuit enim in exercitu suo centum millia armatorum, ducenta millia et amplius calonum atque lixarum, immista scortis et histrionibus. Parthorum igitur viribus oppressus interiit.

[4655] Ptolomæus Philometor, annis triginta quinque. Aristobulus natione Judæus peripateticus philosophus cognoscitur. Qui etiam Philometori Ptolomæo explanationum in Moysem commentarios scripsit. Attalus, Eumeni filius, moriens testamento populum Romanum imperio Asiæ succedere hæredem jussit. Licinius Crassus consul adversus Aristonicum Attali fratrem, qui traditam per testamentum Romanis Asiam pervaserat, cum instructissimus missus exercitu : præterea a magnis regibus, hoc est, Nicomede Bithyniæ, Mithridate Ponti et Armeniæ, Ariarathe Cappadociæ, Philemene Paphlagoniæ, eorumque maximis copiis adjutus, conserto bello victus est : et circumventus ab hostibus pene captus esset, nisi virgam qua erat usus ad equum, in oculum Thracis impegisset. Barbarus cum ira et dolore exarsisset, propterea latus Crassi gladio transverberavit : ita excogitato genere mortis, effugit et decus et servitutem. Perpenna consul Aristonicum recenti victoria feriatum, improviso bello in fugam vertit, et urbem ad quam confugerat obsidione cinctam ad deditionem coegit. Aristonicus Romæ jussu senatus strangulatus est. Seleucus cognomento Philometor, undecim annis regnavit in Syria. Seleuci temporibus Heliodorus missus a rege ad exspoliandum ærarium templi, divinitus flagellatus repellitur. Cui succedit Antiochus, qui appellatus est Soter : deinde Antiochus, qui appellatus est Theos, id est Deus : deinde Antiochus Epiphanes. Hic ingressus est Ægyptum, et constituit bellum adversum Ptolomæum regem Ægypti. Hic Judæorum legem impugnat omniaque sordibus idolorum complens, in templo Dei Jovis Olympii simulacrum ponit. Sed et in Samaria super verticem montis Garizia, Jovis Peregrini delubrum ædificat, ipsis Samaritanis, ut id faceret, precantibus. Verum Mathathias sacerdos leges patrias vindicat, adversus Antiochi duces arma corripiens ; unde ortum martyrium sanctorum Machabæorum septem fratrum nimis venerabile, in quorum honore Viennensis Ecclesia fundata est.

Onias summus pontifex habetur, cujus frater Jason, præripiens summum sacerdotium, permittente Antiocho, legitima civium jura destituens; sub ipsa arce gymnasium constituit, et Ephœbiam

Hierosolymis. Quo post triennii tempus in Ammanitem regionem expulso, Menelaus frater Simonis de tribu Benjamin principatum sacerdotii obtinuit. Cujus impia factione, pius Onias pontifex per Andronicum peremptus est. Quem propterea rex Antiochus purpura exutum eodem loco, quo in Oniam impietatem commiserat, jussit vita privari. Menelaum vero Antiochus Eupator, postmodum Antiochi filius de turri quinquaginta cubitorum dejici jussit : talique morte justissime damnatus est. Mathathia sacerdote defuncto, Judas Machabæus ducatum Judæorum suscepit, anno centesimo et quadragesimo sexto regni Græcorum. Qui mox Antiochi duces de Judæa expellens, et templum ab idolorum imaginibus emundans, patrias leges post triennium suis civibus reddidit. Antiochus Persipolin nobilissimam et copiosissimam civitatem spoliare cupiens, multitudine ad arma concurrente, in fugam versus est : et cœlesti eum judicio perurgente, dum acceleraret iter, ut Hierosolymam congeriem sepulcri Judæorum faceret, insanabili plaga percussus, homicida et blasphemus miserabili obitu vita functus est. Cui successit Antiochus Eupator ejus filius : et post duos annos, id est anno centesimo et quinquagesimo uno regni Græcorum, regnavit Demetrius Seleuci filius. Hic constituit Alchimum impium in sacerdotio, Juda Machabæo in bello pro legibus patriis et populo Dei pugnante occiso : et anno centesimo et quinquagesimo quarto Alchimo miserabiliter mortuo, omnium favore, Jonathæ principatus et sacerdotium decernitur.

[4690] Ptolomæus Evergetes annis octo et viginti. Jonathas, Judæorum dux et pontifex, cum Romanis et Spartiatis amicitias facit. Hic summa industria sacerdotio administrato octodecim annis, Triphone occiditur, fraterque ejus Simon in sacerdotium assumitur, anno regno Evergetis septimo. Scipio Africanus exanimis in cubiculo suo repertus, uxoris suæ Semproniæ Gracchorum sororis dolo necatus. Cujus vigor et modestia in urbe Romana sic valuit, ut eo vivo neque sociale neque civile bellum posse existere crederetur. L. Cæcili Metello, et Qu. Titio Flaminio consulibus, Carthago in Africa restitui jussa, duodecimo demum anno quam fuerat eversa, et deductis civium Romanorum familiis quæ eam incolerent, restituta et repleta est, Fabio consule. Bitoito regi Arvernorum Galliæ civitatis bellum maximo instructa comparanti, paucitas Romanorum occurrit, ut vix ad escam canibus quos in agmine habebat, sufficere posse Bitoitus jactaret. Qui cum sibi ad transferendas copias unum pontem Rhodani parum esse intelligeret, alium compactis lintribus catenisque connexum super stratis confixisque tabulis instruxit. Conserta pugna, victi Galli, conversi in fugam, coacervatis inconsulte hominibus, præpropero transitu pontis vincula ruperunt, ac mox cum ipsis lintribus mersi sunt. Qu. Martius consul, Gallorum gentem sub radice Alpium sitam bello aggressus est. Qui cum se Romanis copiis circumse- ptos viderent, occisis conjugibus ac liberis, in flammas sese projecerunt. Qui vero præoccupantibus Romanis, peragendæ mortis suæ copiam non habuerunt, alii ferro, alii suspendio, alii abnegato cibo sese consumpserunt : nullusque omnino vel parvulus superfuit, qui servitutis conditionem tolerarit. Jugurtha, Micipsæ Numidarum regis adoptivus filius hæresque inter naturales ejus filios factus, cohæredes suos Hiemsalem occidit, Adherbalem bello victum Africa expulit. Calpurnium consulem adversum se missum pecunia corrupit, et ad turpes conditiones pacis adduxit. Romam idem veniens, omnibus pecunia aut corruptis, aut attentatis, seditiones dissensionesque permiscuit. Quam cum ingrederetur, infami satis notavit elogio, dicens : Urbem venalem et mature perituram, si emptorem invenerit. Idem tandem cruentis bellis a Romanis superatus, Boccho Maurorum regi se sociavit : commissaque pugna una cum Romanis Mario consule Bocchus, et Jugurtha fugerunt ; inde nonaginta millia armatorum vincentibus Romanis usque ad internecionem cæsa. Bocchus in pretium pacis Jugurtham dolo captum, catenisque obstrictum, per Syllam legatum misit ad Marium : qui in triumpho ante currum cum duobus filiis suis actus, et mox in carcere strangulatus est. Mithridates rex Parthorum, sextus ab Arsace, victo Demetrii præfecto, Babyloniam urbem finesque ejus universos victor invasit. Omnes præterea gentes, quæ inter Hydaspem fluvium et Indum jacent, subegit : ad Indiam quoque cruentum extendit imperium. Demetrium ipsum secundo sibi bello occurrentem vicit et cepit. Quo capto, Deodatus quidam cum Alexandro filio regnum ejus et regium nomen usurpavit. Qui postea ipsum Alexandrum filium, quem participem periculi in pervadendo regno habuerat, ne in obtinendo consortem haberet, occidit. Lucius consul in Gallia Tiburtos usque Oceanum persecutus, insidiis circumventus occiditur. A Scipione consule capta urbe Gallorum Tolosa centum millia pondo auri et argenti centum decem millia e templo Apollinis suscepit. Quæ cum ad Massiliam amicam populo Romano urbem misisset cum præsidiis, interfectis clam custodibus cuncta per scelus furata fuisse narrantur. Manlius et Q. Cæpio coss. adversus Cimbros et Teutonas et Teugurinos et Ambranos Galliarum Germaniarumque gentes missi, provincias sibi Rhodano fluvio medio diviserunt. Ubi inter se gravissima invidia et contentione decertantes cum magna ignominia et periculo Romani nominis victi sunt. Ita ut ex omni penitus exercitu decem tantum homines, qui miserum nuntium reportarent, superfuisse referantur. Hostes ingenti præda potiti, nova quadam atque insolita exsecratione, cuncta quæ ceperant pessumdederunt. Mario quarto consule cum in provincia Viennensi juxta Isariæ Rhodanique flumina, ubi in sese confluunt, castra posuisset, Teutones, Cimbrii, Teugurini cum tribus agminibus Italiam petere destinassent, periculosissimo prælio a Romanis victi sunt.

Romæ P. Malleolus annitentibus servis matrem suam interfecit. Damnatus parricidii insutusque in culeum, et in mare projectus est : in tantoque facinore Romani supplicium singulare sanxerunt. Sexto consulatu C. Marii status Romani imperii ita labefactatus est, ut pene usque ad extremum intestina clade conciderit. Metellus Numidicus, vir primarius, factione Marii a Glaucia prætore et Saturnino tribuno innocens damnatus, in exsilium cum totius urbis dolore discessit. Postmodum Saturninus et Saufeius et Labienus, cum jam prælium in foro commississent, cogente Mario in curiam confugerunt, ibique per equites Romanos, effractis foribus, occisi sunt. Glaucia et Dolabella Saturnini frater interfecti. Rutilius quoque vir integerrimus, qui adeo fidei atque innocentiæ constantia usus est, ut die sibi ab accusatoribus dicta, usque ad cognitionem neque capillum barbamque deposuerit, neque sordida veste humilive habitu suffragatores conciliarit, inimicos permulserit, judices temperarit, cum evidenti oppugnaretur calumnia, perjurio judicum condemnatus, Smyrnam commigrans litterarum studiis intentus consenuit. Sexto Julio Cæsare et Lucio Martio consulibus, intestinis causis, Sociale bellum totam commovit Italiam. Post Simonem fratrem Jonathæ, Joannes filius ejus in summum sacerdotium constituitur. Hic adversum Hircanos bellum gerens, Hircani nomen accepit, et a Romanis jus amicitiæ postulans, decreto senatus inter amicos relatus est. Samariam, quæ nostro tempore Sebaste vocatur, ad quam Ptolomæus qui patrem ejus dolo peremerat, et matrem ejus vinculis constrinxerat, confugium fecerat, obsidione captam solo coæquavit : quam postea Herodes instaurans, Sebasten in honorem Augusti appellari voluit.

Ptolomæus Phiscon, qui et Soter, annos septemdecim. Cicero Arpini nascitur, matre Helvina, patre equestris ordinis ex regio Wolscorum genere. Prodigia dira apparendo Romanam urbem mœstam Sociali bello terruerunt. Nam sub ortu solis globus ignis a regione septentrionis cum maximo cœli fragore emicuit. Apud Attalinos cum panes frangerentur, cruor e mediis panibus, quasi e vulneribus, fluxit. Per septem dies continuos grando lapidum, immistis etiam testarum fragmentis, terram latissime verberavit. Hiatu terræ flamma prorupit, quæ usque ad cœlum extendi visa est. Cneius Pompeius prætor cum Picentibus jussu senatus, bellum gessit, et victus est. Similiter Julius Cæsar Samnitum pugna victus, cæso fugit exercitu. Postea contractis undique copiis, multa hostium millia Samnitum et Lucanorum interfecit. Cumque ab exercitu imperator appellatus est, senatus saga, hoc est vestem mœroris quam exorto Sociali bello sumpserat, ac spe arridente deposuit, atque antiquum togæ decorem recuperavit. Cn. Pompeius Piscentes gravi prælio fudit, qua victoria senatus laticlavia et cætera dignitatis insignia recepit. Sociali bello necdum finito, Romæ primo bellum civile commotum est. Eodemque anno ab Urbe condita sexcentesimo sexagesimo secundo, Mithridaticum bellum cœptum est, quod triginta annis, vel, sicut aliqui scribunt, quadraginta gestum est. Mithridates igitur rex Ponti atque Armeniæ multis præliis a Romanis superatus, novissime cum Castor ejus præfectus, qui Fanagorio præerat, interfectis amicis regis, arcem occupasset, quartuorque filios ejus ad præsidia Romana transmisisset, accensus ira, in scelera tandem exarsit, ut in plures amicos suos, et Exipodram filium suum, aliumque Macarem interficeret. Pharnaces, exemplo fratrum territus, exercitum ad persequendum se missum sibi conciliavit, et mox adversus patrem duxit. Mithridates diu ex altissimo muro filium frustra precatus, ubi inexorabilem vidit, moriturus exclamasse fertur : Quoniam Pharnaces, inquit, mori jubet, vos, si estis, dii patrii, precor ut quandoque et ipse hanc vocem a liberis suis audiat. Statimque descendens ad uxores, pellices ac filias suas, venenum omnibus dedit. Quod cum ipse novissimus hausisset, nec tamen propter remedia, quibus vitalia sua adversus noxios succos sæpe obstruxerat, veneno confici posset, frustraque spatiaretur, si quo tandem modo infuso pestis per venas agitatione corporis acta discurreret, Gallum, quemdam militem, jam fracto muro discurrentem, invitavit, eique jugulum præbuit : annosque natus duo et septuaginta hunc exitum vitæ habuit. Tullio Cicerone et Caio Antonio consulibus, Pompeius, occisi Mithridatis nuntio accepto, Syriamcœlem, et Felicem bello aggressus, Itureos Arabasque perdomuit, urbemque eorum, quam Petram nominant, cepit. Hinc ad Judæus atque ad Hierosolymam urbem eorum Gabinium cum exercitu mittit. Quibus tunc Aristobolus expulso fratre Hircano primus ex sacerdote una uno rex præerat. Post quadringentesimo octogesimo tertio anno Babyloniæ captivitatis, postquam regnavit Janeus cognomento Alexander, septem et triginta annis, qui pontificatum quoque administrans, crudelissime civibus præfuit. Ipse quoque Pompeius continuo post Gabinium subsecutus, et a patribus urbe susceptus, sed a plebe muro templi repulsus, in expugnationem ejus intendit : id non solum natura loci, verum etiam ingentibus muris fossaque maxima munitum, cum alias aliis legionibus dies noctesque succedere sine requie cogeret, vix tertio mense expugnavit. Tredecim millia ibi Judæorum cæsa narrantur. Cætera multitudo in fidem venit. Pompeius muros civitatis everti, æquarique solo imperavit, aliquantos principes Judæorum securi percussit : Hircano sacerdotium restituit. Aristobulum captivum Romam duxit. Mansitque in pontificatu Hircanus post mortem Alexandræ matris, quæ post Alexandrum conjugem regnaverat in Judæis, annis circiter triginta et quatuor. Hircano etenim in pontificatu successit Aristobolus anno uno, post quem Janeus, cognomento Alexander. Mortuo Alexandro, regnavit Alexandra uxor ejus. Post cujus mortem Aristobulus et Hircanus filii ejus inter se de imperio dimicantes, occasionem præbuere Romanis ut Judæam invaderent. Ut diximus, Pompeius, Hierosolyma capta urbe et templo reserato, usque ad Sancta sanctorum accedit, victumque Aristobulum secum abducit, pontificatum Hircano confirmat : quem tenuit, ut diximus, triginta et quatuor annis. Pompeius Antipatrum Herodis Ascalonitæ filium procuratorem Palestinæ facit. Pompeius bellum Orientis, cum viginti et duobus regibus se gessisse pro concione narravit. His diebus conjuratio Catilinæ adversus patriam in urbe habita, ac prodita : quam historiam agente Cicerone Sallustius describit. Virgilius Maro in pago qui Andes dicitur, haud procul a Mantua, nascitur. Poeta quoque Lucretius nascitur qui postea sese furore amatorio interfecit.

[4735] Ptolomæus, qui et Alexander, annis decem. Hujus anno septimo Syria in Romanam ditionem cessit, capto Philippo a Gabinio.

[4745] Expulsus regno Ptolomæus Phiscon per matrem Cleopatram, in Cyprum secedit. Regressus de fuga regnum obtinuit annis novem, quia Alexandrum, qui ante eum fuerat, ob interfectionem matris cives pepulerant.

[4745] Ptolomæus Dionysius, annis triginta. Apollodorus, præceptor postmodum Augusti, clarus habetur. Lege Vatinia Cæsari Julio tres provinciæ cum legionibus septem in quinquennium datæ sunt, Gallia Transalpina, et Cisalpina, et Illyricus. Galliam Comatam postea senatus adjecit. Helvetiorum animos, fortissimæ Gallorum omnium gentis, ea vel maxime causa quod perpetuo pene cum Germanis bello altercabantur, a quibus Rheno tantum flumine dirimuntur, Orgeta rex, princeps gentis, spe totas invadendi Gallias, in arma accenderat. Quo cæteri optimates correpto et ad mortem coacto, conjuratione facta exustis vicis ac domibus suis, nec quod desiderium ex spe revertendi foret, profecti sunt. Horum fuit, cum primum progressa est omnis multitudo Helvetiorum, Tulingiorum, Latobagum, Raucarum et Bogiorum utriusque sexus, ad centum quinquaginta septem millia hominum. Quos cum apud Rhodanum fluvium obvios Cæsar habuisset, magno difficilique bello bis vicit. Ex iis quadraginta et septem millia in bello ceciderunt, cæteros ad deditionem coegit. Iterum Cæsar incredibiles Germanorum copias, quibus præerat Ariovistus rex, apud Sequanicos vicit. Fuerunt autem in exercitu Ariovisti Arudes, Marcumunes, Tributii, Vangiones, Nemetes, Seduces et Suevi. Iterum Belgarum gens, quæ tertia pars Galliarum est, adversus Cæsarem exarsit. Quarum distributim copia fuit. Bellovaci, qui cæteris numero et virtute præstare viderentur, habuere lectissima sexaginta millia armatorum. Suessiones ex duodecim oppidis quinquaginta millia ; Nervii, quorum adeo indomita feritas erat, ut nunquam in id temporis mercatores ad se permiserint vina cæteraque venalia deferre, quibus inducta jucunditas torporem virtutis afferret, similiter habuerunt quinquaginta millia. Atrebates et Ambiani, decem millia ; Morini viginti quinque millia ; Menapii, novem millia ; Caleti decem millia ; Velocasses et Veromandi, æque decem millia ; Aduatuci, decem et octo millia ; Condursci, Eberones, Cerosi, Cemani, qui uno nomine Germani vocantur, quadraginta millia. Ita referuntur fuisse ducenta septuaginta duo millia armatorum lectissima. His repente silva erumpentibus exercitus Cæsaris aggressus, hortatu ducis ita restitit, victosque ad internecionem pene delevit. Cæsar Galba cum legione duodecima ad Beragros Sedunosque misit, qui cum hiemandi causa in vico Beragrorum, cui nomen erat Octodorus, consedisset, circumseptus a Gallis est. Qui ex montibus effusi, castra imperfecta saxisque telisque onerant. Sed Romanis portis erumpentibus amplius quam triginta millia barbarorum ceciderunt. Veneti cæterique confines Sevios sibi ad bellum asciscunt, Osismos, Livovias, Namnetes, Ambibaritos, Morinos, Diablintes et Menapios auxilia quoque a Britannia arcessunt. Contra hos Cæsar naves longas ædificari in Ligere fluvio jubet, per quem in Oceanum deducitur. Navali prælio conserto, incensæ naves hostium, interfectis iis qui pugnaverant Gallis, reliqui omnes sese dediderunt. Sed Cæsar maxime ob injuriam legatorum suorum, cunctis principibus per tormenta interfectis, reliquos sub corona vendidit. Titus etiam Sabinius Aulercos, Eburonices, Luxoviosque, qui primates suos, quod auctores belli suscitandi esse nollent, interfecerant, eruptione facta incredibili cæde delevit. Oppidum Sauciatum in Aquitania expugnatum. Ex Aquitaniis et Cantabris, quinquaginta millia cæsa. Germani, qui Rhenum cum immensis copiis transmiserant, usque ad internecionem deleti. Quorum numerus fuit ad quadringenta et quadraginta millia. Inde Cæsar in Germaniam facto ponte transgreditur. Sicambros et Ubios obsidione liberat. Suevos, maximam et ferocissimam gentem, quorum esse centum pagos et populos multi prodidere, totamque Germaniam adventu suo terret. Mox in Galliam reciso ponte concedit. Inde ad Morinos venit, unde in Britanniam proximus et brevissimus transitus est. Navibus circiter onerariis atque actuariis octoginta præparatis, in Britanniam transvehitur, ubi acerba pugna fatigatur. Inde adversa tempestate correptus, plurimam classis amisit partem. Regressus in Galliam, sexcentenas naves utriusque commodi fieri imperavit, quibus iterum in Britanniam primo vere transvectus est. Tridentum, firmissimam civitatem, datis quadraginta obsidibus et Cassobellum, oppidum inter duas paludes situm, tandem gravi pugna cepit. In deditionem Britannos accipiens, in Galliam revertitur. Treveri, Eburonati, Aduatici et Nervii multitudo in arma conspiraverunt, quæ ex hoc colligi plurima fuisse potest, quia cum instrumenta ruralia non haberent, gladiis concidendo terram, et sagulis exportando, vix tribus horis vallum pedum decem et fossam pedum quindecim per millia passuum, quindecim in circuitu perfecerunt; præterea centum viginti turres miræ altitudinis exstruxerunt. Hos Cæsar vastissima cæde confecit. Labienus, qui legionibus præerat, omnes Treverorum copias interfecit, et continuo ipsam civitatem capit. Cæsar Eburones postquam in Arduennam silvam refugisse comperit, quæ silva totius Galliæ maxima est, atque a ripis Rheni finibusque Treverorum ad Nervios usque pertingit, et in longitudine plusquam quinquaginta millibus passuum patet, omnem Galliam per nuntios invitat, ut quique secundum placitum suum reconditas in Arduenna silva prædas quærant diripiantque. Quo facto Gallis utrinque morientibus, maximas Romanorum injurias, sine cujusdam Romani discrimine, vindicavit. Cæsar multis præliis Gallias perdomuit. Romanum imperium, cum Lucullus Asiam; Pompeius Hispaniam, Cæsar Galliam perdomuit, usque ad extremos propemodum terræ terminos propagatum est. Cæsari victori ex Galliis revertenti, decretum a senatu est ut in Urbem non nisi dimisso exercitu veniret; sed Cæsar Ravennam se contulit. Pompeius atque omnes senatores, crescentibus Cæsaris viribus trepidi, tanquam Italia pulsi, in Græciam transvecti, Dyrrachium gerendi belli sedem delegerunt. Cæsar Romam venit, negatamque sibi ex ærario pecuniam fratris foribus invasit, protulitque ex eo pondo quatuor millia centum triginta quinque [auri], argenti pondo prope octoginta millia. Mox cum legionibus Alpes transvectus, Massiliam venit. Hanc obsidione domitam libertate concessa, cæteris rebus abrasit. Apud Dyrrachium multi Orientis reges ad Pompeium cum auxiliis convenerant. Pugna commissa, militibus Cæsaris fugerunt, cæsis quatuor millibus ex ejus exercitu. Inde Cæsar citato agmine per Epirum in Thessaliam perrexit. Pompeius eum magnis copiis subsecutus est. Fuerunt autem Pompeio octoginta cohortes triplici ordine locatæ, peditum quadraginta millia, equites in sinistro cornu sexcenti, in dextro quingenti; præterea reges multi. Cæsari similiter cohortes octoginta, triplici ordine dispositæ, minus quam triginta millia peditum, equites mille. Commissa pugna, cum diu utrinque dubia sorte cæderentur, tandem universus Pompeii fugit exercitus, castraque dispersa sunt. Pompeius fugiens, onerariam navem nactus, in Asiam transiit. Inde per Cyprum in Ægyptum venit, ibique mox ut littus attigit, jussu Ptolomæi adolescentis, in gratiam Cæsaris victoris, occisus est. Pompeii uxor filiique fugerunt, classisque Pompeiana direpta. Cæsar, compositis apud Thessalianos rebus, Alexandriam venit, perlatoque ad se et viso Pompeii capite annuloque, flevit. [4755] Achillas, dux regius, imbutus semel Pompeii sanguine, Cæsaris quoque necem meditabatur. Nam jussus exercitum dimittere, cui præerat, viginti millium armatorum, non modo sprevit imperium, verum et aciem direxit. In ipso prælio regia classis forte, subducta jubetur incendi. Ea flamma cum partem quoque urbis invasisset, quadraginta millia librorum, proximis forte ædibus condita, exussit. Iterum commisso prælio cum Achilla, Cæsar vi insistentium hostium pressus, scapham ascendit. Qua mox pondere subsequentium gravata ac mersa, per ducentos passus ad navem una manu elevata, qua chartas tenebat, nando pervenit. Mox navali prælio ipse classem regiam aut depressit aut cepit. Alexandrinis petentibus regem, Ptolomænm infantem reddidit, qui illico ut liber fuit, bellum intulit, sed continuo ipse cum toto exercitu suo deletus est. Nam viginti millia hominum in eo bello cæsa sunt, duodecim millia cum septuaginta longis navibus dedita. Rex ipse adolescens scapha exceptus ut fugeret, multis insilientibus mersus necatusque est.

[4784] Cæsar regnum Ægypti Cleopatræ Ptolomæi sorori dedit, quod tenuit annis viginti duobus. Cæsar, Syriam pervagatus, Pharnacem in Ponto vicit. Romæ dictator et consul creatus, in Africam transiit. Apud Tapsum cum Juba et Scipione pugnavit et vicit. Cato sese apud Uticam occidit. Juba percussori jugulum pretio dato præbuit. Petreius eodem se gladio perfodit. Scipio in navim qua ad Hispanias fugeret, conscendens, vento coactus in Africam redierat, semetipsum jugulavit. In eadem navi etiam Titus Torquatus occisus est. Cæsar Pompeii magni nepotes et filiam ejus Pompeiam jussit occidi. Ultimum bellum apud Mundam flumen gestum est adversus Pompeios duos et Labienum atque Actium Varum. Cæsar Romam rediens, ubi dum Reipublicæ statum contra exempla malorum clementer instaurat, auctoribus Bruto et Cassio, etiam plurimo senatu, in curia tribus et viginti vulneribus confossus, interiit. In qua conjuratione fuisse amplius quadraginta conscios ferunt. Corpus ejus raptum populus, dolore instimulatus, in foro fragmentis tribunalium ac subselliorum cremavit post annos tres et menses sex quam regnare cœperant. Nam quatuor annis post mortem magni Cn. Pompeii bellum civile toto orbe indesinenter tonuit. Regnante apud Alexandrinos Cleopatra, quarto ejus anno finito, Cæsar Julius primus Romanorum singularem obtinuit principatum. A quo etiam Cæsares appellati sunt. Cassius interim, Judæa capta, templum spoliat. Abhinc imperatorum nomen.

Octavianus Cæsar Augustus Romanorum secundus, regnavit annos quinquaginta sex et menses sex : a quo Augusti appellati reges Romanorum. Quorum quindecim, vivente Cleopatra, quadraginta et unum postea vixit. Augusti undecimo anno, deficiente in Judæa pontificum principatu, complentur hebdomadæ septuaginta in Daniele scriptæ. Anno ab Urbe condita septingentesimo decimo, interfecto Julio Cæsare, Octavianus, qui testamento Julii Cæsaris avunculi et hæreditatem et nomen assumpserat, ut Romam adolescens admodum venit indolem suam bellis civilibus vicit. Ut enim breviter explicem bella civilia quæ ipse gessit, Mutinense, Philippense, Perusium, Siculum, Actiacum. E quibus duo, hoc est primum ac novissimum, adversus Marcum Antonium; secundum, adversus Brutum et Cassium; tertium, adversus Lucium Antonium; quartum, adversus Sextum Pompeium, Cneii Pompeii filium, quem confecit. Cæsar ad fidem conciliatæ gratiæ qua Antonium receperat, filiam ejus matrimonio sortitus est. Herodes, cessante regno ac sacerdotio Judæorum, nihil ad eam gentem pertinens, utpote Antipatri Ascalonitæ et matris Cypridis Arabicæ filius, a Romanis Judæorum suscepit principatum, quem tenuit annos triginta sex. Qui ne ignobilis forte et a Judæorum semine argueretur extraneus, combussit libros omnes quibus nobilitas gentis Judææ in templo servabatur ascripta, ut deficientibus probamentis, et ipse ad hanc pertinere putaretur : insuper etiam ut suam sobolem regio illorum generi commisceret, projecta Dosside femina Hierosolymitana, quam privatus acceperat uxorem, et nato ex ea filio Antipatro sociavit sibi Mariamnem filiam Alexandri, neptem Aristobuli fratris Hircani, qui ante eum rexerat Judæorum gentem. Hæc quinque filios ei genuit, quorum duos, Alexandrum et Aristobulum, ipse peremit in Samaria. Nec mora, post etiam illorum matrem, qua nil charius noverat, simili scelere peremit. E quibus Aristobulus Herodem ex Berenice susceperat filium, quem in Actibus apostolorum ab angelo percussum legimus. Antonius Artabanem, Armeniæ regem, proditione et dolo cepit. Quem argentea catena vinctum, ad confessionem thesaurorum regiorum coegit : expugnatoque oppido in quo conditos esse prodiderat, magnam vim auri argentique abstulit. Qua elatus pecunia denuntiavit bellum Cæsari, atque Octaviæ sororis Cæsaris, uxoris suæ, repudium indixit ; et Cleopatram sibi ex Alexandria occurrere imperavit, atque uxorem duxit. Ipse Actium, ubi classem constituerat, profectus, cum prope tertiam partem remigum fame absumptam offendisset, nihil motus : Remi, inquit, modo salvi sunt : nam remiges non deerunt quoad Græcia homines habuerit. Ducentæ et triginta rostratæ fuere Cæsaris naves, et triginta sine rostris. Triremes velocitate Liburnicis pares, octo legiones classi superpositæ, absque cohortibus quinque prætoriis. Classis Antonii, centum septuaginta navium fuit, quantum numero cedens, tantum magnitudine præcellens; nam decem pedum altitudine a mari aberant. Bellum ab hora quinta usque in horam septimam incerta vincendi spe protractum, gravissimæ utrinque cædes actæ : reliquum diei cum subsequente nocte in victoriam Cæsaris declinavit. Prior regina Cleopatra cum sexaginta velocissimis navibus fugit. Antonius mox fugientem uxorem subsecutus est. Ex victis duodecim millia cecidisse referuntur, sex millia vulnerata sunt, e quibus mille inter curandum defecerunt. Cæsar sexto imperator appellatus, et quarto ipse cum Marco Licinio Crasso consul Brundusium venit. Ibi orbis terrarum præsidia, divisis legionibus composuit. Novissime cum navali prælio Antonius decertare pararet, subito universæ naves Antonianæ partis ad Cæsarem transierunt. Trepidus Antonius cum paucis se in regiam recepit. Deinde imminente Cæsare, turbata civitate, idem Antonius sese ferro transverberavit. Cleopatra postquam se reservari ad triumphum intellexit, voluntariam mortem petens, serpentis, ut putatur, morsu, in sinistro tacta brachio, exanimis inventa est, frustra Cæsare etiam Psyllos admovente, qui venena serpentum e vulneribus hominum haustu revocare atque exsugere solent.

Cæsar Alexandria urbe, omnium longe opulentissima et maxima, victor potitus est. Hactenus qui vocabantur Lagidæ ab Ptolomæo primo, Lagi filio, in Ægypto regnaverunt annis ducentis nonaginta quinque. Cæsar victor ab Oriente veniens, octavo Idus Januarias Urbem triplici triumpho ingressus est. Hoc die primum Augustus consalutatus est, atque ex eadem die summa rerum ac potestas penes unum esse cœpit et mansit, quod Græci monarchiam vocant. Porro autem hunc esse eumdem diem, hoc est octavum Idus Januarii, quo nos Epiphaniam, hoc est apparitionem sive manifestationem Dominici sacramenti observamus, nemo credentium sive etiam fidei contradicentium, nescit.

Per omnia igitur venturi Christi gratia præparatum Cæsaris imperium comprobatur : nam cum primum Caio Cæsare avunculo suo interfecto ex Apollonia rediens Urbem ingrederetur, hora circiter tertia, repente liquido ac puto sereno circulus ad speciem cœlestis arcus orbem solis ambiit, quasi eum unum ac potissimum in hoc mundo solumque clarissimum in orbe monstraret : cujus tempore venturus esset qui ipsum solem, mundumque totum et fecisset et regeret. Deinde cum secundo in Sicilia receptis a Pompeio et Lepido legionibus, triginta millia servorum dominis restituisset, et sex millia, quorum domini non exstabant in crucem egisset, ingentique animo viginti millia militum exauctorravisset, atque quadraginta quatuor legiones solus imperio suo ad tutamen orbis terræ distribuisset, ovansque Urbem ingressus, omnia superiora populi Romani debita donanda, litterarum etiam monumentis abolitis censuisset, in diebus ipsis fons olei largissimus de taberna meritoria, per totum diem fluxit ; quo signo quid evidentius quam sub principatu Cæsaris Romanoque imperio per totum diem, hoc est per omne Romani tempus imperii, Christum, atque ex eo Christianos, id est unctum atque ex eo unctos, de meritoria taberna, hoc est de hospita largaque Ecclesia, affluenter atque incessabiliter processuros, restituendosque per Cæsarem omnes servos, qui tamen cognoscerent dominum suum, cæterosque qui sine domino invenirentur, morti supplicioque dedendos, remittendaque sub Cæsare debita peccatorum in ea urbe in qua spontaneum fluxisset oleum? Tertio autem cum Urbem triumphans quinto consul ingressus est, octavo scilicet Idus Januarias, cum et Janum post ducentos annos primum ipse clausit, et clarissimum illud Augusti nomen assumpsit. Quid fidelius ac verius credi potest, quam occulto gestorum ordine ad obsequium præparationis ejus prædestinatum fuisse qui eode n die quo ille manifestandus multo post paululum erat, et pacis signum præferret, et potestatis nomen assumeret (Ita anno ab Urbe condita septingentesimo sexagesimo tertio, clausis Jani portis, cum Cæsar Augustus finito Cantabrico bello, pacatisque omnibus gentibus, ab oriente in occidentem, a septentrione ad meridiem, ac per totum Oceani circulum Urbem ingressus, cum spectante eo ludos, pronuntiatum esset in mimo : O dominum æquum et bonum; universique quasi de ipso dictum esset, approbavissent, et statim quidem manu vultuque indecoras adulationes repressit, et in sequenti die gravissimo corripuit edicto, dominumque se posthac appellari, ne a liberis quidem aut a nepotibus suis, vel serio vel joco passus est.

ÆTAS SEXTA

A CHRISTO AD MUNDI FINEM.

[4832] Igitur eo tempore, anno scilicet Cæsaris Augusti quadragesimo secundo, a morte vero Cleopatræ et Antonii, quando et Ægyptus in provinciam versa est, anno vigesimo septimo, olympiadis centesimæ tertiæ anno tertio, ab Urbe condita septingentesimo quinquagesimo secundo, id est eo anno quo compressis cunctarum orbis terræ gentium motibus firmissimam verissimamque pacem ordinatione Dei Cæsar composuit, Jesus Christus Filius Dei, sextam mundi ætatem suo consecravit adventu. Anno imperii Augusti quadragesimo octavo, Herodes patrator scelerum, et interfector pro Christo innocentium parvulorum, morbo intercutis aquæ et scatentibus toto corpore vermibus, miserabiliter digne moritur. Pro quo substitutus ab Augusto filius ejus Archelaus, regnavit annos novem, id est usque ad ipsius Augusti finem; tunc enim non ferentibus ultra, sed accusantibus ferocitatem ejus apud Augustum Judæis, in Viennam urbem Galliæ nobilissimam relegatur, et ad minuendam Judaici regni potentiam insolentiamque domandam, quatuor fratres ejus pro eo sunt tetrarchæ creati, Herodes, Antipater, Lysias et Philippus; quorum Philippus et Herodes, qui Antipas prius nuncupabatur, etiam vivente Archelao, tetrarchæ fuerant ordinati. Natus igitur Christus verus Dominus totius generis humani, inter homines Romano censui statim ascriptus est, illa prima clarissimaque professione qua Cæsar se omnium principem, Romanosque rerum dominos singillatim cunctorum hominum edita ascriptione signavit. (*Oros.*, l. VII). Natus est autem octavo Kal. Januarii Christus, cum primum incrementa omnia anni virentis incipiunt. Cæsar Caium nepotem suum ad ordinandas Ægypti Syriæ provincias misit. Qui præteriens ab Ægypto, fines Palæstinæ apud Hierosolymam, in templo Dei tunc sancto et celebri adorare contempsit, sicut Suetonius Tranquillus refert. Quod Augustus ubi comperit, pravo usus judicio, prudenter fecisse laudavit.

[17] Tiberius privignus Augusti, hoc est Liviæ uxoris ejus filius, regnavit annos triginta et duo. Hic per semetipsum nulla bella gessit. Sane quarto imperii ejus anno, Germani Drusi filius, Caligulæ pater de Germanis, ad quos ab Augusto sene missus fuerat, triumphavit; ipse autem Tiberius plurima imperii parte, cum magna et gravi modestia reipublicæ præfuit: adeo ut quibusdam præsidibus augenda provinciis tributa suadentibus scripserit, boni pastoris esse tondere pecus, non deglabrare. Hujus anno duodecimo Pilatus Judææ procurator ab eodem dirigitur. Herodes tetrarcha, qui Judæorum principatum tenuit annis viginti et quatuor, in honorem Tiberii et matris ejus Liviæ, Tiberiadem condidit et Liviadem. Anno decimo quinto imperii Tiberii, Dominus post baptismum, quod prædicavit Joannes, mundo regnum cœlorum annuntiat, peractis a mundi principio secundum Hebræos, annis, ut etiam Eusebius in Chronicis suis signat, quatuor millibus, annotando quod decimo sexto anno Tiberii principium fuerit octuagesimi primi Jubilæi secundum Hebræos : nostra autem supputatio undeviginti minus ponendos esse existimat. Juxta vero Chronica eadem quæ ipse Eusebius de utraque editione, ut sibi videbatur, composuit, anni supputantur quinque millia ducenti et viginti octo. Joannes Baptista ab Herode in carcere positus pro veritate capite truncatur. Anno decimo octavo imperii Tiberii, Dominus sua passione mundum redimit, et prædicaturi per Judææ regiones apostoli, Jacobum fratrem Domini Hierosolymis ordinant episcopum; ordinant et septem diaconos, quorum uno lapidato a Judæis Stephano, Ecclesia per regiones Judææ et Samariæ dispergitur. Prælatus præses Palæstinæ provinciæ ad Tiberium imperatorem, atque ad senatum retulit de passione ac resurrectione Christi, consequentibus virtutibus quæ per ipsum palam factæ fuerant, vel per discipulos ipsius in nomine ejus fiebant, et de eo quod certatim crescente plurimorum fide Deus crederetur. Tiberius cum suffragio magni favoris retulit ad senatum, ut Christus Deus haberetur. Senatus indignatione motus, cur non sibi secundum morem delatum esset, ut de suscipiendo cultu prius ipse decerneret, consecrationem Christi recusavit, edictoque constituit exterminandos esse Urbe Christianos, præcipue cum et Sejanus præfectus Tiberii suscipiendæ religioni obstinatissime contradiceret Tiberius; tamen edicto accusatoribus Christianorum mortem comminatus est. Itaque paulatim immutata est illa Tiberii Cæsaris

laudatissima modestia, in pœnam contradictoris senatus. Nam plurimos senatorum proscripsit, et ad mortem coegit. Viginti sibi patricios viros consilii causa selegerat; horum vix duos incolumes reliquit, cæteros diversis causis necavit; Sejanum præfectum suum res novas molientem interfecit; filios suos Drusum et Germanicum, quorum Drusus naturalis, Germanicus adoptivus erat, manifestis veneni signis perdidit, filios Germanici filii sui interfecit.

Agrippa cognomento Herodes, filios Aristobuli filii Herodis regis, accusator Herodis tetrarchæ, Romam profectus, à Tiberio in vincula conjicitur, ubi primos sibi adscivit ad amicitiam, et maxime Germanici filium Caium.

[40] Caius cognomento Caligula, regnavit annos tres, menses decem, dies octo: homo omnium ante se flagitiosissimus, et qui vere dignus Romanis blasphemantibus, et Judæis persecutoribus punitor adhibitus videretur.

Hic exclamasse fertur: Utinam populus Romanus unam cervicem haberet! Judæi apud Alexandriam seditione excitata profligati sede, atque urbe pulsi, expromendarum querelarum causa, Philonem quemdam, virum sane imprimis eruditum, legatum ad Cæsarem mittunt; sed Caligula Judæis infestissimus, spreta legatione Philonis, omnes Judæorum sacras ædes, atque antiquum illud Hierosolymis sacrarium profanari sacrificiis gentilium, ac repleri statuis simulacrisque imperavit. Et statua Jovis posita, se ibi ut deum coli præcipit. Ilic Herodem Agrippam amicum suum vinculis liberatum, regem Judææ fecit; qui mansit in regno annos septem, id est, usque ad quartum Claudii annum. Quo ab Angelo percusso successit in regnum filius ejus Agrippa, qui usque ad exterminium Judæorum, viginti et quatuor annis perseveravit. Herodes tetrarcha et ipse Caii amicitiam petens, cogente Herodiade, Romam venit, sed accusatus ab Agrippa, etiam tetrarchiam perdidit; relegatusque exsilio, apud Viennam Galliarum urbem post mortem Caii, inde in Hispaniam cum Herodiade fugiens, mœrore periit. Pilatus, qui sententiam damnationis in Christum dixerat, et ipse perpetuo exsilio Viennæ recluditur; tantisque ibi irrogante Caio langoribus coarctatus est, ut sua se transverberans manu malorum compendium mortis celeritate quæsierit. Matthæus Evangelium in Judæa prædicans, Hebraicis litteris scripsit; Caius Caligula a suis protectoribus occisus est. Duo libelli in secretis ejus reperti, quorum alteri pugio, alteri gladius pro signo nominis adscriptus erat, lectissimorum virorum homina et notas morti destinatorum continentes; inventaque ibi est arca ingens, variorum venenorum, quibus mox Claudio Cæsare jubente demersis infecta maria traduntur, non sine magno piscium exitio.

[45] Claudius regnavit annis quatuordecim. Exordio regni ejus Petrus ad superandum Simonem magnum, eum prius Antiochenam fundasset Ecclesiam, Romam venit, et salutarem cunctis credentibus fidem fideli verbo docuit; potentissimisque virtutibus approbavit, ibique viginti et quinque annis cathedram tenuit episcopalem, id est, usque ad ultimum Neronis annum. Marcus evangelista Evangelium, quod Romæ scripserat, Petro mittente, primum Aquileiæ prædicavit. Ibique ordinato Hermagora discipulo suo, ad Ægyptum pervenit; constitutisque atque confirmatis Ecclesiis per Libyam, Marmaricam, Ammoniacam, Pentapolim, Alexandriam, atque Ægyptum universam, ad ultimum tempus a paganis Alexandriæ martyrium suum complevit. Furius Camillus Scribonianus Dalmatiæ legatus, bellum civile molitus, legiones multas fortissimasque ad sacramenti mutationem pellexerat. Itaque die dato ut in unum undique ad novum imperatorem conveniretur, neque aquilæ ordinari, neque convelli quoquo modo signa moverive potuerunt exercitus; tanti et minus usitati miraculi fide motus, et conversus in pœnitentiam, Scribonianum quinta statim die destitutum interfecit, seseque in sacramento prioris militiæ continuit. Quod sine dubio propter adventum apostoli Petri et tenera Christianorum germina, hoc civile bellum divinitus est compressum. Tiberius Claudius Britanniam adiens, quæ excitata in tumultu esse videbatur, quam neque ante Julium Cæsarem, neque post eum quisquam attingere ausus fuerat, sine ullo prælio ac sanguine intra paucissimos dies plurimam insulæ partem in deditionem recepit. Orcadas etiam insulas Romano adjecit imperio, ac sexto quam profectus erat mense, Romam rediit. Eo anno quarto videlicet imperii ejus, fames gravissima per Syriam, cujus Lucas etiam meminit, facta est. Sed Christianorum necessitatibus, apud Hierosolymam convectis ab Ægypto frumentis, Helena Agabenorum regina conversa ad fidem Christi, largissime ministravit. Quinto ejus imperii anno inter Theram et Therasiam, insula de profundo emicuit triginta stadiorum spatio extenta. Septimo imperii ejus anno sub procuratore Judææ Cumano, in Hierosolymis tanta seditio in diebus azymorum exorta est, ut in portarum exitu populo coarctato, triginta millia Judæorum cæde prostrata, et compressione suffocata referantur. Claudius nono anno imperii sui, Judæos tumultuantes Roma expulit. Suetonius hoc modo inde refert: Claudius Judæos impulsore Christo, assidue tumultuantes, Roma expulit. De eadem expulsione Lucas in Actibus apostolorum refert. Verumtamen sequenti anno tanta fames Romæ fuit, ut medio foro imperator correptus a populo, conviciis et fragminibus panis turpissime infestatus, ægre per Pseudotyrum in palatium refugerit. Claudius manifestis venenis est mortuus.

[59] Nero annos tredecim, menses septem, dies viginti octo, Caii Caligulæ avunculi sui erga omnia vitia ac scelera sectator, imo transgressor. Hic primus post omnia attentata facinora Romæ Christianos suppliciis et mortibus affecit, ac per omnes provincias pari persecutione excruciari imperavit. Hujus secundo anno, Festus Judææ procurator successit

Felici. A quo Paulus Romam vinctus mittitur, et biennium in libera manens custodia, post hæc ad prædicandum dimittitur, necdum Nerone in tantam persecutionem Christianorum erumpente, quantam de eo narrant historiæ. Quo tempore creditur Paulus ad Hispanias pervenisse, et Arelatæ Trophymum, Viennæ Crescentem discipulos suos ad prædicandum reliquisse. Jacobus frater Domini, cum triginta annis Hierosolymorum rexisset Ecclesiam, septimo Neronis anno perimitur a Judæis, vindicantibus in illo quod Paulum interficere nequiverant. Festo in magistratu Judæorum succedit Albinus, Albino Florus; cujus luxuriam et avaritiam cæteraque flagitia non ferentes Judæi, contra Romanos rebellaverunt, adversum quos Vespasianus magister militiæ transmissus, plurimas Judææ urbes cepit, Titum filium suum majorem inter legatos habens. Nero in re militari nihil omnino ausus, Britanniam pene amisit, ipsumque nomen Christianum extirpare conatus, beatissimos Christi apostolos Petrum cruce, Paulum gladio occidit. Mox acervatim miseram ejus vitam obortæ undique oppressere clades. Hac tempestate Persius poeta oritur; Lucanus quoque ac Seneca præcepto Neronis interficiuntur. Nero postquam Galbam in Hispania imperatorem creatum ab exercitu cognovit, totus animo ac spe concidit; postmodum cum incredibilia mala subruenti reipublicæ moliretur, hostis a senatu pronuntiatus, ignominiosissime fugiens ad quartum ab Urbe lapidem, sese ipse interfecit, atque in eo Cæsarum omnis familia consumpta est.

Mortuo Nerone, Galba Romam venit, Pisonemque sibi nobilem industriumque juvenem in filium atque in regnum adoptavit, septimoque mense imperii sui ab Othone jugulatus est.

Otho mox ut creatum imperatorem in Gallias per Germanicas legiones Vitellium comperit, bellum civile molitus, tribus primum levibus præliis, hoc est uno apud Alpes, altero circa Placentiam, tertio circa locum quem Castores vocant contra Vitellianos duces congressus, victor exstitit; quarto autem apud Vetriacum prælio animadvertens suos vinci, mense tertio quam imperator cœperat, sese interfecit.

Vitellius victor Romam venit, ubi cum multa crudeliter ac nequiter ageret, postquam de Vespasiano comperit, primum deponere molitus imperium, post a quibusdam animatus Sabino Vespasiani fratre occiso succensoque templo, et mista simul flamma ruinaque, omnes in unum pariter interitum ac tumulum dedit. Post deficiente in Vespasiani nomen exercitu suo, cum jam destitutus trepidus se in quamdam proximam palatio cellulam contrusisset, turpissime inde protractus, in forum deductus, octavo quam regnum præsumpserat mense, apud Gemmonias scalas minutissimorum ictuum crebris compunctionibus excarnificatus, atque inde unico tractu in Tiberim mersus etiam communi caruit sepultura.

Vespasianus itaque cum Judæos multis eorum oppidis captis, in urbe Hierosolymorum præcipue ob diem festum congregatos, obsidionis clausisset, cognita Neronis morte, hortatu plurimorum regum et ducum imperium adeptus, relicto in castris ad procurationem obsidionis Hierosolymorum Tito filio, cognita etiam interfectione Vitellii, paulisper Alexandriæ substitit. Titus vero magna ac diuturna obsidione Judæos premens, machinis cunctisque bellicis molitus non sine multo suorum sanguine, tandem muros civitatis irrupit. Sed ad expugnandam interiorem templi munitionem quam reclusa multitudo sacerdotum ac principum tuebatur, majore et vi et mora opus fuit. Itaque Titus imperator ab exercitu pronuntiatus, templum Hierosolymis incendit ac diruit; quod a die conditionis primæ usque ad diem eversionis ultimæ manserat annos mille octoginta novem, vel sicut a pluribus colligitur mille centum et duo. Muros urbis universos solo adæquavit. Sexcena millia Judæorum eo bello interfecta Cornelius et Suetonius referunt. Josephus vero Judæus qui ei tunc bello præfuit, et apud Vespasianum propter prædictum imperium veniam gratiamque meruerat, scribit undecies centena millia gladio et fame periisse; sed et præter hos centum millia publice venundata, totoque orbe dispersa.

Consummatum est hoc bellum annis quatuor: duobus quidem, Nerone vivente, et duobus aliis postea. Vespasianus inter alia magnorum operum in privata adhuc vita, in Germaniam, ac deinde in Britanniam a Claudio missus, tricies et bis cum hoste conflixit. Duas validissimas gentes, viginti oppida, insulam Vectam Britanniæ proximam, Romano adjecit imperio. Colossus erigitur Romæ, habens altitudinis pedes centum et novem. Vespasianus in villa propria circa Sabinos, nono anno principatus sui, profluvio ventris est mortuus.

[82] Titus annos undecim, menses undecim. Vir omnium virtutum genere mirabilis, adeo ut amor et deliciæ humani generis diceretur. Hic amphitheatrum Romæ ædificat, et in dedicatione ejus quinque millia ferarum occidit. Iste tantum facundus exstitit, ut causas Latino ageret poemate, et tragœdias Græce componeret. Tantum autem bellicosus, ut in expugnatione Hierosolymorum sub patre militans, quadraginta unum propugnatores duodecim sagittarum confoderit ictibus. Porro in imperio tantæ bonitatis fuit, ut nullum omnino puniret, sed convictos adversum se conjurationis dimitteret, atque in eadem familiaritate qua ante habuerat, retineret. Hujus etiam inter omnia fuit illud celebre dictum: Perdidisse diem, in qua nihil boni fecerit. Hic cum ingenti omnium luctu in eadem villa qua pater ejus, morbo assumptus est.

[84] Domitianus, frater Titi junior, annos quindecim, menses quinque. Is in tantam superbiam prolapsus est, ut deum sese ac dominum vocari, scribi, colique jusserit; secundusque post Neronem Christianos persequitur. Confirmatissimam toto orbe Ecclesiam Christi, datis crudelissimæ persecutionis edictis, convellere conatur; sub quo apostolus

Joannes in Pathmum insulam relegatus est, et Flavia Domitilla, Flavii Clementis consulis ex sorore ejus neptis, in insulam Pontianam ob fidei testimonium exsulat. Fertur autem idem ipse beatum Joannem in ferventis olei dolium misisse. Ex quo tam immunis exiit a pœnis, quam a corruptione carnis manserat semper immunis. Domitianus Judæos quoque acerbitate tormentorum genusque David interfici præcepit, quasi adhuc futurus esset ex semine qui regnum posset adipisci. Hic crudeliter in palatio a suis interfectus est; cujus cadaver populari sandapila per vespiliones exportatum, atque ignominiose sepultum est.

[99] Nerva admodum senex a Petronio præfecto et Parthenio spadone Domitiani interfectore imperator creatus, annum unum, menses quatuor, dies octo; qui Trajanum in regnum adoptavit. Hic primo edicto suo, cunctos exsules revocavit, quos Domitianus relegaverat; unde et Joannes apostolus hac generali indulgentia liberatus, Ephesum rediit; et quia concussam se absente per hæreticos vidit Ecclesiæ fidem, confestim hanc descripta Evangelio suo verbi Dei æternitate stabilivit. Nerva emenso plus minus anno imperii sui confectus morbo diem obiit.

[101] Trajanus genere Hispanus, regni gubernacula Nerva tradente suscepit, annos novemdecim, menses sex, dies quindecim. Hic apud Agrippinam Galliæ urbem insignia suscepit imperii. Mox Germaniam trans Rhenum in pristinum statum reduxit; trans Danubium multas gentes subegit, regiones trans Euphratem et Tigrim sitas, provincias fecit; Seleuciam et Ctesiphontem ac Babyloniam occupavit, atque usque Indiæ fines post Alexandrum accessit. Hujus quarto anno Clemens discipulus Petri apostoli, Romanæ Ecclesiæ episcopus, martyrio coronatur, et Flavia Domitilla pro Christo cum aliis plurimis in insulam Pontiani exsilio deportata. Joannes apostolus, sexagesimo octavo anno post passionem Christi, ætatis autem suæ nonogesimo octavo, Ephesi placida morte quievit. Trajano adversum Christianos persecutionem movente, Simeon qui et Simon, filius Cleophæ, Hierosolymorum episcopus crucifigitur, et Ignatius Antiochiæ episcopus Romam perductus, bestiis traditur. Alexander quoque Romanæ Ecclesiæ episcopus, martyrio coronatur, et septimo ab Urbe milliario, via Numentana, ubi decollatus est, sepelitur. Sub quo etiam imperatore gloriosissimus senex Zacharias, Viennensis Ecclesiæ episcopus, martyrio coronatur. Nam primus Crescens discipulus apostolum Viennæ aliquot annos resedit; quo ad Galatiam reverso, tertius Martinus episcopus et discipulus apostolorum Viennæ resedit; sed postmodum Plinii secundi oratoris et historici, qui inter cæteros judices persecutor dictus erat, relatu admonitus eos homines præter confessionem Christi, honesta conventicula, nihil contrarium Romanis legibus facere, fiducia sane innocentis confessionis nemini mortem gravem ac formidolosam videri, rescriptis illico lenioribus temperavit edictum. Romæ aurea domus a Nerone condita repentino conflagravit incendio; Pantheum Romæ, quod Domitianus fecerat, fulmine concrematum est. Terræmotis Antiochiam civitatem pene totam subruit, et alias per orbis partes civitates, incredibile dictu. Sub uno tempore Judæi quasi rabie efferati per diversas terrarum partes exarserunt, bellaque atrocissima gesserunt, donec digna cæde jussu Imperatoris sternerentur. Trajanus, ut quidam ferunt, apud Seleuciam Isauriæ urbem, profluvio ventris exstinctus est. Verus Viennensis episcopus, qui unus fuit de discipulis et auditoribus apostolorum, Trajani temporibus, doctrina et confessione fidei floruit. Illis temporibus apud Pontum Synopis civitatis episcopus Phocas gloriosissime martyrium duxit; cujus sacratissimæ reliquiæ translatæ sunt in Galliam, in civitatem Viennam, ibique in ecclesia sanctorum apostolorum repositæ.

[120] Adrianus consobrinæ Trajani filius, unum et viginti annos imperavit. Hic per Quadratum discipulum apostolorum et Aristidem Atheniensem virum, fide sapientiaque plenum, et per Serenum Gravium legatum, libris de Christiana religione compositis instructus atque eruditus, præcepit per epistolam ad Minutium Fundanium proconsulem Asiæ datam, ut nemini liceret Christianos sine objectu criminis aut probatione damnare. Adrianus justissimis legibus rempublicam ordinavit; idemque pater patriæ in senatu ultra morem majorum appellatus est, et uxor ejus Augusta. Idem eruditissimus in utraque lingua bibliothecam Athenis miri operis exstruxit. Judæos rebellantes et Palæstinam provinciam quondam suam depopulantes, ultima cæde perdomuit, ultusque est Christianos quos illi, Cocheba duce, quod sibi adversum Romanos non assentarentur, excruciabant. Præcepitque ne cui Judæorum introeundi Hierosolymam esset licentia, Christianis tantum civitate permissa; quam ipse in optimum statum murorum exstructione reparavit, et Æliam vocari de prænomine suo præcipit. Primus ex gentibus Hierosolymæ Marcus episcopus constituitur, cessantibus his qui fuerant ex Judæis numero quindecim, et præfuerant a passione Domini per annos fere centum et septem. Per idem tempus Aquila, ponticus interpres secundus, post Septuaginta oritur, et Basilides hæresiarcha agnoscitur. Hoc itidem tempore et Justus Viennensis Ecclesiæ episcopus, illustrissimus in confessione exstitit. Quadratus quoque, cujus supra meminimus, Publio Athenarum episcopo apostolorum discipulo, ob Christum martyrio coronato, in locum ejus substituitur, et Ecclesiam grandi terrore dispersam, fide et industria sua congregat.

[141] Antoninus, cognomento Pius, imperator creatus, annis viginti et non plenis tribus rempublicam gubernavit cum filiis suis Aurelio et Lucio, menses tres, qui in omni regno Romano cautionibus incensis cunctorum debita relaxavit, adeoque tran-

quille vixit ut merito Pius et Pater patriæ sit appellatus. Justinus philosophus librum de Religione Christiana compositum Antonino tradidit, benignumque eum erga Christianos homines fecit; qui non longe post suscitata persecutione, prodente Crescente cynico, pro Christo sanguinem fudit. Valentinianus et Marcion hæresiarchæ produntur, atque Galenus medicus Pergamo genitus, Romæ clarus habetur. Pius episcopus Romæ habetur, sub quo Hermes librum scripsit, qui Pastoris dicitur, in quo præceptum continet angeli, ut Pascha semper die Dominico celebretur. Polycarpus auditor beati Joannis Romam veniens multos ab hæretica labe castigavit, qui Valentini et Cerdonis fuerant nuper doctrina corrupti. Viennensium episcopus Justus adhuc clarus habetur; Lugdunensium Photinus. Antonius ad duodecimum ab Urbe lapidem morbo correptus interiit. Anicetus Romæ episcopus.

[161] Marcus Antoninus Verus cum fratre Lucio Aurelio Commodo Antonino, annis decem et novem mense uno imperium tenuit. Ii primi rempublicam æquo jure tutati sunt, cum usque ad hoc tempus singuli Augusti fuerint. Bellum deinde contra Parthos admirabili virtute et felicitate gesserunt. In diebus Parthici belli persecutiones Christianorum quarta jam post Neronem vice, in Asia et in Gallia graves exstiterunt. Polycarpus et Pionius fecere martyrium in Asia; in Galliis quoque plurimi gloriose pro Christo sanguinem fuderunt. Justus Viennensis episcopus, longo tempore exsilio maceratus, martyr gloriosus efficitur. Tunc Photinus venerabilis senex, tempore interposito cum quadraginta et octo ex Lugdunensi et Viennensi urbe martyrium suum implevit. Nec multo post, vindex scelerum lues multas late provincias, Italiam maxime, Romamque vastavit. Severinus, Exuperius et Felicianus parvo tempore ante apud Viennam martyrio coronati. Commodus dum cum fratre in vehiculo sedet, casu morbi quem apoplexiam Græci vocant, suffocatus interiit. Eo defuncto, Marcus Antoninus solus aliquantulum reipublicæ præfuit; post Commodum filium suum assumpsit in regnum. Antonino imperatore, Melito Asianus Sardicensis episcopus, apologeticum pro Christianis tradidit. Lucius Britannorum rex, missa ad Eleutherium Romæ episcopum epistola, ut Christianus efficeretur petiit. Apollinaris Appianus Hieropoli, et Dionysius Corinthi, clari habentur episcopi. Montanus Aprorum, et Tatianus, a quo Encratitæ hæresiarchæ exorti sunt. Antoninus præteriti temporis per omnes provincias tributa donavit; omniaque simul fiscalium negotiorum calumniosa munimenta congesta, in Foro jussit incendi, severioresque leges novis constitutionibus temperavit. Post Marcomanicum bellum in quo gentes barbaræ, Wandali, Sarmatæ omnisque pene Germania exercitum Romanum circumcinxerat, quando ad invocationem nominis Christi, quam subito magna fidei constantia quidam milites effusi in preces, tantam vim pluviæ impetraverunt, ut Romanos largissime ac sine injuria refecerit, barbaros autem crebris fulminum ictibus perterritos, in fugam coegerit, sicut idem Antoninus imperator in litteris suis fatetur, ob invocationem nominis Christiani per milites Christianos, et sitim quæ ex penuria aquarum in castris Romanorum erat depulsam, et collatam sibi fuisse victoriam. Antoninus in Pannonia constitutus, repentino morbo diem obiit. Theophilus sextus Antiochenæ Ecclesiæ floruit, et Pinitus Cretensis Gnosiæ urbis episcopus. Tatianus hæresiarcha Encratitarum, qui quandiu a Justini martyris latere non discessit, floruit in Ecclesia. Hujus errorem Severianus auxit, a quo Severiniani.

[181] Lucius Antoninus Commodus post mortem patris regnavit annos tredecim. Hic adversum Germanos bellum feliciter gessit; cæterum per omnia luxuriæ et obscœnitatis dedecore depravatus, gladiatoriis armis sæpissime in ludo depugnavit, et in amphitheatro feris sese frequenter objecit; interfecit etiam plurimos senatores, maxime quos advertit nobilitate industriaque excellere. Capitolium urbis fulmine ictum, ex quo facta inflammatio, bibliothecam majorum cura studioque compositam, ædesque alias juxta sitas rapaci turbine concremavit. Irenæus episcopus Lugdunensis habetur, Dionysius quoque, discipulorum Christi auditor, Viennensem tunc Ecclesiam regebat. Theodosion Ephesius interpres tertius, apparuit. Commodus imperator colossi capite sublato, suæ imaginis caput ei jussit imponi. Cunctis itaque incommodus in Vestalia domo strangulatus, interiisse fertur.

[194] Ælius Pertinax senex, imperator a senatu creatus, sex mensibus regnavit. Hic Juliani jurisperiti scelere in palatio occisus est, mense sexto postquam imperare cœperat; quem Severus etiam apud Pontem Milvium bello civili victum interfecit. Victor decimus tertius Romæ episcopus, datis late libellis constituit Pascha die Dominico celebrari. Sicut et condecessor ejus Eleuther, a decima quarta luna primi mensis usque in vicesimam primam: cujus decretis, favens Theophilus Cæsareæ Palestinæ episcopus, scripsit adversum eos qui decima quarta luna cum Judæis Pascha celebrabant, cum cæteris qui in eodem concilio resederant episcopis, synodicam et valde utilem epistolam. Ælius Pertinax supplicanti senatui ut uxorem augustam et filiam Cæsarem faceret, renuens ait: Sufficere sibi debere quod ipse imperaret invitus. Hujus Ælii atque Juliani Severi quoque imperatorum temporibus, Dionysius, sicut diximus, Viennensis episcopus eruditissimus floruit. Apollonius disertissimus vir scribit adversus Montanum Priscam et Maximillam, et disserit Montanum et insanas vates ejus periisse suspendio. Serapion Antiochiæ episcopus floruit, et Apollonius senator martyr efficitur.

[195] Severus Pertinax genere Afer Tripolitanus ab oppido Lepti, qui se ex nomine imperatoris quem occisum ultus fuerat, Pertinacem appellari voluit; regnavit annis decem et septem. Hic natura sævus,

multis sæpe bellis lacessitus, fortissime quidem rempublicam, sed laboriosissime rexit. Piscennium Nigrum, qui in Ægypto et Syria ad tyrannidem aspiraverat, apud Cyzicum vicit, et interfecit. Judæos et Samaritas rebellare conantes ferro coercuit; Parthos, Arabas Adiabenosque superavit. Quinta hortante a Nerone persecutione Christianos excruciavit; plurimique sanctorum per diversas provincias martyrio coronati; inter quos et Leonites, pater Origenis, et Clemens Alexandrinæ Ecclesiæ, coronati sunt. Tunc temporis et Irenæus Lugdunensis cum maxima multitudine martyrium suum perfecit. Et Paracodes Viennensis episcopus, clarus in fidei doctrina, clarus in confessione persistens, mansit in episcopatu usque ad Maximini tempora; cujus tempore Zacharias Lugdunensis episcopus floruit. Claudio Albino qui se in Galliis Cæsarem fecerat, Lugduni interfecto, Severus in Britannias bellum transfert ubi magnis gravibusque præliis sæpe gestis receptam partem insulæ a cæteris indomitis gentibus vallo distinguendam putavit. Itaque magnam fossam firmissimumque vallum crebris insuper turribus communitum per centum triginta et duo millia passuum a mari ad mare duxit. Ibique apud Eboracum oppidum morbo obiit. Reliquit duos filios, Basilianum et Getam, quorum Geta hostis publicus interiit; Basilianus Antonini cognomine assumpto regno potitus est. Perpetua et Felicitas apud Carthaginem Africæ in castris bestiis deputatæ pro Christo Nonis Martiis. Symmachus interpres quartus agnoscitur. Origenes Alexandriis studiis eruditur; Victor annis tredecim Romanam Ecclesiam rexit. Panthenus Stoicæ sectæ philosophus, qui primum in Indiam a Demetrio Alexandriæ episcopo ad docendum missus fuerat, viva voce et exemplo Ecclesiam Christi instruit.

[212] Aurelius Antoninus Bassianus idemque Caracalla principatum adeptus mansit in eo annis non plene septem, patre Severo asperior, omnibus autem hominibus libidine intemperantior, qui etiam novercam suam Juliam uxorem duxit. Hierico quinta editio divinarum Scripturarum inventa est cujus auctor non apparet. Alexander episcopus Cappadociæ cum desiderio sanctorum locorum Hierosolymam veniret, vivente adhuc Narcisso episcopo persenilis ætatis Domino per revelationem idipsum monente, in loco Narcissi episcopus constituitur. Tertullianus Afer Centurionis proconsularis filius, omnium Ecclesiarum sermone celebratur. Aurelius Antoninus contra Parthos bellum moliens, inter Edessam et Carras ab hostibus circumventus occiditur.

[219] Macrinus præfectus prætorii cum filio Diadumeno invasit imperium; emensoque anno apud Archelaidem militari tumultu occisus est. Tertullianus cujus supra meminimus, presbyter, usque ad mediam ætatem Ecclesiæ invidia postea et contumeliis clericorum Romanæ Ecclesiæ ad Montani dogma delabitur, atque adversus Ecclesiam texit volumina.

[220] Marcus Aurelius Antoninus imperium adeptus, tenuit annis quatuor. Hic sacerdos Heliogabali templi, nullam sui nisi stuprorum, flagitiorum totiusque obscenitatis infamem satis memoriam reliquit. Tumultu militari exorto, Romæ cum matre interfectus est. In Palæstina Nicopolis, quæ prius Emaus vocabatur, urbs condita est. Hæc est Emaus quam Dominus post resurrectionem suam suo ingressu sanctificare dignatus est, legationis industriam pro ea suscipiente Julio Africano scriptore temporum. Sexta editio inventa est Nicopoli. Sabellius hæresiarches oritur. Hippolytus episcopus, multorum conditor opusculorum, temporum canonem conscripsit, et hucusque perduxit.

[224] Aurelius Alexander, senatus ac militum voluntate imperator creatus, tredecim annis digno æquitatis præconio præfuit. Cujus mater Mammæa Christiana Origenem presbyterum audire curavit, eumque Antiochia accitum summo honore habuit. Hic expeditione in Persas facta, Xerxem regem eorum victo roppressit. Sed militari tumultu apud Moguntiacum interfectus est. Urbanus, Romæ episcopus, multos nobilium ad fidem Christi et martyrium perduxit. Tunc temporis Cæcilia virgo, et Valerianus, et Tiburtius, atque Maximus, martyrium compleverunt.

[234] Maximinus, nulla senatus voluntate, imperator ab exercitu, postquam bellum in Germania prospere gesserat, creatus, tres annos habuit. Hic adversum Ecclesiarum sacerdotes et clericos persecutionem exercet, maxime propter Christianam Alexandri, cui successerat, et Mammææ matris ejus familiam. Hunc Pupienus Aquileiæ interfecit. Pontianus et Anteros, Romanæ urbis episcopi, martyrio coronati, ac in cœmeterio Calixti sepulti.

[241] Gordianus imperator creatus, mansit in eo annis septem. Nam Pupienus, interfector Maximini, et frater ejus Albinus, qui usurpaverant imperium, mox in palatio sunt interfecti. Julius Africanus inter scriptores ecclesiasticos nobilis habetur. Qui in Chronicis suis refert se Alexandriam venisse, Heracleæ opinione celeberrima provocatum, quem et in divinis et in philosophicis studiis, atque omni Græcorum doctrina instructissimum fama loqueretur. Origenes in Cæsarea Palæstinæ Theodorum, cognomento Gregorium, et Athenodorum adolescentulos fratres, Ponti postea nobilissimos episcopos, divina philosophia imbuit. Fabianus, testimonio Spiritus sancti in specie columbæ super caput ejus descendentis, Romæ episcopus ordinatur, licet quidam hoc verius de Zepherino affirment. Florentinus quoque, episcopus Viennensis, vita et doctrina emicuit; mansit ad Galieni et Volusiani imperium, exsiliatusque martyrium complevit. Gordianus, admodum puer in Orientem ad bellum Parthicum profectus, suorum fraude, haud longe a Circeso super Euphratem, interfectus est.

[248] Philippus Philippum filium suum consortem regni faciens, mansit in eo annis septem. Hic primus imperatorum omnium Christianus fuit. Ac post tertium imperii ejus annum millesimus a conditione Romæ annus expletus est. Itaque magnificis ludis augustissimus omnium præteritorum hic natalis annus a Christiano celebratus est imperatore. Origenes adversus quemdam Celsum Epicureum philosophum, qui contra nos libros scripserat, octo voluminibus respondit. Ut breviter quid dicam, tantum scribendi sedulus fuit, ut Hieronymus quodam loco quinque millia librorum ejus se legisse meminerit. Philippus pater et filius, quamvis diversis locis, ambo tamen tumultu militari et Decii fraude, interfecti sunt.

[254] Decius, civilis belli incentor, anno uno, mensibus tribus. Hic cum Philippos patrem et filium interfecisset, ob eorum odium ad persequendos interficiendosque Christianos feralia dispersit edicta. Idemque filium suum Cæsarem legit, cum quo simul continuo in medio barbarorum sinu interfectus est. Persecutione Decii Fabianus in urbe Roma martyrio coronatus est, sedemque sui episcopatus Cornelio dereliquit; ipsoque martyrio coronato, Lucius pontificatum tenuit. Huic Stephanus successit; quo per martyrium transeunte, Xystus locum ejus implevit, idemque per confessionem fidei, martyrii palmam sumpsit. Cyprianus, clarissimum lumen doctorum, episcopus Carthaginis, clarus habetur. Tunc temporis et Laurentius archidiaconus et alii plures martyrii gloriam exornaverunt.

[255] Gallus Hostilianus cum filio Volusiano duos annos et quatuor menses regnum obtinuit. Quo tempore pestilentia ingens per omnes pene provincias Romani imperii extenditur ob ultionem sine dubio violati nominis Christiani. Novatianus, Cypriani episcopi presbyter, Romam veniens novam hæresin condidit. Origenes septuagesimo ætatis anno non ad integrum impleto, defunctus, in urbe Tyri sepultus est. Cornelius, episcopus Romæ, a quadam matrona Lucina rogatus, corpora sanctorum apostolorum de Catacumbis levavit noctu, et posuit: Pauli quidem in via Ostiensi, ubi decollatus est; Petri autem, non longe a loco ubi crucifixus est inter corpora sanctorum episcoporum in templo olim Apollinis, in monte Aureo, in Vaticano palatio Neroniano. Gallus et Volusianus dum contra Æmilianum, novis rebus studentem, bellum civile moliuntur, occisi sunt. Æmilianus tamen tertio mense invasæ tyrannidis exstinctus est. Ammonius eruditus in philosophia, qui evangelicos canones scribit, Alexandriæ clarus habetur.

[257] Valerianus cum fido Galieno, annos quindecim. Hic Valerianus in Græcia ab exercitu Augustus appellatus est; Romæ autem a senatu Galienus Cæsar creatus est. Valerianus in Christianos persecutione commota, statim a Sapore Persarum rege captus, luminibusque orbatus, ignominiosissima apud Persas servitute consenuit; donec vixit, hanc conti-

nuam damnationem sortitus, ut ipse acclivis humi, regem semper ascensurum in equum, non manu sua, sed dorso attolleret. Et Galienus, quidem tam clare Dei judicio territus, tanquam miseri collegæ permotus exemplo, pacem Ecclesiis trepida satisfactione restituit. Hac procellosa tempestate Cyprianus Carthaginensis episcopus coronatur martyrio: cujus Vitæ et passionis volumen egregium reliquit Pontius, diaconus ejus, qui usque ad diem passionis ejus cum ipso exsilium sustinuit. Germani Alpibus, Rhetia totaque Italia penetrata, Ravennam usque perveniunt; Alamanni Gallias pervagantes, etiam in Italiam transeunt. Græcia, Macedonia, Pontus, Asia Gothorum inundantia deletur. Publius Ingenuus, qui purpuram imperii sumpserat, apud Myrsam occiditur. Posthumus in Gallia invasit tyrannidem, ac per decem annos ingenti virtute ac moderatione usus, dominantes hostes expulit; qui tamen seditione militum interfectus est. Victorinus a Gallis ultro creatus imperator, post paululum apud Viennam occisus est. Theodorus, Gregorius cognomento, Neocæsariæ Ponti episcopus, magna virtutum claret. E quibus unum est quod ut Ecclesiæ faciendæ locus sufficeret, montem precibus movit. Tunc temporis Lupicinus, Viennensis Ecclesiæ episcopus, clare floruit. Galienus cum rempublicam deseruisset, ac Mediolani libidinibus inservisset, occisus est. Cornelio, qui duobus annis rexit Ecclesiam Romanam, ob Christi martyrium coronato, successit Lucius. Passus est autem beatus Cyprianus persecutione octava eodem die, sed non eodem anno, quo Romæ Cornelius.

[272] Claudius, voluntate senatus sumpto imperio, annis duobus. Hic Gothos jam per annos quindecim Illyricum Macedoniamque vastantes bello adortus, incredibili strage delevit. Cui a senatu clypeus aureus in curia et in Capitolio statua æque aurea decreta est. Sed continuo apud Sirmium morbo correptus interiit.

[273] Mox frater ejus Quintilius, vir bonæ moderationis, ab exercitu imperator electus, decimo septimo die imperii sui interfectus est. Malchion, disertissimus Antiochenæ Ecclesiæ presbyter, qui in eadem urbe rhetoricam docuerat, adversus Paulum Samosetanum, qui episcopus Antiochiæ dogmatizabat, Christum communis naturæ hominem tantum fuisse, notariis excipientibus, disputavit.

[274] Aurelianus imperium adeptus, quinque annis et sex mensibus tenuit, vir industria militari excellentissimus, expeditione ad Danubium suscepta, Gothos magnis præliis profligavit.

Hic urbem Romam muris firmioribus cinxit. Novissime cum persecutionem adversus Christianos agi decerneret, fulmen ante eum, magno pavore circumstantium, ruit, ac non multo post in itinere occisus est. Eutychianus, Romæ episcopus, martyrio coronatus in cœmeterio Calixti sepelitur; qui et ipse trecentos tredecim martyres manu sua sepelivit.

Tacitus menses sex. Quo apud Pontum occiso, obtinuit Florianus imperium diebus octoginta novem. Quique apud Tarsum interfectus est. Anatolius natione Alexandrinus, Laodiciæ Syriæ episcopus, philosophorum discipulus eruditus, plurimo sermone celebratur. Cujus ingenii magnitudo de libro quod super Pascha composuit, et de decem libris arithmeticæ Institutionis, potest apertissime cognosci. Tunc temporis insania Manichæorum hæresis oritur. Quo tempore Viennensis episcopus Simplides miræ sanctitatis floruit. Permansit autem usque ad imperatoris Cari tempora.

[279] Probus imperator annos sex, menses quatuor. Hic Gallias jamdudum a barbaris occupatas, per multa gravia prælia deletis tandem hostibus, ad perfectum liberavit. Bella deinde civilia, et quidem plurimo sanguine, duo gessit : unum in Oriente, quo Saturninum tyrannum subactum et oppressit et cepit; aliud quo Proculum et Bonosum apud Agrippinam magnis præliis superatos interfecit; ipse autem apud Sirmium turre ferrata militari tumultu interfectus est. Secundo hujus anno, ut in Chronicis Eusebii legimus, juxta Antiochenos, trecentesimus vicesimus sextus annus fuit; juxta Tyrios, quadringentesimus tertius; juxta Lacedæmonios, trecentesimus vicesimus quartus; juxta Edessenos, quingentesimus octogesimus octavus; juxta Ascalonitas, trecentesimus octogesimus; secundum Hebræos, initium octogesimi septimi jubilæi, quo continentur anni quatuor mille ducenti quinquaginta. Archelaus, Mesopotamiæ episcopus, librum disputationis suæ quam habuit adversus Manichæum exeuntem de Perside, Syro sermone composuit, qui translatus a multis Græcis habetur.

Carus, cum filio Carino et Numeriano, annos tres. Carus in bello Parthico postquam duas nobilissimas Parthorum urbes, Cælen et Ctesiphontem, cepit et de Persis triumphavit, super Tigriden in castris fulmine ictus interiit.

[285] Caius Romanæ Ecclesiæ fulget episcopus, qui postmodum sub Diocletiano martyrium passus est. Phierius, presbyter Alexandriæ, sub Theona episcopo florentissime populos docuit, et sermones diversorumque tractatuum libros composuit. Invenitque elegantiam compositionis, ita ut Origenes minor vocaretur : vir miræ parcimoniæ, et voluntariæ paupertatis, post persecutionem omni tempore vitæ suæ Romæ versatus est. Numerianus, qui cum patre Caro Parthico bello interfuerat, rediens fraude Apri soceri sui interfectus est.

[288] Diocletianus, ab Urbe condita millesimo quadragesimo uno ab exercitu imperator lectus, annos triginta; qui statim ut potestatis copiam habuit, Aprum, interfectorem Numeriani, manu sua interfecit.

Deinde Carinum, quem Carus Cæsarem in Dalmatia reliquerat, difficillimo bello et maximo labore superavit. Dehinc cum in Galliam Anolus et Helianus collecta rusticanorum manu, quos Baccadas vocabant, perniciosos tumultus excitavissent, Maximianum, cognomento Herculianum, Cæsarem fecit, misitque in Gallias; qui facile agrestium hominum et confusam manum militari virtute composuit. Igitur per omnes Romani imperii fines subitarum turbationum fragore concrepuerunt : Carausio in Britanniis rebellante, qui primum ad observanda Oceani littora, quæ tunc Franci et Saxones infestabant, positus, cum plus in perniciem, quam in profectum reipublicæ ageret, a Maximiano jussus occidi, purpuram sumpserat; Achillæo in Ægypto, cum et Africam Quingentiani infestarent; Narseus etiam, rex Persarum, Orientem bello premeret. Hoc periculo Diocletianus permotus, Maximianum Herculium ex Cæsare fecit Augustum; Constantium vero, et Maximinum, et Maximianum Valerium, Cæsares legit. Constantius Herculi Maximiani privignam Theodoram accepit uxorem, ex qua sex filios fratres Constantini sustulit. Carausius, per sex annos sibi Britannia fortissime vindicata, tandem fraude allecti socii sui interfectus est; qui postea insulam per triennum tenuit, quem Asclepiodotus, præfectus prætorio, oppressit, Britanniamque post decem annos recepit. Constantius vero Cæsar, in Gallia primo prælio ab Alamannis profligato exercitu suo, vix ipse subreptus est; secundo autem secuta est satis secunda victoria, ita ut paucis horis quadraginta millia Alamannorum cæsa fuerint. At Maximianus Augustus Quingentianos in Africa perdomuit. Porro autem Diocletianus Achillæum obsessum per octo menses, apud Alexandriam cepit et interfecit. Præterea Valerius Maximianus cum duobus jam præliis adversum Narseum conflixisset, tertio inter Gallinicum et Carras congressus et victus, amissis copiis ad Diocletianum refugit. A quo arrogantissime exceptus est, ita ut per aliquot millia passuum purpuratus ante vehiculum ejus præcederet. Hic Diocletianus primus gemmas vestibus calceamentisque inseri jussit, dum sola purpura retro principes uterentur. Decimo octavo anno Diocletiani, ipse in Oriente, Maximianus Herculius in Occidente vastari Ecclesias, affligi interficique Christianos præcipiunt, adustis divinis libris. Hac tempestate martyrium sanctorum Thebæorum, Mauricii sociorumque ejus sexies mille sexcentorum sexaginta sex impletur. Passio quoque Victoris et Ursi apud Castrum Solodorum, passio quoque beatæ Fidis et sociorum ejus apud urbem Agennum, quæ postea Conchis translata est. Martyrium etiam Gereonis sociorumque ejus trecentorum viginti octo apud Agrippinam Coloniam. Hæc persecutio ita crudelis et crebra flagrabat, ut intra unum mensem decies et octies millia martyrum pro Christo passi inveniantur. Nam et Oceani limbum transgressa, Albanum Aaron, et Julium Britanniæ cum aliis pluribus viris ac feminis felici cruore damnavit. Tunc temporis passus est et Pamphilus presbyter, cujus vitam Eusebius Cæsariensis episcopus tribus libris comprehendit. Secundo autem persecutionis anno, Diocletianus Nicomediæ, Maximianus Herculius Medio lani purpuram deposuerunt. Attamen cœpta semel persecutio usque ad septimum Constantini imperatoris annum fervere non cessavit. Constantinus decimo sexto imperii anno, vir summæ mansuetudinis et civilitatis, Eboraci in Britannia diem obiit. Tertio anno persecutionis, quo et Constantius obiit, Maximinus et Severus a Valerio Maximiano Cæsares facti sunt. E quibus Maximianus maleficia et stupra sua Christianorum persecutionibus accumulat. Passus est ea tempestate Petrus, Alexandriæ episcopus, a quo Arius presbyter primo damnatus est. Passi sunt cum eo plures Ægypti episcopi.

Lucianus quoque, vir moribus et continentia et eruditione præcipuus, Antiochenæ Ecclesiæ presbyter, passus est, et Romæ Timotheus, decimo Kalend. Julii. Floruit tunc temporis Melciades Romanæ Ecclesiæ pontifex. Floruit et tunc temporis vir disertissimus Paschasius, Viennensis Ecclesiæ episcopus. Phileas de urbe Ægypti, quæ vocatur Thebais, nobilis genere episcopus, elegantissimum librum de martyrum laude componit, et pro Christo capite truncatur. Arnobius apud Africam florentissime rhetoricam docuit, et adversum gentes volumina composuit quæ vulgo exstant.

[506] Constantinus Constantii ex concubina Helena filius, in Britannia imperator creatus, regnavit annos triginta, menses decem, ab anno persecutionis quarto. Maxentius Herculii Maximiani filius Romæ Augustus appellatur. Licinius Constantiæ sororis Constantini, Carnuti imperator creatur. Constantinus imperator de persecutore Christianus factus, licentiam dedit Christianis libere congregari, et in honorem Christi ubique ecclesias construi; ac pene per totum imperium Romanum privilegia singulis civitatibus dedit, ut populus Christianus sub jure et ordinatione episcoporum libere viveret, ac Dei templis libere honoris structuram componeret. Hujus temporibus hæresis Ariana exoritur: Nicænumque concilium ad damnationem Arii, et confirmationem integræ fidei ex orbe terrarum congregatur, anno post incarnationem Domini trecentesimo vicesimo secundo, die mensis secundum Græcos Desei, vicesimo nono, quod est, decimo Kalendarum Juliarum, consulatu Paulini et Juliani. Uno eodemque tempore et illud sacratissimum Concilium apud Arelaten sexcentorum episcoporum colligitur, Martino tunc episcopo ejusdem civitatis existente; apud Viennam Claudio in catholico dogmate clarissimo episcopo. Eodem tempore Donatistarum in Africa schisma oritur. Namque Donatus per Africam et maxime Numidiam, afferens a nostris Scripturas in persecutione inimicis traditas, multos sua persuasione decepit. Per idem etiam tempus ab Helena Constantini matre Hierosolymis crux Domini inventa est. Constantinus in fide eruditus a B. Silvestro papa, fecit miro opere baptisterium Romæ, ubi baptisatus est juxta basilicam B. Joannis Baptistæ, quæ appellatur Constantiniana. Item basilicam B. Petro in templo Apollinis, necnon et B. Paulo, corpus utriusque ære Cyprio circum-

dans quinque pedes crasso. Item basilicam in palatio Sorano, quæ cognominatur Hierusalem, ubi partem ligni crucis Domini deposuit. Item basilicam B. martyris Agnæ, ex rogatu Constantiæ filiæ suæ. Item baptisterium in eodem loco, ubi et baptizata est soror ejus Constantia cum filia Augusta. Item basilicam B. Laurentio martyri, via Tiburtina in agro Verano, ubi idem martyr gloriosus sepultus est. Item basilicam via Lavicana, inter duas lauros beato Petro et Marcellino martyribus, et mausoleum, ubi matrem suam posuit in sarcophago purpureo.

Item basilicam in civitate Hostiæ juxta portum urbis Romæ beatorum apostolorum Petri et Pauli, et beati Joannis Baptistæ. Item basilicam in civitate Albanensi sancti Joannis Baptistæ. Item basilicam in urbe Neapoli miro opere exornavit, in honorem apostolorum et martyrum. Idem imperator Depranam civitatem Bithyniæ in honorem martyris Luciani ibi conditi instaurans, ex vocabulo matris suæ, Helenopolim nuncupavit. Idem urbem nominis sui statuens in Thracia, sedem Romani imperii et caput totius orientis esse voluit. Caput vero totius imperii ante Romam beatis apostolis Petro et Paulo sub testamento tradidit, nobiliores Romanorum, consulares quoque viros, ac pene totum senatorum ordinem cum uxoribus et liberis, in secundam vel novam Romam Constantinopolim translatam habitare constituens. Idem ipse statuit citra ullam hominum cædem, paganorum, templa claudi, arasque deorum confringi. Retius Augustodunensis episcopus, celeberrimæ famæ habetur, et Juvencus presbyter Hispanus, qui hexametris versibus quatuor libros Evangelii composuit, Firmianus, qui et Lactantius Arnobii discipulus, Nicomediæ rhetoricam docuit, ac penuria discipulorum, ob Græcam scilicet civitatem, ascribendum se contulit. Hic in extrema senectute magister Cæsaris Crispi filii Constantini in Gallia fuit, qui postea a patre interfectus est.

Jacobus Nizibenæ episcopus, unus ex numero sub Maximini persecutore confessorum et eorum qui in Nicæna synodo Arianam perversitatem homoousii oppositionem damnarunt, multorum opusculorum scriptor moritur.

[337] Constantius cum Constantino et Constante fratribus, regnat annos decem et octo, menses quinque, dies quatuordecim. Jacobus Nizibenus episcopus agnoscitur; ad cujus preces sæpe urbs discrimine liberatur. Impietas Ariana Constantii imperatoris fulta præsidio, exsiliis, carceribus, et variis afflictionum modis; primum Athanasium Alexandrinæ urbis episcopum, deinde omnes non suæ partis episcopos persecuta. Maximinus Treverorum urbis episcopus, clarus habetur; a quo Athanasius cum a Constantio quæreretur ad pœnam, honorifice susceptus est. Florebat et tunc temporis Nectarius Viennensis episcopus, in doctrina fidei eximius, qui in Vasensi illa synodo venerabili primus interfuit, et Patris, et Filii, et Spiritus sancti unam esse naturam et potestatem, et deitatem, et virtutem, in

Ecclesia publice prædicavit, et docuit. Antonius monachus centesimo quinto ætatis anno in eremo moritur. Reliquiæ Timothæi apostoli Constantinopolim invectæ. Constantii favore Arius presbyter fretus, dum in Constantinopolim ad ecclesiam pergeret, cui tunc Alexander senex episcopus præsidebat adversus nostros de fide dimicaturus, divertens post forum Constantini ad causam necessariam, viscera ejus repente simul cum vita effusa sunt. Constantio Romam ingresso ossa B. Andreæ apostoli et Lucæ evangelistæ a Constantinopolitanis miro favore suscepta sunt. Hilarius Pictaviensis episcopus, qui pulsus ab Arianis, in Phrygiam exsulaverat, cum apud Constantinopolim librum pro se Constantio porrexisset, ad Gallias rediit. Hæresis Anthropomorphitarum in Syria et in Macedonia, in Constantinopoli quoque nascitur. Donatus artis grammaticæ scriptor, ac præceptor Hieronymi, Romæ illustris habetur. Eusebius Cæsareæ Palestinæ, in Scripturis divinis studiosissimus, ac bibliothecæ divinæ cum Pamphilo martyre diligentissimus pervestigator, moritur; qui primum in Arianam hæresim lapsus, ad catholicum dogma correptus rediit. Eustasius primum Cœlesyriæ, dein Antiochiæ episcopus, adversum Arianum dogma multa componens, in exsilium pulsus, apud Trajanopolim Trachiarum urbem conditus est. Marcellus Ancyranus episcopus, contra Arianos scribens arguitur Sabellianæ hæreseos; sed et beatus Hilarius in septimo adversum Arianos libro, nominis ejus quasi hæretici meminit. Porro ille defendit se non esse dogmatis cujus accusatur communione Julii et Athanasii Romanæ et Alexandrinæ urbis pontificum. Basilius Ancyranus episcopus Macedonianæ partis cum Eustathio Sebasteno princeps fuit; fuit autem artis medicinæ peritus.

[361] Julianus, annos duos, menses octo. Hic ex clerico imperator factus in idolorum culturam convertitur, martyriaque infert Christianis, eosque callidis circumventionibus odiisque persequitur. Quo tempore inter alios qui in toto orbe pro Christo passi sunt, Joannes et Paulus Romæ martyrium illustre duxerunt. Pagani quoque apud Sebasten Palæstinæ urbem sepulcrum beati Joannis Baptistæ invadunt, ossaque dispergunt, eadem rursus collecta concremantes, latius per agros spargunt. Sed Dei providentia adfuere quidam ex Hierosolymis monachi, qui colligentibus misti, quæcunque poterant ablata, ad patrem suum Philippum pertulere; ille confestim hæc (supra se enim dicebat tantum thesaurum propriis servare vigiliis) ad pontificem Athanasium; tunc maximum, per Julianum diaconum suum misit; quæ ille suscepta, paucis arbitris, sub cavato sacrarii pariete, inclusa profutura generationi posteræ conservavit: cujus præsagium sub Theodosio imperatore per Theophilum ejusdem urbis episcopum completur. Qui destructo Serapis templo, sancti Joannis ibidem consecravit ecclesiam. Julianus odio Christi templum in Hierosolymis Judæis reparare permittit. Qui cum ex omnibus provinciis collecti, nova templi fundamenta jacerent, subito nocte oborto, terræmotu saxa ab imo fundamentorum excussa, longe lateque sparsa sunt; igneus quoque globus ab interiore æde templi egressus, plurimos eorum suo prostravit incendio. Quo terrore reliqui pavefacti, Christum confitebantur inviti. Et ne hoc casu crederent factum, sequenti nocte in vestimentis cunctorum crucis apparuit signum. Julianus efferri ossa venerabilis Jacobi Nizibeni episcopi foras civitatem jubet, invidens ipsius miraculis; quæ non longe post ditioni Persarum subjicitur. Julianus, incertum a quo, cum exercitus acies contra Persas ordinaret, perimitur, ac intestina sua in aera projiciens, insano ore Christum Dominum blasphemans, Vicisti, Galilæe, vicisti, vitam cum regno perdidit: cujus interitum per revelationem illico per universam Ecclesiam plurimi agnoscunt. Lucifer Calaritanus episcopus a Constantio cum Nicænam fidem damnare nollet, in Palæstinam relegatus ab exsilio revertitur, a quo postea Luciferianum schisma. Eusebius natione Sardus, Versellensis episcopus similiter a Constantio pro confessione fidei, Scythopolim et inde Cappadociam relegatus, ab exsilio reversus, factione Arianorum interficitur. Fornacius Aquilegensis Ecclesiæ episcopus, in hoc maxime detestabilis quod Liberium Romanæ urbis episcopum pro fide ad exsilium pergentem primus sollicitavit, et fregit, et ad suscriptionem hæreseos compulit. Acacius Luscus Cæsareæ episcopus, in tantum sub Constantio claruit, ut felicem Romæ pro Liberio episcopum consecraret.

[363] Jovianus, anno uno, vel ut verius, mensibus octo. Qui, dum se ab exercitu imperatorem fieri conspiceret, seque Christianum affirmans, paganis præesse non posse assereret, Et nos, inquit omnis exercitus, qui per Julianum nomen Christi abjecimus, tecum Christiani esse volumus. Quibus auditis imperii sceptra suscepit. Synodus Antiochiæ a Melito suisque facta in qua Macedonianum dogma prave firmatur. Jovianus lapsu Constantii prædecessoris admonitus, honorificis et officiosissimis litteris Athanasium requirit, ab ipso formam fidei ecclesiarumque disponendarum suscepit modum; sed hujus pia lætaque principia mors immatura corripuit.

Hilarius urbis Pictavorum Aquitanicæ episcopus, factione Saturnini Arelatensis episcopi de synodo Biterrensi in Phrygiam relegatur sub Constantio, ubi duodecim libros adversum Arianos confecit, et librum de synodis ad Galliarum episcopos scripsit; et alia reversus ab exsilio catholica et nimis præclara opera. Serapion Thaneos episcopus, elegantis ingenii, sub Constantio etiam in confessione fidei inclytus moritur.

[364] Valentinianus et Valens frater ejus, annos duodecim. Apollinaris Laodicenus episcopus multimoda nostræ religionis scripta composuit. Sed incautus postea a fide devians, hæresim sui nominis instituit. Photinus quoque et Eunomius eo tempore hæretici agnoscuntur. Gothi apud Histrum bifariæ

inter Frigidernum et Ataricum divisi sunt. Sed Frigidernus Ataricum Valentis auxilio superans, hujus beneficii gratia ex catholico Arianus cum omni gente Gothorum affectus est. Tunc Vulfila eorum episcopus Gothicas litteras reperit, et utrumque Testamentum in linguam propriam transtulit. Damasus Romæ episcopus fecit basilicam juxta atrium sancto Laurentio, et aliam in catacumbis, ubi jacuerunt corpora sanctorum apostolorum Petri et Pauli, in quo loco platomam ipsam, ubi jacuerant sancta corpora, versibus adornavit. Valens ab Eudoxio Arianorum episcopo baptizatus nostros persequitur. Gratianus Valentiniani filius tertio ejus anno, Ambiani imperator est factus. Constantinopoli apostolorum martyrium dedicatur. Post Auxentii Mediolanensis episcopi seram mortem, Mediolani Ambrosio episcopo facto, omnis ad fidem rectam Italia convertitur. Nectarus Viennensis et Hilarius Pictaviensis episcopi moriuntur.

Valens cum Gratiano et Valentiniano Valentiniani fratris sui filiis, annos quatuor. Valens lege data ut monachi militarent, nolentes fustibus jussit occidi. Gens Hunnorum diu inaccessis seclusa montibus, repentina rabie percita, exarsit in Gothos, eosque sparsim conturbatos, ab antiquis sedibus expulit. Gothi transito Danubio fugientes, a Valente sine armorum depositione suscepti per avaritiam Maximi ducis; fame ad rebellandum coacti sunt, victoque Valentis exercitu, per Thraciam sese miscentes, simul omnia cædibus, incendiis, rapinisque impleverunt. Valentiniani, et Valentis tempore rebellantes Alamannos, Franci inter Danubium et Mæotides paludes juncti Romanis, superaverunt. Francos lingua Attica Valentinianus imperator a feritate et duritia atque audacia appellari primus voluit. Qui post paululum cum tributa Romanis negarent, et Romanorum impetum ferre non possent, egressi a Sicambria, pervenerunt in extremas partes Rheni fluminis in Germanorum oppida, ibique aliquot annos cum principibus suis Marcomiro et Sunnone resederunt. Ubi primum regem Pharamundum sibi postmodum statuunt, legibusque se subdunt, quas priores eorum Wisovastus et Wisogastus, Artogastus, Salegastus invenerunt. Victorinus natione Afer sub Constantino principe rhetoricam docens, in extrema senectute Christi se tradidit fidei. Titus Bostrenus episcopus, acerrimus contra Manichæos disputator, moritur. Athanasius Alexandrinus episcopus, multa Arianorum perpessus insidiis, ad Constantem Galliarum principem fugit; unde reversus cum litteris, et rursum post mortem illius fugatus, usque ad Joviani imperium latuit. A quo recepta Ecclesia sub Valente moritur. Ephrem Edessæ Ecclesiæ diaconus, vir in sua lingua, id est Syra, eruditissimus, moritur. Basilius Cæsareæ Cappadociæ, quæ prius Mazacate Gratiano. Gregorius quoque Nazianzenus, vir eloquentissimus, præceptor Hieronymi, sub Theodosio jam principe moritur.

[379] Gratianus cum fratre Valentiniano, annos septem. Theodosius vir strenuus a Gratiano imperator creatus, maximas Scythicas gentes, hoc est Alanos, Hunnos, et Gothos, magnis multisque præliis vicit. Cujus studium fidei non ferentes Ariani, post quadraginta annos ecclesias quas vi tenuerant, reliquerunt. Quo tempore Viennensem Ecclesiam regebat Niceta præclarissimus in dogmate fidei episcopus. Sed et Lugdunensis episcopus Justus, miræ sanctitatis vir, qui postmodum relicta sede sui episcopatus, inter sanctissimos patres anachoritas mira humilitate latens, moritur in Ægypto; cujus ossa pio amore solliciti Lugdunenses ad urbem suam reportant, ossa quoque Viatoris sanctissimi comministri ipsius. Constat autem hunc venerabilem episcopum Justum sub Paschasio Viennensi episcopo nutritum, Claudii ejusdem urbis episcopi diaconum, postmodum ad sanctam Lugdunensem Ecclesiam regendam translatum. Synodus centum quinquaginta patrum in urbe regia Constantinopoli congregatur, adversus Macedonium. Damaso Romæ episcopo, Ambrosius Mediolanensis Ecclesiæ episcopus, in catholicorum dogmate claruit. Theodosius imperator Arcadium filium consortem imperii sui facit. Anno secundo Gratiani imperatoris, ipso sexies et Theodosio consulibus, Theophilus paschalem computum scripsit. Maximus, vir quidem strenuus et probus, atque Augusto dignus, si non contra sacramenta fidei tyrannidem emersisset, in Britannia invitus propemodum ab exercitu imperator creatus, in Galliam transiit, ibique Gratianum Augustum dolis circumventum apud Lugdunum occidit, fratremque ejus Valentinianum Italia expulsum, Viennæ primum latere coegit, justissimam pœnam cum matre sua Justina persolventem, quæ illum Ariana hæresi polluit: et Ambrosium episcopum eminentissimam catholicæ fidei arcem ut perfida obsidione vexavit, nec ante cœpta nefanda deseruit, nisi post prolatas beatorum martyrum reliquias Gervasii et Protasii, quas Domino revelante idem beatus episcopus incorruptas reperit. Theodosius Valentinianum Italia expulsum benigne suscipit. Priscilliana hæresis oritur. Idem Priscillianus accusante Itacio, a Maximo tyranno gladio cæditur. Martinus Turonorum episcopus miraculorum insignis effulsit. Post Pharamundum Franci Clodionem ejus filium sibi regem statuunt. Abhinc Franci in finibus Thoringiorum habitantes, crinitos reges habere cœperunt. Id temporis Romani Gallias tenebant. Citra Ligerim fluvium Gothi Burgundiones quoque doctrina Ariana infecti cis ultraque Rhodanum habitabant. Primus rex Francorum Clodio a castro Thoringiorum Dyspero profectus, Rhenum transiit; superato Romanorum populo, Carbonariam sylvam tenuit, usque ad Camaracum venit, ibique interfectis Romanis, sedem sibi statuit.

[385] Theodosius, Gratiano adhuc vivente, annis sex Orientem tenuit; illo mortuo imperavit annis undecim. Ipse et Valentinianus, quem Italia expulsum benigne susceperat, ac simul Maximum tyran-

num tertio ab Aquileia lapide interficiunt. Maximus Britanniam omni pene armatam juventute, copiisque militaribus exspoliavit, quæ eum in Gallias secutæ, nunquam ultra ad domum rediere. Videntes transmarinæ gentes sævissimæ Scotorum a circio, Pictorum ab aquilone, destitutam milite ac defensore insulam, adveniunt, et vastatam direptamque eam per multos annos opprimunt. Hieronymus presbyter in Bethleem toto mundo clarus habetur, qui librum quem de Viris illustribus Ecclesiæ scribit, usque ad decimum quartum totius imperii Theodosii annum perducit. Gentium templa per totum orbem, jubente Theodosio subvertuntur, ac pro eis Christi templa ubique micant. Per idem tempus Joannis anachoreta insignis claruit. Qui etiam Theodosio consulenti de Eugenio tyranno, victoriam illi prædixit. Damasus Romæ urbis episcopus, elegans in versibus componendis ingenium habuit, et prope octogenarius moritur. Apollinaris episcopus Laodicenus Syriæ, in Scripturis non parum instructus, a quo Apollinaristæ feruntur nominati. Patianus in Pyrenæi jugis Barcillone episcopus optima senectute moritur, castigatæ eloquentiæ, tam vita quam sermone clarus. Photinus de Gallogræcia Marcelli discipulus Syrini episcopus a Valentiniano pulsus Ecclesia, Ebionis hæresin instaurare conatur. Dydimus Alexandrinus oculis captus, et ob id elementorum quoque ignarum, tantum miraculum sui omnibus præbuit, ut dialecticam quoque et geometriam quæ vel maxime visu indigerent, usque ad perfectum didicerit.

[396] Arcadius filius Theodosii cum fratre Honorio, annis quatuordecim. Sanctorum prophetarum corpora Abacuc et Michææ divina revelatione manifestantur. Innocentius, Romæ episcopus, dedicavit basilicam beatissimorum martyrum Prothasii et Gervasii, ex devotione testamenti cujusdam illustrissimæ feminæ Vestinæ. Mamertus Viennensis episcopus insignissimus habetur, qui inter alia mirifica, ob imminentem cladem ante Ascensionem Domini solemnes instituit litanias. Martinus Turonorum episcopus moritur; Donatus Epiri episcopus virtutibus insignis est habitus. Qui draconem ingentem exspuens in os ejus necavit, quem octo juga boum ad locum incendii, ne aerem putredo ejus corrumperet, vix trahere potuerunt. Clodione rege defuncto, qui viginti annis Francis regnavit Meroveus successit, a quo Francorum reges Merovingi sunt appellati. Metis a Francis succensa, Treveros destructa; Franci usque Aureliam perveniunt. Post Meroveum Childericus regnum adeptus, regnavit annis viginti quatuor. Cui successit Chlodoveus, qui primus rex Francorum Christianus factus est, a beato Remigio Rhemorum episcopo instructus et baptizatus cum populo suo. Gothi Italiam, Wandali atque Alani Gallias aggrediuntur. Augustinus episcopus Hipponensis scientia atque doctrina insignis habetur. Joannes quoque Constantinopolitanus et Theophilus Alexandrinus illustres episcopi prædicantur. Epiphanius Salaminæ episcopus, qui inter alia opera libros contra omnes hæreses scripsit. Eunomius Arianæ partis, Cizycenus episcopus, erumpens in blasphemiam, publice quod Ariani texerant, fatetur. Tiberianus Beticus, sectator Priscilliani, post suorum cædem tædio victus exsilii, ut canis reversus ad vomitum suum, filiam devotam Christo virginem matrimonio copulavit.

[410] Honorius cum Theodosio minorem fratris sui filio, annis quindecim. Honorius imperator, videns oppositis tyrannis nil adversus barbaros agi posse, ipsos prius tyrannos deleri jubet. Constantio comiti hujus belli summa commissa est, qui primum in Galliam profectus cum exercitu, Constantinum imperatorem apud Arelaten civitatem clausit, cepit, occidit. Constantem Constantini filium Hierontius comes suus, ut nequam magis quam probus apud Viennam interfecit, atque in ejus locum Maximum quemdam substituit; ipse vero Hierontius a suis militibus est occisus. Maximus exutus purpura, destitutus a militibus Gallicanis inter barbaros in Hispania egens exsulavit. Jovinus vir Galliarum nobilissimus in tyrannidem mox ut assurrexit, cecidit. Sebastianus frater ejus continuo ut creatus occisus est; Alaricus Attalo imperatore facto, infecto, refecto, ac defecto, citius his omnibus pene quam dictis, ceu mimus risum et ludum exspectavit imperii, cujus ille umbratilis consul. Tertullus ausus est in curia dicere: Loquar vobis, consul et pontifex, quorum alterum jam teneo, alterum spero. Attalus itaque tanquam inane imperii simulacrum cum Gothis usque ad Hispanias portatus est. Unde descendens navi in mari captus, et ad Constantium comitem deductus, inde Honorio imperatori exhibitus, truncata manu, vitæ relictus est.

Heraclianus Africæ comes, elatus supercilio, Sabinum domesticum suum, virum ingenio industriaque solertem generum allegit, atque aliquandiu Africana annona extra ordinem detenta, tandem cum immensa satis incredibilique classe navigio Romam contendit. Nam habuisse tria millia septingenta naves dicitur; quem numerum nec Xerxem, nec Alexandrum Magnum, vel quemquam alium regum habuisse historiæ referunt. Sed littore egressus occursu Marini comitis territus, arrepta navi solus Carthaginem rediit, ibique continuo militari manu interfectus est. Sabinus gener ejus, Constantinopolin fugit; unde post aliquantulum tempus retractus, exsilio damnatus est; ac sic, adjuvante Christo, pax et unitas, per universam Africam Ecclesiæ catholicæ reddita est. Marinus comes apud Carthaginem, inceptum zelo stimulatus, an auro corruptus, Marcellinum tribunum, virum imprimis prudentem et industrium occidit. Qui continuo revocatus ex Africa, factusque privatus, vel ad poenam, vel ad poenitentiam conscientiæ suæ dimissus est. Alaricus rex Gothorum Romam invasit, partemque ejus cremavit incendio nono Kalend. Septemb., anno conditionis ejus millesimo centesimo, sexagesimo quarto Honorii imperii anno. Sic tertio die quam ingressus fuerat deprædata urbe egressus est. Inde Gothi in Siciliam transire conati, in conspectu suorum miserabiliter arrepti et demersi sunt. Alarico Atavulfus in regem Gothis succedit, qui Placidiam captivam sororem imperatoris in uxorem assumpsit. Is satis studiose sectator pacis, militare fideliter Honorio imperatori præoptavit. Placidiæ uxoris suæ, feminæ sane ingenio acerrimæ, et religione satis probæ, ad omnia bonarum ordinationum opera persuasu et consilio temperatus est. Is apud Barcillonem Hispaniæ urbem dolo suorum, ut fertur occisus est. Post hunc Segericus rex a Gothis creatus, cum itidem judicio Dei ad pacem pronus esset, nihilominus a suis interfectus est. Constantius comes apud Arelaten consistens, magnarum rerum gerendarum industria, Gothos quibus jam Atavulfus præerat, Placidiæ conjux a Narbona expulit, atque abire in Hispaniam coegit. Segerico Vallia successit in regnum Gothorum; ad hoc ordinatus a Gothis, ut pacem infringeret, ad hoc ordinatus a Deo, ut pacem confirmaret, territus maxime judicio Dei; quia cum magna Gothorum manus instructa armis navigiisque transire in Africam moliretur, in duodecim millibus passuum Gaditani freti, tempestate correpta, miserabili exitu perierat. Hic Vallia pacem optimam cum imperatore, datis Honorio lectissimis obsidibus pepigit, ac Placidiam imperatoris sororem honorifice apud se honesteque habitam fratri reddidit. Hac tempestate Pelagius adversus Christi gratiam erroris sui dogmata prædicat; ad cujus condemnationem, concilium apud Carthaginem ducentorum decem et quatuor episcoporum congregatur. Cyrillus Alexandriæ episcopus, insignis est habitus; Lucianus presbyter scripsit revelationem beati protomartyris Stephani, quam ei revelavit Deus septimo Honorii principis anno, ac Gamalielis et Nicodemi qui in Evangelio et in Actibus apostolorum leguntur. Scripsit autem eam Græco sermone ad personam omnium Ecclesiarum. Quam revelationem Avitus presbyter, homo Hispanus, in Latinum vertit eloquium, et adjecta epistola sua per Orosium presbyterum, qui missus a beato Augustino ad sanctum Hieronymum pro discenda animæ ratione, ad loca sancta pervenerat, occidentalibus dedit: quique primus in patriam reversus reliquias beati Stephani intulit occidenti. Francis post Meroveum, ut diximus, regnavit Childericus. His temporibus Anianus Aurelianensis episcopus clarus habetur; qui orationibus suis ab Hunnorum impetu, Aetio tunc patritio Romanorum Aurelianos liberavit. Britanni Scotorum Pictorumque infestationem non ferentes Romam mittunt, et subjectione sui præmissa, auxilia flagitant. Quibus statim missa legio magnam barbarorum multitudinem stravit; cæteros Britanniæ finibus pellunt. Ob arcendos hostes murum trans insulam inter duo maria statuunt; qui absque magistro magis cespite quam lapide factus, nil Britannis operantibus profuit; nam mox ut dicessere Romani, priores hostes advecti navibus, obvia quæque sibi cædunt, vastant atque dejiciunt. Iterum petunt Britanni auxilia Romanorum, qui advenientes hostes trans maria fugant, conjunctisque sibi Britannis murum saxeum solidum inter civitates, quæ dudum ob metum hostium fuerant factæ, a mari usque ad mare perducunt. Sed et littore Meridiani maris, ne inde irruptio hostium fieret, crebras turres per intervalla ad prospectum maris statuunt. Vale dicentes sociis, quasi ultra non redituri, Bonifacius Romæ episcopus fecit oratorium in cœmeterio sanctæ Felicitatis, et ornavit sepulcrum ejus. Fecit et oratorium sancti Joannis apostoli, honesto satis opere. Hieronymus presbyter obiit duodecimo Honorii anno, pridie Kalend. Octobris, anno ætatis suæ nonagesimo. Macarius ille Ægyptius monachus signis et virtutibus claruit. Severus presbyter, cognomento Sulpitius, Aquitanicæ provinciæ, vir genere et litteris nobilis, et paupertatis amore conspicuus, charus etiam sanctorum episcoporum Martini Turonensis et Paulini Nolani, moritur. Hic in senectute sua a Pelagianis deceptus, et agnoscens loquacitatis culpam, silentium usque ad mortem tenuit, ut peccatum quod loquendo contraxerat tacendo penitus emendaret. Severianus Gabalensis episcopus in divinis Scripturis eruditus, et declamator admirabilis fuit. Unde frequenter ab episcopo Joanne et imperatore Arcadio, ad faciendum sermonem Constantinopolim evocabatur. Hic juniorem Theodosium ex sacro fonte suscepit, cujus et tempore moritur.

[425] Theodosius minor Arcadii filius, anni quatuor et viginti. Valentinianus junior Constantii filius Ravennæ imperator creatur. Placidia mater ejus, Augusta nuncupatur. Per idem tempus Nestorius Constantinopolitanus episcopus suæ perfidiæ moliter hæresim, adversus quem Ephesina synodus prima congregata, ejus impium dogma condemnat. Hujus etiam tempore diabolus in specie Moysi Judæis in Creta apparens, dum eos per mare pede sicco ad terram repromissionis promittit perducere, plurimis necatis, reliqui qui salvati sunt confestim ad Christi gratiam convertuntur. Effera gens Wandalorum, Alanorum atque Gothorum, ab Hispania ad Africam transiens, omnia ferro, flamma, rapinis simul et Ariana impietate fœdavit (PAUL. DIAC., lib. XIV). Sed beatus Augustinus Hipponensis episcopus, et omnium Ecclesiarum doctor eximius, ne civitatis suæ videret ruinam, tertio mense obsidionis suæ migravit ad Dominum, quinto Kalendarum Septembris, anno ætatis suæ septuagesimo sexto. Mansit autem in clericatu vel episcopatu annis quadraginta. Quo tempore Wandali capta Carthagine, Siciliam quoque deleverunt. Cujus captivitatis Paschasinus Lilybitanus antistes, in epistola quam de ratione Paschali Papæ Leoni scripsit, meminit.

Francis Chlodoveus adhuc paganus regnat. Cujus temporibus Gondoveus rex Burgundiorum, qui ex genere fertur Alarici, exstitit. Huic fuerunt quatuor filii, Gundobaldus, Godegisilus, Chilpericus et Gothmarus. Gundobaldus Chilpericum fratrem suum interfecit, uxoremque ejus, ligato saxo ad collum, in flumen demersit, filiasque ejus, unam quæ Chrona dicta est, exsilio relegavit; alteram vero Chlotildem secum retinuit, quam postea uxorem rex Chlodoveus accepit; cujusque industria, orationibus ac monitionibus, Deo inspirante, idem Christianus cum populo suo factus est. Scotis in Christum credentibus, ordinatus a Papa Cælestino Palladius primus episcopus mittitur. Anno octavo Theodosii imperatoris, recedente a Britannia Romano exercitu, Scoti et Picti redeunt, et totam ab Aquilone insulam vacuam prope indigenis, murotenus capessunt. Nec mora, cæsis captis, fugatisque custodibus, muroque ipso interrupto, etiam intra vallum crudelis prædo grassatur. Mittitur epistola lacrymis ærumnisque referta ad Romanæ potestatis principem, petens auxilium, sed non impetrat. Interea fames dira profugos infestat; quidam coacti, hostibus manus dedere; alii de montium speluncis ac saltibus strenue repugnare, strageque de hostibus dare. Scoti domum versi ac Picti, extremam insulæ partem ibi habitaturi detinent. Famem præfatam magna frugum abundantia opulentia, luxuria, et negligentia; negligentiamque lues acerrima, et mox acrior hostium novorum, id est Anglorum plaga secuta est. Quos illi unanimi consilio cum rege suo Vintigerno, quasi defensore patriæ ad se imitandos elegerunt. Sed hos mox expugnatores senserunt. Xistus Romæ basilicam sanctæ Mariæ matris Domini, quæ ab antiquo Liberi patris delubrum fuerat, miro opere refecit Eudoxia, uxor Theodosii principis ab Hierosolymis remeavit secum beatissimi Stephani protomartyris reliquias deferens, quæ in basilica sancti Laurentii positæ pie a fidelibus venerantur. Bledla et Attila fratres, multarumque gentium reges, Illyricum Thraciamque depopulati sunt. Maximus Taurinensis episcopus, vir in Scripturis divinis satis intentus, clarus habetur. Petronius Bononiensis episcopus Italiæ, vir sanctitate vitæ et monachorum studiis ab adolescentia exercitatus, cujus pater Petronius præfectus prætorii, vir sæcularibus litteris eruditus, moritur. Julianus episcopus et Cælestinus sectatores Pelagii agnoscuntur. Leporius quoque presbyter adhuc laicus, Pelagianum dogma sequitur præsumens, de veritate vitæ suæ, quam arbitrio tantum et conatu proprio, non Dei se adjutorio obtinuisse credebat. Sed per beatum Augustinum ab eo emundatus, ad catholicam Ecclesiam rediens, satisfactionis suæ librum vera fide composuit. Victor, rhetor Massilensis, qui libros in Genesin ad filii sui Etherii personam commentatur, in divinis Scripturis non plene exercitatus moritur. Cassianus quoque, Scytha natione, Constantinopoli a Joanne diaconus ordinatus, apud Massiliam urbem presbyter moritur, qui inter alia Institutionum librum scripsit; opera illius a catholicis cautissime legenda, maxime de libero arbitrio et gratia; sed et Encratitarum hæresi incautius favit. Errores illius Cassiodorus Ravenatium senator purgare volens, non ad plenum ex omni parte potuit. Vincentius quoque natione Gallus apud Lirinensem insulam presbyter, satis in divinis Scripturis eruditus moritur.

Marcianus et Valentinianus annos sex. Quorum initio industria beatissimi Leonis Papæ Chalcedonense concilium celebratur, ubi Eutyches cum Dioscoro Alexandrino episcopo condemnatur. Horum etiam sexto imperatorum anno Theodericus rex Gothorum, ingenti exercitu Hispaniam ingreditur. Gens Anglorum sive Saxonum, Britanniam tribus longis navibus advehitur, quibus dum iter prosperatum domi fama referret, exercitus fortior est missus, qui hostes quidem abegit; sed in socios arma vertens totam prope insulam ab orientali usque ad occidentalem plagam igni ferroque subegit, conficta occasione, quod Britones minus stipendia dederint. Egidio patricio in Galliis Franci Agrippam super Rhenum ceperunt, eamque Coloniam, quod ibi coloni inhabitarint appellaverunt. Egidio Syagrius filius successit, qui post mortem Childerici regis Francorum cum Chlodoveo apud Suessionem pugnam committens, vincente Chlodoveo, ad Gothorum regem se contulit. Sed mox a Chlodoveo repetitus, illicoque redditus, occisus est. Sic Romanorum vires intra Gallias ceciderunt. In cujus loco postea Aetius patricius constitutus est; qui maxima prælia cum Wandalis aliisque nationibus gessit. Chlodoveus rex Francorum institutus et Chlotildis neptis Gondobaldi regis Burgundiorum per Aurelianum sponsatur, regique Chlodoveo postmodum per eumdem ipsum Aurelianum adducta conjungitur. Chlodoveus rex post victoriam Alamannorum quindecimo anno regni sui, credens baptizatur. Inde Burgundiam sibi subegit, et Gundobaldum atque Gundesilum fratrem ejus ad tributa coegit. Hoc tempore beatissimus Mamertus Viennensis episcopus, cladem imminentem lacrymis et precibus suis a Viennensium urbe removit. Siquidem incendia crebra terræmotus assidui, nocturni sonitus quidam totius urbis funeri prodigiosum quiddam ac ferale minitantes, populosis hominum conventibus, domestica silvestrium ferarum species observabatur: lupi, ursi, ac cervi naturaliter pavidi, per angusta portarum usque ad fori lata penetrabant. Quid multis? imminente solemnitate vigiliarum qua celebrari festum dominicæ Resurrectionis annua consuetudo poscebat, ædes publica quam præcelso civitatis Viennensium vertici sublimitas in immensum fastigiata sustulerat, flammis terribilibus conflagrare crepusculo cœpit; interpellatur nuntiis discriminis jucunditas sublimitatis, pleno timoribus populo Ecclesia vacuatur. Omnes namque similem facultatibus vel domibus propriis casum de quadam præimminentis incendii arce metuebant. Perstitit tamen coram festivis altaribus invictus antistes, sanctus Mamertus, et calorem fidei suæ accendens, flumine lacrymarum permissam ignibus potestatem incendio abscedente compescuit. Desperatione deposita reditur ad Ecclesiam, in eaque vigiliarum nocte sancti Paschæ, concepit animo Rogationes, atque ibi cum Deo tacitus definivit quidquid hodie psalmis ac precibus mundus inclamat. Joannes Baptista caput suum duobus monachis orientalibus, qui ob orationem venerant Hierosolymam, juxta Herodis quondam habitaculum revelavit; quod deinceps Emessam Phœniciæ urbem perlatum et digno honore cultum est. Hæresis Pelagiana Britannorum turbat fidem; qui a Gallicanis episcopis auxilia quærentes, Germanum Altisiodorensis Ecclesiæ episcopum, et Lupum Tricassinum æque apostolica gratia antistites, fidei defensores accipiunt. Confirmant antistites fidem verbo veritatis simul et miraculorum signis.

Secundo quoque idem beatus Germanus cum sancto Severo episcopo ad integritatem fidei tuendam Britannias, precibus Gallicanorum episcoporum permotus, proficiscitur, et divina gratia comitante, renovatores erroris penitus confundunt. Sed et bellum Saxonum Pictorumque adversus Britones junctis viribus susceptum, sancti antistites virtute divina retundunt, cum Germanus ipse dux belli factus, non clangore tubæ, sed clamore Alleluia, totius exercitus voce ad sidera levato, hostem immanem in fugam vertit. Qui deinceps Ravennam perveniens, et summa reverentia Valentiniano et Placidia susceptus, migravit ad Christum. Corpus ejus honorifico agmine commitantibus virtutum operibus Altisiodorum deferunt. Eo tempore Severus presbyter, natione Indus, vir miraculis clarissimus, destructo idolorum templo, ubi error gentilis centum deos cultura insanissima adorabat, ecclesiam beatissimi Stephani protomartyris, ut consecraretur, pro foribus Viennæ parabat. Sed cum diu reditum beatissimi Germani sustineret, quia idem pergens ad dedicationem domus se dixerat venturum, contigit ut die ejusdem dedicationis, antequam officia inchoarentur, beatissimum corpus episcopi Germani per Viennam deportatum, in eamdem Ecclesiam ipsam novam repausandi gratia perveheretur; sicque viri Dei promissum impletur. Isicius tunc temporis Viennensem regebat Ecclesiam, sextus a beato Paschasio, cujus diebus præfatus Severus gloriosus presbyter ab India Viennam venit. Qui episcopus floruit usque ad tempora Zenonis imperatoris. Aetius patricius magna occidentalis reipublicæ salus, et regis quondam Attilæ terror, a Valentiniano occiditur, cum quo Hesperium pene cecidit regnum. Eucherius Lugdunensis episcopus, satis in divinis Scripturis eruditus, moritur. Illic etiam inter alia opera, Cassiani quædam opuscula lato tensa eloquio, angusto tramite in unum coegit volumen. Philippus presbyter auditor beati Hieronymi, qui in Job simplici sermone edidit libros, moritur.

Leo major cum Leone minore, regnant annis sexdecim. Alexandria et Ægyptus errore Dioscori hæretici languens immundo impleta spiritu, caninam rabiem latrat. Per idem tempus apparuit hæresis Acephalorum Chalcedonense concilium impugnantium. Ideo Acephali, id est sine capite nominantur, quia quis prius eam hæresim introduxerit, non invenitur. Cujus hæresis peste plurimi orientalium languent. Leo imperator, pro tomo Chalcedonensis, per universum pene orbem singulis orthodoxorum episcopis singulas consonantes misit epistolas, quid de eodem tomo sentirent rescribi sibi postulans; quorum adeo consonantia de vera Christi incarnatione suscepit, omnium rescripta, ac si uno tempore unoque dictante fuissent universa conscripta.

Theodorus Episcopus civitatis, quæ a Cyro rege Persarum condita Cyriæ nomen habet, scribit de vera incarnatione Domini Salvatoris adversus Eutychem et Dioscorum Alexandriæ episcopum, qui humanam in Christo carnem negant. Scripsit et Ecclesiasticam historiam a fine librorum Eusebii usque ad suum tempus, id est, usque ad imperium hujus Leonis sub quo et mortuus est. Victorius, jubente papa Hilario, scripsit Paschalem circulum sexcentorum triginta duorum annorum. Chlodoveus rex Francorum, milliario decimo ab urbe Pictavis cum Alarico rege Gothorum pugnam iniit, ibique victor Alaricum occidit. Amalaricus filius Alarici, evadens in Hispanias, aufugit; Chlodoveus Burgundiorum rex Tolosam, Sanctonas, et reliquas civitates omnemque terram Aquitanicam subjugavit, Gothos Arianos inde expellens; Francos ibi catholicos habitare constituens. Salvianus presbyter apud Messiliam humana et divina litteratura instructus, inter alia quæ scripsit, ad Claudianum presbyterum Viennensem, librum unum expositionis extremæ partis in Ecclesiasten. Hilarius Arelatensis Ecclesiæ episcopus, vir in sanctis Scripturis doctus, paupertatis amator, et erga inopum provisionem non solum mentis pietate, sed et corporis sui labore sollicitus, emicuit. Leo, urbis Romæ beatissimus episcopus, in doctrina fidei clarus habetur. Claudianus quoque Viennensis Ecclesiæ presbyter, vir ad loquendum artifex, et ad disputandum subtilis, floruit. Sed et Prosper Aquitanicæ regionis, notarius beati Leonis, a quo dictatæ creduntur esse epistolæ adversus Eutychem de vera incarnatione Chisti, et libero arbitrio male sentientem.

[475] Zenon imperator, annis septemdecim. Iste Leonem filium suum interficere quærens, pro eo mater ejus alium similem figura obtulit, ipsumque Leonem occulte clericum fecit; quique et in clericatu usque Justiniani tempora vixit. Per idem tempus corpus Barnabæ apostoli, et Evangelium Matthæi ejus stylo scriptum ipso revelante reperitur. Odoacer rex Gothorum Romam obtinuit; quam ex eo tempore diutius eorum reges tenuere. Mortuo Theodorico Triarii filio, alius Theodoricus, cognomento Valamer, Gothorum suscepit regnum, qui utramque Macedoniam Thessaliamque depopulatus est. Plurima regiæ civitatis loca igne succendens, Italiam quoque infestus occupavit. Honoricus rex Wandalorum Arianus, in Africa exsulatis diffugatisque plusquam trecentis triginta quatuor episcopis catho-

licis Ecclesias eorum clausit. Plebem variis affecit suppliciis, innumeram multitudinem catholicam pro fide veritatis peremit, innumeris manus abscindens, et ut catholicæ confessionis loquelam auferret, linguas quoque præscindens, pene totam Africam in catholica veritate plene fundatam, unum quodammodo martyrem fecit.

Britones, duce Ambrosio Aureliano, viro modesto, qui solus forte Romanæ gentis Saxonum cædi superfuerat, victricem Saxonum gentem provocantes ad prælium, vincunt : et ex eo tempore nunc hi, nunc illi palmam habuere donec Saxones adveniæ potentiores tota insula per longum potirentur. Chlodoveus rex cum Ragnacario propinquo suo pugnam iniit. Comprehensus Ragnacarius, simul et frater ejus a tergo vinctis manibus regi præsentati sunt. Chlodoveus rex Ragnacario dicens : Cur humiliasti gentem nostram ut vinciri te permitteres ? Bipennem in caput ejus defixit ; sicque mortuus est. Fratri quoque ejus ita dixit : Si tu fratri tuo adjutorium præbuisses, vinctus atque ligatus non fuisset ; sicque bipennem in caput ejus librans, occidit illum. Traditores eorum cognoscentes aurum quod pro fratribus acceperant vitiatum, regi Chlodoveo retulerunt. Quibus ipse respondit : Merito hujusmodi aurum corruptum accipit, qui dominum suum in mortem tradidit : sufficiat vobis quod vivitis. Illi hæc audientes, præ innumera pecunia vitam pretiosius duxerunt.

Timotheus, exstincto ab Alexandrinis Protherio, aut voluit aut passus est ab uno episcopo in locum occisi episcopi se ordinari : et ne contra legem factus merito objiceretur, ad gratiam plebis quæ Protherium exosum habuerat conciliandam, omnes quibus ille communicaverat, Nestorianos pronuntiat. Chalcedonensem synodum repudians, confutatus ab omnibus, hæresiarches in exsilium truditur : ibique sub Zenone moritur.

[492] **Anastasius**, annis viginti octo. Transemundus, Wandalorum rex, catholicas ecclesias clausit, et ducentos viginti episcopos in Sardiniam exsilio relegavit. Fulgentius, Ruspensis Ecclesiæ episcopus, scientia et doctrina claruit.

Avitus quoque Viennensis episcopus eloquentia et sanctitate præcipuus, cujus frater Apollinaris Valentiæ episcopus, miraculis insignis, Isicii senatoris primum viri, postea Viennensis episcopi, duo lumina, clarissimi filii. Hic beatus Avitus adversus hæresin Arianam, quæ tunc non solum Africam, sed et Galliam Italiamque magna ex parte occupaverat, magno sudore decertavit, quod clarissima ejus opera testantur. Scribit enim dialogum, hæresin illam oppugnans fidelissimo et doctissimo immortalique ingenio ad Gundebaldum Burgundionum regem, filium Gundovei. Item alios libellos duos contra Nestorium et Eutichem auctores erroris, luculentissimo et castigato satis sermone. Fuerunt et alia illius plura eximia opera in Christi Ecclesia probatissima. Hic Sigismundum regem in fide pietatis erudivit : qui agente illo postmodum monasterium sanctorum martyrum Agaunensium Mauritii sociorumque ejus construxit. Quem postmodum captum ; et a Francis occisum vehementissime doluit. Quantus autem in Ecclesia Christi vixerit, quisquis scire ad plenum vult, post ejus innumera in divinis laboribus opera, epitaphium ipsius legat ; ibi quantus fuerit, videre poterit : ubi inter alia sic metrice lusum est veritate pura subnixum :

Unus in arce fuit, cui quilibet ordine fandi,
Orator nullus similis, nullusque poeta :
Clamant quod sparsi per crebra volumina libri.
Qui vixit, vivit, perque omnia sæcula vivet.

Symmachus papa inter multa Ecclesiarum opera, quæ vel a fundamentis creavit, vel prisca renovavit, ad beatum Petrum, ad beatum Paulum, et beatum Laurentium pauperibus habitacula construxit : et omni anno per Africam et Sardiniam episcopis qui in exsilio erant pecunias et vestes ministravit. Anastasius imperator, quia hæresi favens, catholicos insectatus est, divino fulmine periit.

Hic Anastasius codicillos Chlodoveo regi pro consulatu misit. Ab ea die et consul et augustus est appellatus, sedemque regni Parisiis constituit. Regnavit a Francis triginta annos. Fuerunt autem a transitu sancti Martini, usque ad transitum Chlodovei regis annis centum duodecim. A transitu sancti Martini Viennensis tertii episcopi (nam primus Crescens, sequens Zacharias martyr) usque ad transitum Martini Turonorum episcopi ducenti nonaginta anni, et usque ad transitum sancti Mamerti Viennensis Ecclesiæ episcopi, colliguntur anni trecenti viginti octo. Mortuo Chlodoveo, Chlotildis regina cum quatuor filiis Chlodovei, regnum Francorum tenuit, Theodorico, Chlodomiro, Childeberto et Chlotario. Dani cum multis navibus Cochilaico duce in Gallias transitum faciunt. Cum quibus Theutbertus Theoderici filius pugnavit, eosque cum rege illorum prostravit. Chlodomirus et Childebertus atque Chlotharius fratres contra Sigismundum et Gothmarum exercitum movent. Cumque in aciem simul venissent, fugientibus Burgundionibus, Sigismundus cum ad sanctorum martyrum Agaunensium monasterium fugeret, comprehensus a Chlodomiro cum uxore et filiis suis necatur : et in puteum projectus occultatur. Sed per revelationem postea inde ab abbate sanctorum martyrum levatus non longe ab ecclesia eorum in monasterio quod ipse construxit, ubi eorum corpora, scilicet Mauritii, sociorumque ejus sex millium sexcentorum sexaginta sex posita sunt honorifice sepultus est : ubi virtutibus postmodum et ipse claruit. Tunc temporis et Avitus presbyter insignis apud Aurelianos habetur. Chlodomirus in provincia Viennensi, in loco qui dicitur Veseroncia, cum Burgundionibus decertans, interfectus est. Franci indigne ferentes, Gothmarum persecuti interimunt. (Diacon., lib. xv ; Sigism., ann. 503). Per idem tempus apud Carthaginem Olympus quidam Arianus in balneis sanctam Trinitatem blasphemans, ignis jaculo visibiliter est combustus. Barbas quoque quidam Arianus episcopus, dum quemdam contra regulam fidei baptizans dixisset : Baptizat te Barbas, in nomine Patris per Filium in Spiritu sancto, statim aqua quæ fuerat ad baptizandum deportata, nusquam comparuit. Quod aspiciens qui baptizandus erat confestim ad catholicam ecclesiam abiit, et juxta morem fidei baptismum Christi accepit. (NICEPH., l. XVI, c. 35.) Faustus ex abbate Lirinensis monasterii apud Regium Galliæ episcopus factus, Pelagianum dogma destruere conatus, in errorem labitur : unde qui ejus sensus in hac parte catholicos prædicant, sicuti Gennadius de illustribus viris scribens, omnino errant. Ita enim liberum arbitrium tam Augustinus quam cæteri catholici in Ecclesia Dei docent, ut illuminatio, virtus et salus illi a Christo, et per Christum, et cum Christo sit ; Faustus vero iste ita liberum christianum arbitrium docere conatur, ut illuminatio ejus, virtus et salus, non a Christo, sed natura sit.

Contra hunc scribit lucidissima fide beatissimus Avitus Viennensis episcopus, ejus redarguens errorem. Similiter et Joannes vir eruditus Antiochenus presbyter.

[519] Justinus imperator annis octo. Joannes Romanæ Ecclesiæ pontifex, Constantinopolim veniens ad portam quæ vocatur Aurea, populorum turbis ei occurrentibus, in conspectu omnium, roganti cæco lumen reddidit. Qui cum rediens Ravennam venisset, Theodericus eum cum comitibus cæteris carceris afflictione peremit, invidia ductus, quia catholicæ pietatis defensor Justinus eum honorifice suscepisset. Quo tempore Symmachum atque Boetium consulares viros, pro catholica pietate idem Theodericus occidit : quique anno sequente subita morte periit, succedente in regno Atalarico nepote ejus. Post Transemundum Childericus ex Valentiniani imperatoris captiva filia genitus, in Wandalis regnum suscepit. Qui sacramento a Transemundo obstrictus, ne catholicis in regno suo consuleret antequam regnum susciperet, episcopos ab exsilio reverti jussit, eisque Ecclesias reformare præcepit, post annos septuaginta quatuor hæreticæ profanationis. Julianus Viennensis Ecclesiæ episcopus floruit. Theodericus, Childebertus, et Chlotarius reges contra Hermenefridum regem Thoringiorum exercitum commovent, et victores Hermenefridum fugant. Quem postea Theodericus sub fide receptum, de muro urbis cum simul loquerentur, præcipitat, infantesque ejus interficit. Childebertus quoque pro sorore sua Amalrici regis uxore, in Hispania pugnam iniit. Ibique Amalricus interfectus ac thesauri illius direpti, Toletum urbs vastata. Childebertus cum sorore sua reversus est, quæ tamen in itinere obiit. Childebertus vero inter reliquum thesaurum, calices pretiosissimos sexaginta detulit, quindecim patenas miro opere cælatas, viginti capsas Evangeliorum ex auro purissimo cum gemmis : quæ cuncta ecclesiis divisit. Childebertus et Chlotharius filios Chlodomiri nepotes suos, quos nutriebat Chlotildis, ne regnarent loco patris, interficiunt : unus ex his Chlodoaldus effugit. Hic postea, relicto regno terreno, clericus factus, presbyter deinde ordinatus, bonis operibus præditus, plenus virtutibus migravit ad Dominum, sepultus Noviome in suburbio Parisiacæ civitatis. Eugenius Carthaginensis Africæ civitatis episcopus, confessor publicus habetur.

[527] Justinianus imperator regnavit annos triginta novem. Hic Justini ex sorore nepos. Benedictus abbas, virtutum gloria claruit. Vitam ejus B. Gregorius papa in dialogorum libris scripsit. Belisarius patricius mirabiliter de Persis triumphavit. Qui deinde a Justiniano in Africam missus, Wandalorum gentem delevit. Carthago quoque post annos nonaginta quatuor vastationis suæ, recepta est, pulsis devictisque Wandalis, et rege eorum Gelismero capto, atque Constantinopolim misso. Viennensis episcopus Dominus floruit. Hic tam in divinis quam in sæcularibus artibus claruit, amator pauperum, redemptor captivorum, vitaque probatissimus. Per idem tempus corpus S. Antonii monachi, divina revelatione repertum, Alexandriam perducitur, et in ecclesia sancti Joannis Baptistæ humatur. Dionysius paschales scribit circulos, incipiens ab anno Dominicæ Incarnationis ducentesimo trigesimo secundo, qui est annus Diocletiani, ducentesimus quadragesimus octavus post consulatum Lampadii et Orestis : quo anno codex Justinianus orbi promulgatus est. Victor quoque Capuanus episcopus librum de Pascha scribens, Victorii arguit errores. Theodoricus Francorum rex moritur, cui succedit Theutbertus filius ejus. Childebertus et Chlotarius reges Francorum Hispaniam vastant. Cæsar-Augustam circumdantes obsident. Sed cives tunicam B. Vincentii martyris circumferentes misericordiam Domini rogabant, qua de re flexi reges, Childericus et Chlotarius, pace composita, in munere stolam beatissimi Vincentii martyris a Cæsar-Augustanis acceperunt. Parisios reversus Childebertus, ecclesia in veneratione B. Vincentii martyris ibi constructa, eamdem ipsam stolam in eadem ipsa ecclesia reposuit. Theutbertus Italiam ingreditur, Longobardos, superat, atque tributarios sibi subigit. Reversus decimo quarto regni sui anno moritur. Sed et Chlothildis plena bonis operibus, apud urbem Turonum migravit ad Dominum : corpus ejus a filiis sublatum, Parisiis juxta virum suum Chlodoveum in ecclesia sanctæ Genofevæ sepultum est. Chlotarius rex filium suum Chramnum contra se rebellantem, et publica pugna resistentem, cum prius idem Chramnus captus et ligatus fuisset, cum uxore et filiis jussit igne cremari. Hoc tempore beatus Medardus episcopus, plenus virtutibus, migravit ad Dominum. Quem Chlotarius rex Suessionis civitate gloriose sepelivit, multas facultates et munera se ad sepulturam illius

tradens. Ipse autem rex non multo post defunctus, in eadem ipsa ecclesia beati Medardi a filiis suis sepelitur. Regnavit autem quinquaginta et unum annum.

[565] Justinus minor, annis undecim. Narcissus patricius Totilam Gothorum regem in Italia superavit, et occidit. Hic deinde minis territus Sophiæ Augustæ Justini uxoris Longobardos a Pannoniis invitavit, eosque in Italiam introduxit. Joannes, Ecclesiæ Romanæ pontifex, ecclesiam apostolorum Philippi et Jacobi perfecit, et dedicavit. Pantagathus Viennensis Ecclesiæ episcopus floruit. Hic consularibus fascibus primum sublimis, sed Christi humilitate primus, postmodum quinque annis episcopalem sedem fidelissime rexit: sub consulatu Paulini junioris et Basilii vita functus est. Cui successit in episcopatu Isicius, qui et ipse sub Justiniano floruit. Quatuor fratres filii Chlotarii regnum inter se dividunt. Charibertus accepit regnum Childeberti, sedemque constituit Parisiis: Gunthchramnus regnum Clodomiri, constituitque sedem Aurelianis: Chilpericus, regnum Chlotarii patris sui, Suessionisque civitate sedem sibi statuit: Sygibertus accepit regnum Theodorici, sedemque sibi constituit Rhemis. Octavo regni ejus anno in Gallias Hunni cum Sygiberto prælia committunt. Victi amicitias petunt: sicque in terram suam refugiunt. Sygibertus et Chilpericus fratres inter se decertant, et primum Chilpericus civitatem Rhemensem pervasit. Sygibertus iterum Suessiones occupat, capto Theutberto Chilperici filio. Sed postmodum sacramentis inter se datis, aliquot annis in quadam pace manserunt. Charibertus rex moritur, atque in basilica sancti Romani Blavio castello sepelitur. Sygibertus rex Brunichildem Athanaildi regis filiam uxorem accepit, eamque sub Arianis baptizatam in nomine individuæ Trinitatis rebaptizari præcepit. Ejus sororem Chilpericus rex ad patrem in Hispaniam mittens, Chilsuintam expetiit: et cum alias uxores haberet, ipsam superduxit: quam tamen postea consilio usus Fredegundis, per noctem in lecto suo strangulavit.

Jam tunc Chilpericus tres filios habebat de Audovera uxore sua, Theutbertum, et Meroveum, et Chlodoveum. Absente Chilperico Fredegundis Audoveram reginam tali fraude decepit, ut filiam quam ex Chilperico habebat Audovera ex sacro fonte, ipsa per se non per aliam susciperet: quod et ipsa seducta quidem fecit, ac idcirco postmodum a marito suo Chilperico dimissa, sicque Fredegundis in connubium transiit. Audovera velo velata villas et prædia tantum ad sustentationem sui accepit. Episcopus qui filiam baptizavit, et matri eam tenere non prohibuit, exsilio damnatus est. Leobigildus rex Gothorum quasdam Hispaniæ regiones sibi rebelles in potestatem sui regni superando redegit. Hoc tempore Namatus Viennensis Ecclesiæ episcopus floruit, nobilis stemmate, sed nobilior vita, et eloquio. Franci qui sub ditione Chilperici erant ad Sygibertum transeunt: sicque Sygibertus Tornacum, ubi Chilpericus residebat, obsedit. Eo tempore sanctus Germanus Parisiorum episcopus Sygiberto regi mandavit, ut contra fratrem suum nullo modo abiret, neque de interfectione illius cogitaret, quod ille audire contempsit. Sed Francis consentiens, more gentis impositus clypeo, rex constitutus est, ac regnum fratris sui Chilperici adeptus qui non longe fraude Fredegundis a duobus juvenibus interfectus est. Namque illi simulantes secretius aliquid ei suggerere, latus illius perfodiunt, qui a Chilperico fratre, in Lambriaco vico sepultus est. Inde translatus in basilicam sancti Medardi, juxta patrem suum Chlotarium positus est. Regnavit autem tredecim annis. Meroveus filius Chilperici, Brunichildem uxorem avunculi sui in conjugium accepit. Pro qua re captus a parte et tonsuratus, ac presbyter ordinatus, in pago Cinnomannico in monasterium missus est. Childebertus junior Brunichildis filius: rex in Austria constitutus: qui Italiam ingressus, eam devastavit, et tributariam fecit. Gunthchramnus rex bonæ satis memoriæ mortuus est, atque in Basilica sancti Marcelli martyris Cabillone sepultus: regnavit autem triginta et uno annis. Leubigildus rex filiam Chilperici et Fredegundis, nomine Rinchildem, duxit uxorem. Fredegundis cum Landerico majore domus adulterans, Chilpericum regem a venatione revertentem dolo per gladiatores interficere fecit: et quasi nescia mali cum exercitu Parisios deportatum in Ecclesia B. Vincentii martyris sepelivit: sic ipsa cum Landerico et Chlotario parvo filio in regno resedit. Contra quam Childebertus rex Austrasiorum, qui Gunthchramno patrueli in regno Burgundiæ successerat, bellum commovit. Sed Fredegundis suis consilium dedit ut nocte cum lampadibus obviam irent, præcedentes ramos in manibus ferrent, appensis tintinnabulis ad colla equorum, ne a vigiliarum custodibus sciri possent. Nam tunc temporis tinnitos equos Austrasii ad pastum emittebant. Illi sic cuncta facientes, Austrasios et Burgundiones tali fraude seduxerunt, dum vigiliæ putant juxta silvam equos suos pascere, et tintinnabula equorum suorum resonare. Cæsus itaque Childeberti exercitus, reliqui eum ducibus in fugam versi sunt. Fredegundis post aliquantum temporis, mortua, in ecclesia beati Vincentii Parisiis sepulta est. Theodebertus et Theodoricus, filii Childeberti, cum avia sua Brunichilde in regnum gloriosi regis Gunthchramni in Burgundiam directi: Theodericus cum Chlothario patruele suo pugnam iniit, eumque cum exercitu suo fugavit: inde Theodericus consilio matris suæ Brunichildis, cum Theodeberto fratre pugnam miscuit. Frater ejus Coloniam ingressus, doloque ibi occisus est, caputque illius Theodorico fratri, ut ipse jusserat, delatum filii Theodeberti ab ipso interfecti. Filiam ejus in conjugium sumere volens, a matre prohibitus est. Cuique postmodum Brunichildis mater, timens ne eam perimeret, venenum porrexit, talique morte obiit; regnans quadraginta annis : filios ejus Brunichildis occidit. Namatus episcopus Viennensis septuagesimo anno vitæ suæ defungitur. Justinus imperator amens factus, diem obiit : Tiberiusque pro eo imperium suscepit. Burgundiones et Austrasii cum reliquis Francis pace facta Chlotharium in tribus totis regnis super se regem levaverunt.

[575] Tiberius Constantinus imperator annis septem. Gregorius adhuc apocrisiarius Romanæ Ecclesiæ in Constantinopoli libros Expositionis in Job condidit, atque Eutychium ejusdem urbis episcopum in fide nostræ resurrectionis errasse, Tiberio præsente, ita convicit, ut imperator librum ipsius, quem de resurrectione scripserat, flammis cremari debere liberaret. Docebat enim idem Eutychius corpus nostrum in resurrectione impalpabile, ventis ac requie futurum subtilius. Gens Longobardorum comitante fame et mortalitate, omnem invadit Italiam, ipsamque Romanam urbem obsedit : quibus tempore illo rex præerat Alboinus. Gothi quoque sub Hermenigildo Lewigildi regis filio, bifarie divisi, mutua cæde se vastant. Philippus Viennensis episcopus clarus floruit. Cujus tempore monasterium sancti Andreæ subterioris Viennæ conditum a Remilla Eugenia Ansemundi ducis filia, atque sub testamento matri Ecclesiæ traditum. Nam aliud monasterium superius S. Andreæ, in colle civitatis situm jam erat. Fundaverat enim ipsum beatissimus Leonianus temporibus sancti Aviti ejusdem urbis episcopi, ubi eadem ipsa Remilia sub regulari disciplina nutrita fuerat. Post Philippum Evantius vir sanctus, episcopus Viennæ levatus est. Hic cum sancto Prisco et Artemio Senonico, et Remigio Biturigensi, et cum aliis sanctis episcopis, viginti capitula ecclesiastica perfecte roboravit. Quibus consedit quoque Syagrius Eduennensis episcopus, vir summæ sanctitatis. Suevi a Lewigildo rege obtenti Gothis subjiciuntur.

[583] Mauricius imperator, annis viginti et uno. Ermenigildus Lewigildi Gothorum regis filius, ob fidei catholicæ confessionem inexpugnabilem, a patre Ariano regni privatus infulis, insuper in carcerem projectus, ad extremum nocte sancta Dominicæ resurrectionis, securi in capite percussus, regnum cœleste pro terreno rex et martyr intravit. Cujus frater Richaredus mox ut regnum post patrem accepit, omnem gentem Gothorum, cui præerat instante Leandro Hispalitano episcopo, qui et Ermenigildum docuerat, ad catholicam fidem convertit. Anari adversus Romanos dimicantes auro magis quam ferro pelluntur. Viennensis episcopus Verus claruit. Hujus tempore Desiderius Augustodunensis genere, in ordine diaconi Ecclesiæ Viennensi serviebat. Gregorius Romanæ Ecclesiæ præsul et doctor eximius claruit. Post Verum episcopum sanctus Desiderius succedit. Hic beatissimus Brunichildem reginam ex impietatibus suis arguens a comitibus ejus ipsa jubente in territorio Lugdunensi super fluvium Calaronam perimitur, martyrque gloriosus cœleste regnum ingreditur. Gregorius pontifex synodum episcoporum viginti quatuor, ad corpus B. Petri apostoli congregans, quæ necessaria sunt Ecclesiæ decernit. Idem missis in Britanniam Augustino, Mellito, et Joanne, cum aliis pluribus timentibus Deum, ad Christum Anglos convertit. Siquidem Edilbertus rex Cantuariorum, cum gente cui præerat, ad Christum convertitur, sedesque tam Augustino doctori suo, quam aliis episcopis largitur. Brunichildis regina pro multis sceleribus suis in præsentia Chlotharii regis judicantibus Francis, indomitis equis, religata brachiis et cruribus divaricatis, membratim discinditur, ac igni ossa illius cremata.

Phocas regnavit annis octo. Gregorius Anglorum genti metropolitanos statuit, deditque Lindonæ atque Eboraciæ episcopis pallium : secundo anno imperii Phocæ, indictione octava, migravit ad Dominum. Phocas, rogante papa Bonifacio, statuit sedem Romanam caput esse omnium Ecclesiarum, quia Constantinopolitana Ecclesia prima se omnium scribebat. Domnolus Viennensis episcopus tunc florebat, vir strenuus, et in redimendis captivis piissimus. Phocas rogante alio Bonifacio Romano pontifice, in veteri fano quod Pantheon vocabatur, ablatis idololatriæ sordibus ecclesiam Beatæ semper Virginis Mariæ et omnium martyrum dedicari jussit, ut ubi quondam non deorum, sed dæmoniorum cultus agebatur, ibi deinceps omnium fieret memoria sanctorum. Patasini et Veneti per Orientem et Ægyptum civile bellum faciunt, ac sese mutua cæde prosternunt. Persæ adversus rempublicam gravissima bella gerentes, multas Romanorum provincias, et ipsam Hierosolymam capiunt : ac destruentes ecclesias, sancta quoque loca profanantes, etiam vexillum Dominicæ crucis auferunt. Heraclius imperator, annis viginti sex. Anastasius Persa monachus, nobile pro Christo martyrium patitur : qui natus in Perside a patre puer magicas artes didicit; sed ubi a captivis Christianis nomen Christi accepit, in eo mox animo conversus, relicta Perside Chalcedoniam Hierapolimque, Christum quærens, ac deinde Hierosolymam petiit ubi accepit baptismatis gratiam. Quarto ab eadem milliario monasterium abbatis Anastasii introivit, ubi septem annis regulariter vivens, dum Cæsaream Palæstinæ orationis gratia venisset, captus a Persis, et multa diu verbera inter carceres et vincula Marcebana judice perpessus, tandem in Persidem mittitur ad regem eorum Chosroam : a quo tertio per intervalla temporis verberatus, ad extremum una suspensus manu per tres horas, sic decollatus cum aliis septuaginta, martyrium complevit. Mox tunica ejus indutus quidam dæmoniacus, curatus est. Sisebutus Gothorum rex in Hispania plurimas urbes sibi bellando subjecit et Judæos suo regno subditos, præter eos qui fuga lapsi latenter migraverunt ad Francos, ad Christi fidem convertit. Persæ Chalcedoniam usque pervenerunt. Æunni murum longum irrumpentes, et mœnia Constantinopolis accedentes, cum Heraclio imperatore mutuo in muro stante colloquuntur, acceptoque ab eo pretio pacis ad tempus recedunt. Ætherius Viennensis, vir in omnibus eximius, præclarus habetur. Chlotharius rex Saxonum terram vastavit : in tantum ut non ibi relinqueret hominem viventem, longior, ut fertur, quam spatha ipsius erat. Non longo tempore interjecto quadragesimo quarto regni sui anno moritur : successitque ei Dagobertus filius ejus vir strenuus, et in judiciis severus. Habuit autem duos filios, Sygibertum et Chlodoveum quorum unum, Sygibertum in Austriam cum Pipino duce direxit : Chlodoveum juniorem secum retinuit. Gundolandus major domus moritur, cujus loco Herthenoldus a Dagoberto constituitur. Heraclius imperator cum exercitu superveniens Persis victor, Christianos qui ibi erant captivi reduxit, ac vexillum Dominicæ crucis Hierosolymam triumphans reportavit. Reliquiæ quoque beati martyris Anastasii, primo ad monasterium suum, deinde Romam advectæ, venerantur in monasterio beati Pauli apostoli, quod dicitur ad Aquas Salvias. Anno Heraclii imperatoris octavo decimo, indictione quinta, Eduinus excellentissimus rex Anglorum, in Britannia Transumbranæ gentis ad aquilonem, prædicante Paulino episcopo, quem miserat de Cantia venerabilis archiepiscopus Justus, verbum salutis cum sua gente suscepit anno regni sui undecimo ; adventus autem Anglorum in Britanniam plus minus anno centesimo octogesimo. Eique Paulino sedem episcopus Eboraci dedit. Eo tempore apud Scotos in observatione quartæ decimæ lunæ paschalis error maximus exortus est : quorum errorem Honorius papa per epistolam suam redarguit. Sed et Joannes, qui successori ejus Severino in pontificatu successit, cum adhuc electus in pontificatu, pro eodem errore quartæ decimæ lunæ, simul et pro Pelagiana hæresi, quæ apud eos recrudescebat, scripsit.

[639] Heracleonas cum matre sua Martina, annis tribus. Cyrus Alexandriæ episcopus, Sergius et Pyrrhus regiæ urbis episcopi, Acephalorum hæresim instaurantes, unam operationem in Christo divinitatis et humanitatis, unam quoque voluntatem dogmatizabant. E quibus Pyrrhus sub Theodoro papa Romam veniens ex Africa, ficta, ut post apparuit, pœnitentia, obtulit eidem papæ, præsente clero et populo, libellum cum sua subscriptione, in qua damnabantur omnia quæ a prædecessoribus suis scripta vel acta sunt adversus catholicam fidem : unde et benigne susceptus est ab eo quasi regiæ pontifex civitatis : sed quia reversus, eumdem ipsum errorem repetiit, memoratus papa Theodorus, sacerdotum synodo advocata in basilica beati Petri Apostoli condemnavit ipsum Pyrrhum sub vinculo anathematis.

[642] Constantinus filius Heraclii mensibus sex. Pyrrhi successor Paulus, non tantum pestifera doctrina sicut decessor ejus, sed et aperta persecutione catholicos cruciat : apocrisiarios sanctæ Romanæ Ecclesiæ, qui ad ejus correctionem missi fuerant, partim carceribus, partim exsiliis, partim verberibus afficiens : sed et altare eorum in domo Placidiæ sacratum in venerabili oraculo subvertens diripuit, prohibens eos ibi missas agere : unde et ipse sicut prædecessores ipsius, ab Apostolica sede, justa satis dispositione damnatus est. Dagobertus Francis regnat, Sygibertus filius ejus Austrasiis.

[641] Constantinus filius Constantini, imperator annis viginti octo. Hic Constantinus deceptus a Paulo sicut Heraclius avus ejus a Sergio ejusdem civitatis episcopo exposuit typum adversus catholicam fidem nec unam nec duas voluntates, aut operationes in Christo definiens esse confitendas, quasi nihil velle rei operari credendus sit Christus. Unde Martinus papa, congregata Romæ synodo centum et quinque episcoporum, damnavit sub anathemate præfatos Cyrum, Sergium, Pyrrhum, et Paulum hæreticos. Post hæc missus ab imperatore Constantino Theodorus hexarchus, tulit Martinum papam de Ecclesia Constantiniana, perduxitque Constantinopolin, ubi cum pro catholica veritate apostolice ageret, relegatus Chersonam, ibidem vitam finivit, multis in eodem loco virtutum signis usque hodie refulgens. Facta est autem synodus præfata anno nono imperii Constantini, mense Octobri indictione octava. Clarentius vir satis eruditus Viennensis episcopus claruit. Vitellianus papa Romæ ordinatur : sub quo Constantinus imperator beato Petro apostolo misit Evangelia aurea gemmis albis mira magnitudine in circuitu ornata. Ipse post aliquot annos idem per indictionem sextam Romam veniens, obtulit super altare apostolorum pallium auro textile, toto exercitu cum cereis ecclesiam intrante. Sequenti anno facta est eclipsis solis, quinque Nonas Maii quasi decima hora diei. Vitellianus papa Theodorum archiepiscopum et Adrianum abbatem, virum sanctum atque doctissimum, in Britanniam mittit : qui plurimas Ecclesias Anglorum doctrina ecclesiastica fecundarunt. Constantinus imperator post plurimas deprædationes in provinciis factas, occisus in balneo periit, indictione duodecima. Sed non longo post tempore Vitellianus papa obiit.

[669] Constantinus, filius Constantini superioris, annis septemdecim. Saraceni Siciliam invadunt, et, præda nimia secum ablata, mox Alexandriam redeunt. Agatho pontifex Romanæ Ecclesiæ constituitur : qui ex rogatu Constantini, Tiberii, Heraclii, piissimorum principum, misit in regiam urbem legatos suos : in quibus erat adhuc Joannes diaconus non longe post episcopus, pro facienda adunatione Dei Ecclesiarum. Qui benignissime suscepti a fidei catholicæ defensore Constantino, jussi sunt, remissis disputationibus philosophicis, pacifico colloquio de vera fide perquirere, datis eis de bibliotheca Constantinopolitana catholicorum Patrum, quos petebat, libellis. Affuerunt autem et episcopi centum et quinquaginta, præsidente Gregorio patriarcha regiæ urbis, et Macario Antiochiæ. Convicti sunt itaque qui unam voluntatem et operationem astruebant in Christo, falsasse catholicorum Patrum perplurima dicta. Finito conflictu, Georgius correctus est. Macarius vero cum suis sequacibus simul et prædeces-

soribus, Cyro, Sergio, Honorio, Pyrrho, Paulo, et Petro, anathematizatus est: et in loco ejus Theophanus abbas de Sicilia, episcopus Antiochiæ factus. Tantaque gratia legatos catholicæ pacis comitata est, ut Joannes Portuensis episcopus, qui erat unus ex ipsis Dominica octavarum Paschæ, missas, publice in ecclesia sanctæ Sophiæ, coram principe et patriarcha Latine celebraret. Hæc est sexta Synodus universalis Constantinopoli celebrata, et Græco sermone conscripta, temporibus papæ Agathonis, exsequente et residente Constantino piissimo imperatore intra palatium suum, simulque legatis apostolicæ sedis, et episcopis cænium et quinquaginta residentibus. Prima enim universalis Synodus in Nicæa congregata est contra Arium, trecentorum et octodecim Patrum, temporibus Julii papæ sub Constantino principe. Secunda, Constantinopoli, centum quinquaginta Patrum contra Macedonium et Eudoxium, temporibus Damasi papæ, et Gratiani principis, quando Nectarius ejusdem urbis est ordinatus episcopus. Tertia in Epheso, ducentorum Patrum contra Nestorium episcopum Augustæ urbis, duas personas in Domino Jesu Christo prædicantem, sub Theodosio magno principe, et papa Cœlestino. Quarta, in Chalcedonia, Patrum mille centum et triginta sub Leone papa, temporibus Martiani principis, contra Eutychem nefandissimorum præsulem monachorum. Quinta autem, Constantinopoli, temporibus Vigilii papæ, sub Justiniano imperatore, contra Theodorum et omnes hæreticos. Sexta hæc, de qua in præsenti loco diximus. Sindulphus Viennensis Ecclesiæ episcopus, clarus habetur. Sancta Virgo Christi Hediltruda, filia Annæ regis Anglorum, et primo alteri viro, et postea Hecfrido regi conjux data, postquam duodecim annis thorum maritalem incorrupta servavit, sumpto velamine sanctimonialis efficitur: nec mora, etiam virginum mater et nutrix: cujus merita testatur etiam caro mortua, quæ post sexdecim annos sepulturæ cum veste qua involuta est, incorrupta ut virgo manserat, reperitur. Dagobertus rex ecclesias sanctorum ditavit, eisque multa largitus pacifice et quiete regnum tenuit Francorum. Sindulpho episcopo defuncto, Hecdicus Viennensis Ecclesiæ præsulatum suscepit, magnæ religionis vir ; claruit autem usque ad ultimum tempus Justiniani imperatoris, cujus et tempore obiit.

[686] Justinianus minor, filius Constantini, imperator factus, annis decem. Hic constituit pacem cum Saracenis terra marique decennio. Sed et provincia Africa quæ fuerat tenta a Saracenis, Carthagine capta atque destructa, Romano imperio subjugata est. Dagobertus rex, valida febre ægrotans, mortuus est Spinogilo villa in pago Parisiensi atque in ecclesia beati Dionysii martyris sepultus est : luxeruntque eum Franci diebus multis. Regnavit autem quadraginta quatuor annis. Ejus loco constituerunt Franci Chlodoveum filium ejus regem : cujus uxor Baltildis, de genere Saxonum. Sygibertus rex Austrasiæ, Pippino

defuncto, Grimoldum filium ejus majorem domus instituit. Non longe post defuncto Sygiberto rege, Grimoldus filium ejus parvum, Dagobertum nomine, totondit, ac Dodoni Pictaviensi episcopo sub custodia dirigit : Franci plurimum inde indignati, captum Grimoldum Chlodoveo regi tradunt : qui posuit eum Parisiis in custodia ; ibique diu excruciatus, vitam finivit : Chlodoveus rex temere agens, brachium beati Dionysii martyris abscidit. Ab eo tempore sicut Franci tenuerunt, regnum ipsorum cadere cœpit, variis casibus molestatum. Chlodoveus rex, multis illectus vitiis, tandem ex Baltilde regina tres filios habuit, Chlotharium, Childericum atque Theodoricum. Justinianus, beatæ memoriæ, Romanæ Ecclesiæ pontificem Sergium, quia Synodo hæreseos quam Constantinopoli fecerat, patere et subscribere noluit, misso Zacharia protospatario suo, jussit Constantinopolim deportari. Sed prævenit militia Ravennatis urbis, vicinarumque partium, jussa nefanda principis et eumdem Zachariam ab urbe Roma contumeliis et injuriis repulerunt. Chlodoveus rex nimium luricus decessit, cum regnasset annis sexdecim Franci Chlotharium filium ejus regem constituunt. Herchinoldo majore domus defuncto, Franci in incertum euntes, Ebroinum in hac dignitate ut major esset in aula regia constituunt. Chlotharius quatuor annos regnans obiit, cujus loco Franci Theodoricum fratrem ejus erigunt. Childericum alium fratrem ejus simul cum Ulfeldo duce in Austriam regnare dirigunt. Papa Sergius ordinavit venerabilem virum Wilibrodum cognomine Clementem, Frisionum genti episcopum. Chaldeoldus episcopus Viennensem Ecclesiam rexit usque ad tempora Theodorici regis. Justinianus imperator ob culpam perfidiæ, regni gloria privatus, exsul in Pontum secedit.

[696] Leo imperator annos duos. Papa Sergius in sacrario beati Petri capsam argenteam, quæ in angulo obscurissimo diutissime jacuerat, et in ea crucem diversis ac pretiosis lapidibus adornatam, Domino revelante, reperit : de qua tractis quatuor petalis, quibus gemmæ inclusæ erant miræ magnitudinis, portionem ligni salutiferi Dominicæ crucis interius repositam inspexit. Quæ ex eo tempore omnibus annis in basilica Salvatoris, quæ appellatur Constantiniana, die exaltationis ejus ab omni osculatur atque adoratur populo. Dodolenus Viennensis episcopus habetur. Franci, Ebroino insidias parantes, Theodericum de regno abjiciunt, Ebroinum Luxovio monasterio tondent: Childericum super se regem levant : majorem domus, Ulfuoldum. Sed non multo post, propter levitatem animi sui idem Childericus a Francis interficitur : Ulfuoldus fuga elabitur. Franci Leodosium Archenoldi filium majorem domus constituunt, Theodericum in regno advocant. Dicitur in hoc consilio fuisse Leodegarius venerabilis episcopus Augustodunensis, et Gerinus frater ejus. Ebroinus itaque magnæ impietatis homo, claricaturam abjiciens, a Luxovio cœnobio egressus, seductus sine dubio ab spiritu mendacii, qui dixerat ei quod

duodeviginti annis viveret, in Franciam revertitur. Copiis undecunque sibi aggregatis, ad Audoenum episcopum Rothomagensem dirigit. Mox responso inde accepto tyrannice contra hostes debacchatus. Levidesium fide captum occidit. Ac sic principatum vi sub Theoderico rege obtinuit: continuo sanctum Leodegarium diversis pœnis affectum gladio percussit. Gerinum quoque fratrem ejus diu excruciatum peremit: multos cogens in exsilium, ablatis facultatibus, de quibus Vulbaldus et Ragnebertus illustres viri, multis pressi injuriis, virtute venerabiles, occumbunt. Ulfuoldo decedente, Martinus et Pippinus junior filius Ansegesili, regibus decedentibus, dominabantur in Austria. Moto prælio contra Theodoricum regem et Ebroinum, Martinus fuga lapsus Lugduno cloaca se reclusit: Pippinus quoque e latere evasit. Ebroinus, datis sacramentis, Martinum ad regem Theodoricum venire suadet: ille credulus, mox cum suis interfectus est. Ebroinus crudelitate nimia sævus, ab Hermenfrido Franco interfectus est: Hermenfridus in Austriorum regnum ad Pippinum fugiens, evasit. Erat tunc temporis vir oculis orbatus, unus de illis quibus Ebroinus effoderat lumina, in insula Lugdunensis provinciæ, quæ Barbara dicitur. Qui cum nocturno tempore super ripam Scicannæ fluminis orandi gratia resideret, audivit navigantium impetum, et magna vi brachiorum contra impetum fluminis insurgentium. Cumque interrogaret, quo navigium illud tenderet, vox in auribus ejus percrepuit: Ebroinus est, quem ad Vulcaniam ollam deferimus: ibi enim facti sui pœnas luet. Hoc idem vir audivit ad consolationem sui, ut sciret quam pœnam persecutores justorum sentirent. Reverentissimus Ecclesiæ Lindisfarnensis in Britannia ex Anachorita antistes Cuthbertus, totam ab infantia usque ad finem vitam miraculorum signis inclytam duxit. Cujus venerabile corpus humatum post undecim annos, quasi eadem hora fuisset defunctus, cum veste qua tegebatur incorruptum inventum est. Franci Vuaratonem pro Ebroino, majorem domus faciunt: qui pacem cum Pippino componit. Pippinus cum Gissemaro Vuaratonis filio, contra voluntatem patris agente, civilia bella habuit. Sed Gissemarus a Deo percussus obiit. Pater ejus Vuarato principatum recepit. S. Audoenus episcopus, virtutibus clarus, migravit ad Dominum.

Post Vuaratonem, Bertharium, majorem domus statura et sapientia pusillum, Franci constituunt. Pippinus cum Theodorico et Berthario bellum iniit, et vicit.

[699] Tiberius Imperator, annis septem. Synodus Aquileiæ facta ob imperitiam fidei quintum universale concilium suscipere diffidit, donec salutaribus beatæ papæ Sergii monitis instructa, et ipsa huic cum cæteris Christi Ecclesiis annuere consentit. Joannes pontifex Romanus habetur, qui Sergio successerat. Bobolinus Viennensis Ecclesiæ episcopus insignis claruit. Post quem Georgius magnæ virtutis episcopus, in eadem urbe constituitur. Gisulphus, dux gentis Longobardorum, Beneventi Campaniam igne, gladio, et captivitate vastavit: cumque non esset qui ei resisteret, Joannes papa missis donariis plurimis et legatis, universos captivos redemit, atque hostes domum redire fecit. Cui succedit alter Joannes, qui miro opere oratorium sanctæ Dei genitricis Mariæ in Ecclesia beati Petri construxit. Eritbertus, rex Longobardorum, multas cortes et patrimonia Alpium Cottiarum, quæ a Longobardis fuerant ablata, juri Apostolicæ sedis restituit, et hanc restitutionem aureis scriptam litteris Romam direxit. Pippinus Austrasiorum dux, Theodericum regem cepit, atque, thesauris acceptis, Nordebertum quemdam de suis majorem domus sub rege eodem constituit. Ipse in Austriam remeavit. Habuit autem ex uxore sua nobili duos filios, Drogum et Grimoldum. Drogus ducatum in Campania accepit.

[706] Justinianus secundus, cum Tyberio filio, annis septem. Hic auxilio Terbellii regis Bulgarorum regnum recipiens, convictos occidit eos qui se expulerant, patricios et Leonem in loco ejus usurpaverant: necnon et successorem ejus Tyberium qui eum de regno ejectum toto tempore quo ipse regnavit, in eadem civitate tenuerat in custodia. Callinicum vero, patriarcham, erutis oculis, misit Romam, et dedit episcopatum Cyro, qui erat abbas in Ponto, eumque exsulem aluerat. Hic papam Constantinum ad se venire jubens, honorifice suscepit et remisit: ita ut die Dominica cum missas sibi facere juberet, communionem de manu ipsius acceperit. Quem prostratus in terra, pro suis peccatis intercedere rogans, cuncta Ecclesiæ privilegia renovavit, qui cum exercitu mitteret in Pontum ad comprehendendum Philippicum, quem ibi relegaverat, conversus omnis exercitus ad partem Philippici, fecit eum sibi imperatorem: reversusque cum eo Constantinopolim, pugnavit contra Justinianum, duodecimo ab urbe milliario, vicitque atque occidit. Regnavitque Philippicus loco Justiniani. Francis adhuc Theodoricus regnabat. Deodatus Viennensis episcopus, magnæ parcimoniæ vir florebat.

[712] Philippicus imperator annum unum, menses sex. Hic ejecit Cyrum de pontificatu, eumque redire ad gubernandum monasterium suum præcepit: quique pravi dogmatis litteras Constantino misit pontifici, quas ille cum apostolicæ sedis consilio respuit, et hujus rei causa fecit picturas in porticu sancti Petri, qui acta sex synodorum universalium continent. Nam et hujusmodi picturas cum haberentur in urbe regia, Philippicus jusserat afferri. Statuitque populus Romanus, ne hæretici imperatoris nomen, aut in chartis, aut figulis solidis susciperent: unde nec ejus effigies in ecclesiam introducta est, nec nomen ad missarum solemnia prolatum. Captus igitur Philippicus ab Anastasio oculis privatus est, nec tamen occisus. Theodericus rex Francorum mortuus est, qui regnavit annis novemdecim.

[714] Anastasius imperator, annos tres. Hic litteras Constantino pontifici Romam misit per Scholasticum patricium et exarcham Italiæ, in quibus se

fautorem catholicæ fidei, et sancti sexti concilii prædicatorem esse docuit.

Chlotharius filius Theoderici, puer Francis regnavit annos tres; cui successit Childebertus frater ejus, vir inclytus. Defuncto Northberto majore domus, Grimoldus Pippini filius effectus est. Pippinus multa bella gessit contra Ritiodum gentilem Frisonum ducem, similiter contra Suevos, vel alias quamplures gentes. Blidrannus Viennensis Ecclesiæ episcopus. Leutbrandus rex Longobardorum, donationem Alpium patrimonii Cottiarum, quam Erithbertus rex fecerat, sed ille repetierat, admonitione venerabilis papæ Gregorii confirmavit. Drogo filius Pippini defungitur hibernali tempore, anno Incarnationis Domini septingentesimo octavo. Anepos episcopus, sæcularis conversationis vir, ducit exercitum Francorum contra Wiliarium in Suevos, ubi gravissima cædes facta est, anno Incarnationis Domini septingentesimo duodecimo. Bonæ memoriæ Childebertus rex migravit, regnans tredecim annos: et sepultus est Cauciaco monasterio in basilica S. Stephani protomartyris; regnum suscepit Dagobertus adhuc puer, filius ejus: major domus Grimoldus, vir modestus et justus, qui habebat Ratbodi ducis filiam Theusuindam in conjugium: nam ex alia femina Theudoaldum habuerat. Ægrotante itaque Pippino genitore ejus, dum ad visitandum eum venisset, a Rangario Frisone gentili peremptus est, in basilica sancti Landeberti. Pater ejus Theudoaldum in honore defuncti patris instituit. Leodidico, anno Incarnationis Domini septingentesimo decimo quarto in mense Aprili. Nec multo post Pippinus pater ejus mortuus est, eodem anno, medio decembri. Obtinuit autem principatum sub nominatis regibus annis viginti septem. Hecbertus vir sanctus de gente Anglorum, pro cœlesti patria peregrinus sacerdotium Christi exornans, plurimas Scoticæ gentis provincias ad canonicam paschalis temporis observantiam, a qua diutius aberraverant, pia prædicatione convertit, anno ab Incarnatione Domini septingentesimo decimo quinto.

[717] Theodosius imperator, anno uno. Hic electus in imperatorem, Anastasium apud Nicæam civitatem gravi prælio vicit: datoque sibi sacramento, presbyterum fecit ordinari. Ipse vero ut regnum accepit, cum esset catholicus, imaginem illam venerandam, in qua sanctæ sex synodi erant depictæ, et a Philippico fuerat dejecta, pristino loco in urbe regia erexit. Tiberis fluvius alveum suum egressus ita excrevit, ut ad unam et semis staturam in via publica extumesceret, multaque excidia Romanæ civitatis faceret. A porta denique S. Petri usque ad pontem Milvum aquæ descendentes se conjungebant. Mansit autem diebus septem. Cum cives crebras litanias agerent, revertitur octava die. Amore divino inflammati multi Anglorum gentis de Britannia Romam venire his temporibus maxime studuerunt, ibique ob signum religionis tonsuram clericalem suscipere. Tunc etiam reverendus abbas Geolfridus annos natus septuaginta et octo, cum esset presbyter annis quadraginta octo; abbas autem, annis viginti quinque, ubi Lingonas pervenit, defunctus, atque in ecclesia beatorum Geminorum martyrum sepultus est.

Carolus Pippini filius ex alia uxore, cum captus a Plectrude Pippini quondam uxore teneretur, auxiliante Domino evasit. Saxones terram Matuariorum devastaverunt. Eoldus Viennensis episcopus jam habebatur.

[718] Leo Imperator, annos novem. Saraceni cum immenso exercitu Constantinopolim venientes triennio civitatem obsident, donec civibus multa instantia ad Deum clamantibus, multi eorum fame, frigore ac pestilentia perirent, ac si pertæsi obsidionis abscederent. Qui inde regressi, Bulgarorum gentem quæ est super Danubium, bello aggrediuntur: et ab hac quoque victi refugiunt ac naves suas repetunt. Quibus cum altum peterent, irruente subita tempestate, plurimi etiam, mersis sive confractis per littora navibus, necati sunt. Leutbrandus rex audiens quod Saraceni, depopulata Sardinia, etiam loca illa fœdassent, ubi ossa beati Augustini episcopi propter vastationem Barbarorum olim translata, et honorifice fuerant condita, misit, et dato pretio accepit, et transtulit ea in Ticinum. Ibique in monasterio quod Cella aurea vocatur, quod et ipse construxit, condigno honore recondidit. Tunc sanctus episcopus Eoldus Viennensem Ecclesiam rebus auxit. Erat enim affinis Francorum regibus, quique etiam intra civitatem in honore beatorum martyrum Thebæorum, Mauritii et sociorum ejus, domunculam crypatim (sic) construxit: ibique non mediocrem partem reliquiarum, sive ex his martyribus, sive ex aliis posuit. Atque ex eo tempore res ecclesiæ nomine beati Mauritii attitulantur, quando ex antiquo et major domus in honore septem martyrum Machabæorum, et facultates ejusdem ecclesiæ sub nomine eorum a fidelibus offerentur, et consecratæ manerent. Dagobertus rex, annis quinque regnans, mortuus est. In illis diebus paulo ante Franci mutua cæde se sternunt, ac Theodoaldum Grimoldi justi filium valide persequendo fugant, electo Raganfrido in principatum majoris domus. Franci Danielem quemdam clericum post objectionem tonsuræ, in regno stabiliunt, atque Chilpericum nuncupant. Exercitum usque ad fluvium Mosam contra Carolum commovent. Ex alia parte Ratbodus dux cum Frisonibus contra eumdem Carolum insurgit: pugna valida commissa cum Frisonibus, Carolus gravi damno afflictus, dilapsus est. Ratbodus usque ad Coloniam cuncta devastans pervenit, mense Julii, anno Incarnationis Domini septingentesimo decimo quinto. Chilpericus simul cum Raganfrido Arduennam silvam ingressus magno exercitu usque Rhenum civitatemque Coloniam pervenerunt, thesaurum multum a Plectrude accipientes, vastantesque terram, reversi sunt ad Ambiaviam: sed subito Carolo super eos irruente, maximum a copiis suis dispendium sustinent. Iterum Carolus, exercitu commoto adversus Chilpericum,

vel Ragamfridum pergit. Illi contra, hoste parato, bellum accelerant, in loco nuncupato Vicieco, die Dominica, illucescente die infra quadragesimam, decimo tertio Kalendis Aprilis, anno Incarnationis septingentesimo decimo septimo. Chilpericus et Ragamfridus fugati, penes Carolum victoria fuit : Coloniam venit, thesauros patris sui a Prectrude recepit ; regem sibi Clotharium statuit. Chilpericus et Ragamfridus Eudonem ducem in adjutorium expetunt : contra quos Carolus intrepidus pergit. Eudo Parisios fugiendo pervenit. Chilpericus, thesauris regalibus sublatis, trans Ligerim in Aquitaniam se eripuit. Chlotharius rex eo anno mortuus est. Post Eoldum episcopum Eobolinus Viennensis episcopus successit. Huic Ostrebertus vir strenuus et nobilis episcopus succedit. Hic sepultus est in villa quadam proprietatis suæ Julidiaco, non longe a Sequana fluvio. Carolus legationem ad Eudonem misit amicitiasque cum eo componit. Cui Eudo Chilpericum regem cum multis muneribus reddidit . sed idem non diu in regno resedit. Siquidem Noviomo civitate mortuus ac sepultus est. Regnavit autem annis plus quinque. Franci Theodericum, Dagoberti junioris filium, regem super se constituunt. Carolus major domus et Austrasiorum princeps, vastans omnia, et Saxonum agros diripiens, ad Wisorem pervenit. Ratbotus Frisonum dux moritur, et Carolus cum Saxonibus bellum init : ibi gravissima cædes hominum altrinsecus morientium. Post aliquot annos, in Bajovariam iter arripuit, Bajovariosque cum labore maximo ad deditionem coegit. Post reluctantibus iterum occurrit : et secunda vice fortitudine exercitus sui superdomuit. Iterum abiit in Saxoniam, deinde ad Suevos contra Lantfridum, quos ab infestatione nimia repressit. Exinde exercitum commovet contra Eudonem Aquitaniorum ducem, fugitque usque in Vasconiam fugato Eudone. Sarraceni multis copiis navibusque plurimis longe lateque plurimas urbes tam Septimaniæ quam Viennensis provinciæ vastant. Contra quos Carolus expeditionem ducens, graviterque eos fundens, in Hispanias repulit : facta concertatio mense Octobri, gerens et alia diversis in partibus prælia, iterum post aliquot annos perrexit usque in Vasconiam, Aquitaniam depopulatus : mortuo Eudone, contra filios illius arma corripuit, eosque vehementer afflixit. Sed variante concertatione, cum ex utrisque partibus plurimi cæderentur, tandem fœdus non diu mansurum ineunt. Sarraceni pene totam Aquitaniam vastantes, et late alias provincias igne ferroque superantes, Burgundiam dirissima infestatione deprædantur, pene omnia flammis exurentes, monasteria quoque ac loca sacra fœdantes, innumerum populum abigunt, atque in Hispanias transponunt. Contra quos Carolus iterum expeditionem movit. Quibus forti manu resistens, cæsa inde maxima multitudine, reliquos qui superfuerunt fugere compulit : e quibus pauci evasere. Wilicarius Austreberto venerabili episcopo Viennæ succedit. Qui ob cladem Sarracenorum, cum esset domus præclarissima martyrum citra Rhodanum ab eis jam incensa, ossa beati Ferreoli cum capite Juliani martyris intra urbem transtulit, eisque accelerato opere, non magno pretio ecclesiam construxit : ubi et eorumdem martyrum reliquias reverenter composuit. Idem Wilicarius, cum furioso et insano satis consilio Franci res sacras ecclesiarum ad usus suos retorquerent, videns Viennensem suam indecenter humiliari, relicto episcopatu, in monasterium sanctorum martyrum Agaunensium ingressus, vitam venerabilem duxit. Vastata et dissipata Viennensi et Lugdunensi provincia, aliquot annis sine episcopis utraque Ecclesia fuit, laicis sacrilege et barbare res sacras ecclesiarum obtinentibus. Anno Incarnationis Domini septingentesimo quinquagesimo primo Carolus Pippini filius Francorum dux defunctus est, principatum illius obtinente Carlomanno et Pippino fratre ejus. Childericus in regno Francorum substituitur.

[727] Constantinus imperator, annos viginti sex. Carlomannus et Pippinus contra Hunaldum ducem Aquitanorum exercitum movent, cœperuntque castrum, quod vocatur Lucas : in ipso itinere positi diviserunt sibi regnum Francorum, in loco qui dicitur Vetus Pictavus. Eodem anno Carlomannus Alamanniam vastavit. Carlomannus et Pippinus ineunt pugnam cum Odilone duce Bajovariorum. Eodem anno Carlomannus cum Saxonibus conflictum habuit : cepitque castrum quod dicitur Hocseoburg, et Theotecnun Saxonem placitando sibi conquisivit, anno Incarnationis Domini septingentesimo quadragesimo tertio. Iterum Pippinus et Carlomannus expeditionem habuerunt in Saxoniam, anno Incarnationis Domini septingentesimo quadragesimo quarto, captusque est Theodericus Saxo. Sequenti anno nullam fecerunt expeditionem, eo quod Carlomannus dispositum haberet sæcularem militiam relinquere, et ipso anno paravit iter suum, paravitque se frater ejus Pippinus honorifice ad obsequium illius, anno Incarnationis Domini septingentesimo quadragesimo sexto. Carlomannus secundum votum suum Romam abit, ibique se totondit, atque monasterium in monte Sarepiæ in veneratione sancti Silvestri construxit, ibique sub monastico habitu aliquo tempore vixit [a]. Inde ad sanctum Benedictum in Cassino monte pervenient, monachis sociatus est. Grifo ante faciem Pippini ducis fugit in Saxoniam. Pippinus per Thoringiam iter arripiens, introivit in Saxoniam, pervenitque ad fluvium Missaha in loco qui dicitur Scaamgi. Grifo adjungens secum Saxonum multitudinem, super fluvium Oacrum in loco qui dicitur Horahim, illuc quoque eum est Pippinus insecutus. Sed Grifo arripiens fugam pervenit usque Bajovariam, ducatumque ipsum sibi subjugavit : Tassilonem atque Iltrudem captos subdidit. Swidger ad auxilium ei venit. Hoc audiens Pippinus, iter post eum arripiens, captum Grifonem secum adduxit,

---

[a] Regino, l. II, eum ait a coquo alapas sæpius et verbera patienter tulisse.

simul cum Lanfrido atque Swidger : Tassilonem vero in ducatum Bajovariorum posuit, eique per beneficium Bajovariam commisit, Grifoni quoque in partibus Austriæ duodecim comitatus dedit : inde post Grifo fugiens Waifario Hunoldi filio Aquitanorum duci se conjunxit, ibique ambo contra Pippinum rebellionem parant. Interim dum copiæ parantur, misit Pippinus Utgardum Wisburgensem episcopum et Fulradum capellanum suum ad Zachariam tunc temporis pontificem Romanum, ut interrogarent eum, si ita manere deberent reges Francorum cum pene nullius potestatis essent, jam solo regio nomine contenti. Quibus Zacharias pontifex responsum dedit, regem potius illum debere vocari qui rempublicam regeret. Reversis legatis, abjectoque Childerico qui tunc regium nomen habebat, Franci per consilium legatorum et Zachariæ pontificis electum Pippinum regem sibi constituunt : Childericus tonsuratus, et in monasterium missus est. Mox Pippinus, rex Francorum factus, bellum in Saxoniam movit : in quo Childegarius episcopus a Saxonibus occisus est in castro quod dicitur Witbergh. Victor Pippinus pervenit usque ad locum qui Rhime dicitur : inde reversus nuntiatur ei quod Grifo frater ejus dum Italiam intrare vellet, apud Moriennam occisus esset, cujus mortem licet perfidi patriæ adeo doluit*. Zacharia pontifice defuncto, Stephanus succedit. Tunc temporis sanctus Bonifacius archiepiscopus Moguntiacensem regebat Ecclesiam. Prædicator venerabilis maximam multitudinem Frisonum ad Christum convertit : Wilicarius, relicta Viennensi sede, Romam primum abiit, ibique papæ Stephano notus efficitur : interjecto non multo tempore Aganni monasterium martyrum in curam suscepit. Aistulphus Longobardorum rex, nimis perfide testamenta dono prædecessorum ejus beato Petro collata perrupit, atque facultates Romanæ Ecclesiæ militibus suis dedit. Hac urgente necessitate, Stephanus, papa in Franciam auxilium petiturus, ad Pippinum venit. Carlomannus quoque frater Pippini regis consilio Aistulphi, ut vulgatur, in eadem voluntate consentiente abbate ejus ut petitionem Stephani pontificis cassaret, et ipse in Franciam venit. Stephanus pontifex, uncto Pippino in regem, duos quoque filios ejus Carolum et Carlomannum pariter unxit. B. Bonifacius archiepiscopus in Frisia verbum Domini prædicans, martyrium implevit. Pippinus rex post unctionem apostolicam, in Italiam cum exercitu properat, transitumque per civitatem Viennam faciens, Carlomannum fratrem suum monachum ibi misit, simul cum regina Bertruda : ibi Carlomannus ægrotans obiit. Aistulphus audito Pippini regis adventu, clausis prohibitis, cum Longobardis obviam Pippino pervenit. Sed Pippinus rex vi insistens bellando, auxiliante beato Petro, Italiam ingressus est ; et remisso pontifice Stephano, per Fulradum aliosque ministros ad sedem suam, ipse Papiam ubi Aistulphus se recluserat, obsedit. At ille, cernens se non posse evadere, promisit omnia beato Petro et Ecclesiæ Romanæ restituturum. Obsides igitur quadraginta simul cum juramento dedit. Sicque obsidione liberatus est : rex vero Pippinus in Franciam rediit. Sed Aistulphus ut perfidus omnia mentitus est. Ob quam causam rex Pippinus, Italiam iterum ingressus, Papiam obsedit, Aistulphum intus clausit. Aistulphus, iterum sacramento nimium coactus, firmavit se omnia redditurum : insuper Pippinus rex Ravennam totamque Pentapolin sanctis apostolis Petro et Paulo tradidit. Reverso rege Pippino, Aistulphus dum a venarum divino judicio subito percussus interiit. Interjecto tempore, Desiderius in regnum Longobardorum successit. Constantinus imperator, missis donis regi Pippino simul organo musico, pacem cum Francis statuit. Tenente placitum Pippino Regem Compendio, Tassilo dux Bajovariorum ad illum ibi venit, seque illi in vassallum commisit, atque super corpora sanctorum martyrum Dionysii, Rustici, et Eleutherii, simul et super corpora sanctorum confessorum Martini et Germani juravit ut in omnibus diebus vitæ suæ regi filiisque ejus integram fidem cum subditione servaret. Acta sunt hæc anno Incarnationis Domini septingentesimo quinquagesimo octavo. Omnesque majores Bajovariorum una cum ipso sacramentis jurationum obstricti sunt. Bertericus Viennensem Ecclesiam, homo simplex, suscepit regendam. Post ipsum, Proculus episcopus, similiter innocens et simplicis naturæ. Pippinus rex, iterum Saxoniam ingressus, firmitates omnes Saxonum obtinuit, multaque strage Saxonum populum perdomuit, in tantum ut dona annualia eis imposuerit per singulos annos Francis deferre tria millia equorum. Anno Incarnationis Domini septingentesimo quinquagesimo nono natus est Pippino regi filius, quem idem pater Pippinum vocari præcepit. Qui post nativitatem tertio anno defunctus est. Waifarius dux Aquitanorum, omnes facultates ecclesiarum quæ ad jus Francorum pertinebant, in Aquitania invasit. Ob quam causam Pippinus rex egressus, pervenit usque ad locum qui vocatur Todoat. Istic Waifarius per legatos suos omnia promisit se rediturum. Anno Incarnationis Domini septingentesimo sexagesimo, acceptis obsidibus, rex reversus est. At Waifarius promisit, sed minime perfecit. Reversus iterum Pippinus rex et cum eo filius Carolus plurima catella Aquitanorum cepit, Burbontis, Cantela Clarimontis, quod incendio concremavit. Pervenitque usque ad Lemovicas vastando terram, Waifarium insequendo. Tertio in Aquitaniam pergens, Bituricas civitatem cepit, et castrum Toartis. Quartum in Aquitaniam, pergens, tenuit placitum suum Nevernis. Inde Tassilo dux Bajovariorum, postpositis sacramentis, postposita propinquitate (erat enim nepos ejusdem regis), ab eodem itinere se abduxit, atque in Bojovariam revertitur. Rex Pippinus tamen Aquitaniam perambulavit, usque ad Cadurtium. Anno Incarnationis Domini septingentesimo sexagesimo

* Videtur deesse aliquid.

quinto quintum iter arripuit in Aquitaniam, tenuitque placitum suum Aurelianis. Construxitque castrum Argentonium, quod Waifarius paulo ante destruxerat, positis ibi ad custodiam Francis. Similiter apud civitatem Bituritas, exercitum ad custodiam disposuit. Facta est tunc temporis synodus, anno Incarnationis Domini septingentesimo sexagesimo septimo, et quæstio ventilata inter Græcos et Romanos de Trinitate, et utrum Spiritus sanctus sicut procedit a Patre, ita procedat a Filio, et de sanctorum imaginibus, utrumne fingendæ, an pingendæ essent in ecclesiis. Sextum iter faciens in Aquitaniam munitissima loca plurima cepit, et usque Garonnam pervenit : reversus Bituricas, legatos de morte Pauli Romani pontificis accepit. Septimo itineri in Aquitaniam per Viennam transitum faciens, ubi tunc Viennensem episcopatum post aliquot annos Berterico cuidam ex familia Ecclesiæ dedit, usque Sanctonas pervenit. Capta est mater Waifarii et sorores ejus ac neptes. Sic rex usque Garonnam cuncta diripuit : inde iterum interposito tempore simul cum Bertruda regina in Aquitaniam transiens, apud Petragoricas Waifarium ducem interfecit. Inde post victoriam Sanctonas rediit, ubi reginam dimiserat, et ægrotare cœpit : inde orationis gratia ad sanctum Martinum venit. Ad sanctum Dionysium quoque perveniens, octava Kalend. Octob. anno Incarnationis Domini septingentesimo sexagesimo octavo obiit : regnavit autem post diem unctionis suæ octodecim annis paulo amplius. Gloriosi filii illius Carolus et Carlomannus in regnum Francorum elevati sunt. Carolus in Noviema civitate, Carlomannus Suessionis. Carolus rex in Aquitaniam contra Hunoldum rebellantem ingressus est. Misitque legatos suos ad Lupum Wasconum ducem, et inde adductus est supradictus Hunoldus, una cum uxore sua Bertha regina, per Bajovariam perrexit in Italiam. Anno Incarnationis Domini septingentesimo septuagesimo primo, Carlomannus defunctus est in villa quæ dicitur Salmontiacus, pridie nonas Decembres. Uxor vero illius cum aliquibus Francis ingressa est in Italiam. At nobiliores Franci cum episcopis et comitibus, glorioso regi Carolo se commiserunt. Gloriosus rex Carolus Ardurmensul fanum Saxonum penitus destruxit : ubi cum exercitus gravi siti laboraret, medio die subito ex quodam torrente largissimæ aquæ emanaverunt, quæ sufficerent cuncto exercitui et jumentis eorum. Anno Incarnationis Domini septingentesimo septuagesimo quarto legatus Romanæ Ecclesiæ Petrus ab Adriano pontifice ad gloriosum Carolum venit : et quia itinera terræ præclusa erant a Longobardis, navigio usque ad portum Massiliæ venit, postulans auxilium contra Desiderium Longobardorum regem. Pius rex Carolus usque Genuam venit : divisoque ibi exercitu suo, partem misit per Alpes Cottias, et per juga Gibennica, id est per montem quem accolæ Cenisium vocant, quæ latera aperiunt in agros Taurinorum. Desiderius rex tunc juxta clusas Longobardorum exercitum composuerat : sed impetum Francorum sustinere non valens, Papiam ipse Desiderius refugit. Et pius rex Carolus post Desiderium per apertas clusas veniens, civitatem ipsam obsedit. Anno Incarnationis Domini septingentesimo septuagesimo quarto pius rex Carolus Romam abiit, indeque reversus Papiam cepit, cum rege Desiderio uxorem ac filiam ejus thesaurumque illius sibi suisque tulit. Omnes Longobardos subegit, captis civitatibus ac direptis universis Italiæ. Adalgisus filius ejusdem Desiderii, fuga lapsus, nave Constantinopolim venit. Ordinata Italia, rex Carolus in Franciam revertitur. Interim dum rex in Italia esset, Saxones ad præsidia Francorum cum exercitu exeuntes obsidentesque quoddam castellum Buriaburg, quamdam ecclesiam concremare a foris castello voluerunt, quam sacraverat beatus Bonifacius martyr. Subito autem apparuerunt duo juvenes miræ claritatis et candoris, videntibus tam Christianis quam paganis qui ipsam ecclesiam defendere videbantur. Horum aspectu terribili perterriti Saxones, in fugam versi sunt, sicque castrum illud ab obsidione liberatum. Rex Carolus, ut pervenit ad locum qui dicitur Ingilinham, quatuor scaras in Saxoniam dirigit, quæ Deo auxiliante victrices exstiterunt. Rex gloriosus Carolus castrum Sigiburgum in Saxonia cepit, Eresburgum super Wisaram fluvium, in loco qui dicitur Brunisberg, reædificat. Sicque Franci utramque ripam, fugatis et partim occisis Saxonibus, obtinent. Gloriosus rex Carolus usque Oboacrum fluvium Saxoniam aliasque gentes peragrans, receptis obsidibus, in Franciam rediit. Audito quod Rothaugaudus Longobardus in perfidiam versus esset, Italiam iterum repetiit, septingentesimo septuagesimo sexto anno Incarnationis Domini. Occiso Rothaugaudo, Forojulium, Tharavisium, atque alias civitates in ditionem suam recepit, easque Francis ad custodiam permisit. Heresburgum castrum Saxones invadunt et destruunt. Sed cum præpararent machinas et petrarias, atque cletas, ut alterum castrum præriperent, videntibus adversariis, apparuerunt, in modum scuti, duo globi flammantes super ecclesiam quæ in ipso castro erat. Qua visione pavefacti Saxones, relinquentes universam præparationem suam, ita fuga lapsi sunt, ut mutuose gladiis conciderent. Rex gloriosus Carolus iterum Saxones aggressus, firmitatesque illorum omnes obtinens, quo Lippia consurgit, omnia peragrans, universam Saxoniam recepit, et reædificato Heresburgalio castro super Lippiam Saxones cum uxoribus et infantibus baptizatos in fide sibi conjunxit, et placitum generale tam ex Francis quam ex Saxonibus celebravit ad Paterbrunnam. Witichingis cum quibusdam Saxonibus rebellis in Northmanniam transfugit, auxilium ab eis contra Regem gloriosum Carolum postulans, baptizatis Saxonibus et ingenuitate et alodo fidei firmitas roborata si amplius amissa Christianitate in perfidiam relaberentur, Gloriosus rex Carolus pascha celebrato in Aquitania, in villa quæ dicitur Canssinogilo septingentesimo septuagesimo octavo anno Incarnationis Domini Hispanias ingreditur. Nam antea, adhuc in Saxonia positus, receperat legationem Sarracenorum, in qua fuit Ibinalaribi, et filius Devisfexi, qui Latine dicitur Joseph. Destructa igitur Pampilonia, apud Cæsaraugustam, exercitum tam ex Burgundia quam ex Bajovaria provincia, Septimania atque Longobardia conjunxit, acceptis obsidibus de Ibinilaram et de Abutauro, aliisque Sarracenis subjugatis Navarris et Wasconibus, in Franciam revertitur [a]. Orandi gratia Romam post aliquot annos ingressus ab Adriano pontifice filius ejus Pippinus ex sacro fonte excipitur, atque duo filii ejus reges initiati sunt. Mediolani ab Thoma episcopo filia ejus Gissa baptizata, et excepta septingentesimo octogesimo tertio anno Incarnationis Domini. Hildegardis regina pridie Kalend. Maii vigilia Ascensionis Domini in villa quæ dicitur Theudone, moritur.

Tractum est igitur bellum Saxonum per spatia annorum, cum in perfidiam sæpe relaberentur, fortissimo rege cum Francis pene eos subinde usque ad internecionem obterente (REEGINO. *lib.* II. *Annal.*). Witigingis et Albi cum sociis, qui diu Saxones ad rebellionem permoverant, per obsides recepti, atque eis benignissime a pio rege perfidia indulta, in Attiniaco baptizati maximam pacem regioni contulerunt. Arichisus, dux Beneventanorum, rege Carolo apud Romam posito, cum magnis muneribus Romoldum filium suum misit, postulans ne infra ducatum Beneventanorum introiret. Sed cum esset idem Arichisus suspectæ fidei gloriosus rex Beneventum proficiscitur. Ad cujus adventum dux Arichisus, relicto Benevento, Salerni se reclusit, metuens videre faciem regis, duos filios obsides dedit, Romoldum et Grimoldum, quem adhuc secum retinebat cum maximis muneribus. Sic, obsidibus receptis, pius rex Carolus revertitur, obstrictis juramento Beneventanis, cum pontifice Romano sancto paschate celebrato, Thassilonis duci Bajovariorum insuper missis receptis, cujus perfidia nota passim vulgabatur: interjecto tempore undique exercitibus regiis Thassilo constrictus, ad conventum publicum Francorum, aliarumque gentium subditione eorum jam positarum, in villa quæ dicitur Ingilena, aut volens, aut nolens, occurrit; in medio positus cum criminalia ei objicerentur, et ipse perjuria sua publice fateretur, damnatus ipse cum filio suo Theudone ad mortem est. Sed clementia piissimi regis ei vita concessa, tonsurati in monasterium pœnitentiam acturi recluduntur, et aliquot Bajovariarum in exsilium pro perfidia direxit. Græci cum Longobardis pugnam ineunt, similiter et cum Avaris et Francis qui in Italia commanebant; similiter inter Bajovarios et Tauros: in his omnibus victoria penes Francos fuit. Iterum Avari cum Bajovariis præsidentibus Francis cum pugnare disponerent, strage validissima cæsi, maxima pars eorum fluvio Danubio intercepta, ibique necata est. Excellentissimus rex Carolus super Albiam fluvium pontes constituit, et in capite pontis ex utraque parte ædificavit castra; atque Sclavos, quorum vocabulum est Wlizi, perdomuit. Habebat autem jam Sclavos, quorum vocabula sunt Swrbi, necnon et Abotriti: horum princeps erat Wtizam. Avarorum gens effera, finibus Bajovariorum infestissima, ecclesias oppidaque circa fines suos immanissime depopulans atque devastans, metu pii et gloriosi regis ac timore exercitus illius, dimissis firmitatibus suis et præsidiis, fuga elabitur, ac pristinam possessionem relinquit. Anno Incarnationis Domini septingentesimo nonagesimo secundo. Felix Aurelianus episcopus hæreticus deprehensus adoptivum, non proprium Filium Dei Dominum nostrum Jesum Christum dogmatizans, qui ad præsentiam Adriani pontificis Romani deductus, hæresim verbis solummodo abdicavit. Synodus iterum facta contra supradictam hæresim in Francanofurt, legatis apostolicæ sedis præsidentibus, Theophylacto et Stephano episcopis auctoritate sanctorum Patrum, convictus et damnatus est iterum Felix cum errore suo, perpetuoque exsilio apud Lugdunum relegatus est: quem ferunt in eodem ipso suo errore mortuum. Sed pseudosynodus quam Septimam Græci appellant, pro adorandis imaginibus abdicata penitus. Tudun princeps Avarorum ad pium regem Carolum se contulit, et cum populo suo credens, baptizatus, muneribus regiis donatus, fidelis rediit: sed et Herricus Forojuliensis dux, civili bello inter se et victis et occisis Avaris, misso Wonomiro Clavobringum gentis Avarorum longe retro temporibus quietum spoliavit, ablatis inde thesauris multo illuc tempore collectis, quos pio regi Carolo postmodum misit. Et ille Deo gratias referens ad memoriam sanctorum apostolorum, partem inde misit, partem officialibus regni et ecclesiis distribuit. Adrianus papa obiit septingentesimo nonagesimo sexto Incarnationis anno. Mox ut Leo in ejus locum successit, missis legatis ad pium regem Carolum, claves confessionis sancti Petri simul et vexillum Romanæ urbis direxit. Pippinus rex a patre in Italia constitutus, in Pannonias cum exercitu proficiscitur, ac, victor rediens, partem thesaurorum quæ remanserat ad patrem defert.

Barchinona civitas, quæ a Francis desciverat, per Zatum Sarracenum restituitur. Nam idem ad pium regem veniens, una cum civitate Semeth tradidit. Ludovicus filius magni principis Caroli, in Hispaniam mittitur, et cum eo Abdella Sarracenus filius Zathibinmauge regis, quia frater pulsus Mauritania pio regi Carolo se commiserat. Porro Pippinus alius filius ad disponendam Italiam constituitur. Nortluidi, trans Albiam sedentes, legatos regios qui tunc ad justitias faciendas cum eis versabantur, comprehendunt: quosdam ex eis occidunt, quosdam ad redimendum retinent. Deinde contra Trassucconem ducem Abodritorum et Heburisum legatum Francorum, aciem dirigunt. In eo loco cæsa sunt ex Nortluidis quatuor millia: cæteri pacem petentes seipsos dedide-

---

[a] Pampiloniæ muros adventu Caroli corruisse scripsit Turpinus arch. c. 3, de Vita Caroli Magni et Rolandi.

runt. Viennensem tunc temporis Ecclesiam, Ursus : Ado Lugdunensem Ecclesiam regebat. Post Adonem nepos ejus Ilduinus paululum Lugdunensem Ecclesiam non episcopus tenuit : et abscedens Lirinis insulæ monasterio monachalem conversationem suscepit. Post Ursum, nimiæ simplicitatis episcopum, Wlferi quem Wltreiam patrio nomine appellarunt, Bajovarius Viennensem episcopatum suscepit.

[799] Porro Lugdunensem Leidradus vir sæculari dignitati intentissimus, et honori reipublicæ utilis, rexit Ecclesiam Viennensem Wlferi annis undecim. Constantinus imperator a suis captus et excæcatus est. Irena mater ejus imperatrix Constantinopoli residens octo annos post imperavit. Hæc ad excellentissimum regem Carolum legationem pro pace servanda misit. Stella quæ Martis dicitur, eo anno a mense Julio usque ad alium mensem Julium videri non potuit. Baleares insulæ a Mauris et Sarracenis deprædatæ sunt. Hadefons rex Galliciæ et Austriæ, prædata Olisipona ultima civitate Hispaniæ, victoriæ insignia, multas loricas, mulos, captivosque Mauros, glorioso regi Carolo per legatos misit. Romani anno Incarnationis Domini septingentesimo nonagesimo nono, Leonem pontificem, septimo Kalend. Maii, letania majore, captum excæcaverunt, ut fertur, linguamque ipsius præciderunt. Positus itaque in custodia, per murum noctu aufugit ad ecclesiam beati Petri, ubi tunc forte legati Francorum aderant : inde primum Spoletum deductus, ac deinde ad gloriosum regem Carolum in Saxoniam in loco qui dicitur Badrabunne, ibique honorifice susceptus, atque cum eodem honore Romam remissus. Avarorum gens in perfidiam relapsa, Herricum ducem Forojuliensem apud Tharsaticam Liburniæ civitatem, insidiis circumventum opprimunt.

Geraldus quoque Bajovariæ præfectus, commisso prælio cum Avaris, occiditur. Sed Baleares insulæ, quæ a Mauris et Sarracenis deprædatæ fuerant, accepto a Francis auxilio et ipsi sese dediderunt. Britonum signa et arma ducum nominibus illorum inscripta per Widonem Marchensem, qui totam Britanniam perlustraverat, eamque in deditionem acceperat, glorioso regi Carolo delata sunt, totaque Britannia tunc primum Francis subjugata est. Gloriosus rex Carolus reliquiarum benedictionem de sepulcro Domini a patriarcha Hierosolymitano suscipiens, maxima dona per Zachariam presbyterum Hierosolymis ad sancta loca remittit. Leutgardis regina Turonis, pridie Nonas Junias defungitur, ibique sepelitur. Post hæc eximius rex Carolus Italiam ingreditur, orationis gratia Romam profectus : cui occurrit duodecimo ab Urbe lapide Leo pontifex eumque cum summo honore suscepit decima octava Kalend. Decembr. Per septem itaque dies operam dedit, ut ea quæ perperam ibi acta fuerant, nudarentur. Sed et Leo pontifex de objectis sibi criminibus diu agens, cum jam criminatores refellisset, ambonem conscendit, et super sanctum Evangelium in ecclesia beati Petri apostoli præsente populo manus imponens, jurejurando invocato sanctæ Trinitatis nomine videntibus et audientibus omnibus, satisfecit se conscium non esse criminis unde falso culpabatur. Eodem die receptus est Zacharias legatus ab Hierosolymis revertens, simul et cum ipso patriarchæ legati, cum clavibus sepulcri Domini, civitatis quoque ac montis Oliveti deferentes etiam vexillum urbis. In die sancto nativitatis Domini ante confessionem Petri apostoli, cum gloriosus rex Carolus ab oratione surrexisset, Leo pontifex capiti ejus coronam imposuit sicque ab universo Romanorum populo acclamatum est : Carolo Augusto a Deo coronato, magno et pacifico imperatori Romanorum, vita et victoria. Perfectis laudibus, a pontifice more principium antiquorum adoratus est, atque ablato patritii nomine, quod primum in eadem urbe acceperat, Imperator et Augustus appellatur. Ad missas pontifex ingreditur cum clero suo.

[800] Carolus imperator primus ex gente Francorum, annis quadraginta quinque. Hic postquam Romam ingressus imperatoris et augusti nomen sumpsit, jussit eos qui pontificem Leonem tam inhoneste et indecenter deponendo contumeliaverant, sibi exhiberi, et quæstione de eis habita, lege Romana, ut rei majestatis, capite damnati sunt. Pro quorum tamen vita papa et pontifex benignissime intercessit; cujus precibus imperator eis vitam et membra perdonavit : in exsilium tamen pro facinoris magnitudine pulsi sunt. Hujus factionis princeps Paschalis Nomenclator exstitit. Privatis et publicis rebus dispositis, septimo Kalend. Maias Roma profectus, Spoletum venit. Factus est terræmotus, pridie Kal. Maii hora noctis secunda, qui pene totam Italiam concussit, in tantum ut tectum beati apostoli Pauli, cum suis trabibus magna ex parte decideret, et urbes atque montes in quibusdam partibus ruerent. Hic terræmotus et in Galliis et in Germaniis multa loca etiam concussit. Pestilentia quoque immanis propter mollitiam hyemis facta est. Elephas cum aliis donariis a rege Persarum Aaron Amiralihum imperatori per legatos mittitur. Capitur Barchinona civitas Hispaniæ biennio obsessa, ejusque præfectus Zatus cum plurimis aliis Sarracenis. Et in Italia Theare similiter civitas capta et intenta, atque Roselmus præfectus etiam ipsius comprehenditur. Unaque die Zatus et Roselmus ad præsentiam imperatoris deducti, in exsilium retrusi sunt. Irene imperatrix ad imperatorem Carolum iterum misit pro pace inter Francos et Græcos firmanda.

Hortona civitas in Italia in deditionem accepta ; Luceria quoque frequenti obsidione fatigata, et ipsa in deditionem venit. Winusus, qui Spoleti præsidio præerat, adversa valetudine fatigatus, et obsessus a Grimaldo Beneventanorum duce, capitur. Quem tamen honorifice tenuit, et postmodum imperatori reddidit.

[803] Circa palatium Aquisgrani, anno Incarnationis Domini octingentesimo tertio, terræmotus factus est; inde mortalitas subsecuta. Irene ab im-

perlo deposita, et Nicephorus imperator Constantinopoli creatus, qui legatos suos una cum legatis imperatoris Caroli remisit. Nam imperator Carolus Jesse episcopum Ambianensem, et Elingaudium comitem Constantinopolim direxerat. Susceperunt autem legati Nicephori imperatoris epistolam inscriptam, de Fœdere pacis, sicque tali pacto Constantinopolim reversi sunt. Godefridus rex Danorum promisit se primum ad colloquium imperatoris venturum : sed consilio suorum territus, per legatos imperatori quod voluit mandavit : imperator omnes Saxones qui trans Albiam et in Wihmhodi habitabant, cum mulieribus et infantibus transtulit in Franciam.

[804] Anno Incarnationis Domini octingentesimo quarto, Leo pontifex Romanus in Franciam venit, Rhemorum civitate susceptus : imperator in Carisiaco villa nativitatem Domini cum eo celebrem duxit, deinde Aquisgrani, et donatum magnis muneribus per Bajovariam ire volentem deduci fecit usque Ravennam. Causa adventus ejus fuit, quia imperator miserat ad eum pro rei veritate inquirenda, si, quod ferebatur, sanguis Christi in civitatem Mantua fuisset repertus. Accepta igitur pontifex occasione, in Longobardiam quasi pro inquisitione exiit, inde usque ad imperatorem pervenit. Theoderus Capuanus princeps Hunnorum propter infestationem Sclavorum (erat enim idem Christianus) locum sibi dari ad habitandum inter Sabariam et Carnutum, ab imperatore postulavit. Quem imperator benigne suscepit, et precibus ejus annuens, muneribus donatum redire permisit. Imperator inter filios suos regna dividit, ut sciret quisque si superstes esset, quam partem tueri et regere debuisset. Testamentum inde factum et jurejurando ab optimatibus Francorum confirmatum, Leoni papæ missum, ut manu sua subscriberet. Anno Incarnationis Domini octingentesimo sexto, classis a Nicephoro imperatore, cui Niceta patricius præerat, ad recuperandam Dalmatiam mittitur. Eclipsis lunæ quarta Nonas Septembris fuit, stante sole in decima sexta parte virginis : luna autem stabat in decima sexta parte piscium. Ipso anno pridie Idus Februarii, luna decima septima stella quæ vocatur Jovis visa est transire per eam. Tertio Idus Februarias fuit eclipsis solis media die, stante utroque sidere in vigesima quinta parte aquarii. Uno eodemque anno ter luna obscurata est, et sol semel, et acies miræ magnitudinis visæ. Ratbertus missus imperatoris, qui de Oriente revertebatur, una cum legatis regis Persarum defungitur. Munera autem hujusmodi sunt, quæ legati imperatori detulerunt, papilionem et tentoria atrii bissina, vario colore, simul cum funibus pari ordine distinctis ; pallia serica multa et pretiosa, balsamum et odores atque unguenta (*Regino de Annal.*). Sed et horologium aurichalco arte mechanica mirifice compositum, in quo duodecim horarum cursus ad clepsydram vertebatur, cum totidem æreis pillulis quæ ad completionem horarum decidebant, et casu

A suo subjectum sibi cymbalum tinnire faciebant : additis in eodem ejusdem numeri equitibus, qui per duodecim fenestras completis horis exibant, et impulsu egressionis suæ totidem fenestras quæ prius erant apertæ, claudebant, necnon et alia multa in ipso horologio erant mira. Tunc temporis delata sunt ossa beati Cypriani a Carthagine, cum reliquiis beatorum Scillitanorum martyrum, Sperati sociorumque ejus, et posita sunt in ecclesia beati Joannis Baptistæ in civitate Lugdunensi. Sarraceni, Sardinia pulsi, primum cum Sardis prælium commiserunt, amissis tribus millibus suorum, in Corsicam directo cursu pervenerunt, ibique cum classe cui Burgarius comes præerat, decertantes, aut victi, aut fugati sunt, amissis tredecim navibus suis, et plurimis suorum interfectis. Godefridus quoque rex Danorum in Abodritos cum exercitu trajiciens, licet Brasconem ducem Abodritorum loco pepulisset, aliumque ducem dolo captum patibulo suspendisset, magno tamen copiarum suarum detrimento reversus est. Amisit enim ibi filium fratris sui Raginolduin, qui in oppugnatione cujusdam oppidi cum plurimis Danorum primoribus interfectus est. Filius autem imperatoris Carolus in Linones et Smeldincos, qui ad Godefridum defecerant, exercitum cui præerat, quanta potuit celeritate, transposuit. Populatisque circumquaque eorum agris, transito iterum Albia fluvio, incolumi exercitu in Saxoniam se recipit. Sed Godefridus destructo emporio quod in Oceani littore constitutum lingua Danorum Relic dicebatur, translatisque inde negotiatoribus, soluta classe ad portum qui Liesthorp dicitur, cum universo exercitu suo venit : ibi per aliquot dies moratus, limitem regni sui qui Saxoniam respicit vallo munire constituit, ut ab orientali maris sinu, quem illi Hostharsaltia dicunt, usque ad occidentalem Oceanum totam Egidore fluminis aquilonalem ripam munimento valli protegeret, una tantum porta dimissa, per quam carra et equites emitti recipique potuissent. Nordanimbrorum rex Eardof regno pulsus Britanniæ, Noviomagi ad imperatorem venit ; inde Romam proficiscitur, cum legatis postmodum imperatoris et pontificis in regnum suum reducitur. Revertentibus legatis, Adulphus, natione Saxo, diaconus Leonis pontificis a piratis capitur. Cæteri sine periculo trajiciuntur. Adulphus in Britanniam reductus, a quodam redemptus, Romam reversus est. Trasco dux Abodritorum collecta valida manu, a Saxonibus etiam auxilio accepto, vicinos suos Scavos, qui Wiltzi dicuntur, aggressus, ferro et igni vastat : Sneldingorum maximam civitatem expugnat : atque his successibus omnes qui ab eo defecerant, ad suam societatem reverti coegit. [809.] Synodus magna Graniaquis congregatur, anno Incarnationis Domini octingentesimo nono, in qua synodo de processione Spiritus sancti quæstio agitatur, utrum sicut procedit a Patre, ita procedat a Filio. Hanc quæstionem Joannes monachus Hierosolymitanus moverat, cum regula et fides ecclesiastica firmet Spiritum sanctum a Patre et Filio procedere, non creatum, non genitum, sed Patri et Filio coæternum et consubstantialem. Nomen autem processionis a Patre et Filio in Apocalypsi ita aperte est positum : « Et ostendit mihi (haud dubium quin angelus) flumen aquæ vitæ splendidum tanquam crystallum, procedens de sede Dei et Agni. » In eadem etiam synodo quæsitum est et ventilatum de statu Ecclesiarum et ordine singularum, cujusque conversationis etiam clerici esse debent. Trasco, dux Abodritorum, in emporio Relle per dolum a comitibus Godefridi interficitur, et Aureolus qui Nicomarciæ Hispaniæ atque Galliæ trans Pyrenæum contra Oscam ad Cæsaraugustam residebat, moritur : et Amoroz ministerium ejus invadit, et ad castellum ipsius præsidia disponit : qui ad imperatorem transitum cum suis facere voluit, sed intervenientibus causis, res infecta remansit. Pippinus rex Italiæ, perfidia ducum Veneticorum incitatus, Venetiam bello terra marique jussit appetere : subjectaque Venetia, ac ducibus ejus in ditionem acceptis, eamdem classem ad Dalmatiæ littora vastanda misit. Sed cum Paulus Cephaleniæ præfectus cum Orientali classe ad auxilium Dalmatis ferendum adventaret, regia classis ad propria regreditur. Godefridus rex Danorum a quodam suo satellite interficitur, et Ermingus filius fratris ejus in regno succedit. Et Pippinus rex Italiæ octavo Idus Julii, anno Incarnationis Dominicæ octingentesimo decimo defungitur. Imperator Francorum Carolus, cum Nicephoro Constantinopolitano imperatore pace facta, Venetiam recipit. Ambulaz Cordubensis Hispaniæ rex cum imperatore paciscitur, et Abduramum filium ejus Amaroz Cæsaraugusta pellit, et Oscam intrare compellit. Eclipsis solis et lunæ bis eo anno fit : solis, septimo Idus Julias, et pridie Kal. Decembris; lunæ, duodecimo Kalend. Julias, et decimo septimo Kalend. Januar. Corsica insula a Sarracenis vastata. Pax sequenti anno inter imperatorem et Hermingum Danorum regem componitur. Pharus magna quæ ad navigantium cursus constituta, non longe a Bolonia civitate maritima fuerat, restauratur, ibique nocturnus ignis accenditur. Carolus major filius imperatoris, pridie Nonas Decembrias, anno Incarnationis Domini octingentesimo decimo primo defungitur. Nec multo post Hermingus Danorum rex moritur. In ejus loco Dani sibi Heriolddum et Ragamfridum reges constituunt. Imperator Constantinopolitanus Nicephorus post multas et insignes victorias, commisso prælio in Mœsia provincia cum Bulgaris, moritur. In ejus locum Michael gener ejus imperator creatur : cujus legati Aquisgrani ad imperatorem Carolum missi, laudes more suo dixerunt, imperatorem et Basilium illum appellantes. Et pacis libello ab imperatore accepto, et denuo a Leone papa Romæ, reversi sunt. Grimaldus Beneventanorum dux eo modo paciscitur, ut viginti quinque millia solidorum auri a Beneventanis annuatim Francis solverentur. Anno Incarnationis Domini octingentesimo tertio generali conventu advocato Aquisgrani, Ludovico filio suo regi Aquitanico imperii coronam imposuit, et imperialis nominis sibi consortem fecit. Bernardum quoque nepotem suum filium Pippini Italiæ præfecit et regem appellari jussit. Concilia quoque in quinque partibus regni sui ad corrigenda quæ necessaria forent, fieri constituit Moguntiaco, Remis, Turonis, Cabillone, Arelate ; quid statutum fuerit, in archivis Ecclesiarum vel palatii invenitur. Imperator Carolus, vir in omni dispositione imperii strenuus, dilatato imperio et pace Francis usquequaque composita, anno Incarnationis Domini octingentesimo sexagesimo tertio Aquisgrani moritur, et sepelitur decimo tertio anno postquam imperator acclamatus est, simul omnes annos quadraginta quinque et eo amplius regnans. Bernardus Viennensis episcopus erat, et Leidardus Lugdunensis, qui initio imperii Ludovici imperatoris Suessionis monasterii locum petiit, et in loco ejus Agobardus ejusdem Ecclesia chorepiscopus, consentiente imperatore et universa Gallorum episcoporum synodo, episcopus substitutus est. Quod quidam defendere volentes, dixerunt eumdem venerabilem Agobardum a tribus episcopis in sede Lugdunensi, jubente Leidrado, fuisse ordinatum. Sed canonica auctoritas est, in una civitate duos episcopos non esse, nec vivente episcopo successorem sibi debere eligere. Ac idcirco illa quacunque causa regulæ Ecclesiæ præteriri in tanto ordine fixæ non debent.

[815] Ludovicus imperator, Caroli imperatoris filius, regnavit annis paulo minus octo et viginti, amator totius pietatis et religionis, omnem ordinem ecclesiasticum pio studio exornans. Hic ingressum imperii secunda et placida quiete habuit : porro finis ejus multis incommoditatibus et adversitatibus fatigatur. Hic inter alia mirifica et nimis honoranda opera sua in omni imperio suo, sive in Gallia, sive in Germania, sive in Italia, legatos dedit, qui pauperum et oppressorum justitias diligenter quærerent, et singulorum necessitates ad plenum audirent. Episcopales etiam synodos propter reintegranda sanctorum Patrum statuta, et Christianarum regularum observationem ubique fieri decrevit. Sed ejus piis studiis malignorum insidiæ impedire plerumque moliuntur. Nam longa quies perfidiam, perfidia rebellionem, rebellio discrimen imperii pariunt. Huic piissimo imperatori ex Hermengarde regina tres filii, quorum primogenitum Chlotharium, primo Cæsarem, deinde consortem imperii adscribit : cui et Italiam ad regendum commisit : Pippinum, Aquitaniæ regem facit : tertium Ludovicum Bajovariis regem constituit. Cum igitur omnis potestas Francorum sub moderato otio studeret, et regimen vicinis gentibus imponeret, quidam tantam spem boni non ferentes, uxorem nomine Judith dilectam imperatori factione sua abripiunt, eamque ex latere viri in Aquitaniam sub custodia transponunt. Quæ licet ad viri thorum redierit, ebulliens tamen quorumdam malitia non quievit. Quæ usque adeo crevit ut una cum pontifice

Romano non solum proceres regni, sed etiam natos ejus adversus imperatorem permoverit. Nam ab eo universus populus deficiens, ad filios ejus se transtulit : ipse tentus sub custodia, indecenter recluditur, ac arma ei auferuntur : uxor ipsius in Italia servanda committitur. Sed nutu divino post tot adversa secunda succedunt. Populi versi ad poenitentiam causa facti in melius commutant, et eumdem ipsum imperatorem in honore pristino reponunt, et pristina dignitate revestiunt. Filii quoque ejus pro commisso veniam exposcunt, Chlotario jam imperatori, ut extra Italiam, nisi jubente piissimo patre ejus, nullo pacto procederet inducitur. Sed variantia tempora nunc adversa, nunc prospera minantur. Pippino his diebus denique mortuo, ad componendam Aquitaniam una cum uxore quam jam receptam habebat, et ex qua inclytum filium Carolum susceperat, cum exercitu ingreditur; quia contra voluntatem ejus, Aquitani filium Pippini, Pippinum nomine regem sibi fecerant. Cum illic esset imperator Ludovicus, ex primo matrimonio, Ludovicus tertius filius ejus jam patri iterum adversus, primos Germaniae perfide sibi jurare compellit. Hoc misso imperator accepto, commisso Aquitaniae regno majoribus Francorum et inclyto Carolo filio suo rege Aquitanis dato, uxoreque sua gratissima ibi dimissa, ocius ipse occursus filio in Germaniae exercitus sui copias transponens ingreditur. Ibi pacem regni aliquibus diebus disponens, adversa valetudine fatigatus diem clausit ultimum, anno ab Incarnatione Domini octingentesimo quadragesimo. Corpus ejus ab episcopo Drogone fratre ejus ex alia femina, simul et a primoribus Francorum Mediomatricum delatum, atque in ecclesia beati Arnulphi confessoris conditum est. Hujus imperatoris tempore, pars corporis beati Sebastiani martyris ad Suessionicam urbem delata : ubi multa mira in laudem Dei omnipotentis varia genera sanitatum infirmis collata. Ossa quoque beatorum martyrum Hippolyti et Tiburtii ab urbe deportata, in ecclesia beati Dionysii martyris in territorio Parisiensi digno honore condita. Bernardus adhuc et Agobardus Viennensem Ecclesiam et Lugdunensem regebant. Qui ambo apud imperatorem delati, desertis ecclesiis in Italiam, ad filium imperatoris Chlotharium se contulerunt, et postmodum piis imperatoribus agentibus, Agobardus Lugdunensem, Bernardus Viennensem sedem recepit : post pauculos annos Agobardus apud Sanctonas in expeditione regia positus defungitur.

[841] Lotharius imperator, filius piissimi Ludovici imperatoris, annis quindecim. Huic pater imperium post mortem suam decreverat : sed sinistris consiliariis idem usus, animum patris non parum laedens, pro integritate vix partem regni obtinere meruit. Siquidem iterum pius pater memor inflicti vulneris imperium dividens juniori Carolo majorem partem primoribus sacramento firmatis disposuit. Lotharius itaque post humationem gloriosi patris, sequenti anno ab Italia egressus, tum imperium arripere molitur. Ob id adversus fratribus in praelium Fontaneticum eos concitat. Juncti duo adversus unum, heu ! omnibus Christianis lamentabile bellum et sociale ac civile conferunt. Non armis dissimiles, non habitu gentis distincti, solum castris obversi. Francorum innumerus populus acie gladii feritur, et olim gentibus caeteris formidabilis, in vulnere suo bacchatur. Cruenta victoria duobus tamen fratribus inscribitur. Tertius elabitur, atque Aquisgrani in regiam tandem se recepit. Gloriosus deinde rex atque inclytus juvenis Carolus, non longe post, impigre una cum fratre Ludovico rem coeptam accelerat : atque Lotharium fratrem imperatorem ab Aquisgranis terrent. Qui nimia celeritate una cum uxore ac filiis usque Lugdunum ac Viennam progreditur. Ibi receptis copiis, aliquantulum substitit. Et discurrentibus legatis ad colloquium, tres fratres in insulam quamdam Sequanae veniunt : ibi sub quodam pacto imperium inter se dividere statuunt. Sic Lotharius imperator in superiorem Franciam revertitur. Divise postmodum imperio, unusquisque eorum ad partem suam regendam et disponendam progreditur. Non multo post Lotharius filium suum Ludovicum, quem in Italia regem fecerat, ut imperatoris nomen sortiretur, per Drogonem patruum Romam misit. Cui Sergius jam tunc pontifex coronam imposuit, acclamante universo populo, imperator et Augustus est salutatus. Lotharius imperator infirmari se conspiciens, regnum inter filios dividit, Carolo minori Provinciam et partem Burgundiae : Lothario medio filio sedem suam : Ludovico imperatori Italiam consignare jubet. Ipse vero in Prumiae monasterium regno temporis se exuens ingreditur tonsuratus, et monachus effectus, aliquot diebus interpositis defungitur, anno ab Incarnatione Domini octingentesimo sexagesimo quinto, imperii vero vigesimo tertio ; atque ibi in basilica sancti Salvatoris a fratribus reverenter humatur. Hujus imperatoris tempore ossa beatissimi Andeoli martyris, ipso revelante, reperta in loco qui antiquatus Gentibus dicitur, in Vivariensi parochia sito. Bernardus Viennensis episcopus sub hujus imperio moritur, et Aglimatus Viennensem suscepit episcopatum. Amulo quoque Lugdunensis episcopus efficitur. Et pontifex Romanus Gregorius moritur atque ejus loco Sergius ordinatur. Illo defuncto, Leo succedit. Quo obeunte, Benedictus in sede apostolica substituitur, jam tamen defuncto Lothario imperatore. Sub hujus imperatoris tempore, Segari Beneventanorum dux a suis interficitur, et ab interfectoribus Sarraceni a Beneventanis evocati, intra civitatem Beneventum recipiuntur.

Ludovicus imperator in Italia. Hic, post obitum patris, octavo anno, mortuo fratre suo Carolo minore, et Lugduni sepulto, in monasterio sancti Petri, in ecclesia sanctae Mariae semper virginis, cum fratre Lothario regnum fratris mortui partitur. Accepit autem partem Transjuranae Burgundiae simul et Provinciam : reliquam partem Lotharius rex sibi retinuit. Anno Incarnationis Domini octingentesimo quinquagesimo primo, jubente patre, Ludovicus imperator in ducatum Beneventanorum contra praesidia Saracenorum exercitum movet, et, interfecto duce Sarracenorum, Amalmater Beneventum recepit. At Lotharius rex, frater ejus, a pravis consiliariis deceptus, diu de duarum feminarum connubio vacillando pene totam Ecclesiam contra se concitavit. Ob id duo metropolitani episcopi Trevericus et Colonicus, Theuthaudius et Guntharis sententia apostolica damnati. Coetus synodales subiende evocati. Patruus ejus praeclarissimus in regibus Carolus, cum ei saniori consilio semper consulere vellet, nihilominus juvenilis animus ad voluptatem praeceps resisteret, tandem vincere, volens extra consilium Italia ingressus, ad fratrem imperatorem ire, Beneventum aggreditur. Piissimus rex Carolus in hoc itinere ejus assensit, si forte vel consilio pontificis Romani superatus tandem, a re illicita quiesceret: plurimis tamen episcopis Gallorum contradicentibus, qui spiritu Dei tacti periculum generale in Ecclesiae Dei oriri timebant, ne pontifex Romanus favoribus inclinatus a definitionibus pietatis exorbitando, Romanae Ecclesiae vulnus erroris infligeret. Perrexit secundum libitum suum, egit apud Ecclesiam Romanam quod ei pro tempore justum visum. Sed cum rediret, falsis spebus incitatus, divino indicio infirmatus, usque Placentiam civitatem pervenit, ibique defunctus in ecclesia B. Antonini martyris sepelitur. Anno octingentesimo sexagesimo secundo regnum ejus gloriosi patrui ejus inter se dividunt. At Ludovicus imperator, ingressus Beneventum, anno Incarnationis Domini octingentesimo sexagesimo octavo, pene omnia castella et oppida Beneventanorum, quae a Francis recesserant Sarracenisque se junxerant, sub ditione sua recepit, loca sanctorum, quae impii Sarraceni ac perfidi Christiani contaminarant, Deo adjutore instaurando et restaurando purgavit. Nicolaus papa, vir religione praecipuus, moritur. Ac in atrio ante portas B. Petri, non longe a membris Benedicti praedecessoris sui, sepelitur. Cujus tempore translata sunt membra sanctorum Eusebii ac Pontiani Viennatibus, et in basilica apostolorum reverenter condita. Huic Adrianus in episcopali ordine succedit. Pius et inclytus rex Carolus, aliquot annos adversus Danos atque Northmannos variis eventibus dimicans, pontem mirae firmitatis adversum impetum eorum super fluvium Sequanam fieri constituit, positis in utriusque capitibus castellis artificiosissime fundatis, in quibus ad custodiam regni praesidia deposuit. Hujus pii regis studium pene in disponendis causis ecclesiasticis hactenus viguit. Hic ex regina Ermentrude quatuor filios suscepit: Ludovicum, Carolum, Carlomannum et Lotharium. Ex his Deo in clericali habitu duos obtulit, Carlomannum, et Lotharium: sed Lotharius, puer bonae indolis, immatura morte praereptus est. Carolus quoque, vir satis honestae formae juvenis, rex Aquitanis jam constitutus, adversa primum molestatus et dehonestatus injuria, moritur. Anno itaque Incarnationis Dominicae octingentesimo sexagesimo sexto, regnante eodem Carolo Ludovici filio, duo filii illius, ut dictum est, moriuntur. Lotharius abbas et Carolus rex Aquitanorum, avunculus quoque ejus Rodulphus consiliarius primusque palatii hominem exuit: necnon et Rodulphus archiepiscopus Aquitanorum. Et duo principes Aquitanici, Landricus et Muno inter se dimicantes semet interimunt. Robertus quoque atque Ranulphus, viri mirae potentiae armisque strenuis et inter primos ipsi priores Northmannorum, gladio necantur. Denique Lotharius, ante obitum patris sui Ludovici imperatoris, decimo octavo anno unctus ab imperatore, tres filios ex Ermengarde Hugonis filia habuit. Qui dividens regnum patris cum fratribus suis, accepit regnum Romanorum, et totam Italiam, et partem Franciae orientalem, totamque provinciam. Ludovicus vero praeter Noricam, quam habebat, tenuit regna quae pater suus illi dederat, id est Alamanniam, Thoringiam, Austrasiam, Saxoniam, et Avarorum, id est Hunnorum, regnum. Carolus quoque medietatem Franciae ab occidente et totam Neustriam Britanniam, et maximam partem Burgundiae: Gotiam, Vasconiam, Aquitaniam submoto inde Pippino filio Pippini, et in monasterio S. Medardi attonso. Qui postea inde per fugam elapsus, in Aquitaniam regressus, multo tempore fugiendo latuit. Iterumque a Ranulpho praefato per fidem deceptus est, et ad Carolum adductus, Silvanectum perpetuo est exsilio detrusus. Ludovicus vero rex Noricorum, id est Bajovariorum, Ludovici imperatoris filius, anno Incarnationis Domini octingentesimo septuagesimo octavo regnum inter filios suos divisit, Carlomannum videlicet, Ludovicum, et Carolum, ipse tamen super filios principatum tenens. Anno Incarnationis Domini octingentesimo septuagesimo nono ex hac vita decessit, et mortuo jam filio ejus Carolo, reliqui filii regnum ejus sequenti anno inter apud Ambianensem urbem aequa sorte partiuntur. Quorum alter, id est Ludovicus, post tres annos moritur. Porro frater ipsius Ludovici Carolus, Ludovici imperatoris filius, anno Incarnationis Domini octingentesimo septuagesimo septimo moriens, reliquerat filium Ludovicum, qui eodem anno regnum suscepit paternum. Quo tempore Joannes papa in Gallias venit. Et apud civitatem Trecas diu moratus est, habuitque synodum episcoporum, in qua Immaurus Lauduni Davitti episcopus, post avulsionem oculorum suorum episcopatu est donatus. Ludovicus quoque filius Caroli, Carolum qui dictus est Simplex haeredem regni puerum dimisit. Qui Ludovicum ex Eagina Anglorum regis filia, antequam captus esset, genuit.

SANCTI ADONIS

VIENNENSIS ARCHIEPISCOPI

MARTYROLOGIUM

AD MSS. EXEMPLARIA RECENSITUM

Opera et studio HERIBERTI ROSWEIDI *Ultrajectini societatis Jesu theologi.*

PRÆCEDIT

VETUS ROMANUM MARTYROLOGIUM

OPERI SUO AB ADONE PRÆMISSUM.

(Ex Bibliotheca Patrum maxima.)

EPISTOLA DEDICATORIA.

S. D. N.

PAULO V PONTIFICI MAXIMO

BEATITATEM PP.

Romam reoit, sanctissime Pater, quod Romæ olim conceptum, quod Roma profectum, quod Romam ad originis suæ sedem anhelabat Vetus, id est Romanum Martyrologium : quod prædecessores vestri summa cura in Urbe collectum, singulari fide conscriptum, maximo beneficio in Romani orbis diœceses transmiserunt. Et vero redit ad solem radius, ad fontem rivulus, ad stipitem ramus, ad cœlum sidus. Romam redit, ubi apostolicæ sedis cardo et caput vertitur ; ubi veritatis origo, fidei caput, cœlestis Magistri doctrina servatur ; ubi pietatis viget schola, ubi apostolorum fulget metropolis ; ubi clarissime mundi lampades, Petrus et Paulus, lucent (Anacl. 1, *epist.* 3; Cypr. *de Unit. Ecc.*; Sozom. l. III c. 7· Chrysost. *hom.* 31, *in* VII *Rom.*).

Ad eum redit, a cujus olim prædecessoribus, ipso nascentis Ecclesiæ exordio, originem duxit : a Clemente, inquam, I, Romano pontifice, qui primus regionatim notarios distribuit, qui gesta martyrum sollicite et curiose, per suam quisque regionem, perquirerent. Inde Anteros diligenter perquisita in ecclesiastica tabularia retulit. Post Fabianus majorem quoque curam adhibuit ne quid simulata fide irreperet, perspicaces fidosque sibi diaconorum oculos notariis adjungendo. Quo quidem munere fortia sanctorum facta colligendi, ut nihil antiquius apud sanctæ Romanæ Ecclesiæ præsules fuit, ita nihil præclarius suscipi potuit, quam eorum memoriam posteritati commendare, quorum animas in cœlum receptas, et Dei fruitione beatas loquuntur miracula, votivæ testantur tabulæ, ut non tam pie id credere, quam verissime profiteri possimus. Habent enim nescio quam vim ad exeitandum vel augendum in mentibus fidelium internæ religionis ardorem, ut præclare olim divus Leo scripserit (Leo, *serm. de S. Laur.*; Ambros. *serm.* 39, *de Nazario et Celso*).

Ad erudiendum Dei populum, nullorum est utilior forma quam martyrum eloquentia : facilis ad exhortandum sit ratio, efficax ad suadendum, validiora tamen sunt exempla quam verba : et plenius est opere docere quam voce. Habent et robur vel maximum ad majorum fidem pectoribus primitus inserendam, vel asserendam tenacius. Magni, inquit magnus Ambrosius, periculi res est, si post prophetarum oracula, post apostolorum iestimonia, post martyrum vulnera, veterem fidem quasi novellam discutere præsumas ; et post tam manifestos duces, in errore permaneas : et post morientium sudores, otiosa disputatione contendas. Quod si olim illustris fidei athleta Athanasius, ingens sibi lucrum et utilitatem duxit, quod unius recordaretur Antonii; quas fidei flammas, quos virtutum igniculos in hominum animis excitabunt tot martyrum trabeatæ, tot purpuratæ, tot russatæ turmæ, sub unius fidei rutilanti flammula militantes, et diversis victoriæ coronis insignitæ? tot confessorum, tot virginum prætextata agmina, in diversas cohortes tributa, diversosque virtutum manipulos cum exsultatione circumferentia?

Inde factum, ut cum Acta martyrum tanta cura et diligentia perquisita, per notarios sanctæ Romanæ Ecclesiæ conscripta, per diaconos cognita, ac demum per ipsos Romanos pontifices probata, atque in Ecclesiæ archivis recondita, in immensum excrescerent, breve ex iisdem Martyrologium conficeret, quo dies tantum et locus passionis, ut habet S. Gregorius, notaretur; atque ita facilius eorum memoria sacris diptychis insereretur, et eorumdem in Missariis solemniis commemoratio fieret. Quod quidem Martyrologium Viennensis archiepiscopus Ado, cum Ravennæ ecclesiasticis, ut credo, negotiis occupatus versaretur, a sancto quodam episcopo nactus, qui id a Romano pontifice acceperat, suo Martyrologio præfigendum duxit; ejus videlicet memor, quod ab Innocentio I olim scriptum est: (Innoc. I, epist. 25, ad synodum Chalced., apud August., epist.). Ut inde sumerent cæteræ ecclesiæ, velut de natali suo fonte aquæ cunctæ procederent, et per diversas totius mundi regiones puri capitis incorruptæ remanerent.

Fero nunc ad Sanctitatem Vestram Vetus hoc Romanorum Martyrologium, quod Gregorius pontifex maximus ad Eulogium Alexandrinum episcopum scribens, per orbem universum dispersum et optavit et credidit. Fero quod Ado annis abhinc octingentis tanti fecit, ut venerabile et perantiquum duxerit, sibique velut prima operis sui lineamenta adumbrata proposuerit, quod suis rursus coloribus pingeret, lucis splendore illustraret. Fero quod ad hunc usque diem latuit: cujus desiderio tantopere flagrabat cardinalis Baronius, ut animi sui testes tabulas exstare voluit, quibus editorem excitaret, et gratiam ante beneficium reponeret. Hoc igitur Martyrologium fidentius ad Sanctitatem Vestram defero, quanto plurium gravissimorum virorum patrocinio comitatum venit.

Adjunxi ipsius Adonis Viennensis archiepiscopi Martyrologium, ea fide curaque recensitum, ut affirmare non verear parum id a calamo menteque auctoris abesse. Intererat profecto Reipublicæ Christianæ ne quid magni viri titulo legeretur quod ipsius non esset, ne quid corruptum ejus nomine circumferretur, aliena assutum manu; ne viri auctoritatem secuta posteritas, erroris funiculos necteret; ne quoque Adoni quidquam abjudicaretur, cui certissimum ab unanimi codicum suffragio testimonium esset. Id olim tanti fecit Aloysius Lipomanus Veronensis primum episcopus, inde Bergomensis, vir gravissimus, et concilii Tridentini cum collegis præses, ut auro contra charum duxerit.

Hæc igitur omnia ad Romanam sedem defero, sanctissime Pater, ad cujus olim insessorem Theodorum papam Africani Patres sua detulere; magnum utique et indeficientem omnibus Christianis fluenta redundantem apud apostolicam sedem consistere fontem, nihil ambigentes. De quo rivuli prodeunt, affluenter universum largissime irrigantes orbem Christianorum. Cui etiam in honorem beatissimi Petri Patrum decreta peculiarem omnem decrevere reverentiam, in requirendis Dei rebus. Quæ omnino et sollicite debent, maxime vero justeque ab ipso præsulum examinari vertice apostolico: cujus vetusta sollicitudo est tam mala damnare, quam probare laudanda.

Accipe igitur, Sanctissime Pater, has primas sanctorum primitias; et ut olim Pauli I beneficio sacra sanctorum lipsana, collapsis vetustate cœmeteriis, per titulos, diaconias, et monasteria fuere distributa, ut aris honorarentur, ornarentur memoriis, ita Pauli V beneficium loquatur posteritas, quod latentes sanctorum vitæ in apertum producantur, et lucem aspiciant. Ita voveo.

Sanctitati Vestræ devotus filius,
HERIBERTUS ROSWEYDUS S. J.

LECTORI SALUTEM.

Vetus hoc Romanum Martyrologium expressi ex codice mss. Pantaleonis quæ Coloniæ e D. Benedicti familia celebris abbatia est, quem mihi perbenigne Carthusia Coloniensis submisit. Præfixum hoc erat Adonis Martyrologio, cui Ado ipse olim præfixerat, uti testatur ejus præfatio. Ex eo codice Jacobus Mosander, Carthusiæ Coloniensis religiosus, ante annos aliquot Adonis Martyrologium expressit, omisso hoc veteri Romano Martyrologio; magno tamen ejus in doctorum virorum animis relicto desiderio.

Etsi duos codices mss. Martyrologii Adonis habuerim (de quibus dicam ad ipsum Adonem), in solo tamen hoc tertio S. Pantaleonis, vetus hoc Romanum Martyrologium comparuit. Quare sicubi error aliquis irrepserit, memineris quam difficile sit ex unius codicis fide, quæ subinde vacillat, fidelissime omnia exprimere. Operam certe dedi ut quam maxima fide haberes omnia. Hinc paucula, quæ videntur ab exscriptore inserta, quod Adoni desint, qui veteris hujus Martyrologii vestigiis semper insistit, virgula notavi et in margine monui Adoni ea deesse. Et quidem inserta illa fere Coloniam, ubi liber hic scriptus erat, et vicina loca spectant. Eorum rationem hic in notationibus invenies.

Enimvero vetus hoc Romanum Martyrologium, fontem esse omnium aliorum Martyrologiorum, qui vel leviter inspexerit, non dubitabit asserere. Ado certe ex hoc fonte suas aquas derivavit. Et ut fontis latex ab origine sua recedens sensim augescit, et in rivum aquis undique confluentibus abit; idem factum huic Martyrologio : quod nunc a Beda, nunc ab Usuardo, nunc ab Adone, nunc ab aliis paulatim increvit. Licebit nunc ad fontem digitum semper intendere. Eo enim fine caput fontis, quod hactenus latebat, in apertum produxi.

Tertullianus, de Corona militis, cap. 13.

Coronatur et vulgus, nunc ex principalium proprietatum exsultatione, nunc ex municipalium solemnitatum proprietate : et est omnis publicae laetitiae luxuria captatrix. Sed tu peregrinus es mundi hujus, civis supernae Hierusalem. Noster, inquit, municipatus in coelis (*Philip.* III). Habes tuos census, tuos fastos; nihil tibi cum gaudiis saeculi.

Cyprianus, epistola 37

Dies eorum, quibus excedunt, adnotate, ut commemorationes eorum inter memorias martyrum celebrare possimus.

Augustinus, lib. xx, contra Faustum, cap. 31

Populus Christianus memorias martyrum religiosa solemnitate concelebrat, et ad excitandam imitationem, et ut meritis eorum consocietur, atque orationibus adjuvetur.

DE HOC VETERI ROMANO MARTYROLOGIO ELOGIA.

Gregorius papa ad Eulogium, episcopum Alexandrinum, epist. 29, lib. VII, ind. 1.

Nos pene omnium martyrum, distinctis per dies singulos passionibus, collecta in uno codice nomina habemus, atque quotidianis diebus in eorum veneratione Missarum solemnia agimus : non tamen in eodem volumine, quis qualiter sit passus, indicatur; sed tantummodo locus et dies passionis ponitur. Unde fit ut multi ex diversis terris atque provinciis per dies (ut praedixi) singulos cognoscantur martyrio coronati. Se haec habere vos beatissimos credimus.

Baronius in prolegomenis ad Martyrologium Romanum, cap. 8.

Hoc ipsum simplex absque alio additamento Romanum Martyrologium, idemque perbreve, in quo tantum nomina martyrum, locus, ac dies passionis positi haberentur, est illud ipsum cujus meminit Ado.

Ado Viennensis archiepisc. in praefatione Martyrologii sui.

Huic operi, ut dies martyrum verissime notarentur qui confusi in Kalendis satis inveniri solent, adjuvit venerabile et perantiquum Martyrologium ab urbe Roma Aquileiam cuidam sancto episcopo a pontifice Romano directum, et mihi postmodum a quodam religioso fratre aliquot diebus praestitum ; quod ego diligente cura transcriptum, positus apud Ravennam, in capite hujus operis ponendum putavi.

Baronius ubi supra.

Porro in omnibus quae viderim Martyrologiis Adonis impressis, illud ipsum Roma acceptum desideratur. Egregiam certe, ac viris eruditis dignam optatamque navasset operam Mosander, si ejusmodi illustre vetustatis monumentum, quod in suo manuscripto Adone haberi testatur, una cum ipso Martyrologio Adonis, quod post Surium ad septimum tomum Vitarum sanctorum adjecit, edidisset.

VETUS ROMANUM MARTYROLOGIUM.

ADO PECCATOR LECTORI SALUTEM.

Ne putes me in hoc opere in vacuum laborasse, et rem non necessariam exsecutum fuisse, breviter tibi causam facti aperiam. Primum fuit imperium ac jussio sanctorum virorum, ut supplerentur dies, qui absque nominibus martyrum in Martyrologio (quod venerabilis Flori studio in labore domini Bedae accreverat) tantum notati erant. Deinde collecti undecunque passionum codices animum in tantum suscitaverunt, ut non solum praeteritas dierum festivitates, verum et aliorum, qui per totum annum ibi notatim positi erant, latius et paulo apertius describerem, infirmioribus fratribus, et minus legere valentibus serviens, ad laudem omnipotentis Dei; ut in memoriis martyrum haberent compendiosam lectionem, atque in parvo codicillo, quod multo labore alii per plures codices exquirunt.

Huic operi, ut dies martyrum verissime notarentur, qui confusi in Kalendis satis inveniri solent, adjuvit venerabile et perantiquum Martyrologium ab urbe Roma Aquileiam cuidam sancto episcopo a pontifice Romano directum, et mihi postmodum a quodam religioso fratre aliquot diebus praestitum. Quod ego diligenti cura transcriptum, positus apud Ravennam, in capite hujus operis ponendum putavi.

Passiones autem sanctorum paulo longius, maxime circa finem, Martyrologio huic insertas non mireris, cum tibi ratio superius reddita, cum factum sit, suffecerit. Ora tantum (impensissime obsecro) ut meritis illorum consocier, quorum triumphos, etsi minus quam debui, excolere optavi. Salutatus in Christo vale.

MENSIS JANUARIUS

HABET DIES XXX; LUNA, XXX.

1.		AA	Kalend. Janu.	Octava Domini et Circumcisio.
				Romæ, sancti Almachii decollati sub Alippio urbis præfecto.
				Et S. Martinæ virginis.
				Et apud Spoletum, sancti Concordii martyris.
				Et in Ruspensi Ecclesia, sancti Fulgentii episcopi.
2.	II	B	IV Non.	Beati Macarii [a].
				Et Tomis, martyrum Argei, Narcissi et Marcellini.
3.	III	BC	III Non.	Romæ, Anteros papæ et martyris
4.	IV	D	II Non.	Apud Cretam, Titi apostolorum discipuli.
				Romæ, martyrum Prisci presbyteri, et Priscilliani, et Benedictæ.
				Et Dafrosæ.
5.	V	CE	Nonæ.	Romæ, sancti Telesphori papæ et martyris.
				Apud Antiochiam, sancti Simeonis monachi.
6.	VI	F	VIII Id.	Sanctæ Macræ virginis sub Rictiovaro præside.
				Epiphania Domini, id est manifestatio vel apparitio Domini.
7.	VII	DG	VII Id.	Relatio pueri Jesu ex Ægypto
				Et sancti Luciani martyris Antiocheni.
				Et Cleri martyris.
8.	I	H	VI Id.	Neapoli, Severini confess. Victorini fratris [b].
9.	II	EI	V Id.	In Mauritania Cæsariensi, Macræ. [*Ado* Martianæ,] virginis et martyris.
				Et sancti Juliani et Basilissæ uxoris ejus, et Celsi et Martionillæ ac viginti militum.

ROSWEIDUS LECTORI.

Ne exspectes, lector, amplas hic notationes. Habes eas apud virum omnis antiquitatis ecclesiasticæ exsequentissimum, cardinalem Baronium. Et quid celox ferat post onerariam? Satis mihi nunc erit loca quædam attingere vel ab aliis prætérita, vel depravata, vel minus intellecta. Nihil sine veterum librorum fide mutavi, transposui. Memineris multa alia in textu Adonis correcta, quorum hic rationem non reddo. Longæ enim id operæ esset et minus fortassis gratiæ. Rariora tantum quædam delibavi.

Quæ si non ingrata fuisse intellexero et pari felicitate nancisci aliquando detur Bedam, Usuardum aliosque veteres Martyrologos a vetusta et incorrupta manu (cujus rei partem nunc accepi, et porro spes lautior ab amicis inviolatæ antiquitatis amatoribus affulget), fors erit ut omnia veterum Martyrologia una cum Græcorum Menologio, sub unum quandoque conspectum statuam, brevibus notis illustrata. Ita fiet, ut collisis inter se unionibus, hoc est, collatis inter se sanctorum gestis, et gemmarum spiritualium immortalis claritas sese reverberans mutuati luminis detrimenta non noscat, et amico radiorum concursu magis magisque effulgescat.

Si quæ locutionum formulæ minus notæ, nec ad Prisciani semper regulam, in his martyrologiis subinde intercurrant, dabis eas sæculo : quas intactas relinquere visum, ut sæculi sui auctorem proderent. In civitatum tamen nominibus, quæ mss. plerumque accusandi casu ponunt, secutus sum fere sæculi nostri morem, ne et in textu affectatam interpretareris barbariem, et in me scrupulosam superstitionem reprehenderes. Cujus tamen rei nunc indicium ad fidem facio.

Et sane, post omnem diligentiam adhibitam, vereor ut non satis caverim, ne quid alienum ab Adone in ejusdem Martyrologium irreperet. Si quæ forte talia sanctorum nomina irrepserunt, sunt fere episcoporum aliquot Viennensium et quorumdam aliorum sanctorum, haud multum ætate Adonis superiorum, quæ non semper omnes tres codices mss.

A repræsentabant. Nam Scriverii libro, qui omnium vetustissimus erat, quædam horum deerant. Non dubium mihi quin quod aquæ contingit, idem libris evenire. Quo enim illa a fonte magis recedit eo impurior est, trahens semper aliquid ex puris minus, quos perlabitur, locis : ita quo quis liber vetustior proxime ad auctoris ætatem accedens, eo integrior, et minus admistionis habens a librariorum per ætates succedentium manu. Nota hæc antiquariis, quibus mss. librorum fuit inspectio. Ego certe, qui millenos aliquot ejusmodi tractavi, nunquam aliter deprehendi.

Codicum mss. quibus nunc usus sum, hæc notatio est.

E. notat codicem Everbodiensem.
P. notat codicem S. Pantaleonis.
S. notat codicem Petri Scriverii.

[a] *Beati Macarii*. Post 15 Januarii : *et Macarii abbatis, Antonii discipuli*. Duo hi sunt Macarii celebres, in Ægypto olim monachi, et monachorum Patres. Non dubium existimant designari Ægyptum et Alexandrinum. Sed quis, quo die, hoc vero non æque certum. Et vereor ne hactenus aliter notatum quam oportuit. Volunt Alexandrini natalem celebrari 11 Januarii; Ægyptii vero 15 ejusdem : quod nescio quibus auctoribus astrui possit. Certe hoc Martyrologium, et cum eo Beda, Usuardus, Ado, non aliter hos Macarios distinguunt quam quod eum, cujus natalis est 15 Januarii, vocent Antonii discipulum. Atqui Antonii discipulus non Ægyptius, sed Alexandrinus fuit, ut colligere est ex Palladii Lausiaca historia, cap. 20, vel tertius aliquis. Vide Notationes nostras ad Vitas Patrum.

[b] *Neapoli Severini confessoris Victorini fratris*. Post 5 Septembris. *Romæ Victorini martyris, fratris Severini, qui post miram pœnitudinem Amiterninæ urbis episcopus et martyr factus est.* Non igitur tam Ado (quod existimavit Baronius ad diem 8 Junii, Victorinum hunc fratrem fecit Severini Neapolitani) quam Vetus Romanum secutus Martyrologium uti se res vere habuit, hac quidem in re expressit.

10. III	K	IV Id.	In Thebaida, sancti Pauli eremitæ.
			Et in Cypro, Nicanoris de septem diaconibus.
11. IV	FL	III Id.	Alexandriæ, confessorum Petri, Severi, Lucii.
			In Africa, Salvii martyris.
12. V	M	II Id.	Antiochiæ [*Ado*, apud Achaiam], Satyri martyris.
			Arcadii martyris.
13. VI	GN	Idus.	Romæ via Lavicana, militum quadraginta sub Gallieno imperatore.
			Pictavis, sancti Hilarii.
14. VII	O	XIX Kal. Feb.	Nolæ, Felicis presbyteri, in Pincis sepulti.
15. I	HP	XVIII Kal.	Abacuc et Michææ prophetarum.
			Et Macarii abbatis, Antonii discipuli.
16. II	Q	XVII Kal.	Et Isidori
17. III	IR	XVI Kal.	Romæ, via Salaria in cœmeterio Priscillæ, sancti Marcelli papæ,
			pud Thebaidem, Antonii monachi.
18. IV	S	XV Kal.	Cathedra sancti Petri, qua primum Romæ sedit.
			Et S. Priscæ martyris.
19. V	KT	XIV Kal.	In Smyrna, sancti Germanici martyris ad bestias damnati.
			Et Spoleti, sancti Pontiani martyris decimo nono Kal. passi, decimo quinto sepulti, decimo sexto in sepulcro mutati, quando celebrior dies ejus agitur.
20. VI	V	XIII Kal.	Romæ, Fabiani papæ et martyris.
			Et Marii, Marthæ, Audifax, Abacuc.
			Et Sebastiani in vestigiis apostolorum sepulti
21. VII	LA	XII Kal.	Sanctæ Agnetis virginis.
			Athenis, sancti Publii episcopi cui Militenus a Paulo episcopus ordinatus.
22. I	B	XI Kal.	Sancti Vicentii diaconi et mart. in Spaniis
			Ad aquas Silvias [a] [*Ado*, Salvias], sancti Anastasii monachi.
23. II	MC	X Kal.	Romæ, sanctæ Emerentianes virginis.
			In Mauritanea Neocæsareæ, Severiani et Aquilæ.
			Philippis, Parmenæ diaconi de se te
24. III	D	IX Kal.	Ephesi, Timothei apostoli.
			Antiochiæ, S. Babylæ episcopi.
25. IV	NE	VIII Kal.	Conversio sancti Pauli apostoli.
			Apud Damascum, S. Ananiæ, qui ipsum Paulum baptizavit.
26. V	F	VII Kal.	S. Polycarpi, discipuli S. Joannis apostoli, apud Smyrnam passi.
			Et Theogenis cum aliis triginta sex.
27. VI	OG	VI Kal.	Constantinopoli, Joannis Chrysostomi.
			Et dormitio S. Paulæ.
8. VII	H	V Kal.	S. Agnetis secundo.
			In civitate Apollonia, Leucii, Thyrsi, mart.
29. I	AI	IV Kal.	Romæ, Papiæ et Mauri militum sub Diocletiano imp.
30. II	K	III Kal.	Antiochiæ, passio sancti Hippolyti.
			Hierosolymis, Matthiæ episcopi, qui octavus fuit post Jacobum.
			B. Alexandri Deciana persecutione passi.
31. III	BL	II Kal.	Alexandriæ, sancti Mettani martyris.
			Trientinæ, sancti Vigilii episcopi et martyris.

[a] *Ad aquas Silvias sancti Anastasi monachi.* Ms. liber diserte hic habet *Silvias*. Sic in Vita S. Gordiani 10 Maii. *Uxorem ejus Marinam in pago quodam, quem Aquas Silvias vocant, rusticorum servituti adduci præcepit*: ubi tamen Excepta apud Adonem exhibent *Salvias*. Seu *Silvias* legas cum Ms. seu cum vulgato *Salvias*, eumdem tamen locum putem designari. Vide Baronium ad diem 23 Januarii et 9 Julii.

MENSIS FEBRUARIUS

HABET DIES XXVIII.

1. IV	CM	Kal.	Antiochiæ, Ignatii episcopi et martyris.
			Smyrnæ, Pionii martyris et aliorum quindecim.

2. v	N	iv Non.	Hypapante Domini.
			Caesareae, Cornelii centurionis, ipsius urbis episcopi.
			Et Aproniani martyris Romae
3. vi	DO	iii Non.	B. Celerini diaconi, et Celerinae aviae ejus, et Laurentini, et Ignatii
4. vii	P	ii Non.	In civitate Aegypti Thmuis, beati Phileae ejusdem urbis episcopi, et Philoromi tribuni, et innumerabilium martyrum.
5. i	EQ	Nonae.	S. Agathae virginis, apud civitatem Catanensium.
6. ii	R	viii Id.	Apud Caesaream Cappadociae, S. Dorotheae virginis, et Theophili scholastici.
7. iii	FS	vii Id.	Sancti Moysetis, qui, petente Mauvia Sarracenorum regina, episcopus gentis illius factus est.
8. iv	T	vi Id.	SS. Dionysii, Aemiliani, et Sebastiani.
			Alexandriae, S. Cointae martyris.
9. v	GV	v Id.	Alexandriae, Apolloniae virginis.
10. vi	A	iv Id.	Romae, Zotici, Irenaei, Hyacinthi et Amantii.
			Et Soteris virginis.
			Via Lavicana, militum decem.
11. vii	HB	iii Id.	Alexandriae, S. Euphrasiae virginis.
12. i	C	ii Id.	Barcinonae, Eulaliae virginis et martyris.
			Alexandriae, Molesti et Ammonii.
13. ii	ID	Idus.	Agabi prophetae in Novo Testamento, apud Antiochiam.
			In Militana Armeniae, S. Polyeucti mart.
14. iii	E	xvi K. Mar.	Romae, Valentini presbyteri.
			Et sancti Valentini Interamnensis episcopi.
15. iv	KF	xv Kal.	Romae, sancti Bratonis martyris.
			Apud Sebasten, passio S. Blavii [al., Blasii] episcopi.
16. v	G	xiv Kal.	Sancti Onesimi apostoli.
			Et in Cumis, S. Julianae virginis.
17. vi	LH	xiii Kal.	In Perside, B. Polychronii episc. et mart.
18. vii	I	xii Kal.	Hierosolymis, Simeonis episcopi et mart.
			Et Romae, martyrum Claudii, Praepedignae, Alexandri, et Cutiae, et Maximi.
19. i	MK	xi Kal.	Romae, Gabinii presbyteri et martyris.
20. ii	L	x Kal.	Apud Tyrum, martyrum quorum numerum Dei scientia sola colligit, quos Veturius magister militiae, jubente Diocletiano, diversis tormentis occidit.
21. iii	NM	ix Kal.	In Sicilia, martyrum septuaginta novem sub Diocletiano diversis tormentis passorum.
22. iv	N	viii Kal.	Apud Antiochiam, Cathedra sancti Petri.
			Alexandriae, Abilii episcopi.
23. v	OO	vii Kal.	Apud Sirmium, Sinerii [Ado, Syreny] monachi.
			Et quadraginta duo [Ado, sexaginta duo] martyrum.
			Romae, Polycarpi presbyteri.
24. vi	P	vi Kal.	S. Matthiae apostoli.
			Et Inventio capitis praecursoris.
			Apud Caesaream Cappadociae, Sergii mart.
25. vii	Q	v Kal.	Apud Aegyptum, Victorini, Victoris, Nicophori, Claudiani, Diosc. Serapionis et Papiae.
26. i	R	iv Kal.	Apud Pergen Pamphiliae, beati Nestoris episcopi.
			Alexandriae, Alexandri gloriosi senis episc.
27. ii	S	iii Kal.	Alexandriae, Juliani martyris, et Euni, qui cum ipso sene in confessione perduravit.
28. iii	T	ii Kal.	

MENSIS MARTIUS

HABET DIES XXXI; LUNA XXX.

1. iv   A   Kal. Mart. Sanctorum martyrum ducentorum sexaginta temporibus Claudii, qui via Salaria arenam fodientes damnati fuerant.
2. v   B   vi Non. Romæ, Jovini et Basilei.
                          Et plurimorum martyrum sub Alexandro capitali sententia damnatorum.
3. vi   C   v Non. SS. Hemitherii et Cheledonii apud Calogurrim martyrio coronatorum.
                          Cæsareæ, Marini militis, et Asterii senatoris.
4. vii   D   iv Non. Lucii papæ et martyris.
                          Et martyrum nongentorum qui sunt positi in cœmeterio ad sanctam Ceciliam.
5. i   E   iii Non. Antiochiæ, S. Phocæ martyris.
                          Et sancti Eusebii Palatini, et aliorum octo [*Ado*, novem] mart.
6. ii   F   ii Non. Nicomediæ, Victoris et Victorini, qui in carcere cursum vitæ impleverunt.
7. iii   G   Nonis. In Mauritania civitate Tuburbitanorum, SS. martyrum Perpetuæ et Felicitatis.
8. iv   H   viii Id. Apud Carthaginem, sancti Pontiani diaconi, B. Cypriani, qui Dominum semper in passionibus suis glorificans, coronam vitæ promeruit.
9. v   I   vii Id. In Nyssena civitate, sancti Gregorii episcopi fratris Basilii.
                          Barcinonæ, Paciani episcopi.
10. vi   K   vi Id. Apamiæ, Alexandri et Caii de Eumenia.
                          In Perside, martyrum numero quadraginta duorum.
11. vii   L   v Id. Apud Sebastem Armeniæ minoris, quadraginta militum, tempore Licinii regis.
12. i   M   iv Id. SS. pontificum Gregorii et Innocentii.
                          Nicomediæ, Petri martyris, Dorothei et Gorgonii martyrum sodalis.
13. ii   N   iii Id. Nicomediæ, Macedonii presbyteri, Patritiæ uxoris, et filiæ Medestæ.
14. iii   O   ii Id. Romæ, martyrum quadraginta et octo qui baptizati sunt a beato Petro apostolo, cum teneretur in custodia; qui omnes Neroniano gladio consumpti sunt.
15. iv   P   Idus. Thessalonicæ, Matronæ ancillæ et martyris.
16. v   Q   xvii K. Apr. Romæ, Cyriaci martyris, Largi, et Smaragdi, et Crescentiani martyris, et aliorum viginti.
17. vi   R   xvi Kal. S. Patritii episcopi, qui primus apud Scotos prædicavit.
18. vii   S   xv Kal. Sancti Alexandri episcopi, qui cum Narcisso Hierosolymitanæ Ecclesiæ gubernaculum suscepit.
19. i   T   xiv Kal. In Penarense civitate, B. Joannis, magnæ sanctitatis viri.
                          Apud Surrentum, Quinti, Quintillæ, Quartillæ, Martiæ [*Ado*, Marci], cum aliis octo [*Ado*, novem].
20. ii   V   xiii Kal. Archippi, commilitonis Pauli apostoli.
21. iii   A   xii Kal. In Cassino castro, Benedicti abbatis.
                          Et Serapionis anachoretæ.
22. iv   B   xi Kal. Narbonæ, sancti Pauli episcopi, discipuli apostolorum.
23. v   C   x Kal. In Africa, martyrum Victoriani, Frumentii, item et Frumentii, et duorum germanorum Vandalica persecutione sub Hunnerico rege passorum.
24. vi   D   ix Kal. Romæ, Pigmenii presbyteri et martyris, sepulti in cœmeterio Pontiani.
25. vii   E   viii Kal. Annuntiatio Dominica, et crucifixio.
                          Romæ, Cyrini martyris.

				Nicomediæ, Dulæ martyris.
				Apud Sirmium, Irenæi episcopi et martyris.
26.	1	F	vii Kal.	Romæ, sancti Castuli Zætarii palatii.
				Apud Pentapolim Lybiæ, Theodori episcopi.
27.	ii	G	vi Kal.	Apud Ægyptum, Joannis Eremitæ, prophetici spiritus viri.
28.	iii	H	v Kal.	Apud Cæsaream Palæstinæ, martyrum Prisci, Malchi, et Alexandri, qui persecutione Valeriani bestiis traditi sunt.
29.	iv	I	iv Kal.	Apud Africam, confessorum Armogastis, Archinimi, et Satyri, tempore Vandalicæ persecutionis
30.	v	K	iii Kal.	Romæ, Quirini tribuni et martyris, patris sanctæ Balbinæ.
31.	vi	L	ii Kal.	Romæ, S. Balbinæ virginis, sepultæ in cœmeterio Prætextati juxta patrem Quirinum.

MENSIS APRILIS

HABET DIES XXX, LUNA XXIX.

1.	vii	M	Kal. Apr.	Romæ, Theodotæ sororis martyris Hermetis, quæ sub Aureliano martyrizavit, sepulta via Salaria.
2.	i	N	iv Non.	Apud Cæsaream Cappadociæ, S. Theodosiæ virginis et martyris capitis cæsæ.
3.	ii	O	iii Non.	Thessalonicæ, virginum Agapes et Chioniæ.
				Tomis, Evagrii et Benigni.
				Apud Tauromenium, sancti Pancratii.
4.	iii	P	ii Non.	Mediolani, B. Ambrosii episcopi et confessoris.
5.	iv	Q	Nonæ.	Thessalonicæ, S. Irenes virginis.
				Apud Ægyptum, Martianæ, Nicanoris, Apollonii
6.	v	R	viii Id.	Xysti papæ et martyris, temporibus Adriani passi.
7.	vi	S	vii Id.	Hegesippi, qui vicinus apostolicorum temporum exstitit.
8.	vii	T	vi Id.	Turonis, Perpetui episcopi.
9.	i	V	v Id.	Antiochiæ, Prochori diaconi, qui unus est de septem.
				Apud Sirmium, vii virginum, quæ in unum coronatæ sunt.
10.	ii	A	iv Id.	Ezechielis Prophetæ.
				Romæ, Martyrum plurimorum, qui ab Alexandro papa baptizati sunt.
11.	iii	B	iii Id.	Gortinæ, Philippi episcopi, qui claruit Antonini Veri et Lucii temporibus.
12.	iv	C	ii Id.	Via Aurelia, Julii papæ et confessoris sub Constantio ariano.
13.	v	D	Idus.	Apud Pergamum Asiæ, Carpi episcopi et Papyrii, Agathonicæ et aliarum multarum.
14.	vi	E	xviii K. Mai.	Romæ in cœmeterio Prætextati, martyrum Tiburtii, Valeriani et Maximi.
15.	vii	F	xvii Kal.	Cordulæ, Olympiadis et Maximi
				In Italia, Maronis, Eutychetis, et Victorini.
16.	i	G	xvi Kal.	Apud Corinthum, Callisti et Carisii, cum aliis vii, in mare mersorum.
17.	ii	H	xv Kal.	Apud Africam, sancti Mappalici.
				Antiochiæ, Petri diaconi et Hermogenis.
18.	iii	I	xiv Kal.	Apud Mesanam Apuliæ, Eleutherii episcopi, et Anthiæ matris ejus.
				Romæ, Apollonii senatoris.
19.	iv	K	xiii Kal.	Apud Corinthum, Timonis diaconi de septem.
				In Militana, Hermogeni, Cali, Expediti, Aristonici, Rufi Galatæ.
20.	v	L	xii Kal.	Inventio sanctarum reliquiarum multarum instabe [a].

Inventio sanctarum reliquiarum multarum instabel. Hic vero non mediocriter hæsi, et etiamnum hæreo. Nihil hujus rei in Adone vel in alio Martyrologio occurrit. Suspicor additum hoc ab exscriptore, et designari celebre monasterium apud Eburones Stabeletum seu Stabuletum. Suspicionis meæ fundus est, quod hic postea habetur 17 Novembris: *Dedicatio sancti Petri ad Malfidar,* quod *Malmundarium* esse, vicinum Stabuleto monasterium, ibi firmabimus. Sed quæ multæ hæ, et quando inventæ reliquiæ in Stabuleto? Certius dixerim, quando reconditæ et occultatæ sint. Sigebertus in Chronico

				Romæ, Victoris episcopi et martyris.
				Sulpitii et Serviliani.
21. vi	M		xi Kal.	In Perside, S. Simeonis episcopi et cum aliis centum, et Ustazadis et Abdellæ, et Ananiæ, et Pusicii.
22. vii	N		x Kal.	Romæ in cœmeterio Calisti, Caii papæ.
				In Perside, Martyrum plurimorum sub Sapore Persarum rege.
				Cordulæ, Parmenii, Helimenæ et Chrysotelî presbyterorum; et Lucæ et Mucii, diaconorum.
23. i	O		ix Kal.	In Perside civitate Diospoli, Georgii mart.
24. ii	P		viii Kal	
25. iii	Q		vii Kal.	Alexandriæ, Marci evangelistæ.
				Erminonis confessoris *
				Et Romæ, Litania major ad S. Petrum.
26. iv	R		vi Kal.	Romæ, Anacleti papæ et martyris.
				Et Marcellini, papæ et martyris.
27. v	S		v Kal.	Sancti Anastasii Papæ.
				Nicomediæ, Anthimi episcopi cum innumera multitudine martyrum.
28. vi	T		iv Kal.	Ravennæ, sancti Vitalis martyris, patris SS. Gervasii et Protasii.
				Alexandriæ, Theodoræ virginis, et Didymi.
29. vii	A		iii Kal.	Apud Paphum, Tychici apostolorum discipuli.
				Apud Cirthensem coloniam, Agapii et Secundini.
30. i	B		ii Kal.	Martyrum Mariani et Jacobi, in Lambesitana urbe cum aliis multis decollatorum.
				Quirini martyris [b].
				Et Vigilia apostolorum.

anno Christi 882 : *Eodem anno Godefridus et Sigifridus reges Northmannorum, cum inæstimabili multitudine juxta Mosam in loco. Haflon considentes, Leodium, Trajectum, Tungros, Coloniam Agrippinam, Bonnam cum adjacentibus castellis comburunt. Aquis in palatio equos stabulantes, oppidum et palatium incendunt. Præterea monasterio Stabulaus, Malmundarium, Indam, Prumiam, sacri Ordinis in utroque sexu ministri, ubi poterant opportunius, latebant; et sanctorum corpora et pignora locis tutioribus absconderant.* Paria habet Anselmus canonicus Leodiensis in Gestis pontificum Leodiensium, c. 37, qui exhibet, *apud Halos juxta Mosam conscendentes.* Atque hæc Northmannica vastatio aliquot annos tenuit. Unde fieri potuit, ut reliquiæ ante annos aliquot occultatæ post inventæ fuerint, et inventionis memoria in sacros fastos prolata.

Vocis etymon exprimit Harigerus, abbas Lobiensis, in Gestis episcop. Leodien. cap. 52. *Invenit tandem locum* (Remaclus) *operi futuro competentem, cui ob confluentiam ferarum undique illuc vel ad potum vel ad pastum concurrentium, velut ad stabulum, inditum Stabulaus antiquitus erat vocabulum.* Ita vocis affinitate etymon venatur Harigerus. Non minus festive Everbelmus, abbas Altimontensis, in vita sancti Popponis Stabulensis abbatis, 25 Jan. c. 21. Stabulaus, *ubi stabilis laus a fidelibus perpetuo concinitur.* Ut appareat nullo horum respectu nomen olim inditum, sed post pro cujusque captu etymon accommodatum. Conditum hoc fuit monasterium anno 651 a Sigeberto rege, Sigeberto teste in Chronico. Vide infra ad diem 17 Novemb., ubi de Malmundario.

* *Erminonis confessoris.* Deest hic Adoni, et in nullo Martyrologio, ea quidem terminatione, comparet. Existimo indicari S. *Erminum,* episcopum et abbatem Lobbiensem quem hoc die invenio in Martyrologio Usuardi aucto a Carthusia Coloniensi anno 1521, de quo ita Molanus in Additionibus ad Usuardum, 25 Aprilis ex proprio loci Martyrologio : *Laubiis, transitus S. Ermini, episcopi et confessoris.* Ex quo Baronius Martyrologio Romano a se aucto inseruit. Sed vetusta Ermini memoria in hoc veteri Romano Martyrologio. Quanquam cum *Erminus* Adoni desit, qui sanctos omnes veteris Romani martyrologii exprimit videtur Adonis tempore non fuisse in veteri Romano Martyrologio, sed post additus, fors. a religioso S. Pataleonis Coloniæ, ubi liber hic scriptus est.

Moyerus, lib. i Annal. Flandriæ notat eum successisse S. Ursmaro in regimine episcopatus et abbatiæ anno septingentesimo decimo tertio. Florarium meum sanctorum ms. ponit ejus obitum anno Christi septingentesimo trigesimo septimo. Meminit ejus Trithemius De vir. illustr. Ord. sancti Benedicti lib. iii, cap. 160, et lib. iv, cap. 180, ubi utrobique *Herwinus* pro *Erminus*. Meminit et Molanus in Indiculo et Natalibus SS. Belgii. Acta ejus Laubiis seu Lobiis in monasterio apud Binchium reperiuntur scripta a synchrono.

Nec mirum hic *Erminonem* dici ab aliis *Erminum.* Sic qui nunc usitate *Servatius* dicitur, dictus est olim etiam *Servatio,* ut habetur apud Severum Sulpitium lib. iii Hist. sacr.

[b] *Quirini martyris.* Deest hic hoc loco Adoni, aliisque Martyrologiis. Puto intelligi Quirinum martyrem, cujus natalem hic ante habes 30 Martii. Hoc autem loco rursus insertus est a Martyrologii hujus exscriptore ob translationem corporis ejus · de qua ita Carthusia Coloniensis ad Usuardum 30 Aprilis; *in diœcesi Coloniensi, oppido Nussia, translatio S. Quirini tribuni et martyris. Cujus sacrum corpus nobilis domina Gepa abbatissa a papa impetratum, ab urbe Roma Nussiam transtulit, et in suo monasterio venerabiliter collocavit.* Atque hinc existimo sua Molanum ad Usuardum hausisse.

MENSIS MAIUS

HABET DIES XXXI, LUNA XXX.

1. II	C	Kal. Mai.	Jeremiæ Prophetæ.
			Et Apostolorum Philippi, et Jacobi fratris Domin..
2. III	D	vi Non.	Athanasii Alexandrinæ urbis episcopi.
			Et Saturnini et Neopolis, qui in carcere requieverunt.
3. IV	E	v Non.	Hierosolymis, Inventio sanctæ Crucis.
			Romæ via Numentana, Alexandri Papæ, et Eventii et Theoduli presbyterorum.
4. v	F	iv Non.	In civitate Gaza, Silvani Episcopi cum plurimis clericorum suorum coronati.
5. vi	G	iii Non.	Alexandriæ, sancti Euthymii diaconi in carcere quiescentis.
			Thessalonicæ, Irenæi et Peregrini
6. vii	H	ii Non.	B. Evodii Episcopi, qui primus ab apostolis Antiochiæ ordinatus est.
			Et S. Lucii Cyrenensis, qui Cyrenæ ab apostolis episcopus ordinatus est.
			Et S. Joannis apostoli quando ante portam Latinam in ferventis olei dolium missus est.
7. i	I	Nonæ.	Juvenalis martyris.
			Et Flaviæ Domitillæ.
			Nicomediæ, Augusti et Augustini.
8. ii	K	viii Id.	Mediolani, S. Victoris martyris.
9. iii	L	vii Id.	In Perside, martyrum cccx.
			Apud Nazianzi oppidum, Gregorii episcopi theolog.
10. iv	M	vi Id.	Job prophetæ.
			Via Latina, Gordiani et Epimachi.
			Et Calepodii senis presbyteri.
11. v	N	v Id.	Romæ via Salaria, S. Anthimi.
12. vi	O	iv Id.	In cœmeterio Prætextati, Nerei, et Achillei fratrum.
			Via Aurelia, sancti Pancratii martyris.
			Et Dionysii.
13. vii	P	iii Id.	Servatii Episcopi.
			S. Mariæ ad martyres dedicationis dies agitur, à Bonifacio Papa statutus.
14. i	Q	ii Id.	In Syria, Victoris et Coronæ martyrum.
15. ii	R	Idus.	Torquati, Ctesiphontis, Secundi, Indalecii Cæcilii, Esicii, Euphrasii, qui Romæ ab apostolis ordinati sunt.
16. iii	S	xvii K. Jun.	In Isauria, Aquilini et Victoriani.
17. iv	T	xvi Kal.	In Tuscia, Torpetis martyris sub Nerone.
18. v	V	xv Kal.	Apud Ægyptum, Dioscori lectoris.
19. vi	A	xiv Kal.	Romæ, Potentianæ virginis.
			Et Prudentis, discipuli Pauli.
			Et Caloceri et Partheni Eunuchorum.
20. vii	B	xiii Kal.	Via Salaria, St Basiliæ viginis et martyris.
21. i	C	xii Kal.	In Mauritania Cæsariensi, Thimothei, Polii.
22. ii	D	xi Kal.	In Africa, Casti et Æmilii.
23. iii	E	x Kal.	
24. iv	F	ix Kal.	S. Vincentii martyris.
			In Istria, Zoelli, Silvani.
25. v	G	viii Kal.	In cœmeterio Prætextati, S. Urbani episcopi et martyris.
26. vi	H	vii Kal.	Apud Athenas, Quadrati discipuli apostolorum.
27. vii	I	vi Kal.	In Mæsia civitate Dorostorensi, Julii martyris.
28. i	K	v Kal.	Joannis Papæ.
			In Sardinia, Æmilii, Felicis.

29. II	L	IV Kal.	Via Aurelia, Restituti,	
			Via Tiburtina, Septem germanorum.	
			Treveris, S. Maximini episcopi confessoris.	
30. III	M	III Kal.	Via Aurelia in coemeterio, Felicis papæ.	
			Turribus Sardiniæ, Crispuli et Gabinii.	
31. IV	N	II Kal.	Romæ, Petronillæ virginis.	
			Aquileiæ, Cantii, Cantiani, Cantianillæ.	

MENSIS JUNIUS

BET DIES XXX, LUNA XXIX.

1. V	O	Kal. Junii.	Dedicatio sancti Nicomedis martyris.	
			Et sancti Pamphili martyris.	
2. VI	P	IV Non.	Romæ, Marcellini presbyteri, et Petri exorcistæ.	
3. VII	Q	III Non.	Apud Aretium Tusciæ, martyrum Pergentini et Laurentini.	
			In Campania, Erasmi episcopi et martyris.	
4. I	R	II Non.	Apud Illiricum civitate Siscia, sancti Quirini episcopi et martyris.	
5. II	S	Nonæ.	Bonifacii martyris apud Tharsum xiv, die mensis Maii passi, Romæ Nonis Junii sepulti.	
6. III	T	VIII Id.	Philippi diaconi de vir apud Cæsaream.	
			Romæ, Artemii, Candidæ, et filiæ eorum Paulinæ.	
			Apud Tharsum, xx martyrum.	
. IV	V	VII d.	Apud Constantinopolim, Pauli episcopi.	
			In Cappadocia, Luciani martyris.	
8. V	A	VI Id.		
9. VI	B	V Id.	*Romæ in Cælio monte, Primi et Feliciani martyrum.	
10. VII	C	IV Id.	Romæ via Aurelia, Basilidis, Tripodis, et Mandalis, et aliorum xx.	
			Et Getulii martyris, et Cerealis.	
			Barnabæ apostoli ª.	
11. I	D	III Id.	Et Sosthenis apud Corinthum, discipuli Pauli ᵇ.	
			Aquileiæ, Felicis et Fortunati.	
12. II	E	II Id.	Mediolani, Nazarii et Celsi, quorum inventio II. Id. Junii, martyrium v. Kal. Augusti.	
13. III	F	Idus.	Romæ S. Feliculæ virginis martyris.	
14. IV	G	XVIII K. Julii.	Elisei prophetæ.	
			In Cappadocia, sancti Basilii fratris Gregorii et Petri.	

ª *Et sancti Maurini martyris.* Deest hic Adoni. Non expressi hunc in textu, quia ascriptus erat recentiori manu : haud dubie a religioso S. Pantaleonis, libri hujus exscriptore. Nam Coloniæ in S. Pantaleonis templo, corpus S. Maurini in veneratione habetur. Ibidem martyrio coronatus est die 10 Junii, cujus sepulcrum usque ad annum 965 occultum fuit. Quod quomodo detectum sit, post obitum Brunonis archiepiscopi Coloniensis, præsule Folcmaro ejus successore, vide apud Stephanum hujus inventionis descriptorem circa annum Domini 990, ad Christianum abbatem, cujus inventionis memoria recolitur 13 Octobris. Hac autem die passum testatur sarcophagi inscriptio, quæ apud eumdem exstat.

Hic requiescunt ossa bonæ memoriæ Maurini
Qui in atrio ecclesiæ Martyrium pertulit
Sub die quarta Idus Junii.

Quo vero anno hic martyrium pertulerit, non invenio expressum : nam quod Baronius ad diem 10 Junii, et Erhardus Winheim in sacrario Agrippinæ, notant annum 670 ex Trithemio de vir. illustr. Ord. S. Benedicti lib. III, cap. 134, vereor ut labantur. Non enim de nostro hoc Maurino agit Trithemius, sed de alio, Claroangi olim in Arvernia abbate, socio S. Præjecti episcopi, quorum natalis dies in Romano Martyrologio apud Baronium exstat 25 Januarii, qui Maurinus, nunc Marinus, nunc Marianus, nunc Amarinus, dicitur. Labendi occasionem dedit, quod Maurinus noster dicatur in atrio Ecclesiæ martyrium pertulisse. Et paria de altero Maurino scribit Trithemius : quanquam in Præjecti et Maurini martyrio 25 Januarii nulla *atrii Ecclesiæ* mentio habeatur, sed occisi dicuntur *in loco quodam, quem Volonicum appellant* : unde forte Trithemius, quod de Maurino Coloniensi martyre in sarcophago legitur, Maurino Arverno martyri attribuit.

ᵇ *Et Sosthenis apud Corinthum, discip. Pauli.* Infra 28 Novembris *Sosthenis discipuli apostolorum.* Ita Martyrologium hoc duos videtur facere Sosthenes, et alterum ab altero distinguere. Duplex Sosthenis memoria in sacris litteris Actorum c. 18. *Apprehendentes autem Sosthenem, principem synagogæ,* et I Cor. I. *Paulus vocatus apostolus Jesu Christi per voluntatem Dei, et Sosthenes frater.* Interpretes unum eumdemque hunc statuunt. Quæ si vera sententia, potuit ejusdem diverso die diversas ob causas memoria agi.

15. v	H	xvii Kal.	In Sicilia, Modesti, Viti, et Crescentiae martyrur?
			Dorostori, Esychii militaris.
16. vi	I	xvi Kal.	Antiochiae Cyrici et Julittae matris ejus, et aliorum cccci
17. vii	K	xv Kal.	Romae, Martyrum cclxii.
18. i	L	xiv Kal.	Romae via Ardeatina, martyrum Marci et Marcelliani.
19. ii	M	xiii Kal.	Mediolani, Gervasii et Protasii.
			† Et Commemoratio Nazarii et Celsi [a].
			Ravennae, Ursini martyris.
20. iii	N	xii Kal.	Romae, Novati, fratris Timothaei presbyteri, qui ab apostolis cruditi sunt.
21. iv	O	xi Kal.	Syracusis, martyrum Rufini et Martiae.
			Romae, Demetriae virginis.
22. v	P	x Kal.	Albani martyris [b].
			Nolae Campaniae, Paulini episcop.
23. vi	Q	ix Kal.	Sancti Joannis presbyteri, via Salaria vetere sepulti.
24. vii	R	viii Kal.	Nativitas Praecursoris Domini.
25. i	S	vii Kal.	Apud Pyrriberoeam, Sosipatris discipuli Pauli.
			Alexandriae, Gallicani martyris.
			Romae, Luciae virginis cum aliis xii.
26. ii	T	vi Kal.	Romae, Joannis et Pauli fratrum.
27. iii	A	v Kal.	Apud Galatiam, Crescentis discipuli Pauli apostoli.
			Apud Tiburtinem Italiae, Symphorosae cum vii filiis.
28. iv	B	iv Kal.	Romae, Leonis papae.
			Alexandriae, Plutarchi, Sereni Heraclidis, Herois, Potamioenae, Marcellae et aliorum.
29. v	C	iii Kal.	Romae, apostolorum Petri et Pauli.
30. vi	D	ii Kal.	Natalis Lucinae, discipulae Apostolorum.

[a] *Et commemoratio Nazarii et Celsi.* Deest quidem horum commemoratio hoc loco in Adone, tam vulgato quam ms. Idem tamen 12 Junii, cum de Inventione Nazari et Celsi agitur, addit: *Commemoratio etiam eorum publica et celebris in die sanctorum Gervasii et Protasii a fidelibus populis frequentatur, et venerabiliter excolitur;* qui hic ipse dies est. Cum quo convenit Florarium sanctorum ms., quod 12 Junii, in die inventionis SS. Nazari et Celsi habet: *Apud quosdam in die sanctorum Gervasii et Protasii agitur eorum* (Nazarii et Celsi) *festiva commemoratio.* Quare vides non sine ratione vetus hoc Martyrolium Romanum, hoc die, quo de Gervasio et Protasio agitur, etiam junxisse commemorationem Nazari, et Celsi.

[b] *Albani martyris.* Correctum erat *Albini,* uti etiam in Adone est. Quod factum puto in posterioribus exemplaribus scriptis post annum 991. Nam cum eo anno Theophania Othonis II uxor, S. Albani corpus Roma Coloniam transferens, sanctorum Gervasii et Protasii templo huic, olim six vocato, nunc S. Pantaleoni sacro donasset, veniens ex itinere Moguntiam, in differentiam Moguntinensis Albaniae, de consilio ejus loci episcopi, hunc Albinum, qui sub Diocletiano anno 286, mense Junii 22, passus est, vocavit. Ita Erhardus Winheim in Sacrario suo Agrippinae pag. 141. Vide Sacrarium nostrum rerum Moguntiacarum l. ii, c. 28.

MENSIS JULIUS

HABET DIES XXXI, LUNA XXX.

1. vii	E	Kal. Julii.	In monte Hor, Aaron, sacerdotis prim n ege.
2. i	F	vi Non.	In coemeterio Damasi, Processi et Martiniani, ab apostolis Petro et Paulo baptizatorum.
			Et trium militum, qui cum Paulo apostolo passi sunt.
			Et martyrum Aristonis, Crescentiani, Eutychiani, Urbani, et aliorum.
3. ii	G	v Non.	Translatio Thomae apostoli.
			Apud Constantinopolim, Eulogii.
			Laodiciae, Anatolii episcopi.
			Et Gregorii martyris.
4. iii	H	iv Non.	Oseae et Aggaei.
			Jocundiniani martyris.
			Apud Sirmium, Innocentii, Sabbatii, cum aliis xxx.
5. iv	I	iii Non.	In Syria, sancti Domitii martyris.
			Romae, Natale Zoae, uxoris Nicostrati.
6. v	K	ii Non.	Isaiae et Joel prophetarum.

				Et octavæ Apostolorum.
				Et primus ingressus apostoli Pauli in urbem Romam.
				Et Tranquillini martyris.
				Et natalis sancti Goaris confessoris.
7. VI	L		Nonæ.	Alexandriæ, sancti Pantæni.
				Romæ, martyris Nicostrati primiscrinii.
				Claudii, Castorii, Victorini, Symphroniani.
8. VII	M		VIII Id.	In Asia minori, Aquilæ et Priscillæ uxoris ejus.
				In Palæstina, Procopii martyris.
				† Maralana civitate, Brictii episcopi.
9. I	N		VII Id.	Romæ ad Guttam jugiter manantem, Zenonis et aliorum X. M. CCIII.
				In civitate Tyriæ, Anatoliæ et Audacis
				Cyrilli episcopi et martyris.
10. II	O		VI Id.	Romæ, Septem fratrum.
				In Africa, Januarii Marini, Naboris et Felicis.
				Romæ, Rufinæ et Secundæ.
11. III	P		V Id.	In Armenia minore, martyris Januarii.
12. IV	Q		IV Id.	Aquileiæ, Hermagoræ episcopi, discipuli sancti Marci.
				Apud Cyprum, Nasonis, antiqui Christi discipuli.
13. V	R		III Id.	Esdræ et Joel prophetarum.
				Et SS. Confessorum Eugenii episcopi, universi cleri Ecclesiæ.
14. VI	S		II Id.	Apud Pontum, Phocæ episcopi civitatis Synopis.
15. VII	T		Idus.	Nisibi, Jacobi episcopi.
				Romæ in Portu, Eutropii, Zozimæ et Bonòsæ sororum.
16. I	V		XVII K. Aug.	In Ostia, sancti Hilarini martyris.
				Apud Antiochiam Syriæ, Eustachii episcopi.
17. II	A		XVI Kal.	Carthagine, martyrum Scillitanorum, Sperati, Narthali, Cythini, Bethurii, Felicis, et aliorum VII.
18. III	B		XV Kal.	Carthagine, S. Guddenes virginis martyris.
19. IV	C		XIV Kal.	Hispali, SS. Justæ et Rufinæ.
20. V	D		XIII Kal.	Joseph, qui cognominatus est Justus, qui a Judæis pro Christo multa perpessus, victor in Judæa quievit.
21. VI	E		XII Kal.	Danielis prophetæ.
				Romæ, Praxedis virginis.
				Massiliæ, Victoris martyris.
22. VII	F		XI Kal.	S. Mariæ Magdalenes.
				Et Syntyches, quæ Philippis dormit.
				Ancyræ, Platonis martyris.
23. I	G		X Kal.	Ravennæ Apollinaris, episcopi et martyris.
24. II	H		IX Kal.	Romæ via Tiburtina, Vincentii.
				Apud Emeritam Hispaniæ, victoris militaris.
				Circa lacum Vulsinum in Italia, Christinæ virginis.
25. III	I		VIII Kal.	Jacobi Zebedæi apostoli.
				Civitate Samo, Christophori martyris.
26. IV	K		VII Kal.	Romæ in Portu, S. Hyacinthi martyris.
27. V	L		VI Kal.	In Sicilia, Simeonis monachi.
				Nicomediæ, Harmolai presbyteri.
28. VI	M		V Kal.	Nicomediæ, sancti Pantaleonis martyris [a].

[a] *Nicomeaiæ, S. Pantaleonis martyris.* Scripta næc erant capitalibus iisque miniatis litteris, quod scilicet hic Patronus sit templi et monasterii S. Pantaleonis Coloniæ, ubi Martyrologium hoc exscriptum est. Habent ibi caput sancti Pantaleon, quod eo Constantinopoli delatum est ab equite Henrico van Ulmen, anno Christi 1208. Cujus translationis memoria Coloniæ celebratur 18 Jan., ut habet Martyrolog. P. Canisii. Alius igitur Pantaneon, cujus caput Lugdunum delatum, ut habet Sigebertus in Chronico anni Christi 802. *Legati imperatoris Caroli ab Aaron Amira venientes, inter cætera munera etiam ossa Cypriani Carthaginiensis martyris, et Sperati primi Scillitanorum martyrum, et caput Pantaleonis martyris in Franciam afferunt.* Fortassis hic Pantaneon unus fuit e sociis Sperati, aliorumque Scillitanorum martyrum; et si inter eos Pantaleonis nomen in Martyrologiis non exprimatur. Colligere quis possit ex Adone in Chronico anno 806. *Tunc temporis delata sunt ossa B. Cypriani a Carthagine cum reliquiis beatorum Scillitanorum martyrum Sperati sociorumque ejus, et posita sunt in ecclesia B. Joannis Baptistæ in civitate Lugdunensi.* Non meminit hic Ado Pantaleonis, fors. eum sub Sperati sociis comprehendens. Quanquam idem in Martyrologio 17 Julii exprimit caput Pantaleonis, et a reliquiis Scillitanorum mar-

29. vii		N	iv Kal.	Romæ, Felicis papæ et martyris sub Constantio.
				Et Simplicii, Faustini et Beatricis.
30. i		O	iii Kal.	Romæ, Abdon et Sennis.
				Tuburbo Lucernariæ, Maximæ, Donatillæ et Secundæ virginum.
31. ii		P	ii Kal.	Cæsareæ, Fabii martyris.

tyrum distinguit. Agobardus quoque Lugdunensis episcopus carmine de harum reliquiarum adventu, Pantaleonis nomen exprimit. Plures igitur fuerunt Pantaleones. Certe in Martyrol. Rom. 27. Jul. et Pantaleomonem medicum Nicomediæ habes, et Pantaleomonem Vigiliis in Apulia. Pantaleon autem et Pantaleemon idem quibusdam nomen : nam qui Pantaleon Rom. Martyrol. Pantaleemon in Menologio dicitur : ubi et alius Pantaleon 17 Septembris socius Charalampi martyris.

MENSIS AUGUSTUS

HABET DIES XXXI, LUNA XXIX.

1. iii		Q	Kal. Aug.	Romæ, ad S. Petrum ad Vincula.
				Antiochiæ, SS. Machabæorum.
				Philadelphiæ, martyrum Cyrilli, Aquilæ, Petri et aliorum
				Vercellis, Eusebii episcopi.
2. iv		R	iv Non.	Romæ, Stephani papæ et martyris.
				In Bithynia, Theodotæ cum tribus filiis.
3. v		S	iii Non.	Hierosolymis, Inventio corporis beati Stephani, Gamalielis, Nicodemi, Abibon
				Constantinopoli, Hermelli martyris.
4. vi		T	ii Non.	Aristarchi discipuli apostolorum.
				In crypta Arenaria, Tertullini martyris Romæ.
5. vii		V	Nonæ.	In civitate Augusta in Rhætia, sanctæ Afræ martyris.
6. i		A	viii Id.	Romæ via Appia, Xisti papæ et martyris
				Felicissimi et Agapiti diaconorum in coemeterio Prætextati
7. ii		B	vii Id.	Apud Aretium, Donati episcopi et martyris.
				Romæ, Petri, Julianæ, cum aliis xviii.
				Mediolani, Fausti martyris.
8. iii			vi o.	Romæ via Ostiensi, Cyriaci martyris cum aliis xxi quando viii die mensis Augusti reconditi sunt.
9. iv		D	v Id.	Romæ, Romani militis.
				Vigilia sancti Laurentii.
10. v		E	iv Id.	Romæ, Laurentii archidiacon martyris.
				Et militum clxv.
11. vi		F	iii Id.	Romæ inter duas lauros, Tiburtii martyris
				Et Susannæ virginis martyris
12. vii		G	ii Id.	Catanæ, Eupli diaconi et martyris.
				In Syria, Macarii et Juliani.
13. i		H	Idus.	Romæ, Hippolyti martyris cum familia sua, et S. Concordiæ, nutricis ejus
				In foro Syllæ, Cassiani.
14. ii		I	xix K. Sept.	Romæ, Eusebii presbyteri et confessoris, sub Constantio Ariano, sepulti n coemeterio Callisti.
15. iii		K	xviii Kal.	Sanctæ Mariæ dormitio.
				Sancti Tharsitii acolythi et martyris.
16. iv		L	xvii Kal.	In Nicea Bithyniæ, Ursatii confessoris sub Licinio.
				Romæ, Serenæ, uxoris Diocletiani Augusti.
17. v		M	xvi Kal.	In Africa, martyrum Liberati Abbatis, Bonifacii diaconi, Servii et Rustici, et aliorum sub Wandalica persecutione.
				Cæsareæ, Mammetis martyris.
18. vi		N	xv Kal.	In Prænestina civitate, Agapiti martyris.
				Romæ, Joannis et Crispi presbyterorum.
19. vii		O	xiv Kal.	Sancti Magni seu Andreæ martyris, cum sociis duobus millibus dxcvii.
				Romæ, Julii senatoris et martyris.
20. i		P	xiii Kal.	Samuelis prophetæ.

Et Porphyrii hominis Dei.
21. II   Q   XII Kal.   Salonæ, Anastasii martyris.
22. III   R   XI Kal.   Romæ via Ostiensi, Timothæi martyris.
Et Antonii martyris.
Et peregrinorum martyrum Martialis, Epicteti, Saturnini cum sociis eorum.
23. IV   S   X Kal.   Romæ, Hippolyti, Quiriaci et Archillai.
Zachæi episcopi.
Theonæ episcopi.
24. V   T   IX Kal.   Bartholomæi apostoli et martyris.
Massæ Candidæ, Carthagini.
25. VI   A   VIII Kal.   Romæ, Genesii martyris, mimi. Thymelicæ artis magister fuit.
Et sancti Genesii Arelatensis.
Romæ, quatuor martyrum Eusebii, Pontiani, Peregrini et Vincentii.
26. VII   B   VII Kal.   Zephyrini papæ.
Irenæi, Abundii.
Bergamis, Alexandri.
Apud Victimilium, Secundi martyris.
..I   C   VI Kal.   Capuæ, Rufi martyris, Apollinaris discipuli.
Tomis, Marcellini et Manneæ.
28. II   D   V Kal.   Romæ, Hermetis martyris.
In Africa, Augustini episcopi.
Constantinopoli, sancti Alexandri episcopi.
29. III   E   IV Kal.   Romæ ad Arcum Faustini, Sabinæ martyris.
Eo die veneratur decollatio S. Joannis Baptistæ.
30. IV   F   III Kal.   Via Ostiensi, Felicis et † Audacti martyrum.
31. V   G   II Kal.   Apud Athenas, Aristidis, qui Adriano Principi de religione Christiana libros obtulit.

MENSIS SEPTEMBRIS

HABET DIES XXX, LUNA XXX.

1. VI   H   Kal. Sept. Jesu Nave et Gedeon prophetarum.
Capuæ, Prisci martyris, de illis antiquis Christi discipulis.
Apud Cæsaream Cappadociæ, Longini militis et martyris, qui latus Domini in cruce aperuit.
2. VII   I   IV Non.   Apud Apamiam, Antonini martyris
3. I   K   III Non.   Romæ, Seraphiæ virginis, IV Kal. Augusti passæ, II. Kal. sepultæ III Non. Septembris memoria passionis ejus celebrior.
4. II   L   II Non.   Moysis prophetæ.
Ancyræ, martyrum trium puerorum, Rufini, Silvani, Vitalicæ.
5. III   M   Nonæ.   Romæ, Victorini martyris, fratris Severini, qui post miram pœnitudinem Amiternæ urbis episcopus et martyr factus est.
Romæ, Herconi.
6. IV   N   VIII d.   Zachariæ prophetæ.
Et Onesiphori Pauli discipuli.
Et confessorum Donatiani et cæterorum.
7. V   O   VII Id.   Joannis martyris, qui Nicomediæ sub Diocletiano librum iniquæ legis minutatim discerpsit.
8. VI   P   VI Id.   Nativitas Dei Genitricis MARIÆ
Et Adriani martyris cum XXIII martyribus.
Et Nataliæ.
9. VII   Q   V Id.   Nicomediæ, Dorothei et Gorgonii martyrum quorum unus, Gorgonius, Romam transfertur.
In Sabinis, Hyacinthi, Alexandri Tiburtii.

10. I	R	IV Id.	In Africa, episcoporum Nemesiani, Felicis, et aliorum VII.
			Apud Chalcedonam, Sosthenis et Victoris.
11. II	S	III Id.	Romæ, Hyacinthi et Proti eunuchorum.
12. III	T	II Id.	Ticini ⁑ confessoris Syri, et Eventii, discipulorum Hermagoræ, Aquileiensis primi episcopi.
13. IV	V	Idus.	In Alexandria, Philippi episcopi et martyris, qui primum præfectus fuit.
14. V	A	XVIII K. Octob.	Romæ, Cornelii episcopi et martyris.
			Carthagine, Cypriani episcopi et martyris.
			Exaltatio sanctæ Crucis, ab Heraclio imperatore a Persis Hierosolymam reportatæ, quando et Romæ lignum salutiferum Crucis a Sergio papa inventum ab omni populo veneratur.
15. VI	B	XVII Kal.	Romæ, Nicomedis martyris.
16. VII	C	XVI Kal.	Chalcedone, Euphemiæ virginis.
			Romæ, Luciæ et Germiniani martyrum.
17. I	D	XV Kal.	Romæ, Justini presbyteri, ad quem B. Laurentius in vico Patricii nocte venit.
			Item Narcissi et Crescentiani.
18. II	E	XIV Kal.	Methodii, Olympi Lyciæ, et postea Tyri episcopi, qui sub Diocletiano martyrio coronatus est.
19. III	F	XIII Kal.	Neapoli, Januarii, Socii, Festi, Desiderii, Proculi, Eutychetis, Acuti. Et Pelei, et Nili.
20. IV	G	XII Kal.	In Cyzico, Faustæ virginis, et Evilasii.
21. V	H	XI Kal.	Matthæi apostoli.
22. VI	I	X Kal.	Mauritii cum sociis, qui Thebæi fuisse referuntur, sub Maximiano passi.
23. VII	K	IX Kal.	Mesenathæ, Sosii diaconi, annorum XXX martyris.
			Et Theclæ virginis, Seleuciæ quiescentis.
24. I	L	VIII Kal.	Conceptio Joannis Baptistæ.
25. II	M	VII Kal.	Cleophæ, cui Dominus post resurrectionem in via apparuit.
26. III	N	VI Kal.	Romæ, Cypriani episcopi Antiochiæ passi, et cum martyre Justina Romam translati.
27. IV	O	V Kal.	In Ægæa civitate, Cosmæ et Damiani, Anthimi, Leontii et Euprepii.
28. V	P	IV Kal.	Cordubæ Fausti, Januarii et Martialis martyrum.
29. VI	Q	III Kal.	In monte Cargano venerabilis memoria archangeli Michaelis.
			Et Romæ, dedicatio ecclesiæ ejusdem archangeli, a B. Bonifacio papa constructæ in Circo, qui locus Internubes dicitur.
30. VII	R	II Kal.	Bethleem, Hieronymi presbyteri.

MENSIS OCTOBER

HABET DIES XXXI, LUNA XXX.

1. I	S	Kal. Octob.	Tomis civitate, Prisci, Crescentii et Evagrii.
			Et Remis civitate, sancti Remigii episcopi.
2. II	T	VI Non.	Nicomediæ, Eleuterii martyris sub Diocletiano, et innumerabilium aliorum, quos iratus Diocletianus pro incenso palatio, diversis tormentis odio Christiani nominis occidit.
3. III	V	V Non.	Athenis, Dionysii Areopagitæ [a], sub Adriano diversis tormentis passi, ut Aristides testis est in opere, quod de Christiana religione composuit : hoc opus apud Athenienses inter antiquorum memorias clarissimum tenetur.

---

[a] *Athenis Dionysii Areopagitæ, sub Adriano diversis tormentis passi,* etc. Mox 9 Octobris : *Parisiis, Dionysii episcopi cum sociis suis a Fescennino gladio animadversi.* Vides auctoritate hujus Martyrologii, duos distingui Dionysios die et loco. Nec aliter vetusti Martyrologii, Beda, Usuardus, Ado, Notkerus. Ut suspicio esse non possit apud hos aliquid post additum, cum ipsi, quod in veteri hoc Romano Martyrologio invenerunt, ex fide dederint. Accuratam hujusce rei disquisitionem audio in viri docti manibus esse; quare supersedeo.

PATROL. CXXIII.

4. IV	A		IV Non.	Apud Corinthum Crispi et Caii.
				Apud Ægyptum, Marci et Martiani fratrum, cumque eis innumeræ multitudinis.
5. V	B		III Non.	Eumeniæ, Thraseæ episcopi, apud Smyrnam coronati, qui unus fuit ex antiquis.
6. VI	C		II Non.	Sagaris episcopi Laodicensis, de antiquis Pauli apostoli discipulis.
7. VII	D		Nonæ.	Romæ, Marci papæ.
				Et Juliæ, Sergii, et Bacchi.
				Marcelli, et Apuleii, qui primo adhæserunt Simoni Mago, deinde apostolo Petro: sub Aureliano consulari viro, martyrio coronati.
8. I	E		VIII Id.	Gortinæ, Philippi episcopi.
				Thessalonicæ, Demetrii martyris.
9. II	F		VII Id.	Abrahæ patriarchæ.
				Parisiis, Dionysii episcopi cum sociis suis a Fescennino gladio animadversi.
10. III	G		VI Id.	Loth prophetæ.
				In Creta, Pyniti inter episcopos nobilissimi.
11. IV	H		† Id.	Apud Tharsum, martyrum Tharaci, Probi, et Andronici.
12. V	I		IV Id.	Ravennæ, Hedistii.
				Apud Africam, sanctorum confessorum quatuor millium DCCCC LXXVI, sub persecutione Wandalica passorum.
13. VI	K		III Id.	Troade, Carpi, apostoli Pauli discipuli.
				Antiochiæ, Theophili episcopi, qui sextus ab apostolis fuit.
14. VII	L		II Id.	Romæ Callisti papæ et martyris, et Privati militis.
15. I	M		Idus.	
16. II	N		XVII K. Non.	Sanctorum martyrum Martiani et Satyriani, cum duobus fratribus eorum et aliorum CCLXX, pariter coronatorum Wandalica persecutione.
17. III	O		XVI Kal.	Marthæ sororis Lazari.
				Et Aristionis, qui fuit unus de LXX Christi discipulis.
18. IV	P		XV Kal.	Lucæ evangelistæ.
				Et Asclepiadis, Antiocheni episcopi.
				Romæ, Triphoniæ, uxoris quondam Decii Cæsaris.
19. V	Q		XIV Kal.	Antiochiæ, Beronici, Pelagiæ et aliorum XLIX.
				Et Ptolomæi, qui a quodam centurione Urbicio Judici traditur, et Lucii ac Tertii simul decollatorum, qui Alexandriæ sepulti sunt.
20. VI	R		XIII Kal.	a
21. VII	S		XII Kal.	Nicomediæ, Dasii, Zotici, Caii, cum XII militibus.
				Et sancti Hilarionis monachi.
22. I	T		XI Kal.	Hierosolymis, Marci, qui primus ex gentibus episcopus ibi factus est.
				Et Salomæ, quæ in Evangelio legitur.
23. II	V		X Kal.	Antiochiæ, Theodoreti presbyteri.
				In Hispaniis, Servandi et Germani.
24. III	A		IX Kal.	Venusiæ, Felicis episcopi Tubzocensis, et Audactis et Januarii presbyterorum, et Fortunaciani et Septimi lectorum b.
25. IV	B		VIII Kal.	Romæ via Salaria, XLVI militum, qui baptizati a Dionysio papa jubente Claudio decollati sunt.
26. V	C		VII Kal.	In Africa, Rogatiani presbyteri, et Felicissimi martyris.
27. VI	D		VI Kal.	Abela civitate, Vincentii, Sabinæ et Christetes martyrum.
28. VII	E		V Kal.	Simonis et Thadæi apostolorum.
				Romæ, Cyrillæ, filiæ Decii Cæsaris.

a In ms. hic erant sancti seq. diei, et 21 die Marcus et Salome, et 22 vacabat. Sed Ado et omnes ut hic impressum.

b Dedicatio S. Pantaleonis. Hoc additum erat ad marginem post sanctos eo die positos. Quare non expressi in textu. Certum enim hoc ascriptum postea a religioso S. Pantaleonis, Martyrologii hujus exscriptore, qui solemnitatem suæ ecclesiæ hic quoque exstare voluit. Nam et Adoni deest, qui antiquior est illa dedicatione, cum ille circa annum Domini 779 vixerit, et Romanum Martyrologium acceperit, ecclesia vero S. Pantaleonis primum fundata sit anno Christi 954 a Brunone, Coloniensi archiepiscopo, uti habet Sacrarium Agrippinæ a F. Erhardo Winhelm edito, pag. 141.

29. I	F	iv Kal.	Narcissi Hierosolymorum episcopi, viri sanctitate, et patientia, ac fide laudabilis.
			Sidonæ, Zenobii presbyteri et martyris.
30. II	G	III Kal.	Tingitanæ, Marcelli centurionis et martyris.
			In Africa, martyrum ccxx.
31. III	H	II Kal.	Nemesii, diaconi, et Lucillæ filiæ ejus, VIII Kal. Septembrium passi, sed pridie Kal. Novembrium a Sixto papa sepulti.

MENSIS NOVEMBER

HABET DIES XXX, LUNA XXX.

1. IV	I	Kal. Nov.	Festivitas Sanctorum, quæ celebris et generalis agitur Romæ.
			Cæsarii diaconi et martyris, et Juliani presbyteri.
			Et Severini monachi, de Tiburtina civitate.
2. V	K	IV Non.	Laodiceæ, Theodoti episcopi, qui arte medicus fuit.
3. VI	L	III Non.	Quarti discipuli apostolorum.
			In Cappadocia, martyrum Germani, Theophili, Cæsarii, Vitalis, sub Deciana persecutione.
4. VII	M	II Non.	Alexandriæ, Hierii presbyteri, vita purissimi, in Scripturis nobiliter eruditi.
5. I	N	Nonæ.	Zachariæ prophetæ, patris Joannis Baptistæ.
			Terracinæ, Felicis presbyteri, et Eusebii monachi.
6. II	O	VIII Id.	Toniza Africæ, sancti Felicis martyris.
			Civitate Theopoli, XL martyrum.
7. III	P	VII Id.	Alexandriæ, Achilleæ episcopi.
			Apud Perusinam, Herculani episcopi et martyris.
8. IV	Q	VI Id.	Romæ, martyrum Claudii, Nicostrati, Symphroniani, Castorii, Simplicii, artificum insignissimorum.
			Et ipso die, IV Coronatorum Severi, Severiani, Carpophori, Victorini, quorum festivitatem statuit Melchiades papa sub nominibus quinque martyrum celebrari, quia nomina eorum non reperiebantur; sed intercurrentibus annis cuidam sancto viro revelata sunt.
9. V	R	V Id.	Euchaitæ, sancti Theodori martyris.
10. VI	S	IV Id.	Chersona Lyciæ, Martini papæ, qui ob Catholicam fidem ibi relegatus vitam finivit.
11. VII	T	III Id.	Turonis, Martini episcopi, miraculorum patratoris.
			In Scythia, Mennæ martyris, Constantinopolim translati.
12. I	V	II Id.	In Africa, Archadii, Paschasii, Probi, et Eutychiani, Vandalorum persecutione martyrum.
13. II	A	Idus.	Ravennæ, Valentini, Solutoris, Victoris martyrum.
14. III	B	XVIII K. Dec.	Alexandriæ, Serapionis, qui sub Decio præcipitatus martyr efficitur.
15. IV	C	XVII Kal.	Felicis episcopi, qui a quintodecimo anno miraculorum gloria insignis fuit, et sub Martiano cum XXX martyrium complevit, in Nolensi ecclesia sepultus.
16. V	D	XVI Kal.	
17. VI	E	XV Kal.	Dedicatio sancti Petri ad Mal m dar [a].

[a] *Dedicatio S. Petri ad Mal m Dar.* Nulla hujus memoria apud Adonem exstat, nec dubium mihi quin et hoc addititium sit. Voluit Coloniensis exscriptor duo antiquissima et celeberrima, in Arduennæ saltu ad agrum Eburonum, hic intexere monasteria. Supra xx April. habuimus *Sabuletum*, vulgo *Stavelo*, hic vero *Malmundarium*, vulgo *Malmedy*. De utroque ita Sigebertus in Chronico anno Christi 651 : « Rex Sigebertus, de posteritate prolis desperans, duodecim monasteria hinc inde Deo construxit, in quibus Stabulaus et Malmundarium eminebant, cooperante sibi in his majore domus Grimoaldo, et Trajectensium episcopo Remaclo. Qui Remaclus non multo post, pertæsus sæcularium tumultuum, in ipso Stabulaus monachicæ vitæ assumpsit habitum. » Quod vero S. Petro dedicatum sit Malmundarium, ejus rei memoria exstat apud Notgerum in Vita S. Remacli, III sept., cap. 20, ubi hoc regis Sigeberti fundatoris diploma : « Sancta ac venerabilia monasteria Stabulaus sive Malmundarium cognominata, ubi vir venerabilis Remaclus episcop. et abbas, Christo auspice, præesse videtur, quæ vir illustris Grimoaldus,

				Alexandriæ, Dionysii episcopi, in multis sæpe confessionibus clari, Valeriani et Gallieni temporibus.
18.	VII	F	XIV Kal.	Antiochiæ, Romani monachi et martyris.
				Et sancti Esychii Palatini et martyris.
19.	I	G	XIII Kal.	Romæ, Maximi presbyteri et martyris.
				Et Fausti diaconi, et Eusebii collegæ ejus, martyrum visitatorum.
20.	II	H	XII Kal.	Romæ, Pontiani papæ et martyris.
				Messanæ, Ampeli et Caii.
21.	III	I	XI Kal.	Rufi, quem Apostolus ad Romanos scribens salutat.
22.	IV	K	X Kal.	Romæ, Cæciliæ virginis et martyris.
23.	V	L	IX Kal.	Sancti Clementis episcopi.
				Et Felicitatis, matris VII filiorum.
24.	VI	M	VIII Kal.	Romæ, Chrysogoni martyris, et Zoili.
25.	VII	N	VII Kal.	Sancti Petri Alexandri episcopi cum aliis DCLX.
26.	I	O	VI Kal.	Romæ Lini papæ.
				Et B. Alexandri episcopi et martyris, passi XI Kal. Octobr. a papa Damaso VI Kal Decemb. translati, quando festivitatem ei dicavit.
27.	II	P	V Kal.	Bononiæ, Vitalis et Agricolæ martyrum.
28.	III	Q	IV Kal.	Sosthenis discipuli apostolorum.
				Et sancti Rufi martyris cum omni domo sua per Chrysogonum lucrati.
				In Africa, Papinii et Mansueti episcoporum.
29.	IV	R	III Kal.	Romæ, Saturnini martyris, et Sennis, et Sisinnii diaconorum.
30.	V	S	II Kal.	Andreæ apostoli.

major domus, in honore sancti Petri ac sancti Pauli vel sancti Martini, seu cæterorum sanctorum, suo opere in vasta eremi Ardannensis silva construxit, quemadmodum nos loca ipsa ad ipsa monasteria ædificanda pro nostra præceptione ex foreste nostra concessimus, » etc.

Nescio au de hac prima monasterii templique dedicatione intelligendus sit locus hic Martyrologii. Nec enim certum diem vel Sigebertus vel Notgerus exprimit. Quare certius, ad secundam monasterii templique Malmundariensis dedicationem respicere Martyrologium. Ita enim Gesta mss. abbatum Malmundariensium : « Quintus decimus abbas Absalon, anno 801. Hic anno 817, indictione X, renovari fecit monasterium Malmundariense, tempore Ludovici regis piissimi, cujus adjutorio et sumptu renovatum fuit. Quod XV Kalendas Decembris dedicatur ab Williberto, archiepiscopo Coloniensi. » Quod Gestorum indicium R. P. Ægidio Bouchier, strenuo chronologiæ indagatori, debeo.

De nominis etymo Harigerus, abbas Lobiensis, cap. 55 de Gestis Leodien. episc., ubi de S. Remaclo : « Et quia eumdem locum a superstitionum emundavit pollutione, Malmundarium, quasi a malo mundatum, placuit vocitare. » Ita videlicet tunc placuit ex syllabarum aucupio etymon quoque captare.

MENSIS DECEMBER

HABET DIES XXXI; LUNA, XXIX.

1.	VI	T	Kal. Dec.	Romæ, Chrysanti et Dariæ martyrum, et Diodori et Mariniani, cum infinita multitudine martyrum.
2.	VII	V	IV Non.	Romæ, Vivianæ [al., Bibianæ] martyris.
				Fausti martyris et Dafrosæ filiæ.
3.	I	A	III Non.	Romæ, Claudii tribuni, et Hilariæ uxoris ejus, et Jasonis et Mauri, LXX militum sub Numeriano.
4.	II	B	II Non.	Romæ, Simphronii et Olympii, Exsuperiæ et Theodoli die VII Kalendarum Augusti passorum; a beato Xysto via Latina II Nonas Decembris translatorum, quando eorum festus dies celebrior agitur.
5.	III	C	Nonæ.	Crispinæ martyris.
				Et Dalmatii martyris.
6.	IV	D	VIII Id.	Nicolai episcopi Myrorum Lyciæ.
				In Africa, Dionysiæ, Dativæ, Leontis, et Emiliani medici, et aliorum.
7.	V	E	VII Id.	Alexandriæ, Agathonis martyris et militis sub Decio.
8.	VI	F	VI Id.	Romæ, Eutychiani papæ et martyris, qui CCCXLII martyres sua manu sepelivit.
				Alexandriæ, Macarii martyris, genere Lybici.

MARTYROLOGIUM CUM ADDITAMENTIS.

9. vii	G	v Id.	Leocadiæ virginis.
10. i	H	iv Id.	Eulaliæ virginis et martyris.
			Spoleti, Carpophori presbyteri, et Abundii diaconi.
11. ii	I	iii Id.	Danielis prophetæ.
			Romæ, Damasi papæ.
			Et martyrum Pontiani, Prætextati, et Thrasonis qui martyribus de facultatibus suis ministravit.
12. iii	K	ii Id.	Alexandriæ, Epimachii et Alexandri.
			Et sanctarum quatuor mulierum, Ammonariæ, Mercuriæ, Dionysiæ, et Ammonariæ.
13. iv	L	Idus.	Syracusis, Luciæ virginis et martyris.
14. v	M	xix Kal. Jan.	Antiochiæ, Drusi, Zosimi, et Theodori.
			Alexandriæ, Heronis, Arsenii, et Isidori, et Dioscori.
			In Cypro, Spiridionis episcopi.
15. vi	N	xviii Kal.	In Africa, Valeriani episcopi et confessoris, Vandalica persecutione.
16. vii	O	xvii Kal.	Martyrium sanctorumAnaniæ, Azariæ, Misaelis.
			In Tuscia, Barbaræ virginis et martyris.
17. i	P	xvi Kal.	Translatio Ignatii episcopi et martyris Antiochiæ.
			Et Lazari, quem Christus resuscitavit, et Marthæ sororis ejus in Bethania.
18. ii	Q	xv Kal.	Rufi et Zosimi de primis discipulis Christi, per quos Ecclesia de Judæis et Græcis primitiva fundata est.
19. iii	R	xiv Kal.	Apud Ægyptum, Nemesii martyris, qui per calumniam quasi latro, judici delatus est.
20. iv	S	xiii Kal.	Alexandriæ, Ammonis, Zenonis, Ptolomæi, Ingenui, Theophili.
21. v	T	xii Kal.	Thomæ apostoli.
			In Tuscia, Joannis et Festi.
22. vi	V	xi Kal.	Romæ, xxx martyrum sub Diocletiano, via Lavicana inter duas lauros sepultorum.
			Alexandriæ, Ischirionis martyris.
			Et aliorum quamplurimorum, inter quos senex Chæremon.
23. vii	A	x Kal.	Romæ, Victoriæ martyris.
			Nicomediæ, martyrum xx.
			Romæ, Servuli ægritudine dissoluti, in ecclesia beati Clementis sepulti, ubi Dominus per illum mira operari dignatur.
24. i	B	ix Kal.	Vigilia Natalis Domini.
			Apud Spoletum, Gregorii presbyteri et martyris.
25. ii	C	viii Kal.	NATIVITAS DOMINI secundum carnem.
			Romæ, Anastasiæ.
			Et Eugeniæ.
26. iii	D	vii Kal.	Stephani protomartyris.
27. iv	E	vi Kal.	Joannis apostoli et evangelistæ, apud Ephesum.
28. v	F	v Kal.	Bethleem, sanctorum Innocentium.
29. vi	G	iv Kal.	David regis.
			Et Trophimi episcopi, discipuli apostolorum.
30. vii	H	iii Kal.	Apud Spoletum, Sabini episcopi, Exsuperantii, et Marcelli, et Venustiani cum uxore et filiis : qui passi vii Idus Decembris, festivitatem sepulturæ habent iii Kalend. Januarii.
31. i	I	ii Kal.	Romæ, Sylvestri papæ et confessoris.
			Et sanctæ Columbæ virginis.

QUO GENERE CULTUS SANCTI MARTYRES VENERANDI SUNT.

Ex Libris B. Augustini episcopi (lib. xx *contra Faustum. cap.* 21.)

Populus Christianus memorias martyrum religiosa solemnitate concelebrat, et ad excitandam imitationem, et ut meritis eorum consocietur, atque orationibus adjuvetur : ita tamen, ut nulli martyrum, sed ipsi Deo martyrum, quamvis in memoriis martyrum constituamus altaria. Quis enim antistitum in locis sanctorum corporum assistens, altari aliquando dixit : Offerimus tibi Petre, aut Paule, aut Cypriane? Sed quod offertur, offertur Deo, qui martyres coronavit, apud memorias eorum quos coronavit; ut ex ipsorum locorum admonitione major affectus exsurgat, ad augendam charitatem, et in illos quos imitari possumus, et in illum quo adjuvante possimus. Colimus ergo martyres eo cultu dilectionis et societatis, quo et in hac vita coluntur sancti homines Dei, quorum cor ad talem pro evangelica veritate passionem paratum esse sentimus; sed illos tanto devotius, quanto securius post incerta omnia superata ; quanto etiam fidentiori laude prædicamus jam in vita feliciori victores, quam in ista adhuc usque pugnantes. At illo cultu, qui Græce λατρεία dicitur, Latine uno verbo dici non potest, cum sit quædam proprie divinitati debita servitus, nec colimus, nec colendam docemus, nisi unum Deum. Cum autem ad hunc cultum pertineat oblatio sacrificii (unde idololatræ dicuntur, qui hoc etiam idolis exhibent) nullo modo tale aliquid offerimus aut offerendum præcipimus, vel cuiquam martyri, vel cuiquam sanctæ animæ, vel cuiquam angelo, et quisquis in hunc errorem delabitur, corripitur per sanam doctrinam, sive ut corrigatur, sive ut caveatur. Etiam ipsi sancti, vel homines, vel angeli, exhiberi sibi nolunt, quod uni Domino deberi norunt. Apparuit hoc in Paulo et Barnaba (*Act.* xiv), cum commoti miraculis, quæ per eos facta sunt, Lycaonii tanquam diis immolare voluerunt: conscissis enim vestimentis suis, confitentes et persuadentes se deos non esse, ista sibi fieri vetuerunt. Apparuit et in angelis, sicut in Apocalypsi legimus (*Capp.* xix et xxii), angelum se adorari prohibentem ac dicentem adoratori suo : Conservus tuus sum et fratrum tuorum, Dominum adora. Ista sibi plane superbi spiritus exigunt, diabolus et angeli ejus, sicut per omnia templa et sacra gentilium. Quorum similitudo in quibusdam etiam superbis hominibus expressa est : sicut de Babyloniæ quibusdam regibus memoriæ commendatum tenemus. Unde sanctus Daniel accusatores ac persecutores pertulit, quod regis edicto proposito, ut nihil a quoquam Deo peteretur nisi a rege solo, Deum suum, hoc est unum et verum Deum adorare deprecarique deprehensus est : qui autem se in memoriis martyrum inebriant, quomodo a nobis approbari possunt, cum eos, etiamsi in domibus suis id faciant, sana doctrina condemnet? Sed aliud est quod docemus, aliud quod sustinemus, aliud quod præcipere jubemur, aliud quod emendare præcipimur, et donec emendemus, tolerare compellimur; alia est disciplina Christianorum, alia luxuria vinolentorum, vel error infirmorum, verumtamen et in hoc ipso distant plurimum culpæ vinolentorum et sacrilegorum. Longe quippe minoris peccati est, ebrium redire a martyribus, quam vel jejunum sacrificare martyribus. Sacrificare martyribus dixi, non dixi sacrificare Deo in memoriis martyrum : quod frequentissime facimus, illo duntaxat ritu, quo sibi sacrificari Novi Testamenti manifestatione præcepit : quod pertinet ad illum cultum qui λατρεία dicitur, et uni Deo debetur. [Proinde verum sacrificium, quod uni vero debetur Deo, quo ejus altare solus Christus implevit, in victimis pecorum imitata dæmonia sibi arroganter exposcunt, unde Apostolus dicit : *Quæ immolant gentes dæmoniis immolant, et non Deo (I Cor.* x), non quod offerebatur culpans, sed quia illis offerebatur. Hebræi autem in victimis pecorum quas offerebant Deo multis et variis modis, sicut re tanta dignum erat, prophetiam celebrabant futuræ victimæ, quam Christus obtulit. Unde jam Christiani peracti ejusdem sacrificii memoriam celebrant sacrosancta oblatione et participatione corporis et sanguinis Christi.] Hujus sacrificii caro et sanguis ante adventum Christi per victimas similitudinem promittebatur; in passione Christi per ipsam veritatem reddebatur; post ascensum Christi per sacramentum memoria celebratur.

ROSWEIDUS BENEVOLO LECTORI.

Aloysius Lipomanus episcopus Veronensis, illustre Italiæ decus, tomo suo quarto de Vitis SS., ann. 1554 Venetiis edito, non pauca ex Adonis Martyrologio ms. delibavit quod ille tanti fecit, ut ipse scribat : *Omne aurum nihil duxi in comparatione illius.* Deinde Jacobus Mosander, Carthusiæ Coloniensis insignis alumnus, anno 1581, tomo septimo de Vitis sanctorum, succedaneum Surio dedit, hoc Martyrologium Adonis integrius edidit.

Sed cum hic et ordinem mutaverit, et quædam ab aliena manu inseruerit, paucula dempserit, nonnulla quoque assecutus non fuerit; placuit rursus Adonem recensere, eumque pristino nitori restituere, et veteri Martyrologio Romano, sicut ipse olim fecit, subnectere. Quod ut ex fide præstarem, tres mihi veteres codices fuere subsidio, perbenigne a diversis antiquitatis ecclesiasticæ fautoribus communicati. Primus fuit sancti Pantaleonis Coloniæ, quem suppeditavit Carthusia Coloniensis, ex qua Ado curante Mosando prodierat. Secundum nactus sum ab Everbodiensi abbatia juxta Sichemium; tertium, a Petro Scriverio. Qui etsi singuli se vetustate sua probarent, tertius tamen eminebat nisi quod huic prima omnia deerant, usque ad Martium, et pars in Junio Julioque. Reliqui integrum Adonem repræsentabant, eo ordine modoque, quo nunc exhibeo. Litteræ singulis Martyrologii diebus præfixæ, in solo erant codice Everbodiensi.

Quare ne mireris, lector, hic in fronte Martyrologii Adonis comparere *libellum de festivitatibus sanctorum apostolorum et reliquorum, qui discipuli aut vicini successoresque ipsorum apostolorum fuerunt.* Nihil enim sibi auctoribus, libris, iisque vetustissimis dedi; nihil in vulgato Adone, nisi iisdem suffragantibus mutavi. Et vero libelli hujus auctoritatem tuetur ipse Ado in suo Martyrologio 2 Julii, ubi postquam breviter sanctorum Processi et Martiniani martyrum meminit, addit : *Quorum passio in libello apostolorum supra nota est :* quæ verba in vulgato Adone desiderantur, uti et nonnulla alia. Quod inde accidit, quod Mosander libellum hunc apostolorum, passim martyrologio Adonis, locis suis inseruerit, iis submotis, quæ breviculæ tantum de iisdem sanctis notata erant. Sed aliud Ado ipse consilium inierat. Voluit apostolos, eorumque successores viros apostolicos, velut duces in fronte generosi exercitus apparere, et gloriosos milites velut in aciem educere : voluit eosdem rursus in principiis et post principia (ut strenui duces solent) intercurrere, quod cur mutemus ?

Adonem vero Viennensem archiepiscopum, non Trevirensem (quod existimarunt Aloysius et Mosander) uti Martyrologii, ita et hujus libelli auctorem esse, fidem facit codex Everbodiensis, qui hunc titulum præfert : *Ado Viennensis archiepiscopus quasi epilogatum compilavit, incipiens a festivitatibus apostolorum, aut discipulorum, aut successorum eorum.* Nam quem ante titulum dedi, est e codice sancti Pantaleonis, in quo Ado ante vetus Martyrologium Romanum, ut supra habes, præfatur, nulla distinctione episcopatus adjecta. Viennensis hic Ado multo Trevirensi est antiquior : nam ille vixit tempore Joannis VIII, circa annum 879 : ad eum enim annum Chronicon suum perduxit. Alter vero sive Ado sive Udo tempore Gregorii VII, circa annum 1076 Adonis Viennensis natalis inter sanctos recensitus habetur 16 Decemb. *Viennæ beati Adonis episcopi et confessoris.*

Quod hic in Martyrologio Adonis initium sumitur, non a Kalendis Januarii, ut hactenus editum, sed a Vigilia Nativitatis Domini, scias hoc est Romanæ Ecclesiæ ritu factum, quæ anni epocham olim habuit Nativitatem Christi, et a Vesperis Vigiliæ ipsius Nativitatis annum auspicabatur. Constanter ita exhibebant tria ms. exemplaria, quibus usus sum. Vide et Cl. V. Pauli Petavii Syntagma de Epocha annorum.

LIBELLUS DE FESTIVITATIBUS SS. APOSTOLORUM

Et reliquorum qui discipuli aut vicini successoresque ipsorum apostolorum fuerunt.

E. III KAL. JULII (29 Junii).

(Hieron, *de Script. Eccl.* c. 1.) Romæ natalis beatorum apostolorum Petri et Pauli, qui passi sunt sub Nerone, Basso et Tusco consulibus. Petrus secundo Claudii anno, post episcopatum Antiochensis Ecclesiæ, et prædicationem dispersionis eorum, qui de circumcisione crediderant, in Ponto, Galatia, Cappadocia, Asia, et Bithynia, ad expugnandum Simonem Magum Romam missus est; ibique viginti quinque annis cathedram sacerdotalem tenuit, usque ad ultimum annum Neronis, a quo et affixus cruci, martyrio coronatus est, capite ad terram verso, et in sublime pedibus elevatis, asserens se indignum, qui crucifigeretur ut Dominus suus. Sepultus in eadem urbe, in Vaticano, juxta viam Triumphalem totius orbis veneratione celebratur. Scripsit duas epistolas, quæ Catholicæ nominantur; quarum secunda a plerisque ejus negatur, propter styli cum priore dissonantiam; sed et Evangelium juxta Marcum, qui auditor ejus et interpres fuit, hujus dicitur. Libri autem, e quibus unus Actorum ejus scribitur, alius Evangelii, tertius Prædicationis, quartus Ἀποκαλύψεως, quintus Judicii, inter apocryphas scripturas repudiantur.

(*Ibid.*, c. 2.) Paulus quoque post passionem Domini vigesimo quinto anno, id est secundo Neronis, postquam ab Jerusalem usque Illyricum replevit Evangelium Christi, Romam vinctus missus est; et sicut ipse in secunda Epistola ad Timotheum scribit, liberatus de ore leonis (*II Tim.* IV), videlicet ferocissimi persecutoris Neronis, Evangelium Christi in Occidentis quoque partibus prædicavit. Et hic ergo quarto decimo Neronis anno, eodem die quo Petrus Romæ pro Christo capite truncatur, sepultusque est in via Ostiensi, anno post passionem Domini trigesimo septimo. Scribit autem novem, ad septem Ecclesias, epistolas : ad Romanos unam ; ad Corinthios duas ; ad Galatas unam ; ad Ephesios unam ; ad Philippenses unam ; ad Colossenses unam ; ad Thessalonienses duas. Præterea ad discipulos suos : Timotheo duas, Tito unam, Philemoni unam ; Epistola autem, quæ fertur ad Hebræos, non ejus creditur, propter styli sermonisque dissonantiam : sed vel Barnabæ, juxta Tertullianum ; vel Lucæ evangelistæ, juxta quosdam ; vel Clementis, Romæ post Ecclesiæ episcopi, quem dicunt, sententias Pauli proprio ordinasse et ornasse sermone ; vel certe (quia Paulus scribebat ad Hebræos, et propter invidiam sui apud eos nominis, titulum in principio salutationis amputaverat ; scripserat autem ut Hebræus Hebraice, id est suo eloquio disertissime) ea quæ eloquenter scripta fuerant in Hebræo, eloquentius vertisse in Græcum et hanc esse causam, quod a cæteris Pauli epistolis discrepare videatur. Ejus itaque esse, non alterius, tota Ecclesia jam firmis- sime tenet. Legunt quidam et ad Leodicenses, sed ab omnibus explodítur. Hic de tribu Benjamin, et oppido Judææ, Gigascalis [al., Gischalis] fuit : quo a Romanis capto, cum parentibus suis Tharsum Ciliciæ commigravit; a quibus ob studium legis missus Jerosolymam, a Gamaliele doctissimo viro eruditus est (*Act.* VII *et* IX). Cum autem interfuisset neci martyris Stephani, et acceptis epistolis a pontifice templi, ad prosequendos eos qui Christo crediderant, Damascum pergeret, revelatione compulsus ad fidem vas electionis de persecutore translatus est. Cumque primum ad prædicationem ejus Sergius Paulus proconsul Cypri credidisset, ab eo, quod eum Christi fide subegerat, sortitus est nomen.

F. H Kal. Decembris (30 *Nov.*).

In civitate Patras provinciæ Achaiæ, natalis beati Andreæ apostoli, qui etiam apud Scythiam prædicavit. Hic beatissimus apostolus ab Ægæa proconsule Achaiæ comprehensus, cum perseveranter in fide Christi et Evangelii ministerio duraret, insuperabilisque maneret, carcere primum clausus, inde coram proconsule gravissime cæsus, ad ultimum cruce ligatis manibus et pedibus, funibusque toto corpore tensus, ut longius cruciaretur, biduo inibi supervixit, non cessans ea quæ Christi sunt populum docere. Cumque hi, qui per eum Christo Domino crediderant, satis agerent ut deponeretur, Ægæamque, ut hoc perficeret, nolentem impellerent, apostolus Domini circumstante populo, et Ægæa proconsule, ut solveretur, agente, post verba orationis fulgore cœlesti fere una desuper circumfulsus hora, cum ipso lumine abscedente emittens spiritum, perrexit fine beato ad Dominum. (Euseb. *in Chron.*) Cujus sanctissimum corpus Maximilla potentissima matronarum reverenter deposuit sepelivit; sed emergentibus annis, sacratissima ejus ossa, vicesimo Constantii imperatoris anno, ab Achaia Constantinopolim translata sunt.

C. VIII Kal. Augusti (25 *Julii*).

Natalis beati Jacobi apostoli, fratris Joannis evangelistæ, qui decollatus est ab Herode rege Jerosolymis, ut liber Actuum apostolorum docet (*cap.* 12). Hujus beatissimi apostoli sacra ossa ad Hispanias translata et in ultimis earum finibus, videlicet contra mare Britannicum condita, celeberrima illarum gentium veneratione excoluntur.

D. VI Kal. Januarii (27 *Dec.*).

(Hieron. *de Eccl. Scrip.*, c. 9). Natalis beati Joannis apostoli evangelistæ, quem Jesus amavit plurimum, qui secundam post Neronem persecutionem movente Domitiano, posteaquam in oleo igneo demersus nihil passus est, in Pathmum insulam relegatus vidit Apocalypsim. Interfecto autem Domitiano, et actis ejus ob nimiam crudelitatem a senatu rescissis, sub Pertinace rediit Ephesim. Et quia concussam se absente per hære- ticos vidit Ecclesiæ fidem, confestim hanc descriptam in Evangelio suo, verbi Domini æternitate stabilivit. Rogatus siquidem ab Asiæ episcopis adversus Cerinthum aliosque hæreticos, et maxime contra Ebionæorum dogma tunc consurgens, qui asserunt Christum ante Mariam non fuisse, compulsus est scribendi Evangelii sanctum opus suscipere. Ferunt et aliam causam hujus scripturæ; quod cum legisset Matthæi, Marci, et Lucæ volumina, probaverit quidem textum historiæ, et vera eos dixisse firmaverit, sed unius tantum anni, in quo et passus est Christus, et post carcerem Joannis, historiam tenuisse. Prætermisso itaque anno, cujus acta a tribus exposita fuerant, superioris temporis, antequam Joannes clauderetur in carcerem, gesta narravit. Sicut manifestum esse poterit his, qui diligenter quatuor Evangeliorum volumina legerint; quæ res et διαφωνίαν, id est dissonantiam quæ videbatur Joannis esse cum cæteris tollit. Ipse autem usque ad Trajani principis tempora perseverans, totas Asiæ fundavit rexitque Ecclesias; et confectus senio, sexagesimo octavo post passionem Domini anno mortuus, juxta eamdem urbem sepultus est. Scripsit autem et unam epistolam, cujus exordium est : *Quod fuit ab initio*, quæ ab universis ecclesiasticis et eruditis viris probatur. Reliquæ autem duæ, quarum principium est : *Senior electæ dominæ et natis ejus*; et sequentis : *Senior Gaio charissimo*, Joannis presbyteri esse ab aliquibus putantur; sed nunc jam generalis Ecclesiæ consensus habet, quod has quoque epistolas Joannes apostolus scripserit.

B. Kal. Maii (1 *Maii*).

Natalis beatorum apostolorum Philippi et Jacobi; ex quibus Philippus cum pene Scythiam ad fidem Christi convertisset, diaconibus, presbyteris et episcopis ibi constitutis, reversus est ad Asiam, ubi continua prædicatione per aliquot annos insistens, multitudinem populorum Christo laboribus piis semper inserviens lucratus est. Quique apud Hieropolim Asiæ civitatem dormivit, cum patribus suis beato fine sepultus.

(Hieron. *de Eccl. Script.* c. 2.) Jacobus vero, qui et frater Domini legitur, cognomento Justus post passionem Domini statim ab apostolis Hierosolymorum episcopus ordinatus est. Hic de utero matris sanctus fuit, vinum et siceram non bibit, carnem nullam comedit; nunquam attonsus est, nec unctus unguento, nec usus balneo. Huic soli licitum erat ingredi Sancta sanctorum : siquidem vestibus laneis non utebatur, sed lineis; solusque ingrediebatur templum, et fixis genibus pro populo deprecabatur, in tantum ut camelorum duritiem traxisse ejus genua crederentur. Hic itaque cum publice in concilio compelleretur a Judæis, ut Christum Dei Filium denegaret, et ille voce maxima protestaretur ad populum, dicens : Quid me interrogatis de Filio hominis? Ecce ipse sedet a dextris virtutis Dei, et venturus est cum nubibus cœli; præcipitatus de pinna templi, confractis cruribus, adhuc semiaminis tollens ad cœlum manus diceret : *Domine, ignosce eis, quod enim faciunt, nesciunt;* fullonis fuste in cerebro percussus occubuit. Hic est de quo apostolus Paulus scribit ad Galatas : *Alium autem apostolorum vidi neminem, nisi Jacobum fratrem Domini* (Gal. 1). Et apostolorum super hoc crebrius acta testantur. Evangelium quoque, quod appellatur secundum Hebræos, et beato Hieronymo in Græcum sermonem Latinumque translatum est, post resurrectionem Salvatoris de eo refert : *Dominus autem cum dedisset sindonem servo sacerdotis, venit ad Jacobum Justum et apparuit ei. Juraverat autem Jacobus se non comesturum panem ab illa hora, qua biberat calicem Domini, donec videret eum resurgentem a dormientibus. Rursusque post paulum : Afferte, ait Dominus, mensam et panem.* Statimque additur : *Tulit panem, et benedixit, ei fregit, et dedit Jacobo Justo, dixitque ei : Frater mi, comede panem tuum, quia filius hominis surrexit a dormientibus.* Triginta atque annis Hierosolymæ rexit Ecclesiam, id est usque ad septimum Neronis annum; et juxta templum ubi præcipitatus fuerat sepultus est. Quidam in monte Oliveti eum conditum putant, sed falsa eorum opinio est. Scripsit autem unam tantam Epistolam, quæ de septem canocicis est.

E. IX KAL. SEPTEMB. (24 *Aug.*).

Natalis beati Bartholomæi apostoli; qui apud Indiam Christi Evangelium prædicans, decollatione martyrium complevit. Hujus apostoli sacratissimum corpus primum ad insulam Liparis, quæ Siciliæ vicina est, deinde Beneventum translatum, pia fidelium veneratione celebratur.

E. XII KAL. JANUARII (21 *Dec.*).

Natalis beati Thomæ apostoli; qui Parthis et Medis Evangelium prædicans, passus est in India. Corpus ejus in civitatem, quam Syri Edessam vocant, translatum, ibique digno honore conditum est.

F. II KAL. OCTOBRIS (21 *Sept.*).

(Hier. *de Script. Eccle.* III.) Natalis beati Matthæi apostoli et evangelistæ, qui primus in Judæa Evangelium Christi Hebræo sermone conscripsit (*Matth.* II; *Luc.* v); post vero apud Æthiopiam prædicans, martyrium passus est. Evangelium, ejus stylo scriptum, ipso revelante, tempore Zenonis imperatoris inventum est. Idem autem Matthæus in Evangelio Levi appellatur.

G. V KAL. NOVEMB. (28 *Oct.*).

(Isid. *de Vit. et ob. SS.* c. 81.) Natalis beatorum apostolorum Simonis Chananæi, qui et Zelotes scribitur, et Thadæi, qui etiam Judas Jacobi legitur et alibi appellatur Lebæus, quod interpretatur *corculus*. E quibus Thadæus apud Mesopotamiam, Simon vero apud Ægyptum traditur prædicasse: inde simul Persidem ingressi, cum fidei Christi innumeram gentis ipsius multitudinem subdidissent, et Ecclesiam Domini late jam fundatam viderent, martyrium ibi, cursum temporis explentes, beato certamine

ᵃ In Martyrol. Adonis, est 18 Febr.

consummaverunt; honorifice sepulti a populis Chritianis, quos Domino ipsi genuerant. Quod quidam putant Simonem apostolum unum de duodecim ipsum esse qui sub Trajano crucem passus sit, omnino falsum est. Nam et Beda sanctus presbyter, qui hoc super Acta apostolorum sentit, Isidorum secutus in libro Retractationum se hoc non bene sensisse reprehendit. Sed et Historia Ecclesiastica, non de apostolo, sed de alio Simone gesta narrat. (Euseb., lib. III, cap. 16).

K. VI NONAS MAII (2 *Maii*).

Natalis beati Simeonis episcopi et martyris ᵃ, qui propinquus Salvatoris secundum carnem, Jerosolymorum episcopus post Jacobum fratrem Domini est ordinatus; et persecutione Trajani multo tempore suppliciis affectus, martyrio consummatus est, omnibus qui adherant, et ipso judice mirantibus, ut centum vigenti annorum senex crucis supplicium pertulisset. (Euseb., lib. II, cap. 26.)

F. VI KAL. MARTII (24 *Febr.*).

Natalis sancti Matthiæ apostoli, qui post ascensionem Domini a beatis apostolis sorte electus (*Act.* I), atque in locum Judæ proditoris Domini subrogatus, apud Judæam Christi Evangelium prædicavit.

A. III IDUS JUNII (11 *Junii*).

(Hier. *de Script. Eccl.* c. 6.) Natalis sancti Barnabæ apostoli, qui cum esset Cyprius, cum Paulo gentium apostolus ordinatus est (*Act.* XI). Hic postea propter Joannem discipulum, qui et Marcus vocabatur, separatus a Paulo, nihilominus Evangelicæ prædicationis injunctum sibi opus exercuit. Cujus corpus tempore Zenonis imperatoris, ipso revelante, repertum est. Hic unam ad ædificationem Ecclesiæ pertinentem Epistolam composuit, quæ tamen inter apocryphas legitur.

D. XV KAL. NOVEMB. (18 *Oct.*).

(Hier., de *Script. Eccl.* c. 7; Euseb. in *Chron.*) Natalis sancti Lucæ evangelistæ, quæ fuit natione Syrus Antiochensis, arte medicus, discipulus apostolorum ; Paulum secutus usque ad confessionem ejus serviens Domino sine crimine; neque uxorem unquam habens neque filios. Septuaginta et trium annorum obiit in Bithynia, plenus Spiritu sancto. Sepultus autem nunc Constantinopoli ; ad quam urbem vicesimo Constantii anno, ossa ejus, cum reliquiis Andreæ apostoli, translata sunt. Scripsit Evangelium, quod non solum ab apostolo Paulo didicit, qui cum Domino in carne non fuerat, sed et a cæteris apostolis. Quod et ipse quoque in principio voluminis sui declarat, dicens : *Sicut tradiderunt nobis qui a principio ipsi viderunt, et ministri fuerunt sermonis* (*Luc.* I). Aliud volumen edidit egregium, quod titulo Apostolicarum Πραξέων prænotatur. Cujus historia usque ad biennium Romæ commorantis Pauli pervenit, id est, usque ad quartum Neronis annum. Ex quo intelligimus in eamdem urbem librum esse compositum.

C. VII Cal. Maii (25. Apr.).

(Hier. *de Script. Eccl*, c. 8.) Natalis sancti Marci evangelistæ. Hic discipulus et interpres apostoli Petri, rogatus Romæ a fratribus, scripsit Evangelium, quod quanto tardius cæteris inchoavit, tantum in longiora scribendo tempora porrexit. Ab initio namque evangelicæ prædicationis, quod per Joannem factum cœpit, ad illud usque tempus narrando pervenit, quo apostoli idem Evangelii verbum totum prædicando disseminavere per orbem. Quod cum Petrus audisset probavit, et Ecclesiis legendum sua auctoritate edidit : quo assumpto, idem Marcus perrexit Ægyptum, et primus Alexandriæ Christum annuntians, constituit ecclesiam, tanta doctrina et vitæ continentia, ut omnes sectatores Christi ad exemplum sui cogeret. Meminit hujus Marci et Petrus in prima Epistola, sub nomine Babylonis figuraliter Romam significans : *Salutat vos quæ est Babylone coelecta, et Marcus filius meus* (*I Petr.* v). Quique constitutis et confirmatis Ecclesiis per Libiam, Marmaricam, Hammoniacam, Pentapolim, Alexandriam, atque Ægyptum universam ; ad ultimum tentus est a paganis qui remanserunt Alexandriæ. Qui videntes eum die sancto Paschæ missas facientem, miserunt funem in collo ejus, et trahebant eum ad loca Bucoliæ, quæ erant juxta mare sub rupibus, ubi erat ecclesia constructa , et defluebant carnes ejus in terram, ac saxa inficiebantur sanguine. Vespere autem facto miserunt eum in carcerem, ubi circa mediam noctem primo angelica visitatione confortatus est ; deinde ipso Domine ei apparente, ad cœlestia regna vocatus est. At mane dum traheretur ad loca Bucoliæ, gratias agens, et dicens : Domine, in manus tuas commendo spiritum meum, defunctus est, et a viris religiosis sepultus in loco lapidis excisi cum gloria. Ordinaverat autem pro se Alexandriæ episcopum Anianum. Mortuus est autem octavo Neronis anno.

C. VII Kal. Januarii (26. Dec.).

Natalis beatissimi Stephani protomartyris : qui non multo post ascensionem Christi ab apostolis, cum esset plenus fide et Spiritu sancto, diaconus ordinatur. Hic faciens signa et prodigia magna in populo, plenus gratia et virtute, in nomine Domini nostri Jesu Christi, a quibusdam, qui erant de Synagoga quæ dicitur Libertinorum et Cyrenensium, et Alexandrinorum, et qui a Cilicia et Asia cum eo disputantibus, et conquirentibus atque altercantibus, nec resistere valentibus, sapientiæ et Spiritui sancto, quo loquebatur ; concitato populo ac senioribus, scribisque adversus eum commotis : raptus et adductus in concilium est. Cumque insimularetur adversus locum sanctum et legem docuisse, plenus Spiritu sancto, ostendit quomodo Jesus Christus ex lege monstraretur et prophetis. At illi stridentes dentibus in eum, et frementes in cordibus suis, atque aures suas comprimentes, impetu facto, ejecerunt eum extra civitatem, et lapidatus martyr obdormivit (*Act.* v, vi, vii). Cujus beatissimum corpus viri timorati comportaverunt et fecerunt planctum magnum super eum. Scribit beatus Lucas evangelista beatissimam ejus passionem in Actibus apostolorum.

C. VIII Idus Junii (6 Jun.).

(Euseb., lib. ii, c. 1, et lib. iii, c. 25.) Natalis Philippi, qui fuit unus de septem diaconibus qui cum beato Stephano statim post ascensionem Christi ab apostolis sunt ordinati ; de quo beatus Lucas in Actibus apostolorum (c. viii, xxi) refert, quod signa et prodigia faciendo, prædicatione sua Samaritas ad fidem Christi convertit, et Candacis reginæ Æthiopum studiosum in Scripturis eunuchum, in fonte, qui est in vico Bethsoro, in tribu Juda, euntibus ab Ælia ad Hebron, in vicesimo lapide baptizavit ; qui postea apud Cæsaream requievit. Juxta quem tres virgines filiæ ipsius prophetissæ tumulatæ jacent : nam quarta filia illius plena Spiritu sancto in Epheso occubuit. Quidam tamen putant, apud Hierapolim eas tumulatas, ubi apostolus Philippus unus de duodecim quiescit. Cujus fuisse filiæ ab aliquibus scriptoribus putatæ sunt.

A. V Idus Aprilis (9. Apr.).

Beati Prochori diaconi, præclarissimi fide et miraculis viri, apud Antiochiam martyrio consummati, ibique quiescentis.

C. IV Idus Januarii (10 Jan.).

Beati Nicanoris diaconi, gratia fidei et virtute admirandi, apud Cyprum gloriosissime coronati, ibique venerabiliter sepulti.

D. XIII Kal. Maii (19 Apr.).

Sancti Timonis diaconi apud Berœam, qui primo doctor resedit, deinde verbum Domini disseminans venit Corinthum, ibique a zelantibus Judæis et nomen Christi persequentibus Græcis traditus, ut ferunt, primo flammis injectus, sed nihil læsus ; deinde cruci affixus martyrium suum implevit. Sepultus apud Corinthum gloriose.

B. X Kal. Februarii (23 Jan.).

Sancti Parmenæ diaconi, qui traditus gratiæ Dei a fratribus injunctum officium prædicationis plena fide consummavit , martyrii gloriam adeptus, Philippis quievit.

C. IX Kal. Februarii (24 Jan.).

Natalis sancti Timothei discipuli beati Pauli apostoli, qui apud Ephesum a beato apostolo episcopus ordinatus, post multos pro Christo agones dormivit. Cujus corpus cum reliquiis beati Andreæ et Lucæ vicesimo Constantii anno Constantinopolim translatum est.

D. II Non. Januarii (4 Jan.).

Natalis beati Titi apostolorum discipuli ; qui ordinatus ab apostolo Paulo Cretensium episcopus, cui etiam Epistolam omni Ecclesiæ Dei celeberrimam idem apostolus misit, post prædicationis officium fidelissime consummatum, beatum finem adeptus sepultus est in ecclesia ubi a beato Apostolo fuerat dignus minister constitutus.

C. VII Idus Maii (9 *Maii*).

Natalis sancti Hermæ, cujus apostolus Paulus ad Romanos scribens meminit : *Salutate Phlegontham, Hermen, Patrobam, Herman, et qui sunt cum eis fratres* (*Rom.* xvi). Hunc asserunt auctorem esse libri qui appellatur Pastor : et apud quasdam Græciæ ecclesias etiam publice legitur. Revera utilis liber, multique de eo scriptorum veterum usurpavere testimonia; sed apud Latinos pene ignotus est. Qui digne Deo semetipsum sacrificans acceptabilisque Deo hostia factus, virtutibus clarissime fundatus, cœli regna petivit. Sepultus apud urbem Romam. Titulus nomine ipsius, juxta quod baptisterium ex facultatibus sanctæ Praxedis est exstructum, et beato Pio discipulo apostolorum operante studio consecratum, venerabiliter ei statutus est.

E. XIV Kal. Martii (16 *Febr.*).

Natalis sancti Onesimi, de quo beatus Apostolus Philemoni familiares litteras mittit. *Obsecro te de meo filio quem genui in vinculis Onesimo, qui tibi aliquando inutilis fuit, nunc autem et mihi et tibi utilis, quem remisi : tu autem illum, id est viscera mea suscipe* (*Philem.* i) ; quem beatus idem Apostolus episcopum ordinans, prædicationisque verbum ei committens, apud Ephesiorum civitatem reliquit; cui episcopus post beatum Timotheum et ipse resedit. De quo et beatus Ignatius Ephesiis mittens Epistolam, ita dicit (*Ignat.* ep. 14 ad Eph.) : *Quoniam ergo suscepi multitudinem vestram in nomine Domini in Onesimo, dilecto præceptore nostro, vestro autem episcopo; obsecro eum secundum Jesum Christum diligere vos, et vos omnes in concordia ejus in ipso esse; benedictus enim Dominus, qui vobis talibus talem episcopum donavit habere in Christo.* Hic Romam perductus, atque ibi pro fide Christi lapidatus, sepultus est Christi martyr primum ibi ; inde ad loca ubi fuerat ordinatus episcopus, corpus ejus est delatum.

E. IX Kal. Decembr. (23 *Nov.*).

(Hieron., *de Eccl. Script.*, c. 15 ; *Pontifica.e*, c. 4).
Natalis sancti Clementis, de quo apostolus Paulus ait : *Cum Clemente et cæteris cooperatoribus meis, quorum nomina sunt in libro vitæ* (*Phil.* iv). Hic quartus post Petrum Romæ episcopus (siquidem secundus Linus fuit, tertius Anacletus) sub persecutione Trajani [a], trans Pontum mare in eremo, quod adja-

[a] *Trans Pontum mare in eremo quod adjacet civitati Chersonæ.* Ad verbum ex Actis apud Mombritium tom. I, quibus consentiunt mea mss. Ita Beda quoque et Rabanus. Menæa, xxiv Novembris : Ἐν ἐρήμῳ πόλει παρακειμένῃ τῇ Χερσῶνι, *in deserta civitate quæ adjacet Chersoni.* Metaphrastes eadem die cum Menæis : *Ultra et Pontum, in desertam civitatem, sitam prope Chersonem.* Ita vides πόλιν a quibusdam conjunctam cum ἐρήμῳ, ut quasi ἐρημόπολις seu *deserta civitas* indicetur; ab aliis vero cum Χερσῶνι, ut quasi eremus adjacens civitati Chersonæ insinuetur.

Sed quis locus exsilii sancti Clementis papæ fuerit, nondum video clare explicatum. Breviarium Romanum ante postremam correctionem exhibebat : *A Trajano imperatore relegatus est in insulam Lyciæ;* nunc pro *in insulam Lyciæ*, substitutum *trans mare Pontum.* Utrumque in Actis Clementis habes apud Mombritium. Quod autem Baronius ad diem xxiii Novembris ait Actis Clementis nullam de Lycia haberi mentionem, recte quidem de Actis apud Metaphrastem intelligat. Nam apud Mombritium, tom. I, ad calcem Actorum ita habetur : « *Passus est autem venerabilis Dei sanctus, Clemens episcopus urbis Romæ, sub Trajano imperatore et Aulidiano duce in Chersona civitate Lyciæ, sub die IX Kalendas Decembris.* » Quanquam hæc in mss. Actis desint in fine. Quidquid sit, creditum olim Clementem passum in *Chersona Lyciæ* vel *insula Lyciæ*, ut Breviarium olim exhibebat.

Sed quæ hæc *Chersona* vel *insula Lyciæ*? Baronius ad Martyrologium Romanum xxiii Novemb. respiciens, opinor ad verba Breviarii Romani ante ultimam correctionem, ait : « Quod autem Lycia Chersonesus dicta reperiatur, non utique ex ea causa, quod sit in provincia Lyciæ in Asia, in qua nulla reperitur nominata Chersonesus, sed irrepsisse puto errorem, ut pro *Bycia, Lycia* scriptum sit. Alluit enim Bycia palus; sic dicta a Byco fluvio, Chersonesum a superiori parte, ut docet Ptolomæus tab. viii Europæ. » Atque hactenus Baronius.

Plausibilis sane conjectura, si litterarum affinitatem species. Sed non est passus Clemens in Chersoneso Byciæ paludi proxima, sed in alia insula, Chersoneso vel Chersonæ proxima. Clare Acta inventionis corporis ejus apud Petrum a Natalibus in Catalogo SS. lib. x, cap. 98, quæ et ipse Baronius recitat tom. X Annalium anno Christi 867 : « Leo, inquit, episcopus Ostiensis, tradit quod tempore Michaelis imperatoris Constantinopolitani, quidam Philippus sacerdos Chersonæ veniens, de his quæ narrantur in Historia sancti Clementis, de maris apertione habitatores interrogavit. Qui nihil de hoc scire professi sunt eo quod advenæ magis quam indigenæ erant. Siquidem miraculum illud jamdudum ob habitantium culpam cessaverat ; et ab incursu barbarorum templum illud destructum erat, et arca cum corpore marinis fluctibus obruta. Tunc assumpto episcopo Georgiæ civitatis cum clero et populo, accesserunt ad insulam in qua putabant esse martyris corpus. Ubi divina revelatione fodientes corpus invenerunt, et anchoram cum qua fuerat in mare projectum. » Quare alia insula Chersonæ vicina investiganda est.

Venia, spero, mihi dabitur, si certum exsilii locum, in quem Clemens papa relegatus fuit, coner producere; idque non tam conjecturis quam certo indicio. Existimo igitur eum in *Leucam* insulam, quæ Achillea insula dicitur, Chersonæ proximam relegatum. Quod si quis *Leucæ* nomen post in *Lyciæ* migrasse velit, non magnopere refragabor. In Leucam autem insulam ablegatum Clementem papam astruo :

Primo quia Anastasius Bibliothecarius in Vitis pontificum, cap. 4, de Clemente ait : *Qui etiam sepultus est in Græcia.* Quem locum Baronius, Notation. ad Martyrolog. Romanum, xxiii Novembris, mendosum existimavit. At vero sanum esse vel inde patet quod Marius Niger, homo geographiæ peritissimus, asserit etiam hodierno die *Leucam* insulam vocari, vulgo *Græciariam;* quod quam parum abit ab Anastasii *Græcia*? apud quem forte etiam *Græciaria* legendum quis divinaverit. Forte *Græcia* vel *Græciaria* dicta ea insula, quod Taurica Chersonesus, in qua hæc insula, teste Ammiano Marcellino, lib. xxii, plena sit coloniarum Græcarum, ut ibidem habet.

Secundo, quia hæc insula exsiliis aptissima, quia deserta Arrianus in Periplo Ponti Euxini : Ἡ δὲ νῆσις ἀνθρώπων μὲν ἐρήμη ἐστιν. Insula hæc deserta est ab hominibus. Ammianus Marcellinus, lib. xxii : « In hac Taurica (*Chersoneso*) insula Leuce sine habitationibus ullis Achilli est dedicata. In quam si fuerint forte quidam delati, visis antiquitatis vestigiis, tem-

cet civitati Chersonæ, relegatur exsilio ; ubi cum per doctrinam ejus plures converterentur ad Dominum, paganis insistentibus, invidiosa relatio cucurrit ad imperatorem Trajanum, quæ diceret ibi per Clementem Christianorum populum accrevisse. Qui misit ducem Aufidianum qui cum videret (multos Christianos occidens) fixum in omnibus beatum Clementem, et penitus mutari non posse, jussit præcipitari eum in mari medio, ligata ei ad collum anchora; talique martyrio discipulus Petri coronatur, et nominis ejus memoriam usque hodie Romæ exstructa ecclesia custodit.

D. KAL. FEBRUARII (1 Febr.).

(Hieron., de Eccl. Script., c. 16). Natalis sancti Ignatii episcopii et martyris, qui tertius post Petrum apostolum Antiochenam rexit Ecclesiam : qui persecutione Trajani damnatus ad bestias Romam vinctus mittitur ; ubi præsente Trajano cicumsedente senatu, pilis plombeis scapulæ ejus primum contusæ, deinde ungulis latera ejus dilaniata, et lapidibus asperis confricata. Post expansæ manus ejus et igni repletæ papyro oleo infuso et insenso latera ejus adusta. Post super carbones pavimento aspersos, ubi sanctæ plantæ illius steterunt. Post lectum flammantem, post dorsum ejus ungulis discussum et dilaceratum, post aceto et sale plagas ejus perfusas, post vinculis ferreis beata membra illius astricta, et pedes ejus in ima carceris ligno conclusos, ubi tribus diebus ac noctibus panem non comedens et aquam non bibens mansit, sedente Trajano pro tribunali in amphitheatro, concurrente omni turba Romanorum, ligatus duobus objicitur leonibus. Cumque jam projectus bestias rugientes audiret, ardore patiendi ait : Viri Romani, qui hoc certamen spectatis, non sine causa laboravi, non propter pravitatem hæc patior, sed propter pietatem ; frumentum Christi sum, dentibus bestiarum molar, ut panis mundus inveniar. Hæc illo dicente accurrerunt ad eum leones, et ex utraque parte super eum incidentes præfocaverunt eum tantummodo, et non tetigerunt carnes ejus, ut reliquiæ ejus tuitio essent Romanorum et magnæ Urbis, in qua Petrus crucifixus est, Paulus decollatus, Onesimus lapidatus. Passus est undecimo Trajani anno, consulatu Attici et Marcelli Kalend. Febr. Reliquiæ corporis ejus a fratribus, qui eum usque ad martyrium deduxerant, Antiochiam relatæ, jacent extra portam Daphniticam in cœmeterio Ecclesiæ, xvi Kalendas Januarii delatæ.

G. PRIDIE NONAS MAII (6 Maii).

Natalis sancti Evodii, qui ab apostolis Antiochiæ ploque et donariis eidem heroi consecratis, vesperi repetuni naves, Aiunt enim non sine discrimine vitæ illic quemquam pernoctare. » Atqui in Actis Clementis locus exsilii ejus ἔρημος seu desertus dicitur.

Tertio, quia insula illa tota saxosa. Unde Festus Avienus in orbis terræ descriptione :

          Ubi concava vasto
Cedit in antra sinu rupes; ubi saxa dehiscunt.
Molibus exesis, et curvo fornice pendent.

Jam vero in Actis Clementis habes : « Invenerunt episcopus ordinatus est, de quo beatus Ignatius ad Antiochenam Ecclesiam (epist. 12) : Pauli et Petri facti estis discipuli : nolite perdere depositum, quod vobis commendaverunt. Mementote digne beatissimi Evodii, pastoris vestri, qui primus, vobis ab apostolis antistes ordinatus est. Non confundamus patrem, sed efficiamur certi filii et non adulterini. Hic martyr apud Antiochiam urbem, cui præfuit, sepultus est.

A. X KAL. AUGUSTI (23 Julii).

Natalis sancti Apollinaris episcopi [a], qui Romæ ordinatus ab apostolo Petro Ravennam missus est, qui etiam in Æmilia prædicavit, et in partibus Corinthiorum, et in Mœsia, et in Ripa Canubii, et in partibus Thraciæ, in quibus locis exsilio relegatus est, et ubicunque pervenit, innumeras virtutes fecit, et passiones sustinuit ; nam nimia cæde pene mactatus, et diutius fustibus cæsus, ac nudis pedibus super prunas impositus, rursum cæsus et equuleo appensus, tortus est, et saxo os ejus contusum est, et cum gravissimo ferri pondere inclusus in carcere honorifico, atque in ligno extensus est, ubi ab hominibus quidem neglectus, sed ab angelo publice pastus est ; deinde catenatus, et in exsilium directus est, in quo rursum diutius fustibus cæsus, et rursum in Ravenna ligatus, a paganis cæsus et vulneratus, et rursum in carcerem missus et cæsus, sic martyrium consummavit sub Vespasiano Cæsare, Demosthene patricio. Rexit Ecclesiam annos octo et viginti, dies quatuor, mensem unum.

E. VII KAL. FEBRUARII (26 Jan.).

Natalis sancti Polycarpi [b], qui beati Joannis discipulus, et ab eo Smyrnæ episcopus ordinatus, totius Asiæ princeps fuit. Postea vero, regnante Marco Antonio, et Lucio Aurelio Commodo, quarta post Neronem persecutione, Smyrnæ sedente proconsule, et universo populo in amphitheatro adversum eum personante, igni traditus est. Cum quo etiam alii duodecim, ex Philadelphia venientes : apud præfatam urbem martyrio consummati sunt.

Tunc etiam Germanicus, athleta Christi insignis, glorioso martyrii agone translatus est. Nam cum a judice damnatus fuisset ad bestias, ultro sibi præparatam bestiam provocavit, despiciens videlicet temporalem mortem, et coronam vitæ æternæ veloci fine adipisci desiderans. Scripsit idem beatus Polycarpus ad Philippenses valde utilem epistolam, quæ usque hodie in Asiæ conventu legitur.

E. III IDUS JULII (13 Julii).

Natalis sancti Sileæ [al., Silæ] apostoli, qui cum ibi ad secanda saxa amplius quam duo millia Christianorum, diuturna relegatione damnatos. »

Atque hæc de insula in quam se Clemens papa relegatus, disputata sunto ; tum ad lucem veteris Breviarii, tum ad Anastasi lectionem stabiliendam et explicandam, quæ omnia doctiorum judicio submitto, non tam docere quam discere paratus.

[a] Vide in Martyr. Adonis de hoc fusius.
[b] Vide ibid.

MARTYROLOGIUM CUM ADDITAMENTIS.

esset unus de primis fratribus, et ab apostolis ad Ecclesias gentium destinatus, cum Barnaba et Juda postea ab apostolo Paulo assumptus (*Act.* xv, xvi, xvii, xviii), prædicationis officium, gratia Domini plenus, instanter consummavit, atque apud Macedoniam in passionibus suis Christum clarificans, postmodum requievit.

D. XIV Kal. Augusti (19 *Julii*).

Natalis beati Epaphræ, qui a beato Paulo Colossis ordinatus episcopus (*Coloss.* i et iv; *Philipp.* ii), clarus virtutibus, martyrii palmam pro ovibus sibi commendatis virili agone percepit. Sepultus apud eamdem urbem.

D. VII Kal. Augusti (26 *Julii*).

Natalis Erasti, qui Philippis a beato Paulo episcopus relictus (*Act.* xix; *Rom.* xvi), ibi martyrio coronatus quievit.

B. XV Kal. Januarii (18 *Sept.*).

Natalis beatorum Rufi et Zosimi, de quorum agone felici sanctus Polycarpus in epistola ad Philippenses scribit, dicens : *Deprecor autem vos omnes obedientiæ operam dare, ac meditari patientiam quam vidistis in Ignatio et Rufo et Zosimo beatissimis viris, scientes quod hi non in vacuum, sed per fidem et justitiam cucurrerunt, donec venirent ad locum sibi a Domino præparatum ; quoniam quidem passionum ejus participes exstiterunt, nec dilexerunt præsens sæculum, sed eum qui pro ipsis et pro omnibus mortuus est et resurrexit.*

F. II Nonas Augusti (4 *Aug.*).

Natalis beati Aristarchi, de quo apostolus Paulus Colossensibus scribit : *Salutat vos Aristarchus concaptivus meus* (*Col.* iv); qui comes individuus Apostolo permansit usque ad ejus confessionem; qui constitutus Thessalonicensium episcopus (*Act.* xix, xx, xxvii), post longos et beatissimos agones a Christo coronatus quievit.

D. VIII Idus Septembris (6 *Sept.*).

Natalis sancti Onesiphori, de quo ad Timotheum scribit Apostolus : *Det misericordiam Dominus Onesiphori domini, quia sæpe me refrigeravit, et catenam meam non erubuit : sed cum Romam venisset, sollicite me quæsivit, et invenit. Det illi Dominus invenire misericordiam a Domino in illa die. Et quanta Ephesi ministravit, melius tu nosti* (*III Tim.* i).

B. VII Kal. Octobris (25 *Sept.*).

Natalis Cleophæ, qui unus fuit de septuaginta Christi discipulis (*Luc.* iv). Cui post resurrectionem eunti cum alio condiscipulo in castellum nomine Emmaus, quod Nicopolis nunc dicitur, Dominus apparuit. Quem tradunt in eadem urbe, eademque domo in qua mensam quasi peregrino Domino paraverat, pro confessione illius, quem ibi ipse recognoverat, a Judæis occisum, et gloriosa memoria etiam sepultum.

D. IV Non. Octobris (4 *Oct.*).

Natalis sanctorum Crispi et Caii, quos apud Corinthios beatus Apostolus se dicit baptizasse (*I Cor.* i). Cujus Caii meminit idem Apostolus ad Romanos : *Salutat vos Caius hospes meus, et universæ Ecclesiæ* (*Rom.* xvi). Cujus et beatus Joannes, scribens ei epistolam, meminit : *Senior Caio charissimo, quem ego diligo in veritate* (*Joan.*, *Ep.* iii).

F. IV Kal. Januarii (29 *Dec.*).

Natalis sancti Trophimi, de quo scribit Apostolus ad Timotheum : *Trophimum autem reliqui infirmum Mileti* (*II Tim.* iv). Hic ab apostolis Romæ ordinatus episcopus, primus ad Arelatem urbem Galliæ ob Christi Evangelium prædicandum directus est. Ex cujus fonte, ut beatus papa Zozimus scribit, totæ Galliæ fidei rivos acceperunt; qui apud eamdem urbem in pace quievit.

D. XI Kal. Aprilis (22 *Mar.*).

Natalis sancti Pauli, quem beati apostoli ordinatum urbi Narbonæ episcopum miserunt. Quem tradunt eumdem ipsum fuisse Sergium Paulum proconsulem, virum prudentem, a quo ipse Paulus sortitus est nomen, quia eum fidei Christi subegerat; quique ab eodem sancto apostolo, cum ad Hispanias prædicendi gratia pergeret, apud præfatam urbem Narbonam relictus, prædicationis officio non segniter impleto, clarus miraculis coronatus sepelitur.

D. XII Kal. Februarii (21 *Jan.*).

Natalis sancti Publii Athenarum episcopi, qui princeps insulæ Melite vel Militene, cum navigantem beatum apostolum Paulum Romam, sub custodia detentum (*Act.* 28) per triduum hospitio receptum, humane tractasset, ut beatus Lucas refert, patrem ipsius Publii contigit febribus et dysenteria jacere. Ad quem cum intrasset beatus Apostolus, et imposuisset illi manus et orasset, sanavit eum (*Euseb.*, *lib.* iv, *c.* 22). Quem Publium adhærentem sibi beatus Apostolus postea ordinatum episcopum, ad prædicandum direxit; qui postmodum Atheniensium ecclesiam nobiliter rexit, et præclarus virtutibus et doctrina præfulgens, ob Christi martyrium gloriose coronatur; nam primus Dionysius, inde Publius, iste Athenis præfuit.

F. VII Kal. Junii (26 *Maii*).

(*Hier. de Script. Eccl.*, *c.* 19.) Natalis sancti Quadrati apostolorum episcopi discipuli, qui in locum beati Publii Athenarum substituitur et Ecclesiam grandi terrore dispersam fide et industria sua congregat. Cumque Adrianus Athenis exisset hieme invisens Eleusinam, et omnibus pene Græciæ sacris initiatus, dedisset occasionem his qui Christianos oderant absque præcepto imperatoris vexare credentes, porrexit ei librum pro nostra religione compositum valde utilem plenumque rationis et fidei, apostolica doctrina dignum, in quo et antiquitatem suæ ætatis ostendens, ait plurimos a se visos, qui variis in Judæa oppressi calamitatibus, a Domino sanati fuerant, et qui a mortuis resurrexerant; quia una cum filiabus Philippi (*Act.* xxi) et in prophetica gratia celeberrimus fuit (*Deest hoc Hier.*).

C. V Nonas Octobris (3 Octob.).

Natalis sancti Dionysii Areopagitæ, qui ut liber Actuum apostolorum indicat (*Act.* xvii), ad prædicationem beati Pauli apostoli apud Athenas ad fidem Christi conversus, primus ejusdem civitatis episcopus ab eodem est constitutus.

G. XI Kal. Augusti (22 *Julii*).

Natalis sanctæ Mariæ Magdalenæ, de qua, ut Evangelium refert, septem dæmonia ejecit Dominus. Quæ etiam inter alia dona insignia Christum a mortuis resurgentem prima videre meruit.

G. IX Kal. Octobris (23 *Sept.*).

Natalis sanctæ Theclæ virginis de Iconio civitate Orientis, quæ a Paulo apostolo instructa, in confessione Christi ignes ac bestias devicit, et post multa certamina ad doctrinam multorum veniens Seleuciam requievit in pace.

A. III Nonas Septembris (3 *Sept.*).

Natalis sanctæ Phœbes, de qua beatus Apostolus Romanis scribit : *Commendo autem vobis Phœben sororem nostram, quæ est in ministerio Cenchris, ut eam suscipiatis in Domino digne sanctis, et assistatis ei in quibuscunque desideraverit; vestris etenim ipsa quoque assistit multis, etiam et mihi ipsi* (Rom. xvi).

A. VI Nonas Julii (2 *Julii*).

Natalis sanctorum Processi et Martiniani, qui cum essent ᵃ magistriani Mello principi, et viderent mirabilia quæ faciebat per beatos apostolos suos Petrum et Paulum Dominus Jesus Christus, mirari cœperunt. Erant tunc temporis beatissimi apostoli tradidi Paulino sub custodia Mamurtini in monte Tarpeio, ubi de monte suis orationibus aquam manare fecerunt. Tunc

---

ᵃ *Magistriani melloprincipi.* Locus hic mire hactenus depravatus fuit. Ado vulgatus legit : *Magistri Animelli principis.* Surius in Actis horum martyrum xi Julii : *Magistriani melloprincipis* : notatque in margine, *Animelli.* Ita vel *Mellum* vel *Animellum* proprium principis alicujus nomen existimarunt. Mombritius tom. XI in horum Actis habet : *Magistri principes* : quem puto *Mello* vel *Animello*, omisisse, tanquam nihil verbum. Vera lectio est quam exhibui, quæ nunc explicanda.

Magistriani, seu magisteriani ex officio sunt militiæ palatinæ, qui et *agentes in rebus*. Glossæ Latino-Græcæ *agens in rebus*, Μαγιστεριανὸς : quos eosdem cum *Castrensiis* seu *Castrensianis* faciunt Glossæ Basilicorum in quibus, Μαγιστεριανὸς ὁ Καστρήνσιος. Codex Justin. lib. xii, diverso titulo agentes in rebus a castrensianis distinguit. Castrensiani tamen etiam magistro officiorum suberant (uti magistriani) ut habet titulus xxvi. Alii sunt magisteriani apud Suidam, qui et καυστρίσιοι dicti a καυστρίῳ, *canistro*, qui magistratus est ecclesiasticus. Vide Meursium in Glossario Græco-barbaro. In glossis Basilicorum Μαγιθριανὸς dicitur quoque Μαιάκτωρ. Magisteriani occurrunt in Actis S. Abercii, episcopi Hieropolitani xxii Octobris, apud Metaphrastem, ubi Antoninus imperator : *Valerium et Bassianum magisterianos divinorum nostrorum officiorum misimus*. Et apud Evagrium lib. iii, cap. 16. Οὐ παρὰ τοὺς Μαγιστριανοὺς ἀπεστάλησαν. Malchus in Byzanticis : Ἀδάμαντός δὲ ταῦτα πυθόμενος, προπέμπει τῶν ἱππέων τῶν βασιλικῶν τινὰ, οὓς Μαγιστριανοὺς καλοῦσι.

Melloprinceps est qui proximus est principatui, qui proxime futurus princeps. Ita μέλλων Græcum et cum

---

A sunt baptizati Processus et Martinianus a beato Petro apostolo et alii promiscui sexus numero xxiii (*sic*). Quod cum nuntiatum esset Paulino, scilicet quod Processus et Martinianus magistriani effecti essent, misit milites et tenuit eos, jussitque in custodiam retrudi. Sequenti die educti cum constantissime Christum faterentur, jussit Paulinus, ut lapidibus os eorum contunderetur; sed illi gloriam in excelsis Deo dicebant. Allata est et tripoda et supra eam Jovis aureus. Illi cum viderent, risum facientes exspuerunt in Jovem, et in tripodam. Tunc jussi sunt in equuleo suspendi, et attrahi nervis, et cædi fustibus. Jussumque est ut flammæ ponerentur circa latera eorum. Erat autem ibi matrona nobilissima nomine Lucina, quæ confortabat eos, dicens : Milites Christi, constantes estote, et nolite metuere pœnas quæ ad tempus sunt. Iterum appensi in equuleo, a militibus cæsi sunt scorpionibus, iterum retrusi in custodiam, ubi venerabilis femina Lucina ministrabat eis. Post triduum Paulinus arreptus a dæmonio exspiravit. Cæsareus præfectus hoc Neroni intimavit, cui Nero præcepit, dicens : Non tardentur, sed celerius exstinguantur. Tunc educti foras muros urbis Romæ, in via quæ Aurelia nuncupatur, gladio cæsi sunt. Corpora eorum beatissima Lucina collegit, et cum aromatibus pretiosis sepelivit in præsidio suo in Arenario juxta locum ubi decollati sunt, die vi. Non. Julii.

F. II Kal. Julii (30 *Junii*).

ᵇ Natalis beatissimæ Lucinæ quæ a beatis apostolis baptizata et instructa est, quæ de facultatibus suis sanctorum necessitatibus communicans vincula et carceres eorum semper sublevare studuit, atque eorum sepulturis venerabiliter inservire. Quorum

---

Græcis et cum Latinis vocibus componitur. Græca compositio notior, quam ut exemplis sit opus Latina rarior. Apud Jurisconsultos habes *melloproximos.* Cod. Justin. lib. xii, tit. 19, l. 5, 7 et 14, id est qui proximi sunt ad gradum proximatus, seu qui futuri sunt proximi scriniorum.

Sed quis hic *princeps*, cui proximus est *melloprinceps*? Turbat hic varia codicum lectio. Si legas, *qui erant magistriani melloprincipi* vel *melloprincipis*, videtur insinuari quod Processus et Martinianus mox futuro principi alicui inservierint. Sed nullus Neronis imperio proximus fuit ad principatum : quippe cui nec proles fuit, qui princeps juventutis esse posset, nec ullus alius adoptatus. Quare veriorem lectionem hanc quorumdam mss. judico : *qui erant magistriani melloprincipes*. Inter magistrianos seu agentes in rebus, quidam erant principes. Unde Cod. Justin. lib. xii, tit. 22 : *De principibus agentium in rebus*; ubi l. 1 dicitur : *Agentes in rebus post palmam laboris emeriti principatus honore remuneramus.* Hinc qui proximi erant huic principatui, dicebantur *melloprincipes*. Tales erant Processus et Martinianus ; non *magistriani* tantum, sed et *melloprincipes*. Formulam magisteriæ dignitatis, cui subserviebant magistriani et de ejus excellentia habes apud Cassiodorum lib vi, form. 6, ubi ejus officia exprimuntur ; et tandem dicitur : *Sic nominis sui gravitate perfunctus ornat actibus principatum.* Et post : *Officium vero ejus tanta genii prærogativa decoratur, ut militiæ perfunctus muneribus, ornetur nomine principatus.*

ᵇ Vide gesta SS. Prodessi et Martiniani 2 Jul.

meritis et ipsa sociata, pretiosissimam mortem confessione Christi adepta, atria Jerusalem intrare, vota sua Domino persolvendo, meruit : ac Romæ in crypta laudabili, quam ipsa ad condendum martyrum corpora construxerat, honorabiliter sepulta.

G. XII Kal. Februarii (21 Jan.).

Natalis beatissimæ Agnetis virginis et martyris, quæ tertiodecimo ætatis suæ anno in urbe Roma passa est. Hæc dum ab scholis revertitur, a præfecti filio adamatur : cujus parentes dum requisisset, cœpit offerre plurima, et plura promittere; denique detulerat secum pretiosissima ornamenta quæ a beata Agnete veluti quædam stercora sunt recusata. Unde factum est ut juvenis majori perurgeretur stimulo, et putans eam meliora velle accipere ornamenta, omnem lapidem pretiosum secum defert et gloriam, et per se ipsum, et per notos et affines cœpit aures appellare virginis, divitias, domos, possessiones, familias, atque omnes mundi divitias repromisit, si consensum suum ejus conjunctioni non negaret. Sed cum beatissimam virginem inclinare nullis donis aut promissionibus posset, insanus juvenis amore corrumpitur cæco, et inter angustias animi et corporis anhelo cruciabatur spiritu. Inter hæc lecto prosternitur, et per alta suspiria amor a medicis aperitur. Fiunt nota patri, quæ fuerant inventa a medicis, et eadem paterna voce, quæ fuerant jam dicta a filio, ad petitionem virginis revolvuntur. Abnegat Agnes beatissima, et se nullo pacto asserit prioris sponsi fœdera violare. Tunc præfectus cœpit vehementer inquirere quis esset de cujus se Agnes potestate jactaret. Exstitit quidam qui diceret hanc Christianam esse ab infantia, et magicis artibus ita occupatam, ut dicat Christum sponsum suum. Audiens hæc præfectus Symphronius, lætus officitur, et missa apparitione cum ingenti strepitu suis eam tribunalibus præcepit assisti. Quam cum nec blandimentis nec terroribus posset ab statu sui propositi movere, jussit eam exspoliari, et nudam ad lupanar duci sub voce præconia dicentis : Agnem sacrilegam virginem, diis blasphemiam inferentem, scortum traditam lupanaribus. Statim autem ut spoliata est, crine resoluto tantam densitatem capillis ejus gratia divina concessit, ut melius eorum fimbriis videretur quam vestibus tecta. Ingressa autem turpitudinis locum, angelum illic Domini præparatum ita invenit, et circumdaret eam immenso lumine. Cumque se in oratione Domino substravisset, apparuit ante oculos ejus stola candidissima, et apprehendens eam induit se; erat autem ad mensuram corpusculi ejus indumentum nimio candore conspicuum. Interea præfecti filius venit ad locum, credens se ludibrium exercere : et audacter ingressus, vidit tantum lumen circa eam; sed quia non dedit honorem Domino, cecidit in faciem suam, et præfocatus a diabolo exspiravit. Hunc tamen virgo post paululum orando resuscitavit, qui egressus foras, cœpit clamare : Unus Deus in cœlo, et in terra, et in mari, qui est Deus Christianorum : nam omnia templa vana sunt; dii qui coluntur vani sunt, et penitus nec sibi possunt aliquid nec aliis præstare. Præfectus autem videns tanta mirabilia, obstupuit; sed veritus proscriptionem, si contra pontifices templorum ageret, qui seditionem populorum concitaverant, et Agnetem contra sententias suas defensaret vicarium ad seditionem populi judicem derelinquit. Ipse autem tristis abscessit, quod eam non potuit post resurrectionem filii sui liberare. Vicarius vero Aspasius nomine jussit in conspectu omnium ignem copiosum incendi, et in medio eam præcepit flammarum jactari. Quod dum fuisset impletum, statim in duas partes dimisæ flammæ hinc atque illinc seditiosum populum exurebant. Beata autem Agnes expandens manus suas, in medio ignis orationem fudit ad Dominum. Completa oratione ita omnis ignis exstinctus est, ut nec tepor quidem incendii remansisset. Tunc Aspasius seditionem populi, qui hoc non virtutibus divinis sed maleficiis reputabant, minime ferens, in gutture ejus gladium mergi præcepit : atque hoc exitu sanguinis sui rubore perfusam, Christus sibi sponsam et martyrem consecravit; parentes vero ejus cum gaudio abstulerunt corpus ejus, et posuerunt illud in prædio suo, non longe ab Urbe, via Numentana xi Kal. Febr. ubi basilicam post aliquot annos, petente Constantia filia, Constantinus Augustus construxit. Fuerat enim ab obsessis vulneribus eadem regina et virgo, ad sepulcrum Agnetis sanata, ibique Mausoleum sibi ipsa constituit. Passa est autem beata Agnes sub præfecto urbis Symphronio, vicario ejusdem urbis Aspasio.

A. Nonis Februarii (5 Febr.).

Sanctæ Agathæ virginis et martyris, in Sicilia civitate Catanæ sub Quinctiano proconsule, imperatore Decio : qui consularis vir Quinctianus cupiens multifaria intentione ad eam pertingere, quod esset nobilissimis orta natalibus, fecit eam arctari, et cuidam matronæ tradi nomine Aphrodosiæ, quæ habebat novem filias turpissimas, ut mutaret animum ejus. Quæ videns mentem ejus immobilem, post triginta dies abiit ad Quinctianum, et dixit ei : Facilius possunt saxa molliri et ferrum in plumbi mollitiem verti, quam ab intentione Christiana mens istius puellæ revocetur. Jussit igitur eam Quinctianus ad secretarium suum adduci, et sedens pro tribunali, beatissimam Agathen interrogat : Cujus conditionis es? Agatha respondit : Non solum ingenua, sed et spectabilis genere, ut omnis parentela mea testatur. Cui dixit Quinctianus : Et si ingenua probaris et nobilis, cur moribus servilem personam te habere ostendis? Cui beata Agatha inquit : Ancilla Christi sum, ideo me servilem habere ostendo personam. Cumque in confessione Christi fortissime, quæ fidei sunt, prosequeretur, jussit eam Quinctianus alapis cædi; deinde Constantius Christum prædicantem jussit ad carcerem trahi. Agatha autem lætissima et glorianter carcerem introivit, et quasi ad epulas invitata, ita gaudens agonem suum Domino precibus commendabat. Sequenti die iterum aspectibus judicis præsentatur, quam jussit in equuleo ingenti suspendi et torqueri. Tunc post alia Agatha judici respondit : Sicut qui videt, quem diu desiderabat; aut sicut qui invenit thesauros multos, ita et ego delector in his pœnis corporalibus posita. Non enim potest triticum in horreo reponi, nisi theca ejus fortiter fuerit conculcata, et redacta in paleas. Ita et anima mea non potest in paradisum Dei cum palma intrare martyrii, nisi diligenter feceris corpus meum a carnificibus attrectari. Jussa est deinde in mamilla torqueri, quam diu tortam fecit impius judex abscindi. Recipitur beata virgo iterum in carcerem, ubi neque aqua ministraretur ei : et ecce circa noctem mediam venit quidam senex, qui se medicum esse commemorabat, ferens diversa medicamenta, quem antecedebat puer luminis portitor, qui inter alia virgini dixit : Consideravi, inquit, et vidi, quia potest salutem tua mamilla suscipere. Cumque illa verbis senis non præberet assensum, putans quod vellet carnalem adhibere sibi medicinam, dixissetque seni inter alias : Habeo Salvatorem Dominum Christum Jesum, qui verbo curat omnia, et sermo ejus solus restaurat universa ; subridens senior : Et me, inquit, ipse misit ad te ; nam et ego apostolus ejus sum, et in nomine ejus scias te esse salvatam; et sic ab oculis ejus sublatus est. Post quatuor dies reducta iterum ad Quinctianum est, qui testas acutas et carbones jussit spargi, et nudo corpore eam supra volutari : et ecce subito totus ille locus commotus est, et pars parietis cecidit et oppressit duos, consiliarum judicis, et amicum ejus. Quinctianus igitur fugiens, quia ex uno latere terræ motum, ex alio latere seditionem populi formidabat, iterum jussit eam in carcerem recipi; quæ ingressa expandit manus suas ad Dominum et dixit : Domine, qui me creasti, et custodisti ab infantia mea, et fecisti me juventute viriliter agere, qui tulisti a me amorem sæculi, qui corpus meum a pollutione separasti, qui fecisti me vincere tormenta carnificis, ferrum, ignem, et vincula ; qui mihi inter tormenta virtutem patientiæ contulisti : deprecor ut accipias spiritum meum modo quia tempus est, ut me jubeas istud sæculum derelinquere, et ad tuam misericordiam pervenire. Hæc dicens beatum cœlo misit spiritum : cujus sacrum corpus auferentes Christiani populi, posuerunt conditum aromatibus in sepulcro novo. Cum autem collocaretur, venit quidam juvenis sericis vestibus indutus, quem sequebantur amplius quam centum pueri albati et pulchri, et introivit ad locum ubi condebatur corpus sanctæ virginis, et posuit tabulam brevem marmoream ubi scriptum est : *Mentem sanctam et spontaneam, honorem Dei, et patriæ liberationem :* et tandiu ibi stetit idem juvenis, donec sepulcrum cum diligentia clauderetur, et abscedens non est ulterius visus in tota provincia Siculorum. Unde non dubitandum quod angelus fuerit. Passa est autem beata Agatha Non. Febr. Quinctianus post hæc iter arripuit ut facultates beatæ Agathæ investigaret et ut teneret omnes de parentela ejus, qui Dei judicio in medio flumine interiit.

G. VIII KAL. JULII (24 *Junii*).

Nativitas beati Joannis Baptistæ præcursoris Domini, Zachariæ et Elizabeth filii, qui Spiritu sancto repletus adhuc in utero matris suæ, et antequam exiret inde, sanctificatus, usque ad diem ostensionis suæ ad Israel, confortatus Spiritu agebat in desertis, vestitus pilis camelorum, habens zonam pelliceam circa lumbos suos, esca autem ejus erat locusta et mel silvestre (*Marc.* 1). Tricesimo ætatis anno imperii Tiberii Cæsaris, cum procurator esset in Judæa Pilatus, jamque regnum Judæorum in quatuor principatus esset divisum, venit in omnem regionem Jordanis prædicans baptismum pœnitentiæ, in remissionem peccatorum (*Luc.* 1 et 111).

C. IV KAL. SEPTEMBRIS (29 *Aug.*).

Passio et decollatio vel potius inventio capitis ejusdem beatissimi Joannis Baptistæ, quem Herodes tetrarcha, ut evangelistæ referunt, tenens ligavit in carcere, propter Herodiadem uxorem fratris sui Philippi, quia duxerat eam : dicebat enim illi Joannes : *Non licet tibi habere uxorem fratris tui* (*Marc.* vi; *Luc.* iii ; *Matth.* xiv). Hac de causa insidiabatur illi Herodias, et quærebat occidere eum, et non poterat. Herodes autem metuebat Joannem, sciens eum virum justum et sanctum esse. Sed cum Herodes ipse diem natalis sui ageret, filia Herodiadis saltante in medio, sæviente matre, inter delicias et lascivias conviventium, temere ab Herode juratur, et impie quod juratur, in nece prophetæ impletur. Non enim poterat severitas æquo animo tolerare, quod homo Dei monebat, quia vicerat regem libido. Vinctus autem erat sanctus Baptista in Arabia, castello Macheronta. Misso itaque speculatore, decollatus est in carcere, et allatum est caput ejus in disco, puellæque datum. Quod audientes discipuli ejus, venerunt et tulerunt corpus ejus, et posuerunt illud in monumento apud Sebasten, urbem Palestinæ, quæ quondam Samaria dicta est : ubi per aliquot annos jacuit usque ad tempora Juliani impiissimi Cæsaris. Qui cum Christianis esset infestissimus, pagani apud Sebasten sepulcrum ejusdem Joannis Baptistæ invadunt, ossa dispergunt; eadem rursum collecta et cremata, latius dispergunt : sed Dei providentia adfuere quidam ex Hierosolymis monachi, qui misti colligentibus, quæque ipsi poterant, ablata ad patrem suum Philippum pertulere. Ille confestim hæc (supra se cum ducebat tantum thesaurum propriis servare vigiliis) ad pontificem maximum tunc Athanasium per Julianum diaconum suum mittit : quæ ille suscepta, paucis arbitris sub cavato sacrarii pariete inclusa, prophetico spiritu profutura generationi posteræ conservavit. Cujus præsagium sub Theodosio principe, per Theophilum ejusdem urbis episcopum completur. Qui destructo Serapis sepulcro, sancti Joannis ibidem consecravit ecclesiam. Porro caput suum duobus monachis Orientalibus, qui causa orationis venerant Hierosolymam, idem beatus Joannes juxta

Herodis quondam regis habitaculum revelavit : « quod deinceps Emesam Phœniciæ urbem perlatum, et digno honore cultum est.

A. VIII Idus Octobris (8 Octob.).

Natalis beatissimi senis Simeonis, de quo beatus Lucas evangelista refert : *Et ecce homo erat in Jerusalem, cui nomen Simeon, et homo iste justus et timoratus, exspectans consolationem Israel, et Spiritus sanctus erat in eo: Responsum autem accepit ab Spiritu sancto non visurum se mortem, nisi prius videret Christum Domini. Et venit in Spiritu in templum. Et cum inducerent puerum Jesum parentes ejus ut facerent secundum consuetudinem legis pro eo, et ipse accepit eum in manibus, et benedixit Deum, et dixit : Nunc dimittis servum tuum, Domine, secundum verbum tuum in pace* (Luc. II).

F. Kal. Septembris (1 Sept.).

Natalis beatissimæ Annæ prophetissæ, filiæ Phanuel, de tribu Aser, cujus sanctitatem Evangelicus sermo prodit : *Hæc processerat in diebus multis, et vixerat cum viro suo annis septem virginitate sua : et hæc vidua usque ad annos octoginta quatuor : quæ non decedebat de templo, jejuniis et orationibus serviens nocte ac die* (Luc. II).

F. VI Idus Septembris (8 Sept.).

Natalis beatissimæ Dei Genitricis Mariæ perpetuæ Virginis, quam Spiritus sanctus custodivit, et electam sanctificavit; ut ex illius utero nasceretur homo Deus altissimus. Ad quam missus est angelus Gabriel a Domino in civitatem Galilææ, cui nomen Nazareth, cum esset desponsata viro Joseph de domo David. Et ingressus angelus evangelizavit eam, et dixit : *Ave, gratia plena, Dominus tecum, benedicta tu inter mulieres* (Luc. 1). Ipsa autem ut vidit eum, mota est introitu ejus, et erat cogitans quod sic benedixisset eam. Et ait ei angelus : *Ne timeas, Maria, invenisti enim gratiam apud Deum : et ecce concipies in utero, et paries filium, et vocabis nomen ejus Jesum* (Ibid.). Quæ tanto nuntio clarificata, Spiritu sancto fecundata, ab illo, qui de illa sumere carnem dignatus est, præ hominibus sublimata manet in æternum, venerabiliter benedicta. Cujus dormitionem XVIII Kalend. Septembr. omnis celebrat Ecclesia : cujus et sacrum corpus non invenitur supra terram : sic nec beati Moysi sepulcrum, quem sacra Scriptura dicit a Domino sepultum. Tamen pia mater Ecclesia, quæ suis observationibus integerrima fide fundata consistit, ejus venerabilem memoriam sic festivam agit, ut pro conditione carnis eam migrasse non dubitet. Ubi autem venerabile Spiritus sancti templum illud, id est caro ipsius beatissimæ Virginis Mariæ divino nutu et consilio occultatum sit, magis elegit sobrietas Ecclesiæ cum pietate nescire, quam aliquid frivolum et apocryphum inde tenendo docere. Sufficiunt enim ei ad sanctitatem et vitam Virginis et Matris Domini commendandam evangelistarum testimonia, nec de ea quærere ultra necessarium putat.

« *Quod deinceps Emesam,* etc. Loco hujus clausulæ Everbodiensis codex substituit, sed recentiore manu : « Quod inventum, sed negligenter servatum, perditum fuit. Sed ab aliis inventum, apud Edissam civitatem Phœniciæ delatum, et ignobiliter repositum latuit, donec Jurioramus, ejusdem civitatis episcopus, indicante Marcello abbate, cui se caputque suum idem Joannes ostenderat, reinventum honorifice collocavit, et ex ea die decollatio ejus celebrata est. » Vide apud Adonis Martyrologium XXIV Februarii de hac re fusius. Sigebertus in Chronico anno Christi 761 juxta Aquicinctinum et Ortelianum codicem : *Caput Joannis Baptistæ in Eumesa civitate transfertur.* Ubi ex Lipsiano codice alia fusior attexitur historia : « Caput Joannis Baptistæ ab Alexandria in Aquitaniam transfertur hoc modo. Quidam laudabilis vitæ monachus, nomine Felicianus, ex Galliarum partibus cum paucis sociis Hierosolymam gratia orationis adiit, et post expleta piæ devotionis obsequia, angelica allocutione commonitus, Alexandriam expetivit, et caput Baptistæ Joannis a loco in quo olim a Theophilo, ejusdem urbis episcopo, reconditum fuerat, eodem angelo revelante, sustulit, et ad Aquitaniam in territorio Engolismo detulit. Pippinus rex tunc morabatur ibidem in palatio quod Angiriacum dicitur, ferensque per eum quotidiana indigenti beneficia, sibique crebras ex hostibus Aquitanicis victorias provenire, regii operis basilicam construxit, non longe a Vulturni fluminis littore, et in ea ciborio constructo mirifici operis, caput decenter adornatum recondidit Præcursoris. Monachorum etiam cœnobium illic constituit, et prædiis regiis magnifice ditavit. Idem rex fecit fontem lacunarium, de quo a duobus fere millibus sub terra, per ædificia cœmeteria in palatium ejus aquæductus influebat, et ipsam dividens aquam, in basilicam sancti Joannis Baptistæ per ferrum et æs introduxit, ita ut sub ciborio per marmoream columnam interius concavam ebulliret, ibique sacri baptismatis ablutio in honore Domini nostri Jesu Christi et sancti Joannis Baptistæ fieret, atque iterum in ipsa lacunaria remearet. Hoc cœnobium *Anglisz* vocatur. » Hactenus apud Sigebertum, a Miræo, amico nostro, recensitum.

INCIPIT
MARTYROLOGIUM.

MENSIS DECEMBER.

A. IX KALEND. JANUARII.

Vigilia Nativitatis Domini.

Eodem die apud Antiochiam Syriæ, natalis sanctarum virginum quadraginta, quæ persecutione Deciana per diversa tormenta martyrium consummaverunt.

Eodem die, apud Spoletum civitatem Tusciæ, natale sancti Gregorii martyris et presbyteri, temporibus Diocletiani et Maximiani imperatorum, sub judice Flacco. Quem ad se adductum ita Flaccus aggreditur : Tu rebellis es deorum, et principum contemptor? Cui beatus Gregorius respondit : Si vere vis scire, ab infantia mea nunquam a Deo meo recessi, qui me ex limo terræ formavit. Cumque perseverantissimus in fide confessionis maneret, fustibus nodosis dorsum ejus verberatum rumpitur : regyratus venter ejus dissipatur. Inde ligatus manus et pedes, in craticula superponitur, lignis suppositis. Et continuo terræmotu cecidit una regio in civitate Spoletana, et oppressit plusquam trecentos homines idolis servientes. Post ferro constrictus, sub custodia militum in carcere retruditur, ubi angelica visitatione consolatur. Eductus e carcere, cardis ferreis in genibus percutitur. Sed et ardentibus lampadibus latera ejus sunt incensa, dicente beato martyre impio judici : Si totum corpus meum perdas, præsto est mihi medicus Dominus Jesus Christus, qui me sanat et corroborat. Tunc Flaccus jussit Tyrcano cuidam, ut beatum Gregorium tractum in amphitheatro decollaret. Quo facto, jussit Tyrcanus feras terribiles dimitti, ut corpus sancti martyris absorberent : sed nulla earum corpus sanctum attigit. Quædam autem mulier, Abundantia nomine, petivit corpus martyris : sed quia non potuit obtinere aliter, datis triginta quinque aureis Tyrcano, corpus recepit et, ut decuit, martyrem sepelivit juxta pontem lapideum, et rivum qui Sanguinarius appellatur ad muros civitatis, nono die Kalendar. Januar.

B. VIII KALENDAS JANUARII.
(25 *Dec.*)

Jesus Christus Filius Dei in Bethleem Judæ nascitur, anno Cæsaris Augusti quadragesimo secundo, Olympiadis centesimæ nonagesimæ tertiæ, ab Urbe condita anno septingentesimo quinquagesimo secundo : compressis cunctarum per orbem terræ gentium molibus, et firmissima verissimaque pace, ordinatione Dei a Cæsare Augusto composita : quando Quirinus ex consilio senatus Judæam missus, census hominum possessionumque describebat, sextamque mundi ætatem suo piissimo consecravit adventu idem Dominus noster Jesus Christus.

Eodem die, natalis sanctæ Anastasiæ, quæ tempore Diocletiani, primo diram et immitem custodiam a viro suo Publio perpessa est : in qua tamen a Chrysogono confessore Christi multum consolata et confortata est. Deinde a præfecto Illyrici in gravissima æque atque diutina custodia macerata est. In qua duobus mensibus refecta est cœlestibus escis, per sanctam Theodoten, quæ martyrium prius passa est. Deinde navi imposita cum ducentis viris, et quingentis feminis, ut demergeretur in mare, perlata est ad insulas Palmarias : ubi per manus, et pedes extensa, et ligata ad palos fixos, circa media ejus ignis accensus est, in quo martyrium consummavit. Et omnes qui cum illa venerant, variis interfectionibus martyrium celebrarunt. Inter quos omnes, unus erat Eutichianus nomine, innocentissimæ naturæ : qui sublatis sibi (cum dives esset) omnibus facultatibus, tacuit, nihil cogitans, nihilque metuens, nisi hoc, ne facultates ac divitias fidei perderet. Quotiescunque denique fuisset auditus, quotiescumque interrogatus, nihil aliud dicebat : Christum mihi non tollet, etiam qui caput abstulerit. Tunc Apollonia Christiana matrona, tollens corpus beatæ Anastasiæ, exosculabatur, et aromatibus condiens, dignisque linteaminibus obvolvens, intra viridarium domus suæ fabricata basilica, ut decuit martyrem, sepelivit.

Ipso die Romæ in cœmeterio Aproniani, passio sanctæ Eugeniæ virginis, quæ tempore Gallieni imperatoris, post multa virtutum insignia, et sacras virginum choros, quas Christo Domino aggregaverat, sub Niceto urbis præfecto alligata saxo, et præcipitata in Tiberim mergi non potuit. Inde thermis ignitis inclusa, illæsa reperta est. Novissime in custodia gladio jugulatur : et sublatum est corpus ab affinibus ejus Christianis, et positum non longe ab Urbe, via Latina, in prædio ejus proprio, ubi multorum ipsa sepelierat membra.

C. VII KAL. JANUARII.
(26 *Dec.*)

a Natale sancti Stephani protomartyris, non longe post ascensionem Domini passi, eodem scilicet anno passionis Christi.

Eodem die Zosimi papæ, qui sedit Romæ anno uno. Hic constituit, ut diaconi lævam tegerent pallis : et præcepit ut nullus clericus poculum in publico propinaret, nisi tantum in cellis fidelium et clericorum.

D. VI KAL. JANUARII.
(27 *Dec.*)

b Natalis sancti Joannis apostoli et evangelistæ, dilecti Domini, qui obiit anno 68 post ascensionem Domini, ætatis autem suæ nonagesimo nono, Ephesi.

Romæ, sancti Dionysii papæ, qui sedit in episcopatu annos sex, sepultus via Appia in cœmeterio Calixti. Hic ecclesias presbyteris dedit, et parochias diœcesis dedit atque constituit.

E. V KAL. JANUARII.
(28 *Dec.*)

(*Euseb.*, *lib.* 1, c. 8). Bethleem, natale sanctorum Innocentum ; quos Herodes, cum Christi nativitatem Magorum indicio cognovisset, trigesimo quinto anno regni sui interfici jussit (*Matth.* II) : qui anno trigesimo sexto morbo intercutis aquæ, et scatentibus toto corpore vermibus, miserabiliter et digne moritur.

---

a Vide libellum de Festivit. Apost. ; Pontificale, cap. 42.

b Vide ibid.

F. IV KAL. JANUARII.
(29 *Dec.*)

* David regis.

Item apud Arelatem, natalis sancti Trophimi, episcopi et confessoris, discipuli apostolorum Petri et Pauli.

Eodem die, sancti Crescentis, apostoli Pauli discipuli, Viennensis Ecclesiæ primi doctoris (*II Tim.* IV).

G. III KAL. JANUARII.
(30 *Dec.*)

Apud Spoletum, passio S. Sabini episcopi, Exuperantii et Marcelli diaconorum, et Venustiani cum uxore et filiis, sub Maximiano Augusto. Qui beatus Sabinus cum esset clarus in omnibus divinis instructionibus, et sermone eloquentissimus, tentus est a præside Tusciæ Venustiano, cum duobus diaconibus Exuperantio et Marcello, et multis clericis. Cui Venustianus deum suum Jovem, quem habebat in cubiculo, ex lapide Coralite mire formatum in vestimentis aureis, ad adorandum obtulit. Quem beatus Sabinus in manibus acceptum, facta oratione, continuo illisit in pavimentum, et confregit. Quod factum videns Venustianus, cum furore jussit ut præciderentur ei manus, et in conspectu ejus Marcellum et Exuperantium equuleo suspendi, ac fustibus macerari, unguibusque radi latera eorum, et ignem supponi. Hoc facto, in confessione Domini spiritum emiserunt. Quorum corpora præcepit jactari in fluvium, Sabinum vero episcopum in carcerem retrudi. Audiens hoc quidam piscator, et presbyter, collegit corpora sanctorum, et sepelivit juxta viam pridie Kalend. Januar. Serena vero, Christianissima vidua, curam habens sancti Sabini episcopi, adduxit ad eum in carcerem nepotem suum Priscianum, qui erat cæcus. Tunc sanctus Sabinus truncos suos super oculos ipsius posuit, et in fide Christi oratione facta, eum illuminavit. Videntes autem illi, qui in custodia erant, miserunt se ad pedes ejus, et baptizati sunt eo die numero undecim. Quod cum nuntiatum esset Venustiano præsidi (indoluerant enim ei oculi, et præ dolore neque cibum neque somnum capere poterat), misit uxorem suam, et duos filios suos, ut adducerent beatum Sabinum ad domum ejus de carcere. Adducto itaque, prostravit se ad pedes ejus Venustianus A cum fletu, uxorque ejus et filii, agentes pœnitentiam, et rogantes se baptizari. Mox baptizatus, ut de pelve levatus est, nullum dolorem oculorum sensit. Hoc nuntiatum est Maximiano, qui iratus præcipit Sabinum damnari, et ipsum Venustianum capite truncari. Veniens autem Lucius tribunus, sine auditione beatum Venustianum cum uxore et filiis necavit in civitate Assisinate : sanctum vero Sabinum adduxit in civitatem Spoletum, et tandiu præcepit cædi, quousque deficeret. Cujus corpus collegit venerabilis Serena, quæ jam manus ejus in dolio vitreo cum aromatibus condiderat, et infra domum suam posuerat, et sepelivit eum a civitate Spoletana milliario plus minus uno, sub die septimo Idus Decembris. Festivitas tamen ejus et supra nominatorum martyrum tertio Kalendas Januarii agitur.

A. PRIDIE KAL. JANUARII.
(31 *Dec.*)

(*Pontif.*, cap. 34.) — Romæ, natale sancti Silvestri episcopi et confessoris, qui post beatum Petrum tricesimus quartus sedit annos viginti tres, menses decem, dies undecim. Cujus industria synodus præclarissima toto orbe terrarum, trecentorum decem et octo Patrum, apud Nicæam urbem Bithyniæ celebratur, sub consulatu Constantini Augusti, et Licinii, XIII Kalendas Julii ; attamen Julii papæ tempore consummatur. Fecit autem ordinationes sex mense Decembri, presbyteros quadraginta duos, diaconos viginti quinque, episcopos per diversa loca sexaginta quinque. Sedit autem ex die Kalendarum Februariarum usque in diem Kalendarum Januariarum. Sepultus est in cœmeterio Priscillæ via Salaria, milliario tertio ab urbe Roma, pridie Kalendas Januarii : et cessavit episcopatus ejus dies quindecim. Hic constituit chrisma ab episcopo confici, et ut baptizatum liniat presbyter : et ut nullus laicus crimen audeat clerico inferre : et dalmaticis in ecclesia uti, et ut pallio linostimo læva eorum tegeretur, scilicet diaconorum.

Apud Senonas, sanctæ Columbæ virginis, quæ superato igni gladio cæsa est.

Item apud Senonas, natale beatorum Sabiniani et Potentiani, qui a beatis apostolis ad prædicandum directi, præfatam urbem martyrii sui confessione illustrem fecerunt.

* Vide ibid.

---

* LITANIÆ INDICENDÆ.

MENSIS JANUARIUS

HABET DIES XXXI, LUNA VERO XXX.

B. KAL. JANUARII.
Octavæ Domini.

* *Litaniæ indicendæ.* Hoc singulis mensibus in mss. tribus præmittitur. Unde apparet olim initio cujusque mensis Litanias indictas fuisse : sed quæ Romæ, natalis sancti Almachii martyris : qui jubente Alippio Urbis præfecto, cum diceret, Hodie oc- illæ et quo die celebratæ, non habeo affirmare. Præter duas per totam Ecclesiam solemnissimas Litanias ; *majorem* videlicet. auctore Magno, ut fertur,

tavæ Dominici diei sunt, cessate a superstitionibus idolorum et sacrificiis pollutis; a gladiatoribus hac de causa occisus est.

Item Romæ, natale S. Martinæ virginis et martyris: quæ cum esset sublimi genere, et patre consule nata, dives nimis rerum, quas misericorditer indigentibus erogabat, tenta ab Alexandro imperatore, jussa est sacrificare Apollini. Sed mox ut orationem fudit beata virgo, terræ motus factus est magnus, ut civitas concuteretur. Ac sic pars templi ipsius Apollinis destructa est, simulacrum comminutum, et multitudo magna cum sacerdotibus fani oppressa. Iratus valde Alexander imperator, jussit alapis faciem ejus cædi, et uncinis palpebras ejus disrumpi. Carnifices autem qui ad cædendum eam deputati fuerant, deficientes, clamare cœperunt videre se quatuor viros splendidos, qui eam confortarent, sibique potius pœnam inferrent. Inde testarum fragmentis cæsa, cum invictissima durasset, illi, quibus hoc impium officium delegatum fuerat, tandem pietate divina circumdati lumine (erant enim octo), crudele illico ministerium exsecrantes, crediderunt, ac Dominum verum Christum Jesum confessi sunt. In quos accensus valde imperator, suspensis fecit carnes eorum spathis lacerari. Deinde capitibus amputatis, sæculi hujus vitam finiere, decimo septimo die, mense Novembrio: sicque felicia regna martyres Christi facti petierunt. Iterum facta Martina pœnis pulsatur; nam exspoliata vestibus, incisa est toto corpore ac deinde quatuor palis extensa; a duobus centurionibus fustibus cæsa. Cumque in confessione perseveraret, mutati sunt qui per vices eam cæderent septem centuriones. Sed illa sibi supplicia illata forti animo risit. Inde recepta in carcerem. Inde adipibus et pinguedine superuncta, et ad imperatorem iterum adducta, et jubente eo in fanum deorum intromissa. Sed mox oratione facta ab illa, ignis de cœlo cecidit, et idolum in favillam redegit; sacerdotes templi exussit, et multitudinem populi occidit. Tunc perculsus terrore imperator, tradidit eam cuidam Justino præfecto, ut impelleret eam ad sacrificandum. Qui mox extendi eam jussit in conto, et spathis membra ejus incidi, et circa mamillas ungulis attrectari, usque dum centum et octodecim incisiones ab uncinis fierent. Sed cum adhuc ut ille speraverat non exspirasset, deposita de conto recipitur in carcerem. Quæ et iterum in amphitheatrum a Justino præfecto præsentata imperatori, feris est injecta. Sed leo immanissimus de cavea laxatus, rugiendo usque ad pedes sanctæ martyris pervenit, ubi statim ferocitatem deposuit, eamque nullo pacto attigit. Sed cum reduceretur in caveam, Eumenium imperatoris cognatum interfecit. Et iterum recepta est, jubente imperatore, in carcerem. Exinde post duos dies cum iret ad sacrificandum imperator, exhibita martyr, cum fixa in Domino maneret, suspensa iterum, ungulis rasa: rasisque capillis, in quibus credebant quod magica ars consisteret, videntes eam insuperabilem, in templo Dianæ tribus diebus et tribus noctibus eam includunt. Cumque precibus suis in pulverem redegisset simulacrum, educta de fano, ad ultimum gladio ferienda ab imperatore destinatur. Hujusmodi fine martyr venerabilis cœli regnum meruit.

Eodem die apud Spoletum civitatem Tusciæ, natalis sancti Concordii martyris temporibus Antonini imperatoris. Hic ortus est Romæ, cujus pater Gordianus dicebatur, sanctissima conversatione presbyter, de titulo pastoris, ordinatus subdiaconus a sancto Pio urbis Romæ episcopo. Qui nihil aliud cum patre suo, nisi jejuniis et orationibus die noctuque vacabat, eleemosynis pauperum semper inserviens. Factum est, ut cum consilio patris sui apud beatum Eutychen, qui tunc morabatur in prædiolo suo, via Salaria juxta civitatem habitaret, audiens famam eorum Torquatus comes Tusciæ, qui versabatur in ci-

---

Gregorio, quæ xxv Aprilis qui D. Marco fixus et permanens dies sacer est, peragitur; et *minorem*, auctore Mamerto, Viennensi archiepiscopo, cui triduum Rogationum ante Domini Ascensionem impenditur; plures aliæ Litaniæ in anno celebrari solitæ, pro Ecclesiarum diversitate. Gregorius Magnus lib. vii, epist. 76, indict. ii, ad Castorium, notarium Ravennæ, quatuor aut quinque solemnium meminit Litaniarum, quibus episcopus Ravennatium pallio utebatur, cujus usum eidem concedi non vult in aliis Litaniis communibus, seu non solemnibus.

Menstruanarum aliquot Litaniarum, certo solemnitatis die, meminit Anastasius bibliothecarius in Vitis Pontificum, in Sergio I, circa annum Domini 687 : « Constituit autem ut diebus Annuntiationis Domini, Nativitatis et Dormitionis sanctæ Dei genitricis semperque virginis Mariæ, ac S. Simeonis, quod Hypapantem Græci appellant, Litaniæ exeat a S. Adriano, et ad sanctam Mariam populus occurrat. » Ubi 2 Februarii diem habes pro Hypapante, 25 Martii pro Annuntiatione; Dominica 15 Augusti pro Dormitione S. Dei genitricis; 25 Decembris pro Domini Nativitate.

Hebdomadarium Litaniarum, et quidem stato Sabbati die, mentio apud eumdem Anastasium in Honorio I, circa annum Domini 626 : « Hic fecit constitutum in Ecclesia, et decrevit ut per omnem hebdomadam Sabbato die, exeat Litania a B. Apollinare, et ad B. Petrum apostolum cum hymnis et canticis populus omnis occurrere debeat. » Apud eumdem in Stephano III, circa annum Christi 722 : « Hic beatissimus vir pro salute provinciæ et omnium Christianorum, omni Sabbatorum die Litaniam, omni postposito neglecto, fieri statuit, uno quidem Sabbato ad sanctam Dei genitricem ad Præsepe; alio vero ad beatum Petrum apostolum, et alio ad beatum Paulum apostolum. »

Pridianæ Litaniarum indictionis memoria exstat apud Gregorium I papam, lib. xi Registr., cap. 11 : « Crastina die, primo diluculo, ad septiformem Litaniam juxta distributionem inferius designatam devota mente cum lacrymis veniamus. » Quæ litania procedebat trigesimo Augusti die. De qua vide Baronium tom. VIII Annalium, anno Christi 590, et anreolos Serarii nostri libellos Litaneuticos.

Litaniarum sanctorum originem refert Walafridus Strabo ad Martyrologium. Ita enim ille lib. de rebus Eccles. cap. 28 : « Litania autem sanctorum postea creditur in usum assumpta, quam Hieronymus Martyrologium, secutus Eusebium Cæsariensem, per anni circulum conscripsit. »

vitate Spoleti, mittens accersivit sanctum Concordium, et dixit ei : Quo nomine vocaris? Respondit sanctus Concordius : Christianus sum. Dicit ei comes : De nomine require, non de Christo tuo. Sanctus Concordius respondit : Christianus sum, et Christum confiteor. Cumque impelleretur ad sacrificandum, et ille in fide Christi fortiter perduraret, jussus est fustibus cædi. Sequenti nocte venit ad eum beatus Eutyches cum Anthimo episcopo, et rogaverunt comitem ut aliquot diebus cum eis permitteretur morari. Erat namque Anthimus episcopus amicus comitis, quique beatum virum Concordium fecit illis diebus presbyterum. Peractis aliquibus diebus, revocatus est beatus Concordius, et venit ad comitem. Cui et dixit comes : Quid tractasti circa salutem tuam? Sanctus vir respondit : Salus mea Christus est, cui quotidie sacrifico sacrificium laudis. Iratus comes, jussit eum suspendi in equuleo. Cruciatus diu, revocatus arctatus ferro in carcerem : ubi meruit consolationem angelicam. Post tres noctes missi sunt ad eum, qui eum aut sacrificantem laxarent, aut nolentem punirent. Venientes autem missi, dixerunt ei : Aut sacrifica Jovi, aut capitalem sententiam accipies. Ferebant autem statunculam Jovis. Beatus Concordius dixit : Gratias tibi, Domine Jesu Christe. Et exspuit in faciem Jovis. Tunc unus de satellitibus evaginato gladio amputavit caput ejus : atque ita in confessione Domini emisit spiritum. Venientes autem duo clerici, cum religiosis viris, tulerunt corpus ejus, et sepelierunt non longe a Spoleto, in loco ubi aquæ multæ emanant.

Item Romæ via Appia, coronæ militum triginta, has sub Diocletiano pro confessione veræ fidei percipere meruerunt.

Apud Africam, natalis sancti Fulgentii, Ecclesiæ Ruspensis episcopi et confessoris, qui tempore Vandalicæ persecutionis, ob catholicam fidem et eximiam doctrinam, ab Arianis multa perpessus, et diu apud Sardiniam exsilio relegatus, tandem ad Ecclesiam suam redire permissus, et vita et triumpho clarus, sancto fine quievit, annum sui episcopatus agens vigesimum quintum, vitæ autem totius sexagesimum quintum.

Apud Alexandriam, sanctæ Euphrosynæ virginis, quæ orationibus patris sui Paphnutii de sterili matre progenita, in puerili ætate constituta, clam se tonderi fecit, et monasticam vitam expetiit; Smaragdi sibi nomen imponens. Post etiam in reclusione viginti et octo annis in omni sanctitate perdurans, tacta ægrotationis incommodo, et mortem sibi adesse cognoscens, manifestavit se religioso et lacrymis multoties quærenti eam patri.

In territorio Lugdunensi monasterio Jurensium, S. Eugendi abbatis, cujus virtutibus et miraculis plena refulsit.

D. IV NONAS JANUARII.
(2 Jan.)

Natalis beati Macarii abbatis.

Et in Ponto civitate Tomis, trium fratrum, Argæi, Narcissi, et Marcellini pueri, qui sub Licinio inter tyrones comprehensus, cum nollet militare cæsus ad mortem et diu in carcere maceratus, in mare mersus, martyrium consummavit. Corpus ejus ad littus delatum, et a religiosis viris depositum, magnis coruscat virtutibus.

C. III NONAS JANUARII.
(3 Jan.)

(Pontificale, cap. 20). Romæ, natalis sancti Anteros papæ et martyris, qui vicesimus post beatum Petrum cum duodecim annis, mense uno, diebus duodecim rexisset Ecclesiam, passus est sub Maximino, et in cœmeterio Calixti sepultus via Appia. Hic gesta martyrum a notariis diligenter exquisivit, et in ecclesia recondidit.

Apud Parisios, sanctæ Genofevæ virginis, quæ a beato Germano Antisiodorensi episcopo Christo dicata, admirandis virtutibus et miraculis late claruit, et usque octoginta annos in Christi servitute consenuit.

Eodem die sancti Florentii Viennensis episcopi et martyris, octavi ejusdem urbis.

D. II NONAS JANUARII.
(4 Jan.)

(Ado, Chron., an. 241, supra Vide libellum de Festivitat. apost.) Natalis sancti Titi apostolorum discipuli.

Apud Africam, natalis sanctorum Aquilini, Gemini, Eugenii, Martiani, Quinti, Theodeti, Triphonis, præclarissimorum martyrum, quorum gesta habentur.

Eodem die apud urbem Romam, sanctorum martyrum Prisci presbyteri, et Priscilliani clerici, atque Benedictæ religiosissimæ feminæ, sub tempore Juliani impiissimi Augusti, qui gladio martyrium compleverunt.

Item apud urbem Romam, beatæ Dafrosæ, uxoris Fabiani martyris, quæ post damnationem beati viri sui primum relegata exsilio, deinde ab impio Juliano capite jussa est puniri.

E. NONIS JANUARII.
(5 Jan.)

(Pontificale, cap. 9.) Romæ natalis sancti Telesphori, qui septimus post Petrum apostolum pontifex ordinatus, sedit annos undecim, menses tres, dies viginti unum, illustreque martyrium duxit. Hic constituit ut sex hebdomadibus ante Pascha jejunium celebraretur, et Natali Domini Jesu Christi nocte missæ celebrarentur, et hymnus angelicus, id est, Gloria in excelsis Deo, hora sacrificii missæ diceretur.

Item apud Antiochiam depositio sancti Simeonis monachi admirandæ virtutis viri, qui decimo tertio ætatis anno huic sæculo abrenuntians, monasterii claustra expetiit, ubi mira abstinentia vix septimo die cibum sibi indulgens, Psalterium inter quatuor menses didicit. Deinde nimia domandi corporis intentione, fune palmiceo renes sibi constringens, duriter laniatus est. Inde in quodam puteo se recludens, et ex eo fratribus violenter ad monasterium reductus, clam fugiens, eremum petiit. Ubi multo commoratus tempore in columna editiori sanctitate fervens se reclusit. Ubi non modo nulli extraneæ mulieri, sed nec propriæ matri se videre permisit. Et usque hodie basilicam columnæ illius feminarum nulla egreditur. Nam quædam mulier veste induta virili ingredi voluit, et mox ut limen attigit, retrorsum mortua cecidit.

F. VIII IDUS JANUARII.
(6 Jan.)

Epiphania Domini.

Eodem die passio sanctæ Macræ virginis, quam cum Rictiovarus præses torqueri et in ignem præcipitari jussisset, illæsa permansit. Deinde mamillis abscisis, squaloreque carceris afflicta, super testas acutissimas et prunas volutata, orans migravit ad Dominum.

G. VII IDUS JANUARII.
(7 Jan.)

Relatio pueri Jesu ex Ægypto.

Item natalis sancti Luciani Antiochenæ Ecclesiæ presbyteri et martyris, viri doctissimi atque eloquentissimi, qui passus est Nicomediæ ob confessionem Christi persecutione Maximini, sepultusque Helenopoli Bithyniæ; quam urbem (cum prius Drepana vocatur) in honorem ejusdem gloriosi Martyris, Constantinus imperator instaurans, ex nomine matris suæ Helenopolim nuncupavit.

Item apud Antiochiam, beati Cleri diaconi, qui ob confessionem Christi septies tortus, et in carcere diu maceratus, ad ultimum decollatus martyrium consummavit.

A. VI IDUS JANUARII.
(8 Jan.)

Apud Neapolim Campaniæ sancti Severini confessoris *a* fratris beatissimi Victorini clarissimi viri miraculis. Qui et ipse fratris imitator, post multarum virtutum perpetrationem, sanctitate plenus quievit. Sepultus in loco, ubi primum abstinentissimus, quam ad episcopatum vocaretur, conversatus fuerat.

Belvaci. sanctorum Luciani et Messiani.

B. V. IDUS JANUARII.
(9 Jan.)

In Mauritania Cæsariensi, natalis sanctæ Martianæ virginis et martyris.

Item die apud Antiochiam, natale sancti Juliani martyris, et Basilissæ conjugis ejus. Hi itaque sanctissimo voto casti conjuges, aliquot annos pariter vixerunt; carnem suam Christo virginem servantes, monasteria de rebus suis, quia erant parentibus et genere clarissimi, instituerunt, ut ad decem millia monachorum pater beatus Julianus fieret. Basilissa vero multarum mater virginum. Quarum multitudinem cum jam victricem præmisisset ad Dominum, ipsa conversatione vitæ, et doctrinæ studiis probatissima, inter verba orationis dulcissimis suspiriis plana reddens Domino spiritum, angelorum consortio in cœlo conjunxit. Julianus vero postmodum a Martiano præside requiritur, quo tempore rabies crudelitatis ad persequendum sanctos Dei sub Diocletiano et Maximiano exarserat, ad quem multitudo sacerdotum et Ecclesiæ Christi ministrorum confugerat propter immanitatem persecutionis. Comprehensus itaque cum hac ingenti multitudine ipse præsidis audientiæ reservatur; cæteri servi Dei, jussu crudelis judicis ingenti accenso igne, eisque apposito, in quo consistebant loco consumpti sunt. Ubi ad commendandam pretiosam mortem sanctorum, tertiam, sextam, nonam psallentiam chori feruntur audiri, sed et vespertinos, et matutinos hymnos Deo cecinere. Beatus vero Julianus primum auditus, rigidissimis fustibus cæsus est. Cumque cæderetur, unus ministrorum præsidi necessarius oculum amisit. Quem beato Juliano orante illico recepit, et Christo credens statim ab insano judice decollatur. Inde beatus Julianus ductus ad fanum dæmonum, simulacra cristallina et electrina, atque diversi generis metallo acquisita, ita comminuta atque in pulverem redacta sunt, ut quid fuerint omnino non pareret. Deinde sanctus martyr vinculis ferreis arctatus, per civitatem sub voce præconis circumducitur. Cumque pervenisset ad locum, ubi filius præsidis in scholis erudiebatur, puer idem Celsus nomine vidit multitudinem albatorum circa sanctum martyrem, et coronam pretiosissimis lapidibus renitentem super caput ejus. Quæ visa cum suis condiscipulis narraret, subito divinitus inspiratus projecit volumina magistrorum, et vestimenta quibus erat indutus, et celeri cursu pervenit ad pedes vincti martyris. Ad quod factum stupens tota pene civitas accurrit; cum reliquis præses et mater pueri ejulantes adveniunt. Sed cum puerum a societate beata separare non possent, cum beato Juliano imo carceris mancipatur. Ubi divino lumine consolati, et odore mirifico sunt respersi, ita ut milites qui eos servabant, circiter viginti, commoti, et stupore perculsi, Christo Domino crederent. Ad hos itaque visitandos in carcerem fratres septem una cum Antonino presbytero venerunt, officioque sancti Antonini presbyteri, tam puer quam viginti milites baptizati sunt. Quod audiens præses, septem fratres diu custodia maceratos, ad ultimum tradi igni præcepit, porro milites gladio trucidari; sicque martyrium victores consummaverunt. Sanctum vero Julianum atque Celsum puerum, sanctumque Antoninum presbyterum sibi præsentatos, necnon et Anastasium, quem beatus Julianus a morte suscitatum participem gratiæ Christi fecerat, in cuppas pice et adipe ferventes injecit, sub quibus lignorum et sarmentorum copiam aggregari jussit. Sed beati nihil læsi sub igne, in confessione invicti persistunt. Ducti ergo iterum sunt in custodiam. Cum puero autem mater ipsius Martionilla, ut eum mutare posset, volens inclusa est. Sed dum cupit filium

---

a Vide plura de eo 5 Sept.

prædam fieri diabolo, ipsa prædata Christo, ejusque ancilla fidelis facta baptismi gratiam recepit. Quo audito impius conjux piam Christi famulam in ima carceris trusam martyribus sociavit. Quos iterum suis conspectibus præsentari fecit, et ad fanum dæmonum, sacerdotibus fani intro exspectantibus, ut sacrificaturi mittuntur. Sed mox sanctis orantibus templo ad solum dejecto, sacerdotum ad mille, cum paganorum multitudine, occisi sunt. Sed iterum ab irato impio præside sancti retruduntur. Qui divina consolatione nocte sunt mirabiliter confortati. Sequenti vero luce producti sunt de custodia : « oleoque infuso liciniis, manus et pedes eorum ligantur, ignisque ita supponitur. Sed cum invicti perdurarent, Juliano et Celso cutem capitis auferri jubet, Antonino et Anastasio lumina effodi, Martionillæ equuleum parari. Hæc cum illi fortissime pervicissent, feris intromissis in amphitheatrum ad devorandum eos objecerunt. Sed feræ pedes sanctorum lingebant. Cumque omnia pervicissent, militibus eos ferire jussit. Atque tali certamine palmam adepti, regna mansura perceperunt.

C. IV IDUS JANUARII.
(10 Jan.)

Apud Thebaidem, natalis sancti Pauli primi eremitæ, qui a sexto decimo ætatis suæ anno usque ad centesimum et tertium decimum solus in eremo permansit. Cujus animam inter apostolorum et prophetarum choros ad cœlum ferri ab angelis sanctus Antonius vidit.

ᵇ S. Hyginii papæ, qui sedit Romæ annos quatuor. Hic constituit clerum, et distribuit gradus. Sepultus in Vaticano IV Idus Januarii.

Apud Cyprum, beati Nicanoris, qui unus fuit de septem primis diaconibus.

ᶜ Et adventio sancti martyris Hermetis.

D. III IDUS JANUARII.
(11 Jan.)

Apud Alexandriam, natalis sanctorum confessorum, Petri, Severi, Lucii, quorum gesta habentur. (Possid. in *Indic.*, c. 3 et 9.) In Africa, natalis sancti Salvii. In hujus natali sanctus Augustinus verbum fecit ad populum Carthaginis.

E. PRIDIE IDUS JANUARII.
(12 Jan.)

Apud Achaiam, natalis sancti Satyri martyris, civis Arabiæ, qui transiens ante quoddam idolum, cum exsufflasset illud, signans sibi frontem, statim corruit; ob quam causam decollatus est.

(Zeno Veron., *sermon. propr.*) Eodem die natalis sancti Arcadii martyris, genere et miraculis clari.

F. IDIBUS JANUARII.
(13 Jan.)

Romæ, via Lavicana, coronæ militum quadraginta, sub Gallieno imperatore.

Pictavis, sancti Hilarii episcopi et confessoris, qui ob catholicam fidem quadriennio apud Phrygiam relegatus. Inter alias virtutes fertur quod mortuum suscitaverit.

Apud Viennam, sancti Veri episcopi, qui præsedit Ecclesiæ post sanctum Evantium.

G. XIX KAL. FEBRUARII.
(14 Jan.)

Apud Nolam Campaniæ, natale beati Felicis presbyteri. Hic a Maximo Nolanæ urbis episcopo presbyterii honore præditus est. Cum autem imperatorum decreta Christianos insequi præcepissent, maximus pontifex jam senio prægravatus, putans se non posse ferre supplicia, silvarum saltus adiit. Quos dum turbidus de persecutione pererrasset, affectus fame, gelu attritus, solo corruit semivivus. At beatus Felix presbyter captus, et vinculis astrictus, ante præsidem Draccum adductus, cum multa de portentis deorum, quod nihil essent, disputaret, eumque præfectus immolare impelleret, respondit : Inimici estis deorum vestrorum. Ad quæcunque enim me deorum vestrorum templa duxeritis, hoc eis eveniet quod evenit illis ad quæ meum fratrem Felicem vos duxisse pœnituit. Sed si vultis probare virtutem Domini mei Jesu Christi, me ad Capitolium ire jubete, ut ipsum Jovem, principem dæmoniorum vestrorum, ruere faciam. Mox impius judex compressis auribus

---

ᵃ *Oleoque infuso liciniis manus et pedes eorum ligantur.* Ita restitui ex mss. Male vulgo *lignis* pro *liciniis* : quod posterius, quia rarum est, et minus intellectum, errorem rati, *lignis* substituere. Sed qui ignis pedes et manus ligantur? *Liciniis* igitur ligati, id est funiculis stuppeis aut xylinis e quibus candelarum ellychnia fiunt, materia utique cui oleum infundatur, apta. Isidorus Orig. lib xx, cap. 10 : « Lucerna e licinio dicta est unde et brevis est lux, ut Persius :

Dispositæ pinguem nebulam vomuere lucernæ.

Si enim a luce diceretur, non staret versus. Licinius autem quasi lucinius, est enim cicendela lucernæ. » Vide eumdem lib. XIX, cap. 19, et lib. XVII, cap. 6 Glossarium Camberonense ms. : « Licinium dicitur illud quod de licinio candelæ ardentis in fumo exstinguitur. » Omitto alia recentiorum glossographorum loca.

ᵇ *Pontificale*, c. 10. Vide libellum de Festivitat. Apost.

ᶜ *Et adventio sancti martyris Hermetis.* Non recte in vulgato *inventio*. Intelligit enim sancti Hermetis translationem Roma in Gallias. Atque huc refer quod Molanus, exactissimus sanctorum historiæ indagator, in natalibus SS. Belgii ad diem 28 Augusti notat, se in vetusto quodam Martyrologio annotatum observasse : IV *Idus Januarii, adventio sancti Hermetis martyris apud Indam.* Atque hæc de die primæ translationis. Annum exprimit Sigebertus in chronico 851 : « Reliquiæ sancti Hermetis martyris per Lotharium imperatorem in Gallias mittuntur, et apud Indam monasterium honorifice conduntur. » Inda locus est juxta Aquisgranum, ubi S. Cornelii monasterium, in quod hæ reliquiæ primo fuere illatæ. Inde Rothnacum, quæ villa Brabantiæ est, anno 860 deductæ 6 Julii, ut habetur in Martyrologio propriæ Ecclesiæ : *Ipso die translatio corporis sancti Hermetis martyris in Rothnaco.* Hinc Danis Belgicam vastantibus Othone imperatore rursus Indam relatæ. Post, rebus pacatis, ad Rothnacenses rediere.

cuis, jussit eum fustibus cædi, deinde equulei tormentis applicari; inde carceri includitur, in quo non mediocribus vinculis astrictus, cochleis ac testulis suppositis extenditur. Et ecce nocte media angelus Domini, confractis catenis, scissaque trabe qua pedes ejus conclusi tenebantur, ait illi: Surge et egredere, ac require sacerdotem tuum, inventumque refer ad urbem, et absconde, ne inedia ac fame pereat, donec desinat persecutio. Dumque beatus Felix egressus sacerdotem et episcopum suum requireret, invenit illum solo prostratum, clausis oculis, strictisque dentibus vix spirantem. Et cum anxie requireret quid alimenti defecto seni porrigeret, ecce subito de sentibus uvam pendere miratur: de qua aliquibus granis in os confessoris Christi expressis, paululum senior refocillatus surrexit. Quem humeris impositum Felix ad civitatem detulit, et sub tugurio cujusdam viduæ commendatum, alimentis pavit. Deinde captus, in exsilium deportatur beatus martyr, in monte qui vocatur Circeis, ubi lapides excidebantur, ut ipse cum damnatis pari modo lapidum cæsor esset. Ubi Probi cujusdam tribuni filiam a dæmonio liberavit, uxoremque ejus ab hydropisi morbo curavit, ipsumque Probum cum uxore et filia, et pluribus aliis, in Christo baptizavit. Post deinde cum regressus esset, crescente persecutione, iterum mittitur persecutor ex numero apparitorum, qui beatum Felicem teneret. Quem cum sollicite requireret, et eumdem Felicem interrogaret si nosset ubi Felix presbyter lateret: Hac, inquit, Felix parte abiit. Persecutore discedente, Felix latebram petiit. Sed nec mora, persecutor ipse subsequitur. At martyr inter parietes dirutos occulebatur; ubi in ipso primo domus introitu araneorum telæ dependentes, intus neminem tunc intrasse, fidem fecerunt. Qua visione delusus inimicus abscessit. Sic martyr ad alium locum demigrans, a muliere quadam per tres menses pastus est; cujus tamen faciem, dum iisdem latibulis celaretur, nullo modo vidit. Postmodum vero apud Nolam pontificem dæmoniorum ad Christum convertens, templum Apollonis, prius dæmone qui responsa dabat expulso, divina virtute dejecit. Virtutibus itaque adeo illustris, cum vellet universus populus Nolanus ut levaretur episcopus, non consensit, sed alterum in sede pontificali eligens, ipse post duodecim annos, quos apud Nolam cessante persecutione fecerat, Dominica die mysteriis confectis, data pace omnibus, se in pavimentum oraturus projecit: moxque beati viri anima de carnis ergastulo egressa, post gravia tormenta, quæ patienter tulerat pro Christo, felicia regna, ipse vere Felix conscendit. Sepulusque juxta urbem in loco qui dicitur Pincis, ubi claris semper fulget virtutibus, ab Helpidio, venerabili et sancto presbytero. Hic etiam beatissimus martyr et confessor hæreticis invictissime restitit.

Ligatis manibus sursum, et pedibus iusum. Ita constanter mss. *iusum* vel *iosum* pro *iursum, iorsum,*

Apud Viennam sancti Cœldi episcopi (Ado in *Chron.* anno 686.)

A. XVIII KAL. FEBRUARII.
(15 *Jan.*)

Abacuc et Michææ prophetarum, quorum corpora sub Arcadio imperatore divina revelatione reperta sunt.

Item beati Macarii abbatis, discipuli beati Antonini, vita et miraculis celeberrimi.

Item beati Isidori sanctitate vitæ, fide ac miraculis præclari.

Apud Bituricas civitatem, translatio Sulpitii episcopi et confessoris, qui a pueritia sacris litteris eruditus et sanctæ conversationis luce conspicuus, etiam laicus virtutibus claruit. Post etiam corona deposita monachorum Pater exstitit; atque inde ad episcopalem provectus cathedram, vita clarus, miraculis gloriosus quievit.

B. XVII KAL. FEBRUARII.
(16 *Jan.*)

Romæ via Salaria in cœmeterio Priscillæ, natalis sancti Marcelli papæ, qui, jubente Maximino imperatore, primo fustibus cæsus et a facie ejus quem corripiebat expulsus est. Deinde audiens quod domum sanctæ Lucinæ, quam ipse proscriptione damnaverat, eo quod de facultatibus suis Christianis donaverit, ecclesiam faceret, et in ea missas celebraret, in media civitate jussit in eadem ecclesia plancas sterni ad animalia catabuli publici, et ejusdem stabuli episcopum ad servitium animalium deputavit cum custodia publica. Ubi etiam post multos annos serviendo, indutus amictu cilicino, defunctus est: et conditus aromatibus a Joanne presbytero ac a beata Lucina, sepultus in cœmeterio Priscillæ.

Apud Arelatem, sancti Honorati episcopi, cujus vita doctrina ac miraculis illustris refulsit.

C. XVI KAL. FEBRUARII.
(17 *Jan.*)

In Ægypto apud Thebaidem, beati Antonii monachi, qui sine ulla scientia litterarum Scripturas divinas, et memoriter audiendo tenuisse, et prudenter cogitando intellexisse prædicatur. Multorum monachorum Pater, vita et miraculis præclarissimus vixit. Cujus corpus sub Justiniano imperatore divina revelatione repertum, Alexandriam delatum est, et in ecclesia beati Joannis Baptistæ humatum.

Apud Linguonas, natale sanctorum geminorum Spensippi, Eleusippi et Meleusippi. Qui cum essent viginti quinque annorum, cum avia sua Leonilla, et Ionilla, et Neone, martyrio coronati sunt, tempore Aureliani imperatoris. Gemini quidem in una arbore suspensi, ligatis manibus sursum, et pedibus iusum a, ita extenti, ut pene putarentur ab ipsa membro quo vulgo substitutum *deorsum*. Sic infra xiv Maii: *Deinde triduo capite iusum suspendi*; ubi non

brorum compage separari; et post hæc in ignem martyrii. Educitur iterum ad certamen, circumspectante populo in amphitheatro, et dimittuntur ei duo leones. Qui mansuefacti, beatum Pontianum minime tetigerunt. Quod videntes populi, exclamaverunt : Vere magnus est Deus Christianorum, ita ut seditio fieret. Iterum beatus martyr retruditur in carcerem per duodecim dies ut fame deficeret, ubi ab angelo confortatus, et cœlesti cibo pastus est. Post duodecim vero dies putantes eum defecisse, ministri venerunt, ut corpus ejus tollerent, et invenerunt eum psallentem et laudes Deo dicentem. Eductus iterum de carcere est, et extensus super lectum ferreum, jubente impio judice, ac plumbo fervefacto dorsum illius perfusum. Sed cum martyr talia parvipendens invictus maneret, confusus Fabianus dictavit sententiam ut capite minueretur. Sicque ab spiculatore percussus, quievit in pace. Consummavit autem martyrium suum xix Kal. Februarii. Et sublatum corpus ejus a Christianis sepultum est xv Kal. Celebris vero dies ipsius agitur xiv Kal. Februarii, quando iterum sacrum corpus ejus mutatum est.

praecipitati, nec tamen læsi, inter verba orationum simul migrarunt ad Dominum. Ionilla hoc videns, confessa est se etiam esse Christianam. Et post comprehensa a turbis, ac capillis suspensa, multisque afflicta suppliciis, cum Christum negare noluisset, cum Leonilla est simul gladio perempta. Neon exceptor gestorum, et ipse Christi nomen confessus, martyrio coronatus est. Docuit autem et baptizavit geminos hos Benignus presbyter, quem misit ab Oriente beatus Polycarpus, Joannis apostoli auditor in Galliam, cum Andochio presbytero et Thyrso diacono. Sepulti sunt autem iidem gemini in secundo milliario ab urbe Linguonum. Turbon autem, scribens victorias confitentium Dominum, non post multum temporis martyrium perpessus est.

Apud Bituricas, Sepultii episcopi.

D. XV KAL. FEBRUARII
(18 Jan.)

Cathedra sancti Petri apostoli, qua primum sedit Romæ.

Eodem die, natalis sanctæ Priscæ virginis et martyris.

Et in Ponto, natalis sanctorum martyrum Mosæi et Ammonii, qui cum essent milites, primo ad metalla deputati, novissime igni traditi sunt.

E. XIV. KAL. FEBRUARII.
(19 Jan.)

ᵃ In Smyrna, natalis sancti Germanici martyris, qui cum primævæ ætatis venustate floreret, per gratiam virtutis Dei, metum corporeæ fragilitatis excludens, sponte præparatam sibi bestiam, damnatus a judice jam provocavit : cujus dentibus comminutus, vero pani, id est Domino Jesu Christo, pro ipso moriens, meruit incorporari.

Eodem die, natale sancti Pontiani martyris, apud Spoletum, temporibus Antonini imperatoris, sub judice Fabiano. Ante quem adductus, et interrogatus quo nomine vocaretur, respondit : A parentibus nomen mei impositum est Pontianus ; majus autem nomen, Christianus. Tunc iratus Fabianus, expoliari eum et virgis cædi jussit, donec videretur sanguis ipsius in terram fluere. Iterum jussit super carbones nudis pedibus ambulare. Cui beatus Pontianus : Ego in nomine Domini mei Jesu Christi ambulo super carbones ardentes ; tu, si potes, mitte in nomine Jovis manum in aquam calidam. Iratus Fabianus jussit equuleum parari, et uncinos ferreos fieri, et ibi eum suspendi. Sed deficientibus ministris impiis, truditur martyr Dei in ima carceris, ubi a religiosis viris confortatur ad agonem

F. XIII KAL. FEBRUARII.
20 Jan.)

(*Pontificale, c. 21*.) Romæ, Fabiani episcopi : qui, cum quatuordecim annos, menses undecim, ac duodecim dies Ecclesiæ præesset, passus est martyrium tempore Decii, et in cœmeterio Calixti sepultus.

Eodem die, natale sancti Sebastiani martyris, qui in tantum charus erat imperatoribus Diocletiano et Maximiano, ut principatum ei primæ cohortis traderent. Quem Diocletianus ubi Christianum cognovit, nec a fide posse revocari, jussit ligari in medio campo, quasi signum ad sagittam, et sagittari a militibus. Qui cum sagittis plenus staret quasi hericius, putantes eum mortuum, abierunt. Nocte autem veniens quædam mulier nomine Hirene tollere corpus, invenit eum viventem, et adduxit in domum suam, et curam ejus egit ; qui ubi convaluit, multos in fide confortavit. Nec mora, ipsis imperatoribus apparens, hos, prout digni erant, corripuit. Tunc jussit eum Diocletianus in hippodromum palatii duci, et fustigari donec deficeret ; quem mortuum in maximam cloacam miserunt. Sed ille apparuit in somnis sanctæ matronæ Lucinæ, dicens : Juxta circum invenies corpus meum, pendens in unco, hoc sordes non tetigerunt ; dum levaveris, perduc ad Catacumbas, et sepelies me in crypta juxta vestigia apostolorum. Quæ ipsa nocte cum servis veniens, totum ita complevit.

Eodem die, Romæ natalis sanctorum martyrum Marii et Marthæ, cum filiis suis, Audifax et Abacuc

---

recte vulgatus : *deinde jussit capite suspendi*. Præcessit enim *jussit* quod et illi membro respondet. Jussit igitur *Sebastianus*, dux Alexandriæ, victorem *capite iusum suspendi*, id est *deorsum*. Non dubium mihi, antiquum adverbium esse, ea forma, qua *susum*. Habes apud Varronem libro iv de L. L. et Catonem de Re R., cap. 57, pro *sursum*. Ita *susum*, *iusum* vel *iosum* olim dictum, quod postea *sursum*, *iorsum* seu *deorsum*. Scaliger quoque ad lib. v Manilii ex vetustissimo Martyrologio prid. Id. Maii citat, *capite iorsum suspendi* : qui hic ipse locus est quarto decimo die Maii quem produxi.

ᵃ Euseb. l. iv, cap. 4. Vide libellum de Festiv. Apost. in Polycarpo.

nobilium de Persida, qui ad orationem venerant Romam tempore Claudii principis; e quibus post toleratos fustes, equuleum, ignes, ungues, manuum precisionem, Martha in Nympha necata, cæteri decollati, et cætera corpora eorum sunt omnia incensa et dissipata.

G. XII KAL. FEBRUARII.
(21 *Jan.*)

a Romæ natalis sanctæ Agnetis virginis et martyris, quæ sub præfecto Urbis Symphronio, ignibus injecta, sed his per orationem ipsius extinctis, gladio percussa est.

Item apud Athenas, beati Publii episcopi, ob Christi martyrium coronati.

In Hispaniis, civitate Tarracona, natalis sanctorum martyrum Fructuosi episcopi, Augurii et Eulogii diaconorum, qui, tempore Gallieni, sub Æmiliano præside, primo in carcerem trusi, deinde flammis injecti, exustis vinculis, manibus in modum crucis expansis, orantes ut urerentur, obtinuerunt. Et mox unus e fratribus, et filia præsidis quæ astabat, viderunt animas sanctorum cœlum conscendere coronatas.

Apud Trecas, passio sancti Patrocli martyris.

A. XI KAL. FEBRUARII.
(22 *Jan.*)

In Hispaniis, natale sancti Vincentii diaconi et martyris, qui cum sancto Valerio episcopo suo a Cæsaraugusta civitate Valentiam usque gravibus nexus catenis, jubente Daciano, perductus est; ibique fame et squalore carceris diu maceratus, tormentis equulei et ungularum horrenda laceratione vexatus, a grabato etiam ferreo diutissime ustulatus, arvinæ guttis, et crepitanti sale respersus est. Post hoc in teterrimo carcere missus est, divaricatisque in nervo cruribus, super acutissima testarum fragmenta projectus est. Ubi nocte lux ingens apparuit, et virtute Dei solutus martyr, inter angelos, a quibus visitari meruit, hymnum canebat, ita ut ipse custos carceris crederet Christo. Mane autem facto, cum jussisset eum Dacianus in lecto mollissimo reclinari, ut aliquantulum recreatus acrius denuo torqueretur, infatigabilem spiritum Christo reddidit. Tunc Dacianus corpus ejus in campum projici, et feris atque avibus jussit exponi. Sed mox corvus divinitus ad custodiam ejus datus, non solum alias aves arcebat, sed mox et immanem lupum a sancto corpore repulit. Quod cum Daciano nuntiatum esset, jussit eum insutum culeo, in profundum maris cum gravissimo saxi pondere immergi. Sed prius virtute Dei super undas innatans ad littus delatus et arenis conditus est, quam remiges portum tangere potuissent. Inde autem cum se sanctus martyr cuidam fideli anui revelasset, cessante persecutionis rabie, a Christianis reverenter sublatus, et in basilica conditus est.

a Vide libellum de Festiv. Apost. Prudent., hymn. 6.
b Vide lib. de Fest. Apost.

Ad aquas Salvias natale sancti Anastasii martyris et monachi de Perside, qui post plurima tormenta carceris, verberum et vinculorum, quæ in Cæsarea Palæstinæ perpessus fuerat, a Persis postremo in Perside multa pœna affectus, atque ad ultimum decollatus est a rege eorum Chosroe cum aliis septuaginta. Reliquiæ corporis ejus primo Hierosolymis ad monasterium suum, deinde Romam delatæ, venerantur in monasterio beati Pauli apostoli quod dicitur ad aquas Salvias.

B. X KAL. FEBRUARII.
(23 *Jan.*)

Romæ, natalis sanctæ Emerentianæ, virginis Christi et martyris, quæ erat collectanea sanctæ Agnetis; et dum oraret ad sepulcrum ejus, ac simul orantes a gentilium læsione defenderet, lapidata est ab eis.

In Mauritania, civitate Neocæsarea, natalis sancti Severini et Aquilæ uxoris ejus, ignibus combustorum b.

Apud Philippos, beati Parmenæ diaconi, qui unus fuit de septem diaconibus.

C. IX KAL. FEBRUARII.
(24 *Jan.*)

c Apud Ephesum, natalis sancti Timothei apostoli.

Apud Antiochiam, sancti Babylæ episcopi, qui persecutione Decii posteaquam frequenter passionibus suis et cruciatibus glorificaverat Dominum, gloriosæ vitæ finem sortitus est in vinculis. De quo in decimo ecclesiasticæ Historiæ libro grande narratur miraculum. Nam cum Julianus imperator, ad idolorum cultum conversus, quodam tempore, Daphnis in suburbio Antiochiæ, juxta fontem Castalium litaret Apollini, et nulla ex his quæ requirebat responsa susciperet, causasque silentii percontaretur a sacerdotibus, responderunt dæmones, Babylæ martyris sepulcrum prope assistere, et ideo responsa non reddi. Tunc ille venire Galilæos (hoc enim nomine nostros appellare solitus erat) et auferre martyris sepulcrum jubet. Mox igitur Christiani convenientes, magna exsultatione succincti, sustulerunt arcam martyris, psallentes in auribus profani principis, per sex millia passuum summis vocibus et cum exsultatione dicentes: *Confundantur omnes qui adorant sculptilia, et gloriantur in simulacris suis* (*Psal.* XCVI).

Item in Neocæsarea civitate, natalis sanctorum martyrum Mardonii, Musonii, Eugenii et Metelli, qui omnes igni traditi sunt, et reliquiæ eorum in Axum fluvium dispersæ.

D. VIII KAL. FEBRUARII.
(25 *Jan.*)

Conversio sancti Pauli (*Act.* IX, 22).

Eodem die, natalis sancti Ananiæ apud Damascum, qui beatum Paulum baptizavit.

c Vide lib. de Fest. Apost. Euseb. l. X, c. 35, ex versione Ruffini.

Apud Gabalensem civitatem, sancti Severiani episcopi mirandæ sanctitatis et doctrinæ viri.

Item natalis sancti Præjecti Arvernensis episcopi.

E. VII KAL. FEBRUARII.
(26 *Jan*.)

ᵃ Apud Smyrnam, natalis sancti Polycarpi episcopi, qui, beati Joannis apostoli discipulus, et ab eo Smyrnæ episcopus ordinatus, totius Asiæ princeps fuit. Postea vero regnante Marco Antonino, et Lucio Aurelio Commodo, quarta post Neronem persecutione, Smyrnæ sedente proconsule, et universo populo in se acclamationibus incitato, primum compellentibus et deprecantibus eum suis, ad vicinum locum semel et iterum succedit. Deinde comprehensus ab inquisitoribus, apponi eis mensam jubet, atque eis epulas largius ministrari. Horæ unius spatio ab eis orationis gratia impetrato, instante hora progreditur. Cumque interrogaretur a proconsule, si ipse esset Polycarpus, se esse confitetur. Ergo, inquit, habeto ætatis tuæ reverentiam, et parcens ultimæ senectuti tuæ, jura fortunam Cæsaris gerens de prioribus pœnitudinem, et conclama sacrilegos. Tunc Polycarpus torvo vultu ad populum qui in stadio residebat aspiciens, elevata ad cœlum dextera, cum gemitu proclamavit, et dixit : Tolle sacrilegos. Sed insistente proconsule, et dicente : Jura fortunam Cæsaris, et dic in Christum convicia, et ego dimitto te. Polycarpus ad hæc dixit : Octoginta et sex annis servio ei, et nihil me læsit unquam : quomodo possum blasphemare Regem meum, qui salutem mihi dedit? Cumque rursus vehementius urgeretur, ut fortunam Cæsaris juraret, ait : Si hanc jactantiam quæritis, ut ego fortunam Cæsaris jurem, et quis sim ignorare te simulas, cum omni libertate audi a me, quia Christianus sum. Replebatur igitur confidentia simul et lætitia, ita ut alacritatem vultus ejus, responsionumque constantiam proconsul maximo stupore miraretur. Misso igitur curione ad populum, jubet voce magna protestari Polycarpum tertio confessum Christianum se esse. Quo audito, universa multitudo, tam gentilium quam Judæorum Smyrnensis civitatis, cum ingenti furore acclamabat : Hic est totius Asiæ doctor, et pater Christianorum, nostrorum autem subversor deorum. Ipse est qui multos docet ne immolent, neve adorent deos. Omnesque pariter conclamabant, ut Polycarpus vivus arderet. Oportebat enim visionem ejus impleri. Viderat siquidem in visione, quod cervical capitis sui flammis consumeretur. Quæ cum dicto citius gererentur, ipsis populis ligna, vel de balneis, vel de publicis quibusque locis, et sarmenta congregantibus, præcipue Judæis ardentius ad hæc ex more ferventibus, cum omni velocitate exstructus est rogus. Tunc depositis senior indumentis, ac zona resoluta, calceamenta quoque de pedibus tentabat educere, quæ nunquam nisi a religiosis quibusque, fide et devotione semetipsos invicem prævenientibus, resolvi consueverant. Ita namque in omni reliqua vita sua venerabiliter etiam ab omnibus colebatur. Ut ergo expedita sunt quæ ad ignem pertinebant, cum eum vellent rogo impositum, etiam clavis affigere, ait : Sinite me ; qui enim dedit mihi ignis ferre supplicium, dabit ut et sine clavorum affixione, flammas immobiliter perferam. Tunc illi omissis clavis, solis usi sunt vinculis, quibus post tergum manibus revinctis, velut electus aries, et ex magno grege assumptus, acceptabile holocaustum omnipotenti oblatus est Deo. Orationemque ut complevit subjiciunt ignem homines ignis æterni. Cumque flamma ingens reluxisset, viderunt miracula omnes quibus ea Deus videre concessit. Flamma etenim in modum cameræ, curvata specie, quasi velum navis vento sinuatum supra corpus martyris stetit. Quod corpus in medio positum non erat ut caro ardens, sed tanquam si aurum aut argentum in fornace candesceret. Tunc præterea odorem naribus circumstantes hauserunt, tanquam incensi, vel pretiosissimi unguenti. Ad ultimum videntes scelerum ministri, corpus igni non posse consumi, ᵇ jusserunt propius accedere confectores et corpus, cui ignis cesserat, mucrone transfodere. Quo facto, tam largus profusus est sanguis, ut restingueret rogum. Populus autem cum miraculi stupore discessit. Sed æmulus totius boni, satis agere cœpit, ut reliquias ejus nemo ad sepulturam deferret, Judæis in hoc maxime instantibus. Ubi autem vidit centurio obstinatam Judæorum contentionem, positum in medio ipsum corpus exussit ; et ita postmodum adusta ossa, pretiosissimis gemmis cariora, et omni auro probabiliora per ignem facta, a fratribus colliguntur, ac sicut conveniebat, ex more conduntur. Quo in loco, præstante Domino, solemnes aguntur celebresque conventus. Cum eo etiam alii duodecim ex Philadelphia venientes, apud præfatam urbem martyrio consummati sunt.

Eodem die, sanctorum martyrum Theogenis cum aliis triginta sex, qui contemnentes temporalem mortem, coronam vitæ æternæ adepti sunt.

ᵃ Vide libellum de Festivit. Apost.

ᵇ *Jusserunt propius accedere confectores.* Eusebius lib. IV, cap. 14 hoc ipso Latino *confectoris* verbo in eadem de Polycarpo narratione utitur : Πέρας οὖν ἰδόντες οἱ ἄνομοι μὴ δυναμένον τὸ σῶμα ὑπὸ τοῦ πυρὸς δαπανηθῆναι. ἐκέλευσαν προσελθόντα αὐτῷ κομφέκτορα παραβῦσαι τὸ ξίφος, ubi Christophorsonus κομφέκτωρα *carnificem* vertit. *Ad extremum igitur cum nefarii et impii homines ejus corpus ab igne minime posse consumi viderent, carnifici mandata dederunt ut propius ad rogum progressus, illum ense constricto confoderet.* Sed proprie *confectores* ferarum sunt, ut apud Suetonium in Augusto cap. 43 : « In circo aurigas cursoresque, et confectores ferarum, et nonnunquam ex nobilissima juventute, produxit. » Non plura de his, quia res jam nota. Quod in Glossis Basilicorum est κομφάκτωρ, κατασκευαστής, non est *confector,* ut exponit Meursius in Glossario Græco barbaro, sed *compactor,* huc non spectans.

F. VI KAL. FEBRUARII.
(27 Jan.)

Natalis sancti Joannis episcopi Constantinopolitani, qui Chrysostomus appellatur.

Item beati Marii abbatis monasterii Badonensis, cujus vitam plenam virtutibus vir illustris ac patricius Dynamius scribit.

Et apud Bethleem Judæ, dormitio sanctæ Paulæ, matris Eustochii, virginis Christi. Quæ cum esset ex nobilissimo senatorum genere, abrenuntians sæculo, et opibus suis in pauperes erogatis, Christi consecuta est paupertatem, et apud præfatum oppidulum Dominica nativitate gloriosum, monasterii virginalis exstitit mater. Hujus vitam virtutibus admirandam sanctus Hieronymus scribens (*ep. 27, ad Eustach.*), testatur eam longo coronatam esse martyrio.

G. V KAL. FEBRUARII.
(28 Jan.)

Natali sanctæ Agnetis secundo.

Et in civitate Apollonia, Leucii, Thirsi, et Galenici martyrum, qui tempore Decii imperatoris, sub præsidibus Combricio, Sylvano et Baudo, diversis tormentorum generibus excruciati ; primus et ultimus abscisione capitis, medius cœlesti voce evocatus, spiritum reddens, martyrium consummaverunt in Græcia.

Eodem die apud Alexandriam, beati Cyrilli episcopi, qui catholicæ fidei præclarissimus exstitit propugnator.

Item in monasterio Reomanensi, sancti Joannis presbyteri viri Dei.

A. IV KAL. FEBRUARII.
(29 Jan.)

Romæ, natalis Papiæ et Mauri militum, tempore Diocletiani. Qui videntes constantiam Saturnini et Sisinnii martyrum, conversi sunt ad fidem, statimque jussum est a Laodicio præfecto Urbis, ut eorum ora quibus Christum confitebantur, lapidibus contunderentur, et retruderentur in carcerem, ubi baptizati erant a beato Marcello papa. Quos post duo-A decim dies eductos, jussit sterni in terram, et fustibus cædi ; dein levatos de terra, plumbatis percuti donec expirarent. Quorum corpora colligens noctu Joannes presbyter, sepelivit via Numentana ad Nymphas beati Petri, ubi ipse baptizabat. Scriptum est in gestis beati Marcelli papæ.

Eodem die Treviri, depositio beati Valerii episcopi discipuli sancti Petri apostoli.

B. III. KAL. FEBRUARII.
(30 Jan.)

Apud Antiochiam, passio sancti Hippolyti martyris, qui Novati schismate aliquantulum deceptus, operante gratia Christi correctus, ad charitatem Ecclesiæ rediit : pro qua, et in qua illustre martyrium postea consummavit.

(Euseb., l. iv, c. 5.) Hierosolymis, beatissimi Matthiæ episcopi de quo mira et plena fide gesta narrantur ; qui multa pro Christo perpessus, ultimo in pace vitam finivit. Hic octavus post Jacobum rexit Ecclesiam.

Item beati Alexandri. Hic Deciana persecutione, pro confessione fidei, judiciis sistitur, et vinculis carceris traditur. Quique cum longævæ ætatis veneranda canitie præfulgeret, postquam frequenter passionibus suis et cruciatibus glorificaverat Dominum, de vinculis ad tribunalia, et a tribunalibus revoceretur ad vincula, inter ipsa vicissim sibi succedentia tormenta, bono fine quievit.

C. PRIDIE KAL. FEBRUARII.
(31 Jan.)

Apud Alexandriam, natalis sancti Metrani martyris quem pagani correptum, jubent impia verba proferre ; quod illo recusante, omne corpus ejus fustibus colliserunt, vultumque et oculos acutis calamis terebrantes, extra urbem cum cruciatibus expulerunt, ibique quod in eo supererat spiritus lapidibus ejecerunt.

Item sanctorum Saturni, Thyrsi et Victoris.

Eodem die apud Trientinam urbem, beati Virgilii episcopi et martyris.

LITANIÆ INDICENDÆ.

MENSIS FEBRUARIUS

HABET DIES XXVIII; IN BISSEXTILI VERO XXIX; LUNA, XXIX.

D. KAL. FEBRUARII.
(1 Febr.)

Apud Smyrnam, natalis sancti Pionii martyris, qui persecutione Antonini Veri, post insuperabilem responsionum constantiam, et squalorem carceris, ubi multos fratrum ad martyrii tolerantiam suis exhortationibus roboravit, ad ultimum cruciatibus multis vexatus, clavis confixus, et ardenti rogo su-D perpositus, beatum pro Christo finem vitæ sortitus est. Passi sunt cum eo et alii quindecim.

Eodem die beatus Ephræm, Edessenæ Ecclesiæ diaconi.

* Eodem die apud Antiochiam, beati Ignatii, episcopi et martyris.

Item apud Scotiam, sanctæ Brigidæ virginis, cujus vita miraculis claruit ; quæ cum lignum altaris in

---

* Vide libellum de Fest. Apost.

testimonium virginitatis suæ tetigisset, viride factum est.

Eodem die sancti Pauli episcopi civitatis Trecassinæ, cujus et vita virtutibus claruit, et mors pretiosa miraculis commendatur.

E. IV NONAS FEBRUARII.
(2 *Febr.*)

Hypapante Domini.

Apud Cæsaream, beatissimi Cornelii centurionis, quem beatus Petrus baptizavit ; quique apud præfatam urbem, episcopi honore sublimatus, quievit.

Eodem die Romæ, sancti Aproniani [a] martyris. Qui sub persecutione Maximiani imperatoris cum præsentasset aspectibus Laodicii præfecti beatum Sisinnium diaconum eductum de carcere (erat enim Commentariensis) et subito factam lucem de cœlo vidisset, vocemque pariter hausisset, tremefactus cecidit ad pedes Sisinnii dicens : Adjuro te per Christum, quem confiteris, ne tardes me baptizare, faciasque me pertingere tecum ad coronam. Quem beatus Sisinnius baptizatum ad consignandum sacro chrismate Marcello papæ obtulit. Quo præses comperto, jussit eum capitalem subire sententiam. Perductus itaque via Salaria, milliario secundo, capite truncatus, martyr victorque decessit.

F. III NONAS FEBRUARII.
(3 *Febr.*)

In Africa, beati Celerini diaconi et confessoris. Et sanctorum martyrum Celerinæ aviæ ejus, et Laurentini, et Ignatii. Quorum prior patruus, sequens avunculus ipsius fuit. De quorum omnium gloriosis laudibus exstat beati Cypriani epistola, quæ de his inter cætera ita loquitur : *Avia,* inquit, *ejus Celerina martyrio coronata est. Item patruus ejus et avunculus Laurentinus et Ignatius, in castris et ipsis quondam sæcularibus militantes : sed veri et spirituales Dei milites, dum diabolum Christi confessione prosternunt, palmas Domini et coronas illustri passione meruerunt. Sacrificia pro eis semper (ut meministis) offerimus, quoties martyrum passiones et dies anniversaria celebratione commemoramus,* etc. *Non invenio quem beatiorem magis dicam, utrumne illos de posteritate tam clara, an hunc de origine gloriosa.*

G. PRIDIE NONAS FEBRUARII.
(4 *Febr.*)

In civitate Ægypti, quæ appellatur Thmuis, passio beati Phileæ, ejusdem urbis episcopi, et Philoromi tribuni militum Romanorum : cum quibus etiam innumera fidelium multitudo ex eadem urbe, pastoris sui vestigia sequens persecutione Diocletiani, martyrio coronata est. [b] Sedente namque pro tribunalibus sævissimo præside, offeruntur innumeri fidelium populi. Quos ille singulos per ordinem confessos se Christianos, capite plecti jubet, cumque certatim se et sponte confessione præmissa, gladio subjicerent,

[a] De eo in Vita S. Marcellini, 16 Januarii.
[b] Euseb. l. VIII, c. 9, 10, ex versione Ruff. qui plurima inseruit.

Ille inhumanus et crudus, nec multitudinis contemplatione, nec virtutis eorum magnanimitate permotus, duci nihilominus omnes et cædi capite jubet. Verum hi constanter et fortiter cum lætitia et exsultatione mortem præsentem velut æternæ vitæ principia rapiebant. Denique cum priores quique jugularentur, reliqui non desidiæ aut torpori animos indulgebant, sed psallentes et hymnos Deo canentes, locum quisque sui martyrii exspectabat, ut hæc agentes, etiam extremos spiritus in Dei laudibus exhalarent. O vere mirabilis et omni veneratione dignus grex ille beatorum, turma virorum fortium, corona splendoris gloriæ Christi ! Hanc sane coronam pretiosior omnium lapis, et gemma nobilior adornabat ; hanc turmam præibat ductor illustrior, hunc gregem pastor nobilior decorabat : Phileas huic nomen est, qui erat episcopus urbis ipsius. Hic nobilitatem primi generis, secundum animi virtutem de cœlestibus trahebat : de terrenis vero, quantum ad sæculum pertinet, primis in Romana republica honoribus fructus. Eruditione quoque liberalium litterarum, et omnibus quæ ad animi virtutem pertinent exercitiis, apprime eruditus. Hic cum plurimos propinquos et consanguineos nobiles viros in eadem urbe haberet, frequenter ad præsidem ducebatur : ejusque monitis acquiescere, tot et tantis propinquis exorantibus, respectum habere uxoris et contemplationem suadebatur suscipere liberorum, neque in cœpta præsumptione persistere. Ast ille velut si saxum immobile unda allideretur, garrientium dicta respuere, animos ad cœlum tendere, Deum in oculis habere, parentes et propinquos sanctos martyres et apostolos ducere. Aderat tunc quidam vir agens turmam militum Romanorum, Philoromus nomine, qui cum videret Phileam circumdatum lacrymis propinquorum, et præsidis calliditate fatigari, nec tamen flecti aut infringi ullatenus posse, exclamat : Quid inaniter et superflue constantiam viri tentatis ? Quid eum, qui fidem Deo servat infidelem vultis efficere ? Quid eum cogitis negare Deum ut hominibus acquiescat ? Non videtis quod aures ejus vestra verba non audiunt, quod oculi ejus vestras lacrymas non vident ? Quomodo potest terrenis lacrymis flecti, cujus oculi cœlestem gloriam contuentur ? Post hæc dicta, cunctorum ira in Pholoromum versa ; unam eamdemque sententiam, eum cum Philea subire poscunt. Quibus libenter annuens judex, utrumque plecti capite jubet. Passi sunt hi beati martyres sub persecutione Diocletiani [c].

A. NONIS FEBRUARII.
(5 *Febr.*)

[d] In Sicilia civitate Catanensium, passio sanctæ Agathæ virginis, sub imperatore Decio, proconsule Quinctiano, quæ post alapas et carcerem, post equuleum et tortiones, post mamillarum abscissionem, sed a Domino sanationem, post volutationem in te-

[c] Male in ms. erat *Deciana.*
[d] Vide libellum de Fest. Apost.

stulis et carbonibus, tandem in carcere consummata est.

Viennæ, beati Aviti episcopi, cujus fide et industria atque admirabili doctrina, tempore Gundobaldi regis, ab infestatione Arianæ hæreseos Galliæ defensæ sunt.

B. VIII IDUS FEBRUARII.
(6 Febr.)

Apud Cæsaream Cappadociæ, natalis sanctæ Dorotheæ virginis, quæ sub Apricio [al. Sapricio.], provinciæ ipsius præside primum equulei extensione vexata, dein palmis diutissime cæsa, ad ultimum capitali sententia punita est. Cumque egrediens de prætorio duceretur ad mortem, Theophilus quidam scholasticus ait ad eam : Eia tu sponsa Christi, mitte mihi mala de paradiso sponsi tui. Quæ statim promisit se esse missuram. Ubi ergo ventum est ad locum in quo jugulanda erat, paulisper oratione facta, protulit orarium suum; et vocato ad se quodam puerulo annorum sex, misit Theophilo, dicens : Dic ei, Dorothea ancilla Dei mittit tibi mala de paradiso sponsi sui Christi. Accipiens ille, et gratias agens quod petitionem ejus implesset, cœpit sibi faciem tergere, tantaque repente suavitate perfusus est, ita ut tota mente mutatus cum grandi exsultatione et clara voce sæpius replicaret : Benedictum nomen Domini mei Jesu Christi. Ob quam confessionem mox et ipse tentus, ac suspensus in equuleo tanta crudelitate tortus est, ut omnes circumstantes horrescerent; novissime cæso capite martyrium consummavit.

Eodem die, natalis sancti Antheliani, qui apud urbem Arvernam martyrio coronatus est.

C. VII IDUS FEBRUARII.
(7 Febr.)

In Britanniis civitate Augusta, natalis sancti Auguli episcopi et martyris.

Item sancti Moysetis venerabilis episcopi, qui primo quidem in eremo vitam solitariam ducens, meritis ac virtutibus et signis, quæ faciebat per illum Deus magnifice innotuerat. Qui postmodum petente Mauvia Saracenorum regina, episcopus gentis illius factus, fidei catholicæ custodivit intemerata consortia, et gentem cui datus fuerat episcopus, ex grandi parte ad fidem Christi convertit. Sicque perfectus in virtutibus, in pace quievit.

D VI IDUS FEBRUARII.
(8. Febr.)

Apud Armeniam minorem, natalis sanctorum Dionysii Æmiliani et Sebastiani.

Eodem die, apud Alexandriam, natalis sanctæ Cointhæ martyris. Hanc pagani correptam ad idola perducentes, adorare cogebant. Quæ cum illa exsecrans recusaret, vincula pedibus ejus innectentes, et per plateas totius civitatis eam trahentes, horrendo supplicio discerpserunt.

E. V IDUS FEBRUARII.
(9 Febr.)

ᵃ Alexandriæ, sanctæ Apolloniæ virginis; cui per-

ᵃ Euseb. l. vi. c. 34, vel 31, ex versione Ruffini.

secutores omnes primum dentes excusserunt, deinde cum minarentur, constructo ac succenso rogo, eam se vivam incensuros, nisi cum eis impia verba proferret, illa paululum, quid ageret, intra semetipsam deliberans, repente de manibus impiorum prorupit, et in ignem quem minabantur, sponte prosilivit.

F. IV IDUS FEBRUARII.
(10 Febr.)

Romæ, natalis sanctorum martyrum Zotici, Irenæ, Hyacinthi et Amantii.

Eodem die in Oriente, sanctæ Soteris virginis, quæ graviter et diutissime alapis cæsa, cum cætera quoque pœnarum genera vicisset, gladio martyrium consummavit.

Item Romæ via Lavicana, decem militum.

G. III IDUS FEBRUARII.
(11 Febr.)

Apud Viennam, sancti Symplidis episcopi, et confessoris.

Item apud Alexandriam, depositio sanctæ Euphrasiæ virginis, quæ in monasterio mira virtute abstinentiæ et miraculis claruit.

A. PRIDIE IDUS FEBRUARII.
(12 Febr.)

In Hispaniis civitate Barcinona, natalis sanctæ Eulaliæ virginis et martyris, quæ passa est tempore Diocletiani imperatoris, sub præfecto Hispaniarum Daciano, quando sub eodem, apud Barcinonam sanctum Cucuphatum, et apud Gerundam sanctum Felicem, gloriosas constat martyrii accepisse coronas. Scriptum in passione sanctæ Leocadiæ. (9 Dec.)

In Africa, passio sancti Damiani militis.

Et in Alexandria, Modesti et Ammonii infantum.

B. IDIBUS FEBRUARII.
(13 Febr.)

Natalis S. Agabi prophetæ in Novo Testamento, apud Antiochiam : de quo beatus Lucas in apostolicis Actibus ita dicit : *Conversantibus nobis Antiochiæ, surgens unus ex prophetis nomine Agabus, significabat per spiritum famem magnam futuram in universo orbe terrarum, quæ facta est sub Claudio Cæsare* (Act. xi). Et iterum, cum B. Paulus Hierosolymam Pentecosten facturus pergeret, jamque Cæsaream venisset : *Commorantibus*, inquit, *nobis in Cæsarea per dies aliquot, supervenit quidam vir a Judæa propheta, nomine Agabus, et venit ad nos, et tollens zonam Pauli, ligans sibi manus et pedes, dixit : Hæc dicit Spiritus sanctus : Virum hunc cujus est hæc zona, sic alligabunt eum in Jerusalem Judæi, et tradent in manus nationum.*

Item in Melitena civitate Armeniæ, natalis sancti Polyeucti martyris, qui Latine interpretatur *Multum orans.*

C. XVI KAL. MARTII.
(14 Febr.)

Romæ, natalis S. Valentini presbyteri, qui post

ᵇ Euseb. l. vi, c. 34, vel 31, ex versione Ruffini.

multa sanitatum et doctrinæ insignia, fustibus cæsus, et sic decollatus est, sub Claudio Cæsare.

Eodem die, natalis sancti Valentini Interamnensis episcopi, qui tentus a paganis, ac virgis cæsus, et post diuturnam cædem, custodiæ mancipatus, cum superari non posset, mediæ noctis silentio ejectus de carcere, decollatus est jussu furiosi Placidi, Urbis præfecti. Tunc Proculus, Ephybus et Apollonius discipuli ejus, transferentes corpus ejus ad suam ecclesiam Interamnæ urbis, noctu sepelierunt. Ubi cum quotidianis vigiliis incubarent, tenti a gentilibus custodiæ sunt traditi, consulante Leontio : quos ille jussit noctis medio suis tribunalibus præsentari ; et cum a fide revocari nec blandimentis nec minis possent, jussit capite cædi. Qui non longe sunt a corpore S. Valentini sepulti.

Item apud Alexandriam, natalis sanctorum martyrum Bassi, Antonii, Protolici, qui in mare mersi sunt.

Item Cyrionis presbyteri, Moyseos, Bassiani lectoris, et Agathonis exorcistæ, qui omnes igne combusti sunt.

Item Dionysii et Ammonii, decollatorum.

Eodem die Romæ, sanctorum martyrum Vitalis, Feliculæ et Zenonis.

D. XV KAL. MARTII.
(15 Febr.)

Romæ, sancti Cratonis martyris [a], qui cum haberet filium Chæremon nomine, scholasticum, qui inciderat in ægritudinem gravissimam, eumque beato Valentino episcopo ad sanandum obtulisset, sub tali conditione, ut si puer sanaretur, ipse cum omni domo sua fieret Christianus, sanato puero, quod promiserat implevit atque cum uxore et universa domo baptizatus, non multis post diebus, martyrio est consummatus.

Et apud Sebasten civitatem, passio S. Blasii [ms., Blavii] episcopi, qui multorum patrator miraculorum, sub præside Agricolao, post diutinam cæsionem, post carcerem, atque inde suspensionem in ligno, ubi pectinibus ferreis carnes ejus disruptæ sunt, post iterum teterrimum carcerem, post demersionem laci, unde supervadens salvus exivit, jubente iniquissimo judice, capite ad extremum cum duobus pueris truncatur, felicia regna ita cum ipsis ingressus. Ipso autem adhuc agonizante, septem mulieres beatissimæ, quæ guttas sanguinis ejus præterfluentes de beatissimis plagis corporis ipsius colligebant deprehensæ quod essent Christianæ, post caminum ignis ubi plumbo superfusæ sunt, post pectines ferreos, quibus carnes earum disruptæ, post æreas tunicas excandentes, novissimæ sententia data, percussæ gladio, datoque pretio sanguinis, vitam mercantur æternam.

In Galliis, civitate Vasioni [al., Wangionensi], depositio S. Quinidii episcopi, cujus mortem in conspectu Domini pretiosam miracula crebra testantur.

E. XIV KAL. MARTII.
(16 Febr.)

[b] Natale sancti Onesimi apostoli.

Et in Cumis, natale S. Julianæ virginis, quæ tempore Maximiani imperatoris, primo a suo patre Africano cæsa, et graviter cruciata, deinde et a præfecto Eolasio [Eleusio], quem sponsum habuerat, nuda virginis cæsa, et a capillis suspensa, et plumbo soluto a capite perfusa, ac rursum in carcerem recepta, ubi palam cum diabolo conflixit, et rursus evocata, rotarum tormenta, flammas ignium, ollam ferventem superavit ac decollatione capitis martyrium consummavit. Quæ passa est quidem in Nicomedia, sed post paucum tempus Deo disponente in Campaniam translata.

Eodem die apud Ægyptum, Juliani cum aliis numero quinque millibus.

F. XIII KAL. MARTII.
(17 Febr.)

In Perside, natalis beati Polychronii, Babyloniæ et Ctesiphontis, episcopi, qui præsente Decio persecutore, os lapidibus cæsus, manibus extensis, oculos ad cœlum elevans, emisit spiritum. Scriptum in passione sancti Laurentii. (10 Aug.)

G. XII KAL. MARTII.
(18 Febr.)

[c] Hierosolymis, beati Simeonis episcopi et martyris, qui traditur propinquus Salvatoris secundum carnem fuisse.

Eodem die sanctorum martyrum Claudii et uxoris ejus Præpedignæ, ac filiorum Alexandri et Cutiæ et fratris Claudii beati Maximi : qui cum essent præclarissimi generis, agente fratre eorum Gabinio presbytero, baptizati sunt a beato Caio pontifice Romano, et postmodum tenti sunt, jubente Diocletiano, a judice impio Julio. Et Claudius quidem, cum uxore sua et filiis, deportatus est in exsilium ; denique incendio concremati, odoriferum sacrificium martyrii Deo reddiderunt, ac sic postmodum apud Ostiam in rheuma jactati; quorum reliquias Christiani perquisitas, juxta civitatem sepelierunt.

A. XI KAL. MARTII.
(19 Febr.)

Romæ, sancti Gabinii [d], presbyteri, patris beatissimæ Susannæ qui a Diocletiano diu in custodia vinculis afflictus, pretiosa morte cœli gaudia comparavit.

B. X KAL. MARTII.
(20 Febr.)

Apud Tyrum, quæ est urbs maxima Phœnicis, beatorum martyrum, quorum numerum solius Dei scientia colligit : quos, jubente Diocletiano, Veturius magister militiæ diversis tormentorum generibus in gestis Susannæ 11 August.

---

[a] De eo in gestis Valentini Inter. 14 Febr.
[b] Vide libr. de Fest. Apost.
[c] Vide libellum de Fest. Apost. in quo 2 Maii. De
[d] De hoc in Vita Susannæ 11 Aug.

ribus sibi invicem succedentibus occidit [a]. Primo flagris per omne corpus martyres Dei carpebantur, post hæc tradebantur ad bestias, adhibebantur leones, ursi, pardi, atque omne ferarum genus; apri quoque, sed et tauri, quibus ferro et igni feritas addebatur. Statuuntur denique Dei cultores, nudatis membris, in medio arenæ loco, et bestiæ intra caveas incitatæ, sævioresque in semetipsis effectæ, proruunt claustris, replent subito stadium, circumdant ecclesiam martyrum in medio sitam, circumeunt sæpius et oblustrant; ac divinæ virtutis adesse eis custodiam sentientes, procul ab eorum corporibus abscedunt. Sed illico furor, qui reprimebatur in belluis, transit in homines: gladiis ergo peragunt quod bestiis nequiverunt, et ut in omnibus ostenderent se belluis esse nequiores, prohibebant etiam cadavera mandari terræ, sed jubebant fluctibus dari [b]. Horum gloriosissimam multitudinem, cœlique exercitum, ducebant, et incitabant ad victoriam beatissimi Tyrannio episcopus et Sylvanus episcopus, qui parvo tempore interposito [c], bestiarum morsibus martyrium complevit; et Peleus atque Nilus episcopi, qui igne cum plurimis clericis consumpti sunt; Zenobius quoque venerabilis presbyter capite cæsus.

Item in Alemania beati Galli abbatis, miræ sanctitatis viri, discipuli sancti Columbani abbatis.

C. IX KAL. MARTII.
(21 *Febr.*)

Apud Siciliam, sanctorum martyrum septuaginta novem, qui sub Diocletiano per diversa tormenta, confessionis suæ coronam, a Christo sibi paratam, percipere meruerunt.

D. VIII KAL. MARTII.
(22 *Febr.*)

Apud Antiocham Cathedra sancti Petri.

Eodem die apud Alexandriam S. Abilii episcopi, qui post beatum Marcum secundus episcopus, tredecim annos sacerdotium ministravit.

Apud Hieropolim, sancti Papiæ episcopi, auditoris S. Joannis apostoli.

Item B. Aristionis, qui fuit unus de septuaginta duobus Christi discipulis.

Viennæ S. Paschasii confessoris atque pontificis, admirandæ sanctitatis.

E. VII KAL. MARTII.
(23 *Febr.*)

Apud Syrmium, B. Syreni [*al.* Syneri] monachi, qui cum tempore Maximiani imperatoris, unius ex domesticis ejus uxorem, hora incongrua in horto, quem ipse sibi excolebat, deambulantem, acrius increpando repulisset, jubente Maximiano tentus, et Christianum se esse confessus, capite cæsus est.

Item aliorum sexaginta duorum, qui ibidem passi sunt.

Ipso die sancti Polycarpi [d] presbyteri et confessoris, qui cum beato Sebastiano plurimos ad fidem Christi convertit, atque ad martyrii gloriam exhortando perduxit.

F. VI KAL. MARTII.
(24 *Febr.*)

[e] Natalis S. Matthiæ apostoli.

Et inventio capitis Præcursoris, tempore Martiani principis, quando isdem præcursor duobus monachis, ubi idem caput ejus celatum jaceret, revelavit. Constat autem quia imminente festivitate Paschali fuerit, sicut in Evangelio apparet, decollatus; et anno post hunc sequente, cum denuo tempus Paschale rediisset, mysterium Dominicæ passionis esse completum. Et propterea quod [f] in libro Sacramentorum natale IV Kalendarum Septembrium die notatum est, et in Martyrologio, quod Eusebii et Hieronymi vocabulis insignitum est, legitur: *Quarto Kalendas Septembris in Emesa civitate Phœniciæ provinciæ, natale sancti Joannis Baptistæ, quo die decollatus*: non specialiter ipsum diem decollationis ejus sed diem potius, quo caput ejus in eadem Emesa civitate repertum, atque in Ecclesia conditum, designat. Siquidem duo monachi Orientales venerant adorare Hierosolymis et loca sancta videre. Quibus per revelationem assistens idem Præcursor Domini, præcepit, ut ad Herodis quondam regis habitaculum accedentes, caput suum ibi requirerent, et inventum digno honore reconderent. Quod ab eis inventum et assumptum, sed non multo post culpa incuriæ perditum, perlatum est Emesam ab illis, et in quodam specu, in urna sub terra non pauco tempore ignobiliter reconditum, donec denuo sese suumque caput ostendit Marcello cuidam religioso presbytero, dum in eodem specu habitaret. Ex quo tempore cœpit in eadem civitate beati præcursoris decollatio ipso die, quo caput ejus inventum sive elevatum est, celebrari.

Item apud Cæsaream Cappadociæ, natalis beati Sergii martyris, cujus gesta præclarissima habentur.

G. V. KAL. MARTII.
(25 *Febr.*)

Apud Ægyptum, natale sanctorum Victorini, Vi-

---

[a] Euseb. l VIII, c. 7, ex versione Ruffini.
[b] Euseb. l. VIII, c. 22 et 25.
[c] *Bestiarum morsibus martyrium complevit.* Ita mss. Male vulgo, *compleverunt*. Nec enim Tyrannio et Sylvanus episcopi pari mortis genere palmam martyrii adepti sunt. Nam Tyrannio non bestiis fuit objectus, sed in mare demersus. Eusebius, libro VIII, cap. 25: Ὁ μὲν θαλαττίοις παραδοθεὶς βυθοῖς ὁ ἐπίσκοπος. *Tyrannio episcopus in profundos maris vortices demergitur.* De Sylvano vero et aliis sociis : Ἀλλὰ οὗτοι μὲν θηρίων βορὰ μετ' ἰτέων ἐπ' αὐτῆς Ἐμίσης
[d] De hoc in gestis S. Sebast. 20 Jan.
[e] Vide libellum de fest. Apost. Vide infra.
[f] *In libro Sacramentorum.* Intelligit, opinor, librum Sacramentorum divi Gregorii, in quo IV Kalendarum Septembrium habes: *Eodem die, decollatio seu passio S. Joannis Baptistæ*. Quem librum D. Gregorio asserit doctissimus Pamelius in Prolegomenis ad tomum II Liturgicorum.

γενόμενος, χοροῖς ἀνελήφθη μαρτύρων. *Hic Sylvanus cum aliis in eadem urbe Emesa bestiarum præda factus in martyrum chorum relatus fuit.*

ctoris, Nicophori, Claudiani, Dioscori, Serapionis et Papiæ, sub Numeriano imperatore, agente Sabino duce. Quorum primus in pilam ex robore cavam, et undique circumforatam missus, ac per singula foramina diutissime transpunctus est; cumque nimius sanguis efflueret, eduetus e pila, capite cæsus est. Secundus manibus ac pedibus amputatis, in eamdem pilam missus, prioris tormenta sustinuit, et novissime gladio cæsus est. Tertius cum ultro in pilam fuisset ingressus, indignatus Judex jussit eum inde produci, et super craticulam prunis substratam aliquantisper assari et inverti : cumque in confessione persisteret, sublatus inde, minutatim gladio concisus spiritum reddidit. Reliquorum quatuor, Claudianus et Dioscorus flammis incensi. Serapion et Papias gladio consummati sunt.

A. IV KAL. MARTII.
(26 *Febr.*)

In civitate Perge Pamphiliæ, natale beati Nestoris episcopi : qui persecutione Decii, cum diu noctuque orationi insisteret postulans ut grex Christi custodiretur, comprehensus a quodam Irenarcho, qui erat princeps curiæ civitatis, velut aries sine malitia oblatus est præsidi Pollioni. Et cum nomen Christi mira libertate et alacritate confiteretur, deos autem gentium dæmonia pessima esse memoraret, jussus ab eodem præside suspendi in equuleo, et crudelissime torqueri, lætus psallebat, dicens : *Benedicam Dominum in omni tempore, semver laus ejus in ore meo* (*Psal.* XXXIII). Præses vero stupens super tanta tolerantia, et volens eum blandis verbis a fide revocare, dixit ei : Vis esse nobiscum, aut cum Christo tuo? Cui sanctus Nestor cum magno gaudio respondit, dicens : Cum Christo meo et eram, et sum, et ero. Tunc indignatus præses dedit adversus eum sententiam, ut quia Jesum crucifixum sub Pontio Pilato fateretur, tanquam devotus Deo suo illius subiret sententiam, et ligno crucifixus resolveretur a vita. Ille gratias agens Deo cum jam affixus esset patibulo, docebat assistentem populum Christianum, ut persisterent in fide et charitate Christi et libentissime compaterentur, ut et simul glorificarentur. Post hæc petens omnem astantem turbam fidelium, ut genua flectentes orarent cum ipso : cum complesset orationem, et dixissent omnes, Amen, reddidit spiritum : consummavit autem martyrium quinta Sabbati, hora tertia.

[a] Eodem die B. Alexandri, Alexandrinæ civitatis episcopi, gloriosi senis, qui post B. Petrum, Arium presbyterum suum, hæretica impietate depravatum, et divina veritate reconvictum, de ecclesia ejecit : et postea inter trecentos decem et octo Patres, eumdem in Nicæno concilio damnavit.

B. III KAL. MARTII.
(27 *Febr.*)

Apud Hispaniam, civitate Hispali, sancti Leandri [b], episcopi et confessoris, ad quem beatus Gregorius libros Moralium scribit ; cujus prædicatione et industria, tota Gothorum gens per Reccaredum regem ab Ariana impietate conversa est. Qui etiam fratrem ejus Erminigildum regem, vivente adhuc patre hæretico, ab eadem Ariana hæresi ad catholicam fidem correxit; atque usque ad gloriosam martyrii passionem, suis exhortationibus perduxit.

[c] Item eodem die in Alexandria, natalis sancti Juliani martyris, qui cum ita podagra constrictus esset, ut neque incedere neque stare posset, cum his, qui eum in sellula portabant, judici offertur : quorum unus quidem statim negavit, alter nomine Eunus, cum Juliano sene in Domini confessione perdurat : quique jubentur camelis imposti, per totam circumduci urbem, et flagris, hinc inde inspectante populo, laniari, usquequo finem ipsis verberibus sortirentur.

Item apud Lugdunum, S. Baldomeris, viri Dei cujus sepulcrum crebris miraculis illustratur.

C. PRIDIE KAL. MARTII.
(28 *Febr.*)

In territorio Lugdunensi locis Jurensibus beati Romani abbatis, qui primus illic vitam eremeticam duxit, et multis virtutibus ac miraculis clarus, plurimorum postea pater exstitit monachorum. Venerabile corpus ejus situm est in finibus Vesuntionum.

[a] Euseb. l. x, c. 1, et Ruf. l. 1. c. 1.
[b] De eo Greg. in præfat. Moralium.
[c] Euseb. l. vi, c. 34.

LITANIÆ INDICENDÆ.

MENSIS MARTIUS

HABET DIES XXXI; LUNA VERO, XXX.

D. KAL. MARTII.
(1 *Mart.*)

[a] Romæ, sanctorum martyrum ducentorum sexaginta, temporibus Claudii, qui via Salaria arenam fodientes, damnati fuerant pro Christi nomine (14 *Febr.*); quos jussit Claudius ut in figlina foris muros portæ Salariæ mitterentur, et eo loco inclusi, in civitatis amphitheatro militum sagittis interficerentur.

[a] De liis in Vita S. Valent. presb.

E. VI NONAS MARTII.
(2 Mart.)

Romæ, via Latina, sanctorum martyrum Jovini et Basilei, qui passi sunt sub Galieno et Valeriano imperatoribus.

Eodem die, martyrum plurimorum, sub Alexandro imperatore passorum, quos diu cruciatos, impius Alexander capitali sententia in extremo damnavit.

F. V NONAS MARTII.
(3 Mart.)

Natalis sanctorum martyrum Emiterii et Chefedonii, qui primum apud Legionensem Gallæciæ civitatem milites, exsurgente persecutionis procella, pro confessione nominis Christi plurimis afflicti tormentis, Calagurrim usque perduelli, atque ubi martyrio coronati sunt. Cumque eorum capita lictor incideret, miraculum populis magnum apparuit. Nam unius annulus, orariumque alterius nube susceptum, et in cœlos evectum est. (Prud., hymn. 1.) Viderunt hæc omnes qui aderant, et usquequo acies oculorum intendere potuit, fulgorem auri, candoremque lintei, attonito sequebantur intuitu. Scribit hæc Aurelius Clemens in libro Coronarum.

Apud Cæsaream Palestinæ, sanctorum martyrum, Marini militis, et Asterii senatoris, sub persecutione Valeriani; quorum prior, cum accusatus fuisset a commilitonibus quod Christianus esset, et interrogatus a judice Christianum se esse clarissima voce testaretur, tres illi horæ ad deliberandum induhæ sunt. Cumque a tribunalibus fuisset egressus, a beato Theotecno, ejusdem urbis episcopo, plurimum in fide confortatus, repetens continuo tribunal judicis, confidentissime respondit : *Obedire oportet Deo magis quam hominibus* (Act. v). Illico martyrii coronam capitis abscissione suscepit. Cumque præfatus Asterius capite truncatum martyris corpus subjectis humeris et substrata veste, qua induebatur, exciperet, honorem quem martyri detulit, continuo ipse martyr accepit. Scriptum in Historia Ecclesiastica, libro septimo (cap. 14).

G. IV NONAS MARTII.
(4 Mart.)

ᵃ Natalis sancti Lucii papæ et martyris, qui persecutione Valeriani et Galieni, ob fidem Christi exsilio relegatus et postmodum divino nutu ad ecclesiam suam redire permissus, martyrium capitis obtruncatione complevit. Positus est autem via Appia ad sanctum Sixtum. Hic præcepit ut duo presbyteri et tres diaconi in omni loco episcopum non desererent, propter testimonium ecclesiasticum. Sedit autem in episcopatu annos tres, menses tres, atque dies tres.

Item Romæ via Appia, sanctorum martyrum noningentorum qui positi sunt in cœmeterio ad sanctam Cæciliam.

ᵃ Pontificale, c. 25.
ᵇ Greg. Tur. de Gloria. Mart. c. 99.
ᶜ Hier. de Script. Eccl., c. 68.

Eodem, die sancti Caii Palatini, in mare mersi.

A. III NONAS MARTII.
(5 Mart.)

ᵇ Apud Antiochiam, passio sancti Phocæ martyris: qui post multas, quas pro nomine Redemptoris est passus injurias, qualiter de antiquo illo serpente triumphaverit, hodieque populis declaratur. Denique si in quempiam in his locis coluber morsum stringens, venena diffuderit, exemplo qui percussus est, ut januam basilicæ martyris credens attigerit, evacuata virtute veneni, salvatur.

Item ipso die, sancti Eusebii Palatini, et aliorum novem martyrum.

B. PRIDIE NONAS MARTII.
(6 Mart.)

Nicomediæ, natalis sanctorum Victoris et Victorini, qui per triennium cum Claudiano, et Bassa uxore ejus, tormentis afflicti, et retrusi in carcerem, ibidem vitæ suæ cursum impleverunt.

C. NONIS MARTII.
(7 Mart.)

In Mauritania, civitate Tuburbitanorum, passio sanctarum Perpetuæ et Felicitatis martyrum, et cum eis Revocati, Saturnini et Secunduli, quorum ultimus in carcere quievit; reliqui omnes ad bestias traditi, sub Severo principe, die natalis ejus. Quique dum adhuc servarentur in carcere, et Felicitas parturiret, omnium sanctorum commilitonum precibus impetratum est, ut octavo mense pareret. Jam vero Perpetuæ inter alia concessum est, ut ejus mens quodammodo averteretur a corpore, in quo vaccæ impetum pertulit, ita ut adhuc futurum exspectaret, quod in se jam gestum esse nesciret.

D. VIII IDUS MARTII.
(8 Mart.)

ᶜ Apud Carthaginem, sancti Pontii, diaconi beati Cypriani episcopi, qui usque ad diem passionis ejus cum ipso exsilium sustinens, egregium volumen Vitæ et passionis ipsius reliquit, atque Dominum in passionibus suis semper glorificans, coronam vitæ promeruit.

E. VII IDUS MARTII.
(9 Mart.)

ᵈ Apud Nyssenam civitatem, sancti Gregorii episcopi, fratris beati Basilii Cæsareensis, viri doctissimi et eloquentia clarissimi.

Apud Barcinonam, sancti Paciani episcopi, tam vita quam sermone clari, qui optima senectute mortuus est, Theodosii principis tempore in pace.

F. VI IDUS MARTII.
(10 Mart.)

ᵉ Natalis sanctorum martyrum Alexandri et Caii de Eumenia, qui apud Apamiam, persecutione Antonini Veri martyrio coronati sunt. Scribit Apollinaris

---

ᵈ Hieron. supra c. 128.
ᵉ Euseb. l. v, c. 15.

Hieropolytanus episcopus, in libro adversum Cataphrygas.

In Perside, natalis sanctorum martyrum numero quadraginta duorum.

G. V IDUS MARTII.
(11 Mart.)

ᵃ Apud Sebasten Armeniæ minoris, natalis quadraginta militum, tempore Licinii regis, sub præside Agricolao. Qui post vincula et carceres creberrimos, post cæsas lapidibus facies, missi sunt in stagnum ubi gelu constricta corpora eorum nocte dirumpebantur. Unus autem de numero quadraginta, effectus pusillanimis, refugit ad balneum; et mox ut attigit calorem, statim resolutus reddidit spiritum. Quod videntes cæteri, in laudes omnipotentis Dei, sancto Spiritu confortati, eruperunt. Et circa horam tertiam noctis resplenduit velut sol lumen fervens super eos, et glacies dissoluta est. Porro qui eos custodiebant, somno gravabantur, clavicularius tantum solus vigilabat. Qui audiens eos orantes, vidensque tantam lucem, atque glaciem solutam, respiciens unde ortum lux ipsa haberet, vidit super sanctos coronas descendentes numero triginta novem. Cœpitque cogitare secum, dicens : Quadraginta sunt, unius corona ubi est ? Expergefaciens itaque reliquos custodes, projecit vestimenta sua in facies eorum, et exsilivit in stagnum, clamans et dicens : Christianus sum, Christianus sum. Mane autem facto impiissimi tyranni satellites invenerunt clavicularium ipsum connumeratum martyribus, unde unus ceciderat. Cumque vere fidelem eum comperissent, eosdem omnes tractos ad littus, baculis crura eorum confregerunt, atque ita crurifragio martyrium consummaverunt.

Nomina vero horum martyrum hæc sunt : Domitianus, Eunoicus, Sisinnius, Heraclius, Alexander, Joannes, Claudius, Athanasius, Valens, Helian, Meliton, Heeditius, Achatius, Vibianus, Helius, Theodulus, Cyrillus, Flavius, Severianus, Cyrion, Valerius, Chudion, Sacerdon, Priscus, Eutychius, Smaragdus, Philoctimon, Aetius, Micallius, Lisimachus, Domnus, Theophilus, Euthycius, Xantius, Aggius, Leontius, Ysitus, Caius, Gorgonius, Candidus. Quorum unus Meliton nomine cum esset omnium ætate junior, et cruribus fractis adhuc superviveret, timens beatissima mater ejus, quæ martyribus adstabat, ne in cruciatibus deficeret, virili animo hortabatur eum, dicens : Fili, modicum sustine; ecce Christus ad januam stat adjuvans te. Cumque ᵇ sanctorum corpora birotis, id est plaustris, superposita ferrent ad incendendum ministri diaboli, videns pia mater solum filium relictum, quem ministri ad hoc reliquerant, quia sperabant ejus animum posse culturis dæmonum inclinari si viveret, tollens eum super humeros suos virili gressu sequebatur vehicula. Cumque ferretur puer, inter amplexus maternos animam cœlo reddidit. Perveniensque mulier ad locum ubi sanctorum corpora cremabantur, superjecit ossa ipsius super ossa martyrum, ut morte etiam et sepultura martyribus sociaretur. Combusta sunt igitur corpora eorum, et in fluvium projecta. Sed divina dispensatione reliquiæ eorum integræ sunt repertæ, et honore digno conditæ.

A. IV IDUS MARTII.
(12 Mart.)

ᶜ Romæ, beatorum pontificum, Gregorii, doctoris et apostoli Anglorum, qui sedit ibi annos tredecim, menses sex, dies decem.

ᵈ Et Innocentii, qui rexit Ecclesiam annos quindecim menses duos, dies unum et viginti.

ᵉ Apud Nicomediam, beati Petri martyris, qui unus fuit ex Dorothei et Gorgonii martyrum sodalibus, qui in cubiculo regis erant. Hic jubente Diocletiano, eo quod de immensis martyris sancti nomine suppliciis liberius causaretur, in medium educitur, atque immolare compellitur. Abnuens, imperator appendi et flagris toto corpore laniari : videlicet ut doloris necessitate faceret, quod præcipiebatur invitus. At ille cum maneret immobilis, visceribus jam pelle nudatis, jubetur aceto et sale perfundi. Cumque etiam id tormenti genus constanter ac fortiter tolerasset, craticula prunis subterstrata poni jubetur in medio, ibique quod reliquum fuerat in verberibus assumpti corporis superponi; et non ad subitum, sed sensum paulatimque succendi; quo scilicet pœna protelaretur in longum. Cumque ministri scelerum, hinc modo corpus, modo inde versantes, per membra singula pœnas inciperent, et supplicia renovarent, sperantes ab eo elicere se posse consensum, ille firmus in fide, et quasi in spe consumptis jam et igne resolutis carnibus suis, ultimum spiritum in fide lætus exhalat. Tali Petrus (hoc enim et nomen ejus) martyrio decoratus, vere Petri exstitit et fidei hæres et nominis.

Item Nicomediæ, natalis sanctorum Egduni presbyteri et aliorum septem, qui diebus singulis suffocati sunt ut cæteris metus incuteretur.

Eodem die, passio sancti Maximiliani martyris.

B. III IDUS MARTII.
(13 Mart.)

Apud Nicomediam, natalis sanctorum Macedonii presbyterii, et Patriliæ uxoris ejus, et filiæ Modestæ.

Nicea civitate, sanctorum martyrum Theusetæ et Horris filii ejus, Theodoræ, Nymphodotæ, Marci, Arabiæ, qui igni traditi sunt.

ᵃ Basil. homil. 20.

ᵇ *Sanctorum corpora birotis, id est plaustris, superposita.* Explicatio hæc *birotarum*, quæ Vulgato deerat, ita era in mss. *Birota*, vehiculi genus, nomen suum a duabus rotis sortitur. Infra etiam occurrit xiii Junii, ubi non *birota*, sed *birotis* dicitur : *Et per noctem in birote perduxit ad casellam suam*.

Mentio ejus in Cod. Theod. *de Curs. publ.* : « Statuimus rhedæ mille pondo tantummodo superponi, birotæ ducenta, veredo triginta. »

ᶜ Pontif. cap. 65. *Est Gregor. I.*

ᵈ Pontif. cap. 41. *Est Innocent. I.*

ᵉ Euseb., lib. viii, cap. 6.

C. PRIDIE IDUS MARTII.
(14 Mart.)

Romæ, passio sanctorum martyrum quadraginta et septem [a] qui baptizati sunt a beato Petro apostolo, cum teneretur idem apostolus in custodia Mamurtini cum coapostolo suo Paulo ubi novem menses detenti sunt. Qui omnes sub devotissima fidei confessione, Neroniano gladio consumpti sunt.

D. IDIBUS MARTII.
(15 Mart.)

[b] Romæ, Zachariæ pontificis, qui Romæ sedit annos decem.

Apud Thessalonicam civitatem, natalis sanctæ Matronæ, quæ cum esset Plautillæ cujusdam viduæ ancilla, et occulte Christum colens, quotidie furtivis orationibus ecclesiam frequentaret, deprehensa a domina sua, et in scamno extensa et ligata, et pene usque ad mortem flagellata, atque ita vincta in scamno, obsignatis diligentissime januis, per noctem relicta, ibi die altero divinitus soluta, ac cum ingenti oris gratia orans inventa est. Rursumque nervis crudis in eodem scamno constricta, et loris quousque obmutesceret cæsa est, ibique per triduum obsignatis jannis relicta. Facta autem die tertia, iterum soluta divinitus, et orans inventa est. Tunc robustis fustibus usque ad mortem cæsa, in confessione Christi incorruptum spiritum reddidit.

E. XVII KAL. APRILIS.
(16 Mart.)

Romæ, natale sancti Cyriaci, qui post longam carceris macerationem, quam sub Maximiano pertulit, cum Sisinnio condiacono suo, et Smaragdo, et Largo post multa facta miracula, in quibus filiam Diocletiani Artemiam, ipsius rogatu a dæmonio curavit, ac baptizavit; filiam quoque Saporis regis Persarum Jobiam, missus illo pro hoc Diocletiano, æque liberavit a dæmonio, ac baptizavit cum ipso rege et aliis quadringentis: triginta, rediens Romam post mortem Diocletiani, tentus est inter alios Christianos a filio ejus Maximino, et in custodiam missus, eo quod sororem suam Christianam fecisset. Deinde præcepit ut die processionis suæ nudus catenisque obligatus, ante rhedam ejus traheretur. Et post hoc, eductus de carcere cum sociis Largo, Smaragdo et Crescentiano, per Carpasium vicarium, pice reliquata caput ejus perfusum est. Et rursum post dies quatuor, eductus denuo de carcere, in catasta extentus, ac tractus nervis, et fustibus cæsus, post dies jubente Maximiano capite truncatus est cum Largo et Smaragdo et aliis viginti. Scriptum est in gestis Marcelli Papæ (16 Jan.). Porro ipso tempore Maximinus interfecit sororem suam Artemiam.

Item apud Viennam, sancti Isicii episcopi.

F. XVI KAL. APRILIS.
(17 Mart.)

In Scotia, natale sancti Patricii episcopi et confes-

---

[a] De his in passione Processi et Martiniani, 2 Julii.

---

soris, qui primus ibidem Christum evangelizavit.

Eodem die, natalis sanctæ Gertrudis virginis.

G. XV KAL. APRILIS.
(18 Mart.)

[c] Natalis sancti Alexandri episcopi, qui de Cappadocia civitate sua veniens, cum desiderio sanctorum locorum Jerosolymam pergeret, et Narcissus episcopus ejusdem urbis jam senex regeret Ecclesiam; et ipsi Narcisso, et multis clericorum ejus revelatum est, altera die mane intrare episcopum, qui adjutor sacerdotalis cathedræ esse deberet. Itaque re ita completa, ut prædicta fuerat, cunctis in Palæstina in unum congregatis, adnitente vel maxime Narcisso, Jerosolymitanæ ecclesiæ cum eo gubernaculum suscepit. Quique persecutione Decii, cum jam longævæ ætatis veneranda canitie præfulgeret, ductus Cæsaream, et clausus carcere, ob confessionem Christi martyrio coronatus est.

A. XIV KAL. APRILIS.
(19 Mart.)

Apud Penarensem urbem, natale beati Joannis, magnæ sanctitatis viri, qui de Syria oriundus pervenit ad Italiam. Cumque quæreret locum habitationis suæ, orationem fudit ad Dominum: Te deprecor, Domine, qui lumen es verum, si prosperum facis iter meum, hoc mihi signum fiat: ubicunque ambulavero, si psalterium meum dedero, et eadem die mihi redditum fuerit, ibi sit permansionis meæ locus. Factum est. Recepit eum hospitio matrona quædam, cui vir Dei psalterium suum dedit; requisivit, eique mox a muliere redditur. Hoc itaque signo, ut stationem suam ibi vir Dei faceret, confirmatur; ac inde non longe plus minusve quam duarum sagittarum progressus, habuit angelum Dei obvium, qui ei dixit: Serve Dei, hic tibi locus permansionis a Domino parabitur. Erat autem hiems, et sedebat vir Dei sub arbore. Venatores vero cum per locum transitum facerent, viderunt eum sedentem, atque arborem illam juxta illum foliis vestitam. Requirentes autem virum quis esset, ob Domini servitium se de ultramarinis partibus locisve venisse, morarique hic velle respondit. Nuntiantibus igitur illis, famaque vitam beati viri longius spargente, tanta frequentia populi Dei undequaque illuc advenit, ut monasterio facto congregatio magna servorum Dei simul habitantium ibi fieret. Cui præfuit multis clarus virtutibus beatus Joannes quadraginta quatuor annos requiescens in pace: depositus est sub die xiv Kal. Aprilium in loco ubi præstantur beneficia Dei usque in hodiernum diem

Eodem die apud Surrentum, sanctorum Quinti, Quintilli, Quartillæ, Marci, cum aliis novem.

B. XIII KAL. APRILIS.
(20 Mart.)

In Britanniis, sancti Chutberti, qui ex anachoreta, Ecclesiæ Lindisfarnensis antistes, totam ab infantia

---

[b] Pontif. cap. 92.

[c] Euseb. l. vi, c. 7, 9, 16, 29, ex versione Ruffini.

usque ad senium vitam miraculorum signis inclytam duxit. Cujus dum undecim annos maneret corpus humatum, incorruptum post hæc, quasi eadem hora defunctum, simul cum veste qua tegebatur, inventum est. Scripsit Beda presbyter de Vita ipsius.

C. XII KAL. APRILIS.
(21 Mart.)

Apud Cassinum castrum, natale sancti Benedicti abbatis, cujus vitam virtutibus et miraculis gloriosam, in Dialogorum libris beatus papa scribit Gregorius [a].

Eodem die, B. Serapionis anachoretæ.

Et in territorio Lugdunensi, sancti Lupicini abbatis Jurensium, cujus vita sanctitatis et miraculorum gloria illustris fuit. Corpus ejus in finibus Vesontionum, apud Laoconense monasterium celebratur.

D. XI KAL. APRILIS.
(22 Mart.)

[b] In Galliis civitate Narbona, natale sancti Pauli episcopi et confessoris, discipuli apostolorum.

E. X KAL. APRILIS.
(23 Mart.)

[c] In Africa, sanctorum martyrum Victoriani, Frumentii, et alterius Frumentii, et duorum germanorum, qui omnes persecutione Vandalica, sub Hunnerico rege Ariano apud Africam pro constantia catholicæ confessionis immanissimis suppliciis excruciati, egregie coronati sunt.

F. IX KAL. APRILIS.
(24 Mart.)

Romæ, natale sancti Pigmenii presbyteri. Hic Julianum apostatam et impium a puero nutrivit, et litteris etiam sacris erudivit. Sed factus imperator culturam pietatis postquam reliquit : audito quod corpora sanctorum martyrum, qui ab eo necabantur, idem Pigmenius sepeliret, mandavit ei : Perge quo volueris ; hic enim non mercabitur vita tua, tamen servitiis tuis præmium reddo, non tibi. Tunc sanctus Pigmenius perrexit ad Persidem, ubi demoratus annos quatuor factus est cæcus. Inde monetur in somnis a Domino, ut reverteretur Romam. Cumque post quatuor menses reversus, clivum Sacræ viæ cum uno puero stipem petendo conscenderet, factum est ut offenderet Julianum imperatorem in rheda aurea sedentem. Qui eminus conspiciens Pigmenium, vocari eum præcepit dixitque ei : Gloria dis deabusque meis, quia te video. Cui vir Dei Pigmenius illico respondit : Gloria Domino meo Jesu Christo Nazareno crucifixo, quia te non video. Ad hanc vocem iratus Julianus, jussit eum per pontem in Tiberim præcipitari. Cujus corpus inventum et collectum, sepultum est in cœmeterio Pontiani, non longe a sanctis Abdon et Sennes.

G. VIII KAL. APRILIS.
(25 Mart.)

Apud civitatem Galilææ Nazareth, Annuntiatio Dominica.

Et in Nicomedia, natalis S. Dulæ, ancillæ militis, quæ pro castitate occisa est.

Romæ, sancti Cirini, qui interfectus a Claudio, et in Tiberim jactatos, in insula Lycaonia inventus, et in cœmeterio Pontiani conditus est. Scriptum in passione sancti Valentini (14 Febr.)

Et apud Syrmium, natale sancti Irenæi episcopi, qui tempore Maximiani imperatoris, sub præside probo, primo tormentis acerrimis vexatus, deinde diebus plurimis in carcere cruciatus, novissime abscisso capite consummatus est.

A. VII. KAL. APRILIS.
(26 Mart.)

Romæ, via Lavicana, in cœmeterio ejusdem natalis S. Castuli, qui cum esset zætarius palatii, et hospes sanctorum, ut in gestis B. Sebastiani legitur (20 Jan.), a persecutoribus arctatus, et tertio appensus, tertioque auditus, in confessione Domini perseverans, missus est in foveam, et demissa est super eum massa arenaria atque ita cum palma martyrii migravit ad Christum.

Eodem die apud Pentapolim Libyæ, Theodori episcopi, Irenæi diaconi, Serapionis et Ammonii lectorum.

Et apud Syrmium, natale sancti Montani presbyteri, qui cum Maxima uxore sua tentus, et in fluvium præcipitatus est ; corpora eorum nono ab urbe lapide inventa et sepulta sunt.

B. VI KAL. APRILIS.
(27 Mart.)

Apud Ægyptum, beati Joannis Eremitæ, admirandæ sanctitatis viri, qui etiam prophetico spiritu plenus, Theodosio imperatori Christianissimo, victorias de tyrannis maximas prædixit [d].

C. V KAL. APRILIS.
(28 Mart.)

Apud Cæsariam Palestinæ, sanctorum martyrum Prisci, Malchi, et Alexandri : qui persecutione Valeriani, cum suburbanum agellum supradictæ urbis habitarent, atque in ea cœlestis martyrii proponerentur coronæ : divino fidei calore succensi, ultro judicem adeuntes, cur tantum in sanguinem piorum desæviret, objurgant. Quos ille continuo, pro Christi nomine, bestiis tradidit devorandos.

Et apud urbem Cabillonensium, depositio Gunthranni regis Francorum, viri religiosi, qui ita se spiritualibus actionibus mancipavit, ut relictis sæculi pompis, thesauros suos ecclesiis et pauperibus erogaret.

[e] Item Sixti papæ, qui Romæ sedit annos octo. Hic criminatorem suum, Bassum nomine, nutu di-

---

[a] Lib. II Dialog. Greg. Tur., de Vita PP., cap. 1.
[b] Vide libellum de Fest. Apost.
[c] Victor Afr. l. III.
[d] Ruf. l. II, cap. 19.
[e] Pontificale c. 43. Est Sixtus III.

vino mortuum manibus suis cum linteaminibus et aromatibus tractans, sepelivit apud beatum Petrum.

D. IV KAL. APRILIS.
(29 Mart.)

Depositio abbatis Eustasii, discipuli sancti Columbani, qui pater ferme sexcentorum exstitit monachorum, et vitæ sanctitate conspicuus, etiam miraculis claruit.

a Eodem die apud Africam sanctorum confessorum Armogastis, Archinimi, et Satyri: qui apud Africam tempore Vandalicæ persecutionis, sub Geiserico rege Ariano cum essent lucidissima membra Ecclesiæ Christi, et pravitatem Arianorum libertate catholica frequenter arguerent, pro confessione veritatis, multa et gravia perpessi supplicia atque opprobria, cursum gloriosi certaminis impleverunt.

E. III KAL. APRILIS.
(30 Mart.)

Romæ, natale sancti Quirini *b*, tribuni et martyris, sub Trajano imperatore; qui cum ex præcepto ejus beatum Alexandrum papam (3 Maii), et Hermem præfectum in vincula conjecisset, haberetque filiam cujus collum struma circumdederat, auditis exhortationibus beati Hermæ de fide Christi, et visis signis, quæ Deus in martyribus suis Alexandro et Herme operabatur, ipsam eamdem filiam suam obtulit ad sanandum. Cui dixit B. Alexander: Tolle boiam de collo meo, et impone ei. Quod cum obedienter pater ejus exsequeretur, divino nutu subito sanata est. Vocabatur autem ipsa Balbina: atque ita pater ejus Quirinus et ipsa, cum universis qui in custodia tenebantur, omnique domo sua, baptizatus est. Quod ut nuntiavit Commentariensis Aureliano judici, iratus jussit adduci Quirinum ad se, et dixit ei: Ego te quasi filium dilexi; tu autem irrisisti me, deceptus

a Victor. Afr. sub finem l. 1.

A es Alexandro. Dixit ei Quirinus: Ego Christianus sum factus; vis occidere, vis fustigare, vis incendere? aliud non ero. Nam omnes qui erant in carcere, feci fieri Christianos, et dimisi eos, sed noluerunt usquam ire. Iratus Aurelianus, fecit ei linguam abscindi, deinde in equuleo suspendi. Qui dum Aureliani non cederet injuriis, jussit ei manus et pedes abscindi, et sic eum decollari, et canibus projici: sed Christiani corpus ejus raptum, in via Appia sepelierunt, in cœmeterio Prætextati.

F. PRIDIE KAL. APRILIS.
(31 Mart.)

Romæ, natale sanctæ Balbinæ, filiæ Quirini martyris. Qui beatus martyr tollens boiam de collo Alexandri papæ secundum jussionem ejus, cum pergeret ut collo filiæ suæ strumam habentis imponeret, ecce subito puer cum facula apparuit: quem constat angelum Dei fuisse et venit ad puellam, dicens: Salva esto, et in virginitate tua permane, et ego te faciam videre sponsum tuum, qui pro amore tuo sanguinem suum fudit. Perveniens igitur pater ut perficeret, quod de boia ei jussum fuerat, videt subito filiam suam sanam, quæ postmodum a sancto Alexandro baptizata est, et instructa in virginitate, plena operibus bonis permansit. Cui sæpe osculanti boiam ipsam B. Alexandri dixit sanctus Alexander: Desine hanc boiam osculari, sed potius require Domini mei Petri vincula, et ea osculare. Tunc dedit operam, et summo studio post desiderium magnum pervenit ad illa tradiditque S. Theodoræ religiosissimæ feminæ, sorori S. Hermetis præfecti et martyris. Ipsa vero virgo Balbina post devictum sæculi hujus cursum, sepelitur juxta patrem suum martyrem Quirinum, via Appia, in cœmeterio Prætextati II Kal. Aprilis.

b De eo in gestis Alexand. papæ.

LITANIÆ INDICENDÆ.

MENSIS APRILIS

HABET DIES XXX; LUNA VERO, XXIX.

G. KAL. APRILIS.
(1 Apr.)

Romæ, beatissimæ Theodoræ *a*, sororis illustrissimi martyris Hermetis quam beatus Alexander papa et martyr instruxit, baptizavit, atque in fide Christi docuit. Quæ sub Aureliano imperatore martyrizavit. Sepulta juxta fratrem suum martyrem, via Salaria, non longe ab urbe Roma.

Eodem die S. Venantii episcopi et martyris.

Et in pago Wimnoensi, sancti Walarici confessoris, cujus sepulcrum crebris miraculis illustratur.

a De ea in gestis Alex. Papæ.

A. IV NONAS APRILIS.
(2 Apr.)

Natalis S. Nicetii, Lugdunensis episcopi, cujus e vita miraculis claruit, et pretiosa mors nihilominus miraculis commendatur.

b Et apud Cæsaream Cappadociæ, passio sanctæ Theodosiæ virginis: quæ tempore Diocletiani, cum esset annorum octodecim, ultro se sanctis confessoribus in custodia socians, tenta ab Urbano præfecto, et in equuleo cruciata; deinde ferro onusta, et in carcerem trusa: ibi virtute Dei, omnia vincula

b Euseb. l. VIII, c. 17.

ejus disrupta sunt. Post hæc saxo alligata, in mare mersa est; sed mox littoribus incolumis reddita, bestiis in amphitheatro projectæ, et ab his intacta, martyrium capitis abscisione digne complevit.

B. III NONAS APRILIS.
(3 Apr.)

Thessalonicæ, natalis SS. virginum Agapis et Chioniæ, sub Diocletiano: quæ primo in carcere maceratæ, post in ignem missæ sunt, sed intactæ a flammis, post orationem ad Dominum fusam, animas reddiderunt.

Apud Scythiam, civitate Tomis natalis SS. Evagrii et Benigni.

Apud Tauromenium Siciliæ, S. Pancratii.

C. PRIDIE NONAS APRILIS.
(4 Apr.)

Mediolani, depositio B. Ambrosii episcopi et confessoris, cujus studio, inter cætera doctrinæ et miraculorum insignia, tempore Arianæ perfidiæ, tota Italia ad Catholicam conversa fidem est.

D. NONIS APRILIS.
(5 Apr.)

Thessalonicæ, natalis S. Irenis virginis, quæ post tolerantiam carceris, sagitta percussa est a Sisinnio comite sub quo et sorores ejus simul Agapes et Chionia martyrizaverunt.

Item apud Ægyptum. natalis SS. Martianæ, Nicanoris et Apollonii.

Apud Cæsaream Lyciæ, natalis S. Amphiani.

E. VIII IDUS APRILIS.
(6 Apr.)

ᵃ Romæ S. Sixti papæ et martyris, qui rexit Ecclesiam annos decem, menses duos, diem unum. Passus est autem temporibus Adriani imperatoris.

F. VII IDUS APRILIS.
(7 Apr.)

Egesippi viri sanctissimi, qui vicinus apostolicorum temporum, omnes a passione Domini usque ad suam ætatem Ecclesiasticorum actuum texens historias, multaque ad utilitatem legentium pertinentia, hinc inde congregans, quinque libros composuit, sermone simplici, ut quorum vitam sectabatur, dicendi quoque exprimeret characterem. Asserit se venisse sub Aniceto Romam, qui decimus post Petrum episcopus fuit, et perseverasse usque ad Eleutherium ejusdem urbis episcopum, qui Aniceti quondam diaconus fuerat. Isdem quoque Egesippus in libris suis refert de conversatione sua, quam habuit a gentili philosophia ᵇ. *Nam et ego ipse*, inquit, *sectis platonicis institutus, audiens infamari Christianos, et videns eos impavidos ad suscipiendam mortem, atque omne supplicium tolerandum, considerabam quod impossibile esset in malitia eos et in libidine conversari.*

ᵃ Pontificale, c. 8. Est Sixt.]
ᵇ Hieron. de Script. Eccl. c. 22. Euseb. l. IV,

G. VI IDUS APRILIS.
(8 Apr.)

Turonis, sancti Perpetui episcopi, admirandæ sanctitatis viri, cujus opera templum super veneranda ossa beati Martini episcopi, perfectum est; cujusque sacrum corpus de loco ubi primum tumulatum fuerat, ad locum ubi nunc condigne veneratur, translatum et reconditum est.

A. V IDUS APRILIS.
(9 Apr.)

Apud Sirmium, natalis septem virginum, quæ in unum meruerunt coronari quinto Idus Aprilis.

Apud Antiochiam, sancti Prochori diaconi ᶜ, qui unus fuit de septem primis.

B. IV IDUS APRILIS.
(10 Apr.)

Ezechielis prophetæ.

Et apud Romam, beatorum martyrum plurimorum quos beatus Alexander papa et martyr baptizavit cum teneretur in carcere, et ipsi relegati pariter cum illo. Hos omnes Aurelianus imperator, navi vetustæ impositos, in altum mare deduci, et illic collo ligatis lapidibus, mergi in profundum maris fecit quarto Idus Aprilis.

C. III IDUS APRILIS.
(11 Apr.)

Apud Cretam, urbe Cortynæ, beati Philippi episcopi, qui vita et doctrina claruit, temporibus Antonini-Veri, et Lucii Aurelii Commodi imperatorum.

D. PRIDIE IDUS APRILIS.
(12 Apr.)

(*Pontif.* cap. 36.) Romæ via Aurelia milliario tertio, in cœmeterio Calepodii natale sancti Julii episcopi et confessoris, qui sub Constantio Ariano filio Constantini, decem menses tribulationes et exsilia perpessus: post ejus mortem, cum magna gloria ad suam sedem reversus est.

E. IDIBUS APRILIS.
(13 Apr.)

(Euseb. l. IV, c. 14.) Apud Pergamum Asiæ urbem, natalis sanctorum Carpi, episcopi et Papirii diaconi, et Agathonicæ optimæ feminæ, aliarumque multarum quæ probatis confessionibus martyris coronatæ sunt. Cum quibus et vir mirabilis Justinus philosophus, qui habitu quoque philosophorum incedens, pro religione Christi plurimum laboravit, intantum, ut Antonino Pio et filiis ejus, et Senatui, librum contra gentes scriptum daret, ignominiamque Crucis non erubesceret. Cumque jam secundum librum successoribus præfati imperatoris, id est Antonino Vero et Aurelio Commodo, pro religionis nostræ defensione porrexisset, remunerationem linguæ fidelis, martyrii munus accepit.

(Id., ibid., c. 8 et 11.) Apud Hispaniam, natalis sancti Herminigildi, quem pater ejus, Leovigildus

---

c. 8, 10 et 12.
ᶜ Vide libellum de Fest. Apost.

Arianus, Gothorum rex, ob fidei Catholicæ confessionem, inexpugnabilem videns, in carcerem, et vincula conjecit; ubi nocte sancta Dominicæ resurrectionis, jussu perfidi patris, securi percussus in capite, regnum cœleste pro terreno, rex et martyr intravit. Scribit beatus Papa Gregorius (l. III Dial., c. 31).

F. XVIII KALEND. MAII.
(14 Apr.)

Romæ via Appia, in cœmeterio Prætextati, natalis sanctorum martyrum Tiburtii, Valeriani, et Maximi [a] sub Almachio præfecto quorum primi fustibus cæsi, et gladio sunt percussi (22 Nov.), ultimus tam diu ad plumbatas verberatus donec spiritum redderet.

Interamnæ, sancti Proculi martyris.

Item sanctæ Domnæ virginis, cum sociis virginibus coronatæ.

Apud Alexandriam, sancti Frontonis abbatis, cujus vita exstitit sanctitate et miraculis gloriosa.

G. XVII KALEND. MAII.
(15 Apr.)

In civitate Cordula, natalis sanctorum Olympiadis et Maximi [b] nobilium, qui jubente Decio fustibus cæsi, et deinde plumbatis, ad ultimum capita eorum securibus tonsa, donec emitterent spiritum.

Item in Hispaniis (10 Aug.) civitate Cæsaraugusta, natalis sanctorum octodecim martyrum, Optati, Luperci, Successi, Martialis, Urbani, Julii, Quinctiliani, Publii Frontonis, Felicis, Cæciliani, Evoti, Primitivi, Apodemi, et reliquorum quatuor, qui omnes Saturnini vocati referuntur.

Apud Italiam, natale sanctorum martyrum Maronis, Eutychetis, et Victorini [c] : qui cum beata Flavia Domitilla apud insulam Pontiam longum ducentes exsilium, eamque in Christi confessione pio foventes solatio, invidia atque insectatione Aureliani sponsi, et persecutoris ejus, quem illa ob Christum contempserat, postmodum a principe Nerva eidem Aureliano in servitutem traditi sunt. Quos ille primum quasi servos per sua prædia singulos divisit, jussitque eos terram fodere per totum diem, ad vesperam vero cantabrum manducare. Deinde cum plurimos ad fidem Christi converterent, et populum credentium ampliarent, repletus ira a diabolo, misit qui vario genere pœnarum interficerent eos. Nam Eutichen in media via tam diu cædi jussit, donec spiritum exhalaret. Cujus corpus rapuit populus Christianorum. Victorinum vero apud eum locum qui Cotilias appellatur, ubi putentes aquæ emanant et sulphureæ, capite deorsum per horas tres suspensum teneri jussit. Quod cum per triduum pro nomine Christi passus fuisset, migravit ad Dominum. Cumque una die jussu Aureliani corpus ejus inhumatum jacuisset, venerunt Amiternenses populi Christiani,

[a] De his, in gestis Cæciliæ.
[b] De his, in Vita S. Laurentii.
[c] De his, in Vita Nerei et Achillei.

et rapientes in suum territorium transtulerunt. Maronem autem, misso amico suo, nomine Turgio, jussit idem Aurelianus duci, et saxo ingenti opprimi: Sed protegente Domino, in nullo eum lædere potuerunt. Quem consularis accepto ab Aureliano præcepto interfecit, corpusque ejus Christianus populus rapuit, et condigno honore sepelivit.

A. XVI KALEND. MAII.
(16 Apr.)

Apud Corinthum, Callisti et Carisii cum aliis septem, omnium in mare mersorum.

B. XV KALEND. MAII.
(17 Apr.)

Apud Africam, natale S. Mappalici, qui cum aliis pluribus martyrio coronatus est. Scribit B. Cæprianus [d] in epistola ad martyres et confessores de illo hoc modo: *Vox plena Spiritu S. de martyris ore prorupit, cum Mappalicus beatissimus inter cruciatus suos proconsuli diceret: Videbis cras agonem. Et quod ille cum virtutis ac fidei testimonio dixit, Dominus implevit. Agon cœlestis exhibitus, et Dei servus in agonis promissi certamine coronatus est. Et post pauca: Hunc igitur agonem per prophetas ante prædictum per Dominum commissum, per apostolos gestum, Mappalicus suo et collegarum suorum nomine, proconsuli repromisit: nec fefellit in promisso suo vox fidelis; pugnam quam spopondit, exhibuit, et palmam quam meruit, accepit. Istum nunc beatissimum martyrem, et alios participes ejusdem congressionis et comites, in fide stabiles, in dolore patientes, in quæstione victores, ut cæteri quoque sectemini et opto pariter et exhortor: ut quos vinculum confessionis, et hospitium carceris simul junxit, jungat etiam consummatio virtutis, et corona cœlestis.*

Apud Antiochiam, natalis sanctorum Petri diaconi et Hermogenis.

Apud Viennam, sancti Pantagathi episcopi.

C. XIV KALENDAS MAII.
(18 Apr.)

Apud Messanam [al., Misenam] Apuliæ civitatem, natalis sanctorum martyrum Eleutherii episcopi, et Anthiæ [al., Evanthiæ.] matris ejus: qui beatus episcopus cum esset et sanctimonia vitæ, et miraculorum virtute illustris, sub Adriano principe, in concessione Christi, lectum ferreum ignitum, craticulam, et sartaginem oleo, pice ac resina ferventem, superans, leonibus quoque projectus, sed ab his illæsus, novissime, una cum matre, gladio jugulatur.

(Euseb., lib. v, c. 20, 21, Ruffini.) Item eodem die Romæ, sancti Apollonii senatoris, qui sub Commodo principe a servo proditus quod Christianus esset, imperatus ut rationem fidei suæ redderet, insigne volumen composuit, quod in senatu legit. Et nihilominus sententia senatus, pro Christo capite

[d] Cypr., epist. 9. Item Luciani, Epist. 22, apud eumdem de sociis.

truncatus est: veteri apud eos obtinente lege, absque negatione non dimitti Christianos, qui semel ad eorum judicium pertracti essent.

In Laubaco monasterio transitus sancti Ursmari, episcopi et confessoris.

D. XIII KALEND. MAII.
(19 Apr.)

In Armenia, civitate Militana, natalis sanctorum Hermogenis, Caii, Expediti, Aristonici, Rufi, Galate, una die coronatorum.

Caucoliberi Hispaniæ, natalis sancti Vincentii martyris.

Apud Corinthum, sancti Timonis, de illis septem diaconibus primis (*Act.* vi).

E. XII KALEND. MAII.
(20 Apr.)

Romæ, sancti Victoris episcopi, qui tertius decimus post beatum Petrum [a], rexit Ecclesiam annis decem, et sub Severo principe martyrio coronatur.

Item Romæ, sanctorum martyrum Sulpitii et Serviliani [b], qui prædicatione et miraculis beatæ Flaviæ Domitillæ ad fidem Christi conversi sunt (quæ etiam sponsas eorum Theodoram et Euphrosynam ad spem vitæ æternæ, et perseverantiam sanctæ virginitatis lucrata fuerat) persecutione Taiadi, cum nollent idolis immolare, a præfecto Urbis Aniano capite cæsi sunt. Quorum corpora Christiani rapientes, posuerunt in prædio eorum, via Latina, milliario secundo.

(*Greg. Tur. de Gl. confess.* cap. 69.) Eodem die in Galliis civitate Ebredunensi, sancti Marcellini primi ejusdem urbis episcopi et confessoris, qui divino jussu, cum sanctis sociis Vincentio et Domnino ex Africa veniens, maximam partem Alpium maritimarum et signis admirandis, quibus usque hodie refulget, ad fidem Christi convertit, ita ut baptisterium, quod ipse apud præfatam urbem condidit, in sacrosanctis Paschalis festi vigiliis, divina virtute, singulis annis aquis subitis inundetur, et per septem ejusdem solemnitatis dies, gratia exuberante permaneat. Venerabiles socii ejus apud Diniensium urbem conditi, gloriosis nihilominus miraculis commendantur.

F. XI KALEND. MAII.
(21 Apr.)

(Cassiod. lib. II *Histor. trip.*) Apud Persidem, natalis sancti Simeonis episcopi Seleuciæ et Ctesiphontis, regalium civitatum; qui persecutione Saporis regis Persarum, jubente eodem tyranno, comprehensus, ferroque onustus, cum, iniquis tribunalibus exhibitus de Domino Jesu Christo voce libera ac constantissima testaretur, primum carcerali ergastulo cum aliis centum, e quibus alii episcopi, alii erant presbyteri, alii diversorum ordinum clerici, longo tempore maceratus est. Novissime, cum

[a] Vide libellum de Festivitat. Apost.
[b] De his in gestis Nerei Achilei.

in Christi testimonio immobilis persisteret, jussus est cum omnibus pariter decollari: ita ut cum cæteri jugularentur, astaret, et ipse ultimus trucidaretur. Cumque omnes sub ejus aspectu cæderentur, et ille singulos paternis exhortationibus alacriter confortaret, extremo lictoris ictu et ipse occumbens, palmam martyrii adeptus est. Erat autem sexta feria septimanæ majoris in qua ante Resurrectionis festivitatem annua Christi Passionis memoria celebratur. Passi sunt cum eo etiam Ustazadis eunuchus nutritius regis et major regiæ domus, et Abdella, atque Ananias, venerabiles senes; et Pusitius princeps artificum regalium, eo quod videns præfatum senem Ananiam sub ictu gladii trementem, exclamaverit confidenter, dicens: Paululum, o senex, claude oculos, et securus esto; mox Christi videbis aspectum. Filia quoque ejusdem Pusitii virgo sacra simul perempta est.

Apud Alexandriam, natalis sanctorum Fortunati, Aratoris presbyteri, Felicis, Silvii, Vitalis, qui in carcere quieverunt.

G. X KALEND. MAII.
(22 Apr.)

Romæ via Appia, in cœmeterio Callisti [c], sancti Caii papæ, qui cum Ecclesiam undecim annos, menses quatuor, dies duodecim rexisset, martyrio coronatus est sub Diocletiano principe. Frater namque ejus beatus Gabinius presbyter, in multis clarissimis passionibus, jam finierat triumphum victoriæ suæ, sub eodem impio principe, undecimo Kalendas Martias.

(Cassiod. lib. III *Histor. trip.* c. 2.) Apud Persidem, sanctorum martyrum plurimorum, qui jubente Sapore Persarum rege, annuo die quo passionis Dominicæ memoria celebratur, per totam Persidis regionem tanti, ac pro Christi nomine gladio jugulati sunt. In quo fidei certamine passus est Melisius episcopus, sanctitate et miraculorum gloria insignis; Acepsimas quoque episcopus cum presbytero suo Jacobo, et Mareas et Bicor nihilominus episcopi, cum clericis fere ducentis, et quinquaginta monachis, et sacratis virginibus plurimis, inter quas et Simeonis episcopi sororem nomine Tarbuam cum pedissequa sua, stipitibus alligantes, serraque findentes, crudelissime necaverunt.

Eodem die in Cordula civitate, natans sanctorum Parmenii, Helimenæ, et Chrysoteli presbyterorum, et Lucæ et Mutii diaconorum de Babylonia. Quorum primus præcisa etiam lingua loquebatur. Omnes primo in equuleo suspensi, et nexibus attracti sunt; dein laminis ardentibus circa latera appositis, ustulati et unguibus lacerati, ac ultimum gladio trucidati sunt, præsente persecutore Decio. Scriptum in passione sancti Laurentii (10 Aug.).

(*Greg. Tur. de Gloria Mart.*, c. 64.) Et Lugduno Galliæ natalis sancti Epipodii martyris, qui persecu-

[c] De hoc gesta Sebastiani et Susannæ Aug. 11. Pontificale, cap. 29.

tione Antonini Veri, post gloriosos quadraginta octo martyrum agones, qui in eadem urbe passi sunt, cum Alexandro charissimo collega tentus, ipso interim in carcerem truso, primo os diris pugnorum ictibus cæsus, deinde equulei extensione vexatus, postremo martyrium capitis abscisione complevit.

Viennæ, sancti Juliani episcopi et confessoris.

A. IX KALEND. MAII.
(23 Apr.)

(Dist. 15, c. *Sancta Eccl. Rom.*) In Perside, civitate Diospoli, passio sancti Georgii martyris, cujus gesta passionis etsi inter apocryphas connumeratur scripturas, tamen illustrissimum martyrium ejus inter coronas martyrum Ecclesia Dei venerabiliter honorat.

In Galliis, civitate Valentia, natalis sanctorum Felicis presbyteri, Fortunati et Achillei diaconorum, qui a beato Irenæo Lugdunensi episcopo et martyre ad prædicandum verbum Dei missi, cum maximam partem supradictæ urbis ad fidem Christi convertissent, a duce Cornelio in carcerem trusi; dein durissima nervorum flagellatione diutissime verberati; post etiam revinctis post-terga manibus, cruribusque confractis, circa rotarum vertiginem astricti, fumi quoque amaritudine supposita, die ac nocte continuata equulei extensione suspensi, ad extremum gladio consummati sunt.

In Fontanella monasterio, sancti Wulframni episcopi, præclari in miraculis et doctrina viri.

B. VIII KALEND. MAII.
(24 Apr.)

Lugduno Galliæ, natalis sancti Alexandri, qui tertio post passionem Epipodii die productus e carcere, primo ita laniatus est crudelitate verberantium, ut crate soluta costarum, patefactis visceribus, secreta animæ panderentur. Dein crucis affixus patibulo, beatum spiritum exanimatus emisit. Passi sunt cum eo et alii numero triginta quatuor. Sepulti ambo ex utroque altaris latere, in crypta, quæ in colle superposito civitati, pulchro et antiquo opere exstructa.

(Beda, l. *Histor. Angl.*, c. 29 et 30, et l. III, c. 2 et seqq.) Eodem die, depositio Mellili episcopi in Britannia, qui tertius post Augustinum episcopum, Dorovernensem ecclesiam suscepit, quam rexit annos quinque; sepultus in monasterio, in ecclesia beati Petri octavo Kalendas Martii, anno ab Incarnatione Domini sexcentesimo vigesimo quarto.

C. VII KALEND. MAII.
(25 Apr.)

Apud Alexandriam, natale sancti Marci evangelistæ [a], qui martyr defunctus, sepultus est in loco lapidis excisi cum gloria. Ordinaverat autem pro se Alexandriæ episcopum Anianum, aliis quoque longe lateque ecclesiis episcopos, presbyteros, diaconos dederat.

[a] Vide libellum de Fest. Apost.

Eodem die Romæ, litania major, ad sanctum Petrum.

Apud Viennam, sancti Clarentii episcopi et confessoris.

D. VI KALEND. MAII.
(26 Apr.)

(*Pontificale*, cap. 5.) Romæ, natalis sancti Anacleti papæ, qui secundus post beatum Petrum, cum rexisset Ecclesiam annis duodecim, persecutione Domitiani martyrio coronatus est.

(*Pontif.*, c. 30.) Ipso die, sancti Marcellini papæ, qui cum Ecclesiam novem annis et mensibus quatuor rexisset, temporibus Diocletiani et Maximiani, ab eodem Diocletiano, pro confessione veræ fidei, cum Claudio, Cyrino et Antonino, capite truncatus est, et post dies triginta et quinque, sepultus via Salaria, in cubiculo, a Marcello presbytero et a diaconibus cum hymnis. Quo tempore fuit magna persecutio, ita ut intra unum mensem decem et septem millia martyrio coronarentur.

E. V KALEND. MAII.
(27 Apr.)

(*Pontif.*, c. 40.) Romæ, sancti Anastasii papæ, qui sedit annos tres, dies decem.

Apud Nicomediam, natalis sancti Anthimi episcopi et martyris, in memoriis piorum fulgentis in regno Christi. Hic persecutione Diocletiani, ob confessionem Christi, martyrii gloriam capitis obtruncatione suscepit. Quem tanquam bonum pastorem, viam martyrii præeuntem, universa pene gregis sui multitudo secuta est; quorum alios præfatus tyrannus, eamdem civitatem tunc temporis residens, gladio obtruncari, alios ignibus conflagrari, alios navibus impositos pelago immergi fecit. Ipsis fidelium turbis tanto per Dei gratiam fidei igne inflammatis, ut nec interrogari se paterentur, sed ultro in flammas irruerent, vel cædentibus gladiis cervices objectarent. Scriptum est in ecclesiastica Historia lib. VIII (*Euseb.* VIII, c. 6).

F. IV KALEND. MAII.
(28 Apr.)

Apud Ravennam, natale sancti Vitalis martyris, patris sanctorum Gervasii et Protasii: qui militans cum Paulino judice, Ravennam ingressus est. Et cum videret in conspectu judicis sui Christianum nomine Ursicinum, arte medicum, natione Ligurium, post nimia tormenta capitalem accepisse sententiam, et cum venisset ad palmam et expavisset, exclamavit: Noli, noli, Ursicine medice, qui alios curare consuevisti, te ipsum æternæ mortis jaculo vulnerare! Et qui per passiones nimias venisti ad palmam, coronam vis perdere a Domino præparatam? Utque martyrium consummavit idem Ursicinus, statim beatus Vitalis corpus ejus rapiens intra Ravennatium urbem sepelivit, ad judicem ultra venire contemnens. Tentus itaque a Paulino consulari ob id maxime, quia præfatum Ursicinum in passionis agone positum suis exhortationibus roborasset, post equulei tormenta jussus est perduci ad palmam. Locus autem ubi decollabantur Christiani hoc habebat vocabulum, eo quod arbores palmæ illic essent. Et facta fovea quousque inveniretur aqua, ibi supinus depositus, et terra ac lapidibus oppressus est. Conjux quoque ejus Valeria, cum reverteretur ad urbem Mediolanensium, Sylvano sacrificantes incurrit; cumque eam deponentes de sagmario hortarentur de idolothitis manducare, nec sibi omnino licitum testaretur, quia esset Christiana; nimia ab eis cæde mactata est, ut vix seminecem sui homines eam ad Mediolanensem urbem perducerent. Quæ infra biduum migravit ad Dominum.

Alexandriæ [a], natale sanctæ Theodoræ virginis, quæ sacrificare contemnens, in lupanar tradita, miro Dei favore erepta est. Astante quippe jam ad ostium cellulæ multitudine juvenum impudicorum, repente quidam ex fratribus, Didymus nomine, plenus fide, divinitus inspiratus, sumpto militari habitu, primus lupanar irrupit, et sanctæ virgini cur venisset exponens, illi militares imponit exuvias, ipse virginali veste induitur. Sic virgo egressa, et a nullo agnita, ad civitatem fugiens evasit. Didymus præsidi exhibitus, et omne factum constanter exponens, Christianum se esse confessus, absciso capite igni traditus est. Beata quoque virgo, quæ pro tuenda virginitate ex lupanari fugerat, amore coronæ continuo ad stadium regressa, simul cum Didymo percussa, et simul est coronata.

Eodem die Aphrodisii, Carilippi, Agapii et Eusebii martyrum.

Item in Pannonia, sancti Pollionis martyris.

G. III KALEND. MAII.
(29 Apr.)

Apud Paphum, Tychici apostolorum discipuli (*Eph.* VI; *II Tim.* IV).

In Numidia apud Cirthensem coloniam, natalis sanctorum martyrum Agapii et Secundini episcoporum: qui persecutione Valeriani, post longum exsilium apud præfatam urbem, in qua tunc maxime gentilium cæco furore et officiis militaribus ad tentandam justorum fidem rabies diaboli infestantis inhiabat, ex illustri sacerdotio effecti sunt martyres gloriosi. Passi sunt in eorum collegio Æmilianus miles, Tertulla et Antonia sacræ virgines, et quædam mulier cum suis geminis.

A. PRIDIE KALEND. MAII.
(30 Apr.)

Natalis sanctorum martyrum Mariani et Jacobi, [b] quorum prior lector, posterior diaconus erat. Et cum jampridem infestationes Decianæ persecutionis in confessione Christi evicisset Marianus, iterum cum charissimo collega tentus est, apud Cirthensem coloniam. Ubi post dira et exquisita supplicia (ita ut Marianus per summos apices pollicum suspensus, ut gravi pondere pedibus innexus, crudelissime torqueretur) diu in carcere macerati sunt. Sed divinis revelationibus mirabiliter confortati, deinde Lambesitanam urbem directi ad præsidem, ibi rursum longo tempore carcerali ergastulo mancipati sunt; sed iterum divinis revelationibus allevati, novissime cum multis aliis gladio consummati sunt.

(Gregor. Tur. *de Gloria martyr.*, c. 56.) Eodem die apud civitatem Santonas, natalis sancti Eutropis martyris, qui a beato Clemente episcopo directus in Gallias; ab eodem etiam pontificalis ordinis gratia consecratus, impleto hujus officii ordine, peracta in incredulis prædicatione, insurgentibus paganis, quos auctor invidiæ credere non permisit, illiso capite victor occubuit. Denique post multa annorum spatia, cum Palladius ejusdem urbis episcopus, et cum eo alii viri Dei, corpus ejus, debiti honoris gratia, in basilicam novam transferrent, reserato sarcophago, contemplati sunt cicatricem capitis, qua in parte defixum fuerat securis acumen. Cumque sequenti nocte stravissent sacerdotes membra quieti, apparuit eis per visum, dicens: Cicatricem quam contemplati estis in capite, scitote me per eam martyrium consummasse.

Apud Asiam, passio sancti Maximi martyris, cujus gesta habentur.

---

[a] Ambr., lib. II de Virgin. habet Antiochiæ.

[b] De his in gestis sanctorum Mariani et Jacobi.

LITANIÆ INDICENDÆ.

MENSIS MAIUS

HABET DIES XXXI; LUNA VERO, XXX.

B. KALEND. MAII.
(1 *Maii*.)

Jeremiæ prophetæ.

Et natalis apostolorum Philippi et Jacobi [a] filii Mariæ quæ fuit soror matris Domini, unde fratres Domini dicebantur.

In Galliis territorio Vivariensi, in loco qui vocatus est antiquitus gentibus, sancti Ancoli subdiaconi,

---

[a] Vide libellum de Fest. Apost.

quem misit ab Oriente sanctus Polycarpus cum Beato Benigno et Andochio presbyteris, et Thyrso diacono, ad prædicandum verbum Dei in Galliam. Cujus prædicatione Cæsar Severus comperta, spinosis fustibus crudelissime flagellatum in carcerem trudi præcepit, et alia die productum cum videret superari non posse, jussit ad similitudinem gladii de ligno durissimo ensem fieri, et in crucis modum caput ejus scindi. Quod cum factum fuisset, eliso in terram cerebro, gloriosa morte translatus est.

Item civitate Sedunensi, loco Agauno, passio Sigismundi regis filii Gundebaldi, regis Burgundionum. Qui cum se cerneret non posse Francis resistere, solus fugiens, coma deposita, habitum religionis suscepit, et jejuniis, vigiliis ac orationibus die noctuque vacans, captus a Francis est cum uxore ac filiis, in puteumque demersus occubuit. Post vero abbati cuidam revelatus, et ab eo reverenter sepultus, etiam miraculis claruit.

C. VI NONAS MAII.
(2 Maii.)

(Hieron. *de Script. eccl.*, c. 15. Ruff. l. 1, c. 14.) Natalis sancti patris nostri Athanasii, Alexandrinæ urbis episcopi et confessoris. Qui multa Arianorum perpessus insidiis, quadragesimo et sexto anno sacerdotii sui, post multos agones, multasque patientiæ coronas, quievit in pace. Hic vir acris ingenii, et ecclesiasticis negotiis apprime vigilans fuit. Hujus origo et a puero institutio, tali modo narratur: Tempore quo apud Alexandriam Petri martyris diem Alexander episcopus agebat, cum post expleta solemnia conventurus ad convivium suum clericos exspectaret, in loco mari vicino videt eminus puerorum super oram maris ludum, imitantium (ut fieri solet) episcopum, atque ea quæ in ecclesiis geri mos est. Sed cum intentus diutino pueros inspectaret, videt ab his geri etiam secretiora quædam et mystica. Perturbatus, illico vocari ad se clericos jubet, atque eis quid eminus ipse videret ostendit. Tum abire eos, et comprehensos ad se adducere omnes pueros imperat. Cumque adessent, quis eis ludus, et quid egissent, vel quomodo percontatur. Illi (ut talis habet ætas) pavidi negare primo. Dein rem gestam per ordinem pandunt, et baptizatos a se quosdam catechumenos confitentur, per Athanasium, qui ludi illius puerilis episcopus fuerat simulatus. Tum ille diligenter inquirens ab his qui baptizati dicebantur, quid interrogati fuerint, quidve responderint, simul et ab eo qui interrogaverat: ubi videt, secundum religionis nostræ ritum cuncta constare. collocutus cum concilio clericorum statuisse traditur illis quibus integris interrogationibus et responsionibus aqua fuerat infusa, iterari baptismum non debere, sed adimpleri ea quæ a sacerdotibus mos est. Athanasium vero atque eos quos ludus iste vel presbyteros visus fuerat vel ministros, convocatis parentibus, sub Dei obtestatione eos tradit Ecclesiæ nutriendos. Parvo autem exacto tempore, cum a notario integre, et a grammatico sufficienter Athanasius fuisset instructus, continuo tanquam fidele Domini commendatum, a parentibus restituitur sacerdoti, ac veluti Samael quidam in templo Domini nutritur; et ab eo pergente ad patres in senectute bona, ad portandum post se Ephod sacerdotale deligitur. Hujus tanti in Ecclesia pro fidei integritate agones fuerunt, ut etiam de hoc videatur dictum esse illud quod scriptum est, *Ego enim ostendam ei quantum pro nomine meo eum pati oporteat* (*I Reg.* 1; *Act.* ix). In hujus etenim persecutiones universus conjuravit orbis, et commoti sunt principes terræ: gentes, regna, exercitus coierunt adversus eum; multasque Arianorum perpessus insidias, toto orbe profugus agitur; nullus tutus ad latendum supererat locus. Tribuni, præpositi, comites, exercitus quoque ad investigandum eum moventur. (Ruff. lib. 1, c. 18 et 19.) Edictis imperialibus præmia delatoribus proponuntur, si quis vivum maxime, sin minus certe caput Athanasii detulisset. Ita totis regni viribus frustra adversus eum (cui Deus aderat) certabatur. Interea sex continuis annis ita latuisse fertur in lacu cisternæ non habentis aquam, ut solem nunquam viderit. Sed cum jam sibi nullum locum tutum videret (proditus siquidem fuerat per ancillam, quæ sola conscia erat dominorum officiis, qui ei latebras præbuerant), ad Constantem Galliarum principem fugit; a quo satis honorifice religioseque susceptus est. Quique causa ejus, quam fama compererat, diligentius cognita, scribit ad fratrem, pro certo comperisse quod sacerdos Dei summi Athanasius injuste fugatus, exsilia pateretur. Reversus itaque ad Constantium cum litteris, ad Ecclesiam suam permittitur ire. Et rursus post mortem illius fugatus, usque ad Joviniani imperium latuit; a quo honorifice et officiosissimis litteris requisitus ecclesiarum disponendarum, jam statutus in sede sua accepit potestatem. Moritur Valentiniani et Valentis imperatorum tempore.

Eodem die, natalis sanctorum Saturnini et Neopolis, qui in carcere requieverunt.

D. V NONAS MAII.
(3 Maii.)

Jerosolymis, inventio sanctæ crucis ab Helena regina, sub Constantino principe, cujus et ipsa exstitit mater. Inventionis autem pretiosi ligni historia cognitu digna ita se habet: Adrianus, qui undecimus Cæsar et imperator Romæ erat, existimans se fidem Christianam loci injuria peremplurum, in loco passionis simulacrum Jovis consecravit. Et Bethleem Adonidis fano profanata est, ut quasi radix et fundamentum Ecclesiæ tolleretur, si in his locis idola colerentur in quibus Christus natus est ut pateretur, passus est ut resurgeret, surrexit ut regnaret, judex vel rex judicaret. In Bethleem quoque ubi agnoverat bos possessorem suum (*Isa.* 1), et asinus præsepe Domini sui, ibi principes hominum infiiciati Salvatorem Domini, infames hominum amores moresque coluerunt. Prodita novo sidere regis æterni ubi cunabula supplices cum suis opibus adoraverant Chaldæi, ibi barbaras libidines sacraverunt Romani (*Ezech.* vii). Ubi natum Salvatorem cum exercitu Angelorum concinente, cœlesti gaudio salutaverant illustrata nocte pastores, ibi Veneris amasium mistæ semiviris planxere meretrices. Proh dolor! quæ pietas hominum, hanc impietatem compensare poterit! ubi sacra nati Salvatoris infantia vagierat, illic Veneris lamenta fingentium lascivis luctibus, infamis ritus ululabat; et ubi Virgo pepererat, adulteri colebantur. Mansit hoc sæculi prioris nefas in tempora Constantini, qui princeps ut esset principibus Christianis, non magis sua quam matris Helenæ fide meruit. Quæ divino, ut exitus docuit inspirata consilio, rogat filium ut sibi facultatem daret cuncta illic loca Dominicis impressa vestigiis, et divinorum erga nos operum signata monumentis purgare, destructis templis et idolis, ab omni profanæ impietatis contagio, et religioni suæ reddere, ut Ecclesia tandem in terra originis suæ celebraretur. Itaque prompto filii imperatoris assensu, mater augusta, patefactis ad opera sancta thesauris, toto abusa fisco est, quantoque sumptu atque cultu regina poterat et religio suadebat, ædificatis basilicis, contexit omnia et excoluit loca, in quibus salutaria nobis mysteria pietatis suæ, incarnationis, et passionis, et resurrectionis, atque ascensionis sacramentis Dominus redemptor impleverat. Mirum vero inter hæc, quod in basilica ascensionis, locus ille tantum de quo in nube susceptus ascendit, captivam in sua carne ducens captivitatem nostram (Eph. iv), ita sacratus divinis vestigiis dicitur ut nunquam tegi marmore, aut paviri [*ms.* paveri] receperit, semper excussis, solo respuente, quæ manus adornandi studio tentavit apponere (*Psal.* cxxxi). Itaque in toto basilicæ spatio solus in sui cespitis specie virens permanet, et impressam divinorum pedum venerationem calcati Deo pulveris perspicua simul et attigua venerantibus arena conservat, ut vere dici possit: Adoravimus in loco ubi steterunt pedes ejus. Regina illa venerabilis, ut venit Jerosolymam, diligenter et pie locis illic et circa omnibus divinorum curiosa insignium, et oculis haurire gestiens fidem, quam piis auribus litterisque perceperat, crucem Domini studiosissime perquirere adorsa est. Sed quæ via vel ratio inveniendi subesset, cum judex idoneus nemo inveniri posset, ubi memoriam et curam religiosæ conscientiæ vel observantiæ, et antiquitas ævi, et superstitionis impiæ diuturnitas abolevisset? Verum ipso omnium et terris et animis opertorum conscio et teste Domino, fidelis mulier sanctum Spiritum per affectum pium meruit. Quo aspirante, cum rem ab humana conscientia divinitus remotam frustra diligens requisisset, de loco tantum passionis certior fieri studuit. Itaque non solum de Christianis doctrina et sanctitate plenos viros, sed et de Judæis peritissimos ut propriæ (qua miseri et gloriantur) impietatis indices exquisivit, et accitos in Jerosolymam congregavit. Tum omnium una de loco testificatione confirmata est. Jussit illico, urgente sine dubio conceptæ revelationis instinctu, in ipsum locum operam fossionis accingi; parataque mox civium pariter et militari manu, brevi laborem istius molitionis hausit, et contra spem omnium, sed secundum ipsius tantum reginæ fidem, alta egestione reseratis terræ finibus, abditæ crucis arcana patuerunt. Sed cum tres pariter cruces, ut quondam fixæ Domino et latronibus stetterant, repertæ fuissent, gratulatio repertarum cœpit anxia dubitatione confundi : justo piorum metu, ne forsitan aut pro cruce Domini patibulum latronis eligerent, aut salutare lignum pro stipite latronis abjiciendo violarent. Aderat quidem et titulus ille qui Græcis et Latinis atque Hebraicis litteris a Pilato fuerat conscriptus, sed nec ipse satis evidenter Dominici prodebat signa patibuli. Respexit pias fideliter æstuantium curas Dominus, et ipsi potissimum, quæ tam piæ sollicitudinis princeps erat, hujus consilii lumen infudit, ut aliquem recens mortuum inquiri et inferri juberet. Macarius per idem tempus ecclesiæ illius episcopus præsens erat. Nec mora, verbum factum, cadaver illatum est. Deponitur jacenti una de crucibus, admovetur et altera, sed eorum ligna mors sprevit. Postremo dominicam crucem prodit resurrectio, et ad salutaris ligni tactum, morte profuga, fumus excussum, et corpus erectum est; tremefactisque viventibus, stetit mortuus; et funebribus, ut Lazarus quondam, vinculis expeditus, illico inter spectatores suos redivivus incessit. Ergo crux Domini tot operta ætatibus et Judæis in tempore passionis abscondita, neque gentibus in ædificatione fani, terram sine dubio ad ipsam fabricam egerentibus, revelata, nonne divina manu latuit, ut nunc inveniretur, cum religiose quæreretur? Ita ut crucem Christi decuit, experimento resurrectionis inventa et probata crux Christi est, dignoque mox ambitu consecratur, condita in passionis loco basilica, quæ auratis coruscat laquearibus, et aureis dives altaribus, arcano reposita sacrario crucis partem servat, quam thecis argenteis incomparabilis fide regina conditam dereliquit ibi. Namque partem ipsius ligni salutaris detulit filio, quam episcopus urbis ejus quotannis, cum Pascha Domini agitur, adorandam populo, princeps ipse venerantium promit. Neque præter hanc diem qua crucis ipsius mysterium celebratur, ipsa (quæ sacramentorum causa est) quasi quoddam sacræ solemnitatis insigne profertur : nisi interdum religiosissimi postulent, qui hac tantum causa illo perigrinati advenerint, ut sibi ejus revelatio, quasi in pretium longinquæ peregrinationis deferatur; quod solum episcopi beneficio obtineri ferunt. Quæ quidem crux, in materia insensata vim vivam tenens, ita ex illo tempore innumeris pene quotidie hominum votis lignum suum commodat, ut detrimentum non sentiat, et quasi intacta permaneat; quotidie dividua sumentibus, et semper tota venerantibus. Sed istam imputribilem virtutem et indestructibilem soliditatem, de illius profecto carnis sanguine bibit, quæ passa mortem, non vidit corruptionem. Clavos quoque, quibus corpus dominicum fuerat affixum, eadem venerabilis regina portavit ad filium. Ex quibus ille frenos composuit, quibus uteretur ad bellum; et ex aliis galeam, nihilominus belli usibus aptam.

(Ruff. lib. I, cap. 8. *Pontificale*, c. 7.) Eodem die Romæ via Numentana, milliario septimo, sancti Alexandri [a] papæ, cum Eventio et Theodulo presbyteris sub Trajano principe, judice Aureliano: qui Romanæ Ecclesiæ episcopatum, quintus post Petrum, tenuit annos decem, menses duos, dies decem, et sanctitate incomparabilis, fide clarissimus, maximam partem senatorum Urbis convertit ad Dominum. Qui postmodum, jubente Trajano principe, ab Aureliano comite utriusque militiæ, carceri mancipatus, post stupenda et divina miracula, ubi per puerum, qui faculam ferebat ardentem, e carcere nocturno silentio per fenestram eductus, ad domum Quirini tribuni, ubi beatus Hermes præfectus sub custodia tenebatur, perducitur; et postquam sanata est filia ipsius Quirini, Balbina nomine, et ipse Quirinus conversus baptismi gratiam desideravit, postque liberationem et baptizationem eorum, quos vinculis arctatos in carcere Quirinus ipse tenuerat, inter quos duos quoque sanctissimos presbyteros inter reos constrinxerat, Eventium et Theodulum qui de Oriente venerant; post ista omnia, et si qua sunt alia venerabiliter ab eo gesta, Aureliano comiti iterum, principe adhuc Trajano (siquidem Adrianus nondum imperabat), exhibitus est simul cum ipsis beatis duobus presbyteris; primoque in equuleum levatus, et tortus ungulis, atque lampadibus attrectatus gravissime fuit. Cumque nullas daret voces, dixit ei Aurelianus: Quare taces? Sanctus Alexander respondit: Quia tempore orationis Christianus homo cum Deo loquitur. Deposito autem Alexandro, jussit judex applicari Eventium et Theodulum, et interrogavit beatum Alexandrum: Qui sunt isti? Beatus Alexander dixit: Ambo viri sancti, ambo presbyteri. Tunc conversus ad beatum Eventium, judex interrogavit eum: Quando factus es Christianus? Cui beatus Eventius: Ante annos septuaginta et annorum undecim sum baptizatus, et annorum viginti presbyter ordinatus fui, et nunc ago octogesimum et unum ætatis, quem in carcere et vinculis complevi. Et postquam interrogavit etiam Theodulum, et in confessione manentem invenit, jussit furnum incendi fortiter, et beatum Alexandrum atque Eventium ligatos in medium præcipitari. Cum eis et beatus Theodulus sponte in flammas prosiluit, decantans cum ipsis et pariter gratias agens: Igne nos examinasti, et non est inventa in nobis iniquitas (*Psal.* xvi). Quod cum nuntiatum impio Aureliano esset, fecit beatissimum Alexandrum punctis creberrimis per tota pungi membra, donec deficeret. Hujusmodi fine vir sanctus martyrium suum complevit. Sancti autem duo presbyteri gladio consummati sunt. Quorum corpora Severa femina religiosa collegit, et beatum Alexandrum atque Eventium in uno sepulcro, sanctum vero Theodulum separatim in alio posuit via Numentana, in prædio suo, v Nonas Maii.

E. IV NONAS MAII.
(4 *Maii*.)

(Euseb. l. VIII, c. 14, et l. IX, c. 6. Ruff.) In Palæstina civitate Gaza, natalis S. Silvani ejusdem urbis episcopi. Qui persecutione Diocletiani cum plurimis clericorum suorum martyrio coronatus est.

Item in metallo Fanensi, sanctorum martyrum quadraginta qui simul capite cæsi sunt.

Nicomediæ, natali sanctæ Antoniæ: quæ nimium torta et variis afflicta cruciatibus ab uno brachio tribus diebus suspensa, et in carcerem biennio detrusa, a Priscilliano præside ad ultimum flammis exusta est.

Eodem die, in Norico Ripensi, loco Lauria, conatalis sancti Floriani, qui præsidis jussu, ligato ad collum saxo, in flumen Anisi præcipitatus est, et mox, omnibus qui circumstabant videntibus, oculi præcipitatoris ejus crepuerunt.

Ipso die, beati Quiriaci episcopi et martyris gloriosi, sub Juliano imperatore.

F. III NONAS MAII.
(5 *Maii*.)

[b] Apud Alexandriam sancti Euthymii diaconi in carcere quiescentis.

Thessalonicæ natalis sanctorum Irenæi et Peregrini et Irenes ignibus combustorum.

In Galliis civitate Arelatensi, sancti Hilarii episcopi, magni, docti et præclarissimi viri. Qui paupertatis amator, et erga inopum provisionem non solum mentis pietate, sed et corporis sui labore sollicitus erat: nam pro reficiendis pauperibus, etiam rusticationem contra vires suas, homo genere clarus, et longe aliter educatus exercuit. Sed nec in spiritualibus neglexit: nam et in docendo gratiam habuit, et absque personarum acceptione omnibus castigationem ingessit. Inter sua vero opera ingenio immortali, ad multorum utilitatem necessario opere, Vitam sancti Honorati decessoris sui composuit. Moritur Valentiniano et Martiano imperatoribus.

Item Viennæ, beati Nicetii episcopi, venerabilis sanctitatis viri.

Antisiodori, passio sancti Joviniani, lectoris et martyris.

G. PRIDIE NONAS MAII.
(6 *Maii*.)

[c] Natalis sancti Joannis apostoli ante portam Latinam Romæ, qui ab Epheso, jussu Domitiani fratris Titi, secunda persecutione, quam ipse post Neronem

---

[a] Ruff. lib. I, cap. 8. Pontificale, c. 7. Est Alexander I.
[b] Gennadius de Viris illust. cap. 69.
[c] Hier., lib. I contra Jovinian. c. 14, et in c. xx Matth., ex Tertull. de Præscr. c. 36.

exercuit, ad urbem Romam perductus, præsente senatu, ante portam Latinam in ferventis olei dolio missus est, agente hoc impio principe qui Christianorum infestissimus persecutor erat. Sed beatus apostolus tam liber a pœna inde exiit quam a corruptionibus carnis fuerat immunis. Tunc in Pathmum insulam relegatur exsilio, ubi Apocalypsim vidit. Ad commendandam ergo ipsius dignam memoriam, et pro fide apostolicam constantiam, Christiani ecclesiam, venerationem ejus gestantem in supradicto loco ante portam Latinam præclaro et miro opere construxerunt, ubi festivum concursum undecimo. Non Maii usque hodie faciunt.

Eodem die, beati Evodii, Antiochiæ episcopi, qui primus ab apostolis [a] ibi est episcopus ordinatus.

Item beati Lucii Cyrenensis, qui apud Cyrenem primus episcopus a sanctis apostolis institutus est, quem in Actibus apostolorum sanctus Lucas commemorat.

A. NONIS MAII.
(7 Maii.)

Natalis sancti Juvenalis martyris.

Et beatissimæ atque illustrissimæ Dei famulæ Flaviæ Domitillæ [b]. Quæ cum esset Flavii Clementis consulis ex sorore neptis, et a sancto Clemente sacro velamine ad integritatis perseverantiam consecrata, persecutione Domitiani, anno principatus ejus quinto decimo ob testimonium quod Christo perhibebat, cum aliis plurimis in insulam Pontiam exsilio deportata, longum inibi martyrium duxit. Novissime, cum ab Aureliano sponso suo, quem pro Christo contempserat, et cujus accusatione exsilio fuerat relegata, translata esset ad Terracinam urbem Campaniæ, et doctrina ac miraculis primo Euphrosynam et Theodoram collactaneas et convirginales suas, deinde etiam alios ad fidem Christi convertisset, inter quæ magnalia, etiam prædictus Aurelianus infestissimus persecutor ejus, divina virtute exstinctus est; a Luxorio fratre ejus incenso cubiculo in quo simul præfatis cum virginalibus suis clausa morabatur, cursum gloriosi martyrii sui consummavit sub persecutione Trajani; altera namque die veniens sanctus diaconus nomine Cæsarius, invenit corpora sanctarum virginum illæsa; in facies enim suas prostratæ, orantes Dominum, recesserunt. Quarum corpora idem sanctus diaconus in sarcophago novo simul condiens, in profundo terræ infodiens sepelivit.

Eodem die apud Nicomediam, passio sanctorum martyrum Flavii, Augustini, et Augustini fratrum.

---

[a] Vide libellum de Fest. Apost. Act. 19.
[b] Gregor. homilia 27. De his in gestis Nerei et Achillei. 12 Maii.
Gregor. Tur. de gloria Martyrum, c. 45.

B. VIII IDUS MAII.
(8 Maii.)

[c] Mediolani, sancti Victoris martyris: qui natione Maurus, et a primæva ætate Christianus, cum esset in castris imperialibus, miles etiam canitie decoratus, compellente Maximiano ut sacrificaret idolis, in confessione Domini fortissime perseverans, primo graviter fustibus cæsus, sed Deo protegente, doloris expers, deinde liquenti plumbo perfusus, sed nihil penitus læsus; novissime gloriosi martyrii cursum capitis abscisione complevit. Erat autem civis sanctorum martyrum Naboris et Felicis, qui in Africa decollati, simul cum Januario et Marino Mediolanum translati sunt.

C. VII IDUS MAII.
(9 Maii.)

[d] In Perside sanctorum martyrum trecentorum decem.

Eodem die apud Nazianzi oppidum, beati Gregorii episcopi, qui theologus dicitur, nobilis Athenis eruditus, collega beati Basilii, Cæsareæ Cappadociæ postea episcopi. Quique, cum se totum Dei servitio mancipasset, tantum de collegæ amore præsumpsit, ut sedentem Basilium de doctoris cathedra deponeret, ac secum ad monasterium manu injecta perduceret, ibique per annos tredecim omnium Græcorum sæcularium, libris remotis, solis divinæ Scripturæ voluminibus operam dabant. Igitur apud Nazanzon oppidum in loco patris episcopus subrogatus, hæreticorum turbinem fideliter tulit. Reddita vero pace, Constantinopolim ad ecclesiam docendam venire exoratus, non abnuit. Ubi brevi tempore in tantum ad emendandum populum, vetustis hæreticorum infectum venenis, profecit, ut tunc primum Christiani sibi æri viderentur, et novellam lucem veritatis aspicere. Sed ubi gloriam subsecuta invidia est, obniti quidam et præscriptionibus minus sanis uti cœpere, ut ipso ad propria remeante, alius ordinaretur episcopus. Quod ille susurrari tantum et sub dente sentiens ruminari, ipse profert, quia dicere ei nullus audebat. Absit, inquit, ut mei causa, aliqua simultas in Dei sacerdotibus oriatur. Si propter me est ista tempestas, tollite, et mittite me in mare, et desinet a vobis quassatio. Tum regressus, in ecclesia sua quod superfuit vitæ tempus exegit. Et quoniam fessa jam ætate et corpore invalidus erat, successorem sibi ipse delegit, quo ecclesiam gubernante, debilitatis et senectutis otio frueretur.

Constantinopoli, natalis S. Timothei [e], quando ab Epheso ejus sacra ossa delata sunt.

D. VI IDUS MAII.
(10 Maii.)

Job prophetæ.

Romæ via Latina in cœmeterio ejusdem, natalis sanctorum Gordiani et Epimachi; quos Julianus,

---

[d] Hier. de script. Eccles. c. 117. Ruff. l. 1, cap. 9.
[e] Vide libellum de Festivitat. Apost.

imperator apostata, inter multos Christianos, publicis custodiis mancipavit, beatum vero Januarium senem presbyterum comprehensum cuidam Vicario Gordiano ad audiendum tradidit. Qui beatum Januarium patienter audiens, spiritu Dei illuminatus credere coepit. Quem protinus beatus presbyter, cum uxore Marina nomine, et familia promiscui sexus numero quinquaginta et tres, et eo amplius, baptizavit. Quod factum audiens Julianus, plenus ira, damnavit inscriptionibus sanctum presbyterum Januarium; sanctum vero Gordianum similiter damnatum in custodia publica posuit; atque cuidam Clementiano, quem vicarium ejus loco dederat, tradidit. Uxorem porro ejus ad Aquas Salvias [al. *Silmas*] manere praecepit in servitio rusticorum. Clementianus autem pro tribunali residens, beatum Gordianum vinctum catenis sibi praesentari fecit. Ille in confessione Christi fixus, diu plumbatis caeditur; in ultimo capite truncatur. Cujus corpus jussit iniquus judex ante templum Apollonis [a] in Tellude jactari, ut a canibus roderetur. Quod nocturno tempore Christiani rapientes, milliario plus minus uno ab urbe Roma posuerunt in crypta, ubi jam pridem corpus beati martyris Epimachi sepultum fuerat. Hic Epimachus apud Alexandriam cum collega suo Alexandro multo tempore in vinculis et in cruciatibus carceris tortus, cum in frequentibus et diversis suppliciis confectus perpurasset in fide, ignibus postremum consumitur, deinde reliquiae ejus Romam translatae.

Item Romae, natalis S. Calepodii senis presbyteri, sub Alexandro imperatore; qui enim fecit occidi a Laodicio, et corpus trahi per civitatem, atque in jactari, die Kalendarum Maii. Quod inventum piscatores levaverunt, et narraverunt hoc Callisto episcopo. Acceptum itaque condivit aromatibus et linteaminibus, et sepelivit in coemeterio ejus, milliario ab Urbe tertio, in crypta, vi Idus Maii. Tunc decollatus est ab Alexandro Palmatius consul cum uxore et filiis, et aliis promiscui sexus de domo sua quadraginta duobus. Cum quibus et Simplicius senator cum uxore et filiis suis, et familia sua, fere promiscui sexus sexaginta et octo, et Felix similiter cum uxore sua Blanda, qui per doctrinam Callisti papae et Calepodii presbyteri, nuper fuerant baptizati. Hic enim Palmatius consul Alexandro imperatori adeo charus, acceperat ab eo potestatem ut Christianos cogeret sacrificare. Erat autem multitudo Christianorum collecta in quodam loco trans Tiberim, inter quos beatus Callistus episcopus Urbis cum clero suo, et senex presbyter beatus Calepodius ; ad quos tenendos Palmatius consul milites direxit. Qui ingressi ubi erat sanctorum multitudo, subito caeci facti sunt. Palmatius hoc videns, timore perterritus, nuntiavit Alexandro, atque milites in conspectu ejus exhibuit. Tunc coepit Alexander clamare : O cives optimi, videtis artem magicam ? Respondit Palmatius : Si per magicam istud factum est, ubi sunt virtutes deorum nostrorum ? Jubeat itaque pietas vestra offerri et immolari diis, ne pereat respublica per eorum incantationes. Statuitur itaque dies, et praeconis voce jubentur omnes immolare Mercurio, qui in urbe Roma erant. Factum est autem, dum funderetur sanguis porcinus et vitulinus, et sacerdotes virginesque baccharentur per templum daemonis, una ex illis Juliana nomine, arrepta coepit clamare : Deus Callisti, ipse vivus et verus, ipse indignatus est pollutionibus reipublicae vestrae, et conteret regem mortalem vestrum, quia non adoratis veritatem. Audiens hoc Palmatius, cucurrit ad beatum Callistum trans Tiberim, ubi erat multitudo Christianorum, et cecidit ad pedes ejus : Cognovi, inquit, Dominum Christum Deum esse verum, quem daemones confessi sunt hodie. Per ipsum te conjuro ut liberes me a cultura daemonum, et baptizes me sicut praedicas. Quem B. Callistus, indicto jejunio, catechizavit, et allata aqua baptizavit. Qui baptizatus coepit clamare : Vere vidi Dominum Jesum Christum, lumen verum, qui me illuminavit. Baptizata autem est et omnis domus ejus. Ab eadem die omnem facultatem suam coepit pauperibus Christianis erogare, ubicunque invenirentur, ministrans eis victum et tegumentum. Post dies triginta requiritur ab Alexandro ; nuntiatum enim est ei quod Christianus esset. Tentus igitur a quodam tribuno Torquato, missus est per triduum in custodia Mamurtini [al. Mamertini], et vinctus praesentatur Alexandro. Quem videns Alexander, jussit solvi, cui et dixit : Sic amens es, Palmati, ut deseras deos, et quaeras hominem mortuum ? Inter alia respondit Palmatius : Feci quasi infelix : modo autem cognovi quod verum est. Tunc Alexander tradidit eum cuidam senatori Simplicio, ut revocaret eum ad culturam deorum mollibus verbis. Sed Palmatius jejuniis, orationibus et vigiliis studens, non cessabat lacrymis Deum Patrem omnipotentem et Dominum Jesum Christum Filium ejus deprecari. Veniens autem ad eum quidam Felix nomine, rogabat eum pro uxore sua, quae a quatuor annis jacebat clinica. Beatus Palmatius, praesente uxore Simplicii et omni familia, cecidit in terram, et cum lacrymis orare coepit : Domine Deus, qui illuminasti servum tuum, et donasti mihi lumen aeternum Dominum Jesum Christum, salva ancillam tuam Blandam, et alleva eam de lecto doloris, ut cognoscant omnes quia tu es Creator omnium rerum. Quae illico sana surrexit.

---

[a] *In Tellude.* Idem occurrit infra xxx Julii et vi Augusti. Acta mss. Cornelii papae xxiv Septembris : « Exhibitusque, est ei noctu, et in Tellude, praefecto quoque Urbis praesente auditus. » Acta Hippolyti, Eusebii et sociorum, ii Decemb. : « In Tellude sibi tribunal parari fecit. » Templum est, in quo saepe senatus cogi consuevit, ut apparet ex Cicerone, Dione et aliis. Ubi locus hic fuerit, exprimunt Acta Abundii et sociorum : « Jussit Diocletianus produci sanctos de custodia Abundium et Abundantium, et praesentari in Tellude, in foro, ante templum. » Omnino videtur compositum, ut *Telludis* sit quasi *Telluris* aedes.

Quod videntes Simplicius et Felix, et reliqui qui in domo Simplicii erant, cœperunt urgere beatum Palmatium ut baptizarentur. Qui mittens vocavit sanctum Callistum, et baptizati sunt omnes in nomine Domini Jesu Christi.

Item Romæ via Latina ad Centum aula, natalis sanctorum Quarti et Quinti.

E. V IDUS MAII.
(11 Maii.)

Romæ via Salaria milliario vigesimo secundo natalis sancti Anthimi.

Viennæ, beati Mamerti episcopi, qui ob imminentem cladem, solemnes ante Ascensionem Domini litanias instituit.

F. IV IDUS MAII.
(12 Maii.)

Romæ, in cœmeterio Prætextati, natalis sanctorum martyrum Nerei et Achillei fratrum, qui fuerunt eunuchi B. Blaviæ Domitillæ, quique cum ea apud insulam Pontiam longum pro Christo duxerunt exsilium. Postmodum vero ab Aureliano sponso Domitillæ (quem ipsa ob amorem Christi spreverat) primo verberibus gravissimis attrectati, deinde Mommio [al., Mummio, et Memmio] Ruffo consulari sunt traditi, a quo cum equuleo et flammis compellerentur ad immolandum et dicerent se a B. Petro apostolo baptizatos, nulla ratione posse idolis immolare, capite cæsi sunt. Quorum corpora rapuit Auspicius discipulus eorum nutritor sanctæ virginis Domitillæ quæ etiam naviculæ imposita, adduxit, et in prædio Domitillæ in crypta arenaria sepelivit, via Ardeatina a muro Urbis milliario uno semis.

Item via Aurelia, milliario secundo, natalis sancti Pancratii martyris: qui cum esset annorum viginti quatuor sub Diocletiano martyrium capitis detruncatione complevit. Cujus reverendum corpus Octavilla illustris femina occulte noctu sublatum, aromatibus conditum sepelivit IV Idus Maii.

Eodem B. Dionysii [a] patrui beati Pancratii, cujus studio idem Pancratius et baptizatus, et in timore Domini confortatus ad martyrium animatus est, ipse cum præmiis cœlestibus, charus et dignus Deo, in pace diem vitæ hujus clausit.

Sed et tunc temporis passa est virgo sacratissima Soteris nomine, et genere nobilis sub Diocletiano Augusto.

Eodem die apud Cyprum, S. Patris nostri Epiphanii, Salaminæ.

G. III IDUS MAII.
(13 Maii.)

Natalis S. Mariæ ad Martyres. Phoca imperatore, beatus Bonifacius papa in veteri fano quod Pantheon vocabatur, ablatis idololatriæ sordibus, ecclesiam beatæ semper Virginis Mariæ et omnium martyrum dedicavit. Cujus dedicationis sacratissima dies agitur Romæ III Idus Maii.

---

[a] De eo in gestis ejusdem Pancratii.

PATROL. CXXIII.

Ipso die, sancti Servatii Tungrensis Ecclesiæ episcopi: qui tempore quo Hunni Germaniam vastabant, ne civitatis atque ecclesiæ suæ videret excidium, Domini revelatione commonitus, transiit ad vicum Trajectensium; ibique defunctus, atque in medio publici aggeris est sepultus. Ob cujus meritum hominibus demonstrandum cum tempore hiemis omnia in circuitu nix repleret, nunquam sepulcrum ejus operuit, donec industria civium basilica super ipsum ædificata est.

A. PRIDIE IDUS MAII.
(14 Maii.)

Sancti Patris nostri Pachomii [b], qui cum esset factis apostolicæ gratiæ insignis, fundatoque Ægypti cœnobiorum, scripsit monachorum regulas, quas angelo dictante dedicarat, simul et de tempore Paschali.

Ipso die in Syria, natalis Victoris et Coronæ, sub Antonino imperatore, duce Alexandriæ Sebastiano. Erat autem Victor miles a Cilicia, cui Sebastianus in confessione fidei confringi digitos, et evelli jussit ungues a cute, deinde illum in caminum ignis mitti, ubi triduo permanens, non est læsus. Deinde venenum bibere jussus, non est mortuus, sed veneficum potius ad fidem convertit. Postea jussum est, nervos corporis ejus tolli; deinde oleum bulliens mitti in pudendis ejus. Post hoc jussit lampades ardentes suspensi ad latera applicari: post hæc acetum et calceum simul misceri, et dari ei in ore; deinde oculos erui. Deinde triduo jussit capite jusum [al., ioum, id est deorsum] suspendi; et dum adhuc spiraret, jussit eum excoriari. Tunc Corona cum esset uxor cujusdam militis, cœpit beatificare sanctum Victorem pro gloria martyrii. Et dum hoc faceret, vidit duas coronas de cœlo lapsas, unam Victori, et alteram sibi missam. Cumque et hoc cunctis audientibus protestaretur, tenta est a duce; jussumque est duas arbores palmæ curvari adinvicem, et canabinis funibus ligari Coronam in utriusque manibus et pedibus, et sic arbores dimitti. Quod dum fieret, divisa est Corona in duas partes, et sic æternæ vitæ coronam accepit. Erat autem sexdecim annorum. Tunc quoque Victor decollatus, et ipse victoriæ perennis triumphum meruit.

B. IDIBUS MAII.
(15 Maii.)

Natale sanctorum confessorum Torquati, Ctesiphontis, Secundi, Indalecii, Cæcilii, Esitii, Euphrasii. Qui Romæ a sanctis apostolis episcopi ordinati, et ad prædicandum verbum Dei ad Hispanos, tunc adhuc gentili errore implicatos, directi sunt. Cumque ad civitatem Accitanam venissent, et propter laborem itineris modicum quiescentes, causa victus emendi discipulos in urbem misissent; mox paganorum multitudo, qui tunc forte diis suis festa celebrabant, eos usque ad fluvium persecuta est, in quo pons miræ magnitudinis et firmitatis exstructus,

---

[b] Gennad. de Viris illust. cap. 7.

transeuntibus sanctis, Dei nutu, cum omni persequentium multitudine funditus corruit. Ad quod miraculum cæteri territi, et cujusdam magnæ senatricis Ludariæ (quæ divinitus inspirata eos benigne suscipiens, credidit) exemplum secuti, relictis idolis, Christo Domino crediderunt. Post hoc diversis urbibus evangelizantes, et innumeras multitudines Christi fidei subjugantes, Torquatus Acci, Ctesiphon Vergii, Secundus Abulæ, Indalecius Urci, Cæcilius Eliberri, Esitius Cartesæ [*al.*, Carceræ], Euphrasius Eliturgi quieverunt. Exstat usque hodie illustre miraculum ad condemnationem pretiosæ mortis eorum. Nam eadem solemnitate apud præfatam Accitanam urbem, ad sepulcrum sancti Torquati arbor olivæ divinitus florens, maturis fructibus onustatur.

Apud insulam Chium, natalis sancti Isidori martyris. In cujus Basilica exstat puteus, in quo et fertur injectus. De cujus aqua energumeni, febricitantesque, vel reliqui infirmi sæpius potati salvantur.

Apud Lamosacum, passio sanctorum Petri et Andreæ, Pauli et Dionysiæ ª.

C. XVII KAL. JUNII.
(16 *Maii.*)

Apud Isauriam, natalis sanctorum Aquilini et Victoriani, quorum gesta habentur.

Apud Antisiodorum, passio sancti Peregrini, episcopi primi civitatis ipsius.

Et in pago Forojuliensi, vico qui vocatur Calianus, sanctæ Maximæ virginis, quæ multis clara virtutibus, in pace quievit.

D. XVI KAL. JUNII.
(17 *Maii.*)

In Tuscia natale sancti Torpetis martyris sub Nerone principe. Hic magnus in officio Cæsaris Neronis fuit, et a beato Antonino presbytero baptizatus et in fide Christi eruditus est. Hunc Nero cum cognovisset esse Christianum, tradidit cuidam propinquo suo Satellico, ut impelleret eum sacrificare. Sed cum spiritu Dei confortatus, et in fide fundatus, vir beatus immobilis permaneret, fecit eum Satellicus alapis, cædi et ligatum ad columnam tandiu verberibus affici, quousque sanguis guttatim de corpore ipsius deflueret. Sed subito dum martyr cæderetur, columna cadens oppressit judicem, et quinquaginta cum eo viros. Inde tentus a ministris, positus est in rota. Postea feris objicitur a filio Satellici, nomine Sylvio, sed minime ab his læsus. Cujus constantiam et virtutem quidam consiliarius Neronis Evellius nomine inspiciens, Christo credidit. Ac post paululum baptizatus decollatus est in urbe Roma v. Kalendas Maii, martyriique honore coronatus. Sed et beatus Torpes jubente Sylvio foras civitatem Pisanam ductus decollatione martyrium suum complevit III Kalendas Maii. Hujus corpus ministri sceleris impositum pene fractæ et cariosæ navi, simulque canem et gallum projecerunt in decursum fluminis. Apparens autem angelus Domini cuidam venerabili feminæ, cujus nomen Celerina, monuit ut perquireret martyris corpus, et sepeliret. Quod illa celerius complens, inventum cum omni reverentia sepelivit et de facultatibus suis, cessante persecutione, ecclesiam miro opere supra construxit. Agitur festivitas martyris et conventus civium XVI Kalend. Junii.

E. XV KAL. JUNII.
(18 *Maii.*)

Apud Ægyptum, natalis sancti Dioscori lectoris: in quem præses multa et varia tormenta exercuit, ita ut ungues ejus effoderet, et lampadibus ejus latera inflammaret; sed cœlestis luminis fulgore territi ceciderunt ministri. Novissime laminis ardentibus adustus martyrium consummavit.

F. XIV KAL. JUNII.
(19 *Maii.*)

Romæ, natalis sanctæ Pudentianæ vel Potentianæ virginis, quæ illustrissimi generis, Pudentis discipuli sancti Pauli apostoli filia fuit; cujus mater Sabinella, soror vero Praxedis; quas piissimus pater earum Pudens in omni religione Christi erudivit, virginesque Christo reliquit. Quæ post obitum sancti patris in omni exercitatione pietatis ita excreverunt, ut nocte dieque incessanter hymnis et orationibus cum femina sua Domino inservirent, beatissimo Pio urbis episcopo cum eis in laudibus Dei participante. Remunerationem igitur pro piissimis laboribus suis percepturæ, quos per gratiam Christi fructuose consummaverant; post innumeros agones, post multorum martyrum venerabiliter exhibitas sepulturas, post omnes facultates suas in visceribus pauperum inclusas, Christoque fideliter commendatas, tandem de terris ad Christum migraverunt: Potentiana venerabilis quartodecimo Kalendas Junii, posita in cœmeterio Priscillæ via Salaria; Praxedis vero virgo æque sanctissima duodecimo Kalendas Augusti, et ipsa cum sorore juxta patrem sanctum Pudentem posita.

Eodem ipso die, beatissimi Pudentis patris supra nominatarum virginum, qui ab apostolis Christo in baptismo vestitus, innocentem tunicam usque ad coronam vitæ immaculate custodivit, et servavit.

Item Romæ, natalis sanctorum Caloceri, et Partheni eunuchorum uxoris Decii imperatoris: qui cum essent, unus præpositus cubili, alter primicerius, nolentes sacrificare idolis, a Decio occisi sunt. Corpora eorum juxta viam Appiam posita XIV Kalendas Junii.

G. XIII KAL. JUNII.
(20 *Maii.*)

Romæ via Salaria, natalis sanctæ Basillæ virginis et martyris ᵇ. Quæ cum esset ex genere regio, et haberet sponsum illustrissimum nomine Pompeium,

---

ª Gregor. Tur. de Gloria martyrum, c. 102.

ᵇ De ea in gestis S. Eugeniæ 25 Decemb.

per beatam Eugeniam et sanctos Dei viros Protam [*al.*, Protum] et Hyacinthum conversa ad fidem, accusata est a præfato sponso suo quod esset Christiana. Decrevit continuo Gallienus Augustus, qui tunc Christi persequebatur Ecclesiam, ut aut sponsum reciperet, aut gladio interiret. Conventa de hoc respondit, se Regem regum sponsum habere, qui est Christus Filius Dei. Et cum hoc dixisset, gladio transverberata est.

a Eodem die in Galliis, civitate Nemauso, natalis Baudelii martyris : qui a paganis deorum suorum sacrificia celebrantibus comprehensus cum sacrificare nollet, et in fide Christi immobilis inter verbera et tormenta persisteret, martyrii palmam pretiosa morte percepit.

A. XII KAL. JUNII.
(21 *Maii.*)

In Mauritania Cæsariensi, natalis sanctorum Timothei, Polii et Eutychii diaconorum; qui apud præfatam regionem verbum Domini disseminantes, pariter coronari meruerunt.

Item apud Cæsaream Cappadociæ, natalis SS. Polyeucti, Victorii, Donati.

B. XI KAL. JUNII.
(22 *Maii.*)

In Africa, SS. Casti et Æmilii, qui per ignem passionis martyrium consummaverunt. Scribit Cyprianus in libro de lapsis (*cap.* 6).

Eodem die apud Corsicam, S. Juliæ, quæ crucis supplicio passa est.

C. X KAL. JUNII.
(23 *Maii.*)

Apud Lingones, passio sancti Desiderii episcopi, qui cum plebem suam ab exercitu Wandalorum vastari cerneret, ad regem eorum, pro ea supplicaturus exivit : a quo statim jugulari jussus ; pro ovibus sibi creditis cervicem libenter tetendit, et percussus gladio, migravit ad Christum. Percussor vero ejus mox amentia correptus interiit. Sepultus est ibidem beatus martyr, in basilica juxta urbis muros, quod fidelium populus a Christo ei commissus, præcipuo ipsius amore, et pia devotione ad tutelam civium fieri procuravit. Passi sunt autem cum eo et plures alii de numero gregis sui, et apud eamdem urbem conditi.

D. IX KAL. JUNII.
(24 *Maii.*)

Natalis S. Manahen, Herodis tetrarchæ collectanei (*Act.* XIII), doctoris et prophetæ sub gratia Novi Testamenti, apud Antiochiam in Christo quiescentis.

Item beatissimæ Joannæ uxoris Chusæ procuratoris Herodis, quam commemorant evangelistæ (*Luc.* VIII, *et* XXIV).

Item in Portu Romano, natalis S. Vincentii martyris.

---

a Greg. Tur. de Gloria mart., c. 78.
b Greg. Tur. de Gloria mart., c. 6.
c De eo in gestis S. Ceciliæ, 22 Nov.

b In Galliis, civitate Nannetis, natalis SS. martyrum Donatiani et Rogatiani fratrum.

In Istria, natalis SS. Joelli, Sirvilii, Sylvani et Dioclis.

E. VIII KAL. JUNII.
(25 *Maii.*)

c Romæ via Numentana, in cœmeterio Prætextati, natalis sancti Urbani episcopi et martyris. Cujus doctrina, sub persecutione Alexandri, multi martyrio coronati sunt.

Mediolani, S. Dionysii episcopi et confessoris. Qui ab imperatore Constantio Ariano apud Cappadociam pro fide catholica damnatus exsilio, ibidem requievit. Reliquias corporis ejus, per sanctum Basilium præfatæ urbis episcopum receptas, B. Ambrosius condigno honore condidit.

d Eodem die apud Mæsiam, civitate Dorostoro, natalis sanctorum martyrum Passicratis, Valentionis, et aliorum duorum coronatorum.

Romæ, Eleutherii papæ. Hic accepit epistolas a Lucio Britannico rege, ut per ejus mandatum Christianus fieret. Sepultus est juxta corpus beati Petri apostoli.

F. VII KAL. JUNII.
(26 *Maii.*)

e Apud Athenas, natalis sancti Quadrati episcopi, discipuli apostolorum.

Item natalis S. Quadrati martyris, in cujus solemnitate S. Augustini sermone habiti inveniuntur.

f Romæ, B. martyrum Symmetrii presbyteri, et aliorum viginti duorum, quos Antonius imperator gladio pro Christo puniri fecit : quorum corpora nocte beata Praxedis collegit, et sepelivit in cœmeterio Priscillæ, sub die septimo Kal. Junii.

Tuder Tusciæ, natalis SS. Felicissimi, Heraclii, Paulini.

In territorio Antisiodorensi, passio sancti Prisci martyris cum ingenti multitudine.

In Britanniis, S. Augustini episcopi et confessoris. Qui missus a beato papa Gregorio, primus genti Anglorum Christi Evangelium prædicavit, atque illic virtutibus et miraculis gloriosus in Christo quievit.

G. VI KAL. JUNII.
(27 *Maii.*)

Apud Mæsiam, civitate Dorostorensi, natale sancti Julii qui tempore persecutionis cum esset veteranus, et emeritæ militiæ, comprehensus ab officialibus, et Maximo præsidi oblatus, nolens sacrificare idolis, et nomen Domini Jesu Christi constantissime confessus, capitali sententia punitus est. Cumque duceretur ad locum cædis implendæ, Esychius quidam miles, cum et ipse ob fidem Christi comprehensus detineretur, rogabat eum dicens : Memor esto mei, nam et ego subsequor te. Plurimum etiam saluta Passicratem et Valentionem famulos Dei, qui nos

---

d Ambr. epist. 82 ad Vercell. Pontif., c. 14.
e Vid. libellum de Fest. apost.
f Possidonius unius meminit.

jam per bonam confessionem præcesserunt ad Dominum. Julius vero osculatus Esychium dixit: Frater, festina venire; mandata enim tua jam audierunt quos salutasti. Sic accepto orario, ligans sibi oculos, martyrii palmam gladio cædente percepit.

In Galliis, civitate Arausica, S. Eutropii episcopi cujus vitam, illustrem virtutibus ac miraculis, Verus episcopus luculento sermone describit.

A. V KAL. JUNII.
(28 Maii.)

ᵃ Natalis sancti Joannis papæ, quem (quia orthodoxus erat, et a Justino imperatore orthodoxo Constantinopolim veniens gloriose susceptus fuerat) Theodoricus rex Arianus revertentem in Ravennam, in custodia tantum, ad mortem usque, cum aliis æque catholicis viris, perduxit. Hujus meminit S. Gregorius in libro Dialogorum. Cujus corpus, translatum de Ravenna, sepultum est in basilica B. Petri apostoli, quinto Kalendarum Januarii, Olybrio consule.

Eodem die apud Parisium, natalis sancti Germani episcopi et confessoris.

Item apud Sardiniam, sanctorum Æmilii, Felicis, Priami et Luciani.

B. IV KAL. JUNII.
(29 Maii.)

Romæ, via Aurelia, sancti Restituti.

Via Triburtina, septem germanorum.

Treviris, beati Maximini episcopi, a quo Athanasius persecutionem Constantii fugiens honorifice susceptus est.

Item passio sancti Cononis martyris, et filii ejus sub Aureliano imperatore, in Iconio, civitate provinciæ Isauriæ, judice Domitiano. Hic cum esset fide præclarus, exhibitus judici cum filio suo annorum duodecim, Spiritum sanctum in se habitare veraci confessione manifestaverunt. Primum itaque ignito ferro superpositi; deinde craticulam prunis suppositis et oleo superinfuso constanter superaverunt; inde frixoriam; inde suspensi, et valido igne sub eis adhibito, malleo ad extremum ligneo manus eorum contritæ, in laudem omnipotentis Dei, spiritum emiserunt.

Eodem die, natalis sanctorum Sisinnii, Martyrii, atque Alexandri: qui in Anauniæ partibus persequentibus gentilibus viris, martyrii coronam adepti sunt. Hos Vigilius Tridentinæ urbis episcopus et martyr ad regionem vicinam (cui vocabulum Anaunia) ad prædicandum misit. Ex quibus unus Sisinnius senex venerabilis, genere Græcus, ex provincia Cappadociæ fuit. Igitur dum per aliquod tempus verbum Dei prædicarent, turba gentium indigne ferens, adversus sanctos Dei pugnatura consurgit. Contigit autem, ut secundum gentilem consuetudinem, per quinquennium cultura ruris sui, diabolica pompa semina sua circumirent, luctuosis ornatibus coronati, Saturno victimas immolaturi. Tunc et ipsi apprehensi a multitudine gentilium immolare jubentur. Quibus reluctantibus, tanta cæde sunt mactati, ut vix extremum spiritum traherent. Interim una nocte dilata, mox pervenitur ad coronam martyrii. Nam sanctus Sisinnius tuba ærea percussus in capite, atque securibus confossus, juxta ipsius ecclesiæ limina decubuerat. Sanctus vero Martyrius comprehensus stetit immobilis, et agens gratias Deo, vulneratus capite securibus, atque subditus transforatus, ducebatur ad idolum; in quo itinere reddidit spiritum. Multitudo autem gentilium tunc apprehendentes sanctorum corpora, et in collo S. Sisinnii tintinnabulum suspendentes, insultabant dicentes: Modo te vindicet Christus. Igitur inter corpora sancti Sisinnii et Martyrii vivus Alexander trahendus apponitur, ut per iter asperum membratim corpora disjungerentur. Ubi ergo pervenerunt ad aram Saturni, ignem copiosum factum, sanctorum corporibus immiserunt. Sanctum autem Alexandrum flagellantes, interrogabant, si vellet evadere flammas, ut sacrificaret Saturno. Sed ille contemnens impias voces, gloriosæ passionis excepit palmam. Hæc cum sexta feria acta fuissent quando Salvator fuerat crucifixus, umbra quædam nigra proxima terræ, mox totam texit regionem, fulminibus creberrimis discurrentibus, ut et ipsi impii confiterentur terrore perculsi, hoc sanctorum causa fieri. Quorum etiam reliquias cum postmodum Mediolanenses summa devotione susciperent, quidam cæcus ex littore Dalmateno adveniens, tacto loculo lumen recepit, ut sanctus Paulinus scribit in vita S. Ambrosii.

C. III KAL. JUNII.
(4 Apr., 30 Maii.)

ᵇ Romæ via Aurelia in coemeterio, natalis sancti Felicis papæ. Qui cum annis quinque rexisset Ecclesiam, sub Claudio principe, martyrio coronatus est.

Turribus Sardiniæ, natalis sanctorum martyrum Gabinii et Crispuli.

D. PRIDIE KAL. JUNII.
(31 Maii.)

ᶜ Romæ, S. Petronillæ virginis. Hæc fuit filia beatissimi Petri apostoli, quæ post multa miracula sanitatum, cum eam Flaccus comes suo vellet conjugio sociare, tridui, inducias postulans, et cum sancta virgine Felicula collectanea sua continuis jejuniis atque orationibus vacans, tertio celebratis Dominicæ oblationis mysteriis, mox ut Christi sacramentum accepit, reclinans se in lectulo, emisit spiritum.

Eodem die apud Aquileiam, natalis sanctorum martyrum Cantii, Cantiani, et Cantianillæ fratrum.

Turribus Sardiniæ, natalis sancti Crescentiani.

ᵃ Pontif., c. 54; Gregor. Dial. lib. III, c. 2, et lib. IV, c. 30.

ᵇ Pontificale, c. 27.

ᶜ De ea in gestis Nerei.

LITANIÆ INDICENDÆ.

MENSIS JUNIUS

HABET DIES XXX; LUNA VERO, XXIX.

E. KAL. JUNII.
(1 Jun.)

a Dedicatio sancti Nicomedis martyris et presbyteri apud urbem Romam, cujus martyrium celebratur xvii Kalend. Octobris.

Apud Cæsaream Palæstinæ, natalis sancti Pamphili presbyteri, viri admirandæ fidei et sanctitatis, qui sub persecutione Maximini martyrio coronatus est. Hujus vitam Eusebius Cæsariensis episcopus tribus libris comprehendit. Sed et beatus Hieronymus scribit quædam volumina manu ejus exarata se reperisse. *Quæ tanto*, inquit, *amplector et servo gaudio, ut Cræsi opes habere me credam. Si enim lætitiæ est unam epistolam habere martyris, quanto magis tot millia ut suum, quæ mihi videtur sui sanguinis signasse vestigiis?* Ipso die, S. Caprasii abbatis monasterii Lirinensis.

Apud Viennam, sancti Claudii II episcopi.

F. IV NONAS JUNII.
(2 Junii.)

Romæ, Marcellini presbyteri et Petri exorcistæ, sub Diocletiano, judice Sereno. Factum est dum teneretur beatus Petrus in obscurissimo carcere vinculis ferreis astrictus, ut custos carceris nomine Artemius haberet filiam dæmoniacam, quam unice diligebat. Cui vir Dei Petrus dixit: Audi consilium meum, Artemi, et crede unigenitum Filium Dei vivi Dominum nostrum Jesum Christum, qui est liberator omnium in se credentium. Si credideris, salvabitur filia tua. Cui Artemius: Miror imprudentiam consilii tui. Te Deus tuus liberare non potest, cum illi credas, et quotidie pro ejus nomine plagas et vincula perferas, quomodo poterit filiam meam liberare si ei credidero? Si me vis credere Deo tuo, ecce ego duplicabo super te catenas, et claustra omnia carceris muniam; te autem ipsum in ipsa ima tenebrosa solum includam. Si de his omnibus liberaverit te Deus tuus, credam ei. Cui beatus Petrus assensum dedit, promittens ad domum illius se venturum: Hoc, inquam, faciam non ad libitum tentationis tuæ, sed ad declarationem divinitatis Domini mei Jesu Christi. Agitans caput Artemius: Iste, inquit, homo nimiis passionibus fatigatus aliena loquitur, et hæc dicens abscessit. Narravitque gesta et dicta uxori suæ Candidæ. Et ecce subito noctis initio adest homo Dei Petrus Artemio et Candidæ, indutus vestibus candidis, tenens in manu sua triumphum crucis. In cujus vestigia corruentes illi clamabant: Vere unus Deus est, et verus Dominus

a Hier. de Script. Eccles., c. 75.

A noster Jesus Christus. Statimque filia eorum, nomine et corpore virgo Paulina, a spiritu immundo vexata, curata est. Et cum hoc fieret, omnes qui in domo Artemii erant, crediderunt. Conveniique multitudo vicinorum amplius quam trecentorum, mulierum vero abundantior numerus, clamantium: Præter Christum non est alius Deus. Cumque omnes cuperent fieri Christiani, adduxit vir Dei Petrus Marcellinum presbyterum, qui omnes unanimiter baptizavit. Sed Artemius omnes qui in vinculis erant absolvit, qui et omnes baptismi gratiam perceperunt. Audiens hoc judex Serenus, jussit Marcellinum presbyterum et Petrum exorcistam præsentiæ exhiberi. Et auditum beatum Marcellinum jussit pugnis cædi in ambabus arteriis. At ubi defecerunt cædentes, eo Petro separato, jussit ut nudus super vitri fragmenta sterneretur in custodia, et victus ei et lumen negaretur. Petrus conversus ad Serenum dixit: Cum sis nomine Serenus, totum te nubilum et tenebrosum factis ostendis. Tunc et ipsum Serenus jussit in vinculis recipi, et pedes in cippo arctissimo constringi. Factum est dum separati essent, apparuit angelus Domini Marcellino presbytero oranti nudo, et induit eum vestimentis suis, et adduxit eum ubi beatus Petrus erat in cippo et ferro. Sed et ipsum solvit, et ambos perduxit ad domum ubi nuper baptizati orabant. Non post multum vero, cum beatus Artemius cum uxore et filia sententiam capitalem suscepissent, comprehensi et illi ab his qui sanctos Dei martyres punituri erant, alligati sunt manibus retro ad arborem, usque dum nuntiaretur judici Sereno de eis. Ille jussit eos duci in Silvam Nigram quæ hodie in honore sanctorum Silva Candida appellatur, et in eadem ambos pariter decollari. Cumque ventum fuisset in media silva, ipsi sibi manibus suis mundaverunt locum ab spinis, ubi orantes simul, et dantes sibi pacis osculum, genu posito decollati sunt; et qui eos decollavit, vidit animas eorum splendide ornatas ab angelis ferri ad cœlos; et pœnitentiam agens, sub Julio papa baptizatus est in senectute sua nomine Dorotheus. Quorum, corpora revelantibus se beatis martyribus, tulerunt postmodum Lucilla et Firmina christianissimæ feminæ, et juxta sanctum Tiburtium in inferiori parte cryptæ sepelierunt quinto Kalend. Septemb.

b Ipso die Lugduni, sanctæ Blandinæ cum quadraginta octo martyribus, temporibus Marci Aurelii Veri et Antonini atque Lucii filiorum, ejus, quando per multas Romani orbis provincias ex acclama-

b Euseb. l. v, c. 2, 3, Ruff.

tione, et seditione vulgi, persecutiones adversus Christianos durissimæ concitatæ sunt, ita ut millia multa martyrum per loca singula fierent. Quo tempore apud Lugdunum et Viennam, urbes Galliæ, erga Dei servos, supra omne narrationis genus, suppliciorum et cruciatuum modus exhibitus est : ita ut primo domorum illis prohiberetur habitatio ; tum deinde usus balnearum : post etiam processus ad publicum : ad ultimum, ne omnino in quolibet loco, domi forisque, publico privatoque, viderentur. Denique quodam astante tribuno et primoribus civitatis pro dolis acclamationibus populi correpti, et in carcerem trusi sunt Christiani, usque ad præsentiam præsidis : cuique advenienti offeruntur. In quos ille tanta crudelitate usus est, ut sævitiæ ejus species singulas nemo possit exponere.

Vectus igitur Epagatus, unus e fratribus, zelo divino et fervore spiritus plenus, cum crudelia servis Dei supplicia videret inferri, et contra jus fasque tot pœnas humanis visceribus excogitari indignitatem rei ultra non ferens, poposcit se audiri. Erat enim inter suos nobilissimus et eruditissimus. Verum cum defensionem ejus non reciperet obstinatio judicis, inquirit tantum ab eo si et ipse Christianus esset. Utque Christianum se esse clarissima et libera voce testatus est : Tanquam advocatus, inquit, Christianorum et ipse vinctorum numero societur. Ille vero habens in se advocatum pro nobis Jesum, hoc nomine meruit honorari : sancti presbyteri Zachariæ (qui erga sanctos plenitudinem charitatis ostenderat) secutus exemplum. Qui et ipse dum fratribus adest, defensionem libertatis, quæ in nostra religione consistit, exsequitur, Dominicum secutus exemplum, animam suam pro ovibus suis posuit, et pro amicis.

Verum beatus Photinus Lugdunensium episcopus, cum nonagenario major esset ætate, et corpore, utpote illius ævi, invalidus, cætera jam pene mortuus, solo martyrii amore vivebat ; ducitur ad tribunalia, imo potius defertur, senio et languore resolutus. Impiæ plebis undique clamor attollitur, hunc ipsum esse insonant Christum. Tum vero a præside interrogatur, quisnam esset Christianorum Deus. Respondit : Si dignus fueris, scies. Hinc vero cunctos velut rabies immensi cujusdam furoris invasit, ita ut qui prope astabant, pugnis, alii calcibus subigerent senem. Illi vero qui longius erant, quidquid furentibus telis venisset in manibus, eminus jaciebant. In hoc etenim vindicandos deos suos esse credebant. Quem cum seminecem projecissent in carcerem, incontaminatum paulo post reddidit spiritum.

Diaconus quoque Sanctus nomine, etiam ipse supra quam dici potest, et supra quam humanam fas est ferre naturam, acrius insistentibus ministris dæmonum, nova genera pœnarum pertulit. At ille vir Deo plenus intantum crudelitates eorum risit, et ferinam in quæstione sævitiam, ut nunquam dignatus sit vel quis esset genere, unde domo, vel patria, vel nomen saltem suum eis fateri. Sed de his singulis interrogatus, nihil aliud in omnibus tormentis, nisi Christianum se esse respondit. Hoc mihi nomen, hoc genus et patria est. Aliud, inquit, omnino nihil sum quam Christianus. Ad ultimum candentes laminas æris et ferri circa inguinis loca et delicatiora quæque membrorum instauratis ignibus adhibent. Ex quo carnes quidem ejus adustæ igne, defluebant, ipse vero permanebat immobilis, inconcussus, intrepidus ; omnibus membris martyr erat, et toto corpore unum vulnus horrebat. Perit in eo formæ humanæ agnitio, et non solum quis esset ; sed et quid esset, tormentorum crudelitas, ne agnosci posset, abstulerat. Christus tamen in eo solus per martyrii gloriam recognoscebatur. Sed artifices scelerum nequaquam martyris erubuere virtutem. Post paucos etenim dies tormenta rursus inferunt, et denuo jam membra putrefacta vexari incipiunt. Verum (quod vix credi potest) restitutum est in primam speciem corpus per secunda tormenta, ita ut iterata supplicia non ei jam pœnam contulerint, sed medelam.

Attalus quoque Pergamenus civis, populi vocibus postulatur. Erat enim valde nobilis, et quod cunctis nobilius est, vir optimæ conscientiæ, et in fide Christi per omnia exercitia semper martyr. Cumque circumactus fuisset in amphitheatro, titulo se præcedente, in quo scriptum erat, *Attalus Christianus* : fremere in eum vulgi insanientis furor vehementius cœpit. Sed cum præsidi indicatum fuisset, esse eum Romanæ civitatis virum, jubet eum cum cæteris in carcerem recipi. Simul et ad Cæsarem refert, ejusque sententiam, quid de eo juberet, exspectat. Ex utraque autem ecclesia, Lugdunensi scilicet et Viennensi, omnes qui studiosi et magni videbantur, et quorum labore et industria regebantur ecclesiæ, universi pariter tenebantur. Talibus deinque diabolus machinis oppugnare parabat famulos Dei, quo scilicet afflictione, carceris, et pœnalis squalore consumpti, ac septimo (ut dicunt) puncto in nervo pedes, contra quam credi fas est, distenti, in intimo tenebrarum loco, per omnia pœnarum genera, quæ furentium sævitia excogitare poterat, deperirent. Quam plurimi ergo hoc genere in ergastulis consumuntur, Domino suscipiente eorum hujuscemodi exitum.

Alcibiades quidam erat in numero eorum, qui pro Christi vincti tenebantur. Hic vitam satis arduam et austeram gerebat, nihil cibi volens accipere, sed tantum sale et pane cum aqua utebatur. Cumque hunc vitæ rigorem vellet etiam in carcere positus obtinere, Attalo (post primam confessionem suam, quam in amphitheatro confessus est) revelatur, quia non recte faceret Alcibiades, creaturis Dei et ipse non uti, et aliis formam scandali derelinquere. Quibus cognitis Alcibiades cœpit omnia cum gratiarum actione percipere. Igitur cum a Cæsare rescriptum fuisset, ut persistentes quidem punirentur, negantes autem dimitterentur ; die quodam celeberrimo tribunal ascendens, præsentari sibi judex Christianos, et introduci ad suppliciorum pompam præbendam cunctis qui aderant, jubet. Rursum itaque cruces, rursum pœnæ, rursum tormenta reparantur. Producebantur autem beatissimi martyres de suppliciis læti, et divinum nescio quid in ipsis vultibus præferentes, vincula sua sicut monilia pretiosa ducebant. Per squalorem carceris, Christi bonus odor effecti (*II Cor.* 11), ita ut viderentur sibi non in ergastulo, sed in myrothecio conclusi. Ingensque ab omnibus gloria Christo conferebatur, pro his qui ante negaverant, et dimitti neque negantes potuerant : siquidem decem ferme numero fuerant, qui lapsa suo lactum illis et ingentem tristitiam reliquerant : nunc vero (cum negantibus venia non præstaretur) in confessione persisterent, et de perditionis grege revocati in numero martyrum jungerentur. Decernit ergo judex, ut si qui forte cives Romani reperirentur, capite plecterentur : cæteri vero bestiis traderentur.

Igitur cum erga supradictos quæstio haberetur, Alexander quidem genere Phryx, medicus diciplina, vi religiosus, et prudens, et vitæ ac morum probitate cunctis charus acceptusque, amore Dei concitatus, cum assisteret tribunali, nutibus hortabatur ad confessionem, in quos quæstio agitabatur; ita ut omnibus qui astabant palam fieret quid animo gereret. Cumque id populi notavissent, indignantes clamaverunt adversus Alexandrum. Qui jussus a præside in medium statui, et quis esset interrogatus, Christianum se esse libera professione testatur. Quem continuo præparandum bestiis condemnavit : et postera die simul cum Attalo producitur. Quem contra præceptum Cæsaris, gratificari populis volens, etiam ipsum tradi bestiis jussit. Sed cum ferarum nulla sanctorum corpora contigisset, omnibus eos verberum cæterarumque pœnarum suppliciis cruciari jubet, beato Alexandro in omnibus quæ perpessus est pœnis, ne unum quidem penitus proferente sermonem.

Attalus vero, cum prunis subterjectis in sella ferrea torreretur, cumque nidor adustæ carnis ad nares et ora inspectantis populi perferretur, voce magna clamat ad plebem : Ecce hoc est homines comedere, quod vos facitis. Nos enim neque comedimus homines, neque aliud quid mali agimus. Siquidem servi eorum comprehensi cum tormenta pertimescerent, dæmonii instinctu, hoc ipsum adversus dominos commentati sunt. Et cum interrogaretur quod nomen haberet Deus, respondit : Qui plures sunt, nominibus discernuntur; qui unus est, non indiget nomine. His igitur optimis et fidelissimis ducibus usus omnis reliquus sanctorum chorus, prompti et alacres, animas suas pro fidei libertate ponebant.

Inter hos Blandina femina beatissima (per quam Christus ostendit, quia ea quæ apud homines despecta sunt, et in contemptu habentur, in magna gloria apud Dominum ducuntur) gloriosissime coronatur. Cui a prima luce ad vesperam tormenta semper innovantes, ad ultimum victos se tortores confitentur. Quæ et secundo die pulsata cruciatibus, non superatur. Tertio quoque die religata ad stipitem, atque in crucis modum distenta, bestiis pabulum præparatur. Quam cum nulla ex bestiis auderet attingere, rursum revocatur ad carcerem. Quarto etiam, verberibus acta, craticulis exusta, et multa alia perpessa, ad ultimum gladio jugulatur.

Tunc et Ponticus puer annorum quindecim, per omnia tormentorum genera cum ipsa circumactus ejus cohortatione roboratus, ante illam martyrium consummavit.

Verum Mathurus, et Sanctus, et Attalus munerum diebus, innumeris millibus gentium diversarum ad spectaculum congregatis, statuuntur in medio arenæ. Et rursum Mathurus, neophytus quidem, sed in fide et patientia robustissimus, cum sancto diacono, quasi nihil prius passi fuissent, ad omnia tormentorum genera renovantur. Certantibus omnimodis adversariis, quatenus eorum patientiam frangerent, et ab ipso (ut ita dicam) vertice coronas eorum diriperent. Sed illis eo magis animas roborabat spes vicinæ jam gloriæ, quam sibi jamjamque manu contingere, et contrectare dextris videbantur. Cumque et suppliciorum genera, et spectaculorum pene jam tempus esset assumptum, nec moveri ullatenus a sententia potuissent, cum etiam sellæ ferreæ superpositi, consumptam verberibus carnem ignis subter ministratus exureret, ad ultimum infatigabiles martyrum spiritus, ferro cæsis cervicibus effugarunt. Igitur inaudito sævitiæ genere, eorum, qui necabantur in carcere, corpora canibus jubebantur exponi, adhibita simul custodia die noctuque, ne quis collectas reliquias humanitatis intuitu traderet sepulturæ. Sed et si quid forte vel bestiis vel igni reliquum ex corporibus martyrum fuerat, ipsaque cum truncis suis capita punitorum, insepulta per custodiam militum servabantur. Neque vero muneribus suadere custodes, neque precibus, aut ullo alio genere copia erat : ita attento et sollicite curabant, ne daretur extremis ossibus sepultura. Hæc scripta, in Historia ecclesiastica, libro quinto.

[a] Nomina vero quadraginta octo martyrum hæc sunt : Photinus episcopus, Zacharias presbyter, Epagatus, Macarius, Alcibiades, Silvius, Primus, Ulpius, Vitalis, Cominus, October, Philuminus, Geminus, Julia, Albina, Grata, Rogata, Æmilia, Potamia, Pompeia, Rhodana Biblis, Quartia, Materna, Helpes, quæ et Amnas. Hi sunt autem qui bestiis traditi sunt : Sanctus, Mathurus, Attalus Alexander, Ponticus, Blandina. Hi vero qui in carcere spiritum reddiderunt : Aristæus, Cornelius, Zosimus, Titus, Julius, Zoticus, Apollonius, Germinianus, Julia, Ausonia, Æmilia, Jamnica, Pompeia, Domna, Justa, Trophima, Antonia. Hi omnes famuli Christi sub

---

[a] Euseb. lib. 1, c. 2 ex vers. Ruff.

præfatis imperatoribus pariter coronati sunt. Reliquiæ, eorum a persecutoribus incensæ, et in Rhodanum fluvium dispersæ. Sed cum Christiani maximum mœrorem haberent, quasi deperissent sacræ reliquiæ, nocte apparuerunt sancti viris fidelibus, in eo loco quo igni traditi sunt, stantes integri et illæsi. Et conversi ad viros dixerunt eis : Reliquiæ nostræ ab hoc colligantur loco, quia nullus periit e nobis. Sed ex hoc translati sumus ad requiem, quam nobis promisit rex cœlorum Christus, pro cujus nomine passi sumus. Hæc renuntiantes viri illi, gratias egerunt Deo, et confortati sunt in fide ; colligentesque sacros cineres, condigno honore sub sancto altari condiderunt. Ubi semper virtutibus manifestis se cum Deo habitare declarant. Harum festivitatem cives Lugdunensis urbis omnibus undequaque lætanter accurrentibus, per descensum fluminis, cum hymnis et canticis gratulationis concelebrantes, missarumque solemnia in apostolorum ecclesia (ubi sancti cineres eorum conditi servantur) festive Domino reddentes, ex antiquorum traditione, ipsam diem miraculorum appellant. Locus in quo passi sunt, Athanacho vocatur : ideoque dicuntur martyres Athanacenses.

G. III NONAS JUNII.
(3 *Junii*.)

Apud Aretiam civitatem Tusciæ, natalis sanctorum martyrum Pergentini et Laurentini fratrum, qui persecutione Decii, sub judice Turtio, cum essent pueri, post dura supplicia tolerata, et magna miracula ostensa, gladio cæsi sunt, et apud eamdem urbem conditi.

In Campania, natale beati Erasmi episcopi et martyris sub Diocletiano et Maximiano. Qui jussa impii Diocletiani imperatoris primo plumbatis crudeliter cæsus, deinde fustibus diutissime maceratus, post resina, sulfure, plumbo, pice, cera oleoque solutis perfusus, ingenti miraculo illæsus apparuit. Quod cum multi viderent, fidem Christi, rejectis idolis, susceperunt. Inde immenso pondere ferri constrictus, in carcere reclusus est sub dira custodia. De qua angelica visitatione solvitur atque eripitur. Verum postmodum clarissima miraculorum ipsius gesta fama vulgante, tentus est ab altero imperatore Maximiano, a quo diversis suppliciis tortus fuit, intantum, ut tunica ærea ignita vestiretur. Iterumque in olla, quæ plumbo, pice, cera, resina, et oleo fervefacta erat, missus, virtute Domini omnia superans illæsus exinde progreditur. Sicque tandem ad confirmandum cæteros a Domino servatus, Campaniam munitus angelico solatio pervenit. Ubi cum plurimos sive in fide roborasset, sive ad fidem Christi convertisset, vocante Domino, martyrio clarus sancto fine quievit.

A. PRIDIE NONAS JUNII.
(4 *Junii*.)

a Apud Illyricum civitate Siscia, natalis S. Quirini

a Prudent. hymn. 7.

episcopi. Qui persecutione Maximiani pro fide Christi, ligato ad manum molari saxo, in flumen præcipitatus est. Et cum circumstantibus diu collocutus, ne ejus terrerentur exemplo ; vix precibus ut mergeretur obtinuit. Hujus reliquiæ translatæ sunt Romam, et positæ in Catacumbas.

B. NONIS JUNII.
(5 *Junii*.)

Apud Ægyptum, natalis sanctorum martyrum Mariani, Nicandri, et Apollonii quorum gesta habentur.

Eodem die natale S. Bonifacii martyris sub Diocletiano et Maximiano apud Tarsum civitatem passi, sed Romæ, in via quæ Latina nuncupatur, sepulti. Qui cum esset procurator rerum cujusdam nobilis matronæ nomine Aglahes et cum in ea stupro misceretur, tandem utrique divino nutu compuncti, consilium habuerunt, ut ad requirendum corpora martyrum Bonifacius mitteretur, si quo modo servientes atque obsequentes eis, per eorum orationes salvari mererentur. Perveniens igitur post dies aliquot Tarsum civitatem, dicit ad eos, qui cum eo erant, Bonifacius : Viri, euntes requirite nobis hospitium, ego autem ibo videre eos, quos valde desidero, martyres certantes. Festinans itaque ad locum, videt beatissimos, alium suspensum per pedes igne subtus posito, alium in quatuor lignis extensum, et diutissime afflictum ; alium ungulis exaratum ; alium manibus abscisum ; alium stipitem in collo habentem infixum, et a terra elevatum : et sic per diversa supplicia, martyria ab impio carnifice disposita. Cum eminus fervens amore Christi et ipse respiceret, magnum Deum sanctorum martyrum clamare cœpit. Et accurrens consedit pedibus eorum deosculans vincula, et dicens : Certate, martyres Christi, calcate diabolum, modicum perseverate ; parvus quidem labor, sed multa requies, et ineffabilis postmodum satietas. Aspiciens autem Simplicius judex, jussit eum applicari ad tribunal, cui et dixit : Quis es tu? Sanctus Bonifacius dixit : Christianus sum, et Bonifacius vocor. Tunc iratus judex, jussit eum suspendi, et tandiu corpus ejus ungulis radi donec ossa ejus apparerent? deinde calamos acutos sub unguis manuum ejus affigi. Cumque sanctus Dei martyr in cœlum aspiciens alacriter dolores toleraret, videns impius judex, jussit aperiri os ejus, et plumbum bulliens infundi. Sanctus autem martyr dicebat : Gratias tibi ago, Domine Jesu Christe, fili Dei. Deinde judex jussit afferri ollam, et eam pice impleri, atque sanctum martyrem verso capite in bullientem picem mitti. Sed cum nihil læsus esset, jussit impius judex, ut gladio caput ejus abscideretur. Quo facto, terræmotus magnus factus est, ita ut multi infideles virtutem Christi in martyre cernentes, crederent. Conservi vero martyris Bonifacii circuibant ubique requirentes eum, et non invenientes, ad invicem dicebant :

Ille modo in adulterio, aut in taberna positus epulatur. Cum ergo inter se colloquerentur, contigit ut obviaret eis unus de commentariensibus, quem interrogaverunt : Vidisti aliquem virum peregrinum Romanum? Ille ait eis : Hesterno die vir peregrinus abscisus est capite in stadio. Et iterum interrogant : Qualis erat aspectus ejus? At ille dixit : Vir quadratus et crassus, robusto capillo, coccinea armelausia indutus. Et dicit eis : Ille quem quæritis, apud nos hesterno die martyrio est finitus. Aiunt illi : Homo, quem nos quærimus, adulter est et ebriosus. Dicit eis ille : Venite, videte eum. Cumque ostendisset eis corpus, et pretiosum caput ejus, dixerunt ei : Iste est quem quærimus; petimus ut des nobis eum. Qui respondit : Ego gratis corpus ejus dare vobis non possum. Illi autem dantes ei solidos quingentos, acceperunt corpus sancti martyris, et ungentes aromatibus, involventesque linteaminibus pretiosis, posuerunt illud in basterna, et sic revertebantur gaudentes et glorificantes Deum. Angelus autem Domini apparens dominæ quondam ipsius, rem factam beati martyris indicavit. Quæ confestim cum omni veneratione obviavit sancto corpori, et ædificans ei domum dignam, reposuit illud in ea, ab urbe Roma stadiorum quinque. Martyrizatus est autem sanctus martyr Bonifacius quarto decimo die mensis Maii apud Tarsum metropolim Ciliciæ, et sepultus est Romæ Nonis Junii. Beata vero Aglahes abrenuntiavit mundo et pompis ejus, distribuens universa quæ possidebat egenis ac monasteriis, relaxans universam familiam suam a jugo servitutis, et tantam gratiam a Domino promeruit ut in ejus nomine virtutum signis claresceret. Supervixit autem in habitu sanctimoniali annos tredecim, et sepulta est apud præfatum martyrem, operibus piis consummata.

Eodem die, sancti Bonifacii qui de Britanniis veniens, et fidem Christi gentibus evangelizans, cum maximam multitudinem in Frisia Christianæ religioni subjugasset, novissime a paganis, qui supererant, gladio peremptus, martyrium consummavit cum Eoban coepiscopo, et aliis servis Dei.

C. VIII IDUS JUNII.
(6 *Junii*.)

* Sancti Philippi diaconi qui fuit unus de septem.

Eodem die apud Tarsum Ciliciæ, martyrum viginti, sub judice Simplicio, temporibus Diocletiani et Maximiani imperatorum qui per diversa supplicia glorificaverunt Dominum in corporibus suis.

Eodem die Romæ natale sancti Artemii cum uxore sua Candida, et filia Paulina. Hic Artemius cum esset custos carceris, et clausum teneret beatum Petrum exorcistam in custodia, essetque illi filia unica dæmonio vexata, beati Petri precibus mox ut sanata est, Christo cum uxore pariter et eadem filia credens, a beato Marcellino presbytero baptizatus est, omnisque domus ejus et multi alii : ita ut absque mulieribus, vivorum fierent trecentorum. Hoc judex Serenus audiens factum, Artemium, Candidam, et filiam ipsorum Paulinam sibi præsentatos, immenso pondere ruderum jussit obrui. Sicque sancti Dei perducti ad passionis locum, beatus siquidem Artemius gladio percussus, sancta vero Candida atque Paulina per limina cryptæ præcipitatæ, lapidibus sunt obrutæ.

D. VII IDUS JUNII.
(7. *Junii*.)

Constantinopoli, natalis sancti Pauli, ejusdem civitatis episcopi, qui tempore Arianæ perfidiæ, a Constantino imperatore, apud civitatulam quamdam Cappadociæ, Cucusam nomine, ob catholicam fidem pulsus exsilio, Arianorum insidiis crudeliter strangulatus, ad coelestia regna migravit.

In Cæsarea Cappadociæ, natalis sancti Luciani martyris.

E. VI IDUS JUNII.
(8 *Junii*.)

In Galliis Suessionis civitate, natalis sancti Medardi episcopi et confessoris.

Andegavis, sancti Licinii episcopi et confessoris.
Item eodem die, sancti Carilefi confessoris.

F. V IDUS JUNII.
(9 *Junii*.)

Romæ in monte Cœlio, natale sanctorum Primi et Feliciani sub Diocletiano et Maximiano imperatoribus. Qui gloriosissimi martyres in Domino semper viventes, a pontificibus templorum apud imperatores, quod Christiani essent, accusati sunt et inquisiti. Erant enim cives Romani, adductique sunt in conspectu imperatorum, et jusserunt eos ferro vinctos in carcerem recludi, ubi adfuit eis angelus Domini, qui eos consolaretur. Post aliquot vero dies jusserunt eos imperatores suis aspectibus præsentari, et jusserunt militibus, ut ducerent eos ad fanum Herculis et si sacrificare nollent, fortiter eos poenis affligerent. Verum cum nulla possent eos ratione movere, sed pro Christi nomine optarent magis mori, extenderunt eos milites, et virgis fortiter mactaverunt. Et cum renuntiassent imperatoribus milites quæ gesta sunt, irati valde jusserunt eos tradi Promoto præsidi civitatis Numentanæ, ut diversis poenis eos interficeret. Et accipientes eos milites, duxerunt in viam, quæ dicitur Numentana, milliario decimo tertio ferro vinctos et miserunt eos in carcerem juxta forum civitatis, ubi iterum angelica visitatione relevantur. Post multum vero temporis jussit sibi Promotus præses in foro civitatis tribunal præparari. Et cum intromissi fuissent Primus et Felicianus, et jubente præside fuissent post responsionem ab invicem separati, primo beatum Felicianum jussit præses cum plumbatis cædi, dicens ei : Ut quid non deponis

---

* Vide libellum de Festivitat. Aug. lib. XXII de Civ. Dei, cap. 8. De his in gestis sancti Marcellini et Petri, 2 Junii.

istam insaniam pectoris tui, ut eligas dies bonos et jucundos, et diversis tormentis corpus tuum non maceretur? Beatus Felicianus dixit : Octoginta annos vitæ habeo, suntque anni triginta quod agnovi veritatem Dei, et nihil de blandimentis hujus mundi cogitans, elegi servire Creatori meo, æterno omnipotenti Deo. Tunc præses jussit eum ligari ad stipitem, et aculeos in manibus ejus ac pedibus figi, et diu torqueri. Et per tres dies neque panis neque aqua, neque ullum genus cibi ei ministratum est. Cumque per triduum continuo maneret in Dei laudibus, jussit eum præses flagellis cædi ; et de stipite sic deponi, et in custodia recludi ; ac postmodum applicari sibi sanctum Primum. Quem validissimis fustibus cæsum, deinde in equuleo levatum, lampades circa latera ejus jussit apponi, et depositum de equuleo, præcepit reliquari plumbum super beatum martyrem extensum, et bulliens in os ejus infundi. Tunc fecit præsentem esse beatum Felicianum. Sed cum invictissimi persisterent sancti martyres, angustiatus præses jussit eos ad amphitheatrum duci, et duos leones eis dimitti. Quibus ad pedes sanctorum ruentibus, laxati sunt et ursi ferocissimi : sed et ipsi martyrum virtute sævitiam perdiderunt. Quod videntes hi qui ad spectaculum venerant, pene mille quingenti viri miraculis perculsi, crediderunt in Domino Jesu Christo. Verum præses cum insuperabiles eos cerneret, gladio animadverti præcepit. Quorum corpora noctu, a Christianis fidelibus rapta, sepulta sunt ad Arcus Numentanos, intra arenarium, quinto Idus Junii, ab urbe Roma milliario quartodecimo.

In Galliis, civitate Aginno, loco Pompeiano, passio sancti Vincentii levitæ et martyris.

G. IV IDUS JUNII.
(10 *Jun.*)

Romæ via Aurelia, milliario decimo tertio, natalis sanctorum Basilidis, Tripodis, et Mandalis, sub Aureliano imperatore, præside Platone, et aliorum viginti martyrum.

Eodem die natale beati Getulii martyris, tempore Adriani imperatoribus, sub judice Licinio. Hic in omni lege divina erat doctissimus, et per ejus doctrinam multi in fide Christi erudiebantur. Cujus famam Adrianus imperator audiens, direxit Cerealem vicarium ad tenendum eum. Qui veniens, sanctum Getulium sedentem, et docentem multos reperit. Fuerat autem idem Cerealis in conspectu Adriani cum fratre beati Getulii Amantio acceptus, Amantius vero tribunus, ob metum Adriani absconsus latebat, quem Cereali beatus Getulius declaravit. Ille, eo viso, gavisus est valde, et instructus diligenter de Domino Jesu ab eis, cum jam fideliter crederet, venerunt ad urbem Romam, et accersito beato Sixto episcopo, assignaverunt ei locum ubi baptizaretur. Quem beatus Sixtus vere Christianam fidem amantem baptizavit. Eodem tempore quidam Vincentius

* Vide libellum de Fest. Apost.

nomine, nummorum arcarius, comperiens vicarium Cerealem Christianum, iratus valde nuntiavit hoc Adriano. Qui mox Licinium consularem direxit, ut teneret Cerealem : qui, si immolare nollet, incendio cremaretur. Cum quo beatus Getulius, et Amantius, et Primitivus tenti sunt. Licinius consularis Cereali vicario dixit : Sic desperasti de vita tua, ut præcepta principum, qui dominantur in universo mundo, contemnere videaris? Cui beatus Cerealis : Et thesauros publicos declinatione perfecta tradidi in publicum, et Domino Jesu Christo servire promitto, et via æterna me frui credo. Licinius dixit : Si desideras vivere, an mori, dicito. Cui beatus Cerealis : Ego si non desiderarem vivere, Christum non confiterer. Tunc conversus ad sanctum Getulium, Licinius dixit : Sacrifica deo Jovi et Marti. Cujus verba risit beatus martyr. Licinius vero accensus ira, jussit eos exspoliari, et cædi, deinde in carcerem diebus viginti septem recludi. Et veniens Romam, Adriano de eis iterum innotuit : qui jussit eos incendio tradi. Sanctus vero Getulius cum igne supervixeret, fustibus illiso capite martyrium complevit. Consummati sunt beati martyres in fundo Capreolis, via Salaria, ab urbe Roma plus minus milliario decimo tertio, supra fluvium Tiberim, et in partes Aviniensium [*al.* In parte Sabinensium]. Quorum corpora collegit beata Symphorosa, uxor beati Getulii martyris. Quæ non longe post cum septem suis filiis martyrizavit, videlicet vigesimo septimo die mensis Junii. Et sepulta est in prælio suo, in Arenario, loco et oppido supra nominato.

A. III IDUS JUNII.
(11 *Jun.*)

* Natalis sancti Barnabæ apostoli, cujus corpus tempore Zenonis imperatoris ipso revelante repertum est.

Eodem die apud Corinthum, sancti Sosthenis, discipuli sancti Pauli apostoli.

Apud Aquileiam, natale sanctorum martyrum Felicis et Fortunati, sub persecutione Diocletiani et Maximiani imperatorum, præside Euphemio. Qui cum essent germani fratres fide Christi ferventes, deferente Apamio, qui erat unus ex officio præsidis, vincti ferro, Aquileiam judici Euphemio perducuntur. Ubi cum Christum constantissime faterentur, ab irato judice primum in equuleo sunt suspensi, ardentibus lampadibus circa latera appositis, sed mox psallentibus martyribus exstinctis, inde per ventrem ferventi oleo superfusi, ad ultimum, cum in confessione Christi durarent, foras civitatem ducti, ad fluvium qui civitati adjacet, capite truncantur. Inde nocte a religiosis viris ejusdem urbis Aquileiæ sub aromatibus et linteaminibus involuti, ablati sunt atque sepulti. At cives Vicetiæ supervenientes, eorum corpora perducere ad suam civitatem meditabantur. Non permittentibus autem Aquileiensibus, et multum renitentibus, tandem pia contentio ita finita est nutu divino, ut Felicem Vicetini, Fortunatum haberent Aquileienses: ita tamen, ut caput beati Felicis Aquileia, caput vero Fortunati Vicetia sortiretur. Quod factum in laudem Domini nostri Jesu Christi usque hodie permanet.

B. PRIDIE IDUS JUNII.
(12 Jun.)

Mediolani natale sanctorum martyrum Nazarii et Celsi pueri. Beati Nazarii pater Africanus, mater vero Perpetua, beato Petro apostolo baptizati: ipse vero sanctus Nazarius a sancto Clemente instructus et baptizatus est. Quem Anolinus sub rabie persecutionis quæ per Neronem excitata est, diu maceratum et afflictum in carcere, et cum eo beatissimum Celsum puerum, quem idem ipse nutrierat, gladio feriri jussit. Quorum corpora Christiani furati, quinto Kalendas Augusti sepelierunt foris portam, quæ dicitur Romana, in propriis hortis. Revelabant autem se beatissimi martyres cuidam Ceratio nomine, cui uxor Fortunata, et per visum monuerant se occultari propter rabiem persecutionis quam Nero impius excitaverat. Latuerunt vero usque ad tempora Honorii et Arcadii imperatorum. Quos beatus Ambrosius Domino revelante reperit. Patefacto autem sepulcro in quo jacebat corpus sancti Nazarii (qui quando passus fuerit, ut scribit sanctus Paulinus, usque tunc temporis ignorabatur), viderunt sanguinem martyris ita recentem qui præsentes erant, quasi eodem die fuisset effusus. Caput etiam ipsius, quod ab impiis fuerat abscissum, ita integrum atque incorruptum, cum pilis capitis et barba, ut videretur eo tempore, quo levabatur, lotum, atque in sepulcro compositum. Etiam odore tanto repleti sunt, ut omnium aromatum vinceret suavitatem. Quo levato, et lectica composito, statim ad sanctum Celsum martyrem, qui in eodem horto positus erat, ad orationem sanctus episcopus perrexit, et transtulit ad basilicam Apostolorum quæ est in Romana. Inventi autem et translati sunt pridie Idus Junii; festivitas vero agitur de martyrio, quinto Kal. Augusti. Commemoratio etiam eorum publica et celebris in die sanctorum Gervasii et Protasii a fidelibus populis frequentatur, et venerabiliter excolitur.

Item beati Basilidis, Cyrini, Naboris.

Sed et Nazarii et Celsi, quos duos passos fuisse apud Ebredunensem urbem, antiquitas memorando celebrat.

C. IDIBUS JUNII.
(13 Jun.)

Romæ natalis sanctæ Feliculæ [a] virginis et martyris. Quam cum Flaccus comes post excessum Petronillæ vellet ducere uxorem, atque ad terrendum proposuisset ei, dicens: Unum tibi e duobus elige, aut eius uxor mea, aut diis sacrifica, responsum ab ea accepit: Nec uxor tua ero, quia Christo sacrata sum; nec diis tuis sacrificabo, quia Christiana sum. Tunc Flaccus tradidit eam vicario, qui fecit eam in tenebroso claudi cubiculo, sine cibo, per septem dies. Inde perseverantem in confessione Christi cum ejecissent, duxerunt eam ad virgines Vestæ, ibique per alteros septem dies, sine cibo permansit, eo quod nulla ratione de earum manibus cibum pateretur accipere. Post hoc levata in equuleum clamabat, dicens: Modo cœpi videre amatorem meum, in quo amor meus fixus est. Cumque ei tortores dicerent: Nega te Christianam, et dimitteris, illa clamabat: Ego non negabo amatorem meum Christum, qui propter me felle cibatus, et aceto potatus, spinis coronatus, et crucifixus est. Post hæc deposita est, et præcipitata in cloacam. Sanctus autem Nicomedes presbyter in speculis positus, occulte levavit eam, et per noctem in birote perduxit ad casellam suam, septimo ab urbe milliario, via Ardentina, ibique eam sepelivit.

D. XVIII KALEND. JULII.
(14 Jun.)

Elisei prophetæ, quid apud Samariam Palæstinæ, quæ postea Sebastea, id est Augusta, in honorem Augusti ab Herode vocari cœpit, situs est. Ubi et Abdias propheta requiescit, et quo major inter natos mulierum non fuit Joanne Baptista. Ubi ad sepulcra sanctorum tam tremenda fiunt miracula, ut variis illic dæmones rugiant cruciatibus, et homines ab eis obsessi audiantur ululari luporum vocibus, latrare canum, fremere leonum, sibilare serpentium, mugire taurorum. Cernuntur alii rotare cespite, et post tergum terra verticem tangere, suspensisque pedibus feminis vestes non defluere in faciem. Ubi etiam in monte vicino duæ visuntur speluncæ, in quibus persecutionis et famis tempore, Abdias centum prophetas aluit pane et aqua (III Reg. XVIII). Scribit beatus Hieronymus in libro de Vita sanctæ Paulæ.

Suessionis civitate, passio sanctorum martyrum Valerii et Rufini.

[b] Apud Cæsaream Cappadociæ, sancti Basilii episcopi fratris Gregorii et Petri. Qui cum esset omnibus virtutibus fundatus, et quodam tempore a Valente imperatore in exsilium pro fide cogeretur: exhibitus ad tribunal præfecti, terroribusque (ut illi moris est potestati) et minis maximis agi cœpit: et nisi præceptis principis obediret, interitum sibi lamiamque speraret impendere. Tunc ille intrepidus et absque ulla animi perturbatione hæc sibi minitanti præfecto respondisse fertur: Atque utinam aliquid mihi esset digni muneris quod offerrem huic, qui maturius Basilium de nodo follis hujus absolveret. Cumque daretur ei nox, quæ erat media, ad spatium deliberandi: respondisse denuo perhibetur: Ego crastino ipse ero qui nunc, tu te utinam non mutares. Et illa quidem nocte uxor imperatoris veluti tortoribus tradita cruciatur. Filius vero, qui eis erat unicus, exstinctus, paternæ impietatis solvit supplicia. Ita ut ante lucem missi, qui rogarent Basilium ut precibus suis intercederet pro eis, ne etiam ipsi et

[a] De hac in gestis Nerei et Achillei XXII Maii.

[b] Hieron. epist. 27. ad Eust.

quidem multo justius interirent. Sic accidit, ut cum omnes catholicos expulerit Valens, Basilius usque ad vitæ exitum intemerato communionis sacramento in Ecclesia perdurarit.

Viennæ, sancti Etherii episcopi.

E. XVII KALEND. JULII.
(15 Jun.)

Apud Siciliam, natale sanctorum martyrum Viti, Modesti, et Crescentiæ. Qui beatus Vitus in puerili ætate virtutibus maturus, primum a patre suo sacrilego Hila, ut a cultura Dei recederet, tentatus est; deinde a Valeriano judice *a* catomis cæsus in confessione permansit. Inde redditus patri. At cum pœnis affligere illum pater meditaretur, monitu angeli navem conscendens, comitantibus se Modesto et Crescentia nutritoribus, ad Tanagritanum territorium devenit. Inde propter filiam Diocletiani imperatoris a dæmonio vexatam quæsitus, et adductus ad Diocletianum, ipsam ejus filiam oratione curavit. Sed cum multis donis promissis ei impius imperator suadere vellet ut culturam diis impenderet, ejusque animum de bono proposito mutare non posset, arctissimis vinculis ferreis astrictum, in carcerem teterrimum induci jussit, et cum eo pariter Modestum atque Crescentiam. Deinde circumstante populo in amphitheatro sistuntur. Quos Diocletianus in ollam resina et pice succensam, et plumbo soluto fervefactam, jactari præcepit. Ubi sancti martyres psallentes in modum trium puerorum (*Dan.* III), hymnum Deo dicebant. Et egressi illæso vultu de olla, dimissus est eis leo ferocissimus. Qui mox ad pedes eorum cecidit, et lingua sua pedes martyrum lingere cœpit. Ad ultimum victus per omnia sacrilegus imperator, simul et videns multitudinem populi miraculo perculsam, ad Christum verum Deum conversam, catastam parari jussit, et servos Dei superextendi. Cumque cæderentur martyres Dei, ossaque discinderentur, tonitruum magnum factum est, coruscationes, atque tam magnus terræ motus, ut templa deorum corruerent, et multos opprimerent. Florentia vero femina illustrissima, corpora sanctorum collegit, et in loco, qui dicitur Marianus, condita aromatibus sepelivit.

Eodem die apud Mœsiam civitate Dorostoro, sancti Esychii militaris, qui cum beato Julio comprehensus, sub præside Maximiano, postea martyrio coronatus est

F. XVI KALENDAS JULII.
(16 Jun.)

Apud Antiochiam, natalis sanctorum martyrum Cyrici et Julittæ matris ejus, quorum prior post dira verbera etiam calicem cum aceto et sinapi in os accepit: deinde pariter clavis confixi, evulsis oculis in carcerem trusi sunt. Post hæc decalvati et excoriati, super carbones in lecto æreo assati sunt. Ad ultimum serris attriti, amputatis linguis, martyrii sui cursum obtruncatione capitis impleverunt. Passi sunt cum eis et alii quadringenti quatuor.

Apud urbem Visontionensem, sanctorum martyrum Ferreoli presbyteri et Ferrutionis diaconi, qui a beato Irenæo Lugdunensi episcopo et martyre ad prædicandum verbum Dei missi, sub Claudio judice ad trochleas extensi et flagellati, deinde in carcerem reclusi, et mane amputatis linguis prædicabant verbum Dei. Post hæc subulæ triginta utrisque infixæ manibus et pedibus et pectore: ad ultimum gladio feriuntur.

Civitate Nannetis, sancti Similiani episcopi et confessoris.

Lugduni, depositio sancti Aureliani episcopi Arelatensis.

G. XV KALENDAS JULII.
(17 Jun.)

Romæ, sanctorum Martyrum ducentorum sexaginta duorum, qui positi sunt via Salaria veteri, ad clivum Cucumeris.

Eodem die sancti Wultmari confessoris, admirandæ sanctitatis et religionis viri.

A. XIV KALEND. JULII
(18 Jun.)

Romæ via Ardeatina, natalis sanctorum martyrum Marci et Marcelliani, *b* præclarissimi generis, Tranquillini et Marciæ filiorum, qui primo carcerem pro fide passi, postmodum a Fabiano duce tenti, ad stipitem ligati, in pedibus clavos acutos acceperunt. Quibus cum diceret insanus Judex: Infelices ac miseri, deponite amentiam, et liberate vosmetipsos a cruciatibus imminentibus, responderunt: Nunquam tam bene epulati sumus, modo cœpimus esse fixi in amore Christi: utinam nos sic esse, sicut sumus, tandiu permittas, quandiu hujus regimur corporis indumento. Cumque transisset una dies et una nox, et illi in psalmis et hymnis laudantes Christum perseverarent lanceis per latera transfixi, cum gloria martyrii ad sidera regna migraverunt.

B. XIII KALEND. JULII.
(19 Jun.)

Mediolani, natalis sanctorum Gervasii et Protasii martyrum. Qui beatissimi cum per decem annos in uno cœnaculo conclusi lectionibus et orationibus atque jejuniis vacassent, undecimo ad palmam martyrii pervenerunt. Tenti ab Astasio comite, qui primum tam diu jussit plumbatis contundi, quam diu exhalaret spiritum; sequentem vero, id est Protasium

---

a Catomis cædi. Infra XVIII Novembris, *catomo suspendi*. Existimo *catomis* et *catomo* adverbialiter usurpata. Nihil enim est aliud quam suspendi vel cædi capite deorsum: quod fiebat maxime in pueris, cum ex alterius humeris, erectis in altum pedibus suspendebantur: quod et viris et feminis quandoque ignominiæ causa factum. Acta S. Afræ V Aug. *Catomis nudam te cædi jubebo*, quod inepte Scaliger ad Manilii librum V interpretatur, *nudatam in cervice plumbatis cædi*. Victor lib. I *Persecut. Wandal.*: « Quodam tempore venerabilem senem in publica facie catomis cæciderunt. » Aristoph. in Irene et Acharn. dicitur κατωκάρα. Joseph lib. V, c. 10 Antiq. Judaic. κατομαδόν.

b De his in gestis sancti Sebastiani 20 *Janu*.

sium, fustibus cæsum capite truncari. Quorum corpora Philippus vir religiosus una cum filio suo furtim abstulit, et in domo sua, in arca marmorea sepelivit. Quorum sepulcra multo post tempore Theodosio imperante, Domino revelante, beatus Ambrosius reperit. Et ita incorrupta eorum corpora, ac si eodem die martyres fuissent interempti. Quæ cum in urbem introducerentur, quidam diu cæcus feretri tactu lumen recepit.

Apud Ravennam, sancti Ursicini martyris [a], qui sub judice Paulino post nimia tormenta in confessione Domini immobilis permanens, capitis abscisione martyrium consummavit. Sepultusque est in eadem urbe a beato Vitale patre sanctorum Gervasii ac Protasii.

C. XII KALEND. JULII.
(20 Jun.)

Romæ, natale sancti Novati fratris Timothei presbyteri, qui a beatis apostolis eruditi sunt. De quo Novato scribit Pastor in gestis Pudentianæ et Praxedis virginum ad prædictum Timotheum germanum ejus. Venerabilis, inquit, virgo Praxedis post transitum germanæ suæ Potentianæ [b], valde afflicta erat. Ad quam consolandam veniebant multi nobiles Christiani, simul cum sancto Pio episcopo, inter quos germanus vester Novatus, et qui est frater noster in Domino, quique multos Christianos pauperes donis suis reficiebat, et vos frequenter cum beatissimo Pio episcopo ad altare Domini commemorabat. Post annum vero et dies viginti octo, ægritudine detentus est idem Novatus, et absens erat a conspectu virginis Praxedis. Pio autem episcopo cogitante de omnibus Christianis una cum virgine, requiritur Novatus vir Dei. Et dum auditum fuisset, quia ægritudine detinebatur, contristati sumus omnes : beati Praxedis dixit ad patrem nostrum sanctum Pium : Jubeat sanctitas vestra, ut eamus ad eum, et visitatione nostra una cum orationibus vestris salvabitur. Et facta constitutione, nocte una cum Pio episcopo et virgine Domini perreximus ad virum Dei Novatum. Cumque audisset vir Dei Novatus, omnes congregatos ad se venisse gratias cœpit agere Deo, quia meruit a sancto Pio episcopo et virgine Domini, una cum nostra devotione visitari. Et fuimus in domo ejus diebus ac noctibus octo. Factumque est ut tertio decimo die ipse Novatus vir Dei transiret ad Dominum, regni cœlestis gloriam percepturus.

D. XI KALEND. JULII.
(21 Jun.)

Apud Siciliam, civitate Syracusis, natalis sanctorum martyrum Rufini et Marciæ.

Romæ, sanctæ Demetriæ virginis, quæ fuit beati Fausti filia. Hæc cum ante impium Julianum pro fide Christi introduceretur, in confessione spiritum emisit. Sepulta a beato Joanne presbytero juxta matrem suam sanctam Daphrosam, et sororem Jovianam, juxta palatium Lucianum.

E. X KALEND. JULII.
(22 Jun.)

In Britannia, natale sancti Albini martyris, qui tempore Diocletiani in Verelamio civitate, post verbera et tormenta acerba, capite plexus est : sed illo in terram cadente, oculi ejus, qui eum percussit, pariter in terram ceciderunt. Passus est cum eo etiam unus de militibus, eo quod eum ferire jussus, noluerit, divino utique perterritus miraculo, quia viderat beatum martyrem sibi, dum ad coronam martyrii properaret, alveum amnis interpositi orando transmeabilem reddidisse. Quo in tempore, persecutio crudelis, Oceani limbum transgressa, etiam Aaron et Julium Britanniæ, cum aliis pluribus viris ac feminis, felici cruore damnavit.

Item in civitate Nola Campaniæ natalis sancti Paulini [c] episcopi et confessoris, qui se temporibus Wandalorum pro filio cujusdam viduæ in servitutem tradens, et terribili visione regi eorum quis esset agnitus, reddita sibi omni captivitate civitatis suæ, et oneratis frumento navibus, cum ingenti gloria ex Africa ad propriam sedem reversus est. Claruit autem non solum eruditione, et copiosa vitæ sanctitate, sed etiam potentia adversus dæmones.

Ipso die, depositio beati Niceæ Romatianæ civitatis episcopi.

F. IX KALEND. JULII.
(23 Jun.)

Vigilia S. Joannis Baptistæ.

Eodem die sancti Joannis presbyteri, quem impius Julianus inauditum via Salaria vetere, ante simulacrum Solis decollari præcepit. Cujus corpus a beato Concordio presbytero collectum, et sepultum est juxta concilia martyrum.

Apud Britanniam, sanctæ Edeltrudis virginis et reginæ, cujus corpus cum annis undecim esset sepultum, incorruptum inventum est.

G. VIII KALEND. JULII.
(24 Jun.)

Nativitas præcursoris Domini [d].

A. VII KALEND. JULII.
(25 Jun.)

Apud Pyrrhiberœam, sancti Sosipatris [e] discipuli sancti Pauli apostoli.

Item apud Alexandriam, natale sancti Gallicani martyris. Qui cum triumphalibus infulis sublimatus acceptus esset Augusto Constantino et charissimus, filiam ejus sacratissimam virginem Constantiam sibi poscebat uxorem. Constantinus vero Augustus contristari cœpit sciens filiam suam positam in sancto proposito facilius occidi posse, quam vinci. Quæ cum patris sollicitudinem studio sanctitatis conaretur excludere, certa de Deo, dixit patri : Depone omnem sollicitudinem tuam, et te daturum illi conjugem repromitte, ut si Scytharum superaverit gentem, victor

---

[a] Ambr. serm. 71, et l. x, epist. 85.
[b] Al. *Pudetianæ*, vide 19 *Maii*.
[c] Gennad. de Viris illust. cap. 22.

[d] Vide lib. de Fest. Apost.
[e] Act. xx, Rom. xvi. De eo in Gestis Joan. et Pauli. 26 *Jun.*

simul et conjugem me accipiat. Facta sunt omnia sicut virgo disposuit; et veluti subarrationis loco dantur duo fratres eunuchi Joannes et Paulus ex latere Augustæ Gallicano, et duæ sorores, Gallicani filiæ, Attica et Artemia ipsi Augustæ traduntur: quas virgo ad Dominum convertit. Igitur Gallicanus a Scythca gente in Thraciarum Philippopoli urbe conclusus, metuens confligere cum eis, quod exigua illi esset militum manus, hostium vero esset innumerabilis multitudo, insistebat sacrificiis, et Martianas victimas offerebat. Quid multa? Ad ultimum crevit obsidio, et universi tribuni ejus ac milites se hostibus tradiderunt. Cumque cuperet fugiendi aditum reperire, Paulus et Joannes, ex quibus præpositus unus, alter primicerius erat Constantiæ Augustæ, dixerunt ei : Fac votum Deo cœli, quod si te liberaverit, Christianus fias et eris victor melius quam fuisti. Mox ut votum ore prolatum est apparuit illi juvenis statura excelsus, ferens in humeris crucem, dicens : Sume gladium tuum, et sequere me. Quem dum sequeretur, apparuerunt ei hinc et inde milites armati, confirmantes eum, et dicentes : Nos tibi præbemus officium, tu ingredere hostium castra, et dextra lævaque gladium tenens evaginatum, respice quousque pervenias ad regem ipsorum. Quo cum pervenisset cum eis prostratus rex pedibus ipsius, postulavit nullum penitus ex suis occidi gladio. Quod Gallicanus nec fecit, nec jussit ita universæ Thraciæ liberatæ, et gens Scytharum tributaria facta est. Ipse vero ita Deo se devovit, ut etiam conjugio se promiserit abstinere. Revertens itaque Gallicanus, non prius ingressus est Romam, quam ad sacra beati Petri apostoli limina perrexisset. Constantinus vero imperator misit se in amplexus ejus postquam cognovit omnia quæ Christi pietate circa illum perfecta sunt, referens ei universa quæ gesta sunt circa filias ejus, quomodo sunt virgines Christo utiliter consecratæ. Tunc cum Augusto intrante palatium Gallicano, occurit Helena cum filia Constantia, et filiabus ipsius Gallicani. Fundebantur lacrymæ gaudiis plenæ. Qui cum vellet privatus abscedere, rogatus ab Augusto consul processit : et in fascibus positus, quinque millia servorum liberos civesque Romanos fecit. Quibus prædia domosque donavit : cunctasque facultates suas, excepto jure filiarum, distrahi ac donari pauperibus jussit. Et se in Ostiensi urbe manenti cuidam sancto viro, Hilarino nomine, sociavit. Cujus habitaculum ampliari fecit ad peregrinorum susceptionem, quam ipse plurimis impendebat. Huic adhæserunt multi ex servis suis, quos liberos fecit. Et divulgata est fama ejus per totum orbem, ita ut ab Oriente et Occidente venientes, viderent virum ex patricio, ex consule, qui erat amicissimus Augusto, lavantem pedes, ponentem mensam, aquam manibus effundentem, languentibus sollicite ministrantem, et exhibentem cætera sanctæ servitutis officia. Hic primus in Ostiensi urbe exstruxit ecclesiam et ditavit officia clericorum. Huic se sanctus Levita Laurentius revelavit, adhortans eum, ut in ejus nomine ecclesiam fabricaret in porta, quæ nunc usque Laurentia nuncupatur. Rogatus autem ut ibi levaretur episcopus non consensit, sex ex sua voluntate ipse qui ordinaretur elegit. Tantam namque ei gratiam contulit Deus, ut dæmonibus pleni, mox ut visi fuissent ab oculis ejus, protinus mundarentur : multaque in eo erant sanctitatis insignia. Sed cum a Constantio Julianus Cæsar factus esset, dedit legem ut Christiani nihil in hoc sæculo possiderent. Tunc Gallicanus habens in Ostiensi pago quatuor casas, quarum pensiones his operibus quibus diximus, ministrabat ; ita habere Deum meruit defensorem ut quicunque ingrediebatur in eas malitiose aut ponere titulos fisci, aut exigere pensiones, statim a diabolo repiebatur. Et quicunque actorum ejus esset exactor, leprosus fiebat. Tunc interrogata dæmonia dederunt responsum, quod, nisi sacrificare coactus fuisset Gallicanus, exactores reddituum ejus ista pericula non vitarent. Et quoniam nullus audebat convenire Gallicanum de hoc scelere, mandavit ei Julianus Cæsar, dicens : Aut sacrifica diis, aut discede a finibus Italiæ. Qui statim relictis omnibus Alexandriam petiit, et ibi junctus est confessoribus Christi per continuum annum. Post etiam secessit in eremum, ibique a Rauciano comite templorum, cum cogeretur sacrificare, et contemneret, percussus gladio in corpore, Christi martyrem fecit, atque ita perrexit ad Dominum gaudens cum triumpho. Cui statim basilicam construxerunt sui nominis : in qua exuberant beneficia martyris ex eo, et nunc usque in sæculum.

Item Romæ, sanctæ Luciæ virginis, cum aliis triginta duobus.

B. VI KAL. JULII.
(26 Jun.)

Romæ, sanctorum Joannis et Pauli fratrum natale. Quorum primus præpositus, secundus fuit primicerius Constantiæ virginis, filiæ Constantini. Qui cum omni die turmas Christianorum recrearent ex his opibus, quas sanctissima virgo Constantia reliquerat, pervenit hoc ad Julianum. Et misit qui eos convenirent, dicens debere sibi eos adhærere. Illi vero responderunt inter alia : Pro iniquitate tua destitimus a tua salutatione, et a societate imperii tui nosmetipsos omnino subtraximus. Sumus enim nos non falsi, sed veri Christiani. Quibus Julianus mandavit : Considerare debetis, quia vos regia aula nutriti non debetis deesse a latere meo, ut habeam vos primos in palatio meo. Quod si contemptus a vobis fuero, necesse mihi erit agere, ut contemni non possim. Paulus et Joannes dixerunt : Non tibi facimus hanc injuriam, ut præponamus tibi qualemcunque personam ; Deum tibi præponimus, qui fecit cœlum et terram, mare et omnia quæ in eis sunt. Et scire te volumus quia nunquam ad salutationem tuam, nunquam ad culturam tuam, nunquam ad palatium tuum veniemus. Quibus Julianus ait : Decem diebus vobis a me dantur induciæ : decima transacta Dei sponte ad me venientes : amicos vos habeam, non venientes vero, tanquam hostes publicos punio. Tunc sancti viri Joannes et Paulus Christianos ad se invitantes, ordinaverunt de omnibus quæ relinquere poterant, per totos decem dies incessanter die noctuque eleemosynis insistentes. Die vero undecima sunt constricti intra suam domum. Missus namque est Terentianus compiductor ad eos cum militibus hora cœnandi. Qui ingressus, invenit eos orantes, et dixit eis : Dominus noster Julianus statunculum aureum Jovis ad vos misit, ut adoretis illud, et thura incendatis. Quod si non feceritis, ambo modo gladio feriemini. Non enim decet vos intra aulam nutritos, publice occidamini. Joannes et Paulus dixerunt : Julianus si tuus est Dominus, habeto partem cum eo : nobis autem dominus alius non est, nisi unus Deus, Pater et Filius et Spiritus sanctus, quem ille negare non timuit. Et quia semel a facie Dei projectus est, vult et alios secum in interitum devenire. Tunc Terentianus fecit fieri foveam intra domum eorum, ut sine strepitu famæ punirentur : et sic decollari, statimque involvi et reponi jussit; divulgans, quod jussu Cæsaris missi fuissent in exsilium. Statim autem ut Julianus in bello Persarum interfectus est, Joviniano facto Christianissimo imperatore, apertæ sunt ecclesiæ, et cœpit religio Christiana gaudere. Dæmones autem ex obsessis corporibus intra domum Joannis et Pauli ejiciebantur, confitentes sanctam passionem eorum, ita ut unicus filius Terentiani, qui eos decollaverat, veniret intra domum sanctorum, et clamaret per os ejus dæmon, quod Paulus et Joannes incenderent eum. Tunc Terentianus veniens, prostravit se in faciem clamans, quod nesciens quid faceret homo paganissimus, jussionem Cæsaris adimplesset. Unde factum est, ut dato nomine suo, proximo die Paschæ perciperet gratiam Christi. Et assidue orans et flens ad locum illum erat, in quo sanctorum corpora requiescunt, donec a sanctis Dei filius ejus emundaretur. Et ab ipso Terentiano descripta est passio horum martyrum. Passi sunt autem vi Kal. Julii.

C. V KAL. JULII.
(27 Jun.)

[a] Apud Galatiam, B. Crescentis, discipuli S. Pauli apostoli (*II Tim.* iv), qui ad Gallias transitum faciens, verbo prædicationis multos ad fidem Christi convertit, Viennæ civitate Galliarum per aliquot annos sedit, ibique Zachariam discipulum pro se episcopum ordinavit. Rediens vero ad gentem; cui specialiter fuerat episcopus datus, Galatas, usque ad beatum finem vitæ suæ in opere Domini confortavit.

Apud Tiburtinam Italiæ civitatem, natale sanctæ Symphorosæ, beati Getulii martyris uxoris, cum septem filiis, Crescente, Juliano, Nemesio, Primitivo, Justino, Stacteo, Eugenio, cum quibus simul passa est sub Adriano principe : qui ipsam Symphorosam jussit palmis cædi, deinde suspendi crinibus. Sed cum superari nullatenus posset; jussit eam alligato saxo in fluvium præcipitari. Cujus frater Eugenius curiæ principalis Tiburtinæ, colligens corpus ejus sepelivit. Mane autem facto, imperator jussit septem figi stipites, ibique filios ejus ad trochlear extendi, et Crescentem in gutture transfigi, Julianum in pectore, Nemesium in corde, Primitivum in umbilico, Justinum per membra distentum scindi per singulos corporis nodos atque juncturas, Stacteum lanceis innumerabilibus, donec moreretur, in terra configi; Eugenium findi a pectore usque ad inferiores partes. Altera autem die Adrianus præcepit corpora eorum simul auferri, et projici in foveam altam. Et posuerunt pontifices sacrorum nomen loci illius : [b] Ad septem Biothanatos. Natale vero SS. martyrum est v Kal. Julii. Quorum corpora requiescunt via Tiburtina, milliario nono.

Eodem die Cordubæ in Hispaniis, natalis SS. Zolii et aliorum decem et novem.

Ipso die gesta Septem Dormientium.

D. IV KAL. JULII.
(28 Jun.)

Vigilia apostolorum Petri et Pauli
Ipso die, natalis S. Leonis Papæ.

[c] Apud Lugdunum Galliæ, natale S. Irenæi episcopi. Qui, B. Photino prope nonagenario ob Christi martyrium coronato, in locum ejus successit. Quem etiam constat beatissimi Polycarpi sacerdotis et martyris fuisse discipulum, et apostolicorum temporum vicinum. Postea vero persecutione Severi cum omni fere civitatis suæ populo gloriose coronatur martyrio. Sepultus est a Zacharia presbytero in crypta basilicæ beati Joannis Baptistæ sub altari. Cui ab uno latere Epipodius, ab altero Alexander martyr est tumulatus. Hujus cryptæ tam reverenda

---

[a] Ado in Chron. ann. 110.

[b] *Ad septem biothanatos.* Christiani olim ab ethnicis ignominiæ causa *Biothanati* dicti, quod tam prompte se morti exponerent, et violenta morte e vita excederent, non naturali. Infra III Sept. *Biothanata et malefica.* Apud magicæ vanitatis auctores vox hæc usitata, ut ostendit Tertullian. lib. de Anima, cap. 57. « Aut optimum est hic retineri, secundum Ahoros : aut pessimum, secundum Biothanatos, ut ipsis jam vocabulis utar, quibus auctrix opinionum istarum magica sonat. » Item apud Physicos. Servius, iv Æncid. : « Dicunt physici, biothanatorum animas non recipi in originem suam. » Apud Genethliacos vox ea crebra. Lampridius in Heliogabalo : « Et prædictum eidem erat a sacerdotibus Syris, biothanatum se futurum. » Sic apud Julium Firmicum mors *biothanata* Græcis dicitur βιοθάνατος, et βιαιοθάνατος ; et βιοθανὴς, a βία et θάνατος mors; non ut est apud Isidorum lib. x Orig., littera B : « Biothanatus, quod est bis mortuus. » Imo a violenta morte, quam vel sibi quis conciscit, qui alias αὐτοθάνατος, vel quam quis sponte incurrit. Cassianus, collat. II, *de Discretione*, cap. 5, de Herone sene, qui a diabolo deceptus se in puteum præcipitem dederat : « Quamobrem pro meritis laborum tantorum et annorum numerositate sua jam in eremo perduravit, ac miseratione et humanitate summa, ab his, qui ejus compatiebantur exitio, vix a presbytero et abbate Paphnutio potuit obtineri, ut non (inter biothanatos reputatus) etiam memoria et oblatione pausantium judicaretur indignus.

[c] Pontif. c. 81. *Est Leo.* II. Hieron. de Script. Eccl. c. 45. et Euseb. l. v. c. 3, 4, 7, 8, 20, 26. Ruffin. Euseb. l. vi, c. 4, 5. Ruff.

est claritas, ut meritum martyrium signare credatur.

Eodem die apud Alexandriam, sanctorum martyrum Plutarchi, Sereni, Heraclidis, Heroïs, item Sereni, Potamicenæ, Marcellæ, et Catechumenæ [*Rhais.*] Heræ nomine, baptismum martyrii consecutæ. Inter quos præcipue emicuit Potamiœna virgo: quæ primo immensos et innumeros agones pro virginitate desudans, deinde etiam pro martyrio exquisita et inaudita tormenta perpessa, ad ultimum cum venerabili matre Marcella ignis supplicii consumpta, e terris migravit ad cœlum

a Vide l. de Fest. apost.

E. III KAL. JULII.
(29 *Jun.*)

a Romæ, natalis SS. Petri et Pauli.

F. PRIDIE KAL. JULII.
(30 *Jun.*)

b Natalis et celebratio iterum sancti Pauli apostoli.

Item natalis beatissimæ Lucinæ, discipulæ apostolorum.

Item Lemovico civitate, S. Martialis episcopi et confessoris.

b Vide l. de Fest. apost.

LITANIÆ INDICENDÆ.

MENSIS JULIUS

HABET DIES XXX; LUNA VERO, XXX.

G. KAL. JULII.
(1 *Jul.*)

In monte Hor, depositio Aaron sacerdotis primi.
Eodem die, S. Monegundis virginis.

Et in territorio Lugdunensi, loco qui Vallis Vebronna nuncupatur, depositio viri Dei, beatissimi Domitiani abbatis, qui primus illic eremiticam vitam exercuit, ut plurimos sibi in Dei servitio aggregans, monasterium instituit, magnisque virtutibus et gloriosis miraculis valde clarus, collectus est ad patres in senectute bona.

a Viennæ, B. Martini, tertii ejusdem urbis episcopi, ab apostolis ad præfatam urbem missi.

A. VI NONAS JULII.
(2 *Jul.*)

b Romæ, in cœmeterio Damasi, natalis sanctorum Processi et Martiniani, qui a B. apostolis Petro et Paulo baptizati et instructi sunt, quorum passio in libello apostolorum supra notata est.

Eodem die, SS. trium militum, qui cum B. apostolo Paulo passi sunt.

Item ipso die SS. martyrum Aristonis, Crescentiani, Eutychiani, Urbani, Vitalis, Justi, Felicissimi, Felicis, Martiæ et Symphorosæ: qui omnes apud Campaniam glorioso martyrio coronati sunt.

B. V NONAS JULII.
(3 *Jul.,*)

Apud Edessam Mesopotamiæ, translatio corporis S. Thomæ apostoli.

Item ipso die apud Constantinopolim, natalis S. Eulogii.

Apud Laodiciam Syriæ, beati Anatolii episcopi.
Item apud Neocæsaream Ponti, natalis sancti Gregorii episcopi et martyris, beati Antenodori episcopi fratris. Qui Gregorius episcopus, doctrina et miraculis clarissimus fuit. Denique quoddam stagnum erat in Ponti regionibus situm, piscibus copiosum, ex quorum captura prædivites redditus dominis præstabantur. Ista possessio duobus fratribus sorte hæreditatis obvenerat, sed pecuniæ cupiditas, quæ pene omnium corda mortalium superat, etiam fraternam necessitudinem violavit. Cædes ac bella movebantur, humanus sanguinis pro piscibus fundebatur. Sed Dei providentia aliquando affuit: Gregorius videt prælia et mortes virorum, furentesque germanos. Cumque honore adventus sui utræque partes paulum siluissent, Nolite, inquit, o filioli, rationabiles animas pro mutis animantibus violare, fraternam pacem quæstus cupiditate dissolvere, Dei leges et naturæ pariter jura temerare: et una mecum ad oram stagni exitialis accedite, et ego jam vos per virtutem Domini ab omni certamine cruentæ contentionis absolvam. Et cum hæc dixisset, in conspectu omnium virgam quam tenebat in manu ad primas littoris undas defigit, et ipse positis genibus palmas tetendit ad cœlum, atque Dominum supplicat. Simul ut orandi finem fecit, statim se unda subducens, et cursu velociore refugiens, a conspectu superno jussa discedere, abyssus suis redditur: et arentem campum germanis jam concordibus derelinquit. Sed et in hodiernum frugum ferax esse dicitur. Iterum quodam loco ruris angusti, cum res posceret ecclesiam construi, rupes quædam vicini montis ex parte Orientis objecta ex alia vero præterfluens fluvius, spatium quantum ecclesiæ sufficeret denegabat. Et cum alius omnino non esset locus ad construendam ecclesiam, ille fide plenus pernoctasse in oratione

---

a Ado in Chron. an. 101.
b Vide l. de Fest. Apost.

c Vide l. de Fest. Apost. Euseb. l. VII, c. 28. Ruffin. Hier. de Script. Eccl.

dicitur. Cumque plena fide ac devotione Dominum deposceret, ad lucem coeuntibus populis, inventa est rupes importuna secessisse tantum, quantum spatii ad condendam quærebatur ecclesiam. Traduntur et hujus beati viri et alia quamplurima, quæ fidem et sanctitatem ipsius plurimum commendant. Sed et inter alia quæ luculentissime scripsit, etiam catholicæ fidei expositionem breviter editam dereliquit. Unus Deus Pater Verbi viventis, sapientiæ subsistentis, et virtutis suæ et figuræ, perfectus perfecti genitor, Pater Filii unigeniti. Unus Dominus solus ex solo Deo, figura et imago Deitatis, verbum penetrans, sapientia comprehendens omnia, et virtus qua tota creatura fieri potuit. Filius verus veri, et invisibilis ex invisibili, incorruptibilis ex incorruptibili, immortalis ex immortali, sempiternus ex sempiterno. Unus Spiritus sanctus ex Deo substantiam habens. Et qui per filium apparuit imago Filii perfecti perfecta, viventium causa, sanctitas, sanctificationis præstatrix, per quem Deus solus super omnia est et in omnibus cognoscitur, et Filius per omnes. Trinitas perfecta, majestate, et sempiternitate, et regno minime dividitur neque abalienatur. Igitur neque factum quid, aut serviens in Trinitate, neque superinductum tanquam ante hoc quidem non subsistens, et quasi postea superingressum. Neque ita defuit unquam Filius Patri, neque Filio Spiritus sanctus, sed inconvertibilis et immutabilis eadem Trinitas semper manet.

C. IV NONAS JULII.
(4 Jul.)

Oseæ et Aggæi prophetarum.

[a] Turonis, translatio sancti Martini episcopi, et ordinatio episcopatus ejus, et dedicatio basilicæ ipsius.

Eodem die, in Africa, natalis S. Jucundiani martyris in mare mersi.

Et in territorio Bituricæ civitatis, vico Justino, natalis S. Lauriani martyris : cujus caput Hispalim ad Hispanias deportatum est.

Apud Syrmium, SS. martyrum Innocent. et Sabbatiæ, cum aliis triginta.

D. III NONAS JULII.
(5 Jul.)

Apud Syriam, natalis S. Domitii martyris, qui virtutibus suis multa incolis beneficia præstat.

[b] Item Romæ, natalis sanctæ Zoæ uxoris beati Nicostrati martyris, quæ dum ad confessionem beati Petri apostoli oraret, a paganis arctata, ducta est ad patronum regionis Naumachiæ : a quo primum in custodiam obscurissimam trusa, et per dies sex omni solatio lucis et victus fraudata, septimo demum die a collo et a capillis in corpore suspensa, adhibito subter horribili fumo, in confessione Domini emisit spiritum.

[a] Greg. Tur. l. II Hist. Franc., c. 14.
[b] De hac in gestis S. Sebast., 20 Jan.

E. PRIDIE NONAS JULII.
(6 Julii.)

Natalis Isaiæ et Joel prophetarum.
Et Octavæ apostolorum.

Et primus beati apostoli Pauli ingressus in urbem Romam, anno secundo Neronis imperii. Qui cum jam hæc loca et has provincias prædicando perlustrasset, ab Antiochia ipse cum Barnaba præmissus a Spiritu sancto postquam jam in Arabia et Cilicia verbum Dei, aliisque provinciis annuntiaverat, pervenit Seleuciam, Cyprum, Salaminam, Paphos, Pergen Pamphyliæ, Antiochiam quæ est Pisidiæ, Iconium, inde ad civitates Lycaoniæ, Lystram, Derben, et universam in circuitu regionem. Inde revertentes Antiochiam Pisidiæ, devenerunt Pergen Pamphyliæ. Hinc Antiochiam, unde missi fuerant, revertuntur. Inde propter quæstionem circumcisionis in gentibus Hierosolymam proficiscuntur. Deinde rursus Antiochiam redeunt. Unde cum inter eos dissensio propter Joannem, qui Marcus cognominatus est, accidisset, solus Paulus, assumpto Silea, a fratribus gratiæ Dei traditus, has regiones et insulas peragravit prædicans, Syriam, Ciliciam, Derben, Lystram, Phrygiam, et Galatiam regionem, Mysiam, Troadam, Macedoniam, Samothraciam, Neapolim, Philippos, Amphipolim, Apolloniam, Thessalonicem, Beroen, Athenas, Corinthum. Et inde navigavit in Syriam, t venit Ephesum, et inde Cæsaream et Antiochiam, et Galatiæ regionem, et Phrygiam. Hinc cum vellet ire Hierosolymam, dixit ei Spiritus sanctus ut reverteretur in Asiam. Et cum peragrasset superiores partes, Ephesum venit. Hinc profectus est in Macedoniam, et accessit Philippos, Troadam, Asson, Mitilenem et contra Chium, Samon, Trogylion [c], Miletum, Coum, Rhodum, Pataram. Et inde, visa Cypro et relicta ea ad sinistram, transfretavit in Syriam. Et inde venit Tyrum, Ptolemaidem, Cæsaream, Hierusalem. Ibi ligatur a Judæis, et traditur gentibus. Et inde destinatur ad Felicem præsidem Cæsareæ [d]. Hinc cum appellasset Cæsarem, Romam ad eumdem Cæsarem, quem appellavit, mittitur, et enavigavit Sidonem, Cyprum, cui juxta erat civitas Thalassa in insula Mitilene, Syracusas, Rhegium, Puteoleos, Romam : et biennio in libera manens custodia, post hæc ad prædicandum dimittitur. Quo tempore credibile est eum ad Hispanias perrexisse, necdum Nerone in tanta erumpente scelera quanta de eo narrant historiæ.

Romæ, natalis sancti Tranquillini, patris martyrum Marci et Marcelliani, qui ad prædicationem beati Sebastiani credens in Dominum Jesum Christum; die Octavarum apostolorum, dum ad B. Pauli confessionem oraret, tentus a paganis, lapidatus, ac martyrium consummavit.

Eodem die, depositio beatissimi Goaris confessoris.

[c] Est in Græco : deest textui Latino.
[d] De eo in gestis sancti Sebastiani, 20 Jan.

F. NONIS JULII.
(7 Julii.)

a Apud Alexandriam, natalis sancti Pantæni, viri apostolici, et omni sapientia adornati, cujus tantum studii et amoris erga verbum Dei fuit, ut etiam ad prædicandum Christi Evangelium omnibus gentibus quæ in Orientis ultimis secessibus reconduntur, fidei et devotionis calore profectus sit, et usque ad Indiam citeriorem prædicando pervenerit. Ubi reperit Bartholomæum, de duodecim apostolis, adventum Domini Jesu juxta Matthæi Evangelium prædicasse. Quod Hebraicis litteris scriptum, revertens Alexandriam secum detulit: ubi præclaram et nobilem vitam beato fine conclusit.

b Romæ, natalis beatorum martyrum Nicostrati Primiscrinii, Claudii Commentariensis, Castorii, Victorini, Symphroniani, quos B. Sebastianus credere in Christum docuit, et sanctus Polycarpus presbyter baptizavit. Qui cum corpora sanctorum per ora Tiberina requirunt tenti sunt, et ad Urbis præfectum perducti. Erat judex Fabianus, qui eos hortabatur ad sacrificandum, per decem dies minis et blanditiis cum eis agens, et nullum penitus potuit commovere. Tunc fecit de eis suggestionem imperatoribus: quique jusserunt eos tertio torqueri. Cumque nulla ratione compulsi cederent, jusserunt eos in mare præcipites dari. Immensis itaque arctati ponderibus, pelagi fluctibus dati sunt, ut in loco mundo inter aquas coronam martyrii celebrarent.

Apud Viennam, Evoldi episcopi, cujus industria delatæ sunt reliquiæ sanctorum martyrum Thebæorum ad urbem Viennam.

G. VIII IDUS JULII.
(8 Julii.)

Apud Asiam minorem, sancti Aquilæ, et Priscillæ uxoris ejus de quibus in Actibus apostolorum scribitur: apud quos beatus Paulus apostolus propter artificium (erant enim ejusdem artis, id est scenopegiæ, cujus et Apostolus) morabatur et operabatur, postquam ipsi in Achaiam ab urbe Roma venerunt (Rom. XVI; 1 Cor. XVI; Act. XVIII).

In Palæstina, natalis sancti Procopii martyris, qui ab Scythopoli ductus Cæsaream, ad primam responsionum ejus confidentiam irato judice Fabiano, capite cæsus est.

A. VII IDUS JULII.
(9 Julii.)

Romæ, ad Guttam jugiter manantem sancti Zenonis, et aliorum decem millium ducentorum trium.

In civitate Tyriæ, natalis SS. Anatoliæ et Audacis, sub Decio imperatore. Quorum Anatolia cum multos in Piceno infirmos, lunaticos, ac dæmoniacos curasset, ducta est, jubente Faustiniano, ad civitatem Tyriæ, et diversis plagarum generibus vexata. Deinde cum serpente tota nocte inclusa, nihil læsa est: quin et ipsum Marsum, qui serpentem dimiserat,

a Euseb. lib. V, cap. 10; Hieron. de Script. Eccl., cap. 36.

a nomine Audacem, mane a suo serpente devorandum eripuit, et ad Christi martyrium convertit. Nam ipse post hæc ob confessionem veritatis in custodiam datus est. Ipsa quoque virgo Christi transverberata, cum staret extensis manibus in oratione, ita ut per dexterum latus gladius missus, per sinistrum exiret. Quæ passa est septimo Iduum Juliarum: sepulta autem mane a civibus Tyriensibus. Audax vero quia de Oriente erat, ab uxore sua et filiis illuc translatus est.

Eodem die, natalis sancti Cyrilli episcopi, qui flammis injectus, illæsus evasit, ac stupore tanti miraculi a judice dimissus. Cum rursus verbum Dei alacriter prædicaret, ac plures efficacius ad fidem Christi converteret, judex pœnitentia ductus capite plecti eum jussit, atque optatum martyrii finem consummavit.

In civitate Martulana, sancti Brictii episcopi et confessoris, qui sub judice Martiano, os lapide contusus est et in equuleo crudelissime excruciatus, in Domini confessione perdurans, in carcerem trusus est. Nocte autem terræmotu gravi civitas concussa, inter alios plures, etiam Martianum occidit. Et Christi confessor ab angelo sancto, et a beato Petro apostolo visitatus, atque ad prædicandum Evangelium confortatus, magnas populorum credentium multitudines omnipotenti Deo lucrifaciens, quievit in pace. Cujus animam viderunt adstantes in specie columbæ niveæ cœlo recipi.

Item apud Ægyptum, S. Serapionis episcopi et confessoris.

B. VI IDUS JULII.
(10 Julii.)

Romæ, septem fratrum filiorum sanctæ Felicitatis, id est Januarii, Felicis, Philippi, Sylvani, Alexandri, Vitalis et Martialis, sub præfecto Urbis Publio, tempore Antonini principis. Primum auditi, deinde per varios judices, ut variis suppliciis laniarentur, missi. E quibus Januarius post verbera virgarum et carcerem ad plumbatas occisus est. Felix et Philippus fustibus mactati, Sylvanus præcipitio interemptus est. Alexander, Vitalis et Martialis capitali sententia puniti.

Eodem die in Africa natalis SS. Januarii, Marini, Naboris et Felicis, decollatorum: quorum corpora Mediolanum translata sunt.

Romæ milliario decimo, natale Rufinæ, Secundæ, sororum, patre clarissimo genitarum Asterio, matre clarissima Aurelia, sub persecutione Valeriani et Gallieni, judicibus, Junio Donato præfecto, et Archesilao comite. Harum virginum sponsi Armentarius et Verinus a fide Christianitatis recesserunt. Pro qua re volentes beatæ virgines declinare eorum persuasiones insanas, ad prædiolum suum, quod in Tusciæ partibus videbantur habere, basternæ pergebant vehiculo. Quod audientes Armentarius et Verinus, comiti Archesilao suggesserunt qua de causa

b De his in gestis S. Sebastiani, 20 Jan.

Urbem lugerent. Tunc sceleratissimus Archesilaus cum militibus suis equestribus iter agens, sanctas Dei virgines in via Flaminia milliario decimo quarto comprehendens, atque revocans ad urbem Romam, Junio Donato praefecto obtulit. Qui jussit eas in custodias redigi a se invicem separatas, et in die tertia in secretarium duci. In quo Rufinam ingredi jubens, dixit ad eam: Cum sis nobilis nata, quid est quod ad ignobilitatem devoluta es, et cupis esse captiva in vinculis, magis quam libera cum marito gaudere? Rufina respondit: Captivitas ista temporalis aeternam captivitatem excludit; et vincula temporalia, perpetua vinculorum ligamenta dissolvunt. Praefectus dixit: Istas vanas fabulas et aniles abjice, et sacrifica diis immortalibus, ut possis tuo sponso cum gaudio perfrui, et usque ad senectutem cum gaudio deliciarum attingere. Rufina respondit: Duo sunt inutilia quae persuades, et unum dubium quod promittis. Nam dicis me debere idolis sacrificare ut in perpetuum peream? et post hoc maritum accipere ut gloriam virginitatis amittam. Post ista duo tam contraria promittis, quod usque ad senectutem cum gaudio deliciarum attingam, cum de te ipso incertus sis, an ad diem crastinum attingas. Praeses adduci jussit Secundam, ut Rufina soror ejus in conspectu ipsius flagellis caederetur. Quae cum vidisset sororem suam flagellis caedi, clamare coepit ad judicem: Quid est quod agis, sceleratissime, et regni coelorum invisor? quid est quod sororem meam glorificas et me exhonoras? Dicit ei praefectus: Ut video, insanior sorore tua es. Secunda respondit: Nec soror mea insana est, nec ego insanio, sed ambae Christianae sumus, et justum est ut simul Christum Dominum confiteamur. Et cum libere fidem veritatis faterentur, tunc jussit eas praefectus in tenebroso loco includi et fumum stercorum fieri. Cum hoc fuisset factum, fumus ille quasi thymiama exhalabat, et obscuritas illa quasi die medio vincebatur. Iterum jussae sunt inde tolli, et in suis balneis includi, atque in solio ardente et non temperato jactari. Ubi cum fuissent post duas horas ingressi qui earum corpora tollerent, inveniunt intus solium frigidum et vaporatum. Quod audiens praefectus, obstupuit, et jussit eas duci, et in medio Tiberis mitti, et uno saxo ligato in collo ambarum, praecipitari. Cum quo post dimidiam fere horam mersae sunt: et quae nudae missae fuerant, in superiore parte fluminis siccis vestibus apparuerunt indutae, Christi gloriam decantantes. Quod cum fuisset judici nuntiatum, dixit Praefectus Archesilao comiti: Istae quas mihi tradidisti, aut magica arte nos superant, aut vere in eis sanctitas regnat. Unde sicut eas mihi tradidisti, ita eas ego tibi reddo, ut tuo arbitrio vel sententiam accipiant, vel evadant. Tunc Archesilaus jussit eas duci in silvam in via Cornelia, ab urbe Roma milliario decimo, in fundo qui vocatur Buxo, et illic eas capite percuti, et sic earum inhumata corpora derelinquit. Sed Domini gratia non defuit in Christo credentibus nec defunctis. Nam Plautilla matrona, in cujus praedio hoc factum est, vidit eas in visu sedentes gemmatas in thalamo, et dicentes sibi: Plautilla, desine a flagitiis idolorum, et ab incredulitate impia cessa, et credens in Christum veni in rem tuam, et corpora nostra inveniens, ibi sepeli. Exsurgens autem Plautilla, pervenit ad locum, et inveniens sanctarum virginum corpora, adoravit, et credidit, et fabricavit sepulcrum virginum ad laudem Domini Jesu Christi.

C. V IDUS JULII.
(11 Julii.)

Translatio S. Benedicti abbatis: postquam enim (sicut ipse vivens praedixerat) monasterium ejus a gentibus est vastatum, Domino revelante, repertum est corpus, et in Gallias translatum, atque in territorio Aurelianensi, monasterio quod vocatur Floriacum, condigne sepultum; translatum est pariter etiam corpus beatae Scholasticae virginis sororis ejus, atque in partibus Cenomanensium, religiosorum devotione, conditum. Cujus animam idem vir Dei e corpore egressam, vidit in columbae specie coeli secreta penetrare: corpusque ejus secum in uno jussit poni sepulcro, ut quorum mens una semper in Deo fuerat, eorum quoque corpora nec sepultura separaret [a].

Eodem die in Armenia minore, civitate Nicopoli, natalis sanctorum martyrum Januarii et Pelagiae, qui, in equuleo, ungulis et testarum fragmentis diebus quatuor cruciati, martyrium impleverunt.

Romae in Vaticano, S. Pii papae, qui sedit in episcopatu annos octodecim. Sub hujus tempore Hermes librum scripsit, qui appellatur *Pastor*, quia in habitu pastoris ei angelus apparuit.

D. IV IDUS JULII.
(12 Julii.)

Apud Aquileiam, natalis sancti Hermagorae, primi ejusdem civitatis episcopi, discipuli beati Marci evangelistae (Act. XXI).

[b] Apud Cyprum, natalis B. Nasonis [*al.*, Jasonis, *vel* Mnasonis], antiqui Christi discipuli.

Apud Caesaream, sancti Dii

Mediolani, translatio SS. martyrum Naboris et Felicis.

Item eodem die, S. Cleti papae, qui Romae sedit annos duodecim. Hic ex praecepto B. Petri apostoli viginti quinque presbyteros in urbe Roma ordinavit: sepultusque est juxta corpus B. Petri.

E. III IDUS JULII.
(13 Julii.)

Esdrae et Joel prophetarum.

Item natalis S. Sileae [*al.*, Silae] apostoli.

[c] Apud Africam natalis sanctorum confessorum Eugenii Carthaginensis episcopi, fide et virtutibus ac miraculis gloriosi, et universi cleri ecclesiae

---

[a] Hujus translationis fit mentio in Vita S. Aiguliphi, 3 Sept. Pontif., cap. 12.

[b] Pontif., cap. 3.

[c] Vide lib. De Fest. Apost.

ejusdem. Qui cæde inediaque macerati, fere quingenti, vel eo amplius (inter quos quamplurimi erant lectores infantuli), gaudentes in Domino, procul exsilio crudeli extrusi sunt. In quibus erant nobilissimi, archidiaconus nomine Salutaris, et Muritta secundus in officio ministrorum. Qui plurima pro confessione catholica perpessi supplicia, et tertio confessores effecti, gloriosæ in Christo perseverantiæ titulo illustrati sunt.

F. PRIDIE IDUS JULII.
(14 Julii.)

a Apud Pontum, natalis S. Phocæ episcopi civitatis Sinopis, qui sub Trajano imperatore, præfecto Africano, carcerem, vincula, ferrum, ignem etiam pro Christo superavit. Cujus reliquiæ in basilica apostolorum in Gallia civitate Vienna habentur.

G. IDIBUS JULII.
(15 Julii.)

b Nisibi, natalis S. Jacobi episcopi, magnæ virtutis viri, ita ut ad ejus preces sæpe urbs discrimine liberata sit. Hic unus fuit ex numero confessorum sub persecutione Maximiani, et eorum qui in Nicæna synodo perversitatem Arii homousii oppositione damnaverunt: atque intra muros urbis suæ ex præcepto imperatoris Constantini ad tutelam et munimentum sepultus, postea zelo Juliani apostatæ extra urbem elatus et conditus. Sed mox eadem civitas, tanti patroni orbata reliquiis, Persarum ditioni succubuit.

Romæ in Portu, Eutropii, Zosimæ, et Bonosæ sororum.

Apud Alexandriam, natalis SS. Philippi, Zenonis, Marsei, et decem infantum.

In Carthagine, Catulini diaconi, Januarii, Florenti, Juliæ et Justæ, qui sunt positi in basilica Fausti.

A. XVII KAL. AUGUSTI.
(16 Jul.)

c In Ostia, natalis sancti Hilarini, qui sub persecutione Juliani, cum nollet sacrificare, fustibus cæsus, martyrium sumpsit.

Apud Antiochiam Syriæ, natalis sancti Eustachii episcopi et confessoris, qui sub Constantio principe ob catholicam fidem in Trajanopolim civitatem Thraciæ pulsus exsilio ibidem requievit.

B. XVI KAL. AUGUSTI.
(17 Jul.)

In Carthagine, natalis sanctorum martyrum Scillitanorum, id est Sperati, Narthali, Cythini, Bethurii, Felicis, Aquilini, Lethatii, Januariæ, Generosæ, Bessiæ, Donatæ et Secundæ, sub Saturnino præfecto. Qui post primam Christi confessionem in carcerem missi, et in ligno confixi, mane gladio decollati sunt. Horum reliquiæ cum ossibus beati Cypriani, et capite sancti Pantaleonis martyris, ex Africa in Gallias translatæ, venerantur Lugduni in basilica beatissimi Joannis Baptistæ.

C. XV KAL. AUGUSTI.
(18 Jul.)

Apud Carthaginem, natalis sanctæ Guddenes virginis, quæ Plutiano et Zeta [Plautiano et Geta] consulibus, jussu Rufini proconsulis, quater diversis temporibus equulei extensione vexata, et ungularum horrenda laceratione cruciata, carceris etiam squalore diutissime afflicta, novissime gladio cæsa est.

Apud civitatem Metensium, S. Arnulphi episcopi, qui sanctitate et miraculorum gratia illustris, eremiticam vitam diligens, beato fine quievit.

I. XIV KAL. AUGUSTI.
(19 Jul.)

d Natalis beati Epaphræ.

Item eodem die, S. Patris nostri Arsenii, de quo in Verbis seniorum refertur quia, propter redundationem lacrymarum tergendam, sudarium semper in sinu vel in manu habuerit.

Eodem die Hispali apud Hispaniam, natalis SS. Justæ et Rufinæ: quæ a Diogeniano præside comprehensæ, equulei extensione et ungularum laniatione vexatæ sunt, dein trusæ sunt in carcerem, inedia et doloribus afflictæ. Post hæc jussit præses ut quocunque iret, ipsæ nudis pedibus sequerentur. Tandem Justa in carcere spiritum exhalavit. Corpus ejus in puteum projectum, et a Gabino episcopo levatum, in Hispalensi cœmeterio conditum est. Rufini cervix confracta, et corpus ejus igni traditum. Cujus reliquiæ a fidelibus curatæ sunt.

E. XIII KAL. AUGUSTI.
(20 Jul.)

Natalis beati Joseph, qui cognominatus est Justus (Act. 1): qui cum beato Matthia, ut numerum duodenum impleret ab apostolis statuitur. Sed Matthia locum Judæ proditoris implente, beatus Joseph nihilominus prædicationis et sanctitatis officio inserviens, multamque pro Christi fide persecutionem a Judæis sustinens, victoriosissimo fine in Judæa quievit. De quo refertur quod venenum biberit, et nihil ex hoc triste pertulerit, propter Domini fidem.

e Apud Damascum, natalis sanctorum Sabini, Maximini, Juliani, Macrobii, Cassii, Paulæ. cum aliis decem.

F. XII KAL. AUGUSTI.
(21 Jul.)

Danielis prophetæ.

Romæ, natale S. Paxedis virginis. Hæc cum sorore sua Potentiana a sanctissimo patre Pudente, qui fuit edoctus in fide ab apostolo Paulo, in omni castitate et lege divina erudita, post transitum parentis, vigiliis et orationibus atque jejuniis assidue vacans, omne patrimonium suum simul cum prædicta,

---

a Ado in Chron. an. 101.
b Gennad. de Vir. illust., cap. 1.
c De hoc in gestis Joann. et Pauli.
d Vide lib. de Fest. Apost.
e Euseb. l. III, c. ult.

beata sorore in sustentatione pauperum et Christi sanctorum erogavit. In titulo vero quem pater earum Pudens, nomine beati Pastoris dedicavit, una cum concilio B. Pii sedis apostolicæ episcopi, fontem baptismi construere soror et ipsa studens, ut familia earum die sancto Paschæ baptizaretur. Quos ad nonaginta sex numero manumissos, beatus Pius aquis salutaribus abluit. Inde post innumera pietatis opera, post multorum martyrum sepulturas (inter quos beatum Symmetrium presbyterum cum aliis viginti duobus apud Titulum supradictum manibus suis sepelivit), qui per martyrii palmam ad regna cœlorum transierant : eadem beatissima virgo migravit ad Dominum, coronam justitiæ receptura, XII Kalend. Augusti. Sepulta in cœmeterio Priscillæ, via Salaria, juxta sororem suam atque sanctum patrem Pudentem posita.

Eodem die in Galliis, civitate Massilia, natalis S. Victoris. Qui persecutione Diocletiani et Maximiani, cum esset miles, et nec militare, nec idolis sacrificare vellet, primum a tribuno suo Asterio in carcerem trusus, sed omni nocte ad consolandos et visitandos infirmos ab angelo eductus est. Deinde jussu Eutychii præfecti, retortis brachiis, loris subtilibus ligatus, et pedibus fune constrictus, per mediam tractus est civitatem. Post hæc fustibus crudelissime cæsus, ac suspensus et tauris cruciatus, cum exhibuissent aram in qua sacrificaret, et eam nec respicere sustinens, de manu sacerdotis calce excussisset, pedem ei præses jussit incidi. Ad ultimum in confessione persistens, missus est in molam pistoriam, in qua sparsum granum vertigine animalis macerari solet : atque ita contritus, martyrium consummavit. Passi sunt cum eo tres milites, Alexander, Felicianus, et Longinus. Qui dum eum nocturno silentio in carcere custodirent, visitantibus illum angelis sanctis, tanto claritatis fulgore obstupefacti, atque ad ejus genua provoluti, credentes in Christum nocte eadem in mari baptizati sunt ; et sequenti die, ante consummationem B. martyris, gladio jugulati. Puer quoque Deutherius, qui dum ad sepulcrum ejus oraret, emisit et spiritum.

G. XI KAL. AUGUSTI.
(22 *Jul.*)

ª Natalis S. Mariæ Magdalenæ.

Et beatæ Syntyches, quæ Philippis dormit sepulta : de qua beatus apostolus Paulus scribit Philippensibus : *Evodiam rogo, et Syntychen deprecor idipsum sapere in Domino* (Phil. IV).

Ancyra Galatiæ, natalis sancti Platonis martyris : cujus gesta habentur.

A. X KAL. AUGUSTI.
(23 *Jul.*)

ᵇ Apud Ravennam, natale sancti Apollinaris episcopi. Hic Romæ ordinatus a beato Petro apostolo, Ravennam directus est. Ubi cum pervenisset, non longe ab urbe Ravenna mansit apud quemdam militem Irenæum nomine, cujus filius erat cæcus. Quem ad se perductum facto signo crucis illuminavit, atque parentes illius postmodum baptizavit. Matronam vero cujusdam tribuni militum nomine Theclam, quæ plurimis annis gravissima tenebatur infirmitate, cum in nomine Domini nostri Jesu Christi, manum apprehendens ejus, de lecto sanatam erexisset, tribunum cum uxore eadem, et filios ac familiam ipsorum in Christum credentes baptizavit. In cujus domo postmodum intra urbem Ravennam missas et baptismata agebat cum discipulis suis per duodecim annos. Ordinavit autem duos presbyteros, Adheretum et Calocerum : Martianum vero nobilissimum virum, et Leucadium philosophum diaconos, et sex clericos statuit, cum quibus die nocteque psalmos canebat. Nuntiatumque est duci Saturnino. Qui producens eum, statuit ante pontifices capitolii Ravennatis : a quibus nimia cæde mactatus, ejectusque ad mare, semivivus relinquitur. Quem discipuli ejus colligentes, adhibuerunt ei curam. Post menses sex Bonifacium nobilissimum virum, qui obmutuerat, sanaturus ad domum ejus veniens, puellam immundum spiritum habentem, deinde Bonifacium, soluto vinculo linguæ ejus, sanavit. Ubi quingenti homines Christo crediderunt. Non post multos dies a paganis tentus, et diutissime fustibus cæsus est, ac nudis pedibus super prunas impositus, et inde ab urbe pulsus. Sed non longe a muro habebant Christiani tugurium, ubi missas faciebat, in mari vero baptizabat : ibique timentes Deum de facultatibus suis ministrabant ei. Post plurimos annos etiam ad Æmiliam perrexit verbum Domini prædicare, faciens multas virtutes in nomine Domini nostri Jesu Christi. Tempore quo reversus est, Ruffi Patricii filiam a morte corporis suscitavit, quam Christo virginem firmavit, matre cum familia promiscui sexus trecentis quatuor baptizatis. Perventum est autem ad Cæsarem de beato viro, et quod domus Rufi Patricii obediret Christo. Et mittens Rufo successorem, scripsit Vicario præfecto prætorii Massalino, ut aut diis inclinaret Apollinarem, aut longe in exsilium traderetur. Quem accersitum Vicarius, post interrogationem exutum veste virgis cædi fecit, et aqua bulliente plagas ejus infundi, et equuleo suspensum torqueri, ac saxo os ejus contundi, et cum gravissimo ferri pondere oneratum includi in carcere horrifico, atque in ligno extendi : ubi ab hominibus quidem negligitur, sed ab angelo publice pascitur. Quarto die judex de carcere productum, catenatum, in navi positum, in exsilium direxit. Tres autem viri eum de clero secuti sunt, qui et ministrabant ei. Mortuis vero omnibus tempestate maris et naufragio, ipse cum clericis et duobus militibus evasit, quos Christo illico consecravit lotos aqua salutari. Et transitum faciens post Corinthum per Mysiam, leprosum cute mundatum in Christo lavit. Deinde ad ripam Danubii perveniens, multos fide sibi sociavit. Et quærentibus eum in-

---

ª Vide lib. de Fest. Apost.

ᵇ Vide lib. de Fest. Apost.

credulis occidere, in partes Thraciæ descendit. Et cum ibi dies aliquot fecisset, et in templo Serapis præsentia ipsius obticuisset dæmon, tandem rogatus spiritus responsum dedit : Quia discipulus Petri apostoli Jesu Christi huc venit, et ligavit me, hic nisi fuerit ab his locis expulsus, vobis dare responsa non possum. Inquisitus inventus est beatus Apollinaris, et discussus diutissime fustibus cæditur, et usque ad mare perductus a rectore provinciæ, navi currenti ad Italiam cum suis hominibus superimponitur. Itaque post tertium annum Ravennam ingreditur: deinde post dies aliquot subita seditione orta in civitate irruentibus paganis, ligatus ad forum perducitur : ibi cæsus ac vulneratus est. Exinde pontifices capitolii egerunt, ut ad templum Apollinis duceretur. Quo cum pervenisset, data oratione simulacrum solutum, et templum destructum est. Pagani hoc videntes, clamabant : Senex impius interficiatur. Et tradiderunt eum judici, cui nomen erat Taurus, qui habebat filium naturaliter cæcum natum, quem in nomine Christi sanctus Apollinaris illuminavit, multis stupefactis, et conversis ad Dominum. Mansit autem in prædio Tauri præsidis annis quatuor. Erat enim ab urbe milliario sexto, ubi concurrebant Christiani, et docebantur ab eo. Et quacunque infirmitate quis detinebatur, ad eum perductus sanabatur. Igitur invidiosa relatio pontificum capitolii cucurrit ad Cæsarem adversus beatum Apollinarem. Qui mox edixit, ut si diis quis temerario ore injuriam inferret, aut satisfaciat, aut urbe privetur. Quæ jussio mox percurrit ad Demosthenem patricium. Qui, exquisitione missa, sanctum Apollinarem sibi exhiberi jubet : quem auditum tradidit in custodia cuidam centurioni occulte Christiano cogitans quibus cruciatibus eum perderet. Qui media nocte laxavit eum, ut fugeret. Cumque fuisset paganis cognitum, sequentes eum, non longe a porta apprehenderunt; et tandiu cæsus est, quousque æstimaretur mortuus. Exinde collectus est a discipulis, et perductus est in vicum, ubi leprosi morabantur, et septem dies supervixit, admonens semper Ecclesiam, ne a fide Christi descenderet. Ita martyr gloriosissimus Apollinaris in laude Christi defunctus, sepultus est foris murum, et clausum in arca saxea sub terra corpus ejus missum est. Hic ab Antiochia secutus apostolum Petrum, et ab urbe Roma ab eodem apostolo missus Ravennam, rexit Ecclesiam annis viginti octo, mense uno, diebus quatuor. Passus ultimum martyrium sub Vespasiano Cæsare, et Demosthene patricio, x Kalendas Augusti.

B. IX KAL. AUGUSTI.
(24 Jul.)

Eodem die apud Italiam in Tyro, quæ est circa lacum Vulsinum, natale sanctæ Christinæ virginis: quæ in Christum credens, deos aureos Urbani patris sui præfecti contrivit, et pauperibus distribuit.

a De his in Vita D. Christophori.

Ob hoc, jubente patre, alapis afflicta, verberibus dilaniata, ferro onusta, in carcerem conjecta est. Post hoc cum diutissime et crudelissime dilaniaretur, de carnibus suis patri in faciem projecit. Cumque alligata rotæ, igni supposito, et fuso desuper oleo torreretur, erumpens flamma mille gentilium interfecit. Iterum carceri tradita, angelo visitante, sanata est et refecta. Deinde cum magno saxi pondere in mare, id est in lacum Vulsinum jactata, angelico præsidio liberata est. Quam successor patris ejus Dion multis iterum suppliciis afflixit. Sed, orante illa, simulacrum Apollinis, quod adorare jubebatur, in favillam subito redactum est. Quo miraculo tria millia hominum ad fidem Christi conversa sunt. Novissime successor prædicti Julianus, post fornacem candentem, ubi quinque diebus illæsa permansit, post serpentes a venefico immissos, sed Christi fide superatos, post abscisionem linguæ, sagittis eam configi præcepit. Sicque martyrii cursum consummavit, anno ætatis suæ undecimo.

Romæ, via Tiburtina, milliario decimo nono, natalis sancti Vincentii.

Apud Emeritam Hispaniæ civitatem, natalis sancti Victoris militaris, qui cum duobus fratribus Stercatio et Antinogeno diversis examinatus suppliciis martyrium consummavit.

a Eodem die, natalis sanctarum virginum Nicetæ et Aquilæ : quæ ad prædicationem sancti Christophori martyris, ad Christum conversæ, martyrii palmam capitis abscisione sumpserunt.

Et apud Amiterninam civitatem, militum octoginta trium.

C. VIII KAL. AUGUSTI.
(25 Jul.)

b Natalis B. Jacobi Zebedæi apostoli

Eodem die in Lycia, civitate Samo, sancti Christophori, qui virgis ferreis attritus, et a flammis æstuantis incendii Christi virtute salvatus, ad ultimum sagittarum ictibus confossus, martyrium capitis obtruncatione complevit.

In Hispaniis, civitate Barcinona, S. Cucufatis martyris, qui ex civitate Sillitana oriundus fuit, et Barcinonæ sub Galerio proconsule, et Maximiano, et Rufino passus. Primo gravissime tortus et cæsus, deinde catenis astrictus in craticula superextensus, aceto et sinapi perfusos assari jussus est. Cum vero ab igne et flammarum globis illæsus apparuisset, ex præcepto impii judicis extra civitem ductus, in ignem copiosum iterum projectus est. Quo divino nutu extincto, iterum ferro vinctus in custodiam retrusus est, ubi divino splendore consolatur. Iterum cardis ferreis et taureis crudelissime cæsus, in ultimo, dictata sententia, Cucufatem rebellem principum, et diis sacrificare nolentem, gladio feriri jubet; octavo milliario a Barcinona perductus ferroque animadversus martyrium consummavit. Cujus corpus a Christianis cum reverentia sepelitur. Unde postmodum trans-

b Vide lib. de Fest. Apost. Prudent. hymn. 4

latum, non longe a Parisiorum civitate, in ecclesia beatorum martyrum Dionysii, Rustici, et Eleutherii, cum honore tumulatum est.

a Eodem die Parisiis, depositio sancti Germani episcopi.

Metis, natalis S. Glodesindis virginis.

D. VII KAL. AUGUSTI.
(26 Jul.)

Romæ in Portu, natale sancti Hyacinthi, sub consulari Leontio, Luxurio primo civitatis Tarracinæ tradente. Qui, missus in ignem, nullo modo lædi potuit: inde præcipitatus in validissimum torrentem, incolumis ejectus est ad littus. Nuntiatur hoc consulari Leontio, et misit speculatorem cum militibus, ut eum comprehensum gladio ferirent. Tunc quædam matrona religiosa, nomine Julia, veniens nocte cum servis suis, collegit corpus ejus et cum honore sepelivit in prædio suo juxta urbem Romam, VII Kal. Augusti.

E. VI KAL. AUGUSTI.
(27 Jul.)

a Apud Nicomediam, natalis sancti Hermolai presbyteri, cujus doctrina beati Pantaleon ad fidem conversus est. Qui tentus a Maximiano, capitali sententia ob confessionem Christi punitus est.

Eodem die, in Sicilia, sancti Simeonis monachi.

F. V KAL. AUGUSTI.
(28 Jul.)

Nicomediæ, passio sancti Pantaleonis. Qui cum jubente Maximiano artem disceret medicinæ, a presbytero Hermolao ad fidem Christi conversus, multa miracula fecit, patremque suum senatorem Eustorgium Christi fidei subjugavit. Ob quam causam tentus ab eodem Maximiano, equulei pœna et lampadarum exustione cruciatus (sed inter hæc Domino sibi apparente refrigeratus), tandem ictu gladii martyrium consummavit.

Eodem die, Lugduni, sancti Peregrini presbyteri, cujus beatitudinem miraculorum gloria testatur.

G. IV KAL. AUGUSTI.
(29 Jul.)

b Romæ, via Aurelia, beati † Felicis pontificis sub Constantio filio Contantini. Idem Constantius Augustus, consilium hæreticorum, ac Valentis et Ursacii Arianorum approbans, quia et ipse Arianus erat, ab Eusebio Nicomediensi rebaptizatus, ejecit sanctum felicem Urbis episcopum de sede episcopatus sui. Et facta est persecutio magna in clero, ita ut presbyteri et clerici plures necarentur et martyrio coronarentur. Depositus sanctus ac beatissimus papa Felix, habitavit in prædiolo suo, quod est via Portuensi. Et agentibus postmodum hæreticis, exinde levatus, ductus est ad civitatem, et capite truncato, martyrio coronatur IV Idus Novembris. Exinde raptum corpus ejus a presbyteris et clericis, et sepultum in basilica quam ipse construxit via Aurelia, quintodecimo Kalendas Decembris, in milliario secundo. Cujus natalis celebratur quarto Kalendas Augusti. Sedit autem in episcopatu anno uno, mensibus tribus, diebus duobus.

c Item eodem die, natale sanctorum martyrum Simplicii, Faustini et Beatricis, temporibus Diocletiani et Maximiani: qui post multa ac diversa supplicia jussi sunt capitalem subire sententiam; et ligato saxo in collo eorum, jactari per pontem, qui vocatur Lapideus, in Tiberinis theumatibus. Quorum corpora Dei nutu inventa sunt a beata sorore eorum Beatrice, et a beatis presbyteris Crispo et Joanne: et sepulta sunt in loco qui appellatur Sextum Philippi, via Portuensi, quarto Kalendas Augusti. Beatrix autem soror Martyrum cum moraretur apud venerabilem Lucinam, factum est, ut quidam vicinus possessor Lucretius ambiret possessiunculam ejus. Pro hoc itaque fecit teneri sanctam Beatricem, et duci ad sacrificandum. Tunc beata Beatrix, exclamavit: Christiana sum, non sacrifico dæmoniis. Ducta est itaque, et carcerali custodiæ mancipata. Cumque in Dei nomine libere ageret, fecit eam ambitiosus Lucretius præfocari noctu. Quam venerabilis Lucina juxta sanctos martyres germanos ejus sepelivit, quarto Kalendas Augusti. Post hoc ingressus prædium sanctorum Lucretius, dum ibi epularetur, quædam mulier infantulum lactabat. Qui infantulus coram omnibus in convivio vocem emisit: Audi, Lucreti; occidisti, et invasisti, ecce datus es in possessionem inimici: ad hanc vocem invasus est a maligno spiritu ibi in convivio, et per tres horas vexatus, emisit spiritum.

d Eodem die, depositio sancti Lupi episcopi de Trecas. Qui cum Germano venit Britanniam et quinquaginta duobus annis sacerdotio functus est. Qui tempore Regis Attilæ, Galliam vastabat (sicut in ejus hymno canitur, *Dum bella, cuncta perderent*), orando Trecas munivit.

A. III KAL. AUGUSTI.
(30 Jul.)

e Romæ, natale Abdon et Sennes subregulorum, sub Decio imperatore: quos Decius in Cordula civitate Persarum sibi præsentari jussit. Quibus et dixit: Sic stulti facti estis, ut non recordemini quia, non colentes deos, traditi estis in manus Romanorum et nostras? Cui beatus Abdon: Magis nos victores facti sumus, Deo favente, et Domino Jesu Christo, qui regnat in æternum. Jubente igitur Decio, vincti catenis reclusi sunt in arcta custodia. Tunc dixit Abdon ad Sennem: Ecce gloria quam semper speravimus. Post menses quatuor veniens Decius Romam, et adducens secum beatos Abdon et Sennem catenis vinctos, jussit omnem senatum convocari, et fecit conventum in Tellude cum Valeriano præfecto V Ka-

---

a Deo in Vita S. Pantal. 28 Jul.
b † Est Felix II pontif. cap. 37.
c De his in gestis S. Anshimi 11 Maii.
d Gregor. Tur. de Glor. CC. c. 67, 68.
e De his in passione S. Laur. 10 Aug.

lendas Augusti, et jussit sibi præsentari Abdon et Sennem maceratos diversis pœnis. Et dixit ad senatum : Dii deæque tradiderunt hostes ferocissimos in manus nostras. Ecce inimici Reipublicæ et Romani imperii. Et introducti sunt ornati auro et lapide pretioso, vincti catenis : omnisque senatus mirari cœpit in aspectibus eorum. Et cum constanter Christum in conspectu eorum faterentur, Decius iratus jussit Valariano præfecto, ut si non adorarent deum Solem, ferarum morsibus interirent. Qui denudavit eos, et duxit ante simulacrum Solis juxta amphitheatrum, ut sacrificarent. Verum illi contemnentes, exspuerunt in simulacrum Solis. Tunc Valerianus jussit ut plumbatis cæderentur. Deinde introducti in amphitheatrum, et dimissi sunt eis leones duo, et ursi quatuor, qui rugientes venerunt ad pedes sanctorum, et nullatenus recedentes custodiebant eos. Valerianus vero, plenus furore, jussit gladiatores introire, et beatos subregulos interficere, et ligare pedes eorum, et ante simulacrum Solis jactare : ubi jacuerunt corpora sanctorum tribus diebus. Post triduum venit quidam Quirinus Christianus subdiaconus, qui manebat juxta amphitheatrum, et collegit noctu corpora, et recondidit in area plumbea in domo sua tertio Kalendas Augusti, ubi latuerunt usque ad tempora Constantini. Tunc se reserantes beati Martyres, levati sunt, et translati in cœmeterio Pontiani.

Eodem die apud Africam, civitate : Tuburbo Lucernariæ, natale sanctarum virginum Maximæ, Donatillæ et Secundæ : quæ persecutione Gallieni sub Anolino judice passæ sunt. Qui interrogatione facta distulit audientiam, et beatas virgines et sorores, Maximam et Donatillam, ad civitatem Tuburbitanam perduci jussit, quibus nec panem nec aquam subministrari præcepit, sed aceto et felle potari. Videns autem beatissimarum fiduciam, exarsit in iram, et jussit ut urgerentur ambulare. Erat quædam puella in superioribus domus suæ constituta, annorum duodecim, nomine Secunda : cui dum multæ nuptiarum conditiones offeruntur, omnes contempsit, et unum Deum dilexit. Hæc accensa spiritu Dei, cum videret commartyres suas Maximam et Donatillam transeuntes (fuit enim in superioribus domus ejus mœnianum, ubi stabat) et sanctarum virginum puchritudinem fidei oculis consideraret, cogitavit et decrevit ad similem gratiam pervenire. Et ne aliquis prohiberet honeste descendere, ut impedimenta vitaret, nec opes, nec nationem suam contemplata est, nec patrem carnalem curavit : sed, relictis omnibus, unum auctorem castitatis Deum quæsivit, quem in æternum possedit,

ᵃ *Et stativam ad bibendum offerri.* Ita mss. omnes. Hactenus editum : *et statuam ad libandum offerri :* quod supposititium et affectum. Intelligit aquam

et tenuit. Cum ergo egrederentur beatæ martyres et procederent, Secunda festina clamabat post eas : Nolite me dimittere, veniam vobiscum. Et simul cum illis civitatem Tuburbitanam ingressa est. Alia die hora tertia Anolinus proconsul pro tribunali consedit, et Maximam et Donatillam sibi præsentari præcepit, et ad tormenta elidi. Et cum cæderentur, jussit calcem super plagas earum spargi, et fricari, deinde in equuleo extendi et torqueri ᵃ, et stativam ab bibendum offerri : deinde in craticulam et ad carbones igneos sterni, et prunas ardentes super capita earum adjici : postmodum in theatro ad delubrum deponi, et ab omnibus conculcari. Tunc ex officio dictum est, esse cum eis puellam aliam, nomine Secundam : quam suo judicio Anolinus proconsul applicari jussit. Cumque adesset, ait : Christiana es, an pagana ? Secunda dixit : Christiana sum. Statim Anolinus ipsam cum Maxima et Donatilla ad bestias damnavit, et eas ferro vinctas ad spectaculum populi adduci præcepit. Quæ cum inducerentur, in media arena osculatæ sunt se invicem ut martyrium pace complerent. Ursus autem ferocissimus ac sævissimus illico eis laxatus, in mansuetudinem versus, earum vestigia linxit potius quam momordit. Iratus Anolinus, quia se furente bestias mites vidit, locutus cum concilio, sententiam ex tabella recitavit. Maximam, Donatillam et Secundam, in superstitione sua perdurantes, quæ diversas pœnas pertulerunt, et bestiis objectæ sunt, et diis nostris sacrificare noluerunt, gladio animadverti placet. Maxima, Donatilla et Secunda dixerunt : Deo gratias. Et consummatæ sunt tertio Kalendas Augusti.

B. PRIDIE KAL. AUGUSTI.
(31 *Julii.*)

Cæsareæ passio sancti Fabii martyris. Qui cum ferre vexilla præsidalia recusaret, primum diebus aliquot in carcerem trusus est, deinde productus sistitur ante tribunal. Interrogatus semel et iterum, in Christi confessione perdurat : et mox a furibundo judice capitali sententia condemnatur. Post hæc inhumatum corpus custodiri jubetur : quod post triduum reticulo insutum, in maris profunda, seorsum caput, seorsum cadaver immergitur. Sed Domini virtute rescisso reticulo, membra capiti revocantur, et scapulis cervix cum indiciis passionis adjungitur. Atque ita suæ integritati redditum corpus unda blandiore ad [*Al.* Cartemianum, vulgo Carternitanum]. Cartenarium litus evectum, condigno cultu a fidelibus tumulatum est.

Antisiodori, sancti Germani, episcopi et confessoris.

stativam, quæ Plinio stagnans, Varroni reses dicitur.

LITANIÆ INDICENDÆ.

MENSIS AUGUSTUS

HABET DIES XXXI; LUNA VERO, XXIX.

C. KAL. AUGUSTI
(1 Aug.)

a Romæ, ad sanctum Petrum ad Vincula.
Antiochiæ, natalis sanctorum Machabæorum.

Apud Italiam, civitate Vercellis, beati Eusebii episcopi et confessoris, qui ob confessionem fidei a Constantio principe Scythopolim, et inde Cappadociam relegatus, sub Juliano imperatore ad ecclesiam suam reversus est. Novissime persequentibus Arianis martyrium passus.

Apud Arabiam, civitate Philadelphia, SS. martyrum Cyrilli, Aquilæ, Petri, Domianiti, Rufi, Menandri, una die coronatorum.

b In Hispaniis, civitate Gerunda, natalis sancti Felicis martyris, qui de Scillitana civitate oriundus, cum persecutiones in Hispaniis adversus Christianos agi cœpissent, ascensa mercatorum navi, amore martyrii ocius accurrit. Et cum aliquandiu apud Barcinonam, Empurias, et Gerundam, verbum Dei prædicans plurimos in fide confortasset, et fama ejus longe lateque crebresceret, jubente Daciano, repente a Rufino officiali tentus est. Cumque nomen Christi confidentissime fateretur, primo fustibus cæsus, et in ima carceris trusus, deinde manibus pedibusque ligatis, negato cibo et potu, in loco squalido projectus, post hoc etiam catenis gravioribus vinctus, per totas plateas ab indomitis mulis tractus, et pene in frusta discerptus est. Deinde missus in carcerem, nocteque ab angelo visitatus atque sanatus, facto die ad certamina revocatus est. Tunc ungulis excoriatus, capite inverso ab hora tertia usque ad vesperam suspensus, nullum penitus sensit dolorem. Deinde in carcerem Rufinus eum trudi præcepit, ubi per totam noctem splendor copiosus effulsit. Sed et voces angelorum psallentium auditæ sunt. Quod cum nuntiatum fuisset Rufino a custodibus, jussit eum, manibus post tergum ligatis, in maris profundum mergi. Ibi continuo vincula ejus dirupta sunt, et angelis sibi manum tenentibus, super undas deambulans ad littus pervenit. Tunc Rufinus jussit iterum cutem ejus ungulis detrahi, ac deinde usque ad ossa laniari, et tam diu vulnera vulneribus instaurari, usque dum invictum Christo spiritum reddidit. Corpus ejus Gerundæ in monumento, quod ipse sibi præparaverat, conditum est, Nonis Augusti.

D. IV NONAS AUGUSTI.
(2 Aug.)

c Romæ, in cœmeterio Callisti natale sancti Ste-A phani papæ et martyris, sub Valeriano et Gallieno imperatoribus. Qui cum persecutio sæva grassaretur, beatus Stephanus, congregato universo clero suo, hortabatur eos ut pro Christo coronam martyrii alacriter susciperent; ordinaverat autem tres presbyteros, et septem diaconos, et clericos sexdecim, cum quibus de regno Dei assidue docebat. Divina autem gratia procurante, occurrebant multi ex gentilibus et honesti viri, ut baptizarentur ab eo. Inter quos Nemesius tribunus cum omni domo sua, filiaque ipsius nomine Lucilla, quæ cæca per beatum Stephanum illuminata fuerat, et Olympius alter tribunus cum uxore sua Exuperia, et filio Theodulo, et quotquot crediderunt in domo Olympii, qui postea gloriosa confessione martyrum meruerunt. Celebrabat autem missas atque concilia per cryptas martyrum. Factum est autem, ut Valerianus et Gallienus persecutores nominis Christi, summo requirerent studio beatum Stephanum, ut eum et clericos ejus diversis afficerent pœnis. Miserunt itaque multitudinem militum, et tenuerunt eum cum multitudine clericorum presbyterorum, et diaconorum. Qui veniens ad tribunal Valeriani, solus introivit. Cui Valerianus: Tu es Stephanus, qui rempublicam conaris evertere, et persuasionibus atque hortationibus malis populum a deorum recedere suades cultura? Beatus Stephanus dixit: Ego quidem non everto rempublicam, sed hortor ut, derelictis dæmoniis quæ adorantur in idolis, ad Deum vivum et verum redeant creatorem cœli et terræ, et cognoscant Christum Jesum Filium Dei Deum esse, qui cum Patre et Spiritu sancto solus est sempiternus, ut non pereant cum diabolo in interitum sempiternum. Tunc Valerianus jussit eum duci ad templum Martis, et ibidem dictata sententia capite truncari, si non acquiesceret adorare nefandi Martis simulacrum. Perductus beatus Stephanus a militibus foras muros Appiæ portæ ad templum, levatis oculis ad cœlum, dixit: Domine Deus pater Domini mei Jesu Christi, qui turrim confusionis Babyloniæ destruxisti, destrue nunc et hunc locum, ubi diabolica superstitione per idolorum culturam animæ pereunt populorum. Et statim facto fragore tonitrui cum terroribus coruscationum, corruit maxima pars templi, et milites pavefacti fugerunt. Beatus vero Stephanus perrexit cum omnibus Christianis ad cœmeterium sanctæ Lucinæ, et multis eos consolatos sermonibus, obtulit pro eis sacrificium Deo omnipotenti. Quæ gesta audiens Valerianus, misit

---

a 2 Mach. 7. Hier. de Scrip. Eccles. c. 96.
b Greg. Tur. de Gloria Mart. c. 92.

c Pontif. c. 24.

plurimos militum, qui beatum Stephanum punirent. Qui venientes invenerunt sacrificium Deo offerentem. Quem intrepidum et constantem ante altaris solemnia, et coepta perficientem, in eodem loco in sua decollaverunt sede sub die iv Nonarum Augustarum. Cujus corpus Christiani populi sepelierunt in eadem crypta cum ipsa sede, ubi astans sanguis ejus effusus est in loco, qui appellatur hodie coemeterium Callisti. Sedit autem in episcopatu annos septem, menses quinque, dies duos.

Eodem die, natale S. Theodotae cum tribus filiis suis in provincia Bithyniae urbe Nicaea, tempore Diocletiani, sub consulari Nicetio et comite Leocadio. Qui hanc per multos dies blandimentis et terroribus cogere voluit ut ejus conjugio necteretur. Sed cum sancta femina nullo modo consentiret, ferro vinctam cum filiis consulari Bithyniae Nicetio destinavit. At ille filium ejus primogenitum Evodium, Christum fiducialiter confitentem, in conspectu matris fecit fustibus caedi. Cui mater pia clamabat: Noli, fili, timere ista verbera; per ipsa enim ad aeterna Christi gaudia pertinges. Tunc consularis Nicetius jussit cuidam Hirtaco, ut apprehendens beatam Theodoten, prius illi illuderet; et postmodum inter publicas meretrices constitueret. Quam ille volens tenere, de naribus ejus coepit sanguis vehementer effluere. Qui clamans dixit Nicetio: Stat juxta eam juvenis pulcher, auratis vestibus indutus, ex cujus manu pugnum accepi in naribus. Consularis ergo Nicetius jussit ignem copiosum accendi, et beatam Theodoten cum tribus filiis suis immitti. Quae gratias referens Deo, dicebat: Benedictum nomen pietatis tuae, Domine, qui me nec in isto saeculo a filiis meis separasti, nec in tui nominis confessione disjungi passus es, nec in martyrio dividi permisisti. Consummata est igitur cum tribus filiis suis sancta Theodota, sub die quarto Nonarum Augustarum.

E. III NONAS AUGUSTI.
(3 Aug.)

a Hierosolymis, inventio corporis beatissimi Stephani protomartyris, et sanctorum Gamalielis, Nicodemi, et Abibon, sicut revelatum est a Domino beato presbytero Luciano, septimo Honorii principis anno. Nam dum quiesceret in basilica baptisterii in stratu suo, die sexta feria illucescente, circa horam tertiam noctis, dum adhuc pervigilaret, tanquam in excessu mentis effectus, vidit virum senem, statura procerum, vultu decorum, prolixa barba, in vestitu candido, amictum pallio, in cujus summitatibus erant tanquam aureae cruces contextae; calceatum caligis, in superficie deauratis, et manu tenebat virgam auream, de qua tangens eum, dixit se esse Gamalielem, qui nutrivit apostolum Paulum, et inter alia dixit ei: Summa cum diligentia nostros patefacito tumulos, quia indecenter despecto loco reconditi sumus. Et cum interrogasset, qui essent cum eo: Unus est, inquit, domnus Stephanus, a Ju-

a Gennad. de Vir. illustr. cap. 46.

daeis pro fide Christi Hierosolymis lapidibus oppressus torrentis; jussuque sacerdotum relictus extra portam, via quae mittit Cedar, bestiis ac avibus devorandus. Sed hoc omnino prohibuit ille cui illaesam idem martyr fidem servavit. Quo facto, rarescente Judaeorum perfidia, convocans ascivi mihi religiosorum virorum turbam, conventumque fidelium, ac blandiens, suadensque, affatus sum ita: Obsecro vos, fratres charissimi, ut neminem revereamini, colligentes sanctum pignus B. Stephani, deferte villulae nostrae, quam nomine suo nominaverat Caphargamala, quae vigesimo secundo lapide ab urbe Hierosolyma distat, et more solito, solemni cum funere sepelite. Quod et factum est. Ille vero qui hujus locello jacet contiguus, ipse est Nicodemus nepos meus, qui ut renasceretur ex aqua et Spiritu sancto a Salvatore audivit; qui a Petro mox et Joanne est baptizatus. Pro quo postmodum indignati principes sacerdotum, subtracto ei principatus honore, conabantur eum tradere morti. Sed nostri gratia nostraeque propinquitatis jure repressi, non fecerunt. Verumtamen expulsum foras urbem diripuerunt omnem supellectilem ejus, multisque afficientes plagis semivivum reliquerunt. Ego nimirum et hunc collegi, et curam ei adhiberi praecepi. Qui paululum fuit instanti superstes vita, ad optatam et ipse quietem migravit; quem exhibitis funeris exsequiis, ad protomartyris pedes jussi tradere sepulturae. Ille autem tertius, qui mecum quiescendi possidet locum, ipse est Abibas filius meus, qui mecum Christo Jesu, vigesimum agens annum aetatis suae, una credidit, et a praefatis apostolis aeterni fontis unda perfusus. Is, dum esset legis doctrina plene eruditus, templo Dei cum Paulo sedulo vacans, divina meditando praecepta, ab illo vitio, cui se genus maxime subdere solet humanum, protectione tuente superna, exstitit liber, et in hoc castitatis proposito pausavit in pace; cum quibus et ego jaceo. Conjux quoque mea Ethna, et Selemias primogenitus noster, nolentes credere Christo, sed religionis unitati et fidei derogantes, in possessione Capharselemia sunt tumulati. Verumtamen, quo nos repositi sumus cum fodere coeperis, inanes eorum reperies tumulos, quia nobiscum non fuerunt digni tumulari. Cumque venerabilis presbyter praedictum virum sciscitaretur: Ubi vos, inquiens, inveniemus, Domine? ait ille: In agello nostro, qui Syriace Delamgabrica, necnon Debatthalia vocatur, id est virorum Dei seu beatorum possessio. Quae visio consimilis ei iterum iterumque apparuit. Surgens autem venerabilis presbyter, perrexit in civitatem ad antistitem Joannem, de quo per visionem monitus fuerat. Cumque illi, cleroque ejus particulatim visionis seriem retulisset, ille lacrymis prae gaudio fusis, benedixit Dominum; reque veraciter ut erat per omnia comperta, beatus episcopus sub omni celeritate ad fratres et coepiscopos vicinarum urbium misit. Qui cum occurrissent, et locum praesignatum fodere cœpissent, terræ motu statim facto, immensi odoris suavitas tanta exinde respersa est, quantam nullorum ætas hominum tunc temporis meminerat se sensisse; ita ut putarent se præsentes in amœnitate paradisi sitos. Et in ipsa hora de suavitatis odore septuaginta tres animæ sunt curatæ a diversis infirmitatibus. Aderant tunc temporis testes miraculorum, cum beato Joanne, Eustominus Sebastenus, et Eleutherius Jericontinus pontifices, cum clericorum sanctissimo comitatu. Qui osculantes beati Stephani pignus, locumque claudentes, cum gaudio ad propria sunt reversi. Post paucos autem dies corpus protomartyris Stephani in Sion ad sanctam ecclesiam, ubi archidiaconus fuerat ordinatus, vii Kalend. Januarii cum psalmis et hymnis detulerunt. Tunc temporis cum prolixæ siccitatis esset immensitas, sufficiens supernæ pietatis pluvia descendit, quæ sitientem largius terram madefaciens irrigavit. Quod meritis beati martyris Stephani nullus ambigit periclitanti populo concessum fuisse. Hanc revelationem Lucianus presbyter Græco sermone ad omnium ecclesiarum personam descripsit, quam Avitus presbyter, homo Hispanus, in Latinum vertit, et per Orosium presbyterum Occidentalibus dedit; qui etiam simul reliquias beati Stephani primus Occidenti detulit, ubi ad memorias S. martyris innumera miracula facta sunt. De quibus plurima beatus Augustinus in libris de Civitate Dei memorat [a].

Constantinopoli, natalis sancti Hermelli martyris.

F. PRIDIE NONAS AUGUSTI.
(4 Aug.)

Natalis beati Aristarchi, discipuli sancti Pauli apostoli.

[b] Item Romæ in crypta Arenaria, natale Tertullini martyris, quem beatus pontifex Stephanus baptizavit, et in albis presbyterum consecravit, cui inter cætera monita, præcipue commendavit: Frater, inquit, cura sit tibi diversorum requirere sanctorum corpora martyrum. Qui post biduum ordinationis suæ tentus a Marco præfecto, eductus est ad Valerianum imperatorem. Quem ille extensum mactari fustibus jussit. Cumque impie cæderetur, clamabat: Gratias ago tibi, Domine Jesu Christe, qui me non separasti a domino meo Olympio servo tuo, qui me præcessit martyrio consummato. Cumque inter cædes hoc diceret, jussit Valerianus lateribus ejus ignem supponi. Cumque lætus et constans perseveraret, diceretque: Fac, miser, quod facis celerius ut me de hoc incendio, licet peccatorem, tamen pro ejus nomine, Christo offeras sacrificium; jussit Valerianus elevari eum, et tradi præfecto Saprico. Qui primo jussit os ejus lapidibus conquassari, deinde extendi eum in equuleo, et nervis diutius torqueri, deinde ignibus concremari. Cumque perseveranter, Spiritus sancti gratia roboratus, Christum Dominum fateretur, mandavit hoc factum Valeriano tyranno. Cui Valerianus remandavit, ut, data sententia, ejus caput abscinderetur. Tunc Sapricius depositum de equuleo jussit duci via Latina in secundo milliario, et ibidem decollari. Cujus corpus S. Stephanus pontifex colligens cum clericis, et hymnis redditis Deo sepelivit in eodem loco, in crypta Arenaria, secundo Kal. Augusti. Ubi concursus solemnis fit 11 Nonas Augusti.

Apud Lugdunum, adventus corporis sancti Justi episcopi de eremo. Qui cum aliquot annis in eremo angelis proximam egisset vitam et dignus adesset finis tantis laboribus, regnum scandens cœlorum, beato lucro promeruit. Cujus sanctum corpusculum venerabilium civium Lugduni urbis cura requisitum, a remotis terræ partibus cum alacritate et religione reportavit, atque in urbe sacerdotii sui sepelivit.

G. NONIS AUGUSTI.
(5 Aug.)

[c] Apud provinciam Rhætiæ, civitate Augustana, natalis S. Afræ martyris. Quæ cum esset pagana et meretrix, per doctrinam S. Narcissi episcopi ad fidem conversa, et cum omni domo sua baptizata, pro confessione Domini igni tradita est.

Augustoduni, natalis S. Cassiani episcopi.

A. VIII IDUS AUGUSTI.
(6 Aug.)

[d] Romæ, via Appia, in cœmeterio Callisti, natale S. Sixti episcopi et martyris. Et in cœmeterio Prætextati sanctorum Felicissimi et Agapiti, diaconorum ejusdem, sub Decio imperatore, Valeriano præfecto; qui tenuit beatissimum senem Sixtum episcopum Romanum cum omni clero suo, et reclusit eos in custodia publica, et fuerunt ibi clausi multis diebus. Factum est autem ut Decius Cæsar et Valerianus præfectus juberent sibi beatum Sixtum episcopum cum clero suo præsentari noctu intra civitatem in Tellude. Cui Decius Cæsar dixit: Scis cur tentus; et conventione publica nobis præsentatus es? Respondit Sixtus: Scio, et bene scio. Decius dixit: Ergo si scis, fac ut universi sciant, et tu vivas, et clerus tuus augeatur. Beatus Sixtus respondit: Vere feci et facio ut clerus meus augeatur. Cui Decius: Ergo sacrifica diis immortalibus, et esto princeps sacerdotum. Ad hoc sanctus episcopus: Ego semper sacrificavi et sacrifico Deo Patri omnipotenti, et Domino Jesu Christo Filio ejus, et Spiritui sancto hostiam puram et immaculatam. Tunc ex præcepto Decii duxerunt eum milites ad templum Martis, ut sacrificiis coinquinaretur. Sed contemnentem sacrificare recluserunt eum in custodia privata, cum duobus diaconibus Felicissimo et Agapito. Cumque duceretur, his verbis beatus eum Laurentius archidiaconus cœpit compellare: Quo progrederis sine filio, pater? Quo sacerdos sancte sine diacono properas? Tu nunquam sine ministro sacrificium offerre consueveras. Quid in me ergo papæ. 2 Aug.

[a] Exstat tom. X S. Aug. Sigebert. in Chron. an. 418. Aug. de Civit. Dei l. XXII, c. 8.
[b] Vide lib. de Fest. Apost. De hoc in Vita Steph.
[c] Greg. Tur. de Glo. CC. cap. 7, 9.
[d] De his in Vita S. Laurent. 10 Aug.

displicuit tibi, pater? Num degenerem probasti? Experire certe utrum idoneum ministrum elegeris. Cui commisisti Dominici sanguinis consecrationem, cui consummandorum consortium sacramentorum credidisti, huic sanguinis tui consortium negas? Vide ne periclitetur judicium tuum, dum fortitudo laudatur. Abjectio discipuli detrimentum magistri est. Quid quod illustrius præstantes viri discipulorum certaminibus quam suis vincunt? Denique Abraham filium obtulit (*Gen.* XXII); Petrus Stephanum præmisit. Et tu, Pater, ostende in filio virtutem tuam; offer quem erudisti, ut securus judicii tui comitatu nobili pervenias ad coronam. Tunc beatus Sixtus ait: Non ego te derelinquo, fili, nec desero, sed majora tibi debentur certamina. Nos quasi senes levioris pugnæ cursum recipimus, te quasi juvenem gloriosior manet de tyranno triumphus. Mox veniens flere desiste, post triduum me sequeris. Inter sacerdotem et levitam hic medius numerus decet. Non erat tuum sub magistro vincere, quasi adjutorem quæreres. Quid consortium passionis meæ expetis? totam tibi hæreditatem dimitto. Quid præsentiam meam requiris? Elias Eliseum reliquit (*IV Reg.* II), et virtutem non abstulit. Et dixit beatus Sixtus ad beatum Laurentium: Accipe facultates ecclesiæ vel thesauros, et divide pauperibus quibus tibi videbitur. Accepta potestate, beatus Laurentius cœpit per regiones curiose quærere, ubicunque sancti clerici vel pauperes essent absconsi, et portans thesauros, prout cuique opus erat, ministrabat. Igitur post hoc beatus Sixtus reducitur in Telludem, ut audirent cum eo diaconi Felicissimus et Agapitus. Et sedente Decio ac Valeriano, præsentatus est beatus Sixtus. Ad quem Decius iracundia plenus: Nos, inquit, consulimus senectuti tuæ, audi præcepta nostra, et sacrifica. Respondit beatus Sixtus: Miser, tu tibi consule, et noli blasphemare, sed age pœnitentiam de sanguine sanctorum, quem effudisti. Tunc monente Valeriano, jussit Decius ut ducerentur ad templum Martis, et si nollent sacrificare, in eodem loco capite truncarentur. Educti ergo foras murum portæ Appiæ, dixit beatus Sixtus ad templum Martis: Destruat te Christus Filius Dei vivi. Cumque respondissent omnes Christiani, Amen, subito cecidit aliqua pars templi, et comminuta est. Tunc beatus Laurentius cœpit clamare: Non me derelinquas, pater sancte, quia thesauros tuos jam expendi, quos tradidisti mihi. Milites autem audientes de thesauris, tenuerunt beatum Laurentium archidiaconum; sanctos vero, Sixtum, Felicissimum, et Agapitum duxerunt in clivum Martis ante templum, et ibi decollati sunt octavo Idus Augusti. Noctu autem venerunt clerici, et maxima pars Christianorum, et collegerunt corpora sanctorum, et sepelierunt beatum Sextum in crypta in cœmeterio Callisti in eadem via. Sanctos vero Felicissimum et Agapitum martyres sepelierunt in cœmeterio Prætextati. Decollati autem sunt cum eis et alii quatuor, ut in gestis Pontificalibus

ᵃ Eulog. l. II, c. 14.

legitur, Januarius, Vincentius, et Stephanus subdiaconi. Passus et cum eis beatus Quartus, ut scribit beatus Cyprianus (*ep.* 82). Hic beatus Sixtus apud Athenas natus, et doctus, prius quidem philosophus, postea Christi discipulus fuit. Sedit in episcopatu anno uno, mensibus decem, diebus viginti tribus.

ᵃ Eodem die in Hispaniis, civitate Compluto, sanctorum Justi et Pastoris fratrum. Qui cum adhuc pueri litteris imbuerentur, projectis in schola tabulis, sponte ad martyrium cucurrerunt; et mox a diacono teneri jussi, cum se mutuis exhortationibus constantissime roborarent, extra civitatem producti, et in Campo laudabili, a carnificibus jugulati sunt. Ubi etiam in basilica sui nominis quiescunt.

B. VII IDUS AUGUSTI.
(7 Aug.)

ᵇ Apud Tusciam, civitate Aretio, natalis sancti Donati episcopi et martyris: qui nutritus a sancto Pigmenio presbytero, in titulo beati pastoris, eruditus est, non solum in divinis, verum in humanis litteris sufficientissime. Cum quo et Julianus crevit, et subdiaconus ordinatus, rejecto postmodum gradu inutilis factus, ad imperium aspiravit. Quo tempore beatum Pigmenium Romæ in custodia mancipavit, et sanctos patrem et matrem Donati gladio occidit. Donatus vero lector fuga petiit civitatem Aretium, et habitavit cum Hilarino gloriosissimo monacho, serviens Deo continuis orationibus et jejuniis. Factum est ut mulier nomine Surana gentilis et pagana, capta oculis, et corde vere cæca, cum unico filio suo Herculeo nomine cellam beati Hilarini, cum quo beatus vir habitabat, requireret; quam fide Christi instructam, ad beatum Satyrum episcopum Hilarinus et Donatus perduxerunt. Qui fidem ipsius ut accepit, gratias Deo agens, indixit ei jejunium, ut humiliaretur in cilicio et cinere. Et sic deinde catechizavit eam, et baptizavit tam ipsam quam filium ejus. Et mox aperti sunt oculi Suranæ, cœpitque clamare: Vere Deus Christus est, qui illuminavit oculos meos. Quod factum audiens Apronianus, non multo post attulit filium suum dæmoniacum ad beatum Donatum. Quo orante simul cum Satyro episcopo et Hilarino, expulsus dæmon puerum sanum reliquit. Sed et non longo tempore post, vir quidam Eustasius, rector Tusciæ, et exactor fisci, dum occupatus aliubi teneretur, supervenientibus hostibus, uxor ipsius Euphrosina pecuniam fisci abscondit, et paucis diebus succedentibus, absente adhuc viro, defungitur. Rediens autem postmodum vir ejus, invenit uxorem suam mortuam, et pecuniam fisci sibi celari. Qua de re non parum tristis, simul pro requisita pecunia, cum etiam a principibus curiæ supplicia ipsi meditarentur, fugiens idem Eustasius, venit ad beatum Satyrum et Donatum, et indicavit eis anxietatem animi sui. Stans itaque Donatus super sepulcrum uxoris ipsius, voce magna

ᵇ Greg. Dial. l. I, 6, 7.

clamavit : Euphrosina, per Christum crucifixum te conjuro ut dicas nobis quid factum sit de pecunia fisci, quia vir tuus pro ea ab exactoribus valde affligitur. Quæ mox de sepulcro respondit : In ingressu domus suffossa latet pecunia quam quæritis. Recepta igitur est pecunia, liberato Eustasio ab impositione calumniæ. Verum recepto beato Satyro cum patribus suis, ejus loco sacerdotium B. Donatus suscepit. Cumque die quadam missas celebrasset populo, et de corpore Christi ac sanguine ipsius populus venerabiliter recrearetur, diaconus quidam nomine Antimus tradebat sacrum sanguinem Christi, et subito paganorum impulsu cecidit, et sanctum calicem comminuit. Unde valde tristis tam ipse quam populus Christi efficitur. Cujus tristitiam Dominus per beatum illico Donatum revelavit. Nam collecta sunt fragmenta Dominici calicis, et beato viro allata. Quæ flens ille suscipiens, oratione facta, vas in pristinam formam restauravit. Quo signo perculsi pagani, simul cum Christianis deitatem Christi confessi sunt, ac circiter septuaginta novem animæ in Christum credentes per baptismum salvatæ sunt. Multis ergo signis Dominus glorificans sanctum suum ad coronam martyrii provexit. Denique tentus tempore Juliani imperatoris a Quadratiano Augustali, simul et cum eo Hilarinus vir Dei, jubetur idolis sacrificare. Cui fideliter reluctanti, jussit Quadratianus os lapidibus contundi, Hilarinum vero monachum in conspectu ejus tam diu fustibus cædi, donec spiritum emitteret ; deinde beatum Donatum in custodia recludi. Ubi cum innumera miracula Dominus per servum suum operaretur, misit Quadratianus, et gladio percussit, vii Idus Augusti. Cujus corpus Christiani juxta civitatem cum veneratione sepelierunt. Martyris vero Hilarini ossa in Ostia civitate tumulata servantur.

Romæ, SS. Martyrum Petri, Julianæ cum aliis decem et octo.

Apud Mediolanum, S. Faustini [al., Fausti], tempore Aurelii Commodi martyrizati.

C. VI IDUS AUGUSTI.
(8 Aug.)

Romæ via Ostiensi, milliario septimo [a], natale S. Cyriaci martyris. Postquam Maximinus Augustus jussit ut omnes, qui erant in custodia, una cum Cyriaco diacono capite truncarentur, et promiscui sexus numero viginti et unus decollati via Salaria intra thermas Salustii foras muros essent, eorum corpora collegit noctu Joannes presbyter, et sepelivit in eadem via, sub die septimo Kalendarum Aprilium. Post dies vero octo, veniens B. Marcellus episcopus cum Lucina matrona Christianissima, corpora sanctorum condivit cum aromatibus et linteaminibus ; deinde sustulit ea, et transtulit in prædium suum via Ostiensi, milliario ab urbe Roma septimo ; et manu sua recondidit in sarcophagis lapideis, cum quibus et B. Cyriacum, octavo die mensis Augusti. Carpasius vero vicarius petiit domum beati Cyriaci, quam donaverat ei Diocletianus Augustus, et eam statim Maximinus Augustus concessit. Et ingressus in eam, invenit locum ubi S. Cyriacus fontem ædificaverat, quem consecraverat S. Marcellus episcopus, ubi venientes ad fidem baptizabat S. Cyriacus. In quo loco Carpasius balneum sibi statuit. Et dum lavissent et epulas exhibuissent Carpasius et novemdecim pariter cum ipso, ac deriderent fidem Christianam, subito ceciderunt, et mortui sunt. Beatorum autem martyrum passiones, id est Cyriaci, Largi, et Smaragdi, suis locis in præsenti Calendario notatæ sunt xvii Kalendas Aprilis sub Maximino Augusto et Carpasio vicario.

Apud Viennam, Galliæ urbem, natalis sancti Severi presbyteri et confessoris : qui, ut ejus gesta testantur, natione Indus, fide Christi fervens, causa Evangelii prædicandi, laboriosissima peregrinatione suscepta, etiam ad præfatam urbem deveniens, ingentem paganorum multitudinem verbo et miraculis ad fidem Christi convertit. Dumque in pace quievisset, conditus in basilica S. Stephani, signis clarus, mira fidelium veneratione colitur.

D. V IDUS AUGUSTI.
(9 Aug.)

[b] Vigilia sancti Laurentii.

Eodem die, Romæ, sancti Romani militis, qui in confessione sancti Laurentii compunctus, petiit ab eo baptizari, et mox, jubente Decio, cum fustibus exhibitus ac decollatus est.

E. IV IDUS AUGUSTI.
(10 Aug.)

Romæ natale sancti Laurentii archidiaconi et martyris sub Decio. Cui beatus Sixtus omnes facultates ecclesiæ et thesauros, pergens ad coronam martyrii, tradidit. Hic veniens in Cælium montem, ubi erat quædam vidua, in viduitate triginta duos annos habens, in cujus domo multi Christiani, et presbyteri, et clerici absconsi manebant, tulit vestes et thesauros Ecclesiæ, et cœpit erogare, et pedes omnium Christianorum lavare. Ad cujus pedes Cyriaca vidua cadens : Per Christum, inquit, te conjuro ut manus tuas ponas super caput meum, quia multas infirmitates capitis patior. Beatus Laurentius, facto signo crucis, posuit manus super caput viduæ, et linteum de quo extergebat pedes sanctorum. Transiens autem in vicum, qui dicitur Canarius, invenit multos Christianos in domo Narcissi Christiani congregatos, et lavit pedes omnium, et dedit eis de thesauro. Erat in eadem domo homo cæcus, nomine Crescentio, qui cœpit rogare beatum diaconum, ut poneret manum suam super oculos ejus. Tunc beatus Laurentius lacrymans dixit : Dominus noster Jesus Christus, qui aperuit oculos cæci nati, ipse te illuminet ; et facto signo crucis, aperti sunt oculi ejus. Cum jam ergo

---

[a] Translatio de Cyriaco et sociis ejus habetur in gestis Marcelli papæ, 16 Jan.

[b] De hoc in Vita S. Laurentii.

duceretur beatus Sixtus cum duobus diaconibus, ut martyrium suum consummaret, et beatus Laurentius clamaret adveniens : Non me derelinquas, pater sancte (*Joan.* xvii, 24), quia thesauros tuos jam expendi, quos tradidisti mihi, tentus est a militibus et traditus Partheno tribuno. Qui nuntiavit Decio quod Laurentius, qui haberet thesauros reconditos, archidiaconus Sixti in custodia teneretur. Qui gavisus, fecit eum sibi præsentari, et auditum tradidit Valeriano præfecto, qui et ipse dedit eum in custodiam cuidam Hippolyto; et Hippolytus reclusit eum cum multis. Erat autem ibi homo, Lucillus nomine, cæcus, ad quem sanctus Laurentius : Crede, inquit, in Filium Dei Dominum nostrum Jesum Christum, et baptizare, et illuminabit te. Respondit Lucillus : Ego semper desideravi baptizari in nomine Domini Jesu Christi. Tunc beatus Laurentius cathechizavit eum, et accepta aqua baptizavit, et illuminati sunt oculi ejus. Hoc factum audientes, multi cæci veniebant ad beatum Laurentium, et ponebat manum suam super oculos eorum, et illuminabantur. Videns hoc Hippolytus, credidit, et cathechizatus atque baptizatus est. Itaque ex mandato adductus est beatus Laurentius ante conspectum Valeriani, qui dixit beato Laurentio : Jam depone pertinaciam, et da thesauros, quos apud te cognovimus esse reconditos. Cui sanctus Laurentius : Da mihi inducias biduo aut triduo, et proferam tibi thesauros. Ab eadem die cœpit colligere cæcos, et claudos, debiles et pauperes, et abscondit eos in domo Hippolyti. Valerianus autem nuntiaverat Decio, quia promisisset, datis sibi induciis, Laurentius thesauros. Completis igitur tribus diebus, præsentavit se in palatio Salustiano. Et dixit ei Decius : Ubi sunt thesauri, quos pollicitus es præsentare? Beatus Laurentius collectam multitudinem pauperum introduxit in palatium, et voce magna dixit : Ecce isti sunt thesauri æterni, qui nunquam diminuuntur, nec decrescunt; qui in singulis aspergitur, et in omnibus invenitur. Valerianus præfectus dixit : Quid varias per multa? Sacrifica diis, et obliviscere artes magicas, in quibus confidis. Cui cum dixisset beatus Laurentius : Quare vos coarctat diabolus, ut Christianis dicatis : Sacrificate dæmoniis? Decius iratus jussit eum exspoliari, et cædi cum scorpionibus. Qui cum cæderetur, dicebat : Ego quidem gratias ago Deo meo, qui me dignatus est conjungere servis suis; tu, miser, torqueris insania tua, et furore tuo. Tunc Decius, levate (inquit) eum, et date ante conspectum ejus omne genus tormentorum. Et allatæ sunt laminæ ferreæ, et lecti, et plumbati, et cardi. Post vinctus catenis ductus est beatus Laurentius in palatium Tiberii, ut ibi gestis audiretur. Et sedit Decius pro tribunali in basilica Jovis; et præsentato Laurentio cum dixisset : Sacrifica diis, et noli confidere in thesauris. quos habes absconditos, beatus Laurentius libere respondit : Vere et confido, et securus sum de thesauris meis. Unde iracundia plenus Decius, jussit eum nudum fustibus cædi. Qui cum cæderetur, clamabat ad Cæsarem : Ecce, miser, vel modo cognosce quia triumpho de thesauris Christi, et non sentio tormenta tua. Adhuc Decius fustes augere, et dare ad latera ejus laminas ferreas ardentes jubet. Beatus vero Laurentius dixit : Domine Jesu Christe, Deus de Deo, miserere mihi servo tuo, quia accusatus non negavi, interrogatus te Dominum Jesum Christum confessus sum. Et cum diutissime cum plumbatis cæderetur, dixit : Domine Jesu Christe, qui pro nostra salute dignatus es formam servi accipere, ut nos a servitio dæmonum liberares, accipe spiritum meum. Et audita est vox : Adhuc multa certamina tibi debentur. Porro extensus in catasta, et scorpionibus gravissime cæsus est; qui subridens, et gratias agens, dicebat : Benedictus es, Domine Deus, Pater Domini Jesu Christi, qui nobis donasti misericordiam, quam meriti non sumus. Sed tu, Domine, propter tuam pietatem da nobis gratiam, ut cognoscant omnes circumstantes, quia tu consolaris servos tuos. Tunc unus ex militibus, nomine Romanus, credidit Domino Jesu Christo, et dixit beato Laurentio : Video ante te hominem pulcherrimum stantem cum linteo, et extergentem membra tua; adjuro te per Christum, qui tibi misit angelum suum, ne me derelinquas. Levatus igitur beatus martyr de catasta et solutus, redditus est Hippolyto tantum in palatio. Veniens autem Romanus afferens aquam, misit se ad pedes beati Laurentii ut baptizaretur; qui, benedicta aqua, baptizavit eum. Quod factum audiens Decius, jussit eum sibi exhiberi cum fustibus. Non interrogatus cœpit clamare, Christianus sum. Et, jubente Decio, eductus foras muros portæ Salariæ, decollatus est quinto Idus Augusti. Cujus corpus noctu collegit Justinus presbyter, et sepelivit in crypta, in agro Verano. Decius autem Cæsar pergit noctu ad thermas juxta palatium Salustii; et exhibitus est ei iterum sanctus Laurentius, et allata sunt omnia genera tormentorum, plumbatæ fustes, laminæ, ungues, lecti, ᵃ batuli; et dixit beato martyri : Jam depone perfidiam artis magicæ, et dic nobis generositatem tuam. Cui beatus Laurentius : Quantum ad genus, Hispanus sum, eruditus ac nutritus Romæ, et a cunabilis Christianus, eruditus omnem legem sanctam et divinam. Et Decius : Sacrifica diis; nam nox ista expendetur in te cum suppliciis. Mea, inquit Laurentius, nox obscurum non habet, sed omnia in luce clarescunt. Et cum cæderetur lapidibus os ejus, ridebat, et confortabatur, ac dicebat : Gratias tibi ago, Christe, quia tu es Deus omnium rerum. Allatus est autem lectus cum tribus costis; et exspoliatus B. Laurentius vestimen-

---

ᵃ *Batuli.* Omnino intelliguntur, qui aliis dicuntur *batilli*, vel *batilla.* Plinius lib. xxxiii, c. 8 : « Argenti duæ differentiæ : batillis ferreis candentibus ramento imposito, quod candidum permaneat, probatur, » et lib. xxxiv, cap. 11 : *Experimentum in batillo ferreo.* Trebellius Pollio in Claudio : *Cocti-*
lium quotidiana batilla quatuor. Horatius, sat. 5 : *prunæque batillum.* Abdias lib. ix Apostolicæ : *Attulit vatillis et thuribulis.* Minora forte hac igniaria vascula *batilli* dicti; unde Gloss., *vatillum* πυράμμη vel πυράμις; majora *batuli*, uti hic bis habes, quibus sancti superponuntur.

tis suis, extentus est in cratem ferream; et allati sunt batuli cum prunis, et miserunt sub cratem ferream. Qui cum furcis ferreis coarctaretur desuper, dixit Decio: Ego me obtuli sacrificium Deo in odorem suavitatis, quia sacrificium Deo est spiritus contribulatus. Carnifices tamen urgentes ministrabant, carbones mittentes subter cratem, et desuper comprimentes eum furcis ferreis. Sanctus Laurentius dixit: Disce, miser, quanta est virtus Dei mei. Nam carbones tui mihi refrigerium præstant, tibi æternum supplicium; quia ipse Dominus novit, quod accusatus non negavi, interrogatus Christum confessus sum, assatus gratias ago. Et vultu pulcherrimo dicebat: Gratias tibi ago, Domine Jesu Christe, qui me confortari dignatus es. Et elevans oculos in Decium, dixit: Ecce, miser, assasti unam partem, regyra aliam et manduca. Gratias igitur agens et glorificans Deum, dixit: Gratias tibi ago, Domine Jesu Christe, quia januas tuas ingredi merui; et emisit spiritum. Mane autem primo adhuc crepusculo, rapuit corpus ejus Hippolytus, et condivit cum linteis et aromatibus; et hoc factum mandavit Justino presbytero. Tunc beatus Justinus et Hippolytus plorantes, et multum tristes, tulerunt corpus beati martyris, et venerunt in via Tiburtina, in prædium matronæ viduæ Cyriacæ in agro Verano, ad quam ipse martyr fuerat noctu, cui et linteum dedit, unde pedes sanctorum exterserat, et illud ibi jam hora vespertina sepelierunt, iv Idus Augusti. Et jejunaverunt agentes vigilias noctis triduo, et multitudine Christianorum. Beatus autem Justinus presbyter obtulit sacrificium laudis, et participati sunt omnes.

Eodem die Romæ, militum centum et sexaginta quinque. Tunc passi sunt Claudius, Severus, Crescentio et Romanus, ipso die quo beatus Laurentius, post tertium post diem passionis sancti Sixti

F. III IDUS AUGUSTI.

(11 Aug.)

a Romæ, inter duas lauros, natalis sancti Tiburtii martyris, filii Chromatii urbis præfecti, quem erudierunt in fide B. Sebastianus et S. Tranquillinus, ac gloriosus presbyter Polycarpus, qui ipsum sacro fonte baptismatis innovavit, et familiam ejus promiscui sexus mille quadringentos cum eo pariter baptizavit. Hujus etenim filius Tiburtius, cum propter immanitatem persecutionis isdem pater ejus et ingens multitudo Christianorum cum illo in Campaniam ex consilio pontificis Caii perrexissent, amore martyrii flagrans, resedit in urbe Roma. Et cum jejuniis et orationibus ibi cum beato Caio papa occuparetur, quadam die transiens occurrit homini qui de alto lapsus fuerat, et ita caput et omnia membra quassaverat ut de sola sepultura ejus ageretur. Juxta quem ipse accessit, et cœpit dicere super vulnera ejus lente orationem Dominicam et Symbolum; et ita factus est homo, solidatis membris, incolumis

a De his in gestis Sebast., 20 Jan.

quasi nihil mali contigisset ei. Tunc apprehendens parentes ejus, segregavit eos a turbis, et indicavit eis virtutem nominis Christi. Et videns animum eorum fixum fortiter in timore Domini, perduxit eos ad Caium papam. Qui juvenem sanatum Deo gratias referentem, et parentes ejus pariter baptizavit. Interea dum procella persecutionis graviter inundaret, junxit se quidam, simulata fide, beato Caio. Porro hic apostata exstiterat, et erat fraudulentus in omni sermone, et callidus in omni commissu. Qui, dum a beato Tiburtio viro scholasticissimo, et nobili et sancto, frequenter argueretur, quod capillos super apicem frontis tonsoris arte componeret, et quod assidue pasceret, et ludendo pranderet, quod libentius feminarum se aspectibus daret, quod a jejuniis et orationibus se tolleret, quod somno deditus non interesset pervigil in hymnis Dei; dum, inquam, pro his a beato Tiburtio acrius argueretur, simulabat se æquanimiter monitionem accipere, et egit arte quatenus orantem sanctum Tiburtium pagani comprehenderent; in qua comprehensione seipsum fecit teneri, et simul duci ad secretarium judicis. At ubi introducti sunt, Fabianus dixit ad eum, qui se arte tradiderat: Quis diceris? Ille respondit: Torquatus. Quid profiteris? Christianus sum, inquit. Fabianus dixit: Ignoras quod jusserunt invictissimi principes, ut qui sacrificare diis noluerint diversis suppliciis macerentur? Torquatus ait: Hic magister meus est, et ipse me semper docuit; quod hunc videro facere, necesse est ut hoc faciam. Fabianus conversus ad Tiburtium ait: Audisti quid Torquatus asserit? Sanctus Tiburtius respondit: Torquatus diu est quod se Christianum esse mentitur; virtus enim ipsa nominis sancti graviter fert et moleste suum nomen non a suis moribus usurpari. Revera enim, vir illustrissime, hoc Christianum vocabulum divinæ virtutis est, sectatorum scilicet Christi, qui vere philosophati sunt, qui vere Christiani dicti sunt, qui ad obterendas libidines fortiter militarunt. Ne credas, vir illustrissime, hunc esse Christianum qui in lenocinio sui molliendo capitis fibras omittit [al. vibras committit, *vulgo* fimbrias admittit], qui tonsorem diligit, qui in scapulis molliter gestit, qui fluxum gressum improbo nisu distendit, qui viros negligenter agit, feminas diligentius intuetur. Nunquam tales pestes Christus dignatus est habere servos. Verum hic quoniam me se imitaturum asserit, hic in tuo conspectu probabis eum mentitum. Hic enim qualis semper fuerit nunc evidenter ostendet. Fabianus dixit: Consultius facies, si saluti tuæ consulens, principum decreta non contemnas. Tiburtius respondit: Ego saluti meæ melius non consulo quam ut deos deasque contemnens, unum Deum Jesum Christum confitear. Torquatus adjecit: Non solum ipse Christianus crudelis est, verum etiam multis persuadet et decipit, ac cum suis sociis, cum quibus magicas artes exercet, diu noctuque incantationibus occupatur. Sanctus Tiburtius dixit: *Falsus testis non rit impunitus* (*Prov.* XIX) : iste quem vides, vir illustrissime, malitiæ suæ curis æstuans, ad nihil aliud Christianis est junctus, nisi ut cogitaret quomodo se nobis quasi Christanum ostenderet et quomodo aliis se fidelissimum mentiretur. Reprehendebam tamen in eo Cyclopæam edacitatem, emersum vino putorem, et sepultam divini nominis sanctitatem. Ebrius patiebatur sitim, et esuriem vomens, nec ut Christianus, sed ut Antonianus quondam ille conviva, manducabat, bibebat, vomebat; et nunc Christianos arguit, Christianos accusat; in nos mitem judicem incitat, gladium nolenti judici porrigit, et ut dæmoniis cervices nostras inclinemus hortatur. Videmus votum tuum, videmus cruenta consilia, et scelerata arte verborum venena tui pectoris intuemur. Accingere nunc, o sceleratissime, utere carnificis officio, vindica tibi et ipsius judicis vocem, applica equuleos, appende Christianos, damna, percute, incende, bene nos accipis; si exsilium minaris, hoc philosophantibus totus est mundus. Si supplicium, evadimus mundi carcerem; si ignes, majora his incendia in cupiditatibus vincimus. Decerne quidquid libet. Omnis nobis vilis est pœna, ubi pura comes est conscientia. Post hæc Fabianus, cum verissime juvenis sanctissimus Christum confiteretur, jussit ante pedes ejus carbones ardentes effundi, dicens ad eum : Elige tibi unum de duobus : aut thura in istis carbonibus adjice, aut pedibus super eos nudis incede. Ille autem faciens signum crucis, constanter super eos nuda ingressus est planta, et cœpit dicere: Depone infidelitatem, et disce quia hic solus est Deus, quem confitemur creaturis omnibus dominari; nam mihi in nomine Domini mei Jesu Christi videtur quod super roseos flores ingrediar, quia creatura ipsa Creatoris famulatur imperio. Cui Fabianus : Quis ignorat artem magicam vos docuisse Christum vestrum? Obmutesce, infelix, exclamat Tiburtius, et noli auribus meis hanc injuriam facere, ut audiam te rabido ore latrantem mellifluum nomen et sanctum nominare. Iratus Fabianus dictavit sententiam, ut gladio animadverteretur. Ductus autem in via Lavicana tertio milliario ab Urbe, uno ictu gladii percussus abscessit. In eodem autem loco a quodam parente Christiano sepultus est tertio Idus Augusti.

Eodem die Romæ, natale sanctæ Susannæ virginis et martyris, sub Diocletiano et Maximiano Augustis, judice Macedonio. Fuit autem filia gloriosi presbyteri et martyris Gabinii, fratris Gaii episcopi et martyris, nobili satis orta progenie, quam pater nutriverat, et divinis litteris imbuerat. Audiens itaque Diocletianus de puella quod pulchritudine et sapientia præcelleret, misit ad Gabinium quemdam qui erat ex genere ejus consobrinum suum, nomine Claudium, et petivit eam Augusto Maximino filio suo in conjugem. Veniens denique Gabinius ad filiam suam Susannam, rogavit interesse Gaium episcopum urbis, avunculum ejus, et narravit eis quomodo Diocletianus Augustus direxisset Claudium consobrinum eorum, ut Susannam suo filio Maximino in conjugem peteret. Quæ Spiritu sancto corroborata, conjugium hujusmodi respuit. Et respondens patri et avunculo, dixit : Pater, scio quia de ore tuo sum erudita, ut castitatem studeam servare, et pudicitiam Domino Jesu Christo exhibere; in ejus ergo timore jam constituta, nunquam coinquinabor virili commistione, sed cui me semel tradidisti ipsi servio, et in ipso confido. Ipse enim novit conscientiam meam. Proinde Claudius ipse respondens ei, et aperiens votum Diocletiani, cum nullo modo ejus animum potuisset inclinare, ut conjungeretur Maximino filio ejus, sed insuper eruditus et instructus in via Dei a beatis Gaio et Gabinio, pœnitentiam de sanguine sanctorum quem effuderat, poposcisset, baptizatus est una cum uxore sua nomine Præpedigna, et filiis Alexandro et Cutia, et in tantum in fide convaluit ut omnes facultates suas venderet, et pauperibus Christianis erogaret ; et quoscunque adire poterat, qui in custodia tenebantur, victu et vestimentis relevabat, mittens se ad pedes singulorum atque orationis gratiam ab eis tantum exoptans. Interea dum post mensem unum et dies sexdecim requiritur a Diocletiano, et responsum est ei quod ægritudine teneretur, misitque fratrem ejus ad eum nomine Maximum, comitem rei privatæ, ut visitaret eum, et ageret cum illo de puella Susanna. Veniens igitur Maximus invenit Claudium in cilicio orantem, et obstupuit; cumque rem pro qua venerat per ordinem enarrasset, perduxit eum Claudius ad domum beati Gabinii, et diligenter ei beatus Gabinius et sanctus Gaius viam Domini exposuerunt. Unde compunctus credidit Maximus, et baptizatus est. Ab eadem vero die cœpit facultatem suam vendere per quemdam amicum suum nomine Thrasonem Christianissimum rogatum, qui occultus Christianus erat, quem ante multos annos beatus Gaius baptizaverat. Qui circumiens nocturnis horis vicos et carceres, pauperibus Christianis necessaria ministrabat, et gesta eorum colligebat, memoriasque exornabat. Post dies quindecim, nota facta sunt omnia Diocletiano, et misit Julium, qui Claudium, et Maximum, Præpedignam, Alexandrum atque Curiam puniret; Gabinium vero et Susannam vinculis constringeret. Et post dies quinquaginta quinque jussit Diocletianus ut beata Susanna adduceretur ad Serenam uxorem suam, quæ occulte Christiana erat. Cum itaque hymnis et orationibus cum ea vacaret, et die noctuque in laude Dei psalmos recineret, nuntiatum est hoc Diocletiano. Tunc idem dixit Maximino filio suo ut revocaretur Susanna ad patris sui Gabinii domum, et ibi abuteretur ea, ut ipsi liberet. Ipsa vero nocte, postquam revocata est, ingressus Maximinus in domum, ubi orabat Susanna, vidit nimiam claritatem super ipsam, et extimuit, et cursim rediit ad palatium. Diocletianus vero hoc arti magicæ deputans, misit Macedonium, qui eam constringeret infra domum ejus, ut sacrificaret. Qui dum vellet eam flectere, ut diis immolaret, exspolians eam coepit fustibus caedere. Beata vero Susanna dicebat: Gloria tibi, Domine. Sicque beata virgo permanens in confessione Domini, gladio percussa est intra domum suam, et spiritum incontaminatum Deo reddidit. Ejus corpus collegit Serena Augusta noctu, et manibus suis cum linteaminibus et aromatibus ornavit, et posuit juxta corpora sanctorum in coemeterio Alexandri in arenario, in crypta, juxta sanctum Alexandrum, tertio Idus Augusti. Sanguinem vero martyris, qui effusus fuerat in loco domus suae, velamine detersit, et posuit in capsa argentea in palatio suo, ubi die noctuque furtivis orationibus semetipsam Domino effundebat. Passa est autem III Idus Augusti.

G. PRIDIE IDUS AUGUSTI.
(12 Aug.)

In Sicilia, civitate Catanensi, natale sancti Eupli diaconi, Diocletiano et Maximiano Augustis. Cum enim esset extra velum secretarii beatus Euplus, Christianum se confessus, intromissus est, jubente Calvisiano consulari, in auditorium. Et cum ibi fidem suam profiteretur, Calvisianus dixit: Torqueatur Euplus quousque confiteatur deos veros, omnipotentes, Martem, Apollinem, et Asclepium. Beatus Euplus respondit: Bene dixisti, Calvisiane, ut adorarem Trinitatem inseparabilem, unum Deum. Audiens Calvisianus, putavit eum de diis suis dixisse, et gaudio repletus, ait: Ergo sacrifica. Cui beatus martyr: Ego sacrifico et immolo me ipsum Patri, et Filio, et Spiritui sancto. Audiens hoc impius judex, commotus ira, jussit eum amplius torqueri. Et ultimo dedit sententiam, dicens: Jubemus Euplum justo judicio nostro gladio interfici. Beatus vero Euplus gratias egit Domino nostro Jesu Christo. Et cum duceretur, repletus Spiritu sancto canebat: Magna est gloria tua, Domine, in servis tuis, quos ad te vocare dignatus es. Flectens itaque genua sua, finita oratione, paravit cervicem, et decollatus est IV Idus Augusti. Sepultum est corpus ejus conditum aromatibus, in loco venerabili Catanensis civitatis, II Idus Augusti.

Eodem die, sanctae Hilariae, matris sanctae Afrae [a] martyris, quae cum ad sepulcrum illius excubaret, ibidem pro fide Christi a persecutoribus igni tradita est cum Digna, et Eumenia, et Euprepia, quae fuerant puellae sanctae Afrae.

In Syria natalis sanctorum Macarii et Juliani.

A. IDIBUS AUGUSTI.
(13 Aug.)

Romae, sancti Hippolyti [b] martyris, sub Decio imperatore, Valeriano praefecto. Hunc beatum Hippolytum vicarium sanctus Laurentius, cum apud eum esset in custodia, baptizavit. Qui de sanctis exsequiis martyris, post tertium diem ad domum suam rediens, dedit pacem omnibus servis suis et ancillis; et communicavit de sacrificio altaris beati Laurentii martyris. Et posita mensa, priusquam cibum sumeret, venerunt milites et tenuerunt et perduxerunt ad Decium. Quem ut vidit, subridens dixit ei: Nunquid et tu magus effectus es, quia corpus Laurentii abstulisse diceris? Sanctus Hippolytus respondit: Hoc feci non quasi magus, sed quasi Christianus. Decius furore repletus, jussit ut cum lapidibus os ejus contunderetur. Et exspoliavit eum veste qua induebatur habitu Christiano, et dixit ei: Sacrifica, et vives; sin aliter peries per tormenta sicut Laurentius. Sanctus Hippolytus dixit: Exemplum merear beati Laurentii martyris fieri, quem tu, miser, ausus fuisti ore polluto nominare. Extensus igitur, fustibus et cardis diu caesus est, donec caedentes deficerent. Inde levatus est a terra, et jussit eum Decius vestiri militari veste, qua gentilis utebatur, et dixit ei: Recole militiam, et esto noster amicus, et in conspectu nostro utere militia pristina quam semper habuisti. Cumque beatus martyr dixisset: Militia mea haec est, Christianum firmum militare, unde cupio ad celerem palmam cum fructu venire; iracundia plenus Decius dixit Valeriano: Accipe omnes facultates ejus, et interfice eum crudeli examinatione. Valerianus itaque, exquisita omni facultate ejus, invenit in domo Hippolyti omnem familiam Christianam, quam conspectui suo praesentari fecit. Et jussit beatum Hippolytum foras muros portae Tiburtinae cum familia sua duci. Beatus vero Hippolytus confortabat omnes, dicens: Fratres, nolite metuere, quia ego et vos unum Deum habemus. Et decollati sunt promiscui sexus numero decem et novem. Beatus vero Hippolytus ligatus pedes ad colla indomitorum equorum, sic per carduetum et tribulos tractus, emisit spiritum. Nocte venit beatus Justinus presbyter, et collegit corpora, et sepelivit in campo eodem juxta Nympham, ad latus agri Verani, Idibus Augusti.

Eodem die natale sanctae Concordiae, nutricis ejusdem beati Hippolyti. Cum Valerianus ad familiam beati Hippolyti sibi praesentatam dixisset: Considerate aetates vestras, ne simul pereatis cum Hippolyto domino nostro; respondit beata Concordia: Nos desideramus potius cum domino nostro pudice mori quam impudice vivere. Ad hoc Valerianu Genus, inquit, servorum nisi cum suppliciis emendatur. Et jussit ut beata Concordia cum plumbatis caederetur. Et cum caederetur emisit spiritum, corpusque ejus in cloacam projectum. Cumque diu quaereret illud sanctus Justinus, et non inveniret, ita tristis redditur ut non cessarent flere oculi ejus. Tertio decimo vero die post passionem sancti Hippolyti, venit quidam miles Porphyrius nomine, ad Irenaeum cloacarium, qui occulte Christianus erat, et dicit ei: Si secretum possis custodire, divulgabo arti tuae multum ad quaestum. Ante hos dies jussit Valerianus praefectus in conspectu suo quamdam creditariam Hippolyti plumbatis deficere, et corpus ejus in cloacam jactari. Haec in ve-

---

[a] De his in Vita sanctae Afrae, 5 Aug.

[b] De hoc in gestis S. Laurentii, 10 Aug.

stibus suis spero quod margaritas habet absconsas, vel aurum. Audiens hæc Irenæus, intimavit secreto beato Justino presbytero. Qui flectens genua gratias egit Deo. Porphyrius autem noctu veniens cum Irenæo invenit corpus sanctum. Sed in vestimentis nihil invenerunt. Beatus autem Irenæus vocavit ad se quemdam Christianum Abundium nomine, et tulerunt corpus ejus, et perduxerunt ad beatum Justinum. Qui gratias agens Deo, illud suscepit, et juxta corpora martyrum Hippolyti et aliorum sepelivit, VIII Kalendas Septembris.

Eodem die in Foro Syllæ; natale sancti Cassiani, qui cum adorare idola noluisset, interrogatus a persecutore quid artis haberet, respondit quia pueros notas doceret. Et mox, spoliatis vestibus, ac manibus post terga revinctis, statuitur in medio. Vocatisque pueris, quibus docendo exosus fuerat factus, data est facultas eum perimendi. At illi, quantum doluerant discentes tantum se ulcisci gaudentes, alii eum tabulis ac buxis feriebant, alii stylis vulnerabant. Quorum quanto infirmior erat manus, tanto graviorem martyrii pœnam dilata morte faciebat. Scripsit Prudentius poeta (*hymn.* 9).

B. XIX KAL. SEPTEMBRIS.
(14 Aug.)

Vigilia Assumptionis sanctæ Mariæ.

Eodem die, natale sancti Eusebii presbyteri et confessoris. Qui, præsente Constantio, cum fidem Catholicam constantissime defenderet, et Liberium papam doleret Arianæ perfidiæ consensisse, ab irato Constantio imperatore Ariano includitur in quodam cubiculo domus suæ, habente in latitudine pedes quatuor, ubi multis diebus in oratione constanter perseveravit. Et nonodecimo Kalendas Septembris, post menses septem, adhuc tamen inclusus, dormitionem accepit. Cujus corpus collegerunt Gregorius et Orosius presbyteri, et sepelierunt in crypta, juxta corpus beati Sixti martyris et episcopi, via Appia in cœmeterio Calixti. Ubi et titulum ipsius scribentes, posuerunt ita: *Eusebio homini Dei*. Audiens autem Constantius quod Gregorius et Orosius sepelissent corpus beati Eusebii, in eadem crypta ubi illum condiderant præcepit vivum includi Gregorium. Hunc semivivum noctu Orosius presbyter excepit inde. Et post paululum defunctum juxta corpus sancti Eusebii presbyteri sepelivit. Factaque est gravissima persecutio in catholica Ecclesia ab Arianis, sedem apostolicam tunc tenente Liberio.

C. XVIII. KAL. SEPTEMBRIS.
(15 Aug.)

Sanctæ Mariæ [a] dormitio.

Eodem die sancti Tharsitii acolythi et martyris. Quem pagani cum invenissent Christi corporis sacramenta portantem, cœperunt discutere quid gereret. At ille indignum judicans porcis prodere margaritas, tam diu fustibus ac lapidibus mactatus est, quous-

[a] Vide libellum de Fest. Apost., 8 Sept., in ejus natali.

que exhalaret spiritum. Et revoluto ejus corpore, sacrilegii discussores nihil potuerunt in ejus manibus vestimentisque invenire sacramentorum Christi [b]. Christiani autem collegerunt corpus martyris, et sepelierunt in cœmeterio Calixti, via Appia.

D. XVII KAL. SEPTEMBRIS.
(16 Aug.)

In Nicæa Bithyniæ, natalis sancti Ursatii confessoris sub Licinio persecutore. Qui, derelicta militia, solitariam vitam in quadam turre præfatæ urbis egit, tantisque virtutibus claruit ut et dæmones expulisse, et ingentem draconem orando interemisse legatur. Scriptum in libro quinto historiæ Ecclesiasticæ tripartitæ (*c.* 33).

Romæ, sanctæ Serenæ, uxoris quondam Diocletiani Augusti.

E. XVI KAL. SEPTEMBRIS.
(17 Aug.)

Apud Africam, natale sanctorum martyrum, Liberati abbatis, Bonifacii diaconi, Servi et Rustici subdiaconorum, Rogati et Septimii monachorum, et Maximi pueri. Qui persecutione Wandalica, jussu crudelissimi atque impiissimi regis Hunerici, de territorio Capsensis civitatis, ex habitaculo monasterii abstracti, atque ad urbem Carthaginensem perducti sunt, ubi pro confessione Catholicæ fidei, et unici baptismatis defensione, primo carcerali custodiæ mancipati, et crudelibus ferri ponderibus arctati, tenebrosis deputati sunt locis. Ubi cum die ac nocte Christianum populum in fidei constantia roborassent, jussit tyrannus furore succensus, navem lignorum manipulis adimpleri, atque omnes pariter alligatos in pelago, igne supposito, adcremari. Cum autem pro voluntate infandi regis, vel crudelium ministrorum, extensis eorum manibus, et pedibus elevatis, lignis ignis fuisset injectus, statim imperio divino, videntibus cunctis, exstinctus est; et dum sæpius renovaretur, iterum atque iterum exstinguebantur globi flammarum. Unde magis tyrannus furore simul et pudore repletus, jussit eos remorum vectibus enecari, et ita singulos in modum canum, cerebris comminutis, perimi. Sicque speciosum cursum certaminis sui, coronante Domino, perfecerunt. Corpora eorum in mare jactata, sub eadem hora illæsa littoribus reddita, a Christiano populo reverenter sublata, præeunte clero, cum hymno solemnibus condita sunt in monasterio contiguo basilicæ, quæ dicitur Celerinæ. Scribit beatus Victor Africanus episcopus in historia ejusdem Wandalicæ persecutionis (*l.* 3), quam et ipse cum cæteris sustinuit, et fideli atque illustri stylo digessit.

Apud Cæsaream Cappadociæ, natalis sancti Mammetis martyris, qui passus est, imperante Aureliano, sub Alexandro præside.

[b] De hoc in Gestis Stephani papæ, 20 Aug.

F. XV KAL. SEPTEMBRIS.
(18 Aug.)

Apud Prænestinam civitatem, milliario ab urbe trigesimo tertio, natalis sancti Agapiti martyris, sub Aureliano imperatore, præside Antiocho. Cum esset annorum quindecim, et amore Christi martyrio ferveret, jussu imperatoris tentus, et primo nervis crudis diu cæsus est, deinde præsidi ut impelleretur sacrificare traditus. Qui in durissimo atque obscurissimo carcere eum reclusit, et per quatuor dies cibum omnem negavit; inde de carcere exhibitus est præsidi, qui prunas ardentes super caput ejus jussit imponi. Et cum gratias Deo martyr ageret, flagellis est cæsus, et nudus suspensus, capite deorsum verso, acri subter fumo facto. Et cum diceret præsidi : Sapientia tua et vanitas tua in fumo laborat, iterum flagellis cæditur a quatuor sibi invicem succedentibus; deinde bullientem aquam super ventrem ejus ministri diaboli effuderunt, et maxillas ejus confregerunt. Interea judex de tribunali suo cadens, collectus a ministris in lecto reclinatur, et sentiens Dei virtutem in martyre, post modicum tristem animam emisit. De beato vero Agapito renuntiatum est imperatori, qui beatum virum jussit leonibus subjici; sed mansuetæ factæ feræ, pedibus martyris ad lambendum se inclinaverunt. Hoc videntes sceleris ministri, tulerunt de medio sanctum martyrem, et venerunt contra civitatem Prænestinam, ubi sunt duæ columnæ, et ibi eum gladio percusserunt, sub die xv Kalendas Septembris. Corpus ejus noctu sublatum est a Christianis, et positum milliario primo a civitate in agro, in sarcophago novo nutu divino ibi invento.

Eodem die Romæ, in Sexto Philippi, natalis beatorum presbyterorum Joannis et Crispi, qui persecutione Diocletiani et Maximiani multa sanctorum corpora officiosissime sepelierunt. Quorum meritis et ipsi postmodum sociati, gaudia vitæ meruerunt.

G. XIV KAL. SEPTEMBRIS.
(19 Aug.)

Natalis sancti Magni, seu sancti Andreæ martyris, cum sociis suis duobus millibus, quingentis nonaginta septem.

In Galliis, pago Sigisterico in monte qui dicitur Jura, natale sancti Donati presbyteri. Qui ab ipsis infantiæ rudimentis mira Dei gratia præditus, ex urbe Aurelianensi ad præfatum locum, ut soli Christo vacaret, adveniens, anachoreticam illic vitam multis annis exegit, tanta miraculorum gloria clarus, ut inter cætera gesta magnifica etiam draconem immanem atque terribilem suis exinde orationibus effugatum exstingueret. Cumque dies vocationis ejus instaret, adveniente sancto abbate Mario, cui ita fuerat revelatum, inter verba orationis migravit ad Christum, sepultusque est ab eodem patre in loco suo.

Romæ, natale beati Julii senatoris et martyris, sub Commodo imperatore, judice Vitellio. Hunc docuerunt beati martyres Eusebius et Vincentius, Peregrinus et Pontianus [a]. Per quorum manus etiam facultates suas pauperibus distribuens, a beato Rufino presbytero baptismi gratiam percepit. Quod audiens Commodus, iratus jussit eum teneri, et cuidam Vitellio magistro peditum tradi, ut omnes facultates ejus requireret, et ad sacrificandum impelleret. Qui conjecit eum in carcerem, et post triduum catenis vinctum fecit sibi præsentari. Et auditum jussit tam diu fustibus cædi, donec emitteret spiritum. Cujus corpus collegerunt noctu beatus Eusebius, Pontianus, Peregrinus atque Innocentius, et sepelierunt in cœmeterio Calepodii, sub die xiv Kalendas Septembris.

A. XIII KAL. SEPTEMBRIS.
(20 Aug.)

Natale Samuelis prophetæ. Cujus sacra ossa imperator Arcadius de Judæa transtulit in Thraciam, portantibus episcopis, et omnium ecclesiarum populis tanta lætitia occurrentibus, quasi præsentem viventemque cernerent atque susciperent, ut de Palæstina usque Chalcedonem jungerentur populorum examina, et in Christi laudes una voce resonarent. Scribit sanctus Hieronymus in libro contra Vigilantium (*cap.* 2).

Eodem die, beati Porphyrii hominis Dei, qui sanctum martyrem Agapitum erudivit in fide et doctrina Christi.

B. XII KAL. SEPTEMBRIS.
(21 Aug.)

In territorio civitatis Gavalitanæ, vico Minatensi, natalis sancti Privati episcopi et martyris, qui passus est sub persecutione Valeriani et Galieni.

Eodem die natalis sanctorum martyrum Bonosi et Maximiani, quorum gesta habentur.

Et in civitate Salona, natalis Anastasii [b] martyris. Qui cum videret sanctum Agapitum inter tormenta fortius Christum confitentem, exclamavit : Magnus est Deus; et non est alius præter eum. Erat autem cornicularius miles. Ad quem præses : Sicut video, inquit, seductus es. De quo præses imperatori Aureliano renuntiavit. Qui mox perire illum jubet, et ita martyr factus migravit ad Dominum.

C. XI KAL. SEPTEMBRIS.
(22 Aug.)

Romæ via Ostiensi in cœmeterio ejusdem, natalis sancti Timothæi. Qui Antiochia veniens Romam, sub Melchiade papa, susceptus est. Quique cum annum totum et aliquot menses ibi prædicans, multos ad fidem Christi convertisset, tentus a Tarquinio Urbis præfecto, et longa carceris custodia maceratus, cum sacrificare idolis noluisset, tertio cæsus, et gravissimis suppliciis attrectatus, ad ultimum decollatus, et juxta beatum apostolum Paulum sepultus est. Scriptum invenitur in historia sancti Silvestri.

Eodem die Augustoduni, natalis sancti Symphoriani (31 *Dec.*), qui tempore Aureliani imperatoris, sub Heraclio consulari, eum idolis sacrificare nollet,

---

[a] De his in Vita S. Eusebii, 25 Aug.

[b] Greg. Tur., lib. 1 Hist. Franc., c. 34.

primo verberibus affectus, dein carceri mancipatus, ad ultimum cæso capite martyrium consummavit.

In Portu Romano, natalis sanctorum peregrinorum martyrum Martialis, Epicteti, Saturnini, Aprilis, et Felicis, cum sociis eorum [a].

Item Romæ, natale beati Antonii martyris, qui cum esset carnifex, vidit stantem juvenem cum spongia, et detergentem latera sanctorum martyrum Eusebii, Pontiani, Peregrini, atque Vincentii, cum suspensi in equuleo cæderentur, et mox clamare cœpit: Vere Deus Christus, quem hi prædicant. Fugiens occulte, a Rufino presbytero baptizatus est. Et reversus ad Vitellium, cum se Christianum libere fateretur, capitis sententia damnatus, via Aurelia, juxta formam Trajanam, xi Kalendas Septembris sepultus est.

D. X KAL. SEPTEMBRIS.
(23 Aug.)

Natalis sanctorum martyrum Donati, Restituti, Valeriani, Fructuosæ, cum aliis duodecim, qui præclarissimo confessionis honore apud Antiochiam coronati sunt.

Eodem die, beati Theonæ [b] apud Alexandriam, venerabilis et vere Deo digni, qui beatum Petrum episcopum, post et martyrem, nutrivit, in omni puritate et animi virtutibus clari.

Eodem die, beati Zacchæi episcopi, qui quartus a Jacobo Jerosolymorum Ecclesiam clarissime rexit.

Lugduno Galliæ, natalis sanctorum martyrum Minervii et Eleazari cum filiis octo, quorum corpora in crypta, quæ urbi ab occidente imminet, condita habentur.

In Portu urbis Romæ, natalis sancti Hippolyti, Quiriaci, et Archillai.

Eodem die, natalis sanctorum Timothæi et Apollinaris [c], qui apud Rhemensium urbem consummato martyrio, cœlestia regna meruerunt.

E. IX KAL. SEPTEMBRIS.
(24 Aug.)

In India, natalis beati Bartholomæi apostoli.

Eodem die apud Carthaginem, sanctorum martyrum Massæ candidæ, qui passi sunt tempore Valeriani et Gallieni. Ferunt enim, inter alia supplicia tunc a præside clibanum calcis accensum, et in ora illius prunas cum thure exhibitas, et præsidem dixisse Christianis: Eligite a duobus unum: aut thura super his carbonibus offerte Jovi, aut in calcem demergimini. Tunc trecenti viri fide armati se ictu rapidissimo Christum Dei Filium Deum fatentes, jecerunt in ignem, et inter vapores calcis pulverei sunt demersi. Ex quo etiam candidatus ille exercitus beatorum, Massa candida meruit nuncupari [d].

F. VIII KAL. SEPTEMBRIS.
(25 Aug.)

Romæ, natale sancti Genesii martyris: qui prius in Urbe mimus Themelæ [e] artis magister fuit. Et qnadam die cum vellet Diocletiano imperatori, cui Christiani, utpote sævissimo, exosi erant, de mysteriis Christianæ observantiæ ludum exhibere, et hujus rei gratia spectante imperatore et omni populo, in medio theatri quasi ægrotus decumbens se posceret baptizari, mimum in hæc verba proposuit: Eia nostri, gravem me sentio, levem me fieri volo. Illi responderunt: Quomodo te levem facimus si gravis es? Numquid nos fabri sumus, et ad runcinam te missuri sumus? Hæc verba exhibuerunt populo risum. Genesius iterum: Vesani, Christianus desidero mori. Quare? inquiunt. Quibus Genesius: Ut in illa die veluti fugitivus in Deo inveniar. Evocato autem presbytero et exorcista, repente a Deo inspiratus credidit. Nam illi juxta lectum ipsius quasi ægrotantis cum resedissent, dicunt ei: Quid ad nos misisti, filiole? Genesius autem non simulate ac ficte, sed ex puro corde respondit: Quia accipere cupio gratiam Christi, per quam renatus liberer a ruina iniquitatum mearum. Cumque sacramentorum mysteria complessent, et indutus esset vestibus albis, veluti per ludum a militibus raptus, et ad similitudinem sanctorum martyrum de Christi discutiendus nomine imperatori fuisset exhibitus, stans in editiori loco ita concionatus est: Audi, imperator, et omnis exercitus, sapientes et populi hujus urbis. Ego quotiescunque Christianum vel nominatum audivi, exhorrui, et in confessione permanentibus insultavi. Ego etiam parentes meos, et affines causa nominis Christiani execratus sum, et in tanta derisione habui christianos, ut mysteria eorum diligenti examinatione perquirerem, et ex eorum sanctificatione ludum vobis exhibere vellem. At ubi me aqua nudum tetigit, et interrogatus, credere me respondi, vidi super me manum cœlitus venientem, et angelos Dei radiantes juxta me stetisse, qui omnia peccata, quæ ab infantia feci, recitarunt de libro, quem mox in ipsa aqua laverunt, in qua ego in conspectu vestro perfusus sum, et mihi candidiorem nive postmodum ostenderunt. Nunc igitur, inclyte imperator, et vos omnes populi, qui de his mysteriis nescitis, mecum credite Deum verum esse Christum, hunc esse lumen, hunc veritatem, hunc esse pietatem, et per ipsum vos ad indulgentiam posse pertingere. Ac hæc imperator Diocletianus vehementissime indignatus, statim eum fustibus crudelissime cæsum Plutiano præfecto tradidit ad sacrificia compellendum; a quo in equuleo suspensus, et ungularum diutissima laceratione vexatus, lampadibus etiam inflammatus, cum in fide persisteret, dicens: Non est rex præter illum quem ego vidi, et adoro, et colo, pro cujus cultura si millies occidar, ipse ero ut cœpi. Christum mihi de ore, Christum mihi de corde auferre tormenta non poterunt; valde etenim pœnitet quod ante nomen sanctum, et in hominibus sanctis exhorrui, et satis

---

[a] De his in Vita sancti Eusebii.
[b] Euseb., 23 Aug., l. vii Eccl. Histor., cap. ult.
[c] Greg. Tur. de Gloria mart., c. 55.
[d] Vide libellum De Festivitat. Apost. Prudent., hymn. 13.
[e] Male in MS. mimithemelæ.

tardius ad adorandum verum Regem superbus miles accessi. Martyrii coronam capitis obtruncatione promeruit vin Kalendas Septembris.

Ipso eodemque die, natalis sancti Genesii [a], Arelatensis, qui ante tribunal judicis exceptoris functus officio, cum impia, quibus Christiani puniri jubebantur, edicta nollet excipere, projectis in publico tabulis, se Christianum esse testatus abscessit. Et post modicum intervallum deprehensus ab apparitoribus, atque in ripa fluminis Rhodani decollatus, martyrii gloriam, proprio cruore baptizatus, accepit.

Eodem die Romæ, natale sanctorum quatuor martyrum, Eusebii, Pontiani, Peregrini atque Vincentii, imperante Commodo, Vitellio judice. Hi primo facultates suas omnes pauperibus disperserunt, ac deinde prædicationibus suis Julium quoque senatorem et omnem domum ejus ad fidem Christi conversos, per beatum Rufinum presbyterum ad baptismi gratiam perduxerunt. Qui non multo post martyr factus, ab iisdem etiam sepultus est. Pro quo maxime, ipsi a Vitellio tenti, et in equuleo levati, nervis quoque distenti, ac deinde fustibus cæsi sunt ; quibus et flammæ ad latera eorum postmodum appositæ. Sed cum in laude Christi fidelissime persisterent, tandem depositi ab equuleo sunt. Et cum nihilominus in confessione Christi permanerent, iratus Vitellius Eusebio jussit linguam radicitus abscidi, quam tamen beatus Faustus colligens in sinu suo abscondit, et fugit. Præcisa lingua, clamabat Eusebius : Gloria tibi, Domine Jesu Christe, qui dignatus es me cum servis tuis ad gloriam connumerare. Reclusi in carcerem cum hymnis Dei die noctuque personarent, venit quidam jam quatuor annis cæcus sacerdos Capitolii, nomine Lupulus, ad eos; et credens, illuminatus, baptismi gratiam percepit. Hoc factum custos carceris Simplicius nomine videns, et ipse, rejectis idolis, baptizatus est. Quæ gesta Vitellius Commodo cum renuntiasset, jussit eos puniri. Et post triduum de carcere educti, ad Petram sceleratam, plumbatis usque ad emissionem spiritus mactati sunt. Quorum corpora collegit beatus Ruffinus presbyter, et sepelivit ab urbe Roma milliario sexto, inter viam Aureliam et Triumphalem, octavo Kalendas Septemb. Sed multo post tempore [b] beatorum martyrum Eusebii et Pontiani (largitione papæ Nicolai) membra ad Gallias translata in monasteriis sancto apostolo Petro voto religioso collatis, reverenter tumulata venerantur.

G. VII KAL. SEPTEMBRIS.
(26 Aug.)

Romæ, sancti Zephyrini papæ [c], qui rexit Ecclesiam annos octo, menses septem, dies decem.

Item natalis sanctorum Irenæi et Abundi [d], Romæ; quos Deciana persecutione jussit Valerianus in cloacari, eo quod corpus beatæ Concordiæ in cloacam missum levaverunt. Et ipsorum quoque corpora

levavit Justinus presbyter, et sepelivit in crypta juxta beatum Laurentium.

Apud Victimilium castrum Italiæ, natalis beati Secundi martyris, viri spectabilis, et ducis ex legione sanctorum Thebæorum, qui ante beatum Mauritium et cæteros, post vincula et carceres martyrium capitis abscisione complevit.

Apud urbem Italiæ, quæ Bergamis dicitur, natalis sancti Alexandri martyris, sub Maximiano Cæsare; qui cum esset miles unus ex legione Thebæorum, Christianus factus est. Audiens hoc Maximianus post dies quindecim, mittens accersivit eum, dicens ei : Pro nulla re alia evocavi te nisi ut sacrifices. Comperi enim te derelinquentem deos nostros, Christianum esse factum. Et hoc dicens, petit sibi mensam. Eaque apposita, et linteamine cooperta, cœpit agere cum beato Alexandro ut sacrificaret. Sanctus Alexander in cœlum aspiciens, dixit : Atque utinam tantam mihi Deus gratiam daret, qui cuncta per Jesum Christum postulantibus præstat, ut possem et tuam voluntatem ad Dei agnitionem convertere, et vanissimam istam incredulitatem a te avertere! Sed tu quidem insanabile habes malum; ex vetustate huic vanitati adhærens, credere non vis. Me autem vocavit ille qui ex gentibus ad suam gratiam olim vocare promisit. Parce consiliis tuis diabolicis, plange, et cognosce actus tuos malos, et crede in Deum vivum, qui fecit omnia. Tunc Maximianus, ad tantam ejus fiduciam commotus, jussit astantibus ut de apposito sacrificio invito ei offerrent, applicitis armatis econtra; at ille beatissimus, confundens regiam iniquitatem, et ejus præcepta fide armatus contemnens calce mensam percussit, evertens eam cum omnibus suprapositis. Iracundia repletus Maximianus jussit tradi uni ex ministris. Qui, evaginato gladio, stetit stupidus, ferire non audens. Cui Maximianus : Adhuc stas, male miles? At ille respondit : Caput ejus sicut mons est ante me, unde totus contremisco. Tunc Maximianus tradidit eum aliis ut occideretur. Gaudio itaque repletus martyr, aquam petiit et manus suas lavit, flectensque genua, et cervicem in terra humilians, oratione fusa ad Dominum, animadversus est. Post aliquot dies quædam matrona castissima, nomine Gratia, collegit corpus ejus, et posuit illud in prædiolo suo, non longe a muro civitatis Bergamensis. Cujus passio completa est 7 Kal. Septembris.

A. VI. KAL. SEPTEMBRIS.
(27 Aug.)

Apud Capuam, natalis sancti Rufi [e] martyris, quem docuit et baptizavit beatus Apollinaris, Petri apostoli discipulus, cum esset idem Rufus patriciæ dignitatis.

Tomis, natalis sanctorum martyrum, Marcellini, tribuni, et uxoris ejus Manneæ, et filii ipsius Joannis, et Serapionis clerici, et Petri militis [f].

---

[a] Greg. Tur. de Gloria mart., c. 68.
[b] Sigibertus, in Chron., anno 865.
[c] Pontificale, c. 16.
[d] De his in gestis sancti Laurentii, 10 Aug.
[e] De hoc in Vita Apollinaris, 23 Jul.
[f] Gennad., de Viris illust., c. 85.

In Galliis, civitate Arelatensi, sancti Cæsarii episcopi et confessoris, miræ sanctitatis, pietatis et studii viri.

Apud Augustodunum, S. Syagrii episcopi et conf.

B. V KAL. SEPTEMBRIS.
(28 Aug.)

Romæ, natale beatissimi Hermetis [a] martyris. Hunc illustrissimum virum beatus Alexander pontifex et martyr (3 Maii), cum esset præfectus urbis Romæ, baptizavit cum uxore, et filiis, ac sorore Theodora, cumque eo pariter mille ducentos quinquaginta servos ejus, uxores quoque et filios eorum, prius ingenuitate illis concessa. Et non multo post ab Aureliano imperatore trusus in carcerem, beato etiam Alexandro in custodia posito, tribuno Quirino commendatur. Qui dixit ad beatum Hermem : Quæ ratio est, vir illustris, ut vice sacra judicans, non solum ad istam injuriam te redigi velis, verum etiam præfecturæ honore exspoliatum, in vinculis te tanquam privatum trudi æquanimiter feras? Sanctus Hermes ait : Præfecturam non perdidi, sed mutavi. Nam dignitas terrena a terris tollitur, ac mutatur; dignitas vero cœlestis æterna sublimitate subsistit. Dicit ei Quirinus : Miror te prudentem virum ad tantam stultitiam devenisse, ut credas extra istam vitam te aliquid habiturum, postquam cineres humani corporis ita ad nihilum redigantur ut nec ossa ipsa subsistant. Cui beatus Hermes Et ego ante hos annos illam deridebam, et istam carnalem vitam utilem esse dicebam. Et Quirinus : Fac et me probare, ut si ita est sicut tu credidisti, et ego credam. Beatus Hermes dixit : Sanctus Alexander, qui habetur in vinculis, hæc me docuit. Audiens hæc Quirinus cœpit maledicere Alexandro, et dixit ad Hermem : Ego te rogavi dicens : fac me probare juste te credidisse; et tu mihi nominasti hominem magnum, quem in vinculis habeo, et in carceris ima conclusum. Si verum est ergo quod dicis, vado ad eum ipse, et triplicabo illi vincula et custodes; si potuerit hora cœnandi ad te venire, credam quæ docuerit. Ivit, triplicavit vincula, custodes apposuit. Primo igitur noctis initio, venit puer, qui videbatur esse non amplius quam quinque annorum, ferens faculam ardentem in carcere; et flectens genua sua, cum beato Alexandro oravit, dicens orationem Dominicam, et apprehendens manum ejus eduxit per fenestram, et perduxit eum ad beatum Hermem in domum Quirini. Quirinus factum hoc ut vidit, exterritus est. Cui post alia beatus Hermes dixit : Ecce nos vides in unum, quos custodiis mancipasti. Causa cur ego sancto Alexandro crediderim ista est : Unicus cum mihi esset filius in nimio languore positus, qui adhuc ambulabat ad litterarum studia, hicque in Capitolium cum esset ductus a me et matre sua, et sacrificassemus diis , et pontificibus præmia dedissemus mortuus est. Tunc increpare me cœpit nutrix ejus, dicens : Si eum ad limina sancti Petri duxisses, et credidis-

[a] De his in Vita sancti Alexandri.

ses Christo, filium tuum incolumem haberes. Cui ego respondi : Dum tu ipsa cæca sis facta et non sis curata, quomodo filium meum reddet incolumem? Si ante istos, inquit, quinque annos credidissem Christo, redditi mihi essent oculi. Cui dixit : Vade et crede; et si tibi oculos aperuerit Alexander, credam quod et mihi reddat filium meum. Abiit ad ipsum cæca, et ecce reversa est ad me sana, imponensque humeris suis filium meum mortuum, cucurrit, et jactavit eum ante pedes beati Alexandri. At ille, oratione facta, resuscitavit eum. Ego confestim misi me ad pedes ejus, et rogavi me fieri Christianum. Patrimonium vero matris ejus ipsi contuli ; aliquanta etiam de meo addidi. Cætera vero aut pauperibus erogavi, aut servis meis, qui mecum facti sunt Christiani, dedi. Hæc et his similia cum egisset circa Quirinum beatus Hermes, credidit Quirinus cum omni domo sua, et baptizatus est. Aurelianus cuncta hæc audiens, dictavit in ultimo sententiam ut beatus Hermes gladio puniretur. Qui decollatus, a beata sorore sua Theodora collectus, in Salaria vetere non longe ab urbe Roma sub die quinto mense Septembris sepultus est.

Ipse die in Africa, depositio sancti Augustini episcopi. Ex provincia ergo hic Africana, civitate Tagastensi, de numero curialium parentibus honestis et Christianis progenitus, alitusque est ac nutritus eorum cura ac diligentia, impensisque sæcularibus artibus eruditus apprime, omnibus videlicet disciplinis imbutus, quas liberales vocant. Nam et Grammaticam prius in sua civitate, et Rhetoricam in Africæ capite Carthagine postea docuit; consequenti etiam tempore trans mare in Roma, et apud Mediolanum. In qua urbe tunc episcopatum administrabat acceptissimus Deo, et in optimis viris præclarissimus sacerdos Ambrosius. Hujus interea verbi Dei prædicatoris frequentissimis in Ecclesia disputationibus astans in populo, intendebat suspensus atque affixus. Et factum est, divina præstante opitulatione, ut per illum talem tantumque antistitem Ambrosium, et doctrinam salutarem Ecclesiæ catholicæ, et divina perciperet Sacramenta. Moxque ex intimis cordis medullis spem omnem quam habebat in sæculo dereliquit. Jam vero non uxorem, non filios, non carnis divitias, non honores sæculi quærens, Deo cum suis servire statuit. Unde cum his qui eidem adhærebant Deo vivebat jejuniis, orationibus, bonis operibus in lege Domini meditans die ac nocte. Et de his, quæ sibi Deus cogitanti atque oranti intellecta revelavit, et præsentes et absentes sermonibus ac libris docebat. Factumque est ut ordinaretur presbyter in Ecclesia Hipponensi, omnibus id uno consensu et desiderio fieri perficique petentibus, magnoque studio et clamore flagitantibus. Mox sibi monasterium intra ecclesiam instituit, et cum Dei servis vivere cœpit secundum modum et regulam sub sanctis apostolis constitutam : maxime ut nemo quidquam proprium in illa societate haberet, sed essent omnia communia, et distribuerentur unicuique, sicut opus erat. Interjecto autem tempore, sancto episcopo Valerio id agente, omnibus gratulantibus, atque id fieri ingenti desiderio clamantibus, episcopatum suscipere, suo vivente episcopo, coactus est. Atque ita factum est ut episcopus multo instantius ac ferventius majore auctoritate verbum salutis æternæ alacriter pullulanti atque crescenti Domini ecclesiæ prædicaret. Vixit in clericatu vel episcopatu annis ferme quadraginta, ætatis vero illius anni septuaginta sex. Verbum Dei usque ad extremam ægritudinem imprætermisse, alacriter et fortiter sana mente, sanoque consilio in Ecclesia prædicavit. Membris omnibus sui corporis incolumis, integro aspectu atque auditu, et astantibus, et videntibus, et orantibus fratribus, obdormivit cum patribus suis, enutritus in senectute bona. Testamentum nullum fecit, quia unde faceret pauper Dei non habebat. Tertio obsidionis mense (nam civitas ejus quatuordecim mensibus conclusa et obsessa est a Wandalis, Alanis, aliisque commistis gentibus) decubuit febribus, et illa ultima exercitatur ægritudine. Hic beatus episcopus spiritu divino tactus, in sancta Ecclesia catholica ad instructionem animarum fecit libros, tractatus, epistolas numero mille triginta, exceptis qui numerari non possunt, quia nec numerum designavit eorum. Hujus corpus venerabile, primo de sua civitate propter barbaros et Sardiniam translatum, nuper a Leutprando rege Longobardorum, dato magno pretio, Ticinis relatum, et honorifice conditum est.

Brivate, natale sancti Juliani martyris [a]. Qui tempore persecutionis hortatu beati Ferreoli, cujus in militia comes erat, ex Viennensi urbe clandestino discessu ad præfatum Arvernæ urbis territorium commigravit. Ubi ab insequentibus persecutoribus tentus, desecto gutture, morte horribili necatus est.

Constantinopoli, sancti Alexandri episcopi et confessoris [b] gloriosi senis: cujus virtute orationis Arius divino judicio condemnatus, crepuit medius, et effusa sunt viscera ejus. Dormivit vero idem beatus pontifex vitæ suæ anno nonagesimo octavo, episcopatus trigesimo tertio.

Eodem die apud Santonas, sancti Bibiani [al Viviani] episcopi et confessoris.

C. IV KAL. SEPTEMBRIS.
(29 Aug.)

Romæ in Aventino in oppido Vindinensi ad Arcum Faustini, natale beatissimæ et illustrissimæ Sabinæ martyris, quæ fuit uxor præclarissimi quondam Valentini, et filia Herodis Metallarii, quæ passa est, Adriano imperante, sub præfecto Eelpidio. Hanc beata virgo Seraphia, cum in domo conversaretur, persuasit in fide Domini nostri Jesu Christi. Quæ postmodum eamdem virginem usque ad locum passionis secuta est, et cum ei præses Berilus diceret: Quid tibi ipsa derogas, aut quare temetipsam vilem reddis, aut quare non consideras quæ es, aut cujus filia es? Conjunxisti enim te Christianis, et oblita es natales tuos, et memoriam tanti viri, cujus fuisti; et deorum, quorum iram vereor ne incurras. Revertere magis ad domum tuam, et dimitte hanc nefandam, quæ maleficiis te et plures demutavit a deorum cultura. Beata Sabina respondit: Illius sanctæ puellæ, de qua dicis, maleficiis utinam et tu suadereris, sicuti et ego suasa sum, ut ab immundis recederes idolis, et verum et certissimum agnosceres Deum, qui bonos ad æternam vocat vitam, et malos in pœnam relinquit perpetuam. Quod præses audiens, reveritus illam dimisit. Ut vero beata Seraphia gloriosissimo martyrio coronata est, illustrissima Sabina colligens reliquias ejus, celebratis venerabilibus exsequiis, thesaurum sempiternum vel pretiosam margaritam reposuit in monumento suo, quod ipsa sibi cum summo studio et ornatu fecerat. Deinde, interpositis aliquot diebus, comprehensa judici Helpidio præsentatur. Quam ille videns: Tu es, inquit, Sabina uxor quondam Valentini illustrissimæ memoriæ, et filia Herodis? Cui sancta matrona respondit: Ego sum et gratias ago Domino meo Jesu Christo, qui me peccatricem per sanctam famulam suam Seraphiam de multis sordibus et potestate dæmonum liberare dignatus est. Commotus postmodum præfectus, cum videret in confessione Christi constantiam ejus, dictavit sententiam dicens: Sabinam diis inobedientem, dominos quoque et Augustos nostros blasphemantem, gladio percuti decrevimus, atque omnes facultates ejus publicis titulis præsignari. Passa est autem beata famula Christi Sabina quarto Kalendas Septembris; et a Christianis sublatum corpus ejus sepultum est in monumento, ubi ipsa venerabiliter reposuerat magistram fidei suæ virginem Seraphiam, ad arcum Faustini, juxta aream Vindiciani, in oppido Vindinensi.

Eodem die veneratur decollatio sancti Joannis Baptistæ [c], qui primo in Samaria est conditus, nunc in Alexandria. Porro caput de Jerosolymis ad Phœniciæ urbem Emesam delatum est.

D. III. KAL. SEPTEMBRIS.
(30 Aug.)

Romæ, via Ostiensi, milliario secundo ab Urbe, natale beatissimorum martyrum Felicis et Adaucti, sub Diocletiano et Maximiano imperatoribus, præfecto et judice Draco. Fuere autem duo fratres nomine et opere Felices ambo presbyteri. Horum senior Felices ambo presbyteri. Horum senior Felix ex jussione imperatorum cum ad secretarium judicis esset perductus juxta templum Serapis, dum cogeretur ad sacrificandum, exsufflavit in faciem statuæ æreæ, et statim cecidit. Item ductus ad Mercurii statuam in aliam ædiculam, simili modo in illam exsufflavit, et mox cecidit. Item ad simulacrum Dianæ, quod pari modo dejecit. Reductus ad præfectum imponi-

---
[a] Greg. Tur. de Gloria mart., lib. II, per totum.
[b] Greg. Tur. de Gloria confess., c. 58.
[c] Vide libellum de Fest. Apost. Item hic ante 24 Febr.

in equuleo, et inquisitus quibus hæc maleficiis fecisset, beatus Felix respondit : Non maleficiis diaboli, sed beneficiis omnipotentis Dei hoc egi. Furore itaque accensus præfectus, jussit eum duci extra Urbem via Ostiensi, quia illic arbor excelsissima stabat dæmonibus consecrata, juxta quam erat templum, ut ibi ad sacrificandum impelleretur. Quo perductus, oratione facta, dixit ad arborem : Præcipio tibi in nomine Domini mei Jesu Christi, ut radicitus corruas, et templum ac simulacrum, vel aram ejus funditus comminuas, ut amplius cultu tuo animæ non decipiantur. Quæ statim ad verba ipsius ita eversa est, ut et templum ac simulacrum comminueret, et quod fuerat, non pareret. Quod cum nuntiatum fuisset præfecto, statim jussit eum decollari, et corpus ejus inhumatum canibus et lupis derelinqui. Data sententia, obvius fuit ei quidam vir Christianus, hominibus quidem absconsus, Deo vero manifestus. Hic cum didicisset quod beatus Felix duci fuisset jussus, cœpit clamare et dicere : Et ego ex eadem lege sum, et ipsum quem hic sanctus presbyter confitetur Dominum Jesum Christum colo. Mox et ipse ab officio præfecti comprehensus, pariter dato sibi osculo, cum beato Felice decollatus est ; hujus nomen quia non innuerunt Christiani, post modum Adauctum eam appellaverunt, quod sancto martyri Felici auctus sit ad coronam, ipsique pro fidei confessione corona martyrii aucta. Christiani itaque noctu venientes, in eodem loco ubi arbor steterat, quæ cadens nimiam terræ altitudinem aperuerat, eos sepelierunt. Quorum corpora volentes pagani exinde effodere, quicunque manus apposuerunt a diabolo correpti sunt. Ubi postea pacis tempore basilica fabricata est, et martyrum memoria digne exculta. Compleverunt autem martyrium suum III Kal. Septembris.

E. PRIDIE KAL. SEPTEMBRIS.
(31 Aug.)

Treviris natalis sancti Paulini [a] episcopi confessoris, qui tempore Arianæ infestationis, a Constantio imperatore, ob catholicam fidem exsilio relegatus, et usque ad mortem, etiam extra Christianum nomen mutando exsilia fatigatus, ad ultimum apud Phrygiam defunctus, beatæ passionis coronam percepit a Domino.

Eodem Die apud Athenas, beati Aristidis, fide, sapientiaque clarissimi. Qui Adriano principi de religione Christiana libros obtulit, et quod Christus Jesus solus esset Deus, præsente ipso imperatore, luculentissime peroravit.

[a] De hoc in vita sancti Maximi epicosp. Mog., 18 *Nov.* Hieron de Script. Eccles., cap. 20.

LITANIÆ INDICENDÆ.

MENSIS SEPTEMBRIS

HABET DIES XXX; LUNA VERO, XXIX.

F. KAL. SEPTEMBRIS.
(1 *Sept.*)

Jesu nave et Gedeon prophetarum.

Apud Capuam, via Aquaria, natalis sancti Prisci martyris, qui unus fuit de illis antiquis Christi discipulis.

Eodem die natalis Annæ prophetissæ :

Item eodem sancto die apud Senonas, beati Lupi episcopi, sanctitate et signis miraculorum illustravit.

Item apud Cæsaream Cappadociæ, beati Longini [a] militis et martyris; quem tradunt illum esse qui lancea latus Domini Jesu Christi pendentis in cruce aperuit (*Joan.* XIX). Hic postmodum baptisatus ab apostolis, cum apud Cappadociam sanctitate præcipuus degeret, tandem ab Octavio præside comprehensus, post confessionem fidei, lingua abscisa, et dentibus excusis, capite truncatus est. Simul cum eo coronatus est Aphrodisius Commentariensis, cui et præses linguam abscidi jusserat; quique post abscisionem expedite Christum clara voce loquebatur.

G. IV NONAS SEPTEMBRIS.
(2 *Sept.*)

Natale sancti Justi Lugdunensis episcopi, miræ

[a] Vide libellum de Festivitat. Apost.

sanctitatis et prophetici spiritus viri. Hic clam episcopatum suum relinquens, ascensa nave, comitante se uno tantum puero, qui officio lector erat in ecclesia, nomine Viator, pervenit ad Ægyptum. Ubi per aliquot annos, sanctis monachis cœlum tantum spectantibus consociatus, humilitate ac sanctitate vitæ incomparabilis vixit. Cursu itaque temporis consummato, ipse quoque virtutibus consummatus, repositam sibi coronam justitiæ percepturus migravit ad Dominum pridie idus Octobris. Corpus ejus religiosis civibus Lugdunum cum ossibus beati Viatoris ministri ejus relatum, et condigno cultu in basilica beatorum septem fratrum Machabæorum martyrum gloriosissimorum conditum est quarto nonas Septembris.

Eodem die, beati Helpidii episcopi apud præfatam urbem venerabilis depositio. Cujus sacrum corpus honorifice sepultum, in ipsa eademque ecclesia, ubi sancti confessoris Justi tumulata sunt sacratissima membra, quiescit.

Apud Apamiam, beati Antonini martyris.

A. III NONAS SEPTEMBRIS.
(3 *Sept.*)

Natalis sanctæ Phœbes.

Romæ, passio et natalis beatæ Seraphiæ [a] virginis, sub Adriano imperatore, judice Berillo. Hæc Antiochena genere, cum in domo Sabinæ præclarissimæ feminæ apud urbem commaneret, rapta ab officio præsidis, exhibita est in conspectu ipsius. Cui prædixit : Sacrifica diis immortalibus quibus sacrificant domini imperatores. Beata Seraphia respondit : Timeo, et colo omnipotentem Deum, qui fecit cœlum et terram, et omnia quæ in eis sunt. Nam dii quos jubes adorare non sunt dii, sed sunt dæmonia; et ideo non licet mihi adorare eos, quia Christiana sum. Cumque perseverantissime fidem veritatis prosequeretur, jussit eam præses duobus juvenibus lascivis tradi, ut ei nocturno furto insultarent. A quibus perductam in cubiculum obscurissimum cum vellent eam tangere, subito terræ motus factus est magnus, ceciderunque exanimes in terram, membris omnibus resoluti. Diluculo autem cum venissent a præside missi, qui requirerent, seu de juvenibus, seu de virgine; ingressi invenerunt sanctam Dei orantem, juvenes vero impudicos velut mortuos terræ prostratos. Itaque ad rei factum cum plurimi concurrerent, iterum præses jussit pro tribunali eam sibi adduci. Et imperante præside deportati sunt iidem juvenes, et positi ante conspectum ipsius. Ad quos beata virgo, facta oratione, accedens tetigit illos dicens : In nomine Domini mei Jesu Christi erigite vos in statu vestro ; ad cujus vocem illi steterunt super pedes suos. Quos præses interrogavit : Quid faciendo hæc mulier dementes vos fecit et resolutos? Ingressus est, inquiunt, quidam juvenis decorus, miræque magnitudinis, qui totus splendebat sicut sol, stansque inter nos et puellam hanc, tremore et defectione claritate sua concussit. Præses ad beatam Seraphiam conversus : Sacrifica diis, inquit, ne morte plectaris. Cui virgo : Non facio voluntatem patris tui Satanæ, quia Christiana sum. Tunc præses jussit lampades ardentes, lateribus ejus apponi, sed statim qui eas tenebant, ceciderunt retrorsum. Præses vero iterum beatæ virgini dixit : Biothanata et malefica, audi imperiale præceptum, sacrifica diis immortalibus, et libera te de cruciatibus et morte. Beata Seraphia hoc illi redidit : Biothanati et malefici vos estis, qui negatis Deum vivum et verum, et dæmonia adorando, cum ipsis pariter estis morituri ; Deo autem immortali ego memetipsam offero sacrificium, si me dignatur suscipere licet peccatricem, tamen Christianam. Tunc fustibus cæditur : et ecce subito terræmotus factus est magnus. Et excussa de fuste, de quo cædebatur virgo, Dei astella exsilivit in oculum præsidis, quem post dolorem luscum fecit. Et iratus dictavit sententiam ; Seraphiam imperialis præcepti contemptricem, et in tantis meleficiis deprehensam gladio percuti jubemus. Passa est autem quarto Kalendas Augusti, et sepulta juxta aream Vindiciani in monumento illustris martyris Sabinæ, 11 Kalendas Augusti. Compositum vero et ornatum est venerabile sarcophagum ambarum, et locus orationis con- digne dedicatus tertio nonas Septembris, quando et memoria passionis ejus celebrior agitur.

Apud Capuam, natalis sanctorum martyrum Antonini pueri, annorum viginti, et Aristei episcopi quorum gesta habentur. Eodem die depositio sancti Remacli episcopi et confessoris; et beatissimi Mansueti Confessoris atque pontificis Tullensis.

B. PRIDIE NONAS SEPTEMBRIS.
(4 Sept.)

Moysis prophetæ.

Et apud Ancyram Galatiæ natalis sanctorum martyrum trium puerorum, Rufini, Sylvani, et Vitalicæ [b].

Cabilone natale sancti Marcelli qui temporibus Antonini Veri, ex numero quinquaginta martyrum qui Lugduni in ergastulum trusi fuerant, cum Valeriano patefactis custodiæ, cui mancipati erant, divinitus claustris aufugit. Et cum Latinum quemdam, a quo hospitio susceptus erat, cum omni domo sua ad fidem Christi convertisset, Cabilonensium expetens civitatem Priscum quemdam præsidem, diis suis immolantem incurrit. Cumque ab eo ad profanum convivium fuisset invitatus, et ipse hujusmodi exsecrans epulas, omnes qui aderant, cur idolis deservirent, libera increpatione corriperet, inaudito crudelitatis genere, defodiri eum cingulo tenus erectum præses jussit : sicque sanctus Dei martyr tertio die in Dei amore a laudibus perseverans, in secundo ab oppido Cabilonensi milliario incontaminatum reddidit spiritum.

C. NONIS SEPTEMBRIS
(5 Sept.)

In suburbano Romæ natale beati Victorini martyris. Fuerunt autem duo fratres Victorinus et Severinus. Hi post utriusque parentis obitum se invicem pædagogantes pari custodia se mutuis obsequiis æmulantes germanitatis vinculo probabiles, Deo seipsos hostiam vivam obtulerunt. Cumque in tantum excrevissent, ut sua omnia perfectionis intuitu relinquerent, et vendentes res suas, censum earum pauperibus erogassent Deo expeditius servituri, nudi facultatibus omnibus remanserunt. Alter itaque serviens alteri, mutua vice, et æmula charitate serviebat. Imperium, libertas. Nihil deerat illis cum nil haberent. Igitur Victorinus spirans altius, et idipsum quod sibi parebant, imperfectum computans, nec satis sibi factum, si alteri liceret in altero, aut alter alteri servitium exhiberet : Eremum ingreditur, seditque in specu excelsæ rupis, quam subterfluentis aquæ geminum sinuarat abruptum uni tantum hospitium viro ut sedens somnum caperet, vel si reciperet alterum, stans oraret. Texerat ostiolum vimine : assiduus in lectione et oratione manebat. Cernit interim invidus omnis boni profectum viri, et ferre non valens, simulat se puellam et ante fores viri verba gemeutia ingeminat : Heu, inquit, me miseram, silvis errare, et tenebris vagam, locus non

---

[a] Vide libellum de Fest. Apost.

[b] Greg. Tur., de Gloria martyr., c. 53.

agnoscitur, iter quæritur. Quisquis es loci hujus incola, cœlum undique et silvæ famam virtutum tuarum opusque ferunt ; eripe me a frendentibus apris, eripe a sævientibus lupis, et a rictibus ursorum. Quod victura sum tuum erit, si moriar tuum. Satis superque sufficiat operiri limine tuo. Non longum quæro habitaculum : unius tantum noctis hospes ero. Reserat Victorinus cellam, et hostem, dum miseretur secum includit. Vix horæ spatium intercesserat, dum inter molimina, et assiduum corporis motum protenso pede tetigit hominem Dei, et velut compungens vulnere noxio calore succendit. Addit igniculum dulcedo sermonis, urget facinus solitudo. Quid moror? facit casum columna arboris alta radice quæ diu fundata steterat. Furtivus amor scelus perficit. Exclamat jam victor Victorini diabolus: Quid agis, inquit, vir perfectissime, cui etiam frater gravis fuit? Jam jungeris alteri qui recessisti a tuo. Quid agis, qui novum dogma silvis constituens suadebas scopulis castitatem? Hæc jactans ex oculis decepti velut fumus evanuit. At is qui ceciderat, velut exsanguis jacuit. In se autem aliquando reversus silvas deseruit, ad fratrem Severinum repedavit; pudore diu vocem supprimens, tandem causam facti exposuit : ipse pœnam sibi statuens. Findens namque arborem manusque per fissuram inserens, præduratam cuneis pessulans, cicatricem arboris claudit. Sed mox Severinus factum pœnamque fratris episcopo suo nuntiat. Ille veniens primum eum solvere tentat; sed ut repugnantem vidit, orat, benedicit, consolatur, discedit. Vir autem Domini, qui se gravissima pœnitentia damnaverat, Dominica tantum die modicum panis et aquæ coactus a fratre percipiebat, qui etiam se simili cibo et jejunio macerabat. Igitur in hujusmodi constructione, triennium volvitur. Cumque jam omnes pene movisset ejus in Christo imitanda humilitas, episcopus civitatis rediens, vix agere potuit, ut sese a pœna, qua ille memor tremendi judicii se damnaverat, absumptis pene carnibus, permitteret resolvi. Quantæ autem sanctitatis postea fuerit, quamque potens in miraculis, non facile lingua alicujus explicabit. Electus deinde ab universo populo Amiterninæ urbis sacerdotium adipiscitur. Inde postmodum sub imperatore Nerva, cum aliis Dei servis Euthyche et Marone, ab Aureliano judice primo relegatus in sexagesimo milliario ab urbe via Salaria : deinde apud eum locum qui Cotilias appellatur, ubi putentes aquæ manant et sulphureæ, in ipsis capite deorsum per horas tres suspensum teneri, ab impio judice jussum est. Quod cum per triduum pro Christi nomine passus fuisset, gloriose coronatus migravit ad Dominum. Cumque una die jussu Aureliani corpus ejus inhumatum jacuisset, venerunt Amiternenses populi Christiani, et rapientes in suum territorium transtulerunt, et honorifica sepultura condiderunt nonis septembris.

Item Romæ in portu, natali sancti Herculani.

ᵃ Vide lib. de Fest. Apost.; Victor African., lib. II.
ᵇ Euseb. lib. VIII, cap. 5.

Capuæ natalis sanctorum martyrum Quinti, Arcontii et Donati.

D. VIII IDUS SEPTEMBRIS.
(6 Sept.)

Zachariæ prophetæ.

Item natalis sancti Onesiphori apostolorum discipuli ᵃ.

Et apud Africam, beatissimorum confessorum et episcoporum, Donatiani, Præsidii, Mansueti, Germani, Fuscoli, qui persecutione Vandalica apud Africani jussu Hunnerici regis Ariani, pro assertione catholicæ veritatis, durissime fustibus cæsi, et exsilio damnati sunt. Inter quos etiam episcopum nomine Lætum, strenuum ac doctissimum virum, post diuturnos carceris squalores, incendio concremavit. Tunc etiam decreto publico per diversas provincias exsecutores dirigens, episcopis quasi ad concilium Carthagine congregatis, una die universas ecclesias Africæ clausit, universamque substantiam episcoporum et ecclesiarum suis episcopis condonavit.

E. VII IDUS SEPTEMBRIS.
(7 Sept.)

Natalis beati Joannis ᵇ apud Nicomediam sub Diocletiano imperatore. Qui de nobilibus ortus honore et dignitate illustris, ut vidit adversus cultores Dei in foro crudelia edicta pendere, calore nimis fidei ignitus, publice populo inspectante injecta manu, librum iniquæ legis detraxit, ac minutatim discerpsit, Augusto Diocletiano in eadem urbe simul cum Maximiano Cæsare constituto. Ad quos cum relatum esset religiosi et illustris viri factum, continuo omni in eum crudelitatis genere desævientes, ne hoc quidem solum efficere quiverunt, ut eum mœstum aliquis videret in pœnis : sed læto atque hilari vultu, cum jam viscera in suppliciis defecissent, spiritus tamen lætabatur in vultu. Ex quo tortores sui gravius cruciabantur, quod omnia suppliciorum genera consumebant in eum, quem ne tristem quidem ex his reddere poterant.

F. VI IDUS SEPTEMBRIS.
(8 Sept.)

Nativitas sanctæ Dei Genitricis ᶜ.

Eodem die apud Nicomediam, natale sancti Adriani martyris cum aliis tribus et viginti. Maximianus cum gravissime persequeretur Christianos, apud Antiochiam oblati sunt ei quidam Christiani, fide ac religione insignissimi, quos ille post veritatis confessionem extensos lignis et nervis crudis cædi jussit, ac deinde lapidibus ora ipsorum contundi, et linguas eorum præcidi. Hæc omnia cernens Adrianus, qui erat prior officii, dixit ad eos: Adjuro vos per Deum vestrum, pro quo hæc patimini, dicite mihi in veritate, quæ est remuneratio vestra, quam exspectatis pro his tormentis? videtur enim mihi magna et mirifica esse. Cui viginti tres martyres dixerunt : Exspectamus quod nec oculus vidit, nec

ᶜ Vide libellum de Festivitat. Apost.

auris audivit, nec in cor hominis ascendit, inenarrabile bonum, quod præparavit Deus his qui diligunt eum (*Isa.* LXIV; *I Cor.* II). Audiens hæc Adrianus, statim exsiliens stetit in medio eorum, et dixit his qui gerebant exceptoris officium : Annotate confessionem meam cum his sanctis et athletis Dei : quia et ego Christianus sum. Post non multum spatium, cum audisset Maximianus nomen ejus recitari inter nomina sanctorum martyrum, evocato ad se dixit ei : Insanis, Adriane ? nunquid et tu vis tam male perire ? Adrianus respondit : non insanio, sed de multa insania ad sanam mentem revertor. Cumque perseveranter quæ sunt fidei et veritatis prosequeretur, furore repletus Maximianus, jussit eum ferro vinctum cum reliquis sanctis martyribus ad carcerem pertrahi. Erat autem juvenis annorum viginti octo. Et fama celeriter currente, didicit uxor illius Natalia cuncta quæ circa Adrianum maritum provenerant. Et gaudio plena, quia erat mulier Christianissima, cucurrit ad carcerem, procidensque ad pedes viri sui osculabatur vincula ejus, dicens illi : Beatus es, domine meus Adriane, quia invenisti divitias, quas tibi non dimiserunt parentes tui. Vere jam securus pergis ad Christum, bene recondens in ipso divitias, quas invenies in tempore necessitatis, ubi de pœnis damnatorum neminem quisquam liberabit : non pater filium, non mater filiam, non divitiæ transeuntes, non ulla servorum ambitio et patrimonii amplitudo, ad extremum nec amicus amicum. Omnes enim tunc propria sarcina comitabitur. Tu, domine meus, tecum habens Christum, in quo omnia tua reposuisti, perge fiducialiter, perge ne timeas ut percipias promissa ipsius. Non revocet te ullus intuitus rerum velut umbra transeuntium, non affines, non parentum gemitus, non pulchritudo ipsa corporis tui, exsecra seductorum adulationes amicorum ; non te terreant species tormentorum. Horum qui tecum sunt martyrum constantiam et patientiam aspice, his solis intende. Hæc postquam gloriosissima femina prosecuta est, singulorum martyrum vincula deosculans : Rogo vos, inquit, servi Christi, confortate hunc Adrianum beatissimis monitis, et lucrifacite animam ejus in Christo : vos sitis ei patres, per vos nascatur æternæ vitæ. Ad quam beatus Adrianus dixit : Perge nunc, soror mea, in domum tuam, et cum agnovero fieri interrogationem nostram, accersam te, ut videas finem rei. Post aliquot dies cum quæstio immineret, beatus Adrianus dato pretio custodibus, et datis fidejussoribus, perrexit ad domum suam vocare beatam Nataliam. Cumque pergeret, vidit eum qui bene illum noverat, et præcurrens domum, nuntiavit eum venire. Quod uxor audiens, primo non credidit. Quis, inquit, potuit eum absolvere de vinculis illis ? Non mihi contingat, ut absolvatur, nequando separetur a sanctis illis et cum puer domesticus superveniens affirmaret eum dimissum, suspicata illa, quod martyrium refugisset, contristata flebat amarissime. Et cum jam videre Adrianum inciperet, projecit quæ erant in manibus, et accurrens clausit ostium domus, clamans et dicens : Longe efficiatur a me hic qui corruit, et mentitus est Domino Deo suo. Non loquatur mihi, nec audiam linguam, quæ dolose egit in conspectu Factoris sui. Et conversa dicit in eum : O sine Deo præ omnibus hominibus, quis te coegit apprehendere opus, quod non potuisti perficere ; quis te separavit a sanctis, aut quis te seduxit, ut recederes a conventu pacis vel repausationis ? Dic mihi, quare in fugam conversus es antequam fieret pugna ? quare projecisti arma, antequam videres hostem tibi repugnantem ? Quomodo vulneratus es, necdum emissa sagitta ? Quid faciam infelicissima, quæ conjuncta sum impio ? Non est mihi concessum ut vocarer uxor martyris, sed ut dicerer conjux transgressoris. Ad horam fuit exsultatio mea, et ecce per sæcula erit opprobrium meum. Cui beatus Adrianus pro foribus stans dicebat : Aperi mihi, soror mea Natalia, quia non sicut tu æstimas effugi martyrium. Veni autem propterea, quia instat tempus quæstionis nostræ, ut sicut promisi præsens fias. At illa non credens : Vide, inquit, quomodo me seducit transgressor ? Ecce quomodo mentitur alter Judas ? Recedas a me, homo : nam ante me ipsam interficiam, quam tibi socier. Cumque beatissimus martyr de zelo piæ conjugis lætus, sermonibus suis ei satisfaceret, et nisi citius aperiret, moras se facere non posse assereret, tandem ei illa aperiens, provolvitur pedibus ejus. Inde vero citius exeuntes, properabant ad confessionem, ut in numero coronatorum Adrianus inveniretur. Cumque adhuc essent in via, dixit beatus Adrianus : Soror mea, dic quomodo ordinasti substantiam tuam ? Cui illa : Noli, inquit, domine meus, noli memorare quæ sunt mundi hujus, ne attrahant animum tuum : auferantur ab animo tuo omnia corruptibilia, solummodo illa festina videre, quæ reposita sunt tibi et sanctis, cum quibus ambulas in via Dei. Completa itaque die ut produceretur, exhibiti sunt beatissimi martyres in conspectu Maximiani, putrefactis ita jam carnibus eorum præ acerbitate tormentorum, ut vermes de ulceribus eorum scaturirent. Natalia vero applicans se beato Adriano, dicebat : Vide, domine meus, ut solummodo ad Deum fiat mens tua ; nec tuum cor in aliquo trepidet, dum videbis tormenta tibi proposita. Labor quidem nunc modicus, sed in sæcula sæculorum æterna repausatio. Maximianus respiciens Adrianum, ait : Adhuc tu permanes in insania ! Beatus martyr respondit : Pro hac amentia et insania paratus sum hanc vitam finire. Iratus post piam confessionem ipsius tyrannus, jussit eum tam crudeliter invicem sibi succedentibus flagellatoribus cædi, donec apertis costis viscera paterent. Iterum constrictus ferro in carcerem mittitur. Et cum aliquibus diebus cum reliquis sanctis Dei clausus ibi fuisset, tandem reductus, simul et cum eo alii, quos immensitas pœnarum pene absumpserat, sistitur Maximiano. Quos ille jam videns irrevocabiles, jussit ut vecte magno ferreo confringerentur tibiæ ipsorum. Confractis itaque cruribus, ac pedibus incisis, insuper beato Adriano manu incisa, orantes et gratias agentes Domino, emiserunt spiritum. Corpora eorum jussit tyrannus incendi. Sed subito factæ sunt coruscationes, tonitrua, ac pluviæ, et exstinctus est ignis. Plurimique de apparitoribus fulminibus percussi, pauci fuga vix evaserunt. Accurrentes interea Christiani, rapuerunt ex igne jam exstincto reliquias martyrum, et ascensis navibus fugerunt, perveneruntque Byzantium, et reverenti honore sepelierunt eas ibi. Non longo post tempore beati Adriani corpus Romam etiam translatum honorabili quoque templo exornatum est. Natalia vero ipsa de Nicomedia sanctorum martyrum amore Byzantium enavigans, post paucos dies adventus sui, dormitionem accepit in Domino, et juxta sanctorum corpora sepulta est Kalendis Decembris. Passio horum martyrum sexto Idus Septembris celebratur.

G. V IDUS SEPTEMBRIS.
(9 Sept.)

a Passio beatorum martyrum Dorothei et Gorgonii, apud Nicomediam, sub Diocletiano imperatore. Horum prior Dorotheus magister in officiis quæ intra palatium exhibebantur, erat cubiculi regii præpositus, habens secum officio, fide, et magnanimitate parem Gorgonium. Quorum institutionibus optimis omnes pene cubiculi ministri in fide Dei vigilanter et libere persistebant. Hi denique cum viderent quemdam martyrem crudelibus atque immanibus suppliciis cruciari, constanter et libere aiunt: Cur, imperator, in hoc solo punis sententiam, quæ in nobis omnibus viget? ut quid in illo crimine ducitur, quod a nobis omnibus confitetur? Hæc nobis fides, hic cultus, et unanimis eademque sententia. Quos ille cum in medium nihilominus venire jussisset, jussit eos appendi, et flagellis toto corpore laniari et visceribus jam pelle nudatis jubentur aceto et sale perfundi. Cumque etiam hoc tormenti genus constanter et fortiter tolerassent, craticula prunis subterstrata poni jubetur in medio, ibique quod reliquum fuerat in verberibus absumpti corporis superponi, et non ad subitum, sed sensim paulatimque succendi. Ad ultimum laqueo appensos jussit necari. Interjecto tempore beatus Gorgonius Romam transfertur, positusque est venerabiliter via Latina inter duas lauros. Compleverunt autem martyrium suum quinto Idus Septembris.

In Sabinis milliario ab urbe tricesimo, natalis sanctorum Hyacinthi, Alexandri, Tiburtii.

A. IV IDUS SEPTEMBRIS.
(10 Sept.)

Apud Africam, natalis sanctorum episcoporum, Nemesiani, Felicis, Lucii. Item Felicis, Litei, Poliani, Victoris, Jaderis et Dativi: qui, sub Decio et Valeriano exsurgente persecutionis rabie, ad primam confessionis Christi constantiam graviter fustibus cæsi; deinde compedibus vincti, et ad fodienda metalla deputati, gloriosæ confessionis agonem consummaverunt. Quorum etiam exempla secuta multiplex plebis portio, cum eis confessa pariter est et coronata. Exstat epistola beati Cypriani ad ipsos (epist. 77), et de ipsis scripta.

b Eodem die in Chalcedonia, natalis sanctorum Sosthenis, et Victoris: qui, cum beata Euphemia sub Prisco consule pro Christi nomine decertaret, apertis sibi divinitus oculis, viderunt circa illam angelorum præsidia, sanctarumque virginum chorum. Atque hoc viso ad Christum conversi, ob insuperabilem fidei confessionem trusi in carcerem, et inde producti, ad stipites religati sunt; quibus primum ursi, ac deinde ferocissimus leo, dimissi, cum in nullo eos læderent, misit proconsul ad deferendam cupam, in qua eos pariter concremaret. Illi vero interea incumbentes orationi, vocati de cœlo, datoque sibi mutuo pacis osculo, spiritum emiserunt.

B. III IDUS SEPTEMBRIS.
(11 Sept.)

c Romæ via Salaria vetere, in cœmeterio Basillæ, natale sanctorum Proti et Hyacinthi, qui erant eunuchi beatæ Eugeniæ virginis cum qua ab Heleno episcopo baptizati, aliquanto tempore divinis solum eruditionibus vacantes, in sancto proposito perstiterunt, atque in servorum Dei monasterio mira humilitate conversati sunt; et hoc apud Ægyptum. Inde cum beatissima virgine Romam reversi, sub Gallieno imperatore, quod essent Christiani, comprehensi, coguntur sacrificare. Sed non consentientes dirissime verberantur. Cumque Deo fidem servantes gauderent, pariter decollantur tertio Idus Septembris. Post hæc tenetur sancta Eugenia, et jubetur a præfecto urbis Nicetio, Dianæ sacrificia exhibere. Quæ stans ante templum, extensis manibus fudit orationem. Qua orante, ita simulacrum Dianæ comminutum est, ut sola pulveris ejus indicia remanerent. Sed magicis artibus hoc reputantes, ingenti saxo circa scapulas ejus constricto, Tiberi eam præcipitem dederunt. Quomodo autem agonem passionis suæ compleverit, breviter supra notatum est viii Kalendas Januarii.

C. PRIDIE IDUS SEPTEMBRIS.
(12 Sept.)

Apud Ticinum urbem, quæ et Papia dicitur, natale sanctorum Syri et Evantii. Qui a beato Hermagora Aquileiensi pontifice, discipulo sancti Marci evangelistæ, ad præfatam urbem directi, primi illic Christi Evangelium prædicantes, et magnis virtutibus ac miraculis coruscantes, etiam vicinas urbes, Veronensem scilicet, Bryxenam, et Laudensem divinis operibus illustrarunt. Sicque in pontificali honore, fundata et confirmata fide credentium populorum, glorioso fine quieverunt in pace.

---

a Euseb. l. VIII, cap. 6
b De his in Vita sanctæ Euphemiæ, 16 Sept
c De his in gestis sanctæ Euphemiæ, 25 Dec.

D. IDIBUS SEPTEMBRIS.
(13 Sept.)

ᵃ Apud Ægyptum, civitate Alexandria, natale B. Philippi episcopi et martyris qui præfectus primum fuit, deinde baptismi gratia sanctificatus, episcopi dignitatem, suffragium ferentibus Christianis populis, assequitur. Et sub Volusiano et Gallieno imperatoribus dirigitur Perennius præfectus Alexandriam, cui imperatum est ut Philippum occideret. Sed cum hoc implere non posset, quia omnis populus civitatis Philippo veluti quibusdam vinculis amoris videbatur astrictus, immisit quosdam in ecclesiam, qui se fingerent Christianos. Quique ingredientes, percusserunt eum in oratione constitutum. Sepultus modo est in Nitria, basilica condigna martyri supra corpus ejus fabricata. Sedit autem in episcopatu anno uno, mensibus tribus. Passus est Idibus Septembris.

Item sancti Amati presbyteri, abbatis monasterii S. Romerici : qui miræ abstinentiæ, et anachoreticæ vitæ sectator, virtutum et miraculorum gratia illustrem conversationem duxit.

E. XVIII KAL. OCTOBRIS.
(14 Sept.)

ᵇ Romæ via Appia, in cœmeterio Callisti, natale sancti Cornelii episcopi : qui sub persecutione Decii cum presbyteris et diaconibus Centumcellis exsilio deputatur. Ad quem confortandum multi Christianorum veniebant. Quo tempore beatus Cyprianus scripsit ei de Calerino lectore, quanta pro fide et confessione Christi sustinuerit. Decius Cæsar audito quod multi ei scriberent : et de beato Cypriano rogavit eum sibi exhiberi. Exhibitus Decio interroganti, cur a Cypriano contra Rempublicam litteras accepisset, respondit : Ego de corona Domini litteras accepi, non contra Rempublicam. Iratus Decius, jussit ut os ejus cum plumbatis cæderetur, deinde ad templum Martis, ut sacrificaret, duceretur. Quod si contempsisset, illic capite puniretur. Cumque duceretur, unus ex militibus nomine Cerealis, rogare cœpit beatum papam, ut visitaret uxorem ejus, quæ annis quinque paralytica jacebat. Ingressus autem domum ejus, tenuit manum Salustiæ, et erexit eam, dicens : In nomine Jesu Christi Nazareni, surge, et sta super pedes tuos. Quæ protinus erexit se, clamans et dicens : Vere Christus est, Dei filius. Et dixit beato Cornelio : Baptiza me, per Christum te conjuro ; et currens implevit vas aqua, et attulit ei. Tunc miserunt se omnes milites ad pedes ejus orantes se baptizari. Quos ut baptizavit, obtulit pro eis sacrificium laudis : et participati sunt omnes corpore et sanguine Domini nostri Jesu Christi. Audiens hæc Decius, mittens tenuit omnes eos, et jussit ut cum beato Cornelio ducerentur ad sacrificandum, et si nollent parere, capite plecterentur. Ducti autem foras muros portæ Appiæ, expuentes id templum, decollati sunt una cum beatissimo papa nu-

ᵃ De his in passione sanctæ Eugeniæ, 25 Dec.

mero viginti unus. Sed et Cerealis cum uxore sua Salustia sub die XVIII Kalend. Octobris. Eadem vero nocte venit beata Lucina cum clericis et familia sua, et rapuit martyrum corpora, et sepelivit ea in agro suo in crypta, in cœmeterio Callisti. Hujus beatæ Lucinæ rogatu idem beatus Cornelius corpora apostolorum de catacumbis levavit noctu, et posuit, Pauli quidem via Ostiensi, ubi decollatus est, Petri autem juxta locum ubi crucifixus est, inter corpora sanctorum episcoporum in templo Apollinis, in monte aureo, in Vaticano palatii Neroniani, in Kalendas Julias.

Item apud Africam, natale beati Cypriani episcopi, Valeriano et Galliéno imperatoribus, Galerio Maximo proconsule. Qui agentibus et elaborantibus gentilibus comprehensus est ex præcepto Aspasii Paterni consulis, et in exsilium in civitate Corubitana missus est. Habitavitque ibi suspensa ad cœlum mente, tantum ad calcandas passiones hujus temporis amore Christi animatus. Quo conveniebant ad eum plures egregii clarissimi ordinis et sanguinis, sed et sæculari nobilitate gloriosi : qui propter amicitiam ejus antiquam, secessum subinde suaderent, et ne parum esset nuda suadela, etiam loca, in quæ secederet, ei offerebant. Post dies autem multos regressus de exsilio habitabat in hortis suis. Et cum illic moraretur, venerunt ad eum principes duo ex officio consulis Galerii Maximi, qui Aspasio Paterno successerat, et levantes eum in curriculo, duxerunt ad proconsulem in locum Sexti, ubi pro reparanda sanitate degebat, collectusque ab astatore officii, secessit in hospitium ejus in vicum Saturni. Convenit autem ad eum omnis populus fratrum. Quod cum comperisset beatissimus martyr, præcepit custodiri puellas quæ advenerant audire verbum Dei, quoniam ante ostium manebant principis ob amorem martyris gloriosi. Altera die XVIII Kalendas Octobris mane Galerius Maximus sanctum Cyprianum episcopum offerri sibi præcepit in atrio secutiolo. Cui inter alia cum dixisset proconsul : Jusserunt te sacratissimi principes cæremoniari. Sanctus Cyprianus dixit : Non faciam. Maximus proconsul dixit : Consule tibi. Sanctus Cyprianus dixit : Fac quod tibi præceptum est ; nam in re tam justa nulla est consultatio. Maximus proconsul dixit : Diu sacrilega mente vixisti, et nefarios tuæ conspirationis homines aggregasti, et inimicum te diis Romanis et sacris religionibus constituisti, nec te pii imperatores ad sectam cæremoniarum suarum evocare potuerunt : cum sis nequissimi criminis auctor et signifer deprehensus, eris ipse documento cum his quos scelere tuo tecum aggregasti, sanguine tuo sanctientur disciplinæ. Et his dictis, decretum ex tabella recitavit : Tascium Cyprianum gladio animadverti placet. Sanctus Cyprianus, hoc audiens, dixit : Deo gratias ago. Et cum duceretur, populus fratrum plangens dicebat : Et nos cum eo decollemur. Et ita perductus gloriosus martyr post prætorium in agrum Sexti, exuit se la-

ᵇ Pontif., cap. 22 ; Cyprian., epist. 34.

cerno birro, et complicans posuit ad genua sua, dehinc dalmaticam tunicam tulit, et diaconibus tradidit, et stans in linea, sustinebat spiculatorem, cui et viginti quinque aureos dari præcepit. Fratres vero, flentes, linteamina et oraria ante eum ponebant, ne sanctus cruor defluens absorberetur a terra. Qui cum lacinias manuales sibi ligare non potuisset, Julius presbyter et Julianus subdiaconus ipsi ligaverunt. Ipse autem sibi manu propria oculos texit, et genua in terra posuit, orationemque ad Dominum fudit, et sic gladio percussus migravit. Corpus ejus propter gentilium curiositatem in proximo collocatum est. Sed ne a gentilibus tolleretur, nocte adveniente ex eodem loco, ubi positum fuerat, sublatum est. Et inde cum cereis et scolacibus *a*, in area cujusdam Candidi procuratoris, in via Mappaliensi juxta piscinas cum magno triumpho sepultum est.

Post multa vero curricula annorum, gloriosissimo Carolo Francis imperante, contigit, legationem Francorum ferentibus, illustres ac sapientia circumspectos legatos transitum per Africam fecisse. Hi cum Carthaginem dirutam et loca venerabilia sanctorum martyrum reverentes a rege Persarum Aaron, qui, excepta India, totum pene tenebat Orientem, vidissent, facile sibi conciliato principe, ac favorem in re tali præstante, pro magno munere rogaverunt, ut ossa B. Cypriani eis ferenda permitteret. Quod ille, non magni ducens, continuo postulata concessit; utque pio imperatori, cujus gratiam omnium qui in toto terrarum orbe erant regum ac principum amicitiæ præponeret, ipsi ea ferrent, libenter assensit. Cumque venerabiles legati ingentia dona, martyrum scilicet reliquias ferentes (nam et beati Sperati martyris membra, qui unus fuit ex illis duodecim præclarissimis martyribus Scillitanis, caput etiam martyris gloriosi Pantaleonis secum cum beatis ossibus Cypriani habebant) reverterentur, prosperis usi velis, tandem pervenerunt Arelaten. Ubi sacra martyrum membra signata interim relinquentes, legationem suam glorioso imperatori renuntiare festinarunt, et, ut animum regis amplius sibi de legatione strenue perfecta conciliarent, inter alia de sanctorum reliquiis ab Africa deportatis ejus animos attollunt. Unde ille plurimum lætus, eas tam diu apud Arelaten digna veneratione reservari jussit, donec ipse magno aliquo opere in regno suo templum conderet, ubi tam pretiosum pignus ingenti cultu et ornatu reponeret. Sed, emergentibus causis, dum opus tardius construitur, occasionem nactus Leidradus, venerabilis Lugdunensis episcopus, gloriosum imperatorem rogavit, ad civitatem suam deferre beata ossa martyrum ei liceret. Annuit imperator. Sed et isdem ocius votum suum pius perficit : cum honore infra civitatem Lugduni deportata sunt, ibique in majori ecclesia beati Joannis Baptistæ ac sancti martyris Stephani aliquanto tempore custodita : et ad defensionem civium, Deo id misericorditer operante, et imperatore jam votum suum de ædificatione templi in longe alia transferente, sanctus episcopus beatissimas reliquias gloriosorum martyrum in prædicta ecclesia post venerabile et sacrum altare decentissima sepultura recondidit, ac posteris civibus suis profuturas honorabiliter commendavit.

Sed post, interposito tempore, regnante glorioso rege Carolo Ludovici imperatoris filio, iterum reliquiæ B. Cypriani ad monasterium novum, quod idem rex augusto opere construxit, in compendio palatio suo, eo jubente, translatæ sunt.

Referuntur autem cum beato Cypriano passi, Crescentianus, Victor, Rosula et Generalis.

Eodem die, Exaltatio sanctæ crucis, quæ ab Helena Constantini matre inventa, ita per medium est secta, ut et crux Constantinopolim sit portata, et crux Hierosolymis thecis argenteis sit reservata. Multorum itaque annorum labente curriculo, Phoca Romanis imperante, Persæ adversus rempublicam, Chosdroe rege, gravissima bella gerentes, multas Romanorum provincias, et ipsam Hierosolymam invadunt. Et destruentes ecclesias, sancta quoque loca profanantes, inter ornamenta sacra, quæ abstulerunt etiam vexillum Dominicæ crucis abducunt. Fecerat namque Chosdroe rex eorum turrim argenteam, in qua interlucentibus gemmis thronum exstruxerat aureum, ibique solis quadrigam et lunæ vel stellarum imaginem collocaverat, atque per occultas fistulas aquæ meatus adduxerat, ut quasi Deus pluviam desuper videretur infundere. Et dum subterraneo specu equis in circuitu trahentibus, circumacta turris fabricata moveri videbatur, quasi quodam modo rugitum tonitrui, juxta possibilitatem artificis, mentiebatur. In hoc itaque loco sedem sibi paraverat, atque juxta eam, quasi collega Dei sibi crucem Dominicam posuit, filioque suo regno tradito, ipse in fano hujuscemodi residebat. Mortuo vero Phoca, Heraclius imperator creatur, vir strenuus et armis exercitatus. Qui adversus Persas bellum aggressus, occiso Chosdroe, quem in turre jam dicta sedentem invenit, Persas in deditionem recepit, lignumque gloriosis-

---

a Cum cereis et scolacibus. Hæc sincera lectio, atque ita vetustissimi libri mss. de Vita S. Cypriani. Vulgo hactenus in omnibus libris impressis fuit *scholaribus*, quod Baronio in Notation. Roman. vi Februarii occasionem dedit ut *scholares* interpretaretur *diversarum classium clericos.* Sed vera lectio est, quam dixi : quæ nunc explicanda, quia apud paucos auctores mihi hactenus occurrit. Isidorus, Orig. lib. xx, c. 10 : « Funalia sunt, quæ intra ceram sunt, dicta a funibus, quos ante usum papyri cera circumdatos habuere majores; unde et fimera dicuntur. Funalia autem Græci *scolaces* dicunt, quod sint scolicæ, hoc est mortis. » Lege, quod sint σκωλοί, hoc est *intorti.* Ad eam lectionem viam aperiunt Glossæ Isidori : « *Scolaces*, quod nos *funalia* dicimus, eo quod sint scoliæ, hoc est intorti. Hos Romani funes et funalia nominabant. » Petrus Damianus lib. vi, epist. 17 : « Quis enim accendit lucernam ut videat solem; quis scolacibus utitur ut stellarum micantium videat claritatem. » Cypriani igitur funus et cereis et scolacibus cohonestatum est. Sic in funeribus antiquorum sæpissime junctum cerei et faces, uti hic cerei et scolaces.

simæ crucis exinde repedans secum tulit, et Hierosolymam, unde sublatum fuerat, cum magna veneratione restituit. Et renovante Deo antiqua miracula, inter alia mira quæ tunc cœlitus ostensa fuerunt, die eodem mortuus unus recepit vitam, paralytici quatuor sanati sunt, leprosi decem mundati, cæci quindecim illuminati, plurimi quoque a dæmonio erepti, multique a variis infirmitatibus liberati. Offerens igitur imperator ecclesiis Dei multa donaria, ex regiis sumptibus eas reparari fecit. Simul et decreto statuit omnibus episcopis id assentientibus, ut dies relationis et exaltationis sanctæ ac venerabilis Dominicæ crucis, in omni imperio suo ab omnibus fidelibus populis per singulos annos solemniter ageretur. Sed et procurrentibus annis, Leone Romanis imperante, apud urbem Romam Sergius in sacrario B. Petri apostoli capsam argenteam in angulo obscurissimo diutissime jacuerat, et in ea crucem diversis ac pretiosis lapidibus adornatam, Domino revelante, reperit. De qua tractis quatuor petalis quibus gemmæ inclusæ erant, miræ magnitudinis portionem ligni salutiferi Dominicæ crucis interius repositam inspexit. Quæ ex tempore illo omnibus annis in basilica Salvatoris, quæ appellatur Constantiniana, die exaltationis ejus, ab omni osculatur et adoratur populo.

F. XVII KAL. OCTOBRIS.
(15 Sept.)

[a] Natale sancti Nicomedis martyris. Quem Flaccus comes, cum ad eum perlatum fuisset, quod corpus sanctæ virginis Feliculæ, quam ipse pro Christo punierat, sepelisset, fecit teneri, et duci ad sacrificandum. Qui cum diceret : Ego non sacrifico, nisi Deo omnipotenti, qui regnat in cœlis : non his excisis lapidibus, qui in templis quasi in carceribus clausi custodiuntur, plumbatis diutissime cæsus, migravit ad Dominum. Corpus ejus in Tiberim præcipitatum est. Quod a clerico ipsius nomine et opere Justo collectum, perductumque ad horticellum suum, sepultum est juxta muros via Numentana.

[b] Eodem die, in territorio Cabilonensium, castro Trenortio, natale sancti Valeriani martyris, qui unus fuit ex numero sanctorum quinquaginta qui temporibus Antonini Veri Lugduni in carcerem trusi fuerant, quique cum B. Marcello, patefactis custodiæ, qua detinebatur, divinitus claustris, aufugit. Cumque ad præfatum castrum pervenisset, et Domini Jesu Christi nomen prædicans, plurimos ipso inspirante, ad ejus fidem convertisset, revertenti ab urbe Cabilonensium, ubi Priscus B. Marcellum martyrem necaverat pro Christi nomine, Præsidi Prisco delatus est. Quem ille suis faciens conspectibus præsentari, primum minis et terroribus frangere conatus est ; deinde suspensum, et gravi ungularum laceratione cruciatum, eum in Christi confessione videret immobilem, ac læto animo in ejus laudibus permanentem, protinus in eo loco, ubi nunc sacrum ip-

sius corpus debita veneratione excolitur, gladio animadverti fecit.

Eodem die, depositio beatissimi Apri Tullensis episcopi et confessoris.

G. XVI KAL. OCTOBRIS.
(16 Sept.)

Natale sanctæ Euphemiæ virginis : quæ martyrizata est sub Diocletiano imperatore, proconsule autem Prisco in civitate Chalcedona. Quæ, deferente iniquissimo Apelliano, cum aliis quadraginta novem, tradita est proconsuli Prisco. Cui Priscus dixit : Honora teipsam et generis tui dignitatem ne amittas, et immola deo Marti. Beata Euphemia ejus iniquam suasionem contemnens, pectus suum signaculo crucis muniens, imperterrita stetit. Priscus iratus, ut eam superare posset, post tormenta et carceres, etiam verbera et argumenta rotarum, ignes et pondera lapidum angularium, bestias et plagas virgarum, secures et sartagines igneas ei adhibuit ; ad ultimum in theatrum duci et leones ac bestias ei laxari jussit. Tunc beata virgo fundens orationem ad Dominum, dixit : Tu, Domine, notus omnibus, qui te invocant fide pura et integra, suscipe animam ancillæ tuæ. Et sicut suscepisti sacrificium patris nostri Abrahæ, ita suscipere digneris sacrificium humilitatis meæ, quod tibi ob confessionem laudis tuæ immolatur. Tunc una solummodo de bestiis accurrens, morsum sancto corpori ejus infixit, et immaculatum spiritum virgo Domino reddidit. Veniens autem mater ejus Theodora, et Philosophron pater ejus, curatum corpus ipsius sepelierunt, quasi mille passus a civitate Chalcedona. Completum est autem martyrium ejus, decimo sexto die mensis Septembris.

Eodem die, Romæ, natalis sanctorum Luciæ et Geminiani, imperatore Diocletiano, judicibus Apofrasio et Megasio. Manserat autem beata Lucia in viduitate annos triginta sex. Totius autem vitæ ejus fuerunt anni septuaginta quinque. Quæ accusata a filio suo Euprepio, quod Christiana esset, jussit eam Diocletianus imperator sibi adduci, et dixit ei : Audio quia reum illum crucifixum confiteris, et deos nostros derides. Nunc ergo si parata es vivere, parati sunt dii omnipotentes, ut eis offeras thura, ut possint tibi esse propitii, et vivas. Sancta Lucia respondit : Nec sibi sunt propitii, nec cultoribus suis ; nam mihi propitiabitur Dominus meus Jesus Christus pro cujus amore parata sum ignem, vincula, et quas volueris pœnas sufferre. Audiens Diocletianus constantiam fidei ejus, jussit eam trabi ad carcerem, ubi consolationem divinam promeruit. Reducta autem iterum ante Diocletianum sedentem pro tribunali, extensa est gloriosa femina, et fustibus diutissime verberata. Et ecce terræmotus subito factus est, et templum Jovis ita subrutum, ut nec lapis super lapidem ædificii remanserit. Diocletianus autem ollam æream adduci fecit, eamque pice et plumbo jussit impleri, et in circuitu ligna aggregari, et suc-

---

[a] De hoc in Vita Sanctorum Nerei et Achil., 12 Maii.

[b] De eo in Vita S. Marcelli 4 Sept.

cendi, sanctamque Luciam infra ollam demergi : ubi sancta Dei psallens, triduo vixit. Mittens vero Diocletianus, qui renuntiaret ei si tota jam in cineres esset resoluta, is qui missus fuerat, intimavit rediens imperatori, quod absque ulla læsione sana viveret. Tunc impius, tanto miraculo nullo modo ac credendum Christo incitatus, jussit ut onerata ferro et plumbo per civitatis plateas duceretur. Pervenit autem ante domum hominis præpotentis, nomine Geminiani, in cujus domo dæmonum innumera simulacra erant. Dumque sancta Lucia domum ipsam pertransisset, subito columba alba velut nix descendit de cœlo, et super caput Geminiani tertio figurans crucem resedit ; Geminianus respiciens, vidit sibi patere cœlum, et statim arripiens cursum pervenit ad locum ubi jam sancta Dei torquebatur. Et prosternens se pedibus ejus, cœpit narrare quod viderat, et baptismi lavacrum expetere. Reducta est igitur beata Lucia in carcerem. Erat vero quidam sacerdos Protasius nomine, cui nocte apparens angelus Domini, monuit ut iret ad carcerem, et Geminianum, qui fontem salutis requirebat, baptizaret. Qui cum evigilasset, festinus abiit, et beatum virum aqua salutari lavit. Post diem tertium exhibita est S. Lucia Diocletiano, et cum ipsa Geminianus, de quo jam imperator audierat. Quos ille pœnis gravissime afflictos, diuque tortos, tradidit cuidam perversissimo judici, ut quod deerat pœnarum, ipse suppleret. Qui primo jussit cervices eorum fustibus contundi, et mox terræmotu facto, camera domus judiciariæ cecidit, et judicem impium oppressit. Deinde sancti martyres exhibiti sunt Apofrasio, sub quo et septuaginta quinque martyrium implevere, qui visis miraculis, quæ circa sanctos suos Dominus operabatur, crediderant. Hic judex impiissimus, post sanctorum horum martyrum necem, a diabolo equum ejus incitante, de Lapideo ponte præcipitatus in flumen est. Corpus ejus postea nullo loco repertum. Deinde beata Lucia et sanctus Geminianus, a Megasio viro consulari arctati, post laudabilem victoriam martyrii gladio animadversi sunt sub die sexto decimo Kalend. Octobris. Quorum corpora rapuit quædam mulier Christiana, nomine Maxima, et, ut decuit, martyres sepelivit.

A. XV KAL. OCTOBRIS.
(17 *Sept.*)

[a] In Britanniis, sanctorum Socratis et Stephani.

Nividuno, natalis sanctorum martyrum Valeriani, Macrini, et Cordiani.

Item Romæ via Tiburtina, ad sanctum Laurentium, natale B. Justini presbyteri, quem beatus Sixtus ordinavit. Ad quem beatus Laurentius in vico Patricii in crypta Nepotiana nocte venit, ut thesauros sibi a sancto Sixto commendatos pauperibus erogaret. Cui

[a] De hoc in gestis S. Laur.
[b] De his in gestis S. Laurent. 30 Aug.
[c] Hieron. de Script. Eccl., cap. 83.

et dixit : Comple votum meum, ut laventur pedes sanctorum et vestri per manus meas. B. Justinus respondit : Hoc Dominicum præceptum est; fiat voluntas Domini nostri Jesu Christi. Et posita pelve, misit aquam, et lavit omnium virorum pedes. Veniens autem ad beatum Justinum cœpit primo osculari pedes ejus et lavare. Et ubi lavit omnium pedes commendavit se beato Justino. Hic ejusdem martyris corpus honorifice sepelivit in prædio Cyriacæ viduæ. Quam idem martyr facto signo Christi, et posito super caput ejus linteo, de quo exterserat sanctorum pedes, ab infirmitatibus capitis sanavit. Hic sanctum Hippolytum et Concordiam, Irenæum, Abendium, Cyrillam filiam Decii Cæsaris, martyres, et alios plurimos sepulturis condivit. Et persecutione Decii, Galli et Volusiani, confessionis gloria insignissimus fuit.

Romæ in Crypta arenaria, sanctorum martyrum Narcissi et Crescensionis.

[b] Tungrensi diœcesi, in Leodio [*ms.*, Leogio], villa publica, natalis S. Lamberti episcopi. Qui dum regiam domum zelo religionis accensus increpasset, cum rediens orationi incumberet, ab iniquissimis viris de palatio regio missis, improvise conclusus intra domum ecclesiæ, occiditur. Cujus sepulcrum creberrimis miraculis illustratur, ac mors ejus nihilominus pretiosa in conspectu Domini commendatur.

B. XIV KAL. OCTOBRIS.
(18 *Sept.*)

[c] Natalis S. Methodii, Olympi Lyciæ, et postea Tyri episcopi, qui sub Diocletiano in Chalcide Græciæ martyrio coronatus est.

Viennæ, natale sancti Ferreoli. Qui persecutionis tempore, cum esset tribunitiæ potestatis, jussu impiissimi præsidis tentus, primo crudelissime verberatus, dein gravi catenarum onustus pondere, in teterrimum carcerem trusus est. Unde solutis Dei nutu vinculis, et januis patefactis carceris, aggerem publicum ingressus, usque ad Jarem fluvium pervenit. Ubi denuo tentus, vinclis post tergum manibus, ad territorium usque Brivatense perductus est, atque ibi martyrii palmam capitis obtruncatione percepit. Corpus ejus cum capite beati Juliani ad urbem Viennensium relatum est, et condigno cultu in basilica conditum, quam Castulus, vir præcipui nominis de primoribus urbis Viennensis : adhuc catechumenus, in honore ejusdem martyris condiderat, tanto opere, quanta et fide, in ripa ulteriore Rhodani [d].

C. XIII KAL. OCTOBRIS.
(19 *Sept.*)

[e] In Neapoli Campaniæ, natale sanctorum Januarii, Beneventanæ civitatis episcopi, cum Sosio diacono Mesenatæ civitatis, et diacono suo Festo, et lectore suo Desiderio. Qui post vincula et carceres capite

[d] Sidonius Apoll. l. 7. cap. 1.
[e] De hoc in passione Sosii. 23 Sept.

cæsi sunt in civitate Puteolana, sub Diocletiano principe, judice Dracontio. Qui cum ducerentur ad mortem, viderunt inter alios Proculum, Puteolanæ civitatis diaconum, et duos laicos Eutychem et Acutum, et interrogaverunt quare justi juberentur occidi. Quos judex ut vidit Christianos jussit decollari cum illis. Sic omnes septem pariter sunt decollati. Tulerunt autem corpora Christiani. Neapolitani Januarium posuerunt juxta civitatem in basilica: Mesenates, Sosium æque in basilica; Puteolani, Proculum, Eutychem et Acutum, juxta basilicam sancti Stephani; Festum vero et Desiderium Beneventani collegerunt.

ª Eodem die, in Palæstina, natalis sanctorum martyrum Pelei et Nili episcoporum, qui persecutione Diocletiani, cum plurimis clericis, pro Christo igni consumpti sunt.

Apud Nuceriam, natalis sanctorum martyrum Felicis et Constantiæ, qui sub Nerone passi sunt.

In territorio Linguonicæ civitatis, sancti Sigonis presbyteri.

D. XII KAL. OCTOBRIS.
(20 Sept.)

In Cyzico, natale sanctorum Faustæ virginis, et Evilasii sub Maximiano imperatore. Quam idem Evilasius, cum esset primus palatii, jussit decalvari et radi ad turpitudinem, dein suspendi ac torqueri. Quo tempore coruscatio de cœlis multos ministrorum percussit. Dein jussit loculos afferri, et eam immissam ac fixam quasi lignum secari mediam. Sed non eam carnifices serris suis lædere valebant. Quæ inter stupens Evilasius Christo credere cœpit. Et hoc ubi imperatori nuntiatum est, misit præfectum, qui eum suspensum fortiter torqueret. Qui etiam jussit Faustam nudam, et sine mavorte educi de carcere, et ei caput terebrari, ac clavis infigi. Cui postmodum non solum caput et facies, sed pectus ac totum corpus, usque ad tibias clavis impletum est. Post hoc, sartaginem jussit igniri, sed hæc, illa psallente, refriguit. Hæc interveniens vox de cœlo, vocavit eos, et sic tradiderunt spiritum. Erat autem Fausta annorum viginti trium; Evilasius octoginta.

E. XI KAL. OCTOBRIS.
(21 Sept.)

ᵇ Natalis sancti Matthæi apostoli et evangelistæ.

Eodem die, passio S. Alexandri episcopi, sub Antonino imperatore.

F. X KAL. OCTOBRIS.
(22 Sept.)

In Galliis, civitate Seduno, loco Agauno, natale sanctorum martyrum Thebæorum, Mauritii, Exuberii, Candidi, Victoris, Innocentii; Vitalis cum sociis suis, qui sub Maximiano passi pro Christo, gloriosissime coronati sunt. Ut igitur beatissimæ passionis eorum causa breviter loquamur, sub Maximiano, qui Romanæ Reipublicæ cum Diocletiano collega imperium tenuit, per diversas fere provincias laniati sunt atque interfecti martyrum populi. Idemnamque Maximianus erga Dominum cœli profanus impietatem suam ad exstinguendum Christianitatis nomen armaverat. Si qui tunc veri Dei cultum profiteri audebant, sparsis usquequaque militum turbis, vel ad supplicia, vel ad necem rapiebantur. Erat eodem tempore in exercitu legio militum, qui Thebæi appellabantur. Legio autem vocabatur, quæ tunc sex millia ac sexcentos viros in armis habebat. Hi in auxilium Maximiano ab Orientalibus partibus accersiti venerant. Viri in rebus bellicis strenui, virtute nobiles, sed fide nobiliores; erga imperatorem fortitudine, erga Christum devotione certabant. Itaque cum hi, sicut et cæteri milites, ad dilaniandam Christianorum multitudinem destinarentur, soli crudelitatis ministerium detrectare ausi sunt, atque hujusmodi præceptis se obtemperaturos negant. Maximianus non longe aberat: nam se circa Octodorum itinere fessus tenebat. Igitur, cognito Thebæorum responso, præcipiti ira fervidus, ob neglecta imperia decimum quemque ex eadem legione gladio feriri jubet, quo facilius cæteri, rebus certis territi, metu cederent. Redintegratis mandatis, edicit ut reliqui in persecutionem Christianorum cogantur. Ubi vero ad Thebæos denuntiatio iterata pervenit, cognitumque ab eis est injungi sibi rursus exsecutiones profanas, vociferatio passim ac tumultus in castris exoritur, affirmantium nunquam se ulli in hæc tam sacrilega ministeria cessuros. His deinde compertis, Maximianus, omni bellua cruentior, rursus ad ingenii sævitiam redit, atque imperat ut iterum decimus eorum neci detur; cæteri nihilominus ad hæc quæ spernerent compellerentur. Quibus jussis denuo in castris perlatis, segregatus est atque percussus qui decimus sorte obvenerat. Reliqua vero se militum multitudo mutuo sermone instigabat, ut in tam præclaro ordine persisteret. Incitamentum tamen maximum fidei penes S. Mauritium fuit primicerium legionis ejus, qui cum Exuperio (ut in exercitu appellant) campiductore, et Candido senatore militum, accedebat exhortando singulos et monendo, fidelium commilitonum etiam martyrum exempla ingerens. His itaque primoribus suis atque auctoribus animati beatissimi viri, Maximiano, adhuc insania æstuanti, mandata mittunt sicut pia, ita et fortia: Milites, inquiunt, sumus, imperator, tui; sed tamen servi, quod libere confitemur, Dei; tibi militiam debemus, illi innocentiam. A te stipendium laboris accipimus, ab illo vitæ exordium sumpsimus. Sequi imperatorem in hoc nequaquam possumus, ut auctorem negemus Deum; utique auctorem nostrum Dominum ac auctorem, velis nolis, tuum. Si non ad tam funesta compellimur, ut hunc offendamus, tibi, ut fecimus hactenus, adhuc parebimus; sin aliter ipsi parebimus potius quam tibi. Offerimus nostras in quemlibet hostem manus, quas sanguine innocentium cruentare nefas ducimus. Dexteræ ipsæ pugnare

---

ª Euseb. l. VIII, c. 22 et 25.

ᵇ Vide lib. de Fest. Apost. De eo infra 26 Nov.

adversus impios et inimicos seiunt, laniare pios et cives nesciunt. Meminimus nos pro civibus potius quam adversus cives arma sumpsisse. Pugnavimus semper pro justitia, pro pietate, pro innocentium salute : hæc fuerunt hactenus pretia periculorum. Pugnavimus pro fide; quam quoquo pacto conservemus tibi, si hanc Deo nostro non exhibemus? Juravimus primum in sacramenta divina, juravimus inde sacramenta regia. Nihil nobis de secundis, credas, necesse est, si prima perrumpimus. Christianos ad pœnam per nos requiri jubes, jam tibi ex hoc alii requirendi non sunt. Habes nos hic confitentes Deum Patrem auctorem omnium, et Filium ejus Jesum Christum Dominum credimus. Videmus laborum periculorumque nostrorum socios, nobis quoque eorum sanguine aspersis, trucidari ferro, et sanctissimorum commilitonum mortes, et fratrum funera non flevimus, non doluimus, sed potius laudavimus, et gaudio prosecuti sumus quia digni habiti essent pati pro Domino Deo eorum. Non nos vel hæc ultimæ vitæ necessitas in rebellionem cogit. Non nos adversum te, imperator, armavit ipsa saltem, quæ fortissima est in periculis, desperatio. Tenemus ecce arma, et non resistimus ; quia mori quam occidere malumus, et innocentes interire quam noxii vivere præoptamus. Si quid in nos ultra statueris, si quid adhuc jusseris, si quid admoveris, ignem, tormenta, ferrum subire parati sumus. Christianos nos fatemur : persequi Christianos non possumus. Cum hæc talia Maximianus audisset, obstinatosque in fide Christi cerneret animos virorum, desperans gloriosam eorum constantiam posse revocare, una sententia interfici omnes decrevit, et rem confici, circumfusis militum agminibus, jubet. Qui cum missi ad beatissimam legionem venissent, stringunt in sanctos impium ferrum mori non recusantes vitæ amore. Cædebantur itaque passim gladiis, non reclamantes saltem aut repugnantes, sed et, depositis armis, cervices persecutoribus præbentes, et jugulum persecutoribus vel intectum corpus offerentes. Victor autem martyr nec legionis ejusdem fuit, nec miles, sed emeritæ jam militiæ veteranus. Hic cum iter agens subito incidisset in hos qui passim epulabantur læti martyrum spoliis, atque ab his ad convescendum invitatus, prolatam ab exsultantibus per ordinem causam cognoscens, detestatur convivas, detestatusque convivium refugiebat ; requirentibusque ne et ipse forsitan Christianus esset, Christianum se, et semper futurum esse respondit. Ac statim ab irruentibus interfectus, cæteris martyribus sicut morte, etiam honore conjunctus est. Quid deinde circa Maximianum tyrannum sit consecutum, brevi colligere placuit. Cum, dispositis insidiis, genero suo Constantino mortem moliretur, deprehenso dolo, apud Massiliam captus est. Nec multo post strangulatus, teterrimoque supplicio affectus, impiam vitam digna morte finivit. At vero beatissimorum martyrum corpora post multos passionis annos sancto Theodoro episcopo revelantur, et in eorum honorem basilica

A honesto componitur. Sed et per longum temporis tractum beati Innocentii martyris membra Rhodanus revelavit. Quæ non ideo a sinu terræ protulit ut in gurgitis sui procella demergeret, sed ut cæteris martyribus sepultura venerabiliter sociaretur.

G. IX KAL. OCTOBRIS.
(25 *Sept.*)

Natale sancti Sosii diaconi Mesenatæ civitatis in Campania. Qui cum esset annorum triginta, martyrium cum beato Januario Beneventi episcopo, capitis decollatione suscepit, tempore Diocletiani imperatoris. Is, cum tempore quodam Evangelium legeret in ecclesia Mesenatæ civitatis, præsente episcopo Januario (frequenter enim eum pro sanctitate et prudentia ejus visitare consueverat), vidit subito idem episcopus de capite ejus flammam exsurgere, quam nemo alius vidit : pronuntiavit eum martyrem futurum. Et post non multos dies diaconus tentus, et in carcerem missus est. Ad quem visitandum cum venisset episcopus cum diacono Festo, et lectore suo Desiderio, et ipse cum eis simul tentus, ac pariter omnes cum aliis tribus occisi sunt.

Eodem die natale sanctæ Theclæ virginis, apud Seleuciam quiescentis : quæ de civitate Iconio a beato Paulo apostolo instructa est. Quam mater ejus cernens Christianam, et nuptum repudiare, malentem Christo sponso adhærere quam corruptioni carnis subjacere, pergens ad judicem, accusavit virginem filiam suam esse Christianam, dicens vivam eam, ut cæteras mulieres terrerentur, debere ardere. Quam sibi cum jussisset judex adduci, et propositum castitatis ejus perdidicisset, rogum fecit parari, ut illam incenderet. Rapta igitur ab apparitoribus ut in focum jactaretur, sponte pyram ascendit, et signo crucis facto, virili animo inter medias flammas stetit, subitoque facta inundatione pluviarum, ignis exstinctus est, et beata virgo illæsa virtute superna eripitur. Iterum cum jejuniis, vigiliis et orationibus vacaret, a quodam viro potente comprehensa, perducta est ad præsidem, quod se Christianam diceret. Quam idem proconsul interrogans si vere esset quod accusabatur, respondit omnino Christianam se esse. Quam continue præses ad bestias damnavit. Interim tamen quo subrigeretur, commendatur cuidam nobili feminæ, quæ propinqua Cæsaris erat, nomine Triphena. Sequenti die productæ sunt bestiæ de caveis ; sistitur beata Thecla in arenis mediis, stupente populo, quod eam bestiæ minime tangerent. Reducitur beata Thecla ad domum Triphenæ, ut in crastinum iterum feris objiceretur. Quam ministri cum de domo repeterent, Triphena, doloris plena sequitur eam usque ad spectaculum, ubi clamor vulgi, et tumultus erat immensus beatam Theclam spectantium. Nudata vero beata virgine, dimittuntur ei leones pariter et ursi. Sed nulla ferarum eam lædere præsumpsit. Deinde, in fossam aqua plenam, ubi serpentes adunati et collecti fuerant, a furentibus populis cum urgeretur, signo crucis munita insiluit; sed nec ab eis ullo pacto læsa. Iterum atrociores bestiæ parantur, sed ullo modo tangere eam non sunt permissæ. Verum nec adhuc sibi crudelitas modum ponit. Alligatur duobus tauris ferocissimis, ferro candente stimulatis, ut eam discerperent. Qui, funibus diruptis, vagabundi huc illucque discurrunt, ac martyrem nullius mali passam relinquunt. Accersitam denique proconsul eam requirit, quæ aut unde esset, quia nulla bestiarum eam lædere potuisset. B. Thecla respondit: Dei vivi tantum sum ancilla. Territus autem proconsul, quod tantæ virtutis esset, induens eam vestibus, edixit sententiam: Theclam, inquit, pietatis ac Dei cultricem relaxo. Dimissa vero, reversa est in domum Triphenæ, ubi requievit paucis diebus, docens Triphenam et domum ejus in fide Domini nostri Jesu Christi. Inde egressa, venit Seleuciam, ibique exemplo et conversatione vitæ atque etiam doctrina plurimos erudiens, post multa certamina duplicis coronæ, virginitatis et martyrii, requievit in pace.

A. VIII KAL. OCTOBRIS.
(24 Sept.)

Conceptio S. Ioannis baptistæ Domini.

Et in Augustoduno, natalis S. Andoebii, presbyteri, Thyrsi diaconi, et Felicis. Qui a sancto Polycarpo episcopo ab Oriente directi ad docendam Galliam, sub Aureliano principe sunt gloriosissime coronati. Siquidem flagellis cæsi, in ultimo, toto die inversis manibus suspensi, et in ignem missi, sed non combusti, tandem vectibus colla feriuntur, atque ita martyrium suum gloriosissime compleverunt, octavo Kalendas Octobris.

B. VII KAL. OCTOBRIS.
(25 Sept.)

ᵃ Natalis B. Cleophæ, cui Dominus post resurrectionem in via apparuit.

Lugduni, sancti Lupi episcopi ex anachoreta.

C. VI KAL. OCTOBRIS.
(26 Sept.)

Natale sanctorum martyrum Cypriani episcopi et Justinæ: qui passi sunt sub Diocletiano imperatore, judice Eutolmio. Justinæ pater erat Dusius apud civitatem Antiochiam. Qui viam religionis a diacono nomine Probelio audientes, baptizati sunt a sancto episcopo Optato. Virgo autem Justina, Domino serviens, frequentabat ecclesiam. Hanc Agladius scholasticus videns, exarsit ob amorem ejus. Et cum nullo modo posset pertingere ad illam, rogavit Cyprianum magum, promisitque ei duo talenta auri, si virginem Justinam in amorem ejus excitare posset. Cyprianus autem magus, vocatis dæmonibus, cœpit agere ut virginem Christi ei adducerent. Qui semel, bis et tertio venientes ad beatam Justinam, nihil apud illam suis deceptionibus valuerunt; sed, signo crucis repulsi, victi recesserunt. Cyprianus vero cum illorum virtutem adversus virginem haud quaquam valuisse videret, dicit ad diabolum: Dic

ᵃ Vide lib. de Fest. Apost.

mihi, quemadmodum victi estis a virgine Justina? Cui diabolus: Dicere tibi non possumus, nisi prius jures mihi. Cumque Cyprianus illi jurasset, ait diabolus: Vidi signum Crucifixi, et extimui. Cyprianus dixit: Ergo Crucifixus major te est? Dicit ei diabolus: Etiam, major enim est omnium. Quod audiens Cyprianus, contemnens virtutem diaboli, et currens venit ad episcopum Anthimum, cecidítque ad pedes ejus, rogans ut doceret eum, et baptismo Christi consignaret. Beatus autem episcopus, gratias agens Deo, catechizavit eum. Et revertens Cyprianus in domum suam, omnia idola confregit. Tunc rediens ad ecclesiam, diligenter salutis verbum auscultare cœpit. Hora deinde residens, qua catechumeni foras mittebantur ecclesiam, monitus est a diacono ut cum reliquis catechumenis egrederetur. Conversus vero ad diaconum, dicit ei: Servus factus sum Christi, et foras me mittis? Dicit ei diaconus: Factus es perfectus servus Dei? Cyprianus dixit: Vivit mihi Christus qui dæmones confudit, et mihi misertus est, quia non exeo hinc nisi perfectus fuero servus Christi. Diaconus vero Anthimo episcopo hæc renuntiavit; qui secundum ordinem instructum baptizavit eum, et non multo post etiam diaconum ordinavit. Qui doctrina et moribus, plusquam dici possit, excrescens miraculorum gratia præclarissime floruit. Verum, non multo interjecto tempore, factus est episcopus, sanctamque Justinam matrem virginum constituit. Quorum virtutem non ferens diabolus, per satellites suos apud Eutolmium comitem Orientis egit ut comprehenderetur Cyprianus episcopus, et virgo Christi Justina. Cujus ante conspectum vinculis ligati, cum fuissent adducti, comes dixit ad beatum Cyprianum: Tu es Cyprianus doctor Christianorum, qui per maleficia multos errare fecisti? Beatus Cyprianus dixit: Aliquando in perditione dæmonum positus, multos luxuriosos feci: sed salvavit me Deus per virginem Justinam, dum eam per dæmonia tentare vellem, quæ illa fide Christi armata per omnia contempsit. Comes iniquus jussit sanctum episcopum post hæc suspendi, et exungulari; beatam vero Justinam post alapas, crudis nervis immaniter cædi; deinde sanctum episcopum in carcere recludi, et sanctam virginem in domo cujusdam matronæ custodiri. Qui post aliquot dies in sui præsentiam reductos, in sartagine ferrea jussit torreri, picem, adipem et ceram desuper ministris infundentibus. Et cum ibi laudem omnipotenti Deo dicerent, Athanasius sacerdos idolorum postulavit comitem, dicens: Jubeat claritas tua, et in nomine deorum vincam virtutem Christianorum. Et cum appropinquasset ad sartaginem, erupit flamma et consumpsit illum. Comes, acceptis tot miraculis, quæ Christus in servis suis operabatur, scripsit imperatori quid super eis juberet. Qui rescripsit ut dirigerentur Nicomediam, et ibi gladio ferirentur. Perducti igitur ad locum sunt decollationis, et vidit eos quidam Christianus Theognitus [Theognidus], et accurrens osculatus est Cyprianum. Quod cernens Servius cognatus regis, iratus egit ut cum sanctis Cypriano et Justina Theognitus decollaretur. Et jacuerunt corpora sanctorum projecta feris sex diebus insepulta. Quidam autem nautæ Christiani nocte rapuerunt ea, et navigantes deportaverunt ad urbem Romam. Et matrona venerabilis Rufina, reverenter excipiens illa, sepelivit in prædio suo. Passi sunt autem sexto Kalendas Octobris.

D. V KAL. OCTOBRIS.
(27 *Sept.*)

ᵃ Apud Ægæam civitatem, natale sanctorum martyrum Cosmæ et Damiani, persecutione Diocletiani, sub præside Lysia. Hi venerabili matre geniti, sacris litteris eruditi, professione artis medici, virtutibus erant clarissimi. Horum religionem audiens præses Lysias, misit apparitores, qui eos adducerent. Quos aspiciens interrogavit ex qua provincia, aut quæ essent eorum nomina. Beatus Cosmas et Damianus responderunt ei : Ex Arabia sumus. Nomina nostra Cosmas et Damianus ; Christiani sumus ; sunt nobis et alii fratres, Anthimus, Leontius, Eutropius. Quos, misso officio, jussit sibi præses illico præsentari, et cœpit agere ut sacrificarent. Et cum nulla ratione fundatos animos eorum supra petram Christum movere posset, manibus et pedibus vinctos jussit eos fortiter torqueri, deinde sicut erant concatenati in mare mergi. Quibus statim angelus Domini affuit, et diruptis vinculis, e pelago liberavit. Hoc videntes milites renuntiaverunt præsidi. Ille mox, eis ad se reductis : Docete, inquit, me maleficia vestra, et ego sequor vos, communicans operibus vestris. Sancti vero responderunt : Christiani sumus, maleficia nescimus, et in Christi nomine maleficiorum virtutem contempnimus. Recepti sunt, jubente præside, in carcerem. Et sequenti die proconsul, sedens pro tribunali, fecit copiosum ignem parari, et beatos martyres de carcere productos in medio jactari. Sed, orantibus sanctis, ignis virtutem suam amisit. Superatus præses, et quæ circa martyres Dei provenerant magicis artibus designans, suspendi ac torqueri eos iterum jubet. Sed cum grato et hilari vultu superiores tormentis persisterent, paratis crucibus, impius proconsul gloriosos martyres suspendi atque extendi, ac lapidibus in cruce levatis persequi jubet. Sed cum ictus lapidum in jacientes retorquerentur, præses, furore succensus, sagittis eos aggredi jussit, ut saltem leviori volatu ferrum eis infigeretur. Verum cum nec in aliquo sanctos læsissent, plurimi mittentium ac circumstantium vulneribus earum defecerant. Cernens itaque præses malitiam suam virtute divina superari, gladio animadverti illos jubet. Martyrizati autem sunt beati Cosmas et Damianus, Anthimus, Leontius, et Eutropius, xxvii die mensis Septembris. Quorum corpora religiosi viri sepelierunt in loco venerabili, non longe a civitate Ægea. Duorum autem fratrum Cosmæ et Damiani memo-

ᵃ Gregor. Tur. de Gloria martyrum, cap. 98.

riam Roma etiam, templo præclaro opere nomini eorum ædificato, solemniter agit.

E. IV KAL. OCTOBRIS.
(28 *Sept.*)

In Hispaniis, civitate Corduba, natale sanctorum Fausti, Januarii et Martialis : qui primo equulei pœna cruciati, deinde rasis superciliis et auribus ac naribus præcisis, dentibus quoque superioribus evulsis deturpati, ad ultimum ignis passione martyrium consummaverunt.

F. III KAL. OCTOBRIS.
(29 *Sept.*)

In monte Gargano, venerabilis memoria beati archangeli Michaelis, ubi ipsius consecrata nomini habetur ecclesia, vili facta schemate, sed cœlesti prædita virtute. Vertice siquidem montis excelsi posita, de corpore ejusdem saxi, speluncæ instar præcavato, ostenditur. Est autem locus in Campaniæ finibus ubi inter sinum Adriaticum et montem Garganum civitas. ᵇ Sipontus posita est, qui a mœnibus civitatis a duodecim millibus præerectus, in cacumine suo supremo hanc toto orbe venerandam gestat ecclesiam. Quæ hoc modo mortalibus cognita est. Quidam vir prædives, nomine Garganus, qui ex adventu suo monti vocabulum indidit, infinita pecorum multitudine pollebat. Contigit autem taurum armenti gregis consortia spernentem, singularem incedere solitum, et ad extremum redeunte pecore domum non reverti. Quem dominus per devia quæque requirens invenit tandem in vertice montis foribus cujusdam assistere speluncæ, quem cum sagitta appetiisset, illa velut flamine venti retorta, eum a quo jactata est mox reversa percussit. Turbati cives et stupefacti, qualiter res fuerit effecta (non enim accedere propius audebant) consulunt episcopum, quid facto opus sit. Qui, indicto jejunio triduano, a Deo monuit esse quærendum. Quo peracto, sanctus Michael angelus apparuit episcopo per visionem, dicens : Ego sum Michael archangelus qui in conspectu Dei semper assisto ; ipsius loci esse me custodem, atque omnium quæ ibi geruntur inspectorem hoc volui indicio probare. His revelatione compertis, consuetudinem fecerunt cives hic Deum precibus, sanctumque intercessorem poscere Michaelem. Duas quidem januas ibi cernentes, quarum Australis, quæ et major erat, aliquot gradibus in Occasum vergentibus adiri poterat. Sed nec ultra cryptam intrare ausi, præ foribus quotidie orationi vacabant. Interea Neapolitæ Beneventanos bello lacessere tentant. Qui antistitis sui monitis edocti, triduanum jejunium agunt ; et ecce nocte ipsa quæ belli præcedebat diem, idem in visione sanctus Michael apparens antistiti, preces dixit eorum exauditas, spo... victoriam, seque eis ... turum. Quod mox v... ... demonstravit ; ... victores reversi, ... Domino gratiarum ad ... ... ferre, videntque mane juxta januam septentrionalem, instar posterulæ pusillæ,

ᵇ Ms, semper S...nus.

quasi hominis vestigia marmori arctius impressa, agnoscuntque beatum Michaelem praesentiae suae signum voluisse monstrare ; ubi postea culmine apposito, et altari imposito, ipsa ob signa vestigiorum Appodonia est vocata. Et postmodum collatione facta Sipontini, ad Orientem loci illius, B. Petri apostolorum principis nomine condunt ecclesiam. Iterum Romano pontifice et Sipontino episcopo de consecratione loci ipsius quaerentibus, ac propterea triduanum jejunium cum civibus suis celebrantibus, nocte jejunii suprema sanctus Michael episcopo Sipontino per visionem apparens, monuit ut intrarent ecclesiam, quam ipse dicavit, et missas juxta morem ibi agerent. Meum, inquit, erit ostendere quomodo per memetipsum locum consecraverim. Adveniunt mane cum oblationibus, et magna instantia precum intrant regiam Australem. Et ecce longa porticus in Aquilonem porrecta, atque illam attingens posterulam, extra quam vestigia marmori diximus impressa. Sed priusquam huc venirent, apparet ad Orientem basilica pergrandis, qua per gradus ascenditur. Haec cum ipsa porticu sua quingentos fere homines capere videbatur, altare venerandum, rubroque coopertum palliolo, prope medium parietis Meridiano ostendens. Erat autem ipsa domus angulosa, non in morem operis humani parietibus erectis, sed instar speluncae praeruptis, et saepius eminentibus asperata scopulis. Culmine quoque petroso diversae altitudinis; quod hic vertice tangi, alibi manu vix possit attingi : credo, docente archangelo, Dominum non ornatum lapidum, sed cordis quaerere et diligere puritatem. Nullus autem huc nocturno est tempore ausus ingredi ; sed aurora transacta, matutinos ibidem cantant hymnos. Ex ipso autem saxo, quo sacra contegitur aedes ad Aquilonem altaris, dulcis et nimium lucida guttatim aqua dilabitur, quam incolae Stillam vocant. Ob hoc vitreum vas ejusdem receptui praeparatum. Denique nonnulli post longas febrium flammas, hac hausta stilla, celeri confestim refrigerio potiuntur salutis. Innumeris quoque et aliis modis ibi et crebro sanantur aegroti; et multa, angelica tantum illic potestate, geri miracula comprobatur. Sed non multo post Romae venerabilis etiam Bonifacius pontifex ecclesiam sancti Michaelis nomine constructam dedicavit, in summitate Circi cryptatim miro opere altissime porrectam. Unde et idem locus in summitate sua continens ecclesiam, Internubes situs vocatur.

G. PRIDIE KAL. OCTOB.
(30 Sept.)

In Galliis, castro Solodoro, quod est super [Aurulam] Arulam fluvium, passio sanctorum martyrum Victoris et Ursi, ex gloriosa legione Thebaeorum. Qui cum illuc furorem Maximiani tyranni declinantes secessissent, ipsius jussu tenti ab Hyrtaco exsecutore, primo diris suppliciis exercruciati ; sed coelesti super eos lumine coruscante, ruentibus in terram ministris erepti, deinde in ignem missi sunt. Veniente autem mox pluvia vehementi, exstincta pyra in nullo penitus laesi, novissime gladio consummati sunt. E quibus sanctus Victor ad urbem [a] Janavensium translatus, miraculorum gloria et veneratione fidelium celebratur.

Item apud Bethlehem Judae, depositio sancti Hieronymi presbyteri. Hic natus in oppido Stridonis, quod Dalmatiae quondam Pannoniaeque confinium fuit, patre Eusebio, vestem Christi puer Romae suscepit, ibique litteris Graecis ac Latinis a primaevo eruditus est. Postquam autem omne mundanarum studium litterarum adeptus est, probatissimorum quoque monachorum habitum factumque imitatus est, Romanae Ecclesiae presbyter postmodum ordinatur. Dumque per triennium continuum charus acceptusque populis veneraretur, omniumque judicio dignus esse summo sacerdotio decerneretur, quidam ex clericorum monachorumque ordinibus, pro petulantia, proque ingluvie discursantes, ad effugandum Urbe Hieronymum, qui utrumque eorum scribens vitium deprehenderat, insidias paraverunt. Verum ipse propter coelorum regna, domum, parentes, sororem, cognatos, Roma egressus, dereliquit, et Hierosolymam militaturus Deo pergens, primo ad Gregorium Nazianzenum, tunc Constantinopolitanae urbis episcopum, supplex docilisque discipulus accessit, ut sanctarum Scripturarum studiis erudiretur. Inde in Syriam perrexit, in possessione Evagrii presbyteri aliquantulum commoratus. Ad deserta deinde loca ita laetus accinctusque accessit, ut volasse eum magis quam measse crederes. Quadriennium itaque in illa vasta solitudine, quae exusta solis ardoribus horridum monachis praestat habitaculum, exegit ; indeque ad Bethlehem oppidum remeavit, ubi prudens animal ad praesepe Domini se obtulit permansurum. Bibliothecam sane suam, quam sibi summo studio ipse condiderat, omniumque librorum orationes, quas pene memoriter retinebat, iterum relegens, diem jejuniis ducebat ad vesperam. Plures ad eum religiosorum, quibus vita ejus fama comperta est, protinus confluxerunt, bonumque doctorem, parvo adhuc sub tugurio, boni observavere discipuli. Nec multo post cellulas ibi ob discipulorum suorum copiam, et propter frequentiam adventantium, ad Bethlehemiticam portam, quae ad Occidentem conspicit, et egredientibus ad Septentrionem videtur, parvulum habitationis locellum construxit. Quibus vero nisibus, quantisve laboribus Hebraicam linguam atque Chaldaicam, litterasque Hebraeas didicerit, verbis ejus edicam. *Dum essem*, inquit, *juvenis, et solitudinis me deserta vallarent, incentiva vitiorum ardoremque naturae ferre non poteram. Quam cum crebris jejuniis frangerem, mens tamen cogitationibus aestuabat. Ad quas edomandas, cuidam fratri, qui ex Hebraeis crediderat, me in disciplinam dedi ; ut post Quintiliani acumina, et Ciceronis fluvium, gravitatemque Frontonis, et lenitatem Plinii, alphabetum di-*

[a] *Jenavensium*, vulgo *Januensium*.

scerem, ac stridentia anhelantiaque verba meditarer. Quid ibi laboris sumpserim, quid sustinuerim difficultatis; quoties desperaverim, et contentione discendi rursus inceperim, testis est conscientia mea. Armatus itaque fide, gratiamque Christi adeptus, Hebræorum volumina, quæ in Canone continentur, de Hebræo in Latinam linguam vertit, eaque pene omnia commentatus est. Ut ergo opera ejus valde utiliter confecta breviter commemoremus, scripsit Vitam Pauli monachi, Epistolarum ad diversos librum unum, ad Heliodorum exhortatoriam; Altercationem Luciferiani et Orthodoxi, Chronicon omnimodæ historiæ; in Jeremiam et Ezechielem Homilias viginti octo quas de Græco in Latinum vertit. De Seraphin, de Osanna, de frugi et luxurioso filio, de tribus quæstionibus Legis veteris, Homilias in Cantica canticorum duas, adversus Helvidium de Mariæ virginitate perpetua, ad Eustochium de virginitate servanda, ad Marcellam Epistolarum librum unum, Consolatoriam de morte filiæ ad Paulam, in epistolam Pauli ad Galatas commentariorum libros tres, in epistolam ad Titum librum unum, in Epistolam ad Philemonem librum unum; in Ecclesiasten commentarios, Quæstionum Hebraicarum in Gehesim librum unum, de Locis librum unum, Hebraicorum nominum librum unum. De Spiritu sancti Dydimi, quem in Latinum transtulit, librum unum, in Lucam homilias triginta octo, in psalmos a decimo usque ad sextum decimum tractatus septem, Captivum monachum, Vitam beati Hilarionis, Novum Testamentum Græcæ fidei reddidit; Epistolarum autem ad Paulam et Eustochium incertus est numerus. Sexdecim prophetarum volumina quatuor et septuaginta libris editis commentatus est. Inter has itaque numerosas operis sui paginas, centum et triginta quinque virorum illustrium ecclesiasticorum scriptorum nomina, a passione Christi usque ad quartum decimum Theodosii imperatoris annum ordine digessit. Item contra Jovinianum libros duos, Apologeticum ad Pammachium, in Matthæum commentariorum libros quatuor, Enchiridion in psalterium. Adversus Vigilantium contraque Pelagium luculentissima volumina edidit. De mansionibus quoque filiorum Israel, et alia quamplurima ad ædificationem Ecclesiæ catholica pietate composuit. Tanta denique lassitudine fatigatus est ut etiam in stratu suo jacens, funiculo trabe suspenso supinus apprehenso erigeretur, ut scilicet officium monasterii prout poterat, exhiberet. Tandem, post perfectam placitamque Deo conversationem, nonagesimo octavo ætatis anno, apud Bethlehem oppidum in pace quievit pridie Kalendas Octobris, duodecimo Honorii imperatoris anno. Libros suos per quinquaginta et sex annos confecit.

LITANIÆ INDICENDÆ.

MENSIS OCTOBER

<u>HABET DIES XXXI; LUNA VERO XXIX.</u>

A. KAL. OCTOBRIS.
(1 Oct.)

Apud Antisiodorum, natalis sancti Germani episcopi; qui multis virtutibus, doctrina et continentia clarus exstitit. Qui ad confirmandam fidem gratiæ cœlestis, Britannias venire, judicio omnium Gallicanorum antistitum compulsus est, adjuncto sibi beato Lupo Trecassinæ civitatis episcopo. Siquidem hæresis Pelagiana fidem Britannorum fœda peste commaculaverat. Dum per medium sinum, quo a Gallico Britannias usque tenditur, secundis flatibus ferretur, subito inimica vis ventorum concitavit procellas, cœlum diemque nox nubilum subduxit, et casu ipse pontifex fractus corpore, lassitudine ac sopore resolutus, nave jacebat. Tum beatus Lupus omnesque turbas, excitant seniorem. Qui confestim Christum invocat, et assumpum in nomine sanctæ Trinitatis oleum misit in mare, fluctusque sævientes opprimit, ac tranquillam serenitatem reddit. Decursis vero spatiis pelagi, optati littoris sacerdotes Dei quiete potiuntur, ac mox Britannorum insulam, opinione, prædicatione, virtutibusque impleverunt, ita ut passim et fideles catholici firmarentur, et depravati viam correctionis agnoscerent. Interea quidam tribuniciæ potestatis filiam decem annorum cæcam sacerdotibus curandam offert. Nec mora, beatus Germanus invocato Domino, adhærentem lateri sub capsulam cum sanctorum reliquiis oculis applicuit, quæ statim lumen recepit. Beatus præterea vir dum aliquando uno loco infirmitatis necessitate teneretur in vicina qua manebat casula, exarsit incendium; sed hospitiolum sancti viri expavescens flamma, nequaquam ausa lædere transilivit, et inter globos flammantis incendii incolume tabernaculum, quod habitator illæsus servabat, emicuit. Et cum idem ipse nihil remedii debilitati suæ pateretur adhiberi, quadam nocte candentem nivels vestibus vidit sibi adesse personam, quæ manu extensa, jacentem videbatur attollere, eumque consistere firmis vestigiis imperabat. Post horam itaque fugatis doloribus, recepit pristinam sanitatem ut, die reddito, itineris laborem subiret intrepidus. Sed et bellum, Saxonum Pictorumque ad Britones eo tempore junctis viribus, susceptum divina virtute fefellit, cum Germanus ipse dux belli factus, non tubæ clangore, sed clamore Alleluia, totius exercitus voce ad sidera levata, hostem immanem in fugam convertit. Composita vero insula, redeunt monuntur pontifices, atque ut tranquilla navigatione suorum desideriis felix caritas eos restitueret; nec multo interposito tempore, nuntiatur ex eadem insula, Pelagianam perversitatem iterato paucis auctoribus dilatari. Rursusque ad beatissimum virum preces sacerdotum omnium deferuntur, ut causam Dei, quod prius obtinuerat, tutaretur. Quorum petitioni festinus obtemperat. Namque adjuncto sibi Severo, totius sanctitatis viro (qui erat discipulus beatissimi patris Lupi, Trecassenorum episcopi, et tunc Treviris ordinatus episcopus, gentibus primæ Germaniæ verbum prædicabat), mare conscendit, et consentientibus elementis, tranquillo navigio Britannias petiit; expulsisque pravitatis auctoribus, compositisque omnibus, beati sacerdotes ea qua venerant prosperitate redierunt. Porro Germanus post hæc ad Ravennam pro pace Armoricanæ gentis supplicaturus advenit, ibique a Valentiniano et Placida matre ipsius summa reverentia susceptus, post aliquot dies migravit ad Christum. Cujus corpus honorifico agmine, comitantibus virtutum operibus, suam defertur ad urbem.

Tomis civitate, sanctorum Prisci, Crescentii et Evagrii.

Rhemis civitate, sancti Remigii episcopi et confessoris, viri præclarissimæ virtutis et sanctitatis. Hic gentem Francorum, idolorum culturis deditam, convertit ad Christum, rege ipsorum sacro fonte baptismatis et sacramentis fidei prius initiato. Septuaginta et eo amplius in episcopatu annos explevit. Hic, inter cætera facta, puellam a morte corporis suscitavit.

B. VI NONAS OCTOBRIS.
(2 Oct.)

a Apud Nicomediam, natalis sancti Eleutherii martyris, sub Diocletiano. Cujus tempore contigit aliquam partem palatii incendio conflagrari. Hoc imperator a Christianis factum falsa suspicione præsumpsit. Ex quo inæstimabili furore succensus, jubet omnes Christianos acervatim collectos alios quidem gladio obtruncari, alios ignibus conflagrari. Horum primus, et qui omnes hortaretur pro Christo fortiter animas ponere, erat Eleutherius. Denique cum assistentes ministri rogarent singulos, si forte sacrificaturi vellent dimitti, tam viri quam mulieres ne interrogari se quidem patiebantur, sed ultro vel flammis irruere, vel cædentibus gladiis certatim objectare cervices. Cumque jam illis ipsis spectatoribus nimietas crudelitatis horresceret, ministri scelerum partem populi naviculis injectam in medium pelagus abducunt, ibique in sententia fidei persistentes præcipitant in profundum. In tantum vero rabies crudelitatis apud eos exarsit, ut regios pueros martyres effectos, cum secundum humanitatis ordinem fuissent sepulturæ mandati, effoderent denuo, et corpora eorum projicerent in mare, dicentes: Ne forte efficiantur dii Christianorum. Verum beatus Eleutherius, immanissimis tormentis diu excruciatus, cum ipse per singula tormenta validior redderetur, martyrium victoriæ suæ, ignibus velut aurum examinatus, complevit. Cujus reliquias furtim Christiani auferentes, Nicomediæ sepultura venerabili reposuerunt.

In Atrebatis, villa Siricinio, passio sancti Leodegarii, Augustodunensis episcopi, quem variis injuriis et diversis suppliciis pro veritate afflictum, Ebroinus major domus regiæ interfecit. Cujus sacrum corpus in diœcesi Pictavorum translatum, in monasterio beati Maxentii honorifice est humatum.

C. V NONAS OCTOBRIS.
(3 Oct.)

b Natalis sancti Dionysii Areopagitæ, qui ab apostolo Paulo instructus credidit Christo, et primus apud Athenas ab eodem apostolo episcopus est ordinatus, et sub Adriano principe, post clarissimam confessionem fidei, post gravissima tormentorum genera, glorioso martyrio coronatur, ut Aristides Atheniensis, vir fide sapientiaque mirabilis, testis est in eo opere quod de Christiana religione composuit. Hoc opus apud Athenienses summo genere colitur, et inter antiquorum monumenta clarissimum tenetur, ut peritiores Græcorum affirmant.

Apud antiquos Saxones, natalis sanctorum Ewaldorum duorum presbyterorum, qui cum sancto Willibrordo episcopo venientes in Germaniam, transierunt ad Saxones, et cum prædicare ibi Christum cœpissent, comprehensi a paganis occisi sunt. Ad quorum corpora noctu multa diu lux apparens, et ubi essent, et cujus essent meriti declaravit.

D. IV NONAS OCTOBRIS.
(4 Oct.)

c Apud Corinthum, natalis sanctorum Crispi et Caii, quorum meminit beatus apostolus Paulus Corinthiis scribens.

d Apud Ægyptum, natalis sanctorum martyrum Marci et Marciani fratrum, et cum eis innumerabilium aliorum non inferioris gloriæ, tam virorum quam feminarum. Sed et pueri et senes, pro fide Domini nostri Jesu Christi, præsentem vitam parvipendentes, futuræ gloriæ beatitudinem quæsiere. Quidam ex ipsis post verbera, post ungulas, post flagella, aliosque diversi generis horribiles cruciatus, flammis traditi sunt, alii in mare præcipitati, nonnulli inedia consumpti, nonnuli etiam capite cæsi, ita ut sponte cervices suas securibus darent; alii patibulis affixi, ex quibus nonnulli more perverso capite deorsum presso, ac pedibus in sublime sublatis, passionis beatissimam coronam promeruerunt.

E. III NONAS OCTOBRIS.
(5 Oct.)

e Apud Siciliam, natalis sanctorum Placidi, Eutychii et aliorum triginta.

In Galliis, civitate Valentia, sancti Apollinaris episcopi, cujus et vita virtutibus insignis fuit, et mors nihilominus signis ac prodigiis decoratur.

---

a Euseb., l. viii, c. 5 et 6.
b Vide lib. de Fest. Apost.
c Vide ibid.
d Euseb., l. viii, c. 8 et 9.
e Euseb., l. v, c. 24. Ruff.

Apud Eumeniam, beati Thraseæ episcopi apud Smyrnam martyrio consummati, qui unus ex antiquis, quasi ex traditione priorum se accepisse asseruit: Salvatorem præcepisse apostolis suis, ut ante duodecimum annum ab Jerosolymis ne discederent.

F. PRIDIE NONAS OCTOBRIS.
(6 Oct.)

a Apud Capuam, natalis sanctorum Marcelli, Casti, Æmilii et Saturnini.

In Galliis, civitate Agenno, natalis sanctæ Fidis, virginis et martyris, cujus exemplo beatus Caprasius ad agonem martyrii animatus est.

Eodem die, beati Sagaris, martyris et episcopi Laodicensis, qui unus fuit de antiquis sancti Pauli apostoli discipulis.

G. NONAS OCTOBRIS.
(7 Oct.)

Romæ, via Appia, natalis S. Marci, papæ et confessoris, qui sedit in episcopatu annos duos, menses novem, dies viginti. Sepultus in cœmeterio Balbinæ, via Ardeatina, quod ipse insistens fecit.

Eodem die natale sanctorum martyrum Juliæ, Sergii et Bacchi, sub Maximiano imperatore. Cujus honoribus sublimati, in palatio ejus clari habebantur. Nam Sergius erat primicerius, Bacchus vero secundicerius scholæ gentilium. A quibusdam ergo apud imperatorem accusati, quod essent Christiani, vocati sunt ab imperatore, ut sacrificantes Jovi, de sacrificiis oblatis cum eo degustarent. Ingressus imperator templum, gustavit de sacrificiis, et circumspiciens, non vidit Sergium et Bacchum : neque enim ingressi fuerant templum. Mittens igitur milites de adstantibus sibi imperator, jussit eos introduci. Quibus et dixit : Ut video, facti estis deorum inimici. Accedite ad aram Jovis magni, et sacrificate, ac de sacrificiis ejus sicut et cæteri manducate. Responderunt beati Sergius et Bacchus : Habemus regem verum æternum in cœlis, Jesum Christum Filium Dei. Huic per singulos dies offerimus sanctum vivumque sacrificium, atque rationabilem culturam ; lapides autem et ligna non adoramus. Imperator tunc indignatus jussit exutos chlamyde indui eos muliebri colobio, et per mediam civitatem ad palatium pertrahi, catenis in cervicibus positis. Et cum pervenissent ad palatium, dixit eis imperator : Sceleratissimi, scitis quia quem colitis Christum fabri filius fuit, et antequam nuptiæ legitimæ fierent, de adulterio facto mater eum procreavit? Cui milites Christi responderunt : Erras, imperator; nam quem colimus Deus verus est, et vita æterna, qui fecit cœlum et terram et quæ in eis sunt. Amplius igitur veris prosecutionibus eorum iratus Maximianus, jussit eos Antiochio duci tradi, ut constringeret eos in cippo. Et facto mane, sedit in prætorio. Et adducti sunt ante illum Sergius et Bacchus. Et cum nec blanditiis, nec minis eos a proposito incurvare posset, beatum quidem Sergium

iterum jussit in custodia recipi, Bacchum vero extensum nervis crudis tam diu cædi quousque cædentes lassi deficerent. Et vicissim succedentibus sibi cæsoribus, martyr gloriosus in confessione Christi, totus corpore discissus, emisit spiritum, et relicto corpore avibus et feris, abiit Antiochus. At Christiani furtim venientes tulerunt corpus martyris, et in spelunca quadam sepelierunt. Sequenti vero die beatus Sergius eductus de custodia, præsentatur Antiocho ; qui cum verbis eum flectere non posset, primo cothurnos confixos clavis vestiri eum fecit, et novem millibus ante se currere. Postmodum in sententia fixum manere videns, decollari jussit, quem tunc Christiani in eodem loco sepelierunt. Parvo autem tempore interposito, beatum quoque Bacchum a loco quo tumulatus fuerat elevantes, honorabili Martyribus loco juxta sanctum Sergium composuerunt. Ubi et virgo Julia, quæ sub Martiano præside martyrium consummavit, sociata Martyribus sepulta quiescit.

Eodem die, sanctorum martyrum marcelli et Apulei, qui quidem primo adhæserunt Simoni mago; sed videntes mirabilia quæ Dominus operabatur per apostolum suum Petrum, relicto Simone, doctrinæ apostolicæ se tradiderunt. Et post martyrium apostolorum, confessione Christi et ipsi decorati, Aureliano consulari viro sententiam ferente, martyrii coronam reportarunt. Sepulti non longe ab urbe Roma.

A. VIII IDUS OCTOBRIS.
(8 Oct.).

c Apud Cretam, urbe Gortinæ, beati Philippi episcopi, magnis virtutibus et optimis studiis præditi viri.

Thessalonicæ, S. Demetrii martyris.

Et beatissimi senis Simeonis.

B. VII IDUS OCTOBRIS.
(9 Oct.)

Abrahæ Patriarchæ.

Apud Parisium, natalis sanctorum martyrum Dionysii episcopi, Eleutherii presbyteri, et Rustici diaconi : qui beatus episcopus a pontifice Romano ad Gallias directus, ut prædicationis operam populis a fide Christi alienis exhiberet, tandem Parisiorum civitatem devenit, et per aliquot annos sanctum opus fideliter et ardenter exsecutus, a præfecto Fescennino Sisinnio comprehensus, et cum eo sanctus presbyter Eleutherius et Rusticus diaconus, gladio animadversi martyrium compleverunt.

C. VI IDUS OCTOBRIS.
(10 Oct.)

Apud Coloniam Agrippinam, natale sanctorum martyrum Gereonis, et aliorum trecentorum octodecim, quos ferunt Thebæos fuisse, et cum legione illa beati Mauritii, inde jussu Maximiani imperatoris in Gallias transitum fecisse, atque circa Rheni littora consedisse, et funesti tyranni imperium respuendo, pro vera pietate colla patienter gladiis subdidisse.

---

a Euseb., l. v, c. 24. Ruff.
b Pontific., c. 35.

c De hoc supra 11 Apr. Hier. de Scr. Eccl., cap. 30. Vide lib. de Fest. Apost.

Loth prophetæ.

Apud Cretam, beati Pinyti, inter episcopos nobilissimi, [a] qui in scriptis suis velut in quodam speculo viventem sui reliquit imaginem.

Item apud Agrippinensem urbem, natalis sanctorum martyrum Mallosi et Victoris : quorum prior, cum longo tempore ubinam sepultus fuerit latuisset, sancto episcopo ejusdem loci ex divina revelatione manifestatus est. Cumque corpus ejus ex loco abdito levaretur, tanta odoris suavitas emanavit, ut astantes fideles velut immensi aromatis fragrantia replerentur.

Ita Britannia, [b] sancti Paulini episcopi Eboraci, qui ordinatus episcopus a beato Justo, qui a sancto Augustino, quem beatus Gregorius ad prædicandum Anglorum genti direxerat, consecratus episcopus fuerat, gentem Nordanhumbrorum, hoc est eam nationem Anglorum, quæ ad aquilonem Umbri fluminis habitabat, cum rege suo Eduino, verbum fidei prædicando convertit. Et clarus vita, doctrina, et miraculis, vi Idus Octobris in pace quievit.

D. V IDUS OCTOBRIS.
(11 Oct.)

Apud Tarsum metropolim Ciliciæ, natale beatissimorum martyrum Tharaci, Probi et Andronici : qui persecutione Diocletani sub Maximo præside, longo tempore carcerali squalore afflicti, et tertio diversis tormentis et suppliciis examinati, in confessione fidei triumphum gloriæ adepti sunt. Nam nervis crudis graviter cæsi, et testis asperrimis defricati, etiam papyro ardenti circa ventrem et latera adusti, post maxillarum confractionem, post tormenta tibiarum, post aceti et sinapis naribus infusionem, post obeliscos ignitos, post confixionem digitorum clavis acutissimis, post oculorum transpunctionem, ac linguæ abscissionem, novissime in amphitheatro ursis et leonibus projecti sunt. Sed cum nulla ex bestiis sanctorum corpora auderet attingere, Maximus, ira accensus, jussit eos gladio jugulari et corpora eorum inter corpora gladiatorum projici. Noctu autem venientes fideles, et deprecantes Dominum ut eis ostenderet sanctorum reliquias, viderunt subito velut stellam splendidam de cœlo missam super singula sanctorum corpora residentem. Sicque cum ingenti gaudio rapientes ea, præcedente se ejusdem stellæ splendore, gloriosos Christi athletas loco aptissimo condiderunt.

E. IV IDUS OCTOBRIS.
(12 Oct.)

Apud Ravennam via Laurentina, natalis sancti Edistii.

Apud Africam, [c] sanctorum confessorum et martyrum quatuor millium nongentorum septuaginta sex, qui persecutione Vandalica, apud Africam, cum essent ecclesiarum Dei episcopi, presbyteri et diacones, associatis sibi turbis fidelium populorum, jussu Hunnerici regis Ariani; pro defensione catholicæ veritatis, in horribilis eremi exsilium trusi, et inter Mauros ferocissimos deputati sunt; inter quos erant Cyprianus et Felix præcipui Domini sacerdotes. E quibus plurimi cum crudeliter minarentur, et hastilium cuspidibus ad currendum ac lapidibus tunderentur, sive ligatis pedibus, velut cadavera per dura et aspera loca traherentur, tam diro supplicio per singula membra discerpti, dum per gladios acutos petrarum huic caput conterebatur, aliis latera findebantur, inter manus trahentium spiritum exhalabant. Exstat per totum aggerem publicum, tumulis loquentibus, visis sepultura sanctorum.

F. III IDUS OCTOBRIS.
(13 Oct.)

Natalis beati Carpi, discipuli Apostoli, Pauli apud Troadam.

Apud Antiochiam, beati Theophili, qui sextus ab apostolis Ecclesiæ pontificatum tenuit, viri eruditissimi [d].

G. PRIDIE IDUS OCTOBRIS.
(14 Oct.)

Natalis sancti Callisti papæ, [e] qui sedit in episcopatu annos septem, menses duos, dies decem, et sub persecutione Alexandri imperatoris martyrii gloriam adeptus est. Postquam enim Palmachium proconsulem, cum omni domo sua baptizavit, et senatorem Simplicium ad domum ejus, et Felicem cum uxore Blanda, quam a paralysi curavit, et iidem ipsi ab Alexandro universi occisi, gloriam martyrii consecuti sunt; sed et postquam Calepodius presbyter ejus gladio martyrium sumpsit, tentus est ab Alexandro, et diutissime fame cruciatus, et quotidie fustibus cæsus; atque prohibitum fuit ne quis ad eum veniret; si vero aliquis venire noctu auderet, comprehensum occiderent. Qui cum multis diebus esset in custodia, venit ad eum beatus Calepodius per visum, et consolabatur eum, dicens : Firmus esto, pater, quia corona tua jam perfecta est. Erat ibi miles quidam nomine Privatus, ulceribus plenus, qui doloribus continuis cruciabatur. Hic misit se ad pedes sancti Callisti, rogans ut sanaret eum ab ulceribus et doloribus suis; quem mox sanctus pontifex ab ulcerum dolore ac fœditate, simul et ab infidelitate in nomine sanctissimæ Trinitatis baptizatum curavit. Quod audiens Alexander, ipsum quidem militem fecit plumbatis deficere; beatum vero Callistum per fenestram domus præcipitari, et ligato ad collum ejus saxo, in puteum demergi, et in eum per rudera cumulari. Post dies vero decem et septem presbyter ejus Asterius cum clericis noctu veniens, levavit corpus ejus, et sepelivit in cœmeterio Calepodii, via Aurelia, pridie Idus Octobris.

Eodem die, transitus sancti Justi in eremo : qui cum aliquot annis in eremo Angelicam egisset vitam, et dignus adesset finis, tantis laboribus regnum spondens cœlorum atque illis jam extremis sanctæ com-

---

[a] Hier. de Script. Eccles., cap. 28.
[b] Beda Hist. Angl. l. 2, c. 9, 14, 16, 17, 20; et l. 3, c. 14.
[c] Vict. Afr. l. II.
[d] Hier. de Script. Eccl. cap. 25.
[e] Pontif., cap. 17.

migrantis animæ, flens et consternatus mente Viator astaret dicens : Cur me, Domine, derelinquis? respondisse dicitur, ne conturbaretur quasi destitutus solatio, quia brevi se illo quoque ipse sequeretur. Quam utique prophetiam ac revelationem cito transitu sanctissimi Juvenis ministri ejus qui solus ardore fidei eum episcopatum fugientem et latere cupientem secutus fuerat, constat fuisse completam.

A. IDIBUS OCTOBRIS.
(15 *Oct.*)

In Galliis, [a] apud Coloniam Agrippinam, sanctorum Maurorum de militibus S. Gereonis. Qui ex legione sacra Thebæorum, cum essent numero quinquaginta, apud eamdem urbem martyrium consummantes, conditi sunt in basilica, quæ admirabili opere exmusivo quodammodo deaurata resplendet ; unde et incolæ sanctos aureos eos vocitare consueverunt.

Eodem die apud Lugdunum, natale beati Antiochi episcopi, qui cum adhuc presbyter Lugdunensis esset, pio incitatus officio, usque ad visendum episcopum suum, in eremo jam morabatur, nomine et actione vere Justus, pergere animo intendit. Vir districtione præcipuus, et qui non immerito, tempore interjecto ad ejusdem pontificii culmen assumptus est. Quo strenue administrato, regnum cœleste adeptus est. Sepultus in ecclesia martyrum Machabæorum, in qua et sanctus Justus tumulatus quiescit.

B. XVII KALEND. NOVEMB.
(16 *Oct.*)

In Africa [b], natale sanctorum martyrum CCLXX pariter coronatorum, et sanctorum martyrum Martiani et Satyriani, cum duobus fratribus eorum; et egregiæ Christi ancillæ Maximæ virginis. Qui tempore Wandalicæ persecutionis, sub Geiserico rege Ariano, pro constantia fidei Catholicæ primum nodosis fustibus cæsi, et usque ad ossa laniati, cum multo tempore talia paterentur, sequenti die semper incolumes reddebantur. Post etiam dura carceris custodia damnati, cum fuissent arctati in nervum, mira Dei virtute, ingentium lignorum putrescens soluta est fortitudo. Ad quod miraculum Maxima Christi famula suæ libertati dimissa, mater postmodum multarum virginum Dei effecta, in veritatis confessione gloriosa consenuit. Reliqui inter ferocissimos Mauros exsilio relegati, cum prædicatione sua multitudinem barbarorum Christo Domino lucrati fuissent, jussu impii Geiserici, ligatis pedibus, post terga currentium quadrigarum, inter spinosa loca silvarum pariter jussi sunt interire. Cumque ducta atque reducta dumosis lignorum aculeis innocentium corpora carperentur, vicino currentibus indomitis equis, vale sibi invicem his verbis dicebant : Frater, ora pro me; implevit Deus desiderium nostrum. Taliter perventum ad regnum cœlorum. Sicque orando et psallendo, gaudentibus angelis, pias animas emisere. Ubi usque in hodiernum diem non desinit ingentia mirabilia Jesus Christus Dominus operari.

C. XVI KALEND. NOVEMBRIS.
(17 *Oct.*)

Marthæ sororis Lazari.

Item beati Aristionis, qui fuit unus de septuaginta Christi discipulis [c].

Item beati Heronis, de quo beatissimo Ignatio pergenti ad passionem revelatum est quod Antiochenam post eum recturus esset ecclesiam. Erat enim hic beati martyris Ignatii tunc diaconus; episcopus factus, viam magistri pius imitator sequitur, et pro commendato grege amator Christi occubuit.

In Galliis, civitate Arausica, sancti Florentii episcopi, qui multis clarus virtutibus in pace quievit.

D. XV KALEND. NOVEMBRIS.
(18 *Oct.*)

Natalis S. Lucæ Evangelistæ.

Eodem die [d], sancti Asclepiadis Antiocheni episcopi, qui unus fuit ex præclaro confessorum numero, qui sub Decio gloriose passi sunt.

Item Romæ sanctæ Triphoniæ [e] uxoris Decii Cæsaris. Quæ, viro suo post interfectionem beatorum Sixti et Laurentii divinitus punito, petiit baptizari cum filia Decii Cyrilla, a Justino presbytero ; et alia die defuncta est, ac juxta sanctum Hippolytum in cripta sepulta, quinto decimo Kal. Novembris.

E. XIV KALEND. NOVEMBRIS.
(19 *Oct.*)

Apud Antiochiam Syriæ [f], natalis sanctorum Beronici, Pelagiæ, et aliorum quadraginta novem.

Item ipsa die, beati Ptolomæi, sed et beati Lucii martyrum. Qui beatus Ptolomæus, comprehensus a quodam centurione, interrogatur si Christianus esset. Hoc Ptolomæus tanquam amator veritatis, nequaquam gloriam suæ professionis occultans, percontanti Christianum se esse confessus est. Hunc continuo centurio in vincula conjecit, et multo tempore squalore carceris maceratum ad ultimum Urbicio judici obtulit. A quo similiter modo hoc solum interrogatus est si esset Christianus ; qui rursum tanti boni sibi conscius, divinam religionem præ se tulit, et de Christi magisterio ac totius boni institutionibus publica confessione testatus est. Qui enim negat quod est sine dubio culpabile judicat esse quod negat. Continuo ergo post confessionem ab Urbicio duci jubetur. Lucius autem quidam Christianus vir, videns tam temere latam sententiam, ait ad Urbicium : Quid, quæso, causæ est, quod neque adulterum, neque corruptorem, aut homicidam, vel latronem, raptoremve, aut alterius cujuslibet facinoris reum, sed tantum pro nomine Christiano, quod hoc se vocabulo confessus est nuncupari, ad mortem hominem duci præcepisti? Non sunt hæc digna pio imperatore, nec sapientissimo puero filio ejus, neque sacro sena-

---

[a] Gregor. Tur. de Glor. m., c. 62.
[b] Vict. Afr. lib. I.
[c] Euseb. l. III, c. 30. Ignat. epist. 10.
[d] Vide librum de Fest. Apost. Euseb. l. VI, c. 9.
[e] De ea in Actis S. Laurent. 10 Aug.
[f] Euseb. l. IV, c. 16. Ruff. 67.

tu quæ agis, Urbici. At ille nihil aliud inquirens, ait ad Lucium : Videris mihi et tu Christianus esse. Cumque Lucius respondisset : Hoc plane sum, etiam ipsum duci jussit ad mortem. Ille, gratias, inquit, ago, quod me nequissimis dominis absolutum ad bonum et optimum Patrem, et Regem omnium Dominum remittis. Sed et tertius quidam, pari modo libertate usus, pari quoque sententia punitus est. Passi sunt autem sub Antonio, cognomento Pio, et filio ejus, hi beati martyres, et sepulti apud Alexandriam metropolim Ægypti.

F. XIII KALEND. NOVEMBRIS.
(20 *Oct.*)

In Galliis, civitate Agenno, sancti Caprasii martyris : qui cum rabiem persecutionis declinans lateret in spelunca, audiens beatam Fidem virginem pro Christo fortiter agonizare, animatus ad tolerantiam passionum, oravit ad Dominum ut si pro certo eum dignum gloria martyrii judicaret, ex lapide speluncæ illius aqua limpidissima emanaret. Quod cum Dominus continuo præstitisset, ille securus ad aream certaminis properavit, et palmam martyrii fortiter dimicando promeruit.

G. XII KALEND. NOVEMBRIS.
(21 *Oct.*)

Apud Nicomediam, natalis SS. martyrum Dasii, Zotici, Caii, cum duodecim militibus.

Eodem die, sancti patris nostri Hilarionis, cujus vitam Hieronymus virtutibus plenam scribit [a]. Hic ortus vico Thabata, qui circiter quinque millia a Gaza urbe Palæstinæ ad Austrum situs est, cum parentes haberet idolis deditos, rosa, ut dicitur, de spinis floruit. A quibus missus Alexandriam, grammatico traditus est, ibique quantum illa patiebatur ætas, magna ingenii et morum documenta præbuit. Brevi, charus omnibus, et loquendi arte gnarus; quodque his majus est omnibus, credens in Domino Jesu; tota illi voluntas in Ecclesiæ congregationibus erat. Audiens autem celebre nomen Antonii, quod per omnes Ægypti populos ferebatur, incensus visendi eum studio, perrexit ad eremum; et statim ut eum vidit, mutato pristino habitu, duobus mensibus juxta eum mansit, contemplans ordinem vitæ ejus, morumque gravitatem; quam crebrer in oratione, quam humilis in suscipiendis fratribus, severus in corripiendis, alacer in exhortandis esset, et ut continentiam cibique ejus asperitatem nulla unquam infirmitas frangeret. Reversus autem cum quibusdam monachis ad patriam, parentibus jam defunctis, partem substantiæ fratribus, partem pauperibus largitus est, nihil sibi omnino servans. Erat autem tunc annorum quindecim. Sic nudus et armatus in Christo solitudinem ingressus est, sacco tantum coopertus, et pelliceum habens ependyten, et tenattem quem illi beatus Antonius proficiscenti dederat, sagumque rusticum ; quindecim tantum caricas post solis occasum comedens. Igitur a sextodecimo usque ad vigesimum ætatis suæ annum, æstus et pluvias brevis tuguriunculo declinavit , quod junco et carice texerat. Structa deinceps brevi cellula, quæ usque hodie permanet, latitudine pedum quatuor, altitudine pedum quinque, hoc est statura sua humiliore, porro longitudine paulo ampliore quam ejus corpusculum patiebatur, ut sepulcrum potius quam domum crederes. Capillos semel in anno Paschæ die totondit. Super nudam humum in stratu junceo usque ad mortem cubitavit. Saccum quem semel fuerat indutus, nunquam lavans ; nec mutavit alteram tunicam, nisi cum prior penitus scissa esset. Scripturam quoque sanctam memoriter tenens, post orationes et psalmos quasi Deo præsente recitabat. A vigesimo primo anno usque ad vigesimum sextum, tribus annis dimidium lentis sextarium madefactum aqua frigida comedit; aliis tribus, panem aridum cum sale et aqua. Porro a vigesimo septimo usque ad trigesimum, herbis agrestibus et vigultorum quorumdam radicibus crudis sustentatus est. A tricesimo autem primo usque ad tricesimum quintum, sex uncias hordeacei panis, et coctum modicum olus absque oleo in cibo habuit. Sentiens autem caligare oculos et totum corpus impetigine et pumicea quadam scabredine contrahi, ad superiorem victum adjecit oleum, et usque ad sexagesimum tertium vitæ suæ annum, hoc continentiæ cucurrit gradu, nihil extrinsecus aut pomorum, aut leguminis, aut cujuslibet rei gustans. Hinc cum se videret corpore defatigatum, et propinquam putaret imminere mortem, a sexagesimo quarto anno usque ad octogesimum pane abstinuit, incredibili mentis fervore, ut eo tempore quasi novus accederet ad servitutem Domini quo solent cæteri remissius vivere. Fiebat autem ei de farina et comminuto olere sorbitiuncula, cibo et potu vix quinque uncias appendentibus. Sicque complens ordinem vitæ nunquam ante solis occasum, nec in diebus festis nec in gravissima valetudine solvit jejunium. Igitur potentissimus in miraculis, et sanctitate incomparabilis, octogesimo ætatis suæ anno, cum absens esset Hesychius (qui eum semper familiarissime colebat) quasi in testamenti vicem, brevem manu propria scripsit epistolam, omnes divitias suas ei derelinquens : Evangelium scilicet et tunicam saccinam, cucullum et palliolum. Itaque modicus calor tepebat in pectore, nec præter sensum quidquam vivi hominis supererat, et tamen apertis oculis loquebatur : Egredere, quid times? Egredere, anima, quid dubitas? Septuaginta prope annis servisti Christo, et mortem times? Inter hæc verba exhalavit spiritum, statimque humo obrutus, quia ipse sic omnes, qui ad ægrotantem venerant, adjuravit ne puncto quidem horæ post mortem reservaretur. Quod postquam Palæstinæ sanctus vir Hesychius audivit, perrexit Cyprum, et cum ingenti vitæ suæ periculo, post decem ferme menses, corpus ejus furatus est. Quod Majumam in Palæstina deferens, totis monachorum

[a] Hieron. t. I.

et oppidorum turbis prosequentibus, in antiquo monasterio condidit; illæsa tunica, cucullo et pallio, et toto corpore, quasi adhuc viveret, integro, tantisque fragrante odoribus ut delibutum unguentis putares.

Eodem die, natalis sancti Asterii, presbyteri Callisti; qui cum corpus ejus levatum de puteo sepelisset, post dies sex audiens hoc imperator Alexander, præcepit eum per pontem præcipitari. Cujus corpus inventum est et a quibusdam Christianis in eadem civitate sepultum. Scriptum in passione sancti Callisti papæ (14 Oct.).

Et ipso die, transitus sancti Viatoris [a] lectoris, in eremo comitis sancti Justi.

A. XI KAL. NOVEMBRIS.
(22 Oct.)

erosolymis, natalis beati Marci (qui primus Jerosolymis ex gentibus, post episcopos ex circumcisione, sacerdotium civitatis illius accepit) clarissimi et doctissimi viri, ac non multo post martyrio consummati.

Item beatæ Salomæ, quæ in Evangelio (*Matth.* xv, xvi) legitur cum reliquis sanctis feminis circa Domini sepulturam sollicita.

Apud Adrianopolim Thraciæ, natalis sanctorum Philippi episcopi, Eusebii et Hermetis.

B. X KAL. NOVEMBRIS.
(23 Oct.)

Apud Antiochiam Syriæ, natale sancti Theodoreti [b] presbyteri, qui persecutione Juliani impii, sub præfecto et avunculo ejus Juliano, cum ab eo Antiochenorum ecclesia spoliata, et religiosi quique fuissent ejus terrore dispersi, in Ecclesia spoliata mansit intrepidus, atque ab eo teneri jussus, post equulei pœnam, ac multos ac durissimos cruciatus, etiam lampadibus circa latera appositis, inflammatus est. Sed his divina virtute restinctis, cum milites, qui eas tenebant, angelorum aspectu territi ruissent in faciem, et credentes in Christo, impium ministerium recusarent, jussit eos Julianus pelago immergi. Quibus beatus Theodoretus ait: Præcedite, fratres; ego vos superans inimicum sequar ad Dominum. Sicque in confessione persistens, et prophetico spiritu repletus, Juliano Apostatæ, quem apud Persidem divina ultione incurrit, prædicens interitum, occisione gladii martyrium consummavit.

In Hispaniis, natalis sanctorum Servandi et Germani: qui post verbera squalorem carceris, et sitis ac famis injuriam, et longissimi itineris laborem, quem jubente Viatore præside, ferro onusti pertulerunt; novissime martyrii sui cursum, ferro cæsis cervicibus, impleverunt. Ex quibus Germanus Emeritæ juxta beatam Eulaliam sepultus; Servandus vero Hispalim translatus, circa sanctas Justam et Rufinam conditus est.

C. IX KAL. NOVEMBRIS.
(24 Oct.)

In Venusia, civitate Apuliæ, natalis sanctorum Felicis episcopi civitatis Tubzocensis, et Audactis et Januarii presbyterorum, et Fortunatiani et Septimi lectorum. Qui temporibus Diocletiani, in sua civitate tenti, a Magnelliano procuratore, inde multis diu vinculis et carceribus macerati, et in Africa, et in Sicilia, tandem in occisione gladii consummati sunt. Sunt autem honorifice sepulti inter Carthaginem et Uticam. Felix quinquaginta sex annorum obiit virgo.

D. VIII KAL. NOVEMBRIS.
(25 Oct.)

In Galliis, civitate Suessionensi, natalis sanctorum Crispini et Crispiniani, qui persecutione Diocletiani et Maximiani, ad trochleas extenti, et fustibus cæsi, postquam digiti eorum subulis transfixi sunt, et de dorso eorum lora præcisa, ad ultimum gladio trucidati, coronam martyrii consecuti sunt.

Eodem die Petragoricas civitate, natalis sancti Frontonis episcopi, qui Romæ a beato Petro ordinatus, cum Georgio presbytero ad prædicandum Evangelium missus est. Cumque tertio die itineris idem Georgius esset mortuus, mœrens Fronto reversus est ad Apostolum, acceptoque ejus baculo, et super corpus defuncti posito, socium de morte recepit. Sicque ad prædictam civitatem veniens, magnam gentis illius multitudinem ad Christum convertit, et multis miraculis clarus, in pace quievit.

Ipso die Romæ, via Salaria, natalis, quadraginta et octo militum, qui simul baptizati a beato Dionysio papa, et mox, jubente Claudio, imperatore decollati sunt. Quorum corpora noctu collegerunt beatus Justinus presbyter et Joannes, et sepelierunt in crypta cum multitudine Christianorum, in via Salaria in clivum Cucumeris, viii Kal. Novembris, ubi positi sunt et alii martyres centum viginti et unus. Inter quos fuerunt quatuor milites Christi, Theodosius, Lucius, Marcus et Petrus. Hi videntes ad se venire armatos, rogabant ut primi decollarentur. Scriptum in passione sanctorum martyrum Sixti, Laurentii et Hippolyti.

E. VII KAL. NOVEMBRIS.
(26 Oct.)

Apud Africam, natalis sanctorum martyrum Rogatiani presbyteri, et Felicissimi, qui persecutione Decii et Valeriani, illustri sunt martyrio coronati. De quibus etiam scribit beatus Cyprianus in Epistola ad confessores, his verbis: *Ut sequamini*, inquit, *in omnibus Rogatianum presbyterum gloriosum senem, viam vobis ad gloriam temporis nostri religiosa virtute et divina dignatione facientem, qui cum Felicissimo fratre nostro quieto semper et sobrio excipiens ferocientis populi impetum, primum vobis hospitium in carcere præparavit, et metator quodammodo vester nunc quoque vos antecedit.*

Commemoratio agitur ipsa die sanctorum episcoporum Vedasti et Amandi, quorum vita et mors plurimis existit miraculis gloriosa.

F. VI KAL. NOVEMBRIS.
(27 Oct.)

In Hispaniis, Abela civitate natalis sanctorum Vin-

---

[a] De hoc in Vita Justi, 2 Sept. Euseb. lib. iv, c. 7.
[b] Sozom. lib. v, cap. 7.

eentii, Sabinæ et Christetes, qui primo adeo in equuleo sunt extenti ut omnes compages membrorum eorum laxarentur; deinde capita eorum lapidibus supposita, usque ad excussionem cerebri validis vectibus sunt contusa; atque ita martyrium compleverunt, agente præside Daciano.

Eodem die apud Tyle castrum, natale sancti Florentii martyris.

Romæ, Evaristi [a] papæ, qui sedit in episcopatu annos novem, et sub Trajano martyrio coronatus, sepultus est in Vaticano.

Eodem die, vigilia apostolorum Simonis et Judæ.

G. V KAL. NOVEMBRIS.
(28 Oct.)

Natalis sanctorum Simonis et Judæ [b].

Romæ, sanctæ Cyrillæ, filiæ Decii Cæsaris, quæ sub Claudio principe jugulata et necata est gladio, ac sepulta a Justino presbytero cum matre sua, juxta sanctum Hippolytum.

A. IV KAL. NOVEMBRIS.
(29 Oct.)

Natalis beati Narcissi Hierosolymorum episcopi, viri sanctitate, et patientia, ac fide laudabilis. Accidit [c] aliquando in die solemni vigiliarum Paschæ, oleum desse luminaribus; cumque id per ministros innotuisset, mœror populi maximus fuit; sed Narcissus in fide confidens, ministris imperat haurire aquam, sibique deferre; cumque tulissent, oravit, et benedixit aquam, et infundi luminaribus præcepit. Tunc repente miro et sæculis inaudito genere virtus, natura in pinguedinem olei versa, splendorem luminum etiam solito reddidit clariorem. Ad fidem autem rei, a plurimis religiosorum fratrum ex eodem oleo, quod versum de aqua fuerat, reservatum est. Is namque cum inter cætera virtutum suarum bona esset valde constantis animi, et justi rectique indeclinabiliter tenax quidam homunculi nequam male sibi conscii, metuentes ne criminum suorum si arguerentur, non possent effugere vindictam, præveniunt factionibus et circumvenire parant eum, cujus judicium verebantur. Concinnant igitur adversus eum infame satis et noxium crimen. Conveniunt auditores; testes ex semetipsis producunt, qui sub sacramenti juramento, quæ objiciebantur confirmarent. Quorum unus testis ita, ne igni consumeretur, vera se dicere testabatur. Alius ita, ne regio morbo corrumperetur. Tertius ita, ne luminibus orbaretur. Et quamvis nec juramentis quidem istis quisquam fidelium et Dominum timentium crederet, eo quod vita Narcissi et institutio, ac pudicitia, ab omnibus nosceretur; ipse tamen eorum quæ mota sunt indignitatem ac molestiam non ferens, simul et secretam ac philosophicam vitam semper habere desiderans, subterfugit ecclesiæ multitudinem, et in desertis locis atque agellis secretioribus delitescit annis quam plurimis. At non ille magnus divinæ providentiæ oculus quiescit in longum, sed in impios ultionem per ea ipsa quæ sibi in perjuriis statuerant maledicta molitur. Primus namque ille testis, parva ignis scintilla noctis tempore domo sua succensa, cum omni genere et omni familia flammis ultricibus conflagratur. Alius repente ab imis pedibus usque ad summum capitis verticem, morbo regio, quo fuerat imprecatus, repletur atque consumitur. Tertius autem priorum exitium videns, et oculum divinum non latuisse perspiciens, prorupit in medium, et audientibus cunctis, sera pœnitentia, universum concinnati sceleris ordinem pandit. Tantis autem lacrymis immanis commissi facinus deflet, et in tantum die noctuque perdurat in fletibus, usquequo luminibus orbaretur. Hi igitur figmenti sui hujuscemodi pœnas dederunt. Narcissus vero cum ita desertum petiisset, ac locis secretioribus se abdidisset, ut ubi jam degeret, nullus agnosceret; necessarium visum est episcopis ut alium pro ipso ordinarent, cujus nomen erat Dius, cuique (cum parvo tempore præfuisset Ecclesiæ) succedit Germanio, et Germanioni Cordius; cum ecce subito velut redivivus cœloque redditus ex improviso apparuit Narcissus; et rursus a fratribus ad præsidendum rogatur ecclesiæ. Verum cum ipse jam senio fessus, pontificatus ministerio sufficere non posset, Alexandrum qui jam episcopus esset alterius loci, divina dispensatio in adjutorium senis evidentissimis revelationibus vocavit. Expletis autem centum et sedecim annis, relicta sede ipsi Alexandro, fructum laborum suorum a Domino recepit.

Ipso die, apud Sidonem urbem, natalis sancti Zenobii [d] presbyteri, qui persecutione Diocletiani martyrio coronatur.

In Gallia, Vienna civitate, depositio sancti ac beatissimi Theodarii, abbatis et confessoris; et translatio ipsius in loco ubi dicitur vallis Rupiana, IV Kalendas Novembris.

B. III KAL. NOVEMBRIS.
(30 Oct.)

Civitate Tingitana, passio sancti Marcelli centurionis, qui capitis abscisione martyrium consummavit, sub Agricolao agente vices præfectorum prætorio.

Apud Africam, natalis martyrum numero ducentorum et viginti.

Apud Antiochiam, beati Serapionis [e] episcopi, eruditi viri et fide clarissimi.

C. PRIDIE KAL. NOVEMBRIS.
(31 Oct.)

Romæ, natale beati Nemesii diaconi, et Lucillæ filiæ ejus [f] quos sanctus pontifex Stephanus bapti-

---

[a] Euseb. l. III, c. 54. Pontific. cap. 6.
[b] Vide lib. de Fest. Apost. De ea in passione sancti Laurent., 20 Aug.
[c] Euseb. lib. VI, c. 78 et 9. Ruffin.
[d] Euseb. lib. VIII, c. 25.
[e] Euseb. lib. V, c. 18 et 21. Ruff. 19. Hieron. de Script. Eccl., cap. 41, 31 Oct.
[f] De his in Vita sancti Stephani papæ, 2 Aug.

ravit; quippe ipsum Nemesium diaconum constituit, temporibus Valeriani et Gallieni; qui decreverunt ut ubicunque inventus fuisset Nemesius, sine audientia puniretur. Nemesius autem Christi gratia roboratus, circuibat cryptas, et concilia martyrum, ut ubicunque reperisset Christianum aliquem egentem, prout poterat, de facultatibus suis ministraret. Veniens vero in via Appia noctis silentio juxta templum Martis, comperit Valerianum et Maximum in templo Martis sacrificare. Flexis itaque genibus, oravit Dominum, dicens : Domine, Deus creator cœli et terræ, dissipa consilia artis diabolicæ in nomine Domini nostri Jesu Christi Filii tui, quem misisti in hunc mundum, ut resipiscant hi infelices a laqueis diaboli. Statim igitur Maximus consul a diabolo arripitur, et magna voce clamare cœpit Nemesius Christianus me incendit, ejus oratio me affligit. Egressi vero quidam de templo, tenuerunt Nemesium, et dum contumeliis eum afficerent, subito Maximus exspiravit. At illi tenentes Nemesium duxerunt ad Valerianum. Dicitque ei Valerianus : Nemesi, ubi est prudentia tua, quam semper cognovimus, et in consilio, et in actibus? Nos te hortamur, cogita veritatem, non deseras deos quos semper ab ipsis cunabulis coluisti. Nemesius diaconus plenus lacrymis respondit : Ego quidem infelix atque peccator semper deserui veritatem, et effudi sanguinem innocentem, et jam nimis oneratus atque cumulatus peccatis, licet sera pœnitudine cognoverim Creatorem meum, misericordiam Christi Filii Dei adeptus; hunc timeo, ipsum adoro, ipsi cultum æreæ servitutis offero; nam omnia idola lapidea atque ærea manufacta abjicio. Iratus Valerianus, jussit eum in privata custodia mancipari; et post tertium diem exhibetur Valeriano et Gallieno, et filia ejus Lucilla quam ante patris interrogationem fecerunt puniri, credentes quod sic potuissent animum beati Nemesii emollire. Sed ipse, cujus interiora possidebat Spiritus sanctus, lætior de martyrio filiæ factus, in confessione Christi ardentior efficitur. Et cum nullo modo a fide Christi flecti eum posse viderent, jusserunt eum duci ad supplicium. Decollatus vero est via Appia ante templum Martis, VIII Kalendas Septembris; ejusque corpus a beato quidem Stephano papa in eodem loco sepultum, sed a beato Sixto pontifice postea levatum, pridie Kalendas Novembris juxta eamdem viam Appiam in crypta venerabilius curatum.

^a In Galliis, oppido Virmandensi, natalis Quintini martyris : qui sub Maximiano imperatore martyrium passus est ; et post annos quinquaginta quinque inventum est, revelante angelo, corpus ejus et sepultum octavo Kalendas Julias.

^a Gregor. Turon. de Glor. martyrum, c. 75.

LITANIÆ DICENDÆ.

MENSIS NOVEMBER

HABET DIES XXX; LUNA VERO, XXX.

D. KAL. NOVEMBRIS.
(1 Nov.)

Festivitas sanctorum omnium. Petente namque papa Bonifacio, jussit Phocas imperator in veteri fano, quod Pantheon vocabatur, et a Domitiano prius factum erat, ablatis idololatriæ sordibus, ecclesiam beatæ semper virginis Mariæ, et omnium martyrum fieri : ut ubi quondam omnium, non deorum, sed dæmoniorum cultus agebatur, ibi deinceps omnium fieret memoria sanctorum; quæ ab illo tempore Kalendis Novembris in urbe Roma celebris et generalis agitur. Sed et in Galliis, monente sanctæ recordationis Gregorio pontifice, piissimus Ludovicus imperator, omnibus regni et imperii sui episcopis consentientibus, statuit ut solemniter festivitas omnium sanctorum in prædicta die annuatim perpetuo ageretur. Quam sanctam constitutionem reverenti amore suscepit omnis Ecclesia.

^a Et in castro Divione, natale S. Benigni presbyteri. Qui cum Andochio compresbytero, et Thyrso diacono, missus est in Galliam ab Oriente, a sancto episcopo Polycarpo. Cujus prædicatione comes Terentius comperta, vinctum eum et cæsum ad se adduci præcepit. Et rursum audita sermonum ejus constantia, nervis durissimis cædi fecit. Post hæc ad trochleas extensus et cæsus, ac rursum carceri mancipatus, mane idola orando destruxit, et reductus est in carcerem. Cui subulas decem calentes in manibus infixerunt, et cum plumbo remisso pedes in lapide perforato fixerunt, et canes duodecim feroces cum eo incluserunt per sex dies; et attulit ei angelus panem cœlestem, subulas abstulit, et eum de plumbo ac ferro eripuit. Ad ultimum collum ejus vecte ferreo tundi, et corpus lancea forari jubetur. Quo facto, columba nivea de carcere, Christianis aspicientibus, ad cœlos ascendit, et odor suavissimus quasi paradisi secutus est. Venit autem beata Leonilla, et conditum aromatibus corpus non longe ab ipso carcere sepelivit.

Eodem die, natale sancti Cæsarii diaconi, et Juliani presbyteri. Qui videlicet Cæsarius tempore Claudii veniens ex Africa ad Terracinam Campaniæ

^a Gregor. Turon., de Glor. mart.

civitatem, dum contra idololatras proclamaret in publico, tentus est a Firmino pontifice, et in custodiam reclusus. Ubi diebus multis maceratus, deinde traditus est Leontio consulari Campaniæ. Quem ille cum verbis superare nequiret, jussit ante carpentum suum duci, ligatis manibus, vinctum, et nudum usque ad templum Apollinis. Quo cum pervenisset, ad orationem ejus corruit templum, et occidit pontificem Firminum. Post hoc reclusus in carcere a Luxurio primo civitatis, fuit ibi anno uno, et mense uno. Deinde eductus in forum ab eo, dum oraret, cœlesti est luce circumdatus, ita ut ipse Leontius crederet, et Cæsarium qui erat nudus, sua chlamyde indueret, et ab eo baptizaretur, et corpus et sanguinem Domini acciperet de manu Juliani presbyteri. Nec mora, dicta super eum oratione, tradidit spiritum III Kalendas Novembris. Tunc Luxurius jussit Julianum et Cæsarium mitti in saccum et præcipitari in mare. Qui eo die rejecti sunt ad littus, et sepulti ab Eusebio servo Dei, juxta urbem Terracinam. Et idem Eusebius postea martyrium passus est cum Felice presbytero.

Item eodem die, depositio S. Severini monachi, de Tiburtina civitate.

Item natale S. Mariæ virginis: quæ cum esset ancilla, et die natalis filii domini sui jejunaret, nec ullo modo flecti potuisset ut manducaret de idolothytis; primo duris verberibus afflicta, dein longa carceris custodia, equulei extensione, et ungularum laniatione vexata, martyrium consummavit.

E. IV NONAS NOVEMBRIS.
(2 Nov.)

Natalis sancti Victorini, Pitabionensis episcopi, qui persecutione Diocletiani martyrio coronatus est.

Apud Laodiciam, natale beati Theodori episcopi, viri non solum verbis, sed etiam rebus et virtutibus ornati. Hic arte medicus quidem fuit, sed ad animarum a Domino translatus est medicinam. Vere incomparabilis, qui super omnes pene homines fide, misericordia, studio, vigilantia, atque omnibus optimis institutionibus claruit. In Scripturis quoque divinis laborem quamplurimum gessit; quievit autem in senectute bona.

Eodem die, natale S. Ambrosii, abbatis monasterii Agaunensis, qui prius apud Lugdunum monasterii insulæ Barbaræ pater, et magnis virtutibus clarus, cum illuc ob religionis egregiæ normam translatus fuit, beato fine ante in Domino requievit.

F. III NONAS NOVEMBRIS.
(3 Nov.)

Natalis S. Quarti, discipuli apostolorum.

Apud Cæsaream Cappadociæ, natalis SS. Germani, Theophili, Cæsarii, et Vitalis: qui optime duxerunt martyrium, sub Deciana persecutione.

Eodem die, depositio S. Huberti episcopi.

G. PRIDIE NONAS NOVEMBRIS.
(4 Nov.)

Apud Alexandriam, beati Hierii presbyteri, viri acris ingenii, in divinis Scripturis nobiliter eruditi, vita purissimi, atque ad Christianam philosophiam nudi penitus et expediti, doctoris Ecclesiæ incomparabilis, privatim et publice mirabiliter disputantis. Hic quievit tempore Philippi imperatoris.

In Galliis, civitate Rotenus, natalis S. Amantii episcopi, cujus vita sanctitate et miraculis exstitit gloriosa.

A. NONIS NOVEMBRIS.
(5 Nov.)

Zachariæ prophetæ, patris Joannis Baptistæ.

In Terracina, civitate Campaniæ, natalis SS. Felicis presbyteri, et Eusebii monachi, temporibus Claudii imperatoris. Qui videlicet Eusebius, cum sepelisset sanctos martyres Julianum et Cæsarium, et ad sepulcra eorum orans et jejunans multos converteret ad fidem, quos Felix presbyter baptizabat, tenti sunt ambo a Leontio filio Leontii consularis, ob eam maxime causam quia Cæsarius patrem ejus Christianum fecisset. Et ad forum ejus ducti, nec superati, inde carcere reclusi, et nocte eadem, cum sacrificare nolent, decollati sunt, atque in fluvium jactati. Quorum corpora venerunt usque ad mare, et rejecta sunt ad littus, atque a presbytero quodam de Capua, nomine Quarto, inventa. Qui ea mox imposita vehiculo duxit in casam suam, et curiose quærens etiam capita invenit; adjunctaque corporibus sepelivit juxta S. Cæsarium.

B. VIII IDUS NOVEMBRIS.
(6 Nov.)

Tonza Africæ, natalis S. Felicis. In hujus solemnitate quemdam psalmum beatus Augustinus videtur exponere ad populum (*Psal.* CXXVII), ubi inter cætera, de ejus passione loquitur, dicens : *Felix martyr, vere felix et nomine et corona, cujus hodie dies est. Noveritis autem, fratres, non eum passum mortem quam alii martyres passi sunt: confessus enim, dilatus est ad tormenta; alio die inventum est corpus ejus exanime. Clauserant enim illi carcerem corpori, non spiritui: quem illic parabant torquere carnifices absentem invenerunt: perdiderunt sævitiam suam. Jacebat exanimis, sine sensu, illis ne torqueretur; cum sensu apud Dominum, ut coronaretur.*

In Oriente, civitate Theophili, SS. decem martyrum, qui sub Sarracenis passi leguntur in gestis sanctorum quadraginta.

C. VII IDUS NOVEMBRIS.
(7 Nov.)

Apud Alexandriam, Achillæ episcopi, eruditione, fide, conversatione, et moribus insignis.

Eodem die natalis S. Amaranti martyris, qui apud Albigensem urbem, exacto agonis fidelis cursu,

---

a Hieron. de Script. Eccles., c. 74; Euseb. lib. VII, c. 29. Ruff.

b Euseb. lib. VII, c. 29. Ruff. Hier. de Script. Eccles., c. 76.

c De his in Vita sancti Cæsarii, 1 Nov.

d Euseb. lib. VII, cap. 29. Ruff.

sepultus vivit in gloria. Cujus sacrum sepulcrum, virtute Christi, miraculis frequentibus illustratur.

ᵃ Apud Perusinam Italiæ urbem, natalis S. Herculani, episcopi et martyris.

D. VI IDUS NOVEMBRIS.
(8 Nov.)

Romæ, natalis SS. martyrum Claudii, Nicostrati, Symphroniani, Castorii, et Simplicii, imperantibus Diocletiano et Maximiano. Hi cum essent artifices insignissimi, et marmorum cæsores probatissimi, imperatori Diocletiano valde facti sunt accepti. Cum itaque tempore quodam essent quadraturis marmorum intenti, et artem suam signo crucis munirent, et ad voluntatem ipsorum artificium fieret, horum unus Simplicius, qui adhuc pagano errore tenebatur, dixit ad quatuor reliquos: Adjuro vos per deum Solem, ut quis iste Deus sit dicatis mihi, in cujus nomine vos tam bene operamini. Cui Symphronianus: Si potes credere, dicemus tibi, et mox artem consequeris, sed et vitam æternam habebis. Quem cum in fide sociatum beato Cyrillo episcopo consignassent, isdem episcopus baptizavit eum, et Christo Domino credere informavit. Non multo post accusati a philosophis quod Christiani essent, et quod deum Æsculapium fingere, sicut præceperat imperator, ex marmore porphyretico et proconisso noluissent, Diocletianus jussit cuidam tribuno nomine Lampadio, sub moderatione verborum eos audiri. Quibus isdem Lampadius dixit: Adorate deum Solem, ut destruatis consilium philosophorum. Qui respondentes dixerunt: Nos nunquam adoramus facturam manuum nostrarum, sed adoramus Deum cœli et terræ, qui imperat in æternum, Jesum Christum Filium Dei. Reclusi sunt igitur in custodia publica. Inde cum mutari a fide Christi non possent, jubente Lampadio, exspoliantur, et scorpionibus gravissime cæduntur; mox Lampadius a dæmonio correptus exspiravit. Hoc factum cum audisset Diocletianus, nimio furore plenus jussit cuidam Nicetio togato ut in loculis plumbeis vivi includerentur, ac sic in fluvium præcipitarentur. Post dies autem quadraginta duos venit quidam Nicodemus Christianus, et levavit cum ipsis loculis corpora martyrum, et in domo sua honorifice posuit. Passi vero sunt VI Idus Novembris.

Eodem die, natale sanctorum quatuor Coronatorum, id est Severi, Severiani, Carpophori et Victorini. Hi cum impellerentur ad sacrificandum, reluctantes, nec consensum impiis præbentes, perstiterunt in fide. Nuntiatum est autem Diocletiano imperatori, qui illico jussit ut ante simulacrum Æsculapii ictibus plumbatarum cæsi deficerent. Quorum corpora jussit in platea canibus jactari, et jacuerunt ibi diebus quinque. Tunc pii Christiani venerunt, et collecta corpora sepelierunt in via Lavicana, milliario ab urbe tertio, in arenario, juxta corpora sanctorum martyrum Claudii, Nicostrati, Symphroniani, Castorii et Simplici. Passi sunt autem sexto Idus Novembris, post duos tamen annos passionis horum quinque martyrum. Cum autem nomina eorum minime reperirentur, statuit beatus Melchiades episcopus ut anniversaria quatuor Coronatorum dies sub nominibus sanctorum quinque martyrum recoleretur. Intercurrentibus tamen annis, cuidam sancto viro etiam nomina eorum revelata sunt. Festivitas vero ut fuerat statuta, celebris in aliorum martyrum festivitate permansit, ac locus quatuor Coronatorum nomine insignis.

E. V IDUS NOVEMBRIS.
(9 Nov.)

Natale sancti Theodori martyris, temporibus Maximiani et Maximini imperatorum. Qui cum esset miles, et vere Christianus, adductus est ad Brincam præpositum legionis, a quo dilatione accepta ut sententia irrevocabiliter permaneret, ᵇ judici Popilio sistitur, qui jussit eum mitti in carcerem, et signari ostium carceris; ubi divina consolatur visitatione. Post aliquot dies iterum adductus ante præsidem, suspensus est in ligno, et ungulis ferreis latera ejus rasa, quousque costæ ipsius nudarentur. Deinde dictavit sententiam, dicens: Theodorum non obtemperantem præceptis invictissimorum imperatorum, potentiæque deorum, credentem vero Jesum Christum crucifixum, jubeo ignibus tradi. Igitur beatus martyr signaculo crucis munitus, manibus post tergum ligatis, in focos propellitur. Et prospiciens videt in turba lacrymantem Cleonicum, qui cum eo tyro adductus fuerat. Et exclamans dixit: Cleonice, exspecto te; festina, et sequere me. Et cum jam flammarum globis undique vallaretur beatus martyr, orationem fudit, laudans et glorificans Patrem, et Filium, et Spiritum sanctum. Sicque sanctam animam Christo reddidit V Idus Novembris. Quædam autem mulier, Eusebia nomine, collegit corpus ejus, et sindone munda involvens transtulit in possessionem suam, in locum qui appellatur Euchaita.

ᶜ Item eodem die apud Bituricas, S. Ursicini, qui Romæ ordinatus a successoribus apostolorum primus eidem urbi destinatur episcopus.

F. IV IDUS NOVEMBRIS.
(10 Nov.)

In territorio Agathensi, in Cessatione, natalis SS.

ᵃ Greg. lib. III Dial., c. 15.

ᵇ *Judici Popilio sistitur.* Vulgati, *Judici et populo sistitur.* Quis vulgata legens, errorem subesse fuisset suspicatus? Recte mss. nomen judicis *Popilium* exhibent, quem Metaphrastes *judicem et præsidem Publium* vocat. Acta mss. quæ nactus sum ex bibliotheca Fuldensi: « Cronides, vero tabularius, cum cognovisset hoc factum, metu perterritus comprehendit B. Theodorum, et obtulit eum Populio præsidi. » Ita et in historiis plurimorum sanctorum, editis Lovanii anno 1485. Male apud Membritium tom. II, *Populi præsidi.* Rectius apud Adonem *Popilius,* quam apud alios *Populius.* Notissima *Popilia* inter Romanas familias.

ᶜ Gregor. Turon. de Glor. confess., c. 80.

martyrum Tiberii, et Modesti, et Florentiæ : qui tempore Diocletiani variis tormentis cruciati, martyrium compleverunt.

Item eodem die S. Martini papæ : qui ob fidem catholicam, ab imperatore Constantino hæretico, per Theodorum exarchum de ecclesia raptus, ac perductus Constantinopolim, relegatus apud Chersonam Lyciæ provinciæ, ibidem vitam finivit, multis in eodem loco virtutum signis usque hodie refulgens.

G. III IDUS NOVEMBRIS.
(11 Nov.)

In Galliis, Turonis civitate natalis sancti Martini episcopi et confessoris.

Eodem die in Scythia, metropoli Phrygiæ Salutariæ, passio sancti Mennæ martyris : qui persecutione Diocletiani et Maximiani, cum esset miles nobili genere, ex Ægyptiorum provincia ortus, abrenuntians terrenæ militiæ, primum cœlesti Regi secreta conversatione in eremo militavit. Deinde natalitiis præfatorum imperatorum procedens ad publicum, ac se Christianum libera coram ipsis voce declarans, traditus est Pyrrho duci torquendus; qui jussit eum in carcerem includi, quandiu imperatorum natalitia celebrarentur. Peracta igitur festivitate, ac sedente eo pro tribunal, jussit eum suis aspectibus præsentari; cui et dixit : Hesterna die infauste et temerarie ausus es theatrum introire, et vanissimis, nescio quibus, eloquiis profanare, maxime cum de te asseratur nostræ fuisse malitiæ. Sacrifica diis, ut omnia tibi quæ per ignorantiam gessisti ignoscantur, et ad honorem pristinum reformeris. Ad hæc beatus Mennas cum respondisset : Ego hoc sæculi honore non delector, sed Christi Domini discipulus effici cupio; jubente duce, extensus, et nervis bubulis manibus ligatus, tandiu a militibus virgis cæsus est, donec sanguine ipsius plateæ locus repleretur. Deinde in equuleo exungulatus, et lampadibus circum latera adustus, cilicioque plagæ a militibus fricatæ, et carbones ignis super eas impositi, per tribulos quoque et sudes ferreas, ligatis manibus ac pedibus, tractus, plumbatis etiam collo et maxillis graviter contusus, in laude et confessione omnipotentis Dei immobilis permansit. Novissime Pyrrhus dux sententiam ex tabella recitari præcepit : Mennatem ex milite omnium Christianorum auctorem, nolentem acquiescere præceptis imperatorum, neque volentem sacrificare diis, gladio animadverti placet, et corpus ejus igni comburi. Furtim itaque a Christianis corpus ejus e medio ignis ereptum est, et mundis linteaminibus aromatibusque conditum, debita veneratione in cœmeterio III idus Novembris curatum. Cujus deinde sacrum corpus Constantinopolim translatum, civitate regia digno honore veneratur.

Item Lugduni, sancti Verani episcopi, cujus vita fidei et virtutum meritis illustris fuit.

A. PRIDIE IDUS NOVEMB.
(12 Nov.)

a Apud Africam, commemoratio SS. Arcadii, Probi, Paschasii et Eutychiani : qui ex Hispania oriundi, cum apud Sigericum b [al., Geisericum.] Wandalorum regem merito sapientiæ et fidelis obsequii chari clarique haberentur, nec in Arianam perfidiam, cui ipse deditus erat, ullatenus declinari paterentur, excitato in rabidissimam iram barbaro, primum proscripti, deinde in exsilium acti, tum atrocissimis suppliciis excruciati, postmodum diversis mortibus interempti, illustri martyrio mirabiliter occubuerunt. Puer autem Paulillus nomine, frater Eutychiani et Paschasii, cum a professione atque amore catholicæ fidei nullis minis deturbari posset, fustibus diu cæsus, et ad infimam servitutem damnatus est; ideo, ut apparet, non occisus, ut de superata sævitia impii etiam illa ætas gloriaretur.

Eodem die, sancti Melanii, Redonicæ civitatis episcopi : qui post innumerabilium signa virtutum, jugiter intentus cœlo, emigravit a sæculo.

B. IDIBUS NOVEMB.
(13 Nov.)

Ravennæ, natans SS. Martyrum Valentini, Solutoris, et Victoris.

Turonis, S. Brictii episcopi.

In Provincia, apud civitatem Aquis, B. Mitrii clarissimi martyris.

C. XVIII KAL. DECEMB.
(14 Nov.)

Apud Thraciam, civitate Heraclea, natalis Sanctorum martyrum Clementini, Theoditi, et Philumeni.

c Apud Alexandriam, beati Serapionis, quem persecutores sub Decio, in domo sua repertum, crudelissimis affecerunt suppliciis, ita ut omnes ei juncturas membrorum prius solventes, de superioribus eum præcipitarent, ac sic Christi martyr efficeretur.

D. XVII KAL. DECEMB.
(15 Nov.)

Natalis sancti Felicis episcopi, qui a quindecimo ætatis suæ anno miraculorum gloria insignis fuit, et Martiano præside, cum aliis triginta martyrium

---

a Prosper. in Chronic. anno 437.
b *Apud Sigericum Wandalorum regem.* Ita constanter mss. vulgo *Gensericum*, vel, ut alii vocant, *Geisericum*, forte rectius : quare et hoc in margine apposui. Existimo errorem ex litterarum transpositione ortum, ut *Sigericum* scripserint pro *Gisericum*. Certe *Geisericus* Wandalorum rex fuit, ut habes apud Prosperum in Chronico, anno Christi 437, in hac ipsa martyrum narratione ex quo Ado desumpsit; *Sigericus* vero Gothorum rex apud Isidorum in Chronico Gothorum æra 454, anno VII Theodosii junioris. Quod vero Victor Africanus in Wandalica persecutione horum martyrum non meminerit, causam existimat Baronius tom. V, anno Christi 437, quod Wandalicas clades in Numidiam aliasque illi proximas provincias illatas scribere haud admodum laborarit, rebus tantum Ecclesiæ Carthaginensis, ubi agebat, intentus.
c Euseb. lib. VI, cap. 34, Ruff. 31.

complevit. Corpus ejus Elpidius presbyter in Nolensi ecclesia sepelivit.

E. XVI KAL. DECEMB.
(16 *Nov.*)

Natalis S. Eucherii Lugdunensis episcopi, admirandæ fidei, vitæ et doctrinæ viri. Qui ex nobilissimo senatorum ordine ad religiosam vitam habitumque conversus, diu in agro suo super fluvium *a* Druentiam intra septa speluncæ sponte conclusus, Christo servivit, jejuniis et orationibus vacans. Defuncto autem pontifice Lugdunensi, cum universa Ecclesia juxta morem a se antiquitus observatum, triduanis jejuniis et obsecrationibus, qui gubernationem ejusdem ecclesiæ suscipere deberet, sibi posceret a Domino revelari, cuidam puero apparens in visu angelus Domini : Est, inquit, senator quidam, Eucherius nomine, super fluvium (*al.*, Durentiam) Druentiam retrusus in specu, qui, relictis omnibus quæ possidebat, secutus est Dominum; ad hunc deducendum pergite, et vobis pastorem illum constituite, quoniam a Deo electus est. Quod cum puer senioribus diluculo retulisset, omnipotenti Deo, cunctis fratribus convocatis, gratias egerunt; missoque cum clericis ad præfatum locum archidiacono, qui tunc ecclesiæ curam gerebat, invenerunt eum, sicut Dominus revelarat. Cumque illi archidiaconus rem propter quam venerat retulisset, cœpit cum juramento dicere se voluntarie de specu non egressurum, nec cum eo, nisi ligatus duceretur, iturum. Cumque diu talia repeteret, archidiaconus, effracto muro speluncæ, eduxit eum, et juxta quod ipse juraverat, vinctum perduxit Lugdunum. Quem pari animo, unoque consensu clerus et populus sibi eligens sacerdotem, in pontificali cathedra solemniter collocavit. Hujus uxor Galla, in sancto habitu Deo serviens, speluncam ejus ingressa, omne illic vitæ suæ tempus in studio religionis exegit. Duæ ipsorum filiæ, quarum una Consortia, altera Tullia vocabatur, virginitatis gratia et signorum gloria claruerunt.

F. XV KAL. DECEMB.
(17 *Nov.*)

b Apud Alexandriam B. Dionysii episcopi, in multis sæpe confessionibus satis clari, et pro passionum tormentorumque diversitate magnifici, temporibus imperatorum Valeriani et Gallieni. Denique refertur, insectantibus se persecutoribus cum ipse astaret judici, respondisse : Quid insectando laboratis? Caput meum pro quo magnopere fatigamini, avulsum cervicibus sumite et donum magnum ad tyrannum et imperatorem vestrum ferte. Præses autem Æmilianus erat. Ante quem cum Dionysius unum solum Deum prosequeretur, qui cœlum fecisset et terram, huncque diceret adorandum, cæteros autem neque esse deos, neque adorari castrum quoddam deserti, quod Cefro ap in exsilium truditur, ob hoc præcipue electum quod loci incolæ gentiles erant, et idolorum superstitionibus satis dediti. Qui exsulem Dionysium primo hostili animo et satis adversa mente suscipiunt; post vero cum paulatim per Domini gratiam verbum Dei his seminare cœpisset, pars maxima trucis et barbari populi, relictis idolis, conversa est ad Deum verum, Christoque subjecta. Quo comperto, rursus eum ad alium locum, vicinum quidem Alexandriæ, sed incolis desertum, ac pene habitatoribus vacuum transtulerunt. Sed et ibi cum pro urbis vicinitate nostrorum populus eum frequentaret, et tanquam pastore recepto grex lætior et constantior agonibus redderetur, rursum missis cum centurione militaribus viris, ipsum Dionysium, et cum eo Gaium et Petrum catenis constrictos, et diversis cruciatibus afflictos, in desertum quoddam Libyæ pertraxerunt, ibique eos in loco squallidissimo, et omni usu humanitate carente, a Parætonio trium dierum itinere in desertum protento, nexos vinculis reliquerunt. Tunc temporis etiam Maximus presbyter, et Dioscorus, Demetrius quoque et Lucius, necnon Faustinus atque Aquila, satis clari et insignes titulo confessionis effecti sunt. Interea beatus Dionysius regressus Alexandriam, senio gravatus quievit in pace, decem et septem annis functus sacerdotio.

Eodem die, civitate Corduba in Hispaniis, passio sanctorum martyrum Aseiscli et Victoriæ : ubi ob commendationem pretiosæ mortis eorum eodem die rosæ ortæ divinitus florentes colliguntur.

c Aurelianis, sancti Aniani episcopi.

G. XIV KAL. NOVEMB.
(18 *Nov.*)

d Antiochiæ, natale sancti Romani, qui temporibus Diocletiani, cum Asclepiades præfectus ecclesiam irrumpere, eamque funditus conaretur evertere, cæteros Christianos hortatus est ut ei contradicerent. Unde eum protinus vinctum sibi exhiberi jussit, et Christum constantissime confitentem primo extendi equuleo, deinde plumbatis graviter et fustibus cædi; post hæc etiam novacula acutissima maxillas ei radi fecit *e*. Tunc ad petitionem ejus puerum parvulum induci præcepit : quem Romanus Christi nomen invocans, utrum unum an plures deos melius esset colere interrogavit, ut ex ejus confessione præfectus confunderetur. Cumque puer unum Deum solum credendum esse dixisset, indignatus Asclepiades, catomo suspendi eum ac verberari, et postremo etiam decollari jussit. Erat autem nomen puero Baralas. Romanus vero rursus equuleo suspensus, ungulisque exaratus, ad rogum

---

a *Ms.* Durentiam.
b Euseb., lib. vi, cap. 33, Ruff. c. 30, et deinceps. Euseb. lib. vii. c.
c 10. Ruff. Gregor. Tur:, lib. ii Hist. Franc.

cap. 7.
d Euseb., lib. viii, cap. 12.
e Prudent., hymn. 10.

ardentem, in quem præcipitaretur, perductus est. Sed, orante eo, venit repente imber inundans, et exstinxit ignem. Post hoc jussit ei linguam abscindi. Quo facto, cum Christum voce clarissima collaudaret, reclusus in carcerem, ad extremum laqueo strangulatus est.

Eodem die in eadem urbe natalis sancti Hesychii, qui sub præfato imperatore cum esset miles, et præceptum audisset, ut quisquis non sacrificaret idolis cingulum militiæ deponeret, repente cingulum solvit. Ob hanc causam imperator colobio indutum, primo in gynæceum eum dedit; deinde, ligato in dextera ejus saxo ingenti, in fluvium præcipitari jussit.

A. XIII KAL. DECEMB.
(19 *Nov.*)

Romæ, via Appia, natalis sancti Maximi presbyteri et martyris, qui persecutione Maximini passus, positus est ad sanctum Sixtum.

Apud Viennam, sanctorum martyrum Severini, Exuperii et Feliciani: quorum corpora post multa annorum curricula, ipsis revelantibus, inventa, et a pontifice urbis clero et populo honorifice sublata, in basilica sancti Romani, quæ jam dictæ civitatis parte orientali sita est, condigno honore condita sunt.

ᵃ Die eodem natale sancti Fausti martyris. Huic tantum fiduciæ et magnanimitatis per Dei gratiam datum est, ut cum ad eos qui in carcere tenebantur fratres nemo prorsus humanitatis et ministerii causa permitteretur accedere, iste una cum collega suo Eusebio indesinenter et reviseret, et necessaria ministraret. Et cum per dies singulos præsidis furor cresceret, jugulando alios, alios suppliciis et diversis cruciatuum generibus affligendo, squalore carceris et catenarum ponderibus enecando, et super omnia præcipiendo ne quis ad eos prorsus accederet, ut et inedia quasi aliud tormenti genus adhiberetur; concessit tamen Deus huic diacono, et collegæ ejus gratiam, ut invitis omnibus, eis ad confessores Christi non negaretur accessus. Grandævus igitur et plenus dierum confessor perdurans, perfecto martyrio B. Faustus obtruncatione capitis consummatus est.

B. XII KAL. DECEMB.
(20 *Nov.*)

ᵇ Romæ, natalis sancti Pontiani papæ. Qui, Maximino adversus ecclesiarum sacerdotes persecutionem commovente, cum [*al.*, Philippo] Hippolyto presbytero Sardiniam deportatus, ibique fustibus mactatus, martyrium consummavit. Corpus ejus a beato Fabiano papa relatum, atque in cœmeterio Callisti sepultum est. Sedit autem in episcopatu annos novem, menses quinque, dies duos.

Apud Siciliam, civitate Messana, sanctorum Ampeli et Caii.

ᶜ Apud Cabilonem, beatissimi Sylvestri, episcopi

ᵃ Euseb. lib. VII, cap. 10.
ᵇ Pontificale, c. 19.

et confessoris, qui quadragesimo secundo anno sacerdotii sui plenus dierum atque virtutum migravit ad Dominum.

C. XI KAL. DECEMB.
(21 *Nov.*)

Natalis beatissimi Rufi, de quo apostolus Paulus ad Romanos scribit: *Salutate Rufum electum, et matrem ejus et meam* (*Rom.* XVI).

In Italia, monasterio Bobio, sancti Columbani abbatis, qui multorum cœnobiorum fundator, et innumerabilium pater exstitit monachorum, multisque virtutibus clarus, quievit in senectute bona.

D. X KAL. DECEMB.
(22 *Nov.*)

Romæ, natalis sanctæ Cæciliæ virginis, quæ sponsum suum Valerianum et fratrem ejus Tiburtium ad credendum Christo perdocuit, ac deinde ad martyrium incitavit. Hanc Almachius post martyrium eorum teneri fecit, et ut thura dæmonibus poneret impelli. Apparitores vero attendentes nimium decorem et prudentiam ejus, rogabant eam ne tale decus amitteret, et tantam pulchritudinem in mortem daret. At illa consilium pietatis sufficienter insinuans, et de gratia omnipotentis Dei eos informans, cum ad credendum Christo permotos cerneret, dicit eis: Ite, dicite infelici Almachio quod ego indicias petam, ut hic intra domum meam faciam venire, qui vos omnes faciat vitæ æternæ participes. Veniens igitur papa sanctus Urbanus, baptizavit plus minus quam quadringentos promiscui sexus homines, inter quos unus clarissimus vir erat nomine Gordianus. Iterum Almachius beatam Cæciliam sibi præsentari jussit. Et cum insuperabilem eam in confessione fidei permanere videret, jubet ut ad domum suam duceretur, et ibi flammis balnearibus concremaretur. Ubi inclusa die integro et nocte, quasi in loco frigido integra perstitit sanitate, cum semper incendia lignis congestis ministrarentur. Quod audiens Almachius misit qui eam decollaret. Quam spiculator tertio ictu percussit, sed caput ejus amputare non potuit; supervixit autem triduo. Tunc S. Urbanus corpus ejus auferens nocte, sepelivit inter collegas suos episcopos. Passa est autem beata virgo Marci Aurelii et Commodi imperatorum temporibus.

E. IX KAL. DECEMB.
(23 *Nov.*)

ᵈ Natalis sancti Clementis, qui sub persecutione Trajani, martyrio coronatur.

Tunc etiam illustrissima et beatissima Dei famula Flavia Domitilla, quæ fuit Flavii Clementis consulis ex sorore neptis, et a sancto Clemente sacro velamine ad integritatis perseverantiam traditur consecrata, ob testimonium quod Christo perhibebat, cum aliis plurimis in insulam Pontiam exsilio deportata, longum inibi martyrium duxit.

Eodem die, natale sanctæ Felicitatis, matris se-

ᶜ Greg. Tur. de Gloria confess. c. 85
ᵈ Vide libellum de Fest. Apost.

ptem filiorum martyrum, quæ, jubente Antonino, decollata est pro Christo. Idem enim imperator injunxerat præfecto urbis Publio, ut eam compelleret cum filiis suis deorum sacrificiis inclinari. Qui blando alloquio ad sacrificium eam provocans, minatur pœnarum interitum. Cui beata Felicitas : Nec blandimentis tuis resolvi potero, nec terroribus frangi; habeo enim Spiritum sanctum, qui me non permittet vinci a diabolo, et ideo secura sum quia viva te superabo; et si interfecta fuero, melius te vincam occisa. Deinde alia die sedit præfectus in foro Martis, jussitque eam adduci cum filiis suis; cui et dixit : Miserere filiis tuis, juvenibus bonis, et flore primæ juventutis florentibus. Beata Felicitas respondit : Misericordia tua impietas est, et exhortatio tua crudelitas est. Et conversa ad filios suos dixit : Videte, filii, cœlum, et sursum aspicite ubi vos exspectat Christus cum sanctis suis. Pugnate pro animabus vestris, et fideles vos in amore Christi exhibete. Audiens hoc Publius, jussit eam alapis cædi. Tunc convocans filios ejus, cœpit cum eis agere ut sacrificarent. Januarius respondit : Stulta suades, nam sapientia Domini me conservat, et faciet me omnia tormenta superare. Statim judex jussit eum virgis cædi, et in carcerem recipi. Felix dixit : Unus est Deus, quem colimus, cui sacrificium piæ devotionis offerimus : unde tu ne credas, aut me aut aliquem fratrum meorum a Domini Jesu Christi amore recedere ; et si immineant verbera, fides nostra nec vinci potest nec mutari. Philippus dixit : Isti de quibus dicis nec dii sunt, nec omnipotentes; sed sunt simulacra vana et misera et insensibilia, et qui eis sacrificare voluerit in æternum peribit. Sylvanus dixit : Nos, si transitorium timuerimus interitum, æternum incurremus supplicium ; et quoniam vere novimus quæ præmia sunt parata justis, et quæ pœna sit constituta peccatoribus, idcirco Romanas leges contemnimus, ut jussa divina servemus. Alexander dixit : Ego servus Christi sum ; ore confiteor illum, corde teneo , incessanter adoro. Infirma ætas quam vides, canam habet prudentiam. Vitalis dixit : Melius vivit qui verum Deum colit, quam qui dæmonia optat habere propitia. Martialis dixit : Omnes qui non confitentur verum Deum esse in æternum incendium erunt. Judex gesta omnia scriptis Antonino innotuit. Quos ille jussit diversis suppliciis interire, matre novissime consummata.

F. VIII KAL. DECEMBRIS.
(24 Nov.)

[a] Romæ, nata e S. Chrysogoni martyris, qui per biennium jussu Diocletiani conjectus est in vincula, ubi multa perpessus, S. Anastasiæ alimoniis fovebatur. Cum igitur beatam Anastasiam zelans vir ejus Publius, custodibus adhibitis, ita clausisset, ut nec cujuscumque fenestellæ aditum aspectaret, ad hunc confessorem Chrysogonum, qui eam in Christo erudierat, talia scripta dirigit : « Sancto confessori Christi Chrysogono, Anastasia. Licet pater meus cultor fuerit idolorum, mater tamen Fausta Christianissima semper vixisse probatur et casta. Hæc me inter ipsa cunabula fecit fieri Christianam. Post cujus excessum sacrilegi jugum mariti suscepi. Cujus, Deo miserante, thorum mentita infirmitate declinans, die noctuque Domini nostri Jesu Christi amplector vestigia. Cum iste patrimonium meum, ex quo illustratur , cum indignis et turpibus idololatris exhauriat, me quoque veluti magnam atque sacrilegam custodiæ tam gravissimæ mancipavit, ut vitam me corporalem amittere suspicer. Nihil enim superest, nisi ut, emisso spiritu, succumbam ; in qua morte licet glorier de confessione Domini nostri Jesu Christi, tamen in eo mens mea valde conteritur, quod opes meæ, quas ego ex asse Deo voveram, alienis a Deo et turpibus inserviunt. Et idcirco deprecor te, homo Dei, ut instanter Dominum deprecéris, ut aut, ad fidem suam venturum si prævidet Publium, sinat vivere; aut, si prævidet eum in hac incredulitatis perversitate mansurum, jubeat eum dare locum suis cultoribus. Melius est enim ei exhalare spiritum quam Dei Filium denegare et eum confitentes impedire. Etenim omnipotens testis est Christus, quoniam, si liberata fuero, sanctorum vestigiis adhærebo, et curas omnium sollicite exercebo, ut cœperam. Vale, vir Dei, et memento mei. » Cum hanc epistolam legisset Chrysogonus, oratione facta cum multis confessoribus, ita rescripsit : « Fluctuanti tibi inter procellas et turbines mundi, cito super undas deambulans Christus adveniet, et diaboli adversum te flantem spiritum uno jussionis suæ sermone compescet. Patienter, et quasi in medio mari posita, crede ad te Christum esse venturum, et ad temetipsam conversa, exclama cum propheta, dicens : *Quare tristis es anima mea, et quare conturbas me? Spera in Deo, quoniam adhuc confitebor illi: salutare vultus mei, et Deus meus* (Ps. XLI). Geminum divini muneris probatur indicium, cum tibi et terrena reddentur, et donabuntur cœlestia. Deus enim beneficium suum ad hoc extremitatibus protrahit, ut non sit nobis vile quod præstat. Vide ne turberis in hoc quod pie viventi tibi inferantur adversa. Non enim deciperis, sed probaris. Non est tuta defensio quam per hominem putas posse constare. Audi Scripturam dicentem : *Maledictus homo qui spem suam ponit in homine; et benedictus homo qui spem suam ponit in Deo* (Jer. XVII). Cave fortiter, vigilanter, strenue universa peccata, et a Deo solo quære solatium, cujus jussa conservas. Cito enim ad te placidum tempus convertetur, et quasi post noctis tenebras floridum dies lumen aspicies; atque post glaciale frigus hyemis transeuntis, aurea tibi tempora et serena succedent, ut omnibus, qui pro Christi amore affliguntur, præbeas temporalem lætitiam, per quam sine dubio consequeris æternam. Vale in Domino, et ora pro me. » Hanc epistolam legens Anastasia, fortiores fidei vires accepit, tantum de virtute pa-

---

[a] De hoc in gestis Anastasiæ mart., 26 Dec., Anastasiæ epist.

tientiæ gloriari incipiens, quantum prius de oppressione infidelissimi viri se causabatur afflligi. Igitur beata Anastasia, cum ita in custodia stringeretur, ut vix ei aqua daretur, æstimans se in ipsa tribulatione deficere, scripsit epistolam : « Beato martyri et confessori Christi Chrysogono, Anastasia. Finis venit corporis; memento mei, ut egredientem animam meam ipse suscipiat pro cujus amore ista sustineo, quæ ex ore hujus vetulæ recognoveris. » Ad hæc sanctus Chrysogonus talia remisit scripta : « Chrysogonus Anastasiæ. Semper est ut lumen tenebræ antecedant. Sic etiam post infirmitatem salus revertitur, et vita post mortem promittitur. Uno fine concluduntur et adversa hujus mundi, et prospera, ne vel tristibus desperatio, vel lætis elatio dominetur. Unum mare est, in quo naviculæ corporis nostri velificant, et sub uno corporis gubernatore animæ nostræ nautico funguntur officio. Quorumdam igitur naves, fortissimis carinarum nexibus solidatæ, tenebrosi æquoris concitatos fluctus illæsæ prætereunt, Quorumdam vero fragili junctura lignorum etiam in tranquillo vicinum morti conficiunt cursum. Prope est enim ut pereant qui non cogitant qualiter ad salutis portum pertingant. Tu autem, o Christi irreprehensibilis famula, crucis Christi tropæi in tota mente consurge, et teipsam ad opus Dei præpara. In quo ejus desideriis dum parueris, cum martyrii palma ad Christum pertinges. » Igitur Diocletianus in Aquileiæ partibus positus, interficiens Christianos, jussit sibi adduci Chrysogonum. Cui cum diceret : Accipe præfecturæ dignitatem, sume etiam consulatum generis tui, tantum ut adores deos; beatus Chrysogonus respondit : Unum Deum mente adoro, corde colo, sinceris actibus veneror; istorum autem deorum vestrorum simulacra, quia omnino dæmonum theno (sic) novi esse, exsecror, atque abjicio. Tunc jussu Diocletiani ductus est ad aquas Gradatas, et ibidem decollatus. Corpus ejus in mare projectum, post modicum in possessione quæ dicitur ad Saltus, inventum est. Quod sanctus Zoilus, senex presbyter collegit, et in locello subterraneo in cubiculo suo posuit. Cui etiam caput ejus revelatum est, ita recens quasi eadem die fuisset abscissum, quod corpori ejus compaginavit. Passus est autem B. Chrysogonus VIII Kal. Decembris, 5 Kalend. ejusdem mensis conditus. Sanctus vero Zoilus tricesimo die passionis ejus, apparente sibi S. Chrysogono, perrexit ad Dominum.

G. VII KAL. DECEMBRIS

(25 Nov.)

a Natale sancti Petri Alexandrini episcopi. Hic duodecim annos in episcopatu illius verbis exigit : quorum tres ante persecutionem, reliquos vero novem sub diversis tentationum generibus duxit. Cumque se semper, in omni agone persecutionum positus, arctioribus vinculis continentiæ distringeret, et ad utilitatem atque instructionem Ecclesiæ in verbo Dei nobiliter insisteret, satisque vigilanter erga omnem sacerdotii curam diebus sudaret ac noctibus, nono persecutionis anno, episcopatus vero sui duodecimo, martyrii coronam capitis obtruncatione promeruit. Ad hunc namque comprehendendum Maximinus tyrannus tribunum quemdam direxit. Qui ingressus Alexandriam, reperit eum cum multitudine populi, sanctorum apostolorum commemorationem celebrantem; quem comprehensum, et vinculis alligatum posuit in custodia carceris. Et post dies aliquot Maximinus tyrannus litteris admonuit tribunum, ut quam celerius eum puniret. Interea dum in carcere servaretur, et universus populus urbis Alexandriæ, fores carceris observaret amore pastoris sui, Arius infelix, qui a beato Petro excommunicatus et degradatus propter dogma erroris habebatur, cognita sententia Maximini adversus beatum Petrum, festine pervenit ad ecclesiam, obsecrans ut pro eo clerus et populus apud episcopum intercederet, putans quod post discessum ejus ipse levaretur episcopus. Venientes igitur qui rogati fuerant, cœperunt pro Ario beatum episcopum supplicare. Quibus sanctus episcopus magno suspirio respondit quod jam Arius, Deo mortuus, a facie Dei projectus esset, quia graviter in essentiam deitatis blasphemasset, dogmatizans Patrem et Filium et Spiritum sanctum non esse unius essentiæ et naturæ. Et apprehendens duos presbyteros Achillam et Alexandrum de turba seorsum, ait illis secrete : Ego quidem etsi peccator sum, tamen scio me vocatione cœlesti ad hunc agonem martyrii esse vocatum. Vobis igitur pium est confiteri mysterium Dei, quod mihi revelatum est, quia vos post martyrium meum, sedem et episcopatum meum consecuturi estis. Et tu quidem primus Achilla; post te vero Alexander. In hac hora denique noctis, ut vobis totum de Ario aperiam, cum solemni consuetudine Deo sacrificium orationum consummassem, ecce subito apparuit mihi in habitu pueri Christus Dominus meus, ad cujus præsentiam splendore nimio illustratus, vultum majestatis ejus non valebam aspicere. Erat autem indutus colobio lineo candido nimis, conscisso a summo usque deorsum, et ambabus manibus conjungebat eum circa pectus suum, quodammodo cooperiens nuditatem suam. Quem ut vidi, timore nimio correptus, tandem confortatus, aio ad eum : Quid est, Domine, quod video tunicam tuam scissam a summo usque deorsum? Qui respondens, dixit mihi : Quotidie inde tractas, et nescis quomodo scissa est? Arius namque hoc fecit, qui separavit a me populum hæreditatis meæ, comparatæ sanguine meo. Præcipio nunc et moneo ne recipias eum in communionem, nec rogantibus his qui venturi sunt ad te, quos ille direxit, veniam ei præstes. Hæc quæ tibi manifestavi duobus presbyteris nota facias, ut ipsi post te, eum anathematizando abjiciant, ne illius errore populi decipiantur. Exhortationis igitur sermonem eis faciens, et ut in catholicæ fidei unitate

---

a Euseb. l. VII, c. ult. et lib. IX, cap. 5, Ruff. 6.

manerent, commendans eos Domino in quem crediderant, dimisit in pace. Nimio vero amore illius cum populi circa carcerem detinerentur, et aperte de carcere educi beatus Petrus non posset, noctis medio tribunus una cum militibus, rupto pariete carceris, per modicum foramen ad locum ubi decollandus erat eum perduci fecit. Sanctus itaque Petrus, oratione facta ad sepulcrum beati Marci evangelistæ, et sanctorum successorum ejus Aniani, Demetrii, Eraclii et Theonæ, inclinans genua sua, et gratias agens Deo qui eum martyribus suis sociasset, extendit cervicem suam gladiatori, atque ita percussus, martyrii palmam adeptus, occubuit. Et reverenter inde a Christianis sublatus, in locum qui dicitur Leocados, in cœmeterio quod ipse ædificaverat, ad Orientem civitatis Alexandriæ, sepultus est. Hic quotiescunque ingrediebatur in Thysiasterium, et ascendebat ad superioris pulpiti locum, oratione facta, et pace data populo, videbat ignis splendorem quasi egredientem de sede. Ad cujus fulgorem, ejus mens in nimium amorem contemplationis Dei rapiebatur, tantaque (virtutem antecessorum suorum considerans) humilitate tunc se deponebat, ut nunquam in throno eminentiori, ubi ipsi resederant, sed sub scabello pedum illorum sederet. Passus est autem hic beatissimus episcopus tempore Maximi imperatoris, qui decimam persecutionem a Diocletiano et Maximiano cœptam in Orientis partibus exercuit. Cum quo simul et alii plures ex Ægypto episcopi trucidantur cum clericis et laicis fere sexcentis sexaginta.

A. VI KAL. DECEMBRIS.
(26 *Nov.*)

ᵃ Natalis sancti Lini papæ, qui post apostolum Petrum, primus Romanam Ecclesiam tenuit annis duodecim, mensibus tribus, ac duodecim diebus; et martyrio coronatus, sepultus est in Vaticano. Hujus Lini Paulus in Epistola ad Timotheum meminit (II *Tim.* IV).

ᵇ Apud Alexandriam, SS. Martyrum Fausti presbyteri, et Dii, et Ammonii: qui cum beato Petro ejusdem urbis episcopo, jubente Maximino, trucidati sunt.

Eodem die, B. Alexandri; episcopi et martyris, sub Antonino imperatore. Cui beato episcopo, cum esset famosissimus in miraculis, quodam tempore delatus est quidam mortuus; cujus parentes cùm hortaretur sanctus vir ut crederent in Christum, spoponderunt se facturos, si iisdem mortuus suscitaretur. Tunc sanctus vir, oratione facta, conversus ad corpus, dixit: In nomine Patris, et Filii, et Spiritus sancti, surge. Qui statim surgens clamare cœpit: Audite, parentes, et populus universus. Ductus a duobus Ægyptiis vultu teterrimis, iraque plenis, positus sum in obscurissimo loco ubi erat puteus; subitoque veniente quodam juvene, nimio splendore corusco, totus ille locus contremuit, et exclamavit juvenis ille splendidissimus: Remittite puerum, quia

ᵃ Pontific., c. 2.

vocatur a famulo Dei Alexandro. Et ecce reductus sum in corpore. Nunc, domine Alexander, baptiza me in nomine Dei tui, ne ultra videam quod hodie vidi. Vocabatur is Luceius, cum quo baptizati sunt alii centum viginti quinque. Cumque rumor B. Alexandrum ubique spargeret, Antoninus direxit Cornelianum præsidem, ut Alexandrum episcopum ei exhiberet; qui invenit eum die Dominica in ecclesia docentem, et missas agentem; et sicut Imperator jusserat, apprehensum perduxit Romam. Secuti sunt autem eum Crescentianus presbyter, Bonifacius, et Vitalio. Præses vero, ligatis manibus ejus retro, obtulit eum Antonino; a quo interrogatus, cum de Christo constantissime peroraret, fustibus jussus est mactari, et gravissime cædi, deinde in custodiam claudi. Quo cum a militibus duceretur, Antoninus post illum clamavit: Quatuor dierum a me tibi dantur inducias, ut, deposito cultu vanitatis tuæ, ultroneus advenias. Cui sanctus Martyr respondit: Quatuor dies jam æstima præterisse; quod desideras, hodie comple. Misso igitur illo in custodiam, B. Crescentianus sedens sub arbore, cœpit plorare, et præ tristitia soporatus dormire. Cui visus est Angelus Domini, et dixit ei: Jam fui ad Alexandrum, et solvi vincula ejus, et confortavi eum; et nunc ne sedeatis sub hac arbore, ne forte tyranno nuntiemini. Eductus igitur de custodia beatus Alexander, iterum sistitur Antonino, et suspensus in equuleo, jubente impio, lampades ardentes circa latera ei appositæ sunt, ac ungulis corpus illius abrasum. Deinde ex equuleo depositus, ductus est ad templum Apollinis. In quo ingressus, statim ut oravit, pars aliqua templi, et simulacrum Apollinis cecidit. Antoninus vero hoc factum magicis artibus deputans, sedens pro tribunali, sanctum episcopum ad bestias damnavit. Et cum nulla eum tetigisset, fornacem igneam parari jussit, et beatum virum in eam jactari. Ut autem sanctus martyr, expansis manibus, in medio fornacis oravit ad Dominum, totus ignis ita exstinctus est, ut nec vestigium caloris remaneret. Tunc Antoninus de fornace sanctum virum eductum decollari præcepit. Cumque jam duceretur a militibus, quidam juvenis ex officio Antonini, Herculanus nomine, exclamavit, dicens: Antonine, insensate tyranne, cur cæcus et surdus perduras? Ecce famulus Dei post virgas, post equuleos tuos, et lampades, atque ungularum attactus, post templi et idoli tui ruinam, post leonum et ursorum rabiem devictam, post fornacis ignem exstinctum, nunc ad decollandum gaudio repletus vadit. Quis dubitet verum Deum esse qui ita suos confortat? Antoninus hæc audiens: Infelix, inquit, juvenis, quid tibi factum est, ut tales sermones loquaris? Et iratus jussit juvenem teneri, quem cum diversis cruciatibus afflixisset, gladio consummavit. Beatus vero Alexander cum duceretur, obviavit ei quædam vidua quam beatus martyr rogavit, dicens: Commoda mihi orarium. At illa præstitit ei. Officiales autem dixerunt

ᵇ Euseb. lib. VIII, cap. 25, Ruff. 14.

mulieri : Perdidisti orarium tuum. Facto itaque signo crucis, exspoliavit se beatus Martyr tunica, et in linea stans, texit sibi de orario oculos, dein, positis genibus, suscepit gladium via Claudia, vigesimo milliario ab Urbe. Et factus est terræmotus, et vicus et thermæ ceciderunt. Sanctus autem Crescentianus, et hi qui cum illo erant, revelante martyre, tulerunt sanctas reliquias ejus, et sepelierunt in loco ubi orans fornacis ignem exstinxerat. Et posuit supra scriptum marmor continentes : *Hic requiescit sanctus et venerabilis martyr Alexander episcopus. Cujus depositio celebratur undecimo Kalendas Octobris.* Cui papa Damasus postmodum cryptam condignam faciens, illic eum sexto Kalendas Decembris transposuit, quando et festivitatem ei dicavit. Orarium porro illud sibi præstitum unde sibi martyr oculos texerat, mox ut decollatus est, mulieri per quemdam puerulum quem angelum fuisse non est dubium, reformatum est. Quod illa non sine grandi stupore recepit, et vere martyrem confessa Alexandrum Christo credidit.

B. V KAL. DECEMBRIS.
(27 *Nov.*)

Natalis sanctorum martyrum Vitalis et Agricolæ, qui apud Bononiam Italiæ urbem, post alia tormenta ultimo crucifixi martyrium compleverunt. Quorum corpora postmodum, cum essent posita inter sepulcra Judæorum, et populo Christiano prorsus incognita, beatus Ambrosius (ipsis sanctis martyribus revelantibus) apud Bononiensem civitatem reperit; quæque exstructa ecclesia, cum magna fidelium lætitia et dæmonum pœnis confitentium merita martyrum, sub altari deposuit.

In Galliis, civitate Regiensi, natalis sancti Maximi [a] episcopi, qui a primæva ætate virtutum omnium gratia præditus, primum Lirinensis cœnobii pater, deinde Regiensis Ecclesiæ episcopus, signis et prodigiis inclytus exstitit. Denique inter alia gesta magnifica, tres mortuos vivens; unum tactu (quod ad sepulcrum vehebatur) loculi, mortuus suscitavit.

C. IV KAL. DECEMBRIS.
(28 *Nov.*)

Natalis sancti Sosthenis, apostolorum discipuli (*Act.* xviii; *I Cor.* 1).

Eodem die, sancti Rufi martyris, quem Dominus noster Jesus Christus, cum omni domo sua, per Chrysogonum martyrem lucratus est; quem, cum omni domo sua Diocletianus punitum, Christo martyrem fecit.

Eodem die apud Africam, natalis sanctorum martyrum Papinii et Mansueti [b] episcoporum, qui tempore Wandalicæ persecutionis, sub Geiserico rege Ariano, pro fidei catholicæ defensione, candentibus ferri laminis toto corpore adusti, gloriosum agonem consummaverunt. Quo tempore etiam alii sancti episcopi, videlicet Quodvultdeus Carthaginiensis, Valerianus, Urbanus, Crescens et qui vocabatur Habetdeum, et Eustachius, Crescentianus et Crescenius, et Felix, et Hortolanus, et Florentianus, propter eamdem prædicationis veritatem, gravissimo damnati exsilio, in confessione pietatis, cursum vitæ suæ consummaverunt

D. III KAL. DECEMBRIS.
(29 *Nov.*)

Vigilia sancti Andreæ apostoli.

Et Romæ, natalis sancti Saturnini martyris, Sennis et Sisinnii [c] diaconorum, sub Maximiano : a quo primo inter alios servos Dei damnati sunt ad fodiendam arenam, ad faciendas thermas Diocletianas; quorum unum Sisinnium præsentatum sibi, cum interrogasset idem Maximianus qui vocaretur, respondit : Ego peccator Sisinnius, servus servorum Domini Jesu Christi. Cui cum post alia diceret Maximianus : Aut sacrifica deo Herculi, aut carnes tuas ignibus cremabo, respondit : Et ego quidem semper hoc optavi (verumtamen si meritus fuero) ut desideratam coronam accipiam. Traditus igitur Laodicio præfecto, missus est in custodiam decem et septem diebus. Inde exhibitus est ab Aproniano commentariensi aspectibus Laodicii. Et subito lux de cœlo facta est, et vox cum luce audita est : *Venite, benedicti Patris mei, percipite regnum quod vobis paratum est a constitutione mundi* (*Matth.* xxv). Tunc Apronianus tremefactus cecidit ad pedes Sisinnii diaconii, dicens : Adjuro te per Christum quem confiteris, ne tardes me baptizare, et facias me tecum pertingere ad coronam. Qui baptizatus, statim obtruncatione capitis coronam martyrii invenit. Retruditur iterum in custodiam Sisinnius, et senex Saturninus cum illo, ubi multos gentiles venientes ad se docebant, et baptizabant. Post quadraginta duos dies, vincti catenis, ac nudis pedibus educti denuo ante præfectum ; delata est tripoda ut sacrificarent. Tunc beatus Saturninus dixit : Conterat Dominus deos gentium. Et continuo soluta est tripoda ærea velut lutum. Quod videntes duo milites, Papias et Maurus, crediderunt Christo. Et comprehensi a Laodicio, non multo post martyrio coronati sunt. Deinde Laodicius beatum senem Saturninum et Sisinnium in equuleo jussit levari, et attrahi nervis ac fustibus, et scorpionibus cædi. Quibus etiam postmodum flammas ad latera jussit apponi, et depositos equuleo, ductosque milliario secundo, via Numentana, capite truncari. Quorum corpora cum Joanne presbytero colligens Thrason, vir Christianissimus, qui de facultatibus suis martyribus multa ministraverat, sepelivit in prædiolo suo, via Salaria, sub die tertio Kalend. Decemb.

Eodem die apud Tolosam, natalis sancti Saturnini [d] episcopi : qui temporibus Decii, in Capitolio ejusdem urbis a paganis tentus, eo quod ad ejus præsentiam omnes ipsorum dii obmutefacti, nullum

---

[a] Gregor. Turon., de Glor. conf., c. 83.
[b] Victor. Afr., l. ii et iii.
[c] De his gestis Marcelli papæ, 16 *Jan.*
[d] Gregor. Turon., de Glor. mart., cap. 48.

sacrificantibus ex more possent dare responsum; a tauro ad victimam præparato funibus religatus est. Quo vehementius stimulato, a summa Capitolii Arce per omnes gradus præcipitatus, capite colliso, excussoque cerebro, et universo corpore dilaniato, dignam Christo animam exhalavit. Cujus nunc sacrum corpus in Ecclesia condigno honore veneratur.

ª Vide lib. de Fest. Apost.

E. PRIDIE KAL. DECEMBRIS.
(30 *Nov.*)

Natalis sancti Andreæ apostoli ª.

Ipso die, natalis sancti Trojani ᵇ episcopi, apud Santonas, magnæ virtutis et sanctitatis viri: qui sepultus terris, cœlo se vivere multis virtutibus manifestat.

ᵇ Gregor. Turon., de Glor. conf., cap. 59.

LITANIÆ INDICENDÆ.

MENSIS DECEMBER

HABET DIES XXXI; LUNA VERO, XXIX.

F. KAL. DECEMBRIS.
(1 *Dec.*)

Natale sanctorum martyrum Chrysanthi et Dariæ, qui tempore Numeriani, sub judice Celerino Romæ passi sunt. Chrysanthi pater Polemius, vir illustris fuit, Alexandrinus genere. Hic filium suum cuidam virgini elegantis pulchritudinis conjunxit, quam ex nobilissimis Romanis fuisse constat. Hanc Chrysanthus a beato Carpophoro presbytero in divinis litteris satis fideliter eruditus, ad fidem Christi convertens, et prædicatione sua ut virginitatem suam Deo servaret instituens, et ut pariter nomen conjugii habentes caste viverent efficiens, baptizari fecit. Factumque est ut per Chrysanthum multitudo virorum, et per Dariam (sic enim vocabatur) innumerabiles feminæ ad Christi gratiam confluerent. Igitur post aliquod tempus orta est seditio adversus eos, quod essent Christiani, Celerino tunc præfecto urbis. Qui utrosque comprehensos tradidit tribuno Claudio, ut diversis pœnis eos interficeret. Claudius vero tribunus septuaginta militibus ad torquendum Chrysanthum dedit. Qui nervis crudis eum astringunt, sed mox ligamenta omnia resoluta sunt. Deinde in cippo nodosissimo, ita ut in tertio puncto ejus tibiam coarctarent, eum mittunt; moxque totum lignum cippi in cinerem resolvitur. Deinde perfundunt eum lotio humano purentissimo, ut malefica, inquiunt, tua amittas; sed fœtor in suavem odorem mutatus est. Deinde in corio recenti vitulino constringunt nudum, et ad solem ferventem componunt; sed virtute divina corium ut erat molle permansit. Deinde collum, manus, ac pedes catenis constringentes ferreis, claudunt eum in obscurissimo loco; sed statim catenæ resolutæ sunt, et tanta lux infulsit, ut putarent illic innumeras lampades fulgere. Milites ergo renuntiaverunt hæc omnia tribuno, qui jussit eum sibi exhibitum fustibus cædi. Sed allatæ virgæ rigidissimæ, illico cœperunt in manibus cædentium mollescere. Quod videns Claudius, jubet eum erigi, et vestimentis indui: et genibus ejus provolutus, cum universis militibus orabat se fieri Christianum. Quid mora? catechizatus baptismi gratiam percepit; cum illo et Hilaria uxor, duo filii ejus Jason (3 *Dec.*) et Maurus, amici et familiares ejus, septuaginta milites cum universis suis. Quod factum imperator audiens Chrysantium et Dariam jussit in carcere Tulliano recludi, unde putor horribilis ascendebat, qui domorum et civitatis stercora per cloacarum cuniculos jugiter illuc decurrebant. Exinde Daria in publico meretricum lupanari ponitur. Sed Chrysantho lux divina et odoramenta suavia præstantur: Dariæ vero leo de cavea fugiens Domini virtute ad tutelam donatur; qui ingressus cellulam, in qua sancta Dei in oratione prostrata jacebat, juxta eam prosternitur, ut venientes et ingredi volentes vi sua repelleret. Cumque plures, hoc miraculo perculsi, Christi potentiam venerentur, Celerinus præfectus jussit ignem copiosum in ingressu cellæ, ubi beata Daria cum leone erat, accendi. Tunc cum jam leo paveret, ae rugitum daret, ait beata Daria: Egredere securus, et vale, quia ille quem in me honorasti, ipse te liberat. Exhibitis iterum, jubente imperatore, Chrysantho et Daria Celerino præfecto, Chrysanthus equuleo ingenti suspenditur; sed statim omnia ligna equulei comminuta, ac vincula dirupta sunt, lampades quoque applicatæ lateribus ejus exstinctæ. Hoc Celerinus præfectus vehementer expavescens, nuntiavit imperatori. Ille hoc maleficiis deputans, jussit eos duci via Salaria in arenario, et vivos deponi, ac terra et lapidibus obrui. Passi sunt autem die Kalendarum Decembrium. Ad quorum venerandam memoriam cum multa beneficia Deus præstaret, contigit ut ad diem natalis eorum infinita populi multitudo concurreret. Hoc nuntiatur imperatori, qui jussit ut in introitu cryptæ paries levaretur. Ac sic factum est, ut omnes pariter dum sacramenta Christi perciperent, martyrii gloriam celebrarent. Inter quos erat Diodorus presbyter, et diaconus Maximianus, et plurimi clericorum.

Ipso die beati Eligii episcopi Noviomensis, gloriosi in miraculis.

G. IV NONAS DECEMBRIS.
(2 Dec.)

Natale sanctæ Vivianæ [*al.*, Bivianæ] [a] martyris, beatorum martyrum Fausti et Dafrosæ [b] filiæ. Quæ, jubente imperatore sacrilego, tam diu plumbatis cæsa est, donec spiritum redderet. Cujus corpus biduo jussu imperatoris in foro jacuit; tandem raptum a Joanne presbytero, sepultum est in domo ubi mater et soror ejus Demetria jam sepultæ erant, juxta palatium Licinianum Romæ, iv Nonas Decembris.

A. III NONAS DECEMBRIS.
(3 Dec.)

Tingi metropoli Mauritaniæ Tingitanæ, natalis sancti Cassiani martyris gloriosi.

Item, natale sanctorum martyrum Claudii tribuni, et uxoris ejus Hilariæ, ac filiorum Jasonis et Mauri, et septuaginta militum, qui omnes ad prædicationem beati Chrysanthi crediderunt in Christo. Quod ut nuntiatum est Numeriano imperatori, jussit Claudium tribunum ingenti saxo alligatum præcipitari in medio mari; milites vero septuaginta ac Jasonem et Maurum, filios Claudii, capitali sententia puniri. Erat autem in loco ubi decollati sunt, cuniculus antiquus. Hunc emundantes noctanter Christiani simul in unum omnia corpora sepelierunt, non longe ab urbe Roma, via Salaria. Corpora autem filiorum suorum Jasonis et Mauri collegit sancta Hilaria, relicta martyris Claudii. Quæ dum assiduis obsequiis ad sanctorum confessionem oraret, a paganis tenta est. Quam dum traherent, rogavit eos dicens, obsecro vos, permittite me prius orationem meam complere. Et dum fixisset gradum, accepit sacramentum Domini, et expandens manus suas, projecit se in orationem, et dum oraret, emisit spiritum. Qui tenuerant eam, dolentes super repentinum obitum ejus, reliquerunt duas ancillas ejus quæ cum ea erant; quæ sepelierunt eam diligentissime in hortis suis, et super eam brevissimam ecclesiam fabricaverunt.

B. PRIDIE NONAS DECEMBRIS.
(4 Dec.)

Romæ, natale sanctorum martyrum Symphronii et Olympii [c] temporibus Valeriani et Gallieni imperatorum. Horum unum Symphronium, creditarium beati Nemesii, sibi præsentatum Valerianus jussit tradi Olympio tribuno, ut ab eo facultates Nemesii requireret, sub pœnarum examinatione. Præsentatus ergo Olympio, et ab eo interrogatus, respondit : Si facultates quæris Nemesii domini mei, jam eas Christo tradidi, quoniam ipsius fuerant et erunt. Si autem sacrificium offerre me compellis, sacrifico, sed Christo Jesu Domino meo sacrificium laudis et confessionis, cui se obtulit et dominus meus Nemesius. Tunc ira repletus Olympius, fecit eum extendi in catasta, atque fustibus mactari, deinde simulacrum Martis aureum una cum tripoda deferri. Quod statim ad verba Symphronii resolutum est. Videns autem Olympius, cœpit admirari, et veniens ad uxorem suam Exuperiam, indicavit ei quomodo in nomine Dei sui Symphronius simulacrum Martis liquefecisset. Eadem vero nocte venientes cum filio unico nomine Theodulo, prostraverunt se ad pedes Symphronii, agentes pœnitentiam, et baptismum salutis exposcentes. Evocatus itaque beatus Stephanus pontifex, venit noctu ad domum Olympii, et catechizatum baptizavit, uxoremque ejus Exuperiam ac filium Theodulum, et quotquot crediderunt in domo Olympii. Quod ut audierunt Valerianus et Gallienus, nimio furore accensi, jusserunt Symphronium sibi præsentari, missisque militibus, adduxerunt eum vinculis ferreis oneratum, nudumque ac capistratum, simul et Olympium cum uxore sua, et filio Theodulo. Gallienus itaque dixit Olympio : Adhuc quidem differo pœnarum tibi inferre supplicia, qui de tua conscientia dubius non sum, quod nequaquam deseras deos quos semper adorasti, et alios compellebas adorare; nam et tormentis multis persequebaris, usque ad effusionem sanguinis, qui non præberent consensum sacrificare diis nostris. Olympius respondit : Ego quidem feci non quasi Olympius, sed quasi impius et crudelis. Pro quibus commissis pœniteo, et effundo lacrymas amaritudinis in conspectu ejus cui credo, Deo vivo et vero, Patri, et Filio, et Spiritui sancto, ut dignetur mihi remittere iniquitatem quam exercui in sanguine sanctorum ejus, quem feci effundi. Tunc data est sententia ut igne consumerentur. Ducti sunt itaque ante statuam Solis juxta amphitheatrum, fixisque stipitibus, et ligatis manibus devincti sunt, et in sarmentorum spinarumque congerie ignis suppositus. Statimque in ipso ignis initio, gratias Christo Domino decantantes, emiserunt spiritum. Relictis autem corporibus eorum, milites abierunt. Adveniens autem sanctus Stephanus episcopus cum clericis ac religiosis, et hymnis ex more redditis, abstulerunt corpora martyrum Symphronii, Olympii, Exuperiæ ac Theoduli, et sepelierunt juxta viam Latinam, milliario primo, sub die septimo Kalendarum Augusti. Translata vero a beato Sixto pontifice, celebrem diem fecerunt secundo Nonas Decembris.

C. NONIS DECEMBRIS.
(5 Dec.)

In Africa apud Coloniam Thebestinam, natalis sanctæ Crispinæ [d], quæ temporibus Diocletiani et Maximiani, cum sacrificare noluisset, jussu Anulini proconsulis decollata est.

Eodem die, natale sancti Dalmatii martyris.

Item ipsa die Treviris, sancti Nicetii episcopi, totius sanctitatis viri, qui in basilica beati Maximini episcopi sepultus quiescit.

---

[a] De hac in Vita sancti Pigmenii, 24 Mart.
[b] De his in gestis Chrysanthi et Dariæ. 25 Oct.
[c] De his in Actis sancti Stephani papæ, 2 Aug.
[d] August. in psal. cxxxviii, cxxxvii; de Virg., cap. 44; serm. 55 de Verb. Dom., et 59 de diversis.

D. VIII IDUS NOVEMBRIS.
(6 *Dec.*)

Sancti Nicolai Mirorum Lyciæ episcopi

Apud Africam, sanctorum Dionysiæ, Dativæ, Leontis, et Æmiliani medici, et religiosissimi viri nomine Tertii, et Bonifacii, et Servilii, et Victricis, et Majorici adolescentis ª : qui omnes in persecutione Wandalica, sub Hunnerico rege Ariano, pro confessione fidei catholicæ, apud Africam, et ne ab Arianis rebaptizarentur, gravissimis et innumeris suppliciis excruciati, confessorum Christi numero sociari meruerunt. E quibus prædictus venerabilis adolescens Majoricus, Dionysiæ matris exhortationibus roboratus, in certamine confessionis spiritum reddens, cursum palmiferum consummavit.

E. VII IDUS DECEMBRIS.
(7 *Dec.*)

Apud Alexandriam, natalis beati Agathonis ᵇ martyris, et assisteret ubi beatissimi martyres cruciabantur (inter quos Julianus et Eunus, in Domini Jesu Christi confessione perdurantes, admiranda spectacula martyrii sui angelis et hominibus præbuerunt), et quosdam volentes etiam mortuis illudere cadaveribus martyrum prohiberet, clamor repente totius vulgi adversus eum extollitur. Offertur judici fortissimus miles jam Domini, et nusquam se inferior factus, in confessione persistens, capite pro pietate damnatur. Passus VII Idus Decembris.

Apud Sanctonas, beati Martini ᶜ abbatis, discipuli sancti Martini, Turonicæ urbis episcopi qui in monasterio quod ipse ædificavit, in pace quiescit. Ad cujus tumulum creberrima divinitus fiunt miracula.

F. VI IDUS DECEMBRIS.
(8 *Dec.*)

Romæ, natalis sancti Eutychiani ᵈ papæ, qui rexit Ecclesiam anno uno, et sub Aureliano imperatore martyrio coronatus, sepultus est in cœmeterio Callisti, qui et ipse per diversa loca trecentos et quadraginta duos martyres manu sua sepelivit.

Ipso die apud Alexandriam, sancti Macharii ᵉ sub Decio, qui gente Libycus, cum multis verbis a judice ad negandum suaderetur, et eo majore constantia fidem suam profiteretur vivus ad ultimum jubetur exuri.

G. V IDUS DECEMBRIS.
(9 *Dec.*)

Natalis sanctæ Leocadiæ virginis, quæ tempore Diocletiani et Maximiani, a præfecto Hispaniarum Daciano, apud Toletum dira carceris custodia macerata est. Ubi cum gravissimos beatæ Eulaliæ et reliquorum martyrum qui a Daciano interficiebantur, vidisset cruciatus, genibus in oratione positis impollutum spiritum Christo reddidit.

ª Victor. Afric., l. III.
ᵇ Euseb., lib. VI, cap. 34, Ruff. 31.
ᶜ Gregor. Turon. de Glor., c. 57.
ᵈ Pontificale, cap. 28.
ᵉ Euseb., l. VI, c. 34, Ruff. 31.

Item eodem die, Cypriani ᶠ abbatis Petragorici, magnificæ sanctitatis, et clarissimi in miraculis viri.

A. IV IDUS DECEMBRIS.
(10 *Dec.*)

Apud Emeritam Hispaniæ civitatem, natale S. Eulaliæ ᵍ virginis. Quæ cum esset annorum tredecim, jussu Daciani præsidis plurima tormenta perpessa, novissime in equuleo suspensa, et exungulata, faculis ardentibus ex utroque latere appositis, hausto igne spiritum reddidit, et cernentibus Christianis, in specie columbæ niveæ cœlum petiit. Cujus beatum corpus per triduum, jussu præsidis, pependit in ligno. Sed cui humana fuerant obsequia denegata cœlestia fuerunt munera concessa : nam nix desuper corpus puellæ aspersit, ut quod ab utraque parte appositus ignis ardoris sui incendio conflagraverat, nivali candore coopertum divina gratia dealbaret. Sicque a Christianis reverenter ablata, et devotione debita, sub sacro altari deposita, miraculorum gloria illustratur.

Eodem die, apud præfatam urbem, passio sanctæ Juliæ, quæ fuit convirginalis sanctæ Eulaliæ, illique ad passionem properanti individua comes et sodalis adhæsit.

Item apud Hispolitanam [al., Spoletanam] civitatem, sanctorum martyrum Carpophori presbyteri, et Abundii diaconi, qui persecutione Diocletiani, sub judice Martiano, in confessione Christi primo fustibus crudelissime cæsi, deinde in carcerem, negato cibo et potu, retrusi; unde per angelum educti, et verbum Dei prædicantes, iterum tenti, et ora ipsorum lapidibus contusa sunt, rursumque equuleo torti, et post hæc carcere diu macerati, novissime gladio percussi sunt.

B. III IDUS DECEMBRIS.
(11 *Dec.*)

Danielis prophetæ.

Romæ sancti Damasi ʰ papæ, qui rexit Ecclesiam annos octodecim, menses tres, dies duos.

Et natalis sanctorum Pontiani, Prætextati, atque Thrasonis martyrum ⁱ. Qui Thraso, cum esset potens et locuples, ac christianissimus, de facultatibus suis sanctis martyribus in carceribus et metallis damnatis victum ministrabat, per beatos Sisinnium et Cyriacum, quos beatus Marcellus ad hoc opus diaconos consecrarat. Non multo post, et ipse tentus a Maximino, martyribusque sociatus, palmam martyrii cum duobus aliis prænominatis percipere meruit.

In Galliis, civitate Ambianis, natalis sanctorum martyrum Victorici et Fuscani, qui gloriosissimam fidei suæ confessionem sanguine passionis decoraverunt.

ᶠ Gregor. Turon., de Glor. conf., c. 100.
ᵍ Prudentius, hym. 3.
ʰ Pontif., c. 58.
ⁱ De his in gestis Marcelli papæ, 16.

In Hispaniis, sancti Eutychii, cujus gesta habentur.

C. PRIDIE IDUS DECEMBRIS.
(12 Dec.)

Natale sanctorum martyrum Hermogenis, Donati, et aliorum viginti duorum [a].

Apud Alexandriam, beatorum martyrum Epimachii et Alexandri [b]: qui multo tempore, cum in vinculis et cruciatibus carceris torti, etiam frequenter et divisis suppliciis confecti, perdurassent in fide, ignibus postremo consumi jubentur.

Eodem die, natale sanctarum quatuor mulierum Ammonariæ, Mercuriæ, Dionysiæ, item Ammonariæ [c]. Adversus primam virginem Ammonariam judex summa contentione utebatur, et immensis eam atque exquisitis cruciatibus affligebat, et maxime, quod ejus sententiam vincere cupiebat, quia laudabili voce decreverat nihil se prorsus eorum quæ sibi contra fas imperabatur, acturam; quæ statuti sui tenax ad ultimum capite punitur. Secunda vero, Mercuria, anus venerabilis et fecundissima in filiis, sed quos non prætulit Christo. Tertia, sancta Dionysia, et alia Ammonaria, quarta; dum nimia utuntur constantia apud judicem, et ille vinci erubescit a feminis, inauditis tormentorum generibus tolerat, finem omnium, ferro cedente, suscipiunt, gloriose et venerabiliter apud Alexandriam sepultæ. Scribit beatus Dionysius in libro de Martyribus.

D. IDIBUS DECEMBRIS.
(13 Dec.)

Apud Syracusam, Siciliæ civitatem, natale sanctæ Luciæ, virginis et martyris, quæ passa est persecutione Diocletiani et Maximiani, sub Paschasio consulari. Hæc nobilissima Syracusanorum, postquam omnia sua (quæ de parentibus ei remanserant) pauperibus, viduis, orphanis, peregrinis et Deo servientibus distraxit, a sponso suo, quod esset Christiana, Paschasio judici delata, et contra leges Augustorum vivere, impellebatur ad sacrificandum dæmonibus. Tunc beata Lucia Paschasio respondit: *Sacrificium verum et immaculatum apud Deum et Patrem hoc est, visitare viduas et orphanos in tribulatione eorum* (*Jac.* 1). Ego per istos tres annos nihil aliud egi nisi sacrificavi Deo vivo; et nunc quia aliud nihil superest, me ipsam offero in sacrificium Deo. Cui Paschasius post talia dixit: Cessabunt verba, cum fuerit perventum ad verbera. Lucia respondit: Dei verba cessare non poterunt; ipse enim dixit: *Cum steteritis ante reges et præsides, nolite cogitare quomodo aut quid loquamini* (*Matth.* x). *Non enim vos estis qui loquimini, sed Spiritus sanctus qui loquitur in vobis* (*Marc.* xiii). Paschasius iterum dixit: In te ergo est Spiritus sanctus? Ad hæc Lucia respondit: quod caste et pie viventes templum Dei sunt, et Spiritus sanctus habitat in eis, testatur Apostolus. Et cum Paschasius iterum dixisset: Ego faciam te ad lupanar duci, ut dum fueris scortata, fugiat a te Spiritus sanctus. Beata virgo respondit: Nunquam coinquinatur corpus nisi de consensu mentis (*I Cor.* iii): nam et si in manu mea thura ponas, et per manum meam facias sacrificium, Deus hæc attendit, et ridet; de sensibus enim et voluntatibus judicat. Sic patitur violatorem castitatis, sicut latronem, sicut barbarum, sicut serpentem: nam si me invitam violari feceris, castitas mihi duplicabitur ad coronam. Post hæc Paschasius tradidit eam lenonibus, dicens: Invitate ad castitatem ejus populos, et facite eam tam diu illudi donec mortua nuntietur. Quam lenones nullatenus movere potuerunt, cum simul ex officio impellentes accessissent, nec funibus additis [*al.* aditus.) aut boum paribus plurimis. Tunc præcepit Paschasius ministris ut ignem copiosum circa eam accenderent, picem vero et resinam, et fervens oleum super eam jactarent. Sed illa in nomine Domini Jesu Christi immobilis stetit, dicens: Ego rogavi Dominum meum Jesum Christum ut ignis iste non dominetur mihi, quatenus tibi insultem plaudens in Domino, et impetravi ab eo inducias martyrii mei, ut credentibus timorem tolleret passionis, et non credentibus vocem insultationis auferret. Tandem, gladio in gutture merso percussa, quandiu voluit oravit, quandiu voluit turbam circumstantem allocuta est. Nec omnino mortua est, donec venientibus sacerdotibus, communionem Dominici corporis et sanguinis acciperet. Passa est autem Idibus Decembris, et in loco ubi percussa est sepulta; basilica super corpus ejus postmodum fabricata. Paschasius vero Romam perductus, eo quod a Siculis fuisset accusatus quod deprædasset provinciam, ab omni senatu auditus, accepit capitalem sententiam.

E. XIX KAL. DECEMBRIS.
(14 Dec.)

Apud Antiochiam, natalis sanctorum martyrum, Drusi, Zosimi, et Theodori [d].

Apud Alexandriam, natale sanctorum martyrum Heronis, Arsenii, et Isidori, atque Dioscori. Hi postquam judici oblati sunt, judex primo omnium puerulum Dioscorum, tanquam pro ætate facilem flecti (erat enim quindecim annorum) ante verbis, post etiam verberibus agit. Quem cum in nullo sibi cedere videret, ferocius eum cruciare contendit. Tum deinde cæteros variis tormentis dilanians, cum pari modo constantia fidei videret armatos, tradi ignibus jubet. Dioscorum vero puerum, quod sibi constanter et sapienter in omnibus respondisset, admiratus judex, differri præcepit, sperans eum pro ætate pœnitudinem acturum. Sed ille confessionis gloria illustratus, divino nutu ad consolationem fidelium dimissus est. Acta hæc sub Deciana persecutione.

---

[a] Euseb., lib. vi, cap. 34, Ruff. 31.
[b] Idem, ib.
[c] Euseb., l. vi, cap. 35, Ruff. 31, 13 Dec.
[d] Euseb., lib. vi, c. 34, Ruff. 31.

Apud Cyprum, natalis sancti Spiridionis [a] episcopi, admirandæ beatitudinis viri, qui unus fuit ex illis confessoribus quos Maximianus, dextris oculis effossis, et sinistro poplite succiso, per metalla damnaverat. Quique cum propheticam vitam duceret, etiam signorum gloria inclytus fuit.

F. XVIII KAL. JANUARII.
(15 Dec.)

Apud Africam, sancti Valeriani episcopi et confessoris natale [b]. Qui tempore Wandalicæ persecutionis (cum ex præcepto Geiserici regis Ariani, ad tradendum ministeria divina et libros arctarentur cuncti Domini sacerdotes, ita ut iidem impii Ariani etiam de ipsis palliis altaris sibi camisias et femoralia facerent) viriliter, ne sacramenta divina traderet, dimicans, extra civitatem singularis expelli jussus est; et ita præceptum ut nullus eum neque in agro permitteret habitare. Cumque esset plus annorum octoginta, in strata publica multo tempore jacuit nudus sub aere. Sicque in confessione catholicæ veritatis, et defensione sanctimonii cursum beatæ vitæ implevit.

Aurelianis, beati Maximini presbyteri, venerabilis sanctitatis viri.

G. XVII KAL. JANUARII.
(16 Dec.)

Martyrium trium virorum sanctorum, Ananiæ, Azariæ et Misaelis (Dan. III).

In Tuscia, natale sanctæ Baroaræ [c], virginis et martyris, sub Maximiano imperatore. Hæc primum a patre suo Dioscoro diu afflicta sub dira custodia, dein tradita præsidi Martiano, exspoliata, nervis et taureis valde cæsa, discerpta est, et cilicio plagæ ejus defricatæ. Inde reclusa in carcere, ubi luce divina consolata est, mox circa latera ejus lampades ardentes applicatæ, et caput ejus malleis cæsum, et mamillæ ejus præcisæ. Deinde nuda per plateas ducta, et flagellis diutissime afflicta est. Ad extremum gladio data martyrium consummavit XVII Kalendas Januarii.

A. XVI KAL. JANUARII.
(17 Dec.)

Translatio sancti Ignatii [d], episcopi et martyris, qui tertius post beatum Petrum apostolum, Antiochenam rexit ecclesiam.

Item eodem die, beati Lazari, quem Dominus Jesus in Evangelio (Joan. XI) legitur resuscitasse a mortuis; item beatæ Marthæ sororis ejus, quorum venerabilem memoriam exstructa ecclesia non longe a Bethania (ubi e vicino domus eorum fuit) conservat.

In Oriente, apud Eleutheropolim civitatem, sanctorum martyrum quinquaginta, qui sub Saracenis passi sunt.

B. XV KAL. JANUARII.
(18 Dec.)

Natalis beatorum martyrum Rufi et Zosimi [e], qui de illis primis discipulis fuerunt per quos primitiva Ecclesia in Judæis et Græcis fundata est. Hi requiescunt apud civitatem Macedonum Philippis.

Apud Africam, natalis sancti Moysetis martyris.

Turonis, sancti Gratiani episcopi, qui ad ipsam urbem primus ab urbe Roma episcopus transmissus, multis clarus miraculis, ibi quiescit in pace.

C. XIV KAL. JANUARII.
(19 Dec.)

Apud Ægyptum, natale beati martyris Nemesii [f]: qui primo per calumniam quasi latro judici delatus est Æmiliano. Quo crimine absolutus, post hoc Christianus esse defertur. In hoc vero nulla a judice moderatio reservatur; sed geminatis suppliciis excruciatum cum latronibus jussit incendi, ignorans quod crudelitate sua optimo martyri Salvatoris similitudinem detulit, qui pro salute humani generis una cum latronibus pertulit crucem (Isa. LIII; Joan. XIX).

Aurelianis, sancti Aviti abbatis [g], qui spiritu prophetiæ illustris fuit, et honorifice in eadem urbe tumulatus est.

D. XIII KAL. JANUARII.
(20 Dec.)

Natalis beatissimorum martyrum Ammonis, Zenonis, Ptolomæi, Ingenui et Theophili, qui tribunalibus apud Alexandrum astantes, cum quidam Christianus a judice torqueretur, et jam pene ad negandum declinaret, disrumpebantur intra semetipsos, et vultu, oculis ac nutibus velut erigere conabantur illum qui in suppliciis positus trepidabat. Interdum etiam manus protendere, ac totius reliqui corporis moribus et habitu diverse inclinati, tanquam sublevare lapsantis animum gestiebant. Conversi vero ad eos omnes, et quid de semetipsis profiterentur ex eorum motibus agnoscentes, priusquam in eos vulgus clamoribus insiliret, ipsi in medium proruperunt, ac sese Christianos esse testantur. Pro quorum victoria, gloriosissime Christus de antiquo generis humani inimico triumphavit, et versa vice, ex eorum confidentia, persecutoribus terrorem, suis constantiam animi dedit.

E. XII KAL. JANUARII.
(21 Dec.)

Apud Edissam Mesopotamiæ civitatem, natalis sancti Thomæ apostoli [h].

Catalaunis, sancti Memmii, episcopi primi illi civitati ab urbe Roma directi, qui inter alia miracula mortuum suscitavit, cujus nunc sepulcrum creberrimis miraculis illustratur.

---

[a] Ruff., lib. I, cap. 5.
[b] Victor. African., lib. I.
[c] De ea alii 4 Dec.
[d] De eo 1 Februar. fusius.
[e] Vide libellum de Fest. Apost.

[f] Euseb., lib. VI, cap. 34, Ruff. 51.
[g] Greg. Tur., de Gloria confess., cap. 99, 20 Dec.; Euseb., lib. VI, cap. 34, Ruff. 31.
[h] Ruff. 31. Vide lib. de Fest. Apost.; Gregor. Tur., de Glor. conf., cap. 66.

Item in Tuscia, natalis sanctorum Joannis et Festi.

F. XI KAL. JANUARII.
(22 Dec.)

Romæ [a], via Lavicana inter Duas Lauros [b], natalis triginta martyrum, qui omnes uno die persecutione Diocletiani coronati sunt.

Apud Alexandriam, natale beati Iscnyrionis martyris. Is namque cum rem cujusdam potentis sub mercede procuraret, jubetur ab eo idolis immolare. Recusans cogebatur ab eo idolis immolare. Recusans cogebatur injuriis, persistens rursum blanditiis mulcebatur. Cum vero utrumque contemneret, præacuta sude validissime transverberatus per media viscera neci traditur.

Ipso die, aliorum quamplurimorum martyrum, qui in desertis et montibus apud Ægyptum oberrantes, fame, siti, frigore, languore, latronibus, bestiisque consumpti sunt; qui omnes imitati electos Dei prophetas, gloria martyrii coronati sunt. Inter quos et venerandus senex Chæremon (episcopus hic erat urbis Ægypti quæ dicitur Nilopolis) cum ad Arabicum montem una cum grandæva conjuge discessisset, nulli ultra apparuit.

G. X KAL. JANUARII.
(23 Dec.)

Romæ, natalis sanctæ Victoriæ, virginis et martyris, persecutione Decii imperatoris. Hæc desponsata Eugenio viro pagano, rogante Tito Aureliano, qui sponsam Anatoliam virginem habebat, ad suadendam eam ut ei nuberet, perrexit. Cui et dixit: Audi me, domina soror Anatolia; et ego Christiana sum, et novi quia Deus nuptias non condemnat. Prophetæ et patriarchæ conjuges habuerunt, et posteritas eorum a Deo benedicta est. Nunc ergo audi me, et accipe virum qui te non prodat quod sis Christiana; sed per maritalem gratiam fiet ut ipse Christianis consentiat. Hæc dicenti Victoriæ virgo Anatolia respondit: O Victoria, vince diabolum et esto vera victoria. Tunc quando tota terra vacua erat, dixit Deus hominibus: Crescite et multiplicamini, et replete terram: nunc plenæ terræ. Postquam Filius Dei de cœlo descendit, quotidie clamat: Crescite in fide, multiplicamini in charitate, et replete cœlos; quia appropinquavit regnum cœlorum. Iterum inter alia et post alia, sancta Anatolia intulit: Ego die qua explicui pretium ornamentorum meorum in pauperes Christi, vidi per visum juvenem auro diadematum, splendidum in vestibus purpureis atque gemmatis, qui grata facie et læto vultu me inspiciens, ait: O virginitas, quæ morte non vinceris, quæ a morte perpetua liberas! O virginitas, quæ non in operibus tenebrarum sed semper in lumine versaris! Hæc ego audiens, evigilavi, et cœpi flere, et projiciens me in pavimento, rogavi Dominum ut is qui mihi loquebatur dulcissimos sermones iterum prosequeretur. Sic mihi oranti et prostratæ idem qui ante loquebatur talia mihi subsequitur: Virginitas purpura regalis est; quam qui induit reliquis fit eminentior. Virginitas gemma est pretiosa. Virginitas thesaurus est regis immensus. Huic fures insidias tendunt. Hanc tu evigilans sollicite custodi, quantumque te plus habere cognoscis, instantius custodi, ne perdas. His et similibus verbis et factis incitata Victoria, omne pretium ornamentorum suorum et ipsa distraxit pauperibus. Sicque factum est, ut agentibus sponsis earum Aurelio et Eugenio, quia nubere illis virgines Christi noluerunt, a Decio imperatore urbe Roma pulsæ, ad prædia sponsorum ducerentur; ubi fame et inedia ita afflictæ sunt, ut vix ad vesperum modicus panis cibarius eis daretur, nulloque pacto efficere sponsi potuerunt ut vel ad nubendum, vel sacrificandum animi illarum inclinarentur. Beata igitur Victoria in virginitatis proposito invincibiliter persistens, post multa facta miracula, inter quæ plurimas virgines Domino aggregaverat, percussa est gladio in corde a carnifice Taliarcho, quem rogatu Eugenii sponsi sui Julianus pontifex Capitolii et comes templorum, ad hoc opus direxerat. Passa est autem x Kalend. Januarii. Corpus ejus cum omni reverentia curatum. Taliarchus vero percussor ejus, leprosus factus, intra sex dies consumptus a vermibus, exspiravit.

Apud Nicomediam, sanctorum martyrum [c] viginti, quos Diocletiana persecutio gravissimis cruciatos tormentis, martyres Christo fecit, et beatos sanctorum numero in cœlis conjunxit.

Item Romæ, beati Servuli, de quo beatus Gregorius scribit; qui rebus pauper, meritis dives, quem longa ægritudo dissolverat: nam a primæva ætate usque ad finem vitæ, paralyticus jacebat. Hic non modo stare, sed ne unquam in lecto surgere vel ad sedendum valebat. Nunquam manum suam ad os ducere, nec se potuit in latus aliud declinare. Quidquid ex eleemosyna potuisset accipere hoc paupe-

---

[a] Euseb., Eccles. hist. lib. vi, c. 34, Ruff. 31; Euseb., ibid.

[b] *Via Lavicana inter Duas Lauros.* Locus ita Romæ dictus via Lavicana, multorum sanctorum martyrio nobilitatus. Eumdem hoc de Martyrologium Romanum repræsentat. Anastasius bibliothecarius de Vitis pontificum, cap. 34, in Silvestro, de Munificentia Constantini: « Fecit basilicam via Lavicana inter Duas Lauros B. Petro et Marcellino martyribus, et mausoleum, ubi beatissimam Augustam matrem suam posuit in sarcophago porphyretico. » Ita hæc exhibet ms. Bertinianus. Ado Viennensis in Chronico, circa annum Christi 306: « Fecit basilicam via Lavicana inter Duas Lauros B. Petro et Marcellino martyribus, et mausoleum, ubi matrem suam posuit in sarcophago purpureo. » Meursius in Glossario suo Græco-barbaro duobus his postremis locis mutabat *lauros* in *lauras*, sed jam facile perspiciet nihil mutandum. Est et alius via Latina, apud Adonem supra ix Septembris, ad quem S Gorgonius fuit translatus, *positusque est via Latina inter Duas Lauros*, nisi mendosus sit locus, et Lavicana legendum sit, quomodo habet Breviarium Romanum ix Sept. in lectione de S. Gorgonio. Tamen mss. Adonis cum vulgata ejus lectione conspirant.

[c] De his Euseb., lib. viii, c. 5; cap. 5, iv Dial. c. 41 et hom. 15 in Evang.

ribus erogabat. Litteras non noverat, sed Scripturæ sacræ sibimet codices emerat; et religiosos quosque in hospitalitate suscipiens, hos coram se legere sine intermissione faciebat. Sicque factum est ut quantum ad mensuram propriam attinet, plene sacram Scripturam disceret. Studebat in dolore semper gratias agere, hymnis Dei et laudibus, diebus ac noctibus vacare. Hic beatissimo fine glorificatus, sepultus est in ecclesia sancti Clementis, episcopi et martyris, ubi ad commendandam ejus sanctitatem, ad ejus tumbam miracula creberrime fiunt.

Reliquos dies hujus mensis, vide initio Martyrologii Adonis.

PRECATIO ADONIS.

Christe, precor, veniam segni des mitis alumno;
  Tardus sum, tarde sed tibi nemo venit.
Longus præteritis tenuit nos error in annis;
  Sufficiat meritis hæc, rogo, pœna meis.
Vita brevis superest, in mortem et pronior ætas;
  Jam peccare senex non queo, nolo tuus.
Sanctorum eximiis meritis precibusque beatis,
Quorum perpetuos memorat liber iste triumphos,
Da, Pater omnipotens, veniam, da, Christe, medelam
His qui supplicibus votis ac mente fideli
Committunt sese tantis per sæcla patronis,
Qui zabulo victo, rutilis super astra coronis
Conspicui, de te, quidquid petiere, merentur.

APPENDIX
AD SANCTI ADONIS MARTYROLOGIUM.

AMICE LECTOR,

Habes in hac Appendice quæ hactenus Adonis Martyrologio fuere inserta, cum tamen ab aliena manu sint. Et quidem ea quæ asteriscis notata sunt, etiam Jacobi Mosandri judicio, qui primus Adonem edidit, aliena ab Adone judicata sunt. Quorum rationem ita ipsa ad lectorem reddit: « Martyrologium hoc ex quatuor pervetustis mss. codicibus sibi mutuo correspondentibus manu propria exaravimus. Verum quartus a monacho ordinis S. Benedicti conscriptus, aliquot sanctorum nomina continebat, qui in cæteris tribus non habebantur. De quibus cum dubitaremus an essent Adonis, vel potius per dictum monachum ejus Martyrologio adjecta, doctorum virorum usi consilio, eosdem sanctos signo stellæ (*) prænotavimus, ad evitandum omnem errorem et scrupulum. » Hactenus Mosander.

Ego vero collatione trium codicum mss. Mosandrianis codicibus vetustiorum (de quibus initio Adonis ad Lectorem dixi), multo plura deprehendi Adonis non esse. Quæ in appendicem quoque retuli, sine asterisci tamen signo, ut constet quæ communi nostro Monsandrique consensu ab Adone resecanda sint, quæ vero præterea indicio trium mss. quos dixi codicum.

MENSIS JANUARIUS.

Kal. Jan. (1 Jan.) — ' Eodem die sanctissimi Paragodæ, septimi Viennensis episcopi.

IV *Nonas Jan.* (2 Jan.) — * Item sancti Isidori, episcopi et martyris.

III *Nonas Jan.* (3 Jan.) — Item Octavæ sancti Joannis evangelistæ.

II *Nonas Jan.* (4 Jan.) — Item octavæ Innocentium.

Idibus Jan. (13 Jan.) — Octava Epiphaniæ.

* Treviris sancti Agriti, episcopi et confessoris.

* Rhemis, depositio sancti Remegii episcopi.

XVIII *Kal. Febr.* (15 Jan.) —* Item Mauri abbatis, discipuli beati Benedicti.

XVII *Kal. Febr.* (16 Jan.) — In *Marcello*, post, *Pricillæ*, addit Ado vulgatus: « Hic fecit cœmeteria [a] via Salaria, et quinque et viginti titulos in urbe Roma constituit, propter baptismum et pœnitentiam multorum, qui convertebantur ex paganis, et propter sepulturas martyrum. »

XV *Kal. Febr.* (18 Jan.) — Et passio sanctorum martyrum Thyrsi, Leuci et Galerici [*leg.* Callinici] [b].

XIV *Kal. Febr.* (19 Jan.) — Jerosolymis, Marthæ et Mariæ, sororum Lazari.

XIII *Kal. Febr.* (20 Jan.) — In *Fabiano* [c], post *sepultus*, addit Ado vulgatus: « Hic regiones divisit diaconibus, et fecit septem subdiaconos qui septem notariis imminerent, ut gesta martyrum in integro colligerent. Hujus tempore supervenit Novatus ex Africa, et separavit Novatianum de Ecclesia, postquam Moyses confessor in carcere defunctus est; qui fuit ibi menses undecim. »

XI *Kal. Febr.* (22 Jan.) — Ipso die in Galliis, civitate Ebreduno, sanctorum martyrum Vincentii, Orontii et Victoris [d].

---

[a] Pontific., cap. 31.
[b] De his Ado, 28 Jan.
[c] Pontific., c. 21.
[d] Ado in libell. de Fest. Apost., 22 Mart.

*Item natalis sancti Pauli, quem beatus apostolus ordinatum, urbi Narbonæ episcopum misit. Quem tradunt ipsum eumdem esse Sergium Paulum proconsulem, virum prudentem, a quo tempore Pauli sortitus est nomen, quando eum fide Apostolus subegerat Christi. Qui cum ab eodem ad Hispanias prædicandi gratia mitteretur, apud præfatam urbem Narbonam relictus, et prædicationis non segniter impleto ministerio, clarus miraculis coronatus sepelitur.

x *Kal. Febr.*, (23 *Jan.*) — * ª Et alio loco, passio sanctorum Eugenii, Macarii et Perulvii.

vii *Kal. Febr.* (26 *Jan.*) — In *Polycarpo*, post *consummati sunt* in edito Adone addebatur: « Tum etiam Germanicus, athleta Christi insignis, glorioso martyrii agone translatus est. Nam cum a judice damnatus fuisset ad bestias, ultro sibi præparatam bestiam provocavit, despiciens videlicet temporalem mortem, et coronam vitæ æternæ veloci fine adipisci desiderans. Scripsit idem beatus Polycarpus ad Philippenses valde utilem epistolam, quæ usque hodie in Asiæ conventu legitur. »

ᵇ Item apud Bituricas civitatem, beati Sulpitii, episcopi et confessoris, cujus et vita et mors pretiosa gloriosis miraculis commendantur.

iii *Kal. Febr.* (30 *Jan.*)

Item natalis sanctæ Aldegundæ virginis.

MENSIS FEBRUARIUS.

iv *Nonas Febr.* (2 *Febr.*) — Aurelianis, depositio sancti Flosculi episcopi, et sanctæ Sichariæ, virginis Deo sacratæ, ibidem.

iii *Nonas Febr.* (3 *Febr.*) — * Hamburgi, sancti Anscarii, episcopi et confessoris, Hamburgensis primi episcopi, et Bremensis archiepiscopi.

*Viennæ, sancti Eventii, episcopi et confessoris.

viii *Idus Febr.* (6 *Febr.*) — * Item eodem die, Vedasti et Amandi, episcoporum et confessorum.

vi *Idus Febr.* (8 *Febr.*) — Item depositio sanctæ Helenæ reginæ.

iv *Idus Febr.* (10 *Febr.*) — * Item Scholasticæ ᶜ virginis, sororis sancti Benedicti abbatis (21 *Mart.*), qui vidit animam ejus in columbæ specie cœlum penetrare.

iii *Idus Febr.* (11 *Febr.*) — * Apud Lugdunum, natalis sancti Desiderii episcopi et martyris; hic beatus vir passus est quidem in * Prisciniaco villa, territorio Lugdunensi, decimo Kalendas Junii; translatus est autem Viennam episcopatus sui civitatem, tertio Idus Februarii.

Idibus *Febr.* (13 *Febr.*) — Natalis Gregorii papæ II ᵈ, qui rexit Ecclesiam annos sexdecim. Leonis Constantini temporibus; hic vir castus, in divinis Scripturis eruditus. Hic in Germania per Bonifacium episcopum, verbum salutis prædicavit. Hic quadragesimali tempore, ut feria quinta jejunium et missarum celebritas fieret, quod antea non agebatur instituit.

xv *Kal. Marti* (15 *Febr.*). — Item beati Severi, presbyteri et confessoris, cujus meminit in Dialogo (*cap. ult.*) beatus Gregorius.

Brixiæ, natale sanctorum martyrum Faustini et Jovittæ. Qui nobili progenie in civitate Brixiana sunt orti. Nam parentes eorum in prædicta civitate caput senatus fuerunt. Jubente Adriano imperatore, a quodam Italico comite Rhætiarum in jam dicta urbe comprehensi, et in carcerem sunt retrusi. Postea vero, Adriano jubente, post multa et diversa tormenta, traditi sunt ad dilacerandum immanissimis feris, id est leonibus, leopardis, ursis atque superbissimis tauris. Sed ipsæ feræ, Domino mitigante, velut agni in mansuetudinem sanctis Dei conversæ sunt; ita ut ipsorum pedibus prostratæ, eorum vestigia lingerent, inimicos autem Dei una cum ipso Italico, facto impetu, interficerent. Novissime autem in equuleo alligati, et in ignem missi, positi sunt super ollam æneam, in qua hinc inde plumbum liquebatur. Sed ipse ignis nihil sanctis Dei nocuit; inimicus vero illorum, quotquot attingere potuit, una cum Pompeio fratre Adriani excussit. Quo viso sanctus Calocerus, qui tunc curam palatii habebat, credidit cum officio suo ad duodecim millia hominum. Unde iratus Adrianus ipsis omnibus, excepto Calocero, capita amputari jussit. Deinde, admonentibus sanctis angelis, beatus Apollonius, Brixiensis Ecclesiæ episcopus, sanctum Faustinum consecravit presbyterum, et beatum Jovittam diaconum ordinavit. Post hoc autem, jubente Adriano, beatus Faustinus et Jovitta una cum sancto Calocero, vincti ferro Mediolanum ducti sunt. In qua civitate Adrianus plumbum fervescens et liquescens per fistulas in ora ipsorum trium mitti præcepit; sed nihil sanctos Dei nocuit. Insuper et oculos beatorum Faustini et Jovittæ jussit auferri; sed altera die eis oculos Dominus restituere dignatus est. Deinde traditi sunt ipsi tres sævissimis bestiis, id est tigribus, ursis, atque superbissimis tauris; sed ipsæ feræ sicut priores, Domino operante, sanctis Dei in mansuetudinem conversæ sunt, ex paganis autem maximam multitudinem interfecerunt. Post hæc et alia tormenta, jussit Adrianus cuidam Sapricio, primicerio scholæ candidatorum, ut beatum Calocerum in Ambinganum civitatem duceret, et ibi eum puniret, si non præceptis ejus obtemperaret. Nam ibi amputatione capitis post multa tormenta martyr Christi effectus, multo tempore quievit, quamvis postea Angilbertus archiepiscopus Mediolanensis eum inde transtulerit, et in suæ diœcesis monasterio, quod vocatur Clavate, summa cum diligentia et honore collocare curaverit. Ipse vero beatus Calocerus cum in custodiam Ambinganum iret, devenit in civitatem Astensem, et ibi invenit illustrem virum ipsius civitatis, nomine Secundum. Et cum eidem Secundo Christum prædicaret, et multa de beato Faustino et Jovitta diceret, qualiter Mediolani pro Christi nomine plurima passi in vinculis detinerentur, credidit ipse, et summa cum festinatione venit Mediolanum, et a sanctis Faustino et Jovitta baptizatus in civitatem suam reversus est; et ibi, amputato capite a prædicto Sapricio, Christi martyr effectus est. Post hoc sancti martyres Faustinus et Jovitta, vincti sub custodia cujusdam Antiochi præsidis Romam ducti sunt, et ibi diversis pœnis afflicti multos ad fidem converterunt, plurima per eos Domino faciente miracula. Ibi etiam invenerunt sanctum Evaristum urbis Romæ episcopum, inter sepulcra martyrum latitantem; quem rogaverunt ut faceret beatum Calimerum, qui per eorum prædicationem, inter plurimos Romanos credidit, in Mediolanensi civitate episcopum. Quo facto, iterum sub custodia Aureliani comitis ducti sunt Neopolim, et ibi multa ac varia tormenta perpessi, plurimis miraculorum ostensis, Domino juvante, multos ad fidem converterunt. Postea vero, manibus pedibusque ligatis, in mare demersi, et ab angelis Dei liberati, et ad littus deducti sunt. Novissime autem jussu Adriani imperatoris Brixiam reducti sunt, et ibi a præfato Aureliano, post multa iterum tormenta amputatis capitibus, Christi martyres effecti sunt.

xii *Kal. Martii* (18 *Febr.*). — ᵉ In *Simeone*, post *fuisse*, addit Ado vulgatus: « Constat tamen, quia Cleophas, cujus filius iste fuit, frater erat Joseph. »

xi *Kal. Martii* (19 *Febr.*). — Item sancti Theodori martyris, fratris sancti Georgii.

ᵃ Ado, ibid.
ᵇ Ado in Martyrolog., 17 Jan.
ᶜ De ea in Vita S. Benedicti.

ᵈ Pontific., cap. 90.
ᵉ Greg. Tur. l. i Histor. Franc., cap. 27.

MENSIS MARTIUS.

Kal. Martii (1 Mart.). — † Eodem die, Suvitberti, episcopi et confessoris.

vi *Nonas Martii* (2 Mart.). — Romæ, Simplicii [a] papæ, qui sedit annis quindecim. Hic Acacium Constantinopolitanum episcopum, et Petrum Alexandrinum episcopum Eutychianos damnavit.

iv *Idus Martii* (12 Mart.). — † Romæ, depositio sancti Gregorii papæ [b], qui nobili genere liberalibus artibus eruditus est. Deinde, defunctis parentibus, sex in Sicilia monasteria construens, septimum intra Urbis muros constituit. In quo ipse post sæcularem habitum multis fratribus aggregatis, sub abbatis imperio strenue militavit, et suæ nobilitatis lineam moribus extulit, probis actibus decoravit. Nam qui ante sericis vestibus ac gemmis micantibus per Urbem solebat procedere trabeatus, post vili contectus tegmine, ministrabat pauper ipse pauperibus; quibus monasteriis tantum de redditibus prædiorum delegavit quantum posset commorantibus ad quotidianum victum sufficere, reliqua vero vendidit, ac pauperibus erogavit. Deinde coactus et multum renitens, factus urbis Romæ summus pontifex, Anglorum gentem ad fidem convertit, directis videlicet sui monasterii monachis, Mellito, Augustino, atque Joanne, et cum eis aliis pluribus fratribus. Rexit autem gloriosissime Romanam Ecclesiam annis tredecim, mensibus sex, et diebus decem. Augmentavit etiam in precatione canonis : *Diesque nostros in tua pace dispone*, etc.

Item Romæ, Innocentii papæ [c], qui rexit Ecclesiam annis quindecim, mensibus duobus, diebus vero viginti uno. Hic constitutum fecit de Ecclesia, et Pelagium atque Cœlestium hæreticos damnavit; et constituit ut qui natus fuisset de Christiana per baptismum renasceretur, quod Pelagius damnabat.

† In Africa Joannis et aliorum quadraginta quatuor.

† Romæ, depositio sanctorum Innocentii et Rasi episcoporum.

Pridie Idus Martii (14 Mart.). — Eodem die Zachariæ [d] pontificis, qui Romæ sedit annos decem. Hic in patriarchio B. Georgii martyris caput reperit in capsa reconditum; in qua † [e] pittacium pariter invenit, hoc ipsum Græcis litteris exaratum. Sepultus est in ecclesia S. Petri apostoli.

xvii *Kal. Aprilis* (16 Mart.). — † Eodem die sancti Heriberti Coloniensis archiepiscopi, vita et miraculis gloriosi, in monasterio Tuitiensi quiescentis.

xiv *Kal. Aprilis* (19 Mart.). — † Item eodem die, sancti Joseph, nutritoris Domini.

xiii *Kal. Aprilis* (20 Mart.). — † Item natalis S. Archippi, commilitonis beati Pauli apostoli.

xi *Kal. Aprilis* (22 Mart.). — Item sanctarum virginum Herlindæ et Relindæ sororum.

x *Kal. Aprilis* (23 Mart.). — In Antiochia, sancti Theodori, presbyteri et martyris.

viii *Kal. Aprilis* (25 Mart.). — Hierosolymæ, Dominus noster Jesus Christus crucifixus est.

Et in eadem civitate, passio S. Jacobi apostoli, sicut in Actibus apostolorum scribitur (*Act.* xiii).

[a] Pontif., cap. 48
[b] Pontif., c. 65.
[c] Pontif., c. 42.
[d] Pontif., c. 93
[e] *In qua pittacium pariter invenit.* Quia hoc minus intellectum fuit ab editore, ideo substituit *epitaphium*; sed auctor *pittacium* scripsit, uti mss. exhibent. Glossæ πιττακιον, *pittacium*, *brevis*. Glossæ Isidori : *Pictatium, epistola brevis et modica. Pictatiuncula, membrana.* Utitur ea voce Lampridius in Alexandro : « De promovendis etiam militibus sibi adnotabat, et perlegebat cuncta *pittacia*. » Occurrit

A Eodem die, immolatio Isaac et transitus filiorum Israel per mare Rubrum.

Et victoria Michaelis archangeli contra draconem.

vii *Kal. Aprilis* (26 Mart.). — † Eodem die, depositio S. Lutgerii episcopi.

vi *Kal. Aprilis* (27 Mart.). — Item Hierosolymæ, Resurrectio Domini.

iii *Kal. Aprilis* (30 Mart.). — * Aurelia civitate, sancti Pastoris episcopi depositio.

MENSIS APRILIS.

viii *Idus Aprilis* (6 Apr.). — In *Sixto*, post imperatoris, addit Ado vulgatus : « Hic [f] constituit ut sacra mysteria non tractarentur nisi a ministris sacris ; et quicunque episcopus evocatus fuisset ad sedem apostolicam, rediens ad parochiam suam, non reciperetur, nisi salutationis litteras, hoc est, for-
B matas a sede apostolica plebi detulisset. Constituit quoque ut intra actionem missarum *Sanctus, sanctus, sanctus,* ter decantaretur.

vii *Idus Aprilis* (7 Apr.). — Item Cœlestini papæ [g], qui rexit Ecclesiam annos octo. Hic constituit ut psalmi Davidici centum et quinquaginta ante sacrificium antiphonatim canerentur : nam antea tantum epistola et sanctum Evangelium recitabantur.

v *Idus Aprilis* (9 Apr.). — † Item quinque virginum, quarum nomina Deus scit.

Et Mariæ Ægyptiacæ.

iv *Idus Aprilis* (10 Apr.). — † Item in Antiochia, sancti Theodori presbyteri.

iii *Idus Aprilis* (11 Avr.). — † Eodem die Romæ, beati Leonis papæ [h].

Pridie Idus Aprilis (12 Apr.). — In *Julio*, post reversus est, editus Ado addit : « Hic constituit [i] ut nullus clericus causam quamlibet in publico ageret,
C nisi in Ecclesia ; et notitia fidei per notarios colligeretur ; et sive cautiones, vel instrumenta, aut donationes, aut commutationes, aut traditiones, aut testamenta, aut allegationes, vel manumissiones a clericis in Ecclesia celebrarentur. »

Idibus Aprilis (13 Apr.). — † Item sanctæ Euphemiæ, virginis et martyris.

xvi *Kal. Maii* (16 Avr.). — * In Mauritania, natalis Basillæ.

Item sancti Aniceti papæ [j], qui sedit in episcopatu annis undecim, et temporibus Severi et Marci martyrio coronatur, sepultus in cœmeterio Callisti. Hic constituit ut clerus comam non nutriret secundum Apostoli præceptum (*I Cor.* xi).

† Eodem die, dedicatio oratorii S. Gangulphi martyris.

xiii *Kal. Maii* (19 Apr.). — † Eodem die, depositio S. Baldrici episcopi.

x *Kal. Maii* (20 Apr.). — In *Victore*, post corona-
D tur, editi hactenus addunt : « Hic constituit [k] ut sanctum Pascha die Dominico celebraretur, et a quintadecima luna primi mensis usque ad vigesimam primam observaretur ; et constituit ut necessitate faciente, sive in flumine, sive in mari, sive in fontibus, sub Christiana confessione quicunque hominum ex gentilitate venientes baptizarentur. »

et apud Cassiodorum Celsus lib. iii, c. 10 : « Deinde habere duo *pittacia,* quæ latitudinem frontis, longitudinemque æquent. » Plura non congero, hæc ad lucem sufficiunt.

[f] Pontif., c. 8.
[g] Pontif., c. 44, ubi dicitur obiisse viii Id. Aprilis.
[h] Pontif., c. 46.
[i] Pontif., c. 36.
[j] Pontif., c. 11.
[k] Pontif., c. 13.

APPENDIX.

xi *Kal. Maii* (21 *Apr.*). — † Romæ, in cœmeterio via Appia. SS. Valeriani, Maximi et Tiburtii.

† In Campania, natalis sancti Amphelici.

Romæ, S. Soteris papæ [a], qui sedit in episcopatu annos novem, sepultusque est in cœmeterio Callisti. Hic constituit ut nulla monacha pallam sacratam contingeret in ecclesia, neque incensum poneret.

x *Kal. Maii* (22 *Apr.*). — In Africa civitate Hieropoli, natalis sancti Philippi apostoli.

In *Caio*, post *Martias* addit Ado vulgatus : « Hic Caius constituit [b] ut per omnes gradus primum ascenderet si quis episcopus fieri mereretur, et esset ostiarius, lector, exorcista, acolytus, subdiaconus, diaconus, presbyter. »

Eodem die Romæ, sancti Agapeti pontificis [c], qui sedit menses undecim. Hic ingressus Constantinopolim ad Justinianum imperatorem, Anthimium episcopum Constantinopolitanum, qui duas in Christo naturas negabat, deposuit, et in ejus loco Menam catholicum consecravit.

ix *Kal. Maii* (23 *Apr.*). — † Eodem die, passio sancti Adelberti, episcopi et martyris.

† Item eodem die, S. Pysinnæ virginis.

viii *Kal. Maii* (24 *Apr.*). — In Babylonia, civitate magna, Sidrach, Misach, et Abdenago, qui et mutato nomine Ananias, Azarias et Misael dicebantur, de camino ignis ardentis sunt liberati.

vi *Kal. Maii* (26 *Apr.*). — † Item Romæ, sancti Tindemialis, episcopi et confessoris.

v *Kal. Maii* (27 *Apr.*). — In *Anastasio*, post *decem*, Ado vulgatus addit : « Hic constituit [d] ut quotiescunque sancta Evangelia recitarentur, sacerdotes non sederent, sed curvose stent, constituitque transmarinum hominem in clerum non recipi, nisi quinque episcoporum designaretur suffragiis. »

Pridie Kal. Maii (30 *Apr.*). — † Romæ, S. Quirini, tribuni et martyris, de quo supra tertio Kalendas Aprilis.

† Item Sophiæ, virginis.

MENSIS MAIUS.

Kalendis Maii (1 *Maii*). — * Autisiodoro civitate, depositio sancti Amatoris episcopi.

† Tolosæ, natalis sancti Orientii episcopi.

Item depositio S. Justini, Begorra civitate.

† Eodem die, S. Walburgæ virginis.

iv *Nonas Maii* (4 *Maii*). — † Eodem die, memoria beatissimi Justi, Viennensis episcopi.

Pridie Nonas Maii (6 *Maii*). † In Galatiæ civitate, natalis beati Gerontii confessoris.

Nonis Maii (7 *Maii*). — † Item Benedicti pontificis [e], qui sedit Romæ menses decem, imperante Constantino. Hic ab ineunte ætate in Ecclesia militavit, paupertatis semper amator ; sepultus apud B. Petrum.

viii *Idus Maii* (8 *Maii*). — In monte Gargano, apparitio S. Michaelis archangeli, quando illa sagitta velut flamine retorta, eum a quo jactata est mox reversa percussit ; et dictum est ad episcopum : Ego sum Michael archangelus qui in conspectu Dei semper assisto [f].

vii *Idus Maii* (9 *Maii*). — [g] Eodem die, S. Dionysii, Viennensis episcopi, præclarissimi in doctrina viri.

v *Idus Maii* (11 *Maii*). — [h] Eodem die, B. Gangulphi martyris, cujus gesta habentur.

Pridie Idus Maii (14 *Maii*). — † Mediolani, Victoris, Camoris, Felicis, Rustici, sanctorum quadringentorum quatuor martyrum, qui cum S. Cirico passi sunt.

xvii *Kal. Junii* (16 *Maii*). — † Tricassino, depo-

[a] Pontif., cap. 13.
[b] Pontif., cap. 29.
[c] Pontif., cap. 58.
[d] Pontif., cap. 48.
[e] Pontificale, cap. 82 ; is est Benedictus II.
[f] Fusius in Martyro leg. Adonis. 29 Sept.

PATROL. CXXIII.

sitio Fidoli (*) presbyteri [*al.*, episcopi], et confratris Brendani abbatis.

xiii *Kal. Junii* (20 *Maii*). — Item passio S. Saturninæ virginis.

xii *Kal. Junii* (21 *Maii*). — † Autisiodori, depositio B. Valis, presbyteri et confessoris, et Valentis martyris.

xi *Kal. Junii* (22 *Maii*). — Natale S. Juliæ, quæ, cum Carthago civitas capta esset, ducta est captiva, et sortita in servitutem devenit cujusdam Euchii civis Syriæ Palæstiæ. Cui diligenter serviens, expleto ejus servitio, acceptaque requie, aut orationi aut lectioni insistebat : nam et corpus suum jejuniis affligebat. Unde dominus ejus quamvis paganus valde eam admirans, sæpius admonebat ne taliter se affligeret. Sed illa nec blandimentis, nec etiam monitionibus ab hoc quod inchoaverat recedebat, excepto die Dominicæ resurrectionis. Deinde contigit ut dominus ipsius una cum ipsa veniret in Corsicam, et ibi sacrificantibus aliis, cœpit et ipse diis immolare. Sed beata Julia, videns errorem illorum, condolebat. Audiens quidam princeps Felix Saxo nomine, quod illa nollet sacrificare, quæsivit eam a domino suo, ut receptis in illius vice quatuor ancillis sibi, ea daretur. Cui ille pro magno ejus servitio noluit eam tribuere. Tunc præfatus Felix callide fecit domino suo convivium, quatenus ipso ex nimia potatione soporato, et ignorante, de navi ipsius eam tolleret. Quod et factum est. Nam, ipso inscio, ducta est beata Julia ante Felicem. Cumque blandimentis Felix ei non potuisset suadere ut sacrificaret, præcepit eam alapis cædi, deinde crinibus torqueri, atque flagellari, ad extremum etiam crucifigi ; et sic in ipso patibulo ultimum efflavit spiritum. De cujus ore sanctissimo columba exivit, et cœlum petivit. Tunc per angelos, divina dispensante gratia, nuntiatum est hoc quibusdam monachis in insula Margarita, quæ nunc vulgo Gorgona dicitur, consistentibus. Illi, hoc audito, ascensis navibus, summa cum festinatione venerunt in Corsicam, et invenerunt sicut sibi ab angelis fuerat revelatum. Dein summa cum reverentia deponentes corpus ejus de cruce, juvante Domino, celeriter ad sua reversi sunt. Et ibi, videlicet in ipsa Margarita insula condientes corpus ejus cum aromatibus, posuerunt in monumento cum gaudio. Postea autem de ipsa insula, Anza regina, uxor Desiderii regis Longobardorum, præcepit corpus ejus afferri, et in monasterio quod ad honorem ipsius construxit, Brixiæ mirificentissime collocavit.

Romæ, natalis sanctorum Faustini et Timothei, et aliorum.

† Autisiodori, depositio et translatio sanctæ Helenæ virginis.

† In Cæsarea Cappadociæ, natalis sancti Poliocti [Polyeucti].

x *Kal. Junii* (23 *Maii*). — Apud Viennam, natalis sancti Desiderii episcopi [i], qui passus est in territorio Lugdunensi, in villa Prisciniaco, super fluvium Calarona, cujus vita plena miraculis refulsit, qui in Viennensi Ecclesia sepultus honoratur.

viii *Kal. Junii* (25 *Maii*). — In *Urbano* addit vulgatus : « Hic sedit in episcopatu annos quatuor, menses decem, dies decem [j]. »

vii *Kal. Junii* (26 *Maii*). — * Item natalis venerabilis Bedæ, presbyteri et confessoris, ac doctoris celeberrimi.

v *Kal. Junii* (28 *Maii*). — * Romæ via Numentana, milliario quartodecimo, natalis sanctorum Ephycati, Eustasii, Victuriæ, Castulæ.

iv *Kal. Junii* (29 *Maii*). — † In Africa, natalis

[g] Addit. ex ms. E.
[h] Addit. ex ms. E.
[i] Ado in Chron. an. 583. Erat in ms. S., ad marginem.
[j] Pontif., cap. 18.

sanctorum Primi, Alcidiæ, Passiomoni, et aliorum **A**
centum quinquaginta quatuor.

III *Kal. Junii* (30 *Maii*). — † In Antiochia SS.
Syri et Palatini.

† Item in Nicomedia, natalis multorum sanctorum.

MENSIS JUNIUS.

Nonis Junii (5 *Jun.*). — In *Bonifacio Britanno,
post Eobano,* addit Ado vulgatus, *et Adelhario.*

† Romæ milliario tertio, Feliculæ, Felicitatis, et aliorum.

III *Idus Junii* (11 *Jun.*). — * Romæ, natalis SS.
Basillæ et Basilissæ, et SS. Crispoli et Restituti.

XVI *Kal. Julii* (16 *Jun.*). — Apud Viennam, S. Domnoli episcopi.

† In Moguntia, SS. Aurei et Justinæ.

XV *Kal. Julii* (17 *Jun.*). — * Aurelianis, sancti
Avitti, presbyteri et confessoris.

XIV *Kal. Julii* (18 *Jun.*). — † In Alexandria, S.
Mariæ, virginis et martyris, et Balbinæ. **B**

XII *Kal. Julii* (20 *Jun.*). — Romæ, sancti Silverii
papæ [a], qui sedit anno uno. Qui, consentiente Justiniano imperatore, a Belisario patricio depositus,
et monachus factus, in exsilio confessor moritur.

XI *Kal. Julii* (21 *Jun.*). † In Cæsarea, depositio S. Eusebii episcopi.

VIII *Kal. Julii* (24 *Jun.*). — † Romæ, S. Fausti, cum aliis viginti tribus.

IV *Kal. Julii* (28 *Jun.*). — In *Leone* post *papæ,*
addit vulgatus : « Qui sedit menses decem Romæ [b].
Hic eloquentissimus, et divinis Scripturis sufficienter
instructus, Græca Latinaque lingua eruditus. Hic
sanctam sextam synodum, quæ in regia urbe celebrata est, ubi damnati sunt Cyrus, Sergius Honorius
(*deest vulgat.*), Pyrrhus, Paulus, Petrus, Macarius,
Stephanus, et Polychronius novus Simon, qui unam
voluntatem et operationem in Domino Jesu Christo
prædicabant, de Græco in Latinum transtulit. Hic
constituit ut qui archiepiscopus ordinatus fuerit, **C**
nulla consuetudine pro usu pallii in diversis officiis
persolvere debeat. » Hic cum multis episcopis fidem
catholicam exponens, Eutychianam et Nestorianam
hæresim damnavit, et sanctissimum concilium Chalcedonicum sua industria congregari fecit. Hic constituit [Vulgatus addit, *intra actionem dicere sanctum
Sacrificium et*] monacham non accipere velamen capitis benedictum ab episcopo, nisi prius probata illius
virginitas fuerit.

III *Kal. Julii* (29 *Jun.*). — † Romæ, natalis sancti
Novatiani cum aliis nongentis septuaginta septem.

MENSIS JULIUS.

Kal. Julii (1 *Julii*). — † Item Octavæ S. Joannis Baptistæ.

† Romæ, Caii papæ et aliorum [d].
Augustodini, depositio Leontii episcopi.

† In Mesopotamia, Zeli cum aliis sex.

† Orion, cum aliis octo.

IV *Nonas Julii* (4 *Julii*). — † Eodem die, Augu- **D**
stæ, sancti Udalrici, episcopi et confessoris.

Nonis Julii (7 *Julii*). — † Eodem die, Wilibaldi, episcopi et confessoris.

Et Materniani confessoris.

VIII *Idus Julii* (8 *Julii*). — † * Apud Herbipolim,
natalis sanctorum martyrum Kiliani et sociorum ejus.

VII *Idus Julii* (9 *Julii*). — † Eodem die, natalis
S. Agilolphi, archiepiscopi Coloniensis et Martyris.

V *Idus Julii* (11 *Julii*). — † Item Romæ, natalis
SS. Stephani, Leontii, et aliorum.

† Treviris, S. Hildulphi, ejusdem urbis episcopi et confessoris.

Idus Julii (15 *Julii*). — † Eodem die, S. Margaritæ, virginis et martyris.

Idibus Julii (15 *Julii*). — † Eodem die, divisio apostolorum.

Ante *Catulini* post *Carthagine,* vulgatus interponit,
natalis sanctorum Philippi.

† Item eodem die, sanctæ Reginsuindæ virginis.

XVII *Kal. Aug.* (16 *Julii*). — † Item SS. Monulphi et Gondulphi, episcoporum et confessorum.

† Item alibi, sancti Mammæ.

XVI *Kal. Augusti* (17 *Julii*). — † Item Autisiodoro, S. Theodosii episcopi et confessoris.

XV *Kal. Augusti* (18 *Julii*). Brixiæ, depositio S.
Philastrii, ipsius civitatis episcopi : qui cum fuisset
presbyter ordinatus, ductus amore Dei, relictis omnibus, universum pene ambitum circuivit orbis, quatenus secutus vestigia Pauli apostoli per singula loca
animas fraude diaboli deceptas, de sempiterno suis
prædicationibus liberaret interitu. Unde non solum
contra Gentiles atque Judæos, verum etiam contra
omnes pene hæreses ; et maxime contra Arianam
perfidiam, quæ tunc nimium prævalebat, fidei vigore
pugnavit ; et ob hoc verberibus castigatus, stigmata
Domini nostri Jesu Christi suo portabat in corpore.
Nam et in Mediolanensi urbe idoneus custos Dominici
gregis fuit, et Auxentio Arianæ perfidiæ episcopo,
priusquam B. Ambrosius eligeretur, divina gratia
fultus nimium repugnavit. Romæ etiam non exiguo
tempore demoratus, multos et publica et privata disputatione est in fide lucratus. Et quia valde hæreticos impugnabat, voluit de eorum singulis sectis atque
doctrinis nefandissimis librum componere, quatenus
singularum hæresium errore patefacto, nullus ab eis
saltem simplex in Ecclesia constitutus comprehendi
possit. De quo beatus Augustinus ita dixit (lib. *de
hæres. ad Quodvultdeum,* hær. 41) : Philaster Brixiensis episcopus in prolixissimo libro, quem de hæresibus condidit, centum viginti hæreses [*Aug.* 1. centum viginti octo] arbitratus est computandas.

XIV *Kal. Augusti* (19 *Julii*). — † Lugduni, sancti Rustici, presbyteri et confessoris.

† Item Treviris, S. Martini, episcopi et martyris.

XIII *Kal. Augusti* (20 *Julii*). — In *Joseph,* post
Justus, omisso *qui,* addit Ado vulgatus. « Hic prædicationis, et sanctitatis officiis serviens. »

† Item eodem die, Vulmari et Philiberti abbatum.

XII *Kal. Augusti* (21 *Julii*). — † Eodem die, sancti Arbogasti, episcopi et confessoris.

X *Kal. Augusti* (23 *Julii*). — † Eodem die, S. Liborii, episcopi civitatis Cenomanensis et confessoris.

VII *Kal. Augusti* (26 *Julii*). — * Treviris, sancti Beati confessoris.

IV *Kalendis Augusti* (29 *Julii*). — Item Aurelianis civitate, depositio sancti Prosperi episcopi.

III *Kalendas Augusti* (30 *Julii*). — † Eodem die,
civitate Autisiodoro, S. Ursi, episcopi et confessoris.

MENSIS AUGUSTUS.

IV *Nonas Augusti*. — In *Stephano* post *dies duos*
additur in vulgato : Hic constituit ut sacerdotes et
Levitæ vestes sacras in quotidiano usu non haberent,
nisi tantum in ecclesia.

Nonis Augusti (7 *Aug.*). — † Eodem die, sancti Justini presbyteri, de quo ad XV Kalend. Octobris.

Catalaunis, sancti Memmii, episcopi et confessoris.

---

[a] *Pontif., cap. G.*
[b] Pontif., c. 81. Est Leo II. Erat in ms.
[c] Hæc sunt de Leone I, ex *Pontificali,* c. 46.
[d] Pontific., c. 29 ; Ado, 22 Aprilis.
[e] Erat in ms. E.
[f] *Pontificale,* cap. 24.

APPENDIX.

IV *Idus Augusti* (10 Aug.). — Item Romæ, sancti Hormisdæ papæ[a], qui sedit annos septemdecim. Hic composuit clerum, et psalmis erudivit. Sub hujus tempore Anastasius imperator hæreticus, percussus fulmine interiit. Sepultus est idem pontifex in ecclesia beati Petri. † VIII Idus Augusti [*Vulg.*, *male*, VII].

III *Idus Augusti* (11 Aug.). — † Eodem die in Cameraca civitate, natalis sancti Gaugerici, episcopi et confessoris.

Idibus Augusti (13 Aug.). — Pictavis, sanctæ Radegundæ, virginis et reginæ.

XVIII *Kal. Septembris*[b] (15 Aug.). — Eodem die dedicatio oratorii[c] sanctorum Jacobi apostoli, Laurentii, Valentini, Scholasticæ virginis, consecrati per Willibertum archiepiscopum.

XVII *Kal. Septembris* (16 Aug.). — Metis, sancti Arnulphi, episcopi et confessoris.

XVI *Kal. Septembris* (17 Aug.). — Item Octavæ sancti Laurentii martyris.

XV *Kal. Septembris* (18 Aug.). — † Eodem die, sanctæ Helenæ reginæ.

XI *Kal. Septembris* (22 Aug.). — Item octavæ Assumptionis beatæ Mariæ virginis.

IX *Kal. Septembris* (24 Aug.). — Eodem die, natalis sancti Audoeni, episcopi et confessoris.

VI *Kal. Septembris* (27 Aug.). — Nola civitate, natalis sancti Felicis episcopi.

MENSIS SEPTEMBER.

Kal. Septembris (1 Sept.). — † trium sanctorum confessorum Sixti et Sisinnii.

VIII *Idus Septembris* (6 Sept.). — Romæ, natale sancti Eleuterii.

VII *Idus Septembris* (7 Sept.). — Aurelianis, natalis sancti Evortii, episcopi et confessoris.

Vico Novegento, natalis sancti Clodoaldi confessoris.

Eodem die, sanctæ Reginæ virginis.

V *Idus Septembris* (9 Sept.). — † Sergii papæ, qui sedit annos tredecim Romæ. Hic invenit miræ magnitudinis portionem ligni salutaris Dominicæ crucis in sacrario beati Petri. Hic statuit in tempore confractionis Dominici corporis, *Agnus Dei* a clero et populo decantari, et constituit ut in diebus Annuntiationis Dominicæ, Dormitionis et Nativitatis sanctæ Dei genitricis Mariæ, ac sancti Simeonis, quod Hypapante Græce dicitur, Litaniæ exeant a sancto Auriano, et ad sanctam Mariam populus occurrat.

IV *Idus Septembris* (10 Sept.). — Romæ, depositio sancti Hilarii[f] papæ.

III *Idus Septembris* (11 Sept.). — † in Apulia, sanctorum Felicis et Donati.

Lugduni Galliæ, depositio sancti Patientis episcopi, et alibi sanctorum Felicis et Regulæ.

Pridie Idus Septembris (12 Sept.). — † Item in Asia, sanctorum Diophili matronæ, et Theclæ virginis.

† Lugduni, depositio sancti Sacerdotis, episcopi et confessoris.

† Nicomediæ, sancti Ammonæ.

† In Sicilia, civitate Catanas, sanctorum Eupli et Serapionis.

Idibus Septembris (13 Sept.). — Item Andegavis,

[a] Pontif., cap. 53.
[b] Addidi ex ms. E.
[c] *Dedicatio oratorii*. Hæc inserui ex ms. E, qui solus habebat. Haud dubie inserta hæc Adoni ab eo qui eum codicem scripsit, ubi oratorium hoc dedicatum est, cum aliis desit. Codex mihi vetustior videtur fundationis ipsius Everbodiensis abbatiæ. Oratorium hoc, cum dicatur consecratum per Willibertum archiepiscopum, valde vetustum est. Willibertus enim, archiepiscopus Coloniensis, obiit circa annum Domini 890. Omnino librum illum Adonis Everbordium delatum existimo ex veteri aliqua ab-

---

depositio sancti Murilionis, episcopi et confessoris.

Turonis, sancti Littorii, episcopi et confessoris.

XV *Kal. Octobris* (17 Sept.). — Romæ, in crypta Arenaria, sanctorum martyrum Narcissi et Crescentionis.

XIII *Kal. Octobris* (19 Sept.). — † Treveris, depositio Meletii episcopi.

XII *Kal. Octobris* (20 Sept.). — † Romæ, natalis sanctorum martyrum Eustachii, Agapiti, Theopistæ, atque Philistæ.

IX *Kal. Octobris* (23 Sept.). — † Item passio sanctarum virginum Dignæ et Emeritæ.

† Romæ, depositio sancti Liberii[e] papæ.

Item passio Lini[h] ejusdem urbis episcopi.

VII *Kal. Octobris* (25 Sept.). — Ambianis, sancti Firmini, episcopi et martyris.

† Item, natalis sancti Quadrati, apostolorum discipuli[i], qui in locum beati Publii Athenarum episcopi substituitur, et Ecclesiam grandi terrore dispersam, fide et industria sua congregavit; qui una cum filiabus Philippi in Prophetiæ gratia celeberrimus fuit.

VI *Kal. Octobris* (26 Sept.). — Romæ, via Appia in cœmeterio Callisti, depositio sancti Eusebii, episcopi et confessoris.

† Et in Albano, natale sancti Senatoris.

† In Sardinia, natalis sancti Luxurii.

† Arvernis, depositio sancti Apollinarii episcopi.

V *Kal. Octobris* (27 Sept.). — In Cæsarea Cappadociæ, sancti Eleutherii.

† In Tharso Ciliciæ, sanctorum Tharacii, presbyteri [*al.*, Probii], et Andronici.

† Eodem die, sancti Florentini martyris.

IV *Kal. Octobris* (28 Sept.), — † Romæ, natalis sancti Stactæi.

† Genua civitate, depositio Salonii episcopi.

† In monasterio Fuldensi, sanctæ Liobæ virginis.

† Item sancti Wenceslai, martyris et ducis.

III *Kal. Octobris* (29 Sept.). — Eodem die, Antisiodoro, sancti Fraterni episcopi.

Pridie Kal. Octobris (30 Sept.). — In Placentina civitate, sancti Antonini confessoris.

In Mediolano, translatio sancti Victoris martyris.

MENSIS OCTOBER.

Kal. Octobris (1 Oct.). — Treviris, sancti Nicetii, episcopi et confessoris.

Eodem die, sanctorum Vedasti episcopi, et Bavonis confessoris.

VI *Nonas Octobris* (2 Oct.). — Eodem die, sancti Eusebii papæ[k] qui sedit in episcopatu annos septem, sepultus via Appia in cœmeterio Callisti; hujus tempore inventa est crux Domini nostri Jesu Christi, quinto Nonas Maii. Hic hæreticos inventos in Urbe manus impositione reconciliavit.

V *Nonas Octobris* (3 Oct.). — In Antiochia, sancti Theugenii. In Africa, Victoris, Urbani, Sapaugi. Et alibi Felicis, Auponi et Casti.

IV *Nonas Octobris* (4 Oct.). — † Autisiodori, Marsi, presbyteri et confessoris.

† Item Dureæ virginis.

III *Nonas Octobris* (5 Oct.). — Autisiodori, depositio sancti Firmati diaconi, et Flavianæ virginis.

Pridie Nonas Octobris (6 Oct.). — Autisiodori, depositio sancti Romani, ejusdem civitatis episcopi et martyris.

batia vel ecclesia diœcesis Coloniensis, ubi Willibertus oratorium hoc consecravit.

[d] Gregor. Turon. Hist Franc., l. 3, c. 8.
[e] Est Serg. I. Pontif., cap. 85.
[f] Pontif., cap. 47.
[g] Pontif., cap. 37.
[h] Ibid., cap. 2.
[i] Ado, in Martyrologio, 29 Maii, et in libello Apost. Pontif., cap. 32 et infra, 2 Oct.
[j] De his Ado in Martyr., 11 Oct.
[k] Pontif., cap. 32, et supra 26 Sept.

Nonis Octobris (7 *Oct.*). — In *Marco* vulgatus post Ardeatina, addit : Ubi vivens ecclesiam exstruxit. Hic constituit ut episcopus Ostiæ, qui consecrat episcopos urbis [a], pallio uteretur.

Eodem die, Lini [b] papæ et martyris.

† In Capua Campaniæ, Quarti, et Marcellini.

‡ Bituricas civitate, sancti Augusti presbyteri et confessoris.

VIII *Idus Octobris* (8 *Oct.*). — Item Reparatæ et Gociæ virginum.

VII *Idus Octobris* (9 *Oct.*). — In civitate Laodicia Phrygiæ, sancti Diodori.

‡ In Provincia Rheta, civitate Augusta, sanctæ Afræ martyris.

† In civitate Vienna, multorum martyrum.

‡ Romæ, Marcellini et Genuini. Et inter duas lauros, Priminæ.

VI *Idus Octobris* (10 *Oct.*). — In *Malloso*, post replerentur, addit vulgatus : Et aliorum trecentorum triginta, quorum corpora in palustria projecerunt loca.

Eodem die, Veronæ [c], sanctorum martyrum, Cassii, Florentii, et aliorum septem.

V *Idus Octobris* (11 *Oct.*). — Eodem die, natale sanctorum martyrum Niessii episcopi, Quirini presbyteri, Scubiculi diaconi.

Turonis, sancti Venantii [d] abbatis.

IV *Idus Octobris* (12 *Oct.*). — † Bituricas, sancti Opinionis presbyteri.

† In Provincia Syriæ, Evagrii, et Prosyriæ. Item Eustachii presbyteri.

† In Campania, sanctorum Eucharisti, Fortunati, et Prisciani.

III *Idus Octobris* (13 *Oct.*). — In Hispania, Corduba civitate, sanctorum Fausti, Martialis, et Januarii martyrum.

Pridie Idus Octobris (14 *Oct.*). — Apud Viennam, sancti Agrati, episcopi et confessoris, et sancti Casturi, ejusdem urbis episcopi.

* Cordubæ, sanctorum Lupi et Aureliæ.

† Lugduni in Galliis, translatio sancti Justi, episcopi et confessoris.

† Herbipoli, depositio sancti Buchardi episcopi, successoris sancti Killiani.

Idibus Octobris (15 *Oct.*). — Apud Viennam, sancti Deodati episcopi.

Romæ, via Aurelia, sancti Fortunati martyris.

† Item Lubulii, Modesti et Fortunatæ.

XVII *Kal. Octobris* (16 *Oct.*). — † Apud Agrippinam Coloniam, sancti Eliphii martyris.

† Item depositio sancti Galli abbatis, multis miraculis clari.

† Eodem die, sancti Lulli, episcopi et confessoris.

XV *Kal. Novembris* (18 *Oct.*). — † In Campania civitate, Puteolis, Januarii, et Eutychis.

XIV *Kal. Novembris* (19 *Oct.*). — † In Istria, natalis sanctorum Austeri, Neopoli, Sussii, Januarii, Festi et Desiderii.

XII *Kal. Novembris* (21 *Oct.*). — In Galliis apud Coloniam Agrippinam, sanctarum virginum undecim millium. Una dicitur Ursula, Senia, Gregoria, Pinnosa, Mardia, Saula, Brictula, Saturnina, Rabatia, Palladia, Clementia, Grata ; et aliarum nomina scripta sunt in libro vitæ.

In Nicæa Bithyniæ, Afrigis, Macarii, Dicci, Proculi, Neapoli, Modesti, et aliorum numero septuaginta duorum.

XI *Kal. Novembris* (22 *Oct.*). — † Eodem die, sancti Severi episcopi Ravennæ.

X *Kael. Novembris* (23 *Oct.*). — Coloniæ, depositio sancti Severini episcopi et confessoris.

IX *Kal. Novembris* (24 *Oct.*). — Item Bonifacii [e]

papæ, qui sedit Romæ annos tres. Hic sepultus est via Salaria, juxta corpus sanctæ Felicitatis ; hic constituit servum Clericum non fieri, nec obnoxium curiæ, vel cujuslibet rei.

Coloniæ, sancti Evergisti, episcop. et martyris.

VI *Kal. Novembris* (25 *Oct.*). — In *Evaristo* post *Vaticano*, addit Ado vulgatus : Hic titulos in Urbe divisit presbyteris, et septem diaconos ordinavit, qui custodirent episcopum prædicantem.

Autisiodori, depositio sancti Desiderii, episcopi et confessoris.

† Item sancti Florentii presbyteri et confessoris.

V *Kal. Novembris* (28 *Oct.*). — Eodem die, sancti Ferrutii martyris.

III *Kal. Novembris* (30 *Oct.*). — * Item passio sancti Feliciani cum sociis suis.

*. Civitate Capuæ, depositio sancti Germani, episcopi et confessoris, cujus animam in sphæra ignea Benedictus abbas vidit ab angelis in cœlum deferri.

Pridie Novembris (31 *Oct.*). — † Eodem die, Sancti Wolfgangi, episc. et confessoris.

† Item vigilia omnium sanctorum.

MENSIS NOVEMBER.

Kal. Novembris (1 *Nov.*). - In Cæsarea Cappadociæ, sancti Macedonii.

† I Sithiu monasterio, depositio sancti Audomari episcopi.

† Augustoduni, sancti Primi episcopi.

† Bajocas civitate, sancti Vigoris episcopi.

IV *Nonas Novembris* (2 *Nov.*). — Apud Viennam, sancti Georgii, ejusdem urbis episcopi.

† Item passio sancti Eustachii, uxoris ac filiorum ejus.

III *Nonas Novembris* (3 *Nov.*). — Apud Viennam, sancti Domini, confessoris et episcopi gloriosi.

Pridie Nonas Novembris (4 *Nov.*). — † Augustoduni, sancti Proculi episcopi.

† Item sanctarum virginum Modestæ et Perpetuæ.

Nonis Novembris (5 *Nov.*). — † Capua civitate, sanctorum Euras, et Quarti, et Pardi martyrum.

VIII *Idus Novembris* (6 *Nov.*). — † In civitate Regidonas, depositio sancti Melanii, episcopi et confessoris.

† Item eodem die, sanctorum Leonardi confessoris, discipuli sancti Remigii episcopi, et Winnoci abbattis.

VII *Idus Novembris* (7 *Nov.*). — Item Epternaco monasterio, natalis sancti Willibrordi, episcopi et confessoris.

† Item sanctorum Rufi episc. et Herculani presbyteri et martyris.

VI *Idus Novembris* (8 *Nov.*). — † Item ipso die, sancti Willehadi, episcopi et confessoris.

V *Idus Novembris* (9 *Nov.*). — Romæ, sanctorum Clementis et Symphoriani.

In Hispania sanctorum Fausti, Januarii et Martialis martyrum.

In Beryto civitate, crucifixio imaginis Domini nostri Jesu Christi.

IV *Idus Novembris* (10 *Nov.*). — † In Antiochia, sanctorum Demetrii episcopi, Aniani diaconi, Eustosii, et sociorum eorumdem.

† In civitate Aurelianensi, depositio sancti Monitoris, episcopi et confessoris.

III *Idus Novembris* (11 *Nov.*). — † Ravennæ, sanctorum Feliciani et Victorini mart.

Pridie Idus Novembris (12 *Nov.*). — Natalis † Bonifacii [f] papæ, qui Romæ sedit menses octo, dies 22. Hic obtinuit apud Phocam principem, ut Sedes apostolica beati Petri Apostoli caput esset omnium

---

[a] Pontif., cap. 35.
[b] Pontif., cap. 2.
[c] *Verona* hæc est *Bonna*.
[d] Greg. Tur. de Glor. conf., cap. 25.

[e] Est Bonifac. I, Pontif., cap. 45. Alii habent eum.
[f] Pontif., cap. 67. Est Bonifac. III.

Ecclesiarum Romana, quia Ecclesia Constantinopolitana primam se omnium Ecclesiarum scribebat.

Apud Viennam, sancti Isici episcopi, qui post beatum Pantagatum præsedit Ecclesiæ.

† Item sanctorum Livini martyris, et Cuniberti confessoris, episcoporum.

† In Cæsarea Cappadociæ, natalis sanctorum Germani, Theophili, Cæsarii, et Eusebii.

† Daventriæ, sancti Lubvini, presbyteri et confessoris.

Idus Novembris (13 *Nov.*). — † Apud Viennam, sancti Leonici ejusdem Ecclesiæ miraculis clari.

† Rotenis civitate sancti Amantii episcopi et confessoris.

XVIII *Kal. Decembris* (14 *Nov.*). — † Item sancti Eraclii, episcopi et confessoris.

XVII *Kal. Decembris* (15 *Nov.*). — Item sancti Eugenii, episcopi et martyris.

XVI *Kal. Decembris* (16 *Nov.*). — † Eodem die In Suevia, monasterio sancti Galli, natalis beati Othmari, ejusdem monasterii post obitum sancti Galli primi abbatis.

XV *Kal. Decembris* (17 *Nov.*). — Viennæ sancti Manati, episcopi et confessoris.

† Item natalis sancti Gregorii, episcopi et martyris apud Pontum.

† Item sancti Joannis monachi.

XIV *Kal. Decembris* (18 *Nov.*). — † In Hispaniis, civitate Corduba, sancti Acisoleni.

† Item Eraclea, sancti Cortheri, et aliorum quadraginta.

XIII *Kal. Decembris* (19 *Nov.*). — Romæ, Gelasii papæ [a], qui sedit in episcopatu annos quatuor. Hic Messenum episcopum, quem Felix antecessor ipsius damnaverat, revocavit, et communioni ecclesiæque suæ restituit. Hic libros adversus Eutychen et Nerium composuit.

† In Eraclea, sanctæ mulieres cum viduis quadraginta.

† Augustoduni, sancti Simplicii, episcopi et confessoris.

XII *Kal. Decembris* (20 *Nov.*). — † Item Regenfledis virginis.

IX *Kal. Decembris* (23 *Nov.*). — In *Clemente* (de quo fusius habes in libello Apostolorum) post *in libro Vitæ* editi interserunt: Hic [b] septem regiones divisit notariis fidelibus Ecclesiæ, qui gesta Martyrum sollicite et curiose perquirerent. Hic ex præcepto beati Petri suscepit Ecclesiæ pontificatum. Linus et Cletus ideo ante eum scribuntur, quia ab ipso principe Apostolorum ad ministerium sacerdotale episcopi sunt ordinati.

Vico Sarchinio, deposito sancti Trudonis, presbyteri et confessoris.

VII *Kal. Decembris* (25 *Nov.*). — † Eodem die sanctæ Catharinæ virginis et martyris

† Item sancti Mercurii martyris, qui passus est sub Decio imperatore.

VI *Kal. Decembris* (26 *Nov.*). — In *Lino*, post *meminit*, additur in vulgato: Hic [c] ex præcepto beati Petri constituit ut mulier in ecclesia velato capite introiret.

• Item Augustoduni, depositio sancti Amatoris episcopi.

IV *Kal. Decembris* (28 *Nov.*). — Romæ, sancti Gregorii papæ [d], qui rexit Ecclesiam annos decem. Hic constituit in Canone a sacerdote dicendum: *Quorum solemnitas hodie in conspectu gloriæ tuæ celebratur : Domine Deus noster toto orbe terrarum : intra quorum nos consortium*, etc. Sepultus est in ecclesia sancti Petri.

[a] Pontif., cap. 50. Erat in solo P. sed præc. die.
[b] Pontif., cap. 4.
[c] Pontif., cap. 2.
[d] Pontif., cap. 91. Est Greg. III.

Apud Viennam, sancti Philippi, ejusdem urbis episcopi.

In *Sosthene*, post *discipuli* addebatur in vulgato: Sancti Pauli, cujus meminit idem apostolus in prima Epistola ad Corinthios; et sancti Throphimi, de quo scribit Apostolus ad Timotheum : *Trophimum* • *reliqui infirmum Mileti* (*I Cor.* I, *II Tim.* IV). Hic ab apostolis Romæ ordinatus est episcopus, et ad Arelatem urbem Galliæ, ob Christi Evangelium prædicandum directus. Ex cujus fonte (ut beatus papa Zosimus scribit) tota Gallia fidei rivos accepit. Qui apud eamdem urbem in pace quievit.

III *Kal. Decembris* (29 *Nov.*). — † Item Romæ, Arasonis, Saturnini, Chrysanthi, Mauri, et Dariæ, et aliorum septuaginta duorum.

Pridie Kalendas Decembris (30 *Nov.*). — † Eodem die festivitas [Baptismus] sancti Ambrosii, Mediolanensis episcopi.

MENSIS DECEMBER.

Kalendis Decembris (30 *Nov.*). — Item ipso die, Virdunensi civitate, transitus beatissimi Agerici episcopi.

Pridie Nonas Decembris (4 *Dec.*). — † In Tuscia, sanctæ Barbaræ [f], virginis et mart.

VII *Idus Decembris* (7 *Dec.*). — Item Octavæ sancti Andreæ apostoli.

VI *Idus Decembris* (8 *Dec.*). — In *Eutychiano*, post *sepelivit*, addit Ado vulgatus : Hic [g] constituit ut fruges super altare, tantum fabæ et uvæ benedicerentur, et constituit ut qui martyrem sepeliret sine dalmatica, aut colobio purpureo, nulla ratione sepeliret.

† Item Zenonis episcopi apud Veronam. Ipso die Treviris, sancti Eucharii, episcopi et confessoris.

IV *Idus Decembris* (10 *Dec.*). — Romæ, sancti Melchiadis papæ [h], qui sedit in episcopatu annos quatuor, sepultus est in cœmeterio Callisti. Hic constituit ut die Dominica, aut quinta feria, nullus fidelis jejunaret; quia ipsos dies pagani, quasi sacro jejunio celebrant. Et hic constituit ut ex consecratu episcopi oblationes propter hæreticos per ecclesias dirigerentur.

Viennæ, sancti Sinduphi, episcopi et confess.

III *Idus Decembris* (11 *Dec.*). — In *Damaso*, post *duos*, additur in Adone vulgato: Hic [i] constituit ut psalmi die noctuque canerentur per omnes ecclesias; et in fine, *Gloria Patri, et Filio, et Spiritui sancto*. Hic multa corpora sanctorum requisivit, et invenit, quorum memoriam etiam versibus declaravit; qui sepultus est via Ardeatina in basilica sua, juxta matrem et germanam suam.

Idibus Decembris (13 *Dec.*). — † ipso die, sancti Auberti, episcopi et confessoris.

† Item Orthiliæ virginis.

XIX *Kal. Janu.* (14 *Dec.*). — Eodem die, beati Lupicini, Viennensis ecclesiæ octavi episcopi.

† Lugduni, sancti Nicasii, ejusdem urbis episcopi et martyris.

XIII *Kal. Janu.* (20 *Dec.*). — Autisiodori, beati Greg. episcop. et confessoris.

XI *Kal. Janu.* (22 *Dec.*). — † In Antiochia, sancti Basilei episcopi.

† Civitate Ostia, sanctorum Demetrii, Honorati, et Flori martyrum.

† Romæ, via Portuensi, depositio sancti Felicis episcopi.

† Item passio sanctæ Theodosiæ virginis, et Didymi monachi.

X *Kal. Janu.* (24 *Dec.*). — † Item Romæ, natalis sanctorum Eugenii, Eleutherii, Urbani, Cornelii,

• De Trophimo Ado. 29 decemb., tam in apost. quam martyr.
[f] De ea Ado, 16 Dec.
[g] Pontif., cap. 28.
[h] Pontif., cap. 33.
[i] Pontif., cap. 38.

Trajani, Victoris, Castulæ, Eutychiani, ac sociorum ejus, et aliorum octingentorum triginta duorum[a].

et Kal. Janu. (27 Dec.). — † Item ipso die, ordinatio sancti Jacobi fratris Domini, qui ab apostolis primus ex Judæis Jerosolymis est ordinatus episcopus, et in medio Paschæ martyrio coronatus.

III Kal. Janu. (30 Dec.). — † Item in insula Oya, sanctorum Florentii, Sereni, Pauli, Stephani, Papiani et Cleri.

[a] Greg. Tur., Hist. Franc., l. II, c. 14.

† Turonis civitate, sancti Perpetui, episcopi et confessoris[a].

Pridie Kal. Janu. (31 Dec.). — † Rhætiariæ beati Hermetis exorcistæ.

† Romæ, Donati, Paulati Romæ, Dominandæ, et Hilarinæ.

† In provincia Sicilia, civitate Catana, sanctorum Stephani, Potiani, Attali.

PASSIO SANCTI DESIDERII

EPISCOPI VIENNENSIS,

AUCTORE SANCTO ADONE EJUSDEM SEDIS EPISCOPO.

(Apud Canisium, Lectiones antiq., tom. II, part. II.)

PRÆFATIUNCULA ADONIS, Viennensis Ecclesiæ antistitis, anno Incarnationis Domini DCCCLXX, indictione III, cum Passione S. Desiderii episcopi Viennensis Ecclesiæ directa[a].

Ado, peccator et humilis episcopus Viennensis Ecclesiæ, dilectissimis fratribus, et filiis ejusdem Ecclesiæ, in Patre et Filio, et Spiritu sancto, vero et essentiali uno Deo, salutem.

Beatissimi Desiderii Patris vestri vitam, et martyrium, sicut antiquis scriptis commendatur, vobis idcirco revolvere, et stylo committere aggressus sum, ut ejus incitamentis et studiis ad amorem vitæ æternæ vos amplius inflammarem. Ut qui pastor vobis munere superno datus est, pascua vere innocentiæ, et postmodum æternæ societatis intercessione sui apud Dominum obtineat. Nec enim deerit vobis illius patrocinium, si ejus exemplo Domino Jesu Christo casto amore hæseritis. Qui est verum et æternum principium. Habetis enim non mediocre solatium, cum certatis Ecclesiam veram præclarissimis confessorum et martyrum irradiatam fulgoribus, quorum splendore tenebras omnis erroris, Domino Deo nostro protectore, pedibus liberis evadere sufficitis. Gaudium et corona ipsorum, obsecro vos ego ipse servus et minimus ipsorum, state in Domino doctrinis, exemplis intercessionibus tantorum munili, charissimi.

[a] Magnus codex ms. præfatiuncula caret. CAN.

INCIPIT

PASSIO SANCTI DESIDERII

EPISCOPI VIENNENSIS.

Desiderius, Viennensis Ecclesiæ clarissimus pontifex, fuit a puero quidem sanctissime imbutus, vita purus, scientia Scripturarum non parum eruditus, in gremio sanctæ matris Ecclesiæ exercitate profecit. Inde ad culmen pontificale provectus, quantæ gratiæ fuerit, donum martyrii patefecit.

[a] Fuit idem vir temporibus Chlotarii regis Chlodovei majoris filii, ac filiorum ipsius Chlotarii, Hereberti, qui sedit Parisiis; Chilperici, qui sedit Suessionis; Gunthramni, qui sedit Aurelianis; Sigiberti, qui sedit Rhemensium urbe, qui accepit Brunechildem Amalabildi regis Hispanorum filiam, quæ primum Ariana, postmodum sacramentis fidei catholicæ juncta, operibus flagitiosissimis disjuncta, de qua Childebertum Sigibertus genuit. Hujus sororem Gunsildam Chilpericus optimam habuit, quæ postmodum dolo Fredegundis strangulata est. Imperatores autem uno tempore in Republica Romana Justinianus fuit major. Post quem Justinus minor. Cujus tempore corpus B. Antonii monachi, revelatione divina repertum, in Ecclesia B. Joannis Baptistæ apud Alexandriam sepultum est, et ab Afri-

[a] Hæc verba, fuit idem vir, etc., usque ad illa sequentis. Cum longe lateque, etc., desiderantur in magno Codice ms. CAN.

ca atrocissima gens Wandalorum expulsa. Cui imperatori Justinus succedit, sub quo gens Longobardorum Italiam invasit. Deinde imperavit Tiberius, post quem Mauricius.

Sed ut ad proposita revertar, cum longe lateque fama beati viri Desiderii spargeretur, et foris jam miraculis vulgaretur, atque virtus animi signis evidentibus patefacta claresceret, invidus omnis boni diabolus, in persecutionem tanti viri insani pectoris homines inflammat. Et quia videbat Domini Dei nostri Jesu Christi gloriam per beatum virum ubique diffundi, quibus artibus valuit tantum opus pietatis exstinguere, aggreditur lacessere illum, et conviciis afficere primo, deinde etiam injuriis propulsare, sicut certa res manifestabit. Sed Desiderius de beatis pauperibus spiritu unus, cujus desiderium exaudiebat Deus, et præparationem cordis ejus audiebat auris ejus, in petra fidei fundatus, tundi adversitatibus poterat, moveri a statu rectitudinis non poterat.

Igitur, interfecto Sigiberto rege factione Fredegundis reginæ, Brunnehildis regina cum Theoderico admodum parvulo, Childeberti regis filio, Burgundiam obtinuit. Femina incomparabilis libidinis, quippe quæ non timuerit incestuosissime Merovæo Chilperici filio, mariti sui nepoti, se misceri. Illoque tonsurato presbyteroque facto, tali namque ordine pater vix eum potuit coercere, per diversorum juvenum libidines excanduit, turpissimum lupanar ipsa semetipsam turpissimis juvenibus exponens. Cujus inaudita flagitia vir pontifex Desiderius zelo timoris Dei inflammatus, reprimere, et corrigere cupiens tam privatim quam publice, meliorem vitam arripere, et pœnitudinem facti habere monebat. Sed quia qui arguit impium generat maculam sibi, novis et inauditis odiis cœpit sanctum virum detestari, ac ut vitam auferret meditari. Sed quia id aperte non poterat, exsilio deportari, et relegari in quadam insula virum Dei facit. Ubi quadriennio diversis laboribus fatigatus, non tamen auxilio omnipotentis Dei nudatus est ac destitutus, quippe per quem beneficia infirmis quibuscunque Deus noster ibi contulerit. Nam quidam leprosus, inspectante populo, tactu beatissimi viri mundatus est a lepra, quæ totum illum asperaverat. Ab ea die qua insulam ingressus est, cincindele oleo plenum, quod manu illius illuminatum fuerat, virtute divina permansit indeficiens, semper ardens, et suam plenitudinem inexhaustam, ad gratiam viri Dei prædicandam omnibus manifestans. Et quod est mirabilius, quicunque cujuslibet infirmitatis a sancto pontifice ex eodem liquore perunctus fuisset, illico sanatus abibat.

Factum est autem ut vas plenum vini, propter adventantes qui inde haurirent, a ministro illius diligenti cura servaretur. Sed cum pluribus diebus jam expensum putaretur defecisse, et minister viri Dei id nuntiasset illi [a], quia non haberet petentibus

[a] Magnus Codex ms. G. *adnuntiasset illi*. Ib.
[b] Magnus Codex G. ms.; doctorem. Ib.

quid ultra præbere, confortatus a viro Dei, de largitate, et bonitate Creatoris, mox ut rediit, plenum, quod paulo ante vacuum fuerat, vasculum invenit. Tua sunt hæc, Domine, qui pro te passos semper glorificas, qui duces gregis tui, ut oves tuæ sequi non metuant, coronis virtutum exornas.

Præter ea congregata multitudine sacerdotum, licet impia femina venena malitiæ suæ non evomuerit, tamen victa precibus, sanctum virum sedi suæ urbique reformari jubet. Quis dicere sufficiat quibus gaudiis receptus fuerit, quot ulnis pietatis a clero et populo amplexatus, quibus lacrymis rigatus? Vere pastorem pium, quem nullius generis tribulatio a charitate ovium divellere potuit. Vere beatus populus, qui talem meruit suscepisse ductorem [b].

Hic cum jam totus martyr esset corpore, hostiaque Deo placita, ut desiderium cordis ejus tribueretur ei, instaretque tempus ut poneretur in capite ejus corona de lapide pretioso: iterum simultate [c] Brunnehildis ac illam construprantium, jubetur venire pontifex sanctus ad palatium, quo tunc temporis Theodericus juvenis residebat. Attemptatur itaque vir Dei utrum in priori sententia permaneret. Interrogatusque utrum melius esset uni viro mulierem conjungi, quam per diversorum juvenum appetitus libidines suas dispumare; a quo cum responsum esset, *unusquisque suam uxorem habeat, et unaquæque suum virum habeat, et fornicatores, et adulteros Deum judicare, nec licere contaminari templum Spiritus sancti, cum corpora nostra templum essent Spiritus Dei, et si quis templum Dei violasset disperderet illum Deus (I Cor.* VII; *Hebr.* XIII; *I Cor.* III); cum ergo hæc et his similia vir spiritu Dei perorasset, illico nuntiatur hæc Brunnehildi. Cœpit furere, virum Dei telis malitiæ suæ appetere, et qualiter vitam ei auferret cum juvenibus suis perquirere. Miserabile dictu, intra fores ecclesiæ repulsus vir Dei clauditur, et ut furenti satisfieret, clamor popularis a fautoribus ipsius incitatus attollitur: Rebellem hunc et Reipublicæ ac honoris patriæ contrarium.

Sciens itaque vir Dei jam ad palmam se vocari, maxime cum id revelatione angelica patefactum esset, intrepidus, imperterritus, fixus totus in Deo, horam præstolatur. Abstrahitur iterum ab ecclesia, et sanctus Domini indignis manibus pertractatur, atque agentibus Bettone, Gasifredo, et Æphane comitibus, impiissimi sceleris consiliatoribus, custodiæ mancipatur, atque ad territorium usque Lugdunense perducitur, super fluvium Calaronam. Hinc inde valla tus iniquorum hominum turbis, cum jam videret furentem multitudinem in mortem suam velle consurgere, supradictorum juvenum maxime hortatu, genua in terra figens orationi incubuit, ac pro suis persecutoribus oravit dicens: *Domine, ne statuas illis hoc peccatum, quia nesciunt quid faciunt (Act.* VII; *Luc.* XIII). Commendo tibi oves, quas gratia tua

[c] Magnus Codex S. G. ms, *simulante*. Ib.

suscepi regendas. Non illas luporum rabies dispergat, sed in sancto ovili Ecclesiæ tuæ congregatæ, vinculo charitatis adnexæ, vivant in te de spiritu gratiæ, custodiantur in æterna misericordia tua, Jesu Christe Fili Dei, qui vivis et regnas in sæcula sæculorum.

Insaniens itaque multitudo, cum furorem suum nequaquam reprimere posset, unus de sævientibus corripiens lapidem, cerebro orantis fortiter illisit, ac mox cerebello rupto sanguis undatim profluxit. Alter vallum ex utraque parte vehementer acutum tam cervici quam capiti infixit. Sicque sanctus pontifex martyrii palmam adeptus migravit victor ad Dominum. Tributaque est ei vita, et longitudo dierum in sæculum sæculi. Cui si non est dictum a persecutoribus : Sacrifica dæmonibus, est tamen dictum : Consenti nobis peccantibus, sile veritatem, ut fruamur cupitis amplexibus. Inde vere martyr, quia et veritatem tenuit et dilectionem, exibuit in correptione patientiam. Mori non pertimuit, ut suos quos Christo nutrierat, doceret pro veritate etiam constanter mortem excipere, quando veritas Christus sit ; et quia nulla adversitate ad ultimum neque morte deberent separari a charitate Christi. Vere amabat ipsos a quibus injuste occidebatur, suaque pœna insinuabat illis quam periculosissime ipsi in æternum punirentur, qui flagitiose et facinorose vivebant, quando ipse ut ne talibus faveret, non modo committeret, pœnam quamcunque corporis excipere paratus esset.

Quæ autem ultio in præsenti impiam illam perculerit, ut ne impune quis credat se peccare, breviter attingam : Chlothario [Clottario] rege judicantibus Francis, indomitis equis religata brachiis, et cruribus divaricatis, membratim discinditur, Deo illi pro voluptatibus suis dignam pœnam retribuente.

Beati viri corpus, studio fidelium curatum, in loco passionis suæ sepultum est. Ibique quanti meriti apud Dominum esset, miraculis se publicavit.

Contigit ut quidam pauperculus omnibus membris contractus, insuper trementibus membris gravi passione agitaretur; hic in qualo virgeo ad memoriam martyris deportatus, mox ut cum fide opem martyris expetiit, perfecta sanitate incolumis rediit.

Claudius nomine habebat filiam multo tempore tibia claudicantem; accessit; filiam martyri sanandam commisit; oleo ipsius ut perlinita est, sanissima effecta, torturas claudicationis amisit.

Dici non potest quot cæci ibi lumen inexpertum receperint, dæmoniaci purgati sint, claudi sanati, et diversis infirmitatibus diversi curati. Sed et si qui cum fide tulerint assellam de fuste illo quo sanctum caput illius terebratum est, sive a dolore dentium, sive a typo variarum febrium, sive ab aliis infirmitatibus, meritis beati martyris liberantur.

Evoluto itaque tempore, visum est pontifici Viennensium et sanctissimo clero, ac universo populo,

[a] Magnus Codex ms. S. G. utrumque.

ut precibus suis pervincerent Chlottarium tunc temporis pium regem, quatenus concedere dignaretur eis membra beatissimi viri, quæ sicut sepulta fuerant, in diœcesi Lugdunensi, et in loco passionis suæ servabantur. Quæ idem pius rex clementer indulsit; videbat enim dignissimam rem et Deo charissimam illos postulare, et affectum piorum filiorum circa patris reverentiam esse profusum; quis tantum opus pietatis quærentibus non concederet? Debent patres filiis thesaurizare; thesaurizavit plane iste thesaurum illis non deficientem in cœlis, quos purpura sanguinis sui, ad decorem filiorum, supervestivit; debent et filii patribus affectum piæ charitatis et obedientiæ, ac de pomis desiderabilibus virtutum eos reficere, ut eorum gustu et odore refecti, et satiati, in charitate templum decoris, et domus Dei, unum in Christo fiant; quæ gratia piæ matris Ecclesiæ major, quam ut videat filios suos digne Deo ambulantes? Caput humilitatis in compage charitatis connexum, membris vigorem, timoris et pietatis bonæ spei subministrare?

Revertuntur alacres a principe, tam clerus quam populus, desiderium cordis sui, desiderium amoris sui quod impetrare meruissent. Benedictus Deus qui dedit hoc in corde regis, ut magnificaret civitatem nostram de receptione beatissimi pastoris nostri ac martyris sui. Congregatur universa Ecclesia, gaudium tam celebre omnibus indicitur, parantur cruces, parantur luminaria, feretrum pretiosissimis vestibus componitur, festivis ornatibus universi induuntur, ac tali pompa honoris fit processus ad sancti pontificis martyrium.

Rem dicturus sum devotionis in Deum plenissimæ. Populi tam Viennenses quam Lugdunenses in unum conveniunt, fit pia altercatio, Lugdunenses martyrem habere, Viennenses pastorem referre; atque inter utrosque charissima concertatio, cum isti acquisitum, illi reposcerent patronum. Isti, cum quibus martyr in Deo vivebat; illi, cum quibus et carne magister vixerat. Quid longius morer? dum perseverantissime utrinque pro amore martyris in sententia durarent, ruit nox. Viennenses qui plus dilexerant, et quibus justior causa famulabatur, consilium subtilius capessunt. Furtim egesta humo, et sanctum sepulcrum reserantes, navicula cum rete piscatoria parata, subcelanti corpus, atque per Saonam [b] et Rhodanum ante mittunt; lætis undis, tam sanctum funus, et ipse Rhodanus suis civibus serviturus excipit. Crepusculum rediit, atque caterva Viennensis cum feretro vacuo pedestris revertitur. Exsultant Lugdunenses decepti vana spe; sed non diu tam felix furtum eos latuit, sicque lætitiam desperata victoria perdiderunt.

Illi autem qui navi transferebant membra pontificis, ut venerunt contra Fasianam villam, appulerunt ad littus, sustinentes sanctam catervam pedestrium. Erat tunc temporis ager Fasianus, jam ut

[b] Cod. ms. in margine : *Saona flumen fœtissimum, ingreditur Rhodanum apud Lugdunum civitatem.*

proprius delegatus pauperibus sanctorum martyrum in quorum honore Viennensis Ecclesia fundata consistit; nam ante sicut idem martyr in testamento suo quod fecit sanctis martyribus Machabæis, et sancto Mauricio, ac sex millibus sexcentis sexaginta, commemorat, ex maternis et paternis eadem villa, sorte beato Desiderio obvenerat. In quo testamento, quod præsentibus sanctis coepiscopis manu propria fecit, sub Dei omnipotentis obtestatione constituit, ut nullus præsumeret votum ipsius, intuitu pietatis perfectum, in aliud quam ipse statuerat mutare. [a] Quod si aliquis spiritu cupiditatis incitatus fecisset, si sententiam suæ actionis pœnitendo non mutaret, anathema in æternum fieret. Sustinentes igitur vectores sancti funeris, in hac villa illos qui per terram pedestres veniebant, in loco mundissimo, interim sancta membra composuerunt. Quid miraculi tunc contigerit, silere non puto.

Mulier multis annis ab spiritu immundo vexata, illuc manibus suorum attracta, ut sancti martyris locum attigit, illico virtute divina curata est.

Ut autem B. Ætherius tunc Viennensis antistes cum reliquis qui in urbe remanserant advenit, et sancto feretro ulnis piorum subvecto, chorusque beati populi, voces cantantium Deoque nostro psallentium, in altum sustulit, quis ibi tam ferreum pectus, tam dura præcordia habere potuit, qui non aut gemitum, præ nimia exsultatione cordis emiserit, aut lacrymis ora rigaverit?

Tali igitur cœlesti agmine præeunte et subsequente, pervehitur B. viri corpus usque ad locum sepulcri, quod digna veneratione paratum erat, in ecclesia beatissimorum apostolorum Petri et Pauli, extra civitatem, ubi et multorum pontificum ejusdem urbis Viennensis membra tumulata servantur. Cumque jam odoramentis, et pretiosis linteaminibus involvendum sanctissimi martyris corpus, episcoporum manibus tractaretur, quod in laude omnipotentis Dei reticendum non est, ita sanctissimi capitis vulnera integrata apparuerunt, ut penitus ubi cutis rupta fuerit non appareret. Nam et reliquum corpus suis juncturis et nervis constrictum, sana pelle sua vestitum manebat. Recinentibus choris Psalmisque antiphonatim consonantibus.

Ut sanctus Dei tumulo est ad tuitionem totius urbis compositus, mox gloriosa mulier, quæ fuerat quondam beati Ætherei in laicali habitu conjux, sed tunc vere sanctimonialis, hominem a nativitate cæ-

cum, juxta tumbam episcopi, et martyris Desiderii constituit, eumque fidem habere præmonuit; adfuit virtus divina quæ semper suos glorificat, et quanti meriti esset apud Deum is qui in loco illo teneretur, evidentibus signis manifestavit; nam in conspectu totius Ecclesiæ, cæcus isdem lumen inexpertum recepit. Multaque postmodum ibi Dominus per servum suum operatus est, quæ si universa quis scribere voluerit, volumen longi operis consummabit.

Passus est autem beatissimus Desiderius Ecclesiæ Viennensis episcopus, temporibus Theoderici Burgundiorum regis, factione Brunnehildis incestuosissimæ reginæ, iniquitati illius consentientibus et faventibus Bethone, Ephane, atque Gasifredo comitibus. Dies passionis illius celebris habetur x Kal. Junii, regnante Domino nostro Jesu Christo, qui cum Patre et Spiritu sancto vivit et regnat Deus per omnia sæcula sæculorum. Dies translationis ejus, quando translatus est ab territorio Lugdunensi de Prisciniaco villa, in suburbio Viennensi, in ecclesia beati Petri agitur III Id. Feb.

ABHINC DICTA EPISCOPI ADONIS VIENNENSIS.

Hæc vobis, beatissimi fratres et filii, plena veritate, sicut in membranis antiquioribus insertum vidi, ad commonitionem vestri transposui. Obsecrans, et pietate qua vos diligo sanctitatem vestram commonens, ut hujus aliorumque patronorum vestrorum meritis assurgere totis viribus elaboretis. Sedeat vestro animo illorum fervens in Deum religio. Charitas pura, assiduitas totius honestatis, patientia in varietate temporis perseverans, modesta et bonis Christianorum moribus decens, verecunda et pudica mansuetudo in omni habitu et continentia, Deo chara et amabilis unanimitas, ut cum cursum hujus vitæ per viam patrum vestrorum consummaveritis, lætitia sempiterna pariter cum eis intercessione illorum perfrui mereamini. Sitque cumulus justitiæ ipsorum, profectus vitæ vestræ, et gaudium perpetuum corona glorificationis vestræ.

INDICULUS ISONIS.

Hanc autem Passionem præfatus Ado episcopus nobis fratribus, cænobio sancti Galli, sub Grimaldo abbate Deo militantibus, reliquiasque S. Desiderii ab eo postulantibus, cum ipsius aliorumque sanctorum reliquiis, actibus quoque et passionibus infra descriptis, anno supra memorato, per nuntios satis fideles dirigere curavit.

---

[a] Quæ sequuntur, desiderantur in magno Codice ms. S. G.

ADONIS PRIVILEGIUM

QUO

ECCLESIAM VELNENSEM ABBATIÆ S. EUGENDI JURENSIS CONFIRMAT.

(Ex Baluzii Miscellaneis.)

Anno 870 Incarnationis Domini nostri Jesu Christi congregata sancta synodus Viennæ metropolis Ecclesiæ, domno et venerabili archiepiscopo Adone præsidente, et vigilantissima cura causas ecclesiasticas et filiorum suorum necessitates investigante, ac ecclesiastico more definiente, adveniens reverentus vir Magnus, præpositus cœnobii sancti Eugendi Jurensis, adventus sui causam manifestans, protulit in medio, quamdam ecclesiam ex cœnobio prædicto et infra Viennensem diœcesim sitam, in villa Velnis, dotatam in honore sancti Petri, privilegio sibi concesso ab antecessoribus sanctissimi jam fati archiepiscopi, necnon ab ipso compontifice usque ad id tempus conservato, proclamante vici sancti Albani rectore desolatam esse: protulit etiam idem venerabilis præpositus scripturam inquisitionis temporibus piæ recordationis Domini Agilmari factæ, eo quod et tunc temporis altercatio haberetur inter ipsarum rectores Ecclesiarum: sed quia eam Synodus irritam judicavit, eo quod canonicor... roboratam non vidit, placuit sanctissimo pontifici a capite per sanctissimos presbyteros omnem causam reiterari, quatenus veritate comperta altercatio diu ventilata firmaretur.

His igitur testantibus et dicentibus ordinem veritatis, visum est domno pontifici una cum consensu sanctissimæ synodi, quatenus sicut in diebus Antecessorum suorum sanctorum pontificum honorata fuit sancta congregatio cœnobii beatissimi Eugendi, sic et in hac petitione, et in cæteris necessitatibus suis honorem et opem ferret ad vires suas sancta metropolis Viennensis Ecclesia, et ut sopita querela firmius privilegium suum super facto Viennensis Ecclesiæ in futurum possideat, litteris etiam roboretur. Ea nunc itaque modum ego Ado Viennensis Archiepiscopus consentiens, et pio consilio filiorum meorum quorumdam, manu propria subter firmavi, sanctisque illis meis secundum morem ecclesiasticum firmare rogavi. Actum Viennæ publice mense Aprilis, episcopatus domni Adonis anno decimo, indictione tertia.

VITA SANCTI THEUDERII

ABBATIS VIENNÆ IN GALLIA.

Auctore sancto Adone ejusdem urbis episcopo.

(Apud Mabill., Act. SS. ord. S. Bened., tom. I, pag 678, ex mss. codd. quorum fragmenta Benedictus Gononus in Append. ad Vit. PP. Occid. retulit.)

1. Ado, Viennensis episcopus, fratribus in cœnobio sancti Theuderii consistentibus in Domino. Jesu Christo æternam salutem. Patris vestri Vitam, id est beati Theuderii, idcirco vestræ sanctitati scriptis meis commendare disposui, ut vos suis exemplis ad amorem vitæ æternæ amplius invitarem. Cupio enim ejus imitatores et æmulatores vos existere, cujus patrocinium Dei munere acquisivisse plurimum gaudeo. Hujus igitur viri primus ortus et vitæ processus taliter se habet.

Theuderius Viennensis, facultatibus distributis, Lerinum petit.

2. Hic beatus vir provincia Viennensi ortus, pa-

[a] Abbatia S. Theuderii, vernacule *Sainct-Chef*, olim ord. S. Bened., nunc in ecclesiam collegiatam

rentibus secundum sæculi dignitatem claris, facultatibus mundi honorabilis exstitit. Qui cum adhuc puer esset, ad amorem vitæ æternæ anhelare piis studiis cœpit: et quia parentibus claris ortus pecuniam non parvam ex censu patrimonii acquisierat, ut perfectus Christi discipulus existeret, eam dare pauperibus ut centuplum reciperet, et in futuro vitam æternam possideret, non distulit. Sarcina igitur temporali exoneratus ac sæculi veste ad plenum nudatus, ut perfectius Domino Deo serviret, Lirinense cœnobium expetere cogitavit.

A S. Cæsario detinetur.

3. Parentibus itaque derelictis, ac Deo totum se conversa, et mensæ archiepiscopali Viennæ Allobrogum unita est.

committens sub hoc desiderio Arelatensem civitatem expetiit, ubi tunc sanctus Cæsarius pontifex habebatur, ut solatio pontificis jutus, per ipsum facilius iter ad insulam monachorum capesseret. Sed summi Dei omnipotentis dispositione actum est, ut consiliis sanctis sancti pontificis aliquantulum ubi retardaretur. Ferunt namque quia primo cum se propexissent, propriis vocabulis se salutaverunt, atque omnipotentis Dei virtus pariter utrumque dono gratiæ ita inspiraverit, ut qui ante notitiam sui non habuerant, mox corpore se videntes, quod vere servi Dei essent, compellatione mutua foris nescientibus manifestarent. Vere instar illius beatitudinis, ubi erit plena cognitio veritatis, ubi unus integre et veraciter ab alio cognoscetur : quando non per speculum aut in ænigmate, sed facie ad faciem Deus videbitur, qui illuminabit abscondita tenebrarum et manifestabit consilia cordium. Rescitis itaque B. Cæsarius desiderii ipsius ardoribus, congaudens, Deoque omnipotenti gratias referens, sic beatum Theuderium alloquitur : O famule Dei, si verbis meis assensum dederis, erit Dominus tecum, et consilium cordis tui corroborabit. Maneto tantisper nobiscum ecclesiastico ordini subditus. Quod Dei munere tibi imposuerimus, humiliter sustine, ut sicut Scriptura docet, cum mansuetudine et humilitate opera tua perfeceris, super omnem gloriam dirigaris. Cui B. Theuderius : Scio, Pater beatissime, a Domino suis dictum : *Qui vos odit, me odit, et qui vos spernit, me spernit* (Luc. x, 16). Idcirco tuis monitis ut Domini jussionibus parere non differam. Substitit itaque ibi B. Theuderius secundum voluntatem B. Cæsarii, et die nocteque jejuniis, vigiliis, et orationibus vocem animi sui Deo committens, non parvam lætitiam proferens sui tam pontifici, quam Deo contulit.

Presbyter factus Theuderius redit in patriam.

4. Convoluto autem tempore cogitans B. Cæsarius divinis eum amplius vincire ministeriis, illo diu reluctante et reclamante diaconi officium imposuit; ac sic ei non post longum tempus presbyteri dignitatem cuncto clero et populo acclamante largitur. Quod officium ita S. Theuderius reverenter amplexus est, ut videret eum meritis et gratia cæteros præeuntem, officio mirabilem, humilitate etiam minoribus se submittentem, cogitans illud Domini dictum : *Qui se humiliat exaltabitur* (Luc. xviii, 14); et Scripturæ dicentis : *Quanto magnus es, humilia te in omnibus* (Eccli. iii, 20). Curriculo autem temporum evoluto cogitavit vir Dei revisere provinciam nativitatis suæ, et parentes suos consolari. Itaque voluntatem suam sancto episcopo aperiens, ab ipsoque benedictionem exadi et redeundi expostulans, grandi mœrore primo eum affecit. Deinde S. viri animo se non posse contraire cernens, assensum licet tristis dedit, cumque benedictionibus discessit ab urbe Arelatensi prosecutus clero et populo flente quod vir Dei ab eis recederet, tandem abire permisit.

Viennæ descriptio.

5. Veniens itaque S. Theuderius non longe ab urbe Viennensium, perquirere instanter cœpit, ubinam cellulam habitationis suæ perficeret. Ut igitur paululum articulum scribentis ad Viennensem urbem deflectam : Vienna urbs est Galliarum nobilissima ad occidentem et propter aquinolarem partem castris præeminentibus munita ut non facilis sit accessus ad mœnia civitatis. Castrum primum ad meridiem vergens Cappro. Cui vicinum est Eumenius, proxime Quiriacus. Cui muro per vallem protenso jungitur Propiciacus et Pompeiacus centum diis apud cultores dæmonum quondam celebris. Non longe quintum castrum annectitur, cui nomen vetustas Suspoli dedit : ipsaque tota civitas cum suis castris a fluvio [*deest forte* Jaira], usque ad ipsum fluvium Rhodanum protenso per colles usque ad planum muro cingitur, metropolis illustrissima, et inter Galliarum urbes insignissima.

Theuderius cellam ædificat facto miraculo.

6. Cum igitur vir Dei locum sessionis suæ requireret, pervenit tandem ad locum suæ solitudini aptum non minus procul ab urbe; ibique in honore Domini nostri Jesu Christi, sub veneratione beati Eusebii Vercellensis episcopi et martyris, domunculam ædificare cœpit. Contigit autem fundamentis jactis, ut collis propter eminens grandi præruptio scinderetur, ac ruinam loco prætenderet : sed oratione viri Dei ab illo qui suis dixit : *Si haberetis fidem, tanquam granum sinapis, diceretis monti huic : Transi hinc in mare, et transiret* (Luc. xvii, 6), mirabile dictu ! in parte alia nihil ædificationi nociturus subsedit. Exin ædificata domo, reliquiisque sanctorum altari impositis iterum vir Dei circumambulans juxta Jairam fluvium ubi cellulam servorum Dei fundaret, secum in cordis secreto volvebat. Arripitur propterea somno, monetur que per visum ut super ipsam aquam B. martyris Symphoriani basilicam construeret. Factumque est; ac exornato loco monachos ibi servire Deo delegit. Crescebat autem fama viri Dei, ac longe lateque spargebatur. Nec enim patiebatur Christus Deus noster lucernam sub modio celari.

Varias cellas construit.

7. Accurrentibus ergo plurimis ad notitiam viri Dei, frater ejus Arvus, sed et propinqui alii visendi gratia inter cæteros quadam die advenerunt : quos ille blande et paterne amplexatus, de spe vitæ æternæ et remuneratione sanctorum eos pie monebat. Inflammatus vero nimium et ardore Spiritus sancti accensus, venit ad castrum nuncupatum Alaroha; ibique monasterium monachorum instituere cupiens, oratorium B. Petri apostolorum principis construxit, ibique orationibus et vigiliis Deo vacans per aliquod tempus resedit. Postmodum veniens ad vicum et villam parentum suorum, cui vocabulum est Assidla, ubi oratorium in honore B. Mauricii martyris parentes ejus construxerunt, prosternens se in ora-

tione, continuis diebus et noctibus rogabat Dei omnipotentis misericordiam, ut condignum locum servorum Dei habitationi ei demonstrare dignetur. Cum autem se sopori dedisset, visus est ei angelus Dei, qui et locum secretum in colle Rupiano signavit, et ut ibi monasterium quod ardebat [*id est*, desiderabat], construere præmonuit. Erat tunc temporis hic locus utpote silvestris feris ac serpentibus plenus. Evigilans vir Dei venit ad locum sibi divinitus monstratum, ibique aliquantulum Deo orationem fudit. Sed invidus omnis boni diabolus, ut sanctum virum Dei ab intentione cœpti retraheret, sicut per serpentem primis parentibus venena suæ perfidiæ propinavit, iterum serpentem ingressus, et ferarum iras movens appetere retinuit. Cujus versutias vir Dei prænoscens armis orationum se muniens intrepidus stetit, ac fraus diaboli victa evanescendo succubuit. Annuente itaque Viennensium episcopo constructa est basilica celeri opere in veneratione sanctæ Dei genitricis Mariæ, atque de facultatibus tam parentum quam propinquorum suorum monasteriolum dotatum, et monachi juxta regulam Sanctorum Patrum sunt instituti.

Eligitur orator populi ad Deum.

8. Eodem tempore Philippus [a] venerabilis episcopus Viennensis vicesimus primus habebatur. Consuetudinis erat in eadem urbe unum de pluribus electum sanctioris vitæ in remoto infra eamdem urbem ponere, qui vota populi, contemplativæ vitæ solum deserviens, Deo familiarius allegaret. Pontifex itaque cum ex diœcesi virum plenum virtutis requireret, cui et populus imperio ipsius quod ad salutem pertinet secreta sua committeret, beatum Theuderium jam monachorum patrem existentem se habere tantopere gavisus est. Itaque eum accessiri jussit. Sciens vero beatus vir quo tenore a pontifice quæreretur, gratiæ Dei se totum committens, præposito suo Severiano nomine curam monasterii sui superposuit, et exhortans atque valedicens fratribus, commendans illos Domino cui spem suam commiserat, ad pontificem perrexit. Quem isdem pontifex venerabiliter suscipiens, congregato clero omnique plebe sanctum virum fratribus de misericordia Dei ecclesiæ filiis assignavit, ut oratione B. viri ipse lucrum de grege sibi commisso ad Dominum reportaret. Elegit itaque sibi vir beatus in monte Quirinali locum et Basilicam B. martyris Laurentii, ubi die noctuque orationi Deo vacaret.

Ejus virtutes et commendatio.

9. Quantæ autem districtionis quantæque humilitatis hic vir fuerit, non facile quavis lingua explicabitur. Lacrymis profusus, oratione cautus, corde totus in Domino fixus, de paucitate vero cibi et potus ac vilitate habitus quod dignum exprimere possim non video : quando in cilicio recumbens, noctes diesque sine cibo et potu continuaverit. Quia ergo populi undique ad eum confluebant, ipse sub secreto quantum poterat se occultans fenestram per- modicam aperiens, advenientibus monita dabat. Contulerat autem ei Christi gratia cordis sapientiam et oris gratiosam facundiam, ut sciret quod singulis salubriter panderet. Quis vulnere diaboli percussus ad eum venit et non continuo medicatus sanusque recessit? Quis mœstus de pondere peccatorum suorum non statim de misericordia Dei consolatus securior et lætior rediit? Quem sæculi pressura tristiorem reddiderat, ejus hortatu ad spem gaudii sempiterni animum illico erexit. Ut dictis Apostoli concludam totum, *Omnibus omnia factus est ut faceret omnes salvos* (*I Cor.* ix, 22). Miraculis etiam Dominus servum suum familiarius adhærentem clarificavit, ita ut plures a malignis spiritibus vexati, et variis languoribus detenti ejus orationibus sanarentur.

Morti proximus, Deo ferventius vacat.

10. Mansit autem isdem sanctus vir duodennio in loco præelecto et sibi dulcissimo : Deo semper ardentissima contritione spiritus ac corporis totum se mactavit. Cum autem tempus suæ resolutionis instare cerneret, ferventius in alta mentis contemplatione perdurans, quasi vicinior januis cœlestis vitæ oculum mentis ad alia deflectere ægre ferebat. Intererat amore Conditoris sui visioni, aderant desideriis ejus agmina cœlestium spirituum chori, apostolorum multiplicia tropæa, martyrum sanctorum in cœlis inenarrabilis lætitia. Non sonus, non cibus ullus præter Christum suavis. Inter tam felices et beatos labores cum aliquantulum vir Dei corpore languesceret, plenus et consummatus piis operibus migravit ad Dominum. O virum beatum post tot labores gaudiis sanctorum spirituum in societate sanctorum annumeratum, et visione Domini sui quem semper amavit æterne consolatum et feliciter lætificatum !

Sepelitur. Corpus immobile redditur.

11. Postquam obitus sancti viri civitati est nuntiatus, ivit tota civitas in obsequium funeris, sacerdotes, reliquusque clerus, et populi innumera multitudo. Compositum ex more corpus in feretro cooperitur : cumque a circumstantibus presbyteris post officia reddita ut ad sepulcrum ferretur sanctum feretrum fuisset apprehensum, moveri a loco non potuit, mirantibus et stupentibus omnibus qui aderant, et sollicito quid facto opus sit quærentibus. Ut S. pontificis decreto definitum est (quamvis populus contrairet) quatenus ad monasterium suum portaretur (quod est mirabile), illico tanta facilitate est motum, ut nullius ponderis esse putaretur. Pervenitur in suburbio civitatis ad basilicam S. Romani martyris in vico Brenniaco, ibique paululum repausatur : quod supererat noctis, pervigilem duxerunt. Quid autem miraculi contigerit non prætereundum puto.

Vinum multiplicatur in gratiam bajulorum sacri corporis.

12. Sanctimonialium feminarum Deo in monaste-

---

[a] Philippus concilio Lugdunensi, anno 567, et Parisiensi iv, anno 573, præsedit.

riis Viennæ servientium cnaritate et obsequio curatum est, ut fatigatio præcedentium et subsequentium fratrum aliquantulum relevaretur. Hæc ancilla Dei quæ congregationi præerat in superiori monasterio, tria vascula vino plena post sanctum funus misit, unde sitientes refocillari potuissent et hi qui vigilias agerent recrearentur. Bibitum est quousque vascula exhausta fuerint. Aderat tunc ibi Severianus olim viri Dei præpositus cum fratribus qui sancto obviam venerant. Quidam ex eis unde biberent cum quæsissent, non invenerunt. Sed quid divina virtus per sanctos suos non operatur? Ancillæ Dei quæ vascula plena vino detulerant, cum diluculo ad monasterium reverti vellent sua vascula repetentes quasi nihil inde hauserint plena repererunt. Vere tunc iisdem operatus est, ut servum suum magnificaret in vasculis qui in Cana Galileæ saporem aquæ convertit in vinum. Suffecit bibentibus liquor divinæ virtutis, ut etiam ad monasteria urbis satis inde referretur, et ad laudem Domini nostri Jesu Christi publicum miraculum fieret.

Cæcus illuminatur. Contractus erigitur.

13. Ferebatur autem corpus sanctum humeris procerum, qui vicissim sibi desiderio pio succedebant. Et cum esset cœlum nubilum et aer sudus, omnesque timerent tempestatem adventuram esse, subito serenitas B. viri meritis reddita est. Delatum est sanctum corpus in locum Duodecimum nuncupatum, ubi tale miraculum divina virtus præstitit. Cæcus quidam ita natus per triduum sanctas turbas cum funere B. viri venturas sustinuit. Ut potuit tetigit velamen feretri, et continuo ab oculis ejus sanguis profluxit, ac statim inexpertum lumen recepit. Ut autem ad locum sepulturæ perventum est, quidam homines pleni fide detulerunt ibi debilem membris contractum, ita ut natibus ipsius plantæ inhærerent. Adfuit sancti viri meritum : sanus enim pedibus a sepulcro sancto rediit. Quod ne alicui commentitium et non vere actum videretur, ipsi ambo, sive qui cæcus fuerat, sive qui gressum negatum receperat, in monasterio viri Dei usque ad mortem devoti perstiterunt, atque viva voce divina in se facta miracula promulgaverunt.

Cera crescit.

14. Ad tenebras noctis fugandas cera defuisse putabatur. Tristati fratres quo se verterent non habebant; sed timorem illorum depulit ille qui in dentibus manducantium quinque panes in solitudine accrescere dedit. Nam cera inter manus eorum ita creverat, ut de parva quantitate plurima luminaria accreverint. Curatum est ergo sanctum corpus digna veneratione et in sepultura quam olim sibi ipse præviderat venerabiliter celatum, ubi se cum Deo vivere crebris miraculis ad laudem Domini Jesu Christi manifestat. Quem si patronum apud ipsum, filii et fratres mei, habere desideratis, vitam ejus imitari plenam amore concupiscite. Desiderabat enim hic sanctus vir lucra semper Domini sui, et de vestra corona et ipse in Christo gratulari. Nunquam a vobis aberit, si vos de conversatione ejus vitæ animam et vitam non elongaveritis. Dominus autem qui illi meritum gratis et præmium æternum contulit, vobis et desiderium omnis boni augeat, et obedientiam sibi gratam perfectionem plenam justitiæ donet.

APPENDIX AD S. ADONIS OPERA

TRANSLATIO SEU ELEVATIO S. BARNARDI,

EPISCOPI VIENNENSIS,

Facta anno DCCCCXLV, IX Kal. Maii; scripta ab auctore anonymo ejus temporis.

(Apud Mabill., Acta SS. ord. S. Bened.)

1. Regni cœlorum civibus tantam gloriam consuevit tribuere omnipotens Deus, ut coruscantes miraculis spargant per populos famam laudis : et nostris temporibus de magnifico Patre nostro beato Barnardo pontifice visiones clara ostensione sunt revelatæ hominibus, ætate meritoque diversis. Sed eum nullus acquiesceret, ostendit se cuidam viro, nomine Rainaldo, ætate longæva et sacerdotali gratia sublimato : cujus relatione omnis dubietas merito pelleretur, quia erat vir nobilis, et castitatis munere insignis ; et, ut ipse retulit, ita sibi apparuit. Dum quiesceret in strato suo sub profundo noctis silentio, apparuit ei quidam vir magnæ auctoritatis, sacerdotali stola indutus, ferens archiepiscopale pallium, qui eum vocavit, dicens : Rainalde, me, te volo scire, conditorem hujus fuisse loci, et ut corpus meum fratribus tuis præcipias transferri, quod indigne concluditur in cœno aquarum. Cœpit autem eadem revelatio multis apparere, et minaci voce idem sanctus, ut celerius fieret, præcipere; et nisi obedirent suis sermonibus, locum asserebat, quem fundaverat, desolaturum.

2. Igitur tertia feria infra albas Paschæ, nono videlicet Kalendas Maii, anno Dominicæ Incarnationis

nongentesimo quarto decimo, detectum est sanctum corpus ejus, et a tellure levatum summa cum lætitia. Sed cum a tumulo membra beati pontificis levarentur, visum est senioribus vino ᵇ ablui, ex quo multa sunt officia languentibus præstita. Vidimus energumenos, atque lunaticos hujus liquoris unda potatos, viribus convaluisse, sedata impulsione dæmoniaca. Sed postquam feretro impositæ fuissent beatæ reliquiæ, in clamor sanctorum gaudentium, atque ad sinistram altaris apostolorum, quod ipse vivens sacraverat, locantur ᶜ summa cum lætitia populorum.

ᵃ Sic annum signat Breviarium Romanense, apud Bollandum anno 844 et sane rectius: nam eo anno Pascha incidebat in Aprilis diem 14, feria tertia infra albas (quo die facta translatio) in ejusdem mensis diem nonum Kalendas Maii seu 25 Aprilis.

ᵇ Hunc morem in translationibus sanctorum observari solitum alias notavi.

ᶜ Sancti Barnardi reliquiæ in eo loco non amplius comparent, ut putavit Lievræus, sed a Calvinistis combustæ creduntur.

MIRACULA EJUSDEM

Auctore anonymo Viennensi episcopo, ex num. 7, qui sæculo x vixit.

(Apud Mabill., ibid.)

1. Quamvis imperitia mea in posterum ve,ut inscia litterarum calumniabitur, tamen vis amoris domini antistitis alitorisque ᵃ mei Barnardi compellit me scribere virtutes nuper gestas. Cum igitur Aquitanici populi cum pontificibus concilium ᵇ apud civitatem, quæ dicitur Vetula, in pago Vallavorum, celebrarent, adfuit et Romanensium congregatio, corpus prælibati pontificis deferens. Si quis ergo voluerit scire virtutum illic gestarum copiam, vera inde excipere poterit indicia, quod arca, qua sacratissimum ejus corpus continetur, auro argentoque decenter ornata, ex oblationum abundantia, quas illi fidelium detulit manus devota, fabrili opere hactenus contexta cernitur: quod et aureæ testantur cruces, necnon et candelabra auro argentoque decora.

2. Subsequenti autem tempore erat Romanis quædam sanctimonialis femina, officio linguæ privata, quæ in ecclesia permanens, rogabat Deum intima cordis compunctione. Die ergo natalis apostolorum Petri et Pauli, cum jam vespertinis hymnis ex more dictis pueri Benedicamus Domino decantarent, ipsa cum reliquo populo Deo gratias proclamavit.

3. Sub eodem itaque tempore fuit ad Viventiacum quidam coriarius. Hic cum die Dominica non servato honore diei, artis suæ exerceret opus; manubrium ferramenti tam valide adhæsit manui, ut evelli non posset; lumine oculorum insuper obcæcatus, temeritatem suam omnibus fatebatur; cui per visum quidam apparuit, et ut Romanis sancti Barnardi auxilium flagitaret, monuit. Romanis perrexit, sanitatemque recepit.

4. Quid etiam in Valle aurea, quæ in pago Viennensi sita est, gestum sit, non tacebo. Concilium ibi per singulos annos Viennensium cives decreverant celebrare. Advenerat ibi quidam cæcus beati Barnardi præstolans adventum in gradibus capellulæ, quæ ligneis contexta stipitibus constructa fuerat: cui cum dicerent adesse turbam laudantium Deum ᶜ pro beati adventu Barnardi, ivit statim, et visum recepit.

5. Illis testantibus veritatem cognovi, qui ad festivitatem Ramis Palmarum Romanis advenerant, de cujusdam cæci illuminatione. Mos apud incolas inolevit ut ea die ad processionem cum frondibus membra sacratissimi præsulis secum vehant. Verum cum ad tantam lætitiam populus conveniret, adfuit et cæcus quidam magnis vocibus inquiens, se clare meruisse videre: ad cujus voces cunctus commotus populus concinendo personuit, Te Deum laudamus.

6. Beato testante Luca didicimus Salvatorem nostrum apostolos extra Jerusalem die ascensionis suæ eduxisse, et alta cœlorum penetrasse: cujus memor processionis Romanensium congregatio, cum hanc uno annorum componerent, herbæ, vulgo dictæ gladioles, flores unus adolescentium capsæ memorati pontificis lætabundus imposuit. Die vero altera collectos quos posuerat flores servare studuit; ex quibus multa beneficia languentibus beatus postmodum præstitit antistes Barnardus.

7. Illud ergo miraculum placet modo inserere, quod palam monstratum assidue, postquam regendam, cui Deo auctore deservio, hanc Viennensem suscepi Ecclesiam. Juvenem quemdam ad parentes intulerunt Romanis, qui nunquam ambulaverat: quem cum ante beati Barnardi sepulcrum posuissent, basibus consolidatis et plantis surrexit incolumis. Hic denique miraculum suum quotlibet anno circumfert: et licet ille beatissimus impar sit apostolis, tamen quod ad portam templi Speciosam Petrus quondam egit cum Joanne, huic simile esse cognoscitur: illum Petrus præcepit surgere, istum divina virtus meritis pontificis voluit erigere. Sufficiat ergo quæ sequentibus virtutes beati pontificis, hoc tantum de ejus scriptum miraculis: sed volo eos scire, multa fuisse, et jugiter esse, et tanta quæ etiam modum scribentis videantur excedere.

ᵃ Ne quis putet hæc verba esse hominis, qui Barnardi fuerit æqualis, sciendum est hunc esse morem, ut sanctorum in aliqua dignitate successores eos alitores et nutritores suos vocent. Anastasius vulgatus in Leone Papa III: Fecit in basilica beati Petri apostoli nutritoris sui, etc.

ᵇ Id est conventum fidelium indictum religionis causa: quo sensu etiam hæc vox sumitur infra num. 4. Vetula civitas, ubi supplicatio indicta, non alia videtur esse nonnullis, quam Anicium aut Podium civitas, caput gentis Vellavorum, du Velay. Franco monachus in Chronico Trenorciensi superius relatus ait, Erveum abbatem magnæ ecclesiæ suæ in comitatu Vellaico prædia conquisivisse, cum ecclesia sancti Georgii in Vetulæ præustio civitatis, nempe in suburbio Anicii seu Podii Vellavorum, uti explicat Petrus Franciscus Chiffletius in historia Trenorciensi. Et quidem hanc sententiam secutus sum in superioribus, ubi actum de translatione S. Filiberti. At Vetulæ civitatis nomine significari oppidum S. Pauliani, certis postea deprehendi argumentis, quæ in hujusce tomi Appendice addicam.

ANNO DOMINI DCCCLXXVII.

USUARDUS

MONACHUS SANGERMANENSIS.

USUARDI MARTYROLOGIUM

Ad excusa exemplaria quatuordecim, ad codices mss. integros decem et septem, atque ad alios ferme quinquaginta collatum, ab additamentis expurgatum, castigatum, et quotidianis observationibus illustratum.

OPERA ET STUDIO

Joannis Baptistæ Sollerii

SOCIETATIS JESU THEOLOGI.

SERENISSIMO AC POTENTISSIMO DOMINO,

D. J. WILHELMO,

Comiti Palatino Rheni, sacri Romani imperii Archidapifero et Electori, Bavariæ, Juliæ, Cliviæ ac Montium duci, principi Mœrsiæ, comiti Veldentiæ, Svonhemii, Marchiæ, Ravensburgi, Domino in Ravenstein, etc.

Tuam hic in fronte Bensbergam exhibeo (a), orbi universo spectandam, tuamque in illa magnificentiam contemplandam, Elector serenissime; Bensbergam non ita pridem ædificari cœptam, regio splendore exstructam, architectonicæ artis compendium, dignum tua animi celsitudine diversorium. Ita loquuntur subjectus tibi Rhenus et Dussela, ita circumsonant ditiones tuæ, ita prædicat Agrippina Colonia, in arcis tuæ conspectu posita, ita concordi voce testantur, quicunque vel eminus Bensbergam oculis lustravere. Sed pace quod tua dixerim, Princeps serenissime, arcem ego illam quantumvis augustam, dum pridem contemplarer attentius, non tam magnificentiæ tuæ, quam munificentiæ spectaculum esse existimavi. Arcem illam, bonarum artium habitaculum, amœnissimo collium jugo impositam, non ut de bicipiti monte fabulantur poetæ, sed ut illustrem herois vere Christiani palæstram, in qua liberales artes, scientiæ ac disciplinæ, imo in qua virtutes omnes Christianæ commorarentur, mihi repræsentavi. Hæc mea tum cogitatio ; cum summo favore, ac digna te principe benevolentia susceptus, nec minori comitate ad visendam Bensbergam invitatus, oculis ipse meis omnia propius circumspicere potui, omnia rimari attentius, omnia otiosius contemplari. Hæc, inquam, tunc animum subiit cogitatio, splendidissimam illam arcem Athenæum videri, in quo aut vere reposita essent, aut arte cælata, aut saltem collocari possent, quæ alibi copiosissime occurrerant, excelsi animi tui et ad omnes artes, egregia plane specimina. Mentem exprimamus apertius. Quæ in prospectu est, augusto frontispicio, superba ædificii moles, amplissimis discreta conclavibus, illam ego artis pictoriæ delicii tui, atrium fingebam, in quod collecta ex universa Europa tuis studiis, tuis sumptibus artificiosissimorum penicillorum elegantissima opera, de artis præmio decertarent: Cernebam animo Michaeles Angelos, Raphaeles, Paulos, Tintorettos, Rubenios, Dyckios (et quid ego omnes enumerem?) ordine dispositos, in Apellis contubernium confluentes, eo ornatu et copia ut, quod absque invidia dictum sit, vix ullum toto orbe principem esse existimem, qui tantos hujus artis thesauros tanto sibi pretio compararit. Videbar sane in una tua arce picturas eas omnes intueri, quas olim alibi per Germaniam, Italiam, Franciam, Belgium dispersas repereram. Dexteram alam apud me ornabat aliud non curiosi solum, sed industrii, docti, litteratique principis decus, librorum undique a te emptorum, a

---

(a) *Editio Veneta anni 1745 in fronte paginæ ædes ducales Bensbergæ exhibebat.* EDIT.

te selectorum instructissima bibliotheca, ibique eruditissimorum virorum lucubrationes recensebam, de quavis facultate, scientia, et arte scribentium, disserentium, disputantium; in quibus omnibus te solertissimum esse, jam ab annis ferme quadraginta, in principe adolescente, suspicere debuerunt. Belgium, Gallia, Anglia, Italia, Germania, quas omnes regiones biennali peregrinatione, non tam serenissimorum tuorum natalium, quam virtutum tuarum insignisque doctrinæ radiis, transeuntis instar solis, illustrati. Cepit te, opinor, eo tempore inter eruditos reviviscens vetustatis eruderandæ studium per numismata et id genus alia priscorum sæculum cimelia, quibus alterum palatii tui latus destinavi. Hic ego totam illam tuam rarissimorum nummorum suppellectilem in series suas distribui, ducto a consularibus per Romanas familias principio; inde ad Cæsares auro, argento, varioque ære cusos digestosque; hic veneranda doctæ Græciæ, vel in ipso metallo augustum aliquid spirantia lineamenta; illic Asiaticæ opulentiæ erepta barbaris rudera; ibi Hebraica, Syriaca, Syro-Macedonica; hic omnium gentium historiæ certiora vestigia. Hæc quidem illustria sunt exercitati ingenii tui, subactique judicii documenta, sed quæ sterilia, solorumque oculorum illicia aut spectacula esse noluisti. Hinc illa tua in doctis viris seligendis perspicacia, quos munifica manu ad hasce aliasque artes omnes excolendas excitasti; hinc in tua Dusseldorpiensi metropoli, præter solitas Musas, philosophicæ aliæque accersitæ disciplinæ, hinc restauratum dicam, an de integro erectum, quod Martis furiis collapsum et prope exstinctum erat, celebre olim in Palatinatu tuo Heydelbergense lycæum; hinc fundatæ ad artes omnes docendas ediscendasque tuo ære cathedræ; unde nimirum ad tuum Bensbergense athenæum viri undequaque doctissimi cultissimique confluerent. Taceo omnis generis peritissimos artifices, pictores, sculptores, cælatores, propositis præmiis, regiisque stipendiis dotatos, quos ad hanc tuam totius eruditionis artiumque omnium palæstram invitasti; verbo dicam, Musarum tum amœniorum, tum severiorum, in una Bensberga receptaculum a te magnificentissime et munificentissime præparatum. Sic ergo, Princeps serenissime, arcem illam tuam jam tum dispertitus sum, cum necdum ex omni parte perfecta esset; sic, inquam, ut cum hæc omnia tuo ingenio, tua animi celsitudine, tua eruditione dignissima censerem, alia profecto animo observarentur, quæ magis raperent in admirationem, quæque cæteris illis omne pretium, æstimationem omnem afferrent. Egregias illas interioris animi tui dotes intelligo, Christianarum virtutum splendore collucentes; summam in Deum, fortemque illam, quæ cætera tua animat, charitatem, pietatem, fidem, ejusque propagandæ zelum, a Deo tot favoribus cumulatum, ut rem catholicam tuo ductu mirifice amplificatam subditi tui mirentur et gaudeant; frendeant porro acatholici, tum ditionum tuarum incolæ, tum vicini, remotioresque, qui licet querelis injuriisque te sæpe lacessiverint, at fervorem illum tuum, catholico principe dignissimum, frustra conati sunt impedire, frustra tentarunt intervertere. Narraverant mihi, quibus ad te liberior patet accessus, statam constantemque cum Deo agendi rationem, quotidianæ vitæ religiosam consuetudinem, animi per preces, orationes, sacrasque lectiones refectionem, perpetuoque succedentes, inter administrandarum ditionum curas, cum supremo numine occupationes, nunquam intermisso sacrosanctæ missæ sacrificio, coronatas. Laudaverant alii tuam in rebus tractandis prudentiam, in exsequendis fortitudinem, inviolatum justitiæ rigorem cum innata clementia, pietatem cum dignitate, cum religione majestatem, amplitudinem summam cum morum innocentia, cum animi moderatione conjunctam. Quæ omnia, non supremum duntaxat aulæ tuæ principem, sed exemplar exhiberent ad omnem virtutem Christianæque sanctitatis consummationem subditos alliciens, alliciendo monens, monendo perducens. Noveram quanto ferreris studio in augendum Dei cultum, in ecclesiarum ornatum, quarum nonnullas aut splendide reparaveras, aut a fundamentis erexeras. Videram non uno ditionum tuarum loco egregia tuæ in sanctos venerationis monumenta, recurrebatque præcipue, non ita pridem restitūtus in sancti Auberti honorem, quem tribus abhinc ferme sæculis Gerardus Juliacensis cœperat, equestris ordo, ut vel innocuam, opinor, venandi voluptatem in Dei sanctorumque gloriam transferres. Sciebam, quanta contulisses in sacrorum lipsanorum decorationem, quantumque meditareris, ut beatam indigenam Christianam Stumbelensem, seu Juliacensem celebriori cultu illustrissimam redderes. At præ his omnibus, volvebam animo singularissimam illam tuam erga eum sanctum venerationem, quem primo meo in Actis sanctorum illustrandis conatu exornaveram. Raymundum Lullum loquor, magnum divini, ac humani amoris specimen, magnum, tum immensis laboribus pro fide catholica susceptis, ac profuso sanguine sigillatis; tum libris scribendis, naturæ simul ac gratiæ prodigium. Recentissima erat eximia tua, hujus sancti occasione in me benevolentia, cujus memoriam, quam gratam servem, palam et ubique jucundissima animi recordatione profiteor. Sine me hic, Princeps serenissime, orbi universo propalare, quod universus obstupescat; susceptam a te, viri beati portentosique operum omnium, dignam te solo principe, post quatuor ferme sæcula editionem. Quid ego hic prædicem sollicitudinem tuam in operibus undecunque conquirendis, accersendis, colligendis? Quid missos quaquaversum eruditos viros, qui ea e bibliothecarum scriniis semisepulta eruerunt? Quid expensas in rem, nomini tuo gloriosissimam factas et porro faciendas, sub Dei ter optimo maximo ipsiusque beati martyris auspiciis? Audacter dicam, id in hac re, Princeps serenissime, a te præstitum fuisse, quod princeps nullus, non rex, non Cæsar, hactenus aggredi ausi fuerint; ut singulari providentia gloriæ tuæ, jam satis quaqua versum diffusæ, cumulus hic amplissimus accederet. Hæc cum a te omnia, Princeps serenissime, sanctorum gloriæ promovendæ impensa probe nossem, idque potissimum, ut ad eorum exempla vitam tuam religiosissime conformares; dubitandum mihi prorsus non fuit, quin gratissimum serenitati tuæ foret munus hoc nostrum utcunque exiguum, quo non unius, sed multorum diebus singulis sanctorum exempla suppeditantur; ut sic quotidie, quemadmodum loquitur Augustinus, *memorias martyrum religiosa solemnitate concelebres, et ad excitandam imitationem, et ut meritis eorum consocieris, atque orationibus adjuveris.* Securus itaque ad te accedit Usuardus meus, Elector serenissime; Usuardus tuus, tibi eodem ferme tempore destinatus, quo illustrari cœptus est. Qui heroas describent, avito Cæsarum regumque sanguine progenitos, habebunt, quod de inclytissima stirpe tua, tot imperatoribus, regibus, aliisque tota Europa principibus nobilitata, merito enarrent et celebrent, tuos, non te laudaturi; imo te in illis omnibus, cum tuam in illis redivivam effigiem sint exposituri. Sed toties decantata, tot panegyribus exornata pridem sunt avorum illa, abavorum, atavorumque decora, symbolis et emblematis orbi proposita, ut si iis denuo commemorandis insistam, aliorum dicta colligere, pronuntiatas pridemque vulgatas integris voluminibus orationes videar retexere. Qui e stemmate tuo bellatores, animi fortitudine gestisque pro patria et libertate famosos, stylo prosecuti fuerint, poterunt ipsi et illas in te dotes extollere, laudareque inviolatam fœderum observantiam, qua superioribus bellis, ditiones tuas, fortunasque hostium furori exponere teque ipsum periculis objectare maluisti, quam vel ad latum unguem a data Cæsari confœderatisque fide discedere. Vidit non eminus et obstupuit Belgium nostrum, dum sub postremi belli principium, imminentem tuæ metropoli, ferrumque et ignem minitantem hostem, infracto robore exciperes dicam, an rideres, subditosque aut formidolosos, aut fugitantes, intrepida animi constantia animares confirmaresque. Qui principem clementia, justitia, pacatioribusque artibus ornatum, laudandum susceperint, tui speciem in alio tibi adumbratam porrigent. Laudabunt illi ordinatissimum provinciarum tuarum, quantumvis inter se dissitarum, regimen, laudabunt urbanas artes, commerciaque restituta; laudabunt metropolim tuam Dusseldorpiensem, ita auctam, ita elegantioribus domibus ornatam, ut qui eam olim viderint, jam Dusseldorpium Dusseldorpii non agnoscant. Loquentur illi urbem illam novam, tot amplissima ædificia, tum pauperum, tum senum, tum præsidii militaris usibus adornata, erecta templa, sacella, aliaque animis excolendis non minus, quam corporum sustentationi destinata. Excurrent denique in meritissimas illas laudes, quibus exsultantes subditi, æneam equestrem statuam tanquam Patri patriæ, in medio foro collocatam voluerunt; ego qui solas in arce tua Christiani principis, easque non in majoribus, sed in virtutes potissimum considero, qui interiorem magis animum quam potentiæ magnificentiæque tuæ argumenta contemplor, Christiani roboris, constantiæ in fide, profusi pro Christo sanguinis exempla propono, quæ tanquam *census*, tanquam *fasti*, ut Tertulliani verbis utar, a perituris *sæculi gaudiis* animum ad mansura transferant, eumque rerum æternarum cupiditate incendant. Hic Noster, nil nisi sanctitatem redolens, ad arcem tuam Bensbergicam conferendus ornatus; hæc Christiani herois insignia, principe loco appendenda; nimirum in sacra illa æde, reliquo palatio magnificentius exædificata, in qua decoramentorum nihil eluceat, quod non Dei gloriam spiret, sanctorumque venerationem. Hæc cum tibi luculenter exhibeat, hæc cum de te in illustrissimo illo sanctorum agmine manifestissime explicet Usuardus meus; veniam dabis, Princeps clementissime, si patenti præ palatii valvis area inter artium virtutumque descripta nuperrime conclavia, statuam tibi erigam, omni ære, omni metallo perenniorem, ut pote ea conflatam materia, quæ nulla aeris tempestate, nulla vetustatis ærugine, nulla temporis diuturnitate corrumpi, corrodi, aut everti unquam possit. Nec scalpro, nec arte fusili utar, nec malleo. Corpus ipsum totius machinæ, te principem serenissimum repræsentans, igne probe subactum, erit ipsa ferventissima, qua in Christum exarserunt innumeri martyres, Martyrologio nostro comprehensi, ferventissima, inquam, charitas, qua modo cum summo bono ardentissime copulati, eamdem tibi olim felicitatem æternam augurantur. Basim formabunt innixa implexaque dira illa carnificinæ instrumenta, quibus ipsi illi immaniter cruciati sunt, egregia nimirum incitamenta, quæ spectatorum segnitiem ad Christianum robur, martyrum illorum tuoque exemplo; omni lingua eloquentius, omni sermone potentius adhortentur. Stylobatarum vice machinam sustentabunt virtutes quatuor martyrum præcipuæ, viva fides, spes inconcussa, heroica fortitudo, invicta tolerantia. Ornabunt innumera alia decora, a sanctis accepta, iisque præsertim, qui licet magnis imperiis gubernandis regendisque distenti, vitatis perversi sæculi scopulis, immaculatum Creatori spiritum reddere. Sceptrum manui inseret magnus ille, tuos inter proavos Carolus, cujus vestigia premendo, te fidei catholicæ, Romanæque sedis protectorem agnoscit orbis catholicus. Coronam vertici imponet Henricus, qualem ipse sancti Petri cathedræ, Christiana pietate submisit. Balteum accingere poterit Ferdinandus Catholicus, Mahumetanorum sanguine purpuratum, quorum tot millia legiones tuæ, flosque patriæ nobilitatis, sub augustissimo piissimoque Leopoldo, in Hungaria militantes, immortali gloriæ tuæ incremento profligaverunt. Concurrent ex Anglia Eduardi, ex Gallia Ludovici, ex Hungaria Stephani, ex Dania Canuti, ex Suecia Erici, ex Bohemia Wenceslai, ex Polonia Casimiri, ex omni regno cœlites principes alii, tuam iconem, vivam, inquam, in te eorum imaginem debitis tropæis certatim exornaturi : nec reges solum et principes, sed tota illa in meo Usuardo expansa longe lateque sanctorum acies, tuo, quod mihi benigne annuis, patrocinio gavisura, quos nempe in hoc Actorum nostrorum veluti compendio, sub tua hodie (si ita mihi loqui fas sit) sub tua clientela constituo. Hoc ego delubrum, Princeps clementissime, in area Bensbergica tibi dico, tibi consecro, tibi esse volo æternum meæ sociorumque meorum in te, serenissimamque familiam tuam, constantissimæ observantiæ monumentum, cui non quidem inepte inscribatur tua olim peregrinantis tessera, *Dominus virtutum nobiscum;* sed hæc dedicato tibi operi erectæque statuæ accommodatior epigraphe : Laus ejus in Ecclesia sanctorum.

Serenissime et clementissime Princeps,

Serenitatis Tuæ electoralis,

Devotissimus cliens,

Joannes Baptista SOLLERIUS,
Societatis Jesu.

PROTESTATIO R. P. SOLLERII.

Quod ante tomos singulos de Actis Sanctorum identidem protestati sunt magistri et collegæ mei, se in toto de Actis sanctorum opere servatas velle Urbani papæ VIII Constitutiones, neque suis, aliorumve eo referendis Commentariis aliud pondus, quam est Historiæ, ab hominibus errori obnoxiis scriptæ; idem ego ante hoc Usuardi Martyrologium a me recensitum et illustratum etiam protestor.

PRÆFATIO.

BREVIS TOTIUS OPERIS CONSPECTUS.

1. Inter Martyrologos antiquos nullus Usuardo celebrior, nullus in Ecclesia usitatior, nullus toties descriptus, nullus pluribus editionibus, Germanicis, Gallicis, Italicis, Belgicis per totam Europam catholicam dispersus, utpote qui centum circiter annorum decursu, ferme vigesies excusus fuerit, ut tertio hujus præfationis capite fusius deducemus. Desiit subinde Martyrologii istius excudendi ardor, postquam Ecclesia Romano-catholica Usuardum non qualemcunque, sed usibus suis aptatum, auctum, reformatum, in officio canonico usurpandum præscripsit, quodque proinde, mutato Usuardi nomine, vere Romanum Martyrologium cœpit appellari. Sic quidem in choris, capitulis, aliisque religiosis societatibus Usuardini Martyrologii prælegendi cessavit usus, at perseveravit interim, et perseverat hactenus inter Hagiophilos et ecclesiasticorum monumentorum veterum studiosos ingens desiderium videndi aliquando ipsum illud Martyrologium nativæ suæ simplicitati, post tot alias needum defæcatas editiones restitutum, omnibusque accessionibus plane repurgatum. Id a RR. PP. Benedictinis Parisiensibus, qui auctoris ipsius, symmystæ olim sui, autographo gloriantur, diu postulatum, diu frustra exspectatum fuit : an quod ipsi provinciam illam, quasi a nobis pridem occupatam ultro cesserint, exploratum non habeo : certe, quod orbis litterarius sæpe mirari debuit, tot inter analecta a viris illis eruditissimis in publicum emissa, locus Usuardo isti, seu vere, seu prætense autographo, hactenus concessus non est.

2. Quod hic occupatam a nobis evulgandi aliquando Usuardini Martyrologii provinciam insinuem, id velim intelligi de pollicita olim a Bollando editione, ut mox ex Præfatione ejus generali, cap. 4, § 7, manifeste ostendam. Nec id solum meditabatur vastissimi nostri de Actis Sanctorum operis conditor, verum et alia cujusvis generis Martyrologia publici juris facere, ne quid in Actis occurreret quod eruditos lectores remorari posset. Juverit Bollandum ipsum loquentem audire citati capitis § 3, ubi, enumeratis suppetiis, fulcimentis, adminiculis undecunque collectis et acceptis, ad alia monumenta progressus, recenset Calendaria et Fastos variarum ecclesiarum, Breviaria et id genus instrumenta ex quibus indicatur præbeturque occasio in sanctorum Acta inquirendi. Pergit deinde in hunc modum : « Sed præ his quoque magno mihi subsidio Martyrologia fuere. Cogito, quæ habeo non pauca, saltem quæ maxime probata erunt, illa olim edere accurate recensita, collataque cum iis quæ interea suggerent amici. Quia tamen hic nonnulla cito quæ adhuc publici juris non sunt, ne quis eam ob causam forte hæsitet, paucula hic de iis a me pertractari, censui oportere. Hæc antesignanus noster, non Usuardi solum, sed et aliorum Martyrologiorum editionem animo designans, rectissime et sapientissime ipso magni operis principio censuit, et ante ipsum, pri-

mus delineator ac monumentorum collector, Rosweydus censuerat; quippe qui antequam opus, jam mente conceptum, aggrederetur, prelo paraverat Martyrologiorum antiquorum, eatenus notorum, nempe Bedæ a Plantino vulgati, Usuardi, Rabani, Adonis et Notkeri, cum Romano moderno, Græcorumque Menologio collectionem: provide prudenterque advertens, ad tanti operis, quale est de Actis sanctorum, intelligentiam, præviam Martyrologiorum, ex quibus sanctorum cultus eruitur, claramque notitiam præmitti omnino necessarium esse.

3. Mansit quidem inedita, duobus magnis voluminibus descripta, jam dicta Rosweydi collectio, quoniam Martyrologia illa tunc temporis satis vulgata existimarunt majores nostri; at aliorum subinde erutorum manuscriptorum edendorum consilium nunquam dimiserunt, quamquam promovendo operi alacrius incumbentes, rem totam in plures annos distulerint. Prodiit nihilominus interea genuinus Beda, ab additamentis Flori, qua tunc licuit probabilitate distinctus, eo casu inventus, ea ratione editus, ut fuse et clare explicatur in Prologo ante tomum II Martii, quæ hic describere superfluum judico. Hieronymiana exemplaria collegit, notis et exercitationibus illustravit ac edidit V. C. Franciscus Maria Florentinius, nobilis Lucensis, anno 1667, eodem illo quo lucem vidit genuinus Beda. Supererat Usuardus, cujus laudatus Bollandus, jam dicti cap. 4, § 7, pridem monuerat, complura in Museo nostro exstare exemplaria, sed in quibus et amplificata sanctorum elogia, et plurium nomina ascripta, qualia ecclesiarum Pragensis, et Bruxellensis, multorumque monasteriorum, quæ non attinet hic percensere: faciam id alias, cum Usuardum edam, sed nativa simplicitate, variorum Auctaria seorsim. » En clarissimis verbis depictam, quam supra dicebam, meditatam a Bollando, idque ab annis plusquam septuaginta, Usuardini Martyrologii editionem, ad quam tamen nec ipse, nec subsequentium sociorum ullus animum postea unquam adjecit.

4. Neque vero nudam, ut diximus, Usuardi impressionem procurare id animo volvebat Bollandus, sed qui terendis excutiendisque istius Martyrologii, sæpe aucti, sæpe luxati, sæpe interpolati, manuscriptis codicibus assueverat, qui prædictorum codicum, cum aliorum Martyrologiis confusionem perspexerat, qui nomina Hieronymi et Bedæ sæpe perperam Usuardinis codicibus præfixa observaverat, id, nisi fallor, moliebatur, ut phrasim stylumque Usuardi assecutus, a reliquis omnibus eum discerneret, nativam textus puritatem erueret, variorum auctariis in classes suas redactis, una opera codicum manuscriptorum notitiam, qualem tunc poterat, Actorum nostrorum lectoribus suggereret. Fuisset sane editio hic delineata, Henschenii studio, exercitatione, summaque in versandis Martyrologiis peritia dignissimum opus, verum ipse privata sua scientia in promovendo opere uti maluit, quam po-

sterorum commodo consulere. Nec Papebrochius ei negotio magnopere intendit, cum enim tetricam excutiendorum Martyrologiorum spartam, ad usque finem Junii perduxisset Henschenius, recte prospexit ipse metam laborum suorum illic procul dubio figendam. Socii alii, urgentioribus et ipsi distenti, rem totam hactenus intactam reliquerant.

5. Interea superiorum nutu, cœlo seu sanctis cœli incolis portandis (ut facere olim lusit Bollandus) humeros supponere jussus, inde rei exordium sumendum putavi, quo operis totius cardinum, elementorum, fulcrorumque cognitionem acquirerem. Atque eccum tibi diebus prope singulis longas series Martyrologiorum præsertim Usuardinorum, quorum vel solorum nominum et characterum magna diversitate, a prosequendo tam vasto opere absterreri quis posset, dum secum attente perpendit, quam multa, quam varia præ requisita prænoscendaque necessaria sint, priusquam ad intima penetrare queat. Fateri non erubesco, per annos mihi laborandum fuisse, priusquam, vel solorum codicum proprios characteres satis dignoscerem. Et fuit profecto non modica ea difficultas, cum enim codices ipsi varia præferrent nomina, præsertim Hieronymi, Bedæ et Adonis, ne curasset Henschenius ad classes suas singulas distincte revocare, cui nempe sua sufficiebat notitia; ad hæc cum nomina, codicibus tum aliis, tum Usuardinis tributa, a monasteriis, ecclesiis, bibliothecis, vel urbibus desumpta, confusionem parerent, conferentia erant singula prope manuscripta, antequam certo statuere possem, utrum ad Hieronymianorum, Bedæ, Adonis, vel Usuardi proprias classes essent reducenda. Dum hisce evolvendis, excutiendis, perscrutandisque operosius insudo, ad finem perducitur Junii nostri tomus V. Cujus cum grandior moles, totius istius mensis Supplemento subjungendo sufficiens spatium non relinqueret, opportune renovata est cogitatio de edendo tandem aliquando Usuardi Martyrologio, quod cum præfato Supplemento, sextum Junii, et ultimum sacri Semestris tomum conficeret, ut tantisper ad calcem prædicti voluminis quinti indicatum est.

6. Pandunt se sensim susceptæ novæ hujus Martyrologii Usuardini editionis institutum, totaque ejus œconomia, seu propria ratio, qua nimirum præter Usuardini textus *nativam simplicitatem*, per dies singulos ex fontibus suis probatam, stabilitam et explicatam; id potissimum, qua possumus diligentia, nobis exsequendum præfigimus, ut cum Martyrologii nostri textus in egritate, simul nascantur codicum Usuardinorum tam variorum, totque nominibus insignitorum ætas, character, fides, auctoritas, cæteraque omnia ad perfectam monumentorum nostrorum cognitionem pertinentia. Accedet, qua ad Actorum vel saltem commentariorum nostrorum filum percipiendum faciet, vel maxime, Martyrologiorum aliorum, quocunque nomine, vel titulo de-

scriptorum, aut typis excusorum, cum Usuardino perpetua comparatio, ac praeterea manuscriptorum prope omnium tam accommodata pictura, ut lector quilibet non imperitus, unico quasi intuitu doceatur, ad quam Martyrologiorum seriem citati illic quotidie magno numero codices, reducendi sint; unde mihi equidem persuadeo, non solum taedium [ea ratione lectoribus sublevatum, sed et clariori rerum, de cætero obscurissimarum exhibitione, non parvam voluptatem allatum iri.

7. Atque hinc etiam perspicis, duas potissimum easque urgentissimas causas, quæ me ad tetricum hunc laborem suscipiendum impulere; alteram, quæ nosipsos posterosque nostros; alteram, quæ hagiophilos alios, Actorum nostrorum lectores, praecipue spectant. Nostra intererat praecavere incommoda, ne venturi imposterum operis adjutores, iisdem ipsis difficillimarum inquisitionum labyrinthis irretiti, menses etiam plures imo et annos magno taedio, fructu exiguo consumerent, ut vel solorum Martyrologiorum nostrorum sufficientem ideam adipiscerentur. Ad externos pertinebat hujusmodi disquisitio, ut ne operis nostri momentis fulcimentisque non satis cognitis, *non ob eam causam,* quemadmodum Bollandus solerter observaverat, perpetuo *haesitarent.* Quod mihi sexcenties evenisse meminerant. Quid enim lectori fastidiosius excogitari potest, quam singulis prope commentariorum nostrorum praeviorum paginis, longo Martyrologiorum agmine obrui, de quibus ipse dubitare possit, an unquam exstiterint in rerum natura: aut si bona nostra fide, ea admittenda putet, saltem de codicum ipsorum genere, patria, aetate, stylo, auctoritate merito edoceri voluit, quo perpensis, pro sua eruditione rerumque istarum peritia, rationum argumentorumque nostrorum momentis, per se ipse de assertorum omnium veritate statuere, ac decernere prudenter valeat: Haec mihi ad devoranda ingentia taedia incitamento fuere, summam una spem ingerentia, fore ut Hagiophilis omnibus, non ingratus obtruderetur labor noster, partemque in Actis ipsis sanctorum habere paterentur Usuardum, qui sanctis, imo Actis ipsorum plurimis, non exiguam intelligentiae lucem praeferret.

8. Habes hic paucis, erudite lector, veram, candidam et sinceram totius editionis nostrae Usuardinae causam, habes consilium, propositum, rationem. Repeto, testorque id me praecipue studuisse, ut codices omnes, quorum in Museo nostro numerosa, si usquam, supellex, ut codices, inquam, omnes, ex Usuardi progenie, ab aliis omnibus seponerem; seu eos integros habeamus, seu solum extracta aut variantes, ex collatione ab Henschenio et Papebrochio, cum ipsis codicibus et Usuardo Greveni facta, superstites; ut postea ex professo demonstrabitur, dum ad Usuardum ipsum, ejusque proles, praefationis hujus capite tertio deventum fuerit. Jam dicta brevissime contraho. Usuardum damus additamentis omnibus, quantum humanitus fieri potuit, ex-

purgatum. Hoc primum. Deinde in observationibus quoque die subjunctis, exactam tradimus occurrentis textus genesim, eum ad primas radices revocando, ostendendoque, utrum ex Hieronymianis, ex Beda, an ex Romano parvo per Adonem, commemoratio, de qua agitur, desumpta sit; an Adonis solius propria; demum an ab Usuardo aliunde quam ex Adone, aut antiquioribus mutuata. Rursus, an idem sanctus aut sanctorum turma a Rabano, Hieronymi aut Bedae verbis consignata non sit. Nec locus Notkero deest, paucis nonnunquam assignando, quaenam ex Hieronymianis, quaenam ex Rabano, quaenam denique ex Adone abeo translata fuerint; ut proinde diebus singulis scenam aperiam, qua uno quasi intuitu probe instituatur lector de tota Martyrologiorum omnium inter se relatione, seu, ut ita dicam, sanguinis aut affinitatis propinquitate; ne excluso quidem Wandalberto, cujus metrica elogia observationibus nostris, siquidem de illius diei Sancto vel sanctis meminerint, inseruntur vel subjunguntur.

9. Haec est totius operis latissime expansi in brevem tabellam contracta imago, ubi ad citatum caput tertium pertigerim, accuratius explicanda. Jam quid hac nostra praefatione praestitum sit, paucis accipe. In tria capita totam dispescimus. Primo Martyrologia omnia recensentur et Usuardo antiquiora et synchrona, cum quibus ipsi nonnulla quidem affinitas, sed non tanta sanguinis, si ita loqui licet, conjunctio, ut parentum seu primigeniorum fontium titulo proprie gaudere queant, qualia sunt, quae ad Hieronymiana, aut Bedam a Floro auctum referuntur, aut quae cum illis propinquitatem habent, ut sunt Wandalberti, Rabani et Notkeri Martyrologia, vulgo nota, quibus omnibus proprias characteristicas ita conabor appingere, ut a quolibet facile dignoscantur. Intercurret nova de genuino Bedae et Flori Martyrologio disceptatio, eruditis hagiophilis ad ulteriores disquisitiones materiam praebitura. Porro in Martyrologiorum serie, debito antiquitatis jure, agmen ducent apographa Hieronymiana, tum majora, uti vocamus, a Florentinio edita; tum minora, quae apud nos mss., aut ab aliis vulgata sunt. De his vero aliisque talem Martyrologiophilis delineationem ob oculos ponam, ut citata magno numero in Actis nostris exemplaria per se ipsi ad classem propriam possent reducere, deque codicis cujusque probitate ac fide judicium ferre.

10. His subjungetur caput alterum, quo ad ipsum Usuardum accedemus propius, primum familiae ejus stipitem, seu in recta linea protoparentem demonstrando, nimirum vetus illud Romanum ab Heriberto Rosweydo primum editum atque Adonis praefixum. Hic vero exsurgent Rugia : cum enim tot habuerit, totque etiamnum impugnatores habeat praedictum Martyrologium, eo capite polemice agendum erit, ut contra quoscunque adversarios vera appellatio, sinceritas, vetustas, ejusdemque facta Ravennae per Adonem descriptio vindicetur : unde fiat consequens,

Idem ipsum esse, quo Viennensis Martyrologus adjutus est, imo ex quo plerosque sanctos suos diebus singulis extraxit. Cum autem deinceps probaturi simus, Usuardum toto suo opere Adonis compendiatorem contractoremque fuisse, perspicue concludi poterit, Romanum vetus seu parvum, Usuardi avum esse, Adonem ejus patrem; id quod capite tertio erit pertractandum. Quo deinde, longo ordine sequetur tota Usuardi progenies, seu codices illi Usuardini omnes, ex quibus genuinum ejus Martyrologii textum, simulque Auctaria seorsim collecta desumpsimus. Haec prima fronte, ex ipsa rerum plerisque ignoratarum nimia varietate, nonnihil obscura, toto praefationis decursu, clare, ut confido, atque dilucide evolventur.

CAPUT PRIMUM.

Martyrologiorum antiquorum inter se ac cum Usuardo propinquitas et connexio.

11. Multa pridem a Molano, Baronio, Bollando, Henschenio, Papebrochio, Florentinio aliisque doctissimis viris praeclare disputata sunt de Martyrologiorum origine, primordiis, et incrementis; deque eorum diversitate, prout a variis scriptoribus primum conflata fuerant. Crevit earum rerum penitius investigandarum studium, accrescente paulatim majori luce, postquam antiquiora Martyrologia e bibliothecarum scriniis educta, typorum beneficio omnium manibus teri coeperunt. Nihil hic ad nos attinet ea repetere, quae a clarissimis illis notissimisque scriptoribus, praesertim a nostro Bollando clare, distincte et erudite explicata sunt. Unum est, in quo defecisse omnes, sit verbo venia, in quo, inquam, defecisse ipsos animadverto, nimirum, quod singulorum Martyrologiorum auctores, aetatem et characteres aliquos solum describendo, eo penetrare neglexerint, unde eosdem inter se componendo, una explorassent, quae primigenia Martyrologiorum capita, quae qualisve caeterorum ex prioribus derivatio aut genesis, quaeque proinde inter Martyrologos omnes conjunctio, connexio, propinquitas, affinitas, vel consanguinitas. Liceat mihi hisce uti vocabulis, ad rem hactenus implexam et involutam, quanta potero perspicuitate illustrandam. Jam Martyrologia omnia classica, seu quae antiquorum praerogativa et auctoritate gaudent, suis nominibus appellavi; Hieronymiana nempe, Bedam, Florum, Romanum parvum, Rabanum, Wandalbertum, Adonem, Usuardum et Notkerum. Quaeritur hic quisnam inter illos ordo, dicam an subordinatio, qui proavi, qui patres, qui filii, qui cognati; verbo dicam, quo se in vicem propinquitatis gradu contingant?

12. Ego sic existimo, ad tria potissimum capita, radices, stipites, seu fontes reduci omnino posse Martyrologos omnes, seu potius eorum Martyrologia, quorum surculi, rami, vel rivuli dici debeant, quotquot huc usque, saltem alicujus nominis vulgata sunt, vel manuscripta exstant in variis bibliothecis, ex quibus apographa, ad Museum nostrum ab amicis transmissa, aut a majoribus nostris magno labore et sumptu procurata fuerunt. Capita hic nomino Martyrologia illa, quae prima seu autographa censeri debent, utpote quae ex nullo altero, saltem quod modo supersit, transcripta, fontes ipsa fuerint, unde scriptores Martyrologi alii suas aquas derivarunt. Ex his primum, praecipuum, et vetustissimum agnoscimus, quod sub Eusebii vel potius Hieronymi, vel utriusque nomine circumfertur, sive illud vere ab ipsis conditum fuerit, sive a posteris falso ipsis ascriptum, de quo paulo post copiosius tractandum erit. Locum ab hoc proximum tenet celebre aliud a Venerabili Beda compositum, non jam supposititium illud a Plantino editum, sed genuinum ipsum, quod a Floro nominatissimo Lugdunensis Ecclesiae subdiacono auctum fuisse, clare et diserte ab Adone testatum, postea ostendemus. Tertium porro dicimus, ipsum illud, quod praefatus Ado Ravennae repertum, et a religioso fratre, sibi praestitum, ibidem transcriptum, in capite Martyrologii sui ponendum putavit, quod Rosweydi nostri cura primum cum Adone in lucem prodiit anno 1613, quodque a multis subinde laudatum, sed a pluribus acerrime oppugnatum, toto sequenti capite vindicandum suscepimus.

13. Hos ego primarios stipites seu stirpes voco, unde in tres potissimum classes, tribus, seu familias primigenias tota Martyrologiorum prosapia distribuatur. Ex his vero primaria, ut iterum dicam, et magis late patens radix praedicanda est Hieronymianum, ut omnium antiquissimum, ita feracissimus fundus, in quo natae arbores in omnem partem ramos extenderint; puta Martyrologos alios prope omnes ex ipso illo primario, in opus suum aliquid transfudisse. Visum a Beda Hieronymi Martyrologium, ex ipsiusmet verbis infra citandis deduci posse videtur, imo negare vix ausim, aliqua sanctorum nomina verosimillime ex uno alterum transiisse. An idem de Romano veteri seu parvo aeque affirmari possit, fateor mihi necdum undequaque constare, tametsi longa et sedula disquisitione id assequi studiosissime conatus fuerim. Nihilominus et Bedam Martyrologorum caput statuimus, idque adeo maxime, quoniam singulari ordine et stylo Martyrologium proprium, ut ut incompletum adornavit, quod primum a Floro, inde ab aliis auctum, pene dicerem deformatum, vestigia tamen aliqua semper servat, ex quibus ab aliis distingui possit, ut ante me accurate observarunt Henschenius et Papebrochius, dum illud aut purum, aut puro proximum edidere ante tomum II Martii de Actis sanctorum anno 1668. Atque haec iterum obiter dicta sunt, propriis locis in hujus capitis decursu uberius explananda.

14. Est igitur nostra fundamentalis assertio, ab his tribus Martyrologorum quodammodo patriarchis, reliquos omnes legitima successione descendere; quales sunt Rabanus, Ado, Usuardus, Notkerus, et quicunque alii ab hisce, tanquam stipitibus subalternis, sua desumpsisse deprehenduntur. Ex qua proprie radice profluxerit metricus ille Martyrologus

Wandalbertus, certo exploratum non habeo. Ex Beda acceptum nonnulli voluere: ipse se subsidii primum a Floro habuisse fatetur. Ego florilegum puto, qui hinc inde varia sanctorum nomina, forte versibus aptiora decerpserit, de quo pluribus suo loco dicam. At certum est, Rabanum ex Beda descriptum, ex Hieronymo auctum, et nonnullis additis aut fusius deductis, ab auctore completum esse. Ado genitorem suum digito commonstravit, dum Romanum parvum operi præfixit, et diebus prope singulis ex eo sanctos suos evidentissime desumpsit. Nec minus certum est totum Usuardi Martyrologium ex Adone contractum esse, sanctis martyribus Cordubensibus, nonnullis Hieronymianis, nonnullis popularibus, ac paucis aliunde mutatis coagmentatum. Bedam etiam secutum se fuisse testatur Usuardus, idque in observationibus nostris, dum locutus est, sedulo adnotamus. Verumtamen Adonem patrem ejus, seu verum fontem declaramus, ex quo totum ferme Martyrologium ejus dimanasse indubitatum arbitramur. Notkerus denique præcipua quæque ex laudato Adone transtulit, non pauca ex Rabano sua fecit, multis ex Hieronymo ad complendos singulorum dierum indiculos corrasis. Atque hæ totidem propositiones sunt, nostra hac præfatione, quoad res exigit, aut a decessoribus nostris jam præstitum non fuit, distincte et ordine demonstrandæ.

ARTICULUS I.
De Martyrologii Hieronymiani exemplaribus.

§ I. — De majoribus ab Acherio et Florentinio editis.

15. In laudata nuperrime præfatione generali, c. 4, totum quartum paragraphum insumit Bollandus elucidando, quod sub Eusebii et Hieronymi nomine venit, Martyrologio; ubi primum fatetur, non satis probari, quod tale Martyrologium ab Eusebio unquam scriptum fuerit, nec id ex epistola Gregorii ad Eulogium aperte deduci. Rursus, nec certum esse Eusebianum seu Martyrologium seu de martyribus commentarium, ab Hieronymo versum, aut aliud ab sancto doctore scriptum fuisse, quidquid id aliqui confici existiment ex famosa Chromatii ac Heliodori episcoporum ad Hieronymum epistola, et altera ad ipsos Hieronymi responsoria; utpote cum utramque Baronius solidis argumentis commentitiam demonstraverit; unde si vera unquam istiusmodi epistola a Cassiodoro citata fuerit, eam intercidisse fatendum est. Et hæc quidem communior hodie doctorum virorum sententia, cui tamen contradici posse, dictasque epistolas a suppositione utcunque salvari, operosis annotationibus ostendere conatur Florentinius a pag. 57. Cæterum pendente adhucdum ea lite, ex Cassiodori testimonio id consequi omnino videtur, indiculum aliquem seu Fastos ab Hieronymo concinnatos, sive sub epistolæ, sive sub alio quovis titulo, descriptis fortasse eorum Sanctorum nominibus, quorum in Eusebii collectione, cujus Eusebius ipse lib. IV, cap. 14, et lib. V, cap. 20, et ad Gregorium Eulogius meminere; quorum, inquam, ibi Acta exstabant, aliis de suo superadditis, ex quo

pridem firmiter invaluerit, inveteraveritque opinio Martyrologium aliquod ab sancto Hieronymo compositum fuisse.

16. Pro opinionis jam dictæ vetustate abusque sæculo sexto stat Cassiodori auctoritas, ex libro de institutione divinarum Lectionum, cap. 32, a Bollando recitata; pro sæculo septimo stat notissimum Bedæ testimonium, Retractatione in Vetus apostolorum, cap. 1 : « Quibus adstipulatur, inquit, et liber Martyrologii, qui beati Hieronymi nomine ac præfatione attitulatur, quamvis idem Hieronymus illius libri non auctor, sed interpres, Eusebius autem auctor exstitisse narretur : » Manavit deinde in posteros præfata opinio, a Walafrido Strabone et plerisque sæculi noni Martyrologis, disertissimis verbis confirmata, duravitque hactenus, tametsi per multa sæcula nullus deinceps de Martyrologio isto meminerit, nec Baronius, adhibita quantavis diligentia, integrum usquam reperire potuerit; donec ipsum e Cartusia Trevirensi feliciter tandem eruit Rosweydus noster, vetustissimo charactere exaratum, quale media fere parte æneis laminis expressum habemus, autographo ipso ad Epternacenses, qui codicem suum repetierant, anno demum 1668 remisso. Hisce addi possunt quæ in prologo ad Bedam disseruit Papebrochius; nos hic Bollandum sequimur, cujus hæc verba describi merentur.

17. « Folia aliquot excusa ut vidit ad se a Moreto (cujus expensis codex ille in æs incidi cœperat) missa Bartholomæus Gavantus, provincialis præpositus congregationis Clericorum Regularium S. Pauli, et sacræ Romanæ Rituum congregationis consultor, mirifice probavit, scripsitque de illo ad eumdem Moretum plures epistolas, quas legi; alias opinari se, reliquis collegii illius sive congregationis sapientissimis viris Martyrologium illud VALDE PLACITURUM ; alias SENTIRE PERITIORES, UTILE FORE CHRISTIANÆ REIPUBLICÆ. Alii quoque viri eruditi vehementer id laudarunt, ut præclarum sacræ antiquitatis monumentum. » Tu vide ibi reliqua, quæ in præfati codicis commendationem pluribus nitide Bollandus prosequitur. In Gavanti Bollandique sententiam ivere deinceps eruditi omnes, saltem orthodoxi, si paucos excipias, qui, contradicendi genio ducti, licet rem ipsam improbare omnino non auderent, titulum arrodere aggressi sunt; forte quia ibi agnoscit Bollandus, nullum certum argumentum suppetere, quo Martyrologium ab sancto Hieronymo vere esse compositum satis suaderi queat, et quia fatetur, ut verissimum est, multa recentius adjecta, quæ Hieronymo adscribi prorsus nequeant, quemadmodum ex speciminibus ibi appositis clarissime elucescit. Verumenimvero quid demum rempublicam litterariam, aut fidem Catholicam detrimenti accepturam crediderint viri illi doctissimi, ex eo quod Hieronymi nomen ei Martyrologio adscriptum paterentur, cum impedituri nunquam sint, quominus post Cassiodorum, Bedam, Walafridum, Adonem, Usuardum, Notkerum et alios, Hieronymianum perpetuo nun-

cupetut. Hæc paucissimis et cursim delibo; qui de cisum iri, codicibus ipsis tribuendo, quæ a primo his longiorem sermonem desiderat, adeat Florentinium in Admonitionibus præviis, præsertim 3, 5, et 6, quas hic describere, aut in compendium contrahere nec vacat, nec omnino lubet de voce contentiosius disceptare.

18. Unum novi scriptorem catholicum, qui dedita opera Martyrologium, quo de agimus, impetere ausus fuerit, Henricum Valesium, singulari dissertatione suis in Eusebium observationibus adnexa pag. 315, ubi *subdititium librum* vocat, *qui falso Hieronymo ascribatur.* Hoc autem duce fretus, in omnem, ut fit, orthodoxos scriptores sugillandi occasionem intentus Matthias aliquis Fredericus Beckius, in suo ad nescio quod Kalendarium Germanicum (quod ei placet Martyrologium appellare) commentario a pag. 11, multa congerit, quo majores nostros temere carpendo, laudatum Martyrologium Hieronymo nequaquam ascribendum ostendat; idque ex cavillis nonnullis, quos hinc inde ex Florentinii aliorumque dubitationibus sincere propositis, aeriori ipse et mordaciori sale inspergit. At tanti hoc non est, ut argutatiunculas ejus omnes aut excutiamus, aut convellamus; satis nobis erit, si ex communi catholicorum consensu Hieronymi nomen præferre possit, atque adeo Hieronymianum tuto nuncupari, tametsi monumenta desint, quibus ipsum sanctissimo Doctori certo vindicemus. Ita censuere Majores nostri, ita hodie passim loquuntur eruditi universim omnes, et nos toto opere nostro Hieronymi, vel Hieronymianorum appellatione semper utendum existimavimus.

19. Rem totam, ut dixi, profundius examinat laudatus, laudandusque nobis sæpius clarissimus, et decessoribus nostris, dum viveret, amicissimus Franciscus Maria Florentinius, nobilis Lucensis, qui vindicatis Eusebii collectionibus, libris seu libellis martyrum, non solum Palæstinæ, sed et aliorum; pag. 13, sub finem recte notat « sufficere nunc de Martyrologii proprie dicti auctore affirmare. . . vetustius illud esse in scriptorum memoria Martyrologium, quod Eusebio ascribitur, vel divo potius Hieronymo ex collectionibus Eusebii. » Sequenti deinde pag. 14, erudite probat Hieronymi martyrologium a se datum, notis, a sancto papa Gregorio codici suo attributis, adamussim convenire. Cum igitur Martyrologium toties appellatum, collectis pluribus ejus apographis anno 1668, publici juris fecerit, atque eruditissimis notis, observationibus et exercitationibus illustraverit idem ipse Florentinius, ad pleniorem totius rei notitiam, et de ejus codicibus, et de aliis ad Hieronymianum pertinentibus, nonnulla explicanda sunt. Nec verbo indicare neglexerim, cur et hic et in toto decursu operis maluerim adhibere Hieronymianorum, quam Hieronymi ipsius vocabulum. Nempe cum sancti Hieronymi qualecunque opus ignoretur; apographa autem et multa et diversissime aucta et contracta sint, putavi communiori voce cavillationibus ansam præ-

auctore certissime removenda sunt. En modo Florentinianæ lucubrationis aliqualem effigiem.

20. Inter varias admonitiones prævias, sexta ordine tota fere insumitur depingendis duobus codicibus Hieronymianis, Lucæ aut in vicinia repertis, qui vel ex Gallia eo allati, vel ex aliquo cœnobii Fontanellensis apographo descripti fuerant, certe ita erant similes, ut vel ex eodem exemplari acceptos, vel alterum ex altero descriptum esse oporteret. Hos ipse nactus, ut erat vir rerum ecclesiasticarum antiquarum studiosissimus, communicato cum V. C. Luca Holstenio aliisque eruditis consilio, accepto subinde a majoribus nostris, aliquando apud ipsum hospitatis, vetustissimi illius Antuerpiensis seu Epternacensis, sub initium sæculi octavi scripti ecgrapho, instructus præterea Corbeiensis codicis, ab Acherio Spicilegii tomo IV anno 1661 vulgati, manuscriptis fragmentis, animum adjecit ad procurandam tam pretiosorum cimeliorum editionem, eamque pro sua eruditione, qua posset cura et studio illustrandam. Cumque jam opus ferme prelo paratum haberet, contigit, ut illustrissimus baro de Blum codicem alium Weissenburgensem cum Henschenio et Papebrochio communicaret, quod illi continuo Lucam destinari curarunt, satis tempestive, ut cum aliis codicibus conferretur, ejusque variantes a reliquis lectiones, ad calcem Florentiniani operis subjungerentur. Hæc ad brevem historiæ synopsim, quam siquis integram et fusius descriptam requirat, adeat Florentinium ipsum, totius sui consilii et vulgandi operis propositi rationem reddentem, admonitione prima, cui Holstenii epistola attexitur, ex potiori parte reproducta a Papebrochio in Responsionibus, appendice ad art. 18, a num. 49. De codice suo, sive unico, sive bino, tractat ille ex professo citata admonitione 6, a pag. 30 de Antuerpiensi et Corbeiensibus fragmentis admonitione 7, quæ omnia ibi legi malo, quam hic tædiose referre, cum ad institutum nostrum eatenus solum spectent, quatenus rudem saltem ideam Martyrologiorum plerumque archetypi, seu protoparentis adumbra revolvimus.

21. Hic verbulo inserenda est non otiosa observatio receptissima a majoribus nostris opinionis, per Actorum nostrorum commentarios late vagantis, qua sibi persuasum habuere, codicem Epternacensem, inter Hieronymianos præcipuum, anglicanum fuisse, atque ab ipso S. Willibrordo ex Anglia in Belgium, seu Franciam allatum. Pronum certe erat talem conjecturam facere, at mihi quidem non satis fundata videtur, mecumque sentient Martyrologiophili omnes, si advertant, x Kalendas Julii, seu XXII Junii in laudato Epternacensi prætermitti inclytissimum Angliæ protomartyrem *Albanum* cum sociis plusquam octingentis, qui tamen in aliis codicibus a Florentinio editis clarissime exprimitur. Quis credat talem sanctum in codice Anglicano prætermissum iri? Addunt laudati majores præ-

fatum codicem in Gallia auctum ; hoc vere : sed ideo de omnibus aliis plane admittendum est, nisi velimus a S. Hieronymo obitum S. Paulini XXII Julii consignari potuisse. Hæc obiter de codice Epternacensi. Plura ad hunc et alios in observationibus dicentur. Redeo unde digressus sum.

22. Atque ut iterum repetam, ad disceptationem illam prorsus non regredior, qua de vero Hieronymiani Martyrologii auctore inquiritur, sive is demum alius ab S. Hieronymo, sive ipse Hieronymus, primus indiculi architectus fuerit ; nam quisquis is est, aut sæculo sexto antiquior, aut eo saltem sæculo vixisse dicendus est. Id nobis indubitatissimum videtur tale Martyrologium a sancto Gregorio Magno designatum, dum ad Eulogium Alexandrinum lib. 7, ep. 29, ita rescripsit : « Nos autem pene omnium martyrum, distinctis per singulos dies passionibus, collecta in uno codice nomina habemus ; atque quotidianis diebus in eorum veneratione missarum solemnia agimus. Non tamen in eodem volumine, quis qualiter sit passus indicatur, sed tantummodo nomen, locus et dies passionis ponitur. Unde fit ut multi ex diversis terris atque provinciis per dies, ut prædixi, singulos cognoscantur martyrio coronati. Sed hæc habere vos beatissimos credimus. » Non magno studio, solertia, aut labore opus est, ut characteres hi omnes a S. Gregorio tam clare expressi, in codicibus Hieronymianis, a Florentinio editis, aliisque ejus generis aperte deprehendantur, eoque pacto frequentes interpolationes a veteri textu sejungantur. Neque enim nudos, simplices et integros Hieronymianos, aut Gregorianos codices nos habere profitemur ; cum multi sæpe Sancti recurrant, quos post S. Gregorii tempora vixisse, aut saltem ejus tempore sanctorum veneratione donatos non fuisse evidenter constet. De quibus iterum videri possunt Bollandus, et citatæ Florentinii admonitiones. Ut semel dicam, id quærimus, id volumus, id asserimus, Martyrologium istud, quod Hieronymianum appellamus, omnium primum, omnium vetustissimum esse, imo Gregorii Magni temporibus vetustius, quandoquidem in citata epistola, non de novo quodam Martyrum indiculo, aut catalogo, sed de antiquo mentionem inferat, quem nempe toto orbe catholico receptum et tritum existimaret, dum concludit : *Sed hæc habere vos beatissimos credimus.*

23. In tam vetustis codicibus, toties ab oscitantibus et indoctis librariis descriptis, frustra distinctas sanctorum series, discretos studiose laterculos, expressa recte nomina, servatas ad artem bonæ locutionis regulas, aut exactos rerum apices quis requirat : omnino fatendum est magnam locorum et nominum per conjunctas, aut male divulsas syllabas, easque sæpius truncatas et distortas, confusionem, barbariem et frustraneas repetitiones diebus prope singulis recurrere, quibus quoquo modo restituendis, explicandis, combinandis, distinguendis, mirum quantum passim laboret Florentinius : quantum vero operæ, studii, etc. eruderandis majores no-

stri posuerint, ostendunt quotidiani commentarii, qui in eo toti sunt, ut ex dubiis certa, ex confusis clara, ex male compositis simplicia, ex luxatis integra, tum palæstrarum, tum ipsorum martyrum nomina efformentur. Cæterum antiquorum omnium codicum præsertim usualium, ut sunt Martyrologia, communis est sors, ut describentium vel temeritate, vel imperitia, ita sensim deturpentur, ut sæpe difficillimum sit primi autographi vestigia in transsumptis deprehendere ; adeo ut cum Castellano vehementer miratus sim, in Romano parvo, seu vetere Rosweydi omnia tam concinna, tam nitida, tam ordinata per tot sæcula servari potuisse, in quo certe hoc Martyrologium, tantum superat Hieronymiana, quantum hæc vetustate antecedunt, quod sequenti, ut jam non semel diximus, capite fusius erit demonstrandum.

24. Reliquum est ut de codicibus nostris Hieronymianis, necdum editis et ferme abbreviatis, pauca in singulorum specimen subjiciam, si forte aliquando operæ pretium sit ipsa etiam publici juris facere, ad quod me frequenter impensissime atque urgentissime adhortatus est sæpe mihi hic nominandus, nunquam pro merito laudandus, tum operis hujus, tum grandioris nostri indefessus adjutor, V. C. Claudius Castellanus, Parisiensis ad B. Mariæ canonicus, summo nostro dolore et ingenti Martyrologiorum jactura e vivis ereptus sub initium anni 1711. Ea erat perillustris viri sententia, ut non solum Usuardinam recensionem orbi litterario gratissimam fore censeret, sed eruditos omnes id jure quodam a nobis postulare aiebat, ut reliqua nostra Hieronymiana apographa, seu integra, seu contracta et compendiata, in publicam lucem emitteremus. Spem feci viro amicissimo, id aliquando futurum, præsertim si conatus nostros in expurgando illustrandoque Usuardo, quod tunc meditabar, iidem ipsi Martyrologiophili suis suffragiis probassent, eo pacto animos addituri, ut manuscriptorum nostrorum codicum omnium generalis ratio redderetur, quæ in ordine ad commentarios nostros, ut supra de Usuardinis dicebam, desideratissimam lectoribus lucem afferret. Nec sane a promissis resilio, atque adeo ut rerum hujusmodi amantium palatum nonnihil titillem, brevem hic aliquam Hieronymianorum nostrorum codicum delineationem lubens adnecto, plura, si licuerit, olim præstiturus, ubi varios Hagiophilorum gustus exploravero.

§ II. — De Hieronymianis minoribus, tum manuscriptis, tum typis excusis.

25. Sub finem citati nuper § 4 capitis 4 præfationis generalis, agit Bollandus de exemplari aliquo Hieronymiano Hibernico, cujus lacinias aliquot seu extracta a celebri P. Colgano submissa, posterioribus Januarii nostri de Actis sanctorum diebus inseruerat, sub nomine Martyrologii Hieronymiani *Tamlactensis*. An autographum ipsum membraneum unquam viderit Bollandus, dubium facit, quod Tamlactense istud simile Epternacensi existimet, cum vere solum Marty-

rologii alicujus Hieronymiani fragmentum dici possit. Id mihi plane constitit, dum autographum ipsum R. P. Livini de Meyer, viri de republica litteraria præclarissime meriti, tunc collegii nostri Lovaniensis rectoris benevolentia, a RR. PP. Franciscanis Hibernis impetratum, otiosius et diligentius evolvere et excutere licuit. Eo præ cæteris me impulerat Castellani curiositas, qui Tamlactense Martyrologium aliquoties in Actis citatum, imo laudatum inveniens, thesaurum ingentem Lovanii latere sibi plane persuaserat. Ego vero, post accuratum examen, facile animadverti codicem illum longe supra meritum a majoribus nostris, quibus sola extracta, ut mihi sæpe testatus est Papebrochius, a PP. illis Minoritis Hibernis, seu a Colgano missa fuerant, elatum et commendatum esse. Etenim præter admista Hibernica propria, pluribus recentioribus additamentis non caret, qualia sunt festum sancti Joseph, Revelationis Michaelis archangeli. Omnium Sanctorum, et plura hujusmodi. Aliunde vero ex duodecim anni mensibus solum Aprilem habet integrum. En paucis totam ejus analysim.

26. Præfatus codex decem folia membranacea continet grandioris formæ, simili alio folio cooperta, ubi in fronte recentiori manu apponitur: *Martyrologium Tamlactense, et opuscula S. Ængussii Keledei*. In ora infima primæ paginæ legitur : *Ad usum conventus Dungallensis*, et rursus ad calcem paginæ tertiæ: *Ex libris conventus Dungallensis*. Martyrologium ipsum nec bene depictum, nec satis ordinate digestum, decem duntaxat paginas cum fere dimidia complectitur, multis ubique nominibus vix legibilibus impletum. Deficit a iv Kal. Februarii ad iv Idus Martii, adeoque nec Januarius nec Martius integri sunt; deestque totus Februarius. Jam dixi solum Aprilem plenum esse. Maius usque ad diem vicesimum, seu xiii Kal. Junii decurrit. Absunt Junius et Julius. Augustus incipit a iv Nonas, cujus reliqui dies habentur. In Septembri desunt xii, xi et x Kal. Octobris. October decurrit usque ad iii Kal. Novembris. Abest totus November, December vero inchoatur a xv Kalend. Januarii. Patet igitur manuscriptum plane imperfectum esse, neque adeo dignum quod inter Hieronymianos codices connumeretur. Post qualecunque Martyrologium, sequitur nescio quæ tabula nominum, ni fallor, Hibernicorum, per tria folia, ac demum opuscula sive opusculorum fragmenta, eo sermone quem me fateor prorsus non intelligere. Atque hæc de Tamlactensi satis dicta sunto.

27. Subjicit Bollandus specimen contractioris Hieronymiani, quod olim *Rhinowiensis* vel *Rhinoviensis*, juxta Basileam cœnobii, fuit, repertum in Roswéydi schedis, qui illud anno 1625 acceperat a nostro Stephano Vito, hic ab ipso cœnobii Rhinoviensis abbate, ut testantur superstites litteræ. Martyrologium istud recte vocantes fragmentum, cum desint folia ab viii Kal. Februarii ad xiv Kal. Aprilis, et a vicesimo, septimo die Septembris, usque ad Decembris vicesimum quartum. Incipit a die natali Jesu Christi in terris. Folia sunt tredecim membranæ, in forma octava majore, boni priscique characteris, ipsas diphthongos clare exprimentis. Non male censuit Vitus, *fragmentum hoc suum exaratum fuisse post dies sancti Gregorii Magni, et post Caroli Magni : nam in illo*, inquit, *suis recte locis lego festa Nativitatis beatæ Virginis et Exaltationis sanctæ crucis*. De cætero vere Hieronymianum esse, seu ex Hieronymiano extractum, clare evincunt exhibita a Bollando specimina, ac quotidiana alia diebus sequentibus. Unum superaddam ex i Julii exemplum, quod deinceps per omnia secutura apographa nostra Hieronymiania mss. vagabitur. Puta, me textus omnes, i Julii in codicibus istis notatos, cum textu Hieronymiano integro ejusdem diei collaturum.

28. Præmitto hic itaque ex prima Julii totum textum ex Hieronymianorum omnium vetustissimo, Antuerpiensi seu Epternacensi. Erit lectoris citandos infra aliorum codicum indiculos breviores cum hoc componere. Sic habet : *Kal. Julii. In Nicomedia, Zoili. Roma, depositio Gai episcopi. Natalis Luciæ virginis et Anceiæ regis, cum aliis viii. Item Romæ, Isici, Processi, Marinæ, Antonini, Sereni, Victoris; Zeli cum aliis octo. Orionis, et aliorum ccclxii. In Antiochia, Severiani, Zoeli, Pasi. Depositio Idonei cum filiis. Augustoduno, depositio Leontii episcopi. In Persida, SS. apostolorum Simonis Cananæi et Judæ, fratris Jacobi*. Paululo auctiora sunt Lucensia et Corbeiensia; priora enim interserunt *depositionem Aaron*, adduntque, *Egolisma. Eparci*. Posteriora vero insuper adjiciunt *depositionem Karilefi*. Sed nos, cum Bollando, codicem illum nostrum, cæteris vetustiorem præstantioremque, ut archetypum sequemur. Nunc Rhinoviensis fragmenti verba attende : *Kal. Julii. In Nicomedia, Zoeli, Romæ, Gagi papæ. Luciæ virginis. Processi et Marini*. Forte pro *Marinæ*. Collatis utriusque tabulæ verbis, vix syllaba reperietur quæ ex majori laterculo accepta et descripta non sit. Jam ad alios codices nostros, plerumque liberaliores, descendamus.

29. Eos inter in Actis nostris nominatissimus est *Richenoviensis* sive *Augiæ Divitis* prope Constantiam in Germania, cujus ecgraphum habemus nitide descriptum in forma quarta minore, illudque invenio nos primum accepisse anno 1651. De codicis autographi forma aut ætate nihil notatum : videor recordari Henschenium de iis alicubi fusius egisse; verum quærere supersedeo, cum aliunde satis pateat optimæ notæ esse, et, nisi multum fallar, Gellonensi, ab Acherio Spicilegii tomo XIII edito, longe purius et præstantius, tametsi careat Breviario apostolorum, quod in Gellonensi Martyrologio præmittitur. Educamus hic utriusque textum i Julii, cum majori Hieronymiano jam descripto conferendum. Sic habet Richenoviense : *Kalend. In Nicomedia, Zoeli. Romæ, Gagi papæ, Luciæ virginis, Processi, Marini. In Antiochia, Severiani. In monte Hor, depositio Aaron sacerdotis. Augustiduno, Leontii episcopi*. Ad oculum rursus patet Hieronymiana esse omnia

atque ex majore codice excerpta, cui Aaronis depositio, de qua supra diximus, immista jam erat. Audi modo Gellonense ex editione Acherii. *Kalendis Julii. Roma, Gaii, Luciæ, Isici. Alibi Orionis, Crilifi confessoris, Zoeli, Severiani. In monte Or, depositio Aaron sacerdotis. In Persida, Simonis et Judæ apostoli. Augustoduno, Leonti. Ingolisma, Eparci episcopi.* Vides hic Gajum papam confuse positum, Carilefum vero aliis, iisque martyribus, inepte immistum; additumque in fine Eparchum, de quo et Carilefo codex Richenoviensis non meminit, ut proinde hic altero luce dignior sit, quod pluribus et continuatis exemplis forte alias demonstrabitur. Cæterum utrumque Martyrologium, tum Richenoviense, tum Gellonense, annum ordiuntur a Natali Domini, contra quam faciant plerique alii infra citandi, qui a Kalendis Januarii principium desumunt.

30. Bina alia Hieronymiana apographa habemus, quæ cum citato Gellonensi magis conveniunt, ut facta diligentiori collatione didici. Alterum Papebrochii manu in minori forma ex potiori parte descriptum, vocatur *Martyrologium Augustanum sancti Udalrici* postrema parte mutilum, nempe a vi Novembris ad finem anni. Alterum integrum est, Labbei nostri donum, Belgico charactere in folio exaratum. Utrumque incipit a Kalendis Januarii. Ne tædio sim, solum rursus diem I Julii in exemplum adducam. Sic habet Augustanum : *Kal. Junii. Romæ, Gagi, Luciæ, Isici. Al* (alibi) *Urion, Arileffi conf. Zeli, Severiani. In monte Hor, depositio Aaron sacerdotis. In Perside, Simonis Chananei et Judæ Zelotæ. Aug. Leonti, Eparci episcopi.* Fallor, si ulla major inter Gellonensem, et hunc Augustanum conformitas reperiri possit, quæ aliis diebus passim et ubique elucet, vocula hinc inde intermista, corrupta, transposita, aut abbreviata. Nec major est in codice Labbeano discrepantia. Sic item *Kalendas Julii* legit, turbato nonnihil scriptoris oscitantia nominum ordine : *Romæ, Zeli, Severiani, Usicii, Arilesæ. In monte Or, depositio Anton sacerdotis. In Perside, Simonis, Judæ Apl. Augustod. Ju Eclisma, Eparcii episcopi. Gajæ Unon, Luciæ.* Corrige luxata nomina, et tria ultima loco proprio, post *Romæ*, repone, exsurget idem textus quem ex Gellonensi et Augustano jam dedimus, neglectis minutiis quas in antiquis manuscriptis non sæpissime recurrere adynaton esse norunt qui in iis perscrutandis vel tantillam operam posuere. Possent hujusmodi codices iis annumerari, quos Acherius cum Gellonensi contulit, lectiones ex iis variantes subjiciens.

31. Jam dictos duos codices in nostra Hieronymianorum collectione præcedit apographum aliud multo brevius, eleganti charactere Gallico in folio descriptum, cui has notas appositas lego : *Martyrologium perantiquum, ab hinc saltem annis octingentis exaratum, descriptum ex vetustissimo abbatiæ Corbeiensis, mense Decembri* MDCLXI. In fine autem adjecit Papebrochius : *Dono adm. R. D. Lucæ Dacerii, ex ms. Corbeiensi antiquissimo, quod in bibliotheca S. Germani de Pratis ipsi vidimus.* Locum in Spicilegio merebatur tam antiquum monumentum, at forte credidit vir eruditissimus, a nobis ex antigrapho cum aliis olim edendum, quod tam ardentibus votis clar. Castellanum desiderabat supra monuimus. In eo hic codex a proxime prægressis differt, quod Martyrologii ordinem inchoat ab VIII Kal. Januarii, seu a *Domini Salvatoris Nativitate*. Textus habet semper brevissimos, et plerumque unica annuntiatione, sæpe unico sancto circumscriptos, sic tamen, ut appareat ex aliquo Hieronymiano codice omnia fuisse desumpta. Demus iterum diem in exemplum selectum, hic paulo longiori textu præditum : *Kal. Julii. Romæ, Gaii papæ, et natalis sanctorum Luceiæ virginis, et Aucejæ regis. In Persida, passio sanctorum apostolorum Simonis Cananæi et Judæ Zelonis,* pro *Zelotis*. In sequentibus eadem est codicis ratio. Cæterum magna ejus brevitas non impedit quominus quandoque propria Corbeiensium interserantur, ut patet ex v Kal. Aug. seu XXVIII Julii, ubi ponitur: *Corbeia monasterio, dedicatio basilicæ sancti Petri apostoli*.

32. Sequuntur Casinensia duo apographa, manu Italica descripta, de quibus in Prologo ad Bedam meminit Papebrochius num. 3. Utinam distinctiorem aliquam explicationem aut ipse, aut Henschenius, qui ea transcribi curarunt, adjecissent. Primum altero brevius est, nec purum Hieronymianum dici potest, cum sanctos inserat aliunde acceptos. Brevitate cum aliis Hieronymianis contractis satis convenit; atque item quod sola sanctorum et palæstrarum nomina consignet. In exemplo rem totam exhibeo. Sic habet : *Kalend. Julii. Octava S. Joannis Baptistæ. Et natale sancti Domitiani abbatis.* Prima annuntiatio ex aliquo Hieronymiano interpolato procedit, quale est illud Sangallense, ab Acherio subjunctum Gellonensi : altera manifeste Adoniana est, ut vide in nostra ad Usuardum illo die observatione. Ad Hieronymiana propius accedit Casinense alterum paulo majus, de quo recte Papebrochius citato proxime num. 3 : « Fuerunt etiam ecclesiæ, inquit, quibus satis fuit nudus Hieronymiani Martyrologii contextus, ad pauciores sanctos contractus ; et tale Martyrologium alterum Casini reperimus, uti etiam pervetustum, et huic simillimum Romæ in ducis Altempsi celeberrima bibliotheca. » Factam utriusque collationem indicant notatæ sedulo, vel minimæ variationes manu ipsa Papebrochii. Quantum vero majus hoc Casinense alteri minori præferendum sit, ex solito exemplo licebit statuere : *Kal. Julii. Romæ, Cagi papæ. Et sanctorum Luceiæ virginis et Aceclæ regis, cum aliis octo. Et in monte Hor, depositio Aaron, primi sacerdotis.* Vides ubique sphalmata scriptoria, librariorum imperitia commissa; textus autem pro vario amanuensium arbitrio, aut magis, aut minus extensos. Utrumque incipit a Kalendis Januarii.

33. Ex codice membranaceo Em. cardinalis Barberini in forma 4, signato num. 1852, educta sum-

apographa bina alia, sed incompleta, quorum alterum descripsit Papebrochius, secundum inchoavit, sed complevit manus eadem, a qua sunt duo laudata Casinensia. Primum a Kalend. Januarii sumpto initio, deficit in II Nonas seu VI Maii. Uniforme non est, nam elogia hinc inde exhibet clausulis sibi propriis, ut, verbi gratia, de Genovefa III Jan. : *Cujus reliquiis honorem debitum impendimus, missales et orationes persolvimus.* Januarii x, de Paulo eremita : *Nam et apud nos ita habetur, et reliquiæ venerantur.* Jan. XVI, de Priscilla : *Cujus gloriosum pro Christo agonem, cum patrociniis digne veneramur, officiumque diurnum, ut SS. PP. sanxerunt, persolvimus.* Rursus ibi de Furseo : *Cujus vita plena virtutibus refulget, et corpus venerabile monasterium per Romana retinet.* Die sequenti XVII Januarii, de Sulpitio Bituricensi episcopo : *Cujus vitam tenemus, et patrociniis fulcimur.* Tales ego elogiorum formulas in nullis hactenus Martyrologiis reperire memini, ut satis pateat, compilatorem hunc proprio genio indulsisse. In reliquis tamen brevior est, magisque stylo Hieronymiano sese accommodat.

34. Barberinianum secundum longe majus et diffusius est, primis tamen duobus mensibus cum dimidio mutilum, cum primum diem integrum signet Idibus Martii : *Illustre Martyrologium* identidem appellavit Henschenius; quamvis singularem illam prærogativam non magno titulo ei debitam deprehendere potuerim, saltem quo præferatur duobus aliis mox secuturis, nempe codici Hyeronymiano Vaticano, et alteri codici S. Cyriaci, quo usus est cardinalis Baronius; non, inquam, video, cur his præferatur, nisi quia hinc inde liberius et prolixius, tum sanctos, tum elogia inserit, ut numero sequenti ex Prologo ad Bedam intelligemus. Certe hæc duo posteriora præcellunt, quod stylo Hieronymiano proximiora sint; in hoc autem cum Barberiniano concordant, quod et ipsa ex eodem Hieronymiano contracta fuerint, subinde vero aucta elogiis nonnullis ex Beda acceptis. Atque his tribus applicanda est, non infundata Papebrochii opinio, num. 2 sui ad Bedam prologi expressa, qua se persuasum fatetur, « in plerisque Romanis basilicis, abrogato Hieronymiani (nempe majoris) Martyrologii usu, et illo, quod Aquileiensi episcopo a pontifice missum supra monuimus, fortassis nonnisi in Laterano, aliisque paucis ecclesiis recepto, ita probatum aliis Bedam fuisse, ut eo convenienter aucto, utendum plures sibi putaverint, usque dum Usuardus visus est ecclesiasticis usibus accommodatior. » Nempe hæc apographa ad Bedam retulere Henschenius et Papebrochius, quoniam elogia ejus Hieronymianis annuntiationibus immista repererunt. Nec prætermittenda sunt quæ in rem nostram, nempe ad trium præfatorum codicum distinctionem, sequenti proxime numero 12 suggerit laudatus Papebrochius. Ita pergit.

35. « Sunt autem tria hæc, » Hieronymiana apographa Bedæ elogiis farta, « primum ecclesiæ sancti Petri in Vaticano, quod hactenus in archivio ibidem

A servatum, indidem transcribi fecimus. Alterum monasterii S. Cyriaci in Thermis, quod unice commendavit adhibuitque Baronius in recensendo digerendoque Romano Martyrologio, quodque ex Vallicellano, Patrum Oratorii bibliotheca acceptum, pridem ad nos misit, studiorum nostrorum æstimator fautorque sinceerissimus S. R. E. Cardinalis Petrus Aloysius Caraffa. Tertium ex eminentissimi Francisci cardinalis Barberini instructissima a codicibus manuscriptis bibliotheca accepimus, acephalum illud quidem usque ad Idus Martias, et quantum ex translatione sancti Benedicti, IV Idus Septembris inscripta, aliisque indiciis colligere licuit, ex aliquo Benedictino in Gallia monasterio Romam advectum : sed optimæ fidei, neque ita temere mendoseque aut parce, ut

B priora duo, sed fidelius, prolixiusque suppletum, partim ex Hieronymiano Martyrologio, partim ex propriis diœceseon Gallicanarum Fastis. » Ita Papebrochius in ordine ad Bedam, codicem hunc effert, in quo tamen advertere potuit recentiora alia adjectitia esse, ut est *Assumptio B. M. V.*, ejusdem *vigilia*, *octava*, atque hinc inde alia, quæ nec Hieronymum nec Bedam sapiunt. Demus jam præfatorum trium codicum ex præsignato die specimina.

36. Ut a postremo, Barberiniano illo, incipiam, sic legit : *Kal. Julias. Romæ, natale sanctarum Luciæ virginis, et Ancenæ reginæ cum aliis XXI. Anisolæ monasterio, depositio sancti Carilephi presbyteri. In monte Or, depositio Aaron sacerdotis. In Mesopotamia, Zeli cum aliis sex. Orionis cum aliis IX, et alio-*
C *rum ducentorum septuaginta quatuor. Augustoduno, depositio Leontii episcopi, et sancti Quintiani.* Satis patet indiculi hujus corruptela, aliquorum nonnulla mutatio, necnon satis liberalis interpolatio, quibus caret, purius Hieronymianum referens codex Vaticanus, dum sic laterculum suum format : *Kal. Julii. Romæ, Gai papæ. Sanctorum Luci virginis et Acceæ regis, cum aliis octo. Et in monte Hor, depositio Aaron sacerdotis primi.* Ejusdem plane tenoris imo nonnihil castigatior est codex S. Cyriaci, sic legens : *Kal. Julii. Romæ, Gagi Papæ, et sanctorum Luceiæ virg. et Acceiæ regis, cum aliis octo. Et in monte Hor, depositio Aaron, sacerdoti primi.* Non magna perspicacia opus, ut clare deprehendatur major duorum postremorum codicum inter se et

D cum Hieronymiano, quam cum Barberiniano uniformitas, quamvis ad Henschenii et Papebrochii intentum satis esset, quod postremum, Bedæ elogia fortasse purius referret.

37. Cum tribus superioribus Barberiniano, Vaticano et S. Cyriaci, citato prologi num. 12, laudat Papebrochius « vetustissimum præclarumque reginæ Sueciæ manuscriptum, quod quanti fecerit vir eruditissimus Lucas Holstenius, declarant ipsius ad Romanum Martyrologium Animadversa, hinc fere accepta, et post illius mortem typis vulgata. In hoc..... etiam Bedam agnovimus, » inquit Papebrochius, « sed elogiis sæpe contractioribus. » Quidquid sit de Bedæ elogiis, omnino fatendum est Martyrologium

hoc, quod olim fuit *S. Columbæ* apud Senones; fatendum, inquam, inter illustriora Hieronymiani Martyrologii contracta apographa merito recenseri posse. Habe hic ejus textum : *Kal. Julii. In Nicomedia, natale sancti Zoili. Romæ, depositio Gaji papæ. In monte Hor, depositio Aaron sacerdotis. Augustiduno, depositio Leontii episcopi.* Confer cum præcedentibus, et per te statues nihil propius ad Hieronymiana accedere. Hoc dolemus, nonnisi mutilum repertum fuisse, utpote in quo desint omnia post vii Idus, seu septimo die Septembris. Nonnulla de hoc et de S. Cyriaci Martyrologio valde confuse lectorem edocuit Castellanus, ad primum Bimestre, Januarium nempe et Februarium, Martyrologii sui, cum eruditissimis notis editi, pagg. 26, 27 et 28 : de quibus a me amice monitus, correctionem sinceram pollicitus est, prolixissimis litteris gratiarumque plenissimis, datis ix Januarii 1709. Cum vero hæc omnia, proximo ejus Bimestri, forte brevi edendo, corrigenda sperem, iis sigillatim enumerandis hic supersedeo.

38. At non ita prætermittere licet nonnullas alias clarissimi viri allucinationes, quibus eo lices aliquos Hieronymianorum classi perperam inserit. Has eo animo hic expono, quo ipse, humanissimas et cordatissimas gratias referens, easdem sibi exhibitas accepit. Itaque citatæ præmonitionis ad primum suum Bimestre pag. 17. Hieronymianis brevioribus annumerat, 1° *Marchianense* in Flandria; 2° *Lætiense* in Hannonia; 3° *S. Lamberti* et *S. Laurentii* Leodiensia; 4° *S. Martini* Tornacense; 5° *S. Gudilæ* Bruxellense; quorum nullum ad Hieronymianorum ordinem pertinet. Ut a postremo incipiam, est illud ab Hieronymianis tam remotum, quam sint Ado ipse et Usuardus, ut cap. 3 ex Usuardinorum serie manifeste constabit. Tornacense sancti Martini satis convenit eum Lætiensi, ut olim conservavit Bollandus Præfationis generalis pag. xlix, utrumque conferens cum mss. Antuerpiensi et Leodiensi S. Lamberti, ex quibus conjici potest, quantum ab Hieronymianis deflectant. Priora duo, nempe Lætiense et Tornacense, ad Bedam relata sunt : Lambertinum Adonianis ferme aseriptum : Antuerpiense, quod nos infra *majus* vocabimus, ad Usuardina plane trahendum est. Laurentianum Leodiense abest ab Hieronymianis longissime, est enim codex crassus et amplus, Adonem ipsum ferme superans. Quid demum velit per Hieronymianum Marchianense, plane me latet; de fragmentis Usuardinis, ex eo cœnobio acceptis, agemus suo loco, ubi etiam *Centulensem* codicem, Bedæ nomine falso prætitulatum, et a Bollando pag. xlviii inter Bedæ Martyrologia computatum, veræ suæ classi restituemus. Sed codices alios Hieronymianos, aut eis saltem alicunde affines percurramus.

39. Apographum habemus valde contractum, cui pars Breviculi Apostolorum præfigitur, manu R. P. Alexandri Wiltheim, operis olim nostri studiosissimi, ex ms. Treverensi S. Maximini descriptum, et ab eodem Patre Luxemburgo ad Bollandum transmissum, in quo præ reliquis diebus, copiosus est i Julii, ubi sic legit : *Kal. Julii. In monte Or, depositio Aaron. Passio sanctorum apostolorum Simonis Cananei et Judæ Zelotis. Remis civitate, depositio sancti Teuderici presbyteri.* Hoc ultimum Rhemos plane redolet, et Rhemensem provinciam late olim diffusam : et similia exempla, vel levi oculo, ibidem, locis non longe remotis, occurrere observo; ut Idibus Junii : *Remis civitate, super fluvio Vetula, dedicat. Sce Genufefa virg.* Et xi Kal. Septembris : *Remis civitate, nat. SS. Thimotei et Apolinaris.* Jungo hic Martyrologium manu Italica transumptum ex tomo XXI bibliothecæ Vallicellanæ PP. Oratorii Romæ, de cujus ætate nil licet statuere. Auctor stylum Hieronymianum brevitate sua sequitur, sed aliunde plures sanctos contulit, ut sunt prophetæ Veteris Testamenti, quos ex Romano parvo, aut ex Adone, aut forte ex Usuardo desumpsit. Ex Gallia Romam advectum censuit Papebrochius, opinor, quia in eo reperit : v *Idus* seu xi *Julii, translationem S. Benedicti,* et xi *Kal. Augusti, seu xxii Julii : Monasterio Fontinella, depositio S. Guandresili* [pro *Wandregisili*] *confessoris.* Adjiciamus hic in solitum specimen, primum sæpe nominati mensis diem. *Kal. Julii. In monte Hor, depositio Aaron, sacerdotis primi. In territorio Lugdunensi, depositio Domitiani abbatis.*

40. Post hoc sequitur Martyrologium, quod nostri vocant *Treverense sancti Martini,* scriptum manu Belgica, immistis rubricis, quæ modo oculorum aciem ferme effugiunt. De hoc recte observavit Papebrochius, ex variis collectum esse, ejusque compilatorem præ oculis Bedam habuisse; nec invenio cui melius quadrent verba in prologo num. 14 relata : « Ita Bedæ quoque Martyrologio usus est pro Treverensi Ecclesia, quisquis ille sanctorum Fastos, quorum habemus exemplar ms. composuit. » Facillime equidem crediderim, plane ad usum Ecclesiæ alicujus aut Trevirensis aut etiam Belgicæ primitus concinnatum fuisse, cum in ipso principio iv Januarii occurrat : *Gandavi, Pharahildis virginis.* Ut ex uno mense verosimillimam facias conjecturam; habes x *Julii. Amelbergæ virginis.* xiv, *Marchelmi, consocii sancti Libuini.* xvi, *Minulphi et Gundulfi.* xxii, *In Blandinio, Wandregisili abbatis.* Ut alios taceam, non multum remotos; est vii Julii, *Willibaldi.* viii, *Kyliani.* xiii, *Mildrade.* xiv, *Plechelmi.* xxiii, *Liborii in Paderborn.* xxv, *Clodesindæ,* etc. De cætero brevitatem Hieronymianam passim sectatur, eoque potissimum titulo ad eorum classem reductum est. Si qua elogia ex Beda aut aliunde intercurrant, ea paucis circumscripta sunt. Cum Vallicellano convenit in referendis prophetis Veteris Testamenti. Ex i *Julii,* nullum satis certum indicium eruitur. Sic habent : *Kal. Julii. Romæ, Gaii papæ et martyris, et Luciæ, Fidei, Karitatis virginis, et Sophiæ, matris earum.*

41. Nullum fere in tota nostra Hieronymianorum collectione characteristicis suis magis distinctum est quam illud quod vocamus *Coloniense S. Mariæ ad Gradus,* a P. Joanne Gamansio, in Actis nostris per-

celebr!., ad Bollandum missum anno 1638 ex apographo P. Marci Cartusiani Coloniensis, qui propria manu hanc notationem apposuit : *Martyrologium perquam antiquum, quod ad Gradus Mariæ Coloniæ reservatur, incerto auctore, in quo plurima habentur, quæ in Usuardo desiderantur.* Recte observat P. Marcus, sed addere potuit, plurima in hoc Martyrologio desiderari quæ apud Usuardum et alios leguntur. Annuntiationum norma plane est Hieronymiana, solis locorum et sanctorum nominibus expressis, nisi quod rarissime, aut de tormentis perpessis, aut de sepultura cursim fiat mentio. Sic loquitur : *Kal. Julii. Romæ, nat. S. Gaii papæ, et S. Carilefi presbyteri, et S. Monegundis virginis. Viennæ, sancti Martini episcopi. Domitiani abb.* Liquet sanctos aliquos Hieronymianis superadditos. Nonnullos vero populares aut vicinos adjectos, collige ex IV Julii, ubi ponit : *Woltharici episcopi,* a titulo *sancti* aut *beati* abstinens. VII Julii habetur : *In Bongia, natale sancti Goaris confessoris.* VIII, *Kiliani,* etc. XVII, *Translatio sancti Arnulfi Metensis.* XXIII, *Liborii episcopi.* Apographum imperfectum est, deficiens IX Octobris, quo die Dionysum cum sociis apud Parisios consignat. Martyrologii hujus compilator Romanum parvum nec consuluisse, nec descripsisse ullo pacto videtur.

42. Ultimum locum in nostro codice occupat apographum, manu Belgica scriptum, *antiquissimi Ecclesiæ Romano-Gallicæ Martyrologii,* quod supra laudatus Acherius cum majoribus nostris communicavit an. 1663. De hoc et proxime superiori Martyrologio sic in prologo ad Bedam, num. 3, Papebrochius scriptum reliquit : « Quod idem (loquitur de Romano parvo Rosweydi) modice auctum, cum nobis ex antiquissimis membranis transcriptum communicaret Lucas Dacherius, Romano Gallicum intitulaverat : olim autem etiam Coloniæ in ecclesia sanctæ Mariæ ad Gradus legi solitum, probari potest, per illius ecgraphum, inde transmissum a Joanne Gamansio nostro, ex alicujus Carthusiani schedis : nisi potius nova hæc dici compilatio debeat, ex priori illo et alio posteriori. » Ita Papebrochius, nondum satis examinata Martyrologiorum stirpe, progenie, natura et singulorum proprietatibus. Admitto cum venerando magistro meo, utrumque illud Martyrologium et S. Mariæ ad Gradus, et Romano-Gallicum meras compilationes esse; at falli mihi videtur, dum ipsa cum Romano parvo componit, aut hæc ex illo conflata existimat. Habet profecto Romanum parvum characteres suos proprios, quibus et a proxime citato et ab hoc Acheriano planissime discernatur.

43. Unum est in quo tenuem aliquam similitudinem inter Romano-Gallicum et Romanum parvum advertas quod in illo etiam inveniantur prophetæ Veteris Testamenti, nempe ex Adone vel Usuardo, cum reliquis plerumque accepti. At quam procul in cæteris distet, inde collige, quod Acherianum diebus ferme singulis auctius sit. Rursus, Romani parvi phrasis, quandoque uberior; Romano-Gallici semper ad Hieronymianorum normam contracta. En exemplum in 1 Julii. Romanum parvum eo die, unico articulo textum concludit : *In monte Hor, Aaron sacerdotis primi in Lege.* Confer modo Romano-Gallicum : *Kal. Julii. Romæ, in monte Hor, depositio Aaron sacerdotis primi. Item sanctæ Monegundis virginis. Lugduni, Domitiani abbatis.* Supplendum videtur post *Romæ, Gaii papæ.* Quæ hic, obsecro, inter utrumque affinitas? In hoc multiplex, in altero est annuntiatio unica. Si, quid sentiam, aperire liceat non multum verebor asserere, tum hoc Romano-Gallicum, tum superius S. Mariæ ad Gradus, Adonis vel Usuardi ex magna parte compendia esse, pro vario compilatorum brevitati studentium gustu concinnata. Proinde rogatos hic velim Romani parvi impugnatores, quos sequenti capite conveniam, ut qui tam confidenter ex insigni illo et vetustissimo Martyrologio Adonis Kalendarium faciunt, hisce aut similibus potius occupentur, ad quæ compendiorum aut extractorum Adonianorum characteristicas convenientius transferri posse existimamus.

44. His omnibus, saltem pro aliqua parte, annumerari etiam possent codices alii, quibus in edendo Beda usi sunt Henschenius et Papebrochius : ex quorum recensione observo, ad Hieronymianorum stylum satis accedere Martyrologium Aquisgranense, ad usum illius Ecclesiæ collectum, quemadmodum supra de Trevirensi sancti Martini diximus. Profero rursus diem primum Julii : *Romæ, depositio Gai episcopi, et sanctarum virginum Fidei, Spei et Charitatis.* Nova hinc inde inseruntur, ut IV Julii : *Nativitas sancti Hodelrici episcopi et confessoris.* Idem forte est quem Coloniense supra vocavit *Woltharici.* VII Julii est *Willebaldi.* VIII, *Kiliani et sociorum:* XIII, *Henrici imperatoris.* XV, *Gondulfi et Monulfi.* XVI, *Dedicatio S. Mariæ Aquisgrani.* XXVII, *Translatio sancti Caroli.* Et hujusmodi alia, quæ prætereo. Demum annumerari etiam poterit alter codex basilicæ sancti Petri Romæ, inter Bedæ apographa itidem repositus, quamvis videatur arbitrarie collectus et contractus, ut patebit ex 1 die Julii, quo textum sic format : *In monte Hor, depositio Aaron sacerdotis primi. In territorio Lugdunensi, depositio Domitiani abbatis. Et sancti Quinciani martyris.* Idem forte dici poterit de reliquis codicibus inter Bedæ Auctaria citatis. Sed de omnibus his manuscriptis nostris ad Hieronymiana, seu integre, seu ex parte spectantibus satis dictum sit, eo solo intuitu, ut qui sanctorum Actis et commentariis nostris legendis delectantur, facilius perspiciant quæ et qualia sint Martyrologia ex quibus sanctorum ipsorum nomina extracta fuerint.

ARTICULUS II.

De Bedæ et Flori Martyrologiis novæ conjecturæ.

45. De his Martyrologis, seu eorum duobus, seu potius uno utriusque Martyrologio, eatenus hic agendum est quatenus Beda cum Adone atque adeo cum Usuardo, non minima generis conjunctione connectitur; ut pateat ordo, series et quodammodo ge-

nealogia, quam supra dicebamus ex Hieronymianis, Beda et Romano parvo, ad alios magis vel minus propinque descendere. Præmittenda sunt Bedæ ipsius verba in fine Epitomes, quibus testatur se scripsisse *Martyrologium de nataliciis sanctorum diebus, in quo omnes, quos invenire potuit, non solum qua die, verum etiam quo genere certaminis, vel sub quo judice mundum vicerint, diligenter adnotare studuit*. Hoc Bedæ Martyrologium præfatio Bollandi et prologus Papebrochii ita depinxere, ita de Floro ab utroque disputatum, ita post ipsos alii varia ad ipsos spectantia expedivere, ut in eadem hac tela retexenda operam perdere videri possem, nisi assidua et horum et aliorum Martyrologiorum collatione, nonnulla occurrissent, quæ ipso assentiente et probante vivo adhuc magistro meo Papebrochio, eruditorum judicia non defugient. Bedæ ætas hodie receptissima est; lucem sortitus anno 672 ad usque annum 735 vitam protraxit. Flori item characteres adeo verosimiliter stabilitos existimo, ut nihil magnopere dubii videam quin floruerit Lugduni, et Martyrologium suum, magis nominatum quam notum, scripserit circa annum 830.

46. Non erit abs re lectorem eruditum, tametsi forte jam probe instructum, hic denuo præmonere, Martyrologium, præfixo Bedæ nomine a Christophoro Plantino vulgatum anno 1564, nullo pacto a Beda, sed a nescio quo, ex Adone aliisque compilatum fuisse, tam esse evidens, quam quod evidentissimum, atque hoc tempore indubitatum, cum jam passim non alio nomine veniat, quam Bedæ spurii aut supposititii. Ego, vitandæ odiosæ vocis gratia, *Plantinianum Bedam* simplicius appellare malui. Illustrior est et ab orbe universo, præsertim a litteratis, cum plausu accepta, recentior et longe accuratior editio altera, anno 1668 ante tomum II Martii ab Henschenio et Papebrochio procurata, qua genuinum Bedæ textum ab Flori auctariis diligentissime expurgatam atque distinctum, se tradidisse non dubitarunt. Fuitque id adeo ab annis jam ferme quinquaginta tam incunctanter, tam universaliter ab omnibus admissum, ut qui solide contradicere aut vellet, aut posset, hactenus, quod sciam, nemo repertus sit. Solam sanctorum omnium festivitatem, ut additam expungendam aliqui censuere.

47. Non potui non magistrorum meorum consummatæ in his rebus experientiæ et doctissimorum aliorum virorum suffragiis meum adjicere, atque adeo in tota hac Usuardi recensione, ita Bedam et Florum appellare, quemadmodum ab ipsis editi, divisi et discreti sunt. Nihilominus jam in terendis Martyrologiis satis diu versatus, symbolam et ego aliquam huc affero, quæ licet Papebrochiani operis fundamenta quadamtenus suffodiat, ut est veritatis amator candidissimus, voluit ipse, argumenta proponerem, quæ ad rem, necdum plane elucidatam, ulterius discutiendam explanandamque conferrent. Ad Florum spectat tota disquisitio, cujus Martyrologium quantumcunque et qualecunque, vere nego-

tium in tenebris mihi semper visum est, et quanquam majorum placitis, auctoritate ductus acquiescerem, ex quo illustrandorum Actorum suscepi provinciam, nunquam induci potui ut verum ipsum et genuinum Flori opus ab Henschenio repertum, a Papebrochio vulgatum certo crederem.

48. Binæ sunt circa Flori Martyrologium capitales difficultates, quas nec Papebrochius, nec quisquam alius, aut satis hactenus vidit, aut, sicut oportebat, dissolvit, quasque nos hic ad duas quæstiones reducimus. Prima : Quænam ea demum aut sint aut vere dici possint, quibus *Martyrologium in labore Domini Bedæ* compositum, *Flori studio*, ut loquitur Ado, *accreverit*, quæque sanctus ille Viennensis episcopus, in Martyrologio adornando, se habuisse profitetur. Quod est quærere, quid sint latiora illa et toties decantata *latiora Flori ad Bedam vestigia*. Altera : Quid sit ejusdem *Flori liber secundus*, quo, præter latiora vestigia, se usum esse tam diserte asserit Usuardus. Hanc postremam alicubi, si recte memini, attigit Castellanus, feliciter divinans, *secundum Flori librum*, nihil aliud esse posse, quam ipsum purum putum Adonis Martyrologium, ut præfationis hujus tertio capite copiosius demonstrare conabimur; unde corrigendum erit inveteratum præjudicium, toties a Majoribus nostris, toties ab aliis post ipsos inculcatum, necdum scilicet reperta esse secunda Flori auctaria, vel alio nomine, secundum Flori ad Bedam librum, seu additamentum. Huc igitur proprie et unice spectat sola prior difficultas, de primo eoque vero opere, quod Flori studio in Bedæ labore accrevisse novimus.

49. Sed erit qui eam a Papebrochio abunde dissolutam continuo existimet, distinctis illis Flori elogiis, quæ a Bedæ textibus tam accurate remota et sejuncta sunt. Iterum sincere repeto, me Majorum opus vehementer suspicere, ac sæpe admiratum esse tam fortunatum eorum inventum, dum, ut supra dicebam, ex tam variis codicibus, tum Bedam ipsum tanquam genuinum, tum Flori additiones tam solerter a Bedæ verbis, et stylo discreverint. Verum perstat molestia mihi suborta ex perpetua collatione Bedæ, ab Henschenio et Papebrochio editi, cum Rabano, Adone ac Usuardo. In hoc situs est cardo rei, quod Ado in præfatione sua affirmet, eo se Bedæ Martyrologio usum, quod Flori venerabilis studio in labore domni Bedæ accreverat, unde certissime dicendum est, Adonem ipsius Flori, quem de facie novisse potuit, completum et integrum opus habuisse, quod ex Romano parvo et aliunde supplere aggrediebatur, adeo ut non solum primum illud et valde imperfectum Bedæ Martyrologium habuerit, sed simul omnia, quæ tum a Floro, tum a Beda composita, in unum quodammodo corpus coaluerant, quorum proinde Sanctos, verba et elogia in novum suum Martyrologium indistincte retulerit, aut saltem referre potuerit.

50. Clarissima in rem nostram sunt ipsiusmet Adonis verba, quibus in præfatione testatur, se *imperitiæ*

æ jussione sanctorum virorum Martyrologium compilasse, *ut supplerentur dies, qui absque nominibus martyrum in Martyrologio (quod venerabilis Flori studio in labore domini Bedæ accreverat) tantum notati erant.* Cæcus sit oportet qui hic non videat sic Bedæ Martyrologium ab Adone depingi, ut in eo simul conjuncta simul conserta fuerint quæcunque Flori studio in Martyrologio Bedæ aucta et amplificata fuerant. Jam vero nihil est manifestius quam quod Ado Bedæ vestigia constantissime premat, ejus sanctos passim asciscat, elogia ferme omnia, quoad rei substantiam, nonnunquam verbatim describat, idque tam clare, tam expresse, ut Bedam in Adone perspicue agnoscas. Si ergo Viennensis episcopus illum Bedæ laborem pro oculis habuit, qui studio Flori accreverat, evidenter consequitur elogia etiam illa descripsisse, quæ studio Flori, labori Bedæ adjecta fuerant. Atqui tamen toto illo Adonis, quantumvis diffuso, Martyrologio nullum prorsus elogium reperitur ex iis, quæ in editione nostra Floro ascribuntur : hinc igitur concludi potest Florum a majoribus nostris vulgatum, non esse genuinum Florum, non esse, inquam, opus illud quod studio Flori in labore Bedæ accreverat, adeoque aut nihil scripsisse Florum, aut si quid scripsit, alibi investigandum.

51. Argumentum non minus urgens desumitur ex Martyrologio Usuardi, quod ex Adone quidem contractum scimus, sed ita ut variis locis nonnulla elogia ex Beda descripserit, unde pateat Bedæ Martyrologium habuisse, non ut primum a Beda compositum, sed ut a Floro auctum fuerat, cujus rei luculentissimum testimonium præbet Usuardus ipse, sic in præfatione sua disserens de vetustioribus Martyrologiis quæ ad suum concinnandum viam præmonstraverant : *« Venerabilium Hieronymi scilicet ac Bedæ presbyterorum piis, quamvis succinctis, super hoc provocabar descriptis. Quorum prior brevitati studens, alter vero quamplures Kalendarum dies intactos relinquens, multa inveniuntur hujus operis præteriisse necessaria : quos tamen secutus, censui et Flori memorabilis viri latiora jam in eo ipso negotio sequi vestigia, præsertim in secundo ejusdem libro. » De hoc secundo libro dixi in hac præfatione agendum capite tertio.* Ad præsens argumentum satis est ex hoc loco luce meridiana clarius patescere, *Flori memorabilis viri latiora jam in eo ipso negotio vestigia*, seu domini Bedæ laborem, qui studio Flori accreverat, verbo, ipsissimum Bedæ Martyrologium, a Floro in latiorem formam deductum, certissime secutum esse Usuardum.

52. Age vero, totum Usuardi Martyrologium, a capite ad calcem evolve et excute, viceris si vel unicum elogium repereris ex iis omnibus quæ in editione Papebrochiana Floro tribuuntur, aut saltem vere illi quomodocunque tribui possint. Scis equidem unum aut alterum non absimile esse, sed illud probavimus a Flori istius artifice ex Usuardo descriptum, ac ip-ius Usuardi stylo verbisque conceptum esse. En nodum, cui solvendo viam hactenus rectam et securam non reperi, nisi elogia omnia a majoribus nostris Floro ascripta, ei omnino abjudicentur. Rursus, ut certum suppono, Rabanum, perpetuum Bedæ descriptorem, tali Martyrologii Bedæ exemplari usum, quod et ipsum per Flori manus transierit ; atqui nec toto illo Rabaniani Martyrologii decursu, talis Florus usquam occurrit, qualem Henschenius et Papebrochius edidere ; est igitur aut nullus Florus, aut aliunde eruenda sunt ea quibus Bedæ opus amplificavit. Hanc difficultatem a nullo hactenus observatam memini, nequidem a Bollando aut Henschenio, sedulis Martyrologiorum evolutoribus, nec a Papebrochio, præcipuo Bedanæ editionis concinnatore. Nodum scrutando et ruminando pridem deprehenderam, sed cuneus deerat, per avia et devia diu multumque quæsivus : an repertus sit, ex sequentibus poterit conjectari.

53. Ex citatis supra Bedæ verbis, a Bollando, Papebrochio et aliis passim referri solitis, indubitatum est, Martyrologium aliquod a venerabili et sancto scriptore compositum, nec minus certum, valde incompletum fuisse : certum præterea, a nullo hactenus primigenia phrasi, de qua omnino constet, editum fuisse. Nostra editio ad veritatem proxime quidem accedit, sed cum festum Sanctorum Omnium annuntiet, pro universali Ecclesia tempore Bedæ necdum institutum, ex unico eo indicio, ut cætera taceam, colligimus, purum plane et integrum dici non posse. Jam vero, aliunde ex Adone patentissime docemur, ipsissimum Bedæ Martyrologium Flori studio accrevisse, nusquam autem traditum est, peculiare opus (secundum librum alio remisimus) a Floro fuisse compositum, quod Bedæ superaddiderit, vel singulari modo, stylo et ordine ab eo sejunxerit, aut discreverit. Subiit itaque cogitare, non infundatam conjecturam fore, si quis opinaretur, totum Bedæ Martyrologium, vel potius Martyrologii ejus elementa ita in Flori opus transfusa, ita utriusque conamina in unum idemque opus conflata, ut frustra laboraverint Henschenius et Papebrochius, quo Flori stylum a phrasi Bedæ, quo Flori, inquam, auctaria a propriis Bedæ textibus segregarent.

54. Mihi certe longe probabilius, imo plus quam verisimile est, Florum ita locutionem suam Bedæ sermoni attemperasse, ut nulla satis aut industria aut solertia distingui possint. Quod qui acciderit hac una ratione tibi facillime persuaseris. Qui Bedæ Martyrologium norunt, utique ignorare prorsus nequeunt, ut modo simplicissimo sanctos illic commemorari, aut longiuscula quandoque eorumdem sanctorum elogia referri. Quid Floro fuit facilius, quam hujusmodi rationem scribendi imitari ? Beda in Anglia ex Actis vel passionibus martyrum partem hinc inde aliquam decerpserat, quam nos brevem panegyrim, elogium, laudationem, aut encomium appellare consuevimus. Eamdem methodum secutus in Gallia Florus, ut erat antiquis monumentis, teste

Wandalberto, satis instructus, alias passiones, alia Acta consuluit, alios proinde sanctos reperit, quos et ipse paribus omnino elogiis exornaret; servatis idem præfatarum passionum veris, vel dubiis narrationibus, earumque compendiis adoptatis. Ut paucis rem totam complectar, sic Bedæ laborem et Flori studium inter se coaluisse existimo, ut nec modo, nec ordine, nec stylo unius commemorationes ab alterius commemorationibus, vel ab ipso Adone dignosci aut disjungi potuerint, unicuique proinde nuncupaverit Bedæ Martyrologium, quod Flori studio accreverat.

55. Hoc pede recte fixo, alia via sternenda fuit ad indagandum quantum operæ Beda, quantum Florus in colligendo Martyrologio posuerint: cumque aliunde notissimum scirem Bedæ nomine inscriptum esse Martyrologium aliquod metricum, seu carmine hexametro conscriptum, non Wandalbertinum illud, ut aliqui falso sibi induxerunt in animum, quod totius anni Kalendas decurrit: sed longe brevius, multos etiam Kalendarum dies intactos relinquens; putavi ex ipsius cum prosaico a nobis edito collatione, forte aliquid luminis accessurum, unde non inverosimiliter, Bedæ sanctorum compilatio a Flori accretionibus commode dividi et separari posset. Atque eccum, metricum illud opportune mihi suppeditavit Acherii Spicilegium tomo X, a pag. 120, quo in præfatione pag. 14, editor indicat, exscriptum esse a Mabilione e ex cœnobii sancti Remigii Rhemensis apographo, exarato manu Bertigarii monachi, Ebbone archiepiscopo, præferreque Bedæ nomen, ac titulum, uti nos, *inquit*, in textu exhibemus. » Pergit pluribus ostendere nihil esse, quominus Bedæ vere ascribatur metricum hoc Martyrologium, tametsi in citato supra testimonio de solo prosaico sermonem instituere videatur, neque in indice operum suorum metricum istud Martyrologium recenseat. Id enim mirum videri non debet, cum ex ipso opere constet sub finem vitæ compositum fuisse, utpote cum in eo, mense Aprili, etiam *Walfridus junior* commemoretur, cui, anno 722 vita functo, tribus solum annis Beda supervixerit. Hæc ferme Acherii sententia: quæ si vera est, ac vere Beda postremis vitæ annis Martyrologium suum, qualecunque ex soluta oratione ad ligatam transtulerit, ac forte sanctis recentioribus modice auxerit, inveni ubi pedem alterum figam, et nisi vehementer fallor, ea, qua in hisce fieri potest verosimilitudine, laborem Flori a primis Bedæ lineamentis distinguere valeam. Jam nunc fortasse mentem meam perceperis.

56. Ea est, ut composito inter se utroque Bedæ Martyrologio, prosaico nempe, ut ab Henschenio et Papebrochio editum est, cum metrico Acheriano, illos omnes sanctos et sanctorum elogia Bedæ tribuam, quorum in metrico ipse meminerit; cætera omnia Floro relinquam. Ut exemplo res pateat, primum mensem accipio, qui mihi Bedam nostrum aperienti occurrit, nempe Augustum, et eum eodem confero versus ex metrico ejusdem mensis, qui ita apud Acherium repræsentantur:

Machabei Augusti coronantur mensis in ortu:
Sanctumque et Xystum octavis tenet sedibus almum.
Bis binis victor superat Laurentius hostes.
Sancta Dei Genitrix senas ter constat adire.
Angelicos vecta inter cœtus Virgo Kalendas.
Inde Thimotheus undecimam tenet ordine digno
Atque simul martyr sortitur Symphorianus.
Octonas sanctus sortitur Bartholomæus.
Bis binis passus colitur Baptista Joannes.

Hic sanctos octo numeras, quos in nostra hypothesi vere a Beda signatos dicendum erit. Sunt autem in Beda nostro notati eo mense sancti, seu potius annuntiationes, octo et viginti; erit ergo necesse hinc consequi, ut commemorationes circiter viginti, mense Augusto, Bedæ a Floro superadditas fuisse fateamur.

57. In alia hic versamur hypothesi, videlicet vere ad Bedæ Martyrologium, quod Flori studio accrevit, pertinere omnia quæ Henschenius et Papebrochius tanquam ad genuinos Bedæ textus spectantia retulerunt. Alia prorsus eaque scrupulosior quæstio moveretur, utrum Bedæ et Flori opus subinde interpolatum aut decurtatum non fuerit? Verum hoc ad argumentum quod hic tractamus peregrina sunt. Aut purum, aut puro proximum esse nostrum Bedæ Martyrologium, idemque prorsus, quo se usum fatetur Ado, præter prologi Papebrochiani rationes, satis manifeste probat Ado ipse, dum totum illud Martyrologium in suum transtulit. Totum dico a potissima et præcipua parte; nam si quis Bedam nostrum cum Rabano et Adone conferat, nonnulla hinc inde recurrent quibus ad exactiorem formam Beda noster redigi facile queat. At enim non video tam scrupulose excutiendum Bedam, licet fortasse minutiis nonnullis auctum, dum tam confidenter Hieronymiana dicimus, quæ ad Hieronymum nullatenus spectare posse, apud omnes in confesso est.

58. Frustra etiam oppones futurum eo pacto, ut potior pars celeberrimi Martyrologii a Majoribus nostris cum tanta laude Bedæ vindicati, mensibus singulis Bedæ abjudicetur. Etenim cum hactenus non minus fere dubium fuerit quid ex Bedæ Martyrologio Bedæ proprium sit quam ex Hieronymianis, Hieronymi, seu illius qui primo Hieronymianum Martyrologium designavit, non exiguum certe operæ pretium fecero, si purum ipsum Bedæ opus, quantumcunque demum, auctori suo non infandatis argumentis restituam, cæteris Floro aut aliis interpolatoribus derelictis. Equidem post longam et diligentissimam operam, quanta potui cura et studio adhibitam, nihil huc usque reperi quod ad omnimodam verosimilitudinem propius accedat. Atque has nostras rationes, seu mavis conjecturas, eruditorum censuris et judiciis tantisper proponere non formidamus, si forte clarioris lucis aliquid aliunde affulgeat, quo tandem tutius, securius et certius, ipsius Bedæ purus et genuinus fons ab influentibus et ascititiis rivulis expurgetur.

59. Interim vero monendus hic iterum lector me

tota ferme Usuardini Martyrologii recensione sic semper Bedam et Florum citasse prout ab Henschenio et Papebrochio distinctis typis vulgati sunt, quemadmodum Hieronymiana apographa, seu codices Hieronymianos appello, quos Florentinius et Acherius edidere, aut apud nos manuscripti exstant, tametsi alii aliis auctiores sint, vel magis aut minus interpolati. Si quæras cui ascribenda sint elogia in nostra editione Floro attributa, sincere fatebor id me prorsus ignorare. Cæterum, cum hic in conjecturali scientia versemur, quid vetat probabilissime asserere singulos codicum, ex quibus accepta sunt, compilatores Bedam et Florum imitatos, pro suo quemque ingenio addidisse, quæ ex passionalibus aut aliunde decerpta textibus suis apte convenire censebant. Id certe admittendum in codicibus Usuardinis, in quos tanta interpolatorum libertas grassata est, ut auctaria et additamenta si omnia conjungantur, singulis prope diebus, textum ipsum Usuardinum duplo, triplo, sæpe quadruplo, imo quintuplo et amplius exsuperent. Hæc de Beda et Floro. Nunc ad tres alios antiquos, seu classicos martyrologos properemus.

ARTICULUS III.

De tribus aliis Martyrologiis Usuardi cognatis.

§ I. — De Wandalberti metrico.

Hieronymiana, Bedam et Florum, inter Gallos Martyrologos, ætate proximus sequitur Wandalbertus, monachus Prumiensis in diœcesi Treverensi, qui Martyrologium suum, ut ostendit Bollandus pag. LII, scripsit anno 842, male ab operum Bedæ editoribus tomo I insertum, sub titulo *Ephemeridum Bedæ*, cum metricum hujus Martyrologium, de quo articulo præcedenti egimus, brevissimum sit, certe Bedæ ascribi nefas sit, nisi *quamplures Kalendarum dies intactos relinquat*, ubi interim nostrum hoc Wandalbertinum, per totum anni circulum, unum saltem sanctum refert diebus singulis. Sed de vero auctore nemo jam est qui dubitet; tu vide apud Bollandum præfationem ipsius Wandalberti, ex qua ad rem nostram faciunt sequentia verba : « In quo opere, quia solemnium dierum certissima comprehensio non leviter nec facile pro librorum varietate obstabat, ope et subsidio præcipue usus sum sancti et nominatissimi Flori, Lugdunensis ecclesiæ subdiaconi, qui ut nostro tempore, revera singulari studio et assiduitate, in Divinæ Scripturæ scientia pollere, ita librorum authenticorum, non mediocri copia et veritate cognoscitur abundare. Ab hoc ego, sumptis veteribus emendatisque codicibus, Martyrologium librum a Kalendis Januarii usque ad finem anni, per dierum singulorum occurrentes festivitates metro edidi. » Oratorie hic loqui videtur Wandalbertus; nam si rem ipsam diligentius inspiciamus, quæcunque ipse ex *libris illis authenticis, veteribus et emendatis codicibus* scitur desumpsisse, ad unam Kalendariorum, Hieronymi, Bedæ et Flori Martyrologiorum, et forte passionalium aliquot supellectilem facillime contrahentur. Nec vero, etiam *ope et subsidio Flori Lugdunensis*, tam certa ipsi fuit *solemnium dierum comprehensio*, ut non sæpe, contra apertissimam antiquiorum Martyrologorum sententiam, pro suo arbitrio dies aliquot transposuerit.

61. Quæ hic Bollandi præfationi, aliorumque de Wandalberto narrationibus superaddimus; eo spectant maxime ut specimina exhibeamus, ex quibus appareat multa pro suo libitu Wandalbertum digessisse. Quærant alii quinam ii fuerint *libri authentici*, ac *veteres emendati codices*, unde Sanctos suos metris illigandos Wandalbertus acceperit; ego certe dubito an hæc omnia non magis ornate, quam vere prædicentur. Bedam, ut a *sancto et nominatissimo Floro* auctus fuerat, præ oculis habuisse, ultro concedimus, tametsi in eo scrupulosior fuisse non appareat. Ex codicibus Hieronymianis sanctos aliquot decerpsisse, æque certum est; at præterea alios, aliunde accersitos, pro suamet auctoritate eis adjecisse, luculenter demonstrari potest. En pauca de multis exempla. Sic habet :

XVII Febr.	Bissenumque diem Martialis sanctus honorat.
XXI	Victorine, tuo nonus de nomine fulget.
XXV	Quinta dies Crescenti augetur laude beati.
II Mart.	Senis mox Nonis Heraclus Pau usque coluntur.
XX April.	Festaque Synesii celebrantur martyris almi, Pontificis tumulo, doctrina et morte beati.
XVII Jul.	Tertius Ægyptum præsentat Serapioni, Attalus et martyr cœlesti flore nitescit. Et ternam denam Philibertus sanctus adornat.
XXIV	Mox nonam.... Aquila et Niceta sacrarunt.
XXVIII	*Quatuor habet versus de consecratione altaris a S. Stephano papa, aliisque eo speciantibus de quibus alibi nihil.*
VI Aug.	Idibus octavis, mortem passura crucemque Christi sancta caro, æthereamdedit ante liguram.
XXIII	Lucius et Ptolomæus denam virtute coronant.
XXVIII	Hac quoque Pelagium fuso pro sanguine clarum.
I Sept.	Hac et Venerræ rutilant solemnia sanctæ.
XI	Has sinul et Felix felici morte dicavit.
	Martyrio Regulæ sancto pariterque beatæ.
XI Nov.	...... votis festoque vocatur eodem, Exsilium, flagella, minas, tormenta necemque Pro Christo perpessa simul Domicilla triumphat.

Plures hujusmodi sancti in Wandalberto recurrunt, quos apud alios Martyrologos, saltem sic positos frustra quæsieris. Quemadmodum autem libere sanctos multos signavit aliis incognitos, sic non minori libertate, aut Kalendarum dies transposuit, aut aliqua inseruit, quæ apud antiquiores martyrologos non repererat. Lubet iterum exemplis pauculis rem elucidare. Sic habet XXI Aprilis.

Undecima Gaius pariter Simeonque coluntur.

Non potest esse alius hic Caius quam papa, qui ad diem sequentem pertinet. A proprio die remotior est, quum ex Januario sic canit XVI Maii :

Septima Timotheus cum dena nomine lucet,
Veridica Paulus docuit quem voce beatus.

Sic VI Junii illum posuit, qui ad VII spectat :

Octavas Idus Ceratus episcopus ornat,
Urbem qui fulsit Gratiano a principe dictam.

Rursus XX Junii Vitalem collocat, quasi hic post filios Gervasium et Protasium die sequenti passus sit, de quo alii agunt XXVIII Aprilis. En ejus versiculum :

Vitalisque pater natos sequitur duodeno

Prima Julii loquitur de Ephrem, qui ab aliis refertur 1 Februarii; sed in hoc Bedam aut Florum secutus est. At xiv Septembris solus ipse de Eparcho agit, alii 1 Julii.

Præsulis hic etiam meritum celebratur Eparci.

Alii Martyrologi Martinum papam non agnoscunt xvi Septembris. Sic ipse :

Hinc sexto deno Martinus papa beatur.

Ad xxiv Octobris anticipat festivitatem quadraginta sex militum, ab aliis die sequenti diserte signatorum.

*Nono quadrageni effulgent sexque triumpho
Romæ militiæ et sancto certamine clari.*

Jam vero præter Sanctorum nomina, alia etiam inserta esse, quorum ipse inter martyrologos primus sit auctor, liquet ex viii Junii, ubi Medardi et Gildardi famosum synchronismum adoptare videtur.

*Progenies meritumque pium, quos jungit et ara.
Gildardus senas, pariterque Medardus honorant.*

Vide etiam ix, xxi Octobris ac pluribus aliis diebus in nostris ad Usuardum Observationibus proprio loco indicatis, ex quibus omnibus colligas satis libero calamo Wandalbertum versus suos adornasse, nisi suspicemur interpolatores subinde accessisse, quos mirum esset magis ab hoc Martyrologio, quam ab omnibus aliis manum abstinuisse. Utcunque factum sit, hæc eo notavimus, ut pateat metricum Martyrologium Hieronymi quidem et Bedæ, a Floro aucti, progeniem esse, non ita tamen ut eorum placitis se astringendum putaverit, auctor ipse per se et novi Martyrologii conditer. Vulgo notum est Adonem in cœnobio Pruminensi verosimiliter cum ipso Wandalberto aliquandiu commoratum; attamen certum putamus metricum Martyrologium aut non novisse, aut certe eo usum non fuisse. Dubitavi aliquando, nec in meis ad Usuardum Observationibus satis certo determinare ausus sum, utrum in Usuardi cognitionem non venerit; neque vero hactenus id mihi certo exploratum ausim asserere. Partem affirmativam suadebant Sancti iidem, pluribus diebus in utroque recurrentes; at mox reponi poterat id mirum non esse, cum utrique iidem fontes, aut saltem similes patuerint. Magis urgebat, dum Sanctos reperirem apud nullum martyrologum Usuardo antiquiorem, præterquam apud solum Wandalbertum signatos, quod plane accidit xiv Martii, ubi hic versiculus :

Euphrosius pridie Petro cum martyre fulget.

62. Hoc certe impellere videbatur ut saltem notitiam aliquam inter eos martyrologos fuisse admitterem. Rursus, dum ex aliqua Hieronymianorum classe unus aut alter Sanctus, iidemque prorsus et ab Usuardo positi, et a Wandalberto versibus innexi inveniebantur, satis probabile videri poterat Usuardum non Hieronymianorum fontem, sed Wandalberti rivulum consuluisse; idque patebat clarius die secunda Decembris in Vero et Securo, a sociis aliis octodecim aut novemdecim avulsis :

Vero et Securo quartis litat Africa Nonis.

Verum his omnibus præponderavit Usuardi silentium, qui, duces suos aperte enumerans, Wandalberti nomen reticuit. Ad hæc, in allato exemplo Veri et Securi, ambos Usuardus fratres appellat, quod utique ad Wandalbertum non reperit. Petrum et Euphrosium aliunde Usuardo innotuisse necesse est. Ut vero certius intelligas, inter Usuardi protoparentes locum Wandalberto tribuendum non esse, faciet dies iv Decembris, quo Usuardus nullos apud Adonem sanctos illic signandos reperiens, non ad Wandalbertum, qui de Victoria agit et Heracleo, sed ad Rufinum confugit, ex quo binas suas annuntiationes conflavit. Idem convincitur ex xix Decembris, ubi Wandalbertus :

Quartum cum deno Zozimus Dariusque coronant;

in Usuardo autem solum legitur : *Civitate Nicea, sancti Darii martyris;* nulla prorsus eo die Zozimi facta mentione. Tota igitur Wandalbertum inter et Usuardum cognatio in hoc consistit potissimum, quod uterque de Hieronymianis, Beda et Floro participent.

63. Posset et hic a curiosis inquiriri utrum Wandalbertus inter progenitores suos numerare non debeat auctorem Romani parvi? Dubitandi ratio est, quod Observationes nostræ nonnunquam doceant eosdem sanctos a Wandalberto celebrari, quos solum Romanum parvum inter antiquiores notasse comperitur. Exemplo sint Maii xv, quo

Pontifices septem Hesperiam simul Idibus ornant.

et vii Junii :

Paulus septenas, præsul tuos, alta Bizanti :

et similia plura, ex quibus confici posse videatur Wandalbertum non ignorasse Martyrologium illud, quod Romanum parvum vocamus. Hic ego me hærere, et in Observationibus non semel hæsisse confiteor. Nihil quidem piaculi video, si ultro concedamus Romanum parvum Wandalberto præluxisse, quidquid Ado gloriari videatur se omnium primum absconditum prius in Italia thesaurum effodisse, quem in Galliam deportaret. Cæterum, cum, teste Usuardo, *diversa sanctorum Patrum Martyrologia* exstiterint, facile contingere potuit ut ex antiquiori aliquo, auctor Romani parvi Romæ, Wandalbertus in Gallia sua desumpserit. Qui plura conferre aut disquirere voluerit, in prima Molani, et in hac nostra Usuardi editione, metra diebus singulis cum textu Usuardino ferme conjuncta inveniet. Apud Acherium tomo V Spicilegii, totum Wandalbertinum uno ductu editum est.

§ II. — De Martyrologio Rabani.

64. Ordine et ætate sequitur præclarum Bedæ germen, Martyrologium a B. Rabano Mauro ex mona-

cho Fuldensi archiepiscopo Moguntino compositum, quod fortasse non immerito appellaretur Bedæ Martyrologium studio Flori et Rabani suppletum; ita Rabanus fideliter et passim omnia elogia, in Papebrochii editione Bedæ ascripta, suæ compilationi inseruit, ut vel ex solo hoc Martyrologio recenseri illa et forte hinc inde emendari posset. Credidit Papebrochius in Prologo suo, num. 11, eodem tempore Rabanum in Germania Bedam supplevisse, quo id in Francia præstabat Florus, adeoque circa annum 850; at nobis longe verosimilior videtur Castellani conjectura, præfationis suæ ad 1 Bimestre pag. 20, ubi Rabanum existimat Martyrologium scripsisse circa annum 845, tum nempe, cum demissa anno 842 abbatiæ Fuldensis præfectura, privatus ibi degeret, anno 847 ad archiepiscopatum Moguntinum assumptus. Sic apte divisis temporibus, commode intelligitur Flori laborem in augendo Beda pervenisse in manus Rabani, quem is ex codice aliquo Hieronymiano aliisque (ut erat vir doctissimus) aliunde acquisitis, per totum anni circulum impleverit, iis superadjectis, quæ ad Fuldenses seorsim pertinerent, ut esset Martyrologium cœnobii illius celeberrimi usibus accommodatum, quidquid Papebrochius num. 14 autumet, non eo Martyrologio usus Fuldenses, sed alio in codicibus reginæ Sueciæ reperto, quod ex Adone contractum fuerat. Sed forte monachis etiam illis placuerit magis Usuardina methodus, longe aptior Officio ecclesiastico.

65. Prævenit itaque Rabanus noster Adonem, qui per idem tempus Martyrologium aliud meditabatur, de quo fusius sequentibus duobus capitibus agendum erit. Uterque eodem laborat vitio, nempe enormi illa inæqualitate, qua diebus nonnullis unus aut alter sanctus valde jejune annuntiatur, alii vero longis elogiis referti, ad nauseam ferme prolixi sunt. Præiverat ambobus Beda, præiverat Florus; ast Usuardus singulorum dierum laterculos compendiosius complexus, priores omnes Martyrologos ita antecelluit, ut ubique receptus, aliorum memoriam obliteraverit. Ut ad Rabanum redeamus, nihil in eo peculiare occurrit quod in Observationibus nostris satis accurate notatum non sit. Hoc nempe singulari cura studuimus, ut per continuam illam Martyrologiorum omnium inter se aut convenientiam, aut differentiam, aut oppositionem, sub unum aspectum positam, singulorum simul proprietates Hagiophili dignoscerent. Inter cætera insinuandum fuit Rabani Martyrologium Germaniæ limites non esse transgressum, ut pote quod Ado et Usuardus plane non noverint; Notkerus autem, de quo mox loquemur, totum descripserit, auxerit, aut contraxerit.

66. Ut autem assumptæ superius generationis metaphoræ inhærentes, Martyrologiorum genealogiam pertexamus, eo consanguinitatis gradu Adonem tangit Rabanus, seu potius eorum Martyrologia, ut quodammodo germani fratres dici possint, ea vide-

licet causa quod ambo ex Hieronymianis, Beda et Floro, pro majori vel minori parte progeniti sint, cum hac notabilissima diversitate, quod Ado fecundissimus fuerit aliorum Martyrologiorum parens, Rabanus vero prope ἅπαις obierit, solum ferme Notkerum sequacem habens, ex quo fortasse magis quam ex ipso Rabani fonte, paucula in codices Usuardinos auctiores derivata sunt, ut nonnunquam in Auctariis nostris indicandum fuit. Qui plusculum temporis Martyrologiis his omnibus accuratius inter se componendis impendere voluerit, facillime mecum advertet quod si ea, quæ ex Hieronymianis, Beda et Floro, Rabanus desumpsit, a reliquis sejungantur, pauca superfutura sint, quæ Rabani propria dici debeant. Sic item, si Notkerum Hieronymianis, Rabanianis, et Adonianis exspolies, ad nihilum prope redibunt quæ ex ejus Martyrologio erunt reliqua; præterquam quod locis nonnullis mutilum est, ut statim paulo copiosius explicabimus.

§ III. — De Martyrologio Notkeri.

67. Hoc Martyrologium native delineavit Papebrochius in prologo ad Bedam, num. 14, his verbis: « Prædicti Adonis synchronus fuit B. Notkerus, monasterii sancti Galli monachus anno Christi 870, quando Ado eidem monasterio communicavit reliquias sancti Desiderii, episcopi et martyris Viennensis, x Kal. Junii recolendi, quemadmodum ipse ad dictum diem testatur in suo Martyrologio, quod videtur Adonis exemplo scripsisse, integra sæpe elogia ex eo verbotenus accipiens; mortuus anno 912, uti clare demonstrabimus mense Aprili ad ejus diem natalem. Præter Adonis Martyrologium (cujus exemplar credibile est ipsummet Sangallensibus misisse) habuit etiam Notkerus præ oculis Martyrologium Rabani, de quo supra egimus, et eo etiam plurimum usus est, adeo ut videri possit unum e duobus conficere voluisse. » Verissima hæc esse plane perspiciet quisquis tres illos Martyrologos inspicere et attentius considerare dignabitur, quod in Observationibus nostris Usuardinis annotare non prætermisimus, quotidianam ferme Martyrologiorum classicorum genealogiam repræsentantes, quorum postremus est hic, quo de loquimur, Notkerus Balbulus; quem si pernoscere cupiat curiosus lector, adeat Papebrochii commentarium VI Aprilis a pag. 576, ubi hunc a variis aliis Notkeris accurate distinguit. Castellanus compendio omnia collegit in laudata sæpius præfatione, p. 25.

68. Porro jam dictum Notkeri Martyrologium primus ex Sangallensi bibliotheca eruit, et typis vulgavit inter antiquas lectiones Henricus Canisius, locis aliquibus mutilum, ut a XII Junii ad XIX, a XI Julii ad VII, a XVIII Augusti ad XXVII; imperfectum vero a XXVI Octobris usque ad anni finem. In Canisiana illa editione hunc præfert titulum : *In nomine Domini, incipit Martyrologium per anni circulum S. P. N. Notkeri, cognomento Balbuli, monachi S.*

Galli. Non fuisse adeo receptum ejus tempore, annum Ecclesiasticum a Nativitate Domini, aut ab ejus vigilia incipere, et hoc et Rabani Martyrologium probant, cum ambo a Kalendis Januarii exordiantur. Nihil Florentinio in notationibus ad Hieronymiana familiarius, quam Notkerum identidem appellare, non consulto fonte, unde ipse sua omnia clarissime derivavit, quod satis sero animadvertisse videtur, dum nempe xv Octobris pag. 920 tandem fatetur *Notkerum, plurimum ex Adone accipere.*

69. Sed de his Observationum nostrarum pluribus locis locuti sumus. Cæterum ex dictis manifestum est quam arcto consanguinitatis martyrologicæ vinculo Notkerus cum Rabano et Adone conjunctus sit. Atque hæc quidem hactenus de martyrologis, quæ in linea directa vel immediata Usuardo tam propinqui non sunt, quanquam et ipse nonnunquam Hieronymiana et Bedam a Flore suppletum consuluisse deprehendatur. Nunc ad præcipuum ejus familiæ, seu genealogicæ arboris stipitem descendimus. Illum vero statuimus Romanum illud vetus, a Rosweydo nostro pridem editum, ab Adone Ravennæ repertum, ibi ab ipso descriptum, in capite Martyrologii sui positum, et in istud plane transfusum. Ex quo videas Romanum istud vetus, quod nos *Romanum parvum* dicimus, cum Beda a Floro aucto, Adonis patrem posse nuncupari, cujus avum Hieronymiana non inepte appellaveris. Tum vero, ex Adone immediatissime procedere Usuardum capite 3 demonstrabitur. Hic præmittenda est gravis de Romano isto parvo inter eruditos controversia; paucis id hactenus ut genuinum et antiquum Romanum tuentibus, pluribus aliis obnixe contra certantibus, nec vetus, nec Romanum, nec vere Martyrologium esse, sed potius Kalendarium, aut contractum ex Adone compendium; aliis demum, tanquam scenæ spectatoribus, nullam in utramvis partem sententiam ferentibus. Hæc proximo capite ab ovo repetenda, et diligentius excutienda suscipimus.

CAPUT SECUNDUM

De Martyrologio quod VETUS ROMANUM *appellavit primusque edidit Heribertus Rosweydus, nos tantisper* ROMANUM PARVUM *vocari posse censemus.*

70. Eminentissimus Annalium ecclesiasticorum conditor Cardinalis Baronius, in Prolegomenis ad suam Martyrologii Romani cum Notationibus editionem, præsertim capite octavo, totus est in quærendo antiquo Martyrologio Romano, cujus vestigia haud obscura repererat in celebri Gregorii Magni ad Eulogium Alexandrinum episcopum epistola, superius a nobis laudata. Cumque relatorum a nobis præcedenti capite majorum Hieronymianorum apographa in ejus aut cujusquam alterius, ad Romani Martyrologii reformationem deputati, notitiam non pervenissent, neque adeo Martyrologium ullum vidisset, cui descripta a Gregorio elementa omnimode convenire possent; lecta Adonis præfatione, in qua sanctus ille Viennensis episcopus, ad concinnandum Martyrologium suum, se « adjutum fatetur venerabili et perantiquo Martyrologio, ab urbe Roma Aquileiam, cuidam sancto episcopo a pontifice Romano directo; » hinc idem Eminentissimus citato capite 8 inferre non dubitavit : « Hoc ipsum simplex absque alio additamento Romanum Martyrologium, idemque perbreve, in quo tantum nomina Martyrum, locus ac dies passionis positi haberentur, esse illud ipsum, cujus meminit Ado. » Ita Baronius.

71. Sed pace ipsius dixero : non satis conveniunt ea quæ Gregorius in epistola ad Eulogium de suo Martyrum libello prædicat, cum characteristicis Martyrologii Ravennæ reperti ab Adone delineatis, ut utriusque verba conferenti ad oculum patebit; neque enim Ado usquam insinuavit Martyrologium a Romano pontifice Aquileiam cuidam sancto episcopo directum, aut *perbreve* esse, aut sola duntaxat *nomina Martyrum* continere, aut solum *locum ac diem passionis* ponere; quæ omnia Gregorius de suo tam clare et tam distinctis terminis asseruit. Cæterum quidquid ejus sit, præconceptæ opinioni insistens Baronius, satis ibidem patefacit ingens ejusdem istius Martyrologii, quo tenebatur, desiderium, dum ita loquitur : « Porro in omnibus quæ viderim Martyrologiis Adonis impressis (non scio alias editiones tunc exstitisse præter imperfectam Lipomani et aliam Mosandri) illud ipsum Roma acceptum desideratur. Egregiam certe, ac viris eruditis dignam optatamque navasset operam Mosander, si hujusmodi illustre vetustatis monumentum, quod in suo manuscripto Adone haberi testatur, una cum ipso Martyrologio Adonis, quod post Surium ad septimum tomum Vitarum sanctorum adjecit, edidisset. »

72. Tam præclaro purpurati Patris desiderio facturus satis Heribertus noster Rosweydus, cum novam Adoniani Martyrologii, exactioremque prioribus editionem meditaretur, curas mox omnes intendit, ut codicem ipsum manuscriptum S. Pantaleonis, ex quo suam Adonis editionem Mosander expresserat, nancisci posset; eoque *a Cartusia Coloniensi perbenigne submisso*, idem illud *vetus Romanum Martyrologium*, ut ipse vocat, quod suo Ado præfixerat, magno virorum eruditorum applausu, una cum Adone vulgavit anno 1613, nihil dubitans quin ipsum illud Martyrologium reperisset quod olim Gregorius Magnus ad Eulogium scribens laudaverat. Juvat Rosweydum ipsum loquentem audire, in sua ad Paulum V pontificem maximum dedicatoria epistola : « Fero nunc, inquit, ad Sanctitatem Vestram, vetus hoc Romanum Martyrologium, quod Gregorius pontifex maximus ad Eulogium Alexandrinum episcopum scribens, per orbem universum dispersum et optavit et credidit. Fero quod Ado annis abhinc octingentis, tanti fecit, ut venerabile et perantiquum duxerit, sibique, velut prima operis sui lineamenta adumbrata proposuerit, quod suis rursus coloribus pingeret, lucis splendore illustra-

ret. Fero quod ad hunc usque diem latuit : cujus desiderio tantopere flagrabat cardinalis Baronius, ut animi sui testes tabulas exstare voluerit, quibus editorem excitaret, et gratiam ante beneficium reponeret. Hoc igitur Martyrologium tanto fidentius ad Sanctitatem Vestram defero, quanto plurium gravissimorum virorum patrocinio comitatum venit. »

73. Ita Rosweydus splendide ac eleganter munus, vel partum, ut ita dicam, suum communi fidelium Patri verbis ornare, ac religiose, non Thrasonice, ut garrit Beckius, modeste, inquam, ostentare non dubitavit, neque tunc cum illo dubitabant eruditi gravissimique viri, quorum patrocinio comitatus veniebat, quin vere Martyrologium ab sancto Gregorio commendatum Romano pontifici porrigeret. Verum hæc præmature dicta crediderim agnovisse subinde Rosweydum ipsum. Nimirum, dum hæc scriberet, nondum illustre istud Hieronymianum Epternacense, de quo priori capite cum Bollando egimus, e carthusia Trevirensi feliciter eruerat. Etenim, ex utriusque, puta Hieronymiani et Romani parvi comparatione, facile agnovisset vir perspicacissimus, non huic tam proprie quam alteri aptari posse Magni Gregorii descriptionem, qua utique indicatur Martyrologium Hieronymianum, *in quo tantum nomina martyrum, locus et dies passionis positi haberentur.* Quod perbreve velit esse Baronius, non est ex mente Gregorii, cum in ipsius libello multi ex diversis terris atque provinciis, *per dies singulos cognoscantur martyrio coronati,* qui character Hieronymianis proprius est; Romano parvo non item, ut brevi clarius elucescet. Hæc omnia si observare potuisset Rosweydus, haud dubium quin vetus suum cum Gregoriano minime confundendum putasset. Nec vero inde splendor Martyrologio isti gratis quodammodo accersendus erat, cum aliunde veris suis propriisque non careat laudibus, quas ipsi ut meritas, ut debitas toto hoc capite vindicabimus.

74. Cæterum quod modo aiebat Rosweydus, *plurium gravissimorum virorum patrocinio comitatum venire* Romam, suum illius Martyrologium verissimum existimo, tametsi modo promptum mihi non sit virorum illorum suffragia colligere. Sit nobis hic unus omnium instar Andreas Saussayus, in hac saltem parte minime suspectus Rosweydi encomiastes. Laudaverat ipse non uno loco apparatus sui ad Martyrologium Gallicanum, procuratam veteris illius Martyrologii editionem, sed cap. 49 dispersos radios colligens, hæc inter alia de Rosweydo prædicat : « Martyrologium vetus Romanum, tot sæculis abditum, tanto æstu a Baronio desideratum, multoque sudore a se perquisitum, tandem divino munere reperit, ac repertum primum in lucem produxit, notatiunculis sua eruditione dignis instructum, quod Paulo V pontifici maximo, pereleganti epistola dedicavit; ut ad solem, quemadmodum ait, radius, ad fontem rivulus, ad stipitem ramus, ad coelum sidus rediret, etc. Ita præfatur ad pontificem summum, lætus de invento a se thesauro, redditoque, cui competebat, Domino, Heribertus, certe eximius ipse, solis sapientiæ radius, vivi fidei fontis rivulus, virentis justitiæ stipitis ramus, jamque coeli pulchrum ac æternum sidus. »

75. Ecquid diceres Rosweydum hic a Saussayo ferme apotheosi donatum? Sed faxo brevi versam cytharam intelligas. Qui hic tam magnifice Rosweydum ejusque oblatum Pontifici munus ad sidera usque extollit, idem ipse alibi præfatum Martyrologium, præconceptis suis de Areopagita ex Hilduino opinionibus adversari observans, quasi œstro percitus, diras quodammodo in ipsum editoremque evomit, turpiter recantans quæ in utriusque laudem tam gloriose cecinerat, ut pluribus memorat Florentinius in admonitionibus suis præviis, pag. 17, nosque paulo infra uberius ostendemus. Ne vero pluribus aliis Rosweydi, ejusque procuratæ veteris Romani Martyrologii editionis laudatoribus conquirendis tempus teram, aut lectori creem fastidium, unum producam egregie doctum, magnique inter eruditos nominis virum, Henricum Valesium, in dissertatione brevi discutienda, hoc de sui temporis scriptoribus testimonium ferentem : « persuasisse, nimirum, doctis hominibus Rosweydum, ut ab omnibus diversæ etiam communionis viris hoc Martyrologium pro vetere Romano accipiatur, ejusque auctoritate ac testimonio omnes passim in libris suis utantur. »

76. Non est insolita Valesio grandior auxesis; neque enim ita post Rosweydum abierunt *docti homines,* ut nullus ante Valesium Martyrologii illius oppugnator fuerit. Novisse poterat censorem, plane liberalem, V. C. Joannem Frontonem, Kalendarii Romani editorem, quo nemo brevius, nemo forte acrius contra insurrexit. Sed hunc infra suo loco conveniam. Neque ignorabat, opinor, Valesius Bollandi prudentissimum de eodem Martyrologio judicium, quod priusquam ultra progredimur, hic ex præfatione generali, cap. 4, § 5, compendiose subjiciemus. Plura equidem ibi offendo, in hoc nostro opere, aut restituta aut clarius exposita ; verum quod ad toties jam nominatum Martyrologium attinet, clare ibi Bollandus edisserit, « non esse a Rosweydo editum illud quod erat S. Gregorii ætate Martyrologium. » Rursusque post nonnulla alia, oculatissimo cætera Bollando non satis tunc perspecta, ita pronuntiat : « Illud tamen liquido constare existimo, non esse, quod describit sanctus Gregorius illud quod est a Rosweydo vulgatum. Neque tamen, » subdit : « hoc cuicuimodi sit, respuimus. Utinam plures similia antiquitatis monumenta, quod possunt, eruerent. » Mitto scrupulum, quo ibi Bollandus laborat, ne scilicet Martyrologium, a Rosweydo editum, *Romanum minus* nuncupet, « quia eo titulo (*Romani veteris*) editum a viro doctissimo, eaque apud eruditos invaluit nomenclatio. » Nemo ægre feret vocem *vetus* non ita convenientem a me in *parvum* mutatam, ut contradistinguam ab Hiero-

nymiano majore, quod facturum fuisse Rosweydum ipsum plane existimo, si tum codicem Hieronymianum longe vetustiorem vidisset, cum minus illud suum Romanum, non tam vetus, prelo commune reddidit.

77. Est itaque vera Bollandi et nostra sententia, characteres a S. Gregorio in celebri ad Eulogium et sæpe jam laudata epistola exhibitos, in Martyrologium a Rosweydo editum quadrare nequaquam posse ; cum ille indiculum indicet, in quo *pene omnium martyrum, distinctis per singulos dies passionibus, collecta nomina* habebantur, quod Rosweydino Martyrologio tam est certum non convenire, quam certum sit dies ibi aliquot vacuos reperiri, plurimos, autem ubi unicus uno die consignatur sanctus. Accedit, quod ex eodem Gregorii testimonio constet, in eodem volumine non indicari, *quis qualiter sit passus, sed tantummodo nomen, locum et diem passionis poni* ; at Romani parvi auctor plura et distinctiora addidit, per quæ Gregorianum longe superat, non quidem ætate, sed nitore, claritate, et exacto rerum ordine. Demum Romanum nostrum pluribus locis talia signat quæ Gregorio posteriora sunt, ut puta xiii Maii festum *S. Mariæ ad Martyres*; xiv Septembris, *lignum salutiferum crucis a Sergio papa inventum*, etc.; 1 Novembris, festum *omnium sanctorum* Romæ institutum, aliaque ab erudito lectore facile observanda, quæ codicem Rosweydinum ad sæculum octavum rejiciunt. Hæc in Bollandi sententiæ omnimodam confirmationem sufficiant.

78. Unum est quod non satis perspexit venerandus magister noster, dum nempe *in ambiguo posuit, utrum ex his sanctus Ado habuerit, minus illud Rosweydinum, an hoc majus*, scilicet Hieronymianum ; mihi enim certissimum videtur Adonem sic loqui, ut tota ejus oratio Romanum parvum aperte designet, nec ullum aliud Martyrologium designare possit. At inquit Bollandus, « plures multo sanctos habet Ado in suo Martyrologio, quam qui in minori Romano continentur; imo parum admodum ex illo haurire subsidii potuisset, cum præsertim Usuardi haberet Martyrologium, quod et natales indicabat singulorum atque etiam plurium... » Recte fatetur Bollandus *hic sibi aquam hærere* : opus enim fuisset plurimorum annorum labore, plurium Martyrologiorum diligentissima inter se collatione, ad hujusmodi nodum dissolvendum, cujus pars posterior vix demum post quinquaginta et amplius ab opere de Actis sanctorum inchoato annos a Papebrochio observata est tomo V Junii, pag. 250, col. 1 in fine. Nimirum præpostere a majoribus nostris semper citari solitos Usuardum et Adonem, semperque in ea suppositione quod ille hoc esset antiquior, atque adeo Adonem sua ex Usuardo accepisse, aut saltem accipere potuisse; vel, ut in prologo ad Bedam num. 11, vel tomo IV Junii, pag. 482, infra B, arguebat laudatus Papebrochius, *nihil alterum scivisse de altero*. Quibus similia per viginti tres tomos de Actis Sanctorum, innumeris locis recurrunt. Hæc autem omnia cum veritate non cohærere Observationes nostræ diebus singulis textui Usuardino adjectæ sole meridiano clarius manifestabunt.

79. Prior autem difficultatis pars, *quod plures multo sanctos habeat Ado in suo Martyrologio, quam qui in minori Romano continentur*; quodque proinde *parum ad modum ex illo subsidii haurire potuisset*, pace Bollandi dixero, facillime dissolvitur, nam Ado nusquam insinuat se omnes sanctos suos ex *venerabili et perantiquo Martyrologio* desumpsisse, sed *adjutum se eo fatetur, ut dies martyrum, qui confusi in Kalendis satis inveniri solerent, verissime notarentur*. Id nempe, nisi vehementer fallor, sanctus Martyrologus innuit, reperisse se in eo Martyrologio, distinctam dierum seu Kalendarum seriem, quæ in Hieronymiano, quo etiam certissime usus est, turbato, luxato et confuso ordine, adhuc hodie, post multorum eruditorum diligentissimam operam, repræsentatur. Atque huc refero τὸ *verissime notarentur*, hoc est *distincte*, nam Martyrologii istius auctor, quisquis fuerit, nihil minus curasse videtur quam ut ad veros obitus aut martyrii dies sancti reducerentur; satis se fecisse existimans, si quos hinc inde ex Veteri Testamento, æque ac ex Novo, sed maxime ex Rufino colligebat sanctos, certis diebus, pro suo fere arbitrio, innecteret. Atque hæc altera nostra observatio est, per singulos ferme dies discurrens, quæ majores nostros hactenus latuerat, quæque non nisi indefessa et continuata Martyrologiorum nostrorum perscrutatione erui, digeri, et confirmari potuit. Ad duas propositiones rem totam contraho; quarum hæc prima : Ado in adornando Martyrologio suo usus est Romano parvo Rosweydi, tanquam stamine, si ita loqui licet, totumque ferme ad verbum descripsit. Hæc altera : Usuardus Adonem, quem Flori librum secundum appellavit, ita in omnibus secutus est, ut verum dici possit Adonis compendium. Sed de hac propositione, ut jam supra monuimus, cap. 3 fusius tractandum.

80. His ad sequentem dissertationem quodammodo prærequisitis et præcognitis, Romani parvi, ejusque editoris Rosweydi patrocinium hic ita suscipimus, ut licet cum Bollando, in eo plane errasse censeamus, quod Martyrologium suum illud esse putaverit de quo Gregorius ad Eulogium Alexandrinum meminit, sic, inquam, ejus patrocinium suscipimus, ut contra multos obtrectatores asseramus, verum, *venerabile, et perantiquum Martyrologium esse, ab urbe Roma Aquileiam, cuidam sancto episcopo a pontifice Romano directum*, et Adoni postmodum *a quodam religioso fratre aliquot diebus præstitum : quod*, Ado, *diligenti cura transcriptum, positus apud Ravennam, in capite sui operis ponendum putavit* : quanquam non diffiteamur interpolationes aliquas adjectas fuisse, quibus nullum hactenus Martyrologium vacuum reperire potuimus. Hæc adversus Saussayum, Frontonem, Florentinium, et quoscunque alios Romani parvi adversarios propugnanda sunt.

Alterum nobis cum Henrico Valesio negotium, qui titulum potius quam Martyrologii ipsius substantiam aggressurus, citatam dissertationem deprope ravit, Eusebianæ editioni ad calcem pag. 315 subnexam, quam hic primum excutiendam arripimus, ut, salvo capite, reliquum corpus facilius tuteamur.

ARTICULUS I.

Parvum Rosweydi Martyrologium non incongrue vocari posse Romanum, contra Valesium et Florentinium statuitur.

81. Henricus Valesius supra laudatus, singulari illa sua dissertatione, qua Rosweydi Martyrologium atque una Hieronymianum aggreditur, primum pugnat, ante Sixtum V nullum in Ecclesia Romana fuisse peculiare Martyrologium. Ipsum audiamus: « Ego vero contra affirmo, inquit, nullum unquam fuisse proprium ac peculiare Martyrologium Ecclesiæ Romanæ, ante illud quod jussu Xysti V pontificis maximi editum est hoc titulo, ac Baronii notationibus illustratum. » Affert deinde causas quæ ipsum ad ita sentiendum impulerint, sed quarum pleræque ad meram de nomine quæstionem recidunt, ut bene ostendit Florentinius, admonitione 5, totam illam Valesii machinam feliciter evertens. Omnium manibus teruntur ea opera, ut proinde hic telam retexere opus non sit. Probat, et recte, Florentinius, Hieronymianum a se vulgatum, quod *vetustius occidentalis Ecclesiæ Martyrologium* intitulavit, omnino nuncupari posse Romanum, seu *Romanæ Ecclesiæ Martyrologium*, tametsi eo nomine, nec a S. Gregorio, nec a Beda, Adone, aut Usuardo designatum fuerit. Id certe mirum videtur Valesium nempe agnoscere characteres omnes a S. Gregorio distinctos Martyrologio. Hieronymiano apprime convenire; imo, dicere *Gregorium Magnum, habere se Martyrologium, in quo multorum simul Martyrum nomina,* etc., constanter tamen abnuere Romanum Martyrologium a Gregorio Magno esse nominatum, aut Martyrologium illud proprium ac peculiare fuisse Ecclesiæ Romanæ. Quasi aliud hodie sit Martyrologium Romanum quam quod *commune est cum reliquis* ecclesiis *occidentalibus*.

82. Tale autem Martyrologium annis abhinc mille exstare debuisse, ut etiam terminis ipsis cedat Valesius, luculentissimo testimonio evincitur ex concilio Cloveshoviensi, anno 747 sub Cuthberto, Doroberniensi archiepiscopo, capitulo 13, apud Spelmannum tomo I, pag. 249; apud Labbeum tomo VI, col. 1577, ubi hæc formalissima verba diserte exprimuntur: *Itemque ut per gyrum totius anni, natalitia sanctorum uno eodemque die, juxta Martyrologium ejusdem Romanæ Ecclesiæ, cum sibi convenienti psalmodia seu cantilena venerentur*. Nec aliud esse potuit Martyrologium quod abbates Franciæ, in conventu Aquisgranensi anno 817 in choro recitandum præscripserunt capitulo 69, apud Labbeum tomo VII, col. 1511, his verbis: *Ut ad capitulum primitus Martyrologium legatur*. Quæ cum de imperfecto Bedæ opere accipi prorsus nequeant, multo minus ad juniores Martyrologos referri, haud dubium quin de Romano, sive magno, aut Hieronymiano, sive de vetere Rosweydi et parvo intelligantur. Refer quo volueris, convincitur Valesius ante Sixti V tempora MARTYROLOGIUM ROMANUM vere exstitisse. Conveniat ipse modo cum Florentinio de ea appellatione, Hieronymianis abscribenda, ego ad parvum nostrum accedo, contendoque et ipsi concedendam esse *Romani Martyrologii*, sed *minoris* seu *parvi* nomenclaturam.

83. Hic cum utroque viro clarissimo certandum est. Negant ambo Rosweydi Martyrologium *Romanum* dici posse, sed argumentis plane diversis. Florentinius enim, ut infra clarius patebit, putat Martyrologium a Rosweydo editum, non esse illud quod Ado operi suo præfixit, sed potius contractum ex Adone compendium, sæculo undecimo non vetustius: Romani appellationem haudquaquam negaturus, si vere illud esse crederet, quod *a Romano pontifice, cuidam sancto episcopo Aquileiam directum*, atque ab Adone Ravennæ repertum et descriptum est. Nimirum male supponit vir doctissimus non aliud Martyrologium Ravennæ reperisse et descripsisse Adonem, quam Hieronymianum ipsum, quale se Adoni conjunctum, in uno aut altero codice, deprehendisse testatur. Florentinio destinatur proxime sequens articulus, sic ut modo, cum solo Valesio supersit controversia; qui postquam *Romani Martyrologii* vocabulum majori illi et vetustiori, a S. Gregorio memorato, eripere frustra tentavit, sic demum ad Rosweydinum descendit: « Et hæc quidem ad locum Gregorii Magni satis sint dicta. Quod spectat ad testimonium Adonis Viennensis, non difficilis est responsio. Nam præterquam quod recentior est Ado, nec ad tantæ vetustatis monumentum confirmandum satis idoneus, ex ejus verbis nihil elici potest, quo probetur fuisse ullum Martyrologium Romanum. Ait enim Ado vetustissimum Martyrologium sibi traditum fuisse a quodam, quod olim a Pontifice Romano missum esset Aquileiam. Non dicit Ado, Martyrologium fuisse Romanum; sed tantum missum a Pontifice Romano Aquileiam. Verum monachus ille, qui hoc Adoni affirmabat, ei imposuit procul dubio, ut majorem codici suo auctoritatem compararet, et munus suum, ac describendi copiam, quam Adoni fecerat, venditaret. Non enim Romæ, sed Aquileiæ compositum est illud Martyrologium, quod Ado Martyrologio suo præfixit, ac Rosweydus pro vetere Romano nobis postea edidit. »

84. Multa hic paucis pro auctoritate satis rotunde et confidenter definit Valesius, quorum, ut a fine incipiam, postrema duo illi aperte inficior, nempe monachum Adoni imposuisse, quod valde temere, et Martyrologium Aquileiæ compositum esse, quod non minori levitate astruitur; nec enim vestigium apparet uspiam quo magis Aquileiæ quam Hierosolymis compositum dicatur Rosweydi Martyrologium, nec id juris Valesiio tributum credimus ut sine causa, virum religiosum audacter mendacii arguat,

Vidit hæc ante me, nisi fallor, eruditissimus Mabillio, in præfatione ad Sæc. IV. Benedictin. partem secundam, pag. LXXXVIII et sequenti, illa ipsa Valesii verba referens ; sed nescio quo religionis obstrictus vinculo, ita subjecit : « Hanc viri eruditissimi, et mihi maxime suspiciendi sententiam penitus refutare nolim, sed tamen dissimulare non possum auctoritatem concilii Cloveshoviensis, » etc., cujus et Aquisgranensis verba proxime retulimus. Equidem Valesium et doctos quoslibet viros demisse suspicio et veneror, sed usque ad aras, non ita, inquam, ut prodita veritate quidquam ab eis suscipiam, quod sine vade, sine teste comminiscuntur. Non tanta mihi Valesii auctoritas, ut non contra, et religiosi fratris, sive is monachus, sive alius fuerit, et Adonis testimonium sincerum et verum existimem; nec id mihi eripi patiar, nisi contrariis argumentis apertius evincatur.

85. Ex utriusque testimoniis habeo Martyrologium et quidem *venerabile* ac *perantiquum* ; habeo *ab urbe Roma Aquileiam cuidam sancto episcopo, a pontifice Romano directum.* Quid, quæso, sponte sua inde profluat? nisi Martyrologium illud Romæ conscriptum, Romæ usitatum fuisse, demum, æque *Romanum* nominari posse, ac illud vetustius vulgo Hieronymianum a S. Gregorio commendatum, quod passim eruditi alii cum Bollando et Florentinio vere et proprie Romanum dici posse assentiuntur, quidquid Valesius contra tricetur, in hac parte a Florentinio abundantissime confutatus. Neque opponas hinc fore consequens quod duo fuerint Romana Martyrologia, nam in eo nihil magis piaculi, quam quod plura sibi invicem Sacramentaria successerint, ut Gregorianum Gelasiano, illud hoc ornatius et exactius : sic enim minus Romanum, nitidius et clarius, alteri majori et confusiori facile substitui potuit, licet septem aut octo dies nunc vacui appareant, qui forte amanuensium socordia sic fuerint relicti. At Romæ nullum hujusmodi exemplum repertum est. Quid tum postea? Quis Romæ Hieronymianum invenit? Quis nescit Romana illa vetusta, seu magnum seu parvum, plane intercidisse, postquam Usuardinum, commodius et elegantius in omnes fere Occidentis Ecclesias introductum est? Plusculum lucis ex dicendis accedet.

86. Pergit Valesius: « Totum fere istud Martyrologium quod a Rosweydo publicatum est, descriptum est ex ecclesiastica Historia Rufini presbyteri Aquileiensis, cum ipsis etiam mendis quæ in Rufino habentur. » Idque probat pro toto anni decursu, ex diebus quinque; ex pridie Nonas Februarii; Idibus Aprilis; item XIX Octobris; secundo Novembris, et IV ejusdem mensis, ubi non male animadvertit *Theodotum Laodicenum* perperam a Romani parvi compilatore inter sanctos relatum, ut pluribus ad diem II Novembris disseruimus. Quanquam non dissimulavero, magna hic denuo superjectione Valesium uti, cum neque totum, neque media pars, imo nec quinta pars Romani parvi ex Rufino conflata sit. Fateor nihilominus hæc sola esse, quæ tanto viro digna, in ea dissertatione dici possint, quæque in Observationibus nostris ad plurimos Usuardinos textus, toto opere inculcavimus. At vero tota concidit Valesii conclusio, videlicet, *Martyrologium illud, quod Ado Viennensis suo præfixit Martyrologio, nullo modo dici posse Romanum*. Quod autem nova auxesi intorquet, *gravissimis erroribus scatere*, ad unum restringitur Theodotum Laodicenum.

87. Ast hic error Martyrologii istius auctori facile condonabitur, si meminerimus bona fide ex Rufino acceptum, ab homine nec satis docto, nec satis critico, ut aliunde deprehenderet, Theodotum in Ariana hæresi perseverasse, quod tot alios viros eruditos post ipsum latuit, quemadmodum novimus Eusebium Cæsariensem per tot sæcula in Usuardi Martyrologio locum inter sanctos obtinuisse, quo eum tandem deturbavere Martyrologii Romani reformatores. Si tam carus Valesio fuisset Theodotus, forte pro ejus orthodoxia asserenda, æque ac pro Eusebiana decertasset. Sic pridem in litteris ad me Castellanus ingenue fassus est, iniquam agnoscens Valesii agendi rationem : « Videtur enim, inquiebat, ad vindicandum Eusebium, vel eo potissimum inductus, quod e Romano Martyrologio erasum ægrius ferret Theodotum, eo acrius prestringere quod in eo superstes sit : æqua ratio postulabat ut vel ambos damnaret, vel tueretur ambos. » Ut ut est, affirmat quidem, pene dixeram divinat Valesius, sed nullo modo probat « aut Adonem fucum nobis fecisse, qui hoc Martyrologium, tanquam a Romano pontifice transmissum ediderit, aut monachum, qui hoc Adoni affirmaverit, illi imposuisse. » Nos ab utroque vera relata credimus, et Martyrologium a Rosweydo editum, *Romani* titulo neutiquam privandum.

88. Sane non multis argumentis opus est, ut refellatur quod gratis astruitur ; nec vero Adonis sanctitatem, nec religiosi fratris fidem, tota illa sua dissertatione, saltem apud cordatos labefactavit Valesius. Ut autem, qui sententiam nostram egregie confirmet, laudatus modo Claudius Castellanus, mihi, ut supra dicebam, ad edendum Usuardum adhortator incitatorque præcipuus, in sua ad primi Bimestris Martyrologii Romani, notis longioribus illustrati, præmonitione, prudens, doctum, verum, sensatum, exactumque judicium ferens pag. 17, quod hic ex Gallico Latinum facio. Ita habet : « Parvum Martyrologium, Roma Aquileiam directum, editum est a Rosweydo, sub nomine VETERIS ROMANI; sive titulum istud in ms. sancti Pantaleonis Coloniæ apud Cartusianos servato repererit, sive ipse de suo ascripserit : quod certe non nisi meritissime fecisset, quandoquidem in eo ms. inveniatur Martyrologium longiori Adonis præfixum, pateatque sanctum illum Viennensem archiepiscopum, in Martyrologii sui præfatione asserere, se in capite operis posuisse venerabile et perantiquum Martyrologium, Roma Aquileiam, cuidam sancto episcopo a Romano pon-

tifice directum, quod religiosus frater, inquit, mihi aliquot diebus præstitit, quodque apud Ravennam positus transcripsi. Quis credibile faciat Romanum pontificem aliud Martyrologium Romanum Aquileiam direxisse, quam quod Romæ tunc temporis esset usitatum? »

89. « At vero (*Castellani semper verba sunt*) quod probat manifestius Martyrologium in capite Adoniani operis, apud sancti Pantaleonis Coloniæ repertum, certissime esse antiquum Romanum, ad usum Ecclesiæ Romanæ, verumque apographum illius, quod Romanus pontifex Aquileiam direxerat; non solum inde sumitur, quod sancti ibi reperiantur Romanæ urbi proprii et Hieronymianis plane incogniti, ut Martina, Dafrosa, Papias et Maurus, solo mense Januario; neque ex eo quod Cathedra sancti Petri proprio die signetur, ab Antiochena rectissime distincta; verum etiam, quod inter varias ecclesiarum Romanarum dedicationes, illa quoque occurrat, quæ est sacelli alti, castri sancti Angeli, expressa per terminos INTER NUBES, quodque festo sancti Sebastiani, legatur ejus sepultura IN VESTIGIIS APOSTOLORUM, designando per hæc verba Catacumbas, in quibus sanctorum Petri et Pauli corpora aliquandiu quieverunt. Et quomodo, inquit, post hæc moderni aliqui scriptores, mutua terentes vestigia, ausi sunt asserere Martyrologium a Rosweydo editum non esse vetus Romanum, sed potius Hieronymiani Martyrologii apographum? Ecquid inde liquet, viros illos, siquidem Martyrologium illud inspexerint, non nisi levi oculo lectitasse? Etenim præter ea, quæ de sanctis Romanis, et Romanarum ecclesiarum singularibus dedicationibus jam diximus, minima quævis attentio aut applicatio patenter ostendit, totum Rosweydini Martyrologii contextum, ab omnibus Hieronymiani Martyrologii cognitis apographis diversissimum esse. »

90. Hæc omnia a Castellano rectissime observata sunt, plura haud dubie dicturo, si adhuc paulo profundius Romani parvi arcana rimasset, quæ toto hoc opere clarius ob oculos posita sunt. Audiamus tamen factam ab eo Parvi nostri cum Hieronymianis comparationem: « In Rosweydino dies vacui inveniuntur, in Hieronymianis quantumcumque abbreviatis, omnes dies pleni sunt. Rursus in illo composita omnia et ordinata, in hisce confusio ingens ab varia ecgrapha sæpius transumpta. In Rosweydino plures Veteris Testamenti prophetæ consignati sunt, in Hieronymiani vetustioribus apographis nullus. In illo martyres et sancti alii ex Rufino accepti, at non Lugdunenses; in istis Lugdunenses sunt et pauci alii, adeo ut fatendum sit Rosweydinum vetus autographum esse, magno studio elaboratum, nullo autem modo ex alio desumptum. Hinc prudenter conjicitur, Romanos Hieronymiani, in quo sola martyrum nomina et palæstræ notabantur, pertæsos, aliud præoptasse, in quo selecti et novi sancti, tum martyres, tum alii, minori numero annuntiarentur, ascriptis imperatoribus judicibusve, sub quibus passi erant, aliisque circumstantiis; quæ omnia perapposite in veteri Rosweydino exprimuntur. Quid, quod credibile sit, illud ipsum esse Martyrologium Romanæ Ecclesiæ, toto Occidente cognitum ab anno 747, quo in Anglia habitum est concilium Cloveshoviense, cujus canon 13 hæc verba definitiva subministrat....» Habes supra num. 81.

91. Pergit Castellanus ostendere, Adonem, dum circa annum 858 Martyrologium scriberet, merito ductorem suum Aquileiæ repertum, *perantiquum* æque ac *venerabile* appellare potuisse. Nec sibi objectari patitur paucula Romani parvi additamenta, ut *Erminonem*, seu *Erminum Lobiensem* xxv Aprilis; *inventionem reliquiarum in Stabereto*, ejusdem mensis xx aut *dedicationem Malmundariensem* xvii Novembris; cum satis pateat, similia a cœnobiis, quorum id aut simile manuscriptum olim fuerit, facillime adjici potuisse, quemadmodum *Quirinus* xxx Aprilis, addo *vigiliam Apostolorum* eodem die, aut hujusmodi minutias alias, quas Romanis fatemur non convenire: ex aliis enim plurimis apertissimum est, singulas quasque Romæ proprias solemnitates ita ab Adone descriptas, ut antesignanum suum semper quasi digito præmonstret. De cætero, mirum videtur Castellano, et mirum cuique videri debet, tam antiquum codicem, tam integrum ad nostra tempora pervenisse. Porro an festum omnium Sanctorum inter accessiones censeri debeat, suo loco dicemus. Fatetur autem per errorem, a Martyrologii illius auctore, Rufinum nimis cæce secuto, Theodotum Laodicenum adjectum fuisse, de quo nos plura alibi. Alia Castellani, pro authentia, vetustate et auctoritate Romani parvi argumenta sparsim reperiuntur toto primo bimestri, ab ipso cum egregiis notis vulgato, cujus operis complementum utinam aliquando videre liceat! Sed jam dicta, ultra mensuram, ni fallor, sufficiunt, ut Valesii aliorumque objecta penitus convellantur.

92. Hic verbo monendus lector inter adversarios mihi nequaquam objiciendum venerandum magistrum meum Danielem Papebrochium, dum hæc scribo, ad laborum coronam, senio et meritis gravem, a Domino, uti plane confidimus, evocatum. Non, inquam, ille inter adversarios hic mihi objiciatur, tametsi variis locis, in magno nostro de Actis Sanctorum opere, sed præcipue tomo V Junii, pag. 550, litt. C, oppositam sententiam ex incidenti propugnet. Pridem et sæpe fassus est, se in eorum hic numero esse, quos proxime aiebat Castellanus, viros cætera eruditissimos, re non satis examinata, alios transcripsisse, atque adeo de Romano nostro parvo non sensisse pro merito. Ibi certe Papebrochius Florentinii opinionem paucis verbis totam complexus est; sed auditis subinde solidioribus rationum nostrarum momentis, iniquiorem illam censuram, et eo loco et quocunque alio in Actis adoptatam, induci prorsus et eradi voluit. Porro tum citati Florentinii, tum cæterorum Romani parvi impugnatorum argumenta, non minus quam Valesiana, longo

a scopo aberrare, nec ullo pacto *venerabilis et perantiqui* Rosweydini Martyrologii auctoritatem infringere, jam etiam demonstratum est.

ARTICULUS II.

Frustra nituntur adversarii ostendere, Romanum parvum illud ipsum non esse Martyrologium, quo se adjutum fatetur Ado, quodque Martyrologio suo se præfixisse asseverat.

§ I. — Refelluntur Andreas Saussayus et Joannes Fronto.

93. Jam ex Castellano audivimus neotericos nonnullos, re minime perpensa, descriptores mutuos, ausos nihilominus asserere Romanum nostrum parvum, a Rosweydo vulgatum, ex majori et vetustiori Romano, vulgo Hieronymiano, contractum esse compendium. Tales ego paucos reperire memini; verum quicumque ii sint, næ illos in hujusmodi rebus imperitissimos esse oportet, qui ex unius solius mensis, imo paucorum dierum facta inter codices collatione, apertissime convinci possunt. Martyrologii illius auctorem tam esse ab Hieronymianis remotum, ut plerisque diebus ne unum quidem nomen referat, quod in Hieronymanis inveniatur. Censeo itaque, tales adversarios nec refutatione dignos esse. Majus facessunt negotium, qui exteriori quadam fallacique similitudis imagine delusi, sibi induxerunt in animum, Martyrologium nostrum parvum, non aliud esse, quam puram putam Adonis epitomen, duobus minimum sæculis ipso Adone posteriorem. Inter hos præcipui sunt laudati jam supra Andreas Saussayus, in opere de scriptoribus mysticis a Florentinio citatus: Joannes Fronto, prænotatorum ad Kalendarium, anno 1652 editum, § 8, et Franciscus Maria Florentinius, ad Martyrologium Hieronymianum admonitione prævia 4 et 5. A Frontone incipiam, cujus paragraphus eo facilius evertitur, quod rotunda ejus et nulla ratione subnixa affirmatio, per oppositam negationem æque rotunde, plane et prorsus elidatur. Paragraphi ipsius titulus est: *Quid censendum de Martyrologio Romano vetere, quod edidit Rosweydus?* Decretoria est responsio; attende.

94. « Martyrologium illud non est nisi epitome Martyrologii Adonis, ut facile agnoscet, qui conferet ipsum: habet eadem errata, habet eadem sæpe verba; nonnulla fuere addita: denique nullo modo Romanum est, nec vetus. Et quod non sit vetus, demonstratur ex eo quod solemnitatem Omnium Sanctorum inscribit, quam certum est non antecedere tempora Gregorii III, qui sedit anno 731, aut Caroli Magni, qui decessit anno 813, ut demonstravi ad I diem Novembris. Romanum non est, nam cum de sancto Felice loquitur XIV Januarii, seu XIX Kal. Februarii, sic scribit: *Nolæ, Felicis presbyteri, in Pincis sepulti.* Et quis nescit PINCIS esse locum qui Romæ est, non vero Nolæ, ut demonstravi ad illum diem? Hoc autem erratum non cadit in Romanum scriptorem, sed venit ex Adone. Nemo dicat me hic conjecturis indulgere, res certa est. Alloquin mea non refert, Martyrologium illud esse, vel non esse Romanum, sed tenemur quæ vera sunt proferre. » Hujusmodi ratiochio argutari quis facile posset, Menologium Græcum a cardinali Sirleto Latine redditum, non esse a Baronio in Martyrologium Romanum translatum, sed ipsum illud Menologium ex Romano moderno extractum fuisse.

95. Certe paucis hic multa transigit vir doctissimus, rem una confecturus, si solidis momentis censuram fulcivisset. Si ego flatu unico totam illam periocham, non solum incertam, sed levem, sed falsam pronuntiavero, *nemo merito dixerit, me conjecturis indulgere*, cum dicta sigillatim probaturus sim. *Non magis mea refert*, quam Frontonis, *illud Martyrologium esse vel non esse Romanum*; sed si *tenemur, quæ vera sunt proferre*, eadem plane religione tenemur, quæ falsa, aut sunt aut saltem plane videntur coarguere. Amabo, quid ex his sequitur, *habet eadem errata, habet eadem sæpe verba?* An quod Romanum parvum ex Adone? an non evidentius, quod Ado ex Romano parvo acceperit, ipso præsertim tam luculenter testante, *sibi apud Ravennam posito, a quodam religioso fratre aliquot diebus præstitum, a se diligenti cura transcriptum, et in capite operis sui positum?* Sint ibi errata eadem, sint eadem verba omnia, sint iidem apices; quis, obsecro, aliud inde educat, quam illum transcripsisse, qui se disertissime transcripsisse profitetur? At nec *vetus est*, nec *Romanum*. Postremum abunde demonstratum est, et porro demonstrabitur, nec miserum IN PINCIS eum nobis titulum eripiet, de quo videnda Observatio ad citatum diem XIV Januarii. De vetustate ita brevi statuemus, ut ex festivitate Sanctorum omnium, nihil Frontoni subsidii sit accessurum: hic modo ad rem nostram satis est, tam vetus esse, ut Adoni in adornando Martyrologio suo vere prælucere potuerit.

96. Supersunt bini adversarii, Saussayus et Florentinius, quorum non definitionibus, sed rationibus respondendum est. Retulimus non ita pridem magnifica Saussayi in Rosweydum, ob veteris illius Romani Martyrologii publicationem, profusa elogia. Verum congestas laudes alibi in vituperia vertit, quæ cum apud Florentinium inveniam, in fonte quærere supersedeo. Hunc igitur audiemus, et presso pede sequemur ad singula. Erat primo Saussayus in eo, quod Rosweydi codicem cum Bedæ Martyrologie componens, ridicule asserat, esse *merum Martyrologii Bedæ indicem*; forte qui alium Bedam non noverat præter Plantinianum, ex Adone male consutum, facile induci potuit, ut alterum alterius epitomen faceret, quemadmodum Florentinius Adonis epitomen censuit, dum ipsum cum Adone conferret. At pupillam oculi Saussayo læserat Rosweydus, Hilduini de Dionysio placita ex suo codice impugnando. Hinc acriores illæ in Rosweydum invectivæ, hinc illa plurium argumentorum series, qua ipsum impetens, plerosque graves et eruditos viros negare affirmat, Martyrologium illud Rosweydi esse vetus Romanum, ab Adone laudatum, et a S. Gregorio depictum, etc. Verbo *spurium* decernit, *diversum a*

vero et repudiandum esse, imo corruptum, fucatum, et ex corruptissimo codice depromptum. Sic in extrema opposita fœde prolabuntur, qui de rebus non satis discussis et perpensis, nunc amore, nunc odio distracti, temere pronuntiant. Ultro admisi, Rosweydi Martyrologium non esse Gregorianum; at non esse ipsissimum illud, quod ab Adone laudatum est, id vero pernego, nec id unquam extundent Saussayi aut Florentinii ratiocinia, quorum ut medullam contraham, sic ordine prosequor.

97. Arguebat, ut video, Saussayus a vocabulo *natalis*, sed quam imbelli telo, tam non digno quod repellatur. « At urgent fortius, inquit Florentinius, quæ deinde censor opponit, Martyrologium nempe illud nequaquam esse posse, quod Ado laudavit, et a quo se plurimum adjutum fatetur. Primum, quod ex tribus antiquis codicibus, quibus Rosweydus usus est, in uno tantum invenerit Adoni præfixum, cui potius tanquam Kalendarium præfigi potuerit, et cujus specimen revera non incongruum exhibet. Inde Rosweydum exagitat, quod putaverit Adonem ubique vestigiis Romani veteris insistere, cum ex locis adnotatis certum ostendat, Romanum illud putatitium in multis cum Adone non convenire, in aliquibus exuberare. » Si nihil ibi habeat Saussayus quod fortius urgeat, vere ostendit se ea solum causa Rosweydum aggredi, ut Hilduinum suum tueatur. Quid si decem, quid si viginti codices Adonianos reperisset Rosweydus, Romano parvo vacuos, atque in solo aliquo, ordine quinto et vigesimo, feliciter præfixum, an inde, obsecro, minoris faciendus esset tam diu expetitus, tandiu desideratus thesaurus? An minori eruditorum omnium applausu ubique acceptus est Beda, a Majoribus nostris editus, tametsi contextus ille a centenis codicibus abfuerit, in uno solum aut altero, imo in duabus laciniis Romana altera, altera Divionensi repertus.

98. Edat nobis modo aliquis tot latentia antiquorum opera, vel si a millenis aliis codicibus abfuerint faxo et gratanter et benevole ab eruditis omnibus admittantur, si nullo alio præterquam raritatis vitio laborent. Scimus ab Aloysio post longam molestamque perquisitionem repertum esse Adonis exemplar aliquod, *in cujus comparatione, omne aurum nihil esse duxit*. Cedo cui homini in mentem venerit, editionem ejus redarguere, quod sola et prima esset? Alia exempla magis, vel minus integra vidit Mabilio, viderunt alii, a quibus etiam forte aberat Romanum parvum, imo ipsa Adonis præfatio; nec tamen inter eruditos ullus ex eo capite suspectum habuit, quod tam feliciter orbi litterario porrexerat Rosweydus. Quid, quod testetur laudatus Mabilio Sæculo IV Benedictino, parte II, pag. 272, *in pluribus, quæ vidit istius Martyrologii* (Adonis) *exemplaribus manu exaratis, non comparere Adonis nomen*; ut inde fortasse etiam arguet Saussayus, Martyrologium, quod Adonis nomine venit, perperam ei attribui, quia in multis exemplaribus, *Adonis nomen non comparet?*

99. Aliud æque insipidum est. Rosweydi Martyrologium Adoni *tanquam Kalendarium præfigi potius potuit.* Jamne excidit, quod paulo ante Saussayus dixerat, *merum Martyrologii Bedæ indicem* esse? Profecto longe inter se differunt Beda, etiam suppositius, et Ado; saltem tantum, ut utrique idem index aut Kalendarium non conveniat. Sed neque illud satis capio, qua demum verisimilitudine Romanum parvum, tanquam *Adonis Kalendarium* venditetur, si *certum ostenditur, in multis cum Adone non convenire, in aliquibus exuberare?* Si index aut Kalendarium cum opere non convenit, operis illius index aut Kalendarium dici omnino nequit, non magis quam Kalendarium Missali Romano præfixum, aptari possit Liturgiæ Græcanicæ, aut Copticæ. Nimiam hic video minutias quisque excutiendi indeque argutandi pruriginem, ubi moderatiori, et accommodata rebus ipsis censura est opus. Demus aliquid antiquis codicibus, fateamurque cum Florentinio, sacras ipsas Tabulas, ut Sacramentaria, Diptycha, Martyrologia, non potuisse ad nos tam integra pervenire, ut per summam notariorum aut amanuensium ecclesiasticorum incuriam, aut truncata, aut interpolata non sint; adeo ut ad rigidiorem criticen id genus codices revocare, idem sit ac eos prope convellere, quemadmodum in codicibus suis Hieronymianis satis expertus est Florentinius, et nimis quam frequenter experiuntur, qui codices antiquos, præsertim usuales, ut sunt Martyrologia, sæpius versant.

100. Multa Mosander in sua Adonis editione asterisco notaverat, tanquam auctori abjudicanda; plura in appendicem rejecerat Rosweydus: sed ecce Mabilio, citato jam loco, pleraque restituenda putat; alia vero, quæ alii genuina censuerant, ab Interpolatore inserta. Quæ eo solum huc adducimus, ut pateat vix humanitus fieri posse, ut tales codices ad nos integri perveniant; quod in hac nostra Usuardi editione diebus prope singulis usuvenit. Nihil proinde miri erit, si in Romano parvo addita aliqua, alia hinc inde detracta fuerint, quamvis id raro accidisse deprehenderimus. Quomodo igitur *adhuc magis oppugnant Rosweydi Kalendarium dies frequentes a martyribus vacui?* Vere obtundit Saussayus. Numeremus primum quot dies in Romano parvo vacui sint, et subducta ratione, universum reperiemus septem; nimirum XXVII Februarii, XXIV Aprilis, XXIII Maii, VIII Junii, XV Octobris, XX Octobris et XVI Novembris. Atque hi sunt *frequentes* illi *dies a martyribus vacui?* Ecquid terminis abuti oportet, ut inter trecentos sexaginta quinque dies, deficientibus solis septem, FREQUENTES dicantur deficere? At enim, si recte hoc argumentum expenditur, quo frequentiores fuerint in Romano parvo dies vacui, eo minus speciem referet *Adoniani Kalendarii,* ut vocat Saussayus, aut *Adonianæ epitomes,* qualem fingit Florentinius.

101. Instat Saussayus: « Si Ado in præfigendis diebus festis, male alioquin per singulos dies ac Kalendas dispositis, hoc (*Romano parvo*) usus esset, cum et in eo aliqui dies deficerent, non utique Bedam et

Florum supplere potuisset. » Novus hic scrupulus est : nusquam scripsit Ado se ex Romano parvo supplevisse dies omnes qui in Beda a Floro aucto desiderabantur, sed adjutum se fatetur, *ut dies martyrum verissime*, hoc est, distincte, *notarentur, qui confusi in Kalendis inveniri solebant*, non utique in Beda et Floro confusi; sed in antiquiori Hieronymiano, ex quo necdum confusionem omnem sustulit Florentinius. Fuerint igitur dies septem vacui, an de cætero non recte adjutum se profiteri potest Ado, dum CCCLVIII dies plenos reperit? An ei defuerunt Sancti alii, quibus paucalos illos dies suppleret? Dissolvamus omnia : XXVIII Februarii ex vicinia accersivit *Romanum* abbatem Jurensem. XXIV Aprilis non vacabat Beda, et tamen eo ipso die sanctum *Alexandrum* Lugdunensem, *Mellio*, a Beda signato, adjecit XXIII Maii, non procul excurrendum fuit, ut *Desiderius* Lingonensis, imo vel Viennensis synonymus commemoraretur : vidi ibi observationem nostram Usuardinam. VIII Junii habuit in Beda *Medardum*, quo tamen contentus non fuit. XV Octobris, Lugdunum *Antiochum*, Colonia *Maures*, suggessit. XX Octobris, popularis *S. Caprasius* haud longe quærendus erat. Denique XVI Novembris adfuit Lugdunensis *Eucherius*. Vides non magna adjumenta Adoni aliunde accessisse, ut proinde verissimum maneat, maxime et præcipue ex *venerabili* illo et *perantiquo Martyrologio adjutum* fuisse.

102. Sequitur argumentum quod nescio unde a Saussayo desumi aut exsculpi, qua autem vel veri umbra a Florentinio referri potuerit. Aures arrige : « Insuper negari nequit (*semper Florentinii verba recito*) quin ad recentiora tempora Martyrologium illud (*Romanum parvum*) ablegent, quæ subdit Saussayus, ad annum scilicet 1049. Etenim cum in eo ad diem XX Octobris, Rhemis solemnitas S. Remigii adnotetur, quæ antea die migrationis XIII Januarii peragi consueverat, et hæc in eumdem diem accommodata fuerit in concilio Rhemensi, Leone IX astante pontifice, nemo potest concedere, Martyrologium illud esse, quod autographo suo præfixerit Ado, episcopus Viennensis, circa annum 875 (*melius scriberet circa annum* 858) sed compositum, vel scriptum undecimo sæculo excurrente. » Nec Œdipus ipse hic nobis edisserat, quid tota hac speciosa rerum farragine sibi demum velint Saussayus et Florentinius, nisi aperte fateantur, se vetus Rosweydi Martyrologium numquam inspexisse, saltem eo, qui citatur, die XX Octobris.

103. Iterum repeto me prorsus non capere quomodo hæc in virorum cætera eruditorum mentem incidere ullo pacto potuerint. Etenim si vere in exemplum adducitur dies XX Octobris, monstra sibi fingunt, quæ tuto profligent, cum is præcise dies ex septem unus sit quos in eo codice vacare diximus. Neque vero, toto eo mense, alia Remigii solemnitas refertur, quam quæ ipsis Kalendis consignata est; his verbis : *Et Rhemis civitate, sancti Remigii episcopi*. Imo hæc unica et sola solemnitas, quæ de Remigio, in hoc nostro Romano parvo posita sit. Quod si hæc primum instituta fuerit anno 1049, *Leone IX astante pontifice*, vide, obsecro, quanta absurda inde consequantur : jam enim Martyrologia nostra omnia Bedæ, Wandalberti, Rabani, Adonis, Usuardi, Notkeri, imo et Hieronymiana ipsa, *composita, vel scripta fuerint, undecimo sæculo excurrente*, cum in iis omnibus eadem ipsa solemnitas disertissime annuntietur. Si hoc satis non est, ipsis omnibus antiquior Gregorius Turonensis sæculis quinque junior fiet, cum in Historia Francorum, cap. 21 asseruerit : *Factum est autem ut post dies paucos adesset festivitas sancti Remigii, quæ initio mensis Octobris celebratur*. Diem selegit Leo IX quem antea Remigii festivitati destinatum probe noverat.

104. Stupore potius quam admiratione percellor dum hujusmodi cavillos, nænias, imo pura puta figmenta protrudi video, et quasi per manus etiam doctorum virorum derivari, quæ ab acatholicis avide arrepta, in nostrum vituperium venditantur, ac similia comminiscendi ansam ipsis præbent viamque ostendunt. Certe citatus supra Beckius, istiusmodi flosculis ex Saussayo, Valesio et Florentinio collectis, suum illud prætensum Germaniæ Martyrologium egregie exornavit, et ne palmam eis cederet, ineptissimo commento locupletavit. Postquam enim Rosweydum Thrasoni similem ex Valesio depinxit, qui nempe sesquipedalibus verbis Pontificem allocutus sit, puerilia alia admiscens, tandem et ipse capto e pera lapillo, Goliathum se prostraturum destinato ictu existimat. Audi porro quam belle argutetur, pag. 22 : « Recentioris etiam ævi Martyrologium Rosweydianum arguunt, quæ IV Nonas Julii leguntur : *Eodem die Augustæ, sancti Udalrici episcopi et confessoris* : qui vero sæculo X vixit, et sine dubio non statim est canonizatus. Ado sane ex hoc fonte aquas derivare non potuit, quippe sæculo IX vivens, nisi dicere velimus, a recentiori scriptore addita hæc fuisse, atque ita statuunt Mosander et Rosweydus in appendice, quibus suspecta hæc esse videntur, atque a posteriori manu, fortassis monachi Benedictini, in cujus solius codice sunt reperta, et in tribus reliquis mss. aberant, adjecta. »

105. Ignosce, lector, si bilem mihi moveat inepta, fatua et mendacissimis gerris contexta ratiocinatio, ut ovum ovo, ita Saussayanæ persimilis, et pari prorsus fundamento subnixa; nam patentissime falsum est, citata hic a Beckio de sancto Udalrico Augustano verba, in toto Romano veteri Rosweydino usquam reperiri, nedum IV Nonas Julii, ut homo iste intrepide fingit, qui forte citata verba in appendice Adoniana Rosweydi reperiens, multa commentitia superstruxit, quæ manifeste ostendunt, ruere hominem Andabatarum more, nec argumentum noscens, de quo tractandum erat, nec libros, quos manu versabat. Mosandrum Rosweydo jungit, quasi et ille Romanum parvum ediderit, quæ altera falsitas est. Tertio, Mosandri appendicem appellat, qui de condenda appendice ne somniavit quidem, in ipso

Adonis textu, asterisco notare solitus, quæ ipsi A § II. — Diluuntur ea quæ speciosius objicit Florentinius.
suspecta videbantur. Quarte, fingit, nescio quem
codicem monachi Benedictini, qui cum tribus aliis
editioni Romani parvi servierit, cum diserte fateatur
Rosweydus, se tribus solum codicibus usum in
edendo Adone, a quorum duobus aberat Romanum
suum vetus Adoni præfixum. Ut verbo absolvam,
tota ea Beckiana machina, ficta, futilis et inanis est,
cui comminiscendæ, utinam viri alias eruditissimi,
mihique venerandi, falsis præjudiciis abrepti, viam
non præmonstrassent!

106. Redeo ad Florentinium, ita telam Saussayanam pertexentem : « Postremo, inquit, Rosweydi, sive Martyrologium, sive Kalendarium, illud non esse a Baronio desideratum probat Saussayus. » An satis recte, non examino, cum nostra hic nihil intersit, sive magnum, sive parvum Romanum, magnus Annalium ecclesiasticorum scriptor expetiverit, modo verum perstet, illud edidisse Rosweydum, quo se adjutum fatetur Martyrologus Viennensis : « Ne vero Saussayus aliquid prætereat quod omnem adimat auctoritatem Rosweydi Kalendario, idemque nullæ certitudinis aut ponderis codicillum esse, futile crassisque erratis respersum prorsus concludat, addit pro coronide ridicula etiam quædam continere; idque ex adnotatis ad vi idus Novembris probare nititur : *Eo ipso* [legendum, *Et ipse*] *die quatuor Coronatorum,* » etc. Sed ridicula illa clare, ni fallor, solvimus, ad dictum vi idus Novembris, solvitque hic etiam Florentinius, recte aliquando observans, « durum nimis exactorem esse Saussayum, ut Dionysium Parisinum, eumdem esse ac Areopagitam mordicus defenderet, quod a Rosweydi tam Martyrologio quam adnotationibus, nonnihil infringi conjiciebat. »

107. Hæc nempe tota mali labes; hac ita incensus Saussayus, dum oculis emissitiis omnia rimatur, ridicula, inepta, parachronismos, et nescio quæ alia in Romano parvo se reperisse existimavit, in quo prius selecta et aurea omnia inseruerit : « Heribertus certe, eximius ipse solis sapientiæ radius, vivi fidei fontis rivulus, virentis justitiæ stipitis ramus, jamque cœli pulchrum et æternum sidus. » Amabo, qui tam cito mutatus est color optimus? Sincere et ingenue edisseret clar. Castellanus, a quo cum notitiam libri illius Saussayni *de Scriptoribus mysticis* a Florentinio citati postulassem : reposuit ille, se quidem opus illud non nosse, at hoc probe scire, opera Saussayi omnia Parisiis in summo esse vilipendio (*profonde mésestime*). Ait præterea, grande illud Martyrologii Gallicani opus, duobus voluminibus distinctum, contemptim appellari *plaustrum mendaciorum.* Demum, Hilduinistam fuisse pertinacissimum, unde religioni sibi duxerit non acerrime insurgere in opusculum, quo Dionysium utrumque tam accurate alterum ab altero discretum advertebat. Nimirum, nulla ipsius intererat, quidquid veritas pateretur, dum præjudiciis (*à ses entêtements*) contrariam offenderet. Atque hisce Saussayum ex arena jubemus excedere.

108. Superest nobis cum ipso Florentinio controversia, in qua discutienda veniunt quæ Joannes Fronto non ita pridem decretoria potius sententia determinaverat, quam solidis argumentis probarat, Florentinius vero, adductis rationibus, speciosius, sed pro viri doctissimi more, summa cum modestia, ex Romani parvi et Adonis ad invicem collatione ostendere conatur. Juvat ex ordine singula ejus argumenta expendere. Ita prosequitur : « Verum sicuti Saussayo facile concederem, Rosweydi nuncupatum Martyrologium, non esse vetus Romanum a D. Gregorio indicatum, et a Baronio expetitum : ita ex Bedæ Hagiologio contractum nequaquam consentirem, cum potius ex Adone, conferenti cuique excerptum videri compendiosius Kalendarium omnino possit. Contuli equidem cujuscunque mensis plurimos dies, et ex iisdem ab Adone excerptis, ac in proprium usum vel obscuriori, vel mutilo, vel recentiori stylo deductis facile agnovi, non Adonem ex hoc Kalendario, tanquam ex antiquo Aquileiensi codice, in suum Martyrologium transtulisse, sed e contra recentiorem scriptorem, inde suum indiculum compegisse. » Sedulo observes velim, Florentinium ex Saussayo hausisse, et passim supponere, Romanum parvum scriptum esse, sæculo xi excurrente, quo præjudicio munitus, facile alia colligit quæ ipsi recentioris styli vestigia præferre videantur. *Evagemus*, inquit, *compendiose, si libet, per unum aut alterum mensem* : imo vero, et libenter, per totos duodecim; *et aliquot signatos dies,* ego volo omnes et singulos, *cum Adone et nostro simul conferamus, ut assertionis non minus veritas, quam nostri vetustioris ætas appareat.*

109. Vitandæ confusionis gratia, hæc ad rem nostram se jungi cupio, ultroque concessa quantavis ætate Hieronymianis apographis, pro quibus ipse unice pugnat, soli Adonis et Romani parvi collationi insisto, ut, uter ex altero ceperit, perspicue elucescat. Florentinius ab ipso limine sic auspicatur : *Rosweydi Martyrologium, recentiori ritu, quam nostrum, a Kalendis Januarii annum orditur.* Sic plane, *a Kalendis Januarii annum orditur*, sed inde nihil minus consequitur, quam quod recentioris ritus sit. Multum laborat, sed ferme in vanum, Florentinius, exercitatione sua secunda, ut rituum istorum annum inchoandi antiquitatem, seu, ut clarius loquar, prioritatem alicunde eruat, nequedum fixos cardines nobis producere potuit, ad quos figendos, nec facilis sane, nec expedita sententia est. Utcunque fuerit, argumento ad hominem plane exarmatur, qui hic Rosweydum adoritur. Florentinius; nam quod inter Hieronymiana ejus apographa vetustissimum est, scriptum, ut constat, sub initium sæculi octavi, anni sui sacri seriem etiam incipit a Kalendis Januarii, idemque facit Beda, Willibrordi plane synchronus. De ætatis præorogativa cum Hieronymianis, nullatenus discepto, sufficit mihi, si parem Epternacensi et Bedæ, Romano parvo concesserit Florentinius.

110. Nec pluribus opus esset, ut tota hæc prima

Florentinii argumentatio plane enervaretur. Lubet tamen in curiosorum gratiam, ulterius inquirere, sitne usus in Ecclesia magis recentis, annos a Kalendis Januarii, quam a natali, aut a vigilia nativitatis, aut aliunde exordiri : quæ res apud eruditos adhuc satis incerta et ambigua est. Percurramus antiquos Rituales libros et Martyrologia. Certum est, Allatii et Frontonis Kalendaria pro antiquis haberi, similia esse, nec ætate multum differre. Allatianum, quadriennio ante Frontonem, nempe anno 1648 operi de Consensione Occidentalis et Orientalis Ecclesiæ, sub finem insertum est. Confer utrumque; statim animadvertes Allatianum incipere a Dominica prima Adventus, diesque notare, veterum Romanorum et Martyrologiorum nostrorum more, per Kalendas, Nonas et Idus. Contra vero Frontonis editio initium facit a die natali Domini, sicque more hodierno per ordinales numeros totius anni dies decurrit. In Sacramentariis a Menardo et Thomasio editis initium sumitur a Vigilia nativitatis Domini, ex tribus vero Gallicanis, ab eodem Thomasio, et post a Mabillone vulgatis, nullum est, de quo judicare possis, consimile alteri habuisse principium. Nec dissimulat Mabillo de Liturgia Gallicana pag. 98, num. 3; pag. 176, num. 5, et alibi, dubias et incertas esse de hisce rebus conjecturas.

111. Parem puto fuisse, hoc est non stabilitam, sed arbitrariam Martyrologiorum inchoandorum rationem, de qua nihil satis compertum sit. Jam de Hieronymiano Epternacensi et Beda locutus sum : addi his debet Blumianum. Lucense autem et Corbeiense non a vigilia nativitatis, ut Ado Rosweydi, sed cum Frontoniano Kalendario, ab VIII Kal. Januarii, seu ab ipso natali Domini annum auspicantur. Porro Aloysius et Mosander sic Adonem ediderant, ut a Kalendis Januarii principium facerent. Rosweydus vero sic ultimo præfatiunculæ suæ paragrapho loquitur : « Quod in Martyrologio Adonis initium sumatur, non a Kalendis Januarii, ut hactenus editum, sed a vigilia nativitatis Domini, scias hoc ex Romanæ Ecclesiæ ritu factum, quæ anni epocham olim habuit Nativitatem Christi, et a Vesperis vigiliæ ipsius Nativitatis annum auspicabatur. Constanter ita exhibebant tria mss. exemplaria, quibus usus sum. » An forte tunc immemor erat vir accuratissimus, Romanum suum vetus, Adone multo antiquius, a Kalendis Januarii exordiri? Si omnia Adonis manuscripta exemplaria inter se conferrentur, plura credo repertum iri, quæ in hac parte Romano parvo essent conformia.

112. Fuit Wandalbertus Adonis æqualis, imo ipso senior et ante ipsum Martyrologus, utpote qui anno 842 scripserit; ipse nihilominus sic præfatur : *A Kalendis Januarii, usque ad finem anni, per dierum singulorum occurrentes festivitates* (Martyrologium) *metro edidi*; idem factitavit is, *cujus ope et subsidio* Wandalbertus *præcipue usus est, sanctus et nominatissimus Florus, Lugdunensis Ecclesiæ subdiaconus*, auctioris Bedæ Martyrologii compilator. Adde his Rabanum, et ipsum Adone vetustiorem, adde Notkerum ei ferme æqualem, patebitque evidenter, quod supra dicebam, modum istum annos inchoandi, per id tempus valde arbitrarium in libris ecclesiasticis, sed præcipue in Martyrologiis fuisse. Quinimo, a majori antiquiorique Martyrologorum nostrorum numero ita stabilitur Romani parvi auctoritas, ut potius consequatur, sæculo ipso octavo inchoandorum annorum rationem a Kalendis Januarii cœpisse, quam ex Florentinii conjecturis ullo pacto verisimile sit, recentioris usus esse sic annos exordiri. Hæc concludo præfatiuncula Bollandi, 1 die Januarii, ita opus suum auspicantis : « Præcipua semper religione celebratæ a Christianis Kalendæ Januariæ sunt, propter Dominici natalis octavam, sacrosanctæ circumcisionis Christi memoriam, et augustissimum nomen Jesu, in quo nimirum oportet omnes homines salvos fieri. Merito igitur veteres Romanos, in auspicando ab hoc die anno, sequi Ecclesia maluit, quam cæteras gentes, quæ aliud quodpiam statuerent exordium, ut ipse dies sacrum nostræ symbolum salutis præferret? » Sed de his plus quam satis.

113. Pergamus cum Florentinio compendiose evagari : « In ipsa autem Kalendarum die, inquit, præter octavam natalis et circumcisionem, non alios quam tres martyres exhibet, unicamque confessorem, relictis apud Adonem, triginta martyrum Romanorum corona, Euphrosyna virgine ac Eugendo abbate. » Hic hæreamus tantisper, quæramusque ex Florentinio rectene Martyrologii compilator prætensam suam epitomen, vel indicem, vel Kalendarium contexat, dum tres omnino annuntiationes apud Adonem intactas relinquit? Ego talem indicem, vel Kalendarium, vel ex hoc solo capite, ut infidum et spurium rejicerem. Quæramus denuo an ipse collationem suam satis opportune inde incipiat, ubi tanta inter Adonem et Romanum parvum discrepantia est? Cur ad secundum Januarii diem progressus non est? Ibi certe longe majorem invenisset conformitatem. Verum ne *nimis tædeat* (Florentinii verba sunt) *omnia sigillatim* hic *perpendere*, verbo unico rem absolvam ; sive Romanum parvum cum annuntiationibus Adonianis conveniat, sive in numero discrepet, sive deficiat, sive exuberet, nihil inde contra Romanum parvum conficitur, cum adductus a Florentinio Kalendarum textus apud omnes cordatos probare debeat, Adonem posteriorem a priori accepisse quidquid in eo continebatur, addidisse, quæ alibi repererat, aut Lugduno, ubi Martyrologium scribebat, viciniora erant.

114. Meminisse poterat debebatque vir doctissimus paulo ante a se dictum non ita Adonem Romani parvi vestigiis se *accommodare voluisse, ut ne latum quidem unguem* transgressus sit. Quinimo transgredi omnino debuit, dum aliunde subsidia adfuere, quod Kalendis Januarii plane ostendit : alibi, dum sanctos alios non reperit, ut secunda die Januarii et sæpe alias, nullos exornavit sanctos, præter eos quos ei Romanum parvum suggesserat. Quod si contra factum

esset, puta, si Romanum parvum ex Adone accepisset, quænam, obsecro, cogitabilis causa dari posset, cur indiculi auctor, ex octo Adonianis annuntiationibus, solas quinque selegisset, iis sanctis prætermissis, qui erant notissimi? Rursus, quæ causa, cur vel ipsam primam celebrioremque Adonis annuntiationem immutasset, addendo *et circumcisio*, quæ verba a Viennensi aberant. Dicetne Florentinius, ipsam circumcisionis nomenclaturam *usus etiam esse recentioris?* sed vere inutiles sermones cædimus, nimis clare sese explicuit Ado ipse, nimis distincte et aperte ductorem et antesignanum suum præmonstravit, ut articulo sequenti liquido manifestabitur.

115. Cæterum argumenta Florentinii singula percurrenda, singulis sua reponenda solutio: omnia expendamus. Sic procedit: « Conferat in eodem primo mense curiosus lector diem XIII, quam Corona et nominibus quadraginta militum mutilat; XIX, ubi Pontianum ad bestias damnatum ex multis colligit. » Nihil hic novi adducitur quod in superiori ratiocinatione adductum et solutum non sit. Sequitur falsa Florentinii, sed perpetua ejus suppositio, ex Saussayo hausta, quod Romanum parvum sæculo XI non sit antiquius. Adverte hic qua id ratione confirmare conetur. Sic infit: « Sed præcipue XX diem (*Januarii*) advertat et agnoscet Fabianum ab Adone Romæ *episcopum* dici, a Breviatore vero, recentiori more *papam* appellari; quem titulum cum ubique et constantissime Romano pontifici tribuat, et rarissime apud Adonem inveniatur, non obscure videtur arguere, Kalendarii auctorem post Gregorium VII advixisse, quod anno Christi 1073 pontifex ille statuerit, nomen *papæ*, aliis hactenus episcopis et clarioribus presbyteris commune, proprium deinceps et singulare Romani pontificis cognomentum esse debere. »

116. Hæc est illa, quam non semel digito monstravi, Florentinii hypothesis, qua Romanum nostrum parvum ad sæculum XI excurrens retrahitur, plausibiliori, ut verum fatear, quam superius, ratione; sed tamen nulla, cum ex scholæ placitis argumentum nihil probet, dum probat nimium, suoque sibi gladio adversarium ipsum jugulat. Si vere subsistit Florentinii ratiocinium, jam eodem argumento conficitur, Hieronymianum Lucense, imo et Corbeiense ad sæculum XI esse revocanda, cum ipsi illi codices I Julii GAGI PAPÆ? II Julii, MELCIADÆ PP. vel MILTIADIS PAPÆ, et X Septembris HYLARI PAPÆ, distinctissime annuntient, et forte alibi eadem appellatio recurrat, quod ulterius scrutari opus non est. Quid plura? Beda ipse nomine *papæ* passim utitur, et omnes sæculi noni Martyrologi quos tali ex causa inepte quis et ridicule ad undecimum sæculum excurrens amandare præsumeret. Quod vero ait Florentinius, *rarissime apud Adonem inveniri* nomen *papæ*, mirum profecto, et plane falsum. nam sola pag. 47 bis recurrit, proxima inde pag. 52 iterum; item pag. 54 et tot aliis, quas sigillatim enumerare

A supervacaneum est. Aliis armis opus, ut Romani parvi antiquitas concutiatur.

117. Jam vero, quod Martyrologii istius auctor *constantissime Romano pontifici* tribuat appellationem *papæ*, hoc ipsum, inter alia, argumento nobis esse debet, prædictum Martyrologium Romæ scriptum, Romæ usitatum fuisse, et verosimiliter perseverasse, usquedum Usuardinum Romæ, uti in omnibus aliis Occidentalibus Ecclesiis, admissum est. Vis et robur asserto nostro adjungitur ex vetusto Kalendario Romano, tum ut ab Allatio, tum ut a Frontone editum est, nam ibi nomen *papæ* sæpius recurrit, unde nihilominus quis pessime argueret sæculo octavo esse posterius, turpius vero ad undecimum ablegare contenderet. Quod autem Florentinius *cordatum le-*
B *ctorem* mittat ad XX, XXI, XXIX et XXX Januarii, tum ad XI Martii, ad Kal. Aprilis, ad VII Septembris, ad Kal. Novembris, ad X, XXVI et XXVIII ejusdem mensis; denique ad XVIII et XIX Decembris, ut ex illis arguat, *omnia purum putum Adonem sapere:* ego lectorem eumdem libentissime arbitrum eligo, an ex citatis istis, imo ex omnibus fere totius anni diebus, omnino contrarium non pateat, nempe Adonem, purum putum Romanum parvum sapere, ubicunque sanctos alios, aliunde conquisitos ei non superinducit, ut proinde nihil minus verisimile sit quam ex Florentinii dictis *constare vetus Romanum, sive cum Bollando minus Romanum, ex Adone contractum potius esse...,* quam uti perantiquum Adoni *facem prætulisse;* nam plane oppositum, refutatis jam ad-
C versariorum argumentis, ex professo demonstrare aggredimur.

118. Verbum unum cum Florentinio superest, quo cursim ostendam, virum clarissimum, nimio laudandi exornandique Hieronymiani sui Martyrologii æstu abreptum, illud ipsum in Romani parvi locum intrudere voluisse, eique characteres aptare ab Adone signatos, nempe, *venerabile et perantiquum ab urbe Roma Aquileiam, cuidam sancto episcopo a pontifice Romano directum.* « Ita suadent, inquit, bini nostri codices in quibus, D. Hieronymo ascriptum, et a nobis exhibitum Martyrologium, Adoni prorsus sociatur, quod antiqui characteres, qui Gregorianum omnino demonstrant, vix dubitandi
D locum relinquunt quin illud ipsum sit apud Adonem, venerabile et perantiquum, » etc. Credimus an qui amant? profecto si codicum sociatio aliquid probat, tot sociatos reperere majores nostri, tot in musæo nostro collecti et sociati sunt, ut ex iis probari possit quidlibet; puta et Usuardum ex Rabano, et Bedam ex solis Hieronymianis conflatum, quo nihil est ineptius. Si tantillum operæ posuisset Florentinius in conferendis cum Adone Hieronymianis apographis, luce meridiana clarius deprehendisset, vix majorem Adoni cum Hieronymianis, quam cum Kalendariis Bucherii, Carthaginensi, Allatii et Frontonis affinitatem intercedere, atque adeo gratis omnino et perperam dici, illa Adoni facem præferre potuisse.

119. Hæc ad speciosiora Florentinii objecta satis

dicta sint, cui ne nihil prorsus largiri videamur, hoc ei non recusabimus, quo admonitionem suam quartam concludit videlicet Martyrologium Hieronymianum, « supra omnia, quæ hactenus edita sunt, ex sola ipsius nomenclaturæ inspectione, additionum ætate, et loquendi stylo, vetustius existimandum esse; tantum vero illud a Rosweydo editum antecedere, quantum omnia in vetustatis characteribus antecedit, et quantum in simplicissima Martyrum messe largo proventu supra illud redundat. » Hoc, inquam, Florentinio, sive liberaliter, sive ut debitum, ultro tribuimus; Hieronymianum ætate, vetustate, et Martyrum numero, Romanum nostrum parvum præcellere; at in multum vicem nobis concedi postulamus, Romanum parvum, nitore, ordine, exacta Kalendarum distinctione, tota denique operis sui symmetria, Hieronymianis codicibus omnibus tam longe anteferendum, ut ipsa ad hoc ne ullo quidem pacto comparanda sint. Sed jam tempus est, ipsummet controversiæ caput, vetus Rosweydi Martyrologium, nobis Romanum parvum, penitus introspiciendi.

ARTICULUS III.

Romanum parvum sic delineavit Ado, ut ex ejus præfatione ostendatur ipsissimum esse quod suo Martyrologio præfixit.

120. Jam variorum variisque modis Romanum parvum impugnantium argumentis, ex ordine et sigillatim refutatis, superest ut de ipsius Martyrologii vero genere, auctoritate, stylo, ætate cæterisque propriis characteribus ea depromamus, quæ longa exercitatione, ac multiplici, jam annis aliquot, Martyrologiorum omnium, præsertim Romani ipsius parvi et Adonis, facta ad invicem collatione, nobis tandem persuaserunt, non aliud Martyrologium in Adonis præfatione designari potuisse quam ipsissimum illud vetus seu parvum Romanum a Rosweydo editum: quod tanquam textori catena, sit ut exemplar, ut argumentum, ut substructio Adoni primum, ex hoc Usuardo et Notkero præluxisse, aperte, nisi vehementissime fallor, me comperisse existimo. Non dissimulaverim tamen, labore magno, continua attentione, et perenni studio opus fuisse, ut præconceptam opinionem, ex Frontone, Valesio, Florentinio, aliisque prius haustam, quæ tot speciosis illusionibus compta, facile a pluribus eruditis viris quos hic appellare supersedeo, imbibita est, ut eam, inquam, opinionem, pridem animo insidentem expellerem. Nimirum luctandum erat quotidie, cum diebus singulis in meis ad Usuardum Observationibus, idem fascinus, ut ita dicam, oculis obversaretur; videri nempe Romani parvi terminos, Adonianis tam similes, ut non possem non Adonianum aliquid in Romano parvo agnoscere.

121. Dicamus quod verum est: tenuit hæc lucta diu multumque, nec acquiescere primum potui urgentissimis Castellani momentis, quibus me non semel pulsaverat; verum diuturna tandem meditatione, perpetuo examine, animique volutatione, utriusque Martyrologii annuntiationes approximans, severoque scrutinio conferens; inde Adonis ipsius insigne testimonium expendens ex ipsis autem rei visceribus plura quotidie offendens, quæ vere Romanum parvum Adone vetustius ostenderent: omnibus accurate mecum libratis, victas dedi manus, certumque agnovi Castellani effatum, supra a num. 87. relatum, scilicet, viros illos omnes, quantumvis eruditos, ne nequaquam satis attente perpensa, sola illa fallaci conformitate captos et delusos, se mutuo transcripsisse. Id quibus argumentis confecerim, sic cum lectore communico, ut paratus sim ad priorem redire sententiam, siquis majori rationum pondere mecum certet. Neque enim, ut Frontonis verba repetam, *mea* ullatenus *refert, Martyrologium illud esse vel non esse Romanum*, vetus vel novum, Adoni præluxisse, vel non præluxisse (cum hinc Usuardi puritas, aut integritas nequaquam pendeat) *sed tenemur, quæ vera sunt proferre*, et quod possumus præcavere, ne quæ nobis diu illusit fucata imago alios in errorem inducat.

122. Ut de tota hac disputatione recte, et secluso partium studio, judicium feratur, nunquam abesse, nec ab animo, nec ab oculis possunt, ea, quæ sanctus Viennensis episcopus in sua præfatione disertissime pronuntiat, quæque ad sex capita revocari debere existimo. Primum est, Adonem opus suum *exsecutum fuisse... imperio et jussione sanctorum virorum, ut supplerentur dies, qui absque nominibus martyrum in Martyrologio, quod venerabilis Flori studio, in labore domni Bedæ accreverat, tantum notati erant*. Alterum, quæsivisse Adonem, *dies martyrum verissime notatos, qui confusi in Kalendis suis inveniri solent*. Ubi facile observas, *verum* opponi *confuso*, ut proinde, pro *verissime*, absque ullo scrupulo supponi possint *distinctissime*. Tertium est, quod ad id præstandum *adjutus sit venerabili* aliquo *et perantiquo Martyrologio*. Quartum, quod ipsum illud Martyrologium, *ab urbe Roma Aquileiam cuidam sancto episcopo a pontifice Romano directum sit*. Quintum, quod idem Martyrologium, postmodum *a quodam religioso fratre aliquot diebus Adoni præstitum*, ab ipso, *apud Ravennam posito, diligenti cura transcriptum sit*. Demum, quod istud idem *in capite* sui *operis ponendum putaverit*. Ex his liquet evidentissime, illud vere et unice esse Martyrologium, ex quo Ado suum, post Bedam et Florum supplevit et locupletavit, in quo sine controversia conveniunt prædicata omnia et singula, sex illis nostris capitibus proxime enumeratis comprehensa.

123. Alterum decidendæ litis principium est, quod nullus adversariorum merito queat abnuere, nempe: nulla hactenus Martyrologia Adone antiquiora, saltem quibus adjutus sit, assignari posse, præter illud quod sub Eusebii et Hieronymi nominibus circumfertur, item Romanum parvum, et illud quod Flori studio in labore Bedæ accrevit, quodque ab Adone ex altero illo vetustiori suppletum est. Si igitur demonstravero in Martyrologium Hieronymianum

nullo pacto quadrare posse sex jam statuta ex Adonis præfatione capita, si contra evicero in Martyrologium Rosweydi aptissime et apertissime cadere; puto neminem fore in posterum, qui debitæ Romano parvo antiquitati, et meritis Rosweydi laudibus ausit detrahere. Age vero singulos Adonis apices expendamus. Et ad primum quidem caput quod attinet, non diffiteor, ex Hieronymiano adjuvari aliquatenus potuisse Adonem, ut dies vacuos suppleret; quin et adversariis dabo, quod forte ignorarunt, nam ex Adone ostenditur, ipsum Hieronymiano usum fuisse, ut pote quod diserte citat XXIV Februarii his verbis : *Et in Martyrologio, quod Eusebii et Hieronymi vocabulis insignitum est*. Probant hæc, uti potuisse, ut supplerentur dies vacui; ast usum fuisse, hoc est quod nec suadere tentarunt adversarii, nec persuadebunt unquam. Sola Observationum nostrarum ad Usuardum lectio, quemlibet non obstinatum de contraria veritate, diebus ferme singulis convincet.

124. Rem ipsam aggrediamur, atque ad primum Adonianæ præfationis caput, liquido demonstremus, Adonem in supplendo Beda, Hieronymiano Martyrologio usum non fuisse. Huc faciet Florentinii methodus, qua speciminis gratia evagabimur per mensem unum aut alterum, utrumque Martyrologium et Hieronymi et Adonis conferendo; neque enim pluribus opus erit, ut manifestissime percipiamus, nihil minus cogitasse Adonem, quam ut ex Hieronymiano dies in Beda vacuos restitueret. Vis paucis et palpabiliter veritatem tangere, percurrere solos primos duos menses Januarium et Februarium; atque in illis solis duobus dies ferme quadraginta invenies, in quibus nec una quidem Adonis annuntiatio cum ulla Hieronymianarum concordet. Si ex cæteris aliquæ hinc inde, saltem nomine tenus, convenire in aliquo videantur, semper etiam diversitate aliqua, et satis notabili discrepant. Sancte profiteor; in Usuardinis Observationibus (quibus potissimum studui ad antiquissimam radicem sanctorum memorias revocare) sæpe mihi laborandum fuisse, ut nunc ex illo, nunc ex altero Hieronymiano apographo affinitatem aliquam, obtorto quasi collo, inter ipsa et Adonem extunderem.

125. Quod hic de duobus mensibus dico, id lector in omnibus sequentibus non minus clare et perspicue deprehendet, sæpe demiraturus tam multa, tam audacter, tam temere de hisce Martyrologiis et Romano parvo, ex perfunctoria unius fortasse aut alterius loci collatione, determinata et definita fuisse. Clamabant supra, inde *Rosweydi Kalendarium magis oppugnari, quod dies frequentes haberet martyribus vacuos*, cum frequentes illi dies vix totum septenarium constituerent; hic vero, si superis placet, ex Hieronymiano dies in Beda vacuos suppleri potuisse contendent, ubi toto mense Februario vix quatuor, aut quinque annuntiationes assignabiles sunt, quæ ad Hieronymianas utcunque reduci queant. Singulos dies percurrere, nec vacat, nec opus est : res ipsa loquitur, eademque toto Usuardino opere ferme ad nauseam inculcanda fuit et repetenda, uti e contra ibidem, ad dies prope singulos quam fieri potuit exactissima, ex Romano parvo, Adonis, Usuardi et Notkeri, genesis tanta luce in oculos perpetuo incurret, ut quis sciens ac volens cæcutire debeat, qui hæc omnia evidenter demonstrata inficietur.

126. Non minus perspicuum est, secundum Adonis pronuntiatum, ab Hieronymianis longissime dissitum. Non decrat Adoni Martyrologii Hieronymiani exemplar, sed cum in eo ingentem rerum confusionem adverteret, tum in nudis martyrum et sæpissime truncatis luxatisque nominibus, tum in Kalendis, seu laterculis ipsis, plane deordinatis; id sibi subsidii quærendum vidit, ex quo *dies martyrum verissime notaret*; quos in Hieronymianis *confusos inveniebat*. Id vero quam opportune, tam feliciter invenit in reperto Ravennæ Martyrologio, cujus vestigia omnia clarissime, et distinctissime præfert vetus illud Rosweydi, nobis Romanum parvum quo de hic agimus : atque illud dicimus *venerabile et perantiquum*, forma quidem, ordine et tota sua eleganti œconomia *venerabile*, ætate *perantiquum*, cum centum et amplius annis Adone vetustius esse, omnino censeamus. Poterunt quidem et hæc duo epitheta Hieronymianis propter vetustatem tribui, sed cum in aliis plane deficiant, satis patet, alium Ravennæ repertum ab Adone thesaurum; quo in concinnando Martyrologio suo *adjutus fuerit*; id quod Romano parvo planissime et plenissime competit, ut pote quo diebus singulis ita se adjutum ostendit Ado, ut raro prætermittat sanctos, raro ipsa verba negligat, quibus sancti in Romano parvo annuntiantur, eamque nuper diximus esse totam et continuam operis nostri demonstrationem.

127. Quarto loco testatur Ado, Martyrologium Ravennæ sibi præstitum, *ab urbe Romæ Aquileiam, cuidam sancto episcopo a pontifice Romano directum*. Sine, te submoneam, ex dictis supra num. 122, notum Adoni fuisse *Martyrologium quod Eusebii et Hieronymi vocabulis insignitum est* : Quis igitur, vel verisimile faciat, iis verbis, ea phrasi usurum Adonem, si libellus, Ravennæ *a religioso fratre* communicatus, eadem Eusebii et Hieronymi vocabula prætulisset? Nemo, ut in proverbio est, e duobus tria videat, aut pulverem oculis offundat : hic tam diversis characteribus utrumque Martyrologium designatur, ut saltem Hieronymianum nullo prorsus pacto esse possit, illud quo se Ado adjutum fatetur. At nostro Romano parvo aptissime convenit, ut Romæ scriptum et compositum, tanquam vere Romanum, tunc Romæ usitatum; *a Romano pontifice cuidam sancto episcopo Aquileiam directum sit*; nempe ut is episcopus ritui Romano se conformaret; idque ab Aquileiensi aliisque ecclesiis factitatum existimamus, donec methodus Usuardina magis placuit tantumque paulatim invaluit, ut Romæ etiam adoptata, diu ante Belini Patavini tempora dici meruerit, *Martyrologium secundum morem Romanæ curiæ*.

128. Si cui fortasse magis placeat Henschenii, et

Papebrochii opinio, expressa in prologo ad Bedam ante secundum tomum Martii, num. 11, nihil magnopere obluctabor, cum nihil ibi asserant, quod cum hac nostra sententia non apprime conveniat. Sic habent : « Ac primum invenimus, tria nos habere (manuscripta Bedæ Martyrologia), quæ singula integrum Bedam, sed modice auctum, et quoad vacuos dies suppletum, tam fideliter exhibuerunt, ut omnino persuaderemur, in plerisque Romanis basilicis, abrogato Hieronymiani Martyrologii usu, et illo, quod Aquileiensi episcopo, a pontifice missum supra monuimus, fortasse non nisi in Laterano, aliisque paucis ecclesiis recepto, ita probatum aliis Bedam fuisse, ut eo convenienter aucto, utendum plures sibi putaverint, usquedum Usuardus visus ecclesiasticis usibus accommodatior. » Hæc quidem alibi paulo aliter explicat Papebrochius, ut in appendice ad articulum 18 Responsionum, sed dicta sua et scripta omnia, quæ Martyrologiorum materiam spectant, ad hanc nostram sententiam revocari et reformari ante obitum suum postulavit. Verum sic ferme a proposito argumento dilaberemur.

129. Jam ad quintum caput quod attinet, præfatum sæpe Martyrologium *a religioso fratre aliquot diebus præstitum, diligenti cura* per Adonem *transcriptum esse*, quid aliud nobis etiam patentissime denotat, quam Martyrologium Hieronymianum? Fuerat sanctus Ado monachus cœnobii Ferrariensis in Vastinio, deinde ad Prumiense migraverat, aliaque haud dubie, ut erat diligens rerum scrutator, alia, inquam, ordinis sui cœnobia lustraverat, alia Martyrologia certo viderat, et certissime exemplar vel forte exemplaria Hieronymiana, quæ Ravennæ quærenda non fuerunt, nec ibi transcribenda : aperte eloquamur; non ita scriberet Ado de præstito sibi codice, si *Martyrologium, quod Eusebii et Hieronymi vocabulis insignitum est*, transcribendum accepisset. Enimvero novi, aliquid ibi detexit, Ado sibi suisque prius incognitum, idque ob exactam Kalendarum seriem, ob martyrum nomina tam clare distincta tanti fecit, ut ferme Crœsi opes, quod de Pauli tunica prædicabat Hieronymus, se effodisse existimans, illud unum tanquam regulam sibi proposuerit, ut notatis accurate Kalendis, ex *collectis undecunque passionum codicibus*, sanctorum encomia *paulo latius et apertius describeret*, sicque *infirmiores fratres,... in memoriis martyrum haberent compendiosam lectionem, atque in parvo codicello, quod multo labore per alii plures codices exquirunt*.

130. Superest sextum idque ultimum Adonianæ præfationis caput, haud quaquam contemnendum. In eo declarat Viennensis Martyrologus, quod illud ipsum Ravennæ *transcriptum* Martyrologium, *in capite sui operis ponendum putaverit*. Non dixit operi suo sociandum, aut una cum opere suo compingendum, sed diserte, *in capite operis ponendum putaverit, sic ut cum opere suo, unum quodammodo idemque opus constituat*, et ita quidem ut ipsa sua præfatio, utrique operi præmittatur, utrumque opus manifeste afficiat, verbo, utrumque opus tanquam unum idemque complectatur. Ubi Florentinius, aut adversariorum quispiam alius, exemplar aliquod Hieronymianum, in capite Adoniani Martyrologii ea ratione positum alicunde eruerit, per me licet, tunc disputando inquiratur, an postremum hoc ex sex Adonianis capitibus, Martyrologio Hieronymiano aliquatenus aptari possit. Nobis interim certum videtur, tam apte, tam clare, tam manifeste omnes eos articulos; cum Romano parvo congruere, quam liquidum, patens et evidens sit, prædicata illa omnia ab Hieronymiano esse alienissima; si forte excipias, quod venerabile et per antiquum appellari posse non diffiteamur, si tota veneratio a sola antiquitate proficiscatur.

131. Ex his rectissime concludi posse existimo, iis coloribus, ab ipsomet Adone nobis depictum esse vetus, seu parvum Romanum, ut magis ad vivum vix a quoquam delineari potuerit. Viderat, et scrupulose observaverat lineamenta hæc omnia oculatissimus Rosweydus, priusquam lectori auderet asserere : *Adonem veteris hujus Martyrologii vestigiis semper insistere*; priusquam lectorem, veritatis securus, ita confidenter alloqueretur : « Enimvero vetus hoc Romanum Martyrologium, fontem esse omnium aliorum Martyrologiorum (Hieronymianum et genuinum Bedam necdum noverat) qui vel leviter inspexerit, non dubitabit asserere. Ado certe ex hoc fonte suas aquas derivavit. Et ut fontis latex ab origine sua recedens, sensim augescit, et in rivum aquis undique confluentibus abit ; idem factum huic Martyrologio, quod nunc a Beda (Pfantinianum indigitat ex Adone sumptum) nunc ab Usuardo (hunc Adone seniorem putabat) nunc ab Adone, nunc ab aliis paulatim increvit. Licebit nunc ad fontem digitum semper intendere ; eo enim fine, caput fontis, quod hactenus latebat, in apertum produxi. » Hæc Rosweydus sagaci, maturo veroque judicio, quo usque ferebat adepta tunc temporis Martyrologiorum notitia. Rivuli vero et rivulorum cum primo illo seriei nostræ fonte connexio, per totum Usuardini Martyrologii curriculum diebus singulis, tam sensibili et palpabili modo ex Observationibus nostris elucescit, ut pluribus hoc saxum hic volvere supervacaneum videatur. Verum cum et alia argumenta suppetant, quæ Romani parvi authentiam mirifice illustrent, lubet et illa sequenti articulo ordinate deducere.

ARTICULUS IV.
Romani parvi auctoritas, ex characteribus propriis, stylo, genere, ætate demonstratur.

132. Eam modo Romani parvi effigiem ex Adonis præfatione expressam dedimus, ut facillime a quovis agnosci possit et debeat, eaque agnita promptissimum sit omnes adversariorum cavillationes infringere. Demus Frontoni, Florentinio, Cointio ad annum 518, p. 315, et quibuscunque aliis in eadem navi hærentibus; demus, inquam, omnia inter Romanum parvum et Adonis Martyrologium ita inter se congruere, ut utrobique idem sit stylus, idem ordo, eadem verba,

lidem solœcismi, udem errores, prorsus ut in nullo discrepent, sintque similia omnia, nequedum consequens ullo pacto inde fuerit, parvum illud Romanum ex altero contractum, nisi tota Adonis præfatio evidentis falsitatis et apertissimæ suppositionis convincatur; quod in ullius cerebrum hactenus, vel per somnium incidisse, non novimus. Atqui sanctissimus Viennensis præsul candide et sincere profitetur, se ad supplendos Bedæ dies vacuos, *adjutum fuisse venerabili et perantiquo Martyrologio, Ravennæ sibi præstito*, a se *transcripto*, a se *in capite operis sui posito* : invenitur istud ipsum Martyrologium in capite Adoniani positum, apparent ubique vestigia, tam clare ab Adone præsignata, eaque et singula et omnia sic Romano parvo propria sunt ut in nullum aliud Martyrologium convenire ullo pacto possint. Et erunt post hæc, qui sanctum ipsum Adonem, tantum non mendacii arguentes, tanquam ex tripode nobis definiant, Martyrologium nostrum parvum, seu vetus a Rosweydo editum, *non esse nisi epitomen Martyrologii Adonis*, in quo *omnia purum putum Adonem sapiant*. Ego me fateor capere non posse, qui id saltem Florentinio, penitius omnia scrutari solito, persuasum fuerit. Sed fidem liberemus, ipsumque Romanum parvum vivis suis, propriis, nativisque coloribus depingamus.

133. Prima antiquitatis nota propria, et ab Adoniana methodo diversa, inde in Romano parvo desumitur, quod ubi Ado et cæteri noni sæculi Martyrologi, religiose semper *sancti* aut *beati* nomen martyribus et confessoribus præfigunt, auctor istius Martyrologii, licet apponat aliquando, attamen sæpius omittere soleat; nam ex duabus et sexaginta annuntiationibus mensis Januarii, quibus *sancti beati*, aut *sanctorum* et *beatorum* titulus præfigi potuit in triginta tantum et una reperitur; mense Februario, ex quadraginta quinque annuntiationibus, septem et viginti apposito carent. Rursus mense Martio ex quadraginta quatuor, solæ signatæ sunt sedecim. Si menses alios percurras, pauciores commemorationes occurrunt, in quibus de ascribenda *sancti* aut *beati* appellatione Martyrologii illius auctor sollicitus fuerit, adeo ut toto mense Novembri vix quater, Decembri solum bis inveniatur. Hanc vero certam esse antiquitatis notam, ex eo confice quod codices Hieronymiani, tum majores a Florentinio editi, tum minores, quos priori capite percensuimus, raro id genus titulos præmittant, atque adeo tanto rarius, quanto antiquiores fuerint, quod mirifice elucet in apographo Epternacensi, in quo vix nota est *sancti* aut *beati* nomenclatio, et ubicunque apponitur, forte tanquam adjectitia expungi meretur.

134. Alter, isque indubitatus vetustatis character, in Romano parvo censeri debet, quod toto anni circulo, ut Martyrologi loquuntur, rarissime *Vigilias* sanctorum signaverit; imo certissime non nisi unam, Romæ fortasse propriam, sancti Laurentii; Natalis Domini alteram: cum tamen Beda præter illas duas, etiam *sancti Joannis Baptistæ*, et *sanctorum Petri et Pauli* vigilias posuisse reperiatur; ut inde non improbabili conjectura colligere quis possit, Martyrologium illud nostrum ante Bedæ tempora fuisse compositum, quamvis nos epocham ejus putemus paulo post Bedæ obitum inchoandam. At vero vigiliarum omissionem inter vetustatis certa indicia plane computandam esse, probant rursus Hieronymiana apographa, ad quæ sic notat Florentinius xxiv Decembris: « Cum neque in codicibus nostris, neque in Martyrologio vetustissimo (namque Antuerpiensi, vel Epternacensi) Vigilia nativitatis Domini, in hodiernis fastis indicetur; ansam præbuit dubitandi, non esse hoc in Ecclesia vetustissimi usus, vel saltem certum esse, IN VETUSTIORIBUS MARTYROLOGIIS VIGILIAS NON INDICARI. » Si paulo accuratius Romanum parvum evolvisset vir clarissimus, advertissetque, non nisi unam Laurentii, alteramque Natalis Domini vigiliam in eo signari, tametsi plures aliæ in Adone reperiantur, non tam facile pronuntiasset, « agnovisse *se*, non Adonem ex hoc Kalendario, tanquam ex antiquo Aquileiensi codice, in suum Martyrologium transtulisse; sed e contra recentiorem scriptorem, inde suum indiculum compegisse. » Neque dicas signari vigiliam Apostolorum xxx Aprilis, nam satis liquet, eam inepte ibi intrusam esse, uti eodem die *Quirinus* ponitur, in gratiam Novesianorum ibi ascriptus, et male ex xxx Martii repetitus.

135. Ut hic semel compendio epitomatores omnes exaramem, rogo ad sequentia quæsita solidas mihi responsiones subjiciant. Quæro, 1° Si Martyrologii Romani veteris seu parvi compilator Adonis Martyrologium præ oculis habuit, cedo, cur dies septem vacuos reliquit, cum septem illos, non minus ac cæteros omnes ex Adone commodissime implere potuerit? 2° Quæ ratio satis excogitari potest, cur vigilias, tam clare in Adone signatas, prætermiserit, ut de vigilia Assumptionis Deiparæ seorsim disputavimus ad xiv Augusti? 3° Cur totius debitum *sancti* titulum, in Adone distinctissime positum, suppressit? 4° Cur plures passim in Adone annuntiationes? cur in Romano parvo pauciores? sic xiv Aprilis, in illo quatuor integre, in hoc sola una et unica, cur iv Maii, ex commemorationibus quinque; xxvi Maii, ex sex; xii Junii et alibi sæpius, ex quatuor non nisi rursus unica redditur? Plurima et ferme quotidiana sunt hujusmodi exempla, quæ in Observationibus nonnunquam expenduntur. Fateor equidem tantum apud me fuisse hujus argumenti pondus, ut inde rimari incipiens, totam illam Rosweydi adversariorum machinam plane ruinosam adverterim.

136. Quid enim, ita inquiebam, quid prætensum illum epitomatorem absterrere potuit, quominus sanctorum saltem nomina ex Adone excerperet, cum ipsi insolitum non sit, quatuor aut quinque sanctos, imo totidem annuntiationes uno die repræsentare? Inde ad alia scrutanda progresso, lux semper nova, semper major oborta est, qua Martyrologii istius pretium et æstimatio mirum in modum apud me accrevit. Inde tamen, ut dicebam, disqui-

sitionis meæ ferme principium. Ne longius evagemur, conferat lector solum mensem Januarium. Quæro, cur primo die apponatur *Circumcisio*, Adoni prætetita? Cur omittuntur *milites* xxx? Cur *Euphrosyna*, cur *Eugendus*? Cur III Januarii solus *Antherus* a Romano parvo extractus est, omissis *Genovefa* et *Florentio*? Cur XVII Januarii nihil habet de *Lingonensibus Tergeminis*? Vide ibi observationem nostram. Tu perge ad dies alios non minus inæquales, et causam, sodes, vel ineptam excogita, cur hi aut illi præ aliis sanctis ex Adone seligi potuerint. Est ad manum catalogus bene longus, per omnes anni menses diesque decurrens, quem tædii vitandi gratia non produco, cum ex allatis speciminibus in re clarissima nos versari existimem.

137. Sed et alio argumento ora obtrectantium occludamus. Contendunt eadem in Romano parvo, eadem in Adone errata reperiri, in quo etiam egregie falluntur, ut exempla multa in Observationibus nostris ostendunt. Demus hic non unum specimen. Die II Januarii de *Argeo* et fratribus recte scripserat Romanum parvum, sed Adonis elogium exerrat. Maii VII Romanum parvum, *Nicomediæ, Augusti et Augustini*: Ado, de suo aliquid addens, in errorem denuo labitur; sic enim habet: *Flavii, Augusti et Augustini fratrum*; videsis quæ in eam rem eo die notavimus. Junii XIX, in Romano parvo legitur: *Commemoratio Nazarii et Celsi*, recte, opinor, ut Rosweydus in notationibus censuit, interim Ado, illam commemorationem eo die prætariit. Junii XXIX simplicissima est Romani parvi annuntiatio; quæ in Adone corrigenda sint, ex Observatione nostra eo die intelliges. Augusti VII scribit Romanum parvum, *Fausti*, Ado, *Justini*, errat alteruter, sed non uterque. Augusti XXXI bene a Romano parvo refertur *Aristides* ex Rufini libro IV, cap. 3, dum ibi multa ductori superaddit Viennensis, a recto tramite deviat. Obtundam, si hæc sigillatim hic prosequar, cum hujusmodi diversitates in Usuardo nostro frequentius recurrant; ubi aliud quoque ridiculum Frontonis effatum facile convelles, dum asserit, iisdem verbis uti utrumque Martyrologum. Paratum habeo discrepantiarum syllabum, sed satis est paucas hic designasse, ex quibus curiosus lector de aliis statuere valeat. Præter citatos dies, videri possunt XI, XII et XXVIII Januarii; XX Martii, XI Julii, XXVII Augusti. . . . Pergimus ad alias notas Romano parvo proprias.

138. Jam dicta ostendunt *vetus* esse, saltem Adone et forte Beda antiquius, unde prima prærogativa ei a Rosweydo data plane vindicatur. *Romanum* esse faxo et ii agnoscant, qui alterum illum titulum frustra arrodunt. Adonis testimonium ex viri religiosi ore acceptum, nemo, quod sciam, excepto solo Valesio detrectare hactenus ausus est; nec adversarii alii id directe impetunt; nam admissa veritate superius probata, quod nempe vetus illud, seu parvum Romanum Ravennæ ab Adone repertum sit, eique certe præluxerit, non negabit Florentinius, nec qui cum ipso sentiunt, prædictum Martyrologium vere,

et proprie *Romanum* esse, quandoquidem disertissime testetur Martyrologus Viennensis; *ab urbe Roma Aquileiam cuidam sancto episcopo a pontifice Romano directum*. Romanorum pontificum agendi rationem nescire oportet, rerumque Romanarum prorsus esse ignarum, qui inde consequi non perspiciat, indicatum verbis illis Martyrologium, Romæ contextum, Romæ scriptum, Romæ per id tempus usitatum fuisse, nec alia causa Aquileiam directum, quam ut ea ecclesia, Romanæ cæterarum matri, sese purius conformaret. Et hæc quidem ex viri religiosi et Adonis fide, apud omnes sensatos cordatosque lectores in aperto esse, persuasissimum habeo. Jam ne quis porro dubitet, ex ipsomet Martyrologio, Romana vestigia satis clare expressa exhibeamus.

139. Repetenda hic sunt quæ supra ex clar. Castellano adduximus, ubi credibile non existimans, aliud Martyrologium, præter vere et proprie Romanum, a Romano pontifice alio directum, sic deinde sermonem prosequitur : « At vero, quod probat manifestius, Martyrologium in capite Adoniani operis, apud S. Pantaleonis Coloniæ repertum, certissime esse antiquum Romanum, ad usum Ecclesiæ Romanæ, verumque apographum illius, quod Romanus pontifex Aquileiam direxerat, non solum inde sumitur, quod sancti ibi reperiantur Romanæ urbi proprii, et Hieronymianis prorsus incogniti, ut Martina, Dafrosa, Papias et Maurus, solo mense Januario; neque ex eo, quod Cathedra sancti Petri proprio die signetur, ab Antiochena rectissime distincta; verum etiam quod inter varias ecclesiarum Romanarum dedicationes, illa quoque occurrat, quæ est sacelli alti, castri S. Angeli, expressa per terminos INTER NUBES, quodque festo sancti Sebastiani, legatur ejus sepulcrum in VESTIGIIS APOSTOLORUM, designando per hæc verba Catacumbas, in quibus sanctorum Petri et Pauli corpora aliquandiu requieverunt. » Hæc tam solerter quam vere a magno Martyrologiorum scrutatore observata sunt; nec pluribus opus esse censuit, ut quemlibet non mordicus pervicacem, de tali veritate convinceret, cujus radii, solis instar, ad singulas libelli paginas in oculos non lippos incurrunt. Supersunt nihilominus quæ ad ejusdem rei elucidationem et confirmationem h'c subnectam.

140. Ex solo mense Januario, ne longius excurram, ex solo, inquam, isto mense addere potuit Castellanus sanctos Romæ proprios atque Hieronymianis omnino prætaritos : III, *Antherum* papam ; IV, *Priscum* et *socios*; V, *Telesphorum* papam ; XXII, *Anastasium ad Aquas Salvias*; XXIII, *Emerentianam*; denique XXVIII, *Agnetem secundo*, proprie et præcise Romano modo expressam. Inter dedicationes Romanas, præter jam dictam, quæ habetur XXIX Septembris, de *ecclesia Archangeli, a beato Bonifacio papa constructa in Circo*, qui locus INTER NUBES dicitur; notabilissima, et si ita loqui licet, Romanissima sunt, quæ refert idem Martyrologium pridie Non. Maii: *Et sancti Joannis apostoli, quando ante*

portam Latinam in ferventis olei dolium missus est: et rursus III Idus, seu XIII Maii : S. *Mariæ ad Martyres dedicationis dies agitur, a Bonifacio papa statutus,* nempe a Bonifacio IV, qui sedit ab anno 606 ad 614. Quid autem magis Romanum dici potest quam quod ponitur VI Julii : *Primus ingressus apostoli Pauli in urbem Romam?* Item quod signat idem Martyrologium XIV Septembris, his verbis : *Exaltatio sanctæ crucis, ab Heraclio imperatore a Persis Jerosolymam reportatæ; quando et Romæ lignum salutiferum crucis a Sergio papa inventum ab omni populo veneratur.* Nota sunt Sergii tempora, ab anno 687 ad 701.

141. Nec verebor hic addere festivitatem, a Gregorio III Romæ institutam inter annum 731 et 741, in honorem beatæ Mariæ virginis et sanctorum omnium, tanquam ampliativam, ut ita loquar, prioris dedicationis a Bonifacio IV celebratæ. Hæc talibus terminis a Romano parvo consignata est, ut auctor tantum non indicet, eam se vivente et quodammodo vidente, primum fuisse inchoatam. Attende locutionem : *Festivitas sanctorum, quæ celebris et generalis agitur Romæ,* quasi dicere velit, recentem eam festivitatem esse, et Romæ duntaxat celebrari, necdum ad alia regna aut Ecclesias propagatam. Hujus rei luculentior testis esse nequit quam Ado ipse, ex cujus verbis temporum distinctio aperte commonstrari videtur, dum superaddit : *Sed in Galliis, monente sanctæ recordationis Gregorio* [IV] *pontifice, piissimus Ludovicus imperator, omnibus regni et imperii sui episcopis consentientibus, statuit ut solemniter festivitas omnium sanctorum in prædicta die* (1 Novembris) *annuatim perpetuo ageretur.* Quid Romani parvi impugnatores ad rei evidentiam desiderare ultra possint, equidem non intelligo.

142. De hac omnium sanctorum festivitate, non male disserit Fronto ad supra citatum Romanum Kalendarium, a pag. 142 ad pag. 145 ; quo loco recte censet, ejus Romæ institutionem 1 die Novembris ad Gregorii III tempora omnino revocandam. De festi ejusdem extensione videantur Ado et Usuardus. Si vera est Menardi, pro sui Sacramentorum libri ætate conjectura, festivitatem eamdem ante Caroli Magni tempora in Galliis receptam oportet, cum in eo libro clare exprimatur. Sed hæc ad nos nihil, cum de sola Romana festivitate agamus, cujus institutionem Gregorio III cum Frontone ascribimus. Atque hic, decurso jam toto Usuardo, figendam credimus Martyrologii hujus nostri parvi Romani epocham, ut nempe compositum statuatur circa annum 740. Ex quo aliisque argumentis jam deductis, ejus vetustatem ; ex sanctis vero et festivitatibus Romæ propriis, ac peculiaribus, ejus genus, patriam et natalem ; verbo, quod VETUS et ROMANUM sit, in confesso positum arbitramur : quod etiam supra ex nomine *papæ,* ibi identidem repetito, et quasi studiose apposito, educi posse, contra Florentinium ostendimus.

143. Reliquum est ut Romani parvi characteres cæteros, in ipso singulariter conspicuos paucis colligamus. An illius auctor Hieronymianum viderit, aut saltem in adornando suo consuluerit, toto nostro opere apertius declarare ausi non fuimus, nec modo audemus ; et licet quandoque iidem sancti in utrisque notati occurrant, ut vide XXVI Februarii, probabilius censemus, ex Romanis aliarumque ecclesiarum Kalendariis sanctos illos a Romani parvi auctore acceptos esse, qui ferme vulgo magis innotuerant. Tria observo Romano parvo propria. Primum, ex Historia Eusebii, interpretationis Rufini, magnam partem coaluisse, ut sæpissime in hoc opere intento quasi digito commonstravimus. Atque hoc unum est, quod Henricus Valesius, novissimus Eusebii interpres et illustrator, commode advertere potuit, et diligenter præstitit, melius nomini suo consulturus, si reliquis, ejus eruditione parum dignis, imo ad ejus forum minime pertinentibus, supersedisset. Solus mensis Februarius, ut alios fecundiores non adducam, IV, VIII, IX, XVIII et XXVII, assertum Valesii abunde comprobat. Plures sanctos suggeret mensis December, ut XIX ejusdem mensis te nostra docebit observatio.

144. Alterum Romani parvi germanum indicium dabit observatio, X Januarii, in *Nicanore,* eademque alibi frequentius inculcabitur ; nimirum singularem operam a Romani parvi auctore positam, ut Christi Domini et apostolorum discipulos, quos in sacris litteris nominatos reperit, certis diebus assignaret, id quidem pro suo arbitrio, sed, ne debito cultu tam inclyti fidei nostræ propagatores privarentur. Exempla obvia sunt ; en paucula : XXI Januari agitur de *Publio* ; XXIII, de *Parmena* ; XXV, de *Anania* ; II Februarii, de *Cornelio* ; III, de *Agabo* ; XVI, de *Onesimo,* etc. Hi vero et tot alii, cum in antiquioribus Martyrologiis noti non sint, quis audeat inficiari ab hujus Martyrologii auctore primum collectos fuisse ? Tertium jam notavit superius Castellanus, ostendens prophetas Veteris Testamenti, ab Hieronymiano præteritos, a Martyrologii nostri compilatore, pro suo rursus libitu, signatos esse. Ut taceam *Abbacum* et *Michæam* XV Januarii ; *Jeremiam,* I Maii ; *Elizæum,* XIV Junii, unus mensis Julius quinque prophetarum commemorationes suppeditat, quarum sola prima de *Aaron* in Hieronymianis innotescit, in Beda solus *Isaias,* qui de cætero paucorum aliorum meminit, ea ratione et modo, quem explicat Papebrochius tomo I Aprilis, pag. 857.

145. Hisce superaddi potest quartum caput, idque in hac re postremum, sed soli etiam Romano parvo, præ Hieronymianis et Beda, omnino proprium. In illis vix ullam invenias martyrum Africanorum, in Wandalica persecutione passorum, memoriam, in hoc satis frequens est, ut palam facient Observationes Usuardinæ. Ne diu quærendum sit ; inspice XXIX Martii, XIII Julii, VI Septembris, XIII et XXVIII Novembris, VI et XV Decembris, quorum modo aliqua mihi inhæret recordatio. Colligat, obsecro, æquus lector characteres omnes, toto hoc

articulo enumeratos, Romano parvo tam peculiariter debitos, ut nulli alteri conveniant; repetat animo delineationem ab Adone tam native repræsentatam; conferat quæ toto capite disputata sunt, meritamque Rosweydo laudem, aliquando restituendam mecum decernat : reddatur, inquam, Rosweydo honos, redintegretur fama nominis. persistetque eruditissimi viri gloria, qui tam vetus, tam illustre, tam authenticum monumentum primus eruerit, primus vulgaverit, primus fontem monstraverit, ex quo Adonianum atque ex hoc Usuardinum nostrum Martyrologium promanaverint. Superest horum duorum genealogia sequenti capite pertexenda.

CAPUT III.
De Adonis et Usuardi propagine.

146. Exhibitis, enumeratis probatisque Adonis progenitoribus, huc Martyrologiorum prosapiam deduximus, ut jam de Adone ipso, ejusque legitima prole Usuardo, quem unice illustrandum suscepimus, agendum supersit. Et quidem toto præcedenti capite satis demonstrata est prima illa, quam num. 78 expresseram, propositio, nempe quod *Ado in adornando Martyrologio suo usus sit Romano parvo Rosweydi, tanquam stamine, si ita loqui licet, totumque ferme ad verbum descripserit;* id quod præterea toto nostro opere, seu perpetuis ad singulos Usuardinos textus Observationibus, tam perspicue ostensum est, ut talpam esse oporteat, qui de tam evidenti veritate ausit dubitare. Sequitur modo propositio altera æque evidenter in prædictis Observationibus comprobata, et citato num. 78 his verbis concepta : *Usuardus Adonem, quem Flori librum secundum appellavit, ita in omnibus secutus est, ut verum dici possit Adonis compendium.* Meminerit lector, majores nostros post Molanum aliosque eruditissimos viros, in eo passim errore versatos quod Usuardum crediderint Adone antiquiorem, vel saltem ita synchronum, ut alter alterius Martyrologium non viderit, quod innumeris locis toto priori de Actis sanctorum semestri decantatum est, donec Papebrochius, tomo V Junii, pag. 250, col. 1 in fine, oppositum cœpit observare. Hic jam tractanda sunt quæ ad vivam Adonis et Usuardi delineationem, præter jam a nobis et majoribus nostris dicta, desiderari possent.

ARTICULUS I.
De Martyrologio sancti Adonis Viennensis episcopi.

147. Non satis pro merito de Adone locutus videtur Bollandus, dum in præfationis generalis capite 4, § 8, pag. LII sic cursim de eo disseruit : « Sanctus Ado eodem sæculo (ix) Viennensis in Gallia episcopus, de quo agemus xvi Decembris, luculentius scripsit Martyrologium. Edidit illud Jacobus Mosander; dein Rosweydus, cum tribus mss. collatum, Everbodiensi, S. Pantaleonis, Petri Scriverii, hunc præcipue secutus. Habemus cum tribus aliis collatum mss. exemplaribus, videlicet monasterii S. Laurentii Leodii, cui tamen Usuardi ad Carolum regem præfixa est epistola ; ecclesiæ Taroanensis cœnobii Dohiensis. » Ita Bollandus, nihil memorans de prima et omnium antiquissima editione, ab Aloysio Lipomano procurata, quæ exstat operum ejus tomo IV, a pag. 150. Nonnulla ibi præfatur Aloysius, ex communi tunc opinione recepta, quæ modo falsa agnoscimus : sed observatu dignissima sunt verba illa, quibus ob repertum Adonis exemplar, incredibile gaudium testatur : « Quanta, innuit, tunc exsultaverim lætitia, Deus scit, omne aurum nihil esse duxi in comparatione illius... ac ingentes Deo nostro et Filio ejus Domino Jesu Christo gratias egi, necnon amico fideli, qui tanto me munere decoraverant. »

148. Id autem in hac Aloysii editione notandum est, distinxisse illustrissimum Veronensem antistitem, inter vitas, ut ipse vocat, seu longiora illa Adonis elogia, ex passionalibus exornata ; distinxisse, inquam, inter ea quæ brevius, et alia quæ diffusiori stylo describuntur : nam « breviores, inquit, pleræque sunt, quæ vulgo in D. Hieronymi Martyrologio habentur. In edendo ergo Adone hunc modum tenui, ut quæ a D. Hieronymo sunt positæ, omnino prætereantur, cum in promptu sint omnibus, nisi eis additum quid reperiatur. Quæ autem ab illo non sunt positæ, hic omnes sunt insertæ. » Vult dicere, breviores omnes commemorationes a se prætertias esse, sola longiora elogia impressa. Sed quis harum rerum peritus intelligat, *breviores* vitas, *in D. Hieronymi Martyrologio haberi?* Profecto idea hujusmodi ab Hieronymianorum stylo immensum distat, in quibus scilicet *tantum nomina martyrum, locus et dies passionis positi habentur* ; qui plura in Martyrologio aliquo reperit, certo statuat, non esse sibi præ manibus purum Martyrologium Hieronymianum.

149. Huic difficultati explanandæ opportune succurrit sagax in hac parte Molani observatio, præfationis suæ cap. 2, « citari nempe a permultis Martyrologium D. Hieronymi, quod vulgo habetur : verum illi, inquit, non citant ipsum Martyrologium Eusebii et Hieronymi, sed Usuardi, qui ex Eusebio, Hieronymo, Beda, Floro et aliundæ suum Martyrologium, cura et jussu Caroli Magni collegit. » Plura quidem hic peccat Molanus, sed illud vere asserit, *citari a permultis*, ut a Petro Equilino, et eo tempore passim ab omnibus, Usuardinum, pro Hieronymiano, quale ipsi nunquam viderant, saltem quod eo nomine recte veniat, cujusque exempla a Florentinio edita sunt. Erat tunc ea Martyrologiorum confusio, ut in cujuscunque fronte famosa epistola Chromatii et Heliodori legeretur (legebatur autem prope in omnibus Usuardinis exemplaribus) Martyrologium illud Hieronymianum appellaretur ; atque inde per aliquot sæcula, Hieronymi nomen Usuardino Martyrologio adhæsit. Ut res pateat, confer Usuardum cum Aloysii editione, et continuo

perspicies, breviores annuntiationes omnes prætermissas esse, ubi vero longiora elogia ex Adone contraxit Usuardus, illa integre et Adoniane ab Aloysio restituuntur. Atque hic rursus semina vides, ex quibus crescat posita superius propositio; puta, Usuardum, totum ferme Martyrologium suum, ex Adone aut descripsisse, aut contraxisse.

150. Porro sanctum Adonem Martyrologum, non Trevirensem, ut Aloysius, Mosander et alii plurimi perperam censuerunt, sed Viennensem fuisse archiepiscopum, satis evicit Rosweidus, atque hoc tempore apud eruditos omnes in confesso est. Vitam ejus, vel potius Vitæ compendium ex Breviariis Viennensi et Romanensi acceptum, aliis documentis erudite illustravit Mabilio, sæculi IV Benedictini parte II, a pag. 262 ex quo ea, quæ sanctissimi et doctissimi viri ætatem ac Martyrologium spectant, paucis decurram. « Nobili prosapia exortus » dicitur in pago Wastinensi aut Senonico, « circiter annum octingentesimum » in lucem editus : « quippe annos natus septuaginta sex, decessit anno Christi octingentesimo septuagesimo quinto. » Monachis Ferrariensibus in disciplinam traditus, istic a Sigulfo abbate adhuc infantulus, aut puer susceptus fuisse videtur; « ubi bene conversatus, teste Lupo, omnes sibi cœvos in studiis litterarum præivit. » Inde ad Prumiense cœnobium, rogatu Macwardi abbatis directus, ibi aliquandiu commoratus est, donec « quorumdam invidiosorum insidiis » impetitus, Romam se contulit, « ut domum B. Petri principis apostolorum orationis gratia visitaret, » unde post quinquennium patriam repetens, Ravennæ Martyrologium illud reperit et descripsit, de quo toto capite proxime præcedenti abunde litigatum est.

151. Ravenna cum effosso thesauro digressus, « inde Lugdunum pervenit, ubi tunc præerat dignæ memoriæ Remigius, præsul eximius, qui Dei famulum Adonem pie suscepit, et quæque necessaria illi perbenigne exhibuit. » Ab hoc igitur ob scientiæ et probitatis laudem detentus, Lugduni aliquandiu commoratus est, et, si vera narrat Breviarium Romanense, Remigius Adoni « Ecclesiam beati Romani, cum sibi adjacentibus rebus in obsequium delegavit, ubi secretius orationi vacaret : » imo et litterarum studiis, ac potissimum adornando Martyrologio suo, haud dubie Remigii, et aliorum præsulum hortatu, quos per « imperium ac jussionem sanctorum virorum, » in præfatione sua fortasse intelligi voluit. Hic nos cum Mabilione, Castellano aliisque Martyrologii ejus epocham figendam censemus, nempe priusquam ad cathedram Viennensem eveheretur, quam anno 860 certo conscendit, ut proinde verosimillimum sit, præfatum Martyrologium circa annum 858, aut forte paulo citius exaratum fuisse : « nam cæteras lucubrationes, » inquit Mabilio, « condidit jam episcopus, » hunc vero ante episcopatum aggressus est; utique dum Ravenna redux, totus erat in colligendis sanctis, eorumque passionibus latius describendis, « serviens infirmioribus fratribus ad laudem omnipotentis Dei, » etc., cui operi exornando non aliud magis opportunum tempus assignari potest quam pro Lugduni apto ad id otio fruebatur. Atque in hac Martyrologii Adoniani epocha facile cum Mabilione conveniunt hodie eruditi omnes.

152. Non ita mihi placent argumenta aliqua a laudato Mabilione in eum finem adducta, ex caro sibi, nescio quo, Adoniano codice ante annos sexcentos, ut ait, manu descripto, ex quo satis intrepide contendit pag. 273 circa medium, « restituendam esse » Adoni « commemorationem sancti Mauri abbatis, sanctæ Scholasticæ, et aliorum fere omnium sanctorum, quos Mosander et Rosweydus eliminaverunt. » Et sub paginæ initium dixerat : « Idem judicium esto de omnibus fere nominibus, quæ Mosander et Rosweidus in secessum rejecerunt. » Hæc eruditissimo viro, nostrique operis, dum viveret, amantissimo, ut ut velim, concedere omnino non possum, cum non semel observaverim, præfatum codicem, quem solum in Actis Benedictinis passim appellat, ab omnibus tum editis tum mss. nostris longissime discrepare. Exemplum non unum recurrit in Observationibus Usuardinis VI Julii, XIII Septembris, XII Novembris et alibi. Ut autem evidentius pateat codicem Mabilonianum vere et pure Adonianum non esse, eruditos lectores solum rogare velim, ut ipsi per se Adonem conferant cum Usuardo et Notkero : cum enim hi duo priorem passim aut contrahant aut describant, certiori indicio explorari nequit quid proprie Adoni, quid multiplicibus ejus interpolatoribus sit ascribendum : nec ad id pluribus ferme opus est, quam ut prædictas Observationes nostras consulant, in quibus cum fonte rivuli quotidie comparantur.

153. Juverit hæc patentissimo exemplo ob oculos ponere. Mabilio pag. 272, paulo infra medium, sic habet : « Ad hæc in ms. codice nostro dedicatio ecclesiæ monasterii Cellensis anno 850 facta, accurate describitur XVII Kal. Novembris, eum ad modum quo superius relata est ad annum 873, ubi de sancti Frodaberti abbatis translatione egimus. Hæc quo minus ab interpolatore addita putem, ea me causa movet, quod singulas, quas vocant circumstantias, non ita accurate nosset homo posterioris temporis. » Hinc nempe Adonis ætatem detegere voluit Mabilio, quæ aliunde melius et certius eruitur : fallunt enim ea omnia, si ad propositam regulam exigantur. Usuardus et Notkerus de accurata illa descriptione dedicationis ecclesiæ Cellensis nec verbum proferunt. Præterea, nec in Adone Aloysii, qui longiores historias nusquam negligit, nec in Mosandri aut Rosweydi editionibus, nec demum in mss. Leodiensi, reginæ Sueciæ, Taroanensi, aut Lobiensi, nec demum in Adonianis codicibus a Papebrochio in prologo ad Bedam enumeratis, aut aliis mss. nostris, ulla præfatæ dedicationis reperitur memoria; estque adeo apertissime consequens, a puritate Adoniana longissime recedere Mabilionis codicem, ab eo tantopere laudatum. Non necessa-

est, tantum operæ in Martyrologiis examinandis, quantum hisce aliquot annis a me collocatum est, quemquam posuisse, ut plane convincatur, nullum Adonem manuscriptum, quantumvis antiquum, ad Rosweydi editionem ullo pacto comparandum.

154. Nemo mihi succenseat, si meritam palmam Rosweydo vindicem, quanquam non adeo integram omnibusque numeris absolutam arbitrer ejus editionem, ut non aliquando ab ejus placitis libere recedam; tum præsertim, cum juxta propositam regulam, Usuardi et Notkeri consensum habeo; videlicet, dum annuntiatio, a Rosweydo in appendicem rejecta, in duobus ejus filiis reperitur : tum ego magnopere ambigendum non puto, quin eadem illa Adoni quoque ascribenda sit. Ut uno specimine rem in aperto ponam, videat lector Observationem nostram ad Usuardum die xx Martii, ubi *Archippum*, Pauli apostoli commilitonem, Adoni restituendum putamus, quidquid a Mosandro asterisco notatus, a Rosweydo in appendicem rejectus sit; ea ducti ratione quod in utroque Adonis filio, Usuardo et Notkero diserte signetur, præterquam quod etiam ab Adonis genitore Romano parvo referatur. Si ad hanc normam codices Adoniani, tum mss. tum typis excusi, scrupulosius discutiantur, puto viam facillime sterni posse, ut simplex, integra, genuina et germana Adonis, editio procuretur.

155. Quid quod et aliam explorandi semitam aliquando ingressus sim, quamvis ipsam tam securam non existimem. Ea est, ut si quando in Usuardo et Notkero commemorationem reperiam eadem sententia eademque phrasi conceptam, quæ ex Beda accepta non sit, tum non difficulter inducar, ut credam, Adoni illam tribuendam esse. Si quis discerniucula certiora proferre in medium possit, ultro et gratanter acceptabimus. Interim nec Mabilionis, nec cujuscumque alterius auctoritate movebimur, ut quæ Adoniana non sunt, sub Adonis nomine venditari patiamur. Exemplo iterum sint *Florentinius* et *Hilarius*, quos xxvii Septembris Martyrologio Viennensi obtrudere conatur laudatus Mabilio ex Petro de Natalibus, lib. viii, cap. 124. Non est me hercule satis idoneus auctor Equilinus episcopus, ut ferat testimonium pro Adonis germana simplicitate, quam nos ex tam variis exemplaribus stabiliendam suscipimus, a quibus omnibus absunt citati duo martyres, quos aliunde acceptos in suum Martyrologium retulit Usuardus, ut est in nostra Observatione, jam dicta die xxvii Septembris. Jam me longa experientia docuit, non a solo Petro aliisque pluribus, sed et ab eminentissimo cardinali Baronio nonnunquam perperam citari Adonis Martyrologium.

156. De reliquis quæ ad Adonem attinent, cum Mabilione non disputo, istis locus erit in Actis xvi Decembris. Rejicienda omnino non sunt quæ de Adoniani Martyrologii accessionibus conjicit in hæc verba : « Quod enim alia atque alia desint in diversis membranis codicibus, id provenit ex duplici capite. Primum, quod cum istud Martyrologium in divinis officiis, per varias ecclesias legeretur, alii ipsum contraherent, alii quosdam sanctos, provinciæ aut ecclesiæ suæ ignotos resecabant. Alterum, quod auctor ipse multis vicibus Martyrologium suum auxit, alios atque alios addendo sanctos, qui in eo primo non exstabant. Unde contigit, ut qui primarium exemplar transcripsere, non tot habeant, quam qui secundariis exemplaribus usi sunt. » Prudentem conjecturam hic non respuo, quippe qui eam nonnunquam admittere debuerim, præcipue circa episcopos Viennenses, quibus cum Usuardus sæpe careat, verisimile existimo, Adonem ipsos Martyrologio suo Lugduni perfecto, Viennæ postea superaddidisse. At vero, ubi primigenia simplicitas quæritur, non conjecturaliter, sed certo decernimus, eam non ex unius aut alterius codicis, sed ex plurium æque probatorum collatione educendam quemadmodum in expurgando ab additionibus Usuardo, toto hoc opere præstitimus : quo solo argumento, vel si deessent cætera, Mabilionis exempla omnia, multis locis adducta, Adoni penitus abjudicanda sunt.

157. Pluribus hic supersedeo, cætera docebunt Observationes nostræ Usuardinæ, quibus satis probatum est, non solum Bedam a Floro auctum, et Romanum parvum, sed Hieronymianum etiam, Adoni aliquando præluxisse; quod non video cur a Castellano negatum sit in prævia admonitione ad primum Bimestre pag. 22, quamvis omnino fatear, rarissime in Adone occurrere vestigia Hieronymianorum stylo conformia. Si hactenus dicta cum iis junxeris quæ superioribus capitibus de sancto Martyrologo disputanda fuere, ad Martyrologii Adoniani ætatem et genealogiam nihil ultra desiderari perspicies. Audi hic modo, quam ipse de toto suo opere rationem reddit, in præfatione sua sic lectorem alloquens : « Ado peccator lectori salutem. Ne me putes in hoc opere in vanum laborasse, et rem non necessariam exsecutum fuisse; breviter tibi causam facti aperiam. Primum fuit imperium ac jussio sanctorum virorum, ut supplerentur dies, qui absque nominibus martyrum in Martyrologio (quod venerabilis Flori studio in labore domni Bedæ accreverat) tantum notati erant. Deinde collecti undecunque passionum codices, animum in tantum suscitaverunt, ut non solum præteritas dierum festivitates, verum et aliorum, qui per totum annum ibi notatim positi erant, latius et paulo apertius describerem, infirmioribus fratribus et minus legere valentibus serviens, ad laudem omnipotentis Dei, ut in memoriis martyrum haberent compendiosam lectionem, atque in parvo codicello, quod multo labore alii per plures codices exquirunt. »

158. Atque hinc longæ illæ in Adonis Martyrologio desumptæ ex martyrum passionibus historiæ, hinc magna illa dierum inæqualitas, dum nempe Actorum defectu, sanctorum nuda ferme nomina referuntur, quo haud dubie, qui in divinis officiis Adonis Martyrologio forte uti cœperant, impulsi fuerint, ut nuper

aiebat Mabillo, ad resecanda incognitorum sanctorum nomina; vel potius, ut ego verosimilius existimo, a l contrahendas historias, ut ad uniformitatem aliquam dies singuli reducerentur. In eo felicissime versatus est Usuardus, Adonis Martyrologium abbrevians et expoliens, sed quod mirere, ignorato vero auctoris nomine. Cum enim Usuardus alios Martyrologos, præter Hieronymum, Bedam et Florum non nosset; stylum autem Adoniani operis, ab Hieronymiano longissime recedere; contra vero Bedæ a Floro aucto persimile, credidit Flori *secundum librum* esse, quo vacui omnes Kalendarum dies supplebantur. Frustra argues latissimum inter utrumque Martyrologium discrimen in Usuardi oculos incurrere verosimiliter debuisse; id scio et fateor; at mihi tam certum tamque evidens est Adonis opus fuisse, quod *librum Flori secundum* appellat Usuardus, ut vel paradoxum admittere oporteat, nempe Martyrologium, quod Adonis nomine venit, non esse Adonis, sed Flori; vel fingere miraculum, quo videlicet fateamur, Florum et Adonem sic scripsisse, ut Menæchmos diverso partu effuderint. Ast hæc comminisci supervacaneum est: Usuardum ipsum dramatis nostri, ut ita dicam, heroem, hic demum cominus intueamur.

ARTICULUS II.
De Martyrologio Usuardi monachi.

159. Huc reducenda fuit tota nostra de Martyrologis et Martyrologiis disceptatio, ut præmissis Usuardi proavis, parentela, cognatione et affinitate, ipse tandem, seu fetus ejus, omnium oculis clarius exponeretur. Non vacat, nec opus est, hic describere quæ de eo multi eruditissimi viri, præter majores nostros, pridem tradiderunt, Adrianus Valesius, Joannes Mabilio, Gerardus du Bois, et recentissime Claudius Castellanus, omnes in eo jam conspirantes contra Sigeberti, Trithemii aliorumque antiquiorum opiniones; 1. Usuardum nostrum fuisse monachum presbyterum ordinis S. Benedicti, in cœnobio Pratensi, seu sancti Vincentii Lutetiæ Parisiorum. 2. Floruisse, non sub Carolo Magno, sed sub cognomine nepote Calvo, atque huic, non illi opus suum dedicasse. 3. Martyrologium suum composuisse circiter annum 875. Quæ omnia satis solide probata invenies apud Mabilionem in Prolegomenis ad sæc. IV Benedictinum, parte II, pag. 88, atque in Historia Ecclesiæ Parisiensis laudati du Bois, parte I, pag. 467, quibus in stabilienda Usuardi ætate et professione omnino subscribimus; in hoc plane dissentimus, quod eum Bollando, Henschenio, Papebrochio aliisque omnibus, solo excepto Castellano, Usuardum Adoni præponant, aut quamvis suppares videant, sic tamen scripsisse Martyrologia sua existimement, ut *neuter alteri notus fuerit, et uterque eodem fere tempore manum ad opus suum admoverit*: quæ ecclesiastici historici jam citati verba sunt; quibus adde subtimidum Mabilionis assertum, num. 174, *Ad Usuardi auctoritatem prope accedere Adonis Martyrologium*: ubi dicendum erat non plus Usuardo auctoritatis inesse quam ex Adone transumpserit; non plus rivulo quam fonti; non plus nato quam genitori.

160. Jam sæpius monui agnovisse demum Papebrochium tomo V Junii, pag. 250, col. 1 in fine, præposterum illum ordinem, idque ex Castellani suggestione, a quo primum transpositus est, et prioritatis loco restitutus Viennensis Martyrologus, quem annis fere octodecim, in scribendo Martyrologio Usuardum antecessisse brevi hac supputatione ostenditur. Usuardi Martyrologium dedicatur Carolo Calvo jam imperatori; atqui Calvus imperator non fuit ante annum 875; ergo vel illo anno compositum, saltem completum est, vel anno sequenti : atqui Ado, ex num. 151 suum scripsit circiter annum 858, stat igitur nostri calculi exacta ratio. Hoc solum argumentum hic ex professo nobis versandum est, Usuardum pleraque sua omnia ex Adone accepisse, cujus continuam probationem exhibent quotidianæ ad Martyrologium Usuardi Observationes a prima die Januarii ad ultimam Decembris, quibus utriusque Martyrologi textus expendo, annuntiationes, ut hic loquimur, annuntiationibus, phrases phrasibus, verba ipsa verbis comparo; factaque collatione, Usuardi laterculos, ex Adonianis descriptos, abbreviatos, contractos, modice quandoque ex Beda immutatos, ea perspicuitate, ni fallor, ostendo, qua majorem in hisce rebus desiderare nemo queat. At eo pacto, ut plagiarium me dices Usuardum traducere. Apage plagii crimen, audi ipsum Usuardum totius operis sui rationem reddentem, tumque intelliges, quid de suo ipse se præstitisse, quid ex aliis sanctorum Patrum Martyrologiis sese accepisse ultro fateatur; id fere unum molitus, ut ad commodam æqualitatem sanctorum commemorationes, singulis Kalendarum diebus, concinna methodo reduceret.

161. Expendamus ipsam Usuardi præfationem ex illustri codice nostro Heriniensi, unde illam edidit Bollandus cap. 4, § 7, quæque in aliis etiam vetustis codicibus reperitur, et vel in ipso Adone Leodiensi S. Laurentii, etc. *Domino venerabiliter recolendo, Karolo regum piissimo* (al. *Augusto*) *Husuardus, quanquam indignus sacerdos et monachus, præsentis ævi prosperitatem et æternæ beatitudinis gloriam. Vestram minime latet celsitudinem, o reverende princeps, qualiter imitandis antiquorum studiis monemur, quidquid in libris, maxime ecclesiasticæ doctrinæ congruis, minus debito perfectum habetur, vel pro posse supplere, vel suppleri optare. Quæ res, pia quidem sollicitudine, addito etiam vestræ dignitatis jussu, me compulit, ut videlicet sanctorum recurrentes festivitates, ex diversis sanctorum PP. Martyrologiis in quamdam exc:perem unitatem. Recolebam siquidem in sacris sanctorum solemniis, multimodos propriæ negligentiæ excessus; quod me plurimum ad hoc ejs in Dei amore persolvendum cogebat officium; etsi non satis idoneum, utpote inscium, sed tamen divino,*

ut confidebam, ac indigno eorum sublevandum auxilio. Nam et venerabilium, Hieronymi videlicet ac Bedæ præsbyterorum in hoc provocabar descriptis; quorum unus brevitati admodum studens, alter vero quamplures Kalendarum dies intactos relinquens, multa probantur hujus opusculi præteriisse necessaria. Adhibui igitur Flori memorabilis viri, COLLECTA E PLURIBUS IN EODEM NEGOTIO SECUNDI LIBRI COMMENTA; *quem maxime imitandum, in his quæ visa sunt congrua ac memoria digna, censui, quia plura summo studio, quæ breviter perstrinxi, et correxit et addidit.*

162. Postrema hæc Adonem vivacissimis coloribus adumbrant; et licet in vulgari Usuardi præfatione a Greveno, Molano aliisque edito, paulo aliter exprimantur, recte perpensa, eodem prorsus recidunt. Sic ibi legitur: *Quorum prior brevitati studens, alter vero quamplures Kalendarum dies intactos relinquens, multa inveniuntur hujus operis præteriisse necessaria: quos tamen secutus, censui et Flori memorabilis viri latiora jam in eo ipso negotio sequi vestigia, præsertim in secundo ejusdem libro; ibi enim multa, quæ in priori omiserat, et correxit et addidit.* Attende Bedam hic describi ab Adone, non ex aliqua parte, ut Florus fecerat, sed integre completum. Porro ex his plane conficitur tria Usuardum præ oculis Martyrologia habuisse, ex quibus *opusculum* suum coagmentaret, in prædicta vulgata præfatione monens: *At siquid, præter quod ab illis accepi, in hoc tempore auctum vel mutatum est, sagaci a me indagine id perquisitum agnosci poterit.* Atque eccum plane evanescit plagii crimen, de quo nuperrime memini, dum ad unum illud SI QUID revocantur, quæcunque pure Usuardina nuncupari possunt, accepta ex tabulis Martyrum Cordubensium, unde Usuardus sanctorum Georgii et Aurelii reliquias conquisierat; ex vicinioribus Galliarum ecclesiis, aut ex passionalibus, paucisque aliis documentis, quæ suis locis indicare atque enumerare non prætermisimus.

163. Verumtamen sincere agnoscit Usuardus se ex tribus potissimum Martyrologiis sumpsisse prope omnia; ex Hieronymianis scilicet, ex Beda, pro ut a Floro auctus fuerat, quæ sunt *Flori memorabilis viri latiora jam in eo ipso negotio vestigia,* et ex *ejusdem Flori libro secundo, ubi multa quæ in priori omiserat, et correxit et addidit:* vel ut clarius habet præfatio Heriniensis; *Adhibui igitur Flori, memorabilis viri, collecta e pluribus in eodem negotio secundi libri commenta,* QUEM MAXIME IMITANDUM IN HIS, QUÆ VISA SUNT CONGRUA ET MEMORIÆ DIGNA CENSUI, QUIA PLURA SUMMO STUDIO, QUÆ BREVITER PERSTRINXI, CORREXIT ET ADDIDIT. Quemnam, obsecro, manifestius imitari potuit Usuardus quam Adonem, *breviter perstringendo* quæ hic longis suis elogiis *summo studio addiderat,* seligendoque *quæ visa sunt congrua et memoriæ digna*? De cætero Hieronymianum, et Bedam Flori consuluisse Usuardum Observationes nostræ sæpissime ostendunt, nec minus clare evincunt Florum illum, ab Henschenio et Pape-brochio editum, nunquam vidisse. Torquet eruditorum ingenia et majores nostros mirum in modum vexavit *secundus* ille *Flori liber,* quem tot sæculis, et præsertim proxime præterito, frustra quæsitum novimus, et porro frustra quærendum, nisi, ut supra dicebam, vel paradoxum nobis, vel miraculum sobrii et vigiles fingamus.

164. Negotium facessit solum *Flori* nomen, quod si non appellasset Usuardus, opus ipsum citatum, tam clare, tam aperte, tam perspicue Adonem referret, ut ex solis depictis characteristicis, legentium et conferentium oculos veritatis luce perfunderet. Describuntur siquidem *commenta collecta e pluribus in negotio* Martyrologii, quæ *in priori opere* Bedæ a Floro aucto *omissa* fuerant; in hoc autem *addita,* ut *quamplures* illi *Kalendarum dies intacti* ex omni parte implerentur, sicque adessent omnia talis *opusculi necessaria.* At suppletio illa Adonis non semper *congrua* est, nec *memoriæ* in Martyrologiis referendæ *digna,* cum historiæ longiores sint, quas idcirco Usuardus *breviter perstringere* coactus fuerit. Atqui hæc ipsissima et genuina Adonis lucubratio est, sic in ejus præfatione, quam habes num. 157 delineata: *Ne putes me in hoc opere in vacuum laborasse.... Primum fuit imperium ac jussio sanctorum virorum, ut supplerentur dies, qui absque nominibus martyrum, in Martyrologio (quod venerabilis Flori studio in labore domni Bedæ accreverat) tantum notati erant. Deinde collecti undecunque passionum codices animum in tantum suscitaverunt, ut non solum præteritas dierum festivitates... latius et paulo apertius discriberem,* etc. Hæc toto opere Adoniano ubique se produnt, et diebus singulis cum Usuardina contractione a nobis comparata, sic parentem commonstrant, sic genus indigitant, ut filius nullus genitorem melius referat, hoc est, ut nulla epitome magis *congrua, memoriæ digna,* et in Martyrologico *opusculo necessaria,* eatenus inventa sit. Quis igitur ultra dubitet quin sub *Flori* nomine, vel pro *Flori libro secundo,* Adonis Martyrologium Usuardus descripserit?

165. Nova hæc esse dicas, mira clamites; nihilominus certum erit et indubitatum quod scribimus, idque manifestissime reteges, si prolem cum patre, si Usuardum cum Adone contuleris, vel ut labori parcas, si quotidianas Observationes nostras expenderis. At quæso, inquies, qui Usuardo in mentem venire potuit Florum nominare, cum forte adhuc superstes esset Ado ipse, verus Martyrologii auctor, nomen suum in fronte operis tam clare exprimens, *Ado peccator lectori salutem.* Id qua ratione factum fuerit equidem miror et ignoro; sed ita rem habere, hoc me apertissime, perpetua hisce aliquot annis collatione, comperisse existimo. Effugio utitur Castellanus, præfationis ad 1 Bimestre pag. 23, dum difficultatem declinans, ait Usuardum non asserere se Florum descripsisse. At melius idem ipse in opere suo, pag. 764, fatetur, Usuardum Adonis manuscriptum, Lugduno ad se destinatum, pro Floro descripsisse et abbreviasse. Quid enim aliud sonant verba illa:

Adhibui Flori memorabilis viri collecta e pluribus in eodem negotio secundi libri commenta? vel ista : *Censui et Flori memorabilis latiora jam in eo ipso negotio sequi vestigia, præsertim in secundo ejusdem libro?* Ego in toto isto *libro secundo* non alium quam Adonem video, Adonem sentio, Adonem loquentem audio.

166. Jam si propositæ quæstioni insistens, rogitando obtundas et eneces qui Usuardo in mentem venire potuerit Florum nominare, cum adhuc probabiliter superstes esset Ado ipse, nomen suum in fronte operis tam clare exprimens, *Ado peccator lectori salutem?* ad eam quæstionem non habeo quod reponam, præter hanc unam verisimillimam, me quidem arbitro conjecturam; videlicet, missum Lugduno ad Usuardum Viennensis antistitis opus acephalum fuisse; puta caruisse præfatione et Romano parvo, cui ipsa præfigitur. Ne vero gratis id me fingere existimes, quæro an satis credibile videatur nullum usquam de Romano illo parvo, ab Adone Ravennæ reperto, verbum facturum fuisse Usuardum, si illud in fronte operis ad se transmissi vidisset? Aberat igitur Romanum parvum; aberat proinde et tota Adonis præfatio; atqui nomen suum ibi expresserat Ado, quod in totius operis decursu, procul dubio, omiserat; nihil itaque adeo mirandum, si Usuardus verum nomen auctoris Martyrologii ad se missi ignoraverit. Hoc posito, videntur cætera sponte profluere, etiam ratio ipsa cur Usuardus opus illud Floro tribuendum putaverit.

167. Hanc equidem sic cum animo concipio : cum jam pridem Lugduno abesset Ado, ad Viennenses infulas, ut minimum anno 860 evectus, relictum Lugduni opus absque auctoris nomine; symmista aliquis Benedictinus monachus ad Usuardum Lutetiam direxerit; hic vero Bedæ Martyrologium, a Floro recensitum, cum eo componens, ac miram utriusque similitudinem passim agnoscens, continuo secum ipse statuerit fetum utrumque aut gemellum esse, aut saltem ab eodem parente progenitum. Aliunde, non minus ipse quam Wandalbertus, novisse poterat Florum illum *nominatissimum ecclesiæ Lugdunensis subdiaconum*, plures habuisse *veteres et emendatos codices;* quid magis proclive quam inde collegisse secundum aliquem et pleniorem Martyrologii librum a Floro esse compositum, cum in primo tot Kalendarum dies intacti remansissent? Non eo id dico quod credam *veteres* illos qualescumque Flori *emendatos codices* Martyrologia fuisse, multo minus Martyrologium integrum et completum a Floro conditum : sed quod nominis ejus celebritas Usuardo, acephali Martyrologii auctorem quærenti, facile suggerere potuerit Florum illud adornasse, cujus eo tempore insignis doctrinæ fama adhuc supererat. Si hæ conjecturæ non placeant, quid plausibilius in hac re opinari fas sit a peritioribus lubens addiscam, dum interim indubitatissimum perstet purum putum Adonis opus fuisse, ipsum illud quod Usuardus *secundum Flori librum*, aut proprio aut alieno errore seductus, nuncupavit.

168. Fuit, mihi tuto crede, fuit, sub male imposito Flori nomine, Ado ipse sanctus Viennensis præsul, seu potius ejus Martyrologium, perpetua et perennis Usuardi scaturigo, ex qua totum nostrum Usuardinum, pro maxima sui parte coaluit. Adde huic Hieronymianum et Bedam, Flori studio ampliatum, ex quibus, si textrina metaphora rursus uti licitum est, stamen seu catellam conficies, cui subtegmen innexuerit Usuardus, præsertim ex notioribus ipsi sanctis Gallicis, et recens acquisita Martyrum Cordubensium notitia. In decursu operis sæpe a nobis dubitatum invenies utrum Sanctos alios et aliunde conquisitos, enumeratis hic ductoribus suis, adjunxisset Usuardus. Et quidem raros hujusmodi sanctos novimus; novimus tamen : nam *Ascl̄as* XXIII Januarii, ab antiquioribus notatus non est, uti nec *Philemon* et *Apollonius* VIII Martii. Nonnullos alios alibi indicavimus. Jam memoriæ occurrit *Gregorius Eliberitanus Bœticus* XXIV Aprilis, qui forte melius prætermissus fuisset. Septembris XXI est *Pamphilus martyr Romanus*, a me alibi frustra quæsitus. Quid quod XXVIII Septembris, XII Novembris et IV Decembris, textus totus proprie et privative, ut vulgo loquimur, Usuardinus sit. Mense Octobri sancti aliqui ab Usuardo aliunde asciti commemorantur, ut vide ibi, 1, III, XI, XIV, XX et XXV. Hæc in specimen sufficiant.

169. Superest quærere unde Martyrologii sui initium fecerit Usuardus. De ea controversia satis copiose dictum est præfationis hujus cap. 2, a num. 109. Beda, Florus, Wandalbertus, Rabanus, Notkerus a Kalendis Januarii cum Romano parvo et Hieronymiano Epternacensi annum ecclesiasticum exorsi sunt; credimus tamen Rosweydum recte sensisse, quod Ado a IX Kalendas Januarii, seu a vigilia Nativitatis inchoaverit : idque secutum fuisse Usuardum existimamus, ex præstantissimis vetustissimisque duobus codicibus nostris Pratensi et Heriniensi, a quibus plerique alii dissentiunt. Nos interim primos et accuratiores Usuardi editores, Muneratum, Belinum, Grevenum et Molanum, atque adeo receptissimum jam morem imitati, ab octava Nativitatis et Circumcisione Domini, seu a Kalendis Januarii exordium sumere maluimus. Atque hic totius nostræ martyrologicæ genealogiæ terminum figimus, deducta arbore ad Usuardum, qui operis nostri materia, finis et scopus est. Cum vero Martyrologorum nullus tam numerosam prolem, nullus tot filios post se reliquerit; hi vero a parentis nativa imagine paulatim deflexerint, in eo nobis maxime laborandum, ut collectis hinc inde lineamentis, veram perfectamque parentis effigiem adumbrare conemur. Lustremus jam itaque totam Usuardi sobolem.

ARTICULUS III.
Antiquiores Usuardini Martyrologii editiones recensentur.

170. Ipso præfationis hujus principio satis præoccu-

pata est, quæ mihi hic fieri posset maxime obvia objectatio, cur scilicet post tam multas Usuardini Martyrologii editiones, quæ in omnium manibus sunt, hæc nostra nova et tam operose elaborata prodeat. Brevi responso rem conficiam, si dixero nullam hactenus editionem repertam, quæ non alterius desiderium post se reliquerit; quippe cum nulla talis sit, quin rerum martyrologicarum periti, graves in ea defectus et plures excessus deprehenderint, adeo ut multi eruditi viri, etiam recentissime, doctissimos Patres Benedictinos cœnobii sancti Germani a Pratis excitaverint, et tantum non vellicando compellere conati sint, ut autographum suum, seu verum seu putatitium, publici aliquandiu juris facerent; quod ab ipsis hactenus impetrari non potuit, ut supra satis insinuavimus. Causas ibi memoratas non repeto; omnium instar sit Bollandi nostri meditatum a tot annis consilium, de edendo olim Usuardo *nativa simplicitate*, ad quam eruendam plura nobis adjumenta accessere, quam in operis de Actis Sanctorum exordio, aut Rosweydus aut Bollandus colligere potuerint. Ut autem de hac nostra editione rectum feratur judicium, præmittenda est aliarum omnium censura; subjiciendi deinceps singulorum codicum mss. characteres, ex quibus omnibus decerni queat non superfluam, nec inutilem diligentiam in hoc opere a nobis collocatam. En pollicitam recensionem.

171. Prima omnium eaque antiquissima, quam saltem noverimus, Usuardi editio ea est, quam frequentissime citatam habes sub nomine MAXIMÆ LUBECANÆ. Lubecanam esse, et anno 1475 typis primum vulgatam tradunt majores nostri in Actis, atque in multis eorum schedis reperio. In ipso opere annus notatus non apparet, cum sit pars aliqua a grandiori volumine avulsa, *quo*, ut in epilogo dicitur, *sacræ fasciculariter totius mundi historiæ ambitus continetur*. Patet id ex paginarum numero superne in medio primæ faciei calamo ascripto qui incipit a 409 pergitque ad 435 unicam semper folii faciem notans. Forma in lato spissoque folio expansa est, unde a nobis merito *Maxima* appellatur, distinguiturque ab alia etiam Lubecana anni 1490 de qua inferius agemus. Nihil habet hæc editio quo magnopere commendetur; nam typi ipsi Teutonici seu Gothici valde imperfecti sunt, scatetque totum opus innumeris mendis; ipsum vero Martyrologium longe recedit ab Usuardina puritate, sæpe auctius et interpolatum, simileque codici manuscripto; quem cum proprio nomine appellare non potuerim *Antuerpiensem* simpliciter nuncupo, ut a duobus aliis *majori* et *maximo* discernam. Advertat lector cum Lubecana et Antuerpiensi plerumque conjungi codicem *Ughellianum*, ut alibi dicam. Non est itaque, qua de agimus, editio primæ et optimæ notæ, classem ferme peculiarem cum duobus aliis constituens inter primos et medios, tametsi sæpius inter primarios locum obtineat.

172. Volumen ipsum ingentis molis, a quo hoc martyrologium distractum diximus, ad Museum nostrum subinde accessit, sub titulo *Rudimenti novitiorum*. Annus editionis rectissime observatus est, nam ita ad calcem copiosissimi indicis totiusque operis legitur: *Anno secundum carnem Filii Dei a Nativitate* MCCCCLXXV, *ipso die sanctissimi regis et martyris Oswaldi, qui est* v *Augusti, sanctissimo in Christo Patre ac domino nostro Sixto papa IV, illustrissimo præclarissimæ domus Austriæ Frederico tertio, Romanorum imperatore invictissimo, semper Augusto, ac pro nunc Coloniæ existente; imperiali nobili in urbe Lubecana, arte impressoria, speciali gratia divina, animarum ob salutem fidelium inventa: epithoma istud, partes in sex, juxta mundi sex ætates divisum, prius alibi non repertum, quod placuit Rudimentum novitiorum intitulari; Dei adjutorio, qui supernas res ac subternas fortiter, suaviter tranquilleque dispensat, per magistrum Lucam Brandis de Schass, feliciter est excusum atque finitum*. Nihil hic ad me attinet de tota illa rerum farragine judicium ferre; non aliunde pretium quam ab impressionis ætate habere videtur, quod et in Martyrologium derivari facile patimur, quamvis de cætero, ut purissimum Usuardinum non admittamus.

173. Ætatis ordine priorem excipit editio seu versio Usuardi Belgica, cujus sex soli priores menses apud nos exstant, immixti Legendæ aureæ Jacobi de Voragine, itidem Belgicæ, in parvo folio Ultrajecti vulgatæ anno 1480. Verum neque huic æstimationem vetustas addidit, cum raro pura sit, extracta ex codice aliquo simili *Leydensi* aliisque, quos mediæ notæ appellare consuevimus, et infra latius describemus. Huic jungi potest editio Florentiæ procurata per Franciscum de Bonaccursiis anno 1486, quam Henschenius reperit in bibliotheca Strozziana, eamque cum editione Greveni aliisque duobus codicibus Usuardinis mss. contulit, altero ejusdem bibliothecæ Strozzianæ, altero Mediceæ. Quid de ea censendum sit non est mihi integrum hic depromere, cum sola extracta Henschenius propria manu descripta reliquerit, quæ passim inter Auctaria citamus sub nomine codicum FLORENTINORUM. Frequentissimi excessus ostendunt quam parum pura sit præfata editio, cujus exemplar Neapoli ad SS. Apostolos asservari, emendatum a Georgio Antonio Vespuccio, præposito cathedralis ecclesiæ Florentinæ, notavit alicubi Papebrochius. Atque hæc ex aliorum relatu.

174. Præter Lubecanam maximam citari sæpius in Actis solet *Lubecana* alia anni 1490, cum altera *Coloniensi*, priori omnino simili, ipsoque eodem anno vulgata. Habet posterior formam parvi folii cum hac in fine epigraphe: *Explicit Martyrologium Usuardi monachi, sicut habetur augmentatum, ut patet; impressum diligenter per me Johannem Roelhoff de Lubech, civem sanctæ felicisque Coloniæ Agrippinæ, et consummatum feliciter anno salutis ac gratiæ* MCCCCXC, *in vigilia sanctissimorum trium Regum, præfatæ civitatis patronorum ac protectorum jugiter*. Notavit Rosweydus, *adjunctum olim fuisse legendæ aureæ, et*

valde ab Usuardo variare: quod postremum verissimum esse probant quotidiana auctaria, ex hac et altera editione Lubecana Usuardino textui immista aut adjecta, quorum plurima ad Colonienses proprie pertinent. Porro Lubecana illa alia, ex priori Coloniensi, aut saltem ex consimillimo manuscripto certo certius desumpta, immista est Doctrinali Clericorum forma quarta minori; in eo a priori discrepans, quod incipiat a vigilia Nativitatis Domini. In fine apponitur: *Solus iste libellus directive quemque dirigit ad cælum. Explicit Doctrinale Clericorum; una cum Martyrologio Sanctorum, diligenter in Lubeck impressum anno a Nativitate Domini* MCCCCXC. Possent ex isto Doctrinali nonnulla curiose observari, sed ea ad institutum præsens nullatenus pertinent.

175. De hujus Martyrologii, bis uno anno excusi, auctore vel augmentatore, disputare multis non vacat. Rogatus olim a Bollando P. Jacobus Kritsradt, societatis nostræ, ut de Hermanni Greven, Carthusiani Coloniensis ætate et scriptis certa aliqua disquirere conaretur, respondit v Martii 1650, se Carthusiæ illius P. vicarium adiisse, ex quo didicerit præfatum Martyrologium anni 1490 *desumptum* esse *ex scripto quodam* V. 38 (qui est numerus bibliothecæ Carthusianæ) *per omnia*. Porro ad marginem citati Martyrologii excusi, *in columna dextra ultima vacua scriptum manu* P. Garnevelt p. m. *Carthusiani: Auctor est V. P. Hermanus Greven (sive Grefgen) sacerdos professus Carthusiæ Coloniensis; qui obiit anno* MCCCCLXXX, v *die Novembris*. At non satis explorata hæc esse patet ex alia notatione, quam refert idem Kritsradt, nempe, *in prima ejusdem codicis pagina scriptum esse antiquo charactere ante centum annos*; *Alibi sic scribitur; Joannes Grefgen, nostræ domus Coloniæ, auxit Martyrologium Usuardi*. Et infra : *Joannes Grefgen* bbiit *Kalendis Aprilis*. Infra denuo, GRIFGIN *Carthusianus*. Audi modo schedulam manu ipsius vicarii carthusiæ Coloniensis, F. Joannis Lotley, exaratam, quæ ita habet: *De patria et familia P. Hermanni Greffgen nihil mihi constat*. *Alter, de quo mentionem feci, fuit Joannes Scherfgen, patritius Colon. ob affinitatem nominis a me relatus, qui num aliquid scripserit ignoro. In nulla editione exstat nomen auctoris, quod aliunde conjecturare oportebat.*

176. Cætera in hanc rem perquisita, sed æque incerta, præterea, cum satis pateat frustra laboratum in eruendo nomine auctoris, qui editionem illam Usuardinam Coloniensem anni 1490 auxerit aut excudi curaverit; idcirco a majoribus nostris simpliciter semper editio Coloniensis istius anni, a me vero in Auctariis Usuardinis sic cum Lubecensi conjuncta, ut uno semper nomine utramque designem sub titulo EDITIONIS LUBECO-COLONIENSIS, sive a Carthusianis, uno aut pluribus, sive ab alio procurata fuerit. Alteram ab altera divellere nolui, quod eadem plane referat, videaturque Lubecana ex Coloniensi eodem anno accepta; quod nemo tantopere mirabitur, si attendat priorem *consummatam* fuisse *in vigilia sanctissimorum trium Regum*. De auctore duarum aliarum editionum Coloniensium anni 1515 et 1521, quas brevi recensebimus, aliter sentiendum est; eas enim Bollandus, Henschenius et Papebrochius constanter citant sub nomine *Usuardi Carthusiæ Coloniensis*, vel sub *Additionum Carthusiæ Coloniensis ad Usuardum*, vel sub æquivalenti descriptione, quæ idem designet; frequentissime autem sub appellatione GREVENI non Joannis, sed *Hermanni*, quamvis, si hic obierit anno 1480, earum editionum auctor esse non potuerit. Sed quidquid de rei veritate demum statuatur, utraque illa posterior editio *Greveniana* a nobis dicitur, toto opere sic semper nuncupata.

177. Anno illo eodem 1490 alia Usuardi editio prodiit Parisiis in folio, sub solo titulo Martyrologii, ut testatur Rosweydus, qui editionem alteram anni 1536 apud Ambrosium Gerault in quarto majori, quæ apud nos exstat, contulit cum priori, servata Lovani in domo Standonica. Ejus auctor vel editor fuit *Joannes le Munerat, cantor et scholasticus, theologus Parisiensis*, ut alicubi notavit Colvenerius. Castellanus proprium nomen admittit, sed titulum alium non tribuit quam *Boursier du collége de Navarre*, i Bim., p. 668, ubi, nisi fallor, in duobus errat; 1. quod pro anno 1536 signet 1535; 2. quod ita loquatur ac si eo primum anno editio facta fuisset, cum constet priorem alteram annis quadraginta quinque vetustiorem esse, sitque verosimillimum Muneratum ad secundam usque editionem non supervixisse. Observatione dignus est titulus, qui in posteriori editione ascribitur his verbis: *Martyrologium, hoc est Martyrum recensio, sive catalogus, in quo, quid pro Christi Ecclesia et fide sancti martyres Dei passi gesserint, succincte et vere recensetur; eorumdemque festivitates, in quemque mensis diem incurrant, indicantur; ad Eusebii et Hieronymi aliorumque sacrorum auctorum exemplum, cura et jussu Caroli Magni imperatoris digestum, insertis lectionibus moralibus, disciplinæ ecclesiasticæ regulam continentibus, de mandato Ludovici Christianissimi et gloriosissimi, semperque Augusti, conscriptis, anno a Christo nato* DCCCXVI. Hæc facile corrigi possunt; utinam tota editio erroribus aliis, et præsertim typographicis, non redundaret! Cæterum inter puriores Usuardos hic connumerata est, tunc exclusa, cum alio deflexit.

178. Descriptas hactenus Usuardi editiones, celebritate sua antecellit ea cui hic titulus præfigitur: *Martyrologium secundum morem Romanæ curiæ*. In fine autem ita habetur: *Finit Martyrologium accuratissime emendatum per magistrum Belnum de Padua, ordinis Fratrum Heremitarum sancti Augustini; necnon additionibus Patrum aliarum religionum copiosis* (in alia editione *copiosum*) *effectum. Impressum Venetiis jussu et impensis nobilis viri Lucæ Antonii de Giunta Florentini, arte autem Joannis Emerici de Spira, anno* MCCCCXCVIII. *Idibus Octobris*. Facile observas male impressum auctoris nomen *Belnum* pro *Belinum*, quod in altera editione emendatum est, vel *Bellinum*. Postremo hoc modo scripsere passim

majores nostri in Actis, nec male, cum ita exprimatur in præfatiuncula ante Kalendas Januarii. Ego aliam formationem secutus sum, quod eam veriorem existimaverim cum in editione Parisiensi clare ad calcem poneretur, satisque appareret in prima Veneta litteram I absorptam fuisse. Utramvis inflexionem elegeris perinde nobis erit. Monendus hic lector nonnunquam in Actis ; memoriæ lapsu, præfatam editionem Venetam citatam esse sub anno 1488 pro vero anno 1498; sic habetur tomo II Maii, pag. 657, etc.

179. Liceat mihi hic verbo quærere fueritne typographus ille *Joannes Emericus de Spira*, filius aut nepos *Joannis Spiræ*, vel de *Spira*, an idem ipse, qui typis longe elegantissimis, rotundis seu Romanis anno 1469 Venetiis excuderat Caii Plinii Historiam naturalem in amplissima forma et quidem membranea ; quam dono æterna memoria digno, Museo nostro hagiographico traditam voluit vir illustrissimus nostrique operis studiosissimus Guillelmus Albertus, baro de Grisperre, Goyck et Libersaert, Brabantiæ cancellarius, de qua verbo memini in dedicatione Tractatus mei de Patriarchis Alexandrinis, ante tomum V Junii, eidem patrono nostro et Mæcenati inscripti. Dubium movet adjecta præfato volumini metrica hujusmodi epigraphe :

Quem modo tam rarum cupiens vix lector haberet,
Quique etiam fractus pene legendus eram,
Restituit Venetis me nuper SPIRA JOANNES
Exscripsitque libros ære notante meos, etc.

Cur autem filio potius, nepoti vel alteri consanguineo, Belini editionem tribuendam censeam facit immensa typorum diversitas, excudendique ratio tam parum accurata; ut Belini Usuardus ad Plinium nec per umbram comparandus sit. Sed ad Belinum redeamus.

180. Præmittit ipse solitis præfationibus aliam, fortasse suam particularem, a Molano etiam editam; qua fatetur se solos duos Martyrologos, nempe Hieronymum et Bedam, Usuardo antiquiores agnoscere. « Tertius, inquit, fuit Usuardus monachus, cujus opus magis habetur in usu apud multas ecclesias, quæ etiam creduntur aliqua ejus operi in locis variis addidisse, præcipue de sanctis et festis pertinentibus ad easdem. Et hujus est Martyrologium scriptum, quod nos pro majori parte duximus eligendum et præ aliis tenendum. » Candide et vere ait, *pro majori parte*; nam et ipse sanctos et festa pro arbitrio suo addidit, ut ex Auctariis Usuardinis sæpe patebit. Nihilominus a Scardeonio, de antiquitate urbis Patavinæ lib. II, classe 7, pag. 154, laudatur Belinus non solum ut editor, sed ut corrector « Martyrologii, quod olim cum pro sua raritate in choris tantum et in conventibus publice legeretur, nunc hujus opera factum, ut ab omnibus legatur » etc. Adde his Castellani verba, Bimestri I, pag. 134, quibus hanc laudem Belino tribuit, quod quemadmodum Notkerus inter antiquos classicos Martyrologos postremus est, ita Belinus inter recentiores sit primus. Sciebat utique vir eruditissimus, alias editiones Belinianam præcessisse; sed huic primas deferre voluit, quod communior esset, magisque pervulgata.

181. Præter primam illam Venetam editionem anni 1498, est penes nos posterior Parisiensis anni 1521 ; atque hæ solæ sunt, quas toto opere citavi, cum posteriores seu Venetas seu alias impressiones in Museo nostro non repererim. De aliquibus loquitur Molanus in editione anni 1573, præfatione ad lectorem, pag. VII : *Venetiis ad signum Spei excusum* (Belini Martyrologium) *anno 49, et Parisiis anno 21* (et hac potissimum editione utitur Molanus). « Videtur etiam id nonnihil auxisse sanctis Paduæ, et Venetæ ecclesiæ, et diversarum religionum. Exstant et alia Romanæ ecclesiæ Martyrologia, quæ non vidi. Ecclesia enim sancti Petri utitur Martyrologio Venetiis impresso anno 60. Quod Alexander Peregrinus Brixiensis, Julii tertii sacellanus, opera sua emendatum edidit. Ecclesia autem Lateranensis utitur Martyrologio apud Hieronymum Cavalcalupum anno 1564 impresso. » Videor recordari, nominatas alicubi editiones annorum 1548 et 1566, nisi fortasse in numeris erratum sit, et annus 66 pro 64; et 48 pro 49 male redditus. Sed quidquid de his sit, solæ duæ superius laudatæ a nobis appellantur, quarum posterior a puritate Usuardina magis deflectit; excessus et defectus suis quique locis in Auctariis describuntur.

182. Belinianis longe castigatior et accuratior gemina Coloniensis editio anni 1515 et 1521. Quam utramque Hermanno Grefgen seu Grefgin (molliori inflexione *Greven*) a majoribus nostris adscriptam nuperrime dixi, et porro adscribere perrexi, non alio quam *Greveni* nomine, ambas appellans. Scio citari aliquando sub generaliori appellatione *Carthusiæ*, vel *Carthusianorum Coloniensium*; sed frustra pluribus tribuitur quod ab uno solo procuratum est, ut ex ejus verbis paulo inferius constabit. Non magna in re inter utramque diversitas, paulo major in stylo; sed ultima correctior est, et cum priori ita collata, ut ex una utriusque sententia perspiciatur. Utraque apud nos est, utramque consului, siquando commemorationum varietas id mereri videbatur. Optime profecto de Usuardo meritus est, aut Hermannus ipse Grevenus, aut quiscunque alius editiones illas adornavit et correxit, dum textum ipsum Usuardinum, apposito signo, ab additionibus variarum ecclesiarum sollicite discrevit, non sic tamen ut textus ejus semper omnino expurgatus sit. Non lubet hic dies omnes percurrere, quibus ab omnimoda puritate recedit; faciet id lector, si subjunctos Usuardinis textibus codices vel solum numerare voluerit. Notanda hic sunt quæ Grevenianæ editioni propria animadvertimus.

183. Satis certum est Grevenum (sic auctorem in posterum nominare liceat) priorem editionem Coloniensem habuisse præ oculis; at ut textum genuinum ab accessionibus secerneret, adjutus fuit codice aliquo Usuardino ex Gallia accepto; quem

Carnotensem fuisse, probant additamenta ei ecclesiæ propria, a me hinc inde detecta, ut XIV Martii: *Eodem die Carnoti, sancti Leonini episcopi et confessoris.* Item XVI Maii: *In pago Carnotino, ·passio sancti Emani, Mauritii atque Almari.* Solus mensis October exempla quatuor suppeditat, ut VII Oct.: *Civitate Carnoti, inventio corporis sancti Caletrici, ipsius civitatis episcopi.* Tum XVI: *Carnotis, natalis sancti Prisci martyris, super Fluvium Andure.* Rursus XVII: *Carnoti, sanctæ Solinæ virginis. Apud eamdem urbem, dedicatio basilicæ in memoria beatissimæ Mariæ matris Dei et Domini nostri Jesu Christi.* Denique XXV: *Apud Carnotum, dedicatio ecclesiæ sancti Joannis Baptistæ, et sancti Vincentii, Levitæ et martyris.* Quæ aliaque in decursu operis nonnunquam observata, clare, ni fallor, ostendunt non potuisse illa Usuardo tribui, nisi quia in proprio Carnotensi codice reperta, quem solum habuerit, et tanquam purum Usuardum Grevenus sibi sequendum præfixerit.

184. Utitur alio signo Grevenus, sic ferme formato, ʟ, de quo ita loquitur in præfatione sua fol. 5: « Interdum autem, inquit, parvus ʟ ponitur, ad insinuandum sanctum illum, cui præponitur, superadditum esse Usuardo, quamvis ante (aliud signum) ponatur. Quod tamen in festis Conceptionis, Præsentationis, et Visitationis beatæ Mariæ, sancti Thomæ, episcopi et martyris, et sanctæ Catharinæ, virginis et martyris minime observatum est. » At quocunque signo affecta vel non affecta fuerint ea quæ textui Usuardino adjiciuntur, ea nobis sufficiens ratio est, quemadmodum alibi non semel diximus, ut Grevenus e purorum codicum numero excludatur. Sic habes citatis jam diebus, item I Aprilis, V et XX Augusti, XIII Septembris et alibi. In fine totius operis rationem reddit cur sanctos aliquos Martyrologio non putaverit inserendos; ubi inter alia sic loquitur, ut vere colligi possit non plures, sed unicum totius collectionis auctorem esse. En ejus verba: *Finis Martyrologii Usuardi monachi, cum additionibus ex diversis Martyrologiis multô sudore collectis, separatimque jam secundo, anno* D. MDXXI, *apud Coloniam Agrippinam adjectis. In quibus additionibus,* QUI IPSAS COLLEGIT, *juxta sententiam D. Hieronymi vel Bedæ, simpliciter fidem sive historiæ, quam legebat, sive diversorum in hac re studiosissimorum scriptis accommodavit; deprecans charitatem Spiritus sancti, ut labor suus fructum in devotorum profectu, ad Dei et sanctorum ejus gloriam, invenire valeat.* Quæ hic addi possent ex proxime sequentibus facile intelligentur.

185. Usuardi editionibus hactenus enumeratis, nitore, elegantia et puritate palmam omnino eripit, postrema ordine, quam peculiari studio adornavit Joannes Molanus, Lovaniensis theologus, vero cognomine Belgico *Vermeulen*, quod Gallice vertit Castellanus in præfatione ad Martyrologium universale, *de la Meule*. Malim ego vertere *de Moulin*. Testatur Valerius Andreas in Bibliotheca Belgica, Insulis Flandrorum natum esse, anno 1533. « Quo pater, inquit, discendi idiomatis Gallici gratia, cum uxore prægnante, concesserat. » Mirum est quod addit, « nonnisi materni ac vernaculi, hoc est Brabantici sermonis, gnarum fuisse; maluisseque Lovaniensem audire, » a matris patria, cum pater esset Schoonhovianus. Ego e Molani lectione mihi plane persuaseram, Gallici sermonis peritum, imo in servanda Gallica scribendi ratione paulo scrupulosiorem, utpote qui ubique ab efformando W studiose abstineat, quod ipsum in auctariis ejus plerumque servavimus. Nimis religiose fortasse, sed eadem scribendi ratione, quæ in aliis Usuardinis codicibus passim servata est, ut vel hinc haberent curiosi quo de singulorum pretio facerent conjecturam.

186. Quid si autem in lingua Molani vernacula tantillum aberrarit Valerius, qui nec Martyrologii ejus editiones satis accurate consuluit. Etenim Molani scripta enumerans, sic habet primo loco: *Usuardi Martyrologium, adnotationibus auctum Lovani*, MDLXXIII *et* MDLXXVII. *Typis Hieron. Wellæi.* Dormitavit hic Valerius; nam prima editio Welkæana annum præfert 1568, altera 1573, tertia est Antuerpiensis apud Nutium anni 1582, quæ etiam Parisiis magno volumini Historiæ veterum Patrum per la Barre inserta est, eodem ipso anno 1583; nec alias scio hactenus prodiisse. Huc spectat allucinatio altera, nisi fallor, V. C. du Pin, qui in sua scriptorum Bibliotheca editionis Amstelodamensis, sec. IX, pag. 200, col. 2, impressionem, nescio quam, Antuerpiensem citat, pro anno 1568 priorem scilicet, Lovaniensi anni 1568. Verum conjicio male legisse eruditissimum virum, aut forte cifras transpositas reperisse, sicut pro ultimæ editionis anno 1583 viderit 1538; qui certe facilis lapsus est; at turpius erat idem bibliographus, dum in citata ipsa columna Bollandum in Mosandri locum substituit, Surianique supplementi auctorem facit.

187. Quidquid interim sit de Molani natalibus, aut vernaculo sermone, constat, eruditione et scriptis, quæ ibi Valerius explicat, celebrem fuisse, sel prima Usuardini Martyrologii editione celebratissimum. Hæc una est, quam supra dicebam, antiquioribus omnibus palmam præripuisse, eo potissimum quod Usuardi textum, quanta fieri potuit diligentia, nativæ puritati et simplicitati restituerit. Hanc extollunt, hanc celebrant, hanc merito suspiciunt Hagiophili omnes, tantoque in pretio fuit cardinali Baronio, ut hoc æstimationis suæ perenne monumentum, præfat. ad Martyrologium Romanum cap. 9 exstare voluerit: « Tanti viri, de Ecclesia Dei et veritate catholica optime meriti, nec brevem schedulam deperire æquanimiter patior: cui (dicam ingenue) istæc omnia, hac ex parte accepta fero, quod in densissimam silvam primus ipse ingressus, mihi aliisque aditum patefecit, quo etiam nomine, cum ego, tum eruditi omnes plurimum ei debere, lubenter agnoscimus et confitemur. » Laudat illic etiam

Baronius editionem posteriorem, seu mavis posteriores; nam qui earum unam novit omnes novit; mihi vero omnibusque puræ et nativæ Usuardinæ simplicitatis adoratoribus, unice chara summoque in pretio est prima illa, in qua sola Usuardus agnoscitur, altera vel alteris, nescio quorum ductu et consilio, mutationibus, transpositionibus, atque interpolationibus ita deformatis, ut Usuardus prope ex oculis fugisse videatur. Priori itaque ad eruendum Usuardi textum usi sumus, aliæ augendis ferme Auctariis plerumque subserviunt. Audiamus modo Mölanum ipsum de prima illa sua editione præfationis cap. 4 disserentem.

188. Mitto illa in quibus cum Sigeberto aut cum aliis a vero aberravit; sic ibi prosequitur : « In primo autem prologo, inter eos qui Usuardo communiter præmitti solent, notatur, Usuardi opus magis quam Hieronymi aut Bedæ in usu haberi apud multas ecclesias; quæ etiam ejus operi creduntur aliqua in locis variis addidisse, præcipue de sanctis et festis pertinentibus specialiter ad easdem. Propter istas autem additiones ad Usuardum, non facile est ipsum Usuardum solum et absque additionibus ei indistincte permistis prelo dare; quod tamen nos fecisse spero, quamvis subdubitem, num pauca nostros conatus subterfugerint. Interposui quidem nonnulla in ipso Usuardo ex Beda, Adone, diversis ecclesiarum Martyrologiis et aliunde, sed alio charactere et præmissa littera, per quæ lector facillime advertat ea Usuardi non esse. Contuli autem Usuardi Martyrologium Coloniæ in 8 excusum anno 1521; cum Romanæ Ecclesiæ Martyrologio; ea enim Usuardo aucto utitur; item cum diversis Martyrologiis in Francia excusis, quæ omnia sunt Usuardi, sed aucta : et postremo cum mss. aliquot, et ex horum collatione animadverti Usuardum Coloniæ prædicto anno impressum, paucas tantum habuisse additiones ab Usuardo indistinctas : plurimas enim habet, sed ab Usuardi verbis notula aliqua distinctas. Indistinctis itaque illis additamentis ex Usuardo expunctis, est in hoc Martyrologio ipse Usuardus majori charactere solus, et diversorum exemplarium subsidio castigatus. In quibus omnibus USUARDUS scriptum invenio, semel atque iterum HUSUARDUS; Trithemius tamen et plures Germani eum ISUARDUM nominant. »

189. Ex his paucula nobis expendenda sunt et illustranda. Verissimum censeo, quod ait Molanus, *propter additiones ad Usuardum, non facile esse Usuardum solum, et absque additionibus ei indistincte permixtis prelo dare;* nam adhibita omni sua diligentia, locis plusquam triginta ab Usuardina puritate recessisse, in Observationibus nostris lector inveniet. Nec quisquam existimet me ita mihi adblandiri, ut simplicitatem omnem assecutum putem, quod qui fieri satis commode possit non video, cum inter tot editiones jam recensitus, et tot mss. codices, quos porro recensebimus, nullus sit, qui non pluribus excessibus aut defectibus laborare comperiatur. Id præ Molano

subsidii habuimus, quod plures omnis generis codices ad manum fuerint, quod ejus aliorumque solertia adjuti, apertis, consultis, collatisque Usuardi fontibus, facilius longe nobis fuerit falsa a veris, genuina a spuriis, scoriam ab argento secernere. Si quid conatus nostros subterfugerit, et cognoscendi et ignoscendi errati locum nobis datum iri, plane confidimus. Argumenta ultro citroque ad eruendam probandamque Usuardi puritatem ventilata, hic repetere superfluum judico, cum hæc sit totius nostri operis per singulos dies deducta materies.

190. Pergit Molanus : *Contuli autem Usuardi Martyrologium Coloniæ in 8* (minori forma) *excusum* MLXXI (Greventum indicat; de quo proxime egimus *cum Romanæ ecclesiæ Martyrologio, ea enim Usuardo aucto utitur*. Ea est Belini editio, quam pro Romano Martyrologio accepit Molanus, ex hoc capite a Barionio reprehensus, sed *tolerabili,* inquit vir eminentissimus, *et venia digno errore, cum ipse tam longe positus, ea nesciverit, quæ illi, qui Romæ agunt, vix magno labore, pervigili diligentia, et summa sunt industria consecuti.* Si quidem id consecuti sint, aut consequi potuerint, rebus illis adhuc in obscuro latentibus. Quanquam enim Baronius præclare doceat, Romanum aliquod antiquum fuisse Martyrologium a sancto Gregorio descriptum, fateri tamen cogitur se istiusmodi Martyrologium nunquam vidisse ; nos vero sub principium superioris capitis evicimus Gregorii characteres in Martyrologium, ab Adone Ravennæ repertum, nullatenus convenire; in quo Romanis nihil damni datum est, cum pro uno bina Martyrologia vera, genuina, vetusta, et pridem publicis juris facta ipsis vindicaverimus. Hæc cum Molanus ignoraverit, Belinus autem editioni suæ gloriosum titulum *Martyrologii secundum morem Romanæ curiæ* præfixisset, venia certe dignissimus fuit error ille perexiguus, *quo Belini Usuardum Ecclesiæ Romanæ Martyrologium* appellavit.

191. Cæterumque utroque isto Greveni et Belini Martyrologio usum fuisse Molanum ex sola collatione certissimum est, adeo ut sæpe etiam errores adoptaverit; aut saltem in Auctaria rejecerit, præsertim ex altera illa Belini editione Parisiensi, cum prima ipsa et purior Veneta anni MCCCCXCVIII ei nota fuisse non videatur. Contulit *item* Molanus Usuardum *cum diversis Martyrologiis in Francia excusis, quæ omnia sunt Usuardi, sed aucta*. Quæ fuerint diversa illa Martyrologia explicat ipse præfationis cap. 12, eaque potissimum revocantur ad binas editiones Munerati et Belinianam anni MDXXI de quibus supra diximus. Vellem distinctius codices suos mss. enumerasset Molanus, illum præsertim quem citat sub littera Q, quemque eumdem plane existimo cum præclarissimo nostro Heriniensi, qui in Molani manus facile venire potuit, cum ipsum habuerit Augustinus Hunnæus, theologus et canonicus Lovaniensis, Molani æqualis. Paulo clarius laudatum codicem designat in secundæ editionis epistola ad lectorem pag. 6 verso, eum vocans

Usuardum ms. qui vix ullas habebat additiones, præterquam de sanctis Remensibus, quæ est ipsa nativissima Heriniensis nostri effigies. Interim ex perpetua Molanianæ editionis codicisque nostri collatione non video adhibita esse omnia, quæ adjumento esse poterant, ut clarius docebunt observationes nostræ Usuardinæ.

192. Unum est quod hactenus haud satis explorare potui, unde nimirum Castellano, Bimestri I, pag. 196, innotuerit usum fuisse Molanum in additionibus Martyrologio ms. ecclesiæ Parisiensis, descripto ex antiquiori anno 1316 et rursus transsumpto anno 1529. Certe inter omnia quæ in præfationibus tum prioris tum posterioris editionis fuse commemorat Molanus, de tali Parisiensi ms. nusquam, quod sciam, meminit. Videat lector cap. 12 et 13 præfationis primæ, et § 10 epistolæ ad editionem secundam. Si dixisset Castellanus præluxisse editiones Munerati, et Belini, id recte attigisset, quod ipsemet Molanus asserit, contulisse se Usuardum *cum diversis Martyrologiis in Francia excusis.* Videor etiam posse colligere non vidisse Molanum verum vel prætensum autographum quod in S. Germani a Pratis Parisiis asservatur, neque ejusdem ecgraphum ad ipsum fuisse transmissum, quod lectoribus significare nequaquam prætermisisset. De cætero, cum ex tot codicibus, tum mss. tum typis editis, ea Molani editio adornata sit, eos omnes meis annumerari cupio, quo postremæ huic nostræ editioni non exiguum auctoritatis momentum accedere oportet, ut pote cum ex tot exemplaribus eruta sit, recensita, castigata, emaculata.

193. Inveniet præterea lector citatum aliquoties mense Januario Usuardum aliquem satis purum, editum cum *Agonibus Martyrum,* sive cum libro qui hunc titulum præfert, quem utinam integrum habuissemus! Verum cum solus ille mensis exstet, de eo pluribus dicere supersedeo. Est etiam penes nos Martyrologium seu *Viola Sanctorum* editionis Argentinensis anni 1508, cujus non semel in Actis meminerunt majores nostri. Ast eo usi non sumus, quod frequentissimis magnisque interpolationibus nimium ab Usuardi stylo deflectat. Ferme in oppositum peccat *Martyrologium ordinis sancti Benedicti,* quod habemus et manuscriptum et editum, non magis ad Benedictinos quam ad alios quoslibet religiosos spectans, nulla loci aut anni nota apposita. Non deerat nobis codicum aliorum optima et abundantissima messis. *Hagiologion Franco Galliæ,* a nostro Labbeo editum, non merebatur nomen Martyrologii authentici (*très-authentique*), ut ipsum vocat Castellanus, pag. 654; nam plane incompletum est, et quidquid boni habet, præter Bituricensia propria, ex Usuardo fere decerptum est. Sic nec Maurolycum aut recentiores alios Usuardi non editores, sed interpolatores, ad genuinum ejus textum inquirendum consulendos putavi; quemadmodum neglecta est editio Germanica Walasseri citata quandoque sub nomine venerabilis nostri Petri Canisii, licet plerumque Usuardum referat, sed locupletissime auctum. Rursus, nulla est habita ratio additionum manuscriptarum Papebrochii ad editionem Coloniensem anni 1490 ex codice abbatiæ S. Michaelis Antuerpiæ, quod eæ plerumque a nostro Usuardo longissime recederent. Ut paucis rem concludam, tot aliunde suppetebant codices, ut plures quærere esset superfluum: aliunde vero, ita Auctaria quandoque excrescere animadvertebam, ut de rescindendis potius nonnullis quam de novis accersendis non semel cogitaverim. Hæc de vulgatis Usuardi libris, nunc ad manuscriptos procedimus.

ARTICULUS IV.
De Codicibus Usuardinis manuscriptis.

§ I. — De Codicibus purioribus, ac primum, de Usuardo Pratensi.

194. Inter codices Usuardinos mss. quos habemus decem et septem numero integros, et collatos cum Greveno, aut aliis, supra triginta, præter Chiffletianos octodecim et plures alios; inter illos, inquam, omnes principatum apud nos semper tenuit, si non omnimodæ puritatis, saltem vetustatis titulo, codex ille qui in cœnobio S. Germani a Pratis, tanquam auctoris ipsius manu scriptus sive autographus, summo in pretio habetur; adeo ut nullis conatibus impetrare potuerim, ad breve saltem tempus, quo securius in hac editione procederem, mihi commodaretur. De eo in præfatione sua meminit Bollandus, pag. 51, ita scribens : « Eum codicem Usuardi ævo, aut non multo post scriptum censet Sirmondus noster, qui pro sua humanitate meum illud apographum cum alio quadringentorum facile annorum, aut etiam vetustiore, qui in eodem sancti Germani cœnobio Parisiis asservatur, accurate contulit. » Ita fert *notabile* codici nostro præfixum, ubi indicatur per litteram A prius illud designari; per B, posterius. Pergit ibidem Sirmondus : « Hoc nostrum antigraphum ex priore descriptum est; in quo quæ lineolis subnotata sunt, ea ex autographo A vel ad marginem apposita, vel in textum ipsum, sub finem cujusque diei inserta fuerunt, alia manu, ferme tamen antiqua. Ex quo apparet ea non pertinere ad Usuardi Martyrologium, sed adjecta post fuisse a monachis, præsertim sancti Germani, ad quos magna ex parte spectant. »

195. Quam accuratam moniti hujus rationem habuerimus, ex nostris Observationibus abunde liquet. In fine paginæ alia manu legitur: *Hoc Usuardi Martyrologium cum citatis hic codicibus, una cum R. P. Jacobo Sirmondo contuli Parisiis anno* 1631. *Joannes Baptista de Cortas, societatis Jesu sacerdos.* Vulgo nota est celeberrimi Sirmondi in conferendis dignoscendisque antiquis codicibus peritia : nihilominus cum hinc et inde ex Castellani citationibus nonnullam ab antigrapho nostro diversitatem observassem, ad eum ipsum confugi, ut de prædicto codice distincte, minutim et exacte instrueret; quod et præstitit semel, iterum ac tertio ad fontem recurrendo, ea diligentia et scrupulosa ferme religione, ut nec api-

cem prætermisisse videri possit. Quanquam qui non minori benevolentia Castellani vices supplevit eruditissimus noster Stephanus Chamillart, postrema collatione, nonnullos nævos observaverit. Cæterum Castellanus novam ex integro cum prima editione Molani collationem exorsus, in epistola data 31 Maii 1702 per dies singulos variationes quantumvis exiles solertissime adnotavit. Atque eo subsidio vehementer impulsus sum, ut opus, fastidiosissimis disquisitionibus plenum, audentius aggrederer. Fatebor hic ingenue in viri hagiophili laudem, non minori constantiâ in porrigenda, quoad vixit, auxiliatrice manu perseverasse, quam principio se facturum sponderat, postquam per subsequentes litteras 31 Julii ejusdem anni datas, non sine mœrore significasset, superiores cœnobii sancti Germani, ad transmittendum huc codicem, per eruditissimum Theodoricum Ruinartium induci omnino non potuisse.

196. Inter hæc amicam disceptationem agitabamus de antiquitate non solum, sed maxime de sinceritate, puritate et simplicitate jam dicti sæpe codicis, quem tot lituris, erasionibus, superinductionibus, adjectionibus, detractionibus, mutationibus respersum diffiteri non poterat; cui cum ego opponerem codices nostros, præsertim Heriniensem, ubique integrum, nitidum, plenum, vetustate et splendore venerandum; ivit ad illud denique, quo se tutatur Mabilio, nempe ex Necrologio, illi codici adjecto, constare, scriptum illum Usuardi tempore, ac proinde ab ipsomet auctore: interpolationes vero, lituras, erasiones, inductiones, suprascriptiones et hujusmodi alia, signa sibi videri, ex quibus vere autographum censeri debeat, ab Usuardo ipso diversis temporibus, pro notitiarum accedentium diversitate, sic truncatum, auctum, imminutum, variatum, quemadmodum in autographis, prima manu scriptis, passim usuvenire eruditi noverint. Hinc ad probandam vetustatem huc ad me transmisit Monitum a Mabilione codici illi propria manu præfixum, quod cum in citata sæpius præfatione ad sæc. IV Benedictinum, parte II, pag. LXXXVII, editum reperiam, malo ipsum inde transumere. Sic ibi scribit vir eruditissimus nobisque semper æstimatissimus Mabilio:

197. « Et sane antiquissimum ejus Martyrologii exemplar habemus, eo tempore (nempe sæculo nono, quo Usuardus vivebat) exaratum, cum subjecto Necrologio, in quo primaria manu mors Irmintrudis reginæ, uxoris Caroli Calvi, signata est Nonis Octobris; obitus vero Caroli II imperatoris, pridie Nonas Octobris manu recentiori. Itaque hic codex scriptus est eo temporis intervallo quod effluxit inter annum 869, Irmintrudis supremum, et annum 877, quo Carolus Calvus defunctus est. Idem etiam confirmatur ex Ebroini episcopi et abbatis sancti Germani obitu, qui anno 858 contigit, prima manu XIV Kal. Maii consignato; cum successorum ejus Hilduini et Gozlini, XVI Kal. Maii; atque Eboli, VI Nonas Octobris obitus secunda manu conscripti sint. »

Nimis mihi probata est Mabilionis sincera fides, nimis perspecta ejus in distinguendis vetustis characteribus solertia, ut adductas obituales notas, earumve exploratam diversitatem in dubium velim revocare, quamvis si codicem ipsum licuisset inspicere, ac severiori critice Necrologium istud excutere, omnia inter se componendo conferendoque, forte nonnulla occurrissent quæ vim argumenti infringerent, aut saltem exceptionibus ansam præberent.

198. Neque vero ex signatis Necrologii annis ea *convictio* exoritur, quam mihi ingerebat Castellanus. Quid si enim totus ille codex, centum et, si vis, ducentis annis post Usuardi obitum scriptus sit, ecquid eadem prima manus Necrologium aliquo usque prosequi potuit, secundaria autem nescio quæ reliqua superaddere? Ut valde probabile admitti debet Mabilionis argumentum, ut convincens, nequaquam: magis convinceret, nisi adessent quæ in codicis commendationem non magnopere faciunt. Certe ex aliis mox deducendis, alterutrum forte probabilius confici posse videbitur; vel diversa Usuardum scripsisse Martyrologia, seu ejusdem Martyrologii variata exempla, ex quorum uno Heriniensis noster atque alii processerint, quemadmodum ex aliquo alio Pratensi simili, sumpti apparent Antuerpiensis major, Rosweydinus et Aquicinctinus; vel ad Usuardi ætatem prædictum Pratense manuscriptum pertingere non posse, atque adeo recentius exaratum dici oportere, idemque a posteris ejusdem instituti monachis, eo quo jam exstat modo interpolatum et reformatum, aut potius deformatum fuisse, quod ex tota codicis structura, ex vario charactere, aut ex scripturæ ejusdem, diversis temporibus et diverso atramento, appositione, nævisque aliis magno numero occurrentibus, sibi continuo objici posse, facile advertit Mabilio.

199. Audiamus vero quo pacto ad hæc sese præmuniat citato nuperrime loco. Sic ibi pergit: « In illo Usuardi (sic enim appellare licet) autographo nonnulla passim additamenta reperiuntur, quædam etiam lituræ et scripturæ, eodem, ut videtur, tempore superinductæ, fortasse ipsius auctoris manu, qui opus suum identidem recognoverit. » Haud equidem diffiteor id ita fieri potuisse, ut mihi non semel a Castellano dictum regestumque est. Vellem ita verisimile reddi posset, atque codicis illius patronis effugium placet: aliunde enim infra arguemus, si verus est Mabilionis Achilles, non tantum vitæ Usuardo superfuisse, ut tot variationes in autographium suum induceret. Ergo mihi videor rem omnem diutius, maturius, accuratius et ex professo expendisse, dum diebus singulis textus singulos, imo singulorum textuum commemorationes, cum aliis codicibus, itidem Usuardinis, purioribus et integrioribus contuli; ex qua collatione difficultates offendi, quæ prædictum, seu vere, seu prætense autographum in pluribus, ut minimum suspectum reddant, quanquam de cætero primum ei inter alios locum semper tribuerim. Liceat mihi hæ-

sitationes meas atque occurrentia sæpenumero dubia proponere, quæ ab eruditissimis viris, codicis jam toties laudati possessoribus, dissolvi velim.

200. Non repetam quæ toto sparsim opere in Observationibus meis Pratensi illi autographo singillatim opponere coactus sum : sufficiet dies hic aliquot indicare ubi ea reperiri possint. Videat lector mense Januario, I, IX, XII, XIII, XIV, XVI, XXII, XXVI, XXVIII, XXIX, XXX, XXXI. Mense Februario, die III, VIII, XVII. Mense Martio, die X, XVII, XVIII, XXVI, XXVII, XXIX, XXX. Mense Aprili, die II, XII, XVII, XIX, XXII, XXIII, XXVI. Mense Maio, die X, XI, XXVII. Mense Junio, die I, IV, V, IX, X, XV, XVII, XXI, XXV, XXVI, XXX. Mense Julio, die I, VII, XI, XVIII, XX, XXII, XXVIII. Mense Augusto, die XII, XXIII, XXVI, XXIX, XXX. Mense Septembri, die, I, III, V, XXIII, XXV. Mense Octobri, die XIII, XVI, XVII, XIX, XXIV, XXX. Mense Novembri, die I, II, XIII, XIX, XXI, XXIII. Mense Decembri, die IV, XXII, XXV, XXIX, XXXI. Et locis ferme octoginta, atque aliis non tam scrupulose hic annotatis, a simplicioribus codicibus aliis, tum excusis, tum mss., dissentit Usuardus Pratensis (quanquam non semper ea causa e purorum numero exclusus sit), tot, inquam, locis aut mutatus, aut auctus, aut contractus, aut interpolatus est, quid igitur aliud inde consequens videri possit, quam aut autographum non esse codicem illum, aut saltem aliud fuisse autographum unum vel plura, ex quo vel ex quibus Heriniensis et alii, Pratensi puriores, de quibus infra agemus, descripti sint.

201. Scio cum Mabilione et Castellano mihi reponendum, non paucas ex recitatis variationibus tales esse, ut licet lituris inscriptæ, aut ad finem additæ, aut translatæ, transpositæ et intortæ sint, potuerint tamen ab ipsomet Usuardo, *opus suum identidem recognoscente*, ascribi vel superaddi. Novi poetæ verbum, *jus summum summam sæpe esse malitiam*, vel ut alii legunt, *injuriam*. Nolo esse exactor nimis rigidus, nolo contendere, nolo vetustissimum primariumque Usuardi exemplar concutere, nedum convellere; imo id pervelim, ut venerandus codex ab omni prorsus suppositionis vel minima suspicione liberetur. At enim, ubi nuda veritas inquiritur, nefas est quidquam dissimulare; aperte omnia eloquor. Id scrupuli remanet, quod mihi hactenus eximere haudquaquam potui. Demus additiones plures, mutationes, interpolationes, superinductiones, transpositiones, ab ipso auctore factas; necdum perspexi qua satis ratione solvantur variationes illæ, prima ipsa manu in ipso textu codicis Pratensis expressæ, quæ in nullis aut solum perpaucis codicibus, tum scriptis, tum impressis, reperiuntur. Hinc enim fit verisimile, quod supra innuebam, argumentum, aut Pratensem codicem plane autographum non esse, nec proinde Usuardi ipsius manuscriptum; aut Usuardum ipsum plura autographa scripsisse, quorum alia ab aliis descripta fuerint. Id jam paulo clarius et distinctius exponendum superest.

202. Toties appellatus et inposterum appellandus Pratensis codex, ad XII Januarii, sic secundam annuntiationem exprimit : *In Cæsarea Mauritaniæ, sancti Archadii*, etc., nulla usquam litura, nulla superinductione apparente. Atqui ea positio, seu martyrii locus *in Cæsarea Mauritaniæ*, in nullis aliis nostris codicibus, tum excusis, tum manuscriptis, præterquam in extracto Aquicinctino occurrit; ergo codices alii ex autographo Pratensi descripti non sunt, ergo vel autographum non est, vel necesse est admittere plus quam unum autographum exstitisse, aliosque codices ex uno, alios ex alio descriptos. Quid ad hoc argumentum Castellanus reposuerit eo die explicatum, et, ni fallor, abunde refutatum invenies. Mihi certe ea ratio urgentissima semper visa est, talisque ut nulla exceptione, nullo effugio enervari facile valeat, quidquid variis modis tentaverim, aut vim elidere, aut saltem aliquo pacto emollire, ut paulo infra latius explicabo. Ne vero ex unica illa commemoratione id me credas conficere, vide quæ aliis locis in eamdem rem dicta sunt, XVI et XXXI Januarii, XII et XVII Aprilis, XV et XVII Junii, XII et XXIII Augusti. Unum præterea aut alterum exemplum adducamus : XVII Aprilis sic penultimo loco, ante annuntiationem Cordubensium legitur : *In Oriente, beati Nicofori*, etc. Abest Nicephorus a probatissimis quibusque codicibus, in solis Rosweydino, Aquicinctino et Bruxellensi repertus, adeoque nec fuit in eo autographo, ex quo alii notæ optimæ desumpti fuere.

203. Notavit Castellanus in textu Usuardino, Pratensi diem 5 Junii fuisse transcriptum (*redeécrit*) *in adjecto foliolo, incipiendo a Bonifacio, prætermissis martyribus Ægyptiis*. Quæro an primaria manu, an secundaria? Si primum, militat argumentum; si secundum, non minus premit. Nam hic etiam cum Pratensi conveniunt perpetui ferme ejus socii, Antuerpiensis major, Rosweydinus et Aquicinctinus, aliis omnibus plane discrepantibus. Rursus, codices omnes, excepto Pratensi et sociis illis tribus, legunt XVII Junii in medio textu : *Eodem die sancti Vulmari confessoris, admirandæ*, etc., alii isti tres cum Pratensi, ipso illo die et loco agunt de *Gundulfo Bituricensi*. Recurrit major confusio ad diem XX Julii, ad quem interpolator aliquis Vulmarum transtulit, expuncto illic *Paulo*, martyre Cordubensi, quem alii codices prope omnes constanter signant. Hæc et id genus alia, ab ipsomet Usuardo mutata fuisse mihi quidem non satis fit credibile, ut diebus illis, pluribus ostendo. Sequitur denuo primarios nostros et puriores codices, ex quibus Usuardi textus desumi debuit, aliunde quam ex Pratensi codice fuisse descriptos. Qui dies cæteros hic assignatos aliosque plures consuluerit, eamdem ipsam conclusionem facile eliciet.

204. Hisce aut componendis, aut utcunque salvandis, modos potissimum duos excogitari posse

video. Primum, si concedatur, auctorem Martyrologii Usuardum, opus suum semel atque iterum et forte tertio transcripsisse aut transcribi curasse, sic ut ecgrapha illa successive descripta, prout forte imperatori aut aliis offerri debebant, hinc inde postea in nonnullis ab auctore ipso correcta, limata aut mutata fuerint, accedentibus, ut fit, novis notitiis, seu veris seu falsis. Porro ex diversis illis transsumptis accepta fuerint apographa illa, quæ cum autographo in sancti Germani relicto, non usquequaque concordant. Hoc vero ibi servatum, toties subinde deletum, erasum, superinductum, interpolatum et deturpatum sit, ut Mabilio ipse de vera ejus authentia dubitaverit. Certe aliquid, mea quidem sententia, defuisse fatendum est, cum eruditi illi viri, tot antiquorum manuscriptorum editores, ab hoc promulgando, quantumvis toties provocati, tandiu abstinuerint : procul dubio, liturarum et mutationum intercurrentium multitudine deterriti. Sed quidquid a vulgando Usuardo suo ipsos remorari potuerit, via hic assignata, ad elidendas et aliquousque explanandas objectas difficultates, mihi semper verosimillima, aliisque omnibus expeditior visa est.

205. Aliam nihilominus, seu modum alium suggero, præfatis objectionibus sese extricandi; quanquam non tanta probabilitate subsistat : si nempe tantisper supponatur primos ipsos Usuardini autographi descriptores, aut per oscitantiam omisisse aliqua, aut proprio arbitrio decerpsisse quæ arriderent, eademque auctoritate, quæ non placerent, præteriisse. Id equidem satis plausibiliter excogitari posse non inficior ; verum an harum rerum periti, id sibi persuaderi patientur ? An credent id tam facile contingere aut potuisse, aut saltem licuisse, in eo potissimum Martyrologio, quod Cæsarea, ut ita dicam, auctoritate, ad communem Gallicanarum Ecclesiarum usum destinabatur ? quibus id quidem concessum fateri possumus, ut propria ecclesiæ suæ festa adjicerent; Sanctos autem extrudere, aut commemorationes mutare; id vero est, quod sub ipsis principiis toleratum, haudquaquam existimamus. Hæc fere sunt, quæ pro suspectanda vel propugnanda tuendaque Pratensis codicis vetustate candide censuimus, hoc unice quærentes ut ei sarta tecta maneat vel ipsa Usuardi ætas, admittaturque correctiones omnes, interpolationes, etc., in quibus eadem manus apparet, ab ipso Usuardo factas fuisse ; quanquam id creditu difficillimum, propter aliud quoque argumentum, quod hic subjicio.

206. Qui Usuardum pridem ad Caroli Magni tempora rejecerunt, ea ducti sunt ratione, quod ejus Martyrologium Carolo Augusto dedicatum esset; ast alii nobiscum recte reposuerunt probationem nullam esse, cum et Carolus Calvus Augustus, seu imperator fuerit, atque huic ut imperatori oblatum. Supra autem ex Mabilionis conjectura admisimus scriptum fuisse Martyrologium inter annum 869 et 877; imo admittendum erit scriptum, vel saltem completum fuisse post annum 875, quo primum Calvus imperator creatus est, adeoque probabilissime anno proxime sequenti 876. Insistendo Mabilionis conjecturæ, consequens etiam erit obiisse Usuardum ante Calvum, cum hic alia manu Necrologio inscriptus sit, proindeque, ut summum, ad initium anni 877 supervixisse, uno circiter post absolutum et oblatum Carolo imperatori Martyrologium suum. Quis jam credat unius aut paulo amplius anni intervallo, tam multa Usuardo occurrisse, quæ in Martyrologio vixdum imperatori, atque adeo ecclesiis Gallicanis communicato, eradenda, mutanda, obliteranda, transponenda, interpolanda fuerint? Imo quis suspicari ausit id Usuardo aut fas aut integrum fuisse, postquam Martyrologium ab imperatore et ecclesiis esset admissum ? Rursus, quis suadeat toties recursurum eamdem manum, addentem, detrahentem, etc., et tamen tam sæpe apparere atramentum aliud, vel indicia alia, quæ satis convincant multos annos faciendis correctionibus certo intercurrisse.

207. Aliud est, quod codicis Pratensis authentiam seu autographiam incertam reddit, inde deductum quod prima ipsa scriptoris manus constare omnino nequeat. Si enim sola ista, quæ ipsum textum exprimit, autographa et Usuardina manus est, quæcumque manu alia et recentiori ad marginem sive ad calcem adjiciuntur, Usuardo adjudicanda sunt. Atqui non raro occurrit, ut similia adjectamenta, in omnibus aliis codicibus proprio loco reperta, certo demonstrent illa ipsa verissime Usuardina esse; hinc itaque consequitur, omnia, quæ in eo codice continentur, prima ipsa Usuardi manu scripta non esse, vel ipsum diverso charactere usum fuisse, quorum alterutrum non facile digerent autographi illius, seu veri seu prætensi propugnatores. Inter varia exempla, illud in argumentum assumo, quod nobis offert mensis Novembris dies VII in elogio Herculani Perusini episcopi : *Cujus corpus post abscisionem capitis*, etc., desumptum ex Magni Gregorii Dialogorum lib. III, cap. 13. Hoc autem reperitur in exemplaribus omnibus, seu primæ, seu secundæ, seu cujuscunque notæ, sive manuscriptis, sive typis editis, si Tornacensem et Pulsanensem excipias, quibus familiarissimum est similia elogia aut decurtare, aut prorsus rescindere. At vero hic ipsum elogium codici Pratensi ad marginem adjectum est, ac teste Castellano (*à la marge et en lettres moins anciennes que le texte*) hoc est, recentiori manu : ergo in præfato codice aliqua vere Usuardina sunt, quæ nihilominus recentiori manu ascribuntur; ergo non constat primam manum esse Usuardinam. Quæro, utra sit? Falli et doceri cupio, at tot defectus, augmenta, inductiones, mutilationes, etc., plane natæ sunt suspicionem injicere, codicem illum qualemcumque, non magis quam cæteros autographiæ prærogativa donatum.

208. Hæc et quæcunque alia in Observationibus

Usuardinis de illustrissimo codice, ultro citroque dicta, sic velim accipiant eruditissimi nobisque æstimatissimi RR. PP. Benedictini sancti Germani, ut, veritatis indagandæ gratia, unice discussa et disputata. Solam illam, solam Usuardinam simplicitatem, jam tot annis atque ex tam variis exemplaribus quæsivimus ; quæ si ex solo Pratensi manuscripto hauriri potuisset, non existimo codicis illius possessores, tot sæculis eruditos omnes, ejus avidissimo, tanto thesauro privaturos fuisse. Solet passim longe pluris fieri Molani editio, quam laudatus toties codex, sive vere sive prætense autographus, nec me in ita sentientium numero esse diffiteri ausim. Si fallor, errorem et mihi et cæteris eximat ex ea celeberrima Congregatione doctus aliquis, harumque rerum peritus ; dubia mea, imo errata, in quæ, codice ipso privatus, incidi, explanet et diluat ; primus ego promptissime retractabo quidquid forte de autographo illo iniquius sensisse dici possum. Satis equidem de republica litteraria meritus videbor, si id ab ipsis importunius extorsero, quod nemo hactenus precibus et exhortationibus impetrare valuit : puta, si id dubitationibus meis efficiam ut Usuardum ipsi suum nativa simplicitate, iisque, quibus voluerint, adnotationibus vindicatum, publici juris aliquando faciant ; imo si eodem impetu Usuardum nostrum succutere conentur, sic cecidisse, triumphus erit ; eumdem omnes scopum præfixum habemus, ut, dissipatis tenebris, errores depellantur, eruatur veritas, antiquitas ecclesiastica vel æmulis studiis illustretur, ad majorem Dei sanctorumque gloriam.

§ II. — *De nostro primario Heriniensi codice.*

209. Bollandus dicto superius præfationis loco pag. 51, postquam Pratensem, et alium Miræi codicem laudasset, sic pergit : « Sed quod supra citavi exemplar nostrum, utrique illi longe præfero, et purius ac sincerius reor, nam antiquissimum illud Parisiense, Idibus Januarii hæc habet : In monte Verziaco, S. Viventii confessoris, cum constet, post Usuardi ætatem translatas esse Vergiacum S. Viventii reliquias, nisi extremis fortasse Calvi temporibus scripsit, et diu postea illi superstes vixit, istaque tunc adscripsit. Sed a nostro illa, quod ideo magis genuinum censeo, absunt exemplari. Fuit hoc quondam monasterii Carthusianorum, quod B. Mariæ Virginis Capellæ dicitur, sive de Herines » (hinc nos Heriniensis appellationem derivavimus) « juxta Edingam, aut ut nunc appellatur Enghianum, Belgii oppidum : deinde Augustini Hunnæi, viri celebris fuit, postea donatum collegio nostro Lovaniensi. » Quod hic Bollandus præclarissimum codicem nostrum Heriniensem Pratensi præferat minime miror ; magis etiam fortasse prætulisset, si labes novisset et maculas, quibus respersum esse a Castellano edocti sumus : præferet quilibet, nisi vehementer fallor, qui utrumque inspexerit contuleritque. Verum illud, quo Bollandus utitur, argumentum elidit idem Castellanus, sincere testando, annuntiationem istam : *In monte Verziaco*, etc., secundaria aliqua manu codici Pratensi adjectam, ut xiii Januarii agnoscimus ; id quod a Sirmondo et Cortasio observatum non fuerat.

210. Si de utriusque manuscripti vetustate quæritur, ultro et lubens fateor, Heriniensem nostrum membraneum Pratensi palmam omnino cedere, si vel sola characteris forma attendatur, quæ, teste Castellano, in Pratensi modum scribendi antiquissimum refert, quem ipse vocat Carlovingiacum ; Heriniensis vero, paulo elegantiorem ac nitidiorem, duobus minimum sæculis posteriorem. At si puritatem spectemus, sinceritatem, integritatem, simplicitatem, non dubium est quin codex noster alteri longe antecellat. Scriptura vetustatem satis probat, tametsi a peritissimo librario depicta sit, habetque præ cæteris ferme codicibus, quod diphthongum æ clare semper efformet per e, recepto more sæculo xi, ad quod codicem illum revocandum majores nostri merito censuerunt, cum nulli sancti eo sæculo recentiores adjiciantur. Sic xix Aprilis textui Usuardino attexitur : *Depositio domni Leonis papæ, qui Ecclesiam beati Remigii dedicavit :* sed, ut vides, absque *sancti* titulo ; obiit nimirum anno 1054. Item i Junii legit : *Treveris civitate, depositio beati Simeonis monachi,* etc., quem mortuum constat anno 1035. Titulo *beati* insignitur, communi nomine, etiam post canonizationem (anno 1042 factam) a Martyrologis tribui solito. Cum autem ix Maii referatur *translatio sancti Nicolai,* si hæc vere contigit anno 1087, consequi debet codicem nostrum sub sæculi finem exaratum fuisse.

211. Scio majores nostros pro occurrentium circumstantiarum varietate, nonnunquam circa hujus codicis ætatem, opinionem tantillum mutasse, uti de Henschenio invenies tomo I Junii, pag. LXXXVIII, litt. D. ; at de sinceritate et puritate dubitari haudquaquam potuit. Non negaverim additiones aliquas ab Usuardo diversas hinc inde occurrere ; verum si Rhemenses, aut provinciæ Rhemensis, quæ ferme Treverim usque extendebatur, sancti removeantur, luce meridiana clarius patescet inter omnes Usuardinos codices, tum excusos, tum manuscriptos, principem locum meritissime tenere, adeoque ex aliquo Usuardino autographo, vel saltem purissimo apographo olim fuisse descriptum. Difficultas Henschenio visa est quod xv Octobris in textu secundo loco inseratur : *Eodem die : sancti Oswaldi, episcopi et confessoris,* ut habetur tomo III Februarii, pag. DCCL. Sed tunc in ea erat opinione Henschenius quod codex noster sæculo x esset antiquior, cum alia loca, quæ juniorem ostendunt, necdum expendisset. Si quæras cur eo die potius quam xxviii aut xxix Februarii Oswaldum retulerit codicis descriptor, fatebor me veram causam ignorare. Si conjecturas quis cupiat, apud Henschenium citato loco requirendæ sunt. Fatemur annuntiationem Oswaldi additamentum esse ex cultu, quem in Gallia, præsertim in

provincia Rhemensi, peculiari aliquo titulo obtinuerit.

212. Tales accessiones Rhemenses in hoc nostro codice frequentius offeruntur; quæ si abessent, paucissimæ aliæ reperirentur, ut recte Molanus supra numero 191 ipsum vocaverit, *Usuardinum manuscriptum, qui vix ullas habet additiones, præterquam de sanctis Rhemensibus.* Hanc codicis patriam esse prorsus non dubito : inde translatum oportet ad carthusiam Heriniensem, olim *S. Mariæ Eremi*, seu *Montis Dei*, quæ e primis totius Belgii carthusiis fuit. Conjecturam hanc meam, atque una codicis ætatem confirmat addita recentiori manu ad marginem II Nonas, seu die VI Octobris, hæc commemoratio : *In Calabria, depositio beati Brunonis confessoris, primi institutoris ordinis Carthusiensis,* quam appositam reor ex zolo singulari hujus carthusiæ erga parentem venerationem, cum aliunde notum sit quam tarde Brunoni publicum cultum Ecclesia decreverit. Ex his abunde declarantur Usuardi hujus Heriniensis ætas, patria, natales et migrationes ; ne quid desit, et formam addo, quæ recepto usu, in quarto nuncupari solet; estque compactus cum tractatu manuscripto sancti Hieronymi in Epistolas Pauli et alias Canonicas; cui in fine attexitur Kalendarium cum anniversariis cœnobii Heriniensis. Dixi supra num. 169 annum in hoc codice, uti et in Pratensi, inchoari a vigilia Nativitatis Domini.

213. Jam vero, ut de ejusdem simplicitate et puritate statuas, percurre menses singulos, augmenta Rhemensia secerne, continuo perspicies pauca additamenta immisceri, raras interpolationes, lituras vix unam aut alteram. Ad IV Januarii refertur *Rigobertus* Rhemensis archiepiscopus; XV de Mauro adjectum, *discipuli B. Benedicti abbatis.* Demum XXIII nescio unde accersitus sit *beatissimus Hildephonsus,* nisi hic aut in provincia Rhemensi, aut in cœnobio, cujus olim codex fuit, peculiarem cultum habuerit. Mense Februario, *Blasius* ad III retractus est; VIII additur *Paulus Virodunensis,* forte ibi etiam proprius. Mense Martio, sola prima die defectus aliquis reperitur. Mense Aprili, præter Rhemensia, XVIII de *Materno*, XIX, de *Leone IX*; XXIV, de *Bova et Doda*; XXX, de *Maderniano*; sola occurrit *Maria Ægyptiaca,* quæ ad IX signata est Mense Maio; quinque dies sunt ab Usuardo diversi, ut I de *Marculfo*; VIII, de *Gibriano*; IX, de *translatione Nicolai*; XX, *Romani monachi*; XXIX, de *translatione Remigii* ; sed multum fallor nisi hæc omnia Rhemensi provinciæ propria sint. Mense Junio, VIII in *Medardo,* aliquid deest; XXI, omissus *Leutfredus*; XXIII, deest *Felix Sutrinus,* quemadmodum et III Julii, socii ejus *Irenæus* et *Mustiola,* de quibus vide nostras Observationes.

214. Præterea, mense Julio una occurrit litura in principio, quam puto esse de translatione S. Benedicti; XVIII, adjectus est *Arnulfus;* deinde XX et XXIII translationes Rhemensibus celebres de *Theodosia* et *Nicasio*. Mense Augusto, XIX superadditur textui *Bertulfus abbas,* ex propria, opinor, cœnobii A institutione. Tum XXV, *In pago Viromandensi*, *S. Hunegundis*. Mense Septembri, I, agit de *Ægidio*, *Sinicio*, et *Nivardo*, tanquam Rhemensibus; III, additur *Remaclus*; VII, XXV et XXVII, item de Rhemensibus : at X nonnihil mutilus est; XX interpolatus, ut Observationes nostræ fusius explicant. Mense Octobri, I, purus non est; XXVII, ponitur *Vigilia sanctorum Simonis et Judæ*; de qua dubitari potest an Usuardina non sit; XI, XV, XVI, XX, XXI et XXV, non excedit nisi in solis Rhemensibus. Mense Novembri, I, II, VI, IX, XV, XVIII, XXIII, XXVI. Demum mense Decembri, IV, XVI et XXIX, pleraque additamenta pure Rhemensia sunt. Ineat modo rationem curiosus aliquis, conferat Heriniensem cum famoso Pratensi autographo, utriusque excessus aut defectus ad æquam lancem, ad justam trutinam excutiat, si nullo ducatur partium studio, spondere ausim, ratione rite subducta, pedibus et manibus in nostram iturum sententiam.

§ III. — De Tornacensi aliisque vetustioribus maxime probatis.

215. Secundum ab Heriniensi codicem censemus eum qui apud nos *Tornacensis* vocatur, quem aliquando cathedrali illi perantiquæ in usu fuisse, si aliunde nobis non constaret, ex additionibus ei ecclesiæ propriis satis demonstraretur. Credimus autem ex Altovillariensi prope Rhemos cœnobio Tornacum delatum, aut forte ex monasterii illius codice aliquo olim transsumptum, ut dixi in Observationibus meis, præsertim IV Julii. At quæcumque demum codicis origo fuerit, speciem et antiquam et elegantem refert, majori forma in membrana scriptus, atque elegantibus, quamvis nonnihil extritis, cancellis distinctus, quibus quandoque textus magis aptari videtur, quam cancelli ipsi textui accommodentur. Ætatem ejus ex subjuncto Necrologio, eadem, ut apparet, sed pressiori manu scripto, sic probabiliter erues, si attendas Anselmum et Geraudum vel Geraldum, Tornacenses sæculi XII episcopos; atque item Stephanum et Gosuinum, alias Goscelinum; qui anno 1203 et 1218 vita functi sunt, prima manu signari ; at vero *Walterum, oriundum de Tornaco, hujus ecclesiæ episcopum,* cui Sammarthani cognomentum *Marvis* apponunt, quique sedem tenuit ab anno 1219 ad 1252, in præfato Necrologio referri XIV Kal. Martii, manu secundaria, quemadmodum et. successores, Walterum de Mandra, defunctum 1262, et Joannem de Buchel vel Buchiaul, mortuum 1266; unde verosimiliter conficitur scriptum fuisse Martyrologium inter annos 1219 et 1252. Hæc pro codicis ætate.

216. De sinceritate et simplicitate ex Observationibus nostris statuent æqui lectores. Certum est a prioribus duobus multum recedere, non quidem sæpius in sanctorum numero, sed nonnulla annuntiationum correptione, quasi revera paratis cancellationum, ut jam dicebam, Usuardini indiculi aptari debuerint; vel quod librarius minori scrupulo, gras-

sari nonnumquam, et longiores orationes contrahere, sibi licitum putaverit. Quod si cavisset scriptor ille, quicunque primus codicem temeravit, de nativa simplicitate codex hic cum Heriniensi ferme certaret. Singulas contractiones enumerare nimis tædiosum foret; generatim loquendo, aut purus passim, aut puro proximus est; aliquantulum deviat xvi, xvii, xviii et xx Julii; atque item xix Octobris, ubi excusari potest, quod propria aliqua, aut Altovillariensia, aut alia perperam Usuardo, vel saltem Martyrologio sub Usuardi nomine ascripserit. Dolendum profecto amanuensium vel incuria, vel audacia tam insigni codici debitum decorem splendoremque ademptum fuisse. Titulus et præfationes avulsæ sunt, habetque hiatum plane notabilem a ix Augusti ad xxvi Septembris, avulsis, imperitorum culpa, pretiosis foliis. De adjuncto Necrologio, satis diffuso, dicere cœpimus; ex eo Tornacensis ecclesiæ benefactores plurimi facile dignosci enumerarique possent.

217. Tornacensi ætate suppar, qui multo antiquior majoribus nostris visus est, codex domus professæ societatis Jesu Antuerpiæ, quem Henschenius, non uno loco; tomo II Aprilis, pag. cccxlv, infra E; tomo II Maii, pag. cxxxi, infra B; in Prætermissis, de S. Letardo; rursus xviii Maii, in Prætermissis de S. Mildreda virgine; tomo IV, pag. cxxxvi, infra A, et alibi, ante annos sexcentos scriptum putavit. Specimina ex eo inter Bedæ exemplaria protulit Bollandus præfationis generalis pag. xlix, ubi recte advertit, *Bedæ nomine, sed ab recentiore manu prætitulatum* esse. Notat item, et vere, *Anglicanum* esse, nam pluribus diebus, ut alibi sæpe suis locis ostendimus, augmenta Anglicana adjecta exhibet. Hoc vero codici huic peculiare quod uniformis non sit, aliquando enim, ut mense Januario, auctior est, alibi passim purus Usuardus; mense Octobri et Novembri manu paulo recentiori suppletus. Quod de Heriniensi diximus, seclusis Rhemensibus, purissimum esse, id ferme de hoc codice dici posset, si Anglicana nonnullaque in principio liberiora augmenta abessent. De Auctariis Anglicanis, vide mensibus singulis dies plerumque aliquos; notavi: ex Julio, ii, vi, vii, viii, xv, xvii, xxxi. Ex Augusto, xxiv. Ex Septembri, iv, xvi, xxx. Ex Octobri, vi, viii, xi, xii, xiii et xv, etc.

218. Hæc codicis patriam abundantissime probant. Ad ætatem quod attinet, puto extritas rubricas, exesas litteras, et lacera hinc inde folia Henschenii oculos fefellisse, nam ex sexcentis annis, meo quidem judicio, bina sæcula subduci possunt, sic ut ad sæculum xiii pertineat. Forma litterarum cum Tornacensi satis aperte convenit; at decretorium argumentum præbet adnexa vii Julii, *S. Thomæ martyris translatio*, ubi certissime Cantuariensem episcopum indicari existimo, cujus translatio eo die, saltem eo mense facta cognoscitur anno viii Honorii III pontificis, qui est 1223. Unde patet me recte principio dixisse codicem hunc cum Tornacensi ætate supparem esse; quod etiam ostendit apposita utrique xxv Novembris sanctæ Catharinæ commemoratio, in antiquioribus, Pratensi, Heriniensi, sequenti Roswaydino aliisque ignotæ. Porro codex iste ut inter Usuardinos proprio aliquo nomine designaretur, breviori appellatione a nobis vocatus est *Antuerpiensis major*, ut contradistinctus a minimo in forma octava, quem simpliciter *Antuerpiensem* dicimus, et alium grandem tomum, qui *Antuerpiensis maximus* nominatur, cum hic noster sit in forma quarta membraneus, compactus cum Beda ecclesiæ Atrebatensis, ex quo Florus ille a nostris editus potissimum eductus est. Notavi superius non pauca hinc inde reperiri, in quibus cum Pratensi concordat, tum maxime cum hic a cæterorum turba recedit.

219. Postremis duobus Usuardis hic descriptis, ætate paulo superior est præclarus omnino codex, manu elegantissima in membrana, majori forma seu folio exaratus, qui fuit ecclesiæ B. Mariæ Ultrajecti, tanti olim a Roswaydo æstimatus, ut ex eo genuinum Usuardum reddere cogitaverit in magna illa Martyrologiorum, duobus voluminibus collectione manuscripta, quæ apud nos exstat, hujus præfationis exordio atque alibi non semel citata. Hinc codici ipsi nomen inditum: ne enim sæpius recurreret longa illa paraphrasis *ecclesiæ B. Mariæ Ultrajecti*, breviori nomenclatura *Roswaydi*, vel *Roswaydinum* semper appellavimus. Habet sane nostrum hoc manuscriptum quo nitore, ornatu et elegantia legentium oculos rapiat; at enim licet his titulis, imo et vetustate sua priores duos Tornacensem et Antuerpiensem majorem antecellat, locum duntaxat quartum inter Usuardinos Musæi nostri obtinet, cum puritate et sinceritate tantum illis inferior sit quantum superat antiquitate. Non multa contrahit hic scriptor, sed pro sua licentia amplificat; frequentiora ex Hieronymianis codicibus additamenta nonnunquam mihi suspicionem injecere, Grevenum in augendo Usuardo, vel ipsum hunc codicem, vel saltem ejus ecgraphum adhibuisse.

220. Cæterum de codicis hujus ætate notavit Henschenius tomo II Aprilis, pag. vii, infra litt. A, hoc Martyrologium citans, *quod ante quingentos annos ex Martyrologio aliquo Anglicano videtur transcriptum*. Hic et ætas et patria vere ab Henschenio designantur. De annis quingentis iterum agit tomo IV Junii, pag. ccclvi, col. 1, circa finem. At die v Junii, pag. 456, litt. D, in Bonifacio episcopo Moguntino, prædictam ætatem distinctius determinat, afferens exaratum fuisse circa annum 1138. Recte, opinor, et accurate, idque Henschenius colligere potuit ex brevissimo chronico, Martyrologio isti præfixo, quod ad annum 1138 pertingit, in quo clarissime eadem apparet manus qua totum Martyrologium scriptum est. Non puto verosimiliori argumento veteris cujusdam codicis ætatem definiri posse; atque hoc est quod dicebam, Tornacensi et Antuerpiensi majore antiquiorem esse. Accedit et alia valde probabilis ratio, quod careat annuntiatione sanctæ Catharinæ

virginis xxv Novembris. Imo clarissime, ni fallor, confici potest ex eo quod de sancto Thoma episcopo Cantuariensi, celeberrimo sæculi xii martyre, altum sileat, cum is in utroque priore diserte exprimatur, ut vide in Auctariis xxix Decembris.

221. Quod vero aliis istis simplicitatis atque adeo auctoritatis ordine postponatur, facit jam insinuata descriptoris libertas, qui Martyrologium Usuardinum nimis frequenter ex codicibus Hieronymianis et ex Adone interpolavit, aut aliunde auxit, aut modice corripuit, ut Observationes quotidianæ Auctariaque nostra manifeste ostendunt. His adde accessiones Anglicanas (unde patriam superius observabat Henschenius) quarum hic pauculas attigisse satis est; cæteras lector suis locis facile animadvertet. Ad diem xii Martii adjicitur *Elfragus Wintoniensis episcopus*. Ad vi Julii, *depositio Sexburgæ*. Ne singula prosequar, videantur xiii, xv et xxxi Augusti; iv Septembris et alibi sæpe. Prope exciderat adnotare, quod in aliis codicibus rarum est, id in hoc reperiri, ex quo de ejus vetustate liceat facere conjecturam, nempe, quod æque ac Heriniensis diphthongum æ ascribat per ę subvirgulatum, quemadmodum supra de primario illo codice nostro Heriniensi studiose monuimus. Hoc denique repetendum quod de Antuerpiensi majore observatum est, Rosweydinum, quo de loquimur, manuscriptum, cum præfato codice et Aquicinctino, Pratensis vestigiis plerumque insistere, dum hic a reliquis omnibus dissentit.

222. Illustrem vocavit Henschenius tomo I Aprilis, pag. xiv, infra litt. E, codicem alium, a præcipua ejus annuntiatione xx Junii posita, *Pulsanensem* dictum, quoniam ibi de Joanne abbate Pulsanensi ita agit, ut plane det intelligere olim in cœnobio illo ex antiquiori Usuardino exemplari descriptum fuisse, sed sæpissime contractum et decurtatum. Ex anno obitus Joannis, incarnati Verbi 1139, ferme colligit Papebrochius tomo IV Junii, pag. 39, num. 8, *tam vetustum esse hoc Martyrologium, ut sub immediato sancti successore Jordano scriptum videatur, quippe aliorum Pulsanensium sanctorum nomina nulla habens*. Facile assentior, cum ea signa præferat quæ vetustatem omnino commendent. Indicium vero haud obscurum exhibet, dum de Thoma Cantuariensi ad marginem et recentiori caractere meminit, ut est in Auctariis citata superius die xxix Decembris. Quo pacto ad nos pervenerit, explicat ibidem laudatus Papebrochius, ex notula a Bollando codici præfixa. Scriptus est in membrana, forma octava, principio diebus quatuor mutilus. Jam dixi, et ex toto opere nostro liquet multoties Usuardum abbreviari, et nonnulla quandoque nimis libere omitti; addo, mense Junio Usuardum nonnunquam deseri, et ex Hieronymianis suppleri, forte quod in apographo Usuardino, ex quo descriptus est codex, aliqua defuerint quæ oportuit aliunde accipere.

223. Vetus item, membraneus, in minori forma scriptus est codex ille, quem quia alio remittere non possumus, simpliciter vocamus *Antuerpiensem*. Nulla certa ætatis signa præfert, præter characterem, qui sæculum xiii sapere omnino videtur, mihique id adeo facilius persuadeo, quod nullos sanctos signet eo sæculo posteriores. Sunt in præfixo Kalendario *S. Thomas confessor*, vii Martii; xxix Aprilis *Robertus abbas*, is haud dubie qui ordinem Cisterciensem primus inchoavit. Tum xx Augusti, litteris miniatis, *Bernadus abbas*, unde non inepte conjicitur codicem olim ad Cisterciense aliquod monasterium spectasse. Ad xv, Octobris, ponitur *Franciscus*; ad xix Novembris, *Elisabeth*. At vero notandum Kalendarium a manu longe recentiori esse quam sit Martyrologium cui præmittitur; certe nullli in hoc sancti reperiuntur Francisco aut Elisabeth recentiores. Purissimum Usuardum non esse docebunt Auctaria. De cætero notavi superius num. 172 ex hujusmodi manuscripto factam esse primam illam et omnium vetustissimam editionem Lubecanam anni 1475; unde in opere nostro semper conjunguntur hæc duo Martyrologia citando *Antuerp. et Max.-Lubec*; quibus plerumque accedit codex alius, cujus solum extractum seu collationem habemus, ex bibliotheca celeberrimi abbatis Ughelli, unde nomen inditum, *Ughellianus*, de quo cum aliis extractis infra agemus.

224. Usuardinis manuscriptis melioris notæ etiam annumerandus venit codex *Marchianensis*, quem putamus in ipsa abbatia integrum non exstare quandoquidem solum mensem Februarium inde acceperimus, cum lacinia aliqua mensis Martii. Ex eo specimine cætera facile cognosces; utinam, si adhuc supersint, ad nos aliquando transmittantur: id per aliquos e nostris Patribus sæpe jam frustra impetrare tentavimus. Viciniæ gratia, Marchianensi subjungo *Aquicinctinum* exemplar, quod licet totum quoque et plenum non habeamus, defectum illum abunde supplet accuratissima ejusdem collatio, cum secunda Molani editione anni 1573, ubi ea qua fieri potuit diligentia, variantes lectiones appositæ sunt, ex quibus de totius codicis puritate et simplicitate judicium feratur. Ex præfatis extractis videor posse conjicere codicem illum sæculo tertio decimo haud posteriorem esse; eadem pro Marchianensi sententia. Hoc autem Aquicinctino nostro cum Antuerpiensi majore et Rosweydino commune est, quod ubi Pratensis a reliquis deviat, hic cum duobus solitis sociis classem illam peculiarem constituat, de qua jam sæpe superius atque in Observationibus nostris Usuardinis frequenter sermo recurrit.

225. His omnibus subjungi debet, si non puritatis, aut simplicitatis, saltem antiquitatis jure, vetus codex sancti Richarii, quem a priori cœnobii illius nomine *Centulensem* indigitamus, et merito, cum ex iv Junii, xxvi Augusti, ii Decembris et aliis diebus clarum sit ibi olim scriptum atque usurpatum fuisse. Manu sua ascripsit Rosweydus se Martyrologium suum *habuisse ex abbatia S. Vedasti*, unde prius ecgraphum sibi describi curaverat, quod inter col-

lecta manuscripta, ad Bedam pertinentia, repositum inveni. Fefellit titulus, hoc modo expressus : *Incipit Martyrologium secundum Bedam, per anni circulum.* Hinc factum ut a Bollando præfationis generalis pag. XLVIII primo loco inter Bedæ exemplaria repositum sit, extractis sex primis anni diebus, licet a vigilia Nativitatis scriptor Martyrologium exordiatur. Evincunt soli isti dies nihil in toto illo Martyrologio haberi quod ad Bedam ullo modo pertineat. Mihi evidens est scriptorem, quisquis fuerit, Usuardum habuisse præ oculis, quem pro suo libitu aut commodo mutavit, corripuit, interpolavit, in id maxime intentus, ut quotidie pleraque abbreviaret. Jam dixi Martyrologium incipere a vigilia Nativitatis ; addo hic principium tale esse, ut si librarius reliqua eo modo prosecutus fuisset, merito codex ille inter Usuardinos primæ et optimæ notæ computaretur.

226. Ad quod sæculum reducendus sit, ex scripturæ modo non facile statues, hic enim vetustatem, nisi vehementer fallor, justo antiquiorem præfert. Pressus character, satis elegans et paulo grandior in membrana, forma quarta, in principio multum exesus, sæculum XII ferme sapere videretur, nisi ibi legerem ad IV Kal. Maii, seu XXVIII Aprilis : *Eodem die Mediolani, sancti Petri martyris ab hæreticis occisi.* Item XXV Augusti : *In Francia, sancti Ludovici regis Francorum, ac gloriosissimi confessoris,* XII, *lc. in cap.* Hæc enim plane innuunt scriptum duntaxat fuisse sub initium sæculi XIV. Atqui hæc tamen qualiscunque ætas, præcipuus est titulus, quo sibi æstimationem aliquam codex ille conciliat, cum de cætero rarissime, præterquam in principio, puritatem attingat, semper ad Auctaria rejiciendus ; sicut plurimum, singularem classem constituens, quemadmodum facit codex alter, qui inter extracta collocatus est olim cœnobii Carthusianorum Ultrajectensium, sub nomine *Matriculæ,* unde quotidie inter accessiones citatur sub titulo *Matriculæ Carthusæ Ultrajectensis,* quæ est etiam purum putum Usuardi compendium, sæpe vel in solo sanctorum numero deficiens. Utrique id quodammodo privilegii concessum, ut amborum textus integri diebus singulis describendi fuerint.

§ IV. — *De codicibus quos mediæ notæ appellamus.*

227. Sequentibus codicibus, plerisque Belgicis, mediæ seu saltem inferioris notæ appellationem indidimus, quod tum ætatis, tum Usuardinæ simplicitatis ratione, cum superioribus plane conferri non possint. Videntur ex eodem, aut saltem non multum dissimili fonte promanare, longioribus hinc inde elogiis respersi ; sed, quod mirere, non multis sanctis Belgicis aut aliis popularibus aucti. Inter hos, a voluminis magnitudine nomen sortitus, præcipuus et speciosissimus est codex maximus, eleganti charactere in in membrana descriptus, corio suillo vestitus, cujus cum verum domicilium hactenus non detexerim, *Antuerpiensem maximum* a diuturna commoratione nominandum censui. Belgicum esse constat, ex festis propriis in Kalendario signatis, ubi x Julii notanter ponitur, singulari rubricæ prærogativa, *S. Amelberga,* quæ cum in monte Blandinio festivius colatur, suspicionem ingerit, aut in ea abbatia, aut saltem Gandavi codicem olim usurpatum fuisse. Ætatem scrutando reperi, nam inter parva opuscula Martyrologio subjuncta, ante, *Provinciale omnium partium mundi,* in explicatione versiculorum Paschalium, indicatur annus 1425, eadem manu qua cætera omnia ascriptus. Codicis splendorem et magnificentiam ex eo intelligas, quod singulæ facies, dierum singulorum Usuardinis textibus respondeant ; sinceritatem, ex toto operis nostri decursu.

228. Antuerpiensi isti maximo aut compar aut proximus est *Usuardus Ultrajectinus,* forma quarta et ipse membraneus ac nitide scriptus, ad cujus calcem, ante variarum benedictionum collectionem, et patriam suam et domum designat, his verbis : *Pertinet ad domum Clericorum S. Jheronymi in Trajecto.* Hæc cognomenti ratio fuit, atque ut a duobus aliis Usuardinis Ultrajectinis distingueretur, majorem illum insignem, qui fuit ecclesiæ B. Mariæ, quemque tanti fecit Rosweydus, ab ipso supra vocavimus *Rosweydinum* ; alterum vero typis excusum, cujus solum semestre primum ad nos pervenit, de quo meminimus num. 173, *editionem Ultrajectinam Belgicam,* hunc simpliciter *Ultrajectinum* placuit nuncupare. Nusquam occurrunt certa ætatis indicia ; at, si recte conjicio, Antuerpiensi maximo non multo antiquior esse potest. Quodnam proprie tempus designet *festivitatis sacrorum Stigmatum,* XVI Septembris primo loco posita, non ausim temere determinare. Ut ut fuerit, nihil codici illi detractum volumus, tametsi in serie Usuardinorum manuscriptorum mediæ notæ Antuerpiensi maximo postponatur.

229. Sequuntur bini codices, simul compacti in forma quarta, quorum alter Belgice in membrana, alter Latine in charta crassiori exaratus. Fuit ille, qui vernacula lingua scriptus est, ad usum *Sororum regularium lacus sanctæ Mariæ juxta Leydam,* ut notavit Bollandus tomo I Januarii, pag. 165 ; alter in Actis vocatur Usuardus *Leydensis sanctæ Cæciliæ.* Nos eam nomenclaturam in utroque servavimus, ne alias longiori paraphrasi *Lugdunenses Batavorum* dicendi essent, aut si simplicius, Lugdunenses vocarentur, facile imperitior aliquis Lugdunum Galliæ, cum Lugduno Batavorum confunderet. Ambos codices Usuardinos esse dubitari omnino nequit, sed auctos atque prioribus duobus Antuerpiensi maximo et Ultrajectino perquam similes. Fateor Belgicum, quanquam male depictum, nonnunquam purius aliqua referre, in quibus cum Antuerpiensi maximo aliquando consentit, ut suis locis indicatum est : verum ea passim tam exigui momenti sunt, ut hac causa Belgicus Latino præferri non magnopere debeat. Ubi autem concordes invenio, quemadmodum plerumque concordant, sub uno eodem *Leydensis* no-

mine utrumque complector. Neuter antiquitate sæculum xv superare videtur.

230. Duobus proxime adumbratis elegantior est, sed ejusdem, nisi multum fallor, ætatis, codex alius ejusdem formæ, in membrana descriptus, quem a collegio nostro Lovaniensi, cujus olim fuit, Lovaniensem indigitamus. Ipsum ex Antuerpiensi maximo, vel Antuerpiensem maximum ex ipso transumptum crederes, nisi sæpius sanctorum elogia decurtata aut mutilata repræsentaret. Submonuit Bollandus alicubi Martyrologium hoc Lovaniense Ecclesiæ alicujus Belgicæ olim fuisse ; cum sanctos signet diœcesis Cameracensis, ut *Gudilam*, *Rumoldum*, *Gaugericum*, *Nicasium* et alios. At postremi duo Usuardini sunt, ut proinde a solis Gudila et Rumoldo firmanda sit conjectura. Aliunde satis colligitur fuisse cœnobii alicujus ordinis sancti Augustini, quandoquidem sanctissimo doctori semper adjectum exhibeat titulum *Patris nostri*, idque non solum in ipsius Martyrologii contextu, verum etiam in subjectis opusculis, quæ cum Martyrologio olim compacta, ac religiosis illis Augustinianis in usu fuisse existimo. Canonicis autem Regularibus potius quam Eremitis servivisse, inde conjicio quod de sancto Nicolao Tolentinate non meminerit.

231. Sextus mediæ notæ codex nomen habet ab eo cœnobio cujus notam præfert his verbis appositam : *Liber monasterii beati Anthonii in Alberghen, Canonicorum Regularium, datus à venerabili domino Henrico Mathie, vicario in Wersloe*. Ex Miræo, in Originibus Canonicorum Regularium didici, prædictum cœnobium situm fuisse in *Tuenta*, diœcesis olim *Ultrajectensis*, ex qua codex hic sanctos plerosque consignat. Forma et scriptura cum Leydensi Latino satis convenit, sed isto nonnunquam auctior est. Scriptus videtur ad usum Patrum ordinis S. Francisci, quod patet ex iv et xi Octobris, ex xiii ac xx Junii aliisque locis. Nec mirum videri id debet, cum monasterium istud Albergense exstrui primum cœperit anno 1406, ut habet antiquus aliquis codex noster ms. sub nota † ms. 34, fundationem ipsius describens, narransque evocatos illuc fratres ex congregatione Zwollensi, quæ per id tempus cum Daventriensi regulari disciplinæ observantia et sanctitatis fama maxime inclarescebat, teste præfato nostro codice manuscripto aliisque historiis Transisalanis sæculi xv. Atque hæc pro codicis notitia satis dicta sint.

232. Ordine uti et sinceritate posterior est, licet fortasse ætate paulo prior, codex noster *Danicus*, qui ab *Henrico* quodam *equite*, cognomine *Rancon*, emptus *Lubecæ* 1584, ad domum professam Societatis nostræ Pragensem devenerat, dono datus Bartlo et Janningo an. 1688 ibi existentibus. In prima pagina ascripta sunt hæc verba : *Liber conventus Nistadensis provinciæ Daniæ*. Ad Franciscanam familiam spectasse conventum illum probat in Inferiore ora folii xvii Septembris recentius ascripta : *In monte Alverno, impressio sacrorum stigmatum beati Francisci, festum majus duplex.* Item xix Augusti, charactere etiam novo : *Civitate Massiliensi, beati Ludovici episcopi et confessoris, de ordine Fratrum Minorum, festum majus duplex.* Rursus xi Octobris : *Translatio sanctæ Claræ virginis, festum minus duplex.* Et viii Novembris : *Item translatio S. Ludovici confessoris.* Sic ad marginem appositi sunt *Bernardinus* xx Maii ; *Bonaventura*, xiv Junii, etc. *Franciscus* primum locum in textu occupat, iv Octobris xxv Maii : *Apud Assisium, translatio beatissimi Patris nostri Francisci.* Cum autem translatio *Antonii Patavini* facta 1349 aut 1350, et quæ primo citavimus ab alia manu sint, videtur conjici posse codicem illum sæculo xiv recentiorem non esse. Patriam manifestant x et xi Julii, *Kanutus et Ketillus*, aliique locis aliis. Quantum porro ab Usuardina simplicitate distet, ex quotidianis auctariis intelligi dabitur.

233. Supersunt codices duo integri, non ignobiles, forma quarta, membranei et satis antiqui, *Bruxellensis* et *Hagenoyensis*, quibus inter manuscriptos mediæ notæ postremus locus dandus fuit, quoniam præter cæteros liberius ac liberalius aucti et interpolati sunt : præterquam quod stylo, ordine et ineptiori scribendi modo reliquis cedere debeant. Bruxellensis tomos duos complectitur, præfixo Kalendario et tractatu *de decem persecutionibus*, per *gentiles Romanorum imperatores Ecclesiæ illatis*, etc., quibus subnectitur canonici Bruxellensis præfatio, ubi, laudatis antiquorum Martyrologorum, præsertim Usuardi, conatibus, sic inter alia disserit : « Sed negligentiæ vitio hucusque non caruit, quod hujusmodi sanctorum (quos Ecclesia Bruxellensis recolebat) in lectione Martyrologii memoria non fieret, pro iis diebus, quibus nos eorum festa celebramus. Quæ res pia quadam sollicitudine, venerabiles dominos, præceptores meos, decanum et capitulum hujus ecclesiæ collegiatæ et plebaniæ sanctorum Michaelis archangeli et Gudilæ virginis, matricis aliarum ecclesiarum totius hujus insignis oppidi Bruxellensis Cameracensis diœcesis, ad jubendum, meque ipsorum inutilem canonicam ad obediendum compulit, quatenus ex præfatorum Patrum Martyrologiis, sanctorum solemnitates, » etc. Hinc licentius evagatus, multa collegit, sed male, pro suo arbitrio disposuit, uti auctaria legenti ultro occurret, ex quibus etiam intelliget quantum absit ab Hieronymianorum brevitate, de qua re diximus num. 38. Ætatem nemo facile eruet : nisi fallor, ad finem sæculi xiv vel ad initium sæculi xv pertinet.

234. *Hagenoyensem* vocamus ab incolatu, sive a possessore *Mag. Nicolao Schickio*, *Hagenoio*, nam de cætero non video magis ad Hagenoyam quam ad aliam quamlibet Alsaciæ vel Palatinatus civitatem revocari debere. Scriptor nomen indicat versibus quatuor pinguioris Minervæ ad calcem adjectis, ex quibus habemus scriptum fuisse Martyrologium anno milleno quater C et duodeno, Junii die decima sexta, *Penna facit litteras. Wydo Krentzelin has gluti-*

natas. Poterat scriptionis tempus non improbabiliter colligi ex xxvii Septembris, ubi Elzearius Ariani comes *per Urbanum V noviter canonizatus* dicitur : cum enim ea canonizatio facta fuerit an. 1469, non poterat codex a fine sæculi xiv vel initio xv longe recedere. Porro si Krentzelinus iste, alicubi a Castellano citatus, hujus Martyrologii collector fuerit, non magnam retulit laudem, nescio quas historias passim commiscens quæ ab Usuardi aliorumque codicum Usuardinorum stylo remotissimæ sunt, quasque sæpe referre piguit. Non poterat tamen codex ab Usuardina classe excludi, cum plerumque eosdem sanctos, imo passim Usuardi ipsius phrasi, quanquam corrupta et luxata, consignet. Hactenus de codicibus plenis et integris quibus in hac editione et recensione usi sumus.

ARTICULUS V.
De codicibus quorum sola habemus extracta seu lectiones variantes.

235. Hos codices merito distinguimus ab iis quos plenos et integros, seu typis editos, seu manuscriptos hactenus retulimus. Per extracta autem seu variantes lectiones, ea hic intelligo in quibus ab Usuardi textu aut excedunt aut deficiunt. Ut rem clarius percipias, paucis explico quæ mihi sæpius narravit bonæ memoriæ magister meus Papebrochius extractorum, præsertim posteriorum, hanc rationem reddens. Dum cum Henschenio annis 1660, 1661 et 1662 per Germaniam, Italiam et Galliam peregrinatus, ea de sanctis monumenta, tum Græca tum Latina, collegit quibus Museum nostrum egregie locupletatum est, ne in describendis Martyrologiis Usuardinis, quorum tanta apud nos erat copia, nimium detinerentur, hac usi sunt methodo. Greveni editione, ut facile portatili magisque commoda, in exemplum assumpta, ubicunque manuscriptum aliquem Usuardum nacti sunt, totum cum Greveni editione anni 1521 contulere, variantibus seu auctariis in adversaria relatis, unde percommode accidit ut, facto temporis compendio, ea omnia comparaint quæ alias longiorem moram sumptusque majores postulassent; puta, si singuli isti codices per ipsos aut per amanuenses ad verbum describendi fuissent. Hæc itaque omnia quæ sic adnotata et extracta sunt, lectiones variantes seu accessiones Usuardinas vocamus, quas inter nostra auctaria collocanda putavimus.

236. Præfata extracta, seu variantium elenchi, ferme triginta sunt numero; suntque adeo totidem codices, quos si superius enumeratis editionibus, quibus usi sumus, quatuordecim, codicibus mss. decem et septem, denique octodecim aliis a Chiffletio collectis, adjunxeris, patebit postremam hanc nostram editionem ex codicibus prope octoginta adornatam, illustratam, repurgatam. Nolim tamen dissimulare esse aliquid quod in collationibus et recensionibus ab Henschenio et Papebrochio factis mihi displiceat, cum ex indiculorum nostrorum modo perspexerim non omnes interpolationes appositas esse, ut manifeste comperi in codice Ughelliano, passim simili editioni Lubecanæ maximæ et Antuerpiensi manuscripto; prioris enim additamenta omnia exactissime notata sunt, non item ea quæ haud dubie in medio textu inserta fuerant. Quod cum Papebrochio pridem objicerem, candide fassus est ita ab ipsis institutas fuisse collationes manuscriptorum cum Greveno, ut nonnisi de prima et ultima annuntiatione solliciti fuerint. Hæc præmonere oportuit ut advertat lector quam sincere juxta ac rigide expensa et discussa sint documenta omnia ex quibus hæc nostra Usuardina editio concinnata est. Jam extracta, atque una codices unde accepta sunt, sic breviter repræsentabo, ut nihil prætermissurus sim quod ad sufficientem omnium notitiam desiderari queat.

237. In nostra collectione primum locum occupat codex *Aquicinctinus*, non ab Henschenio et Papebrochio, sed ab aliquo, fortasse cœnobii illius monacho, accuratissime et distinctissime collatus, ne neglectis quidem intercurrentibus minutiis. De hoc supra dicere cœpimus num. 224, ubi ipsi et Marchianensi fragmento inter anuquiores purioresque manuscriptos codices datus est locus, notatumque in multis convenire cum Pratensi, Antuerpiensi majore et Rosweydino, tum vel maxime, cum hi a cæterorum turma segregati sunt. Hic præterea cursim observabo quæ codicis Aquicinctini ætatem non obscure definire queant. Qui manuscriptum cum secunda Molani editione anni 1568 contulit ad 25 Augusti, descripta ultima commemoratione: *Ipso die, Parisiis, elevatio beati Ludovici confessoris*, sedulo notavit, hæc calamo longe recentiore adjecta esse. Sic xxi octobris, ad hanc ultimam etiam annuntiationem: *Coloniæ SS. undecim millium virginum*, additur: *Hæc sunt a manu recentiore*. Hujusmodi indicia satis probare videntur codicem ipsum autographum sæculo xiii aut forte citius exaratum fuisse. De hoc paulo fusius, reliquos omnes multo brevius enumerabimus, ea sola describendo quæ a collatoribus observata fuerint.

238. Antiquitatis et simplicitatis ordine sequi hic deberet manuscriptus Usuardus *Marchianensis*, citato num. 224 etiam laudatus; sed cum sola fragmenta duo, nempe mensis Februarius et pars Martii penes nos sint, plura dicere supersedeo.

239. *Victorinus* citari poterat sub duplici nomine, quippe cum altero collatus; sed satis est id verbo hic indicasse. Variantes seu extracta scripta sunt manu Henschenii, præmisso hoc titulo: *Usuardus Parisiensis ms. sancti Victoris, ex excusis Molani, collatus cum ms. serenissimæ reginæ Sueciæ, quod pertinuit anno 1521 ad Bernardum Hahnetreau presbyterum curatum B. Mariæ in ecclesia Silvanecensi*. Videtur fuisse alicujus monasterii in diœcesi *Nivernensi*. Sæpissime convenit, adeoque in Auctariis sæpe citatur, cum alio codice reginæ Sueciæ signato n. 130, de quo infra.

240. Sequuntur fragmenta aliqua codicis ecclesiæ *Pulsanensis* ac *Messanensis*, tum Martyrologii *Pleschioniensis*, quorum primum non magni momenti

est; alterum paulo majus, desumptum est ex manuscripto Longobardico, quod verosimiliter aut plenum non fuit, aut saltem integre legi nequivit.

241. Proximo extracto, etiam ab Henschenio descripto, hæc in fronte præmittuntur : *Usuardus manuscriptus reginæ Sueciæ, qui fuit illustrissimi principis domini D. Petri Vok Ursini, domini domus a Rosemberg, ultimi et senioris, et e primatibus Bohemiæ, celsissimi et antiquissimi*, *an.* 1609 *collatus cum ms. Ultrajectensi in quarto, et excuso Molani.* Codicem antiquum non esse ostendit commemoratio S. Bernardini posita xx Maii, cum hic sanctus obierit an. 1444.

242. Ex chartis PP. Fulliensium Parisiis hic interjicitur sanctorum elenchus, qui an plane Usuardinus sit non audeo statuere. Sic incipit : *Ex antiquissimo Martyrologio ms. prioratus de Daverone, ordinis sancti Benedicti, diœcesis Carnotensis.* Citatur in Auctariis sub nomine codicis *Daveronensis.* Admiscetur series antiqua regum Franciæ. Tum : *Index et catalogus sanctorum, quorum passiones et Vitæ continentur in Legendario ms. RR. PP. Carmelitarum Discalceatorum suburbii S. Germani Parisiis.*

243. Ultima totius scripti pars est *Martyrologium manuscriptum ecclesiæ Ambianensis.* Cum ipsum in serie Usuardinorum repererim, ut tale in Auctariis citavi.

244. Superius num. 116 locuti sumus de codice aliquo integro, inter extracta reposito, sub hoc titulo : *Compendiosum Martyrologium, excerptum ex matricula carthusiæ Ultrajectinæ, conscripta in pergameno, saltem primo digesta, jam facile a ducentis aut amplius annis.* Poterat hujus codicis descriptor, qui ipsum cum Martyrologio Romano contulit, paulo certius ætatem determinare, si advertisset, xxx Julii sic legi : *Brigittæ sanctimonialis, a qua habent ortum illius ordinis observatrices, quæ modernis temporibus in diœcesi Trajectensi oriri cœperunt.* Non ponitur Bruno vi Octobris. Est merum Usuardi compendium, semper integre, ut citato numero diximus, in Auctariis descriptum.

245. Tres Usuardi Bigotiani satis puri esse debent, cum pauca additamenta invenerint Henschenius et Papebrochius ; hic singulis notas apposuit. De primo sic habet : *Usuardus collatus cum Martyrologio M. bibliothecæ Bigotianæ, sub nomine Eusebii, Hieronymi et Bedæ, quod olim fuit alicujus conventus Patrum Cœlestinorum, sign. P. 5.* De secundo scribit : *Ex ejusdem bibliothecæ codice antiquo signato E 4, vel E 40, qui fuit ecclesiæ S. Stephani, ut putatur, Cadomensis, in quo fere simplex textus Usuardi et paucissima Bellini.* Vix ulla in isto additamenta reperta sunt ; nec multa in tertio : *Usuardus collatus cum tertio vetustiori, sign. D 9.* Omnes incipiunt *a vigilia Nativitatis Domini*, quo modo Usuardum ipsum Martyrologium suum inchoasse diximus num. 169.

246. Sequitur foliolum, P. Chiffletii manuscriptum, sub hoc titulo : *Excerpta ex Martyrologio S. Benigni Divionensis, quod ipsum est Usuardi Martyrologium, paucis vel textui insertis, vel ad marginem ascriptis, quæ hic pleraque collegimus.* Pauca certe Usuardo adjecta invenio : quæ ad marginem apposita dicuntur, spectant ad dedicationes altarium, vel capellarum, ut plures habentur in famoso Pratensi codice, sed eas prope omnes prætermisimus, nisi cum in aliis exprimuntur. Altera collatio a manu Papebrochii sic depingitur : *Martyrologium Usuardi, collatum cum ms. S. Benigni Divionensis, quod est apud Cistertium.* Primum vocavimus *Divionense* hoc *Cisterliense*. Alia sunt inter Chiffletianos extracta, de quibus suo loco.

Est deinde *Martyrologium Usuardi, collatum cum manuscripto Cluniacensi.* Exiguus accessionum numerus satis ostendit codicem istum purioribus annumerandum.

247. *Martyrologium Usuardi, collatum cum ms. monasterii sancti Laurentii Canonicorum Regularium civitatis Augensis.* Et in hoc pauca auctaria reperit Papebrochius, atque adeo si collatio recte instituta est, hic etiam puris nostris Usuardis accedit.

248. Paulo auctior est is quem Papebrochius ita designat : *Martyrologium Usuardi, collatum cum ms. Fratrum Conventualium monasterii sanctæ Mariæ Chamberii, cui subjunctum Kalendarium, continens obligationes et mortes memorabiles illius conventus.*

249. Sequens collatio facta est cum duobus Usuardis manuscriptis reginæ Sueciæ, quorum alter notam præfert numeri 130 ; estque is idem, quem supra diximus sæpe convenire cum codice Victorino. Secundus distinguitur per numerum 428. Utrumque auctiorem, ac proinde a simplicitate Usuardina multum recedere docebunt Auctaria

250. Ut tres proximi satis dignoscantur, describendus est totus Papebrochii titulus : *Martyrologium Usuardi, collatum cum ms. A, domini Le Mare, quod fuit collegii Canonicorum S. Lazari Augustoduni, habetque in margine notatos obitus et obligationes istius collegii ex vi legatorum, etc., quæ accuratissime exprimuntur. Item cum ms. B, in quo scribitur S. P. N. Augustini. Et ms. C, quod fuit alicujus conventus Franciscani, ut patet ex festis et Ordini propriis : utrumque post seculum xiv, scriptum ; pertinensque ad D. Du Cheval Divione, cum primum ante sexcentos annos scriptum esse constet.* Extracta omnia ita inter se commista sunt, ut vix securus sim de recta singulorum citatione. Hic vere locum habet poetæ dictum : *Dum brevis esse laboro, obscurus fio.* Eadem confusio proxime recurret in codicibus Florentinis ab Henschenio collatis.

251. Copiose auctus, et contra copiose contractus, codex Usuardinus Vaticanus, signatus num. 5949, scriptus charactere Longobardico, quem vocat Papebrochius *Novam collectionem ex Usuardo, Adone et aliis factam pro ecclesia Beneventana.* Pro ea ecclesia collectum aut compositum esse satis innuit titulus S.

Sophiæ, toties in contextu relatus. Ex Adone vix quidquam habet, potius ex aliquo Hieronymiano interpolatus est. Ætatem quodammodo conjicere voluit Papebrochius, dum ait *meminisse S. Romualdi et Thomæ Cantuariensis.* Sed de ea pluribus disputare operæ pretium non est.

252. Hix sequitur codex ille, de quo supra non semel memini, nempe Usuardus *abbatis Ughelli* sive *Ughellianus,* quem in omnibus puto convenire cum nostro Antuerpiensi et antiquissima editione Lubecana maxima. Qui si accuratius collatus fuisset, haud dubie a duobus aliis nunquam divelleretur. Nolim tamen id tam certo affirmare, cum facile etiam in aliquibus dissentire potuerit.

253. *Altempsianum* recte advertit Papebrochius in Anglia auctum esse, cum hujusmodi additamenta sæpe recurrant. Qua occasione Romam pervenerit, explicatum non est, nec de ejus ætate scrupulosius inquirenda multum sui sollicitus : id vero observavi, codicem olim fuisse ecclesiæ Wintoniensis, cum xxx Octobris ita legat : *Ipso die ordinatio sanctissimi antistitis atque patroni nostri Swithini;* alii scribunt *Swithuni.* Collatio nostra incipit a mense Martio, rejectis in finem Januarii et Februario. Suspicor autographum ipsum ita olim scriptum, vel forte male compactum fuisse.

254. En modo confusionem Florentinorum codicum, de qua dicebam num. 250. Sic in fronte scripsit Henschenius : *Martyrologium Usuardi collatum 1° cum ms. D. Caroli Strozzii, senatoris Florentini, in quarto. Collatum 2° cum Martyrologio Florentino, edito Florentiæ anno* 1486 (alibi notatur 1484, sed primum numerum servavimus), *per Franciscum de Bonaccursiis presbyterum, et spectat ad eumdem Strozzium, in quo dum desunt additur (✠ deest). Collatum 3° cum manuscripto Mediceæ bibliothecæ, in pergameno, in quarto. Quæ si conveniat, inferius subditur, si alia ibi sola sint, superne linea trahitur.* Quam hæc errori obnoxia sint, nemo non videt. Conatus sum, qua potui diligentia, ad proprios codices referre singula ; sicubi deflexerim, prudens lector facile ignoscet. Non videntur hi codices sæculum xv superare, certe perpetuis ferme redundant auctariis.

255. Sequuntur extracta, seu collationes aliæ, Florentiæ et alibi factæ, cum aliis Martyrologiis, ex Adone et ex aliis multum interpolatis, quæ pro Usuardinis non agnovit Henschenius, neque nos eorum accessionibus Auctaria nostra crescere voluimus, aliunde satis ampla et numerosa. At cum Chiffletiana pleraque ex codicibus Usuardinis accepta videantur, eorum potior habita est ratio, unde hic singulorum nomina percurremus, ne quid in toto opere recurrat quod non undequaque explicatum sit. Hic titulus a Papebrochio omnibus præfigitur.

Extracta ex variis Martyrologiis a R. P. Petro Francisco Chiffletio.

256. *Ex veteri manuscripto Usuardi S. Rigaud,* hoc est *S. Rigaldi,* in territorio Matisconensi. Si ex additionibus de codicis puritate judicare liceat, probum esse oportet, cum illæ paucæ sint numero.

257. *Ex Martyrologio monasterii Jurensis S. Ragnoberti, ex Adone et Usuardo contexto,* inquit Papebrochius ; at si singula recte expenderis, a stylo Adonis permodice participat. Magis crediderim Usuardum esse ad aliorum morem, sed non multum interpolatum.

258. *Ex Martyrologio ecclesiæ Lugdunensis sancti Stephani ; sub nomine Bedæ,* sic iterum loquitur Papebrochius, *sed Adoni similiori.* Non satis capio unde hæc rursus similitudo accepta sit, nam Auctaria pleraque, si non Usuardum, saltem ejus enuntiandi modum ferme sapiunt.

259. *Ex Martyrologio Usuardi ecclesiæ Burdigalensis.* Nihil additum est ex quo de ejus ætate statuatur. Quantum a primigenia simplicitate absit, intellige ex Auctariis.

260. *Ex veteri Martyrologio Castri Karoli,* seu, mavis, ex cœnobio sanctæ Mariæ de Castro Karoli. Locum mihi hactenus ignotum fateor. Si codex Usuardinus est, non videtur contemnendus.

261. *Ex Martyrologio Bizunticensi S. Pauli.* Non multa habet ex quibus magis ad eam quam ad aliam quamlibet urbem pertinere dicendus sit. Huic addi possunt extracta alia non magni momenti, desumpta *ex Martyrologio Luxoviensi.* De hoc etiam peculiare quidquam notatum non invenio, nec observare ipse potui.

262. *Ex Martyrologio sancti Anatolii Salinensis.* His extractis subjunguntur alia etiam perpauca, *ex Martyrologio Franciscanorum Salinensium.* Sola nomina indico, cum dubiis conjecturis indulgere nolim.

263. Æque obscura sunt ea quæ Chiffletius sumpsit *ex Martyrologio abbatiæ Gollianæ.*

264. Item *ex Martyrologio Montis Sancti,* nisi quod in eo magis exornentur *Romaricus* (a quo nomen sortitur locus, ut sit *mons sancti Romarici*) aliique sancti cum eo conjuncti, aut ad idem cœnobium spectantes.

265. *Ex Martyrologio Usuardi, Caudiacensis prioratus.* Memini me alicubi in Actis hunc codicem reperire sub nomine *Candracensis,* sed servanda est nomenclatio, qua etiam in Auctariis usus sum potissimum. Tot solus hic codex additiones habet quot in sequentibus quatuor reperiuntur.

266. *Ex Martyrologio Balernensi.* Duæ solæ annuntiationes extractæ sunt, quæ aliunde in Auctariis satis notæ, ex hoc codice citari non merebantur.

267. *Ex Martyrologio sancti Vincentii Cabillonensis.* Patriam suam clarissime indicat, nam quæcunque habet, loci ipsius propria sunt.

268. *Ex Martyrologio Usuardi, monasterii sancti Benigni Divionensis.* Idem nomen ex ipsiusmet Chiffletii manuscripto supra citavimus num. 245 ; verum extracta non plane conveniunt, nam in priori

nonnisi sex, in hoc annuntiationes undecim reperiuntur. Sed tanti non est ea discrepantia, ut hic ei explanandæ diutius immoremur.

269. *Ex Martyrologio Divionensi ecclesiæ sancti Stephani.* Et hic codex pauca suppeditat. Inter additiones undecim, duæ duntaxat Divionensibus propriæ reperiuntur.

270. *Ex Martyrologio pervetusto Remensis ecclesiæ sanctorum Timothei et Apollinaris.* Codex hic valde copiosus est, pluribus abundans auctariis quam ullus ex præcedentibus. Utrum vere Usuardinus sit, non explicavit Chiffletius.

271. *Ex Martyrologio sanctæ Mariæ Belnensis.* Et hoc vere nomen suum præfert, cum non habeat nisi Belnensia. Vide egregium specimen XXVI Aprilis.

272. *Ex Martyrologio Accincti.* Unicam habet commemorationem : *In territorio Bisuntino, monasterio Bellevallis, translatio S. Petri episcopi et confessoris;* de qua vide VIII Maii.

273. Chiffletianis postremo hoc loco superadditur extractum non maximi momenti *ex Martyrologio Usuardi Abdinghoffensis* in Westphalia, quod vix pagellam implet. Alia ex eodem codice adjunguntur quæ huc non pertinent.

Codices alii in hoc opere non adhibiti.

274. Præter longam codicum Usuardinorum seriem, satis fuse hucusque descriptam, alia penes nos manuscripta sunt, quæ numerum augere poterant, nisi tanta aliorum copia fuisset. Habemus codicem alterum Ultrajectinum *ecclesiæ sanctæ Mariæ Canonicorum,* manu Belgica, in folio, cui ascripsit olim Rosweydus *non esse Usuardum;* recte, si de puro intellexit, at ex Usuardo et aliis compilatum fuisse statim perspiciet, qui Usuardum noverit. Citat Molanus, præfationis cap. 13, *Usuardum Guilielmitarum Brugensium,* quo in sua editione usus sit. Invenio descriptos inde menses duos, ex quibus colligo, multum convenire cum Usuardis nostris Leydensibus, præsertim cum Belgico, unde et cum ipsis codicibus, prædicti duo menses compacti sunt. Est item codex alius parvus, manu recentiori scriptus, quem simpliciter *Brugensem* vocamus, semel aut iterum, ni fallor, a nobis citatus, sed subinde rejectus, quod ab Usuardo nimis sæpe deflecteret. Adjungo his codicem alium minimum, corio nigro coopertum, qui fere Usuardinus dici posset, nisi nimium et quasi studio contractus esset. Citantur in Actis non raro *Additiones manuscriptæ Cartusiæ Bruxellensis,* sed hæ nihil ad Usuardum, cum mera augmenta sint, editioni Grevenianæ superaddita. Contulit Papebrochius editionem Lubeco-Coloniensem, cum codice aliquo abbatiæ Præmonstratensis S. *Michaelis Antuerpiæ,* verum et in eo additiones sunt additionibus superadjectæ. Demum in Actis frequenter recurrit *Florarium Sanctorum,* in quo Usuardina multis aliis immista sunt. Sufficiebant mihi codices jam enumerati, quotidie evolvendi, ut facile reliquos omnes intactos relinquerem.

275. Erit fortasse qui ex citatis præfationis hujus initio Bollandi verbis, quærat cur inter tot Usuardos hic jam ordine recensitos, locum non habeat *Pragensis* ille quem cum Bruxellensi ibidem nominat? Dicam candide nullum me peculiarem codicem Pragensem nosse. Non diffitebor tamen in nostra Martyrologiorum collectione, Martyrologium aliquod Pragense reperiri, quod *proprium Pragense* vocavit Henschenius; idque merito, cum solos eos dies signet, quibus Pragæ festivitas aliqua celebratur, propter sanctorum reliquias a Carolo IV Cæsare, magno numero procuratas eoque collatas. In manuscripto nostro manu Papebrochii notatur P. Gamansium codicem ipsum Pragensem ad Bollandum olim misisse, sed ad dictum Patrem remissum anno 1681. Cæterum satis mihi certum est, de tali Martyrologio Bollandum in præfatione generali locutum non esse. Malim credere Pragenses Patres nostros, Usuardi Danici olim possessores, extracta aliqua et specimina ad Bollandum misisse, ex quibus ipse facillime judicare potuerit, *amplificata sanctorum elogia, et plurima nomina ascripta.* Si præter hoc, aliud Pragense Martyrologium aut vidit, aut sibi commodatum habuit, certum est in Museo nostro hodie non exstare. Quod si fortasse lector codices alios sub Usuardi nomine in Actis citatos reperiat, meminerit incompletos esse, aut extracta aliqua ad majores nostros fuisse transmissa, sicuti de Hieronymiano Tamlactensi diximus præfationis hujus num. 25.

ARTICULUS VI.
Editionis hujus fides, ratio, ordo.

276. Quod præfationis hujus principio testatus sum, secure denuo sub finem audeo asserere, me in tota hac nova recensione id maxime habuisse præ oculis ut, præter Martyrologiorum genealogiam, Usuardum purissimum et sincerissimum proferrem; in quo, confidenter dicam, nihil operæ, nihil laboris, nihil diligentiæ a me prætermissum fuisse. Fontes assignavi ita repurgatos et mundatos, ut limpidam veritatem ex iis haustam existimem; atque adeo tuto et absque ullius invidia Usuardo huic applicare possim quod pontifici Paulo V de suo Adone asseverabat Rosweydus : « Ea fide curaque recensitum, ut affirmare non verear, parum a calamo menteque auctoris abesse. Intererat profecto reipublicæ Christianæ, ne quid magni viri titulo legeretur, quod ipsius non esset, ne quid corruptum ejus nomine circumferretur, aliena adsutum manu; ne viri auctoritatem secuta posteritas, erroris funiculos necteret; ne quoque USUARDO quidquam abjudicaretur; cui certissimum ab unanimi codicum suffragio testimonium esset. » Ne vero plura in hanc rem argumenta coacervando, præfationem jam satis, forte nimis diffusam, ulterius protraham, asserti mei sinceritatem per singulos dies perspiciet, qui Observationes nostras consulere dignabitur.

277. De operis item ratione et ordine paucissima dicenda supersunt. In fronte cujusque diei ponitur textus ipse Usuardinus, ex præcipuorum, imo omnium codicum collatione eductus; quorum, qui eo die puri reperti sunt, nomina minori charactere Italico subjiciuntur, tanquam præmissi textus Usuardini probatio. Si quando nullus codex integre purus et simplex fuerit, attexitur dissertatiuncula, qua de textus simplicitate lector abunde edoceatur. Eo autem ex probatioribus codicibus expurgato, cætera omnia quæ Usuardo abjudicanda censemus, in eum elenchum rejecta sunt, quem Auctaria appellavimus. Porro, operis ordine, sequitur manipulus lectionum variantium, in codicibus Usuardinis, pro eo textu citatis occurrentium, ubi si forte minutiæ observentur momenti perexigui, meminerit lector me hic omnium gustibus deservire debuisse, adeoque et morosis antiquariis non nihil tribuere. Hos vero qui noverit, scit cum iis se ingeniis conflictari, quibus religionis est vel minimum apicem in hisce rebus negligere. Qui similibus non delectantur, auctor iis sum ut de Variantibus nihil solliciti, ad Observationes transeant; ibi reperturi quæcunque ad auctaria nostri illustrationem conducere posse censuimus.

278. Prima cura fuit textus Usuardini genesim eruere et explanare, ut lectores quotidie habeant, quam supra dicebam, Usuardi cum patre, avo, vel avis et abavis, cognatis et affinibus conjunctionem, eo plane modo quem supra præfatione principio repræsentare conatus sum. Præter Martyrologos, ad demonstrandam cultus sanctorum diuturnitatem, non semel adduxi antiqua Kalendaria, eaque præcipue hoc tempore inter eruditos auctoritatis, ut est celeberrimum illud et vetustissimum, primum a Bucherio vulgatum, in commentario ad Victorii Aquitani Canonem Paschalem a pag. 267, et denuo editum a Ruinartio inter sincera et selecta martyrum Acta, in editione Parisiensi (qua sola usus sum) a pag. 692, in recentiori Amstelodamensi, a pag. 647; cui in utraque hac editione subjungitur Kalendarium aliud Carthaginense, etiam antiquissimum, quod primus reperit, publici juris fecit notisque illustravit laudatus sæpe a nobis Mabilio, Analect. tomo III, a pag. 398.

279. Alia duo sunt, vel forte editorum duorum Kalendarium idem, quod primum Leo Allatius operi de Ecclesiæ Occidentalis atque Orientalis perpetua consensione, edito an. 1648, inseruit a col. 1487. Fronto autem, de quo supra egimus, sub alio formæ titulo vulgavit an. 1652, ut vide supra num. 110 ac sæpius in operis nostri contextu. His adde Sacramentaria a Menardo, Thomasio et Mabilione edita recensitaque, quæ omnia stabiliendo sanctorum vetusto cultui suis locis adducta sunt. Altera ferme quotidie mota est quæstio de Martyrologiorum nostrorum encomiis, seu Actis ipsis, unde illa a Beda et Adone accepta et contexta sunt, in quibus gravior plerumque difficultas, sed hic pro operis hujus instituto, sic paucis expedita, ut semestri primo ex Actorum commentariorumque nostrorum fide, res decisa plerumque sit, semestri autem altero, monumentis, seu excusis, seu apud nos manuscriptis breviter discussis, intricatiora controversiarum capita ad majus opus remiserimus. Hic nonnunquam auctores citavi, necdum satis diligenter a me examinatos, atque inter eos præcipuum Sebastianum Lenain de Tillemont, in laboriosissimo opere Gallico sub titulo Commentariorum ad historiam ecclesiasticam, in sexdecim volumina distributo, quem et alios quoscunque in eamdem rem ita appellatos, volo, ut eorum auctoritati nec hilum tribuam, si cum Romanæ Ecclesiæ consensu et approbatione non omni ex parte conveniat.

280. Hæc lectorem eruditum promonuisse plus quam satis est; quod unice quærimus: nam harum rerum imperitis talis nunquam monumentorum nostrorum explicatio dabitur, quæ ad omnium intelligentiam sufficiat. Idem ferme dictum sit de tota orthographiæ ratione, quæ in ipso Usuardi textu ex codicibus ferme servata est, eademque passim in Auctariis adhibita, sic ut nemo offendi debeat aut possit, si plurima perperam scripta inveniat, tum in rebus ipsis, tum in nominibus propriis. Sic passim scribitur in textu *prespiteri*, etc., *Dionisii, Hieronimi, Hierosolimis*, etc.; quorum omnium ratio redditur, in eo quem distinguimus articulo, sub nomine *Variæ lectionis*. In Auctariis multa recurrunt longe absurdiora, ubi tamen visum est restituere diphthongum *æ*, quæ in nullis codicibus, præterquam in Pratensi, Heriniensi, Rosweydino atque Molani editione reperta est. Barbariei a nobis servatæ vindicias dabit Augustinus, relatus a Molano in adnotatione IX Januarii. Hic præfationis metas figo, nam id genus minutiarum exponendarum, si singulas vellem percurrere, nunquam esset finis; satis fortasse alibi tædii afferent, ut hic iis percensendis tempus denuo terere operæ pretium non sit. Et mihi et omnibus faciam satis, si Usuardi Martyrologium, purum, germanum, sincerum et simplex exhibuero, qui est præcipuus operis nostri finis, ad unam, ut jam non semel diximus, eamque majorem Dei sanctorumque gloriam.

NOTANDA PRO INDICIBUS.

281. Ad evitandam, quæ in Molani indice est, sanctorum Usuardinorum, aliorumque qui solum in additionibus referuntur, confusionem, duplicem toti operi indicem subjunximus; alterum, qui sanctos pure Usuardinos aut festa alia ad Usuardum vere pertinentia complectitur; alterum, in quo Auctariorum omnium sancti continentur, sed ita dispositi, ut pleraque, codicum ipsorum, ex quibus desumpti sunt, errata, atque in transformandis, multiplicandis commutandisque sanctorum nominibus, item in iisdem sæpe repetendis perturbatio ablata non sit, in quo etiam fidelitatem nostram lectori probatam voluimus. Neque vero hujus loci erat sanctos illos aut ad proprios dies natales revocare, aut controversa alia dissolvere, cum hæc propria sit commentariorum nostrorum ad ipsa acta institutio, quo hæc omnia reducenda et remittenda putavimus.

PROLEGOMENA EDITIONIS [a] J. BOUILLARTII.

PRÆFATIO

Autographum Usuardini Martyrologii tanto studio per novem sæcula asservatum, tantopere ab eruditis expetitum, toties efflagitatum, en tandem prodit e bibliotheca sancti Germani a Pratis. Ex quo R. P. Joan. Bollandus, cujus pios doctosque labores nulla unquam delebit oblivio, præclarum istud monumentum sibi describi, et cum alio ejusdem abbatiæ recentiori codice conferri curaverat, Usuardumque juris publici facturum esse se promiserat (*Præf. in Acta. SS.*, tom. I); Benedictini, qui, suis modo ditescat opibus respublica litteraria, pro nihilo habent sibi munus acceptum referri, de illo typis mandando ne cogitabant quidem. Illa gloria frui Virum optime de Ecclesia merentem non solum æquo patiebantur animo; sed etiam gaudebant de suo nonnihil accessisse Collectioni quæ uberes orbi Christiano fructus allatura erat. Sibi persuadebant viro erudito ejusque adjutoribus summo in pretio futurum esse suum codicem, eosque religioni ducturos addere quidquam vel detrahere.

Nec eos terrebat, quod in sua præfatione celebris ille Jesuita magis in Heriniensem codicem quam in Pratensem propendere videbatur. Cum enim Heriniensis illi non visus esset potior Pratensi, quam quod iste Idibus Januarii translationem reliquiarum S. Viventii Verziacum annuntiaret, nihil factu fuisset facilius, quam evellere ex animo tenuissimum illum scrupulum. Satis fuisset virum veritatis amantem admonere, adjectam recentiore manu fuisse illam translationem; scripturarum discrimen esse vel cæco perspicuum; in hujus generis opere nihil mirum esse, quod quædam addita fuerint; nisi vellet pro novis festis novum subinde exaratum fuisse codicem; nihil inde auctoritatis autographo decedere, quod se satis scripturæ antiquitate, nitore, elegantia tuetur atque defendit.

Sed nostra nos fefellit opinio. Postquam per septuaginta annos suspensam omnium exspectationem tenuerunt Antuerpienses Jesuitæ, tandem in lucem emittunt Martyrologium, Usuardi vocant, sed ita non purum, ut, si revivisceret Usuardus, in illo frustra se ipse quæreret. Quibusnam vero causis tantum sibi licentiæ dederunt? quia in autographo Pratensi lituræ sunt, et litturis superinducta quædam, quæ in cæteris Usuardini Martyrologii exemplis desunt. Mirum scilicet in autographo lituras videri, quasi non illud maxime laudaretur opus quod multa litura coercuit: et superinducta quædam quid autographo fidei detrahunt, cum quæ superinduxit manus, eadem est, quæ reliquum codicem exaravit?

Illatam nostro codici tantam injuriam dissimulare non decebat, non licebat. Nam si notæ chronologicæ, quas præ se codex ille fert; si forma litterarum quibus describitur; si silentium de iis, qui postea sunt in sanctorum numerum relati; si festorum consecutis temporibus institutorum prætermissio; si nostra in conservandis codicibus cura, vigilantia fidesque non possunt a suspicionibus tutum Usuardi autographum præstare: quid certi futurum est in litteris? Omnium auctorum qui nostris e bibliothecis exierunt, quem habemus habuimusve codicem, cujus vetustas et præstantia pluribus firmioribusque argumentis nitatur? Artis criticæ veluti norma est, ut vetustissimus est codex et proxime ab auctore abest, ita minime interpolationis nomine suspectum esse: quid fiet, obsecro, illa norma, si, quem ab ipsomet auctore, aut eo dirigente scriptum esse constat, eum adulteratum fingere licet?

At enim, inquies, Sirmondus, Joannes Baptista de Cortas, Stephanus Chamillart Jesuitæ codicem illum inspexerunt (b); illum etiam Castellanus Parisiensis Ecclesiæ canonicus semel et iterum contulit: qui fieri potuit, ut viri in dignoscendis conferendisque codicibus exercitati tam sæpe fallerentur?

Istud mihi etiam, donec ipse hisce oculis codicem vidi, visum est incredibile. Quin et diu dubitavi an revera Castellanus retulisset ea quæ ab illo accepisse se testatur postremus Usuardi editor R. P. Sollerius soc. Jesu: necdum crederem, nisi tam timuissem illius fidem, quam parum ille timuit Benedictinorum suspectam habere. Utcumque est, nostra omnibus patet bibliotheca; præsto erit codex, unusquisque judex esse poterit. Tantum opus ex oculis. Atque ut omnes, quid occasionem controversiæ dederit, sciant; non solum paginam integram æcre incidi voluimus; verum etiam autographum exhiberi totum, cujusmodi est. Quæ addita fuerunt alia manu, ea certe pauca, alio charactere pinguntur; quæ in margine posita, in margine relicta sunt; quæ manca sunt et mutila, eadem videbuntur. Sic lector ipse judicabit, quæ Usuardo abjudicari, quæ eidem adjudicari, debeant.

Quis autem Usuardus ille fuerit; quo tempore Martyrologium scripserit; ex quibus illud fontibus hauserit, disputant inter se critici, totaque in his rebus prolixissima versatur præfixa Solleriano Usuardo præfatio. Ego qui grandis voluminis minime sum ambitiosus, quæ certis ex monumentis comperire licuit, narratione tradam brevi.

Usuardus *vir magnæ probitatis* (c), sancti Germani Parisiensis sacerdos et monachus fuit (d). Jam anno 858, professioni monasticæ nomen dederat (e). Tunc enim subscripsit instrumento, quo Pratenses monachi precum societatem sanxerunt cum Remigianis Rhemensibus. Annis circiter decem et novem elapsis, cum diruta a Saracenis vel Mauris Valentia civitate, spes data fuisset Pratensibus, facile se in ruinis illius urbis corpus beati Vincentii Levitæ sui patroni inventuros; Hilduinus II abbas neminem judicavit Usuardo magis idoneum; qui pium hoc et laboriosum iter susciperet. Quod ingressus cum comite Odilardo, cum Valentiam ire non posset, Mauris itinera infe-

---

(a) Titulus : *Usuardi San.-Germanensis monachi Martyrologium sincerum, ad autographi in San.-Germanensi abbatia servati fidem editum, et ab observationibus R. P. SOLLERI societatis Jesu vindicatum. Opera et studio D*** presbyteri et monachi Benedictini e congregatione Sancti Mauri. Parisiis apud Petrum Franciscum Giffart, librarium, via Jacobæa, sub signo sanctæ Theresiæ. M. DCCXVIII,* cum approbatione et privilegio regis.

(b) Vide edit. Soller. præf. in Usuardi Martyrolog., c. 3, art. 4, § 1, n. 195.

(c) Aimoin., Transl. corp. SS. Georgii Aurel., etc. pag. 4.

(d) Prolog. Martyrol. Usuard.

(e) Spicil. t. IV, pag. 229; Aimoin., ibid., pag. 40.

stantibus, Cordubam petiit, unde tandem anno 858 Egmantum in villam ad monachos Pratenses pertinentem et in Senonensi dioecesi sitam revexit sanctorum Georgii et Aurelii corpora et sanctæ Nataliæ caput.

Anno 863 Nortmannis, qui sancti Germani monasterium incenderant, in suam patriam reversis, Usuardus cum cæteris monachis Parisios rediit, jussuque Caroli Calvi Martyrologio operam dedit. Cur id negotii datum illi fuerit, ipse causam affert in Prologo. Tunc temporis plurima vulgata fuerant hujus generis scripta. Nam præter illa quæ Hieronymi et Bedæ nomina præferebant, Florus (incertum quis fuerit) aut peculiare quoddam concinnaverat, aut Bedæ tantum auxerat. Rabanus Moguntiæ archiepiscopus, Wandalbertus diaconus et monachus Prumiensis in dioecesi Trevirensi, ejusdem generis opus composuerant : quos secutus fuerat Ado primum Ferrariensis monachus, dein episcopus Viennensis. Ex omnibus illis Martyrologiis unum confecit Usuardus noster.

Ex omnibus illis dico, quamvis illa nominatim non appellet. Nam clare indicat, præter Hieronymi, Bedæ et Flori martyrologia, alia fuisse quibus uteretur. Prologi verba sunt : *quæ res pia quidem sollicitudine (vestro, si recordamini, jussu dignanter admoto) me ad hoc, etsi indignum, compulit, quatinus sanctorum sacras atque anniversario recolendas festivitates ex quibusdam præcedentium Patrum martyrologiis in quamdam colligerem unitatem.* Erant igitur ante Usuardum quædam præcedentium Patrum Martyrologia. At Rabanianum, Wandalbertinum et Adonianum composita ante fuerant, quam suo manum Usuardus admoverat. De duobus prioribus res extra controversiam est. De Adoniano inter eruditos convenit conditum ab Adone fuisse, antequam Viennensem cathedram occuparet, quam occupavit anno 860. Jam luce clarius est Usuardum confecisse suum postquam ex Hispania rediit. Id probant cum plurimi sancti ex Hispania, quos sacris fastis inseruit, tum exceptio corporum sanctorum Georgii et Aurelii XIII Kal. Nov. prima manu consignata (*a*). Egmantum venit anno 858. Egmanti, in villa scripsisse libris omnibus destitutum, res est omnium absurdissima. Nec minus absurdum de Martyrologio Carolum Calvum cogitasse, dum Nortmanni regiam urbem obsidebant et vicina igne ferroque vastabant. Ante annum autem 863, Usuardum cum cæteris monachis Lutetiam non rediisse narrat Aimoinus testis oculatus et reditus comes (*b*). Non igitur ante annum 863 ad Martyrologium animum adjunxit Usuardus. Ante Usuardum igitur Adonis Martyrologium scriptum fuerat; quod in causa est cur sæpe in utroque elogia iisdem fere verbis concepta legantur. Nec Adonem tamen nec cæteros laudat nominatim; quia nec profitebatur se proprio Martyrologium conficere, et illi Martyrologi nemini tunc temporis noti non erant.

At illa, inquies, præcedentium Patrum Martyrologia sunt Hieronymi, Bedæ et Flori martyrologia. Repugnant Usuardi verba. Sic enim pergit paulo inferius : *Præterea et venerabilium, Hieronymi scilicet et Bedæ presbiterorum, piis, quamvis succinctis, super hoc provocabar descriptis.* Nemo hæc attento animo cum antecedentibus comparaverit, quin intelligat illa præcedentium Patrum martyrologia non eadem esse ac illa, quæ Hieronymi et Bedæ *pia descripta* vocat. Præterea ait ideo suscepisse Martyrologium, quod recolebat in ipsis eorumdem (Martyrologiorum præcedentium) *solempnitatibus quam multos propriæ negligentiæ excessus.* At hujus vitii nec Hieronymum, nec Bedam, nec Florum accusat. Sic enim primum de Hieronymo : *quorum alter brevitati studens.* Si brevitati studuit, brevitas non fuit negligentiæ : deinde de Beda : *alter vero quamplures dies intactos relinquens* adnotavit, ut ipse testatur in fine epitomes, omnes quos invenire potuit. Si ergo uterque *multa inveniuntur hujus operis præteriisse necessaria,* alter brevitatis studio peccavit, alter ignoratione, neuter negligentia. Florum denique tantum abest ut negligentiæ insimulet, ut illum sibi sequendum esse censuerit : *Censui et Flori memorabilis latiora jam in eo ipso negotio sequi vestigia, etc.* Igitur præter Hieronymi, Bedæ et Flori Martyrologia, præ oculis habuit Usuardus Rabanianum, Wandalbertinum, Adonianum, et fortasse alia quarumdam ecclesiarum propria, quæ ante Usuardum composita cognoscimus.

Neque vero præcedentium ita pressit Usuardus vestigia, ut ab illis aliquando recedere non auderet. Nullum in suo Martyrologio vitium reliquit ex iis quæ sibi in aliis displicuerant. Hieronymianum æquo brevius dilatavit, supplevit quæ Bedæ deerant necessaria; Flori, aut, si mavis, Adonis (nam an secundus ille liber, quem sequi statuit, revera sit Flori, an ipsissimum Adonis Martyrologium, iis est adhuc sub judice) longiores narrationes paucioribus contraxit. Addidit etiam multa de suo; plures sanctos quos in Hispaniam iter faciens in eo regno coli didicerat; dies festos omnes sui monasterii proprios, et alia quæ *sagaci indagine* perquisierat. Itaque qui cujuspiam sancti mentionem ab Usuardo factam idcirco negaret, quia de illo silent alia martyrologia, is inepte faceret ; cum Usuardus ipse clamet non alia martyrologia se in omnibus imitatum esse. *At si quid,* inquit, *præter quod ab illis accepi in hoc opere actum vel mutatum est, sagaci a me indagine id perquisitum agnosci poterit.*

Opus tanto labore perpolitum, tantaque perfectum industria non poterat omnibus non probari. Ne tamen essent, qui illum levitate potius animi, quam rei utilitate ad corrigenda alia martyrologia adductum esse suspicarentur, suum Carolo, qui nondum Augustus erat, ut liquet ex vetustissimis hujus abbatiæ, Regiæ Bibliothecæ, aliisque Usuardi codicibus, nuncupandum esse duxit : quo etiam illum impulit spes haud obscura fore ut liber tanta auctoritate munitus plus apud præsentes et posteros ponderis haberet. Res ad votum successit. Ita enim concinna sua et eleganti brevitate placuit istud Martyrologium, ut vix absolutum ab omnibus fere ecclesiis usurparetur.

Quandiu postea vixerit Usuardus, incompertum. Id unum exploratum est, vitam ejus prorogari non posse ultra annum 877. Nam in Necrologio, quod eadem ætate est et ejusdem auctoris ac Martyrologium, Ermentrudis reginæ uxoris Caroli mors prima manu notatur; alia eaque recentiore mors Caroli. Ermentrudis autem obiit anno 869, Carolus anno 877. Usuardus igitur intra illud spatium obiit mortem, idque Idibus Januarii. Nam hoc die in eodem Necrologio rubeis litteris memoratur *Usuardus sacerdos.*

(*a*) Aimoin., Transl. corp SS. Georg. Aurel., etc., pag. 51.

(*b*) Aimoin. I, II, Mirac. sancti Germani, c. 15.

VARIÆ USUARDINI MARTYROLOGII EDITIONES

Quæ a Pratensi Codice recedunt.

Lubecana anno	1475	A Coloniensis Greveni altera anno	1521
Ultrajectina anno	1480	Parisiensis Belini anno	1521
Florentina anno	1486	Parisiensis Munerati anno	1536
Papiensis anno	1487	Editio incerta anno	1537
Lubecana alia anno	1490	Lovaniensis Molani anno	1568
Coloniensis anno	1490	Lovaniensis Molani altera anno	1573
Parisiensis Munerati anno	1490	Antuerpiensis anno	1583
Veneta Belini anno	1498	Parisiensis apud Michaelem Sonnium	1585
Lovaniensis Molani anno	1513	Antuerpiensis Sollerii anno	1714
Coloniensis Greveni anno	1515		

REVERENDO PATRI

JOANNI BAPTISTÆ SOLLERIO

PRESBYTERO ET THEOLOGO SOCIETATIS JESU

D. *** Presbyter et Monachus Benedictinus Congreg. S. Mauri

S. P. D.

Tandem persolvisti munus, quod septuaginta abhinc annis Bollandus dux vester pollicitus fuerat. Opus sane magnum et magni laboris. Erudita præfatio, tam utilis quam prolixa. Neque enim dubium est quin doctis vehementer placeant, quæ disseruisti de Bedæ Martyrologio Flori diligentia aucto, tecumque tuis rationibus victi judicent Henschenium et Papebrochium deceptos Bedæ adjudicasse quod Bedæ et Flori erat; Floro tribuisse quod incerto interpolatori ascribendum fuit. De Martyrologio Romano Rosweidi curis edito multum etiam tibi debet litteraria respublica : in quo vindicando tuus eo gloriosior est triumphus, quo plures tibi erant et formidolosiores adversarii, Henricus Valesius, Saussayus, Fronto, Florentinius. Nec laudare non possum tuam de secundo Flori libro conjecturam, eum esse purum putum Adonis Martyrologium, si conjecturam vocare licet sententiam tot tamque solidis argumentis fultam. Quod contra omnium eruditorum opinionem affirmas, Adonem ante Usuardum scripsisse, fuisseque modo non ab Usuardo exscriptum, id ita mihi videtur evidens, ut mirari satis non possim quo modo a criticis negari potuerit. Neque etiam inutiles futuræ sunt Observationes. Verum est, postquam Usuardus ipse in prologo ingenue confessus fuit per quos profecerat, non admodum necessarium fuisse fontes indicare, unde fluxerat maximam partem ejus Martyrologium : sed quia oportuisset quatuor aut quinque libros conferri simul, quibus illi libri deerunt, aut conferendi otium non erit, ii non ægre ferent se hoc labore levatos fuisse. Denique Auctaria aut sanctorum ignotorum nomina suppeditant, aut notorum docent quo memoria pertinuerit; qui sane fructus haud quaquam est levis. Hæc omnia pulchre, bene, recte. Si tam præclaris principiis cætera responderent, o librum eximium! o Martyrologium nullis non laudibus extollendum! Verum in judicio quod de codicibus tulisti, pace tua dixerim, nec Henschenii et Papebrochii correctorem, nec Martyrologii Romani assertorem agnosco : nihil video quod tuam κριτικὴν δύναμιν referat; nihil, quod tibi honori esse possit. Hinc pendebat tamen Editionis et pretium et utilitas. Nam ne legit quidem Præfationem qui Usuardo tantum opus habet. Caput est, Auctor ipse : et tuæ editoris præcipuæ partes erant curare, ut Usuardum exhiberes, ipsum, si fieri posset; sin, quam minime interpolatum. Tota res igitur in codicum delectu posita. Tu codicem omnium antiquissimum, integerrimum, reddendis Usuardi sententiis verbisque accommodatissimum, atque, ut verbo dicam quod codicem commendat maxime, ipsummet Usuardi autographum neglixisti nulla causa; prætulisti codices, quorum nullus omnino purus, alii sunt aliis inquinatiores, quique nec ad edendum Usuardum utiles tibi esse poterant. Atque hæc culpa est, omnium quas editor possit committere gravissima, in quam te incidisse demonstrare aggredior. In quo cavebo quam maxime ne quid mihi excidat, quod vel tantisper tuum animum offendere possit. Sed sicubi aut acris indoles, aut calidius veritatis studium, aut tuæ censuræ iniquitas, aut paulo remissior circumspectio fecit, ut injuriam injuria rependerem, id pro tua humanitate ignoscas velim. Incipio.

Ac primum contendo autographum esse nostrum codicem. Quibus rationibus, audi. 1. Liquet scripturam esse noni sæculi. Judicium oculorum est, a quo provocat nemo quin sit aut cæcus aut male pertinax. 2. Certum est scriptum fuisse codicem ante 877, cum in Necrologio, quod eadem scriptum est manu, Caroli imperatoris hoc anno defuncti mors alia manu notetur. Scio quam huic argumento suspicionem asperseris. *Quid si,* inquis, *totus ille codex centum et, si vis, ducentis annis, post Usuardi obitum scriptus sit, ecquid eadem prima manus Necrologium alique usque prosequi potuit, secundaria autem, nescio quæ, reliqua superaddere?* Quo in ludo, R. P., didicisti res certas suspicionibus eludere? Quid si Judæi Scripturas sacras finxerunt aut adulterarunt? Quid si Benedictini veterum Patrum non tam custodes fuerunt, quam fabricatores aut corruptores? Quid si ex eadem officina prodierunt historici, oratores, poetæ? Nosti quo perduceret isthæc suspicandi licentia?

Unde abii, revertor. 3. Carolo regi necdum Augusto dedicatum opus fuisse fidem faciunt mss. Pratenses, Regiæ Bibliothecæ, aliique non pauci codices, quorum prologus Carolum non Augustum, sed *regem piissimum* simpliciter appellat. 4. In abbatia Sangermanensi exaratum fuisse codicem, res est perspicua. Solemnitates omnes monasterii proprias Martyrologium refert; Martyrologio adjungitur sancti Benedicti Regula in capitulo legi solita; in Necrologio abbates et monachi ejusdem abbatiæ memorantur; tria hæc eadem manu. 5. Extra controversiam est Usuardum S. Germani a Pratis monachum fuisse: id ipsa indicat Prologi subscriptio: *Explicit Prologus Usuardi monachi sancti Germani Paris.* Neque suspicio esse potest adjectam hanc postea fuisse subscriptionem: ita enim Prologum inter et Augustini testimonium inseritur, ut, si defuit antea, nulla arte intrudi potuerit. 6. Nemo dubitaverit in usum hujus abbatiæ cessisse hunc ipsum codicem per tria saltem sæcula. Rem probant additæ margini solemnitates, quæ post Usuardum celebrari cœperunt, et quæ in aliis ejusdem Martyrologii exemplis, quæ, expleto Necrologio, fuerunt eodem in monasterio scriptæ ibidemque etiamnum asservantur; in textum ipsum translatæ sunt. 7. Indubitatum est nunquam a nono sæculo aut combustam aut direptam fuisse hujusce monasterii bibliothecam. 8. Nemo Benedictinos criminatus est aut cudisse aut corrupisse veterum libros, nisi qui veterum auctoritatem defugere voluit. Quid tibi animi est, Rev. Pater? Hæ certæ non sunt autographi notæ? hæc argumenta meris conjecturis debilitari possunt? Tuas in causa tot tamque firmis subsidiis munita negligere liceret, et reapse negligerem, si mihi cum quovis lectore sermo esset: sed cum te a veritate abduxerint, illas dissipari, si non omnibus, tibi saltem utile fuerit.

Primum (*Præf.* c. 3, art. 4, § 1) autographo minime convenire tibi videntur *tot lituræ, erasiones, superinductiones, adjectiones, detractiones, mutationes.* Deerant recepta vocabula, quibus tuum a Pratensi codice alienum animum satis exprimeres: nova et Latinis auribus inaudita fabricari oportuit. Quam varia sunt hominum judicia! Ego nulla alia re magis adducor ad credendum Auctoris ipsius esse nostrum codicem, quam quod tot deleta, erasa, superinducta, adjecta, detracta, mutata video. An unquam fuit autographum operis saltem non mali, quod lituris vacaret? An ulli unquam vitio datum est damnasse quæ placuerant, invenisse quæ fugerant? An soli Usuardo non licuerit scire, stylum non minus agere cum delet? Certum habeo te tuis e schedis erasurum quidquid in Pratensem codicem non satis considerate dixisti. Id ut mihi inducam in animum, facit et nota tua probitas et veritatis amor, quem præ te fers. At si cui decem post mortem tuam annis Antuerpiensem Jesuitarum domum invisenti quispiam e sodalibus intuenda præberet tua scripta sic emendata et correcta, ferretne sodalis ille sic argutantem: Quære peregrinum, scripta illa non sunt autographa. Non aliud ego recipio quam quod ipse in lucem edidit. Fuit symmista quidam, qui eruditi scriptoris famæ consulere volens, suum stylum ad illius accommodandum esse censuit. Si typis mandandum denuo esset illud opus, exemplis uterer in vulgus disseminatis, tuo quod vocas autographo nullam tribuerem fidem. Illa enim sunt nitida, splendida, nullo additamento, nulla interpolatione; hoc autem horridum, sordidum, totum lituris interpolationibusque fœdatum est. Cogita, R. P., quibus rationibus illiberalem illam cavillationem repelleret sodalis tuus, et iisdem tuam a nobis repulsam puta.

Dixeris (*Præf.* c. 3, art. 4, § 1, n. 199): *Non tantum vitæ Usuardo superfuit ut tot variationes in autographum suum induceret.* Quod ut probabile videatur, rationem temporum computas. Scriptus est Pratensis codex, inquis ex Mabillione, hoc temporis intervallo, quod Ermentrudis inter et Caroli impe-

ratoris conjugis ejus mortem intercessit. Nam in Necrologio mors Ermentrudis reginæ prima manu nonis Octobris; Caroli autem, pridie nonas Octobris recentiore manu signata est. Ermentrudis obiit anno 869, Carolus anno 877 defunctus est. Scriptum igitur fuit Martyrologium inter annum 869 et 877. Pergis tu (*Præf.* c. 3, art. 4, § 1, n. 206): *Imo admittendum erit scriptum vel saltem completum fuisse post annum 875, quo primum Calvus imperator creatus est, adeoque probabilissime anno proxime sequenti 876. Insistendo Mabillionis conjecturæ consequens etiam erit obiisse Usuardum ante Calvum, cum hic alia manu Necrologio inscriptus sit, proindeque, ut summum, ad initium anni 877 supervixisse.* Atque ita subductis calculis Usuardum censes uno circiter post absolutum oblatumque Carolo imperatori Martyrologium anno vixisse; quo brevi temporis spatio non esse credibile tam multa potuisse Usuardo occurrere, quæ in Martyrologio mutaret, obliteraret, adjiceret.

Ain tu, R. P., totus annus non sufficit, ut opus tam exiguum in quinquaginta circiter locis corrigatur? Nam non plura sunt, ubi stylum verterit Usuardus. Cujusmodi sunt autem illæ emendationes? Hic nuda litura est, illic additum sancti nomen; est ubi loci tantum mutetur appellatio; ut omnibus correctionibus vix decem pagellas impleas. Et unde habes nuncupatum Carolo imperatori fuisse Martyrologium? Non Augusto, sed *rectum piissimo* dedicatum esse docuerat præmissa tuo Heriniensi codici præfatio. Nullane est illius tantopere commendati codicis auctoritas, nisi ubi cum Pratensi pugnat? Neque etiam iste, neque Dervensis codex in bibliotheca regia servatus, de cujus vetustate et pretio dicam postea, Augusti nomen præfert. Quid contra tres istos codices recentiorum turba? Etsi igitur quod voluit noster doctæ memoriæ Mabillio, annum inter 869 et 877 scriptum fuisset Martyrologium, facile potuit Usuardus perfecto jam et oblato Martyrologio vivere superstes quatuor aut quinque annos; longius quam necessarium erat, intervallum temporis ad eradenda quæ displicebant, addenda quæ magis apta judicabat. Præterea, sive majoribus negotiis distractus fuerit Mabillio, cum conjecturam scribebat, sive ego tardus sim, omnino non capio cur, ex eo quod Ermentrudis Caroli uxoris alia, alia Caroli mors notata sit manu, necesse sit exaratum fuisse Martyrologium hoc temporis intervallo, quod inter utriusque mortem effluxit. Quid vetat scriptum esse duobus, quatuor, sex annis ante Necrologium? An quod eadem sit manus? sed manus cum annis non mutatur præsertim tam paucis. Fieri etiam potuit ut, cum Uusuardus Necrologium scriberet, nullius mors esset, quæ Nonis Octobribus consignaretur. Erat enim hoc in more positum, ut qui Necrologium scribebant omnes anni dies primum ordinarent, posteaque mortuum quemque diei ascriberent, quo mors ejus accidarat: quod in causa est cur in Usuardino Necrologio plurimi sint hodieque dies omnino vacui; plurimi etiam quos replevit manus Usuardina recentior.

Addis (*Præf.* c. 3, art. 4, § 1, n. 206): *Quis suspicari ausit Usuardo aut fas aut integrum fuisse corrigere, postquam Martyrologium ab Imperatore et Ecclesiis esset admissum?* Delicias facis, R. P. An nunquam lege cautum est ne quis Usuardino Martyrologio quidquam adjiceret aut detraheret? Nonne concessum omnibus Ecclesiis fuit, ut suas quæque solemnitates adderent? Et illa codicum varietas nonne signum est impune fuisse mutatum, auctum, imminutum? Pergis porro (*ibid.*): *Quis suadeat toties recursuram eamdem manum addentem, detrahentem, etc. et tamen tam sæpe apparere atramentum aliud vel indicia alia, quæ satis convincant multos annos faciendis correctionibus certo intercurrisse?* Hic tu clamitas apparere sæpe atramentum aliud, et toto tuo volumine bis tantum, si bene memini, de atramento conquestus es. Sed atramentum aliud atque aliud sæpe fuerit adhibitum; an atramenti lagancula multis annis sufficit? Nonne tibi, omnibus sæpe usu venit, ut atramentum elapsa hebdomada decoloretur? Næ illi veteres non consulebant in longitudinem. Providere debuerunt sua scripta ob atramentum apud nepotes futuros plus'minusve habitura auctoritatis; proinde curare ut ne sibi venderetur, quod brevi flavesceret. Quæ *alia* illa sint *indicia* multos annos impendere debuisse Usuardum emendando codici, nescio. Refellam, cum assignare poteris.

Jam si rogites qui factum fuerit, ut Pratensis codex corrigeretur, cæteri non item: ratio in promptu est. Auctor sui Martyrologii exemplum offert Carolo regi. Statim probatur omnibus, exscribitur. Suus interim codex domi manet. Succedente tempore, novæ notitiæ accedunt. Incidit auctor in Acta quæ prius ipsi non visa fuerant. Quoties in manus resumit opus, quædam, ut fit, scripsisse, quædam emisisse, quædam non aptius adnotasse poenitet. Adjicit, obliterat, loco movet, luxuriantia adstringit, dirigit inordinata, soluta componit, ad unguem castigat. Habes cur Pratensis emendetur. Emendati autem non sunt alii codices, quia alia procul dubio aliis mensibus exspolita sunt, et importunum fuisset, simul atque quidpiam corrigere visum fuerat, omnes Ecclesias admonere. Fortasse etiam admonuit; sed aut novos sumptus facere, aut alia nescio qua causa monitis parere noluerunt. Quid vero nos torquemus, ut ejus rei ratio reddatur, cum idem quotidie accidat? Non est auctor, qui anno postquam in lucem opus editum est, non animadvertat a se multa prætermissa, quæ dixisse; multa dicta, quæ prætermisisse vellet: nec tamen gratum aut commodum fuerit eruditis nova ejusdem scriptoris eadem de re singulis annis emptiture volumina; atque, ut exemplo utar quod ad rem accedit propius, præstaresne Baronii martyrologium qualicunque errato purum et integrum? In usu est tamen; nec de nova editione cogitatur, quoties aliquid nævi in eo critici reprehendunt. Eodem prorsus modo correxit Usuardus; sed aut nescierunt cæteræ Ecclesiæ, aut neglexerunt. Hæc de lituris hactenus.

Nunc ad argumentum venio cui palmam das, et propter quod te effers magnifice. Nimirum sexdecim et sexaginta anni dies magno apparatu enumeras (*Præf.* c. 3, art. 4, § 1, n. 200), quibus *a simplicioribus codicibus aliis cum excusis tum mss. dissentit Usuardus Pratensis*; unde efficis *aut autographum non esse codicem illum, aut saltem aliud fuisse Autographum unum vel plura, ex quo vel ex quibus Heriniensis et alii Pratensis puriores descripti sint.* Quam nulla ratione omnibus illis locis Pratensem codicem e purorum numero excluseris, Notæ palam facient. Hic duntaxat argumentum excutiam. Igitur, si tibi credimus, ideo non est autographum Pratensis codex, quod a cæteris et quidem sæpe numero recedat. An ex animo, R. P., justam esse causam existimas? Mihi quidem aliena prorsus videtur. Nam si codex est autographum, tua ratio probat id unum, nulla fide exscriptum fuisse codicem. Primo igitur probatum oportuit autographum non esse; et addidisses postea nihil esse mirum quod toties a reliquis codicibus dissideat. Autographi enim a cæteris discrepantia quantalibet sit, nunquam argumento esse potest non esse autographum. Sentis, opinor, primum tui argumenti vitium. Quod aliud colligis *aut aliud fuisse autographum*; id equidem non negaverim: at ex illo alio autographo *puriores Pratensi descriptos esse*, id tibi nullo modo assentior. Tritum est vetustate proverbium: δεύτεραι φροντίδες σοφώτεραι. Polit lima, non deturpat; nisi forte Usuardus similis fuerit illis medicis, qui etiam integra secant: quod tantum abest ut fecerit, ut etiam plura emendasse vellem.

Deinde legi et perlegi diligenter quidquid a te fuit observatum in illos dies, quibus e purorum codicum albo Pratensam expunxisti. Quærenti tam iniqui judicii rationem, hæc mihi tua fuisse visa est, corruptum illum esse Codicem ubicumque lituris sordescit. Nam sanctos reddis omnes, quos sine litura Pratensis codex exhibet. Itaque quoties e tuis antiquioribus memorant quosdam sanctos, ubi nulli sunt in Pratensi, aut in isto aliter annuntiantur: si litura fuit his locis in Pratensi, nunquam omittis tuos anteponere quasi nativam Usuardi simplicitatem assecutos, quam in nostro sublatam alia manu aut corruptam esse contendis. Tuæmne sensum satis calleo? At ita parum idonea est ad elevandam Pratensis codicis auctoritatem ista ratio, ut mirum sit quomodo tibi, homini magna sagacitate magnoque judicio, in mentem venire potuerit.

Age, R. P., tam dociles veritati aures commoda, quam commodaturum te spopondisti. Litura non fit, nisi ut vel nihil sit, ubi quid antea scriptum fuerat; vel aliud legatur loco eorum quæ scripta fuerant. Nihil igitur tibi proderunt lituræ, quin aut quo loco litura est in autographo, eodem semper in aliis codicibus sancti legantur; aut sancti qui lituris inscribuntur, nunquam iidem sint qui eodem loco videntur in aliis codicibus. Nam si aliquando accidit ut, ubi litura facta est in autographo, tui codices nullos referant sanctos, aut tui codices eosdem habeant sanctos, ac eos, qui in autographi lituris versantur; etiamsi verum aliquando esset deesse in autographo sanctos, ubi quosdam tui codices commemorant; aut in illo sanctos memorari alios ab iis quos referunt tui codices: nullum tamen ex lituris de autographo judicium ferre posses. Quid ita? Quia regula non est quæ a seipsa dissidet secumque discordat.

Quantumvis perspicuitati studeo, vereor tamen ne intricatum tibi esse videatur hoc argumentum. Exempla confero. Die 17 Aprilis Pratensem codicem sequi propterea noluisti, quod *Niceforum* habet, qui tuis in codicibus desideratur. Sed quo loco nunc in Pratensi legitur Niceforus, eodem olim litura fuit. Ut igitur certus sis ducendam esse illo die ex tuis codicibus primigeniam Usuardi simplicitatem, deberet in illis sanctus quispiam reperiri, qui ante lituram in Pratensi fuerit. Nullum autem hujus lituræ fateris in tuis codicibus apparere vestigium. Qui ergo Niceferi mentio tibi potuit esse causa, cur tui codices potius quam Pratensis, primigeniam Usuardi simplicitatem redolere viderentur?

Item diebus 14, 28 et 30 Januarii; 10, 17, 29 et 30 Martii; 2, 17, 22, 23 et 26 Aprilis; 15 Junii; 23, 26 et 30 Augusti; 25 Septembris; 17 Octobris; 21 et 23 Novembris, Pratensem codicem vitiatum judicasti, quia in lituris quorumdam sanctorum facta fuit commemoratio, de quibus tui codices plane conticescunt. At diebus 16 et 19 Martii, 8, 13 et 29 Augusti; 20 et 21 Septembris; 17 Octobris; 2 Novembris aliisque locis foedatur etiam lituris Pratensis codex; nec tui tamen ab illo vel unguem discedunt. Ut igitur tui codices aliquando diversi sunt a Pratensi, ubi in isto sunt lituræ: sic etiam cum illo non nunquam conveniunt. Lituræ igitur tibi non possunt esse loco regulæ, ex qua Pratensem codicem dijudices; cum regula in illis nulla sit, quæ non semper eadem est. Atque ut hæc paucis omnia contraham: lituræ Pratensis codicis usui tibi esse non possunt ad deprimendam ejus auctoritatem, nisi hinc indicaveris qui sancti ab Usuardo ante lituras inscripti fuerint; vel demonstres inscriptos lituris fuisse diversos ab iis quos Usuardus ipse designaverat. Neutrum ex tuis codicibus evincere potes; quandoquidem sæpe repræsentant et sanctos qui in lituris leguntur, nullo liturarum vestigio; et eosdem qui in lituris videntur. Operam igitur lusisti, cum tuorum codicum numero potius et mole quam pretio et dignitate Pratensem obruere atque opprimere codicem agressus es.

Quid ad hæc, R. P.? Num aliqua ex parte vitium facit hæc argumentatio? Num quid effugii relictum est? Unum video, et quod quidem tibi monstraverim lubens. Dic te non lituris solis usum fuisse pro regula, sed lituris simul et codicum discrepantia; te quibusdam locis aspernantem esse Pratensem, quia, præter lituras, ab aliis discrepabat; aliis locis imitatum esse, quod, quamvis lituræ essent, cum aliis tamen codicibus concordaret. Placetne? Atqui nihil factu facilius est quam hoc etiam tibi præcludere. Nam læva manus non est dextræ similior quam quæ in lituris sanctos a te rejectos scripsit similis est illi quæ sanctos a te admissos notavit. Contestor oculos omnes. Si vel tenuissimum scripturarum discrimen sit, nullum verbum dico, quin codex non modo non autographum, sed etiam omnium codicum deterrimus habeatur. Cum igitur in utrisque lituris eadem scriptura sit, nullo modo ad nativam Usuardi simplicitatem explorandam subsidio esse potest codicum discrepantia.

Id nunc te sollicitum habet, qui fieri potuerit ut Heriniensis et Tornacensis codices, præ quibus Pratensem contemnis, quasdam correctiones admiscerint, quasdam vero minime. Equidem nullo negotio nodum expedire posse mihi videor. Antequam Usuardus exscribi juberet Martyrologium, quod Carolo regi offerendum erat, haud dubie jam in autographo lituræ erant. Eruditum enim et multæ lectionis opus est, et in hujusmodi operibus quid novi quotidie succurrit quod corrigas. Quæ correcta fuerant in autographo, hæc omnia traducta sunt in primum ejus exemplum, quod alterum autographum vocare licet. Ex isto tui sunt derivati codices. Hinc est quod quasdam primi autographi correctiones referant; alias autem non habent, quia nova identidem induxit Usuardus in suum quæ alias Ecclesiæ latuerunt, aut ab illis neglecta sunt.

Propero ad ultimum tuum argumentum. Quædam, inquis, in Pratensis codicis margine leguntur, quæ, licet manu recentiore addita, in vetustissimis tamen quibusque Usuardi codicibus reperiuntur, atque adeo Usuardi sunt. Unde consequens tibi videtur aut non ipsa Usuardi manu scripta esse omnia, aut ipsum diverso charactere usum fuisse. Inter varia exempla, quæ falso subindicas magno numero adduci posse, unum tibi maxime visum est ad rem opportunum. Sic enim die 7 Novembris de sancto Herculano prima manus in Pratensi codice: *Apud Perusinam Italiæ urbem, natalis sancti Herculani episcopi*; et in margine manus recentior: *cujus corpus post abscisionem capitis ita unitum atque sanum die quadragesimo, ut scribit sanctus Gregorius papa, repertum est, ac si nulla hoc incisio ferri tetigisset*. Quam tamen postremam longioremque elogii partem nullus non habet Usuardi Martyrologii codex etiam antiquissimus. *Utra est*, rogas, *manus autographa?* Fateor in vetustissimis hocce narrari miraculum, ut ego illud ex Dervensi exscripserim. Neque negari potest in margine adjectum esse manu recentiore et quidem imperita. Nam pro, *ac si nulla hoc incisio ferri*, scripsit, *ac si ulla incisio ferri*, quæ sensu vacua sunt. Lubens etiam dederim Usuardi esse totum illud elogium. *Ergo non constat primam manum esse Usuardinam?* Hæc tua conclusio est, R. P. Mihi, qui ob oculos codicem habeo, longe secus videtur. Sancti Herculani inter et beati Amaranti commemorationem spatium interjicitur latum circiter pollicem, quod scalpello rasum est; sed ita ut hodieque facile legatur *cujus prima manu scripta*. Hinc tu, qui tot, tam dudum scribis, quique adeo sæpe expertus es quanta mobilitate ingenium probet, improbet, manum stimulet aut compescat, facile nodum solvis. Ego quidem sic rem intelligo. Cum illius diei articulum litteris mandaret Usuardus, primum in animo habuit ornare miraculo S. Herculani elogium. Scripta prima voce, repudiavit consilium quod primum instituerat. Dictanti postea codicem Carolo regi offerendum subiit animum non parum inde ornamenti accessurum articulo; dicta-

vit, nec tamen addidit suo codici, quia nihil loci relictum erat. Ducentis post annis sodalis quispiam aut in alio codice, aut in B. Gregorii Dialogis miraculum legit, delectatus est, graviter tulit ab Usuardo esse prætermissum, adjecit.

Verum etsi in reliquo codice una aut altera esset commemoratio alia manu scripta, modo omnium exemplorum illa sit, parum ad autographi fidem mihi videtur interesse, eadem an alia ejusdem ætatis manu exaratam esse. Nam non illud solum est autographum, quod ipsa scripsit auctoris manus. Satis est illud eo dictante aut dirigente esse scriptum. Quo concesso, quod negare non potes, an ad manum semper est idem scriptor? Nam ad id operis quod ab omnibus legi oportebat, Usuardus elegit procul dubio, qui nitidus elegantiusque pingeret. At scriptor ille abesse, ægrotare potuit, cum quid in mentem auctori veniebat, quod codici adjectum vellet. Summa est, quod omnibus exemplis est antiquius, id, sive eadem, sive alia ejusdem ætatis scriptum sit manu, non posse nisi ad autographum pertinere. Quidquid igitur correctionum in omnibus Usuardi exemplis reperitur, id, quamvis in Pratensi codice lituræ inscriptum, quamvis alia manu notatum, Usuardo ipsi vindicari debet. Satisne *dubia tua, imo errata* explanavi et dilui?

Quid si demonstravero tibi tuos codices neque ad ferendum de Pratensi codice judicium, neque ad edendum Usuardum utiles esse potuisse?

Autographum nosti codicem esse, quem auctor ipse exaravit propria manu, aut qui ipso dictante vel dirigente exaratus est, proinde ex quo certo dignoscitur quid, vel quid non scripserit. Cum igitur ex Heriniensi et Tornacensi aliisve pronuntiaveris Pratensen non esse autographum, oportet ex illis te perspectam habuisse quid scripserat, quid non scripserat Usuardus. Neutrum tamen a te comperiri potuisse vehemens mihi suspicio est. Neutrum enim tibi compertum esse potuit, nisi vel autographum in manus venerit, vel saltem exemplum purissimum: et utrumque tibi defuisse mihi persuasissimum est. Quo argumento? Audies. Lutetiæ, in bibliotheca regia, Usuardi Martyrologii servatur codex miræ vetustatis, Carlovingiaco charactere scriptus, vix ulla litura, perpaucis additamentis, iisque in quibus perfacile manum recentiorem agnoscas. Noni sæculi vertentis, aut saltem ineuntis decimi esse nullus dubito. Nam ad calcem texitur manu recentiore quidam librorum catalogus, cum hoc titulo, eum esse librorum, qui reperti sunt in arca Adsonis abbatis Dervensis, postquam is Jerosolymam profectus est. Profectus est autem anno 992. Est igitur decimi sæculi manus illa recentior. Quam prope ad Usuardi ætatem accedere oportet codicem ipsum, a qua manus recentior tam parum distat! Certe aut nullum est purissimum exemplum, aut illud est. Adde pertinuisse olim insignem illum codicem ad Dervense monasterium, quod a Carolo Calvo tot beneficiis cumulatum fuerat, ut non dubium sit quin, ubi auditum est jussu regis concinnatum fuisse Martyrologium, illud abbas ejusque loci monachi in suum usum transtulerint. Adde etiam sancti Odonis commemorationem esse recentioris manus, qui tamen anno 944 obiit, et statim a morte cultu publico honoratus est. In illo tamen exemplo, quamvis plerumque cum tuis codicibus consentiat, multa sunt loca ubi dissentit. Vis nonnulla recenseam?

Die 15 Februarii, articulus incipit a sancto Blavio, ut in Pratensi, 28 Maii, nihil de sancto Charauno refert, ne nominat quidem; 5 Junii, nihil habet de sancto Bonifacio episcopo; 30 refert hæc verba: *non tamen eadem die, sed evoluto anni tempore, ut vir disertus Arator scribit*; quæ tu negas ab Usuardo esse scripta. 8 Julii, post *Ciliani martyris*, additur, *et sociorum ejus*; 12, de sancto Dyo silet; 20, *ipso die sanctæ Margaritæ virginis*; 28 Augusti, item *via Portuensi SS. martyrum Simplicii*, *Faustini et Beatricis temporibus Diocletiani*, etc., quos martyres tui codices hoc die prætereunt. 7 Septembris, sanctus Clodoaldus simpliciter vocatur presbyter et confessor; 19, sanctum Sequanum non presbyterum, sed abbatem et confessorem dicit; 8 Octobris, Libaria virgo Pelagiæ peccatrici adjungitur; 9, Eleutherius unus ex Dionysii sociis non diaconus, sed presbyter appellatur; 20, Syndulfum et Adraudum annuntiat; 23, de Benedicto confessore altum silentium; 30, de Germano Capuano nihil, sed : *Medio vico SS. Martyrum Pientii et Agentii et S. Columbæ virginis*. Mitto cætera. Quid ex illa lectionum varietate consequatur, etiam tacente me, plane intelligis. Tui codices procul abscedunt a duobus aliis, quorum unum autographum esse constat, alterum ex alio autographo desumptum esse potius quam tuos, probabilissimum est. Qui potuerunt igitur *ex autographo vel saltem purissimo apographo describi*? Quo pacto ex illis vel conjicere potuisti quid scripserat, quid non scripserat Usuardus? Quo jure ex illis pronuntiasti Pratensem non esse autographum? Tristis sane tuæ editionis conditio. Video illam inter duos scopulos, quorum alterutro illidatur necesse est. Quo enim accuratius res ab auctore conscriptas ejusque verba reddit editio, eo censetur purior et castigatior : nihil utraque exhibet accuratius quam autographum; et ab autographo Usuardi, utrumvis demum illud sit, longe aberras.

Sed benigne tecum agere volo. Esto tui codices merum Usuardum referant, paucis exceptis additamentis, quæ tu sagacissime odoratus fueris. Esto Pratensis codex non autographi titulo dignus sit, et inter apographa recenseri debeat. Hoc etiam dato, vide ne non sagacis et prudentis hominis fuerit Pratensi præferre quemvis alium codicem. Primum fateris Pratensi cæteros omnes antiquitate cedere. Nonne tibi, R. P., incogitanti isthæc excidit confessio? Satisne deliberasti? Advertistine quantum periculi fuerit id honoris habere Pratensi codici? Certe quo propior est aqua scaturigini, eo minus alienis miscetur; et Pratensis, si non fons ipse, saltem ita fonti vicinus est ut inter utrumque vix ullum perspici possit intervallum. Nam Heriniensis, te ipso teste, licet undecimi sæculi, Pratensi tamen ducentis est annis recentior. Nono igitur sæculo exaratus Pratensis codex. Te ipso etiam tempora computante, vita functus est Usuardus anno 876. Usuardo igitur ad summum 23 annis posterius apographum.

Dabis etiam, sat scio, illud ex autographo esse deductum. Neque enim simile veri est aliunde accersitum esse codicem, cum opus fuit, ut autographo nimis extrito, codex alius exscriberetur. Nimis extritum fuisse autographum R. P? Opus fuisse ut post tres et viginti annos exscriberetur codex membranaceus, qui semel tantum per dies singulos, et singulis diebus per quatuor temporis momenta sumebatur in manus? An istud credibile tibi videri potest? cum nostris in templis chartacei videantur libri, qui licet singulis diebus sexaginta abhinc et eo amplius annis diu noctuque versantur, integri sunt tamen. Sed volo tantulum illud tempus durasse autographum. Saltem id concesseris monachos Pratenses, ut librum a suo sodale compositum a se per tres et viginti annos usurpatum restaurarent, non aliunde codicem fuisse mutuatos.

Id præterea fatearis oportet, nullam ecclesiam, nullum esse monasterium, quod minus interpolationis nomine suspectum videri debeat. Qua causa, quo colore mutassent Martyrologium Pratenses monachi? Num eo temporis spatio quod Usuardi mortem inter et decimum sæculum interest, sanctos quospiam suis fastis addidit aut detraxit Parisiensis Ecclesia? An novis reliquiis ditata est abbatia Sangermanensis? Num societatem iniit cum alio monasterio, qua sancto ejus colere obligaretur? Præsagio quid sis responsurus. Prima manus, inquies, bona fide autographum reddidit : sed post nonum sæculum perfida alia in totum codicem grassata est, et loco eorum quæ scripserat Usuardus, alia substituit. Frustra te in istam latebram conjicis, R. P., habeo quo te teneam. Quæ enim lituras fecit manus, et in lituras nova induxit, eadem reliquum codicem scriptum esse manifestum est. Quod si sponte concedere nolueris, id vel ab invito extorquebo, lituras esse decimo sæculo superiores. Nam codex Dervensis, quem et litterarum forma, et appositæ temporis notæ, et eruditi testantur nono sæculo vertente, aut ineunte decimo exaratum esse, multos ex iis articulis integros repræsentat, qui in litura scribuntur, nec verbum habet de iis, quæ ante lituras scripta fuerant. Erant igitur illæ lituræ in Pratensi antequam scriberetur Dervensis codex. Neque enim dixeris ex isto Pratensem fuisse correctum. Alioquin, cur uno potius loco quam altero? Cur priorum illarum correctionum nulla, aliqua superessent posteriorum vestigia? Eadem correctionum omnium est manus. Ergo omnes noni sæculi sunt. Eadem igitur ætate et exscriptus et correctus est codex. Nulla causa fuit nono sæculo cur Matyrologium a Pratensibus mutaretur. Fatearis igitur necesse est in nullam Eclesiam nullumve monasterium cadere minus posse interpolationis suspicionem.

Nunc in medium veniant tui codices, et cum Pratensi de honore et præstantia contendant. De ætate habeo confitentem reum. *Ultro et lubens fateor*, inquis (*Præf.* c, 3, art. 4, § 2, n. 210), *Heriniensem nostrum membraneum Pratensi palmam omnino cedere.... duobus minimum sæculis posteriorem*. Magnum temporis intervallum, R. P., et quo, etiamsi verum esset nihil novi insertum in Usuardum fuisse, id tamen non tam certo de Heriniensi quam de Pratensi judicare poteras; quod satis fuit ut Pratensem anteferres.

Heriniensem aliosve ex autographo aut ex purissimo apographo expressos fuisse quo argumento tibi persuadere potuisti? Qua nota dignoscere quid Usuardum saperet, quid Usuardo repugnaret? Hieronymiani indices, Beda, Florus, Ado et quotquot ante Usuardum fuerunt martyrologiographi nihil subsidii conferre poterant, quandoquidem se ab illis aliquando recessisse non obscure indicat Usuardus ipse, cum ait in Prologo : *At si quid præter quod ab illis accepi in hoc opere actum vel mutatum est, sagaci a me indagine perquisitum agnosci poterit*. Neque magis auxilio erant quotquot post Usuardum scripta sunt martyrologia. Vix enim duo invenias, quæ omnibus anni diebus sint sibi invicem consentanea. Heriniense Rhemensis provinciæ sanctis refercitur; Tornacensis codex multos ex Anglia admiscet; alii alios. Dices illos facile ab Usuardinis discerni, quia quarumdam Ecclesiarum proprii sunt. At satis sunt apud Usuardum, quos propria quadam et singulari ratione colunt quædam Ecclesiæ! Die 18 April. sanctum Maternum Usuardo abjudicas, ut Treviris proprium. Cur non Usuardus æque Maternum adnotasset ac Maximum, quem etiam Treviri singulari cultu prosequuntur? 24 ejusdem mensis, tuus ille tantopere jactatus Heriniensis codex inter impuros turpiter relegatur, quod sanctas Bovam et Dodam Rhemensibus proprias commemoret. Cur purus habetur, cum sanctos Basolum et Theodoricum pagorum quorumdam ejusdem provinciæ proprios annuntiat? Atque etiam aliquando accidit ut illi cæterisque majoris pretii nulla causa interpolationis notam inureres, et illis vitio verteres quod puritati tribuendum fuit. Die 10 Februarii Pratensem illis prætulisti. Injuria; nam in Pratensi sancta Austreberta in litura scribitur, et eam prima manus, ut vocas, ego, autographum Carolo regi oblatum non memoravit. Deest enim sancta illa in Pervensi codice. Puri etiam erant 16 Martii. Hilarium et Tatianum suo codici adjecit Usuardus, deleto toto, quem antea scripserat, articulo. Deletus quoque Eustachius, additusque Eulogius Cordubensis die 20 Septembris. Tui codices primam, ut Dervensis, referebant manum, seu primum autographum. Cur illis fecisti injuriam? Neque in illos æquior fuisti 1 Novembris. Mutatum in ipsis non fuerat Marcelli elogium; vere Usuardinum fuit et primi autographi. Adeo nihil certi statuitur, ubi semel a regula discessum est. Nullam igitur notam suppeditabant tibi tui codices, qua Usuardina a non Usuardinis discerneres. Sine ergo te iterum interrogem, quo nomine tibi persuaseris illos *ex autographo vel saltem purissimo apographo esse descriptos?*

Denique alias ecclesias aliave monasteria potiori ratione suspectas esse, nihil opus est ut probem. Res ipsa loquitur. Cum ad illas pervenit Martyrologium Usuardi, jam propriæ erant solemnitates. Erant etiam in finitimis regionibus aliæ, quas jampridem sibi adsciverant. Has omnes dubio procul adjunxerunt novo Martyrologio; quas, quia Usuardus ipse signare potuit, nullo indicio ab Usuardinis distinguere possis, nisi fontem ipsum adeas, aut ad fontem quam proxime accedas. Nullus rivulus, te ipso comprobante, propius abest quam Pratense, ut passus sum appellari, apographum. Nonne igitur sagacis et prudentis hominis fuit Pratensem codicem cæteris anteponere, etiamsi tam certum esset esse apographum, quam autographum esse certum est? Etsi verum sit, ut est certe, tuis codicibus anteponendum fuisse Pratensem, quam meretur fidem tua Editio, qui tuos illi prætulisti? Nullius ergo ad edendum Usuardum utilitatis esse potuerunt.

Atque hæc satis sunt, R. P., interturbare tua litteraria negotia longiori sermone, in publica commoda peccare esset. Arbitror nihil omisisse quod te deinceps ad melius de Pratensi codice sentiendum adducere posset. Probatum est litterarum forma, notis chronologicis, perpetuo usu, fida custodia illum esse autographum : lituras, haud dubia autographi signa, demonstravi ab Usuardo factas esse, nec ab illis faciendis eum aut ulla lege aut morte fuisse prohibitum. Planum feci autographi ab exemplis discrepantiam : his quidem, non illi adversari. Convelli fundamentum, quo tota tua censura nititur, vitiatum esse Pratensem codicem, ubicumque lituræ sunt aut correctiones, quæ in aliis codicibus non comparent; quandoquidem sæpe correctiones admittunt et ipsi; sæpe nihil habent eorum, quæ ante lituras correctionesve scripta fuerant : scriptura in correctionibus ubique simili, aut ad omnia loca admoveri debuisse regulam, aut nullam esse. Lucem attuli exemplo, quod tibi suspicionem injecerat sibi non constare Usuardi manum. Parum fuit elidere ductum ex lectionum varietate argumentum; ultra progressus ostendi tuos codices ab utroque autographo discrepare, atque adeo ex illis ferri non potuisse de Pratensi judicium. Et ne tuum animum severior exasperaret reprehensio, non sum gravatus me ad tuam demittere opinionem, apographum esse Pratensem codicem, aut saltem autographum recentiore manu inquinatum. Sed probavi, etiamsi hoc tibi daretur, apographum esse ejusmodi, quod cæteris omnibus præponere debueris : ac primum quidem quod omnium sit antiquissimum; deinde quod probabilius sit illud ex autographo descriptum esse, quam ullum aliud ; postremo quod nullum aliud minus interpolationis suspectum esse possit.

In spem venio, R. P., fore, ut hæc argumenta tibi omnem ex animo scrupulum eximant, Pratensem codicem tecum reducant in gratiam, et pro indictis haberi velis quæcumque in autographi sinceritatem integritatemque paulo acerbiora minusque vera dixisti. Ea tibi facile condono. Qui enim potuisses de illo codice recte judicare, qui alienis oculis iisque non admodum perspicacibus utebaris, et testimonia sæpe adversa fronte secum pugnantia audiebas. Bollandus et Henschenius, magni viri et in hac palæstra subacti, codicem minime purum existimabant: Sirmondus et Mabillio nihilo inferiores asserebant autographum; alia Castellanus, alia Stephanus Chamillart nuntiabant : suffusæ hic illic lituræ, nonnulla additamenta facessebant negotium ; proclive erat peccare tot angustiis irretitum. Persuasum habeo multo benignius acturum te fuisse cum Pratensi codice, si tuis oculis illum perlustrare licuisset. Neque tamen est, quod de præpositis nostris conquerare. Non es nescius quanti momenti, quanti pretii sit singulare hujusmodi monumentum. Tutum non erat tam longe transportari in exteras hostilesque regiones. Satisne non fuit permittere, ut totum exscriberetur? ut Sirmondus vester cum alio exemplo conferret? ut postea Castellanus *semel, iterum ac tertio* inspiceret, *et per dies singulos variationes quantumvis exiles solertissime adnotaret*? (Soller. *Præf.* c. 3, a 4, § 1, n. 195.) Quorum omnium testimonia si tibi non facerent satis, cur non per epistolam percunctatus es quibus argumentis Usuardini Martyrologii autographum vindicaremus ; cur essent lituræ, cur iis lituris superinducta quædam quæ ab aliis codicibus aberant; cur additæ margini solemnitates ; an eadem ubique manus, an diversa? Nemo hic est cui non pergratum fecisses ; nemo qui officio non duxisset te de omnibus quam diligentissime facere certiorem. Vellem ex animo prudens istud cepisses consilium. Quoniam vero maluisti nostrum Codicem publice traducere ; quod illum publice ulciscimur, a te maximopere peto et quæso, ut æqui bonique facias. Nec vereor ut id te exorem. Tu enim ipse non postulasti modo, sed etiam flagitasti (*Præf.* a. 4, § 1, n. 208), ut quis e nostris *dubia tua, imo errata, in quæ Codice ipso privatus, incidisti, explanaret et dilueret :* pollicitus *te promptissime retractaturum quidquid forte de autographo nostro iniquius sensisse dici posses.* Quin de Republica litteraria satis tibi meritus videbaris, *si id dubitationibus tuis efficeres, ut Usuardum ipsi nostrum, nativa simplicitate, iisque quibus voluerimus, annotationibus vindicatum , publici juris aliquando faceremus.* Sane hanc æquitatem exspectabam ab erudito viro, qui ex eorum numero est qui (*ibid.*) *eumdem omnes scopum præfixum habent, ut, dissipatis tenebris, errores depellantur, eruatur veritas, antiquitas ecclesiastica vel æmulis studiis illustretur, ad majorem Dei sanctorumque gloriam.* Vale.

INCIPIT
USUARDI MARTYROLOGIUM
PER ANNI CIRCULUM.

PROLOGUS [a]

AD CAROLUM CALVUM.

Domino regum piissimo CAROLO USUARDUS, indignus sacerdos ac monachus, perennem in Christo coronam.

Minime vestram latet celsitudinem, o sapientissime princeps, qualiter monemur imitandis antiquorum studiis, ut quidquid in gestis præcipue ecclesiastico dogmati congruis minus perfectum inventum fuerit, debeamus vel pro posse supplere, vel certe suppleri obtare. Quæ res pia quidem sollicitudine (vestro, si recordamini, jussu dignanter admoto) me ad hoc, etsi indignum, compulit, quatenus sanctorum sacras atque anniversario recolendas festivitates ex quibusdam præcedentium Patrum Martyrologiis in quamdam colligerem unitatem. Recolebamque in ipsis eorumdem solempnitatibus quam multos propriæ negligentiæ excessus, quos etiam purgari tali cupiebam officio. Præterea et venerabilium Hieronymi scilicet ac Bedæ presbyterorum piis, quamvis succinctis, super hoc provocabar descriptis; quorum prior brevitati studens, alter vero quamplures dies intactos relinquens, multa inveniuntur hujus operis præterisse necessaria. Quos tamen secutus censui, et Flori viri memorabilis latiora jam in eo ipso negotio sequi vestigia, præsertim in secundo ejusdem libro. Ibi enim multa, quæ in priore omiserat, et correxit et addidit. At si quid præter quod ab illis accepi in hoc opere actum vel mutatum est, sagaci a me indagine id perquisitum agnosci poterit. Cæterum, benignissime, idcirco hanc exiguitatis meæ præfatiunculam huic opusculo inserere malui, ut sciretur non me in hoc usum levitatis conamine, sed potius vestris, ut erat dignum, paruisse imperiis catholicorum fidelium solito consulentibus utilitati. Unde quod vestrum est obsecro, ut si justum decernitur, propria tuitionis anchora roboretur, quod videlicet et præsentibus regalis examinis auctoritate, et futuris tantæ auctoritatis firmetur examine. Excellentiam magnitudinis vestræ per multa annorum curricula Rex regum Dominus sua dignetur custodire potentia. Amen.

[a] Deerat iste prologus in eo, quem publici juris facimus, codice manuscripto, propterea quod exciderat præ vetustate primum ejus folium. Eum vero nobis suppeditavit V. C. Pithæi exemplar ejusdem fore, tum characteris, tum ætatis, teste D. Jacobo du Breul, hujusce cœnobii monacho, qui Prologi istius fronti observationem hanc præfixit. Notandum præterea non reperiri in Solleriana Usuardi editione. BOUILLART.

---

[a] PROLOGUS ALTER

Ex LIBRIS BEATI AUGUSTINI, *Qualiter colendi sint sancti.*

Festivitates sanctorum apostolorum seu martyrum antiqui Patres in venerationis mysterio celebrari sanxerunt, vel ad excitandam imitationem, vel ut meritis eorum consociemur, atque orationibus adjuvemur (AUG., l. xx, contr. Faust., c. 21). Ita tamen ut nulli martyrum, sed ipsi Deo martyrum sacrificemus, quamvis in memoriis martyrum constituamus altaria. Nemo enim in locis sanctorum corporum assistens altari aliquando dixit: Offerimus tibi, Petre, aut Paule, aut Cypriane; sed quod offertur, offertur Deo, qui martyres coronavit: ut ex ipsorum locorum amore affectus assurgat ad augendam charitatem, et in illos quos imitari possumus, et in illum quo adjuvante possimus. Colimus ergo martyres eo cultu dilectionis et societatis quo et in hac vita coluntur sancti homines Dei, quorum cor ad talem pro evangelica veritate passionem paratum sentimus. Sed illos tanto devotius, quanto securius.

[a] Desideratur secundus iste prologus in ea quam Sollerius adornavit Usuardi editione; at reperitur in Usuardi ejusdem codicibus fere omnibus manu exaratis, qui in bibliotheca Pratensi asservantur et in multis aliis. BOUILLART.

Quos etiam fidentiori laude prædicamus jam in vita feliciore victores, quam in ista adhuc usque pugnantes. At vero illo cultu, qui Græce latria dicitur, Latine uno verbo dici non potest, cum sit propria quædam Divinitati debita servitus, nec colimus, nec colendum docemus, nisi unum Deum. Cum autem ad hunc cultum pertineat oblatio sacrificii, unde idololatræ dicuntur qui hoc etiam idolis exhibent, nullo modo aliquid tale offerimus aut offerendum præcipimus, vel cuiquam martyri, vel cuiquam sanctæ animæ, vel cuiquam angelo. Et quisquis in hunc errorem delabitur, corripitur per sanam doctrinam, sive ut corrigatur, sive ut condemnetur; dum etiam ipsi sancti, vel homines, vel angeli exhiberi sibi nolunt, quod uni Deo deberi norunt. Apparuit hoc in Paulo et Barnaba, cum, commoti miraculis quæ per eos facta sunt, Lycaonii tanquam diis immolare voluerunt. Conscissis enim vestimentis suis confitentes et persuadentes se deos non esse, ista sibi fieri vetuerunt (*Act*. xiv, 14). Apparuit et in angelis, sicut et in Apocalypsi legimus angelum se adorari prohibentem atque dicentem adoratori suo : *Conservus tuus sum et fratrum tuorum, Deum adora* (*Apoc*. xix, 10). Honorandi sunt ergo martyres propter imitationem, non adorandi propter religionem. Honorandi sunt charitate, non servitute.

MENSIS JANUARIUS

HABET DIES XXXI.

Kalendis. *Die* 1.

Circumcisio Domini nostri Jesu Christi. Romæ, natalis sancti Almachii martyris; qui, jubente Urbis præfecto, cum diceret : Hodie Octavæ Dominici diei sunt, cessate a superstitionibus idolorum, a gladiatoribus occisus est. Via Appia, coronæ militum triginta, sub Diocletiano imperatore. Item Romæ, sanctæ Martinæ virginis, quæ sub Alexandro imperatore diversis tormentorum generibus cruciata, tandem gladio martyrii palmam adepta est. Apud Spoletum, sancti Concordii presbyteri, et martyris, temporibus Antonini imperatoris; qui primo fustibus cæsus, dehinc equuleo suspensus, ac ferro post in carcere maceratus, ibique angelica visitatione consolatus, demum gladio vitam finivit. In Cæsarea Cappadociæ, depositio sancti Basilii episcopi, cujus celebritas xviii Kalend. Julii potissimum recolitur. In Africa, beati Fulgentii, ecclesiæ Ruspensis episcopi, qui ob catholicam fidem, et eximiam doctrinam exilio relegatus, tandem ad propriam ecclesiam redire permissus, vita et verbo clarus, sancto fine quievit. In territorio Lugdunensi, sancti Eugendi [*Bouillart*., Augendi] abbatis, cujus vita virtutibus et miraculis plena refulsit. Alexandriæ, sanctæ Eufrosinæ virginis.

NOTÆ.

Usuardum in primæva sua simplicitate hic repræsentari, probant plerique codices, quibus me potissimum inniti in præfatione indicavi : *Pratensis* nempe codex, aut prætense, aut vere autographus, cum quo semper convenit *exemplar B*, et alii ibidem fortasse similes. Item *Heriniensis, Tornacensis, Antuerpiensis, editio maxima Lubecana, Muneratus, Grevenus, Molanus*, in quibus nulla, saltem momenti gravioris, discrepantia reperitur, ut mox patebit.

VARIANTES LECTIONES.

De *presbiteri*, et hujusmodi multis aliis minutiis orthographicis superius in præfatione actum est, et erit sæpius alibi dicendi locus. Lego *Circumcisio* cum Herinien., Tornacen., Antuerpien. et ms. impressisque pluribus, quemadmodum prælucent Beda, et Romanum parvum. Ex prioris annuntiatione suam procul dubio formavit Usuardus. Praten. scribit *Circuncisio.* Greven. et Molan. addunt, *secundum carnem*, quibus vocibus utuntur apographa Hieronymiana et Beda : sed eas ab Usuardo expunctas, ut plerumque multa decurtat, probant puriora exempla omnia tum edita, tum mss. Omisi etiam *Alippio*, licet in Adone habeatur, et rectius, opinor, apud Bedam *Alypio*, ipsa eadem causa, quod in codicibus nostris id nomen non habeatur, forte consulto ab Usuardo prætermissum, tametsi satis verosimile sit, *Faltonium Probum Alipium* Honorii tempore, dum *Almachius*, vel *Telemachus* trucidatus est, præfecturam Urbis administrasse. Legitur hic et recte, ni fallor, *Eugendi* non *Augendi*, contra quam habeatur in Praten., Herinien., Tornacen. et Munerat., ubi pro *Eugendo* positus est *Augendus*. Mihi *Eugendus* præplacet, ut majores nostri in Actis hoc die legerunt, et legere debuit Usuardus Adonem describens. Atque ita etiam in antiquis lectum fuisse ostendunt codices alii, pro textu citati. A qua parte stet derivatio Gallica *Oyend*, judicent alii. In *Eufrosinæ* servavi modum scribendi codicum mss. et impressorum, quidquid Ado rectius posuerit *Euphrosynæ*, orthographia fortasse ab editore correcta. Notavit Clar. Castellanus in prætenso Pratensi autographo lituram apparere post *Augendi abb.* cui deinde in eadem membrana inscriptum, *aiis. Alexandriæ, sanctæ Eufrosinæ virginis, cujus vita virtutibus et miraculis plena refulsit*. Manifesta hæc, ut mitissime dicam, transpositio, auctoritatem illius codicis certo imminuit, nihilominus primo hoc die inter puriores locum obtinet, sæpe alibi ob defectus graviores excludendus. Demum observo, in ecgrapho Tornacen. voces pauculas immutatas, quæ tamen totius rei substantiam illæsam, et intactam relinquunt.

OBSERVATIONES.

Non facile dixerim, cur Ado *Circumcisionem* a Romano parvo expressam reticuerit, nec cur Usuardus *octavam Domini*, ab utroque illo et Beda diserte positam. Reliqua, quæ ad hanc primam annuntiationem spectant, in Variantibus dicta sunt. *Almachius* a Beda primum signatus est, nulla gentis aut instituti facta mentione; ut dubitari possit, an Theodoretum a Bollando aliisque citatum præ oculis habuerit. Verumtamen, vel ea, vel simili alia causa *Telemachum* Theodoreti ab *Almachio* hoc nostro distinguere velle, scrupulos magis sapit, quam solidam rationem. Brevius de eo agit Romanum parvum, sed *decollatum* pronuntiat, quod Ado non est ausus asserere, secutus simpliciter contextum Bedæ. Utrum e duobus descripserint Usuardus et Notkerus, libera datur sentiendi optio. Erit qui opponat vetustissimum Hieronymianum ecgraphum Epternacense, quod Florentinius Antuerpiense appellat; in cujus specimine, in præfatione Bollandiana pag. XLVI impresso, et rursus in Propylæo antiquario ante tomum II Aprilis ex æneis laminis recuso, legitur : *Natalis Coronæ, qui jubente Asclepio*, etc. Unde nimirum sequeretur, primam Almachiani elogii originem ad Hieronymiana referendam. At enim facile occurritur; nam manifestissime patet, codicis illius in laterculo hujus diei confusio ex omnibus aliis apographis Hieronymianis, tum a Florentinio editis, tum apud nos mss. omnino corrigenda. Ut paucis dicam, huic Martyrologia prorsus insolitum est hujusmodi encomia uspiam referre. Rursus non Coronæ sanctæ, quæ hic nulla est, nec Stephani, quem forte supponere volueris, sed unius Almachii ea propria sunt. Statuendum proinde Laurentium scriptorem codicis ex Anglia verosimiliter a S. Willibrordo allati, aut a sancto ipso, aut ex Bedæ cœvi scriptis elogium accepisse, atque illuc non satis apte inseruisse, ut plane intelligunt harum rerum periti, et fusius demonstrari poterit, siquando usus fuerit alia nostra Hieronymiana apographa, genuinis proxima, typis edere, in quorum nullo similem usquam phrasim deprehendimus. Explodenda porro stultissima imperiti cujusdam Angli argutatiuncula de *Almachio* ab *Almanacho* progenito, quam hic vel notasse plusquam satis est, utpote nec appellari, nedum confutari dignam, quod tamen ultro præstitit laudatus nobis et sæpe imposterum laudandus Clar. Castellanus.

Sequitur in textu nostro : *Coronæ militum* XXX quæ in Adone post Concordii annuntiationem posita est, ex Hieronymianis immediate desumpta, in quibus Corona a militibus perperam distingui videtur, quod Viennensi nequaquam placuit, nec item Nostro, a Notkero tamen restitutum est. Actum non ago, si plura requiris, videsis Bollandum et Florentinium. *Romæ, Martinæ virginis* meminit Romanum parvum ; Ado longam ex Actis laudationem concinnavit, breviorem ex ipso Notkerus, solam medullam Usuardus contractam exhibet, ut conferenti luce clarius patebit. Rabanus, licet ex eodem fonte hauriat, diversam plerumque semitam ingreditur. Rursus : *Et apud Spoletum, sancti Concordii martyris*, Romani parvi verba sunt. Elogium ex Actis Adonianum est, compendium hic Usuardinum, apud Notkerum paulo auctius. Alia denuo habet Rabanus, *Concordium Romæ* tribuens. *Basilius* apud antiquiores Martyrologos notus non est. Notkerus pluscula de eo memorat; Wandalbertus vero canit :

Basiliusque sacer meritorum splendet honore,

isque præterea nativitatem Domini, Euphrosynam et Amachium celebrat, reliquos omnes omittens. Equidem existimo sanctissimum episcopum pure Usuardinum esse. Quod vero subditur : *Celebritatem ejus potissimam recoli* XVIII *Kal. Julii*, id qua ratione a viris cætera eruditis de *ordinatione* in episcopum intelligatur, mihi studiose quærenti hactenus reperire non contigit. Ultimo loco habet Romanum parvum : *Et in Ruspensi ecclesia, sancti Fulgentii episcopi*. Hinc ab Adone acceptus pluribus laudatus, quæ a Notkero descripta sunt, a Nostro modice decurtata et polita. Penultimo loco in Adone est *Euphrosyna* cum vitæ epitome, a Notkero paululum aucta, atque in recentioribus codicibus Usuardinis descripta, ut mox videbitur. Usuardus solum ferme nomen ab Adone transumpsit et ultimo loco retulit ; Bollandus vero in gratiam PP. Carmelitanorum ad diem XI Februarii remisit. De quo vide Resp. Papebrochii, art. 10, num. 44. *Eugendus* Adoni debetur hoc die, non sequenti, ut Notkerus posuit. Ex illius verbis composita sunt, quæ ab Usuardo dicuntur. Ex his perspicere lector incipiat, quam vere nuper a nobis pronuntiatum sit, Adonis Martyrologium fontem esse, ex quo ferme totum Usuardinum nostrum profluxit.

AUCTARIA.

ANTUERPIEN.-MAJOR inserit, *secundum carnem*. Post *gladiatoribus*, cum Beda, addit, *hac de causa*. De Martina, deest, *sub Alexandro*, etc. Scribit : « Apud Spoletum civitate Tusciæ. » Post *triginta*, « has pro confessione veræ fidei sub, » etc. De Basilio : « Episcopi, admirandæ fidei atque doctrinæ viri. » Euphrosynæ vita sic ex Adone describitur : « Quæ orationibus patris sui Papuntii, de sterili matre progenita, in puerili ætate constituta, clam se tonderi fecit, et monasticam vitam expetiit, Smaragdi sibi nomen imponens. Post etiam in reclusione viginti octo annos in omni sanctitate perdurans, tacta ægrotationis incommodo, et mortem sibi adesse cognoscens, manifestavit [manifestavit] se religioso et cum lacrymis multoties quærenti eam patri. » Hactenus ex Adone. Additur porro : « Cum quievisset, sepulta est a fidelibus in ecclesia. » In fine adjicit : « Ravenna, Severi episcopi et martyris. »

RoswEYD. secundo loco habet : *Basilii episcopi*, expuncto elogio. Tertio loco : « Romæ, sanctæ Martinæ, uxoris Adriani. Et Coronæ virginis. » Tum : « Et natale sancti Almachii, sub Olympio, » etc. Legit etiam : « Apud Spoletum civitatem Tusciæ. » In Fulgentio, abest totum elogium. Denique Euphrosyna Eugendo præponitur.

PULSANEN. acephalus est, caretque diebus fere quatuor primis.

ANTUERP.-MAXIM., ULTRAJECT., LEYDEN., ALBERGEN. et DANIC. ordinem non nihil immutant, cætera Usuardinæ puritati satis propinqui. Diem itaque sic uniformiter ordiuntur : « Octava nativitatis Domini nostri Jesu Christi, et Circumcisio ejusdem. » Sic deinde secundo loco pergunt : « In Cæsarea Cappadociæ, depositio sancti Basilii episcopi, qui tempore Valentis, doctrina et sapientia insignis, omnibus virtutibus fundatus, mirabiliter effulsit. » Cur omiserint Usuardi verba de festi ejus celebratione XVIII Kal. Julii, non habeo unde statuam. Prædicti codices de sancta Martina hæc textui subjungunt : « Factus est autem in passione ejus, terræmotus magnus, et crediderunt ea die millia et trecentæ animæ. » Terræmotus ex Adone acceptus est, unde vero et a quo mirabilis ea conversio huc traducta sit, nescio.

LOVANIEN. eodem modo incipit, eumdemque servat ordinem, sed Basilii, Martinæ, Almachii, Concordii et Fulgentii elogia plane rescindit.

CENTULEN. : « Octava nativitatis Jesu Christi Domini nostri, atque Circumcisio ejus. Romæ, sancti Almachii martyris. Item Romæ, sanctæ Maximæ virginis. » Quæ hæc Maxima sit, etiamnum quæro: forte jungenda erit Magno et Maximo, de quibus infra ad Belinum. Sequitur in codice: « Item via Appia, sanctorum xx militum, [*cur non coronæ xxx?*] sub Diocletanio passorum. Cæsarea Cappadociæ, sancti Basilii archiepiscopi et confessoris. In Africa, civitate Ruspensi, sancti Fulgentii episcopi, vita et doctrina præclari. Apud Spoletum, sancti Concordii martyris. In territorio Jurensi, sancti Eugendi abbatis. Alexandriæ, Eufrosinæ virginis. »

BRUXELLEN. incipit: « Circumcisio Domini secundum carnem, et octava dies Dominicæ nativitatis. » In Almachio, et Concordio satis purus est. De Martina habet sicut ANTUERP.-MAX., etc., sed nomen corrumpit, scribens *Marmenæ*. In militibus satis purus, in Fulgentio ex Adone modice interpolatus est. De Basilio inserit, « ammirandæ fidei, vitæ, et doctrinæ viri; cujus potissimum elevationis festum, » etc. Euphrosynæ elogium ex Adone non nihil mutilat. Tum « Ravennæ, sancti Severii confessoris. » De eo etiam agunt Hieronymiana, sed in Actis differtur ad 1 Februarii. « Eodem die, sancti Pagodæ [*vult dicere Paracodæ, vel ut Mosander Paragodæ*] septimi Viennensis episcopi. » Sequitur: « In territorio Lugdunensi, monasterio Virensium, sancti Eugendi abbatis, » etc. Denique: « Silviniaco, sancti Odilionis, quarti abbatis Cluniacensis, qui per annos quinquaginta sex, miro religionis fervore rexit atque provexit. » Vide infra auctarium Greveni.

HAGENOYEN.: « Circumcisio Domini nostri Jesu Christi, quando ipse præsentatus est sacerdoti ad circumcidendum octavo die, ubi ille pro nobis peccatoribus primum sanguinem fudit, ostendens se verum corpus assumpsisse humanum. » In Almachio deinde, Martina et Concordio satis purus est. Tum: « In Cæsaria Capadociæ, depositio sancti Blasii [*pro Basilii*] episcopi. Qui primus monachorum regulas scripsit, et ab imperatore in exilium est missus, et tandem ad suam ecclesiam est reversus. Et a beato Effrem heremita in columpna ignis visus est, cujus caput erat in cœlo et pedes in terra. Qui spiritu prophetiæ claruit, et in tempore Valentis imperatoris, sapientia et doctrina insignis, omnibusque virtutibus ornatus, mirabiliter effulsit. Cujus festivitas, » etc. In Fulgentio et Eugendo satis purus; in Euphrosyna non plane convenit cum supradictis. In fine, de corona xxx militum, pure.

AQUICINCT. in fine: « Ipso die, sancti Maxini martyris. » Vide infra de Magno.

VICTORIN. in fine: « Ipso die, sancti Odilonis abbatis. » Deinde manu recentiori: « Ravennæ, Severi episcopi et martyris. »

MATRIC.-CARTUS.-ULTRAJ.: « Circumcisio Domini nostri Jesu Christi. Almacii martyris, Romæ. Coronæ militum xxx. Fulgentii episcopi et confessoris. Martinæ virginis et martyris. Eufrosynæ virginis. »

REGINÆ SUECIÆ, sub num. 130: « Ipso die, sancti Odilonis. »

STROZZIAN.: « Eodem die, sancti Magni martyris. » Vide, ut dixi, in Belino.

MEDICÆUS: « Ravennæ, sancti Severi episcopi et martyris. » Editio Florentina anni MCCCCLXXXVI cum hoc ex parte convenit.

SELINENS. PP. Franciscanorum, ascriptum recentiori manu: « Sancti Venerii martyris. » An non *Severii?*

EDITIO LUBECO-COL., de Circumcisione, fere ut BRUXELL. Tum: « In Oriente sancti Jaspar regis, quem beatus Thomas apostolus plene fidem docuit, et postmodum episcopum patriæ ipsius, sicut et alios duos ordinavit. Qui hac die obdormivit in Domino, divino sacrificio in ecclesia prius celebrato et sumpto. » De Basilio, ferme ut ANTUERP.-MAX., etc. Deinde: « Romæ, sanctæ Marcinæ virginis et martyris, quæ cum esset sublimis genere, patre consule nata, dives nimis rerum, quas indigentibus misericorditer erogabat, tenta ab Alexandro imperatore, jussa est sacrificare Apollini; quæ cum nollet, diversis tormentorum, » etc., ut supra. In Almachio et militibus xxx satis pura est. De Concordio, inserit: « Qui natione Romanus ex patre Gordiano, tentus, » etc. In Fulgentio pura est. De Eugendo addit, « monasterio Virensium. » De Euphrosyna quod supradictis addit, describi non meretur. In fine: « Ravennæ, sancti Severi episcopi. » Vide dicta.

BELIN. inserit, « monasterio Jurensium. » Scripsit etiam *Olympio* pro *Alypio*. Sed præcipuum auctarium in fine est: « Eodem die, sancti Magni martyris, » descriptum forte ex codice simili STROZZIANO. Ex BELINO accepit MOLANUS, nec ullus alius codex de eo meminit. Vide conjecturam Clar. Castellani in notis pag. 15, et in Martyrologio universali pag. 665. Ut ut est, nihil Baronius, nihil Bollandus, nihil alii de *Magno*, *Maxino*, aut *Maximo* reperere, saltem quod huic martyri aptari queat.

GREVEN. incipit ab Euphrosyna, fere ut supra. Tum: « Eodem die, beati Odilonis abbatis, cujus vitam virtutibus et miraculis claram, Petrus Damianus eleganti stylo descripsit. Hic primus in monasteriis suis generalem commemorationem animarum, post festum omnium Sanctorum instituit, quod in Ecclesia utiliter institutum cernimus. Super aquas etiam cum sociis fide plenis ambulavit. In Oriente, dormitio sancti Jaspar, qui fuit unus ex tribus magis. Hic a beato Thoma Apostolo fidem edoctus, et episcopus ordinatus, quievit in pace. In Apulia, Potiti martyris. » Aliis etiam diebus colitur. Vide xiii Jan. in Actis. « Stephani et Martini martyrum. Secundi martyris. Trophimi martyris. Severi episcopi et confessoris. Hic etiam memoria recolitur beati Fulgentii episcopi Utricolensis, de quo Gregorius III Dialogorum refert, quod a Gothis intra circuli designationem inclusus, in maxima pluvia pluviam non senserit. Coronæ virginis. » Hanc probabilissime ex Hieronymiano aliquo accepit Grevenus, sed ut dixi, nulla est *Corona* ista virgo amanuensium vitio perperam avulsa a xxx militibus in textu relatis. Præter Florentinium, videri etiam potest Clar. Castellanus, in notis pag. 8 et 12.

MOLAN. in ipso textu litteris Italicis minoribus inseruit de Fulgentio: « Hujus vita virtutibus plena habetur. » Et post Lugdunensi, « monasterio Jurensium. » De *Magno* habet in fine eodem charactere, quod ex Belino descripsit, sed de eo jam ibi diximus. Sequitur typis Romanis minoribus, elogium Fulgentii Utricolensis ex Greveno desumptum. Sed in præfatione cap. 13 recte monuit idem Molanus, Fulgentium hunc, pro Cartusianorum Coloniensium arbitrio hac die collocatum. In Actis refertur xxii Maii. Castellanus in Martyrologio universali eum recolit iii Decembris. Sequitur eodem charactere: « Clari abbatis monasterii sancti Marcelli in Vienna et confessoris, magnæ sanctitatis viri. Castro Meleduno, depositio sancti Aspasii confessoris, cujus ibidem nomini principalis ecclesia titulatur, licet vita penitus ignoretur. In Corbeia, depositio beati Adelardi, abbatis et confessoris. Hujus vitam scripsit Ratbertus abbas. » Editiones posteriores, de Claro Viennensi addunt, « cujus vita habetur. » Et in Actis exstat. De Aspasio, ut in priori. Non est opus, seu hoc seu aliis sequentibus diebus, adjicere formulam (de cujus antiquitate hic non disputo): *Et aliorum plurimorum sanctorum, martyrum, confessorum atque virginum.* Respondetur, *Deo gratias.*

IV Nonas.

Apud Antiochiam, passio B. Isidori episcopi. Et in Ponto civitate Thomis, trium fratrum Argei, Marcelli [*Bouillart.*, Narcissi] et Marcellini pueri, qui sub Licinio principe inter tyrones comprehensus, cum nollet militare, cæsus ad mortem, et diu in carcere maceratus, martyrium consummavit. In Thebaide, S. Macharii abbatis.

NOTÆ.

Ita *Praten.*, *Herinien.*, *Tornacen.*, *Munerati prima editio*, *Greven. et Molan.* Ut proinde de lectionis simplicitate dubitari nequeat.

VARIANTES LECTIONES.

Scribunt aliqui cum Herinien. *Isidori*: puto ego Usuardum posuisse, ut est in textu. *Thomis*, *Argei*, *tyrones*, *Macharii* legunt omnes, et ita Nostrum legisse procul dubio censendum est.

OBSERVATIONES.

Prima nostra annuntiatio non ex solito fonte, sed ex Hieronymianis ab Usuardo accepta est, quam si integram servasset, forte tot diversa nomina, ut sunt *Isidori, Isiridoni, Siridoni, Spiridonis, Stridonis*, et nescio quæ alia, ex uno solo procusa non essent. Legunt apographa illa pleraque apud Florentinium: *In Antiochia, Siridoni, episcopi ejusdem loci*. Atque inde veram nominis faciem exsculpendam mox ostendetur. Cæterum mirabilis, hæc nominum variatio, quocunque demum modo enuntietur, virorum eruditorum ingenia non parum exercuit, ansamque Baronio dedit, ut præter *Isidorum Nitriensem*, potius *Hermopolitanum*, qui nescio qua ratione signatus sit, alterum nostrum *Isidorum Antiochenum*, et alterum *Siridonem*, item episcopum, Martyrologio inscriberet. Fatetur quidem ingenue, divinare se non posse, cujus demum civitatis *Siridon* ille episcopus fuerit: Bollandus autem non parum laborat, quo Isidorum Usuardi et Syrodonum Hieronymianorum, aut confundat, aut distinguat, quod certe non satis obvium est. Ego hoc loco eruditorum duorum judicia proferam, de quibus statuet lector, quod videbitur. Heribertus Rosweydus in epistola data 12 Maii MDCXXVIII vitæ suæ penultimo, ad unum e nostris, si bene conjicio, Romam destinata, quæque inter ejus chartas a majoribus nostris primum reperta, saltem accuratius inspecta fuit, anno MDCLXVIII: ita de hisce Isidoris, vel Siridonis episcopis judicium, vel dubitationem exponit: *Baronius*, inquit, *neutrum hic episcopum ad sedem suam reducere potest. Si mihi sensum meum aperire liceat, valde vereor, ex uno nomine varie lecto, duos episcopos nobis productos. Nam, si recte colligo, in nullo veteri Martyrologio invenientur duo hi episcopi* II *Januarii*, ISIDORUS *et* SIRIDON; *quod vel Siridonem, vel Isidorum repræsentabunt, prout quisque veteris codicis litteras leget. Id quod dico, videor ex solo Hieronymi Martyrologio colligere. Habes ibi* (nempe in Epternacensi) II *Januarii:* ISIRIDONI EPISCOPI ANTIOCHIÆ. *Cum tres episcopi Doni, vel Domni Antiochiæ fuerint* (addere poterat, *Isidorus aut Siridon* nullus) *vix dubito, aliquem horum designari*. Hæc Rosweydus, ad cujus fere mentem, aliam conjecturam Bollandus produxit. Verum, nisi vehementer fallor, rem paulo penitius introspexit Holstenius, et Rosweydi sensum haud satis clare expressum evolvit et exclusit in epistola ad Cl. V. Florentinium, data 4 Kal. Februarii MDCLVIII, ubi sic loquitur: *Qui die secunda Januarii tanquam diversi ponuntur* (a Baronio) B. ISIDORUS *episcopus, et paulo post S.* SIRIDON *episcopus, pro uno vero, duo falsi substituuntur, vitio ambo creati ex veræ lectionis ignorantia, ut ex vetustissimis mss. deprehendi, in quibus semel simpliciterque legitur: Antiochiæ, Syrodoni episcopi ejusdem loci, unde et veram lectionem, et erroris originem facile perspexi. Quis enim non videt legendum:* ANTIOCHIÆ SYRIÆ, DOMNI EPISCOPI EJUSDEM LOCI; *atque ita vero illius loci possessore in integrum restituto, duos hypobolimæos expungendos?* Quæ si vera sunt, ut plane confirmari possunt ex Martyrologio reginæ Sweciæ, olim monasterii S. Columbæ apud Senones, quod Cassiodorus, teste Castellano, tribuit Hieronymo, et Holstenius in Animadversis ferme totum edidit, nosque inter Hieronymiana mss. habemus ordine XIII, ubi legitur *Doni*; si, inquam, hæc vera sunt, falsa etiam erit Usuardi lectio, quam tamen servavimus, ut auctoris puram et genuinam. Vide de his plura apud laudatos non semel Florentinium, et Castellanum.

Annuntiatio altera de tribus *Tomitanis* fratribus, ex Romano parvo per Adonem solito ordine profluit, utrobique secundo loco posita. In illo, sic habetur: *Et Tomis, martyrum Argei, Narcissi et Marcellini*. Quæ sic ab Adone melius relicta fuissent; nam elogium, quod soli Marcellino tribuit, quodque Noster ex eo descripsit, pridem observavit Notkerus alteri tribuendum esse, licet in nomine ipsemet erraverit, scribens *Phili episcopi*, et Rabanus die sequenti *Titi episcopi*; ubi verosimiliter legendum, *filii episcopi*, qui fuerit *Theogenes*, in cujus Actis apud Bollandum ea narrantur, quæ nec Marcellino soli in Adone; nec ipsi et fratribus, in codicibus recentioribus Usuardi nis recte ascribuntur, ut videre est in Actis III Januarii, quo die tres illi fratres in Hieronymianis apographis, aliis pluribus immisti referuntur, ad quem locum consuli potest Florentinii notatio. Primo loco in Romano parvo signatur: *Beati Macarii*; in Adone: *Natalis beati Macarii abbatis*. Hactenus recte, nec quidquam ultra indicant Hieronymiana hoc die. At dum supra ductores sapit Usuardus præfigens; *In Thebaide*; rem implicuit, quam nec Rabanus, nec ex eo Notkerus explicant, dum legunt: *Antiochia, Macarii abbatis.* Neque prosunt hodierna nostra Auctaria, dum nunc Macarium *Alexandrinum* volunt, alium vero, qui XV Januarii colitur, *Ægyptium*. Intricata hæc et confusa, a Bollando elucidata invenies hoc die, et citato XV hujus, nec minus erudite contracta a Castellano in notis a pag. 40. Ex quibus intelliges, quantum valeant cognomenta illa *Alexandrini* et *Ægyptii*, cum uterque Libyæ incola fuerit, hodiernus in *Celliis*, alter in *Scithi*. Vide Januarium pag. 1005, num. 5, et eos, qui post Bollandum Macariorum Acta accuratius distinguere conati sunt. Audiatur postremo Wandalbertus, qui hunc solum ita recolit:

Macnarius quartum Nonarum dedicat astum (*forte*, astrum.)
Qui tenuit docuitque eremi pius accola morem.

AUCTARIA.

ANTUERP.-MAJ. textum habet deformiorem: « In Thebayda, depositio beati Macharii abbatis, magnarum virtutum viri. Et in Ponto civitate Tomis, trium fratrum Narcissi, Argei et Marcellini pueri. Qui sub Licinio inter tyrones comprehensi, cum nollent militare, cæsi ad mortem, martyrium consummaverunt, et diu in carcere macerati, in mare mersi sunt. Corpora eorum ad litus delata, et [a] religiosis viris deposita, magnis choruscant virtutibus. » De Isidoro tacet.

ROSWEYD. « Antiochiæ, Ysidori episcopi et beati Macharii abbatis. » De tribus *Tomitanis*, textum ponit in plurali numero. In fine addit: « Iherosolimis, sanctorum Stephani et Vitalis. » Nomina in Hieronymianis disparata, conjuncta sunt.

PULSANEN. Adhuc vacuus est.

ANTUERP. et MAX.-LUBEC., de cætero puri, Usuardi adduunt in fine: « Ipso die, octava sancti Stephani. »

MUNERAT. communior editio altera textui assuit: « Eodem die Silviniaco monasterio, depositio domini Odelonis abbatis. » Hic iterum recurret, quanquam Castellanus xxxi Decembris collocandum existimet.

ANTUERP.-MAX., ULTRAJECT., LEYDEN., LOVANIEN., ALBERGEN., DANIC. et EDITIO ULTRAJECT. BELGIC. primo loco: « Octava sancti Stephani protomartyris. » De Isidoro scribunt omnes : « Episcopi et martyris. » De Tomitanis autem, quasi Usuardi constructionem vellent clariorem reddere, post illa verba, *et Marcellini pueri*, sic repetunt : « Qui Marcellini, etc., » ut prope dubites, utrum sic Ado, et Usuardus ipse non scripserint. Dehinc Macario elogium texunt in hunc modum : « Hic Alexandrinus, Macharius autem, de quo habetur infra xviii Kalend. Februarii, fuit Ægyptius genere, et ambo florentes in Ægypto, et ambo Antonii discipuli. » Vide quæ in Observationibus nostris dicta sunt.

CENTULEN. : « In Thebaida, depositio beati Macharii abbatis magnarum virtutum viri. In Ponto civitate Thomis, trium fratrum Narcissi, Argei et Marcellini pueri. Antiochiæ, passio sancti Isidori episcopi. Eodem die, octava sancti Stephani. »

BRUXELLEN. incipit etiam ab « octava sancti Stephani protomartyris. » In Tomitanis, satis purus est. Tum: « Ysidori episcopi et martyris. In Thebaide, natalis sancti Macharii Alexandrini abbatis, discipuli beati Antonii, magnarum virtutum viri. Et sancti Sindani episcopi. » Hæc est, ni fallor, alia nominis Syrodoni inflexio, nisi agatur de *Sifano*.

HAGENOYEN. in octava S. Stephani, in Ysidoro et Tomitanis, superioribus similis est ; sed de suo superaddit : « Item in eadem civitate, Marcellini pueri in mare mersi. » Notabis in priori annuntiatione Marcellinum *puerum* non dici, et elogium totum in numero multitudinis positum. Sequitur : « In Thebayda, sancti Macharii abbatis. Hic Alexandrinus erat, Macharius autem, de quo habetur infra xviii Kal. Februarii, et fuit Ægyptius genere : Ambo florentes in Ægypto , ambo beati Antonii magni discipuli , ambo magnarum virtutum viri, et magnorum miraculorum perpetratores. »

AQUICINCT. in fine: « Ipso die, sancti Siridonis episcopi. Item, sancti Barbatiani confessoris. Apud Silviniacum, sancti ac beatissimi Odilonis abbatis. Octavæ sancti Stephani protomartyris. »

MATRIC.-CARTUS.-ULTRAJ. : « Octava sancti Stephani protomartyris, Isidori episcopi et martyris. Argei, Narcissi et Marcellini fratrum. » Altera manu subditur : « Frontasii martyris cum sociis suis. » Vide Acta.

CLUNIACEN. : « Item sancti Barbatiani confessoris. » Remittitur a Bollando ad xxxi Decembris.

CAMBERIEN. Sanctæ Mariæ : « Sancti Baldulfi confessoris. »

ALTEMPS. : « Sancti Barbatiani confessoris. Civitate Petragorica, sancti Silani martyris, » socii, opinor, S. Frontasii.

FLORENTIN. : « Ipso die, sancti Spiridonis episcopi, sancti Barbiani confessoris Hic gesta martyrum a notariis diligenter exquisivit, et in ecclesia recondidit. » Sed hæc transcribentium oscitantia illuc translata sunt ex elogio Adoniano de Anthero papa, die sequenti.

EDITIO LUBECO-COL. convenit omnino cum ANTUERP.-MAX., etc., præterquam quod in fine subjiciat : « Eodem die, sancti Baldulphi confessoris. Ipso die, sancti Odilonis abbatis Cluniacensis. »

BELIN. : « Octava sancti Stephani. » In reliquis textus satis purus est, cui subjicitur : « Apud Silviniacum (transitus) sancti Odilonis abbatis, cujus festivitas cum in Kalendis habeatur, hic tamen plenius recolitur. Ipso die, sancti Spiridionis episcopi : » editio posterior habet *Syridonis*. At de his satis dictum est.

GREVEN. : « Octava sancti Stephani. Jerosolymis, Stephani et Vitalis. Item Tubiæ, Rutiliæ, Vitalis. » Hæc nomina ex Hieronymianis repetenda sunt. Sequitur : « Stridonis episcopi et confessoris. Frontasii martyris, ac sociorum ejus. Baldulphi confessoris. »

MOLAN. : « Octava S. Stephani. Apud Silviniachum, sancti Odilonis, etc. , » plane, ut BELINUS. Tum : « Ipso die, sancti Siridonis episcopi. » Vide supra. Editiones posteriores litteris Italicis textui præfigunt : « Octava sancti Stephani. » In fine. « Apud Silviniacum, sancti Odilonis, etc. Apud Corbeiam, depositio sancti Adalardi abbatis. Ipso die, sancti Siridonis episcopi. »

Mirum est, in nullum codicem Usuardinum irrepsisse memoriam S. Telesphori papæ, qui hodie a Floro, Rabano, et ex hoc a Notkero, celebratur cum elogio. Nos de eo v hujus.

III Nonas. *Die 3.*

Romæ via Appia, natalis beati Antheros papæ [a], qui cum duodecim annis rexisset Ecclesiam, passus est sub Maximiano, et in cimiterio Calixti sepultus. Eodem die, sancti Petri , qui apud civitatem Aulanam crucis supplicio est interemptus. In Hellesponto, sanctorum martyrum Cyrici, Primi et Theogenis. Civitate Parisius, sanctæ Genovefæ virginis, quæ a beato Germano Autisiodorensi episcopo , Christo dicata, admirandis virtutibus et miraculis late claruit.

NOTÆ.

Sumitur ex *Praten., Herinien., Tornacen., Greven.* et *Molan.* Hic in posterioribus editionibus mutavit, quæ in prima hac secundum Usuardum recte posuerat, ejusque proinde textum, ut in iis editionibus sæpe solet, depravavit.

[a] Pratensis codex omittit vocem *papæ*, inquit Sollerius, et legit *cimiterio Calixti*. Utrobique falsum a suo monitore fuisse textus hic a nobis redditus arguit. BOUILL.

VARIANTES LECTIONES.

Scripsi *Antheros* cum probatissimis codicibus. Eadem est terminatio in Beda, Romano parvo, et Adone, qui melius habent *Anteros*. Praten. omittit vocem *papæ*, quam codices alii cum citatis jam Martyrologis constanter retinent. Mirum autem , deesse in omnibus titulum *martyris*, qui tamen in antiquioribus illis clare exprimitur, forte ab Usuardo studiose expunctus. Posui *cimiterio*, licet diversimode in codicibus scribatur, plerumque eo modo. Item *Calixti* cum quatuor postremis; Pratensi legente , *cymiterio Calisti*, ut me monuit Castellanus, qui fontem consuluit. Male in Heriniensi est *Ellesponto*, pejus in Greven. *Hellesponta*; melius ex aliis in textu. In *Cyrici* et *Theogenis*, servo lectionem quam ex nostris puriorem existimo. Lego *Parisius* more antiquitus receptissimo, non *Parisiis*, ut Molan. passim correxit. Scribendum esset *Autisiodorensi*, non *Altisiodorensi*, ut Molanus, sed codicum ordinaria lectio, quæ sæpius recurrit, est *Autisiodorensi*; aliqui male *Antisiod.*

OBSERVATIONES.

De solo Antero meminit Romanum parvum. Bedæ de ipso elogium auxit Ado, Noster errore interpolavit, tyrannum designans *Maximianum*, ubi cum Adone *Maximinum* scribere debuisset. Certe Anterum ad Maximiani tempora nullatenus spectare, ex ejus ætate constat. Neque vero illum hic Maximinum intelligas, qui sub initium sæculi IV orientalem Ecclesiam fœde cruentavit; de illo agitur, qui anno CXXXV Alexandro, prope Moguntiam trucidato, successit, spemque fidelium de felici et diuturno Anteri pontificatu, brevi intercepit. Atque hic alius est Usuardi error, a Beda et Adone acceptus, de annis pontificatus XIII, qui a Labbeo, Papebrochio, aliisque chronologis merito corrigitur. Quid de ejus martyrio sentiendum sit, recte exponit Tillemontius, Commentariorum suorum ecclesiasticorum tomo III, pag. 278. Si quid aut inde, aut aliunde usui esse possit, in Supplemento adhibebimus. Florentinius ad XXIV Novembris, pag. 997, de *Anterote*, memorat aliqua, nescio an satis apte excogitata. Minus displicent, quæ de ordinatione ejus, eo fortasse die facta, alii eliciunt. Cæterum ex Adoniano Anteri elogio aliqua dempsit Usuardus, quæ inter Auctaria ex aliis codicibus restituta ostendemus. *Petri Balsami gladio interfecti* meminit Rabanus die sequenti, ex quo sua descripsit Notkerus. Apud Florum civitate *Auclara* Petrus hodie crucifixus est. Unum hunc esse cum *Abselamo*, qui in Romano moderno recolitur XI Januarii, docet ibi Bollandus in Prætermissis, et hodie, ejus Acta illustrans. Eum sequitur Castellanus in notis pag. 50 et 170. Item Theodoricus Ruinart. in Sinceris et Selectis a pag. 554, ubi Acta a Surio et Bollando edita reproducit, alibi, is operæ pretium fuerit, cum nostris conferenda. Ab his dissentit Tillemontius tomo V, pag. 417. Petros duos ex Eusebio de Martt. Palæstinæ cap. 10, et ex Actis conatus eruere; de cujus argumentis statuendum erit in Supplemento. Jam vero unde Usuardus Petrum acceperit compertum non est, neque inducor hactenus ut credam Florum genuinum ei unquam visum fuisse. Superest verosimiliter conjicere, aut Acta habuisse, quæ ab Anastasio Bibliothecario synchrono, e Græco versa sunt, aut saltem inde notitiam aliquam ad eum pervenisse. *Cyricus*, alias *Cyrinus, Primus* et *Theogenes* ex Hieronymiano Epternacensi aut ei simili a Nostro desumpti sunt, non magis apud consuetos duces hac die noti, quam Petrus, de quo jam diximus. In iis Martyrologiis *Paretiæ* tribuuntur, de quo vide Florentinium et Castellanum pag. 51. De Theogene, qui ab aliis *Diogenes* dicitur, seorsim locuti sumus die præcedenti. *Genovefam* Hieronymianis adjectam censet Florentinius; at certo eam memorat Beda, et ex eo Rabanus. Elogium Adonianum est, a Notkero descriptum, a Nostro decurtatum, sed in Auctariis plene recitatum. Ad ea jam procedimus, puritate Usuardina abunde demonstrata. Cur autem *Florentius* Viennensis ab Adone positus, hic præteritus sit, haud equidem assequor; id sæpius factum in Viennensibus sanctis, mecum lector in decursu observare poterit. Adjicio Wandalberti in Genovefæ honorem versiculum, hodie unicum :

Tertia Nonarumque dies celebrat Genovefam.

AUCTARIA.

ANTUERP.-MAJ. in prima annuntiatione post *papæ* addidit cum Adone, etc., « et martyris, qui vicesimus post beatum Petrum, cum duodecim annis, mense uno, diebus duodecim, rexisset Ecclesiam, passus est sub Maximiano, et [in] cimiterio Calixti sepultus via Apia. In civitate Aulana, passio sancti Petri, » etc. Deest annuntiatio tertia. Tum : « Apud Parisium, natale sanctæ Genovephæ, » etc., sed, post *claruit*, ex Adone restituit, « et usque ad annos octoginta in Christi servitute consenuit. »

ROSWEYD. in Antero, superiori similis est. Sequitur de Genovefa etiam ut ibi. Caret annuntiatione secunda et tertia. In fine autem ex Adone adjicit : « Eodem die, sancti Florentii Viennensis episcopi et martyris, octavi ejusdem urbis episcopi. »

PULSANEN. hac etiam die vacat.

ANTUERP. et MAX.-LUBEC. decurtant Genovefæ elogium, his verbis : « Quæ a beato Germano Autissiodorensi episcopo, Christo dicata. » At in fine addunt : « Et octavæ sancti Joannis evangelistæ. »

MUNERATI editio major et prima ex Adone etiam addit : « Et usque ad octogesimum annum, » etc., quibus altera editio minor superadjecit : « Cujus corpus requiescit in conventu apostolorum Petri et Pauli, monte Parisius. »

ANTUERP.-MAX., ULTRAJECT., LEYDEN. et EDITIO ULTRAJ. BELG. primo loco habent : « Octavæ sancti Joannis Evangelistæ. » De Antero inserunt : « Qui decimus octavus post beatum Petrum cum duodecim, » etc., pure usque ad finem, nisi quod aliqui scribant *Dyogenis*, et in fine de Genovefa addant, « et usque ad octoginta annos in Christi, » etc.

LOVANIEN. convenit cum prioribus, nisi quod in fine totum Genovefæ elogium expunxerit.

ALBERGEN. et DANIC. in hoc differunt, quod de Antero ita legant post *papæ* : « Hic constituit ut, [puto esse ne] episcopi de sede in sedem possint transferri; et etiam gesta martyrum diligenter in notariis exquisivit et in ecclesia recondidit, propter quod martyrio coronatus est. Qui decimus octavus... passus est sub Maximino, » etc.

CENTULEN. : « Romæ, sancti Anteros papæ et martyris. Civitate Aulana, sancti Petri martyris. » Deest *Cyrici*. etc. « Parisius, sanctæ Genovefæ virginis. Ipso die, octava beatissimi Joannis evangelistæ. »

BRUXELLEN. incipit ab « octava S. Joannis apostoli et evangelistæ. Apud Parisium, » etc., de Genovefa, ut supra. « Romæ, natale sancti Antheros papæ et martyris. Qui gesta martyrum a notariis diligenter exquisivit et in ecclesia recondidit. Propter quod sub Maximino imperatore martyrio coronatus est. » Nihil præterea. In Petro Aulanensi et Hellespontanis satis purus, in fine subdit : « Et sancti Florentii episcopi. »

HAGENOYEN., præfixa octava, de Antero post *papæ*, hæc comminiscitur : « Qui constitutus fuit summus pontifex contra voluntatem cleri a Cyriaco papa, qui passus est in Colonia cum XI milibus virginibus. Hic Antheros præfuit Ecclesiæ annis tribus, mensibus duobus et diebus quindecim; martyrio coronatus est sub Maximino imperatore et sepultus in cimeterio Calixti. Hic constituit, ut episcopi de sede in sedem non possint transferri sine consensu Romani pontificis. Et gesta ipse martyrum diligenter a notariis quæsivit, et excommunicationis sententiam fulminari jussit in rebelles. Hic natione erat Græcus, et XVIII post beatum Petrum apostolum. » In duabus sequentibus annuntiationibus, utcunque purus est. Tum de Genovefa post *Christo dicata*, subtexit : « et sacro velamine est consecrata. » Rursus post *senuit* : « De hac virgine legitur, quod totiens flevit ex devotione, quotiens cœlum inspexit. Et sicut Stephanus protomartyr, sæpe Jesum in dextera Patris vidit. Hujus etiam orationibus Symeon, qui stetit in columpna, se committere solebat. Item Marini martyris. »

VICTORIN. et REG. SUEC., sub num. 130 : « Item Romæ, sancti Marini martyris. » An is est, qui colitur XXVI Decembris?

MAURIC.-CARTUS.-ULTRAJ. : « Octava sancti Joannis apostoli. Genovefæ virginis. Antheros papæ et martyris. Petri martyris, qui passus est crucifigi. Theogonis martyris. »
ALTEMPS. : « Civitate Petragorica, sancti Eumasii confessoris. » Castellan. *Eumachi*, de quo hodie nihil in Actis.
FLORENTIN. : « In Padua civitate, sancti Danielis martyris. » Vide Acta.
EDITIO LUBECO-COL. : « Octava sancti Joannis evangelistæ et apostoli. » De Antero omnia ferme collegit, quæ superius dicta sunt. In Petro pura est. Tum : « In Hellespontano, sanctorum martyrum Cyrici et Primi. Item in Cyzico Hellesponti, passio Diogenis martyris sub Licinio rege, qui post multas passiones tandem in mare projectus a fidelibus honorifice sepelitur. » Vide quæ die præcedenti diximus de Theogene. Sequitur de Genovefa, et Florentio Viennensi, ut supra.
BELIN. Præfigitur textui *Octava*, etc., et attexitur : « In Padua civitate, S. Danielis mart. »
GREVEN. : *Octava S. Joannis*. De Florentio, ex Adone, ut supra. « In Africa, Marcialis, Cirici, Claudionis. » Hæc nomina bene vel male ex aliquo Hieronymiano, ut hic passim usu venit, descripta sunt. « Paduæ, beati Danielis levitæ, et martyris. Qui cæco a se illuminato, locum, in quo corpus suum a paganis, clavis per caput et omnia membra transfixum, jacebat, revelavit anno DCCLXVII. Angelæ virginis de Fulgineo. » Melius die sequenti cum Bollando, notante non virginem, sed viduam fuisse.
MOLAN. In fine addit quæ habentur in utraque Munerati editione. De octava, Daniele Patavino, et Florentio, ut supra, Tum : « Item relatio capitis sancti Jacobi apostoli, » additque typis minoribus, « Fratris S. Johannis. Atrebaten ad monasterium sancti Vedasti. Angelæ de Fulgineo. Inventio beati Quintini martyris per beatum Eligium. » Vide auctarium ad Bedam et Acta. Editiones aliæ præmittunt litteris italicis : « Octava sancti Joannis evan-

gelistæ. » Mutant Anteri textum, expunctis annis, substitutoque *Maximino* pro *Maximiano*, recte quidem, sed contra mentem auctoris. In fine de Genovefa, ut in priori. Tum : « Die tertia, sancti prophetæ Malachiæ et sancti martyris Gordii. » De Florentio, ut supra. « In pago Viromandensi, inventio corporis beati Quintini martyris ab Eligio episcopo, et translatio ipsius. » De relatione capitis S. Jacobi, ferme ut supra. Et aliis litteris : « Ipso die obitus Angelæ de Fulgineo. »

APPENDIX

Ex citata die præcedenti Rosweydi epistola.

Appendicem voco, quod ad Usuardum, aut ejus Auctaria non pertineat; gratam tamen lectori futuram, puto, viri eruditissimi observationem ad Martyrologium Romanum, in quo hoc ipso die celebrantur «Zosimus, Athanasius, Theopemptus et Theonas.» Itaque citato textu et Baronii notatione, sic infit : « Videndum num quatuor hi errores commissi sint. 1. Quod quatuor hi sancti ponantur passi in Januarii, cum Zosimus et Athanasius passi sint IV Jan.; Theopemptus autem et Theonas v Jan., ut patet ex Menæis. Depravatum est Menologium cum ponit, TERTIA, VEL QUARTA DIE. 2. Quod quatuor hi martyres dicantur passim in Cilicia, cum Menologium et Menæa tantum Zozimum, et Athanasium in Cilicia ponant. 3. Quod hi quatuor ponantur passi sub Diocletiano, cum Theopemptus, et Theonas tantum sub eo passi sint, Zosimus autem et Athanasius sub Domitiano profecto, ut habet Menologium et Menæa. 4. Quod in notis dicatur, Zosimum et Athanasium passos sub Domitiano imperatore; imo sub Domitiano præfecto passi sunt : ubi cardinalis Sirletus non rite vertit PRÆSIDE, cum in Græco sit ἄρχοντι. » Vide præterea Bollandum in Actis, et Castellanum in notis pag. 51 et 73, ubi aliqua adducuntur in Supplemento discutienda. Quibus adde, quæ dicuntur in appendice ad tomum I Januarii, pag. 1087.

II *Nonas.*   *Die 4.*

Natalis beati Titi, qui ordinatus ab apostolo Paulo Cretensium episcopus, ac predicationis officium fidelissime complens, beatum finem adeptus est, ibique sepultus apud ecclesiam ubi fuerat dignus minister constitutus. Apud Africam, præclarissimorum martyrum, Aquilini, Gemini, Eugenti, Martiani, Quinti, Theodoti, Triphonis, quorum gesta habentur: Romæ, sanctorum Prisci presbiteri et Priscilliani clerici, ac Benedictæ religiosæ; qui sub tempore Juliani imperatoris gladio martyrium compleverunt. Item Romæ, sanctæ Dafrosæ, uxoris Fabiani martyris, quæ post interfectionem ipsius, primum relegata exilio, dein a præfato principe, capite jussa est puniri. Civitate Bononia, Hermetis, Aggei, et Gai.

NOTÆ.

Ita fere codices omnes, sed pura simplicitas eruitur ex *Praten., Tornacen., Munerat., Greven.* et *Molan.*

VARIANTES LECTIONES.

Greven. et Molan. pro *Eugenti* ponunt *Eugenii*; pro *Martianii Marciani* : item post *Theodoti* addunt cum pluribus aliis mss. particulam *et*. Aliæ in codicibus nominum variationes occurrunt, ut *Theodori* pro *Theodoti*, etc.; nos ex antiquissimis nostris præferimus lectionem textus, nec minutias omnes scrupulosius enumerandas censemus. *Triphonis* scribunt passim omnes. Pro *religiosæ*, habent aliqui *gloriosæ*; codices vero multi subjungunt *feminæ*, quæ vox necessario addenda videntur, ut posuit Ado, ne sensus imperfectus maneat, cum nec *gloriosæ*, nec *religiosæ* ibi quidquam significent, si substantivo destituantur. Cæterum non recta syntaxis a nobis, sed Usuardina puritas quæritur, eaque nisi vehementer fallor, ex probatissimis codicibus exhibita est. Dissentiunt Greven. et Molan. qui, reclamantibus iterum codicibus mss. legunt *consummaverunt* pro *compleverunt*. Deinde pro *dein*, vix animadversione indiget. Molan. bene scribit *Aggæi*, sed rectius cum aliis ad Usuardi mentem, *Aggei* : item *Gai* licet impressa communius habeant *Gaii, Gagii*, vel *Gagi*. Munerati editio nec hic, nec alibi satis correcta et accurata. En specimina : *Affrosæ*, pro *Dafrosæ*, *præfecto*, pro *præfato*, et pauca alia vix notatu digna.

OBSERVATIONES.

Præluxit denuo Romanum parvum Adoni, hic Usuardo et Notkero, qui hodie ex Adonis, et Rabani textibus suum ferme totum conflavit. Quod de primo fonte nostro dixi, id in tribus commemorationibus hoc die evidentissime patet. Ut a Tito incipiam, sic prima ejus in Fastis sacris memoria soli Romano parvo accepta refertur : *Apud Cretam, Titi apostolorum discipuli*. Quibus fere verbis ab Adone in Martyrologio et inde a Notkero celebratur. At elogium ex festivitatibus apostolorum ab Usuardo acceptum et modice contractum est. De Titi vita et gestis nonnulla ex variis collegit Bollandus, sed non ita pridem accuratior sylloge ex Scriptura et Patribus concinnata est a Tillemontio tomo II, a pag. 139, fortasse in Supplemento usui futura. Classis martyrum septem Africanorum Romano parva nota non est, ex Hieronymianis ab Adone translata, addito epitheto *præclarissimorum martyrum*. Item, *quorum gesta habentur*, sed quæ nec ipse procul dubio vidit, alias aliquod saltem eorum extractum daturus; nec quisquam alius in lucem hactenus efferre potuit. Tertia annuntiatio martyrum Romanorum *Prisci presbyteri*, et *Priscilliani* et *Benedictæ*, rursus ex Romano parvo primum profluit. Quæ ab Adone adjiciuntur et a Nostro contracta sunt, ea ex Actis S. Pigmenii (de quo cum Usuardo agemus XXIV Martii) educta censet Bollandus; Castellanus tantum non plane rejicit, ut proinde appositæ temporis notæ, novo et accuratiori examine discutiendæ sint. Consule interim præfatum Castellanum pag. 66 et 808. *Et Dafrosæ*, simpliciter ponit jam tertio laudatum Romanum parvum. Breve elogium, quod ab Adone mutuavit Noster, ex præcedenti fonte rivulus est non satis purus. Displicent iterum signata Juliani tempora, pro quibus substituenda Diocletianæa, ex Tillemontio contendit Castellanus. Dafrosæ maritus non Fabianus, sed *Flavianus* appellabatur, de quo et filiabus vide Bollandum hoc die. Ultima classis Hieronymiana est, ex his a solo Usuardo huc traducta, non integre et fideliter, dum principium omittitur, nempe : *In Oriente*, quæ particulæ debite appositæ innumeris conjecturis aditum præclusissent. Baronius contra veteres omnes textus, tyrannum apposuit *Maximianum*, ut observavit Rosweydus in laudata superius manuscripta epistola. Atque ibi etiam solerter notat, *discere nos ex Martyrologio Hieronymi* (Epternacensi videlicet, quod solum vidit) *non intelligi hic Bononiam Italiæ, sed Bononiam Orientis sive Illyrici*. Duplex enim Bononia, inquit, *una in Oriente, altera in Occidente; patet id ex auctoribus*. Ita Rosweydus, qui tamen in Martyrologio legere debuit clarissime expressum Bononia. Putat Castellanus *Bononiam* illam seu *Bononiam* reperisse in Mœsia, Gallice scribens, *a Bodon*, vide ejus notas ad hunc diem pag. 66 et 67, et Baudrand in Diction. Geographico. Monuit autem Bollandus in nostro codice Usuardino Leydensi vernaculo legi *Baloniam (Baloen)* in Thracia, quod verissimum est, et ita etiam habetur in edito vernaculo Ultrajectino. Sed codicem Leydensem Belgicum imposterum citare supervacaneum censeo, dum cum altero Leydensi Latino omnino convenit. Wandalberti versiculus hodie singularis est; ita sonat :

Tum pridie Nonas Augenti festa recurrant.

Recentiores passim sentiunt hic *Eugendum* abbatem recoli, de quo actum est I Januarii. Bollandus ferme tribuit *Eugenio*, in Africana turma tertio: ego amplius deliberandum censeo.

AUCTARIA.

HERINIEN. in toto textu purissime Usuardinus, in fine habet additamentum, provinciæ Rhemensi proprium, nempe : « Ipso die, natalis sancti Rigorberti, Rhemensis archiepiscopi. »

ANTUERP.-MAJ. mutilus est. Incipit : « Natale sancti Titi apostolorum discipuli. » In secunda et tertia Adoni, quam Usuardo similior. Tum : « Item Romæ, beatæ Dafrosæ, uxoris Fabiani martyris. » Desunt reliqua.

ROSWEYD. : « In Creta, natale sancti Titi, apostolorum discipuli. » In secunda, tertia et quarta Adonem etiam potius, quam Usuardum descripsit. Ultima deest, cujus loco hæc substituuntur : « Eodem die, Celsi confessoris. Apud Gandavum, Pharaildis virginis. » Nempe et viduæ.

PULSANEN. Desunt forte duæ lineæ : reliqua satis ostendunt textum esse puro proximum. Caret annuntiatione ultima.

ANTUERP. et MAX.-LUBEC. textui, satis puro, subdunt : « Octava sanctorum Innocentium. »

ANTUERP.-MAX., ULTRAJECT., LEYDEN., ALBERG. et DANIC. incipiunt : « Octava sanctorum Innocentium. » In reliquo textu satis puri sunt. In fine transponunt nomina *Hermetis*, *Gaii* et *Aggei*.

LOVANIEN. prioribus plane similis, resecat elogium Dafrosæ.

CENTULEN. : « Apud Cretam, sancti Titi apostolorum discipuli. Civitate Bononia, sanctorum Hermetis et Aggei. Apud Africam, sanctorum Aquilini.... præclarissimorum martyrum, quorum, etc. Romæ, passio sanctorum Prisci... religiossimæ feminæ, qui sub impio Juliano martyrium passi sunt. Item Romæ, sanctæ Dafrosæ, uxoris Fabiani martyris, sub Juliano. Et octava sanctorum Innocentium. »

BRUXELLEN. post octavam Innocentium, secundo loco habet : « Et sanctæ Pharahildis virginis, sororis beatæ Gudilæ, quæ Gandavi quiescit. » De hac aliqua observat Castellanus, quæ ex sermonis Belgici ignorantia non potuit distinguere. Sequitur de Tito non plene. In Prisco et sociis item, in Dafrosa et Bononiensibus utcunque purus est. De martyribus Africanis addit : « Qui multos agones, supplicia magna, et passiones horridas pro fide Christi passi sunt, ut narrant ipsorum gesta, quæ habentur. » Vide supra.

HAGENOYEN. habet etiam de octava. In Tito purus est. Tum : « Ipso die Lingonis, sancti Gregorii episcopi et confessoris. » Sequuntur Africani, deinde Dafrosa, tum Priscus et socii, de quibus satis pure. In fine : « Civitate Bononia, sanctorum martyrum Hermetis, etc. » Quod habet etiam præcedens.

MATRIC. CARTUS.-ULTRAJECT. : « Octava sanctorum Innocentum. Titi episcopi Cretensis, discipuli beati Pauli apostoli. Dafrosæ martyris. Rigoberti archiepiscopi Rhemorum. »

ALTEMPS. : « In territorio Uzechiæ civitatis sancti Fretcoli episcopi. » De Ferrutio martyre meminit Molanus hic, et Bollandus, in Prætermissis, Ferrutium, Ferrutionem, etc., adducit. Hic Ferreolus est Uzeticensis, de quo vide Prætermissos I Aprilis.

FLORENTIN. : « Apud Nicomediam, sanctorum martyrum Theopempi episcopi et sancti Sinesii. » De his plura dicentur die sequenti.

EDITIO LUBECO-COL. Post octavam sequitur textus solito purior. In fine post *Aggei*, nam hic ultimo loco ponitur, subjungit, *martyrum*, et pro *Bononia*, corrupte scribit *Banomia*. Deinde : « Treveris sancti Celsi episcopi, et confessoris Christi, qui in cimiterio sancti Eucharii requiescit. Bituricas, sanctæ Faustæ virginis. » De qua vide Prætermissos. « Eodem die, sanctæ Pharahildis virginis. »

BELIN. præmittit etiam octavam. In Tito, pro *dignus minister constitutus*, habet *divinitus minister*, etc. Sequitur : « Lingonis, sancti Gregorii episcopi et confessoris. » In reliquo textu satis purus est ; in fine autem, *Aggei et Gaii martyrum*.

GREVEN. : « Octava sanctorum Innocentum. Treveris, Celsi episcopi et confessoris. Bituricas, sanctæ Faustæ virginis. In Flandria apud Gandavum, Pharahildis virginis. Lingonis, Gregorii episcopi, et confessoris, cujus vitam Vincentius Delvacensis in Speculo historiali lib. XXII, cap. 52, summatim perstingit. Apud Nichomediam sub Dyocle [Diocletiano] Theopompi episcopi et Synesii martyrum. Item Neophistæ virginis et martyris. »

MOLAN. post *Gaii* etiam in fine attexit *martyrum*. Deinde : « Octava sanctorum Innocentium, Lingonis, sancti Gregorii episcopi et confessoris, cujus gesta habentur. Ipso die, natalis sancti Rigoberti Remensis archiepiscopi, et confessoris. Gandavi, natale sanctæ Pharaildis virginis. Et sancti Ferrutii martyris. » Vide quæ diximus ad codicem Altempsianum. In aliis editionibus ultima illic annuntiatio expuncta est. Incipiunt autem istæ litteris Italicis : *Octava sanctorum* A *Innocentium*. In fine, de Gregorio, Rigoberto, et Pharailde, ut supra. Subjungitur : « Die quarta, sancti Theoctisti, ducis in Cucumo. Et congregatio sanctorum septuaginta apostolorum. » Denique, typis minoribus : « Tuderti Tusciæ, sancti Rogerii confessoris, ordinis minorum. Cujus memoria ibidem celebratur consensu Gregorii IX. »

Nonis.   *Die 5.*

Romæ, natalis beati Thelesphori papæ, qui septimus post Petrum apostolum pontifex ordinatus, illustre martyrium duxit. Apud Antiochiam, sancti Simeonis monachi, cujus vita, ac conversatio satis extitit admirabilis.

NOTÆ.

Ita codices multi, sed omnino puri sunt soli *Praten., Herinien., Tornacen., Antuerp., Max.-Lubec., Greven* et *Molan*.

VARIANTES LECTIONES.

Natale pro *natalis*, vel vice versa, promiscue ferme ab Adone, Usuardo, et aliis, ac proinde a codicibus nostris accipiuntur, ut id imposterum observare operæ pretium non sit. Scribo *Thelesphori* cum plerisque editis, et mss. quod in Molan. B correctum est. Sic etiam *Simeonis*, in quo maxime codices variant; hodie multi præferunt *Symeonis*. *Extitit*, antiquus etiam scribendi modus est, quo et hoc tempore aliqui utuntur.

OBSERVATIONES.

Ad II Januarii supra ad calcem indicavimus, sanctum *Telesphorum* papam a Floro, Rabano et Notkero eo die celebrari. Primus ad hunc diem cum retulit auctor Romani parvi his verbis : *Romæ, sancti Telesphori papæ, et martyris.* Hinc in Adonem transiit, a quo brevi elogio exornatus fuit, cujus pars exigua ab Usuardo adoptata est, reliqua in Auctariis supplebitur. Hic a lectore observari velim quod in præfatione diximus, Florum, Rabanum et Adonem, licet eadem sanctorum Acta præ oculis habuisse videantur, ita tamen passim in modo, seu phrasi discrepare, ut manifeste appareat alterum ab altero visum non esse. De Adone relato ad Bedam, de Notkero ad Rabanum, et Adonem, alia ibidem sententia. Jam vero quid in Hieronymianis sit *Cæsifloriæ, Cælesphori* et *Cælisphori*, nescio an Bollandus et Florentinius satis recte divinaverint. Nec placet Castellanus, nimis rotunde asserens, in plerisque, Hieronymianis Telesphorum papam reperiri, Tametsi enim concederemus ex citatis nominibus Telesphorum a Notkero extusum, necdum mihi exinde consequens Telesphorum papam illic memorari. Plura vide in Castellani notis pag. 79. Quid de Telesphori Vita, a Zegero Pauli Bollando obtrusa, et ab hoc Actis inserta, censendum sit, docebit Papebrochius in Responsionibus ad articulum XI, a num. 38. Breviorem, sed et veriorem Telesphorianæ vitæ seriem dedit Tillemontius tomo II, pag. 251. De celeberrimo olim toto orbe, etiam dum viveret, *Symeone* monacho Stylita, meminerunt apographa Hieronymiana ; nec video cur inter adjectitios a Florentinio reputetur, præsertim cum præcipui codices in eo referendo conveniant. Signatur in iisdem antiquior ille *Symeon*, qui responsum acceperat a Spiritu Sancto, etc. Cujus C occasione, exercitationem inseruit Florentinius a lectore consulendam. Utrumque Symeonem hoc ipso etiam die commemorat Florus, utrumque Rabanus, et ex hoc Notkerus; De solo Stylita sic agit Romanum parvum : *Apud Antiochiam, sancti Simeonis monachi*. Vitæ compendium exhibet Ado, quod ferme descripsit Notkerus, Usuardus vero in paucissimis contraxit. Vitam non unam edidit, et diligentissime eruderavit Bollandus, servata de more primigenia auctorum phrasi. Ex his potissimum Gallicam suam digessit, atque ex Allatii Symeonibus aliisque exornavit Tillemontius per articulos novemdecim, tomo XIV, a pag. 347 ad 392. Ambos textus nostri sanctos geminis versiculis innexuit Wandalbertus :

Hinc Nonas Simeon confessor possidet almus.
Papa Telesphorus iisdem pariterque coruscat.

AUCTARIA.

ANTUERP.-MAJ. hic præter morem totum Adonianum elogium Usuardo attexuit. Telesphoro [*scribit ipse* Thelesforis] solum addidit, *sedit annos* XI, *menses* III, *dies* XXI. At de Symeone, omnia hoc modo : « Apud Antiochiam, depositio sancti Symeonis monachi. Qui tertio decimo ætatis suæ anno, huic sæculo abreuncians, monasterii claustra expetiit; ubi mira abstinentia, vix septimo die cybum sibi indulgens, psalterium infra quatuor menses didicit. Deinde nimis domandi corporis intentione, fune palmitio renes sibi constringens, duriter laniatus est. Inde in quodam puteo se recludens, et ex eo a fratribus violenter ad monasterium reductus, clam fugiens heremum petiit, ubi multo commoratus tempore, in columpna editiori, sanctitate fervens, se concludit, unde non modo extraneæ mulieri, sed nec propriæ matri se videre permisit. Et usque hodie basilicam columpnæ illius nulla feminarum ingreditur, nam quædam mulier veste induta virili ingredi voluit, sed mox ut limen attigit retrorsum mortua cecidit. » Postrema hæc desumpta sunt ab Adone ex Greg. Turonen. de Gloria confessorum cap. 26.

ROSWEYD. hic ex eodem Adone totum ferme Te- D lesphori elogium supplet, præter dicta adjiciens : « Hic constituit, ut septem [*Ado* sex] ebdomadibus ante Pasca jejunium celebraretur, et in natale Domini nostri Jesu Christi nocte missæ celebrarentur, et ymnus angelicus, id est Gloria in excelsis Deo, hora sacrificii missæ diceretur. » Tum : « Item depositio Simeonis, qui Dominum obtulit. Antiochiæ, sancti Simeonis monachi, et confessoris, admirandæ virtutis viri, qui in columna stetit. » Denique : « Et sanctorum Felicis et Amandi. »

PULSANEN. incipit : « Relatio pueri Jesu ex Egypto. » De ea vide infra VII Idus seu VII Januarii. Tum : « Et Vigilia Epiphaniæ. » De reliquo totus textus purus est.

MUNERAT. solum inserit, post « illustre martyrium, » hæc verba : « sub Adriano principe duxit. »

ANTUERP.-MAX., LEYDEN-BELG., LOVANIEN. et EDITIO ULTRAJ.-BELG. incipiunt : « Vigilia Epiphaniæ Domini. » De cætero puri sunt, nisi quod de Telesphoro inserant, ut supra « sub Adriano, » etc.

ULTRAJECTIN., LEYDEN., ALBERGEN. et DANIC. habent etiam primo loco de Vigilia. De Telesphoro autem « Constituit septem hebdomadibus ante Pascha jejunium ab omnibus clericis agi : tres missas in natali

Domini celebrari, hymnumque angelicum, id est Gloria in excelsis, decantari ad missam, instituit. Ad extremum autem illustre martyrium sub Adriano, etc. »

CENTULEN.: « Romæ, sancti Thelesphori papæ et martyris, qui illustre martyrium duxit. Antiochiæ, sancti Symeonis monachi, qui in columna stetit, cui vita virtutibus et miraculis effulsit gloriosa. »

BRUXELLEN. primo loco de Vigilia. Deinde : « Romæ, sancti Thelesphori papæ. Qui ymnum angelicum, Gloria in excelsis Deo, hora sacrificii missæ, et in festo nativitatis Domini tres missas cantari instituit. Et tandem sub Adriano imperatore, pro Christo illustre martyrium duxit, et in Vaticano apud sanctum Petrum sepultus est. » In Symeone magnam partem elogii Adoniani describit et contrahit.

HAGENOYEN. de Vigilia, ut supra. Item de Telesphoro, cum elogio ferme Adoniano. Tum : « Apud Antiochiam, natale sancti Symeonis, qui primo erat pastor ovium patris sui, et mirabiliter conversus per hoc quod scire voluit, quæ esset substantia animæ. Qui jussus est intrare monasterium, et ibi expediri de hac re. Quod et fecit, et in tantum profecit, quod in tribus mensibus omne psalterium, tantum (totam, ni fallor) legendam et monachorum regulas discerct. » Reliqua non magnopere differunt ab eis quæ ex Adone retulimus. Ultimo loco addit : *Batania*, *Severini confessoris*. Severinos duodecim invenio, utrum ex illis hic unus sit, necdum satis certo distinguere potui.

AQUICINCT. De Telesphoro, post *duxit*, additur : « Hic constituit ut omnes clerici in sorte Dei electi septem hebdomadas plenas ante sanctum Pascha a carne jejunent, et in nocte natalis Domini missas celebrari, et Gloria in excelsis Deo ad missas cantari. »

VICTORIN. habet eadem omnia, sed phrasi non nihil immutata.

MATRIC.-CARTUS.,-ULTRAJECT. : « Vigilia Simeonis monachi, qui stetit super columnam. Telesphori papæ et martyris. Hic instituit jejunium quadragesimale. Eduardi regis Anglorum. »

VATICAN., signatus numero 5949, nihil habet de Simeone Stylita; at de antiquiori evangelico ita adjicit : « Hierosolymis, sancti Simeonis prophetæ. »

EDITIO LUBECO-COL.: « Vigilia Epiphaniæ Domini. » De Telesphoro colliguntur quæ superius dicta sunt. « Apud Antiochiam, sancti Simeonis monachi, qui decimotertio ætatis suæ anno huic sæculo abrenuntians monasterium petiit, ubi mira abstinentia, vix septimo die cibum sibi indulgens, psalterium infra quatuor menses didicit. Eodem die, sancti Edwardi regis et confessoris. Ipso die, sancti Verlaci heremitæ et confessoris. » Vult dicere *Gerlaci*; sed quam sæpe usuveniat, ut G mutetur in V et vice versa, alibi forte accuratius explicabo.

BELIN. editio prima solam textui præfigit *Vigiliam*. Ast altera de Telesphoro post *martyrium duxit*, inserit: « Hic constituit ut in natali Domini per noctem missæ celebrarentur. » In fine autem : « Gandavi, sanctæ Faraillidis virginis. » Vide de Pharailde die præcedenti in Auctariis.

GREVEN. : « Vigilia Epiphaniæ Domini. Eodem die, Edwardi regis Angliæ et confessoris. Tillonis confessoris. In Africa, Felicis, Secundi, Honoris, Luciani, Candidi, Januarii. Gerlaci heremitæ et confessoris. Senonis, Honoberti et Henulphi episcoporum et confessorum. Romæ, beatæ Emilianæ virginis, amitæ beati Gregorii papæ. Qui de ipsa et sorore ejus Tarsilla ita dicit homilia 38 : Uno ardore conversæ, sub districtione regulæ viventes in domo propria socialem vitam ducebant, et quotidianis incrementis cœperunt in amorem conditoris succrescere. Et cum hic essent solo corpore, quotidie ad æterna transire. In Thebaide, beatæ Amatæ virginis, abbatissæ, de qua Vincentius Speculo historial. lib. XVIII, cap. 92. » In Actis vocatur etiam *Talida*. De Tillone agitur ibi VII Januarii.

MOLAN. in prima editione solum adjicit litteris Italicis : *Vigilia Epiphaniæ Domini*. Deinde typis minoribus ex GREVEN. describit omnia, quæ de Æmiliana nuperrime retulimus. Item de Eduardo et Gerlaco, de reliquis nihil. At in editionibus posterioribus *Vigiliam Epiphaniæ Domini*, litteris Italicis primo loco posuit. In fine de Eduardo rege Anglorum. Tum : « Die quinta, sanctorum martyrum Pheopempti, et Theonæ. » Atque huc reduci possunt quæ hic in appendice III Januarii ex epistola Roswedi notata sunt, ubi simul de Zosimo et Athanasio, quos istis Baronius eo die conjunxit. Fatetur Molanus se sanctos suos Græcos, quos in posterioribus editionibus refert, accepisse ex Græcorum Horologio, in quo et Theopemptus et Theonas hoc die celebrantur. Hos autem martyrologis Occidentalibus antiquioribus antea ignotos fuisse certissimum est, ex martyrologio Galesinii, vel verosimilius ex Menologio Sirleti a Baronio translatos, licet non ab omnibus eodem die recolantur. Putat Castellanus Theopemptum illum et Theonam, cum Theopompo et Senesio, de quibus heri ex Florentinis codicibus egimus, identificandos : ut videsis in ejus nota ad IV Januarii pag. 73. Sequitur in nostris Auctariis minutiori charactere : « Apud Trajectum, Gerlaci eremitæ, ex milite confessoris. Item, ut notat Metaphrastes, beatæ Apollinaris virginis. »

VIII *Idus.*   *Die* 6.

Epiphania Domini. In territorio Remensi, passio sanctæ Macræ virginis; quæ jubente Rictiovaro præside, cum in ignem esset præcipitata, et permansisset illæsa, dein mammillis abscisis, et squalore carceris afflicta, super testas etiam acutissimas [*Bouillart. add.* et prunas] volutata, orans migravit ad Dominum. Redonis, sancti Melanii episcopi et confessoris, qui post signa virtutum, jugiter intentus cœlo, migravit a sæculo.

NOTÆ.

Ita concorditer Praten., Herinien., Tornacen., Antuerp., Max.-Lubec., Belin., Greven. et Molan. Item codices mediæ notæ, Antuerp.-Max. Editio Ultraj.— Belg., Ultrajectin., Leyden., Lovanien., Albergen. et Danic.

VARIANTES LECTIONES.

Rhemensi et *Remensi* scribunt codices, servo plerumque modum postremum. Max.-Lubec. ut plane incorrecta editio est, ita sæpe, ut dixi, dissentit non tam re quam modo scribendi, nec semper vacat singulas minutias discutere. Ita hic legit *Rictionario*; Belin., *Riciovaro*; Antu.-Max., *Rictionaro*. Legendum esset *abscissis*, sed codices passim habent *abscisis*, quibus subscribendum. Aliqui pejus *abcisis*; Greven., *excisis*. Lectio Usuardina est *migravit ad Dominum*, Antuerp. et Max.-Lubec. *migravit ad Christum*. Sunt qui scribunt *Melani* cum Antuerp.-Max. melius in textu. In ultima annuntiatione recurrunt varii nævi. In Praten. et Tornacen. est *emigravit a sæculo*. Antuerp. ponit, *jugiter intentus in cœlo*; Max.-Lubec. *jugiter intentus migravit;* Antuerp.-Max. et alii, *jugiter cœlo intentus.* Demum Belin. phrasim auget, *jugiter cœlo intentus, gloriosus migravit*, etc., atque ea lectio a Baronio servata est.

OBSERVATIONES.

Epiphania; Epiphania Domini; Epiphania Domini nostri Jesu Christi, modi diversi sunt, quibus apographa Hieronymiana antiquissimam, et celebratissimam tota catholica Ecclesia festivitatem exprimunt. Bedæ placuit modus secundus, quem Florus auctiorem reddidit: tertius Rabano. Notkerus longiori oratione, varia complexus est. Romanum parvum secundo loco, sic posuit: *Epiphania Domini, id est manifestatio, vel apparitio Domini.* An hic, obsecro, perspicere potuit Valesius, Romanum parvum ex Adone contractum esse, ubi Ado solum scripsit *Epiphania Domini*? Ut ut est, Noster Adonis, vel Bedæ, aut, si ita vis, alicujus Hieronymiani verba transumpsit. De pluribus mysteriis, Epiphaniæ festo recoli solitis, agunt breviter Baronius, et Florentinius in notis, Bollandus vero in Actis; sed nemo accuratius rem totam ab ovo excussisse videtur, quam Castellanus, cujus eruditas disquisitiones curiosus lector consulere poterit. Nec Wandalberti versiculo negandus est locus:

Octavo ante Idus agitur Theophania sanctum.

Macram in Hieronymianis, Beda, Floro, aut Rabano non reperies. Primus eam et quidem primo loco signavit auctor Romani parvi: *Sanctæ Macræ virginis, sub Rictiovaro præside.* Quæ Acta Adoni præluxerint, equidem ignoro; certe brevi suo elogio plura complecti videtur, quam Acta a Bollando edita, et illustrata repræsentent. Eorum crisim tradit Tillemontius tomo IV, pag. 497 et 734. Noster sua omnia ex Adone mutuatus est, phrasi nonnihil perpolita, quam codices aliqui integram servaverunt. Castellanus *Macram* remittit ad II Martii, quo die coronatam præfata Acta diserte indicant; putatque hoc die corpusi revelatum, aut elevatum fuisse. Wandalbertus III Martii non scripsit *Magra* aut *Marcia*; sed nisi vehementer fallor, *Quinas Macra pio Nonas defendit amore.* Alii, nescio qua causa, ad XI Junii rejiciunt. De *Melanio* Rhedonensi sic hodie legit vetustissimum Epternacense: *In civitate Redonis, natale sancti Melani episcopi:* alia apographa hoc ipso die conjungunt *nativitatem, ordinationem* et *transitum*, quemadmodum inde descripsit Notkerus. Ex prædictis Hieronymianis sanctum a Nostro acceptum non dubito, adjecta laudatiuncula, quæ sanctis plerisque aptari potest. Vitam habes a Bollando illustratam, ex quo et Castellano disces, quid de varia festi celebratione statuendum sit.

AUCTARIA.

ANTUERP.-MAJ.: « Epiphania Domini nostri Jesu Christi. In civitate Antiochia, natale sancti Juliani martyris, et Basilissæ, et Celsi pueri, et Martianillæ matris ejusdem, et Antonii presbyteri, et Anastasii, sub Martiano præside, tempore Diocletiani et Maximiani. » De his nostri codd. ad IX Januarii, sed hic ad proprium diem retracti sunt, quo in Hieronymianis memorantur, et a Floro, elogio ex Actis desumpto, exornati sunt. Sed de his videndus omnino Castellanus hoc die pag. 105, plurima ibi curiose, et erudite congerens ad confundendos, vel distinguendos Julianos, quibus martyrologia nimium quantum abundant. Sequitur in codice de Macra, quæ ipsi *Maria* est, et de qua solum ponit: « Quæ jubente Rictiovaro, in prunas volutata, orans migravit ad Dominum. Eodem die, translatio corporis sancti Germani Antisiodorensis episcopi, admirandæ fidei, doctrinæ et virtutum viri. » Ponitur etiam ab aliis, sed remittenda ad natalem XXXI Julii.

ROSWEYD., in prima purus, secundam non Usuardine, sed Adoniane enuntiat, de qua varietate supra diximus. Tertiam plane omittit.

PULSANEN. sic incipit: « Apparitio incarnati Domini, et Salvatoris nostri Jesu Christi. Hujus siquidem veneratio, quia primæ virtutis et baptismi sui decoratur misterio, eo devotione fit fortior, et in salute numerosior. » Macræ elogium expunctum, in Melanio purus est: sed pro *Rhedonis* scribit *Seddonis.* In fine: « In Antiochia, natale sancti Juliani martyris, et Celsi pueri, et Martianillæ, et Antonii presbiteri, et Anastasii, quorum miræ passiones leguntur. » De his, ut supra monui, IX Januarii.

MUNERAT.: « Epiphania Domini, id est apparitio ejusdem, hodie multipliciter exhibita. » De reliquo satis purus est.

CENTULEN.: « Epiphania Domini nostri Jesu Christi. Antochiæ, passio sanctorum Juliani, et Basilissæ, et Celsi pueri, et Marcianillæ matris ejusdem, et Anthonii presbiteri, et Anastasii, tempore Diocletiani. In territorio Remensi, passio sanctæ Macræ virginis. » Idem hic codex II Maii Macram cum sociabus refert, sed quænam eæ sociæ sint, nec hic, nec ibi dici potest. « Antisiodoro, translatio sancti Germani episcopi et confessoris. » De Melanio nihil.

BRUXELLEN.: « Epiphania Domini nostri Jesu Christi, quem infantem magi adoraverunt, et quem, ut esset incipiens annorum triginta, Joannes in Jordane baptizavit, et qui anno sequenti aquam couvertit in vinum; quique anno exhinc proximo de paucis panibus magnam turbam hominum satiavit. Et sic in hac die quatuor facta concurrunt, quorum primum, ut principalius celebratur. » Videatur officium ecclesiasticum; et ea, quæ observat Castellanus pag. 95. Macram vocat *Macheam*, in tota annuntiatione Adoniana. Sequitur de Juliano et Basilissa sociisque integra annuntiatio Usuardina, ut ponitur IX Januarii. In Melanio satis purus est.

HAGENOYEN.: « Epiphania Domini. Et nota, quod est triplex apparitio Domini, qua hodie apparuit. Primo apparuit Magis, qui illi prima munera obtulerunt, quæ in carne ei erant oblata. Secundo apparuit Johanni Baptistæ in baptismate, quando audivit Patrem in voce, Filium baptizavit in flumine, et Spiritum sanctum vidit in columba. Tertio apparuit convivis in nuptiis, quando de aqua fecit vinum. » Hactenus satis bene, ut supra. Utrum admitti possint, quæ sequuntur, alii judicent; ita pergit: « Per quod miraculum visum, Johannes evangelista, cujus erant hæ nuptiæ, ad vocem ejus, uxorem deseruit, et Christo fidus adhæsit. » In Macra et Melanio satis purus est. Adjicitur in fine: « Item Trevis, sancti Agricii episcopi et confessoris. » Vult dicere *Treveris*. Vide Grevenum XIII Januarii et Acta nostra eodem die.

MATRIC.-CARTUS.-ULTKAJ.: « Epiphania Domini. Macræ virginis, et martyris. Melanii episcopi et confessoris. Juliani, Celsi cum sociis MM. » Recte notatur in apographi nostri margine, non haberi Julianum hoc die in martyrologio Romano: quærendus erat IX Januarii.

CAMBERIEN. monast. S. Mariæ Conventual.: « Ipso die sancti Saltani sociorumque ejus martyrum. » In Prætermissis invenio *Sulcanum;* ibique notatur Maurolycus, in quo memoria agitur *Sultani martyris.* Innuit Bollandus, forte intelligi *Solochanum*, de quo XVII Maii in Actis. Si mihi divinare etiam aliquando liceat, suspicabor, *Saltanum*, vel *Sulcanum* cum sociis martyribus, non alium esse, quam corrupto nomine *Julianum*, etc.

FLORENTIN.: « In Antiochia, natale sancti Juliani martyris, Celsi pueri, Martianillæ, Antonii presbyteri, et Anastasii, quorum miræ passiones leguntur. » Toties recurrit Julianus, ut inde confirmetur conjectura superior.

JURENSIS S. Ragnoberti pro *Macræ*, male posuit *Marthæ.*

REMENS. SS. Tim. et Apoll.: « Translatio corporis S. Germani Autissiodorensis episcopi. » De qua supra.

EDITIO LUBECO-COL. In prima, et secunda pura, inserit : « In Oriente, sancti Melichior regis, et episcopi, qui hac die obdormivit in Domino, divino sacrificio in ecclesia prius celebrato, ac sumpto. » Eodem nempe mortis genere, quo 1 Januarii Jasparem obiisse supra narravit. Pro *Melanii* scribit *Melani*, de reliquo pure. Tum : « Lingonis sancti Gregorii martyris, cujus gesta habentur. » An non idem, qui iv Januarii *episcopus et confessor* dicitur? Vide Prætermissos. « Eodem die, sancti Sulcani et sociorum ejus martyrum. » Vide supra in CAMBERIEN.

GREVEN. : « In Oriente, sancti Melchior episcopi, qui fuit unus ex tribus Magis, et hac die quievit in pace, etc. Lingonis, sancti Gregorii martyris... Item Petri et Marci. » Ex Hieronymianis, ab aliis avulsi sunt. « Sulcani et sociorum ejus. » Vide dicta. « Apud Famagustam civitatem Cypri, beati Petri Thomasii patriarchæ Constantinopolitani, ordinis Carmelitarum. Qui vita, doctrina, miraculisque clarus, tempore Caroli IV hora prædicta quievit in pace. Civitate Florentia, beati Andreæ Carmelitæ, episcopi Fesulani. » Petrus remittitur ad xxix Januarii, Andreas ad xxx. « Item, beatæ memoriæ Gertrudis de Oosten Beguttæ (*quidni* Beguinæ?) Delphensis, quæ stigmata Christi impressa habuit in corpore suo. Item secundum Vincentium lib. XIII, cap. 188, hoc die passus est beatus Julianus et socii ejus, qui infra v Idus ponuntur. Item, sanctæ memoriæ Johannis Birelli, Prioris majoris domus Cartusiæ, vita et miraculis conspicui. » Vide Prætermissos.

MOLAN. « Eodem die, translationis corporis sancti Germani Altissiodorensis episcopi, admirandæ fidei, doctrinæ et virtutum viri. Apud Famagustam, civitatem Cypri, beati Petri Thomasii patriarchæ Constantinopolitani, doctoris percelebris, ordinis Carmeli professoris; qui post plures de sacræ crucis inimicis victorias, postque plures conscriptos libros, ac patrata miracula, die ac hora a se præsignatis, feliciter obdormivit. Civitate Florentia, beati Andreæ Carmelitæ, præsulis Fesulani, odore virtutifero, longe lateque fulgurante, splendescentis. » Deinde minoribus typis : « Barcinonæ, beati Raimundi confessoris, tertii magistri ordinis Prædicatorum. Qui licet non sit canonizatus, ejus tamen festivitas ex consensu Pauli III a Barcinonensibus celebratur postridie Epiphaniæ Domini. » Editiones posteriores litteris Italicis incipiunt, « Epiphania Domini, » addentes « qua manifestari cœpit gentibus, cum eum Magi adoraverunt, Melchior, Baltazar et Jaspar. Simul hoc die Ecclesia gratam memoriam celebrat baptismi ejus sacri, et primi omnium miraculorum Christi, ac sub illo cæterorum, quibus celebriter manifestata fuit ejus divinitas. » In fine, de Petro Thomasio et Andrea Fesulano, ut in editione priori. Deinde minoribus typis de Raymundo etiam, ut supra. Denique eodem charactere hic : « Delphis in curia Beghinarum, obitus venerabilis Gertrudis de Oosten. Antiquitus annuntiatio diei Paschatis per diaconum. » De quo ritu vide Castellanum pag. 94.

VII *Idus*.   **Die 7.**

Relatio pueri Jesu ex Ægypto. Eodem die, beati Luciani Antiochenæ ecclesiæ presbyteri, et martyris, qui satis clarus doctrina et eloquentia, passus est Nicomediæ ob confessionem Christi sub persecutione Maximini, sepultusque Helenopoli Bithiniæ. Apud Antiochiam, sancti Cleri diaconi, qui pro confessionis gloria septies tortus et in carcere diu maceratus, ad ultimum decollatus, martyrium consummavit. Civitate Heraclea, Felicis, Januarii.

NOTÆ.

Magnus iterum codicum consensus : ita enim Praten., Herinien., Tornacen., Antuerp., Max.-Lubec., Munerat., Greven. et Molan. Item Antuerp- max., Ultraject., Leyden., Lovanien. et editio Ultrajectin.-Belg.

VARIANTES LECTIONES.

De *Ægypto*, ut semel et iterum dicam, servo rectam orthographiam ex iis codicibus, qui diphthongis utuntur, ut sunt Praten., Herinien., Rosweyd., etc., licet plures scribant *Egypto* vel *Egipto*. In *presbiteri* alia est ratio, quod ea sit codicum omnium scribendi forma. *Maximini* vere et recte scribunt post Adonem nostri omnes, excepta Max.-Lubec., ubi per errorem puto irrepsisse *Maximiani*, sicut et in recentioribus Romani moderni editionibus, contra quam legerit Baronius. Si ad Acta, a Bollando edita appelles, ultro fatebor non modica correctione indigere. Scribendum esset *Bithyniæ*, ut est in ecgrapho nostro Pratensi et in Molano, at codices reliquos sequor, in quibus simpliciter *Bithiniæ*, vel pejus *Bitiniæ*. Sitne typographi, an ipsius Munerati editoris sphalma dum legit, *qui professionis gloria*, non habeo unde dispiciam. Lego *Felicis, Januarii* absque particula copulativa, quam respuunt puriora apographa, Praten., Herinien., Tornacen., licet in aliis pluribus exprimatur. Addunt codices mediæ notæ, *martyrum*, puto ex librarii arbitrio.

OBSERVATIONES.

De *Relatione pueri Jesu* in Hieronymianis codicibus nulla usquam fit mentio, nisi ad is eos reducatur vetus Gellonense, ab Acherio Spicilegii tomo XIII, editum, in quo, ultimo loco, sic legitur : *Eductio Jesu de Ægypto*. Silent etiam Beda et Florus. At Rabanus xi Januarii : *Eductio Domini de Ægypto*. Quæ verba ex ipso ea die xi describens Notkerus, addit : *Quæ secundum alios* vii *Idus Januarii, secundum quosdam Nonis Januarii, propter multorum dierum profectionem celebratur*. Valeat si valere possit ea ratio, verosimiliorem dabit Castellanus. Textus nostri radix et origo est Romanum parvum, cujus ipsissima verba inde in Adonem, hinc in Nostrum liquido promanarunt. Nihilo plus metro suo complexus est Wandalbertus :

Septima ab Ægypto Christum celebratque relatum.

De illustri martyre *Luciano* sic habent Hieronymiana : *In Nicomedia, Luciani presbiteri. qui*
quatuor partibus factus est, vel, *qui in quatuor partes demersus est*. De qua dissectione, et demersione, atque etiam redintegratione, videndum est Flori elogium. Romanum parvum sic eum consignat : *Et sancti Luciani martyris Antiocheni*. Encomium in laterculo relatum, Adonis est, sed a Nostro aliquantulum immutatum et media ferme parte imminutum, a Notkero cum Flori verbis ferme commistum. Plurima de inclytissimo martyre observari possent, sed malo ea lector requirat apud Baronium, Bollandum, Florentinium et Castellanum. Joannis Chrysostomi homiliam, a Bollando Actis qualibuscunque subnexam, recudi curavit Ruinartius inter Sincera et Selecta a pag. 559. Ibi præfixa admonitio, et vita Gallica a Tillemontio ex variis concinnata tom. V a pag. 474, in Supplemento expendi poterunt, quando et Græca passio, ex Synaxario membranaceo ms. P. Sirmondi, sive collegii nostri Parisiensis, ad xv Octobris, aliæque hujusmodi, si operæ pretium fue-

rit, huc referentur et illustrabuntur. Hunc versiculum de Luciano cecinit Wandalbertus :

Antiochena suum recolit quoque plebs Lucianum.

Sic *Clerum diaconum* commemorat Florus, ut ex uno geminos saltem conficere videatur, non tamen multos, ut perperam ejus verba vertit Castellanus, sic enim legit : *Item, Clerici et diaconi, qui septies torti*, etc. Quis enim Gallice reddat : *Item les clercs et les diacres*, nisi Latine habeatur : *Item clericorum et diaconorum*. Noverat utique vir eruditissimus martyrum nomina non in recto, sed in obliquo annuntiari. Codex Hieronymianus Epternacensis hodie *Lucerii diaconi* meminit, qui rursus in eodem recurrit xiv

A ubi alii, *Cleri* vel *Cleti* habent : porro iterum xv sub nomine *Luceris diaconi*, aliis *Liceri*, vel *Leceri*, qui verosimiliter ubique idem est, a Romano parvo simpliciter notatus. *Et Cleri martyris*. Undenam brevia sua elogia deduxerunt, aut Florus aut Ado, incertum est, cum Acta, saltem nota non exstent : hoc certum, Nostrum, et Notkerum ex Adone verbum de verbo plane reddidisse. *Felix* et *Januarius* ex Hieronymianis ab ipso Usuardo accepti sunt, in iis codibus denuo positi xiv Februarii, ut censet Bollandus, nec multum refragatur Florentinius, hic Magistro nostro gratulatus, quod *Bivarii et consimilium fabulas non audierit.* Hæc ad Usuardini textus genesim satis dicta sunt.

AUCTARIA.

ANTUERP.-MAJ., initio transpositus, legit : « Relatio pueri ex Egypto Jesu. Eodem die, natale sancti Luciani, presbiteri Antiochenæ ecclesiæ et martyris, viri doctissimi atque eloquentissimi. » In quo rursus ad Adonem accedit. « Item apud Antiochiam, Bilicerii [pro Cleri] diaconi, qui ob confessionem Christi, etc., » pure. Sed deest omnino annuntiatio ultima.

ROSWEYD. Rabanianus potius, quam Usuardinus, sic in principio : « Eductio Domini de Ægypto. In Nicomedia, Luciani presbiteri, qui in persecutione Maximiani in quatuor partes fractus, et in mare demersus, alia die integer inventus est. Item apud Antiochiam, beati Cleri diaconi, et martyris. » Desunt reliqua omnia.

PULSANEN., satus purus est, nisi quod in eo hic omittatur « Relatio pueri, » etc., quam ad Nonas ex eo in Auctariis ibi retulimus, forte ex eorum more, qui v Januarii Evangelium de pueri Jesu reditu recitare consueverint.

ALBERGEN. textui satis puro subdit : « Tremoniæ, sancti Reynoldi martyris, viri eximiæ virtutis, cujus gesta habentur » Hinc patriam suam codex ille satis indicare videtur.

DANIC. : « Item in Dacia, provincia Selandiæ, passio sancti Kanuti ducis et martyris. » In superioribus satis purus est.

CENTULEN. perpetuus Usuardi abbreviator, in prima purus est. Tum : « Eodem die, sancti Luciani Antiochenæ ecclesiæ presbiteri et martyris, viri doctissimi atque eloquentissimi. Item Antiochiæ, beati Licerii dyaconi et martyris. » In ultima de Felici et Januario etiam purus est.

BRUXELLEN. : « Relatio pueri Jesu septennis ex Egipto in Nazareth ; ubi monstratur petra, in qua ipse viginti tribus annis, noctibus recubuisse, diebus vero sedisse memoratur. Cujus siquidem petræ fragmenta , tanquam sanctorum reliquias, Crucesignati et peregrini digne venerantur. » De Luciano, post *Maximini*, sic habet, « in quatuor partes discerptus, et quatuor lapidibus alligatus, in mare mersus, sed alia die Helyonopolim Bithiniæ corpus ejus integrum inventum est ibique sepultum. » Vide Notkerum. In Clero purus est : in Felice et Januario similis codicibus mediæ notæ. Tum : « Alibi, Tillonis monachi. Item sancti Valentini episcopi. Item sanctæ Lucianæ virginis. » De Tillone et Valentino agit Bollandus; quam vero Lucianam indicet fateor me ignorare.

HAGENOYEN. : « Relatio pueri Jesu Christi Domini nostri de Egypto, cum Joseph nutricius ejus ad monitionem angeli acquievit, et Jesum cum matre sua Virgine Maria, et alia familia sua, rediit de Egypto in terram Israel. Quæ relatio facta est post mortem Herodis et aliorum amicorum suorum. » Hæc Scripturæ sacræ magis conformia, quam quæ supra dedimus ex codice Bruxellensi. Reliqua omnia satis pura sunt.

MATRIC.-CARTUS.-ULTRAJECT. : « Relatio pueri Jesu ex Ægypto. Luciani presbyteri et martyris Antiocheni. »

CODEX BICOTIAN. signatus D. 9 : « Item Fiscanno, translatio sanctorum corporum, qui in eadem re-
B quiescunt ecclesia. » Indicat procul dubio sanctum Guilielmum, ac forte alios in celebri illo monasterio quiescentes.

CAMBERIEN. monasterii S. Mariæ : « Ipso die, sancti Isidori episcopi, magnæ sanctitatis viri. » Nusquam notius est hic Isidorus, ut ex Prætermissorum elencho intelliges. Unde dicta de Isidoris II Januarii.

In VATICAN., sub numero 5949, deest ultima annuntiatio *Felicis* et *Januarii.*

EDITIO LUBECO-COL. sic orditur : « Relatio pueri Jesu ex Ægypto, anno ætatis suæ sexto, imperii Augusti Cæsaris quadragesimo octavo, regni vero Herodis, tunc defuncti, trigesimo octavo. » Sequitur de Luciano, satis pure. Tum : « Tremoniæ, sancti Reynoldi martyris, viri eximiæ virtutis, cujus gesta habentur : Coloniæ Agrippinæ quidem passus, sed Tremoniensibus datus. » In duabus aliis textus commemorationibus etiam satis pura est. Demum : « Solemniaco monasterio, beati Stillonis [*alii legunt*
C Tillonis *et* Hellonii, *ut est apud Bollandum*] monachi et confessoris. Eodem die, sancti Kanuti ducis et martyris, » ab eo distinguendi, cujus Acta dabimus x Julii, tametsi officium de eo in Ecclesia celebretur xix Januarii. Vide Bollandum hoc die a pag. 390.

BELIN. Primam sic legit : « Relatio pueri Jesu Christi de Egypto. » Pro *Maximini* habet *Maximiani* : de reliquo purus est textus, cui subnectitur : « Ipso die, sancti Juliani. Item Papiæ, Crispini episcopi et confessoris. » De Juliano est quod moneam, hic eum simpliciter referri et sine addito, cui tamen Baronius, qui Belinum præ oculis habuit, nescio qua ratione ductus, titulum *martyris* apposuit. Bollandus re nondum satis examinata, Julianos multiplicavit, aliquem hodie Actis inserens, postea verosimiliter excludendum. Putat Castellanus, eumdem hic repeti Julianum, de quo pridie egimus, et porro ix Januarii agemus. Verum, ni fallor, hic alius
D Julianus est, nec martyr, nec xenodochus, isque a Belino ex peculiari notitia hic Usuardo adjectus, ut ante ex censuit Rosweydus in animadversionibus mss. supra non semel citatis, in quibus ita observat : « Ego, inquit, vix dubito quin exprimendum sit : eodem die, sancti Juliani, omisso *martyris*. 1. Quia ita repræsentat vetus martyrologium Romanum Belini, ante centum annos Venetiis et Parisiis impressum. 2. Quia existimo hic intelligi Julianum confessorem Novariensem, qui diaconus fuit sancti Julii presbyteri, cujus festum vii. Januarii occurrit apud Ferrarium in Catalogo sanctorum Italiæ. » Hæc Rosweydus. At de hujusmodi novis in Romano moderno accessionibus plura suggerent Papebrochii Responsiones parte II, art. 18, in appendice : ubi nominatim de Niceta agitur ex Holstenii ad Florentinium epistola. Nec omittenda alia laudati Rosweydi animadversio ad hunc ipsum diem circa « Theodorum monachum, qui tempore Constantini, » etc.

Præmisso itaque textu cum Baronii notatione: « Quæro hic, » inquit Rosweydus, « 1 Cujus veteris libri auctoritate ponatur Theodorus hic hoc die, nam in antiquo Martyrologio Romano non comperitur. 2. Quæro quomodo in notationibus Baronius dicat, Theodorum hunc fuisse discipulum S. Antonii (quod iterum repetit notatione ad XXVIII Decembris, ratione alterius Theodori), idque elicit et probat ex Vita Antonii per Athanasium scripta, cum Athanasius in Vita Antonii cap. 32 non dicat eum fuisse discipulum S. Antonii, sed Ammonis Nitriotæ, uti etiam habetur in Vita S. Pachomii cap. 1 auctoritate ducta ex eadem Antonii vita per Athanasium scripta. Idem habet Palladius cap. 8. »

GREVEN.: « Relatio pueri Jesu facta est anno ætatis ejus sexto, imperii Augusti Cæsaris XLVIII, regni vero Herodis defuncti XXXVIII. Tremoniæ, in diœcesi Agrippinensi, translatio sancti Reynoldi monachi et martyris. Qui clarissimis ortus natalibus et in armis strenuus, Coloniæ sancti Panthaleonis factus est monachus, vita et miraculis clarus: a cœmentariis, quibus a suo abbate præfectus fuerat, occisus, in lacum projectus est: unde Domino revelante extractus, Tremoniensibus datus fuit. Item, Kanuti ducis Slaviæ, martyris, filii regis Daciæ. Solemniaco monasterio, beati Stilonis monachi et confessoris. Faustæ, virginis martyris. » Vide Rabanum, Notkerum et indicem Prætermissorum. Coluntur XX Septemb. « Melaniæ senioris, senatricis Romanæ. » Vide Prætermissos. « Item sanctæ memoriæ Wedekindi ducis Westphaliæ, in Anga quiescentis. » Lege ex Actis *Wittekindi, ducis Saxonum, et Angariæ.*

MOLAN.: « Ipso die, sancti Juliani. Item Papiæ, Crispini episcopi et confessoris. Solemniaco monasterio, beati Stillonis monachi. » Deinde minoribus typis: « Tremoniæ in diœcesi Agrippinensi, translatio sancti Reinoldi, etc., » ut supra, nisi quod hic, post *datus fuit*, addatur: « Qui ab archiepiscopo Coloniensi, sibi alicujus sancti corpus dari devotissime postulabant, quo terra eorum reverentior et ab hostibus securior esset. Item, Canuti ducis Slaviæ, martyris, filii regii Daciæ. » In editionibus aliis, de Juliano et Crispino, ut prima. Deinde: « Ipso die, sancti Canuti, ducis Daciæ et martyris, filii Erici regis. Solemniaco monasterio, beati Stilonis monachi. » Tum minoribus typis: « Patavii, beatissimi Valentini, episcopi Rhætiarum. » Denique de Reinoldo; mutatis pauculis, quæ ad rei substantiam nihil conferunt.

VI Idus. Die 8.

Neapoli Campaniæ, natalis sancti Severini episcopi, et confessoris, fratris beatissimi Victorini martyris, qui Severinus post multarum virtutum perpetrationem, plenus sanctitate quievit. Beluacus, sanctorum martyrum Luciani presbiteri, Maxiani et Juliani, quorum Maxianus et Julianus primo a persecutoribus gladio puniti sunt. Dein beatus Lucianus post nimiam cædem, cum Christi nomen viva voce confiteri non metuisset, priorum sententiam et ipse excepit. Eodem die, sancti Eugeniani martyris.

NOTÆ.

Ita primigenia puritate *Praten., Herinien., Tornacen., Pulsanen., Greven.,* et *Molan.* Hic vero in posterioribus editionibus textum non recte mutavit.

VARIANTES LECTIONES

Pulsanen. pro *Neapoli*, male scribit *Neapolis*, uti pro *Beluaci*, habet *Beluati*. Servavi ego *Beluacus*, more antiquo, cum antiquioribus codicibus Praten. et Herinien. quod etiam posuit Florus. Tornacen. scribit *Betuago*, alii *Beluaci*, vel *Beluaco*. In Pulsanensi, est *Luciani episcopi, Maximiani presbiteri et Juliani diaconi.* At postremis ii tituli non debentur; Luciano, non alius quam qui in textu positus est.

Porro e sociis primus non *Maximianus* dicendus est, ut male apud Florum legitur, nec *Messianus*, ut Ado, sed ex codicibus nostris ferme omnibus *Maxianus*, idque ex analogia Gallica ostendit Castellanus pag. 135. Molan. scripsit *Maximiniani*, Greven. *Maximiani*, item Belin. quem procul dubio secutus est Baronius. Pulsanen. *viva voce confiteri*, etc., vertit in *una voce* etc.

OBSERVATIONES

Tota annuntiatio prima, sive *Severini* encomium ex Adone manifestissime abbreviatum est, servata Severinorum confusione ex Romano parvo, primo illius auctore, alius diceret seductore, ab Adone accepta, quam correxerunt Bollandus et Castellanus hoc die; frustra enim Neapoli quæritur Severinus episcopus *Victorini Amiternensis* frater, qui apud Septempedanos inveniendus est. Vide quæ a nobis dicuntur v Septembris, fusius in Actis suo tempore expendenda. Advertit confusionem Molanus, sed eam in posterioribus suis editionibus perperam ex Usuardi textu expunxit, quem inviolatum servare debuerat, emendando in notis, ut facit, quæ erant corrigenda; certum enim est Usuardum legisse, *Severini episcopi et confessoris, fratris beatissimi Victorini martyris,* quemadmodum in Adone scriptum invenerat. Inter apographa Hieronymiana, solum Corbeiense de Bellovacensium apostolo et sociis ita hodie meminit; *In Gallia civitate Belloacus, passio sanctorum Luciani, Mariani et Juliani martyrum;* ubi *Mariani* levi lapsu pro *Maxiani* legitur, qui aliis *Massiani* vel *Messiani*. De his martyribus nihil habet Beda. Rabanus solum Lucianum presbyterum cum elogio posuit IV Januarii, cujus verba ibi descripsit Notkerus, hac iterum die legens: *Melloacia* (pro *Bellovaci*) *sancti Luciani, socii beati Dionysii.*

Item Messiani; quæ ex Adone accepta viderentur, nisi de Dionysio fieret mentio; ipse enim simpliciter enuntiat: *Beluaci, sanctorum Luciani et Messiani.* Hinc tamen confice Acta nulla Adoni innotuisse, quæ certo Usuardus consuluit, illa præsertim, quæ ab anonymo scripta, ex quibus elogium suum evidentissime extraxit. An etiam ex Floro? Ita sentit Castellanus pag. 131. præjudicatæ opinioni insistens; quod Usuardus Flori Lugdunensis ad Bedam auctaria inspexerit, quæ ego nunquam ei visa existimo, utpote qui non alium Florum noverit, quam *lætiora* vel *latiora* illa *vestigia*, quæ sunt ipsissimum Adonis martyrologium, ut in præfatione, Castellano in hac parte non refragante, ostendimus. Ut hodiernus utriusque textus exemplo sit, oculos ipsos tuos, lector, appello, confer Flori elogium cum nostro Usuardino, victas dabo manus, si vel per levem umbram hoc ex illo contractum appareat. De actorum fide et sinceritate disputant eruditi critici, inter quos laudatus Castellanus multa curiose observavit, uti et Tillemontius tomo IV, a pag. 537, quæ in Supplemento accuratius forte examinari poterunt. *Eugenianum* tanquam ignotum martyrem dedit Usuardus; nusquam sub tali inflexione repertum: si enim Hieronymiana quantumvis aucta consului, non alium ibi reperii, quam *Egemonium, Egonomium*, vel

Ægemonum, idque cum *episcopi* titulo, a Rabano babilissime censuit cum *Egemonio*, vel *Hegemonio* etiam diserte signatum. *Eugenianus*, quiscunque ille esse possit, apud antiquiores ignotus est, nisi Wandalbertum audias, ita ipsum metro aptantem :

Iduum post sexto, Eugeniano vota feruntur.

Oculatior Bollandus *Eugenianum* eumdem esse probabilissime censuit cum *Egemonio*, vel *Hegemonio* (quocunque modo inflexeris) *Augustodunensi episcopo* : imo certum id credidisset cum Castellano, nisi Saussayo nimium tribuisset. In eodem errore versantur plura ex sequentibus Auctariis, sæpe de eadem re audiendis.

AUCTARIA.

ANTUERP.-MAJ.: « Neapolim Campaniæ, sancti Sevi [pro] Severini confessoris, fratris beatissimi Victoris, clarissimi viri in miraculis. Beluacis, sanctorum Luciani presbyteri, Maximiani et Juliani martyrum. Quorum Maximianus, et Julianus primo a persecutoribus gladio sunt puniti. Dehinc beatus Lucianus, cum post nimiam, » etc. Deest plane annuntiatio ultima.

ROSWEYD. : « Apud Neapolim Campaniæ, sancti Severini confessoris, fratris beatissimi Victorini, clarissimi viri in miraculis. Qui et ipse fratris imitator existens, post multarum virtutum insignia, sanctitate plenus in pace quievit. Apud Augustodunum, Eugenii episcopi et martyris. » In quo hic codex tantum ad veritatem accedit, quantum recedit ab Usuardo. « Beluago, sanctorum martyrum Massiani, Luciani atque Juliani. Ratisbonæ Herhardi episcopi. Item, Eucherii episcopi. »

MUNERAT. textui satis puro subdit: « Remis, beati Rigoberti episcopi, et confessoris. » De quo vide IV Januarii. « In Græcia, sancti Thimotei. Apud Bruxellam, natale sanctæ Gudulæ virginis. Methis civitate, sancti Patientis episcopi, et confessoris. » De eo Thimotheo hic agi non videtur, qui ab Usuardo ponitur XXII Januarii, sed de alio. Vide acta.

ANTUERP., MAX.-LUBEC. et UGHELLIAN. qui codices plerumque consentiunt, post textum in fine addunt: « In Græcia, Timothei, Augustoduno, Eugeniani. » Male habet Max.-Lubec. *Eugemani*.

ANTUERP.-MAX., LEYDEN., ALBERG., DANIC. et EDITIO ULTRAJ.-BELG. de Luciano, inserunt *beati Petri discipuli* : Textui autem superaddunt : « In Græcia, sancti Thimothei. Augustuduni, sancti Eugenionis, vel Eugenionis episcopi. Apud Bruxellam, natale sanctæ Gudulæ vel Gudilæ virginis. Methis civitate, sancti Patientis episcopi et confessoris. »

LOVANIEN. similis est superioribus, præterquam quod Bellovacensium elogium expunxerit.

ULTRAJECT. annuntiatione sanctæ Gudilæ minutus est, de cætero cum proxime relatis consentit.

CENTULEN. : « Neapolim Campaniæ, sancti Severini episcopi, et confessoris fratris beati Victorini, martyris. Civitate Beluaco, sanctorum Luciani, Maxiani et Juliani. » In ultima purus est.

BRUXELLEN. incipit : « Depositio sanctæ Gudilæ virginis patronæ nostræ. Cujus sacri corporis reliquiæ hic venerantur. In Græcia, sancti Thimothei. Apud Beluacum, sanctorum martyrum Luciani presbiteri, beati Petri discipuli; et Maximi presbiteri, et Juliani diaconi. Qui ob confessionem Christi post multas cædes gladio puniti sunt. Apud Neapolim Campaniæ, sancti Severi episcopi et confessoris, fratris beati Victorini martyris, clarissimi in miraculis. Qui et ipse imitator fratris, plenus sanctitate in pace quievit. » In hoc variis codicibus præstat, quod illi ex vero *Eugeniani* nomine duo falsa procuderint, hic vero solum scribat: « Apud Augustudunum, sancti Eugenionis episcopi, Methis, sancti Patientis episcopi, et confessoris. »

HAGENOYEN. phrasim etiam modice variat : in prima utcunque purus; in secunda etiam inserit, *discipuli sancti Petri*. Tum : « Eodem die, sancti Euginiani martyris. In Græcia, sancti Tymothei. Augustoduno, sancti Eugenionis episcopi. Metis civitate, depositio sancti Pacientis episcopi, et confessoris. Apud Bruxelliam, sanctæ Gudilæ virginis. Ratisponæ, Erthardi episcopi. Veronæ, sancti Rustici confessoris.» Colitur ibi, ut martyr IX Augusti.

AQUICINCT. recte in textu scribit *Maxiani*. Post textum purum, adjicitur : « In Græcia, sancti Timothei. Augustoduno Egemonii episcopi. »

VICTORIN. et REG. SUEC., signatus num. 130, scribunt etiam : « In Græcia, sancti Timothei. Augustoduno, Egemonii episcopi. » Posterior codex habet, « Egemoni. »

MATRIC.-CARTUS.-ULTRAJECT.: «Luciani presbyteri, Maximiani et Juliani martyrum, Severini episcopi, et confessoris. Patientis episcopi, discipuli sancti Joannis evangelistæ. Bruxellæ, Gudulæ virginis. Quæ a beata Gertrude est a sancto fonte levata. »

CODEX Dom du Cheval, signatus B. et FLORENTIN. : « In Græcia, sancti Timothei. »

In VATICAN., num. 5949, deest *Eugeniani*. Adjicitur denuo : « In Græcia. sancti Timothei. »

ALTEMPS.:«Depositio sancti Ulfrini episcopi. Translatio sancti Judoci. » Vide XIII Decembris. « Item, depositio sanctæ Pegæ virginis. »

EDITIO LUBECO-COL. in prima et secunda modice interpolata, in tertia pura est. Sequuntur Auctaria : « In Græcia, sancti Timothei confessoris. Augustuduni, sancti Egenionis episcopi et confessoris. Apud Bruxellam, natale sanctæ Gudulæ virginis. Metis civitate, sancti Patientis episcopi et confessoris. Eodem die, sancti Erhardi episcopi et confessoris Ratisponensis. Ipso die, sancti Afflini episcopi, et confessoris. Trecas, sancti Frodoperti abbatis. »

BELIN. scribit : « Victoris: Belvati, Luciani episcopi, Maximiani presbyteri, » etc. Ante *Eugeniani*, interserit : « Eodem die, sancti Maximi, Papiensis episcopi et confessoris. » In fine : « Methis civitate, sancti Patientis episcopi et confessoris. » Editio altera superaddit : « In Græcia Thimotei. Augustiduno, Egemoni episcopi. »

GREVEN. : « Agmonii [alias Egenionis], Augustudunensis episcopi et confessoris [alias martyris]. In Græcia, sancti Timothei confessoris, qui translatus est Constantinopolim IX Maii. Apud Bruxellam, sanctæ Gudulæ virginis. Metis, beati Patientis episcopi et confessoris, discipuli beati Joannis apostoli. Eodem die, sanctorum Erhardi, et Herbaldi pontificum Ratisponensium, et confessorum. » Prima editio agit de solo Erhardo, vide Acta. « Sancti Afflini episcopi, et confessoris. Trecis, sancti Frodoberti abbatis. Remis, beati Rigoberti episcopi et confessoris. Severini abbatis, qui defuncto Attila Hunnorum rege, prophetico spiritu, vita et miraculis claruit. Eodem die, sancti Maximi episcopi et confessoris. »

MOLAN. de Patiente Metensi, de Maximo Papiensi, et Rigoberto Remensi, habet ut supra : in Gudili multo diffusior ; de qua sic habet: « Depositio sanctæ Gudilæ virginis, patronæ nostræ, cujus sacri corporis reliquiæ hic venerantur. » Hactenus ex BRUXELLEN. sequitur : « Ad cujus tumulum apud Ham Brabantiæ, tempore hyberno populus arbor, sine manibus putantium, mox excrevit, et virens ut nemus fronduit. Quorum utrumque mirum : mirum enim fuit arborem subito pullulasse, et mirabilius fuit, eam hyemis tempore, quod natura non habuit, vernasse. Sed utrumque fecit Deus, officio quo novit et voluit, et potestate qua valuit, in testimonium ejusdem virginis, in domo Domini, ut palma florentis. Ipso die, sancti Afflini pontificis. » De Frodoberto, ut supra. Deinde typis minoribus : « Eodem die, beati Laurentii Justiniani. Et sancti Erardi, pontificis Ratisponensis et confessoris. Apud Laudunum Galliæ, beati Balduini archidiaconi, et martyris. Cujus actus in vita Salabergæ matris ejus continentur. In Norico, depositio sancti Severini abbatis, qui spiritu prophetiæ et miraculis late claruit, et juxta Neapolim translatus est in castrum Lucullanum. » De mutatione facta in posterioribus editionibus supra abunde egimus Auctaria quoque contracta sunt. Itaque in fine : « Augustoduni, depositio sancti Egemonii episcopi et confessoris. »

A De Gallis post *fronduit*, hæc simul connectit, *quantum arystique fecit Deus*, etc. Sequitur de Frodoberto, ut supra. Tum : « Ratisponæ, beati Erardi pontificis et confessoris. » Deinde de Patiente et Maximo, iterum ut supra. Denique : « Die octava, sanctæ matris Dominicæ : et sanctorum patrum Georgii Chozebisti, et Æmiliani confessoris. »

V *Idus.*   *Die* 9.

Apud Antiochiam sub Diocletiano et Maximiano, natalis sanctorum Julian. et Basilissæ virginis, quorum miræ passiones leguntur. Ex quorum etiam collegio venerabilis multitudo sacerdotum, et ministrorum ecclesiæ Christi igne cremata est, quæ ad eos confugerat propter immanitatem persecutionis. Post quos Antoninus presbyter, Anastasius et Celsus puer una cum matre, atque alii plures passi sunt. Mauritania Cæsariensi, sanctæ Martianæ virginis. Apud Smirnam, sanctorum Vitalis, Revocati, et Fortunati. [*Apud Bouillart*..... passi sunt. ᵃ In Affrica sanctorum martyrum Revoluti et Firmini cum aliis tribus.]

NOTÆ.

Ita legunt Usuardini codices mss. propemodum omnes, quos vel ego consulere potui, vel majores nostri cum Greveno, et Molano olim contulerunt. Ita etiam *Max.-Lubec.*, *Munerat.*, *Belin.* et quotquot alii Usuardum quantumvis auctum hactenus edidere. Solus codex *Pratensis* a reliquis dissentit, ut

ᵃ *Observat Castellanus codicis ipsius inspector*, verba sunt Sollerii, *ex prætenso illo autographo avulsum olim folium, subinde vetusto etiam charactere restitutum, in quo ea mutatio facta sit*. Cum cæteri Usuardini codices habeant : *Apud Smirnam, sanctorum Vitalis, Revocati et Fortunati* : aliud est folium, fateor : an alia manus, dubio : certe idem litterarum ingenium, eadem utriusque scripturæ ætas. Forte folio lituris correctionibusve sordidiori aliud subrogaverit Usuardus ; præsto non fuerit idem scriptor. Neque temere id conjicio. Nam ubicunque Dervensis codex dissidet a Pratensi, in isto lituræ sunt ; aut si nitida pagina est, manum, æqualem quidem, sed tamen aliam animadverto. Cujus rei causam inquirenti hæc visa est probabilis et perpe-

B mox in variantibus lectionibus exponam. Qui binos codices Pratenses citant, numerum augent, non auctoritatem, cum alter ex altero descriptus sit, augmentis duntaxat vel marginalibus, in textum relatis, ut in præfatione declaratum est.

tuo auctorum usu comprobata. Antequam Usuardus dictaret Martyrologium, multa correxerat, post dictatum multa : cum sordidius factum esset folium, quam ut commode scriptura legi posset, avulso folio, aliud substituit. Itaque Vitalem, Revocatum et Fortunatum concede ad primum pertinuisse autographum. In secundo locum cesserunt Revoluto et Firmino. Unde petiti fuerunt ? Ignoro. Nova in dies sanctorum Acta e bibliothecarum angulis emergunt. Emergent fortasse quæ Usuardus vidit. Ad Revolutum et Firminum ex Africanis aut Smyrnensibus

C esse, quos hoc die consignant cætera Martyrologia, id affirmari non potest, nisi forte ἀναλράβητος Usuardus fuerit. Nam neque numerus convenit, neque ulla nominum inter se necessitudo est. BOUILLART.

VARIANTES LECTIONES.

Anthiochiam, *Dioclitiano*, *Dyoclecіano*, *Basiliscæ* et tales alias minutias hic prætereo. Scripsi *Basilissæ virginis* sine addito cum Praten., Herinien., Pulsanen., Munerat., Greven., codicibus aliis tum mss. tum editis ferme variantibus. Antuerp. Max.-Lubec. et Lubeco-Col. legunt, *Basilissæ conjugis ejus* cum codicibus mediæ notæ plerisque. Alii habent *uxoris ejus*. Belin. vero et Molan., *Basilissæ virginis*, *uxoris ejus*, quibus antiquiora mss. præferenda judicavi, licet Romanum parvum, et ex eo Ado *uxoris* vel *conjugis* diserte exprimant. Prætuli etiam eosdem codices, hic Adoni conformes in nomine *Antoninus*, contra alios impressos et mss. qui *Antoninus* in *Antonius* transformarunt, quosque Baronius, Bollandus, et alii passim hodie imitantur. Superest nodus paulo difficilior, in quo Pratensem a reliquis omnibus diversum supra monui. Is nimirum, omissa Martiana et martyribus Smirnensibus,

ita diem concludit : *In Africa sanctorum martyrum Revoluti, et Firmini cum aliis tribus.* Observat Castellanus, codicis ipsius inspector, in primo Bimestri, pag. 809, ex prætenso illo autographo avulsum olim folium, subinde vetusto etiam charactere restitutum, in quo ea mutatio facta sit, fortasse, ut conjectat, vivente adhuc Usuardo. Sed cui id persuaderi possit, omnino non capio, in communi codicum Usuardinorum et quidem probatissimorum apertissima contradictione. Quisquis interpolator is fuerit, *Revoluti* perperam posuit pro *Revocati*. Nos interim germanam Usuardi lectionem vindicandam censuimus. Sunt qui *Marcianæ* scribant ; nos *Martianæ* cum prioribus, Romano parvo et Adone. Codices mediæ notæ post *Fortunatum*, adjiciunt *diaconi*,

D Belin. autem apposuit *martyrum*. Scribo *Smirnam* cum codicibus passim.

OBSERVATIONES.

De *Juliano* tota Ecclesia celebratissimo martyre ejusque sociis, jam supra, proprio ut quidam volunt die vi Januarii, agendum fuit, quo ab Hieronymianis hoc modo collocatur ; *Antiochia, passio sancti Juliani et Basilissæ. In India, Celsi, Juliani.* Eodem die, cum longiori ex confusis Actis historia, omnes a Floro memorantur. Rabanus ad XIII Januarii rejicit : Wandalbertus ad XIII Februarii. Mira est hujus festi transpositio, quam Epiphaniæ causa ortam existimat Castellanus, atque una *Juliani* nominis multiplicatio, adeo ut numerus apud ipsum pag. 106 adductus, fidem ferme superet. Usuardus solitos suos antesignanos

secutus est, Romano parvo ita præeunte : *Et sancti Juliani et Basilissæ uxoris ejus et Celsi et Martionillæ ac xx militum.* Ad hæc Ado, Actorum, jam suo tempore receptorum, longam seriem attexuit, ex illorum fide æstimandam. Noster nihil dubitans, encomium suum inde contraxit, Notkero plura describente. In prædictis horum sanctorum Actis illustrandis egregiam operam posuerat Bollandus, ast eadem post liminio accuratius expendit Papebrochius tomo II° Maii pag. 295, et fusius in Responsionibus tomo II ad. art. 15, § 28, a numero 316 : quem lector consulat, videatque etiam curiosas Castellani, ad varia

Juliani symbola, aliaque ad diffusissimum ejus cultum spectantia, notationes, jam semel et iterum supra citatas, quæ et ipsæ in Supplemento non erunt inutiles. Tillemontius pauca suggerit tomo V, pag. 799 et 809, occasione *Juliani Cilicis*, qui an cum hodierno confundendus; an potius hic noster Antiochenus, vel Antinopolitanus, Syrus vel Ægyptius dicendus sit, adhuc sub judice lis est. At enim, qui Julianos ea causa confundi postulant, quod uterque sub *Martiano* præside passus dicatur, viderint illi, an non accedere debeat *Julianus* alter, a Floro productus xi Januarii, qui etiam sub *Martiano præside*, sed *in Achaia, et in carcere peremptus est*. De *Martiana* jam dici cœptum est in Variantibus. Constat eam hodie apud Hieronymianos notam non esse, neque enim *Martialem* ibi positum pro *Martiana*, accipi posse existimamus : nec satis verisimile est, eam sub *Mariani* nomine ibi reperiri xi Julii. Quod autem v Idus Julii ab aliquibus reponatur, ex codicum abbreviationibus oriri facile potuit. Non magis nota est *Martiana* apud Bedam, Florum, aut Rabanum. Restat itaque, ut a Romano parvo primum signata sit, nomine nonnihil deformato ; *In Mauritania Cæsariensi, Macræ virginis et martyris*. Ado

nomen puritati suæ restituit, sed actibus carnisse ex eo conjicitur, quod elogio, quantumvis brevi, careat. Noster plura non profert, quam in Viennensi repererit, in quo etiam convenit Notkerus. Porro eamdem *Martianam* esse, quæ hic et mense Julio colitur, rectissime censuit Baronius, neque licebit Hispanis ex una geminam facere, nisi certiora producant monumenta, quam quæ ex Bivario aut ei similibus desumuntur. Cætera huc spectantia vide apud Bollandum, Castellanum et Tillemontium tomo V, a pag. 263. De ultimis martyribus vix est quod dictis superaddam. Ex Hieronymianis accepti sunt, sed male ab Usuard. compositi, nec melius ab interpolatore Pratensi restituti. Veram Usuardi lectionem a nobis repræsentatam non dubito, qualem et Wandalberti versiculus exhibet :

Quinto Vitali, Fortunato et Revocato.

De distinctione Smyrnensium ab Africanis, qui in Hieronymianis reperiuntur, agunt Bollandus et Florentinius hoc die, sed et novissime Castellanus in notis a pag. 146.

AUCTARIA.

ANTUERP.-MAJ. annuntiationem primam retulit vi hujus, hic in aliis duabus purus est, sed alteram alteri præponit. Cum hoc codice convenit Usuardus, insertus *Agonibus martyrum* (cujus operis solus Januarius invenitur) in quo etiam Julianus, etc., vi hodie vero, et Martiana, et Smyrnenses diserte ponuntur.

ROSWEYD : « Apud Antiochiam, Juliani martyris et Basilissæ conjugis ejus. Hi itaque sanctisssimo voto casti conjuges aliquot annos vixerunt pariter, carnem suam virginem servantes ; monasteria autem de rebus suis, quia erant parentibus et genere clarissimi, instituerunt, ut ad decem millia monachorum pater Julianus fieret, Basilissa vero multarum virginum mater. Quarum multitudinem cum jam victricem præmisisset ad Dominum, ipsa quoque post multa exercitia quievit. Julianus vero a Martiano præside tortus, jubente eo, a militibus gladio cæsus est, cum Celso puero, supradicti præsidis filio. Eodem die, Antonii, Anastasii martyrum cum Marcionilla martyre, uxore præsidis. Eodem die sanctæ Marcianæ virginis et martyris. »

CENTULEN. Julianum et socios etiam signavit vi Januarii. Hodie sic habet : « In Asia apud Zmirnam, sanctorum Vitalis, Revocati et Fortunati. Cæsarea Mauritaniæ, sanctæ Marcianæ, virginis et martyris. »

BRUXELLEN., post *imperatoribus*, sic prosequitur : « Et sub Marciano præside, post passionem sanctorum martyrum Juliani, et Basilissæ conjugis ejus, quorum passionis dies viii Idus Januarii recolitur. Anthonius presbyter, Anastasius, et Celsus puer, una cum Marcionilla matre ejus, uxore Marciani præsidis, atque alii plures passi sunt.» Satis apta est ea martyriorum partitio, sed in quo fundata ? Sequitur de Smyrnensibus, et Martiana, pure.

HAGENOYEN., post, *uxore ejus*, pergit : « Qui Julianus decem millium monachorum pater exstitit, qui omnes igne combusti sunt; ad quorum exequias angeli in cœlo auditi sunt in eodem loco. Basilisca vero mater fuit mille virginum, quæ etiam pro Christo combustæ sunt : et ipsa Basilissa ante obierat in pace, Julianus vero a Marciano præside fustibus cæditur, deinde incarceratur, digiti ejus manuum, et pedum ligmis [*Rosweydus in Adone restituit* liciniis] oleo infusis ligantur, et accenduntur, postea decollatur. Post quos Anthonius presbyter, Anastasius, et Celsus puer, qui Spiræ requiescit in kathedrali ecclesia, una cum matre sua, atque alii plures diversis pœnis interempti sunt.» Cætera pura sunt, nisi quod in fine habeat, *cum Fortunato diacono.*

ACQUICINCT., nec *diaconi* in fine habet, nec *martyrum*, sed adjicit, *cum aliis tribus*. Suspicor, nomina non recte collata, adeoque codicem hunc, ut sæpe solet, ita etiam hic convenire cum Pratensi.

VICTORIN., pro *Martianæ*, legit *Marinæ*.

MATRIC. CARTUS. ULTRAJ., incipit : « Martianæ virginis et martyris. Wilhelmi Bituricensis episcopi, nobilis genere, qui a pueritia Deo servivit. Juliani martyris et Basilissæ virginis, cum cæteris multis martyribus. » Notabis Willelmum Bituricensem ab aliis passim recoli die sequenti. Vide ibi Acta.

DIVIONEN. : « Cœnobio sancti Benigni, juxta Divionense castrum, natalis sanctæ Paschasiæ virginis et martyris. » Citatur hic, extractum ex codice istius cœnobii, ex quo plura habemus.

FLORENTIN. : « Anconis, sancti Marcelli. Apud civitatem Bituricensem, sancti Guilielmi episcopi et confessoris. » Additur ibi in fragmento membraneo ms. « Consecratio ecclesiæ sancti Laurentii de Florentia, quæ consecrata anno Domini MLX a Domino Nicolao papa II. Olim episcopus Florentinus fuit. »

EDITIO LUBECO-COLON., post *passiones leguntur*, inserit : « Et licet vero matrimonio fuerint copulati, tamen clam in virginitate vitam finierunt. Ex quorum etiam collegio, » etc., satis pure. De *Martiana*, additur : « Quæ in Cæsarea, Dianæ simulacrum confregit, et bestiis tradita, pro Christo tandem a Leopardo exanimatur.» Smyrnensibus addit *Diaconi martyrum*. « Eodem die, beati Agetii confessoris. » Vide Prætermissos. « Treveris, inventio sancti Symeonis confessoris. »

GREVEN : « In Africa, Jocundi, Quinti, Saturi martyrum. » Ex Hieronymianis, vel Rabano, hinc inde sanctos aliquos decerpit, quos plerumque incuriose divellit, vel transportat. Sic pergit : « Eodem die beati Marcellini [*sic legendum non Marcelli, ut supra*], Anconitani episcopi, de quo beatus Gregorius narrat i Dialogorum, quod ipso contra ignem vehementissimum a ministris (quia ambulare non valebat) opposito, ignis omnino refriguerit. Item, sancti Agecii confessoris. An non Agritii, de quo vi et iterum xiii Jan. Treveris, inventio sancti Symeonis confessoris. Bartwaldi, archiepiscopi Cantuariensis confessoris. In Cancia Adriani abbatis confessoris. Ipso die, Felani abbatis et confessoris. »

MOLAN. Aliis litteris textui inserit Adonis verba de casto conjugio, de institutis monasteriis, de monachis, et virginibus eorum disciplinæ subjectis, qua supra retulimus in codice Rosweydino. Deinde in fine minutioribus typis : «Divioni, sanctæ Paschasiæ virginis, cujus meminit Gregorius Turonensis. » Sequitur Marcellinus cum elogio ex Greveno supra. « In Centia, Adriani abbatis, et confessoris. Bertunaldi archiepiscopi Cantuariensis et confessoris, quorum meminit Beda in historia gentis suæ. » Meminit sane, sed monet Castellanus, non Bertunaldum, nec Bertwaldum, ut Grevenus, sed Berechtwaldum cum præfato Beda, aut Brithwaldum cum Gocelino A appellandum esse. Illum consule in notis hoc die pag. 453. Editiones posteriores idem habent de Adriano abbate, quod in priori, idem est in textu, sed cætera omnia exclusa sunt. Quorum loco ponitur : « In Nortmannia, depositio beati Waningi confessoris. Hic nobile monasterium Fiscanense fundavit, et Leodegarium exulem fovit. »

IV Idus. Die 10.

Apud Cyprum, beati Nichanoris diaconi de septem primis, qui gratia fidei, et virtute admirandus, gloriosissime coronatus est. In Thebaide, natalis beati Pauli primi heremitæ, cujus animam inter apostolorum, et prophetarum choros ad cœlum ferri ab angelis sanctus Antonius vidit.

NOTÆ.

Sumitur ex *Praten.*, *Herinien.*, *Tornacen.*, *Pulsanen.*, *Belini* 1 *editione*, *Greven.* et *Molan.*

VARIANTES LECTIONES.

Cogor scribere *Nichanoris* cum codicibus melioris notæ, Greveno, et aliis; quem scribendi modum Usuardum secutum existimo, tametsi nominis etymon ferat, ut sequamur Romanum parvum et Adorem, qui forte a Rosweydo correcti sunt, sicuti Usuardus a Molano. Post, *de septem primis*, visum est Belino apponere, quod forte in Adone invenerat, nempe *diaconibus;* patet ex aliis codicibus, Usuardi simplicitas. Molanus legit *gloriose coronatus*, sed alii passim cum manuscriptis, *gloriosissime coronatus*, quæ in Adone conjuncta sunt cum *Apud Cyprum* B hoc modo, *apud Cyprum gloriosissime coronatus est*, unde datur intelligi cruenta morte martyrii lauream consecutum. Usuardi transpositio incertum Castellano reliquit, utrum ea coronatio ad martyrium, an ad cœlestem gloriam referenda sit. Pro *Thebaide,* natalis, heremitæ, ad cœlum alii scribunt *Thebaida*, *natale, eremitæ, ad cœlos*, verum hujusmodi minutias in decursu negligendas, satis supra indicavi, et ita quidem, ut nec nobis stabilis scribendi modus esse possit, variantium sæpe codicum, vel ipsos errores sequentibus.

OBSERVATIONES.

Qui in Adone inter apostolorum festivitates una serie, diversis licet diebus referuntur, hi apud Græcos simul collecti sunt XXVIII Julii, nempe *Prochorus*, *Nicanor*, *Timon et Parmenas*. Hæc sub unum aspectum hic ponere volui, ut una indicem quatuor hos diaconos, Hieronymianis, Bedæ et cæteris antiquis ignotos, primum ab auctore Romani parvi, pro mero, opinor, arbitrio, in certos dies fuisse distributos. Unde ab Adone, Usuardo et Notkero, accepti hodie coluntur; Prochorus IX Aprilis, Timon XIX Aprilis, Parmenas XXIII Januarii, ut suis locis erit repetendum. Itaque *Nicanoris* prima positio uni Romano parvo debetur : *Et in Cypro, Nicanoris de* VII *diaconibus*. Quæ in Adonis Martyrologio vix immutata sunt, et tertio duntaxat loco signata, cum apud utrumque primo loco agatur de Paulo. Undenam Ado breve suum elogium inter Festivitates extraxerit, necdum comperi, neque enim Acta ulla prodita sunt, nec quidquam etiam recentissime invenit Tillemontius tomo II, pag. 70, nisi quod cum Bollando respueret. Si tamen Adonis verba expendantur : *Apud Cyprum gloriosissime coronati*, haud dubium, quin de martyrii laurea, quantumvis aliunde incerta, intelligenda sint, id quod nonnulli codices nostri auctiores rotundius expressere. Usuardus forte timide, saltem subobscure loqui visus est, dum utrumque Adonis textum commiscens, ejusdem phrasim non satis clare transposuit, Notkero ductoris mentem pressius insequente. De *Paulo* sic meminit primo loco Romanum parvum : *In Thebaida, sancti Pauli eremitæ*. At Pauli celebritas antiquior est, a C

D Beda nimirum prius in sacris tabulis consignata, ubi brevi ornatur elogio, a Rabano paululum aucto, ab Adone, et ex hoc a Notkero transcripto, sic tamen ut hic pro CXIII male legerit XCIII, facili lapsu ex litterarum numeralium transpositione. Noster autem Adonis elogium ita contraxit, ut solam ætatem, et in eremo commorationem excluserit. Hactenus pro textu nostro, quem et genuine Usuardinum esse constat, et ex Adone ferme ad verbum acceptum. De *Actis* non loquor, vitæ geminæ, a Bollando editæ, illustratæ et vindicatæ, nihil magnopere est quod a recentioribus, aut opponi, aut supperaddi possit. Sed quid causæ esse dicemus, cur *Melchiadem* papam omiserit Ado, a Beda, quem describebat, imo et ab Hieronymianis aliisque antiquis disertissime notatum? Rursus unde *Hyginius* substituitur, vetustioribus omnibus incognitus? Malo fateri ignorantiam, quam conjectando hariolari. Est præterea in eodem Adone quarto loco, *adventio sancti Hermetis martyris*. Sed annuntiationes illæ ambæ ab Usuardo plane reticentur. De adventione Hermetis legi possunt Rosweydi annotationes ad Adonis Martyrologium pag. 225, et indiculus noster Prætermissorum hoc die. Cur in Romano moderno Paulus ad XV Januarii translatus sit, cum priores omnes dies alio officio ecclesiastico impediti sint, clarius est, quam ut explicatione indigeat. Wandalbertus sic hodie Melchiadem et Paulum conjungit.

Quarto Melchiades, Paulusque eremita, beato
Sublati fine, ætherea lætantur in arce.

AUCTARIA.

ANTUERP.-MAJ., servato Usuardi ordine, Adonis textum ei ferme supponit : « Natale beati Nichanoris, qui unus fuit de septem diaconibus primis. Hic gratia fidei, et virtute admirande (admirandus), apud Cyprum gloriosissime coronatus est, ibique venerabiliter sepultus. In Thebaida, natale beati Pauli primi heremitæ, qui a sexto (*omissa est vox* decimo) ætatis suæ anno, usque ad centesimum tertium decimum, solus in eremo permansit. Cujus animam, etc. »

ROSWEYD. : « Apud Thebaidem, natale... Qui a XV ætatis suæ anno usque ad CIII solus, etc. Ygini papæ et confessoris. » De quo vide Auctaria die sequenti. « Item Romæ, Melchiadis papæ et confessoris. » Consule Prætermissos. « Apud Cyprum, beati Nicanoris, qui fuit unus de septem diaconibus. »

ANTUERP., MAX-LUBEC. et UGHELLIAN, passim conformes, puro Usuardo superaddunt : « Romæ, Melchiadis papæ. Bituricas, sancti Guilielmi episcopi et confessoris. » Quem ultimum recentiori manu adjectum invenio codici PULSAN. hoc modo : « Eodem die apud Bituris, natalis sancti Ullmi, archiepiscopi et confessoris. »

MUNERAT., cætera etiam purus, ita finit : « Bituricas, natalis sancti Guillermi, ejusdem urbis archiepiscopi, vita et miraculis gloriosi. » Huic plane similis est Usuardus ille, quem *Agonibus martyrum* immistum diximus.

ANTUERP-MAX., LOVANIEN., LEYDEN., BELG. et edit. ULTRAJ.-BELG., in Paulo etiam Adoniani sunt, ut supra, sed habent, *sexto decimo*. Tum inserunt secundo loco : « Romæ, sancti Agatonis Papæ. » Tertio loco de Nicanore, pure..In fine : « Apud Bituricas, natale beati Wilhelmi, episcopi et confessoris, vita et miraculis gloriosi. »

ULTRAJECT. et LEYD-LAT., proxime superiores excedunt in eo, quod de Paulo adjiciunt : « Pallium autem ejus de foliis palmarum contextum, idem Antonius suis usibus, in omnibus solemnitatibus vendicavit. Hujus sancti viri vitam cum Hieronymus descripsisset, ait : Obsecro, ut quicunque hæc legerit, Hieronymi peccatoris meminerit, cui si Dominus optionem daret, multo eligeret tunicam Pauli cum meritis ejus, quam purpuras regum cum regnis suis. »

ALBERGEN. et DANIC., eadem omnia habent, sed præterea de Agathone superaddunt : « Qui octogesimus primus post beatum Petrum, sedit annos quinque, menses sex, dies quindecim. » Vide Acta.

CENTULEN. : « in Cypro, beati Nichanoris, qui unus fuit de septem diaconibus primis, et martyrio vitam complevit. » In Paulo Adonianus est, sed ponit, « a quinto decimo ætatis anno, etc. »

BRUXELLEN. In Nicanore satis purus, sic pergit : « Romæ, natale sancti Iginii papæ et confessoris. Qui clerum componens, officia per gradus distribuit, et ut baptizandum, seu confirmandum patrinus levet, constituit. Et Romæ, sancti Melchiadis papæ. Qui prohibuit, ne die Dominica jejunium ageretur. » De Paulo nihil novi affert. Tum : « Item Romæ, beati Agathonis papæ. Qui dum quemdam leprosum osculeretur, ille statim mundatus est. » De Wilhelmo, ut supra.

HAGENOYEN. in Nicanore etiam satis purus est. Tum : « Romæ, Agathonis papæ, qui in sede Apostolica [sedit] annos quinque et menses sex. Hic constituit, ut distinctus sit habitus virorum, et mulierum in vestibus, et in crinibus. Iste papa condemnavit illos, qui negant in Christo duas esse voluntates, et duas operationes, in concilio Constantinopolitano. In Thebayde, Pauli primi heremitæ et confessoris. Qui accusatus a sororio suo, qui hæreditatem illius habere voluit, quod Christianus esset, fugit in heremum : primo quidem necessitate, ut mortem carnis evaderet, sed tandem necessitate utitur in voluntatem, et XCVI annis in spelunca quadam latuit, ubi ille soli Deo vacavit, et ubi a Deo pane cœlesti passus est. Cujus animam... Pro cujus gloria Anthonius lætabatur, et pro morte illius plurimum recreabatur. Cujus corpus mortuum Anthonius flexis genibus, manibus in cœlum protensis, invenit, et auxilio leonis sepelivit. »

AQUICINCT. : « Romæ, Hygini papæ. Hic constituit clerum, et distribuit gradus. » Hæc sunt Adonis.

VICTORIN. et REG. SUEC., signatus num. 130 : « Romæ, sancti Melchiadis papæ. »

MATRIC.-CARTUS.-ULTRAJ. : « Pauli primi eremitæ. Nicanoris diaconi, et martyris, unius de septem primis. Policucti martyris. » Remittitur ad XIII Februarii. « Et Nearci. » Hunc non novi. Tum de *Vitali*, etc., ex ejus præcedenti.

REG. SUEC., sub num. 428 : « Item Bituricis, natalis beati Guillelmi confessoris et archiepiscopi, qui multis claruit miraculis.»

In VATICAN., sub num. 5949, deest *Nicanoris*. Adjicitur : « Romæ, sancti Melchiadis papæ. Et natalis sancti Gregorii Nazianzeni, in sancta Sophia. » Quod est monasterium Beneventi.

FLORENTIN. : « Apud civitatem Bituricensem, sancti Guilielmi episcopi et confessoris. »

REMENS. ecclesiæ SS. Timothei et Apollinaris : « Ambianis, translationi corporis sancti Firmini episcopi et confessoris. » Qui utpote junior, *confessoris* cognomentum habet : sed mirum, de eo nihil haberi in nostro Ambianensi.

EDITIO LUBECO-COL. primo loco de Paulo eadem habet, quæ ULTRAJECT. et LEYDEN. De Agathone etiam ut ibi, etc. In Nicanore satis pura est. De Wilhelmo rursus, ut citati codices.

BELINI editio altera in hoc deficit, quod de Paulo, non Usuardina, sed Adoniana sit.

GREVEN. : « Eodem die, sancti Guillelmi, quem nos Germani Wilhelmum dicimus, Biturensis archiepiscopi, ordinis Cisterciensis, vita et miraculis clari. Erat iste sanctus fere semper hilaris et jocundus, quod quibusdam displicebat austeris. Item, beati Agathonis papæ et confessoris. Qui octavus decimus post Petrum (*palpabilem anachronismum nemo non videt*) sedit annis quinque, mensibus sex. Item beati Gregorii papæ X et confessoris. » De cujus canonizatione pridem Romæ actum est, et rursus agitur. Denique : « Poliucti martyris.»

MOLAN. : « Bituricas, natale sancti Guillelmi, ejusdem, etc., Ambianis, translationis sancti Firmini episcopi et confessoris. » Vide dicta. De Melchiade, simpliciter. « Eodem die, elevatio corporis sancti Vuasnulfi confessoris. » Deinde typis minoribus : « Castro Divionensi, sanctæ Floridæ virginis, cujus meminit Gregorius Turonicus. » In secunda et tertia editione, non capio, ob quam causam Usuardum turpiter mutilet, expuncto Pauli elogio. Post *eremitæ*, de suo adjicit litteris Italicis : « sed transfertur post octavas Epiphaniæ ad diem decimum quintum mensis ejusdem. » De Melchiade, et Florida in hisce non loquitur : sed ex Græco suo Horologio substituit : « Die decima, sancti Domitiani episcopi Melitinæ. Et sancti Marciani presbyteri, et œconomi magnæ ecclesiæ. » Quod aut quale extractum ex dicto Horologio habuerit Molanus, aut quis ei versionem suggesserit, nescio ; certe fontem non consuluisse, ex multis patet, ut alibi diximus : exemplo hic sit omissus is, qui primo loco ponitur, *Gregorius episcopus Nyssenus*.

III Idus. Die 11.

In Africa, natalis beati Salvii. In hujus natali sanctus Augustinus verbum fecit ad populum Cartagini. Apud Alexandriam, sanctorum confessorum Petri, Leucii, quorum gesta habentur.

NOTÆ.

Ita Praten., Herinien., Tornacen., Antuerp-Maj., Pulsanen., Centulen., Antuerp., Max-Lubec. et Ughellian., Munerat., Greven. et Molan.

VARIANTES LECTIONES

In Antuerp-Maj. ad *Salvii*, additur *martyris*. Lego, *In hujus*; ut Nostrum ex Adone sumpsisse, puto, tametsi sensus nitidior videretur, si cum Beda scriberem *in cuius*, ut habent Rabanus, Notkerus, et Usuardini codices plures, tum mss. tum excusi, ut Centulens., Brux., Hagen., Munerat., Belfin, etc. *Carthaginis* scribunt Belin., Grev., Mol. et alii, rectius codices multi cum Beda *Carthagine*, at puriores codices nostri exigunt *Cartagini*, ut habetur in textu, quamvis exactior orthographia stet pro *Carthagini*, ut scripsit Ado. Post *Alexandriam* inseruit Antuerp.-Maj. *natale*, etc. Dubium non est quin sit scribendum *Severi*, quamvis Torn., Ant. Max.-Lubec. et alii ponant *Severini*; ut Muneratus legit *Salini*, Belin. *Silvii* pro *Salvii*. Sed nulla major variatio, quam in nomine *Leucii*, quod Usuardus hic recte posuit, forte ex codicibus Hieronymianis Adonem corrigens, qui præeuntem, sed errantem Romani parvi auctorem secutus fuerat. Ex codicibus nostris alii scribunt *Leuci*, *Lencii*, *Leuticii*, alii *Genucii*, *Leontii*, *Loucii*, *Euthitii*, etc., aperto, ni fallor, amanuensium errore. Mirus est Pulsan. codex in distinguendis tribus ultimis sanctis, ita scribens : *Apud Alexandriam*, *sancti Leucii episcopi et confessoris. Item apud Alexandriam, sanctorum confessorum Petri et Severini, quorum gesta habentur*. Quo tamen modo difficultas non tollitur mox discutienda.

OBSERVATIONES.

Salvii memoriam in sacris Fastis antiquissimam probat imprimis Kalendarium Carthaginense a Mabillone vulgatum, a Ruinartio recusum, in quo hoc die clarissime legitur : *Sancti martyris Salvi*. Apographa Hieronymiana aliis cum martyribus immiscent, utique non Hispanis, sed Africanis, siquidem in iis codicibus contineatur. Ut ut fuerit, reliqui Martyrologi de eo seorsim, et solo meminere, ut Beda, ex quo Ado, ex hoc Usuardus immutata phrasi transcripserunt : 'ubi observari velim, annuntiationem apud eos ita positam, ut de mortis genere nihil elici queat. Atque hic aperte Romanum parvum Bedæ posthabuit Viennensis noster, cum in priori diserte legatur : *In Africa, Salvii martyris*. Et vero Salvium *martyrem* dici oportere non Kalendarium solum et Hieronymiana apographa jam citata evincunt, sed id ex Posidio demonstrat Bollandus, sanctum nostrum ab alio cognomine, sed eo hæretico Donatista, accurate distinguens. Mirandum prorsus quod Rabanus Bedam describens, Salvio tribuat titulum *confessoris*, contra vero Notkerus, qui hunc et adonem præ oculis habuit, *martyrem* asserat. Wandalbertus nihil in utramvis partem definit, dum canit :

Salvius hinc ternas Carthagine consecrat Idus.

Nodus intricatior objicitur circa tres alios sanctos Bedæ, Floro et Rabano ignotos, quos ita primo loco memorat Romanum parvum : *Alexandriæ, confessorum Petri, Severi, Lucii*, insolito plane enuntiandi modo. Sequitur Ado, ea plane phrasi, quam Noster descripsit, omissa voce *natalis*, mutatoque *Lucii* in *Leucii*, ut supra diximus. Idem habet Notkerus, legens cum Hieronymianis *Leucii*, atque ultima verba expungens, *quorum gesta habentur*. Ut clarius patescat tota difficultas, cum his compara verba Hieronymianorum primo loco : *In Alexandria, Petri, Severi, S. Leuci confessoris, et Absolami*, vel *Alolami*, vel *Assolami*; solus codex Lucensis post *Absolami* adjicit, *quorum gesta habentur*. Quid hic jam statuas ? An Romanum parvum sua ex Hieronymianis male descripsisse? Id mihi non sit verosimile. An utrumque auctorem errasse? Solita modestia hæc enodare conatur Florentinius, nec invenio hactenus quod in ejus conjecturis reprehendi merito possit. Castellanus Romanum parvum non unius erroris arguit; nec Adoni parcit, quod clausulam forte ex Hieronymianis acceptam apposuerit, *quorum gesta habentur*. Et hoc quidem recte, nam si ea vidisset, non tam jejune de iis fuisset locutus. Turbat omnia titulus *confessorum*, a Romano parvo tribus applicatus, ab Hieronymianis, soli *Leucio*, isque adeo magis mirus mihi accidit, quod in his codicibus et Romano parvo rarius recurrat, aut *sancti*, aut *confessores* appellatio, nunquam forte sub ea notione, quam ei nos vulgo tribuimus. In ea perplexitate, malo aliorum conjecturis acquiescere quam novis dubiis dubia cumulare. Sit confessor solus *Leucius*, forte Brundusinus episcopus : de quo Epternacense ecgraphum meminit VII Januarii; *Petrus et Severus* Alexandriæ tribuantur, donenturque laurea martyrum : *Petrus* male Alexandriæ collocatus, idem sit cum *Basalmo et Absolamo*, et *Aulanensi*, de quo ad III Januarii; sic de Leucio et Absolamo verum erit dicere, *quorum gesta habentur*, licet Leuciana, ut minimum, correctione magna opus habeant. Si tanti tua interest, vide Bollandum et duos proxime citatos. Nobis si quid alicunde novæ lucis affulserit, ea in Supplemento communicabitur.

AUCTARIA.

RoswEYD. incipit ab Alexandrinis satis pure. Deinde : « In Africa, Salvii episcopi. In cujus natali, etc. Item, beati Gregorii Nazianzeni episcopi. » In Prætermissis bene remittitur ad IX Maii. Tum : « In Aquilegia, Paulini Patriarchæ. » Vide Acta.

ANTUERP.-MAX., ULTRAJ., LEYDEN. et LOVANIEN., de cætero puri, sub finem annuntiant : « Romæ, natale sancti Igini, Iginii et Higini, papæ et martyris. » Quibus ex Adone addit BELIN. : « Hic composuit clerum et distribuit gradus. »

ALBERG. et DANIC. plusculum adjiciunt : « Qui octavus post beatum Petrum, annis quatuor et mensibus tribus salubriter gubernans Ecclesiam composuit clerum et distribuit gradus, consummatoque martyrio, tandem sepultus est juxta corpus beati Petri. »

AGONES MARTYRUM in fine : « Romæ passio sancti Hygini papæ, qui Telesphoro martyri in pontificatu successit. »

LEYDEN.-BELG. et editio ULTRAJ.-BELG. in principio *Hyginum* ponunt, quem primus codex *octavum* post beatum Petrum, alter *decimum* pronuntiat. Uterque vero in fine Hyginum denuo repetit, eodem plane modo quo habent codices mediæ notæ.

BRUXELLEN. primo loco refert Alexandrinos satis pure : Tum : « In Africa, sancti Salvii confessoris et martyris. In cujus, etc. » Quæ plane nova est annuntiandi formula.

HAGENOYEN. in textu satis purus, plura habet de Hygino, sed quæ præter jam dicta, aut inferius dicenda commemorat, referri non meruerunt.

MATRIC.-CARTHUS.-ULTRAJ. Salvium *episcopum* facit.

CODEX VATIC. 5949, præter Hyginum adjicit Nicanorem ex die præcedenti. Deinde : « Natalis sancti Leucii episcopi et confessoris. » Qui procul dubio Brundusinus erit.

ALTEMPS., in Anglia auctus : « In Britannia, apud Leoministiam, passio Ethewoldi regis. »

STROZZ. : « Eodem die, gloriosissimi sancti Gregorii episcopi Nazianzeni et confessoris, magistri sancti Hieronymi, magnæ sanctitatis viri, vitæ et virtutis. » Forte in S. Sophia, ut heri dictum est ex codice Vaticano. Vide supra.

EDIT. LUBECO-COL. sic incipit : « In Oriente, sancti Balthasar regis, et antistitis, qui hac die obdormivit in Domino, divino sacrificio in ecclesia prius celebrato ac sumpto. » Præter ea quæ de Hygino jam diximus, sic habet : « Hic constituit, ut unus patrinus, vel una patrina suscipiat puerum lavatum a fonte baptismatis; similiterque in confirmatione. Consummatoque martyrio, tandem sepultus est juxta corpus beati Petri in Vaticano. » Tum ita concludit :

« Eodem die, sanctorum Eugencii et Felicitatis martyrum. »

GREVEN., ait Balthasarem « tertium fuisse inter tres magos; » de reliquo convenit cum dictis, addens de suo : « Hoc etiam die, vel secundum aliquos sequenti, festiva memoria agitur trium insimul Magorum. » De Hygino asserit, « in persecutione Severi martyrio coronatum : » melius HAGEN. *Antonium* scripsit, volens dicere *Antoninum* , ut Bollandus post Romanum statuit. De Eugentio et Felicitate supra.

« Item secundum catalogum Sanctorum, natalis beati Salvii episcopi Ambianensis, alias Engolismae civitatis, et discipuli ejus, martyrum, qui secundum alios passi sunt vi Kal. Julii. » En confusionem manifestam, quæ forte Baronio occasionem præbuit hoc die collocandi Salvium Ambianensem cum titulo martyris, qui tantum confessor fuit, ut recte posuit Bollandus, hunc tamen diem perperam servans, cum ad xxvIII pertineat, ut bene observavit Rosweydus in epistola sæpe laudata, his verbis : « Quæritur, 1. unde Baronius Salvium Ambianensem episcopum hoc die Martyrologio inseruerit? Habeo vetus Martyrologium ms. quod eum xxvIII Octobris ponit. 2. quomodo eum vocet martyrem, cum tantum fuerit confessor, Martyrologio jam citato attestante; 3. cum in notis dicat de eo agere Sigebertum anno Domini 801, et idem repetat xxvI Junii, cum agit de Salvio Engolismensi, qui martyr fuit, satis indicat Salvium Ambianensem episcopum, et Engolismensem a se in unum conflatos. » Porro de Engolismensi,

seu potius incertæ sedis episcopo, quem « in portu Valentianas » xxvi Junii refert Usuardus et alii passim, vide Acta Junii ad præsatam diem : et de Ambianensi hodierno plura alia a Bollando curiose in commentario prævio notata.

Pergit GREVEN. : « Item Paulini patriarchæ Aquilegiensis. In Setynvelt, Honoratæ virginis. » De hac et illo consulatur Bollandus. « Item ibidem, translatio Sanctorum Potentini diaconi, Felicii presbyteri et Simplicii militis, martyrum. » Vide Acta xxIII Junii.

MOLAN. in prima editione Belini verba de Hygino descripsit, et alio minori charactere adjecit : « Anastasii monachi et confessoris, de quo Gregorius Dialogorum lib. 1, cap. 8. » At in posterioribus, auctior prodiit, ubi expuncto Anastasio, supposuit : « Virgorniæ, sancti Eguini episcopi et confessoris. Die undecima sancti Patris Theodosii cœnobiarchæ. » Dehinc minori charactere : « Coloniæ, obitus Jasparis tertii Regis, festum duplex. Cæsareæ Palestinæ, sancti Petri ascetæ, id est religiosi, sive monachi, qui sæpe rogatus, ut adolescentiæ suæ parceret, eorum exhortationibus neglectis, per ignem velut aurum purissimum, fidem in Christum excelso animo probavit. » Recte, ni fallor, opinatur Bollandus inter hujus diei prætermissos, non alium hunc esse, quam *Absalmum*, seu *Abselamum*, aliis *Balsamum*, etc., de quo ad diem ii hujus mensis et hic supra abunde dictum.

Pridie Idus. *Die 12.*

Apud Achaiam, natalis beati Satyri martyris, qui transiens ante quoddam idolum, cum exsufflasset illud, signans sibi frontem, statim corruit, ob quam causam decollatus est. Eodem die, sancti Archadii martyris, genere et miraculis clari. [*Apud Bouillart.* : ª In Cæsarea Mauritaniæ sancti Archadii, martyris genere et miraculis clari.]

NOTÆ.

Ita legunt *Herinien.*, *Tornacen.*, *Antuerp-maj.*, *Rosweyd.*, *Pulsanen.*, *Antuerpien.*, *Max-Lubec. et Ughellian.*, *Albergen.*, *Brugensis*, *Munerat.*, *Belin.*, *Greven.*, *Molan.* et *Agones martyrum*. Quibus adde codices omnes in præfatione citatos, quatenus textum referunt, exceptis *Pratensi* et *Aquicinctino*, ut statim dicam.

ª Quem Archadium Cæsareæ in Mauritania passum esse tradit eo loci Usuardus, hunc in Achaia passum testantur tum Archadii ejusdem acta, tum alia etiam Usuardi Martyrologia. Quid ex hac pugna colligemus? Codicem nostrum, ut Sollerio videtur, Usuardi manu exaratum non esse? Minime gentium. Sed Usuardo vel ignota penitus fuisse, vel non visa hæc sancti Archadii Acta; indeque in eum incidisse errorem quem alii postmodum ejus Martyrologii scriptores emendarint. Usuardi porro in manus venire potuerunt codices nonnulli in quos eo irrepsit facilius idem error, quod ea ætate vulgaris fuisse videatur. Plures Ruinartius noster Act. select. Mart., pag. 590, laudat, nominatimque Colbertinos duos, unum R. P. P. Fuliensium alterum Remigiano monasterio Hincmari Rhemensis episcopi dono datum in quibus sanctum Archadium Cæsareæ in Mauritania passum esse legitur. Eidem monasterio largitus quoque est idem antistes exemplar tractatuum S. Zenonis Veronensis episcopi, quorum trigesimus nonus libri primi sic inscribitur ; *De natale S. Archadii qui habet natale pridie Id. Januar. in civitate Cæsareæ in Mauritania.* BOUILLART.

VARIANTES LECTIONES.

Roswerd. nonnihil a puritate deficit, dum sic incipit : *Sancti Satyri martyris , civis Arabiæ*, *qui*, etc. Usuardus certo legit *Apud Achaiam*, ut in Adone reperit qui Bedam secutus est, tametsi in Romano parvo inveniret, *Antiochiæ*. Quid in Beda et Adone significet *civis Arabiæ* hactenus quæritur : ego cum purissimis nostris codicibus, tum manuscriptis tum excusis, eas voces omisi, nec dubito, quin id ab Usuardo factum fuerit, idque merito; neque enim, ut bene advertit Castellanus, recte quis regionis alicujus, sed urbis civis dicitur. Sunt qui cum Rosweydo et Belino scribunt, *exsufflasset in illud*; sed articulam *in*, quæ addi posset, nulli puriores codices habent, uti nec supradicti antiquiores Martyrologi. Antuerp.-Maj. ante *sancti Arcadii*, inseruit, *natale*. Porro *Archadii* a me in textu scriptum nemo miretur, cum lectionem codicum sequi profitear.

Controversia est super loco passionis sancti Arcadii, quem apud antiquiores Martyrologos, ex quibus sua Noster accepit, nusquam reperies. Acta Achaiam diserte exprimunt, in qua regione verosimillime passum martyrem existimo, ut dicetur in Observationibus. Hic solum agitur de positione in Pratensi, et, qui eum sequitur, Aquicinctino adjecta, nempe, *in Cæsarea Mauritaniæ* : sed quæ in nullis aliis codicibus, quorum longam seriem in præfatione exhibuimus, in nullo, inquam, Usuardino codice apparet. Est nihilominus, qui, codicis illius prætense-autographi auctoritate, pro dicta positione certat, ut iis compertum, qui Castellani notam legerunt pag. 178. Amica ea super re, priusquam hoc opus serio aggrederer, disceptatio epistolaris inter nos fuit ; atque hoc loco se prodidit viri eruditioni pro tuendo amato sibi codice studium. Cum enim inter alia, observationibus ejus objecta, hunc ei locum produxissem, nec effugio pateret locus, huc demum rediit ejus oratio, quam ex epistola Gallica

ad me data xxix Novembris 1709 Latine reddo: A *saream Mauritaniæ* alibi, et novissime ab Usuardo
« Fieri potuit, inquit, ut qui hic primus codicem expressam ix Januarii: et tertio post die, si superis
Pratensem descripsit, cum alias non nosset Cæ- placet, eamdem ipsam *Cæsaream*, tanquam ignotam
sareas præter Cappadocensem et Palæstinam, putarit expunxerit. Malim ego dicere quod res est, codicem
Usuardum memoria lapsum, dubioque perplexus, nempe Pratensem, et hic et pluribus aliis locis in
utram Cæsaream præeligeret, utramque exclusent, præfatione supra enumeratis, pure et genuine Usuar-
nude substituens: *Eodem die.* » Quam hæc respon- dinum non esse, ac proinde merito hodie germano-
sio rem non conficiat, nemo, opinor, non perspicit. rum codicum numero a nobis exclusum. Qua de re
Viderat et legerat, quisquis scriptor ille fuerit, Cæ- pluribus alibi actum est.

OBSERVATIONES.

Hoc iterum die Bedam Romano parvo prætulisse attinet, tandiu de eo disceptabitur quandiu de-
dicendus est Ado, si vera ejus sit lectio, *In Achaia*, erunt Acta, ex quibus is solide determinari queat:
et non potius *Antiochiæ*, ut habent bina exempla a nec liquet hactenus unde elogii sui materiam Beda
Bollando citata. Certum puto Romanum parvum acceperit. Interim nobis sufficiat et genuinam
simpliciter scripsisse *Antiochiæ*, *Satyri martyris*, Usuardi sententiam et ejusdem derivationem osten-
quod Hieronymianorum phrasim non redolet. Ve- disse. Wandalbertus (vere an falso, non disputo)
tustissimum, et, ni fallor, etiam purissimum hic est solum hodie Cyriacum Achaiæ tribuit, cujus ver-
Epternacense, in quo solum legitur: *In Achaia, Cy-* siculum ita contra Molanum restituit Bollan-
riaci, Moscenti, Saturi, absque elogio, quod subinde dus:
ex Beda acceptum, sed plane deformatum, in alios B
Hieronymianos codices importune et contra eorum Plebs et Achæa suum pridie recolit Cyriacum.
stylum intrusum est, attamen ab Acherio ex Cor-
beiensi a se edito non fideliter expunctum; merito Utrum ex hoc divisionem suam hauserit Notkerus,
quærente Florentinio, istud apographum in Spicilegio nostra nihil interest. *Arcadii martyris* primus me-
non integre fuisse redditum. Vera textus nostri pro- minit auctor Romani parvi, de quo Ado non habuit
pago ex puro Hieronymiano in Bedam, ex hoc in alios quod adderet præter vulgare encomium, *genere et*
defluere videtur. In Beda autem satis probabiliter *miraculis clari*: quæ verba in Usuardum et Notke-
censuere Henschenius et Papebrochius plene et in- rum transierunt, nusquam expressa positione seu
tegre scriptum fuisse: *In Achaia, Cyriaci, Mosanti,* loco martyrii, ut proinde frustra se torqueat Castel-
Saturi civis Arabiæ, etc., quemadmodum ex eo lanus ad *Cæsaream Mauritaniæ*, de qua in Varian-
transumpsit Rabanus. At Viennensis, forte ecgra- tibus egimus, Usuardo vindicandam. Ex præfato co-
phum nactus, in quo solum legeret: apud *Achaiam*, B. dice Pratensi, atque ex paucis Actorum ecgraphis
Saturi, etc., eumdemque reperiens in Romano parvo, mss. contra omnia alia, existimat haud obscure
exclusis duobus prioribus, unum nobis reliquit; Ruinartius inter sincera et selecta, pag. 590, *Cæsa-*
quem inde desumens Usuardus, in posteriores om- *ream* illam Mauritaniæ, *Achaiæ* in Actis expressæ,
nes transfudit: sic tamen, ut quod ei redundare vi- præferendam; ast ego ingenue fateor necdum me
debatur, *civis Arabiæ*, omnino expunxerit. Quod perspicere cur Actis ipsis, de cætero candidis et
vero notat Castellanus, Flori inadvertentiam, Adonem sinceris minus fidendum sit quam nescio quibus la-
et Usuardum in errorem induxisse, ex præconcepta ciniis subinde assutis, nisi quis eodem ferme jure
opinione supra refutata oritur, non enim Florus, ut C Bivario gatulari velit, quod in famoso Dextri Chro-
cuivis clare patet, sed Beda ipse Adoni et forte nico feliciter invenerit, *Ursaonam* Bæticæ, *tanti*
Usuardo præluxit. Ad verum martyrii locum quod *martyris sanguine consecratam*.

AUCTARIA.

ANTUERP-MAX., ULTRAJECT., LEYDEN., LOVANIEN., ad sequentem diem, ut cum Usuardo ibi refe-
DANIC. et EDITIO ULTRAJ-BELG. post, *Satyri marty-* remus.
ris addunt, *civis Arabiæ*; et annuntiationibus dua- CENTULEN., solitus abbreviator, ita habet: « Apud
bus, quas ex Usuardo puras habent, interponunt: Achaiam, sancti Satyri martyris. Eodem die, sancti
« In Ægypto, sanctorum Petri, Aventini et Castoli. » Archadii martyris. »
Accepti sunt procul dubio ex aliquo Hieronymiano AQUICINCT. De positione sancti Archadii « in Cæ-
apographo, prætermissis sociis *Philoromo* et *Zo-* sarea Mauritaniæ, » jam abunde supra diximus. Se-
tico. quitur: « Civitate Nicomediæ, passio sanctorum Pa-
BRUXELLEN. in prima habet, ut proxime citati. storis et Victoris. »
Secundo loco etiam de *Petro, Aventino*, etc. Tum: MATRIC-CARTUS-ULTRAJ.: « Martianæ virginis et
« In civitate Nichomedia, passio sanctorum Pastoris martyris. Notatur in margine *Tatianæ*, cum
et Victoris. » Remittuntur ad xxix Martii. Sequitur Rom. »
de Arcadio, pure. In fine: « Item sancti Firiaci epi- D AUGENSIS: « Civitate Nicomediæ, passio sancti
scopi. » De quo vide Prætermissos. Pastoris et Victoris. »
HAGENOYEN. in toto textu habet ut superiores, ALTEMPS.: « Civitate Nicomediæ, sanctorum Pa-
immista annuntiatione *Petri, Adventini*, etc. Tum: storis et Victoris. » Tum addit: « Apud monasterium
« Item [eodem] die, Polinecti [Polyeucti] Candidi et beati Petri apostoli, quod vocatur Pire muthe, depo-
Florini martyrum, igne combustorum. Item Romæ sitio beati Benedicti abbatis. Cujus Vitam Beda sa-
via Lavicana, coronæ militum quadraginta, quos cerdos conscripsit. » Locus ab aliis vocatur *Wiri-*
[quas] sub Galieno imperatore, pro confessione *mundæ* : vide Bollandum et etiam Castellanum in
veræ fidei, percipere meruerunt. » Sed hi martyres notis, pag. 183.
ex sequenti die huc perperam retracti sunt. Ita EDITIO LUBECO-COL. solito purior est, neque enim
forte amanuensis in aliquo vetustiori codice inve- sanctum ullum adjicit, sed sub finem elogii san-
nerit, vel propria oscitantia transposuerit. Id vero cti Satyri, post *decollatus est*, subdit, *a cultoribus*
magis mirandum in Baronio, qui utroque die eas *ejusdem*.
coronas collocavit; deceptum opinor a manuscripto GRÆVEN.: « Joannis episcopi, alias papæ et mar-
codice sancti Cyriaci, quo plurimum se usum fate- tyris. In Ægypto, Aventini et Castoli: Eugenii papæ
tur, ubi milites ii quadraginta, Africanis quatuor primi, confessoris, qui omnibus amabilis, et beni-
Zotico, Modesto, Rogato, Castulo (si tamen Afri- gnus, præsedit circa annum Domini DCLI. » Melius
cani sunt) male conjunguntur, cum ex purioribus scripsisset DCLIV vel DCLV. Vide II Junii in Actis.
Hieronymianis apographis, manifeste pertineant « Item, beatæ Claudiæ matronæ Romanæ. » De

hac et Joanne papa vide Bollandum in Prætermissis.

MOLAN., typis minoribus : « Sanctorum martyrum Eutropii lectoris, Tygrii presbyteri et Olympiæ, sanctæ matronæ, de quibus in Historia Tripartita libro x. » De duobus primis agit hodie Bollandus. Olympiam remittit ad XVII Decembris. Vide Castellani notas a pag. 179. Sequitur : « Benedicti confessoris, primi abbatis Vutrimundensis in Anglia, Cujus Beda se conscripsisse fatetur historiam. » Vide homiliam a Bollando editam. Posteriores editiones sic legunt: « Vuirimundæ, in Anglia, sancti Benedicti primi abbatis. Item, sancti Joannis episcopi Hierosolymitanæ ecclesiæ, ordinis Carmeli professoris. » Quærit Bollandus in Prætermissis quis hic sit Joannes episcopus Hierosolymitanus, eo inclinans, ut ex Palæonydoro credat intelligi Joannem II

A vulgo, ordine XLIV, sub cujus nomine venit famosus liber de Institutione monachorum, de quo hic pluribus agere supersedeo, cum abunde dicta sint a magistro nostro Papebrochio, in Tractatu chronologico de patriarchis Hierosolymitanis, et in Responsionibus ad exhibitionem errorum variis locis, de quibus consule indicem operis. Ultimo loco in his editionibus a Molano ponitur : « Die duodecima, sanctæ martyris Tattianæ : » quæ hic de more accepta est ex Horologio Græcorum. De Actorum ejus cum aliis confusione vide Bollandum hoc die, et Castellanum pagina 176. Demum præter morem in fine reperitur Wandalberti versus :

Plebs Itachia suum pridie recolit Cyriacum.

Sed hunc versum a Bollando melius redditum superius exhibuimus.

Idus. *Die 13.*

Romæ via Lavicana, coronæ militum quadraginta, quas sub Galieno imperatore pro confessione veræ fidei percipere meruerunt. Pictavis civitate, natalis sancti Hilarii episcopi et confessoris, qui ob catholicam fidem quadriennio apud Phrygiam relegatus, inter alias virtutes, fertur quod mortuum suscitaverit. Remis metropoli, depositio sancti Remigii episcopi, viri eximiæ virtutis. Cujus sanctitatis præconium, merito credulitatis suæ, gens Francorum debitæ venerationis cultu celebriter recolit. [*Addit. Bouillart., cursivo charactere :* « In monte Verziaco, sancti Viventii confessoris.

NOTÆ.

Ita *Praten.*, in prima puritate *Herinien.*, *Tornacen.*, *Munerat.*, *Greven.*, *Molan.* et *Agones martyrum.*

a Verba hæc, *In monte Verziaco*, etc., a recentiori manu adjecta esse Castellanus recte observavit. Quod additamentum tamen sola Bollando causa fuit,

B cur Heriniensem Pratensi codice existimaret esse puriorem. BOUILLART.

VARIANTES LECTIONES.

Inter codicem Heriniensem et reliquos ea hoc die dissonantia est, quod iste cætera quidem integerrime Usuardi textum referat, sed cum provinciæ Rhemensis fuerit, ut alibi ostendimus, id singulare habet quod Remigii sui annuntiationem cæteris primo loco præfigat, et pro *episcopi*, inferat *Francorum apostoli.* Scribo *Galieni*, ut passim codices habent, licet in nonnullis secunda manu id correctum inveniam. Tornacen. pro *veræ fidei* posuit *Christianæ fidei.* Idem : *Pictavis civitate, beati Hilarii*, omisso, *natalis*, sed præferenda communior uti et purior textus nostri lectio. Typographorum vitio fortasse tribuendum quod apud Munerat. non legatur *metropoli*. Greven. et Molan. de Remigio, post *episcopi*, addunt *et confessoris*. In Molano autem post *confessoris'* non habetur *viri*, et apud Grevenum post *merito credulitatis*, deest *suæ*. Scripsit olim Bollandus in Pratensi codice hoc die legi : *In monte Verziaco, sancti Viventii confessoris*. Quo ex capite vetustatem illius impugnat. Sed id refellit Castellanus, tum in notis pag. 200, tum per litteras ad me datas, diserte asserens illa verba codici Pratensi recentiori manu esse adjecta, quod in antigrapho nostro explicatum non erat, atque adeo Bollando, qui aliud nunquam viderat, condonandum. Hac causa superius notavi me Pratensem codicem inter genuinos computare, sed cum hoc addito, *in prima puritate.*

OBSERVATIONES.

Coronæ militum XL meminerunt Hieronymiana omnia a Florentinio vulgata, in quibus etiam exprimitur *via Lavicana*, præterquam in Lucensi, ubi *via Latina*. De illis nihil in Beda aut ejus sequacibus Floro et Rabano. Porro *coronam* non magis hic quam prima Januarii martyrem esse clarius ostendit Romanum parvum, dum ita loquitur : *Romæ, via Lavicana, militum* XL, *sub Gallieno imperatore;* quæ ex hoc ab Adone descripta sunt, præfixo militibus nomine *coronæ*, quod a Nostro servatum est, sed mutato, ut patet, casu et numero, nam qui in Adone videtur esse genitivus singularis, is in Usuardo rectus est in plurali numero, contra communiorem sanctos annuntiandi modum : cætera etiam paraphrastica elegantia modice ampliata sunt. Nimium, nisi fallor, sapere voluit Notkerus, et hic et I Januarii *coronam* a militibus segregans; et quidem hodie *Secundum* Hieronymianorum in *Secundinam* commutans, hoc plane modo : *Romæ*, etc., *Secundinæ, Coronæ et militum quadraginta, sub Gallieno imperatore*. Quæ de inclytissimo Pictaviensi antistite *Hilario* dicuntur, ea a Beda primum scripta sunt, ab Adone nonnihil aucta, et ex hoc a Nostro accepta, ubi rursus ex collatione perspicis Flori

C phrasim ab Adoniana et Usuardina plurimum discrepare. Notkerus Adonem hic etiam, non Rabanum secutus est. Romanum parvum brevissime posuerat: *Pictavis, sancti Hilarii*. Hieronymiana autem : *Pictavis, depositio S. Hilarii episcopi et confessoris :* ubi observa *confessoris* appellationem peculiari sensu ab Hieronymo aliisque PP. Hilario tributam, ut notavit etiam Florentinius. Cæterum gloriosissimi catholicæ fidei contra Arianos assertoris Acta diligentissime illustravit Bollandus ; Castellanus paucula curiose adnotavit, at rem omnem fuse complexi sunt eruditissimi PP. Benedictini in nova Vita a se concinnata et postremæ Hilarii operum editioni, a se itidem curatæ præfixa; nec minus accurate Tillemontius tom. VII, a pag. 432. Prætereundum non est metricum Wandalberti encomium.

Idibus Hilario Pictavæ militat urbis
Plebs devota, suo pastor quam fulsit honore.

D De *Remigio*, celeberrimo altero Galliarum præsule, nihil hodie antiquiores memorant, si Florum in Bedæ auctario excipias, qui sanctum brevi elogio, sed ab Usuardino diversissimo, prosequitur. Apographa Hieronymiana, nescio ob quam causam,

Remigii, vel *Remedi depositionem* transferunt ad «v Januarii, iterumque cum reliquis omnibus Martyrologis annuntiant 1 Octobris, *Germano, Vedasto et Platoni* conjunctum nulla facta mentione translationis, ut ibi dicetur. Certum est Kalendis Octobris *Remigii festivitatem* recoli, ut habet Martyrologium Romanum, sic tamen, ut notet Motherius noster in nuperrima versione Gallica, id intelligendum de locis ubi ritus Romanus receptus est, cum Remis totaque Rhemensi diœcesi, et religioso et solemni cultu, seu, ut loquimur, de præcepto, hac die Remigius celebrari consueverit, quamvis et ibi et tota Gallia officio duplici ipsis illis Kalendis Octobris honoretur. Plurima alia Remigium ejusque res gestas spectantia vide apud Clar. Castellanum in primo suo Bimestri a pag. 223. Ultima Adonis commemoratio est de *Vero, Viennensi episcopo*, sed hæc ab Usuardo omissa, ut non semel in decursu factitatum invenies, præsertim dum de Viennensibus episcopis agitur. Rationem divinet, qui voluerit. Verum quæ ab ipso Usuardo relicta sunt, in Auctariis, ut plurimum restituta a posteris invenimus, ut de *Vero*, cujus nomen hinc inde immutatum est, mox videbimus.

AUCTARIA.

PRATEN. Jam diximus in eo codice recentius adjectum : « In monte Verziaco, sancti Viventii confessoris. »

ANTUERP.-MAJ. in prima Adonianus est, simpliciter scribens : « sub Galieno imperatore. » In secunda purus est. Tertiam sic corripit : « Remis, natale sancti Remigii episcopi et confessoris. » Vide Atlonem Mosandri.

ROSWEYD. in XI militibus etiam pure Adonianus est. Tum litteris rubris majusculis inserit : *Oct. Epiph.* De Hilario, recte. Tum : « Apud Viennam, sancti Severi episcopi, qui præsedit ecclesiæ post sanctum Eventium. » Hæc ex Adone accepta sunt, sed corrupto nomine. Tum : « Remis, translatio sancti Remigii archiepiscopi et confessoris. »

PULSANEN., in textu non omnino castigatus, secundo loco inserit : « Eodem die, octava sacratissimæ Domini, ac Salvatoris nostri apparitionis. » In fine autem adjicit : « Hujus tamen sancti viri festum celebratur Kalendis Octobris. » Vide Observationes.

ANTUERP., MAX-LUBEC. et UGHELLIAN., toto textu satis puri, in fine adjiciunt : « Verziaco, natale sancti Viventii confessoris Christi. Ipso die, sancti Longisii, vel Longisii confessoris. » Bollandus *Leogisolium* vocat, queriturque nihil se de eo aliud nactum præter nudum nomen in Martyrologiis. Vide Castellanum, pag. 200 et 201, ubi *Launogisilus*, etc.

ANTUERP.-MAX., LEYDEN., ALBERGEN., DANIC. et editio ULTRAJ. BELG. incipiunt : *Octava Epiphaniæ.* In XL militibus et Hilario puri sunt. Sequitur : « Remis metropoli, depositio sancti Remigii episcopi, viri eximiæ virtutis. Hujus translatio agitur Kalendas, vel Kalendis Octobris. » Tum : « Treveris, sancti Agritii episcopi et confessoris, admirandæ sanctitatis, et doctrinæ viri. Qui cum esset Antiochenæ civitatis præsul, ad petitionem sanctæ Helenæ, missus est a Silvestro papa ad Treveros convertendos, qui post tempora sanctorum Eucharii, Valerii et Materni ad pristinum paganismi vomitum ex magna parte redierant : ubi vir sanctus, ut alter Eucharius, populum ab antiquo errore ydolatriæ [idololatriæ] eripuit, ibique in pace vitam finivit. » Soli Rabano inter antiquos notus est Agritius, quem mavult Bollandus *Agrœcium* dici. In vero Adone eum Baronius non reperit, censetque etiam Mosander adjectitium esse : qui citatur Beda, genuinus non est. De patriarchatu Antiocheno videatur Bollandus. Pauca alia notavit Castellanus pag. 198. « Versiato, natale S. Vincentii confessoris Christi. Ipso die, sancti Longisi confessoris. » Non *Longini*, ut Albergensis.

LOVANIEN. differt a prioribus quod omittat longiorem de Agritio historiam.

CENTULEN. in prima Adonem sequitur. Tum : « Pictavis, sancti Hilarii episcopi, et confessoris, fide et virtute magnifici. Remis Francorum metropoli, deposito sancti Remigii archiepiscopi et confessoris. Ambianis, inventio sancti Firmini episcopi. »

BRUXELLEN. incipit : « Octava Epiphaniæ Domini. » Secundo loco de Agritio fuse, ut supra. Tum : « Remis , depositio sancti Remigii archiepiscopi, viri eximiæ virtutis, qui hac die feliciter migravit ad Dominum. » Sequitur de Hilario, fere pure. De XL martyribus agit ultimo loco. Demum adjicit : « Apud Viennam, sancti Severi episcopi, qui post beatum Evencium, ecclesiæ illi digne præsedit. » Vide hæc supra, et purius in ipso Adone. « Vertiaco, sancti Vincentii confessoris Christi. Ipso die, sancti Longisi confessoris. Item sancti Firmini episcopi. »

HAGENOYEN. : « Octava Epiphaniæ. Isto die, ut Chrysostomus dicit , specialis est memoria trium regum. Quorum primus obiit orando in Circumcisione, alius in Epiphania, tertius vero hodie. Et quia tunc illorum memoria agi non potest, ideo nunc Constantinopolitana Ecclesia illorum agit memoriam et festum. » Quomodo hæc concordent cum dictis superius de tribus magis, equidem non video; sed satis usitatum est codicis hujus auctori mira afferre, quæ nusquam alibi reperias; nedum quærere velis, cum sæpe nec verisimilia sunt. De Agritio, superius dicta nonnihil interpolavit. Sequitur de Hilario, et Remigio etiam paulo auctius. De Viventio et Longiso, ut supra.

ACQUICINCT. : « Ambianis, inventio corporis beati Firmini episcopi et martyris. »

VICTORIN. et REG. SUEC., signatus num. 130 : « Eodem die, sancti Potiti. »

MATRIC.-CARTUS.-ULTRAJ. : « Octava Epiphaniæ. Hilarii episcopi et confessoris. Remigii episcopi et apostoli Francorum , eximiæ sanctitatis. Viventii confessoris. »

BIGOTIAN. , qui fuit Patrum Cœlestinorum, signatus P. 5 : « Eodem die, Longisii confessoris. »

CODEX D. DU CHEVAL., signatus B : « Verziaco, natale sancti Viventii » etc., et de Longiso ut supra.

In VATICAN. num. 5949, deest *Remigii*, adjicitur : « Natale sancti Potiti martyris. »

ALTEMPS. : « In Scotia, civitate Glasguensi, sancti Kintengerni sive Mungunti episcopi et confessoris. » Vide Grevenum.

FLORENTIN. præter memoriam Viventii et Longisi: pro quo *Longii* scribitur, sanctam referunt aliis ignotam : « Romæ sanctæ Demitriæ martyris, quæ sub Juliano apostata passa est, et a sancto Joanne presbytero est sepulta juxta palatium Juliani. » Excusus habet *Luceani*.

CODEX CASTRI KAROLI : « Dedicatio basilicæ sancti Petri Balmensis cœnobii. »

EDITIO LUBECO-COL. incipit : « Octava Epiphaniæ Domini. » In XI militibus et Hilario satis pura est. Tum : « Remis metropoli, depositio sancti Remigii episcopi, viri eximiæ virtutis et sanctitatis. Hic Francorum gentem idolorum cultui deditam, una cum rege eorum convertit ad Christum, et septuaginta annos et eo amplius in episcopatu explevit. Hic inter cætera miracula puellam a morte suscitavit. » De Agritio habet quæ superius descripta sunt. Deinde de Viventio sic loquitur : « Verziaco, natale sancti Viventii presbyteri et confessoris Christi, qui ad prædicationem beati Gregorii credidit. Quem centesimo vigesimo ætatis suæ anno defunctum, apud Gravionem castrum beatus Maxentius abbas sepelivit. » De Longisio, ut supra.

BELIN. initio habet de octava, et in fine subdit :

« Ipso die Versiacho monasterio, sancti Vincentii confessoris; » pro *Viventii*.

GREVEN. post Octavam de Agritio fere agit, ut supra. Tum : « Vernaco, natalis sancti Juventii presbiteri, et confessoris. Qui Samaritanus genere in pueritia conversus, vita et miraculis clarus, anno vitæ suæ cxx apud Gravionem castrum, ubi sanctus Hilarius Pictavensis locum ei manendi dederat, a beato Maxentio abbate sepultus est. » Videatur Bollandus hoc die, et Castellanus in notis a pag. 198. De *Vero*, ut Ado. « In Scotia, sancti Kenthegerni episcopi Glascoensis, et confessoris. Longitii confessoris. In Eistadensi cœnobio, beatæ memoriæ Godefridi comitis Capenburgensis. »

MOLAN. in prima et puriori editione adjicit : « Octava Epiphaniæ. Ipso die Versiacho sancti Ventii confessoris. Treberis, beati Agritii episcopi et confessoris. Hic dum esset patriarcha Antiochenus, per beatam Helenam, ob roborationem fidei catholicæ, ad eamdem urbem transmissus est. » Tum, minoribus typis : « In territorio Leodiensi, obiit Jutta (Ivetta) reclusa, vidua valde sancta. » Editiones posteriores denuo corruptæ sunt. Præfigitur aliis litteris *Octava Epiphaniæ*. In textu expunctum hic est Hilarii elogium, additumque : *Differtur in diem sequentem*. In fine, de Viventio et Agritio, ut in priori. De *Vero*, ex Adone. Tum ex Horologio : « Die decima tertia, sanctorum martyrum Hermyli, et Stratonici. » Demum typis minoribus, de *Kentegerno* ex GREVEN. Quam in priori *Juttam* vocavit hic scribit *Juetam*.

XIX Kal.   Die 14.

Apud Nolam Campaniæ, natalis sancti Felicis presbyteri [*Bouillart*., episcopi] [a] et confessoris, de quo beatus scribit Paulinus, quia cum a persecutoribus in carcerem mitteretur, et cocleis et testulis superpositus jaceret, per noctem ab angelo solutus atque eductus sit. Eodem die, sancti Eufrasii episcopi.

NOTÆ.

Ita scripsisse Usuardum probant *Herinien*., *Tornacen*., *Greven*. et *Molan*., qui purum referunt, et alii permulti, qui in paucis differunt, ut infra patebit.

[a] Et hic oculos habuit Castellanus. Spatiolum, ubi prima manu legitur *episcopi*, erasum fuit. Item secundi sancti Felicis annuntiatio in litura jacet, saltem hæc verba : *Item eodem die*. An Usuardo satis fuerit S. Felicem episcopum designatum atque electum a populo fuisse, ut illum episcopum diceret, quærere non est animus. Non mentem, sed verba præstare debeo. Quod alium addit Felicem, si culpa est, non solius Usuardi fuit. Ado ipse duorum Feliciorum acta permiscuit, quorum alterum alterius fratrem esse dixerunt alii ante Usuardum Martyrologi. Dolenda sors ejus, qui duces minime tutos secutus est; et hac in re erga Usuardum eo æquior debet esse Sollerius, quo ipse manifestius culpa tenetur, quam in illo reprehenderet. BOUILLART.

VARIANTES LECTIONES.

Lego *presbiteri*, non *episcopi*, ut Pratensis, qui titulum hunc apposuit contra codices prope omnes, tum manuscriptos, tum excusos. Nec auctoritatem facit quod in codice Aquicinctino recentiori manu scriptum sit; *posse episcopum dici*, cum certum sit eam dignitatem, licet oblatam, nunquam a sancto acceptatam fuisse. Sunt qui *martyrem* dicant, inter quos Belin., nonnihil ab aliis discrepans dum scribit, *sancti Felicis in Pincis*, *presbyteri et martyris*. De eo titulo videndus Bollandus et scriptores alii infra citandi. At quod additur, *in Pincis*, eruditos non modice vexat. Legendum puro *in Pineis*, ut censet diligens harum rerum scrutator Castellanus. Verum utrovis modo legas, ad Nolanum ea positio minime pertinet, ut accurate discutit Bollandus Commentarii prævii § 6. Item Ruinartius inter sincera et selecta a pag. 255, in admonitione prævia. Diversitas est in descriptione testimonii Pauliniani. Greven. et Molan. habent : *De quo scribit Beatus Paulinus episcopus*. Pulsanen., *De quo scribit*, etc. Praten. legit *antistes Paulinus*. Sequor Herinien. et Tornacen. et Pratensem ipsum, quod positionem verbi attinet, et sic puto legisse Usuardum, non solitum verbis eorum se astringere quos describebat. Cocleis scribunt omnes, quid purior orthographia exigat, dicere supersedeo. *Eductus sit* legit Beda, legunt puriores omnes codices, quidquid Pulsanen. et alii habeant, *eductus est*; in eodem codice est *Efrasii*, scribo cum aliis omnibus *Eufrasii*, exceptis Greven. et Molan., qui male *Eufrosii*. Alii mallent *Euphrasii*. Si radicem Græcam appelles, quasi a φράζω etymon ducat, non magnopere obluctabor, quamvis probe sciam plurima hodie nomina per φ enuntiari. Latine *ph*, quæ sane littera in Francicis, Hispanicis, Germanicis aliisque nominibus plane redundat: Quidni enim rectius *Alfonsus*, *Arnulfus*, *Adolfus*, *Rodolfus*, et id genus alia, sic scribantur, quam per φ Græcum, cum quo nullam prorsus affinitatem contraxerunt. An contraxerit *Eufrasius* ex Observationibus statuere poteris.

Superest variatio præcipua, qua rursus Pratensis codex a reliquis deflectit, secundam annuntiationem sic formans : *Item eodem die, sancti Felicis presbiteri et confessoris*. Vides sanctum ambiguum et indeterminatum, quem Usuardus, mea quidem sententia, hoc die non posuit. Ego proinde reliquos codices omnino præhabendos censeo, quibus conformis est textus noster, quomodo Usuardum scripsisse mihi semper persuasum habui. Nihilominus ne opinioni propriæ nimium fidere viderer, volui prætensum autographum per Castellanum consulere. Is vero 21 Julii 1709 respondit deprehendisse se inductam in præfato codice seu erasam priorem annuntiationem, sive ea Eufrasii fuerit, sive cujuscunque alterius, et positam desuper alteram *Felicis presbyteri et confessoris*, merito a nobis rejectam. Putat etiam deletum in prima nomen *presbiteri*, et inscriptum *episcopi*, unde rursus patet genuinum esse nostrum Usuardi textum ; et qua parte *Eufrasium* memorat, ex Hieronymianis acceptum, ut videbis infra.

OBSERVATIONES.

Tam illustrem encomiasten nactus est *Felix Nolanus*, ut vel ex eo capite semper tota Ecclesia catholica fuerit nominatissimus. Kalendarium Carthaginense in editione Mabilionis eum recte collocat XIX Kal.; male Ruinartiana, XVIII, expressis his terminis, *sancti Felicis Nolensis*. Est et verosimilter idem apud Frontonem et Allatium. Sacramentaria invenies apud Florentinium, quibus accedere potest quod ab annis paulo plusquam triginta edidit Joseph Maria Thomasius, nuper S. D. N. papa Clemente XI in purpuratorum numerum adjectus. Accinunt Martyrologia omnia, imprimis Hieronymiana : *Nolæ Campaniæ, S. Felicis, vel passio S. Felicis*, ubi tangi vides difficultatem pridem examinatam, sit ne *martyris*, an solum *confessoris* titulo insigniendus; de qua re vide Bollandum et post eum Florentinium aliosque jam citatos, aut brevi citandos. Ut paucis dicam, competit uterque titulus, ad utramque sancti gloriam comparatus, quod hic fusius explicare opus non est. De episcopatu in Variantibus diximus. Romanum parvum sic habet : *Nolæ, Felicis presbyteri, in Pincis sepulti.* Unde fortasse Adoni data occasio, longiori sua historia Felices confundendi, quod eum fecisse Bollandus ostendit, secueruntque et codices nostri aliqui, nimium in hac parte Adoniani. Notkerus eamdem fere viam ingressus est, Adonem hic denuo potius quam Rabanum imitatus. Elogium breve, elegans et verum Felici concinnavit Beda, qui sancti Vitam, a Paulino versibus illigatam, soluta oratione reddidit. Atque hoc ipsum est elogium quod ex ipso Noster, relicto Adone, descripsit. Rabanus Bedam etiam de more sequitur, sed dum præter Nolanum nostrum, Felicem alterum illius germanum accersit, evitata Adonis Charybdi, in Scyllam incidit, ut ex Bollando facile intelliges. An scopum melius attigerit Florentinius, Felices suo modo distinguens, in Supplemento erit examinandum; ubi usui esse poterit Ruinartii admonitio superius laudata, et Vita Gallice a Tillemontio eruderata, tomo IV, a pag. 226. Hæc de Felice Nolano, seu mavis Pauliniano satis dicta sint, saltem pro hoc nostro instituto. Wandalberti versiculos accipe :

Quam nonam et decimam constat Februi ante Kalendas
Esse diem, Felix sacer [sacerdos] et confessor adornat

In Hieronymianis ultimo loco constanter ponitur, *Eufrasi*, vel *Euphrasi episcopi depositio*, quem mirum est in notis *Euphratem* vocari a Florentinio, qui de cætero non multum producit, quod ad sanctum cognoscendum referat, præter id quod ei Bollandus suggessit. Baronius Galesinio nimium confisus, Eufrasium in Africa collocat, et cum *Euchratio*, forte melius *Encratio*, confundit, ad quem exstat Cypriani epistola 62, quique concilio Carthaginensi sub eodem Cypriano interfuisse reperitur. Interim circa præfatam Romani Martyrologii positionem, tria indicat Rosweydus in sæpe laudata manuscripta epistola, quæ hic prætereunda non sunt. Notat itaque, 1° omnes libros habere Euphrasium episcopum, non Euchratium, ut nulla suspicio esse possit hic agi de Euchrathio, qui interfuit concilio Carthaginensi. 2° Baronium hic in textu addidisse de suo, *in Africa* (poterat dicere ex Galesino accepisse), quod abest ab omnibus veteribus libris, imo etiam ab ipso Martyrologio Romano Belini, quod Baronius recensendum suscepit. Sed quia ipse putavit hic Euchrathium inserere, quem aliunde constat in Africa vixisse, ideo, *in Africa*, textui quoque inseruit. 3° Existimo hic agi, inquit Rosweydus, de sancto Euphrasio, tertio decimo episcopo Claromontano, qui obiit anno 548, de quo Gregorius Turonensis lib. II Historiæ Francorum, cap. 30, et lib. III, cap. 2. Hæc a Rosweydo recte observata esse conficies ex Castellano pag. 245. Potuit hic apud Bollandum Rosweydi opinionem invenisse, quæ illi non omnino admittitur. At veram eam esse et unice veram, vix equidem dubito. Fatetur ibi Castellanus *Eufrasium* ab Usuardo referri, at forte tunc non adverterat abesse illum a prætenso autographo, nisi forte certo supposuerit ab Usuardo ipso prima manu positum, a recentiori erasum, quod mihi exploratum non est. Sequitur in Adone : *Apud Viennam*, *sancti Caa!di episcopi*, apud Mosandrum *Caldeoldi*, apud alios *Eoldi*, sed de eo tacet Usuardus, ut jam non semel diximus, Viennenses sanctos ab eo sæpe præteriri.

AUCTARIA.

Praten. De ejus auctario jam abunde diximus. Notari hic meretur quam diversis modis Felix ille alter, quiscunque sit, annuntietur.

Antuerp.-Maj. de Felice Nolano multa ex Adone describit, quod et alii codices faciunt; sed ne frustra hic charta impleatur, ad ipsum fontem remittimus. De Eufrasio non loquitur, sed secundo loco sic habet : « Eodem die, natale sancti Cleri diaconi de antiquis, qui post multa tormenta in mare præcipitatus est. » Vide VII Januarii. Tum : « Apud Spoletum, passio sancti Pontiani martyris, tempore Antonini imperatoris, sub judice Fabiano. » A multis codicibus huc retractus est Clerus, forte quod Rabanum secuti fuerint. Vide Usuardum XIX Januarii.

Rosweid. Nihil habet de Pontiano. Deinde etiam de Felice Nolano plura ex Adone.

Agones martyrum. Usuardus, qui hic insertus est, primam annuntiationem puram refert, sed omisso etiam Eufrasio, alteram sic fingit : « Item Romæ, passio alterius Felicis presbyteri, qui dicitur Felix in Pincis. »

Munerat. agit de solo Felice Nolano pure, nihil præterea, forte quod dubitaverit utrum Eufrasium an alium Felicem præferret.

Antuerp. et Max.-Lubec., puri in textu, post *Eufrasii episcopi* adjiciunt *Cleri diaconi*, sine copula.

Antuerp.-Max., Ultraject., Leyden. et Lovanien. incipiunt a Pontiano cum eo ipso elogio quod ab Usuardo refertur XIX Januarii, ut hic describere opus non sit. Secundo loco : « Romæ, via Portuensi, loco qui Pincis dicitur, natale sancti Felicis presbyteri et martyris. Qui Diocletiani et Maximiani imperatorum tempore, capitis amputatione, gloriosa morte coronatus est. » Œdipo opus est ad discernendos Felices, quorum duos hoc die apud Bollandum invenies, septem alios inter Prætermissos. Cæterum Portuensis ille, tanquam Adaucti socius, ad XXX Augusti remittitur. Non recte, opinor, nec video quo id fundamento Bollandus dixerit.

Albergen. de Pontiano nihil habet, incipit a Felice Portuensi, de quo, ut præcedentes. In Nolano purus. Tum : « Eufrasii episcopi et Cleri diaconi. »

Danic. incipit eodem modo et in reliquis convenit præterquam in fine, ubi cum aliis quatuor sic habet : « Eufrasii episcopi, et Cleri diaconi et martyris, unius de antiquis, qui post multa tormenta in mare præcipitatus martyrium consummavit. »

Leyden.-Belg. et editio Ultraject.-Belg. Pontianum habent primo loco, sed expuncto plane elogio. In cæteris, ut superior et quatuor alii.

Centulen. : « Apud Nolam Campaniæ, sancti Felicis confessoris. Apud Spoletum, sancti Pontiani martyris, temporibus Antonini imperatoris. Eodem die, sancti Cleri diaconi et martyris de antiquis. Ipso die, sancti Eufrasii episcopi. » Ut de Clero semel dicam, is hodie a Floro etiam ponitur, diverso iterum elogio ab Usuardino, quod retulimus VII Januarii, ubi videsis observationem nostram.

Bruxellen. recte et pure incipit, sed post *eductus sit*, addit : « Quique post gravia quæ pro Christo patienter tormenta tulerat, felicia regna ipse vere felix conscendit, sepultusque est juxta urbem in loco, qui dicitur Pincis, ubi virtutibus fulget. Apud eumdem locum, Felicis presbyteri, fratris præcedentis. Qui pro confessione Christi fortiter certavit : sed Ecclesia ipsum confessorem potius quam martyrem tenet. » De his satis dictum est. Sequitur : « Romæ via Portuensi, loco qui Pincis dicitur, sancti Felicis, etc., ut supra. Item de Clero, quem *Cletum* vocat, de quo etiam satis. Denique in Eufrasio purus est.

Hagenoyen. omnes excedit, nam de Nolano, post *eductus est*, hæc superadjicit : « Deinde indomitis mulis alligatus, tandiu per omnes plateas civitatis trahitur, donec corpus ejus exunguletur a scapulis usque ad cingulum, etc. » Hoc specimen sufficiat. De Felice Portuensi, Eufrasio et Clero, ut supra. Demum de Pontiano, post *martyrium consummavit*, subdit : « Cujus ossa de Spoleto translata sunt Mediolanum, et de Mediolano Trajectum inferius. »

AQUICINCT. cum Pratensi convenit in expungendo Eufrasio. Hoc tamen discriminis est in Felice quod in illo prima manu solum scribatur, « sancti Felicis presbyteri, etc.,» quibus recentior calamus addidit, « martyris, Romæ sub Diocletiano : » verosimiliter, ut de Portuensi hæc dicta accipias. Hic ferme solus cum Pratensi tribuit Felici Nolano titulum « episcopi.»

VICTORIN. et REG. SUEC., sub num. 130 : « Spoleti, sancti Pontiani martyris. » Male scribunt *Potiani* et *Pociani*.

MATRIC.-CARTHUS.-ULTRAJEC. : « Felicis in Pincis confessoris. Pontiani martyris festum celebre in civitate (nempe Ultrajectina) propter præsentiam corporis ejus, quod est in ecclesia sancti Martini. » Quæ ad marginem adjiciuntur.

In Vatican. num. 5949 deest *Eufrasii*. Adjicitur : « Natale sancti Felicis in Pincis. Beneventi, sancti Memoris episcopi. » Hic aliis ignotus est, et a Bollando inter Prætermissos computatur.

FLORENTIN. : « Romæ, sancti Felicis in Pincis martyris. » Tum STROZZIAN. : « In Sardinia, beati Ephyli [*vel* Ephysi] « martyris. » Alii *Ephysium* vocant aguntque de eo postridie.

EDITIO LUBECO-COL. incipit a Felice Portuensi, inferens præter dicta, quod, « Dracco judice præsidente, capitis, etc. » De Nolano, post *eductus est*, addit : « Tandem pace reddita, ad ecclesiam suam rediit, et ibi in pace quievit. Nunc Dominica die, etc.» In quibus Ado Felices confudit. Tum : « Eodem die, sancti Eufrasii episcopi, et Cleri diaconi. Item, inventio sancti Firmini episcopi et martyris. » Addere poterat cum Greveno, *Ambianis*. Bollandus die præcedenti (nam et ibi Firminus recurrit) inter Prætermissos Firminum Ambianensem cum Usuardo ad XXV Septembris remittit. Hoc die agit de alio sancto Firmino Gabalitanorum episcopo, de quo Castellanus pag. 247.

BELIN. editio altera in fine habet : « Eodem die, sancti Eufrasii episcopi et Clari diaconi. »

GREVEN. : « Cleri diaconi. Romæ via Portuensi, loco qui Pincis dicitur, natalis sancti Felicis presbyteri et martyris, germani beati Felicis, de quo supra. Hic sub Diocletiano et Maximi. Dracco judice præsidente, post equulei tormenta, capitis, etc. Apud Spoletum, sancti Pontiani martyris, quem Usuardus infra XIV Kalend. Februarii ponit, die quo (ut aliquibus placet) sepulti, hoc vero passus fuit. » Adonem indicat, apud quem ita legitur XIX Januarii : « Consummavit autem martyrium XIX Kalend. Februarii, et sublatum corpus ejus a Christianis, sepultum est XV Kal. Celebris vero dies ipsius agitur XIV Kal. (*ita legit Rosweydus, non* XVI, *ut citat Castellanus*) Februarii, quando iterum sacrum ejus corpus mutatum est. » Et tunc forte translatum. Sequitur in Greveno : « Viennæ, sancti Eoldi episcopi et confessoris. Vel Cadeoldi, » ut diximus supra : « Ambianis, inventio sancti Firmini, etc. »

MOLAN., litteris Italicis : « Passio S. Pontiani martyris pretiosi, temporibus Antonini imperatoris, sub judice Fabiano, cujus reliquiæ habentur in Trajecto inferiori. » Dein *Caldeolum* nominat ; tum charactere minori : « Mediolani, sancti Datii episcopi magnæ sanctitatis, de quo in Dialogo B. Gregorii. » Additur in secunda et tertia editione : « Hic ponitur cum pluribus ejus loci episcopis in Litaniis Ecclesiæ Mediolanensis. In agro Turonico, sanctarum virginum Mauræ et Brittæ, de quibus meminit Gregorius Turonensis. » De his virginibus agit Bollandus cum Martyrologio Gallico die sequenti.

Posteriores editiones adjiciunt : « Die decima quarta, sanctorum Patrum in Sina et Rhaithi interfectorum ; » recte numero indefinito ; nam dum Baronius eum determinavit, ansam dedit huic Rosweydi observationi, in citato ms. repertæ. Totam, ut jacet, lectoris curiositate dignam judicavi. Textus Baronii : « In monte Sina, sanctorum triginta octo monachorum, a Saracenis ob Christi fidem interfectorum. » In notationibus : « Triginta octo monachorum, Græci etiam de iisdem agunt in Menologio. S. Nilus abbas, qui dictorum martyrum, suo tempore coronatorum, res gestas conscripsit, cum de his agit : *Mortui sunt*, inquit, *post septimum diem Epiphaniæ Domini, qui est decimus quartus mensis Januarii*. At paulo inferius : *Interempti quoque sunt alii, multis ante temporibus, quorum quoque commemorationem propter viæ longitudinem, et eorum, qui congregantur, multitudinem, eodem die peragunt.*» Ad hæc ita Rosweydus :

« Duo hoc die notanda : 1. In textu hic poni triginta octo monachos, qui in notationibus dicuntur interfecti tempore Nili, cum Baronius existimavit Nilum de his triginta octo monachis agere, cum ait : *Mortui sunt post septimum diem Epiphaniæ Domini*. Nec enim hoc de triginta octo monachis, in Sina jam olim interfectis, intelligendum, sed de incerto numero monachorum tempore Nili interfectorum. Nam triginta octo illos monachos longe ante tempora Nili, seu Anastasii imperatoris, ponit Menologium Sirleti, atque horum Nilus obiter tantum meminit, his verbis : *Interempti sunt quoque alii multis ante temporibus (nempe Diocletiani imperatoris et Petri Alexandrini, ut habet Menologium), quorum quoque commemorationem propter viæ longitudinem, et eorum, qui congregantur, multitudinem, eodem die peragunt.* 2. Ex verbis proxime citatis colligitur triginta octo illos monachos non passos XIV Jan., sed alio die, quia tamen XIV Januarii Patres in Sina conveniebant, ut celebrarent festum monachorum tempore Nili interfectorum, quorum certus numerus non exprimitur, ne cogerentur secundo convenire alio die, quo triginta octo illi veteres monachi erant interfecti, cum et iter longum esset, et multis molestia subeunda esset, celebrarunt simul et eamdem memoriam, quo annue recurrebat festum monachorum tempore Nili interfectorum, qui dies erat XIV Januarii. » Hæc hactenus a Rosweydo satis accurate observata sunt. Vide plura de utraque martyrum classe a Baronio conjuncta, apud Bollandum in Actis, et Castellanum in notis ad hanc diem, pag. 244. Quæ post Bollandum de utraque supradicta martyrum classe, vel a Combesisio, vel a Possino, vel ab aliis subinde edita sunt, sive Græce sive Latine, Supplementum augebunt. Vide interim appendicem ad tomum I Januarii, a pag. 1113.

XVIII *Kal.* *Die* 15.

Abbacuc et Michææ prophetarum, quorum corpora sub Archadio imperatore, divina revelatione reperta sunt. Apud Ægyptum, beati Macharii abbatis, discipuli beati Antonii, et vita et miraculis celeberrimi. Item, sancti Isidori, in sanctitate vitæ, fide ac miraculis præclari. Civitate Arvernis, sancti Boniti episcopi et confessoris, cujus vita virtutibus refulsit. In territorio Andegavensi, sancti ^ Mauri abbatis.

NOTÆ.

Sic pure habent *Praten.*, *Tornacen.*, *Antuerp.*, et *Max.-Lubec.*, *Greven.* et *Molan.*

« Quod Usuardus sanctum Maurum non vocat beati Benedicti discipulum, hinc efficit Sollerius, suæ dialecticæ non satis memor, Usuardum de discipulo sancti Benedicti nunquam cogitasse, et sæculo nono jam adulto Maurum Andegavensem inter Benedicti discipulos a Benedictinis ipsis connumerari non consuevisse. Cum id unum sequatur, non alium tunc temporis notum fuisse Maurum Andegavensem, præter sancti Benedicti discipulum, proinde supervacuum Usuardo visum fuisse ullam notam addere, qua Maurus Andegavensis ab alio distingueretur.

A Sed, inquit, *quis sobrie credat id taciturum Usuardum, qui paulo ante in eodem textu Macarium Antonii discipulum prædicavit?* Nemo sobrius non videt cur id de Macario dixerit: nempe quod plures fuerunt Macarii abbates, unus beati Antonii discipulus. At ego rogo vicissim: quis prudens crediderit sanctum abbatem, qui Benedictinæ familiæ decus et propagator fuit, Benedictino nunquam in mentem venisse et in concinnando sanctorum catalogo fuisse prætermissum? BOUILLART.

VARIANTES LECTIONES.

Scripsi *Abbacuc*, *Micheæ*, *Archadio*, *Macharii*, cum manuscriptis passim. De *Ægypto* dixi vii Januarii me retinente orthographiam servatarum, tametsi pauci codices diphthongo *Æ* utantur, eumque modum tenebo imposterum. In *Isidori* variant, prætuli quod habetur in textu, et melius est, *In sanctitate vitæ, fide ac miraculis.* Sic puto legisse Usnardum, licet Ado excusus amiserit particulam *in*. Cur autem Greven. et Molan. scripserint *fideque*, non est operæ pretium examinare. Dixi *Boniti*, non *Bonitti*, ut legitur in Praten., forte transcribentis vitio: certe *Bonitum* vocant alii omnes. Ex citatis codicibus patet *Maurum* simpliciter, ut est in textu nostro, positum ab ipso Usuardo, qui verosimiliter de discipulatu sancti Benedicti nunquam cogitavit. Adde his plurimos alios, cum Greveno et Molano collatos, in quibus

ejus rei nec vestigium usquam apparet. Enimvero si quid obtinet codicis Pratensis authentia, seu vera, seu falsa, hic ad hominem, ut loquimur, evidenter demonstrat, sæculo ix jam adulto Maurum Andegavensem inter Benedicti discipulos a Benedictinis ipsis connumerari non consuevisse: quis enim sobrie credat id taciturum Usuardum, qui paulo ante in eodem textu Macarium Antonii discipulum prædicavit? Sane vehementer miratus sum in codice Heriniensi hæc apposita legi: *Discipuli beati Benedicti abbatis.* Et in Munerato, cætera puro: *Discipuli beati Benedicti, cujus corpus juxta Parisium* B *bem magnifice collocatum honoratur et colitur.* Alii codices infra recurrent. Cæterum et hæc et alia recentius adjecta fuisse, nec Usuardo unquam cognita, puto esse indubitatum

OBSERVATIONES.

Solius *Abacuc*, vel *Abbacuc* prophetæ memoria reperitur in Hieronymianis vulgatis omnibus, præterquam in Epternacensi. In Beda et Floro nec iste, nec *Michæas* notus est. Rabanus primi *depositionem* signat, ac deinde utriusque reliquiarum *inventionem* sub Arcadio et Honorio; quem modum ex eo servavit Notkerus. Amborum prophetarum natalem primus conjunxit auctor Romani parvi: *Abacuc et Michææ prophetarum*. Cætera ab Adone addita sunt, a Nostro verbatim inde accepta, et in recentiores omnes transfusa. Recte tamen advertit Baronius (quod et in Romano expressit) corpora illa inventa esse sub Theodosio seniore, ut ex Historia ecclesiastica deducit Bollandus, de utroque propheta, uno an C gemino synonymo, aliisque ad eos spectantibus doctissime disputans, ut fatetur Florentinius, cujus notatio etiam legi meretur. Wandalbertus ex Romani parvi sententia, ab Adone, opinor, hausta, versiculum suum adornavit:

Bisque novenam Abacuc simul et Micheas honorant.

Sequitur in Romano parvo: *Et Macarii abbatis, Antonii discipuli.* Subjunxit Ado, *vita et miraculis celeberrimi*; præfixit Noster, *apud Ægyptum*; Notkerus utroque additamento caret. De Macariis nihil observandum superest, vide quæ diximus ii Januarii, et scriptores ibi citatos consule. Macarii socius aut collega in Romano parvo statui videtur sequens

presbyter et monachus his verbis: *Et Isidori*, cui elogium satis vulgare apposuit Ado, ex quo Usuardus et Notkerus desumpserunt. De ejus vita et gestis nescio an plura dici possint a recentioribus quam quæ in Actis nostris diligentissime collecta sunt. Hactenus textum nostrum Adonianum esse omnino liquet: *Bonitus* Claromontanus episcopus tricesimus ab Usuardo primum consignatus ac vulgari etiam elogio ornatus est. Adde Bollandi commentario quæ notavit Castellanus pag. 282 et 283. *Maurus* æque ac Bonitus ad solum quoque Usuardum pertinet, de cujus positione in Variantibus satis diximus. Nec vero hujus loci est pluribus inquirere, fueritne Maurus is de quo agimus sancti Benedicti discipulus. Videri a curiosis potest Clar. Castellanus totam controversiam in notis, a pag. 252 ad 281, fuse et late discutiens. Eumdem nodum non semel in Actis dissolvere conatus est Papebrochius, et recentius in Responsionibus suis ad exhibitionem errorum. Ruinartius et ipsis et aliis pro Mauri missione apologiam opposuit. Denique et a tot aliis ea tela texta et retexta est, ut superfluum videatur vel eorum nomina appellare. Nota hoc etiam de referri ab Adone translationem Sulpitii Bituricensis. Sed de eo sancto agit Usuardus, et, qui eum sequuntur, Martyrologi alii, cum Romano moderno, xvii Januarii, ubi Sulpitios varios accurate distinguit Bollandus.

AUCTARIA.

PRATEN. Vide supra in Variantibus quid in hoc D « Bituricis, translatio sancti Sulpicii episcopi et confessoris. Eodem die, transitus sancti Mauri abbatis. »
codice Usuardo superadditum sit.

ANTUERP.-MAJ. de Macario scribit simpliciter: *Macarii, discipuli Antonii*. In aliis etiam satis integer non est. De Bonito post *confessoris* habet: « Cujus vita et virtutum meritis, ac miraculorum gloria insignis fuit. » Tum: « In territorio Andegavensi, depositio beati Mauri monachi, abbatis et confessoris, discipuli sancti Benedicti. »

ROSWEYD. de inventione prophetarum phrasim sic variat, « divina revelante gratia reperta. » In Isidoro, purus omnino non est. Deest *Boniti*, et substituitur:

PULSANEN. secundo loco Maurum inserit hoc modo: « Eodem die, beatissimi Mauri confessoris atque abbatis, discipuli confessoris Christi Benedicti. »

MUNERAT. et AGONES MARTYRUM. Conveniunt in iis quæ supra in Variantibus retulimus.

ANTUERP.-MAX., ULTRAJECT., LEYDEN., LOVAN., editio ULTRAJ.-BELG. in fine solum addunt, *discipuli beati Benedicti.*

ALBERGEN. et DANIC. sic ordiuntur: « In Galliis territorio Andegavensi, sancti Mauri abbatis, discipuli sancti Benedicti. Cujus disciplinis ab infantia regulariter educatus, quantum in eisdem profecerit, inter nonnulla, quæ apud eum positus gessit, etiam super aquas pedester incedens, ostendit.» Tum de Abacuc et Michæa pure. Deinde : « Apat Egiptum, beati Macharii abbatis; discipuli beati Antonii, vita et, etc. Qui contra aereos spiritus, et in curationibus hominum, et in denuntiationibus quoque futurorum, divinam gratiam consecutus, sexaginta annos in desertis implevit , ad quæ tricenarius ingressus est. Hic interrogatus a quodam, quomodo sic corpus suum siccum esset, respondit : Timor Dei etiam ossa consumit.» In reliquis textus satis purus est.

CENTULEN. puro proximus est. In Bonito elogium expunxit, et de Mauro addidit, *discipuli sancti Benedicti.*

BRUXELL. incipit : « Octava beatæ Gudilæ virginis, patronæ nostræ.» In prophetis purus est. De Macario solam ætatem adjicit, ea repetens quæ de altero Macario dixit II Januarii. Sequitur de Isidoro, pure. Tum : « Apud Bituricas civitatem, translatio sancti Sulpicii episcopi et confessoris.» In Bonito satis recte. Maurum differt in diem sequentem , forte quod hic dies impediatur octava sanctæ Gudilæ.

HAGENOYEN : « Abacuch prophetæ, qui ad præbendum cibum Danieli , ab angelo in Babilonem ductus est per capillos. Item Nycheæ prophetæ. Quorum corpora; etc.» De Macario habet longius elogium supra relatum. In Isidoro et Bonito purus est. Tum de Mauro abbate etiam ut supra.

AQUICINCT. de Mauro, post *abbatis*, sic prosequitur, « et confessoris atque Levitæ, discipuli sanctissimi Benedicti : cujus disciplinis ab infantia eruditus, quantum in iisdem profecerit , inter nonnulla, quæ apud eum positus gessit , res nova et post Petrum inusitata, etiam super aquas pedibus incedens patefecit. Dehinc in Gallias ab ipso directus, miraculorum gloria clarus in pace quievit.»

VICTORIN. cum præcedenti non omnino verbis, sed sensu concordat.

MATRIC.-CARTHUS.-ULTRAJECT : « Macharii abbatis, discipuli beati Antonii abbatis. Mauri abbatis, discipuli beati Benedicti abbatis. Isidori, confessoris. Sabini, Marcellini et Exuperantii martyrum.» De his vide annuntiationem primam Usuardi, xxx Decembris. Sequitur : « Habacuc et Michææ prophetarum.» Demum : « In Arvernis, sancti Boniti.»

CLUNIACEN. : « In territorio Andegavensi , sancti Maurilii abbatis.» An non episcopi? Vide infra.

REG. SUEC. sign. num. 130, et VICTORIN. supra : « In Africa, sanctæ Restitutæ virginis.» Si Sorana est, vide Acta XXVII Maii.

CODEX D. LE MARE , signatus A , qui fuit Canonicorum sancti Lazari Augustodun. : « Civitate Ædua, translatio sancti Symphoriani martyris.» Vide XXII Augusti.

In VATICAN. num. 5949 deest *Boniti.* Adjicitur : « Bituricas civitate, translatio sancti Sulpitii episcopi et confessoris,» Primo loco ponitur *Maurus* litteris rubris.

FLORENTIN. : « In territorio Andegravensi, sancti Maurilii abbatis.» Sequitur : « Apud Bituricas, sancti Sulpitii,» etc.

LUGDUNEN. : « Natale sancti Boniti Arvernensis episcopi et confessoris.»

BURDEGALEN. : « In territorio Andegavensi translatio sancti Maurilii episcopi et confessoris. Et dedicatio ecclesiæ sancti Maurilii.» De hoc agit Usuardus XIII Septembris sub nomine *Maurilionis*, et *episcopum* vocat. Hinc patet ratio dubitandi, superius posita.

EDITIO LUBECO-COL. : « In civitate Andegavensi, apud Parisius in Galliis, sancti Mauri abbatis discipuli sancti Benedicti. Cujus disciplinis... super aquas pedester incedens , jussu sancti Benedicti puerum a submersione liberavit.» In prophetis pura, de Macario habet, ut supra. In Isidoro et Bonito etiam pura est. In fine adjicit : « Item commemoratio sancti Joseph , nutricii Domini.» Quod etiam legitur apud Grevenum , verosimiliter ob festum peculiare, apud Colonienses celebrari solitum.

BELIN. in prima editione omisit elogium sancti Boniti. Cætera satis pura sunt , nisi quod de Mauro omnia habeat quæ supra retulimus ex ACQUICINCT.

GREVEN. : « Felicis episcopi Tubizacensis et martyris. Alexandriæ, Tonitæ, alias Cointæ, virginis et martyris. Remedii episcopi et confessoris.» Ex Hieronymianis , ut pridie diximus. « Commemoratio sancti Joseph nutricii Domini.» Vide de his omnibus indicem Prætermissorum.

MOLAN. de Mauro ex Munerato, præter dicta, adjicit : « Cujus corpus juxta Parisium urbem magnifice collocatum , honoratur et colitur. Item celebratio dulcissimi nominis Jesu.» Cujus festivitatis principium indicatum. reperio in Martyrologio ms. sancti Michaelis Antuerpiæ, sub nomine Usuardi, sed enormiter interpolati, ubi ita legitur : « Quæ festivitas accepit exordium in Antuerpia anno Domini MCCCCLVIII, providentia et devotione, ac procuratione unius honesti civis Hippolyti. In hoc vero nostro monasterio incepimus eamdem festivitatem celebrare solemniter, anno Domini MCCCCXCII.» Pergit Molanus typis minutioribus : « In Burgundia , sancti Joannis Caliniti confessoris., cujus sanctum corpus in civitate Constantinopolitana feliciter quiescit , multis fulgens miraculis : pretioso vero capitis ejus thesauro urbs Chrysopolitana (Vesontio) incomparabilior ditatur.» Aliæ editiones habent : « Die decima quinta, sancti patris Joannis Calybitæ. Cujus pretioso, etc.» Hæc ibi : quæ aliter Martyrologio Romano inserta , occasionem dedere Rosweydo ita observandi : « Duo hic quæri possunt. 1. Ex quo veteri manuscripto Baronius textum Martyrologii de Joanne Calybita interseruerit? 2. Quomodo ponat eum Romæ, cum Menæa diserte eum Constantinopoli statuant? Nempe ROMA NOVA, non VETUS, intelligenda est apud Metaphrasten. Et sane textus Vitæ satis indicare videtur omnia hæc Constantinopoli transacta.» Vide Bollandi commentarium prævium , § 2, ubi plura alia rationum momenta accurate expenduntur; et Castellanum in notis brevius eadem pertractantem a pag. 283. Editiones Molani posteriores de Mauro et de nomine Jesu habent fere ut prima. Tum : « Eodem die Malbodii , depositio beati Ableberti, seu Emeberti, Cameracensis episcopi, qui sanctum Autbertum in Cameracensi episcopatu præcessit.»

XVII Kal.   Die 16.

Roma via Salaria, natalis sancti Marcelli papæ, qui ob catholicæ fidei defensionem , jubente Maximino tyranno , primo fustibus cæsus, deinde ad servitium animalium cum custodia publica deputatus, post multos annos ibidem serviendo amictu inductus cilicino defunctus est. Apud Arelatem, beati Honorati episcopi, cujus vita, doctrina et miraculis illustris fuit. [*Interserit Bouillart.* : [a] Item civitate Odobergia sancti Titiani episcopi et confessoris.] Parrona monasterio, sancti Fursei confessoris.

NOTÆ.

Sic legunt, et pure , ut ego quidem existimo, soli *Herinten*. et *Tornacen*.

[a] Sanctum Titianum expunxit Sollerius, quamvis is sit mss. consensus, ut torrenti fere cedendum putaverit. Cur tamen reluctaretur, in causa fuit hæc sui monitoris observatio : deletum in Pratensi fuisse

quidquid *Arelatem* inter et *S. Fursei* prima manu scriptum fuerat. Verum est hic lituram esse. Sed qui locum erasit, idem superiora scripserat. Tantum litteras paulo magis densavit ut locus daretur S. Titiano, quem in primo autographo prætermiserat. Titianus ille est Opiterginæ civitatis episcopus, quem hac die memorant edita Usuardi Martyrologia et Martyrologium Germanicum; cujus Acta ex antiquis Opiterginæ ecclesiæ monumentis conscripsit Ferrarius. Hæc Acta refert Bollandus hac eadem die. BOUILLART.

VARIANTES LECTIONES

Scripsi *Maximino*, ut diserte habent codices duo citati cum Praten., Munerat., etc., nec aliter in Beda et Adone Usuardus repererat. Greven., Molan. et codices alii exhibent *Maximiano*. Utri melius? Forte nulli bene : nam Maximino et Maximiano, facile supponeretur *Maxentius*, ad cujus tyrannidem nonnullis revocanda videntur, et Marcelli obitus, et si quæ passus est. Ut ut statuendum decreveris, verosimillimum est Marcellum non utique *martyrem*, sed proprie *confessorem*, obiisse anno persecutionis Diocletianeæ septimo, Christi 310, ut recte opinatur Tillemontius tomo V, pag. 95 et 626, et ante ipsum docuit Papebrochius; ex quibus Pearsonii aliorumque argutatiunculæ facile refutari possunt. Codex Pratensis inter Honoratum et Furseum ita legit : *Item civitate Odobergia, sancti Titiani episcopi et confessoris*. Diu hic anceps hæsi quid de illa annuntiatione statuerem incertus. Neque enim satis promptum erat colligere unde sanctum illum, Martyrologis quos sequebatur ignotum, accersivisset Usuardus, non solitus trans Alpes excurrere aut in alias regiones, præterquam in Hispaniam, ut sanctos Adoni aut Hieronymianis superaddat. Interim Pratensem sequebantur Muneratus, Grevenus, Molanus et codices plures; aliis cum Heriniensi et Tornacensi de Titiano tacentibus, quorum auctoritati, præsertim duorum postremorum, ut ut fidam plurimum, tamen torrenti fere cedendum putaveram. Rogatus itaque clar. Castellanus, codicem Pratensem denuo consuluit, et, labe detecta, præfatorum duorum codicum nativam simplicitatem egregie confirmavit. « Quidquid in Pratensi codice (Castellani verba sunt) primitiva manu scriptum erat inter *Arelatem* et *sancti Fursei* (utrinque exclusive) erasum subinde fuit, et charactere alio multum abbreviato inscripta inveni ea quæ in prima Molani editione leguntur, eo solum discrimine quod TITIANI et PARRONA habeatur, pro TICIANI et PERONA Molani. » Hæc amici observatio me plane movit, ut Titianum expungerem. Si aliter aliis visum fuerit, melioribus argumentis libenter cedam. *Arelaten* pro *Arelatem* in codice Heriniensi scriptoris vitium est. *Parrona* olim pro *Perona* scriptum, codices prope omnes evincunt, quorum aliqui *Parona* scripsere.

OBSERVATIONES.

Romæ via Salaria in cæmeterio Priscillæ, depositio Marcelli episcopi confessoris. Verba sunt plerorumque Hieronymianorum codicum, ad quæ videri potest accurata Florentinii notatio. Romanum parvum haud multum abludit : *Romæ via Salaria in cæmeterio Priscillæ, sancti Marcelli papæ*. Hæc quidem breviter : at Beda, qui Marcelli Acta non satis sincera vel res gestas pontificum vidit, longiori elogio sanctum exornat quod a Rabano et Adone transcriptum, a Notkero nonnihil interpolatum, a Nostro, seu illud ex Beda, seu ex Adone acceperit, plus quam media parte decurtatum est, neque sic tamen ad omnimodam veritatem satis exactum. Hic ego ubique *Marcello* lego, *Marcellini* nusquam, præterquam in Bucherii Kalendario, quod facillime ex similitudine nominum corrumpi potuit, ut re vera factum est in die signato xviii Kal. pro xvii Kal. Probat id Frontonis Kalendarium, ubi hoc proprio die non *Marcellini*, sed *Marcelli* diserte legitur, quemadmodum et in Thomasii Sacramentario superius collaudato. Nec me movet Græcorum auctoritas, abunde, ni fallor, ab Henschenio convulsa, ubi de Marcellino agit xxvi Aprilis. Pugnat acriter pro utriusque identitate Castellanus in hodiernis notis, eidemque opinioni in Martyrologio suo universali denuo insistit. At enim cum amicum non semel ea super re familiariter pressissem, demum in ultimis litteris quas aliena manu, postquam fatali apoplexia correptus fuerat, ad me dedit 31 Januari 1711, candide fassus est *se retractasse quæ de Marcelli et Marcellini identitate scripserat*. Mortis tempus in Variantibus definivimus. De reliquis, vere vel prætense huc illuc translatis, vide Bollandum, apud quem exstat quoque percelebre epitaphium, quod si vere Damasi fuisse neges, certe antiquitate sua venerandum non inficiaberis. Sic de Marcello cecinit Wandalbertus :

> Septima post decimam Marcelli martyris, atque
> Pontificis summi meritis et nomine fulget.

Honoratus Arelatensis apographis Hieronymianis censetur adjectitius. Ab Adone primum positus est, et ex eo a Nostro iisdem fere verbis translatus. Rabanus alia ipsum phrasi retulit, miraculum addens de fugato ex insula Hilarina dracone, cujus textum descripsit Notkerus. Vita a Bollando illustrata per Hilarium itidem Arelatensem episcopum scripta supponitur, verum id in dubium revocat Henschenius I Junii, agens de sancto Caprasio Alia vide apud Castellanum, pag. 292. An *Titianus* Opitergiensis Usuardo ascribendus sit, supra explicui. De *Furseo* dubium nullum esse potest quin vere Usuardinus sit. Eum prius signaverat Florus, sed quam ignotus is Nostro fuerit, hic iterum locus palam faciet. Quæ circa hunc sanctum a nonnullis errata sunt, corrigit Castellanus pag. 295. Utrum autem Vita quam Bollandus edidit et illustravit, a scriptore nimis credulo composita sit, alibi examinabitur.

AUCTARIA.

PRATEN., MUNERAT., GREVEN. et MOLAN. in textu insertum habent Titianum Opitergiensem, de quo supra.

ANTUERP.-MAJ. de Marcello Bedam ferme integrum refert. In Honorato fere purus est. Tum : « Parrona monasterio, sancti Fursei confessoris. Hic satis clarus et verbo exstitit et exemplo, multisque salutem ostendens, confectus senectute bona, feliciter migravit ad Christum; sepultusque primo in Latiniaco monasterio, deinde translatus Parronam, ubi multis miraculis [clarus] quiescit. » De Titiano nihil.

ROSWEYD. : « Romæ via Salaria, in cimiterio Priscillæ, natale sancti Marcelli papæ martyris. Qui jubente Maximiano fustibus cæsus est, et ad animalium servitia deputatus, ibi obiit. Apud Arelatem, sancti Honorati episcopi, cujus vita, doctrina et miraculis refulsit, » ut habet Ado. « Eodem die, natale sancti Fursei confessoris. » De Titiano etiam silet.

AGONES MARTYRUM, in fine : « Peronæ monasterio, sancti Fursei episcopi et confessoris. » Cætera ut PRATEN.

PULSANEN. in prima Bedam nonnihil abbreviat. In

secunda, *Honorii* scribit pro *Honorati.* Habet de Titiano, et Furseo. In fine de suo apponit : « Rotomagum, sancti Melantii episcopi, et confessoris. » Vide Prætermissos.

ANTUERP.-MAX., LUBEC. et UGHELLIAN. de Titiano Opitergensi habent ut codices multi. In fine autem adjiciunt : « Romæ, sanctæ Priscillæ. » Sed *virginem* non faciunt, ut alii.

ANTUER.-MAX., ULTRAJECT., LEYDEN., LOVAN., ALBERGEN. et EDITIO ULTRAJ.-BELG. penultimo loco inserunt : « Ipso die, Romæ, sanctæ Priscillæ. » De Furseo legunt : « Abbatis et confessoris, fratris sancti Foillani martyris. » In cæteris similes sunt iis qui Titianum referunt, etc. De Priscilla vide Castellanum, pag. 285.

DANIC. prioribus similis, recentiori manu adjecta habet nomina quinque martyrum Marochensium, de quibus infra satis multa ex Greveno erunt describenda.

CENTULEN. : « Romæ, natalis sancti Marcelli papæ et martyris. Civitate Odobergia, sancti Titiani episcopi et confessoris. Parrona monasterio, sancti Fursei confessoris, qui satis clarus et verbo exstitit et exemplo. Relato, sancti Honorati episcopi et confessoris. » Scriptoris hic vitium puto, qui *Arelate* vel *Arelato* non satis distinxerit, quod subinde manus recentior efformare conata est.

BRUXELL. huc distulit Maurum, de quo nos die præcedenti. Tum : « Romæ via Salaria in cimiterio Priscillæ, natale sancti Marcelli papæ et martyris. Qui cum diis nollet sacrificare, jubente Maximiano imperatore fustibus cæsus, ad servitium animalium sub custodia publica deputatur. Ipsa die Romæ, sanctæ Priscillæ. » In Honorato omnino purus non est. « Parona monasterio, sancti Fursei abbatis et confessoris, et fratris sancti Foillani martyris. Qui verbo et exemplo clarus, tandem confectus senectute bona, feliciter migravit ad Dominum. Apud Rothomagum, sancti Melantii, episcopi et confessoris. Item civitate O.sobergia, » etc.

HAGENOYEN. de Marcello aliqua corrasit quæ referri non merentur. De Honorato et Titiano ut supra. Tum : « Ipso die Romæ, depositio sanctæ Priscillæ. » De Furseo addit, *abbatis, et fratris sancti Foillani martyris.*

AQUICINCT. novum profert de Furseo additamentum, nempe, « Cujus caput in Dorohernia habetur. »

VICTORIN. de S. Marcello, post *defunctus est,* addit. « Hic fecit cœmeterium via Salaria, et xxv titulos constituit in Urbe propter baptismum, et pœnitentiam multorum, qui convertuntur ex paganis, et propter sepulturam martyrum. » Hæc ex Actis apposita sunt. In fi.e mendose cum aliis scribit : « Romæ, sanctæ Priscillæ virginis. Et sic etiam scribit CODEX REG. SUEC. num. 139.

CODEX. REG. SUEC., qui fuit principis Ursini Rosenbergii, ita habet : « In civitate Brixiæ, S. Liberæ uxoris [*an non potius* virginis?] sororis sanctæ Faustinæ, quæ in quodam monasterio arctam vitam ducens, vitam finivit. Dupl. min. 2. Cl. » Videatur Bollandus hoc die inter Prætermissos, et xviii hujus, ubi de ea agit.

VATICAN. num. 5949, omisso Titiano Opitergiensi, adjicit : « Beneventi, sancti Petri martyris in S. Sophia. »

STROZZ. : « Eodem die apud Marochium, passio beatorum martyrum, Berardi, Petri, Accursii, Adjuti et Ottonis, de ordine Minorum; » de quibus latius infra.

JURENSIS S. Ragnoberti : « Apud Gratianopolim, sancti Ferreoli episcopi et martyris. »

Prima BELLINI editio tolerabilis est, solum admiscens *Priscillam* et *martyres Marochianos* eo modo quo ex Strozziano codice eos jam retulimus. Sed altera Parisiensis turpiter fœdata est et contorta. Ibi « Odobergia » bis citatur, eique primo « Cyrianus, » deinde « Titianus » episcopi affinguntur. Elogium martyrum Marochiensium, ab ipsis martyribus avulsum, nullum sensum reddit, unde ipsum ex Greveno infra adducere censui præstabilius.

EDITIO LUBECO-COL. varia de Marcello apud alios reperta non satis apte construxit : de Furseo item inventa collegit ; Priscillam virginem facit, atque in fine adjungit « Eodem die, S. Remundi confessoris, cujus etiam meminit Grevenus, sed quis hic Remundus sit, non facile divinaveris : putat Bollandus indicari Pennafortium.

Solito longius est GREVENI auctarium, sic inchoatum : « Poleucti, Can lidiani, et Filoromi martyrum. » *Polyeucti,* ni fallor, voluit dicere, ut superius x hujus iterum correximus. Bollandus de illis agit xi hujus. Sequitur : « Foillani episcopi, martyris et sociorum ejus. Item Felicis, episcopi Tubabocensis, qui sub Diocletiano et Maximiano, a judice Anolino de nomine interrogatus, solum hoc respondit : Christianus sum. Deinde vinctus et in navicula sub equorum pedibus jacens, inedia maceratus, tandem apud Nolam Campaniæ, capite truncatus martyrium complevit. » De Foillano et Felice videndus Bollandus in Prætermissis. Pergit Grevenus : « Apud Marrochium circa annum Domini MCCCL (MCCXX) passio beatorum martyrum Berardi de Carpio, Petri de Geminiano, Accursii, Adjutoris vel Adjuti et Ottonis, ordinis Minorum, qui zelo divino succensi, et amore martyrii flagrantes, cum ad partes infidelium, Christi Evangelium prædicaturi transfretassent, a rege Marrochi martyrizati, multis claruerunt prodigiorum indiciis. Horum corpora D. Petrus Infans, germanus regis Portugalliæ, de Marrochio tulit, et in monasterio sanctæ Crucis de Colimbria, venerabiliter collocavit. Honorati episcopi Ambianensis, miraculis clari. Hic quodam tempore missam celebrans, vidit manum Christi hostiam tenentem et sibi communicaturo porrigentem. Honorati etiam abbatis memoria hic agitur, qui, ut refert Gregorius primo Dialogorum, in Samniæ partibus, in annis puerilibus ad amorem cœlestis patriæ per abstinentiam exarsit. Ab otioso quoque sermone se restringens, constructo monasterio, ducentorum ferme monachorum pater exstitit, et circumquaque exempla eximiæ conversationis dans, quievit in pace. Item Melantii [*Molanus scribit* Melæ] episcopi et confessoris, ad cujus ecclesiam, ut in Historia tripartita dicitur, cum venissent qui jussu Hunerici regis, episcopos, Arianis resistentes, in exilium deportabant, invenerunt eum, tanquam esset ultimus ecclesiæ minister, candelas præparantem lampadesque refoventem, quapropter non cognoverunt quod episcopus esset, donec se ipse sponte patefecit, pro Christo in exilium portandum. » Quæ hic falsa veris immiscentur, apud Bollandum distincta invenies, forte etiam magis subinde illustranda. « Apud Regium Galliæ, Fausti episcopi, qui ex Larinensi abbate electus, sanctitate plenus et divinis Scripturis jugiter intentus a Gennadio prædicatur. » De Remundo et Priscilla dictum est satis.

MOLAN. Grevenum fere descripsit in martyribus Mauritanis, et quæ sequuntur, exceptis Fausto et Remundo, quos omisit. Priscillæ titulum virginis recte ademit. Furseo addidit : « Cujus gesta habentur. » Tum : « eodem die, inventio corporis sancti Foillani episcopi et martyris in Ampolim. » Ampolin, vel *Ampolines* locus est, ubi martyrio affectum S. Foillanum narrat Philippus abbas Bonæ Spei, ut dicetur in Actis xxxi Octobris. Altera Molani editio Priscillam eamdem censet quæ in Actibus apostolorum celebratur ; ac denium addit : « Die decima sexta, adoratio pretiosæ catenæ sanctissimi et benedictissimi apostoli Petri. »

XVI Kal.   Die 17.

Apud Thebaidam, beati Antonii monachi, cujus corpus, sub Justiniano imperatore divina revelatione repertum, Alexandriæ delatum est, et in ecclesia sancti Joannis Baptistæ humatum. Lingonis, natalis sanctorum geminorum Speusippi, Elasippi et Melasippi. Qui cum essent viginti quinque annorum, cum avia sua Leonilla, et Jonilla, et Neone martyrio coronati sunt, tempore Aureliani imperatoris. Bituricas civitate, depositio sancti Sulpitii episcopi, cujus vita et mors pretiosa gloriosis miraculis commendatur.

NOTÆ.

Sic legunt *Praten., Herinicn., Pulsanen., An-* A *Agones martyrum, Belia.* ferme convenit, sed fieu-
tuerp., Max.-Lubec., Munerat., Greven., Molan. et   tra editio correcta est.

VARIANTES LECTIONES.

In Pulsanensi de sancto Antonio, pro *cujus corpus*, amanuensis libertate positum invenio, *hujus venerabile corpus*. A*lexandriæ* scribunt passim omnes, rectius posuerat Ado *Alexandriam*, ut scripsit Usuardus in Agonibus martyrum, sed ejus lectionem ex aliis codicibus determinamus. Pulsanen., Munerat. et Agones martyrum omittunt *Baptistæ*, quin alii inter Auctaria substituunt *Evangelistæ* : recte in textu ex Adone. Quam varia sit in efformandis Geminorum nominibus orthographia, apud Bollandum invenies. Censeo ex nostris codicibus Usuardum scripsisse ut in textu legitur, itque præsertim ex Praten., Heriniensi, Pulsanen. et Munerat ; quo modo etiam enuntiant Hieronymiana, Beda, Rabanus et Notkerus, licet hodie Adonem certatim sequantur Martyrologi, et codices nostri aliqui Usuardini satis communiter. Bollandus in *Eleusippi* dissentit, servat tamen *Melasippi*; Agones martyrum habent

Melanippi. Libera sit unicuique optio. Male in Agonibus martyrum est *quindecim annorum*. Item *Conilla* pro *Jonilla*, ut habet etiam Munerat., quanquam et hujus nominis variam nomenclaturam exhibent Bollandus. *Tempore Aureliani* disertissime notavit Usuardus ex Beda et Adone, sed palpabili anachronismo, ex Warnahari Actis accepto, qui an satis apte mendari possit, malo ex Bollando aliisque colligas quam ut novi aliquid de meo proferam. Videatur Villemontius tomo III, a pag. 603, et Castellanus a pag. 313. Satis hic sit Usuardi lectionem exhibuisse. In Agonibus martyrum male ponitur *Bituris* : Pulsanen. pro *Bituricas civitate* videtur nitidius scribere voluisse. *Apud Bituricam civitatem*. Ut valde mendosa est prima illa, et maxima Lubecana editio, ita
B hic pro *Sulpitii* legit *Sulpicii*, cum qua fere semper, saltem hic, concordat codex Antuerpiensis.

OBSERVATIONES.

Cœnobitarum protopatriachæ celebratissima est apud omnes Martyrologos memoria. Codices Hieronymianos hic descripsit Beda : *In Ægypto, depositio Antonii monachi* : descripsit Rabanus, elogium adjiciens ab Adoniano diversum. Non multum differt Romanum parvum : *Apud Thebaidem, Antonii monachi*. Ado laudatiunculam apposuit; descriptam a Notkero, a Nostro ita contractam, ut initium fine copulatum sit, omissis intermediis quæ ex nonnullis auctioribus codicibus pro majori parte infra dabimus. Cætera, quæ vitam spectant, tam erudite a Bollando illustrata sunt, ut nihil desiderari posse videatur, nisi quis Chronotaxim Raynaudianam consulere voluerit. Vita porro ipsa, tam authentica, seu Græce ab Athanasio, seu Latine ab Evagrio accipiatur, ut vel ipsi hypercritici nihil inveniant quod merito queant arrodere. Non tam plana sunt quæ de Tergeminis Lingonensibus Acta nostra memorant, multa quippe de iis apud laudatos Bollandum et Castellanum disceptatio, atque item apud Florentinium, Tillemontium et alios. Quæritur cujates sint, Cappadoces an Galli? Ubi, quomodo, quo tempore passi? Ut mitissime dicam, translata, commista, confusa nonnulla, quibus ne hic diutius immoremur, citatos scriptores consulat eruditus lector. Id ad rem nostram præ cæteris observatu dignum occurrit, quod in Romano parvo nulla prorsus eorum fiat mentio; unde obiter notabis frivolam eorum cavillationem, qui cum Valesio Romanum parvum ex Adone contractum commiscuntur; firmatur autem clar. Castellani conjectura, omnem nempe Tergeminorum illorum notitiam ex non sinceris Warnaharii ad Ceraunum

Parisiensem episcopum Actis ad Transalpinos profluxisse, indeque et in Hieronymiana fortasse inserta sint nomina, certe a Beda, Adone aliisque addita elogia, non parum triturauda. Ea quidem contraxit Usuardus, sed neque sic satis subacta esse constabit, vel mediocriter earum rerum perito. Illud vehementer mirandum in apographo Usuardino Tornacensi, quod hic inter purissima computo, totam illam sanctorum Lingonensium seriem prætermissam. An quod codicis scriptor suspectam habuerit totam narrationem, non ausim divinando asserere : mihi satis certum est Usuardum ita scripsisse ut in latercule
C nostro legitur. Wandalbertus Antonium et Lingonenses metrice canit in hunc modum :

Sextaque cum decima Antonii virtute dicalur :
Hæc etiam socio geminorum pollet honore,
Lingona quos uno celebrat plebs marmore tectos

Sulpitium ab Adone signatum diximus xv Januarii, ubi etiam monuimus Sulpitios varios hoc die a Bollando accurate distingui. Qui Hieronymianis adjectus est, senior a Florentinio censetur. Quem velit Florus, nescio; verum quicunque ab eo notetur, sic notatus est, ut ejus phrasis ab Usuardina longe discrepet, quemadmodum et in breviori ejus sancti Antonii elogio evidentissime patet, ut proinde minime dubitem quin Sulpitius noster, cognomento *Pius*, plane Usuardinus hoc die dicendus sit. Præter Vitas duas a Bollando editas et illustratas, tertiam alicubi citari invenio, quæ si ad manus nostras deveniat, suo loco vulgari poterit.

AUCTARIA.

TORNACEN. Jam diximus in eo codice necesse annun- D soris, qui a pueritia sacris litteris eruditus, et sanctæ tiationem secundam de Geminis Lingonensibus.
 ANTUERP. MAJ. : « In Egipto aput Thebaida, natale beati Antonii monachi, qui multorum monachorum pater, vita et miraculis præclarissimus vixit. Cujus corpus..., et in ecclesia beati Joannis Evangelistæ humatum. » In secunda satis purus est. Tum : « Bituricas, depositio sancti Sulpicii episcopi et confes-

conversationis luce conspicuus, etiam laicus virtutibus claruit. Post etiam, coma deposita, monachorum pater exstitit, atque inde ad episcopalem provectus cathedram, vita clarus in pace quievit. »
 ROSWEYD. : « In Egypto apud Thebaidem, depositio beati Antonii monachi, qui multorum monachorum pater, vita venerabilis præclarissimus vixit, consum-

matoque cursu, feliciter in pace quievit. Cujus corpus, etc. Apud Lingones, Speosippi, Eleosippi, et Meliosippi, etc. » Demum : « In Africa , Sulpitii episcopi. » Sulpitios adhuc binos in Prætermissis habet Bollandus, sed de Africano nihil hactenus reperi. De translatione Sulpitii Bituricensis egit codex xv Januarii.

ANTUERP.-MAX., ULTRAJECT., LEYDEN. et EDITIO ULTRAJ.-BELG. ita ordiuntur : « In Ægypto apud Thebaidem, beati Antonii monachi, cujus Vitam Athanasius, Alexandrinæ ecclesiæ episcopus, insigni volumine prosecutus est.» Cætera in textu , nisi quod de Sulpitio addant, *et confessoris*.

ALBERG. et DANIC. præterea interserunt : « Qui regnante Constantino Magno floruit, et multorum monachorum pater, vita venerabilis præclarissimus vixit, consummatoque cursu, ætatis suæ anno centesimo quinto feliciter in pace quievit. Cujus corpus,» etc.

LOVANIEN. convenit cum ANTUERP.-MAX, etc., sed Geminorum elogium plane rescuit.

CENTULEN. : « In Egypto apud Thebaidam, depositio beati Antonii abbatis, qui multa milia monachorum Christi servitio mancipavit, atque vita et miraculis clarissimus vixit. Apud Lingones, sanctorum geminorum Speusippi, Eleusippi, et Meleusippi. Qui cum essent... sub Aureliano passi sunt. Bituricas, sancti Sulpicii episcopi et confessoris.»

BRUXELLEN. De Antonio, hactenus dicta fere colligit, adjiciens de corpore : « Quod nunc apud Viennam Galliæ, ut fertur, translatum est. Apud Lingonas, passio sanctorum geminorum Speusippi, Elasippi et Melasippi. Quos Benignus presbyter, a beato Policarpo, sancti Joannis Apostoli discipulo, cum Andyochio et Tyrso missus in Galliam, fidem Christi docuit. Qui cum essent annorum xxv in quadam arbore ligatis manibus, et pedibus suspensi atque extensi sunt, ita ut m. mbrorum compages dissolvi putarentur. Posthæc in ignem præcipitati, nec tamen læsi, inter verba orationum, tempore Aureliani imperatoris martyrio coronati, simul migraverunt ad Christum. Quod avia sua Leonilla et Lonilla atque Neon gestorum exceptor videntes, palam se Christianos esse confitentur: propter quod multis afflicti suppliciis, cum Christum negare noluissent, gladio simul peremti, martyrii coronam perceperunt. Et Turbon, victorias Christum confidentium scribens, non post multum temporis etiam marty

rium perpessus est. » Vide Bedam et Adonem. In Sulpitio purus est.

HAGENOYEN. incipit a Lingonensibus , in quibus satis purus, de Antonio præter dicta, hæc de suo adjicit : « In quo discretio spirituum mirabiliter effulsit, ac contra eosdem a Deo mirabilem accepit potestatem, quem etiam illi supra humanum modum temptabant. » Item : « Clarusque spiritu prophetiæ, desiderio martyrii judicibus ad puniendum se obtulit, sed illi cum lædere non valentes neque volentes propter divinam gratiam , quam in illo lucere videbant, in heremum successit (*secessit*) ubi consummato cursu vitæ suæ in pace obiit anno cv ætatis, etc. » In Sulpitio etiam purus est.

VICTORIN. et CODEX REG. SUEC. num. 130 ita habent : « Apud Antiquos dedicatio Domini, et Salvatoris quod situm est in Lateranum. »

CODEX alius REG. signatus num. 428 : « Item sancti Genulfi confessoris. »

VATICAN. num. 5949 : « In Placentia, sancti Sabini episcopi. »

EDITIO LUBECO-COL. in Antonio cum ALBERGEN. et DANIC. concordat, in reliquis pura est ; addit .porro : « Eodem die sancti Genulphi episcopi et confessoris. In villa Valendar sub Confluentia territorio Treverensi translatio sanctorum Marcellini, et Petri martyrum. »

Hæc eadem et iisdem fere verbis habet Greven. et præterea : « Viennæ, beati Marcelli episcopi. » Vide Acta hoc die inter Prætermissos, et ix Aprilis, ubi de ipso agitur.

MOLAN. de sancto Antonio, charactere cursivo, inseruit quæ ex Augustino acceperat Ado ; nimirum : « Qui sine ulla scientia litterarum, Scripturas divinas, et memoriter audiendo intellexisse, et prudenter cogitando tenuisse prædicatur.» Item eodem charactere etiam ex Adone, post *Aureliani imperatoris*: «Turbon autem scribens victorias confitentium Dominum, non post multum temporis, martyrium perpessus est. » Deinde litteris minutioribus supperaddidit : « Eo die, Mediolani obiit Theodosius imperator. In cujus mortem orationem habuit sanctissimus antistes, Aurelius Ambrosius, in celebritate quadragesimi diei obitus ipsius, Honorio principe, filio ejus assistente. » De Genulpho agit in posterioribus editionibus, litteris cursivis hoc modo : « Eodem die sancti Genulphi primi episcopi Carthurcensis et confessoris. »

XV Kal.   **Die 18.**

Cathedræ sancti Petri apostoli, qua Romæ primum sedit. Et passio sanctæ Priscæ virginis. Apud Pontum, natalis sanctorum martyrum Mosei et Ammonii, qui cum essent milites primo ad metalla deputati, novissime igni traditi sunt. [*Bouillart, in Margine* : Parisius, monasterio sancti Germani, dedicatio altaris in honore victoriosissimæ crucis, et beatæ et gloriosæ semperque virginis Mariæ et sanctorum martyrum Mauricii sociorumque ejus.]

NOTÆ.

Sic legunt *Praten., Herinien., Tornacen., Antuerpien., Max.-Lubec., Greven., Molan.* et *Agones martyrum.*

VARIANTES LECTIONES.

Purioribus codicibus hic, ut alibi , annumero Heriniensem , tametsi a nativa Usuardi simplicitate aliquantulum recedat, dum pro *cathedra*, legit *dedicatio*, de qua re in Observationibus plura disseremus. Habet item cum Molano , qui *Romæ primum*, etc.; melius alii , post Romanum parvum et Adonem

qua, Antuerp. et Max.-Lubec. pro *et passio*, ponunt *ipso die, passio*. Qui autem Agonibus martyrum insertus est, legit : *Romæ, Priscæ virginis et martyris*. Purior est nostra lectio. Quem autem titulum, quam lauream promereatur Prisca, statim disquiremus.

OBSERVATIONES.

Hodiernum *cathedræ sancti Petri apostoli* festum antiquum in Ecclesia fuisse plane evincunt Martyrologii Hieronymiani apographa, in quibus ferme præligitur : *Depositio sanctissimæ Dei genitricis semperque virginis Mariæ*; de qua legi potest Florentinii exercitatio v. Ad rem nostram quod attinet, ita paucis vetustissimum Epternacense : *Depositio sanctæ*

Mariæ et cathedræ Petri in Roma; Lucense habet : *Et dedicatio sancti Petri apostoli, qua primo Romæ Petrus apostolus sedit;* Corbeiense vero : *Dedicatio cathedræ sancti Petri apostoli, qua primo Romæ sedit.* Hæc satis accurate discussit Florentinius, festi illius antiquitatem post Baronium et Bollandum demonstrans. Mirum itaque a clar. Castellano ita disseri ac si indicare vellet festum cathedræ Romanæ ante tempora Caroli Magni Gallis fuisse peculiare, Romæ vero et tota Italia prorsus ignotum. Mihi probabilius est non minus Romæ quam in Francia fuisse cognitum, tametsi singulari fortasse cultu seu peculiari missa celebratum non fuerit, quoniam festivitas alia XXII Februarii æque de Romana atque Antiochena cathedra soleret intelligi, ut advertit Belethus, ab ipso Castellano ibi citatus, et alii plures, tum hoc, tum dicto jam die XII Februarii. Lubens fateor hic nonnulla intervenire quæ longiori dissertationi materiam præbere possint, tum quæ primam festi originem et institutionem, tum quæ ejusdem ex Romana ad alias Ecclesias propagationem circumstant; sed ad hujus controversiæ punctum dirimendum sufficiat Romani parvi auctoritas. Hoc enim, cum ex antiquiori Romano codice descriptum, et Roma Aquileiam, fatente Castellano, destinatum sit, diffiteri ipse omnino non potest Carolo Magno longe esse antiquius. In eo autem expressissime legit: *Cathedra sancti Petri, qua primum Romæ sedit*. Nihil his addidit Ado, nihil ex eo Usuardus, præter solum nomen *apostoli*. Debuit itaque consequenter admittere etiam ante Caroli Magni tempora non in solis ecclesiis ritus Gallicani, sed etiam Romæ et in ecclesiis ritus Romani cathedræ sancti Petri hodiernam festivitatem, saltem in Martyrologiis, de quibus solis hic quærimus, recoli consuevisse. Nec quidquam obest Bedæ, Flori et Wandalberti silentium, nisi quis pari ratione arguere velit ad expungendas sanctorum commemorationes prope innumeras. Rabanus pluribus verbis rem explicuit, cujus textum integrum pauculis mutatis Notkerus transumpsit, in eo potissimum discrepans quod ut i in Rabano reperisset *dedicatio S. Petri apostoli*, verterit ipse, haud dubie ex alio Hieronymiano, *Cathedra S. Petri*, etc. Porro an utrumque festum, nempe et *dedicatio templi S. Petri* et *memoria* fundatæ ejus *cathedræ*, recte hoc ipso die prædicetur, examinat Florentinius, et nos forte pluribus eamdem rem discutiemus in Supplementis Januarii et Februarii. Alias enuntiandi formulas suggerent Auctaria.

Priscam solam, omissa cathedra Petri, exhibet Frontonis Kalendarium. Sacramentarium Gregorii et *virginem* et *martyrem* appellat. Non uno modo loquuntur Hieronymiana apographa; aliud enim: *Romæ sanctæ Priscæ virginis*, aliud tantum, ut *martyris*, meminit. Beda legit: *Natalis sanctæ Priscæ virginis et martyris*. Romanum parvum: *Et sanctæ Priscæ martyris*; nec plus dicit Rabanus, Bedam tamen sequi solitus. In Adone fit mutatio, nam ibi rursus, *virginis et martyris*, idque servat Notkerus. Studione, an forte oscitantia, aut oblivione, Noster solum *virginis* titulum ascripserit, incertum est. Bollandus Priscam utraque laurea verosimillime donandam existimat, eamque, mea quidem sententia, vindicare videtur Sacramentarii Gregoriani auctoritas. Quod si vera esset Castellani conjectura expressa in notis a pag. 528, nimirum Priscam hanc nostram *Aquilæ* uxorem esse, forte neutram promereretur. Quid sentiat Wandalbertus collige ex ejus versiculo:

Quinta et dena simul Priscæ pro martyre gaudet.

Actorum fidem tueri non ausim; utrum vero primitiva sint, ex quibus alii superius citata Martinæ et Tatianæ Acta formaverint, alibi examinari poterit. *Mosei* et *Ammonii* ex Hieronymianis meminit, eorumque elogium, nescio unde acceptum, suppeditavit Ado, *Mosæi* pro *Mosei* substituens. Hoc solo excepto, ex Adone totum desumpsit Usuardus, totum Notkerus, qui *Moysei* scripsit. Locum martyrii distinctius exprimere visa sunt apographa Hieronymiana apud Florentinium, sed quem non facile reperias: uti nec illud satis compertum relinquunt, utrum aliorum, his fere conjunctorum, martyrum series, ad *Pontum*, ad *Nicæam*, an alio spectet, quod amanuensium ignorantiæ procul dubio imputandum. De Usuardi lectione satis certum est, de rei veritate non est unde tuto statuere queas.

AUCTARIA.

ANTUERP.-MAJ. in textu satis purus, addit: « Alexandriæ, sancti Maximi episcopi, qui satis clarus et insignis titulo confessionis effectus est. » De eo etiam agunt codices alii, sed ad XXVII Decembris remittitur. « Eodem die passio sanctorum martyrum Tirsi, Leucii et Gallenici. » Qui ex Hieronymianis accepti sunt. Vide infra.

ROSWEYD. plane purus esset, si non omitteret elogium Mosei et Ammonii.

PULSANEN. sic incipit: « Romæ, institutio cathedræ beati Petri apostoli, post primam suam scilicet sanctæ Antiochenæ ecclesiæ cathedram. » In reliquis satis purus est.

MUNERAT. Nescio cur hic præterita sit prima annuntiatio de cathedra, etc.

ANTUERP.-MAX., ULTRAJ., LEYDEN., LOVANIEN., ALBERG., DANIC. et EDITIO ULTRAJ.-BELG. puri sunt, nisi quod idem inchoent a sancta Prisca, his verbis: « Passio sanctæ Priscæ virginis; quæ cum esset annorum decem, mira pro Christo tormenta fortiter sustinens, demum ictu gladii sui sancti agonem martyrii feliciter consummavit. » In codice Lovaniensi est *annorum tertio decimo*. Alii ætatem omittunt et tutius, cum de ea nihil certi habeatur. Vide Bollandum.

CENTULEN.: « Cathedra sancti Petri apostoli [*deest* qua], primum Romæ sedit. Et passio sanctæ Priscæ virg. Et in Ponto, sanctorum martyrum Mosei et Ammonii. Alexandriæ, sancti Maximi episcopi et martyris. Civitate Appolonia, sanctorum martyrum Tirsi, Leuci, et Gallenici. » Qui remittuntur ad XXVIII Januarii.

BRUXELLEN.: « Romæ, passio sanctæ Priscæ virginis et martyris. Quæ mira pro Christo tormenta fortiter sustinuit, et demum ictu gladii agonem sui martyrii feliciter consummavit. » In duabus aliis annuntiationibus satis purus est. Tum : « Alexandriæ, sancti Maximi episcopi, et confessoris. Turonis, sancti Leopardi confessoris. »

HAGENOYEN: « Cathedra sancti Petri apostoli, qua primo Romæ sedit, quam gloriose rexit annis viginti quinque, annis (*vult dicere* mensibus) sex, dies novem, sub Claudio et Nerone imperatoribus. Ipso die Romæ, passio sanctæ Priscæ virginis et martyris, sub Claudio imperatore. Quæ cum esset annorum decem, et mira pro Christo pateretur, tandem crinibus decalvatis afflicta ad idolum ducitur, ut adoret, sed illa non consenciit. Demum ictu gladii martyrium consummavit. Apud Pontum insulam, natale sanctorum martyrum Moysei, etc., » satis pure. In fine; « Item, Christicoli confessoris. » Vult dicere *Deicoli*.

AQUICINCT.: « Turonis, sancti Leopardi confessoris. »

VICTORIN. habet *Amosei* pro *Mosei*, ut aliqui ponunt *Ammonis* pro *Ammonii*. Et in fine cum codice REG. SUEC., signato num. 130, adjicit ut proxime: « Turonis sancti Leopardi confessoris. »

DAVERONEN. de Leobardo, sic fusius: « Majori monasterio, beati Leobardi confessoris, qui sæculum salubriter respuens, crucemque Christi in capite suo portans, apud idem monasterium se arctissimo specu retrusit. »

MATRIC.-CARTHUS.-ULTRAJECT.: « Priscæ virginis et martyris. Coronatio sancti Petri, Mosei et Ammonii militum et martyrum. Deicoli abbatis et confessoris. »

IN VATICAN., num. 5949, adjici dicitur: « Romæ, natale sanctæ Priscæ martyris. »

DIVIONEN. ecclesiæ sancti Stephani: legit ut supra.: « Alexandriae, sancti Maximi episcopi. Qui satis clarus, et insignis titulo confessionis effectus est. »

EDITIO LUBECO-COL. in Cathedra, pura, adjungit: « Hic propter Simonem Magum, licet Dei occulto nutu, Romam perveniens, ibique prædicans Evangelium, viginti quinque annis ejusdem urbis tenuit pontificatum. Romæ via Hostiensi, passio sanctæ Priscæ:... agonem martyrii sub Claudio imperatore feliciter, etc. Apud Pontum, natale sanctorum Moysei, etc. » In fine: « Monasterio majori, sancti Leobaldi confessoris. » Sic etiam in prima editione scripserat Grevenus, in altera, ut mox patebit, posuit cum aliis, *Turonis*, *Leopardi*, neutro loco bene, nam *Leobardi* legendum est.

BELIN. in utraque editione habet: « Ipso die, passio sanctæ Priscæ virginis et martyris. » Item in utraque, « Mosey et Amonis. » Demum in fine: « Ipso die, sanctæ Liberatæ virginis. » Hanc ex Belino descripsit Molanus, nec quidquam addidit unde dignosci possit. Certum videtur, non agi de Novocomensi Faustinæ socia. Restat igitur famosissima illa, quæ a Greveno indicari videtur, Hispana an Lusitana, quæ in Belgio et alibi *Wilgefortis* dicitur, de qua plura dicenda erunt xx Julii, quem diem eam Bollandus in Prætermissis rejicit.

GREVEN.: « Sancta Prisca cum esset tredecim annorum, mira pro Christo tormenta sustinuit, ac demum sub Claudio, ictu gladii agonem martyrii consummavit. Alexandriæ, Maximi episcopi, Fortunati, Leonis, Luci. Item Tirsi martyris. Civitate Abitinensi, Saturnini et sociorum ejus martyrum. In Anglia, Wirmini militis et martyris. Eodem die, beati Deicolæ abbatis, discipuli sancti Columbani; de quo inter alia fidei et operum insignia legitur, quod aliquando fatigatus ex itinere, birrum suum in radiis solaribus, quasi in pertica suspenderit. Turonis, Leopardi confessoris. Conchas monasterio, Marciæ et Liberatæ virginum. Venetiis, translatio sanctæ Luciæ virginis et martyris. In Anglia Osiæ martyris. »

MOLAN., typis minoribus, de *Deicola* Grevenum secutus est; sed pro *Leopardi*, melius scripsit *Leobardi*, hæc subjungens: « De cujus vita librum conscripsit Gregorius Turonis episcopus. Ibidem, natalis sancti Volusiani, archiepiscopi Turonensis et martyris. » In posterioribus editionibus aliter Auctarium disposuit: « Turonis, natalis S. Volusiani septimi archiepiscopi. Ibidem, depositio sancti Leobardi confessoris. Civitate Arvernis, sancti Venerandi episcopi et confessoris. Eodem die, sancti Deicolæ abbatis Sutrensis, discipuli beati Columbani. »

XIV *Kal.*   *Die* 19.

In Smirna, Natalis beati Germanici martyris, qui sub Marco Antonino et Lucio Aurelio, per gratiam virtutis Dei, metum corporeæ fragilitatis excludens, sponte præparatam bestiam provocavit: cujus dentibus comminutus, vero pani, id est Domino Jesu Christo, pro ipso moriens, meruit incorporari. Apud Spoletum, sancti Pontiani martyris, temporibus Antonini imperatoris, quem judex pro Christo vehementissime virgis cæsum, jussit super carbones nudis pedibus ambulare: a quibus nil læsus, equuleo et uncinis ferreis jussus est suspendi, et sic in carcerem trudi; ubi angelica visitatione meruit confortari. post quæ plumbo fervente perfusus, tandem gradio percussus est. In pago Dorcasino, sancti Launomari presbyteri.

NOTÆ.

Praten., *Herinien.*, *Tornacen.*, *Antuerpien.*, *Pulsanen.*, *Max.-Lubec.*, *Muneratus* et *Grevenus.* Quid in Molano desit, brevi observabimus.

VARIANTES LECTIONES.

Greven. pro *beati* scribit *sancti Germanici*, ut est in Adone. Muneratus. cum nonnullis codicibus, male legit *Marco Antonio*, textus noster purior est. Ant., Max.-Lubecanæ, ubique conformis, ante *bestiam* interjicit *sibi*, ut apud laudatum Adonem etiam legitur, quam vocem Pulsan. adjectivo præfigit, legens: *sibi præparatam bestiam*. Puto germanam Usuardi lectionem hic repræsentari. Rursus Ant. habet *tempore Antonini*, pro *temporibus*. Ubi codices reliqui legunt, *a quibus nil læsus*, in Pulsan. ponitur *Equibus illæsus exiens*. Item, *Post quæ omnia, plumbo*, etc., redundat vox *omnia*. Verum noto in plerisque codicibus, etiam purissimis scribi *Postque*, fere per abbreviationem, veluti si dicatur *et post*, tametsi sensus postulare videatur, ut *quæ* sit casus præeuntis particulæ. Sed hoc in antiquis, saltem medii ævi Scriptoribus, mirandum non est, ut pote qui vix diphtongorum habeant rationem; unde amanuensium ignorantia factum crediderim ut *que* conjunctio, vel encliticum, pro *quæ* relativo irrepserit. Launomarum et *presbyterum* et *abbatem* fuisse constat, at codices nostri (si Ant. et Max.-Lubec. excipias) abbatem non nominant. Pagum *Dorcasinum*, seu *Dorcassinum* scribunt passim, Grevenus *Carnotinum* vocat, utrumvis non male, ut apud Bollandum invenies; nos primam lectionem, tanquam vere Usuardinam præhabendam censuimus.

OBSERVATIONES

Qui *Germanicum* primus in sacros Fastos retulerit, non alium invenio præter auctorem Romani parvi, ita hoc dic scribentem: In *Smyrna*, *sancti Germanici martyris*, *ad bestias damnati*. Rationem quærere, cur hunc præ aliis diem elegerit, mere divinare est. Satis jam alibi ostendimus, Martyrologii hujus compilatorem sanctis plurimis, ex Rufino et aliunde desumptis, et antiquioribus martyrologis ignotis, pro solo suo arbitrio certos dies assignasse. Nec verosimile puto, visam unquam auctori illi celebrem Smyrnensium epistolam, in qua distinctiores aliquas, etsi non omnino certas, pro martyrii die notas reperisset. Interim Romanum parvum secutus est Ado, elogium ex eodem Rufino, vel Eusebio adjiciens, cujus locum integrum retulit Bollandus. Noster ex Adone omnia, sed non verbatim accepit; Notkerus, rariori exemplo, sola Romani parvi verba transcripsit. Idem Adonis elogium etiam inter festivitates apostolorum recurrit, ubi de Polycarpo agitur xxvi Januarii. Hactenus pro textus nostri derivatione et præclara Germanici laurea, clara et plana sunt omnia. De proprio martyrii die anceps quæstio, de eo enim eadem ratione disputari posse videtur, qua Bollandus in doctissimo suo commentario § 1 Polycarpi certamen ad certum diem, nempe vii Kal. Aprilis seu xxvi Martii revocare conatus est. Et hæc quidem valde probabiliter ab eo stabilita esse nemo negaverit, at nec ipse tam explorata habuit, ut propterea mutandum putaverit determinatum a tot sæculis pro Martyrologos diem, quod fecit Castellanus, utrumque sanctum ad Martium transferens, Polycarpum ad xxvi hunc nostrum Germanicum ad xxix. Incertitudinem illam recte observavit Ruinartius inter Selecta, pag. 26, ubi Valesium et plures alios in eamdem sententiam adducit. Tillemontius autem tomo II in Polycarpo, Græcorum Fastos præferre videtur, alii in diversa abeunt. Equidem fateor ex laudata Smyrnensium epistola plane constare, Germanicum nostrum aliquot ante Polycarpum diebus agonem complevisse, an toto præcise octiduo nusquam patescit. Nihilominus Castellanus, remisso, ut jam diximus, ad xxvi Martii Polycarpo, sequelæ opinor gratia, quia hic xix Januarii colitur Germanicus, eumdem ad xix remittendum putavit. Recte an secus alii viderint, nos Martyrologiis nostris Usuardi antesignanis inhærere debuimus.

De *Pontiano*, Spoletino martyre, non semel locuti sumus xiv Januarii, quo die a Rabano, Notkero et pluribus, præsertim Belgicis Martyrologiis, ob corpus Ultrajectum translatum, certatim recolitur. Hic vero etiam in Romano parvo, hoc proprie die, ut

cum hisce characteristicis signatur : *Et Spoleti, sancti Pontiani martyris*, xix *Kal. passi*, xv *sepulti*, xiv *in sepulcro mutati, quando celebrior dies ejus agitur*. Eadem habet Ado, cum longiori ex Actis extracto, cujus elegans compendium brevitati suæ aptavit Noster, ut in textu repræsentatur. Vide Bollandum xiv Januarii, vel notam Castellani pag. 248 et 249. *Launomarum* ab Usuardo ipso prioribus duobus superadditum evidenter ostendunt citati supra, et alii Usuardini codices prope omnes. Cur a Molano expunctus sit, nescio, certe hinc cœpi doceri, falsam esse eorum opinionem, qui Molanum ex codice Pratensi Usuardum suum edidisse existimant, cum ab eo pluribus aliis locis aperte dissentiat. Wandalberti versiculus sic forte legendus.

Bis septena Niceto Launomaroque coruscat.

AUCTARIA.

PRATEN. in apographo nostro ad marginem adjici dicitur : « Parisiis, monasterio sancti Germani, dedicatio altaris in honore victoriosissimæ crucis, et beatæ et gloriosæ semperque Virginis Dei genitricis Mariæ, et sanctorum martyrum Mauritii sociorumque ejus. » Hæc tamen Castellanus in litteris ad me datis xxxi Maii MDCCIX ad diem præcedentem pertinere retulit. Cæterum hæc monasterii istius propria sunt, uti et alia subinde indicanda.

ANTUERP.-MAX., CENTULEN., VICTORIN., REG. SUEC., num. 130, et BURDEGALEN. : « Iherosolima, Marthæ et Mariæ, sororum Lazari. » Hæc ex Hieronymiano accepta sunt, ut habent Rabanus quoque, Notkerus, et alii. Et quidem in Victorino codice omnis præcluditur locus effugio, quo aliqui comminiscuntur *Mariam* et *Martham, Mariæ* et *Marthæ* suppositas; nam ibi omnes exprimuntur, hi Romæ, illæ autem Hierosolymis. Antiquissimum Kalendarium Cluniacense utramque hoc eodem die virginem vocat; quæ omnia proximo mense Julio in Actis operosius erunt discutienda. Vide Sacramentarium Thomasii p. 144, ubi *Maria, Martha, Audifax* et *Abacuc* xx Jan. Sebastiano conjunguntur, forte amanuensis vitio. Sequitur in primo codice : « Et in Smirna, natale sancti Germanici martyris. In pago Dorcassino Corbionis monasterio, natale sancti Launomari abbatis, cujus gesta præclara habentur. » Quod etiam habent codex AMBIAN. et MOLAN.

ROSWEYD. Adoniane : « In Smirna, natale sancti Germanici martyris. Qui cum primævæ ætatis venustate floreret, per gratiam virtutis Dei, metum corporeæ fragilitatis excludens, sponte præparatam bestiam, damnatus a judice, jam provocavit, cujus dentibus, » etc., pure. « Marii et Marthæ et filiorum ejus Audifax, et Abacuc nobilium de Perside. » Hi ad sequentem diem pertinent.

AGONES MARTYRUM. Textui satis puro subjicitur tota annuntiatio : « Via Cornelia, » etc., ut die sequenti.

ALBERGEN. et DANIC. præfatam annuntiationem habent in principio, et in fine scribunt : « In pago Dorcasino Corbionis monasterio, depositio S. Launomari abbatis et confessoris. »

ANTUERP., MAX.-ULTRAJECT., LEYDEN. et editio ULTRAJ.-BELG. præfigunt etiam *Vja Cornelia*, etc., sed cum de Pontiano egerint xiv Januarii, eam annuntiationem hic prætermittunt. Habent etiam in fine *abbatis*, etc. : in quo convenit CENTULEN., qui de Germanico scribit ut ROSWEYD. supra.

LOVANIEN. cum prioribus consonat, nisi quod elogium Marii, etc., media fere parte mutilaverit.

BRUXELLEN. incipit : « Romæ, via Cornelia, » etc. Tum : « Jerosolima, Marthæ et Mariæ sororum Lazari. » De Germanico et Pontiano, satis pure. Deinde : « Et passio sancti Tyrsi gloriosi martyris cum sociis suis, » ex die præcedenti. In fine « abbatis et confessoris. »

HAGENOYEN. in prima de Germanico, satis puras est. Secundo loco : « In pago Dorcasino, sancti Launromari abbatis. » Tertia est : « Romæ, via Cornelia, » etc. De Pontiano egit cum aliis xiv Januarii.

MATRIC.-CARTHUS., ULTRAJECT. : « Germanici martyris incliti, qui traditus est ad bestias. Launomari presbyteri et confessoris. »

In VATICAN., sub num. 5949, deest *Launomari*.

ALTEMPSIAN. in Anglia auctus : « Translatio sancti Burghwaladri episcopi et confessoris. »

BELINUS. in utraque editione, post Germanicum et Pontianum, de *Mario et Martha*, etc., eadem refert, quæ jam diximus ab Usuardo melius poni die sequenti. Utrobique etiam habet : « In Laude civitate, sancti Bassani [*alii scribunt* Bassiani] episcopi et confessoris. » In prima editione deest Launomarus. Nil juvat errores typographicos recensere.

Editio LUBECO-COL. sic incipit : « Colonia Aggripina, translatio sanctæ Antoninæ et aliarum sex virginum et martyrum de illa nobili societate undecim millium virginum, ad ecclesiam parochialem sancti Joannis Baptistæ. »

GREVEN., post integrum Usuardi textum, sic prosequitur : « Iste Launomarus puerulus parentum suorum gregem pascens, victum suum egenis et peregrinis distribuebat; ipse usque ad solis occasum jejunium frequenter protrahens. Liberalitus deinde traditus litterarum studiis, sacerdosque effectus, eremum adiit : ubi inter alia virtutum prodigia claudum curavit, ignis impetum signo crucis opposito extinxit, et æmosam quercum, ejusdem crucis virtute, in loco quo voluit transposuit. In Anglia, Joannis Brangualatoris eremitæ. Eodem die, secundum aliquos, Marii et Marthæ cum aliis, quos Usuardus ponit die sequenti. In Africa secundum, Bedam » (quodnam Bedæ apographum viderit, incertum est : nullum hactenus nec impressum, nec ms. nobis innotuit, ubi eo ordine habeatur martyrum series hic apposita, videlicet) « sanctorum Pauli, Quinti, Geronti, Januarii, Saturnini, Successi, Piæ, Germani, Julii, Gagi. In Suecia, beati Henrici archiepiscopi Upsalensis et martyris. Qui Anglus natione, præfatam regens Ecclesiam tempore sancti Erici regis Sueciæ, cum eodem ad convertendam plebem Finlandiæ profectus, ob zelum justitiæ, a scelerato quodam trucidatus est. Cum autem idem ejus percussor, birretum S. martyris, capiti suo impositum amovere tentaret, cutem sibi cum carnibus abstraxit. In Anglia, sancti Wolstani episcopi Wigorniensis et confessoris. Hic cum ab æmulis suis Synodo præsidentibus, tanquam imperitus baculum juberetur pastoralem resignare, Libenter, inquit, resigno, sed non vobis. Et hæc dicens, baculum ipsum lapidi durissimo, quo tegebatur sepulcrum sancti Edwardi regis, sic infixit, quod a nemine moveri potuit. Quo illi confusi miraculo, ut baculum reassumeret, præceperunt. Apud Coloniam

Agrippinam, translatio sanctæ Antoninæ virginis et martyris, et aliarum sex de societate, *ut supra ex editione Lubeco-Col.* Bassiani Laudensis episcopi et confessoris, vita et miraculis clari. Hic beatum Ambrosium Mediolanensem visitans, clero ipsius obitum ejus prædixit, defunctumque tumulavit. Eodem die, Hugonis archiepiscopi. Item Contexti episcopi et confessoris. »

MOLANUS., post illa Usuardi verba, *gladio percussus est*, addit fere ex Adone : « Consummavit autem martyrium suum XVIII Kal. Februarii, et sublatum corpus ejus a Christianis, sepultum est XV. Kal. : celebris vero dies ipsius agitur XIV Kal. Februarii, quando iterum sacrum ejus corpus mutatum est. » Sequitur : « Via Cornelia, etc., » ut die sequenti. « In Laude civitate, sancti Bassiani, etc. Lugduno, Nicetii episcopi. Monasterio Corbionis, in pago Dor- cassino, etc. Eodem die, beati Contexti episcopi et confessoris. » Quæ habet minori charactere, de sanctis Africanis secundum Bedam, de beato Henrico Upsalensi, et sancto Wolstano, ex Greveno ad verbum desumpta sunt. Posteriores editiones ab Usuardo longius recedunt. Initium est, *Via Cornelia*, etc. Post quæ sequitur nota observatu digna : « Horum celebritas, inquit, uno die prævenitur, quia dies passionis eorum, martyrio sanctorum Fabiani et Sebastiani solummodo deputatur. » Festa transferri, id notissimum est, præveniri multo rarius : quamvis non diffitear exempla suppetere, quibus id factum esse, contra Castellanum demonstretur. Hoc novi in his editionibus accedit, quod beato Contexto locus assignetur, nempe : *Eodem die, Bajocas*, etc. Henrico Upsalensi, martyrii annus, scilicet. 1151.

XIII Kal.   Die 20.

Romæ, natalis beati Fabiani papæ, qui cum tredecim annis Ecclesiæ præesset, martyrium est passus tempore Decii, et in cimiterio Calisti sepultus. Eodem die Catacumbas, sancti Sebastiani martyris, qui cum haberet principatum primæ cohortis, jussus est sub titulo Christianitatis a Diocletiano imperatore ligari in medio campo, et sagittari a militibus, atque ad ultimum fustigari donec deficeret. Via Cornelia, sanctorum martyrum Marii, et Marthæ cum filiis suis Audifax et Abacuc, nobilium de Persida, qui ad orationem venerant Romam tempore Claudii principis. E quibus post toleratos fustes, equuleum, ignes, ungues, manuum præcisionem, Martha in nympha necata, cæteri sunt decollati, et corpora eorum incensa.

NOTÆ.

Sumitur ex *Praten., Herinien., Tornacen., Pulsanen., Antuerp.* et *Max.-Lubec. Munerat. Greven.*, et *Molan.*

VARIANTES LECTIONES.

Pulsanen. contra alios omnes codices, pontificatum Fabiani ad duodecim annos restringit : alii martyrologi nimium extendunt, ut in Observationibus dicetur. *Præesset*, minus quidem ad exactam syntaxim, sed tamen ita Beda, ex quo alii omnes, et codices nostri, excepto Molano, qui legit *præfuisset*, hic et alibi satis libere antiquam simplicitatem corrigens. *Cimiterio* habent passim codices quos sequitur. In *Callisti, Calisti, Calixti* sæpenumero variant, ut mirum videri non debeat, si nec nos stabilem orthographiam servemus. Molanus iterum elegantius voluit scribere, *apud Catacumbas* : Pulsanen. et Munerat. *ad Catacumbas* : cæteri neglecta præpositione ponunt, *Eodem die Catacumbas*, et ita, licet magis barbare, legendum putavimus. *Ligari in medio campo*, haud dubie Usuardi lectio est, secundum Bedam et Adonem : Tornacen. et Munerat. scribunt *religari*. In Pulsanen. *fusticari* pro *fustigari* librarii mendum est. Hoc notabilius, quod ubi cæteri omnes recte scribunt, *nobilium de Persida*, solus ille habeat, *hi nobiles fuerunt viri de Siria*. *Venerunt Romæ*, Greven. *Romæ*, melius ex aliis *Romam*. Rursus Greven. et Molan. *temporibus Claudii*, pro, *tempore*, etc. Pulsanen. habet *manuum præcisiones*, servanda Bedæ et Adonis lectio in singulari. Item apud eosdem Greven. et Molan. *in lympha*, legendum *in nympha*, ut bene probat Bollandus, at fusius explicat Castellanus pag. 340, ubi et alia de his sanctis satis curiose observantur.

OBSERVATIONES.

Inter antiquos martyrologos singularem plane adverto in referendis iisdem sanctis concordiam. Habent omnes hos sanctos Hieronymiana apographa præter morem satis hic conformia, habent Beda, Rabanus et Notkerus; atque in serie nostra Romanum parvum, Ado, Usuardus. Quærit Florentinius, quid innuat ea plerorumque Hieronymianorum indeterminata formula : *Romæ in cœmeterio, Fabiani episcopi, et Sebastiani*; et satis apposite, ni fallor, ex Cypriano accipi putat antonomastice, pro *cœmeterio Callisti*, idque ex Kalendario Bucherii confirmat, non integre locum referens, qui ita legendus est : XIII *Kal. Feb. Fabiani in Callisti, et Sebastiani in Catacumbas*. Alia Kalendaria aut Sacramentaria referre supervacaneum reor, cum ab omni ævo satis consecrata fuerit inclytissimorum sanctorum memoria. Notabilis est Bedæ textus hujusmodi : *Romæ, Fabiani episcopi, qui cum viginti quinque annis Ecclesiæ præesset, passus est martyrium tempore Decii, et in Cœmeterio Callixti sepultus*. Hæc ex eo descripsit Rabanus, aliqua ex Pontificalibus adjiciens, quæ omnia in Notkerum transierunt, alia adhuc parte, ex præfato fonte, paulo mutatiorem. In Romano parvo simpliciter ponitur : *Romæ, Fabiani papæ, et martyris.* Ado Bedam sequitur, sub ea tamen cautione, ut cætera ex eo desumens, pro XXV *annis* substituat : *Qui cum* XIV *annos, menses* XI, *ac* XII, *dies*. Textum suum ex alterutro mutuavit Noster, at rejecto utriusque calculo, cum signavit, qui proxime ad veram chronologiam accedit. Cætera vide apud Bollandum et recentius apud Tillemontium tomo III, a pag. 362. In textu Hieronymiano diei præcedentis, ex codice Lucensi ultimo loco ponitur : *Romæ, passio sancti Sebastiani martyris*. Duplicati festi rationem, vel saltem conjecturam ibidem invenies. Romanum parvum tertio loco legit : *Et Sebastiani in vestigiis Apostolorum sepulti*. Ado prolixius Bedæ elogium totum transumpsit, exclusa solum Sebastiani patria, *de Mediolano*. Rabanus Bedam incorruptum reliquit, Notkero Adonem sequente. Noster brevius suum encomium ex diffusioribus illis, seu Bedæ, seu Adonis contraxit, *Catacumbas* recte exprimens, de quibus Acta XXIV Junii a pag. 439, et Castellanum a pag. 353 multa erudite de Sebastiano ejusque translatione congerentem. An Acta vere ab Ambrosio ex autographis, et authenticis composita sint, merito dubitatur, at egregia esse, gravia et fide digna, omnes cum Hesselio apud Molanum, Bollando, Ruinartio pag. 295 aliisque fatentur; nec id Tillemontius negaverit, cujus compendium legi dignum est tomo IV a pag. 515. Wandalbertus sic hodie canit ·

tertia post decimam Fabiano præsule floret :
Cui parili Sebastianus virtute cohæret,
Roma quem vectum nunc Suessio læta frequentat.

Tertia annuntiatio in Hieronymianis eodem defectu laborat : *In cœmeterio, Marii, Marthæ, Audifax et Abbacuc.* Hic vero Florentinius antonomasiæ beneficio non utitur, sed innominatum cœmeterium *Arenarium* censet esse *Via Cornelia*, quæ in Epternacensi et in Usuardo signatur. Sola nomina exprimit Romanum parvum, quorum primum et ultimum varie a nonnullis contorta reperies; ut *Maris*, vel *Marini*, pro Marii; *Ambacum*, *Ambacuc*, *Abacum*,

etc. Cæterum ex Beda rursus derivantur quæcunque Rabanus, Ado, Usuardus, Notkerus in suos textus transtulere. Hos inter minimum a fonte recedere videtur Usuardus, si positionem excipias, nempe *Via Cornelia*, quam ille solus præfixit, in Actis fortasse, aut in aliquo Hieronymiano apographo repertam. De Actorum sinceritate minus videtur dubitasse Bollandus, quam Baronius : a selectorum collectione a Ruinartio exclusa sunt. Equidem totius historiæ subjectum, ut ita loquar, satis verum existimo, ast omnia complanare, quæ Tillemontius objicit tomo IV a pag. 675 difficillimum arbitror. Si quid tamen Bollandianis disquisitionibus superaddi, aut magis illustrari queat, id in loco præstabimus, atque eo veritatis studio, quo in similibus versari solemus.

AUCTARIA.

ANTUERP.-MAJ. in Fabiano Adonianus est. De Sebastiano etiam aliqua admiscet, hoc modo : « Qui in tantum carus erat Diocletiano et Maximiano imperatoribus, ut principatum ei primæ cohortis traderent. Quem Diocletianus, ubi Christianum cognovit, nec a fide posse revocari, jussit ligari in medio campi, quasi signum ad sagittandum, et sagittari a militibus ; qui cum sagittis plenus quasi hericius esset, putantes eum mortuum, abierunt. » Desunt reliqua, quæ cum prioribus, melius in Beda, vel Adone leguntur. Sic et in tertia incompletus est : « Eodem die Romæ, natale sanctorum martyrum Marii... et Abacuc nobilium, qui ad orationem venerant Romæ, tempore Claudii principis. »

ROSWEYD. in Fabiano etiam Adonianus est. De Sebastiano ex eodem fonte alia ferme decerpit : « Qui jubente... quasi signum ad sagittam positus, ita sagittis repletus est, ut quasi hiricius videretur. Dehinc intra paucos dies sanitate recuperata, cum ipsos imperatores de persecutione injusta Christianorum, libera voce corriperet, denuo captus, felici consummatione martyrium excepit, sepultusque est in Catacumbas juxta vestigia apostolorum. » De Mario, etc., die præcedenti.

AGONES MARTYRUM Fabiano ascribuntur anni XIV. De Sebastiano pure. De reliquis pridie.

ANTUERP.-MAX., ULTRAJ., LEYDEN., LOVANIEN. et EDITIO ULTRAJ.-BELG. uti pridie retulerunt martyres Persas, ita eosdem hodie prætermittunt. In Sebastiano puri sunt. De Fabiano, post *papæ*, hæc solum interserunt : « Qui decimus nonus post beatum Petrum. »

ALBERG. et DANIC. cum prioribus conveniunt, sed post *sepultus*, adjiciunt insuper : « Hic Chrisma constituit annis singulis in Cœna Domini celebrari. »

CENTULEN : « Romæ, passio beati Fabiani papæ, et martyris. Eodem die, sancti Sebastiani matyris, cujus fide atque doctrina multi martyrio coronati sunt. Item eadem die Romæ, sanctorum Marii et Marthæ, cum filiis suis Audifax et Abacuc, nobilium de Persida, qui ad orationem venerant tempore Claudii imperatoris. »

BRUXELLEN. sic incipit : « Romæ, natale sancti Sebastiani de Mediolano, ac comitum ejus. Qui cum... » *non omnino pure. Dein post* « deficeret : Quem mortuum in cloacam miserunt. Cujus corpus a quodam Licineo inventum, et in cripta juxta vestigia apostolorum sepultum est. » Tum de Fabiano, post, *papæ et martyris*, sic prosequitur : « Qui sede vacante dum de futuri pontificis electione tractaretur, cum aliis adfuit, et subito columba candida de cœlo super caput ejus descendens, dixit : Tu Romæ episcopus ordinaberis. Qui sic divinitus electus, post laudabilem vitam, a Decio pro fide Christi decollatur. Hic statuit ut omni anno in cœna Domini crisma consecretur : et exactam curam habuit ut gesta martyrum in integrum colligerentur. » De Persis, die præcedenti.

HAGENOYEN. de Fabiano, paulo aliter primo loco annuntiat : « Qui fuit XIX post beatum Petrum, et per indicium columbæ, super eum divinitus descendentis, in papam est electus sub Gordiano imperatore, et Ecclesiæ præfuit XIII annis. Iste Fabianus restituit (restitit) Philippo imperatori volenti interesse Paschæ sollempniis, donec peccata sua confiteretur, et pœnitentiam ageret. » Vide Bollandum.

« Hic septem subdiaconos constituit, qui gesta martyrum colligeret (colligerent). Tandem sub persecutione Decii, capitis amputatione martyrium complevit. » De Sebastiano, sic habet : « Apud Cathecumbas, beati Sebastiani militis, et martyris, qui multos in fide et passione confortavit, et multos ad fidem convertit. Hic cum haberet..... » non satis pure. « Sed postea præsentans se imperatoribus, conveniens illos de injusta persecutione sanctorum, et ideo jussus ad mortem fustigari et corpus ejus in cloacam projici. » De Persis, die præcedenti.

VICTORIN. Ex Rabano post sepultus, de Fabiano habet sequentia : « Hic regiones divisit diaconibus et fecit septem diacones, qui septem notariis imminerent et gesta martyrum in integrum colligerent. » Deinde hæc assuit : « Hujus temporibus supervenit Novatianus [*vult dicere* Novatus] ex Africa, et separavit de ecclesia Novatianum, postquam Moyses confessor in carcere defunctus est, qui fuit mensibus XI. »

MATRIC.-CARTHUS.-ULTRAJ. : « Fabiani et Sebastiani, Martyrum, Marii et Marthæ cum filiis nobilibus. Marcelliani et Marci, ac Tranquillini patris eorum, martyrum. » Spectant hi ad XVIII Junii, hic autem Sebastiano forte juncti sunt, quod eorum gesta in illius Actis comprehendantur.

REMENS. Ecclesiæ, SS. Timothei, et Apollinaris : « Lugduno Galliæ, sancti Clementis presbyteri. » De eo meminerunt apographa Hieronymiana ; uti etiam Acta nostra perpaucis.

EDITIO LUBECO-COL. de Fabiano solum inscrit, ut supra : « Qui XIX post beatum Petrum. Eodem die Romæ ad Catacumbas, natale sancti Sebastiani martyris. Qui cum haberet, » ut supra, etc. De Persis etiam die præcedenti.

BELIN. Utraque editio in textu non omnino pura est : omittit Persas, de quibus egit die præcedenti, et in utraque subjicitur : « Civitate Taurina, sanctorum martyrum Solutoris, Adventoris et Octavii. » Sunt hi ex celebri legione Thebæa, et in Prætermissis remittuntur ad XX Novembris, quo die eorum meminit Martyrologium Romanum.

GREVEN., præter morem, hoc unicum habet additamentum : « Eodem die, beati Polycronii martyris. » Duo in Prætermissis Polychronii memorantur, uter eorum sit, hactenus nescimus.

MOLAN. in prima editione : « Civitate Taurina, sanctorum martyrum Solutoris, Adventoris et Octavii ; ex Belino : Lugduno Galliæ, sancti Clementis presbyteri. » De quo supra. In posterioribus adjungitur : « Die vigesima, sancti et theophori patris Euthymii magni. » De ipso in Actis fuse, et forte alia in Supplemento addi poterunt. Tum typis minoribus : « Eodem die sancti Mauri episcopi Cesennæ civitatis, et confessoris, eximiæ sanctitatis viri. Obiit Dagobertus rex Francorum. Constitutum est autem a Domino Joanne abbate, et universo capitulo Marcianensi, ut dies anniversarius ejus solemniter celebretur, pro eo quod idem gloriosius rex et Mathildis regina ejus, cum beatam virginem Eusebiam de fonte salutari suscepissent, Villam Verniacum, et vinum, quod ad usus nostros de Francia adducerentur, regali munificentia contulerunt. » Vide Prætermissos.

XII Kal. *Die 21.*

Natalis beati Publii episcopi, qui secundus post Dionysium Areopagitam Atheniensium Ecclesiam nobiliter rexit, et præclarus virtutibus, ac doctrina præfulgens, ob Christi martyrium gloriose coronatur. Romæ, passio sanctæ Agnetis virginis, quæ sub præfecto Urbis Symphronio ignibus injecta, sed his per orationem ejus extinctis, gladio percussa est. In Hispaniis civitate Tarracona, sanctorum martyrum Fructuosi episcopi, Augurii et Eulogii diaconorum, qui tempore Galieni in primo carcere trusi, deinde flammis injecti, exustis vinculis, manibus in modum crucis expansis, orantes ut urerentur obtinuerunt. Trecas, sancti Patrocli martyris.

NOTÆ.

Ex *Prat.*, *Herin.*, *Torn.*, *Pulsan.*, *Munerato*, *Greveno*, *Molano* et *Agonibus martyrum.*

VARIANTES LECTIONES.

Pulsan. scribit *sancti Publii*, et ita passim recentiores codices cum Antu.-Max., Lubecana, etc. Idem legit *Ariopagitam*, uti et Herin. et Tornac. : quod vix observatu dignum in præfatione monuimus. Greven. et Molan. transposuerunt *nobiliter rexit*, legentes *rexit nobiliter*. Plus aliquid ausus Pulsan. elegantius legere credidit; *Atheniensium nobiliter rexit ecclesiam.* Muneratus secundæ editionis, nescio quomodo, *et præclarus virtutibus*, vertit *et prædicans virtutibus*. Et sic in Agonibus martyrum. Rursus Pulsan. pro *gloriose coronatur*, posuit *gloriose occubuit.* Greven. et Molan. titulo *virginis* apponunt, *et martyris.* Munerat. contra, sensum hiulcum facit, omittendo *quæ sub præfecto.* Symphronio legunt codices probati omnes post Adonem; Pulsan. cum aliis, forte Bedam imitatis *Simpronio* vel *Sempronio.* Item *Tarracona* illi, hi cum Munerato et Agonibus MM. *Terracona*, utri rectius, non disputo. *Tugurii* pro *Augurii* in Pulsan. scriptoris vitium reputo, uti *Galeni* pro *Galieni* in Agonibus MM. Melius scriberetur *Gallieni*, sed codices sequimur. Lego, in *carcere trusi*, quod ita Usuardum scripsisse sentiam, melius dixerat Ado *in carcerem.* Cæterum recedunt Pulsan. Greven. et Molan. qui id corrigendum putarunt. Agones MM. pro *expansis* habent *expassis.* Greven. omisit vocem *orantes*, ante, *ut urerentur*; forte quod sensum obscuriorem esse adverterit : sed maxime improbanda Pulsan. Codicis licentia, ita corrigentis : *In carcerem sunt retrusi : deinde flammis injecti, ut urerentur, Sed exustis vinculis, manibusque in modum crucis expansis, orando obtinuerunt martyrii palmam.* Trecas scribunt omnes, medii ævi stylum secuti, liberior Grevenus habet, *Trecis*, cum Agonibus martyrum. Præferenda est qualiscunque Usuardi lectio.

OBSERVATIONES.

Codices nostri Usuardini optimæ notæ concorditer primo loco *Publium* annuntiant, plures alii cum Belino *Agnetem* præposuere. Et ita habent apographa Hieronymiana, Romanum parvum, Rabanus et Ado. Cur id mutandum censuerint Usuardus, et Notkerus, non facile divinaveris. Neque enim ætatis ordo prætexi potest, nam ea ratione in ultimum locum rejicienda fuisset celeberrima *Agnes*, tametsi cum Bollando statuas sub Valeriano et Gallieno, non sub Diocletio, ut probabilior fert sententia, martyrii coronam adeptam. Hic itaque cæteris omnibus anteponitur *Publius*, quem ex iis unum censemus, cujus prima in Fastis sacris memoria auctori Romani parvi accepta debetur, nam qui in Hieronymianis apographis *Puplius*, *Publiis*, vel *Publius* inter alios martyres connumeratur, nullam cum hoc nostro connexionem habet et falli plane opinor Castellanum, qui ex illis nomen desumptum existimat. En modo Romani parvi verba : *Athenis, S. Publii episcopi, qui Militenus a Paulo episcopus ordinatus.* Aliter Ado : *Item apud Athenas, B. Publii episcopi, ob Christi martyrium coronati.* Et quidem sic excluduntur difficultates chronologicæ, quibus se implicat in festivitatibus apostolorum, dum Publium Militenum, Dionysii Areopagitæ immediatum successorem constituit, quod a Bollando citati viderunt Baronius, et Halloixius, et recentius tomo II variis locis impugnat Tillemontius. An Noster Adonem contrahens observatam difficultatem evitare voluerit, non est promptum asserere, certe ita annuntiationem formavit ut verum, vel saltem vero proximum attigerit.

Verissime ab Hieronymo pronuntiatum est ep. 8 ad Demetriadem (quæ in nova editione 974) sub finem, *omnium gentium litteris atque linguis laudatam esse Agnes vitam*, ut egregie probant Ambrosii, Augustini, Gregorii et tot aliorum encomia. *Præcipue in Ecclesiis*, inquit idem Hieronymus; imo in antiquissimis quibusque Kalendariis, Martyrologiis, Sacramentariis. Bucherianum imprimis diserte legit : *Agnetis in Nomentana.* Carthaginense : *Sanctæ Martyris Agnes.* Frontonis, quasi ad geminati festi distinctionem : *Natale sanctæ Agne de passione*, ubi melius legeretur *Agnes* a recto *Agne*. Hieronymiana primo loco habent : *Romæ, passio Agnetis virginis.* Brevius, Romanum parvum *sanctæ Agnetis virginis.* Bedæ elogium totidem fere verbis a Rabano et Adone in Martyrologio transumptum est; Noster, qui ex postremo cætera, et hoc verosimiliter mutuatus est. Ast in eodem Adone inter festivitates apostolorum diffusior texitur historia, quam dicere possis Actorum illorum compendium, quæ sub Ambrosii nomine circumferri solent, ex quo pluscula a Notkero decerpta sunt. An vere Ambrosiana Acta crediderit Bollandus, est cur dubitem : utcunque tamen fuerit, ab eruditis hodie sancto illi doctore passim abjudicantur. Nec sane magna ea jactura reputanda est, cum ab ipso Ambrosio lib. 1 de Virg., cap. 2, a Prudentio, Maximo Taurinensi, et tot aliis Patribus cumulatissime compensetur. Vide Ruinartium inter selecta a pag. 503, ubi Prudentii hymnum 14 et citatum Ambrosii locum illustrat. Tillemontius tomo V, a pag. 344, et Castellanus in hodiernis notis; nonnulla observant, quæ in Supplemento examinari poterunt. De sola Agnete cecinit Wandalbertus :

Bis sexta est, Agnes quam virgo et martyr honorat.

Martyres Tarraconenses commemorant Hieronymiana, ad quos paucula notavit Florentinius, alibi fortasse discutienda. Fallitur iterum Castellanus, dum in omnibus Martyrologiis prosaicis eorum nomina reperiri affirmat, quandoquidem nec Beda, nec Romanum parvum de iis meminerint. Signat ipsos Florus cum proprio sibi elogio. Ado elegantius ex

Actis composuit, quod noster in pauciora redegit. Rabanus solum Fructuosum seligit, eique perperam attribuit *regulas monachorum*, multis post sæculis a Fructuoso Braccarensi episcopo adornatas; Notkerus Adonem sequi maluit. Acta a Bollando illustrata authentica esse fatetur Ruinartius, quem vide a pag. 219, et Tillemontium tomo IV, pag. 198. Ex laudatis Hieronymianis etiam sumptus est *Patroclus* Trecensis : *Trecas; passio sancti Patrocli martyrio :* qui male ab Acherio inter adjectitios computatus est. Ex isto fonte eum acceperunt Rabanus et Ado, cum ea diversitate, quod ille locum notare neglexerit, hic vero distinctius : *Apud Trecas*. Cur Noster minus eleganter scripserit, cur Notkerus omiserit, non est operæ pretium inquirere. Satis patet Usuardum sua omnia ex Adone desumpsisse. Quod autem hic et alibi a Baronio, vel Bollando Bedam citari advertas, de pridem vulgato intellige quod supra monuimus, quodque in cautelam passim indicare Bollandus consuevit, De Patrocli Actis, et translatione, diligenter agit Bollandus, quibus adde quæ recentius observavit Tillemontius tomo IV, pag. 203.

AUCTARIA.

ANTUERP.-MAJ. incipit ab Agnete, in qua satis purus est. Tum : « Apud Athenas, natale sancti Publii episcopi et martyris. » Tarraconenses carent elogio. Demum : « Trecas, passio sancti Patroclii martyris. tempore Aureliani imperatoris. Qui post diversos, quos pro Christo sustinuit, agones, capitis obtruncatione martyrium consummavit, et sepultus non longe est. »

ROSWEYD. de Agnete, bene. De Publio, ut Ado in Martyrologio : « Item apud Athenas, beati Publii episcopi, pro Christo martyrio coronati. » In Tarraconensibus elogium constringit : « In Hispania civitate Taragona, natale sanctorum Fructuosi episcopi, Augurii et Eulogii diaconorum, qui tempore Galieni, sub Emiliano præside martyrio coronati sunt. » In ultima purus est.

ANTUERP. et MAX.-LUBEC. toto textu satis puri sunt, sed in elogio Terraconensium ex Adone supplent quod Usuardus prætermiserat « Et mox quidam ex fratribus, et filia præsidis, quæ astabat, viderunt sanctorum animas cœlum conscendere coronatas. » Eadem habent codices mediæ notæ.

ANTUERP.-MAX., ULTRAJ., LEYDEN., ALBERG., DANIC. et editio ULTRAJ. BELG. non minus sinceri, si Agnetem Publio non præponerent.

LOVANIEN. etiam præfigit Agnetem; sed præterea mutilus est, carens toto Publii elogio.

CENTULEN. : « Apud Athenas, sancti Publii episcopi et martyris, quem docuit et ordinavit sanctus Paulus apostolus. Romæ passio sanctæ Agnetis virginis, sub judice Simphonio. » In Tarraconensibus, post « diaconorum, » addit, « et martyrum, » carens elogio. In ultima purus est, sed adjicit, « tempore Aureliani. »

BRUXELLEN. de Agnete, subdit : « Cujus cotidie in canone missæ memoramus. » De Publio, Adonis elogium inter festivitates apostolorum cum Usuardino sic fere commiscet : « Apud Athenas, beati Publii episcopi et martyris. Qui pridem princeps insulæ quæ dicitur Militena, cum beatum Paulum navigantem Romam, per triduum hospitio susceptum humane tractasset, et Paulus patrem ipsius febritus, et dissenteria laborantem per impositionem manus sanasset, cæpit sancto Paulo adhærere. Qui ipsum postea episcopum ordinans, ad prædicandum direxit. Hic fuit secundus post Dyonisium, » etc. In Tarraconensibus non omnino purus est, et ex Adone adjicit idem, quod supra. In fine : « Eodem die Trecas, tempore Aureliani imperatoris, passio sancti Patrocli martyris gloriosi, qui Susati requiescit. » Vide Bollandum.

HAGENOYEN., in Publio satis purus, secundo loco habet de Tarraconensibus, ut ANTUERP., etc., superius. De Agnete sic habet : « Romæ, passio sanctæ Agnetis virginis et martyris. Quæ in juventute sua sponsum elegit sibi Deum, et ideo filium præsidis Symphronii recusans; et ob hoc turpiter est denudata, et crinibus suis tecta a Deo, et ab angelo in lupanari custodita. Hæc postquam filium præsidis, qui illam contaminare voluit, a morte suscitavit, in ignem projicitur et occiditur, sed non læditur igne : tandem gladio percutitur et subiit mortem. Eodem die Trecas, » etc.

MATRIC.-CARTHUS. ULTRAJ. sic legit : « Agnetis virginis et martyris solemnitas. » Et in margine ; « Ex speciali licentia capituli, propter præsentiam corporis ipsius, quod est in ecclesia sancti Martini Trajectensi, valde solemniter in loculo argenteo deaurato locatum. » Molan. in posterioribus editionibus, ipsi Usnardi textui, litteris cursivis, de eadem sancta hæc interserit, « Cujus reliquiæ habentur in Trajecto inferiori. » Videantur Bollandus et Castellanus.

BELIN. Prima editio mutila est, altera ferme integra, sed utraque ab Usuardo discrepat, quod primus locus Agneti tribuatur.

EDITIO LUBECO-COL., ab Agnete etiam incipiens, Usuardino elogio, post *Virginis*, hæc verba interponit : « Quæ decimo tertio ætatis suæ anno, temporibus Diocletiani et Maximiani imperatorum, sub præfecto urbis, » etc. In Publio, pura est. In MM. Tarraconensibus Adonem potius, quam Usnardum describit. De Patroclo sic habet : « Eodem die Trecas, sancti Patrocli martyris, qui tempore Aureliani imperatoris decollatus est. »

GREVEN. : « Iste Patroclus civis erat Tricassinæ urbis, sed Christi amore, contemptis divitiis, ad palmam martyrii post compedes, ignitas catenas, et fustes superatos, capitis abscissione pervenit. Vitalis, martyris Agaunensis. Meynradi eremitæ et martyris : Translatio S. Vincentii Levitæ, Arvernis, Aviti episcopi. Hermis episcopi. Item sancti Celestini. »

MOLAN. edit. prima minuto charactere : « Ancyra Galatiæ, S. Busyris egregii martyris. » Tripartitæ lib. VI, cap. 13. « Meinradi eremitæ et martyris Augiensis. » Editiones alteræ sic habent : « In insula Augiensis monasterii, Meinradi eremitæ et martyris anno DCCCCLX. Die XXI sancti patris Maximi confessoris, et sancti Neophyti. Eodem die, sanctorum martyrum, Eugenii, Canidii, Valeriani, et Acylæ. » De Maximo vide Prætermissos : utrum Neophytus ille Anastasius sit, me latet. Vide Acta pridie, et hodie Prætermissos.

XI *Kal.*   *Die* 22.

Natalis sancti Timothæi, discipuli beati Pauli. Hic ab eodem Apostolo episcopus Epheso ordinatus, post multos pro Christo agones, martyrio coronatus est. Eodem die apud civitatem Valentiam, sub Daciano Hispaniarum præside, sancti Vincentii Levitæ, et martyris. Cujus passionis nobilem triumphum conspicuus versificator Prudentius luculenter versibus exsequitur : sanctus quoque Augustinus ejusdem martyris præconium, quantum sit laudis honore excipiendum, quodam sermone commendat. [*Bouillart. Legit.* : ª Apud Valentiam civitatem Hispaniæ, sancti Vincentii Levitæ et martyris, cujus certaminis triumphum, temporibus Dioclitiani et Maximiani post nimiam cædem ac gravia tormenta, textus ipsius passionis sub Datiano præside completum esse declarat.] Romæ ad aquas Salvias, sancti Anastasii monachi et martyris. Qui post plurima tormenta carceris, verberum et vinculorum, quæ in Cæsarea Palæstinæ perpessus fuerat a Persis, postremo multa pœna affectus atque ad ultimum decollatus est cum aliis septuaginta. Ipso die civitate Ebreduno, sanctorum martyrum Vincentii, Orontii et Victoris.

NOTÆ.

Textus desumitur ex *Herimen., Tornacen., Munerat., Greven., Molan.* et *Agonibus martyrum*.

ª Bollandum, qui nostram lectionem prætulit, a Pratensi codice deceptum esse ait Sollerius. Sed si non fuisset ipse a suo male oculato monitore deceptus, sodali suo multo plus honoris habuisset. Falsum est enim, quod admonuit Castellanus, *ab imperito fortasse quopiam erasum fuisse* elogium, quod Sollerius repræsentavit. Quæ manus Sollerianum textum primo exaraverat, et postea erasit, eadem Bollandianum nostrumve ejus loco substituit. Appello peritos hujus generis litteraturæ judices. Qui vero hæc cohærent? Nihil expeditu facilius. Usuardus suum exemplum, ut primum scripserat, exscribi permisit. Hinc exemplaria, unde suum Vincentii elogium prompsit Sollerius. Postquam autem suum ad se codicem recepit, oblitteravit quod sibi minus rectum videbatur; subjecit quod magis placebat. Itaque Sollerius hic Usuardum quidquid in mentem venit, fundentem; nos cum Bollando Usuardum retractatum a seipso atque refectum edidimus.

BOUILLART.

VARIANTES LECTIONES.

Vix notatu dignæ sunt leviculæ discrepantiæ. Greven. et Molan. pro *beati Pauli* scribunt *sancti.* Idem Molan. et alii, *episcopus ordinatus*, item *Ephesi*, cæteri melius cum textu, *episcopus Epheso ordinatus.* In Tornacen. ubi de Vincentio annuntiatur, *eodem die apud civitatem*, etc., omissa est vox *die*, amanuensis vitio, quo etiam in Munerato scriptum *Gispaniarum.* Herimen. posuit *post multos agones pro Christo*; certa apparet et aliquantulo elegantior Usuardi transpositio. Rursus idem codex legit, *cujus passionem nobilis triumphi.* Melior est textus lectio, eaque in tota Vincentii annuntiatione vere et germane Usuardina, non ea, quam ipsi tribuit Bollandus, a codice Pratensi deceptus, ex quo citat sequentia : *Apud Valentiam civitatem Hispaniæ, sancti Vincentii Levitæ et martyris, cujus certaminis triumphum, temporibus Diocletiani et Maximiani, post nimiam cædem, ac gravia tormenta, textus ipsius passionis sub Datiano præside completum esse declarat.* Ast genuina hæc Usuardi esse, codicibus omnibus aliis, excepto Aquicinctino, repugnantibus, haud umquam ut crederem induci potui. Quam vero id recte pridem sensissem, docuit subinde Castellanus, numquam satis laudandus mihi adjutor in consulendo præfato Pratensi codice. Scripsit enim, totum textus nostri elogium, ut primum ibi exaratum erat, ab imperito fortasse quopiam erasum fuisse, et superscripta, quæ modo citavimus, unde patet eum quoque codicem reliquis nostris olim conformem fuisse, atque adeo ipsissimam Usuardi lectionem a nobis in textu exhibitam. In Agonibus martyrum habetur, *ad aquas Salinias*, in Molan. *apud aquas Salvias.* Demum Molan. idem et Greven. ponunt : *In Galliis civitate Ebreduno.* Nemo non videt, textus nostri lectionem ex aliis esse præferendam. In Greven. aliquid redundat.

OBSERVATIONES.

Quam authentica sunt Timothei gesta, utpote quorum præcipue testem habemus ipsum Doctorem gentium, tam est dubius dies, quo martyrii lauream promeritus sit. Baronius ad xxiv Januarii sic notam suam orditur : *Agunt de eodem* (Timotheo) *hac die* (nempe xxiv Januarii) *cæteri Latinorum; Græci autem* xxii *hujus.* De Græcis vera prædicat, de Latinis non item : nam Hieronymiana, et, si inter ea numerari possit ipsum S. Cyriaci Ms. quo Baronius usus est, ac præterea Florus eum signant xxvii Septembris; Wandalbertus xvi Maii ; Usuardus autem, ejusque præcipui codices, et quidem Belinus, et recentiores alii, cum expressissime annuntiant hoc die xxii Januarii. Itaque cæteri illi reducuntur ad Bedam, Romanum parvum, Adonem, Rabanum et Notkerum. Porro Bedæ, Romani parvi et Rabani phrasis brevissima est; paulo longior Notkeri ex Adone inter festivitates apostolorum, unde etiam nostra desumuntur, omissa duntaxat translatione reliquiarum, de qua Usuardus ix Maii, Adoniana aliqua hodierna in eum locum transferens. Qua autem causa motus sit ad deserenda solitorum ductorum vestigia nusquam reperio, nisi præter morem Græcos hic imitari voluerit. Acta a Polycrate scripta, aliaque a Metaphraste diffusius deducta, optime illustravit Bollandus. Vide etiam Castellani notam a pag. 493 et accuratam vitæ synopsim apud Tillemontium, tomo II, a pag. 142. *Quousque vel Romanum imperium, vel Christianum nomen extenditur*, Augustini verba sunt, *omnis regio, omnis provincia, natalem gaudet celebrare Vincentii.* Hinc in vetustis Ecclesiæ monumentis notissima ejus memoria. Non solus in Hieronymianis colitur, sed episcopo *Valerio* et octodecim, imo et pluribus sociis conjunctus, de qua turma diligenter agit Bollandus, et post illum Florentinius in notis. : tu plerorumque sodalium nomina ex insigni Prudentii hymno accipe, ac quo die singuli collocandi sint, ex citatis scriptoribus disce. Romanum parvum indeterminatum relinquit martyrii locum: *Sancti Vincentii diaconi, et martyris* in *Spaniis* : nec clarius scripserat Beda. Elogium ex probatissimis Actis, tametsi non præsidialibus, concinnavit Ado ; Noster vero, pro singulari in S. Vincentium pietate, encomium adornavit, quod ab aliis rejectum, ab aliis non sincere redditum est. Aliam historiam texuit Florus, aliam Rabanus, sed Notkerus Adonem descripsit. Habes in Actis nostris, quæ de translationibus et miraculis operose collecta sunt. Vide præterea Ruinartium a pag. 387, notam Castellani, pag. 375, et Vitam Gallice deductam a Tillemontio, tomo V, a pag. 215.

Anastasii monachi ad aquas Silvias, pro *Salvias* meminit Romanum parvum. Beda paulo fusius : atque ampliori non nihil elogio Viennensis. Primum secutus est Rabanus ; Notkerus alterum, quem et Usuardus, expuncta translatione, sic expolivit, ut in textu retulimus. Acta ejus tam præclare a Bollando illustrata sunt, ut nihil desiderari posse videatur. Vincentium et Anastasium ita conjunxit Wandalbertus :

Undecimam Levita sacer Vincentius ornat ;
Huic et Anastasium virtus conjungit opimum.

Ultima annuntiatio pure Usuardina est, non Adoniana, ut recte, mea quidem sententia, sancivit Rosweydus. Nequeo conjicere unde *Vincentium* illum, et socios acceperit Usuardus, at nisi vehementer fallor, idem hic *Vincentius Caucoliberitanus*, qui ab Hieronymianis, Adone et aliis, imo et ab Usuardo ipso, recolitur xix Aprilis, ut bene ibi observavit Papebrochius, pag. 622, quem secutus est Castellanus in notis pag. 37, necnon Tillemontius, tomo V, pag. 62. Quod autem hodiernus Vincentius comites habeat, alter solus sit, facile alibi componi poterit. Interim puram et simplicem Usuardi lectionem sartam tectam servare voluimus.

AUCTARIA.

PRATEN. De mutatione in eo codice facta, abunde in Variantibus dictum est.

ANTUERP.-MAJ. Timotheum rejicit ad xxiv Januarii. Incipit itaque : « In Hispaniis civitate Valentia, passio sancti Vincentii Levitæ et martyris. » In Anastasio ferme, in Vincentio, Orontio, etc., omnino purus est.

ROSWEYD. Timotheum etiam distulit : « In Hispaniis, sancti Vincentii diaconi et martyris, qui sub impiissimo Daciano præside, multa passus tormenta, martyrio meruit coronari. Ipsa die in Galliis civitate Ebreduno, sanctorum martyrum Vincentii, » etc. In Anastasio, quem ultimo loco refert, plane Adonianus est.

PULSANEN., in Timotheo et Vincentio purus, ita diem claudit : « Romæ ad aquas Salvias, sancti Anastasii monachi et martyris. » Reliquis omnibus, nescio cujus vitio, præteritis.

ANTUERP. et MAX.-LUBEC., rejecto etiam in xxiv Timotheo, sic incipiunt : « In Hispaniis civitate Valentia, sub Daciano impiissimo præside, sancti Vincentii Levitæ, » etc., pure toto reliquo textu.

ANTUERP.-MAX., ULTRAJ., LEYDEN., ALBERG., DANIC. et editio ULTRAJ.-BELG. Superioribus similes sunt in transferendo Timotheo ad xxiv et ferme etiam in cæteris.

LOVANIEN. in hoc præterea deficit, quod Anastasii elogium mutilaverit.

CENTULEN. : « In Hispaniis civitate Valentia, passio beati Vincentii archidiaconi et martyris, sub præside Daciano. Romæ ad aquas Salvias, sancti Anastasii monachi et martyris. Eodem die in Galliis civitate Ebreduno, sanctorum Vincentii, Orontii et Victoris martyris. » De Timotheo xxiv.

BRUXELLEN. : « In Hispaniis civitate Cæsaraugusta, seu Valencia, sub Daciano, » etc., satis pure. Tum de tribus Ebredunensibus, ut supra. In Anastasio Adonianus est. In fine autem recentiori manu superadditur : « Item, sancti Joannis Eleemosynarii, qui fuit patriarcha Alexandrinus. » Vide Auctaria diei sequentis.

HAGENOYEN. : « Apud Valentiam civitatem, passio sancti Vincentii Levitæ, et martyris sub Dyocletiano imperatore, agente Daciano Hyspaniarum præside, fustibus cæsi, eculeo suspensi, ardenti lamina pectori ejus impressi, vulnera ejus sale aspersi, tenebroso carceri impositi, et super testas acutas volutati; et cum hæc omnia vicisset, in lecto molli moritur. Cujus passionis nobilem, » etc. In Anastasio et Ebredunensibus satis purus est. In fine : « Item, translatio corporis sancti Urbani episcopi et confessoris. » Hæc, procul dubio, de Lingonensi intelligi voluit, de quo vide Acta die sequenti.

AQUICINCT. de Vincentio idem habet elogium, quod supra ex Pratensi retulimus. In reliquis purus est.

VICTORIN. et REG. SUEC., sub num. 130 : « Et natale sancti Dominici abbatis. »

CAMBERIEN. Conventualium S. Mariæ. « Item sancti Ulfi martyris. » Refertur a Bollando in Prætermissis, defectu sufficientium documentorum de cultu, etc.

BIGOTIAN. signatus D 9, de sancti Urbani translatione habet ut supra. Sed BIZENTICEN. paulo clarius: « Apud Divionem, translatio corporis sancti Urbani, episcopi et confessoris. »

VATICAN., signatus num. 5949, de Timotheo, nihil. Adjicit : « Transitus Domini Dominici sacerdotis et monachi. »

ALTEMPS. : « Civitate Sardicia, sancti Potiti martyris, sub Antonino imperatore. » Est hic, opinor, de quo ex aliis inter Auctaria egimus xiii Januarii.

FLORENTIN. : « Item, depositio sancti Gaudentii, episcopi urbis Novariensis, confessoris, magnæ sanctitatis viri. »

EDITIO LUBECO-COL. Transfertur Timotheus. De Vincentio tormenta aliqua ex Adone enumerantur. In Anastasio etiam Adoniana est. Tum : « In Blanduno, sancti Berdulphi confessoris. » Vide infra. In fine, de Ebredunensibus satis pure.

BELIN. In textu non omnino purus est : annuntiationes sic transponit, ut Vincentius primum locum occupet, Timotheus tertium. In fine autem subdit : « Eodem die apud Novariam, depositio sancti Gaudentii, episcopi et confessoris. »

GREVEN. : « Eodem die, Epiphanii episcopi Ticinensis, id est Papiensis et confessoris. Anastasii abbatis, qui, ut refert Gregorius i Dialog., Romanæ primum Ecclesiæ notarius fuit, sed soli Deo vacare desiderans, monasterium juxta Neptanam urbem situm ingressus, per multos annos in sanctis actibus victam duxit, eique monasterio, sollerti post custodia, præfuit. In Blanduno, sancti Berdulphi confessoris. » Bollandus rectius *Bertulphum vocat, in Blandinio*, sed Acta remittit ad v Februarii.

MOLAN. aliis litteris de Vincentio totum Adonis elogium inserit, quod hic describere supervacaneum judico, cum in ipso fonte purius legi possit. In fine minoribus typis de Anastasio, ex Greveno transtulit, quæ proxime dedimus. Deinde : « Eodem die, Epiphanii episcopi Ticinensis, id est Papiensis et confessoris, qui in Hildesem est translatus. » Denique : « Romæ, sanctæ Blesillæ matronæ, de qua beatus Hieronymus ad Marcellam. » Editiones aliæ hic iterum ab Usuardi puritate recedunt, dum ex hoc loco Timotheum transferunt ad ix Kaleud. In fine adduntur quæ supra : « Eodem die apud Novariam, depositio sancti Gaudentii, episcopi et confessoris. » Papiæ, sancti Epiphanii episcopi et confessoris. »

X *Kal.*   Die 23.

Philippis, beati Parmenæ, qui fuit unus de septem diaconibus. Hic traditus gratiæ Dei a fratribus, injunctum officium prædicationis plena fide consummans, martyrii gloriam adeptus est. Romæ, natalis sanctæ Emerentianæ virginis, et martyris, quæ dum oraret ad sepulcrum sanctæ Agnetis, ac simul orantes a gentilium læsione defenderet, lapidata est ab eis. In Mauritania civitate Cneocæsarea, sanctorum Severiani et Aquilæ uxoris ejus, ignibus combustorum. Apud urbem Antinoum, sancti Asolæ martyris, qui primo atrocissime suspendio tortus, deinde flammis lateribus admotis exustus, ad ultimum pretiosam Deo animam, in flumen præcipitatus, reddidit.

NOTÆ.

Sic legunt *Praten., Pulsanen., Antuerp., Max.-Lubec., Greven., Molan.* et *Agones martyrum*. Accedere possunt *Antuerp.-Max., Ultraject., Leyden., Albergen., Danic.* et *editio Ultraject.-Belg.* ab aliis modice discrepantes.

VARIANTES LECTIONES.

In Agonibus martyrum est, *de septem diaconis.* Pulsanen. vocem superfluam textui addidit, legens : *de septem primis diaconibus,* satis enim intelligitur e numero primorum fuisse, etiam ea voce prætermissa. Adde, quod sequentia transponat, *traditus a fratribus gratiæ Dei, injunctumque,* etc. Præterea, ubi textus legit *ac simul orantes a gentilium,* etc. Idem codex resecat *ac simul orantes,* ponitque *ut a gentilium,* etc. Librarii error est apud Grevenum *Mauricania* pro *Mauritania.* Scripsi *Cneocæsarea,* quod ita cogant præcipui nostri codices. Molanus more suo correxit *Neocæsarea,* ut habet etiam Bolandus, quamvis fateatur passim legi *Gneocæsarea,* ut varii codices nostri, vel *Geneocæsarea,* ut Belinus, etc. Nolo de voce litigare, modo contra Galesinium concedatur, urbem hanc non *in Macedonia,* sed *in Mauritania* collocandam. Neque opus est operam perdere enumerando variantes lectiones Max.-Lubecanæ : sufficiat semel, ac iterum indicasse, primam illam Usuardi editionem scatere erroribus typographicis, a quibus nec immunes sunt aliæ, præsertim Munerati et Belini.

Hactenus purum agnovimus codicem Heriniensem, in quo vix ulla reperta additio præterquam propria Remensis IV hujus, et verbulum de sancto Mauro XV.

Hodie vero post integerrimum Usuardi textum ita subdit : *Toleto, beatissimi Hildefonsi, archiepiscopi et confessoris.* Suspicor ecclesiæ vel monasterio, ex quo hic codex prodierit, peculiarem eum cultum fuisse, atque inde in codices alios transivisse. Mirum etiam est prætermissam in Tornacensi totam *Asolæ* annuntiationem. An quod apud antiquos non reperiretur? Certe ejus loco hæc substituta sunt : *Resbaco monasterio, translatio sancti Agili abbatis.* Eodem die, sancti Macarii martyris. Quid Agili translatio ad Tornacenses spectet omnino non capio, cum de ejus natali nulla proprio die fiat mentio. Cæterum et in aliis codicibus de ea translatione agitur. *Macarii* autem, vel solius, vel cum *Eugenio,* vel cum *Emerentiana* conjuncti, festum in variis Galliæ, et Belgii ecclesiis fuisse olim percelebre, probant earum Kalendaria, Rabanus, codices mss. et Munerati editio. Nec sane memoria antiquior quærenda videtur, quam quæ in Hieronymianis diserte exprimitur. Acta ejus dabuntur XX Decembris. Codices mediæ notæ in eo solum ab omnimoda puritate deficiunt, quod cum Romano parvo et Adone Emerentianam Parmenæ anteponant, et de Ascla inserant, *qui sub Arriano præside,* primo, etc. Vide Observationes in fine.

OBSERVATIONES.

Jam superius X Januarii verbo indicavimus quatuor diaconos de septem primis, nempe *Prochorum, Nicanorem, Timonem,* et, qui hodie colitur, *Parmenam,* in sacris Fastis ab auctore Romani parvi primum consignatos. Hic Martyrologii illius verba subjicio ; *Philippis, Parmenæ diaconi de septem.* Et hæc ferme eadem referuntur ab Adone in Martyrologio, at in festivitatibus apostolorum breve texuit elogium, quod Notkerus integre descripsit, Noster permodice mutavit et contraxit. Pauca de Parmena in Actis nostris, pauca apud Tillemontium, tomo II, pag. 69 et 70. Non ab omnibus Hieronymianis apographis abest *Emerentiana,* sed in nullo legitime positam existimo. Castellanus, pag. 385, satis aperte indicat, eam a Romano parvo primum quoque fuisse notatam, quod negari non potest, si illius auctorem Beda antiquiorem censeamus. Etenim Emerentiana apud præfatum Bedam celebratur cum eo encomio, quod ferme verbatim ex ipso sumpsere Rabanus, Ado et Notkerus. Utrum Noster ex fonte, an ex rivo hauserit, tantumdem est, paucula certe ex corum verbis resecuit, Romanum parvum scripserat : *Romæ, sanctæ Emerentianes virginis ;* ea inflexione, qua Agnetem legi nuper ostendimus. Non alio ibi quam *virginis* titulo ornatur, verum Beda distinctissime *virginem Christi, et martyrem* prædicat, paucisque complectitur quidquid ferme de hac nostra sancta in Actis beatæ Agnetis memoriæ proditum est. Sola a Wandalberto laudatur hoc versiculo :

Post Emerentianæ decimo laus emicat ampla.

Apographa Hieronymiana primo loco annuntiant:

In Mauritania, civitate Neocæsarea, passio sancti Severini et Aquilæ uxoris ejus. An qui hisce plerumque subjunguntur, socii eorum sint, dubium facit Epternacense, de qua re videri potest Florentinius. Non multum a prioribus differt Romanum parvum, nisi quod *Severiani* scribat, ac præterea *Aquilæ* non apponat qualitatem *uxoris.* Ado Roswéydi ad Hieronymianorum sensum omnia restituit, adjuncto mortis genere. Attamen, si quid conjicere liceat, puto Adonem non *Severini* scripsisse, sed *Severiani.* Docent id Usuardus et Notkerus, quos credibile non est in martyris nomine mutare quidquam voluisse, dum cætera omnia ex Adone describerent. Conjecturam confirmat Mosandri editio, in qua etiam diserte legitur *Severiani.* Præter ea, quæ hic in textu dicuntur, nihil de hisce martyribus Bollandus, nihil alii, quod sciam, hactenus repererunt. Aliam hic conjecturam subjicio satis, ni fallor, probabilem, nimirum Ægyptiorum aliquot martyrum Acta vidisse Usuardum, quæ antiquioribus, imo et æqualibus Martyrologis ignota fuerint. Ex iis autem hodie eruit *Asclam,* illustrem Antinoi martyrem ; Philemonem vero, et Apollonium VIII Martii. Sunt qui Asclam XXI passum velint, atque hoc die sepultum fuisse. De cultu apud Græcos, nec hic, nec alibi disputo. Acta satis sincera a Bollando edita sunt, quæ si cum elogio nostro conferas, clare patebit hoc ex illis olim extractum fuisse. Tillemontius *Arriano* crudeli primum persecutori, deinde et martyri, plures Ægyptios sub illo passos annectit tomo V, a pag. 355, inter quos Asclas, pag. 358. Ex dictis de Usuardinæ lectionis origine et sinceritate abunde constare existimo.

AUCTARIA.

HERINIEN. et TORNACEN. Utriusque auctarium, vel auctaria supra dedimus in variantibus.

ANTUERP.-MAJ. Bedam potius vel Adonem quam Usuardum refert. Ita habet primo loco : « Romæ, sanctæ Emerentianæ, virginis Christi, et martyris, quæ erat collactanea sanctæ Agnetis. Et dum oraret ad sepulcrum ejus, ac simul orantes, » etc. In Severiano et Aquila, satis purus est. In Parmena, magis Adonianus. Deest Asclæ elogium. In fine : « Toleto, civitate, natale sancti Hildefonsi episcopi et confessoris, fide et doctrina clarissimi. »

ROSWEYD. in Emerentiana, fere convenit cum superiori. Tum : « Et in Mauritania, civitate Neocæsarea, natale sancti Severini et Aquilæ uxoris ejus, qui ignis supplicio martyrium susceperunt. Philippis,

Parmenæ diaconi, qui unus fuit de septem diaconibus. » De Ascla, nihil. Ejus loco : « Item, Macharii martyris. »

MUNERAT. textui subdit : « Eodem die, sancti Macarii martyris. »

LOVANIEN. deficit in solo elogio Asclæ, quod expunxit.

CENTULEN. : « Natalis sancti Parmenæ, qui fuit unus de septem diaconibus primis, quique martyrii gloriam adeptus, Philippis quievit. Romæ, sanctæ Emerentianæ virginis. Civitate Antinoum, sancti Asclæ martiris. Toleto civitate, sancti Hildefonsi, episcopi et confessoris, fide et doctrina clarissimi, qui miro devotionis studio laudem et honorem beatæ

Dei genitricis et semper virginis excoluit. » Desunt Mauritani.

BRUXELLEN. In Emerentiana fere purus, in Parmena et Mauritanis purior, de Asclа, sic habet: « Apud urbem Anthinoum, sancti Asclepii martyris. Qui sub Arriano judice, atrocissime tortus, deinde flammis adustus, et ad ultimum, » etc. Tum : « Ipso die, sanctæ Sabinæ virginis. » An quæ a Beda memoratur die sequenti? « Et Macharii martyris. In Galliis apud Viennam, depositio sancti Bernardi confessoris, et archiepiscopi Viennensis. Et eodem die, translatio sancti Agili, abbatis et confessoris.»

HAGENOYEN., in prima satis purus, de Emerentiana scribit, « virginis, quæ erat collectanea beatæ Agnetis virginis, et catechumena; et dum oraret, » etc. In reliquis solito purior est.

AQUICINCT. post, *lapidata est ab eis*, textui inserit : « Ipso die, sancti Macarii. »

VICTORIN. deficit in sanctis Severiano et Aquila. Addit autem in fine cum codice REG. SUEC. sub num. 130 : « Toleto civitate, natale sancti Hildefonsi episcopi et confessoris, fide et doctrina clarissimi. »

DAVERONEN. : « Monasterio Resbaci, translatio beati Agili, confessoris et abbatis ejusdem monasterii. »

MATRIC.-CARTHUS.-ULTRAJ. : « Emerentianæ virginis et martyris. Hildefonsi episcopi, et confessoris. Asclæ martyris, ac sociorum ejus. » Per quos haud dubie intelligit alios, sub Ariano passos. « Parmenæ diaconi, qui fuit unus de septem primis. Severiani et Aquilæ uxoris ejus, ignibus combustorum.»

DIVIONEN. S. Benigni : « Divione monasterio : translatio sancti Urbani confessoris, Lingonicæ civitatis episcopi, » quam ad hunc diem pertinere, heri ex Bollando diximus. Male itaque in alio S. Benigni codice apud Cistercium servato, hæc omnia referuntur VIII Kal. Febr., seu xxv Januarii.

AUGENSIS. : « Resbaco monasterio, translatio sancti Agili abbatis, Eodem die, sancti Macarii martyris. »

REG. SUEC., sub num. 428 : « Eodem die, sancti Macarii martyris. »

In VATICAN. signato num. 5949, deest commemoratio *Asclæ*.

ALTEMPS. : « Eodem die, in monasterio Respaci, translatio corporis beatissimi confessoris Christi Agili, primi abbatis ejusdem monasterii. Item, sancti Feliciani episcopi et confessoris. » In Actis, XXIV.

FLORENTIN. : « Item translatio sancti Agili, abbatis et confessoris. Apud Toletum, sancti Ildefonsi episcopi et confessoris. »

EDITIO LUBECO-COL. incipit : « Colonia Agrippina, in ecclesia sancti Cuniberti archiepiscopi, commemoratio undecim milium virginum, et martyrum. » In Emerentiana Adonem sequitur, et post *lapidata est ab eis*, subjicit : « Et tali martyrio beatum emisit spiritum. Cujus corpus parentes beatæ Agnetis cum sacerdotibus juxta ejusdem sepulcrum, nocte honorifice sepelierunt. » Sequitur de Parmena et reliquis, satis pure.

BELINI utraque editio non nihil truncata est in eloglo Asclæ: utraque incipit ab Emerentiana. Secunda autem in fine addit : « Eodem die, sancti Macharii martyris. »

GREVEN. : « Macharii martyris. Item Eugenii. Ipso die, Joannis patriarchæ Alexandrini, qui ob excellentem in pauperes misericordiam, Eleemosinarius dictus est. Apud Toletum, beati Hildephonsi archiepiscopi et confessoris. »

MOLAN. : « Toleto civitate, Ildephonsi episcopi et confessoris. Apud Alexandriam, natale sancti Joannis patriarchæ, viri Dei in passione et largitate eleemosynarum piissimi. Eodem die, sancti Macharii, abbatis martyris. » Editiones posteriores de Ildefonso, idem habent; de Eleemosynario, clarius : « Apud Alexandriam, natale sancti Joannis patriarchæ, viri Dei, in compassione et largitate eleemosynarum piissimi. Viennæ Galliæ, sancti Bernardi episcopi ejusdem civitatis et confessoris, tempore Ludovici Pii. In Burgundia, sancti Maibodi martyris. » In Actis scribitur *Maimbodi*. « Et alio loco, passio sanctorum Eugenii et Macarii. Die vigesima tertia, sancti hieromartyris Clementis Ancyræ, et sancti martyris Agathangeli. » Vide ipsos in Actis et eorum socios enumeratos.

IX Kal. Die 24.

Apud Antiochiam, natalis sancti Babilæ episcopi, qui persecutione Decii, postquam frequenter passionibus suis, ac cruciatibus glorificaverat Dominum, gloriosæ vitæ finem est sortitus in vinculis. Referuntur etiam passi cum eo tres parvuli, id est Urbanus, Prilidanus et Epolonus. Cneocæsarea civitate, sanctorum Mardonii, Musonis, Eugenii, Metelli, qui omnes igni traditi sunt, et reliquiæ eorum in Axum fluvium dispersæ.

NOTÆ.

Conveniunt *Praten., Herinien., Tornacen., Pulsanen., Munerat., Belini prima editio, Greven., Molan.* et *Agones martyrum*. Addendi essent *Antuerp.-Maj.* et *Max.-Lubec., altera Belini editio*, et codices mediæ notæ omnes, nisi hodie Timotheum primo loco referrent, ut in Auctariis infra dicemus.

VARIANTES LECTIONES.

Belin. male efformavit *Babille* pro *Babilæ*; an forte quod Bedam aliquatenus imitari voluerit. Hieronymiana apographa ferme habent *Basillæ* : alii *Babellæ*, etc. Scribendum esset ex Romano parvo, et Adone *Babylæ*, ut legant Molan. et Agones Martyrum, sed nos codices nostros manuscriptos secuti sumus. Herinien. habet, *martyris et episcopi*. Munerat., Belin. Greven. et Molan. *glorificaverat Deum*, nos cum Mss. *Dominum*, et sic Nostrum legisse existimamus, sicut apud Adonem invenerat. In parvulorum nominibus multa hic varietas; major in Actis observari potest. Textui conformes sunt puriores quique codices, licet Tornacen. ponat *Ephólorus*; Greven., *Pepolenus*; Molan., *Eupolenus*. Aliter Bollandus, forte ex Beda, aliter alii enuntiant; at, ni fallor, scriptionis ratio ex plurium codicum suffragiis elicienda est, quod et in sequenti classe obtinebit. Munerat. *In Cæsarea*, Molan. iterum *Neocæsarea*: Praten. *Cneocæsarea*, si non rectius, saltem ad anteriora conformius; Herinien. et alii, *Gneocæsarea*. Sed hæc, ut nuper, ad unam nomenclaturam reduximus. Munerat. prima editio scribit *Mulonis*; altera cum textu, sed male, *Meritti* pro *Metelli*. Belin. *Musonis*, alii *Musonii*, ut apud Bollandum observare est; nos cum Usuardo legimus. Superflua est in Pulsanensi et Molano particula, *et Metelli*. *Axum fluvium* dixit Pulsanen., sed Munerat., Belin. et Molan. *Axum flumen*: optimi codices ex Adone, *Axum fluvium*, Belin. perperam in fine subjunxit, *traduntur fuisse*. Nihil hic opus erat nimium sapere.

OBSERVATIONES.

Ex fonte non uno derivari videretur textus nostri prima pars, si antiqui omnes pariformiter procederent. In eo certe concordes invenio, quod inclytum *Babylam* Antiochenum episcopum hac die celebrent, non iv Septembris, ut Græci faciunt, contra quos non male arguunt Tillemontius, et post ipsum Castellanus, ex ordine homiliarum sancti Joannis Chrysostomi. Interim Hieronymiana sic principio legunt : *In Antiochia, passio sancti Basilii episcopi, cum tribus parvulis.* Bedæ textus habet *Babyllæ*, addunturque puerorum nomina, *Urbani, Pritidiani et Epolonii*; ad quæ paucula adjunxit Rabanus. Romani parvi auctor alium fontem, Rufinum opinor, habuit, ex quo sic tantum signavit : *Antiochiæ, sancti Babylæ episcopi*. Atque hunc secutus est Ado, alia ex Eusebio desumens, sed quæ ad solum Babylam etiam pertineant. Horum partem primam verbatim descripsit Noster, clausulam adjiciens de tribus parvulis, a Notkero præteritis, quos non aliunde quam ex Beda accipere potuit. Fateor et a Floro prædicta parvulorum nomina exprimi; ast ex eo fonte, nihil hausisse Usuardum probat tanta elogiis ejus ab Adoniano diversitas, ut in tyranni nomine, in mortis genere, et in cæteris omnibus longissime discrepent; ut pote cum Ado sua ex Eusebio, alter ex Actis desumpserit. Atque hæc illa est diversorum monumentorum varietas, quæ insuperabilibus difficultatibus *Babylæ* vitam ita impeditam reddunt, ut nemo hactenus eas omnino explanare potuerit. In distinguendis *Babylis*, atque in Antiocheno hoc nostro exornando egregiam operam posuit Bollandus, nec video a recentioribus distinctiora produci. Ex Chrysostomo nonnulla decerpsit Tillemontius, tomo III, a pag. 400, quæ utrum cum Actis satis conciliari possint, alterius loci erit discutere. Cætera ex historia ecclesiastica sic etiam a Bollando illustrata sunt, ut in re nota immorandum non sit, Unicus est Wandalberti versiculus :

Nono martyrium Babylæ virtusque coruscat.

Proxima Hieronymianorum annuntiatio sic habet : *Et in civitate Neocæsarie, Marduni, Maisuni, Eugeni, Metelli*. De his nihil in Romano parvo, nihil in Beda, Floro, aut Rabano. In Adone lævigata sunt nomina, additumque breve elogium, a Nostro et Notkero secundum omnes apices descriptum. Si quæras, undenam Ado illa desumere potuerit, respondebo, me nec divinando id conjicere, nisi Acta aliqua viderit, quæ modo interciderunt. Ex eo autem elogio nascitur controversia de passionis loco, quem haud facile profecto determinaveris, nisi prius *Axus* fluvius inveniatur, cui *Cneocæsarea*, vel *Neocæsarea* adjaceat. De martyrio tempore, aliisque circumstantiis, æque incerta sunt omnia : at certus omnino Usuardi textus, cujus originem et simplicitatem repræsentavimus.

AUCTARIA.

Jam supra notavimus Bedam, Romanum parvum, Adonem, Rabanum et Notkerum hoc die *Timotheum* collocare, quod in Romano moderno servatum est. Cum autem martyrologos illos imitati sint nonnullorum codicum Usuardinorum scriptores, ea sola causa e purorum Usuardorum numero exclusi sunt ANTUERP.-MAJ., ANTUERP. et MAX.-LUBEC., ANTUERP. MAX., ULTRAJECT., LEYDEN., LOVANIEN., ALBERGEN., DANIC. et editio ULTRAJ.-BELG. atque item BELINI editio altera. Notandum vero, codices jam citatos, Timothei annuntiationem puram, et integram ex xxii, et primo loco referre, ubi secunda illa Belini editio in fine solum adjicit : « Ipso die, beati Timothei apostoli. »

ROSWEYD. incipit : « Apud Ephesum, Timothei discipuli beati Pauli apostoli. » In Babyla purus est, sed deficit in ultima clausula de tribus pueris. In ultima etiam recte.

CENTULEN. : « Apud Ephesum, sancti Tymothei episcopi et martyris, discipuli sancti Pauli apostoli. Antiochiæ, sancti Babillæ episcopi et martyris cum tribus pueris martirizati. In Gneocæsarea civitate, sanctorum martyrum Mardonii, Mosonii, Eugenii, Metelli, qui omnes igni traditi sunt. »

BRUXELLEN. incipit etiam a Timotheo, satis pure. Tum : « In Antiochia, natale sancti Babillæ episcopi, et martyris. Qui sub persecutione Decii, in vinculis vitæ suæ finem gloriose sortitus est. Cum quo, » etc. In alia annuntiatione satis purus est. In fine adjicit : « Item Basilii episcopi. » De hoc Basilio, nihil alibi. An fortasse *Basilum* alicubi legerit, pro *Babyla*, unde Basilium deduxerit?

HAGENOYEN. Timotheum refert non omnino pure : in textu purior est.

AQCICINCT. « Cameraco, elevatio sancti Autberti episcopi et confessoris. » Colitur xiii Decembris.

VICTORIN. agit ex præcedenti de sanctis Severiano et Aquila, et additur : « Ipso die, sancti Feliciani episcopi, qui passus est sub Decio. » In fine : « Trecas, sancti Saviniani martyris. » De quo, sub eodem nomine agit hodie Florus, et « Sabinam sororem conjungens, de qua sola locutus fuerat Beda. Vide alios codices nostros infra.

MATRIC.-CARTHUS.-ULTRAJ. : « Babylæ episcopi et martyris, cum tribus pueris, qui cum eo passi sunt.

Item sanctorum martyrum Mardonii, Musonii, Eugenii et Metelli, qui igni traditi sunt. »

CAMBERIEN. : « Apud Gabalensem urbem, beati Severiani præsulis. »

REG. SUEC. sub num. 130 : « Ipsa die, sancti Feliciani episcopi. Trecas, sancti Saviniani martyris. »

In VATICAN., signato num. 5949, agitur hoc die de *Timotheo et Ascla*.

UGHELLIAN. similis est codicibus mediæ notæ, superius in principio citatis.

ALTEMPS. : « Eodem die, sancti Cadoci confessoris. » Inter Æmeros, vel die carentes, ponitur a Castellano pag. 910, si forte de *Sophia*, vel *Sophio* Beneventano agitur, vide Acta tom. II, pag. 602 et 603.

FLORENTIN. : « In provincia Francorum, apud civitatem Trecensem, sancti Savini martyris, qui sub Aureliano imperatore passus est... » Puto Sabinianum indicari, de quo vide xxix Januarii. Addit STROZZIAN. : « Item sancti Feliciani episcopi et martyris. »

Editio LUBECO-COL. incipit a Timotheo satis pure. Textus quoque puro proximus est. In fine : « Trecas, beati Saviniani martyris; qui post lectum ferreum, post ignem et alia tormenta diversi generis, decollatus est. Per quem etiam gentilium plusquam novem milia Christum confitentia, martyria passi sunt similia. » De sociorum numero vide tomum II Januarii, pag. 938. Sequitur : « Eodem die, translatio sancti Erici regis et martyris. »

GREVEN. : « Timothei, discipuli beati Pauli, hic secundum Adonem et quosdam alios, » etc. De quibus supra egimus. « In territorio Trecassino, Saviniani, alias Savini martyris; quem jussit Aurelianus imperator ligatum, ad vectes ferreos cædi et in capite ejus cassidem igneam immitti : in ignem deinde positum, sed in nullo læsum, jussit decollari. Hunc tamen Usuardus, primum ponit iv Kal. sub nomine Sabiani ; » quem , sequitur Vicentius lib. xii, cap. 105. » Usuardus citato die *Sabinianum* recolit, adeoque si *Sabinum* scripsit Vincentius, male Usuardum secutus est. De Sabiniano et sorore Sabina agit Bollandus eo die xxix Januarii. Sequitur : « Translatio sancti Erici regis Suecicæ et martyris. » Vide in Actis xviii Maii. « In Hervordia, translatio beatæ Pusinnæ virginis. » Vita ejus datur xxiii Aprilis. « Commemoratio beati Augustini episcopi. » Hujus festi causam ignoravit Bollandus, nec ego divinare queo. Demum : « Leonillæ, viduæ et martyris. » Non videtur hæc alia a matre, vel avia tergeminorum, de quibus supra ad xvii Januarii.

MOLAN. in prima editione, post *in vinculis*, totum textum Adonianum aliis litteris inserit. Videatur in fonte. Ad calcem adjicit : « Ipso die, beati Timothei A apostoli. Cameraci, elevatio corporis sancti Autberti episcopi et confessoris. » Editiones aliæ puræ non sunt, cum de Timotheo agant primo loco. De Babyla eadem inferunt ex Adone. In fine : « Arvernis, sancti rtemii episcopi et confessoris, miræ sanctitatis. Die vigesima quarta, sanctæ matris Xenæ. » In Actis vocatur etiam « Eusebia. » De elevatione « Autberti » Cameracensis, ut in prima.

VIII *Kal.* *Die* 25.

Conversio sancti Pauli, quæ evenit secundo Ascensionis Domini anno. Eodem die, sancti Ananiæ apud Damascum, qui eumdem apostolum baptizavit. Civitate Arvernis, sancti Præjecti episcopi, et Amarini, viri Dei, qui passi sunt a proceribus præfatæ urbis. Item civitate Gavalis, sancti Severiani episcopi, mirandæ sanctitatis, et doctrinæ viri.

NOTÆ.

Ita *Praten.*, *Herinien.*, *Tornacen.*, *Pulsanen.*, *Antuerp.*, *Max.-Lubec.*, *Munerat.*, *Belin.*, *Greven.*, *Molan.* et *Agones Martyrum.* Addi possunt *Antuerp.*- B *Max.*, *Lovanien.* *Leyden-Belgic.* et editio *Ultraject.*-*Belg.*

VARIANTES LECTIONES.

Praten. et pauci alii scribunt *beati* Pauli, secutus sum torrentem aliorum, tum Mss., tum editorum, qui concorditer ponunt *sancti* Pauli. In Belino male ligitur, *quæ fuit*, pro, *quæ venit*, uti in Herinien. *secundo anno Ascensionis.* Pulsanen. et codices mediæ notæ secundam annuntiationem nonnihil transponunt, hoc modo : *Apud Damasum, sancti Ananiæ*, etc. *Anianæ* apud Munerat. oscitantia calami error est. Notavit Castellanus in epistola ad me data, codicem Pratensem legere *Prijecti* pro *Præjecti.* Magna in *Arvernis* variatio, pro quo Tornacen. *Alvernis*; Belini editio altera, Greven. Molan. et alii *Avernis*; Munerat. *Arvennis*; primi Belini editio, *Arvenis*, etc. Scribendum esse *Amarini* probant puriores codices et Acta ipsa; nihilominus Antuerp., Greven., Molan. et codices mediæ notæ plerumque habent *Marini.* At Pulsanen. *Amilini*; Belinus autem, *et viri Dei Martini.* Pulsanen. pro *Gavalis* posuit *Gabalis*; dubitari potest utrum præferendum sit: sequimur nomenclaturam meliorum codicum quacerie excluditur *Ganalis.* Omnes recte legunt *Severiani*; nescio quid Belinum aut potius ejus editorem moverit ut in editione altera poneret *Severini.* De *ammirandæ* nihil notandum, medii ævi formula est. Ultima Munerati linea plane incorrecta, sic habet : *Et sanctitate doctrinæ viri*, sensus exigit *sanctitatis et doctrinæ viri*, ut bene in textu.

OBSERVATIONES.

Vulgata apographa Hieronymiana, mira consensione hoc die, secundo loco annuntiant : *Romæ, translatio Pauli apostoli* neque alia Pauli festivitas in illis codicibus memoratur, quidquid pro *conversione*, Dungalense Martyrologium et binos alios Lucenses codices alleget Florentinius. Plura hic observari possent, sed ne repetam quæ alibi a majoribus expensa sunt, videat lector quæ de Pauli *translatione*, atque una de ejus *conversione* ejusque liturgia disputat Papebrochius in Actis, tomo V Junii a pag. 467. Satis erit Martyrologia recensuisse. De neutra festivitate agunt Beda aut Florus : Rabanus utramque conjunxit : *Romæ translatio Pauli apostoli et conversio in Damasco*; quæ omnia inde a Notkero descripta sunt. Cum autem in Rabano verba illa cum réliquo Bedæ textu connexa sint, mihi quidem mirum non videretur, si quis ea etiam Bedæ tribuenda censeret. Cæterum ut ad Nostrum propius accedamus, is consuetos ductores secutus est, quorum primus auctor Romani parvi ita legit : *Conversio S. Pauli apostoli.* Ado breviuscule : *Conversio sancti Pauli.* Quæ ad dictæ conversionis tempus attinent, ab Usuardo superaddita sunt, iisque inter Auctaria plura adjiciuntur. Tu de ea controversia videsis notationem Baronii, et Tillemontium, tomo I, pag. 544. Wandalberti versiculum infra dabimus. Romanum parvum natalem *Ananiæ* conversioni Pauli subnexuit, *Apud Damascum, S. Ananiæ qui ipsum Paulum baptizavit* : verosimiliter quod certum obitus, vel martyrii diem ignoraret. Castellanum fefellit memoria, dum id ab Adone primum factitatum notavit pag. 402, idque ingenue fassus est in ultimis litteris ad me datis xxxi Januarii MDCCCXI : Interim Romani parvi verba tantulum transmutata in præfato Adone reperiuntur, fere ut in textu exhibita sunt, a Notkero etiam desumpta.

Hodiernus Bedæ textus est hujusmodi : *S. Gregorii Theologi, et natale S. Projecti.* Eadem apud Ra- C banum et Notkerum leguntur : at Gregorium ad ix Maii pertinere notissimum est. De *Projecto*, quem alii melius *Præjectum* nuncupant, adjecit Florus : *Qui more prophetico electus ab utero purpurantem stolam servavit in triumpho.* Quæ ab elogio nostro vides esse, quam diversissima. Ado solum posuit ultimo loco : *Item, natale sancti Præjecti Arvernensis episcopi.* Uberiorem fontem, nempe Acta ipsa consulit Usuardus, ex quibus mortis auctores, et *Amarinum* martyrii socium desumpsit, quod perperam Adoni quoque ascribit Mabilio, dum præfata Acta ex Bollando recitat, et novis observationibus illustrat sæc. ii Benedictino a p. 460. Wandalbertus Præjectum nostrum cum Pauli conversione ita copulat :

Octava ex seclo conversum gloria Paulum,
Præjectumque suum celebratis Arvernus adornat.

Tertio loco in Adone signatur *Severianus* episcopus Gabalitanus, ex quo a Nostro et Notkero iisdem D prope verbis acceptus est. Mirari hic liceat, cur ab hodierno Romano Sanctus ille expunctus fuerit, quod ante me miratus est Rosweydus, in laudata non semel epistola ita observans : *Quæri potest, cur hæc* (nempe quæ de Severiano in textu Usuardino ponuntur) *Baronius omiserit exprimere in suo Martyrologio? An omisit, quia existimavit de Severiano episcopo Gavalensi agi, cujus Hieronymus meminit libro de Script. eccl. cap. 21, quem ex historia tripartita lib. I, cap. 10, constat fuisse inimicum sancti Chrysostomi? Atqui est etiam Guvalis in Gallia, ubi xxv Januarii colitur sanctus Severianus, primus Gavalensis, seu Mimatensis episcopus. Quare considerandum fortasse erit, num hic paragraphus novo Martyrologio Romano restituendus sit, cum sit in veteri Romano impresso* (nempe Belini) *Beda* (vulgato) *Usuardo et Adone.* Hactenus Rosweydus. Non satis apparet, utrum Bollandus hanc Rosweydi observationem viderit, nisi id quis conjicere velit ex sententiarum consonantia, qua uterque judicat synonymiam illam, errandi occasionem dedisse. *Primus*, inquit Bollandus, *ansam præbuit Petrus de Natalibus lib. III, cap. 23. Secutus Molanus, qui in Martyrologio Usuardi, ad Severiani nomen margini ascripsit; de quo* *Gennadius, cap. 21. A qui Gennadius eo loco de Syro Severiano agit. In posteriori editione Socratem quoque, et Sozomenum citat Molanus. Vide ibi alios ejusdem confusionis patronos, de qua hic pluribus agere supersedeo.*

AUCTARIA.

Antuerp.-Maj.: « Conversio sancti Pauli apostoli apud Damascum, quando circumfulsit eum lux de cœlo et audivit vocem de cœlo dicentem sibi : Saule, Saule, cur me persequeris ? Cujus et sacri corporis translatio eodem die Romæ celebratur. Eodem die, natale beati Gregorii, episcopi Nazianzeni, qui Theologus appellatur. » In Præjecto et Severiano satis purus est. In fine : « Pictavis, sancti Saviniani martyris. » Vide Prætermissos. De Anania, nihil habet.

Rosweyd. : « Conversio sancti Pauli apostoli. » In Anania, recte. Sequitur : « Apud Gabalensem civitatem, sancti Severini episcopi, admirandæ, » etc. Lege, « *Severiani.* Item, natale sancti Præjecti, Arvernensis [pro Arvernensis], episcopi et martyris. »

Ultraject., Leyden., Alberc. et **Danic.** epocham conversionis sancti Pauli controversam fuisse satis ostendunt, dum pro ea vindicias scribunt hoc modo : « Nec nos moveat, si aliquando invenitur primo anno facta; nam illud de primo emergente, qui secundum Hebræos a Martio, illud autem de usuali, qui a Kalendis Januarii secundum Latinos incipit, accipiendum est. » Vide quæ breviter in Observatione supra attigimus. De cætero, codices purissimi sunt.

Centulen. : « Conversio sancti Pauli apostoli apud Damascum, quæ evenit secundo anno Ascensionis Domini : cujus et sacri corporis translatio eodem die Romæ celebratur. Ipso die, sancti Ananiæ, qui eumdem apostolum baptizavit. Item, sancti Gregorii, Nazianzeni episcopi, qui Theologus appellatur. Arvernis, sancti Præjecti episcopi et Marini martyris. Apud Gabalensem civitatem, sancti Severiani episcopi et confessoris, magnæ sanctitatis et doctrinæ viri. »

Bruxellen. : « Conversio sancti Pauli apostoli, (litteris rubris) quæ apud Damascum facta legitur, quandoque anno ab Ascensione Christi primo, et quandoque secundo. Primo quidem emergente, finit ubi incipit; (vide supra) secundo autem usuali, qui juxta Latinos semper in Kalendis Januarii renovatur. » In Anania, satis purus est. Tum : « Civitate Avernis, sancti Præjecti episcopi et martyris. Qui a proceribus et primoribus suæ urbis, in ultionem Hectoris Massilientium patricii, quem ob injustitias Avernensis ecclesiæ illatas Hildericus Francorum rex peremerat, martyrio coronatus est. Et Maurini viri Dei, qui cum præfato Præjecto episcopo a proceribus dictæ urbis Avernensis pro justicia trucidatus est. Et sancti Gregorii, episcopi Nasanzeni, qui Theologus appellatur; fuit enim tam doctrina insignis, quam opere mirabilis. Et tandem, ut beatus Jeronimus scribit, alium in loco suo ordinans episcopum ipse ruri vitam monachi exercuit. Apud Gabanensem civitatem, sancti Severini episcopi, viri ammirandæ doctrinæ, vitæ et sanctitatis. » Vide supra.

Hagenoyen. : « Conversio sancti Pauli apostoli, quando per vocem Dei de cœlo factam, de persecutore factus est prædicator. Quæ conversio est facta secundo Ascensionis Domini (*anno*). Nec hic nos moveat, etc. » De Anania, addit, *magnæ sanctitatis viri.* In duabus postremis annuntiationibus satis purus est.

Victorin. et **Reg. Suec.** signatus num. 130 : « Eodem die, natale sancti Gregorii, episcopi Nazianzeni, qui Theologus appellatur. Ipso die, sanctæ Arthematis martyris. » Ea hactenus ignota mihi est, nisi forte sub nomine feminæ lateat *S. Artemas* puer,

de quo hoc die Bollandus, vel *Arthemas* alius, de quo Hieronymiana apographa, et ex iis Grevenus, die sequenti. Scimus virorum nomina nonnunquam in mulierum appellationes transformata, et vice versa. Vide Castellanum, pag. 430.

Daveronen. : « In pago Turonico, sancti Liventii confessoris. » Multi cum Bollando legunt *Linentii*; Castellanus Maurolycum laudat, quod recte scripserit *Liventii*; derivatum vel forte primitivum Gallicum, *Louent*, pro ea parte stare videtur. Male alii infra scribunt *Lineti*.

Mayric.-Carthus.-Ultraject. : « Conversio sancti Pauli apostoli. » Additur in margine : « festum celebre in civitate Trajectensi. » Fuit et alibi et præsertim Antuerpiæ celebre, *solenni*, ut notat Bollandus, a forensibus negotiis aliisque servilibus laboribus « feriatione. » Sed abrogata subinde est cum pluribus aliis ea festivitas, ut proinde ex Castellano, pag. 402 deleri debeat. Pergit codex : « Ananiæ discipuli, qui Paulum baptizavit. Projecti episcopi et martyris, et Marini abbatis. Severiani episcopi et confessoris, mirandæ, » etc.

Altemps. : « Lucas castro, sancti Liventii confessoris. » Quis hic locus sit nescio, nec vacat quærere.

Editio **Lubeco-Col.** de conversione Pauli habet ut **Ultraject.**, etc., nisi quod præterea adjiciat cum aliis : « Hujus etiam sanctissimi Apostoli corporis translatio Romæ eodem die celebratur. Apud Damascum, sancti Ananiæ presbiteri, et confessoris, qui eumdem, etc. » In Præjecto et Severiano, satis pura est. « Eodem die apud opidum Nazanti, sancti episcopi Gregorii, qui post multa documenta in loco suo, ut Hieronymus ab eodem in divinis libris instructus perhibet, episcopum ordinans, ruri vitam monachi exercuit. In pago Turonico, sancti Lineti confessoris. »

Greven. : « Nota, quando dicitur conversio beati Pauli facta primo anno Ascensionis, intelligi debet de primo anno emergente, qui secundum Hebræos incipit a Martio : hoc vero quod hic dicitur, intelligendum de secundo usuali, qui secundum Latinos incipit a Kalendis Januarii. Eodem die Romæ, translatio beati Pauli apostoli. Item, depositio beati Gregorii Nazanzeni, qui in VII Idus Maii ponitur, die scilicet quo ordinatus fuit. Item, sanctorum Viti, Castulæ, Agilei. » De primo et ultimo vide Prætermissos. « Poponis abbatis. Lineti confessoris. Item beatæ Seminæ virginis, » a Bollando prætermissæ, utpote ignotæ. « Ipso die, Lucinæ matronæ. » Vide de ea in Actis xxx Junii.

Molan. in prima editione, typis minoribus adjicit : « Eodem die, beatorum martyrum Juventini et Maximi; in quorum natali sermonem habuit Joannes Chrysostomus. » Posteriores, typis consimilibus habent : « Postridie Babylæ, natalis beatorum martyrum Juventini et Maximi. Apud Metaphrastem, sanctæ Eusebiæ, quæ cognominata est hospita, vel externa : » nempe *Xene*, de qua die præcedenti. « Stabuleti obiit Dominus Poppo abbas. » Vide Bollandum et Castellanum. « Eodem die, obiit Henricus Suso, qui fuit eximiæ sanctitatis. » Occasio errandi circa Severianum Gabalitanum, de qua supra in fine Observationum egimus, sumi potuit ex marginali notula primæ editionis, ubi citatur Gennadius.

VII Kal.   **Die 26.**

Apud Smirnam, natalis sancti Policarpi, qui beati Joannis apostoli discipulus, et ab eo episcopus ordinatus, totius Asiæ princeps fuit. Postea sub Marco Antonino et Lucio Aurelio, personante universo populo ejusdem Urbis in amphitheatro adversum eum, igni traditus est. Cum quo etiam alii duodecim ex Philadelphia venientes, in præfata urbe martyrio consummati sunt. Eodem die, sanctorum martyrum Theogenis cum aliis triginta sex, qui contemnentes temporalem mortem, coronam vitæ æternæ adepti sunt. [*Bouillart.* :... ª sub Lizinio imperatore coronam vitæ æternæ adepti sunt, *quæ sequuntur omittens.*] In territorio Parisiacensi, Baltildis reginæ.

NOTÆ.

Puram hanc Usuardi lectionem servant *Herinien.* Prima Belini editio *Veneta, Greven.* et *Molan.*

ª Hæc verba, *sub Lizinio imperatore*, suspecta fuerant Sollerio. Sed postquam admonitus a Castellano fuit, obliteratam in Prat. cod. vel semierasam Bathildis reginæ memoriam, inscriptasque voces hasce *sub Lizinio imperatore*, jam omni posita hæsitatione, additamentum illud, ut appellat, delevit, restituitque Bathildis reginæ memoriam: at nemo certe probaverit. Præter quam enim quod manus prorsus eadem lituram resarsit, vitio dari Usuardo non potest quod Theogenem, Licinio imperatore, martyrem occubuisse dicat. Volo verum esse, quod vulgo creditur, sub Valeriano mortem ejus accidisse. At illius impe-

A ratoris non unum erat nomen. Vidi apud Mezabarham, D. Vaillant aliosque numismatum collectores Licinium etiam fuisse nominatum. Constat etiam in Christianos sævisse binominem illum imperatorem. In cujus rei fidem non laudabo quamplurima Martyrologia; non utar Augustini auctoritate, brevitati studeo. Quid ergo peccavit Usuardus, cum Theogenis mortem ad Licinii tempus retulit? Sanctæ Bathildis memoria obliterata quidem est, sed ab eodem auctore in alium diem justis de causis translata, ut infra notabitur. BOUILLART.

VARIANTES LECTIONES.

Smirnam Greven. et alii codices, quos iterum sequimur; alii melius *Smyrnam.* Molan. recte legit *Polycarpi*, ast codices prope omnes tum excusi, tum mss. habent *Policarpi.* Rursus Greven. et Molan. pro *adversum* ponunt *adversus* cum sancto Hieronymo; parum quidem interest, servanda tamen antiqua Usuardi simplicitas, tametsi foret vitiosior. Pejus scripsit Belinus omittendo *adversus eum;* et pro, *martyrio consummati sunt*, tantum substituendo, *coronati sunt. Kathildis* apud eumdem, typothetæ sphalma est, in altera editione correctum, ubi *Bathildis* scribitur, quod secutus est Molan., sed Greven. *Batildis.* Ego Heriniensis lectionem prætuli, quoniam et ita babet codex Pratensis xxx hujus et Muneratus, quamvis plane existimem meliorem esse Belini et Molani orthographiam, et magis receptam, quidquid Castellanus scribat *Baldechildis. Parisiensi* et *Parisiacensi* eodem recidunt; Belinus primo modo scripsit, reliqui secundo, quem nos servandum censuimus.

Binas nobis variationes suggerit codex Pratensis, ex quibus totidem controversiæ suboriuntur. Prima circa tempus, quo *Theogenem* martyrium subiisse asserit, nempe, *sub Licinio imperatore*; altera de *Bathilde*, quam ad xxx Januarii transtulit. Ad primam quod attinet, paucissimos habet sectatores præfatus codex Pratensis, excepto Aquicinctino, et corrupta Belini editione Parisiensi, ut plane suspicatus fuerim recentioris alicujus additamentum esse, sum-

B ptum verosimiliter a nominum synonymia ex III Januarii. Idque egregie confirmavit Castellanus, codicis ipsius, ut alias dixi, oculatissimus inspector accurate notans, obliteratam illic, vel semierasam Bathildis reginæ memoriam, inscriptasque voces hasce, *sub Licinio imperatore*, quas merito censueramus Usuardo abjudicandas.

De *Batildis* commemoratione major posset esse contentio, utpote cum ab aliis codicibus, nimirum Tornacensi, Munerato, Agonibus martyrum, etc., absit, multaque Martyrologia a Bollando in Actis citata, alterutra die eam collocent; imo Wandalbertus die sequenti. Ast ego, ut rem paucis conficiam, præmonitum te velim, non hic instituí disputationem de vero obitus, vel cultus die, quandoquidem ex Castellani notis, pluribusque aliis per ejus litteras probationibus, tantisper non diffiteamur et xxx Januarii Bathildem reginam extremum diem obiisse, et

C ipso illo die a Parisiensibus, Cellensibus et Corbeiensibus celebrari. Unum hoc quæritur, quid in Martyrologio suo Usuardus vere scripserit? Qua in re id omnino sentimus, quod citati superius pro textu codices abunde demonstrant; scilicet hoc xxvi Januarii Bathildem ab eo fuisse consignatam, idque vel ipse Pratensis codex etiam evincit, ex quo eam inductam fuisse per Castellanum aperte deprehendimus. Patet igitur genuinum, et simplicem Usuardi textum, licet in hac parte erroneum, a nobis exhiberi.

OBSERVATIONES.

De *Polycarpo* non pauca diximus xix Januarii, occasione Germanici, diebus aliquot in subeundo martyrio gloriosissimum episcopum prægressi; ubi de martyrii die aliisque eo spectantibus ex celebratissima Smyrnensium epistola requires, quæ hic brevitatis ergo desiderari patimur. Jam vero in plerisque Hieronymianis signatur: *In Nica Smyrnæ, passio sancti Polycarpi episcopi*: vetustiss. Epternacense, omissis reliquis, solum *Policarpi* nomen ad calcem laterculi attexuit. De *Nicea* illa sive Bithyniæ, sive

D Macedoniæ, sive regionis alterius, non habeo quod supra Bollandum aut Florentinium conjiciam, videat ibi lector quid probabilius definiri possit. Beda simpliciter posuit: *Natale S. Polycarpi episcopi Smyrnæ, qui sub Marco Antonino*, etc. Quæ fusius prosequitur Florus: sed alio plane stylo Viennensis, quem Noster secutus est. Hæc sunt Romani parvi verba : *S. Polycarpi, discipuli sancti Joannis apostoli, apud Smyrnam passi.* Geminum elogium concinnavit præfatus Ado, longius alterum in Martyrologio, quo Smyrnensium epistola contrahitur; alterum brevius inter festivitates apostolorum, quod ab Usuardo, pro

majori parte, ad verbum descriptum est. Rabanus Bedam sectatur, Notkerus Adonianum. Martyrologii elogium decurtat. Hæc ad textus nostri originem sufficiant; vide cætera apud Bollandum, eosque, qui xix Januarii in Observationibus citati sunt, sed consulenda præ cæteris Florentinii Exercitatio vi, xxiii Februarii, pag. 340, subjuncta, ubi pro ea die martyrio S. Polycarpi consecranda longam dissertationem instituit, suo tempore examinandam. Polycarpi martyrium satis nitide explicat Wandalbertus:

> Septima moxque dies Polycarpi sanguine fulget,
> Smyrna quem vero celebrant pro rege crematum.

Theogenis vel *Theogenis* et xxxv anonymorum sociorum martyrum memoriam eadem Hieronymiana apographa recolunt, quæ de Polycarpo *in Nicea Smyrnæ* meminere. Multum inclinat Florentinius, ut *Leudicii*, vel *Laodicii* nomen, quod Theogeni immediate præfixum est, pro *Laodicea* urbe accipiat, atque adeo cum Petro de Natalibus aliisque Martyrologis, eam censeat totius hujus turmæ palæstram : a qua opinione Bollandus non abhorruit, nec ego video, eur omnino rejicienda sit. Fateor equidem a martyrologis nostris locum non exprimi, ut patet ex Romano parvo, simpliciter scribente : *Et Theogenis cum aliis* xxxvi; quæ ferme eodem modo a Notkero tradita sunt. Adonis textum Noster verbatim desumpsit. Fateor, inquam, palæstram hic deesse, quod, procul dubio, eam ignoraverit auctor Romani parvi, neque Ado in ullis Actis reperire potuerit. Atque hanc, sine hæsitatione, Usuardi sententiam esse existimo, ut in Variantibus ostensum est. *Bathildem* hoc die solus Usuardus Fastis inscripsit. Vide dicta in variantibus, Bollandum in Actis et Mabilionem in Benedictinis sæc. ii, a pag. 775, et sæc. iv, de ejus translatione a pag. 448, ubi etiam consuli possunt eruditissimi auctoris observationes.

Reliquum est ut hodierni Romani de Theogene annuntiationem cum Usuardina, vel potius Adoniana conferamus, ex qua collatione pateat, plura a Baronio martyri illi ascripta fuisse quæ nec a Bollando, nec a Florentinio, nec ab aliis in hoc genere versatissimis viris, probantur. Sufficiat Rosweydi judicium, in epistola supra citata nobis relictum. Incipit a textu Romani : *Hippone-regio in Africa, sanctorum Theogenis episcopi et aliorum triginta sex, qui in persecutione Valeriani, contemnentes temporalem mortem, coronam vitæ æternæ adepti sunt.* Sequitur Baronii nota. THEOGENIS EPISCOPI : « De ipso ac sociis item Beda (*supposititius*), Usuardus, ac cæteri hac die. Hic ille Theogenes Hipponensis episcopus esse cognoscitur, qui una cum sancto Cypriano interfuit concilio Carthaginensi, ut ex ejus Actis apparet, quæ habentur apud Cyprianum et Augustinum in lib. vi de Baptismo contra Donatistas. Erat Hippone basilica nomine S. Theogenis, cujus meminit sanctus Augustinus sermone 101, de diversis, ubi ait : *Quando audistis apud memoriam S. Theogenis; Offero tibi, Petre, offero tibi, Paule? Nunquam audistis,* etc.

Tum Rosweydus : « Postquam Baronius egit de martyrio Lucii, Montani, Flaviani, Juliani et Victorici ministrorum, qui Carthagine passi sunt xxiv Feb. post Cyprianum, qui præcedenti anno passus erat, subdit (tomo II *Annal.*, anno Christi 262) : « Passus quoque est eodem tempore, Theogenes « Hipponensis episcopus , qui numeratus reperitur « inter episcopos qui interfuerunt concilio Carthagi-« nensi in causa baptismatis celebrato. Cum igitur « catholica Ecclesia ipsum, et alios ejus synodi « episcopos, martyrio vita functos, alleget inter mar-« tyres, celebretque natalitia eorumdem, satis ex-« ploratum habuisse constat eosdem, sicut Cypria-« num, in pace et communicatione ejusdem Ecclesiæ « catholicæ recessisse. » Et reliqua, quæ prætereo, ut ad rem veniam. » Pergit itaque : « Quis hæc apud Baronium tum in Annalibus, tum in Martyrologio Romano legens, non existimabit certissima et testatissima esse? Annales suos format ex Ecclesiæ catholicæ auctoritate, id est ex Martyrologio Romano. Atqui Martyrologium Romanum non ita

olim habuit, sed tantum a tempore Baronii, ut non Ecclesiæ, sed Baronii auctoritas alleganda potius videatur. Tria igitur hic nova videntur inserta a Baronio in textum Martyrologii Romani, si conferatur cum antiquis mss. vel etiam impressis.

« 1. Quod Theogenem dicat passum Hippone regio in Africa, vel certe si nolit ibi passum, sed coli; quis asseverabit Theogenem illum, cujus meminit Martyrologium Romanum, esse illum Africum qui colitur Hippone-regio, maxime cum omnia vetera Martyrologia Theogenem absolute ponant, nullo loci indicio addito? Adde quod Petrus in Catalogo lib. iii, cap. 25, postquam priori capite egerat de Polycarpo et duodecim ejus discipulis, Laodicea venientibus, post eum passis, sequenti capite subdit : « Theogenes « martyr cum aliis triginta sex Christianis marty-« rium passi sunt in eadem civitate Laodiceæ, præ-« missa persecutione (Marci Antonini et Lucii Au-« relii Commodi, qua Polycarpus erat affectus mar-« tyris) urgente , qui contemnentes temporalem « mortem, Coronam vitæ æternæ adepti sunt vii « Kal. Februarii, ut dicit Hieronymus. » Ex hoc Petri loco sua desumpsere Maurolycus et Galesinius, qui Theogenem etiam Laodiceæ ponunt. Alia vero vetera Martyrologia, ut Romanum vetus, quod Adoni olim præmisi, item Beda (*supposititius*), Usuardus, Ado, nullum martyrii locum exprimunt.

« 2. Quod Theogenem hunc vocet episcopum, nullius veteris libri auctoritate. Imo vero Augustinus, qui S. Theogenis meminit, non dicit quod fuerit episcopus. Quod vero quidam Theogenes episcopus Hippone-regiensis inveniatur interfuisse concilio Carthaginensi iii, nihil ad rem facere potest, cum et concilium illud congregatum fuerit contra sensum Romanæ Ecclesiæ, nec aliunde constet Theogenem illum Hippone-regiensem episcopum martyrio esse affectum.

« 3. Quod dicat eum passum IN PERSECUTIONE VALERIANI, nec hoc in ullo Martyrologio, seu ms. seu impresso (quod ego quidem viderim), occurrit : vidi autem quam plurima. Imo vero Martyrologium Romanum Belini xxvi Januarii censet eum passum sub Licinio, ita scribens : « Eodem die, sanctorum « martyrum Theogenis cum aliis triginta sex, qui « contemnentes temporalem mortem sub Licinio « imperatore coronam vitæ æternæ adepti sunt. » Quanquam videtur Belinus, Theogenem, cujus in Martyrologio Romano iii Januarii fit mentio, confudisse cum hoc. Ille enim prior passus est sub Licinio. » Hactenus Rosweydi judiciosa notatio.

Utrum autem a Belino ipso, an a solo Parisiensi editore typographo, in alteram ejus editionem, verba illa, *sub Licinio imperatore* infarta sint, non ausim temere pronuntiare. Illud certe verissimum mauet, clausulam illam omnibus antiquis Martyrologis fuisse ignotam, etiam Usuardo, ut supra evicimus. Theogenem vero Hellespontanum *sub rege Licinio* passum fuisse, habes in Auctariis ad præfatum diem ii hujus mensis.

AUCTARIA.

DE PRATEN., TORNACEN., AQUICINCT., ANTUERP. et MAX.-LUBEC., MUNERAT., BELINI edit. 2, supra in Variantibus satis dictum est.

AGONES MARTYRUM. Hic codex Pratensi ferme similis est, omissa etiam annuntiatione tertia.

ANTUERP.-MAJ. de Polycarpo prolixius elogium ex Adonianis centonibus fere consutum refert, quod in fonte purius habes. Pro *Theogenis*, scribit *Theologenis*; de cætero in ea annuntiatione satis purus. Tum : « In Bethleem, dormitio sanctæ Paulæ. Hujus vitam virtutibus admirandam, sanctus Geronimus scribens, testatur eam longo coronatam esse martyrio. » Vide de sequenti. « In territorio Parisiensi monasterio Scale, depositio dompnæ Batildis reginæ. »

PULSANEN. , in Polycarpo purus, de Theogene silet, ejusque loco agit de Paula, verbis jam relatis.

ROSWEYD. Post *princeps fuit*, ita phrasim variat : « Postea vero ob Christi amorem multa perpessus ab inimicis catholicæ fidei, sub Aurelio proconsule, igni traditus est cum aliis xii. Eodem die, natale sanctorum martyrum Theogenis cum aliis xxxvi. Item Bituris, beati Sulpitii episcopi et confessoris. »

ANTUERP.-MAX., ULTRAJECT., LEYDEN., ALBERG. DANIC. et editio ULTRAJECT.-BELG. Polycarpi elogium paucioribus augent in hunc modum : « Hic igni adjudicatus, cum esset in medio flammæ, flamma in modum cameræ curvata, super corpus martyris stetit. Quod corpus in medio positum, non erat ut caro ardens, sed tanquam si aurum, et argentum in fornace candesceret. Videntes autem scelerum ministri eum igni non posse consumi, corpus, cui ignis cesserat, mucrone transfoderunt. »

Lovanien., superioribus in Polycarpo similis, deficit in breviori Theogenis elogio.

Centulen. : « Apud Zmirnam, sancti Polycarpi episcopi et martyris, qui beati Johannis apostoli discipulus, et ab eo episcopus ordinatus, totius Asiæ princeps fuit; cum quo duodecim passi sunt. Eodem die, sancti Theogenis martyris, cum aliis xxxvi. In Bethleem, dormitio sanctæ Paulæ, nobilissimæ matronæ. Cujus vitam sanctus Jeronimus ad imitandum describens, » etc. « In territorio Parisiorum monasterio Kele, sanctæ Baldetildis reginæ. »

Bruxellen. præter ea quæ de Polycarpo supra auctiora dedimus, de suo adjicit fere ex H:eronymo de scriptoribus eccl. : « Cui Marcion hæreticus occurrens, agnosce nos, inquit : Tum ille, agnosco, ait, primogenitum Sathanæ. Ast cum Polycarpus illi, ac cæteris hæreticis viriliter restitisset, sub Marco Antonino, » etc. Theogenis elogium mutilavit, sed de suo attexuit, « Cujus memoriam facit beatus Augustinus in homeliis de Pentecoste. » Atque hæc verba Molanus litteris Italicis textui immiscuit. De Paula solum addidit : « Matris Eustochii, virginis Christi, » quæ sunt Adonis verba die sequenti.

Hagen. de Polycarpo hoc singulare habet : « Qui multos annos ad partes Galliæ et Hispaniæ et Italiæ misit discipulos ad prædicandum verbum Dei. » Tum : « Apud Bituricam civitatem, depositio sancti Supplicii (Sulpitii de quo supra xvii) episcopi et confessoris. Hic a pueritia sua, sacris litteris erat eruditus, et sanctæ conversationis luce conspicuus, ita ut laicus virtutibus clareret. Post coma deposita monachorum pater exstitit plurimorum, atque inde ad cathedram provectus episcopalem, et per omnes dies vitæ suæ, miraculis et doctrinis exstitit gloriosus, et tandem quievit in pace. »

Vatican., num. 5949, et Jurensis S. Ragnoberti hoc die referunt Sulpitium Bituricensem, cum eo elogio, quo superius xvii ex Usuardo et xv inter Auctaria adduximus; nempe: « Apud Bituricas civitatem, sancti Sulpitii episcopi et confessoris, cujus vita et mors pretiosa gloriosis miraculis commendatur. » Sequitur in Jurensi : « B. Mauri abbatis monasterii Bodacensis, cujus vitam virtutibus plenam, vir illustris et patricius Dynamius scripsit : », vult dicere, *Marii Bobacensis*, rectius *Bodonensis*.

A de quo die sequenti. Adjecerat porro præfatus codex elogio S. Polycarpi : « Reliquiæ ejus Lugduno in crypta habentur. »

Strozz. et Medic. primo loco : « Apud Florentiam Tusciæ urbem [*alter habet* civitate Florentiæ] translatio sancti Zenobii ejusdem civitatis episcopi et confessoris, quæ translatio facta est anno Domini cccxxviii (cccxxix) per beatum Andream episcopum ejus successorem; cujus post multa miracula, sicca ulmus, juxta Baptistæ templum, ab ejus feretro cum tacta esset, repente folia ac flores emisit, ubi adhuc exstat columna marmorea. »

Editio Lubeco-Col., post ea, quæ de Polycarpo, ex codicibus mediæ notæ et aliis retulimus, adhuc adjicit : « Et de ejus sanguine copiose fluente, totus focus extinctus est. Ejus etiam anima a circumstantibus in specie columbæ, in cœlum ferri visa est. Passi sunt cum eo, etc. » Subjungitur : « Treveris, sancti Mari episcopi et confessoris, qui in ecclesia

B sancti Pauli requiescit. » Inde post Theogenem : « In territorio Parisiensi, monasterio Cabe, depositio sanctæ Paulæ virginis. » Ita etiam Grevenus; sed Bollandus de ea nihil reperit. « Eodem die Cenomanis, beati Silvini episcopi et confessoris. Bituricas civitate, sancti Juliani episcopi et confessoris. » Hæc eadem Grevenus ; Bollandus utrumque posuit inter Prætermissos.

Greven. præterea : « Romæ, Fabiani, alias Sabiani martyris, secundum Bedam. » Quem Bedam velit, nescio, melius Hieronymum indicasset ; vide Bollandi conjecturam. « Puteolis, Artematis. Triphonis martyris. Treveris, Mari episcopi et confessoris. Translatio beati Zenobii episcopi Florentini et confessoris. Item, beatæ memoriæ Hasekæ virginis, reclusæ, quæ juxta ecclesiam de Schermbeke in multa simplicitate, et sapientia Domino serviens, quodam tempore butyrum vetustate corruptum, oratione reddidit recentissimum. »

Molani prima editio caret additamento, sed in C Polycarpo has voces textui inseruit charactere Italico : « In cujus medio rogo, mucrone perfossus, tam largum profudit sanguinem ut ignem extingueret. » In posterioribus additur Marus Trevirensis. Et deinde : « Die vigesima sexta , sanci patris Xenophontis et comitatus ipsius. »

VI Kal.   Die 27.

Natalis beati Joannis episcopi Constantinopolitani, cognomento Chrisostomi, qui verbo atque exemplo plurimum Christianæ profuit religioni. Item sancti Marii abbatis monasterii Bobacensis ; cujus vitam virtutibus plenam vir illustris, ac patricius Dynamius scribit. In Bethleem Judæ, dormitio sanctæ Paulæ. Hujus Vitam virtutibus admirandam sanctus Hieronymus scribens, testatur eam longo coronatam esse martyrio. In Africa, sancti Aviti martyris.

NOTÆ.

Ita *Praten.*, *Herinien.*, *Antuerpien.*, *Max.-Lubec.*, *Molan.* et *Agones martyrum.* Adde *Antuerp.-Max.*, *Lovanien.*, *Leyden.-Belg.* et *edit. Ultraj.-Belg.*

VARIANTES LECTIONES.

Non multa occurrunt notatu digna ; nam *Johan-* D *nis*, *Crisostomi*, *Chrisostimi*, *Chrisostomi*, *Bethlehem*, *martiris*, *Jeronimus*, *Jhieronimus*, *Affrica*, *Aphrica*, modi sunt scribendi, quorum aliqui etiam hodie non omni ex parte rejiciuntur : nos in textu codices de more secuti sumus. Antuerp.-Max. post *episcopi Constantinopolitani*, addidit, *et confessoris.* Antuerpien. verba tantillum transposuit, legens *plurimum profuit Christiana*, etc., pro *plurimum Christianæ profuit*. Magis errat, dum cum Antuerp.-Max., Lovanien et aliis, ex *Marii* fingit *Mauri.* Dynamius etiam a multis corrumpitur ; sed de his in Observationibus sermo recurret. In Molano particula una redundat ;

in *Bethlehem Judæ* in *dormitio*, sed hic error est typothetæ. Huc spectare deberet *Julianus* Cenomanensium apostolus a codice Tornacensi, Antuerpiensi majore, Rosweyd., Munerat., Greven. aliisque hoc die positus, a Pratensi nostro apographo die sequenti. Eum nos utroque, die ab Usuardi textu exclusimus, quoniam in aliis nostris codicibus non reperitur. Monuit nos etiam Castellanus, codicis Pratensis inspector, Julianum atramento recentiori illic adjunctum : unde ei, in notis ad hunc diem, mirari subit, cur apud antiquos martyrologos nulla tanti viri habeatur memoria.

OBSERVATIONES.

Romani parvi, et Adonis est quidquid ex antiquioribus Usuardus accepit ; nisi forte *Avitus* Afri- canus (quem sic etiam Wandalbertus efformat) cum *Vito* Hieronymianorum affinitatem habeat, de quo infra suo loco. De *Chrysostomo* itaque nec Hieronymiana, nec Beda, aut ejus sequaces, nec Wandalbertus quidquam memorant : auctor vero Romani parvi strictim : *Constantinopoli, Joannis Chrysostomi.* Nihil amplius dicit Ado, nisi quod priora verba paraphrastice explicet : *Natalis sancti Joannis, episcopi Constantinopolitani, qui Chrysostomus appellatur.* Textus noster Usuardinus est, alium Notkerus non multo diffusiorem composuit. De variis inclytissimi doctoris, apud Græcos potissimum, festivitatibus agit Bollandus in elencho Prætermissorum, rationem reddens, cur sancti Vita in alium diem rejicienda fuerit. Nos eam ex Palladio aliisque antiquis dabimus proprio obitus die xiv Septembris; quando uberiori commentario illustrari poterit ex eruditorum virorum lucubrationibus post Bollandi mortem editis, inter quos præcipui videntur Hermantius in notissimo opere, et Tillemontius, tomo XI, a principio usque ad pag. 405, totis 154 articulis. Hoc plane novum in tam illustri sancto accidit, quod inter martyrologos nostros antiquos, imo inter tot codices Usuardinos vix ullus reperiatur, qui xiv Septembris, proprio tamen natali die, de eo vel verbo meminerit.

Tota *Marii* annuntiatio ex Adone desumitur, a Notkero non nihil curtata. Plurima de hoc sancto confusa prius et obscura, accuratissime distinxit Bollandus, nec minus curiosa superaddidit Castellanus in notis a pag. 424, quibus varii errores corriguntur eorum, qui in scriptione et nominis ipsius sancti, et loci et auctoris Vitæ hallucinati sunt. Recte legit Noster cum Adone, *Marii*, ubi alii *Mauri, Macerii,* etc., unde ab imperitis novi sancti procusi sunt. Ast in eo labitur, quod nomen loci immutando, non modicæ confusioni ansam dederit. Legerat verosimiliter in Adone, *Bodanensis*, vel ut in vulgato, *Badonensis*; neutrum secutus, scripsit de suo Bobacensis [*Notkerus* Bodacensis] quod varie ab aliis inflexum, in varia et plane dissita loca sanctum nostrum transtulit. Legendum *Bodonensis* vel *Bodanensis, Vallis Bodonensis*, ut recte probant laudati auctores, apud quos ultima monasterii illius vestigia reperies. Rursus bene posuit *Dynamius,* ut vere appellatur, qui Vitam scripsit; Belinus perperam *Damianus*, alii *Dinandus, Didamius, Dinavius*, etc. Curiosum lectorem operæ non pœnitebit, si citatos scriptores consuluerit. Liberalius de *Paula*, quam de *Chrysostomo* loquitur Ado, atque ex eo Notkerus. Noster, omissis intermediis, prima et ultima verba decerpsit, eadem illa, quæ die præcedenti inter Auctaria adduximus. De *Avito*, pluribus disputant Bollandus, Florentinius et Castellanus ; nec habeo, quod eorum conjecturis superaddam. In hoc ferme cardo vertitur, utrum ex *Vito* Hieronymianorum, *Avitus* accreverit, quem suspicatur Castellanus metri gratia productum a Wandalberto, ex quo Usuardus eum sumpserit. Ego necdum explorare certo potui, an Usuardus metricum illud Martyrologium unquam noverit. Quidquid statuas, certum est Avitum illum reliquis martyrologis incognitum, ab Usuardo primum signatum fuisse, ex quo in alios et in Romanum transiit. Præfatus Wandalbertus dicto Avito *Sulpitium, Bathildem* et *Aldegundem* adjunxit, de quibus nos suis locis. En utrumque ejus versiculum :

: Punica terra suum sexto veneratur Avitum.
: Sulpitius, Bathildis et Aldegund. quoque vernant.

AUCTARIA.

TORNACEN. textui puro subjicit : « Cenomannus civitate, natalis sancti Juliani episcopi et confessoris. »

ANTUERP.-MAJ., non satis correcte : « Constantinopolim, natale sancti Joannis episcopi, qui Crisostomus appellatur. » Ex Adone. Tum : « Eodem die, natale sancti Marii abbatis monasterii Bobacensi : Cujus vitam virtutibus plenam, de quo patricius Dinavis scribit. » De Paula egit die præcedenti. In fine : « Cenomannis, depositio sancti Juliani episcopi et confessoris. » De Avito, nihil.

ROSWEYD. : De Chrysostomo etiam ex Adone. In Mario satis purus est. Dein : « Item in Gallia Conomanni, Juliani episcopi et confessoris. Item in Bethleem, dormitio sanctæ Paulæ, viduæ. » Deest etiam Avitus.

PULSANEN. valde mutilus est. De Paula egit die præcedenti : hodie caret Chrysostomo, ita incipiens : « In monasterio Bobacensi, sancti Marii abbatis. Cujus vitam, etc. » In J ito, purus est.

MUNERAT. pro *Marii*, scribit *Mauri*; pro *Dynamius*, *Dinavius*. De Paula, post *martyrio*, adjicit : « Cujus festivitas Parisii quarto Kalendas Februarii celebratur. » In fine : « Cenomanis civitate, natalis sancti Juliani episcopi et confessoris. »

GREVEN. textui apponit : « Cenomannis civitate, sancti Juliani episcopi et confessoris. »

ULTRAJ., LEYDEN., ALBERG. et DANIC. puri Usuardi essent, nisi textui præligerent : « Romæ, natale sancti Vitelliani (*Vitaliani*) papæ, qui post beatum Petrum septuagesimum octavus, sedit annos novem et menses sex. Hic cantum Romanorum composuit, et dulcisono organo concordavit. » Quis hæc primus ascripserit, nescio : vide quæ de eo diligenter collegit Bollandus.

CENTULEN. : « Constantinopoli, sancti Johannis episcopi, qui Crisostomus appellatur. Eodem die sancti Marii abbatis, cujus vita virtutibus plena refulsit. » De Paula etiam egit die præcedenti, et Avitum omnino prætermisit.

BRUXELLEN. in Chrysostomo non plane purus, in fine addit : « Hic tertio exilio relegatus moritur. Eodem die, sancti Vitaliani papæ. Qui cantum Romanorum composuit, et dulcissimo, etc. » Scribit *Mauri* et *Badonensis*.

HAGENOYEN. In variis plerumque singularis est : hic de Chrysostomo, textui puro addit : « Cui quodam tempore scribere volenti de Deo, dyabolus incaustum effudit : qui statim pennam in os proprium tinxit, et inde litteras aureas scripsit, unde et *os aureum* dictus. Hic Chrysostomus pro veritate doctrinæ, et pro severitate disciplinæ, ter in exilium missus est et ibi tandem obiit. » De Paula quoque textui subdit : « Et specialiter laudat illam a contemplatione, ab abstinentia, a devotione mentis et regimine sororum. » De Mario nihil ; de Vitaliano ferme, ut supra, nisi quod nomina aliqua contorta sint.

VICTORIN. : « Cenomannis, beati Juliani episcopi et confessoris, qui a beato Clemente papa missus Cenomannos, et ordinatus, etc., » cum longo elogio e Vita.

MATRIC.-CARTHUS., ULTRAJECT. : « Joannis Chrysostomi episcopi, et confessoris. Paulæ viduæ, cujus vitam beatus Hieronymus describit. Marii abbatis. » Deest annuntiatio ultima.

In VATICAN., sub num 5949, deest etiam commemoratio *Aviti*.

ALTEMPS. : « Item sancti Saturnini, et aliorum trium. In Britannia minori, sancti Gildasii abbatis. » Hic colitur xxix : alios non satis distinguo, nisi colantur xxxi Januarii.

STROZZ. et MEDIC. : « Eodem die Romæ, sancti Vitaliani papæ et confessoris. »

Editio LUBECO-COL. incipit a *Vicelliano*, cui præter annos ix, menses vi, ascribit dies xxi. De Chrysostomo, post *religione*, addit, *sicut ipsius Acta luculenter testantur*. Pro *Marii*, scribit, *Mari*; pro *Dynamius, Dinandus*. Post *sanctæ Paulæ*, addit, *viduæ matris sanctæ Eustochii virginis Christi*. Sequitur : « In Africa, sancti Amici martyris, » voluit dicere : *Aviti*, quem Belinus in 1. editione vocavit

Adjuti. « Eodem die, sancti Juliani martyris. » Hic ille procul dubio Julianus, quem Soræ suæ vindicat Baronius, alii Atinæ non procul Sora dissitæ, quo fundamento, docet Castellanus in notis, et nos in supplemento examinabimus. Demum : « Cenomanni, sancti Juliani episcopi et confessoris. »

Belinus in utraque editione legit : « Depositio sancti Juliani, primi ejusdem urbis episcopi, vitæ sanctitate, et miraculis gloriosi. » In prima scribit *Cinomannis*, in altera *Cenomannis*.

Greven. : « Eodem die, Emiliani, Publii, Artemii, Armatæ, Juliani, Celiani, Saturi. Vitaliani papæ, post Petrum septuagesimi octavi. Pauli papæ et confessoris. Hic cum paucis familiaribus, noctu cellas infirmorum visitans, necessaria ministrabat, incarceratos eripiebat : aliis etiam sanctis pollens actibus, in pace quievit. » Colitur xxviii Junii. « Au-

A relianis, beati Adjuti, abbatis Carnotensis et confessoris. Ad cujus anniversariam festivitatem cum populus confluerct, quidam contemnens et vineam suam pastinans, terribili plaga percussus, testimonium præbuit ejus sanctitati. » Remittitur ad xix Decembris. « Item Joannis presbyteri Antiocheni, qui teste Hieronymo lib. de viris illustribus, sanctitate et sapientia, sub Theodosio seniore insigniter fulsit. Jonæ prophetæ. » Vide Prætermissos.

Molan in prima editione de Juliano Cenomanensi scribit, ut Belinus. Tum : « Depositio sancti patris nostri Sulpitii episcopi et confessoris. » *Cellensi monasterio,* inquit editio altera, omitens *nostri*. Ubi interseritur : « Cabilonis, sancti Lupi, ipsius civitatis episcopi. » Tum : « Die vigesima septima, reportatio reliquiarum sancti patris Joannis Chrysostomi. » De Vitaliano fere ut supra.

V Kal.   **Die 28.**

Romæ, natalis sanctæ Agnetis secundo. Et in civitate Apollonia, sanctorum Leucii, Thyrsi et Calinici martyrum, qui tempore Decii, diversis tormentorum generibus excruciati, primus et ultimus abscisione capitis, medius cœlesti voce evocatus spiritum reddens, martyrium consummaverunt. Alexandriæ, beati Cyrilli episcopi, qui catholicæ fidei præchrissimus extitit propugnator. In monasterio Beomensi, depositio Joannis presbyteri, viri Dei. [*Addit Bouillart.* : « Cinomannis, S. Juliani episcopi civitatis ipsius primi.]

NOTÆ.

Ex Praten., Herinien., Tornacen., Pulsanen., Belini editione altera, Greven. et Molan.

ᵃ Ex numero sanctorum hujus diei Julianum exclusit Sollerius, hac ratione, beatum illum præsulem fuisse, notante Castellano, in Prat. codice atramento recentiori adjunctum. Eruditi vestram fidem! An unquam, cum certum est eamdem esse manum, habita fuit, aut habenda est atramenti ratio? Nam scire velim qua nota atramenti ætas dignosci debeat. An eum atrius est, quam in reliquis versibus? si res ita habet, actum est de veteribus litterarum monumentis. Nam pauca esse arbitror, ubi atramentum eodem ubique nigrore sit. An non persæpe no-

B bis etiam usu venit, ut mutato atramento, scriptorum mutetur color? Ideone insertum aliena manu fuerit, quod alium colorem referet? Deinde eodem argumento Joannis elogium resectum oportuit. Nam hæc verba, *presbyteri viri Dei* eidem lituræ inscribuntur eodemque atramento, ac, *Cinomannis*, etc. Id, opinor, non monuit Castellanus, aut se monitum Sollerius prudente silentio premit. Cæterum opportune S. Julianum Usuardus memorat hoc die, quo illum venerabatur Ecclesia Parisiensis, in qua vivebat scribebatque. Bouillart.

VARIANTES LECTIONES.

Male in Belin. et Greven. *Apolonia*. Recte in textu *Thyrsi* post Adonem, ubi Tornacen., Greven., Molan. et alii *Tirsi*; Herinien., *Thirsi*, alii *Tyrsi*. Servavi Usuardi lectionem in *Calinici*, quamvis melius scriberetur *Callinici*. Herinien. et Greven. habet *Calenici*. Molan., *Galenici*, forte ex Adone. *Leuticii* et *Calenitii* in Pulsanen., et *Galanici* in Belino, aperta sunt sphalmata. Varias alias nominum istorum expressiones videsis apud Bollandum hic, et apud Castellanum in notis a pag. 435. Pro *excruciati*, legit Herinien. *cruciati*. Posui *abscisione* ut scripsere Praten., Herinien., Tornacen., Belin. et Ado ipse: pro quo in Pulsanen., Greven. et Molan. est, *abci-*

C *sione*. In Tornacen., Belin. et Greven. habetur *celesti* pro *cœlesti*, de qua et aliis diphthongis alibi diximus. *Cirilli* pro *Cyrilli*; *prædicator* pro *propugnator* in Belino adeo miranda non sunt. *Præclarus* autem pro *præclarissimus*, alter in Pulsanensi error dicendus. *Reomanensi* scripsit Ado, atque item Molan. Noster *Reomensi*, omnes male : pejus Tornacen., Pulsanen., et Belin. *Remensi* : scribendum et dicendum *Recmaensi* a Gall. *Reomay*, hodie *Montier-saint-Jean* in Burgundia, in quo etiam corrigendum est Baronii Martyrologium, seu Romanum hodiernum, ubi *Rhemensi*.

OBSERVATIONES.

Altera hæc *Agnetis* commemoratio in omnibus antiquis martyrologis reperitur. Hieronymiana apographa pleraque legunt: *Romæ, nativitas sanctæ Agnetis virginis*; de qua *nativitate* multa satis diligenter expendit Florentinius, an autem probanda, intelliges, si contuleris cum iis, quæ Bollandus in Actis, et Castellanus in notis pag. 365 examinant, xxi hujus. Coincidunt ea, quæ habet Beda, cum Frontonis Kalendario : *Natale sanctæ Agnetis virginis de nativitate*. Rabanus tanquam particulam ultimæ interpres, post *virginis*, interponit, *genuinum, hoc est de,* etc., ex quo idem ferme habet Notkerus. An autem hæc rem de se obscuram, non magis involvant, judicent alii. Crediderim ego, Rabanum ex aliquo Hieronymiano illud *genuinum* accepisse, pro quo in Epternacensi invenit Florentinius *ingenuinum*, quod quid sit, ignorare se fatetur. Ut verbo sensum aperiam ; malo *genuinum* accipias de vero natali, seu die martyrii, quam ut Agnetis nativitas secundum carnem solemni

D cultu celebrari dicatur. Quamvis tota illa festi geminatio vero similiter ortum habuerit ex eo, quod xxxi Januarii ad virginis sepulcrum via Nomentana fideles confluerent, octavo autem die locus ipse martyrii in foro Agonali, nova celebritate honoraretur. Est apud nos pervetustum Kalendarium ecclesiæ Paderbornensis, a P. Joanne Grothusio ex membrana descriptum, et ab eodem notis illustratum; in cujus textu habetur : *octava sanctæ Agnetis*. Ubi notat Grothusius, recte retineri antiquum titulum *octavæ*. *Non* (est) *enim,* inquit, *sensus Kalendarii veteris Romani, unde iste titulus est acceptus, quod sit octava dies celebritatis, sed octava dies passionis*. Hæc quidem doctissimi viri opinatio. Cæterum hodiernus annuntiandi modus ex Romano parvo acceptus est. Ita simpliciter legit : *sanctæ Agnetis secundo,* et sic ferme Ado, sic Noster, ex quo reliqui. Wandalbertus canit :

    Quintum progenies Romana Agnæ dicat almæ.

Martyres Apollonienses, ut varie expressos paulo ante exhibuimus, ita variis locis, et diebus cultos, fuse et docte ostendunt laudandi sæpe Bollandus et Castellanus. In Hieronymianis XVIII. Januarii invenies : *Et passio S. Tyrsi cum sociis suis Leuci et Gallinici*, nulla stadii facta mentione, unde dubitat Florentinius, sintne iidem, qui XX ponuntur : *Niveduno, Tyrsi, Quiriaci* [Epternacen. *Leuci*] *et Gallinici*. Dubium item, utrum eadem nomina, aliis diebus seorsim ibi posita, ad eosdem hosce martyres pertineant, quod eo facilius admiseris, si diversis diebus et locis passos in eorum Actis observes. Solum Thyrsum *Mileto* ascribit Florus cum elogio XXV. Cæterum hoc die a nostris constanter referri, certum est. Romanum parvum solum meminit *Leucii et Thyrsi*. Ado, inhærens Actorum ordini, ternos hac die conjunxit, cum eo encomio, quod totum descripsit Notkerus, Noster emollivit, iis rejectis, quæ minus verisimilia videbantur. Baronius vero nominum seriem invertendo ascribit Leucio, quæ ex antiquorum mente Thyrso certissime tribuenda sunt, ut primo intuitu fit manifestum. *Cyrillum* primus, quod sciam, inter Latinos martyrologos hoc die collocavit Ado, cujus verba transcripsere Usuardus, Notkerus et recentiores passim. Græci eum colunt IX Junii, quo ipsum obiisse existimat Baronius. Mihi in tractatu Chronologico de patriarchis Alexandrinis, probabilius visum est, XXVII istius mensis vivere desiisse, nisi calculus Copticus omnino rejiciatur, quod ut fiat, per me plane licet. De Cyrilli rebus gestis non pauca collegit Bollandus, sed totam vitæ seriem, quam nemo hactenus integre prosecutus erat, diligenter percurrit Tillemontius, tomo XIV, a pag. 267 ad 676. *Joannis* (non *Nicanis*, ut perperam legit Notkerus) *Reomaensis* memoria tota etiam ex Adone transumpta est. Vitam illustravit Bollandus, cum qua conferri poterunt, quæ dedit Mabilio in appendice sæculi I Benedictini, a pag. 632. De *Reomæo* jam satis diximus, clariorem loci expressionem vide inter Auctaria in codice Antuerp.-Majore.

AUCTARIA.

PRATEN. ET AGONES MARTYRUM textui subdunt : « Cenomannis, sancti Juliani episcopi civitatis ipsius primi. » Sed cum hæc, ut die præcedenti ostendimus, codici Pratensi adjecta sint, nihil obest quominus inter Usuardinos puriores hodie locum habeat. Idem augmentum est in ANTUERP.-MAX. LUBEC. Et eodem ferme modo in priori BELINI editione, seu Veneta.

ANTUERP.-MAJ., in prima satis purus, de Apolloniensibus non meminit. In Cyrillo etiam purus est. Demum de Joanne Reomaensi, ita distinctius loquitur : « In territorio Lingonicæ civitatis, castro Tornodoro, monasterio Robohiensi, natale sancti Joannis presbyteri et abbatis, qui primus habitator ipsius loci, ac diversorum pater monachorum extitit, ac longo confectus senio, clarus virtutibus requievit. Sepultus est non longe a monasterio. »

ROSWEYD. incipit : « Octava sanctæ Agnetis. Et in civitate Apollonia, Leucii, Tyrsi, Calenici martyrum. Qui tempore Decii imperatoris sub præsidibus Cambritio, Silvano et Baudo, diversis tormentorum generibus excruciati, martyrium consummaverunt. Eodem die apud Alexandriam, beati Cyrilli episcopi et confessoris. » Deest annuntiatio ultima.

ANTUERP.-MAX., ULTRAJECT., LEYDEN., LOVANIEN. et ALBERGEN. et DANIC. secundo loco referunt annuntiationem Juliani, ut supra. Præterea, nescio quo argumento, Alexandriam in *Græcium* retrahunt. Quod de Carolo Magno habent, statim dicetur, ubi collecta invenies, quæ de eo in variis codicibus leguntur.

LEYDEN. BELG. et EDITIO ULTRAJ.-BELG. initio scribunt : « Octava sanctæ Agnetis virginis. » De cætero aliis, ut solent, similes sunt.

MUNERAT., in fine : « Item sancti Karoli imperatoris. » ANTUERP.-MAX. et LOVANIEN. : « Apud Aquisgrani, depositio sancti Karoli regis Francorum et imperatoris Romanorum. » MATRIC.-CARTHUS. ALTRAJ.: « Karoli Magni, regis, et imperatoris Romanorum, christianæ fidei propugnatoris constantissimi. » Paulo uberius, ULTRAJECT., LEYDEN., ALBERG. et DANIC. verbis prius citatis, addunt : « Qui regno et imperio suo pacato et dilatato, statu quoque sanctæ Ecclesiæ religiose ordinato, et fide studiosissime ampliata, anno Domini octingentesimo quartodecimo, ætatis vero suæ septuagesimo primo, regni autem quadragesimo septimo, et imperii quartodecimo, transivit ad Dominum. Hic pro magnitudine operum cognominatus est Magnus. » Editio LUBECO-COL. vix tribus vocibus a dictis differt, Greveno consentiens in decurtanda ætate anno uno, et omittendis annis regni. Omnium amplissime rem deducit Molanus his verbis : « Eodem die Aquisgrani basilica, natale sancti Karoli confessoris, primi de stirpe Francorum, ordinatione divina Romanorum Augusti : qui ab ineunte ætate sua, sæculi pompam despiciens, imperialis potentiæ gladio et sanctæ prædicationis verbo, vitæque salutaris exemplo convertit Guasconiam, Germaniam atque Galliam. Convertit quoque ad Dominum Frisiam, Alemanniam, atque triplici trophæo Saxoniam. Ædificavit quoque propriis sumptibus, ad laudem et honorem sanctæ et individuæ Trinitatis, viginti septem ecclesias, quorum excellentiæ typhum obtinent Aquensis, præsentibus suffragiis gloriosa. Hic fide studiosissime ampliata, statu Ecclesiæ religiose ordinato, regno etiam suo dilatato, ac pacato, anno Domini DCCCXIV, ætatis suæ septuagesimo, imperii vero XIV, quievit in pace. Et pro magnitudine fidei, ac operum, cognominatus est Magnus. » Subdit minori charactere : « Atque sanctorum catalogo annumeratus, per Paschalem papam anno MCXCVI. »

BRUXELLEN. ita orditur : « Romæ. S. Agnetis de nativitate secundo. In civitate Apulia, sanctorum Leoncii, Tyrsi et Gallieniti, etc. » Sequitur de Juliano Cenomanensi. Deinde : « Apud Alexandrium Græciæ, depositio beati Cirilli, etc. » Tum Joannis Reomaensis. « Hinc Malbodii, beatæ Aldetrudis virginis, sanctorum Vincentii et Waldetrudis filiæ, ac neptis beatæ Gudilæ, quæ sanctæ Aldegundi, suæ materteræ in abbatia Malbodiensi successit. » Vide XXV. Febr. De S. Karolo dicta sufficiant. « Item translatio beati Thomæ de Aquino, doctoris sancti de ordine Prædicatorum. »

HAGENOYEN. de Karolo Magno id peculiare habet, quod « obierit in pace, dimissis ejus peccatis per intercessionem sancti Ægidii abbatis. »

CENTULEN. *Cyrillum martyrem* facit. Silet de martyribus Appoloniensibus. De Joanne sic scribit : « In territorio Linguonensi, monasterio Reomensi, sancti Joannis abbatis, magnifici viri, qui basilicum oratione extinxit. »

Editio LUBECO-COL. diem auspicatur hoc modo : « Apud Coloniam Agrippinam, translatio sanctæ Ursulæ reginæ et sodalium ejus undecim millium virginum et martyrum, quæ facta est per sanctum Cunibertum, Coloniensis civitatis archiepiscopum. Romæ octava S. Agnetis virginis et martyris. » De martyribus Apploniensibus, Cyrillo et Joanne et Carolo fere, ut citati codices. In fine : « Apud Tolosam, translatio sancti Thomæ de Aquino. »

GREVEN. : « In Africa secundum Bedam (non genuinum) sanctorum Censoriani, Victoris, Festi, Marinæ. » Circa Caroli elogium, in quo ab aliis dissentiat, supra notavimus. Pergit : « Translatio beati Thomæ de Aquino, a monasterio Fossænovæ Tholosam. Apud Coloniam Agrippinam, translatio sanctæ Ursulæ virginis sodaliumque ejus, facta per, etc. Margaretæ virginis de Hungaria, beatæ memoriæ. »

MOLAN, de Censoriano et sociis loquitur, ut Grevenus. Tum : « Juliani eremitæ cognomento Sabæ. Cujus gesta in Deo dicata, hoc est Philotheo historia, se memorasse scribit Theodoretus lib. II Hist. eccl., cap. 24. » In editionibus posterioribus post commemorationem Caroli, scribit minori charactere « Apud Porphyrionem secundum Simeonem, A sancti Jacobi eremitæ. Et Nicomediæ, sanctorum martyrum. Inde et Domnes et viginti millium, qui passi sunt sub Maximiano. Eodem die obitus illustrissimæ Margaretæ virginis, filiæ regis Hungarorum, ordinis Prædicatorum. »

IV Kal.   Die 29.

Romæ via Numentana, natalis sanctorum Papiæ et Mauri militum, quorum ora jussit Laudicius Urbis præfectus ad primam confessionem Christi lapidibus contundi, et sic eos in carcerem retrudi, ac postea fustibus cædi, atque in ultimo plumbatis, donec expirarent. Eodem die Treveris, depositio beati Valerii episcopi discipuli sancti Petri apostoli. In territorio Trecassino, sancti Sabiniani, qui jubente Aureliano imperatore pro fide Christi decollatus est. [*Addit Bouillart.* : ª Et octavæ sancti Vincentii martyris.]

NOTÆ.

Summa hic codicum plurimorum consonantia : *Praten., Herinien., Tornacen., Pulsan., Antuerpien., Max.-Lubec., Munerat., Belin., Greven., Molan.* et B *Danic.*, et edit. *Ultraject.-Belgic.*

Agon. Martyrum. Item codd. mediæ notæ, *Antuerp.-max., Ultraject., Leyden., Lovanien., Albergen.,*

ª Octavam sancti Vincentii autographo Pratensi fuisse adjectam scripsit ad Sollerium Castellanus, simulque erasas quinque ultimas textus litteras, *us est*, ut additamento esset locus. Falsa omnia. Nihil erasum. Tantum quinque litteræ duabus contractæ hoc modo *t̃ ẽ*. Nihil etiam additum. Nec mirum id quidem, Usuardum Octavæ sancti Vincentii meminisse. More recepto erat apud Benedictinos ut sodales in capitulo congregati lectione Martyrologii præmonerentur quæ festa celebraret, quorum sanctorum memoriam die proxime sequenti coleret Ecclesia. Hunc autem in usum ab Usuardo Martyrologium fuisse confectum argumento sunt Regula S. Benedicti et Necrologium codici inserta, quæ post Martyrologium legi solebant. An potuit monachus Pratensis oblivisci octavæ quam noverat suæ abbatiæ patrono consecratam? BOUILLART.

VARIANTES LECTIONES.

Maure pro *Mauri* in Munerato error est. In Alberg. *martyrum militum* primæ vox redundat. Magna codicum discrepantia in scriptione nominis *Laudicius*, pro quo, male, Antuerpien. *Laucius*; Herinien., Tornacen., Molan. et alii cum Adone, *Laodicius*. Sequor in textu lectionem Bedæ, Pulsan., Muncrati, Belini et Greveni; non repugnaturus si aliam C præferas, aut cum Pratensi legendum putes *Laudilius*, imo forte *Laodicius*, ut in eo codice legisse videtur Castellanus. Muneratus denuo male posuit *profectus* pro *præfectus*. Quos codices mss. secuti fuerint Greven. et Molan. non capio; uterque hæc omittit : *Et sic eos in carcerem retrudi*, quæ in omnibus nostris, nullo excepto, clarissime exprimuntur ; cum hac sola differentia, quod Antuerp., Max.-Lubec., Ultraject., etc., pro *retrudi* posuerint *trudi*. Et ea quidem clausula ad mentem Bedæ, et qui eum descripsit, Adonis, exprimenda est. Sitne legendum *ad ultimum*, an *in ultimo* dubium est, variant optimæ notæ codices; Herinien. et Tornacen. scribentibus primo modo ; nos Usuardum secundo modo scripsisse existimamus. Solus Muneratus habet *ultimo*. Molanus dum clarior videri voluit, textum corrupit, addens ex Adone vocem *percuti*, atque adeo legens : *atque ad ultimum percuti plumbatis*. Pulsanen. vero omittit, *atque in ultimo plumbatis*. Treveris in Munerato, *Valeris* in prima Belini editione, C typographo imputanda. Trecasino, *Sabiani* vel *Saviani* scribunt aliqui, præsertim codices minus genuini, non nemo *Fabiani*, Munerat. *Saviniani* ; textus ex purioribus desumptus est. Pulsan., Antuerp. et Belinus habent *Aurelio* pro *Aureliano*. Porro Ultraject., Leyden., Lovanien., Albergen. et Danic. *Valerium* ultimo loco annuntiant, *Sabianum* ei præponentes. Inter puriores codices hic denuo numeratur apographum nostrum Pratense, licet hodie additamentum habeat de *Octava sancti Vincentii*, quod prætenso autographo adjectum scribit ad me Castellanus, notans erasas quinque ultimas textus litteras *us est*, unde additio illa initium sumit.

OBSERVATIONES

De *Papia* et *Mauro* nihil Hieronymiana apographa. Primus eos retulit Beda cum insigni elogio, quod a Rabano modice immutatum est. Romanum D parvum scripserat : *Romæ, Papiæ et Mauri militum, sub Diocletiano imperatore.* Ado paratum in Beda encomium non nihil expolivisse videtur. Utrum secutus fuerit Notkerus, parum interest ; Noster certe, quod in alterutro invenerat, comptius, et brevius reddidit. Dixi in Beda esse *Laudicius*, quod Ado vertit *Laodicius*, ut habent Rabanus quoque et Notkerus. An *Laudicius*, ab Usuardo servatus, indicio esse possit cum Bedam potius quam Adonem sibi imitandum proposuisse, non est operæ pretium indagare. Reliqua, quæ ad hos sanctos spectant, ex sancti Marcelli papæ Actis xvi Januarii repetenda sunt. *Valerius* Trevirensis in omnibus Hieronymianis ita ponitur, ut nequaquam adjectitius videatur. Pro confessore recoli ostendit præfixa formula, *depositio*; ita enim habetur : *Treveris, depositio Valerii*, vel *B. Valerii*, vel *beatissimi Valerii episcopi*: quin imo Corbeiense notanter adjicit, *confessoris*, quem titulum in hisce codicibus rarius recurrere, alibi diximus. Hinc Rabanus sua desumpsit ; sed Adoni proprium est, quod de *beati Petri discipulatu* in textu nostro adjungitur, eumdemque fontem Notkerus consuluit. Id quo sensu intelligendum, non inepte explicat Castellanus pag. 451. Etenim in proprio sensu, aut significatione accipi non posse, vel ex Hieronymianis colliges, in quibus primi illi duorum primorum Ecclesiæ sæculorum episcopi passim gaudent apposito *de antiquis*, quod in hoc ipso laterculo, Hippolyto tribuitur. Verum hæc operosius discutientur, aut in Supplemento Januarii, aut xIV Septembris ad vitam sancti Materni, quem si tempore Constantini magni floruisse memineris, Valerii hujus ætatem nullo negotio deprehendes. Binas nostras annuntiationes sic metrice complectitur Wandalbertus :

Quarto martyrium Papiæ Maurique refulget ;
Tunc et Valerio Treviri pro præsule gaudent.

Sabiniani martyris Tricassini, quem a Senonensi

distinguendum) hactenus credimus, solus Usuardus hoc die inter antiquos meminit, non recte, ut ante Castellanum observarunt majores nostri, cum xxiv Januarii ejus festivitas per totam diœcesim Tricasinam celebretur, idque in usu fuisse ante Usuardi tempora testetur laudatus Castellanus. Nec mirum, cum illo ipso die martyrio coronatum *Sabinianum* referant ejus Acta. Id compertum habuisse videtur Florus, dum *Sabinam* sororem præfato die ei conjunxit, unde hic rursus colligas, quam ignota fuerint Usuardo Flori ad Bedam supplementa. Aliam Usuardi hallucinationem infra notabimus, nempe quod *Sabinam* hanc *Trecensem* ad xxix Augusti distulerit, ut cum *Sabina Romana* eam connecteret. Melius in Actis nostris hoc die recolitur, et ex Martyrologiorum auctoritate cum fratre conjungitur, atque cum multis aliis martyribus, quorum gesta ibi collecta expenduntur, et illustrantur. Vide in Actis dies alios, quibus aut conjunctim, aut seorsim eorum nomina repetuntur. Hæc pro instituto nostro satis dicta existimo, nam, quidquid de rei veritate statuendum sit, certum manet, ipsissimam et genuinam Usuardi lectionem in textu a nobis fideliter et simpliciter repræsentari.

AUCTARIA.

ANTUERP.-MAJ. : « Romæ, passio sanctorum Papiæ et Mauri militum, tempore Diocletiani. » In Valerio satis purus est. Ultimam vero sic vertit : « Ipso die, natale sanctæ Savinæ virginis. » Clarius codex VICTORIN. et REG. SUEC. signatus num. 130 : « Trecas sanctæ Savinæ virginis. » Et eam quidem Sabiniano conjunxere citati inter Auctaria codices, xxiv hujus. Utrum illi, an huic diei magis quadret, definire certo non ausim, malim tamen alterutri, et huic præsertim, quam diei xxix Augusti, cui eam innectit Usuardus cum *Sabina Romana* copulatam. Rursus *Savina* an *Sabina* appelletur rectius, eadem quæstio est, quæ de *Saviniani*, et *Sabiniani* nomine moveri posset, quem codex Altempsianus, et aliqui alii *Sabinum* vocaverunt.

ROSWEYD., in prima, et secunda non omnino purus, tertiam plane omittit.

CENTULEN. : « Romæ, sanctorum militum Papiæ et Mauri, sub Dyocletiano. In territorio Trecassino, sancti Sabiani martyris. Treveris, depositio beati Valerii episcopi, discipuli Petri apostoli. Et octava sancti Vincentii martyris. » Vide Variantes in fine.

BRUXELLEN. Præpostero ordine Papiam et Maurum ultimo loco annuntiat, elogio ex Adone non nihil interpolato. Sic vero incipit : « Treveris, depositio beati Valerii episcopi, discipuli sancti Petri apostoli. Qui cum beatis Eucharic et Materno Treverim veniens, post obitum Eucharii, ibidem per annos quindecim episcopatus fungebatur honore. Cujus prædicationis tanta fuit instantia, ut eo adhuc vivente, per Galliam et Germaniam Christiani paganos numero simul et religione superarent. » In Sabiniano purus est.

Aliter incipit HAGEN., nimirum : « In territorio Trecassino, passio sancti Sabiniani martyris. Qui fuit filius unicus Sabini ducis : qui per angelum Domini miraculose conversus est, et sacrum baptisma suscepit; et patrem cum patria relinquens, ad docendum alios perrexit : qui ab Aureliano imperatore infinitas pœnas sustinuit, et tandem decollatus, martyrium complevit. » De Papia et Mauro nihil immutavit. De Valerio textui hæc solum addit : « Qui cum beato Euchario et Materno magnam partem Galliæ ad fidem Deo convertit, et post Eucharium ibidem factus episcopus, quievit in pace. »

VATICAN., sub num. 5949 : « In Penvia [an non Perusia?] sancti Constantini. Beneventi, natale sanctorum Felicissimi et Cassiani in S. Sophia. »

STROZZ. et MEDIC. : « Apud civitatem Cebensem [forte Cellensem] juxta castrum Corneti, sancti Flaviani martyris, qui sub Claudio imperatore passus est cum omni domo sua, inter viros et mulieres promiscui sexus, numero LXXV et baptizati fuerunt a B. Theodoro presbytero, et per martyrium consummati sunt, ut legitur in gestis sancti Maximi martyris. » Multo lumine indigent, quæ hic obscure confusa sunt, denuo excutienda cum Actis sanctæ Severæ, etc. Vide tomo II Januarii pag. 946.

Editio LUBECO-COL., de Papia et Mauro, post *militum* ex Adone interserit, « tempore Diocletiani imperatoris, qui videntes constantiam sanctorum Saturnini et Sisinnii diaconi, conversi sunt ad fidem. Quorum ora, etc. » De Valerio adjicit : « Quem idem apostolus Treviri, una cum discipulis suis Euchario et Materno, ad prædicandum gentibus illis destinavit. » In fine : « Bituricas, S. Severi episcopi et confessoris, discipuli sancti Martini episcopi. » Vide infra in augmento Molani.

GREVEN. : « Item sanctorum Pauli, Victoris, Hippolyti, Honorati, Petrosie. Severi episcopi Bituricensis et confessoris, discipuli sancti Martini. In Britannia, Gildæ abbatis. Vitalis, abbatis. (Constantii, ni *fallor*, Perusini) episcopi et martyris. »

MOLAN., minori charactere : « Eodem die, sancti Sulpitii Severi, episcopi Bituricensis et confessoris discipuli sancti Martini, de quo Gennadius, etc. » Ubique Sulpitiorum confusio; hic enim Bituricensis episcopus, ad sancti Martini tempora spectare nequaquam potest, ut evincit Bollandus hoc die. Potremæ editiones : « In Britannia, Gildæ abbatis et confessoris. » Tum de Sulpitio. Demum : « Perusiæ, sancti Constantii episcopi et confessoris. » Notabis in omnibus editionibus, post elogium Papiæ et Mauri, litteris italicis insertum ex Beda et Adone : « Scriptum est in gestis beati Marcelli. »

III Kal.   *Die* 30.

Apud Antiochiam, passio beati Ypoliti martyris, qui Novati schismate aliquantulum deceptus, operante gratia Christi correctus, ad charitatem Ecclesiæ rediit, pro qua [*Bouillart. add.* et in qua] illustre martyrium consummavit. Hierosolimis, sanctissimi Matthiæ episcopi, de quo mira, et plena fide narrant, quia multa pro Christo perpessus, ultimo in pace vitam finivit. Ipso die, passio sancti Flaviani martyris. Malbodio monasterio, sanctæ Aldegundis virginis. [*Apud Bouillart.* : ..... Flaviani martyris. In territorio Parisiacensi *a* Baltildis reginæ.]

NOTÆ.

Sic pure *Herinien., Tornacen., Pulsanen., Belin., Greven., Molan.* et editio *Ultraject.-Belgic.*

a Memorata hoc loco regina Bathildis in causa est cur Pratensem codicem hoc die morosus illius censor inter puros recensere non dignatus fuerit. Attamen Vitæ Bathildis auctor anonymus, illius reginæ æqualis, apud Mabillonem Act. SS. sæc. II, et apud Bollandum, tom. II Jan., Bathildis mortem III Kal. con- signavit. Veterrimum Corbeiensis abbatiæ Kalendarium, ante annos 700 exaratum, eidem diei mortem ascripsit; eadem die Bathildis mentionem faciunt Martyrologia. S. Hieronymi dicta, Pontisarense XII sæculi, Fossatense, codices Colbert. A et D; Victorin. A et B; Sandionys., Fuliens. B, Montisburg., Parisiensis Ecclesia, monasteria Corbeiense et Calense, Bathildis largitionibus erecta et nobilitata, festum atque solemnem hunc diem agunt. Sed his omnibus argumentis adduci non potuit Sollerius ut crederet hunc diem ab Usuardo Bathildis morti fuisse assignatum. Quid tandem illum moratur ? Auctoritas Castellani scilicet, qui monuit loco *Aldegundis* erasæ A substitutam fuisse Bathildem. Non equide a lituram inficior; sed omittere monitor non debuit quæ manus reliquum codicem descripsit, eadem hic Bathildis memoriam annuntiatam fuisse. Veniant in hoc eruditionis genere exercitati judices. Codicis copiam facere parati sumus. BOUILLART.

VARIANTES LECTIONES.

Solus Munerat. posuit *sancti*, pro *beati*. Scripsi *Ypoliti*, modo satis barbaro, sed pro quo stat plurima codicum qualiscunque auctoritas, ut hic Herinien., Tornacen., Pulsanen., Antuerp., Munerat. et aliorum plurium, ut videbis etiam xIII et xxII Augusti. Molan. recte posuit *Hippolyti* : proxime Praten. *Hippoliti*; Belin. et Greven., *Hypoliti*. Tibi licet præferre, quod optimum est; liceat nobis codicum nostrorum etiam luxatam scribendi rationem sequi. In Hieronymianis est *Epoliti*, etc. Prima Belini editio pro *Novati*, posuit *Novatiani* : uterque ad schisma concurrit. Habet etiam cum aliis codicibus *scismate*. Tornacen. et Munerat. pro *correctus*, legunt *correptus*. Qua libertate reliqui *Ypoliti*, eadem scribo *Hierosolimis*, etc., de quibus alibi. Pro *sanctissimi*, in Tornacensi est *sancti*, in Belin., *gloriosissimi*. *Mathæi* et *Mathei* scribunt codices aliqui, Molan. *Matthæi*, Belini prima editio *Nathei*, melius Praten. *Mathiæ*, potior est nostra lectio. In plerisque nostris B et optimis habetur *narrant*, quo modo Usuardum legisse existimo. Pulsanen., Belin., Greven. et Molan. forte melius cum Adone, *narrantur*. Rursus Greven. et Molan. habent *finierit*. Tornacen. pro *ipso die*, ponit *eodem die*. Pulsanen., Greven. et Molan. omittunt, *passio*. *Flavii* in Pulsanen. pro *Flaviani*, error est, uti et in eodem *Malboydo*, in Greven. *Moalbodio*, in Belin. *Aldegunde*.

Notavi superiùs xxvI Januarii, erasam in Pratensi codice Bathildis commemorationem, ut Castellanus monuerat. Idem ipse in notis hoc die observat *Aldegundem* in præfato codice itidem inductam, ad xIII Novembris translatam, ejusque loco substitutam hic *Bathildem*. Atque hæc causa est, cur hoc etiam die a purorum numero codex ille exclusus sit. Quomodo alii utramque conjunxerint, alii vero aliter scripserint, ex Auctariis intelliges. Genuina Usuardi lectio ex citatis pro textu codicibus abunde comprobata est.

OBSERVATIONES.

Die præcedenti non oscitanter advertimus, notari in Hieronymianis *Hippolytum episcopum, de antiquis*, utut ibi nomen deformatum sit, quemadmodum et hoc die dum præfata apographa primo loco legunt : *In Antiochia, pass o sancti Epoliti*. Ex diversis enuntiandi modis, diversos hos esse plerique volunt, quamvis in his codicibus novum omnino non sit, eumdem sanctum semel atque iterum repeti. Ego ingenue fateor, in Hippolytis me hæsitare, dum oppositas eruditorum opiniones penitius introspicio. Videtur prior, *episcopus de antiquis*, sumendus pro celeberrimo illo de priscis Ecclesiæ doctoribus, ut recte, me quidem judice, hoc die censet Florentinius. Verùm an ille, qui ab aliquibus *Portuensis* episcopus dicitur? An is, qui colitur xxII vel xxIII Augusti? An qui a Prudentio celebratur? Variant sententiæ. Jam vero quis hic noster Antiochiæ passus? Satis propendeo, ut dicam hunc ipsum, illum esse magnum de *antiquis* scriptorem, incerti loci episcopum, cum Portuensi martyre nequaquam confundendum; sed obstat, quod in Hieronymianis alter ab altero distinguatur. Lapis offensionis est *Antiochia* : nodum solveris, aut scideris, si liceat *Hippolytum magnum* Antiochiæ ascribere, utpote alicujus ecclesiæ Orientalis episcopum, qui a nostris martyrologis xxII vel xvIII Augusti recolatur; licet hic unde *presbyterum Romanum* dicas, qui forte cum Pontiano papa, ut est in Henscheniani catalogis, ante tomum I Aprilis, exsilium passus, post Cornelii electionem, Novatiano schismati implicitus, sed gloriose resipiscens, illustre martyrium, jam ætate confectus, non Antiochiæ, sed probabilissime ad Tyberina ostia subierit, quique a Prudentio egregie laudatus est, non confusus, ut vult Baronius, et a *pulcherrima Roma*, colitur Idibus *Augusti mensis*, ut ibi dicemus. Hæc præmittenda fuere ut detegatur confusio in omnia Martyrologia per Adonem inducta. Romanum parvum breviter legerat : *Antiochiæ, passio sancti Hippolyti*. Sed rem, ni fallor, implicuit solus Ado, elogium illud adjungens, quod ex ipso Usuardus, Notkerus, et recentiores passim acceperé, quod ego Hippolyti Prudentiani unice proprium existimo, non utique Antiocheni, nisi quis in Adonis gratiam alterum quempiam Hippolytum *Novati schismate deceptum*, Antiochiæ passum fingat, quod mihi certe non sit verosimile. Martyrologos nostros maximi sane facimus, non tanti tamen, ut C D ubique Prudentio tot sæculis anteriori præferendos putemus. Hieronymianorum sensui insistere videtur Wandalbertus, unico suo versiculo :

Tertiaque Hippolytum Antiochenæ personat urbi.

Castellanus, pag. 461, semel atque iterum *Matthiam* Hierosolymitanum ab Usuardo primum positum insinuat, tametsi evidentissimum sit, verba ejus omnia permodice immutata ex Adone hic etiam transumpta. Ado illum x Romano parvo acceperat, ubi sic memoratur : *Jerosolymis, Matthiæ episcopi, qui octavus fuit post Jacobum*. Notkerus Adonis phrasim non nihil transposuit; apud martyrologos alios notus non est. An hic felicius rem attigerit Ado, quam in priori annuntiatione; quæ et qualia sint, *mira illa et plena fide gesta*, videsis in Actis et in Chronologia patriarcharum Hierosolymitanorum ante tomum III Maii, pag. 6.

Sequitur apud Adonem *Alexander* martyr, ex hoc a Notkero quoque relatus; qui cur ab Usuardo præteritus fuerit, tum demum perspexi, cum Adonis elogium sæpe expendens et versans, illud rursus male translatum, et applicatum didici. Nimirum accepta sunt verba omnia ex Rufino lib. vI Historiæ, cap. 29, quibus aperte describuntur certamina Alexandri Hierosolymitani, qui idem ipse a Romano parvo et Adone disertissime ponitur xvIII Martii : ut proinde Alexander ille Adonianus, hic abundet, nisi alium quempiam indicaverit auctor Romani parvi, qui etiam *Deciana persecutione passus* sit, quique hactenus nos lateat. Cætera ad xvIII Martii remittimus. Hæc procul dubio etiam observavit Castellanus, sed alio defectu laborare videtur, dum prædictum Alexandrum in notis pag. 461 differt ad xII Decembris, quasi idem foret, qui tribus diversis diebus a Romano parvo et Adone annuntiatur. Mentem ejus non satis clare assequor, nisi Græcos sequi velit, qui eo die Alexandrum Hierosolymitanum recolunt, nam qui ibi *Alexander* cum socio *Epimacho* a nostris celebratur, tantum ab Hierosolymitano distat, quantum Alexandria ab Hierosolymis dissita est; ut satis distincte explicat Rufinus citato libro, cap. 31 et 35; item Eusebius Valesii lib. vI, cap. 41 et 46.

Substitutus hic ab Usuardo *Flavianus* ex nullis characteristicis innotescit, utpote sine loci aut temporis nota positus, neque unde illum acceperit, divinare queo. Fateor equidem, a Castellano Flavianum hunc *Centumcellis* collocari, a Baronio autem Romæ ascribi xxviii Januarii. At tam varia congesta reperio, ut ea discriminare non vacet. Nec plus lucis reperio, quam Acta exhibeant pag. 833 et 946. De *Aldegunde* nihil dicendum superest. Rabani et ex hoc Notkeri peculiare de ipsa elogium, a Molano relatum, inter Auctaria recensebimus.

AUCTARIA.

PRATEN. et AGONES MARTYRUM, expuncta Aldegunde, ut in Variantibus dixi, substituunt: « In territorio Parisiacensi, Baltildis reginæ. »

ANTUERP.-MAX. satis purus est toto textu usque ad *vitam finivit*, sed tunc ex Adone subdit: « Hic octavus post Jacobum apostolum, Jerosolimorum rexit ecclesiam. Eodem die, passio beati Alexandri martyris. » De Aldegunde, recte.

ROSWEYD. In Hippolyto deest elogium. In Matthia, satis purus est. Tum: « Item beati Alexandri martyris, qui passus est tempore Decii. In Africa, cxxiv martyrum. » Vide Hieronymiana. « Item Lici martyris et sociorum ejus. » Nescio quem alium indicare possit præter *Leucium*, de quo xxviii hujus. « Item eodem die, dormitio sanctæ Balthildis. » In Aldegunde, purus est.

ANTUERP., MAX.-LUBEC., MUNERAT., ANTUERP.-MAX. LOVANIEN. et LEYDEN. BELGIC. in textu omnes puri sunt, sed in eo excedunt, quod *Bathildem reginam* superadjiciant.

ULTRAJ., LEYDEN., ALBERGEN. et DANIC. plus aliquid de Alexandro scribunt, quam posuerit Ado. Ita enim habent: « Item Hierosolymis, natale beati Alexandri episcopi. Qui sub Deciana persecutione judicii pro confessione sistitur, vinculisque traditus, dum longæva ætatis veneranda fulgeret canitie, postquam frequenter Dominum suis glorificaverat passionibus, nunc de tribulationibus [*ita legunt* ULTRAJ. *et* LEYDEN., *melius alii de* tribunalibus] ad vincula, nunc de vinculis ad tribunalia pertractus, inter ipsa vicissim sibi succedentia tormenta, beato fine quievit. » Ita fere etiam.

VATICAN., sub num. 5949, et STROZZ., etc. Rectius et simplicius GREVEN. et MOLAN. « Item beati Alexandri. Hic Deciana persecutione pro confessione fidei judiciis sistitur, et vinculis carceris traditur. Qui cum longævæ ætatis veneranda canitie, » etc. Addit GREVEN.: « Videtur iste ille esse, quem Usuardus ponit xv Kal. Aprilis. » Hoc est, quod et nos putamus non omnino esse compertum. Videatur Bollandus hac die.

CENTULEN. Usuardi contractor incipit a Matthia, legens fere, ut Rom. parvum: « Hierosolymis beati Matthiæ episcopi et martyris, qui octavus post Jacobum Hierosolymorum rexit ecclesiam. » Sequitur Hippolytus. Tum: « Eodem die sancti Alexandri martyris. » In fine perperam adjicit: « Alexandriæ, sancti Metrani martyris, » qui ad diem sequentem spectat.

BRUXELLEN. sic orditur: « Malbodio monasterio, depositio sanctæ Aldegundis virginis et abbatissæ, sororis beatæ Waldetrudis et neptis sanctæ Gudilæ. » In Hippolyto et Matthia fere purus est. De Alexandro nihil novi profert. Sequitur Flavianus. Denique: « In territorio Parisiensi, dormitio sanctæ Bathildis, Francorum reginæ, quæ Corbeyam monasterium construxit. »

HAGENOYEN., luxatus et mancus est; Hippolytum vocat *Novaypolitum*; Flavianum, *Flaviarium*; Aldegundem territorio Parisiensi, Bathildem Malbodio attribuit, etc.

MATRIC.-CARTHUS.-ULTRAJ.: « Aldegundis virginis, sororis sanctæ Waldetrudis viduæ. Flaviani martyris. Item sancti Hippolyti martyris, cujus passionem Prudentius describit. »

ALTEMPS., in Anglia auctus, « Item sancti Belliani martyris. » Puto nomen esse corruptum, forte ex *Pellicani*, vel hujusmodi alio, quod ex apographis Hieronymianis acceptum fuerit.

Editio LUBECO-COL. Cum codicibus superius citatis convenit, hoc peculiare subnectens: « Malbodio monasterio, sancti (sanctæ) Aldegundis virginis nobilissimæ, quæ ex regio genere orta, Christum sibi in perpetuum sponsum elegit, qui etiam eam in tantum dilexit, quod sæpe ei visibilem angelum pro solatio miserat. » Sed hæc elegantius exprimit Molanus ex Rabano, et Notkero: « Quæ tempore Dagoberti regis Francorum ex nobili genere progenita, virginitatis propositum elegit, in quo et permansit, sæpiusque illi angelica visio revelata fuit, exhortans eam, ut in proposito permaneret. Novissime vero cum magna claritate cœlestis luminis, ad vitam migravit æternam. »

GREVEN.: « In Africa, Pellicani, Cliericiani, Philippiani, et aliorum cxxiv. » Ex Hieronym. Vide Bollandum. « Lucii martyris, et sociorum ejus. Batildis reginæ Franciæ, quæ post mortem Clodovæi viri sui monasterium ingressa, in magna se humilitate dejiciens, Christo conformari satagebat. Etiam ponitur vii Kal. Februarii, sed melius hic. »

MOLAN., præter dicta, minori charactere scribit: « Eodem die beatæ memoriæ, Antonii Peregrini Patavini, ex Manziorum familia nati, qui omnia loca sancta visitavit et defunctus est MCCLXVII. » In postremis editionibus Alexandrum omisit, haud dubie quod cum Greveno dubitare cœperit, utrum hic idem non esset cum eo, qui xviii Martii ponitur.

Pridie Kal.   *Die 31.*

Apud Alexandriam, natalis beati Metrani martyris, quo nolente impia verba proferre ad jussionem paganorum, omne corpus ejus fustibus colliserunt; vultumque et oculos acutis calamis terebrantes, extra urbem cum cruciatibus expulerunt, ibique spiritum, qui in eo superat, lapidibus ejecerunt. Item Alexandriæ, sanctorum martyrum Saturnini, Thyrsi et Victoris. Apud Trientinam urbem, sancti Vigilii episcopi et martyris. [*Bouillart. om.* Apud Trientinam..... martyris [a].]

NOTÆ.

Codices puriores censentur soli *Herinien.*, *Tornacen.* et *Antuerp.-Major*.

[a] Addit huic articulo Sollerius. *Apud Trientinam urbem, sancti Vigilii episcopi et martyris.* Sic sui codices Heriniensis et Tornacensis hujus diei articulum claudunt. Sic etiam Dervensis longe vetustior. Itaque non dubium est quin primum Usuardi autographum Tridentini Vigilii mentionem hoc die fecerit. Imitatus fuerat Usuardus Martyrologia quæ ante se composuerant Beda, Florus, etc. Postea lectis Vigilii actis, errorem correxit. Quam apte id fecerit, die 26 Junii dicetur. BOUILLART.

VARIANTES LECTIONES.

Vix quidquam occurrit notatu dignum præter differentiam inter Antuerp.-Majorem, et duos alios codices pro textu citatos. Siquidem ille puram Adonis lectionem Usuardinæ tantillum immutatæ prætulisse videtur. Itaque pro *beati*, legit *sancti*. Deinde post *martyris*, sic pergit : *Quem correptum pagani jubent impia verba proferre, quod illo recusante, omne corpus...... ibique quod in eo superaret spiritus*, etc. Annuntiationem secundam sic format idem codex : *Tirsi, Saturnini et Victoris, quorum gesta habentur*. Alii scribunt *Tyrsi* : nobis præplacet Adonis orthographia, qua itidem supra ad xxvIII usi fuimus. Rursus, Antuerp-Maj. incipit : *Eodem die*, etc. Herinien. autem pro *Vigilii* male scribit *Vigili*.

Superest nova ex codice Pratensi aliisque controversia, ac nimirum *Vigilius Tridentinus* ab Usuardo ipso hoc die, an xxvI Junii relatus sit? Citato Pratensi subscribunt Antuerp., Max.-Lubec., Munerat.,

A Greven. et Molan., major nempe numerus codicum, quorum auctoritate delinienda, ut plurimum, Usuardi simplicitas. Et licet codices multi alii, præsertim Herinien. et Tornacen, oppositum traderent, illis cedendum putaveram, quo usque ad vera Pratensis lectione a Castellano factus sum certior. Respondit hic ultimis suis litteris, xxxI Januarii MDCCXI aliena manu ad me datis, in hæc verba : *Dum est ad S. Germani a Pratis; apparet litura* (xxxI Januarii de quo quæsieram) *verosimiliter sancti Vigilii, qui xxvI Junii denuo recurrit, sed eadem prima manu, qua reliqua scripta sunt*. Quid ex his, cum annuntiatione xxvI Junii collatis, deducendum sit, in præfatione explicavimus ; hic mihi satis sit unum evicisse, nempe in vetustissimis Usuardi apographis, quale certe Pratense censeri debet, positum olim hoc die Vigilium, ac proinde in primo ipso Usuardi autographo, atque adeo veram, et puram esse nostram lectionem.

OBSERVATIONES.

Singulare auctoris Romani parvi, in colligendis ex Rufino sanctis, studium, ut toto opere sæpe proditur, ita hic manifeste patet in glorioso sene Alexandrino nomine *Metra*, de quo in tractatu Chronologico Patriarcharum obiter locuti sumus num. 164, sed quem hic ex recepto scribendi modo cum Martyrologis nostris *Metranum* dicimus. Hic itaque a Romano parvo sic primum consignatus est : *Alexandriæ, sancti Metrani martyris*. Sumptus est ex celebri Dionysii Alexandrini ad Fabium Antiochenum epistola, quam ex Eusebio, et Rufino recusam habes apud Ruinartium inter Sincera et Selecta a pag. 103. Inde totum suum elogium accepit Ado, quod Notkerus intactum reliquit, Noster vero modice abbrevians obscurius reddidit, ut ex codice Antuerp.-Majore in Variantibus facit patescit. Annuntiatio altera solius Adonis et ab ipso indeterminate expressa : *Item, sanctorum Saturnini, Thyrsi et Victoris*. Notkerus Hieronymiana prætulit, in quo saltem aliqua inter hos aliosque martyres reperitur distinctio. Rem confudit Usuardus, palæstram assignando *Alexandriæ*, cui in præfatis Hieronymianis alii prorsus martyres tribuuntur. Recte et solide hic observavit Bollandus, pag. 1080, « difficile esse, cum Acta sunt, sanctorum martyrum fide certa natales stabilire; loco, in quo palmam adepti, sæpe

B numero a librariis, vel omisso, vel mendose expresso, aut pluribus ad unum semere revocatis; sociis nunc omissis, nunc neglecta interpunctione, aliunde ascitis, aut ex nominum similitudine iisdem perperam repetitis. Quæ omnia cum hic animis nostris observarentur, ne quidem quod conjectaremus, satis erat expeditum. » Nec nobis promptum est confusa hæc secernere. Cæterum Usuardi error in recentiores transiit satis feliciter pro aliqua parte ex ms. S. Cyriaci a Baronio correctus. Dubitari potest, an Wandalberti versus occasionem aliis non dederint tres illos ex majori numero seligendi. Sic ille cecinerat :

> Saturnine tuum egregium Thyrsique trophæum,
> Victorisque simul Jani determinat orbem.

Vigilium Tridentinum ab Usuardo hoc ipso die, post Romanum parvum et Adonem, consignatum omnino credimus, ut supra in Variantibus dictum est. Ita illum primus annuntiat Romani parvi auctor: C *Trientinæ, sancti Vigilii episcopi et martyris*. Hinc ab Adone positus iisdem ipsis verbis, quæ ex eo Usuardus et Notkerus descripsere. Vide Acta ejus illustrata xxvI Junii, quo die a Romano moderno refertur.

AUCTARIA.

Incipio a defectu, quem supra notavi in codicibus PRATEN., PULSANEN., ANTUERP., MAX.-LUBEC., MUNERAT., GREVEN., MOLAN. et AGON. MARTYRUM, qui omnes *Vigilium* hodie omiserunt.

ROSWEYD., in prima nec plane Adonianus, nec Usuardinus est, quamvis in re conveniant. In secunda item omnino purus non est. Vigilio etiam caret, cujus loco adjicit : « Et natale sanctorum xv sacerdotum. » Quæ quidem ex Hieronymianis accepta sunt. Sed quid hoc quod additur, *Et beati Julii confessoris?* An de presbytero agit, qui cum *Juliano* diacono fratre in Actis Novariæ in Italia ponitur.

ALBERGEN. ita incipit : « Natale beatorum martyrum Cyri, et Joannis. » Additur in LOVANIEN.: « Quorum primus ex Alexandria, metropoli Egypti, secundus de civitate Edissena exstitit oriundus. »

ANTUERP.-MAX., [ULTRAJECT., LEYDEN., DANIC. et EDITIO ULTRAJ.-BELG. ad complendum elogium hæc sapraedictis adjiciunt : « Qui temporibus Diocletiani et Maximiani primum tenti et in carcerem missi, deinde virgis cæsi et facibus ignitis adusti, aceto saleque superfusi, ac cilicio confricati, piceque fervente perfusi, ad ultimum decollati, martyrium compleverunt. » De Saturnino et sociis adjungunt omnes, « quorum gesta habentur, » quæ utinam vera essent!

Solus LOVANIEN. in eo purus est, quod ultimo loco habeat de Vigilio, ut supra in textu.

CENTULEN. de Metrano egit die præcedenti, ut vide ibi in Auctariis. Hic vero : « Alexandriæ, sanctorum martyrum Tirsi, Saturnini et Victoris, quorum gesta habentur. » In Vigilio purus est.

BRUXELLEN. de Cyro et Joanne legit, cum codicibus mediæ notæ supra. De Metrano habet elogium Adonis purum. De Saturnino, etc., ut supra. Tum de suo disparata conjungit, hoc modo : « Et apud D Trientinam urbem, Vigilii papæ, et martyris; qui ob id quod Antennium (Anthimum) Constantinopolitanum episcopum de hæresi condemnatum, ad sedem suam noluit revocare, jussu imperatoris ignominiose tractatus, mittitur in exilium; ubi de eo, quod in Silverio papa suo prædecessore, inique commisit, digne pœnitendo, veniæ locum invenit, et vitam feliciter terminavit. Hic constituit, ut in ecclesiis missæ versus Orientem celebrentur. Item Gelasii episcopi. »

HAGENOYEN. Post purum et integrum Usuardi textum, addit : « Eodem die translatio sancti Eusacii [Eustadii] episcopi et confessoris. » Sequitur de Cyro et Joanne, ut supra. Tum : « Item Mutinæ, sancti Geminiani episcopi et confessoris. »

Aquicinct. pro *Thyrsi*, legit *Tyrsimi*.

Victorin., in fine : « Et sanctorum Abba Cyri et Joannis. Eodem die apud Tridentinam urbem, B. Vigilii episcopi et martyris, » Codex Reg. Suec., signatus num. 130, et Vatican., num. 5949, habent, ut superius, *Trientinam*. Addingreff. Apud *Trientam*. Strozz. et Medic. « Apud Trientinam civitatem, natalis sancti Vigilii episcopi et confessoris. » Matric. Carthus.-Ultraj. absque positione : « Vigilii episcopi et martyris. »

Ambian. « In Galliis Ambiani, transitus sanctae Vulphiae. »

Divion. S. Benigni. « Divioni » [*aliud exemplar* Divione] « translatio corporis sancti Eustadii presbyteri et confessoris. »

Reg. Suec., num. 130 : « Et sanctorum Abbacyri, et Joannis. » Alius codex num. 438 : « Civitate Gratianopoli, natalis sancti Patrocli martyris, ejusdem civitatis episcopi. »

Augustodun. D. Le Mare : « Apud Divionem, remotio sancti Benigni martyris. »

Vatican., num. 5949 : « Natalis sanctorum Cyri et Joannis. Et sancti Cyriaci episcopi et martyris. Eodem die natalis sancti Paschasii abbatis. » Penultimo loco habet de Vigilio.

Strozz et Medic. « Item translatio sancti Geminiani episcopi et confessoris, apud Mutinensem civitatem Italiae, magnae sanctitatis viri. » Agunt etiam de Vigilio.

Belin. Post textum, ubi *Trisi* pro *Thyrsi* scribit, haec addit : « Eodem die, sanctorum martyrum Cyri et Joannis. Item Mutinae, sancti Geminiani episcopi et confessoris. Eodem die, sancti Julii confessoris. Eodem die, translatio sancti Marci Evangelistae, ab Alexandria Ægypti ad civitatem Venetiarum. » In altera editione adjicitur : « Apud Trientinam urbem, sancti Vigilii episcopi et martyris. »

Editio Lubeco-Col. incipit ab elogio Cyri et Joannis, quale supra retulimus ex codicibus mediae notae. Sequitur; prima Usuardi annuntiatio sola pure. Item altera de Saturnino et sociis, cum addito, « quorum gesta habentur. » Tum : « Eodem die, translatio sancti Marci Evangelistae. In territorio Trecassino, sancti Pontanii confessoris. Ipso die, sancti Edani, episcopi et confessoris. » Vigilius praetermissus est.

Greven. : « Cyri et Joannis martyrum, qui jussu Diocletiani et Maximiani imperatorum, primo tenti, deinde in carcerem missi, postea virgis caesi, et facibus ignitis adusti, ad ultimum decollati, » etc. « Apud Tridentinam urbem, teste Adone, sancti Vigilii episcopi et martyris, qui in vi Kal. Julii ponitur. Passio sanctorum Pontici, et Blandinae, de quibus in ii Junii. Tarsici, Zotici et Aminoni. Item Pulii, Gelasii, Hippolyti et Juli confessorum. Aureliani martyris. Torcaci [*Torquati, ni fallor,*] episcopi et confessoris. Geminiani, Mutinensis episcopi et confessoris, cujus exequiis sanctus Severus Ravennensis, in missarum solennia raptus in spiritu, se interfuisse dicebat. Julii, et Juliani fratrum. Sancti Gandi Eboracensis [Gaudi Ebroicensis] episcopi et confessoris. In territorio Trecassino, sancti Potanii confessoris. In Anglia, Keneswitae, abbatissae. Ambianis, Vulfae virginis. Translatio sancti Marci de Alexandria Venetias, anno Domini ccccLxv (aliquot certe seculis serius). Edani episcopi et confessoris. »

Molan. : « Ipso die, sancti Veronis [Veroni] confessoris. Eodem die, sanctorum martyrum Cyri et Joannis. Item Mutinae, sancti Geminiani (*male Belinum transcripsit, in quo supra habetur* Geminiani) episcopi et confessoris. Eodem die, sancti Julii confessoris. Eodem die, translatio sancti Marci evangelistae, ab Alexandria Ægypti ad Venetias. Apud Trientinam urbem, sancti Vigilii episcopi et martyris. In Galliis Ambianis, transitus sanctae Vulfiae. Civitate Eboracensi beati Gaudi, ejusdem urbis episcopi. » Tum aliis minoribus typis : « Marcellae viduae, ad quam scribit beatus Hieronymus. » Posteriores editiones alium ordinem exhibent, in quibus primo loco refertur « Vigilius Tridentinus. » Deinde : « In Galliis Ambianis, transitus sanctae Vulfiae. » De *Gaudo* episcopo melius hic scribitur : « Civitate Ebroicensi. Eodem die sanctorum martyrum Cyri et Joannis, mirificorum et abstinentium argento. » Sumuntur ii tituli ex Graeco elogio, οἱ ἅγιοι καὶ θαυματουργοί ἀνάργυροι, quod sic melius interpretatum in Actis redditur, « sancti et mirabilium effectores, gratis in firmos curantes. » Sequitur : « Item Mutinae, sancti Geminiani, » etc. De *Julio*, ut supra. Hic iterum rectius ; « In Castriloco, translatio sancti Veroni confessoris. Eodem die, translatio sancti Marci evangelistae, » etc., ut in priori. Prudenter hic omittitur translationis corporis sanctissimi evangelistae annus, quem supra male notatum diximus ad annum ccccLxv. Certum quidem est, praedictam festivitatem solemniter hoc die recoli Venetiis in magnifica illa ducali basilica, serenissimae Reipublicae patrono et protectori dicata, tametsi de vero translationis die, aut mense, aut anno, post multas eruditorum virorum disquisitiones, nihil hactenus satis compertum proferatur : ego certe candide fateor, mihi, cum de patriarchis Alexandrinis scriberem, id studiosissime quaerenti, nusquam licuisse praedictae translationis satis expressa vestigia deprehendere. Quomodocumque res facta fuerit probabilior fert opinio, non ante initium saeculi ix venerabile corpus Alexandria Venetias deportatum, et si translationis historiae credimus, notanda erunt Leonis Armeni tempora inter annum dcccxiii et dcccxx, ut proinde superius recte indicaverim, aliquot saeculis post annum ccccLxv a Greveno signatum, accidisse. Vide in Actis xxv Aprilis a pag. 555, et Tillemontium tomo II, a pag. 98.

MENSIS FEBRUARIUS

HABET DIES XXVIII.

Kalendis. *Die 1.*

Natalis beati Ignatii episcopi et martyris, qui tertius post Petrum apostolum Antiochenam rexit ecclesiam : ac persecutione Trajani Romam vinctus mittitur, ubi praesente eodem, circumsedente senatu, immanissimis poenarum suppliciis primo affectus, dehinc leonibus objicitur, eorumque dentibus praefocatus, hostia Christi efficitur. Apud Smirnam, sancti Pionii martyris, qui post squalorem carceris, ubi multos fratrum ad martyrii tolerantiam suis exhortationibus roboravit, cruciatibus multis vexatus, clavis confixus, et ardenti rogo superpositus, beatum pro Christo vitae finem sortitus est. Passi sunt cum eo et alii quindecim. Eodem die, beati Ephrem Edessenae ecclesiae diaconi. In oppido Tricastrino, sancti Pauli episcopi, cujus et vita virtutibus claruit, et mors pretiosa miraculis commendatur. In Scotia, sanctæ Brigidæ virginis, cujus vita miraculis claruit.

NOTÆ.

Ex Praten., Herinien., Munerato, Greveno et Molano.

VARIANTES LECTIONES.

Greven. et Molan. *Natale* pro *natalis*, quod hic in aliis edd. correxit. Item, *post beatum Petrum*, vocem *beatum* omittunt alii, ut fecit Ado. Herinien. voces transposuit, pro *rexit ecclesiam*, legens, *ecclesiam rexit. Traditur* pro *mittitur* habent Greven. et Molan., sed hic in aliis emendavit. *Præsente Trajano* legit Herinien. *Eo præsente*, Munerat. melius in textu. Munerat. particulam interjicit, *ac circumsedente*. In Praten. apographo nostro pro *affectus*, scriptoris fortasse vitio, legitur *affecto*. Pro *dehinc*, Greven. et Molan. ponunt *deinde*. Nomen *Pionii* male efformant Herinien. et Munerat.

hic *Pronii*: ille *Pinonii*. *Scalorem* pro *squalorem* in Munerato, error est. Greven. et Molan. mutant *vitæ finem* in *finem vitæ*. Herinien. cum Greven. legit *Effrem*. Munerat. *Effren.*; alteræ Molani editiones *Ephræm*; servanda, ex codicibus aliis, textus lectio. Sic Munerat. et Greven. scribunt *Edissenæ*. Nimium hic sapit Greven. dum ita pronuntiat: *In oppido Tricastrino, alias Tricassino*. Nihilo melius Molan. *Trecassino* ex Adone. *Schothia* vel *scotia* pro *Hibernia* hic sumitur, ubi *Brigidam* lego, non *Brigitam*, ut Pratensis.

OBSERVATIONES.

Sanctissimi *Teophori* nulla in Fastis nostris Latinis antiquior exstat memoria, quam ea quæ a Romano parvo primum posita est hoc die: *Antiochiæ, Ignatii episcopi et martyris*. Auctorem Acta illa vidisse existimo, quæ post alios a majoribus nostris vulgata, atque olim ab Adone contracta, disertissime exprimunt, hoc ipso die *Kal. Februarii* martyrium complevisse *anno Trajani* xi, *Attico et Marcello Coss.*; atque ex eo Adonis compendio, inter Festivitates apostolorum relato, pauca illa sua Usuardus decerpsit, nec sic tamen ad veritatem satis exacta. Genuina ipsa et sincera Ignatii Acta primus in lucem protulit Usserius anno MDCXLVII, quæ mirum est Henschenio non innotuisse, de cætero inclytissimi martyris res gestas diligentissime prosecuto. Eadem illa Usseriana recudi curavit Ruinartius inter selecta a pag. 9, ac præterea fontem ipsum Græcum in bibliotheca Colbertina feliciter repertum, cum nova interpretatione ad calcem adjecit a pag. 695, in quibus certamen clare signatur xiii *Kal. Januarii*, seu xx Decembris, ad quem diem Castellanus eum remisit, justo, ni fallor, scrupulosior. Recentiores alii in laudando Ignatio stylum exercuere; sufficiat Tillemontium indicasse tomo II, a pag. 190 ad 212, præter notas. Nos de his plura in Februarii Supplemento.

De *Pionio* sic agunt Hieronymiana, ut interprete et commentatore opus sit, qualem sese præbuit Florentinius. Clare Romanum parvum: *Smyrnæ, Pionii martyris et aliorum* xv. Hic Acta sinceriora præ oculis habuisse videtur Ado, ex quibus primo loco textum suum composuit, a Nostro pro majori parte transumptum, rescissa periodo controversa: *Qui persecutione Antonini Veri*, etc. Videantur Acta ipsa a Bollando diligenter expensa, ubi in prolegomenis difficultates explicantur, quæ etiam hoc tempore viris eruditis dissertationum materiam præbent, ut est apud Ruinartium a pag. 120, et apud Tillemontium tomo III, a pag. 567. Fateor in Actis alium diem notari, nempe iv Idus seu xii Martii (cum

circa medium istius mensis passio certo contigisse videatur), sed cur ad v Aprilis Pionium transferat Castellanus, nondum satis intelligo.

Nec magis liquet, unde asserere potuerit idem Castellanus, clarissimum *Ephræm* decessisse ix Julii. Hunc primus hoc die, nescio ob quam causam, retulit Ado, ex quo ipsum Noster, et ex hoc reliqui passim accepere: Nihil prætermisit Bollandus, quo omnia de eo scripta colligeret; quid addiderint recentiores examinare non vacat, continuam vitæ seriem texuit Tillemontius tomo VIII, a pag. 259 ad 319. *Paulus tricastrinus* etiam Adonianus est, male illic, forte librarii vitio, *Trecassinæ* urbi ascriptus, quod a Notkero servatum est, a Nostro prudenter (ut credimus) correctum, licet in multis ejus apographis remanserit. Vide Acta pag. 93, et Castellanum pag. 487. Solius *Brigida* hoc die meminit Beda; Florus modo suo brevem adjecit laudationem; Ado singulare miraculum, inter Auctaria referendum; Noster id solum ex Adone mutuavit, quod textus exhibet. Antiquissimum illius virginis cultum probant pleraque apographa Hieronymiana, Rabanus *Scotiam* medii ævi, non male mutavit in *Hiberniam*, uti etiam Notkerus, qui tamen *Brigittam* scripsit. Credo equidem Castellanum inter sanctas, cætera sinonymas, solerter distinxisse, ita ut alia *Brigida*, quæ hoc die colitur; alia Gallica, *Britta*; alia demum Sueca, quæ modo notissima est, *Birgitta* dici debeat. In iis, quæ Hiberniæ patronam spectant, nihil desiderari passus est Bollandus, vitas quinque diversas illustrans, quas haud immerito, saltem ex parte, suspectas habent eruditi neoterici. Cæterum ex dictis patet textum nostrum integrum, ordine duntaxat non nihil immutato, ex Adone profluere, cui Notkerus ea adjunxit, quæ præter *Brigidam* in Rabano repererat. Wandalbertus eam solam hodie celebrat:

Brigida Virgo potens Februi sibi prima Kalendas
Scotorum sancit miro celebrata favore.

AUCTARIA.

TORNACEN., plerumque purus et integer, hodie deficit in elogiis Pionii Smyrnensis et Pauli Tricastrini; sic tamen ut post *Pionii martyris*, non omittat, *passi sunt cum eo et alii* xv.

MARCHIANEN. textum purum habet, excepto Paulo, qui plane omissus est.

ANTUERP.-MAJ. expunctum hic etiam Pionii elogium. In Ephræm satis purus est. Tum, de Brigida, ex Adone textui seperaddit: « Quæ cum lignum altaris, in testimonium suæ virginitatis tetigisset, [statim] viride factum est. » In Paulo purus, postea inscrit: « Eodem die, translatio sancti Audoeni archiepiscopi. » In fine de Ignatio, ex Adonis Martyrologio solum

habet: « Ipso die, sancti Ignatii episcopi et martyris. »

ROSWEYD. Ignatii elogium etiam omittit. In Pionio interpolatus et mutilatus est. Tum: « Ravennæ, Severi episcopi et confessoris. » In Ephræm, purus. « In Scotia, Brigidæ virginis, » ut Beda. « Eodem die, S. Pauli civitatis Castrinæ episcopi et confessoris. »

PULSANEN. De Pionio et Ephræm tacet; addit autem in fine: « In monte Gargano, depositio beati Paschasii abbatis. De hoc Paschasio nihil quidquam hactenus invenire licuit. »

ANTUERP., MAX.-LUBEC. et UGHELLIAN, toto reliquo

textu satis puri, addunt de Brigida ex Adone, quod supra dedimus. Et in fine : « Ipso die, sanctorum episcoporum Polycarpi, et Severiani. » Vide animadversionem historicam in Actis, pag. 933. De iisdem SS. sæpius infra.

ANTUERP.-MAX., LEYDEN.-BELG. et editio ULTRAJ.-BELG. a præcedentibus solo ordine differunt. Polycarpum et Severianum Brigidæ præponentes : item quod Pionio x tantummodo vel XII socios ascribant.

LOVANIEN. Similis omnino esset, nisi careret toto Pionii elogio, atque etiam sociis XV.

ULTRAJ., LEYDEN., ALBERG. et DANIC. de Ignatio post verba textus, adjiciunt : « Hic quodam tempore per visionem in cœlum raptus, vidit et audivit quomodo angeli per antiphonarum reciprocationem, sanctæ Trinitati hymnos canebant. Qua visione edoctus, constituit in Antiochena ecclesia, juxta modum visionis, antiphonas decantari. Deinde per beatum Ambrosium ritus cantus de Græcis transivit ad Latinos. » Pionio solum addunt socios XII. Penultimo loco de Polycarpo et Severiano. Demum de Brigida ut supra.

CENTULEN. : « Romæ, passio sancti Ignatii Antiochensis episcopi, beati Johannis apostoli discipulus, tercius post beatum Petrum Antiochenam rexit ecclesiam. Apud Zmirnam, Pionii martyris et aliorum XV. Eodem die, sancti Effrem, Adessenæ ecclesiæ diaconi. In Scocia, sanctæ Brigidæ virginis. Trecas, sancti Pauli episcopi et confessoris. » An hic alius sit a Tricastrino, vide Prætermissos et Acta, pag. 93.

BRUXELLEN. ita incipit : « In Scochia, S. Bregidæ virginis. Quæ cum lignum, » etc., quibus addit : « Ac pluribus miraculis vita ejus præclaruit. » Ignatio proprium elogium texit, quod non censui describendum. Sequitur : « Item Galleniti martyris, qui cum præfato beato Ignatio passus est. » Pionii encomium, luxatum refert. De Ephræmo fere ut textus. « Item sancti Pauli, civitatis Trecassinæ, Castrive Yppidoti episcopi, cujus vita, » etc. « Eodem die, beatorum Polycarpi et Severiani episcoporum et Præcordii presbyteri. Et translatio sancti Andoeni [Audoeni] Rothomagensis archiepiscopi. » Ejus vita dabitur XXIV Augusti.

HAGENOYEN. proprio etiam marte Ignatio elogium aptavit. In Pionio, Ephræmo, Paulo, satis purus est, præterquam quod primo solum tribuat XII socios. Tum : « In Scotia, sanctæ Brigidæ virginis, quæ per multos erat prophetata tam paganos, quam Christianos. Quæ cum quodam tempore, etc. Ipso die, sanctorum episcoporum Polycarpi et Severiani. » Vide quæ superius dicta sunt.

AQUICINCT. Pro *Trecassino*, vel potius *Tricastino*, aut *Tricastrino*, legit *Tegastri*.

VATICAN., num. 5949 : « Ravennæ, sancti Severi episcopi. » Addunt VICTORIN. et REG. SUEC. *Viri gloriosi.*

DAVERON. perperam hoc die habet : « Item Severi episcopi, cognomento Sulpitii, beati Martini Turonensis discipuli, Bituricensis civitatis Pontificis, genere ac sapientia clarissimi. » Varii hoc die Severi recurrunt, de quibus videndus index Prætermissorum et Castellanus, pag. 486 et 487.

BIGOTIAN., qui fuit olim PP. Cœlestinorum : « Ipso die, sanctorum episcoporum Polycarpi et Severiani.

ALTEMPS., in Anglia auctus : « Petragoricas, sancti Suri confessoris. » In Actis vocatur Sorus.

Codex S. RICALDI : « Agrippiani Aniciensis episcopi et confessoris. » In Actis, *Agrippani.*

STROZZ. et MEDIC. : « Apud Scotiam, S. Brigidæ virg. . . Hujus vitam virtutibus, ac miraculis admirandam S. Donatus Scotus, episcopus Fesulanus scribens commendat. Item, translatio corporis sancti Aldoeni archiepiscopi, quando a Gallia per visionem Roberti, inclyti Normannorum regis. Rotomagum translatum est, anno Dominicæ Incarnationis DCCCCXVIII. Item, sanctorum episcoporum Polycarpi et Severiani. Apud civitatem Ravennam, natale S. Severi archiepiscopi. Item sancti Præcordii martyris. » An non *Præcordii Corbeiensis* ?

Edit. LUBECO-COL. : « Antiochiæ, natale B. Ignatii, etc., » ut supra ex ULTRAJ. et aliis. Sequitur : « In Scotia, sanctæ Brigidæ virginis. Quæ cum de manu episcopi velamen more monialium accepisset, super caput suum lectis orationibus, capite submisso lignum altaris tetigisset in testimonium virginitatis suæ, statim viride factum est, et in perpetuum viride et imputribile permansit. » In Pionio Adonem describit. Post Ephræm et Paulum, ponit Polycarpum et Severianum. Ultimo loco : « Pictavis, sancti Leonis confessoris. »

BELIN., in Ignatio satis purus est. Secundo loco habet : « In oppido Trecassino, etc. » Sequitur : « Apud Scotiam, » etc., ut codices supra. « Ravennæ, sancti Severi episcopi et confessoris. » Tum de Pionio, cujus elogium mutilat. Ultimo loco de beato Ephræm.

GREVEN. : « Ravennæ, depositio sancti Severi episcopi et confessoris. Qui ex lanificio victum quæritans, per columbam cælitus missam designatus est in episcopum assumendus. Alii volunt quod hic sit memoria ejus, et Vincentiæ uxoris, filiæque Innocentiæ, undecimo vero Kal. Novembris, depositio. Ipso die, sanctorum episcoporum, etc. Item beati Severi episcopi et confessoris, cujus corpus in Basilica metropolitana beatæ Mariæ Rothomagensi, populis hac die reverenter ostenditur. Pictavis, sancti Leonis conf. Euberti episcopi et confessoris. Metis, Sigeberti confessoris, Severi presbyteri et confessoris, de quo I Dialogorum Gregorius narrat, quod ad infirmum vocatus, cum propter opus putationis vineæ suæ paululum tardasset ire, illeque defunctus fuisset, amarissime flens, ad vitam eum revocaverit. Alii tamen hunc habent xv Kal. Martii. Item, sanctorum Dionysii et Publii. » Ex codicibus Hieronymianis.

MOLAN. De Brigida, « hæc cum lignum, etc. » De Severo et Severio, ut Greven « In Vastiaco, natalis sancti Præcordii confessoris. » Deinde charactere minuto : « Metis Sigeberti conf. et regis : qui inter alias virtutes viginti monasteria construxit. Passio. sanctorum Vindemialis, Eugenii, et Longini : de quibus Greg. Turon. in Chronicis, lib. II. Insulis, sancti Euberti conf. qui licet vita Deo sit nota et hominibus ignota, creditur tamen esse meriti præclari. Cujus corpus requiescit in S. Petro. » In editionibus aliis accedit de Severo Ravennate : « Quem Deus de lanificii arte ad episcopatum sustulit. Die prima, præfectum Ypapantes Domini et Dei, Salvatoris nostri Jesu Christi. Et sancti martyris Tryphonis Civitate Augusta, sancti Ursi episcopi ejusdem civitatis. Pictavis, sancti Leonii, compresbyteri sancti Hilarii, ab ineunte ætate sanctissimi. » Denique, minori charactere : « In Islandia, sancti Goedermundi, episcopi et martyris. » Necdum inter Sanctos notus est, nisi sumatur pro « Jona Ogmundo. » Vide Prætermissos.

IV *Non.*   *Die 2.*

Ypapanti Domini. Apud Cæsaream, beatissimi Cornelii Centurionis, quem Beatus Petrus baptizavit. Hic apud præfatam urbem episcopali honore sublimatus quievit. Romæ via Salaria, passio sancti Aproniani, qui audiens una cum Sisinnio diacono, adhuc gentilis, vocem de cœlo factam, *Venite, inquiens, benedicti Patris mei* et reliqua; credens, baptizatus est, et sic postea in confessione Domini finem vitæ capitali sententia accepit. Item Romæ, sanctorum Fortunati, Feliciani, Firmi, Candidi. Aurelianis, sancti Fuscoli episcopi.

NOTÆ.

Puri ferme sunt codices nostri omnes, sed primigeniam, et simplicem Usuardi puritatem exhibent soli Codd. *Pratens.*, *Herin.*, *Tornacen.* et *Marchian.*

VARIANTES LECTIONES.

Scripsi *Ypapanti*, quam terminationem omnes habent atque aspiratione carent citati codices, et quidem Pratensis legit *Yppapanti.* Cæteri tum excusi tum mss. non parum variant. Major discrepantia est in nomine *Fusculi* Aurelianensis, cujus inflexiones diversas ferme duodecim referre possem, videndas apud Bollandum et Castellanum hoc die. Servavi lectionem Pratensis, Heriniensis et Marchianensis, quamvis Tornacensem præferendam alii censeant, ubi pro *Fuscoli* scribitur *Flosculi*, Gallice S. *Flou;* et sic etiam interpretatur Motherius noster in notula ad hunc diem.

OBSERVATIONES.

Hypapante Domini legitur apud Bedam, quem hic deserit Rabanus, Hieronymiana secutus, quorum tamen verba nonnihil ampliavit. Cum Beda convenit Romanum parvum, estque phrasis plane eadem in Adone, unde Nostro non defuere quos imitaretur. Cur vero codices nostri aliam passim terminationem adhibeant, non est operæ pretium discutere. Græcum Y non recte Latine redditum, totam haud dubie variationem induxit. Notkerus nec Rabanum, nec Adonem deserere voluit, utramque annuntiandi modum conjungens, quamvis prioris verbis non omnino inhæreat. Hieronymiana apographa apud Florentinium sic loquuntur : *Purificatio sanctæ Mariæ matris Domini nostri Jesu Christi.* De hoc festo fuse et erudite tractat Henschenius et post eum Castellanus a pag. 498. Cæterum ex citatis Beda, Romano parvo Adone, et Nostro manifeste evincitur, vetustissimo usu receptam in Ecclesia Latina, Græcam hujus festivitatis apellationem, cui alia etiam nomina adaptata sunt. Quid proprie velint Wandalberti versus, aliis considerandum relinquo; ita sonant :

Quartum Nonarum templo illatus dicat Agnus:
Quo lustrante Deo in unum plebs credula templum,
Mente pia locat acceptum sternitque tribunal.

Centurio *Cornelius*, in Romano parvo ab Adone repertus, elogio auctus est, quod exinde Noster desumpsit, servata circumstantia baptismi, a Petro apostolo collati, quæ in rigore verborum, textui sacro non videtur conformis. Sunt etiam qui dubitent utrum revera Cæsariensis episcopus a Petro sit ordinatus. Sed de his plura vide apud Bollandum in Actis, ubi ide Cæsareæ prærogativis, apertoque gentibus per Cornelium ad fidem ostio : quæ brevius perstringit Tillemontius tomo I, a pag. 154. Notkeri elogium satis nitide totam Cornelii historiam ex apostolorum Actis contraxit. *Aproniani* solo nomine meminit Beda ; Romanum parvum, *martyrem Romæ* appellat : Ado plura adjicit, quæ vix credas a Nostro in compendium reducta. Certe verba Christi : *Venite, benedicti*, etc., Ado non expressit, alii non uniformiter : atque eam fortasse causam fuisse dicere possumus, cur in multis codicibus fuerint interpolata, sic ut soli quatuor inventi sint, quos genuinum et simplicem Usuardi sensum retulisse, supra censuimus. Rabanus eumdem fontem, nempe sancti Marcelli Acta, de quibus XVI Januarii egimus, præ oculis habuit, atque inde breve suum elogium extraxit, descriptum a Notkero, quod si non verbis, certe sententia, eum longiori Adoniano convenit. *Fortunatus* cum tribus aliis martyribus inter plures ex Hieronymianis a Nostro selectus est, uti et verosimiliter *Fuscolus* Aurelianensis, sed prætermissa *Sicaria*, quam Bedæ et Usuardo perperam tribuit Florentinius. Rabanus solam postremam habet, Notkerus utrumque.

AUCTARIA.

Antuerp.-Maj. incipit : « Purificatio sanctæ Mariæ Virginis. » In Cornelio satis purus est : « Eodem die Romæ, sancti Aproniani martyris, sub Maximiano imperatore. »

Rosweyd., litteris rubris : « Purificatio sanctæ Mariæ. » In secunda non omnino purus est. « Eodem die Romæ, sancti Aproniani martyris, qui sub persecutione Maximiani imperatoris multa passus, via Salaria, miliario secundo, ad ultimum capite truncatus est. In Africa, Victoris et aliorum LXXX. Item Romæ, Fortunati et aliorum XXXII. » Vide Acta et Florentinum, ubi hæ martyrum classes accuratios distinguuntur.

Pulsanen., Antuerp.-Max., Lubec.; Greven. et Molan., atque alii passim codices longiorem faciunt auditæ ab Aproniano vocis sententiam, nempe: « Venite benedicti patris mei, percipite regnum, quod vobis paratum est. » Belin. adjicit, « a constitutione mundi, » omisso, *credens.* Molan. præterea Usuardino textui, aliis litteris verba Adonis inseruit. Itaque post, *adhuc gentilis*, sequitur : « Sub persecutione Maximiani imperatoris, cum præsentasset aspectibus Laodicii præfecti beatum Sisinnium diaconum, eductum de carcere (erat enim commentariensis). » Et post « baptizatus est » a Sisinnio diacono, et « ad consignandum sacro Chrismate, Marcello papæ oblatus. »

Pulsan., litteris majusculis miniatis, sic incipit : « Purificatio sanctæ et perpetuæ Dei genitricis et Virginis Mariæ. » Sequitur textus cum additamento, ut jam diximus. In fine autem ita sensum format, ut periodo continua, post « Candidi, » legat, « Aureliani et Fusculi episcopi, » quasi si hi fuissent martyres duo, aliorum socii. Idem habet Muneratus, etiam in principio ab Usuardina simplicitate recedens, dum ita scribit : « Ipapanti Domini, quod est Latine obviatio, quando scilicet Domino in templo sanctus Simeon obviavit. »

Belini. cum de prima editione jam egerimus, etiam notandum, in quo altera a puritate discrepet. Ita diem concludit : « Aurelianis, sancti Flosculi, episcopi et confessoris, et Sichariæ Deo sacratæ. »

Antuerp.-Max., Ultraj., Leyden., Lovanien., Albergen., Danic. et editio Ultraj.-Belg. diem sic omnes ordiuntur : « Purificatio beatæ Virginis et Ypapanti Domini ; » verosimiliter, quod minus festum, seu saltem annuntiandi modum excludere voluerint. In voce audita, *Venite, benedicti*, etc., cum supra citatis conveniunt. In fine post *episcopi*, addunt plerique *et confessoris* : nomen vero *Fusculi*, varie efformant.

Centulen. : « Ypopanti Domini, quod est amplexio sive susceptio Domini Salvatoris. Apud Cesaream, beatissimi Cornelii Centurionis, quem beatus Petrus apostolus baptizavit, quique in eadem urbe episcopus sublimatus, quievit. Romæ, Aproniani martyris. Item Romæ, sanctorum Fortunati, Feliciani, Firmi, Candidi. Aurelianis, sancti Fuscoli. » Recentiori manu in spatio eraso hæc verba inscripta sunt, « In Sebasten, decollatio, » præfixa hisce, quæ antiquiori et prima manu scripta sunt, « sancti Blasii episcopi et martyris, » ut merito dubites utrum ad hunc, an ad sequentem diem referantur.

Bruxellen. : « Purificatio beatæ Mariæ Virginis,

et Ypapanti Domini. Quod festum tempore Justiniani imperatoris apud Byzantium seu Constantinopolin sumpsit initium. Et sancti Symeonis, qui Christum in templo præsentatum, in ulnis gestans, cecinit canticum : *Nunc dimittis, Domine, servum tuum in pace.* De cætero purus est, etiam in voce cœlesti ab Aproniano percepta. Habet tamen in fine, *confessoris.*

HAGENOYEN. : « Purificatio beatæ Mariæ Dei genitricis : quando illa obtulit filium suum in templum sacerdoti, et redemit illum oblationibus, secundum legem Moysi. Ubi ipse cognitus erat a sancto Symeone et a sancta Anna vidua. Hoc festum celebre instituetum fuit a Justiniano imperatore propter mortalitatem, quæ tunc viguit in Constantinopoli, quod et Pelagius papa confirmavit. » De Aproniano, post *baptizatus est*, addit: « Et ex devotione seipsum præsentavit, conquerens quod dies suos perdiderit. Et ait judex ei : Vere hodie perdes dies tuos, et statim præcepit eum decollari. » Pro *Firmi*, legit *Sirini.*

MATRICULA-CARTHUS.-ULTRAJ., omissis Aproniano et Fusculo, ponit in fine, « Telerini confessoris et aliorum martyrum. » Vult dicere *Celerini* et sociorum : sed spectant ad diem sequentem.

VATICAN., num. 5949, non habet *Fortunati* et sociorum, nec *Fuscoli.*

ALTEMPS.: « Ipso die in Cantia, Doroberniæ, sancti Langacii archiepiscopi.»

STROZZIAN. « Apud castrum Florentino, S. Verdianæ virginis, cujus vita virtutibus admiranda. » Dubium tamen relinquit, utrum ad hunc, an ad præcedentem diem ea sancta referenda sit. « Item passio S. Sotheris martyris. Item, sanctorum martyrum Zotici , Herenæi et Hiacinthi. » De quibus etiam agunt codex MEDIC. et editio FLORENTINA anni MCCCCLXXXVI.

Editio LUBECO-COL. incipit sicut codices mediæ notæ supra. In Cornelio pura est, in Aproniano, ex Adone interpolata. Post *Flosculi episcopi et confessoris* adnectit: « Eadem die, beati Soris confessoris.» De quo etiam meminit Grevenus. In Actis ponitur pridie.

GREVEN. : « In Africa, sanctorum martyrum Victoris et aliorum LXXX. Item, sanctorum Marini, Perpetuæ, Juliæ, Privatulæ. » Vide Acta. Sequitur *Soris*; tum : « Laurentii archiepiscopi Cantuariensis, qui beato Augustino, primo ejusdem urbis episcopo successit. Item secundum aliquos, septem mulierum, quæ guttas sanguinis S. Blasii collegerunt et pro Christo gloriose occubuerunt. Aurelianis, Sigariæ virginis Deo sacratæ. Hadelogæ virginis, cognatæ sancti Bonifacii episcopi. »

MOLANI additiones de sola *Sicharia* et *Laurentio* Cantuariensi meminerunt. Quæ textui immista sunt, superius dedimus.

III Non. Die 3.

In Africa, natalis beati Celerini diaconi et confessoris, et sanctorum martyrum Laurentini, Ignatii, et Celerinæ: de quorum omnium gloriosis laudibus extat beati Cypriani epistola. [Interserit Bouillart, : « civitate Nicea, passio sancti Triphonis tempore Decii imperatoris. *Et in margine :* beati Blasii episcopi et martyris. — Latiniaco, natalis sancti Deodati episcopi et confessoris.] Apud oppidum Vapingum, depositio episcoporum Tigridis et Remedii.

NOTÆ.

Nova purorum codicum penuria. Soli *Greven.* et *Molan.* omni additamento aut immutatione carere videntur. Ratio mox dabitur.

« Toto hoc articulo nihil inquinatius, Sollerio judice. Tres versus cum dimidio oblitterati; superindicta B. Blasii et S. Trifonis mentio; adjecta S. Deodati memoriam : atque in hæc vitia mirum dictu est quam incalescat. In causa est Castellanus. Si consulti fuissent Pratenses monachi, hoc responsum tulisset Sollerius : in Pratensi codice quidquid spatii inter *sanctorum* et *Remedii* interjacet, erasum fuit. Sed quod inductum est , eamdem scripturæ formam refert, quamvis litteris fortasse aliquantulo minutioribus et solito proprius ad se invicem admotis. Blasii mentio nihili facienda est, ut quam oræ codicis illevit manus multo recentior. Neque magis morari debes Deodatum. Hunc in margine adjecit manus antiquior quidem, quam quæ Blasium, sed primæ tamen non æqualis. Trifonem addidit Usuardus. Bene. Nam hoc mense memoriam ejus venerantur Græci, apud quos passus est. Et Acta ejus a Theodorico Ruinartio edita testantur Trifonem et Respicium cruciatos fuisse in *asperitate hiemis, in vehementia tempestatis.* Quod Februario convenit magis quam Novembri, quo sanctum Trifonem colit Romana Ecclesia. BOUILLART.

VARIANTES LECTIONES.

Posui *Africa* de more , licet ambo scripserint *Aphrica.* Greven. habet *Laurentii* cum multis aliis codicibus, melius Molan. post Romanum parvum, et Adonem *Laurentini*, ut in textu. Scribo *extat*, ut alibi *extitit*, etc. *Vapincum* habet Greven., *Vapingum* Molan. ; recte uterque. Alia nomina et loci, et ipsorum sanctorum vide in Actis. En modo variationes alias momenti gravioris, propter quas tot codices e genuinorum numero exclusi sunt.

Purum non esse codicem Pratensem ex eo liquet, quod Castellanus me pridem monuerit erasa in eo fuisse omnia, incipiendo a voce *sanctorum*, ad finem usque, et pressiori charactere inscripta, quæ hic exhibeo, *martyrum Laurentii, Ignatii*, etc., ut supra. Tum : *Apud Sebastem civitatem, beati Blasii episcopi et confessoris, et martyris. Civitate Nicea, passio sancti Trifonis, tempore Decii imperatoris. Apud oppidum Vapingum,* etc. Denique adjectum : *Latiniaco, natalis sancti Deodati episcopi et confessoris.* Qui non videt, *Blasium Sebastenum* perperam legi, cum de eo, post Romanum parvum et Adonem, fuse agat Usuardus xv Februarii, sub nomine *Blavii* ? nisi quis hunc a *Blasio* velit distinguere; quod nemo hodie admiserit. Satis diu opinatus sum, tum primum in Occidente *Blasii* nomen inclaruisse, cum ex bello Sacro reduces Crucigeri, illustris martyris reliquiis ecclesias nostras locupletarunt, atque adeo tunc etiam cœpisse hoc die celebrius recoli. At cum in Rabano, hoc ipso die tam diserte ponatur, ut vanam repuli hujusmodi conjecturam, fieri tamen ea causa potuit, ut multi codices Usuardini *Blasium* hoc die, vel apposito, vel suppresso palæstræ nomine collocarint, quod forte a *Blavio*, ut erant tunc tempora, diversum existimaverint; alii vero totam annuntiationem, quæ xv ab Usuardo posita fuerat, ad hunc diem retraxerint, quod fecere Heriniensis. et alii. Ut ut statuas, certum puto *Blasium*, ex Usuardi mente, ad hunc diem minime pertinere.

Non majori fundamento intrusus est *Tryphon* Nicænus martyr, diversus plane ab illo, de quo egimus IV Januarii, quemque Bollandus rejecit ad x Novembris, quod die colitur hujus nominis patronus *Ascrivit* (*vulgo* Cattharo) oppido ditionis Venetæ in Dalmatia. Alterius, aut ejusdem *Tryphonis* nomen inter Auctaria retulimus I hujus, Bollandus inter Prætermissos. Quatuor istiusmet nominis sanctos in Martyrologio suo universali distinxit Castellanus. Sed hæc alibi ex professo discutienda sunt. Vide infra Additionem Greveni ex Vincentio. Hic nobis sat est, *Tryphonem* illum qualemcunque Usuardo fuisse ignotum, utpote qui raro, ut alibi diximus, sanctos Orientales, Adoni superaddere soleat, nisi quos in Hieronymianis repererit. Demum, qui ultimo loco in Pratensi ponitur *Deodatus*, apud solum Grevenum in Auctariis locum invenit, idem, haud dubie, cujus Acta illustrata sunt XIX Junii.

Ad Pratensem accedent codices Marchianiensis, et Aquicinctinus, qui *Tryphonem* etiam ipsi nominant, sed *Blasium* simpliciter dicunt *martyrem*, absque loci expressione, sic ut æque de *Oretano*, vel *Cæsariensi*, ac de *Sebasteno* intelligi queat. Certe *Blasium* eos a *Blavio* discernere, ex eo manifeste patet, quod postremum cum Usuardo referant xv hujus, ut est etiam in Pratensi. Puritate autem Usuardinæ proximi sunt Herinien. et Tornacen. hic simplicior, qui *Blasium* tantum appellat *martyrem*, ut Marchianen. et Aquicinct ac xv *Blavium* quoque collocat; ille clarior, qui præcisa ambiguitate, totum *Blavii* elogium, *Blasio* (qui geminandus non est) hodie ascribit. De *Tryphone*, nulla mentio. Pulsanen. exclusis *Tigride* et *Remedio*, totum et ipse *Blasii* elogium hodie producit; quod Munerat. mutilum refert. Verum de his distinctius in Auctariis.

OBSERVATIONES.

Inter Hieronymiana apographa, clarius *Celerinam* exprimit Corbeiense, cum *Felice* et *Felicitate* compositam, quibus synonymos plures Africanos sæpius, non semper recte, signari observat Florentinius. In Beda, Floro, aut Rabano nullus hodiernorum sanctorum notus. Annuntiatio nostra, ita primitus in Romano parvo reperitur : *Beati Celerini diaconi, et Celerinæ ejus, et Laurentii, et Ignatii.* Hæc Ado paulo fusius explicat, relatis Cypriani verbis, ex epistola 34, quam cum aliis, ad *gloriosam eorum originem* spectantibus, egregia dissertatione illustravit Bollandus, ut inde omnis insignium sanctorum memoria repeti possit : cui junge Tillemontium tomo III a pag. 395, aliosque, qui de Cypriani operibus, et vita commentarios edidere, nec non Castellani notam pag. 508. Textus noster ex Adone desumptus est, præteritis *patrui* et *avunculi* circumstantia, servata a Notkero cum titulo *diaconi*, quem Celerino non deberi, citati auctores merito contendunt. An Romanum parvum viderit Wandalbertus, incertum est : ex eodem fonte, ex quo Romani parvi auctor, ipsum sua accepisse, produnt bini hi versiculi :

Hisque cruore pio Celerinus cum Celerina
Enitet, Ignatius Laurentinusque beati.

Jam supra in Variantibus satis fuse ostendimus, *Blasium, Tryphonem*, et *Deodatum* ad hodiernum textum nequaquam pertinere. Cur de *Lupicino* Usuardus non egerit, nescio ; certe is Wandalberto et Rabano notus est. Ex hoc eum Notkerus cum *Blasio* descripsit. Cæterum ex codicibus Hieronymianis *Tigridem Remedium* Noster eduxit, quorum primus *Tigris, Tingides, Teridus, Terridus*, alter etiam non uno modo inflectitur. Fuerintne hi sancti *episcopi martyres*, an *confessores*, ut *depositionis* nomen indicat, an uterque hoc die mortuus, quando et quamdiu ecclesiam illam rexerint, satis explorata non videntur. Tu consule Bollandum, Florentinium et Castellanum, qui verosimiliora proferre conantur. Nos ex hactenus dictis confici omnino putamus; simplicem et primigenium Usuardi textum a nobis in superiori laterculo repræsentatum esse.

AUCTARIA.

PRATEN. In Variantibus notata sunt, quæ in hoc codice textum purum excedunt.

HERINIEN. de Blasio totum textum refert, quem videsis xv hujus.

TORNACEN., MARCHIANEN. et AQUICINCT. Textui subjiciunt : « Eodem die, sancti Blasii Martyris. » Ultimus addit præterea : « Lugdunis, Lupicini episcopi, Felicis et Celerinæ. » Quam inepte hæc omnia simul conjungantur, vide in Actis.

PULSANEN. Tigridem et Remedium omisit, sed et ipse totum textum, qui xv Februarii de Blavio ponitur, huc reduxit.

ANTUERP.-MAJ. : « In Africa, beati Celerrimi [ita scribitur, pro Celerini] diaconi et confessoris, et sanctorum martyrum Celerrimæ aviæ ejus, et Laurentini et Ignatii ; quorum prior patruus, sequens avunculus ipsius fuit Natale sancti Blasii episcopi et martyris. » Ut codices, de quibus supra.

ROSWEYD. : « In Africa, beati Celerini diaconi, et confessoris, et sanctorum martyrum Celerinæ aviæ ejus, et Laurentini et Ignatii. Viennæ, natale Eventii episcopi gloriosi. Eodem die, passio sancti Blasii episcopi et martyris. Lugduni, Lupicini, episcopi et confessoris. Et sanctæ Waltrudis virginis. » Vide infra nomen melius expressum.

MUNERAT. post textum purum, subjungit mutilum Blavii elogium pro xv, hoc modo : « Apud Sebastiane civitatem, passio beati Blavii episcopi. Qui multorum patrator miraculorum, sub præside Agricolano, post diuturnam cæsionem atque suspensionem in ligno, ubi pectinibus ferreis carnes ejus diruptæ sunt, post teterrimum carcerem, ac dimersionem laci, unde salvus exivit, jubente præfato judice, capitis obtruncatione cum duobus pueris martyrium consum-mavit. » Vide hæc purius et completius citata die xv.

ANTUERP., MAX-LUBEC. et UCHELLIAN. referunt purum Usuardi textum, cui in fine subjungunt : « Lugduni, Lupicini episcopi, Felicis et Celerini » De hac disparatorum conjunctione, supra diximus. Eadem infra non semel recurret.

ANTUERP.-MAX., ULTRAJECT., LEYDEN., LOVANIEN., ALBERG., DANIC. et editio ULTRAJ.-BELG. omnes in principio Blasium Sebastenum referunt cum Usuardi elogio ex xv. In fine autem addunt, ut jam supra ; « Lugduno, Lupicini episcopi, Felicis et Celerini. » Demum : « Apud Bremam, Anscharii ejusdem loci primi episcopi. » Adjungit DANIC. « et Apostoli Daciæ. » Vide plura in Auctario Greveni

CENTULEN. tantum non purus videtur. Sic habet : « In Affrica, beati Celerini dyaconi, et Celerinæ aviæ ejus, et Laurentini et Ignascii martyrum. Apud oppidum Vapingum, sanctorum Tigridis et Remedii episcoporum. »

BRUXELL. incipit : « Sanctæ Waldetrudis electæ, neptis beatæ Gudilæ. Quæ ab amore conjugali ad Dei tracta amorem, et relicta terrenarum substantia rerum, Christum devote secuta, monasterium in Montibus Hannoniæ fundavit, et ibi corpus ejus quiescit. » A Bollando remittitur ad ix Aprilis. Sola ejus translatio hoc die Montibus celebratur, in nonnullis Kalendarii ad iv translata, propter concursum Blasii. Sequitur de Blasio et Celerino, ut supra in codd. mediæ notæ. Dein : « Civitate Niceno, natale sancti Triphonis, qui tempore Decii imperatoris passus est. Apud Viennam, sancti Eventii episcopi gloriosi. Lugduno, sanctorum Lupicini, etc.

MARTYROLOGIUM. — MENS. FEBR.

Apud Vapingum, pure. Apud Bremam, sancti Anscharii ejusdem loci primi episcopi. ›

HAGENOYEN. primo loco etiam ponitur Blasius cum integro elogio. Sequitur textus satis purus. Tum de Lupicino cum sociis, ut supra. Deinde : ‹ Romæ, Trifonis martyris. Apud Bremam, sancti Anscharii, etc. Item, Waldedrudis viduæ et Wetpurgæ virginis. › Voluit dicere *Wereburgæ*, de qua Grevenus infra, et in Actis hoc die. Vernacule a nobis vocatur *Gecburg.*

VICTORIN. et REG. SUEC., sub num. 130, apponunt in fine : ‹ Item, sancti Triphonii martyris. ›

DAVERON. : ‹ Lugduniæ, Lupicini, › etc., sed clarius codex D. DU CHEVAL, ‹ Lugduno, sanctorum Lupicini, › etc.

MATRIC.-CARTHUS.-ULTRAJ. : ‹ Blasii episcopi et martyris, apud Sebasten Capadociæ, [et] septem mulierum, quæ collegerunt guttas sanguinis beati Blasii. Waldetrudis viduæ. Berlendis virginis. ›

Editio LUBECO-COL. incipit a Blasio, ut codices supra. Secundo loco, de beato Celerino et sociis : ‹ Eodem die, sancti Triphonis martyris, qui ab infantia multis miraculis claruit et sub Decio tandem in civitate Nicea gladio coronatus est. › Sequitur de Tigride et Remedio. Tum : ‹ Lugduno sanctorum Lupicini, episcopi, Felicis, et Celerini martyrum. Apud Bremam, sancti Anscharii, etc. Ipso die, sancti Hadelini confessoris de Aquitania. Antisiodoro, beati Juliani martyris Viennæ, sancti Evencii episcopi et confessoris gloriosi. Item sanctæ Waldetrudis viduæ. ›

BELIN., post Blasium, et textum, addit : ‹ Lugduni, Lupicini, et Felicis itidem. ›

GREVEN. : ‹ Eodem die, sancti Blasii episcopi et martyris, quem Usuardus post Adonem ponit xv Kal. Martii sub nomine Blavii. Lugduni, Lupicini episcopi, Felicis et Celerini martyrum. Autisiodoro, beati Juliani martyris. In Africa, Felicis et Felicitatis. Triphonis martyris. Qui ab anno ætatis suæ septimo miraculis clarens, sub Decio in civitate Nicea pro Christo ungulis laceratus, nudus ad pedes equorum pernivem trahitur, clavis etiam pedibus ejus infixis circumducitur, et tandem gladio percussus triumphat. Vincent. lib. XII, cap. 47, dicit, eum passum III Non. Maii, alii Non. Decembris. Anscharii episcopi primi Bremensis, et confessoris, quem Ludovicus filius Caroli Magni, una cum novella in Christo plebe Saxonum, dignum pastorem et episcopum instituit. Hadelini confessoris de Aquitania. Viennæ, sancti Eventii episcopi et confessoris gloriosi. Item secundum Catalogum sanctorum, depositio beati Joannis Eleemosynarii. Gaudentii episcopi Novariensis, discipuli sancti Martini, qui pro Christo exilium, cum sancto Eusebio Vercellensi sustinuit. Radegundis virginis. Item Wereburgæ virginis. Eodem die, Waldetrudis viduæ comitissæ Hanoniæ, quæ quatuor habuit proles sanctitate conspicuas. ›

MOLAN. in prima editione addit : ‹ Lugduni, Lupicini et Felicis itidem, › ex Belino. Sequitur Blasius cum elogio, in aliis editionibus male in textu positus. Deinde : ‹ Et sancti Hadelini confessoris, apud oppidum Visetum. In monte Castriloco, sanctæ Waldetrudis viduæ. Apud Bremam, › etc. Denique minori characere : ‹ In villa Brabantiæ Merbeca juxta Ninoven, sanctæ Berlindis virginis. › Editiones posteriores : ‹ In Monte Castriloco, etc. Apud oppidum Visetum, sancti Hadelini confessoris. Lugduni, Lupicini, etc. Apud Merbeccam, depositio sanctæ Berlindis virginis. Apud Bremam, sancti Anscharii, primi episcopi ejusdem loci et Hamburgi unitorum. Civitate Bisontina, sancti Anatholii, ejusdem metropolis sanctissimi episcopi et confessoris. In monte Calvo, sanctarum sororum Oliveriæ, et Libertatæ virginum. Viennæ, sancti Eventii gloriosi episcopi. ›

---

4 Non.   **Die 4.**

In civitate Ægypti, quæ appellatur Thmuis, passio beati Fileæ episcopi et Filoromi tribuni, cum quibus etiam innumera fidelium multitudo ex eadem urbe, pastoris sui sequens exemplum, martyrio coronata est, sicut octavus liber ecclesiasticæ Historiæ loquitur. Romæ Foro Simpronii, sanctorum martyrum Aquilini, Gemini, Gelasii, Magni, Donati. Trecas, sancti Aventini episcopi et confessoris ^a.

NOTÆ.

Concordant *Praten., Herinien., Tornacen., Marchian., Pulsanen., Antuerpien., Max.-Lubec., Munerat., Greven.* et *Molan.*

^a Post S. Avieni commemorationem totus fere versus erasus est, et quidem ante oblatum Carolo Martyrologii exemplum, cum in Dervensi codice S. Aventinus ultimus annuntietur. BOUILLARD.

VARIANTES LECTIONES.

Bene scripsit Praten. *Ægypti*, ut habet etiam Molan. : in cæteris codicibus fere est *Egypti* vel *Egipti*, ut dixi supra. Passim etiam offendunt in voce *Thmuis;* quam Herinien. effert *Chinuis.*, Tornacen., *Thinius;* Marchian., *Thapnis;* Antuerpien., *Tinnius ;* Munerat., *Thymus*, alii aliter. Greven. ut vi secure procedere voluerit, rem tamen non attigit. Scribit *Taphnis*, alias, inquit, *Thynius*, *Thymus* vel *Thymnis;* aberrant omnia. Reliqui in textu, *Fileæ* et *Filoromi*, quamvis non dubitem præferendam omnino Molani et recentiorum codicum lectionem *Phileæ* et *Phileromi;* ast codices antiquissimos secutus sum, Pratensem, Heriniensem, Tornacensem et alios, ex quibus eruenda est genuina Usuardi lectio. Munerat, posuit *Filoronii ;* Greven., *Phileromi.* Pulsan. videtur duos in unum conflasse, quem *Florianum* vocavit, ac consequenter pro, *cum quibus*, habet *cum quo.* Quartus lapis, ad quem passim omnes offendunt, est, *Forum-Sempronii.* In textu scriptum *Foro-Simpronii*,ad servandam Usuardi lectionem, ex Praten., Herinien., Tornacen., et Molano. In Marchian., Ant., Max.-Lubec. et Munerato est *Foro-Symphronii.* vel *Simphronii* Apud Greven. *Sympronii :* omnium turpissime in Pulsan. *inphoro Simpronii.* Redundat in Molano particula *et* ante *Donati.* *Trecas* usitatissima est medii ævi orthographia, non male a Greveno, et Molano correcta. *Trecio* Munerati, typographo haud dubie imputandum. Sic scriptoris etiam vitio in Pulsanensem irrepsit *Aventinionis*, et *Galliasii*, pro *Gelasii.*

OBSERVATIONES.

De magni nominis martyribus *Phylea* et *Philoromo* agit hodie Romanum parvum his verbis : *In civitate Ægypti Thmuis, beati Phileæ, ejusdem urbis episcopi et Philoromi tribuni, et innumerabilium martyrum.* Nec dubium videtur, quin istius Martyrologii auctor eos ex solito fonte, nempe ex Rufini Eusebio acceperit. Ado non solum ex Historia illa ecclesiastica, sed ex Actis etiam magnam partem descripsit, quæ ab Henschenio primum completius edita et illustrata sunt, sub nomine illius *Gregorii*, a quo conscriptam egregie passionem se recognovisse asseverat Rufinus lib. VIII, cap. 10. Sed multi hodie Henschenio se assentiri posse diffitentur. Acta paulo puriora, licet acephala videantur, se proferre existimat Ruinartius, inter Sincera et Selecta a pag. 547. Vide eumdem a pag. 343, ubi Eusebii librum octavum Actis suis inserit; et Tillemontium tomo V a pag. 484. Diffusius Adonis elogium Noster in paucissima contraxit, an satis recte servato *tribuni* nomine et martyrii loco, alibi discutietur: pluscula ex eodem Adone Notkerus desumpsit. Hieronymiana apographa adeo corrupte horum martyrum nomina exprimunt, ut Henschenium et Florentinium non parum exercuerint; et exercebunt quemlibet, qui ex his verbis, *Themoi, Filiæ episcopi, cum filia sua*, ad commodum sensum, reducere voluerit, nisi ex longiori Florentinii notatione, eo etiam demum propendeat, ut *Filiam episcopum cum filia sua*, a *Philea* et *Philoromo* diversos fateatur. Nobis de solo Usuardi textu quæstio est, quem purissimum dedimus. Porro utrum tanti sint Acta alia a Combefisio, post editum Februarium nostrum, inter *Lectos triumphos*, forte ex græco Metaphrastis, Latine vulgata, ut hi sancti, ex eorum fide, rejiciantur in XVIII Maii, quod facit Castellanus contra Martyrologiorum nostrorum auctoritatem, alibi examinabitur.

In sequenti martyrum classe, non unus est error. Falsa loci positio, dum *Roma* cum *Foro Sempronii* conjungitur; scriptio, ut ex Variantibus patet, non satis recta; nec magis exacta nominum ratio ex Hie-

ronymianis apographis habita; ex quibus bene conjicit Castellanus, exemplum, quo Usuardus usus est, mire luxatum et depravatum fuisse. Plura apud Rabanum, et Notkerum confusa, quæ in Actis explicatiora invenies, et merito explosa, per librariorum socordiam, efficta sanctorum nomina, ex Thmui, *Themojus*, vel *Themius*, ex Foro-Sempronii, *Symphorianus*, etc. Id interim extra controversiam esto, sic scripsisse Nostrum, uti in textu legitur. Wandalbertus solum *Aquilinum* celebrat, cui priores duos conjungit:

Tum pridie Nonas Aquilinus vendicat almus,
Antistesque nitet Phileas cum Philoromo.

Aventinus, antiquioribus martyrologis ignotus, primum in Usuardo locum habuit, et quidem *Trecis*, licet ibi depositus non fuerit: crediderim notiorem urbem ab ipso præhabitam. *Episcopum* faciunt codices passim omnes, sic ut dubitari non possit, quin repræsentetur vera Usuardi lectio. Erravit auctor, ut ostendit Bollandus, at textus ejus in alteris Molani editionibus perperam mutilatus est. De *Aventino Castrodunensi*, cujus episcopalis dignitas ad priorem transferri potuit, agit etiam hoc ipso die laudatus Bollandus, quem tamen inter aemeros, hoc est incerti diei et fortasse cultus, in Martyrologio suo universali collocat Castellanus.

AUCTARIA.

ANTUERP.-MAJ. « In civitate Ægipti, quæ appellatur Tinuis, passio beati Philacæ, ejusdem civitatis episcopi, et Phyloromi, tribuni Romanorum militum; cum quibus innumera multitudo fidelis ex eadem urbe, pastoris sui vestigia sequens, persecutione Diocletiani martyrio coronata est. Trecas, natale sancti Aventini episcopi et confessoris, cujus gesta habentur. » In his, ut patet, puritati accedit, sed deest secunda annuntiatio.

ROSWEYD. incipit: « Romæ, sanctorum martyrum Aquilini, etc., » pure. Sequitur: « In Ægypto, passio sancti Phyleæ episcopi, et Phyloromi, etc., » ut præcedens. Desunt reliqua omnia.

ANTUERP.-MAX., LEYDEN.-BELG., LOVANIEN. et EDITIO ULTRAJ.-BELG. textui præfigunt: « Natale beati Gilberti confessoris. » In textu non omnino correcti sunt, et post *tribuni*, male inserunt, *sub Deciana persecutione*, quod in Adonianis apographis se etiam reperisse indicavit Rosweydus.

ULTRAJECT., LEYDEN., ALBERGEN. et DANIC. idem habent quod superiores, et præterea in fine adjiciunt: « Ipso die, natale sancti Liefardi, Anglorum episcopi et martyris. »

CENTULEN.: « In civitate Thymius, passio beati Filate, ejusdem urbis episcopi, et Philoromi tribuni Romanorum militum. » In duabus aliis, satis purus est.

BRUXELL., in prima annuntiatione non omnino purus, inserit, « sub persecutione Dioclesiana. » Secundam sic format : « Romæ, sanctorum martyrum Aquilini, » etc. Et tum: « Item, Symphoriani martyris. Ipso die, sancti Liphardi, Anglorum episcopi et martyris. » Ultimæ adjungit, « cujus gesta habentur. »

HAGENOYEN., relato textu integro, subdit: « Ipso die, natalis sancti Gylberti confessoris. Item sancti Luthardi et Elyphardi, Anglorum episcopi et martyrum. » Satis patet ex uno vero nomine duo falsa esse conficta. Sequitur in fine: « Item Veronicæ viduæ, » de qua vide in Actis.

MATRIC.-CARTHUS.-ULTRAJ. male scribit *Sileæ* et *Floriani*, pro *Phileæ* et *Philoromi*.

Codex A domini LE MARE, qui fuit Canonicorum S. Lazari Augustoduni: « Celticæ Romæ, dedicatio basilicæ S. Symphoriani in suburbio ejusdem urbis constitutæ. » Hoc, quid sit, nescio.

ALTEMPS. in Anglia auctus: « Ipso die, sancti Alefari, Claudio-Cestrensis episcopi et confessoris. »

STROZZ, ET MEDIC.: « Item natale sancti Giliberti confessoris. »

Editio LUBECO-COL. parum admodum differt a codd. supra citatis ULTRAJ., etc., solum addit de Aventino, *cujus gesta habentur*, et pro *Liefardi*, scribit *Liophardi*.

BELIN., inverso Usuardi ordine, primum annuntiat martyres Foro-Semproniense, quibus immediate subjicit: « Trecas, Aventini episcopi, et confessoris. Eodem die, sancti Giliberti episcopi et confessoris. » Male hic ponitur titulus *episcopi*, qui Sempringhamensi, de quo solo hodie agitur, nullatenus convenit. In alium errorem lapsus est Baronius in Notationibus, ut observavit Rosweydus. Sic habet textus Romani hodierni. « Eodem die, sancti Gilberti confessoris. » Notatio hæc est: « Gilberti alias Giliberti, sive Guiberti, fuit is fundator nobilis monasterii Gemblacensis. Wibertum hunc vocat Sigebertus, quem e vita migrasse ait, anno Domini DCCCCLXII. De eodem, Petrus in Catalogo lib. III, cap. 85, et Molanus in Indiculo, et in Natal. sanctorum Belgii. Ejus Vitam, a Sigeberto ejusdem cœnobii monacho scriptam, retulit Surius in tomo III, die XXIII Maii. » Ad hæc ita Rosweydus:

« Tota notatio Baronii ad hunc locum Martyrologii Romani, nihil ad rem facit. Nam Gilbertus ille, qui IV die Februarii colitur, nihil commune habet cum Guiberto Gemblacensi. Fuit enim Gilbertus ille Anglus, Canonicus Regularis, abbas Sempinghamensis, cujus vitam exhibet Legenda Angliæ, per Capgravium Carmelitam olim collecta, floruitque circa annum MCXL. et obiit anno MCLXXV, vitæ suæ anno CVI. Sanctorum numero adscriptus est anno MCCII a papa Innocentio III. Guibertus autem fuit fundator monasterii Gemblacensis, fuitque Belga, in diœcesi tunc Leodiensi, nunc autem Namurcensi, qui floruit anno DCCCCXL, et obiit anno DCCCCLXII. Natalis ejus incidit in XXIII Maii, quo Surius vitam ejus habet; elevatio autem ejus celebratur XXIII Septembris. Alius est Guibertus, abbas XIII Gemblacensis, qui scripsit apologiam pro Severo Sulpitio, quem Baronius in Notationibus ad diem XXIV Januarii confundit cum Quiberto fundatore Gemblacensi. » Huc usque Rosweydi Observatio.

GREVEN. : « Donatæ, Themi : » Primum nomen est *Donati*, alterum ex *Thmui* male tortum. « Leopardi, Anglorum episcopi et martyris. Item Richardi Anglorum regis et martyris. Remberti archiepiscopi Bremensis et confessoris, qui a sancto Anschario ejusdem urbis episcopo educatus, eidemque in regimine succedens, non solum suos laudabiliter rexit, verum etiam infidelibus frequenter Christum annuntiavit. In Anglia, Gilberti abbatis et confessoris, qui multos regulariter vivere docuit. Sanasclæ, » seu mavis, « Sanasolæ presbyteri » hactenus ignoti: « Hugonis presbyteri, » itidem incogniti. « In Scotia, Modani abbatis. »

MOLAN., post « Aventini, » subdit, « cujus gesta habentur. Binchii, Ulgisi episcopi et abbatis in Lanbaco, admirandæ sanctitatis viri. Suessionis, sancti Vodali confessoris. Eodem die, sancti Gilberti confessoris. Ipso die, sancti Lietphardi, Anglorum archiepiscopi, et martyris. » De Richardo et Remberto, ut Grevenus. Posteriores editiones : « Eodem die, sancti Gilberti confessoris, qui Sempingamiæ quiescit, In monasterio quod ipse condiderat. In Hunecourt ipso die, sancti Lietphardi, etc. Cœnobio Laubiensi, depositio sancti Vulgisi episcopi et confessoris. Die quarta, sancti Patris Isidori Pelusiotæ. » Aliis litteris : « Item Remberti archiepiscopi, cujus celebrior festivitas est die XI Junii. Eodem die ponit Metaphrastes pœnitentiam Theophili, per intercessionem gloriosissimæ Dei parentis, auctore Eutychiano hujus Theophili ministro. »

Nonis.   *Die 5.*

Apud Siciliam civitate Cathanensium, natalis sanctæ Agathæ virginis et martyris, quæ post alapas et carcerem, post equuleum et tortiones, post mamillarum abscisionem, post volutationem in testulis et carbonibus, tandem sub judice Quintiano in carcere consummata est. Viennæ, beati Aviti episcopi et confessoris, cujus fide, et industria atque admirabili doctrina, ab infestatione Arianæ [a] hæreseos Galliæ defensæ sunt.

NOTÆ.

Concors textus *Praten., Herinien., Tornacen., Marchian., Ant., Pulsanen., Max.-Lubec., Munerat., Greven.* et *Molan.* : imo fere cæterorum omnium.

[a] Piget monere non omissam a Pratensi codice vocem *Arianæ*, ut ipsi exprobrat Sollerius. BOUILLART.

VARIANTES LECTIONES.

Solus *Herinien.* scribit *Syciliam*, sed in *Chatiensium*, socium habet Pratensem. Marchian. ponit *Catinensium* ; Pulsan., *Chateniensium* ; Munerat., *Catenensium*. In textu secutus sum Tornacen., Antuerpien., Max.-Lubec., Munerat., Greven. et Molan., quamvis aspiratio plane redundare videatur. Rursus, fere conveniunt Pratens. et Herinien.; ille scribens *Agathes*, hic *Agates* : melior est, ni fallor, textus inflexio. Lego *equuleum* cum probatioribus mss. et excusis : Tornacen., Marchian., Antuerpien., Pulsan., Max.-Lubec. habent *eculeum*, quod alibi non semel recurrit. *Martires, torciones, Quinciano, abscisionem, ammirabili, eresis, hereseos*, et hujusmodi alia ad medii ævi corruptam orthographiam spectant, de quibus in præfatione abunde dictum est. Max.-Lubec., ut solet esse incorrectissima, ita hic nonnulla habet typographi errore contorta, quæ ex codice Antuerpien. cui ubique similis est, facile correximus. Codex uterque pro *admirabili*, legit *mirabili*, omittitque vocem *Arianæ* ; ut fecit etiam Pratens. Cæteri omnes eam clare exprimunt, ut ex Adone exprimendam putamus. Herinien., Tornacen., Pulsanen., Munerat., Greven., Molan. et alii scribunt *Arianæ* : utrum præferas, mihi sus deque est.

OBSERVATIONES.

Qui Siculorum et maxime Catanensium, seu mavis Panormitanorum gloriam *Agatham* dixerit, satis dixit. Cætera loquuntur Kalendaria, ut vetustissimum Carthaginense, ac Frontonianum, atque Martyrologia omnia. Quæ insuper decora, illustrissimæ virgini debita sunt, a Castellano enumerantur pag. 537. Conspirant apographa Hieronymiana, in quibus, iisdem ferme verbis, primo loco ponitur : *In Sicilia Cataniæ*, vel *Catana civitate, passio sanctæ Agathæ virginis*. Nec plura habet Romanum parvum : *Sanctæ Agathæ virginis, apud civitatem Catanensium*. Bedæ elogium a Rabano descriptum est, etiam ab Adone in Martyrologio, cum hac vera et notabili variatione, quod pro *imperatore Diocletiano*, substituerit *Decio*, idque recte Notkerus secutus est, ut a Bollando demonstratum invenies. Habet prolixiorem vitæ seriem præfatus Ado inter festivitates apostolorum; et Noster compendio studens, ex breviori Martyrologii encomio sua decerpsit. Cum autem ex ea Bedæ et Adonis discordia dubius hæreret, cujus maxime tyranni tempora appellanda essent, neutrum nominavit, solo proconsulis *Quinctiani*, ut judicis, nomine contentus. Quæ in Agathæ meritissimas laudes et commendationem facere possunt, operose cumulavit Bollandus, iis monumentis Acta illustrans atque confirmans, ut licet ad sincerissima accedere nequeant, certe rigidorum criticorum censuras facile effugiant. Eorum epitomen tradit Tillemontius tomo III, a pag. 409, nec negligenda sunt, quæ satis curiose colligit Castellanus loco superius indicato. Sic de Agatha Wandalbertus :

 Sicaniæ populos Nonis sibi subdit Agathæ
 Virginis eximio virtus celebrata decore.

Avitum Viennensem, sub *Alcimi* prænomine, inter ecclesiasticos poetas notissimum aliisque scriptis celebrem, in plerisque Hieronymianis apographis notatum reperimus; sitne vere de adjectitiis, ut existimat Florentinius, non est operæ pretium multis discutere. De eo etiam meminit Rabanus, licet in Beda aut Floro notus non sit. Certum est Usuardum hic denuo sua omnia ex Adone mutuatum, omissis solis hisce verbis, *tempore Gundobaldi regis*, quæ in Notkero et multis codicibus auctioribus restituta sunt, ut statim patebit. Vide quæ de Avito in Actis accurate disputata sunt, ac brevius in Castellani nota, pag. 541 et 542. Apud Rabanum et Notkerum *ordinatio episcopatus Andreæ apostoli* ex Hieronymianis signata est, sed ea nihil ad Adonem, nec proinde ad Nostrum quidquam attinet.

AUCTARIA.

ANTUERP.-MAJ. In prima Bedam, in secunda Adonem describit ; en ejus textum : « Aput Siciliam civitatem Catanentium, passio sanctæ Agathæ virginis, sub Diocletiano imperatore, proconsule Quintiano. Quæ post alapas et carcerem, post eculeos et tortionem, post mamillarum abscisionem, sed a Domino sanationem, post volutationem in testulis et carbonibus, tandem in carcere consummata est. Vienni civitate, beati Aviti episcopi, cujus fide et industria atque admirabili doctrina, tempore Gundebaldis regis, ab infestatione, etc. »

ROSWEYD. In prima Adonianus, de secunda hoc solum habet : « Viennæ, episcopi et confessoris. » Deest nomen ipsius sancti.

ANTUERP.-MAX., ULTRAJ., LEYDEN., LOVANIEN., ALBERG., DANIC, et EDITIO ULTRAJ.-BELG. satis puri omnes sunt, si solum dempseris citata superius tria illa verba de Avito, *tempore Gundobaldi regis*. Scribunt ipsi *Gundebaldi*,

CENTULEN. : « Apud Siciliam civitate Catinensi, passio sanctæ Agathæ virginis, sub Decio imperatore, proconsule Quintiano. Viennæ, sancti Aniti [pro Aviti] episcopi et confessoris. In teritorio Morinorum, transitus sancti Bertulfi confessoris et monachi, cujus ossa Gandæ requiescunt. »

BRUXELLEN. De Agatha adjicit : « Cujus nomen in canone missæ recolimus. » Ultimo autem loco : « In Blandinio, sancti Bertulfi confessoris. » Cætera satis purus.

HAGENOYEN., in Agatha interpolatus, *post mamillarum præcisionem*, sic loquitur : « Iterum est incarcerata, et'a beato apostolo Petro visitata et sanata. Deinde in carbonibus et testulis vitri est volutata ; tandem sub Quinciano, etc. »

Codices VICTORIN. et REG. SUEC., signatus num. 130, et VATICAN. Longobardicus, num. 5949, in fine : « Eodem die, sancti Theodori martyris, »

A aliis ignoti, nisi quis sub Theodori nomine *Isidorum* agnoscat, de quo vide Prætermissos, » etc.

MATRIC.-CARTHUS.-ULTRAJ., post Agatham ponit : « Aleydis virginis et abbatissæ. »

Editio LUBECO COL., in Avito mediæ notæ codicibus conformis, de Agatha post carbonibus, hoc solum admiscet : « Tandem tempore Decii imperatoris, sub judice Quinciano, » etc.

BEL. textui Usuardi in fine adnectit : « In civitate Brixina, sanctorum confessorum Gemini et Albini episcoporum, quorum vita miraculis exstat gloriosa. » Vide inferius vera horum sanctorum nomina.

GREVEN. : « Eodem die, Saturi, Aviti [*an non* Revocati?], Felicis » ex Hieronym. « Landuno [*puto voluisse scribere* Blandinio], Bertulphi confessoris. Pictavis, Babilonii diaconi et confessoris. » Nihil de eo reperit Bollandus. « Ingelæ virginis ; » itidem ignotæ. « Alheydis (Adelheydis) et Bertradæ virginum, et Gerbertæ (Gerbergæ) matris earum. » Posteriorum duarum cultum probatum hactenus non invenio.

MOLAN., de Gemino et Albino, Belinum transcribit. « In Vilika, depositio Aleidis virginis et abbatissæ, miræ sanctitatis. In Blandinio monasterio, sancti Bertulfi confessoris. » Posteriores Molani editiones a Bertulfo incipiunt. Tum : « Suessionis, sancti Vodali confessoris. » Sequitur de Gemino et Albino. Vera nomina sunt *Ingenuinus* et *Albuinus*, quorum primum ad v Septembris rejici Castellanus. « In Vilika, depositio, etc. » Tum minutiori charactere : « Alexandriæ, martyrium sancti et gloriosi martyris Isidori. »

VIII *Idus*. Die 6.

Apud Cæsaream Cappadociæ, natale sanctæ Dorotheæ virginis, quæ primum equuleo vexata, dein palmis diu cæsa, ad ultimum capite punita est. In cujus confessione quidam Theophilus scolasticus conversus, et mox eouuleo idem acerrime tortus, novissime gladio cæsus est. Arvernis, beati Antholiani martyris. Eodem die, sanctorum episcoporum Vedasti et Amandi, quorum et vita et mors plurimis exstitit [a] miraculis gloriosa. E quibus prior Adartensium, sequens vero Trajectensium rexit ecclesiam.

NOTÆ.

Est *Praten., Herinien., Tornacen., Marchian., Munerat., Greven.* et *Molan.*

[a] Notat Sollerius in autographo pro *exstitit*, esse *existit*. Diligentem auctorem ! Nihil prætermittit.

C hincque conjectat contortas esse autographi litteras. Conjectura nihil inanius.

VARIANTES LECTIONES.

Tornacen. et Greven. ponunt *Capadociæ*, præplacet aliorum orthographia. De *eculeo* alibi satis dictum est. Reliqui in textu *scolasticus*, quod omnes codices mss. eam lectionem servent. Solus Molanus scripsit, *et mox equuleo eodem*, alii melius *idem*. Herinien. habet *Antolani*; Greven. *Antoliani*, Molan. *Antholiani*. Puto textum esse purissimum, quidquid alii id in dubium revocent. Apographum nostrum Pratense pro *exstitit*, posuit *existit*, forte quod in prætenso autographo contortæ sint litteræ, certe omnes legunt, ut in textu. *Adartensium* et *Trejectensium* Usuardi formula est ex codd. mss., sed a Munerato et Molano correcta : videatur Henschenius hic. Greven. servavit *Trejectensium*, sed male scripsit *Atrabatensium*. Rabanus et Notkerus ab omnibus recedunt, ponentes *Aderato :* unde verosimiliter Arras. Aliter scripserat Florus ; *Atrebata*.

OBSERVATIONES.

In *Cæsarea Cappadociæ, passionem sanctæ Dorotheæ* distincte consignant Hieronymiani codices Lucensis, et Corbeiensis ; sed quod prior *Ethiopoli* et *Scolastici* sic legat, ut diversi martyres videantur, clarius alii exprimunt : *Passio sanctorum Dorotheæ et Theophili scolastici.* Quod autem synonymi martyres, pluribus Alexandrinis admisti reperiantur XII Februarii, non video quid tantopere difficultatis habeat, cum hujusmodi exempla synonymorum martyrum, in hoc præsertim Martyrologio, quotidiana sint. Utrum alterutro die indicetur virgo illa Alexandrina, quam *Dorotheam* Rufinus vocavit, Baronius celeberrimam *Catharinam* credidit, aliorum examini relinquimus. Annuntiatio nostra fontem ordinarium, procul dubio, respicit, nempe Romanum parvum, quod ita habet : *Apud Cæsaream Cappadociæ, sanctæ Dorotheæ virginis, et Theophili scholastici.* Ex antiquis Actis encomium concinnavit Ado, cujus medullam Noster in

D laterculum suum retulit. Aliud est Rabani elogium, in quo *Christe* et *Calliste* apponuntur, de quibus præfata Acta meminere ; Notkerus ex Rabano et Adone historiam suam conflavit. Satis exactam prædictorum Actorum synopsin tradit Tillemontius tomo V, a pag. 497. Wandalbertus solum hunc hodie versiculum profert :

Idibus octavis martyr Dorothea coruscat.

Dubitat Florentinius an *Antolianus*, qui in Hieronymianis ponitur, idem sit cum hodierno nostro *Arvernensi*. Scrupulus videtur : nam *Antholianus* sine dubio inde ab Adone acceptus est, ex hoc ab Usuardo. *Antholianus*, inquam, non *Anatolianus*, codicibus nostris vetustissimis cum ipso Adone conspirantibus. Vide de eo Bollandi commentarium historicum.

Defectum accurationis in Usuardo arguit Castellanus, quod *Amandum* cum *Vedasto* composuerit, utpote qui nihil magnopere commune habeant, toto fere sesquisæculo ætate disjuncti. Attamen, si quid peccatum est, non id Usuardo, sed antiquioribus imputandum, apud quos prædictam conjunctionem pridem in usu fuisse, ostendunt Florus, Wandalbertus, Rabanus et Ado, qui, si non eodem die, certe eodem nexu copulatos referunt; Florus et Rabanus hoc die, alii duo xxvi Octobris, ut ibi dicetur. Rectissime autem ambos sanctos hoc die signari, apertius evinci non potest, quam ex eo, quod utriusque obitus in hunc ipsum diem concurrat, ut habes in Actis, locis infra citandis. Jam vero Usuardum hic rursus ex Adone sua fere omnia desumpsisse, manifeste intelliges, si utriusque verba præfatis diebus inter se contuleris. A Rósweydo hodie in appendicem rejiciuntur, in qua Vedastus denuo recurrit 1 Octobris. Diversum plane est Flori elogium, præposterus ordo, dum Amandus junior seniori Vedasto præponitur. Alia in Rabano et Notkero non satis exacta. Sed nobis sufficit genuinum Usuardi textum exhibuisse. Quæ ad alias Vedasti celebritates pertinent, vide in Actis comment. præv. § 4 et 5, a pag. 785. de Amando autem pag. 840, atque ibi utriusque Belgarum doctoris gesta mirifice deducta, et diligentissime ab Henschenio illustrata invenies.

AUCTARIA.

Pulsanen., in Dorothea tantillum interpolatus, Vedasti et Amandi elogia mutilavit.

Antuerp. et Max.-Lubec. et Ughellian. textui puro superaddunt : « Ipso die, sanctorum Saturnini, Theophili et Revocatæ. » Poterat omitti Theophilus, idem verosimiliter cum Scholastico. Vide Acta.

Antuerp.-Maj. deficit; sic habet : « Aput Cæsaream Capadociæ, natale sanctæ Dorotheæ virginis. Quæ sub Apricio provinciæ ipsius præside, primum eculei extensione vexata, deinde palmis diuissime cæsa, ad ultimum capitali sententia punita est. Arvernis, natale Antholiani, qui apud urbem Arvernam martyrio coronatus est. » In ultima nihil deest; scribit Atrebatensium pro Adartensium.

Rosweyd. de Dorothea, ut prior, sed addit : « Passus est etiam cum ea Theophilus scolasticus. » De Antholiano, etiam ut præcedens. Tum : « In Gallia, Vedasti et Amandi episcoporum et confessorum. Item Helenæ reginæ. » Natalis ejus agitur xviii Augusti.

Antuerp.-Max., Ultraj., Leyden., Alberg., Danic. et Editio Ultraject. Belg. secundo loco habent de Vedasto et Amando, adduntque de ultimo, « tribus annis rexit ecclesiam. » Dein : « Sed infructuosum inibi cernens laborem suum, vitam heremiticam eligens, in quadam cella juxta civitatem Turonicam quindecim annis cilicio supertectus, et aqua et pane hordeaceo sustentatus permansit. » Hæc non recte temporibus divisa sunt. Satis bene adjicit Danic. Amandum *superiorum Trajectensium* episcopum fuisse. Videatur de duobus hisce apostolis nostris accuratissimus Henschenii commentarius. Sequitur de Anatholiano, ubi addunt, ut supra; « qui apud eamdem urbem martyrio coronatus est. » In fine : « Ipso die, sanctorum Saturnini, Theophili et Revocatæ. » Quæ postrema etiam habet Lovanien. cum superiori clausula, *tribus annis*, sed reliqua ab ipso omissa sunt.

Centulen. : « Apud Cæsaream Cappadociæ, sanctæ Dorotheæ virginis, sub Sapricio judice; et Theophili scolastici. Avernis, sancti Antholiani episcopi et martyris. Atrebas, sancti Vedasti episcopi et confessoris. Cœnobio Helnone, sancti Amandi episcopi et confessoris. »

Bruxellen. auctius item exhibet Dorotheæ elogium. De Vedasto et Amando post *gloriosa*, sic legit : « E quibus prior Cameracensem et Atrebatensem, sequens vero Trajectensem supra Mosam rexerunt ecclesias. » De Anatholiano, Saturnino, etc., ut codices mediæ notæ.

Hagenoyen. reliquis omnibus liberalior est in amplificando Dorotheæ elogio, verum tanti ea non sunt, ut locum hic habere mereantur. Antholianum prætermittit. Vedasti et Amandi elogium fere simile est superius jam relato; sed hæc subduntur : « Postea Romæ peregrinatus est, ubi sibi beatus Petrus in visione apparuit, illum in Galliis prædicare præcepit; quod et fecit, et obiit in pace. »

Bigotian., qui fuit P P. Cælestinorum, Strozz. et Medic. : « Ipso die, sanctorum Saturnini, Theophili et Revocatæ, » ut supra.

Regin. Sueciæ. signatus num. 130 : « Ipso die, Sotheris virginis. » Vatican. autem, signatus num. 5949, positionem exprimit : « Romæ, passio sanctæ Sotheris virginis. » Sed in hoc ultimo deest commemoratio SS. Vedasti et Amandi. De Sotheræ x hujus.

Codex Castri-Caroli : « In territorio Lugdunen. Natalis sancti Amandi episcopi et confessoris. » An non *Amantii Tricastini*? Certe hæc nec ad *Amandum Trajectensem*, nec ad *Argentoratensem*, nec ad *Wormatiensem*, nec demum ad *Amandum*, aut *Marcum Amandum*, de quibus inter Prætermissos agit Bollandus, referri ullo modo possunt.

Editio Lubeco-Col. a proprio festo Coloniensi diem orditur : « Apud Coloniam Bgrippinam, translatio cinerum sancti Pantaleonis martyris, quæ facta est una cum quibusdam reliquiis sancti Quirini martyris. » Quæ in Dorotheæ elogio immiscentur, in Adone sinceriora sunt. De Vedasto et Amando, Antholiano, Saturnino, etc., nihil differt ab aliis supra citatis.

Belini. prima editio in eo deficit, quod post *Atrebatensium*, non dicat, *sequens vero Trajectensium*. Addit in fine : « Ipso die, sanctorum Saturnini, Theophili et Revocatæ; » quibus editio altera superadjicit : « Et eadem die, sanctæ Soteris virginis. »

Greven. : « Ipso die, sanctorum Saturnini, Theophili, Revocati, ac Sotheris virginis. Lubentli presbyteri et confessoris, qui a beato Martino Turonensi, nutriendus traditus sancto Maximino Treverensi, post data eximiæ conversationis exempla, quievit in pace. Cujus corpus navi impositum contra impetum Rheni fluminis, terram etiam invisibili actum virtute ascendit. Colitur xiii Octobris. Cristes et Calistes sororum. Quæ cum a fide apostatassent, per sanctam Dorotheam conversæ, ad martyrii palmam pervenire meruerunt. Monasterio Eyke, Harlindis et Relindis virginum. » Vide Acta. « In Silvolde, Gerwis virginis, » de qua nondum quidquam compertum est. « Apud Coloniam Agrippinam, translatio cinerum beati Panthaleonis martyris. » Spectat ad diem natalem xxvii Julii.

Molani elogium de S. Dorothea Adoniano auctius, uti et Amandinum et Vedastinum, melius apud ipsum legentur. Sequitur : « Ipso die Saturnini, Theophili et Revocati. Romæ via Appia, in cœmiterio ejusdem, passio sanctæ Sotheris virginis. Civitate Prænestensi, sancti Garini episcopi et confessoris. Monasterio Eike, Harlindis et Relindis virginum. » Tum litteris minutioribus : « Trajecti ad Mosam, festivitas omnium pontificum Trajectensium Servatii, Monulphi, Gondulphi, Martini, Valentini, Candidi, et reliquorum. » Editiones alteræ elogia contrahunt, post quæ : « In territorio Lossensi, juxta villam Maes-Eike, monasterio Eike, Herlindis et Relindis virginum. » De Guarino, ut supra. « Die sexta, sancti patris Buculi, episcopi Smyrnæ. » Pro *Revocati*, melius hic ponit *Revocatæ*.

VII Idus.

Die 7.

In Britanniis civitate Augusta, natalis beati Auguli episcopi, qui cursum temporis per martyrium explens, æterna meruit suscipere præmia. Item, sancti Moysetis episcopi. Hic primum in heremo vitam solitariam ducens, signis ac virtutibus magnifice *a* innotuerat, post vero gentem Sarracenorum, cui episcopus fuerat factus, grandi ex parte ad fidem Christi convertit, sicque gloriosus meritis quievit in pace.

NOTÆ.

Conveniunt *Praten., Herinien., Tornacen., Antuerp., Max.-Lubec., Munerat.,* prima *Belini editio, Greven.,* et *Molan.* Item *Antuerp.-Max.* cum suis.

a Solus Pratensis, observat Sollerius, *omisit vocem magnifice.* Observationis falsæ culpam aut in Castellanum confero, aut in eum, qui primus jussu Bollandi codicem exscripsit. BOUILLART.

VARIANTES LECTIONES.

Praten. scribit *Britaniis;* Munerat., *Britannia,* cæteri ut in textu. Solus Belin. habet, *civitate Augustana.* Ultraject. posuit *Augalii;* cæteri habent *Augulii;* prima Belini editio, *Auilei:* sunt qui malint *Augurii* vel *Atigulii:* verum nomen est in laterculo. De modo scribendi *martyrium* satis dictum est. *Complens* pro *explens* posuere Antuerpien., Max.-Lubec. cum plerisque mediæ notæ codicibus. *Moisetis* pro *Moysetis* legitur in solo Tornacensi. *Primus* pro *primum* error est in Danico. *Heremo* legunt omnes; rectius Molan., *eremo:* codicum scriptionem sequi maluimus. Solus Pratensis omisit vocem *magnifice.* Codices minus passim correcti, ut Antuerp.-max., etc., male habent *innotuit* pro *innotuerat.* Scripsi *Sarracenorum,* cum omnibus codicibus, excepto Pratensi et Molano Antuerp. et Max.-Lubec. tres voces reticent, nempe, *grandi ex parte:* in Munerato solœcismus est, *grandi cum ex parte.*

OBSERVATIONES.

Vix usquam clarius sanctum aliquem determinate circumscribunt Hieronymiana apographa, quam hoc die *Augulum* exprimant: *In Brittania, Brittannis* vel *Brittanniis civitate Augusta, natalis Auguli episcopi.* Quod *Auguria* legatur in Epternacensi, facili lapsu ex *Augusta* corrumpi potuit. His concinit Beda: *Britannis in Augusta, natale Augusti episcopi et martyris;* ubi alterum librarii errorem vides in *Augusti* pro *Auguli;* de quo dubitari omnino non potest, cum Rabanus, qui quæ Bedæ sunt diligentissime refert, distincte legat *Auguli.* Bedam fere ad verbum secutus est Ado; Noster, præter morem, non nihil de suo adjecit, sed quod non magis *Augulo,* quam cuilibet alteri conveniat, dum solum martyris titulum paraphrastice exposuit. Quæ sit illa Britanniæ *Augusta,* quæ martyris ætas, erudite disquirit Henschenius, cui cur litem intentet Castellanus pag. 558 prorsus non video: nam sive *Londino* appellationem *Augustæ* tribuat, sive *Eboraco,* nihil magnopere Acta adversabuntur. Sic sanctum ipsum unico versiculo alloquitur Wandalbertus:

Augule septenis mundum vincendo triumphas,

Moyses ex Romano parvo acceptus est, in quo his verbis celebratur: *Sancti Moysetis, qui petente Mauvia Sarracenorum regina, episcopus genti illius factus est.* Ado ex monumentis ecclesiasticis elogium contexuit, quod Noster solitæ suæ brevitati eleganter aptavit. Quam celebre pacificum magni viri nomen sub Valente imperatore fuerit, ex Socrate, Sozomeno aliisque Scriptoribus Græcis ab Henschenio citatis, facile est colligere, atque ex iisdem eorum hallucinationem retegere, qui ex recentioribus martyrologis Moysetem hunc nostrum cum altero cognomine, sed *Æthiope* confuderunt, ut in Actis accurate explicatum est. Vide præterea Tillemontium tomo VII, a pag. 593, ex quo attentius velim consideres, quam apte inter Carmeli incolas ab Alegræo ejusque symmystis connumeretur. Cæterum toto etiam Occidente celeberrimam fuisse Moysetis memoriam, ex Martyrologiis nostris apertissime conficitur. At turpiter errat Notkerus, qui Adonis elogium describens, *Moysetem* in Britanniis retrahit, nisi librarii socordia factum dicamus ut, omisso vel deleto *Auguli* nomine, alterius patria ad alterum transierit.

AUCTARIA.

MARCHIAN. incipit a proprio loci: « Elevatio corporis sanctæ Rictrudis. » In reliquis purissime Usuardinus est. Vide XII Maii.

PULSANEN., post *Auguli,* sic prosequitur: « Item, sancti Moysetis episcopi. Eodem die, depositio beatissimi Laurentii, Sipontini episcopi. » Hæc quidem recte, ut in Actis videre est; non item quæ sequuntur: « In pago Malensi, sanctæ Austrebertæ virginis, in loco qui dicitur Pauliacus. » Prima periodi pars corrupta est, ubi pro *Malensi,* lege *Rothomagensi.* Alia id genus alibi recurrunt, dum primis vocis elementis erasis, ultima etiam quandoque depravantur; sic in præsenti, pro *Malensis,* existimo lectum fuisse *Magensi.* Vide X Februarii.

ANTUERP.-MAJ.: « In Britanniis civitate Augusta, natale sancti Augulii episcopi et martyris. Eodem die, sancti Moysetis venerabilis episcopi et confessoris. Aput Asiam provinciam, sancti Apollinaris Jerapolitanis antistitis, viri eruditissimi. » Vide Acta.

ROSWEYD. « In Britannia, » etc., ut præcedens. « Item sancti Moysetis, qui primo quidem vitam solitariam in eremo ducens, meritis et virtutibus, ac signis, quæ faciebat per illum Deus, magnifice innotuerat. Qui postmodum, petente Auvia Sarracenorum regina, episcopus genti illius factus, fidei catholicæ custodivit intemerata consortia, et gentem, cui datus fuerat episcopus, ex grandi parte ad fidem Christi convertit, sicque in pace quievit. » Ex Adone.

CENTULEN. Primo loco *Augulum* annuntiat verbis Adonis, ferme ut duo codices proxime citati. Deinde: « Apud Asiam minorem, sancti Apollinaris episcopi, viri eruditissimi. » Moysetis elogium mutilat, hoc modo: « Eodem die, sancti Moysetis venerabilis episcopi, qui gentem Sarasinam magna ex parte convertit. »

BRUXELLEN. pro *Auguli,* scribit *Anguli:* de reliquo annuntiatio ejus non Usuardina, sed Adoniana quoque est. Moysetis elogium ex eodem Adone, hinc interpolavit. Deinde cum aliis addit: « Apud Asiam, sancti Apollinaris, viri eruditissimi, Jerapolitanæ urbis antistitis et confessoris. » Demum in fine: « Item Helenæ reginæ. » Diximus pridie in Auctariis natalem ejus esse XVIII Augusti.

HAGENOYEN. Usuardinus quidem est, sed phrasim non nihil turbatiorem refert. In fine autem perperam subnectit: « Item, sanctorum martyrum Theophili, Saturnini et Revocatæ. » Vide quæ die præcedenti in Auctariis dicta sunt.

VICTORIN. in fine: « Apud Asiam, sancti Apollinaris Hieropolitanæ (urbis) antistitis, viri eruditissimi. Eodem die, sanctæ Austrebertæ virginis et sancti Theodori martyris, » haud dubie *Heracleensis*, unius e quatuor megalo-martyribus, de quo in Actis.

MATRIC.-CARTHUS.-ULTRAJECT. inter Moysetem et Angulum, *Moysen* alium *abbatem* interserit, eum, opinor, qui in Ægypto cum sex sociis martyrium consummavit. Hunc recentiores martyrologi *Scythopoli* in Ægypto perperam ascripserunt, cum ex Vitis Patrum, variis locis ab Henschenio hic a pag. 46 recitatis, non Scythopoli, quæ . Palæstinæ secundæ metropolis est, sed in *Schiti solitudine* a grassatoribus barbaris, cum sex fratribus interemptus sit. Vide plura ex Cassiano, Sozomeno et aliis apud Henschenium collecta.

CAMBERIEN. monasterii S. Mariæ Conventualium : « Monasterio [Altimlarenci [*vult dicere* Altovillariensi] adventus sanctæ Helenæ imperatricis. » De eo agetur XVIII Augusti.

REGIN. SUEC., sub num. 130 : « Eodem die sanctæ Austrebertæ virginis et sancti Theodori martyris. » Vide supra.

VATICAN., num. 5949 : « In Gallia, sanctæ Austrebertæ virginis. » Jam dixi spectare ad x.

Editio LUBECO-COL., in prima annuntiatione fere pura, ad secundam, post *magnifice innotuit*, hæc subjungit : « Postquam vero gentem Sarracenorum, cui episcopus fuerat factus, ad fidem Christi convertisset, ad eremum rediit, et ibi cum sex eremitis a barbaris occisus est. » Quæ hic confusa sunt, in Actis explicantur. Sequitur : « Apud Asiæ provinciam, sancti Apollinaris, Jerapolitanæ urbis episcopi et confessoris, viri eruditissimi. Eodem die, sancti Rechardi regis, patris sanctæ Walburgæ virginis, qui omnia quæ habuit propter Christum dimisit et longissimam peregrinationem sumpsit, tandem feliciter obiit. »

Altera BELINI editio. In fine : « Eodem die, sanctæ Helenæ corporis adventus, ad monasterium Altovillare, quæ mater Constantini imperatoris existens, ad hoc religiose vivendo, pervenire meruit, ut sacratissimæ crucis Domini nostri Jesu Christi fleret inventrix. » Vide dicta superius.

GREVEN. : « Item Anatholi, Ammonis, Statiani, Lucii, » ex Hieronym. « In Anglia, Odonis episcopi et confessoris. Ibidem, Guillermi episcopi et confessoris. » Vide de utroque indicem Prætermissorum. De Apollinare et Richardo, fere ut editio LUBECO-COL. Additur : « Amancii episcopi confessoris. Frindrudis virginis. Apolonii senatoris martyris, patris sanctæ Apoloniæ. » De his tribus vide etiam citatum indicem, et de ultimo speciatim in eodem indice ix hujus.

MOLAN. : « Binchii, Amoluvini episcopi et abbatis Lobiensis. » De Helena Belinum descripsit. In fine, minori charactere : « Eodem die, Richardi regis, patris sanctæ Walburgis, qui propter Christum longissimam peregrinationem subiit. » In aliis editionibus, sic incipit : « Cominii, natale sancti Chrysolii, qui huc venit a Marcello papa ad prædicandum missus. » Ubi notandum, quod recte hoc die collocetur, qui in prima editione postridie ponitur, cum hac clausula, « qui Dionysio notus huc venit. » Sequitur : « Binchii ex Laubiis, beati Amolvini, episcopi et confessoris. In Anglia, sancti Odonis, episcopi et confessoris. Die septima, sancti Parthenii, episcopi Lampsaceni : et sancti Lucæ, in Storio Græciæ. Marcianis, elevatio corporis sanctæ Rictrudis. » De Helena dictum est. Postea minutioribus litteris : « Apud Phrygiam, natalis beati numerosique martyrii, pariter ab universa urbe quadam Christianorum civium suscepti. Hujus auctor et dux exstitit, vir pietate et religione clarus, Adauctus nomine : cujus in confessione Christi constantiam, omnis populus sequens, cum mulieribus viri, cum pueris senes, cum civibus civitas, injecto igne concremantur, ita ut nullus penitus ex illa urbe, etiam cum optio daretur, abscederet. Eodem die, civitate Lucensi, Richardi, regis, etc., » ut supra.

VI Idus.   Die 8.

Apud Armeniam minorem, natalis sanctorum Dionisii, Emiliani et Sebastiani. Eodem die Alexandriæ, sanctæ Cointæ martyris, hanc pagani correptam ad idola perducentes, adorare cogebant, quod cum illa execrans recusaret, vincula pedibus ejus innectentes, et per plateas totius civitatis eam trahentes, horrendo supplicio discerpserunt. [*Bouillart.:* [a] In provincia Lusitania, civitate Corduba, sancti Salomonis martyris. *Et charactere cursivo :* Viriduno, sancti Pauli episcopi et confessoris.] Civitate Corduba, sancti Salomonis martyris.

NOTÆ.

Ex *Tornacen., Pulsanen., Albergen., Danic., Munerat., Greven.* et *Molan.*

[a] Eam de Usuardo Sollerius habet opinionem, ut in geographiæ leges peccasse noluerit; hincque Lusitaniam scriptam ab illo fuisse negat, quod in ea Cordubam collocarit. An memoria lapsus fuerit Usuardus nescio. Certe lapsa est manus. BOUILLART.

VARIANTES LECTIONES.

Reliqui in textu *Dionisii*, et *Emiliani* juxta Tornacen., Pulsanen., Munerat., etc. Albergen., Danic. et Greven. pejus scribunt *Dyonisii* : recte Molan., *Dionysii* et *Æmiliani*. In Pulsanen. sphalma est *Juliani*. Nomen martyris Alexandrinæ octodecim ferme modis in Actis deformatum est. Greven. legit *Coyntæ* ; Molan., *Coinihæ* ; Tornacen., *Conitæ* ; Pulsanen., *Chontæ* ; Munerat., *Corinthæ* ; prætuli lectionem *Cointæ* cum Albergen. et Danic., quod Rom. parvi lectio sit, et proximius ad *Quintæ* Latine accedat; quidquid aliter scripserit Ado : selige quod magis placet. De voce *ydola*, alibi dictum satis. Munerat. male ponit *correctam*, pro *correptam*. Pulsanen. sensum mutilat scribens *execrasset*, pro *execrans recusaret*, et *vincula pedibus ejus innectentes* omittens. Error Danic. in *discerserunt*, supposito *p* correctus est.

Difficultas est circa positionem *Salomonis*, in qua pauci codices ab omnibus aliis differunt. Et inter puriores quidem Marchianen. legit : *In provincia Lusitana, civitate Corduba* ; brevius Roswcyd. *In provincia Lusitania, sancti*, etc. His fere subscribit codex Praten. dum ponit : *In provincia Lusitaniæ, civitate Corduba*. Atque hoc modo scripsisse Usuardum existimavit Castellanus. Cum vero objicerem inepte, tribui Cordubam, regum Saracenorum sedem, regioni ab ea tam dissitæ, respondit disparatorum connexionem non aliud probare, quam quod Usuardus imperitus Geographus fuerit. Mihi vero non suadetur auctorem ita impegisse circa provincias, quas oculis ferme suis lustraverat : censeoque proinde priora ea verba ad Salomonem non pertinere, atque adeo codices illos, a cæteris in eo discrepantes, inter puros connumerari non posse. Est præterea in Pratensi augmentum aliud, de quo in Auctariis agemus.

OBSERVATIONES.

Trium horum Armenorum martyrum præcipua, et distinctior notitia sumitur ex solis apographis Hieronymianis, quæ saltem patriam exprimunt, a Romano parvo præteritam. Illa legunt : *In Armenia minore, natalis Dionisii, Emiliani, Sebastiani.* Istud, sola nomina refert : *Sanctorum Dionysii, Æmiliani, Sebastiani.* Ado priorem fontem consuluit, eamque annuntiationem formavit, quæ ab Usnardo et Notkero fere ad apicem descripta est. An præter nomina et provinciam, eorum certamine (nam martyres censentur) nobilitatam, de iis quidquam compertum sit, ex Bollando in Actis intelliges. Inspice etiam notationem Florentinii, qua Bollandi opinionem magis confirmat, inter cætera solerter advertens, Acta sancti Æmiliani mss. quæ penes se habuit, *corrupta in aliquibus ita esse, ut vix sensus percipiatur; imo, quod oculatissimum Bollandum aufugit, eadem, nutatis dumtaxat nominibus, continere, quæ apud Petrum de Natalibus in vita sancti Pantaleonis martyris prostant, et quod majus est, iisdem pene verbis, ac illam construi.* Hæc ille : quæ an sufficiant, ut Jacobilli Acta ex opere nostro auferantur, in supplemento videbitur. In Wandalberti versiculo defuit locus Sebastiano : sic canit :

Senas Dionysius ornat et Æmilianus.

Cointam vel *Quintam, fidelem mulierem,* ex Rufino acceptam ego quidem non dubito. Sic de ea primus loquitur auctor Romani parvi : *Alexandriæ, sanctæ Cointæ martyris.* Adonis encomium ex laudati Rufini verbis ferme contextum Notkerus integrum descripsit, Noster vix quidquam immutatum reddidit. Jam supra ad xxxi Januarii, dum de sene *Metra* ageremus, celebrem Dionysii Alexandrini epistolam citavimus, ex qua eadem *Cointa* hoc die, sequenti *Apollonia* desumptæ sunt. Vide indicatum ibi Ruinartii locum, vel potius fontem ipsum apud Rufinum lib. vi, cap. 31. Alia est aliorum Eusebii interpretatio, unde et varie apud Bollandum Cointæ martyrum explicatur. An autem *virginis* titulus ei ascribi possit, incertum relinquitur. *Salomon* martyr Cordubensis a solo Usuardo refertur, nimirum quod recentiorem Arabicæ illius persecutionis haberet memoriam; neque enim Salomonem alium Cordubæ pro fide passum novimus. Ab aliis et a Romano hodierno ponitur 13 Martii cum *Ruderico* presbytero, ut in Actis videre est. Cætera, quæ huc spectare possunt, in Variantibus dicta sunt.

AUCTARIA.

PRATEN., præter inserta verba, de quibus in Variantibus egimus, addit in fine : « *Viriduno, sancti Pauli episcopi et confessoris.* » De eodem agunt plures alii codices Usuardini, sed modo tam diverso, ut additamentum esse apertissime pateat.

HERINIEN., post textum purum et integrum, agit de eodem Paulo, sed hac phrasi : « *Virduni, beati Pauli episcopi et monachi, ipsius ecclesiæ restauratoris et rectoris.* »

ANTUERP.-MAX., ULTRAJ., LEYDEN., LOVAN. et EDIT. ULTRAJ-BELG. sola voce a priori distinguuntur, nempe quod post *rectoris,* adjiciant epitheton *præcipui.*

MARCHIAN. et ROSWEYD. sic habent, ut in Variantibus diximus, omni alio additamento carentes, ita ut puris proximi sint.

ANTUERP.-MAJ. in martyribus Armenis et in Cointa (quam *Conidam* vocat) fere genuinus est; de Salomone tacet.

CENTULEN., in prima annuntiatione Usuardinus, sic prosequitur : « *Sanctæ Chointæ virginis et martyris. Virdunis, sancti Pauli episcopi et confessoris. Civitate Concordia* [pro *Corduba*], *sancti Salomonis martyris.* »

ANTUERP., MAX.-LUBEC. et UGHELLIAN., relato textu puro, subdunt : « *Romæ, Pauli episcopi, Lucii et Cyriaci.* » De qua trium sanctorum conjunctione, vide Bollandum et Castellanum hic, nimis quam sæpe infra repetitur.

BRUXELLEN., solito purior, post *discerpserunt,* interjicit : « *In Hispania, civitate,* » etc. In fine, « *Romæ, sancti Pauli episcopi et confessoris. Et sanctorum Lucii et Ciriaci.* »

HAGENOYEN. ex Cointa *Torritam* facit, cætera puritati proximus. In fine autem : « *Brixiæ* [an non *Papiæ?*]. *Ivencii episcopi et confessoris. Romæ, sancti Pauli episcopi, Lucii et Cyriaci martyrum.* » Vide Scriptores de quibus supra diximus.

BELINI prima editio, *Coytæ* scribit; altera, *Corinthæ.* In reliquis eadem addit, quæ Antuerp. et Max.-Lubecana.

AQUICINCT. « *Romæ, Pauli episcopi, Lucii et Cyriaci.* » Eadem ubique phrasis ab altero in alterum transmissa.

MATRIC.-CARTHUS.-ULTRAJ. incipit : « *Pauli episcopi et martyris. Mengoldi, militis martyris. Sanctæ Helenæ reginæ, matris Constantini imp.* » Tum : « *Dionysii,* etc. » De Cointa et Salomone, nihil.

Codex 3 BIGOTIAN. sign. D. 9 : « *Eodem die sancti Guthmanni.* Nomen » ab aliis aliter scribitur.

Codex D. LE MARE, nota C, qui fuit Franciscan. : « *Romæ, Pauli episcopi, Lucii, Cyriaci.* »

VATICAN. 5949 solum adjicit : « *Romæ, sancti Pauli episcopi,* » ut habent apographa Hieronym.

ALTEMPS. : « *In territorio Dolensi, sancti Jacuti confessoris.* » De quo vide Prætermissos hoc die. « *Monasterio Fiscanni, sancti Geuthmanni, Lemovicensis episcopi et confessoris.* » In Missali Gemeticensi pervetusto, dicitur *Cutmanni confessoris.* Et sic fere supra legit codex Bigotianus.

STROZZ. et MEDIC : « *Item Romæ, sanctorum martyrum Paulini episcopi, Lucii et Cyriaci. Item, sancti Eventii vel Inventii episcopi et confessoris. Et sanctæ Helenæ virginis.* » Paulinum hunc, aliorum *Paulum* esse, satis constat. Quæ sit *Helena virgo,* nescio.

Editio LUBECO-COL.!, nusquam Usuardo similior, in fine solum addit martyres, de quibus supra; nempe : « *Romæ, sanctorum Pauli episcopi, Lucii et Ciriaci martyrum.* »

GREVEN. eosdem annuntiat et eodem modo. Tum : « *Item, Julii papæ,* quem Ado et Usuardus ponunt pridie Idus Aprilis. *Eudoaldi, episcopi Lugdunensis et confessoris.* » Est verosimiliter *Chagnoaldus* Laudunensis, de quo vi Septembris. « *Pauli Virdunensis episcopi et restauratoris præcipui. Thyadghermi, episcopi secundi Halverstadensis et confessoris, in Werdena quiescentis.* » Vide Bollandum in indice Prætermissorum. « *Iventii, episcopi Papiensis et confessoris. Chunibaldi confessoris. Mengoldi militis. Gislarii presbyteri.* » De hoc et Chunibaldo, vide citatum indicem. « *Helenæ Christianissimæ reginæ translato.* » Et hujus et vitæ historia dabitur xviii Augusti.

MOLAN. : « *Romæ, Pauli episcopi, Lucii et Ciriaci.* Ipso die, depositio sancti Pauli episcopi Virdunensis, » etc. « *Item Hojii, natalis beati Mengoldi, gloriosi martyris. Natale sancti Chrysolii,* qui Dionysio notus huc venit, a Marcello papa ad prædicandum missus. » Sed hæc postrema in aliis editionibus correcta et ad præcedentem diem melius revocata. In his porro ita habet : « *Eodem die, natale sancti Nicetii episcopi Bisuutini et confessoris, præclaræ sanctitatis viri. Ipso die, depositio sancti Pauli,* etc. *Die octava, sancti megalomartyris Theodori ducis exercitus,* » de quo nos pridie. « *Romæ, Pauli,* » etc. Demum charactere minori : « In Bithynia, beatæ Eugenii, et Mariæ filiæ, de quibus Metaphrastes. » Rejiciuntur a Bollando ad xvii Julii : quia eo die Venetias translati.

V Idus. **Die 9.**

Apud Alexandriam, passio sanctæ Apolloniæ virginis, cui persecutores, omnes primum dentes excusserunt. Deinde cum minarentur vivam se eam incensuros, nisi cum eis impia verba proferret, illa paululum quid intra semetipsam deliberans, repente se e manibus impiorum prorupit, et in ignem, quem paraverant, prosilivit. Suevo apud Cyprum, sanctorum Ammonis et Alexandri. [Addit Bouillart., *cursivo charactere :* Fontenella, sancti Ansberti episcopi et confessoris.]

NOTÆ.

Textum purum referunt soli codices *Praten., Herinien, Tornacen., Munerat., Greven.* et *Molan.* Plerique alii codices in eo potissimum excedunt, quod, sive ex Pratensi, sive aliunde, textui adjiciant sanctum *Ansbertum Rothomagensem episcopum*, ut brevi ex Auctariis cognosces.

VARIANTES LECTIONES.

Verum virginis nomen *Apollonia* est, non *Appolonia*, ut Muneratus, nec *Apolonia*, ut Grevenus. Pro *vivam se eam*, posuit Herinien. *vivam eam se :* Greven. et Molan. *eam se vivam;* ubique recte, et cum Adone, quem postremi ambo pressius etiam secuti hic sunt in interpositione vocis *ageret*, legentes, *paululum quid ageret, intra semetipsam,* etc. Ultro fateor id ad claritatem conferre, verum codices omnes tum mss., tum excusi, ei lectioni plane repugnant. Pejus habet Munerat. *paululum quidem :* et *exilivit* pro *prosilivit.* Suevo diserte exprimunt codices passim, non *Sueno*, ut vult Castellanus. *Sievo* in Tornacen. *Sieno* in Munerat. *Suevi* in Greveno, rejicienda sunt, uti et *Avinionis* pro *Ammonis* apud præfatum Munerat. Alias *Suevo*, vel *Sueno* inflexiones vide in Actis, ubi locum ignotum esse comperies.

In ecgrapho nostro Pratensi ad calcem apponitur. *Fontenella, sancti Ansberti episcopi et confessoris.* Sed cum ea verba a Sirmondo lineola subducta sint, noteturque illa ipsa in codice B, esse in textu, et ab eadem manu, signum est prætenso autographo adjecta fuisse; atque adeo codicem illum inter puros servandum putavi. Potuit præfata annuntiatio ex aliquo Hieronymiano accipi, præsertim ex Lucensi, qui fuit olim sancti Wandregisili, ubi ejus positio recte signatur : *In Alto-monte super Sambre.* At quisquis codicem illum auxit, aliter annuntiationem formavit, et inde in alios codices transiit, non ubique uniformiter expressa, ut ex Auctariis patebit.

OBSERVATIONES.

Hæc est *admiranda illa Apollonia, provectæ ætatis virgo*, et martyr inclyta, quam die proxime præcedenti, ex citato ibi Rufini loco cum *Metra*, seu *Metrano* et *Cointa*, seu *Quinta* acceptam diximus, inde primum extracta ab auctore Romani parvi : *Alexandriæ, Apolloniæ virginis*; selecto, opinor, pro ejus arbitrio, hoc die; ad quem Ado rursus elogium ex laudati Rufini versione contexuit, a Notkero integre descriptum, a Nostro medicissime imminutum. Et in hac quidem martyrologorum serie celebratur Apollonia, quæ apud Hieronymianos codices, Bedam, Florum, Rabanum, et Wandalbertum ignota est. Cur Sanctæ hujus martyrium *sub Decio* collocet Baronius, æque ac præcedentia *Metræ* et *Cointæ*, haud satis queo conjicere, cum furentis populi in Christianos rabie, superstite adhuc Philippo, hæc contigisse planissime constet ex laudata jam sæpius Dionysii Alexandrini ad Fabium Antiochenum epistola. Nos passionis causam et tempus assignavimus in Tractatu nostro de patriarchis Alexandrinis num. 164, quæ fusius explicantur a Tillemontio tomo III, a pag. 293. Utrum præter hæc admitti possint Acta alia subinde conficta; porro an secunda aliqua *Apollonia* recte ad Juliani tempora revocetur, vide apud Bollandum, et hic infra in Auctariis Greveni.

In apographo Hieronymiano Lucensi perperam divisa sunt *Ammonis* et *Alexandri* nomina, per interpositionem citatæ superius annuntiationis, *sancti Asberti*, pro *Ansberti*, episcopi. Reliqua utrumque conjunctum servant, *Sueno*, vel *Suevo apud Cyprum*. Locum certaminis negligit Epternacense, socios anonymos XX adjiciens. Tu hos aliosque a recentioribus confusos, ad classes suas in Actis reductos invenies, et nonnulla etiam in Florentini notatione satis accurate observata. Nobis certum est Usuardum ex aliquo Hieronymiano codice annuntiationem suam desumpsisse, in quo verosimiliter sic reperit, quemadmodum in textu legimus; nisi quod forte de suo alterum alteri anteposuerit. Rabanus ex eodem fonte sua descripsit; ex hoc. Notkerus, et hi ambo diserte cum Usuardo legunt *Suevo*, editore ad marginem per asteriscum indicante *Soli*, ut forte alibi repererat, unde et verosimiliter in Romanum hodiernum ea positio derivata est. De solo *Ammone* agit Wandalbertus, at cum tres synonymi hoc ipso die apud Hieronymianos recolantur, quem proprie velit, aliis determinandum relinquo. Sic habet :

Quinis Ammonem recolunt pia vota beatum.

AUCTARIA.

Marchian., purus in textu, subdit : « Ipso die, sancti Ansberti Magnensis episcopi. » Exesis, opinor, primis litteris, imperitus librarius ex *magensis*, quæ est postrema pars *Rothomagensis*, efformaverit *magnensis*. Non video id aliter posse intelligi.

Antuerp. et Max.-Lubec. adjiciunt : « Fontinellæ monasterio, sancti Ansberti archiepiscopi Rothomagensis et confessoris. »

Pulsanen. incipit : « Apud Canusium civitatem Apuliæ, depositio beati Sabini episcopi et confessoris. » Apolloniam refert absque elogio. Tum : « Apud Cyprum, sanctorum Ammonis et Alexandri. Eodem die, beati Ansberti Rotomagensis ecclesiæ archiepiscopi. »

Antuerp.-Maj. : « Alexandriæ, sanctæ Apolloniæ virginis et martyris. » Desunt textus reliqua, quibus substituuntur : « Apud Pontum provinciam, sancti Athenodori episcopi, fratris beati Gregorii, qui Theologus cognominatus est. Fontanellæ monasterio transitus beati Ansberti episcopi. » Omittit quæ alii clarius explicant, « Rothomagensis ecclesiæ, etc. »

Roswéyd., in prima satis purus, addit : « In Blandinio, sancti Ansberti episcopi et confessoris. Apud

Cyprum, Alexandri martyris et Ammonis confessoris. » Titulus *martyris* æque quadrat utrique.

ANTUERP.-MAX., ULTRAJ., LEYDEN., LOVAN. et edit. ULTRAJ.-BELG. textui puro adjungunt : « Eodem die apud monasterium Fontinellæ, natale sancti Ansberti Rothomagensis episcopi et confessoris. » ALBERG. et DANIC. agunt de « Paulo Virdunensi, » etc.

CENTULEN. Deest Apolloniæ elogium. Tum : « In Ponto civitate Gneocæsarea, sancti Athenodori episcopi, fratris beati Gregorii. Civitate Rothomago, sancti Ansberti archiepiscopi et confessoris. »

BRUXELL. incipit : « Commemoratio beatæ et semper virginis Mariæ. » (Octavam Purificationis , ni fallor, indicat.) In Apollonia modice interpolatus est. « Apud Cyprum, » etc. , ut Pulsanensis. Sequitur : « Eodem die, translatio sancti Ansberti, Rothomagensis archiepiscopi et confessoris , qui in monasterio Altimontensi fuerat exsilio relegatus, et apud Fontanellam sepultus, et inde postea in Blandinium hac die translatus. Apud Virdunum, » etc. Vide supra.

HAGENOY. elogio Apolloniæ addit : « Et ipsam solent invocare , dolorem dentium sustinentes. » In fine : « Item Fontinellæ monasterio, sancti Ansberti archiepiscopi Rothomagensis depositio. Apud Virdunum, etc. In Bavaria, Altonis confessoris. » Qui fuit abbas in Altenmunster.

AQUICINCT. : « Ipso die, sancti Ansberti Rothomagensis archiepiscopi. »

VICTORIN. et REG. SUEC., sub num. 130 : « Apud Pontum provinciam, sancti Athenodori episcopi. Canusia civitate, sancti Savini episcopi. »

MATRIC.-CARTHUS.-ULTRAJ. : « Apolloniæ virginis et martyris, cum multis aliis: Dionysii episcopi Alexandrini, exhortatoris prædictorum martyrum. » Vide observationes.

VATICAN., sub num. 5949, charact. Longobard., quod fuit olim Beneventanum, sæpe jam superius citatum, primo loco habet : « Natalis sancti Sabini, Canosini episcopi et confessoris. »

UGHELLIAN. : « Fontenellæ monasterio , sancti Ansberti, episcopi Rothomagensis et confessoris. »

STROZZ. et MEDIC. : « In Oriente, [*quid ni* in Meridie?] sancti Savini episcopi. In Fontanellæ monasterio, sancti Ansberti, episcopi Rothomagensis et confessoris. »

Editio LUBECO-COL. de Ansberto; Paulo Virdunensi, et Athenodoro, scripsit ut supra. In fine : « Ipso die, beati Altonis confessoris. »

BELIN. in utraque editione pro *Ansberti* scribit *Amsuberti*. Prior habet : « Suevo apud Ægyptum, » de quo vide Acta.

GREVEN. : « Octava Purificationis beatæ Mariæ. Ammonis, Thomæ et aliorum XXXVII. Item Emiliani. » Confusa hic nomina ex Hieronym. « Monasterio Fontanellæ, sancti Ansberti, episcopi Rothomagensis, cui cum puella nobilis nomine Angadrisina desponsata fuisset , et utrique cælibatus magis placeret, illa oratione impetravit , ut turpissima et leprosa efficeretur. Sed post a beato Audoeno Rothomagensi archiepiscopo, Christo consecrata, pristinæ pulchritudini est reddita. Ansbertus vero, sub sancto Wandragisilo , abbate Fontanellæ, monachus primum, deinde abbas factus : postremo, beato Audoeno in episcopatu digne succedens , in pace quievit. In Britannia, Teylliani confessoris. In Hibernia, Trovani episcopi et confessoris. Apud Pontum provinciam, beati Athenodori , episcopi et confessoris, fratris beati Gregorii Niceni. Altonis, confessoris. In Hibernia, Tarabatæ virginis. » Hactenus ambæ editiones, MDXV et MDXXI, sed postrema adjicit sequentia, plane apocrypha : « Eodem die, sanctæ Apoloniæ alterius, virginis et martyris, quam Julianus Cæsar pro fide Christi, primum fecit virgis cædi, deinde in equuleo suspensam, vivam jussit excoriari, ac de carnibus ejus particulas scindi : ad ultimum post dentium atrocem evulsionem, gladio transverberatam, Christi martyrem fecit. » Vide Bollandum et Castellanum hic.

MOLAN. prima edit. : « Fontanellæ monasterio, sancti Ansberti archiepiscopi sanctæ Galliarum sedis Rothomagensis. » In aliis sic habet : « Gandavi in Blandinio, ex Fontanellæ monasterio, sancti Ansberti, sanctæ Galliarum sedis archiepiscopi. In Huyo, sancti Maingoldi, ducis et martyris, regis Hugonis Anglorum filii ; » quem in prima editione melius pridie posuit. « Die nona, sancti martyris Nicephori. » Est is qui Sapricio palmam præripuit.

IV Idus. *Die 10.*

Romæ, natalis sanctorum martyrum Zotici, Hirenei, Jacincti, et Amantii. In Oriente, sanctæ Sotheris virginis, quæ graviter et diutissime alapis cæsa , cum cætera quoque poenarum genera vicisset , gladio martyrium consummavit. Item Romæ via Lavicana, militum decem. [a] Apud Castrum Cassinum , sanctæ Scolasticæ virginis, sororis sancti Benedicti abbatis. [b] In pago Rothomagensi, sanctæ Austrebertæ virginis.

NOTÆ.

Textus est *Praten., Marchian., Rosweyd., Antuerpien., Max.-Lubec., Munerat., Greven.* et *Molan.*

[a] Ut locus esset Austrebertæ in ultimo versu is ab Usuardo deletus fuit totus, et paulo minutioribus litteris adjectus hæc, *sororis S. Benedicti abbatis.* Deerat primo exemplo S. Austreberta. Suos codices debuit sequi Sollerius : aut si Pratensis visus est hoc loco potior, potior ubique videri debuit, cum hujus additamenti eadem, ac cæterorum, scriptura sit. Non moneo hic apposite memorari S. Austrebertam. Hoc die obiisse sanctam Illam virginem una omnium sententia est. BOUILLART.

[b] Hæc apud Bouillartium ad oram paginæ leguntur manu scripta : *Hæc non sunt Usuardi. Vide Acta SS. Mabillonii, sec.* III, *part.* I, *pag.* 28 A.

VARIANTES LECTIONES.

Scribendum erat *Irenæi* et *Hyacinthi*, ut correxit Molan. Sed cum nulli codices ita legerent, putavi servandam scrupulosius medii ævi lectionem. Munerat. pro *Zotici*, male posuit *Zonei*, Item *Hyrenei*, quod etiam habent Ant. et Max.-Lubec. In Praten. pro *Jacincti* est *Jacinti*. *Amancii* pro *Amantii* communis multorum codicum error est. *Soteris* scribit Marchian., cujus lectio præferenda esset, nisi codices omnes repugnarent. Solus Pratensis habet *Casinum*, recte opinor, sed reliqui omnes, ut in textu; qui etiam concordant in *Scolasticæ*, licet Molanus correxerit *Scholasticæ*. *Rothomagensi* est fere omnium, excepto Pratensi, qui etiam legit *Austrebertæ* cum Marchianensi et Greveno; reliqui, ut in textu : solus Molanus scribit *Austreberthæ*.

OBSERVATIONES.

Ex quatuor primis martyribus aliqui cum Sotere aut Soteride in apographis Hieronym. conjuncti, a Beda discernuntur; ubi clarius et exactius expressa quatuor nomina. Romanum parvum forte in orthographia a Roswcydo correctum (ut in Beda verosimiliter fecere Henschenius et Papebrochius) etiam accurate scribit, quemadmodum et Ado, cui procul dubio ad elogium materia defuit. Meminit idem Romanum parvum *Soteris*, positione non expressa, nisi quis copulativam *et* ad priores Romanos martyres putet astringendam. Aliter sane Romani parvi textum accepit Ado, qui, Græca fortasse nominis origine deceptus, *Soteridem* primus *in Orientem* transtulit, atque in eo Nostrum sequacem habuit. *Non item Notkerum*, inquit Castellanus, *qui Rabanum imitari maluit, et antiquiores; forte advertens, verosimilius in Italia mortuam, quæ sancti Ambrosii consanguinea fuit*. Non potuit *Antiquiores* alios intelligere, præter Hieronymi apographa; at enim diligentiam hic suam desiderari passus est, vir de cætero accuratus, cum Notkerus (sive unam sive geminam Soterem fecerit) ipsissima Adonis verba hoc die ad apicem referat. Hoc Castellanum fallere potuit, quod annuntiationem Notkeri legerit VIII Idus seu VI hujus, his verbis conceptam : *Romæ via Appia, in ejusdem cœmiterio, passio sanctæ Sotheris virginis et martyris*. Quæ omnia, excepta ultima voce, ex Rabano accepta ultro fatemur, ut nos ipso de ex Greveno diximus. Rursus *Sotheris* sacratissima virgo apud Adonem et Notkerum refertur XII Maii, ut ibi indicabimus. Dubitat hoc loco Florentinius, virone an mulieri aptandum sit *Soteris* nomen : item utrum bis eadem virgo annuntietur, ut de Agnete factum vidimus : sed hæc alterius et disquisitionis et loci sunt. Laudatiuncu-

lam, quam ei Ado concinnavit, Noster descripsit. Ne hic diutius immorer, videatur Bollandi commentarius, in quo ex Ambrosio adducuntur quæ ad veram virginis laudem spectare possunt, aliaque ad ejus cultum pertinentia. Ruinartius in Selectis, pag. 405, sancti Ambrosii loca etiam producit. Castellanus in notis breviter collegit, quæ curiosiora sunt, pag. 600 et 601. Tillemontius autem cum Pancratio conjunxit tomo V, a pag. 259.

Sequitur, *Militum decem*, qui in Romano parvo, Adone, Nostro et Notkero, nudis solum nominibus referuntur. *Scholastica* a Nostro adjecta est, quam ampliori encomio Rabanus et ex eo Notkerus exornant. Sed quid de *Austreberta*, soli Nostro nominata? Dicam ingenue, non immerito me dubitare, utrum ab Usuardo ipso fuerit posita, idque adeo, quod ejus non meminerint codices duo, mihi certe æstimatissimi Heriniensis et Tornacensis, non soliti hactenus prætermittere, quod Usuardi genuinum est, præsertim in sanctis Francicis, sic ut conjectari nullo modo possim quid scriptores movisset ad reticendam sanctam alias notissimam, si in Usuardi autographo fuisset expressa. Servanda nihilominus fuit in textu, ne ex arbitrio meo potius, quam ex aliorum codicum auctoritate, Usuardi simplicitatem videar definire. Quid versibus suis indicet Wandalbertus, dicat alius interpres :

Sother, Irenæus et Scholastica virgo quaternis
Egregia pariter meritorum laude nitescunt.

AUCTARIA.

Jam dixi HERINIEN. et TORNAC. Austrebertæ non meminisse. Consentit et his PULSAN., in eo singularis quod ordinem martyrum Romanorum interturbet, et pro *Amantii* scribat *Amarini*. Tum sic : « Item Romæ, sanctæ Sotheris virginis. »

ANTUERPIEN.-MAX., LOVANIEN., [LEYDEN-BELG. et editio ULTRAJ.-BELG. in eo solum a puritate deficiunt, quod primo loco Scholasticam annuntient, atque in fine pro *Austrebertæ* ponant *Austrebergæ*, quod et in nonnullis aliis codicibus legitur. In Belgica editione deest nomen unius ex quatuor primis martyribus.

ULTRAJECT., LEYDEN., ALBERG. et DANIC. Etiam primum locum Scholasticæ tribuunt, sed Usuardino textui hæc superaddunt : « Hujus animam de corpore egressam, vidit sanctus Benedictus in columbæ specie, cœli secreta penetrare. Qui tantæ ejus gloriæ congaudens, Deo gratias reddidit, ejusque obitum fratribus denuntiavit. Quos etiam protinus misit, ut ejus corpus ad monasterium deferrent, et in sepulcro, quod sibi ipsi præparaverat, collocarent; ut quorum mens una semper in Deo fuerat, eorum quoque corpora nec sepultura separaret. » Ea conjunctio duret, alibi controvertitur.

CENTULEN. textui nonnihil abbreviato subjungit in fine : « Sanctonas, sancti Trojani episcopi et confessoris, » quæ verba ANTUERP.-MAJ. etiam posuit, sed inter Scholasticam et Austrebertam. Cæterum spectat *Trojanus* iste ad XXX Novembris.

BRUXELL. elogium Scholasticæ ex ULTRAJ., etc., hic relatum, ex parte mutilat, post « secreta penetrare, » sic legens : « Quo viso, ipse corpus sororis defunctæ fecit ad suum monasterium deferri, et in sepulcro quod sibi ipsi præparaverat, sepeliri. Et illud postea Cynomannis translatum est. » Sequitur de Soteride, omissis martyribus Romanis. Tum de X militibus. Post *Rothomagensi*, hæc inserit : « In loco qui vocatur Pauliacus. Eodem die apud Nivellam, elevatio sanctæ Gertrudis virginis. » Demum manu Belgica recentiori : « Item in valle, quæ dicitur ad stabulas Rodis, beati Guillermi confessoris. Qui ex comite Pictaviæ ac duce Aquitaniæ ferocissimus factus est strenuissimæ vitæ eremita solidissimus, ac miraculorum patrator validissimus. » Vide hæc in Actis diligentissime et exactissime discussa.

HAGENOYEN. plura de Scholastica admiscet non adeo probata. Sic loquitur post *sancti Benedicti abbatis* : « Hæc rectrix erat multarum sanctarum virginum sanctimonialium. Quæ quodam die, cum sanctus Benedictus ad eam visitandi gratia [venisset], et mox recedere vellet, pluviam a Deo cum tonitruis obtinuit, et sic illum [ille] cum ea [invitus pernoctavit. Hujus animam in brevi postea de corpore egressam, vidit Benedictus frater ejus in columbæ, » etc.

VICTORIN. pro *Amantii*, scribit *Amarii*. In fine ut CENTUL. de sancto Trojano.

ALTEMPS., in Anglia auctus : « Ipso die, sanctæ Vivinnæ abbatissæ. »

STROZZ. et MEDIC. primo loco : « In partibus Tusciæ, loco qui dicitur Pauliacus, transitus sancti Guilielmi, eremitæ e confessoris, magnæ sanctitatis et gloriosi miraculis viri. »

Codex MONTIS SANCTI. « Sanctonis civitate, depositio sancti Trojani episcopi, et Boldegundis abbatissæ. »

Editio LUBECO-COL. Scholasticam primo loco refert, ut ULTRAJ., etc. Sequitur : « Eodem die, sancti Guilhelmi confessoris. Hic prius dux fuit Aquitaniorum et ultra modum flagitiosus, sed postea divino nutu compunctus, abbrenuntiavit sæculo, monachalem habitum assumens, factus est servus servorum Dei. Hic centies per noctem et diem genua flectebat, transiens de activa ad contemplativam vitam. Etiam ad tantam perfectionem pervenit, ut spiritu prophetiæ fulgeret. Qui postmodum firmatus corpore, et sanguine Christi participatus migravit ad Dominum. » Deinde in textu admistum, quod Soteris *sub Diocletiano Augusto* sit passa. « Sanctonas, S. Trajani episcopi et confessoris. »

BELIN. in secunda editione paulo correctior est; in utraque primo loco annuntiat : « Natale sancti Guillelmi confessoris, ordinis eremitarum sancti Augustini. » Videantur Acta.

GREVEN. : « Apud Sanctonas, Troani episcopi et confessoris. Elevatio sanctæ Gertrudis virginis. Guilelmi comitis Pictaviensis et confessoris. Qui cum se flagitiis primo totum dedisset, et schismati Petri Leonis faveret, a beato Bernardo terrifice correptus, tandem ad cor rediit; ferreamque loricam ad carnem induens, austeram vitam duxit, ac sui nominis ordinem initians, quievit in pace. » Ubique confusio ab Henschenio erudite sublata.

MOLAN. in Guillelmo Belinum descripsit. Dein : « In Campania, natale sancti Sylviani episcopi et confessoris. » Ista scribit Rabanus : Hieronym. et Notkerus *Silvanum* nominant. Sequitur : « Et Baldegundis abbatissae, » quam aliqui in virum transformarunt. Editiones aliae incipiunt : « In stabulo Rodis, natale sancti Guillelmi, » etc., ut prior. Deinde : « Arvernis, depositio sancti Sigonis, ejusdem civitatis praeclarae sanctitatis episcopi, et confessoris, tempore Clotarii regis. Die decima, sancti martyris Charalampi. » De Silviano et Baldegunde ut supra. Denique litteris minutioribus : « Dordraci, sanctae Surae virginis et martyris commemoratio, sub nomine Soteris, quod Latine interpretatur *salvatrix*. » Videatur Bollandus hac die. Certe non satis evincit Castellanus, Suram hanc seu « Zuwardam » Dordracenam cum Soteride Romana, vel Orientali confundendam.

III *Idus.*   Die 11.

Apud Lugdunum, natalis sancti Desiderii episcopi et confessoris. Eodem die castro Nantonense, sancti Severini abbatis monasterii Agaunensis, cujus precibus cultor Dei rex Clodoveus a diutina infirmitate sua liberatus est. Alexandriae, depositio sanctae Eufrasiae virginis, quae in monasterio virtute abstinentiae et miraculis etiam claruit.

NOTAE.

Ita Praten., Herinien., Tornacen., Marchian., Antuerp.-Maj., Pulsanen., Munerat., Greven. et Molan.

VARIANTES LECTIONES.

Male in Tornacen. scribitur *Laudonensi* pro *Nantonensi*, pejus in Munerato, *Nannetensi* : nec bene Greven. *Nautoniensi*; Molan., *Nantoniensi* : Praten., Marchian. et Munerat. legunt *Acaunensis*; Antuerp.-Maj., *Aganensis*; Pulsanen., *Athaunensis*; Greven., *Augaunensis* : melius in textu. Praetensum autographum scribit *Flodovehus*, vel *Flodovechus*, alius cod. Pratensis et Antuerp.-Maj. *Flodoveus*, item Herinien., Pulsanen. et Greven. At munerat., opinor errore typothetae, *Clodoneus;* vera est aliorum et textus lectio. Pulsanen. et Antuerp.-Maj. omittunt *Rex;* Marchian. pro *diutina* habet *diuturna;* Antuerp.-Maj. simpliciter ponit, *ab infirmitate sua liberatus est.* Reliqui in textu, *Eufrasiae*, ex omnium codicum consensu, licet Tornacensis rectius legat *Eufrosinae*, ut in Observationibus latius explicabitur.

OBSERVATIONES.

Usuardus hoc die sanctos praeterit, qui apud Bedam et Adonem diserte exprimuntur. Ille *Calloceri* et *Parthenii* meminit, atque ex ipso Rabanus; hic *Simplidis Viennensis*, quorum nemo a Nostro commemoratur. Id autem cum Castellano potissimum demiror, cur Ado, in producendis ecclesiae suae sanctis praesulibus, alias, et hoc ipso die, tam liberalis, cur, inquam, illustrem illum *Desiderium* ejusdem ecclesiae decessorem suum non annuntiet, a Beda diserte positum : *Eodem die Lugduno, Desiderii episcopi?* Nec obest Rabani silentium, cum Bedae textus ex Wandalberto confirmetur. Displicet quidem positio ; neque omittendus erat titulus *martyris*, merito ei ab aliis ascriptus, utpote qui famosae Brunechildis jussu, primum exsilio mulctatus, deinde *Prisciniaci*, non *Lugduni*, lapidibus obrutus, fuste percussus et necatus est, ut fusius ex ipsiusmet Adonis relatione narrat Notkerus xxiii Maii, hodie translationem commemorans. Hic a nobis quaeritur, an neutro die ab Adone consignatus sit : cum utroque a Rosweydo in appendicem rejiciatur? In varias partes se versat Castellanus, sed tandem in Corollario ad finem voluminis, ex Notkeri verbis xxiii Maii, se elicere putat, quod Ado in Martyrologio de eo plane non meminerit. Verba Notkeri sunt : *De quo quia venerabilis Pater Ado, ejusdem ecclesiae nostrae aetate pontifex, utpote in praesentia posito, et ob id suis in cunc.is notissimo, aliquid speciale dicere superfluum existimavit.* Quanti momenti sit ista ratio, judicent alii : ego certe Notkeri hodiernum textum vere Adonianum nihilominus crederem, nisi me Usuardi silentium prohiberet, qui soliti ductoris sententiam non neglexisset, si eam in ejus Martyrologio reperisset ; *confessoris* praeterea titulum Bedae verbis certo non additurus, ubi tam aperte martyrio coronatus declaratur; quemadmodum et Florus xxiii Maii pronuntiat, ut ibi proprio loco dicetur. Ne hic longior sim ; videantur Acta, praefata illa die xxiii Maii, in quibus res tota operosins deducitur et illustratur. Wandalberti versus ex Bedae textu hoc die clarissime profluunt :

Ternis hinc Desiderius Lugduna coronat
Moenia : Partem.o et Calocero Roma refulget.

Severini abbatis Agaunensis, miraculis clarissimi, memoria in nullis antiquis Martyrologiis reperitur ; eum primus Noster suo inseruit : cur autem *Clodovei* nomen passim in *Flodovei* vel *Flodovehi* transformatum sit, non est operae pretium indagare. Vitam ejus ab anonymo scriptam et in Actis editam, interpolatam esse fatentur eruditi; an primigenia a Mabilione 1 saec. Bened. in appendice pag. 568 vulgata, omni naevo immunis sit, in supplemento examinabitur. *Euphrosynam* cum Usuardo retulimus supra Kalendis Januarii, desumptam ex Adone, cujus elogium inter Auctaria invenies. Bollandus, ut ibi diximus, inter Praetermissos in hunc diem rejecit, Castellanus ad xxv Septembris. Hic autem Romanum parvum, ex ipso Ado, et ex utroque Noster, non *Euphrosynam*, sed *Euphrasiam* memorant. Ex eloglo colligi videtur, et ex aliis probatur, eamdem sub utroque nomine latere sanctam. Unde Rom. hodiernum 1 Januarii recte *Euphrosynae* aptavit, quod de *Euphrasia* Ado et Usuardus hodie posuere. Vide quae ibi Observationibus dicta sunt. Nec sane diversa est, quae xxv Septembris apud Graecos colitur, quo die verosimilius obiisse censenda est, magnis illis laudibus ornata, quae in Actis fuse enarrantur. An satis sincere et vere, dubitant eruditi non pauci, inter quos Tillemontius tomo X, pag. 50, quorum argumenta in Supplemento Februarii accuratius excutientur.

AUCTARIA.

ANTUERP.-MAX., LUBEC. hoc die sanctos referunt, qui a Nostro sequenti ponuntur. Ita habent : « In Africa, sanctorum martyrum Saturnini presbyteri, Daviti (Dativi) Felicis, Apulei et sociorum eorumdem, qui passi sunt pro Christo sub Anolino proconsule. Apud Lugdunum, Desiderii episcopi. In Alexandria, depositio Eufrasiae virginis, quae in monasterio, ut illius vita docet, mira abstinentia [abstinentiæ virtute] virtute et miraculis claruisse cognoscitur. » De Severino tacent.

Roswerd. penultimo loco, textui inserit : « Romæ, Calocerii et Partenii martyrum. » Pro *Eufrasiæ*, scribit *Eufraxiæ*; cætera satis purus est.

Antuerp.-Max., Ultraject., Leyden., Lovanien., Alberg., Danic. et editio Ultraj.-Belg. fere similes sunt duobus primis; sic habent : « In Africa sanctorum martyrum, Saturnini, Daniti, Felicis presbyteri, Apulei et sociorum eorumdem. Qui passi sunt pro Christo, sub Juliano imperatore, Anolino proconsule. » Sequitur de Desiderio, pure. Tum : « Alexandriæ, depositio sanctæ Eufrosynæ virginis, quæ in monasterio, ut illius vita docet, mira abstinentiæ virtute et miraculis claruisse cognoscitur. » In omnibus etiam prætermittitur Severinus.

Centulen. : « Apud Lugdunum, sancti Desiderii episcopi et confessoris. In pago Vastinensi, castro Mandonis, sancti Severini abbatis monasterii Agaunensis, cujus precibus cultor Dei rex Francorum Clodoveus [*videtur antea positum fuisse Flodoveus, sed erasa est pars superior, f, unde quod superest, format c,*] a sua infirmitate liberatus est. Alexandriæ, sanctæ Eufrasiæ virginis. »

Bruxellen. incipit : « Apud Viennam, sancti Simplicidis episcopi et confessoris. » Tum de Severino pure. De Eufrasia vero ut Antuerp., supra.

Hagenoyen. de Saturnino, Davito, etc., cum Antuerp. adjicit tamen in fine, *et Juliano imperatore*. Reliqua fere cohærent cum textu. In fine : « Item Yminiæ virginis. » An *Soliniæ*?

Victorin. et Codex Reg. Suec., signatus num. 130, in fine : « Item sancti Amasii episcopi et confessoris. » Nec in Actis, nec Prætermissis est.

Vatican., num. 5949 : « Campaniæ, sancti Castrensis, episcopi et confessoris. Romæ, Caloceri et Partenii. » Coluntur duo postremi xix Maii.

Ughellian. initio habet : « In Africa, sanctorum martyrum Saturnini, » etc., ut in Antuerp.

Altemps. : « Monasterio Glascoviensi, sancti Belesii martyris. » Quis hic sit, nondum licuit invenire.

Strozz. et Medic. : « Item, sancti Caloceri archiepiscopi Ravennensis. » Vide Henschenii comment.

Editio Lubeco-Col. incipit a Severino. Dein de Saturnino cum sociis, et de Eufrasia, ut supra. Diem claudit : « Apud Viennam, sancti Simplidis episcopi et confessoris. » Lege *Simplidis*.

Belin. incipit a Saturnino ut Antuerp. De Desiderio, pure. Pro *Eufrasiæ* scribit *Euphrosinæ*. In fine : « Castro Nanthoniense, » etc.

Greven. ex corrupto Hieronymi textu hæc manca et confusa miscet : « In Campania, Basiliani, Amantii. In Africa, Victoris, Felicis, Januarii, Zotici, Herenei. In Apamia, Basiliani, Penis. » Vide Bollandum, et Florentinium, « In Hibernia, Eciani episcopi et confessoris. Ibidem Soliniæ virginis. »

Molan. : « In Africa, sanctorum martyrum Saturnini presbyteri, Dativi, Felicis, Apuleii et sociorum eorum, qui passi sunt pro Christo sub Anolino proconsule. » Hæc in editionibus aliis prætermissa sunt : solumque additur : « Arvernis, sancti Desiderati, episcopi et confessoris. » Vide Acta.

Prid. Idus.   *Die* 12.

In Hispaniis, natalis sanctæ Eulaliæ virginis, quam constat, tempore Diocletiani imperatoris, gloriosam martyrii accepisse coronam, civitate Barcinona. In Africa, sanctorum martyrum Saturnini presbyteri, Dativi, Felicis, Apelii et sociorum ejus, qui passi sunt pro Christo sub Anolino proconsule. Apud Alexandriam, Modesti et Ammonii infantum.

NOTÆ.

Sic legunt *Praten.*, *Herinien.*, *Tornacen.*, *Marchian.*, *Munerat.*, *Greven.* et *Molan.*

VARIANTES LECTIONES.

Hyspaniis in Marchian. et aliis male scribitur; uti et *Daviti* in Heriniensi. Posui in textu *Apelii* ex Praten., Marchian. et Greveno. Herinien. et Tornacen. habent *Apeli*; Munerat., *Pellii*; Molan., *Apulcii*: verum nomen infra adjiciam, quod Molanus recte posuit in alteris edit. *Sociorumque* in Munerato, pro *et sociorum*, levis mutatio est. Herinien. legit sub *Juliano proconsule.* In Auctariis pridie vidimus *Julianum imperatorem*, perperam cum *Anolino* conjunctum, forte quod codices quidam antiqui pro *Anolino* scripserint *Juliano*, ut hic Heriniensis posuit Marchian. Munerat. et Molan. habent *infantium*, quod postremus in aliis editionibus correxit.

OBSERVATIONES.

Solus Beda inter antiquos martyrographos *Eulaliam* Barcinonensem aut ignoravit, aut saltem in sacros Fastos non retulit. Cæteri eam annuntiant, nullus tamen satis diserte martyrii rationem exprimit, eo modo, quo in Romano hodie exponitur. Qualiter ab *Emeritensi*, quæ x Decembris colitur, *Eulalia* hæc distinguenda sit, quæque ad utriusque Acta seorsim pertineant, videsis apud Bollandum in Actis. Ado illam a Romano parvo mutuatus est, de aliis etiam loquens, quos Usuardus suis potius diebus solum censuit nominandos : ut pote qui licet eadem Daciana carnificina, non eodem tamen die martyrium consummarunt. Plura de virginibus illis synonymis dicenda erant, nisi locus proprius superesset x Decembris, ubi de celebriori illa *Emeritensi*, a Prudentio apud Ruinartium pag. 496 et seqq. egregie laudata, sermo recurret, quo cætera remitto, solos hic Wandalberti in Barcinonensis honorem versus subjiciens :

    Eulaliæ festum pridie sanguisque coruscat,
    Urbs Barcinon eximia qua martyre gaudet.

Hic denuo notandum, ab Adone referri *Damianum*, quem Noster prætermisit, raro, ut nuper dixi, exemplo. *Saturninus* et socii nec ab Hieronym. nec a Beda, nec ab antiquiorum ullo ante Usuardum memorantur. Primus ipse quatuor hæc nomina consignavit, non expressis aliis quinque et quadraginta, de quibus in Collatione Carthaginensi, ab Augustino recitata, unde eos Nostrum accepisse opinamur. Cur diem præcedentem huic prætulerint recentiores mss. codices et Romanum hodiernum, nescio : certe institutam pridie Idus Februarii quæstionem, diserte affirmat Augustinus, atque in Actorum proconsularium titulo dies idem clare exprimitur, unde certum est nullum ex his martyribus ante eum diem passum fuisse : quo autem vere coronam adepti sint, nusquam traditur. An ex his aliquos recte ad certos dies referat Ruinartius in prævia admonitione, pag. 408, alibi examinari poterit. Acta ibi reproducit laudatus auctor, dempta præfatione, et conclusione a Donatistis assuta, quam utramque invenies apud Baluzium tomo II Miscell., a pag. 56, primam apud Henschenium in Actis, ubi ejus commentarium et notas consule. Videatur etiam Tillemontius tomo V, a pag. 251. Si qui forte nævuli a Donatistis immisti supersint, nihil Actorum puritati officiunt. Porro qui in mss. *Apelus, Apelius*, et

Apuleius vocatur, potius *Ampelus* vel *Ampelius* dicendus videtur. Cætera vide superius, et in notis Castellani, atque in Auctariis diei præteritæ. Inter *Modestos* nonnulla in Rom. moderno notanda sunt, de quibus alibi. *Modestus* et *Ammonius* ab Adone accepti sunt, qui ambos *infantes* appellavit, quales non dicuntur in Romano parvo. Hieronym. apographa non satis distinguunt. Rabanus *Zoticum* infantibus addens, *Damiano* in Africa eos conjungit. Usuardus Adonem, absque ulteriori examine, sequitur. De classe martyrum, a qua *Modestus* et *Ammonius* avulsi sunt, videndi Bollandus et Castellanus.

AUCTARIA.

PULSAN. deficit in prima annuntiatione de sancta Eulalia, in cæteris purus.

ANTUERP. et MAX.-LUBEC. incipiunt : « Natale S. Macharii, et S. Ruffini et S. Justi. » Vide in Auctariis XXVIII Februarii. « Et in Alexandria, Ammonii, » etc. Nihil de Eulalia. De Saturnino, etc., egerunt pridie.

ANTUERP.-MAJ., in prima Adonianus, sic habet : « In Hispaniis, sanctæ Eulaliæ virginis et martyris, quæ passa est tempore Diocletiani imperatoris, sub præfecto Hispaniarum Daciano ; quando sub eodem apud Barcinonem, sanctum Cucuphatum , et apud Gerundam, sanctum Felicem, gloriosas constat martyrii accepisse coronas : scriptum in passione sanctæ Leuchadiæ. » De Modesto et Ammonio, scribit, *martyrum infantum*. In fine : « In Africa, passio sancti Damiani militis. »

ROSWEYD. hodie obscurior et confusior est. En ejus textum : « In Hispaniarum, sanctæ Eulaliæ virginis ; quam constat tempore Diocletiani imperatoris gloriosam martyrii accepisse coronam civitate [*vult dicere* Barcinonensi]. » Tum : « In Africa, Damiani militis, et sanctorum martyrum Saturnini, etc. In Alexandria, Juliani martyris et aliorum xvIII sociorum, vel Sanctorum. Ibidem , sanctorum Modesti et Ammonii infantium, et sanctorum Quiriaci et Simplicii martyrum. » Vide hæc in Actis distinctius explicata.

CENTULEN., solitus abbreviator, sic paucis complectitur omnia, et aliquid superaddit. « In Hispaniis, sanctæ Eulaliæ virginis sub præside Daciano. In Africa, sanctorum martyrum Saturnini presbyteri, Dativi, Felicis, Apeli et sociorum eorumdem. Alexandriæ, Modesti et Ammonii, martyrum infantum. In Africa, sancti Damiani militis. »

ANTUERP.-MAX., LOVANIEN., LEYDEN.,(BELG. et Editio ULTRAJ.-BELG. ita ordiuntur : « Romæ , sancti Gregorii secundi, qui nonagesimus secundus post beatum Petrum, natione Syrus (*male hic confunditur Gregorius II cum successore synonymo*), sedit annos decem, menses octo, dies quatuordecim, Leonis et Constantini imperatorum tempore. » Idem ferme habent initium ULTRAJ., LEYDEN., ALBERG. et DANIC. qui addunt ex aliquo fortasse Adoniano codice : « Hic vir castus, et in divinis Scripturis eruditus, in Germania verbum salutis per sanctum Bonifacium episcopum prædicavit. Qui etiam quadragesimali tempore, feria v jejunium celebrari constituit ; et ipsius diei ad Missarum solemnia officium, cum antea non fieret, pro majori parte sumptum de Dominicis, ordinavit. » Postrema hæc ex Anastasio Bibliothecario sumpta, non pravam consuetudinem priorum temporum non jejunandi feria v Quadragesimæ, ut putavit Bollandus, sed statutum tunc Ecclesiæ ritum ostendunt, ut habes apud Walafridum Strab. « de rebus ecclesiasticis, » cap. 20, et apud alios ; ob justas causas, quibus cessantibus, feriam illam Gregorius II in aliarum ordinem redegit, ut dicemus in Supplemento ad Notam cap. 2, num. 10, pag. 703. Vide interim quæ copiosius disputavit Papebrochius noster ad hunc pontificem, qui ab aliis refertur die sequenti. At ex calculo Papebrochii obiit xvII Januarii. Contra sentit P. Simon Motherius in adjecta xIII Febr. nuperæ suæ versioni Gallicæ Martyrologii Romani notula, ubi vult obiisse xI Januarii. Quod vero Bedam, et Adonem ibi citet Motherius, ex genuinis eorum editionibus non habuit. Ex Bedæ ætate perspiciet, quod Gregorii II meminisse non potuerit. In Adone Mosandri ponitur ; rectius, opinor, a Rosweydo in appendicem rejectus. Sequitur in codd. *Modesti*, etc. In fine : « Eodem die, natale sanctorum Macarii, Rufini et Justi. » Deest in omnibus Eulalia Barcinonen. De Saturnino, et sociis egerunt pridie.

BRUXELL., in Eulalia interpolatus , secundo loco habet de Damiano, ut ANTUERP.-MAJ. Saturninum et socios, passos ait sub « Juliano imperatore. » Sequuntur infantes martyres. In fine de « Macario, Rufino, et Justo, » ut supra.

HAGENOYEN. primo annuntiat Eulaliam. 2° Gregorium, ferme ut codices mediæ notæ. 3° Macarium et socios ; reliqua ut in laterculo.

VICTORIN. et REG. SUEC., num. 130, et VATICAN., num. 5949, in fine : « In Africa, passio sancti Damiani martyris. »

UGHELLIAN. incipit : « Natale sancti Macarii, et sancti Rufini, et sancti Justi. »

ALTEMPS. : « Item apud Oxoniam, translatio sanctæ Fredeswidæ virginis. » Remittenda ad xIx Octob.

STROZZ. et MEDIC. : « Item, sancti Gregorii papæ IV. Hic constituit festum omnium Sanctorum anno DCCCVIII. » De hujus pontificis cultu, nihil legi hactenus. Manifestus in annis error est. Sed hæc et alia ad eam rem proprie pectantia, suo loco discutientur.

Editio LUBECO-COL. idem habet diei exordium cum ULTRAJ., etc. Tum sequitur : « Apud Alexandriam, natale sanctorum martyrum Modesti et Ammonii infantum. Item in Alexandria, natale sanctorum martyrum Macharii, Rufini et Justi. In Africa, passio sancti Damiani militis et martyris. Ipso die, natale sancti Livini episcopi et confessoris. Item commemoratio sanctæ Eulaliæ virginis et martyris. »

BELIN. de Saturnino et sociis egit pridie. In Eulalia purus est. « In Alexandria, Modestis, etc. Item Macharii Rufini et Justi. »

GREVEN.: « Translatio tertia beatæ Barbaræ, virginis et martyris ; scilicet a Roma ad Placentiam. In Africa, Damiani militis et martyris. Item ibidem Juliani, Donati, Eraclii, Zotici. Ludani confessoris. In Alexandria, Quiriaci et Simplicii martyrum. Macharii, Rufini, Justi martyrum. Ipso die, sancti Livini episcopi et confessoris : » an non *Licinii*? Vide Bollandum inter Prætermissos. Hic refertur die sequenti. De *Livino* agetur xII Novembris ; et eodem die de *Lebuino*.

MOLAN. : « Item Macarii, Rufini et Justi. In Africa, passio sancti Damiani militis. » Tum minutiori charactere : « Susannæ matronæ sanctissimæ, quæ in Daniele legitur. » In postremis editionibus, omissis Macario, etc., incipit a Damiano. Tum : « Die duodecima , sancti Patris Meletii archiepiscopi Antiochiæ Magnæ. » Demum minoribus litteris : « Item Constantinopoli, sancti Antonii, magni inter Dei pontifices, et admirabilis inter patriarchas. » Est is qui in Actis cognominatur *Cauleas*.

Idibus.   Die 13.

Natalis sancti Agabi prophetæ apud Antiochiam , de quo beatus Lucas in apostolicis Actibus scribit. In Militana civitate Armeniæ, sancti Poliocti martyris , qui Latine interpretatur *multum orans*. Civitate Andegavis, sancti Lizinii episcopi, venerabilis sanctitatis viri.

NOTÆ.

Ex *Praten.*, *Herinien.*, *Tornacen.*, *Marchian.*, *Pulsanen.*, *Munerat.*, *Greven* et *Molan.*

VARIANTES LECTIONES.

Pulsanen. incipit : *Apud Antiochiam.* Munerat. in *Actibus apostolorum.* Vera Usuardi lectio est in textu. *Militana* et *Poliocti* scribunt omnes, exceptis Tornacensi, qui *Polieucti;* Munerat., *Policeti,* et Molan. *Polyocti.* Notum est verum nomen *Polyeucti.* Sphalma typographicum est in Munerato, *militum orans*

pro *multum orans.* Herinien., Munerat. et Molan. habent *Lucinii;* Pulsanen., *Licinii :* utrumque sub disjunctione admittunt Acta, ubi modi alii afferuntur : præferenda aliorum lectio, ut mihi quidem videtur.

OBSERVATIONES.

De *Agabo* nihil tradunt Hieronymiana apographa, nihil etiam Beda aut ejus sequaces. Primus ejus meminit auctor Romani parvi, his verbis : *Agabi prophetæ in Novo Testamento, apud Antiochiam.* Hæc paululum explicans Viennensis, loca gemina ex Actis apostolorum adducit, quibus Agabum vaticinatum constat, recte ab Henschenio explicata. Noster, præteritis textibus sacris, cætera ex Adone descripsit; Notkerus paucis addidit famem et Pauli captivitatem ab eo prædictas. Ex eodem ipso Romani parvi fonte hoc die procedit *Polyeuctus,* sic ibi signatus : *In Militana Armeniæ, sancti Poleyucti martyris.* Ado solam interpretationem nominis adjunxit, ex quo Usuardus et Notkerus sua desumpserunt, sed immutata nonnihil orthographia, de qua in Variantibus dictum est. Quot modis depravatum sit *Polyeucti* nomen, jam in superioribus abunde patuit, dum toties et pluribus diebus recurrit, incerto etiamnum die quo vere colendus sit. Contendit quidem Castellanus, ex Hieronymianis apographis, eum martyrii corona donatum vii Januarii : at quid si ex eisdem codicibus arguatur pro xiv Februarii, quo die diserte exprimitur æque ac vii illa Januarii ? Consulatur Florentinius utroque loco, et Henschenii commentarius hoc die. Videantur etiam Acta ipsa, a laudato Henschenio edita et illustrata, ex quibus sua deprompsit Tillemontius tomo III, a pag. 424. An illis puriora sint, quæ in *Lectis triumphis* pag. 185 pridem pollicitus est Combefisius, tanquam a Nearcho S. Martyris amico composita, necdum licuit definire : licebit, si aliquando in lucem producantur. Solus Usuardus, inter antiquos martyrologos, *Lizinium* Andegavensem in sacras tabulas retulit, cujus vitas binas multum probatas edidit Bollandus, ab aliis subinde Gallice versas. Scripsit ipse *Licinii* vel *Lucinii;* ego *Lizinii* vel *Lezinii* mallim, ut ex codicibus in laterculo exhibui; ex qua inflexione rectius videtur deduci Gallicum nomen *Lezin,* vel forte vice versa. Natalem ejus statuit Castellanus i Novembris. Wandalherti versus ad textum hodiernum non pertinent, cum agant de *Juliano* et *Basilissa.* Vide ix Januarii.

AUCTARIA.

ANTUERP.-MAJ. : ‹ Natale beati Agabi prophetæ in Novo Testamento, apud Antiochiam. In Militana civitate Armeniæ, natale sancti Poliocti, › etc., pure. ‹ Andegavis , sancti Licionis episcopi et confessoris, cujus corpus sacrum crebris honoratur miraculis. ›

ROSWEYD. incipit : ‹ Lugduni, Stephani episcopi et confessoris. › Sequitur textus purus, cui in fine adjicitur : ‹ In Britannia, sanctæ Ermonhildæ virginis. › An non *Ermenildæ reginæ Merciorum ?*

ANTUERP. et MAX.-LUBEC. textui puro subdunt : ‹ Lugduno, natale sancti Stephani episcopi et sancti Juliani, › absque ulla interpunctione; unde recentiores aliqui martyrologi et Rom. hodierni reformatores, ansam cepere, Julianum etiam Lugduni collocandi. Plura vide in Actis.

ANTUERP., MAX.-ULTRAJ., LEYDEN., LOVAN., ALBERG., DANIC. et ULTRAJ.-BELG. pro *apud Antiochiam,* legunt, *in Antiochia quiescentis.* ALBERG. et DANIC. male scribunt, *Lupicini,* alii habent *Licinii.* Tum addunt omnes : ‹ In territorio Treverensi, sancti Castoris confessoris, cujus gesta habentur. › Colitur Confluentiæ, ut dicitur infra. ‹ Lugduni, natale S. Stephani episcopi. Nicomediæ, natale sancti Juliani martyris. ›

In CENTULENSI abbreviatur textus.

BRUXELL., in Agabo fere purus, secundo loco habet Gregorium, de quo heri in Auctariis. Sequitur de Polyeucto. Tum : ‹ Nicomediæ, natale sancti Juliani martyris. Lugduno, sancti Stephani episcopi et confessoris. › De Lizinio adjicit : ‹ Cujus corpus crebris veneratur miraculis. Treveris, sancti Castoris, ut supra. ‹ Item translatio sancti Eduardi regis et martyris. ›

HAGENOYEN. post textum fere purum, annuntiat Stephanum, et in fine : ‹ In territorio Treverensi, nomine Confluentia, sancti Castoris presbyteri et confessoris, qui eremum primo petiit, et in eo multis annis perduravit, et senex ibi factus, in pace quievit. › Imo et multis miraculis claruit.

AQUICINCT. post textum subdit : ‹ Lugdunis, sancti Stephani episcopi et Juliani. Romæ, Gregorii IV papæ, qui rexit Ecclesiam annis sedecim, › etc., ut pridie de Gregorio II dictum.

VICTORIN. et REG. SUEC., signatus num. 130, in eo a priori differunt, quod Gregorium recte nominent *secundum,* et in fine habeant, ‹ Lugduno, S. Stephani, › etc.

MATRIC.-CARTHUS.-ULTRAJ. post Agabi annuntiationem, interponit : ‹ Stephani confessoris, qui fuit pater multorum monachorum. ›

Codex I BIGOTIANUS, qui fuit PP. Cælestinorum, signatus P. 5 : ‹ Lugduno, S. Stephani episcopi et Juliani. › Vide Acta pag. 656 et 672.

REG. SUEC., num. 428 : ‹ Civitate Meldis, natalis sancti Gisleberti, ejusdem civitatis episcopi. ›

Codex ¦D. DU CHEVAL. sign. B : ‹ Nicomediæ, natalis sancti Juliani martyris. ›

VATICAN., num. 5949, omittit *Lizinii,* adjicit autem : ‹ Romæ B. Gregorii PP. II qui rexit Ecclesiam annis quindecim, tempore Leonis et Constantini imperatorum. Lugduni, sancti Stephani episcopi et Juliani martyris. ›

ALTEMPS. ‹ Ipso die in Britannia, sanctæ Ethomethisdæ virginis , et sancti Hunæ sacerdotis et anachoritæ. › Nec inter Prætermissos noti sunt.

STROZZ. et MEDIC. ‹ Lugduni, sancti Stephani episcopi et martyris. Item, sancti Juliani martyris. In pago Treverorum apud Cardonam, sancti Castoris confessoris. Item, sancti Antonini confessoris. › Opinor, abbatis Casinensis, qui die sequenti colitur.

COD. S. RICALDI : ‹ Sancti Fulchranni Lodevensis episcopi; › de quo Acta hoc die.

Edit. LUBECO-COL. incipit : ‹ In territorio Treverensi, sancti Castoris presbyteri et confessoris, cujus gesta habentur. Qui tempore juventutis suæ, a parentibus suis nobilibus, beato Maximino Treverorum episcopo conjunctus est. Qui cum ordinem sacerdotii ab eo.em accepisset, eremum intravit, in quo Deo fideliter servivit, et tandem bono fine quievit. » De Agabo, ut supra. In Polyeucto, pura est. De Lizinio, Stephano et Juliano scribit, ut Bruxellensis. In fine : « Eodem die, beatæ Hermenildæ virginis. » Volui dicere *viduæ*, etc. Vide Acta.

BELIN. editio pro *Militana* scribit *Mauritana* : pro *Poliocti*, *Policrati*, quæ in posteriori correcta sunt. Post, *multum orans*, sequitur : « Romæ, sancti Tranquilini presbyteri, qui ad prædicationem sancti Sebastiani martyris conversus ad Christum, a sancto Polycarpo presbytero baptizatus, et a sancto Gaio papa presbyter ordinatus est. Hic cum ad confessionem sancti Pauli, orationis gratia, accessisset, tentus a paganis lapidatus est. » Vide VI Julii. Hic interponitur Lizinius, quem *Lucinium* vocat. Tum : « Romæ, sancti Gregorii papæ secundi, qui rexit ecclesiam annis XVI, tempore Leonis et Constantini imperatorum. Apud Torcellum, sanctæ Fuscæ virginis et martyris. » Editio altera adjicit : « In Lugduno, Stephani episcopi. »

GREVEN. : « Nichomediæ, Juliani martyris. Ciriaci. In Alexandria, Tulliani, Anchiriani, Ammonis, Fuscæ martyris. Gregorii secundi, etc., » ut pridie, excepta periodo ultima de feria v Quadragesimæ. « In territorio Treverensi, sancti Castoris, etc., » fere sicut editio LUBECO-COL. « In Britania, cœnobio Elyensi, Ermenildis reginæ. Stephani episcopi Lugdunensis et confessoris. Stephani diaconi et confessoris, qui Ordinem Grandimontensem inchoavit primo, circa annum MLXXVI, sibique rigidus, subditis vero pius, eumdem rexit, plenusque operibus bonis quievit in pace. Item sanctæ memoriæ Amulrici monasteriensis ecclesiæ episcopi et confessoris. Beatæ memoriæ Jordani, magistri generalis ordinis Prædicatorum. Item beatæ memoriæ Beatricis virginis, Ordinis Cartusiensis. Hæc tam ardenti amore ad Christi vulnera ferebatur, ut non nisi vulnera cogitare, nihil nisi vulnera posset appetere. » De hac Beatrice et Amulrico monasteriensi vide Bollandum inter Prætermissos.

MOLAN. Belinum descripsit, de suo addens ex aliis : « In territorio Treverensi, Confluentiæ Castello, sancti Castoris confessoris, cujus gesta habentur. Civitate Meldensi, S. Gisleberti episcopi et confessoris. » Dein, alio charactere : « Beatæ memoriæ, Jordani, etc. » ex Greveno. « Amulrici episcopi Monasteriensis Westphaliæ, nondum canonizati. Stephani diaconi, etc., » etiam ex Greveno : « Item beatæ memoriæ Eustochiæ monachæ D. Prosdocimi, juxta muros urbis Paduæ : quæ sacrilego partu ex monacha genita, ut rosa pulcherrima ex asperis, et pungentibus spinis effloruit. Nam vix quartum ætatis annum agens, arrepta a pessimo dæmonio, usque ad extremum vitæ diem immaniter vexata, omnia ejus tormenta, invicta animi patientia superabat ; etiam tetrum carcerem, cui mandato episcopi mancipata fuit, suggerente diabolo eam veneficam esse, et quod novam abbatissam suis veneficiis et medio tollere voluerit. Tandem ad cœlos evolavit, anno ætatis suæ XXV nativitatis Domini MCCCCLXIX. » Eam Bollandus prætermisit, sed egregia de ejus sanctitate documenta subinde nacti sumus, suo tempore vulganda. « Civitate Reatina, sancti Stephani abbatis et confessoris, de quo B. Gregorius in Dialogo. » Posteræ editiones non parum variant. De Gregorio addunt, « quod in Germania per Bonifacium episcopum verbum salutis prædicavit. » De Fusca, ut BELIN. : « In Britannia, Ermenildæ virginis. » De Stephano, Castore, Gisleberto, ut supra : « Die decima tertia, sancti patris Martiniani. »* Minori charactere, de Stephano et Eustochia, dicta abbreviant. De Jordano et Amulrico, ferme eadem repetunt.

XVI Kal.   Die 14.

Romæ, natalis beati Valentini presbyteri, qui post multa sanitatum et doctrinæ insignia, fustibus cæsus, et sic decollatus est, sub Claudio Cæsare. Item Romæ, sanctorum martyrum Vitalis, Feliculæ et Zenonis. Civitate Interamnis, beati Valentini episcopi, qui post diuturnam cædem, custodiæ mancipatus, cum superari non posset, mediæ noctis silentio ejectus de carcere, decollatus est. Apud Alexandriam, sanctorum martyrum Bassi, Antonii, Protolici, qui in mare mersi sunt. Item, Cyrionis presbyteri, Moyseos, Bassiani, Agathonis, qui omnes igni combusti sunt. Item Dionisii et Ammonii decollatorum.

NOTÆ.

Ex Praten., Herinien., Rosweyd., Antuerpien. et Max.-Lubec., Munerat., Belin., Greven. et Molan.

VARIANTES LECTIONES.

Sanctitatum pro *sanitatum* error est Munerati, qui prætermisit etiam, *et sic*, Belin. pro *Feliculæ* legit *Feliculi* ; Greven., *Felicolæ*. *Iterannis* in Munerat. *Iteranis* scribit *Iteramnis*. Sic rursus Belin. pro *diuturnam* ponit *diutinam*; *Protholici* pro *Protolici*; *Tyroni*, pro *Cyrionis*, *Moysetis* pro *Moyseos*, etc. Rosweyd. pro *mediæ noctis silentio*, substituit *medio*, etc. *Cirionis* scribunt Herinien., Antuerpien. et alii ; Rosweyd, *Chirionis* : secutus sum aliorum codd. lectionem, quæ est etiam Adonis. Solus Praten. habet *Bassiniani*. Greven. et Molan. videntur textum voluisse corrigere, scribendo *igne* pro *igni* ; deest autem ea vox in Munerato et Belino. De *Dionisii presbiteri* et ejusmodi aliis, satis alibi dictum est.

OBSERVATIONES.

Concurrunt in hunc diem *Valentini* plures, quibus distinguendis egregiam operam posuit Henschenius ; a cujus sententia nihil omnino recedit Florentinius in hodiernis ad Hieronymiana notationibus. Alii sunt, qui aliter sentiant. Præcipuus rei cardo vertitur, utrumne bini in laterculo discreti, *Romanus* et *Interamnensis*, in unum coalescere debeant, ut manifestum putat Castellanus ex Hieronymianis apographis hoc die nec satis conformibus, nec satis correctis ; an potius standum pro distinctione, cum Beda, Rabano, Romano parvo, Adone et Notkero, quibus consonat Noster, primi elogium ex Beda et Adone transcribens, alterius etiam ex utroque, vel alterutro contrahens. Controversia hæc ad hujus mensis Supplementum proprie pertinet, verum cum Castellani sententia textus nostri fundamenta suffodiat, prima saltem rei semina hic subjicienda sunt, ex ipsis illis codicibus, unde arguendi materiam sumit laudatus auctor.

Inter Hieronymiana apographa, solum Epternacense sic habet primo loco : *Interamne via Flaminia, natalis Valentini*. Corbeiense, etiam quod ab Acherio editum est, paulo aliter loquitur secundo loco : *Interamne via Flaminia, ab urbe Roma miliario LXIV, natalis sancti* VINCENTII. En modo Lucensis verba : *In Thuscia Spoleti civitate, natale sanctorum Vitalis, Cyriani et Marsiani*. VALENTINI. *Interamne via Flaminia ab urbe Roma miliario LXIII, natalis sancti* VINCENTI. Superest Blumianum, sed in hoc vel *Valentini* nomen desideratur. Habes hic antiquissimorum Hieronymiani Martyrologii apographorum omnium, hactenus editorum ipsissima verba fidelissime extracta, ex quibus velim jam, lector, attente consideres, an inde recte profluat Castellani effatum, quod tanquam certum proponit pag. 644, nempe, *antiquiora exemplaria Hieronymiani Martyrologii sic hodie Valentinum signare* : INTERAMNE VIA FLAMINIA, MILLIARIO AB URBE ROMA LXIV SANCTI VALENTINI, quando ex quinque, saltem quæ consulere potuit, nec unicum est, quod textum ab eo formatum expresserit. Atqui tamen hisce unice innititur eruditissimus auctor, ut clare se evicisse existimet ac rotunde pronuntiet, Valentinos binos, in textu nostro relatos, in unum unicum Interamnensem omnino conflandos. Nequid dissimulemus, hoc ex solo Epternacensi elicere potuit Castellanus, *Interamne* Valentinum aliquem recoli, quod ultro admittimus ; tametsi codices alii *Vincentium* substituant. Sed ea causa *Valentinum Romanum* excludere velle, quæ ratio dictet, prorsus non intelligo. Quod si superviveret vir nobis semper amicissimus, vix dubito, quin, pro ea qua præditus erat docilitate, non minus facile assertam hic Valentinorum identitatem retractaret, quam illam *Marcelli et Marcellini* rejecerit, de qua actum est XVI Januarii.

Interim pari ex Hieronymianis argumento utitur Tillemontius tomo IV, a pag. 678, ut solita sua modestia, eamdem opinionem insinuet, adductis etiam in eum finem monumentis aliis. Fateor equidem in Kalendariis Frontonis, et Allatii, item in Sacramentariis nonnullis, agi duntaxat de *Valentino* aliquo, vel simpliciter, vel cum addito, *martyre*, nulla dignitate aut *presbyteri* aut *episcopi* apposita. Sed quid inde? Hoc ut summum consequens erit, innumeros dari sanctos martyres tum episcopos, tum presbyteros, qui in illis Kalendariis, et Sacramentariis, aut non reperiantur, aut non satis native depingantur; quod utique indubitatum est : at certe nihilominus manebit inconcussa hactenus Bedæ, Romani parvi, Rabani, Adonis, Usuardi et Notkeri tam diserta duorum saltem Valentinorum distinctio, donec armis validioribus et sincerioribus convellatur ; quod si flat, in supplemento corrigetur, quidquid de ipsis minus vere, aut verosimiliter ab Henschenio disputatum est. Id autem notari velim, Kalendaria illa et Sacramentaria, utpote Romana de non alio *Valentino*, quam de *Romano* intelligi posse ; quem etiam aperte indicat antiquissimum Martyrologium Gellonense ab Acherio vulgatum, sic primo loco scribens : *Romæ, Valentini*. Si itaque ex his monumentis arguere volunt laudati scriptores, suis sese telis conficiunt, nam ex his ipsis, alium *Valentinum Romanum*, alium item *Valentinum Interamnensem* fateantur, necesse est. Cæterum de solis hisce duobus Valentinis agunt Beda, ejusque descriptor Rabanus, et Romanum parvum Wandalbertus unum Valentinum duntaxat memorat ; de quo loquatur, incertum est. Hic ejus versiculos subjungam :

> Tum decimo sextoque die præeunte Kalendas
> Martyr Vitalis nitet et Felicula virgo :
> Atque Valentinum memorant sua gesta beatum.

De reliquis martyrum classibus, in laterculo adductis, id solum queo dicere, eas ex citatis Hieronym. apographis bene, vel male intellectis (nam hoc die mirum in modum, et ampla et confusa sunt) ab Adone sic divisas et distinctas ; ex quo easdem Noster, nihil magnopere aut dubitans, aut examinans, omnes descripsit. Primi tres *Vitalis, Felicula* et *Zeno* non videntur recte conjungi, quamvis in Gellonensi sic quoque uniti sint : certe *Felicula*, eadem, an alia nescio ; ab omnibus antiquis ponitur Idibus Junii. De Alexandrinis, non minor disceptatio, tum circa ipsam nominum efformationem, tum circa positionem, aut martyrii palæstram, tum denique circa ipsum genus certaminis, ut ex Actis nostris, et Castellano facile perspicies. Illa hoc loco indicasse sufficiat, p'uribus alibi, si operæ pretium fuerit, discutienda. De textus Usuardini sinceritate nihil omnino dubitandum.

AUCTARIA.

MARCHIAN., toto textu purus, proprium cœnobii sui festum primo loco statuit, his verbis : « Octavæ, sanctæ Rictrudis. »

TORNACEN., hodie mutilus est ; deficit in elogio Valentini Interamnensis, totamque annuntiationem *Cyrionis, Moysis*, etc., omittit.

PULSANEN., nihil habet de tribus Alexandrinorum martyrum classibus.

ANTUERP.-MAJ., ad aliquot dies recentiori manu suppletur : de cætero, in prima, purus est. Secunda deest. Tertiam sic format : « Eodem die, natale sancti Valentini, Interamnensis episcopi et confessoris. » Reliqua satis pura sunt.

ANTUERP.-MAX., ULTRAJECT., LEYDEN., LOVANIEN., ALBERG., DANIC. et editio ULTRAJ.-BELG., post hæc verba, *Claudio Cæsare*, non recte addunt : « et a sanctis Mario et Martha et filiis eorum, venerabiliter traditus sepulturæ. » Melius ex Beda, vel Adone, post hæc verba, *superari non posset*, adjiciunt : « jussu furiosi Placidi Urbis præfecti. »

CENTULEN. : « Romæ, sancti Valentini presbiteri et martyris. Interamnis, sancti Valentini, episcopi et martyris. » Bassiano tribuit titulum *lectoris*, et Agathoni, *exorcistæ*; de cætero in Alexandrinis purus est. In fine absque positione, seu nomine loci, adjicit : « Eodem die sanctorum martyrum Vitalis, Feliculæ et Zenonis. »

BRUXELLEN. Valentini Interamnensis elogium ex Beda, vel Adone, ad hæc verba *non posset*, auxit in hunc modum : « Jussu furiosi Placidi Urbis præfecti, mediæ noctis silentio decollatus est. Tunc Proculus, Ephæbus et Apollonius discipuli ejus, corpus apud ecclesiam suam nocte sepelierunt. Ubi a paganis tenti, cum a fide Christi revocari non possent, capite cæsi sunt, et non longe a sancto Valentino sepulti. » De Bassiano, et Agathone, eadem habet quæ Centulensis.

HAGENOYEN. de Valentino Romano scribit, ut codices mediæ notæ. De Interamnensi, post, *et martyris*, hæc addit : « Qui filium Traconis [Cratonis] oratoris, habentem caput inter genua, sanavit, propter quod multi confluxerunt ad Christum. Unde beatus Valentinus dire cœditur, et arctæ custodiæ mancipatur, et dum superari non potuit, jussu furiosi Placidi, » etc.

VATICAN., num. 5949 : « In civitate Nicomediæ, sancti Pantaleonis martyris, et natalis sancti Modestini episcopi et martyris. » De hoc, vide Acta ; de alio, XXVII Julii.

STROZZ et MEDIC. : « Eodem die apud Paduam, translatio sancti Antonii de ordine Minorum. » Hanc ad natalem XIII Junii rejicit Bollandus. Porro codex Mediceus solus præterea habet : « Item, sancti Eleuchadii, archiepiscopi Ravennensis. Item, passio sanctorum martyrum Proculi, Ephebi et Apollonii in civitate Interamnis. »

Editio LUBECO-COL. Diem inchoat hoc modo : « Apud Coloniam Agrippinam, sancti Valerii regis et martyris, de societate sanctæ Ursulæ virginis. Item Colonia Agrippina, inventio sanctæ Cordulæ virginis et martyris, de societate undecim millium virginum sanctarum, quæ annus a nativitate Domini MCCLXVIII facta est. » Vide Bollandum in Prætermissis. De tota ea sacra legione agetur XXI Octobris. In reliquis similis est ista editio codicibus mediæ notæ supra.

GREVEN. : « Eodem die, Waltfridi abbatis et confessoris. » Vita datur in Actis die sequenti. « Eleuchadii presbyteri, potius episcopi Ravennatis. Marciani. » Geminus hodie in Actis datur. « Apud Co-

Ioniam Agrippinam, translatio sancti Valerii regis, de societate sanctae Ursulae. Item ibidem, translatio sanctae Cordulae virginis et martyris, de eadem societate, factae per beatae memoriae Dominum Albertum magnum, quondam Ratisponensem episcopum. Item, Sisinnii episcopi Thausiae civitatis, quae est apud Ephesum, vita et signis incliti. » An hic idem, qui *Tei* vocatur *episcopus* inter Praetermissos? Certe non alius hoc die *Sisinnius*.

A. Molan., parvo charactere : « Item, sancti Meletii archiepiscopi, cujus encomium scribit sanctus Joannes Chrysostomus archiepiscopus Constantinopolitanus. Exstat et Gregorii Nisseni oratio in ejus funere habita. » De eo in Actis xii hujus. In aliis Molani editionibus solum additur : « Die decima quarta, sancti patris Auxentii. »

XV Kal.   *Die 15.*

Apud Sebasten civitatem, passio sancti Blavii episcopi, qui multorum patrator miraculorum, sub praeside Agricolano, post diutinam caesionem atque suspensionem in ligno, ubi pectinibus ferreis carnes ejus disruptae sunt, post teterrimum carcerem, ac demersionem laci, unde salvus exivit, jubente praefato judice, capite cum duobus pueris truncatur. Novissime vero septem mulieres, quae guttas sanguinis ejus defluentes colligebant, deprehensae quod essent Christianae, post dira tormenta, gladio percussae sunt. Romae, sancti Cratonis martyris, qui a beato Valentino fidei documentis institutus, non multis post diebus, cum uxore et universa domo martyrio est consummatus. Civitate Brixa, sanctorum martyrum Faustini et Joviae virginis. In Galliis civitate Vasionensi, sancti Quinidi episcopi, cujus mortem in conspectu Domini pretiosam miracula crebra testantur. Civitatem Interamnis, sanctae Agapis virginis.

NOTÆ.

Soli codices *Pratensis, Antuerp.-Maj., Rosweyd.* et *Marchianensis*, hodie puri sunt.

VARIANTES LECTIONES.

Scripsi *Blavii*, ut habent antiqui codices omnes, tum manuscripti, tum excusi, pro *Blasii*, ut habet Antuerp.-Maj. De quo egimus iii hujus. *Agricolano* legunt omnes passim, excepto Rosweyd., uti et *Brixa*, atque ita putamus legisse Usuardum. Antuerp.-Maj. inter alios naevos, habet *Agricolano*; pro *diutinam, diurnam*; *laici*, pro *laci*; *documento*, pro *documentis*; pro *Vasionensi, Nacionensi*. Hic *Agapis* cum ipso in textu, ut alibi, cum plerisque scribimus. Rursus habent codices *Quinidi* pro *Quinidii* : at hic non minor, in civitatis, quam nominis enuntiatione, diversitas est, ut videbis in Actis. Marchianensis omnium corruptissime scribit *Quiri. Jobitae* habent plures alii, Antuerp.-Maj., *Sobitae*; Rosweyd., *Jovitiae* : nos cum Usuardo legimus. Solus Rosweydi codex hodie praeter morem exactus, et accuratus, omisso post *Jovitae*, titulo *virginis*, apposuit per abbreviationem, *martyrum*.

Paucitas purorum codicum inde maxime oritur, quod multi iii hujus, ex recepto tunc Ecclesiae solemniori usu, *Blavium*, quem hodie *Blasium* dicimus, annuntient. Patuit id in Heriniensi, caetera hodie purissimo. De Tornacensi ibidem etiam dictum est. Hoc tamen novi inter utrumque discriminis, quod *Blasii* elogium, ab ultimo contractum sit, *Cratonis* omnino rescissum, Pulsanen., Antuerpien. et Max.-Lubec. in aliis deficiunt. Muneratus Heriniensis similis est, qui *Blasium* etiam habet die iii, purus in reliquis. Id vero universim observandum, nec hos, nec ferme ullos alios codices nostros, usquam meminisse *Josephi diaconi Antiocheni*, quem interim Grevenus, et Molanus Usuardi textui adnectunt, Baronio et aliis eorum opinionem sequentibus. Ego codicum nostrorum auctoritatem illis duobus praeponderare, indubitanter censeo, non inverisimiliter suspicans, eam annuntiationem ex Rabano, vel Notkero, in Usuardinos paucos codices irrepsisse. Porro Joseph iste sub nomine *Jusippi, Joseppi* et *Josippi* in Hieronymianis apographis notus est, ubique cum titulo *diaconi*, et tanquam majoris cohortis antesignanus. Molani editio in eo praeterea ab aliis dissentit, quod textum ipsum transposuerit, *Faustinum* et *Jovitam* ante *Cratonem* annuntians.

OBSERVATIONES.

De *Blasio*, vel *Blavio* jam egimus in Variantibus iii hujus mensis, et rursus supra hoc die. Castellanus pag. 507 indubitanter asserit sanctum hunc in Hieronymianis recoli xvi Februarii sub nomine *Plesi*, ut habet Epternacen., vel *Blesi*, ut est in Corbeiensi, tum Acherii, tum Florentinii. Non agnoverunt ibi *Blasium*, vel *Blavium Sebastenum episcopum* majores nostri, quibus oculatiorem me non esse, libenter fateor. Diserte hoc die ponitur a Romano parvo : *Apud Sebasten, passio sancti Blavii episcopi.* Ado Acta aliqua vidit, ex quibus adornavit elogium, a Nostro contractum, a Notkero integre descriptum. Legendus Bollandi commentarius iii Februarii. Utrum vero Acta ipsa omnino rejicienda sint, ut inter recentiores innuit Tillemontius tomo V, pag. 170 et 649, in Supplemento examinabitur. *Cratonis* memoria sic in Romano parvo etiam exstat : *Romae, sancti Cratonis martyris.* Quae in laterculo adjiciuntur, ex Adone accepta sunt; qui plura ex Actis sancti Valentini Interamnensis, de quo pridie egimus, suggessit : at unde *martyrio cum uxore et universa domo consummatus* asseratur, hactenus incertum est.

Faustinus et *Jovita*, luxatis nonnihil nominibus, ab apographis Hieronymianis, die sequenti *in Britanniis* collocantur, unde certe evidenter patet antiquissimum fuisse in Ecclesia eorum cultum. At quid hic sibi vult, *in Britanniis*? Si conjecturae aliquid datur, crediderim abbreviatum olim, au non satis recte expressum *Brixiae* nomen, ansam dedisse imperitioribus amanuensibus Gallis, notiorem sibi Britanniam efformandi. Et sic etiam cum Henschenio benigne explicandum est, quod alibi legitur; *civitate Colonia*, ut nempe sit, *Brixia civitate, colonia Romanorum* : quae sane tolerabiliora sunt, quam recursus Castellani ad Ovidii Fastos, ut inde educatur similitudo *Jovis et Fauni.* Aloysius et Mosander ambos sanctos Adoni constanter ascribunt cum prolixo elogio; sed id a Rosweydo recte in appendicem rejici, vel inde probabilissime suspicor, quod ex tota ea historia, nec verbum in Notkero, qui tamen *Faustini* meminit, reperiatur; nec quidquam etiam ab Usuardo extractum sit, adeo ut non satis constet, unde eos acceperit; praesertim cum *Jovita* a nemine ante ipsum *Virginis* titulo insignitus sit. Vix dubito, quin feminam existimaverit, nusquam solitus eam lauream viris tribuere. Vide reliqua apud laudatum Henschenium, et magis jejune apud Tillemontium tomo II, pag. 228. Tota *Quinidii* annuntiatio ex Adone ad verbum desumpta est; videatur Bollandi commentarius et vita ab eo illustrata. *Agape* clare signatur in Hieronymianis, *Interamne*, *natalis sanctæ Agapæ virginis*, sed socii aliqui adjungi videntur, qui a Nostro præteriti sunt. An de ejus martyrio vere dubitari possit, vide in Actis et apud Castellanum pag. 653. De ea sic Wandalbertus, qui ipsam Faustino et Jovitæ anteponit:

> Hinc decimo et quinto meritum clarescit Agapes;
> Hocque die pœnis cæsos veneratur acerbis
> Brixia Faustinum celebrem sanctumque Jovitam.

AUCTARIA.

PULSAN., præter Faustinum et Jovitam, solum Cratonem refert; hunc vero mirum est ab ANTUERPIEN. et MAX.-LUBEC. prætermissum.

ANTUERP.-MAX., ULTRAJ., LEYDEN., LOVANIEN., et editio ULTRAJ.-BELG. satis puri sunt, excepta sola annuntiatione Blasii, quam III hujus ab ipsis positam diximus.

ALBERG. de Faustino et Jovita ita scribit : « In Italia, civitate Brixia, natale sanctorum Faustini et Jovitæ diaconi, qui Adriano imperante, ferocissimis bestiis flammisque expositi, eorum brachia constringi, et in altum suspendi jubentur, ibique vehementer torqueri, deinde lampadibus accensis, ad eorum latera positis, decollatione capitis, gloriosum martyrium consummaverunt. Crediderunt autem, eorum passione roborati, plusquam tria millia hominum. » In fine adjicitur : « Item, translatio sancti Antonii confessoris. » Hæc ultima accessio, in codice DANIC., recentiori manu apposita est; in reliquis cum Albergensi convenit, nisi quod pro *Brictia*, scribat *Brixia*, pro *constringi*, *confringi*, pro *consummaverunt*, *compleverunt*.

CENTULEN., omnibus contractis, addit : « In territorio Morinorum, depositio sancti Silvini, Tholosani episcopi et confessoris, » de quo plura ad XVII hujus.

BRUXELL., in Cratone interpolatus, in Blasio mutilus, habet tertio loco : « Antiochiæ, Josippi diaconi. » Atque hic solus inter omnes codices nostros mss. de Josepho meminit. Sequitur : « Apud Brixiam, » etc., contracte nonnihil superiori elogio. Tum : « Apud Paduam, translatio sancti Anthonii confessoris. » Vult dicere *Antonii Patavini*, de quo plures codices. De Agape et Quinidio, fere ut in textu. In fine : « Ipso die, sancti Silvini, Teruanensis episcopi et confessoris. »

HAGENOYEN., in Cratone satis purus, de Faustino et Jovita fere eadem habet, quæ Albergensis supra. Post *Agapen*, adjicit : « Item, beati Austregisili, episcopi et confessoris. » Bollandus Austregisilum rejicit ad XX Maii, licet hodie a Floro etiam notetur.

VICTORIN., in fine : « Ipso die, sancti Silvini Taruanensis episcopi. In Valeria provincia, sancti Severi presbyteri, de quo beatus Gregorius scribit. » Eumdem illum Severum Mosander textui Adonis inseruit.

MATRIC.-CARTUS.-ULTRAJ. : « Agapes virginis et martyris, et Thioniæ sororis ejus. » Quæ soror unde processerit, nescio. Si sint *Agape* et *Chionia*, coluntur III Aprilis.

CODEX BIGOTIAN. signatus P. 5, qui fuit PP. Cælestinorum : « Civitate Aquilæ, translatio beati Petri confessoris, de Marrone, quondam Cælestini papæ. »

REG. SUEC., sub num. 130 et 428 : « Ipso die, sancti Silvini Teroanensis episcopi. » Solus cod. prior : « In provincia Valeria, » etc., ut Victorinus.

VATICAN., num. 5949 : « Alteria provincia, sancti Severi presbyteri. » Voluit dicere, *in Valeria*, etc.

ALTEMPSIAN. : « In territorio Bedrici castri, adventus clarissimi confessoris Christi Botulphi, super cujus feretrum, videntibus cunctis, columna luᴄis cœlitus emissa refulsit. » Vide Acta ad XVII Junii.

Codex MEDIC. : « Item Aquileiensi [Aquilensi] civitate, translatio corporis sancti Petri confessoris, qui dicitur de Marona, in monasterio Collemaii. »

Codex MONTIS-SANCTI : « Translatio episcoporum, beatorum confessorum, Amati, Romarici, Adelphii, qua simul relocati sunt. »

PRIORATUS CAUDIACENSIS : « Arvernis, translatio sanctæ Georgiæ virginis. » Colitur hoc die.

Editio LUBECO-COL. sic incipit : « In monasterio Meyfelt circa Confluentiam, sancti Severi presbyteri et confessoris, de quo beatus papa Gregorius, in Dialogo scribit : Romæ, sancti Crathonis martyris, qui cum haberet filium Cerimon nomine scholasticum, hic inciderat in infirmitatem gravissimam; eumdem cum beato Valentino episcopo ad sanandum obtulisset, sub tali conditione, ut si puer sanaretur, ipse cum omni domo sua, fieret Christianus : sanato puero per orationem sancti episcopi, ex tunc Crathon, quod promiserat, adimplevit, atque cum uxore et universa domo baptizatus est, non post multos dies martyrio consummatus. » De Faustino et Jovita scribit ferme ut Albergensis. De Quinidio et Agape, pure. « Item, translatio sancti Antonii de Padua confessoris, ordinis sancti Francisci. Eodem die, beati Ebbonis episcopi et confessoris. » Vide Bollandum in Prætermissis. « Ananiæ [Antiochiæ], sancti Josephi diaconi et confessoris. Ipso die, sancti Sigfridi episcopi et confessoris. Item Ravennæ, translatio sancti Severi episcopi et confessoris. » De eo actum prima hujus ; quo die vita ejus illustrata est.

BELINI hoc est principium : « Apud Bruxiam, natale sanctorum martyrum Faustini et Jobitæ, qui sub Adriano imperatore examinati, dixerunt ei : Audi, Adriane, tortuose coluber, imo et sævissime anguis, per ambages et anfractus cursitas, ut nos a recto possis deviare tramite : hoc tibi sit agnitum, quod latratui tuo non obediemus; nec diis thura ponemus, sed Domino creatori nostro thura simul, et libamina jugiter immolamus; quod audientes populi ex Mediolanensi urbe, sanctorum constantiam, conglobantes se mutuo, venerunt ad beatos Dei martyres, et baptizari se fecerunt. Tunc Adrianus hæc audiens, furore accensus, mox eos gladio plecti fecit et capite truncari. » Sequitur de Agape. Tum : « Eodem die apud Paduam, translatio sancti Antonii, ordinis Minorum. » In fine : « Antiochiæ, sancti Josephi diaconi. »

GREVEN. : « Faustinus et Jobita, ut Vincentius libro II, cap. 83, refert ab Adriano imperatore, ferocissimis bestiis flammisque expositi, sed nil læsi; brachiis constrictis in altum suspensi et torti, lampadibus accensis eorum lateribus admotis, adusti; ad ultimum capitis obtruncatione martyrium compleverunt. Crediderunt, etc., Joannis, Adventi, Saturnini, Castulæ. » Ex Hieronym. non satis recte conjuncti sunt; vide Prætermissos. « In monasterio Meyselt, etc., qui supra etiam ponitur Kalendis Februarii. » Hic Severos confundit. Sequitur translatio Severi Ravennatis, et Antonii Patavini. « Ebbonis Travanensis episcopi et confessoris [forte vult dicere Teroanensis ; sed nec sic cognitus est]. Silvii episcopi et confessoris [an non Silvini?], Marcelli episcopi. In Hibernia, Beracii episcopi et confessoris. Fausti monachi et confessoris, discipuli beati Benedicti, qui Vitam ipsius scripsit. » Vide Castellanum pag. 652, circa medium.

MOLAN. litteris Italicis textui inserit, quæ ex Belino, de Faustino et Jovita retulimus. Item de Quinidio, « cujus gesta habentur. » Deinde subjungit : « Eodem die apud Paduam, etc. Ipso die, beati Severi, etc. » Denique minutiori charactere : « Hujus [Severi] corpus attulit ex Italia Ropertus episcopus Treverensis. » Vide Acta et Castellanum. In aliis editionibus mutilus est Usuardi textus. Omittitur etiam translatio S. Antonii Patavini. Sed addi-

tur : « Vexione in Dacia, sancti Sigifridi episcopi, præclaræ sanctitatis viri, qui Sueciam ad Dominum convertit. » Rursus minoribus litteris. « Constantinopoli, dedicatio ecclesiæ sanctæ Sophiæ. » De hac nihil alibi reperio. Vide ejus templi encænia apud Cangium CPolis Christianæ lib. III.

XIV Kal.
Die 16.

Natalis beati Honesimi, de quo sanctus Pauli scribit Philemoni : quem idem apostolus episcopum ordinans, prædicationisque verbum ei committens, apud Ephesiorum civitatem reliquit. Hic Romam perductus, atque ibi pro fide Christi lapidatus, inde ad loca, ubi fuerat ordinatus, corpus ejus delatum est. Civitate Cumis, sanctæ Julianæ virginis, quæ post varia tormenta, et carceris custodiam, palam cum diabolo conflixit. Dein flammas ignium et ollam superans ferventem, capitis decollatione martyrium consummavit. Apud Ægyptum, sancti Juliani martyris cum aliis numero quinque millibus.

NOTÆ.

Ita *Praten.*, *Herinien.*, *Marchianen.*, *Antuerp.-Maj.*, *Belin.*, *Pulsanen.*, *Greven. et Molan.*

VARIANTES LECTIONES.

Honesimi legunt vetustiores codices, quorum proinde scribendi rationem, licet non rectam, servandam censuimus. Pulsan. posuit *sancti* pro *beati*. Antuerp.-Max. inter alios nævos *Phylomeni* pro *Philemoni*; Belin., *ordinavit*, pro *ordinans*. In Heriniensi redundat particula *eum* ante *reliquit*. Pejus habet Pulsan. *requievit*, pro *reliquit*. Herenien. et Belin, *In civitate Cumis*. Quid Pulsan. velit per *Ticitii*, nescio. *Julianes* pro *Julianæ* apud eumdem, peregrinum est. *Deinde* apud Greven. et Molan, pro *Dein* observatu dignum non est, ut apud plures *Egyptum*. Greven. post *Juliani* omittit *martyris*. Unicus inter omnes codex Pulsan. substituit, *cum aliis quinque militibus* in locum asserti communissimi, *cum aliis numero quinque millibus*.

OBSERVATIONES.

Onesimus Hieronymianis ignotus, signatur a Beda, ex hoc a Rabano, et eadem plane formula a Romano parvo : *S. Onesimi apostoli*; ut ferme *apostoli* appellatio, tum a Græcis, tum etiam a Latinis tribui solet, non solis duodecim, sed et aliis discipulis eorumque cooperatoribus. Ado in ipso Martyrologii sui textu solum præfixit, *natale*. Mosander, illius verba confundens, ea huc transtulit, quæ dicta erant inter festivitates apostolorum. Ibi vero insigni elogio ornatur ex epistola Pauli ad Philemonem, et ex altera Ignatii ad Ephesios. Cum autem ex postrema constet *Onesimum* fuisse *Ephesinum episcopum*, eum titulum ipsi omnino tribuendum putavit Ado, cæteraque ad ejus martyrium prosecutus est, quæ Notkerus describit, Noster paucioribus complectitur. Hæc omnia egregio commentario illustravit Henschenius, nihil dubitans quin idem Onesimus Philemonis servus, Apostoli discipulus, et deinde, post Timotheum, Ephesiorum episcopus fuerit. Contra sentiunt recentiores aliqui, quos inter Tillemontius in Vita S. Pauli tomo I, a pag. 289, et in notis pag. 576, id maxime urget, non videri eumdem, qui a Paulo circa annum LXI baptizatos sit, supervixisse ad annum CVII, quo Ignatii epistola scripta supponitur. Ego in hac re, aut in aliis a Tillemontio adductis, nihil hactenus video, quod me ab Henschenii sententia recedere cogat. Ut verbo dicam ; admitte tantisper Onesimum *episcopum* prius *apostolicum*, seu incerti loci fuisse, quod et in apostolis et in aliis discipulis passim conceditur. Fac deinde Timotheo successisse anno XCVII, statue a Paulo baptizatum anno ætatis XX, vel, si ita vis, XXX, quid, quæso, implicantiæ, si septuagenario major anno CVII superstes, Ignatium Ephesi exceperit ? Minus terrent, quæ Castellanus affert pag. 666 ex Rabani et Wandalberti silentio ; nam ea ultro concidunt, si Ignatii epistola de Onesimo nostro intelligi possit. Hinc lectorem monitum velim, clausulam Papebrochii in Ephemeridibus Græco-moschis pag. XVII perperam a nonnullis accipi, ac si ipse ibi retractaret, quæ ab Henschenio recte stabilita sunt ; quod per me, vivus adhuc ipse dum hæc scribo et vegetus, hic indicari omnino voluit. De cætero, si quæ imposterum urgentiora argumenta contra Henschenii sententiam proferantur, ea in Supplemento diligenter examinabimus.

Julianæ Nicomediensis Acta pridem improbaverat Hesselius apud Molanum, aliquot rationum momentis, ad quæ Bollandus facile respondit in hodierno commentario, omnimodam tamen præfatorum Actorum sinceritatem haudquaquam astruens, licet in iis admittendis paulo indulgentiorem fateamur, ut ostendit Papebrochius in Responsionibus ad art. II, num. III, et alibi. Nostrum erit suo tempore quærere et expendere, quod ibi promissum est. Jam ad illustris sanctæ memoriam quod attinet, ea in antiquissimis Fastis sacris signatur, quidquid forte amanuensium licentia, irrepsisse censeat Florentinius in Corbeiensi apographo titulum *martyris*, dum sic annuntiatur, *Nicomediæ, passio sanctæ Julianæ virginis et martyris*, quæ insolita in his codicibus videtur formula : atque item dum in Epternacensi legitur : *In Campania Cumbas*, [pro *Cumas*] *natalis Julianæ*; ad quæ videnda laudati editoris notatio. Nobis sufficiant martyrologi nostri Beda, Rabanus, Romanum parvum, Ado, Usuardus, Notkerus et ipse Wandalbertus, ipsam cum Onesimo ita canens :

> Quartus cum decimo Julianæ martyre lucet,
> Onesimumque colit Paulo doctore beatum.

In Romano parvo simpliciter signatur : *Et in Cumii, sanctæ Julianæ virginis*. Elogium ex Actis a Beda compositum est, a Rabano, et Adone inde acceptum, ex hoc a Notkero ; sed a Nostro valde contractum. Hæc pro cultus vetustate apud Latinos satis dicta sint ; quibus adde Thomasii Sacramentarium. Plura apud Græcos diversis diebus invenies. Sitne hic vere martyrii an translationis celebritas, in medio relinquo. Vide Castellanum citata pag. 666, et Tillemontium tomo V, pag. 155.

Juliani cum Ægyptis numero V mil. vel V *milia*, vel V *millium* diserte legitur in Hieronymianis. Secutus est Ado, qui de suo positionem addidit, *apud Ægyptum*. Hinc Usuardus et Notkerus ; apud quos characteres nullos reperire est, quorum subsidio ex dubiorum Julianorum numero eximatur. Magis etiam re confundit abjectus ab aliis *Joannes diaconus*. Ne longior sim, omnibus rite perpensis, is mihi *Julianus* hic noster probabilissime dicendus videtur, qui in Actis cum *Theodulo* ponitur die sequenti, quique in *manipulo* Eusebiano cum inclyto illo

Pamphilo et sociis aliis, in Hieronymianis adjungitur, postremus ipse martyrio coronatus : ex quorum etiam numero fuere Ægyptii quinque hic anonymi, qui sibi prophetarum *Eliæ*, *Jeremiæ*, *Isaiæ*, *Samuelis* et *Danielis* nomina imposuerant, ut colligitur ex Eusebio editionis Valesianæ, de Mart. Palæstinæ cap. II, cujus verba hoc die in Actis, ubi de *Elia*, etc., et XVII Februarii, ubi de *Juliano* et *Theodulo*, et I Junii referuntur, ubi de *Pamphilo* seorsim ex Martyrologiis nostris agitur, ut ibi dicemus, ad quem diem videsis Papebrochii commentarium, ex quo ea sumpsit Castellanus, quæ habet pag. 667 et 668. Videnda quoque pag. 673, et accurata Florentinii notatio. Ex omnibus intelliges disjunctos et in varios dies dispersos, qui duodenario numero ex Eusebio et Hieronymianis hoc ipso die colligendi erant, atque una perspicies, satis apposite, etsi non ex mente Usuardi, legisse codicem Pulsanensem supra, dum pro *quinque millibus*, substituit *quinque militibus* : Ægyptiis illis nempe, quorum propria nomina in Hieronymianis non exprimuntur. Legi potest Pamphili et sociorum martyrium, ex Eusebio Gallice redditum, apud Tillemontium, tomo V, a pag. 418.

AUCTARIA.

ROSWEYD. puris annumerari potuit, cum in eo solum deficiat, quod de Juliana, post *ferventem*, cum aliis non scribat, « capitis decollatione martyrium consummavit, sed sponso suo Evilasio caput ejus auferente, martyrium, » etc.

TORNACEN. mutilus est, nam postremam partem elogii sancti Onesimi, quæ martyrium complectitur, et totum Julianæ elogium omisit : forte quod utrumque, non immerito suspectum habuerit.

ANTUERP. et MAX.-LUBEC. Julianæ elogium etiam rescindunt.

ULTRAJECT. de Juliana, tria verba textui inseruit, *tempore Maximiani imperatoris;* cætera satis purus.

ANTUERP.-MAX., LEYDEN., LOVAN., ALBERG., DANIC. et editio ULTRAJ. BELG., præter tria illa verba, in fine subdunt : « Métbis civitate, natale sancti Symeonis episcopi et confessoris. » Vide Acta.

MUNERAT. : « Ipso die, sancti Honesti martyris. » Vide Bollandi commentarium, et cum eo confer quæ habet Castellanus hoc die pag. 668.

CENTULEN : « Romæ, passio sancti Honesimi Ephesiorum episcopi, qui lapidatus est a Romanis. In Chumis, sanctæ Julianæ virginis. » In ultima satis purus est.

BRUXELLEN. primo loco : « Cumis civitate, passio sanctæ Julianæ virginis. Quæ tempore Maximiani imperatoris, nuda virgis cæsa, et capillis suspensa, et plumbo soluto a capite perfusa, et in carcere recepta, ubi palam cum diabolo conflixit. Post etiam rotarum tormenta, flammas ignium, ollam ferventem superavit, et capitis decollatione martyrium consummavit. » Onesimi elogium, non nihil auctius exibet, quod melius infra referemus. Sequitur de Juliano ad marginem, sed eadem manu. Tum de Symeone ut supra.

HAGENOYEN., in Onesimo fere purus, de Juliana alia comminiscitur : « In civitate Cumis, passio sanctæ Julianæ virginis nobilissimæ et martyris, quæ nudata, diutissime a sponso suo flagellatur; quæ ei ad matrimonium consentire noluit, nec adorare Deos voluit : per capillos sex horis suspenditur, plumbo bullienti perfunditur, sed virgo non læditur : ferro vincitur et incarceratur, ubi illa cum diabolo conflixit et vicit : inter gladios rotarum et in ignem projicitur, in ollam plenam plumbo adjicitur liquefacto, et ultimum capitis decollatione martyrium consummavit. » De Juliano ut in textu. In fine : « Civitate [*non exprimitur*, Metis] sancti Symeonis episcopi et confessoris. »

AMBIANEN. : « Ipso die, natalis sancti Honesti presbyteri et martyris. »

REG. SUEC., signatus num. 428 : « Ipso die, sancti Honesti martyris. »

VATICAN., num. 5949, primo loco : « Sanctarum virginum, Fuscæ et Mauræ. » Vide Acta XIII hujus.

Editio LUBECO COL. in Onesimo, et Juliana nonnihil a superioribus variat; quod rei substantiam spectare potest, ex Molano subjiciemus. Tertio loco habet Symeonem Metensem, et ultimo Julianum cum quinque millibus, ut supra.

GREVEN. : « Faustiniani, Plesi, Fabiani. Sebastiani martyris. » Et in prima editione anni MDXV « Sancti Honesti martyris. In Africa Pauli Eremitæ. Metis Symeonis episcopi et confessoris. In Swecia, Sigfridi episcopi et confessoris. » De Sebastiano, Paulo et Sigfrido vide hodie Prætermissos.

MOLAN. de Onesimo, post *reliquit*, hæc ex Adone aliis litteris textui admiscuit : « De quo et beatus Ignatius, Ephesiis scribens epistolam, ita dicit : Quoniam ego suscepi multitudinem vestram in nomine Domini, in Onesimo dilecto præceptore nostro, vestro autem episcopo. Obsecro eum secundum Christum Jesum diligere vos, et vos omnes in concordia ejus in ipső esse. Benedictus enim Deus qui vobis talibus, talem episcopum donavit habere in Christo. » De Juliana autem, post *consummavit*, ex eodem Adone subditur : « Quæ passa est quidem in Nicomedia, sed post paucum tempus, Deo disponente, in Campaniam est translata. » In fine, de Symeone ut supra. In aliis editionibus, adhuc adjungitur : « Ipso die Ambianis, sancti Honesti martyris. »

XIII *Kal.*   *Die* 17.

In Perside civitate Babilonia, natalis beati Polochronii episcopi et martyris, qui præsente Decio persecutore, os lapidibus cæsus, manibus extensis, oculos ad cœlum elevans, emisit spiritum. Apud urbem Concordiam, passio sanctorum Donati, Secundiani, Romuli cum aliis octoginta sex. In Scotia, sancti Fintani presbiteri et confessoris, magnæ virtutis viri. Ipso die, sancti Silvini Taruanensis episcopi. [*Apud Bouillart.* :... magnæ virtutis viri. ª In pago Tarvenensi sancti Silvini Tolosanæ civitatis episcopi.]

NOTÆ.

Sumitur ex *Praten.*, *Herinien.*, *Tornacen.*, *Antuerp-Maj.*, *Marchian.*, *Pulsanen.*, *Munerat.*, *Greven.* et *Molan.* Accedere possunt codices mediæ notæ, ut dicam in Auctariis.

ª Scripsit Sollerio Castellanus istud *Tolosanæ civitatis episcopi* autographo Sangermanensi adjectum fuisse, erasa illa, quæ ante fuerat, adnuntiatione. Quæ quidem ea erat : *Ipso die, S. Silvini Tarvanensis episcopi*. Fateor, cum hoc legi Castellani monitum, non potui mihi temperare quin aut illius aut Sollerii fidem in suspicionem vocarem. Nam oculis inunctis codicem inspexisse Castellanum jam pluribus exemplis noveram; sed usque adeo lippum fuisse, ut hic litturam videre sibi videretur, quis credidisset? Ita est tamen. Ego fidem do, vix ullam codicis paginam esse nitidiorem. Intacta tota est a scalpelli acumine. Neque tamen diffiteor Carolini autographi (sic mihi loqui liceat brevitatis causa, ut Martyrologium Carolo regi oblatum significem) Sollerianam fuisse lectionem. Correcta ab Usuardo in

Pratensi fuit. Sed cum hæc et aliæ fortasse lituræ paginam obscuriorem reddidissent, avulso folio, aliud ad proximum agglutinavit; eadem scriptura, aut saltem ita obscuro discrimine, ut eamdem velint esse, quotquot eruditi rogatu nostro inspexerunt. Hoc ego tantum discriminis video, quod pro minio, quo in reliquo codice Nonæ, Idus, Kalendæ pinguntur, adhibitus hic fuerit violaceus color. Incertum unde didicerit Usuardus S. Silvinum fuisse Tolosanæ civitatis episcopum. Acta illius præsulis a Guilielmo Catello, Bollando et Mabillione edita eum *in episcopatus honore sublimatum* testificantur quidem, sed sedem non indicant. Fortasse visa sunt Usuardo acta quæ jam perierunt. Utcunque est, an ille erraverit, definiri nequit. Lectionem igitur autographi Pratensis a vero alienam esse nimis audacter pronuntiavit Sollerius. Cum contra certum sit falsam esse, quam ex Carolino autographo duxit. Tarvennæ

A episcopus nunquam fuit S. Silvinus : quandoquidem noti sunt episcopi, qui illius Ecclesiæ sedem tenuerunt toto illo tempore, quo sanctus ille apud Morinos demoratus est. Illi sunt, Mabillione teste, Drausio, Bainus, Ravengarius et Erkembodo, ad annum 757 superstes. Favet quidem Sollerianæ lectioni ms. Adonis codex vetustus sane et eleganter scriptus, quem ob oculos habeo. Is enim sic habet xv Kal. Mart. : *Ipso die natalis S. Silvini Tervanensis episcopi et confessoris, cujus gesta habentur.* Sed sincerum illum codicem præstare nolim : post decimum sæculum scriptum fuisse indicio est S. Maioli abbatis commemoratio prima manu signata v. Idus Mart ; qui tamen Maiolus obiit anno 994. Unde Theodericus Ruinartius noster, qui in prima Actorum editione, pag. 203, sincerum vocaverat illum codicem, mutavit sententiam in secunda, ubi, dimisso codice, vulgatum Adonem laudavit pag. 205. BOUILLART.

VARIANTES LECTIONES.

Legendum esset *Polychronii*, ut habent auctor Romani parvi, et Ado, ab editore ni fallor correcti. Ego, forte nimis scrupulose, codices Usuardinos sequor, Praten., Tornacen., Antuerp.-Maj., Marchian., Munerat. et alios, licet Herinien. et Greven. habeant *Polichronii*; Pulsanen., *Polychronii*; Molan., *Polycronii*. Elige lectionem, quæ magis placuerit. In Pulsanen. est *Babiloniæ* pro *Babilonia*. In Greveno et Molano, *præsidente* pro *præsente*. Pejus in Pulsanen. *Diocletiano*, loco *Decio*; forte melius omitteretur utriusque præsentia. Pulsanen. *oculos ad cœlum elevans* mutat in *oculisque ad cœlum ele-*

B *vatis*; Munerat., *ad cœlum erigens.* Sic Marchian. ex *Concordiam*, facit *Cordubam*; ex *octoginta sex, octingentis sex*; ut Pulsanen., *Formuli*, ex *Romuli*. *Scothia* ponunt aliqui, melius in textu. Marchian. legit *Finuni*; Pulsanen., *Funtanii*; Munerat., *Funtani* : verum nomen expressimus. *Silvini* scribunt omnes, nescio cur recentiores *Sylvini* malint. Pratensis noster posuit *Taruenensi*; Herinien., *Taruanensis*; omnium pessime Greven., *Targuanensis* : cæteri *Taruanensis*, quam vocem omisit Pulsanensis. Vide infra in fine Observationum.

OBSERVATIONES.

Polychronii nomen in solo apographo Hieronymiano Epternacensi legitur, hoc modo : *In Babilonia, Policroni*, et rursus in eodem solo codice xxx. Aprilis in fine : *Depositio Policroni episcopi*, an ejusdem, an alterius, quis edisseret? Cæterum Beda de hodierno addit, *ejusdem loci episcopi*, sed non magis recte scribit *Polocronii*, uti et ejus transumptor Rabanus, quam inflexionem, aut ei proximam, in codicibus Usuardinis communem diximus Romanum parvum episcopatus locum non designat, sic legens : *In Perside, beati Polychronii episcopi et martyris.* Ado binas sedes conjungit *Babylonem et Ctesiphontem*, simul adducens Bedæ elogium, quod totum Rabanus et Notkerus adoptarunt, Noster modicissime imminuit, sed iis servatis, quæ correctione indigent, ut in Actis, et apud Castellanum, pag. 676, et apud Tillemontium tomo V, pag. 561, invenies. Hæc summa difficultatis; quod, ut Beda et alii ex ipso testantur, elogium desumptum sit ex Actis sancti Laurentii, quæ Baronio et Henschenio, ut minimum valde suspecta, hodie ab eruditis omnibus talia censentur, ut nec propugnari omnino, nec expurgari facile possint. Ex eodem fonte manant *Olympias et Maximus*, xv Aprilis ; *Parmenius et alii*, xxii ejusdem mensis ; alii diebus aliis ; quorum memoria, ut in Fastis nostris certissima est, vitæ tamen aut martyrii series ex iis Actis accepta, repudiatur ut dicetur x Augusti. Non satis clari sunt Wandalberti versiculi, dum Donatus ex sequenti turma, Polychronio ita conjungitur :

> Tertius ac decimus Polycroni festa revolvit,
> Donatique: fides, sanguis quos jungit et ara.

De martyribus Concordiensibus ab Nostro confusis, ex perturbatis apographorum Hieronymianorum classibus, non est quod multis hic disputem; textum

Usuardi genuinum referri certum est. Notkerus alias classes posuit, de quibus aut ordinandis aut restituendis, agetur proprio loco. Vide interim Acta, Florentinium, et Castellanum hic. *Fintanus* solius Usuardi est; *Scotia* autem ex ejus temporis more pro *Hibernia* accipitur. *Silvini* obitus ad xv Februarii pertinere videtur, ut vult Castellanus, et Auctaria nostra aliqua eodem die : Usuardum tamen sequuntur passim recentiores martyrologi cum moderno Romano et Actis. Vitam præclaro commentario illustravit Bollandus, eamque reproduxit Mabilio sæc. III Benedict. parte 1, a pag. 294, ubi in observationibus præviis doctissimum virum dormitasse oportet, dum ita scripsit : *Acta illa viderat Ado Viennensis episcopus, cujus in sincero Martyrologio hæc verba sunt* xv *Kal. Martii, S. Silvini Teruanensis episcopi et confessoris, cujus gesta habentur.* Dormitare, inquam, debuit, nam verba illa nec in editis, nec in mss. nostris vere Adonianis Martyrologiis ullis reperire hactenus licuit. Mihi potius certum videtur totam Silvini annuntiationem plane Usuardinam esse, qui qualia Acta habuerit conjicit Castellanus a pag. 659, ubi etiam ex Bollando de episcopatu ejus disputat. Certe a vero alienum est, quod in nostro Pratensi apographo legitur, *Tolosanæ civitatis episcopi*, idque fatetur Castellanus prætenso autographo adjectum, super annuntiatione priori, qualem exhibemus, ibi scalpello erasa. Non ausim veram dicere annuntiationem nostram, sed vere Usuardinam, in qua conveniunt codices nostri omnes, excepto Marchianensi, qui cum præfato Pratensi legit : *In pago Taruenensi, sancti Silvini Tolosanæ civitatis episcopi*, et Antuerp.-Majore, qui in hoc solo discrepat, quod pro *pago Taruenensi*, male scribat, *in pago Caritatensi.*

AUCTARIA.

ANTUERP.-MAX., ULTRAJECT., LEYDEN., LOVANIEN., ALSERGEN., DANIC., et editio ULTRAJ.-BELG. vix a puritate desciunt. Omittitur nomen *Romuli* in classe martyrum Concordiensium, et Fintanus Silvino post-

ponitur. Mira non est variatio in efformatione *Polychronii* et *Teruanensis.*

ANTUERP. et MAX-LUBEC. Fintanum prætermittunt, omittentes etiam nomen Romuli.

Roswryd. tertio loco interponit : « In Aquilegia, Crisantiani martyris et aliorum xc. » De quibus, in Actis. Pro *Fintani,* scribit *Finiani.* Et in fine de Silvino, cum Pratensi.

Centulen. Silvinum hic praetermittit, de quo egit xv, ut ibi inter Auctaria invenies. Ast ejus loco in fine addit : « Virdunis, sancti Pulchronii episcopi et confessoris. »

Bruxellen. de Silvino etiam egit xv : hic in caeteris purus est, nisi quod textui inferat *Babyloniae et Thesiphontis episcopi.*

Hagenoyen. penultimo loco eos sanctos interjicit, qui omnibus aliis hodie ignoti sunt. Ita habet : « Ipso die, sanctorum martyrum, Montani et Gemelli, qui, cum essent carcerati cum aliis sanctis, viderunt in visione sancta intrare juvenem in carcerem, qui ferebat duas phialas lacte plenas, de quibus dedit omnibus incarceratis bibere, et ait, adhuc tertia phala vobis servatur, et abiit. » Fallor, si hic non agitur de martyribus, xxiv hujus inter accessiones Usuardinas referendis. De caetero ad puritatem Codicis Hagenoyensis, vix quidquam desideratur.

Aquicinct. pro *Concordiam,* legit *Cordulam,* pro *Fintani, Finani.* In fine : « Claromonte, translatio Lupiani confessoris; » de qua etiam agunt codices Burdegalensis, Cluniacensis, Altempsian., Daverensis, Caudiacensis Prioratus, et D. Le Mare signatus C, qui fuit PP. Franciscanorum, cum hac sola differentia, quod aliqui addant nomen *sancti.* Vide Praetermissos.

Victorin., in fine, loco Silvini sic habet : « Eodem die sancti Morseti. »

Reg. Succ., num. 130, ita legit : « Eodem die, sancti Moireti. » Verosimillime pro *Moiseti.*

Vatican., num 5949, de Fintano et Silvino tacet, et in fine adjungit : « sancti Valantiniani. »

Strozz. et Medic. : « Apud civitatem Fesulanam , in partibus Tusciae, translatio corporum sanctorum Romuli episcopi primi ejusdem urbis, Alexandri episcopi, Donati et Romani episcoporum praedictae urbis, atque sanctorum martyrum Carissimi, Crescentii et Dulcissimi et aliorum Sanctorum et Sanctarum reliquiarum. »

Editio Lubeco-Col. Inter *Fintani* et *Silvini* ponit : « Ipso die Treveris, sancti Bonosii episcopi et confessoris. » Atque in fine : « In monte Sibergensi, translatio sancti Benigni presbyteri et martyris, quae anno Dominicae Incarnationis mlxxiii per sanctum Annonem Coloniensium archiepiscopum facta est. »

Belin., in textu fere purus, in fine addit : « Claromonte, translatio sancti Lupiani confessoris. »

Greven. « Treveris, sancti Bonosii episcopi et confessoris. In Africa, Crisanti, Concordiae, Justae. » Non recta positio. « In monte Sibergensi, dioecesis Aggripinensis, translatio sancti Benigni, etc. In Scotia, Fimiani episcopi; » an non Finani Lindisfarnensis? « Sabini episcopi Camisinae civitatis, de quo inter alia refert Gregorius, 3. Dialog. quod cum procurante ejus Archidiacono, qui episcopatum ambiebat, venenum sibi fuisset propinatum, spiritu prophetico hoc cognoscens, sine laesione biberit, mandans archidiacono : Ego venenum bibo, sed tu episcopus non eris. Eadem igitur hora archidiaconus defunctus est. » Hic haud dubie est Sabinus Canusinus, de quo ix hujus.

Molan. de Polychronio, litteris Italicis textui addit verba Adonis : « Scriptum est in passione sancti Laurentii, » quam multi apocrypham censent. In fine post *episcopi,* assuit verba superius rejecta : « Tolosanae civitatis in pago Taruanensi, cujus gesta habentur. » De Lupiano et Bonosio, quae supra. Tum litteris minutis : « Sabini episcopi Canusinae civitatis, de quo refert Greg. 3 Dialogorum. » In aliis editionibus, de Silvino apposuit : « Monasterio Sithiu : » quare non *Alciaci,* vulgo [*Auchy?* Denique in fine : « Die decima septima, sancti martyris Theodori tironis. »

XII *Kal.*   Die 18.

Natalis beati Simeonis episcopi et martyris, qui propinquus Salvatoris secundum carnem extitisse dinoscitur, ac filius Cleophae, qui fuit frater Joseph. Hic Hierosolimorum episcopus post Jacobum fratrem Domini ordinatus, persecutione Trajani multo tempore suppliciis affectus, martyrio consummatus est. Omnibus qui aderant et ipso judice mirantibus, ut centum viginti annorum senex crucis supplicium pertulisset. Civitate Ostia, sanctorum martyrum Maximi, Claudii et uxoris ejus Prepedignae cum duobus filiis, qui cum essent praeclarissimi generis, jubente Diocletiano sunt tenti, atque in exilium deportati; deinde incendio concremati, odoriferum sacrificium martyrii Deo reddiderunt.

NOTAE.

Ex *Praten., Herinien. Tornacen., Munerat., Greven.* et *Molan.*

VARIANTES LECTIONES.

Simeonis legunt Herinien., Tornacen. et Molan., quos hic ut alibi sequimur : Praten. et Antuerp.-Maj., *Simonis;* Munerat. et Greven., *Symeonis.* Scripsi *dinoscitur,* ut est fere in omnibus, quidquid scrupulosior in hujusmodi minutiis dici possim. Sic non correxi *Hierosolimorum,* quod ita passim corrupte legitur, ut alibi diximus. Tornac. neglexit articulum *hic,* scripsimus *Jherosolimitanorum.* Munerat. pro *consummatus est,* ponit *consummatur.* In Antuerp.-Maj. post *mirantibus,* ante cxx *annorum,* deest *ut.* Herinien., Tornacen. et Antuerp.-Maj. habent *Hos-tia,* reliqui ut in textu. *Prepedigne* Praten. et alii, putavi servandam diphthongum saltem ultimam. Tornacen. omisit, *cum essent praeclarissimi generis :* Munerat., *Deo.* Hic obiter advertendum codices binos passim satis genuinos, Marchianensem et Aquicinctinum ad usque xxiii hujus, per sex integros dies, valde perturbatos esse, transpositis sanctis, qui in Usuardo leguntur, additisque aliis ipsi ignotis, sic ut a non nemine studiose et pro arbitrio corrupti fuisse videantur.

OBSERVATIONES.

Simeon vel Simon, qui de fratribus Christi Salvatoris fuisse dicitur, primum in Martyrologiis innotescit ex Romano parvo : *Jerosolymis, Simeonis episcopi et martyris.* His in Martyrologio editionis Roswaydi adjecit Ado : *Qui traditur propinquus Salvatoris secundum carnem fuisse,* nec de praefata cognatione quidquam amplius in festivitatibus apostolorum ii Maii, quo die ibi Simeon refertur, et unde sua omnia accepit Usuardus, praeter insertam clausulam de fraternitate *Joseph* et *Cleophae,* quam a Mosandro Adoni tributam Rosweydus in ejus Martyrologio expunxit, et, in appendicem rejecit; non recte, opinor, cum et in Notkero tota habeatur qualem lectori exhibeo : *Constat tamen quia de Cleo-*

pha, cujus filius fuit, frater erat Joseph. Vulgo notum est, quot concertationibus et dissertationibus obnoxia sintea, quæ Christi Domini carnalem propinquitatem spectant cum quatuor illis fratribus *Jacobo et Joseph et Simone et Juda,* Matth. xiii, et Marc. vi, tam clare expressis. Utrum videlicet Josephi ex alio matrimonio filii, ut tradit Nicephorus Callistus ex divino Hippolyto apud Schelstratium tomo I Antiquitatis illustratæ pag. 507, an consobrini ex Maria Cleophæ, quam multi sororem statuunt B. V. Mariæ : an patrueles ex patre Cleopha Josephi fratre, ut in textu nostro dicitur ; an vero aliter eadem cognatio explicanda sit, de quibus judicium ferre nec hujus loci nec temporis est. Poterunt ea secundis curis examinari in Supplemento Februarii, vel forte alibi, dum in Actis occasio dabitur. Qui moram non patitur consulat Interpretes ; vel præter hodiernum in Actis commentarium, videat Florentinii Exercitationem iv, pag. 161, dissertationem Henschenii de Jacobis i Maii, item Chronologiam episcoporum Hierosolymitanorum ante tomum III Maii et alibi ; tum Tillemontium de hoc Simeone tomo II, a pag. 186, de Jacobo minore tomo I, a pag. 365, etc. Denique Castellani notam pag. 682 et 683. Quæ ad Simeonis martyrium attinent, ex Rufini Eusebio lib. iii, c. 31,

accepta sunt, in quibus Castellanus hallucinatus videtur, dum putavit Usuardum aliquid Adoni ex Rufino superaddidisse ; nam is revera sua omnia ex Adone ipso desumpsit, ut facile vir eruditissimus invenire poterat, si præfatum Martyrologium in festivitatibus apostolorum ii Maii consuluisset.

Maximus, Claudius, Præpedigna, cum filiis Alexandro et Cutia a Romano parvo, non ad *ostia Tyberina,* sed *Romæ* annuntiantur, hoc ordine : *Et Romæ, martyrum Claudii, Præpedignæ, Alexandri et Cutiæ et Maximi.* Ado eumdem servat ordinem, sed de loco forte subdubitans, positionem non expressit. Noster *Maximum* præposuit, omissis filiorum nominibus : sed quid ei ansam dederit *Ostiam* nominandi, non video, nisi quod Claudii, uxoris et filiorum concremata corpora ibi in *Rheuma* (aquam præterfluentem) projecta dicantur, et a Christianis juxta eamdem civitatem sepulta. De cætero elogium totum ex Adonis narratione contractum est ; narratio autem Adonis ex Actis sanctæ Susannæ, de qua ad xi Augusti. Quam fidem ea Acta mereantur, hic non determino ; sunt qui omnino rejicienda existiment. Cæterum Usuardini textus nostri originem et sinceritatem ostendimus.

AUCTARIA.

MARCHIANEN. hodiernum textum cum sequenti commiscet : certe *Gabini* annuntiationem integram habet. Tum : « In Africa, sanctorum Pulii [Publii] et Juliani. » Vide indicem Prætermissorum.

ROSWEYD., in prima purus, alteram jungit diei sequenti : hic vero solum addit in fine : « Pimenii martyris. » Vide Acta.

PULSAN. In Simeone mutilus, in aliis tantillum interpolatus est.

ANTUERP. et MAX-LUBEC. in Simeone puri sunt ; inter Ostienses omittunt Maximum ; et in fine adjungunt : « In Africa, Rutuli, Silvani et Maximi. » Vide socios alios in Actis.

ANTUERP.-MAX., LEYDEN., ALBERG., DANIC. et editio ULTRAJ.-BELG. ferme conveniunt in modica textus interpolatione ; addunt nempe post *Joseph, nutritii Salvatoris, et Maximum* vocant *fratrem Claudii.* In fine concorditer adjiciunt : « Eodem die in Africa, sanctorum Rutuli, » etc. Eamdem accessionem habet LOVANIEN. Sed de martyribus Ostiensibus omnia omittit post, *cum duobus filiis.*

CENTULEN., in Simeone abbreviator, de aliis ex Adone subjungit : « Romæ, sanctorum martyrum Claudii et uxoris ejus Prædignæ, et filiorum, Alexandri et Cutiæ, et fratris Claudii, nomine Maximi, qui cum essent præclarissimi generis, agente fratre eorum Gabino presbytero, baptizati sunt a Gaio papa, et postmodum a Diocletiano diversis mortibus perempti sunt. Alexandriæ, beati Dionysii episcopi et martyris. Cœnobio Centula, depositio sancti Angilberti abbatis, qui septimus post beatum Richarium, Centulense monasterium feliciter rexit, cujus corpus cum viginti octo annis esset sepultum, incorruptum inventum est. »

BRUXELLEN. textui non parum interpolato, subdit : « In Africa, sanctorum Rutuli, Silvani et Maximi. Apud Alexandriam, beati Dionysii episcopi, qui multis confessionibus clarus effectus est. Metis, sancti Legontii, ejusdem urbis episcopi et confessoris. » Colitur Dionysius xvii Novembris ; an *martyris* titulo decorandus, alibi dicetur.

HAGENOYEN. tantum non purus, adjungit : « In Africa sanctorum martyrum Rutuli, » etc.

AQUICINCT. conjungit textum hujus et sequentis diei, superaddens : « Item SS. Rutuli, » etc. De codicis illius confusione, supra dictum est.

VICTORIN. et REG. SUEC. signatus num. 130, in fine : « Apud Alexandriam, beati Dionysii episcopi. In Africa, sanctorum Rutuli, Silvani, et Maximi martyrum. »

CODEX D. DU CHEVAL, signatus B : « Eodem die in Africa, sanctorum Rutuli, Silvani et Maximi. »

UGHELLIAN. et CAUDIACENSIS : « In Africa Rutuli, » etc. Jam satis sæpe repetita nomina.

ALTEMPSIAN. : « Eodem die, sanctæ Constantinæ virginis et martyris. Apud Alexandriam, beati Dionysii episcopi, qui in multis sæpe confessionibus satis clarus, præ passsionum tormentorumque diversitate, magnificus effectus est, quievit autem ir pace tempore Galieni imperatoris. »

STROZZ. et MEDIC. : « Ipso die, sanctæ Constantiæ virginis, » filiæ Constantini, quam eamdem crederem cum *Constantina* codicis Altempsiani, nisi illic adderetur titulus *martyris.* Vide Acta.

Editio LUBECO-COL. incipit : « Colonia Agrippina, commemoratio ossium sancti Panthaleonis medici et martyris. Quando caput ejusdem sanctissimi martyris per Henricum militem, dominum de Ulmene, de Constantinopoli ad civitatem Coloniensem est translatum, anno incarnationis Dominicæ mccviii. » Mirum est Rabanum hoc die cum longo elogio natalem sancti *Pantaleonis* referre. In reliquis editio illa fere similis codicibus supra citatis mediæ notæ.

BELIN. textum purum habet in secunda editione, in prima pro *centum viginti,* scripsit, *centum et novem.* In utraque est additamentum : « In Africa, Lucii, Silvani et Maximi. »

GREVEN. : « Romæ, Pimenii presbyteri et Fausti martyrum. Item Rutuli, Classici, Damasi, Tulli, Lampasii, Majoli, Silvani et Maximi, Elasici, Secundini, Fructuli, Pauli. » Ex aliquo apographo Hieronym. accepti sunt. « In Hibernia, Culani episcopi et confessoris. Item Berethoi, Marcelli. » Poterant hi superioribus annumerari, et ad sequentem diem referri. « Item Colomanni episcopi et confessoris. Apud Coloniam Aggripinam, commemoratio ossium, » etc., ut supra.

MOLAN. textui subnectit : « Ac sic postmodum apud Hostiam, in rheuma jactati : quorum reliquias Christiani perquisitas, juxta civitatem sepelierunt. » Quæ Adonis verba sunt. « In Africa, Lucii, Silvani et Maximi. Coloniæ, commemoratio ossium sanctissimi Pantaleonis martyris, quando caput, » etc. In aliis editionibus additur, minoribus litteris : « Pataris, sanctorum martyrum Leonis et Paregorii. » De quibus Acta, quæ inter Sincera et Selecta edidit Ruinartius, a pag. 610.

XI Kal. *Die* 19.

Romæ, natalis sancti Gabinii presbyteri et martyris, qui a Diocletiano diu in custodia vinculis afflictus, pretiosa morte cœli gaudia comparavit. In Africa, sanctorum Publii et Juliani.

NOTÆ.

Ex *Pratensi, Hérinienti, Tornacensi* et *Antuerp.-Majore.*

VARIANTES LECTIONES.

Plures codices, tum mss. tum excusi legunt *Gabini*; non recte cum Usuardus verosimillime Adonem secutus sit, hic Romanum parvum; in utroque autem habetur *Gabinii*, uti etiam in Notkero. Ex codicibus eam lectionem servant Herinien., Antuerp.-Maj. et alii. Ejusdem nominis transformationes exstant apud Bollandum. De *presbyteri, Diocletiano, Africa,* et hujusmodi minutiis, dictum est plus satis. *Pretiosi morte*, pro *pretiosa morte* in

A *Antuerp.-maj.* scribæ oscitantiæ tribuendum est, uti et nonnulli alii nævi in uno alterove folio detrito, aut avulso et subinde descripto. Sic ibi etiam legitur *Plubii*, pro *Publii*, Paucitatem purorum codicum facit appositio in fine tertii nominis, nempe *Marcelli*, qui in codicibus optimæ notæ Munerat., Belin., Greven. et Molan. adjicitur; sed nos aliorum lectionem præferendam censuimus.

OBSERVATIONES.

Ex citatis die præcedenti sanctæ *Susannæ* Actis extractus quoque est hodiernus *Gabinius*, sic rursus a Romano parvo primum signatus: *Romæ, Gabinii presbyteri et martyris.* Breve elogium texuit Ado, in quo, præter ea, quæ a Nostro ad verbum descripta sunt, hoc solum inseritur, *patris beatissimæ Susannæ*; addere poterat; quod in multis apographis Usuardinis subinde adjunctum, *fratrem fuisse Caii papæ*: cujus historiam Gallice prosequens Tillemontius tomo IV ibi pag. 572 de *Susanna, Claudio, Præpedigna* et aliis diei præcedentis, atque de hoc nostro *Gabinio*, more suo satis modeste; sed non satis in Actorum favorem decernit. Bollandus brevi commentario Gabiniana complectitur, ad sæpe citata Susannæ Acta lectorem remittens.

Henschenius de *Publio, Juliano* et sociis Africanis martyribus hoc die pluribus agens, *illustris est*, inquit, *corona duodecim pugilum Christi qui palmam*

B *martyrii in Africa promeriti sunt*; quo adducit Martyrologium ms. ecclesiæ B. Mariæ Ultrajecti, quod a nobis *Usuardinum Rosweydi* vocatur, cujus verba in Auctariis primo loco dabimus. Repetenda sunt omnium nomina ex Hieronymianis valde dissimilibus, tum in martyrum numero, tum in eorum nomenclatura, ut ostendit Florentinius hic, atque ex Rabano et Notkero eorum descriptoribus aperte constat. Castellanius in his disquirendis et disponendis apprime diligens, duodenarium numerum non complet. At quidquid de aliis decem sociis statuatur, certe codices nostri puriores, solos illos duos *Publium* et *Julianum* commemorant, quibus auctiores aliqui *Marcellum*, alii alium vel alios pro arbitrio adjiciunt, ut in Variantibus diximus et infra magis patebit. Annuntiatio nostra pure Usuardina est, cui accinit Wandalbertus hoc versiculo:

Publius undecimum simul et Julianus adornant.

AUCTARIA.

ROSWEYD. Diximus die præcedenti, ab ipso huc referri annuntiationem: « In civitate Ostia, sanctorum martyrum Maximi, Claudii, » etc. In Gabinio purus est. Tum adjicit: « In Africa, sanctorum Publii et Juliani martyrum et aliorum x, » de quo numero ex hoc ipso Rosweydino codice, ab Henschenio accepto, diximus in Observationibus.

MUNERAT.: « In Africa, sanctorum martyrum Publii et Juliani et Marcelli. Treveris, sancti Leguntii episcopi et confessoris. »

MARCHIAN. hoc die posuit quæ nos cum Usuardo referemus xx: « Apud Tyrum, » etc.

PULSAN. textui puro post Gabinium interjicit: « Eodem die apud Beneventum civitatem, natalis beati Barbati episcopi et confessoris. »

ANTUERP. et MAX.-LUBEC.: « In Africa, sanctorum Publii, Juliani et Marcelli. »

ANTUERP.-MAX., ULTRAJECT., LEYDEN., LOVANIEN., ALBERGEN., DANIC. et edit. ULTRAJ.-BELG. post *martyris*, inserunt: « Patris beatæ Susannæ, et fratris beati Gaii papæ, » etc. « In Africa, sanctorum Publii, Juliani et Marcelli. Treveris, sancti Leguntii episcopi et confessoris. »

CENTULEN. inserit, « patris beatissimæ Susannæ, » ut plures alii ex Adone.

BRUXELLEN. omnia habet, quæ codices mediæ notæ, et prælerea in fine subjicit: « Alibi, sancti Pantaleonis martyris. » Vide Prætermissos. De eo agetur xxvii Julii.

HAGENOYEN. cæteris amplior, post *Gaii papæ*, adjungit: « atque consanguinei Diocletiani imperatoris. Hic quia filiam ejus [suam] Susannam noluit dare in conjugem homini pagano, filio Diocletiani, Maximio, a Diocletiano diu in vinculis, » etc. « In Africa, sanctorum Publii, » etc., ut supra. « In civitate Treveri, sancti Leguntii episcopi et confesso-

C ris. Hic translatus est in Scasusan. » Quem locum hic indigitet nescio, nisi forte ex affinitate nominis, conjiciatur Scaphusia Helvetiorum. Sed de hac translatione nihil apud alios invenio. De duobus an uno solum Leguntio aliisque huc spectantibus, videantur Acta, hoc et priori die.

AQUICINCT. etiam habet hac die, ut Marchianensis, quæ ponenda sunt die sequenti.

VATICAN.; quod olim fuit Beneventanum num. 5049, primo loco: « Benevenli, sancti Barbati episcopi et confessoris. » Ita Italici codices.

STROZZ. et MEDIC.: « Item sanctæ Susannæ virginis. Item sancti Barbati archiepiscopi et confessoris. Eodem die, sancti Eustachii patriarchæ Ecclesiæ Constantinopolitanæ. »

Codex ABDINGHOFFENSIS: « Treveris, sancti Licontii episcopi et confessoris. » Idem est qui *Leguntius* supra. Mancum est codicis istius fragmentum.

Editio LUBECO-COL. convenit cum codicibus mediæ notæ.

BELIN., in Gabinio purus, subdit cum plerisque: « In Africa, Publii, Juliani et Marcelli. Eodem die, sancti Eustachii patriarchæ Ecclesiæ Constantinopolitanæ. » Vide Prætermissos.

D GREVEN. etiam addit *Marcellum* cum Molano, ut supra dixi. Auctarium vero ita incipit: « Præfatus Gabinus fuit pater sanctæ Susannæ virginis et martyris, de qua infra iii Idus Augusti. Frater vero sancti Gaii papæ. » Vide Observationes. « Eodem die Treveris, sancti Leguncii episcopi et confessoris. Item Juliani martyris. Item Marubii, Decentii confessoris. » De hoc vide Prætermissos; duo alii ex Hieronymian. sumpti videntur; hic et alibi passim incuriose congesti.

MOLAN. Diximus supra de Marcello textui superaddito. « Eodem die, sancti Eustachii, » etc., ut Belinus. « Treveris, sancti Leguntii, » etc. Tum minori charactere : « Obiit Bonifacius Lausanensis episcopus in Burgundia. Hic Bruxella natus, et in Camera monasterio Cisterciensis ordinis, juxta idem oppidum, quievit anno MCCLX in vita et post mortem miraculis clarus. » In posterioribus editionibus pro *Eustachii*, scribit *Eustathii*, eique et Leguntio super-addit : « Civitate Benevento, sancti Barbati episcopi et confessoris. » Exinde, litteris minutioribus : « Item sancti et gloriosi admirabilium operum effectoris, patris Auxibii, archiepiscopi Soliensis, qui fuit discipulus sancti benedictique apostoli et evangelistæ Marci. Eodem die obiit Bonifacius, etc., ut supra, præter ultima verba, « anno MCCLX in vita et post mortem miraculis clarus. »

X Kal.   **Die 20.**

Apud Tyrum civitatem, beatorum martyrum, quorum numerum solius Dei scientia colligit. Qui jubente Diocletiano, multis tormentorum suppliciis sibi invicem succedentibus occisi sunt. Primo quidem flagris per omne corpus dilaniati, dehinc diversis bestiarum generibus traditi, sed ab his divina virtute custoditi, post addita feritate ignis et ferri, martyrium consummarunt. Horum gloriosam multitudinem incitabant ad victoriam Tyrannio et Silvanus, sed et Peleus atque Linus episcopi, Zenobius quoque presbiter, qui felici agone una cum eis martyrii palmam adeptus est. In Cypro insula, sanctorum Potamii, et Nemesii. Alemannia, sancti Galli presbiteri et confessoris.

NOTÆ.

Sic pure habent *Praten.*, *Herinien.*, *Antwerp.-Maj.*, *Belini editio altera*, *Greven.* et *Molan.*

VARIANTES LECTIONES.

Incitabat pro *indicabant* male scribit Molan. Non hujusmodi error in Belino ; nempe *Tyrannius*, pro *Tyrannio* ; *Pelagius*, pro *Peleus* ; *episcopus*, pro *episcopi*. Legendum esset *Nilus*, ut habetur in Adone atque in Eusebio, imo et in ipso Usuardo XIX Septembris, sed hic errantes codices sequi cogimur. *Cipro* habent Praten. et Greven. : melius alii, ut in textu. Rursus Greven. et Molan. *Pothamii* ; præfero cæteros. Belin. omisit in fine titulum *presbyteri*. Turpioribus sphalmatis fœdatur codex Antwerp.-Maj. in quo desunt verba, *quorum numerum* : male legitur, *tormentis tormentorum suppliciis* ; item, *post additi feritatem ignis ferro*. Post *Alemannia*, habetur, *Secundi sancti Galli*, forte quod paginas vacuas supplentis imperitia *Secundinum* diei sequentis hunc intruserit. Pratensem codicem hic inter puros connumero, quod in nostro apographo textus integer, et ipsa etiam annuntiatio sancti Galli aperte exprimatur, quidquid mihi significarit Castellanus, eam nec XX Februarii, nec XVI Octobris, in ipso prætenso autographo reperiri.

OBSERVATIONES.

De prima martyrum turma, vel manipulo, ex sæpe citato et solito suo auctore Rufini Eusebio, ita inter martyrologos primus scripsit Romani parvi compilator : *Apud Tyrum*, *martyrum*, *quorum numerum Dei scientia sola colligit*, *quos Viturius magister militiæ*, *jubente Diocletiano*, *diversis tormentis occidit*. Veturius ille, aut ex Eusebii Chronico, aut ex nescio quibus Actis, quæ intercidisse opinatur Bollandus, hic adjectus est. Breviorem periodum multis ampliavit Ado, ex laudati Scriptoris lib. VIII, cap 7, magnam elogii sui partem describens, veram quidem et sinceram quousque Rufinum hic sequitur, sed in aliis cum ejusdem cap. 14 confusam, dum adduntur incitatores episcopi, quorum plerosque constat ad alia ferme loca, certe ad alia tempora pertinere, quin et alio mortis genere agonem complevisse, ut patebit ex XIX Septembris et XXIX Octobris, ubi de aliquibus seorsim agemus. Interim ex Adone derivata sunt, quæ Usuardus et Notkerus, atque ex his recentiores martyrologi acceperunt, servata confusione, quam in Actis antiquitus interpolatis repertam Bollandus existimat. Præterea martyrum Tyriorum numerum ignoravit Ado, ut pote quem nec Rufinus ipse expressit, in Eusebio Valesii parenthesi inclusum, et ad *solos quinque* contractum qui ex phrasi Romani parvi ad plurimos, quos nempe *sola Dei scientia colligit*, extendi videtur. Vide Bollandi commentarium historicum, in quo episcopis illis et aliis proprii dies assignantur, ut supra indicare cœpimus. Bollandum secuti sunt Tillemontius tomo V, pag. 440, et Castellanus, pag. 696 et 697. De Tyriis hisce martyribus, in Hieronymianis apographis. Beda, Floro, Rabano, et Wandalberto nihil legitur. Scio, Molanum metrico isti martyrologo hæc ascribere voluisse :

Mox decimus laudem recolit famamque coronat,
Multorum Tyri fuso qui sanguine clarent.

At hujus supplementum merito respuendum censuit Bollandus, unicum Wandalberti versiculum sic terminans :

Mox decimus laudem recolit famamque Coronæ.

De qua martyre cum *Victore* conjuncta, vide hoc die Hieronymiana, Rabanum, Notkerum et Henschenium in commentario plura dubia explicantem.

Potamius et *Nemesius* ex puriori aliquo Hieronymiano apographo accepti sunt, sed sejuncti a *Dydimo*, quem Rabanus et Notkerus aliis recte sociaverunt. *Potamiæ*, *Potaminæ*, *Misis*, *Nemesis* et *Nemersi* et similia, scribarum oscitantiæ tribuenda videntur. Certe *Potamiam* vel *Pantamiam* inde efficiam putamus, quæ in Auctariis sæpius recurret, *Caio* et *Victori* perperam subjuncta. Sintne porro alii Potamii et Nemesii socii, ut ex Corbeiensi codice erui videtur incertum est. *Sanctum Gallum abbatem* nominavit Ado, *miræ sanctitatis virum*, *discipulum sancti Columbani abbatis* ; Noster *presbyterum et confessorem* : uterque hoc ipso die ; tametsi natalem ejus referat Notkerus XVI Octobris, quo eum Bollandus remisit ; die vero sequenti ejusdem translationem. Cur hac die ab Adone celebretur, non equidem perspicio, nisi forte de alia translatione aut elevatione agatur. Minus etiam video, qua ratione Baronius præfatos martyrologos citare potuerit pro XVI Octobris, ubi *Gallus* a Mosandro asterisco notatur, a Rosweydo in appendicem rejicitur. Forte a ms. aliquo Adone deceptus fuerit ; Certe Usuardus, saltem purus, eo die de nullo sancto Gallo meminit, nisi hic Belini textum Baronius pro Usuardino acceperit.

AUCTARIA.

*MARCHIAN. hodie ponit, quæ ad diem sequentem pertinent, omisso solum nomine *Seremli*.

TORNACEN. incipit a proprio loci : « In Tornaco civitate, restitutio sancti Eleutherii episcopi et confessoris.) Vide Acta. Dehinc laterculum exhibet incompletum, integro folio ex codice avulso, sic ut tantum integer sit iv Kal. Martii seu xxvi hujus. De majori lacuna agemus ix Augusti.

ROSWEYD. prima annuntiatio est : « Romæ, depositio Gai episcopi » Sumitur ex Hieronymianis; a Nostro ponitur xxii Aprilis. Sequitur : « In Cipro insula, » etc. Deinde de Tyriis, satis pure. de Gallo, nihil.

PULSAN. ferme purus esset, nisi deficeret in ultima annuntiatione de S. Gallo.

AQUICINCT., turbato ordine, hic habet quæ ad sequentem diem referenda sunt : et post *viginti*, in fine addit : « In Hasbania apud S. Trudonem, depositio sancti Eucherii confessoris, Aurellanensis episcopi, qui a Carolo Martello in exilium missus, ibidem in Christo quievit. »

VICTORIN. ultimam sic format : « In Alemannia, sancti Galli episcopi et confessoris. »

ANTUERP.-MAX.-LUBEC. et UGHELLIAN. omittunt S. *Galli* memoriam, ejus loco substituentes : « Romæ sanctorum Gaii, Victoris et Pantamiæ. » Secundus codex scribit, *Pantaniæ* : at quomodocunque inflectatur, non alia statui potest a sancto *Potamio*, ut supra diximus. Cum citatis codicibus conveniunt BIGOTIAN., signatus P. 5, et D. DU CHEVAL, signatus B. Nusquam recta illorum trium connexio. Jam diximus primum spectare ad xxii Aprilis : ultimum nomen probabilissime fictitium est : ex apographis Hieronymianis *Victor* cum *Corona* copulandus est, qui hoc die in Actis referuntur.

ANTUERP.-MAX., ULTRAJ., LEYDEN., LOVANIEN., ALBERGEN., DANIC. et editio ULTRAJ.-BELG. secundo loco ponunt : « Romæ, sanctorum Gaii, Victoris et Pantamiæ. » Tum de Potamio et Nemesio, pure. Denique : « Eodem die, sancti Eucherii Aurelianensis episcopi et confessoris, qui pro fide Christi exilio relegatus, cum sancto Trudone honorifice quievit. » Deest in omnibus ultima annuntiatio.

CENTULEN. diversum habet a reliquis exordium : « Alexandriæ, sanctorum martyrum, Juliani, Euni, Macharii, Epimachi, Alexandri, Metrani, Apolloniæ, Ammonariæ, Chorintæ, et cum aliis decem. » Ita fere etiam editio Lubeco-Col. infra. Cæterum proprii horum martyrum natales dies videndi catalogo Prætermissorum hac die. Tyriorum elogium mutilat, Potamium et Nemesium omittens. « In Alemannia, sancti Galli abbatis. »

BRUXELLEN. in martyribus Tyriis nonnihil luxuriat, sed quæ textum excedunt, describi non merentur. Secundo loco ita habet : « Romæ, natale sancti Eleutherii papæ et martyris, a quo Lucius rex Britanniæ per epistolam se fieri Christianum postulavit. Et misit papa duos viros religiosos, qui regem cum populo baptizarunt. Et tandem ipse papa martyrio coronatur. » In Prætermissis remittitur ad xxvi Maii. « Eodem die Romæ, sanctorum Gaii, Victoris et Panthamiæ. In Cypro insula, etc. Item sancti Eucherii Aurelianensis episcopi et confessoris : qui pro fide Christi exilio relegatus, in Hasbania, cum sancto Trudone honorifice quiescit. »

HAGENOYEN., in martyribus Tyriis fere purus, secundo loco habet : « Eodem die, Eucherii, Aurelianensis, » etc., ut codices mediæ notæ, supra. Sequitur de Potamio, etc. Deinde de Caio, etc. In fine : « Apud Tornatum, beati Eleutherii episcopi et confessoris. »

MUNERAT. textui puro subnectit sequentia : « Aurelianis, sancti Elutherii [*vult dicere* Eucherii] episcopi et confessoris, qui pro fide Christi exilio relegatus, cum sancto Trudone honorifice quiescit. »

MATRIC.-CARTHUS.-ULTRAJ. : « Apud Tyrum plurimorum martyrum, qui ad exhortationem Silvani cum suis passi sunt. Eleuterii episcopi et martyris. Eucherii episcopi Aurelianensis. »

BELIN. in prima sua editione omisit annuntiationem sancti Galli.

Editio LUBECO-COL., in martyribus Tyriis nonnihil interpolata, secundo loco habet : « Romæ, sanctorum Caii, Victoris et Pantamiæ martyrum. » Sequitur de Potamio et Nemesio. « Eodem die, sancti Eucherii Aurelianensis episcopi, etc. Alexandriæ, passio sanctorum martyrum Juliani, Eunii, Macharii et Epimachi, Alexandri et Metranii, Apolloniæ et Ammonariæ, ac Corinthæ cum aliis decem, sub Decio imperatore. » De his superius egimus ex Centulensi.

GREVEN. : « Romæ , Gaii, Victoris et Pantamiæ martyrum. Aurelianis , sancti Eleutherii [*lege* Eucherii] episcopi et confessoris, qui pro fide Christi exilio relegatus, cum sancto Trudone honorifice quiescit. Juliani et Eunii, ministri sui, martyrum, quos Ado et Usuardus iii Kal. Martii ponunt Coronæ martyris et aliorum. » Ista Victori et sociis xx in Actis jungitur; melius quam Victor Caio et Pantamiæ. « Eustochii virginis. Humbergæ comitissæ. » Vide Prætermissos. *Didimi martyris* Potamio et Nemesio conjungendi.

MOLAN. de *Gallo* subdit ; quæ superius ex Adone notavimus : « abbatis, miræ sanctitatis viri discipuli sancti Columbani abbatis. In Sarchinio, monasterio sancti Trudonis, depositio beati Eucherii, qui Aurelianensium episcopus, a Carolo exilio est relegatus : quod tamen eum pro justitia fuisse perpessum crebra miracula, quæ per ejus sacra merita, divina fieri concedit clementia, sunt indicio. » In aliis editionibus omittitur *Gallus*. Auctarium incipit : « Tornaco civitate, depositio sancti Eleutherii, episcopi et confessoris ecclesiæ ejusdem. In Sarchinio, etc. Die vigesima, sancti patris Leonis episcopi Catanes in Sicilia. » Subditur charactere minori : « Apud Persidem, Sancti Sadoth episcopi, et centum viginti octo, qui cum eo subiere martyrium, in secundo anno persecutionis Saporis. » Egregii hujus antistitis, et sociorum Acta, et gravia et sincera sunt ; a Ruinartio ex opere nostro reproducta a pag. 642.

IX Kal.   Die 21.

Apud Siciliam, sanctorum martyrum septuaginta novem ; qui sub Diocletiano per diversa tormenta confessionis suæ coronam a Christo sibi paratam percipere meruerunt. In Africa civitate Adrumeto, sanctorum Veroli, secundini, Servuli et aliorum viginti. [*Bouillart.*, *ad oram paginæ :* Apud monasterium S. Germani, consecratio altaris in honore beatorum martyrum Johannis et Pauli et S. Blasii necnon sanctorum confessorum Benedicti, Lupi et Egidii. Item consecratio altaris in honore SS. Innocentum et SS. virg. Columbæ, Margaritæ, Catherinæ.]

NOTÆ.

Sumitur ex *Praten.*, *Herinien.*, *Antuerp.-Maj.*, *Pulsanen.*, *Antuerp.* et *Max.-Lubec.*, *Munerat.*, *Belin.*, *Greven.* et *Molan.* Adde *Antuerp.-Max.*, *Lovan.*, *Leyden.-Belg.* et edit. *Ultraject.-Belg.*

VARIANTES LECTIONES.

Lovanien. in eo a cæteris differt, quod legat *per diversa tormentorum genera* : Sic Belin. pro *confessionis suæ coronam*, posuit, *in confessione sua coronam. A Christo sibi præparatam* scribunt Herinien.;

Pulsanen.; Munerat., Belin., Antuerp.-Max. et Lovanien. : textus Adoni conformis est. Antuerp. Maj. et *paratam* et *præparatam* omisit. Belin. in prima editione legit *Secundi* pro *Secundini*, sed hoc in altera correctum est. *Neroli* in Max.-Lubec. ex iis erroribus est quibus ea editio passim redundat : sic in Antuerp.-Maj. *Vetoli.* Certe *Veroli* scribunt codices nostri omnes, non *Veruli*, ut recentiores cum hodierno Romano.

OBSERVATIONES.

En denuo coronam anonymorum martyrum de qua silent Hieronymiana apographa, Beda et reliqui martyrologi, die præcedenti citati ; eam vero memorant martyrologi illi, qui in serie nostra sunt, præeunte Romano parvo his verbis : *In Sicilia martyrum* LXXIX, *sub Diocletiano diversis tormentis passorum.* Proximus huic Ado idem dicit nonnihil paraphrastice, eo nimirum modo, qui ex ipso acceptus, in textu nostro exprimitur. Eumdem descripsit Notkerus. Quod in editione Canisii pro septuaginta novem, legatur *septuaginta quatuor*, inde factum arbitror, quod librarius litteras numerales non recte distinxerit, facili mutatione LXXIV pro LXXIX. Habes hic ipsissimum fontem, ex quo hausere cæteri martyrologi magno numero ab Henschenio et operose enumerati ; non ita Galesinius et Ferrarius, qui plusculum genio indulsisse videntur, hic dum *Cæsaraugustæ* eos martyres tribuit, ille dum *crucis supplicium* passos, gratis commemorat. Ne pluribus morer, probabilius est *Syracusis* ascribendos : de certamine autem frustra alibi plus quæsiveris quam quod a Romano parvo expressum est. Nec recte a Galesinio citatur Wandalbertus, apud quem nullum eorum invenies, qui in hodierno textu celebrantur.

Circa Adrumetinos, tria expendit laudatus Henschenius in Sylloge historica : *Quæ scilicet fuerit constituta hisce athletis palæstra victoriæ? Quot ii fuerint, quæque eorum nomina? Quo potissimum floruerint tempore, seu quanam persecutione cæsi?* Atque hæc etiam ex Martyrologiis pluribus solita diligentia cruderare conatur. Rem ad principia revocare necesse est, recurrendo ad Hieronymiana, ex quibus tota illa cohors, pro majori parte anonyma desumpta primum fuit, tum a Rabano, tum a Nostro, tum a Notkero, a singulis diversimode, unde et in recentioribus orta varietas. Ut de solo Usuardo agamus, recte ex Hieronymianis *Adrumeti* collocantur : in numero et nominibus, nec præfata apographa, nec Rabanus et Notkerus inter se, nec cum Nostro conveniunt. Putat Castellanus, numerum satis exacte ab Usuardo ex primis fontibus determinatum ; mihi non habet quidquam superaddere Henschenii et Florentinii notationibus. De persecutionis aut cædis tempore, nihil ab antiquioribus traditum. Suspicor, Galesinium Martyrologii Romani reformatores induxisse, ad designandam *persecutionem Wandalitam*, contra codicum Usuardinorum et ipsius Belini silentium, Quodnam vetus ms. in notis appellet Baronius, nescio : si S. Cyriani Martyrologium indigitet, virum eminentissimum memoria lapsum, fateri oportet. Quæ Petrus in Catalogo refert lib. II sub finem num. 75, ex Usuardo accepta videntur.

AUCTARIA.

In PRATENSI nostro ad marginem legitur : « Apud monasterium sancti Germani, consecratio altaris in honore beatorum martyrum Joannis et Pauli, et sancti Blasii, necnon sanctorum confessorum Benedicti, Lupi et Egidii. Item, consecratio altaris in honore sanctorum Innocentium et sanctarum virginum Columbæ, Margaritæ, Catharinæ. »

MARCHIAN. hæret adhuc in perturbatione, hic ponens, quæ Usuardus habet XXIII pauculis etiam mutatis, quæ ibi restituentur.

ULTRAJ., LEYDEN., ALBERGEN. et DANIC. textui puro superaddunt : « Methis civitate, natale sancti Felicis episcopi et confessoris, qui sedit annos quadraginta duos et menses six. »

ROSWEYD., in textu satis purus, post, *viginti*, de suo adjicit : « Qui jubente Diocletiano per diversa tormenta occisi sunt. »

CENTULEN. Pro *septuaginta novem*, scribit *septuaginta octo.*

BRUXELLEN. textum fere purum refert ; addit autem : « Metris, sancti Felicis episcopi et confessoris, qui sedit, etc. » Tum : « Apud Landenen, Brabantiæ civitatem grandem, depositio Pippini ducis, patris sanctarum Begghæ et Gertrudis. Qui Major regiæ domus et regni gubernator existens, præstabat tam in bellis fortitudine, quam justitia in pace. Erat enim erga regem fidei servantissimus, et erga populum tenacissimus æquitatis, et in disceptanda utrorumque causa, firmissimo animi judicio persistens. Nec munera populi ad subvertendum jus regium, nec gratiam regis, ad obruendam populi justitiam attendebat. Hic apud Nivellam cum filia sua Gertrude quiescit. »

HAGENOYEN. secundo loco interjicit : « Denallis [*vox mutila est, vult dicere* in Grandivalle] sancti Germani abbatis et martyris. Romæ, Syrici papæ. In Africa, civitate Adrumeto, sanctorum martyrum Ferreoli, Secundiæ, Servuli et sociorum suorum viginti. In Quidelenburg, territorio Hilverstadensis diœcesis, sanctæ Coronæ inter arbores scissæ. Ipso die in civitate Metis, depositio sancti Felicis episcopi et confessoris, qui feliciter ibi sedit annis XLII et mensibus VI regens populum sibi commissum verbo, et exemplo. » Syricius et Corona hac die ne inter Prætermissos quidem in Actis memorantur.

AQUICINCT. convenit cum Marchianensi in transpositione dierum.

VICTORIN. legit *Secundiani* pro *Secundini.*

MATRIC.-CARTHUS.-ULTRAJ. habet in fine, *Bertulphi confessoris.* De eo in Actis v hujus.

ALTEMPS. : « In pago Meldicensi, sanctæ Dercangotæ, vel Descangotæ virginis. » Ea Bollando ignota fuit. An et quæ fuerit in Supplemento examinabitur, nisi forte eadem sit, quæ XXII Februarii in Actis vocatur *Earcongota.*

STROZZ. et MEDIC. : « Apud civitatem Ravennæ, sancti Maximiani archiepiscopi et confessoris. » Differtur in Actis ad diem sequentem.

Editio LUBECO-COL. per omnia similis est codicibus mediæ notæ.

GREVEN. : « Hilarii papæ et martyris. » Non fuit Hilarius papa, martyr, nec ad hunc diem, sed ad x Septembris spectat. « Item Syrici, Saturnini, Fortunati, Jocundi episcopi, Victorini, Petri. » Sunt hi omnes ex numero martyrum Adrumetinorum, si duos postremos excipias. Ubi autem invenerit Grevenus, *Jocundum* fuisse *episcopum*, nescio. « Metis, sancti Felicis episcopi et confessoris, qui sedit annis quadraginta duobus et mensibus sex. Bertulphi confessoris. Serenæ martyris, Eleutherii episcopi. Romæ, Symmachi papæ et confessoris. » De quatuor ultimis, vide indicem Prætermissorum.

MOLAN. : « Methis civitate, etc. Et depositio Eleutherii episcopi. » Tum litteris minutioribus : « Tornacensis, in cathedrali ecclesia quiescentis. In Galliis, Vitalinæ virginis sanctissimæ. » Deinde : « Liber anniversariorum apud Canonicas Nivelke: Vigiliæ dispersæ sancti Pipini. » Quid sint *Vigiliæ dispersæ*, neque in hac neque in aliis editionibus explicatum invenio. Porro in his præterea additur : « Die vigesima prima, sancti patris Timothei, qui fuit in Symbolis. Mediolani, festum sancti Ambrosii, pro victoria, ipso invocato, adepta ad Parabiagum, anno Domini millesimo trecentesimo trigesimo octavo. » Vide de hoc qualicunque festo, inter Prætermissos. Sequitur denuo minori charactere : « Eodem die, obitus sancti Pipini, et Vigiliæ dispersæ sancti Pipini, cujus corpus Nivellæ quiescit in tumba portatili, et circumfertur in Litaniis, sicut et Iduhergæ, et nutricis sanctæ Gertrudis. » Vide Bollandum hoc die pag. 259.

VIII *Kal.*   *Die* 22.

Apud Antiochiam, Cathedræ [*Bouillart.*, *Cathedra*] sancti Petri. Eodem die, beati Papiæ Hierapolitanæ civitatis episcopi, qui Joannis apostoli auditor, Policarpi autem condiscipulus et sodalis fuit. Item, sancti Aristionis, qui fuit unus de septuaginta duobus Christi dicipulis. Alexandriæ, sancti Abilii episcopi, qui post beatum Marcum secundus episcopus, tredecim annos sacerdotium virtute conspicuus ministravit. [*Apud Bouillart.*, ad oram paginæ : Eodem die consecratio altaris in honore beatorum martyrum Eustachii sociorumque ejus et sancti confessoris Christi Medardi.]

NOTÆ

Ex *Praten.*, *Herinien.*, *Ant. - Maj.*, *Roswey d.*, *Pulsan.*, *Ant.*, *Max. - Lubec.*, *Belin.*, *Greven.* et *Molan.*

VARIANTES LECTIONES.

Pulsanen. et Belinus scribunt, *Petri apostoli*: textus ex Beda, Rom. parvo et Adone purus est. Non solus Belinus, sed codices omnes scribunt *beati Papiæ*, ut proinde mirer, id in Belino scrupuli Castellanum observasse pag. 709, in fine. Recte hic etiam legitur, *Hierapolitanæ*; male Herinien., *Jerapolinæ*; Pulsanen., Antuerp., Max.-Lubec., Greven. et Rosweyd., *Jerapolitanæ*; Belin., *Hierapolitanæ*; Antuerp.-Maj., *Terapolitanæ*. Hic idem codex pro *condiscipulus*, scripsit *discipulus* : Rosweyd. pro *sodalis fuit*, repetiit *auditor fuit*. Praten. et plerique alii codices habent *Policarpi*, de quo alias satis dictum est. Pulsanen. qui Petro *apostoli* titulum adjecerat, Joanni subtraxit, et post *Polycarpi* omisit *autem*. Sic Belin. in altera editione, pro *auditor*, scripsit *adjutor*. Rosweyd. pro LXXII, habet LXX. Rursus Belin. in prima editione posuit *Abili*, pejus Pulsan. *Babbilii*. Rosweyd. pro XIII, legit XII. *Annos*, vel *annis* perinde est. Molan. in prima editione omisit *sacerdotium*, restituit in posterioribus. Antuerp., Max.-Lubec. et Belin. pro *virtute conspicuus*, legunt *vita conspicuus* : Pulsanen. autem vocem interserit, sic habens: *fideliter amministravit*. In Roswey d. deest *virtute*.

OBSERVATIONES.

Vetustissimum Kalendarium, quod ab editore passim Bucherianum vocamus, ita hoc die enuntiat ; *Natale Petri de Cathedra* ; quod est *celebritas*, *festivitas*, seu *solemnitas* cathedræ, ut explicat Florentinius hic, et pluribus Castellanus, ubi de voce *Natalis* ad VI Januarii pag. 100. Consonat Gregorii Sacramentarium simpliciter legens : *Cathedra sancti Petri*. Hactenus indefinite, ut utrum de *Antiochena cathedra*, an de *Romana* sermo sit, discernere omnino non liceat, quemadmodum dicere cœpimus XVIII Januarii, et satis apposite ex Menardo et Pamelio opinatur Joannes Fronto ad Kalendarium pag. 28. Vide Menardum ipsum in notis ad Sacramentarium Gregorii pag. 46 et 47. Aliter loquuntur Hieronymiana apographa, inter quæ Epternacense brevissime : *Cathedra Petri in Antiochia*; Lucense : *Natalis sancti Petri apostoli Cathedræ, quam resedit apud Antiochiam*; paulo aliter Corbeiense : *Natalis Cathedræ sancti Petri apostoli, qua sedit apud Antiochiam*; vulgatum ab Acherio, simplicius : *Cathedra sancti Petri, qua*, etc. Omnia certe eo conspirant, ut diversum hoc festum a Romana cathedra statuant. In eam sententiam eunt sequentes martyrologi omnes Romanum parvum, Beda, Rabanus, Ado, Usuardus, Notkerus, quorum eadem verba sunt, quæ in textu nostro recitantur, nam Rabani et Notkeri brevissima additamenta, nihil prorsus de totius rei integritate imminuunt. Cætera, quæ pluribus dissertationibus pridem obnoxia diximus, inquirat curiosus lector in hodierno Bollandi commentario et in Florentinii notatione, ubi Belethi verba de festo *B. Petri Epularum* a Bollando relata, aliaque eo spectantia accuratius expenduntur. Plura discussa sunt XXIX Junii comment. præv., § 5, a pag. 407, et inter Analecta, § 12 et 13, a pag. 456, quibus junge Castellani notam a pag. 706. Laudatis martyrographis plane concinit vincta numeris Wandalberti expositio :

   Octavoque Petri Cathedra et doctrina coruscat,
   Urbs læta Antiochi quo primum præsule vernat.

Papiæ nomen in nullis Martyrologiis Viennensi antiquioribus consignatum est; sed ab eo positum propter affinitatem cum nomine *papæ*, ut non satis apte conjectat Castellanus, vix cuiquam probatum iri existimo. Cæterum Ado Papiam, *sancti Joannis apostoli auditorem* disertissime appellat, atque ex eo ferme verbatim Notkerus ; Noster, limata nonnihil Adoniana phrasi, singularem præterea cum Polycarpo necessitudinem commemoravit. Scrupulo laborasse videtur Baronius, dum *Joannem seniorem*, seu πρεσβύτερον evangelistæ substituit, ut docte ostendit Henschenius, et ex eo Castellanus a pag. 708, necnon Tillemontius tomo II, a pag. 296, apud quos et eruditos alios recentiores non multa invenies, quæ in Supplemento locum habere debeant. Prima *Aristionis* memoria a Romano parvo consecrata est, non hoc die, sed XVII Octobris : *Et Aristionis, qui fuit unus de LXX Christi discipulis*. Hæc eadem verba ibi refert Ado, forte immemor se hoc die, opinor occasione sancti Papiæ, de Aristione egisse. Ea sola inter utrumque textum disparitas est, quod hic scripserit Ado, *qui fuit unus de LXXII*, quam plane phrasim ex ipso servant Usuardus et Notkerus, hoc solo die sanctum celebrantes. Pauca quæ de Aristione memorari possunt, ex Eusebio aut aliis brevi commentario complexus est Bollandus, nec plura reperit Tillemontius, eum cum Papia conjungens. *Abilius*, alias *Avilius*, *Melius*, *Milius*, vel *Melianus* Alexandrinus patriarcha, verosimilius XX Augusti vita functus, est, ut in Tractatu nostro Chronologico contra Tillemontium statuimus num. 71. Neque a definito ibi calculo, ex Martyrologiorum auctoritate recedendum putamus, cum Abilius a Romano parvo hoc die primum in ipsa relatus sit, pro mero, ut sæpius ejus auctor solet, arbitrio. Sic legit : *Alexandriæ, Abilii episcopi*. Ordinem et tempus regiminis adjecit Ado, Usuardus huic voces duas, *virtute conspicuus* ; Notkerus pure Adonianus est. In Adone ultimo loco ponitur *Paschasius Viennensis admirandæ sanctitatis* ; sed hic cum pluribus aliis, ipsius Adonis decessoribus, ab Usuardo prætermittitur, in nonnullis codicibus auctioribus ascriptus, ut mox videbitur.

AUCTARIA.

Praten. adjicit hic aliquis alteram altaris consecrationem monasterii illius sancti Germani propriam, his verbis : « Eodem die, consecratio altaris in honore beatorum martyrum Eustachii sociorumque ejus et sancti confessoris Christi Medardi. »

Marchian. fere purus est, sed excluditur, quia sequenti die adhuc exerrat.

Tornacen. vacat, ut supra dictum est.

Antuerp.-Max., Ultraject., Leyden., Lovanien., Alberg., Danic. et editio **Ultraj.-Belg.**, post *Petri apostoli*, ita prosequuntur :« Quomodo ab Antiochensibus, pulso Symone mago, qui eos seduxerat, ut sibi crederent et Petrum lapidarent, ipse Petrus susceptus est et in cathedra pontificali exaltatus. » Codices iidem omnes, excepto Alberg., ex Adone in fine subdunt, « Viennae, sancti Paschasii episcopi, et confessoris, admirandae sanctitatis viri. »

Centul. : « Apud Antiochiam, cathedra sancti Petri apostoli. Alexandriae, sancti Abilii episcopi, qui post beatum Marcum secundus, Alexandrinam Ecclesiam rexit. Apud Jerapolim, beati Papiae episcopi, discipuli Johannis evangelistae. » Ita hoc die, sed xvii Maii eumdem Papiam repetit cum ipsissimo textus nostri hodierni elogio. Si hunc codicem vidisset Castellanus, eum, pag. 709, Adoni non opposuisset. « Ipso die, beati Aristionis, antiqui Christi discipuli. »

Bruxell. de cathedra Petri ait : « Qui post Ascensionem Christi, cathedram sacerdotalem in partibus Orientis tenuit annis quatuor, deinde venit Antiochiam, et pulso Symone Mago, cathedram pontificalem suscepit, quam ibi tenuit per annos septem. Quibus expletis, Petrus, ut Symonem Magum expugnaret, petiit Romam, et ibi annis viginti quinque, mensibus septem, diebus octo, Ecclesiae Romanae digne praesedit, nullumque postea habuit successorem, qui tantum temporis in regimine summi apostolatus expleret. » In Aristione, Papia, et Abilio parum a puritate aberrat : dein subdit : « Viennae Galliae, sancti Pacasii [Paschasii] episcopi et confessoris, viri admirandae sanctitatis Et Teclae virginis. »

Hagenoyen. de cathedra aliter loquitur : « In qua sedit, laudabiliter regens et docens populum, doctrinam suam miraculis confirmando. Et haec cathedra A primo sibi in Ecclesia Antiochena erecta est, quando filium Theophili principis civitatis illius per quatuordecim annos defunctum, a mortuis suscitavit. In qua sede sanctus Petrus sedit septem annis. » In Papia et Aristione fere purus est. « Alexandriae, sancti Abalii episcopi, qui post beatum Marcum secundus erat episcopus, tredecim annos. Secundus erat sacerdos, omni virtute conspicuus. Viennae, sancti Paschasii episcopi et confessoris, admirandae sanctitatis viri. »

Aquicinct. et hic convenit cum Marchianensi.

Codex D. du Cheval., signatus C. qui fuit PP. Franciscanorum, in fine habet : « Natale sanctae Teclae virginis. » De hac vide indicem Praetermissorum ; atque in fonte Rabanum et Notkerum.

Altemps.: « Eodem die, natale sanctae Teclae virginis. Item Wenloe monasterio, beatissimae Mildburgae virginis. Apud sanctum Edmundum, beati Firmini confessoris, germani sanctae Ethedrae virginis. » De Milburga agitur xxiii Februarii. De Firmino alia opus est disquisitione.

Strozz. et **Medic.** : « Item Romae, sanctae Romanae virginis. » Vide Acta die sequenti, ubi de Romana Tudertina.

Munerat. textui puro subnectit : « Viennae, sancti Pascasii episcopi et confessoris, admirandae sanctitatis viri. »

Editio **Lubeco-Col.** de cathedra eadem habet, quae codices mediae notae supra, in fine solum adjiciens : « In qua septem annos explevit. » In fine etiam : « Viennae, sancti Paschasii, » etc.

Greven. : « In Africa, Victorini, Palatini, Donati, Fortunae et aliorum xxix. » Sumpti sunt ex aliquo apographo Hieronym. « Romae, Sirici papae et martyris. » Vide in Praetermissis. « Dionysiae virginis et martyris. » Vide Praetermissos. « Viennae, Paschasii episcopi, etc. Teclae, alias Tedae virginis. » Vide supra.

Molan. de Paschasio ut supra. « Translatio corporis sancti Guduvali archiepiscopi. » Expressius in editionibus aliis : « Gandavi, translatio corporis sancti Gudwali archiepiscopi. » Annua translationis istius memoria agitur iii Dec. : natalis est vi Junii.

VII Kal. *Die 23.*

Apud Syrmium, beati Sineri monachi et martyris, qui jubente Maximiano imperatore tentus, cum se Christianum esse confiteretur, capite caesus est. Item natalis sexaginta duorum, qui martyrii certamen in praefata urbe consummantes, regna mansura perceperunt. Ipso die, sancti Policarpi presbiteri et confessoris, qui cum beato Sebastiano plurimos ad Christi fidem convertit, atque ad martyrii gloriam exhortando perduxit.

NOTAE.

Sumitur ex *Praten., Herinien., Rosweyd., Pulsanen., Antuerp., Max.-Lubec., Munerat., Greven* et *Molan.*

VARIANTES LECTIONES.

Sirmium in *Firmum* transformant Antuerp. et Max. Lubec., Munerat., in *Smyrnam*; ut male scripsit Notkerus, alios in errorem inducens : nos *Syrmium* reliquimus, quod ita codices passim scribant; Rosweyd, male *Sirnium*. Variant iidem in *Sineri* nomine, pro quo Antuerp. *Sireneri*; Max.-Lubec., *Siveri*; Munerat., *Sineti* enuntiant; Rosweyd., *Sereni*; Greven, et Molan. ex Adone, *Syreni*. De eo plura in Observationibus. *Duum* pro *duorum* scribit solum apographum nostrum Pratense, alii codices omnes, ut in textu, addidit Pulsanen. *militum*, sed et in eo singularis est. Antuerp. Max.-Lubec. et Molanus in prima editione, ponunt *septuaginta duorum*; ast hic in editionibus Usuardi puritatem restituit. De *Policarpi presbiteri* et hujusmodi aliis medii aevi orthographicis erroribus, satis alibi dictum est. *Consumentes* pro *consummantes* in Max.-Lubec. : *mensura* pro *mansura* in Munerato, sphalmata sunt vix notatu digna. Male in Pulsanen. legitur *beato Stephano*, pro *beato Sebastiano*; *palmam*, pro *gloriam*; *exortando*, pro *exhortando*. Greven. in editione anni MDXXI videtur *Vigiliam beati Matthiae* textui adnectere, verum cum in priori id plane distinxerit, eum inter puros codices numerandum censui.

OBSERVATIONES.

Sinerum legimus cum probatissimis codicibus Usuardinis, quidquid sit de varia apud alios hujus nominis enuntiatione, de qua Bollandus hoc die et Castellanus pridie pluribus disputant. In Romano parvo scribitur : *Apud Sirmium, Sirenii monachi*; quam orthographiam cum alia *Sireni* praeferunt Acta. Hieronymianum Lucense die praecedenti (quo verosimilius, ex ultima Actorum a Ruinartio pag.

546 editorum clausula, passus est) unde exprimit : Syrmium, natalis S. Sereni et aliorum LXII. Sociorum numerum minuit Epternacense, legens, et aliorum XVI : auget Corbeiense utrumque, et aliorum LXXII. Forte melius juxta ac simplicius, sed absque positione, scripsit Gellonense Seneri, subjungens, et alibi LXI. Certe in utriusque Actis veris et sinceris, a Bollando primum, deinde inter selecta vulgatis, nulla prorsus sociorum fit mentio. Hæc in Hieronymianis VIII Kal. seu XXII, hoc die vero: *In Pannonis vel Sirmi*, primo loco in Florentinianis ponitur, *Seneroti*, vel *Senerotis*, qui tribus aliis apud Rabanum, Notkerum et Bollandum expressis, conjunctus est, solus in Gellonensi nominatus *Seneroti*; quo demum reducenda videtur longa illa apud Castellanum pag. 710 vocabulorum, pene dixeram confusionem, farrago. Neque enim assequor quo fundamento V. C. varios sanctos in unum conflet, præsertim Senerum vel Serenum et Senerotum apud Hieronymiana et in Actis recte discretos, quos licet eodem loco passos fateamur, at sane eodem tempore martyrium subiisse nequaquam constat. Nec magis comperi in quibus apographis Hieronymianis ipsum illum Senerum Castellanus alio habitu indutum invenerit XXI Februarii, sic ut tribus consequenter diebus unus et idem martyr recurrat. At quidquid de Hieronymianorum inflexionibus dici possit, certum est Adonem scripsisse Syreni, Notkerum Synerii, alios aliter, qui ex varia nomenclatione sanctos multiplicarunt, ut apud laudatos scriptores et Florentinium videre est. Sola nobis hic disceptatio de Usuardi lectione, quam ex melioris notæ codd. mss. definivimus. Cum quo scribendi modo majorem cognationem habeat analogia gallica *Serneu*, *Cerneux*, *Cerneuf*, viderint illi qui etymologias scrutantur. Porro sancti elogium ex Actis desumpsit Ado, ex Adone descripsit Notkerus, Noster nitidius contraxit qui et in *Sexaginta duobus*, iti lem *Sirmii*, ut hic dicitur, passis atque ex eodem Romani parvi fonte acceptis, phrasim paulo cultiorem et elegantiorem reddidit. Romanum parvum, ut a Rosweydo editum est; pro *Sexaginta duorum*, legit XLII, opinor, errore librarii, quem Ado correxerit. Recentiores martyrologi cum Romano hodierno, scribunt LXXII, quod ex Hieronymianorum differentia, vel ex Notkero primitus ortum existimo, atque ex codicibus Usuardinis, in eo non satis puris, transumptum. Quam male martyrologi aliqui Itali sanctum Sinerum *Firmum* in *Picenum* transferant, quum inepte Hispani in *Bœticam*, Sexti *Firmum*, docet Bollandus in commentario. Acta non semel laudata, Gallice reddidit Tillemontius tomo V, a pag. 254.

Tertia Romani parvi annuntiatio est : *Romæ*, *Polycarpi presbyteri*. Hunc Ado recte credidit S. Sebastiani socium; idem credidere majores nostri, atque ut talem in Acta retulerunt, cum sylloge historica ex illustrissimi martyris vita concinnata. Usuardus ad verbum descripsit, quæ in Adone repererat, nec nisi vocem unicam omisit Notkerus. Apographa Hieronymiana alium hic *Polycarpum* notant, nempe celeberrimum illum Smyrnensium episcopum, de quo jam supra ad XIX et XXVI Januarii non obiter locuti fuimus. Hic vero recurrit citata Florentinii Exercitatio VI, qua verum martyrii diem cum XXIII Februarii, ex Græcorum calculo, coalescere contendit. Castellanus, pag. 724, nimis decisive hæc omnia erroris arguit. Wandalbertus cum nostris sentit, de hodierno Polycarpo hos pangens versiculos :

Septimus eximio Polycarpi splendet honore;
Presbyter ore, fide, Christi qui jussa secutus,
Martyrio turbam potuit servare fidelem.

AUCTARIA.

ANTUERP.-MAJ. Anglicanæ olim Ecclesiæ alicujus fuisse, prodit sæpissime, ut in præfatione ostendimus : hic textui puro adjungit : « In Britannia, beatæ Milburgæ virginis, cujus [quæ] virtutibus et miraculis claruit. » Vide Acta.

CENTULEN. : « Apud Sirmium, sancti Sireni monachi, qui sub Maximiano capite cæsus est. Et aliorum sexaginta duorum, qui ibidem passi sunt. » Adonis verba sunt. Tum : « Romæ, sancti Policarpi presbyteri et confessoris, qui adjutor et cooperator floruit. » Addi, ni fallor, deberet, *sancti Sebastiani*. At hic Polycarpus in eodem codice rursus sequenti die ponitur, studio, an scriptoris incuria, quis divinabit ?

MARCHIAN., ex dierum transpositione hodie vacuus, supplementum accersivit ex aliquo Hieronym. apographo, in multis corrupto; operæ pretium est totum ejus laterculum exhibere. En ejus verba : « Natale sanctorum martyrum Inpannonii, Serenoti, Antigoni, Rutuli, Libii, Rogatiani. » Vide Acta. « In Asia, Policarpi episcopi cum aliis duodecim martyribus. Smyrnæ, natalis sanctorum Herotes, Carpori, Geronti. In Africa, Chrisogoni, Zenonis, Minandri, Cariniani, Ariones, Hippoliti, Diodori, Menelanti, Athoræ, Petri, Lambesis, Lucianæ, Felicis, et aliorum triginta sex. In Asia, Lasconi, Synorii, Heruti, Zenonis, Menalippi, Sinestis, Syricis cum sociis eorum. »

ANTUERP.-MAX., LEYDEN., LOVANIEN., ALBERG., DANIC. et EDITIO ULTRAJ.-BELG. incipiunt : « Vigilia sancti Mathiæ apostoli. » Pro LXII scribunt LXXII : de cætero puri sunt.

BRUXELLEN. ea ferme ex Adone inserit, quæ Usuardus prætermiserat. Ita habet : « Apud Smyrnam, sancti Syveri monachi. Qui tempore Maximiani imperatoris, cum unius ex domesticis ejus uxorem, hora incongruæ, in horto, quem ipse sibi excolebat, deambulantem, acrius increpando repulisset, jubente Maximiano tentus, et Christianum se esse confessus, capite cæsus est. Item apud Smyrnam, natale sanctorum LXII, » etc. Reliqua pura sunt.

HAGENOYEN. : « Vigilia sancti Mathiæ apostoli. Apud Smyrnam, beati Syrenei, » etc., textu non nihil interpolato. In fine : « Item Wildeburgis virginis in Anglia. » Lege *Milburgis*.

AQUICINCT., Marchianensi similis in perturbatione, etiam ex Hieronym. suppletus est, sed paulo accuratius. Scribit enim : « Natalis sanctorum martyrum, in Pannoniis, Serenoti, » etc. Omittit : « In Asia Policarpi, » etc. Post *Geronti*, interserit : « Nativitas sancti Joannis evangelistæ. » In numero reliquorum martyrum conveniunt, licet diversimode nomina efferant. Additur in fine, recentiore manu : « Item Vigilia beati Mathiæ apostoli. »

VATICAN., signatus num. 5949 : « Smyrnæ, natale sancti Herotis. » Vide MARCHIAN.

ALTEMPS. fere omnia repræsentat quæ in Marchianensi et Aquicinctino haberi diximus, truncatis etiam et luxatis nominibus ex aliquo apographo Hieronymiano.

Editio LUBECO-COL. incipit : « Vigilia sancti Mathiæ apostoli. » De Sinero eadem habet, quæ in Bruxellen. ex Adone restituta diximus. Pro LXII, ponit etiam LXXII. Tum : « Treveris, inventio sancti Celsi episcopi. » Sequitur de Polycarpo. Denique : « Eodem die, sanctæ Milburgæ virginis. »

BELIN. prima editio Polycarpum facit *episcopum et confessorem*. Utraque habet LXXII, et in fine : « Eodem die, vigilia beati Mathiæ apostoli. »

GREVEN. : « Nativitatis sancti Joannis evangelistæ. » De ea agitur XXVII Decembris. « In Asia, Polycarpi, Herotis, Felicis et aliorum duodecim. Item Serenoti, Antigoni, Rotuli, Labi. » De his supra dictum est abunde. « In Hungaria, passio vel [secundum alios translatio] sancti Gerardi episcopi Morisenensis et martyris. Qui Venetus natione, et sancti Marci canonicus, desiderio perfectionis, habitu religionis suscepto, vitam eremiticam duxit. Postea, agente sancto Stephano Hungarorum rege, episcopus factus, tandem ab infidelibus captus et cum aliis pluribus occisus est. › Vide indicem Prætermissorum. « Milburgis virginis, filiæ regis Merciorum. Treveris, inventio sancti Celsi episcopi et confessoris. In Hibernia, Tymini episcopi et confessoris. › Sitne hic *Tianus* vel *Tiamanus*, de quo inter Prætermissos, nescio. « Item sancti Sereni abbatis, de quo in Vitis Patrum legitur, quod divino munere ad summam puritatem meritis et corporis pervenerit. › Est etiam inter Prætermissos.

Molan. alio charactere verba Adonis de *Sinero* textui interposuit. In fine: « Eodem die, inventio sancti Celsi confessoris Christi. Eodem die, Vigilia beati Mathiæ apostoli. › Et deinde minori charactere: « Quæ plerisque locis jejunii observatione celebratur: Milburgis virginis, filiæ regis Merciorum, cujus Vitam Atto cardinalis scripsit. › In aliis editionibus melius dicitur « Celsi episcopi. › Et in fine: « In territorio Arvernensi, sancti Syrenei martyris egregii. › Idem ipse est qui in textu *Sinerus* dicitur, ab Arvernis cultus ob reliquias illuc ex Oriente, vel ex Pannonia, translatas. Plura vide apud Bollandum et Castellanum.

VI Kal.   Die 24.

Natalis beati Matthiæ apostoli, qui post ascensionem Domini ab apostolis sorte electus, apud Judæam Christi Evangelium, prædicavit. Item, inventio capitis Præcursoris Domini, tempore Martiani principis, quando idem Præcursor duobus monachis, primum, ubi idem ejus caput celatum jaceret, revelavit. In Cæsarea Cappadociæ, sancti Sergii martyris, cujus gesta præclarissima habentur.

NOTÆ.

Puri sunt *Praten., Herinien., Antuerp.-Maj., Marchian., Pulsanen., Muneral., Greven.* et *Molan.* Item *Belinus* in eo solum discrepans, quod Sergium præposuerit inventioni capitis Præcursoris.

VARIANTES LECTIONES.

Pauca observatu digna occurrunt. *Mathiæ* et *Matthiæ* promiscue scribitur, nobis hic præplacet martyrologorum lectio. In Heriniensi supra lineam ascriptas invenio voculas: inter *sorte* et *electus*, ponitur *est*, et post *electus* particula *et Martiani* passim legitur; si præferas *Marciani* cum Antuerp.-Maj.

per me licet. Praten. et Muneratus scribunt, *quando isdem*, nimia, opinor cacophoniæ evitandæ religione. *Capud* in Pulsanen. pro *caput*; librarii sphalma est: *Capadociæ* pro *Cappadociæ*, alibi sæpe recurrit. In Antuerp.-Maj. omissum est substantivum *gesta*.

OBSERVATIONES.

Non usque adeo certum est, ut quidem vult Castellanus pag. 732, *Matthiam Apostolum* ab Hieronymianis recoli xxi Maii; nam licet ibi codex Lucensis sub finem legat: *Et alibi natalis sancti Matthiæ apostoli*, apographa alia, ut vetustissimum Epternacense et utrumque Corbeiense, imo et Gellonense; siquidem Hieronymianis accensere possit, ibidem clare exprimunt S. *Matthæi*: Nihilominus *Matthiam* eo die suscipit Florentinius pag. 543, putatque *recentioris instituti* esse, quod in utroque Corbeiensi, ejus festivitas hoc xxiv Febr. consignetur. Ego hic tam recentis instituti festum non video, quod nimirum in Sacramentario Gregoriano a Menardo edito, hodie celebratur sub hoc titulo: *Natalis sancti Matthiæ apostoli*. Nec tam recentia sunt Corbeiensia, in quibus ipsissima illa verba (excepto *sancti*) primo loco reponuntur. His adde Martyrologia alia ab Henschenio citata, uti et nostra, quæ solito ordine perlustrabimus. Beda imprimis sic habet hoc die: *Inventio capitis Joannis præcursoris*. Tum: *Et natale sancti Matthiæ apostoli*. Romanum parvum primo loco simpliciter: *Sancti Matthiæ apostoli*. Ado in Martyrologio: *Natalis sancti Matthæi apostoli*, quæ inter festivitates apostolorum explicatiora sunt, unde accepit Usuardus omnia, quæ in textu adjecta conspiciuntur. Mirum est Rabanum a Beda deflexisse Notkerum ab Adone, dum Ambo ita scribunt: *In Palæstina, nativitas sancti Matthiæ apostoli; qui de septuaginta discipulis, pro Juda traditore in apostolatum electus, in Judæa Evangelium prædicavit*. Fateor equidem in verbis potius quam in re discrimen esse, quale et in Floro invenies; nusquam vero aut tempus, aut locum, aut genus martyrii designatum. Cæterum, quæ Matthiæ gesta, cultum, corporis vel aliquarum partium translationes, miracula attinent, copiose illustravit Henschenius; cui compendia placent, legat is quæ habet Tillemontius tomo I a pag. 406, et una notas quæ eo reducuntur.

De *Inventione capitis Præcursoris* jam ex Beda diximus. De Hieronymianis erit alibi disserendi locus. Eamdem et eodem modo refert Romanum parvum, ex quo Ado: ex hoc Noster, sed omisso ubique proprio nomine, per appellativum satis distincto. In textu nostro innuitur eam fuisse inventionem *primam*, uti et in Romano hodierno asseritur, ex sola, opinor, Usuardi auctoritate, qui τὸ *primam* Adoni superaddidit. Verum nihil ad hunc locum ea disquisitio, de qua consule sancti Prodromi Acta, ad xxiv Junii a Papebrochio egregie illustrata, ubi varias venerandi capitis inventiones fuse prosequitur toto cap. 3, de quibus brevius Tillemontius tomo I, a pag. 103, et in notis a pag. 494. Porro quæ de hac nostra inventione sub Martiano principe facta, ab Adone Hieronymiana citante, pluribus deducta sunt, et a Notkero multum amplificata, Noster more suo summatim delibavit, sed cum intrusione particulæ, quam supra notavimus, Wandalbertus utramque etiam festivitatem conjunxit:

Sextus apostolica radiat virtute Mathiæ,
Occultumque diu caput, Hoc Baptista retexit.

Sergius martyr Cæsariensis Cappadociæ, idem verosimillime est, qui cum *Herulo* et *Lucio* hoc die memoratur in apographis Hieronymianis, unde eos Notkerus eduxit. Ado illa non videtur consuluisse, secutus Romanum parvum, ubi *Sergius* solus ponitur: *Apud Cæsaream Cappadociæ, Sergii martyris*. Noster sua omnia ex Adone desumpsit, servatis etiam verbis ultimis, *cujus gesta præclarissima habentur*. Utinam ea, si unquam exstiterint, alicunde eruantur! nam quæ in Collectione nostra ex Tamayo Salazar producta sunt, ea ut minimum novo et accurato examine prorsus indigent, quod loco et tempore, favente Deo, dabimus. Molanus in prima sua Usuardi editione Gregorium Turonensem citaverat; sed in posterioribus subdubitare videtur an sanctus ille, dum libro *de gloria martyrum*, cap. 97, alicujus sancti *Sergii* miracula enumerat, de hoc nostro Sergio non meminerit: at ante ejus tempora vix cuiquam dubium fuit, quin ibi Gregorius de Sergio Bacchi socio loqueretur, de quo Usuardus, et alii ad vii Octobris. Vide Henschenii commentarium, num. 7, ubi etiam ostendit laudatum Gregorium Turonensem lib. vii Hist. Franc., cap. 31, non alium teste, colitur citato die vii Octobris. Sergium appellare, quam illum, qui, etiam Baronio

AUCTARIA.

ROSWEYD. sic annuntiationem primam efformat: « In Judæa, Mathiæ apostoli, qui unus ex LXXII in loco Judæ, post ascensionem Domini [ab] apostoli sorte electus, subrogatus est. » Cætera purus.

ANTUERP.-MAX. LUBEC. et UGHELLIAN. nihil habent de inventione capitis Præcursoris; et cum his convenit codex ALBERG., atque omnimode etiam conveniret DANIC. nisi in fine adjiceret: « Treveris, sancti Modesti episcopi et confessoris. »

ANTUERP.-MAX., ULTRAJECT., LOVANIEN. et EDITIO ULTRAJ.-BELG. primæ annuntiationi inserunt hæc verba : « Atque in locum proditoris Judæ subrogatus. » In aliis puri, subdunt in fine augmentum: « Treveris, » etc. quod etiam in aliis codicibus infra non semel recurrit.

CENTULEN. : « Natale sancti Mathiæ apostoli. Ipso die inventio capitis Præcursoris Domini, tempore Martiani principis. » Deest annuntiatio tertia , cui substituitur repetitio Polycarpi, de qua heri diximus : « Romæ, sancti Polycarpi presbiteri et confessoris, de quo in gestis beati Sebastiani legitur. »

BRUXELLEN. sic habet : « Natale sancti Mathiæ apostoli, qui post ascensionem Domini ab apostolis sorte electus, atque in loco Judæ proditoris subrogatus, apud Judæam Christi Evangelium prædicavit. Cujus beati apostoli corpus, per Helenam reginam, a Judæa Romam translatum, sanctus Sylvester papa cum pluribus aliis reliquiis per beatum Agritium episcopum, Treveris, ut fertur, transmisit. Eodem die, inventio capitis beati Joannis Baptistæ, præcursoris Domini, qui imminente festivitate Paschali, ut in Evangelio patet, fuit decollatus : quique tempore Martiani imperatoris, duobus monachis caput suum, ubi celatum jaceret, revelavit. Quod et illi perquirentes, hac die invenire meruerunt. » De Sergio satis bene. Tum : « Treveris, sancti Modesti episcopi et confessoris, qui post Miletum, cum multo fructu ibi Dei Ecclesiam rexit. »

HAGENOYEN. multa alia de Matthia comminiscitur, quæ licet nec satis clara, nec satis probata agnoscam, libet tamen hic etiam adducere, ut pateat quam varia et sæpe satis absona ab imperitis hominibus in libros etiam ecclesiasticos, crescente sensim nimia libertate, intrusa sint. Sic habet codex noster: « Natale beati Mathiæ apostoli, qui statim post ascensionem Domini, loco Judæ traditoris, ab apostolis sorte institutus est apostolus. Qui prius erat Demicius (aliter legere non possum) septuaginta duorum discipulorum Christi unus. Hic articulum Symbolo apostolico adjecit, et Judæam, ut in ea prædicaret, in sortem accepit : sed Judæis traditus lapidandus sub Nerone Cæsare, et Aniano minore sacerdote Judæorum, agente illo vices præfecturæ. Qui postea more Romano, securibus quasi bovem fecit percuti : et tunc Mathias apostolus, manus et oculos in cœlum tendens, emisit spiritum. » In secunda annuntiatione, de inventione capitis Præcursoris, satis purus est. Tum : « In Cæsarea Cappadociæ beati Sergii martyris, cujus gesta præclara leguntur fuisse. » Demum in fine adjicit : « Treveris, depositio sancti Modesti episcopi et confessoris. »

REGINÆ SUEC., signatus num. 428 : « Parisius civitate, v fere milliari ab urbe, dedicatio ecclesiæ BB. martyrum Dionysii, Rustici et Eleutherii. »

VATICAN., num. 5949 : « Romæ, natalis sanctæ Primitivæ. » Vide Acta, in quibus melius vocatur *Primitivus*, ex codicibus Hieronymianis cum socio aliquo *Paulo*, in portu Romano, conjunctus.

STROZZ. et MEDIC. : « Sancti Matthiæ .... cujus corpus de Nicæa [Judæa] Romam, et postea Treveris est translatum ; tamen caput ejus ostenditur a canonicis ecclesiæ sanctæ Mariæ Majoris almæ Urbis, cum reverentia maxima. Inventio capitis præcursoris Domini .... quod modo Romæ requiescit in ecclesia sancti Silvestri, et ibi cum maxima devotione omnibus Christi fidelibus ostenditur. » Vide XXIV Junii in Actis.

Editio LUBECO-COL. : « Natale beati Matthiæ apostoli. Qui post ascensionem Domini ab apostolis sorte electus, atque in loco Judæ proditoris subrogatus, apud Judæam Christi Evangelium prædicavit. Qui prius unus de septuaginta duobus discipulis Christi fuit. Primo a Judæis capitur, et, velut blasphemus, lapidibus obruitur. Post hoc quasi bos securi percutitur, et capite truncatur. Tali martyrio, prius oculos in cœlum figens, emisit spiritum. Quem venerabilis Helena Augusta Treveris indigena, post multos annos de Judæa ad urbem Romanam transvexit, et in ecclesia sanctæ Mariæ Rotundæ honorifice recondidit. Et nunc Treveris per translationem quiescit. » Sequitur inventio capitis, etc. Tum : « Treveris in ecclesia sancti Eucharii, depositio sancti Modesti, ejusdem loci episcopi et confessoris. » De Sergio recte. In fine : « Ipso die, beati Mesorii confessoris. Item sancti Athelberti regis. »

GREVEN. idem ferme Matthiæ elogium habet, quod ex editione LUBECO-COL. retulimus. Tum : « Romæ, sanctorum martyrum Primitivi et Pauli, Rutuli, Serapionis, Herodii, Lucii. Item Lucii et Flaviani. Montani et Gemelli martyrum. » Confusa hæc, in ictis paulo distinctiora invenies. De Modesto, ut supra. « Athelberti regis Canciæ, seu Angliæ. Qui ad prædicationem beati Augustini, quem sanctus papa Gregorius miserat, conversus, fidei ampliandæ et ecclesiis exstruendis studiosum cooperatorem se exhibens, plenus operibus bonis quievit in pace. Ipso die, beati Meforii confessoris, Olympiadis sanctæ matronæ. Item Hiscæ et Hinnæ, sanctarum. » Vide Prætermissos.

MOLAN. : « Treberis, beati Modesti episcopi. » Dein minoribus typis : « Ethelberti regis ... scriptum est a Beda lib. I et II Historiæ gentis suæ. Rothomagi, passio sancti Prætextati episcopi ejusdem civitatis, de quo Gregorius Turon. in Chronico, lib. v, cap. 18; lib. vii, cap. 16, et lib. viii, cap. 31. » In editionibus aliis. « Treveris, beati ... In Anglia, Ethelberti regis Cantiorum, » etc. Rursus minutiori charactere: « Eodem die annotatur vita et martyrium sancti Montani et sociorum ejus, Lucii, Juliani, Victorici, Flaviani et cæterorum , scriptum eleganti stylo, partim ab ipsis martyribus, partim ab eorum familiari, qui præsens aderat. » Vide Acta sane egregia, et notæ optimæ, ab Henschenio illustrata, et denuo recensita a Ruinartio a pag. 232.

V Kal. *Die 25.*

Apud Ægyptum, natalis sanctorum Victorini, Victoris, Nicofori, Claudiani, Dioscori, Serapionis et Papiæ sub Numeriano imperatore : quorum primus , secundus et tertius pro confessione deitatis constanter exquisita suppliciorum genera tolerantes , reliqui quatuor Claudianus et Dioscorus flammis incensi, Serapion et Papias gladio cæsi sunt. Omnes itaque celebre martyrium dedicaverunt.

NOTÆ.

Ex *Praten.*, *Herinien.*, *Antuerp.-Maj.*, *Marchian.*, *Pulsanen.*, *Antuerp.* et *Max.-Lubec.*, *Munerat.*, *Belin.*, *Greven.*, et *Molan.* Adde *Albergensem.*

VARIANTES LECTIONES.

Lego *Ægyptum*, ut legi debet cum melioribus codicibus. *Egyptum* et *Egiptum* pro temporum ratione sæpe scribi notius est quam ut hic iterum notari mereatur. *Nicophori* scribunt *Parvum Rom.* et Ado Rosweydi, non *Nicephori*, ut recentiores. Solus Molanus primos secutus est. Optimæ notæ codices textum firmant. Exerrant Pulsanen. et Munerat., ille *Nicyfori*, hic *Nichofori* scribentes. Antuerp.-Maj. pejus legit, *Nicofiri*, scriptorio sphalmate, qualia etiam sunt *Diascori* et *Serapionis*. Errat item Pulsan. legendo *Claudii* pro *Claudiani*, in quo turpius cespitat Molani editor, qui primo loco ponens *Claudiani*, postea eumdem in *Claudium* transformat. Est etiam sphalma typographi in Munerato, ubi pro *constanter*, male legitur *constanti*. Phrasim mutavit Pulsan. dum pro *suppliciorum genera*, vertit *tormentorum supplicia*. Sic Marchian. pro *reliqui quatuor*, substituit, *reliqui*, *nimirum*. Prima autem Belini editio, pro *reliqui*, male *reliquæ*. Pulsan. habet *injecti*, loco *incensi*. Alberg., Ant. et Max.-Lubec. legunt continue, *gladio cæsi*, *omnes celebre....* Munerat., *omnesque*, pro *omnes itaque*.

OBSERVATIONES.

Sola classis *Ægyptiorum* martyrum hodie apud Usuardum recurrit, accepta ab Adone, contracto ejus elogio. Hic, ut solet, Romanum parvum secutus est, ubi septem illi hoc die distinctissime exprimuntur: *Apud Ægyptum, Victorini, Victoris, Nicophori, Claudiani, Dioscori, Serapionis et Papiæ*. Horum pars maxima in apographis Hieronymianis pridie nota est, sub hac enumeratione : *In Ægypto, passio sanctorum Victorini, Victoris, Nevietæ* [*Nivittæ, Nivitilæ, Ninentiæ*] *Nicofori, Serapionis, Dioscori*. Repetuntur septem, vel iidem vel synonymi, xxviii Februarii, sed pluribus aliis immissi, sine ulla loci designatione, quorum seriem sic possis instruere: *Serapionis, Claudiani, Victorini, Victoris, Nicopori, Diudori, Papiæ*, qui, ut iterum dicam, si iidem ipsi sint, superius septenarium constituent. Conscripta fuisse olim, inquit Henschenius, *horum martyrum Acta ex elogiis eorum, quæ in variis Martyrologiis iisque perantiquis reperiuntur; videmur posse colligere*. At quæ hic multa appellat Martyrologia, ad unum Adonis, mea quidem sententia, reducenda sunt. Viderit ipse Acta aliqua, ex quibus id potissimum eruit, quod tormentorum ab iis martyribus passorum diversa genera explicat, quæque Noster compendiosius retulit. Itaque variæ illæ Martyrologiorum aliorum annuntiationes in Actis a laudato Henschenio deductæ, nihil magnopere ad rem nostram faciunt. Id autem observatu dignum, quod in Adone, tum Mosandri, tum Rosweydi nominetur, *imperator Numerianus, agente Sabino duce*, ubi procul dubio melius omissum fuisset *Numeriani* nomen, forte ab interpolatore aliquo insertum Actis, non ipsi Adoni, cum Netkerus eumdem ejus textum integrum describat. Exstat vero apud nos ecgraphum Adonianum reginæ Sueciæ, quod olim videtur fuisse abbatiæ Fuldensis, in quo correctius solum legitur : *Sub Sabino duce*, quem scimus Christianos in Ægypto crudeliter divexasse, non sub Numeriano, qui iis infensus fuisse nusquam traditur, sed sub Decio, ut fusius enarrat Dionysius patriarcha, in sua adversus Germanum epistola, ab Eusebio relata libro vi, cap. 40. Usuardus autem cum ea ex Adone seligeret, quæ in rem suam facere poterant, id de martyrii tempore selegit potissimum, quod securius omisisset, expuncto nimirum *Sabino duce*, ut ex laterculo nostro manifestum est.

De martyrii loco minus quidquam compertum est, nisi id a Græcis, qui diebus aliis eos martyres recolunt, mutuare velimus, ut fecisse videtur Joannes Cabilunensis episcopus, si ipsius est *Topographia sanctorum Christi martyrum*, a Maurolyco vulgata et recognita, qui verbo *Diopolis*, septenos nostros ibi sub Numeriano collocat. Dum hanc quæstionem more suo diligenter et docte expendit Henschenius, nescio quo casu, a vero *Topographiæ sanctorum* auctoris prænomine aberrans, eam tribuit *Petro Cabilunensi*. Errorem solerter advertit clar. Castellanus in notis suis pag. 763, typographi oscitantiam benigne interpretatus : recte quidem, et pro suo in opus nostrum studio ; verum dum ipse Henschenium corrigit, in alium errorem perquam similem, sive suum, sive typographicum labitur. Quid virum fefellerit facile intelligo, nempe rem totam non ultra examinans, Maurolycum secutus, *Primi* appellationem substituit, indefessam alias diligentiam suam hic desiderari passus, qui catalogum episcoporum Cabillonensium non consuluerit, in quo *Primus* nullus, sed pro anno, quo laudata Topographia a Maurolyco scripta traditur, *Joannes Germain*, ejus nominis apud alios x apud Sammarthanos xi reperitur, vir doctissimus et scriptis aliis notus; cujus prænominis apposita forte initialis littera J. Maurolyco ansam dederit *Primum* efformandi, ut ante me ex Raynando observavit Papebrochius, tomo V Junii, pag. 491, num. 27. Videsis apud laudatos Sammarthanos an *Topographia* Maurolyci accipi non debeat pro *Mappa mundi spirituali*, cum libro super ea elucubrato, quæ illi inter alia Joannis Cabilunensis opera recensetur, quamque Raynaudus, tomo XI, pag. 287, vocat *Mappam sacram*. Ad nostra regredimur.

AUCTARIA.

Rosweyd., in prima purus, hæc adjungit : « In Bavaria, sanctæ Walburgæ virginis. In Africa, Donati et Justi martyrum et aliorum XXI. Ex Hieronymianis accepti sunt, vide in Actis eorum socios.

Lovanien. textui, etiam puro, subnectit : « In Fenice [Phœnice] sanctorum Ananiæ presbyteri et Petri carcerarii ejus. »

Antuerp.-Max., Ultraject., Leyden., Danic. et editio Ultraject.-Belg. idem habent initium, et sic deinde prosequuntur : « Quorum primus sub præside Maximiano flagris cæsus, sale acetoque vulnera aspersus, et cilicio asperrimo confricatus, deinde cum Petro præfato, ejus constantia converso ; post varias pœnas, simul in succensam fornacem missus, cum aliis septem militibus in mare præcipitati, gloriam martyrii adepti sunt. » Vide Acta a Bollando illustrata.

Centulen. caret toto textu, sed legit : « In Africa, natale sanctorum Donati, Justi, Ingeniæ et aliorum quinquaginta. Item, natale sanctæ Aldetrudis virginis. »

Bruxellen. totum fere Adonis contextum, tametsi non omnino purum, sic exhibet : « Apud Egiptum, natale sanctorum septem fratrum Victorini, Victoris, Nycaforii, Claudiani, Dyoscori, Serapionis et Papiæ, sub Numeriano imperatore, agente Sabino duce. Quorum primus in pilam ex robore cavam et undique circumforatam missus, ac per singula foramina diutissime transpunctus est ; et cum nimius sanguis efflueret, eductus de pila, capite cæsus est. Secundus, manibus et pedibus amputatis, in eamdem pilam missus, prioris tormenta sustinuit, et novissime gladio cæsus est. Tertius, cum ultro in pilam Imisset ingressus, indignatus judex jussit eum inde produci, et super craticulam, prunis substratis, aliquantisper assari et inverti; cumque in confessione persisteret, sublatus inde, minulatim gladio concisus spiritum reddidit. Reliqui quatuor Claudianus, et Dyoscorus flammis incensi, Serapion et Papias gladio perempti; omnes celebre martyrium consummarverunt. » De Anania et Petro eadem habet quæ codd. mediæ notæ. In fine autem subjicit : « Item Aldetrudis virginis, filiæ sancti Bavonis. » Vult dicere Vincentii comitis. Vide Acta nostra, ubi ab Henschenio nonnullæ difficultates explanantur circa tempus vitæ Aldetrudis, circa diem obitus, et alia eatenus non satis perspecta.

HAGENOYEN. alium textum composuit : « Apud Egyptum, natale sanctorum martyrum Victorini et Victoris, Nycopori, Dioscori, Claudiani, Serapionis et Papiæ, sub Numeriano imperatore Romano. Quorum primus et secundus et tertius, pro confessione Deitatis, constanter exquisita suppliciorum genera tollerantes, reliqui vero flammis sunt incensi, ultimi duo gladio sunt cæsi, Omnes itaque sollempne martyrium dedicaverunt. » Sequitur Ananiæ annuntiatio, in qua sic positionem seu locum martyrii exprimit : « In Yeneti, sanctorum martyrum Ananiæ presbyteri, et ejus carcerarii Petri. Quorum primus, » etc., ut codices mediæ notæ supra. In fine : « Walpurgæ virgin's. »

AQUICINCT. : « Inventio capitis sancti Pauli apostoli. »

CODEX. D. DU CHEVAL, signatus B : « In Phœnice, sanctorum Ananiæ presbyteri et Petri carcerarii ejus. »

ALTEMPSIAN. : « Romæ, inventio capitis sancti Pauli. »

STROZZ. et MEDIC. : « Item, sanctorum martyrum Justi et Herenæi et sancti Victoris episcopi et martyris. »

Editio LUBECO-COL. textui, fere puro, solum superaddit : « In pago Trecassino, beati Victoris confessoris. » Spectat ad diem sequentem.

GREVEN. : « In Africa, Donati, Justi martyrum et aliorum unius et quinquaginti. Item Herenei, Pysionis, Nestoris, Castæ. » Sumpti sunt de more ex aliquo apographo Hieronym.« Ananiæ martyris. Romæ, Aglaes martyris. » Vide indicem Prætermissorum.

« In pago Trecassino, beati Victoris confessoris. Aldetrudis virginis, filiæ sancti Bavonis [lege Vincentii comitis], » qui et ipse sanctus colitur xxiv Julii. « Translatio sanctæ Walburgæ virginis. » Probabilius est eam hoc die obiisse, ut in Actis videre est.

MOLAN. : «Item sanctæ Aldetrudis virginis, filiæ sanctæ Waldetrudis. » Dein minori typo : « Eodem die, sancti patris nostri Tarasii archiepiscopi Constantinopolitani. » Editiones aliæ auctarium ponunt hoc modo : « Item sanctæ Aldetrudis virginis, filiæ sanctæ Waldetrudis, quæ Malhodio monasterio secunda præfuit. In Sicilia, sancti Gerlandi ex Burgundia, episcopi Agrigentini, tempore Rogerii comitis. Die vigesima quinta, sancti patris Tarasii archiepiscopi Constantinopolitani. » Vide insignem de eo Henschenii commentarium, et Vitam a Gentiano Herveto e Græco Latine redditam, egregie illustratam.

IV Kal. *Die 26.*

In civitate Pergen Pamphiliæ, natalis beati Nestoris episcopi, qui persecutione Decii, cum die noctuque orationi insisteret, postulans ut grex Christi custodiretur, comprehensus, nomen Domini mira libertate, et alacritate confessus, equuleo crudelissime tortus est. Exin crucis suspendio victor migravit. Apud Alexandriam, sancti Alexandri episcopi, gloriosi senis. Hic post beatum Petrum, Arrium presbyterum suum hæretica impietate depravatum, et divina veritate convictum, de ecclesia ejecit, ac postea inter trecentos decem et octo Patres, et eumdem in Nicæno concilio damnavit.

NOTÆ.

Ex Praten., Herinien., Tornacen., Ant.-Maj. Marchian., Pulsan., Munerat., Greven. et Molan

VARIANTES LECTIONES

Pergem pro Pergen scribunt Pulsanen. et Munerat. Lego Pamphiliæ cum codicibus prope omnibus, licet ultro fatear meliorem esse Molani lectionem, Pamphyliæ. Textus recte habet orationi insisteret, discrepat solus Pulsanen. qui scribit, incumberet. Sic Molanus contra omnes posuit mirabili pro mira libertate. Eculeo habent aliqui; secutus sum modum scribendi communiorem et accuratiorem. Pro Exin, in Greven. et Molan., legitur exinde : nec a vero sensu omnino aberrare videntur Pulsanen. et Munerat. dum ponunt et in. Scriptor codicis Antuerp.-Maj. posuit ex tamen, quod prorsus nihil significat. Marchian. post Alexandri, omittit titulum episcopi. Arrium scribunt passim ; male Antuerp.-Maj., Arrium. In Nicæno variant. Damnavit ævi sui orthographiam redolet. Greven. in fine : damnavit eumdem; Molan., eumdem damnavit, utrobique recta constructio.

OBSERVATIONES.

Diximus alibi, inter varias de Romani parvi auctore opiniones, unam esse multorum animis insitam, quasi hic ex Hieronymiano brevicúlum suum compilasset. Ego vero ex perpetua collatione, ia qua tandiu versatus sum, censeo oppositum longe esse verosimilius ; et, ut non diffitear, eosdem quandoque sanctos in eumdem diem utrobique concurrere, persuasissimum tamen habeo auctorem illum raro ex Hieronymianis apographis quidquam accepisse. Ut ad textum hodiernum accedam, certe dum sic annuntiat : Apud Pergen Pamphiliæ, beati Nestoris episcopi, alium plane ducem habuisse oportet. Hoc ut perspicias, en Hieronymianum hujus diei laterculum : Natalis sanctorum Alexandri, Nestoris, Theonis, Epion, et aliorum plurium. Quænam hic, obsecro, convenientia ? At sumere potuit ex die præcedenti : neque hoc opinor ; verba conferamus. Lucense sic ibi habet : Pamfilia, natalis sanctorum Nestoris, et Castæ. Corbeiensia : In Pamphilia, natalis sanctorum Nestoris et Castæ, Claudiani. Demum Eptornacen. : Pampiliæ, natalis sancti Nestoris. Nusquam determinatus locus, nec appositus titulus ; ubique ferme additi socii, quos a Nestore nostro removere nemo non cogitur. An hæc satis conveniant, ut primus ex posterioribus hausisse dicatur, fallor, si quis harum rerum peritus existimet. Crediderim ego Nestorem Magydenum ex Actis auctori Romani parvi innotuisse, in quibus cum diem satis determinatum non reperiret, hunc pro suo arbitrio, ut nonnunquam solet, præ cæteris elegerit. Ex similibus Actis egregium elogium concinnavit Ado, a Notkero descriptum, a Nostro solitæ brevitati eleganter aptatum. Vide Acta ipsa, quæ Baronio et Henschenio probata, dubiis tamen multis obnoxia censet Tillemontius tomo III, a pag. 351. Quis Nestor a Wandalberto celebretur, patet ex ejus versiculo :

Nestore quartus ovat, socio pariterque Theone.

Quod de Nestore sentimus, idem et potiori jure militat in *Alexandro* patriarcha Alexandrino, eum scilicet nequaquam indigitari in ea multorum martyrum classe, quæ hoc die in Hieronymianis, et quidem absque positione seu loci designatione refertur. Undecunque vero eum desumpserit (ego ex Rufino acceptum non dubito) quacunque ratione ductus, xxvi Februarii ipsum affixerit auctor Romani parvi; certum est, ita in eo, hoc die legi, *Alexandriæ, Alexandri gloriosi senis episcopi* ; certum est Adonem ex laudati Rufini Eusebio elogium Alexandro construxisse, quod ab Usuardo et Notkero fere ad litteram descriptum, in cætera deinde Martyrologia dimanavit. Martyrologii illius auctoritatem eludere conantur eruditi aliqui recentiores, ut Alexandri obitum ex xxvi Febr. ad xvii Aprilis transferant, contra quam mihi visum fuerit in Tractatu chronologico de patriarchis Alexandrinis a num. 193. Ibi dicta non repeto, solum observari velim ruere conjecturas omnes, quas multis agglomerat et mire contorquet eruditissimus montfauconus, in prævio suo ad Vitam S. Athanasii monito, pag. 46, dum Romani parvi auctorem, textus Hieronymianos male interpunxisse et turbasse contendit, ut Alexandrum Alexandrinum hoc die collocaret, et, si superis placet, etiam *martyrem* faceret, ut die sequenti clarius refellam. Melius et brevius viro Cl. consilium suggeram ; dicat rotunde, Romani parvi auctorem sanctos nonnunquam, pro suo fere arbitrio, certis diebus illigasse, de quorum vero obitus die indubitatam notitiam non habuerit : quod verum esse, ultro fatebimur ; sed an hic obtineat, nec ipsi, nec mihi exploratum est. Porro inter recentiores illos adversarios Castellanum quoque annumero, nimia libertate uti solitum, in mutandis diebus, quos a tot sæculis martyrologorum nostrorum unanimis consensus sanctorum cultui consecraverat. Reliqua non moror, dum textus nostri origo et genuina simplicitas abunde demonstrata est.

AUCTARIA.

Roswey. textum purum refert, sed ei in fine adnectit : *Fortunati episcopi.* Alii codices socios adjungunt, in quorum numero non conveniunt ; tu vide Henschenium et Florentinium, qui classes illas satis accurate dispescunt.

Antuerp. Max.-Lubec., Ughellian., Belin., Antuerp.-Max., Vatican., num. 5949, Ultraj.-Leyden,, Lovanien., Danic. et editio Ultraj.-Belg., omnes etiam in textu satis puri, sic in fine habent : « Item Fortunati, Felicis, cum aliis viginti et septem. »

Albergen., nescio unde ab solitis sociis recedat, hæc de Nestore ex Adone textui admiscens : « Ille lætus psallebat dicens : *Benedicam Dominum in omni tempore, semper laus ejus in ore meo*. Præses vero stupens super tanta tolerantia, volens eum blandis verbis a fide revocare, dixit ei : Vis esse nobiscum, aut cum Christo tuo? Cui sanctus Nestor cum magno gaudio respondit : Cum Christo meo eram, sum, et ero. Exinde crucis, » etc.

Centulen., puto scriptoris oscitantia, confusas esse binas annuntiationes hoc modo : « In civitate Pergen, Pamphiliæ, sancti Fortunati episcopi et martyris, et aliorum triginta duorum. » Vide Acta.

Bruxellen., textum fere purum, præter morem servat, in fine adjungens : « Item Felicis martyris cum sociis viginti septem. »

Hagenoyen. textum etiam refert tantum non purum. In auctario convenit cum superioribus. « Item Fortunati, et Felicis cum aliis viginti septem martyribus. »

Aquicinct., pro *Nestoris*, legit *Nestorii*, subditque in fine cum aliis : « Item Fortunati, Felicis, cum aliis viginti septem. »

Victorin. et Codex Reg. Sueciæ, signatus num. 130, in fine habent : « Nivernis, sancti Agricoli episcopi et confessoris. » Alii vocant *Agricolam*, ut vide in Actis.

Strozz. et Medic. primo loco ponunt sanctum indigenam : « Apud civitatem Florentiam in partibus Tusciæ, natale sancti Andreæ episcopi et confessoris ejusdem urbis, successoris sancti Zenobii gloriosi episcopi et confessoris, magnificæ sanctitatis, vitæ laudabilis et clarissimi viri, cujus corpus requiescit in ecclesia cathedrali prædictæ urbis, juxta altare prædicti sancti Zenobii. »

Editio Lubeco.-Col., de Nestore etiam aliqua ex Adone interserit, post *custodiretur*, his verbis : « Comprehensus a quodam Hyrenercho [Irenarcho] principe curiæ civitatis, oblatus est præsidi Pollioni, a quo, dum confiteretur nomen Domini mira libertate et alacritate, multis tormentorum generibus affectus, et equuleo crudelissime tortus est. Exinde, » etc. Sequitur de Alexandro. Tum : « Item sanctorum Fortunati et Felicis cum aliis viginti et septem, martyrum. Arvernis, beati Agricolæ episcopi et confessoris. In territorio Archiacensi, sancti Victoris confessoris. »

Greven. : « Item sanctorum martyrum Theonis, Epion, Justi, Donativi, Ampliati, Ingenii. Item Fortunati episcopi, Felicis et aliorum viginti septem martyrum. » De Agricola et Victore eadem habet, quæ editio Lubeco-Col. : « In Hibernia, Oghani episcopi. » Est inter Prætermissos. « Item sanctæ memoriæ Jacelini, prioris majoris Cartusiæ post Brunonem decimi, viri magnæ sanctitatis et meriti. Hic defunctum quemdam monachum Cartusiæ, ut a miraculorum ostensione cessaret, præcepto obedientiæ compescuit. » Notatur solum inter Prætermissos hoc die et præcedenti.

Molan., in prima editione : « Item Fortunati, et Felicis cum aliis xxvii. In territorio Archiacensi, sancti Victoris confessoris. » Accedit in posterioribus : « Die vigesima sexta, sancti patris Porphyrii, archiepiscopi Gazæ. » Vide insignem ejus Vitam, a Marcho discipulo descriptam, a Gentiano Herveto Latine redditam, et in Actis nostris ab Henschenio illustratam. Mirum est Martyrologos nostros de tanto viro non meminisse.

III Kal. *Die 27.*

Alexandriæ, passio sancti Juliani martyris. Is cum ita podagra constrictus esset, ut neque incedere, neque stare posset, una cum Eunno ministro suo, in sella judici offertur; qui camelis impositi jubentur per totam circumduci urbem, et flagris hinc inde inspectante populo laniari, usquequo fluem ipsis verberibus sortirentur. In Hispaniis civitate Hispali, natalis sancti Leandri episcopi et confessoris, cujus prædicatione et industria, tota Gothorum gens per Recharedum regem ab Ariana impietate conversa est. Lugduni, sancti Baldomeris viri Dei, cujus sepulcrum crebris miraculis illustratur.

NOTÆ.

Sic habent *Praten., Herinien., Marchian., Pulsan., Munerat., Belin., Greven.* et *Molan.*

VARIANTES LECTIONES.

Munerat. post *Is cum* omittit *ita*, quæ particula ad rectam syntaxim requiritur. In Pulsanensi pro *posset*, male legitur *potuisset*, et in Munerato pro *Euno*, habetur *Uno*, uti et in Marchianen. Belinus ponit *Enuo*. Hic rursus pro *inspectante*, legit *spectante*, cui accinit Munerat., qui pro *Hispali* scribit *Hispalis*. Hyspaniis vero et *Hyspali*, quæ apud aliquos inveniuntur, sæculi vitio tribuenda sunt, *Recharendum* habet prima Belini editio, altera cum omnibus codicibus *Recharedum*, quorum auctoritate ducti, ita in textu reliquimus. Munerat. tria hæc verba, *per Recharedum regem*, omisit. Scripsi *Arriana*, ut pridie factum est. Marchianen., Pulsanen., prima Belini editio et Greven. legunt *Baldomeri*, recte, opinor, quamvis aliorum codicum torrenti cesserim, qui cum Adone et Notkero constanter scribunt *Baldomeris*, vel *Baldemeris*. Molan. item in editione altera ponit *Baldomeri*, corrigitque etiam, quod male in prima legerat *ipsius verberibus*, pro *ipsis* :

OBSERVATIONES.

Juliani et *Euni* sacra commemoratio debetur auctori Rom. parvi, qui sanctos illos non aliunde, quam ex Eusebio Rufini accepit, suntque de eorum numero, quorum certamina prædicavit Dionysius Alexandrinus, in sæpe laudata ad Fabium Antiochenum epistola, apud Eusebium libro vi, cap. 41, ex quo alii omnes. Sic habet prædictum Martyrologium : *Alexandriæ, Juliani martyris et Euni, qui cum ipso sene in confessione perduravit*. Ubi advertes, proprium Euni nomen *Cronion*, esse prætermissum. Ado ex Eusebii verbis elogium adornavit, quod Noster brevius exhibet. Satis mira est Montfauconi animadversio in monito ad Vitam Athanasii, de quo pridie etiam meminimus. Illic enim auctorem Rom. parvi arguit perturbationis et confusionis, quasi qui diversa in unum conflaverit, et ita quidem, ut per hæc verba : *Qui cum ipso sene in confessione perduravit*, indicet, *Eunum* cum *Alexandro* patriarcha subiisse martyrium, utpote eum Alexander, ut vidimus die præcedenti, *gloriosus senex* dicatur. Sed hæc et reliqua, quæ ibi Montfauconus adducit, quam levi conjecturæ innitantur, ex sola illius Martyrologii, Adonis et Notkeri, lectione ad oculum commonstratur. Poterat autem oculos ipse suos convincere, si vel obiter Eusebium inspexisset loco citato, cujus verba hic referam ? « Quorum Julianus, vir podagræ doloribus constrictus, qui nec stare poterat nec incedere; una cum duobus aliis, qui ipsum portabant, adductus est. Horum alter statim negavit; alter, nomine Cronion, qui Eunus cognominabatur, nec non et senex ipse Julianus, cum Christum confessi essent, » etc. Habet hic Montfauconus *senem*, cum quo Eunus *in confessione perduravit*; habet, non quo Romanum parvum, sed se perturbationis accuset, quod nempe duorum dierum diversissimos textus in unum confuderit.

De *Leandro* celebri illo Hispalensi episcopo nulli martyrologi Adone antiquiores meminere. Eum ipse primo loco annuntiat, his verbis : « Apud Hispaniam, civitate Hispali, sancti Leandri episcopi et confessoris : ad quem beatus Gregorius libros Moralium scribit : cujus prædicatione et industria tota Gothorum gens, per Reccaredum regem, ab Ariana impietate conversa est. Qui etiam fratrem ejus Erminigildum regem, vivente adhuc patre hæretico, ab eadem Ariana hæresi ad catholicam fidem correxit, atque usque ad gloriosam martyrii passionem, suis exhortationibus perduxit. » Hæc omnia Notkerus, primo etiam loco descripsit; Usuardus, mutato ordine, sensum Adonis secutus est. Rejicitur in Actis ad xiii Martii propter rationes ibi assignatas, quarum præcipua, quod per totam fere Hispaniam non alio quam eo die colatur. Putat Castellanus martyrologos non sæculi ansam cepisse, *Leandrum Hispalensem* hoc die memorandi, quod in apographis Hieronym. inter Smyrnenses martyres *Leander* aliquis commemoretur. Non assentior; id enim in Adone, iisque qui ipsum secuti sunt, hactenus exemplo caret, saltem quod a me observari potuerit. Hunc de Leandro versiculum nobis reliquit Martyrologus metricus.

Tertius Hesperiæ Leandro antistite floret.

Baldomerus etiam ab Adone primum in Fastos relatus est, cujus verba Usuardus ac Notkerus descripserunt. Nomen gallicum *Galmier* vel *Geaumier*, per rectam analogiam, difficulter a primitivo descendit. Pauca, quæ de eo Chifletius eruit, vide in Actis ab Henschenio illustrata. De textu nostro dubii nihil superest.

AUCTARIA.

TORNACEN. textui puro et simplici superaddit : « Eodem die sanctæ Honorinæ virginis, et martyris. » Ex translatione maxime innotuisse videtur, ut docet Henschenium in Actis.

ANTUERP.-MAJ. hic mutilus est; sic habet : « In Hispania civitate Hispali, natale sancti Leandri episcopi, ad quem beatus Gregorius libros Moralium scribit. Item eodem die in Alexandria, natale sancti Juliani martyris. »

ROSWEYD. in prima purus, alteras duas in diem sequentem rejicit, hic vero iis substituit : « Item in Africa, Dionis martyris et aliorum xxiii. » Voluit dicere *Dionysii*. Alii numerant xxiv socios anonymos.

ANTUERP. et MAX.-LUBEC. in fine adjiciunt : « Eodem die, Alexandri Abundantii et Fortunionis. »

ANTUERP.-MAX., ULTRAJEC., LEYDEN., LOVANIEN., ALBERG., DANIC., HAGENOYEN. et EDITIOULTRAJ.-BELG. in prima et ultima satis puri, in secunda de sancto Leandro post *confessoris*, interserunt : « Ad quem beatus Gregorius libros Moralium scripsit. » In fine habent ut supra et ut plures codices inferius : « Eodem die, Alexandri, Abundantii et Fortunionis. » Ex Hieronymianis a classe Thessalonicensium martyrum avulsi sunt : vide reliquos socios in Actis recte ordinatos, ubi quid in Romano hodierno erratum sit facile deprehendes.

CENTULEN. ex toto textu Usuardino nec verbum exhibet, hoc solum ex Hieronymianis referens : « In Africa, sancti Dyonisii et aliorum xxiv martyrum. » Jam dixi, non unam esse eorum codicum lectionem, cum aliqui solum numerent comites xxiii.

BRUXELLEN. incipit a Leandro : « Apud Hispaniam, civitatem Hispalim.... » ut codices mediæ notæ. Sequitur de Juliano et Euno. Tum : « Eodem die Alexandriæ, Abundantii et Formionis. » Melius habent codices supra. « Apud Lugdunum, sancti Balduneti.... » Denique : « Item Fortunati martyris. »

AQUICINCT., in fine : « Item Alexandriæ, Abundantii et Fortunionis. » Errorem jam novimus. « Et sanctæ Honorinæ virginis. »

VICTORIN., et REG. SUEC., signatus num. 30, et UGHELLIAN.: « Item S. Alexandri, Abundantii, Fortunionis. » Est augmentum, quod sæpe recurrit.

MARTRIC., CARTHUS.-ULTRAJ. post textum plane mutilum, addit : « Inventio sancti Joannis Baptistæ; » ast in margine : « forte Joannis filii Eutropii. » Imo verosimiliter neutrius. Vide Prætermissos.

BIGOTIAN. Codex signatus P. 5, qui fuit PP. Cœlestinorum : « Item Alexandri, Habundantii, et Fortunionis. »

REG. SUEC. signatus 428 : « Ipso die sanctæ Honorinæ virginis et martyris. »

Codex D. DU CHEVAL. signatus B : « Eodem die Alexandri, Abundantii et Fortunionis. »

VATICAN. num. 5919. : « Alexandri, Abundantii, et Fortunionis et aliorum XXIV. »

STROZZ. et MEDIC. : « Item S. Januarii. » An ex sociis SS. Alexandri, Abundantii, etc. ?

Editio LUBECO-COL. post Leandrum hæc apponit : « Vocatio ad apostolatum sanctorum Petri et Andreæ apostolorum. » Sequitur de Baldomero. Dein : « Eodem die, sanctorum Alexandri, Abundantii et Fortunionis martyrum. Ipso die, beatæ Onosimæ virginis. » Lege *Onesimæ*, de qua hodie in Actis.

GREVEN. : « Thessalonicæ, Alexandri, Abundantii, Antrogoni, et Fortunionis martyrum. In Africa, Dionisii, Taciani, Dionis martyrum aliorumque XXXIII. » Ita jam passim Grevenum accessionès suas ex apographis Hieronym. inchoare advertimus. « Onesimæ virginis. Item Macharii: Castro Conflando, Honorinæ virginis. Item beati Joannis monachi, filii Eutropii magistri militum urbis Romæ. Qui cum in omni sanctitate annis septem in monasterio stetisset, Romam rediit; in domo parentum incognitus permansit, et in extremo vitæ parentibus se revelans, inter eorum brachia expiravit. Item beati Joannis abbatis in Scithi, qui rogatus a fratribus, ut verbum aliquod salutare eis relinqueret, respondit : ex quo factus sum monachus, nunquam propriam feci voluntatem, nec aliquid docui, quod non prius ipse fecissem. Item alterius Joannis in eremo superioris Thebaidis, vita, moribus, et abstinentia præclari. Joannis etiam alterius, qui in deserto Sutriæ tanta consolationis gratia refulsit, ut quantacumque mæstitia, quis premeretur, paucis sermonibus ejus lætitia et alacritate repleretur. » De his tribus synonymis aliis, vide indicem Prætermissorum.

MOLAN. : « Eodem die, beatæ Honorinæ virginis et martyris. » Ita in prima editione. Aliæ sic habent : « Eodem die in Nortmannia, beatæ Honorinæ virginis et martyris. Die vigesima septima, sancti patris Procopii Decapolitæ, confessoris. » Demum minori charactere : « Item apud Metaphrastem, sanctorum Andronici et Athanasiæ. » In syllabo Prætermissorum remittuntur ad IX Octobris.

Pridie Kal.   *Die* 28.

In territorio Lugdunensi locis Jurensibus, depositio beati Romani abbatis, qui primus illic vitam hereminticam duxit, et multis virtutibus ac miraculis clarus, plurimorum postea pater extitit monachorum. Eodem die, sanctorum Macharii et Rufini.

NOTÆ.

Sumitur textus ex *Praten.*, *Herinien.*, *Tornacen.*, *Marchian.* et *Pulsanen*. Concordat *Munerat.*, sed translationem adjicit S. Augustini. *Grevenus* contra et *Molanus* in ultima annuntiatione Macarii et Rufini deficiunt. *Ant.-Max.*, *Lubec.* et passim codices reliqui redundant in Justo et Theophilo. Plura vide in Observationibus, cætera in Auctariis.

VARIANTES LECTIONES.

Nullæ hic variantes.

OBSERVATIONES.

Quidquid de *Romano* abbate Jurensi in hodierno nostro textu ponitur, ex Viennensi sumpsit Usuardus, et totidem verbis Notkerus (silentibus de eo sancto antiquis reliquis Martyrologiis) rescissa utrobique ultima Adonis periodo hac : *Venerabile ejus corpus situm est in finibus Vesontionum*; quam in nonnullis codicibus auctioribus restitutam infra exhibebimus. Quæ vero hic paucis Ado memorat, fuse et diligenter eruderavit Henschenius, qui ejusdem *Romani* Vitam a coævo scriptam, a Petro Francisco Chiffletio erutam, non minori studio illustravit. Sintne vero in præfata Vita interpolationes, quas recentior criticus se deprehendisse autumat, in Supplemento examinabitur. Jam dixi abesse hoc die ab antiquis reliquis martyrologis *Romani* nomen; addo hic vacare penitus Romanum parvum, ut nonnunquam in memoriam revocem, quam parum verosimiliter opinentur aliqui, brevioris hujus Martyrologii auctorem, Adonis contractorem esse, ut pote qui hic vel unicum sanctum notare neglexerit, quem in Adone exstitisse manifestissimum est.

De *Macario* et *Rufino*, item *Justo* et *Theophilo* agit hoc die laudatus Henschenius, eosque prudenter duas numerosiores Hieronymianorum turmas, ad quarum alterutram referendi videntur; ultimi fortasse ad priorem Alexandrinorum, primi ad alteram. Obscuros esse Hieronymianos textus, legenti palam est, nec habuit Florentinius quo classes accuratius distingueret; quod ad proprias positiones reduceret. Nobis de sola Usuardi lectione, seu de solis *Macario* et *Rufino* quæstio est. Mirari autem subit Castellanum, pag. 803, tam rotunde asserere apud Usuardum æque ac Adonem non alium sanctum hoc die signatum reperiri præter solum *Romanum*, quod, nisi vehementer fallor, ex Molani editione supponere debuit; certe percharum sibi codicem Pratensem tunc non inspexerat, nec codicum aliorum mss. ab Henschenio citatorum rationem habere voluit; de rei veritate non dubitaturus, si longam hic talium seriem consulere potuisset. Variant Hieronymiana in martyrum nostrorum sexu, iisque pressius insistendo, viderentur hi ambo *Macarius* et *Rufinus* in feminas transformandi. At cum etiam Wandalbertus tam clare enuntiet :

Machario pridie Rufinus jungitur almus;

ita ab illis alicubi inventum fateri necesse est, neque nobis ab auctoris nostri sententia deflectere licet. Qua porro de causa ab his martyrologis hi duo præcipue ex tot aliis selecti sint, quis divinet? Credo ego id arbitrarium fuisse, quemadmodum apud Rabanum et Notkerum, quatuor aliorum factus est delectus : *In Alexandria : sanctorum Celeris, Pupilli, Legici* [Notkerus *Gaii*] *Serapionis*, nulla sociorum servata memoria; ut innumeris locis apud duos illos martyrologos usuvenit; cum in Nostro etiam sæpius recurrit. Quam recte martyres illos digesserit Galesinius, et ex eo alii, vide in Actis, pag. 723. De textus nostri germanitate ambigi nequit, quidquid Grevenus et Molanus a cæterorum codicum consensu deflectant.

AUCTARIA.

ANTUERP.-MAJ. Adonis clausulam restituit, sic annuntiationem formans. : « In territorio Lugdunensi locis Jurensibus, beati Romani abbatis, qui primus illic heremiticam vitam ducens, et multis virtutibus ac miraculis clarus, plurimorum postea pater extitit monachorum. Venerabile corpus ejus situm est in finibus Vesontionum. » Soli duo codices mss. Usuardini reperiuntur, hic nempe et Centulensis, qui careant Macario et Rufino.

ROSWEYD. primo et secundo loco refert annuntiationes duas de Leandro et Baldomero, quas in eo codice huc male translatas, die præcedenti notavimus. Sequitur textus hodiernus plenus et purus.

ANTUERP. et MAX.-LUBEC. secundam annuntiationem referunt sicuti eam Henschenius in Actis posuit : « Eodem die, sanctorum Macharii, Rufini, Justi et Theophili. » Atque hi in pluribus codicibus sic conjuncti inveniuntur, procul dubio ex Hieronymianis apographis primum accepti, quamvis tres primi, aut saltem his synonymi, inter Auctaria compareant xii Februarii. Vide indicem Prætermissorum hoc die.

ALBERG. et DANIC., cum codicibus ejusdem notæ mox citandis, textui modicissime mutato nonnulla de Romano interserunt, quæ ex sola nominis cum altero Romano cognatione perperam commista sunt, ut invenies in nostro Prætermissorum indice ad nomen S. *Romani abbatis de Fontisrogo*, et clarius ad xxii Maii. Verba illorum omnium codicum sunt : « Hic beato Benedicto creditur habitum monachicum tradidisse, eique ad sonum tintinnabuli victus necessaria ministrasse. » Tum in fine annuntiationem subdunt, de qua supra : « Eodem die sanctorum Macharii, Rufini, Justi et Theophili. »

ANTUERP.-MAX., ULTRAJECT., LEYDEN., LOVANIEN. et editio ULTRAJ.-BELG. addunt præterea : « Item, translatio sancti Augustini episcopi et confessoris, ab Yppone ad Sardiniam. » Ubi notabis Leydensem utrumque codicem et Lovaniensem has voces interjicere, *Patris nostri*; ut inde facile colligas, codices illos ad usum cœnobiorum, vel parthenonum ordinis sancti Augustini fuisse scriptos.

CENTULEN., incipit : « Natale sanctorum Publii [an non Pupilli?], Justi, Theophili et Felicis martyrum. » En delectum alterum ex Hieronym. plane pro arbitrio factum. De Romano hæc duntaxat : « In territorio Lugdunensi, sancti Romani abbatis. »

BRUXELLEN., de Romano addit, quod habent alii supra, adjicitque ex Adone : « Cujus corpus venerabile situm est in finibus Vesontionum. Eodem die, sanctorum Macharii, Ruphini, Justi, et Theophili. Et Papiæ, reconditio corporis beati Augustini ecclesiæ Yponensis episcopi. »

HAGENOYEN. adhuc aliquid superaddit iis quæ de Romano superius dicta sunt. Videlicet : « Hic beato Benedicto patri nigrorum monachorum et gryseorum creditur, etc. » Tum, post *ministrasse* : « Eodem die, Julii et Juliani confessorum : » Qui, quales, aut unde accepti sint, non invenio. Utrum populares Alsaticæ, postea inquiretur. « Item eodem die, sanctorum martyrum Macharii, Ruphini, Justi et Theophili. Eodem die, sancti Donati martyris, qui sub duce Ursacio, et Marcellino tribuno, Carthagine passus est. » Donati festum prævenitur, vide die sequenti.

AQUICINT. post *monachorum*, subdit : « Hic etiam beato Benedicto in initio conversionis suæ adjutor et cooperator exstitit : Eodem die, sanctorum Macarii, Rufini, Justi et Theophili. In Alexandria, sanctorum Dionysii, Claudiani et Theophili. » Unde hic Dionysius acceptus sit, non facile dixeris.

VICTORIN., in fine : « Apud Papiam civitatem, reconditio sancti Patris nostri Augustini episcopi. Eodem die, sanctorum Macarii et Rufini, Justi, et Theophili martyrum. »

MATRIC.-CARTHUS.-ULTRAJ. : « Romani abbatis. Macarii et Rufini martyrum. Oswaldi archiepiscopi Eboracensis [*in margine , alias ,* Wigorniensis] magnæ sanctitatis viri. »

VATIC. signatus num. 5949, et UGHELLIAN. : « Sanctorum Macharii, Rufini, Justi et Theophili. »

MUNERAT. : « Ipso die, translatio beati Augustini episcopi et confessoris. »

BELIN., sic oritur : « Papiæ : translatio sancti patris Augustini episcopi et confessoris. » In fine autem : « Eodem die sanctorum Macharii et Rufini, Justi et Theophili. »

Editio LUBECO-COL. : *Romanum* etiam confundit cum sancti Benedicti ministro, addens cum Bruxellensi ex Adone : « Venerabile corpus ejus situm esse in finibus Vesontionum. » Sequitur : « Vocatio sancti Philippi ad apostolatum. Eodem die, Macarii, etc. Ipso die, sanctæ Rufinæ virginis. » Addere potuisset *Macariæ*. Vide supra in Observationibus, et in Actis pag. 748. « Translatio beati Augustini episcopi de Ipona in Sardiniam ; facta anno Domini quadringentesimo nonagesimo octavo, temporibus Symmachii papæ et Anastasii imperatoris, ab obitu ejusdem sancti viri anno sexagesimo secundo. Et hæc ipsius translatio dicitur (prima). » Spectat ad xxviii Augusti.

GREVEN. : « Macharii, Rufini, Justi, Theophili martyrum. Item sanctorum Celeris, Pupilli, Claudionis, Macharii, Gaii, Serapionis. In Britannia, sancti Oswaldi episcopi Wigorniensis et confessoris symphroniæ matronæ et martyris. » Vide Prætermissos. « Pynnosæ virginis et martyris. Rufinæ virginis. Translatio prima sancti Augustini episcopi de Ipone Sardiniam, facta anno Domini cccxcviii, ab obitu ejus sexagesimo secundo. Luitbergæ inclusæ, beatæ memoriæ. Vocatio sancti Philippi apostoli anno xxx, feria quinta, de qua Joannis i. »

MOLAN. : « Papiæ, translatio S. Patris Augustini episcopi et confessoris. Eodem die, sancti Macarii et Rufini, Justi et Theophili. » In editionibus aliis solum adjungitur : « Die vigesima octava, sancti patris et confessoris Basilii, synascetæ sancti Procopii, nempe *Decapolitæ*, de utroque in Actis xxvii Februarii. Sequitur hic Molanus Græcorum Horologium, de quo superius locuti sumus. Fasti Græci non omnimode conveniunt. Maluit Henschenius utrumque, die præcedenti conjungere ex Menologiis, tum illo, quod a Canisio ex Sirleti versione editum est, tum altero, quod Basilii imperatoris appellatur. Plura vide in laudati Henschenii Commentario.

MENSIS MARTIUS

HABET DIES XXXI.

Kalendis   *Die 1.*

Romæ, sanctorum martyrum ducentorum sexaginta, quos jussit primo Claudius pro Christi nomine damnatos arenam fodere. Deinde præcepit, ut foras muros portæ Salariæ mitterentur, et in amphitheatro ejusdem civitatis militum sagittis interficerentur. Eodem die, sancti Donati martyris, qui sub duce Ursacio et Marcellino tribuno Carthagini passus est. Andegavis, sancti Albani [*Bouillart*., Albini] episcopi et confessoris, viri præclarissimæ virtutis et sanctitatis. Civitate Massilia, sanctorum Hermetis et Adriani.

NOTÆ.

Ex Praten., Tornacen., Pulsanen., Munerat., Greven. et Molan

VARIANTES LECTIONES.

Clodius pro *Claudius*, est error Munerati. Damp-*natos, harenam* et id genus alia, vix notari merentur. Amphiteatro scribunt fere omnes, exceptis Greveno et Molano; nos postremos secuti sumus, ut antea factum est. Nescio cur Grevenus pro *Donati* legat *Clonæ*, Fragmentum Marchianensis pro mense Martio, habet *Donæ*, sed a citandis fragmentis in ordine ad textum, abstineo. *Ursacio* vel *Ursatio* habent codices promiscue, prætuli quod in laterculo est. Cartagini legunt Praten., Tornacen., Pulsanen. et Munerat. : servanda fuit ea scribendi ratio. Reliqui sunt errores duo codicis Pulsanen., scilicet *Marsilia* pro *Massilia*, *Abiani* pro *Adriani*.

OBSERVATIONES.

De prima textus nostri anonyma cohorte, ita hoc die in Actis pronuntiavit Henschenius : *Illustris horum sanctorum martyrum memoria est conservata in variis et perantiquis Martyrologiis, ac potissimum in Actis SS. Marii et Marthæ conjugum*, etc. Ex his nimirum primus ipsos in sacros Fastos retulit auctor Romani parvi, ita legens : *Sanctorum martyrum* CCLX, *temporibus Claudii, qui via Salaria arenam fodientes, damnati fuerunt* Auctiorem paulo et clariorem textum ex iisdem Actis reddidit Ado, a Notkero descriptum, a Nostro expolitum, nec plura de iis martyribus commemorari posse, ex præfato Henschenio ostenditur. Una porro et sola est Romani parvi et Adonis annuntiatio, cæteræ ab Usuardo primum positæ sunt, ex aliquo codice Hieronymiano verosimillime acceptæ.

De *Donato* aliquo certum est, hoc die meminisse apographa Hieronymiana, quorum hoc principium : *Natalis sanctorum Leonis, Donati*, etc. In vetustissimo Epternacensi, palæstra præfigitur : *In Africa*. Quæritur an *Donatus* hic noster, quem *Carthagine* passum ait Usuardus ; quæritur, inquam, an is ipse sit, qui apud Hieronymiana aliis immistus est. *Post longam discussionem*, inquit Henschenius, *arbitramur secernendum : opinor, quia diversis notis distinguitur*. Lubens cedo majorum auctoritati; quamvis ex longa jam et studiosa Martyrologiorum inter se collatione, existimem Usuardum non alium fontem præter Hieronymiana habuisse, unde *Donatum* educeret, ex quibus et Wandalbertum hausisse suadetur, dum sequentem proxime *Albinum* sic cum eo conjunxit : *Mortis Donatus tenet Albinusque Kalendas*. Unde porro agonis locum determinaverit, nec ducis et tribuni nomina Usuardus accersiverit, quis conjiciat? Fateamur notitiam aliunde habuisse, quæ ad nostra tempora non pervenerit.

Albinus distinctissimis characteristicis in Hieronymianis dignoscitur. Adjectitium censuit Acherius, quales, si solam ætatem species, plurimi in iis codicibus passim occurrunt, qui nempe Eusebio et Hieronymo longe posteriores sunt. Ipse scribendi modus in utraque Corbeiensis codicis editione, novitatem sapit : *Andegavis civitate, depositio sancti Albini episcopi et confessoris.* Propius ad veterem stylum accedit Epternacense : *Andicavis, depositio Albini episcopi*, absque titulo *confessoris*, qui per *depositionem* in iis codicibus satis indicatur, nec in Lucensi positus est. Et sic ferme habent Rabanus et Notkerus. Usuardi exornatiuncula, si trito sermone uti licet, nihil memorat præter Commune sanctorum. Plura et operose exquisita dabit Henschenii Commentarius.

Circa *Hermetem* et *Adrianum* major difficultas ; unde scilicet et qua ratione hi duo ab Usuardo *Massiliæ* componantur, qui apud Hieronymiana magnis terrarum spatiis divisi sunt ; *Massiliensis* alter, alter *Africanus* ; sic enim uno ore codices illi ; *In Africa, Adriani, Victuri*, etc. *In Massilia, Hermetis, Gitthei*, etc. Hæc pridem ab Henschenio expensa sunt, qui gravibus de causis Adrianos distinguendos animadvertens; suum Africæ, Romæ suum, suum item Massiliæ vindicavit. Ego hic nihil magnopere invenio, quod me a solertii magistri discretione revocet, eamque adeo amplector libentius, quod tutandæ salvandæque Usuardi auctoritati magis conducat.

AUCTARIA:

HERMEN. hic e purorum codicum numero excluditur, quia post *mitterentur*, omisit hæc verba : « Et in amphitheatro ejusdem civitatis, militum sagittis interficerentur. »

ANTUERP.-MAJ. in prima annuntiatione Adonem potius quam Usuardum sequitur. Deinde de Albino, tum de Donato, satis pure. Desunt martyres Massilienses, adjicitur autem : « Apud urbem Antinoum, passio beati Leonidis, qui ab eodem judice quo sanctus Asclas, variis suppliciis interemptus est. » An hic Leonides, de quo in Actis XXVIII Januarii ? Vide Prætermissos.

ROSWEYD. in prima satis purus ; in secunda, post *passus est*, adjicit : *Et aliorum* XIV ; unde patet Donatum nostrum pro Hieronymiano olim acceptum. In tertia et quarta purus est ; in fine autem subdit : « Eodem die, sancti Suitberti episcopi et confessoris. »

ANTUERP. et MAX.-LUBEC., in fine post textum purum : « Passio sancti Leonis martyris. » De hoc agunt codices plures infra citandi. Non video alium esse posse, quam qui in prima classe Hieronym. primo loco ponitur : si enim de Leone Rothomagensi ageretur, addendus erat *episcopi* titulus.

MARCHIAN., pro Donato, legit *Donæ*, ut supra diximus.

ANTUERP.-MAX., ULTRAJ., LEYDEN., ALBERGEN., DANIC. et EDITIO ULTRAJ.-BELG., post textum purum, subnectunt : « Apud oppidum imperiale quod Werda dicitur, natale sancti Switberti Verdensis episcopi et confessoris, qui temporibus Pipini, una cum sancto Willebrordo verbum salutis gentibus prædi-cavit. Hic inter cetera infirmitatum genera morbum quem physici squinanciam nominant, solitus est curare. » Convenit LOVANIEN., sed prædicationis tempus et socium intermisit.

GENTULEN. rursum ab Usuardo recedit : « Romæ, sanctorum martyrum XL qui ad harenam fodiendam damnati fuerant pro Christi nomine. Andegavis, depositio sancti Albini episcopi et confessoris. »

BRUXELLEN. In martyribus CCLX, et Donato fere purus, tertio loco sic habet : « Apud urbem Anthinoum, passio Leonidis martyris, patris Origenis; qui capite pro Christo plexus est. Cum quo et filius Origenes etiam occubuisset, si non vestibus spoliatus, maternis artibus fuisset præventus. » De Leonidum confusione, vide Indicem Prætermissorum. Sequitur de Hermete et Adriano. Deinde : « Andegavis, sancti Albini episcopi et confessoris, cujus vita virtutibus et miraculis plena refulsit. Apud Castrum imperiale quod Werda... » ut supra in codd. mediæ notæ. « Ipso die sancti Sintherii episcopi et confessoris. » Sive *Sinthecius* sive *Suithecius* scribas, ut ignotus in Actis prætermittitur: « Et sancti Senardi abbatis. » Vult dicere *Siviardi* Anisolensis, de quo hodie in Actis.

HAGENOYEN. In prima annuntiatione satis purus, secundo loco ponit : « In urbe Tuan, in Anglia, sancti David ejusdem civitatis episcopi, admirandæ sanctitatis viri. » Agit, ni fallor, de Davide Menevensi, qui etiam infra memoratur. Sequitur de Albino, pure. Tum : « Passio sancti Leonis martyris.

Civitate Marsilia, sanctorum Hermetis et Juliani. Apud oppidum imperiale..... » ut supra.

AQUICINCT. penultimo loco interjicit : « Turonis, sancti Simplicii confessoris. » Quæ eadem habet codex Daveronensis. Addere uterque poterat « episcopi, » agitur enim de archiepiscopo Bituricensi.

VICTORIN. et REG. SUEC. 130 : « Apud urbem Antinoum, passio beati Leonidis. »

MATRIC.-CARTHUS.-ULTRAJ. incipit : « David episcopi et confessoris, cujus miri actus describuntur, ac discipulorum. » Cætera ex textu, sed mutila omnia.

Codex BIGOTIAN., signatus P. 5, CLUNIACENSIS item et UCHELLIAN. : « Passio sancti Leonis martyris. »

ALTEMPSIAN., post *Adriani*, adjicit : « Juliani. » Dein : « Passio sancti Leonis. »

STROZZ. et MEDIC. : « Item passio sancti Leonis martyris. In civitate Perusii, translatio corporis sancti Herculani, ejusdem civitatis episcopi et martyris. »

BRUXELLEN. : « Civitate Massilia, sanctorum Hermetis et Adriani, et passio Leonis martyris. »

Editio LUBECO-COL., primo loco : « In territorio Montensi, oppido imperiali.... » ut supra. Sequitur textus purus ; in fine : « Apud urbem Antinoum, beati Leonidis martyris. Ipso die, sanctorum Simplicii et Senardi confessorum. Eodem die, sancti Clonæ martyris. » Jam diximus Donatum esse. « Item sancti David episcopi et confessoris. Ipso die, sancti Monani confessoris. »

BELIN. : « Eodem die apud Perusiam, sancti Herculani episcopi et confessoris. » Secunda ejus editio male legit « Herculiani. »

GREVEN. : « In Africa, Donati et aliorum XIV martyrum. Apud urbem Antinoum, sancti Leonidis martyris. Item sanctorum Abundii, Leonis, Arcasti, Polocronii. Eodem die, beati David Menevensis archiepiscopi et confessoris. Hunc nasciturum sanctus Patricius Hiberniæ patronus, per triginta annos, Domino revelante, prævidit. Natus vero cum baptizari deberet, fons aquæ subito erupit. Cum aliquando Evangelium sancti Joannis scriberet, et pulsata campana, ad opus Dei, opere suo incompleto, festinus exisset, regressus, invenit aureis litteris, angelico ministerio consummatum. Obiit tandem plenus dierum anno vitæ suæ CXLVI. » Vide hæc in Actis accuratius discussa. « In territorio Montensi, oppido imperiali quod Werda dicitur, natale sancti Svicberti, episcopi Verdensis et confessoris. Qui, ut Beda in gestis Anglorum refert, tempore sancti Willebrordi episcopus ordinatus, verbum salutis gentibus prædicavit, et a Pipino rege obtinuit locum mansionis in insula Rheni. Ubi monasterio constructo, quod hactenus ejus heredes possident, aliquandiu continentissimam vitam duxit, et quievit in pace. Hic inter cetera.... Ipso die, Senardii abbatis. Simplicii confessoris. In Scotia, Monani Levitæ et confessoris. Item apud Perusiam, secundum aliquos, passio sancti Herculani episcopi et martyris, qui in VII Idus Novembris ponitur.

MOLAN. de Albino litteris Italicis interserit : « Cujus vitam fortunatus presbyter conscripsit. » Tum in fine : « Festivitas sanctorum Angelorum custodum singulorum hominum. Eodem die apud Perusiam.... Apud urbem Antinoum.... Apud oppidum imperiale... » Et charactere minori : « Eodem die, beati David... » usque ad « prævidit. » In editionibus aliis adhuc additur : « Eodem die Massiliæ, sancti Adalongi episcopi. » In Actis prætermittitur. « Die prima, sacrosanctæ martyris Eudociæ. In territorio Cenomanensi, natale sancti Siviardi abbatis. In Britannia, beati David Menevensis archiepiscopi et confessoris. Apud Antinoum urbem, passio beati Leonidis. »

VI *Non.* Die 2.

Romæ via Latina, sanctorum martyrum Jovini et Basilei, qui passi sunt sub Galieno et Valeriano imperatoribus. Item Romæ plurimorum martyrum, quos diu cruciatos, imperator Alexander capitali sententia in extremo damnavit.

NOTÆ.

Ita Praten., Hermien., Tornacen., Pulsanen., Munerat., Greven. et Molan.

VARIANTES LECTIONES

Totæ sumuntur ex Pulsanen., qui pro *Jovini* scribit *Joniani*, et pro *in extremo*, posuit *in exilio*.

OBSERVATIONES.

Quod jam non semel notavimus, et sæpius notandum recurret, id in memoriam identidem revocamus ; nimirum auctorem Martyrologii, quod semper Romanum parvum indigitamus, sanctos suos ex Hieronymianis nequaquam mutuare solitum : Adonem porro ejus vestigia passim premere, Nostrum et Notkerum utriusque, sic tamen ut alios sæpissime aliunde accersant. Prædictam Adonis, Usuardi, et Notkeri ex altero sequelam, manifestissime probat hodiernus textus, qui a Romano parvo ita primum signatus est : *Romæ, Jovini et Basilei. Et plurimorum martyrum sub Alexandro capitali sententia damnatorum.* Primam annuntiationem sic ampliavit Ado, quemadmodum a Nostro et Notkero ad verbum descripta est. Utriusque sancti notitiam, ex Actis sancti Stephani papæ extractam, ostendit Henschenius, cætera explanans, quæ de ipsis memoriæ prodita sunt. De *martyribus sub Alexandro passis*, vix quidquam reperias, præter ea, quæ ex laudato Romano parvo recitavimus, ab Adone duriori phrasi expressa, a quo textum suum nonnihil lævigatum Noster desumpsit, Notkerus ex illo totum descripsit. Satis nota est imperatoris Alexandri, quanquam ab Adone *impius* appelletur, in Christum et Christianos propensio, quæ nihilominus prohibere non potuit, quominus famosi Ulpiani, aliorumque ejus ministrorum rabies, vel ipso, invito, in nostros debaccharetur, ut docent Acta nostra hic et I Januarii, ubi de sancta Martina. Hæc pro textu satis dicta sint ; alia plane canit Wandalbertus, quæque ad eum nullo modo pertinent.

AUCTARIA.

ANTUERP.-MAJ. hic rursus patriam suam indicat, dum textui Usuardino sanctum Anglicanum superaddit : « Ipso die, sancti Ceddæ episcopi. » Alii scribunt « Ceaddæ, » sed hic forte pronuntiationem Anglicam secutus est.

ROSWEYD. et hic textum purum habet, sed alia adjicit : « Eodem die, Simplicii papæ. In Cæsarea Cappadociæ Lucii episcopi. » Vide in codicibus proxime sequentibus. « In Gandavo, Winuvaloci confessoris. » Vide ejus Vitam in Actis die sequenti.

ANTUERP. et MAX.-LUBEC. textui puro in fine superaddunt : « Item Lucii episcopi, Absalonii, [MAX.-LUBEC., *Absolini*] et Lorgii. Hi passim in codicibus sub diversa inflexione recurrunt, nescio an satis recte inter se conjuncti et ab aliis avulsi. Certe inter Hieronym. apographa, unde certo accepti sunt, *Abso-*

Ionius et *Lorgius*, seu *Georgius* cum socio *Herolio*, in vetustissimo Epternacensi carent positione. *Lucius* diserte Cæsareæ Cappadociæ tribuitur cum « Primitivo : Secundola et Januaria » portui Romano. Sed hæc alterius loci sunt, ubi Florentinii animadversa cum Actis nostris conferri poterunt.

ANT.-MAX., LOV., LEYD.-BELG. et edit.ULTR.-BELG., in fine : « Apud Werdam, natale sancti Willeici confessoris presbiteri sancti Switberti episcopi. »

ULTRAJECT., LEYDEN., ALBERGEN. et DANIC. primo loco : « Romæ, sancti Simplicii papæ. Hic post beatum Petrum quadragesimus nonus, Acacium Constantinopolitanum et Petrum Alexandrinum episcopos, ob Eutychianam hæresim damnavit. Qui etiam statuit, ut nullus pontifex successorem sibi constituat. » Sequitur textus ; in fine autem eadem habent quæ Lovaniensis de « Willeico. »

CENTULEN. nihil iterum habet ex Usuardo, sed Hieronymi sensum melius videtur assecutus, non tamen plene. Ita habet : « Cæsarea Cappadociæ, sanctorum Lucii episcopi, Primitivi et Secundolæ martyrum. » Præterea est « Januaria, » cur non et « Secundola ? »

BRUXELLEN. textum purum refert, sed præpostero ordine. Addit vero in fine : « Adhuc Romæ, Simplicii papæ, qui sedit annos quindecim. Item Seddæ episcopi. Et Lucii episcopi, Absolonii et Largii. Item translatio Benedictæ et Felicitatis, sanctarum martyrum. » Au e Sodalitio sanctæ Ursulæ, quarum corpora in abbatiis Viconiensi, et Marchianensi quiescunt ? Vide Prætermissos. Agetur ex professo XXI Octobris.

HAGENOYEN., post textum satis purum, de Simplicio habet fere ut codd. mediæ notæ supra. Tum : « In Anglia, Ceddæ episcopi et confessoris. Item, Lucii episcopi, Absolonii et Lorgii. Apud Werdam oppidum, sancti Willeyrici presbyteri, et confessoris, capellani sancti Swicberti. »

AQUINCINGT : « Item sanctorum Lucii episcopi, Absolonii, Georgii. In Britannia, depositio sancti Ceaddæ episcopi. Romæ, Simplicii papæ. Hic Acacium Constantinopolitanum episcopum, et Petrum Alexandrinum episcopum Eutychianos damnavit. »

MARCHIANEN. fragmentum : « In Britannia, depositio sancti Ceaddæ episcopi. »

MATRICULA-CARTHUS.-ULTRAJ. : « Simplicii papæ. Tartrani vel TAURANI martyris, et plurimorum. » Si « Ceraunum » martyrem Carnotensem indicare voluit, colitur is XXVIII Maii, ut in Actis videre est : « Karoli comitis Flandriæ et martyris, qui Brugis requiescit. »

CLUNIACEN. : « Lucii episcopi, Absolonii et Georgii. » At in Kalendario ejusdem monasterii sic legitur : « Lucii episcopi, Januarii, Primitivi. »

Codex D. DU CHEVAL, signatus C. : « Lucii episcopi, Absolonii et Georgii. »

VATICAN., signatus num. 5949, primo loco legit : « Simplicii papæ, qui sedit in episcopatu annis quindecim. »

UGHELLIAN. : « Item, Lucii episcopi, Fbsalonii, et Lorgii. »

STROZZ. et MEDIC. : « Florentiæ, translatio brachii sancti Philippi apostoli in basilica sancti Joannis Baptistæ anno MCCIV, pontifice Innocentio III. » Vide historiam hujus translationis in Actis I Maii pag. 15.

Codex. REMEN. ecclesiæ sanctorum Timothei et Apollinaris : « In pago Remensi, passio sanctæ Macræ virginis. » De ea egimus cum Usuardo VI Januarii.

Editio LUBECO-COL. de Simplicio fere ut supra. In fine : « Eodem die, sancti Ceddæ episcopi, et confessoris. Apud Werdam, natale sancti Willerici confessoris, presbyteri sancti Svicberti. »

BELIN. : « Item Lucii episcopi, Absolonii [*altera editio*, Absoloni] et Lorgii. »

GREVEN. : « Romæ, sanctorum Georgii, Eracli, Absolonii, Pauli, Januarii, Primitivi, Secundolæ. » Patet confusio. « Karoli comitis Flandriæ martyris. Tauranni martyris. » De quo supra. « Item, martyrum plurimorum numero quadringentorum captivorum, de quibus refert Gregorius 3 Dial., cap. 28, quod cum a Longobardis urgerentur adorare caput capræ, diabolo consecratum, maxima eorum multitudo renuens, interfecta est ab ipsis. » De cultu mihi hactenus non constat. « Romæ, Simplicii papæ et confessoris, qui post beatum Petrum quadragesimus nonus, sedit annis XV. Hic Agatium [Acacium], etc. In Anglia, beati Ceaddæ episcopi gentis Merciorum, et Lindisfarnorum, cujus virtutes Beda, lib III et IV Historiæ ecclesiasticæ, gentis Anglorum commemorans, inter alia virtutum merita, timoris Domini plenum et novissimorum suorum assidue memorem prædicat. Lucii episcopi Cæsareensis et confessoris. » Quidni « et martyris ? Leporii episcopi et confessoris. » Forte « Horolius » est, Lucii socius. « Item Cæsarea Cappadociæ, natalis sancti Lucæ episcopi. » Nomina perperam multiplicata. « Apud Werdam, Willerici presbyteri et confessoris, discipuli beati Svicberti episcopi. In Hibernia, Tidgnæ et Monendabbis abbatum, » Hibernis ipsis ignotorum. « In Gandavo, Winnualoci presbyteri, discipuli beati Samsonis Dolensis archiepiscopi, de quo vide in XIV Kalend. Novembris. » Vide Acta III Martii. « Apud Perusiam, sanctæ memoriæ Ægidii discipuli sancti Francisci. Item Guillelmi presbyteri et confessoris. » De utroque consule indicem Prætermissorum.

MOLAN. : « Item Lucii episcopi, Absoloni et Lorgii. Et Simplicii papæ, qui sedit annos XV. Hic Acacium... In portu Romano, Secundolæ, Januariæ, et sanctorum Pauli et Heracli. Apud Vuerdam, natale sancti Willeici.... » Post minori charactere : « Item martyrum plurimorum e numero CCCC... » ut Greven. « In Anglia, beati Ceddæ.... Caroli comitis Flandriæ, martyris beatæ memoriæ, Brugis in Cathedrali ecclesia ad sanctum Donatianum quiescentis. » In editionibus aliis ita variat : « Item, Lucii episcopi in Cæsarea Cappadociæ. Et sanctorum martyrum, Absolini, et Lorgii et Heracli. Et Simplicii papæ, » ut supra. « In portu Romano, Pauli, Secundulæ, Januariæ. » Iterum minoribus typis : « Brugis, obitus Caroli martyris, comitis Flandriæ. »

V *Non.* *Die 3.*

Apud Cæsaream Palestinæ, sanctorum martyrum Marini militis et Asterii senatoris, sub persecutione Valeriani ; quorum prior cum accusatus fuisset a comilitonibus, quod esset Christianus, et ille Christianum se esse clarissima voce testaretur, martyrii coronam capitis abscisione suscepit. Cumque sequens, capite truncatum martyris corpus subjectis humeris et substrata veste, qua induebatur, exciperet, honorem, quem martyri detulit, continuo ipse martyr accepit. Eodem die, natalis sanctorum Emetherii et Celedonii, qui primum apud Legionensem Galliciæ civitatem milites, exsurgente persecutionis procella, pro confessione nominis Christi, plurimis afflicti tormentis, Calagurrim usque perducti, atque ibi martyrio coronati suut.

NOTÆ.

Ex *Praten.*, *Herinien.*, *Roswcyd.*, *Antuerp.*, *Max.-* codd. *Antuerp.-Max.*, *Ultraj.*, *Leyd.*, *Alberg.*, *Da-Lubec.*, *Munerat.*, *Belin.*, *Greven* et *Molan.* accedunt *nic.* et *Edit. Ultraj. Belg.*

VARIANTES LECTIONES.

Solus Pratensis non male legit *Astyrii*, nos cum Heriniensi, Belino et Molano ex Romano parvo et Adone, *Asterii*, non *Astirii*, ut passim codices alii. Munerat. post *accusatus* omisit *fuisset*. De *abscisione*, ut scribunt passim codices, et *abcisione*, dictum est alibi. Reliqui in textu *subjectis humeris*, ut habent probatiores codices cum Adone, quamvis cum Antuerp., Max.-Lubec. et codicibus aliis, legendum *subvectum humeris*. Herinien., Rosweyd., Munerat. et Greven. ponunt *subtracta veste*, sensus aperte indicat scribendum *substrata*, ut est in textu. Qui *martyrii*, pro *quem martyri*, Munerati vel ejus typographi sphalma est. Rom. parvum legit *Hemitherii*.

Ado, *Emiterii*; Praten., *Emitherii*; Herinien., *Emytherii*; Munerat., *Enutherii*; Belin., *Emitterii*; Greven., *Emicherii*; Molan., *Hiterii*, alii aliter. In ea codicum discrepantia, eam inflexionem secutus sum, quam majores nostri in Actis præeligendam putaverunt. Rursus Rom. parvum et Ado ponunt *Chèledonii*, quos solus Molanus imitatur. Cæteri codices, et quidem probatiores, legunt cum Actis *Celedonii*. *Galliæ* in Munerato, *Galatiæ* in Rosweyd., Belin. et Molano, ex circumstantiis facile corriguntur. Antuerp., Max.-Lubec. et Belin. omittunt *milites*. *Coronati sunt martyrio* in Greven. et Molan. nihil in re a textu differt.

OBSERVATIONES.

Martyres in textu commemoratos, ex Romano parvo in Adonem, inde in Usuardi laterculum hic etiam promanasse, indubitatum videtur. En prioris verba, secundo loco relata: *Cæsareæ, Marini militis et Asterii senatoris*. Nec eos moror, qui ex apographis Hieronymianis acceptos contenderent, ea ratione ducti, quod synonymi aliqui ibi hoc die reperiantur. Non eos moror, inquam; nam licet ibi *Marinus* aliquis, imo Marini gemini et *Asterius* inveniantur, ii tam diversi et disjuncti sunt, ut cum Cæsariensibus, ex Rufino evidenter sumptis, nullam prorsus habeant affinitatem, ut fatetur ipse Florentinius, et Acta nostra supposuisse videntur. Itaque ex Rufini lib. VII, cap. 13 et 14, acceptos esse gloriosissimos martyres palam est; æque certum inde elogium suum sumpsisse Adonem; atque item ex hoc descripsisse Notkerum, contraxisse Nostrum; paria in versibus infra citandis sentit Wandalbertus; verbo, una est ex Rufino et Romano parvo martyrologorum sententia, *Asterium* vel *Astirium*, vel *Astyrium*, æque ac *Marinum* martyrii gloriam esse consecutum. Id vero, quia in Eusebio non exprimitur, suspectum habet Tillemontius tomo IV, à pag. 21, et Ruinartius Eusebium secutus, de solo Marino meminit inter Selecta, pag. 274. Maneat tantisper sua Asterio palma, vel sola Rufini fide ei vendicata.

Quod de Cæsariensibus martyribus principio dicebam, nempe, non ex Hieronymianis, sed aliunde acceptos, id de Calagurritanis etiam intellexi: nam licet *Emeterii*, *Emeriti*, *Meteri*, et *Celedonii*, *Cellendonii*, *Cellidoni*, *Eceledoni* apud Hieronymiana nominentur, eos a nostris, nisi multum fallar, plane diversos agnoscet, qui textus inter se conferre dignabitur. Fateor equidem Henschenium et Florentinium pluribus laborare, ut *Galogori* nomen, quod in Hieronymianis ponitur, in civitatis appellationem mutent, et corrupta codicum istorum nomina cum Martyrologiorum nostrorum *Emetherio* et *Celedonio* concilient; verum in ea codicum Hieronymianorum perplexitate, vix reperies, ubi tuto liceat pedem figere. Cæterum de hisce nostris ita primo loco meminit auctor Romani parvi: *Sanctorum Hemitherii et Cheledonii, apud Cologurrim martyrio coronatorum*. Ita etiam apud Adonem positi sunt cum longiori elogio, cujus pars prior a Nostro ad verbum descripta est, præterita altera, quam in Auctariis plene invenies. *Acta martyrii*, inquit Henschenius, *ab auctoribus coævis consignata scripto fuerunt; quæ rabie ac vi tyrannorum periisse deplorat Aurelius Prudentius Clemens, cujus diligentiæ debemus omnem horum martyrum notitiam*. Vide ibi ejus hymnum, et reliqua ad eos martyres spectantia, accurate digesta. Textum nostrum complectuntur duo postremi Wandalberti versiculi; quid prior velit non examino:

Quinas Marcia (Boll, *Magra*; Quidni, *Macra*?) pio Nonas
                                    [defendit amore.
His et Emitherius, Chelidonius atque Marinus,
Asteriusque micant effuso sanguine clari.

AUCTARIA.

TORNACEN. deficit in ea parte elogii, quæ Asterium tangit, omittens hæc verba, *cumque sequens*, usque ad *martyr accepit*. An quod codicis descriptor martyrem non crediderit?

ANTUERP.-MAJ. magis mutilus est, ita legit: « Natale sanctorum martyrum Enutherii et Theledonii in Hispania, qui primum apud Legionensem Galliæ civitatem milites, exurgente procella persecutionis, pro confessione nominis Christi plurimis afflicti tormentis, Calagurrim perducti atque ibi martyrio coronati sunt. Aput Cæsaream Palestinæ, sanctorum martyrum Maurini militis et Asterii senatoris sub persecutione Valeriani. »

PULSANEN. et LOVANIEN. de martyribus Hispanis hæc solum ponunt: « Eodem die, sanctorum Emetherii et Celedonii. » Puri sunt in aliis.

CENTULEN.: « In Africa, sanctorum Gaioli, Felicis, Niceferi et Claudiani. In Britannia minori, depositio sancti Wigualoci abbatis. » Vgit de *Winwaloco* aut *Winwaloeo*.

BRUXELL. in Marino et Asterio tantum modice interpolatus, de Calagurritanis martyribus ea ex Adone restituit, quæ ab Usuardo præterita diximus, sic euim post *coronati sunt*, subjungit: « Quorum capita cum lictor incideret, miraculum populis magnum apparuit. Nam unius annulus orariumque alterius, nube susceptum et in cœlos evectum est. Viderunt hæc omnes qui aderant, et usquequo acies oculorum intendere potuit, fulgorem auri candoremque lintei attonito sequebantur intuitu. » Per *orarium* intellige *sudarium*. Sequitur: « In cœnobio Monasteriolo, sancti Winnochi abbatis. » Idem est qui supra *Winwalocus*. Denique: « Item Maurini episcopi et martyris; » alibi ignoti.

HAGENOYEN. tantum non purus, duabus annuntiationibus hanc solam mediam interjicit: « Eodem die, Kunegundis imperatricis. »

VICTORIN. et REG. SUEC., signatus num. 130: « Item Simplicii papæ, qui sedit Romæ annos XV. Hic civitatis Constantinopolitanæ episcopum, et Petrum Alexandrinum episcopum Eutychianos damnavit. » Plura vide die præcedenti.

VATICAN., num. 5949: « Beneventi, sanctæ Arthellays virginis: » Codex Pleschoniensis scribit *Athelais*.

Editio LUBECO-COL. ita incipit: « Ordinatio pontificatus sancti Annonis, archiepiscopi Coloniensis Agrippinæ et confessoris. Apud Cæsaream Palæstinæ, sanctorum martyrum Marini militis, civis Hierosolymorum et Astirii senatoris Romanæ urbis. Quorum... Eodem die in Hispaniis, natale sanctorum Emicherii et Celedonii martyrum... Eodem die, sanctæ Kunegundis imperatricis, quæ fuit filia Palatini comitis Rheni, et copulata sancto Henrico imperatori, qui ambo virgines fuerunt, et virginitatem usque ad finem vitæ servaverunt, et in civitate Babemburgensi pariter sepulti requiescunt. »

GREVEN.: « Felicis et Justi, Fortunati, Floriani,

Donati, Paulæ, Gaioli, Julii, Casti, Soli, Marciæ, Hierotis, Antigoni, Januarii, Tutillæ, Gabiani, Quirioli. Item Winwaloci abbatis et confessoris, secundum alios die præcedenti. Cunegundis virginis imperatricis, filiæ Palatini comitis Rheni. Hæc cum viro suo sancto Henrico, hujus nominis imperatore primo, in virginitate Christo serviens, plena operibus bonis quievit in pace. Item, Eufenissæ reginæ. » Inter Prætermissos ut ignota ponitur. « Apud Coloniam Agrippinam, ordinatio episcopatus sancti Annonis archiepiscopi et confessoris. »

MOLAN., post elogium Marini et Asterii litteris italicis ex Adone subdit : « Scriptum est in Historia ecclesiastica ; » Et post elogium secundum : « Scribit hæc Aurelianus [*Ado*, Aurelius] Clemens in libro coronatorum [*Ado*, coronarum]. In Blandinio monasterio, Winwaloci abbatis. » Dein typis minutioribus : « Caluppani presbyteri et eremitæ. Item Bambergæ, Cunegundis virginis imperatricis.... » ut Greven. supra. In aliis editionibus, pro *Aurelianus*, melius scribit *Aurelius*. « In Blandinio, etc., Babenbergæ, sanctæ Cunegundis virginis. Die tertia, sanctorum martyrum Eutropii et comitatus ipsius, Cleonici et Basilisci. »

IV Non.   Die 4.

Romæ via Appia, natalis beati Lucii papæ et martyris, qui persecutione Valeriani et Galieni, ob fidem Christi exilio relegatus et postmodum divino nutu ad ecclesiam suam redire permissus, martyrium capitis obtruncatione complevit. Item Romæ via Appia, sanctorum martyrum nongentorum, qui sunt positi in cimiterio ad sanctam Cæciliam. Eodem die, sancti Caii palatini in mare mersi.

NOTÆ.

Ita *Praten.*, *Herinien.*, *Tornacen.*, *Roswyd.*, *Pulsan.*, *Greven.* et *Molan.* Codices alii quatuor *Antuerp.*, *Max.-Lubec.*, *Munerat.* et *Belinus* in eo solum discrepant, quod Caio palatino adjungant socios XXVII. ut dicemus in Auctariis.

VARIANTES LECTIONES.

Vix quidquam præbent observatione dignum : nam *cemeterio*, *cimiterio*, *cœmiterio*; *Ceciliam*, *Gaii*, *Gagi*, *Apia*, vel sæculi, quod codices redolent vel librarii vitia sunt, quorum aliqua ex codicum puriorum auctoritate et hic et alibi sequimur. Rosweyd. pro DCCCC, male scripsit *octoginta*.

OBSERVATIONES.

Textus totus, ut jacet, ex Odone sumptus est, cum hac sola differentia, quod *Lucii* elogium in laterculo nostro, media ex parte imminutum sit. Quæ autem Usuardus prætermisit, infra in Auctariis supplebuntur. Cæterum *Lucius*, et nongenti illi Romani martyres, in Romano parvo prius positi sunt : *Lucii papæ et martyris. Et martyrum* DCCCC, *qui sunt positi in cœmeterio ad sanctam Cæciliam.* Adonis elogium ex notis pontificum Romanorum tabulis coaluit, in quo plura sunt ab eruditis non continuo admittenda. Controversa omnia complanare non potuit Henschenius; alia ex S. Cypriani litteris inquirunt et dissolvere conantur doctissimi recentiores, inter quos Pagius satis fuse de Lucio disserit ad annum Christi CCLII, a num. 14, et brevius Tillemontius tomo IV, pag. 18. Ad textum nostrum, redimus. *Caius* et quidem *Palatinus* ex aliquo Hieronymiano apographo derivatus est, quamvis dubium relinquatur, utrum *Palatinus*, proprium martyris nomen dici non debeat. Quis viginti septem alios, nonnullis codicibus Usuardinis adjecerit, nemo facile divinaverit.

Aliam rerum faciem aut potius nominum seriem exhibent Acta, ubi ex verosimiliori codicum Lucensis et Blumiani lectione, *Caius* ille *Palatinus*, sive unus sit, sive geminus, longæ martyrum cohortis antesignanus statuitur; socii autem illi XXVII, non cum illo, sed cum *Julio* episcopo, *Roto*, et aliis conjunguntur.

Alia non minor difficultas Florentinium exercet, nempe an *Julius* in Hieronymianis codicibus pro *Lucio* non sit positus, aut in Romano parvo et nostris *Lucius* pro *Julio*. Verum ea in Actis hodie satis quoque explanata sunt, et *Julius* ille *episcopus* a *Lucio* et *Julio Romanis Pontificibus* segregatus, servata *Julio papæ*, non martyri sed *confessori*, propria die XII Aprilis, ut proprio loco patebit. Sensit fortasse difficultatem, sed non recte solvit Rabanus, dum hoc die signat *Julium episcopum;* sequenti *Lucium papam et martyrem.* Notkerus Adonem præhabuit. Et vero *Lucium* et *Julium* pontifices clare olim distinxerat antiquissimum Kalendarium Bucherianum, dum illum non IV sed III *Nonas Martii*, *in Callisti;* hunc, *pridie Idus Aprilis*, *in via Aurelia* collocaverat. Superest Wandalbertus, qui cum nostris de vero Lucii martyrio non dubitat, sed pro nongentis solum octingentos substituit. Henschenius autem, tametsi variant Hieronymiana, numerandos censet nongentos et decem; non habeo ego unde quid probabilius definiam. Interim ut ut dubia sit rei veritas, de Usuardini textus simplicitate abunde constat. Habe modo præfati Wandalberti metricum encomium ·

Lucius hinc papa pretiosa morte quaternis,
Martyrum octingentorum (*Molan. in margine*, Martyrio et nongentorum) turba optima fulget.

AUCTARIA.

ANTUERP. et MAX.-LUBEC., MUNERAT. et BELIN. Id solum textui puro subnectunt, quod supra insinuavimus; nimirum : « Et aliorum viginti septem. » Habes alios similer infra.

ANTUERP.-MAJ. De Lucio, post *complevit*, ex Adone inserit : « Positus est autem via Apia ad S. Sixtum. Sedit autem in episcopatu annos tres, menses tres, dies tres. » Reliqua textus pura sunt. Sequitur : « Nichomedia, passio sancti Adriani cum aliis XXIII. Cujus corpus Romam est translatum atque sepultum VI Idus Septembris, ubi et passio notata est. » Vide eo die. Cæterum in Hieronymianis hoc etiam die ponitur.

ANTUERP.-MAX., LOVANIEN., LEYDEN., BELG. et edit. ULTRAJ.-BELG. idem in fine habent de XXVII. At præterea de Lucio textui inserunt : « Qui post beatum Petrum XXIII. »

ULLTRAJ., LEYDEN., LAT., ALBERGEN. et DANIC. idem et hi habent de Lucio, et post *complevit*, ex Adone restituunt, quæ ab Usuardo præterita superius diximus. Sic legunt : « Hic constituit, quod duo presbyteri et duo diaconi in omni loco episcopum non desererent, propter ecclesiasticum testimonium. » Item, post *in mare mersi* : « Et aliorum XXVII Nicomediæ, natale sancti Adriani cum aliis viginti tribus. Cujus corpus Romæ est translatum et sepultum VI. Idus Septembris » [ALBERGEN. *male legit* Decembris].

CENTULEN. Hodie solum habet : « Romæ, sancti Julii episcopi et confessoris. »

BRUXELLEN. tertio loco : « Apud Nicomediam, natale beati Adriani cum aliis XXIII, qui omnes sub Diocletiano, post multa supplicia crucifragio [vult dicere crurifragio] martyrium consummarunt. Ipso die, passio sancti Gagii Palatini, in mare mersi et aliorum XXVII. »

HAGENOYEN., inverso ferme ordine, incipit a nongentis martyribus. Secundo loco de Caio cum sociis. Tertio de Lucio, cui auctarium idem adjicit, quod supra retulimus. Tum : « Apud Nicomediam, passio sancti Adriani, martyris et militis cum aliis XXIII. Qui Adrianus a matre propria et uxore ad martyrium instigatus est. Qui omnes post multa supplicia carceris et famis, martyrium crurifragio, sub Diocletiano Augusto consummaverunt. Decurrentibus aliquibus annis, VI Idus Septembris, corpus beati Adriani Romæ translatum est. Eadem die translatio sancti Wentzeselay ducis Boemorum, martyris.»

AQUICINCT. addit de Lucio ut supra. Quod autem scribat cum codice Victorino, tres Diaconi, vel Diacones, pro duo, puto librarii vitio factum, uti et quod solus Aquicinctinus ponat ducentorum pro nongentorum et Agii pro Caii.

Codex D. LE MARE, signatus C, qui fuit PP. Franciscanorum : «Item Agape virginis, Gorgonii, Firmi.» Unde hi tres hic hodie intrusi sint, nescio, patebit postea, spectare ad x Martii.

UGHELLIAN. et ALTEMPS. Addunt ut supra de Caio, et aliorum XXVII.

Editio LUBECO-COL. de Lucio, præter jam dicta adhuc inserit, « Qui post beatum Petrum XXIII persecutione, etc. » De Caio ut jam sæpe. « Nicomediæ, natale sancti Adriani cum aliis triginta tribus. Qui omnes post multa supplicia martyrium suum consummaverunt sub Diocletiano Augusto. Decurrentibus autem aliquot annis, corpus beati Adriani Romæ est translatum et sepultum VI Idus Septembris, quæ

A dies in Ecclesia celebrior habetur. Treveris, sancti Basini episcopi et confessoris. Apud Pragam civitatem Bohemiæ, translatio sancti Wenzeslai ducis et martyris. Item translatio sanctorum martyrum Feliciis et Adaucti ; scilicet capita eorum nunc Coloniæ habentur in ecclesia sanctorum apostolorum. »

GREVEN. : « Cum hoc Gaio feruntur passi et alii XXVII. Nicomediæ, passio, vel ut aliis placet, elevatio Adriani martyris, Gregorii, Julii cum aliis XXXIII, quorum solennior celebritas habetur VI Idus Septembris, quando Romæ beatus Adrianus est sepultus. Basini archiepiscopi Treverensis et confessoris. Apud Pragam... Apud Coloniam Agrippinam, translatio capitum, sanctorum Felicis et Adaucti. In Hibernia, sancti Moggrudonis episcopi et confessoris,» hactenus ignoti. «Item sanctæ memoriæ Bosonis presbyteri et confessoris, Prioris majoris Cartusiæ, post Brunonem XVI magnæ sanctitatis viri. Qui ex casu ædificii collisum hominem et defunctum, oratione resuscitavit. Herbæ etiam, supra tumulum ejus excrescentes, multis præstiterunt et præstant, Domino glorificante sanctum suum, optatæ sanitatis medelam. » In indice Prætermissorum dicitur, nullum ei cultum, aut venerationem in ipsa Cartusia exhiberi.

MOLAN. : « Et aliorum XXVII Nicomediæ, sancti Adriani cum aliis XXIII. Cujus corpus Romæ translatum est atque sepultum VI Idus Septembris; ubi et ejus passio notata est. Treberis, sancti Basini episcopi. » In editionibus aliis, additur: « Die quarta, sancti patris Gerasini, qui fuit in Jordane. » Melius scriberet Gerasimi, qui non ad hunc, sed ad sequentem diem pertinet. In fine : « Ipso die, elevatio corporis beati Adriani martyris. » Nempe dum reliquiæ ejus dicuntur in Belgium translatæ, et novissime anno MCX ad Gerardi Montem, Flandriæ oppidum collocatæ, ut fusius suo loco erit examinandum.

III Non.   Die 5.

Apud Antiochiam, natalis beati Focæ martyris, qui post multas, quas pro nomine Redemptoris est passus, injurias, qualiter de antiquo illo serpente triumphaverit, hodieque populis declaratur. Ipso die passio sancti Eusebii palatini et aliorum novem martyrum.

NOTÆ.

Rara codicum prope omnium concordia : Praten., Herinien., Tornacen., Pulsan., Antuerp., Max.-Lubec., Munerat. Belin., Greven. et Molan. Adde Antuerp.- C Max., Uitraject., Lovanien., Leyden., Alberg., Danic. et Edit. Ultraject. Belg.

VARIANTES LECTIONES.

Focæ legunt codices omnes, et sic intactum reliqui. Passus est, pro est passus, nihil in textu immutat. Hodieque populis, vera Usuardi lectio est : multi codices habent simpliciter hodie populis; Greven. et Molan., Hodie quoque. Belino phrasim variare libuit. Prima ejus editio ponit : Hodie populis concursu declaratur. Altera : Hodie populi concursu declarant. Editionem maximam Lubecanam scatere erroribus typographicis, dictum est alibi non semel ; eos inter connumerandum puto, quod hodie pro Focæ legat Sacæ. Plerumque mihi satis est hujusmodi lapsus generatim indicare.

OBSERVATIONES.

Agit hac die Usuardus fere ut præcedenti ; Phocæ elogium ex Adone dimidiatum exhibet : de Eusebio, quod brevior sit sententia, suam facit, neglecta voce item, addita, passio. De utroque meminit Rom. parvum, ex quo fonte semper haurit Viennensis martyrologus, qui Phocæ elogium ex Gregorio Turonensi decerpsit, ut in Actis manifestum est. Phocas etiam aliquis et quidem Antiochenus memoratur in apographis Hieronymianis, ubi et pro Virgine sumptus et sanctæ, Focæ et Focatis inflectitur. Inde, an aliunde acceperit auctor Rom. parvi, non ausim pro certo affirmare, quamvis in partem negativam magis incliner, ob rationes alibi productas. Qui plura desiderat, adeat Florentinium. Non omiserim tamen, quod inter Auctaria erit repetendum, codicibus vetustissimum Centulensem, Phocæ ascribere titulum episcopi, hoc modo : In Antiochia, natalis sancti Phocæ episcopi et martyris, sub judice Affricano

(Africano). Sed Phocam Synopensem episcopum hic cum Antiocheno hodierno confundi, verosimile est : vide hic Henschenium et quæ dicturi sumus XIV Julii. Eusebio Palatino octo duntaxat socios tribuit Rom. parvum, forte errore librarii ; correctius apographum Adonem habuisse necesse est. Sunt et hodie Eusebii apud Hieronymum, sunt et Palatini, pro sanctis positi in altera classe martyrum Africanorum. Magisne Eusebio hac die, quam Caio hesterna, conveniat ea Palatini appellatio, aliorum esto judicium. Certe Notkerus non male sensum Rom. parvi assecutus videtur, dum Palatinum ab Eusebio distinguit, legitque : Eusebii et Palatini et aliorum VIII. Interim in Actis, Palatinus alter, Petrus, Rusticus, Herebus, Mare et alii novem anonymi, tanquam cohortis ejusdem pugiles numerantur. Plura in eam rem disquirere, aut afferre in medium supersedeo, cum ab Henschenio et Florentinio ea diligentia discussa sint, quæ in hujusmodi obscuris et implexis nominum combinationibus adhiberi possit. Nobis sufficiat Usuardi simplicitatem exhibuisse, quem ita scripsisse, ut in Adone repererat, in confesso esse existimo. Liceat hic attexere Wandalberti versus de S. Phoca, quibus alludit ad curationes morsuum venenatorum, de quibus Greg. Turon. de gloria Martyrum, lib. I, cap. 99, et ex eo Adonis elogium meminit :

Ternas martyr habet meritorum nomine Phocas;
Sanguine qui mortem vicit, virtute draconem.

AUCTARIA.

ANTUERP.-MAJ. textum in prima annuntiatione sic concabit : « Apud Antiochiam, passio sancti Focæ martyris. Item ipso die sancti Eusebii Palatini, etc. »

ROSWEYD., in prima satis purus, alteram ampliavit hoc modo : « Ipso die, passio sancti Eusebii et Palatini et aliorum XI martyrum. « Melius legeret cum Notkero ; « et aliorum octo martyrum. » Suspicor litteras numerales fuisse transpositas.

CENTULEN. jam dixïmus ita hodie scribere : « In Antiochia, sancti Focæ episcopi et martyris, sub judice Africano. »

BRUXELLEN. textum interpolatum ex Adone, magis extendit : « Apud Antiochiam, passio sancti Focæ, socii beati Eusebii martyris, magnorum miraculorum factoris. Quo post multas, quas pro nomine Christi passus est, injurias, qualiter de antiquo serpente triumphaverit, hodie declaratur populis. Denique si in quempiam coluber stringens, morsum veneni diffuderit, statim qui percussus est, ut januam basilicæ Focæ martyris, credens attigerit, evacuata virtute veneni salvatur. Ipso die, sancti Eusebii palatini, et aliorum novem martyrum pro Christo decollatorum. Suessionis, sancti Drausii episcopi et confessoris. » Videri potest dissertatio gallica, inserta Ephemeridibus Trivortianis mense Junio anni MDCCXXX, quæ ad sancti Drausii vel Draucini cultum spectat.

HAGENOVEN. novum Phocæ elogium proprio fere marte concinnavit, his verbis : « Apud Antiochiam, natale beati Focæ martyris, qui suspensus est ungulisque laceratus. Post hoc in ignem est missus per tres horas, ubi Deum laudavit, et illæsus ab igne exivit. Deinde in furno calefacto per triduum est positus, ubi orans exspiravit, et corpus ejus inustum et integrum, et odore optimo plenum post tres dies inventum est. Hic qualiter de hoste antiquo triumphavit, hodie populis ad laudem Dei declaratur. » De Eusebio pure.

AQUICINCT. in fine subdit : « Suessionis depositio sancti Drausii episcopi et confessoris. »

MARCHIAN. fragmentum : pro *aliorum novem*, legit *undecim*, ut supra.

MATRIC.-CARTHUS.-ULTRAJ. : « Phocæ martyris inclyti sub Trajano. »

ALTEMPS. : « Sancti Kyriani, pro *Kerani* ; » vocatur in *Actis Kieranus*.

Editio LUBECO-COL. textui superaddit : « In Hibernia, sancti Kerani episcopi et confessoris. »

GREVEN. : « In Africa, Adriani, Euvoli. Item Victoris, Pamphili, Siri, Saturnini, Petri. » Sejuncti sunt a sociis, et ferme pro arbitrio efformati. « In Hibernia, Kerani episcopi et confessoris. Heldæ abbatis, » potius « Hildæ abbatissæ, » quæ ad XXV Augusti remittitur. « Terentianæ ac quinque filiorum conversio. » De ea nihil alibi legitur. « Theophili episcopi Cæsareæ, quæ prius Turris Stratonis dicebatur ; qui, ut sanctus Hieronymus libro de Viris illustribus testatur, sub Severo principe, sapientia, et sanctitate conspicuus emicuit. Translatio sanctæ Landradæ virginis. » Hoc an alio die ea translatio acciderit, dicetur ad diem VIII Julii, quo Acta remittunt.

MOLAN. : « Ipso die, depositio sancti Drausii episcopi et confessoris. » Additur minori charactere *Suessionensis*. Tum : « Theophili episcopi Cæsareæ, etc., » ex Greveno. In aliis editionibus, sic legit : « Suessionis, sancti Drausii, episcopi et confessoris. » Rursus typis minoribus : « Cæsareæ Palestinæ, sancti Adriani martyris. Qui die festo, quo natalia fortunæ Cæsareensium (sic enim putabatur) celebrari solent, leoni primum ad discerpendum projectus fuit, deinde gladio est jugulatus. »

Pridie Non. — *Die 6.*

Nicomediæ, natalis sanctorum Victoris et Victorini, qui per triennium cum Claudiano et Bassa uxore ejus, tormentis multis afflicti et retrusi in carcerem, ibidem vitæ suæ cursum impleverunt. Civitate Toleto, depositio Juliani episcopi, qui apud ejusdem loci incolas famosissimus habetur.

NOTÆ.

Consentiunt denuo *Praten.*, *Herinien.*, *Tornacen.*, *Rosweyd.*, *Pulsanen.*, *Antuerpien.*, *Max.-Lubec.*, *Munerat.*, *Belin.*, *Greven.*, *Molan.* et mediæ notæ codices *Antuerp.-Max.*, *Ultraject.*, *Leyd.*, *Lovan.*, *Altberg.*, *Danic.*, et *Edit. Ultraj.-Belg.*

VARIANTES LECTIONES.

Munerati hallucinatio est, *Victoris, Vitalis, Victorini*. Et sic in Pulsanen. *triennio* pro *per triennium, Claudio* pro *Claudiano, Balsa* pro *Bassa*. Turpius in Danico, *Claro diacono*. Scribit solus Belinus *uxore sua*. Legunt aliqui *cursum vitæ suæ*, alii *vitæ suæ impleverunt cursum*. Danic. omittit *suæ. Citate* in Greveno, error typographi est ; idem fortasse dicendum de *Tolleto* apud Belinum : Quidni et *habebatur* pro *habetur* apud eumdem Grevenum, qui forte ita scriptum invenit in codice Rosweydino vel potius ei simili ?

OBSERVATIONES.

Nicomediæ Victorem et Victorinum omnia edita Martyrologia hac die tribuunt, inquit Florentinius. Poterat saltem Rabanum excipere. Adonem, ut sæpe monui, passim et hic describunt Usuardus et Notkerus, sic tamen ut ei sæpe sanctos aliquos superaddant ; Ado Rom. parvum presse sequitur, qui sic reperit : *Nicomediæ, Victoris et Victorini, qui in carcere cursum vitæ impleverunt* ; unde nihil mirum, si in his omnibus *Victor* et *Victorinus*, uti in pluribus recentioribus, inveniantur. At unde *Claudianus* et *Bassa* his adjuncti sunt ? Suspicatus est Henschenius, dum Bedam genuinum tomo II Martii præfigeret, in aliquo Bedæ ipsius manuscripto reperiri potuisse elogium, quod in Adone legitur. Cogor dissentire, nam cum Rabanus, Bedam diligenter expilare solitus, horum nullum hodie posuerit, consequens esse videtur, ut Adoni soli tribuendum sit, quodcunque de quatuor martyribus Nicomediensibus in textu nostro consignatum est. Certe eos in Romano parvo non invenit, nec eos omissurus erat hujus auctor, si alterum præ oculis habuisset. Wandalbertus solos duos priores laudat ; dum scribit :

Victorinus ovat pridie Victorque, retrusi
Carcere, qui celso penetrarunt astra volatu.

Utrum vero nuda duorum posteriorum martyrum nomina, ex Hieronymiano aliquo acceperit Viennensis, non satis perspicio, nisi apographum habuerit simile Antuerpiensi, quod unicum de *Claudiano* et *Bassa*, post *Victorem* et *Victorinum* meminit. Solus Usuardus *Julianum* adjecit, antiquioribus incognitum. Proprius dies videtur esse, non hic, sed VIII Martii, ut ibi in Commentario prævio fusius explicat Papebrochius, innuens, notatum olim obitus diem postridie Nonas, mutatum fortasse in pridie Nonas. Satis verosimile est, sancti hujus notitiam ab Usuardo ex Hispania cum multis aliis in Galliam allatam, certe ab ipso hoc die signatum, codicum consensus dubitare non sinit.

AUCTARIA.

ANTUERP.-MAJ. textum pro suo arbitrio mutasse videtur; ita scribit: « Nichomedia, natale sanctorum martyrum Victoris et Victorini, tempore Claudii imperatoris. Civitate Toleto, depositio sancti Juliani antistitis, qui apud ejusdem loci incolas, pro excellenti sanctitatis merito, famosissimus habetur. »

CENTUL. « Nichomediæ, sanctorum Victoris et Victorini martyrum. » Nihil præterea.

BRUXELLEN. in prima annuntiatione non nihil interpolatus, ita habet secundo loco: « Civitate Tholeto, depositio sancti Juliani episcopi, qui apud ejusdem loci incolas, pro excellentis sanctitatis merito veneratur. »

HAGENOYEN. in martyribus Nicomediensibus Bruxellensi minus purus est. De Juliano, textum sequitur, sed subjicit: « Hunc Julianum quidam invocare solent, pro bono hospitio de nocte habendo. » Mirum, si auctor hujus Martyrologii Julianos non confuderit; certe melius et rectius quadrare videretur ea invocatio « pro bono hospitio de nocte habendo, » Zenodocho illi Juliano, qui IX Januarii commemoratur. Sequitur: « In Seconia, sancti Trydelini, vel Frydelini confessoris. » *Fridolinum* indicare voluit, nisi vehementer fallor, abbatem illum Seckinganum in Germania, de quo in Actis hac die.

AQUICINCT. pro *Claudiano* scribit *Claudio*, pro *Juliani*, *Vigiliani*.

ALTEMPS. : « In Britannia, depositio sancti Balteri [*Acta legunt* Baltheri] presbyteri et confessoris. Burgo monasterio, sanctarum Kyneburgæ, Kyneswithæ et Tiblæ. » Acta habent *Tibbæ* vel *Tilbæ*.

REMENS. ecclesiæ sanctorum Timothei et Apollinaris : « Toleto civitate, depositio beatissimi Juliani, episcopi et confessoris. »

ABDINCHOFFEN. : « Treberis, sancti Quiriaci presbyteri. »

Editio LUBECO-COL. post textum subdit : « Treveris, sancti Quiriaci presbyteri et confessoris. Eodem die, sancti Cyrilli presbyteri et confessoris, Ordinis Carmelitarum. Ipso die, beati Fridolini abbatis et confessoris. Item, sancti Baldredi confessoris. » Idem est cum *Balthero*, de quo supra.

GREVEN. : « In Nicopoli, sanctorum Papiæ, Alexandri et Jocundi. Nichomediæ, sanctorum Saturnini, Cassi, Victoris, cum aliis duobus Papia et Nicephoro. » Solita apud Grevenum confusio, dum martyres accipit ex apographis Hieronymianis. « Apud Terdonam, passio sancti Marciani episcopi et martyris, sub Adriano imperatore, qui eductus de carcere, cum post candentes laminas ferreas capiti impositas, permansisset illæsus, capitis obtruncatione martyrium complevit. Item, sanctorum Diodori, Claudiani, Carisii, Margoli. » Aliud hoc est Hieronym. fragmentum, non satis recte dispositum.

« Victoris martyris Mosovensis. » Voluit dicere *Mosomensis*, in Gallia Belgica, de quo vide Prætermissos et IX Februarii in Actis. « In Scotia, Baldredi episcopi et confessoris. » An recte dicatur *episcopus*, in Actis discussum invenies. « Metis, sancti Grodegandi episcopi et confessoris. In monte Carmelo, beati Cirilli presbyteri et confessoris, cui Deus, tamquam fideli amico, de futuro statu mundi, multa in aurem revelavit. Treveris, sancti Quiriaci presbyteri et confessoris. Ipso die, Frindolini abbatis et confessoris. Keneburgæ virginis. Victoriæ matronæ. » De hac nihil reperio. « In Gandavo, sanctæ memoriæ Coletæ monialis, Clarissarum reformatricis primæ. »

MOLAN. sua ex Greveno accepit; agit de Cyrillo, Quiriaco, Grodegando, Fridolino et Coleta, Una hæc diversitas in Cyrillo, quod ita scribat: « In monte Carmelo, beati Cyrilli presbyteri, Carmeli eremicolæ perdevoti. Cui Deus, etc. » In aliis editionibus de Cyrillo et Quiriaco eadem repetit. Tum : « Seckingi, depositio Fridolini abbatis et confessoris. Die sexta , sanctorum quadraginta duorum martyrum, recenter inventorum in Ammorio. » Dein charactere minori ; « Gandavi, obitus sanctæ memoriæ Coletæ de Corbeia, anno MCCCCXLVII, quæ instituit Clarissas Coletanas. Metis, sancti Grodegandi archiepiscopi et confessoris. »

Non abs re erit hic subnectere quod inter observationes mss. superius citatas, scriptum reliquit Rosweydus, ad hanc diem VI Martii. Præmittitur textus Romani hodierni : « In Cypro, S. Cononis martyris, qui sub Decio imperatore, pedibus clavis confixis, ante currum jussus currere, in genua procumbens, in oratione reddidit spiritum. » Sequitur Baronii Notatio : « Cononis : de eo refert Græci in Menologio hac die agunt, quem Nazareth oriundum, præclaris certaminibus pro Christo susceptis, nobilitatum ferunt, dum brevi compendio martyrium ejus describunt. »

Tria hic animadvertenda sunt, inquit Rosweydus.

1. Quomodo Baronius Cononem hunc ponat VI Martii , dicatque etiam hac die in Menelogio de eo agi , cum Menologium eum habeat VIII Martii.

2. In Menologio videntur dies perturbati, nam Menæa Cononem habent V Martii (et ita etiam Acta posuerunt).

3. Quomodo Baronius eum in Cypro ponit, cum Menæa habeant, eum passum Mandæ, urbe Pamphiliæ ? Sed Baronio imposuit vitiosa Menologii lectio VII Martii, quæ ita habet : « S. Cononis τοῦ κηπίου ex Nazareth Gallilææ. Hic sub Decio imperatore propter Christianæ fidei confessionem, ferreis clavis confixis pedibus, ante currum jussus currere, in genua procumbens et orans, spiritum Christo Domino reddidit. » Legendum enim ibi, τοῦ κηπροῦ, id est *Hortulani*. Quare ita videtur Martyrologii Romani textus reformandus. « *Mandæ urbe Pamphiliæ sancti Cononis Hortulani martyris*. »

Nonis.   *Die 7.*

In Mauritania civitate Tuburbitanorum , natalis sanctarum martyrum Perpetuæ et Felicitatis, et cum eis Revocati, Saturnini et Secundoli , quorum ultimus in carcere quievit , reliqui omnes ad bestias sunt traditi sub Severo principe.

NOTÆ

Textus simplicitas sumitur ex *Praten.*, *Herinien.*, *Tornacen.* , *Antuerp.-maj.*, *Rosweyd.*, *Pulsanen.*, *Antuerp.*, *Max-Lubec.*, *Greven.* et *Molan.*

VARIANTES LECTIONES.

In tribus primis codicibus nullæ. Antuerp.- Maj. pro *natalis* scribit *passio*. Pulsanen. male legit *Turbitanorum*, ut habent apographa Hieronym., Greven. et Molan. in prima editione legunt *Tiburbitanorum*, quod hic in posterioribus non melius correxit per *Thuburbitanorum*. Sic utraque Greveni editio perperam posuit *Mauricania* pro *Mauritania*.

Item, *sanctorum* pro *sanctarum*, uti etiam legitur in Pulsanen., Antuerp., Max.-Lubec. et Molano. Pulsanen. socios transposuit, hoc modo: *et cum eis Saturnini et Revocati et Secundoli*; sic traditi sunt pro *sunt traditi*. In Antuerp. vero et Max.-Lubec. *reliqui autem*, pro *reliqui omnes*.

OBSERVATIONES.

Una Martyrologorum antiquorum omnium concors sententia est, *Perpetuæ* et *Felicitatis* agonem gloriosissimum, et tota Ecclesia celebratissimum, hoc die completum esse, quidquid etiam pridie in Hieronymianis apographis recenseantur; cujus repetitæ positionis causam, non satis explicat Florentinius. Harum vere Christianarum heroidum quam late fama ab omni ævo dispersa fuerit, ostendit Kalendarium Bucherianum, omnium antiquissimum, in quo ex Africanis martyribus solæ illæ et Cyprianus memorantur; hic proprio suo natali die xviii Kal. Octobris, istæ hoc die *Nonis Martii Perpetuæ et Felicitatis, Africæ*. Prætereo Sacramentaria et hujusmodi alia; cum Acta ipsa plane incomparabilia, pretiosissimum sint ecclesiasticæ antiquitatis monumentum, vel ipsis a catholicis id fateri coactis: legat qui avitæ fortitudinis et catholicæ pietatis spectaculis delectatur. Thesaurum absconditum diu desideratum, diu frustra conquisitum primus feliciter bibliotheca Casinensi eruit V. Cl. Lucas Holstenius, a Possino, inde a majoribus nostris hoc die vulgatum, et ab aliis eruditissimis viris certatim novis curis, etiam Oxoniæ, editum, et observationibus illustratum, quorum curiosiores notas collegit suasque addidit Ruinartius inter Sincera et germana Acta a pag. 81. Tillemontius vero deductam vitæ seriem contexuit tomo III, a pag. 136. Consulat lector quæ apud citatos scriptores diligentissime discussa sunt, dum nos martyrologorum nostrorum sensa seu vera, seu falsa exponimus. In assignandis sociis non una dictorum martyrologorum est ratio:

hi in Hieronymianis apographis varie positi et confusi, a Beda ac proinde a Rabano prætermissi sunt. Nihilo plus dicit Romanum parvum; sola Perpetuæ et Felicitatis nomina exprimens, non *Carthagine*, ut rectius a Beda legitur, sed, *In Mauritania civitate Tuburbitanorum*. Romani parvi vestigiis insistit Ado, tres tamen socios ex Actis, quæ etiam Beda viderat, adjungens, quos Usuardus et Notkerus non negligunt, amisso ubique *Saturo*, cui secundum præfata Acta primus, inter viros, locus tribuendus videretur, unde manifeste patet solum Adonem Usuardo præluxisse, cujus elogii partem primam, fere ad verbum transcripsit; Notkerus, ut solet, totum reddidit. Quæstionem de loco martyrii *Carthagine*, an *Tuburbii*, discussam habes in commentario nostro prævio, apud Florentinium, et recentius in prævia Ruinartii admonitione, ac notis Tillemontii. Sitne autem typographi, an Florentini ipsius inadvertentia, dum pro *Turbitanorum* Hieronymi, restituendum ait ex Augustino *Tuburbinatorum*, dubitare facit, quod continuo subdit, *insignes martyres Perpetuam et Felicitatem* TUBURBITANAS dici; liquet igitur melius, vel saltem minus male in textu scriptum *Tuburbitanorum*, licet verosimilius sit *Tuburbitanas martyres* non has ab Augustino aliisque intelligi, sed *Maximam* et socias, de quibus agitur xxx Julii. Wandalbertus cum Romano parvo et Beda, solis duabus feminis epinicion canit:

Nonis **Felicitas** micat et Perpetua, castam
Quæ Christi vitam felici morte dicarunt.

AUCTARIA.

DANIC. textui subnectit: « Apud Valeriam provinciam, natale sancti Equitii abbatis, cujus meminit beatus Gregorius Dialogorum libro primo. »

Idem habent ANTUERP.-MAX., ULTRAJECT.,'LEYDEN., LOVAN. et editio ULTRAJ.-BELG., qui præterea adjungunt: « Eodem die, depositio sancti Thomæ confessoris et doctoris: » de quo ALBERG. hoc modo: « Eodem die, sancti Thomæ de Aquino, ordinis Prædicatorum, eximii doctoris, qui suis scriptis et doctrinis plurimum profuit religioni Christianæ. »

CENTULEN.: « Apud Africam, civitate Tyburtina, passio SS. Perpetuæ et Felicitatis martyrum, et cum eis Revocati, Satyri et Secundoli. »

BRUXELLEN. post *principe*, subdit *in die natalis ejus*, quæ ex Adone sumpta sunt. Tum: « Apud Valenciam [pro Valeriam] provinciam, Equitii.. Item, depositio beati Thomæ de Aquino, doctoris sancti de ordine Prædicatorum. »

HAGENOYEN. multa hodie comminiscitur de martyribus Tuburbitanis et beato Equitio, quæ referri non merentur. Accurationis specimen habe, in annuntiatione ultima: « Eodem die, sancti Thomæ, doctoris egregii et episcopi Cantuariensis, de ordine Prædicatorum. » Sic Perpetuam et Felicitatem *virgines* vocat, etc.

MATRIC.-CARTHUS.-ULTRAJ. Primo loco *Thomæ de Aquino confessoris*. Dein Perpetuæ et Felicitati elogium texuit, hic non describendum.

STROZZ. et MEDIC., et jam primo loco: « Natale sancti Thomæ de Aquino, confessoris, ordinis Prædicatorum depositio, apud monasterium Fossæ novæ,

ordinis Cisterciensis, in Campania ejusdem depositio. Obiit autem anno Domini MCCLXXIV, vitæ suæ quinquagesimo inchoante. » Unde redundantia illa *depositionis* in textu oriatur, non habeo ex quo colligam, nisi forte ex textibus variis unus conflatus sit; certe de ejus translatione hic non agi manifestum est. Plura mox sequentur.

MUNERAT. Textui puro adjicit: « Eodem die, depositio beati Thomæ confessoris, ordinis Prædicatorum, eximii doctoris.

Editio LUBECO-COL. addit, ut Bruxellen, *die natalis sui*. « Apud Valeriam provinciam, natale sancti Equicii abbatis, cujus meminit beatus Gregorius Dialogorum libro primo. Eodem die in Campania, monasterio Fossæ novæ, natale sancti Thomæ de Aquino, ordinis Prædicatorum, egregii doctoris Ecclesiæ qui suis doctrinis et scriptis plurimum profuit religioni Christianæ. Fertur etiam de eodem doctore, quod innocentiam baptismalem nunquam violaverat, et virginitatem mentis et corporis usque in finem vitæ suæ servaverat, nec unquam ipso sciente, mortaliter peccaverat. In territorio Montensi, oppido imperiali quod Werda dicitur supra littus Rheni, natale sancti Willeyci confessoris, presbyteri sancti Swicberti episcopi. » Actum de eo supra II Martii.

BELINI prima editio: « Eodem die, sancti Thomæ de Aquino confessoris: » editio altera, « doctoris et confessoris, ordinis Prædicatorum. »

GREVEN.: « Item sanctorum Silvani, Rogati, Eroi. Antiochiæ Eoci [vel Leoci] Saturi, Saturni et aliorum. » S. Thomæ elogium idem fere est, quod retulimus, cum additione anni obitus, ut supra etiam

positum est. De Willeyco aut Willerico satis dictum est. « In provincia Valeria, sancti Equitii abbatis, qui, ut beatus Gregorius primo Dialogorum refert, pro vitæ suæ merito apud omnes illic admirabilis habebatur. Vilis erat valde in vestibus, sed tantus eum fervor ad colligendas Deo animas accenderat, ut sic monasteriis præesset, quatenus per ecclesias, per castra, per vicos, per singulorum quoque fidelium domos circumquaque discurreret, et corda audientium ad amorem patriæ coelestis excitaret. »
MOLAN. ex Adone hæc textui subjicit; « die natalis ejus. Quæque dum adhuc servarentur in carcere et Felicitas parturiret, omnium sanctorum commilitonum precibus impetratum est ut octavo mense pareret. Apud Valeriam, » ut supra in Danico, etc. « Eodem die, sancti Thomæ Aquinatis doctoris et confessoris, in Terracina Campaniæ civitate, monasterio Fossæ novæ, qui de nobili genere comitum Aquinorum claram originem ducens, patre invito, ordinem ingressus est Prædicatorum, et litterarum studiis diligenter intendens, sacræ Theologiæ cathedra sublimatus, totum mundum claritate suæ scientiæ illustravit, et anno MCCLXXIV, vitæ vero suæ quinquagesimo inchoante, diem clausit extremum. » Deleri possunt verba illa, *in Terracina Campaniæ civitate*. Minutioribus typis : « In Segenberge, sancti Volkeri martyris. Item Redemptæ virginis, de qua in homil. B. Gregorius. » Hæc in aliis editionibus merito omittitur. Vide indicem Prætermissorum. In his autem additur : « Die septima, sacrosanctorum martyrum episcoporum in Chersone, Basilei, Ephraim, Charitonis, Eugenii et reliquorum. » Dein charactere minori : « Cæsareæ Palestinæ, natalis sancti Eubuli, qui gloriosam pro pietate mortem caducæ vitæ præponens, post bestiarum laniatus, gladio trucidatus fuit : omniaque martyrum certamina, suo sanguine postremus obsignavit. In Segenberge, sancti Volkeri martyris.

VIII Idus. Die 8.

In civitate Antinoum, natalis sanctorum Philemonis et Apollonii diaconi, qui tenti et a judice auditi, cum constanter idolis sacrificare noluissent, perforatis calcaneis per civitatem horribiliter tracti, novissime gladio cæsi, martyrium compleverunt. Eodem die apud præfatam urbem, passio Arriani, Theotici, et aliorum trium; quos judex submersos in mare necavit, sed obsequio delphini, corpora eorum littori sunt restituta. Cartagini, sancti Pontii diaconi beati Cypriani episcopi, qui usque ad diem passionis illius cum eo exilium sustinens, egregium volumen vitæ et passionis ipsius reliquit, ac clarus passionibus, coronam vitæ promeruit.

NOTÆ.

Consonant *Præten.*, *Herinien.*, *Tornacen.*, *Antuerp.*, *Max.-Lubec.*, *Munerat.*, *Belin.*, *Greven.*, *Molan.* Quibus accedunt *Antuer.-Max.*, *Ultraj.*, *Leyd.*, *Alberg.*, *Danic.*, *Edit. Ultraj.-Belg.* etc. ferme *Hagenoyen.*

VARIANTES LECTIONES.

In civitate Antineo ponit solus Tornacen., Greven., Antynoum. Idem Tornacens. *Apollinii*, pro *Apollonii*. Belin. legit *diaconorum*, ubi probabilius neuter diaconus fuit. Transpositio Greveni et Molani, in *sacrificare idolis*, pro *idolis sacrificare* notatu digna non est. Quod aliqui *Ydolis* scribant, alibi dictum est. Antuerp. Max.-Lubec., Belin., Greven., Molan. et codices alii, pro *Arriani* scribunt *Adriani*, cur Acta *Ariani* præferant, nescio. Sic in Herinien. et Munerat. *Thetici*, in Greven. *Teotici*· melius in textu. Munerat. omisit *trium*. Codd. mediæ notæ ad *delphini*, addunt *piscis* : Antuerp. scribit *Kartagini*; Munerat., *Cartagine* ; Belin., Greven. et Molanus., *Carthagini*; cum antiquioribus antiquam præfero scribendi normam. Sensum invertunt Munerat. et Belinus, legentes *Diaconi et beati Cypriani*. Minus errat ille in *passionis illius*, hic in *passionis ejus*. Herinien. quod mirere, scribit *clari et promeruerunt*, quasi de duobus ageretur.

OBSERVATIONES.

Philemonis, Apollonii et aliorum martyrum Antinoitarum, primo et secundo loco hic consignatorum memoria antiquioribus martyrologis omnibus aut incognita aut præterita, debetur soli Usuardo, qui Philemonem Apollonio male præposuit, atque ex eorum passione, martyrii locum, diem, et alias circumstantias non satis recte determinavit, ut hoc die accuratius exponit Papebrochius, Acta ex variis mss. Latinis cum textu Græco collatis illustrans, quæ eruditi recentiores hodie passim incessunt et repudiant, tanquam a Metaphraste ferta et interpolata. Sintne Metaphrastis opus, alia quæstio est. Cæterum ita sentiunt viri illi scrupulosiores ipso Papebrochio, at non tam facile hodie probaturo, quæ sub primis studiorum initiis, necdum rerum istarum adeo peritus, admisit. Quidquid sit, genuina omnino non esse, satis perspiciet, quicunque ea conferre voluerit cum narratione Rufini ex Vitis Patrum cap. non 29, sed 19, pag. 476, a Ruinartio excerpta et inter Selecta edita pag. 539; quam nescio cur majores nostri proferre neglexerint. Interim negari non potest, passionem a Papebrochio illustratam Metaphraste antiquiorem esse, utpote quam Usuardus, qui inde elogium suum excerpsit, videre certo debuit, isque inter omnes antiquos martyrologos solus, ut dicere cœpimus in Observationibus de sancto Ascla XXIII Januarii, quo item die Tillemontium in *Arriano* citavimus, cujus articuli duo 4 et 5 legi possunt tomo V, a pag. 360., ubi de hodiernis martyribus agitur ex Rufino etiam et Palladio, rejectis Actis Usuardinis, quæ hunc VIII Martii diem sanctorum certamini non satis recte consecravisse, imo simul omnes male conjunxisse, ante ipsum observaverat laudatus Papebrochius, apud quem vide cætera. De textus nostri vere Usuardini simplicitate, dubii nihil suboriri potest in tam singulari codicum prope omnium concordia.

De Pontio sic legit Romanum parvum : *Apud Carthaginem, sancti Pontiani diaconi, beati Cypriani, qui Dominum semper in passionibus suis glorificans, coronam vitæ promeruit.* Hæc Ado tantillum auxit quæ a Notkero descripta sunt. Noster, casu an studiose nescio, verba illa exclusit, *Dominum semper in passionibus glorificans*; quæ nihil oberant, quo minus intacta relinquerentur, nisi forte de vero martyrio intelligenda putaverit, quod subiisse Pontium omnino non constat. Hic Cyprianum laudando, sui memoriam posteris reliquit, nam ex ejus libello de gloriosissimi martyris Cypriani vita, commentarium suum deduxit Henschenius, Pontium egregie vindicans a nimium fastuosis Rigaltii suggillationibus, ut ibi lector videre poterit, et fusius probandum erit ad XIV Septembris. Nobis sufficiat, Usuardi textum hic etiam genuinum esse.

AUCTARIA

ANTUERP.-MAJ. In prima deest totum elogium; in secunda tantum non purus est: in tertia ferme Adonianus: « Apud Cartaginem, sancti Pontiani diaconi, discipuli beati Cypriani episcopi, qui usque ad diem passionis ejus, cum ipso exilium sustinens, egregium volumen vitæ et passionis ipsius refiquit atque Dominum semper in passionibus suis glorificans, coronam vitæ promeruit. »

ROSWEYD., in toto textu purus, in fine hæc subjungit: « In Nicomedia, Quintilli episcopi, martyris. Item in Africa, Cyrilli episcopi et martyris. » Accepta est utraque annuntiatio ex Hieronymianis, vel ex Rabano, aut Notkero. Nihil magis ad textum Usuardinum pertinent hodierni Wandalberti versiculi.

PULSAN., deficit in Ariano et sociis.

LOVANIEN., inter codices mediæ notæ purior censeri posset, nisi sæpius Usuardina elogia decurtaret. Hic omisit omnia, quæ in *Philemonis*, et *Apollinis* laudem ab Usuardo relata sunt.

CENTULEN., ab Usuardo jam sæpe recessit; hodie solum habet: « Nicomediæ, sanctorum martyrum Quintuli episcopi et Capitulini. » Ex aliquo Hieronymiano apographo, in quibus pro *Quintuli*, passim legitur *Quintili*, *Quintilli*, vel *Quintilis*.

BRUXELLEN., textui non parum interpolato, subjungit: « Item Rogati et Catilli episcoporum. » Vide Acta de Cyrillo episcopo, Rogato, etc.

AQUICINCT.: « Et sanctorum Quintoli et Capitulini. »

VICTORIN., legit *quatuor* pro *trium*.

MARCHIAN. Fragmentum, habet *Adriani* pro *Arriani*, ut plures codices supra.

MATRIC.-CARTUSS.-ULTRAJ. Ita incipit: « Cypriani episcopi et Pontii diaconi martyrum. Asclæ martyris, Apollonii, Philemonis, Arriani, et sociorum ejus. » De Ascla actum est XXIII Januarii.

ALTEMPS.: « Ipso die, sancti Felicis, Orientalium Anglorum qui fuit prædicator, et episcopus Norwici, qui inde translatus, nunc cum magna gloria honoratur in monasterio Fameseye [Ramesiæ] ubi et conditus jacet. » Vide hæc accuratius discussa in commentario prævio ad ejus Acta. « In Hibernia, sancti confessoris, et abbatis [imo episcopi] Seinavi. » *Senanum* vocant Acta.

EDITIO LUBECO.-COL. Textui fere puro, subdit: « Eodem die, sancti Ducnati [Duthaci] episcopi et confessoris. Item sancti Hunfridi episcopi, et confessoris. »

GREVEN. « Nicomediæ, beati Quintilli episcopi, et martyris. Item, Bironæ, Hereniæ, Felicitatis et Urbani. In Africa, Cirilli episcopi et martyris. Itemque Silvani, Quirilli, Capitulini martyris. » Vides hic Hieronymianos martyres diversos et confusos. « Felicis episcopi Orientalium Anglorum et confessoris. Qui de Burgundia egressus, Christum nationi Anglorum Orientalium annuntiavit. Sedem vero episcopalem in civitate Domnunc accipiens, annis XVII in multa sanctitate præsedit, et deinde in pace quievit. In Scotia, sancti Duchati episcopi et confessoris. In Hibernia, Cenani, Conalli, Crovani, episcoporum et confessorum. » De Conallo et *Cronano*, non *Crovano* vide indicem Prætermissorum. « Eodem die, Hunfridi episcopi et confessoris. Cleopatroniæ, filiæ Daciani. » De Cleopatroniæ nomenclatura vide Castellanum in notis mens. Januario pag. 200.

MOLAN., parvo charactere, de Felice Grevenum transcripsit. Tum: « Item Humfridi episcopi et confessoris, cujus corpus, post Morinorum per Carolum quintum deletionem, translatum est Ipras. » In editionibus aliis ita habet: « In pago Tervanensi, sancti Hunfridi, episcopi ejusdem civitatis, et abbatis Sithiensis, cujus corpus, deletis Morinis, Ipras est translatum. In Anglia, sancti Felicis episcopi, et confessoris, qui de Burgundia veniens, nationi Anglorum Orientalium, Christum annuntiavit. Die octava, sancti patris et confessoris Theophylacti, episcopi Nicomediæ. »

VII Idus.   *Die 9.*

Apud Nisenam civitatem, depositio sancti Gregorii episcopi, fratris beati Basilii Cæsariensis, tam vita quam eloquentia clarissimi. Civitate Barcinona, sancti Paciani episcopi, qui tempore Theodosii principis, optima senectute finem vitæ sortitus est.

NOTÆ.

Soli hac die puri sunt *Praten.*, *Herinien.*, *Tornacen.*, *Rosweyd.*, *Greven.* et *Molan.*

VARIANTES LECTIONES.

Fere nulla. Scripsi *Nisenam* ex Herinien., Tornacen., Greven. et aliis codicibus passim, tantum ut servetur antiqua Usuardi lectio, quæ etiam talis videtur esse in apographo nostro Pratensi. Molan. male in prima editione posuit *Nicenam*, quod in posterioribus bene correxit legendo *Nyssenam*, ut vere legendum est. Sic etiam reliqui in textu *Cæsariensis* cum Praten. et Molano; ut etiam apud eruditos hodie passim invaluit. Tres alii neglectis, ut plerumque solent, diphthongis, habent *Cesariensis*. Scribendum esset *Paciani*, sed in codicibus pro textu citatis, aliisque passim ponitur ut est in textu; Rosweyd. tamen male legit *Potiani*.

OBSERVATIONES.

Textum Usuardi purum et genuinum hic repræsentari minime dubito, ductus non solum auctoritate probatissimorum codicum supra relatorum, sed ferme quotidiana ratione, quod Romani parvi textum evidenter secutus fuerit Ado, paucula adjiciens, quæ Noster fere ad apicem transcripsit, ut passim assolet. Hæc sunt Romani parvi verba de Gregorio: *In Nyssena civitate, sancti Gregorii episcopi, fratris Basilii*. Multa accurate de eo collegit Papebrochius in commentario historico, sed multo plura post alios Tillemontius tomo IX, a pag. 561 ad 616 per 20 articulos. Hieronymiana apographa, Beda, ejusque descriptor Rabanus et Wandalbertus de XL martyribus Sebastenis hoc die agunt, et egit Martyrologium Romanum ante tempora Innocentii PP. X, sub quo in diem sequentem translati sunt, cedentes officio duplici sanctæ Franciscæ Romanæ, sic tamen ut eorum annuntiatio et elogium hoc die ponatur, ut sit de sancto Hilario XIII et XIV Januarii; de sancto Henrico XIV et XV Julii, et de sancto Didaco XII et XIII Novembris, non alia, opinor, ratione quam quæ modo assignata est, festi nimirum præcedentis. Porro quid Rabanum moverit ut eosdem ipsos XL martyres, et quidem ampliori elogio ornatos, rursum ad XI poneret, ac denuo IX Septembris, haud equidem perspicio, nisi de vero obitus die dubitaverit, aut per incuriam classes martyrum diversas esse putaverit. Molanus in editionibus posterioribus perperam eos textui hodierno inseruit, cum ex Romano parvo et Adone, quos Usuardus sequitur, referendi sint XI Martii, ut fecerat, in editione prima, cæteris longe præhabenda, saltem quantum attinet ad eruendam textus Usuardini simplicitatem, quam solam investigamus. Nam si de vero martyrii die instituatur quæstio, præferenda forte videbitur Hieronymi et Bedæ positio, ex ipsis Actis confirmata. Unde non improbabiliter suspicari licet, in recentiores Usuardi codices subinde insertos. Nobis sufficiat antiquam et genuinam martyrologi nostri lectionem exhibuisse.

De *Paciano* solum posuerat Romanum parvum: *Barcinonæ; Paciani episcopi;* cætera Adoniana sunt, etiam a Notkero fere transumpta. Breviter ea Henschenius retulit, quæ apud Hieronymum, et alios ecclesiasticos scriptores repererat; nonnulla explicatiora reddidit Tillemontius tomo VIII, a pag. 537.

AUCTARIA.

PULSANEN., extus transposuit, nonam in undecimam commutans. Etenim quæ nos hodie, ut vere Usuardina retulimus, eadem ipse, quam ob causam nescio, XI hujus posuit, martyres autem Sebastenos, eosque solos hac die; sed pure et Usuardi verbis.

ANTUERP.-MAJ., in textu non omnino purus est, cui superadditi : « In Sebasten Armeniæ minoris, natalis sanctorum quadraginta militum, tempore Licinii regis sub præside Agricola. Nomina vero horum martyrum hæc sunt : Domicianus, Eunoicus, Sisinnius, Eradius, Alexander, Joannes, Claudius cum sociis suis. Qui omnes crurifragio martyrium consummaverunt. Combusta sunt igitur sanctorum corpora et in fluvium projecta, sed divina dispensatione reliquiæ eorum sunt integræ repertæ et honore digno conditæ. » Hæc Usuardum non sapiunt : sequentes codices integrum textum referunt.

ANTUERP. et MAX.-LUBEC., MUNERAT, BELIN., ANTUERP.-MAX., ULTRAJECT., LEYDEN., LOVANIEN., ALBERG., DANIC. et EDITIO ULTRAJ.-BELG., alii primo, alii ultimo loco de martyribus Sebastenis hac die meminerunt, quos nos cum Usuardo dabimus XI hujus. In ultimo codice deest *Gregorius Nyssenus.*

CENTULEN. « Passio XL militum tempore Licinii regis, sub præside Agricolao. In Africa, sanctorum Felicis et Rogati. » De toto textu, nec verbum.

BRUXELLEN. Interpolato nonnihil martyrum Sebastenorum elogio, textum hodiernum fere purum subjungit.

HAGENOYEN. Ex martyribus XL classes duplicando, octoginta confecisse videtur; turmam aliam hodie *Cappadociæ*, aliam XI « Apud Sebasten Armeniæ » annuntians, quibus diversa aptavit elogia. Unde vero hodiernum eruerit, nescio; certe referre non meretur. In reliquo textu, parum a puritate aberrat.

AQUICINCT. Pro *Patiani*, scribit *Datiani.* Tum in fine addit : « In Armenia minore, XL militum sanctorum. Item, sanctorum Felicis, Philippi, Rogati. »

REG. SUEC., signatus num. 130 : In Sebastem Armeniæ minorem, natalis sanctorum XL militum, qui passi sunt sub Agricolao præside, tempore Licinii regis. »

UGHELLIAN. Etiam agit de XL militibus.

EDITIO LUBECO-COL. « Apud Sebasten Armeniæ minoris, natale sanctorum quadraginta militum, qui tempore Licinii regis sub præside Agricolao, post vincula et carceres creberrimos, post cæsas lapidibus facies, missi sunt in stagnum, ubi gelu constricta corpora ejus [eorum] nocte dirumpebantur. Mane autem facto, impiissimi tyranni satellites invenerunt clavicularium, connumeratum martyribus, unde unus pusillanimis ceciderat. Et eosdem omnes tractos ad litus, baculis crura eorum confregerunt, et sic demum crurifragio martyrium consummaverunt. Quorum nomina sunt : Domicianus, Eunoycus, Sisinnius, Eraclius, Alexander, Joannes, Claudius, Athanasius, Valensis, Helianus, Melliton, Hecclicius, Achacius, Jubanus, Helyus, Theodolus, Cyrillus, Valerius, Flavius, Severianus, Quirion, Theudeon, Sacerdon, Priscus, Euticius, Smaragdus, Philoctimon, Actius, Michallius, Lysimachus, Dompnus, Theophilus, Euthychius, Xanctius, Aggius, Leoncius, Isicius, Gagius, Gorgonius, Candidus. Erant autem nobiliores inter eos Quirion et Candidus. » Vide hæc omnia accuratius ab Adone enumerata die XI Martii, ut supra diximus. Sequitur textus, cui in fine subjungit : « Parisius, depositio sancti Draconii abbatis. » In Prætermissis, dicitur idem esse cum sancto Droctoveo abbate, de quo Usuardus die sequenti.

GREVEN. : « Ipso die, sanctorum Sici, Philippi, Mariani, Concessi, Sebastiani, Juliani, Silvani. Nomina sunt ex Hieronym. apographis oscitanter confusa. » Parisius, Draconii abbatis. Item, secundum aliquos XL martyrum, qui in quinto Idus ponuntur.

MOLAN. : « Apud Sebasten Armeniæ minoris, natalis sanctorum quadraginta militum, qui tempore Licinii regis, post vincula et carceres creberrimos, et post cæsas lapidibus facies, missi sunt in stagnum, ubi gelu constricta eorum corpora nocte disrumpebantur, et sic demum mane crurifragio martyrium consummaverunt. Erant autem inter eos nobiliores Quirion et Candidus. » Est Usuardi textus exceptis iis quæ de *gelu* ex Adone inseruntur.

VI *Idus.*
Die 10.

Apud Apamiam, natalis sanctorum Alexandri et Gaii martyrum, qui, ut Apollinaris scribit Hierapolitanus episcopus, in libro adversum Catafrigas, persecutione Antonini Veri, glorioso martyrio coronati sunt. In Perside, sanctorum martyrum numero quadraginta duorum. Parisius, depositio sancti Droctovei abbatis, discipuli beati Germani episcopi. [*Bouillart,* addit : Ipso die ª sancti Attali abbatis, discipuli sancti Columbani.]

NOTÆ.

Solos hodie puros invenio *Heriniensem* et *Tornacensem.*

• Hic Pratensem codicem in jus vocat Sollerius, quod hujus diei sanctis adjungatur sanctus Attalus; cum exarati manu codices non pauci, iique quantivis pretii, sanctum illum abbatem non memorent, aliique alio modo : non credibile esse a mss. illis abfuturum, si fons ipse, unde illi ducti rivuli sunt, illum habuisset : suspicari itaque se verba Pratensis esse recentiora. Ut suas ipse ratiunculas refellat, unum oro, ut codicem inspectum veniat. Nam quid ponderis habent conjecturæ contra id quod revera est? Neque nobis objiciat lituram. Nam et quadraginta duos martyres et Droctovem abbatem Usuardi esse confitetur, qui tamen et ipsi in eadem litura scribuntur ac Attalus. Nec tamen inficior additum Attalum fuisse, quandoquidem de illo silet Dervensis codex. At Asuardo licuit suum, cum lubebat et quibus sanctis lubebat, locupletare Martyrologium. Nec necesse fuit ut suum codicem, statim atque quidpiam in eo correxerat, quocunque transmitteret, aut per litteras notum faceret quid adjecisset codici, quid detraxisset. Jam hunc eum esse quo sanctus Attalus aut Attala commemorari debuit, ut probem nihil opus est. Acta ejus omnium versantur manibus. BOUILLART.

VARIANTES LECTIONES.

Apamiam, ut Herinien. veræ lectioni magis accedit, quam *Appamiam*, ut alter. Uterque scribit *Gaii*. Male Tornacen. *Appollinaris*. Primus legit *Jerapolitanus*, secundus *Jherapolitanus*, correctius in textu. *Catafrigas* et hi codices et alii passim; putavi servari posse vel vitiosum scribendi modum. Herinien. posuit *Droctovei*, Tornacen. *Drochtovei*. Quidni cum communiori, ut in textu? præferat quisque quod lubet, per me licet.

Sed quid de *Attalo* vel *Attala abbate*, discipulo sancti *Columbani?* Refertur hic sub istis fere terminis a codice Pratensi, an prima, an alia manu subinde adjectus, non satis certum. Equidem non existimo codicem illum, utut antiquum, primigeniam hic Usuardi puritatem referre. Certe Herinien., Tornacen., Antuerp.-Maj. Antuerp. et Max.-Lubec. ac Muneratus de eo silent. Abest item hoc die a codicibus, quos passim mediæ notæ appellamus, a Bruxellensi et multis aliis. Non est autem verisimile, Attalam ab illis exclusum iri, si in codicibus, unde ipsi descripti primum sunt, aliqua fuisset memoria. Textui adjunctum, inde etiam evinci videtur, quod Grevenus et Molanus aliter proponant, nempe: *Luxovio monasterio, sancti Athali* (Attalæ) *abbatis*. Si enim ex Pratensi codice, quem autographum multi putant, accepta esset *Attalæ* annuntiatio, iisdem, procul dubio, terminis fuisset expressa. Suspicari itaque ausim, recentiora esse Pratensis verba, ab ipso primo scriptore, vel ab aliquo alio, Usuardi textui adjecta, qui Bobiensi Italiæ monasterio, ut recte Notkerus fecerat, Attalam ascribendum intelligens, positionem, seu depositionis locum prudenter omiserit. Litigare non lubet, si urgentiora momenta produxeris, ut Attalam textui vindices, ultro consentiam, ut pote qui veritatem unice inquiro. Inter codices Hieronymianos solus vetustissimus Antuerpiensis, seu Epternacensis de *Attala* meminisse reperitur; si inde erutum, in codices aliquot Usuardinos fluxisse volueris, non magnopere refragabor.

OBSERVATIONES.

Alexander et *Caius*, vel potius *Caius* et *Alexander*, nam hic denuo nomina transposita sunt, a Romano parvo primum consignantur, his verbis: *Apamiæ, Alexandri et Caii de Eumenia*; inde ab Adone, ex hoc a Nostro et Notkero, ferme cum eodem elogio accepti sunt; etiam in additionibus ad Bedam positi, ubique cum addito *de Eumenia*, præterquam in Usuardo. Intellige igitur *de Eumenia*, ex Apollinaris verbis, *Eumenia prognati*, vel *Eumenia oriundi*, ut vertit Valesius. Porro sanctos *Alexandrum* et *Caium* ex eorum numero esse, quos ex Rufini Eusebio desumpsit auctor Romani parvi, ad oculum patebit, si ejus textum conferas cum iis quæ in Historia eccl. refert laudatus scriptor. lib. v, cap. 16, sub finem. Ex Apollinare Hieropolitano desumptam esse narrationem, ex eodem et proxime præcedenti capite, observavit Viennensis. Plura et explicatiora videsis in brevi Henschenii commentario. Magnum Latinorum martyrologorum consensum in sanctorum XLII martyrum natali ad hunc diem assignando agnoscit Henschenius, sic tamen ut *nulla temporis, aut urbis, seu provinciæ peculiaris, persecutionis, aut ullius nominis notitia suggeratur*. Eos notat Romanum parvum: *In perside, martyrum numero* XLII. Et ita ab Adone, ita ex hoc ab Usuardo et Notkero translati sunt. Variant in numero apographa Hieronymiana, aliis XXII, aliis XLVII scribentibus, quamvis eosdem plane indicare videantur. *Droctoveus* abbas a solo Usuardo superadditus est, utpote qui Pratensis ipsius cœnobii institutor primus et moderator fuit. Vitam habes ex mss. ab Henschenio vulgatam et illustratam, quam novis curis edidit Mabilio sæculo I Benedictino a pag. 252. Priores duas hodierni nostri laterculi classes sic memorat Wandalbertus:

> Senis Cajus, Alexanderque coluntur. Eisdem
> Quadragena et bina cohæret turba cruore,
> Quos pariter sæva celebramus Perside cæsos.

AUCTARIA.

PRATEN. Auctarium ejus in Variantibus jam ferme indicavi. Sic scribit: « Ipso die, sancti Attali abbatis, discipuli sancti Columbani. »

PULSANEN., pro *quadraginta duum*, ponit *quinquaginta duum*. In fine autem: « Luxovio monasterio, sancti Attali abbatis. Item, sancti Ugonis episcopi, et confessoris. » Rothomagensem, opinor, indicat, qui colitur IX Aprilis. »

ANTUERP.-MAJ.: « Apud Apamiam, natale sanctorum Alexandri et Gaii de Umenia, qui apud Apamiam, persecutione Antonini, glorioso sunt martyrio coronati. » In altera, purus est. De Droctoveo, nihil.

ROSWEYD., in prima et secunda satis purus, in tertia pro *Droctovei*, scribit *Clodovei*. Tum: « Ipso die, sancti Attali abbatis, discipuli sancti Columbani. »

ANTUERP.-MAX., LUBEC., ANTUERP.-MAX., ULTRAJ., LEYDEN., LOVAN., ALBERG., DANIC. et EDITIO ULTRAJ.-BELG., deficiunt in Droctoveo, cujus loco substituunt: « Ipso die, sanctorum Gorgonii et Firmi. » Idem additamentum habet MUNERAT., sed post textum integrum, nisi quod pro *Apamiam*, scribat *Campaniam*.

BRUXELLEN., de Alexandro et Caio textu inserit, quod *apud Viennam* passi sunt. Tertio loco ponit: « Ipso die sanctorum Gorgonii et Firmi. » Sequitur de Droctoveo. Abest Attalus. Tum in fine: « Fontanellæ monasterio, relatio corporis sancti Ausberti [Ansberti] Rothomagensis ecclesiæ archiepiscopi, qui in monasterio Altimontensi exilio fuerat relegatus. Et cum finem vitæ suæ instare sentiret, corpus suum apud Fontanellam, ubi religionem fuerat professus, petiit sepeliri. » Vide de Ausberto Auctaria ad IX Februarii et Acta eadem die.

HAGENOVEN., martyres XLII ascribit temporibus Saporis regis Persarum. Sequitur de Droctoveo. De Attala nihil. In fine: « Ipso die, sanctorum martyrum Gorgonii et Firmi. »

CENTULEN., solum habet: « In Italia, monasterio Bobio, sancti Attalæ abbatis. »

AQUICINCT., de Attala scribit, ut Pratensis. In fine vero subdit: « In Antiochia, sanctæ Agapæ virginis et sanctorum Gorgonii et Firmi. »

VICTORIN., REGINÆ SUEC., signatus num. 130, in fine habent: « Item sanctæ Agapæ virginis, et sanctorum Gorgonii et Firmi. »

MESSANENSIS: « Ipso die, sancti Heraclii. » An is est qui ex Hieronym. a Rabano et Notkero Alexandriæ tribuitur?

PLESCHIONENSIS. « In Antiochia, sanctæ Agapæ. In Nicæa, sanctorum Gorgonii et Firmini. »

BIGOTIAN., signatus P 5: « Ipso die, sanctorum Gorgonii et Firmini. »

CLUNIACEN.: « Item Agapæ virginis, Gorgonii Sirini. » Omnes conjungit sine loci distinctione.

VATICAN., num. 5949, omittit Droctoveum, et Attalam. In fine adjicit: « In Antiochia, sanctæ Agapæ virginis. In Nicæa, sanctorum Gorgonii, et Formini. »

UGHELLIAN. deficit item in Droctoveo et Attala. In

fine habet : « Sanctorum Gorgonii et Firmi, » ut codices alii supra.

ALTEMPS. : « Apud Alexandriam, natale sanctorum Philonii episcopi, Candidi, Valerii aliis xx Carthagine, sancti Heraclii et aliorum. » Suspicor dierum subesse confusionem.

STROZ. et MEDIC. : « Item, sancti Ugonis episcopi et confessoris. Item, sanctorum martyrum Felicis, et Philippi. »

Editio LUBECO-COL., omissis Doctroveo et Attala, ponit : « Ipso die, sanctorum Gorgonii et Firmi martyrum. Eodem die in Scotia, sancti Kessogi episcopi et confessoris. Item, translatio sancti Viti martyris. » Agitur de translatione celebris martyris S. Viti ad Corbeiam Saxonicam, de qua vide Prætermissos hac die, et ad xv Junii.

BELIN. male scribit *Dorothei*, et *Dorothonei* pro *Droctovei*. De Attala sic habet : « Bobio monasterio sancti Attalæ abbatis. »

GREVEN. De Attala jam diximus. Sequitur : « Gorgonii , Firmi , Candidi martyrum ac sociorum. Ereticiæ, Criduanæ virginum et martyrum. » Vide Prætermissos. « Palastini martyris [*forte* Palatini]. In Scotia, Kessogi episcopi et confessoris. Agapitæ virginis. » Nomen denuo corruptum pro *Agapæ*, *Marinæ virginis*. « Translatio sancti Viti martyris. »

MOLAN., typis minoribus. « In Hibernia, Congelli abbatis. In Vissenaken juxta Thenis montem, sancti Himelini confessoris; qui natione Scotus, et beato Rumoldo carne propinquus, præfato loco, febre pestilentiali tactus, diem obiit, mirificante Domino obitum ejus multis signis et miraculis. » De Congello vide Prætermissos, ubi remittitur ad x Maii ; eum in posterioribus editionibus expunxit Molanus. Ibi vero addit : « Die decima, sanctorum martyrum Codrati et sociorum ejus. » De Himelino repetit, quæ in prioribus dixerat.

V *Idus*.   Die 11.

Apud Sebasten Armeniæ minoris, natalis sanctorum quadraginta militum, qui tempore Licinii regis, post vincula et carceres creberrimos, post cæsas lapidibus facies, missi sunt in stagnum, et sic demum crurifragio martyrium consummaverunt. Erant autem nobiliores [a] inter eos, Quirion et Candidus.

NOTÆ.

Puros existimo *Praten.*, *Herinien.*, *Tornacen.*, *Greven.* et *Molan.* Addi potest *Rosweyd*.

[a] Pratensis codex omisit vocem *nobiliores*. Observatio est Sollerii. Nulla tamen vox in toto articulo quæ validius oculos feriat. BOUILLART.

VARIANTES LECTIONES.

In eo solum consistit, quod Grevenus et Molanus legant, *post facies cæsas lapidibus :* Pratensis autem omiserit vocem *nobiliores*. Puris addidi codicem, quem Rosweydi voco; hic tamen post *in stagnum*, inseruit, *ubi corpora eorum gelu dirumpebatur*, quæ ab aliis codicibus absunt.

OBSERVATIONES.

Nobilissima acies commilitonum Sebastenorum jam supra ad ix Martii occurrit, quod eo die a Græcis æque ac Latinis martyrologis passim celebrentur, iis exceptis, qui seriem nostram constituunt, videlicet auctore Romani parvi, Adone, Usuardo et Notkero. De Rabani triplici annuntiatione, superius etiam diximus ; itaque primus eos hoc die memorat reliquorum primipilus : *Apud Sebasten Armeniæ minoris*, XL *militum, tempore Licinii regis*. Longior est Adonis historia ex antiquis Actis desumpta, expressis singulorum nominibus, quæ legi possunt citato die ix Martii in auctario Greveni. Ex Adonis textu hinc inde decerpsit Usuardus, quibus elogium suum construeret ; nisi mavelis Bedam descripsisse, quod ex ultimis verbis, *erant autem nobiliores inter eos Quirion et Candidus*, plane sit verisimile ; licet de cætero, quæ Bedæ sunt, etiam in Adone reperiantur. Notkerus diem sequitur, at phrasis ejus a Beda et Adone discrepat, nempe ex hodierno Rabani textu accepta et nonnihil interpolata. Illustrissimorum martyrum gesta, prius satis confusa, egregiis dissertationibus evolvit et digessit Henschenius, Acta ipsa, ut recte censuit, antiquissima, eadem sedulitate illustrans ; quæ nihilominus sinceris et genuinis accensenda non credidit Ruinartius, solam Basilii homiliam producens a pag. 583, ubi consuli potest præmissa admonitio. Si quid igitur rigidiore critici in præfatis Actis carpendum reperiant, abunde supplebunt illa Basilii aliorumque sanctorum Patrum præconia, ex quibus potissimum sua desumpsisse videri voluit Tillemontius tomo V, a pag. 518. Huc refero Wandalberti versus, quos superius ad ix Martii retulerat :

Septenis quadrageno sub milite festum
Armeniæ recolunt unum sacra templa minoris.

AUCTARIA

PULSANEN. Jam diximus, in hoc codice transpositos esse textus, ita ut IX posuerit, quæ ad hunc diem pertinent, et hoc die habeat, quæ nos cum Usuardo IX die retulimus.

ANTUERP.-MAJ. Et hic et plerique infra codices, qui Sebastenos citato die IX signaverunt, ex Hieronymianis nomina mutuati sunt, quibus vacuum spatium implerent. In hoc codice ita legitur : « Apud Apanam (*vide infra*), natale sanctorum Philoni episcopi, Candidi, Valerii, cum aliis viginti. Cartagine, sancti Heraclii. » Vide socios in Auctariis aliis. Candido et Valerio quadrat hodiernus Wandalberti versiculus :

Candidus hinc quinas sibi Valeriusque retentant.

ANTUERP.-MAX. LUBEC., solum ponunt : « In Carthagine, Heracli vel Heraclii, Zosemi, Alexandri, Candedi, Piperionis et aliorum viginti. » Quomodo etiam plane legit codex UGHELLIAN. Et ita fere legendum censuit Henschenius. Alii *Alexandri* nomen transformarunt in *Alexandriæ*, positionem duplicantes, qua de re nonnulla est controversia. Horum aliquos integros, vel luxatos pridie annuntiavit Rabanus : Notkerus Nicomedienses reliquos hodie refert. Alii alia, ut in sequentibus Auctariis ; quæ, nisi fallor, ex diversitate apographorum Hieronymianorum nata sunt. Videanctur Acta et Florentinius. Hic desunt etiam martyres XL relati supra IX Martii.

ANTUERP.-MAX ULTRAJECT., LEYDEN., LOVAN., ALBERG., DANIC. et editio ULTRAJ.-BELG. : « In Carthagine, sanctorum Heraclii, Zosimi, Alexandri, Canduli, Piperionis et aliorum viginti. Item Carthagine, sancti Constantini confessoris, clarissimi viri. Apud Alexandriam, natale sanctorum Philomi (Philomii, Philonis vel Philoni) episcopi et Valerii cum aliis viginti et uno. Luxovio monasterio, sancti Attali abbatis, discipuli sancti Columbani abbatis. » Ita prorsus et iisdem fere inflexionibus MUNERATUS, qui etiam cum his codicibus ad ix martyres Sebastenos retulit.

BRUXELLEN. : « In Carthagine, natale sanctorum martyrum Eraclii, Zozimii, Alexandri, Candidi, Piperionis et aliorum viginti. Apud Alexandriam, natale sanctorum Philomii episcopi, et Valerii cum aliis viginti et uno. Apud Sebastem Armeniæ minoris, natale sanctorum quadraginta militum, inter quos nobiliores erant Quirion et Candidus. Et in Antiochia, Agapæ virginis, et Marinæ. Carthagine, sancti Constantini confessoris, clarissimi viri. Luxovio monasterio, sancti Athali abbatis, beati Columbani abbatis discipuli. »

HAGENOYEN., primum agit de martyribus Sebastenis : tum de Carthaginensibus et Alexandrinis. Sequitur. « In monte Panois, beati Henrici imperatoris. » Quid mons Panois et cur hac die referatur Henricus, nescio. Si de canonizatione agitur, ea ab aliis memoratur die sequenti ; vide ibi Prætermissos. In fine, « Luxovio monasterio, » etc.

AQUICINCT. textui puro hæc subnectit : « In pago Atrebatense, depositio sancti Vindeciani episcopi. Item sanctarum Agapitæ et Marinæ virginum. »

VICTORIN.: « Apud Alexandriam, natale sanctorum martyrum Philonis episcopi, Candidi, Valerii cum aliis viginti. »

PLESCHIONEN. : « Alexandriæ, sanctorum Caii, Candidi, Alexandri et Neomæ diaconi, et aliorum quindecim. Eodem die, natalis sancti Firmiani abbatis. »

MARCHIAN. addit : « In pago Atrebatensi, depositio sancti Vindeciani episcopi. »

MATRIC.-CARTHUS.-ULTRAJ. : « Sanctorum Quirionis et Candidi cum aliis xL militibus mart. »

CODEX D. DU CHEVAL, signatus B, qui fuit PP. Augustinianorum : « Apud Alexandriam, natalis sancti Philoromi episcopi, et Valerii cum aliis XXI. »

VATICAN., num. 5949 : « Carthagine, sanctorum Heraclii, Zosimi. Alexandriæ, sanctorum Gaii, Candidi, Alexandri et Neomæ diaconi et aliorum xv. Eodem die, natalis sancti Firmiani abbatis. »

ALTEMPS. : « Apud Alexandriam, natale sanctorum Philonii episcopi, Candidi, Valerii, cum aliis xv. Carthagine, sancti Eraclii et aliorum. »

STROZZ. et MEDIC. : « Item, passio aliorum XL martyrum (scilicet ob XL Sebastenos, qui inde tamen ad IX diem relegati). Item, sancti Firmini abbatis, magnæ sanctitatis viri. » Idem est qui superius Firmianus, quem etiam Firmanum vocant.

EDITIO LUBECO-COL., sic incipit : « In territorio Herbipolensi, natale sancti Gumberti confessoris. Primum miles Christianissimus fuit et fidelis, cui administratio totius episcopatus Herbipolensis commissa est, quam curam utiliter gessit. Mortuo autem episcopo, unanimiter ab omnibus in episcopum est electus. Ipse autem indignum se reputans tanto honore, a Domino contrarium postulavit et obtinuit. Quia pendente relatione ad papam, ipse feliciter in Domino obdormivit. Dumque jam sepultus esset, litteræ exauditionis publicæ sunt allatæ. Tunc omnis clerus hunc tamquam episcopum volens altius honorare, et ossa ipsius in loco honorabiliori collocare, inventus est omnibus pontificalibus adornatus, qui tamquam miles et laicus fuit sepultus. » De hoc sancto agendum erit eo, quo ab ecclesia Herbipolensi colitur, die xv Julii. Sequitur de sanctis Carthaginensibus, ut supra. « Apud Alexandriam, natale sanctorum Philonii episcopi, Candidi, Valerii cum aliis viginti martyribus. Luxovio, etc. In Scotia, sancti Constantini regis et martyris. Eodem die, apud Armeniam minorem, sanctorum Domiciani et sociorum ejus martyrum. » Sunt e numero XL Sebastenorum. Vide indicem Prætermissorum.

BELIN. Primo loco de martyribus Carthaginensibus, ubi pro Heraclii et Zosimi legitur Heradii et Osimi. Tum : « Ipso die, Gorgonis et Firmini. » Melius pridie.

GREVEN. : « Nomina præfatorum martyrum sunt, etc. », ut enumeravimus IX hujus. De martyribus Carthaginensibus et Alexandrinis, ut supra ex ANTUERP.-MAX., etc. : « In Scotia, sancti Constantini regis et martyris. Gumperti episcopi Herbipolensis. Hic cum esset miles, etc. In pago Attrabatenci, sancti Vindiciani episcopi Cameracensis et confessoris. In Carthagine, sancti Constantini confessoris, clarissimi viri. Item juxta quosdam, Athali abbatis, quem Usuardus ponit die præcedenti. » Vide quæ ibi diximus.

MOLAN. : « Horum unus Meliton nomine, cum esset ætate minor, » et reliqua, quæ in Adone sequuntur usque ad finem. De Constantino confessore Carthaginensi, et martyribus ejusdem urbis, eadem, quæ jam sæpe repetita sunt. « Ipso die, Gorgonii et Firmi. In pago Atrebatensi, » etc. Tum minoribus typis « Gumperti episcopi Herbipolensis. Arvernis, Georgiæ sanctissimæ virginis, de qua Greg. Turonensis. » In editionibus aliis vacat textus, litteris autem Italicis ponuntur jam dicta omnia, additurque in fine : « Die undecima, sancti patris Sophronii, patriarchæ Hierosolymorum. »

IV Idus. *Die 12.*

Romæ, beatorum pontificum Gregorii doctoris, ac apostoli Anglorum, et Innocentii. Apud Nicomediam, passio sancti Petri martyris. Hic cum esset cubicularius Diocletiani principis ; et liberius causaretur de immensis martyrum suppliciis, jubente eodem, in medium educitur, ac primo suspensus, diutissime flagris torquetur, deinde aceto et sale perfusus, ad ultimum in craticula assatur, sicque veri Petri extitit et fidei hæres et nominis. Item Nicomediæ, sanctorum Egduni presbiteri et aliorum septem, qui diebus singulis suffocati sunt, ut cæteris metus incuteretur.

NOTÆ.

Ex Praten., Hefinien., Tornacen., Munerat., Greven. et Molan

VARIANTES LECTIONES.

Gregoris et *Innocentis* in Munerato, typothetæ errorem puto, attamen in Pratensi et Tornacensi etiam *Innocentis* invenitur. *Nichomediam* legunt plures, rectius in textu. *Vere* pro *veri* habet Molanus. Idem hic cum Greveno *Egdunii*, Muneratus *Egdimi*. Aliis etiam modis scribitur, ut in Actis videre est. Post *aliorum septem*, addidit Muneratus *martyrum*. Aliæ minutiæ alibi satis indicatæ sunt.

OBSERVATIONES.

Sanctorum pontificum Gregorii et Innocentii sub annuntiatione combinatio, Bedæ incognita fuit, qui de solo Gregorio, Hieronymianis fere verbis, meminit : *Depositio sancti Gregorii papæ, beatæ memoriæ:* incognita etiam fuit præfatis Hieronymianis, inter quæ Lucense præfigit, *Romæ*, et pro *papæ* legit *episcopi*; Corbeiense habet *papæ*; Epternacense vero phrasi non ordinaria : *S. Grigori papæ Romensis*: in omnibus ultimo loco additus est. *Innocentius* vero in medio ferme textu sic annuntiatur : *Romæ*, *sancti Innocentii episcopi. Rasi episcopi.* De quibus vide Henschenium hic. Rursus præfata conjunctio incognita est Rabano et Wandalberto; ut proinde Romano parvo primum tribuenda sit, ex quo eos solito more desumpsit Ado; Noster itidem utrumque secutus est, contracto brevi Adonis elogio, quod servavit Notkerus, plusculum ei de suo adnectens, nisi quis Adoniana esse contendat, quæ de Gregorio et Innocentio Rosweydus in appendicem rejecit. Atque hæc clara est receptæ seriei nostræ sententia, quam plane deseruere codices Usuardini recentiores, magno numero citandi in Auctariis XXVIII Julii, quo die cum hodierno Romano *Innocentium I papam* referunt, et quidem nonnulli cum adjuncto titulo *martyris*. Sed hæc ad mensem Julii in Actis tractanda reservamus, ubi una post Florentinium inquiremus, an idem, an ab hoc diversus sit *Innocentius* ille *episcopus*, qui in apographis Hieronymianis ponitur XXI Decembris, conabimurque *in lucem proferre astensum* ab Henschenio *thesaurum*, qui pag. 106 hodiernum Innocentium a papa distinguit, etc. Proderit Tillemontii lucubratio tomo X, a pag. 627 ad 666. De Gregorio magno accuratissime disputavit Henschenius. Pro Vitæ auctore certat Mabilio Analectorum tomo I, a pag. 319. Vitæ aliæ sanctissimi pontificis recentius editæ sunt, quæ consuli poterunt, quando et mensem Martium supplere operæ pretium videbitur. Audi nunc Wandalbertum, sic de solo Gregorio hodie canentem:

Quartum mox Iduum finis tuus, alme Gregori,
Consecrat, æterna cœlum quo laude petisti.

Petrus Nicomediensis a præfato Romano parvo etiam recensetur: *Nicomediæ, Petri martyris, Dorothei et Gorgonii martyrum sodalis.* Societatem illam cum Dorotheo et Gorgonio indicare non neglexit Ado, Noster ex longiori elogio ea tantummodo delibavit, quæ instituto suo aptiora videbantur. Ex Rufino sumpta sunt, leguntur que in commentario Henschenii, socios martyres plurimos ex Hieronymianis recensentis. Nos de his plura ad IX Septembris, ne hic intra solitos limites evagemur. *Edgunus* (qui varie effertur) ab Adone annumeratus est, cujus verba Usuardus ad apicem descripsit. Unus is, an geminus, *Migdonus, Migdonius,* an *Egdonus,* quærunt Henschenius et Florentinius. Dubium mihi non videtur quin ad immanem illam Diocletiani Nicomediensem carnificinam omnino spectet.

Maximilianum aliquem diserte signat Ado, tum Mosandri, tum Rosweydi; *Mamilianum* vocant alii, corruptum fortasse vel diminutivum a *Maximo* vel *Maximiano*. Hic ab Usuardo prætéritus est, ab Henschenio post Baronium Romæ ascriptus; non recte; cum ad Africam spectare videatur, siquidem ejus Acta sint, quæ post alios edidit Ruinartius *Selecta*, pag. 309. Ea autem cum a decessoribus nostris visa non fuerint, Supplementum MAR gere poterunt.

AUCTARIA.

IN PULSANEN., deest ultima annuntiatio de Egduno et sociis.

ANTUERP.-MAJ., in prima auctior est: « Romæ, natale sanctorum confessorum, et pontificum Gregorii, Anglorum apostoli, vita et doctrina celeberrimi; atque Innocentis, fide et opere præclari. Quorum primus sedit annos tresdecim, menses sex, dies decem; sequens vero annos quindecim, menses duos, diem unum. Aput Nichomediam, passio beati Petri, gloriosissimi martyris. Qui fuit unus ex Dorothei et Gorgonii martyrum sodalibus, qui cubicularii regis erant. » In tertia purus est.

ROSWEYD., textum satis purum habet, sed in fine Anglicam accessionem subdit: « Ipso die, depositio sancti Elfragi Wintoniensis ecclesiæ episcopi et confessoris, qui sanctis virtutibus ornatus, beato fine quievit, et ibidem condigno honore sepultus est. » In Actis vocatur *Elphegus*.

ANTUERP., MAX.-LUBEC. et UGHELLIAN., in eo solum a puritate deficiunt, quod Innocentium Gregorio non conjungant, addentes in fine post textum: « Romæ, depositio sancti Innocentii episcopi. »

ANTUERP.-MAX., ULTRAJ., LEYDEN., LOVANIEN., ALBERG., DANIC. et EDITIO ULTRAJ.-BELG., omisso Innocentio, ita primam annuntiationem efformant: « Romæ, natale beati Gregorii Magni, præcipui doctoris Ecclesiæ. Hic primus Gregorius et in ordine paparum sexagesimus sextus, anno Domini DLXXXV, salubriter præfuit Ecclesiæ sanctæ Dei. » De cætero puri sunt. De initio et fine pontificatus, vide Acta.

CENTULEN. Hic denuo Usuardus contractus, modice interpolatus est. Sic habet: « Romæ natale sanctorum pontificum Gregorii Anglorum apostoli, vita et doctrina celeberrimi; atque Innocentii, fide et opere præclari. Nicomediæ, sancti Petri gloriosi martyris. Item Nicomediæ, sancti Ebduni [pro Egduni] presbyteri et aliorum septem, qui diebus singulis suffocati sunt uti cæteris timor incuteretur. »

BRUXELLEN., sic incipit: « Romæ, sancti confessoris et pontificis Gregorii Magni, papæ et Anglorum apostoli, viri tam vita quam doctrinis saluberrimi, atque Ecclesiæ sanctæ doctoris præcipui. Hic in canone missæ addidit: Diesque nostros in tua pace disponas; Letaniam majorem instituit, et primus omnium Romanorum pontificum servum servorum Dei se scripsit. Item Romæ, sancti Innocentii papæ,

fide et opere præclari, qui constituit ad missam pacis osculum dari, et rexit Ecclesiam annos quindecim. Sequitur de Petro et Egduno, ut in textu. In fine. « Et sancti Maximiliani martyris. »

HAGENOYEN., primo loco de Petro, tum de Egduno satis pure. Demum ita prosequitur: « Romæ eodem die, depositio sancti Gregorii papæ, et primi doctoris. Hic vocatur Angelorum [Anglorum] apostolus. Iste in Sicilia sex monasteria construxit adhuc laicus existens, et intra urbem Romæ, septimum, quibus larga dedit prædia, et in septimo se fecit monachum, XII aureos dedit Anglo in tempore naufragii, et scutellam argenteam. Hic sanctus papa omnibus pauperibus large ministravit. Thesauros nullos post se reliquit. Letanias constituit. Ecclesiastica officia ordinavit. Libros multos edidit. Calumnias multorum sustinuit patienter et in pace obiit. »

AQUICINCT., post τὸ « Anglorum, » subdit: « Et Innocentii, quorum primus in canone auxit: Diesque nostros in tua pace disponas, atque ab æterna damnatione nos eripi, et in electorum jubeas grege numerari. Sequens, Pelagium et Cœlestinum [Cœlestium] hæreticos damnavit. »

MATRICUL.-CARTHUS.-ULTRAJ. post Gregorium et Innocentium ponit: « Sancti Pauli episcopi Leonensis, confessoris. Petri et Egduni elogia rescindit.

CAMBERIEN. S. Mariæ Conventual.: « Apud Nivernensem civitatem, sancti Vincentii presbyteri. »

CODEX REG. SUEC., signatus num. 130, eum refert die sequenti. Acta, de ejus cultu certiora postulant.

ALTEMPS.: « Ipso die, depositio sancti Elphegi Wentan. [Wintoniensis] episcopi et confessoris, qui sanctis virtutibus ornatus, bono fine quievit, et ibidem cum digno honore sepultus est. »

STROZZ. et MEDIC: « Romæ, sancti Innocentii episcopi et confessoris. Romæ, sancti Mamiliani martyris. »

BURDEGAL.: « Apud Plebem lapidi, sancti Pauli confessoris. » Idem est, qui ab aliis *ep. Leonensis.*

RAMEN. sanctorum Timothei et Apollinaris: « Romæ, Innocentii papæ. »

EDITIO LUBECO-COL.: « Romæ, natale beati Gregorii papæ magni, confessoris ac præcipui doctoris Ecclesiæ Dei, et Anglorum apostoli. Hic primus Gregorius et in ordine paparum sexagesimus sextus, anno Domini DLXXXV (vide Acta), salubriter præfuit

Ecclesiæ sanctæ Dei annos tredecim, menses sex et dies decem. Hic vita et scientia in tantum fuit præditus, quod terrestris angelus dicebatur. Hic etiam addidit in missa : Diesque nostros in tua pace disponas; et multos libros composuit. Hic primus pontifex scripsit se servum servorum Dei. Hic etiam singulis ecclesiis Romanæ urbis in remissionem peccatorum humani generis, singulis diebus Quadragesimæ statuit fieri stationes fidelium, devote celebrandas. » In Petro et Egduno fere pura est. Sequitur : « In Britannia minori, beati Pauli episcopi et confessoris. Romæ, depositio sancti Innocentii papæ et confessoris, qui rexit Ecclesiam annos quindecim, menses duos, dies viginti unum. Eodem die, S. Maximiliani martyris. »

BELIN., prima editio, incipit a solo Gregorio. Omittit Egdunum. Addit autem : « Romæ, depositio sancti Innocentii episcopi et confessoris. Romæ, sancti Mamiliani martyris. » Altera incipit, ut habetur in textu. Adduntur, quæ jam notavimus, et in fine: « Item in Nicomedia, sanctorum Egduni, etc. »

GREVEN. : « Beatissimus Gregorius, hujus nominis papa primus, post Petrum sexagesimus secundus, secundum vero computationem Martini, LXVII ob maximam sanctitatem et scientiam, terrestris angelus dicebatur. Addidit in canone, etc. Ipse etiam primus servum, etc. Stationes in urbe Romana singulis diebus Quadragesimæ fieri instituit,

Præfuit Ecclesiæ annis XIII, mensibus VI, diebus X. Obdormivit autem in Domino, anno ejusdem DCVI [Voluit dicere DCIV]. Innocentius etiam, hic positus, hujus nominis primus fuit. Eodem die, beati Maximiliani martyris. Pionii martyris; » de quo I Februarii. Forte hoc die ex Floro acceptus est. « Item. Zemmeonis, » mihi hactenus ignoti. « In Britannia minori, sancti Pauli episcopi Leonensis et confessoris, cujus tanta fides exstitit, ut lapillos in littore maris ponens, interdixerit mari ne ultra illos terram umquam occuparet. Quam ejus prohibitionem mare usque hodie cernitur observare. Item secundum aliquos hic, Kessogi, qui supra VI. Idus ponitur. Item juxta Methis, translatio sancti Gorgonii martyris. »

MOLAN. : « Romæ, sancti Maximiliani martyris. » Tum minori charactere : « Eodem die, obiit Ruremondæ Dionysius Richel, cujus vitam et operum catalogum conscripsit Theodoricus a Stratis Cartusiensis Coloniæ. » In editionibus aliis : « Romæ, Mamiliani martyris. Die duodecima, sancti patris et confessoris Theophanis. » Infra typis minutioribus additur : « Qui et Isaacius dictus est, magnaque animi constantia restitit Iconomacho Leoni. In Britannia minori. Pauli Leonensis episcopi, tempore Justini Junioris. » Idem jam supra memoratus est. Vide Papebrochii commentarium, et Vitam ab eo illustratam.

III Idus.   Die 13.

Apud Nicomediam, natalis sanctorum martyrum Macedonii presbyteri, Patriciæ et Modestæ. Nicea civitate, sanctorum martyrum Theusetæ, Horris, Theodoræ, Nimpodoræ, Marci, Arabiæ, qui omnes igni traditi sunt. In Thebaide, depositio sanctæ Eufrasiæ virginis.

NOTÆ.

Conveniunt *Praten.*, *Herinien.*, *Tornacen.*, *Pulsanen.*, *Antuerp.*, *Max.-Lubec.*, *Munerat.*, *Greven.* et *Molan.* Quibus accedunt *Antuerp.-Max.*, *Ultraj.*, *Leyd.*, *Lovanien.*, *Alberg.*, *Danic.* et Edit. *Ultraject.-Belg.*

VARIANTES LECTIONES

Nichomediam et *Nycomediam* medii ævi errores sunt, quos ultra observare operæ pretium non est. *Modestiæ* pro *Modestæ* male legit Greven. Scripsi *Nicea* cum codicibus prope omnibus, quanquam lectio Molani *Nicæa* præferenda videatur. Tornacen. habet *Nicena*. Singularis est Pulsanen. in *Machedonii*. Variant in *Theusetæ*; pro qua Tornacen., *Teusete;* Antuerp. et Max.-Lubecan., *Theosete;* Greven., *Theusece;* Molan., *Theosetæ*. *Theoaere* in Herinien. et *Nempodere* in Pulsanen. librarii, ni fallor, sphalmata sunt, uti et *Nimpedoi* in Munerato. Ita et *Marcii* pro *Marci*, in Pulsanen., ac *Marci* et *Arabiæ* in Munerato. *Eufrasiæ* scribunt omnes. Minutias alias in quinque postremis codicibus notandas non putavi.

OBSERVATIONES.

Mirus et prope insolitus antiquorum omnium martyrologorum in referenda prima martyrum classe consensus. Hieronymi apographa eos diserte exprimunt, cum hac tamen a reliquis discrepantia, quod corruptior passim sit scribendi modus, ut hic in *Mitriciæ* pro *Patriciæ*, etc. Bedæ, Rabani, Romani parvi, Adonis, Notkeri eadem ferme verba sunt : *In Nicomedia*, vel, *Apud Nicomediam, nativitas Macedonii presbyteri, Patriciæ uxoris ejus, et filiæ Modestæ*. Noster, servatis nominibus, cognationem suppressit. Id ex probatissimis codicibus a me citatis colligi manifestum est, quidquid Acta nostra, nescio quem, alium codicem indicent, *Usuardi genuinum*, in quo præfata cognatio exprimatur. Genuinus is codex, quisquis esse potuit, aut commodatus solum fuit, aut certe disperiit. Neque enim fas est existimare, codicem magnum Ultrajectensem S. Mariæ, quem nos jam toties *Rosweydinum* diximus, ut antiquus videatur, pro genuino Usuardino ab Henschenio acceptum, quidquid Rosweydus in magna sua Martyrologiorum collectione, Romani nempe, Græci, Bedæ vulgati, Usuardi, Adonis, Rabani et Notkeri, eum ipsum Ultrajectinum codicem, tanquam Usuardi germanum, describi curaverit, cum cæteris, ni fallor, vulgandum, ut in primo suo Actorum edendorum schemate anno MDCVII polliceri visus est. Quantum autem codex ille ab Usuardi germanitate aberrat, jam sæpe patuit et patebit imposterum. Eadem annuntiationis forma etiam est in codice illo, quem *Antuerpiensem majorem* semper indigitavi; est et in Centulensi, at quam procul uterque absit ab Usuardi puritate, ex perpetua collatione probe mihi compertum est. Porro codex alius nullus in nostro Museo superest, et si superesset, aliorum auctoritatem non facile elideret. Citatis jam supra martyrologis accedat etiam Wandalbertus, reliquis accinens:

Presbyter et ternas Macedonius implet, honesta
Conjuge Patricia, et nata comitante Modesta.

Nicæni martyres, luxatis non nihil nominibus, etiam in Hieronymianis apographis consignati inveniuntur, unde eos verosimillime eduxit Ado, solito ductore destitutus; cum in Romano parvo nulla eorum fiat mentio. Adonem hic denuo secutus est Noster, secutus est item Notkerus; Rabanus Hieronymianis verbis pressius inhæsit. De *Eufrasia*, quæ commoratione *Ægyptia* dici potest, primus Usuardus locutus est. De Ægyptia inquam, neque enim credibile est, eam cum Nicomediensi alia, de qua

Hienonym. textus, ab Usuardo fuisse confusam, aut pro synonyma, aut fere synonyma alia acceptam. *Euphrasiam*, seu potius *Eupraxiam* appellandam censent Acta, ubi multa in eam rem congeruntur et erudite discutiuntur, quæ curiosus lector in loco consulere poterit; actum non agimus. Vita, illic ex antiquis mss. cum Græco textu collatis a Papebrochio illustrata, licet scriptoris plane synchroni esse non videatur, talis nihilominus est, ut ad critices severioris lapidem Lydium tuto explorari possit.

AUCTARIA.

ANTUERP.-MAJ. hic denuo plane Adonianus est, sic habet primam : « Nichomediæ, natale sanctorum Macedonii presbyteri et Patriciæ uxoris ejus et filiæ Modestæ. Nicea civitate, natale sanctorum martyrum Theusetæ, et Horris filii ejus, Theodoræ, Nimpodoræ, Marci, » etc. Deest annuntiatio tertia, quam a solo Usuardo superadditam diximus. Vide superius in Observationibus.

ROSWEYD. sic primam format : « Apud Nicomediam, natale sanctorum martyrum Macedonii presbyteri, Patriciæ uxoris ejus et Modestæ filiæ ejus, et aliorum XXXII. » Reliqua pura sunt.

BRUXELLEN. antiquiori textui proximus est : « In Nicomedia, sanctorum martyrum Macedonii, et Patriciæ uxoris ejus, et filiæ ipsorum Modestæ. Nicea civitate, sanctorum martyrum Theusetæ et Orris filiæ ejus, Theodoræ, Mimphodoræ, Marchi et Arabiæ. Qui omnes igni traditi sunt. In Thebaida, depositio sanctæ Euphrasiæ virginis. Item Macedonii et Innocentii episcoporum [*an non* Innocentii?]. Item Leonis papæ. » Vide Prætermissos.

HAGENOYEN. : « Romæ, ad Ursum pileatum, natale sancti Innocentii papæ et martyris (poterat hic titulus omitti). Hic multos Catafrigas ab ipso inventos, in exilio monasterii religavit. Hic constituit, ut qui natus de Christiana esset muliere, denuo statim nasci debeat per baptismum, quod negavit Pelagius hæreticus. Hujus festivitas potissimum recolitur v Kalendas Augusti. Apud Nicomediam, natale sanctorum martyrum Macedonii presbyteri, Patriciæ et Modestiæ virginum. » In reliquis a puritate haud multum recedit.

VICTORIN. et REG. SUEC., num. 130, in fine : « In territorio Nivernensi, sancti Vincentii presbyteri et confessoris. » De ejus cultu doceri cupiunt Acta. Vide Prætermissos.

PLESCHIQNEN. : « Natale sancti Eldradi abbatis. »

MARCHIAN., pro *Modestæ* scribit *Modestiæ*, ut Greven. supra.

MATRIC.-CARTHUS.-ULTRAJ. : « Eufrasiæ virginis. Petri martyris socii sanctorum Dorothei, et Gorgonii ex die XII. Theusetis cum sociis, martyris. »

CLUNIACEN. : « Ipso die Cluniaco monasterio, translatio sanctæ Consortiæ. » Natalis est XXII Junii.

VATICAN., num. 5949, in fine : « Sancti Eldradi abbatis. Eodem die, sancti Ansimi (Ansovini) episcopi et confessoris. »

ALTEMPS. : « Ipso die, monasterio Cluniaco, sanctæ Consortiæ. »

STROZZ. et MEDIC. : « Item, sancti Leonis papæ. Ipso die, monasterio Cluniaco, translatio sanctæ Consortiæ. »

S. RICALDI. : « Depositio sancti Eldrati abbatis et confessoris. »

GAUDIACEN. PRIORATUS : « Cluniaco monasterio, translatio sanctæ Consortiæ virginis. »

Editio LUBECO-COL. « Apud Nicomediam, natale sanctorum martyrum Macedonii presbyteri, Modestiæ filiæ ejus et Patriciæ uxoris ejus. » Cætera pura sunt.

BELIN. : « Apud Nicomediam, natale sanctorum martyrum Macedonii presbyteri, Patritiæ uxoris ejus et filiæ ejus Modestæ. In Nicea civitate, sanctorum martyrum Theosedæ et Horris filii ejus, » etc. In fine additur : « Ipso die, monasterio Cluniaco, translatio sanctæ Consortiæ. »

GREVEN. : « Donati, Advocati martyrum. » Vide Prætermissos. « Desiderii episcopi et martyris. » Vide ibidem. « Constantini regis protomartyris Scotiæ. » De eo agitur XI. « In Hibernia Mochomogi confessoris Geraldi abbatis. Item Epipodiæ. » An corruptum fortasse nomen ex Epepodo Nicomediensi martyre, de quo in Actis. *Kevocæ*, potius *Kennochæ virginis*.

MOLAN. : « Ipso die, monasterio Cluniaco, translatio sanctæ Consortiæ. » Dein, typis minoribus : « Et sancti Nicephori patriarchæ Constantinopolis. » Editiones posteriores. De consortia, ut supra. « Die decima tertia, reportatio reliquiarum sancti Nicephori patriarchæ Constantinopolis. » Minori charactere : « Qui utilem sacrarum imaginum usum adversus impietatem defendit. » Verum est appositum hic breve elogium : verum est, quod celebretur, non dies natalis, quemadmodum prima editio innuere videbatur, sed *reportatio reliquiarum*, et quidem ea etiam re memorabilis hic dies est, quod XIII Martii ab impio Leone Armeno mulctactus sit exsilio. « Hermopoli, sancti Sabini martyris. » Est ex eorum numero, qui sub Ariano Thebaidis præside (insigni illo postea martyre, ut alibi diximus) passi sunt; unde verosimiliter accidit, ut Acta ejus a Lipomano et Surio edita, cum Actis sanctæ Asclæ, qui XXIII Januarii colitur, confusa sint, et propterea a Papebrochio omissa, servatis solis elogiis quæ ex Græcorum Fastis accepta sunt.

Pridie Idus.   *Die 14.*

Romæ, passio sanctorum quadraginta et septem. Hi baptizati sunt a beato Petro apostolo, cum teneretur in custodia Mamertini, cum coapostolo suo Paulo, ubi novem menses detenti sunt; qui omnes sub devotissima fidei confessione, Neroniano gladio consumpti sunt. In Africa, sancti Petri martyris. Item sancti Eufrosii.

NOTÆ.

Soli codices Praten., Herinien., Tornacen., Munerat. et Molan. puri sunt.

VARIANTES LECTIONES.

Hū in Tornacensi antiquus, sed pravus scribendi modus est, ut *Affrica* et *Aphrica*. Herin., Tornac. et Munerat. post Adonem legunt *Mamurtini*; melius Pratens., Molan. et communissimus scribendi modus *Mamertini*. *Fedei* pro *fidei* in Pratensi, Librarii vitium est. *Eufrosii* legunt omnes, rectius scriberetur *Euphrosii* cum Molano.

OBSERVATIONES.

Præter germanos codices supra citatos, non desunt plures alii, ut Antuerp., Max.-Lubec. et codices mss. octo mediæ notæ, quos puris annumerare fas sit, utpote qui hoc solo discrimine ab Usuardi simplicitate recedunt, quod pro quadraginta septem, legant *quadraginta novem*. Grevenus excludendus plane fuit, cum *Leobinum Carnotensem*, quem *Leoninum* ipse vocat, omnibus Usuardinis codicibus nostris incognitum, solus inseruerit, ut dicemus in ejus auctario. De cætero lectionem positam omnino servandam, ex ipso fonte manifeste patet. Fontem appello Rom. parvum, ex quo eos de more accepit Ado, aucta nonnihil prioris phrasi. Noster porro Adonis elogium integrum et immutatum refert: Notkerus, quod mirere, ultima parte truncavit, ut in Actis etiam notatum invenies. Vix dubium est, quin Romani parvi compilator, martyres illos ex Actis sanctorum Processi et Martiniani desumpserit, qui nec in Hieronymianis apographis, nec in genuino Beda memorantur. Florusne, an alius quispiam Bedæ subinde annexuerit, nihil attinet hic disquirere; uti nec vacat examinare unde orta primum fuerit nuper indicata mutatio *quadraginta septem*, in *quadraginta novem*, quæ verosimillime amanuensium oscitantia in recentiores codices irrepserit. *Petrus Africanus*, atque item *Euphrosius*, vel forte *Euphrasius* (uterque enim hac die colitur) a classibus suis, in Actis ex Hieronymianis accurate distinctis, avulsi sunt, a nemine, Usuardo antiquiore, eo modo consignati, nisi Wandalbertum excipias, a quo si non accepit, saltem accipere potuit, cum hic ita habeat:

Euphrosius pridie, Petro cum martyre fulget

AUCTARIA.

ANTUERP.-MAJ.: « Romæ, natale sanctorum martyrum XLVII qui baptizati sunt a beato Petro apostolo. Apud Laodiciam, sancti Sagaris episcopi, qui tempore Antonini Veri, sub Sergio proconsule Paulo Asiæ, illustri martyrio coronatus. » Relinquo transpositionem utut ineptam. Cæterum Sagaris ille, de quo et alii, rejicitur in Actis ad VI Octobris.

ROSWEYD.: « In Nicomedia. Felicissimi, Dativi martyrum. »

PULSANEN., in prima annuntiatione purus, postremas duas prætermisit.

CENTULEN. novam comminiscitur numeri mutationem, ita scribens: « Romæ, beatorum martyrum quadraginta duorum, qui a beato Petro apostolo in carcere baptizati, sub Nerone passi sunt. » De aliis duobus non meminit.

BRUXELLEN. pro *quadraginta septem*, ponit *quadraginta octo*. Deinde, secundo loco: « Apud Laodiceam, sancti Sagaris episcopi, qui tempore Antonini Veri, sub Sergio Paulo proconsule martyrio coronatus est. » In Petro et Euphrosio purus est.

HAGENOYEN. numerat XLIX. Tum textui fere puro adjungit: « Apud Thessalonicam civitatem, sanctæ Matronæ ancillæ cujusdam, viduæ divitis, et martyris. Quæ a domina sua super scamnum ligata est et percussa, et ab angelo soluta est, et orans iterum ligata et percussa et ab angelo soluta. Novissime robustis fustibus usque ad mortem est cæsa, et in confessione Christi incorruptum reddidit spiritum. » Vide diem sequentem.

AQUICINCT. incipit: « Natalis sanctorum. Felicissimi et Dativi. » Et post *quadraginta septem*, interserit, *militum*.

VICTORIN. et REG. SUECIÆ., signatus num. 130, in fine: « Item Laodiceæ, sancti Sagari episcopi et martyris. »

DAVERONEN.: « Depositio beati Leobini episcopi Carnotensis, magnificæ sanctitatis et clarissimi in miraculis viri. » Nomen varie efformatur, ut ex dictis et dicendis patebit.

ALTEMPS.: « Apud Laodiceam, sancti Sagaris episcopi, qui tempore Antonini Veri, sub Sergio Paulo Asiæ proconsule, illustri martyrio coronatus est. » Exigua est a superioribus differentia.

STROZZ. et MEDIC.: « Romæ, sancti Zachariæ papæ. » Vide die sequenti. « Item sancti Alexandri martyris. Item Lugduni Galliæ, translatio sancti Bonaventuræ cardinalis, episcopi Albanensis, ordinis Minorum. » Colitur XIV Julii.

CODEX S. RICALDI: « Carnotis, sancti Leobii episcopi et confessoris. »

CODEX MONTIS SANCTI: « Metis civitate, in monasterio subteriore, translatio corporis sanctæ Glodesindis virginis. » Colitur XXV Julii.

Editio LUBECO-COL. cum codicibus supra citatis scribit XLIX; et secundo loco habet: « Eodem die Carnoti, sancti Leonini episcopi et confessoris. » Ultimo autem: « Ipso die, sanctorum Innocentii episcopi et Eufrosii confessoris. » De Innocentio vide Prætermissos.

BELINI utraque editio etiam notat XLIX, et post textum fere purum subnectit: « Eodem die, Zachariæ pontificis, qui se dit Romæ annos X. Item Lugduni Galliæ, translatio sancti Bonaventuræ cardinalis, episcopi Albanensis, ordinis Minorum. »

GREVEN. cum editione Lubeco-Coloniensi, textui immiscet: « Eodem die Carnoti, » etc. Textui autem superaddit: « Nicomediæ, sanctorum Felicissimi, Dativi, Frontinæ. Item in Africa, Alexandri martyris. Item Pionis. Innocentii papæ. Apud Lugdunum, translatio sancti Bonaventuræ, episcopi Albanensis, ordinis Minorum, Romanæ Ecclesiæ presbyteri cardinalis. Item sanctæ memoriæ Petri abbatis Claravallensis, genere et conversatione clari. Mathildis sanctæ memoriæ, matris Ottonis imperatoris primi, maximæ humilitatis et patientiæ matronæ. Quæ virtuti quoque continuæ orationis tam studiosa fuit, ut Psalterium totum ante matutinas solita fuerit decantare. Tandem spiritu prophetico obitum suum prædicens, migravit ad Christum. Metis, translatio sanctæ Glodesindis virginis. »

MOLAN.: « Eodem die, Zachariæ pontificis, qui sedit Romæ annos decem. Item Lugduni Galliæ, translatio sancti Bonaventuræ cardinalis episcopi Albanensis. Eodem die Carnoti, sancti Leonini episcopi. » Tum, minoribus typis: « Mathildis sanctæ memoriæ, maximæ humilitatis et patientiæ matronæ. » In editionibus aliis de Zacharia, post *annos decem*, additur: « Hic quatuor libros Dialogorum beati Gregorii transtulit in Græcum, et per Bonifacium Moguntinum episcopum, Pipinum patrem Caroli, in solium regni sublimavit, in Suessionum civitate. Eodem die Carnoti, sancti Leonini episcopi. Et sancti martyris Alexandri in Pydne. » Charactere minori: « In Quindelingeborg monasterio, diœcesis Halberstadiensis, dormitio Macthildis reginæ, matris Ottonis primi imperatoris, cujus vita virtutis specular fuit. »

Idibus.   *Die 15.*

In Cæsarea Cappadociæ, passio sancti Longini, qui latus Domini lancea perforavit, ut in gestis ejusdem invenitur. Apud Thessalonicam civitatem, natalis sanctæ Matronæ martyris, quæ deprehensa et multipliciter afflicta, novissime robustis fustibus usque ad mortem cæsa, in confessione Christi incorruptum Deo spiritum reddidit.

NOTÆ.

Ex *Pratensi, Herinien., Tornacen., Pulsanen., Antuerp., Max.-Lubec., Munerato, Belin., Greven., et Molan.*

VARIANTES LECTIONES.

Error in principio. Greven. incipit *Caesarea Cappadociae*, turpius Tornacen. omittens. In *Caesarea*, orditur, *Cappadociae*; *Cappadotie* in Max.-Lubec.; *Capadocie* in Munerato, Belino et Greveno, ac hujusmodi minutiae aliae notari non merentur. Pul-

A sanen. addidit *civitate*. Sic Belinus scripsit *ejus* pro *ejusdem*, et in altera editione apposuit *militis*, uti de Matrona, *virginis*, quod etiam legit Muneratus, omittens particulam *usque*. Belin. voces ultimas transposuit hac ratione : *Deo reddidit spiritum*.

OBSERVATIONES.

De Longino Cappadociae martyre omnia fere tum edita tum mss. Martyrologia hac die agunt, inquit Florentinius; inter quae Martyrologium Adonis perperam connumerat, nempe qui hujus Longini, non hodie, sed prima Septembris, post Romanum parvum diserte meminit. Nec eum novit Beda genuinus, nec Florus, nec Wandalbertus. Vere de ipso agunt Rabanus et Notkerus, ille longiori exornat elogio, quod ex Actis se ait concinnasse; hic non multum dissimilia, sed compendiosiora exhibet, non *verbotenus eadem scribens*, ut per inadvertentiam in Acta nostra irrepsit. Ab eodem Notkero repetitur Longinus citata 1 Septembris, ubi

B Adonis elogium sequitur. Satis certum est *Longinum* aliquem et quidem *in Cappadocia* memorari in Hieronymi apographis; utrum porro is dici possit, aut debeat, qui latus Christi lancea transfixisse supponitur, etymologia non omnino peregrina; item an centurio nominetur, an miles; an Latina Acta, militis et centurionis personas confuderint; qui sint eorum scriptores, et plurima alia ad utriusque patriam, gesta, cultum, socios, reliquias, translationes, historias confictas, etc., pertinentia, satis fuse explicuit Papebrochius toto suo Commentario praevio a pag. 376. Quam fidem Acta mereantur nusquam aperte edisserit; recentiores neutra admittunt. Videsis Tillemontii censuram tomo I, pag. 453. At qualiscunque auctoritatis Acta ipsa censueris, patet textus nostri, ex Adone I Septembris verosimiliter accepti, Usuardina simplicitas, de qua unice quaerimus.

Matronam martyrem, tacito *Virginis* titulo, primus produxit auctor Romani parvi. Ado de more elogium composuit, quod integrum a Notkero redditur : Noster, ut solet, summa duntaxat capita contraxit. De *Matronis* duabus aliis, *Barcinonensi* et *Lusitana*, videantur Acta hac die. Occurrit denuo

B casus singularis, semel atque iterum supra notatus; nimirum reperiri hodie in Adone Rosweydi *Zachariam papam*, quem Usuardus plane praetermisit. Causam explorare nequeo. Caeterum in Mosandri editione, cum elogio ponitur pridie Idus, unde mirum non est id ita a Baronio in notis observatum, qui accuratiorem Rosweydi editionem non vidit, nec videre potuit sexennio prius mortuus quam ea prodiret in lucem. Fere exciderat notare versiculum, quem de Matrona hac nostra reliquit Wandalbertus :

Thessala plebs Idus Matrona martyre servat.

AUCTARIA.

ANTUERP.-MAJ., praeterito Longino, agit de sola Matrona, et Adonis elogium contrahit, hoc modo : « Apud Thessalonicam civitatem, natale sanctae Matronae. Quae cum esset utike [*superposuit aliquis*

C *vetule, sed supplendum erat* Plautillae] cujusdam ancilla, et occulte Christum colens, cotidie furtivis orationibus ecclesiam frequentaret, deprehensa a domina sua, in scamno extenta et ligata, et pene usque ad mortem flagellata, atque ita vincta in scamno, obsignatis diligentissime januis per noctem relicta, ubi die altero divinitus soluta, et cum ingenti oris gratia orans inventa est. »

ROSWEYD. textui puro superaddit : « In Nicomedia, Lucii episcopi, et martyris. » Quae verba ex Notkero huc traducta videntur, nisi ex Hieronymianis potius immediate accepta sint.

ANTUERP.-MAX., LOVAN., LEYDEN., BELG. et editio ULTRAJ.-BELG. de Longino, post *aperuit*, haec adjiciunt : « Hic baptizatus ab apostolis, cum apud Cappadociam sanctitate praecipuus degeret, sub Octavio praeside comprehensus, post confessionem fidei, lingua abscissa, dentibus excussis, capite truncatus est. » Quis primus hoc elogium in codices

D Usuardinos recentiores transtulerit, hactenus ignoro; hoc scio, acceptum esse ex Adone, non hoc die, ut supra monui, sed 1 Septembris, quod iterum dicendum recurret.

ULTRAJ., LEYDEN., ALBERG. et DANIC. sic incipiunt : « Romae, natale S. Zachariae papae. Hic quatuor libros Dialogorum beati Gregorii transtulit in Graecum, et per beatum Bonifacium Moguntinum episcopum, Pipinum patrem Caroli in solium regni sublimavit in Suessionum civitate. » De Longino eadem habent, quae proxime recitavimus.

CENTULEN. : « Caesarea Cappadociae, sancti Longini militis, qui lancea latus Domini aperuit, et postea baptizatus est et a praeside Octavio decollatus est. »

BRUXELLEN. de Longino eadem habet quae supra. Tum : « Apud Thessalonicam civitatem, natale sanctae Matronae martyris. Quae cum esset Plautillae cujusdam viduae ancilla, occulte Christum colens... » ut supra, additur autem ex eodem fonte : « Novissime autem fustibus usque ad mortem caesa, in bona

C confessione Deo spiritum reddidit. Romae, depositio beati Zachariae papae, qui libros Dialogorum beati Gregorii transtulit in Graecum. »

HAGENOYEN. de Longino multa comminiscitur, quae referre non lubet. De Matrona, ut vidimus, egit pridie. In Zacharia non multum differt ab ULTRAJ., etc.

AQUICINCT. consonat in Longino cum ANT.-MAX. Sequitur : « Romae, Zachariae papae, qui in patriarchio caput sancti Georgii martyris reperit. » Matrona vocatur *virgo*, quo etiam titulo eam supra ornavit Belinus.

VICTORIN. in fine de Zacharia scribit, ut proxime facit Aquicinct. addens post *reperit*, « in capsa reconditum, in qua et epitaphium pariter reperit, Graecis litteris exaratum; sepultusque est in ecclesia B. Petri. » Sumpta sunt ex Adone Mosandri pridie ; quae habentur in Rosweydi appendice.

MATRIC.-CARTHUS.-ULTRAJ. de Longino, Zacha-

D ria, et Matrona etiam agit, sed rescissis ferma elogiis.

REG. SUEC., num. 130: « Item Zachariae papae, » etc. Reliqua non adduntur, sed puto eadem esse quae Victorinus supra suggessit, cum quo hic codex passim concordat.

Codex D. DU CHEVAL., signatus C : « Item, Jacobi apostoli et Lucii episcopi. » Ex Hieronym.

VATICAN., signatus num. 5949, omisit Longinum, et primo loco scripsit : « Romae, Zachariae pontificis, qui sedit in episcopatu annis decem. »

STROZZ. et MEDIC., postquam de Longino ea retulerunt, quae ex ANTUERP.-MAX., etc., supra descripsimus, addunt praeterea etiam ex Adone 1 Septembris : « Et simul cum eo coronatus est B. Aphrodisius commentariensis, cui et praeses linguam abscidi jusserat : qui post abscissam jussu praesidis linguam, Christum tamen ejusque fidem expedita et clara voce pronuntiabat. » Ado legit *loquebatur*.

BURDEGALEN.: « Beatissimi Jacobi apostoli et Lucii A ex martyribus Nicomediensibus. Videantur reliqui
martyris. » Ex Hieronymianis. socii in Actis.
Editio LUBECO-COL.: « Romæ, natale sancti Za- MOLAN. italicis litteris textui interserit: « Cum
chariæ papæ et confessoris. Qui sedit annos decem. esset Plautillæ cujusdam viduæ ancilla, et occulte
Hic quatuor libros Dialogorum beati Gregorii transtu- Christum colens, et quotidie furtivis orationibus
lit in Græcum, et per beatum Bonifacium Moguntinum ecclesiam frequentaret. » De Zacharia collegit quæ
episcopum, Pippinum patrem Karoli in solium regni ex codd. mss. superius posita sunt, ea sola voce
sublimavit in Suessionum civitate. Hic etiam Karo- excepta, quod pro *epitaphium* scripserit *pitacium*,
lomanum regem Francorum, fratrem Pipini, fecit de quo vide ejus Notas. Tum, typis minoribus: «Apud
fieri clericum, et misit eum in Cassinense monaste- Reatem, sancti Probi episcopi: cujus in Dialogis
rium, ut monachus fieret, qui etiam monasterio dona meminit beatus Gregorius. Castro Divionensi, san-
plurima cum privilegiis apostolicis contulit. » Quæ cti Tranquilli confessoris; de quo beatus Gregorius
de Longino et Matrona fusius deducit, ex Adone vel Turonensis. Sancti Speciosi monachi, de quo in
Notkero desumpta sunt. Dialogis Gregorius, lib. IV, cap. 8. Romæ, sancto-
GREVEN.: « Romæ, Zachariæ papæ et confessoris. rum monachorum Meruli, et Antonii, de quibus eo-
Hic quatuor libros Dialogorum beati Gregorii papæ dem libro scribit Gregorius. » Hos omnes in poste-
in Græcum transtulit; et per sanctum Bonifacium rioribus editionibus prætermittit Molanus, in quibus
Moguntinensem archiepiscopum, Pipinum patrem hoc tantum legitur: « Die decima quinta, sancti
Karoli magni in solium regni sublimavit. Affrodisii martyris Agapii et sociorum ejus. » Hunc Acta re-
commentariensis cum sancto Longino passi. Lucii jiciunt in XXIV Martii, ast *Meruli* et *Antonii* nec in-
episcopi. Item beatæ Faustæ. » Solam hanc excepit B ter Prætermissos meminerunt.

XVII *Kal.* *Die* 16.

« Apud Aquileiam, natalis beati Hilarii episcopi et Tatiani diaconi, qui sub Deronio præside, post
equuleum atque alia tormenta, una cum Felice, Largo, et Dionysio martyrium terminarunt. Romæ, passio
sancti Cyriaci diaconi, qui post longam carceris macerationem, reliquata pice perfusus et in catasta extensus, ac tractus, etiam nervis et fustibus cæsus, ad ultimum cum Largo et Smaragdo et aliis viginti
, jubente Maximino, capite truncatus est. Horum tamen festivitas sexto Idus Augusti recolitur, quo die
a beato Marcello papa eorum corpora sunt levata et venerabiliter tumulata. Arvernis, depositio sancti Patricii episcopi et confessoris.

NOTÆ.

Puri videntur Praten., Rosweyd., Antuerp., Max.-Lubec., Munerat., Belini editio altera et Molanus.

« In Carolino autographo SS. Hilari et Tatiani loco, aut nusquam, sua regula locum habere debuit.
mentio facta nunquam fuit. De illis enim Dervensis Articulum tamen totum reddit Sollerius: totus
codex tacet, et a Cyriaco articuli exordium capit. Usuardi est, Usuardus merus. De litura ne verbum
Præterea in Pratensi totus hic articulus a capite ad quidem apud censorem; opinor, quia admonitus est
calcem litura laborat, et quo sanctis illis locus esset, nullam illic esse scripturæ dissimilitudinem, et
minutiori litterarum forma totus exaratus est. Nec Usuardo laudi dandum esse, quod præstantium scri-
etiam sanctos illos memorant Heriniensis et Torna- ptorum exemplo nec turpem in scriptis putaverit
censis codices, qui Sollerio plerumque pro norma lituram, nec metuerit. Cur eadem in causa, non eo-
fuerunt, ex qua Pratensem æstimaret. Hic Sollerium dem semper in Pratensem codicem animo fuerit Sol-
interrogo qua causa, anteposito Pratensi, a suis de- lerius, ignorare malim, quam de veritatis studio,
sciverit. In Pratensi litura erat, variabant alii codi- quo se ardere prædicat, quidlibet maligne suspicari.
ces. His duobus tantum argumentis ubique judicavit BOUILLART.
interpolatum esse Pratensem codicem. Hoc igitur

VARIANTES LECTIONES.

Hilari legunt aliqui cum Pratensi, alii *Hylarii*, sus adtractus et jam nervis... Rectius, opinor, cum
Ylarii, etc., purius, ni fallor, in textu: sic etiam Molano, *extensus ac tractus, etiam nervis et*..... quid-
melius *Tatiani* quam *Taciani.* Munerat. et Belin. quid alii legant *attractus etiam nervis*, in Munerato
male *Heronio* pro *Baronio*. *Dionisio, natale, eculeum,* deest *cæsus,* in Antuerp. et Max.-Lubec. *est.* Solus
Ciriaci, notari non merentur. Munerat. post *Diaconi*, Pratens. posuit *Idus Augustas*. Belin. et Molan. *Aver-*
addidit *martyris.* Lego *terminarunt,* alii habent *ter-* *nis* pro *Arvernis.* Potuisset omitti utrumque, et Pa-
minaverunt; Belin., *consummaverunt. Reliquata* pas- D tricius ipse. In Antuerp. et Max.-Lubec. deest *san-*
sim scribunt codices. Pratens. non bene legit, *exten-* *cti.*

OBSERVATIONES.

Discrimen inter vetustos codices Usuardinos eos- scripta, aut contracta non sint. Hoc Usuardus ex
que probatiores, hodie non exiguum recurrit. De ipsorum martyrum passione suo marte composuit,
Hilario Aquileiensi, et sociis, nec Herinien. nec Tor- quemadmodum fecisse ostendimus in Ascla, XXIII
nacen. nec purior Belini editio quidquam memorant. Januarii, et in duabus primis annuntiationibus VIII
Hinc dubitare quis merito poterit, fuerintne illi ab Martii. Vide quæ de hac re in præfatione dicta sunt.
Usuardo primigenia manu ascripti, an forte subinde De *Cyriaco* inter. omnes convenit. Desumi hic po-
ab alio, vel ab ipsomet auctore, ex aliquo Hieroty- tuit ex Romano parvo, cum *Largo, Smaragdo* et *Cre-*
miano codice appositi. Certe Beda, qui hodie de *Cy-* *scentiano,* quos omnes Ado etiam recitat et elogio
riaco, et sociis agit, de *Hilario* nec verbum profert. exornat. Crediderim tamen Adonem sua omnia mu-
Bedam descripsit Rabanus. Silet etiam Ado. Not- tuasse ex Beda, quem fere verbotenus videtur de-
kerus solum *Hilarii* nomen et *Aquilegiæ* indicat, ut scribere, Notkero in hac parte, præter solitum, mu-
perspicue intelligas ex Hieronymiano apographo tilo. *Crescentianus* ab Usuardo non exprimitur, uti
accepta. Utcunque res habeat, servata est Pratensis nec *Sisinnius,* a Beda et Adone in principio nomi-
et aliorum codicum lectio. Notari jam potuit et toto natus. Variant codices circa tyranni nomen sub
operis decursu observabitur, plane rara esse elogia quo passi fuerint, aliis *Maximianum,* aliis *Maximi-*
mere Usuardina, seu quæ ex Beda aut Adone de- *num* appellantibus. Ad XVI Januarii, ubi de Mar-

cello actum est, in cujus Actis quafibuscunque Cyriaci et sociorum gesta immiscentur, unde colligitur eodem fere tempore et ipsos et Marcellum passos esse; ibi, inquam, cum probatissimis codicibus (quorum germanam lectionem tametsi vitiosam referre tenemur) *Maximinum* scribendum censuimus, quem etiam plerique hodie exprimunt cum Pratensi; quamvis non satis consequenter, nam viii Augusti, ubi *Cyriacus* cum sociis iterum recurrit, Diocletiani tempora (forte continuata ejus persecutio) designantur. Satis hic sit germanam Usuardi lectionem vendicasse. Quid vere legendum sit, quis pugilum numerus, quis martyrii locus, etc., ad eam viii Augusti in Actis nostris ex professo examinabitur. Pari ratione etiam in textu relinquitur ultima annuntiatio de *Patricio Arvernensi*, seu *Avernensi*, qui, licet ignotus antiquioribus, ab Usuardo expressissime ponitur, ex quo in Romanum hodiernum irrepsit, tametsi satis constet nullum unquam fuisse Patricium illum Avernensem, si a Patricio Hiberno distinguatur. Consule indicem Prætermissorum, ubi vitiatæ lectionis fontem assignatum invenies. *Isicius*, *Isichius*, vel *Esichius* Viennensis ab Adone vulgato positus, cur ab Usuardo prætermissus sit, non habeo unde colligam, nisi forte a codice Adoniano, quo Usuardus usus est, plane abfuerit, ab aliquo populari postea adjectus. Liceat hic subjungere Wandalberti versus, quibus Cyriacum et socios celebrat :

> Septima post decimam Aprilis de more Kalendas
> Præcedens, Cyriaci et Largi splendet honore;
> Smaragdique simul pretioso sanguine vernal.

AUCTARIA.

Defectum HERINIEN. et TORNACEN. jam indicavimus.

ANTUERP.-MAJ. hic ab Usuardo plane deflectit, solam enim et unicam annuntiationem habet de Cyriaco et sociis, ex Adone verbatim descriptam. Tu eam require in ipso fonte.

PULSANEN. purissimus dicendus esset, utpote, qui de Patritio Avernensi omnino sileat. Omitti tamen debuit, quod ab errante hic Usuardo recedat.

Exclusus etiam a purorum codicum classe GREVEN. Propter annuntiationem ejus ultimam, Usuardo adjectitiam; nempe : « Item, depositio [quidni natalis? sancti Heriberti episcopi Coloniensis et confessoris. » Mirum sane Grevenum non advertisse S. Heribertum duobus sæculis Usuardo esse posteriorem, præsertim si hic Martyrologium suum Carolo Magno obtulisse credatur, quod Grevenus plane credidit.

ANTUERP.-MAX., ULTRAJ.-LEYDEN., LOVAN., ALBERG., DANIC. et Editio ULTRAJ.-BELG., in fine : « Apud Coloniam Aggripinam, natale sancti Heriberti, ejusdem loci episcopi et confessoris. » Inter hos codices id solum discriminis est, quod Lovaniensis in textu nonnihil a puritate deflectat : quod tamen scrupulosius notare operæ pretium non existimo.

CENTULEN. hæc solum habet : « Romæ, passio sancti Cyriaci diaconi et martyris, qui multa sanitatum gratia exuberans, Arthemiam filiam Diocletiani imperatoris, et Jobiam filiam regis Persarum a dæmonio liberavit. »

BRUXELLEN. incipit a Cyriaco, cujus elogium ex Adone interpolavit. Tum de suo pergit : « Eodem die, Arthemiæ martyris, filiæ Diocletiani, quam Maximinus frater ejus, quoniam cultrix Christi fuit, interfecit. » Vide indicem Prætermissorum. « Apud Nicomediam, sanctorum martyrum Eugenii, Pamphiliani, Sereni, Castoris et Dionysii. » Confusio nominum in Actis distinguitur. De Hilario et Tatiano, atque item de Patricio, satis pure. Sequitur : « Apud Viennam, sancti Esichii episcopi et confessoris. Apud Coloniam Agrippinam : depositio sancti Heriberti ejusdem civitatis archiepiscopi et confessoris, qui prope diem quem prædixerat, moriens, magnis cœpit clarere miraculis. Item sanctæ Eugeniæ virginis. » Ad classem Nicomediensem pertinet, nisi Eusebiam Hamaticensem voluerit dicere.

HAGENOYEN., in Cyriaco modice interpolatus, secundo loco de Patricio agit, tertio de Hilario. Tum : « Apud Coloniam Agrippinam, natale sancti Heriberti episcopi et confessoris ejusdem loci. Corpus vero ejus requiescit apud Tuicium ultra Rhenum, in monasterio quod ipse fundavit, in claustro nigrorum monachorum. Item Babiloniæ, sancti Agricoli episcopi et confessoris. » Quid sibi velit *Babiloniæ*, patebit die sequenti, ubi de Agricola Cabillonensi.

AQUICINCT. incipit : « Apud Hamaticum (*vult dicere Hamagium*, *Prioratum contiguum abbatiæ Marchianensi*) depositio sanctæ Eusebiæ. » Correctio illa, nescio a quo apposita, superflua dici posset; *Hamaticum*, non minus quam *Hamagia*, promiscue dici videntur.

MARCHIAN., primo loco : « Depositio sanctæ Eusebiæ virginis. »

MATRIC.-CARTHUS.-ULTRAJ. breviter de Hilario, Tatiano et Heriberto. Dein : « Niretini confessoris cum sociis, quorum miri actus leguntur. » Fallor, nisi hic *Bonifacius* est, de quo in Actis.

CAMBERIEN. Conventualium : « Coloniæ, sanctorum Heriberti antistitis, Lucii præsulis, et Eugeniæ virginis. » Unde inter hos sanctos talis societas, non intelligo.

STROZZ. et MEDIC. : « Apud Ravennam, natalis sancti Agapiti archiepiscopi et confessoris, qui nonus rexit et floruit post Apollinarem. Item sanctæ Gertrudis. » Hæc etiam die sequenti notatur, et multo rectius.

ABDINGHOFFEN. : « Apud Aquilegiam civitatem, passio sancti Felicis martyris. » Hactenus ignotus est.

Editio LUBECO-COL. incipit : « Apud Coloniam Agrippinam, natale sancti Heriberti, ejusdem loci archiepiscopi et confessoris, qui sedit annis viginti tribus, mensibus duobus, et diebus viginti duobus, et sepultus requiescit trans Rhenum in monasterio Tuiciensi, quod ipse præsul in vita sua a fundamentis ejus ædificaverat, et in honore beatæ Mariæ virginis consecraverat. » In Hilario pura est, in Cyriaco multum ex Adone interpolata. Sequitur de Patricio. Denique : « In Scotia, sancti Bonifacii episcopi et confessoris. »

GREVEN. : « Isicii episcopi Viennensis et confessoris. Romæ, Alexandri episcopi. » Vide Prætermissos. « In Scotia, Bonifacii episcopi. Albani episcopi, et confessoris. » Sitne hic *Abbanus*, an *Abbenus*, nescio. « Item Colloquilli regis. Sancti Kinitimi. » Nempe *Bonifacii*, ni fallor. « Abrahæ presbyteri et anachoritæ et Mariæ filiæ fratris ejus, pœnitentis. In Hibernia, Finiani abbatis et confessoris. Eodem die, Eugeniæ virginis. » An non *Eusebiæ*?

MOLAN. : « Eodem die, natale sancti Heriberti archiepiscopi Coloniensis. Hujus venerabile corpus in monasterio Tuiciensi trans Rhenum honorifice requiescit; quod idem vir sanctus in honore sanctæ Dei genitricis a fundamentis erexit. » Tum, charactere minori : « Abrahæ presbyteri, » etc., ut Grevenus. In editionibus aliis, de Heriberto : « Eodem die, etc. Reesæ, in territorio Clivensi, festum sancti Dentlini, pueri septem annorum. Marcianis, depositio sanctæ Eusebiæ virginis. Die decima sexta, sanctorum martyrum Sabini et Papæ. » De Sabino vide Prætermissos. Patricius ad calcem rejicitur.

XVI *Kal.*   Die 17.

In Scotia, natalis sancti Patricii episcopi et confessoris, qui primus ibidem Christum evangelizav[it].

Eodem die monasterio Nivigella, sanctæ Gertrudis virginis. [*Apud Bouillart....* : evangelizavit. Civitate Nicomedia, sanctorum martyrum Eugenii, Pamphiliani, Castoris et Sereni [a].]

NOTÆ.

Sumitur ex *Herinien., Tornacen., Pulsanen., Antuerp., Max.-Lubec., Munerat., Greven.* et *Molan.*

[a] Ambigit Sollerius corruptumne dicat an mutatum codicem. Quatuor sancti martyres et male connexi, et perperam huc traducti. Gertrudis suo loco extrusa, inepte sanctis diei sequentis inserta, bini textus uno errore corrupti. Atque has injurias in lituram unius versus fundit is qui paulo ante totos novem versus erasos quieto et æquo animo tulit. Quid ad hæc ego? Verum est sanctos illos martyres non fuisse in Carolino autographo memoratos, sed aut male connexos aut perperam huc traductos fuisse, quo argumento efficiet Sollerius? numquid habet Acta, quæ proferat? Hieronymianos, sat scio, indices nobis obtrudet: sed in vetustissimis eorum codicibus ne unus quidem eorum legitur, de quibus hic A Usuardus. Nec die hesterna actus erat. Sic enim illi, teste Henschenio : *Nicomediæ, Castori, Dionysii, Nonni, Cyriacæ, Milisæ, Eugeniæ, Juliani, Asclepiodoti.* Alii quidem codices, Castorem, alii Serenum, alii, una ex duabus classibus facta, Pamphilianum adnuntiant. Quid certi ex illa codicum confictione extundi potest? forte Usuardus alios indices habuit; forte uno die utramque Nicomediensium martyrum classem conjunxit; forte Acta vidit. Denique quidvis potius conjectare mallem, quam, ut Sollerius, nullo argumento Codicem minime suspectum rejicere. De S. Gertrude mox in sequenti articulo. BOUILLART.

VARIANTES LECTIONES.

Pulsanensis, librarii vitio, pro *Scotia* legit *Cæsarea*; est qui *Scythia* scribat. Huc revoca *Scocia* in Antuerp. et Max.-Lubec. *Scochia* apud Muneratum, apud alios *Schocia*. Deest in Greveno titulus *episcopi*; in Antuerp. et Max.-Lubecana, *confessoris*. In Pulsan. legitur *vigella* erasoni. Munerat. *Migella*, Greven. *Novigella*. Rursus Pulsanen. habet *Geretrudis*, quod et alii recentiores codices imitantur.

OBSERVATIONES.

De *Patricio* agunt Beda et Roman. parvum, phrasi non multum dispari. Ado modicum de suo adjecit, Noster Adonem verbotenus transcripsit. Rabanus hic modo loquendi nonnihil a Beda deflectit, Notkerus ab Adone; quod obiter notasse operæ pretium duximus. Famosissimi Hiberniæ apostoli gestorum seriem, ex inordinata rerum congerie, solerter eruit, et chronotactice digessit Papebrochius, primo suo, in opere de Actis sanctorum conatu, ubi vix quidquam desiderari passus est. Queruntur tamen aliqui, ex tot Patricii Vitis, eam præhabitam, quæ a Jocelino composita, a sancti temporibus maxime remota est. Videant illi facti istius rationem in ipso commentario prævio § 3 et 4 ex quibus id demum conficient, quod adhuc superstes emeritus senex profitetur, eam videlicet selectam esse Vitam, quæ fabulosis portentis minus referta videretur. Apographorum Hieronymianorum nulla hodie habita ratio, nec ab antiquis aliis, nec a codicibus Usuardinis, si B solum Pratensem excipias, qui, corruptus dicam, an mutatus, pro *Gertrude*, ita habet : *Civitate Nicomedia, sanctorum martyrum Eugenii, Pamphiliani, Castoris et Sereni*, qui et male connexi, et ad hanc diem ab imperito aliquo perperam traducti sunt, et quidem super erasa *Gertrudis* annuntiatione inscripti, ut me monuit Clar. Castellanus, prætensi autographi oculatus inspector, litteris ad me datis XXXI Maii MDCCII. Sanctum ut ipse existimat, ex male descriptis vel intellectis Virginis Actis, ubi natalis differri videretur in XV Kalendas Aprilis, unde et inepte ejus diei laterculo inserta est; binis textibus uno errore depravatis, quemadmodum die sequenti iterum apparebit. De Gertrude, videndæ Henschenii dissertationes, Vitæ præfixæ et subjunctæ. Textui nostro consonat metricum Wandalberti elogium :

Bis octava tuo Patrici nomine pollet,
Scotica gentilem miserate per oppida cultum.
Hac quoque Gertrudæ redduntur vota beatæ.

AUCTARIA.

ANTUERP.-MAJ. : « In Scotia, natale sancti Patricii C episcopi et confessoris, qui fuit ex discipulis beati Germani Antisiodorensis episcopi, primusque genti illius Christi Evangelium prædicavit. Alexandriæ, natale sancti Ambrosii, ejusdem ecclesiæ diaconi, qui confessionis Domini gloria insignis fuit. Nivigella monasterio, depositio sanctæ Gertrudis virginis, cujus præclara gesta habentur. »

ROSWEYD., secundo loco : « Civitate Nicomediæ, sanctorum martyrum Eugenii, Pamphiliani, Castoris et Sereni. Ipso die, depositio sanctæ Witburgæ virginis. Niviellæ, sanctæ Gertrudis virginis. »

ANT.-MAX., ULTRAJ., LEYD., LOV., ALBERG., DANIC. et Editio ULTRAJ.-BELG. de sancta Gertrude post *virginis*, interserunt, *filiæ Pipini ducis, cujus gesta habentur*. In fine : « Cabilone, natale sancti Agricolæ episcopi et confessoris. »

CENTULEN. : « Alexandriæ, sancti Ambrosii diaconi, et martyris. In Scotia, sancti Patricii episcopi et confessoris, a beato Germano Antissiodorensi episcopo, ordinati et directi. Nivigella monasterio, sanctæ Gertrudis virginis. »

BRUXELLEN. « Apud Nivellam, depositio sanctæ Gertrudis, Deo caræ virginis, filiæ Pipini ducis, quæ beatam Gudilam, suam neptem, nostram patronam, de sacro fonte levavit. Hæc in ipsa exitus hora, Treveris sanctæ Modestæ moniali apparuit, et eadem mortis hora, beatus Ultanus frater sancti Foillani, vidit sanctum Patricium ductorem animæ beatæ virginis Gertrudis affuisse. In Scotia seu Hibernia, sancti Patricii episcopi et confessoris. Qui fuit filius Conches, sororis sancti Martini Turonensis, et unus ex discipulis beati Germani Antisiodorensis. Quem Cælestinus papa illuc misit, quique illi genti primus Christi Evangelium prædicavit. Sed cum modicum fructum faceret, rogavit Deum pro signo, quo saltem territi pœniterent. Et baculo suo circulum magnum designavit, intra quem terra se aperiens, statim puteus maximus et profundissimus apparuit; revelatumque est sibi quod ibi esset quidam locus Purgatorii, in quem si quis descenderet, alia sibi pro peccatis pœnitentia non restaret. Et sic ipse totam gentem illius provinciæ ad fidem Christi convertit, et præfuit illis annis sexaginta, quibus expletis obiit, anno suæ ætatis centesimo vicesimo secundo. Alexandriæ, sancti Ambrosii ejusdem ecclesiæ, » etc., ut ANTUERP.-MAJ., supra. De Agricola item, D ut dictum est.

HAGENOYEN. in exornandis Patricio et Gertrude, Bruxellensi liberalior est. Hanc Caroli magni sororem facit, de illo talia memorat, ut prætermitti mereantur.

AQUICINCT. et VICTORIN. in fine : « Cabilonis, sancti Agricolæ episcopi et confessoris. »

PLESCHIONEN. : « Eodem die, sanctæ Gertrudis, virginis, et sanctæ Victorinæ. » Nulla nobis hodie nota Victorina, præter eam, quæ inter martyres Nicomedienses in Actis connumeratur.

MARCHIANEN. plane legit, ut Pratensis : unde non male supra conjectavimus, codicem illum ex prætenso autographo isto esse desumptum, quod magis subinde pateret, si ecgraphum integrum majores nostri procurare potuissent.

ALTEMPS. : « Alexandriæ, sancti Ambrosii, ejusdem ecclesiæ diaconi, qui Dominicæ confessionis gloria insignis fuit. »

FLORENTIN. de Gertrude agunt loco hic suo. « In civitate Corduba [codex alteruter videtur legere Cordula] passio sanctorum martyrum Olimpiadis et Maximiani, sub Decio imperatore, ut habetur in gestis sanctorum Abdon, et Senen. Vitellius autem vicarius Decii jussit, ut cum securibus capita eorum tunderentur, et sic emiserunt spiritum. » In elencho Prætermissorum rejiciuntur ad xv Aprilis.

RHEMENS. Ecclesiæ SS. Timothei et Apollinaris : « Alexandriæ, natalis sancti Ambrosii ejusdem ecclesiæ diaconi. »

Editio LUBECO-COL. : « In Scotia, natale sancti Patricii episcopi et confessoris. Qui fuit unus ex discipulis beati Germani Autisiodorensis episcopi, et dicitur fuisse filius sororis sancti Martini : qui primus in Scotia Christum evangelizavit et quasi totam Hiberniam doctrinis, exemplis et miraculis ad Christum convertit. Monasterio Nivigella, sanctæ Gertrudis virginis filiæ Pippini ducis, cui sanctus Amandus episcopus, una cum matre sua, sacrum velamen imposuit, ac multarum virginum monialium (congregationi) præfecit, patre suo Pippino jam defuncto, quas cum laudabiliter rexisset, ætatis suæ tricesimo tertio anno, migravit ad Dominum. Alexandriæ, » etc., ut ANTUERP.-MAJ. « Cabilone .... »

etiam ut supra. « In Alexandria, sanctorum Collegii diaconi, Rogati et Satyri martyrum. » De his et sequentibus, vide Prætermissos. « In Campania, natale sanctorum Quinti et Luciani, Victoris et Mauri martyrum. In Nicomedia, sanctorum Apurilis et Servili martyrum. Eodem die, translatio sancti Antonii abbatis. »

BELIN. de Patricio post *evangelizavit*, subdit : « et maximis miraculis et virtutibus claruit. »

GREVEN. de Ambrosio, ut ANTUERP.-MAJ. « Item Theodoli, Quiriaci, Dionysii. » Melius distinguuntur in Actis. « Mariæ martyris. » Vide Prætermissos. « Nicomediæ, Eugenii, etc. In Alexandria Collegii. . . In Campania, Quinti. . . . In Nicomedia, Aprilis. . . . Cabilone, » etc., ut supra. « In Anglia, Witburgis virginis. Translatio sancti Antonii ab batis. »

MOLAN. Post *virginis, filiæ Pipini ducis, cujus præclara gesta habentur*, sequitur de Ambrosio. « Et natale Mariæ virginis. Hæc cum esset ancilla cujusdam Tertulli præclari viri, et nollet in natali filii ejus, prandiis domini sui interesse, sed magis Christianorum more jejuniis operam dare, flagellis atrocibus ab eodem domino suo lacerata est : sed cum non posset per hoc ab instantia servitii Christi ad idolorum culturam revocari, judici publico ad puniendum tradita est. » Hoc fere compendium eorum, quæ Rabanus et Notkerus fusius deducunt ; interim rejicitur Sancta ad I Novembris. « Lyræ, translatio sancti Gummari præclari confessoris. » Colitur præcipue xi Octobris. De Agricola, typis minoribus. In editionibus aliis, post *Nivigella*, interserit litteris italicis *transitus*, cætera, ut supra. Item de Ambrosio, Agricola et translatione sancti Gummari. Demum : « Apud Dononium, elevatio corporis sanctæ Reginæ. » Spectat ad I Julii, quo festum ejus agi in Prætermissis dicitur, ubi et alterius *Reginæ* elevatio apud Flaviacum, ex Saussayo notatur.

XV Kal.   **Die 18.**

Natalis beati Alexandri episcopi, qui de Cappadocia, ex propria civitate, sancto desiderio Hierosolimam veniens, divina revelatione, ejus dein loci gubernaculum suscepit, et post venerandam senectutem ductus Cæsaream, persecutione Decii ob confessionem Christi martyrium complevit. [*Addit Bouillart.* : a Monasterio Nivigella sanctæ Geretrudis virginis.]

NOTÆ.

Consonant codices multi : *Herinien., Tornacen., Antuerp.* et *Max-Lubecana, Munerat., Belin., Greven., Molan.* Adde *Antuerp.-Max., Ultraj.* et reliquos codices mediæ notæ.

a Verus est hic S. Gertrudis locus. Et miror qui falli potuerint Henschenius et alii, qui xvi Kal. hujus mensis mortem sanctæ illius Virginis consignarunt. Usuardus ipse hallucinatus fuerat in Carolino autographo ; sed commode errorem in suo correxit : quæ illum Acta deceperant, eadem diligentius pensitata reduxerunt in viam. Narrat enim scriptor B. Gertrudem, cum dies mortis immineret, misisse unum ex fratribus ad Fossuense monasterium, qui ab Ultano sancto ejus loci incola percontaretur quo die moritura esset : Ultanum respondisse : *Hodie decimus sextus Kalendas Aprilis est dies. Crastino autem die inter missarum solemnia illa Dei ancilla et Christi virgo de corpore est migratura* : Gertrudem, hoc accepto nuntio, totam noctem cum sororibus in psalmis et orationibus transegisse, crastina autem die Dominica reddidisse spiritum. Illa igitur dies Dominica erat decima quinta Kalendas Aprilis. Non obiit igitur Gertrudis anno 664, ut putat Henschenius ; aut anno 659, ut v. cl. Bailleto placet : sed anno 658, quo Pascha incidebat in diem 25 Martii, cyclo lunæ 13, solis 23, Littera Dominicali G. Cur, inquies, eadem Acta referunt defunctam fuisse *die Dominica sub die sexto decimo Kalendas Aprilis* ? Id Acta quidem male exscripta referunt ; sed retinendam esse lectionem, quam ex codice Fuliensi duxit Mabilio noster, vel inde perspicuum est, quod alioqui sibi non constet vitæ scriptor. Si enim moritura esset Gertrudis die post xvi Kal. Apr., quomodo mori potuit xvi Kal. Aprilis? BOUILLART.

VARIANTES LECTIONES.

Fere in mendis librariis consistit. Codices aliqui pro *ex propria*, legunt *et propria*. De *Hierosolimam, Jherosolymam, Jerusolimam, Capadocia, Cesarea, martirium*, etc., alibi dictum. Talia ferme etiam sunt in Antuerp. et Max.-Lubec. *relatione* pro *revelatione*. In Munerato, *divino revelatione*, et *complevi* pro *complevit*. In codice Pratensi adjecta est hesterna annuntiatio sanctæ Gertrudis : *Monasterio Nivigella, sanctæ Gertrudis Virginis*; sic ut facile appareat additionem esse, tum ex aliquali atramenti diversitate, tum ex pressioribus characteribus, ad exprimendam totam annuntiationem eo in spatio quod post *complevit* vacuum remanserat. Nihilominus litterarum ipsarum efformationem, priori scriptioni esse persimilem testatur, qui cætera retulit, Clar. Castellanus, quod equidem facile crediderо. Interim e purorum Usuardinorum numero etiam hodie codex ille excludendus fuit.

OBSERVATIONES.

Ad xxx Januarii non obiter ostendimus, Alexandrum, eo die auctore Romano parvi consignatum, tali a Viennensi præsule exornatum elogio, ut hodiernum Hierosolymorum episcopum ex Rufini lib. vi, cap. 29, clarissime depinxerit. Est hic igitur celeberrimus sanctus, a citato Romani parvi auctore hoc die positus, et ex eo, ut passim fieri solet, acceptus, de quo nec Hieroymiana, nec Beda, aut ejus sequaces meminere. Agit de Alexandro Eusebius lib. vi, variis capitibus a Rosweydo, Henschenio et Papebrochio citatis, atque ex Eusebio Hieronymus de Script. eccles. cap. 62. Hæc autem hoc die Romani parvi verba sunt : *Sancti Alexandri episcopi, qui cum Narcisso Jerosolymitanæ ecclesiæ gubernaculum suscepit.* Non potuit, opinor, distinctius Hierosolymitanus Alexander vel digito commonstrari ; nec minus clarum est Adonis elogium ex laudati Rufini lib. vi, cap. 9, vel ex Eusebio cap. 11, quod a Notkero descriptum est, a Nostro sic contractum, ut in textu exhibetur. In re tam plana diutius non immoramur; vide Henschenii commentarium historicum, Catalogum epp. Hierosolymitanorum pag. 13, item Ruinartium in Sinceris et Selectis a pag. 114, quibus affinia tradit Tillemontius tomo III, a pag. 415. Wandalbertus Alexandrum cum Pigmenio conjungit, de quo plura in Auctariis subjicientur.

Præsul Alexander ter quinam possidet, altam
Presbyter et Romam Pigmenus sanguine lustrat.

AUCTARIA.

PULSANEN. textui puro subnectit : « Eodem die, sancti Pigmenii episcopi. » Agit, ni fallor, de Pigmenio presbytero et martyre. Vide xxiv hujus.

ANTUERP.-MAJ. : « Natale beati Alexandri episcopi et martyris, qui persecutione Decii cum jam longævæ ætatis veneranda canitie perfulgeret, ductus Cæsaream et clausus carcere ob confessionem Christi martyrio coronatus est. » Additur in margine eadem manu : « Ipso die, sancti Eduardi regis et martyris. »

ROSWEYD. post textum : « Romæ, Pigmenii presbyteri. In Nicomedia, viginti tria millia martyrum. » Vide Acta, ubi de decem millibus Nescio unde in hoc codice numerus accreverit.

CENTULEN. : « Natale beati Alexandri episcopi, et martyris, qui cum Cappadocenam gubernaret ecclesiam, [et] in zelo religionis sacra loca Jerosolymorum inviseret, voce de cœlo lapsa, jussus est Jerosolymitanam regere ecclesiam. »

BRUXELLEN. incipit : « Apud Bethaniam, Lazari quatriduani resuscitatio. » Colitur xvii Decembris. Sequitur elogium Alexandri modice interpolatum. Dein : « Et Romæ, sancti Pigmenii presbyteri et martyris, positi ad sanctos Abdon et Sennen martyres. Ipso die, sanctorum Rogati, Victoris et Luciani. Item, Eduwardi regis Angliæ. Qui pro Christo limina beatorum Petri et Pauli Romæ tempore Sergii papæ peregrinus adiit, atque in eadem urbe plenus operibus bonis et eleemosynis, usque ad diem mortis consenuit. » Quam hæc inepte connexa sint, in Actis intelliges. Denique : « Metis, sancti Landrici, Metensis episcopi et confessoris, qui fuit filius sanctorum Vincentii et Waldetrudis, ac beatæ Gudilæ patronæ nostræ consanguineus. » Inter Prætermissos rejicitur ad xvii Aprilis.

HAGENOYEN. in Alexandro pluribus interpolatus, secundo loco sic habet : « In Bethlehem Judæ, depositio sancti Joseph, sponsi beatæ Mariæ virginis [matris] Domini nostri Jesu Christi secundum carnem, et nutritoris Domini, qui multum ab Evangelistis in Evangelio commendatur. Hic vir sanctus magnam sollicitudinem erga Christum et ejus matrem habuit. Iste vir sanctus quali morte, et quo tempore [obierit] ac in quo loco sepultus sit, plerisque penitus ignoratur. » Vide in accessionibus diei sequentis.

AQUICINCT. : « Item sanctorum Currentii et Timothei. » Ex classe martyrum Mauritanorum.

PLESCHIONEN. et VATICAN. num. 5949. « Alexandriæ, sanctorum Collegii diaconi, Rogati, et Satyri, » vel *Saturi.*

REG. SUEC., qui fuit principis Ursini a Rosemberg.: « In civitate Mantua, depositio sancti Anselmi, Lucensis episcopi et confessoris. »

MARTRIC.-CARTHUS.-ULTRAJ. : « Alexandri episcopi et martyris. Ancelini [*vult dicere* Anselmi] Lucensis episcopi. »

ALTEMPS. : « Natale sancti Eduardi regis et martyris, cujus mortem in conspectu Domini pretiosam crebra miracula testantur. Ipso die, sancti Frigidiani episcopi et confessoris. » Præcipua ejus festivitas est translatio xvii Novembris.

FLORENTIN. : « Natale sancti Anselmi episcopi et confessoris. Ipso die, festum gloriosissimi archangeli Gabrielis. » In Actis differtur ad xxvi hujus.

Editio LUBECO-COL. incipit : « In Hispaniis, memoria sancti Gabrielis archangeli. » Sequitur textus, Tum : « Ipso die in Britannia, sancti Edwardi regis et martyris. »

GREVEN. : « Venerabilis memoria archangeli Gabrielis, nostræ redemptionis paranymphi. Pigmenii, Quartini, Samfori, Confusa et luxata nomina. « In Anglia, sancti Edwardi regis et martyris. In Augusta, beati Narcisci episcopi et martyris. Item passio sanctorum Luxorii, Ciselli et Camerini martyrum. » In Sardinia passi sunt xxi Augusti. « In Mauricania, beatorum Surenti et Timothei : Ipso die, reconditio sancti Apiani episcopi et confessoris. » De hoc Apiano vide Prætermissos. « Item sanctæ Speciosæ virginis. » Colitur xviii Julii.

MOLAN. de Archangelo Gabriele, Apiano, Speciosa, Eduardo, fere ut Grevenus. Tum minutiori charactere : « In Augusta, beati Narcissi episcopi et martyris, qui cum apud Rethiam, novam familiam Deo lucratus fuisset, post menses novem ad Hispanias est profectus, ad civitatem Gerumdam cum Felice diacono suo : in qua multum populum Deo lucratus est, per tres annos, et palmam martyrii cum Felice diacono suo complevit. » In editionibus aliis Narcissum Augustanum omittit. Textui vero Usuardino, post *veniens,* interserit : « cum Narcissus ejusdem urbis episcopus jam senex regeret ecclesiam; » et post *gubernaculum,* ponit *cum eo* suscepit. Demum præter quatuor supra nominatos, accedit : « Die decima octava, sancti patris Cyrilli archiepiscopi Hierosolymorum. » Et minoribus litteris : « Qui promptissimus defensor Apostolicorum dogmatum, maximas ab Arianis passus est persecutiones. » Plura de Cyrillo, egregio fidei propugnatore addi poterant, quæ videsis omnia fusius et accuratius in Actis explicata.

XIV Kal. Die 19.

Natalis beati Joannis, magnæ sanctitatis viri, qui de Syria oriundus pervenit ad Italiam : ibique apud Penarensem urbem constructo monasterio, multorum servorum Dei per quadraginta annos pater existens, multis clarus virtutibus quievit in pace. Eodem die apud Surrentum, sanctorum Quinti, Quintilli, Quartillæ, Marci, cum aliis novem. Civitate Brixa, sancti Caloceri [a] martyris.

NOTÆ.

Ex *Praten., Herinien., Tornacen., Pulsanen., Munerat., Greven.* et *Molan.*

[a] Non solum nomen *Caloceri,* ut notavit Castellanus, sed etiam totum illud spatium a *sanctorum*

ad finem deletum est. Nec id obstat tamen, quin textus Usuardini codicis purus esse Sollerio videatur. Nec certe injuria, cum eadem sit manus. At scitu dignum est, quæ de causa tantum honoris deferat Pratensi codici : nempe quod omnes optimæ fidei codices concorditer hoc die Calocerum posuerint. Argumentandi ordo videbitur fortasse præposterus, præsertim cum apud Sollerium Pratensis codex vetustatis titulo principatum teneat. Bouillart.

VARIANTES LECTIONES.

Pulsanen. phrasim non nihil variat, ita scribens: *Qui de Siria oriundus, veniens Italiam, ibi apud Pennarensem urbem construxit monasterium, multorumque servorum Dei*, etc. Greven. et Molan. etiam scribunt *Pennarensem*; Acta nostra *Paranensem*. Erravit Munerat. qui sic habet : *ibique penes Ariminensem urbem*, si Spoletinam vocasset, condonari poterat.

Praten. pro *Quintilli* legit *Quintili*, forte ex aliquo apographo Hieronymiano, certe sic in Adone non reperit. Munerat. aliam inflexionem sequitur, dum *Quintillæ* feminæ nomen viro supposuit; quod plures alii faciunt. *Brixa* scribunt codices mss. excepto Pulsan. qui habet, *civitate Brixiana*. Greven. et Molan. *Brixia*.

OBSERVATIONES.

Joannes Penarensis, vel *Panarensis*, seu, ut in Actis nostris scribitur, *Paranensis*, aliis *Pinnensis*, nec Hieronymianis, nec Bedæ cognitus est, nisi quis suspicari velit Rabani verba Bedæ ascribi posse. Hic certe de Joanne agit, sed alio a nostris modo, et non satis accurate. In nostra itaque serie, apud Romanum parvum primum recurrit : *In Penarense civitate, beati Joannis, magnæ sanctitatis viri*. Vitam, seu potius vitæ compendium, quod superest, vidit Ado, et ex eo sua eduxit, quæ a Notkero nonnihil abbreviata sunt, a Nostro ad solitam phrasim contracta. Atque hoc ordine nem processisse, mihi certum videtur, non eo, quem recenset Henschenius, quasi nimirum diversa singuli elogia ex eodem fonte accepissent. Sic eumdem Joannem celebrat Wandalbertus :

Bis septena Joanne eremi cultore coruscas.

Surrentinos martyres, aut sane affinia ipsis nomina, memorant Hieronymiana apographa, verum ut in textu nostro exprimuntur, ex Romano parvo videntur accepti, cum hac diversitate, quod ibi *Martiæ* scribatur, pro *Marci* et VIII pro IX de *Quintillo*, supra diximus. De hisce martyribus aliqua notat Florentinius, sed multo accuratius et scrupulosius rem discussit Henschenius, sic tamen ut lustratis multis codicibus omnibusque perpensis, cedere cogatur martyrologorum nostrorum, intellige Romani parvi, Adonis, etc., auctoritati, relicta confusione, quæ ex Hieronymianis seriem turbaret, nomina mutaret, augeret, transponeret. Superest *Calocerus*, ab Usuardo, nescio unde, eductus, forte ex prælongo elogio Faustini et Jovitæ XV Februarii, a Rosweydo ex editione Adoniana revulso. Certe *Calocerus* non huc proprie, sed ad XVIII Aprilis pertinere videtur, quo die in hodierno Romano et in Actis refertur. Studiose observavit Castellanus, nomen *Caloceri* in prætenso autographo Pratensi, super inductione seu rasura ante facta inscriptum. Cæterum cum optimæ fidei codices nostri omnes, atque etiam recentiores eum concorditer hac die posuerint, non est quod de textus Usuardini veritate, tum hic, tum in aliis annuntiationibus, ullatenus dubitetur. De Calocero aliqua Papebrochio dicenda fuere in Responsionibus ad art. XI, a num. 56.

AUCTARIA.

ANTUERP. et MAX.-LUBEC. in textu puri sunt, ast ei subjungunt : « Item sancti Theodori episcopi. Ipso die Apollonii, Leoncii episcopi. »

Codex PRATENSIS, alius a prætenso autographo, habet in margine : « Apud Vizeliacum, translatio sanctæ Mariæ Magdalenæ. » Quæ translatio etiam notatur in pervetusto Kalendario Bizuntino S. Magdalenæ, et in Auctariis infra describendis.

LOVANIEN. in Joanne mutilus est. In Surrentinis purus. Tum : « Civitate Brixia, sancti Calocerii martyris, qui ingressus ante Adrianum, videns que equuleos vacuos, et ministros torqueri, cum diceret Magnus est Deus Christianorum, ab ipso consummatus est. Eodem die in Bethleem Judæ, sancti Joseph nutritoris Domini. In Cæsarea Cappadociæ, natale sancti Theodori episcopi. Ipso die, Pollonii et Leoncii episcopi. » Ubi dicere *Apollonii*, ut legunt ANTUERP.-MAX., ULTRAJECT., LEYDEN., ALBERGEN., DANIC. et EDITIO ULTRAJ.-BELG. qui in hisce Auctariis cum Lovaniensi plane conveniunt; in eo puriores, quod textum integrum præmittant.

CENTULEN. hæc habet : « In Italia, apud Penarensem urbem, sancti Joannis abbatis, magnæ sanctitatis viri. Eodem die in Bethleem Judæ, sanctorum Quinti, Quintilli, Quartillæ, Marci cum aliis IX. »

ANTUERP.-MAJ. a præcedenti non multum differt.

ROSWEYD. textui adnectit : « In Cæsarea, Theodori presbyteri martyris. Item in Africa, Apollonii martyris et aliorum quatuordecim. Landoaldi confessoris. In Bethleem, Joseph nutritoris Domini. »

BRUXELLEN., primo loco : « In Bethleem, sancti Joseph nutritoris Domini nostri Jesu Christi. Quem idem suus alumnus hic in terris, duodecim præcipuis honoribus decoravit, quos dominus Petrus de Alliaco episcopus Cameracensis, postea cardinalis, descripsit.

Apud Penarensem urbem, beati Joannis eremitæ, admirandæ sanctitatis viri, qui prophetico spiritu plenus, Theodosio imperatori Christianissimo, victorias de tyrannis prædixit. » Hoc annotasse sufficiat, cætera conveniunt. De Surrentinis et Calocero ut LOVANIEN. Sequitur : « In Cæsarea Cappadociæ, sancti Theodori episcopi et martyris. Ipso die, Apollinii, Leontii et Joannis episcoporum. Et in Gandavo, sancti Landoaldi archipresbyteri et confessoris. Qui post beatum Amandum, episcopatum Trajectensem supra Mosam, novem annis administravit. Quo tempore ipse sanctum Lambertum imbuens, in viam Dei induxit, ejusque corpus tempore Stephani papæ septimi Gandavum translatum est. »

HAGENOYEN., in textu purus, de Calocero habet auctarium jam descriptum. Deinde : « Item Cæsarea Cappadociæ, sancti Theodori episcopi et confessoris. Ipso die, Apollonii et Leoncii episcoporum. Item Cabilone, sancti Agricolæ episcopi et confessoris. » Loco non suo.

AQUICINCT., post textum purum : « Item sanctorum Theodori episcopi, Apollonii et Leontii episcopi. Et sancti Landoaldi confessoris. »

PLESCHIONEM. : « In Africa, sanctorum Lucilli, Bassi, et sancti Leontii episcopi. »

MATRICULA-CARTHUS.-ULTRAJ. hæc habet : « Translatio beatæ Mariæ Magdalenæ. Joannis confessoris. Quinti et sociorum ejus martyrum. S. Joseph nutritii Domini. »

BIGOTIAN. signatus P. 5 : « Item sancti Theodori episcopi. »

CLUNIACEN. : « Item Theodori episcopi, Apollonii, Leoncii episcopi. » Servo interpunctionem.

VATICAN., num. 5949 : « In Cæsarea Cappadociæ,

sancti Theodori presbyteri. In 'Africa, sanctorum Lucilli, Bassi et sancti Leontii episcopi. »

UGHELLIAN. : « Item sancti Theodori episcopi. Ipso die. Appollonii, Leontii episcopi. » Ut supra.

ALTEMPS. : « Ipso die, Apollonii et Leontii episcoporum. Item, sancti Theodori episcopi. Apud Wezzeliacum, translatio sanctæ Mariæ Magdalenæ, ab Aquensi territorio, ab loco qui Inpelliacus dicitur. Ubi usque hodie a fidelibus populis condigno honore frequentatur. »

STROZZ. et MEDIC. : « Natale sancti Josephi.... Apud Surrentum, sanctorum martyrum Quinti, Quintilli, Quartillæ et Marci cum aliis octo. Apud Brixiam, sancti Calocerii martyris. Item, sancti Theodori. Apud Verzelliacum, translatio sanctæ Mariæ Magdalenæ. Ipso die, sanctorum Apollonii et Leontii episcoporum. »

Editio LUBECO-COL. incipit : « Desponsatio gloriosæ semper Virginis Mariæ matris Dei sancto Joseph. In Bethleem Judæ, natale sancti Joseph nutritoris Domini nostri Jesu Christi. » De Joanne, de Surrentinis et Calocero, ut supra : Sequitur : « Monasterio Vercelliaco, translatio corporis beatæ Mariæ Magdalenæ ab Aquitania. In Cæsarea, natale sancti Theodori episcopi et martyris. Ipso die, sanctorum Apollonii et Leoncii episcoporum et confessoris. Item sancti Lactini confessoris. »

BELIN., primo loco : « Natale beati Joseph, sponsi beatissimæ virginis Mariæ. » Secundo loco, de Calocero, quem episcopum facit. Tum de Joanne et Surrentinis. Demum : « Ipso die, sanctorum Apolonis, Leontii episcoporum. » In altera editione, « Apolonii

et, » ubi adjungitur « Item translatio sanctæ Mariæ Magdalenæ. »

GREVEN. : « Desponsatio gloriosæ semper Virginis Mariæ sancto Joseph. Transitus ejusdem beati Joseph sponsi genitricis Dei, qui et pater nutritius Salvatoris nostri digne meruit appellari. Ipso die, sanctorum Apolonii, Bassi, Sorenti, et Leoncii episcopi. Item, Theodori episcopi Cæsareæ Cappadociæ, et confessoris. In Hibernia, sancti Lactini episcopi et confessoris. Landoaldi presbyteri et confessoris. Translatio beatæ Mariæ Magdalenæ ab Aquitania ad Vercelliacense monasterium. »

MOLAN. « Natale beati Joseph, sponsi beatissimæ Virginis Mariæ. Ipso die, sanctorum Apollonii et Leontii episcoporum. Item, translatio sanctæ Mariæ Magdalenæ. In Cæsarea Cappadociæ, Theodori presbyteri et aliorum septem. Depositio sancti Landoaldi episcopi et confessoris. Hic beatum Lambertum episcopum in pueritia nutrivit et sacris litteris erudivit. Item, natale sanctorum sociorum ejus, qui cum eo honorifice quiescunt apud Gandavum, in monasterio sancti Bavonis. » In editionibus aliis textui præfixi't « S. Joseph, » sed litteris Italicis. In fine de Theodoro, ut supra. Tum : « In portu Ganda, depositio sancti Landoaldi confessoris et archipresbyteri. Hic beatum Lambertum... Item natale sanctorum sociorum ejus Amantii diaconi, Adriani internuntii et reliquorum, qui cum eo honorifice quiescunt apud Gandavum, in ecclesia sancti Bavonis. Ipso die, sanctorum Apollonii et Leontii episcoporum. Vercelliaco monasterio, translatio sanctæ Mariæ Magdalenæ. »

XIII *Kal.* *Die 20.*

In Asia, natalis sancti Archippi commilitonis beati Pauli, cujus meminit idem Apostolus in epistola sua scribens Colossensibus. Apud Britanniam, depositio sancti Chutberti, qui ex anachoreta, ecclesiæ Lindisfarnensis antistes totam ab infantia ad senium vitam miraculorum signis inclytam duxit. In Syria, sanctorum Pauli, Cyrilli, Eugenii cum aliis quatuor. Ipso die, sancti Vulfrani confessoris.

NOTÆ.

Ex *Praten., Herinien., Tornacen., Munerat., Greven.* et *Molan.*

VARIANTES LECTIONES.

In mendis ferme librariis aut typographis consistit. Scripsit *Colossensibus*, licet codices passim legant *Colosensibus*; pejus Munerat. *Collocensibus.* Sic item posui cum Pratensi *anachoreta*, cum codices habeant *anachorita*; Tornacen., *anacorita.* Rursus *Chutberti* cum plerisque, melius tamen legendum puto *Cuthberti*; Beda, *Gutberti* Rabanus, *Chudberti*; Tornacen., *Cutberti*. De cætero, *Siria, Cerilli*, tota pro totam in Munerato, notanda non sunt uti nec apud eumdem *Nulfranni*, pro *Vulfranni*, ut, habent codices omnes, quidquid Pratensis posuerit *Vulframni*, quo forte modo scribendum est, licet nobis magis placeat *Wutfranni*; non ita *Wlfranni*, ut alii legunt.

OBSERVATIONES.

Archippi memoria reperitur in Romano parvo, consueto Adonis ductore, unde et mihi consequens videtur, ut in Adone ipso exstare itidem debeat, utpote, qui rarissime soleat prætermittere, quos in codice Ravennæ descripto invenerit. Visum tamen est Mosandro asteriscum appingere, signum videlicet exclusionis a germano Adonis textu : Rosweydus eum secutus, in appendicem rejecit. Recte an secus id fecerint, examinare hujus loci non est. Firmatur interim conjectura mea ex eo, quod Notkerus, Adonis vestigiis presse inhærere solitus, de Archippo etiam meminerit, idque ipsis illis ferme verbis, quæ Mosander et Rosweydus martyrologo Viennensi adjudicarunt. Hæc sunt Romani parvi verba : *Archippi commilitonis Pauli apostoli*. Notkerus adjecit titulum *episcopi*, de quo, uti et de martyrii laurea, antiquorum testimonia quærit Henschenius, nec reperit Tillemontius tomo I, pag. 289. *Commilitonem* suum vocat Paulus ipse ad Philemonem scribens, et de ejus ministerio loquitur apud Colossenses, unde apposita est textus nostri formula. *Chutbertus*, vel *Cuthbertus* Lindisfarnensis, a Beda solo nomine ponitur, vocatus *Gutbertus*, ut supra diximus. Insigne elogium adjecit Ado, desumptum, ut profitetur, ex ipsamet Vita a Beda descripta; quam in Actis nostris invenies. Adonis elogium Usuardus fere totum, Notkerus plane integrum transumpsit. Aliud Rabanus proprio marte conflavit. Solum Cuthbertum canit Wandalbertus :

Tertia cum decima Cuthberti laude nitentes
Anglorum ducit per mystica gaudia plebes.

Martyres Syri ex aliquo codice Hieronymiano probabilissime ab Usuardo educti sunt, etiam a Notkero commemorati, sed alia phrasi, post *Eugenii* addendo, *Serapionis, Victorici et aliorum*, numero indeterminato. Henschenius in Actis, præter *Serapionem* et *Victoricum*, adjunxit socios alios quinque, suis expressos nominibus, sed de eorum gestis nihil reperit. *Wulfrannus* Bedæ, Romano parvo, Rabano et Notkero incogntius, Hieronymiano Lucensi ascribitur apud Florentinium. Verosimillimum est solum diem ab Usuardo mutatum; ut qui in Adone ad XXIII Aprilis *Wulfrannum* repererat, huc ad proprium obitus diem, melius transtulerit. Unde motus fuerit, ut hunc potissimum diem seligeret, nolim conjectando statuere : sed prodit se citatus codex Lucensis, olim Fontanellensis seu S. Wandregisili, qui solus de Wulfranno agit; uti se Anglicum ostendit antiquior codex Epternacensis, dum ad calcem adjicit: *sancti Cutberti.* Si ex priori codice acceptum cultus diem volueris, non repugnabo; quamvis certum sit Wulfrannum ad genuina Hieronymiana minime pertinere, ut fatetur Florentinius. Interim laterculum, ut a nobis positus est, plane esse Usuardinum, sic certum opinor, ut in controversîam venire non possit. Vide Henschenii commentarium et Acta ab eo illustrata, cum quibus confer Observationes Mabilionis sæculo III Benedictino, parte I, a pag. 355, et, si potes, utriusque sententias compone, easque concilia cum altera Cointii, ad annum DCCIV.

AUCTARIA.

PULSANEN., in textu non nihil mutilus, subdit in fine: « Eodem die, vigilia sancti Benedicti abbatis. » Proprium id fuisse nonnullis Italicis monasteriis ex Pleschionensi infra patebit.

ANTUERP.-MAJ. incipit a Cuthberto ex Adone: « In Brittanis, natale sancti Cuberti, qui ex anachorita, ecclesiæ Lindisfarnensis antistes, totam ab infantia ad senium Vitam, miraculorum signis inclitam duxit. Cujus dum undecim annis maneret corpus humatum, incorruptum, quasi eadem hora defuncti, simul cum veste qua tegebatur, inventum est. Scribit sanctus Beda presbyter in libello de Vita ipsius. Eodem die, sancti Archippi, commilitonis Pauli apostoli. In Fontella [Fontenella] monasterio, sancti Wlfrani episcopi, præclari in miraculis et doctrina viri. » Hæc de Wulfranno habet Ado XXIII Aprilis: causam nescio, certe *altum* ejus de hoc sancto *silentium*, non recte incusat Mabilio in Actis Benedictinis, loco quem in Observationibus citavimus.

ANTUERP. et MAX.-LUBEC. puri sunt, excepta ultima annuntiationis formula quam sic legunt: « Monasterio Fontinellæ, sancti Wlfranni episcopi et confessoris. »

ROSWEYD. in hoc solo a puritate etiam deficit. Sic habet: « In pago Rotomagensi, sancti Vulfranni, Senonicæ civitatis episcopi. »

ANTUERP.-MAX., ULTRAJ., LEYDEN., LOVANIEN., ALBERGEN., DANIC. et editio ULTRAJ.-BELG., elogio Cuthberti hæc ex Adone post *duxit* interserunt: « Cujus corpus, sicut scribit Beda presbyter, undecim annis humatum, incorruptum cum veste, qua tegebatur, inventum est. » Tum in fine: « Monasterio Fontinellæ, sancti Vulfranni (variant in modo scribendi) episcopi et confessoris. »

BRUXELLEN. nova producit, ita incipit: « Prima dies sæculi, et principium temporis, in quo Deus cœlum et terram creavit. Et ea die Josue, sicco vestigio, cum Hebræis Jordanem transivit. Hac die fuit Dominica in ramis palmarum, qua Christus vendentes eliminavit de templo. » Sequitur de Archippo et martyribus Syris, ut in textu. De Cuthberto fere ut codd. mediæ notæ, præterquam quod paulo pressius verbis Adonis inhæreat. In fine: « Fontanellæ monasterio, sancti Wulfranni archiepiscopi et confessoris. Cujus corpus postea in Blandinio translatum est. »

HAGENOYEN. parum admodum differt a codicibus mediæ notæ. Omittit Bedæ titulum, *presbyter;* et pro *Wulfranni* inflectit *Wolfframi.*

CENTULEN., hæc stylo suo: « In Britanniis, depositio beati Cuthberti episcopi et confessoris, admirandæ sanctitatis viri. Cœnobio Fontenella, depositio sancti Vulfranni Senonensis quondam archiepiscopi et confessoris. »

AQUICINCT., post *Archippi* addit *martyris.*

PLESCHIONEN., in fine: « Vigilia sancti Benedicti. »

MATRIC.-CARTHUS.-ULTRAJ. deficit in martyribus ris; de reliquis brevissime.

FLORENTIN., primo loco: « Natale beati Joachimi, patris gloriosæ Virginis Mariæ et avi Domini nostri Jesu Chsisti. »

Codex MONTIS SANCTI.: « Natale vel passio Geretrudis virginis. » Quid codex hic velit non satis perspicio.

Edit. LUDECO-COL. convenit fere cum textu codicum mediæ notæ, sed in fine adjicit: « Eodem die sanctorum Sabeani et Pollionis, sociorumque eorum martyrum. » De his videndus index Prætermissorum.

BELIN., pro *Archippi,* legit *Arcippi.* Secundo loco agit de martyribus Syris. Deinde: « Monasterio Fontenellæ, sancti Vulfranii confessoris. In Britannia, sancti Gutuberti episcopi. »

GREVEN. Wulfranno subjungit: « Iste Vulfrannus, cum esset Senonensis episcopus, ad Frisiam transiens, Christi Evangelium prædicavit. Inde reversus, in monasterio Fontanellæ monasticum habitum sumens, in multa sanctitate cursum suum complens, quievit in pace anno Domini DCCXX. Eodem die, sanctorum Joseph et Claudii. » Quam apte hi duo conjungantur, vide in Actis. » Methis, sancti Urhicii episcopi et confessoris. Senonis, Guerici et Ebbonis, episcoporum et confessorum. » Vide Prætermissos. « Heriberti presbyteri et confessoris. Cui cum sanctus Cuthbertus episcopus diceret, se migraturum e seculo; ille pedibus ejus advolutus rogavit, ut sibi a Domino impetraret, quatenus secum ad gaudia æterna transire posset; factumque est ut petierat. Item secundum aliquos hic, translatio est beatæ Mariæ Magdalenæ. » De qua in Auctariis XIX.

MOLAN. de Wulfranno: « Senonum archiepiscopi, in Blandinio monasterio. Sancti Joachim confessoris, patris beatæ Mariæ Virginis. » In posterioribus editionibus, mutatur Wulfranni annuntiatio. De Joachim, ut jam dictum. « Die vigesima, sanctorum, qui nominantur patres in monasterio sancti Sabæ interemptorum. » Demum typis minoribus: « Coloniæ ad gradus, obitus Rixæ, reginæ Hungariæ, neptis sancti Annonis episcopi. Cujus, non canonizati, corpus patet in magnis festis. » De ea agitur inter Prætermissos hoc die et XIX hujus.

XII *Kal.*   Die 21.

Apud Cassinum castrum, natalis sancti Benedicti abbatis, hujus vitam virtutibus et miraculis gloriosam, beatus papa scribit Gregorius. Alexandriæ, beati Serapionis anachoretæ, magnarum virtutum viri. In territorio Lugdunensi, sancti Lupicini abbatis, cujus vita sanctitatis, et miraculorum gloria illustris fuit.

NOTÆ

Conveniunt Praten., Herinien., Tornacen., Rosweyd., Antuerp., Max.-Lubec., Munerat., Greven. et Molan. Vix quidquam differunt codices mediæ notæ.

VARIANTES LECTIONES.

In una alterave transpositione consistunt. Textus habet: *Beatus papa scribit Gregorius;* Munerat., *Gregorius scribit.* Sic pro *illustris fuit,* ponit Tornacen. *fuit illustris.* In Antuerp. et Max.-Lubec. deest *sancti,* ante *Lupicini.* De *anachoritæ* et *anacoretæ* dictum abunde est.

OBSERVATIONES.

Celeberrimum magni nigrorum monachorum patris Benedicti nomen ab antiquis martyrologis omnibus hoc die celebratur. Ejus meminerunt Hieronymiana apographa, ut Epternacense ad finem laterculi subtexens : *Et sancti Benedicti abbatis*, Corbeiense ad calcem etiam : *Et depositio B. Benedicti abbatis;* quæ in Lucensi primo loco posita sunt. Beda non minus simpliciter : *sancti Benedicti abbatis*, ad quæ videri potest breve Flori elogium a nostro diversum. Romanum parvum : *In Cassino castro, Benedicti abbatis*. Ado non longa oratione sanctum ornavit, cujus potiorem partem mutuavit Noster, Notkerus totam sumpsit et aliquid addidit, non satis apte *Casinum Castrum* cum *Beneventana civitate* connectens. Rabano satis fuit dicere, quod *regulam monachorum scripserit cum magna discretione*. De sanctissimi patriarchæ rebus gestis, translationibus et miraculis fusissime tractavit Henschenius, quæ si non sufficiunt, videsis Acta Benedictinorum variis locis a Mabilione designatis. Superest Wandalberti encomiastica versificatio :

Tum duodena fide Benedicti et nomine fulget;
Cœnobiale decus, duce quo lætatur in orbe.

Qui hic secundo loco notatur *Serapion*, mihi non adeo obvius est, quam pluribus visus fuerit : nec plane liquet, utrum ex Hieronymianis primum profluxerit. Ex variis Martyrologiorum efferendi modis faxo id colligas. In præfatis Hieronymianis, decem circiter sociis præfigitur, hoc modo : *In Alexandria,*

A *Serapionis monachi, Josippi,* etc. Hic *martyrem* recoli, dubitari haudquaquam potest. Jam Romani parvi textum accipe : *Et Serapionis anachoretæ*. In eamdem sententiam loquitur Ado : *Eodem die, beati Serapionis anachoritæ*. Ego hic *confessorem* intelligo, Adoni solo nomine cognitum, sine ulla patriæ, ætatis, aut habitationis distinctione, ut, quem inter plures Serapiones indicent auctores illi, prorsus ignores. Nec tenebras dissipant Rabanus et Notkerus; hic *Alexandriam* signans, sic loquitur , ut Hieronymiana secutus videatur, tametsi in Rabano legisset, *depositio Serapionis*. Quid noster? *Alexandriam* quoque legit, fateor, at ex toto sensu patet, Serapionem aliquem *confessorem* indigitari. Quem obsecro? An *Arsinoitem?* An *Sidonium?* An episcopum *Thmueos,* de quibus hoc die Henschenius? An qui ex Baronii mente, ab Arianis exsilium passus est? An *Sindoneum* vel *Sindonitem,* qui a Bollando xxiii Januarii pag. 508, col. 2, indicatus, nescio quo casu,

B in Actis nostris hactenus præteritus est? Multa hic quæro, quæ ad xxi Octobris, operosioris disquisitionis materiam præbere poterunt. Vide Henschenium hic, ac paucis Tillemontium tomo VIII, pag. 618 et alibi. *Lupicinum* primus consignavit Ado, brevi contentus elogio, quod Usuardus altera parte truncavit. Notkerus multa de suo addidit ex ipsa, ni fallor, Vita, quæ a cœvo scripta in Actis reproducitur. Pro textus Usuardini germana simplicitate abunde sufficiant citati codices tum mss. tum impressi.

AUCTARIA.

Pulsan., pro singulari, opinor, in patriarcham reverentia, ita de Benedicto enuntiat : « Apud castrum Casinum, sanctissimi Benedicti confessoris atque abbatis. »

Belinus item in hoc solum a puritate deficit, quod scribat *beatissimi*.

Antuerp.-Max., Ultraj., Leyden., Lovanien., Albergen., Danic., Editio Ultraj.-Belg., puri etiam sunt, paucissimis exceptis, iis nempe verbis , quæ adjiciunt, « in Dialogorum libro secundo beatus scribit, etc. »

Centulen. de Benedicto jam dicta verba etiam interjicit. In Serapione purus est. Breve Lupicini elogium rescindit. Tum in fine proprium loci : « Cœnobio Centula translatio sancti Vigoris episcopi [Bajocensis] et confessoris. » Vide Prætermissos, ubi rejicitur ad 1 Novembris.

Antuerp.-Maj. de Benedicto addit in Dialogorum libris, ut scripsit Ado. De Serapione cum textu. « Et in territorio Lugdunensi, sancti Lupicini abbatis Virensium [Jurensium], cujus vita sanctitatis, et miraculorum gloria illustris fuit. Corpus ejus in finibus Vesontionum, apud Latonense monasterium celebratur. » Hæc est altera encomii Adoniani pars ab Usuardo rescissa, in qua tamen legitur *Laocense ;* alii scribunt *Lauconense;* Mosander *Lacionense*. Videantur Acta.

Bruxellen. in Benedicto convenit cum codicibus mediæ notæ. In Serapione purus, sic de Lupicino : « In territorio Lugdunensi , sancti Lupicini abbatis Virensium magnifici. Cujus Vita. Et corpus ejus in finibus Vesontionum in Laocensi monasterio celebratur. »

Hagenoyen. hoc peculiare habet, quod totam fere sancti Benedicti vitam non longa laudatione complectatur, hisce verbis : « Hic cum foret juvenis scholas seculares reliquit et scholis divinis se tradidit. Et cum tentationes sentiret inter urticas et vepres se projecit, et curatus est. Hunc solus Romanus in specu latitantem per tres annos solus scivit, cui et ille victum ministravit. Hic spiritu prophetiæ claruit et monachorum regulas

scripsit. Discretionem immundorum nimiam accepit a Domino. Abbas factus, durus secundum regulam fratribus dissolutis erat, unde vitreum vas cum veneno sibi ab eis oblatum, signo crucis confregit ; et ad locum solitudinis suæ perrexit, ubi postmodum multis claruit virtutibus, ob quas multi ad eum quo-

C tidie veniebant, et ideo ibidem duodecim monasteria construebat. Hic etiam præterea in contemplationis gratia singularis erat, et etiam visiones spirituales videbat, hoc est animam sororis suæ Scholasticæ et Germani episcopi Capuani ab angelis in cœlum ferri vidit. Diem etiam sui exitus ante annum sibi Dominus revelavit, quem et fratribus non absconditi. Ante sextum vero diem sui obitus febribus languere cœpit, et sexto die in oratorium se portari fecit, et sepulchrum sibi aperiri, et tunc communionem accepit, et inter discipulorum manus, erectis in cœlum manibus, ultimum spiritum inter verba orationis efflavit. »

Ambian. : « Ipso die, translatio sancti Firmini episcopi et confessoris. » Colitur xxv Septembris.

Matric.-Carthus.-Ultraj. : « Benedicti abbatis. Serapionis anachoretæ. Lupicini abbatis, fratris sancti Romani abbatis. »

Editio Lubeco-Col. vix quidquam differt a codicibus mediæ notæ.

D Greven. : « Josephi. Ammonis. » Ex Hieronym. « In Hibernia, Endei abbatis. Amos eremitæ et confessoris. » Inter Prætermissos rejicitur ad iv Octobris. « Romæ, Felicitatis viduæ. » Ad xxiii Novembris. « Hic fecit Deus luminaria rerum. Item beati Benedicti monachi, de quo Gregorius refert 3 Dialog. quod ætate juvenis, sed moribus grandævus, a Gothis in clibanum succensum projectus et inclusus, altera die illæsus penitus inventus sit. » Hic remittendus est ad diem xxiii Martii.

Molan. agit de solo hoc Benedicto, expressius designans Gregorii locum, nempe 3 Dialog., cap. 18. In aliis editionibus : « Die vigesima prima, sancti patris et confessoris Jacobi episcopi. » De ipso videnda sunt Acta nostra.

XI Kal. *Die 22.*

Apud Septimianam civitate Biterris, depositio sancti Afrodisii episcopi et confessoris. Hic a beato Paulo

Narbonensi episcopo eidem urbi ordinatus antistes, fidei documentis præclarus virtutumque meritis ornatus, quievit in pace.

NOTÆ.

Sumitur ex *Praten.*, *Herinien.*, *Tornacen.*, *Munerat.*, *Greven.* et *Molan.*

VARIANTES LECTIONES.

Ad paucissima redit. Pro *civitate* legunt Herinien. et Muneratus *civitatem.* Praten., *Byterris;* pejus Tornacen., *Biternis.* Superest varia *Afrodisii* efformatio, pro qua Praten. *Afrosidii;* Herinien., *Afradisii;* Munerat., *Affrodisii*, quod legit etiam Greven. Optime, ni fallor, Molan. *Aphrodisii*, servata nihilominus manuscriptorum codicum fere omnium scribendi ratio, quam et in Actis præhabitam video.

OBSERVATIONES.

Aphrodisius, seu *Afrodisius*, utcunque demum scripseris, nomen non explico. Ægyptius is, Græcus an Romanus fuerit, nusquam traditur. Hoc compertum, a solo Usuardo primum inventum atque in sacris Fastis consignatum esse: opinor ex Actis sancti Pauli Narbonensis, ubi cursim dicitur, in hujus locum Biterris ordinatus, ut ab Henschenio hic ostenditur, ubi monet, *hæc fere omnia esse, quæ de sancto Afrodisio dici secure queunt, cum aliæ narrationes non careant mendis:* quales non unas ex Maurolyco, Galesinio et aliis merito rejiciendas existimat. Porro antiquiores omnes martyrologi Hieronym., Rom. parvum, Florus et Ado: Rabanus item, Wandalbertus, Notkerus et post eos recentiores alii, de *Paulo* ipso, non de *Afrodisio* hac die meminerunt. In Actis nostris longa fit enumeratio Martyrologiorum, in quibus hac die, et aliorum in quibus Paulus xii Decembris refertur, at nisi vehementer fallor tota differentiæ causa, soli et uni Usuardo imputanda est, a quo ferme cæteri acceperunt, qui xii Decembris Paulum consignant. Pauli elogium Ado inter Festivitates apostolorum retulit, Notkerus totum transumpsit, pauculis de suo adjectis. Cæterum Usuardi auctoritas a Baronio sociisque Romani moderni emendatoribus, aut contempta aut neglecta est, expuncto plane ex toto Martyrologio *Afrodisii Biterrencis* nomine, restitutoque *Paulo Narbonensi* ex Hieronymianorum apographorum, Romani parvi, Adonis, reliquorumque consensu. Nolim cum Matricula Cartusiæ Ultrajectensis suspicari, dubitatum a Baronio, Afrodisiusne pro *Epaphrodito* fuerit ab Usuardo suppositus; nam distinctis utriusque characteribus, discrimen apparet manifestissimum. Interim excluso *Afrodisio Biterrensi*, locum occupavit *Epaphroditus Terracinensis*. Nobis de vera Usuardi lectione nulla prorsus videtur subesse posse controversia, codicibus omnibus cum laterculo convenientibus. Et quamvis ad hodiernum Usuardi textum minime spectet laudatus Paulus Narbonensis, hic tamen visum est, Wandalberti de eo distichon subjicere:

Undecima antistes tribuit pia lumina Paulus
Quo jure exultat proprio Narbona magistro.

AUCTARIA

PULSANEN. textui puro subdit: « Item sancti Pauli confessoris: » præterito episcopi titulo, ut faciunt codices alii, præsertim Hieronymiani.

ANTUERP.-MAJ.: « In Galliis civitate Narboniæ, natale sancti Pauli episcopi et confessoris, quem beati Apostoli, ordinatum urbi Narboniæ episcopum miserunt. Apud Chorintum, beati Dionysii episcopi, cujus eruditione et gratia, quam habuit in verbo Dei, multi fruuntur usque hodie. » Dionysius hic Corinthiacus, de quo etiam alii codices agunt, spectat ad viii Aprilis. Sequitur in codice: « Civitate Biterris, depositio sancti Afrodisii episcopi et confessoris. »

ANTUERP., MAX.-LUBEC. et UGHELLIAN. a reliquis codicibus Usuardinis dissident; ita enim legunt: « In Galliis civitate Narbonæ, natale sancti Pauli episcopi, discipuli apostolorum, qui a beato Paulo baptizatus, in Gallias directus, apud Narbonam episcopali dignitate donatus est. In Africa, Saturnini et aliorum novem. » Abest totus Usuardi textus.

ROSWEYD., post textum: « In Africa, Saturnini martyris et aliorum novem. Alexiani diaconi. »

ANTUERP.-MAX., ULTRAJ., LEYDEN., LOVANIEN., ALBERG., DANIC. et EDITIO ULTRAJ.-BELG., primo loco cum tribus supra citatis ponunt: « In Galliis civitate Narbona, natale sancti Pauli episcopi, discipuli apostolorum, qui a beato Paulo baptizatus, » etc. Secundo, de beato Saturnino martyre et sociis novem. Tertio ac ultimo, textum Usuardinum purum subjiciunt.

CENTULEN. hæc habet: « In Galliis civitate Narbona, sancti Pauli episcopi et confessoris, quem beatus Paulus apostolus ordinavit et ibidem direxit. Apud Chorintum, beati Dionysii episcopi cujus eruditione et gratia, quam habuit in verbo Dei, multi fruuntur usque hodie. Civitate Biterris, sancti Afrodisii episcopi et confessoris. »

BRUXELLEN. incipit etiam a Paulo, cujus elogium ex Adone nonnihil interpolavit. Afrodisium habet secundo loco, et in eo purus est. Tertio refert Dionysium, ut supra. Denique: « In Africa, beati Saturnini et aliorum novem. »

HAGENOVEN., de Paulo, ut ANTUERP., supra. Sequitur Afrodisius, ut in textu. Tertio loco de Saturnino et sociis. Demum: « Item Fidelis martyris. » Colitur hic die sequenti.

PLESCHIONEN.: « In Africa, sanctorum Fidelis, Saturnini et aliorum novem. »

MATRIC.-CARTHUS.-ULTRAJ.: « Afradisii episcopi et confessoris. » Notat deinde ad marginem, in Romano Martyrologio Epaphroditum pro Afrodisio positum.

VATICAN., signatus num. 5949, omisso textu sic legit: « Natale sancti Pauli episcopi, qui a beato Paulo apostolo, cum ad Hispanias prædicandi gratia pergeret, apud urbem Narbonam relictus, prædicationis officio non segniter impleto, clarus miraculis coronatus quievit. » Vide quæ dicentur xii Decembris: Sequitur: « In Africa, sanctorum Fidelis, Saturnini et aliorum novem. »

FLORENTIN., in fine: « Apud prædictam Narbonam, sancti Pauli episcopi et confessoris. In Africa sanctorum martyrum Saturnini, et aliorum novem. »

Editio LUBECO-COL. incipit: « In Galliis, etc. » ut ANTUERP. supra. Sequitur: « In Africa, beati Saturnini et aliorum novem martyrum, qui pro nomine Christi occisi sunt. » Tertio loco textus purus subjungitur.

BELINI prima editio eadem plane habet, quæ ex ANTUERP. superius descripsimus; at in altera, textus superadditus est hoc modo: « Apud Septiviaviam [septimaniam] civitate Bituris, etc. »

GREVEN.: « In Africa, Saturnini, Dieroni et aliorum octo martyrum. Item Arionis. » De his consule Florentinium et Acta hoc die. « Thomæ comitis Lancastriæ et martyris. » Vide quæ de eo dicuntur in indice Prætermissorum. « Alexiani diaconi. Romæ, Theodulæ martyris. » Quæ ut ignoto prætermittitur.

« Item secundum aliquos hic, natale sancti Pauli Narbonensis episcopi, qui in pridie Idus Decembris ponitur. Catherinæ viduæ et virginis. » Miror inter Prætermissos non esse notatam, quandoquidem in Romano hac die expresse ponatur. Vide Acta XXIV Martii.

MOLAN. idem habet de Paulo Narbonensi auctarium, quod ex ANTUERP. dedimus, cui præterea subjungit : « Eodem die, monasterio quod Eike dicitur, sanctarum virginum Herlindis et Relindis germanarum, et religiosarum, gloriosarum in miraculis. Trecas, depositio sancti Cameliani antistitis. » Dein typis minutioribus : « Leæ viduæ, de qua beatus Hieronymus scribit, quod viro defuncto conversa est, et monasterii princeps et virginum mater effecta. Catharinæ viduæ, filiæ beatæ Birgittæ, quam canonizavit Urbanus VI. Divioni, sancti confessoris Hilarii. Item Carthagine, Octaviani archidiaconi, martyris, cum multis millibus virorum et mulierum, de quibus Gregorius Turon. lib. II Hist. Fran., cap. 3, in fine. » De Cameliano et Hilario vide Prætermissos. In Posterioribus omittitur Paulus. De Saturnino ut reliqui. De Cameliano, ut in prima. Sequitur : « Die vigesima secunda, sancti hieromartyris Basilei, presbyteri Ancyranæ ecclesiæ. In monasterio quod Eike dicitur, translatio sanctarum virginum Herlindis et Relindis germanarum. » Dein aliis litteris : « Parthenopoli civitate (Magdeburgi Saxonum), beatæ Margaretæ, quæ contracta dicitur, virginis multæ patientiæ, de cujus vita liber exstat. » In Actis prætermittitur.

X Kal. Die 25.

In Africa, sanctorum martyrum Victoriani, Frumentii et alterius Frumentii et duorum germanorum, qui persecutione Wandalica, ut scribit Victor Africanus episcopus, sub Hunerico rege, pro constantia catholicæ confessionis, immanissimis suppliciis excruciati, egregio martyrio coronati sunt. In Antiochia, sancti Theodori presbyteri. Civitate Cæsarea, sancti Juliani.

NOTÆ.

Ita *Praten.*, *Herinien.*, *Tornacen.*, *Pulsanen.*, *Rosweyd.*, *Munerat.*, *Belin.*, *Greven.* et *Molan.*

VARIANTES LECTIONES.

In codice Rosweydi legitur *Frumentii* et *Frumentii*, expuncta voce *alterius*. Lego *Wandalica*, ut omnino scribendum, et legendum est, efformatione et pronuntiatione nobis Germanis, aliisque affinibus propria, de qua nil opus est plura notare. Praten., Pulsanen., Muneratus et alii scribunt *Vuandalica*; Tornacen., *Uuandalica*; Belinus, *Vandalica*. Munerat. pro *episcopus*, posuit *apostolus*. Codex Rosweydi male ponit *Honerifico*; non multo melius Pulsanen., *Honorio* · Belin., *Honorico*; Munerat. et Greven., *Honerico*. Evidens est agi hic de *Hunerico*, vel *Hunnerico*, ut promiscue scribitur. Munerati transpositio, *coronati sunt martyrio*, nihil in sensu immutat. Solus Belinus pro *Theodori* habet *Theodoli*, atque hinc Baronii *Theodulum* prodiisse verosimile est. Grevenus et Molanus. *In civitate*, redundat præpositio. *Affrica, Aphrica, martirum, supplitiis, Cesarea*, menda sunt passim obvia. Codex Rosweydi deficit in voce penultima *sancti*.

OBSERVATIONES.

Illustris Africanorum martyrum classis plane abest ab Hieronymianis apographis, Beda genuino, Wandalberto et Rabano. Primus eam consignasse reperitur auctor Romani parvi distincte et clare : « In Africa, martyrum Victoriani, Frumentii, item Frumentii, et duorum germanorum, Wandalica persecutione, sub Hunnerico rege passorum. » Hinc eadem classis ab Adone eruta, brevi elogio exornata est. Adonis sequaces et descriptores esse Usuardum et Notkerum, jam sæpe dictum et demonstratum est. Hic præfatum elogium fere immutatum transumpsit ; Noster paucula inseruit, nempe, « ut scribit Victor Africanus episcopus. » Cætera ab Adone accepta esse, nimis quam manifestum existimo. Plura in Actis circa hosce martyres annotata et illustrata invenies. Atque inter alia, correctas variorum hallucinationes circa horum sanctorum martyrum veram patriam, palæstram, ætatem; quæ omnia ex ipsis gloriosorum martyriorum Actis, ex Victore Vitensi illic productis, egregie confirmantur. Ex Hieronymianis apographis ab Usuardo educti sunt Theodorus presbyter Antiochenus et *Julianus* Cæsariensis : ille satis distincte positus, atque iisdem plane verbis a Notkero expressus : hic autem ex aliqua cohorte abstractus, quæ Florentinium et Henschenium non parum exercuit, tum ut vera nomina, tum ut martyrii locum (siquidem omnes martyres vere fuerunt, ut in hisce codicibus supponitur) accurate designarent. Ea discutere cum hujus loci non sit, citatos auctores consulat, cujus plura scire interfuerit. Interim Noster prudenter lauream reticuit. Unde vero *confessorem* duntaxat fuisse *Julianum* certo discere Baronius potuerit, equidem explorare nequeo. Satis nobis et abunde sit, textus Usuardini fontem, et germanitatem comprobasse. Satis mira est Wandalbertina combinatio, dum *Felicem Africanum* cum *Theodero Antiocheno* et *Juliano Cæsariensi* disticho suo ita videtur innectere, ac si eodem tempore, eodem loco, et eodem martyrio coronati fuissent ; quamvis et alibi hoc recurrat. Sic canit :

Felix hinc decimum, et Theodorus cum Juliano
Ornant, eximia virtutum laude ferendi.

AUCTARIA.

ANTUERPIEN., MAX.-LUBEC., UGHELLIAN., et codices octo alii, quos mediæ notæ appellare solemus, in prima annuntiatione purissimi omnes, in duabus ultimis, *Theodori* et *Juliani* deficiunt.

ANTUERP.-MAJ. cum prioribus fere convenit, sed legit cum CENTULEN. *Victorini*, et addit in fine : « Apud Africam, beati Imdelis, » voluit dicere *Fidelis*, socii *Felicis*.

CENTULEN. sic habet : « In Africa, sanctorum martyrum Victorini, Frumentii, et alterius Frumentii, et duorum germanorum, qui in magissimis [lege immanissimis] suppliciis cruciati, gloriose coronati sunt. In Africa, beati Fidelis martyris. »

BRUXELLEN. in Victoriano et sociis fere purus est. Sequitur : « Adhuc in Africa, natale sancti Felicis martyris. Item in Antiochia, sancti Theodori presbyteri et martyris. Civitate Cæsarea, sancti Juliani. Et sanctæ Fidis martyris. » Videtur hæc *Fides* esse, quæ VI Octobris colitur, ut habes in catalogo Prætermissorum.

HAGENOYEN. purus item in Victoriano et sociis, secundo loco sic scribit : « In Antiochia, sancti Theodorici [*Theodori*] presbyteri et martyris, qui alapis multis est cæsus. Super scampnum ligatus in tantum extenditur, ut octo pedum longus videretur. Post hæc duæ lampades ardentes, ejus lateri sunt appositæ, tandem occisus est gladio. » Videndum, an hic non indicetur *Theodoricus*, vel *Theodoritus* Antiochiæ sub Juliano apostata passus, de quo cum Usuardo agimus XXIII Octobris. Sequitur in codice ultima annuntiatio pura : « Civitate Cæsarea sancti Juliani. »

PLESCHIONEN. et VATICAN., signatus num. 5949 : « In Antiochia, sancti Theodori presbyteri, Pauli, Juliani, Sabini. » Vide Acta, ubi hos male conjunctos observabis.

ALTEMPS. : « In monasterio Berkingensi, sanctæ Hildæ abbatissæ : Et die sequenti. » Imo vero die sequenti colitur, vocaturque ab aliis « Hildelitha. »

BURDEGALEN : « Inventio sancti Lupi Andegavensis episcopi. » Inter Prætermissos remittitur ad diem natalem, XVII Octobris.

Editio LUBECO-COL. antepenultimo loco interserit : « Apud Africam, natale sancti Fidelis martyris. » Cætera satis pura est.

GREVEN. : « In Africa, beati Fidelis martyris. Item Piomoli [*alii* Thiomoli *ex Hieronym.*], Felicis. Theoderici martyris. » Inter Prætermissos rejicitur ad XXIII Octobris, ubi male citatur editio LUBECO-COL. quæ de eo non meminit. « Hilariæ viduæ. » An hæc mater S. Afræ, an alia fuerit, divinari necdum potest.' Vide etiam Prætermissos.

MOLAN. : « In Africa, natale Felicis et aliorum viginti. » Ita prima editio. In aliis sic habet : « Die vigesima tertia, sacrosancti martyris Niconis, et ministrorum discipulorum ejus, cum ipso martyrizatorum. Bergis, elevatio sancti Winoci abbatis. »

IX Kal. *Die 24.*

Romæ, passio beati Pigmenii presbyteri. Hic Julianum apostatam a puero nutrivit et sacris litteris erudivit, a quo ipse postea in Tyberim pro fide Christi necatus est. In Mauritania, natalis sanctorum Romuli, et Secundoli fratrum, qui pro Christo passi sunt. Apud Syriam, sancti Seleuci. Item in Phrygia, sancti Agapiti.

NOTÆ.

Ex *Praten.*, *Herinien.*, *Tornacen.*, *Pulsanen.*, *Rosweyd.*, *Antuerp.*, *Max.-Lubec.*, *Munerat.*, *Greven.* et *Molan.* Addi possent omnes codices mediæ notæ, ut infra patebit.

VARIANTES LECTIONES

Antuerp. et MAX.-Lubec. pro *Pigmenii presbyteri*, male ponunt *episcopi* : Pulsanen. nullam dignitatem adjungit. Rursus Antuerp. et Max.-Lubec. pro *nutrivit*, habent *enutrivit*. *Litteris sacris* in Greven. et Molan. perinde est. *Fratrum* omnes codices legunt, exceptis Antuerp. et Max.-Lubec. Hi etiam scribunt *Siriam* cum Tornacensi. Restitui *Phryaia* cum Molano, tametsi codices plerique, ut Herinien., Tornacen., Pulsanen., Antuerp., Max.-Lubec., Munerat. et Greven. legant *Frigia*; Praten., *Phrigia*; Rosweyd., *Frygia*. Fere exciderat monere, solum Muneratum pro *Secundoli*, legere *Secundi*, ut est in Romano moderno. Grevenius et Molanus ab aliis in eo discrepant, quod Agapitum Seleuco anteponant.

OBSERVATIONES.

Pigmenium hic denuo ignorant citati pridie martyrologi, apographa Hieronymiana, Beda, Florus, Rabanus, Wandalbertus; memorant alii, quorum semper antesignanus auctor Romani parvi, a quo primum nominatus et relatus est, his verbis : *Romæ, Pigmenii presbyteri et martyris, sepulti in cœmeterio Pontiani*. His non contentus Ado, longum elogium contexuit, probabiliter ex Actis sanctæ Bibianæ, in hac parte ut minimum valde depravatis. Viderat ea olim Bollandus, notaveratque IV Januarii in *Dafrosa*; hujus *Flaviani*, *Pigmenii*, *Bibionæ* et aliorum *Acta* permista esse, et ejusmodi, ut haud levi emendatione egerent. Henschenius vero hoc die, discussis cum Baronio præfatorum Actorum fictionibus, iisque præsertim, quæ in Adonis elogio continentur, indigna plane censuit, quæ operi nostro insererentur. Quid si igitur placeat Tillemontii conjectura tomo V a pag. 119 et pag. 633, de *Epigmenio* et *Pigmenio*, qui ambo hoc in Romano moderno referuntur, in unum conflandis ? Certe sic manebit vera rei substantia, rescissis falsis circumstantiis. Hæc examinanda remittimus ad Acta XIV Septembris, ubi agetur de *Crescentio puero*, a prædicto *Epigmenio* baptizato. Interim totam Adonis historiam transumpsit Notkerus : Noster ita contraxit, ut cum brevitate sua, non item cum veritate conveniat. Atque hæc hactenus pro textu satis clara et plana sunt.

At non æque pervium est, *Romulum* cum *Secundolo* connectere, et quidem fraternitatis vinculo, ut facit Usuardus. verosimillime a vero aberrans, primus ipse talis confusionis artifex, quemadmodum ex Actis nostris manifeste colligitur. Neque enim ulli Hieronymiani codices, ex quibus solis eos Noster decerpere potuit, ita *Romulum* et *Secundolum* conjungunt, ut vel populares esse videantur, quamvis utrumque nomen exprimant. *Romulus* avulsus est ab insigni manipulo martyrum, qui cum *Timolao* in *Cæsarea Palestinæ* coronatus est, ut ex Eusebio in Actis refertur. *Secundolus* vero ad aliam plane classem pertinet, quæ *in Mauritania* triumphavit. Potuit fortasse Wandalbertum vidisse Usuardus, ubi hunc versiculum legerit :

Romulus et nonam pariterque Secundolus implet.

Interim qualiscunque lectio Usuardi genuina est, atque in omnibus codicibus tum manuscriptis, tum excusis plane conformis, etiam in Centulensi, qui, ut in Auctariis patebit, sola phrasi a textu discrepat, fratris tamen titulo abstinens. Quid Baronium moverit, ut pro Secundolo, *Securdum* supponeret, nec hic divino. *Seleucus* item et *Agapitus* ex Hieronymianis apographis profluunt, unde a Nostro et in Actis positi absque ullo titulo, quidquid Seleucum *confessorem* faciat Baronius, Agapitum *episcopum*. Nam si de eo Agapito agitur, qui in Hieronymianis etiam sub *Agapi* nomine occurrit, is vere Timolai socius fuit, adeoque martyr Cæsariensis. An forte aliunde sumptus, et *Synaæ episcopus* fuerit, non satis perspicio : tacet Florentinius; Castellanus in Martyrologio universali ab Henschenio dissentit. De cætero certa nobis et indubitata videtur Usuardi lectio in laterculo proposita, quamvis fortasse sola penultima annuntiatio vera dici possit, utpote in omnibus Hieronymianis primo loco disertissime posita, ubi si quis titulus; non *confessoris* certe, sed *martyris* apponendus videtur.

AUCTARIA.

In *Tyberim necatus est* .egunt codices omnes, pro textus puritate citati. Melius Ado, *de ponte præcipi-*

tatus est, idque imitati sunt codices ANTUERP.-MAX., ULTRAJECT., LEYDEN., LOVANIEN., ALBERGEN., DANIC. et Editio ULTRAJ.-BELG., in quo solum ab Usuardina simplicitate deficiunt.

ANTUERP.-MAX., hic mutilus est, sic legens : « Romæ, natale sancti Pigmenii presbyteri. Hic Julianum apostatam atque impium a puero nutrivit, et litteris etiam sacris erudivit. In Siria, natale sancti Eleuci. Ipso die, sanctorum Romuli et Secunduli, qui apud Mauritaniam pro Christo passi sunt. »

CENTULEN., modo suo : « Romæ, sancti Pigmenii presbyteri et martyris. In Syria, sancti Seleuci. In Frigia, sancti Agapiti. Ipso die, sanctorum Romuli et Secundoli, qui apud Mauritaniam pro Christo passi sunt. »

BRUXELLEN. Pigmenii elogium ex Adone non parum interpolatum repræsentat. Dein cum textu : « In Mauritania, sanctorum Romuli et Secundoli fratrum et martyrum, qui pro Christo passi sunt. Apud Syriam, sancti Seleucii [*vult dicere* Seleuci]. In Frigia, sancti Agapiti. Item sancti Lini martyris. » De quo vide Prætermissos.

HAGENOYEN., alia de Pigmenio commentus est, ut facile fabulosis fabulosa exornantur. Sed iis repetendis non immoramur. In Romulo et Secundolo purus est, nisi quod pro *Romuli* scribat *Remuli*. Sequitur : « Apud Syriam, sancti Seleucii martyris. Item in Frigia, sancti Agapiti martyris. »

In AQUICINCTINI collatione cum Usuardo Molani secundæ editionis facta, sic habetur : « Post sancti Agapiti, addidit : Item sanctorum Agapiti, Romuli (vel forte Romici, nec enim potest commode legi) et Rogati. »

VICTORIN. et REG. SUEC., signatus num. 130, adjiciunt : « Eodem die, sanctorum Victoris et Coronæ. » Proprium diem invenies in Prætermissis, nempe XIV Maii.

PLESCHIONEN. convenit cum Aquicinctino, clarius exprimens : « In Africa, sancti Agapiti, Romuli, Rogati. » Quam apta sit ea conjunctio, vide in Actis, ubi melius suis locis tribuuntur.

MATRIC.-CARTHUS.-ULTRAJECT., solita brevitate :

« Pigmenii presbyteri et martyris, Romuli et Secundoli fratrum martyrum. »

VATICAN., num. 5949 : « In Syria, sancti Seleucii. In Africa, sancti Agapiti, Romuli et Rogati. »

Codex STROZZ. : « Apud Præsidem [Persidem] sancti Simeonis archiepiscopi. » De quo plura in Prætermissis.

Editio LUBECO-COL., de Pygmenio pure usque ad *erudivit*. Subdit deinde : « A quo ipse postea in Tiberim pro fide Christi de ponte præcipitatus est. Cujus corpus inventum et collectum, sepultum est in cimiterio Ponciani, non longe a sancti Abdon et Sennen. In Mauritania, sanctorum Romuli et Secundoli fratrum, qui pro Christo et fide catholica passi sunt. Apud Syriam, sancti Seleuci confessoris. In Phrygia, sancti Agapiti martyris. Opido Tridentino, passio sancti Simeonis pueri et martyris. »

BELIN., in textu non omnino purus, addit in fine : « Apud Persidem, sancti Symeonis archiepiscopi. » Est is qui colitur XXI Aprilis.

GREVEN. : « Saturnini, Cirini martyrum. Apud Tridentinum, beati Symeonis pueri, novi martyris, anno Domini MCCCCLXXV in hebdomada sancta a Judæis crudeliter occisi. Cujus sanctitati Deus per crebra miracula testimonium præbuit. Kanini confessoris. Jobiæ virginis, filiæ regis Persarum. » Vide catalogum Prætermissorum.

MOLAN. : « Apud Persidem, sancti Simeonis archiepiscopi. » Sequitur typis minoribus : « Apud Tridentum, passio beati Simeonis pueri, novi martyris, anno Domini MCCCCLXXV, in hebdomada sancta a Judæis crudeliter occisi. Daventriæ, obiit Florentius presbyter, qui fratres de communi vita instituit : cujus Vitam Thomas a Kempis scripsit. » Hæc prima editio. Aliæ : « Tridenti, passio beati Simonis pueri. In monasterio Wasteno, sanctæ Catharinæ abbatissæ, filiæ beatæ Birgittæ. Die vigesima quarta, præfestum Evangelismi. » Dein aliis litteris : « Cæsareæ, sanctorum octo martyrum, Timolai, Dionysii, Romuli, Pausæ, Alexandri, Alexandri, Agapii et Dionysii. Daventriæ, » etc. De martyribus Cæsariensibus videantur Acta.

VIII *Kal.*   *Die* 25.

Apud Nazareth civitatem Galilææ, Annuntiatio Dominica. In Sirmio, passio beati Hirenei episcopi, tempore Maximiani imperatoris, qui primo tormentis acerrimis vexatus, dein diebus plurimis in carcere cruciatus, novissime abscisso capite consummatus est. Romæ, sancti Cyrini martyris, qui a rege Claudio, post facultatum amissionem, post carceris squalorem, post multorum verberum afflictionem gladio interfectus est. Nicomediæ, natalis Dulæ cujusdam militis ancillæ, quæ pro castitate occisa est. In Antro insula, sancti Hermelandi abbatis, cujus gloriosa conversatio miraculorum collaudatur præconio.

NOTÆ.

Codicem Usuardinum ex omni parte genuinum et purum, nullum hodie reperio. Ex omni, inquam, parte; nam multi in paucissimis deficiunt, eaque ratione viam satis commodam textui eruendo aperiunt. Sic Belinus sola transpositione aberrat, *Cyrinum* anteponens *Irenæo;* qua in re cum solus et unicus sit, ab omnimoda puritate certo excluditur. Pratensis nævo infectus est, cum pro *Dulæ* scribat *Theolæ*, in quo licet tres alios codices Aquicinctinum, Marchianensem et Rosweydinum consentientes habeat, nihilo magis simplicitatem Usuardinam repræsentat : et quidem Rosweydi codex purus esset, nisi tertio loco inepte immisceret : *item natale sanctorum nongentorum*. Heriniensis item a puritate deficit, primam annuntiationem sic exprimens : *Apud Nazareth civitatem Galilææ, ut fides Catholica credit, adorat et prædicat; Virginem Mariam Dominum parituram, Gabriel angelus venerando salutat*. Quæ verba ex aliquo Beda ms. Tornacensi, inter Bedæ Auctaria, etiam connumerata invenies. In Tornacensi Usuardo deest solum *Irenæi* elogium : In Pulsanensi expunctus *Hermelandus*. Atque item in Antuerp. et Max-Lubec., ubi et *Cyrini* elogium prætermissum est. Muneratus pluribus mendis, opinor typographicis, deformis est, sed præcipuus error, quod post *annuntiatio Dominica*, adjungat *quæ alio nomine dicitur Incarnatio Domini nostri Jesu Christi*. Sic Grevenus et Molanus excludendi, quia soli incipiunt hoc modo : *Jesus Christus Dominus noster passus est*. Codicum aliorum accessiones suo loco exhibebimus. Interim ex jam citatis citandisque, germana Usuardi simplicitas ea ratione elicita, quod in laterculi sententiam plerique omnes conspirant, ut collatis defectibus excessibusque facillime datur intelligi. His positis

Superest fontes indicare, ex quibus Usuardum sua hausisse credimus. Ac primo quidem, hæc est

VARIANTES LECTIONES.

Hieronymianorum omnium concors hodierna commemoratio : *Hierosolymis Dominus Jesus Christus crucifixus est.* At non ita conveniunt in ejus *Annuntiatione* aut *Conceptione,* quæ in Epternacensi plane desideratur. Hæc in Beda brevissime ponitur : *Annuntiatio Dominica.* Rabanus scripsit : *Annuntiatio Dominicæ incarnationis;* Romanum parvum, *Annuntiatio Dominica et Crucifixio.* Ado autem, rescissa crucifixione, nec Hieronymiana nec Romanum parvum ex toto secutus, Bedam nonnihil auxit, præfixa nempe *civitate Nazareth,* in qua mysterium peractum est; ea plane phrasi, quam ex ipso Noster in laterculum suum transtulit. Adonem hic Roswcydi intelligo, non qualis a Mosandro editus est, in quo et crucifixio, et Jacobi apostoli martyrium, cum immolatione Isaac aliisque Christi typis hoc die conjunguntur. Notkerus Bedæ, Rabani et Adonis verba in unum commiscuit. De hac solemnitate nihil est quod Henschenii Commentario magnopere superaddi possit aut debeat. Audi modo Wandalbertum.

Angelus octava venturum nuntiat Agnum.
Agnus et ipse cruce mundi pro morte levatur.

Qui hic secundo loco est, sic quarto et ultimo memoratur in Romano parvo: *Apud Sirmium, Irenæi episcopi et martyris,* quo etiam ordine refertur ab Adone cum elogio, quod totum in Notkerum transiit, a Nostro modice attemperatum, sic tamen, ut nihil non ex eodem acceperit. *Irenæi Sirmiensis* Acta procul dubio olim vidit Ado, quæ multis sæculis neglecta, a Joanne Gamansio nostro primum eruta sunt, a Papebrochio edita et illustrata, Græce etiam floridiori oratione, ad voluminis calcem adjecta. Latina ipsa, inter Sincera et Selecta merito a Ruinartio computata sunt a pag. 432, de quibus videri etiam potest Tillemontius tomo V, a pag. 250. Quod vero *Irenæus* in Actis editis passus dicatur viii *Idus* seu vi *Aprilis,* potuit olim lectum esse viii *Kal. Aprilis.*

Variant Martyrologia. Ego Sirmiensem Irenæum in Hieronymianis vi Aprilis nullus deprehendo : fateor in Floro et Rabano signari, imo a Notkero utroque die; servandam tamen, ne quidquam immutandam antiquam Martyrologorum nostrorum lectionem, plane censeo.

Cyrinus, aliis *Quirinus,* in Romano parvo et Adone tertium locum obtinet. Hic ex Beda, atque iisdem verbis sumpsere Rabanus et Notkerus, quæ ex Actis sancti Valentini, seu Marii, Marthæ et Abachum, de eo paucis recitant. Adonem nihilominus deserit Usuardus aliam phrasim ex eodem fonte substituens. De præfatis Actis satis alibi dictum est, vide Henschenii commentarium, et alia, quæ recentius de Cyrino ibi tradita sunt, quorum compendium habet Tillemontius tomo IV, pag. 677. *Dula* ex Hieronymianis reperitur: *In Nicomedia, natale Dulæ.* Romanum parvum : *Nicomediæ, Dulæ martyris.* Beda et ex eo Rabanus : *Natale Dulæ, ancillæ militis, quæ pro castitate occisa est.* Ado utrumque textum conjunxit, quem ex ipso sibi vendicarunt Usuardus et Notkerus. Nec eorum quisquam est, qui *Theodolam* Hieronymianorum cum *Dula,* quæ forte a conditione nomen traxit, eamdem esse putaverit, quod tamen visum est Castellano in brevi notula ad Martyrologium universale, inde, meo quidem judicio, expungenda, reposito in textu non *Theolæ,* sed *Dulæ* nomine, quod in ipso Romano legitur. *Hermelandus* antiquioribus omnibus ignotus, ab Usuardo primum productus est; et recte in *Antro Ligeris* insula modio fluminis aquis absorpta, non in *Andro,* tot terrarum spatiis divisa, quemadmodum male legit codex maximus Ultrajectinus, quem ad aliorum distinctionem, *Rosweydi,* seu *Rosweydinum* nuncupare solemus.

AUCTARIA.

ANTUERP.-MAJ. : « In Nazareth civitate Galileæ, Annuntiatio Dominica, quando missus est Gabriel angelus a Deo in civitatem Galileæ ad beatam Mariam virginem, et dixit ei : Ave, Maria, gratia plena, Dominus tecum, benedicta tu in mulieribus. Ipsa, ut vidit eum, mota est in introitu ejus, et cogitabat qualis esset ista salutatio. Et ait ei angelus. Ne timeas, Maria, invenisti enim gratiam apud Deum; ecce concipies in utero et paries filium, et vocabis nomen ejus Jesum. Quæ tanto nuntio clarificata, Spiritu sancto fœcundata, ab illo, qui de illa carnem sumere dignatus est, præ omnibus sublimata, in æternum venerabiliter est benedicta. Apud Sirmium, natale sancti Hirenei episcopi et martyris, sub Maximiano imperatore. Romæ, sancti Cirini martyris. » In duabus ultimis purus est. Pro *Antro* insula, videtur legere *Antico,* sed pejus in margine corrigitur, in *Andro* insula.

ANTUERP.-MAX., ULTRAJ., LEYDEN., LOVAN., ALBERGEN., DANIC. et EDITIO ULTRAJ.-BELG. post *Dominica,* subdunt : « Eodem die, Dominus noster Jesus Christus Hierosolymis crucifixus est et Isaac immolatus. » Item post *Romæ,* legunt « in cœmeterio Pontiani. » Deficiunt omnes in annuntiatione ultima.

CENTULEN. : « In Nazaret civitate Galyleæ, Annuntiatio Dominica, quando angelo annuntiante et virtute Altissimi superveniente, Virgo intemerata Filium Dei vivi paritura concepit. Eodem die Jerosolymis, idem Deus Dei Filius crucifixus est a Judæis. In Sirmio, sancti Herenei episcopi et martyris. Romæ, sancti Cirini martyris. Nicomediæ, sanctæ Dullæ martyris. In Antro insula, sancti Erculandi abbatis. » Habes supra verum nomen.

BRUXELLEN., solito auctior, multa hic congerit : « Apud Nazareth civitatem Galilææ, Annuntiatio beatæ Mariæ semper Virginis. Eadem die, plasmatio Adæ et ejectio ejus de paradyso. Apud agrum Damasenum, Abel primus martyr pro justitia occisus est. Quem Christus in Evangelio laudat, et quem nos in canone missæ quotidie nominamus. Eadem die, Melchisedech primus sacerdos, Abrahæ panem et vinum in figura sacramenti Eucharistiæ immolavit. Et hic Melchisedech etiam canoni missæ inscriptus est. Ipso die, Abraham filium suum Isaac super altare obtulit Deo in figura Dominicæ passionis. Adhuc ipso die, transitus filiorum Israel per mare Rubrum. Eadem die, decollatus est beatus Joannes Baptista. Apud Jerosolymam, Dominus noster Jesus Christus pro redemptione mundi crucifixus est. Et sanctus Jacobus apostolus, frater Domini, ea die occisus est. Et sanctus Petrus de carcere Herodis per angelum liberatus. Romæ, sancti Cyrini martyris, qui post multorum verberum afflictionem interfectus a Claudio, et in Tybrim jactatus, in insula Licaoniæ inventus, in cimiterio Pontiani sepultus est, ut scribitur in passione sancti Valentini. Apud Smyrnum [Sirmium] sancti Hyrenei episcopi et martyris, qui tempore Maximiani imperatoris sub præside Probo, post acerrima tormenta capitis abscissione martyrium consummavit. In Nicomedia, sanctæ Duliæ ancillæ... Et depositio sancti Ermolendi abbatis et confessoris, cujus gloriosa conversatio, præconio laudatur miraculorum. »

HAGENOYEN. : « Apud Nazaret Galileæ, Annuntiatio Dominicæ. Nota quod in hac die multa mirabilia facta sunt, quæ notantur in his versibus: »

Salve, festa dies, quæ vulnera nostra coerces.
Angelus est missus. Est Christus in cruce passus.
Est Adam factus et eod. in corpore (*alias,* tempore) lapsus.
Ob meritum decimæ cadit Abel fratris ab ense.
Offert Melchisedech. Isaac supponitur aris.
Est decollatus Baptista Christi Joannes (*alias,* Christi Baptista beatus).
Est Petrus ereptus, Jacobus sub Herode peremptus.
Corpora sanctorum cum Christo multa resurgunt.
Latro dulce tamen cum Christo (*alias,* per Christum) suscipit am. n.

« Qui latro cum Christo crucifigitur, ubi Christum verum Deum confitetur et veniam postulat et impetrat, et confractis cruribus in cruce spiritum reddidit Creatori. In Syrima [Sirmio] passio beati Hyrenci episcopi et martyris, etc., » cum textu. Pro *Antro* insula, legit *Nutro*.

VICTORIN. addit : « Eodem die, sanctorum Taraci, Probi et Andronici. » Spectant ad v Octobris.

MATRIC.-CARTHUS.-ULTRAJECT. : « Annuntiatio Dominicæ Incarnationis. Romæ, Cirini martyris. Hermelandi abbatis. »

REG. SUECIÆ. signatus num. 130 : « Eodem die, sanctorum Taraci, Probi et Andronici. Apud Smirnam, beati Trasceæ episcopi et martyris. » Remittitur ad xv Octobris.

FLORENTIN. : « Ipso die, consecratio cathedralis ecclesiæ Florentinæ, sanctæ Mariæ Floris, per summum pontificem Eugenium IV, anno Domini MCCCCXXXVI. » Quæ sequuntur obscura sunt : « Anno vero MCCCCLXXXI Sixtus IV pontifex jubileum hoc a [puto dicere velle hoc est] plenariam indulgentiam concessit, et Innocentius VIII successor, primo anno pontificatus confirmavit. »

DIVIONEN. S. Benigni : « Bajocas, sancti Ragnoberti episcopi et confessoris. » Ad xvi Maii.

EDITIO LUBECO-COL. : « In Nazareth civitate Galileæ, incarnatio Filii Dei. Et annuntiatio beatæ virginis Mariæ, quando missus est Gabriel angelus ad eam, et dixit ei : Ave gratia plena, Dominus tecum, benedicta tu in mulieribus. Quæ tanto nuntio clarificata, Spiritu sancto fecundata, qui de illa carnem sumere dignatus est, ab illo præ omnibus sublimata, in æternum venerabiliter benedicta. » Sequitur de crucifixione, de Isaac, de Hyreneo, de Cyrino, de Dulâ, fere ut in BRUXELLES, supra. « In Antro insula, sancti Hermelandi .... » ut in textu.

GREVEN. : « Passio sancti Jacobi Majoris apostoli. Item Josiæ scribæ et martyris cum beato Jacobo decollati. » Vide Prætermissos. « In Nicea, Victorini, Alexandri, Eufratæ, Castulæ, Nicostrati, Lucillæ et aliorum quadringentorum martyrum. Immolatio Isaac filii Abrahæ patriarchæ. Item Abel justi, Veteris Testamenti protomartyris. Transitus filiorum Israel per mare Rubrum. Victoria beati Michaelis contra draconem. Item, Symeonis abbatis. » Vide Prætermissos. « In Altona castro comitatus de Marka, sancti Eynardi eremitæ et confessoris. Veronicæ sanctæ matronæ, cui Dominus imaginem faciei suæ sudario impressam reliquit. » De hac *vera icone* consule Prætermissos, Responsiones Papebrochii variis locis, et alios ab ipso citatos.

MOLAN. litteris Italicis, post *gladio interfectus est*, inserit ex Beda : « Scriptum est in passione sancti Valentini. » Aliæ editiones adjungunt : « Item ipso die, depositio sanctissimi Humberti, episcopi et confessoris Christi, virtutibus et miraculis gloriosi. Eodem die, genesis mundi. » Tum de Isaac, de transitu maris Rubri, et victoria Michaelis.

VII. *Kal.*   *Die 26.*

Apud Pentapolim Libiæ, natalis sanctorum Theodori episcopi, Hirenei Diaconi, Serapionis et Ammonii lectorum. Romæ via Lavicana, sancti Castoli martyris, qui, ut in gestis beati Sebastiani legitur, a persecutoribus tertio appensus, tertio auditus, in confessione Domini perseverans, missus est in foveam, et dimissa super cum massa arenaria, martyrio migravit ad Christum. In Sirmio, sanctorum Montani presbyteri et Maximæ in mare mersorum.

NOTÆ.

Conveniunt hodie *Praten.*, *Herinien.*, *Tornacen.*, *Pulsanen.*, *Antuerp.*, *Max.-Lubec.*, *Munerat.*, *Greven* et *Molan*.

VARIANTES LECTIONES.

Penthapolim habent Munerat. et Greven. Scio legendum *Libyæ*, ast in consensu codicum omnino omnium, solo Molano excepto, putavi eorum lectionem in textu servandam. Sic iidem omnes habent *Hireni* vel *Hyrenei*. Prætuli modum priorem, quod ita legant Praten., Herinien., Tornacen., et Grevenus, quidquid alibi legam *Irenæi*. Greven. et Molan. pro *Ammonii* male ponunt *Ammonis*. Præcipua difficultas in nomine *Castoli* vel *Castuli*. Certum est, antiquos omnes legere *Castuli*. Verum æque certum videtur Usuardum legisse *Castoli*, si vetustiorum nostrorum codicum auctoritate niti possumus. Atqui ita exprimunt Praten., Herinien., Tornacen., Pulsanen., Munerat. et Grevenus, quos hic sequimur, etiam errantes. Pulsanen. forte ad majorem emphasim addit, *tertio in confessione* : atque item *martyrio coronatus migravit*. Turpiter labitur in fine, scribens : *In Sirmia, sancti Vincentii presbiteri et Maximi*. Reliquæ variantes lectiones, mera sunt librariorum sphalmata. Sic Munerat. *Maximæ in Maxime in mare*, etc., frustra repetito nomine *Maximæ*. Sic *tertio*, *harenaria*, *Syrmio*, *Smyrnia*, etc.

OBSERVATIONES.

Prima *martyrum Pentapolitanorum* classis non obscure signatur in apographis Hieronymianis, sed luxatis hinc inde nominibus et tacita positione seu loco certaminis, qui in solo Epternacensi clarissime exprimitur : *In Pentapoli Libiæ, Theodori episcopi, Herenei*, etc. Romanum parvum socios non novit, aut certe studiose exclusit, ita legens : *Apud Pentapolim Libyæ, Theodori episcopi*. In Adone tota nostra annuntiatio ad verbum posita est, quam ex ipso Notkerus quoque deduxit. Nec quidquam præterea de his sanctis memoratu dignum reperitur, nisi cui adlubeat ex Dextrinis aut id genus commentis, speciosas fabellas degustare.

Castulus in laudatis codicibus Hieronymianis primo loco ponitur, cum ea diversitate seu nominis, seu loci sepulturæ, quæ ab Henschenio et Florentinio abunde explicatur. Primo item loco est in Romano parvo : *Romæ, sancti Castuli Zœtarii pa*latii. Hisce superadditum ab Adone elogium ex Actis sancti Sebastiani, apud nos cap. 22, num. 83, verbatim desumptum. Quod hic lectorem monitum volui, ne forte Flori elogium legens, existimet, alterum alteri unquam fuisse cognitum, ea nempe causa, quod in plerisque hic ambo conveniant. Dicam quod res est, uterque ex eodem fonte eadem hausit atque eatenus belle concordant, at ex solis reliquis constare potest, proprio singulos marte sua disposuisse. Notkerus de more Adonem secutus est; Noster solita compendii ratione utitur; Rabanus ex aliquo codice Hieronymiano paucula sua descripsit.

In *Montano* et *Maxima* consignandis, præeunt denuo Hieronymiana, concordes sunt reliqui martyrologi omnes, solo Romano parvo excepto. De ipsis et quadraginta eorum sociis agunt Henschenius et Florentinius. Beda sic notat : *In Sirmio, Montani presbyteri, Maximæ uxoris ejus et aliorum* xi. Rabanus ultimam clausulam expunxit, quæ a Nostro quoque omissa est, servata a cæteris. Imo conjuges fuisse tradunt præter Bedam, Hieronymiana, Ado, Rabanus, Notkerus, Wandalbertus et recentiores plurimi. Cur id Usuardus reticuerit, fateor me haud satis conjicere. Minus etiam intelligo, quid eum movere potuerit ut, neglectis Adonis verbis, qui eos in *fluvium præcipitatos* disertissime asserit, maluerit ipse scribere, *in mare mersorum*. An Sirmium civitatem esse plane mediterraneam, eum ignorasse dicemus? Id fatendum arbitror, cum et alibi geographiæ non satis peritum fuisse Usuardum, sa'is ostenderimus. Nulla etiam de his sanctis Acta supersunt: neque enim *Firmium*, vel *Firmium* Italiæ, aut *Sexti Firmium* Hispanæ, salva veritate, eos transferri posse existimamus. Sit etiam locus sacris Wandalberti Musis :

Septima Montanum memorat cum conjuge sancta,
Atque simul quadrageno eum martyre passum.

AUCTARIA.

ANTUERP., MAX.-ULTRAJECT., LEYDEN., LOVAN., ALBERG., DANIC. et EDITIO ULTRAJ.-BELG. post textum purum subdunt : « Eodem die, natale sancti Lugderi (Luidgeri, Lutgeri, Luidegeri) Monasteriensis episcopi et confessoris. » Addit præterea ALBERGEN. « Qui verbum vitæ longe lateque disseminans multis claruit virtutibus et miraculis. Nam in ejus felici transitu circa medium noctis, lux de cœlo veniens, totam illustravit provinciam. Floruit temporibus Caroli Magni, qui et ipsum primum Monasteriensi præfecit ecclesiæ. Sepultus quiescit in Werdena. »

ROSWEYD., tertio loco : « Eodem die, sancti Luitgeri, episcopi et confessoris. In Syrmio, sanctorum Montani presbyteri et Maximæ uxoris ejus, [qui] comprehensi missi sunt in fluvium. Et aliorum quadraginta martyrum. »

ANTUERP.-MAJ. et CENTULEN. incipiunt : « Romæ, passio sancti Castuli martyris. Eodem die, apud Pentapolim.... » pure. « Apud Cyrinium [Sirmium] sancti Montani presbyteri et Maximæ uxoris ejus, in mare mersorum. »

BRUXELLEN. : « Septima dies seculi, in qua perfecti sunt cœlum et terra, et omnis ornatus eorum, et in qua Deus cessavit ab omni opere quod patrarat. Unde et ea die Christus quievit, in sepulcro. Romæ via Lavicana, in cemeterio ejusdem, sancti Castuli martyris. Qui cum esset Zecharius palacii et hospes sanctorum, ut in gestis sancti Sebastiani legitur, a persecutoribus tentus et cruciatus, dum in confessione Domini Jesu persisteret, missus est in foveam, et super eum massa arenaria dimissa. Et sic cum palma martyrii migravit ad Dominum. Apud Syrinium natale sanctorum Montani presbyteri et Maximæ uxoris ejus, in mare mersorum. Et depositio sancti Lutgheri episcopi et confessoris. »

HAGENOYEN., in prima et secunda annuntiatione satis purus, de Castulo post *migravit ad Dominum*, addit, quod satis legere nequeo, nec usquam alibi reperio : « Hic vero a manu est translatus in Messbg. » De Montano et Maxima cum textu. Sequitur : « Eodem die in monasterio Westphaliæ civitate, depositio sancti Lugderi ejusdem civitatis episcopi, qui legitur fuisse Capellanus Karoli Magni et socius sancti Mullibrordi [Willebrordi]. Hic aucas [anseres] silvestres in domum suam, pro damno sibi ab eis illato, agitavit. Ex quibus unam mortuam restituit, et omnibus interdixit ut numquam in hereditate ejus damnum facerent, quod adhuc durat. » De miraculi veritate et duratione alibi inquirendum.

AQUICINCT. post « Castuli martyris, » habetur : « Zetarii palatii. »

PLESCHIONEN. et VATICAN., num. 5949, adjiciunt : « Sancti Longini martyris. » Vide supra, xv.

MATRIC.-CARTHUS.-ULTRAJ., cæteris omissis, ita habet : « Ludgeri episcopi et confessoris, patroni ecclesiæ in Loenen, qui fuit de sociis beati Gregorii Trajectensis episcopi. »

ALTEMPS. : « In Africa, Victoris, Saturnini, Solutoris et aliorum duodecim. In Sebastia, sancti Petri episcopi. In Eracleo, Martialis episcopi. In Antiochia, Thimothei, Theogenis et Macharii. » Similia habet Belinus infra. Consule Acta et Prætermissos.

Editio LUBECO-COL. incipit : « Colonia Agrippina, in ecclesia sancti Augustini, memoria sancti Constantii martyris, qui fuit de societate sanctorum Maurorum unus. » An ex Thebæis? vide Prætermissos. De Theodoro et sociis pure. In Castulo quem *Palatii oratorem* facit, non multum differt a BRUXELLENSI. Item in Sirmiensibus, nisi quod addat : « Corpora eorum non longe ab urbe inventa sunt. Treveris, beati Felicis vicesimi primi ejusdem loci episcopi et confessoris. In monasterio Verdensi, depositio sancti Luthgeri primi Monasteriensis episcopi et confessoris. Eodem die, sancti Mohallok episcopi et confessoris. »

BELIN. prima editio proxime ad puritatem accedit; in secunda hæc immiscentur : « In Sebastia civitate, Petri episcopi. In Aracleo, sancti Martialis episcopi. In Celer, sancti Cassiani episcopi In Antiochia, Timothei, Diogenis, Macharii, et Maximi et Theodori episcopi. In Africa, Victoris, Saturnini, Solutoris et aliorum duodecim. » Dixi jam supra, de hisce consulenda Acta et Prætermissos.

GREVEN. : « Serotini martyris. Item Petri, Martiani, Capini, Kyliani. » Vide indicem Prætermissorum. « Romæ, sancti Quirini martyris, tempore Claudii pro Christo gladio interfecti : An Cyrini, de quo xxv. Felicis secundi, archiepiscopi Treverensis et confessoris. In monasterio Verdensi, depositio sancti Luthgeri, primi episcopi ecclesiæ monasteriensis et confessoris. Qui eruditus ab Alcuino abbate, viro doctissimo, Eboraci diaconus, Coloniæ vero presbyter ordinatus, genti Saxonum et Frisonum Christi Evangelium annuntiavit, vitaque et miraculis clarus quievit in pace. Item sancti Mohallock episcopi et confessoris. In Hibernia, Mottelogi abbatis et confessoris. » *Mochellocum* sive *Kellenum* unum admittunt Acta, sive is episcopus, sive abba fuerit. « Apud Coloniam Agrippinam, in ecclesia heremitarum sancti Augustini, commemoratio Constantini martyris, de societate sanctorum Maurorum. » Vocatur hic supra *Constantius* in Actis prætermissus.

MOLAN. de Castulo in textu litteris Italicis ex Adone ponit : « Cum esset Zetarius palatii et hospes sanctorum. » Tum in fine : « Item in Uverdena, depositio sancti Ludgeri episcopi et confessoris, qui fuit episcopus primus Monasteriensis, tempore Caroli Magni imperatoris. Eo tempore Carolus prædictus morabatur in Aquis palatio, dum sanc'us Ludgerus migravit ab hoc seculo. Qui eadem hora progrediens foras cum ab aliquo, nomine Aquo, astrologo, ut cognitionem perciperet stellarum, inspectione intentus maneret, vidit splendorem ignis magnum de cœlo venientem, et totam provinciam illustravit ; et etiam in oculis totius terræ Franciæ, lumen apparuit visu mirabili. Verum aliquanto tempore elapso, contigit Grifridum, nepotem sancti Ludgeri, qui in exequiis sancti viri interfuit, ad palatium regis venire. Quem cum rex de sancti viri transitu interrogasset, et diem et horam requisisset, et ille cuncta per ordinem retulisset, agnovit rex eodem momento suum amatorem ad Dominum migrasse, et quod ipsum lumen ei fuisset a Domino cœlitus ostensum. Proinde intelligi datur, quam clara ejus anima in conspectu Domini venerit. Eadem die, beati Felicis episcopi Treberensis. In Laubaco, cœnobio, elevatio corporis sancti Ursmari episcopi et confessoris. » In editionibus aliis de Ludgero, paucis. Ad Felici Treverensis, additur *secundi*.

Demum : « Lobus, elevatio sancti Ursmari episcopi quæ agitur Dominica ante natalem sancti Joannis Baptistæ. » Melius hæc ad diem natalem, qui celebratur XVIII Aprilis.

VI Kal.   **Die 27.**

In Ægypto, depositio beati Joannis heremitæ, qui inter cætera virtutum insignia, etiam prophetico spiritu plenus, Theodosio imperatori Christianissimo victorias de tyranno prædixit. In Pannonia, sancti Alexandri martyris. [*Addit Bouillart.* : « Ipso die sancti Eucherii Turonensis episcopi.]

NOTÆ.

Magna codicum consensio *Herinien., Tornacen., Pulsanen., Antuerpien., Max.-Lubec., Munerat., Belin., Greven.* et *Molan.* Quibus accedunt *Antuerp.*- *Max., Ultraject., Leyden., Lovanien., Alberg., Danic.* et *Edit. Ultraj.-Belg.*

« Hoc die sanctum Eucherium debuisse ab Usuardo collocari, non male negant Castellanus et Sollerius. Sed collocatum fuisse, nemo nisi pertinax, aut in dijudicandis scripturis plane hospes, negaverit. Si peccavit Usuardus, suo periculo. BOUILLART.

VARIANTES LECTIONES.

Parum suggerit notatu dignum. *Joannis primi* legit Max.-Lubecana, errore, opinor, typographi.*Heremitæ* scribunt passim codices omnes, quorum etiam sphalmata, nimis fortasse scrupulose, sectamur. Bellius transposita nonnihil phrasi, posuit *prophetico plenum spiritu.* In Antuerpiensi ante *Alexandri*, deest *sancti.* Fere exciderat monere codices aliquos, pro *victorias*, scribere *victoriam.* De *Egipto, Egypto, tiranni, martiris* et hujusmodi minutiis dictum est alibi plusquam satis. Est in Pratensi augmentum, et male expressum et perperam hoc die positum, his ver is : *Ipso die, sancti Eucherii Turonensis episcopi.* Fatetur ipse Castellanus additamentum esse non solum in litteris ad me datis, sed expressis terminis, in primo suo Bimestri ad XX Februarii. Fatetur item annuntiationem non efformatam, cum Eucherius non *Turonensis*, sed *Aurelianensis* episcopus fuerit, ut recte habent Auctaria nostra, ad citatam diem XX Februarii. Quod si supradicta verba ad verum sensum reducere volueris, pro *Turonensis*, scribe *Trudonensis*; unde intelligi dabitur, *Eucherium Aurelianensem episcopum*, a loco exsilii aliquando *Trudonensem* fuisse nuncupatum, addita post *Trudonensis*, virgula, hoc pacto : *Ipso die, sancti Eucherii Trudonensis, episcopi* etc.

OBSERVATIONES.

Joannes, patria et anachoresi *Lycopolita*, cognomento *propheta*, alibi *abbas*, hic *eremita* dictus, absolutissimæ obedientiæ, ut a S. P. N. Ignatio ad vivum depingitur, cæterarumque proinde virtutum exemplar et speculum, ut toto Christiano orbe notissimus fuit, ita sanctos Patres prope omnes laudatores habuit. Nihilominus primus eum ex Rufino suo, libro ult., cap. 19 et 32, hoc die, nescio an satis proprie, in sacros Fastos retulit auctor Romani parvi : *Apud Egyptum, Joannis eremitæ, prophetici spiritus viri.* Ado paulo clarius ex laudata Historia locutus est ; cujus non quidem verba, sed sensum reddiderunt Usuardus et Notkerus. Vita ejus vulgatissima est, nec, ut puto, Origenismi suspecta, quam illustravit Papebrochius : Gallice contexta a Tillemontio tomo X a pag. 9. Cæterum, ut jam innuebam, de tam illustri sancto, nihil habent apographa Hieronymiana, Beda, Florus, Rabanus, aut Wandalbertus.

Nec item quidquam de *Alexandro* isto *Pannonio*, Adoni æque et Notkero atque ipsorum duci ignoto ; ut nec divinando satis explorare queam, unde demum Usuardus eum accersere potuerit. Huc facit apposita Henschenii observatio, quæ pluribus aliis synonymis sanctis aptari potest. *Multi*, inquit, *nomine Alexandri insigniti coronam martyrii obtinuerunt, et aliquam sacris tabulis confusionem pepererunt. Subinde unus idemque est, quamvis diversis diebus quasi a se ipso distinctus foret, reperiatur Fastis inscriptus. Nonnunquam unus idemque statuitur, cum reipsa plures exstiterint, ad diversos dies referendi quod ultimum huic Alexandro evenisse plane arbitramur.* Pergit id ostendere in comparatione Alexandri hujus cum altero, qui colitur XIII Maii. Quærimus nos quibus monumentis *Pannoniam* produxerit Usuardus, sed frustra. Certissimum tamen manet, nihil nisi Usuardum a nobis in laterculo positum, ut evidenter ostendunt tam excusi quam mss. codices nostri, de quocunque demum Alexandro verba ejus accipienda censueris.

AUCTARIA.

ANTUERP.-MAX. Adonianus est : « Aput Egiptum, natale beati Joannis heremitæ, admirandæ sanctitatis viri, qui etiam prophetico spiritu plenus, Theodosio imperatori Christianissimo victorias de tyrannis prædixit. » Deest Alexander. Sequitur : « Apud Smirnam, natale beati Trasæ [Thrasææ] episcopi et martyris, cujus meminit quintus liber ecclesiasticus. » In tabula Prætermissorum remittitur ad V Octobris, quia eo die recolitur in Martyrologio Romano, quod sequimur.

ROSWEYD. incipit : « Resurrectio Domini nostri Jesu Christi. » De qua sola meminit Wandalbertus hoc unico suo versiculo :

Agni surgentis resplendet sexta triumpho.

De Joanne, ut textus. Sequitur : « In pago Hasbanio, sancti Eucherii Turonensis episcopi et confessoris. » Hic in variis codicibus recurrit sub eadem illa formula *Turonensis episcopi*, de qua superius in Variantibus abunde diximus. De Alexandro, recte. Tum : *Martiani episcopi*, spectat ad VI Martii. *Rnotberti episcopi et confessoris.* Intelligit *Rudbertum* sive *Rupertum* Salisburgensem. Vide Papebrochii commentarium et Vitam ab eo illustratam.

CENTULEN. : « Jerosolymis, resurrectio Domini nostri Jesu Christi secundum carnem. In Ægypto, sancti Joannis monachi, magnæ sanctitatis et prophetici spiritus viri. Apud Zmirnam, beati Trasææ episcopi et martyris, cujus meminit quintus liber ecclesiasticus. » Remissus est superius ad diem natalem V Octobris.

BRUXELLEN. : « Jerosolymis, resurrectio Domini nostri Jesu Christi. » De Joanne, ut textus. Sequitur de Thrasea, ut supra. Tum de Theodoro, et sociis Pentapolitanis, heri ab ipso omissis. De Alexandro bene : « Item alibi, sanctorum Pastoris et Romuli. » Hic est martyrum Afrorum antesignanus. De Pastore vide Prætermissos.

HAGENOYEN. de Joanne brevem, sed præter morem, satis exactam vitæ synopsim, hoc modo recensuit :

« Apud Ægyptum, beati Joannis eremitæ, qui, ut in Vitis Patrum legitur, Theodosio imperatori de tyranno victoriam prædixit, et eumdem non longe post propria morte esse moriendum. Cujus monasterium a quadraginta ætatis suæ anno usque ad nonagesimum nullus intravit. Advenientibus autem viris, raro et certis temporibus per fenestram se videndum ædificationis vel consolationis gratia præbebat. Mulier vero nulla ad ejus conspectum accessit. Cellam hospitalem pro adventantibus e longinquo habuit, sed ipse intrinsecus soli Deo vacabat : quanto namque se magis ab humanis curis et colloquiis sequestrabat, tanto vicinior illi Deus erat. Hic propter jugem consuetudinem, jam cibum recipere nisi in vespere non poterat, et hunc exiguum. Capilli ejus et barba rari erant et tenues, utpote quem nullus cibus sufficiens nutriret. Observabat etiam idem, cum nonagenariam ipse ageret vitam, ut nullum paratum sumeret cibum. Obitus autem ejus talis erat, ut, per triduum, nullum ad se introire permitteret, et positus in oratione spiritum reddidit. In tumulo [cœmeterio] Pontiani Romæ, sancti Cyrini, » de quo ad xxv hujus. « In Pannonia, sancti Alexandri martyris. In episcopatu Zaltzburgensi, sancti Ruperti episcopi et confessoris. » Vide quæ de illustri hoc præsule inter hodierna Auctaria jam non semel diximus : ubi alii Salisburgensi, alii Wormatiensi ecclesiæ ascribunt.

VICTORIN., in fine : « Apud Smirnam, beati Traseæ, » etc., ut supra, in ANTUERP.-MAJ., ubi notavimus hunc sanctum pertinere ad v Octobris.

PLESCHIONEN. « In Africa, sanctorum Romuli, Donati, Saturnini. » Jam dixi *Romulum* turmæ Africanæ antesignanum : *Donatus* ordine septimus est, *Saturninus* ultimus : vide novem alios in Actis nostris, suis nominibus expressos.

MARCHIANEN. addit : « In pago Hispanis [Hasbanio] sancti Eucherii Turonensis episcopi. »

MATRIC.-CARTHUS.-ULTRAIECT. : « Joannis eremitæ, qui ut refert Augustinus, claruit spiritu prophetiæ. » Ad marginem *Resurrectio Domini*.

VATICAN. num. 5949 : adjicit « In Africa, sanctorum Romuli, Donati, Saturnini. »

ALTEMPS : « Sancti Eustachii abbatis. » Videtur esse « Eustasius Luxoviensis, » de quo in Actis XXIX Martii. Videat lector quæ ibi præfato Eustasio in Observationibus nostris dicturi sumus. « In pago Hasbanio, sancti Eucherii Turonensis episcopi. In Africa,

Romuli, Acuti, Morali, Successæ, Matutinæ, Donati, Saturnini. » Hæc in Actis paulo distinctius. « Romæ, sancti Calixti papæ. » Colitur XIV Octobris. « Apud Smyrnam, beati Thraseæ episcopi et martyris. »

FLORENTIN. : « Item sancti Martini episcopi, et martyris. » Annon *Martianum* indicat, de quo in Actis VI Martii?

Editio LUBECO-COL. Post textum subdit : « Apud Smyrnam, beati Thraseæ episcopi et martyris, cujus meminit quintus liber ecclesiasticus. Castro Conflando, sanctæ Honorinæ virginis. » In Actis est XXVIII Februarii. « Eodem die, sancti Ruperti episcopi in Wormacia et confessoris. » Idem est, qui *Salisburgensis* supra dicitur, de quo vide eruditum Papebrochii commentarium in Actis hoc die.

GREVEN. : « Resurrectio Domini. Apud Smyrnam Traseæ episcopi et martyris, cujus meminit quintus liber ecclesiasticæ Historiæ. Item Aguti, Missiæ, Romuli. » Nomina sunt a Grevenо, uti passim solet, male transposita et efformata : « Ananiæ presbyteri, et Petri ac aliorum septem militum sub Diocletiano submersorum. » Acta passionis ipsorum data sunt xxv Februarii. « In Africa, sanctorum Romuli, Maroli et Successi. » Multa confusa de quibus vide in Actis. « Derthonæ, sancti Marciani episcopi et martyris. Eucherii episcopi et confessoris. » In priori editione MDXV addebatur *Turonensis*. « Ruperti episcopi civitatis Vangionum, quæ nunc Wormacia dicitur, et confessoris. Eustachii abbatis et confessoris. Castro Constando, sanctæ Honorinæ virginis. » De his vide dicta superius. « Item Neminiæ virginis, et Cyriaci diaconi; » inter Prætermissos. « Item Joannis monachi miræ obedientiæ viri. Qui jussu abbatis sui lignum aridum anno integro sine intermissione irrigavit, non dijudicans senioris præceptum. » De quo in textu.

MOLAN. « Hierosolymæ, resurrectio Domini nostri Jesu Christi. » De Marciano, ut Grevenus. De Thrasea, ut editio LUBECO-COL. De Ruperto, ut Grevenus, sed litteris minoribus. In editionibus aliis, de Resurrectione, et Marciani nihil immutatum. « Wormaciæ, sancti Ruperti, episcopi et confessoris. Qui temporibus Childeberti, in Bavaria, Austria, Styria, et toto Norico, doctrinam Christi propagavit. » Tum typis minutis; « Constantinopoli, sancti Isaacii, Viri Dei. » Vide Prætermissos. « Perside, novem martyrum. » Eorum nomina in Actis exprimuntur.

V Kal.   **Die 28.**

In Cæsarea Palestinæ, sanctorum martyrum Prisci, Malchi, Alexandri, qui persecutione Valeriani, divino fidei calore succensi, ultro judicem adeuntes, de sævitia in piorum sanguinem objurgant; quos ille continuo pro Christi nomine bestiis tradidit devorandos. Apud urbem Cabilonensium, depositio sancti Guntramni regis, qui ita se spiritualibus actionibus mancipavit, ut relictis sæculi pompis, thesauros suos ecclesiis et pauperibus erogaret. Tharso Ciliciæ, Castoris et Dorotheæ.

NOTÆ.

Textus sumitur ex *Praten.*, *Herinien.*, *Tornacen.*, *Antuerp.*, *Max.-Lubec.*, *Munerat.*, *Greven.* et *Molan.* Adde *Antuerp.-Max.*, *Leyden.-Belg.*, *Lovanien.* et Edit. *Ultraj.-Belg.*

VARIANTES LECTIONES.

Greven. et Molan. omittunt copulam inter Malchi et Alexandri. Præcipua hic difficultas utrum Usuardus, Adonis lectionem secutus sit, in hisce verbis, *cur tantum, in sanguinem piorum desæviret*, ut habent Antuerp., Lovan., Max.-Lubec., Greven. et Molan. Prætuli ego antiquiorum codicum auctoritatem, nempe Praten., Herinien., Tornacen. et Munerati, ex quibus textum composui, licet Herinien. aliquantulum differat, legens, *piorum sanguinem fundentium*, et Tornacen. scriptorio sphalmate, *impiorum sanguine*. Sic, inquam, Usuardum posuisse plane existimo. Antuerp. et Max.-Lubec. cum multis recentioribus, habent *Cabilonensem*, prævalent alii, hic Adoni conformes, in *Cabilonensium*. In Lovan. est

Cabulonensem; in Herinien., *Calonem*. Reliqui in textu *Guntramni*, tametsi antiquus scribendi modus postulet *Guntramnii*. Interim Herinien., Tornacen., Antuerp., Greven. et Molan. legunt *Guntranni*, Max.-Lubec. pejus *Guntramii*. Rursus, in textu est *spiritalibus* cum Pratensi, Max.-Lubec., Munerat. et Greven., quamvis non parum dubitem, an præhabenda non sit aliorum cum Adone lectio. Utrum prætuleris sus deque habebo. Tornacen. pro *actionibus*, habet *actibus*. Herinien. repetit particulam *et*, hoc modo, *et ecclesiis et pauperibus*. Tharso scribunt omnes, exceptis Herinien., Antuerp.-Max., etc., et Munerato, ubi *Tarso*, et melius legitur; turbam sequi cogimur : Max.-Lubec., pessime *Therso*. Inter recentiores sunt qui scribunt, *Siciliæ*, *Cœtera*, ut *Cæsarea*, *sævicia*, *martyrum*, *Dorotei* et similia negligenda sunt. Non omiserim tamen dicere, in textu relictum *Palestinæ*, A quia universim codices omnes ita efformant, excepto solo Molano.

OBSERVATIONES.

Hac etiam die Romano parvo ex Rufini lib. vii, cap. 11, debentur, qui primam in laterculo classem constituunt martyres Palæstini, *persecutione Valeriani bestiis traditi*. Quam rem paulo diffusius Rufini ferme verbis exposuit Ado, et qui hunc secutus est, Notkerus : Noster stylo breviori, sed qui eamdem sententiam, et eadem ferme verba, nonnullis præteritis, referat. De his jam supra egimus in Variantium lectionum examine. Nec plura in Actis reperit Henschenius. Inter Sincera autem et Selecta, pag. 252, sola Eusebii verba descripsit Ruinartius, quæ Gallice reddita sunt a Tillemontio tomo IV, pag. 17. Wandalbertus disticho suo primas nostras duas annuntiationes sic metrice exprimit :

Quinta Priscus, Alexander, Malchusque coluntur.
Hanc quoque Guntramnus migrans rex optimus ornat.

Porro rex sanctus *Gunthramnus* ab Adone primum consignatus est, iis verbis, quæ minus scrupulose a Nostro quam a Notkero transcribuntur discrimine tamen perexiguo. Scio equidem in aliquo Hieronymiano apographo, inventum : *Canillonno*, *depositio Guntheranni regis*, at vero id plane adjectitium esse, recte censuit Florentinius. De optimo rege nihil dicendum reliquit Henschenii Commentarius prævius, et Vita per Gregorium Turonensem scripta, ab eo illustrata, cum appendice Fredegarii. Recte ne *Castor* et *Dorotheus* Tarsi conjungantur, statuere non usque adeo promptum, uti nec ex quo apographo Hieronymiano, et quidem seorsim, accepti sint. Id si discutere tua interest, consule Actorum commentarium. At cur *Sixtus* vel *Xistus* sive *Xystus*, istius B nominis Papa III ab Usuardo prætermissus, quem tam clare in Adone expressum reperit ? Œdipo opus est. Cæterum Usuardini textus veram simplicitatem constare existimo.

AUCTARIA.

BELIN. In re purus est, sed exclusus ob transpositionem, et quia pro *Dorothei* legit *Theodori*.

PULSANEN, cætera ferme purus, plane deficit in annuntiatione ultima.

ULTRAJECT., LEYDEN., ALBERGEN. et DANIC. incipiunt : « Romæ, natale beati Sixti III papæ, qui sedit annis octo. Hic incriminatus a quodam, nomine Basso, expurgavit se cum quinquaginta sex episcopis; criminatorem vero suum, postea mortuum, propriis manibus cum linteaminibus, et aromatibus sepelivit. Hic constituit, ut nullus episcopus in parochia alterius ordinare præsumat. » Reliqua pura sunt.

CENTULEN. : « Apud Cæsaream Palestinæ, sanctorum martyrum Prisci, Malchi et Alexandri. Tarso C Ciliciæ, Castoris et Dorothei. Cabillone, sancti Gunthramni regis, qui relicta funditus mundi pompa, Domini servitio se ex integro mancipavit. »

ANTUERP.-MAJ. in prima classe, ut CENTULEN. : « Apud urbem Canillonensem, dompni Guirandi... » recte; omisso in fine Castore et Dorotheo.

BRUXELLEN. : « Apud Cæsaream Palestinæ, natale sanctorum martyrum Prisci, Malchi et Alexandri. Qui sub persecutione Valeriani, cum sanctos Dei martyrizari conspicerent, divino fidei calore succensi, ultro judicem adeuntes, cur tantum in sanguine piorum sæviret, objurgarunt. Quos ille continuo pro Christi nomine, bestiis tradidit devorandos; et sic ipsi martyrium compleverunt. Romæ, beati Sixti tertii, papæ et martyris. Qui constituit, ut nullus episcopus in parochia alterius ordinare præsumat. Tarso, » etc., ut in textu. « Apud urbem Cabilonensium, depositio sancti Guntranni regis D Francorum religiosi. Qui ita se spiritualibus actionibus mancipavit, ut relictis seculi pompis, thesauros suos ecclesiis et pauperibus erogaret. Quique dum aliquando venando fessus juxta rivum aquæ dormiret, vidit armiger ejus parvum animal de ore ejus exire et properare ad rivum. Cui ille ad itum, et reditum gladium imposuit. Expergefactus autem rex dixit, se per somnum pontem ferreum transisse et in monte invenisse thesauros. Quos ipse armigeri sui ductu reperiens, ecclesiis dedit. »

HAGENOYEN., in prima annuntiatione satis purus, secundo loco de Sixto, fere ut ULTRAJ., etc. De Gunthramno, recte; pro *Dorotheo*, scribit *Thorotheo*. In fine : « Colonia Agrippina, sancti Eugisli episcopi et confessoris. » Vide infra.

MARCHIAN., in fine : « Civitate Nicomediæ, passio sanctorum Pastoris et Victorini. » Vide XXIX.

MATRICULA-CARTHUS.-ULTRAJ. sola nomina textus refert, Gunthramnum primo loco, Cæsarienses ultimo.

VATICAN., signatus num. 5949, adjicit: « Romæ, sancti Xisti papæ, qui sedit in episcopatu annis octo. » De Castore et Dorotheo, nihil.

In ALTEMPS. ad Castoris et Dorothei, subnectitur *Adauctæ*. Vide in Actis commentarium.

FLORENTIN. : « Romæ, sancti Sixti papæ. »

Editio LUBECO-COL. incipit : « Apud Coloniam Agrippinam, translatio sancti Evergisli, archiepiscopi et martyris, de civitate Tongerensi, per dominum Brunonem Coloniensis civitatis archiepiscopum, ad ecclesiam sanctæ Cæciliæ virginis. Romæ, natale sancti Sixti...... » ut ULTRAJECT., nisi quod in fine addatur post *præsumat*, « et ut nullus clericus, [in] parochia alterius episcopi, ordinationes accipiat. » Rursus de Cæsariensibus in fine additur, post *devorandos* : « Quorum animæ ab angelis sunt receptæ, ut in ecclesiastica scribitur Historia. Apud urbem Cabilonensem, depositio sancti Guntraninimi [Gunthramni], regis Francorum, viri religiosi qui...... » Reliqua pure.

GREVEN. : « Item, sanctorum Audacti, Castoris. » Ea connexio in Actis explicata est. « Romæ, beati Sixti...... » ut ULTRAJECT., sed post *præsumat*, sic habetur : « Nec clericus in parochia aliena ; ordinationes accipere. » Melius editio prima, « alterius ordinationes accipiat. Felicis, episcopi Treverensis et confessoris. » De eo actum XXVI Martii. « Rogatæ virginis. » An *Rogati*? Vide Prætermissos. De beato Evergislo, fere ut proxime dictum.

MOLAN. : « Romæ, Sixti papæ, qui sedit Romæ annis octo. Et in castro Monte, depositio sanctæ Waldetrudis. » Remittenda ad IX Aprilis. Et quidem in editionibus aliis omittitur, ubi ita habetur : « Apud Naxum, sive Nesum, Ciciliæ [Siciliæ] oppidum, sancti Cononis, Basiliani monachi, abstinentia et sanctitate clari; tempestate Rogerii secundi, anno millesimo ducentesimo trigesimo sexto. Die vigesima octava, sancti Stephani thaumaturgi, et sancti Hilarionis junioris. » De hoc in Actis hac die, de illo XXV hujus. « Romæ, Sixti papæ, qui sedit annos octo. Coloniæ, ex Tungris transportatio corporis sancti Evergisli episcopi. »

IV Kal. Die 29.

Apud Africam, natalis sanctorum confessorum Armogasti, Archinimi et Satyri, qui tempore Wandalicæ persecutionis, sub Geiserico rege, pro confessione veritatis multa et gravia perpessi supplicia atque o pro-

Lria, cursum gloriosi certaminis impleverunt. Ipso die, depositio Eustasii abbatis monasterii Luxoviensis, qui Pater ferme sexcentorum extitit monachorum et vitæ sanctitate conspicuus, etiam miraculis claruit. [*Bouillart., post martyres Africanos* : ª Civitate Nicomedia, passio sanctorum Pastoris et Victorini.]

NOTÆ.

Ex *Herinien., Tornacen., Pulsanen., Antuerpien., Max.-Lubec., Munerat., Greven.* et *Molan.*

ª Postrema hæc sanctorum Pastoris et Victorini commemoratio in litura scribitur eadem manu, qua reliquus articulus : postea spatium duorum versuum cum dimidio relinquitur omni scriptura vacuum, imo ita scalpello rasum, ut nullum ullius literulæ vestigium vel lyncei oculi subsentire possint. Alii codices carent Pastore et Victorino, et Africanis confessoribus longam subjiciunt S. Eustasii commemorationem. Hinc Sollerii querelæ, Pastorem et Victorinum additos, expulsum S. Eustasium fuisse, adeoque depravatum fuisse codicem. Si mutatum dixisset, nihil reprehenderem; nam ultro fateor Carolino autographo Nicomedienses martyres defuisse, adfuisse S. Eustasium. At idcirco codicem fuisse depravatum qui probaret Sollerius? An quod, ut ait, Pastor et Victorinus a majori cohorte sunt avulsi? sed ex codicibus, quos magno numero citat, vix duo sunt, qui de illa cohorte secum invicem consentiant, ut ipsi Sollerio numerus pro arbitrio mutari videatur. Nimirum alii codices impune potuerunt pro arbitrio augere et minuere cohortem; A solus Pratensis in vitio est. Præter eo quod addit, duos illos martyres ab aliis codicibus prætermitti. Nam id primo falsum est; illos enim referunt inter alios Rosweydinus et Aquicinctinus, quos optimæ notæ censet esse Sollerius. Refert etiam Gellonense martyrologium a nostro Dacherio juris publici factum. Pratensia exempla non adjungo : numerus esset, non auctoritas. Illos habent præterea Matricula Carthus.-Ultraject. et editio Galesiniana. Deinde licet in omnibus Codicibus desiderarentur, nihil tamen inde contra Pratensem. Correctio est, de qua aut admonitæ non fuerunt aliæ Ecclesiæ, aut quam admonitæ neglexerunt. S. Eustasium non dubito quin justis de causis Usuardus in secundam Aprilis diem reservaverit : quamvis illum hoc die Ado Viennensis posuerit. Acta procul dubio vidit quæ nunc exciderunt. Forte etiam ad id inductus fuit Hieronymianis indicibus, quorum codex veterrimus, quem præ oculis habeo, Eustasium hodie silet, B secunda Aprilis memorat. BOUILLART.

VARIANTES LECTIONES.

Armogasti pro *Armogastis* legunt codices Usuardini omnes. In *Archinimi;* non ita conveniunt, nam Pulsanen., Munerat. et Molan. habent *Archimini;* Greven., *Archimimi.* In Greven. et Molan. est *Saturi,* fortasse bene : in Tornacen. et Munerato *Satiri.* Sequor alios, Romano parvo et Adoni conformes. De *Wandalicæ* et *Guandalicæ,* vide quæ fusius explicabimus ad XXIII Maii. In *Geiserico* concordes sunt codices passim omnes. Sunt qui malint *Genserico* vel *Gensericho,* ut Molanus ; non *Gerserico,* ut Munerat., multo minus *Honerico,* ut errat Pulsanen. *Obpropria* medii ævi orthographiam redolet, quam exhibent Heriniensis, Tornacen., Antuerpien., Max.-Lubecana et Greven., licet alibi varient. Putavi eam in textu non incongrue servari posse. *Compleverunt* pro *impleverunt,* habet solus Pulsanensis; qui C *Heustasii* pro *Eustasii.* Quæritur, an Usuardus nomen *sancti* præposuerit? Id non habet Ado; non habent Herinien. et Muneratus. Neque ego adjungendum credidi. Male omisit Munerat. particulam *ferme*; pejus Antuerp. et Max.-Lubecana, pro *sexcentorum,* legunt *ducentorum ;* imo postremus codex, vitio, opinor typographi, caret vocibus *exstitit monachorum.* Isque, mendo consimili, pro *confessorum* in principio habet *conversorum.* Phrasim sibi aliam efformavit Pulsanen. sic legens : *Qui pater ferme sexcentorum monachorum existens, Vita et sanctitate conspicuus,* etc. Variatiunculas alias in scribendi modo, consulto negligimus.

Pratensem codicem præterea autographum, ratione non una hac die depravatum manifestissime ostendunt additi martyres Nicomedienses *Pastor et Victorinus,* a majori cohorte perperam avulsi, nec in ullis aliis codicibus positi, præterquam in Belin. Rosweyd. Aquicinct. et Florentin. qui certe mediocris notæ seriem non transcendunt. Expuncta præterea est et plane erasa tota *Eustasii Luxoviensis* annuntiatio, ut in apographo nostro observavit Sirmondus, et recentius per litteras superius non semel citatas, mihi indicavit Clar. Castellanus. Nos textum vere Usuardinum, sed præter eum nihil genuinum hodie agnoscimus. De Eustasio, ad II Aprilis in præfato Pratensi codice translato, dicetur ibi.

OBSERVATIONES.

Nobilissima trium Africanorum *confessorum* (ita singulari titulo decorantur) classis, a Romano parvo rursus procedit, tacentibus Hieronymianis, Beda et ejus sequacibus. Breve sed magnificum elogium iis tribuit Ado, sequente Notkero. Ejus medullam Noster resecuit, cætera ad verbum servavit. Jam supra diximus quem nomina efformandi modum, ex codicibus Usuardinis præferamus; quis porro reipsa præferendus sit, in Henschenii commentario latius exponitur, ubi circa secundum nomen nonnullæ difficultates explanantur. Habes illic totam martyrii histo- D riam ex Victore Vitensi ejusque accuratiori Petri Francisci Chiffletii editione desumptam. De *Eustasio* abbate Luxoviensi nemo ante Adonem locutus est. Ipsissimis ejus verbis, non tamen præcise omnibus, utitur Usuardus, et fere etiam Notkerus. Primas solum voces Noster transposuit, alter et caput et caudam mutavit. Vide et hic Henschenii commentarium cum duplici Vita ab eo diligentissime illustrata. Eustasii laudes nitide exsequitur Wandalbertus.

Eustathius quarta virtutis laude coruscat,
Abba Columbano nituit qui rite magistro.

AUCTARIA.

De PRATENSI et ROSWEYD. jam satis dictum est; de Belino et aliis infra.

ANTUERP.-MAX., ULTRAJ., LEYDEN., LOVANIEN., ALBERGEN., DANIC. et EDITIO ULTRAJ.-BELG. parum admodum a puritate recedunt, addentes Eustasio titulum ab Adone expressum, *discipuli sancti Columbani,* et pro *sexcentorum,* scribentes *ducentorum.*

CENTULEN. : « Apud Africam, sanctorum Armogasti, Archimini et Satiri. Ipso die, depositio beati Eustasii abbatis, discipuli sancti Columbani. »

ANTUERP.-MAJ. de Eustasio fere textum refert. Martyres Africanos solo nomine appellat.

BRUXELLEN. : « Nicomediæ, sanctorum martyrum Victoris, Victorini, Pastoris, Saturnini, Juliani et aliorum quatuor. Apud Africam, sanctorum martyrum Armogasti, Archimini et Satiri. Qui tempore Wandalicæ persecutionis, sub Geyserico, rege, pro confessione veritatis multa et gravia perpessi supplicia, cursum gloriosi certaminis compleverunt. Ipso die, depositio sancti Eufragii, abbatis monasterii Luxoviensis, discipuli sancti Columbani, viri Dei. Qui pater ferme sexcentorum extitit monachorum, et vitæ sanctitate conspicuus, etiam miraculis claruit. Romæ, ordinatio beati Gregorii papæ. » De quacunque S. Gregorii memoria hic agitur, redi ad XII Martii.

HAGENOYEN. a textus puritate non multum differt, nævos ejus prætermittimus. »

AQUICINCT. post *impleverunt*, textui inserit : « Civitate Nicomediæ, passio sanctorum Pastoris, et Victorini. »

MARTRIC.-CARTHUS.-ULTRAJ. : « Pastoris et Victoris. Eustachii abbatis. Achacii episcopi et confessoris. » Ad marginem corrigitur *Victorini, Eustasii*: addunturque hæc verba : « *Usuardus scribit Achacium martyrem*. Non hac saltem die, an sequenti? ibi videbitur. Colitur proprie XXXI Martii, ut videre est in Prætermissis.

PLESCHIONEN. et VATICAN., signatus num: 5949 : « Nicomediæ, sanctorum Pastoris, Victorini, Juliani. » Numerus pro arbitrio mutari videtur.

UGHELLIAN. pro *sexcentorum*, habet *ducentorum*. In quo convenit cum duobus solitis sociis ANTUERP. et MAX.-LUBEC.

ALTEMPS. : « In Antiochia, Theodori presbyteri, Julianæ et Acaciæ. »

FLORENTIN. : « Nicomedia, passio sanctorum Pastoris et Victorini. »

Editio LUBECO-COL. : « Apud Africam, sanctorum Armogasti, Archinimi, Satyri confessorum. Qui cum essent lucidissima membra Ecclesiæ Christi... » Adonis hæc postrema verba sunt, cætera pure. De Eustasio scribit, *ducentorum*. Tum : « Nicomediæ, sanctorum Victorini, Pastoris, Saturnini, Juliani et aliorum quatuor. Eodem die, beati Or,

A eremitæ nonaginta annorum, qui ita abstinentiæ deditus, quod nullum terrenum, sicut de eo legitur, triennio integro sumpsit cibum. Qui plantario arborum conserens, ne otio torperet, silvam fratribus nutriebat. » Vide indicem Prætermissorum, ubi ejus acta ad alios dies excutienda remittuntur. « Item sanctæ Sophiæ virginis et martyris. Etiam sancti Macovallæ abbatis. » De utroque agitur inter Prætermissos.

BELIN. pro *Luxoviensis*, scribit *Lugdunensis* : pro *sexcentorum, ducentorum*. Additque in fine : « Civitate Nicomediæ, passio sanctorum Pastoris et Victorini. » Ita prima editio. In altera accedunt : « Saturnini, Julianæ, et aliorum quatuor. » Videantur Acta, ubi dubius numerus determinatur.

GREVEN. : « Nicomediæ, sanctorum Victorini, Pastoris, Saturni, Juliani et aliorum quatuor. Natale beati Achacii martyris, cujus passio habetur. » De eo supra, « Stephani papæ IX. » Vide Prætermissos. « Item Gregorii episcopi : » An Nazianzeni? « Macovallæ abbatis. Eodem die, beati Or, eremitæ, qui tantæ abstinentiæ fuit, ut intra integrum triennium, nullum terrenum sumpsisse cibum legatur. Ne autem otio torperet, plantaria arborum conserens, silvam fratribus nutriebat. Romæ, sanctæ Sophiæ virginis et martyris. » De his dictum est, « Item Dolæ, Julianæ virginis. » An forte *Nicomediensis*? Sed loca satis disparata sunt.

MOLAN. : « Nicomediæ... » ut altera Belini editio. « Et passio sancti Achariii. » Tum alio charactere, « cujus passio habetur. Eodem die, sanctorum Jonæ et Barachisii martyrum, sub Saporio Persarum rege. Quorum historiam conscripsit Esaias Adami filius, eques regis Saporii et auditor atque spectator eorum, quæ fiebant. Eodem die, sancti Bertholdi confessoris, ordinis Carmeli. » In editionibus aliis, de Nicomediensibus et Bertholdo, ut supra. Sequitur : « die vigesima nona, sancti patris Marci episcopi Arethusii. Et Cyrilli diaconi et aliorum qui sub Juliano tyranno certaverunt. » De Jona et Barachisio, paulo brevius, et aliis litteris.

III Kal.   Die 30.

Romæ via Appia, passio beati Quirini tribuni et martyris, qui sub Aureliano imperatore, post linguæ abscisionem et equulei suspensionem, manuumque ac pedum detruncationem, agonem martyrii gladio consummavit. Thessalonicæ, natalis sanctorum Domnini, et Victoris. [*Bouillart*. « Thessalonicæ, natalis sanctorum Domnini, Filopoli et Achaici, *sequentia omittens*.] Apud castrum Silvanectensium, depositio sancti Reguli episcopi et confessoris.

NOTÆ.

Puri sunt *Herinien., Tornacen., Pulsanen., Munerat., Greven.* et *Molan.*

ᵃ Plerique codices Domnino comitem addunt Victorem, qui nunquam Domnini comes fuit. Noster primus, quem secuti sunt Rosweyd., Marchian., Pratenses B, D, E, et Conchensis, veros comites indicavit, nempe Filopolum et Achaicum. Sed nescio quo fato accidit, ut eos primum non cognoscens Usuardus, nescio quem illic poneret; postea vero nova notitia instructus, illo excluso, duobus aliis locum dederit. Atque hoc satis est Sollerio, ut Pratensem codicem et purorum albo expungat, Usuardinum sensum evanuisse affirmet, et sciolo cuidam correctionem ascribat. Frustra monitum eamdem ostenderis : sui codices *Victorem* referunt. Filopo-

lus igitur et Achaicus non sunt Usuardi. Itaque Pratensis codex autographi titulo exciderit, quod Usuardus, ubi primum quidpiam emendaverat, id non curavit omnibus omnium urbium, compitis affigendum, ut quod ipse correxerat, alii etiam corrigerent.

Nec id solum in hoc articulo vitium reprehendit Sollerius. Id etiam stomachatur erasum fuisse S. Regulum Silvanectenseum episcopum. Erasus est certe, et rejectus in IX Kal. Maii, qua die depositionem ejus colit Silvanectensis Ecclesia. Qua causa commemorationis locum Usuardius mutaverit, ibidem dicetur. BOUILLART.

VARIANTES LECTIONES.

Martyris et tribuni legunt Greven. et Molan : pejus Muneratus pro *et martyris*, posuit *martyrum*. *Abscisionem* habent passim omnes. Quod alibi, hic pariformiter servandum fuit. De *eculeo* alibi etiam diximus. In Pulsanensi deest *gladio*, et pro *Domnini* legitur *Domnii*, quod Munerat. sic efformat, *Doni : mini*.

OBSERVATIONES.

Romani parvi auctor beatum martyrem Quirinum hodie prædicat his verbis : *Romæ, Quirini, tribuni et martyris, patris sanctæ Balbinæ*. Ado prolixius elogium ex Actis S. Alexandri papæ concinnavit, quod apud Notkerum est hac die, et in vulgato Beda ad xxx Aprilis refertur. Lego in Actis pag. 811, num. 4, hæc verba : *At xxx Aprilis in Beda excuso, desumpto elogio ex Adone, quod sæculo xi ant xii factum est, postquam corpus sancti Quirini. Novesium, ut infra dicetur, fuisset translatum.* Hæc ita velim intelligas, ut non elogium Adonianum tunc factum suspicemur, quod esset absonum; sed eo circiter tempore acci isse, ut festum translatum s t in eum die», quem Beda vulgatus notavit. Quod ad rem nostram propius spectat, Usuardus summatim ex Adone decerpsit, quæ ad martyris laudem putavit sufficere, servata temporis designatione, quæ ab Henschenio hic corrigitur : de qua ad iii Maii denuo recurret sermo, ubi loco proprio dici poterit, quid de sancti Alexandri Actis sentiendum existimemus. Cæterum in prima hac laterculi nostri parte, summa est codicum omnium omnium consensio. Non ita in sequenti cl sse martyrum Thessalonicensium, ubi Pratensis denuo corruptus est, vel si mavis, ab aliquo, qui nimium sapere voluit, ita correctus, ut Usuardinus sensus plane disparuerit. Fateor equidem me prorsus non capere, qua ratione Usuardus *Domninum* ex Thessalonicensium numero unum, cum *Victore*, qui in Hieronym. apographis diserte *alibi* ponitur, conjunxerit, quod tamen ab eo factitatum, codices nostri manifeste evincunt. Atque hoc est, quod dicebam ab aliquo sciolo observatum, in Pratensi codice, subinde perperam restitutum esse; eraso n upe *Victoris* nomine, ascriptisque *Filopoli* et *Achaici* qui vere *Domnini*, vel *Dominici* socii

fuere. At vero conjunctionem illam *Domnini et Victoris* Usuardinam esse, eamque antiquissimam, probat etiam versiculus Wandalberti pro hac die :

Tertia Domnino, comite et Victore refulget.

Mutationem jam dictam agnovit Castellanus in litteris sæpe alibi recitatis. Jam expunctio alia novum in Pratensi codice vitium ostendit. Quippe erasa est tota *Reguli* annuntiatio, quæ in codicibus etiam omnibus, saltem alicujus notæ, Rosweydino duntaxat et Marchianensi exceptis, clarissime exprimitur; sic ut de vera Usuardi lectione controverti minime possit. Notavit in apographo nostro Pratensi Sirmondus, expunctam rursus esse lineam, sed distinctius asserit Castellanus erasa esse omnia, quæ ad Regulum Silvanectensem spectabant. Est ergo *Regulus* ab Usuardo primum adjunctus, ut pote qui in antiquioribus, aut ei synchronis non inveniatur. Hæc ad probandam germanam laterculi nostri simplicitatem dicta sint satis. De Regulo iterum recurret sermo xxiii Aprilis, ad quam diem in Pratensi translatus legitur, sed, Castellano teste, manu non valde antiqua ascriptus : unde etiam evincitur additionem *Filopoli* et *Achaici*, diu post Usuardi tempora factam fuisse. Multa de Regulo valde dubia et implexa dissolvere conatur Henschenius, genuinas Vitas proferens, quæ a Tillemontio et recentioribus aliis plane rejiciuntur. Distinguit hic Castellanus Regulum a Silvanectensi, aliaque satis critice exagitat tomo IV variis locis verbo *Regulus* et *Ricule*, de quibus alibi.

AUCTARIA.

PRATEN. Excessum ejus et defectum jam satis indicavimus. Cum eo iterum omnimode convenit codex Rosweydi, ut sæpius in decursu ostendemus.

ANTUERP. et MAX.-LUBEC. textui superaddunt : « Aureliauis Pastoris episcopi palatini. »

ANTUERP.-MAX., ULTRAJ., LEYDEN., LOVANIEN., ALBERG., DANIC. et editio ULTRAJ.-BELG. de Regulo scribunt : « ejusdem loci episcopi. » Quam hoc sit verisimile, vide in Actis. Deinde adjungunt : « Aurelianis, sancti Pastoris episcopi palatini, vel palentini. » Utrum seligas perinde est, etiam *Valentini*, si ita volueris. Error est recentioribus Usuardi codicibus communis, quique etiam in Hieronymianis apographis aliisque reperitur. Error, inquam, nam Aurelianis nec Pastor quisquam, nec Palatinus, nec Palentinus episcopus. Vide de hac re accuratum in Actis Commentarium, pag. 829.

ANTUERP.-MAJ., in prima mutilus, sic scribit : « Romæ, sancti Quirini tribuni, martyrum (pro martyris) sub Trajano. » Secunda deest. De Regulo, in fine addit, « primi civitatis ipsius. »

CENTULEN. « Romæ, sancti Quirini martyris, sub Trajano imperatore. Thessalonicæ, sanctorum Domini et Victoris. In Francia, civitate Silvanectis, sancti Reguli episcopi et confessoris. »

BRUXELLEN. Quirini elogium, Usuardino longius, ferme ex A tone accepit. De Thessalonicensibus satis pure. Sequitur : « Aurelianis civitate, sancti Pastoris archipræsulis palatini. Apud castrum Silvanectensium, depositio sancti Reguli episcopi et confessoris. Item sancti Quintini. Item, sanctæ Eulaliæ virginis. » Crediderim nomina hæc ex martyribus Hieronymianis lævigata. *Quintinus* colitur xxxi Octobris. De Eulalia egimus xii Februarii : alia Emeritensis colitur x Decembris.

HAGENOYEN. in elogio Quirini nihil magnopere habet, quod non melius in Adone legatur. De Thessalonicensibus purus est. Sequitur : « In civitate Astensi, passio sancti Secundi, qui fuit miles strenuus, athleta Dei egregius, et martyr gloriosus. Hic a be to Calocero fidem Christi edoctus est, et testimonio angelico multipliciter est commendatus, et angelico ministerio per Faustinum et Jovitam de nube præbente aquam baptizatus est, qui cum sepelisset

beatum Marcianum, tentus est a Saprjcio præside, et vestibus nudatus et equuleo tortus, et a Domino sanatus, et deinum incarceratus, et ab angelo solutus ; apparente sibi Domino, confortatus, et ad Calocerum est ab angelo deductus. Deinum præses pices et resinam super capita eorum et corpora fundi jussit bullientem et [ex] eodem fecit eos bibere. Et tunc Secundus est decollatus, et ab angelis venerabiliter sepultus. Calocerus vero apud Abyganum mittitur et ibi punitur. » Vide Acta.

AQUICINCT. Pratensi similis est in Domnino, Philopolo et Achaico, in fine autem addit : « Aurelianis, sancti Pastoris episcopi palatini. »

PLESCHEONEN. et VATICAN. num. 5949 : « Thessalonicæ, sanctorum Domnini et Victoris, Marcelli et sancti Reguli. » Inepta est horum omnium conjunctio, ut in Actis videre est.

MARCHIANEN., in fine : « Sanctorum Domnini, Philopoli et Achaici. »

DAVERONEN., UGHELLIAN. et BURDEGALEN. : « Aurelianis, Pastoris episcopi palatini. »

MATRIC.-CARTHUS.-ULTRAJECT. : « Romæ, Quirini tribuni et martyris. Secundi militis et martyris. Veroni confessoris ; Reguli episcopi et confessoris. »

ALTEMPS. post *Domnini*, addit : « Philopii et Achaici et Victoris. Aurelianis, Pastoris episcopi palatini. Eodem die, passio sanctorum Acesceamæ et Eulaliæ. » Nomina sunt male, ni fallor, efformata. « Apud Orientales Anglos translatio sancti Edmundi regis et martyris, in basilica sanctæ Mariæ Virginis. » Remittitur ad diem natalem xx Novembris. »

STROZZ. : « Aurelianis, sancti Pastoris palatini. » Mediceus interjicit, *episcopi*.

Editio LUBECO-COL. De Quirino pleraque habet ex Adone : quæ vero de lingua accipitri exhibita, de sex paribus boum, etc., superaddit, in Actis discussa invenies. « Thessalonicæ, natale sanctorum Domnini et Victoris martyris. Apud Castrum Silvanectensium, depositio sancti Reguli ejus 'em loci episcopi et confessoris. Aurelianis, sancti Pastoris episcopi et confessoris palatini. Eodem die, beati Acharii episcopi et confessoris. »

BELIN. penultimo loco : « Apud civitatem Astensem, sancti Secundoli martyris : » in utraque editione pro *Secundi*. In fine autem prima editio habet: « Aureliani, Pastoris episcopi. » Editio altera : « Aurelianis civitate, depo.itio beati Pastoris episcopi. »

GREVEN. : « Civitate Astensi, beati Secundi militis et martyris, tempore Adriani imperatoris. Qui post picem cum resina liquatam super caput atque os ejus fusam, capitis obtruncatione martyrium complens ab angelis est sepultus. Pastoris, Victorini et aliorum quatuor depositio. In Alexandria, Pastoris episcopi et aliorum viginti quatuor ignibus combustorum. » De his duabus classibus vide Prætermissos. « Item Filipoli, Eulaliæ virginis et aliorum sexcentorum et unius. » Vide Acta in cohorte martyrum, cujus dux est *Victor*. « Aurelianis, Pastoris episcopi Palatini et confessoris. Acharii episcopi et confessoris. Mamertini abbatis monasterii sancti Germani Antisiodo-

A rensis, confessoris. » Ad xx Aprilis. « Veronis confessoris. » Potius *Veroni*.

MOLAN. : « Aurelianis, Pastoris episcopi. Eodem die, passio beati Simonis pueri de Tridente; » de quo superius xxiv. « Apud civitatem Astensem, sancti Secundi martyris. Et depositio sancti Veroni confessoris: » Tum litteris minoribus : « Eodem die, natalis sanctæ Maxentiæ viduæ, matris sancti Vigilii episcopi Tridentini. » Spectat ad xxx Aprilis. Ita editio prima. In aliis, post *Aureliano*, litteris Italicis interjicitur, « Comite utriusque militiæ, et Trajano.» In fine : « In pago Brachbantensi, villa Lembecæ, transitus sancti Veroni. Apud civitatem Astensem, » ut supra. « Eodem die, natalis sanctæ Maxentiæ viduæ, matris sancti Vigilii. Aurelianis, Pastoris episcopi. Die trigesima, sancti patris Joannis, qui scripsit Scalam; hoc est Climaci.»

Pridie Kal.   *Die 31.*

Amos prophetæ, quem Ozias, rex Israel, vecte per tempora transfixum necavit, ac postea semivivus patriam devectus ibique sepultus est. Romæ, sanctæ Balbinæ virginis, filiæ Quirini martyris, quæ post devictum sæculi hujus cursum, sepelitur via Appia juxta patrem suum. In Africa, sanctorum Diodoli et Anesi.

NOTÆ.

Ita *Praten.*, *Herinien.*, *Tornacen.*, *Roswevd.*, *Munerat.*, *Greven.* et *Molan.*

VARIANTES LECTIONES.

Vix quidquam præbet notatu dignum. *Timpora* in Herinien. et Greven. puto esse mendum librarii. *Patriam devectus*, omissa præpositione *ad* legunt omnes, exceptis Greveno et Molano; qui etiam pro

B *transfixum* legunt *confixum*. Codex Roswevdi pro *Anesi* scribit *Anesii*. Munerat. nomen truncavit, habet enim *Ansi*.

OBSERVATIONES.

Brevi commentario in Actis nostris expediuntur, quæ de Amos propheta, quem hic primo loco Usuardus nominat, dici potuere ubi necis auctorem clarius distinctum invenies. Certum est, nullum antiquorum martyrologorum, ut sunt Hieronymus, Beda, Florus, Auctor Romani parvi, Ado, Rabanus, Notkerus, Wandalbertus, de eo meminisse. Verosimile est Usuardum ex Isidoro, in Actis citato, ea sumpsisse, quæ hac die de propheta memorat. Eum subinde secuti sunt recentiores cum hodierno Romano. *Balbinam* accepit Ado ex Romano parvo, historiam amplificans, quam Notkerus nonnihil contraxit, Noster brevissime complexus est. De sanctæ Balbinæ rebus C gestis, idem quod de S. Alexandri Actis judicium ferendum est. Cætera quæ ad ipsam attinent, dabit Henschenii commentarius. De *Diodolo* (quem Baronius *Theodulum* dicere maluit) et *Aneso* disputat Florentinius, disputat in Actis laudatus Henschenius : non usquequaque conveniunt. Variant martyrologi alii. Nec hujus loci est de numero aut serie Africanorum istorum martyrum disquirere. Mihi dubium non est, quin Usuardus ex aliquo Hieronymiano apographo eos primum acceperit, vel solos, vel aliis conjunctos, non solitus examinare, rectene an secus seligeret. Certe lectionem ejus qualemcunque ex unanimi codicum consensu talem existimo, ut clarior haberi non possit. Wandalbertus hic denuo suffragatur, ita scribens :

Diodoli pridie emicat Anesusque beati.

Porro ex recentioribus Usuardi codicibus, Diodoli et Anesi socios, non eodem ubique ordine enumeratos, statim dabimus.

AUCTARIA.

PULSANEN., cætera purus, deficit iterum in ultima annuntiatione *Diodoli* et *Anesi*.

ANTUERPIEN., MAX-LUBEC., incipiunt : « Amos prophetæ, » resecto toto elogio. Finiunt: « In Africa, sanctorum Diodoli, Anesi, Felicis, Corneliæ et Valeriæ, Porti et Abdæ. » Atque hi socii sunt, quos nuperrime dicebam in apographis Hieronymianis reperiri, mutato hinc inde nominum ordine. Suspicari liceat socios illos ab aliquo sciolo fuisse restitutos, sic tamen, ut Usuardo perperam attribuantur. In ANTUERP. pro *Balbinæ* est *Babillæ*. Et sic etiam.

ANTUERP.-MAJ. : « Romæ, natale sanctæ Babillæ virginis, filiæ Quirini martyris. Eodem die, natale D Amos prophetæ, quem Ozias rex Israel vecte transfixo per tempora necavit, ac postea semevivus patriam devectus, ibique sepultus est. » Ilæ duæ annuntiationes, si nomen *Babillæ* excipias, satis puræ sunt; deest omnino tertia de Diodolo, etc.

ANTUERP.-MAX., ULTRAJ., LEYDEN., LOVANIEN., ALBERGEN. et DANIC. in Amos et Balbina puri, sic [illegible] : « In Africa, sanctorum Dyodoli, Anesi, Fe-

licis, Corneliæ, Valeriæ, Porti et Abdæ. » Apud « Coloniam Agrippinam, natale sancti Agilolphi, ejusdem civitatis episcopi et martyris. » Recurrit etiam infra, sed ut semel dicam remittendus est ad IX Julii.

CENTULEN. : « Natalis Amos prophetæ, quem Ozias rex Juda, vecte per tempora transfixo, necavit. Romæ, sanctæ Balbinæ virginis, filiæ Quirini martyris. In Africa, sanctorum Diodoli, et Anesi. »

BRUXELLEN., purus in Amos, sic pergit : « Romæ, sanctæ Balbinæ virginis, filiæ sancti Quirini martyris. Quæ postquam a beato Alexandro papa sanata, baptizata et instructa est, plena operibus bonis in virginitate permansit; et hujus seculi cursu peracto, sepelitur juxta patrem suum via Appia, in cœmeterio Prætextati. In Africa, sanctorum Diodoli, Anesi, Felicis, Corneliæ, Valeriæ, Porti et Ablæ. Apud Coloniam Agrippinam, natale sancti Agilolfi, ejusdem civitatis archiepiscopi. Quem Karolus Martellus, avus Karoli Magni, misit causa pacis tractandæ, ubi crudeliter peremptus et martyrio coronatus, multis claruit miraculis. Et Romani monachi. » De hoc vide Praetermissos.

HAGENOYEN. novi aliquid profert : « Apud Samariam, Amos prophetae, quem Iheroboam rex Israel, quoniam male ei prophetavit, propter ydolatriam quam exercuit, vecte ferreo per tempora transfixit, ac postea semivivus ad patriam suam devectus, ibique a suis honorifice sepultus est. Romae, sanctae Balbinae virginis, filiae Quirini militis et martyris, quam Alexander papa a morbo struimae curaverat. Quae virginitatem Deo vovit. Quae post devictum, etc. In Africa, sanctorum martyrum Diodoli et Anesii, Felicis et Corneliae, Uleriae, Porti et Abdae. Apud Coloniam Agrippinae, natale beati Agillolfi, ejusdem civitatis episcopi et martyris. »

AQUICINCT. in fide addit : « In Britannia, sancti Aldelmi episcopi et confessoris.» (Ad xxv Mai.)

PLESCHIONEN. : « In Africa, sanctorum Felicis, Anesii et Diodoli.»

MARCHIANEN., in fine : « In Britannia, dormitio sancti Adelmi episcopi et confessoris.»

MATRIC.-CARTHUS.-ULTRAJEC. : « Amos prophetae. Balbinae virginis, quae fuit filia Quirini martyris, tribuni supraescripti sepulta apud eumdem. »

Codex D. DU CHEVAL. signatus B : « Apud Coloniam Agrippinam, natalis sancti Agilolfi ejusdem civitatis episcopi et martyris. »

VATICAN. : « Africa, sanctorum Anesi, Felicis et Diodoli. » Vide quae supra de sociis *Diodoli* et *Anesi* diximus, ad auctarium secundum.

UGHELLIAN. Post *Anesi,* add t : « Felicis, Corneliae et Valeriae, Porti et Abdae. » Ut supra.

ALTEMPS. : « Apud coenobium Fontinellensium, translatio sanctorum Wandregisili, Wulframni, Ansberti, a beato Babino episcopo, in ecclesia sancti Petri apostoli. » Ad diem natalem proprium singuli remittuntur, in indice Praetermissorum.

FLORENTIN. : « Natale sancti Julii papae et confessoris. Tamen festivitas ejus habetur pridie Idus Aprilis. » Vide ibi Usuardi textum, etc.

Editio LUBECO-COL. incipit a Balbina, elogium texens Hagenoyensi non multum absimile. Sequitur de Amos, pure. « In Africa, sanctorum Diodoli, Anesi, Felicis, Corneliae, Valeriae, Porti et Abdae martyrum. Apud Niceam Bithyniae, sancti Arsacii confessoris, ex milite heremitae, qui daemoniacum curavit et draconem interfecit. » Est hic, opinor, qui jam non semel *Acharius, Achatius,* etc., dictus est, forte *Acacius Melitenensis,* de quo videndus Henschenii commentarius.

BELIN., in textu non plane correctus, tertio loco inserit : « Eodem die, Felicis papae et martyris. » Et pro *Diodoli* scribit *Theodoli,* De Felice papa agitur xxx Maii.

GREVEN. : « In Africa, Felicis, Corneliae et Valeriae, Porti et Abdae. Natale beati Agilolphi, Agrippinensis Coloniae archiepiscopi et martyris. In Spira, Guidonis abbatis. Parisius, Catullae matronae.» Vide Praetermissos. « Apud Niceam Bithiniae, Arsacii militis, heremitae et confessoris. Item Amos abbatis in deserto Scythi, patris quingentorum ferme monachorum. Ammonii abbatis, qui ad se pro conversione venientibus, cellulas non modo diligenti cura aedificare, verum etiam propriam cellulam, cum omnibus quae in ipsa erant, relinquere frequenter solebat. Beatae memoriae Laudunii, prioris majoris Cartusiae. Qui unus ex sociis sancti Brunonis fuit, atque post eum praefatam domum regem, a schismaticis carceri mancipatus quievit. » De tribus hisce ultimis etiam agitur in indice Praetermissorum.

MOLAN., de Agilolfo habet, ut HAGENOYEN. De Felice, ut BELIN. Tum : « Elevatio et translatio sanctorum Wandregisili abbatis, et Ansberti atque Wulframni archipraesulum. » Vide supra. Postea minori charactere : « In spira, Guidonis abbatis primi Pomposae monasterii. Cujus corpus, non integrum annum defuncti, plurimis glorificatum miraculis, de Parmensi civitate magno honore Spiram transtulit Henricus imperator. » Aliae editiones sit legunt : « Die trigesima prima, sancti et miraculis clari Hypatii, episcopi Ancyrae. » In indice Praetermissorum vocatur *Gangrensis episcopus*, rejiciturque ad xiv Novembris. Est et alter *Hypatius*, de quo vide ibi. « Eodem die, Felicis papae et martyris. In Blandinio, elevatio et translatio, etc. »

MENSIS APRILIS

HABET DIES XXX.

Kalendis   *Die* 1.

Romae, passio beatissimae Theodorae, sororis illustrissimi martyris Hermetis. Haec sub Aureliano principe martyrizata, sepulta est juxta fratrem via Salaria, non longe ab urbe Roma. Eodem die, sancti venantii episcopi et martyris. In Aegypto sanctorum Victoris et Stephani.

NOTAE.

Pro textu sunt *Praten., Herinien., Tornacen., Munerat., Belini prima editio* et *Molan.*

VARIANTES LECTIONES.

Munerat. et Belin. pro *beatissimae,* legunt simpliciter *sanctae.* Idem Belinus habet *sepultaque,* et post *fratrem* addit *suum,* quod etiam facit Molan.; ab urbe *Romae* pro *Roma* posuit Tornacen. De caetero, *Egipto, Equpto, Rhoma, Venancii, Martiris,* minutiae sunt. Verbum superest de Greveno quem hoc die ex purorum numero exc usimus, quia textui adnectit : *Gratianopoli, beati Hugonis episcopi et confessoris,* praefigendo signum LL, quod et alibi recurrit, ut V et xx Augusti, etc. Debuit ea annuntiatio inter Auctaria relegari, ubi plura de eodem sancto invenies.

OBSERVATIONES.

Romanum parvum hunc mensem sic auspicatur : *Romae, Theodorae, sororis martyris Hermetis, quae sub Aureliano martyrizavit, sepulta via Salaria.* Ado sanctam brevi sed insigni ornavit encomio, ex quo, quae in textu dicuntur, ab Usuardo desumpta sunt; Notkerus immutatum transcripsit. Vides hic tribus successive diebus Acta sancti Alexandri auctori Romani parvi, et iis qui eum sequuntur, praeluxisse, nam et *Theodora* haec inde accepta est, totaque Adoniani elogii materia. In hoc vero id praecipue mirandum occurrit, quod ubi locis aliis, eadem Alexandri papae Acta referens, semper notat *Trajani* tempora, hic expresse asserat, sub *Aureliano imperatore martyrizavisse.* Vide quae dicimus III Maii. De Theodora tacent Hieronymiana, Beda, et qui in ejus serie sunt, etiam Wandalbertus, qui omnes hoc die agunt de *Agape* et *Chionia*, seorsim ab altera sorore, quæ cum diabus illis, in Actis conjungitur iii Aprilis, quando de iisdem meminere martyrologi nostri, ut ibi dicemus; nisi fortasse diversæ sint hodiernæ *Chionia*, *Agape*, etc., et in numero Heracleensium nominandæ, quod in ambiguo relinquimus. *Venantius* pure Adonianus est, *episcopi et martyris* titulis honoratus, cum interim nusquam explicetur, inquit Henschenius, *cujus sedis fuerit episcopus, quo perfunctus martyrio, num ei immortuus, an superstes, ut propterea etiam confessor dicatur*, ut patebit in Auctariis. Usuardus et Notkerus, nihil ultra indagantes, satis habuerunt Adonis verba transcribere. Utrum ex Istria vel Dalmatia Venantii hujus corpus translatum fuerit Romam, examinat Henschenius, sed episcopatum Toletanum inter fictorum Chronicorum fabellas merito computat. *Victor* et *Stephanus* ex Hieronymianis ab Usuardo solo accepti sunt, diversi, ut recte censuit Baronius, a *Victore* et *Corona*, de quibus agitur xiv Maii, sed quorum nuda ferme supersunt nomina. *Walericum* hoc die posuit Ado, tum Mosandri, tum Rosweydi; posuit ex eo Notkerus, Noster rejecit ad xii Decembris, in quo probatiores codices pro textu citati, aliique conveniunt. Dissentiunt alii, quos inter Pulsanen. quem, ot *Illustre Martyrologium membranaceum ex Italia allatum*, hic prædicat Henschenius, uter duorum verus obitus dies fuerit, satis accurate examinans. Sunt inter codices, ut Centulen. et Ambianen. qui hodie translationem astruant. Plura si cupis, Henschenium consule, nobis sat est evicisse, primævam hanc Usuardi fuisse lectionem.

AUCTARIA.

In HERMIENSI codice, recentiori manu ad marginem ascriptum : « Civitate Gratianopolitana, depositio beati Hugonis episcopi et confessoris. » Satis certum est hæc ab aliquo Cartusiano monacho addita fuisse.

PULSANEN., secundo loco : « In pago Vinimau super maris transitum, beati Gualerici [Walerici] abbatis et confessoris. Hic in puerili ætate reliquit patrem suum terrenum, et adhæsit militaturus regi cœlesti. Cumque esset senex et plenus dierum, heremiticam vitam diligens, finivit in Domino. » In reliquis plane est purus.

ANTUERPIEN. et MAX.-LUBEC. textui subjungunt : « Eodem die, sancti Walerici abbatis. » Male scribit Max.-Lubec. *Valerii*.

ALBERGEN., post textum etiam purum : « In pago Vinacensi super mare, beati Walerici abbatis et confessoris. » In LOVANIEN. accedit : « Hic puerili ætate reliquit patrem terrenum, et adhæsit militaturus regi cœlesti. » ANTUERP.-MAX., ULTRAJ., LEYDEN., DANIC. et EDITIO ULTRAJ.-BELG. supradictis addunt cum PULSANEN. : « Cumque esset senex et plenus dierum, heremiticam vitam diligens, finitur in Domino. » Posteriores codices scribunt : *Vimmacensi*, etc.

CENTULEN. « Romæ, sanctissimæ Theodoræ virginis et martyris, sororis sancti Hermetis, Urbis præfecti. In pago Vimacensi, translatio sancti Walerici abbatis miræ sanctitatis viri. Thessalonicæ, sanctarum virginum et martyrum [*Agapis, quæ inferius alia manu apposita est*] et Chioniæ sororum. In Ægypto, sanctorum Victoris et Stephani. In Sardinia, beati Meritonis episcopi, cujus actus inter homines celeberrimi extiterunt. Eodem die, sancti Venantii episcopi et confessoris. » Duo hodie in Actis *Venantii*, sed uterque martyr. Vide Observationes.

ANTUERP.-MAJ. in nonnullis CENTULEN. similis, in eo differt, quod de Walerico, Venantio, Victore et Stephano sileat.

BRUXELLEN. de Theodora, textui interserit : « Quam Alexander papa instruxit, baptizavit, atque fidem Christi docuit. In Sardinia, beati Meritonis episcopi, cujus actus inter homines celeberrimi extiterunt. » Cujas fuerit Meriton, vel potius *Meliton*, vide in Actis. Sequitur : « In Ægypto... » Tum Venantii, etc. « In pago Vimacensi super mare, etc. » ut supra : sed pro *finivit*, vel *finitur*, ponit *obdormivit*. « Item, beati Hugonis, de ordine Cartusiensium, episcopi et confessoris. » Vide Acta.

HAGENOYEN., in textu nonnihil interpolatus, addit in fine : « Item conversio beatæ Mariæ Magdalenæ. In pago Vimmacensi, etc., » ut ANTUERP.-MAX., etc.; sed pro *militaturus*, absone scribit, *militericiis*. « Apud Castrum Silvanectensium, depositio sancti Regili episcopi et confessoris. Aurelianis, depositio Pastoris episcopi et confessoris civitatis ejusdem. » Perperam hæc posita sunt. Vide dicta superius.

ROSWEYD., in Theodora purus, in cæteris ab Usuardo recedit. Secundo loco habet ex Beda : « In Thessalonia, Agapis et Chioniæ, quæ sub Diocletiano, post carcerem, in ignem missæ sunt, sed non læsæ, post orationem spiritum reddiderunt. » Sequitur de Venantio. Tum : « Natale sancti Quintiniani et Anastasii. Item Walerici abbatis. In Ægypto, etc. » In Thessalonia, sancti Agapiti, Quirini martyrum. » Ex Hieronymianis.

AQUICINCT. in fine addit : « Sancti Walerici confessoris. » Vide quæ hic non semel dicuntur.

VICTORIN. : « Initium prædicationis Christi. »

AMBIANEN. : « In pago Vimacensi, translatio sancti Walerici. » Plures natalem ponunt.

MATRIC.-CARTHUS.-ULTRAJECT. incipit : « Hugonis episcopi et confessoris. Theodoræ virginis et martyris, sororis sancti Hermetis martyris. Venantii episcopi et martyris. Walerici abbatis. »

CAMBERIEN. S. Mariæ : « In Sardinia, beati Militonis præsulis et Walerici abbatis. » Recta diei quidem, sed non item loci conjunctio.

In VATICAN., sign. num. 5949, desunt Victor et Stephanus. Adjicitur : « In Thessalonica, natalis sanctæ Ethioniæ, sub Diocletiano imperatore, quæ primo in carcere macerata, postea in ignem missa, ibi oratione fusa perrexit ad Dominum. » Puto hic indicari *Chioniam*.

UCHELLIAN., in fine : « Eodem die, sancti Valerici abbatis. » Vides omnium ferme codicum esse.

ALTEMPS. « In Arm. [Armenia] Partini, Quintiani, Victoris, Secundi. Thessal. Ingeniani, Saturnini, Pattinii, Dionysii, Partenii, Alexandri. » Vide nomina melius in Actis efformata. « Civitate Gratianopolitana, sancti Hugonis episcopi confessoris. »

FLORENTIN. : « Transitus sancti Walerici abbatis et confessoris. » Alia hæc est annuntiandi formula.

Editio LUBECO-COL., in Theodora modicum interpolata, in Venantio pura, de Stephano et Victore silet. Sequitur : « In pago Vimmacensi super mare, beati Walerici abbatis et confessoris, cujus sepulcrum crebris miraculis illustratur. Ipso die, sancti Hugonis episcopi et confessoris, ordinis Cartusiensium. In Sardinia, beati Militonis episcopi et confessoris, cujus actus inter homines celeberrimi extiterunt. In territorio Trecassino, sancti Leothonii episcopi et confessoris. » In Actis vocatur *Leuconius*.

BELLINI editio altera, textui puro subjicit : « In Armenia, natale beati Partini, Quinciani, Victoris, Secundi. In Eraclea civitate, Victoris, Chioniæ, Agapæ et Hyrenæ. In Thessalonica, Ingemanæ, Saturnini, Paterni, Dionysii, Pasterii, Alexandri. » Ex Hieronym. accepti sunt, in Actis omnes melius et distinctius expressi.

GREVEN. post signum LL, et supra citata verba, « Gratianopoli, beati Hugonis episcopi et confessoris; » adjungit : « Hugo iste vir sanctissimus, vidit in solitudine Cartusiæ Deum dignationi suæ habitacula construentem, septemque stellas ducatum sibi itineris præstantes : postquam visionem statim affuit Bruno cum sex sociis, locum quærens heremiticæ vitæ congruum. Quos Hugo susceptos in locum sibi divinitus ostensum duxit; consiliis et auxiliis fovit, ac inter eos velut unus ex eis conversabatur. Tandem plenus dierum et sanctitatis quievit in pace. Quintiani martyris. In Armenia, Partini, Victoris. In Sardinia, beati Militonis, episcopi et confessoris. In pago Vimmacensi super mare, sancti Walerici abbatis, discipuli beati Columbani Hujus vitam sanctissimam Vincentius lib. XXIV, cap. 21, perstringens, dicit inter alia quod ejus benignitas et humilitas modum excedebat. Intantum divina compunctione et gratia plenus erat, ut quotiens discipulis prædicaret, vel Deo psallens cœlum aspiceret, totiens lachrymas effunderet. Facies quoque ejus pallida et macie confecta, cum per eum Dominus languentibus curam conferebat, vel futura prædicebat, aut occulta revelabat, roseo colore nimioque fulgore micabat. Gilberti episcopi Cathanensis et confessoris. Item beatæ memoriæ Hugonis archiepiscopi Viennæ, qui ex monacho Cartusiæ, sancto Hugoni in episcopatu Gratianopolitano primo, ipso vivente successit, ac postea ob vitæ suæ meritum, Viennensis archiepiscopus factus quievit in pace. » Est inter Prætermissos. « Ipso die, bonæ memoriæ Hugonis abbatis Bonæ Vallis, ordinis Cisterciensis. » Item « beatæ Gertrudis. » An *Genetrudis*: Vide Prætermissos.

MOLANUS : « Gratianopoli, beati Hugonis episcopi et confessoris, qui anachoreticam vitam exegit multis annis et miraculorum gloria clarus migravit ad Christum. Ipso die, sancti Valerici confessoris. » In editionibus aliis, de Hugone eadem, de Walerico autem : « Ipso die, translatio sancti Vualerici confessoris, cujus sepulcrum crebris miraculis illustratur. » Jam notavi ab aliis natalem scribi, uti hodie in Actis refertur. Vide Henschenium.

IV *Non.*   *Die* 2.

Apud Cæsaream Cappadociæ, passio sanctæ Theodosiæ virginis, quæ Diocletiani tempore ultro se confessoribus in custodia socians, tenta et nichilominus in equuleo cruciata, Dei virtute post de vinculis, aquis, bestiis eruta, novissime martyrium capitis abscisione complevit. Eodem die, natalis beati Nicetii Lugdunensis episcopi, cujus vita miraculis claruit, et pretiosa mors nichilominus miraculis commendatur. Apud Palestinam, ª sanctæ Mariæ Ægyptiacæ, quæ peccatrix appellatur. [*Addit Bouillart*: Item sancti Eustasii abbatis monasterii Luxoviensis.¹

NOTÆ.

Ita Tornacen., Pulsanen., Antuerpien., Max.-Lubec., Munerat., Greven. et Molan. Accedunt Ultraject., Leyden., Lovanien., Albergen., Danic. et edit. Ultraj.-Belg.

ª Sirmondus olim legerat Mariam Ægyptiacam tertio loco, quarto autem S. Eustasium. Postea Castellanus ad Sollerium scripsit, Mariam Ægyptiacam expunctam esse et Eustasium ejus loco positum. Equidem doleo vicem auctoris, qui alienis oculis utitur. Nam quo pacto hæc conciliari possunt? si Mariam Ægyptiacam legit Sirmondus, quomodo expuncta est? si expuncta est, quomodo Sirmondus legit? Ego enimvero, si loco Sollerii fuissem, vel hoc solum fecisset, ut nullam Castellani oculis haberem fidem. Jam Sollerium doceo, quomodo habeat codex hoc loco. Duæ ultimæ syllabæ verbi *commendatur*, tota Mariæ Ægyptiacæ commemoratio, et hæc verba, *item sancti Eustasii* in litura versantur : ex istis autem, *abbatis monasterii Luxoviensis*, primum in margine interiorem excurrit, reliqua duo in inferiori margine. Omnia eadem manu, sed alio atramento; alio autem, quia ut opinor, primum fugere incipiebat. BOUILLART.

VARIANTES LECTIONES.

Nichilominus in hoc textu bis repetitur immista, utrobique littera *c* quam exprimunt Tornacen., Pulsanen., Antuerpien., Max.-Lubec., Munerat. et alii. Quam scriberendi rationem, ut ut vitiosam, minutiarum hujusmodi antiquarum curiosis servandam putavimus. Greven. et Molan. legunt *vinculis et bestiis*, omissa voce *aquis*. Reliquimus etiam *abscisione*, ut C habent codices fere omnes, non *abcisione* ut Greven. et Molan. In Munerato pro *Nicetii* est *Necectii*, archiepiscopi, pro *episcopi*. Item Munerat. et Molan., repetunt particulam *et*, majoris quasi emphasis gratia, *cujus et vita* : ut in Adone legitur. Tornacen., omittit *miraculis* ante commendatur, in quo tamen vis aliqua esse videtur. In *Palestina* scribunt aliqui, plerique tamen, *Apud Palestinam*. Munerat. omisit *sanctæ*, Greven. et Molan. legunt *beatæ*. De mendis scriptoriis alibi dictum est. *Palestinam* scripsi ut habent codices omnes. His præmissis, superest Variatio præcipua.

Etenim de celebri *peccatrice Ægyptiaca* dubitari posset, utrumne ipsa ab Usuardo ipso hoc die sacris Fastis primum ascripta fuerit, nisi codices saltem plerique, tum ex antiquis, tum ex recentioribus in id magno consensu conspirarent. Interim in apographo nostro Pratensi mira hodie lectio; neque tertio loco *Ægyptiaca Maria*, et quarto *Eustasius Luxoviensis*. Sirmondi aciem, dum præfatum ægraphum recenseret, aliquid effugisse necesse est; nam, qui in mei gratiam prætensum autographum non semel studiose lustravit Clar. Castellanzis inductam Mariam, novissime testatur his verbis, ex Gallico Latine redditis : Secunda Aprilis, sancta Maria Ægyptiaca expuncta, et sanctus Eustasius, ejus loco positus. In Heriniem, Rosweyd. et Antuerp.-Max. nulla hodie Ægyptiacæ memoria, in IX Aprilis translata, ut ibi dicemus. Atque ex his aliisque codicibus profluere potest dubitatio, non tamen ita fundata, ut laterculi germanitatem evertat, quam veram censemus esse et simplicem.

OBSERVATIONES.

Egregium præconem habuit *Theodosia*, Eusebium D ipsum Cæsariensem, lib. de MM. Palæstinæ, cap. 7, cujus breve encomium Actis Latinis omnibus prætulit Henschenius, apud quem plura exstant ex Menæis aliisque Græcis monumentis, quamvis non eodem die, desumpta. Ex his autem minime dubium relinquitur, quin *Theodosia acerbis atque horrendis tormentis excruciata fuerit Cæsareæ, non Cappadociæ, sed Palæstinæ*, ut sequenti die clarissime celebrant Hieronymiana omnia a Florentinio edita : *Cæsareæ Palæstinæ, natalis sanctæ Theodosiæ virginis*; ubi videri potest laudati Florentinii notatio, ex qua forte solvi poterit difficultas ab Henschenio proposita de *Dominica Resurrectionis*, in qua Secundum Eusebium, Theodosia nostra martyrium subiisse dicitur, sed quæ cum expresso persecutionis Diocletianæ anno quinto, nec II nec III Aprilis coalescere potuit, ut etiam expendit Tillemontius tomo

V, pag. 85. Interim textus noster aliunde profluxisse videtur; nam auctor Romani parvi ita primus locutus est : *Apud Cæsaream Cappadociæ, sanctæ Theodosiæ virginis et martyris, capitis cæsæ*. Varia tormentorum genera ab Adone enumerantur, et ex hoc a Notkero : Noster non omnia complexus est, illudque imprimis recte cavit, ne *Cæsaream Cappadociæ*, urbem maritimam faceret; studio id an casu, non divino, certe in tota nostra Martyrologorum serie signatur ea positio, quæ nec in ipsis Actis Latinis reperitur, in quibus aquæ ac in Eusebio, palæstra vere dicitur *Cæsarea Palestinæ*. Rabanus, dum die sequenti cum longiori historia Theodosiam recolit, simpliciter legit *Cæsaream*, ac si dubitaret, ad quam Cæsaream virgo revocanda sit. Wandalbertus etiam die sequenti, Evagrio et Benigno Theodosiam subjunxit.

Atque pari fulget Theodosia virgo nitore.

Nicetius Lugdunensis, Bedæ et Rabano præteritus, abest etiam a Romano parvo. Certum tamen est, reperiri in omnibus Hieronymianis apographis apud Florentinium, ultimo vel penultimo loco signatum. In Adone primo loco ponitur, sub vulgari laudationis formula, ab Usuardo et Notkero ad verbum translata. Alia phrasi a Floro ornatus est, nempe; *Qui vir totius sanctitatis, conversationis castissimæ, charitatis eximiæ vita perfunctus est*; ut hic denuo perspicias, quantum et re et stylo Florus ille ab Usuardo nostro remotus sit. Cætera vide apud Henschenium, cum Vita ex Greg. Turonensi ab eo recensita. Wandalbertus, haud dubie metri gratia, ex *Nicetio* format *Nicetum*, solum ipsum ita hoc die celebrans :

Lugduni quartis Nonis sacer urbe Nicetus.

Latinis martyrologis ignota fuisse videtur, de cætero notissima, *Maria Ægyptiaca*, a nemine Usuardo antiquiore aut æquali, in sacros Fastos relata. Quod enim nomen ejus in Adone Mosandri legatur ix Aprilis, recte, mea quidem sententia, a Rosweydo rejectum est; idque vel ea ratione mihi probatur, quod a Notkero, fideli passim Adonis assecla, omnino inscriptum non fuerit. Itaque Usuardo soli tribuenda est præfata *Maria*, cum *peccatricis* titulo, nescio unde deducta, nescio qua causa hujus diei laterculo inserta, cum a Græcis, *Zosima presbytero monacho* conjuncta, diversimode colatur; imo nec ipsi quidem codices Usuardini sibi satis constent, quemadmodum in Variantibus dictum est, patebitque deinceps ex Auctariis ix Aprilis et alibi. De hac sancta egregie meritus est Papebrochius, variis dissertationibus ætatem ejus eatenus male subductam, aliaque ad ipsam spectantia feliciter eruens, curiose digerens et copiose illustrans. Hæc pro nostro instituto abunde sufficiunt.

AUCTARIA.

DE PRATENSI et HERINIENSI nihil ultra dicendum.

ROSWEYD. immiscet secundo loco : « In Africa, Amphiani et Victoris martyrum, et aliorum martyrum decem. » Quidni *quatuordecim*, ut diserte legunt Hieronymiana, ex quibus priores duo accepti sunt. Sequitur *Nicetii* pure. Et in fide : « Item sancti Eustachii abbatis monasterii Luxuviensis. » Intelligit *Eustasium*, de quo jam sæpe; sed omittit annuntiationem tertiam de Maria Ægyptiaca, quæ etiam deest in codice ANTUERP.-MAX.; cætera puro.

CENTULEN : « Natale sancti Nicetii Lugdunensis episcopi. In Achaia civitate Thomis, sanctorum Evagrii et Benigni. » *Achaiam* pro *Scythia* posuit, et hoc die perperam retulit, quod ad sequentem spectat, in Theodosiam in crastinum differt, quæ hodie consignanda est.

ANTUERP.-MAJ. : « Natale sancti Nicetii, Lugdunensis episcopi et confessoris. Apud Palestinam, depositio beatæ Mariæ Ægyptiacæ, quæ peccatrix appellatur; cujus actus valde mirabiles et omni laude digni inveniuntur. » De Theodosia etiam die sequenti.

BRUXELLEN., in Theodosia et Nicetio satis purus, in fine addit : « Et sancti Eustachii abbatis. Item Urbani episcopi. » Lingonensis, opinor; de quo vide Auctaria XXIII Januarii. Adjectum porro recentiori manu ad primum locum asterisco remissum, ut sequitur : « Apud Palestinam, depositio beatæ Mariæ Ægyptiacæ, cujus, primo peccatricis, conversio mirabilis fuit, pœnitentia strenua et Deo valde accepta. »

HAGENOYEN. In Theodosia utcumque purus, de Maria Ægyptiaca longiorem historiam, ut aliis locis ex singulari pietate solet, seu vitæ compendium attexit, sed quod hic non videtur describendum. Tum : « Eodem die, sancti Nixecii Lugdunensis episcopi, cujus vita miraculis claruit et virtutibus insignis [fuit]. »

AQUICINCT. ex eorum numero est, qui Mariam Ægyptiacam differunt ad IX Aprilis.

VICTORIN. et REG. SUECIÆ, signatus num. 130. Nescio quos hic sanctos in unum congregent, quibus in indice Prætermissorum proprius singulis dies assignatur. Ita habent in fine : « Eodem die, sanctorum Herenei episcopi, Andochii presbyteri. Benigni presbyteri, Tyrsi Diaconi, Felicis negotiatoris. »

DAVERONEN. : « Turonis, translatio beati Antonii confessoris. » Vide Prætermissos. Colitur I Maii.

MATRIC.-CARTHUS.-UTRAJECT. : « Nicetii Lugdunensis episcopi. » Nihil præterea.

ALTEMPS. : « Turonis, beati Antonii confessoris. Item sancti Eustasii abbatis Luxoviensis. »

FLORENTIN. : « Item sancti Niceti Lugdunensis episcopi, cujus vita virtutibus et miraculis claruit. Item apud Comum, sancti Abundii episcopi et confessoris. » Hic in impresso deest.

Editio LUBECO-COL. Adonis elogium de Theodosia, sed valde interpolatum exhibet. In Nicetio pura est. « Apud urbem Palestinam, depositio sanctæ Mariæ, » etc.

BELIN. In utraque editione de Maria Ægyptiaca agit secundo loco. Tum : « Eodem die, natale Nicetii [in 2 *Nicenii*] Lugdunensis episcopi. » In priori : « Item, sancti Abundii episcopi et confessoris. » In posteriori : « Item apud Comum, » etc.

GREVEN. : « Amphiani, Victoris, Urbani, Nierti martyrum. » Disparatorum conjunctio. « Barlaam heremitæ et confessoris. » Ignotus est, nisi is sit, qui cum Josaphat colitur XXVII Novembris.

MOLAN. de Maria Egyptiaca immediate subdit : « Cujus actus valde mirabiles et omni laude dignissimi inveniuntur. Item apud Comum, sancti Abundii episcopi et confessoris. Commemoratio venerabilium Christi confessorum Ursmari et Ermini, quando a Hungris liberati sunt Laubienses. » Sequitur minoribus litteris : « Eodem die, sancti confessoris Francisci de Paula, ordinis Fratrum Minimorum initiatoris : qui inter cæteros Christi athletas suis meritis et exemplis, divina cooperante gratia, sanctam Ecclesiam multipliciter decoravit, præsentisque temporis caliginem suæ lampadis fulgore mirabiliter illustravit, quique innumeris in vita pariter et post mortem miraculis claruit. Hunc Leo X sanctorum catalogo ascripsit. Sanctæ Musæ virginis, de qua in Dialogis Gregorius. Hoc die obiit Nodgerus Leodiensis episcopus, cujus gesta præclara habentur. » Vide indicem Prætermissorum. Posteriores editiones de Maria et Abundio, ut supra. Dein : « In Gallia agro Turonensi, sancti Francisci de Paula, Calabriæ oppido, ordinis Minimorum fundatoris. »

Lobiis, commemoratio meritorum venerabilium Christi confessorum Ursmari et Ermini, quando a Hungris liberati sunt Laubienses, per merita eorum. » Rursus typis minoribus : « Lingonis sancti Urbani episcopi et confessoris, magnarum virtutum viri, qui vineas precibus suis sæpius conservavit. Apud Cæsaream Palestinæ, passio alterius Theodosiæ, virginis Tyriæ; quam libro octavo scribit Eusebius Cæsariensis. Hoc die transitus viri Dei Nodgeri episcopi Leodiensis, cujus præclara gesta habentur. » Non alia est ista Theodosia, ab ea quæ in textu refertur. Fefellit Molanum diversa positio, seu locus martyrii. De variis personis sub *Notgerii* nomine confusis, vide Prætermissos x Aprilis.

^lII Non.   Die 3.

In Scithia civitate Thomis, natalis sanctorum Evagrii et Benigni. Thessalonicæ, passio sanctarum virginum Agapis et Chioniæ sub Diocletiano, quæ primo in carcere maceratæ, post in ignem missæ, sed intactæ a flammis, post orationem ad Dominum fusam, animas reddiderunt. Apud Tauromenium Siciliæ, beati Pancratii.

NOTÆ

Ex *Praten., Herinien., Pulsanen., Antuerp., Max.- Lubec., Munerat., Belin. prima editione, Greven.* et *Molan.* Accedunt *Antuerpien.-Max., Ultraject., Leyden., Lovanien., Danicus,* et *edit. Ultraj.-Belg.* Deficit *Albergen.* in solo Pancratio.

VARIANTES LECTIONES.

Scithia scribunt probatissimi codices Pratens., Herinien., Pulsanen., Munerat., Greven. et alii. Molan. habet *Schytia*; Belin., *Schitia*; Antuerp., *Scicia*: aliorum modi sunt varii, nullus recte legit *Schytia*. Priores codices in textu secuti sumus. Item in *Thomis*, qualiter scribunt omnes. Munerat. pro *Evagrii* posuit *Evagii*: *Chioniæ*, pro *Chioniæ*; Pulsan., *Cyoniæ*; Greven., *Scioniæ*. Major defectus in Antuerp. et Max.-Lubec., ubi sic legitur: *Sub Diocletiano in ignem*, etc., mediis vocibus omnino præteritis. Contra Pulsanen. Excedit dum post *a flammis*, interjicit *permanentes*. *Fusas* pro *fusam*, in munerato typographi, fallor, vitium est, sicut in Max.-Lubec. *Thauromentum*, pro *Tauromenium*, ut habent codices Hieronymiani. Iidem ipsi pro *Pancratii* habent *Pancracii*; Pulsanen., *Panchratii*; altera Belin. editio addit., *Pancratii martyris*.

OBSERVATIONES.

Tota *Evagrii* et *Benigni* distinctior notitia ex Martyrologiis nostris promanat. Sic hodie secundo loco legit Romanum parvum: *Tomis, Evagrii et Benigni*. Textus Usuardius, non multo amplior, ex Adone desumptus est, et iisdem ferme verbis a Notkero quoque descriptus. Nihil de ipsis Beda, Florus aut Rabanus. In Hieronymianis vero magna perplexitas, qua non facile sese expedit Florentinius. En textus varios. Epternacense ponit: *In Sicilia, natale Evagri, Benigni...* sex alii nominatim exponuntur. Corbeiense: *In Sicilia, natale sanctorum Thomæ Evagri, Benignæ*, et rursus aliorum sex. Lucense: *In Nicea, natalis sanctorum Thomæ, Evagri, Benigni*; adde commilitones quinque. Hæc, si possis, apte concilia. Et quidem hactenus primo loco. At quid sibi modo vult in iisdem codicibus, quod in fine legitur: *Theumis,* vel *Eumis,* vel *Heumisiter; Evagri et Benigni?* An iidem illi, an a primo loco appellatis diversi? Postremum censet Florentinius: primum Henschenius: tu cui volueris accede; nobis certum est, nostros legisse, ut in textu retulimus; quibus accinit Wandalbertus.

Evagrius ternis splendet martyrque Benignus.

In *Eraclea civitate, Victoris, Chioniæ, Agape et Herenei*, legunt Hieronymiana I Aprilis: et ejusdem mensis v. *In Thessalonica, natalis sanctarum virginum Chioniæ, Herene et Agape*; utro die melius, Florentinii arbitrio relinquo. Dictum est in Observationibus I Aprilis, dubitari posse, an utrobique de iisdem agatur, quod hic examinare non lubet, dum alia expendenda supersunt. A Romano parvo sic hodie primo loco scribitur: *Thessalonicæ, virginum Agapes et Chioniæ.* Beda ad I. Aprilis rectius fortasse titulum *virginis* omiserat, in quo eum presse secutus est Rabanus. Bedæ verba descripsere Ado, ex hoc Usuardus et Notkerus, qui cum præcursore, *virginis*, vel potius *virginum* appellationem retinent, imo ultimus *Irenem* adjunxit, quam rursus cum longiori elogio repetit v Aprilis, ut ibi ex nostris sermo iterum recurret. Id jam præcipue attendendum est, Bedæ hodiernum, et illud Notkeri elogium, quod v Aprilis ponitur, ex iis Actis desumpta esse, quæ olim proconsularibus ipsis supposita, usque adeo Henschenio placuere, ut illa hisce prætulerit, contra Sirleti, Lipomani, Surii et Baronii judicium, qui omnes Græca ipsa ex codice Cryptæ-ferratæ Latine reddita, sinceriora, imo unice authentica existimaverant. Habuit harum rerum longe peritissimus arbiter, magister noster rationes suas cur ita statueret; lego et expendo, nec tamen tales invenio, ut non potius Sirletiana præhabenda censeam, adeoque cum doctissimis recentioribus fateri cogar, hac saltem vice, virum alias perspicacissimum nonnihil dormitasse. Præjudiciis non agimur, veritatem unice sectamur, eique repertæ ultro cedimus, ultroque hic cum Baronio ad annum CCCIV, a num. 40, aliisque citatis, præfatorum Actorum proconsularium germanitatem agnoscimus; de qua vide erudite tractantem Ruinartium inter Sincera et Selecta a pag. 419 et Tillemontium tomo V, a pag. 240. Porro insignium harum martyrum certaminis diem, ex laudatis Actis sic definiendum putamus, ut *Irene* I Aprilis coronata fuerit, aliæ diebus aliquot citius, proindeque exeunte Martio. Expressus autem dies Kalendarum Aprilium, antiquiores martyrologos induxerit, ut omnes eodem die consignarent, quos secutus est Wandalbertus, de solis duabus prioribus expressius loquens, et forte tertiam per verbum *socia* indicans :

Virgineo insignes Agape et Chionia serto
Aprilis socia sacrant sibi jure Kalendas.

Tertia item nostra, Hieronymianorum annuntiatio est: *Apud Thauromenium in Sicilias, natalis sancti Pancratii*; et hoc ferme modo, absque ulteriori elogio, imo brevius ponitur a Romano parvo, Adone, Usuardo et Notkero; reliquis martyrologis, aut ignotus, aut præteritus. Primum fuisse Siculorum apostolum, recepta opinio est : vide quæ de eo diligenter collegit et ab apocryphis discrevit Henschenius. Satis nobis sit, ipsum, æque ac reliquos in textu relatos, vere Usuardinum esse.

AUCTARIA.

Habet hic TORNACENSIS codex peculiare auctarium cæteris omnibus, præterquam Molano incognitum. Sic scribit : « In monasterio Altovillari, translatio corporis sancti Madelupi sacerdotis. » Vide quæ in indice Prætermissorum observata sunt. Cætera dicentur XX Decembris.

ROSWEID. in Evagrio et Benigno, atque item Pancratio purus est. De agape et Chionia egit I hujus, ut ibi diximus.

CENTULEN. : « Cæsareæ Cappadociæ, sanctæ Theodosiæ virginis. Apud Tauromenium Siciliæ, beati Pancratii martyris. Turonis, sancti Antonii confessoris. » Vide Auctaria die præcedenti.

ANTUERP.-MAJ. agit de sola Theodosia cum elogio formæ ex Adone desumpto.

BRUXELLEN. puritati hodie proximus est. Incipit ab Agape et Chionia. Tum de Evagrio et Benigno : « Apud Tauromenium civitatem Siciliæ, sancti Pancratii martyris. »

HAGENOYEN. in prima, et secunda annuntiatione purus, tertio loco habet de Nicetio, ut nos pridie. Sequitur de Pancratio, pure. Tum : « Item in Anglia, Richardi episcopi. In Alsatia, sancti Florentii episcopi et confessoris. » Inter Prætermissos remittitur ad VII Novembris.

VICTORIN. et REG. SUEC., sign. num. 130, in fine addunt : « In Cæsarea Palæstinæ, sanctæ Theodosiæ. »

MARTRIC.-CARTHUS.-ULTRAJ. : « Theodosiæ virginis et martyris gloriosæ, cujus varia tormenta et victoriæ leguntur. Agapes et Chioniæ virginum et sororum martyrum. »

VATICAN., signatus num. 5949, in fine : « Nicomediæ, sancti Donati. » Vide Acta.

Editio LUBECO-COL. in prima annuntiatione pura est, tum sic pergit : « Thessalonicæ, passio sanctarum virginum Agapis et Chioniæ, sub Diocletiano imperatore, Comite Sisinnio; quæ erant sorores A sancti Hærenis virginis, et primo in carcere per varia tormenta maceratæ, deinde in ignem missæ, sed intactæ permanentes a flammis, post orationem ad Dominum fusam, animas cœlo reddiderunt. Apud Thauromenium ci italem Siciliæ, sancti Pancratii episcopi et confessoris [Melius dixisset martyris]. Eodem die, sancti Richardi episcopi et confessoris. »

GREVEN. : « Nicomediæ, sancti Donati. Item sanctorum Sixti, Benigni, Ruti, Patricii. In Anglia, sancti Richardi episcopi Cicestrensis et confessoris, Burgundoforæ abbatissæ et virginis. » De hac et Sixto cum sociis, vide Prætermissos.

MOLAN., litteris parvis : « In Anglia, sancti Richardi episcopi Cicestriensis et confessoris. Burgundoforæ abbatissæ et virginis. Sancti patris ac confessoris Nicetæ, in quem orationem funebrem scripsit Theosterictus, illius beatissimi viri discipulus. » In editionibus aliis post Pancratii, litteris Italicis immediate subdit; « episcopi, ab Archagano pagano B interfecti, cujus Vitam scripsit Evagrius ejus discipulus. » Sed quæ passim ut fabulosa repudiatur. Vide Henschenium hic et Tillemontium tomo I, pag. 190. « In Anglia, Richardi, » etc., ut supra. « In monasterio Altovillari, translatio corporis beati Madelmpi sacerdotis. Die tertia, sancti patris Nicetæ, ducis monasterii Medini. » Rursus charactere alio : « Item depositio beatæ Burdegundæ foræ virginis et abbatissæ Evoracensis, de qua in Vita beati Columbani abbatis. » Jam diximus consulendum catalogum Prætermissorum, in quo remittitur ad VII Decembris.

II Non.

Die 4.

Mediolani, depositio beati Ambrosii episcopi et confessoris, cujus studio inter cætera doctrinæ et miraculorum insignia, tempore Arrianæ perfidiæ, tota Italia ad catholicam fidem conversa est. Apud Hispalim, depositio sancti Isidori antistitis.

NOTÆ.

Ex *Praten., Herinien., Tornacen., Pulsanen., Antuerp. Max.-Lubec., Munerat., Belin., Greven.* et *Molan.* Adde *Antuerp.-Maj.* et codices omnes mediæ notæ, de quibus infra.

VARIANTES LECTIONES.

Antuerp. et Max.-Lubec. scribunt *Mediolano*, ut a Beda et aliis factum subinde patebit. *Arrianæ* legunt omnes, malim *Arianæ*, sed codices secutus sum. Greven. voces transposuit *ad fidem Catholicam*. Pejus Molanus *Catholicam* omisit. In Pulsanensi est C *Hyspalim*, pro *Hispali*, et *Hysidori* pro *Isidori*. Tornacen., Antuerpien., Max.-Lubec. et Muneratus habent *Ysidori*. Greven. et Molan. pro *sancti*, ponunt *beati*, pro *antistitis*, *episcopi*, quod postremum etiam habet Belinus.

OBSERVATIONES.

Quo vere anno, quo die consignandus sit magni Patris Ambrosii obitus, inter eruditos controvertitur; et quamvis hoc die in Actis, Ambrosia omnia remissa sint ad VII Decembris, quo per totam Ecclesiam festivius recolitur inclytissimi Doctoris memoria; voluit tamen Henschenius exercitatione singulari, ante tomum I. Aprilis pag. 58, disputationi quodammodo proludere, opinionem suam (*ut alii*, inquit, *potius suam ferant sententiam*) prævie exponens, qua ex Marcellini Comitis Chronico, cum expressa Consulum nota pluribusque aliis monumentis, præsertim Mediolanensibus, evincere conatur, Ambrosii obitum, non ad IV Aprilis anni CCCXVII, ut contra antiquissimam Mediolanensium traditionem statuerat Baronius, sed ad XVII Aprilis anni CCCXCVIII referendum. Contra Henschenium stat major recentiorum numerus, quos inter tono decretorio Pagius, ad annum CCCXCVII, a num. 19, et modestior Tillemontius tomo X, nota 56, a pag. 761, pro Baronii sententia, ex ipsa etiam martyrologorum nostrorum auctoritate, acrius decertant. Video militare utrimque gravia rationum momenta, graviora fortasse, quæ favent Martyrologiis : sed de ultimo librationis scrupulo judicium ferent, qui mensem Decembrem de Actis elaborabunt successores nostri; nos hic in Martyrologiorum cancellis hærebimus. Inter Hieronymiana, solus codex Corbeiensis, in fine laterculi attexuit, quod litteris alia, tanquam purum additamentum, distinxit Acherius : *Mediolano, depositio sancti Ambrosii episcopi et confessoris*. Hoc certius est, notari *Ambrosium* in Hieronymianis omnibus XXX Novembris, sub hac fere formula : *In Mediolano, sancti Ambrosii episcopi, de perceptione baptismi*. Et in solo Lucensi apographo, III Decembris : *Natalis sancti Ambrosii*, At vero die VII ejusdem mensis Decembris, nullus eorum codicum *Ambrosium* nominat. Ad diem obitus accedamus. Ven. Beda primus hoc D die IV Aprilis Ambrosii solemnitatem celebrat : *Mediolano, depositio sancti Ambrosii confessoris*; ubi ne mireris, titulum *episcopi* reticeri, nam id Bedæ satis familiare esse, ex non uno deinceps loco cognosces. Florus de suo addidit : *Qui ingentibus doctrinis coruscavit et virtutibus*. Rabanus legit : *Mediolano, depositio beati Ambrosii episcopi et confessoris, cujus vita et doctrina insignis prædicatur in Ecclesia*. Sed et hic Ambrosium ex Hieronymianis repetit XXX Novembris; nulla baptismi facta mentione Sic autem in serie nostra habet Romanum parvum : *Mediolani, beati Ambrosii episcopi et confessoris*. Breve, sed elegans Adonis elogium, ex Hieronymo acceptum, a Baronio IV Aprilis et rursus VII Decembris, in notationibus ad Martyrologium

MARTYROLOGIUM. — MENS. APRIL.

explicatum, in textu nostro ad verbum describitur; Notkero, præter morem, Viennensis phrasim multum amplificante. Atque hi omnes Ambrosi natalem hoc die unanimiter collocant, suffragante etiam Wandalberti versiculo :

Ambrosius pridie (Nonas) æthereum penetravit honore.

De Ordinatione vero, vii Decembris, nullus est, qui vel verbo meminerit. Quæro primam solemnioris illius festi in universa Ecclesia institutionem, verum nec apud Baronium, nec alibi satis certa primæ ejus originis vestigia hactenus deprehendo, præter ea, quæ subobscure ab Henschenio in laudata exercitatione cursim indicantur. Plura scrutari, hujus loci non est, remitti commode possunt ad prædictam diem vii Decembris, ubi in Actis, post eruditas Baronii, Hermantii, Tillemontii, PP. Benedictinorum S. Mauri, aliorumque de incomparabili fidei Zelatore lucubrationes, totius vitæ series operosius et accuratius digeretur.

Nullus antiquorum martyrologorum *Isidori Hispalensis* meminit, unde verosimillimum est, eum ab Usuardo ex Hispania, quo ad procurandas sancti Vincentii reliquias profectum novimus, in Gallias primum allatum, cum aliis tum confessoribus, tum martyribus, præsertim Cordubensibus, ut suis locis observare non negligimus. Reliqua ex Actis require, ubi Henschenius diligentissime contulit, quidquid de nobilissimi antistitis sanctitate, cultu et doctrina Nicolaus Antonius, aut scriptores alii Hispani melioris notæ suggerere potuerunt, quibus jungenda appendix in eodem tomo, pag. 900.

AUCTARIA.

Antuerp.-Maj., Antuerp.-Max., Ultraj., Leyden., Lovanien., Albergen., Danic. et Editio Ultraj-Belg. puris omnes codicibus annumerari possent: etenim de Isidoro Hispalensi hæc solum textui puro superaddunt : « Fide et doctrina præcipui. »

Rosweyd. Ita legit : « Mediolanis, depositio beati Ambrosii episcopi et confessoris, qui de laico, Arianis simul et Christianis conclamantibus, electus est episcopus, cujus studio.... » Cætera pura sunt usque ad finem laterculi.

Centulen. : « Mediolano, depositio beati Ambrosii ejusdem civitatis archiepiscopi, cujus studio, » etc., pure. « In Hispaniis civitate Hispali, sancti Ysidori episcopi et confessoris , vita et doctrina illustris viri. »

Bruxellen. : « Mediolani, depositio sancti Ambrosii archiepiscopi et confessoris. Qui præses existens, nondum baptizatus, consensu totius populi in archiepiscopum electus, annuente et jubente Valentiniano imperatore, gratiam Baptismatis simul et episcopatus dignitatem percepit. Cujus studio, tempore Arrianæ perfidiæ, tota Atalia ad catholicam fidem conversa est. Hujus Vitam beatus Paulinus Nolanus episcopus ad beatum scripsit Augustinum [*recenti manu*, episcopum]. Apud Hispalim, depositio sancti Ysidori Hispalensis, insignis episcopi, fide et doctrina præcipui. Qui inter cetera sua opuscula, librum naturalis historiæ, quem Ethimologiarum nominat, ordinans, seculi ætates diligenter distinxit. » Quænam Chronici Isidoriani et libri Etymologiarum affinitas sit, vide in Dissertationibus historicis Labbei tomo I, pag. 645.

Hagenoyen. longum nimis pro instituto nostro de sancto Ambrosio sermonem texit, ubi inter alia non satis probata immiscet, quod *Valentiniano imperatori restituerit, et ingressum ecclesiæ illi prohibuerit*, quæ ad Theodosium referenda, vulgo notum est. Hæc, et similia, prætermittenda censuimus. Tum : « In Hispania, apud civitatem Hispalem, depositio sancti Ysidori episcopi et confessoris, fide et doctrina præcipui. »

Matric.-Carthus.-Ultraject. : « Isidori Hispalensis episcopi et doctoris, eximii , qui multos edidit libros, quorum quidam sunt satis noti. »

In Vatican., signatus num. 5949, deest Isidorus. Adjectum : « In Syria, sanctorum Taraci, Andronici et Probi. » De his etiam alibi; remittuntur ad xi Octobris.

Altemps. addit : « Ipso die, depositio sancti Senerthi episcopi. » In Actis prætermittitur, curioso indagatori propositus.

Editio Lubeco-Col. in elogio Ambrosii post *confessoris* inseritur, « ac doctoris Ecclesiæ catholicæ præcipui, cujus studio.... Apud Hispalim, depositio sancti Isidori antistitis, viri fide et doctrina præcipui, fratris beati Leandri, ad quem [Leandrum] beatus Gregorius sacram expositionem super librum Job scripsit. »

Greven. : « In Thessalonica, sanctorum Agathonis diaconi , Theodoli, Pauli, Matutini et Orbani. Item, beati Successi. » Laciniæ ex Hioronymianis bene, vel male consutæ. « In Hibernia, Beghani abbatis. Item Ambrosii diaconi, qui ut Hieronymus de viris illustribus refert, primum Marcionites fuit, sed ab Origene correctus, confessionis Domini gloria insignis fuit. In Scotia, Tigernagi episcopi et confessoris, secundum alios die sequenti. » De his agitur in indice Prætermissorum.

Molan. : « Eodem die, translatio sanctorum confessorum Ulgisi, Amulguini, Theodulphi, Abel, atque Hildulphi. » Vide Prætermissos. Sequitur minoribus typis : «In Perside, sancti Benjamin gloriosi martyris : Tripartitæ lib. i, c. 33. Item Ambrosii diaconi, etc., ut Grevenus. In editionibus aliis, solum additur : « Die quarta, sanctorum patrum Joseph hymnographi, et Georgii, qui fuit in Malæo. » De hoc *Georgio* non multa in hodiernis Actis collegit Henschenius. *Joseph* vero die præcedenti relatus est, ubi longior Vita traditur, et reliqua ad eum spectantia diligenter opera a Papebrochio explanantur. Satis est hæc indicasse, videat ibi lector cætera.

Nonis. *Die 5.*

Apud Ægyptum , natalis sanctorum martyrum Martianæ, Nicanoris, et Apollonii. Thessalonicæ, sanctæ Hirenis virginis, quæ post tolerantiam carceris, sagitta percussa est a Sisinnio comite, sub quo et sorores ejus simul Agapes et Chionia martyrizaverunt. Apud Cæsaream Liciæ, sancti Amphiani.

NOTÆ.

Ex Praten., Herinien., Tornacen., Antuerp., Max.-Lubec., Munerat., Belin. edit. prima, Greven. et Molan. Quibus accedit Antuerp.-Max., Leyden.-Belg., Lovanien. et edit. Ultraj.-Belg.

VARIANTES LECTIONES.

Prima difficultas in propriorum nominum scribendi ratione occurrit. Codex Pratensis legit *Martiani, Nicandri*, ubi reliqui omnes, solis Molano et Lovan. exceptis, diserte ponunt *Martianæ, Nicanoris* vel *Nichanoris*. Atque ita scripsisse Usuardum, certo mihi persuado, nisi propria auctoritate ductores suos Romanum parvum et Adonem deseruerit. *Appollonii, Appolonii, Apolonii*, male scribunt codices aliqui, melius in textu cum Pratensi, Heriniensi, etc. Non minor in virginis nomine variatio.

In Hieronym. est *Herene;* in Romano parvo et Adone, *Irene*, quo modo scribendum existimo. De Usuardina lectione quæritur. Praten. habet *Hirenieæ*, reliqui omnes *Hirenis* vel *Hyrenis*. Solus Muneret. scribit *Herenis*. Pro prima ratione stant Herinien., Tornacen., Antuerp. et Max.-Lubec. quam nos, ut veræ proximiorem, prætulimus. Munerat. post *virginis*, addit *et martyris*, contra cæterorum torrentem. Jam supra ex codicum inflexione in textu posuimus *Agapis*, a recto *Agapes*, ut hic ab *Hirenes* formatur *Hirenis*, licet nos aliter scribere soleamus. Solus Belinus posuit *Sissinio*, atque item, *passæ sunt* : plerique omnes *martyrizatæ sunt*, Herinien. *martyrizarunt*, Pratensis *martyrizaverunt*, quod Adoni satis frequens est, quem cum tam presse hodie secutus sit Usuardus, nihil mirum videatur, si et hoc transumpsisse supponamus. In Molano recte legitur *Lyciæ*, cæteri habent *Liciæ*, ut in textu reliquimus, *Liciniæ*, error est in Heriniensi; *Ciliciæ*, in Belino.

OBSERVATIONES.

Satis mirum et insolitum est, quod nullus ex præmisso laterculo sanctus, hoc die in Actis referatur. Non *martyres Ægyptii*, quia ab aliis, et præsertim Romano hodierno consignantur v Junii, ad quem diem ab Henschenio remissi sunt, tanquam iidem, qui utriusque Nonis, tum Aprilis, tum Junii, sub iisdem ferme nominibus recolantur, ut ibi ipse contra Florentinium censet. Et vero in nonnullis Hieronymianis iidem utroque die signari videntur. Sic habent hoc die secundo loco codices Lucensis, et Corbeiensis Acherii : *In Ægypto, natalis sanctorum Marcianæ, Nichanoris, Appollonii*. In Epternacensi solum legitur : *In Ægypto, Marciani*. De ipsis nihil in serie Bedæ; at in Romano parvo, Adone et Usuardo, iidem tres et eodem modo annuntiantur, Notkero *Martiani*, pro *Martianæ*, substituente, ut est etiam in nonnullis nostris codicibus cætera Usuardinis. Reliqua ad supradictum diem v Junii dabuntur, ubi de ternorum istorum duplici classe identificanda, an distinguenda disputabitur.

Neque de *Irene* seorsim in opere nostro agitur, quod cum sororibus *Agape* et *Chionia*, memorata sit in Aprilis, utpote quarum Acta communia sunt, uti ibidem abunde diximus. In Hieronymianis sorores tres hoc quoque die repetuntur. Romanum parvum legit : *Thessalonicæ, sanctæ Irenes virginis.* Adonis et proinde Nostri elogium ex Beda descriptum est, modice a Rabano auctum, fuse a Notkero : quorum omnium sententia ex Actis proconsularibus paulo severius exigenda est, expuncto *percussione sagittæ*, quod miror Baronium, reliqua bene corrigentem, in textu suo reliquisse. Wandalbertus Bedam, ni fallor, secutus est :

Nonis virgo pia de morte refulget Hyrenis.

Demum nec *Amphianus* in hodiernis Actis locum occupat, expresse tamen in Hieronymianis notatus : *In Cesarea*, vel *Cesaria Liciæ* vel *Luciæ, Amphiani*. Alius ibidem *Amphianus in Africa* legitur, II, alius *in Nicomedia*, III Aprilis. Non dubitant Baronius, Henschenius et Florentinius, quin hic indicetur *ovicula innocens, divinus martyr, portentosæ fortitudinis, intrepidus, admirandus, sanctissimus et beatissimus juvenis Apphianus*, cujus gloriosam de tyranno victoriam accurate descripsit Eusebius, durissimi certaminis oculatus testis, ex quo relati tituli accepti sunt, libro de Martyribus Palæstinæ, cap. 4, quod totum in Actis, totum a Ruinartio reproducitur ad pag. 334. Gallica series exstat apud Tillemontium tomo V, pag. 386, qui in nota pag. 737. Eusebii chronotaxim componere conatur, ut ad *ulteriorem disquisitionem eruditis proposuerat*. Henschenius pag. 59, litt. F. Quod Noster hic *Cæsaream* in *Lycia* perperam collocet, non tam ipsi quam Adoni vitio vertendum est, imo imperitis librariis, qui Hieronymianum transcribentes, aliquid detraxerint, addiderint, aut mutaverint. Utrum vero Hieronymianum textum bene restituat Florentinius, per *In Cæsarea et Lycia*, respiciendo ad martyris patriam et cultum aliis expendendum relinquo. De *Ædesio* Apphiani fratre, cum non agant hic martyrologi, ad Nostrum etiam nihil attinet : satis est, genuinum ex omni parte ejus textum exhibuisse. Vide de *Ædesio* Romanum hodiernum, VIII Aprilis, et ibi Acta nostra, quæ ex Eusebio martyrium ejus referunt.

AUCTARIA

Pulsanen. Deest ultima annuntiatio, in reliquis purus est.

Rosweyd. post *Amphiani*, adjicit, « et aliorum. » Tum : « Claudiani martyris. » Ex Hieronymianis.

Ultraject., Leyden.-Lat. Albergen. et Danic. textui cætera subjiciunt : « In Scotia, sancti Tygernagi episcopi et confessoris. »

Centulen. : « Apud Thessalonicam, sanctæ Hereneæ virginis et martyris. In Ægypto, sanctorum Nichanoris et Apollonii martyrum. Cæsarea Liciæ, sancti Amphiani. »

Antuerp.-Maj. : « Thessalonica, natale sanctæ Hireneæ virginis et martyris. Apud Ægyptum, natale sanctorum Marcianæ, Nichanoris, et Apollonii, quorum gesta habentur. »

Bruxellen. de martyribus Ægyptiis et Amphiano, nihil. In Irene satis purus est. Sequitur : « Apud Scotiam, sancti Tygernagi episcopi et confessoris. Item Marinæ virginis. Et sancti Vincentii de Valentia, doctoris de ordine Prædicatorum, qui tam in vita, quam post mortem miraculis claruit. » Quæ *Marina* hic indicetur, ignoro.

Hagenoyen. textui hodie puro, solum addit : « Ipso die, in Scotia, depositio sancti Tygerilagi [Tigernagi] episcopi et confessoris. »

Victorin. et Reg. Sueciæ, num. 130, in fine : « Item Carthagine, sancti Pontiani diaconi. » Nullus hodie apud alios *Pontianus*, ne inter Prætermissos quidem notus. Multum fallor, si non indicetur Pontius sancti Cypriani diaconus, de quo superius actum est VIII Martii.

Matric.-Cartheus.-Ultraject. : « Hyrenis virginis et martyris, sororis Agapes et Chioniæ. Didimi Alexandrini confessoris, cujus meminit Hieronymus. » Estne forte martyr, de quo in Actis?

Strozz. « Natale sancti Vincentii, ordinis Prædicatorum, patria Valentini et prædicatoris clarissimi, [qui] in Britannis urbe Venetensi recubuit, cujus sanctitatem crebra miracula protestantur. »

Remens. sanctorum Timothei et Apollinaris : « Catalaunis, depositio Arulfi episcopi. » In indice Prætermissorum omittitur tanquam ignotus.

Editio Lubeco-Col. primo loco agit de sancto Vincentio, sed elogium habet alicubi mutilum, quod infra ex Greveno correctius dabimus. De Ægyptiis addit, « quorum gesta habentur. » Cætera ut in textu. In fine: « In Scotia, sancti Tigernagii episcopi et confessoris. »

Belini editio altera in fine subdit : « Item apud civitatem Venetensem Britaniæ, beati Vincentii confessoris, ordinis prædicatorum, sanctitate, doctrina, miraculisque clarissimi. »

Greven. : « Nicomediæ, natalis sancti Claudiani confessoris. » Cur non *martyris?* « Item, Didimi confessoris. Martiani, Quinti. » Indicat, ni fallor, Alexandrinos martyres. « In Britannia minori, civitate Venetensi, natale beati Vincentii presbyteri et confessoris, ordinis Prædicatorum. Qui Valentinus origine, angelica vita, et salutari doctrina præfulgens, diu singulos Hispaniæ et Galliæ populos divini verbi alimento refecit, et supra viginti millia Judæorum et Maurorum ad Christum convertit. Omnium denique signorum genere clarus, in numero sanctorum referri et amplissimo canonizationis honore decorari promeruit. »

MOLAN. : « Item apud Venetiam Britanniæ, beati Vincentii Valentini, cognomento Ferrarii [Ferrerii], confessoris, ordinis Prædicatorum, sanctitate, doctrina, miraculisque clarissimi. Hic super viginti millia Judæorum, ac Maurorum ad Christum convertit. Lauduno Clavato, prima translatio sanctæ Celiniæ, matris sancti Remigii episcopi. » Vide Prætermissos. « In Scotia, sancti Tigernasi episcopi et confessoris. » Dein minoribus typis : « Apud Leo-

A dium de monte Cornelion, obiit Juliana virgo et priorissa ejusdem loci, et translata quiescit in monasterio Vilariensi, ubi et Vita ejus habetur. » In editionibus aliis, de Vincentio ut supra. « In Scotia, sancti Tigernaci, etc. Die quinta, sanctorum martyrum Theoduli et Agathapodis. » De iis in Actis IV Aprilis. « Lauduno Clavato, » etc. Tum minoribus litteris : « Eodem die, sanctorum martyrum, sanctæ Thermes cum sorore et ancilla. » Inter Prætermissos remittitur ad XXII Aprilis. « Apud Leodium in monte Cornelion, obiit Juliana virgo, et præfecta ejusdem loci, quæ tertio obitus sui die ad cœnobium Villariense translata, illic inter corpora sacra est sepulta. Ubi et ejus Vita habetur. » Data in Actis et ab Henschenio egregie illustrata est.

VIII *Idus.* *Die 6.*

Romæ, natalis beati Sixti papæ et martyris, qui temporibus Adriani, ut sibi Christum lucrifaceret, libenter mortem sustinuit temporalem. In Macedonia, sanctorum Timothei et Diogenis.

NOTÆ.

Ita *Praten., Herinien., Tornacen., Antuerp.-Maj. Antuerpien., Max.-Lubec., Munerat. Greven.* et *Molan.* Quibus proximi sunt *Antuerp.-Max., Leyden-Belg., Lovanien.* et *edit. Ultraj-Belg.*

VARIANTES LECTIONES.

In solis *Sixti* et *Timothei* nominibus consistunt. De postremo satis certum est, male legere Heriniensem et Edit. Lubecanam maximam, *Timothei.* Pro *Xysto* vel *Xisto* stare videtur scribendi modus antiquior apud Hieronym. et Romanum parvum. Et B quidem Pratensis, *Xysti* posuit. At cum cæteri codices omnino omnes legant, *Sixti*, cum Adone, eam scribendi rationem hic censuimus præferendam : si alibi altera prævaleat, ea ibi uti licebit.

OBSERVATIONES.

Binos hoc die *Sixtos* vel *Xistos* nominant aliqua Hieronymiana apographa ; de *Papa* tamen, istius nominis *primo*, non agere, probant martyrum classes, quibus immisti sunt, loco et verosimiliter tempore, a Sixto hoc nostro multum disjunctæ. Itaque, qui in laterculo annuntiatur, is a Romano parvo acceptus est, cujus hæc sunt verba : *Xysti papæ et martyris, temporibus Adriani passi.* Breve est Adonis Rosweydini elogium quod multo auctius reddidit Notkerus ; nisi præhabenda sit Mosandri editio, in qua pene ad verbum reperiuntur, quæ Notkeri propria esse, facile quis sibi persuaserit. Noster Adonis phrasim, ut in Rosweydo est, contraxit et nonnihil C emollivit. Ex libro pontificali primam Sixti notitiam a Romano parvo desumptam credimus, qui ut *martyr* colitur, quidquid nonnulli de eo titulo dubitent. Expressiora habet Florus ad III Aprilis, quæ in nostra Bedæ editione, et hoc die in Actis proferuntur, ubi de ejus cultu, ætate, Actis, sepultura, translatione et inventione collegit Henschenius, distinxitque omnia, quæ de Sixto I dici possunt, aliis res ejus gestas vix obiter tangentibus, ut in Alexandro Tillemontius tomo II, pag. 238 et 240. Hoc eum disticho celebravit Wandalbertus.

Idibus Octavis Xixtus martyrque sacerque
Præminet, Adriano mortem sub Cæsare passus.

Conveniunt hoc die Hieronymiana in annuntiatione nostra ultima de *Timotheo* et *Diogene*, quam ex aliquo hujusmodi codice certo extraxisse censendus est Usuardus, quandoquidem martyrologis aliis, tum antiquioribus, tum synchronis plane ignoti sint, si Notkerum excipias, qui eosdem codices male descripsit, pro *Macedonia, Nicomediam* legens, *Theogenem* pro *Diogene*, in quo ab Henschenio et Florentinio recte corrigitur. Synonymi duo martyres *Timotheus* et *Diogenes*, si non iidem sint ; in Hieronymianis illis Fastis die sequenti leguntur, cum hac differentia, quod hic dicantur passi *in Macedonia*, neque ulli jungantur socii ; at sequenti die cum sociis duobus aut tribus dicuntur *in Antiochia Syriæ* martyrium subiisse. Unde Maurolyco occurrit certa nostrorum martyrum palæstra *Philippi*, nescio, nec satis patet, an utraque ea classis confundi debeat. Latent Acta, e *quibus*, inquit Henschenius, *certiora possemus proferre, eosque* (nempe hodiernos) *a martyribus Antiochenis solidiori argumento secernere.* Nihilo plus claritatis suggerent notæ Florentinii, utroque die. Quæ Usuardina sunt, integre dedimus.

AUCTARIA.

PULSAREN., in Sixto purus, Timotheum, et Diogenem præterit, quorum loco sic habet : « Eodem die, sancti Cœlestini papæ. » Indicat Cœlestinum I, de quo sæpius infra, et in Actis hoc die.

ANTUERP.-MAX., LEYDEN., BELGIC., LOVANIEN., et EDITIO ULTRAJECT.-BELG. textum sic augent : « Romæ, natale sancti Sixti primi, papæ et martyris, qui post beatum Petrum sextus, temporis Adriani, » etc.

ULTRAJECT., LEYDEN., ALBERGEN. et DANIC. idem habent, sed præterea, post *temporalem*, adjiciunt : « Hic constituit ut sacra mysteria non tractentur nisi a sacris. »

CENTULEN. Textum contrahit hoc modo : « Romæ, passio beati Sixti papæ et martyris, tempore Adriani imperatoris. In Macedonia, » etc., pure.

ROSWEYD. cæteris omnibus auctior, in Sixto pu- D rus est. Tum secundo loco : « In Nicomedia, Firmi, episcopi martyris, et aliorum viginti octo. » An recte *Firmo* tribuatur episcopi dignitas, quotve ejus fuerint socii, accurate in Actis examinavit Henschenius. « In Africa, Epiphanii episcopi et aliorum quatuordecim. » De hac classe cum Usuardo agemus die sequenti. « Item, Cœlestinæ virginis cum aliis octingentis. » Hujus fere codicis auctoritate præclara hæc turma in Actis ponitur. « In Nicomedia, sanctorum Timothei et Diogenis. »

BRUXELLEN. huc rejicit magnam hesterni textus partem. Primo loco agit de Martiano, Nicanore, et Apollonio. Tum de Amphiano. Sequitur de Sixto, ubi post textum purum subjicit : « Hic constituit, ut Sanctus, Sanctus, Sanctus Dominus Deus Sabaoth, in missa diceretur. » « In Macedonia, » etc., pure. « Item beati Florentii martyris. » Estne hic

Florentinus ex numero martyrum Sirmiensium? Hactenus non satis liquet.

HAGENOYEN. : « Romæ, natale beati Sixti primi, papæ et martyris, qui post beatum Petrum sextus erat, et temporibus Adriani imperatoris, postquam sedem apostolicam rexerat annis novem et mensibus quinque, ut sibi Christum lucrificaret, libenter sustinuit mortem temporalem. Hic constituit, ut sacra misteria non tractarentur, nisi a sacris ministris. »

« Item ipso die, natale sancti Hyrenei Syrmiensium episcopi et martyris. Hic multis diebus in carcere maceratus, tandem gladio occiditur et corpus ejus in flumen projicitur. » Inter Sirmienses martyres nullus hodie *Irenæus*, nedum episcopus. Nicomediensium antesignanus est *Firmus*, quem turpi lapsu in *Sirmium* transformavit Rabanus, primumque *Firmi* socium *Irænœum*, alias episcopum, *ejusdem loci* antistitem fecit, ut ante me observavit Florentinius, id Notkero tribuens, qui Rabano junior, ex hoc verosimiliter episcopatum illum acceperit. Potuit HAGENOYENSIS scriptor hunc ex alterutro errorem hausisse, nisi forte Florum vidit, qui de Irenæo illo hodie meminit, aliud elogium ei tribuens. Tu de Irenæo Sirmiensi vide xxv Martii. Sequitur : « In Macedonia, sanctorum Thymotei et Dyogenis. »

VICTORIN. et REG. SUEC., signatus num. 130, in fine subjiciunt : « Trecas, sancti Winobaudi presbyteri. » Alii aliter efferunt, ut mox patebit.

MATRIC.-CARTHUS.-ULTRAJECT. : « Hyrenei episcopi, et martyris, Timothei et Diogenis. Sixti papæ et martyris. »

VATICAN., signatus num. 5949, de Timotheo et Diogene silet. In fine subdit :« Sancti Cœlestini papæ, qui sedit Romæ annis octo. »

STROZZ. : « Item sancti Cœlestini papæ. »

REMENS. sanctorum Timothei et Apollinaris : « Trecas, sancti Winobaudi presbyteri et confessoris. »

Editio LUBECO-COL. : « Romæ, natale sancti Sixti primi, papæ et martyris, qui post beatum Petrum apostolum sextus, temporibus Adriani imperatoris, rexerit Ecclesiam annos decem, menses duos, diem unum : et ut sibi Christum lucrifaceret, libenter sustinuit mortem temporalem. Hic constituit, ut sacrata mysteria non tractarentur, nisi a sacris ministris, et ut corporale altaris non fieret de serico, sed de purissimo lino contexto, non tincto. Hic etiam constituit, ut ter diceretur Sanctus, Sanctus, Sanctus Dominus Deus Sabaoth in missa. Hic apud portam Appiam decollatus, ubi Dominus apparuit beato Petro quando dicebat : *Domine, quo vadis?* In Macedonia, » etc., pure. « Trecas, sancti Prudentii episcopi et confessoris. » De quo vide plura in Prætermissis. « Eodem die, beati Vermebandi abbatis. » Lege *Winebaudi*; aliis *Winobaudi*.

BELINI utraque editio, in fine subjicit : « Item sancti Cœlestini papæ. » De quo jam toties supra.

GREVEN. : «Firmini episcopi et martyris » (de hoc et sequentibus consule Acta et Prætermissos, ut errores et confusionem distinguas « et sociorum ejus xxv. Apud Syrmium, sanctarum Rufinæ, Moderatæ, Maximæ, et Machariæ. Item, sanctorum Herennei, Romani, Donati, Clusii, Quiriaci, Hyrenei episcopi Smyrnensis. Cœlestinæ virginis et aliorum LXXX martyrum. Luciæ viduæ et martyris. Anegra Galatiæ, beati Theodori episcopi, sapientia et sanctitate insignis. In Dacia, Wilhelmi abbatis et confessoris. Trecas, Prudentii episcopi et confessoris. Vermebandi abbatis. »

MOLAN. : « Item, sancti Cœlestini abbatis. » An non papæ ?» Et beati Wermebandi abbatis. » Dein typis minoribus : « In Hybernia, sancti Celsi Ardinarchensis archiepiscopi et confessoris. De quo B. Bernardus in Vita Malachiæ. Constantinopoli, natalis magni et beati patris nostri Eutychii, patriarchæ Constantinopolitani, cujus Vita et miracula conscripta sunt ab Eustachio humili presbytero. » Hactenus prima editio. In aliis brevius: « Item, sancti Cœlestini papæ. Et beati Wermebandi abbatis. In Dacia, Wilhelmi abbatis Roschildensis et confessoris. Die sexta, sancti patris Eutychii archiepiscopi Constantinopolitani. » Omittitur elogium, quod in prima editione appositum erat. Vide cætera in Actis.

VII *Idus*.   *Die* 7.

Apud Africam, natalis sanctorum Epiphanii episcopi, Donati et aliorum tredecim. Eodem die, Egesippi Viri sanctissimi, qui vicinus Apostolorum temporum, omnes a passione Domini usque ad suam ætatem ecclesiasticorum actuum textuit historias, ut quorum vitam sectabatur, dicendi quoque exprimeret caracterem. In Alexandria, sancti Pelusii presbiteri.

NOTÆ.

Puri sunt *Praten.*, *Herinien.*, *Tornacen.*, *Antuerp.*, *Max.-Lubec.*, *Munerat.*, *Greven.*, et *Molan*. Adde *Antuerp.-Max.*, *Ultraject.*, *Leyden. utrumque*, *Lovanien.* et edit. *Ultraj.-Belg.* Accedit item *Belinus*, in eo solum discrepans, quod Pelusium Hegesippo anteposuerit.

VARIANTES LECTIONES.

Pro *tredecim* sociis Epiphanii et Donati, codices non pauci ponunt *quatuordecim*, ut Antuerp., Max.-Lubec., codd. mediæ notæ, etc. Standumne pro numero textus, vide in Actis; certum putamus ita scripsisse Usuardum, ut patet ex codicibus probatioribus. *Hegesippi* legendum plane assentior, uti posuit solus codex Tornacensis, male Praten. *Hejesippii*, non melius Herinien. *Eiesippi*. Reliqui interim in textu cum codicibus omnibus aliis, post Adonem in utraque editione, *Egesippi*. *Eusippi* in Munerato typographi vitio tribuendum. Tornacen. et Max.-Lubec. et codices mediæ notæ, pro *Apostolorum temporum*, nitidius legunt *Apostolorum temporibus*. Cæteri omnes ut in textu; in quo Usuardus ductorem non recte secutus est, qui ex Hieronymo bene descripserat, *vicinus Apostolorum temporum*. Sequitur in codicibus omnibus vox *omnes*, a Greveno et Molano prætermissa, qui ambo cum aliis mediæ notæ codd. adjiciunt, *sermone simplici*, ex Adone potius quam ex Usuardo sumptum. *Caractere* scripsit Munerat. quem casum servat Romanum modernum. At quotquot vidi codices omnes utuntur accusativo, et iidem omnes legunt, ut in textu servatum est, si nimis scrupulose, per me licet, corrigatur. Ubinam Greven. *Peleusippi* invenerit, nescio: Molan. præfert *Peleusii*, cum Antuerp. et Max.-Lubec. Nobis præplacet communior scribendi ratio in textu expressa. Menda scriptoria satis est indicasse, ut *Africam, Aphricam, historias*, etc.

OBSERVATIONES.

De *Epiphanio* et sociis brevem, sed accuratum Commentarium elaboravit Henschenius, in quo variorum Martyrologiorum sententias, circa certaminis diem et sociorum numerum relatas invenies. Ea hic

repetere supervacaneum esset. Hoc notandum, primum videri Usuardum, qui eam classem martyrum hac die collocavit, cum Hieronymiana passim VIII Idus annuntient, uti Notkerus etiam posuit. Beda vero, Romanum parvum, Ado et Rabanus neutro die de ea meminerunt. *Hegesippus* a Romano parvo primum memoratus, tanquam *vicinus apostolicorum temporum*, ab Adone insigni encomio exornatur, quod ferme ex sancti Hieronymi libro de Script. eccles. acceptum, Noster in pauciora contraxit, iis prudenter omissis, quæ propius ad sanctum Justinum pertinere, recte in Actis observavit Henschenius. Notkerus in elogio Hegesippi, solito etiam brevior est, rescissa controversa periodo, qua Ado verba illa, quæ plene habes in auctario Greveni : *Nam et ego ipse, sectis Platonicis institutus, audiens infamari Christianos et videns eos impavidos*, etc. Hegesippo perperam tribuit, cum Justino ascribenda esse, hic paucis insinuet Henschenius, fusius id probans ad XIII Aprilis : qui hoc die plura ad Hegesippum spectantia ex variis Eusebii locis componit, quæ historice deducta sunt a Tillemontio tomo III, pag. 47.
Pelusius vel *Peleusius* Romano parvo et Adoni ignotus, ex Hieronymiano aliquo, ubi *Pilusus* voca-

tur, haud dubie profluxit, inde ab Usuardo excerptus. *Pilosum* nominat Rabanus, alii aliter efferunt. Wandalberti versiculus ex Hieronymianorum sensu procedere videtur, ubi *Diogenes* et *Timotheus* etiam hodie ponuntur. Ita sonat :

- Diogenes septenis Peleusiusque feruntur.

Censuit tantisper Henschenius, non idem par martyrum esse, quod in hesterno laterculo *Macedoniæ*, hodie ab Hieronymianis *Antiochiæ Syriæ* tribuitur. Sed de his satis die præcedenti. Pro textus veritate dicta sufficiunt. Scrupulus, qui Henschenium vexat, num *Peleusius, Peleusus, Pelensius, Pelusus*, etc., inter tot nomina etiam *Clusius* dicatur in antiquis Martyrologii Hieronymiani apographis ad diem præcedentem ; item, an unus idemque sit *Eleusius* et *Peleusius*, summa ea difficultate involvitur, qua tot alii martyres ex iis codicibus accepti; quorum cum nulla ulterior notitia alicunde acquiri possit, vix tantum nobis relinquunt, ut vel probabili aliqua conjectura unum ab altero satis secure distinguamus. Id mihi videtur tutissimum, tandiu martyrologiorum nostrorum vestigia premere, donec certius aliquid elucescat.

AUCTARIA.

ULSAN. sic hodie loquitur : « Apud Africam, sanctorum Epiphanii diaconi, Donati et aliorum tredecim. In Alexandria, sancti Pelusii presbyteri. Ipso die, sancti Victoris.» Quis hic sit, nescio, nisi inter Libycos martyres connumeretur.
ALBERGEN. et DANIC. ita incipiunt : « Romæ, natale sancti Celestini papæ, qui constituit ut psalmi David CL ante sacrificium antiphonatim canerentur, nam antea Epistola tantum et Evangelium recitabantur.» Similia habet Ado Mosandri, unde plane sit verosimile, ex aliquo Adonis apographo huc transisse. De cætero puri sunt citati codices.
CENTULEN. : « Egesippi viri sanctissimi, temporibus apostolorum vicini. In Alexandria, sancti Pelusii presbyteri. In Africa, sanctorum Epiphanii episcopi, Donati et aliorum.»
ROSWEYD. : « Apud Africam, sanctorum Epiphanii et Donati martyrum.» Sequitur de Hegesippo satis pure. Tum : « In Antiochia Syriæ, Timothei martyris cum aliis sex. In Alexandria, Pelusii episcopi.» In textu melius est *presbyteri*.
ANTUERP.-MAJ. Hegesippum primo loco refert cum longiori elogio, ferme ex Adone descripto. De Epiphanio pure : de Pelusio nihil.
BRUXELLEN. multa habet quæ curioso lectore digna existimavi. Incipit : « Egesippi confessoris, viri sanctissimi. Qui vicinus apostolorum temporibus, omnes a passione Domini usque ad suam ætatem ecclesiasticorum actuum texens historias, multaque ad utilitatem legentium pertinentia, hinc inde congregans, quinque libros composuit sermone simplici, ut quorum vitam sectabatur, dicendi quoque exprimeret caracterem.» Hactenus ex Adone : quæ sequuntur, de suo addidit : « Romæ, beati Celestini papæ. Qui rexit Ecclesiam annos octo. Hic constituit ut psalmus *Judica* ante introitum missæ dicatur. Et ex ejus instituto Introitus, Gradualia, et Offertoria, quæ in missa ante sacrificium dicuntur, de Psalmis extracta sunt. Sub ipso etiam tertia synodus Ephesina Nestorium hæreticum condemnavit. Hic etiam papa Celestinus sanctum Patricium filium Conches, sororis beati Martini Turonensis, misit in Yberniam, qui omnes ibidem ad fidem Christi convertit.» In Epiphanio et Pelusio purus est. Additur in fine : « Item sancti Macharii monachi.» Prætermittitur.
HAGENOYEN. in textu, præter morem, tantum non purus est, de Cœlestino eadem habet, quæ superius ex ALBERG. et DANIC. recitavi.
REG. SUEC. qui fuit principis Ursini in Bohemia : « Romæ, sancti Cælestini papæ. Qui post beatum

Petrum constituit, ut psalmi David CL ante sacrificium antiphonatim canerentur, nam antea Epistola tantum et sanctum Evangelium recitabantur.»
MATRIC.-CARTHUS.-ULTRAJECT. : « Egesippi confessoris, viri sanctissimi, qui scripsit historias a passione Domini usque ad suam ætatem. Peleusii presbyteri et confessoris.» Cur non *martyris?*
VATICAN., signatus num. 5949, præterit Pelusium; addit autem : « In Antiochia Syriæ, sanctorum Timothei et Diogenis.»
Editio LUBECO-COL.: « Romæ, sancti Celestini papæ et confessoris, qui rexit Ecclesiam annos octo.»
Sequuntur quæ ex LOVANIEN. supra dedimus. Tum : « Hic etiam constituit ut psalmus *Judica me, Deus*, et *discerne causam meam*, ante Introitum missæ diceretur.» In Africanis satis pura est. De Hegesippo eadem fere habet, quæ Bruxellensis. In fine : « In Alexandria, sancti Peleusii presbyteri et confessoris.»
GREVEN. : « Prædictus Egesippus in libris suis hæc refert. Nam et ego in sectis Platonis institutus, audiens infamari Christianos et videns eos impavidos ad suscipiendam mortem atque omne supplicium tolerandum, considerabam quod impossibile esset in malitia eos et libidine conversari.» Hæc ex Adone desumpta sunt, sed quæ Hegesippo abjudicanda diximus. « In Anglia, Salvatoris martyris. » Anglis ipsis ignotus est. « Item Eleusi, Macharia, Philiberti.» Quid de hac conjunctione dicendum, vide in indice Prætermissorum. « Celestini papæ et confessoris, qui rexit Ecclesiam annis octo. Hic,» etc., ut ALBERGEN. « Alii ponunt eum,» inquit, « die sequenti.» Imo diebus variis. « Brandani episcopi et confessoris. Translatio sancti Timothei apostoli et martyris.» De his vide Prætermissos. « Item in Eyflia, monasterio Steynfelt, sanctæ memoriæ Hermanni, qui et Joseph propter simplicitatem dictus est.»
MOLAN. typis parvis de Hermanno habet jam dicta : « Eodem die, sancti Aiberti monachi et presbyteri Crispiniensis monasterii, cujus vitam scripsit quidam archidiaconus Austromandiæ.» Aliæ editiones adjungunt : « Die septima, sancti patris Georgii episcopi Melitines.» Melius *Mitylenæ*. Minori denuo charactere : « Crispinii, obiit Dominus Aibertus inclusus, cujus memoriam facit Crispinium in Litaniis monasteriis. Festum vero in sacella vicino, in quo quiescit, postridie dedicationis ejus oratorii, quod est secunda die Maii. Pompeiopoli, sancti Calliopii martyris. In Eiflia, monasterio Steinfelt, sanctæ memoriæ, etc., » ut supra.

VI Idus. *Die 8.*

Apud Corinthum, beati Dionisii episcopi, cujus eruditione et gratia, quam habuit in verbo Dei, multi fruuntur usque hodie. Claruit autem item Christi electus temporibus Marci Antonini et Lucii Aurelii. Turonis, sancti Perpetui episcopi, admirandæ sanctitatis viri.

NOTÆ.

Ex *Praten., Herinien., Tornacen., Munerat., Aject., Leyden., Lovanien., Albergen., Danic.* et *edit. Greven* et *Molan.* Adde *Antuerp.-Max., Ultra-Ultraj.-Belg.*

VARIANTES LECTIONES.

In paucissimis differunt codices, iisque vix observatu dignis. *Corintum* scribit solus Herinien. Alii paulo aliter, plerique ut in textu et bene. Omnes legunt *Dionisii*, et nos ita legendum putavimus, quamvis *Dionysii* scribi debeat. *Thuronis* male habent Greven. et Molan. Sic *ammirandæ* in solo Greveno.

OBSERVATIONES.

De *Dionysio* Corinthiorum episcopo, de scriptis ab eo epistolis, deque ejus sacri corporis ad Sandionysianum cœnobium facta sub Innocentio papa III translatione, agunt hodie Acta nostra, ubi Martyrologia nonnulla citantur, in quibus hac die festivitas Dionysii recolitur. Ast ea inter nullum Usuardo antiquius, nullum ei synchronum reperire est. Wandalberti versus a textu recedit longissime :

Maximus et senas Idus tenet atque Solutor.

Qui duo sancti ex solis Hieronymianis procedere possunt. Est ergo Usuardi tam propria hæc annuntiatio, quam certum est eam a nullo superiore martyrologo acceptam. Nihil in elogio peculiare tradit Usuardus, quod non de antiquis omnibus Ecclesiæ scriptoribus dici queat, ut ex dictis perspectum est, et magis ex dicendis patebit. Poterat certe ex Eusebio proferre aliqua, huic soli Dionysio magis accommodata, ut in Actis ordine exhibentur, ab iis expurgata, quæ illi non debite ascribi solebant. Henschenium præ oculis habuit Tillemontius tomo II, a pag. 448. Porro quæ de præfato corpore, in Sandionysiano cœnobio quiescente, sitne Areopagitæ Atheniensium, an hujus Corinthiorum episcopi, controverti solent, ad præsentem institutionem non pertinent.

De *Perpetuo* meminit Romanum parvum et post eum Ado, ex quo id tantum desumpsit Usuardus, quod pluribus aliis sanctis commune supra vidimus, iis rescissis, quæ in solum *Perpetuum* privatim quadrabant. Fidelius sua præstitit Notkerus, et quidem Adonis dicta, *angelica demonstratione* ampliavit. Adonis textum tantum non integrum dabunt Auctaria codicum Bruxellensis et Hagenoyensis infra. Hactenus pro nostro Usuardo, qui hic, ut passim solet, Adoni adhæsit. Aliter scribunt Hieronymiana aliqua apud Florentinium, in quibus ad XXX Decembris ultimo loco legitur : *Turonis, Perpetui episcopi et confessoris.* Addidit Rabanus eodem : *Qui sancti Martini ecclesiam ædificavit.* Plusculum dixerat Florus, quem videsis aut in fonte, aut in Actis. Quod autem de *Perpetuo* in Adonis codicibus repertum est, recte, me quidem judice, Mosander et Rosweydus pro additamento habuere. Uter dies præferendus sit, non facile statues, cum Gregorius Turonensis, ex quo Perpetui vita sumitur, eum, qui ipsi ultimus in terra fuit et natalis in cœlo, indicare neglexerit. Cætera vide apud Henschenium.

AUCTARIA.

PULSANEN., ANTUERPIEN.-MAX., LUBEC. et BELIN. puris codicibus annumerari possunt, a quibus in eo solum deficiunt, quod brevissimum Perpetui Turonensis elogium omittunt, ita scribentes : « Turonis, sancti Perpetui episcopi. »

ROSWEYD. etiam purus esset, nisi inter Dionysium et Perpetuum insereret sequentia : « In Africa, Macharii martyris et aliorum novem. » Unde sociorum præcise novem manipulum codicis hujus scriptor eruere potuerit, doceri cupio.

CENTULEN. : « Apud Tolosam, beati Exuperii episcopi et confessoris. Qui beatus vir, fuit valde parcus [opinor subintelligi sibi] et indigentibus extitit [largus] et pius. » Hæc melius ex Usuardo tradit ANTUERP.-MAJ. statim referendus, sed quæ spectant ad XXVIII Septembris. Sequitur in CENTULEN. : « Apud Corinthum, beati Dionysii episcopi. Turonis, sancti Perpetui episcopi et confessoris. »

ANTUERP.-MAJ., omissis Dionysio et Perpetuo, Exuperii elogium supplet hoc modo : « Apud Tolosam, sancti Exuperii episcopi et confessoris. Qui beatus vir quantum sibi extitit parcus, quantumque aliis largus, sanctus Hieronymus memorabili prosecutus est relatu.»

BRUXELLEN. de Dionysio ea fere refert, quæ nos in textu, sed inverso paululum ordine. Sequitur de Exuperio, ut codex proxime superior. Tum : « Item Romæ, Calixti papæ et martyris, cujus principalius festum cadit II Idus Octobris. » Unde ergo festum hoc minus principale, aliis incognitum? An ex aliqua translatione? Vide Prætermissos, ubi rejicitur ad dictam diem XIV Octobris. « Turonis, sancti Perpetui episcopi, admirandæ sanctitatis viri, cujus ope templum, super ossa beati Martini episcopi perfectum est, et eo ipsius corpus translatum est. » Hæc ex Adone, sed non ad verbum desumpta sunt.

HAGENOYEN. in Dionysio etiam ferme purus est. De Perpetuo, post viri, subdit : « Qui ecclesiam in honore beati Martini episcopi ædificavit, et ossa beati Martini transferri fecit, et in eadem ecclesia, illa honorifice, ut decuit, collocavit. Tandem multis perpetratis virtutibus, ipse obiit in pace tranquilla. »

AQUICINT. in fine, post viri, addit : « Romæ sancti Cælestini papæ. Hic constituit, ut psalmi David ante sacrificium antiphonatim caperentur, nam antea Epistola tantum recitabatur, et sanctum Evangelium. » Vides, verum esse, quod diximus, nempe variis diebus hunc sanctum referri.

MATRIC.-CARTHUS.-ULTRAJECT. : « Dionysii episcopi Corinthiorum. Perpetui episcopi Turonensis. »

In VATICAN., sign. num. 5949, adjectum est : « In Africa, sanctorum Macarii, Connexi, Concessi et Maximæ. » Ex Hieronymianis accepti sunt.

ALTEMPS. : « Item Concessi, Ammonii et Successi. » Ex eodem fonte. Vide in Actis recte conjuncta.

FLORENTIN. : « Romæ in cœmeterio sanctæ Priscillæ, via Salaria, natale sancti Cælestini primi, papæ et martyris. »

Editio LUBECO-COL. in Dionysio pura est. De Perpetuo sic habet : « Turonis, sancti Perpetui episcopi, admirandæ sanctitatis viri. Cujus ope templum super reverenda ossa beati Martini episcopi perfectum est, et plurimarum aliarum extitit fundator ecclesiarum. »

GREVEN. : « Apud Africam, natalis sanctorum Timori, Macharii, Connexi et Maximæ et aliorum. Item Concessi, Salutaris [quidni Solutoris], Successi. Januarii, Pinnarii martyrum. » Ex diversis Hieronymi apographis. « Celestini papæ, secundum alios die præcedenti. Exuperii episcopi Tholosensis et confessoris, qui ponitur infra xxvIII Septembris. Gemmari abbatis et confessoris. » An *Genemari*? Putat Henschenius esse « Geremarum » abbatem Flaviacensem, qui colitur, vel saltem ab aliis refertur xxIv Septembris. « Sexburgis reginæ et abbatissæ, cujus Beda meminit lib. ιv. Historiæ gentis Anglorum. » Dies natalis est vi Julii.

MOLAN. typis minoribus, de Sexburge vel Sexburga, Grevenum transcripsit. Sequitur : « Depositio beati Redempti, Ferentinæ civitatis episcopi et confessoris, de quo in Dialogis Gregorius. » Hactenus editio prima. In aliis : « Item, beati Alberti, patris ordinis Carmeli, episcopi et confessoris Hierosolymitanæ ecclesiæ. Marchianis, elevatio sancti Jonati, confessoris Christi. » Rejicitur ad I Augusti. « Die octava, sanctorum apostolorum. Herodianis, Agabi, Ruli et sociorum. » Ita a Græcis et simul, hac die coluntur; conjuncti etiam in Kalendario Moscovitico : a Latinis seorsim, ut videre est in indice Prætermissorum. Sequitur aliis litteris. « Item, sancti Bademi archimandritæ et martyris, cujus martyrium habet Metaphrastes Simeon. » Inter Prætermissos remittitur ad diem sequentem, ubi et *Badimus* vocatur.

V *Idus*. *Die 9.*

Natalis beati Procori, qui fuit unus e septem primis diaconibus; hic fide et miraculis præclarus apud Antiochiam martyrio consummatus est. In Sirmio, passio sanctarum septem virginum, quæ dato simul pretio sanguinis, vitam mercatæ sunt æternam.

NOTÆ.

Ex *Praten.*, *Tornacen.*, *Pulsanen.*, *Antuerp.*, *Max.-Lubec.*, *Munerat.*, *Greven.* et *Molan.* Adde *Antuerp.-* *Max.*, *Ultraject.*, *Leyden.*, *Albergen.*, *Danic.* et *edit. Ultraj.-Belg.*

VARIANTES LECTIONES.

Plerique codices legunt *Procori*, quos secutus sum : veram lectionem habent Pulsanen. et Molan. Munerat. omisit vocem *septem*, ante *primis diaconibus*. Greven. et Molan. malunt scribere, *diaconibus primis*. Pulsanen. pro *præclarus*, solum posuit *clarus*. In Pratensi est *Syrmio*, melius cum reliquis in textu. In Pulsanen. deest *septem*, ante *virginum*. Caute sane, si id consulto factum est, ut ex dicendis patebit. Solus Muneratus post *virginum*, addit et *martyrum, dyaconibus, martirio, mercata, eternam,* ætatem redolent qua scripta sunt.

OBSERVATIONES.

Ad x Januarii *diaconos illos quatuor de primis* nominatim retulimus, quos ab aliis omnibus martyrologis præteritos, a solo Romani parvi auctore certis diebus affixos fuisse existimamus. Inter hos, ordine tertius *Prochorus*, hunc sibi sacrum diem obtinet, ita ibi signatus : *Antiochiæ, Prochori diaconi, qui unus est de septem*. Ado in Martyrologio non discrepat, nisi quod secundo loco posuerit. Breve encomium inter festivitates apostolorum ita refertur : *Beati Prochori diaconi, præclarissimi fide et miraculis viri, apud Antiochiam martyrio consummati, ibique quiescentis*. Hac eadem phrasi usus est Notkerus, quam nescio cur Noster immutaverit. Ipsam codices aliqui in Auctariis citandi, integram retinent. Unde sua Ado eruerit, minime constat; nec quidquam satis certi de Prochoro traditur, præter ejus ad diaconatum electionem ex Actorum cap. 6. Nec auctor dici potest libelli apocryphi, fabulis mendaciisque referti, *de Vita, miraculis et assumptione S. Joannis evangelistæ*. Cæterum de Prochoro inter martyrologos nostros eorumque sequaces satis convenit.

De *septem virginibus* major est controversia. In apographis Hieronymianis distinctissime exprimuntur classes virginum binæ, et prima quidem, quæ *Sirmii*, vel in *Syrmia* collocatur, non *septem*, sed solas *quinque* complectitur, *quarum nomina Dominus novit*, vel *Deus scit ;* cohorte altera septenarum *alibi* notata, etiam cum singulari in nonnullis codicibus characteristica, cum titulo nempe *Canonicarum*, intellige *sacrarum virginum*, ut recte, nisi fallor, conjectat Florentinus, cujus notationem consulat curiosus lector. Interim tamen et Beda, et Rom. parvum, et Ado Rosweydi, quos Usuardus secutus est, diserte *virgines* numero *septem Sirmio* ascribunt, ut faciunt etiam Rabanus et Notkerus. In quo martyrologi passim omnes, etiam revisores Romani hodierni, Usuardi vestigia unanimiter premunt. Male, opinor, nisi quis vetustissimos Hieronymianos codices, inter se plane consentientes, recentioribus aliis posthabendos contenderit, quod nemini harum rerum perito, probatum iri existimo. Mosandri Adoniana editio a citata plurimum differt, utpote quæ utrumque virginum numerum, servato positionis errore exprimat, variæque confundat, ab Adone Rosweydi suis locis discreta. Plura de his in Actis et apud laudatum Florentinium; nobis sat est, fontem vel fontes indicasse, unde sua Noster acceperit, ne is primus errasse censeatur. De cætero genuinum ejus textum in laterculo referri plane persuasum habeo. Superest ex Wandalberto adjicere distichon, quo in eamdem sententiam ab eo honorantur.

Lampade septem quinis micat Idibus alta
Virgineus radians simul æthere flosque decorque.

AUCTARIA.

Jam supra indicavimus, codicem HERINIEN. cætera quantumvis probatissimum, a reliquis dissidere, quod in hunc diem rejiciat : « Apud Palæstinam, sanctæ Mariæ Egyptiacæ. » Vide Observationes nostras ad II Aprilis. Cum HERINIEN. consonant codices alii mox citandi.

LOVANIEN. purus est nisi quod post *consummatus est*, addat, *ibique quiescens*.

ROSWEYD. incipit : « Apud Palæstinam, transitus sanctæ Mariæ Ægyptiacæ, quæ peccatrix appellatur. » Sequitur : « In Sirmio, septem virginum canonicarum, » etc., bene. « Eodem die, natale beati Procori, qui fuit unus de septem diaconibus. » Cætera ut in textu.

CENTULEN. : « Natalis beati Prochori diaconi, fide et miraculis præclarissimi viri, Antiochiam consummati, ibique quiescentis. Apud Sirmium, septem virginum, quæ in unum meruerunt coronari. » Hic phrasis Adonis, Usuardinæ præposita est. « Eodem die, transitus beatissimæ Mariæ Ægyptiacæ, quæ juvante gloriosa domina nostra semper Virgine Dei Genitrice, reliquit omnes illecebras carnis et facta est vas electionis. »

ANTUERP.-MAJ. agit cum textu de Prochoro et septem virginibus Sirmiensibus, in quibus cum CENTULENSI ferme convenit : nempe qui jam sæpius Adonem, non Usuardum transcribere soleat. Ad puritatem deinceps magis accedet.

BRUXELLEN. : « Apud Antiochiam, natale beati Procori diaconi, viri fide et miraculis clarissimi; qui fuit unus de septem primis dyaconibus martyrio coronatus. Apud Sirmium, natale sanctarum septem virginum, quæ simul coronari meruerunt, et dato pretio sanguinis, vitam æternam mercatæ sunt. Apud Palæstinam, transitus beatæ Mariæ Ægyptiacæ, quæ peccatrix pœnitens appellatur : cujus actus valde mirabiles, et omni laude digni inveniuntur. Apud Montes Hannoniæ, depositio seu transitus beatæ Waldetrudis, neptis beatæ Gudulæ. » De qua vide in Actis.

HAGENOYEN. « Natale sancti Procori martyris. Qui fuit de septem primis dyaconibus unus, qui statutus erat ab apostolis cum sancto Stephano ad ministerium viduarum. Hic fide et miraculis præclarus erat, et apud Antiochiam martyrio coronatus est. » In virginibus Sirmiensibus purus est. « Romæ, passio plurimorum martyrum, quos sanctus Alexander papa, dum in vinculis teneretur, baptizavit in carcere. Hos omnes Aurelianus princeps, navi vetustæ impositos, in altum mare deduci, et illic ligatis ad colla lapidibus mergi in profundum maris fecit. » Hæc ad diem sequentem pertinent.

AQUICINCT. etiam Ægyptiacam Mariam huc refert, his verbis : « Apud Palæstinam, sanctæ Mariæ Ægyptiacæ, quæ peccatrix appellatur. »

VICTORIN. et REG. SUECIÆ, signatus num. 130, in fine : « Romæ, sancti Cœlestini papæ, qui rexit Ecclesiam annis VII. Hic constituit, » etc., ut heri et nudius tertius inter Auctaria.

MATRIC.-CARTHUS.-ULTRAJECT. : « Septem virginum martyrum. Mariæ Ægyptiacæ. Prochori diaconi. » Vide quæ de iis jam non semel dicta sunt.

ALTEMPS. : « Item Fortunati et Donati. » Adjecta sunt hæc nomina ex aliquo Hieronymiano apographo, ut alia pridie.

STROZZ. et MEDIC. « Translatio sanctæ Monicæ, ex Ostia Tyberina Romam. »

Editio LUBECO-COL. in Prochoro solum adjicit : « Ibique quiescens. In Sirmio, etc., » pura est. Sequitur : « Eodem die, beati Dioscori abbatis, qui fere centum exstitit pater monachorum. Hic communicantes fratres sæpe monebat, ut ad communionem Eucharistiæ non aliter accederent, quam diligentissime ad mortem præparati. » In Actis prætermittitur, defectu sufficientis probationis antiqui cultus : « Ipso die, translatio sanctæ Monicæ, viduæ, matris eximii doctoris Ecclesiæ sancti Augustini episcopi, de Ostia Tyberina ad Romanam urbem. »

BELINI utraque editio ita incipit : « Translatio corporis sanctæ Monicæ, matris sancti Augustini ex Ostia Tyberina Romam, pontificatu Martini quinti papæ, anno tertio decimo sui pontificatus, reconditumque apud sanctum Augustinum. » Reliqua satis plura sunt.

GREVEN. : « Item secundum aliquos hic, martyrium Jacobi majoris apostoli, Demetrii, Diaconi, Hilarii, Concessi, Marii, Fortunati. » Ex Hieronym. : « In Galliis, civitate Rotomagensi, beati Hugonis ejusdem urbis archiepiscopi et confessoris. Dioscori abbatis, qui fere, etc., » ut supra. « Depositio beatæ Mariæ Ægyptiacæ, quam Usuardus IV Nonas Aprilis ponit. Ipso die, translatio sanctæ Monicæ, matris beati Augustini ex ostiis Tyberinis ad urbem Romanam, tempore Martini papæ quinti. Waldetrudis viduæ et abbatissæ. »

MOLAN.: « Translatio corporis sanctæ Monicæ, etc., » ut editio LUBECO-COL. « Apud Palæstinam, sanctæ Mariæ Ægyptiacæ. In Galliis, civitate Rothomagensi, beati Hugonis præfatæ urbis archiepiscopi et confessoris. » Prosequitur alio charactere : « Ejus corpus magna reverentia asservatur et fulget in Præpositura sancti Vedasti, Haspris dicta, in diœcesi Cameracensi. Dioscori abbatis, qui fere, » etc., ut habent editio LUBECO-COL. et GREVEN. Quæ tamen in aliis editionibus a Molano prudenter prætermissa sunt. Sequitur : « Civitate Diensi, sancti Marcelli ejusdem civitatis episcopi et confessoris, de quo Gregorius Turon. Acacii, Amidæ civitatis episcopi et confessoris : In Tripartita lib. XI, cap. 16. » Hactenus editio prima. In posterioribus, incipit : « In Galliis civitate Rothomagensi, etc., » ut supra. « In castro Monte, transitus beatæ Waldetrudis. Quæ ex Vincentio viro nobili genuit sanctas virgines, Aldetrudem et Madelbertam : deinde ab illo, servata charitate, separata, in Castriloco ad exercitium spirituale multam sanctarum virginum militiam adunavit. Die nona, sancti martyris Eutychii. » Voluit dicere « Eupsychii. Eodem die, translatio corporis sanctæ Monicæ, matris sancti Augustini, ex Ostia Tiberina Romam, pontificatu Martini quinti papæ, anno decimo tertio sui pontificatus. » Tum typis minoribus : « Apud Palæstinam, secundum historiam, depositio sanctæ Mariæ Ægyptiacæ, quæ a nonnullis hoc die recolitur, ab aliis quarto Nonarum Aprilis, ubi ab Usuardo est annotata. » Utroque die satis dictum est.

IV Idus.   **Die 10.**

Ezechielis prophetæ, qui a judice populi Israel apud Babyloniam interfectus, in sepulchro Sem atque Arfaxad est sepultus. Romæ, beatorum martyrum plurimorum, quos sanctus Alexander papa baptizavit cum teneretur in carcere. Hos omnes Aurelianus princeps navi vetustæ impositos, in altum mare deduci, et illic ligatis ad colla lapidibus mergi in profundum maris fecit. Alexandriæ, sancti Apollonii presbyteri et aliorum quinque.

NOTÆ.

Ita *Praten.*, *Herinien.*, *Tornacen.*, *Pulsanen.*, *Max.*, *Ultraject.*, *Leyden.*, *Lovanien.*, *Albergen.*, *Munerat.*, *Belin.*, *Greven.* et *Molan.* Item *Antuerp.- Danic.* et edit. *Ultraject.-Belg.*

VARIANTES LECTIONES.

Solus Pulsanen. scribit *Hezechielis*. Praten. et Belin. *Babyloniam* ; Greven. et Molan., *Babylonem* ; utrovis modo, non male : posui tamen cum cæteris, ut in textu. Pro *Sem*, habet Pulsanen. *Emath*. Tornacen. et Pulsanen. legunt *Arfaxat*; Munerat., *Arfaxath*; Belin. et Greven., *Arphaxat*; Molan., *Arpaxat*. Elige quod vis, ego lectionem Praten. et Herinien. prætuli, non quod meliorem existimem, nam legendum est *Arfaxad*. In Pulsanen. omissa est vox *papæ*. Turpius erravit Belinus dum scripsit: *Hos autem omnes Valerianus*. Cur Praten., Herinien., Munerat., Belin., Greven. et Molan. legant *navi vetusta*, haud satis intelligo; rectius, opinor, Tornacen. et Pulsanen. post Adonem *navi vetustæ*, et ita in laterculo. Pulsanen. in hujus periodi fine omisit *maris*, sic legens : *Mergi fecit in profundum*. De Apollonii nomine alibi egimus : male habent Tornac., *Apolinii* ; Munerat., *Appolonii*, et Belinus *Apolonii*. Minutias alias prætereo.

OBSERVATIONES.

De propheta *Ezechiele* ejusque apud Bedam annuntiatione, plura hodie in Actis observat Papebrochius, inter quæ hoc plane exploratum puto, videlicet laudatum martyrologum prophetas, si quos appellet, solo fere nomine indicare; ast hoc non magis ipsi peculiare, quam Romano parvo, Adoni et Rabano. Aliam Usuardi esse rationem ex decursu manifestum est. Quæ autem hodierni ejus elogii veritas censeri debeat, apud præfatum Papebrochium invenies. Ea porro quæ in Auctariis suggerit codex Hagenoyensis, non minori admiratione digna sunt, ut per te statim perspicies. Ut paucis dicam; præter *sacerdotis* titulum, qui ex ipsa ejus prophetia eruitur, cætera, quæ ad ejus gesta, vitæ tempus, mortis genus spectant, in obscuro delitescunt, nisi quod Athanasius *pro populo passum* memoret, *quia populo ventura prædicabat*. Non hinc, sed ex quibusdam apocryphis, de Ezechiele circumferri solitis, sua mutuasse Usuardum, satis verosimile est; unde solum sepulturæ locum ex vero prodi existimat Papebrochius, ut pote *cujus diu permanserit inter Judæos et Christianos memoria venerabilis*. Quod autem eodem in loco sepulti olim fuerint *Sem et Arphaxad, id gratis traditum a Rabbinis, aut potius confictum* arbitratur. Mitius dicamus, valde incertum esse, et sola ferme Usuardi auctoritate subnixum. Wandalbertus Bedæ brevitatem imitatur :

Ezechiel vates sancto dicat ore quaternas.

ANTUERP. et MAX.-LUBEC. hodie Bedam, Rom. parvum et Adonem potius quam Usuardum secuti sunt, ita primo loco annuntiantes : « Ezechielis prophetæ » simpliciter.

ROSWEYD. textui puro attexit ex Hieronym. : « In Africa, septemdecim martyrum. »

CENTULEN. : « Ezechielis prophetæ, apud Babyloniam lapidati, et in sepulcro Sem atque Arphaxat sepulti. Romæ, martyrum complurimorum, quos beatus Alexander papa baptizavit, quos princeps Aurelianus in mare præcipitavit. Alexandriæ, sancti Apollonii presbyteri et aliorum quinque. »

ANTUERP.-MAJ. ferme purus est, sed deficit in Apollonio.

BRUXELLEN. etiam in textu satis purus, in fine addit : « Item sancti Macharii archiepiscopi Antiocheni. Qui laboriosa pro Christo peregrinatione suscepta, Gandavum venit, et ibi in monasterio beati Bavonis moriens, sancto fine quievit. »

HAGENOYEN. ita incipit : « Apud Babyloniam, Ezechielis prophetæ. Qui de Jerosolyma datus est obses regi Nabuchodonosor a Joachim rege Juda, cum Daniele et tribus pueris ac Mardochæo. Qui propheta magnus erat in contemplatione ad Deum. Qui et mirabiles visiones vidit, et solus ipse inter omnes prophetas, filius hominis a Deo vocatus est. Qui sacerdos erat et populum transmigrantem more pontificis arguebat, mala eis prædicendo. Et quia quibusdam prædixit quod redituri non essent in terram Juda, ipsum per cardos et tribulos trahendo interfecerunt; quem omnis populus sepelivit, pro gloria prophetiæ, quæ in ipso erat, in sepulcro Sem et Arphaxat filii ejus. Alexandriæ, passio sancti Apollonii martyris et aliorum quinque martyrum. » Martyres Romani hic prætermittuntur, quos heri perperam collocatos diximus.

MATRIC.-CARTHUS.-ULTRAJECT. : « Ezechielis prophetæ. Romæ, plurimorum martyrum. »

CODEX BIGOTIAN., signatus D 9, hoc die sanctum Hugonem Rotomagensem consignat, quem alii codices melius die præcedenti retulerunt. Sic legit simpliciter absque elogio : « Ipso die, depositio domni Hugonis archiepiscopi Rotomagensis. »

VATICAN., signatus num. 5949, adjicit in fine ex aliquo apographo Hieronymiano : « In Antiochia, sancti Theodori presbyteri. Apud Africam, sanctorum martyrum decem et septem. »

LUXOVIEN. : « Lugduni Galliæ, depositio sancti Siagrii. » De eo etiam Greven. infra, sed ab aliis ponitur die sequenti.

Editio LUBECO-COL. in textu modice interpolata, in fine subnectit : « Hic Apollonius Philemonem convertit, et judicem Alexandriæ, qui omnes pro Christi gloria submersi sunt. » Melius hæc prætermissa fuissent, ut pote quæ hodierno Apollonio minus quadrent, ut apud Florentinium et in Actis ostenditur.

GREVEN. : « In Africa martyrum septemdecim. In Thracia, natalis sancti Gaiani. Antonii martyris. Item Saturnini, Grani. » Ex Hieronymianis de more accepti sunt, præter Antonium, in Actis merito prætermissum. « Macharii patriarchæ Antiocheni et confessoris, juxta Gandavum in monasterio sancti Bavonis quiescentis. Apud Lugdunum, Siagrii confessoris. » De quo supra. « Theodori presbyteri. » An et martyris Antiocheni ? Vide Prætermissos, ubi et de eo qui sequitur : « Mutii heremitæ. Joannis Baptistæ decollatio. » Remittitur ad XXIX Augusti. « Translatio sanctæ Gertrudis virginis. » Vita ejus et translationes illustratæ sunt XVII Martii.

MOLAN., typis minoribus : « Malachi episcopi Lesmorinensis et confessoris , de quo in vita sancti Malachiæ. » Hæc quidem in prima editione memorat Molanus, sed in sequentibus, uti et in Actis nostris, præterita sunt. Porro editiones posteriores habent : « In Gandavo, depositio beati Macarii episcopi et confessoris. Die decima, sanctorum martyrum Terentii, Pompeii et sociorum. » Martyres Afros intelligit, secunda classe in Actis signatos. Tu ibi vide nomina distinctius expressa.

Martyres Romani a beato Alexandro papa baptizati et ex ejus Actis cum *Quirino* et *Balbina* desumpti, in Romano parvo atque ex eo in Adone memorantur. Noster ductorem suum de more secutus est, elogii totius substantiam, non verba ipsa scrupulose sectatus, quod Notkero familiarius esse, sæpe diximus. Advertat curiosus lector, horum captivorum martyrum numerum ex citatis sancti Alexandri Actis ; quæ constanter sincerissima prædicat Henschenius, haud difficulter ad viginti circiter definiri posse. Item *Aurelianum*, qui hic *princeps* dicitur, supra ad XXX Martii, ubi de sancto Quirino agitur, *imperatorem* ab Usuardo compellari, qui tamen unus idemque *præfectus* sit, seu *Comes utriusque militiæ, ab imperatore Trajano , de Seleucia Isauriæ ad interfectionem omnium Christianorum evocatus*, ut in laudatis Actis diserte exprimitur. Interim nec hi martyres quantumvis celebres, nec propheta Ezechiel in apographis ullis Hieronymianis noti sunt. Ex hisce tamen *Apollonius* certo profluxisse videtur, a Nostro primum consignatus , adjuncto sociorum quinque consortio, quos ex senis ibi nominatis, seligere non satis potuit Florentinius. Forte Acta nostra felicius distinxerint; nos controversiam in medio relinquimus. Erraverit nec ne Usuardus, aliorum esto judicium, textum ejus purum et simplicem nos reddidisse, codicum ferme omnium consensus abunde evincit.

AUCTARIA.

III *Idus.* Die 11.

Romæ, natalis beati Leonis papæ, cujus temporibus extitit sancta synodus Calcidonensis. Apud Cretam urbe Gortina , sancti Philippi episcopi, qui magnis virtutibus et optimis studiis præditus fuit. Floruit autem temporibus Antonini Veri et Lucii Aurelii imperatorum. In Dalmatia, civitate Salona, sancti Domionis episcopi cum militibus octo. Nicomediæ, sancti Eustorgii presbiteri.

NOTÆ.

Puri sunt *Praten.*, *Herinien.* *Munerat.*, *Greven.* et *Molan.*

VARIANTES LECTIONES.

Calcedonensis scribunt Munerat., Molan. et pierique codices alii; secutus sum Praten., Herinien. et Greven. quod putem eam fuisse medii ævi scribendi rationem. Neutra valet, uti nec virorum cætera eruditorum illa, quæ pridem invaluit, legendi *Calchedon*, quam et ego alibi secutus fueram, ex Stephano aliisque subinde convictus legendum esse *Chalcedon*. Hæc obiter hac occasione dicta sunto. *Domionis* habent codices passim omnes; Acta ponunt *Domnii* vel *Domnionis*. Munerat. male *Eustergi* pro *Eustorgii*. *Nichomediæ*, *sinodus*, *preditus*, etc., indicasse sat est.

OBSERVATIONES.

Romæ, Leonis papæ et confessoris, verba sunt genuini Bedæ. Nihil de eo in apographis Hieronymianis hoc die, nihil in Romano parvo, nec proinde in Adone, ut etiam Mosander fatetur. Rabanus Bedæ verbis aliquid detrahens, elogium concinnavit non omni ex parte sincerum, quod a Notkero fere ad verbum transumptum est. Noster paucula de suo deprompsit, quæ notissimum pontificis vere maximi decus unice prædicant. Et quidem fatendum est, præcipuam jam olim apud Latinos fuisse hodiernam magni Leonis solemnitatem, tametsi constet, hunc diem, nec natalem ordinationis, aut consecrationis pontificalis, nec magis natalem in cœlo, aut depositionis, dici posse; ut proinde translationis alicujus, aut elevationis celebritatem recoli existiment Henschenius et Papebrochius. Porro diem ipsum *depositionis*, post ultimum operum S. Leonis editorem, xxx Octobris affigendum putant laudatus Papebrochius et Castellanus; quod mihi nullo modo placet. Quidni enim prævaleat x Novembris antiquitate cultus, in Hieronymianis eo die concorditer asserti: *Romæ depositio sancti Leonis episcopi*. Certe ipso illo die x Novembris, non a Notkero, sed a Rabano repetitur, atque is optime cum Hilari successoris ordinatione, ab Henschenio et Florentinio componitur: neque hactenus video, cur antiquissimorum martyrologorum, a tot aliis confirmata sententia, deserenda sit, multo minus, cur hic sibi tantopere quasi de effosso thesauro plaudat Pagius, ad annum ccccLxi, contra reliquos, more suo rotunde definiens, *mors ejus* (Leonis) *quod huc usque omnes latuit, contigit pridie Nonas mensis Novembris, seu die quarto ejusdem mensis*. Quem calculum ineat, ibi palam est, nos bona ejus venia aliter sentiendum putamus. Quæ hic præterea expendi possent, ad xxviii Junii remittenda sunt. Non satis ample Leonis res gestas tractasse videtur Henschenius, Vitam a Canisio primum adornatam et editam secutus; at conatum ejus eruditi alii magis explicuerunt et extenderunt, quos inter Tillemontius totius vitæ seriem latius sed non sine partium studio, prosequitur tomo XV, a pag. 414 ad 832, totis 175 articulis, quos nec evolvere otium, nec in omnibus probare animus est. Accipe modo breve, sed satis elegans metricum Wandalberti encomium;

Pontifice et summo-ternæ irradiante Leone
Splendet, ore, manu, Christi qua pavit ovile.

Philippus Gortynensis in Romano parvo hodie unicus: *Gortinæ, Philippi episcopi, qui claruit Antonini Viri et Lucii temporibus*. Nihilo plus dicit Adonis elogium a Notkero descriptum, a nostro paraphrasi paulo nitidiori translatum. *Gortinæ* satis recte scripsit Romani parvi compilator, melius alii *Gortynæ*, cur autem in *Cortynam* id mutaverint Ado et post eum Notkerus, nec divinare lubet, nec examinare. Nec illud inquirimus, cur idem *Philippus* in Romano parvo, Adone et Notkero repetatur ad viii Octobris, ibi ab Usuardo melius præterius, cum utrobique de eodem agi manifestum sit. Quæ in Philippi virtutum, et doctrinæ commendationem ab Irenæo, Eusebio, Hieronymo, aliisque tradita sunt, sub unum aspectum ab Henschenio exhibentur. De *Salonitani episcopi* nomenclatione controvertitur: at certum videtur Usuardum sic scripsisse, uti in aliquo Hieronymiano, ex quo eam verosimillime accepit, repererat, et nos in textu servandum omnino putavimus. Si *Domnionis* mavis cum Notkero, quod certe præferendum esse fatemur, cavesis, ne etiam *millium octo* scribas, pro *militum octo*. Sitne vero hic ipse octonus numerus, plane ad veritatem exactus, docebit te Florentinius; plures in Actis nostris numerantur. Cæterum hæc Usuardi textus puritati nihil quidquam officiunt, quemadmodum nec omissi, *Eustorgii Nicomediensis* socii, in Hieronymianis distincte nominati, ab Usuardo non satis scrupulose, ut passim solet, prætermissi.

AUCTARIA.

Defectibus hac die laborant codices, cætera plerumque puri. Tornacen. Domnionem omisit. Pulsanen. Eustorgium partemque elogii sancti Philippi Antuerp. et Max.-Lubec. Leonis papæ elogium rescindunt.

Antuerp.-Max., Ultraject., Leyden., Lovanien. et editio Ultraject.-Belg. puris codicibus accedere possent: exclusi tamen sunt, quia de Leone scribunt. « Romæ, natale beati Leonis papæ primi et confessoris; cujus temporibus extitit quarta synodus, scilicet Calcedonensis. »

Albergen. et Danic. bis superaddunt: « In qua congregati sunt quingenti et triginta episcopi, exponentes fidem catholicam et confitentes contra hæresim Eutychianam, duplicem in Christo naturam, Divinam scilicet et humanam. » Cætera etiam puri sunt.

Centulen. hoc solo defectu a puritate recedit, quod in elogio Philippi ea prætermittat, quæ incipiunt : « Floruit autem, etc. »

Antuerp.-Maj. deficit in Eustorgio, cujus annuntiationem totam expunxit, et Adonianum Philippi elogium pro Usuardino supposuit.

Bruxellen., in Leone et Philippo modice interpolatus, de Domnione habet : « Apud Dalmachiam civitate Sabaria, etc. » In Eustorgio purus est. Tum subdit : « In Britannia, sancti Gudachi confessoris et anachorite. »

Hagenoyen. incipit a Philippo. Sequitur Domio. Dein de Leone ferme, ut Albergen. et Danic. De Eustorgio pure.

Rosweyd. Secundo loco post Leonem : « In Britannia, depositio sancti Guthlaci confessoris Christi et anachoretæ, qui pro Christo multa et inaudita tormenta a malignis spiritibus perpessus, ad ultimum eorum machinationem superans, in optima conversatione migravit ad Dominum. » Sequuntur Philippus et Domio. Tum : « In Africa, Donati, martyris cum aliis ducentis quadraginta. Lugduni, Siagri confessoris. » Demum de Eustorgio.

AQUICINCT. : « In Britannia, sancti Gutlaci confessoris et anachoretæ, qui multis virtutibus fulgens requievit in pace. »

MATRIC -CARTHUS.-ULTRAJECT. : « Guthlaci confessoris et eremitæ. Leonis papæ tertii et confessoris. Zenonis Veronensis episcopi et confessoris. » An non martyris? Vide in Actis XII Aprilis. Leo III qui etiam in editione LUBECO-COL. hodie perperam notatur, spectat ad XII Junii.

In VATICAN., num. 5949, omittitur Domio. Adjicitur autem : « In Mauritania, sancti Domnini episcopi et militum novem. » Confusio facile retegi, et corrigi potest.

ALTEMPS. : « Turonis, sancti Agricii abbatis. Lugduno Siagrii episcopi. Item Fortunati et aliorum ducentorum quadraginta.»

Codex CASTRI CAROLI : « Lugduno, depositio Siagrii, Patricii. » Hæc in actis duo sunt nomina, ubi de Siagrii episcopatu nulla fit mentio.

MONTIS SANCTI : « Sancti Agrestii martyris, qui fuit socius sancti Romarici, cujus corpus requiescit in isto sancto monte de Rombech, qui antiquitus vocabatur Habendi-castrum. » De hoc Sancto nihil alibi reperio, forte aliquid recurret in vita S. Romarici VIII Decembris.

Editio LUBECO-COL. sic incipit : « Romæ, natale beati Leonis III papæ et confessoris, qui sedit in episcopatu annos viginti, menses quinque, dies decem et sex, tempore beati Karoli Magni, et eidem Augusto diadema imperii contulit. Hic legitur visitasse beatum Severinum in Colonia Agrippina, in ecclesia ipsius et prolixiorem orationem ibidem fecisse : similiter suis comitibus hæc verba dixisse : Dominus Severinus domi est, et ideo non ausus sum illum præterire insalutatum. Hic Romæ sepultus est apud sanctum Petrum. » De Leone magno, nihil. De Philippo, pure. De Domion., ponit, « cum militibus octo, martyribus, qui Christum negare nolentes, pro ejus nomine occisi sunt, gloria et honore. » De Eustorgio addit : *martyris*. « In Britannia, sancti Guthlaci presbyteri et confessoris. Eodem die, sanctorum Fortunati et aliorum ducentorum quadraginta martyrum. Ipso die, beatæ Godebertæ virginis. Item, sancti Didimi eremitæ, in quo erat multa gratia contra venenata. »

BELIN. Prima editio post *imperatorum*, interserit : « In Antiochia, sancti Theodori presbyteri, quem cum Julianus, avunculus Juliani apostatæ, comprehensum crudeliter mactasset, novissime gladio præcepit occidi. » De hoc Theodoro, ut semel dicam, videndus index Prætermissorum. In secunda editione idem recurrit; et præterea post *Calcedonensis* additur : « Sexcentorum triginta episcoporum. » In fine item accedunt : « Lugduno, Siagrii episcopi : Turonis, Agirici abbatis. »

GREVEN. : « In Africa, sanctorum Fortunati, Donati et aliorum CCXL. Stanislai episcopi Cracoviensis et martyris passio. » Colitur VII Maii. Sequitur de Theodoro, ut BELIN., sed pro *mactasset*, melius legitur *sauciasset*. « In Britannia, Guthlaci presbyteri, anachoritæ et confessoris. Isaac monachi et confessoris, qui, ut refert S. Gregorius 3 Dial., cap. 14, de Syria veniens, apud Spoletanam urbem humili constructo habitaculo, virtute abstinentiæ et contemptu rerum transeuntium, prophetiæ spiritu, orationis intentione incomparabiliter præditus. Unum erat quod in eo reprehensibile esse videbatur, quod nonnunquam tanta ei lætitia inerat, ut illis tot virtutibus, nisi sciretur esse plenus, nullo modo crederetur. Didimi heremitæ et confessoris, in quo multa gratia erat contra venenata. » Certiora quæruntur venerationis argumenta, adeoque in Actis prætermittitur. « Item, beatæ memoriæ Reyneri solitarii, qui apud ecclesiam Osnaburgensem reclusus, vita et miraculis admodum effulsit. Ipso die, beatæ Godebertæ virginis. »

MOLAN. de Theodoro, Siagro et Agirico plane ut BELINUS. Tum minoribus typis : « Ipso die Noviomi, beatæ Godebertæ virginis. » Sequitur de Stanislao, Guthlaco, Isaac et Reynero, ut GREVEN. Demum: « Eodem die secundum Metaphrasten, sancti Antipæ, Pergami Asiæ episcopi et martyris, de quo Dominus ait : Antipas testis meus fidelis, qui occisus est apud vos, ubi satanas habitat. » Hæc in prima; in aliis editionibus : « In Britannia, sancti Guthlaci confessoris et anachoritæ, qui multis virtutibus fulgens, requievit in pace. Noviomi, sanctæ Godebertæ virginis. Lugduno, Siarii episcopi. Turonis, Agrici abbatis. Die undecima, sancti hieromartyris Antypæ, episcopi Pergami Asiæ. In Bronio monasterio, adventus sancti Leodegarii episcopi et martyris. Item beatæ memoriæ Reineri solitarii, » etc. Vide supra GREVEN.

II Idus. Die 12.

Romæ via Aurelia, natalis beati Julii papæ, qui sub Constantio imperatore decem mensibus tribulationes et exilia perpessus, post mortem ejus, cum magna gloria ad suam sedem reversus, quievit in pace. [*Interserit Bouillart.* : Eodem die [a] sancti Zenonis episcopi, qui inter procellas persecutionis Veronensem urbem mirabiliter rexit, ac tempore Galieni martyrio coronatus est.] Vapingo, depositio Constantini episcopi.

NOTÆ.

Puros undequaque codices solum reperio *Heriniensem* et *Tornacensem* cum prima Belini editione.

[a] Zenonis mentio, quamvis in alio folio facta, ita eamdem litterarum formam, idem atramentum, eamdem membranam exhibet, ut nisi cæcus, aut imperitissimus scripturarum æstimator, illam post Usuardum intrusam effutire possit. Nulla litura, nitidus character, nihil quod vel morosis judicibus suspicionem injicere queat. Codices *ferme* omnes Sollerio noti suffragantur. Quos ego lustravi, horum nullus dissidet; pratenses quatuor optimæ notæ, quorum duo quingentos annos superant, duo Victorini, Conchensis, Pontisarensis, Fuliensis A, B, Colbertini A, B, C, D, Fossatensis : libri castigatius et accuratius editi consentiunt, fatente Sollerio : antiquum martyrologium undecimo ineunte sæculo exaratum et Parisiis in prioratu regio sancti Martini studiose asservatum eamdem lectionem refert : Martyrologium Romanum ejusdem Zenonis eodem die meminit. Et lectio tot adminiculis fulta nutabit, periclitabitur? Procul dubio Sollerius codices vidit quos Pratensi opponeret. Ita est, duos vidit, Heriniensem et Tornacensem; addat et Dervensem, nihil ad me. Curæ non fuit aliis Ecclesiis, ut quæcunque ab Usuardo emendata fuerant, ea emendarent et ipsæ. Sed codicibus destitutus, argumentis fortasse pugnat, et iis quidem quæ solvi non possunt. Audiendus est. Rarissime, inquit, Usuardus sanctos Transalpinos accersit. Quid tum sodes? si rarissime, ergo aliquando. Atqui Zeno unus erit ex illis. At plusquam dubia est Usuardi narratio. Cur ergo dubius hæsit Henschenius Zenonem pontificem et confessorem solum, an etiam martyrem assereret? nunquid novi comperit Sollerius? At Henschenius diserte pronuntiat, nullo quidem argumento, sed tamen diserte pronuntiat, Zenonem a posteris intrusum fuisse. Respondere non ausim. Et de ista Sollerii urbanitate quid lector sentiet? *suspicari ausim*

non neminem Usuardi symmistam exstitisse... qui stylum suum Usuardino attemperandum censuerit.
BOUILLART.

VARIANTES LECTIONES.

Inter codices mss. nulla est, præter solitum diphthongorum in Tornacensi defectum, de quo alibi diximus. Belinus pro *Constantio*, male legit *Constantino*, et pro *Vapingo, apud Vapingum, jugo*.

Quid per *jugo* velit, nescio : nam *Vapincum* non montis jugo impositum, sed, si recte memini, ad radices situm est.

OBSERVATIONES.

Non uno modo in apographis Hieronymianis annuntiatur *Julii papæ* memoria. Epternacense vetustissimum simpliciter habet : *Romæ, depositio Julii episcopi*. Corbeiense utrumque : *Via Aurelia, tertio milliario, depositio Julii episcopi*, ubi *Calepodii cœmeterium*, quod in Lucensi, *Julio*, hic *Lupicino* alicui tribuitur atque adeo optime convenit annuntiatio cum verbis Kalendarii Bucheriani, sic legentis : *Pridie Idus Aprilis, Julii in via Aurelia, milliario* III *in Callisti*. Atque hæc clare et plane de Julio prædicantur non item ea, quæ elegantius quam verius suo elogio inseruit Beda, ex quo transcripsit Rabanus, trauscripsit etiam Ado, ex Adone Noster, servata tamen Bedæ positione, seu loco sepulturæ. Notkerus Adoniana referens, nonnulla superaddidit, quæ ex Aquicinctino codice in Auctariis dabimus, nisi forte et illa Adoni tribuenda sint, ut a Mosandro factum, expeditione ab eo procurata intelligimus. Rectius Adoni præluxerat Romanum parvum : *Via Aurelia, Julii papæ et confessoris, sub Constantio Ariano;* nam quæ de ejus exsilio et tribulationibus in textu commemorantur, a Baronio et eruditis omnibus merito reprobata sunt. Vide Henschenii commentarium et scriptores alios a Tillemontio citatos tomo VII, a pag. 269. Wandalberti elogium sincerum est :

Julius antistes pridie Romana revisit
Mœnia, catholico clarus pro dogmate pastor.

Constantinus, aliis *Constantius*, Vapincensis episcopus, haud dubie ex apographis Hieronymianis ab Usuardo acceptus est, reliquis jam citatis plane ignotus. Sic in illis ferme omnibus a Florentinio editis legimus : *In Vapingo civitate, depositio Constantini episcopi*. An recte ab Acherio et Florentinio inter adjectitios computetur, de voce quæstio est. Ætatem ejus contra Baronium et Saussayum bene, quantum fieri potest, determinat Henschenius, sed in fine exerrasse videtur calamus, dum Petrum de

Natalibus arguit, quasi non recte dixisset Constantium *clarere pridie Idus Aprilis*. Certe nullo modo dubium quin Usuardinus sit, codicibus plane omnibus in id conspirantibus, cum sanctos præsertim Gallicos, aut ab Hieronymianis mutuatos, aliis Adonianis subnectere passim consueverit.

De *Zenone* Veronensi non ita censuerunt majores nostri et notanter Henschenius, qui hac die Zenonem in textum Usuardinum intrusum diserte pronuntiat, tametsi in prætenso Pratensi autographo aliisque multis expressus sit, iis verbis quæ infra referemus. Cur ab Henschenio discedendum non putem, facit imprimis Heriniensis et Tornacensis codicum auctoritas, satis alibi stabilita. Facit indicata jam ratio, quod rarissime Usuardus sanctos transalpinos accersat, nisi eos apud antiquiores repererit, quod alias a me non infeliciter observatum memini, præsertim xvi Januarii in *Titiano Opitergiensi*, ubi clar. Castellani testimonium subinde attexui, duorum codicum nostrorum genuinam simplicitatem egregie confirmans. Facit denique, ut cætera taceam, totius elogii plusquam dubia narratio, ab Henschenio satis discussa, quæque Molanum olim impulisse videtur, ut nonnulla ex prima editione in sequentibus rescinderet. Suspicari ausim, non neminem Usuardi symmistam exstitisse, qui in Rabano ejusque hic transcriptore Notkero, Zenonis mentionem forte inveniens, stylum suum Usuardino attemperandum censuerit. Si quis melius me edoceat, solidis rationibus acquiescere haudquaquam refragabor; ast solius codicis Pratensis, quem cæteri secuti sunt, auctoritate non magnopere moveor, ut pote quam supra toties convulsam ostendimus, et porro convellendam demonstrabimus. Manebit semper vis argumenti, in præfatione nostra propositi, nempe eo magis, cæteris paribus, codicem aliquem ad primigeniam simplicitatem cujuscunque Martyrologi accedere, quo textus ejus paucioribus sanctis circumscribitur

AUCTARIA.

PRATEN., PULSANEN., ROSWEID., ANTUERP., MAX.-LUBEC., MUNERAT., BELINI editio altera, GREVEN., MOLAN. et codices cæteri ferme omnes secundo loco annuntiant : « Eodem die, sancti Zenonis, episcopi, qui inter procellas persecutionis, Veronensem urbem mirabiliter rexit, et tempore Gallieni martyrio coronatus est. » Eadem habent ANTUERP.-MAX., ULTRAJ., LEYDEN., LOVANIEN., editio ULTRAJ.-BELG., qui præterea ex Adone aliqua restituunt. Ita incipiunt : « Romæ via Aurelia, in cimiterio Calepodii, natale beati Julii papæ, qui sub Constantio Arriano imperatore, filio Constantini Magni, decem mensibus, » etc.

ALBERGEN. et DANIC. post *quievit in pace*, adhuc adjiciunt ex Notkero : « Hic constituit, ut nullus clericus causam publice ageret nisi in ecclesia. »

CENTULEN. : « Romæ, sancti Julii papæ et confessoris. In Italia, sancti Zenonis episcopi et martyris, qui sub Gallieno passus est. Item, depositio sancti Constantini episcopi. »

ANTUERP.-MAJ. agit hodie de solo Julio papa non multum a textu discrepans.

BRUXELLEN. ita incipit : « Romæ, natale beati Julii papæ et confessoris. Qui sub Constantio arriano imperatore, filio Constantini, multas tribulationes et longum exilium perpessus, post ejus mortem ad sedem suam cum gloria reversus, quievit in pace, et sepultus est via Aurelia, in cimiterio Calepodii, ab urbe milliario tertio. Hujus tempore celebrata est synodus Nycena, quæ hæresim Arrii condemnavit. » In cæteris ferme purus est. At ubi invenerit, synodum Nicænam, ad Julii pontificatum differendam, nec scio, nec examino.

HAGENOYEN. primo loco de Zenone, cui nonnulla ascribit, non tantæ fidei, ut hic repeti mereantur. De Julio præter jam dicta, adjicit : « Item constituit, conjugium a sacerdote in ecclesia benedici. » Reliqua intellige, ex Auctariis præmissis.

AQUICINCT. post τὸ in pace, addit quædam, quæ ex parte lacera sunt; hæc autem supersunt : « Hic constituit, ut.. causa qualibet in publico ageret, nisi in ecclesia... per Notarios colligeretur, et sive cautiones vel strt... donationes, vel commutationes aut traditiones, vel testamenta, aut allegationes vel manumissiones a clericis in ecclesia celebrarentur.» Hæc ut ex Notkero sumpta, ita supplenda sunt. Primo loco, « ut nullus clericus causam quamlibet, » etc. 2° « Ut notitia fidei per Notarios, » 3° « vel instrumenta aut donationes, » etc.

MATRIC.-CARTHUS.-ULTRAJECT. heri egit de Zenone, ut confessore. Hodie : « Julii papæ. Zozimæ abbatis. » De eo igitur in indice Prætermissorum. « Ermigildi regis et martyris : » spectat ad diem sequentem, vocaturque Hermenigildus.

In VATICAN., sub num. 5949, deest *Constantini.*

FLORENTIN. : « Item, sancti Lazari martyris, qui passus tempore Antonini imperatoris apud Tergastinam civitatem sub præsule [præside] Pompeio. Qui, cum esset diaconus et fidelis Christi, et in domo sua continue convenientes libenter reciperet, accusatus quod esset Christianus, cum fidem Christi coram præside constanter prædicaret, jussus est ore contundi , deinde virgis cædi, ad ultimum capite truncatus ad æterna regna feliciter pervenit. »

CODEX REMEN. SS Thimothei et Apollinaris : « Remis translatio sanctorum Timothei et Apollinaris. »

Editio LUBECO-COL. de Julio fere habet, ut ALBERGEN. et DANIC.; sic autem in fine legit : « Hic constituit , quod nullus clericus causam publice ageret, nec ad eam publice ducatur, nisi in ecclesia.» De Zenone etiam aliquid interjicit post imperatoris, « pro Christi ovibus sibi creditis martyrio coronatus est. » De Constantino addit, *confessoris*. Tum in fine : « Eodem die, sancti Zozimæ abbatis, de quo legitur in gestis sanctæ Mariæ Ægyptiacæ. » Vide II Aprilis, quo die utriusque Acta illustrantur.

GREVEN. : « In capua, natalis sanctorum Cypriani, Novellæ et Silvani. Item, sanctorum Carpi, Julii, Agapi, Pauli. » Laciniæ Hieronymianæ. « Erkenbodis episcopi et confessoris. Zosimæ abbatis, de quo in gestis beatæ Mariæ Ægyptiacæ legitur. Joannis heremitæ et confessoris. » Mirum nec inter Prætermissos eum nominari. « Zenonis monachi, discipuli abbatis Silvani, qui in Ægyptia regione in ardentissimi solis caumate quinque diebus se desiccans stetit, probare volens utrum tormenta futuræ vitæ tolerare posset. » Rejicitur ad XIX Julii. « Item, sanctæ memoriæ Engeburgæ virginis, filiæ regis Angliæ. » Vide indicem Prætermissorum.

MOLAN., post *coronatus est*, litteris Italicis interserit : « De quo Gregorius in lib. Dialogorum refert, Monasterio Sithiu, depositio sancti Erkenbodonis, Morinorum episcopi. » Tum minoribus typis : « Ipso die, rupti sunt fontes abyssi et factum est diluvium. Eo die, sancti Sabæ Gotthæ martyris. Hic, cum Gotthiæ magistratus Christianos cogeret edere idolis immolata, et gentiles quidam propinquis suis pro immolatis, quæ immolata non essent proponerent, re cognita, beatus Sabas protestatus est omnibus : Si quis ex carnibus illis commederit, Christianus esse non potest. Scribit (tom. VII, Aloysii) Ecclesia Dei quæ est in Gotthia, Ecclesiæ in Cappadocia, et omnibus Ecclesiæ catholicæ Christianis. Relatio sancti Renati Andegavensis episcopi, de Italia ad suam civitatem. » Hactenus prima editio. In aliis servat quæ de Gregorio dicta sunt. Dein : « Monasterio Sithiu, depositio sancti Erkenbodonis Morinorum episcopi et abbatis Sithiensis. Die duodecima, sancti patris et confessoris Basilii episcopi Parii. » Rursus minori charactere : « Eo die, sancti Sabæ Gotthi martyris, » etc., usque ad, « Christianus esse non potest, » omissis reliquis supra relatis.

Idibus. *Die 13.*

Apud Pergamum Asiæ urbem, natalis sanctorum Carpi episcopi, Papirii diaconis et Agathonicæ, optimæ feminæ, aliarumque multarum, quæ pro beatis confessionibus martyrio coronatæ sunt sub Antonino Vero et Aurelio Commodo. Cum quibus et vir mirabilis Justinus philosophus, pro religione Christi plurimum laborans scriptu, remunerationem linguæ fidelis martyrii munus accepit. In Hispania, sancti Erminigildi, qui ob fidei catholicæ confessionem, securi in capite percussus, regnum cœleste pro terreno, rex et martyr intravit. [*Bouillart., ad oram paginæ :* Eodem die apud monasterium S. Germani, consecratio altaris in honore sanctæ et individuæ Trinitatis atque vivificæ crucis, simul et beatissimæ Dei genitricis Mariæ, sanctique Guandregisili, necnon omnium sanctorum.]

NOTÆ.

Ita *Praten., Herinien., Tornacen., Roswegd., Munerat., Greven.* et *Molan.* cum *Antuerp.-Max., Ultraject., Leyden., Lovanien., Albergen., Danic.* et edit. Ultraj.-Belg.

VARIANTES LECTIONES.

Papirii cum textu legunt Praten., Herinien., Tornacen. et Munerat. Fortasse melius Roswegd., Greven. et Molan. *Papirii*, ut diserte habent Rom. parvum et Ado. Sunt qui *Papiri* scribant, ut mediæ notæ codices ultimo loco citati : at inter Usuardinos omnes, nullum prorsus invenio, qui *Papily* efferat, ut faciunt Romanum hodiernum et Acta nostra. Nobis ea lex est, ut codices nostros antiquiores, etiam errantes sequamur. Hoc ipsum, locum habet in *scriptu*, ut est in Pratensi, Tornacen., Greven. et aliis. Herinien. et Molan. ponunt *scripto*; Roswegd., *scriptura*; Muneratus, ut passim erroribus typographicis fœdatus est, ita hic turpiter habet in *scripture munerationem*. Quod ex aliquo codice Pratensi, a nobis signato B, cum altero collato, profluxisse videtur. Rursus reliqui in textu *Erminigildi* cum Pratens., Herinien. et Tornacensi, cui aspirationem præfigunt Munerat., Antuerp.-Max., etc. Rectius Greven. et Molan., *Herminigildi*. Sed male interjicit Munerat., *regis*. De cætero, *dyaconi, Antonio, Justinius*, ejus ferme solius errores sunt.

OBSERVATIONES.

De hodiernis *Pergamensibus martyribus*, nihil in genuino Beda aut Rabano legitur; nihil item clare memorant, saltem hoc die, Hieronymiana apographa, nisi quis per analogiam non satis, meo quidem judicio, verisimilem, ex *Polycarpo* Hieronymi, *Carpum* nostrum, et ex ejusdem *Paulo Papirium* efformatum contendat : nam quidquid *Papyli* vel *Papuli*, quod magis ad *Pauli* accederet, moderni ex Eusebio præferant; *Carpi* et *Papyrii* disertissime legit, qui primus annuntiationem, non ex Hieronymianis, sed ex Rufino, diem pro suo beneplacito seligens, accepit auctor Romani parvi : *Apud Pergamum Asiæ, Carpi episcopi et Papyrii, Agathonicæ et aliarum multarum*; quidni *et aliorum*, quos omnes ex eodem fonte, *probatis confessionibus martyrio coronatos*, tradit Ado, nullo quidem hic expresse signato martyrii tempore, sed quod per bonam consequentiam ex Justini elogio eduxit Usuardus. Non sola hæc Adonis aberratio est, cui et aliam Notkeri adjunge, qui *pro probatis confessoribus*, scribit *pro beatis confessoribus*. Cæterum notata *Antonini Veri* et *Aurelii Commodi* nomina, inde in Martyrologia irrepserunt, quod cum et horum Pergamensium et sequentis Justini martyria ex laudato Rufino desumpta sint, ubi sancti Polycarpi passioni fere subnectuntur; Ado absque ullo discrimine martyres omnes lib. IV, cap. 15 et 16, memoratos, ad eadem tempora pertinere censuerit, adeoque continuata quasi periodo, *cum quibus et vir mirabilis*. Justinum cum Pergamensibus copulaverit, ut de *Pionio* cursim insinuavimus 1 Februarii. Et hæc tota et unica confusionis ratio est, soli Adoni, vel si ita vis, Rufino, errandi quodammodo viam commonstranti, non Usuardo, ut facit Papebrochius 1 Junii, aut aliis martyrologis imputanda. Ut jam ordine prosequamur; forte *Carpus*, qui in Hieronymianis die præcedenti cum aliis diversimode *Pergami* refertur, idem ipse est quem ex Rufino a nostris acceptum diximus, ex cujus Actis, a Metaphraste, ut minimum exornatis, constat ipsum et socios gloriose certasse *sub Decio*, ut pluribus ostendit Henschenius hic et alibi, consentiuntque Florentinius in notis et Tillemontius tomo III, a pag. 346 et pag. 711.

Alia est, de *viro mirabili Justino*, vulgo antonomastice *martyre*, controversia a Papebrochio ex Græcis monumentis primum mota, quod ei hoc die suborta sit dubitatio, indemne *Justinus* hic ab Adone Usuardo et Notkero proponatur, qui ab aliis 1 Junii colitur (an etiam ab aliquo XII Junii ut notavit Castellanus in Martyrologio universali, nescio). Eo autem inclinat, ut variis argumentis binos Justinos statuat. At geminationem illam impugnavit Ruinartius, inter Sincera et Selecta a pag. 38 et Papebrochius ipse ad 1 Junii, priusquam Ruinartii opus vidisset, haud obscure ad communem sententiam accesserat. Componantur, quæ utroque die diligentissime exquisita sunt, in primo invenietur Vita ab Halloixio operose composita, a Papebrochio illustrata; in altero Acta ipsa Latino-Græca, vel Græco-Latina authentica, quibus et Justini et sociorum certamen breviter, graviter et sincere exponitur. Ex utroque loco aliisque documentis multo longiorem Vitam utcunque encomiasticam deduxit Tillemontius tomo II, a pag. 344.

Hermenigildi ante Adonem nullus martyrologus meminit; laudationem ex sancto Gregorio ab eo concinnatam, si non totam, certe pro majori et elegantiori parte, in laterculum suum transtulit Usuardus, Notkero et hæc et superiora omnia ferme ad verbum transcribente. De inclytissima Ariani furoris victima, nihil dici posse videtur, quod ab Henschenio diligenter collectum et erudite illustratum non sit. Cultus ejus in Galliis IX sæculo celebritatem probant etiam Wandalberti versus :

Idibus Hermingilde patrem rex alme furentem
Persentis; verum referens de morte triumphum.

Recolunt hoc quoque die ex Hieronymianis Rabanus et Notkerus *Euphemiam*, celebrem illam Chalcedonensem martyrem, quam Mosander Adoni, sed asterisco distinctam, hoc est ut dubiam adjecit, recte conjiciens perperam hoc die solo nomine appellari, quæ XVI Septembris insigni oratione ab eodem laudatur. Una vero, an plures *Euphemiæ* fuerint, hoc an aliis diebus celebranda vel celebrandæ, in Actis breviter discutitur. At nec ego contentiosum funem trahere cupio, cum ad Usuardum hoc die nihil spectet, licet in Auctariis toties recurrat. His ita positis, quid de textus veritate dubitari possit, prorsus non video. Quæ autem de *consecrationibus altarium*, etc., in Pratensi codice ad marginem, hic et alibi ascripta reperimus, monasterii illius tam propria sunt, ut cum Usuardi Martyrologio nihil commune habeant; ac proinde merito deinceps a nobis prætermittantur, nisi qui ex iis observatione dignum occurrat.

AUCTARIA.

PULSANEN., quantum conjicere licet, aut purus est, aut ad puritatem accedit proxime; verum cum exesus textus legi nequeat, malui codicem e puris excludere, quam dubia pro certis venditare.

ANTUERPIEN. et MAX.-LUBEC. puri sunt in textu; ast in fine addunt : « Item sanctæ Eufemiæ virginis et martyris. » Quomodo etiam legunt codices FLORENTINI.

CENTULEN. : « In Calcedonia, sanctæ Eufemiæ virginis et martyris. Apud pergamum Asiæ urbem, sanctorum Carpi episcopi, Papirii diaconi, et Agathonicæ optimæ feminæ, aliarumque multarum, quæ pro beatis confessionibus, martyrio coronatæ sunt. Apud Hispanias, natale sancti Herminegildi, filii regis Leovigildi, quem pater suus rex Gothorum Arrianus, ob insuperabilem catholicæ fidei confessionem interimere fecit. »

ANTUERPIEN.-MAJ., in Euphemia et Pergamensibus CENTULENSI similis est, prætermisso utrobique Justino. In Hermenigildo, quem *Hermibaldem* vocat, ad Adonem magis accedit.

BRUXELLEN. ita incipit : « In Chalcedonia, natale sanctæ Euphemiæ virginis et martyris. Quæ tormenta et carceres, verbera et argumenta rotarum, ignes et pondera, bestias et plagas virgarum, secures et sartagines igneas pro Christo superavit. » In reliquo textu, si sphalmata scriptoria excipias, Adonem secutus est.

HAGENOYEN. In prima purus est. In Hermenigildo verba, non rem multiplicavit. In fine : « Ipso die, sanctæ Eufemiæ virginis et martyris. »

AQUICINCT. et CLUNIACENS. : « Item Euphemiæ virginis et martyris. » Exigua variatio est.

MATRIC.-CARTHUS.-ULTRAJECT. : « Carpi episcopi, Papiri diaconi et aliorum plurimorum. Justini philosophi et martyris. Godebertæ virginis. Ydæ comitissæ Boloniæ, viduæ. »

CODEX D. DU CHEVAL, signatus C, qui fuit PP. Francis. : « Item, Euphemiæ virginis et martyris. »

VATICAN., num. 5949 : « Sanctæ Euphemiæ virginis et martyris. » Ita plerique omnes.

UGHELLIAN. : « Item sanctæ Euphemiæ virginis. »

VICTORIN. et REG. SUEC., num. 130, omittunt etiam *martyris*, sed præfigunt: *In Calcedonia*.

Editio LUBECO-COL. In principio satis pura, de Hermenigildo sic habet : « In Hispania, sancti Hermenigildi regis et martyris, quem pater ejus Leonigildus Arrianus, rex Arragonum et Gothorum, ob fidei catholicæ confessionem inexpugnabilem, nocte sancta Dominicæ resurrectionis securi interfici jussit, et tali martyrio regnum cœleste rex et martyr intravit. Calcedocee [Chalcedoniæ] translatio sanctæ Euphemiæ virginis et martyris. » Utrum vere translatio aliqua Euphemiæ Chalcedonensis facta fuerit, compertum non habeo. De Euphemiarum unitate vel multiplicitate, vide quæ in Actis hac die disputantur.

BELIN. : « Eodem die, sanctæ Euphemiæ virginis et martyris. »

GREVEN. : « Prædictus Hermenigildus Lungildi regis Vusigothorum filius, ut refert Gregorius III lib. Dialog. prædicante beato Leandro Hispalensi episcopo, ab Arriana hæresi ad fidem conversus, a patre Arriano nocte sancta Paschæ martyrio coronatus est. Item sanctorum Eucapi, Secutoris, Pauli. » Corrupta ferme ex Hieronym. nomina : « In Calcedonia, natalis [*vel secundum alios* translatio] sanctæ Euphemiæ virginis. Donani abbatis. Godeberte virginis. Item, sanctæ memoriæ Nicolai confessoris, in Nussia quiescentis. » De postremo inter Prætermissos agitur. Godeberta ad XI hujus pertinet. De Donano nihil usquam invenio, ne quidem in indice Prætermissorum. An is sit, de quo in Actis agitur XVII Aprilis, ut qui cum discipulis duobus et quinquaginta martyr fuerit, an potius *Donanus* alter, qui simpliciter ibidem *abbas in Scotia* dicitur, alibi examinabitur.

MOLAN. : « Eodem die, sanctæ Euphemiæ virginis et martyris. » Tum minoribus litteris: « In territorio Arvernensi, sancti Martii abbatis et confessoris, de quo Gregorius Turonensis. » Vide in Actis.

MARTYROLOGIUM. — MENS. APRIL.

XVIII Ka.. *Die 14.*

Romæ via Appia, natalis beatissimorum martyrum Tiburtii, Valeriani et Maximi, Almachio præfecto, quorum primi fustibus cæsi et gladio percussi, ultimus tandiu ad plumbatas est verberatus, donec exalaret spiritum. Apud Alexandriam, sancti Frontonis abbatis, cujus vita sanctitate et miraculis exstitit gloriosa. Interamnis, beati Proculi martyris. Item, sanctæ Domninæ virginis cum sociis virginibus coronatæ.

NOTÆ.

Puri sunt *Praten., Herinien., Tornacen., Rosweyd., Antuerpien., Max.-Lubec., Munerat., Belin., Greven. et Molan.* Accederent *Antuerp.-Max., Ultraject.,* A *Leyden., Lovanien., Albergen., Danic.* et *edit. Ultraj.-Belg.*, nisi ex Adone interjecissent, *in cœmeterio Prætextati.*

VARIANTES LECTIONES.

Tyburcii in Heriniensi, *Tiburcii* in Tornacensi, vix notanda sunt. Major est difficultas, servandumne *ad plumbatas*, ut ex Pratensi, Heriniensi et Tornacensi in textu posuimus, an *plumbatis*, ut cæteri ferme legunt, non *a plumbatis*, ut Munerat. Certum est phrasim illam, licet duriorem, exstare in Rosweydina Adonis editione, atque mss. nostris, excepto solo Lobiensi. Nobis hic sufficiat trium codicum probatissimorum auctoritas. Sic iidem cum Antuerp., Max.-Lubec. et Munerat. scribunt *exalaret*, quod in textu reliquimus. Codex Antuerp. superfluæ claritatis gratia, in ipsa periodo posuit *duo primi.* Pro *miraculis extitit gloriosa*, male in Belino B legitur *miraculis claruit*. Item male *iteranis*, pro quo Munerat. *iterannis*, Tornac. *interampnis*. At quid de nomine virginis ultimo loco positæ? Pro *Domninæ* stat Praten. (de quo tamen dubito) Antuerp., Rosweyd., Greven. et Molan., etc. Rursus stat usus communis, quem sequi coacti fuimus, ex recentioribus omnibus, Romano moderno et Actis nostris. Ego tamen vere existimo usum illum male invaluisse, legendumque non *Domninæ*, sed *Domnæ*, ut disertissime faciunt apographa Hieronymiana, utraque Adonis editio et codices ejus mss. omnes. Pro *Domnæ* autem non absurde scribunt Herinien. et Tornacen. et Munerat. *Domnæ*. Ast in Max.-Lubecana, *Dominine*, in 1 Belini *Doninæ*, in altera *Donninæ*, aperta sunt sphalmata. Sic idem Belinus plus justo sapere voluit, dum pro *sociis virginibus* scribere maluit, *sociabus.*

OBSERVATIONES.

Quam illustre est toto orbe Christiano *Cæciliæ* nomen, in antiquis Kalendariis et Sacramentariis, imo in ipso missæ canone, perpetua celebritate consecratum; tam sunt venerabiles martyrii ejus socii *Tiburtius, Valerianus* et *Maximus*, in omnibus Hieronymianis hoc die primo loco sic ferme consignati: *Romæ via Appia cœmeterio Prætextati, natalis sanctorum Tiburtii, Valeriani, Maximi*; sed cum pluribus passim sociis, de quibus videri possunt solito prolixior Florentinii notatio, cum alia ad xxi Aprilis, dum iidem sancti in illis apographis repetuntur, et Henschenii commentarius cum Analectis; apud quos translationes et id genus alia excutiuntur, C quæ huc non pertinent. Eadem sanctorum nomina, et quidem sola, hoc die refert auctor Romani parvi. Bedæ est, quidquid præterea in textu additur, ex ipso in Rabanum, Adonem, Usuardum et Notkerum translatum, quo ex celeberrimis Cæciliæ Actis præfatus Beda desumpsit. Laudat ipsa Henschenius his verbis: *Hæc pervetusta horum sanctorum solennis veneratio, plurimum crevit ex certissima virtutum, ac martyrii notitia, quam dabant antiqua S. Cæciliæ Acta, quæ tunc temporis* (quinto circiter sæculo) *omnium manibus terebantur, et hactenus in præcipuis et perantiquis membranis conservantur.* Et hæc quidem favorabilis Henschenii sententia, a qua multi, præsertim recentiores cum Tillemontio tomo III, a pag. 250, et in nota, pag. 689, certatim recedunt, Actorum antiquitatem haudquaquam inficiantes, sed ea, ut vera aut sincera renuentes admittere, usque adeo, ut Ruinartius, vel a *Cæcilia* nominanda, toto suo opere studiose abstinere visus sit. Nec locus D hic, nec otium est, controversiam iam expendere, de qua in Actis nostris disputari poterit xxii Novembris. Interim certum videtur, cum reliquis martyrologis sensisse Wandalbertum, dum ita cecinit:

> Octava et decima Maias superante Kalendas,
> Valerianus ovat, fraterque Tiburtius, ipsos
> Maximus effuso comitatur sanguine miles.

Quæ de *Frontone, Frontono* aut *Frontonio*, abbate Ægyptio, in laterculo dicuntur, plane Adoniana sunt; multo longiorem historiam ex Vitis Patrum textuit Rabanus, quem paulo contractiorem fecit Notkerus. Ex Hieronymianis procul dubio acceptus est, in quibus sic ferme ad laterculi finem legitur: *In Alexandria, Frontoni monachi.* Vitam ex Rosweydi editione produxit Henschenius; occasione ultimæ clausulæ, multis difficultatibus irretitus, quibus ipsum, non reluctantem, feliciter expedivit Papebrochius xiv Maii, in Vita sancti Pachomii, ut pluribus deductum invenies in Responsionibus ad articulum 15, § 13, a num. 196, quæ hic satis est indicasse. Ejusdem Adonis est annuntiatio tertia, de sancto *Proculo martyre Interamnensi*, ab ipso ex numerosiori Hieronymianorum turma avulso quemadmodum et *Domnina* vel *Domnia virgo*, quæ ultimo loco ponitur, *cum sociabus coronata*, de quibus nihil habeo, quod addam brevi, sed accurato Henschenii commentario : nec quidquam Usuardus Adoni adjunxit, solum ejus textum ferme recensens, mutato duntaxat nonnihil sanctorum ordine.

AUCTARIA.

PULSANEN. solus deficit in Proculo et Domnina, in altera parte omnino purus; ubi noto, etiam scribi *ad plumbatas*, ut nos in textu legimus.

ANTUERP.-MAX., ULTRAJECT., LEYDEN., LOVANIEN., ALBERGEN. et DANIC. et editio ULTRAJ.-BELG. paucis tantummodo excedunt, ut diximus: nempe; *in cœmeterio Prætextati.*

CENTULEN.: « Roma sanctorum martyrum Tiburtii et Valeriani fratrum et Maximi, qui per beatam Cæciliam ad fidem conversi, sub Almachio præfecto, gladio cædente coronati sunt. Interamnis, sancti Proculi martyris. Item, sanctæ Domnæ virginis, cum sociis virginibus coronatæ. Alexandriæ, beati Frontonis abbatis, virtutibus et miraculis gloriosi. »

ANTUERPIEN.-MAJ. in prima classe elogium resecat. Sequitur: « Inferamne, » etc., pure. Tum: « Dompnæ, » pure. « Frontonis, » pure. « Eodem die, dedicatio basilicæ sancti Georgii martyris, Squantii. » Quis hic locus indicetur, villa, castrum, vicus, cœnobium, nescio.

BRUXELLEN.: « Romæ, via Appia in cimiterio Prætextati, sanctorum matyrum Tyburcii, Valeriani et Maximi, sub Almachio præfecto. Quorum primi Tyburcius et Valerianus fratres, ab Urbano papa baptizati, jubente Almachio præfecto, fustibus cæsi, gladio transverberantur; Maximus vero tandiu plumbatis cæsus est donec spiritum exalaret. » Sequitur: *Interamne*, etc., pure. Tum *Domninæ*, dein *Frontonis*. Denique in fine : « Et transitus sancti Lamberti episcopi Lugdunensis, discipuli sancti Wandregisili, et secundi post ipsum rectoris cœnobii Fontanellensis. »

HAGENOYEN.: « Romæ, via Appia, natale beatorum martyrum Tyburcii et Valeriani fratrum, qui conversi sunt per beatam Cæciliam, et per beatum Urbanum papam in fide instructi. Qui, postquam angelos viderunt, et omnia sua pauperibus erogare cœperunt, et multos Christi martyres sepelierunt, ab Almachio præfecto tenti sunt, et interrogati sunt de fide. Qui primo jussit eos fustibus cædi et incarcerari, et demum decollari. Item Romæ, beati Maximi cornicularii, qui per Tyburtium et Valerianum conversus est, cum ad permissionem illorum temporum, animas de corporibus videret egredi, sicut virgines ornatas de thalamo in cœlum. Unde cum ille hoc miraculum publice confiteretur, ab Almachio plumbatis jussus est cædi, donec deficeret. Apud Alexandriam, natale beati Frontonii abbatis, cujus vita sanctitate et miraculis extitit gloriosa ; cujus precibus octuaginta fratres [*Rabanus et Notkerus, qui hanc historiam fusius describunt, legunt* LXX] in deserto degentes et panem ac cibum terrenum comedentes, a peccato murmuris custoditi sunt, per cameles oneriferos, divisis cibariis a Deo sibi missis. Interampnis, beati Proculi martyris. Item, sanctæ Domninæ virginis, cum sociabus suis virgibus aliis martyrio coronatarum [*melius legeret coronatæ*]. »

MATRIC.-CARTHUS.-ULTRAJ.: « Tiburtii, Valeriani et Maximi martyrum. Frontonis abbatis. Domninæ virginis cum ceteris. »

Editio LUBECO-COL. præter dicta de Tiburtio et sociis, addit : « Quorum corpora, beata Cecilia venerabiliter sepelivit. » De Frontone, pure. « Interamnis, beati Proculi et Mephibii, ac Apollonii martyrum, discipulorum sancti Valentini episcopi, et martyris, sub consulari Hennutio decapitatorum. » Vide de his Acta nostra. In Domnina, recte.

GREVEN. : « Item cum sancto Proculo præfato discipulo sancti Valentini episcopi et martyris, passi sunt Mephibius et Apollonius condiscipuli ejus sub consulari Hennucio. Lamberti episcopi Lugdunensis et confessoris. Item in Hollandia, oppido Schiedam, sanctæ memoriæ Lydwydt virginis, quæ inauditas tribulationes, amore conformitatis passionis Domnicæ, gaudenter perserens, nullo multis annis corporali cibo utens, innumeris revelationibus a Domino crebro visitata, plena operibus bonis quievit in pace anno Domini MCCCCXXXIII. »

MOLAN., typis minoribus, de Lamberto et Lyduuyt, ut supra; addens de hac : « Cujus vitam venerabilis Thomas Kempis scripsit. Depositio sancti Abundii, de quo Gregorius Dial. lib. III, cap. 25. » In Actis citatur Dialogorum lib. III, sed caput 22. In posterioribus editionibus, iisdem typis repetitur de Lamberto, ut habet GREVEN. Sequitur : « In Hollandia, oppido Schiedamis, obitus Lydwydt virginis, patientiæ singularis. »

XVII Kal.   Die 15.

Apud Persidem civitate Cordula, natalis sanctorum Olympiadis, et Maximi nobilium, qui jubente Decio fustibus cæsi, et deinde plumbatis, ad ultimum capita eorum securibus sunt tunsa, donec emitterent spiritum. In Italia, beatorum martyrum Maronis, Euticetis et Victorini, qui primo ad insulam Pontiam, in Christi confessione longum ducentes exilium, postmodum sub principe Nerva, cum convertissent plurimos ad fidem, jussi sunt variis interfici pœnis.

NOTÆ.

Ex *Praten.*, *Herinien.*, *Tornacen.*, *Pulsanen.*, *Rosweyd.*, *Munerat.*, *Greven.* et *Molan.* Puri etiam hoc die sunt *Antuerp.-Max.*, *Ultraject.*, *Leyden.*, *Lovanien.*, *Albergen.*, *Danic.* et *Edit Ultraject.-Belg.* Imo et *Hagenoyen.*, solis ferme scriptoriis sphalmatis inspersus.

VARIANTES LECTIONES.

Pro *Cordula* Herinien., Rosweydus et Molanus legunt *Corduba*, sed male, cum plerisque codicibus sequioris notæ. Neque enim dubitari potest quin Usuardus Bedam, Romanum parvum et Adonem secutus sit, apud quos diserte ponitur *Cordula*. Cur Rabanus Bedæ lectionem vitiaverit, nihil ad nos attinet. Herinien. et Tornacen. forte sæculi vitio pro *tunsa* scribunt *tonsa*. At multo corruptius Pulsanen. *securibus sunt cesa*. Rursus idem codex, pro *Euticetis* ponit *Vecticeris* ; Rosweyd. vero *Eutychetis*, quomodo legendum omnino censeo, cum Romano parvo, utraque Adonis editione et Notkero. In textu nihilominus servanda fuit lectio, quam ex cæteris Usuardinis codicibus, auctoris nostri propriam existimamus. Codex Rosweydi omittit *Pontiam*, pro qua corrupte posuit Munerat. *Pontitiam*. Pulsanensis nimium scrupulosus videtur, dum post *fidem* adjungit *Christi*, quod ex sensu nimis quam perspicuum est. Munerat. contra, demit quod necessarium est, omittens vocem *variis*, quæ periodum complet.

OBSERVATIONES

Geminam hujus diei annuntiationem in Romano parvo invenit Ado, ubi paucis : *Cordulæ, Olympiadis et Maximi* ; tum : *In Italia, Maronis, Eutychetii et Victorini*. Et primam quidem ei etiam suggessit Beda, cujus elogium invariatum, in suum Martyrologium transtulit ; Noster ex alterutro, nisi mavis ex utroque, ad verbum descripsit ; addens de suo initium, *Apud Persidem*. Ex Actis sancti Laurentii, de quibus XVII Februarii in *Polychronio* egimus, accepti sunt etiam hi duo martyres cum aliis, XXII hujus referendis, qui omnes jussu Decii in Persia pro fide necati dicuntur, quantum declarat præfatorum Actorum valde incerta auctoritas, de qua utcunque statuas, certe ex Martyrologiis, de eorum antiquissimo cultu constare manifestum est. Porro utrum in urbe *Cordula*, *Corduba*, an *Corduena*, ut mavult Baronius, agonem compleverint, non facile quis hodie dixerit, præsertim cum loca hujusmodi aut his affinia, geographis ignota videantur. Ex Henschenii Commentario disces, quam apposite bi martyres trahantur in Hispaniam, et Cordubensibus annumerentur. Cæterum receptissimum eorum cultum probat etiam Wandalbertus, dum hosce solos prædicat :

Septima Olympiadem decimæ conjuncta beatum
Monstrat, eamque simul defendit Maximus alter.

De tribus aliis martyribus apud Florentinium et Henschenium quæritur utrum ad primam Hieronymianorum classem reduci possint. et utrum alii, qui ibi *Maronis* comites sunt, tribus hisce connecti debeant? Quod valde incertum esse, examinanti ad oculum patebit. Hoc indubitatum, quod jam ostendi, nempe tres nostros diserte exprimi in Romano parvo, atque item Adonem eos inde acceptos, longa oratione ex Actis martyrii sanctorum Nerei, Achillei et Domitillæ, in quibus nominatim exprimuntur, ornandos suscipere, cujus encomii medullam, more suo, Noster in laterculo repræsentat; Notkerus historiam integram, sed quam non plane intactam relinquit. Fons ipse, ex quo omnia primum profluxere, pandetur ad VII et XII Maii. De tempore, quo seorsim passi; de variis locis ubi sepulti fuerint; de diversis item, quibus coluntur, diebus; ea tradit Henschenius, quæ ad verosimilitudinem proxime accedunt. *Victorinus* ex Martyrologiis nostris iterum recurret V Septembris.

Laudatus Notkerus hoc die describit, quæ de *martyribus Cæsaraugustanis* memorat Ado in utraque editione et in codicibus mss. An ex apographis Hieronymianis? Non ausim asserere, cum nec martyrum numerus, nec eorum nomina omnino conveniant. Putat Henschenius, eos octodecim numero colligendos, qui XXII Januarii, cum sancto Vincentio innominati conjunguntur. Mihi non satis promptum est divinare, unde tanta in nominibus variatio. Patet quidem Adonem, cohortem suam delibasse ex hymno Prudentii, *quatuor Saturninis* instructam; at cur hunc diem selegerit; cur Usuardus sequentem, non satis explicatum invenio. In eo forte Noster præcellit, quod nominum seriem ex Actis desumpserit, ut die proxime sequenti evidentius elucescet. Interim totius textus nostri germana simplicitas extra controversiam esto.

AUCTARIA.

ANTUERP. et MAX.-LUBEC. in prima annuntiatione puri, secundam mutilant hoc modo : « In Italia, passio beatorum martyrum Euticetis et Victorini. » Nihil amplius. Et sic habet etiam Codex UGHELLIAN. cum his passim conveniens.

CENTULEN. : « In civitate Cordula, sanctorum Olympiadis et Maximi nobilium, qui sub Decio consulibus [*an non securibus?*] cæsi, spiritum emiserunt. In Italia, sanctorum Euticetis et Victorini, qui cum beatissima Domitilla longum exilium passa [*potius passi*] tandem angente Aureliano, diversis necibus puniti sunt. Cœnobio Rehomensi, sancti Silvestri, discipuli sancti Johannis. »

ANTUERPIEN.-MAJ., in Olympiade et Maximo purus; secundam annuntiationem plane truncat, ac dein tertiam addit de sancto Silvestro, qualem ex BRUXELLENSI mox referemus.

BRUXELLEN. puro principio subjungit martyres Cæsaraugustanos, alio quam Usuardus ordine : « Et in Hispaniis civitate Cæsaraugusta, sanctorum decem et octo martyrum Optati, Luperci, Successi, Marciani, Urbani, Julii, Quintilliani, Publii, Frontonis, Felicis, Ceciliani, Evoti, Primitivi, Apodemi, Cassiani, Fausti, Januarii et Saturnini. Ii omnes sub Daciano Hispaniarum præside diversis pœnis afflicti atque interempti sunt. Apud Italiam, natale sanctorum martyrum Maronis, Euticis [Euticetis] et Victorini. Qui cum beata Flavida et Domitilla, apud insulam Pontiam longum ducentes exilium, eamque in confessione Christi pio foventes solatio, invidia et insectatione Aureliani sponsi et persecutoris ejus, quem illa ob Christum contempserat, postmodum a principe Nerva, eidem Aureliano in servitutem traditi sunt. Cumque plurimos convertissent ad fidem, jussi sunt variis pœnis interfici, sicque ipsorum mirabilis passio habetur. In Reomago cœnobio, depositio sancti Silvestri, discipuli beati Joannis confessoris. »

VICTORIN., et REG. SUEC., signatus num. 130, in fine : « Eodem die, translatio sancti Eptadii presbyteri et confessoris. » Colitur XXIV Augusti. Ut *martyrem* refert Castellanus XXII Augusti, qui forte synonymus sit; a priori diversus et Martyrologis incognitus.

MATRIC.-CARTHUS.-ULTRAJECT. : « Olympiadis et Maximi martyrum. Maronis, Euticetis et Victorini martyrum. »

VATICAN., num. 5949 : « In Hispaniis civitate Cæsaraugusta, sanctorum decem et octo martyrum. In Mesopotamia, sanctorum Archelai, Cypriani et Diogenis. » Vide socios in Actis.

ALTEMPS. : « Translatio sancti Oswaldi episcopi Merciorum. » Vide quæ de eo dicuntur in indice Prætermissorum. Ejus vita data est XXVIII Februarii, et nos ibi de eo egimus.

Codex REMEN. SS. Timothei et Apollinaris : « In Reomago cœnobio, sancti Silvestri, discipuli sancti Joannis confessoris. »

Editio LUBECO-COL., post textum satis purum, subdit : « In Helmerbretzhusen, translatio sancti Modowaldi episcopi Treverensis et confessoris, qui per dominum Brunonem, illius ecclesiæ episcopus facta [*factus*] est. » In Prætermissis assignatur dies natalis XII Maii.

BELIN., in fine : « Ipso die, beati Quirici episcopi, qui invenit Dominicam crucem. » GREVEN. *Quirinum* vocat; alii censent eumdem esse cum sancto Quiriaco. Vide Prætermissos.

GREVEN. : « Quirini episcopi, qui invenit crucem Domini. Item sanctorum Carcellai, Diogenis, Georgii, Messoris, Franconis, episcopi et confessoris. » An *Frontonis?* Plura de eo dicuntur inter Prætermissos. « Maximi episcopi Constantinopolitani, qui ut sanctus Hieronymus refert, tempore Gratiani, doctrina et sanctitate claruit. » Vide indicem Prætermissorum. « In Hibernia, Candani episcopi. » Idem est qui in Actis vocatur *Rodanus* vel *Ruadanus*. « In Reomago cœnobio, beati Silvestri confessoris. Translatio sancti Modowaldi episcopi Treverensis et confessoris. Eugariæ virginis et martyris. Transitus sanctæ Helenæ imperatricis. » Vide quæ de utraque dicuntur inter Prætermissos.

MOLAN. : « Ipso die, beati Cyrici episcopi, qui invenit Dominicam crucem. In Reomago cœnobio, depositio sancti Silvestri, discipuli sancti Joannis confessoris. » Tum typis minoribus : « Maximi episcopi Constantinopolitani, qui, ut sanctus Hieronymus refert, tempore Gratiani, doctrina et sanctitate claruit. Franconis episcopi Vuormatiensis. » De hoc in posterioribus editionibus silet. Verum textui aliqua inserit litteris Italicis post *principe Nerva*; nempe : « Traditi sunt in servitutem Aureliano sponso, quem Flavia Domitilla ob Christum contempserat. Quos jussit terram fodere per totum diem, ad vesperam vero cantabrum manducare : deinde, etc. In Reomago cœnobio, » etc., ut supra. « Ipso die, Helnone monasterio, susceptio crucis geminæ, quæ duobus in locis de ligno Dominicæ crucis habens, a Vualterio Vuariniaco, nobili milite in Hierusalem allata, et ibidem ecclesiæ oblata, ab abbate et conventu, cum solenni processione est recepta, cum gaudio et exultatione. » Ista hic adjecta sunt, licet ad Martyrologium, præsertim Usuardinum non spectent; uti nec quod sequitur de *inchoatione Nicæni I concilii.*

XVI Kal.   Die 16.

Apud Corinthum, natalis sanctorum Callisti et Carisii, cum aliis septem, omnium in mare mersorum. Cæsaraugustæ, sanctorum decem et octo martyrum Quintiliani, Cassiani, Matutini, Publii, Urbani, Martialis, Fausti, Successi, Felicis, Januarii, Primitivi, Evoti, Ceciliani, Optati, Frontonis, Luperci, Apodemi, et Julii. Hi omnes simul sub Datiano Hispaniarum præside pœnis affecti atque interempti sunt.

NOTÆ.

Ita *Praten.*, *Herinien.*, *Tornacen.*, *Pulsanen.*, *Rosweyd.*, *Munerat.*, *Greven.* et *Molan.*

VARIANTES LECTIONES.

Chorintum in Pratensi, *Corintum* in Heriniensi, male scripta sunt. Ita hic *Cœlesti* pro *Calisti*, quem posteriorem modum servant Praten. et Rosweyd. et ita exigere videntur Hieronym. quidquid Rom. parvum et Ado legant *Callisti*; reliqui codices nostri passim *Calixti*, ut magis jam receptum est. Ubi liberum est, liceat nobis puriores fontes imitari. Praten. habet *Charisii* et ita Acta: malo cum Rom. parvo, Adone et cæteris codicibus nostris *Carisii*, non *Carisi*, ut Muneratus. *Mari* et *Ceseree* in Pulsa-

nen. sphalmata sunt: nec in usu est *Cæsarea Augusti*, ut habet Rosweyd., ubi etiam *octodecim* pro *decem et octo*. In martyrum nominibus nonnulla variatio: *Quintiliani* et *Marcialis* scribunt Pulsanen. et Greven. Ille rursus *Evochi, Apodemii, Juliani*: hic, *Luperti*; Munerat. *Fusti*, Molan. *Eventi*. *Evoti* legunt mss. antiqua omnia. *Hii, Hispaniorum*, primo *affecti*, pro *pœnis affecti*, proprii Pulsanensis errores sunt, ut *Hyspaniarum.* in Heriniensi.

OBSERVATIONES

De solis *martyribus Corinthiis* agit hodie Romanum parvum: *Apud Corinthum, Callisti et Carisii cum aliis in mare mersorum.* Ado eadem phrasi utitur, nisi quod de suo inserat vocem *omnium*. Putat Florentinius, ex his verbis *omnium in mare mersorum*, plane confirmari, Adonem ex aliquo apographo Hieronymiano *Martyrologium suum adornasse, truncatis septem nominibus*, quæ in vetustiori illo exprimebantur. Quando et quousque ea Florentinii opinio locum habeat, ex continuatis per singulos dies Observationibus nostris curiosus lector intelliget. Mihi verosimilius est, utrumque illud Martyrologium, videlicet et Hieronymianum, quod *Romanum magnum* appellare licet, et illud quod *Parvum* dicimus, hoc et aliis quandoque diebus Adonem usurpasse. Utcunque sit, Adonis textum Noster ad verbum descripsit. In Rabano expressa sunt sex martyrum Corinthiorum nomina, quæ ferme eadem ex ipso Notkerus transumpsit, addens *quod omnes in mari mersi sunt*, ubi Rabanus scripserat, *et aliorum plurimorum sanctorum*. Sex alios supranumerarios comites vide apud Henschenium. Consonat nostris Wandalberti distichon:

Sexta et dena Chariso Calistoque refulget,
Quos mare septena mersos cum plebe beavit.

De secunda annuntiatione *martyrum Cæsaraugustanorum*, jam fere satis dictum est die præcedenti, quo ab Adone, et pluribus codicibus Usuardinis auctioribus memoratur; nec video, de textus nostri veritate dubitari posse. Quærendum superesset, quis martyrum illorum ordo præferendus; Adonianus nimirum, an Usuardinus? Illum jam dixi ex Prudentii hymno acceptum, qui verosimiliter metri rationi potius quam antiquæ nominum seriei servandæ consuluit. Vetustiorem ipsam, ni fallor, exhibent Acta a Papebrochio recensita, ex quibus eam pridem Usuardus acceperat, non multum dissimilem ab ea quæ in Hieronymianis exstat XXII Januarii, multis aliis nominibus auctiore. Sed de his, cum in Actis nostris abunde explicata sint, operæ pretium non est pluribus disserere: id solum constat, Daciani carnifices, *velut agnorum multitudines prostravisse, non resistentes sibi, et mortuorum innocentum sanguine, insanientes cruentatos.*

AUCTARIA.

TORNACEN., toto textu purus, ultimam clausulam de *Daciano præside* reticet, forte quod scriptor cancellorum suorum limitibus nimium fuerit coarctatus.

ANTUERPIEN., MAX.-LUBEC., BELIN., ANTUERP.-MAX., ULTRAJECT., LEYDEN., LOVANIEN., ALBERGEN., DANIC. et editio ULTRAJ.-BELG. in eo omnes conveniunt, quod in enumeratione martyrum Cæsaraugustanorum, non Usuardi, sed Adonis hesternum textum sequantur, hoc modo: « Cæsaraugustæ [*aliqui* Cæsaraugusta] natalis sanctorum decem et octo martyrum, Optati, Luperci, Successi, Marcialis, Urbani, Julii [*aliqui* Juliæ] Quintiliani, Publii, Frontonis, Felicis, Ceciliani, Evoti, Primitivi, Apodemi et aliorum quatuor [*alii melius* reliquorum quatuor] qui omnes Saturnini vocati esse referantur. Hi omnes, » etc.

CENTULEN. « In Hispaniis civitate Cæsarea Augusta sanctorum decem et octo martyrum, qui Daciani persecutione diversis tormentis consumpti sunt. Apud Corinthum, » etc., ut in textu.

ANTUERP.-MAJ. incipit a martyribus Cæsaraugustanis, quorum nomina nec omnia nec integra refert. Tum: « Eodem die, natale sancti Tiburtii Cenomanensis urbis episcopi et confessoris. » Est hic *Thuribius*, ut in Actis ostenditur. Ultimo loco de Corinthiacis satis pure.

BRUXELLEN., in prima annuntiatione purus, subdit: « Et Romæ, sancti Aniceti papæ et martyris, qui sedit annis undecim, et temporibus Sixti martyrio coronatus est, et in cimiterio Calixti sepultus. Hic constituit ut, clericus comam non nutriat seu bar-

bam, sed habeat coronam in modum sperule [sphærulæ]. Item, Paterni episcopi. » Haud dubie *Abrincensis.*

HAGENOYEN. in textu purus esset, nisi martyrum nomina deformaret, atque hæc post *Hispaniarum præside* insereret, « Tempore Diocletiani et Maximiani imperatorum, diversis sunt afflicti pœnis atque ab eodem morte crudelissima interfecti. »

AQUICINCT., in fine: « Romæ, Aniceti papæ et martyris. Hic constituit, ut clericus comam non nutriat, secundum præceptum Apostoli. » Hic sæpe hodie recurrit, sed colitur XVII.

VICTORIN.: « Romæ, sancti Eniceti papæ, qui sedit in episcopatu annis XI. Hic constituit, ut clericus comam non nutriat, secundum apostolicum præceptum. »

AMBIAN.: « Item dedicatio [ecclesiæ] sancti Mauritii sociorumque ejus Ambianis. »

MATRIC.-CARTHUS.-ULTRAJECT.: « Cæsaraugustæ, sanctorum XVII martyrum, quorum passionem Prudentius versibus exequitur. Celesti et Carisii. Bassi martyris. » Forte *Vasii* martyris Sanctonensis.

CAMBERIEN.: « Eodem die, sancti Isidori martyris. » Inter Prætermissos remittitur ad XV Maii.

VATICAN., num. 5949: « Romæ, natale sancti Aniceti, qui, » etc.

IN UGHELLIAN. alius est martyrum Cæsaraugustanorum ordo, et pro *Julii* scribitur *Juliæ*, ut ex aliis etiam supra indicavimus.

Editio LUBECO-COL., in prima annuntiatione pura, sic prosequitur: « Colonia Agrippina, translatio sancti Albini martyris. Quem beatus Germanus Anthisiodorensium episcopus, de Britania ad Romanam urbem transtulit, sed postmodum pia Romanorum imperatrix Theophanium, uxor Ottonis primi [secundi] imperatoris, eumdem per papam sibi donatum, ad Coloniam duxit tempore Domini Brunonis Coloniensis archiepiscopi, anno Domini octingentesimo octogesimo quinto, et in ecclesiam sancti Panthaleonis medici honorifice locavit. » In anno erratur toto sæculo, vide in Actis, quo Albinus colitur xxii Junii. Sequitur : « In Hispaniis, Cæsaraugusta, sanctorum decem et octo martyrum, quorum nomina hæc sunt, Lupertus, Successus, Marcialis, Urbanus, Julius, Quintillianus, Publius, Fronto, Felix, Cecilianus, Evotus, Primitivus, Apodemus, et reliquorum quatuor, Cassianus, Matutinus, Faustus et Januarius. Hi omnes sub Daciano Hispaniarum præside pœnis afflicti variis atque interempti dinoscuntur. Cenomanis, beati Tiburcii episcopi et confessoris. Item sancti Amonis, de quo legitur, quod duos dracones ante ostium cellulæ collocaverit, ne latrones panem ei auferrent, quo solo vescebatur. » In Prætermissis rejicitur ad iv Octobris.

GREVEN. : « Bassii martyris. » De quo jam supra diximus. « In Dacia, Magni, comitis et martyris. » Quæ Dacia hic assignetur, vide in Actis. « Luperti episcopi. » Vide Prætermissos. « Paterni episcopi Pictaviensis. » Est *Abrincensis*, apud Pictones natus. « Cenomannis, Tiburtii episcopi et confessoris. Item, sancti Ammonis anachoritæ et confessoris, de quo legitur, etc. Apud Coloniam Agrippinam, translatio sancti Albini protomartyris Angliæ, quem sanctus Germanus Autisiodorensis episcopus de Britannia Rhomam et postmodum Theophanium imperatrix, uxor Ottonis primi a papa sibi donatum, Coloniam transtulit, anno Domini DCCCCLXXXV, et in monasterio sancti Panthaleonis martyris honorifice collocavit. In Mauriciana, sanctæ Basiliæ. » De qua in Actis.

MOLAN. incipit ex Notkero : « Romæ, sancti Aniceti papæ, qui sedit in episcopatu annos undecim, et temporibus Severi et Marci martyrio coronatus, sepultus est cœmiterio Calisti. Hic constituit, ut clerus comam non nutriret, secundum apostoli præceptum. Coloniæ, translatio sancti Albini martyris. Hujus Deo digni martyris reliquiæ de Britannia per beatum Germanum episcopum Antisiodorensem primo Romam, deinde per augustam Theophanium Ottonis secundi uxorem, Coloniam translatæ, positæ sunt in monasterio sanctissimi Panthaleonis martyris, ubi cunctis pie quærentibus opem conferunt salutarem. »
Tum typis minoribus : « In Clivia Xanthis, natalis martyris, quem vocant martyrem sine nomine, cujus corpus inventum est xvi Kal. Maii, purpura vestitum cum calceis, capite præciso, quod transtulit Philippus archiepiscopus Coloniensis. Eodem die Palentiæ in Hispaniis, natalis sancti Turibii episcopi Astoricensis, ad quem scripsit Leo pontifex epistolam contra Priscillianistas. Hic innumeris claruit miraculis, et Christianam religionem ac fidem maxime juvit. Villa Seburck prope Valencenas, sancti Drogonis confessoris, qui miro modo calculosis, et ruptis invocatus subvenit. Ejus actus habentur. »
Huc usque editio prima. Aliæ habent : « Ibidem, Engratiæ sive Eneratis, virginis ac martyris, et Caii atque Crementii, qui secundo confessi, gustarunt saporem martyrii. » Vide Acta nostra. Sequitur de Turibio, ut supra. Deinde adjungit : « Juxta Valencenas, in pago Sebourch, quiescit sanctus Drogo confessor inclytus, qui miro modo calculosis et ruptis invocatus subvenit. Depositio ejus xvi Aprilis anno. Domini MCLXXXVI. In Sicilia, juxta Castellum bonum, sub Marone monte ac gemellis collibus, in cœnobio sanctæ Mariæ a partu, depositio beati Guilelmi confessoris. In Dacia, sancti Magni, comitis Arcadiæ et martyris anno MCIV. » De eo superius dictum. De Albini translatione, eadem in quæ supra. Tu vide Acta nostra tomo IV Junii a pag. 172. « Zanthi festum martyris, quem transtulit archiepiscopus Philippus, inventum in purpura et calceis, amputata summitate capitis. Nos qui floccellos sanguinis cohærentes pilis in monumento ejus vidimus, scripsimus hæc, ut vos credatis, et per annorum revolutionem hoc die et assidue eum in veneratione habeatis. Nec conturbet, quod nomen ejus non habetur, cum Legenda Thebæorum vix duodecim martyrum nomina contineat. » Demum minori charactere : « In pago Constantiensi, sancti Paterni episcopi Aprincensis et confessoris, ex abbate Scisciacensi. » Vide GREVEN. supra ; et Acta hoc die.

XV *Kal*. . . Die 17.

Apud Africam, natalis sancti Mappalici martyris, qui, ut beatus scribit Cyprianus in epistola ad martyres et confessores, cum aliis pluribus coronatus est. Antiochiæ, sanctorum martyrum Petri diaconi et Hermogenis. [*Interserit Bouillart.* : a In Oriente, beati Nicephori, sub Valeriano et Galieno ob Christi martyrium coronati.] Item Corduba, sanctorum martyrum Heliæ presbiteri, Pauli et Isidori monachorum.

NOTÆ.

Textus sumitur ex *Herinien.*, *Tornacen.*, *Pulsan.*, *Antuerp.*, *Max.-Lubec.*, *Munerat.*, *Greven.* et *Molan.*

a In Pratensi codice Antiochenos inter et Cordubenses martyres, Nicefori fit mentio. Ibidem ejusdem mentionem fecerunt mss. Aquicinct., Bruxell. et Roswegd. tres Pratenses B, D, E, Conchens., Montisburg. et editio Lubeco-Colon. Dignus tamen Pratensis non fuit, quem sequeretur Sollerius, cum propter alios codices, qui Nicephoro carent, tum maxime, quod admonuit Castellanus, ea quæ de Niceforo dicuntur, omnino esse intrusa, et quidem manu non valde antiqua. An ego toties de eadem re audiam? an toties de eadem re lectorem obtundam? sed hic volo, ut ex me plura discat de nostro codice Sollerius, quam ex Castellano didicit. Ultimus paginæ versus, ubi nunc videntur Petrus diaconus et Hermogenes, fere totus olim erasus est, et alia manu, quamvis Usuardi ætati proxima, alioque atramento restitutus. Suas revolvat Schedas Sollerius. Fortasse de illis martyribus dixit suus monitor, quod ipse de Nicephoro intelligit. Deinde duo paginæ sequentis primi versus, ubi nunc leguntur Niceforus et Cordubenses monachi, similiter erasi sunt. At mihi fides apud Sollerium sit, manum, quæ sanctos illos exaravit, ipsissimam esse reliqui codicis; minutiori tamen litterarum forma, quo spatium daretur Niceforo, quem Usuardus huc intulit deceptus dubio procul Actis quibusdam, quæ Niceforo festum hoc die coli mentiebantur. Certe in mss. Actorum Collectione hunc titulum Actis S. Niceforo præfixum lego : *Passio S. Niceforo martyris quæ colitur* XV *k. Maii.* BOUILLART.

VARIANTES LECTIONES.

Vix quidquam exhibet notatu dignum. Pro *Mappalici*, scribit Pulsanen. *Ampilici*. Sed turpius pro *Petri Peto*. Sic Munerat. *Hermogeni. Cordubæ*. legunt Greven. et Molan., reliqui, ut in textu. *Heliæ* scribendum docent probatiores codices, non *Helei*, ut Antuerp. et Molan. nec *Helyæ*, ut Munerat. Sic Herinien. male habet *Isydori*. Tornacen., Antuerp., et Max.-Lubec. et Munerat. *Ysidori*. Pulsanen. *Hysidori*. De *presbyteri*, *Aphricam*, *Cipriani* et hujusmodi aliis, satis dictum est. In editione Max.-Lubecana per typographi oscitantiam, ita legitur : *Antiochiæ, sanctorum martyrum Helei presbyteri, Pauli et Ysidori monachorum, Petri diaconi*, etc. In fine autem annuntiatio martyrum Cordubensium ordine suo recurrit. Delenda itaque verba omnia inter *Antiochiæ* et *Petri*. En variationem paulo difficiliorem.

In apographo nostro Pratensi, loco penultimo, hoc est inter Antiochenos et Cordubenses martyres, ita legitur : *In Oriente, beati Nicephori sub Valeriano et Gallieno ob Christi martyrium coronati*. Atque hæc ipsa leguntur in codicibus mss. Aquicinctino, Bruxellensi et Rosweydi, seu potius vetustissimo ecclesiæ sanctæ Mariæ Ultrajecti, in quo æque ac in Pratensi habetur *Nicofori*, in Bruxellensi *Nycofori*. Ego ex aliorum codicum auctoritate eam annuntiationem Usuardo plane abjudicandam, pridem censui; nec Castellanus, præ-

A tensi alioquin istius autographi summus patronus, obluctari ausus, aperte fassus est, ea quæ de Nicephoro dicuntur, omnino esse intrusa, et quidem manu, inquit; non valde antiqua, *ajouté de main peu ancienne*. Hoc nempe excusandi codicis gratia. At fatendum præterea, aliqua alia priori, si qua fuit, manu eo loci scripta fuisse, quæ subinde erasa sint, ut hæc de novo supponerentur, cujus tamen rei nullum prorsus vestigium in aliis nostris codicibus apparet. Neque de expunctione, ut alias solet, vel verbum meminit laudatus Castellanus. Quis autem satis intelligat, in medio textu manum recentiorem vetustiori inuecti potuisse, nisi vel spatium relictum (quod absonum videtur) vel certe aliqua erasa fuerint? Quidquid demum in codicis patrocinium afferri possit; an id genus additiones, ut Castellanus mitissime vocat, ejus authentiam magnopere commendent, hujusmodi rerum peritorum judicio relinquimus. Interim laterculi nostri primæva simplicitas ex aliis codicibus ad oculum demonstratur.

OBSERVATIONES.

Hac iterum die sanctos aliquos consignat Ado, qui in Hieronymianis apographis etiam inveniuntur, de quibus tamen omnino dubites, utrum ex illis accepti sint. *Mappalicus* imprimis inter Africanos martyres in præfatis apographis connumeratur, sed alia prorsus ratione, nimirum, nec solus, nec ut sociorum antesignanus. At vero in Romano parvo solus est : *Apud Africam, Mappalici*, unde probabilissime eum sumpsit Ado, cætera, quæ in elogio attexuntur, ex Cypriani encomiastica epistola adjiciens. Noster solum Adonis elogium, exclusa epistola, in suum textum transtulit; Notkerus epistolæ partem truncavit. Apud Bedam, Florum aut Rabanum, nec Mappalicus, nec sociorum ejus quisquam notus est. At longe antiquior illustris martyris memoria exstat in vetustissimo Kalendario Carthaginensi, XIII *Kal. Maias*, (pro XV *Martyris Mappalici*; ubi cum solus etiam notetur, probabilem facit conjecturam, ex aliquo hujusmodi Kalendario, vel ex ipsa Cypriani epistola, a Romano parvo, hinc ab Adone accipi potuisse, verosimilius quam ex Hieronymianis, quæ saltem sociorum memoriam aliquam injecissent. Habes in Actis laudatam Cypriani epistolam et plura de sociis, in subjuncto capite, ab Henschenio eruderata. Videsis præterea insignem Ruinartii Admonitionem ad Vitam et passionem gloriosissimi episcopi præviam, pag. 198. At nemo accuratius Mappalici atque aliorum martyrum et confessorum Carthaginensium sub Decio passorum historiam deduxit, quam fecisse videatur

Tillemontius tomo III, a pag. 378. De Mappalico sic loquitur Wandalbertus, ut eum ferme cum Petro et Hermogene, Antiochiæ ascribat:

Mappalicus quinta decima, Hermogenesque Petrusque
Collucent, merito, virtute et sanguine clari.

Vix dubium est, quin ex eodem Romani parvi fonte derivati sint *Petrus* et *Hermogenes*, qui totidem verbis et ibi et in Adone et in Nostro annuntiantur; quamvis non diffitear, ipsos illos Antiochenos martyres, sed aliis rursus conjunctos, in præfatis Hieronymi apographis recenseri. Additur a Notkero, *Petri, Fortunati et Martiani*, ubi tamen in Rabano, post *Hermogenis*, legerat *et in Africa, Fortunati et Martiani*. Præferenda ex Hieronymianis Notkeri lectio, sed nostra inde processisse non videtur, quidquid fateri cogar, me nescire, ex quo demum fonte eorum notitia, quæ modo nulla præterquam in Martyrologiis superest, olim hausta sit. Sequitur in Adone *Pantagathus*, ex ejus decessoribus Viennensis episcopus, qui cur ab Usuardo præteritus sit, neque hic divinamus. Cæterum in ejus locum suffecti sunt *martyres Cordubenses*, Usuardi ipsius ævo a Sarracenis obtruncati, quorum et aliorum multorum notitiam, ut alibi diximus, in ipsa Hispania, quo ad impetrandas illustrissimi martyris Vincentii reliquias ablegatus fuerat, facile acquisiverit. Pauca de ipsis ex Eulogio retulit Henschenius pag. 494.

AUCTARIA.

De Praten. et Rosweyd. jam superius satis diximus.

Ultraj., Leyden., Lovanien. et Editio Ultraj.- Belg. sic incipiunt : « Romæ, sancti Aniceti papæ. Qui decimus post beatum Petrum, cum Romanam rexisset Ecclesiam undecim annis, temporibus Severi et Marci martyrio coronatus, sepultus est in cimiterio Calixti. » Non ominino convenit Antuerp.- Max.

Albergen. et Danic. jam dictis superaddunt : « Hic constituit, ut clerus comam non nutriat secundum præceptum Apostoli, sed sit ejus tonsura sperica et rotunda. Hinc est decretum Martini papæ, ut clerici tonsis capitibus et patentibus auribus incedant. » Alii aliter idem commemorant.

Centulen. : « Apud Africam, sancti Mappalici, qui cum aliis pluribus martyrio coronatus est. Antiochiæ, sanctorum Petri et Hermogenis. Corduba, sanctorum Helyæ presbyteri, Pauli et Isidori monachorum. » Solita hujus codicis contractio.

Antuerp.-Maj. superiori fere similis, ultimam annuntiationem omittit.

Bruxellen. incipit : « Ingressus Noe in archam. »

In Mappalico et Antiochensibus purus, interjicit : « In Oriente, natale beati Nycofori, sub Valeriano et Galieno ob fidem Christi martyrio coronati. » Sequitur : « In Corduba, » etc., pure. Tum : « Apud Viennam, sancti Patagoti [Pantagathi] episcopi gloriosi. »

Hagenoyen. in Mappalico nonnihil interpolatus, secundo loco omnia ferme congerit, quæ heri et hodie ex variis codicibus de Aniceto retulimus. In Antiochenis et Cordubensibus purus est.

De Aquicinctin. supra cum Pratensi, etc., diximus. Vide in Actis IX Februarii.

Matric.-Carthus.-Ultraject. : « Mappalici cum pluribus martyribus. Aniceti papæ, martyris. »

In Vatican., num. 5949, deest commemoratio martyrum Cordubensium.

Florentin. : « Item, sancti Majoli abbatis, patris multorum coenobiorum, requiescentis in loco Silviniaco. » Inter Prætermissos rejicitur ad diem natalem XI Maii.

Editio Lubeco-Col. de Aniceto ea conjungit, quæ ex Ultraject. et Albergen., etc., supra posuimus.

Sequitur totus textus purus. Tum : « In Oriente, beati Nychophori sub Valeriano et Galieno, ob Christum martyrio coronati. In Vienna, sancti Pantagati episcopi et confessoris. In Ægypto, sancti alterius Amonis, viri incredibilis abstinentiæ, ac innumerabilium monachorum patris. » Vide indicem Prætermissorum.

BELINI utraque editio et vitiosa et perturbata est. De Mappalico post *martyris*, inserit, *qui verberatus*. *Antiochiæ* legit loco *Corduba*; et *Corduba* loco *Antiochiæ*. In fine prima editio : « Item Romæ, Anaceti papæ et martyris. » 2 editio : *Anacleti*. Voluit dicere *Aniceti*.

GREVEN. « Romæ, Aniceti papæ, » etc., ut est in ULTRAJECT., etc. « In Italia, sancti Domnini martyris, qui fuit unus de LXXII Christi discipulis. » Vide in Prætermissis. « In Oriente, beati Nicophori, sub Galieno et Valeriano ob Christi confessionem martyrio coronati. Item Marciani, Doni. » Ex Hieronymo. « Jobitæ martyris et aliorum trium decollatorum. » Vide Prætermissos. « Magni martyris. » Hesterni, opinor, frustranea repetitio. « Viennæ, sancti Pantagati episcopi et confessoris. Derthonæ, sancti Innocentii episcopi et confessoris. In Ægypto, Ammonis alterius, incredibilis abstinentiæ viri, ac innumerabilium monachorum patris. » De quo supra. « Heleni abbatis, cujus tanta fides erat, ut irrationalia animantia ad nutum sibi obedierint, et cum hæretico disputans, ignem ingressus, illæsus permanserit. In Libia, Pauli abbatis, qui quingentorum monachorum pater extitit, quos et monitis salutaribus et exemplari vita in viam salutis direxit. Non manibus operabatur, nec cibum sumebat, donec trecentas orationes genibus flexis Deo solveret, quas numero lapidum colligebat, ad singulas orationes lapidem in sinum remittens. » De duobus his ultimis vide indicem Prætermissorum. « Noe ingressus, » etc.

MOLAN. : « Item Romæ, Anacleti papæ et martyris. » Crediderim id ex BELINO accepisse, quod secundis curis restituit, pro *Anacleti*, scribens *Aniceti*. « Derthonæ, sancti Innocentii, » ut supra. Sonegias, natalis sancti Laudrici episcopi et confessoris. » In editionibus aliis, sic habet : « Item Romæ, Aniceti papæ et martyris. Hic constituit, ut clericus comam non nutriret, secundum Apostoli præceptum. In Oriente, beati Nicephori, sub Valeriano et Gallieno, ob Christum martyrio coronati. Dertonæ, sancti Innocentii episcopi et confessoris. Sonegias, natalis sancti Landrici episcopi et confessoris. Die decima septima, sancti Acacii episcopi Melitines. » Vide quæ de eo dicuntur in Catalogo Prætermissorum. Cæterum Vita ejus in Actis nostris data est ad XXXI Martii.

XIV Kal. Die 18.

Apud Messanam Apuliæ civitatem, natalis sanctorum martyrum Eleutherii episcopi et Anthiæ matris ejus, qui cum esset et sanctimonia vitæ, et miraculorum virtute illustris, sub Adriano principe lectum ferreum ignitum, craticulam et sartaginem, oleo, pice, ac resina ferventem superans, leonibus quoque projectus, sed ab his illæsus, novissime una cum matre jugulatur. Romæ, beati Apollonii senatoris, qui sub Commodo principe a servo proditus, quod Christianus esset, insigne volumen composuit, quod in senatu legit, ac deinde sententia senatus, pro Christo capite truncatus est. Cordubæ, sancti Perfecti presbyteri et martyris.

NOTÆ.

Sumitur ex *Praten.*, *Tornacen.*, *Rosweyd.*, *Antuerp.*, *Max.-Lubec.*, *Munerat.*, *Greven.* et *Molan.* Item ex *Antuep.-Max.*, *Ultraject.*, *Leyden.*, *Lovanien.*, *Albergen.*, *Danic.*, edit. *Ultraj.-Belg.* et fere *Hagenoyen.*

VARIANTES LECTIONES.

Scripsit *Messanam* cum codicibus ferme omnibus, quamvis Messanam nullam in Apulia usquam repererim. Pro *Anthiæ*, Max.-Lubec. legit *Anthyæ*; Rosweyd. et Antuerp. *Ancæ*. In Munerato, per turpem typothetæ errorem, habetur *matrium* pro *matris*. Idem cum Antuerp., Max.-Lubec., Greven., Molano et aliis scribit *oleum, picem ac resinam*, sed præferenda est laterculi nostri lectio. *Hiis* error est Max.-Lubecanæ valde familiaris. *Appoloni* est in Munerato. In Rosweyd. pro *sententia Senatus*, legitur *secundum sententiam Senatus*. Rursus Muneratus pro *Perfecti*, legit *Præfecti*; Antuerp. et Max.-Lubec., *Corduba* pro *Cordubæ*.

OBSERVATIONES.

Apographa Hieronymiana diserte hodie exprimunt : *Romæ, natalis sanctorum Eleutherii episcopi et Anchiæ*, vel *Anthiæ*, vel *Antiæ matris ejus*, *Partheni, Caloceri*, etc., qui octo aut novem numero suis nominibus appellantur. Romanum parvum socios non novit, solum scribens : *Apud Messanam Apuliæ, Eleutherii episcopi et Anthiæ matris ejus*. Paulo aliter Ado : *Apud Messanam Apuliæ*, etc., cum elogio, cujus substantiam noster descripsit. De *Mesana*, *Messana*, *Misena*, aliisque locis, multa in notationibus Baronii, multa apud Florentinium, multa in Actis nostris disquisitio, conjecturæ multæ. Aliæ item ex Floro, Rabano et Notkero difficultates ; primus enim *Romæ* passionem tribuit, cum elogio ab aliis diverso. Rabanus positionem omittens, dicit, Eleutherium *in Aquileia episcopum ordinatum*; ex Actis, ni fallor, Reatinis cætera delibans, quæ Adonianis prætulit Notkerus, notata tamen *Misena Apuliæ*. Hæc omnia tricis varie implexa, nec de integro examinare, nec refellere promptum est. Antiquissimum martyrum cultum indubitatum statuimus : Acta alia præluxisse Hieronymianis, alia auctori Romani parvi, cujus Martyrologium, forte ex aliis etiam Actis, auxerit Ado : demum ex Floro aut Rabano, nihil videmus lucis obvenire sanctis, aliunde tenebris nimium offusis. De Usuardi textu nihil laborandum est. Recte is an secus scripserit, nihil interest ; certum putamus, ita eum scripsisse, ut in perpetuo antesignano suo repererat. Radicis, ex qua tam multa, ut minimum valde suspecta, pullularunt, judiciosam censuram tulit Papebrochius, oppugnatam a Josepho Perezio Benedictino monacho S. Facundi, ut habes in responsionibus ad articulum XI, num. 232, sed probatam a Tillemontio tomo II, pag. 227 et 587. Ego in Perezii dissertationibus nihil reperio, quod magistri nostri argumenta concutiat, nedum convellat. Maneat nihilominus vera et certa illustris martyrum memoria, a Wandalberto quoque olim decantata.

Bis septenæ Eleutherius, mater quoque sancta
Anthia præcellent, vitam moriendo sequuti.

Certum videtur *Apollonium senatorem Romanum*, de quo in laterculo, non eum esse, qui inter Eleutherii socios in Hieronymianis connumeratur, sed ab eo diversissimum, atque ab auctore Romani parvi ex Rufini Eusebio lib. v, cap. 21, primum in sacros Fastos relatum, cui Ado brevem laudationem aptaverit, aut ex præfato Rufino aut ex Hieronymo de script. Eccl. cap. 42, quidni ex utroque concinnatam. Certe, qua parte *Senatoris Romani* dignitatem attingit, Hieronymum præ oculis habuisse manifestum est : nec minus evidens, Nostrum sua omnia ex Adone mutuatum, quæ fere integra transumpsit Notkerus. Cætera de inclytissimo senatorii ordinis fidei defensore et martyre exquirit hic Henschenius, et satis exacte digerit Tillemontius tomo III, a pag. 55, nihil magnopere curans Josephi Scaligeri cavillationem, de qua meminit Ruinartius, inter Selecta, pag. 73. Sequitur in Martyrologo Viennensi : *Transitus sancti Ursmari,* quem tamen Usuardus in diem sequentem transferre maluit, haud dubie, quod istum verum obitus diem existimaverit, sicuti et multi alii censuere. Locum ejus hoc die occupavit *Perfectus* martyr Cordubensis, aliis omnibus antiquioribus et æqualibus ignotus, sed Usuardi tempore, recenti gloriosi certaminis memoria, tabulis ecclesiasticis dignissimus, cujus Vitam ex Eulogio illustratam Acta nostra exhibent.

AUCTARIA.

HERINIEN., in textu purissimus, in fine adjicit : « Treveris, sancti Materni episcopi et confessoris. » Unde colligitur, hujus sancti memoriam peculiari cultu pridem recoli solitam in ea ecclesia vel cœnobio, cujus hic codex olim fuit. Agunt de eo etiam alii hac die, sed plerique xiv Septembris.

PULSANEN. Eleutherii elogium expunxit ; cætera purus est.

CENTULEN. : « Apud Messanam Italiæ civitatem, sanctorum martyrum Eleutherii episcopi et Antiæ matris ejus. Romæ, Apollonii senatoris. Cordubæ, sancti Perfecti presbyteri et martyris. In pago Sambrico, cœnobio Laubias, sancti Ursmari episcopi et confessoris. » Vide die sequenti.

ANTUERP.-MAJ., in Eleutherio et Apollonio mutilus, de *Perfecto* tacet. In fine autem addit : « Antisiodoro, dedicatio altaris ecclesiæ senioris sancti Stephani protomartyris. »

BRUXELLEN. : « In Laudiaco, sancti Ursmari episcopi et confessoris. Qui præparatis ad usum monasterii necessariis, cœnobium Lobiense, quod Landelinus fundavit, a Pippino regendum suscepit. » In reliquo textu satis purus est.

VICTORIN. : « Cordubæ, sancti Perfecti episcopi et confessoris. » Lege ut supra. « Eodem die, sancti Leonis papæ. » Postrema ista verba etiam habet codex REG. SUEC., signat. num. 130, sic ut mirum sit de eo inter Prætermissos nullam fieri mentionem. Sermo est de Leone IX, ut die sequenti patebit.

MATRIC.-CARTHUS.-ULTRAJECT. : « Apollonii senatoris. Materni episcopi et confessoris. Eleutherii episcopi et martyris et Anchiæ matris ejus. »

In VATICAN., signato num. 5949, deest *Perfecti presbyteri et martyris Cordubensis.*

Codex MONTIS SANCTI : « Translatio sanctæ Mariæ Magdalenæ. » Quo et quanto, nescio.

Editio LUBECO-COL., in textu satis pura, subdit in fine : « Eodem die, sancti Laceriani episcopi et confessoris. » Vide in Actis de *Lafreano* sive *Molassio.* Dicitur fuisse legatus apostolicus.

BELIN. textum purum refert, sed inter Apollonium et Perfectum immiscet : « Eodem die, sancti Caloceri martyris. » Agit, opinor, de Brixiensi, cujus Acta hodie illustrantur; nisi quis velit ex Hieronym. acceptum, atque Eleutherii et Antiæ socium esse, cum *Parthenio* aliisque.

GREVEN. : « Anastasii papæ et martyris. » An de *elevatione* agitur ? In Prætermissis remittitur ad xxvii Aprilis. « Item sanctorum Septimi, Victorici, Donati. » Disparatorum ex Hieronymianis connexio. « Caloceri martyris. Ursmari episcopi et confessoris : secundum Usuardum vero die sequenti. Laceriani episcopi et confessoris. Petri diaconi et confessoris. » Vide conjecturam, quæ in Prætermissis ponitur. « In Hibernia, Lafriani abbatis et confessoris. » Multum fallor, si is idem non est cum *Laceriano,* vel *Lafreano* sive *Molassio,* de quo supra, qui et abbas fuit et episcopus. « In finibus Hermopolis, sancti Apollonii abbatis et confessoris, magnæ sanctitatis viri. » Vide quæ de hoc et altero Apollonio in indice Prætermissorum notantur.

MOLAN. : « In cœnobio quod Laubias dicitur, depositio beati Ursmari episcopi et confessoris, cujus gesta habentur. Eodem die, sancti Caloceri martyris. » Tum typis minoribus : « Cæsaraugustæ, sanctæ Encratiæ, sive Encratis martyris, de qua scribit Aurelius Clemens in libro Coronatorum, quod in horrendum modum laniata, servata sit in vinculis donec vulnera et corpus putrescerent. » De ea in Actis xvi Aprilis. Aliæ editiones textui Usuardino adjungunt : « Cœnobio Laubiis, depositio sanctissimi Ursmari episcopi et confessoris. » Hæc tanquam pars textus, nisi quod vox una et media litteris italicis expressa sit. Sequitur Auctarium : « Cujus gesta præclara habentur. Mediolani, depositio sancti Galdini, quæ semper celebratur in Dominica secunda post Pascha. Die decima octava, sancti Patris Joannis, discipuli sancti Gregorii Decapolitæ. Eodem die, sancti Jubini episcopi et confessoris, cujus corpus requiescit Lugduni supra Rhodanum. » Hic in Actis, ut ignotus, prætermittitur. « Antisiodori, dedicatio altaris senioris ecclesiæ sancti Stephani, protomartyris Christi. Nam antiqua dedicatio, quæ a beato Amatore celebrata est, quinto Nonas Octobris in antiquis Martyrologiis reperitur. » Tum typis minoribus : « In Montibus, Ayæ comitissæ Hannoniæ, tam sanguine quam vita præclaræ, cujus memoriam facit ecclesia Montensis in Litaniis. » Hæc prima, quæ in Martyrologiis reperiatur sanctæ hujus Comitissæ, Hidulphi itidem sancti uxoris, memoria. De cultu ejus, vita, reliquiis, patrocinio in litibus, omnia ab Henschenio accurato Commentario elucidata sunt.

Die 19.

XIII Kal.

Beati Thimonis diaconi de septem primis, qui primum apud Beroeam doctor resedit, ac deinde verbum Domini disseminans, venit Corinthum, ibique Judæis et Græcis, ut traditur, primo flammis injectus, sed nihil læsus est, deinde cruci affixus martyrium suum implevit. In Armenia civitate Militana, natalis sanctorum martyrum Hermogenis, Gaii, expediti, Aristonici, Rufi, Galatæ, una die coronatorum. Civitate Caucoliberi, passio sancti Vincentii martyris. Cœnobio Laubiis, sancti Ursmari episcopi et confessoris. [*Bouillart.* : ... Vincentii martyris. [a] In pago Hainoensi, sancti Orsmari episcopi et confessoris. *Et charactere cursivo :* Apud monasterium sancti Germani, dedicatio ecclesiæ in honore sancti Simphoriani martyris et beatissimi Nicolai confessoris.]

NOTÆ

Sumitur ex *Tornacen.*, *Munerat.*, *Belini prima editione*, *Greven.* et *Molan.*

[a] Sollerius duas hic reddit causas cur Pratensem codicem Usuardo exprimendo minus accommodum

existimaverit : quarum quidem alteram inutilem ipse judicat : altera vero omnibus præter Sollerium satis fuisset ut Pratensem eligerent. Una igitur earum est quod Pratensis præsenti articulo addit *Dedicationem ecclesiæ in honore sancti Symphoriani martyris et beatissimi Nicolai Conf*. Statimque quanti rationem illam putare debuerit, nobis ipse declarat his verbis : quanquam hanc *dedicationem recentiori manu adjectam testetur Castellanus, idemque indicet Sirmondus*, lineas subducendo, nec etiam inficientur autographi custodes. Altera est, quia pro *Cœnobio Laubiis*, habet, *Pago Hainoensi*. Atqui nihil est Usuardo usitatius, quam pagum indicare pro monasterio, quod in pago situm est, ut affectasse videatur. Sic præter istum locum iv Kal. Jan. *In pago Oximensi*. vi Kal. Maii, *in pago Pontivo*, pro in monasterio Centula. v Id. Jul., *in pago Cinomannico*, pro Aninsulæ monasterio. xi Kal. Aug., *in pago Rotomagensi*, pro in monasterio Fontanella. iii Kal. Sept., *in pago Meldensi*, pro monasterio Resbaco, etc. Verum quidem est nihil Sollerium non tentasse, ut omnia hæc loca nobis extorqueret ; sed ea jam ejus industriæ specimina dedimus, ut procul dubio lector præsentiat, quo exitu omnia impugnaverit. BOUILLART.

VARIANTES LECTIONES.

Thimonis legunt Tornacen., Belin. et antiqui codices alii, quos sequimur : melius Molan., *Timonis*; male Munerat., *Thinonis*; Greven., *Thymonis*. Sic Belin. male incipit : *Natale sancti Thimonis*; Munerat : *Apud Corinthum*. In Greveno et Molano desileratur, *verbum Domini*. Muneratus sensum nonnihil invertit, pro *ibique a Judæis*, etc., scribens, *ibi, ut traditur a Judæis*. Post *læsus*, in Greven. et Molan. omittitur *est*. Scripsi *Militana* cum codicibus omnibus, quo modo etiam habent apographa Hieronym., Rom. parvum, Ado, etc. *Melitinam* intelligi nullus dubito. In Martyrum nominibus, non una scribendi ratio ; pro *Caii*, plerique legunt *Gaii*, ut Tornacen., Munerat., Belin., Molan., etc. Greven. cum aliis, *Gagii*. Turbam sequi placuit codicum vetustiorum. Tornacen., Greven. et Molan. legunt *Galathæ*, prætuli modum reliquorum, *Galatæ*. *Ruffi* habet solus Belinus. Rursus idem, *In Hyspania civitate*, etc. *Caucoliberi* et *Vicentii* errores sunt Munerati. Posui *Ursmari*, ne a communiori appellatione deflecterem, licet Tornacen., Munerat. et Greven. legant *Orsmari*; Belin., *Ursmari*. *Nichil, dyaconi* et id genus alia præteriri possunt.

OBSERVATIONES.

Qui plerosque ex primis diaconis, ut x et xx Januarii ac ix Aprilis ostendimus, idem *Timonem* primus omnium Fastis ecclesiasticis inseruit auctor Romani parvi *Apud Corinthum, Timonis diaconi de septem*, ex quo eum Ado translatum, inter festivitates apostolorum eo ornavit elogio, quod Noster fere ad verbum descripsit. Ast in suo Martyrologio simpliciter annuntiat, ut facit Notkerus, hic primo loco, ille ultimo. Henschenium et hic et nonnunquam alibi leviculæ cujusdam negligentiæ alius incusaret, quod festivitates apostolorum non consulens, Usuardo ascripserit, quæ certo Adoniana sunt, ut vere est totum hodiernum Timonis elogium, in Rosweydi editione pag. 36. Pauca, quæ de Timone, uno an gemino. dici possunt, etiam minus probata, congessit ipse Henschenius, nec ab aliis quidquam additum reperire est. *Martyres Armeni* in Hieronymianis inveniuntur æque, ac in Romano parvo, sed cum hac diversitate, quod prædicta apographa alios denuo, et quidem repetita eadem positione, adjunctos habeant, de quibus Romanum parvum non meminit, nec proinde Ado, ex quo eos eduxit Notkerus, iisdem ubique terminis notatos, cum nulla de ipsis amplior usquam exstet notitia. Wandalbertus eosdem omnes duobus versibus ita conclusit :

Gaio, Aristonico, Rufo, Hœrmogene atque Galata,
Tertia cum decima, Expedito et martyre fulget.

Vincentius in Hieronymianis etiam notus est, non item in Romano parvo. Ex prioribus eum sumpsit Ado, nihil adjungens, uti nec Usuardus, verosimiliter quod Acta nulla viderint, quæ nec modo exstant, nisi recentius fabricata. De Vincentiorum multiplicitate, et identitate in Actis disseritur. Vide quæ diximus xxii Januarii, et *Vincentii, Orontii* atque *Victoris* Acta ibi a Bollando illustrata. *Caucoliberim*, non solum martyrologis, sed et geographis notam, mirum est Florentinium ignorasse. Vide de cætero Papebrochii animadversiones hoc die pag. 622, et adde notulam Tillemontii tomo V, pag. 612. De *Ursmaro* ad præcedentem diem dicere cœpimus, quia ab Adone tunc refertur, non sub *Orsmari*, ut alicubi legimus, sed sub *Ursmari* nomine. Sit ne autem ab Usuardo consignatus, dubitare me cogunt codices Usuardini plurimi, vix unquam soliti ab auctore suo quidquam detrahere, in quibus tamen plane desiderat. Dubitationem auget varius annuntiandi modus, Pratensi et Rosweydino scribentibus; *Pago Hainoensi* (intellige *Hainau*, Hannonia, Hannoniensi, quod satis vage dictum est) : cæteris pro textu citatis, pressius et distinctius : *Cœnobio Laubiis*; quam ob causam ex purorum codicum numero exclusus est Pratensis, addens præterea *dedicationem ecclesiæ, in honore sancti Simphoriani*, etc., quanquam hanc recentiori manu adjectam testetur Castellanus, idemque indicet Sirmondus, lineas subducendo. Utcunque tamen se habeat, ea Ursmari annuntiatio, in laterculo servata est, Usuardo, post Adonem, probabilius ascribenda, saltem prout a nobis exprimitur, licet Ado paulo aliter legerit, nempe : *Laubaco monasterio, transitus sancti Ursmari episcopi et confessoris*.

AUCTARIA.

De Pratensi abunde dictum est.

HERINIEN. hodie a reliquis discrepat, Ursmarum excludens; ejusque loco substituens : « Eodem die, apud ecclesiam beati Petri Romæ, depositio Domni Leonis papæ noni, qui ecclesiam beati Remigii dedicavit. »

PULSANEN. in Timone purus est ; immediate subjungens : « Civitate Caucoliberi, etc. » De Militinensibus tacet, atque etiam de Ursmaro.

ANTUERP. et MAX.-LUBEC. deficiunt etiam in Ursmaro.

ROSWEYD. pro *Timonis* scribit *Timothei*. In cæteris textum sequitur, nisi quod legat : « In pago Hainoensi, » et in fine subjiciat : « In Cantia, passio sancti Elphegi archiepiscopi et martyris, qui a paganis captus et necatus, in Lundonia sepultus est. »

ANTUERP.-MAX., ULTRAJ., LEYDEN., LOVANIEN., DANIC. Editio ULTRAJ.-BELG. Ursmari non meminerunt, in reliquo textu ferme puri sunt. ALBERGEN. in eo defectu convenit, sed præterea Vincentium Caucoliberitanum excludit.

BRUXELLEN. et hic Ursmarus deficit; de cætero proxime ad textus puritatem accedit. In fine autem subdit : « Eodem die, sancti Leonis papæ noni et confessoris. Qui primum episcopus Tullensis, ab imperatore Henrico ad papatum promotus, et ex hoc conscientiam habens, resignavit. Et denuo rite electus, post laudabilem vitam, in ecclesia sancti Petri tumulatur, clarens miraculis. »

HAGENOYEN. neque hic a textu multum deviat. De Ursmaro etiam tacet. In fine subjungit : « Cantuariæ, sancti Elfegi episcopi et martyris. »

CENTULEN. incipit a Melitinensibus, in quibus purus est. Sequitur : « Apud Septimaniam, civitate Caucoliberi, sancti Vincentii confessoris, cujus gesta habentur. Eodem die, sancti Thimonis diaconi de septem primis, qui crucifixus Chorinto quiescit. » Quæ Vincentii Acta supersunt, docet Papebrochius hic.

ANTUERP.-MAJ. in Armenis et Vincentio, priori non multum absimilis, ita prosequitur : « In cœnobio quod dicitur ad Laudibas, depositio beati Ursmari episcopi et confessoris, cujus gesta habentur. » In Timone textum abbreviat, servata tamen rei substantia.

MATRIC.-CARTHUS.-ULTRAJECT. : « Elphegi Cantuariensis episcopi et martyris cum multis aliis. Thimonis diaconi et martyris. » Et in margine : « Festivitas sacræ lanceæ celebratur feria sexta post octavam Paschæ. »

VATICAN., signatum num. 5949, inter Armenos omittit Rufi. De Ursmaro etiam nihil. In fine autem adjicit : « Romæ, depositio sancti Leonis IX papæ, qui sedit in pontificatu annis quinque. »

In UGHELLIAN. deest Ursmarus.

FLORENTIN. : « Florentiæ in partibus Tusciæ, sancti Crescentii, subdiaconi sancti Zenobii, ejusdem urbis episcopi, cujus vita, virtute et miraculis claruit an. Domini CCCCXXIV, a Zenobio tunc ibi præsule, honorifice in ecclesia cathedrali sepultus, ac litteris sancti Ambrosii Mediolanensis præsulis, nuntiato ejus obitu, laudatus. » Patet encomiastæ imperitia.

BURDEGALEN. : « Cœnobio Laubiis, sancti Ursmari episcopi. »

BIZUNTICEN. : « Romæ, depositio Leonis papæ et confessoris, cujus vitam esse sanctissimam, crebra testantur miracula. »

Editio LUBECO-COL. in textu fere pura est, scribit tamen : « In pago Hamensi, cœnobio Lambiis, beati Ursmari, » etc. Tum : « Solemniaco, sancti Tillonio [Tillonis] episcopi et confessoris. » Quis hic sit, vide

in Prætermissis. « Eodem die, sancti Alphegi episcopi Cantuariensis et martyris. »

BELINI. editio altera textui superaddit : « Romæ, sancti Leonis papæ et confessoris. »

GREVEN. : « Donati, Vitalis. » Ille ex Hieronym. acceptus est, cujus sit alter, nescio. « In Cancia, sancti Alphegi. Qui, ut refert Vincent. libro XXVI, claris natalibus ortus et litteris traditus, cum legisset quæ ad salutem sufficere videbantur, totum philosophiæ studium convertit ad diligendum Deum, primumque Wintoniæ episcopus, deinde anno Domini MVI Cantuariensis archiepiscopus factus, ob vitæ sanctimoniam, ad palmam martyrii meruit pervenire. Dulcissimi et Charissimi martyrum. » De his vide Prætermissos. « Apud Arabiam, sancti Tymonis episcopi et martyris. » Nec inter Prætermissos notus est. Vide de altero Timone. « Solemniaco, Tyllionis episcopi et confessoris. Romæ, depositio sancti Leonis papæ IX et confessoris. Qui Alemannus natione, primo episcopus Tullensis fuit, Bruno dictus. Cum enim Romani ab imperatore postulassent pontificem sibi dari, et ille nullum episcoporum Teuthoniæ ad hoc onus assumendum inclinare posset, tandem iste consensit, et laudabiliter regens Ecclesiam, miraculis clarus quievit anno Domini MLIV. Apud Wesaliam superiorem, in diœcesi Treverensi, passio beatæ memoriæ Wernheri pueri annorum XIV, qui anno Domini MCCLXXXVII a Judæis in die Prasceves suspensus, flagellatus, in membris omnibus incisus, crudelique morte interemptus, multis statim claruit miraculis. In Dacia, civitate Othoniensi, translatio sancti Kanuti regis et protomartyris Daciæ. » Colitur X Julii.

MOLAN. de Leone adducit ipsissima verba ex HERINIENSI supra relata. « In Blandinio monasterio, elevatio corporis sancti Florberti, primi ejusdem cœnobii abbatis. » Colitur X Novembris. « Ipso die, sancti Alphegi episcopi et martyris. » Tum litteris minoribus : « Qui primum Wintoniæ... » ut supra. « Apud Wesaliam superiorem... » etiam ex GREVEN. Editiones postremæ Ursmarum omittunt, pridie memoratum. De Elphego ut supra. Item de Leone. Sequitur : « Die decima nona, sancti patris Joannis de vetusta Laura. » In Florberto et Wernhero nihil immutatum invenio.

XII Kal.   Die 20.

Romæ, natalis sancti Victoris papæ, qui post beatum Petrum quintus decimus rexit Ecclesiam annis decem, et sub Severo principe martyrio coronatur. Item Romæ, sanctorum martyrum Sulpitii et Serviliani, qui prædicatione et miraculis Domitillæ virginis, ad fidem Christi conversi, cum nollent idolis immolare, a præfecto urbis Aniano capite cæsi sunt. In Galliis civitate Ebredunensi, sancti Marcelli, ejusdem urbis episcopi et confessoris, qui, divino jussu, cum sanctis sociis Vincentio et Domnino ex Africa veniens, maximam partem Alpium maritimarum verbo et signis admirandis, quibus usque hodie refulget, ad fidem Christi convertit. [Addit Bouillart., charactere cursivo : Eodem die, apud monasterium sancti Germani, revelatio corporis sancti Georgii Bethleemitici monachi et martyris, et sancti Venantii abbatis.]

NOTÆ.

Puri sunt Praten., Herinien., Tornacen., Rosweyd., Munerat., Greven. et Molan.

VARIANTES LECTIONES.

Codex Rosweyd. pro coronatur, solus legit coronatus est. Sic Tornacen. et Munerat. pro Sulpitii, Supplicii, ut aliqui scribunt Sulpicii. Rosweyd. male præfigit Publii. Item Munerat., Greven. et Molan. Domicillæ. Salviano pro Aniano in Munerato error est. Molan. legit Marcellinus et recte, opinor; cæteri,

Marcelli. In Heriniensi superius ascriptum ni. Greven. habet Marcelli primi. Munerat., Dominio pro Domino. De cætero Rhomæ, natale, Ydolis, Ebredunense, Affrica, Aphrica et hujusmodi minutiæ facile condonandæ.

OBSERVATIONES.

Victorem episcopum cum tribus sociis, in Hieronymianis referri perspicuum est : Romæ, depositio S. Victoris episcopi, Felicis, Alexandri, Papiæ. An hic ut martyr signetur Victor, non satis certum est, nisi sociorum causa id erui posse videatur. Apud

Romanum parvum, Victorem episcopum et martyrem invenio, sed incomitatum : Romæ, Victoris episcopi et martyris. Isne Romanæ, an alterius civitatis episcopus fuerit, disputat Henschenius, alia episcoporum extraneorum Romæ passorum exempla commonstrans ; atque una probare nititur *Victorem* in Hieronymianis apographis hoc die memoratum, quiscunque sit, Romanum pontificem istius nominis non esse, utpote qui xxvIII Julii defunctus creditur, quo die a Rabano, Notkero, aliisque martyrologis, et præsertim Romano moderno, colitur. Id a Molano pridem observatum, fecit, ut in posterioribus Usuardi editionibus textum mutilaverit, translato in mensem Julium eo Victore, qui certissime hoc die ab Adone pro *Victore papa* sumitur; sive ipse a sciolo forte aliquo, ut suspicatur Henschenius, in errorem inductus, seu primus omnium lapsus fuerit. Adonis elogium Noster, et alii eum secuti, pauculis mutatis, tuto transcribendum existimarunt. Longiusculum est, quod in Mosandri editione legitur, et adhuc paulo auctius a Notkero exhibetur, ubi auctor illa ipsa adjungit, quæ xxvIII Julii apud eumdem ex Rabano iterum descripta sunt. De Henschenii mente dubium non est; Papebrochius diem xx Aprilis præferendum putavit, atque adeo cum Florentinio censuit, ipsum *Victorem papam* esse, qui hoc die in Hieronym. celebratur : quibus subscribit Tillemontius, Victoris Vitam per octo articulos deducens tomo III, a pag. 100. Pagius ad annum ccI, num. 5, vix audet diem obitus definire, licet aperte supponat, in Hieronymianis *Victorem papam* xx Aprilis annuntiari. Variorum opiniones hic cursim attingimus, ad xxvIII Julii in Actis examinandas. Nos interim, ut sæpe monuimus, Usuardum sive errantem, sive vera prædicantem, nativis coloribus repræsentare conamur. Beda totis septem diebus vacat, hodiernum Flori supplementum, non Victorem, sed *Anicetum* papam commemorat.

Sulpitius et *Servilianus* solo nomine a Romano parvo appellantur, Hieronymianis incogniti. Ado ex Actis sanctorum Nerei, Achillei et Domitillæ, de quibus alibi non semel agendum est, insigni eos exornat encomio, cujus potiorem partem suam facere satis habuit Usuardus. De eorum martyrum translationibus, de variis *Servilianis*, aliisque eo spectantibus plura annotavit Henschenius, *Marcellinus* et socii, solius Adonis sunt, ex cujus elogio suum formavit Noster, Notkerus totam messem colligit. Acta a nobis edita Adonem vidisse oportuit, quorum, si non auctorem, saltem scribam detexit Mabilio in Diplomatica pag. 172, litt. E, ex codice *ab octingentis annis descripto, a Deodato presbytero.* Vitam paucis decurrit Tillemontius tomo VII, a pag. 561. Cur autem *Marcellinum* Adonis, plerique nostri, iique probatissimi codices in *Marcellum* transmutaverint, non habeo unde conjiciam : scripsi *Marcelli*, quoniam ita scriptum invenio. In codice Heriniensi, ut jam indicavi, desuper adjectam videre est syllabam *ni*, sed recentiori et atramento et calamo. Hæc pro laterculi primæva simplicitate dicta sint satis ; sequantur Wandalberti priores bini versiculi, qui Marcellinum et socios celebrant, posteriores duo in Auctariis subjicientur :

Marcellinus, Domnina, Vincentius atque,
Nomine bis senam radiant festoque fideque.

AUCTARIA.

Est in PRATEN., ad marginem, ni fallor, adjecta « revelatio corpus sancti Georgii Bethleemici, monachi et martyris, et sancti Venantii abbatis, » sed hujusmodi additiones plerumque negligimus.

PULSANEN. et LOVANIEN. ultimas textus lineas detruncant, sistendo in, *episcopi et confessoris*, suppressis reliquis.

ANTUERP., MAX.-LUBEC. puri sunt, sed in fine adjiciunt : « Antisiodori, sancti Mariani. » Hoc nomen varie tortum et deformatum est, non solum in codicibus nostris, sed etiam in Hieronymianis, de quo vide Florentinium. Castellanus censet legendum, ut hic habetur.

ANTUERP.-MAX., ULTRAJECT., LEYDEN., editio ULTRAJ.-BELG. textui puro etiam subjungunt : « Apud Antisiodorum, depositio sancti Marciani [*ita multi scribunt*, pro Mariani] presbyteri et confessoris. »

ALBERGEN. et DÁNIC. in Auctario cum duobus præcedentibus conveniunt, sed sancti *Victoris* annuntiationem differunt in xxvIII Julii.

CENTULEN., in Victore purus, ita prosequitur : « Item Romæ, sanctorum Sulpitii et Serviliani, qui hortatu beatæ Flaviæ Domitillæ ad fidem conversi et pro Christi amore sub Aureliano [Aniano] passi sunt. Antisiodori, sanctorum confessorum Mamertini et Mariani presbyterorum. »

ANTUERP.-MAJ. a CENTULENSI, phrasi paululum differt. Pro *Mamertini*, scribit *Martini*.

BRUXELLEN. de Victore addit : « Hic terminum Paschalem, et quod Pascha semper sit die Dominica celebretur instituit. » In secunda annuntiatione purus est. In tertia ex Adone subjungit : « Ita ut baptisterium, quod ipse apud præfatam urbem condidit, in sacrosanctis Paschalis festi vigiliis, divina virtute singulis annis, aquis subitis inundetur, et per septem ejusdem solemnitatis dies gratia exuberante permaneat. Apud Antisiodorum, sanctorum confessorum Mamertini et Marciani presbyterorum. »

HAGENOYEN. incipit : « In Missia sanctæ Hiltegundis virginis. » Sequitur totus textus satis purus, Tum : « Anthisiodoro, sancti Martiani presbyteri. » Jam diximus melius vocari *Mariani*. « In Ycomedia, sanctorum Sevelii et Theophami : ii sunt translati in Cellam Ratolfi. » Sintne hi fortasse *Synesius* et *Theopompus*, vide in indice Prætermissorum et xxI Maii. Synesium aliquem hodie canit Wandalbertus :

Festaque Synesii celebrantur martyris almi,
Pontificis titulo, doctrina et morte beati.

Ita quidem poeta martyrologus, sed necdum satis explicatum invenire licuit, quis ille *Synesius* sit, *episcopi* et *martyris* titulo insignitus. Non lubet hariolari, doceat nos, qui talem *Synesium* uspiam repererit. Forte corruptum fuerit nomen, sed et hoc æque incertum est; ut proinde satius sit, aliquid luminis alicunde exspectare.

AQUICINCT. sic incipit : « Romæ, natalis sancti Victoris papæ, qui post beatum Petrum tertius decimus, rexit Ecclesiam annis decem et sub Severo principe martyrio coronatur. Hic constituit, ut sanctum Pascha semper die Dominico celebraretur, et a quinta decima luna primi mensis, usque ad vigesimam primam observaretur. Constituit etiam, ut necessitate faciente, sive in flumine, sive in mari, seu in fontibus, sub Christiana confessione, quicumque hominum, ex gentilibus venientes, baptizarentur. » Hæc ex aliquo Adonis auctiori apographo, vel ex Notkero desumpta sunt.

DAVERONEN. : « Antisiodoro, sancti Martini. » Et sic habet etiam AQUICINCT. supra.

MARTRIC.-CARTHUS.-ULTRAJECT. : « Victoris papæ et martyris. Mamertini abbatis. Maciani [Mariani] presbyteri. »

VATICAN., num. 5949 : « Item Romæ, via Numentana, sanctorum Aralaci et Donatæ. » Vide totam cohortem, et primi nomen recte scriptum in Actis.

UGHELLIAN. : « Antissiodoro, sancti Martiani. »

FLORENTIN. : « Antisiodori, sancti Martiani. »

DIVIONEN. ecclesiæ sancti Stephani. « Antisiodori, sanctorum confessorum Mamertini et Mariani presbyteri. Et translatio sanctæ Exuperiæ virginis. » Lege *Exuperantiæ*, ut infra. Colitur xxvI Aprilis.

REMENS. ecclesiæ SS. Timothei et Apoll. « Translatio corporis sanctæ Exuperantiæ virginis. »

Editio LUBECO-COL. Victorem remittit ad xxvIII Julii. Altera textus pars satis pura est. In fine : « Anthisiodoro, depositio sanctorum confessorum, Mamertini et Mariani presbyterorum. »

BELIN., in ultima annuntiatione Marcellini socios expunxit; cætera purus est. In fine addit prima editio : « Anthisyodori, sancti Martiani. » Altera subdit, « confessoris. »

GREVEN. : « Item, sanctorum Johannis, Victoris, Donati. » Ex Hieronym. « Adelarii episcopi et martyris. » Vide in Praetermissis. « Antisiodoro, sanctorum Marciani et Mamertini presbyterorum. Item sanctae memoriae Hildegundis virginis, sanctimonialis Cisterciensis ordinis, quae et Josepha dicta est. »

MOLAN. : « Antisiodori, sancti Martiani. » Typis minoribus de Hildegunde, ut GREVENUS. In aliis editionibus, ut jam supra dixi, expunctus est Victor papa. In fine de Martiano eadem. « Die vigesima, sancti patris Theodori, qui fuit in Trichine. » Rursus minoribus litteris : « Sconangiae, obitus Hildegundis virginis, ordinis Cisterciensis, quae et Josepha dicta est. » Quidni *Josephum* potius appellat, utpote quae sub virili habitu inter monachos admissa est, ibidemque sanctissime vixit, post multa et gravia pericula, quibus ante religionis ingressum exposita fuerat. Videatur mirabilis Vita, a connovitio, rerum omnium in monastica professione inter viros gestarum, teste oculato scripta, et a Papebrochio illustrata.

XI *Kal.* *Die* 21.

Apud Persidem, natalis beati Symeonis episcopi et martyris, qui jubente Sapore Persarum rege comprehensus ferroque onustus, cum de Domino voce libera et constantissima testaretur, primum carcerali ergastulo cum aliis centum, e quibus alii episcopi, alii presbiteri, alii diversorum ordinum clerici, maceratus, novissime cum omnibus jussus est pariter decollari. Passi sunt cum eo etiam clarissimi quidam viri Ustazadis, Abdella, Ananias et Pusitius, cum filia, quae erat sacra virgo. Alexandriae, sanctorum Aratoris presbiteri, Fortuni, Felicis, Silvii, Vitalis, qui in carcere quieverunt.

NOTAE.

Ita *Praten.*, *Herinien.*, *Tornacen.*, *Antuerpien.* et *Max.-Lubec.*, *Rosweyd.*, *Munerat.*, *Belin.* prima editio, *Greven.* et *Molan.*

VARIANTES LECTIONES.

Simeonis scribunt Praten. et Molan. quos cum pluribus codicibus alibi secuti sumus : codicum aliorum auctoritas hic alio nos divertit. Si hinc inde fluctuemus, ipsorum, non nostra culpa est, sed facile condonanda. *Apprehensus* pro *comprehensis* solus Belinus legit, apud quem et *Persidam* pro *Persidem*. *Constantissime* adverbialiter posuit Molanus. In nonnullis codicibus ad, *alii episcopi, alii presbyteri, alii,* etc., inseritur verbum *erant*, ast in textu, cum codicibus probatioribus, satis intelligi supponitur. *Ustazadis*, legunt codices omnino omnes, excepto solo Belino, in quo *Ustozadis*. Acta praeferunt *Usthazanes* ex Sozomeno, attamen Romanum parvum et Ado legunt cum textu. *Epusitius* in Belino, ponitur pro *et Pusitius*. In solo Heriniensi invenio, *cum filia sua*. Consentiunt Praten., Herinien., Tornacen., Rosweyd., Greven. et alii in *Fortuni*, quod adeo in textu servandum putavimus, licet melius, ni fallor, alii legant *Fortunati*, Munerat. *Fortunii*. Sunt qui ponant et *Vitalis*, sed probatissimi hoc praetermittunt, ut Usuardo familiare est. *Honustus, Felicis*, etc., notatione non indigent.

OBSERVATIONES.

Romanum parvum unicam hoc die annuntiationem ponit : *In Perside, sancti Simeonis episcopi et martyris cum aliis centum, et Ustazadis, et Abdellae, et Ananiae, et Pusicii*. Atque ibi nobilissima martyrum acies in sacris Fastis primum innotescit, procul dubio ex Sozomeno aut ex Tripartita accepta, cui ex eisdem monumentis elogium suum concinnavit Ado, cujusque medullam Usuardus satis eleganter decerpsit ; Notkerus ferme integrum de more transtulit. Plura, tum quae ad rectam nominum expressionem, tum quae ad diversum *Usthazanis* et aliorum obitus diem spectant, videsis in Actis nostris explicata et illustrata ; ubi id praecipue studuisse videtur Henschenius, ut acerrimae persecutionis, quam adversus florescentem Persidis Christianitatem movit hostis ejus infensissimus Sapor, initium probabilius ex Hieronymo ad Constantii tempora reduceret, quod ad Constantini aetatem male a Sozomeno relatum probant cum ipso eruditi recentiores Ruinartius inter Sincera et Selecta a pag. 652, et Tillemontius tomo VII, a pag. 76, ubi tota historia late, et ex ordine digeritur. Attamen Henschenio minime consentiunt laudati Ruinartius, Tillemontius et alii in eo, quod Symeonis et sociorum martyrium differat ad annum CCCXLIX. Fecit hoc magister noster plausibili ratione ductus : cum enim in Sozomeno Persarum istorum martyrium accidisse dicatur die, *quo memoria salutaris Christi passionis quotannis recoli solet*, recte censuit, quaerendum esse annum, quo XXI Aprilis cum die Parasceves concursum habeat ; is vero cum ante annum CCCXLIX non recurrat, ibi Symeonis et aliorum certamen (Usthazanes pridie coronatus erat) collocandum omnino putavit. Recte, inquam, censuit, si recte supposuisset, in martyrologiis nostris verum semper et proprium passionis diem, martyrum festivitati assignari, atque hic die XXI Aprilis certo passos esse Symeonem et socios. Id utique supposuit Henschenius, sed recte supposuisse ei concedere non possumus, nimis gnari auctorum Romani parvi et Adonem, ut alias palam fecimus, saepissime dies selegisse, aut ex mero arbitrio, aut ex conjectura aliqua ; qualem suggerere hic potuit ipsa illa Sozomeni periocha de die, *quo memoria salutaris Christi passionis quotannis recoli solet*, quemque ipsi cum XXI martyrologi, alii, tum Latini tum Graeci (Chronologi non boni) cum alio Aprilis die composuerint, ut clare iterum patebit die sequenti, et alibi fusius poterit demonstrari. Ne pluribus ab instituto deflectam, candide fateor, me subducto ab Henschenio calculo fidere omnino non audere, urgentibus praesertim aliis rationibus, quae Symeonem et socios, sub principio grassantis Saporianae persecutionis, anno circiter CCCXLIV martyrium subiisse, verosimilius ostendant ; in quo fallit Pagii in Baronium critica ad annum CCCXLII, dum Henschenii sententiam describit et sequitur. Nolim tamen cum Castellano hac ratione induci, ut solemnitatem a martyrologis nostris, tot jam saeculis stabilitam, loco suo dimoveam, quam eidem etiam affixit Wandalbertus, *Caium* diei sequentis huc retrahens :

Undecima Gaius, pariter Simeonque coluntur.

Altera classis *martyrum Alexandrinorum* ex apographis Hieronymianis proficiscitur, in quibus non omnimoda invenitur conformitas, ut recte observavit Florentinius. Manifeste patet, quinque duntaxat ab Adone selectos, a quo eos Usuardus accepit, ordine paululum immutato, variatoque unius nomine, quem notae optimae codices nostri non *Fortunatum*, ut Ado legit, sed *Fortunum* constanter appellant. Nomen depravatum inquies ; esto ; a codicibus nostris nequaquam recedere certum est, ut in

Ustazade, qui *Usthazades* vel *Chustazates*, vulgo *Usthazanes* vocandus est ; et *Abdella*, qui *Abedechalas*, nimium forte religiose præstitimus. Atque hinc abunde patet textus Usuardini integritas.

AUCTARIA.

PULSANEN. mutilus est, omittens ea, quæ de *Usthazane* et sociis in laterculo dicuntur inter *decollati* et *Alexandriæ*.

ANTUERP.-MAX., ULTRAJECT., LEYDEN., ALBERG., DANIC. et editio ULTRAJ.-BELG., in textu puri, subdunt in fine : « Leodii in ecclesia beati Laurentii, depositio beati Walbodonis [Walbonis *scribit* DANIC.] ejusdem urbis episcopi. » Idem Auctarium habet LOVANIEN., sed deficit in iisdem, in quibus deficit PULSANEN. supra.

CENTULEN. : « Apud Persidem, sancti Symeonis Selenciæ [Seleuciæ] et Thesefontis [Ctesiphontis] regalium civitatum episcopi, qui persequente rege Persarum, post alia tormenta capite plexus est. Cum quo passi sunt Ustazades eunuchus, Abdella, Ananias senes, Pusicius cum filia virgine. Alexandriæ, sanctorum Fortunati, Aratoris presbyteri, Felicis, Silvii, Vitalis, qui in carcere quieverunt. In Galliis, civitate Ebreduno, sancti Marcellini, primi ejusdem civitatis episcopi et confessoris, Vincentii [*adde* Domnini] sociorum ejus. » De quibus non pridie.

ANTUERP.-MAJ. in Simeone textum ex Adone interpolavit. In Alexandrinis, cum CENTULENSI convenit. Sequitur ultimo loco, de Marcellino, sed pure, ut heri in textu legimus.

BRUXELLEN. incipit : « Romæ, sancti Sotheris papæ. Qui sedit annis novem, et tunc martyrio coronatus est. Hic constituit, ut nulla monacha pallas sacratas tangeret; sed ut velum portet. » Multi alii Sotherem hac die referunt, qui ad sequentem pertinet. Sequitur de Simeone, ubi ex Adone inseruntur hæc verba : « Seleuciæ et. Thesephontis regalium civitatum episcopi, » etc. In Alexandrinis purus est. In fine : « Leodii, depositio beati Walbodonis, ejusdem civitatis episcopi. »

HAGENOYEN., in Simeone satis purus, sequentes duas annuntiationes turpiter confundit, hoc modo : « Alexandriæ, sanctorum martyrum Aratoris presbyteri et Fortunati. Item Leodii in ecclesia beati Laurenti, sancti Walbodonis episcopi ejusdem urbis, Silvii, Felicis et Vitalis, qui in carcere quieverunt. » Annuntiationum confusio. « Romæ, sancti Agapiti papæ, qui multum in gestis pontificalibus laudatur. Hic ingressus est Constantinopolim et Justinianum imperatorem ab errore revocavit Arthemii [Anthimi], ipsum Arthemium destituendo, et Menam catholicum virum constituendo. Hic Arthemius in Christo duas negabat naturas. Et obiit papa Constantinopoli et transfertur in Romam, et cum gloria sepelitur in ecclesia sancti Petri apostoli. Hic etiam constitutiones fecit. » Hic importune intrusus est Agapitus, qui XX Septembris colitur; quidquid a multis aliis, cum Notkero, die sequenti referatur.

AQUICINCT. incipit ; « Romæ, sancti Sotheris papæ. Hic constituit, ut nulla monacha pallam sacratam contingeret in ecclesia, nec incensum poneret. » Sequitur textus.

VICTORIN. post *virgo* subdit ; « Item sancti Sotheris papæ. Hic constituit, ut nulla monacha pallam consecratam contingeret, neque incensum offerret. »

REG. SUEC. qui fuit principis Ursini a Rosemberg : « Leodii in ecclesia beati Laurentii, depositio beati Valbonis, ejusdem ecclesiæ episcopi. »

MATRIC.-CARTHUS.-ULTRAJECT. : « Simeonis episcopi et martyris cum aliis pluribus sub Sapore Persarum rege, sub [quo] XVI millia diversis in locis et temporibus martyrio coronati sunt. »

VATICAN., num. 5949, in fine : « Romæ, natalis sancti Soteris papæ, qui sedit in episcopatu annis IX. »

Editio LUBECO-COL. in Simeone ferme ut BRUXELLEN. interpolata, in Alexandrinis pura est. Sequitur : « Leodii in ecclesia beati Laurentii, depositio sancti Walbodonis, ejusdem urbis episcopi et confessoris. In Anglia, civitate Cantuaria, sancti Ancelmi episcopi et confessoris. »

BELINI secunda editio : « Eodem die, translatio sancti Osualdi episcopi Eboracensium. » Colitur XXVIII Februar.

GREVEN. : « Romæ, beati Sotheris papæ et martyris : secundum Adonem vero, die sequenti. » Imo hac die ponitur a Mosandro : in editione ROSWEYDI notus non est, nisi male in appendicem rejectus sit. « In Anglia, beati Anselmi archiepiscopi et doctoris præcipui. Hic ex confinio Lombardiæ et Burgundiæ ortus, venit Beccum, allectus fama magistri Lanfranci, factusque est ibi primo monachus et deinde prior, postremo Cantuariensis archipræsul effectus, vita et doctrina excellenter claruit circa annum Domini MC. Luciani Viennensis episcopi. » Potius *Juliani*, de quo vere potuit dicere, poni ab Adone die sequenti, quo colitur. « Apud Leodium, Walbudonis episcopi et confessoris. Item beatæ memoriæ Victoris papæ III et confessoris. De quo inter alia legitur, quod in magna corporis sui continentia vixerit, cilicio asperrimo ad carnem semper indutus. In mensa convivarum frequenter fallebat oculos, cibos tangens, non gustans. Noctu modico somno accepto, latenter de lecto surgebat, orationibus, veniis et lacrymis vacans. Claruit etiam miraculis. » Remittitur ad XVI Septembris.

MOLAN. de Oswaldo, ut BELIN. : « Eodem die, sancti Anselmi episcopi et confessoris. Romæ, sancti Soteris papæ : qui sedit in episcopatu annos novem, sepultus in cœmeterio Calisti. Hic constituit, » etc. « In Africa, natale Maximini martyris : Qui tempore Decii, post alia tormenta, lapidibus oppressus est. » Ita cum vocat Rabanus, cujus elogium describit Noikerus. In Actis, sub nomine *Maximiani*, remittitur ad XXX Aprilis. Pergit MOLAN , sed litteris minoribus : « Liber anniversariorum ad S. Laurentium : Dominus Wolbodo Leodiensis piissimus episcopus a seculo migravit, qui huic loco res sacras dedit et in eo humari elegit. » Hactenus prima editio. In aliis, de Anselmo, ut supra. Tum : « Die vigesima prima, sancti hieromartyris Januarii et comitatus ipsius, et sacrosancti martyris Theodori, qui fuit in Perge. » De his duobus agitur in elencho Prætermissorum ; quæriturque, an vera sint, et non potius inversa nomina. Rursus typis minoribus : « Apud Leodium, in ecclesia sancti Laurentii, Dominus Vuolbodo, » etc., ut supra.

X Kal.   Die 22.

Romæ via Appia, natalis beati Gaii papæ, qui cum Ecclesiam undecim annis, mensibus quatuor, diebus duodecim rexisset, martyrio coronatus est sub Diocletiano principe. Apud Persidem, sanctorum martyrum, qui pro Christi nomine gladio jugulati sunt sub rege Sapore. In quo fidei certamine passus est Melisius episcopus, Acepsimas quoque episcopus, cum presbitero Jacobo. Mareas et Bicor nihilominus episcopi , cum clericis fere ducentis quinquaginta , monachis etiam et sacratis virginibus plurimis. Inter quas et Symeonis episcopi soror, nomine Tarbua, cum pedissequa sua, serra scissa est. Civitate Cordula, natalis

Parmenii, Helimenæ et Chrisoteli presbiterorum, Lucæ et Mucii diaconorum, quorum triumphus martyrii in passione beati Laurentii habetur. Lugduni, sancti Epipodii, qui persecutione Antonini Veri, post illata sibi gravia tormenta, martyrium capitis abscisione complevit. [*Addit Bouillart.* : a Senones, sancti Leonis episcopi. *Et charactere cursivo* : Eodem die inventio sanctorum martyrum Dionysii, Rustici et Eleutherii.]

NOTÆ.

Ex codicibus nostris omnibus nullum invenio, quem undequaque purum ausim asserere. Singulorum collatio textum dabit, quam fieri poterit, simplicissimum. Grevenus et Molanus puritati accedunt proxime, utpote qui de Melisio hæc solum interserant : *Sanctitate et miraculorum gloria insignis.* Atque hæc in Adone legi equidem fateor; ast Usuardina non esse, probat silentium aliorum codicum omnino omnium, tum mss., tum typis editorum. Affine aliquid prima fronte reperitur in Tornacensi, ubi, *Melisius Deo acceptissimus*; in Rosweyd. et Belin., *Melius acceptissimus.* Sed amanuensis oscitantia palpabilis est, dum *Acceptissimus* ponitur pro *Acepsimas.* Jam cur reliqui codices excludantur, attende. Pratensis, solito deformior, subdit præterea in fine : *Senonis, sancti Leonis episcopi.* Usuardine, inquies. Non ita existimo : obstant enim codices alias integerrimi Heriniensis, Tornacensis, Muneratus, Grevenus, et Molanus, quorum auctoritas combinata, cæteris omnibus, me quidem judice, anteponenda est. Adde Rosweyd. et alios non ignobiles, quibus tamen non innitimur. Si cui aliter videbitur,

a Pauci sunt articuli, si qui tamen, quibus adornandis magis desudarit Sollerius. Quos codices perlustravit, perlustravit autem prope octoginta ; ii omnes ita vitiosi erant, ut nulli omnino fidere ausus fuerit, collatosque simul omnes oportuerit, ut ex singulis textum erueret. *Singulorum collatio*, inquit ipse, *textum dabit, quam fieri poterit, simplicissimum.* Laborem laudent alii ; ego acumen et judicium vehementer admiror. Nam in tanta codicum depravatione, quis non miretur Sollerium ita Usuardi sensum callere potuisse, ut ab eo ne latum quidem unguem discederet, autographum ipsum verbum pro verbo redderet? Certe suspicabitur aliquis cum, dum huic articulo operam dabat, ob oculos habuisse

firmioribus argumentis ultro cedam. Hoc etiam ab rerum hujusmodi peritis observari velim, ad exclusionem *Leonis* non parum conducere, quod Grevenus et Molanus in prima sua et puriori editione, nec in Auctariis suis de eo meminerint. Sequitur in præfato codice Pratensi : *Eodem die, inventio sanctorum martyrum Dionysii, Rustici et Eleutherii.* Sed hæc ad marginem, ni fallor, addita, licet antiqua manu, ut testatur Castellanus, textus puritati nihil officerent, si cætera essent integra. Heriniensis purissimus esset, nisi secundo loco insereret : *Parisius, translatio beatorum martyrum Dionysii*, etc. Tornacensis nævis aliis non caret ; capitale vitium est, quod in fine adjicias : *Ipso die, inventio sanctorum martyrum Dionysii*, etc. Atque ita plane Muneratus, his verbis non satis castigatis : *Ipso die, inventio beatorum corporum Dionysii, Rustici et Eleutherii, de quorum corpora* [melius diceret *quæ*] *requiescunt in cænobio divi Dionysii in Francia. Eodem die, sanctæ Oportunæ virginis.* Codex Rosweydi, cætera etiam purus legit in fine : *Inventio sanctorum martyrum,* etc

apographum, quod apud se servat, et illud exscripsisse saltem usque ad Senones. Totum exscribere debuit. Non fuit quidem postrema hæc commemoratio Carolini autographi. Caret enim illa Dervensis codex. At ejusdem esse manus ac reliquum articulum ne Sollerius quidem diffitetur. Atque hoc ipso die memoriam S. Leonis colit Senonensis Ecclesia, antiquiora Martyrologia referunt, Saussali recentius elogio celebrat. Is ipse est sanctus Leo, qui Childeberto regi episcopum Meloduni, ubi nunquam episcopus fuerat, constituere volenti, generoso animo restitit, scripta ad eum epistola, quam Sirmondus edidit tom. I Conciliorum Galliæ. BOUILLART.

OBSERVATIONES.

Ex his evinci puto, textum hic genuinum et simplicem a nobis repræsentari, tametsi ex nullo seorsim codice eum depromere hac die licuerit. Satis nimirum et abunde est, quod in eo conveniant apographa pleraque, eaque notæ optimæ, licet aliunde nonnulla fuligine inspersa. Si quis immerito exclusos putet Grevenum et Molanum, haud gravate patiar eorum brevissimum encomium Usuardo ascribi. Porro reliquos omnes plane excludendos, nemo, opinor, diffitebitur. Superest, ut more nostro Usuardum cum antiquioribus conferamus. *Caium* commemorant exempla Hieronymiana, ad quæ videndus Florentinii Commentarius. Est et in Rom. parvo. Beda ipsum condecorat elogio brevi, ab Adone non nihil aucto. Cæterum ipsissima, quæ hic in textu retulerunt, verba in præfatis Beda et Adone, atque item in Rabano, ad apicem leguntur. Sic tamen ut multo plura habeat Ado, quæ hic et in toto textu Notkerus adoptavit. Vidimus die præcedenti, ipsum ibi a Wandalberto cum Symeone Persa decantari. Vita ejus ex Actis sancti Sebastiani et sanctæ Susannæ ab Henschenio desumpta est, iisque notis illustrata, ut nihil magnopere desideretur. Quid de ea censeant recentiores critici, opportunius expendi poterit in majori opere ad xi Augusti.

Hesternæ Persarum turmæ subjungitur altera *martyrum plurimorum*, ut Romanum parvum breviter indicat. Ab Adone, si non verius, saltem distinctius, quorumdam nomina enumerantur, ex quo Noster, contracta paululum phrasi, sua omnia

desumpsit. Elogii Adoniani fons idem, qui die præcedenti, nempe Sozomeni, vel potius Tripartita historia. Notatur illic diserte *annus sequens post occisos Symeonem et alios*, atque is ipse *dies, quo memoria passionis Christi recoli solet*, quo non quidem passi martyres, sed *quo exiit edictum Saporis crudelissimum in universum Persidem.* De martyrum illorum ingenti numero et cruciamentorum genere, vide in Actis Sozomeni, num. 7. Annus ex dictis die præcedenti determinandus est , verosimilius cccxlv. Singulorum certaminis dies procul dubio diversissimus ; nihilominus a martyrologis nostris consignati omnes hoc xxii Aprilis : cum interim certissimum sit, feriam sextam passionis Dominicæ, ne toto quidem sæculo quarto, cum eo die concurrere potuisse; ut rursus manifeste pateat, diem xxii Aprilis, pro mero Romani parvi, et aliorum arbitrio, delectum esse, quod hic Henschenius fateri cogitur, apud quem verior est nominum orthographia, seorsimque relata et illustrata Acta nonnullorum particularia, quorum aliqua, inter Selecta numeravit Ruinartius a pag. 639. Quæ sequitur alia Persarum cohors, *Cordulæ* a Beda tribuitur, a Rabano aliisque perperam *Cordubæ*; quod et superius ad xv hujus, ab eodem Rabano factum observavimus, ubi de ipsa illa positione agendum fuit. Tota ad Babyloniam spectare videtur, cum Polychronio ad xvii Februarii. Plura vide in notationibus Baronii, Florentinii, Henschenii et in Observationibus nostris xvii Februarii, xv Aprilis, x Augusti, et locis aliis, ubi de Laurentii Actis sermo recurrit.

Cæterum classis illius encomium habent Beda, Rabanus, Ado, ex quo ultimo pauca Usuardus delibavit. Satisne clare Cordulenses martyres in Hieronymianis denotentur, dubitari potest : diserte eos memorat Romanum parvum ; quorum priores tres primos suis duobus versibus canit Wandalbertus :

> Terni presbyteri decimam, ternaque coronant
> Palma, Parmeniusque, Elimenes, Chrysotelusque.

Tribus aliis versibus ludit in ternario numero, occasione inventionis sanctorum Dionysii, Eleutherii et Rustici, quam ad textum nostrum non spectare, supra ostendimus. *Epipodius* in Hieronymianis certo consignatus est, additusque ab Adone *Alexander* socius, cum utriusque laudatione. Noster autem ea tantummodo decerpsit, quæ *Epipodii* erant propria, neglecto comite Alexandro, qui tanquam tertio post die passus, ab Adone ponitur xxiv Aprilis ; vide ibi. De *Juliano*, qui in Adone etiam ponitur, nec Usuardus, nec Notkerus meminerunt, forte quod in antiquioribus apographis expressus non fuerit, adjectus subinde, cum aliis nominibus sanctorum episcoporum, ad urbem Viennensem propius spectantium.

AUCTARIA.

De præcipuis nostris codicibus PRATEN., HERINIEN., TORNACEN., ROSWEYD., MUNERAT., GREVEN. et MOLAN. in superiori notatione abunde dictum est; ut plane superfluum sit, singulorum Auctaria aut potius variationes hic seorsim describere.

PULSANEN. hac die præter modum defectuosum est : agit enim tantummodo de Caio et Cordulensibus.

ANTUERP. et MAX.-LUBEC. in Caio textum mutilant. Pro, *in passione B. Laurentii*, habet, *Abdon et Sennis*. Denique in fine : « Senonis, sancti Leonis episcopi. »

ULTRAJECT., LEYDEN., ALBERGEN. et DANIC. sic incipiunt : « Romæ via Appia, natale sancti Sotheris papæ, qui post beatum Petrum undecimus, cum Romanam Ecclesiam rexisset octo annis, martyrio coronatus, sepultus est in cimiterio Calixti. Romæ via Appia, natale beati Gaii papæ ac vicesimus nonus post beatum Petrum, cum Ecclesiam undecim annis, etc. Eodem die, sancti Agapiti papæ. Apud Persidem, » etc. In fine : « Senonis, sancti Leonis episcopi. »

ANTUERP.-MAX., LEYDEN.-BELG., LOVANIEN. et editio ULTRAJECT.-BELG. de Sothere, nihil. De Caio, ut supra. In martyribus Persis puri non sunt. In fine : « Senonis, sancti Leonis episcopi. »

CENTULEN. : « Romæ via Appia, in cimiterio Calisti, sancti Gaii papæ et martyris. In Persida, sanctorum martyrum quamplurimorum sub rege Persarum, inter quos Melesius episcopus, Accepsimas episcopus, Jacobus presbyter, Marcas et Bicor episcopi, clerici eorum ducenti quinquaginta, monachi et virgines perplures, Zarbua quoque virgo, soror sancti Simeonis episcopi et martyris. Parisius, inventio sanctorum Dionysii, Rustici et Eleutherii martyrum. In Corduba civitate, sanctorum Parmenii et Helimenæ, et Chrisostoli presbyterorum, Lucæ et Mucii diaconorum, sub Decio passorum. Lugduni, sancti Epipodii martyris. Senonis, sancti Leonis episcopi. »

ANTUERPIEN.-MAJ. textum refert non nihil corruptum et contractum. In fine : « Senonis, depositio sancti Leonis episcopi, cujus vita miraculis claruit, et mors pretiosa nichilominus miraculis commendatur. »

BRUXELLEN. de Caio addit : « Hic constituit, ut nemo clericos apud judices seculares accusare præsumat. Eodem die, sancti Agapiti papæ, qui sedit mensibus undecim. Hic diebus Dominicis processiones fieri constituit. Apud Persidem… » textum prosequitur satis pure. In fine : « Senonis, sancti Leonis episcopi et confessoris. Item inventio corporum sanctorum martyrum Dionysii, Rustici et Eleutherii. » Vide dicta in notatione.

HAGENOYEN. incipit a Sotere, de quo jam satis dictum est. Deinde de Cordulensibus. Tum de Caio, ubi post *Diocletiano*, additur : « imperatore cognato suo. Hic constituit ordines clericorum ; scilicet, hostiariatum, lectoriatum, exorcistatum, acolytatum, subdiaconatum, diaconatum et presbyteratum. » In martyribus Persis interpolatus est. Post illos sequitur : « Item Camarie [*voluit dicere* Cantuariæ] beati Anshelmi episcopi et confessoris, vita et doctrina clari. » In Epipodio purus est. In fine : « Item Senonis, sancti Leonis episcopi et confessoris. »

AQUICINCT., post *Diocletiano principe*, subdit ex Adone : « Hic constituit, ut per omnes gradus primum ascenderet si quis episcopus fieri mereretur, ostiarius, lector, exorcista, acolythus, subdiaconus, diaconus, presbyter. Eodem die, sancti Agapiti papæ. Hic ingressus Constantinopolim Anthemium ejusdem urbis episcopum, qui duas in Christo naturas negabat, deposuit, et Menam catholicum ejus loco consecravit. »

MATRIC.-CARTHUS.-ULTRAJECT. : « Caii papæ et martyris. Plurimorum martyrum apud Persidem. Translatio beati Dionysii et sociorum ejus. »

BIGOTIAN., signatus P 5 : « Enonis [Senonis] sancti Leonis episcopi. » De quo etiam codices CLUNIACENSIS et UGHELLIAN.

REG. SUEC., signatus numero 428 : « Parisius, inventio corporum beatorum Christi martyrum Dionysii, Rustici et Eleutherii. Eodem die, sanctæ Opportunæ virginis. »

Codex D. DU CHEVAL, signatus B : « Leodii in ecclesia beati Laurentii, depositio sancti Walbodonis, ejusdem urbis episcopi. » De quo heri.

VATICAN., num. 5949 : « Romæ, sancti Agapiti papæ, qui sedit Romæ mensibus XI. Eodem die, sancti Joannis martyris Tetensis, vel Teatentis. » Hactenus ignotus est.

ALTEMPS : « Senonis, sancti Leonis episcopi. Silvanectis, sancti Reguli confessoris Christi. Item sanctæ Oportunæ virginis. Romæ, sancti Soteris papæ et martyris. »

STROZZIAN. : « Senonis, sancti Leonis episcopi. Item in monasterio sancti Georgii majoris Venetiarum, translatio sancti Eustachii patriarchæ Constantinopolitani, anno D. N. J. C. MCCXLVI. » Acta ejus dantur VI Aprilis.

Editio LUBECO-COL. de Sothere repetit superius dicta, heri et hodie : addens quod martyrio coronatus sit, *sub Commodo Aurelio*. De Caio præter dicta, sic ait : « Hic constituit, paganos et hæreticos, Christianos non posse accusare, nec notam infamationis inferre. Item statuit, ut nemo episcopum aut reliquos clericos apud judices seculares accusare præsumat. » De Agapito, *quod processiones fieri constituerit*. Sequitur : « Treveris, sancti Abrunculi episcopi et confessoris ; qui nunc in monasterio, quod vocatur Sprenckgyersbach, requiescit. » In Cordulensibus et Epipodio fere purus est. « Senonis, natale sancti Leonis episcopi et confessoris. Viennæ, sancti Juliani martyris. Apud Persidem, sanctorum, etc., sub rege Persarum, Sapore, anno die, quo passionis Dominicæ memoria celebratur. » Cætera pure.

BELIN., in Caio, Persis et Cordulensibus fere purus, subjungit : « Senonis, sancti Leonis episcopi. Ipso die, sancti Sotheris papæ, natione Campani. » Tum de Epipodio, bene. « Item in monasterio sancti Georgii, etc., ut supra ex STROZZ. Porro in secunda editione præterea additur : « Parisius, sanctorum martyrum Dionysii, etc. Apud civitatem Silvanectensem, sancti Reguli episcopi et confessoris. »

Greven. : « Agapiti primi papæ et confessoris, qui ut Ado (qualis a Mosandro est editus) dicit, sedit Romæ mensibus undecim. Hic ingressus, » etc. « Philippi episcopi et sociorum ejus martyrum. » Vide Prætermissos, ubi rejicitur ad xxii Octobris. « Leonidis martyris, patris Origenis. Pimoli martyris. » *Primolus* est vel *Primulus* ex Cordulensibus. « Theodorici presbyteri et martyris. » Vide Prætermissos. « Viennæ, sancti Juliani episcopi et confessoris. Abrunculi archiepiscopi Treverensis confessoris, in monasterio, quod Sprengersbach vocant, requiescentis. Ipso die, inventio corporum sanctorum Dionysii, etc. Alexandriæ [Alexandræ] reginæ Persarum et martyris quæ in confessione beati Georgii credidisse legitur. » Vide iterum Prætermissos. « Item sanctæ Oportunæ virginis. » Melius scribitur *Opportunæ*, cujus vita hodie illustratur.

Molan. : « Agapiti pontificis, qui sedit Romæ menses undecim. Hic ingressus Constantinopolim ad Justinianum, etc. Item in monasterio sancti Georgii majoris Venetiarum, » etc., ut **Strozz.** et **Belin.** Sequitur : « Inventio SS. Dionysii, etc. Item : « Oportunæ. » Ex **Munerato** descripta sunt. Sequitur minoribus litteris : « Leonidis martyris, patris Origenis. Abrunculi archiepiscopi Treverensis et confessoris, in monasterio Sprengersbach quiescentis. Ipso die, natalis sancti Vuolphelmi abbatis Bruwillerensis. Sancti Theodori Siceorum archimandritæ, cujus Vitam scribit Georgius presbyter ejus discipulus. » In editionibus aliis incipit : « Eodem die, sanctæ Oportunæ virginis. Senonas, sancti Leonis episcopi et confessoris. Et alibi, depositio Abrunculi episcopi. Eodem die, Agapeti pontificis qui sedit, etc. Die vigesima secunda, sancti patris Theodori Sicei. » Vocatur superius *Siceorum archimandrita*; sed melius in Actis nostris exprimitur nomen et dignitas, dum appellatur « Theodorus Siceota, episcopus Anastasiopolitanus, archimandrita cœnobiorum in Galatia. » Vide ibi Vitam satis copiose deductam. « Item in monasterio sancti Georgii major .... Ipso die inventio beatorum corporum Dionysii.... » ut **Munerat.** Tum minoribus typis : « In Hannonia, Dononio monasterio, obitus sancti Adalberti [Adelberti] comitis Austrovandiæ et confessoris, non tamen canonizati. Cujus corpus quiescit in summo altari in tumba argentea. » Datur ei in Actis titulus *beati*, unaque notatur, uxorem habuisse beatam *Reginam*, et filiam sanctam *Ragemfredem*, de quibus alibi. « Eodem die obiit beatus Vuolphelmus, abbas Bruwillerensis. »

IX Kal.   **Die 23.**

In Perside civitate Diospoli, passio sancti Georgii martyris, cujus gesta passionis etsi inter apocriphas numerantur scripturas, tamen illustrissimum ejus martyrium inter coronas martyrum Ecclesia Dei venerabiliter honorat. In Galliis civitate Valentia, natalis sanctorum Felicis presbiteri, Fortunati et Achillei diaconorum, qui cum maximam partem supradictæ urbis ad fidem Christi convertissent, a duce Cornelio in carcerem trusi sunt, dein diutissime verberati, cruribusque confractis circa rotarum vertiginem stricti, fumum quoque in equulei suspensione perpessi, ad extremum gladio consummati sunt. [*Addit Bouillart.* : ᵃ Castro Silvænectis, sancti Reguli episcopi et confessoris.]

NOTÆ.

Puri sunt *Herinien., Tornacen., Antuerp. Max.-Lubec., Greven.* et *Molan*

ᵃ In Carolino autographo scriptum erat : *apud Castrum Silvanectensium depositio sancti Reguli episcopi et confessoris.* Hic simpliciter, *episcopi et confessoris.* Cur omisit *depositio*? Nam satis supererat spatii ut adderetur. Hic Usuardi acumen et sagacitatem agnosco. Legit profecto S. Reguli acta : sed ea cum vidisset fabulis referta, nec ullam tuto eis haberi posse fidem; consuluit Ecclesiam quæ res gestas Reguli et mortis diem studiosius memoriæ mandare debuit. Hæc autem ita parum cum Carolino autographo convenit, ut depositionem hoc die, translationem 30 Martii veneretur. Quid faceret Usuardus? Delevit quod xxx Martii scripserat. Et ne, signata depositione quam hoc die memorant Acta, falleretur, satis habuit diem S. Regulo sacrum adnotare. **Bouillart.**

VARIANTES LECTIONES.

Vix attentionem merentur. *Persida* in Antuerp. et Max.-Lubec. pro *Perside*, satis alibi obvium est. *Cujus gesta passionis*, legunt codices passim; citati autem Antuerp. et Max.-Lubec. ponunt, *cujus passio*, etc. *Apocrifas* in Herinien. et Tornacen. sæculum suum sapit. Cœteri ad veram orthographiam propius accedunt, dum scribunt *apocriphas*, uti in textu scriptum reliquimus, licet Molanus melius habeat *apocryphas*. *Ecclesia Dei*, legendum est ; in Antuerp. et Max.-Lubec. deest vox ultima. *Equuleis*, pro *equulei*, in Heriniensi; in aliis *eculei*, *Valencia*, *Fœlicis* et similia, nihil nos morari debent.

OBSERVATIONES.

Utrum et quo die in apographis Hieronymianis primitus expressus fuerit megalomartyr et tropæophorus *Georgius*, satis operose disquirit Florentinius hoc et sequentibus diebus. Hujus sancti cultus et singularis in universa Ecclesia festivitatis antiquitatem aperte demonstrant Kalendarium a Frontone editum pag. 33 et 71, necnon Gregorii Sacramentarium, et plurima alia argumenta a Papebrochio in Actis producta, ubi curiosus lector copiosissime et accuratissime eruderata invenire, tum in Commentario prævio, tum in analectis, omnia, quæ celeberrimi sancti diffusissimam toto orbe Christiano venerationem concernunt a pag. 100 ad 163, quæque a Tillemontio contracta sunt tomo V, a pag. 185. Nec pluribus hic opus est; ad Martyrologia nostra redeamus. De Beda, res ipsa loquitur, hic enim disertis verbis in sacras tabulas Georgium refert : *Natale sancti Georgii martyris*, iis merito prætermissis, quæ ex apocryphis Actis tenebras potius quam lucem affunde-bant. Plusculum præstitit Rom. parvum, addita loci valde controversi positione, nempe . *In Perside, civitate Diospoli, Georgii martyris.* Hujus vestigiis insistit Ado, a quo profectum qualecunque elogium, quod Noster verbotenus transumpsit, Notkero veris falsa commiscente, dum solitum ductorem non satis prudenter deserit, ut Rabani fabulosa superinducat. Notandus autem dicti Notkeri locus xxv Aprilis, ubi ex *Calendario sagacissimi Hieronymi*, Georgium eo die celebrandum contendit. De vero martyrii loco aliisque circumstantiis, videndus quoque Papebrochii supra laudati commentarius. Binæ nostræ annuntiationes sic Wandalberto metris constrictæ sunt, ut altera alteri præponatur; ita habet :

> Felicemque sacrum gemino dignumque ministro
> Nona docet, Fortunatumque et Achillea junctos.
> Hac et am invicta mundum qui sanguine temnis
> Infinita refers Georgi sancta trophæa.

Porro *martyres Valentini* in præcipuis quibusque Hieronymi ecgraphis recensentur, unde in Adonem transisse minime dubium est. Hic ex Actis, martyrii seriem nitide exposuit, ipsumque totidem verbis Notkerus sequitur; Usuardus paulo compendiosius. Cæterum laterculum totum et Adonianum et Usuardinum esse, nemo, qui utrumque legerit, diffitebitur. Hæc præcipua inter Henschenium et recentiores (ut Tillemontium tomo III, pag. 97, aliosque) discrepantia, quod ille Acta a coævo scripta censuerit, isti plane negent : in eo conveniunt, quod non Valentiæ in Hispania, sed Valentiæ in Delphinatu martyrio coronatos, constanter et vere asserant. Est in Adone annuntiatio tertia de sancto *Wulfranno*, quem nos cum Usuardo ad xx Martii retulimus. Rursus xxx Martii ex codicum nostrorum consensu *Regulum* Silvanectensem consignavimus, eunique ex Pratensi cum aliis expunctum, et huc perperam remissum, ibidem observavimus. Patet igitur ratio, cur ex purorum codicum numero præfatus codex Pratensis etiam hodie fuerit excludendus.

AUCTARIA.

PRATEN., ut jam diximus, in fine addit : « Castro Silvanectis, sancti Reguli episcopi et confessoris. »

PULSANEN., in Georgio purus, elogium martyrum Valentinorum plane rescindit.

MUNERAT., in textu purus est, sed inter utramque annuntiationem hæc perperam inserit : « Apud Silvanectis urbem, depositio almi Reguli confessoris Christi atque præsulis. Qui Micenis Græciæ ortus, a beato Johanne evangelista est doctus. Postea simul cum sancto Dionysio, primo Romam, dein ad Arelatum veniens, ibi ordinatus est episcopus. Post cujus martyrium jam dictam Silvanectensem urbem adiens, plurimis in eodem loco virtutum signis, usque hodie venerandus, refulget. » Vide quæ diximus xxx Martii.

ROSWEYD., post textum purum : « Castro Silvanectis, S. Reguli episcopi. Item sancti Adalberti episcopi martyris. »

ANTUERP.-MAX., ULTRAJECT., LEYDEN., ALBERGEN., DANIC., et editio ULTRAJ.-BELG., textui satis puro subdunt : « Ipso die in pago [DANIC. in Praga] Boemiæ, natale sancti Adalberti episcopi. Hic cum genti Sclavorum verbum vitæ prædicaret, a paganis septies perfossus et capite truncatus, tribus diebus ab aquila custoditus est. »

LOVANIEN., in textu nonnihil mutilus, in fine solum habet : « Ipso die, in pago Boemiæ, natale Adalberti episcopi. »

CENTULEN. : « Natale beati Georgii famosi et gloriosi martyris. In Galliis, civitate Valencia, sanctorum martyrum Felicis presbyteri, Fortunati et Achillei diaconorum, qui a beato Hereneo ad prædicandum missi, a duce Cornelio, gladio consummati sunt. »

ANTUERP.-MAJ., solito purior, in fine addit : « Castro Silvanectis, sancti Reguli episcopi et confessoris. » Vide supra MUNERAT.

BRUXELLEN., textui modice interpolato subtexit : « In Praga Boemiæ, natale beati Adalberti, » etc., ut supra. « Ipso die, depositio Arnulphi Jerosolymorum patriarchæ. » De hoc vide Prætermissos.

HAGENOVEN. Georgii elogium innumeris tormentorum generibus farcit, quorum hic partem speciminis gratia describo : « Qui a Daciano Persarum imperatore, in equuleo suspenditur, et membratim postea corpus ejus laceratur ; lateribus ejus lampades applicantur, ita ut interiora ejus viderentur, post hæc ad verbera extenditur, et diversis plagis cruentatur, et in ejus vulnera comprimitur, et cilicio asperrimo confricatur, et in his omnibus martyr Dei non dolet. Deinde veneno potatur, quod sibi non nocuit, et venenator ad fidem convertitur, et capite truncatur, qui vocabatur Athanasius. Post hæc in rota ponitur ex rasoriis et gladiis facta, sed ipse orat et rota comminuta est, et populus multus periit sub rota paganorum. Post hæc in sartaginem plenam plumbo liquefacto missus est, » etc. In altera annuntiatione textum purum exhibet.

AQUICINCTIN., pro *In Perside*, habet *In Palæstina*, In fine de Regulo ut PRATEN. Notabis hic, codicem hunc, uti et sæpe Antuerpiensem-Majorem et Rosweydinum cum Pratensi convenire, ut alibi etiam observo.

VICTORIN. et REG. SUEC., signatus num. 130, in fine : « Romæ, sancti Agapiti papæ. » De eo superius satis dictum.

MATRIC.-CARTHUS.-ULTRAJECT. « Adalberti episcopi et martyris. Felicis, Fortunati et Achillei martyrum. » Forte primo loco, *Gorgonii* pro *Georgii*, martyris. Ita ponitur, ut de loco dubium sit.

CAMBERIEN. Convent. S. Mariæ : « Apud Silvanectensem urbem, sancti almi Reguli, » etc. Sicut MUNERAT., sed tantum usque ad *post cujus* exclusive.

Alter codex REG. SUEC., signatus num. 428 : « Apud castrum Silvanect. translatio sancti Reguli, episcopi et confessoris. »

VATICAN., sub num. 5949, in fine : « Sancti Adalberti episcopi et martyris. »

STROZZIAN. « Eodem die Praga, natalis sancti Adalberti episcopi et confessoris [potius *martyris*]. »

Codex LUGDUN. ubi de Valentinis, pro *a duce Cornelio*, scribit *a judice Cornelio*.

LUXOVIEN. « Tulli, depositio sancti Gerardi episcopi. » Vide inferius in GREVEN.

REMENS. sanctorum Timothei et Apollinaris : « Fontanella monasterio, sancti Wulfranni episcopi et confessoris. » Vide dicta superius in Observationibus.

Editio LUBECO-COL. in fine post textum purum : « Ipso die in Praga Bohemiæ, natale beati Adelberti episcopi, » etc., ut codd. mediæ notæ. « Ipso die, sanctæ Pusynnæ virginis. »

BELINI utraque editio, in fine : « Eodem die Bruciæ [*opinor* pro Pragæ, *vel* Prussiæ], natalis sancti Adalberti episcopi et martyris. » Editio altera perperam hodie repetit : « Senonis, sancti Leonis episcopi et confessoris. »

GREVEN. : « In Praga Bohemiæ, natalis beati Adalberti episcopi. Qui cum, etc. Item sanctorum Catulini, Victoris et Ursi. » Ex numero Africanorum. « Germani abbatis et martyris. » Vide inter Prætermissos. « In Fontanella monasterio (*ut dicit* Ado), beati Wulfranni episcopi, præclari in miraculis et doctrina viri, quem Usuardus habet xiii Kal. Aprilis. Renoberti episcopi Baiocensis, qui vita et miraculis clarus, XL annis in episcopatu expletis, quievit in Domino. » In Actis remittitur ad xvi. Maii. « Tulli, sancti Gerhardi episcopi et confessoris. Qui ex Colonia Agrippina ortus, anno Domini DCCCCLXIII præfatæ civitati ordinatus antistes, in sanctis actibus cursum suum complens, a Leone papa IX qui et ipse Tullensis episcopus fuerat, sanctorum catalogo est adscriptus. Lugeri, decimi episcopi Trajecensis et confessoris. » Hic prætermittitur. « Item secundum aliquos, hic depositio sancti Reguli Silvanectensis episcopi et confessoris. Qui Nicenis Græciæ, » etc., (ferme ut MUNERAT.) « Usuardus eum habet iii Kal. Aprilis. In Hervordia, Pusinnæ virginis. Item Nigundis virginis. » An *Nigundæ*? Utrovis modo scribas, hactenus incognita est.

MOLAN. : « Eodem die Brutia [*an* in Borussia?], natalis sancti Adelberti episcopi et martyris. Senonis, sancti Leonis episcopi et confessoris. Ipso die, beatæ Pusinnæ virginis. » Deinde minoribus litteris : « Tulli, sancti Gerardi, » etc., plane ex

GREVENO. Aliæ editiones, post *Georgii martyris*, interjiciunt litteris Italicis : « Gloriosi antesignani, clarique miraculis. » In fine : « Eodem die Prussiæ, natalis sancti Adalberti episcopi et martyris. Tulli, sancti Gerardi episcopi et confessoris. Ipso die, beatæ Pusinnæ virginis, quæ tempore Caroli magni Hervordiam est translata. »

VIII Kal.   Die 24.

Lugduno Galliæ, natalis sancti Alexandri martyris, qui persecutione Antonini Veri, post carceris custodiam, primo ita laniatus est crudelitate verberantium, ut crate soluta costarum, patefactis visceribus, interiora corporis panderentur. Dein' crucis affixus patibulo, beatum spiritum exanimatus emisit. Passi sunt cum eo et alii numero triginta quatuor. Eodem die, depositio sancti Melliti episcopi in Britannia. Item civitate Heliberri, sancti Gregorii episcopi et confessoris.

NOTÆ.

Sumitur ex *Praten.*, *Tornacen.*, *Pulsanen.*, *Munerat.*, *Greven.* et *Molan.*

VARIANTES LECTIONES.

Custodia, pro *custodiam*, in Pulsanen. error est. Sic Molan. sensum facit imperfectum ; *primo laniatus est*, addenda cum codicibus omnibus particula, *ita. Crate soluta* legunt omnes, nimium sapere voluit Molanus, dum substituit *carne*. Usuardus Adonis lectionem secutus est. Male scribunt Tornacen. et Pulsanen. *examinatus*, pro *exanimatus*, male item Tornacen. eam vocem transposuit, *examinatus beatum spiritum emisit*. Quare Molan. pro *emisit*, posuerat *reddidit*, scire nihil magnopere interest. Librarii inscitia factum est, ut in Pulsanensi, post *Melliti episcopi*, finiatur sensus, novusque a majuscula rubra inchoetur hoc modo : *In Britannia civitate Eliberi*, etc. Lego *Heliberri*, cum plerisque, non *Heliberni*, ut Tornacen. nec *Heliberti*, ut Muneratus. *Britania*, forte ex sæculi gustu scribitur.

OBSERVATIONES.

Qui de *Epipodio* meminere XXII Aprilis, hodie *Alexandrum* referunt Hieronymiani codices, plerique cum sociis XXXIV ac *dedicatione criptæ, ubi eorum corpora requiescunt* ; de quibus nonnulla conjectat Florentinius observatione digna. Hoc interim certum est, Acta ipsa, quæ ab omnibus etiam maxime criticis, tanquam gravia et sincera admittuntur, ut videre est apud Ruinartium a pag. 63, et apud Tillemonitum tomo III, a pag. 30, certum est, inquam, nullos Acta socios commemorare. Vacat prorsus Romanum parvum, de quo hic repeti possent, quæ diximus in Observationibus XXVIII Februarii. Beda et Rabanus solius Melliti memoriam agunt. Florus autem, contra Actorum seriem, Alexandrum cum Epipodio, hoc eodem die conjunxit, elogium suo modo componens, quod ex eisdem Actis desumptum esse apparet, licet in ipso principio, præfatos socios anonymos XXXIV inserat, quos credibile est ex aliqua traditione cum Epipodio et Alexandro Lugduni recoli solitos, aut ex Hieronymianis ascriptos. Astipulatur Ado, præfata Acta, et XXII Aprilis, et hic, secutus, sic tamen ut XXXIV comites illos quoque adjungat, præter *gloriosos quadraginta octo martyrum agones*, quos Epipodii passioni præmiserat, dicta die XXII Aprilis. Usuardus, quem ibi de solo Epipodio egisse vidimus, hic fere ad verbum Adoniana omnia describit. Notkerus supra ductorem sapiens, aliqua addidit, vel potius confudit, melius rescindenda. Acta nostra utrumque martyrem referunt XXII Aprilis, quia laudata jam Acta ambobus communia sunt, licet Alexander, tertio primum post Epipodium die, seu hoc XXIV gloriosi certaminis finem consecutus sit. Audiatur Wandalbertus, solum Alexandrum canens, et a reliquis una lineola dissentiens in numero sociorum :

   Martyr Alexander triceno martyre lætus
   Ac terno, octava Lugduni mœnia sancit.

Mellitus a Beda primum producitur, cujus etiam est Vita ab Henschenio notis illustrata, adjectis ex Capgravio nonnullis miraculis. Ado brevissimum aptavit elogium, at Nostro satis fuit, ipsissima Bedæ verba transcribere. Forte in codice Rosweydino legerit Henschenius titulum *archiepiscopi*. Sequitur in textu *Gregorius Eliberitanus*, de quo legi debet Papebrochii dissertatio, Tillemontius variis locis tom. VI et VII, sed præsertim in hoc VII, pag. 767, ubi cum Pagio ad annum CCCLXXXVIII sentit, ut minimum dubiam esse hujus *Gregorii*, vulgo *Bœtici* sanctitatem, ut pote quem non omnino constet a schismate Luciferiano ante obitum resipuisse. Ignotus is est martyrologis omnibus Usuardo antiquioribus, aut ei æqualibus, ut proinde ab illo primum in sacris tabulis consignatus omnino censeatur ; quod evincunt vetustissimi nostri codices, quidquid absit a multis secundæ notæ manuscriptis, verosimiliter a sciolo amanuensi, in aliquo codice præteritus, ex quo hi subinde descripti fuerint. Tales sunt Antuerpiensis, Maxima et prima editio Lubecana, aliique recentiores codices, inter Auctaria recensendi. Nobis nullo modo dubia est germana Usuardini laterculi simplicitas.

AUCTARIA.

HERINIEN., textu purissimo, subdit festum proprium Remense, ut supra etiam aliquando factum observavimus. Sic habet : « Remis civitate, sanctarum virginum Bovæ atque Dodæ. »

ANTUERP. et MAX.-LUBEC. Gregorium, ut dixi, prætereunt, ejus loco substituentes : « Eodem die, Sidrac, Misac et Abdenago. » Remittuntur in Actis ad XVI Decembris.

ROSWEYD., in fine sic habet : « In Babylone, Sidrac, Misac et Abdenago. » Sumpti sunt ex Hieronym. in quibus additur, « iterato nomine, qui et Ananias, Azarias, Misahel, in Babylonia civitate magna, de camino ignis ardentis sunt liberati. » Vide ibi Florentinii observationem.

GREVEN., textui cætera puro intexit et adjicit : « In territorio Blesensi, natalis Deodati abbatis et Levitæ. » Auctarium ejus infra suo loco dabimus ; hic ponitur, quod ad textum spectat.

ANTUERPIEN.-MAX., ULTRAJECT., LEYDEN., LOVANIEN., DANIC. et editio ULTRAJ.-BELG., incipiunt : « Apud Lingones, Sidrach, Misach et Abdenago. » In fine omissus est Gregorius.

ALBERGEN. idem augmentum habet cum eodem defectu. At præterea hoc initium præfigit : « Apud Werdenam, depositio sancti Ludgeri, Monasteriensis primi episcopi et confessoris, cujus sacratissimum corpus in Monasterio, in ecclesia beatæ Dei genitricis Mariæ, post ejus felicem transitum, conservatum, nullum sensit corruptionis vestigium, donec de mandato Karoli Magni apud prædictum locum, trigesimo die venerabiliter fuit tumulatum. Ad cujus sacrum tumulum, divina creberrime facta sunt miracula. » Numerantur dies a xxvi Martii, quo de *Ludgero* superius actum est.

CENTULEN. : « Lugduno Galliæ, sancti Alexandri, qui multa passus, ad ultimum crucifixus, spiritum Domino commendavit. Eodem die, depositio beati Melliti episcopi et confessoris, quem cum sancto Augustino venerandus papa Gregorius de Roma in Britanniam misit. In civitate Heliberi, sancti Gregorii episcopi et confessoris. »

ANTUERP.-MAJ., in prima annuntiatione purus, sic prosequitur: « In Britannia civitate Dorobernia, depositio sancti Melliti archiepiscopi et confessoris, qui tertius post beatum Augustinum, genti Anglorum, verbum Dei viriliter prædicavit. Item civitate Heliberi, » etc. « Eodem die, sancti Wilfridi archiepiscopi et confessoris. »

BRUXELLEN., sic incipit: « Apud Lingones, trium puerorum Ananiæ, Mysael et Azariæ; qui mutatis nominibus dicti sunt Sydrac, Mysaac et Abdenago. Hii cum statuam, quam Nabugodonosor erexerat, nollent adorare, apud Babiloniam in fornacem ignis ardentis missi sunt. In qua illæsi uno ore psallebant ymnum, quo nos in festis ad Laudes Matutinorum benedicimus Domino. » De Alexandro sub finem ex Adone adjicit : « Et ipsi ambo Epipodius et Alexander sepulti sunt ex utroque altaris latere, in crypta, quæ in colle supposita civitate [superposito civitati] pulcro et antiquo opere exstructa est. » In Mellito et Gregorio purus est.

HAGENOIEN. in prima annuntiatione purus, subdit: « Eodem die, sancti Agapiti martyris. Item in Britannia, depositio sancti Melliti episcopi et confessoris. Apud Pragam Bohemiæ, natale sancti Adelberti. » Spectat ad diem præcedentem. Sequitur de Gregorio, pure. Tandem in fine : « Apud Lyngones eodem die, Sydrat, Mysrath et Abdenago. »

AQUICINCT., in fine : « Item natalis sanctæ Coronæ virginis. » Illius, opinor, quæ Alexandrinorum antesignana est, ut in Actis invenies.

VICTORIN. et REG. SUECIÆ, num. 130 : « Ipso die, sanctorum Sidrac, Misac et Abdenago. In Syracusana, sanctorum Evadi et Calixti. » Vide Prætermissos, et diem sequentem. « Eodem die, Coronæ virginis. » De ea jam diximus.

MATRIC.-CARTHUS.-ULTRAJECT. : « Melliti episcopi in Anglia. Alexandri martyris cum sociis numero XXXIV. » Vide quæ superius dicta sunt.

CODEX D. DU CHEVAL, signatus B, primo loco : « Apud Lingonas, Sidrach, Misach et Abdenago. » Idem hic sæpe repetitur.

In VATIC., num. 5949, omittitur Gregorius.

UGHELLIAN. Gregorium etiam prætertit. Adjicit autem : « Eodem die, Sidrac, Misac et Abdenago. »

ALTEMPS. : « Inventio corporis sancti Yvonis archiepiscopi et confessoris. » Remittitur ad x Junii. « Item translatio sancti Wilfridi archiepiscopi et confessoris. Item sanctæ Coronæ virginis. Blesis, sancti Deodati. »

FLORENTIN. : « Item, sancti Uldifrii episcopi et confessoris. » Lege *Wilfridi*.

BURDEGALEN., post Mellitum et Gregorium: « Item, sanctæ Coronæ virginis: »

DIVION. S. Benigni : « In territorio Arvernensi, depositio sancti Roberti, primi abbatis Casæ Dei. »

Editio LUBECO-COL. in Alexandro, ut textus. Subjicit : « Apud Lingonas, translatio trium puerorum Ananiæ, Azariæ et Misaelis. Apud Werdenam, depositio sepulturæ sancti Lutgeri, Monasteriensis primi episcopi et confessoris. Cujus sacratissimum corpus in Monasterio oppido, in ecclesia beatæ Dei genitricis Mariæ, post ejus felicem transitum, usque ad tricesimum diem inhumatum reservatum, nullum sensit corruptionis vestigium : donec de mandato Karoli Magni, a devotissimo fratre suo Hildegrino, sicut ante obitum suum optaverat, et aliis quoque pluribus clericis et religiosis, ac nobilibus, apud prædictum locum, tricesimo die venerabiliter fuit tumulatum. In qua tumulatione, sicut sanctus præsul prædixerat, a naribus ejus recens sanguis effluxerat. Ad cujus etiam sacrum tumulum, divina creberrime facta sunt miracula. In Britannia, depositio sancti Melliti, » etc. De Gregorio, pure. « In territorio Blesensi, natale sancti Deodati abbatis et Levitæ. Remis, sanctarum Bonæ et Dodæ virginum. » Lege *Bovæ*.

BELINI prima editio, penultimo loco interjicit : « Eodem die, Sydrach, » etc. Secunda vero editio huic annuntiationi anteponit : « Eodem die, natale sanctæ Coronæ virginis. » In fine autem : « Blesis, sancti Deodati abbatis. »

GREVEN. : « Apud Lingonas, translatio, » etc. « In Africa, natalis sanctorum Faustini, Victurini et Valerii. » Ex Hieronym. « Roberti pueri martyris. In Siria, Saræ virginis et martyris. Benedicti primi papæ et confessoris. » Vide de his tribus Prætermissos. « In Hibernia, beati Egberechti monachi presbyteri et confessoris, de quo Beda, lib. III testatur, quod vitam duxerit in magna humilitate, mansuetudinis, continentiæ, simplicitatis et justitiæ perfectione. Remis, Bonæ et Dodæ virginum. Apud Werdam, depositio sepulturæ sancti Luthgeri primi Monasteriensis episcopi. Cujus corpus cum usque ad xxx diem inhumatum reservatum fuisset, donec de mandato Karoli Magni, apud præfatum locum, ut ipse optaverat, sepeliretur, nullum sensit corruptionis vestigium. »

MOLAN. : « Eodem die, Sidrac, Misac et Abdenago. Eodem die, natale sanctæ Coronæ virginis. Blesis, sancti Deodati abbatis et Levitæ. Remis civitate, sanctarum virginum Bonæ et Dodæ. » Minoribus typis : « In Hybernia, beati Egberti monachi presbyteri et confessoris, de quo Beda, » etc. Recte hic vocatur *Egbertus*, qui a Greveno *Egberechtus*, verosimiliter non confundendus cum *Hegberacto* vel *Hecheracto*, de quo hodie in Actis multa diligenter inquirit Henschenius. Aliæ editiones : « Eodem die, natale sanctæ Coronæ virginis. » De Deodato, Bova et Doda, ut supra. « Die vigesima quarta, sancti martyris Sabbæ, ducis exercitus, et sanctæ Elisabeth thaumaturgæ. In Hibernia, beati Egberti monachi, presbyteri et confessoris. In territorio Arvernensi, depositio beati Roberti abbatis Casæ Dei et confessoris. »

VII *Kal.* *Die* 25.

Romæ, Letania major ad sanctum Petrum. Apud Alexandriam, natalis beati Marci evangelistæ. Hic discipulis et interpres apostoli Petri, rogatus Romæ a fratribus scripsit Evangelium, quo assumpto, perrexit Ægyptum, primusque Alexandriæ Christum annuntians constituit Ecclesiam, ac postea pro fide Christi tentus et graviter afflictus, primo angelica visitatione confortatus, deinde ipso Domino sibi apparente, ad cœlestia regna vocatus est. Mortuus est autem octavo Neronis anno. Civitate Siracusa, sanctorum Evodii et Hermogenis. [*Bouillart., ad oram paginæ* : Ipso die, Parisius, translatio corporis beati Droctovei abbatis, discipuli beatissimi Germani confessoris atque pontificis.]

NOTÆ.

Ita habent *Praten., Herinien., Antuerp.-Maj., Antuerpien., Max.-Lubec., Munerat., Greven.* et *Molan.*

Modica hodie codicum discrepantia. Greven. et Molan. male legunt, *Hic* FUIT *discipulus*, sensumque aliter interpungunt. Sic Munerat. pro *scripsit* habet *scribit*. In textu est *Siracusa* cum vetustioribus : aliqui melius *Syracusa*. *Enodii* legere videtur Praten. : nos cum cæteris et recte *Evodii*. His duobus adjungenda erat *Callista* soror, sed ea ab Usuardo, nescio ob quam causam, omissa est, ut mox dicemus.

OBSERVATIONES.

Litania major ad sanctum Petrum, nulli martyrologo ante auctorem Romani parvi nota, inde ab Adone, ex hoc ab Usuardo iisdem verbis describitur, nulla'de ejus origine, aut institutionis causa facta mentione. Eam a Gregorio Magno repetunt codices Usuardini recentiores in Auctariis citandi : verum Gregorio Magno antiquiorem, ex ipsiusmet Registro probat Fronto, in nota ad Kalendarium, pag. 71. Quæ de Rogationum (*Litanias minores* aliqui vocant, licet majoribus debeant esse antiquiores) quæ, inquam, de Rogationum primordiis fuse hac die memorat Notkerus, quid cum Litania majore commune habeant, non video. Palam est præfatam Litaniam festo sancti Marci seu XXV Aprilis stabiliter, Rogationes autem multarum olim discordiarum causam, more festorum mobilium, triduo ante Ascensionem Domini, non pari ubique ritu celebrari solitas. De his consulat curiosus lector Henschenium ad XI Maii de S. Mamerto Rogationum institutore, et Papebrochium XXVII Junii de S. Arialdo cap. 5, etc. Mirum est in apographis Hieronymianis *evangelistam Marcum*, non hac die, sed XXIII Septembris consignari, et quidem ab aliis aliter, ut apud Florentinium et in Actis invenies. Sed maxime notanda est Notkeri assertio, qui *die priori Marci festivitatem a S. Hieronymo, auctoritate Eusebii, designatam* contendit. Romanum parvum *Marcum* hac die collocat. Quem præcessit Beda, cujus elogium auctius reddidisse videtur Ado, non in Martyrologio, sed in festivitatibus apostolorum. Hunc autem secutus Noster, sua omnia ex ipso delibavit. Constanter ubique notatum adverto martyrii tempus *anno Neronis octavo*. Plura si cupis, videsis quæ de Marci apostolatu, et obitu disseruimus in Tractatu chronologico de patriarchis Alexandrinis ante tomum V Junii. Non in omnibus nobiscum convenit Tillemontius : cæterum Marci Vita ab eo Gallice concinnata, exstat tomo II, a pag. 89. Observat autem laudatus Fronto pag. 72 *neque in Gregorio M. nec in vetustissimis libris quid quam esse S. Marci evangelistæ;* itaque antiquissima ejus memoria a martyrologis nostris repetenda est, quibus accinit Wandalbertus :

Mox evangelico Marcus tonat ore beatus,
Septima quo capit eximium redimita nitorem.

Præter Litaniam et Marcum, est in Romano parvo: *Erminonis confessoris*, omnibus aliis plane incogniti. Suspicor, *Erminum* indicari abbatem Lobiensem et episcopum, textui primigenio ab aliquo intrusum, nisi quis corruptum putet, ex *Evodio* et *Hermogene*, quod probabile non est, cum in Adone nihil de eo reperiamus. *Evodius* itaque et *Hermogenes* ex Hieronymianis a *Callista* sorore avulsi et a Nostro adjecti sunt, quidquid in nonnullis Usuardinis codicibus præteritos observemus. Veram hic dari Usuardi lectionem, nemo, opinor, in dubium revocabit. Cur autem *Clarentium Viennensem episcopum*, ab Adone positum, prætermiserit, non alia occurrit conjectura, quam quod ab eo codice fortasse abfuerit, quo Usuardus usus est, ut supra de similibus Viennensibus episcopis, tanquam verosimile, non semel innuimus : nisi magis placeat alia cogitatio, quod Usuardus Viennensium episcoporum rationem non habuerit.

AUCTARIA

PRATEN., inter puros codices locum servat, licet in margine, antiqua manu ascripta habeat verba sequentia : « Ipso die, Parisius, translatio corporis beati Droctovei abbatis, discipuli beatissimi Germani confessoris, episcopi atque pontificis. » Alteruter titulus sufficere poterat.

ROSWEYD. et BELIN. a puritate tam parum absunt, ut vix excludi debuerint. Primus deficit, ex eo quod in principio hæc solum verba ponat *Letania major*. BELIN. vero textui conformior, totam quidem annuntiationem exhibet, sed pro *Litania major*, legit *Letaniæ majores*. Præterea de Marco, post hæc verba, *apostoli Petri*, inserit, *et in baptismate filius*, quod in posterioribus editionibus etiam habet MOLAN. diverso tamen a textu charactere.

TORNACEN. et PULSANEN. puri sunt, sed ultima annuntiatione omnino carent.

ANTUERP.-MAX., ULTRAJECT., LEYDEN., LOVANIEN., ALBERGEN. et DANIC. et EDITIO ULTRAJ.-BELG., primo loco de Marco sicut BELIN. Sequitur : « Eodem die Romæ, Letania major ad sanctum Petrum, quam beatus Gregorius papa, pro cessatione pestis inguinariæ, quæ Romæ desævit, instituit. » In Evodio et Hermogene puri sunt.

CENTULEN. : « Alexandriæ, passio sancti Marci evangelistæ, quem baptizavit et docuit beatus Petrus apostolus, cui etiam, pontifici ordinato, commisit totam Ægyptum et finitimas regiones, ut eas Christi gloria sublimaret. Romæ, Letania major ad sanctum Petrum. »

BRUXELLEN. incipit : « Apud Alexandriam, natale beati Marci evangelistæ, de tribu Levi. Qui fuit discipulus et interpres beati Petri apostoli, et ejus in baptismate filius. Hic ne in sacerdotem promoveretur, pollicem sibi abscidit et rogatus a fratribus... » fere pure usque ad *anno*, ubi subtexit, « ipso die Paschæ Alexandriæ ad loca bubali tractus et discerptus et sic ad cœlestia regna vocatus est. Cujus corpus ab Alexandria negotiatores postmodum Venetiam transtulerunt. » De Litania, ut ULTRAJECT., etc. « Civitate Syracusa... » pure. « Apud Venetiam, sancti Clarenti episcopi et confessoris. Lugduno, sancti Rustici episcopi. Ipso die in pago Pontivo, sancti Richarii presbyteri et confessoris. » Vide die sequenti. « Et transitus sancti Erimini confessoris. » Melius *Ermini*.

HAGENOYEN. : « Romæ, Letania major ad sanctum Petrum, quam instituit beatus Gregorius papa, propter pestem inguinariam, quæ tunc Romæ maxime viguit. Apud Alexandriam, natale sancti Marci evangelistæ. Hic discipulus et interpres Petri erat apostoli, et in baptismate filius : Romæ rogatus a fratribus scripsit Evangelium. Hic prius socius erat Pauli et Barnabæ, a quibus propter persecutiones fugit. Postmodum apud Aquilegiam, Evangelium, quod Romæ ediderat, prædicavit. Deinde sibi substituit alium episcopum Hermagoram nomine. Et assumpto Evangelio, perrexit Ægyptum primusque Alexandriæ Christum annuntians, sibi constituit ecclesiam. Post pagani videntes eum in verbo Domini convalere et miracula multa facere, in die Paschæ inter missarum solemnia tenuerunt eum et funem miserunt in collum ejus et traxerunt eum per saxa, itaque carnes ejus fluebant in terram. Et tunc vespere missus est in carcerem, ubi ab angelo est confortatus. Postea Christus ipse sibi apparuit et eum ad cœlestia regna invitavit. Mane vero cum iterum traheretur, Deo gratias egit et commendans ei suum spiritum, feliciter obiit, octavo Neronis anno. In Sicilia civitate Syracusa, etc. » Pure, ut habetur in textu.

AQUICINCT. : « Laubiis, transitus sanct. Ermini episcopi et confessoris. » Sæpius hic recurrit.

MATRIC.-CARTH.-ULTRAJECT. : « Marci evangelistæ. Floriberti Leodiensis episcopi. Ermini episcopi et confessoris. »

In VATICAN., num. 5949, deest *Evodii et Hermogenis*. Adjectum « Cleti papæ, etc., » ex sequenti.

FLORENTIN. : « S. Marci... deinde anno Domini quadringentesimo sexagesimo sexto [*vel septimo*] Veneti, corpus sancti Marci prædicti, armata manu de Alexandria Venetias transtulerunt, ubi ecclesia in honore sancti Marci evangelistæ, miræ pulchritudinis fabricata est. » Spectat ea translatio probabilius ad initium sæc. IX, ut ex ejus historia in Actis ostenditur.

LUXOVIEN. « Translatio sancti Mansueti episcopi et confessoris. » Dies natalis est III Septembris.

REMENS.. sanctorum Timothei et Apollinaris. « Lugduni depositio Rustici episcopi et confessoris. »

Editio LUBECO-COL. de Marco satis dictum est: item de Litania. « Civitate Syracusa... » pure.

A « Apud Leodium, natale sancti Floriberti ejusdem loci episcopi et confessoris. »

GREVEN. : « Alexandri martyris, Evoti, Fortunati. » Solita confusio. « Lugduni sancti Rustici episcopi. Viennæ, sancti Clarenti episcopi et confessoris. Floriberti episcopi Leodiensis et confessoris. Ermini episcopi et confessoris. Item beatæ Francæ virginis, ordinis Cisterciensis. Bedæ et Deodati confessorum. » Addit prima editio etiam Marci. Vide Prætermissos.

MOLAN. : « Binchii, Ermini episcopi et abbatis Lobiensis, successoris sancti Ursmari, in cœnobio Lobiensi. » Tum litteris minoribus : « De quo testatu est discipulus ejus Flacbertus nomine, et plenius liber gestorum ejus. Transfertur Binchii in sequentem diem propter festum Marci. Item beatæ Francæ virginis ordinis Cisterciensis, civitate Placentia. Natalis sancti Maris, Dolichæ episcopi. Tripartitæ lib. IX, cap. 3. » Hic in aliis editionibus prætermissus B est, uti et in Actis. In illis imminscetur, ut dixi, *et in baptismate filius*, atque in fine, *et Calisti martyrum*, pro *Calista*. Auctarii loco est : « Laubiis, transitus sancti Ermini episcopi et confessoris. »

VI Kal.   Die 26.

Romæ, natalis beati Anacleti papæ qui secundus post apostolum Petrum, cum rexisset Ecclesiam annis duodecim, persecutione Domitiani martyrio coronatus est. Item Romæ, sancti Marcellini pontificis, qui cum Ecclesiam novem annis et mensibus quatuor rexisset, a Diocletiano pro fide Christi cum Claudio, Cirino et Antonino capite truncatus est. Quo tempore fuit magna persecutio, ita ut intra unum mensem, decem et septem millia coronarentur. ª Monasterio Centula [*Bouillart.*, in pago Pontivo], sancti Richarii presbiteri et confessoris.

NOTÆ.

Solus et unicus ex omni parte purus est codex *Heriniensis*.

ª Hic inter puros locum a Sollerio non potuit obtinere infortunatus Pratensis codex, idque propter sancti Richarii mentionem, quam etsi non dissimulet ab eodem scriptore, alio tamen et magis flavescente atramento monitus est esse factam; æquitatèm illius judicis ! BOUILLART.

VARIANTES LECTIONES.

Duos hæc potissimum articulos complectitur. Primo itaque non *Cleti*, ut receptissima et forte vera lectio exigit, sed *Anacleti* posuimus; eamque lectionem omnino Usuardinam arbitramur, ex Praten., Herinien., Tornacen., Pulsan., Munerat. et Antuerp.-Majore, quibus accedunt plures alii inter Auctaria recensendi, qui constantissime ita scribunt, licet C codex primus corruptius, vel forte antiquiori modo habeat *Anencleti*, ultimus, litteras *Ana* fere crasas exhibeat. Falsam, ais, eam lectionem ex ipsomet verborum contextu, ubi aperte elucet contradictio, in, *qui secundus post apostolum*, etc., vel ut Florus *tertius* (utrumque vario respectu intelligi potest) quæ ad *Cletum* duntaxat, non item ad *Anacletum* referenda esse, series ipsa chronologica Romanorum pontificum manifeste edocet. Recte, opinor, ex communiori sententia arguis, eamque existimo rationem fuisse, cur in posterioribus codicibus, expuncto *Anacleti*, inveniatur *Cleti*, ut Bedam scripsisse mox dicemus. At nos non ferit ea qualiscunque oppositio et contradictio, neque enim de rei veritate, sed de Usuardi lectione quærimus, quam ille, seu veram, seu falsam, ex Adone, hic ex Romano parvo evidenter accepit, quæque proinde servanda a nobis fuit, tanquam germana et primigenia, exclusis codicibus, qui pro *Anacleti*, quacunque demum ratione, aut auctoritate, restituendum censuerunt *Cleti*, quos in Auctariis recitabimus. Articulus alter in ultima annuntiatione versatur, quam ita format Pratensis : *In pago Pontivo, sancti Richarii*, etc., contra quam scribant reliqui ferme omnes, et nos legimus : *Monasterio Centula*, etc. Consultus hac de re Castellanus, reposuit, *nihil in codice illo erasum esse*, ast, inquit in litteris datis VI Junii MDCCIX, clare apparet spatium unius lineæ relictum vacuum inter XXVI et XXVII Aprilis, impletum subinde alio tempore, ab eadem manu, sed atramento magis flavescente : *In pago Pontivo*, etc. Hoc nobis sufficit, ut a genuinis etiam excludatur præfatus Pratensis cum Rosweydino et Antuerp.-Majore, quos solos inter tot codices, ei conformes reperio : quod deinceps sæpe recurret.

OBSERVATIONES.

De *Anacleto*, aut *Cleto* et *Marcellino* nihil hoc die memorant codices Hieronymiani; nec uspiam alibi, quod sciam, aut *Cletus* aut *Anacletus*, cum episcopi D aut Papæ titulo, toto eo Martyrologio reperiuntur. Beda, ut jam indicavimus, *Cletum* annuntiat, cui *Marcellum* pro *Marcellino* conjungit; perperam sane, utpote qui de *Marcello* distinctissime egit XVI Januarii. Romanum parvum, hodierni lateralui scaturigo, *Cletum* diserte meminit : *Romæ, Anacleti papæ et martyris*, quod secutus Ado, elogium adjecit a Nostro ad verbum transumptum. Fateor equidem in Mosandri editione aliter legi, at ea tot erroribus inquinata est, ut pro genuina Adoniana censeri non possit. Notkerus, licet non ita presse Adonis verbis inhæserit, *Anacletum* tamen etiam, non *Cletum* hoc die nominavit : sed ipse de Cleto agit XIII *Julii*. Rabanus Bedam hic deserit, imo ab omnibus Martyrologis dissentiens, *Cletum* celebrat XXIX *Aprilis*, *Anacletum* vero XI *Junii*. De nominum CLETI et ANACLETI Romanorum pontificum facta a Græcis confusione, erudite ad hunc diem disputavit Henschenius, antiquissimam tot sæculorum in Ecclesia opinionem propugnans, secutus prudentissimam Baronii regulam, qua judiciose statuit : *In his quæ sunt Romanæ*

Ecclesiæ, majorem esse adhibendam fidem ejus alumnis, quam cæteris; ex qua regula *Anacletus a Cleto* plane distinguendus est. Contra vero critici recentiores multi, quos sequitur Tillemontius tomo II, pag. 555 et alibi, *Cletum* ex Pontificum catalogis expungendum, vel, quod eodem recidit, utrumque in unum conflandum, aeriter pertendunt, quorum sententiam alia via explicare conatus est Papebrochius, ut breviter expositum habes in Responsionibus ad art. 17, a num. 20. Legi et expendi argumenta pleraque omnia, etiam ea, quæ maxime urget Pearsonius, nec tamen moveor hactenus, ut ab Henschenii placitis recedam, aut cum Pagio ad annum CI, num. 4, non censeam tutius esse, *in re incerta a communi opinione non discedere*; quamvis si ad martyrologos, Bedam praesertim, Romanum parvum, Adonem et Usuardum attendamus, unus duntaxat in sacris tabulis colendus proponatur, ut est etiam Wandalberti sententia inferius recitanda. Ego hic neutram opinionem amplector, rem totam, Deo bene favente, ad XIII Julii, quo die *Anacletus* recolitur, accuratissime discussurus.

Marcellinum itidem annuntiat laudatum Romanum parvum : *Et Marcellini papæ et martyris :* annuntiat etiam Beda cum elogio; ex Beda, Rabanus, qui non *Marcelli*, ut in nostra Bedæ editione male legitur, sed *Marcellini* scripsit, servato reliquo elogio; quod in Adonem, Usuardum et Notkerum transiit, sic tamen, *ut soli posteriores*, cum Adone, eam pericopen adjiciant de *Septemdecim martyrum millibus*, uno mense coronatis. Recurrit iterum tacta superius difficultas, de confusis Romanorum pontificum nominibus in *Marcello* quoque et *Marcellino*, pro quorum identitate aliqui ex iis certant, qui *Cleti* et *Anacleti* distinctionem totis viribus evertere conantur. In eorum numero fuit Clar. Castellanus, ut patet ex ejus notatiuncula hoc die Martyrologio universali apposita. Ast hic in ultimis suis litteris, aliena manu ad me datis XXXI Januarii MDCCXI plane retractavit quæ de *Marcelli* et *Marcellini* praetensa identitate scripserat et hoc die et XVI Januarii, ut pluribus ibi ostendit. Atque ut iterum dicam, quidquid pugnet Pearsonius, *Marcellus a Marcellino* omnino separandus est, quod, si opus fuerit, operosius demonstrari poterit. Hic ego me fecisse satis existimo, quod purum et simplicem Usuardi textum repraesentaverim. Quæ de Marcellino calumniati sunt Donatistæ, ita ab eruditis hodie ventilata sunt, ut hic frustra idem saxum volveretur. An ejus martyrium satis certum sit, non pauci dubitant ; vide Acta; Respon. Papebrochii ad art. 11, num. 48; Pagium ad annum CCCIV, num. 11. et Tillemontium tomo V, a pag. 612, a quibus alia, Marcellino perperam tributa, excutiuntur.

De *Richario* Centulensi dicere supra cœpimus : notandum superest, eum ab Usuardo recte signari cum solo titulo *presbyteri*, male a Notkero ut *episcopus*, sine peculiaris loci designatione. Non ausim dicere, eum ex apographis Hieronymianis acceptum, tametsi in nonnullis adjectus videatur. Vita ejus ab Henschenio illustrata est, etiam relata a Mabilione saec. II. Benedictino, a pag. 187. Audiamus Wandalbertum, ipsum cum Cleto celebrantem :

Sextaque Pontificis recolit certamina Cleti;
Richarioque nitet vitæ cultore beatæ.

AUCTARIA.

PRATEN. Jam notavimus, pro *Monasterio Centula*, in eo legi : *In pago*, etc, quod secuti sunt CODEX ROSWEYD. et ANTUERP.-MAJ.

TORNACEN. Post textum purissimum, adjicit : « Ipso die, sancti Autharii confessoris. » Vide quæ de eo dicuntur inter Praetermissos.

PULSANEN., ultima annuntiatione omnino caret. De cætero in reliquis satis purus est.

MUNERAT., etiam cætera purus, in fine subdit : « Parisius, dedicatio sacræ cappellæ regiæ, sacris nostræ redemptionis insigniis, mirifice a beato Ludovico rege ditatæ. »

ANTUERP., ROSWEYD., MAX.-LUBEC., BELIN., GREVEN. et MOLAN., cum recentioribus passim, pro *Anacleti*, legunt *Cleti*.

LOVANIEN., citatis similis, sic de Cleto scribit : « Qui cum annis septem rexisset Ecclesiam, martyrio coronatus, sepultus est juxta corpus beati Petri in Vaticano. » In reliquis purus est.

ANTUERPIEN.-MAX., ULTRAJECT., LEYDEN., ALBERGEN., DANIC. et EDITIO ULTRAJ.-BELG., jam dictis addunt : « Hunc Cletum et Anacletum, Eusebius Cæsariensis et plures alii pro eodem accipiunt. Sed Damasus in Chronica pontificum Romanorum, quam scribit Hieronymo, ponit eos pro duobus, dicens Cletum fuisse Romanum, Anacletum autem natione Græcum. » De reliquo puri sunt, nisi quod primus Richario tribuat titulum *episcopi*.

CENTULEN., proprium patroni festum ita primo loco celebrat : « In pago Pontivo, cœnobio Centula, natalis sanctissimi Patris nostri Richarii sacerdotis et fundatoris loci nostri, qui miræ abstinentiae et incessabilis praedicationis sectator, longe latequo miraculis claruit, ac tandem Domino sibi revelante, vitam relinquens, cœlestia regna conscendit. Romæ sancti Cleti papæ et martyris, qui persecutione Domitiani, martyrio coronatus est. Item Romæ, sancti Marcellini papæ, sub Diocletiano cum tribus clericis decollati. Quo tempore tam saeva persecutio incanduit, ut intra unum mensem, decem et septem millia martyrum passi gestis scriberentur. »

BRUXELLEN. : « Romæ, sancti Cleti papæ et martyris. Qui secundus post beatum Petrum rexit Ecclesiam, et sub persecutione Domitiani martyrio coronatus est, et sepultus juxta corpus beati Petri in Vaticano. Et fuit primus qui invenitur in suis litteris posuisse, Salutem et apostolicam benedictionem, commendavitque peregrinationes ad sanctos et maxime ad limina sancti Petri : et qui illas impediunt, vel dissuadent, execratur. » De his et sequentibus facile est hodie judicium ferre. Ita pergit : « Romæ, sancti Marcellini papæ. Qui cum Ecclesiam novem annos et menses quatuor rexisset, a Diocletiano compulsus, insensum posuit idolis. Postea synodo facta, seipsum condemnavit, et pergens ad Diocletianum, se Christianum confitens, pro fide Christi cum Claudio, Cyrino et Antonino capite truncatus est. Quo tempore magna fuit persecutio, ita ut, etc. Item Trecas, sanctæ Exuperantiæ virginis. Apud Rabascum, sanctorum Aucharii et Algæ conjugum, parentum Adonis, Radonis et Andoenii archiepiscopi Rothomagensis. » Vide Praetermissos. Item ad finem in margine additur : « Et translatio sancti Modoaldi archiepiscopi Treverensis. » Natalis est XII Maii.

HAGENOYEN. : « Romæ, natale beati Cleti papæ. Qui cum septem annis rexisset Ecclesiam, passus est sub Nerone cæsare. » Patet hallucinatio. « Hic constituit viginti quinque presbyteros in urbe Romæ, et peregrinationem ad sanctum Petrum commendavit. » Sequitur discordiæ conciliatio : « Item Romæ, sancti Anacleti papæ et martyris, qui cum rexisset Ecclesiam annis novem, mensibus duobus, passus est sub Trajano imperatore. Hic constituit in missa dici, *Pax vobis*, episcopis; et *Dominus vobiscum*, simplicibus sacerdotibus ; Et responderi utrique, *Et cum spiritu tuo*, et *Amen*. Ipso die Romæ, sancti Marcellini papæ et martyris. Qui primo propter persecutionem timidus effectus est, idolis thura obtulit, et postea coram CXL episcopis pœnituit, et seipsum Diocletiano ad perimendum obtulit, qui cum Claudio, Cyrino et Antonio fecit eum capitalem subire sententiam. Quo tempore fuit, » etc. De Richario, pure. « In Italia, sanctæ Tytæ virginis. » Puto, *Zitam*

Lucensem indicari, de qua in Actis die sequenti. « In nigra silva, sancti Trutperti martyris. »

AQUICINCT., pro *Cleti*, ut alii habent, legit nobiscum *Anacleti*, et pro *mensibus quatuor*, legit *tribus*.

VICTORIN. Pro *martyrum millibus septemdecim*, habet *septem et viginti*.

AMBIAN. « Cœnobio Centulæ, natalis sancti Richarii confessoris. »

MATRIC.-CARTHUS.-ULTRAJECT. : « Anacleti papæ et martyris, secundi post beatum Petrum. Marcellini papæ et martyris cum cæteris. »

AUGENSIS. Monasterio sancti Laurentii : « Ipso die, sancti Autharii confessoris. »

In VATICAN., num. 5949, de Richario nihil. Adjicitur : « In Africa, sanctorum Victoris, Siricii, Honorati. » Videntur ex Hieronymiano aliquo accepti.

UCHELLIAN.; legit etiam *Anacleti*, non *Cleti*.

STROZZ. : « Apud Rabascum, sancti Aucharii et sanctæ Agiæ ejus conjugis, et filiorum ejus Adonis et Redonis, inter quos fuit natus Augdonus [Audoenus] Rotomagensis episcopus, ab eodem patre, et matre. » Corrupta et intorta aliqua de quibus vide indicem Prætermissorum.

Codex BELNEN. S. Mariæ: « Belno castro, exceptio sanctorum Flocelli et Hernæi; e quibus gloriosus Christi athleta Flocellus, sicut passio ipsius scripta testatur, a fidelibus Christianæ religionis cultoribus, in villa Durrunnensi, quæ est in pago Constantino, digna veneratione sepultus, et a Deo magnis est virtutibus clarificatus; sed cum invalescente gentilium furore, eo in loco debiti honoris religione sanctissima membra carerent, a quibusdam prædicti castri militibus, pariter cum beato Hernæo, Cenomanensi abbate reverentissimo, in villam Rufianam transportati, signis et virtutibus claruerunt. Inde, divina disponente misericordia, Othonis comitis tempore in Belnenium translati sunt, ibique usque nunc, fideliter poscentibus, pro quibusque necessitatibus, clementi pietate securrunt. » Vide quæ de his dicuntur in indice Prætermissorum.

Editio LUBECO-COL., de Cleto habet, sicut codd. mediæ notæ supra. Sequitur : « Item Romæ via Salaria, sancti Marcellini, etc. » fere ut in textu. Deinde : « Trecas, sanctæ Exuperantiæ virginis. In pago Pontiano, monasterio Centula, sancti Richarii, presbyteri et confessoris. »

GREVEN. : « In Africa, sanctorum Honorati, Pauli, Maximi et Appollonii. Item sanctorum Aurelii, Leonidis, Viri, Cirici, Guidei. » Nomina iis aptanda sunt martyribus, qui in Hyeronym. enumerantur. « Item beata memoria Frederici episcopi Leodiensis et martyris. » Remittitur ad XXVII Maii.

MOLAN. : « Eodem die, apud Legiam, sancti Floriberti episcopi ejusdem loci et confessoris. » Obiit XXV Aprilis. « Parisiis, dedicatio sacræ cappellæ, etc., ex MUNERATO. Viernæ sancti Clarentii episcopi et confessoris. » De eo heri. Sequitur minoribus typis : « Sancti Basilei episcopi Amaseæ, cujus martyrium scribit Joannes presbyter Nicomediæ. » In editionibus aliis : « Eodem die, apud Legiam, » etc. De Clarentio, idem. « Trecas sanctæ exuperantiæ virginis. Die viges'ma sexta, sancti martyris Basilei episcopi Amaseæ. Parisiis dedicatio, » etc. Ut jam diximus ex MUNERAT. acceptum esse.

V Kal   **Die 27.**

Romæ, depositio beati Anastasii papæ, de quo sanctus Hieronymus venerabili testatur eloquio, quod ejus vita diuturna mundus immeritus sit frui. Apud Nicomediam, natalis sancti Anthimi episcopi et martyris, qui persecutione Diocletiani ob confessionem Christi, ut in historia ecclesiastica descriptum est, martyrii gloriam capitis obtruncatione accepit. Secuta est quoque illum universa pene gregis sui multitudo, per eamdem martyrii viam, quorum alios judex gladio obtruncari, alios ignibus conflagrare, alios naviculis impositos pelago immergi fecit. Tarso Ciliciæ, sancti Castoris.

NOTÆ.

Puri sunt *Praten., Herimen., Antuerp.-Maj., Rosweyd., Munerat., Greven.* et *Molan.*

VARIANTES LECTIONES.

In Molano ante *Hieronymus*, deest appellatio *Sanctus*. Reliqui in textu, *Hieronymus*, ut scribunt Pratens, Munerat., Greven., etc. De, *Iheronimus* vel *Ieronymus*, et id genus aliis, non est operæ pretium pluribus agere; uti nec de, *Nichomediam*, *hystoria*, *Antimi*, *Anthymi*, etc. Notabilior est Munerati error, dum scribit, *ut in historia legitur*, pro eo quod in laterculo recte posuimus, *ut in historia ecclesiastica descriptum est*. Sic codex Rosweydi sensum vitiat, pro *quorum alios*, legens *quos alios*. *Conflagrare* habent Pratens. et Munerat., et ita opinor legisse Usuardum, potius quam *conflagrari*, ut Herinien. et Antuerpien.-Maj., forte ex Adone. Utrumlibet selige, per me licet. At nimium sapuisse existimo Rosweyd., Greven. et Molan., qui substituerunt *concremari*. Constructionem denuo mutat Muneratus, a reliquis omnibus deflectens, scribensque, *in pelago mergi fecit*, pro *pelago immergi fecit*. Sunt qui *Tharso* scribant cum Munerato et Molano, melius in textu ex aliis. Mira in Heriniensi commistio duarum vocum *Tarso Ciliciæ*, in *Thessalonicæ*, amanuensis, ni fallor, oscitantia, qui vocibus media fere parte confusis aut corruptis, ansam alteri reliquerit, male supplendi cætera atramento recentiori.

OBSERVATIONES.

Anastasium pontificem primus in sacros Fastos retulit auctor Romani parvi : *Sancti Anastasii papæ*. Secutus est Ado, sed, quod mirere, nullo eum ornavit encomio; solum addens, quod *sederit annos tres, dies decem*. Diligentior fuit Rabanus, quem hic Notkerus, ut alias sæpe, ad verbum descripsit, insertis etiam citatis Adonis verbis. Quæ igitur in Anastasii laudem breviter sed nervose textus exprimit, Usuardi nostri propria censeri debent. Plura in Actis ex Hieronymo et aliis ab Henschenio diligenter exquisita suggeruntur. *Anthimus Nicomediensis* in apographis Hieronymianis memoratur, sed aliter Romanum parvum annuntiat, *innumeramque* jungit *martyrum multitudinem*. Porro Anthimo et sociis elogium concinnavit Ado, ex quo præcipuos tantum flosculos decerpsit Noster, ut ex utriusque textus collatione clare perspicies. Verosimillimum est ex Rufini Eusebio lib. VIII, cap. 6, desumptum ab auctore Romani parvi *Anthimum*, eique hunc diem pro arbitrio assignatum, ut de aliis, eodem primo Diocletiani furore crudelissime necatis, alibi non semel dicitur. Eusebii verba in Actis referuntur, quæ vere insignis martyris et innumerabilium sociorum triumphum denarrant, quibus addi possunt, quæ a Lactantio præclare scripta sunt, ex quo et aliis historiæ seriem exponit Tillemontius tomo V a pag. 23, nulla habita ratione Actorum particularium, Latine et Græce a nobis editorum, quæ ab eruditis recentioribus non magni æstimantur, nec a Ruinartio admissa sunt, qui solum Eusebium sequitur pag. 320. Metricum Wandalberti elogium Anthimum cum Anastasio memorat:

Quinta Anastasium papam celebramus: eidem Anthimus antistes digna virtute cohæret.

Castor Tarsensis primum locum occupat in citatis Hieronymi apographis, unde cum, procul dubio, Usuardus accepit; et solum quidem, ut probatissimi codices nostri cum Notkero ad oculum demoustrant. Alii secundæ notæ codices, ut Antuerp. et Max.-Lubec. Belinus et multi, in Auctariis citandi, *Stephanum* Castori connectunt, et loco et tempore,

nisi vehementer fallimur, plane distinctum; hoc nimirum Tarsi, Stephano Nicomediæ coronato, quemadmodum diserte ferunt laudata Hieronymiana, apud Florentinium. Non ignoro Henschenium aliter in actis posuisse, ut se conformaret Baronio, Belinum forte et Maurolycum secuto. At non dissimulat ibidem Henschenius, quid sibi magis verosimile videatur. Ego certe antiquissimorum martyrologorum et codicum auctoritatem, Belino et Maurolyco longe præferendam censeo. Hæc obiter, occasione connexionis illius, textui nostro contrariæ, dicta sunto. De vera et simplici Usuardi lectione, non video quidquam dubitari posse.

AUCTARIA

TORNACEN. textum mutilat, expuncta parte elogii B. Anthimi, incipiendo a *quorum alios*, etc.: cætera purissimus est.

ANTUERP. et MAX.-LUBEC., ANTUERP.-MAX, LEYDEN.-BELG. et editio ULTRAJECT.-BELG., post *Castoris*, addunt *et sancti Stephani martyris.*

PULSANEN., et in parte elogii B. Anthimi, et in ultima annuntiatione deficit.

LOVAN., etiam mutilus est in elogio Anthimi. Porro *Stephanum Castori* conjungit.

ULTRAJECT., LEYDEN., ALBERGEN. et DANIC., post *immeritus sit frui*, interserunt. « Hic constituit, ne quis sine sui licentia episcopi ad clericatum ascendat, et ne quis sedeat, cum sacra Evangelia in ecclesia recitantur. » In fine: « Tharso Ciliciæ, sancti Castoris et sancti Stephani martyris. »

CENTULEN. « Romæ, sancti Anastasii papæ et confessoris. Nicomediæ, sancti Antimi episcopi et martyris, cum quo de clero et populo multi coronati sunt. Tarso Ciliciæ, sancti Castoris. » In hac annuntiatione purior est quam codices proxime citati.

BRUXELLEN., de Anastasio, aliis verbis sic inserit: « Hic constituit, ne quis sedeat, sed stet, dum sacra Evangelia in ecclesia recitantur. » In Anthimo, nonnihil ex Adone interpolatus est. In fine: « Tarso Ciliciæ, sancti Castoris et sancti Stephani martyrum, »

HAGENOYEN., primo loco de Anthimo, satis pure. Sequitur: « Tarso Ciliciæ, passio sanctorum martyrum Castoris et Stephani. Romæ, depositio sancti Anastasii papæ, qui quadragesimus post beatum Petrum erat, de quo sanctus Hieronymus, » etc., fere ut supra. « In territorio Lomovicensi [Lemovicensi], sancti Alpiniani confessoris. » Vide Acta.

AQUICINCT., post *frui*, sic subdit: « Hic constituit, ut quotiescunque Evangelia sancta recitarentur, sacerdotes non sedeant sed curvi stent. Et constituit, transmarinum hominem in clericatum non suscipi, nisi quinque episcoporum designaretur chirographis. His ultramarinorum in legitimos damnavit ordines. » Puto legendum esse *inlegitimos* seu *illegitimos*. In fine, pro *Castoris*, habet *Pastoris*, additque, « et Stephani martyrum. »

VICTORIN. et REG. SUEC., num. 130, in fine: « In

Ægypto, sanctorum Victoris, Maximi et Martini. » Potius *Marciani*. Quibus in Hieronym. adduntur *Paulus, Germanus* et alii sex.

MATRIC.-CARTH.-ULTRAJECT. de Anastasio, fere habet, ut est in textu. Tum: « Anthimi episcopi cum sociis, de grege suo martyribus. »

VATICAN., num. 5949, in fine adjicit: *Ursicini*, cum longa narratione de sancto Vitale. De Ursicino vide in Actis in Castore et Stephano. Rursus de eodem et Vitale die sequenti.

UGHELLIAN., in fine: « Et sancti Stephani martyris. » Ut supra ANTUERP., MAX.-LUBEC., etc.

ALTEMPS. Ad *Castoris*, adjectum, « et sancti Stephani: »

STROZZ.: « Castoris et Stephani. Apud civitatem Fulginatem, sanctorum martyrum Eraclii, Justi, Mauri et Vitalis, qui sub Daciano præside martyrium passi sunt. » In indice Prætermissorum Vitalis ad diem sequentem, tres alii Fulginates ad IV Maii remittuntur.

Editio LUBECO-COL., de Anastasio, post *frui*, subjungit: « Hic constituit, ne quis sine licentia sui episcopi ad clericatum ascendat. Et qui careret aliquo membro, non posset fieri clericus. Et ne quis sedeat, cum sacra Evangelia in ecclesia recitantur. » De Anthimo satis pure. In fine: « Tharso Ciliciæ, sanctorum Castoris et Stephani martyrum.

GREVEN.: « In Lydia, sanctorum Genesii, Sodalis et Marini. Item sanctorum Hermetis, Victoris Germani. Apud Civilitanam urbem, sancti Pulionis lectoris et martyris. » De his distinctiora in Actis invenies. « Tarso Ciliciæ, sancti Stephani martyris. Romæ, Evellii martyris. » Remittitur ad XI Maii. « Civitate Altinensi, sancti Liberalis confessoris. » Vide in Actis geminas ejus vitæ synopses.

MOLAN. In prima editione, post *Castoris*, litteris Italicis immediate subdit: « Et sancti Stephani martyrum. » Dein typis minoribus: « Civitate Altinensi, sancti Liberalis confessoris. » Posteriores editiones, de Stephano, idem. Rursus minori charactere: « Civitate Altinensi, sancti Liberalis confessoris, ab Heliodoro episcopo nutriti, qui civitate Altino destructa, Tarvisium est translatus. »

IV Kal.   Die 28.

Apud Ravennam, natalis sancti Vitalis martyris, qui cum corpus beati Ursicini sublatum, honestate sepelisset, tentus a Paulino consulari, post equulei tormenta, jussus est deponi in foveam profundam, et terra ac lapidibus opprimi, talique martyrio migravit ad Christum. Alexandriæ, sanctæ Theodoræ virginis, quæ sacrificare contemnens, cum esset in lupanar tradita, repente quidam ex fratribus, nomine Didimus, miro Dei favore, illam eripuit, ac postea cum eadem percussus, et simul coronatus est. Eodem die, Afrodisii, Carilippi, Agapii et Eusebii martyrum. In Pannonia, sancti Pollionis martyris.

NOTÆ.

Sumitur ex *Praten., Herinien., Antuerpien., Max.-Lubec., Munerat., Greven.* et *Molan.*

VARIANTES LECTIONES.

Ursicii, pro *Ursicini*, error est in Munerato; atque item *cum* honestate. In Pratensi et Belino redundat particula *et*, post *equulei*. Greven. autem et Molan. constructionem sic efformant: *Tentus* EST *a Paulino consulari et post*, etc. Sed ea scribendi ratio codicibus omnibus Usuardinis et ipsi Adoni repugnat, quamvis recte sit ordinata. Librarii Hevitiiensis oscitantia vocem *profundam* omisit. Belin. pro *deponi*, scripsit *poni*; Munerat., *demitti*. Greven. et Molan. legunt, *ad Christum migravit*. Post *Theodoræ virginis*, inseruit Molanus, sed litteris Italicis : *De qua beatus Ambrosius.* Idem solus et forte melius scripsit *Didymus*, ut habet etiam Ado. Nos codicum A nostrorum omnium lectionem retinendam censuimus. Antuerp. et Max.-Lubec. duas voces omittunt, nempe, *nomine Didimus.* In apographo nostro Pratensi legitur *Aphrodisii*, cæteri codices, *Afrodisii;* Belin. et Greven. *Affrodisii.* Cætera colligo, potius corrigenda quam notanda : *equule in, eculei, contempnens, Karilippi, Caralippi, Agapiti, Agapeti Apollonii, Apollionis, sanctæ Apolionis*, etc.

OBSERVATIONES.

Vitalis martyr Ravennas, de quo in laterculo, Hieronymianis aut ignotus, aut præteritus est, aut studiose Gervasio et Protasio xix Junii conjunctus : nam de alio, fortasse Pannonio, ibi indicato, nulla nobis quæstio. Beda positionem, seu martyrii locum reticet. Romanum parvum rotunde enuntiat : *Ravennæ, sancti Vitalis martyris, patris sanctorum Gervasii et Protasii*. His longiorem narrationem Florus adjunxit, aliam Rabanus, aliam Ado; Notkerus Rabanum et Adonem descripsit, Noster pauca decerpsit, stylo suo convenientia. Id vero notandum, martyrologos illos, tametsi in elogiis suis non omnino conveniant, ex eodem tamen fonte hausisse omnes, nimirum ex passione, quæ sæculo ix antiquior esse debuit; non tamen ea ætate composita, ut magnam fidem mereatur; certe Bedæ patrum fuisse videtur. Nec eam tuetur celebris epistola, quam Ambrosio suppositam plerique hodie fatentur. Pauca de Vitale Tillemontius tomo II, pag. 75, plura in notis pag. 496. Nihil tamen obest criticorum de Actis censura, quo minus vetustissimum cultum probent certissima monumenta, inter quæ Frontonis Kalendarium, aliaque a Papebrochio in Actis producta : quibus consonat metricum Wandalberti encomium :

Quarta vitalem Christi pro nomine cæsum
Commemorat, vitam meruit qui morte perennem.

Cur hac die apud laudatum Bedam et Rabanum legatur *Christophorus* , et apud Florum et alios *Eusicius*, haud equidem conjicio : in indice Prætermissorum ad proprios dies remittuntur. *Theodora* et *Didymus* a Romano parvo primum producti, ab Adone insigni elogio ex Actis contracto exornati sunt, quod rursus integrum transumpsit Notkerus,

B

C

Usuardus vero breviori methodo rem complexus est; sic tamen, ut sua omnia et in hoc et in præcedenti encomio, ex Adone prorsus accepisse manifestum sit. Cæterum ita elogium ab Adone primum contextum est, ut ipsa antiqua Acta genuina et proconsularia videre debuerit, e' una commiscere, quæ sanctus Ambrosius de pari certamine virginis Antiochenæ retulit libro II de Virginibus, capite 4. An satis recte, necdum inter eruditos definitum invenio. Cum Baronio in Annalibus censuit Papebrochius, diversas esse virgines, quemadmodum diversa statuuntur loca et tempora, quibus certasse referuntur; nec satis perspexit, an *Theodora hæc nostra*, coronæ martyrii particeps fuerit, cum id Acta non exprimant. A Papebrochii sententia non abhorret Tillemontius, dum passionis historiam Gallice explicat tom. V, a pagina 244. Nihilominus Ruinartius inter Sincera et Selecta, admonitionem præmittit pagina 425, qua tueri conatur eorum opinionem, qui *Ambrosianam virginem anonymam*, cum hæc nostra *Theodora Alexandrina* confundendam existimant, quidquid suam Ambrosius *Antiochenam* appellaverit. Ego certe apud Ruinartium non reperio solutiones argumentis pares, nec video, cur idem divini amoris æstus plurium virginum tutandæ pudicitiæ servire non potuerit, ut de aliis recte ostendunt citati Papebrochius et Tillemontius. De duabus postremis annuntiationibus, id solum dicere possumus, ipsas Romano parvo ignotas, ad verbum ex præfato Adone descriptas esse, primitus ex Hieronymianis eductas, quamvis varie immutata et male connexa videantur nomina, ut ex Actis intelliges. Nobis certum est genuinam Usuardi lectionem in textu nostro repræsentatam.

AUCTARIA.

Rursus defectu laborant TORNACEN. et PULSANEN. In illo abest elogium Theodoræ. In hoc vero, et Theodoræ elogium, et quæ sequuntur.

ROSWEYD., textui proxius subnectit : « ItemPamphili confessoris et episcopi. » Sulmonensis, etc.

ANTUERPIEN.-MAX., ULTRAJECT., LEYDEN. , LOVANIEN., ALBERGEN., DANIC. et editio ULTRAJ.-BEL., puri ferme sunt; sed interjiciunt verba Romani parvi, nempe : « Patris sanctorum Gervasii et Protasii. » Et post, *migravit ad Christum*, interponitur : « Ipso die, sanctæ Valeriæ conjugis sancti Vitalis. »

CENTULEN. : « Apud Ravennam, sanctorum Vitalis et Valeriæ martyrum, quorum filii beatus Gervasius et Protasius præclari martyres exstiterunt. Alexandriæ, sanctæ Theodoræ virginis, cum qua quidam frater nomine Didimus passus est. Ipso die, translatio S. Wigualoei abbatis. Item sanctorum Afrodisii, Carilippi, Agapiti et Eusebii martyrum. In Pannonia, sancti Pollionis martyris. Eodem die Mediolani, sancti Petri martyris ab hæreticis coronati. » Ab aliis passim recolitur xxix Aprilis.

ANTUERP.-MAJ., purus est in textu, sed in fine addit : « Eodem die, sancti Winwaloci abbatis. » De eo egimus III Martii.

BRUXELLEN. In Vitale fere purus , secundo loco habet : « Et sancti Ursicini medici , sub prædicto judice passi. Ipso die, sanctæ Valeriæ, conjugis beati

D

Vitalis. » Tum alia manu et recentiori atramento intruditur: « Et depositio sanctæ Monachæ [Monicæ] matris sancti Augustini. » Remittitur ad IV Maii. In Theodora et cæteris satis purus est. In fine adjicit. « Item, translatio sancti Lamberti episcopi. » Vide diem natalem XVII Septembris.

HAGENOYEN., in Vitale modice interpolatus est. Tum : « Eodem die, sanctæ Valeriæ conjugis sancti Vitalis martyris. Quæ quia jejunare cum idololatris noluit, dicens se esse Christianam, finem vitæ verberibus sortita est. » In Theodora, nonnulla adjicit satis nota. Denique : « Ipso die, sancti Affrodosii, Carilippi, Agapi et Eusebii martyrum. » Deest ultima annuntiatio de Pollione.

AQUICINCT. In fine : « Et sancti Winwaloci confessoris. » Jam diximus, de eo actum III Martii.

VICTORIN. et REG. SUEC., signatus num. 130, in fine adjiciunt : « Item Alexandriæ, sanctæ Euphrosynæ virginis. » Vide XI Februarii.

DAVERON. : « Beati Svingraloci abbatis. » Satis patet *Winwalocum* indicari, de quo supra.

MATRIC.-CARTHUS.-ULTRAJ.: « Vitalis martyris et militis, qui fuit pater sanctorum Gervasii et Prothasii, Theodoræ virginis et Didymi , qui illam e periculo liberavit , et postea cum ea occubuit. Affrodisii martyris et aliorum. Translatio sancti Lamberti episcopi et confessoris. »

CODEX BIGOTIAN., signatus P 5 : « In Pannonia, A sancti Apollionis martyris. » Lege *Pollionis*.
REG. SUEC., signatus num. 148 : « Monasterio, sancti Winwaloci. » Puto agi de *Blandinio*.
IN VATICAN., num. 5949, corrupte adjicitur : « Eodem die, Epii, Afrodisii, » etc.
UGHELLIAN. pro *Pollionis*, scribit *Apolionis*.
ALTEMPS.: « In monasterio S. Eburnensis ecclesiæ, translatio sancti Wulsini episcopi et confessoris. » An non indicatur *Wilifridus Eboracensis junior*? de quo in Actis XXIX Aprilis.
BIZUNTICEN. : « Bellevalli, sancti Bernardi confessoris. » Hactenus nobis ignotus est, saltem ut sanctus. Forte aliquis plura docebit.
Editio LUBECO-COL., de Vitale post textum interpolatum, adhuc addit: « Corpus vero ejus post translationem requiescit Coloniæ Agrippinæ, in ecclesia sanctæ Dei genitricis Mariæ, in Capitolio. Ipso die, sanctæ Valeriæ conjugis sancti Vitalis prædicti, quæ sacrificare noluit [nolens] usque ad mortem etiam macta fuit. » Reliqua textus satis pura sunt. Sequitur : « Apud Leodium, translatio sancti Lamberti, ejusdem loci episcopi et martyris. Cenomanis, translatio sancti Liborii episcopi et confessoris in Paderbornam. » Dies natalis est XXIII Julii, quo hodie de præcepto celebratur.
GREVEN. : « Victorini martyris, Victoris, Luciani, et Aliorum. » Vide Acta. « Pamphili episcopi Corfinii. » Idem est qui supra *Sulmonensis*. « Item beatæ Valeriæ

uxoris sancti Vitalis supradicti. Quæ sacrificare contemnens, usque ad mortem mactata, coronam martyrii adepta est. Apud Leodium, translatio sancti Lamberti episcopi ejusdem loci et martyris. Apud Paderbornam, translatio sancti Liborii episcopi Cenomanensis et confessoris. »
MOLAN. : « Item egressio Noe de arca. In Leodio, translatio sancti Lamberti martyris. Ipso die, sanctæ Valeriæ conjugis sancti Vitalis. Eodem die, elevatio sancti Amati episcopi et confessoris. » Vita dabitur XUI Septembris. « Lauduno clavato, translatio sanctæ Probæ virginis. » Vide Acta. Editiones aliæ, sic habent : « Ipso die, sanctæ Valeriæ, » etc. « In Hispaniis, sancti Prudentii episcopi Tirasonensis et confessoris. Metis civitate, sancti Adelphi episcopi et confessoris. Die vigesima octava, sanctorum martyrum Dadæ, Maximi et Quintiliani. » De his et Adelpho vide in indice Prætermissorum. « In Leodio, et « Lauduno clavato, » ut supra. « Eodem die Duaci, B elevatio sancti Amati, episcopi et confessoris. Ad hanc elevationem sacri corporis, quod perdiderant, Dominus reddidit multis sanitatem, videlicet ægrotis : lumen et auditum cæcis et surdis : inde vero viri prius confracti redierunt, nimirum exultantes, vestigia pedum admirantes. Item egressio Noe de arca. » Tum litteris minoribus : « Eodem die, martyrium sancti Paphnutii abbatis et quingentorum quadraginta sex, qui una cum ipso martyrium passi sunt. » Vide Prætermissos.

III *Kal.* *Die* 29.

Apud Paphum, sancti Tychici diaconi, discipuli beati Pauli. Hujus meminit in suis epistolis idem Apostolus, pronuncians eum fratrem carissimum ac conservum suum fore in Domino. In Numidia apud Cirtensem coloniam, natalis sanctorum martyrum Agapii et Secundini episcoporum, qui persecutione Valeriani, post longum exilium, apud præfatam urbem, in qua tum maxime gentilium rabies ad tentandam justorum fidem inhiabat, ex illustri sacerdotio effecti sunt martyres gloriosi. Passi sunt in eorum collegio Emilianus miles, Tertulla et Antonia, sacræ virgines, et quædam mulier cum suis geminis.

NOTÆ.

Puri sunt soli *Praten.*, *Herinien.*, *Antuerp.-Maj.*, *Greven.* et *Molan.*

VARIANTES LECTIONES.

Scripsi *Tychici* cum Praten. et Molano. Et ita vere scribendum esse nemo diffiteri potest; quasi dicas *Fortunatus*, sed hic Grammaticas quæstiones enodandas non suscipimus, citatos codices, ut probatiores secuti sumus. Fateor tamen in Pratensi sic scriptum esse, ut dubium maneat sitne prima littera T an C Herinien. cum aliis legit *Tichici*; pejus Greven., *Titici*; pessime Antuerp.-Maj., *Titi*. Idem codex omisit particulam *in*, ante *Domino*; Molanus *fore. Cirthensem* habent. Greven. et Antuerp.-Maj. Mo- C lan. *Cirensem*. Secutus sum Praten., Herinien., etc. *Secundii*, pro *Secundini*, error est in Antuerp.-Maj. Ubi iterum *collegio*, pro *sacerdotio*. *Temptandam* habet etiam Herinien. Gloriosi *martyres* legunt Greven. et Molan. Et primus etiam supra, *sancti Pauli discipuli*. *Emilianus* legunt omnes, excepto solo Molano, qui *Æmilianus*; ut plerumque solet nonnulla pro suo arbitrio corrigere, præsertim in diphtongis, etc.

OBSERVATIONES

Apud Paphum, *Tychici apostolorum discipuli*. Verba sunt Romani parvi, ex quo utraque hodierna annuntiatio profluxit, inde nimirum per Adonem, a Nostro accepta. Cur hoc potius die quam altero hic sanctus recolatur, puto ab auctore Romani parvi pro mero libitu determinatum. Quæ vero ex ipso jam citavimus, nullo ferme apice immutato, D transumpsit Ado et ex hoc Notkerus. Ast Usuardus breve ex Pauli epistolis, præsertim ad Coloss., cap. ultimo, compilavit elogium, quale in lateralo exhibemus. Brevis de Tychico Henschenii commentarius, ex aliis epistolarum Pauli locis, ea colligit, quæ Tillemontius tomo I in vita Apostoli, propriis locis inseruit. Plura de ipso memorant Græci, quibus quadrat Henschenii nostri observatio; nempe, *testimonia e sacris litteris assumpta, tam altum de Tychico ingenuisse sensum, ut cum variis urbibus videatur præstitisse beneficium fidei propagandæ, plures eum inter primos suos episcopis crediderint*

fuisse. Sed nobis sufficit Latinorum nostrorum martyrologorum difficultates explanare.
Agapius et *Secundinus* etiam a Rom. parvo, ut diximus, sumpti sunt. Elogium novis circumstantiis distinctum, ex Actis *Mariani* et *Jacobi*, de quibus die postera, adjunxit Ado, ex hoc Notkerus, satis ornate et eleganter. Usuardus autem, quidquid habet, inde ad verbum accepit, ita ut mirum sit, voces pauculas ab eo fuisse prætermissas. Cæterum tota ea martyrum classis ideo in Actis hodie prætermittitur, quod eorum gesta cum *Mariani et Jacobi* triumpho connexa sint, ut ibi die XXX legi potest. Satis nobis est purus et simplex Usuardi textus. Qui totam cohortem contemplari cupit, Henschenium adeat præfato die, quo præclarissima omnium Acta illustrantur; a Ruinartio etiam edita et novis observationibus explicata pag. 224. Gallice autem a Tillemontio tomo IV, a pag. 215, ubi recte advertit, eorum festivitatem probabilius recolendam

vi Maii, quo in Kalendario Carthaginensi referuntur Jacobus et *Marinus*, alius *Marianus*, ut dicemus die sequenti. Ex quo iterum colligas auctorem Romani parvi, hisce etiam martyribus, a reliqua turma avulsis, arbitrarium diem consecrasse. Interim hodiernos episcopos sic metrice canit Wandalbertus.

Tertia pontifices ara meritisque dicatos
Agapum, pariterque Secundinum veneratur.

AUCTARIA

TORNACEN., hic denuo contractior, post *episcoporum*, immediate subdit : « Qui ex illustri sacerdotio, omissis intermediis, qui persecutione Valeriani, post longum exilium, apud præfatam urbem, etc. »

PULSANEN., in prima annuntiatione satis purus, secundo loco habet : « Apud Alexandriam, sanctæ Euphrosynæ virginis. Sequitur : In Numidia .... » usque ad episcoporum, inclusive.

ANTUERP. post textum : « Item translatio sancti Roberti, primi Cisterciensis abbatis. »

MAX.-LUBEC. : « In territorio Lingonensi, apud Molifinum [Molismum] beati Roberti primi abbatis Cistersii. »

MUNERAT. etiam in fine : « Apud Mediolanum sancti Petri martyris, ordinis Fratrum Prædicatorum. » In multis aliis recentioribus codicibus celebratur, sed nusquam copiosius, quam in LEYDEN. et FLORENTINIS.

ROSWEYD. itidem post textum : « In Tuscia, Torpetis martyris, ministri Neronis. » Celebrius colitur xvii Maii.

LOVANIEN. purus est usque ad *martyres gloriosi*. Cætera omittit, substituitque : « In territorio Lingonensi, apud Molismum, beati Roberti confessoris, primi abbatis Cisterciensis. Ipso die, in territorio Mediolanensi, passio sancti Petri, de ordine Prædicatorum. »

ANTUERP.-MAX., LEYDEN., BELG. et EDITIO ULTRAJ.-BELG. post textum satis purum, eadem prorsus cum LOVAN. Auctaria subnectunt.

LEYDEN. textui puro adjicit : « In territorio Lingonensi, apud Molisonum, beati Ruberti confessoris, primi abbatis Cisterciensis. Ipso die in territorio Mediolanensi, passio sancti Petri, de ordine Prædicatorum, qui cum per partes Italiæ, contra viros [virus] hæreticæ pravitatis verbum Dei longe lateque prædicasset, tandem gladio hæreticorum interemptus est. »

ULTRAJECT., ALBERGEN. et DANIC. incipiunt : « In territorio Mediolanensi, etc. » ut jam ex LEYDENSI retulimus. Sequitur textus satis purus. In fine autem : « In territorio Lingonensi, etc. »

CENTULEN. « In Thuscia, sancti Torpetis martyris. In Papho, Tythici apostolorum discipuli. In Numidia apud Circensem coloniam, sanctorum Agapiti et Secundini episcoporum. »

BRUXELLEN., post textum fere purum, subdit : « In territorio Lingonensi, etc. » Tum : « In territorio Mediolanensi..... » etiam ut supra. Denique : «Alibi Germani episcopi.» [an non martyris Alexandrini, vel Nicomediensis?]

HAGENOYEN., in textu satis purus, adjicit : « In territorio Lingonensi, in monasterio Mollismensi, sancti Ruberti abbatis. » Sequitur longa de Petro martyre historia, melius in Actis legenda. In fine : « Item monasterio Cluniacensi, sancti Hugonis abbatis. »

AQUICINCT. post *geminis*, addit : « Et sancti Germani episcopi. » Deinde recentiori manu : « Eodem die, in Burgundia, sancti Roberti abbatis. »

VICTORIN. et REG. SUEC., num. 130 : « Apud Cluniacum, transitus sancti Hugonis abbatis. »

MATRIC.-CARTHUS.-ULTRAJECT. : « Petri martyris. Hugonis abbatis Cluniacensis. Roberti primi Cisterciensis abbatis. Titici diaconi, discipuli apostolorum. Agapii et Secundini martyrum cum sociis. »

CLUNIACEN. : « Eodem die, apud Cluniacum, natalis beatissimi Hugonis, piissimi patris monachorum, cujus vita multis virtutibus est declarata. »

VATICAN., num. 5949, primo loco : « Transitus sanctæ Euphrosynæ virginis. »

UGHELLIAN. : « Eodem die, depositio beatissimi Roberti, primi Cisterciensis abbatis. Mediolani, passio beati Petri martyris. » Hoc ultimum fuit rubrica ab ipso scriptore cancellatum, et scriptum ad diem sequentem, ut notavit Papebrochius, ipsius codicis oculatus inspector et collator.

ALTEMPS. : « In Britannia, translatio sancti Eadmundi regis et martyris. » Remittitur in Actis ad diem natalem xx Novembris. « Petragoricas, sancti Frontasii martyris. » In Actis retrahitur ad 11 Januarii. « Et Torpetis martyris. » De quo supra.

FLORENTIN., primo loco : « Romæ sanctæ Catharinæ Senensis virginis, ordinis prædicatorum, annulo Jesu Christi et magnis revelationibus decoratæ. Romæ occubuit, ibique sepulta est in ecclesia sanctæ Mariæ ad Minervam. Pius vero papa II eam catalogo sanctorum adscripsit. Ipso die, apud Mediolanum, passio sancti Petri martyris, patria Veronensis, ordinis Prædicatorum, cujus vita, constanti contra hæreticos prædicatione, ac miraculis claruit. In Tuscia civitate Pisa, sancti Torpetis martyris. Quem Cæsar Nero verberibus afflictum, extra prædictam urbem duci et decollari fecit, et ita migravit ad Christum. In territorio Lingonensi, in monasterio Molismensi, sancti Roberti abbatis Cisterciensis. Apud Ravennam, sancti Liberii archiepiscopi. Cœnobio Cluniaco, S. Hugonis abbatis. » Nonnulla quandoque in hisce codicibus, inter se et cum GREVEN. collatis, descrepantia occurrit, quæ cum non satis distincte ab Henschenio deputore notata sit, fieri facillime potest, ut nonnunquam alterius verba alteri perperam, sed innoxie, a nobis tribuantur, quod etiam in præfatione præmonuimus.

REMENS. SS. Thimothei et Apollinaris, : « Apud Avenniacum, sancti Gumberti regis. » Melius in Actis *Gondebertus* appellatur, non *rex* sed martyr.

Editio LUBECO-COL. incipit : « Colonia Agrippina, translatio sancti Annonis archiepiscopi et confessoris. Quæ statim post decessum ejus facta est, de civitate Coloniensi in montem Sibergensem. Sed post obitum ejusdem sanctissimi viri anno tricesimo octavo, et anno Domini millesimo octogesimo tertio, per venerabilem Joannem presbyterum, sanctæ Romanæ Ecclesiæ cardinalem et Petrum Lunensis ecclesiæ episcopum, solemniter ac reverenter est in capsam ad sanctuarium locatus. » De Petro, fere ut LEYDENSIS supra. Sequitur : « Romæ sanctæ Katharinæ virginis. Hæc de civitate Senensi oriunda, in adolescentia sua habitum de pœnitentia S. Dominici assumens, et crebris miraculis et doctrinis clarens, anno ætatis suæ tricesimo tertio Romæ quievit, sepulta in ecclesia sanctæ Mariæ supra Minervam. Dominus autem Pius II papa, qui eam sanctorum catalogo adscripsit, mandavit festum ipsius prima Dominica Maii perpetuis temporibus solemniter celebrari. » Vide Acta. Sequitur textus satis purus. Tum de Roberto, etc. : « Eodem die, beatorum Ursionis et Maurilii confessorum. » In Prætermissis ad proprios dies rejiciuntur. « In Britannia, castro Beatricis, translatio sancti Edmundi regis et martyris. In

Tuscia, sancti Torpetis martyris. » De his superius abunde dictum est.

BELIN., in fine : « Eodem die, apud Mediolanum, sancti Petri martyris, de ordine Fratrum Prædicatorum. Cœnobio Cluniacho, beatissimi Hugoni [*secunda editio* Hugonis] abbatis. »

GREVEN. : « In Tuscia, sancti Torpetis martyris qui jubente Silvio, foras civitatem Pisanam ductus, decollatione capitis martyrium complevit. Hujus tamen solemnitas xii Kal. Junii festivius recolitur. In Africa, Grati cum aliis sex. In territorio Mediolanensi, sancti Petri presbyteri et martyris, ordinis Prædicatorum. Qui in virginitate Christo serviens, cum per partes Italiæ, in Alexandria, Germani presbyteri. Nicomediæ, Prodoci diaconi. In Perusio, Valerii, Grati et Prodenti. » Vide Acta. « Leonis episcopi et confessoris, qui in Samo insula primum quievit, ac deinde Veneti illuc applicantes, miraculo admoniti, sancti corpus secum asportaverunt. Maxentii confessoris. Viti confessoris. Ursionis et Maurilii confessorum. » Vide Prætermissos. « Item Urbani. Eodem die, beati Hugonis abbatis Cluniacensis, magnæ sanctitatis viri, qui ab beato Odilone educatus, eidem in regimine dignus successor fieri meruit. Item, sancti Roberti abbatis et confessoris. Hic cum esset abbas in monasterio Cluniacensi, divino Spiritu excitatus, regulam districtius servare cupiens, cum aliquot ejusdem zeli fratribus egressus, monasterium et ordinem Cisterciensem inchoavit anno Domini MXCVIII clarusque vita et miraculis quievit in pace. Autissiodori, sancti Mariani monachi et confessoris. » Estne hic *Marianus Scotus?* Quis alius hac die sit, nescio. « Romæ, depositio sanctæ Katharinæ de Senis virginis. Quæ in adolescentia sua habitum, etc., » ut supra. « In Britannia, Castro Beatricis, etc. Item, beatæ memoriæ Petri Faverii, ordinis Cartusiensis, Prioris domus sanctæ Crucis in Urbe. Hic cum in extremis laboraret, et ab antiquo adversario pene in desperationem præcipitaretur per gloriosam Dei Genitricem sibi apparentem liberatus, tunc spiritum Deo reddidit, cum in litania diceret : Omnes sancti qui hic adestis, orate pro nobis : Ipsos enim sanctos, quos ipse præsentes aspiciebat, cum magna exultatione, digito elevato, demonstrabat. » De hoc nihil in prima editione. Videsis Prætermissos.

MOLAN. : « Eodem die, apud Mediolanum, etc., fere ut LEYDEN. « Cœnobio Cluniaco, beatissimi Hugonis abbatis. In territorio Lingonensi..., » ut ibi. « Et depositio sancti Prudentii. » Ponitur hic absque titulo aut *martyris*, aut *confessoris*, sed nisi fallor, non alius indicari potest, quam *Prudentius* ille, qui inter *Nicomedienses* martyres primum locum obtinet, ex qua eadem turma male colitur *Prodocus* recte *Urbanus* apud GREVENUM : vide Acta. In editionibus aliis, de Petro, ut jam non semel dictum est. De Catharina itidem usque ad *super Minervam*. Tum addit : « Differtur autem ejus festivitas in Dominicam diem post Inventionem sanctæ Crucis. » Notissimum est stabili jam cultu festivitatem ejus recoli die XXX Aprilis, *Petrum* vero *martyrem* hoc die. De Roberto et Hugone ut supra. « Die vigesima nona sanctorum novem martyrum in Cyzico. » Vide propria singulorum nomina in Actis nostris, accepta ex Menologiis Græcorum, quorum verba recitat Henschenius in brevi suo Commentario. « Et sancti Memnonis thaumaturgi. » Et hic etiam ex monumentis Græcis desumptus est, sed hoc die perperam consignatus, cum ad XXVIII Aprilis pertineat, ut in Actis invenies. « Eodem die, festivitas sanctæ Avæ virginis. » Et minoribus typis : « Quæ in Dononio quiescit, non canonizata. » Vide quæ de ea supersunt, ab Henschenio collecta, ubi Molani observationem explicat, circa anniversarias preces pro ipsa Dononii persolvi solitas, quæ nec Avæ, nec aliorum sanctorum, quibus simili officio parentatum novimus, cultui quidquam præjudicant. Vide tomo I Junii, pag. 810, num. 4.

Pridie Kal.   *Die 30.*

Apud Lambesitanam urbem, natalis sanctorum martyrum Mariani lectoris et Jacobi diaconi, quorum prior, cum jam pridem infestationem Decianæ persecutionis in confessione Christi evicisset, iterum cum carissimo collega tentus. Deinde post dira et exquisita supplicia, divinis revelationibus mirabiliter secundo confortati atque allevati, novissime cum multis aliis gladio consummati sunt. Civitate Sanctonas, beati Euprobi martyris, quem sanctus Clemens, pontificalis ordinis gratia consecratum, dixerit in Gallias, peractaque prædicatione, ob Christi testimonium, illiso capite, victor occubuit.

NOTÆ

Puri sunt *Praten., Antuerp., Max.-Lubec., Munerat., Belin., Greven.* et *Molan.* Accedunt *Antuerp.-Max., Ultraject., Leyden., Lovanien., Albergen., Danic.* et edit. *Ultraj.-Belg.*

VARIANTES LECTIONES

In Munerato sensum obscurum facit omissio vocis *prior*. Belini vel ejus typographi error est *infestinationes*, item *Datianæ*, quod etiam habet Munerat. Codices nonnulli scribunt *clarissimo*, at ipsa, ni fallor, constructio exigit *carissimo*, ut legunt Praten., Herinien., Tornac, etc., cum Adone. Et sic etiam *allevati*, non *alleviati*, ut multi codices habent. *Novissime tamen*, in solo Munerato est ; satis patet vocem *tamen* redundare. *Santone*, pro *Sanctonas* scripsit Belinus. Et hæc quidem satis clara sunt. Major quæstio est legendumne *Euprobi*, ut nos in textu reliquimus, an potius *Eutropis*, ut habet Ado, vel *Eutropii*, ut Acta et codices passim. Pro lectione nostra stant codices vetustissimi, Praten., Herinien. et Tornacen., quorum auctoritate, etiam cum errant, potissimum nitimur. Male legit Molanus, quem *cum sanctus*, alii pejus *direxisset*, pro *direxit*, quæ sensum perturbant. In Belino est *Galliam*, omissa particula *in*, ubi male adjicitur *demum*. Greven. et Molan. ponunt *peracta diu*; Praten., *peractamque prædicationem*. Belinus *ceso capite*. Recto in textu omnia.

OBSERVATIONES

Marianum et *Jacobum*, cum aliis multis decollatos, distincte hodie producit Rom. parvum. Utrum tam clare exprimantur in apographis Hieronymianis, mihi certe non ita liquet, eos tamen cum sociis ibi indicari, ex Florentino et Actis colligere est. Vetustiorem utriusque memoriam ex Kalendario Carthaginensi pridie Nonas Maii signari, die præcedenti abunde indicavimus. Porro horum martyrum cum hesternis *Cirthensibus* societatem, pridie etiam exposuimus. Sociorum plerorumque loci et temporis martyrii singulorum, uberiorem notiam tradit Henschenius. Encomium in laterculo positum ex Adone acceptum est; hic ex sincerissimis Actis, ut die præcedenti diximis, sua delibavit. Superest addendum hic Wandalberti elogium:

> Martyrii Jacobus similem et Marianus honorem
> Sortiti pridie finem metantur Aprilis.

Ex Gregorio Turonensi sumptus est, et ab Adone consignatus is, qui sequitur *Euprobus*, *Eutropes* potius, vel *Eutropius*, cujus elogium etiam ex laudato Adone transcripsit Noster, re, ut solet, minime discussa, inhærensque receptæ tunc traditioni de missis a S. Clemente primis in Galliam episcopis, quod tamen Gregorius Turonensis non nisi per verbum FERTUR, narraverat, ut solerter animadvertit Henschenius, ex quo facile intelliges, veram esse plurimorum modernorum opinionem, qui de Eutropio nihil undequaque certi admittunt, præter cultum et reliquias, de quibus paulo asseverantius loquitur laudatus Gregorius. Vide quæ in Actis de ejus miraculis fuse tradita sunt. Atque hic hactenus germanus Usuardi textus est.

Sequitur in Adone: *Apud Asiam, passio sancti Maximi martyris, cujus gesta habentur*. Et quidem in Actis nostris synonymus alius Græcus adjungitur. An vero *Maximus* ille *Asiaticus*, vere Adonis sit, dubium ingerit Mosandri editio, in qua et *Quirinus*, et *Sophia* adjecti sunt, qui procul dubio in additamentis censentur; quidni et præfatus *Maximus* a Notkero, sedulo alias Adonis descriptore, etiam præteritus? De *Maximo* et *Quirino* meminit Florus. Et de postremo, Romanum parvum, in quo præterea *Vigilia apostolorum* signatur, verosimillime a recentiori aliquo superaddita, æque ac *Quirinus*, qui in codicem illum, olim Coloniæ asservatum, irrepserit, occasione translationis Novesianæ. Videsis Acta nostra ad diem xxx Martii, ubi discussa invenies, quæ ad verum Quirini titulum pertinent. Iterum Maximi Asiatici Acta Ruinartius ex Actis nostris, ut sincera extraxit, et eruditam admonitionem præfixit a pag. 143.

AUCTARIA

HERINIEN. Proprium provinciæ Remensis, de more interserit, secundo loco sic scribens: « Eodem die, natalis sancti Materniani, Remensis archiepiscopi, qui sextus eamdem rexit ecclesiam. » In Actis est *Maternianus*. Aliter tamen codices enuntiant.

TORNACEN. textus materiam cancellis suis, potius quam cancellos materiæ aptare videtur. Purissimus esset, nisi omitteret ea quæ sequuntur post, *supplicia*, usque ad *cum multis*.

PULSANEN. magis mutilus est, rescisso toto Mariani et Jacobi elogio. In fine autem post *victor*, sic scribit: « Et martyr migravit ad Dominum. »

ROSWEYD. in fine: « Item Alexandriæ, Pastoris episcopi, cum aliis xxiv igni combustis et in mare missis. » Vide in Actis totam seriem.

ANTUERP.-MAJ. etiam in fine: « Apud Londoniam, depositio sancti Erchenwaldi episcopi et confessoris. » Nomen varie formatum invenies.

CENTULEN.: « Natale sanctorum Mariani et Jacobi, qui sub Daciano cum aliis multis consumpti sunt. Sanctonas, sancti Eutropii episcopi et martyris. Apud Asiam, sancti Maximi martyris, cujus gesta habentur. »

BRUXELLEN. primo loco de Eutropio, secundo de martyribus Lambsitanis, satis pure. Sequitur de Maximo, ut supra. Tum: « Jerosolymis, Quiriaci, qui et Judas cognominatur, quique crucem Christi invenit, et quem baptizatum, Helena regina fecit Jerosolymorum episcopum ordinari; quique postea sub Juliano Apostata imperatore, pro fide Christi celebre martyrium duxit. » Remittitur ad diem sequentem et ad iv Maii. « Romæ, via Appia, elevatio sancti Quirini martyris, cujus passio tertio Kalend. Aprilis celebratur. Et depositio sancti Eremberti pontificis. »

HAGENOUEN. post textum purum subdit: « Eodem die, sancti Quirini militis et tribuni translatio, quo die sacræ ejus reliquiæ de Roma per episcopum Coloniensem, ad civitatem Nussiam deportatæ sunt, unde adhuc ejus capsa eodem die deponitur, et in crastino circumfertur. Apud civitatem Ausciam sancti Orientis episcopi et confessoris, qui omnibus virtutibus ornatus, sancto fine quievisse dicitur in pace. » Vide die sequenti. « In Brixia, beatæ Maxentiæ viduæ. » Infra dicitur mater Vigilii.

AQUICINCT. in fine: « Et sancti Eremberti episcopi. Colitur iv Maii. » In Britannia, civitate Londonia, sancti Erconpaldi, » etc, ut habet MOLANUS in posterioribus editionibus. Sed pro, *veritatis* in codice male legitur *vere viriditatis*.

MATRIC.-CARTH.-ULTRAJ.: « Quirini martyris, Eutropii episcopi et martyris. Jacobi martyris et Mariani lectoris, cum aliis multis martyrizatis. Materniani Remensis archiepiscopi, sexti ordine. »

VATICAN. num. 5949: « Alexandriæ, sanctorum Dorothei presbyteri. Pomodiani et Rodociani diaconorum, qui igne exusti et in mare missi sunt, cum aliis xxiv. Apud Asiam, sancti Maximi martyris. » Vide quæ dicta sunt in Observationibus.

ALTEMPS.: « In Saxonia, Oswaldi episcopi et confessoris, cujus meminit Beda in gestis Anglorum. » De eo actum est xxviii Februarii. « Item sancti Cyrini martyris. » Aliis « Quirini. Apud Asiam, sancti Maximi martyris, cujus gesta habentur. »

FLORENTIN. primo loco: « Apud Nusiam, in provincia Coloniensi, sanctorum martyrum Quirini cum xii suis sociis. Item, sanctæ Maxentiæ viduæ, matris sancti Vigilii. »

SALINEN. S. Anatolii: « In territorio Bizuntino, translatio corporis sancti Eustasii Luxoviensis abbatis. » Vide xxix Martii.

CABILLONEN. S. Vincentii: « Sancti Flavii. Et Cabillonica civitate, natalis beatissimi Desiderati presbyteri et confessoris, qui fuit eximiæ conversionis [an non conversationis?] et miraculorum, in monasterio Gurtonensi, ubi et obiit: quem B. Agricola, ejusdem antistes, tumulavit in basilica B. Martini, quæ est in suburbio præfatæ urbis, ubi cujus apud Deum sit meriti adeptis sanitatibus experiuntur infirmi. » Etiam Flavius, in Actis, Cabilonensis episcopus dicitur.

Editio LUBECO-COL. incipit: « Nusiæ, super litus Rheni, territorio Coloniensi, translatio sancti Quirini tribuni et martyris. Cujus venerabile corpus nobilis, ac religiosa Domina Gepa abbatissa a summo pontifice postulatum, de Roma ad civitatem suam Nussiam transtulit, et in suum monasterium honorifice collocavit. » Sequitur textus satis purus. Tum: « In Anglia civitate Londonia, natale sancti Erkenwaldi, ejusdem loci episcopi et confessoris. Apud Asiam, passio sancti Maximi martyris cujus gesta habentur. »

GREVEN.: « Apud Asiam, teste Adone, passio sancti Maximi martyris, cujus gesta habentur. In Alexandria, Effrodisii presbyteri et martyris aliorumque xxx. Item sanctorum Dorothei, Crispini, Pomodiani. Euticiæ martyris sub Licinio. Romæ, Quirini episcopi. Ercanwaldi episcopi Londoniæ et confessoris. De quo Beda lib. iv ita dicit: Ejus vero viri in episcopatu et ante episcopatum, vita et conversatio fertur fuisse sanctissima, sicut etiam nunc cœlestium signa virtutum indicio sunt. Materniani archiepiscopi Remensis et confessoris. Eodem die sancti Laurentii presbyteri Novariensis. Apud Sanctonas, Eustellæ virginis, filiæ regis ab Eutropio conversæ. » Vide in indice Prætermissorum. « In Anglia, Tybbæ virginis. » De ea in Actis vi Martii. « Item Maxentiæ nobilissimæ feminæ, matris sancti Vigilii episcopi Tridentini. In diocesi Coloniensi, oppido Nussia, translatio, » etc., fere ut supra. « Item

In diœcesi Lugdunensi, sanctæ Margarethæ virginis, ordinis Carthusiensis. Hæc cum aliquando Missæ officio interesset, et sacris mysteriis participari ardentissimo affectu desideraret, subito piissimus sponsus Dominus noster Jesus Christus, qui eam frequenter visitare et consolari consueverat, partem hostiæ vivifici corporis sui e manibus sacerdotis in os tam dilectæ sponsæ suæ trajecit. Ipsa tandem plena operibus bonis quievit in pace. » In Actis inter Prætermissos recensetur.

MOLAN. : « Romæ, sancti Quirini tribuni, etc. », ad verbum, ut habet Ado xxx Martii. Tum subdit : « Hujus Deo dilecti et pretiosi martyris passio, licet III Kal. Aprilis facta sit, hic tamen festive recolitur,

A quando sacræ reliquiæ corporis ejus ab urbe Roma ad civitatem Nussiensem supra Rhenum translatæ sunt. Eodem die, natalis sancti Maderniani, etc. , plane ut HERINIEN. De Maximo, Laurentio et Ercanwaldo, ut GREVEN. supra. In editionibus aliis : « Romæ, sancti Quirini tribuni et martyris. Hujus Deo dilecti, etc. In Britannia, civitate Londonia, sancti Erconwaldi episcopi et confessoris. Qui in activa jam degens vita, totis viribus theoricam diligens, subditis sibi plebibus, callem veritatis verbis atque exemplis monstravit : multisque ornatus virtutibus, migravit ad Christum. » De Maderniano, Maximo et Laurentio, ut supra.

ORDO RERUM

QUÆ IN HOC TOMO CONTINENTUR

SANCTUS ADO, ARCHIEPISCOPUS VIENNENSIS.

Sancti Adonis elogium historicum. 9
CHRONICON. 23
ÆTAS PRIMA. — Ab origine mundi usque ad diluvium. 23
ÆTAS SECUNDA. — A diluvio ad Abrahami nativitatem. 25
ÆTAS TERTIA. — Ab Abraham ad Davidem usque. 33
ÆTAS QUARTA. — A Davidis regno ad transmigrationem Hebræorum Babyloniam. 43
ÆTAS QUINTA — Ab eadem transmigratione ad Christum salvatorem nostrum. 49
ÆTAS SEXTA. — A Christo ad mundi finem. 75
ADONIS MARTYROLOGIUM. 139
Epistola dedicatoria Paulo V pontifici maximo. 139
Lectori monitum. 141
De veteri Romano Martyrologio elogia. 143
VETUS ROMANUM MARTYROLOGIUM. 143
Mensis Januarius. 145
Mensis Februarius. 147
Mensis Martius. 151
Mensis Aprilis. 153
Mensis Maius. 157
Mensis Junius. 159
Mensis Julius. 161
Mensis Augustus. 165
Mensis Septembris. 167
Mensis October. 169
Mensis November. 173
Mensis December. 175
Quo genere cultus sancti martyres venerandi sunt. 179
Rosweidus benevolo lectori. 179
LIBELLUS DE FESTIVITATIBUS SS. APOSTOLORUM. 181
INCIPIT MARTYROLOGIUM. 201
Mensis December. 201
Mensis Januarius. 205
Mensis Februarius. 223
Mensis Martius. 235
Mensis Aprilis. 245
Mensis Maius. 255
Mensis Junius. 273
Mensis Julius. 295
Mensis Augustus. 313
Mensis Septembris. 343

Mensis October. 511
Mensis November. 387
Mensis December. 407
Precatio Adonis. 419
APPENDIX AD MARTYROLOGIUM. 419
PASSIO SANCTI DESIDERII EPISCOPI VIENNENSIS. 433
Præfatiuncula. 435
Incipit Passio sancti Desiderii. 435
PRIVILEGIUM quo ecclesiam Velnensem abbatiæ S. Engendi jurensis confirmat. 443
VITA SANCTI THEUDERII ABBATIS VIENNÆ IN GALLIA. 443
APPENDIX AD S. ADONIS OPERA. 449
Translatio seu elevatio S. Barnardi, episcopi Viennensis. 419
Miracula ejusdem. 451

USUARDUS MONACHUS SANGERMANENSIS.

MARTYROLOGIUM. 453
PRÆFATIO. 459
CAPUT PRIMUM. — Martyrologiorum antiquorum inter se ac cum Usuardo propinquitas et connexio. 459
ART. I. — De Martyrologii Hieronymiani exemplaribus. 467
§ I. — De majoribus ab Acherio et Florentinio editis. 467
§ II. — De Hieronymianis minoribus, tum manuscriptis, tum typis excusis. 472
ART. II. — De Bedæ et Flori Martyrologiis novæ conjecturæ. 482
ART. III. — De tribus aliis Martyrologiis Usuardi cognatis. 489
§ I. — De Vandalberti metrico. 489
§ II. — De Martyrologio Rabani. 492
§ III. — De Martyrologio Notkeri. 494
CAPUT II. — De Martyrologio quod VETUS ROMANUM appellavit primusque edidit Heribertus Rosweydus, nos tantisper ROMANUM PARVUM vocari posse censemus. 495
ART. I. — Parvum Rosweydi Martyrologium non incongrue vocari posse Romanum, contra Valesium et Florentinium statuitur. 501
ART. II. — Frustra nituntur adversarii ostendere Romanum parvum illud ipsum non esse Martyrologium quo se adjutum fatetur Ado, quodque Martyrologio suo se præfixisse asseverat. 507
§ I. — Refelluntur Andreas Saussayus et Joannes Fronto. 507
§ II. — Diluuntur ea quæ speciosius objicit Florentinius. 514
ART. III. — Romanum parvum sic delineavit Ado, ut ex ejus præfatione ostendatur ipsis-imum esse quod suo Martyrologio præfixit. 519
ART. IV. — Romani parvi auctoritas, ex characteribus propriis, stylo, genere, ætate demonstratur. 524
CAPUT III. — De Adonis et Usuardi propagine. 531
ART. I. — De Martyrologio sancti Adonis Viennensis episcopi. 531
ART. II. — De Martyrologio Usuardi monachi. 537
ART. III. — Antiquiores Usuardi Martyrologii editiones recensentur. 542
ART. IV. — De codicibus Usuardinis manuscriptis. 554
§ I. — De codicibus purioribus, ac primum, de Usuardo Pratensi. 554
§ II. — De nostro primario Heriniensi codice. 561
§ III. — De Tornacensi aliisque vetustioribus maxime probatis. 564
§ IV. — De codicibus quos mediæ notæ appellamus. 569
ART. V. — De codicibus quorum sola habemus extracta seu lectiones variantes. 573
Extracta ex variis Martyrologiis a R. P. Petro Francisco Chiffletio. 577
Codices alii in hoc opere non adhibiti. 579
Notanda pro indicibus. 582
PROLEGOMENA EDITIONIS J. BOUILLARTII. 583
Præfatio. 585
Reverendo Patri Joanni Baptistæ Sollerio. 587
INCIPIT MARTYROLOGIUM. 599
Prologus ad Carolum Calvum. 599
Prologus alter. 599
Mensis Januarius. 601
Mensis Februarius. 717
Mensis Martius. 807
Mensis Aprilis. 893

FINIS TOMI CENTESIMI VICESIMI TERTII.